2012

北京教育年鉴

北京市教育委员会

华艺出版社

北京教育年鉴编纂委员会

《北京教育年鉴》2012 卷工作人员名录

主　　编　李晓秋

副 主 编　华蕾

责任编辑（按姓氏笔画排序）

马志鹏　王永刚　华蕾　张驰　张晓兰　张晓白　林业　郑明　胡雨

特约编辑（按姓氏笔画排序）

于晓龙	匀庆祥	孔凡娟	牛惠兰	王天红	王玉清	王伟平
王学松	王明明	王树宁	王洪兰	王虹	王家兵	王晓辉
王媛媛	王德峰	邓鸿	付佳	史建伟	左文智	田婷
白聪	石力	石明廷	刘永林	刘江霞	刘志东	刘建新
刘玮	刘继刚	刘琳	刘瑜	刘霄	向姣姣	孙丽英
孙运科	孙明博	朱彤	毕娟	许亮	许博	闫彦斌
何伶	何修良	吴小红	吴洁	宋亚甫	宋煜	宋慧宇
张东安	张兰	张永宽	张兴明	张华	张年武	张志华
张洁	张浩	张海涛	李飞	李文波	李文鸾	李尔京
李守德	李红兵	李金艳	李胜华	李艳君	李跃谦	李银姬
李晶华	李惠来	李新影	杜书霞	杨苏	杨晓靖	杨晖
杨海蓉	杨跃辉	杨雪莲	杨嵩松	杨影	肖兵	邱瑀璐
陆英明	陈军	陈勇	陈晓文	陈晓燕	陈莹峰	陈瑜
周东姝	周君姝	周晓宇	尚颖	罗芳	苑媛	苗磊
金剑苞	侯文磊	侯彤	侯英杰	姜西良	段洁	段蕾
荆枝	贺晶	赵光	赵园园	钟占蓉	夏雨	徐励
徐海峰	徐谦翮	聂荣	袁媛	郭宏伟	郭秋菊	郭海涛
高飞	高玉英	高杰	高雷	高毅军	崔晓玉	梁军
黄小丽	黄维国	喻清泉	焦园媛	程敏	葛新浩	蒋来
韩永涛	简尔贤	廖维	滕岑	潘建军	戴军	

图片编辑　任彧　汪玥

录　　排　王子辰　汪玥

编 辑 说 明

一、《北京教育年鉴》是一部大型专业性资料工具书。在中共北京市委教育工委、北京市教委领导下，由北京教育年鉴编纂委员会（北京教育年鉴编辑部）主持编纂。

二、本年鉴以文章和条目为基本体裁，条目为主，使用规范的语体文、记述体，直陈其事，文字力求言简意赅。文前配有彩色图片，文内配有彩色随文图片，文后附有主题词索引和人名索引。

三、本年鉴从1997年开始逐年编纂。当年出版的年鉴，记述上一年内北京教育事业各个方面发生的新情况，为领导决策提供依据，为教育规划发展提供资料，为国内外各方面人士了解、研究北京教育事业提供最新的信息。

四、本年鉴除记述北京市市属市管教育部门情况外，对北京行政区划内中央部委所属各级各类教育也全面记述，力求反映北京教育事业的全貌。

五、2012卷年鉴按教育管理、教育教学、教育服务支撑三大系统布局结构，采用分类编纂法。年鉴设文献、特载、专文与纪实、调研与报告、北京教育总述、综合管理、教育督导、学前教育、基础教育、普通高等教育、职业与成人教育、民办教育、德育体育美育、科学研究、师资建设、学生管理、招生与考试、交流与合作、区县教育、社会团体、市教委直管直属单位、统计表、附录共23个类目，各类目下的条目以事件发生时间为序排列。

六、文献收录北京市重要教育文件。本卷收录《北京市中长期教育改革和发展规划纲要（2010～2020年）》、《北京市学前教育三年行动计划（2011～2013年）》、《首都中长期教育人才发展规划纲要（2010～2020年）》。

七、特载记录北京教育系统有重大影响的特别事件。本卷收录清华大学百年校庆活动情况和国内外知名人士在庆祝活动中的重要讲话。

八、调研与报告栏目收录关于教育事业热点调查报告。

九、专文与纪实记载相关部门负责人对某种教育现象的深层次思考和对北京教育系统重大事件的记录。本卷收录北京市教育工作会议上的重要讲话。

十、北京教育总述由北京教育简况和北京教育大事记组成。

十一、本年鉴附录部分，通过图表记述北京行政区划内教育事业发展基本情况，便于读者查询相关信息。

十二、根据北京教育年鉴编纂委员会每5年对年鉴进行一次勘误的工作要求，本卷年鉴在书后设置“勘误表”，对2007卷至2011卷年鉴中已知错误进行更正。

十三、本年鉴收录单位涉及在收录时限内更名的，以原名称为正名，新名称用括号附在正名后。市政府机构名称直接使用简称。

十四、本年鉴收有北京各级教育行政部门主要负责人名录，所列均以2011年内任职为限，其中任免情况分别予以注明。

十五、本年鉴收录的文章和条目均由各级教育行政部门和各级各类教育单位专人提供，并经部门和单位主要负责人审核。北京市教育事业统计资料由市教委发展规划处提供。

十六、本年鉴记述货币名称中，人民币直书“元”，其他货币采用通用名称。

十七、本年鉴涉及各项年度数据以2011年12月31日为统计口径，其他非年度数据以统计部门或业务主管部门的统计口径为准。

十八、本年鉴反映2011年1月1日至12月31日期间情况（部分内容依据实际情况时限向前略有延伸）。

Editing Statement

1. Beijing Education Yearbook is a large – scale specialized reference book. Under the instructions of Education Commission of Beijing Municipal Committee of CPC and Beijing Municipal Education Committee, it is Compiling Committee of Beijing Education Yearbook (Beijing Education Yearbook Editorial Office) who is responsible for compiling this book.

2. With articles and entries as the basic literature type, this yearbook is mainly consists of entries. It uses narratives, making efforts to be brief and to the point. There are color pictures before and in the articles. There are index at the back of the article.

3. This Yearbook has been keeping published annually since 1997. Each yearbook records previous year's new incidents and events happened in Beijing educational system, which offers both references for decision – making and information for educational planning and development. In addition, it also helps people from both home and abroad to understand and doing research about the status quo of Beijing education.

4. This Yearbook embodies the panorama of Beijing education situation, including not only those educational departments directly under Beijing Municipal, but also all – level all kinds of educational sections of different districts under central education ministry.

5. The 2012 Education Yearbook was compiled by categories, which has Education Management, Education Schooling and Education Support three major sections. Specifically, this yearbook contains 23 categories, chronologically including bibliography, feature, special articles and on – the – spot reports, research and report, generality of Beijing education, comprehensive administration, education supervision, preschool education, basic education, higher education, vocational and adult education, private education, moral physical and aesthetic education, scientific research, teachers development, student management, enrolling and testing, exchange and communication, district and county education, social groups, units under municipal education committee, statistics and appendix.

6. The Yearbook embodies important educational documents of Beijing, including *Outline for Medium and Long Term Educational Reform and Development of Beijing Municipality (2010～2020)*, *Beijing Three – Year Action Plan for Preschool Education (2011～2013)*, and *Outline for Medium and Long Term Educational Talent Development of the Capital City (2010～2020)*.

7. This Yearbook records significant incidents happened in Beijing educational system in feature. Particularly, it includes the Centennial celebration of Tsinghua University and important speeches given by VIPs from both home and abroad.

8. The Research and Report section is comprised of researching reports about educational hotspots.

9. The Special Articles and On - the - spot Reports Section is comprised of relevant authorities' profound thinking towards some educational phenomena and major events happened in Beijing Education System. It records the major speeches from Beijing Municipal Education Working Conference.

10. Generality of Beijing Education Section is consists of Brief Introduction of Beijing education and Chronicles of Beijing education in 2011.

11. The Appendix Section uses chart to indicate the basic educational development of Beijing different districts for the readers' convenience.

12. In answer to Beijing Education Yearbook Compiling Committee's requirement which demands an error detection every five years, this Yearbook includes an error list which purpose is to correct the spotted errors of the previous ones (2007~2011).

13. In this Yearbook, those working units included which have changed their names during the editing period would still be referred to as their primitive names with the new names in the following brackets. Abbreviations are used in referring to the names of municipal authorities.

14. This Yearbook contains a name - list of chief leaders of Beijing Educational Administrative sections at various levels, all of whom held office in 2011 and the appointment and dismissal are noted separately.

15. All the articles and entries in this yearbook are provided by specialized staff from all types of educational administrative sections and examined carefully by their managers and people in charge. The Statistical Materials of Beijing Education is provided by Development Planning Department of Beijing Municipal Commission of education.

16. In terms of the currency in this yearbook, RMB is referred to as Yuan and the common names are used in referring to other currencies.

17. Every annual statistic involved in this yearbook takes the statistical criteria of 31st December 2011 as standard and other non - annual statistics take the ones from statistical or operating departments as standard.

18. This Yearbook describes educational happenings between 1st January 2011 and 31st December 2011. Some of its content may dated back a minor deal according to its practical circumstance.

领导关怀

9月9日，胡锦涛到北京市第八十中学学生宿舍了解就读的西藏学生学习和生活情况。（饶爱民 摄）

5月3日，温家宝与北京外国语大学学生亲切交谈。（北外 提供）

9月18日，习近平在科技嘉年华活动中与北京市八一中学学生交谈。（八一中学 提供）

9月9日，刘淇到中国人民大学附属中学慰问师生员工。（人大附中 提供）

6月16日，刘延东到北京交通大学视察工作。（北交大 提供）

11月20日，郭金龙到北京航空航天大学调研。
（北航　提供）

6月1日，赵凤桐到花市·大地幼稚园与孩子们一起欢度节日，并送去问候和礼物。　　（丁柏明　摄）

4月13日，洪峰到延庆调研学前教育。
（延庆教委　提供）

改革创新

10 月 27 日，国家人力资源和社会保障部教育培训中心培训基地落户北京汇佳职业学院。
（李旭昌　摄）

10 月 25 日，石景山区古城第二小学加盟北京古城教育集团。
（石景山教委　提供）

9 月 20 日，对外经济贸易大学研究生院成立。（外经贸大　提供）

3 月 23 日，北京工业大学研究生院成立。（北工大　提供）

3月24日，北京市教育工作会议召开。（教志办　提供）

11月3日，北京市基础教育课程改革实验工作总结会召开。（基教处　提供）

6月29日，北京联合大学开展职业教育分级制度改革试点工作。（联合大学　提供）

5月25日，北京市小学规范化建设工程系列展示活动走进顺义。（顺义教委　提供）

11月22日，东城区召开小学文明礼仪教育现场会，小学生展示特色课校园礼仪。（周良　摄）

6月22日，北京交通大学组织学生体验京沪高铁，开展行业引导教育。　　（北交大　提供）

4月11至15日，顺义区举办新课程改革走进顺义区第八中学开放周活动。（顺义教委　提供）

①

④

②

③

①1月14日，北京农学院“枣林高效生态调控关键技术的研究与示范”项目获得2010年度国家科技进步二等奖。（农学院　提供）

②1月14日，北京航空航天大学4项成果获国家级科技奖励。（北航　提供）

③3月，中国农业大学多项科技成果参加“十一五”国家重大科技成就展。（农大　提供）

④11月20日，北京理工大学神州八号飞船试验载荷返校。（郭强　摄）

⑤8月25日，北京工业大学学生在2011中国机器人大赛中获冠、亚、季军。（北工大　提供）

⑤

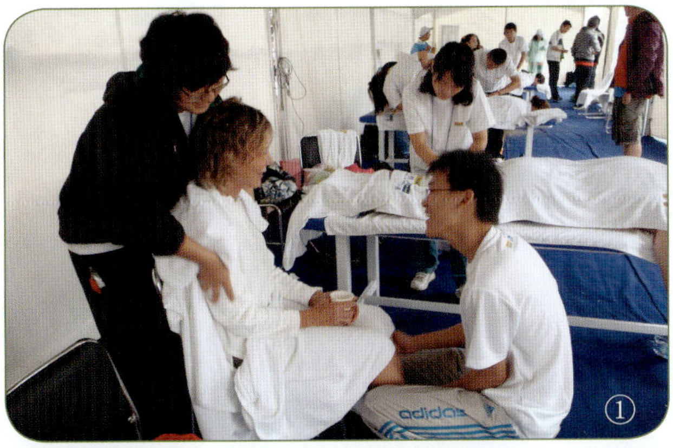

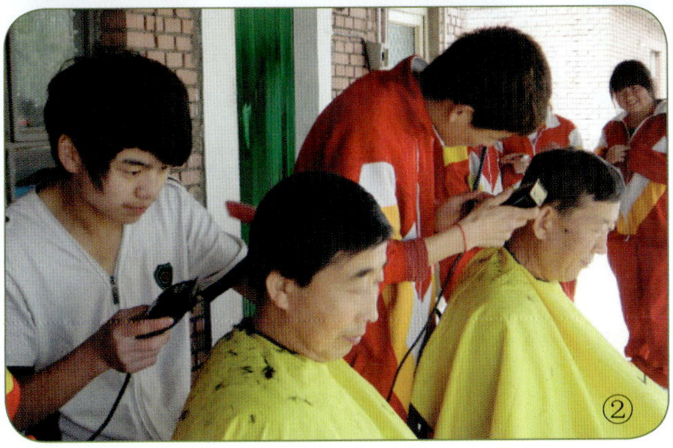

① 9月5至11日，北京体育职业学院学生参加2011北京铁人三项世界锦标赛志愿者服务。（北体职院　提供）

② 4月22日，黄庄职业高中学生参加慈福行动到石景山绿化二队义务服务。（石景山教委　提供）

③ 中关村创业讲坛首次走进高校——中央财经大学。（财大　提供）

④ 北京政法职业学院学生为十一届全国人大会议服务。（政法职院　提供）

⑤ 9月20日，北京教学植物园开展社会科普活动。（常正斯　摄）

⑥ 4月30日，北京舞蹈学院“小红船”志愿者在紫竹院公园宣传党史。（舞院　提供）

人才培养
——学前教育

① 5月31日，北京大地实验幼儿园花市·大地幼稚园开展“让爱传出去——公益义卖、爱心捐助”活动。（东城教委　提供）

② 12月29日，大兴区第二幼儿园举办新年活动，孩子们学做寿司。（大兴教委　提供）

③ 12月21日，北京市大地实验幼儿园创建校园“书香世界”。（东城教委　提供）

④ 10月20日，大兴区十一建华实验幼儿园建立自主小社会——公交车站。（大兴教委　提供）

3月3日，延庆县开展幼儿给妈妈写信活动。（延庆教委　提供）

中小学教育

德育

① 5月24日，京城雷锋孙茂芳受聘为府学胡同小学校外辅导员。（东城教委 提供）
② 3月5日，昌平区第二实验小学走进龙腾六社区。（郝跃辉 摄）
③ 11月24日，北京市小学德育课程教学实效性研究活动在史家胡同小学举行。（东城教委 提供）
④ 5月25日，北京市国子监中学举办初中生传统大礼谢恩师。（周良 摄）
⑤ 7月22日，在崇文小学毕业典礼上，毕业生与党员爸爸、妈妈深情拥抱。（东城教委 提供）

1月5日，朝阳区三里屯小学踏寻红色遗迹传承革命精神。
（朝阳教委 提供）

智育

丰台区师范学校附属小学学生将IPad2运用到现代化数字课堂。（丰台教委　提供）

怀柔区第三小学举办学习优势课题高效合作学习研讨会。（怀柔教委　提供）

大兴区黄村镇第一中心小学课程整合减轻学业负担促进学生全面发展。（大兴教委　提供）

4月2日，朝阳区举办第四届中国儿童阅读日“学校图书馆资源的开发与利用”活动。（朝阳教委　提供）

3月4日，光明小学启动“3+2+1学生全面成长计划”——团队情趣特长课程项目方案。（东城教委　提供）

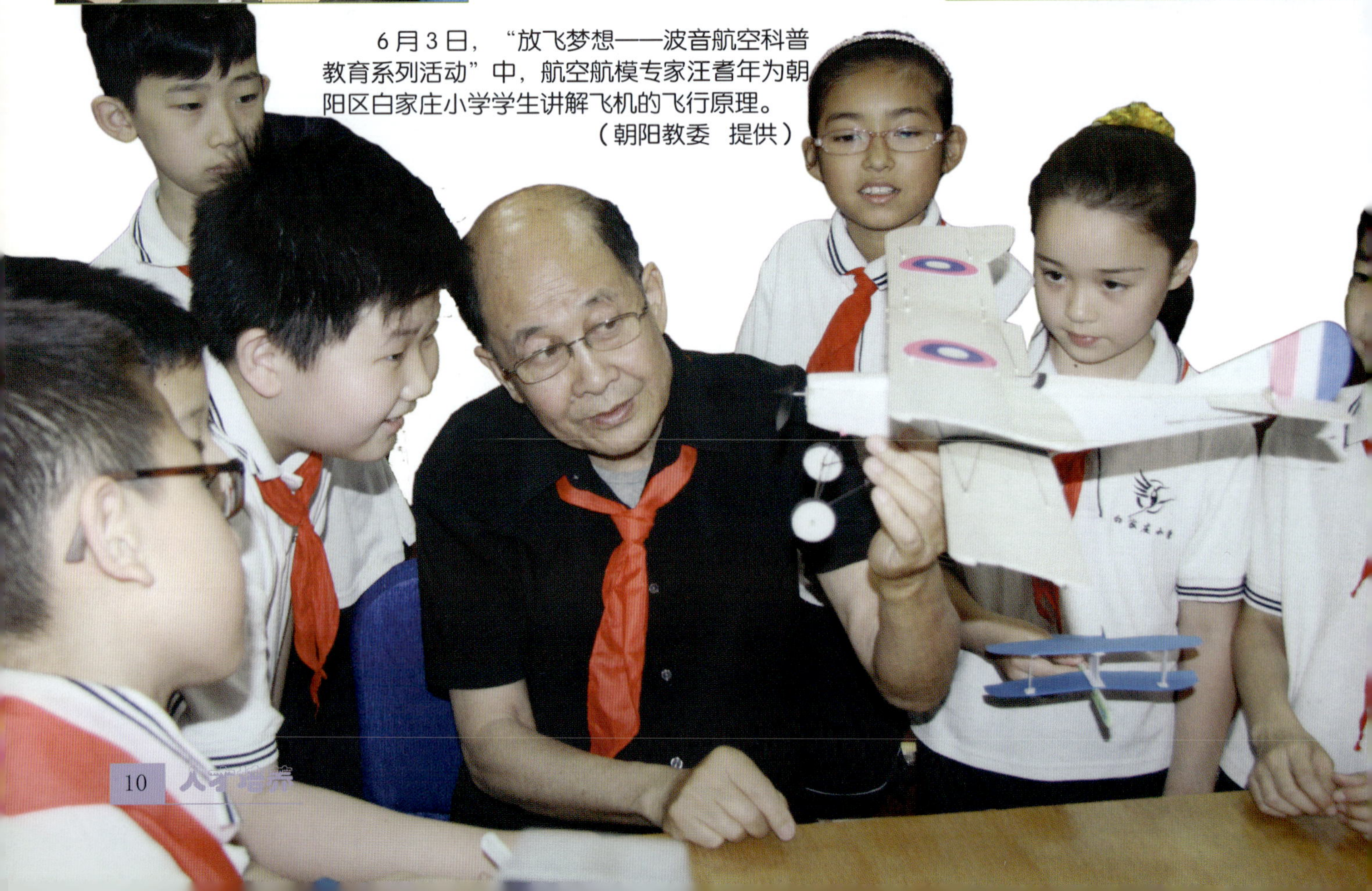

6月3日，“放飞梦想——波音航空科普教育系列活动”中，航空航模专家汪耆年为朝阳区白家庄小学学生讲解飞机的飞行原理。（朝阳教委　提供）

① 4 月 13 日，北京市第五中学分校初中物理课改展示中，学生展示自己设计的水发火箭。（周良　摄）

② 5 月 14 日，朝阳区和平街第一中学学生梁旭东在科技创新大赛中进行讲解。（朝阳教委　提供）

③ 6 月 8 日，北京育翔小学进行语文学科四、五年级教研组联合教研开放活动。（西城教委　提供）

④ 5 月，北京理工大学附属中学承办三级课程建设研讨会“建筑模型”开放课。（海淀教委　提供）

9 月 21 日，北京市中小学心理健康研讨会上，朝阳区惠新里小学李娟老师引导学生体验科学家职业特点。

（朝阳教委　提供）

体育

①7月，北京市学生参加第十一届全国中学生运动会游泳比赛。（体美处　提供）

②1月13日，门头沟区潭柘寺中心小学举行越野赛。（门头沟教委　提供）

③11月20日，北京市举办中小学生第五届国家学生体质健康标准测试赛。（体美处　提供）

④11月25日，北京市举办学生阳光体育展示大会——武术。（体美处　提供）

⑤10月25日，首届全国中小学体育教学改革北京论坛启动仪式上学生进行体育课展示。（体美处　提供）

⑥10月26日，宣师一附小首次开展军训活动。（黄鑫龙　摄）

⑦11月25日，北京市学生阳光体育展示大会——校园街舞。（体美处　提供）

⑧5月21日，北京市举办阳光体育中小学生勇敢小伙伴绑腿跑比赛。（体美处　提供）

美育

①1月8至9日，顺义区举办第十届中小学生艺术节。（顺义教委　提供）
②12月31日，北京市第三十五中学举办第二届艺术节。（西城教委　提供）
③4月26日，丰台区开展“童谣赞丰台”主题教育活动。（丰台教委　提供）
④9月5日，北京教育学院石景山分院附属小学举行一年级“开笔礼”。（石景山教委　提供）
⑤5月19日，朝阳区白家庄小学“鹤之舞”舞蹈社团在二十一世纪剧院举办专场演出。（朝阳教委　提供）
⑥5月28日，北京光明小学金帆舞蹈团在《光明行》专场中表演舞蹈《我能行》。（东城教委　提供）
⑦1月20日，门头沟区举办第十八届学生艺术节。（门头沟教委　提供）
⑧首都师范大学附属中学学生合唱表演。（海淀教委　提供）

① 10 月 8 日，东城区和平里第四小学组织城里孩子到京郊农村秋收。（周良 摄）
② 7 月 20 日，东城区小学生在博物馆里学习了解中国古代青铜艺术制作。（周良 摄）
③ 6 月 3 日，朝阳区实验小学举办四年级校本课程特色展示活动。（朝阳教委 提供）
④ 3 月 1 日，顺义区北石槽中心小学开辟科普种植园。（顺义教委 提供）
⑤ 10 月 27 日，大兴区黄村镇第一中心小学组织全校学生到红星快乐营进行社会实践活动。（吴立燕 摄）

技

① 7月10日，北京教学植物园举办植物栽培竞赛颁奖暨成果展示会。（明冠华 摄）

② 11月7日，北京市第十二中学举行“安全校园行”活动。（丰台教委 提供）

③ 4月2日，昌平区南口学校开展青年志愿者植树活动。（成佳 摄）

④ 4月8日，朝阳区三里屯小学组织学生参观人民日报社。（朝阳教委 提供）

⑤ 3月25日，东城区“文明交通 绿色出行”主题活动中，学生在交警指导下模拟酒后驾车执法检测。（周良 摄）

⑤

民族教育

①1月7日，东城区回民实验小学进行“志趣走班小课堂”的阶段性调研活动。

（东城教委　提供）

②9月27日，东城区回民小学“共绘民族画卷　献礼伟大祖国”活动启动仪式在中华民族园举行。（东城教委　提供）

③4月28日，北京汇文中学首届青海籍“黄南班”学生在京毕业。（周良　摄）

④9月29日，东城区民族学生迎国庆展风采。

（周良　摄）

—特殊教育

①1月12日，平谷区特教中心学校举行聋生写话技能竞赛。（平谷教委 提供）
②9月20日，大兴特教中心学校进行蒙氏课改课堂教学。（大兴教委 提供）
③9月26日，通州区创编残障学生韵律操。（通州教委 提供）
④12月5至9日，海淀区第三聋人学校举办首届心理健康活动周。（海淀教委 提供）

—职业教育

①

②

③

④

⑤

① 5 月 25 日，北京金隅科技学校与北京琉璃河水泥厂共建水泥行业培训中心。（金隅科技学校　提供）

② 北京工业职业技术学院牛小铁老师指导学生生产实训。（工业职业学院　提供）

③ 4月12日，北京市商业学校学生在会计税务实训教室学习。（冯瑞琴　摄）

④ 5 月 19 日，北京现代职业学院到企业进行毕业生追踪调查。（现代职业学院　提供）

⑤ 12 月 7 日，北京市外事学校聘请行业大师郭文彬先生指导学生上实训课。（外事学校　提供）

⑥ 4 月 1 日，北京市电气工程学校承办北京市中职技能比赛（三个项目）。（赵伟刚　摄）

⑥

①8月14日，北京交通运输职业学院学生组成的“交通壹号”车队参加第二届奥运城市体育文化节“绿色交通、城市未来——青少年绿色方程式新能源赛车”竞赛活动。（交通运输职业学校 提供）

②10月24日，北京水利水电学校参加第三届全国水利院校职业技能竞赛。（水利水电学校 提供）

③11月15日，平谷区第一职业学校开展师生技能大赛。（平谷教委 提供）

④3月10日，北京金隅科技学校备战技能大赛。（金隅科技学校 提供）

⑤3月21日，昌平职业学校汽车系数控专业学生到南口实训基地进行车床加工实习。（吕巍 摄）

⑤

①

②

③

①11月6日，北京国际职业教育学校茶艺表演获全国文明风采大赛二等奖。（国际职业学校　提供）

②10月，北京国际职业教育学校参加专业技能大赛插花比赛。（国际职业学校　提供）

③7月15日，北京政法职业学院师生在第48届国际速录大赛中获奖。（政法职业学院　提供）

④6月26日，北京市学生参加全国职业院校技能大赛美容美发专业比赛获得六个一等奖。（丁柏明　摄）

⑤6月27日，北京市黄庄职业高中美容美发专业黄平参加全国职业院校技能大赛新娘化妆、盘发整体造型项目获一等奖。（黄庄职高　提供）

⑥6月27日，北京交通职业学院学生在全国职业院校技能大赛中获得五个一等奖及两项冠军。（丁柏明　摄）

④

⑤

⑥

—— 高等教育

①

②

③

④

① 5月16日，北京建筑工程学院与北京住总集团举行企业与高校合作签约暨实习基地揭牌仪式。（建工学院 提供）

② 11月19日，北京理工大学牵头成立中国高等教育学会大学素质教育研究分会。（徐思军 摄）

③ 10月19日，北京工业大学学生获全国“挑战杯”竞赛特等奖。（北工大 提供）

④ 11月5日，中国地质大学学生获全国大学生海洋知识竞赛决赛最终大奖。（地质大学 提供）

⑤ 4月14日，清华学堂人才培养计划启动仪式举行。（清华 提供）

⑤

北京舞蹈学院原创舞剧《红船起航》

水扇舞

月河挥毫

五四先声

革命风潮

中央戏剧学院表演系青年教师演出剧目《红白喜事》。（戏剧学院　提供）

4 月 12 日，北京工业大学首届校园文化节举行学生交响乐团成立十周年音乐会。

（北工大　提供）

②

③

①

① 6 月 13 日，中国石油大学举办“十一五”发展成就展。（石油大学　提供）
② 6 月 25 日，中国地质大学举办党在我心中歌咏比赛。（地质大学　提供）
③ 6 月 30 日，北京舞蹈学院学生在世纪坛参观，并刺绣入党誓词。（舞蹈学院　提供）
④ 7 月 1 日，北京汇佳职业学院庆祝建党 90 周年。（李旭昌　摄）
⑤ 6 月 14 日，中国矿业大学（北京）举办“党在我心中”庆祝建党 90 周年歌咏比赛。（矿大　提供）
⑥ 6 月 24 日，北京工业大学举办纪念建党 90 周年暨“创先争优”活动阶段性成果“七一”表彰大会。（北工大　提供）

④

⑤

⑥

① 北京市教育系统人才交流服务中心集中办理本专科毕业生就业手续。（教育人才　提供）

② 5月11日，对外经济贸易大学召开北京地区高校就业工作片会。（外经贸大　提供）

③ 9月1日，北京交通大学369名新生通过“绿色通道”办理快速入学手续。（北交大　提供）

④ 12月8日，北京吉利大学举办大型招聘会。（吉利大学　提供）

⑤ 4月8日，中国地质大学举办2011届毕业生春季就业双选会。（地质大学　提供）

⑥ 6月24日，中国农业大学举行2011届本科生毕业典礼。（农大　提供）

人才强教

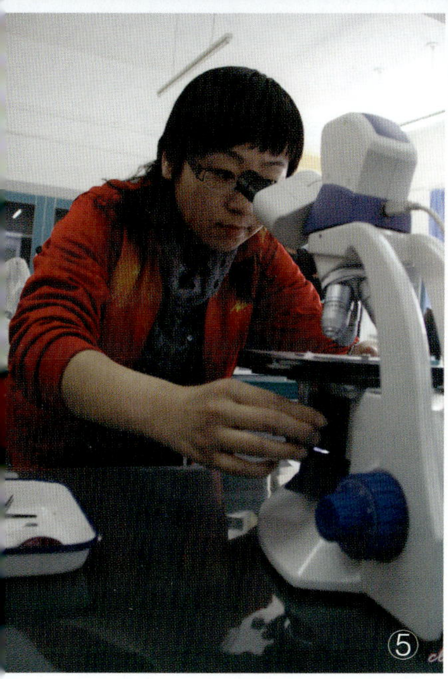

①9月8日，东城区启动教育家成长工程。（周良 摄）

②11月，朝阳区求实职业学校举办吴莹教学特色展示活动。（朝阳教委 提供）

③12月13日，朝阳区举办名校长工程课程《教师教学能力提升策略研究——校本培训模式探究》结题现场会。（朝阳教委 提供）

④6月1日，门头沟区幼儿园举办好教师评选活动。（门头沟教委 提供）

⑤4月，北京市一零九中学举办教师实验创新技能大赛。（东城教委 提供）

⑥11月25日，东城区教委举办全国教书育人楷模石利颖事迹报告会。（东城教委 提供）

⑦5月，朝阳区教委举办第三届感动校园双十人物颁奖暨建党90周年庆祝大会。（朝阳教委 提供）

北京现代音乐研修学院教师指导声音设计专业学生学习。（现代音乐学院 提供）

12月13日，北京现代职业学校成立骨干教师工作室。（现代职业学院 提供）

4月22日，北京教育学院聘请“法官妈妈”尚秀云为法制教育班主任。（董丽 摄）

9月22日，北京戏曲艺术职业学院教师刘亚新拜师梅葆玖、姜凤山。（戏曲艺术职校 提供）

9月10日，北京国际职业教育学校教师节活动中教师职业装表演。（国际职业学校 提供）

3月26日，北京教育学院组织北京市中小学教师资格考试。（刘琳 摄）

4月26日，中国生物能源产业展示会上，中国农业大学石元春院士和程序教授现场讲解。（农大　提供）

10月17日，中国农业大学人文与发展学院院长李小云教授获首届“友成扶贫科学研究成果奖”。（农大　提供）

4月2日，北京理工大学成立教学促进与教师发展中心。（北理工大　提供）

5月25日，中国地质大学举办赵鹏大院士生日庆祝会。（地质大学　提供）

7月8日，首都师范大学刘新成校长获世界历史先驱奖。（首师大　提供）

11月15日，首都师范大学张雪获全国优秀党务工作者称号，学校举办张雪先进事迹报告会。（首师大　提供）

学校建设

①3月1日，燕山向阳幼儿园落成并开园。（燕山教委　提供）

②8月30日，朝阳区实验小学润泽分校正式成立。（朝阳教委　提供）

③北京水利水电学校操场投入使用。（水利水电学校　提供）

④9月28日，通州区觅子店中学新址落成。（通州教委　提供）

⑤8月31日，通州区第三中学新址落成。（通州教委　提供）

⑥3月16日，北京市第二中学利用地下空间建设的4871平方米“超市型”学生食堂正式启用。（周良　摄）

⑦朝阳区三里屯第一中学百子园校区全景。（朝阳教委　提供）

① 11月18日，北京交通大学幼儿园迁建工程竣工。（北交大　提供）

② 北京市黄庄职业高中校园一瞥——玉石迎晖。（黄庄职高　提供）

③ 4月10日，房山区窦店第二小学落成。（房山教委　提供）

④ 首都师范大学附属中学永定分校全景。（门头沟教委　提供）

⑤ 北京市东直门中学新校址落成。（东城教委　提供）

①9月，北京戏曲艺术职业学院新建操场。
（戏曲职业学校　提供）

②11月1日，中国人民大学国学馆竣工。（人民大学　提供）

③9月，中央财经大学沙河校区西区新体育场投入使用。
（财经大学　提供）

④9月30日，中国戏曲学院学生公寓及食堂工程竣工。
（中戏　提供）

⑤首都师范大学科德学院教师公寓竣工。
（首师大科德学院　提供）

⑥首都师范大学科德学院体育馆。（首师大科德学院　提供）

交流合作

8月11日，斯里兰卡总统马欣达·拉贾帕克萨接受北京外国语大学授予的名誉博士学位。（北外 提供）

4月22日，北京舞蹈学院与罗马国家舞蹈学校签订合作协议。（舞院 提供）

4月25日，北京航空航天大学与美国普渡大学共同签署成立能源系统联合实验室、低排放燃烧联合实验室。（北航 提供）

10月20日，北京交通大学与美国南加州大学签署合作协议。（北交大 提供）

4月22日，清华大学校长顾秉林向牛津大学校长安德鲁·汉密尔顿颁发名誉博士学位证书。（清华 提供）

10月14日，北京航空航天大学授予法国前总理、法国展望与革新基金会主席让·皮埃尔·拉法兰名誉博士。（北航 提供）

①4月7日，北京市第二中学为友好校学生上中国书法课。（东城教委 提供）

②10月21日，比利时王妃蒂尔德访问北京舞蹈学院。（舞院 提供）

③6月28日，巴基斯坦前总理肖卡特·阿齐兹参观中央财经大学校史馆。（财经大学 提供）

④11月15日，北京航空航天大学举办"霍尼韦尔卓越科学与工程计划"启动仪式。（北航 提供）

⑤12月20日，波兰总统布罗尼斯瓦夫·科莫罗夫斯基在北京外国语大学发表演讲。（北外 提供）

⑥5月16日，哈佛大学教授桑德尔在清华大学演讲。（清华 提供）

⑦9月26日，中国石油大学举办第二届国际文化节。（石油大学 提供）

目　录

编辑说明

政策法规

组织干部工作

宣传与思想教育

统一战线与群众工作

纪检·监察

发展规划

财　务

审　计

基本建设

学校后勤

·高校后勤工作·

教育督导

基础教育

普通高等教育

普通高等学校

·北京大学·

·中国人民大学·

·清华大学·

·北京交通大学·

职业与成人教育

中等职业教育

国家重点中等职业学校

民办教育

民办高等教育机构

民办中小学幼儿园

德育体育美育

德　育

科学研究

教育教学研究

教材编研

师资建设

总 类

师资管理

学生管理

招生与考试

交流与合作

石景山区

市教委直管直属单位

直管单位（部分）

直属单位（部分）

统计表

附　录

CONTENTS

GENERALITY OF BEIJING EDUCATION

COMPREHENSIVE ADMINISTRATION

EDUCATION SUPERVISION

PRESCHOOL EDUCATION

BASIC EDUCATION

HIGHER EDUCATION

VOCATIONAL AND ADULT EDUCATION

PRIVATE EDUCATION

MORAL PHYSICAL AND AESTHETIC EDUCATION

SCIENTIFIC RESEARCH

EXCHANGE AND COOPERATION

SOCIAL GROUPS

UNITS UNDER MUNICIPAL EDUCATION COMMISSION

STATISTICS

APPENDIX

文献

北京市中长期教育改革和发展规划纲要（2010～2020年）

为贯彻落实《国家中长期教育改革和发展规划纲要（2010～2020年）》，促进首都教育事业科学发展，进一步提高首都教育现代化水平，加快推进“人文北京、科技北京、绿色北京”战略和中国特色世界城市建设，制定本纲要。

序言

百年大计，教育为本；千秋大业，教育为先。

教育是民族振兴、社会进步的基石，是提高公民素质、促进人的全面发展的根本途径，是推动创新、培养人才的基础工程，承载着人民群众对幸福生活的美好期盼。北京作为国家首都，是全国政治中心、文化中心和国际交往中心，优先发展教育，提高首都教育现代化水平，对推进“人文北京、科技北京、绿色北京”战略，建设中国特色世界城市具有决定性意义。

新中国成立以来，北京教育事业在上千年历史积淀的基础上，迈入了中国特色社会主义教育发展的新阶段，实现了教育大众化、普及化的历史性跨越。进入新世纪以来，市委、市政府全面贯彻党的教育方针，坚持教育优先发展、科学发展，加快探索中国特色社会主义教育现代化道路的步伐，全面实施首都教育发展战略，推动教育基本实现现代化，人民群众接受良好教育的权利得到保障。教育投入持续增加，办学条件显著改善；教育体系更加完善，教育普及程度大幅提高；人才培养模式持续创新，学生综合素质全面提升；教育公平惠及人民，初步实现基本公共教育服务均等化；教育功能不断拓展，学习型城市建设不断推进；教育改革开放逐步深化，教育活力不断增强。教育现代化水平的提高为推动首都科学发展、促进社会和谐、提升市民素质作出了重大贡献，教育资源已成为北京最珍贵的资源，人才优势已成为北京最突出的优势。

当前，我国正处在改革发展的关键阶段，北京也处于推动首都科学发展的关键时期。在新阶段实现新跨越，关键靠人才，基础在教育。首都教育事业在现代化全局中肩负的历史使命愈发重要，在中国特色世界城市建设中的先导性、全局性、基础性作用日益突出，面临的国内外教育竞争将更加激烈。

面对前所未有的机遇和挑战，必须清醒地认识到，首都教育还不完全适应经济社会发展和人民群众接受良好教育的要求。教育发展的任务十分繁重，深化教育改革的要求更加迫切。教育发展还不平衡，优质教育资源不足与人民群众强烈的“上好学”需求之间的矛盾突出；素质教育推进还没有得到根本突破，人才培养质量总体水平还不够高；教育体制机制改革亟待深化，教育发展的动力和活力不足；教育与经济社会联动发展的格局有待进一步完善；解决教育改革和发展中人民群众关心的突出问题面临诸多困难，推进教育公平的任务仍然艰巨。

大力提高教育现代化水平，是时代发展的要求，是人民群众的呼声。要按照面向现代化、面向世界、面向未来的要求，适应社会主义初级阶段的基本国情，适应国家及首都发展的需要，坚持育人为本，以优先发展为保障，以统筹协调为重点，以优质育人为核心，以改革创新为动力，全面实施素质教育，有力地促进首都教育事业科学发展，努力建成公平、优质、创新、开放的首都教育体系，满足人民群众对教育的需求，推进创新型城市建设，为建设“人文北京、科技北京、绿色北京”和中国特色世界城市作出更大贡献。

第一章　总体战略

（一）指导思想

高举中国特色社会主义伟大旗帜，以邓小平理论和“三个代表”重要思想为指导，深入贯彻落实科学发展观，按照推动“人文北京、科技北京、绿色北京”战略和建设中国特色世界城市的要求，落实科教兴国战略和人才强国战略，优先发展教育，办好人民满意的教育，建设与中国特色世界城市相适应的教育之都。全面贯彻党的教育方针，遵循教育规律，重视教育对首都经济社会发展的重要支撑作用，适应国家及首都发展对各类人才的需求，适应人民群众对优质教育和终身教育的需求，适应学生健康成长和全面发展的需求，全面提升首都教育现代化水平。

（二）战略目标

到2020年实现教育现代化，建成公平、优质、创新、开放的首都教育和先进的学习型城市，进入以教育和人才培养为优势的现代化国际城市行列。

1. 公平的教育：人人享有平等的教育权利。公共教育服务更加发达，教育机会更加充分。全面普及学前教育，学前三年毛入园率达到99%，建立覆盖全市的0至3岁幼儿家庭教育指导网络。义务教育优质均衡发展，在校生数占相应学龄人口总数（以户籍人口计算）的比例即毛入学率达到100%以上，进一步增强保障来京务工人员随迁子女接受教育的能力。全面普及高水平、多样化的高中教育，高中阶段教育毛入学率达到99%。职业教育和培训更加发达，高等教育普及率稳步提高，每10万人口在校大学生数达到6700名。城乡教育一体化发展格局形成，家庭经济困难群体资助制度更加完善，民族教育和特殊教育水平不断提高。人力资源开发水平持续提高，主要劳动年龄人口受过高等教育的比例达到48%，新增劳动力平均受教育年限达到15.5年。

2. 优质的教育：提供更加丰富的高质量教育。教育体系更加完善，教育质量显著提高。学历教育与非学历教育协调发展，职业教育与普通教育相互沟通，职前教育与职后教育有效衔接，学校教育、家庭教育、社会教育有机统一，形成人人皆学、处处可学、时时能学的终身教育体系。教育资源布局与城市发展进一步协调，办学条件达到现代化要求，基础教育阶段建网学校比例达到100%。各级各类学校的教育教学质量不断提高，形成良好的校风和学风。现代教育观念深入人心，素质教育进一步落实，学生综合素质和市民素养显著提升，首都教育的人才培养质量、知识创新水平、社会服务和文化引领能力明显提高。

3. 创新的教育：充分激发学校和师生发展的活力。教育体制改革取得突破，创新人才培养水平明显提升。教育管理体制、办学体制改革进一步深化，现代学校制度基本建立，形成充满活力、富有效率、更加开放、有利于科学发展的教育体制机制。人才培养体制和招生考试评价制度改革取得突破，以素质教育为导向的教育质量保障体系更加健全，学校、教师和学生的主动性、积极性和创造性得到充分发挥。形成有利于学生积极主动、自由全面、生动活泼成长的环境，学生的创新精神和实践能力显著提升，拔尖创新人才培养取得突破。

4. 开放的教育：教育与经济社会发展的联系更加紧密。教育与经济社会联动协调发展，国际影响力不断增强。为加快转变经济发展方式提供更加有力的人才和智力支撑，为产业结构调整和区域协调发展发挥更大的促进作用，为全面提升城市软实力奠定更为坚实的人文基础。京津冀区域教育合作取得突破性进展，京港澳台地区教育合作更加深入。国际交流与合作进一步扩大，培养具有国际视野和国际竞争力人才的能力显著提升，教育在吸引和聚集国际化高端人才中的作用更加显著，在京外国留学生规模达到18万人次。

（三）战略部署

1. 战略主题：坚持以人为本、全面实施素质教育。以培养德智体美全面发展的社会主义建设者和接班人为目标，坚持德育为先、能力为重、全面发展、面向人人，着力提高学生的社会责任感、创新精神和实践能力，不断满足经济社会发展对人才的需求和全面提高国民素质的要求。

坚持德育为先。立德树人，把社会主义核心价值体系融入国民教育全过程。加强公民意识教育、中华民族优秀传统文化教育和革命传统教育。夯实学校教育主渠道，把德育渗透到教学实践的各个环节，融入校园文化的各个方面。拓展社会教育大平台，建好用好中小学生社会大课堂。完善学校、家庭、社会教育网络，健全大中小学生志愿服务长效机制。建设高素质的辅导员和班主任队伍，切实提高育人水平。

坚持能力为重。优化学科专业结构，改革人才培养模式，适应经济社会发展对各种知识能力的要求。建立更加灵活开放的学习制度平台、资源更加丰富的实践育人平台和拔尖创新人才培养平台，着力提高学生学习能力、实践能力、创新能力。健全学生成才就业指导服务机制，丰富学生社会实践活动，帮助学生主动适应社会。

坚持全面发展。广泛开展学生体育、文艺、科技活动，促进德智体美有机融合，提高学生综合素质。加强校内外体育场所设施的建设与利用，建立健全学校体育卫生工作机制，提高学生身心健康水平。重视美育工作，培养学生良好的审美情趣和人文素养。加强劳动教育，重视安全教育、生存教育、国防教育等综合素质教育，培养品行高尚、人格健全、意志坚强的建设者和接班人。

坚持面向人人。关心每一个学生的健康幸福成长，为每一个学生的成功奠定良好基础。尊重人才成长规律，因材施教，激发学生学习兴趣，全面提高学习质量，促进学生个性化发展。坚持平等对待学生，民主管理班级，发挥学生主动发展、自我教育的积极性。

2. 战略方针：优先发展、统筹协调、优质育人、改革创新。立足基本国情和首都实际，深入贯彻落实科学发展观，推进首都教育改革和发展，提升教育现代化水平。

优先发展。各级党委、政府要把优先发展教育作为贯彻落实科学发展观的一项基本要求，切实保证教育发展优先规划、优先投资、优先保障、优先安排；动员全社会关心支持教育，为青少年健康成长创造良好环境；鼓励社会力量兴办教育，不断加大社会资源对教育的投入。

统筹协调。统筹教育与经济社会协调发展，统筹城乡与区域教育均衡发展，统筹中央和地方、学校和社会以及中外教育资源优势，统筹各级各类教育科学发展。

优质育人。坚持育人为本，瞄准国内领先、国际一流的教育质量标准，全面提升各级各类学校的教育教学质量和人才培养水平。坚持人才强教，着力提高教师队伍和管理队伍的整体水平，聚集国内外优秀人才从事首都教育事业。

改革创新。着力推进制约教育事业科学发展关键领域和重点环节的改革，积极破解人民群众关心的教育热点、难点问题。创新教育体制，扩大开放与合作，创新教育发展模式，为教育事业科学发展注入强大动力。

专栏　教育事业发展与人力资源开发主要指标

	指标	2009年	2015年	2020年
1	学前三年毛入园率（%）	90.3	95	99
2	义务教育毛入学率（%）	105	100以上	100以上
3	高中阶段教育毛入学率（%）	98	99	99
4	每10万人口在校大学生数（人）	6369	6700	6700
5	基础教育阶段建网学校比例（%）	90.8	97	100
6	外国留学生规模（万人次）	7.1	12	18
7	新增劳动力平均受教育年限（年）	14	15	15.5
8	主要劳动年龄人口受过高等教育的比例（%）	35	40	48

第二章　基础教育

坚持高标准、高质量地发展基础教育，努力办好每一所学校和幼儿园，进一步完善学校、家庭和社会共同育人机制，为每一个学生提供适合的教育，为学生的终身发展和幸福生活奠定坚实基础。

（四）全面提高育人质量

树立和倡导科学的教育观、学习观和成才观，营造有利于学生成长的良好育人环境。建立各级教育质量标准和评价、督导监测制度。各级政府要和学校、家庭、社会共同努力，切实减轻学生校内外过重课业负担。建立学生课业负担监测、公告制度，规范社会补习机构和教辅市场，引导家长和社会树立正确的教育观念，率先实现小学生减负。

加强和改进青少年思想道德教育，将社会主义核心价值观教育寓于学校教育教学全过程。加强德育课程建设，完善学校、家庭、社区协同合作的德育工作体系。加强理想信念教育和民主法制教育，强化学生的国家意识、民族精神、社会责任感和公民素养。加强生命教育和可持续发展教育，引导学生珍爱生命、热爱生活。广泛开展民族团结教育。

深化基础教育课程教材改革。根据不同阶段学生的成长规律和教育规律，构建符合现代教育理念、具有北京特色的基础教育课程体系。加强教材及教学资源建设，完善校本（园本）教研制度，加快教研网络建设，构建教学支持服务体系。

提高课堂教学质量。突出学生的主体地位，探索适应学生身心特征和课程要求的有效教学模式，改进教法、学法，引导学生主动思考、乐于探索、勤于动手，培养学生的学习兴趣、创新思维和实践能力。推行小班教学，创造更加优良的学习环境。

增强学生体质，提高综合素养。加强体育卫生工作，大力推进“阳光体育”活动，确保学生每天锻炼不少于1小时，培养学生良好的体育锻炼习惯和健康的生活方式，降低学生肥胖率、近视率。

重视人文教育，提高学生的人文素养、艺术修养。开展形式多样的科技教育、实践活动，着力提升学生的创新精神和实践能力。

（五）大力发展学前教育

全面提升学前教育的供给能力，为适龄幼儿提供充足的入园机会。实施学前教育保障项目。构建覆盖0至6岁幼儿的学前教育体系。加大政府对学前教育的投入，大力发展公办幼儿园，积极扶持民办幼儿园，形成政府主导、公办民办并举的学前教育服务体系。

统筹规划幼儿园布局。依法保障新城、新建改建小区配套幼儿园的建设。进一步增加城镇地区公办幼儿园数量，加强农村地区乡镇中心幼儿园建设，利用农村中小学布局调整富余教育资源新建幼儿园（或附设幼儿园、幼儿班）。到2020年，公办幼儿园数量达到总数的50%以上。采取政府购买服务等方式支持民办幼儿园提供优质平价服务。建立覆盖城乡的0至3岁幼儿早教基地服务网络，保教结合，促进科学育儿。

加强学前教育管理。建立学前教育质量管理体系与标准，核定学前教育机构收费标准，规范收费行为。加大对自办园的监管力度。实施保教人员资格准入制度，加强保教人员岗位培训，提高保教水平。开展对学前教育机构的督导工作。

（六）推动义务教育优质均衡发展

建立健全义务教育均衡发展保障机制。各级政府要依法落实推进义务教育均衡发展的职责，均衡配置教师、设备、图书、校舍等资源，推进义务教育公共服务均等化。建立和落实义务教育学校教师和校长流动机制。城镇中小学教师评聘高级职务（职称），原则上要有一年以上在农村学校或薄弱学校任教经历。

全面落实本市中小学办学条件标准，实施现代化中小学建设项目。建立城乡一体化义务教育发展机制，在财政拨款、学校建设、教师配置等方面向农村倾斜，保障农村教育发展需求。积极推进学区化管理、学校联盟、名校办分校、学校托管、优质管理输出、教师特派等办学形式和管理机制的创新试点，扩大优质教育资源覆盖面，促进区域教育协调发展。以公办学校接收为主，完善来京务工人员随迁子女接受义务教育的保障体制。

建立全市义务教育质量标准和监测制度。巩固小学和初中建设成果，加强对义务教育学校的办学水平和教学质量的督导，着力促进学校内涵发展。以提高质量为核心，凝练办学特色，提高办学水平。完善学生综合素质评价体系，着力促进每一个学生综合素质的全面提升。帮助学习困难学生完成学业。

（七）促进普通高中多样化发展

探索学校多样化发展新途径，开展新型综合高中和特色高中建设试点，推动普通教育与职业教育的融合，为学生提供多元化的学习机会和资源，形成独特的教育风格和学校文化。发挥优质高中在特色办学中的示范和带动作用。建立健全推动普通高中多样化发展的督导评价制度。

加强普通高中课程建设，推进教育教学改革。深化高中课程教材改革。加强研究性、实践性教学，建立学生发展指导制度，培养学生的创新精神、实践能力和社会适应能力，引导学生自主学习和个性发展。探索高中和大学的合作途径，开展创新人才培养基地建设试点，为学有余力的学生开展拓展性学习提供资源支持。

进一步加强内地少数民族班及学校建设，高质量完成培养任务。

（八）关心和支持特殊教育

完善首都特殊教育体系，保障残疾学生接受教育的权利。优化特殊教育学校布局，推进学校标准化建设，全面改善办学条件。支持普通学校接受残疾学生入学，完善随班就读支持保障体系。逐步实施残疾学生高中阶段免费教育。鼓励高等学校招收符合条件的残疾学生入学。充分利用信息技术手段，创新残疾人教育模式，制定实施个别教育计划。完善残疾学生助学制度。加强特殊教育学校教师培训。提高教师待遇。

第三章　职业教育

服务首都优化经济结构的需求，按照集约型、精品化、内涵式的发展思路，构建灵活开放的现代职业教育体系，培养适应首都现代化建设需求的高素质劳动者和高技能人才。

（九）构建现代职业教育体系

加强政府对职业教育的统筹管理，健全政府统一领导，相关职能部门分工明确，统筹有力、运行协调的管理体制，促使职业教育与经济社会发展需求相适应。统筹职业教育与普通教育发展，统筹中等职业教育、高等职业教育和职业培训发展，做优中等职业教育，做强高等职业教育，做大职业培训，健全技能型人才培养体系。优化资源配置，推进职业教育集团建设。

提升职业教育发展重心，整合中等与高等职业教育资源。积极探索多样化的衔接办学模式，促进中等与高等职业教育在办学定位、培养目标和课程内容等方面有效衔接。

学历教育与职业培训并举。大力强化中等、高等职业学校职业培训功能，鼓励学校面向社会积极开展多层次、多形式的职业培训。鼓励行业、企业开展多种形式的职业培训。

推动普通教育与职业教育相互沟通，支持职业学校与普通学校相互开放课程和教学资源。

（十）改革职业教育人才培养模式

推行工学结合、校企合作、顶岗实习的人才培养模式，着力培养学生的职业道德、职业技能和就业创业能力。构建课程标准与职业资格标准相融合、理论与实践教学一体化的职业教育课程体系。推进学历证书与职业资格证书并重的“双证书”培养模式。健全职业教育质量评价制度，完善北京市高等职业教育的评估体系。吸收用人单位参与教育质量评价，积极开展职业技能竞赛。

建立政府主导、行业指导、企业参与的办学机制。制定相关政策法规推进校企合作。鼓励校企双方在专业建设、课程开发、教育教学、实习实训、招生就业、教师队伍建设等方面全过程深度合作。

推进教学制度改革。健全弹性学习制度，完善学分制，方便学生工学交替、分阶段完成学业。

（十一）加强职业教育基础能力建设

制定并落实北京市职业学校基本办学标准。积极建设中等职业教育改革示范学校、优质特色学校和高等职业教育示范校、骨干校。

调整职业教育专业结构。适应首都高新技术产业、生产性服务业、现代制造业、文化创意产业和都市型现代农业等高端产业发展需求，建设一批为首都重点产业发展服务的骨干特色专业。

加强实训基地建设。加大投入，显著提升职业学校实验实训设备的现代化水平。创新实训基地运行管理模式，提高实验实训设备使用效率。鼓励行业、企业参与实训基地建设。

加强职业教育教师队伍建设。建立有利于“双师型”教师队伍建设的聘任与专业技术职务（职称）评聘制度。建设兼职教师人才库。加强文化课教师和管理队伍建设。培育职业教育名师。

（十二）增强职业教育吸引力

逐步实行中等职业教育免费制度，逐步降低高等职业教育学费，完善家庭经济困难学生资助政策，加大对优秀学生的奖励力度。建立健全职业教育课程衔接体系，完善职业学校毕业生升学制度，拓宽毕业生继续学习通道。积极推进“双证书”制度，完善就业准入制度，执行“先培训、后就业”、“先培训、后上岗”的规定。

加大对有突出贡献的高技能人才的宣传表彰力度，营造有利于技能型人才成长的良好社会氛围。制定鼓励从业人员学习钻研劳动技能的奖励制度。提高技能型人才的社会地位和待遇。

第四章　高等教育

建设结构合理、特色鲜明、质量一流、开放融通的首都高等教育体系，大力提升首都高等教育的人才培养能力、知识创新能力和社会贡献能力，为国家及北京发展提供高端人才支撑和科技智力服务。

（十三）建设高水平大学

支持世界一流大学、一流学科和高水平大学建设。以多种形式为中央在京高校建设世界一流大学、一流学科和高水平大学提供支持和保障。

建立首都高等教育发展协调机制。采取多种方式加强中央在京高校和市属高校的沟通与合作，联合开展学科专业建设、高层次人才培养和高水平科学研究。

全面提升市属高校办学水平。发挥政策指导和资源配置的作用，加强对市属高校发展定位、空间布局、学科专业的统筹规划，分类指导市属高校科学定位，整合资源，在不同层次、不同领域办出特色、办出水平，建设一批国内一流、国际知名、有特色、高水平的地方大学及学科。

（十四）提高人才培养质量

高校要坚持以人才培养为中心。把育人作为学校和教师的首要职责，把教学作为教师考核的主要内容，把培养创新人才和高技能人才作为学校评价的重要因素，推动教学资源向教学一线倾斜。更加注重教学的创新性、综合性、实践性、开放性和选择性，倡导启发式、探究式、讨论式、参与式教学。

继续推进“北京高校本科教学质量与教学改革工程”。优化学科专业布局结构，加大本市重点学科和特色专业建设，鼓励新兴学科和交叉学科的发展。加强实验室、校外实习基地和课程教材等基本建设。逐步完善学分制和弹性学制。鼓励高校建立学分互认机制。试点跨专业、跨学科、跨学校的选课制度。鼓励高校建设教学联盟。

继续推进“北京高校科学技术与研究生教育创新工程”。建立产学研联合培养和国内外联合培养研究生的机制。加快发展专业学位研究生教育。

建立用人单位、教师、学生共同参与的教学质量评价机制。建设北京高等学校教学质量状态数据系统，形成北京高等学校教学质量监测制度。

（十五）增强科技创新能力

创新高校科研体制，完善科研评价和激励机制。支持高校建设一批重点实验室、哲学社会科学研究基地和工程研究中心。鼓励高校与海内外高水平教育科研机构、著名企业联合建立研发基地。建设一批科研创新团队。加强北京市大学科技园建设，构建北京高校科技创新体系，积极培育战略性新兴产业。

（十六）提升社会贡献力

高校要紧密围绕北京经济社会发展面临的重大问题开展科研攻关，服务首都发展。促进科技成果产业化，孵化一批经济效益高、社会效益大的科技成果。发挥知识文化优势，引领社会文化发展，积极为社会成员提供多样化、高层次的继续教育。广泛开展科学普及工作，全面提高社会公众的科学素养和人文素养。积极参与决策咨询，充分发挥智囊团、思想库作用。鼓励师生面向社会广泛开展志愿服务。

第五章　学习型城市建设

大力倡导全民学习、终身学习的理念，建立灵活开放的终身教育体系，积极开展继续教育，加快学习型组织建设，使学习成为促进个人、组织和城市发展的核心动力。充分发挥首都人才、智力和资源等方面的优势，进一步完善学习型城市建设的领导体制、运行机制，健全工作制度。建设充满创新精神和发展活力的知识化、国际化大都市。

（十七）建立灵活开放的终身教育体系

健全北京市学习型城市建设统筹领导体制，统筹各级各类教育发展，促进学历教育与非学历教育协调发展、职业教育与普通教育相互沟通、职前教育和职后教育有效衔接。创新学习制度，建立不同类型学习成果的互认与衔接机制，构建市民终身学习“立交桥”。探索建立“学分银行”、“市民终身学习卡”等终身学习制度。

（十八）大力开展继续教育

依托高等学校、科研院所、大型企业建立专业技术人员继续教育基地，定期为专业技术人员提供培训。鼓励行业、企业联合职业学校建立培训中心，为企业在职人员提供岗位培训，为转岗、失业人员提供职业培训。

依托社区教育培训机构，面向广大社区居民开展形式多样、内容丰富的社区教育，健全社区教育体制。鼓励学校、图书馆、博物馆、科技馆、美术馆等社会文化教育机构面向广大市民开展多形式、多内容的社会教育。充分发挥各类新闻媒体的社会教育功能，调动各种社会力量广泛开展老年教育、妇女教育和外来务工人员教育。大力开展家长教育，普遍提高家庭教育水平。

加大政府对农村成人教育培训的统筹指导，健全覆盖区县、乡镇和村三级的农村成人教育办学网络。大力开展农村实用技术培训和农村转移劳动力培训，培养有文化、懂技术、会经营的新型农民，提高农民和农转非人员的就业创业能力和综合素质。

建设北京开放大学，形成开放的继续教育平台，提供方便、灵活、个性化的学习服务。

（十九）积极创建学习型组织

广泛开展各类学习型组织的创建工作。推动个人学习、团队学习和组织学习，使学习成为提高员工素质、开发人力资源、促进生产技术进步、提高管理服务水平，提升组织凝聚力、创新力、竞争力的重要途径。继续推进学习型社区、学习型区县建设工作。

第六章　教育体制改革

深化教育体制改革，以人才培养体制改革为核心，加快重要领域和关键环节改革步伐，形成充满活力、富有效率、更加开放、科学发展的体制机制，为实现首都教育现代化提供体制保障。

（二十）人才培养体制改革

更新人才培养观念，树立全面发展、终身学习、系统培养的观念，努力促进每个学生的全面、健康、可持续发展。遵循教育规律和人才成长规律，推进大中小学教育有机衔接，普通教育和职业教育互相沟通，教学、科研、实践紧密结合，学校、家庭、社会密切配合，形成体系开放、机制灵活、渠道互通、选择多样的人才培养体制。

改革人才培养模式。深化教育教学改革，建立更加灵活开放的学习制度，探索建立高等学校学生校际转学制度。注重因材施教，创新教育教学方法，深化课程教材改革，着力培养学生的创新精神和实践能力。探索拔尖创新人才培养模式。适应经济社会发展需要，建立学科专业结构的动态优化机制，提高人才培养针对性。构建合作培养、实践育人的资源平台，推进各级各类学校之间、学校与科研机构和用人单位之间以及中外教育机构之间联合培养人才。

改革教育质量和人才评价制度。建立全市统一的中小学教育教学质量标准，建立各个学段的学业水平考试制度、质量监控评价体系及教学反馈系统。完善中小学生综合素质的科学评价方法和基本程序。完善高等学校教学评估和质量年报制度，建立社会参与的人才培养质量评价机制。改进人才评价及选用制度，为人才培养创造良好环境。

（二十一）考试招生制度改革

坚持小学、初中免试就近入学。完善义务教育阶段入学办法，确保适龄儿童少年平等接受义务教育。各区县根据区域内适龄儿童的数量和分布状况，合理确定并向社会公布本区域每所学校的就近招生范围和招生人数，确保辖区内符合规定的适龄学生学有其位。

深入推进高级中等学校考试招生制度改革，把综合素质评价和学业水平考试作为招生录取的重要依据。推进高等学校考试招生制度改革。继续加强高考招生北京市自主命题，以考试内容改革为重点，探索考试方式的改革。探索开展市属高校本科自主招生试点，招收有特殊才能、特殊贡献及拔尖创新的人才。继续推进高等职业教育招生制度改革，以会考成绩和职业素养测评结果作为主要录取依据。扩大中等职业学校毕业生升入高等职业学校的比例，建立优秀毕业生免试入学制度。成人高等教育探索实行标准化考试和社会化考试相结合、文化考试和岗位业绩评价相结合、统一录取和自主招生相结合的入学方式。探索实行部分科目一年多次考试的办法，推进高考报名社会化试点。

（二十二）建设现代学校制度

探索建立中国特色现代大学制度。落实高等学校办学自主权，保障高等学校依法自主开展教学活动、科学研究、技术开发和社会服务。公办高等学校要坚持和完善党委领导下的校长负责制，健全议事规则与决策程序，落实党委、校长职权，完善大学校长选拔任用办法。充分发挥学术委员会的作用，探索教授治学的有效途径。坚持和完善校务公开制度，加强教职工代表大会、学生代表大会建设，发挥群众团体的作用，保障师生员工参与学校民主决策、民主管理和民主监督的权利。加强高等学校章程建设。探索建立高等学校理事会或董事会，健全社会支持和监督学校发展的长效机制。推进高校后勤改革。

完善中小学学校管理制度。完善普通中小学和中等职业学校校长负责制。依法制定学校章程，实行校务会议等管理制度，完善党组织发挥政治核心作用、教职工代表大会进行民主管理和民主监督的体制机制，不断提升学校管理的科学化、民主化和规范化水平。完善教职工岗位聘任制，维护教职工合法权益。积极支持和吸引行业、企业参与职业学校建设管理和人才培养，建立由行业专家和企业管理者参加的职业学校办学指导委员会。

（二十三）办学体制改革

深化公办学校办学体制改革，开展公办学校之间联合办学、委托管理等试验，探索公办教育多种实现途径。改进非义务教育公共服务提供方式，鼓励社会力量独立、共同捐资、出资兴办多种形式的教育培训。完善独立学院的管理和运行机制。整体规划民办教育事业发展，健全公共财政对民办教育的扶持政策，市、区（县）两级政府要采取专项资助、给予奖励等措施支持民办学校创新体制机制和育人模式，促进民办教育有特色、高水平发展。依法落实民办学校、学生、教师与公办学校、学生、教师平等的法律地位。依法明确各类民办学校变更和退出机制，完善民办学校法人治理结构。加强对民办学校的管理和监督。

（二十四）管理体制改革

建立统筹有力、权责明确的教育管理体制。建立健全教育优先发展的体制机制，不断加大首都教育发展保障力度。进一步明确市、区（县）两级政府教育管理权责，加大市政府统筹力度，落实区县政府管理职责。鼓励乡镇政府根据实际情况，支持行政区域内的教育事业发展。

转变政府教育管理职能。建立首都基本公共教育服务标准，实现基本公共教育服务均等化，维护教育公平和教育秩序。改进政府管理方式，更多地运用法规、政策、标准、公共财政等手段引导和支持教育发展，减少和规范对学校的行政审批和直接干预，落实和扩大学校办学自主权。完善教育行政决策制度，规范决策程序，建立首都教育决策咨询委员会。

完善社会参与机制。充分发挥中小学学校家长委员会和家长教师协会的作用，引导社区、家长参与监督学校管理。积极发挥行业协会、专业学会及其他中介机构在教育决策咨询、高等学校专业建设、职业学校发展等方面的作用。

第七章　教育开放与合作

适应建设中国特色世界城市的需要，瞄准世界教育发展变革的前沿，推动北京成为展示国家教育成果的重要窗口，教育合作交流的重要舞台，国际化人才培养的重要基地，外国学生留学中国的主要目的地，构建教育开放与合作的新格局。

（二十五）加强教育合作与交流

积极引进海外优质教育资源来京合作办学，探索合作办学新机制和新模式，依法支持首都高校、高中与国外知名学校通过多种方式合作办学，创建中外合作办学品牌项目，建立对外合作项目的评估机制，引导对外合作办学高质量、规范化发展。实施“留学北京行动计划”，完善外国留学生服务体系，加大政府奖学金资助力度。建设一批国际化的品牌学科专业和课程。进一步统筹首都院校孔子学院建设，全面推进汉语国际推广，稳步发展境外合作办学。

深入推进京津冀区域教育合作和京港澳台地区教育合作，形成教育区域化与地区间协调发展机制。充分利用首都丰富的教育资源，探索多种形式，加强教育对口支援。

（二十六）着力培养国际化人才

支持高校加强对教育、教学、科研和管理队伍的国际交流合作能力培养，提高国际化课程比例，培养具有国际视野、通晓国际规则、能够参与国际事务的国际化人才。鼓励中小学开展多种形式的对外交流，积极拓展学生的国际视野，提高跨文化沟通能力，推进国际理解教育。支持职业教育系统借鉴和引进国际权威的职业资格证书、职业教育办学模式和考核标准，推进国际化应用技能型人才培养。实施“首都学生留学交流计划”，开展多种形式的学生互换交流活动。加强对出国留学人员的引导和服务。探索与境外高校的教师互派、学分互认和学位互授联授。建立教师境外培训基地，加大选派重点课程教师和骨干教师出境培训的力度，建设适应教育国际化要求的教师队伍。

（二十七）进一步扩大首都教育的国际影响力

完善与外国政府及国际教育组织等机构间的沟通协作机制，重点加强与北京国外友好城市等政府间合作，注重发挥民间组织的优势，鼓励建立教育领域内的区域和校际合作。支持高端学术活动，积极举办和参加国际高水平学术会议和论坛，将北京国际教育博览会建设发展成为具有较高国际影响力的国际教育展会。

第八章　教师队伍建设

坚持以德为先、能力为主，建立健全教师队伍建设长效机制，全面提升教师综合素养，着力构建高素质的专业化教师队伍，培养、造就一大批名师、名校长，为全面推进首都教育现代化提供强有力的人才支持。

（二十八）建立健全师德建设长效机制

坚持把师德建设摆在教师队伍建设的首位，进一步加强教师职业理想和职业道德教育，不断增强广大教师教书育人的责任感和使命感。完善教师职业道德教育、考核、监督机制，将师德教育列为教师继续教育的必修内容，将师德表现作为考核、聘任（聘用）和评价的首要内容，并接受学生、家长和社会的监督和评议。继续开展“北京市优秀人民教师”评选，表彰树立一批道德高尚、行为示范的教师典型。

（二十九）建立健全教师专业能力建设长效机制

提升中小学教师专业发展水平。研究制定教师专业发展标准，明确阶段性目标。构建开放的中小学教师教育体系，实现教师来源多元化。通过创新教育硕士、教育博士的招生培养机制，进一步提高中小学教师的学历层次。实施“农村教师素质提升计划”，为农村学校培养用得上、留得住的教师。

提高职业学校教师的专业教学和实践能力。调整职业学校教师结构，提高“双师型”教师比例，完善从行业、企业引进或聘请师资机制。探索职业学校教师培养的多种途径，落实职业学校教师定期到企业实践制度。定期选派骨干教师赴职业教育发达国家进修，增强专业素质，拓宽国际视野。

推进高校高层次人才和创新团队建设。引进和培养一批具有国际影响的学科领军人才。通过跨学校、跨学科合作等多种途径，搭建协作平台，形成一批联合攻关、勇于创新的研究团队，提升学科建设水平和科研能力。

加强教师培训工作。构建市级负责重点培训、区县或高校实施全员培训，分层分岗、研训结合的教师培训体系，建立教师带薪脱产培训机制，加强教师培训基地和课程建设，切实提高教师培训的实效性、针对性。实施“优秀中青年骨干教师发展计划”和“万名教师境外培训计划”，加强中青年骨干教师境外培训。更新教育观念，提高教育教学能力。

（三十）建立提高教师地位和待遇的保障机制

提高教师的社会地位，不断改善教师的工作、学习和生活条件，关心教师身心健康，增强教师职业的吸引力。依法保障教师工资水平，落实教师绩效工资制度。研究制定教师住房保障政策，建设专家公寓和青年教师公寓。对农村教师的工资、职务（职称）等实行倾斜政策，完善津贴补贴制度，稳定农村教师队伍。对在远郊区县农村地区长期从教及贡献突出的教师给予奖励。落实民办学校教师职务（职称）评定制度。

（三十一）建立和完善教育人事管理制度

严格执行教师准入标准，把好教师入口关。建立教师资格证书定期登记制度。完善教师考评体系和退出机制。实行统一的中小学教师编制标准，建立统一的职务（职称）系列。各区县教育行政部门要履行中小学教师的招聘录用、职务（职称）评聘、培养培训和考核等管理职能，积极促进区域内教师资源的合理配置和流动。实施幼儿园教师配备标准及高等学校编制标准。建立校长任职资格制度和职级制度，促进校长的专业发展和合理流动。探索名校长、名教师培养机制，为教育家办学、教学创设条件。

第九章　教育资源空间布局与经费保障

坚持优化城区、强化郊区的原则，推进教育资源空间布局调整，充分发挥教育对人口分布的引导作用、对城市规划的支撑作用和对区域发展的引领作用。坚持扩大总量、优化结构、提高效益的原则，加强教育经费保障，完善教育经费投入机制和教育公共财政体制，使教育投入与实现首都教育现代化目标需求相适应。

（三十二）加强对空间布局调整的规划与实施

建立健全北京市教育资源空间布局调整工作协调机制，明确市、区（县）两级政府职责，制定规划引导、经费投入、土地储备、资源整合等相关政策，加强统筹规划和实施指导。

稳步推进首都教育资源空间布局调整工作，各级政府、各部门在制定实施“十二五”规划的过程中，应优先制定教育基础设施专项规划，优先保障学校建设用地，完善居住区配套学校建设和使用机制。推进各级各类学校达标工程建设，进一步优化校园规划，提升学校建筑功能，推进“人文校园、科技校园、绿色校园”建设，创造良好的育人环境。

（三十三）统筹配置各级各类教育资源

学前教育全面配置。加强城乡公办幼儿园建设，引导民办幼儿园合理布局。加强新建小区的早期教育基地建设和幼儿园建设，满足市民在居住区域内接受学前教育的需求。

基础教育均衡配置。结合首都人口迁移聚集分布趋势和学龄人口变化趋势，强化市、区（县）政府科学统筹配置力度，促进中小学教育资源在区域内和区域间均衡配置。严格执行办学条件标准，确保城市新建小区配套中小学建设达标。继续推进名校办分校，在新城和城市发展新区新建改建一批办学条件好、教育质量高的学校，满足人民群众对“上好学”的要求。

职业教育协调配置。加强北京市职业教育专项设置规划，调整职业学校布局与产业布局相协调。推进职业学校与行业、产业、企业的合作，加强职业教育实训基地建设。

高等教育优化配置。按照《北京城市总体规划（2004～2020年）》要求，加强科学规划，优化完善由中关村及周边高校组成的大学聚集中心和北部、南部、东部3个高校聚集区构成的“一心三区”首都高等教育空间布局，形成与首都空间布局相协调、产业结构相适应、区县功能相结合的首都高等教育资源空间布局。制定拆迁补偿、专项资金支持和奖励等政策，推动首都高校积极调整教育资源空间布局，实现学校可持续发展。

（三十四）依法增加政府投入

各级政府要优化财政支出结构，继续把教育作为财政支出重点领域予以优先保障。严格按照教育法律法规规定，年初预算和预算执行中的超收收入分配体现法定增长要求。各级政府教育财政拨款增长应高于财政经常性收入的增长，并使按在校学生人数平均的教育费用逐步增长，保证教师工资和学生人均公用经费逐步增长。落实国家有关加大教育投入的税收政策。到2012年确保全市财政教育支出占财政支出比例实现国家分解任务目标，并保持稳定增长。

严格教育经费预算管理，教育经费预算和决算要报经各级人民代表大会或其常务委员会依法审核。强化人大教育执法检查和政府教育督导检查。完善各级政府教育投入公告制度，由教育、财政、统计等部门共同向社会定期发布政府教育投入情况。

（三十五）拓宽经费筹措渠道

完善义务教育经费保障机制，健全义务教育经费市级统筹、市与区县政府分担、管理以区县为主的体制，不断增强市政府统筹和引导力度。完善非义务教育阶段培养成本合理分担机制，根据经济发展状况、培养成本和居民可承受能力适时调整学费标准。

健全以政府投资为主、多渠道筹集教育经费的体制。学前教育实行政府投入、社会举办者投入、家庭合理负担的投入机制。普通高中实行以财政投入为主、其他多种渠道筹措经费为辅的体制。中等职业教育实行政府、行业、企业及其他社会力量多渠道依法筹集经费的投入机制。高等教育实行以举办者投入为主，受教育者合理分担培养成本、学校设立基金接受社会捐赠等多渠道筹措经费的投入机制。健全公共财政对民办教育的扶持政策，市、区（县）两级政府采取经费资助和出租、转让闲置的国有资产等措施，对办学规范、特色明显的民办学校给予奖励，鼓励民办学校特色发展、可持续发展。

对校企合作办学中积极参与支持实习实验和实训基地建设的企业，政府制定相应的优惠政策，给予表彰奖励。

完善社会捐赠教育和学校筹款的激励机制。落实个人教育捐赠支出税收政策。鼓励社会积极捐赠，提高学校积极争取社会捐赠的意识和能力。

（三十六）优化经费分配结构

调整优化各级各类教育经费结构，促进教育事业持续健康发展。完善市属公办学校经费定额标准体系，建立以办学成本为基础、与物价水平相一致的各级各类教育生均定额标准动态调整机制，保证学校的正常运转。建立完善市属公办高等学校生均综合定额与教育事业发展需求及物价增长水平联动的拨款制度和正常增长机制，保持基本经费与项目经费的合理比例。根据国家高等学校基本办学条件标准和教育教学基本需要，完善市属高等学校基本建设经费投入保障机制。

增强教育经费统筹能力。增量经费主要向农村、财力薄弱区县及城市发展新区倾斜。积极扶持农村义务教育、特殊教育。重点加大对农村教师队伍建设、农村幼儿园、农村寄宿制学校和城镇薄弱学校建设的投入。

完善奖助学金体系。建立和完善各级各类教育家庭经济困难学生资助政策体系。建立健全高中阶段和高等学校优秀学生奖学金制度。完善国家助学贷款机制。加大面向家庭经济困难群体的免费公益性职业培训投入。

（三十七）加强经费使用管理

严格执行国家财政资金管理法律制度和财经纪律。建立科学化、精细化的预算管理机制，完善教育财政咨询和决策制度。加强经费拨款的科学论证，健全项目申报、事前评估、财政投资评审、立项论证制度，增强经费分配的科学性。对教育重大项目预算开展事前评估，创新预算管理方式，推进政府公开并动员社会力量参与预算决策，提高预算安排的透明度，提升政府公信力。充分发挥教育财政咨询委员会作用，提高教育财政管理的有效性。完善学校全面预算管理。

加强经费执行过程的规范化管理。建立健全学校内部财务管理制度。建立预警机制，防范学校财务风险。实施将预算执行与绩效目标纳入考核内容的新型预算管理方式。完善经费使用内部稽核和内部控制制度，确保经费使用规范、安全、有效。完善教育经费监管机构职能，在市属高等学校试行设立总会计师职务，提升经费使用和资产管理专业化水平。加强学校国有资产管理，建立健全学校国有资产配置、使用和处置制度，防止国有资产流失。

完善教育专项绩效考核和问责机制。建立各级各类学校的绩效目标和考核指标，逐步建立绩效奖励与标准拨款相结合的经费分配制度。建立经费使用效益和国有资产管理评价体系。引进相对独立的社会中介组织参与绩效考核和评价。

加强监察、审计等部门的联合督查，完善对重大建设项目的经济责任审计制度。实施学校“阳光财务”工程，建立财务信息公开制度，完善收费听证制度，全面推行收费规范公示制度。

第十章　教育信息化

坚持统筹规划、整合资源、加强服务、提升效益的原则，以教育信息化的发展推进现代化目标的实现。构建支撑终身教育和个性化学习的数字化教育服务体系，全面提升首都教育信息化水平。

（三十八）加强教育信息基础建设

依托智慧城市建设，以数字化应用为导向，完善各级各类学校的信息化基础建设，进一步改善教育信息化建设环境。有效利用先进、主流的信息技术，加快“北京教育信息网”的升级换代，加强数字校园建设。加强数据、资源、服务的规范化建设与管理，形成覆盖城乡，满足学校、社会、家庭需求的远程教育网络。加强教育信息化基本能力建设，重视教育信息化专业人才队伍建设，加大教育行政部门、学校管理者和教师的信息化培训，不断提升全民信息素养和信息能力。

（三十九）完善数字化教育服务体系

依托首都城市信息通信基础设施，进一步加强教育资源建设与应用。逐步完善与城市信息化发展相协调、与教育发展规律相适应、满足学习型城市建设需求的数字化教育服务体系。政府、学校和社会共同建设，形成以学习者为中心，融合校内学习与校外学习、学历教育与非学历教育，沟通学校、家庭、社会，提供个性化、开放式服务的数字化学习服务平台。

（四十）创新信息化教育与管理方式

充分利用现代信息技术和丰富的数字资源，深化教育教学改革。鼓励教师探索新型教学模式，开展网络教研，提高教育技术应用能力；形成适应信息化的教育教学方式与校园文化，培养提高学生利用现代信息技术收集、整理、分析信息的意识、习惯和分析解决问题的能力。积极开展多媒体教学、远程教学，推进现代信息技术与课程的深层次整合，创新网络化学习模式，开展高质量高水平远程学历教育，探索新型技术形态的教育应用与创新。

整合教育信息资源，建成贯通市、区（县）、学校，衔接各级各类教育机构，集政务公开、网上办事、公共服务、在线互动等多种功能于一体的网上政府门户。建成服务广大市民和教育工作者的电子政务（电子校务）体系，创新政务管理和校务管理，扩大服务范围，提升首都教育公共服务水平。

第十一章　依法治教

构建首都教育现代化法律保障体系，不断提升立法水平，加大执法力度，建立教育法律法规贯彻执行情况的督导和问责机制，依法治教，为全面实现首都教育现代化提供法制保障。

（四十一）完善地方立法

完善首都教育立法，形成与国家法律框架相一致、与首都教育现代化要求相匹配的层次合理、内容完备、适用性强的地方教育法规体系。推进关于学前教育、职业教育、民办教育等地方法规的修订工作，加快有关教育督导、校外教育、终身教育、家庭教育等地方法规、规章的制定工作。加强立法调查研究，进一步规范教育立法制度和报审程序，增强教育立法的透明度和公众参与度。根据《国家中长期教育改革和发展规划纲要（2010～2020年）》精神，结合本市教育改革发展实践，及时对法规、规章进行清理、修改和废止。

（四十二）严格依法行政

各级政府要按照建设法治政府的要求，依法履行教育职责。依法明确各级教育行政部门行使行政权力的权限与程序。建立行政执法责任制、执法错案赔偿制和行政执法人员过错责任追究制，加强教育执法队伍建设，规范教育执法行为，加大对教育违法行为，特别是违法办学行为的查处力度。加强行政执法监督工作，推行评议考核制。进一步加强行政复议工作，完善教师和学生行政申诉制度，做好教育行政救济工作。支持学校和其他社会组织开展教育法律咨询服务，建立教育法律援助制度。健全政府教育行政部门和各级教育机构的信息发布制度，及时公开信息，接受社会监督。

（四十三）推进依法治校

依照法律和国家有关规定，建立健全学校章程和各项制度，保障学校依法履行办学职责，正确行使办学自主权。加强学校民主管理和民主监督，保障师生员工对学校重大事项决策的知情权和参与权。尊重师生权利，坚持公平、公正原则，依据程序依法健全权利救济制度。加强学校法制宣传教育，切实加强课程、教材、教师队伍建设，强化师生的法律意识、公民意识。

（四十四）加大督导力度

依法强化各级政府教育督导机构的监督、检查、指导和评估职能，加强对各级政府、各级各类教育机构以及其他社会组织全面贯彻落实党的教育方针和贯彻执行教育法律法规情况的督导检查，构建以提高教育质量为导向、政府督导评价为主导、学校自评为基础、社会广泛参与的教育督导工作机制，建立行政监督、科学评价、民主管理相结合的教育督导评估体制。

进一步完善教育督导评估标准，促进各级各类教育的协调发展和学校的内涵发展。依法加强和改进基础教育和职业教育督导工作，拓展高等教育、校外教育、社区教育、教师队伍建设等方面的督导工作。创新探索与同级政府部门联动督导、购买专业评价服务、开展社情民意调查、跨地区督导合作等工作模式，推进教育督导信息化，逐步实现精准化督导。

各级教育督导机构依法独立行使督导职能，落实完善教育督导结果公布、整改制度及督促政府和学校履行教育职责的问责制，建立教育督导与教育决策、教育执行之间衔接顺畅、统筹有力的工作机制。全面加强督学队伍专业化建设，建立教育督导评估专业机构，推行督学任职资格制度和督学委派制度，完善督学选拔聘任制度、督学培训制度、督学责任区制度。

第十二章　重大项目和改革试点

依据首都市情，尊重教育规律，坚持改革创新，对制约首都教育发展的重大问题以及社会反映强烈的难点问题进行攻坚和试验，力争用三到五年时间，在关系首都教育发展的重点领域和关键环节取得一批突破性成果。

（四十五）组织实施十大重点建设项目

围绕中长期教育改革和发展的战略任务，以加强薄弱环节和关键领域为重点，组织实施一批对教育和经济社会发展具有重要支撑作用的重大建设项目。

学前教育保障项目。实施幼儿园新建和改扩建工程，新建300所幼儿园。实施幼儿园改造工程，改造250所乡镇中心幼儿园、50所街道幼儿园。实施幼儿园办园条件标准化工程，提升幼儿园的办园标准。实施学前教育师资培养、培训工程，培养6000名具有幼儿教育专业学历的教师，开展幼儿教师全员培训计划。

现代化中小学建设项目。实施新城配套学校建设工程，结合新城建设、中心城区人口疏解、城乡结合部重点村改造，新建一批优质中小学。继续推进中小学达标工程建设，全面执行本市中小学办学条件标准，优先支持农村学校办学条件达标，确保新建小区配套学校达标。继续推进校舍安全工程建设，全面提高校舍的综合防灾能力。实施校园品质提升工程，推进“人文校园、科技校园、绿色校园”建设，充分发挥环境育人功能。

教育资源优化配置项目。制定实施基础教育空间布局规划，促进义务教育优质资源均衡合理布局，扩大优质高中资源的覆盖范围。制定职业教育空间布局规划，加强职业教育布局结构调整和资源整合，重点推进职业教育园区、职业教育集团和高等职业教育综合改革试验区建设。进一步优化高等教育资源空间布局，完成良乡、沙河高等教育园区和大学新校区建设，支持高校改善办学条件，促进高等教育与区域经济社会发展紧密结合。

职业教育能力建设项目。实施职业教育品牌学校建设工程，建设20所左右国家示范性职业学校，30所左右市级示范性职业学校。实施职业教育品牌专业建设工程，重点建设20个左右与现代制造业、高新技术产业、现代服务业相适应的专业领域，打造50个左右职业教育名牌专业。建设一批职业教育校企合作示范项目。

高等教育质量提升项目。实施“北京高等教育资源统筹计划”，支持世界一流大学和高水平大学建设，探索中央在京高校与市属高校共建新模式。实施高水平地方大学建设工程和市属高校一流学科建设工程。深化北京高校本科教学质量与教学改革工程、科学技术与研究生教育创新工程，继续实施“首都高校哲学社会科学繁荣计划”。

终身学习网络和平台建设项目。构建市民终身学习社区服务网络，每个区县建设一所社区学院或社区教育中心。构建市民终身学习社会服务网络，鼓励引导各级各类学校和培训机构参与教育。推广“终身学习周”、“市民大讲堂”、书展、读书活动等影响力较大的学习活动。构建市民终身学习数字化服务平台，建设面向全市、服务全员的数字化终身学习资源中心。

高素质教师队伍建设项目。实施“首都教育家发展计划”和“长城学者计划”。完善中小学教师补充机制，实施“教育硕士培养计划”和“中小学教师储备计划”。完善教师培训体系，加强教师培训基地建设，对义务教育教师进行全员脱产培训。实施“优秀教师境外培训计划”和“农村教师素质提升计划”。深入推进“人才强教计划”和“职业院校教师素质提高工程”。加大学前教育、特殊教育师资培养和引进力度。

教育民生保障项目。实施“来京务工人员子女接受义务教育三年规划方案”。不断完善教育资助制度，加大对各级各类教育中家庭经济困难学生的资助力度。逐步实行中等职业教育免费制度。全面改善特殊教育学校的办学条件，健全扶残助学政策体系。全力做好大学生就业保障工作，加大面向社会困难群体的职业培训投入。推进学校后勤改革，建立新型后勤保障体系。将青年教师住房纳入保障性住房建设体系。

教育信息化发展项目。实施教育信息化基础建设工程，全面升级“北京教育信息网”，建成市级教育数据中心和统一认证中心。建设数字校园示范校，加快推进中小学校园网建设。加强现代远程教育网络建设。实施数字化教育服务体系建设工程，建设数字化资源基地。

教育国际合作推进项目。实施“中外合作办学促进计划”，建设若干个中外合作办学品牌项目。实施“首都优秀学生留学奖励计划”，培养具有国际竞争力的人才。实施“留学北京行动计划”，提高学历生和研究生比例。实施“走出去”战略，全面推进汉语国际推广，稳步发展境外合作办学。

（四十六）加快“教育现代化试验城市”建设

充分发挥教育部支持本市开展教育现代化试验的政策优势，统筹首都教育资源，就教育现代化中的重大问题进行探索和试验，重点推进国家教育改革试点项目。

区域义务教育均衡发展改革试验。推进城区义务教育学校均衡发展，试行学区化管理、学校联盟、对口合作和教师、校长交流制度。建立区县间义务教育均衡发展协调机制，在义务教育发展规划、学校空间布局结构调整、学校招生、教育教学等方面加强政策协调和资源统筹。开展名校办分校、教师特派、优质管理输出、学校托管等试点，扩大优质教育资源的辐射范围，实现资源共享。

城乡教育一体化改革试验。探索城乡教育一体化发展的有效途径，建立完善区域内城乡教育一体化发展机制，统筹规划管理城乡教育，实现城乡义务教育资源标准化、均衡化配置。统筹发展农村地区基础教育、职业教育和成人教育，不断完善农村地区教育体系。进一步提高农村义务教育保障水平，新增教育经费主要向农村学校倾斜。加强区域内城乡学校间对口支援、资源共享和校长、教师交流。

基础教育课程教材改革试验。着力建立课程教材改革试验长效机制，逐步形成具有首都特色的现代化基础教育课程实施方案。进一步深化基础教育课程改革，推动形成学科门类设置科学完善、课时安排合理、内容符合素质教育要求的课程体系。建立科学的三级课程评价机制，形成富有特色的地方课程、校本课程。修订完善北京市中小学实验教材，加强对教材选用的统筹。积极协调高等学校、教科研单位力量，形成专家支持促进课程改革的机制。

职业教育体系创新改革试验。积极推进中等、高等职业学校衔接办学体制的改革试验。选择部分学校和专业开展职业教育人才培养制度改革试验。深化职业教育教学改革，探索职业教育人才培养模式改革试验。

人才培养体制改革试验。建立基础教育改革创新实验校或实验基地，探索拔尖创新人才培养模式。以学分制改革为基础，探索大学生在不同专业、不同学校间转学的制度。开展市属高校与中央在京高校合作、公办高校与民办高校合作、高校与企业合作、高校与科研机构合作以及中外合作联合培养人才的试验。

可持续发展教育试验。建设可持续发展教育示范区，进一步明确教育为可持续发展服务的时代功能，培养青少年形成可持续发展需要的学习能力、科学知识、价值观念与生活方式。在素质教育中强化可持续发展价值观教育，在基础教育课程中强化资源节约、环境保护、文化多样性等内容。广泛开展节能减排学校建设，指导学生关注并积极参与解决社会、经济、环境与文化可持续发展实际问题，从单纯资源消耗单位向节能减排示范基地转变。

办学体制综合改革试验。深化基础教育学校办学体制改革，探索公办教育多种实现途径，扩大优质教育资源的影响力和覆盖面。开展普通高中特色发展试验，推动高中阶段教育多样化发展。创新职业教育办学机制，推动形成政府统筹、部门配合、行业企业与社会各方深度参与的局面。探索政府资助、管理民办教育的新模式。

终身教育体制机制建设试验。建立北京开放大学与普通高等教育对接机制，实现课程学分互认。加大开发与整合终身教育课程体系，为全民学习提供资源、技术支持和服务。改革自学考试内容，方便市民个性化学习和弹性学习。探索宽进严出、自主学习、学历与资格证书并重的开放式教育制度，建立学习成果认证体系和“学分银行”制度，加快学习型城市建设步伐。

第十三章 加强对教育事业的组织领导

建成公平、优质、创新、开放的首都教育，是一项光荣而艰巨的系统工程。必须坚持党对教育事业的领导，各级政府要切实履行职责，凝聚全社会的力量，为全面提升首都教育现代化水平提供强有力的保障。

（四十七）加强和改善对教育工作的领导

各级党委和政府要把推动教育事业优先发展作为维护人民利益和促进城市发展的重大战略任务，在现代化建设全局中优先规划、优先投资、优先保障、优先安排教育发展。切实加大投入力度，依法实现各级政府教育财政拨款增长高于财政经常性收入的增长，在校学生生均教育经费逐步增长，教师工资和学生人均公用经费逐步增长。强化政府职责，加强教育设施规划和建设，制定基本建设投入、土地储备等配套政策，明确责任、统筹协调、加强指导，稳步推进教育资源优化配置，进一步提高办学条件现代化水平。建立健全领导干部定点联系学校制度和对区县党委、政府的评价机制，把推动教育优先发展、科学发展作为各级党委和政府政绩考核的重要内容，完善考核机制和问责制度。进一步加强首都教育宏观政策和发展战略研究，提高教育决策科学化水平。

（四十八）加强和改进教育系统党的建设

按照科学发展观的要求，以提高思想政治素质、增强办学治校能力为重点，切实加强各级教育系统领导班子和干部队伍建设。坚持德才兼备、以德为先的用人标准，配齐配强学校领导干部，逐步开展各级各类学校校长公开选拔招聘试点。深化干部人事制度改革，建立体现科学发展观和正确政绩观要求的综合考核评价体系。高校领导干部要加强与党政部门和企事业单位党务、科研、产业等干部的交流，使高校更加紧密地结合首都经济社会发展需求开展人才培养、科学研究工作，更好地实现教学、科研与人才培养相结合，更加有效地服务首都经济社会发展。健全培训制度体系，搭建干部挂职锻炼和交流任职平台。

把全面贯彻党的教育方针贯穿学校党组织活动始终，坚持社会主义办学方向，牢牢把握党对学校意识形态的主导权。高等学校党组织要充分发挥在学校改革发展中的领导核心作用，中小学党组织要充分发挥在学校工作中的政治核心作用，充分发挥学校基层党组织战斗堡垒作用和党员先锋模范作用。不断提高学校党建工作的科学化水平，进一步优化基层党组织设置，实现党的组织和党的工作全覆盖。积极创新工作方式和活动内容，加强基层党内民主建设。保障党员的主体地位和民主权利，完善党务公开制度，建立健全党内民主决策机制。积极开展民主集中制教育，提高党员民主素质。加强基层党组织负责人队伍建设和党员队伍建设，继续加强在大学生和青年教师中发展党员工作，建立健全党员发展质量保障体系。结合新时期师生党员特点，加强党员教育培训，提高党员教育管理服务的信息化水平。重视学校共青团、少先队工作。

进一步健全惩治和预防腐败工作体系，坚持“党委统一领导、党政齐抓共管、纪委组织协调、部门各负其责、群众支持参与”的领导体制和工作机制。实行党风廉政建设责任制，加大教育、监督、改革、制度创新力度，将廉政建设与业务工作紧密结合，从严治教、规范管理。加强教育系统政风行风建设。深化政务公开、校务公开，逐步推行基层党务公开。着力解决人民群众反映强烈的热点、难点问题。

（四十九）全力维护教育系统安全稳定

坚持把维护安全稳定作为首要政治任务。加强教育安全稳定体系和长效机制建设，进一步巩固“大维稳”工作格局，落实安全稳定责任制。深入开展矛盾纠纷排查，切实加强重点、难点问题的预防化解。加强源头防范，把安全稳定风险评估和预防作为推进重大决策和重大项目的前置和必经程序。加强基层基础建设，加大学校科技创安工作力度，加强对校园安全事故易发、多发环节的管理和安全隐患的排查整治，着力解决影响校园及周边环境秩序的突出问题，进一步加强校园应急管理工作，最大限度降低学生安全事故发生率。广泛开展师生安全教育实践活动，切实增强师生安全防范意识与能力。积极创建安全、稳定、和谐的校园环境，努力维护首都教育系统持续稳定的良好局面。

（五十）动员全社会共同关心支持教育工作

教育振兴，全民有责。各级党委、政府要动员全社会关心、支持和参与教育改革和发展。要切实保障人民群众对教育的知情权、参与权、表达权和监督权，建立完善群众利益表达的渠道和建言献策的平台。教育行政部门要主动加强与有关部门和社会各界、新闻媒体的沟通与协调，引导鼓励社会各界更新教育观、成才观、用人观，支持教育改革创新。充分调动各方面的积极性，形成合力，努力在全社会营造有利于教育发展的良好局面。

实施

《教育规划纲要》是21世纪本市第一个中长期教育规划纲要，涉及面广、时间跨度大、任务重、要求高，必须周密部署、精心组织、认真实施，确保各项任务落到实处。

强化责任落实。贯彻实施《教育规划纲要》，是各级党委和政府的重要职责。各地区各部门各单位要在市委、市政府统一领导下，按照《教育规划纲要》的部署和要求，对目标任务进行分解，明确责任分工。市委、市政府教育工作部门负责《教育规划纲要》的组织协调与实施，各有关部门要积极配合、密切协作，共同抓好贯彻落实。

认真组织实施。加强对《教育规划纲要》实施的组织领导，把《教育规划纲要》作为项目审批和安排资金的重要依据，突出《教育规划纲要》的权威性和导向性。加强《教育规划纲要》实施情况的督导评估工作，建立实施情况的跟踪、监测和定期公布机制。完善《教育规划纲要》调整机制，建立健全相关的法律程序。

统筹分步推进。按照“远近结合、重点突破、整体提高”的原则，确定教育改革与发展的优先领域、重大项目和改革试点。针对制约首都教育现代化全局的重大问题，集中力量实施重大项目和改革试点攻坚。制定“十二五”时期教育发展规划，具体实施《教育规划纲要》确定的目标和任务。

营造良好环境。广泛宣传党的教育方针政策及《教育规划纲要》的重大意义和主要内容，进一步增强各级政府和社会优先发展教育的责任感和使命感，动员全社会进一步关心支持教育事业的改革和发展，为《教育规划纲要》的实施创造良好社会环境和舆论氛围。

（市委、市政府于3月24日在北京市教育工作会议上正式颁布）

北京市学前教育三年行动计划（2011～2013年）

学前教育是终身学习的开端，是国民教育体系的重要组成部分，是重要的社会公益事业。为贯彻落实《国务院关于当前发展学前教育的若干意见》精神，推动本市学前教育科学发展，解决当前存在的“入园难”问题，结合本市学前教育发展特点，特制定本行动计划。

一、发展现状

（一）基本情况。

近年来，本市学前教育事业有较大发展。全市户籍适龄儿童学前三年入园率达到85%以上，常住人口适龄儿童学前三年入园率达到80%以上，边远山区基本普及学前一年教育。全市建成了一批社区儿童早期教育示范基地，面向0至6岁儿童和家长的多种形式的保育和教育服务格局正在形成，幼儿园保教质量普遍提高。目前，全市共有幼儿园1245所。其中，教育部门举办的347所，集体举办的234所，其他部门举办的219所，民办的445所；在园儿童27.8万人；幼儿园教职工37227人，其中，专任教师21677人，大专及以上学历专任教师占教师总数的77.84%；学前教育专项经费逐年提高，“十一五”期间，市级学前教育专项经费累计达到5亿元，2011年市级学前教育专项经费达到5亿元左右，幼儿园办园条件得到显著改善。

（二）面临的问题。

北京作为首都，学前教育发展在总体上还不能很好地满足由于经济社会快速发展、人口出生高峰到来、外来人口涌入带来的新增入园需求，学前教育的质量、布局、结构与人民群众日益增长的对高质量、多样化的学前教育需求还不相适应。存在的主要问题有：一是学前教育资源总量不足，“入园难”问题比较突出，户籍适龄儿童入园需求尚未得到完全满足，常住适龄儿童学位缺口较大，师资供给不足；二是城乡之间、区域之间的学前教育资源分布不均衡，住宅小区幼儿园配套建设不到位，农村幼儿园基础薄弱，局部地区“入园难”和入公办园难的问题更加突出；三是幼儿园运行成本日益增加，公办幼儿园收费标准明显偏低，现有投入不能满足其正常运行和发展的需要，部分幼儿园存在收费不规范的行为；四是城乡结合部地区无证办园在安全、质量等方面问题突出，在学前教育资源总量不足的情况下，治理难度很大。

二、发展目标

学前教育发展应坚持“政府主导、社会参与，保证基本、广泛覆盖，公益普惠、优质多样，保教结合、科学育儿，依托社区、就近就便”的原则。根据国家提出的三年有效缓解“入园难”的总体要求，按照本市“十二五”时期经济社会发展规划中对城乡建设和人口格局要求，通过统筹资源、优化结构、合理布局、开放创新，规划建设并改扩建769所幼儿园，使全市幼儿园总数达到1530所左右，全市公办性质幼儿园占幼儿园总数的比例达到65%以上。

2011年至2013年分别增加学位约2.7万个、2.4万个、2.4万个，共增加学位约7.5万个。满足户籍适龄儿童入园需求，学前三年学位供给实现全覆盖，入园率由85.6%提高到95%以上；努力提高常住适龄儿童入园比例，学前三年学位供给覆盖率和入园率由80.8%提高到90%以上，使“入园难”问题得到有效缓解；对目前未能入园的在京适龄儿童及家庭，提供多种形式的学前教育指导服务。

三、主要举措

（一）实施三项工程。

本市将通过加大投入、扩大资源、改善条件，加强公办幼儿园建设，提供“广覆盖、保基本、多形式”的学前教育公共服务，确保学前教育事业健康发展。3年内将启动幼儿园新建改扩建工程、幼儿园条件达标工程和幼儿教师培养培训工程等学前教育三项工程。

1. 实施幼儿园新建改扩建工程。3年内，市、区县两级政府安排20亿元基本建设资金和18亿元财政专项经费。一是用于370所新建、改扩建公办幼儿园建设及设施设备的经费投入；二是用于将接收的147所小区配套幼儿园装修及设施设备的经费投入；三是用于扶持举办小规模幼儿园的经费投入；四是用于举办小学附属幼儿园、扩班等的经费投入。

2. 实施幼儿园条件达标工程。3年内，市、区县两级政府将安排7亿元资金，根据本市幼儿园、托儿所办学条件标准要求，对250所左右的中央及地方各部门办园、街道和乡镇集体办园的房屋、设施、设备进行条件达标改造。

3. 实施幼儿教师培养培训工程。3年内，本市将扩大幼儿教师的培养规模，加大幼儿教师的培训力度，确保幼儿教师师资供给，普遍提升幼儿教师素质。一是通过加强市属师范院校学前教育专业的建设力度，办好大专及以上层次的幼儿教师培养院校，建立首都师范大学学前教育学院，扩大招生规模，同时，通过公开招聘幼儿教师、中小学教师转岗等途径拓宽师资来源。3年内要培养和输送5000余名幼儿教师和4000余名保育员，确保基本满足师资需求。二是采取分层、分类和重点项目结合的方式，做好各类幼儿园管理者及教师的在职继续教育培训，包括非师范类幼儿教师上岗培训、农村富余中小学教师转岗为幼儿教师培训、新建小规模幼儿园管理者和教师培训、民办幼儿园管理者和教师培训、特殊教育师资培训、市级骨干教师及学科带头人培训、以园为本教研制度建设培训、结合教育科研课题研究培训等。3年内，市、区县两级政府将安排1亿元左右经费，累计完成3万人次的幼儿园管理者及教师继续教育培训。95%的幼儿园园长和85%的幼儿教师达到专科及以上学历水平。

（二）落实六项措施。

1. 多种形式扩大公办学前教育资源。一是新建、改扩建一批公办幼儿园；二是利用中小学布局调整后的富余教育资源建设小学附属幼儿园，利用其他富余公共资源优先改建成幼儿园；三是鼓励、支持中央及地方各部门办园；四是扶持并稳定街道、乡镇集体办园；五是鼓励优质公办幼儿园举办分部；六是在农村地区每个乡镇建设1至2所农村乡镇中心幼儿园，同时根据本市村庄规划标准的要求建设乡镇中心幼儿园附属分园，覆盖到每个村。

2. 做好小区配套幼儿园的规划、建设、接收、使用和管理。根据居住区规划和居住人口规模，按照国家有关规定配套建设幼儿园，并与小区同步规划、同步建设、同步交付使用，建设用地按照国家有关规定予以保障。对未按规定安排配套幼儿园建设的小区规划不予审批。住宅小区配套幼儿园作为公共教育资源，由区县政府统筹安排，举办公办幼儿园或者委托办成普惠性民办幼儿园。在小区规划、建设、审批、验收、使用等各个环节落实配套幼儿园建设政策，确保小区适龄儿童有幼儿园上、上得起幼儿园。

3. 进一步鼓励规范民办幼儿园。鼓励支持民办幼儿园的发展，特别是对面向大众、收费较低的普惠性幼儿园，要采取减免租金、以奖代补等方式引导民办幼儿园提供普惠性服务。同时，可结合实际，根据本市举办小规模幼儿园有关规定，积极探索创办小规模幼儿园，满足辖区内适龄儿童优质、便利、多样的入园需求。进一步规范民办幼儿园的管理，鼓励民办幼儿园进入分级分类管理范围。依法保障民办幼儿教师的合法权益，在职称评定、评优评先等方面享有与公办教师同等待遇。

4. 加大政府投入，实施奖励补贴政策。落实财政投入“五有”政策，即“预算有科目、增量有倾斜、投入有比例、拨款有标准、资助有制度”。一是提高教育部门办园生均经费标准，由每生每年200元提高到每生每年1200元；二是参照教育部门办园生均经费标准，对中央及地方各部门办园、街道及乡镇集体办园进行定额补贴；三是对接受政府委托、办成普惠性幼儿园的民办幼儿园，采取减免租金等补贴政策，对连续两年考核成绩优秀的民办幼儿园，参照教育部门办园生均经费标准给予一定奖励；四是通过减免保育费等方式资助家庭经济困难儿童接受学前教育。3年内，市、区县两级政府安排3.6亿元经费对实施以上政策予以支持。

5. 完善幼儿园收费管理机制。根据本市城乡经济社会发展水平、办园成本和群众承受能力，按照非义务教育阶段家庭合理分担教育成本的原则，由市发展改革委牵头，会同市财政、教育部门规范幼儿园收费，制定幼儿园收费管理办法，调整收费标准。同时，进一步加强民办幼儿园收费管理，完善民办幼儿园收费价格备案程序。实行幼儿园收费公示制度，加强幼儿园收费监管，接受社会监督，坚决查处违规收费问题。

6. 形成幼儿园安全监管机制。进一步完善学前教育法律法规，规范学前教育管理。一是严格执行幼儿园准入制度。二是坚持实行分级分类管理，提高保教质量，尊重儿童发展规律，坚决防止幼儿园“小学化”倾向。三是进一步完善和落实幼儿园年检制度，年检不合格的要限期整改，对社会各类幼儿培训机构和早期教育指导机构，区县教育部门要加强监督管理。四是妥善解决无证办园问题，未取得办园许可证和未办理登记注册手续的任何单位和个人不得举办幼儿园；对目前存在的无证办园，各区县政府要进行全面排查，制定管理办法，加强指导，监督整改，经整改达到相应标准的，颁发办园许可证；整改后仍未达到保障幼儿安全、健康等基本标准的，要依法予以取缔，并妥善分流和安置幼儿。五是强化幼儿园安全防范，高度重视幼儿园安全保障工作，加强安全设施建设，配备保安人员，健全各项安全管理制度和安全责任制，落实各项措施，严防事故发生。相关部门要按照职能分工，建立全覆盖的幼儿园安全防护体系，切实加大工作力度，加强监督指导。幼儿园要提高安全防范意识，加强内部安全管理。幼儿园所在街道、社区和村民委员会要共同做好幼儿园安全管理工作。

四、工作要求

各级政府要加强对学前教育的统筹协调，健全教育部门主管、有关部门分工负责的工作机制，形成推动学前教育发展的合力。要建立学前教育联席会议制度，及时通报学前教育发展情况。建立和完善学前教育督导制度，制定学前教育督导评估指标体系，加强对学前教育三年行动计划的督导检查。市政府将在统筹制定全市学前教育发展规划等相关政策并组织实施基础上，加强对全市学前教育工作的宏观管理，将学前教育工作纳入对区县、乡镇（街道）工作考核内容，对学前教育工作先进区县给予表彰奖励。通过重点项目投入等方式，扶持经济欠发达地区发展学前教育事业，制定贫困儿童及特殊儿童的资助政策，促进本市学前教育事业持续、健康发展。

（一）区县政府是发展学前教育的责任主体。负责统筹制定本行政区域内学前教育事业的发展规划、调整学前教育机构规划布局、公办幼儿园的建设、教师和设施设备的配备、各类学前教育机构的管理及学前教育经费的筹措，建立经费奖励扶持政策，确保辖区内3至6岁适龄儿童接受学前教育。制定管理办法，明确责任，形成合力，加强对无证办园的治理。结合区域适龄人口分布状况和变化趋势，科学测算入园需求和供需缺口，确定发展目标，制定本区域学前教育三年行动计划，分解落实年度任务，到2013年有效缓解“入园难”。充分发挥街道、乡镇在促进学前教育发展中的作用。

（二）各相关部门要完善工作机制，加强组织领导。教育部门要完善政策，制定标准，充实管理力量，加强对学前教育的监督管理和科学指导。机构编制部门要结合实际，按照国家有关部门即将出台的幼儿园编制标准要求，修订公办幼儿园教职工编制标准。发展改革部门要加大幼儿园建设发展力度，配合教育部门和各区县确保新建118所幼儿园落实到位，并会同财政部门和教育部门规范幼儿园收费，制定幼儿园收费管理办法，调整收费标准。财政部门要加大投入，研究制定支持学前教育的投入保障政策，确保本计划中提出的经费投入到位。城乡建设、规划、教育和国土资源等部门要认真落实本市关于加强小区配套幼儿园规划建设和管理有关意见，督促检查区县住宅小区配套幼儿园建设使用情况。人力资源和社会保障部门要完善幼儿园教职工的人事（劳动）、工资待遇、社会保障和技术职称（职务）评聘政策。综治、公安部门要加强对幼儿园安全保卫工作的监督指导与规范管理，整治、净化周边环境。卫生部门要监督指导幼儿园卫生保健工作。民政、工商、质监、安全监管、药监等部门要根据职能分工，加强对幼儿园的指导与管理。

（市政府5月26日印发）

首都中长期教育人才发展规划纲要（2010～2020年）

为贯彻落实《首都中长期人才发展规划纲要（2010～2020年）》和《北京市中长期教育改革和发展规划纲要（2010～2020年）》，建设高素质、创新型、国际化教育人才队伍，服务首都教育现代化和中国特色世界城市建设，特制定本纲要。

序言

教育人才是教育事业科学发展的第一资源，是强教之本，在首都人才队伍中具有重要的基础性、战略性、先导性地位和作用。大力加强首都教育人才队伍建设是培养拔尖创新人才的基石，是建设世界一流“人才之都”的关键。

北京市历来高度重视教育人才工作。改革开放以来，特别是进入新世纪以来，北京市制定实施了一系列加强人才工作的政策和措施，教育人才队伍建设取得了显著成绩。教育人才是教育发展第一资源的科学人才观初步确立；满足首都教育事业发展需要的人才规模稳步扩大；适应全面实施素质教育要求的人才质量得到较大提升；打造首都教育国际国内竞争力的高层次人才队伍不断壮大；顺应教育人才发展规律和需求的人才工作体制机制基本形成；保障教育人才创新发展的综合环境不断优化。

未来10年，是我国从教育大国向教育强国、从人力资源大国向人力资源强国迈进的历史发展新时期，是北京推动中国特色世界城市建设的关键时期，是全面实现首都教育现代化的攻坚阶段，是首都教育人才事业发展的重要战略机遇期。我们必须清醒地认识到，当前首都教育人才发展的总体水平与建设中国特色世界城市的要求还有一定差距，与首都教育现代化的需要还不适应，主要表现在：以人为本、人才优先发展的科学人才观还需深化，高层次教育人才仍然匮乏，人才结构亟需优化，人才队伍整体素质和国际化水平有待进一步提升，人才发展投入相对不足，人才管理服务水平有待进一步提高，人才发展体制机制还需进一步完善，有利于人才成长发展的创新创业环境亟待进一步优化。

面对新形势、新任务，我们必须从战略高度抓紧抓好教育人才工作，主动适应时代需求，积极应对各种挑战，进一步增强紧迫感、责任感和使命感，坚定不移走人才强教之路，不断开创首都教育人才发展的新局面。

一、指导思想和工作方针

（一）指导思想

高举中国特色社会主义伟大旗帜，以邓小平理论和

“三个代表”重要思想为指导，深入贯彻落实科学发展观，牢固树立科学人才观，坚持党管人才原则，服务首都教育优质均衡发展、服务世界一流大学建设、服务首都经济社会发展，大力实施人才强教战略和人才优先发展战略，创新人才工作思路，深化体制机制改革，优化人才发展环境，以高层次人才队伍建设为重点，统筹推进各类教育人才发展，为全面实现首都教育现代化、推动中国特色世界城市建设提供强大的人才保证和智力支持。

（二）工作方针

推进首都教育人才发展，必须坚持和贯彻“优先建设、优势引领、优质提升、优化机制”的工作方针。

——优先建设。把教育人才摆在推动教育科学发展的首要地位，坚持教育人才资源优先开发，教育人才结构优先调整，教育人才投资优先保证，教育人才制度优先创新。

——优势引领。把首都人才集聚优势转化为教育人才高端发展的强大动力，通过培养、吸引和汇聚世界一流教育人才，引领高层次人才和创新团队发展，持续提升首都教育人才的国际竞争力。

——优质提升。把打造优质的教育人才队伍作为首都教育人才发展的根本任务，大力加强师德建设和专业能力建设，全面提升首都教育人才队伍的整体素质和国际化水平。

——优化机制。把优化人才环境作为服务教育人才发展的根本保障，有效破除束缚人才发展的思想障碍和政策壁垒，大力推进首都教育人才工作体制机制创新。

二、战略目标

到2020年，培养和造就一支师德高尚、业务精湛、结构优化、充满活力的高素质、创新型、国际化教育人才队伍，涌现出一批具有国际国内重要学术影响的学科领军人才、一批引领素质教育实施的教育教学名师、一批善于办学治校的名校长、一批具有先进教育理念、丰富教育实践、赢得社会广泛赞誉的教育家，进一步提升首都教育的国际国内竞争比较优势，成为支撑首都教育现代化的强大内驱力和中国特色世界城市建设的持久动力源。

——高层次教育人才规模进一步扩大。适应首都教育现代化发展需求的教育人才总量稳步增长，紧缺人才得到有效补充，人才结构更加合理，高层次教育人才队伍建设取得明显实效，社会服务能力显著增强。

——教育人才的整体素质大幅提升。教师的师德修养、专业素质明显提升，教学科研能力显著增强，教育管理和教学科研辅助人才的管理服务水平得到较大提高。

——教育人才的国际竞争力显著增强。人才国际化发展取得显著进展，具有国际影响的学科领军人才、具备国际教育视野和理念的教育管理人才、积极参与各类高端国际学术交流活动的人才不断涌现。

——充满活力的人才工作格局基本形成。教育人才发展体制机制创新取得突破性进展，与人才培养、吸引、使用、激励、流动衔接配套的教育人才发展服务体系基本形成，尊重人才、鼓励创新、开放包容的人才发展环境得到优化，人才活力竞相迸发。

推进首都教育人才发展，要统筹兼顾，分步实施。到2015年，重点在制度建设、机制创新上有较大突破。到2020年，全面落实各项任务，确保人才发展战略目标的实现。

三、主要任务

（一）突出培养造就高层次教育人才

以高层次教育人才作为教育人才队伍建设的战略重点，努力培养、吸引和汇聚世界一流教育人才，引领和带动首都教育人才队伍素质全面提升。

1. 培养造就一批学科领军人才

加大海外高层次人才引进力度，重点引进一批在国外著名高校、科研院所担任相当于教授职务，能够突破关键技术、发展高新产业、带动新兴学科的战略科学家和领军人才。加大资助和支持力度，鼓励高校积极参与“千人计划”、“长江学者奖励计划”、“海聚工程”等国家和北京市各类人才发展计划，实施“长城学者计划”和“高层次教育人才创新团队建设计划”，培养和造就一批具有国际影响的学科领军人才，培育一批联合攻关、勇于创新的高水平创新团队。

引导和鼓励首都高校与国内外科研院所、企业开展跨国跨地区的学术交流和项目共建，联合建设一批研发基地，构建拔尖创新人才发展平台，推动首都高校人才参与国际前沿科学和应用技术研究，促进拔尖创新人才融入国际竞争，在国际竞争中培养学科领军人才。

加大青年拔尖创新人才的培养力度，着眼于人才基础性和战略性开发，建立青年人才培养使用工作责任制，加大对高校青年学术骨干的支持和培养力度。在自然科学、哲学社会科学和文化艺术等重点学科领域，依托国家重大工程、重点学科和研究基地、重大科研项目以及国际学术交流合作，为青年拔尖创新人才发展提供充分的成长条件与机会，培养造就一批学科领军后备人才。

2. 培养造就一批首都名师

完善市区（县）校三级中小学骨干教师、学科教学带头人、特级教师的评价选拔与管理制度，建立分梯次、分层次、分类别培养培训制度，健全“特级教师工作室”培养模式，造就一批为人师表、教书育人、引领素质教育实施的中小学名师。

完善职业学校名师、专业带头人选拔培养制度，拓宽校企合作培养渠道，搭建教师专业实践平台，广泛开展以提高教师“双师”素质为重点的培训活动，提升教师实践教学能力与专业水平，造就一批教学成果显著、善于培养高技能创新人才的职业教育名师。

完善高校教学名师的选拔培养和引进制度，健全教学绩效评价机制，进一步提升教师师德修养、学术素养和教学科研水平，造就一批具有国际学术视野和较高科研水平、善于培养创新型人才的高校教学名师。

3. 培养造就一批名校长

研究制定科学合理的中小学、职业学校校长任职资格和专业发展标准，健全校长专注教育教学和学校发展的政策机制。建立优秀校长长期培养机制，设立分层分类的境内外校长研修基地，实施优秀校长高级研修计划，健全“名校长工作室”的培养模式。加强校长教育管理能力、课程领导能力、校园文化建设能力和教师专业发展引领能力的建设，培养一批具有先进教育思想、丰富教育实践、善于推动教育改革发展、赢得社会广泛赞誉的名校长。

按照社会主义政治家、教育家的要求，选好配强高校党政正职。坚持和完善高校党委领导下的校长负责制，支持和保证校长依法独立负责地开展工作。加强宏观指导与间接管理，切实落实和扩大高校办学自主权。继续推进“北京高校领导干部能力建设工程深化计划”，着力培养造就一批坚持社会主义办学方向、把握高等教育发展内在规律、善于运用现代教育理念和管理科学办学治校的教育党政人才。

（二）全面提高教师队伍整体素质

把提高教师整体素质作为首都教育人才工作的核心任务，加大培养培训力度，全面提高教师师德水平、专业能力、教学科研能力和国际化水平。

1. 全面提高教师师德水平

坚持以德为先的基本导向，把师德建设摆在教师队伍建设的首位，把提高师德水平作为全面提高教师队伍整体素质的基础。加强教师职业理想和职业道德教育，增强广大教师教书育人的责任感和使命感。加强正面宣传与舆论引导，树立一批先进典型，弘扬高尚师德师风，树立首都教师的良好形象。

建立师德建设的长效机制，完善教师的职业道德教育、考评、监督机制，将师德教育贯穿教师教育全过程，将师德表现作为教师考核评价、聘任（聘用）、表彰奖励的首要内容，并接受学生、家长和社会的监督和评议。采取综合措施，引导教师形成良好的学术道德和学术风气。

2. 全面提升教师专业能力

研究制定中小学教师专业发展标准，全面提升中小学教师专业发展水平。鼓励高校创新中小学教师培养模式，更好地满足基础教育改革和发展的需求，重点解决好学前教育发展的教师短缺和素质提升问题。整合教师培养培训资源，构建由市级培训机构、高等院校和区（县）级培训机构三位一体的层次清晰、任务明确的中小学教师培养培训体系。建立教师带薪脱产培训机制，创新教师研修方式，重点加强学前教育、农村教育、特殊教育、民办教育教师培训，切实提高教师培训的专业性、针对性、实效性。创新教育硕士、教育博士招生培养机制，支持和鼓励教师在职提升专业学历层次。

优化职业院校教师队伍结构，提高教师学历层次和具有“双师”素质的教师比例。完善从行业、企业引进或聘请优秀师资机制。探索多种形式的教师培养途径，完善教师定期到企业实践制度。加大实施“职业院校教师素质提升工程”的力度，全面提高职业院校教师的专业教学能力和专业实践能力。

完善高校教师培养培训制度，全面提升高校教师教育教学能力和科研水平。创新教师岗前培训与岗位培养的模式、机制与内容，完善对青年教师和新兴学科教师的教学、科研项目资助制度，提高青年教师教育教学改革和科研参与度，鼓励青年教师不断更新知识结构、拓宽学术视野，加深青年教师行业实践背景，健全青年教师发展扶持体系。建立和完善高校教师学术休假制度。

3. 全面提升教师国际化水平

充分利用境内外教育资源，加强与境外高水平教育机构的合作，针对性地建立一批境内外教师培养基地，支持鼓励中青年骨干教师参加境外培训和研修活动，扩大教师境外学习培训规模，提高教师境外学习培训效益。

完善中小学国际友好学校之间教师交流合作制度，引导和鼓励教师跨国开展多种形式的学术交流、学习培训、项目研修等活动，提升外语使用能力和国际文化理解能力。加大职业教育国际交流合作力度，定期选派骨干教师赴职业教育发达国家学习、研修，提升教师专业素质和国际交流能力。

鼓励和支持高校教师出国研修、交流访问、参加国际学术会议、参与国际科研合作项目，提升教师对世界学术发展前沿的追踪把握能力和国际影响力。鼓励和支持高校高层次人才竞争国际权威学术组织领导职务。完善高校引进境外高水平教师的政策制度，吸引境外高水平教师来华任教，创新和完善外籍教师管理与服务制度，不断扩大高校外籍教师规模，整体提升高校教师队伍国际化水平。

（三）统筹推进各级各类教育人才协调发展

首都教育人才队伍涵盖教育、教学、科研、管理、服务等多个方面，覆盖城乡，兼顾中央和地方，要坚持统筹协调，切实推进各级各类教育人才协调发展。

1. 统筹推进城乡教育人才协调发展

加大农村教师培养培训力度，通过农村教师城镇研修、带薪脱产培训、教育硕士培养、设立“特岗计划”等措施，着力培养农村紧缺学科教师，着力提升农村教师的学历层次和专业素质。建立健全义务教育教师和校长合理流动机制，完善区域内义务教育干部教师资源的共享交流机制，促进优秀教师和校长向农村学校、薄弱学校流动，促进义务教育优质均衡发展。

2. 统筹推进中央与地方教育人才一体化发展

加强市属院校与在京中央高校、科研院所、企业联合开展学科专业建设、高层次人才培养和高水平科学研究，构建世界一流的产学研用结合的创新研发平台，搭建首都教育人才联合发展平台。设立央地科研合作专项基金，加大共建项目支持力度，鼓励首都教育人才围绕国家和首都经济社会发展需求合作开展研究，不断提高市属院校在国家人才发展平台和品牌体系中的比重，提升首都教育人才的整体发展水平。

3. 培养造就现代化的教育管理和辅助人才队伍

创新教育党政人才培养开发模式，大力推进思想政治建设，加大交流任职和培养培训力度，建设一支具有现代教育理念和国际视野、管理服务能力强、工作效率高的教育管理人才队伍。围绕提高各级各类学校教育教学、科学研究和社会服务水平，努力建设一支具有现代服务意识、专业技能强、服务质量好的教学科研辅助人才队伍。健全班主任、辅导员的发展保障机制，建设一支具有现代育人意识和育人能力、善于实施素质教育、善于服务学生发展的高素质班主任、辅导员队伍。

（四）大力提升服务教育人才发展的水平

坚持以人为本，构建和完善首都教育人才发展服务体系和保障机制，为广大教师和教育工作者成长发展创设良好环境条件，始终保持首都教育人才队伍的活力和创造力。

1. 构建教育人才职业发展体系

遵循教育人才发展规律，以服务人才创新创业为重点，深入推进教育系统干部人事制度改革，建立起权责清晰、分类科学、机制灵活、监管有力的人事管理制度。加强教育人才职业生涯规划和指导，完善符合各类教育人才特点的职业发展途径，改进人才管理和绩效评价办法，营造宽松、和谐的制度氛围，进一步提高教师的地位和待遇，不断提升教师的荣誉感和幸福感，激励和保障教育人才专注本职工作和专业发展。

2. 完善教育人才公共服务体系

适应首都教育人才发展需要，以推动人才管理职能转变为核心，以为教育人才提供优质公共服务为重点，创新教育人才服务机制，培育一批教育人才专业中介服务机构。完善符合教育发展规律的各类教育人才市场，构建规范、高效、优质的教育人才公共服务体系。建立教育人才发展需求调查制度，采取综合措施，提升教育人才的公共服务水平。

3. 搭建教育人才信息服务网络

充分利用现代信息技术，围绕人事、教学、科研管理信息化，以教育人力资源地理信息系统为基础，开发首都教育人才资源可视化管理系统，建设首都教育人才资源发展网络社区。整合各类教育人才信息资源，构建统一的首都教育人才信息服务网络，支撑人才资源管理决策科学化、流动配置合理化、共享交流便捷化，为教育人才专业发展提供全方位的信息服务。

四、重点项目

（一）实施“长城学者计划”

服务国家和首都发展需要，与高校学科专业布局调整相适应，与高校重点学科和新兴交叉学科建设相结合，培养和资助一批勇于实践，敢于探索，富有创新精神的优秀青年人才。设立专项资金，每年评选支持 100 人。

（二）实施“首都名师发展计划”

在获评国家和北京市教学名师奖、中小学特级教师等高校、职业院校、中小学教育教学一线的优秀教师中，每年重点遴选、支持和培养首都名师 100 名。

（三）实施“高层次教育人才创新团队建设计划”

依托国家和北京市重点学科、重点实验室、重大工程和市立科研院所等教学、科研创新平台及世界一流的产学研用结合的创新研发平台，重点建设、支持高水平教学、科研和管理创新团队 100 个。

（四）实施“高层次教育人才特区建设计划”

依托高校国家和北京市重点实验室、工程研究中心和大学科技园，探索建立 10～20 个高层次教育人才特区。针对教育人才特区建设给予政策上的支持和倾斜，赋予特区在人才管理、资源配置、经费使用等方面的自主权，建立有利于高层次教育人才创新发展的事业环境。

（五）实施“高层次教育党政人才培养计划”

依托市委党校、国家教育行政学院以及高校等，建立一批首都教育党政人才培训研修基地。每年重点选调高校、职业学校、中小学、教育行政机关等各类教育党政人才 500 人，采取脱产培训或岗位轮换、交流任职和挂职锻炼等形式的实践锻炼，培养培育一批思想政治素质过硬、教育理论水平高、综合业务能力强、善于推动教育科学发展的高层次教育党政人才。

（六）实施“优秀中青年骨干教师发展计划”

建立多层次、多类别、分渠道的中青年骨干教师支持和培养体系，设立首都中青年骨干教师培养基金，每年遴选、资助中小学、职业学校优秀中青年骨干教师 1000 名，高校优秀中青年骨干教师 1000 名。

（七）实施“职校教师双师素质提升计划”

通过资助教师企业实践、企业高技能人才兼职任教、教师国内外培训研修等方式，全面提高以专业教学能力和专业实践能力为核心的专任教师素质，改善教师的双师素质状况。用 5～10 年时间，使职业院校“双师型”教师比例达到 60%以上。

（八）实施“农村教师素质提升计划”

加大农村教师培养培训力度，通过农村教师城镇研修、带薪脱产培训、教育硕士培养、设立“特岗计划”等措施，每年着力培养农村紧缺学科教师和中青年骨干教师 3000 人，全面提升农村教师的学历层次和专业素质。

（九）实施“首都教师国际视野拓展计划”

每年选拔、资助 10 名优秀校长、100 名优秀骨干教师和 1000 名高校、职业院校、中小学优秀教师到国际高水平院校、科研机构或教育管理部门在职攻读学位、开展合作研究、进行高级研修、从事博士后研究、参加国际学术会议或交流，全面提升首都教师的教学科研能力和国际化素质。

（十）设立“首都教育家”荣誉称号

营造首都尊师重教的良好氛围，树立优秀教师和教育工作者先进典型，每两年评选表彰 20 名为首都教育事业改革和发展作出突出贡献、受到社会广泛赞誉和认同的首都名师、名校长。

五、政策制度保障

（一）加大高层次人才队伍建设投入

加大高层次人才队伍建设经费投入，完善分层分类的人才发展资助体系，重点加大对基础人才发展、高层次人才培养、紧缺人才引进、杰出人才绩效奖励及重大人才开发项目的经费保障力度，大幅度提高在重大建设和科研项目中用于人才发展的经费比例。对引进海外高层次人才，特别是急需紧缺的高层次人才，妥善解决在居留和出入境、落户、医疗、保险、住房、子女入学等方面的实际困难和问题，解除他们工作、生活的后顾之忧，不断完善配套政策，为海外高层次人才充分发挥作用提供良好的工作环境和生活条件。

（二）创新教育人才培养开发机制

制定教师专业标准、教师教育课程标准、教师教育机构资质标准、教师教育质量评估标准，完善教师教育质量保障体系。制定颁布《北京中小学（幼儿园）教师培训条例》，完善职业学校教师继续教育制度，制定《北京高校教师培训工作条例》。建立健全校企合作培养职业院校教师的机制，建立健全产学研合作培养高校教师的机制，健全鼓励和支持教师专业发展的培训管理制度和激励约束机制。探索名师、名校长培养培训机制。

（三）优化教育人才遴选聘用机制

严格实行教师准入制度，制定适应首都教育改革发展需要的各级各类教师任职标准。建立教师资格证书定期登记制度。全面推行高校教师海内外公开招聘制度。完善教师遴选补充机制和教师职务（职称）制度，推进教师职务（职称）评聘结合。实施高等学校编制标准和幼儿园教师配备标准。逐步实行城乡统一的中小学编制标准。建立统一的中小学职务（职称）系列，在中小学设立正高级教师专业技术职务。完善特级教师管理办法，充分发挥特级教师示范引领作用。完善聘用合同管理制度，区别不同类型学校和人员特点，探索实行劳动合同、劳务派遣、人事代理等多种合同管理形式。完善校长选拔任用制度，加大竞争性选拔任用校长力度，不断完善校长任期目标责任制度。

（四）完善教育人才资源配置机制

推进首都教育人才市场体系建设，完善市场服务功能，畅通人才流动渠道，制定发挥市场配置人才资源基础性作用的政策，进一步破除人才流动的体制性障碍。建立健全义务教育教师和校长合理流动机制，进一步完善区（县）域内教师、校长交流制度，引导优秀教师和校长向农村学校、薄弱学校流动。合理设置兼职教师岗位，建立高校、职业院校与科研院所、企业高层次人才双向交流兼职制度。完善优秀教师合理延聘和返聘制度。积极完善教师和其他人员的良性退出机制。

（五）改进教育人才考核评价机制

根据不同类型、不同层次学校特点，建立以岗位职责为基础，以品德、能力和业绩为导向，有利于促进人才专业发展的科学化考核评价机制。坚持分类评价，完善不同类型学校、不同类别人员入职性评价、职务晋升性评价和工作绩效性评价方法，增强考核评价的针对性和有效性。充分发挥学校在教育人才评价中的主体作用，拓宽人才评价渠道，完善校内外同行专家、专业组织和学生参与的多元评价机制。

（六）健全教育人才激励保障机制

深化学校分配制度改革，落实教师绩效工资，探索不同类别学校的薪酬分配制度，研究探索按岗位、按任务、按业绩确定报酬的公平合理的收入分配制度。试行中小学校长工资由区县统筹核定的办法。对学科带头人、创新团队带头人等高层次人才尝试年薪制、协议工资等多种分配制度。健全教育人才人事争议仲裁制度，切实维护教师合法权益。完善教师养老、医疗、住房等保障制度。制定教师住房优惠政策，建设专家公寓和青年教师公寓。加大农村教师在工资待遇、职称晋升、津贴补贴等方面政策倾斜力度，吸引和稳定优秀教师投身农村教育。设立农村教师奖励基金，对长期在农村任教、取得突出成绩和贡献的教师给予奖励。

六、组织实施

（一）加强组织领导

坚持党管人才原则，完善组织领导体系。在北京市人才工作领导小组的统一领导下，北京教育系统人才工作领导小组统筹谋划首都教育人才工作，各区县教育党政部门和各级各类学校成立人才工作领导小组或人才工作办公室。创新党管人才方式方法，健全人才工作决策和落实机制。成立首都教育人才工作专家咨询委员会，健全和完善教育人才工作重大决策专家咨询制度。建立人才发展重点难点问题调查研究制度。完善党政领导干部联系和服务高层次人才制度。建立党政领导班子和党政“一把手”人才工作目标责任制度，提高人才工作在各级党政领导班子和领导干部综合考核中的权重，强化党政领导干部特别是主要负责同志的人才工作意识。

（二）夯实工作基础

建立首都教育人才发展战略研究基地，加强对教育人才规划、监测、评估、人才工作政策制度以及教育人才成长发展规律的研究。加强北京教育系统人才交流服务中心建设，发挥其在首都教育人才资源开发、交流、服务中的集聚、调节、辐射功能。推进教育人才工作信息化建设，搭建促进教师专业发展和个性指导的网络服务平台。完善教育人才信息数据库，服务教育人才科学决策与管理。推进教育人才工作法制化建设。加大对教育人才工作队伍的培养开发力度，招录高层次专业人才充实教育人才工作队伍。

（三）强化责任落实

北京教育系统人才工作领导小组负责统筹协调和宏观指导本纲要的实施。北京教育系统人才工作领导小组办公室负责研究制定任务分解方案。各区县教育党政部门、各有关学校主要领导要亲自负责，按照总体部署和任务分解方案，坚持分类指导、分步实施的原则，研究制定具体实施方案，明确工作时间进度和责任人。加强纲要实施情况的督导评估工作，建立实施情况的跟踪、监测和定期公布机制。完善调整机制，建立健全相关的法定程序。

（四）营造良好环境

采取多种形式，广泛宣传教育人才政策以及纲要的主要内容，进一步增强区县政府和各级各类学校推动教育人才优先发展的责任感和使命感。大力宣传教育人才工作的新做法、新成效和新经验，动员全社会力量关心、支持、帮助教育人才发展，努力营造良好的社会环境和舆论氛围。

（市委组织部、市委教育工委、市教委12月30日联合印发）

（本栏责任编校　张晓兰）

特载

庆祝清华大学建校100周年大会在北京举行

新华社北京4月24日电（记者徐京跃 张宗堂） 百年沧桑自强不息，世纪华章厚德载物。今天上午，庆祝清华大学成立100周年大会在人民大会堂隆重举行。中共中央总书记、国家主席、中央军委主席胡锦涛在大会上发表重要讲话。他强调，全面建设小康社会，建设社会主义现代化国家，实现中华民族伟大复兴，为我国广大有志青年提供了创造精彩人生的广阔舞台。我国青年一代应该大有作为，也必将大有作为，应该志存高远、脚踏实地，共同为我们伟大祖国、伟大民族更加美好的明天奋斗、奋斗、再奋斗。

党和国家领导人吴邦国、温家宝、贾庆林、习近平、李克强出席大会。

今天的人民大会堂鲜花绽放，华灯璀璨，处处洋溢着喜庆热烈的气氛。

上午10时，庆祝大会开始。在热烈的掌声中，胡锦涛发表了讲话。他首先代表党中央、国务院，向清华大学全体师生员工和广大校友表示衷心的祝贺，向全国高等学校的师生员工和广大教育工作者致以诚挚的问候。

胡锦涛指出，建校以来，广大清华师生始终与民族共命运、与时代同步伐，形成了优良文化传统和光荣革命传统，在中国人民为实现中华民族伟大复兴而奋斗的史册上写下了自己的隽永篇章。清华百年历史又一次表明，坚持解放思想、实事求是、与时俱进，坚持以实现国家富强、民族振兴、人类进步为己任，坚持正确办学方向，坚持以人为本，遵循高等教育规律，全面实施素质教育，不断推进改革创新，我们的大学就能获得事业发展的强大动力，就能源源不断培养出德才兼备的优秀人才。

胡锦涛强调，推动经济社会又好又快发展，实现中华民族伟大复兴，科技是关键，人才是核心，教育是基础。不断提高质量，是高等教育的生命线，必须始终贯穿高等学校人才培养、科学研究、社会服务、文化传承创新各项工作之中。全面提高高等教育质量，必须大力提升人才培养水平，坚持把促进学生健康成长作为学校一切工作的出发点和落脚点，全面贯彻党的教育方针，努力培养德智体美全面发展的社会主义建设者和接班人；必须大力增强科学研究能力，积极适应经济社会发展重大需求，积极提升原始创新、集成创新和引进消化吸收再创新能力，努力为建设创新型国家作出积极贡献；必须大力服务经济社会发展，自觉参与推动战略性新兴产业加快发展，自觉参与推动区域协调发展，自觉参与推动学习型社会建设，为社会提供形式多样的教育服务；必须大力推进文化传承创新，积极发挥文化育人作用，加强社会主义核心价值体系建设，积极开展对外文化交流。

胡锦涛强调，建设若干所世界一流大学和一批高水平大学，是我们建设人才强国和创新型国家的重大战略举措。要以重点学科建设为基础，以体制机制改革为重点，以创新能力提高为突破，加大支持力度，健全长效机制，鼓励重点建设高校成为知识创新的策源地、深化教育改革的试验田、扩大开放的桥头堡。

胡锦涛在讲话中给清华大学的同学们和全国青年学生提出3点希望。一是要把文化知识学习和思想品德修养紧密结合起来，刻苦学习科学文化知识，积极加强自

身思想品德修养，立为国奉献之志，立为民服务之志，以实际行动创造无愧于人民、无愧于时代的业绩。二是要把创新思维和社会实践紧密结合起来，做到勤于学习、善于思考、勇于探索、敏于创新，坚持理论联系实际，积极投身社会实践，切实掌握建设国家、服务人民的过硬本领。三是要把全面发展和个性发展紧密结合起来，实现思想成长、学业进步、身心健康有机结合，努力成为可堪大用、能负重任的栋梁之材。

胡锦涛强调，教育大计，教师为本。广大高校教师要切实肩负起立德树人、教书育人的光荣职责，做学生健康成长的指导者和引路人。要把加强教师队伍建设作为教育事业发展最重要的基础工作来抓，充分信任、紧紧依靠广大教师，形成更加浓厚的尊师重教社会风尚，使教师成为最受社会尊重的职业。

庆祝大会由清华大学党委书记胡和平主持。他说，胡锦涛总书记发表了十分重要的讲话，使我们深受鼓舞、倍感振奋。我们一定要认真学习、深刻领会、全面贯彻总书记重要讲话精神，坚持科学发展，继承优良传统，锐意改革创新，在新的起点上又好又快推进世界一流大学建设，为实现中华民族伟大复兴、促进人类文明进步而努力奋斗。

清华大学校长顾秉林在发言中回顾了清华大学百年发展历程，表示百年华诞是学校发展的重要里程碑，更是迈向未来的历史新起点，要大力弘扬清华精神，奋发有为，开创未来。清华大学教师代表李艳梅、清华大学学生代表齐兴达在大会上发言。北京大学校长周其凤、美国耶鲁大学校长莱文分别代表国内大学和国外大学发言。

出席庆祝大会的还有：刘淇、刘云山、刘延东、李源潮、吴官正、令计划、王沪宁、路甬祥、韩启德、华建敏、李建国、桑国卫、马凯、戴秉国、杜青林、陈奎元、董建华、万钢、林文漪、何厚铧和曾培炎、王汉斌、彭珮云、贾春旺、徐匡迪、李蒙，中央军委委员李继耐、常万全等。

中央和国家机关有关部门同志，北京市和其他省市负责同志，国内外知名学者代表，国内外著名大学校长代表，对清华大学发展作出重要贡献的来宾代表，台湾新竹清华大学代表团，清华大学校友代表和师生代表等，共 8000 多人参加庆祝大会。

大会开始前，胡锦涛等党和国家领导人会见了参加庆祝大会的部分代表并合影。

胡锦涛在庆祝清华大学建校 100 周年大会上的讲话

老师们，同学们，同志们，朋友们：

4 月的北京，春风送暖。在这个美好的时节，我们在这里隆重集会，庆祝清华大学建校 100 周年。首先，我代表党中央、国务院，向清华大学全体师生员工和广大校友，表示衷心的祝贺！向参加庆祝活动的海内外嘉宾，表示热烈的欢迎！向全国高等学校的师生员工和广大教育工作者，致以诚挚的问候！

100 年前，在中华民族内忧外患、风雨飘摇的历史背景下，清华大学的前身清华学堂建立了。那个时代，外国列强的侵略欺凌，封建统治的腐败黑暗，使我们的祖国和人民蒙受了水深火热的苦难。中国人民和大批仁人志士在苦难中觉醒、在压迫下奋起，决心改变民族积贫积弱的命运和人民苦不聊生的状况。也就是在这一年，中国爆发了震惊世界的辛亥革命，为中国进步打开了闸门，推动全民族更加自觉地走上了振兴中华的奋斗历程。

90 年前，在中国人民改变民族命运如火如荼的斗争中，中国共产党应运而生。90 年来，中国共产党团结带领全国各族人民前仆后继、顽强拼搏，经过长期浴血奋战和艰苦奋斗，建立了新中国，进行了社会主义革命和建设，实行了改革开放，成功开辟了中国特色社会主义道路，为中华民族伟大复兴打开了前所未有的光明前景。

建校以来，广大清华师生始终与民族共命运、与时代同步伐，形成了优良文化传统和光荣革命传统，在中国人民为实现中华民族伟大复兴而奋斗的史册上写下了自己的隽永篇章。

建校伊始，清华秉持科学救国理想，倡导“中西融会、古今贯通、文理渗透”，一批学界泰斗在清华园里潜心治学、精育良才，形成了名师荟萃、鸿儒辉映的盛况，很快发展成为我国最好的大学之一，填补了我国现代科技的诸多空白。抗日战争期间，清华同北大、南开一道，在极其艰苦的条件下，共创了西南联大的办学成就。梁启超、冯友兰、陈岱孙、费孝通、钱钟书、吴晗、曹禺、季羡林等一大批我国人文社会科学学术大师，叶企孙、茅以升、竺可桢、华罗庚、钱三强、钱学森、邓稼先、钱伟长等一大批我国自然科学学科和工程技术领域奠基人和开拓者，还有获得诺贝尔物理学奖的杨振宁、李政道，都是清华人中的佼佼者。广大清华师生始终满怀强烈的爱国情怀，积极投身"五四"运动，坚定走在"一二·九"运动等爱国民主运动前列，奋勇参加民族救亡和人民解放斗争，涌现出闻一多、朱自清等一大批革命先烈和民主志士，为新中国的诞生作出了重要贡献。

新中国成立以后，广大清华师生满怀豪情投身祖国教育、科研、建设事业，全面贯彻党的教育方针，实行教学科研生产三结合，坚持又红又专、全面发展的育人理念，重视因材施教、实践锻炼、能力培养，努力建设高水平的社会主义大学。清华大学创办了原子能、无线电等一批国家急需的新技术专业，积极参与"两弹一星"等重大工程，完成国徽、人民英雄纪念碑、密云水库等重要设计，成为我国培养高层次人才和发展先进科学技术的重要基地。我和很多同龄人在这一时期进入清华大学学习，清华园里蓬勃昂扬的青春理想、严谨勤奋的治学氛围、艰苦朴素的优良作风、生动活泼的文化生活深深熏陶了我们。当时，蒋南翔校长富有创造性的教育思想，刘仙洲、梁思成、马约翰、张光斗等大家名师执教讲坛、垂范学子的风采，令我们受益匪浅、终生难忘。

改革开放以来，广大清华师生牢记科教兴国、人才强国的使命，主动适应社会需求，深入进行教育改革，加快建设综合性、研究型、开放式的一流大学，清华大学办学总体实力大为增强，人才培养质量、学术研究水平、社会服务能力不断提高。清华大学坚持以人才培养为根本任务，强化厚基础、重实践、求创新的育人特色，大力培养高素质、高层次、多样化、创新型的人才，广大毕业生踊跃到国家重点行业和基层施展才干。清华大学紧紧围绕改革开放和社会主义现代化建设的战略需要开展科研，取得高温气冷堆等一大批先进科技成果和优秀人文社会科学成果，社会影响和国际声誉不断提升，在创建世界一流大学的征程上迈出重大步伐、取得显著成绩。

水木清华，钟灵毓秀。在一个世纪的发展历程中，清华秉承"爱国奉献、追求卓越"的传统，恪守"自强不息、厚德载物"的校训，弘扬"行胜于言"的校风，培养了17万名优秀人才，涌现出一大批学术大师、兴业英才、治国栋梁。在国家表彰的23位"两弹一星"勋章获得者中有14位是清华校友，460位清华校友当选中国科学院院士和中国工程院院士。100年来，一代又一代清华人在革命、建设、改革中顽强拼搏、真诚奉献，为祖国、为人民、为民族建立了突出功绩。

清华百年历史又一次表明，坚持解放思想、实事求是、与时俱进，坚持以实现国家富强、民族振兴、人类进步为己任，坚持正确办学方向，坚持以人为本，遵循高等教育规律，全面实施素质教育，不断推进改革创新，我们的大学就能获得事业发展的强大动力，就能源源不断培养出德才兼备的优秀人才。

老师们、同学们、同志们、朋友们！

当今世界正处在大发展大变革大调整时期。世界多极化、经济全球化深入发展，世界经济格局发生新变化，综合国力竞争和各种力量较量更趋激烈，世界范围内生产力、生产方式、生活方式、经济社会发展格局正在发生深刻变革。特别是创新成为经济社会发展的主要驱动力，知识创新成为国家竞争力的核心要素。在这种大背景下，各国为掌握国际竞争主动，纷纷把深度开发人力资源、实现创新驱动发展作为战略选择。

对我国来说，当前和今后一个时期是全面建设小康社会的关键时期，是深化改革开放、加快转变经济发展方式的攻坚时期。综合判断国际国内形势，我国发展仍处于可以大有作为的重要战略机遇期，既面临难得的历史机遇，也面对诸多可以预见和难以预见的风险挑战。我们既要充分认识我国发展取得的举世瞩目的伟大成就，也要清醒地看到，我国仍处于并将长期处于社会主义初级阶段的基本国情没有变，我国仍是世界上最大的发展中国家，全面建成小康社会、基本实现现代化依然任重道远。我们决不能骄傲自满、固步自封，必须谦虚谨慎、埋头苦干，更加奋发有为地推进改革开放和社会主义现代化建设，继续在中国特色社会主义道路上向着中华民族伟大复兴的光辉目标奋勇前进。

推动经济社会又好又快发展，实现中华民族伟大复兴，科技是关键，人才是核心，教育是基础。我们必须深入实施科教兴国战略和人才强国战略，全面贯彻落实国家中长期教育改革和发展规划纲要，加快从教育大国向教育强国迈进。高等教育作为科技第一生产力和人才第一资源的重要结合点，在国家发展中具有十分重要的地位和作用。新中国成立60多年特别是改革开放30多年来，我国建成了世界上规模最大的高等教育体系，培养了数以亿计的高层次专门人才和高技能人才，取得了一批具有世界先进水平的科研成果。同时，从总体上看，我国高等教育还不完全适应经济社会发展和人民群众接受良好教育的要求，同国际先进水平相比还有明显差距。不断提高质量，是高等教育的生命线，必须始终贯穿高等学校人才培养、科学研究、社会服务、文化传承创新各项工作之中。我们必须适应实现经济社会又好又快发展、促进人的全面发展、推动社会和谐进步的要求，坚持走内涵式发展道路，借鉴国际先进理念和经验，全面提高高等教育质量，不断为社会主义现代化建设提供强有力的人才保证和智力支撑。

全面提高高等教育质量，必须大力提升人才培养水平。高等教育的根本任务是人才培养。要坚持把促进学生健康成长作为学校一切工作的出发点和落脚点，全面贯彻党的教育方针，坚持育人为本、德育为先、能力为重、全面发展，着力增强学生服务国家服务人民的社会责任感、勇于探索的创新精神、善于解决问题的实践能力，努力培养德智体美全面发展的社会主义建设者和接班人。要注重更新教育观念，把促进人的全面发展和适应社会需要作为衡量人才培养水平的根本标准，树立多样化人才观念和人人成才观念，树立终身学习和系统培养观念，造就信念执著、品德优良、知识丰富、本领过硬的高素质人才。要注重培养拔尖创新人才，积极营造鼓励独立思考、自由探索、勇于创新的良好环境，使学生创新智慧竞相迸发，努力为培养造就更多新知识的创造者、新技术的发明者、新学科的创建者作出积极贡献。

全面提高高等教育质量，必须大力增强科学研究能力。高等学校特别是研究型大学，既是高层次创新人才培养的重要基地，又是基础研究和高技术领域创新成果的重要源泉。要积极适应经济社会发展重大需求，开展国家急需的战略性研究、探索科学技术尖端领域的前瞻性研究、涉及国计民生重大问题的公益性研究。要积极提升原始创新、集成创新和引进消化吸收再创新能力，瞄准国际前沿，加强基础研究，推动学科融合，培育新兴学科，建设重大创新平台和创新团队，以高水平科学研究支撑高质量高等教育。要积极推动协同创新，通过体制机制创新和政策项目引导，鼓励高校同科研机构、企业开展深度合作，建立协同创新的战略联盟，促进资源共享，联合开展重大科研项目攻关，在关键领域取得实质性成果，努力为建设创新型国家作出积极贡献。

全面提高高等教育质量，必须大力服务经济社会发展。要紧紧围绕科学发展这个主题、加快转变经济发展方式这条主线，不断增强服务经济社会发展能力。要自觉参与推动战略性新兴产业加快发展，促进产学研紧密融合，加快科技成果转化和产业化步伐，着力推动“中国制造”向“中国创造”转变。要自觉参与推动区域协调发展，积极参与推进西部大开发、振兴东北地区等老工业基地、促进中部地区崛起、支持东部地区率先发展的进程，以服务和贡献开辟自身发展新空间。要自觉参与推动学习型社会建设，适应全民学习、终身学习的时代需要，加快发展继续教育，广泛开展科学普及，为社会提供形式多样的教育服务，深入开展政策研究，积极发挥思想库和智囊团作用，努力为党和国家科学决策、民主决策作出积极贡献。

全面提高高等教育质量，必须大力推进文化传承创新。高等教育是优秀文化传承的重要载体和思想文化创新的重要源泉。要积极发挥文化育人作用，加强社会主义核心价值体系建设，掌握前人积累的文化成果，扬弃旧义，创立新知，并传播到社会、延续至后代，不断培育崇尚科学、追求真理的思想观念，推动社会主义先进文化建设。要积极开展对外文化交流，增进对国外文化科技发展趋势和最新成果的了解，展示当代中国高等教育风采，增强我国文化软实力和中华文化国际影响力，努力为推动人类文明进步作出积极贡献。

总之，我国高等学校要把提高质量作为教育改革发展最核心最紧迫的任务，完善中国特色现代大学制度，加强领导班子建设，创新教育教学方法，强化实践教学环节，形成人才培养新优势，努力出名师、育英才、创一流。各级政府要加大财政投入，引导更多社会资源支持教育，形成优先发展教育的良好社会环境，让所有受教育者学有所教、学有所成、学有所用。

建设若干所世界一流大学和一批高水平大学，是我们建设人才强国和创新型国家的重大战略举措。要以重点学科建设为基础，以体制机制改革为重点，以创新能力提高为突破，加大支持力度，健全长效机制，鼓励重点建设高校成为知识创新的策源地、深化教育改革的试验田、扩大开放的桥头堡。清华大学作为国家重点支持的大学，要坚持“中国特色，世界一流”的发展道路，改革创新，奋勇争先，在加快建设世界一流大学的进程中取得新的更大的成就。

老师们、同学们、同志们、朋友们！

青年是民族的希望、国家的未来，青年学生是国家的宝贵人才资源。党和人民对包括广大青年学生在内的全国青年寄予厚望。在这里，我想给清华大学的同学们和全国青年学生提3点希望。

第一，希望同学们把文化知识学习和思想品德修养紧密结合起来。青年人朝气蓬勃，善于接受新事物，正处于学习的黄金时期，应该珍惜美好青春年华，以只争朝夕的精神，刻苦学习科学文化知识，认真学习中华优秀文化和人类文明成果，夯实理论功底，提高专业素养，努力用人类创造的一切文明成果丰富自己。同时，要积极加强自身思想品德修养，认真学习中国特色社会主义理论体系，牢固树立正确的世界观、人生观、价值观，胸怀远大理想，陶冶高尚情操，培育科学精神，立为国奉献之志，立为民服务之志，牢牢把握人生正确航向，把个人成长成才融入祖国和人民的伟大事业之中，以实际行动创造无愧于人民、无愧于时代的业绩，谱写壮丽的青春乐章。

第二，希望同学们把创新思维和社会实践紧密结合起来。科学理论、创新思维来自于实践，又服务于实践。同学们要做到勤于学习、善于思考、勇于探索、敏于创新，激发求知欲和好奇心，在打好知识根基的前提下，提高创新思维能力，不断认识和掌握真理。同时，要坚持理论联系实际，积极投身社会实践，在基层一线砥砺品质，在同人民群众的密切联系中锤炼作风，在实践中发现新知、运用真知，在解决实际问题的过程中增长才干，不断提高实践能力、创新创业能力，切实掌握建设国家、服务人民的过硬本领，为走上社会、成就事业打下坚实基础。

第三，希望同学们把全面发展和个性发展紧密结合起来。全面发展和个性发展相辅相成。同学们要坚持德才兼备、全面发展的基本要求，在发展个人兴趣专长和开发优势潜能的过程中，在正确处理个人、集体、社会关系的基础上保持个性、彰显本色，实现思想成长、学业进步、身心健康有机结合，在德智体美相互促进、有机融合中实现全面发展，努力成为可堪大用、能负重任的栋梁之材。

教育大计，教师为本。广大教师和教育工作者是推动教育事业科学发展的生力军。广大高校教师要切实肩负起立德树人、教书育人的光荣职责，关爱学生，严谨笃学，淡泊名利，自尊自律，加强师德建设，弘扬优良教风，提高业务水平，以高尚师德、人格魅力、学识风范教育感染学生，做学生健康成长的指导者和引路人。要把加强教师队伍建设作为教育事业发展最重要的基础工作来抓，充分信任、紧紧依靠广大教师，提升教师素质，提高教师地位，改善教师待遇，关心教师健康，形成更加浓厚的尊师重教社会风尚，使教师成为最受社会尊重的职业，努力造就一支师德高尚、业务精湛、结构合理、充满活力的高素质专业化教师队伍。

老师们、同学们、同志们、朋友们！

海阔凭鱼跃，天高任鸟飞。全面建设小康社会，建设社会主义现代化国家，实现中华民族伟大复兴，为我国广大有志青年提供了创造精彩人生的广阔舞台。生长在我们这样一个伟大时代，我国青年一代应该大有作为，也必将大有作为。让我们紧紧携起手来，志存高远，脚踏实地，共同为我们伟大祖国、伟大民族更加美好的明天奋斗、奋斗、再奋斗！

（胡锦涛：中共中央总书记、国家主席）

顾秉林在庆祝清华大学建校100周年大会上的发言

尊敬的各位领导、各位来宾，亲爱的校友们、老师们、同学们：

今天，对每一位清华人，都会是一个永生难忘的日子。党和国家领导人、海内外嘉宾和师生校友济济一堂，共同庆祝清华大学百年华诞，一起分享清华人的欢乐与光荣。请允许我代表清华大学，向各个时期为学校竭诚奉献的师生员工，向为母校增光添彩的广大校友，向关心支持学校发展的各位领导和各界朋友，表示最衷心的感谢！此时此刻，我们更要把最崇高的敬意，献给我们伟大的祖国和伟大的民族。

清华大学诞生于国家和民族危难之际，成长于国家和民族奋斗之中，发展壮大于国家和民族振兴之时。从用庚子赔款建立的清华学堂，到经辛亥革命洗礼的清华学校；从探索学术独立、教育自主的国立清华大学，到刚毅坚卓、弦歌不辍的西南联大；从艰苦奋斗造就“红色工程师的摇篮”，到改革奋进创建世界一流大学——作为中华民族前赴后继、百折不挠走向复兴的一个缩影，清华的百年历程，是清华人致力于兴国安邦的奋斗史，是探索中国科技教育自立自强的开拓史，是向着世界先进水平跨越发展的攀登史！

百年风雨，世纪沧桑，清华大学形成了独具特色的优良传统，积淀了弥足珍贵的精神财富。“自强不息、厚德载物”的校训，“行胜于言”的校风，“严谨、勤奋、求实、创新”的学风和“爱国奉献、追求卓越”的光荣传统，这种充分体现民族自觉、深刻反映时代风貌、高度凝聚大学使命的清华精神，是学校发展进步的强大动力和不竭源泉。

清华精神，始终贯穿于教书育人之中。建校早期，清华就确立了“培植全才，增进国力”的宗旨。新中国成立后，全面贯彻党的教育方针，造就思想坚定、全面发展的社会主义建设者。改革开放以来，不断解放思想，转变教育观念，推进教育改革，努力培育高素质、高层次、多样化、创造性的拔尖创新人才。百年树人，桃李芬芳，十七万莘莘学子在清华精神熏陶下奋发向上，一大批治学、兴业、治国的英才挺起民族的脊梁。

清华精神，深深融入到创新实践之中。无论是开创“中西融会、古今贯通、文理渗透”的学术风格，还是确立“顶天、立地、树人”的科研宗旨；无论是二三十年代开辟中国现代科学技术与文化艺术的诸多领域，还是五六十年代兴办一批新技术专业、八十年代以来布局和发展综合性学科，清华精神引领着我们始终面向世界科技前沿和国家重大战略需要，坚定地走中国特色自主创新之路。百年创新，硕果累累，清华师生在科技进步和学术发展中填补了一个又一个空白，刷新着一项又一项纪录，作出了重要的思想、理论和知识贡献。今天，随着一批优势学科达到或接近世界先进水平，清华大学在国际学术领域逐步占有了重要的一席之地。

清华精神，突出体现在社会责任之中。百年担当，矢志笃行，从“一二·九”运动中喊出“华北之大，已安放不得一张平静的书桌”，到黎明前的黑暗中发表“最后的演讲”；从教学科研生产三结合，到深化产学研合作、促进区域和企业创新发展；从积极参与汶川、玉树抗震救灾，到为北京奥运会、上海世博会献计出力；从紫荆志愿者的灿烂

微笑，到越来越多当代学子踊跃奔赴祖国建设一线……每当国家和民族需要的时候，总有清华人挺身而出，为民族解放慷慨赴难，为国家富强拼搏奉献，为人民幸福建功立业。

一百年来，一代代清华人以思想和行动铸就了清华精神，以智慧和汗水诠释了清华精神，以创造和贡献光大了清华精神。清华精神，根植中华文明沃土，广纳世界文明精髓，激励着万千学子把自身发展同国家前途、民族命运紧紧相连，汇聚成一曲昂扬激越的时代壮歌！

百年华诞，是清华发展的重要里程碑，更是我们迈向未来的历史新起点。当今世界，在人类文明发展进步的同时，仍面临环境污染、气候变化等许多共同的难题；当代中国，正处于改革发展关键阶段，全国上下在为建设创新型国家、实现中华民族伟大复兴而不懈奋斗，这都对高等教育提出了新的更高要求。面对前所未有的挑战，我们要有强烈的责任意识和忧患意识，深刻反思不足与差距，进一步增强知难而进的勇气和信心，大力弘扬清华精神，奋发有为，开创未来。

我们要始终坚持自强不息、厚德载物。立足中国，放眼世界，不断树立更高目标，全面提高教育质量，把百年积淀的办学优势进一步转化为人才培养的优势，努力造就更多拔尖人才，取得更多原创性成果，深化国际交流合作，积极应对人类面临的共同挑战，使清华大学始终走在时代进步的前列。

我们要始终坚持爱国奉献、追求卓越。把握正确的办学方向，育人为本，德育为先，弘扬高尚师德和优良校风学风，引导广大学生坚定理想、刻苦学习、潜心钻研、全面发展、成才报国，激励全校教职员工牢记使命、恪尽职守、勤勉工作、为人师表、敬业奉献。

我们要大力倡导人文日新。在清华大礼堂内，有一块1926级毕业生赠送母校的“人文日新”牌匾。“人文”二字源自《易经》，“文明以止，人文也……观乎人文，以化成天下”，概指人类一切文化创造；“日新”一词典出《大学》，“苟日新，日日新，又日新”，意为每天都要革故鼎新。作为清华精神的一个有机组成部分，人文日新不仅是指人文精神的发扬和提升，更是指文明的传承与创造要日新月异、不断进步。我们要大力发展先进文化，引领社会风尚，使清华大学始终成为继承传播民族优秀文化的重要场所，交流借鉴人类进步文化的重要窗口，孕育创造新知识、新思想、新理论的重要摇篮。要坚持人文精神与科学精神并举，营造开放和谐的校园氛围，鼓励自由探索，激发创造活力，培育视野开阔、人格完善、素质全面的一代新人。

展望未来，我们一定按照胡锦涛总书记在清华大学考察时提出的要求，不负国家的重托和人民的厚望，创新发展模式，加快建设步伐，力争在本世纪中叶进入世界一流大学前列，在中华民族伟大复兴和人类文明进步的浩荡洪流中，续写清韵华章，再创新的辉煌！

（顾秉林：清华大学校长）

周其凤在庆祝清华大学建校100周年大会上的发言

尊敬的各位领导、各位来宾，老师们、同学们：

值此清华大学建校100周年之际，我谨代表北京大学和各兄弟院校，向清华大学的全体师生及海内外清华校友，表示最崇高的敬意和最热烈的祝贺！

一百年来，清华大学培养出了一代代治学之师、兴业之才和治国栋梁，创造出一大批科研学术成果，为国家富强、民族复兴作出了卓越贡献，在中国高等教育和科学文化事业的发展史上谱写了璀璨华章。今天的清华大学，秉承优良传统、坚持科学发展，励精图治、锐意进取，正以追求一流的气魄、脚踏实地的姿态，向着更高远的目标坚实迈进。

在百年历史进程中，清华和北大比肩而立、荣辱与共。清华大学中西融会、古今贯通的学术风骨与北京大学思想自由、兼容并包的精神品格不谋而合，爱国、进步、民主、科学的思想精髓深深融入两校师生的血脉之中。值此清华大学百年华诞之际，为纪念两校情谊，并表达诚挚敬意，北京大学特送上贺联一幅：

资自强而载物，砥砺同行，百龄清誉称棠棣

取兼容以开新，交融共进，万卷华章照古今

这幅贺联嵌入了“清华”二字，将清华

和北大喻为“棠棣”，以此祝愿两校百年来唇齿相依、风雨同舟的兄弟情谊万古长青。其中，上联中的“自强”、“载物”、“砥砺”、“同行”，是两校师生自强不息、厚德载物、共筑百龄清誉的生动写照。下联中的“兼容”、“开新”、“交融”、“共进”，昭示北大、清华作为最早进入国家“985”工程的两所高校，将在新时期全面推进创建世界一流大学的宏伟事业，携手谱写光耀古今的万卷华章。

我们衷心希望清华大学与全国的兄弟高校加强合作、携手并进，为中国教育、科学、文化事业的发展，为实现社会主义现代化和中华民族的伟大复兴作出新的更大的贡献！

（周其凤：北京大学校长）

理查德·莱文在庆祝清华大学建校100周年大会上的发言

胡锦涛主席、顾秉林校长，各位嘉宾、老师们、同学们、校友们、朋友们：

很荣幸代表今天出席大会的各国大学带来对清华百年庆典的祝贺，更有幸的是今天将和中国国家领导人一起见证世界高校对清华的高度认可。

一百年来，清华大学在中国的发展历程中扮演了不可或缺的角色。在清华17万毕业生中，许多成为了各行各业的领军人物。世界上首获诺贝尔奖的两位华人，杨振宁和李政道先生也曾在清华学习。在清华培养的人才中，还有钱学森、朱光亚、钱三强等著名学者，他们为中国的科学发展做出了突出的贡献。耶鲁以清华大学为荣，因为耶鲁从清华大学建校初期就有紧密联系，清华的前五任校长有四位都曾在耶鲁学习过。

任何到访清华的人都会对清华的发展速度留下深刻的印象，尤其是不断更新的校园基础设施和不断增强的师资力量。清华在理学、工程、环境和可持续设计方面世界闻名，而其在培养商界和公共政策领袖人物方面的创业努力更是令人钦佩。从获得国家科技成果奖的数量来看，清华也一直位居中国高校的榜首。

清华也积极与世界各国高校建立合作关系；与麻省理工学院、约翰霍普金斯大学、密歇根大学、哥伦比亚大学等有着长期、成功的合作。清华在与工业界的合作起到引领作用。清华还与丰田、联合技术公司和波音公司等30多家跨国企业建立了联合研究中心。

很幸运，耶鲁也是清华一些重要领域的合作伙伴。耶鲁大学与清华合作推出中国女性医疗管理领导力培训项目，这一项目从2009年开始，是高盛集团万名妇女资助计划的一部分，为500名来自中国农村地区的女性提供先进的培训。另一个是在中国市长协会的支持下清华与耶鲁共同合作发展的培训项目，旨在帮助中国市长面对21世纪城市可持续发展带来的挑战。

来自世界各国的大学非常钦佩清华在学生海外培养和留学生教育方面所做的努力。每年清华有超过3200名学生赴海外学习，同时有近2000名学位留学生和800多名语言生来清华学习。正是这样的交流，使世界各国未来的领袖们加深了对中国的了解，而中国未来的领袖也加深了对世界的了解。

今天在座的各国大学校长都以极大的兴趣关注着中国大学的崛起，而清华正是中国大学飞速发展的一个象征。随着人员、商品和信息沟通的无障碍以及社会经济的不断发展，中国正在获取必需的人力、物力和信息资源来推进大学向更高层次发展。

最后，世界范围内教育质量的提升将有助于人们扩大知识面和提高生产力。地球的命运取决于我们如何打破国界而合作的能力，去共同解决人类社会面临的问题：持续的贫穷、疾病的蔓延、核武器扩散、水资源缺乏、全球变暖的危险。这些问题只有通过受过更好教育的世人和领袖们的努力才能得到解决。

我想引用胡主席在去年7月中国全国教育工作会议上的讲话来结束今天的发言：“教育是民族振兴、社会进步的基石，是提高国民素质、促进人的全面发展的根本途径，寄托着亿万家庭对美好生活的期盼。”

一百年来，清华一直致力于实现上述目标。我想代表世界各国的大学向清华大学表达最诚挚的祝贺。她即将走向新的百年，并继续为其毕业生的美好未来和整个人类社会的美好未来而不懈努力！

注：英文原文附后

（理查德·莱文：耶鲁大学校长）

Greetings on the Occasion of the Tsinghua University Centennial Celebration

President Hu Jintao, President Gu Binglin, distinguished guests, faculty, students, staff, alumni, and friends:

It is an honor to bring greetings on behalf of the many universities represented here. And it is a particular honor to reinforce in the presence of China's leaders the high regard in which Tsinghua is held by universities around the world.

In its first century, Tsinghua has played an integral role in the development of China. Many of its 170, 000 graduates have become leaders in their fields. The first two Chinese to be awarded the Nobel Prize - Chen Ning Yang and T. D. Lee - were both educated at Tsinghua. Professor Qian Xuesen, Professor Zhu Guangya, and Professor Qian Sanqiang, among other Tsinghua graduates, have made important contributions to China's scientific development. We at Yale are especially proud of our role in your early history. Four of the first five presidents of Tsinghua studied at Yale.

Everyone who visits Tsinghua is impressed by the rapid pace of investment in new facilities and the growing strength of the faculty. Tsinghua's contributions in science, engineering, environment and sustainable design are known around the world, and its entrepreneurial efforts in educating leaders in business and public policy are much admired. Tsinghua is consistently recognized with the most State Science and Technology Awards of any of China's universities.

Tsinghua has been at the forefront in forging partnerships with institutions around the world. You have longstanding and successful collaborations with MIT, Johns Hopkins, the University of Michigan, an Columbia University. Tsinghua has also been a leader in forging collaborations with industry. You have joint research centers with more than 30 companies, including Toyota, United Technologies, and Boeing.

Yale is fortunate to be Tsinghua's partner in some of these important collaborations. The Yale - Tsinghua Program in International Healthcare Management, established in 2009 as part of Goldman Sachs' 10, 000 Women initiative, is providing advanced training to 500 women from rural China. And a Yale - Tsinghua collaboration with the China Association of Mayors is helping municipal leaders meet the challenges of sustainable development in the 21st Century.

Universities around the world salute Tsinghua for its commitment to send its students overseas and to host students from abroad. Over 3,200 Tsinghua students go abroad annually, and each year Tsinghua hosts more than 800 visiting students, in addition to the nearly 2000 who pursuing their degrees. In this way, Tsinghua is contributing importantly to improving the understanding of China by future leaders around the world and to improving the understanding of the world by future leaders of China.

Tsinghua's extraordinary progress is emblematic of a major development that we who represent universities from around the world have been watching with great interest: the rise of China's universities. As barriers to the flow of people, goods, and information have come down, and as the economic development process proceeds, China has increasing access to the human, physical, and informational resources needed to move its universities to the highest level of excellence.

Finally, increasing the quality of education around the world results in better - informed and more productive citizens. The fate of the planet depends on our ability to collaborate across borders to solve society's most pressing problems - the persistence of poverty, the prevalence of disease, the proliferation of nuclear weapons, the shortage of water, and the danger of global warming. Having better educated citizens and leaders will help us to confront these challenges.

I close by quoting from President Hu's speech at the National Conference on Education held in Beijing last July.

Education is the cornerstone of national rejuvenation and social progress, and the basic means to improve the all around - development of individuals. It carries hundreds of millions of families' expectations for a better life.

For 100 years, Tsinghua has been dedicated to fulfilling these expectations. On behalf of the world's universities, I offer my heartfelt congratulations to Tsinghua University as it begins a second century in pursuit of a better life for its graduates, and a better world for all humanity.

(Richard C. Levin: Yale University President)

（特载内容由清华大学供稿）

（本栏责任编校　张驰）

专文与纪实

刘淇在北京市教育工作会议上的讲话

今天会议的主要任务是，深入学习贯彻党的十七届五中全会、全国教育工作会议精神，研究部署新形势下首都教育改革和发展任务，推进首都教育事业科学发展。刚才，洪峰同志对《北京市中长期教育改革和发展规划纲要（2010～2020年）》（以下简称《规划纲要》）作了说明，几位同志作了发言。教育部党组副书记、副部长杜玉波作了重要讲话，提出了具体要求，我们要认真贯彻落实。

下面，我讲几点意见。

一、推动首都科学发展必须优先发展教育

党中央、国务院历来高度重视教育事业。在去年7月召开的全国教育工作会议上，胡锦涛总书记、温家宝总理作了重要讲话，正式颁布了《国家中长期教育改革和发展规划纲要（2010～2020年）》，明确了新时期教育事业发展的指导思想、总体目标和主要任务。全国人大刚刚通过的“十二五”规划纲要中再次明确了教育改革发展的任务。前不久，胡锦涛总书记在中央政治局第二十六次集体学习时强调，要坚持把优先发展教育作为贯彻落实科学发展观的基本要求，推动教育事业科学发展，办好人民满意的教育，实现教育和经济社会协调发展，充分发挥教育在党和国家事业中的基础性、先导性、全局性地位和作用，并且就做好当前教育改革和发展工作提出四点意见，要求要着力提高人才培养水平，着力深化教育体制改革，着力推进教育内涵式发展，着力建设高素质教师队伍。对中央关于教育改革发展的要求，我们要认真学习、深刻领会、坚决贯彻落实，切实把思想和行动统一到中央的要求和部署上来，扎实做好首都教育改革和发展的各项工作。

在党中央、国务院的坚强领导下，在全市广大教育工作者的共同努力下，首都教育事业全面发展。教育投入持续增加，办学条件显著改善，教育体系更加完善，高等教育毛入学率接近60%，高考录取率超过80%，教育普及程度已经基本达到世界发达国家平均水平；不断创新人才培养模式，学生综合素质得到全面提升；全面实施免费义务教育，不断完善学习资助体系，初步实现了基本公共教育服务均等化；不断加强教师队伍建设，加强培训，改善条件，提高素质，适应教育现代化要求的高素质教师队伍正在形成；不断拓展教育功能，深化教育教学改革，学习型城市建设稳步推进，教育活力明显增强。经过多年的不懈努力，首都教育的现代化水平得到了很大提高，教育资源成为北京最珍贵的资源，人才优势已经成为北京最突出的优势，教育为推动首都科学发展、促进社会和谐、提升市民素质做出了重要贡献。在这里，我代表市委、市政府向全市广大教师和教育工作者表示崇高的敬意！向教育部等中央各相关部门多年来给予首都教育事业的支持和帮助表示衷心的感谢！

当前，首都已经进入了一个新的发展阶段。党中央、国务院对北京市的发展寄予厚望，要求我们要实现创新驱动发展；要按照“五个之都”的方向建设中国特色世界城市；要在推动科学发展、加快转变经济发展方式中当好标杆和火炬手，走在全国最前面。按照中央的要求，市委十届八次全会和市“两会”规划了“十二五”时期首都发展的宏伟蓝图，提出了以科学发展为主题，以加快转变经济发展方式为主线；率先形成创新驱动的发展格局，率先形成城乡经济社会发展一体化新格局；推动“人文北京、科技北京、绿色北京”战略；提高“四个服务”水平；努力打造“五个之都”，在建设中国特色世界城市上迈出坚实的步伐。实现这样的目标，关键在人才，基础在教育。首都教育战线承担的任务非常繁重，要切实增强责任感、紧迫感，更加努力推动首都教育事业科学发展。

建设一流的城市必须有一流的教育。在新的发展阶段，面对新的发展任务，我们必须坚持优先发展教育，全面推进首都教育现代化，充分发挥教育在推动首都科学发展和中国特色世界城市建设中的战略支撑作用。要通过推进教育现代化，充分发挥首都教育的示范、引领和辐射作用，为现代化建设培养和聚集大批高素质人才，为建设世界高端人才之都、增强首都发展竞争力提供坚实的人才支持。要通过推进教育现代化，建设世界一流大学、学科，发挥创新资源聚集优势，为率先实现创新

驱动发展格局提供强有力的科技智力支撑，为建设创新型国家的战略做出新的更大贡献。要通过推进教育现代化，提高市民素质，引领文明风尚，建设充满活力的学习型城市，为打造中国特色社会主义先进文化之都奠定坚实的思想道德和科学文化素质基础。要通过推进教育现代化，为市民提供更加优质的教育服务，加快解决人民群众关心的教育热点、难点问题，努力办好人民满意的首都教育，提升市民生活幸福指数，加快建设和谐宜居之都。

我们还要清醒地看到，当前，首都教育还不完全适应经济社会发展和人民群众对良好教育的需求。教育发展还不平衡，与人民群众“上好学”的强烈需求之间的矛盾突出；素质教育推进还没有得到根本突破，中小学生课业负担过重，学生适应社会和就业创业能力不强；教育体制机制改革亟待深化，教育发展的动力和活力不足；教育与经济社会联动发展的格局有待进一步完善，高校知识贡献和科技创新水平仍需大力提高；解决教育改革和发展中人民群众关心的突出问题还有许多方面需要深入研究。对于这些问题，我们必须高度重视，下大力气加以解决。

二、以科学发展观统领首都教育现代化建设

关于当前和今后一个时期首都教育改革发展的任务和要求，《规划纲要》已经作了全面部署。落实《规划纲要》，推进首都教育现代化，关键要加快转变教育发展方式，走科学发展、内涵发展的道路。

第一，坚持把办好人民满意的教育作为转变教育发展方式的出发点和落脚点，努力解决人民群众关注的突出问题

教育是民族振兴、社会进步的基石，寄托着亿万家庭对美好生活的期待。要把促进教育公平作为基本教育政策，把保护公民受教育权作为政府的重要职责。要着力解决当前教育发展中存在的入园难、“上好学”难、教师流动难、学生课业负担过重等人民群众不满意、反映强烈的问题，积极顺应人民群众对首都教育的新期待，不断满足人民群众对接受良好教育的愿望，切实让人民群众感受到首都教育的新变化。

促进教育公平，关键是机会公平，重点是促进义务教育均衡发展和扶持困难群体，根本措施是合理配置教育资源。要进一步加大对薄弱地区、薄弱学校投入力度，推进义务教育均衡发展，加快缩小城乡、区域、校际之间的教育差距，努力推进基本公共教育服务均等化。要积极推进“名校办分校”、学区化管理、优质管理输出、学校联盟、教师特派等办学形式和管理机制的创新试点，促进优质资源辐射和扩散。进一步完善教育资助体系，继续坚持做到不让一个孩子因家庭经济困难而失学。全面改善特殊教育办学条件，完善随班就读支持保障体系，逐步实施残疾学生高中阶段免费教育。同时，要积极创造条件，使来京务工人员子女平等接受义务教育。

要切实解决人民群众反应强烈的热点、难点问题。要大力发展学前教育，认真落实五年投入50亿元，新建300所幼儿园，改造250所乡镇中心幼儿园、50所街道幼儿园的任务，大力发展公办幼儿园，积极发展民办幼儿园，全面提升学前教育的供给服务能力，为适龄幼儿提供充足的入园机会。要进一步加强基础教育资源的统筹规划、优化配置和标准化建设，全面完成中小学达标建设任务，确保新建小区配套学校达标，加快实现教育基本公共服务均等化，努力满足人民群众“上好学”的愿望。要加快研究出台城镇优秀教师赴农村学校任教的配套政策，完善教师合理流动的长效机制，发挥优秀教师的辐射、带动作用，进一步提升农村教师和薄弱学校教师教育教学水平。要把减负作为教育工作重要任务，落实到教育教学各个环节，加强与家庭的沟通，共同努力，综合治理，使学生快乐学习、健康成长。

第二，坚持把全面实施素质教育作为转变教育发展方式的主攻方向，切实提高人才培养水平

培养德智体美全面发展的社会主义建设者和接班人是教育的根本任务。全面实施素质教育，切实提高人才培养水平，既是贯彻落实以人为本科学发展观的内在要求，也是首都经济社会发展的迫切需要。

要坚持德育为先，加强德育教育，把社会主义核心价值体系融入国民教育全过程，把德育教育融入学校课堂教学、学生管理、学生生活全过程，培养学生团结互助、诚实守信、遵纪守法、艰苦奋斗的良好品质，打牢学生的思想道德基础。坚持全面发展，面向人人，促进德育、智育、体育、美育的有机融合，促进学习能力、实践能力、创新能力的共同提高。高度重视学生的身心健康，充分保证学生体育课和体育活动时间，培养青少年良好的体育锻炼习惯和生活方式，不断提高学生的综合素质。坚持能力为重，改革人才培养模式，优化学科专业结构，为多样化、个性化、创新型人才成长提供良好环境和机制，着力培养适应首都经济社会发展需要的各方面人才。

要把改革人才培养体制作为提高人才培养水平的关键环节。遵循教育规律和人才成长规律，更新教育观念，突出教育教学的创新性、综合性、实践性、开放性和选择性，倡导启发式、探究式、讨论式、参与式教学。积极推进大中小学教育有机衔接，普通教育和职业教育互相沟通，教学、科研、实践紧密结合，学校、家庭、社会密切配合，形成体系开放、机制灵活、渠道互通、选择多样的人才培养体制。根据培养目标和人才理念，建立各级教育质量标准、监测评价制度以及教学反馈系统，不断改进人才评价和选用制度，为人才培养创造良好环境。

要把培养拔尖创新人才作为提高人才培养水平的重要着力点。改进优异学生培养方式，打造贯穿大中小学教育的拔尖创新人才成长“绿色通道”。在中小学开展拔尖创新人才培养国家体制改革试点，建立基础教育改革创新实验校与实验基地；积极探索高等学校拔尖创新人才培养模式，注重吸收研究生参加科研团队，鼓励本科生参与科研；完善产学研用联合培养研究生和国内外联合培养研究生的机制，提升研究生培养水平。

第三，坚持把提高教育质量作为转变教育发展方式的核心任务，切实推进首都教育内涵发展

教育质量是教育的生命线。要把提高质量作为教育改革和发展的核心任务，树立以提高质量为核心的教育发展观，坚持规模和质量的统一，实现首都教育事业的内涵发展。

要大力支持世界一流大学、一流学科和高水平大学建设，以多种形式为中央在京高校建设世界一流大学、一流学科和高水平大学提供支持和保障。全面提升市属高校办学水平，建设一批国内一流、国际知名、有特色、高水平的地方大学及学科。加强中央院校和市属高校的沟通与合作，联合开展学科专业建设、高层次人才培养和高水平科学研究。

要建立健全以提高教育质量为导向的管理制度、工作机制和保障体系，使教育资源配置向教学一线倾斜，学校工作重点向教学环节聚焦，全面提升各级各类学校的教育质量。积极调整首都教育结构，深化教学改革，更加注重学生社会适应能力和创新能力的培养。大力实施“首都教育家发展计划”，广泛聚集国内外优秀人才，着力提高教师队伍和管理队伍的素养能力，培养、造就更多的名师、名校长，为提高教育质量提供专业化人才队伍保证。

第四，坚持把教育改革创新作为转变教育发展方式的强大动力，切实深化教育体制机制改革

改革创新是推动教育科学发展、转变教育发展方式的强大动力。

要加快考试招生制度改革。坚持品德、学习成绩和能力素质并重的原则，完善学生综合素质评价制度，引导学生全面发展。加快推进高等学校考试招生制度改革，探索市属高校本科自主招生试点，成人高等教育招生考试制度国家体制改革试点，逐步扩大中职毕业生升入高职学校的比例，建立优秀毕业生免试入学制度。加强招生考试信息公开和社会监督，坚决防范和严肃查处考试招生中各类舞弊行为。

要探索建立现代学校制度。进一步明确政府对学校管理的权限和职责，明确各级各类学校办学权利和责任，积极构建依法办学、自主管理、民主监督、社会参与的现代学校制度。依法保障学校办学自主权，特别是科研活动、人才使用、内部管理等方面的自主权。要积极探索符合现代学校制度要求、科学合理的学校治理结构，不断提升学校管理的科学化、民主化和规范化水平。

要深化办学体制改革。坚持教育公益性原则，形成以政府办学为主体、全社会积极参与、公办教育和民办教育共同发展的格局。积极开展公办学校之间联合办学、委托管理等试验，探索公办教育多种实现途径。改进非义务教育公共服务提供方式，鼓励社会力量独立、共同捐资、出资兴办多种形式的教育和培训。

要深化教育管理体制改革。开展市级政府教育统筹综合改革国家体制改革试点，加大市级统筹的力度，强化区县政府管理职责的细化和落实。切实转变政府教育管理职能，更多运用法规、政策、标准、公共财政等多种手段，引导和支持教育发展。完善教育行政决策制度，建立首都教育决策咨询委员会。建立行政监督、科学评价、民主管理相结合的教育督导评估体制，加强督导检查，落实问责制。

要进一步扩大教育开放。瞄准世界教育发展变革的前沿，借鉴其他地区教育发展先进经验，加强教育对外开放与合作交流，培养首都现代化发展需要的国际化人才，进一步扩大首都教育的国际影响力。积极推动北京成为展示国家教育成果的重要窗口、教育合作交流的重要舞台、国际化人才培养的重要基地、外国学生留学中国的主要目的地，构建首都教育开放与合作的新格局。

第五，坚持把服务国家和首都经济社会发展作为转变教育发展方式的基本要求，切实发挥教育的重大引领作用

人力资源是经济社会发展的第一资源，教育是开发人力资源的主要途径。首都教育要紧紧围绕首都经济社会发展大局，特别是创新驱动、战略性新型产业、城乡一体化、社会管理创新、增强文化软实力等重大问题，充分发挥教育的人才优势、智力优势、科技优势、文化优势，出人才、出知识、出成果，引领首都经济社会的发展，服务国家和首都的发展。要结合首都城市空间布局调整、产业结构升级及人口分布需要，加快推进教育资源布局调整，着力解决好教育与经济社会协调发展、城乡和区域教育协调发展问题。要进一步优化教育结构，处理好普通教育和职业教育、公办教育和民办教育、学历教育和非学历教育之间的关系；不断优化高等教育结构，优化学科专业结构，积极培养首都和国家建设急需的各类人才，特别是拔尖创新人才。要按照建设学习型城市的要求，构建人人皆学、处处可学、时时能学的终身教育体系，满足市民多样化的终身学习需求。

高校是首都科技智力资源的重要组成部分，也是北京建立创新驱动发展格局的重要依托。要积极支持首都高校参与中关村国家自主创新示范区建设。去年底，国务院同意支持中关村发展新的“1＋6”政策，“1”是指“首都创新资源平台”；“6”是指支持在中关村开展科技成果处置和收益权改革、股份激励个人所得税分期缴纳、股权激励试点方案审批、科研经费分配管理体制改革、建设统一监管下的全国场外交易市场、完善高新技术企业认定等6项新政策试点。今年年初，国务院又批复了《中关村国家自主创新示范区发展规划纲要（2010～2020年）》。近日中央组织部等中央16个部委和北京市又联合印发了支持中关村建设人才特区的13条政策。希望各高校充分利用首都创新资源平台，充分发挥首都高校科技、智力资源优势，加强央地合作、校企合作，以项目为载体，以研发为核心，以产业化为目标，推进政产学研用的有机结合，提升创新和成果转化能力。要依托国家和北京市重大科研项目、重大工程项目、国际科技合作项目以及重点学科和科研基地建设，加强人才联合培养、融合发展，支持鼓励高校、科研院所与企业联合共建工程中心、工程实验室和技术中心，培养高层次创新人才，完善人才在企业、高等院校、科研院所之间的双向流动机制，积极推动懂技术、善管理、具有国际化视野的复合型创新人才队伍的建设。首都高校要充分发挥社会服

务和文化引领的功能，当好思想库、智囊团，在弘扬优秀传统文化，吸收借鉴一切人类文明成果，发展社会主义先进文化，提高全社会的科学素养和文明素养等方面发挥重要作用，使学校成为先进文化的构建者、实践者、传播者和引领者。

三、努力形成共同推动首都教育事业科学发展的强大合力

推动首都教育事业科学发展，是一项长期、艰巨的任务，需要全社会各方面的共同努力。

一是要加强对教育工作的领导。全市各级党委、政府要强化责任意识，始终把教育摆在优先发展的战略地位，加强领导、加大投入、加快落实，不断提高领导教育工作的能力和水平。各区县要健全教育工作的领导体制和决策机制，加强对教育发展的统筹规划，结合自身实际，制定符合本地实际的教育发展规划和政策措施，全面落实《规划纲要》提出的各项任务。各部门要大力支持教育事业改革发展，研究制定相关配套方案和政策，认真落实《规划纲要》分工实施方案，确保教育改革和发展的各项任务落到实处。要把是否坚持优先发展教育、发挥教育重大作用作为检验各级党政领导班子是否真正贯彻落实科学发展观的重要内容，切实加强对《规划纲要》贯彻执行情况的督导检查和考核评估，形成长效机制。

二是要加强教育系统党的建设。要坚持和完善公办高校党委领导下的校长负责制，加强各级各类学校领导班子建设和领导干部队伍建设。要健全各级各类学校党的组织，努力实现党组织的全覆盖，加强在优秀青年教师、优秀学生中发展党员工作，加强学校共青团、少先队工作，加强高校辅导员队伍建设，充分发挥他们在教育改革与发展中的重要作用。要结合迎接建党90周年，认真抓好创先争优活动，动员各级党组织和广大党员围绕着服务广大群众、推动教育改革发展，深入开展创先争优，当先锋、做表率，营造更好的环境。要坚持社会主义办学方向，牢牢把握党对学校意识形态工作的主动权，加强和改进学校的思想政治工作，加强校园文化建设。要加强教育系统党风廉政建设和行风建设，进一步完善体现教育系统特点的惩治和预防腐败体系，严格执行党风廉政建设责任制，从严治教、规范管理，坚决纠正教育领域损害群众和学生利益的各种不正之风。要高度重视校园安全稳定工作，认真贯彻落实中央、市委关于维护稳定工作决策部署，深入开展平安校园、文明校园、绿色校园、和谐校园创建活动，健全安全稳定工作体系和机制，切实维护首都教育系统和谐稳定的良好局面。

三是要紧紧依靠广大教职员工推进首都教育事业科学发展。教育事业发展的关键在教师。建设一支师德高尚、业务精湛、结构合理、充满活力、与建设中国特色世界城市相适应的高素质专业化教师队伍，是全面推进首都教育现代化的重要保障。广大教师要以贯彻落实教育规划纲要为契机，带头践行社会主义荣辱观，把个人理想、本职工作与国家和首都发展紧密结合起来，树立高尚的道德情操和精神追求，努力做受学生爱戴、让人民满意的教师。要大力宣传优秀教师的先进事迹，在全市教育战线广泛开展学先进、赶先进、争当先进的热潮。要加快完善教师培养培训体系，不断加强教师培养培训，更新知识，开阔视野，全面提高教师专业水平和教学能力。要切实提高教师地位、维护教师权益、改善教师待遇，特别是农村、山区教师待遇。要积极解决好教师包括离退休教师的工作和生活问题，使人民教师生活得更加幸福，把更多优秀人才吸引到首都教育事业之中。

四是要营造全社会共同推进首都教育事业科学发展的良好氛围。要加强对《规划纲要》的学习宣传，动员全社会关心、支持和参与首都教育改革和发展，进一步调动社会各界参与教育事业的积极性，努力争取各方面力量支持教育发展。要切实保障人民群众对教育的知情权、参与权、表达权和监督权，建立和完善群众利益表达渠道和对教育建言献策的平台。教育行政部门要主动加强与有关部门和社会各界、新闻媒体的沟通，引导社会各界理解、支持教育改革创新。要大力宣传优先发展教育的重大意义，宣传现代教育核心理念，宣传首都教育改革发展成果，为首都教育事业科学发展创造良好舆论环境。

推进首都教育改革和发展使命光荣、责任重大。让我们紧密团结在以胡锦涛同志为总书记的党中央周围，振奋精神、开拓创新、扎实工作，在新的起点上，推动首都教育事业更好发展！

（本文为中共中央政治局委员、北京市委书记刘淇在3月24日北京市教育工作会上的讲话）

杜玉波在北京市教育工作会议上的讲话

今天，北京市委、市政府在这里隆重召开全市教育工作会议，贯彻落实全国教育工作会议精神和《国家教育规划纲要》，全面部署未来十年北京教育改革和发展工作。在此，我谨代表教育部对这次会议的召开表示热烈的祝贺！向北京市委、市政府和全市广大教育工作者致以崇高的敬意！

北京作为国家首都，是全国政治中心、文化中心和国际交往中心，也是全国教育中心。改革开放30多年特别是进入新世纪以来，北京市委、市政府高度重视教育工作，坚持教育优先发展、科学发展，加快探索中国特色社会主义教育现代化道路的步伐，全面实施首都教育发展战略，全力推进首都教育事业迈上一个新的台阶。经过不懈努力，首都教育走出了一条北京特色的教育现代化之路：

一是教育投入持续增加，办学条件显著改善。“十一五”期间，北京市财政性教育经费支出翻了近一番，各级教育生均经费水平处于全国前列。北京市相继启动实施了“初中建设工程”、“中小学标准化建设工程”、“校舍安全工程”等一批重点建设项目，近三分之二的小学在主要项目上达到了新颁办学条件标准，即使在最偏远的乡镇，孩子们也能普遍享受到现代化的教育设施，办学条件得到了极大的改善。

二是教育体系更加完善，教育普及程度大幅提高。北京市儿童入园率、义务教育普及率、高中教育毛入学率、高考录取率、高等教育毛入学率均位居全国前列，特别是高等教育毛入学率接近60%。教育的普及程度基本达到世界发达国家平均水平，各级各类教育质量明显提高，教育的人才培养能力、知识贡献能力、科研创新能力、社会服务能力和国际竞争能力不断增强，与经济社会发展要求相适应的现代国民教育体系基本形成。

三是人才培养模式持续创新，学生综合素质全面提升。北京市以课程改革为突破口，基础教育教学改革持续深化，“翱翔计划”和“雏鹰计划”取得显著成果，特别是教育系统抓住北京奥运会、庆祝建国60周年等重大契机，建立和完善青少年志愿服务长效机制，有力地提升了青年学生的社会责任感、使命感和奉献精神。北京积极加强教师队伍建设，首都教育战线涌现出孟二冬、孙维刚、毛二可等一大批师德高尚、业务精湛的优秀教师。

四是教育改革开放逐步深化，教育活力不断增强。北京市积极开展“教育现代化试验城市”建设，以改革促发展，以开放促发展，教育活力不断增强。北京积极推进学区化管理，开辟社会大课堂，实施蓝天工程，推进职业院校自主招生改革，全面实行学生综合素质评价制度，教育改革取得丰硕成果。北京积极推进教育对外开放，外国留学生规模、孔子学院和孔子学堂数量均居全国前列，教育的国际化水平和国际影响力明显增强。

五是教育公平惠及人民，初步实现基本公共教育服务均等化。市级财政持续加大对远郊区县的转移支付力度，扶持农村地区教育发展，支持农村中小学建设，加大城乡对口支援力度，城乡教育一体化进程明显加快，义务教育均衡发展水平显著提升。全面免除义务教育阶段学生学杂费，完善家庭经济困难学生资助体系。市、区（县）两级财政每年投入超过10亿元，落实公办中小学接收来京务工人员子女就读政策，改善来京务工人员子女就学条件和环境。

六是教育功能不断拓展，教育对经济社会发展的服务贡献能力持续增强。北京市建立了高校与首都经济社会协调发展的统筹机制，大力支持高水平大学建设，推动市属高校特色发展。围绕首都经济社会发展需要加强学科建设，大力加强高校哲学社会科学研究，不断推进产学研结合，服务首都文化繁荣、产业发展、城市建设和民生改善，形成了教育与经济社会联动协调发展的良好态势。

2004年，在率先普及九年义务教育，率先普及高中阶段教育，率先进入高等教育普及化阶段之后，北京市委、市政府审时度势、高瞻远瞩，明确提出到2010年在全国率先基本实现教育现代化的总目标。现在来看，首都教育已经总体达到中等发达国家同期平均水平，部分指标达到发达国家平均水平，率先基本实现教育现代化的目标已经实现。当前，北京教育已经站在了一个新的更高的历史起点上。教育现代化水平的提高为推动首都科学发展、建设首善之区、促进社会和谐、提升市民素质做出了重大贡献，教育资源已成为北京最宝贵的资源，人才优势已成为北京最突出的优势。

去年七月，党中央、国务院召开了新世纪第一次全国教育工作会议，颁布了《国家教育规划纲要》。全国教育工作会议和《国家教育规划纲要》描绘了未来教育改革发展的宏伟蓝图，指明了教育事业科学发展的方向，开启了我国从人力资源大国向人力资源强国迈进的历史征程。胡锦涛总书记在全国教育工作会议上的重要讲话，站在党和国家工作全局的战略高度，提出了推动教育事业科学发展的“五个必须”，充分体现了党中央坚持以科学发展观统领社会主义现代化建设全局，引领教育改革发展，促进人的全面发展的总体战略思想。

全国教育工作会议召开后，北京市委、市政府高度重视，召开市委常委会和市政府专题会，学习宣传贯彻全国教育工作会议精神，研究制定《北京市中长期教育改革和发展规划纲要》。刘淇书记多次听取教育工作汇报，郭金龙市长亲自主持召开《北京教育规划纲要》座谈会，听取各方代表意见和建议。《北京教育规划纲要》的制定广泛征求了专家学者、社会各界、学生及家长的意见，进行了深入的调研。《北京教育规划纲要》落实《国家教育规划纲要》的总体部署，体现了适应首都现代化建设和改革开放的要求，回应了人民群众的需求和愿望，是一个很好的行动纲领。《北京教育规划纲要》提出："到2020年实现教育现代化，建成公平、优质、创新、开放的首都教育和先进的学习型城市，进入以教育和人才培养为优势的现代化国际城市行列。"这个目标瞄准世界教育发展前沿，突出了"公平、优质、创新、开放"的特点，符合首都城市发展趋势，符合首都教育发展水平，体现了市委、市政府优先发展教育的坚定决心和深远谋划，并将为首都教育新一轮发展注入强劲动力。

当前，我国教育迎来了难得的发展机遇。党的十七届五中全会指出，在当前国际国内形势发生新的深刻复杂变化的前提下，我国发展仍处于大有作为的重要战略机遇期。"十二五"时期是我国全面建设小康社会的关键时期，是深化改革开放、加快转变经济发展方式的攻坚时期，也是提高首都教育现代化水平和推动首都科学发展的关键时期。一会儿，刘淇书记还要做重要讲话，借此机会，我就推进北京教育事业科学发展，提几点建议：

*一是以基本实现教育现代化为基础，坚持优先发展教育，做全面实现教育现代化的先行者。*北京教育基础扎实、发展超前、实力雄厚，始终走在全国的前列，具备率先全面实现教育现代化的基础。北京具有世界上规模最大的大学群，有全国一流的大中小学，有罕见的人才聚群优势。得天独厚的基础条件和首都教育工作者的辛勤劳动，把首都教育推向了新的历史舞台，特别是奥运会后，北京市提出了加快建设"人文北京、科技北京、绿色北京"的战略任务和建设有中国特色世界城市的战略目标，这对北京人力资源开发和教育事业发展提出了新的更高要求，"全面实现教育现代化"是北京教育的新命题、新任务和新目标。当前，希望北京市抓住教育发展的难得机遇，珍惜机遇、用好机遇，坚持把教育放在优先发展的战略地位，力争率先全面实现教育现代化，展现教育的首都气派、首都风范和首都精神。

*二是以人才培养优势为特征，努力提高教育质量，做教育事业科学发展的示范区。*提高教育质量，核心是坚持以科学发展观为统领，牢固树立以提高质量为核心的教育观和以全面发展为核心的教育质量观，大力促进各级各类教育科学发展。希望北京市充分利用教育、科技、文化资源聚集的优势，建立更加灵活开放的学习制度平台、资源更加丰富的实践育人平台和拔尖创新人才培养平台，推进大中小学合作、市属高校与部属高校合作、高校与企业和科研机构合作，努力形成有利于创新人才脱颖而出的培养体系和育人机制，为全国做出示范。

*三是以教育现代化试验城市为依托，大力推进教育体制机制创新，做教育改革创新的开拓者。*教育要发展，根本靠改革。希望北京市抓住当前推进教育体制改革的历史机遇，依托"教育现代化试验城市"建设，认真实施好16个国家教育体制改革试点项目，推动人才培养体制、教育管理体制、办学体制、招生考试评价制度等关键领域和重点环节改革创新，开展区域义务教育均衡发展、城乡教育一体化、基础教育课程教材建设、职业教育体系创新、高等教育人才培养体制、终身教育体制机制建设等改革试验，进一步推动首都教育体制机制创新，努力引领全国教育改革创新的新风。

*四是以优质教育资源为平台，发挥示范辐射作用，做服务全国教育发展的示范区。*作为首善之区和教育中心，首都汇聚了全国最为丰富的教育资源，形成了名校云集、名师荟萃、名人辈出的发展格局。希望北京市进一步丰富和延伸首都"四个服务"的职责定位，发挥北京教育对全国教育的示范和带动作用。一方面，发挥对周边省市教育发展的引领和带动作用，推动京津冀区域教育协调发展，加强对华北五省区市的区域教育合作，推动与兄弟省市优势教育资源的互享、互补和互动，促进区域教育携手并进、一体发展。另一方面，充分利用首都的教育优势，主动发挥对全国教育改革发展的引领和服务作用，积极扩大优势教育资源覆盖面，认真开展教育对口援建、帮扶工作，争当服务全国教育发展的示范区。

*五是以建设中国特色世界城市为纽带，发挥对外开放优势，做教育国家交流和合作的聚集区。*北京教育要适应建设中国特色世界城市的需要，瞄准世界教育发展变革的前沿，推动北京成为展示国家教育改革发展成果的重要窗口、开展国家教育合作交流的重要舞台、加强国际化人才培养的重要基地。要依托发展高端国际教育交流项目，提升中外合作办学层次和水平，积极引进优质教育资源，扩大来京留学生规模，稳步发展境外合作办学，构建教育开放与合作的新格局，不断提高首都教育国际化水平，努力为首都和全国经济社会发展培养一批具有国际视野、通晓国际规则、能够参与国际事务的国际化人才。

教育部将一如既往地关注和支持北京教育改革和发展，与北京市一道共同推进在京部属高校建设，支持部属高校参与北京现代化建设，支持北京教育改革创新和扩大开放，共同为北京全面实现教育现代化而努力奋斗！我们还要加大力度宣传北京市教育改革发展的战略目标、方针政策和重大举措，总结推广北京市教育优先发展科学发展的好经验、好做法，为首都和全国教育改革发展营造更加良好的环境。

同志们！伟大的时代催人奋进，神圣的使命义不容辞。让我们紧密团结在以胡锦涛同志为总书记的党中央周围，团结一致，开拓进取，加快教育事业科学发展，办好人民满意的教育。为全力推动人文北京、科技北京、绿色北京战略，进一步提高"四个服务"水平，努力打造国际活动聚集之都、世界高端企业总部聚集之都、世界高端人才聚集之都、中国特色社会主义先进文化之都、和谐宜居之都，为建设中国特色世界城市做出新的更大的贡献！

（本文为教育部副部长杜玉波在3月24日北京市教育工作会议上的讲话）

洪峰关于《北京市中长期教育改革和发展规划纲要（2010～2020年）》的说明

这次全市教育工作会议，是市委、市政府为贯彻落实全国教育工作会议精神，全面实施《北京市中长期教育改革和发展规划纲要（2010～2020年）》（以下简称《规划纲要》），加快推进首都教育现代化召开的一次重要会议。下面，我就《规划纲要》的制定背景、基本精神及实施措施作一简要说明。

一、《规划纲要》的制定背景

制定《规划纲要》，主要鉴于四方面的考虑：

一是北京经济社会发展的必然要求。在成功实现“新北京、新奥运”战略构想之后，北京开始步入新的发展阶段。经济发展方式深度转变，需要更加注重高端引领、创新驱动、绿色发展，走技术含量高、经济效益好、资源消耗低、环境污染少、人力资源优势得到充分发挥的科学发展道路。经济发展方式的转变，通过技术和人才的需求，对教育的改革和发展提出新的要求；而教育的改革和发展又通过技术和人才的培养，推动和支持经济发展方式的转变。教育在经济社会发展中的先导性、基础性、全局性作用更加凸显，成为创新驱动城市发展的重要引擎。

二是北京教育科学发展的内在要求。新中国成立以来，尤其改革开放30多年来，北京教育事业有了历史性的跨越发展，但是教育发展总体水平还不够高、创新型人才培养的数量、质量和学校的知识贡献还不能满足经济社会发展的需要，一些深层次的矛盾和问题制约着教育的科学发展。去年7月，党中央、国务院召开了新世纪第一次全国教育工作会议，颁布了《国家中长期教育改革和发展规划纲要（2010～2020年）》，描绘了今后十年我国教育改革发展的宏伟蓝图，开启了我国从教育大国向教育强国、人力资源大国向人力资源强国迈进的历史征程。首都教育要以贯彻落实《国家中长期教育改革和发展规划纲要（2010～2020年）》为契机，对新时期首都教育的改革和发展进行战略部署，充分发挥北京最珍贵、最突出的教育资源和人才优势，建设与中国特色世界城市相适应的教育之都。

三是人民群众日益增长的迫切要求。随着首都经济社会的快速发展，人民群众对优质教育的需求日益增长，“上好学”成为老百姓的共同心声，对教育公平的诉求更加强烈，广大市民对继续教育和培训的需求日趋多样化、差异化。人民群众对教育的需求，是教育发展的根本动力，是教育改革的基本依据。面对人民群众对教育的热切期盼，首都教育应当加快教育改革和发展的步伐，努力提供更加多样、更加公平、更加优质的教育机会。

四是国际竞争形势变化的客观要求。世界政治、经济、文化、军事的竞争，本质上是科技实力的竞争，根本的是教育的竞争。为了在日趋激烈的国际竞争中抢占战略制高点，世界各国都把发展教育、加大人才培养和储备力度，作为国家发展的重要战略选择。对此，市委、市政府提出，到2020年，把北京建设成为世界一流的人才之都。首都教育应当瞄准世界教育前沿，提高教育国际化水平，培养一大批具有国际视野、通晓国际规则、能够参与国际竞争的国际化人才，并从国内外吸引和聚集一大批高端人才。

基于以上考虑，做好北京市中长期教育改革和发展的顶层设计和总体规划，就显得格外重要、十分迫切。《规划纲要》的制定历时两年多，由市委、市政府主要领导牵头，经过深入调查研究、专家学者建言献策、广泛征求社会各方意见，提交市政府专题会议和市委常委会审议通过。《规划纲要》是科学民主决策的成果，体现了广大教育工作者的集体智慧，表明了市委、市政府推动首都教育改革发展的信心和决心。

二、《规划纲要》的基本精神

《规划纲要》提出了未来十年首都教育改革和发展的战略目标、指导方针、重大任务和重点项目，在总体上具有四个显著特点：

第一，突出了优先发展教育的基本要求

一是面向未来超前谋划。这一点我们从《规划纲要》的制定背景中就能充分体会到。

《规划纲要》在对全国以及北京经济社会发展前景、首都教育发展现状以及当今国际竞争趋势进行科学研判的基础上，明确北京“要按照面向现代化、面向世界、面向未来的要求，适应社会主义初级阶段的基本国情、适应国家及首都发展的需要，坚持育人为本，以优先发展为保障”，来谋划教育的改革和发展。只有做好教育发展的超前部署，才能使教育更好地发挥引领作用，为建设“人文北京、科技北京、绿色北京”和中国特色世界城市提供强有力的人才保障和知识支撑。

二是适应需要率先发展。《规划纲要》在研究了“教育资源已成为北京最珍贵的资源，人才优势已成为北京最突出的优势”的现状，分析了“优先发展教育对推进‘人文北京、科技北京、绿色北京’战略，建设中国特色世界城市具有决定性意义”的作用，评估了“首都教育事业在现代化全局中肩负的历史使命愈发重要”的地位之后，明确首都教育发展的战略目标是：“到2020年实现教育现代化，建成公平、优质、创新、开放的首都教育和先进的学习型城市，进入以教育和人才培养为优势的现代化国际城市行列”。《规划纲要》对这一战略目标，还分别从公平、优质、创新、开放四个方面提出了定性和定量的具体要求。这一目标的确立，体现了首都教育将率先于全国教育现代化目标的实现，也体现了首都教育率先于首都经济社会建设其他领域现代化目标的实现。

三是建立机制强力保障。为保障教育优先发展，《规划纲要》明确“各级党委、政府要把优先发展教育作为贯彻落实科学发展观的一项基本要求，切实保证教育发展优先规划、优先投资、优先保障、优先安排”的“四优先”原则。尤其是在优先投资、优先保障方面提出要“切实加大投入力度，依法实现各级政府教育财政拨款增长高于财政经常性收入的增长，在校学生生均教育经费逐步增长，教师工资和学生人均公用经费逐步增长”的“三增长”要求。

第二，贯穿了转变教育发展方式的主线

一是全面实施素质教育。教育的根本任务是培养人才，鼓励人的全面发展。《规划纲要》强调，要牢牢把握“坚持以人为本、全面实施素质教育”的战略主题。围绕战略主题，《规划纲要》全面阐述了“德育为先、能力为重、全面发展、面向人人”四个坚持的育人标准和“优先发展、统筹协调、优质育人、改革创新”的十六字方针。这就从根本上保证了首都的教育发展方向和育人目标，更加适应经济社会发展对各类人才的需求，更加适应人民群众对优质教育和终身教育的需求，更加适应学生健康成长和全面发展的需求。

二是积极深化教育改革。全面实施素质教育，关键要改革现存的以应试为目标的教育方式，创新教学理念、教学内容、教学方法，着力提高学生的学习能力、实践能力、创新能力。《规划纲要》针对这一关键作了全面安排，总的要求是以人才培养体制改革为核心，遵循教育规律和人才成长规律，去构造全社会各类教育有机衔接的体系，创新教育教学方法，深化课程教材改革，建立学科专业结构的优化机制。具体的改革项目有，以考试招生制度改革为切入点，带动基础教育课程改革的深化；以建设现代学校制度为契机，推进学校科学、民主管理的进程；以办学体制改革为突破，激发各级各类教育的办学活力；以教育管理体制改革为保证，建立符合教育现代化特点的行政监督、科学评价与依法治教、民主管理相结合的教育督导评估体制。

三是大力推进国际化和信息化。加强教育国际化交流合作是优化教育资源、培养具有国际竞争力人才的重要举措；提高教育信息化水平，是提高教学效能和质量，培养具有现代化意识和技能人才的重要支撑。《规划纲要》从适应首都建设中国特色世界城市的要求，适应信息化变革性影响的角度，提出实施教育国际化和信息化带动教育现代化的战略。《规划纲要》用两章专门规划了教育的开放合作和信息化建设，提出“要瞄准世界教育发展变革的前沿，推动北京成为展示国家教育成果的重要窗口，教育合作交流的重要舞台，国际化人才培养的重要基地，外国学生留学中国的主要目的地”。要坚持统筹规划、整合资源、加强服务、提升效益的原则，“构建支撑终身教育和个性化学习的数字化教育服务体系，全面提升首都教育信息化水平”。

第三，坚持了办人民满意教育的根本宗旨

为积极满足人民群众对多样化、差异化优质教育的需求，《规划纲要》从实际出发，明确了各级各类教育发展的主要任务和政策措施。

一是学前教育强化保障。学前教育是我市教育体系中十分薄弱的环节，是群众意见较多、期盼迫切的问题。《规划纲要》提出，要强化政府职能，大力发展学前教育。“十二五”期间采取市、区两级政府按比例分担投入50亿元，确保用于幼儿园新建改建工程、幼儿园办园条件标准化工程，以及师资培养、培训工程。大力发展公办园，积极扶持民办园，扩大普惠性学前教育资源，为适龄儿童提供充足的入园机会。

二是义务教育突出均衡。在解决“有学上”问题之后，人民群众“上好学”的愿望愈益强烈。为此，《规划纲要》明确，要推动义务教育优质均衡发展。各级政府要依法落实推进义务教育均衡发展的职责，均衡配置教师、设备、图书、校舍等资源，尽快缩小城乡之间、校际之间的教育差距，从根本上缓解择校问题。当然，《规划纲要》强调的均衡，不是“削峰填谷”，而是向高标准看齐，“补弱扶强”。所以提出要建立和完善义务教育均衡发展协调机制，开展名校办分校、教师特派、优质管理输出、学校托管等试点，使更多的学生能够共享优质教育资源。

三是职业教育着力对接。职业教育的目标是让人学会应用技能和劳动本领，实现充分就业，这就要求，在办学规模、专业设置、教学内容上与社会各行各业发展的岗位需求要紧密衔接。《规划纲要》要求，职业教育要主动超前适应首都产业深度调整升级的需求，服务于高端产业和新兴技术产业需求的发展，做优中职教育，做强高职教育，做大职业培训，健全技能型人才培养体系。改革职教人才培养方式，推行校企合作、工学结合、顶岗实习的模式，培养适应北京产业发展的高素质劳动者和高技能人才。

四是高等教育瞄准高端。办一流的教育，出一流的人才，才能建设一流的城市。《规划纲要》认为首都的高等教育有条件也有必要担当好这一历史责任，“为国家和北京发展提供高端人才支撑和科技智力服务”。提出要“以多种形式为中央在京高校建设世界一流大学、一流学科和高水平大学提供支持和保障”。要“全面提升市属高校办学水平”，“建设一批国内一流、国际知名、有特色、高水平的地方大学及学科”。

五是终身教育灵活开放。《规划纲要》提出，要大力倡导全民学习、终身学习的理念，建立灵活开放的终身教育体系，人人皆学、处处可学、时时能学，使学习成为促进个人、组织和城市发展的核心动力。《规划纲要》对统筹学历教育与非学历教育、职业教育与普通教育、职前教育与职后教育的协调发展；对依托高等学校、科研院所、大型企业、社区乡镇建立继续教育基地；对创建各类学习型组织都提出了规划要求。

第四，采取了项目带动实施的战略思路

《规划纲要》只是规划了一个“大盘子”，有必要将其细化到具体的工程项目上，使《规划纲要》的实施具有工作抓手和给力平台。为此，《规划纲要》针对制约首都教育发展的重大问题以及社会反映强烈的难点问题，确定了十大重点建设项目和八项改革试验项目，力争用三到五年时间，在关系首都教育发展的重点领域和关键环节取得一批突破性成果。

十大重点建设项目涉及学前教育保障工程、现代化中小学建设工程、教育资源优化配置工程、职业教育能力建设工程、高等教育质量提升工程、终身学习网络和平台建设工程、高素质教师队伍建设工程、教育民生保障工程、教育信息化发展工程、教育国际合作推进工程。

八项改革试验项目包括区域义务教育均衡发展改革试验、城乡教育一体化改革试验、基础教育课程教材改革试验、职业教育体系创新改革试验、人才培养体制改革试验、可持续发展教育改革试验、办学体制综合改革试验、终身教育体制机制建设试验。

上述十大重点建设项目和八项改革试验项目，既涵盖了首都教育发展的方方面面，又突出了制约首都教育发展的重点问题。以此为《规划纲要》实施的工作抓手和给力平台，有利于整合各级政府的行政资源，分工合作、形成合力，切实履行职责；有利于凝聚全社会力量，形成共同关心支持教育改革发展的良好环境；有利于通过重点问题的突破，带动《规划纲要》全面而卓有成效地得到落实。

三、《规划纲要》的实施措施

《规划纲要》再好，重在实施，关键抓落实。

第一，要抓好启动。《规划纲要》颁布后，现在已进入全面实施阶段，时间紧、任务重、要求高、涉及面广。各部门、各单位要从全面实施“十二五”经济社会发展规划的大局出发，把优先发展教育作为加快科学发展的基本要求和重大举措来考虑。把实施《规划纲要》的工作摆上重要位置，尽快健全领导体制和工作机制，围绕《规划纲要》确定的战略目标、工作方针和主要任务，提出贯彻实施的具体方案和措施，研究制定相关配套政策。

第二，要突出重点。实施《规划纲要》的重点，就是要抓好十大重点建设项目和八项改革试点项目的推进。以下更大的决心、投更多的财力、花更多的精力，去研究和破解实施中所遇到的问题和困难，力争用三到五年时间，在关系首都教育发展的重点领域和关键环节取得一批突破性成果。

第三，要加大投入。按照《规划纲要》“三增长”的总要求，围绕各级教育事业发展目标和重大项目、改革试点，依法落实各项经费。同时要建立健全科学合理、可持续的教育经费投入机制，统筹调动各种资源，扩大社会资源进入教育的途径，多渠道增加教育投入。加强教育经费科学化精细化管理，不断提高资金使用效益。

第四，要落实责任。在党委、政府的统一领导下，各部门、各单位要牢固树立大局意识、责任意识，认真落实《规划纲要》分工实施方案，分工协作、形成合力、齐抓共管。教育部门要担负好组织协调的职责，主动与相关部门沟通、协商，争取支持配合。要充分尊重学校教职员工和广大师生投身教育改革发展的积极性、创造性，积极探索，大胆实践，统筹协调教育改革发展中遇到的重大问题。各有关部门要充分发挥职能作用，特别是在总体规划、项目审批、教育用地保障、教育人事制度改革、办学标准实施等方面完善政策，主动配合，给予支持。

第五，要加强督查。各区县、各有关部门要切实加强对《规划纲要》贯彻执行情况的督导检查和考核评估，形成长效工作机制。要建立目标管理责任制，明确负责领导、牵头单位和配合单位，落实工作力量和工作经费，提出进度要求和考核指标，使每一项工作任务分工到人、责任到位。要建立督查督办机制，加强督促检查，全程跟踪与定期检查有机结合，监测落实进展和效果。进一步完善绩效考核和问责制度，及时总结和推广各地、各部门、各学校好的做法和经验，及时发现和解决贯彻落实中出现的新情况新问题，对责任不到位、工作不落实的单位和个人依照相关规定追究责任。

全面推进首都教育改革和发展，提高首都教育现代化水平，是一项长期而艰巨的任务，责任重大，使命光荣。我们相信，通过《规划纲要》的实施，首都教育一定会更加体现时代发展的特征，更加体现首都发展的特色，更加体现办好人民满意教育的要求，为建设“人文北京、科技北京、绿色北京”和中国特色世界城市做出更大贡献！

（本文为北京市副市长洪峰在3月24日北京市教育工作会议上的发言）

精心组织实施　不断改革创新
全面贯彻落实北京市教育规划纲要

今天市委市政府在这里隆重召开教育工作会议，颁布实施《北京市中长期教育改革和发展规划纲要》，部署今后十年的教育工作，全市广大教育工作者深受鼓舞，倍感振奋，更觉责任重大。下面我就贯彻落实的初步考虑汇报如下：

一是精心组织实施，全面落实各级各类教育事业的发展目标。我们将建立健全义务教育均衡发展保障机制，促进城乡一体化发展，高标准、高质量地办好每一所学校，教育好每一个学生。努力扩大普通高中优质资源，鼓励和支持学校办出特色，满足学生多样化发展需求。提升职业教育发展重心，建立校企合作模式，构建适应首都产业发展的现代职业教育体系。坚持公办民办并举发展学前教育，加快幼儿园建设，多渠道扩大学前教育资源，为适龄儿童提供充足的入园机会。以高校教学质量工程和创新工程为抓手，组织动员在京高校积极投身于国家建设，着力提高人才培养质量、科技创新能力和社会贡献率，打造一流大学和人才高地。

二是积极推进教育现代化综合改革实验，创新教育发展的体制机制。今后要把推进教育教学改革摆在更加重要的位置，鼓励和支持各种改革试验和改革试点，力争形成一批在全国有重大影响和引领作用的改革成果。积极探索考试招生制度改革，完善现代学校管理制度，鼓励社会力量办学，支持民办教育发展，使我们的办学体制和管理体制更加灵活多样和充满生机活力。

三是建设一流的教师和校长队伍，提供更加优质和公平的教育服务。我们将进一步提高教师的准入门槛和专业化水平，组织实施好“首都教育家发展计划”，加强教师和校长的培养培训，着力提升农村教师整体素质，培育一批名师、名校长，造就一支师德高尚、业务精湛的高素质、专业化教师队伍，全面提升首都教育质量。

四是大力推进信息化和国际化，不断提升首都教育现代化水平。我们将加快数字校园建设和信息化手段的应用，创新网络化教育模式，推动优质教育资源普及共享，形成资源丰富、功能完善、使用便捷的网络学习环境。深化教育国际交流与合作，积极引进海外优质教育资源来京合作办学，不断增强首都教育的国际竞争力和影响力。

五是加快学习型城市建设，努力构建灵活开放的终身教育体系。我们将大力开展继续教育，促进不同学习成果的互认与衔接，加快建设北京开放大学，推动学习型组织创建工作，为首都市民终身学习搭好台、服好务。

贯彻落实好《北京市中长期教育改革和发展规划纲要》是教育系统今后一个时期的中心任务。我们将以积极进取的精神状态和求真务实的工作作风，圆满完成好市委市政府提出的各项任务，不辜负人民群众的重托和期盼。同时也衷心希望各区县、各部门一如既往地关心和支持首都教育改革发展，让我们一起努力，共同推进首都教育事业迈上新台阶、再创新辉煌。

（本文为北京市教委主任姜沛民在3月24日北京市教育工作会议上的发言）

加强规划和政策落实　积极服务首都教育改革发展

这次全市教育工作会议的召开和中长期教育规划纲要的实施，为今后十年首都教育改革发展指明了方向。发展改革部门将认真学习贯彻会议精神，紧紧围绕纲要提出的战略目标和重点任务，结合自身职能，切实抓好落实。下面我就贯彻落实的初步考虑简要汇报如下：

一、加强专项规划制定实施，着力体现教育优先地位

规划是教育发展的支撑和保障。我市“十二五”规划纲要已经市人代会审议批准发布。纲要在研究制定过程中，注重强化教育的战略支撑作用，把发展教育作为转变发展方式、改善民生福祉、提升首都综合竞争力的重要内容。在统筹经济与社会、区域与城乡协调发展的总体布局中做了重点安排，在重点任务、资源配置、重大项目等方面进行了优先考虑。下一步，我们将做好专项规划与教育规划纲要、“十二五”规划纲要的平衡衔接，把纲要的主要目标任务和重大政策措施纳入专项规划中，着力推动各级各类教育科学发展、协调发展。

二、统筹安排好政府投资，优先保障并加大教育投入

教育投资是面向未来效益最大的投资。近年来市发展改革委认真落实市委市政府部署，切实加大教育投入。“十一五”期间，用于教育设施建设的市政府投资达64亿元，是“十五”的近3倍。“十二五”时期，我们将继续把教育作为市政府固定资产投资的重点，多种方式改善办学条件、拓展办学空间、优化育人环境。重点支持公办幼儿园新建和改扩建，公办民办并举扩大学前教育资源；继续推进中小学达标工程建设，完成中小学校舍安全工程；继续加强职业教育资源整合和基础能力建设，支持优质特色校和示范校实训设施建设；继续推进高等教育空间布局调整，落实市属高校三年建设规划，加快沙河、良乡高教园区以及大学新校区建设。

三、积极协同配合，促进教育体制机制创新

促进教育健康发展关键在体制机制创新。发展改革部门将配合教育部门以创新体制机制为核心，积极推进人才培养体制和管理体制、办学体制等关键性改革，为教育事业持续健康发展注入强大动力。积极研究完善包括名校办分校在内的促进城乡教育一体化发展、义务教育均衡发展的体制机制，统筹优化资源布局，提高教育服务的公平性和便利性。主动会同教育部门研究制订鼓励和引导社会资本进入教育领域的政策措施，满足人民群众多层次、多样化的教育需求。

四、强化政策落实，更好地为教育改革发展服务

一是充分发挥综合协调职能。主动配合有关部门切实做好教育规划纲要的贯彻落实工作，针对教育改革发展的重点、难点问题积极探索，出谋划策，当好参谋助手。二是抓紧重大教育项目落实。坚持规划先行，本着“突出重点、保障急需、盘存优增、合理布局、软硬并重、提升质量”的原则，把解决突出问题、加强薄弱环节放在首位，科学合理地制定教育服务设施专项建设实施规划，把教育规划纲要确定的近期十大重点建设项目落到实处。三是切实做好建设项目管理。以专项建设规划为依据，扎实做好项目前期工作。积极协同有关部门落实建设项目管理制度。四是全面落实收费和价格政策。认真做好规范教育收费、治理教育乱收费的各项工作。

百年大计，教育为本。发展改革部门将按照市委、市政府的统一部署，进一步增强责任感、紧迫感，扎实工作，确保实效，为开创我市教育改革与发展的新局面做出应有贡献。

（本文为北京市发展和改革委员会副主任卢映川在3月24日北京市教育工作会议上的发言）

加大投入力度　推动首都教育又好又快发展

下面我就财政部门贯彻落实我市中长期教育改革和发展规划纲要、支持教育优先发展作简要汇报。

多年来，我市财政部门认真贯彻落实党中央、国务院和市委、市政府优先发展教育的战略部署，对教育投入予以重点保障。2001年至2009年，全市预算内教育经费由102.9亿元增加到431.03亿元，年均增长19.6%，高于同期财政支出平均增幅，为教育改革发展提供了有力支持。实施了义务教育经费保障机制改革，完成了农村义务教育“普九”化债任务，启动了中小学校舍安全工程。职业教育的社会适应性不断增强。高等教育综合实力稳步提升。逐步建立起覆盖面广、形式多样、机制健全的教育资助体系。

财政部门要以教育工作会议的胜利召开为契机，坚决贯彻市委、市政府的决策部署，深刻领会会议精神，准确解读教育规划纲要的战略意义和政策要求，增强政治意识、大局意识、服务意识，明确任务，明确责任，充分发挥财政职能作用，以保障投入、调整结构、完善机制、科学管理、提高效益为指导，积极推动我市教育可持续发展。

一是在财政经费保障工作中继续体现教育优先地位。财政部门要把贯彻落实教育规划纲要作为重要任务，按照法定增长要求，优先安排教育经费投入，保证教育财政拨款增长明显高于财政经常性收入增长，努力确保实现2012年财政性教育经费占国内生产总值4%分解目标任务。

二是在完善教育投入机制中着力促进教育公平。建立健全科学合理、可持续的教育经费投入机制，推动我市各级各类教育实现全面协调发展，提升教育为首都经济社会服务的能力。义务教育全面纳入财政保障范围，并不断提高保障水平。加大学前教育投入规模，构建基本需求政府保障、高端需求民办解决的经费格局。探索建立职业教育和高等教育以政府投入为主、受教育者合理分担、其他多种渠道筹措经费的投入机制。财政部门要统筹运用好经济和政策两个激励手段，统筹调动各种资源，处理好增投入和建机制的关系，推动我市教育公平发展。

三是在加强科学化精细化管理中不断提高财政资金

使用效益。将管好用好财政资金与保障财政经费投入放在同等重要地位。切实加强和改进教育经费管理，实现教育重点工作与年度预算编制相结合、绩效管理水平与预算资金分配相结合、挖掘存量资金潜力与科学安排增量资金相结合、资产管理与资金管理并重相结合的经费管理机制，使创新的预算管理成为推动我市教育事业可持续发展的重要推手。

在市委、市政府的正确领导下，财政部门将锐意进取，扎实工作，履行职责，不辱使命，为全面完成我市教育规划纲要开好局、起好步，为办好人民满意的教育，实现首都教育现代化做出贡献。

（本文为北京市财政局副局长吴素芳在3月24日北京市教育工作会议上的发言）

优先发展　全力推进 努力构建优质均衡的朝阳教育体系

下面，我就朝阳区教育工作情况进行汇报。

教育是家庭的希望、民族的未来、城市发展品质的标志。一直以来，朝阳区在市委、市政府的领导下，在市有关部门的指导支持下，坚持教育优先发展战略，着力推进教育内涵、均衡、特色发展，教育事业取得了长足的进步。优质教育资源不断扩大，近年来，累计有14所名校落户朝阳，75％的高中学生能够享受到优质教育，教育质量不断提升，获得了“全国推进义务教育均衡发展工作先进区”等荣誉称号。区域教育特色明显增强，职业教育资源进一步优化，区域内拥有17家国际学校，与110多个国家和地区的教育机构开展了合作交流。队伍建设成效显著，加大对校长和教师的培养力度，在全国范围内引进“名教师、名校长”100位，干部教师素质明显提高。“十一五”时期成为朝阳区教育事业发展最快的时期之一，也为下一步发展奠定了坚实基础。

“十二五”时期，是朝阳发展重要的战略机遇期。围绕着区域科学发展，特别是人的全面发展，教育事业承担着特殊的重要任务，发挥着基础性和关键性的作用。朝阳区作为北京市面积最大、人口最多的城区，落实《北京市中长期教育改革和发展规划纲要》，为经济社会发展，尤其是教育事业发展创造了难得契机。我们将全面贯彻全市教育方针，始终把教育摆在优先发展的战略地位，以“优质发展、创新发展、协调发展”为主题，以“健全机制、提高效益、打造品牌”为主线，全力提升教育质量和水平。

首先，优先发展教育，优化教育布局。坚持规划优先、建设优先、投入优先，在政策、资金、资源等方面对教育事业全面倾斜。按照城乡一体、布局合理的思路，加大整合力度，促进教育资源均衡配置。

第二，扩大优质资源，促进教育均衡发展。我们将加大优质教育资源的培育聚集力度，加强学校特色建设，促进优质教育规模的扩大和教育质量的提升。

第三，创新管理模式，优化教育发展环境。朝阳教育要实现新的跨越，关键在改革。我们将抓住北京市教育体制改革试验区的机遇，全面推进城乡一体化、课程教材改革、拔尖创新人才培养、学区化管理等6项改革，以改革为动力，破解深层次矛盾，增强办学活力。特别是要探索新型人才培养模式，营造有利于人才引进、成长、使用的环境和氛围，完善有利于人才发展的机制，切实加强教师队伍建设。

第四，发展各级各类教育，促进教育协调发展。大力发展学前教育、成人教育、社区教育，构建完备的终身教育体系，推进学习型城区建设；加强国际合作交流，提升国际教育品牌优势，打造区域教育特色。力争在“十二五”末，形成结构合理、开放多元、特色鲜明、充满活力的朝阳现代教育体系。

教育事业是市委市政府关心、广大群众关注的重大民生工作。我们将全面落实市委、市政府工作部署，把教育事业发展放在更加突出地位，开拓创新，全力推进，加快提高全区整体教育水平，为首都建设中国特色世界城市和“人文北京、科技北京、绿色北京”，做出应有的贡献！

谢谢大家。

（本文为北京市朝阳区人民政府区长程连元在3月24日北京市教育工作会议上的发言）

（本栏责任编校　张晓兰）

调研与报告

北京市2011年教育法律法规执行情况督导检查报告

根据《义务教育法》、《职业教育法》等有关教育法律法规的规定，市教委、市政府教育督导室于2011年11月组织开展了对全市各区县教育法律法规执行情况的督导检查，形成了本市2011年教育法律法规执行情况督导检查报告。

一、督导检查工作

成立了由市政府教育督导室主任线联平担任组长，副主任刘莉、李蓥、关国珍担任副组长；北京市专兼职督学、市政府特约教育督导员以及市教委等有关处室工作人员参加的北京市2011年教育法律法规执行情况督导检查组。

本次督导检查的重点内容为：区县贯彻《中华人民共和国义务教育法》和《北京市实施〈中华人民共和国义务教育法〉办法》中关于新建、改建居民区教育配套建设情况；区县及相关单位贯彻落实《北京市实施〈中华人民共和国职业教育法〉办法》，履行职业教育职责，尤其是开展职业培训工作情况；2010年教育执法督导检查中存在问题的改进情况。

针对区县政府执行教育法律法规情况，本次督导检查采取区县政府普遍自查与市教育执法督导检查组实地抽查相结合的方式进行。11月，督导检查组分别对海淀区、大兴区、丰台区进行了实地检查。在实地检查中，督导检查组认真听取了区县主管区县长关于本区县教育法律法规执行情况的汇报，召开了由区县政府相关部门负责人参加的座谈会，查阅了相关档案材料，并派出专项组分别深入部分居民区实地了解教育配套建设、职业教育工作落实等情况。

针对市相关委办局和事业单位执行职业教育法律法规情况，督导检查组有重点地对北京市粮食局、北京市公园管理中心、北京市供销合作总社的职业教育工作进行了督导检查，全面听取其工作汇报，并进行实地查看，全面了解实际工作情况。

二、督导检查结果情况

区县政府高度重视教育法律法规执行情况督导检查工作，均成立了以主管区长为组长，相关委办局为成员单位的领导和工作机构。通过召开协调会议、明确职责分工、整理相关资料等方式，按照市教委、市政府教育督导室的要求，认真做好自查工作，16个区县及燕山地区全部按时上交了自查报告和相关报表。

区县政府较好贯彻落实了《北京市实施〈中华人民共和国义务教育法〉办法》第十九条的法律规定，制定了教育设施专项规划。对新建、改建居民区学校建设所需用地和建设资金，基本做到了依法划拨和保证。在确保教育配套设施建设与居民区建设同步实施和同步交付使用等方面建立了相关制度及工作机制，基本做到规划先行、制度保障、部门联动，并形成了区域不同的管理特色。

区县政府认真贯彻执行《北京市实施〈中华人民共和国职业教育法〉办法》，注重将职业教育纳入区县“十二五”经济社会发展规划和教育发展规划；注重组织实施职业院校教师培养、培训工作，提升职业院校教师职业能力；注重落实区县政府教育费附加用于职业教育的相关规定，成效显著。

市粮食局等市属相关单位，结合本单位实际，认真履行行业教育责任，注重加强职业培训，认真落实职业教育法律法规，严格执行《北京市实施〈中华人民共和国职业教育法〉办法》，推动了职业学校健康、科学发展。

（一）取得的成绩

1. 区县政府自觉履行义务教育法律法规的职责意识普遍增强。

区县政府高度重视对新建、改建居民区教育配套设施建设，依法履行领导职责，加强了教育配套设施建设的管理，区县政府相关委办局按职责分工从审批规划、落实用地、审核单体设计、督促开工日期、加强质量监督、联合竣工验收等方面相互协调配合，初步形成新建、改建居民区配套教育设施建设管理的有效机制，对推动新建、改建居民区教育配套设施建设起到了督促和保证作用。

各区县通过规划项目联审会、签订公共服务配套设施建设协议书、制定配套设施综合验收办法等具体措施保证教育配套的建设。在对海淀、大兴、丰台三个区实施督导检查过程中，区规划、国土、住建、发改、财政、教委等相关部门的主管领导及科室负责同志都能根据本部门职责分工，掌握新建、改建居民区教育配套设施的建设及管理情况，政府统筹教育配套建设的力度在不断加强。

2. 区县政府将新建、改建居民区教育配套设施建设纳入“教育设施专项规划”。

《北京市实施〈中华人民共和国义务教育法〉办法》第十九条明确规定，“新建、改建居民区需要设置学校的，应当纳入教育设施专项规划”。海淀、东城、丰台、大兴、通州、顺义、石景山、门头沟等11个区的政府将义务教育设施建设纳入区县社会经济发展总体规划，根据区域人口变化情况，结合区县教育事业发展整体规划，采用行业与专业结合的方式，在认真研究辖区教育布局结构现状的基础上，由区教育、规划部门牵头，协调国土、住建、财政等部门，邀请建筑科研单位参与，经过调查研究、实地勘测、征询群众意见和反复论证，编制出本区县的“教育设施专项规划”，经区县政府常务会议审议通过，成为义务教育设施建设的规划蓝图。丰台区政府依托北京市城市规划专业力量，制定了符合本区实际的基础教育建设专项规划，对各项任务完成时限、完成标准、责任领导、责任部门等作了明确规定，具有较强的操作性。

3. 区县政府督促新建、改建居民区教育配套设施建设与居民区的建设同步进行。

各区县政府加大了对新建、改建居民区教育配套设施建设的管理力度，明确要求居民区建设项目开工进度达到50％时，教育配套设施建设必须启动。通过对教育配套设施建设实行前期统一审核、中期统一检查、后期统一验收的全过程监督，形成建设有规划、管理有制度、实施有机构的长效管理机制。为确保教育配套设施与居民区同步建设、同步交付使用，区县住建部门还充分利用市住建委网上平台，加强对建设项目公共服务配套设施建设的动态监控，督促新建、改建居民区教育配套设施建设与居民区的建设同步进行、同步交付使用。海淀区由区住建委、发展改革委、国土分局、规划分局、教委等部门组成联审会，对建设单位申报的《项目建设方案》进行联合审核，要求建设单位与配套公共服务设施接收使用单位签订《公共服务配套设施联合现场验收单》，与区教委签订《移交协议书》，督促建设单位及时办理产权移交手续，确保配套教育设施交付教育行政部门管理。同时对已完成的居民区教育配套设施建设项目进行逐一清理和核查，规定房地产开发企业对居民区公共服务配套设施有该建不建或少建的单位，不允许再承包海淀区的建设项目。

4. 区县政府保障新建、改建居民区教育配套设施建设用地依法划拨和资金投入。

区县政府对新建、改建居民区需要设置学校的，依法划拨建设用地，并予以资金保证。大兴区在规划中明确提出了建设用地由政府划拨，建设资金由政府出资的要求，并在实际工作中得到了有效落实。

5. 区县政府督促新建、改建居民区教育配套设施按标准建设。

2009年3月以来，各区县新建、改建居民区教育配套设施建设项目99％能够达到《北京市居住公共服务设施规划设计指标》的要求，在开工建设的141个新建改建居民区项目中，有81个教育配套设施的建筑面积、教育用房、专用教室等方面基本达到《北京市中小学办学条件标准》。大兴区多数小区配套教育设施的占地面积和建设面积均高于《北京市居住公共服务设施规划设计指标》，部分配套教育设施的建筑面积已经分别达到了《北京市中小学校办学条件标准》和《北京市幼儿园、托儿所办园、所条件标准》。同时，大兴区通过制定《北京市大兴区中小幼教育新建校舍装修标准细则（试行）》，减少了使用前的二次投入，保证了教室等各类用房设计合理，符合教育教学的需要。

6. 区县政府注重履行职业教育职责，认真落实职业教育法律法规。

区县政府认真贯彻执行《北京市实施〈中华人民共和国职业教育法〉办法》，注重将职业教育纳入区县“十二五”经济社会发展规划和教育发展规划；注重组织实施职业院校教师培养、培训工作，提升职业院校教师职业能力；注重落实区县政府教育费附加用于职业教育的相关规定。

7. 市属相关单位注重加强职业培训，认真履行行业职业教育责任。

市属相关单位认真贯彻《北京市实施〈中华人民共和国职业教育法〉办法》，立足本单位、本行业特点，开展职业培训，成效显著。

市粮食局着眼于本部门和全行业两大板块实际发展需求，制定《北京市粮食行业教育培训工作三年规划》。依托北京市经济管理学校、直属单位职业培训机构，履行对全系统职工进行职业教育的责任。每年与直属8个单位签订职业教育培训《年度工作目标责任书》，并纳入年终考核，实现了对所属企业、事业组织的职业教育工作分级管理、组织、协调和指导。

市公园管理中心制定了《职工教育培训计划》，将“中心系统要融入北京科教体系发展格局，成为园林科技和园林职业教育的主力军，引领行业科研和职业教育发展”纳入了“十二五”规划纲要，并把职业教育培训作为全年单位领导的目标责任和绩效考核的重要内容，由管理中心绩效考核办公室负责监办，为落实职业教育工作起到了督促、保证作用。管理中心建立了北京园林学校、职业技能鉴定所、直属单位职业培训机构三位一体的培训体系，履行对全系统职工进行职业教育的责任。管理中心建立了培训、考核、使用、待遇一体化机制，实现全员持证上岗，加大职工的教育培养与培训力度，充分发挥职业技能鉴定中心的作用，将教育培训与技能鉴定相结合、培训内容与岗位实践相结合、考核成绩与使用待遇相结合，竞赛活动与职务晋级相结合，开展的多种形式、多种层次的员工职业教育，保证了职工接受培训的权利，将职业教育工作落在实处。

市供销总社重视员工教育培训工作，将员工培训工作纳入企业“十二五”人才培养计划，并将其作为企业文化建设的重要组成部分，投入资金改善所属职业学校和培训机构的办学条件，增添了先进的设备设施，为系统内及系统外的培训服务提供了优质硬件条件；充分发挥市供销总社职业鉴定所的功能，发挥行业鉴定优势，拓展培训鉴定领域，为系统内、系统外职工提供培训鉴定服务，两年培训鉴定达数千人。鉴于市社下属企业多、经营业务差别大，发展不均衡的现象，采取了市社统筹，各企业根据自身特点进行分层次、分内容、分阶段、分重点的培训策略，做好各项培训工作。同时，市供销总社依据市委及相关领导机构的要求，组织实施管理人员系列培训，将培训成绩与管理人员的年终考核挂钩；组织专业人员开展系列知识讲座的学习，并取得相应证书。教育培训工作提高了员工的素质和技能，实现了“竞争凭实力，上岗凭素质”的用人准则，为适应市场需求，促进企业发展，提高经营效益提供了人才保障。

（二）存在的问题

1. 区县政府对《北京市实施〈中华人民共和国义务教育法〉办法》有关规定的学习有待进一步深入。目前，在新建和改扩建居民小区教育配套的规划、审批和建设时仍沿用过去政策和标准，导致区县之间的教育配套建设不平衡，建设标准不统一。

2. 区县政府落实有关教育配套建设的要求尚不到位。《北京市实施〈中华人民共和国义务教育法〉办法》和《北京市人民政府办公厅转发市国土房管局关于北京市实施国土资源部〈划拨用地目录〉细则的通知》规定，新建、改建居民区教育配套设施建设用地应当依法划拨，资金予以保证。但是，多数区县政府未落实相关法规要求，教育配套的土地使用费用仍计入开发成本，无法按标准配建学校。2009年3月1日以来，新建、改建居民区教育配套设施有90％以上的中小学、幼儿园，仍按市规委2006年颁布的《北京市居住公共服务设施规划设计指标》执行，尚未执行《北京市中小学办学条件标准》，造成新建、改建居民区教育配套设施不能满足教育发展的需要。

3. 部分单位职业教育的统筹整合力度不够，职业培训投入保障不足。由此，造成职业教育的功能没有得到充分发挥，不利于干部职工队伍管理水平和专业技术水平的大力提升。

三、督导建议

（一）建议市政府依据《北京市实施〈中华人民共和国义务教育法〉办法》，召开有关部门协调会，统一中小学办学条件标准，保证教育法规落实到位。市教育行政部门加强与有关部门及区、县政府沟通协调，根据城市总体规划、土地利用总体规划，加快编制出台《北京市教育设施专项规划》，由市政府出台相关的实施办法，使区县政府根据《北京市教育设施专项规划》制定本区县义务教育学校的设置和调整方案，统筹协调北京市基础教育"高标准、高质量、高水平"整体发展。市、区县两级政府相关职能部门建立联席会制度，定期研究解决新建、改建居民区配套设置学校建设工作中遇到的问题。

（二）建议市、区县政府继续加大《北京市实施〈中华人民共和国义务教育法〉办法》的学习宣传力度。尤其是与居民区教育配套设施建设相关的发展改革、财政、国土资源、规划、建设和教育等部门，要深入学习、宣传和落实《北京市实施〈中华人民共和国义务教育法〉办法》中第十六条、第十七条和第十九条的法律规定，全面、深刻理解法律内容，明确法律责任，增强法律意识，履行法律义务。同时，各相关职能部门要根据国家和北京市中长期改革与发展规划纲要精神，落实北京市学前教育发展规划和建设标准，积极缓解北京市学前教育供需矛盾。

（三）建议市粮食局进一步争取相关部门支持，落实北京经济管理学校的大兴新建鹿圈校区工作，改善办学条件，更好地发挥其对行业职业教育培训功能。注重进一步探索、创新"校企合作"的模式，实现产业资源、行业资源和学校教育资源有效地整合和利用，不断挖掘拓展办学功能，依托职业教育基地，为整个粮食系统培养后备人才、培训现有职工、提升职工队伍的技术水平和专业水平发挥更大作用。

（四）建议市公园管理中心进一步加强对职业教育工作的统筹、管理、组织、协调和指导，完善职业教育的工作机制，整体构建系统内职业教育培训体系，整合教育资源，拓展培训功能，促进管理中心职业教育持续发展、和谐发展，打造全国公园行业职业教育典范。

（五）建议市供销总社进一步完善市社各企业职业培训投入的保障机制，认真落实"一般企业按照职工工资总额的1.5％足额提取教育培训经费"的规定，加大培训投入，使所有企业的培训工作都能在法律保障的基础上健康发展。进一步加强市社的统筹力度，充分发挥培训工作领导小组的作用，为企业搭建培训交流平台，共享企业优质培训资源，缩小企业间职工教育差距，提升全体员工的职业技能素养，为企业的发展奠定人才基础。

北京市人民政府教育督导室

公立大学章程研究——现状与对策分析

2011年颁布实施的《国家中长期教育改革和发展规划纲要（2010～2020年）》在"完善中国特色大学制度中"提出了"各高校应依法制定章程，依照章程规定管理学校。"大学章程建设已经越来越为大学、政府以及社会所关切，而目前，我国公立大学章程建设是滞后的。因此，本文拟对公立大学章程的历史演进、概念内涵，我国公立大学章程建设的现状、问题及对策进行研究分析。

一、大学章程的历史演进

西方大学有源远流长的历史，并且为现代大学制度的发展提供了许多可资借鉴的经验，因此，考察西方大学的章程发展历程是很有必要的。

大学章程是伴随着中世纪大学的诞生而产生的，其最初形式是当时的国王或教皇颁给大学的特许状，大学由此获得自己法律地位的授权。建立于1088年的意大利博洛尼亚大学是世界上最早的大学，它在1317年制定了大学章程，但就现有资料看，却并非世界上最早制定大学章程的学校。在此之前的1215年，巴黎大学由教皇特使为其制定了章程，学者们多以此为最早的大学章程。探究章程产生的原因，学者们总结到：当时的大学，只有以法定形式才能获得在学术和管理方面的自治权；章程能够确立大学特许法人的法律地位，规定大学内部法人治理结构；西方国家具有源远流长的法治传统；章程是治校总纲领，是对大学根本性问题的规定。

最初产生的特许状，不仅是连接国家、教会或殖民地政府的教育立法与大学自我治理的纽带，而且还是当时教育立法的主要形式，是教育法的主要载体。大学章程自产生之日起在不同的法律体系下有不同的演进路径，与教育法的关系也有疏密的差别。在大陆法系国家，如德国，近代洪堡模式建立，标志着大学现代性特征凸显，大学国家主义到来。在洪堡之后的施莱尔马赫带领下通过了"临时章程”，但政府并不把临时章程当做正式法令，宣布颁布永久章程只能是政府的职权。德国又在1975年颁布的《高等教育总法》规定：“大学既是公法上的社团，同时又为国家机构。在法律规定的范围内，大学享有自治权。”可见，在德国这样的大陆法系国家，大学章程的依据是国家教育法的规定，并享有一定的章程自由。

在英美法系国家，大学章程也是由特许状发展演变而来的，并且特许状至今仍然是一些古老大学法律身份得以确立的依据。基于自由主义的政治理念，英美法系认为章程具有契约性质，强调章程的合意和自由属性。英国的大学章程或是由大学理事会依据特许状制定，或是大学根据国会法案制定的，也有大学是根据公司法注册成立的，并制定大学章程。说明在英国，大学章程并不依赖教育法律，而独立地发挥作用，这也适应于美国。美国大学的章程是由大学权力机构，一般是董事会制定的，公立大学实行宪法自治或者政府管治，私立大学基于章程自治。“美国的《高等教育法》没有不厌其烦地规定高校的宏观方向、运转的原则规范等似乎是一些基本的问题。这些问题不是说不重要，在美国看来，这是在高校成立之际就解决了的问题，在高校成立的章程里，在注册登记的案卷里，都已经作了明确的规定。也就是说，高校的具体运作遵循的是自己的章程，这也是高校自主权的核心所在。”① 由此可见，在英美法系国家，从特许状到章程都能独立发挥作用，它们先于国家的教育法，教育法旨在规定政府对大学的资助责任，而非规定大学如何运行，这些特点不同于大陆法系下的大学国家主义。

我国近现代何时产生第一个真正意义的大学章程，有人认为是1895年盛宣怀创办天津中西学堂（今天津大学）时，向清政府呈递的《拟设天津中西学堂章程禀》②，也有人认为是1902年由清政府颁布的《京师大学堂章程》，其依据是1898年建立的京师大学堂是我国现代意义上的第一所大学，其章程就被认为是我国第一个大学章程③。笔者认为后者是我国第一个大学章程，不仅是因为《京师大学堂章程》具有更大的知名度，而且因其由最高统治者直接颁布的，同时又借鉴西方大学经验制定大学章程并通过章程来明确办学宗旨、管理体制、学生来源、教学组织形式等重大事项，体现了对大学价值的追求。随后在民国时期，民国政府教育部先后颁布了《大学令》（1912年）和《修正大学令》（1917年）来作为北京大学的章程。在同一时代，大学自主制定的大学章程也有所发展，如1920年的国立北京医学专门学校章程、1921年的厦门大学大纲、1922年北京师范大学组织大纲等，它们体现了大学自主办学、学术自由的权利，在我国大学章程的发展中具有里程碑意义。20世纪50年代初，教育部公布了《北京师范大学章程》，之后，我国大学再无章程的制定，直至2006年吉林大学公布其章程。2010年在教育部推动下，北京大学、复旦大学、北京师范大学等26所部属高校进行大学章程制定试点工作。

二、大学章程的概念内涵及制定主体

在中华人民共和国建立后出版的各种教育辞典中，都无章程、学校章程和高等学校章程的词条。与高等教育领域的其他许多概念一样，到目前为止，大学章程也没有一个公认的统一的、确切的定义。于是，研究人员纷纷根据自己的理解和研究，对大学章程做出定义和解释。

笔者在比较了诸多大学章程的定义后发现，一类定义从大学章程的法律地位和性质角度出发，认为大学章程是指由大学权力机关制定的，上承国家教育基本法律、高等教育法律和高等教育政策，下启高等学校办学活动和内部管理的具有一定法律效力的治校总纲④。另一类是研究者从学校制度分类的角度指出：“高等学校制度可以划分为基本制度、一般制度和具体制度。基本制度指大学章程，即关于大学性质、任务及其组织构成和主要行为活动等最基本内容的原则规定或框架。”⑤ 另有研究者从大学法人角度指出：“大学章程是大学法人的宪法性文件，其效力高于学校的一般规章制度，处于纲领性的地位；是大学法人的自治纲领，它是大学设立者就大学法人的重要事务所做的长期性和规范性安排。”⑥ 此外，还有研究者从治理结构、制定主体等角度进行定义。目前，在新颁布的教育部31号令中，对章程的定义是这样规定的，即“章程是高等学校依法自主办学、实施管理和履行公共职能的基本准则。”

另一个理论界的热点是大学章程的制定主体问题。学者们对谁是大学章程的制定主体也有不同的看法，可以分为：单主体说，即大学或政府是章程的制定主体；双主体说，即大学和政府共同制定大学章程；多主体说，即政府、社会、高校是章程的制定主体⑦。关于大学章程的制定主体，有人赞同多主体说，“制定主体是行使制定权的主体，无论是大学成立前还是成立后，制定主体应当由各方利益群体的代表组成，可以将其称为‘制定代表联合大会’”⑧，教育部31号令第十六条指出：“章程起草应当由学校党政领导、学术组织负责人、教师代表、学生代表、相关专家，以及学校举办者或者主管部门的代表组成，可以邀请社会相关方面的代表、社会知名人士、退休教职工代表、校友代表等参加。”可以看出，这是制定主体多主体说。

由于人们对谁是大学章程的制定主体认识不一，在

①杨克瑞．美国《高等教育法》的历史演变分析［J］．比较教育研究，2005（4）：25.

②陈敏，我国现代大学章程的缘起与困境分析［J］．现代教育科学，2007（4）：29～32.

③侯德华．我国大学章程的发展历程［J］．延安教育学院学报，2008（4）：24～26.

④张建初．论高等学校章程［J］．教育研究，2009（2）.

⑤刘献君．论高等学校制度建设［J］．高等教育研究，2010（3）.

⑥牛维麟．现代大学章程与大学管理［J］．中国高等教育，2007（1）.

⑦秦怀杰．大学章程的国内研究综述［J］．中国高等教育评估，2011（2）：43.

⑧湛中乐，谢珂君．大学章程制定程序探析［J］.2011（7）：64.

实践中有的大学章程是由教职工代表大会通过的，有的是由党代会通过的。这同样存在争议，吉林大学章程制定者就认为，教代会是教职工参与民主管理的组织形式，而非学校的最高权力机构，由其通过的章程的法律依据和权威性不足①。实际上，不管制定者是谁，有明确的规定很重要。更为重要的是，大学凭借章程的制定，要获得独立的法人身份，能够独立开展内部的活动，达至学术自由和学习自由，发展高效专业的行政队伍，学术与行政各有其运转的领域，各自遵循自身发展的规律，以此完成国家目的和大学使命。

三、新中国公立大学章程建设的现状

新中国公立大学章程建设，在20世纪80年代已有理论探索，体现在20世纪90年代相继颁布的《中华人民共和国教育法》和《中华人民共和国高等教育法》中。随后，在个别高校中也有了实践探索，取得了很好的实践经验，但同时也出现了不少问题。

以比较早推动大学章程建设的吉林大学为例，吉林大学于2005年颁布了《吉林大学章程》，其分为八章七十条，分别是总则、学校功能和教育形式、组织与结构、教职员工、学生及校友、经费/资产/后勤、校徽/校旗/校歌/校庆日/纪念日、附则。原吉林大学党委书记张文显、校长周其凤在题为《大学章程：现代大学制度的载体》一文中对《吉林大学章程》的内容、理念和程序进行了介绍。该文认为《吉林大学章程》确立和明晰了学校内部治理结构与管理体制，其党委领导下的校长负责制进一步明晰了党委与行政的关系，校、院两级管理为主的体制明晰了学校与学院、学部的关系，教授治学、民主管理的模式明晰了学术权力与行政权力的关系，依法行使办学自主权提高了法人自治的制度依凭；认为该章程遵循和彰显了以人为本的核心理念，明确了教职员工和学生的权利义务，并规定学校要建立权利保护机制，维护教职员工和学生的合法权益；认为该章程彰显和渗透了现代大学精神，对大学精神做了宣示。无论从哪个层面来讲，《吉林大学章程》等中国现代大学章程的制定都有其积极意义，试图以学校基本法的形式将法律所赋予的权利进行规定，以大学自治“宪章”的形式为大学内部管理的规范化提供指南，这些探索有助于推进依法治教和依法办学。

另以中国政法大学为例，《中国政法大学章程（暂行）》自2008年1月1日起施行。该校认为，其章程有着较好的治理实效：一是明确了全校的共同愿景，凝聚了学校各方力量。章程作为学校治理的总纲，是所有制度的校内规范总源，是大学的制度依据。学校章程的规范内容确保了大学这个法人赖以运行的各类基本要素能够紧密联系起来，全力以赴实现章程所确立的组织目标。二是推动了学校对外关系的有效处理，恰当平衡了促进与引领的关系。章程的实施促使全校上下重新思考和定位与社会各界的关系，确立了既要加强产学研结合，服务社会发展，又要与市场保持适度距离，引领社会发展的目标和运行模式。在坚持开放办学的原则下，明确了政府及社会各界有效参与学校办学的方式方法。三是健全了自我约束与自我管理机制，增强了学校的自治能力，促进了学校的良性发展。章程坚持在依法治校的基础上，建立健全相关监督制约制度和机制，对学校教学、科研、行政、财政等多方面进行了明确界定和科学规范，促使学校在不断提高自我发展能力的基础上逐步实现大学自治及自主发展。四是较好地处理了学术权力与行政权力之间的关系，强化和保证了学术权力作用的充分发挥。章程的实施推动了学校进一步完善学术管理体制改革，通过制度切实保障了学术组织的运行，提升学术权力地位，充分维护和发挥了学术组织在学校发展中，尤其是学术事务中的主导地位和决策的权威性和主动性。同时，也切实维护了基层办学单位的权利与义务，调动了办学积极性和主动性，弱化了学校职能部门的管理和决策功能，强化了其服务指导职能，推动了学校管理的科学化发展。五是强化了学校文化建设的效果。章程在实施的过程中，充分地尊重了作为享有自然权利的师生的利益诉求，强制性规范记载得比较少，自发和任意性条款则占据多数。这种章程举办者与实施者和被规范对象之间的柔性协调，对于培育民主自由和公平正义的大学文化和大学精神，具有非常优越的制度化优势，推动了学校师生的主体意识、权利意识和民主意识积淀为深厚的理性意识，促使学校法治的理想逐步变成现实。

虽然我国的章程建设中有吉林大学、中国政法大学等成功的案例，然而从总体上看，我国公立大学章程建设是缓慢的，无论从规模，即制定章程的高校数量上，还是从章程的质量和实效上，存在着数量很少、质量参差、实效不佳的问题。具体而言：

从规模上看，大多数公立高校仍未将章程的制定工作提上日程，目前全国1600多所公立高校中，仅有几十所制定了章程。通过网络搜集信息，笔者不完全统计了制定大学章程的高校名单如下。

我国公立大学制定章程名单（不完全统计）

高校名称	部属院校	地方院校	211院校	985院校
中国人民大学	√		√	√
中国政法大学	√		√	
中国传媒大学	√		√	
南京航空航天大学	√工信部		√	√
南京农业大学	√		√	√
上海交通大学	√		√	√
华东师范大学	√		√	√
吉林大学	√		√	√
东北林业大学	√		√	
东北农业大学		√	√	

①张文显，周其凤．大学章程：现代大学制度的载体［J］．中国高等教育，2006（20）：7～10.

续表

高校名称	部属院校	地方院校	211院校	985院校
延边大学		√	√	
天津财经大学		√		
扬州大学		√		
济南大学		√		
安徽财经大学		√		
浙江工业大学		√		
温州大学		√		
上海工程技术大学		√		
河南农业大学		√		
湖南科技大学		√		
江西财经大学		√		
湖南农业大学		√		
重庆交通大学		√		
西南政法大学		√		
成都理工大学		√		
四川师范大学		√		
黑龙江大学		√		
佳木斯大学		√		
吉林师范大学		√		
辽宁石油化工大学		√		
哈尔滨医科大学		√		
广东外语外贸大学		√		
湛江师范大学		√		

另外，笔者最近对北京地区78所公立高校的章程建设情况进行了调研，调查中发现：（1）已经制定章程的高校有16所，其中中央部委高校7所，北京市属高校7所，公立成人高校2所；（2）正在制定章程的高校8所，其中中央部委高校5所，北京市属高校3所；（3）未制定章程的高校54所，其中有章程建设计划的高校38所。应该说，随着教育部31号令的发布，各高校对于大学章程建设的重视程度和积极性正在提高，这无疑对现代大学制度建设是件好事。

从质量上看，在我国公立大学章程的制定与实施中存在着许多的问题，在理论界也多有总结归纳。比如大学章程的法律效力与法律地位不明确，使得公立大学制定的大学章程合法性受到质疑，章程的法律效力受到削弱；又如章程所规定的主体之间关系不明确，大学的举办者、办学者、管理者以及利益相关者的身份和利益均未在章程中明确界定；再如大学内部的重要关系不明确，党委领导下的校长负责制、教授治学、校院两级管理等方面的各自的职权和职责及行使职权、履行职责的机制没有做出详细的规定。

从实效上看，存在着内部制度的衔接不配套，大学章程与具体管理政策条款相冲突；可操作性不强，在管理实践中往往被束之高阁，难以发挥治理效应；缺乏个性特色，内容趋同化，不能体现每所大学自己的发展历史和文化底蕴、办学理念、发展路径、目标定位和人才培养目标的特色等现象。

四、公立大学章程建设发展缓慢的因素分析

造成公立大学章程建设进程缓慢，在制定和实施过程中存在诸多问题的原因是多方面的。主要有：

第一，高等教育管理体制的制约。“行政化”是我国公立大学的一个特殊的特征。它表现在大学是政府的一个部门，政府掌握着大学校级领导的任命权；大学内部也都按政府官员的管理模式进行管理，从遴选任命到使用考核完全政府化；政府官员与大学官员之间越来越多的干部交流助长了这种趋势；大学的经费与政府部门一样由政府按预算的方式进行拨付等。“行政化”的高等教育管理体制是不利于高校按照章程自主管理的。一方面，政府既是高校的举办者又是高校的管理者，这种身份的混同导致高校以固有的、行政性的思维来推进章程建设，因而效果有限；另一方面，高校必须与宏观环境的治理相适应、相对接，因此形成了长期以来行政管理和办学活动的惯性，反而成为了高校按章程治理的阻力。

第二，推进高校章程建设的法律法规体系不健全。从宏观法制环境来看，我国的《中华人民共和国教育法》和《中华人民共和国高等教育法》虽然对高等学校提出了制定章程的规定，但却缺乏具体的实施细则。当然，教育部新颁布的31号令提出了具体的、可操作的实施意见，这是一大进步，但其实施效果还有待进一步观察。从高校内部对章程法律地位的认识来看，也还存在着错误观念，把其等同于学校一般的规章制度。大学章程的法律地位，应当介于国家教育行政法规政策与高校内部规章制度之间，其效力由高到低排列。一方面大学章程受制于国家的教育法律法规政策，其规定不得与“上位法”相冲突；另一方面大学章程是大学自治的宪章，提供了高校完整的制度体系，规定了大学的治理结构，其法律地位自然要高于学校内部的其他规章制度。

第三，高校自主办学的主体意识不强。办学自主权问题，是一个在破除计划经济体制束缚过程中的特定概念。所谓的高等学校办学自主权，可以理解为在有限的范围内，政府让渡给高等学校的一部分教育行政管理权。这种理念已经明显不适应新的历史条件下对高等教育的新要求，高校举办者的价值观念要从计划经济思想的束缚中摆脱出来，教育行政管理部门对高校不宜管得太严。高校办学者也要强化自主办学的主体意识，充分按照大学章程自主管理大学，切实发挥大学章程的功效。可以说，教育行政管理部门的首要任务是放权，把大学自己该办、能办的责权放下去，给大学以充分自主。

第四，大学章程与高校管理实际相分离。大学在长期“行政化”“政府化”下形成了习惯，即大学中的个体多是“大学机器”一个小构件，全凭上级的命令行事。在今天的大学里，无论是校级的领导，还是院级的领导，他们大都是按上级“指示”办事，按行政化的规则办事，没有章程的大学却也照常运转。因此在很多高校中，大学章程并未在学校管理中发挥应有的作用，很多大学章程与高校的管理实际相差较远，往往是一制定出来便束之高阁。另外，一些大学章程的具体规定与学校制定的各类规章制度不能有效地衔接，有的条款甚至互相冲突，这种现象一方面降低了大学章程作为学校制度体系纲领的地位，另一方面会在实际管理应用中令人无所适从。这些脱离实践的章程很难发挥实际的治理效应。

五、推动公立大学章程建设的对策分析

随着我国高等教育改革的不断深入，公立大学的举办者、管理者和办学者的主体关系，以及政府、社会、利益相关者与大学的相互关系亟待理清，各方利益的调整和分配亟待明确。人们越来越认识到制定大学章程的必要性和紧迫性，认识到大学章程是依法治校的重要环节，是实现大学自治、办学自主的重要保证，是推进现代大学制度的重要抓手，是调整大学的内部治理和外部关系的有效途径。笔者认为，要推动公立大学的章程建设，重在：

第一，深化教育管理体制改革。宏观层面的教育管理体制改革，要有实质性的推进，甚至较大的突破。教育行政管理部门要解放思想、改革创新，真正理清高等教育举办者、管理者、办学者和利益相关者的关系以及各自的职责权限，切实落实高校的办学自主权。一是在明确的法律规定的范围内要放权，并明确高校自主办学的主体地位。二是改变以行政指令来管理教育的模式，把主要精力转移到宏观教育政策的规划检测评估中去。三是主动转变职能，强化为学校服务意识，章程要成为协调高校、政府、社会的规范，政府也要充分尊重高校章程。

第二，明确章程的法律地位和效力。高等教育法律和法规中应当明确规定大学章程的法律地位。明确国家高等教育法律法规、大学章程、大学内部规章制度三者的法律效力的位阶。同时，要明确规定章程的效力，既充分体现国家作为举办者与实际管理者之间的权利义务关系，又充分体现大学内部主体间的权利义务平衡和对内部各主体间的约束力。

第三，明确章程的制定和实施。需要通过法律形式，明确规定大学章程的制定主体、内容架构、制定程序、审批程序等环节。同时，要特别重视大学章程的实施，营造适合大学章程发挥作用的法治氛围，逐步形成高校按章程办事的意识。可喜的是，教育部以教育部令的形式制定实施了《高等学校章程制定暂行办法》，这个《办法》对高校章程制定的原则、内容、程序以及核准和监督中所涉及的主要问题、主要环节进行了全面规范，具有较强的可操作性。

第四，章程本身要彰显现代大学制度的精神。大学章程的一个重要内容，就是阐释现代大学制度的内部治理结构，包括决策机构、行政机构、学术机构的职责与权限。因此，要积极推进大学内部治理结构改革，直面高校内部一些重要的关系，如党委领导下的校长负责制，学术权力与行政权力的关系等。这些关系在现行高校实践中都是带有典型性、全局性的问题，有一些还成为构建现代大学制度突出的瓶颈问题，甚至需要我们在实践中有所突破，进而形成彰显现代大学制度的大学章程。

第五，章程的制定要坚持多元主体。在一个利益多元化的时代，大学章程的制定越来越不仅仅是大学自身的事情，因此，在大学章程制定过程中不仅要发挥大学办学者的主体意识和能动性，更要注意吸收政府部门的参与，鼓励社会公众的参与。高校、政府、社会这三方面的利益相互博弈，最后取得一种平衡，从而明确这三方面的责、权、利。在具体操作中，可以考虑建立和完善大学董事会或理事会制度。短期看，建设这样一种平台，增进三方的交流，有利于高校营造良好办学环境；长期看，共同的治理，也体现大学章程所代表的现代大学制度的要求。

第六，章程要体现不同高校的个性和特色。世界是丰富多彩的，大学章程也不应该千篇一律。分析大学章程趋同的情况，我们注意到，在高等教育大众化阶段，高等教育系统的多样化本该成为主要特征，但我国高校却出现了办学定位趋同现象，这是大学章程趋同化的一个重要原因。因此，在制定大学章程的过程中要科学分析与凝练高校不同的办学定位、办学特色和人才培养目标，充分考虑高校的历史沿革和独特的大学文化，体现出大学自己的战略规划和发展路径，彰显大学自身的品牌与个性。

第七，切实提高大学章程的治理实效。一方面，高校要自觉用章程规范自身的办学和管理行为，把章程确实置于学校管理制度的最顶端，清理与完善那些与章程不符的其他制度，搞好自身的制度建设。另一方面，大学章程要与学校实际紧密联系，在一些重大核心问题上，诸如学校决策机制、管理机制以及事业发展战略规划等，要在章程中有明确体现，从而提高大学章程的治理实效。

（课题组成员：何劲松　高菲　薛亮　熊红）

北京地区高校科技资源配置情况分析

2009 年，国家统计局、科技部、国家发展改革委和教育部等六部委联合在全国范围内开展了“第二次全国 R&D 资源清查”工作。R&D 是科学研究与试验发展（Research and Development，以下简称 R&D）的英文缩写，也是国际上开展 R&D 统计调查的规范称谓。R&D 活动是指从事科学发现及其可应用性的探索性活动，以及开展自主开发新产品和新服务等的活动。开展R&D活动的主要目的在于探索未知事物的本质和运动规律、探索科学发现的应用途径、自主开发新产品和新服务，从而获取经济效益、提高社会福利、推动社会进步。这次R&D资源清查是我国一次重要的国情国力调查。通过这次清查，市教委充分详实地摸清了北京地区高校的科研实力和资源配置情况。

一、北京地区高校科技资源配置概况

2009年，北京地区共有全日制普通高等学校88所，其中，中央各部委所属院校有36所，约占北京高校总数的40%；国家“211”工程和“985”工程院校均占全国的1/5以上。北京地区高校及附属医院共有教学与科研人员91337人，其中科研活动人员61550人；科研经费总投入137.1亿元，科研经费内部支出107.7万元；承担项目研究54146项；发表学术论文95100篇、出版著作6343部；获省部级及以上奖励516项；申请专利6847项；技术转让当年实际收入4.74亿元。

从表1中各指标数据可以看出，北京地区高校在所列的17个指标上，基本占全国总数的1/5～1/4左右，在全国30多个省市自治区中均居于首位。R&D活动经费支出是衡量一个地区科研投入力量和活跃程度的重要指标，北京地区高校的R&D活动经费支出远远高于其他省市，是排名第2位上海的1.6倍，反映出首都高校科研活动非常活跃。总体而言，无论从人力资源、科技投入还是科技产出上来看，北京地区高校科技资源总量在全国处于领先地位。

表1　2009年度高校科研统计主要指标统计表

统计指标 \ 统计口径		全国高校	北京地区高校			
			合计		其中：	
				占全国比重	中央	市属
教学与科研人员（人）		1222266	91337	7.5%	57378	33959
其中：科研活动人员（人）		741335	61550	8.2%	41553	19497
人员全时工作当量（人年）		244997	27714	11.3%	19359	8355
科研经费总投入（亿元）		787.2	137.1	17.4%	119.6	17.6
科研经费内部支出（亿元）		657.4	107.7	16.4%	92.8	14.9
项目研究	（项）	527551	54146	10.3%	43855	10291
	当年拨入经费（亿元）	618	110.8	17.9%	102.6	8.2
研究机构	（个）	7296	589	8.1%	476	113
	内部支出（亿元）	192	37.6	19.6%	35.6	2
	固定资产原值（亿元）	477.9	88	18.4%	77.2	10.8
学术论文（篇）		1016345	95100	9.4%	72906	22194
学术著作（篇）		30347	6343	20.9%	4552	1791
提交有关部门成果数（份）		5679	596	10.5%	500	96
省部级以上奖励（项）		7933	516	6.5%	461	55
申请专利（项）		54099	6847	12.6%	5985	862
签订技术转让合同数（项）		8770	884	10.1%	708	176
技术转让当年实际收入（亿元）		21.5	4.74	22.1%	4.38	0.36

二、北京地区高校科技资源配置特征

科技资源配置是指各类科技资源在不同科技活动主体、领域、过程、空间、时间上的分配和使用。下面以2009年“第二次全国R&D资源清查”高校数据为基础，通过与全国、北京市以及2000年“第一次全国R&D资源清查”数据比较，从科技人力、科技投入和科技产出角度阐述北京地区高校科技资源配置的基本特征。

（一）人力资源丰富，整体素质高，高层次创新人才

高度集中

年龄方面，以中青年为主体。45岁以下的教学与科研人员占全体的65.4%。

学历方面，水平整体较高，高学历人才比例高。硕士以上学历占到了全体49.2%，其中博士17650人，占全体的28.7%，是学历层次中比重最高的群体。

职称方面，分布以高端型和成长型为主。北京地区高校有两院院士191人，占全国1/3，在全国处于绝对领先位置，占北京地区高校教学与科研人员0.3%；高级职称有21935人，占北京地区高校教学与科研人员35.6%；中级职称有23164人，占北京地区高校教学与科研人员37.6%，高级职称和中级职称构成了北京市高校教学与科研人员的主要部分，与年龄结构特点相对应，副高和中级作为人力资源发展中间阶段的成长性力量在其中构成了较大的比例，为人力资源总量未来持续发展形成了较大空间。

学科方面，覆盖面广、集中度高、优势强。北京高校科技人力从事的研究领域遍及科技类62个国标一级学科中的61个学科①，和社科类24个国标一级学科。其中科技学科中排名前2位的是临床医学和计算机科学与电子通信学科，分别占科技人力总数32.7%和10.8%，均远高于其他学科；社科学科人数排名中靠前的分别是语言学、管理学、艺术学，占社科人力总数44.8%。同时，北京高校集中度高的学科综合实力强，如：北京大学、首都医科大学的临床医学学科属于重点优势学科，在中国研究生分一级学科排行榜中分别位于第1位、第5位。北京师范大学、北京语言大学、北京大学的应用语言学学科属于重点优势学科，在中国研究生分一级学科排行榜中排前3位。

科技人力投入方面，与国家科技创新型体系建设相适应。理工农医类科研活动中，科技人力投入兼顾科技活动类型与科技服务、科研成果产业化等“产学研”过程紧密相连，54.3%的科技人力投入在应用研究领域，34.2%的科技人力投入在基础研究领域，为科技发展和应用提供了较为坚实的基础；服务国民经济行业侧重于研发和服务行业，兼顾设备制造业。27.77%的科技人力投入研究与试验发展，25.18%的科技人力投入医疗卫生领域；实现的社会经济目标集中在经济和社会两个层面。工商业发展，能源生产、分配和合理利用，农林牧渔业发展等推动社会发展的科技人力投入占总量的40.43%；卫生事业、基础设施、环境保护、社会发展、教育等具有较强的公共服务特征的科技人力投入占总量的40.88%。可见，首都高校科技人才活动的应用价值得到较为充分的体现；同时也为科技发展和应用提供了较为坚实的基础。

（二）科技投入力度大，科研经费和基础条件优势明显

科研经费方面，投入高增长，经费来源以政府资金为主。2009年北京地区高校科研经费投入是2001年4.6倍，且增长幅度很快，2005～2009年期间各年科技经费增长速度保持在15%以上。在高校的科研活动经费中，2000～2009年期间，政府经费占很大比例，一般保持在60%左右，企事业委托经费大约30%左右。2009年政府经费投入比重高出全国高校6个百分点。

科研项目方面，投入强度大，质量高，以创新、知识总量的增加为特征的R&D活动为主体。2009年，北京地区高校人均项目经费21.5万元/人年，是2000年的3.6倍。北京地区高校科技类项目的经费投入强度为29.4万元/项，高出全国高校科技类项目经费投入强度69个百分点，人文社科类项目的经费投入强度为4.3万元/项，高出全国高校人文社科类项目经费投入强度126.3个百分点。北京地区高校承担在研国家级科技项目数占全国高校的1/4强，承担在研人文社科类国家级项目占全国高校的1/10。与其他科研部门相比，高等学校的研究方向在基础研究和应用研究方向上的投入较大，其他系统主要在试验发展方向进行投入。在2009年科技活动中，R&D人员投入中应用研究、基础研究与试验发展占投入总量的95.7%，基础研究人员和应用研究人员占全市的1/3。R&D活动经费支出在基础研究、应用研究和试验发展的比例大约是1∶2∶0.3；全市大约为1∶2∶6，科研院所大约是1∶2∶4，企业大约是1∶2∶20，以上数据表明，首都高校的科技活动主要侧重基础研究和应用研究，与科研院所和企业的科技活动形成一定的互补，共同承担北京市的科学研究任务。

基础设施方面，聚集度高，层次高。北京地区高校共设有国家级研究机构75个，占省部级及以上研究机构12.7%。从表2可以看出，北京地区高校设有的国家实验室、国家重点实验室、教育部重点实验室、教育部人文社会科学重点研究基地等科研基地相对比较集中，平均占全国高校实验室总数的1/4强，具备雄厚的研究基础和科研实力。

表2 2009年度高校国家级研究机构情况统计表

单位：个

实验室名称	全国高校	北京地区高校	占全国高校比例
国家实验室	11	4	36.36%
国家重点实验室	139	40	28.78%
国家工程实验室	25	8	32.00%
国家工程研究中心	27	10	37.04%
国家工程技术研究中心	45	6	13.33%
教育部重点实验室	320	79	24.69%
教育部人文社会科学重点研究基地	151	46	30.50%

（三）科技产出实力强，科技成果居于全国领先地位

①没有从事“宗教学”的教学科研人员。

获国家级奖励方面，成果突出。2009年，北京地区高校获得国家自然科学奖、国家技术发明奖和国家科技进步奖分别为4项、12项和55项，分别占全国高校获奖比例的25%、23.5%和23.1%，总体获奖水平约占全国的1/4。市属高校的科技创新能力提升。2004年，市属高校作为第一完成单位获国家科学技术奖励实现零的突破。2009年，市属高校获国家科技进步奖6项，其获奖数量和等级在全国地方高校中居首位，截至2010年，有7所市属高校曾作为第一完成单位获国家奖，占具有硕士学位授予权的市属高校36.8%。

论文发表方面，数量大，质量高。科研成果主要以专著和论文为主，体现出高校科研人员教与研相结合，文字水平高的特点。2009年高校发表科技论文9.5万篇，出版著作6343种，分别是2000年的2.4倍和1.5倍，分别占全市的47.58%和69.11%。高校发表SCI、EI、ISTP论文数量分别为11468篇、13025篇和8935篇，总体数量占全国的1/7。

专利和技术转让方面，高校的科研活动与企业结合逐步深入，成果向企业转化发展不明显。2009年，高校共申请专利6847件，其中发明专利5944件，分别是2000年的12.0倍和14.6倍；发明专利申请占全部申请专利的86.8%，比2000年提高了10.3个百分点，发明专利申请占全国高校专利申请的19.3%。在全国高校成果向企业转化指标占全国总体比重低的背景下（全国高校专利所有权转让及许可当年实际收入占全国6%），北京地区高校技术转让当年实际收入在全国高校处于领先位置，占全国高校的22%，其签订技术转让合同数和技术转让当年实际收入金额分别是上海的2倍和4倍。2005～2009年期间，每年北京地区高校技术转让当年实际收入处于4亿左右，北京地区高校成果向企业转化发展不明显。

三、北京地区高校R&D投入产出绩效分析

R&D活动作为高校科研活动的核心，其创新的特征使得这一活动对于提高教师的科研水平、培养研发人才、通过产业化促进社会经济的发展都有着十分重要的作用。《国家中长期教育改革和发展规划纲要（2010～2020年）》明确提出要充分发挥高校在国家创新体系中的重要作用，鼓励高校在知识创新、技术创新、国防科技创新和区域创新中做出贡献，完善以创新和质量为导向的科研评价机制。在高校支持国家创新体系建设的大背景下，北京高校R&D投入规模迅速扩大，北京高校的R&D活动在“十一五”期间一直处于各省市前列，不论从投入规模还是产出的数量与质量都处于领先位置。因此，分析北京地区高校R&D投入与产出绩效，直观量化高校R&D活动取得的成果和不足，寻找改进方向，有助于进一步探究提高北京地区高校科技资源配置和开发的效率，增强北京高校的科技创新能力的途径。我国较早关注绩效分析的学者吴俊卿认为绩效是实践活动的实际结果对期望值所达到的程度；针对R&D活动，闫宏认为R&D绩效评估是在R&D活动完成后，对照预先设定的目标，对R&D活动的完成情况、实施过程、实施效果及其影响所进行的系统、客观、公正的分析，并为决策提供意见或建议。在本研究中尝试探讨三个问题：一是北京高校R&D投入产出绩效的状况；二是高层次人才、重点学科、省级以上科研机构对北京高校R&D投入产出绩效的影响；三是从R&D投入产出绩效角度看提高北京高校科技资源配置效率的途径。

（一）高校R&D投入产出绩效分析框架

1. 指标体系构建

在R&D投入产出指标以及效率指标的选择上，确定了以下四个原则：科学性，即符合R&D活动的共识性规律及高校R&D活动的客观现实；导向性，是指绩效评价体系的设计应该引导高校R&D活动向提高资源使用效率、提高有效产出的方向发展；可得性，是指数据的可获得性；规范性，主要是考虑研究与分析持续性的需求，研究数据的来源、口径、量纲都应该有一定规范，以满足横向比较与延续性研究的需要。

在高校R&D投入产出指标体系的构建上，根据OECD《弗拉斯卡蒂手册》等有关著述，以及高校R&D活动实际，本研究选择9个二级指标。其中，高等院校R&D活动投入指标包括人员和经费两个方面；高等院校R&D活动产出指标，既考虑高校作为R&D活动投入产出的决策单元，其基本资源、人员制度、科研管理等方面构成了人文社科和理工农医学科共同发展的基础，其学校硬件、软件环境的支持形成了学校整体R&D活动的特质，又考虑到人文社科类与理工农医类R&D活动产出形式存在差异，选择了论文、著作等6项指标。详见表3。

表3 高校R&D投入产出指标

指标类型	指标名称	单位	说明
投入	R&D（研究与发展）人员全时工作当量	人年	
	R&D（研究与发展）经费内部支出	万元	
	R&D（研究与发展）机构经费内部支出	万元	
产出	论文	篇	最直接的R&D活动产出
	著作	部	
	提交有关部门成果数	份	R&D产出社会效益
	索引收录	篇	高水平成果
	专利申请	项	R&D活跃程度
	技术转让当年实际收入	万元	R&D产出市场效益

2. 模型构建

数据包络分析（以下简称 DEA）是一种绩效评价的研究方法。是 1978 年美国运筹学家 Charnes 等人在“相对效率评价”研究的基础上发展起来的、用于分析多投入多产出系统效率的方法。DEA 方法其基本思路是以各决策单元（简称 DMU）投入、产出指标的权重为变量进行运算，通过所有决策单元的多种投入、产出数据，建立相应的生产可能集，最佳生产状态的决策单元即为 DEA 有效，这样的决策单元实现了以投入最小、产出最大为目标的 Pareto 最优，这样的组合形成了有效生产前沿面，并根据各决策单元同有效生产前沿面的距离状况，确定各决策单元是否 DEA 有效；在绩效评价的基础上，可应用投影方法测算非 DEA 有效的决策单元效率低下的因素及改进方向。

目前，我国学者利用 DEA 方法对科技投入产出绩效进行实证的研究有：柳卸林应用 DEA 方法对我国教育部直属高校科研投入产出绩效进行了分析；贺德方利用 DEA 与格兰杰因果检验对我国科技投入产出绩效进行了测度；孙宝凤、杨雪等综合运用层次分析（AHP）和数据包络分析（DEA）方法评价我国科技能力持续发展的趋势和相对有效性，揭示了影响科技持续发展的原因；樊华利用主成分分析法（Principal Component Analysis，PCA）与 DEA 方法相结合，分析了高校的科技投入产出绩效；吴强、解金玲运用聚类分析与 DEA 相结合，先将各区域根据科技发展水平进行分类，然后在各类中进行 DEA 分析。根据高校 R&D 活动多投入多产出的特点，借鉴已有研究经验，本研究选用 DEA 方法对北京高校 R&D 投入产出绩效进行分析。

（二）北京高校 R&D 投入产出绩效分析实证

1. 北京高校 R&D 投入与产出概况

2009 年，北京地区高校开展 R&D 活动的单位共 87 个，包括高校 60 个、附属医院 22 个、高等职业学校 5 个。其中填报全国普通高等学校科技统计年报（理工类）的单位有 62 个（高等学校 40 所，附属医院 22 所），填报全国普通高等学校人文社科统计年报（社科类）的单位有 59 个。

参考 2009 年 R&D 资源清查报表、教育部社科年报、教育统计年鉴等数据资料，经过数据整理，得到 2009 年北京地区高校的 R&D 投入产出指标值。其中，共有 62 所高校进入绩效评价样本，样本高校的研究与发展人员投入工作当量平均为 317 人年，内部支出平均为 1.4 亿元，机构内部支出平均为 4318 万元；产出方面，校均发表论文 1385 篇，出版著作 89 部，提交有关部门成果 10 份，索引收录论文 523 篇，专利申请 109 项，技术转让当年实际收入为 7645 万元。详见表 4。

表 4 北京地区高校 R&D 投入产出情况

		均值	最大值	最小值	标准差
R&D 投入	人员全时工作当量（人年）	317	2803	1	533
	经费内部支出（万元）	14796	179798	8	30960
	机构经费内部支出（万元）	4318	69880	0	11374
R&D 产出	论文（篇）	1385	12809	18	2095
	著作（部）	89	474	1	109
	提交有关部门成果数（份）	10	104	0	20
	索引收录（篇）	523	7872	0	1240
	专利申请（项）	109	1450	0	260
	技术转让当年实际收入（万元）	7645	306567	0	40096

2. 北京高校 R&D 投入产出绩效评价

（1）模型稳定性分析

通过刀切法（Jackknife），将最优效率的高校依次剔除，重新计算投入产出效率，计算得到的各组技术效率值之间的斯皮尔曼（Spearman）相关系数。经过两轮交叉测算的统计指标来看（详见表 5、表 6），同一个高校在不同的样本中得到效率评价基本是一致或者同一批高校（如 48 个高校）的相对效率的评价在多次样本内（在 62 个高校样本和 48 个高校样本中）也是一致的，各组技术效率相关性强，集中程度高，效率得分的稳定性较强，所以本研究的 DEA 分析模式是稳定的，适宜使用 DEA 方法。

表 5 相关系数

			62 高校样本绩效	48 高校样本绩效
Spearman 的 rho	62 高校样本绩效	相关系数	1.000	.867**
		Sig.（双侧）	.	.000
		N	48	48
	48 高校样本绩效	相关系数	.867**	1.000
		Sig.（双侧）	.000	.
		N	48	48

**. 在置信度（双测）为 0.01 时，相关性是显著的。

表 6　相关系数

			62 高校样本绩效	48 高校样本绩效
Spearman 的 rho	62 高校样本绩效	相关系数	1.000	.838**
		Sig.（双侧）	.	.000
		N	23	23
	48 高校样本绩效	相关系数	.838**	1.000
		Sig.（双侧）	.000	.
		N	23	23

**. 在置信度（双测）为 0.01 时，相关性是显著的。

（2）R&D 投入产出绩效分析

通过数据特征分析，在规模不变的 CRS 模型和规模可变的 VRS 模型测算过程中，结合北京市高校 R&D 投入稳步持续增长的大趋势，高校提高效率的方式应该是尽可能充分的运用投入的资源，得到最大的产出，因此本研究采取产出导向的 DEA 模型分析北京地区高校 R&D 投入产出绩效。

运用 Deap 软件进行运算整理得到北京地区高校 DEA 绩效评价情况，总体来看：R&D 投入产出效率 DEA 有效的高校 14 所，非 DEA 有效高校 48 所；技术效率有效高校 32 所，非有效 30 所；各高校规模效益集中于处于规模效益递减的状态。详见表 7。

表 7　北京地区高校 DEA 绩效评价情况汇总高校数量

	高校数量
投入产出效率平均值	0.61
其中：DEA 有效高校数	14
非 DEA 有效高校数	48
技术效率平均值	0.76
其中：技术效率＝1 高校数	32
技术效率＜1 高校数	30
规模效率平均值	0.79
其中：规模效率＝1 高校数	14
规模效率＜1 高校数	48
其中：处于规模效益递增区间高校数	14
处于规模效益递减区间高校数	39
规模效益不变高校数	9

从投入产出效率来看，北京地区大约 1/3 高校的 R&D 投入产出效率高，其中有 14 所高校是 DEA 有效，实现了投入产出规模适当且资源有效配置。

从技术效率来看，北京地区高校的 R&D 资源配置效率总体较高，32 所高校的 R&D 投入得到了充分的利用，没有多余投入或者产出，可简化地表述为投入相对产出达到最大，或者说是产出相对投入达到最小。

从规模效率来看，北京地区高校 R&D 投入与产出数量规模也较为合理，其中有 14 所高校处于实现了规模有效①，即对于 R&D 投入产出关系而言，处于最小最佳规模与最大最佳规模之间。

从规模效率区间来看，处于规模效益递减区间的高校 39 所，处于规模效益不变区间的高校 9 所，处于规模效益递增的高校有 14 所。

（3）非有效单元指标分析

对于非 DEA 有效的高校，一般考虑两个方面的原因，一是在现有投入基础上的产出不足，或者在现有产出水平上的投入过度，或者兼而有之。为测算高校投入闲置和产出不足情况，本研究将非 DEA 有效高校的投入指标松弛量（即与理想投入相比，投入过度的具体数量）与对应指标的比值定义为“投入闲置率”，据此产生：R&D 人员全时人年闲置率、R&D 经费内部支出闲置率、科研机构 R&D 经费内部支出闲置率；同样的，将非 DEA 有效高校产出指标松弛量（即与理想产出相比，产出不足的具体数量）与对应指标的比值定义为“产出不足率”，据此产生：论文产出不足率、著作产出不足率、研究报告产出不足率、专利申请不足率、技术转让当年实际收入不足率。

经过数据处理，得到了 30 所非有效高校投入闲置和产出不足的具体情况（见表 8），总体而言，具有共同特征的高校群体的高校 R&D 投入与产出的配比情况如下：在投入和产出方面，不存在投入闲置的高校 7 所，其他 23 所同时存在投入闲置和产出不足的情况。分指标情况来看，投入闲置更多地集中在 R&D 机构内部经费支出，其次为 R&D 人员的投入方面，R&D 经费内部支出的利用率则相对是最高的；产出不足最显著的体现在技术转让当年实际收入，其次为提交有关部门成果数和著作出版数，论文发表与专利申请产出不足情况较少、程度也较低。

①一般随着投入规模的扩大，投入的单位产出趋于上升，到一定数量后，产出达到不变，随着规模的进一步扩大，到一定限度，平均产出转而逐渐下降。在这个变化过程中对应于单位产出开始由降低变平缓时的生产规模，称为最小最佳规模；对应于单位产出总成本曲线开始由平转升时的生产规模称为最大最佳规模。大于等于最小最佳规模，又小于等于最大最佳规模区间内的任何生产规模均可视为有效规模。

表 8　北京地区 DEA 非有效高校投入闲置率与产出不足率

序号	投入闲置率			产出不足率					
	人员全时工作当量	经费内部支出	机构经费内部支出	论文	著作	提交有关部门成果数	索引收录	专利申请	技术转让当年实际收入
1			0.26		0.33	0.14			
2	1		0.57		1.84			0.59	0.78
3	0.12		0.33	0.17		0.66		7.61	1.23
4			0.6		0.24	3.91	6.95		
5	0.15			0.28	3.33				23.99
6				1.43		1.45			12.38
7		0.42			1.84	5.25		2.86	4659.66
8					1.16	0.29	1.27		216.22
9				0.46	0.76	7.94	0.69		2.36
10					4.12	35.69		2.88	657.52
11		0.17				4.63	2.59	0.58	
12					0.14			2.53	7713.49
13					0.53	6.1	1.18	0.92	
14					0.29		5.37		1.59
15	0.12				2.15			0.19	2.58
16					1.41		1.48		4.58
17		0.15			0.12			1.8	1579.92
18	0.19			0.38					1241.82
19			0.85	0.22			2.53	0.42	
20			0.18		3.26				0.39
21			0.5	0.45	0.48				
22			0.76		0.56				
23	0.42					44.38			
24				0.87		3.78			
25			0.93			5.82			
26			0.18		0.54				
27				0.67					

续表

序号	投入闲置率			产出不足率					
	人员全时工作当量	经费内部支出	机构经费内部支出	论文	著作	提交有关部门成果数	索引收录	专利申请	技术转让当年实际收入
28		0.27			0.59				
29			0.85		0.62				
30			0.13	0.58					

（三）北京高校R&D投入产出绩效影响因素分析

R&D活动的开展需要一定的环境条件支撑，高校基础条件会对R&D投入产出绩效产生影响，因此我们选择了高层次人员与团队、重点学科和省级以上研究机构三个关键指标。其主要依据是：高层次人才和团队是科研活动的重要主体，特别是具有创新特性的R&D活动尤其需要高层次人力的投入；重点学科由于通过评审而设立，一方面是对科研人员群体实力的认可，同时也是对于学科力量整合集中的一种有效方式；科研机构以科研活动为主，其在R&D活动中起到了积聚人力和资源的独特作用。针对北京地区高校的特点，还将“是否中央直属高校”也作为影响因素之一纳入分析体系。通过数据整理，62所高校中，部属高校28所，市属院校34所，其主要指标概况如表9所示。

表9 北京地区高校R&D投入产出影响因素情况

	均值	最大值	最小值	标准差
高层次人才	22	258	0	59
重点学科	8	58	0	12
省部级以上科研机构	6	48	0	11

本研究运用Tobit回归进行分析，因变量为绩效评价得分，自变量为高层次人才、重点学科、省级以上科研机构，虚拟变量为“是否中央直属院校”。其中高层次人才包括中科院院士、工程院院士、长江学者、新世纪人才、国家杰出青年及创新团队；重点学科包括国家和北京市的一级、二级重点学科；省级以上科研机构包括国家实验室等国家级科研基地、教育部重点研究基地、北京市重点实验室、北京市工程研究中心等。在效率评价得分上，我们对投入产出绩效、技术效率和规模效率都进行了分析。如表10所示。

表10 北京地区高校R&D投入产出绩效影响因素Tobit回归结果

变量	投入产出效率		技术效率		规模效率	
	系数	P值	系数	P值	系数	P值
是否中央直属高校	0.110	0.198	0.044	0.592	0.081	0.151
高层次人才	0.001	0.668	0.001	0.759	0.001	0.654
重点学科	-0.006	0.378	0.002	0.716	-0.010	0.020
省级科研机构	0.003	0.830	0.001	0.942	0.003	0.758
Prob>chi2	0.289		0.475		0.025	
模型显著性判断	不显著		不显著		显著（5%水平）	

从模型拟合程度来看，4个变量对于规模效率的解释力最强、对投入产出效率稍次之，对技术效率的解释力最弱。但由于模型整体和变量的显著性都不高，以下主要从在不同变量的与绩效得分的正向或者负向作用方面进行总结：

（1）“是否中央直属高校”与投入产出效率和规模效率正相关，与技术效率负相关。其影响系数的绝对数值在4个变量中最大；

（2）“高层次人才”数量与投入产出效率、技术效率和规模效率均为正相关；

（3）“重点学科”数量与投入产出效率和规模效率负相关，与技术效率为正相关；

（4）“省级以上科研机构”数量对投入产出效率、技术效率和规模效率的影响均为正相关。

总体而言，“是否中央直属高校”对R&D投入产出绩效具有较为明显影响，从数据分析的情况看，中央直属高校在投入产出效率及规模效率方面较有优势；“高层次人才”对投入产出绩效和技术效率产生影响主要体现于对R&D资源的充分利用，从而实现了资源的优化配置；“重点学科”对技术效率有提升作用；“省级以上科研机构”对技术效率和规模效率均有提升作用，一方面可能是由于其以科研为主的运行方式形成了不同于学校整体的R&D活动模式，另一方面，对于科研机构相对集中的R&D投入，与之相应的管理模式，也为R&D资源合理利用提供了支撑。

（四）结论与建议

结合DEA方法评价的结论和北京高校实际，展开研究结论之前，本研究对DEA方法评价中的两个效率值的概念进一步具象化，即：技术效率衡量高校R&D活动的硬件环境、科研管理制度、人事制度、财务制度、成果转化制度等是否能够保证R&D投入（人、财、物）的生产潜力能够充分地发挥；规模效率衡量在制度稳定的条件下，高校是否达到了最有效的资源投入规模，所谓最有效规模体现为投入既不浪费也无不足，此时将处于规模报酬不变的状态。

结合数据实证，得到的主要结论如下：

1. 北京地区高校总体的R&D投入绩效水平较高，特别是R&D资源配置、R&D活动管理等方面。具体来看：同时实现了投入产出规模适当且资源有效配置的高校有14所，资源配置较合理但投入规模存在一定不适应性的高校32所；对投入产出规模适当的14所高校而言，其投入的增加能够形成较大的产出增量。

2. 北京地区高校R&D投入产出的规模效率总体较低。处于规模递减状态的高校39所，并同时具有投入规模较大的特征，可认为其投入过度；处于规模效益不变区间的高校9所，应将提高R&D实力和组织管理水平作为提升R&D投入产出效率的主要路径；处于规模效益递减的高校有14所，应当加大R&D投入，从而提高R&D活动的整体绩效。

3. 对于非DEA有效的高校，大部分同时存在投入闲置和产出不足的情况。投入闲置集中在R&D机构内部经费支出方面，其次为R&D人员的投入方面；产出不足主要表现为成果转化的不足，最突出地体现在技术转让当年实际收入方面，其次为提交有关部门成果数。

4. R&D投入产出绩效的影响因素方面，中央直属高校投入产出效率、技术效率和规模效率相对较高，高层次人才对投入产出效率、技术效率和规模效率均有促进，重点学科提升了技术效率，省级以上科研机构对投入产出效率、技术效率和规模效率均有助力。

在国家进一步加大教育科研投入的大背景下，高校R&D投入不断增长和产出快速增长的状况将进一步持续，对于以研发、创新作为未来发展和新经济增长点的北京市而言尤其如此。换言之，R&D活动规模的进一步增长应该是北京地区高校R&D活动的发展趋势。更多的资源意味着使用资源、配置资源的难度和复杂性也进一步提高。在实证分析的基础上，本研究对于进一步提高北京地区高校R&D资源利用效率，促进首都高校科技资源配置优化，提升北京高校科技创新能力，提出以下建议：

1. 进一步提高R&D资源配置的能力

R&D资源配置的能力，简单说就是以相对少的投入产生多的产出或者相对多的产出只需要少的投入。从实证分析来看，北京地区高校的技术效率较规模效率有明显的优势，因此也具备了进一步提升技术效率的良好基础和条件。对技术效率产生影响的主要是技术进步的两个主体：R&D人员和资源配置机制体制。因此一方面应该提升R&D人员的整体实力，与地方区域发展、学校学科发展、学校科研规划等相结合，通过培养、引进等多种渠道充实R&D人员队伍、提高整体研发能力；另一方面可以以R&D活动的管理为抓手，进一步提升其管理水平，通过对创新活动机制的探索、管理机制的创新等一系列活动，改善和提升科研资源获得、合理有效使用的水平，即使在活动规模不变前提下，仍然能够保持较高的R&D投入产出效率。

2. 实现R&D投入规模合理化

北京地区高校R&D投入产出规模效率差异较大，较多高校存在R&D投入产出规模效率较低的情况，并且几乎同时表现为投入规模的绝对值较大并处于规模效益递减的区间，即维持高校R&D基本条件不变的前提下，投入增加1个百分点，产出增加将小于1百分点。导致规模收益递减的因素主要是管理，而在R&D投入规模较大的情况下尤其容易发生，因为规模越大，管理和协调的难度也会越大。所以R&D投入产出规模效益提升的关键是要找到与其自身管理水平相适应的规模，而北京高校R&D投入的现实情况是其规模基本将保持总体扩大的趋势，那么已经呈现规模效益递减的高校而言较好的策略，首先是提高R&D活动的管理水平，包括对管理流程、协调沟通模式的优化，其次关键是对投入规模进行适当控制、使其在有效管理的范围之内，实现R&D产出规模的扩大，达到提升规模效率的目的。

3. 加大R&D人力培训和配置投入

北京地区高校的R&D人员数量位居全国前列，同时经费投入较为充足，R&D活动的参与程度也比较高，但从实证分析的结论来看，确实存在有工作量投入闲置的情况，使得人力资源没有得到充分的利用。一方面需要加强研发人才的培育工作，提升R&D人员开展创新活动的能力，使得工作量的投入更有效地提升创新成果的数量与质量，另一方面，要通过跨学科研究、跨校际研究、校内跨学院研究等多种形式，促进R&D人员研究专长与研究命题之间的匹配程度，使个体的创新能力得到合理充分的运用，减少工作量投入闲置的状况。

4. 加强R&D成果转化

从对非DEA有效单元的分析看，北京地区高校技术转让当年实际收入和提交报告这2项产出不足。技术转让当年实际收入是高校“产学研”循环中创新成果产业化的关键指标，提交报告数量则侧重于反映R&D成果产生的社会效益，都反映了高校R&D成果转化能力。北京高校拥有众多高水平的研究与开发人员和创新成果储备，如将其成果通过企业等主体与市场对接，推动以企业为主、政府扶持、高校和科研院所参与的方式，广泛建立协同创新联盟，通过引进技术消化吸收、模仿创新和自主创新等工作，科研绩效考核加大R&D成果转化引导，加强高校技术成果向产品转化，进而提升区域自主创新能力。同时通过向有关部门提交研究报告，对经济政策、社会保障、区域规划等方面为社会发展建言献策，为各级政府、部门的管理工作提供咨询服务则是R&D成果转化实现社会效益的最主要途经，各高校应该营造关注社会、经济、民生热点问题的氛围，并积极拓展成果上报的渠道，如成果要报、摘报、项目进展报告等方式，使R&D成果实现更大的社会效益。

5. 关注R&D活动内涵性产出

R&D活动的最终目标体现在是对新知识的创造，以及利用这些知识储备来设计新的应用。本次研究虽然考虑到了其内涵性产出：提交采纳报告、索引论文、技术转让等，但更多的是对于其数量的一种考虑，因此对于高校而言，R&D投入产出绩效应该体现在数量和质量两个方面，即更应该提倡高校提升产出的质量以增强R&D产出的内涵，包括顶尖期刊论文和学术著作、技术转让及R&D成果产业化等。

（课题负责人：赵清　赵胤慧；执笔人：张豫　关晓斌）

北京市小学规范化建设工程实施现状及推进策略课题报告

为贯彻落实《中华人民共和国义务教育法》，推进首都义务教育均衡发展，进一步加强本市小学教育工作，市教委于2007年10月启动并实施“北京市小学规范化建设工程”。四年来，围绕加快推进均衡发展和全面实施素质教育两大主题，注重内涵发展，坚持软件建设和硬件建设并重，小学规范化建设工程取得了阶段性成果，现将进展情况报告如下：

一、我市小学基本情况

截至2010年9月，本市有小学1104所，班额20772个。小学在校生65.33万，本市户籍38.5万，非户籍26.82万。在校生中，小学毕业生102971人，一年级学生为113998人，班额为3568个，平均每班32人，全市小学教职工60038人，其中专任教师49480人。学校占地面积13858094平方米，校舍建筑面积5666114平方米；固定资产总值890402万元，其中仪器设备资产129862万元，计算机148891台，藏书23993306册。

二、小学规范化建设工程进展情况

小学规范化建设工程，是市教委为了贯彻落实市委市政府《关于进一步推进义务教育均衡发展的意见》精神，进一步加强本市小学教育工作，提高小学教育整体水平，促进义务教育均衡发展，而组织实施的一项重大工程。四年来，小学规范化建设工程围绕着“小学教育布局基本合理，办学条件明显改善；农村完全小学和城镇地区相对薄弱小学教育质量显著改善；学校内部管理规范有序；干部教师队伍素质整体提升，骨干教师分布合理；小学生德智体美等综合素质全面发展，特别是身体、心理健康素质明显提高”的目标任务，在市、区（县）教委的领导和组织，以及全市小学干部教师的共同努力下，小学规范化建设工程取得了可喜的进展和明显的成效。

（一）学校建设经费投入得到重点加强。市、区（县）两级政府将义务教育经费全面纳入财政预算，切实落实教育经费“三个增长”和新增教育经费主要用于农村学校和城镇相对薄弱学校改造的要求，优先保障小学规范化建设工程所需资金。市政府每年出资2亿元，以政府实事的形式支持200所左右小学改善办学条件。各区县按照小学规范化建设工程建设需要，积极调整教育经费支出结构，加大小学建设经费投入，合理使用市级专项资金，重点向农村学校、山区学校和基础薄弱学校倾斜。依据新颁《北京市中小学办学条件标准》及实施细则要求，积极落实办学条件达标规划和年度实施计划，每年重点推进一批学校建设，建设项目经费均列入年度预算加以保障，在建设过程中，将小学规范化建设与抗震加固统筹考虑、同步实施，小学办学条件达标进展显著，信息技术设备不断更新。三年来，市区两级专项经费投入约74.2亿元，其中市级投入30.4亿元，占40.9%，区级投入41.8亿元，占56.3%，其他约2亿元。强有力的经费投入，有力地保障了小学规范化建设工程的顺利实施。

（二）学校建设的总体布局得到科学规划和调整。市、区（县）两级政府把促进小学教育优质均衡发展作为重要任务，加大了对教育均衡发展的调控力度，根据城市区域功能划分，制定并实施了区域学校布局调整规划和年度实施计划。各区结合区县功能定位和新农村建设实际，合理调整学校布局，进一步整合区域内教育资源，引导优质教育资源向农村学校、城镇办学困难学校辐射。截至目前，全市实施小学布局结构调整，撤并小学191所，办学标准主要项目达标学校已达960所，占82.7%。同时新建了30所设施完备、功能齐全的标准化小学。全市实现学生平均10人一台计算机，全部学校配备了多媒体，高标准完成“校校通”工程。建立了区域内网络资源平台，完善了教学资源库群的建设。

市教委委托教科院基教所开展学校发展规划制定与实施的项目研究实践，组织专家对区县及学校现状进行系统调研，建立小学规范化建设工程数据库。在全面掌握我市小学教育发展现状基础上，指导区县和学校制定与实施小学规范化建设工程的学校发展规划，并每年进行进展情况的调研与监控。各区县高度重视小学规范化建设工程，结合区县实际制定并落实发展规划，不断推进小学规范化建设工程取得良好进展和明显成效。朝阳区按照高起点、高投入、高质量的“三高”标准整体推进规范化建设，促进了城乡教育均衡；石景山区以办学行为规范化、教育管理科学化、办学条件标准化为目标，全力推进小学规范化建设；怀柔区通过加大投入、整合资源、调整布局，促进小学规范化和区域均衡发展；燕山坚持“高标准、高质量、有特色”的发展方向，实施“燕翔行动计划”，促进学校规范、优质、均衡发展。

（三）义务教育课程改革深入推进，素质教育得以全面实施。近年来，市、区（县）教委不断深化教学改革，建立和完善教育质量监控制度和教学指导制度，关注学生全面发展，切实减轻学生过重的课业负担。加强教学视导，不断深化课程改革，不断改进教学方法，提高课堂教学质量。市、区（县）坚持开展教育质量监控与评价工作，每年形成质量分析报告，规范了教学管理，促进了课堂教学质量提高。根据不同阶段学生的成长规律和教育规律，转变教与学的方式，聚焦课堂，减负增效，促进课程改革取得实效。西城区为提高教学质量建立了集体视导、分散视导、跟踪视导制度，并健全质量监测制度；海淀区在全面调研分析各学区和学校“减负”工作现状及措施的基础上，出台了《进一步实施小学“减负增效”的意见》，区域推进减负增效工作取得实效；门头沟区在全区开展了“改进教学方式，构建高效课堂”的研究，并取得阶段性成果；昌平区通过规范学校管理、减轻过重负担、深化课程改革等提高教学实效性，促进师生、学校和谐发展；延庆县以规范常态质量监测为推进器，以提高课堂教学效率为主渠道，加强教学过程管理，提高教学质量。

北京市中长期教育改革和发展规划纲要中明确提出，基础教育要以人为本、全面实施素质教育。在调研中我们看到区县和学校在育人过程中能坚持德育为先，坚持能力为重，坚持全面发展，不断研究改进德育工作的内容，增强德育工作的针对性和实效性，学生思想道德品质的培养效果显著。积极落实市教委有关加强社会大课堂建设的要求，制定具体实施方案，将加强社会大课堂建设与学校德育工作有机融合，扎实推进。大兴区开拓新思路，不断增强德育工作的针对性和主动性，在社会大课堂建设、班级文化建设、心理健康教育方面有新举措、新成绩。房山区确立了“以学校为主导，进一步延伸家庭、辐射社会”的德育思路，通过规划实施“德育八大领域”，丰富德育载体，保障德育过程，构建全员、全过程、全方位的大德育格局；密云县坚持养成教育为重点，以良好的学习习惯、行为习惯、锻炼习惯培养为突破口，增强德育工作的实效性。

（四）学校干部教师队伍建设得到有效加强。各区县落实教育系统学校干部编制标准，合理调整充实学校领导班子，学校干部年龄结构、专业结构趋于合理。进一步完善了干部选拔考核管理制度和干部交流制度，加大学校干部队伍调整、交流力度，积极推进多种形式的干部交流，加强城镇校和农村校、城镇相对困难校的交流，选派优秀干部充实农村和办学困难校。制定了符合实际的学校干部培养、培训计划，建立了考核评价制度，干部队伍整体素质得到普遍提高。

各区县高度重视教师队伍和骨干教育队伍建设，不断完善教育队伍管理机制，深入研究和改进教师培训的方式、方法和内容，推进教师交流制度，教师综合素质不断提高。学校专任教师年龄、专业、职称结构趋于合理，不断满足农村学校和城镇相对薄弱学校师资需求。重视骨干教师培养、选拔，形成了分布较为合理的骨干教师队伍。加强教师教育教学基本功培训，教师业务素质和施教能力得到提高。

截止到2011年3月，全市389所小学完成了正职校长的重新配备，新增市级骨干教师149人，区级骨干教师1486人。在培训和展示活动的基础上，市教委完成了小学教师教学基本功标准的研制工作。圆满完成了全市5万名小学教师全员参与小学教师新课程教学基本功培训和展示活动。市、区（县）、校三级组织的共同努力，各部门通力合作，形成工作机制，取得了丰硕成果，广大小学教师在提高基本功技能的基础上，师德进一步加强，教师队伍整体专业素养得到提升。

（五）学校注重内涵发展，学校办学特色日趋鲜明。小学规范化建设工程启动以来，北京市教委先后设立了“义务教育阶段学校特色建设的规划、实施与案例研究”、“实施发展性评价促进中小学教育质量提高项目”、“基础教育阶段学生综合素质评价推进项目”等数十个市级基础教育课程改革研究项目，推进了小学教育内涵的提升。2011年“义务教育阶段学校特色建设的规划、实施与案例研究”项目组开展区县与学校特色建设的理论研究与工具开发，召开高校、教委、学校三场咨询会；召开区县与学校特色建设培训会；对朝阳、大兴、顺义、通州、平谷等区县进行特色建设调研，对市级项目校的特色建设进行逐一指导；以“学校特色发展”为主题，对重庆、杭州、宁波的教育部门及多所学校进行考察学习。12月，项目组举办“特色建设”工作推进会暨2011年北京市小学校长论坛，科研、行政、学校共同研讨不同层次、不同类型的学校如何实现其特色发展，如何产生影响力。论坛上典型区县与学校分享其特色建设成功经验，上海、江苏、安徽、辽宁、湖北等地的学校进行了区域交流。市教委罗洁副主任、市政府教育督导室李壑副主任充分肯定了项目的成果和社会影响，并对特色建设前景做了展望。

打造学校特色是促进首都基础教育向纵深发展的现实需要，也是为社会提供个性化服务，主动适应和满足社会客观要求。各个区县学校在内涵发展过程中，十分注重学校的特色建设，都有很多好的经验做法，例如按照“一校一品”、“让每一所学校都精彩”的基本思路推进小学规范化建设，突出内涵发展、特色发展。东城区着力整体构建区域学校特色，做到一校一特色，一校一品牌；通州区制定了《通州区小学办学特色工作建设标准》，有序推动学校特色的方式大力推进学校特色建设，今年还举办“通州区小学办学特色展示年”活动；丰台区紧抓小学规范化建设的契机，深化改革，促进学校

“优质、均衡、特色”发展，努力实现“一校一品”的办学目标；顺义区通过区域行政推进和学校自主发展相结合的方式，实施特色建设工程，促进教育内涵发展；平谷区通过行政推动、科研立项、专家指导、树立典型等措施，整体推动全区每一所学校的特色建设，让每一所学校都精彩。

（六）搭建了区县和学校交流展示的平台。市教委在官方网站上开设“小学规范化建设工程专题”，指导区县和学校开展工作，报导工程进展情况。定期组织“小学规范化建设工程——走进区县”系列展示活动，继成功组织了走进东城、海淀、朝阳、宣武四次市级现场会之后，2011年上半年，先后走进房山区窦店中心小学和顺义区天竺中心小学，窦店中心小学展示了“主动课堂”和民族传统体育特色活动，天竺中心小学展示了“三化育人”的办学特色。系列展示活动总结、推介了区县在调整结构布局、加大经费投入、加强队伍建设、创建学校特色、促进内涵发展等方面取得的经验和成效。各区县也都召开了现场会。走进区县系列活动，起到了交流、展示、促进、提升的目的，引导了全市小学规范化建设工程健康发展，科学发展，内涵发展。

（七）中期督导验收工作取得阶段性成果。为了贯彻落实《北京市教育委员会、北京市人民政府教育督导室关于实施小学规范化建设工程的意见》、《北京市人民政府教育督导室、北京市教育委员会关于对区县实施小学规范化建设工程专项督导的通知》要求，市政府教育督导室会同市教委于2011年4月18日至5月17日，对海淀区、丰台区、顺义区、房山区、门头沟区、密云县等六个区县2008～2010年实施小学规范化建设工程情况进行了专项督导检查。督导检查的重点是学校办学条件达标情况、设施设备的使用情况及专项经费投入、完善内部管理、规范办学行为、干部教师队伍建设、教育教学改革、教育科研和提升教育质量、学校特色建设等主要内容。督导检查组听取了区县教委和政府教育督导室关于小学规范化建设工程实施情况和督导验收工作汇报，查阅有关资料，抽查了24所小学，召开座谈会，听取了校长汇报，深入课堂听课，对学生进行问卷调查，实地查看学校教学设备设施，全面了解小学规范化建设工程实施情况，认真总结提炼了区县的典型经验和阶段成果。

三、进一步明确目标任务，突出工作重点，积极稳步推进，确保小学规范化建设工程圆满完成任务

未来一个时期，首都基础教育的首要任务，是贯彻落实好北京市教育工作会议和规划纲要精神，以提高质量、促进公平为重点，以解放思想、改革创新为动力，以服务社会、造福人民为使命，着力在优化结构、提升内涵、深化改革、规范管理上下工夫，努力提高教育科学化水平，推动教育事业在新的起点上实现科学发展。

小学规范化建设工程，已经取得了明显进展，接下来，要紧紧围绕市教委总体工作思路，整体统筹，抓住重点，在全盘谋划各项工作的同时，注重有效衔接，找准关键环节，把工作重心放到出实招、办实事、求实效上来。确保小学规范化建设各项任务圆满完成，特别是要重点做好以下五方面工作。

（一）认真做好2012年小学规范化建设工程的总结、验收工作，确保市、区（县）全面完成小学规范化建设工程。

一方面确保基础建设任务的完成。统筹协调好小学规范化建设工程和中小学校抗震加固工程之间的关系。由于抗震加固工程的实施，正好与小学规范化建设工程同期，对一些区县、学校原有的工作计划造成了一定影响。为与抗震加固工程相协调，区县对小学规范化建设工程实施规划进行了调整。在接下来的时间里，市教委要指导各区县和学校统筹好二者之间的关系，避免互相影响，努力做到互相促进，确保按时保质完成建设工程任务。

另一方面全面系统总结内涵发展经验成果。市教委委托教科院基教所开展“北京市小学规范化建设工程专项经验成果总结推广”项目研究。围绕学校发展、学生发展、教师发展等教育活动的核心问题，对小学规范化建设工程进行专题成果总结；挖掘小学规范化建设工程的成功经验，在全市范围内树立典型；组织小学规范化建设工程优秀专项成果系列总结、展示活动，提炼首都小学规范化建设工程精品成果；对小学规范化建设工程实施五年取得的总体进展成果进行总结，梳理小学规范化建设工程实施过程中学校软硬件建设取得的实效，总结其在促进学校内涵发展和教育质量提高上所做出的贡献。通过对小学规范化建设工程进行全面总结，了解学校在硬件配置、队伍建设、优质学校发展、教育质量等方面取得的进步，准确把握小学规范化建设工程的成效，总结经验，推出典型。为进一步巩固小学规范化建设工作的成果，全面提升小学教育的整体办学水平和教育质量，加快推进首都义务教育高标准高质量均衡发展奠定基础。

（二）高度关注小学生源变化趋势，做好“十二五”期间小学生源预测分析和应对解决方案，确保所有适龄儿童接受义务教育。

为了提前谋划部署，迎接小学入学新高峰的到来，在向全市各区县摸底调研的基础上，2011年8月提交了《关于2010～2015年我市小学入学趋势预测及工作建议的报告》，对我市未来五年的小学生源变化趋势进行了预测分析。预测数据显示，2010～2015年小学入学人数将逐年增加，到2015年达到近些年来最高值，即约176537人；2010～2015年常住人口对小学教育的需求明显增长，北京市常住人口对小学教育的需求总量约由65万人升高到约92万人，增加近27万；2010～2015年各区域在校生数呈现不同发展趋势，首都功能核心区本市户籍学生有所增长，城市功能拓展区成为本市户籍居民移居的热点，城市发展新区、生态涵养发展区人口比重呈下降趋势。

如果根据预测，按照2010～2016年北京市常住人口对小学教育的需求总量增加近27万计算，那么平均每年市财政需增加5万以上学生的生均经费投入及校舍、师资、设备等教育资源配置。如以24个班测算，平均每年需增加52所学校，平均每年需增加教师2875人。

根据这一预测结果，未来几年北京市小学教育将面临严峻挑战，将给市、区财政投入、师资配备、设施设备配置带来较大压力，市、区政府和教育行政等相关部门，应提前为小学学龄儿童入学高峰的到来做好教育政策、法规、制度研究，做好校舍、师资、教育教学资源等各项准备，以利于促进我市小学教育平稳、科学、持续发展。

首先，要摸清底数，专题研究，制订工作方案。建议责成有关部门进一步认真调研，并进行专题研究。同时要指导并督促各区县教委，尽快对本区县生源变化情况进行科学预测，提出应对解决方案。第二，要科学规划，调整布局，统筹教育发展。“十二五”期间，要科学规划小学的布局结构，合理配置教育资源。既要满足小学适龄儿童义务教育的需求，也要达到北京市办学条件标准，保证教育质量。第三，要扩大规模，加快建设，满足教育需求。通过新建、改建、扩建、重组等方式，落实小区配套小学建设规划，实施小学改建、扩建工程，保证工程立项及经费投入。第四，要配备师资，配置资源，保障经费投入。进一步加快并加强教师队伍建设，拓宽小学师资培养、培训和补充渠道，完善教师聘任、流动和补充机制，合理配置干部、教师资源，提高小学干部教师队伍专业化水平。按照市颁办学条件标准，合理、均衡、有效配置教育教学资源，加大设施设备的投入力度，满足学校教育教学需要，提高硬件资源的使用效益。

（三）结合城乡一体化建设和城市功能区建设，做好小学布局规划和学校建设，促进小学教育优质均衡发展。

积极推进《中小学建设三年行动计划》的落实，引导、支持区县开展城乡一体中小学建设，制定并实施建设规划，扩大教育规模，有效增加小学入学学位，积极应对小学入学高峰。

创新教育资源整合模式，探索“学区化”、“校区制”、“学校联盟”、“集团化”、“引进式”等模式实现优质品牌学校的资源辐射，促进区域内校际间均衡发展。研究建立城乡间基础教育互通、互动、互利、共赢、共发展的合作交流机制，探索有效的区县间共建共享优质教育资源的途径。试行托管制等方式，多渠道实现中心城区教育与远郊、农村教育的优势互补。建立集网络、电视、广播等多种信息化手段为一体的远程教学体系，通过点对点的教学辅导和培训，网上教研、网上备课等活动，提高农村教师教学水平。

（四）破解难题，采取多种方式，落实来京务工人员随迁子女入学三年规划，妥善安置停止办学自办校学生入学。

近几年，来京务工人员随迁子女数量增加迅速，部分原已达标的学校人均教育教学设施设备占有量有所下降。尤其是位于城乡结合部的学校，借读生占很大比例。与此同时，我市城市化进程不断加快，部分列入城乡改造规划范围内的学校，存在着布局调整或整体搬迁的可能，影响规范化建设工程。市教委要指导相关区县落实随迁子女接受义务教育资助工程，采取多种方式，完善管理政策，扩大公办中小学就学保障能力。

（五）以国家体制改革项目为引领，深化教育教学改革，提高两支队伍专业素质和育人质量，促进小学教育科学发展、内涵发展。

1. 以提高干部教师队伍建设为关键，提升学校的软实力。学校办学条件等硬件建设，可以通过加大投入在短期内收到明显成效。但是学校软实力的提高，则需要经过较长时间的积累和持续的发展。全市相对薄弱小学在硬件建设和经费保障上并无明显劣势，差距主要体现在以师资水平、管理水平为核心的软实力上。必须采取有效措施，提高学校管理水平，培养、造就一支师德高尚、业务过硬的教师队伍和一批理念先进、躬行实践的优秀校长。

北京市小学市级骨干教师，主要集中在城区大校、名校，城区基础相对薄弱学校和农村学校的骨干教师数量较少。因此进一步健全教师编制配备标准，完善教师补充和流动机制，进一步向农村学校和薄弱学校实施倾斜政策，是下一步工作的重点。

2. 以提高教育质量为核心，促进学校内涵发展。要坚持教育方针，深入研究新时期小学教育的特点和规律，切实减轻学生过重的课业负担。培养学生良好的体育锻炼习惯和健康文明生活方式。建立有利于推进素质教育和学生全面发展的考核评价体系。要更加关注广大师生“精神”层面的幸福，把广大教师的积极性、主动性、创造性更好地发挥出来。积极落实小学减负行动计划，还给小学生快乐、健康、幸福的童年。引导各区县把提高教学质量作为规范化建设的核心，关注学校内涵发展，整体提升小学办学水平。不仅要关注教学质量，更要关注育人质量，坚持德育为先，能力为重，全面发展，面向人人，把每个学生的健康成长和全面发展作为小学规范化建设工程和小学教育工作的出发点和落脚点。

3. 引导学校办出特色，铸造首都基础教育品牌。让每一所学校都精彩、让每一个学生都精彩，是首都追求教育质量的最终目标。在小学规范化建设过程中，市教委始终把打造学校特色放在重要位置，促进每一所小学提升办学品质，更加注重对文化环境、文化资源、实践条件等项目的投入，促进校园文化建设。要鼓励优质教育资源向薄弱地区扩展。鼓励和引导学校构建特色课程体系，形成特色文化，实现特色办学，满足学生、家长和社会多元需求。积极支持区县开展城乡教育一体化、区域教育资源共享等改革实验。加大课程改革力度，形成符合现代教育理念、具有首都特色的国家、地方、校本三级课程体系。实施义务教育整体推进的策略，关注学段均衡，深入推进小学规范化建设工程，确保全面完成小学规范化建设工程。

（执笔人：张凤华）

北京市高校境外办学情况调研

"请进来，走出去"是我国实行对外开放以来鼓励参与国际交流的以国境为界的表达方式，"请进来"是指引进国外优质资源，"走出去"正好是反向流动。在我们大力开展引进国外优质教育资源，例如开展中外合作办学、开办外籍人员子女学校、聘请国外优秀人才、扩大招收留学生的同时，"走出去"的工作正受到越来越多的关注。目前教育"走出去"的方式主要是孔子学院和孔子课堂，本文主要探讨的是在国家实施文化走出去工程，提高国家软实力的大背景下，北京的高校如何结合自身的优势走出国门，在举办孔子学院之外采取多种形式、多种渠道到境外去办学，开展国际教育服务，参与国际竞争，提升我国高等教育的国际认可度、文化认同感和影响力。国际合作与交流处通过发放调查表、召开座谈会等方式对目前北京地区高校的境外办学情况进行了深入的调查和研究。具体情况如下：

一、我市高校境外办学基本情况

（一）举办者以高校为主。目前，北京市的8所学校举办了29个境外办学项目，举办者包括7所高校和1所中等职业学校。8所高校是北京大学、清华大学、北京师范大学、北京中医药大学、北京体育大学、北京语言大学、中央音乐学院、首都医科大学。中职学校是中央音乐学院附中。

合作方主要有香港中文大学、澳门理工大学、新加坡南洋理工大学、韩国中文教师协会、日本连锁药局、台湾仁川医疗文教基金会、泰国易三仓大学、伦敦中医学院、西班牙欧洲中医基金会、意大利佛罗伦萨大学、智利拉丁美洲中医学院、加拿大中医药学院、意大利费拉拉大学等25所境外大学和机构。

（二）开办专业以中国传统语言文化类为主。目前境外办学涉及的专业主要集中在中国特色的专业上，包括汉语言文学、中文、历史、中医、中药、针灸、民族传统体育学等，也有法学、学前教育、体育教育训练学、运动训练学、课程与教学论、音乐、外国语言学及应用语言学等。

（三）办学层次以高等学历教育为主。29个项目中，有10个本科项目，12个硕士项目，1个大专项目，1个中专项目，5个非学历教育项目。主要颁发中方学校证书，少数颁发双证书。目前在校生约1000人（不完全统计），已毕业学生3300人（不完全统计）。

（四）办学地点分布广泛。办学地点涉及亚洲、欧洲、南美洲、北美洲四大洲的12个国家和地区的14个城市，具体包括：香港、澳门、台湾、新加坡、东京、横滨、首尔、曼谷、多伦多、伦敦、巴塞罗那、佛罗伦萨、费拉拉（意大利）、圣地亚哥（智利）。

（五）境外办学起步时间较早。我市最早的且目前还在办的境外办学项目是1983年北京中医药大学在日本东京长藤学园开办针灸大专项目和1987年北京大学在香港树仁大学开办的中文历史法学本科硕士项目。90年代我市学校新举办了5个项目，有22个项目是在进入21世纪后的10年间举办的。

综上所述，北京市学校的境外办学活动自1983年启动以来，在世界主要国家和地区开展了积极稳步的探索，规模逐步扩大，影响力不断提升，推动了首都教育的对外宣传，提升了首都教育的影响力，有力地促进了汉语国际推广工作和中华文化的传播。

二、制约高校境外办学发展的原因分析

北京的高校对教育国际化的认识程度较高，采取各种方式积极推进学校的国际化建设，比如扩大招收国际学生，开展中外合作办学、师生的国际交流和互换、联合培养、双语教学、合作科研等。学校基本都认识到开展境外办学的战略意义，在国际交流中也经常探讨，但从实际出发，除几个特色学校外，大部分学校开展境外办学的积极性不高，原因主要有以下几点：

（一）学校条件的限制

1. 学校的学科专业是否具备特色和国际竞争力。教育资源在国际上有竞争力的原因是因为其质量得到普遍认可或者专业特色优势明显。北京中医药大学、北京体育大学、北京师范大学的境外办学项目就体现了学科专业优势的特点，弥补了国外教育资源的不足。而国外工科类、理科类、商科类高校较多，我市同类院校赴境外办学特色优势不明显。

2. 学校是否能保障境外办学项目质量。在境外办学有很多不可控的因素，都会给学校的办学质量、品牌带来风险。这些不可控的因素包括师资、生源、课程设置、教学设施、语言文化环境、当地政府的政策措施等。我国现有的多数质量保障和认证体系是以国内高等教育为评估对象的，主要针对为本国学生在国内举办的项目和机构。由于缺乏相关经验，我国尚未建立起对国内学校到境外办学的质量保障和认证体系。

3. 学校是否具备足够的人力和财力支撑。到境外办学不仅要有一定资金的投入，而且要有一定人力资源的投入。在目前教师资源不富余的情况下，学校是否能够派遣足够的师资赴境外授课并派遣一定的人力资源去管理境外项目也是影响到项目发展的关键问题。

4. 学校是否对境外办学有明确规划。有的学校具备一定的学科专业优势，也有一定的走出去的基础，具备发展潜力，但是学校对境外办学的重要性还认识不够，认为是否开展境外办学不影响学校整体的国际化发展，

对境外办学还缺乏整体规划。

（二）现有政策的影响

1. 相关法规尚不够完备。目前关于境外办学的文件只有教育部于2003年颁布的《高等学校境外办学暂行管理办法》（以下简称《办法》），《办法》仅对高等学校赴境外办学的申报审批程序做出了规定，而缺少鼓励支持的措施。学校认为政府对高校开展境外办学的政策不是很清晰，缺乏引导和动力。

2. 政府尚未发挥主导作用。境外办学项目由于缺少政府牵线搭桥，缺少强有力的后盾，单一学校走出去办学往往显得势单力薄，成功率不高。

（三）境外环境的影响

1. 境外教育需求是境外办学成功的前提。境外办学是跨国教育，是教育服务贸易的“商业存在”，“有需求就有市场”同样适用于境外办学。香港大学和澳门理工大学因为缺少体育师资，邀请北京体育大学去开设体育教育训练学硕士课程，已经开办5年了，进展很好。北京中医药大学的中医项目、北京师范大学的汉语言文化专业项目能够坚持多年在境外办学是因为适应了海外华人的需求。

2. 合适的合作方是境外办学成功的关键。境外合作学校作为项目在当地的实施方，项目能否成功，很大程度取决于境外合作学校对项目的态度和投入。大部分学校认为找到水平相当又愿意合作的境外学校不容易。

3. 所在地政策是影响境外办学的重要因素。境外项目的实施除了要获得我国政府的批准外，还要获得当地政府的批准，因此受当地政策法规变化的影响较大。比如各国对中医的政策法规就会影响到中医在当地的办学情况。还有北师大在新加坡的办学案例：从1999年起，北师大和新加坡新跃大学合作“汉语言文学学士学位课程”项目，已招收十届学员，共669名毕业生，但该项目的合作将于2012年结束，因为在2008年2月，为鼓励学生修读新加坡本地大学的学位，新加坡政府出台向新跃大学的兼读生提供40%的学费补贴的政策，其申请条件为学员须获得新跃大学本校的学位。为保证学员申请到该项补贴，新跃大学提议改变两校的“汉语言文学学士学位课程”的合作形式，不再以北师大的名义招生，项目的合作以培养到10届学员为止，北师大以后可以学术支援的形式继续与该校合作。新跃大学在与北师大合作了十多年后，已经具备了自行开设汉语言文学专业学位课程的条件和经验，加之新加坡政府对本地大学的扶持，此合作项目的结束已是大势所趋。

4. 学生的中文水平直接影响到境外办学项目的实施。境外项目的教学语言，尤其是学历教育项目，不可能用当地语言，使用英文教学也有很大的困难，目前境外项目的教学语言基本是中文。从保证办学质量，传播中华文化的角度来考虑，也有必要强调境外项目的主要教学语言为中文。因此，在一些中文比较普及的国家和地区，高校的境外办学项目就比较容易实施。

三、境外办学工作面临的形势和任务

自1995年，世界贸易组织所倡导的教育贸易自由化把高等教育纳入全球贸易框架，为跨国教育的发展提供了国际性的制度保障，而信息通讯技术的发展更是为跨国教育的发展创造了条件。如今，开展跨国教育已成为输出国和输入国获得经济效益、加强能力建设、发展人力资源和增进国际理解的战略措施。

《国家中长期教育改革和发展规划纲要（2010～2020年）》在“第十六章扩大教育开放”中，对于境外办学提出了明确的要求和任务：推动我国高水平教育机构海外办学，加强教育国际交流，广泛开展国际合作和教育服务。党的十七届六中全会在《关于深化文化体制改革推动社会主义文化大发展大繁荣若干重大问题的决定》中也明确提出“推动中华文化走向世界。开展多渠道多形式多层次对外文化交流，广泛参与世界文明对话，促进文化相互借鉴，增强中华文化在世界上的感召力和影响力，共同维护文化多样性……开拓国际文化市场。”这些都给境外办学带来了新的发展机遇和挑战。境外办学既是教育国际合作与交流的重要内容，又是对外宣传首都教育、传播中华文化的重要载体。北京作为首善之区，拥有大量优质的教育资源，通过发展境外办学推动中外文化交流、促进中华文化的传承和传播是首都教育的神圣使命，也是责无旁贷的义务。

四、进一步推进境外办学工作的建议

（一）加强对境外办学的规划和引导

鉴于境外办学的有关法律法规已不能适应境外办学进一步发展的要求，建议教育行政部门应会同相关部门重新修订境外办学的有关政策法规，进一步明确对境外办学工作的有关要求，加强规划，加大对优质学校境外办学的指导和支持力度，鼓励学校多种形式、多种渠道开展境外办学，加强对不同层次、不同类别的学校境外办学活动的分类指导，为学校赴境外办学提供政策保障和强有力的后盾。

各学校应抓住机遇，把境外办学工作纳入到学校国际化发展战略的总体规划中，作为重要的增长点、重要工作来推动。既要昂首星空，又要脚踏实地。立足高水平设计、规范踏实办学。

（二）建立境外办学质量保障体系

质量是境外办学实现可持续发展的核心保证。为确保境外办学活动的质量和声誉，建议国家相关部门研究制定境外办学项目质量评价标准，建立境外办学质量保障体系，要求各学校在扩大境外办学规模的同时，要严格确保办学质量，稳步推进。

（三）充分发挥境外办学的多方效益

境外办学是中外教育交流的重要内容，也是中外教育交流的重要载体。不能将境外办学孤立地考虑，要充分发挥境外办学的资源平台效能，将其与来华留学、中外合作办学、汉语推广、中华文化传播等工作结合起来，全面推进教育对外交流与合作。同时，要研究推动我市优秀的中小学和职业学院赴境外办学，以更好地服务驻外外交官和海外侨民子女就学需求。

（四）积极争取多方资源支持

境外办学涉及的不仅仅是一个学校的事情，更是一种国家行为。因此，开展境外办学既要服务国家战略，又要充分利用国家资源。各学校要抓住我国国际地位和影响力不断提升的有利契机，充分利用跨国教育的规律，和国家各业务部委建立更加紧密的联系，积极争取多方支持。要通过高校间和跨部门的横向联合，盘活国内资源，将我国已具备条件的优秀大学和优秀专业课程推向发展中国家，将有自己特色的高等教育项目推向发达国家。

（五）紧紧围绕学校核心竞争力开展境外办学

境外办学工作要紧紧围绕提升学校的核心竞争力这一中心工作，在国别布局上要优先考虑国家重点项目、友城合作项目、校际交流项目；在学科和专业选择上要突出优势、特色学科和专业；在境外合作伙伴的选择上要选择优质、可靠的学校。要通过开展境外办学，全面提升学校的核心竞争力和国际化发展水平。

（执笔人：邱晓平　许株桦）

附表　北京地区高校境外办学情况一览表

中方院校	境外合作院校	办学地点（国家/地区/城市）	举办专业	学历层次	学制	颁发双文凭/单文凭（中方）	合作期限（年）	批准时间	办学开始时间	培养学生规模（人/年）	目前已毕业人数（人）	目前在校生人数（人）
北京大学	树仁大学	香港	中文历史法学	本科 硕士	4年 3年	双文凭	长期	1987	1987	60	1040	86
清华大学	香港大学	香港	法律	硕士	3～5年	中方文凭	至2020年	2010	2010	30	0	0
北京师范大学	新加坡新跃大学	新加坡	汉语言文学	本科	4～7年	中方文凭	至2012年	2005	1999	70	669	54
	新加坡新跃大学	新加坡	汉语言文学	硕士	2～2.5年	中方文凭	至2013年	2004	2005	20	78	41
	新加坡智源教育学院	新加坡	学前教育	本科	4年	中方文凭	至2011年	2005	2005	30	46	45
北京中医药大学	日本校	东京	中医中药	非学历	3年	双方	至2016年	2002	2002	20	124	93
	日本连锁药局	横滨	中医中药	非学历	11个月	双方学习证明	至2016年	2006	2006	30	733	46
	新加坡中医学研究院	新加坡	中医、针灸	硕、博、本科（部分时间）			长期					
	新加坡中药学院	新加坡	中药	大专			长期					
	新加坡南洋理工大学	新加坡		双学位学士			长期					
	韩国罗州大学	韩国	中医学3+3	本科	6年	中方文凭	长期	2005	2005	10		4
	台湾仁川医疗文教基金会	台湾	中医	硕、博	3年	中方文凭	长期		2004	10～20	30	53
	日本长藤学园	东京	针灸	大专	3年	学习证明	长期	1983	1983	40		
	Middlesex大学	伦敦	中医	本科	5年	双方	10年	1997	1997	20	115	
	伦敦中医学院	伦敦	中医、针灸	非学历	2年	双方	长期	1993	1994	40		

续表

中方院校	境外合作院校	办学地点（国家/地区/城市）	举办专业	学历层次	学制	颁发双文凭/单文凭（中方）	合作期限（年）	批准时间	办学开始时间	培养学生规模（人/年）	目前已毕业人数（人）	目前在校生人数（人）
北京中医药大学	西班牙欧洲中医基金会	巴塞罗那	针灸	非学历			长期		2002	200		
	意大利佛罗伦萨大学	佛罗伦萨	针灸	硕士	1年	外方文凭	5年		2006			
	智利拉丁美洲中医学院	圣地亚哥	中医针灸	非学历	3年	中方文凭	3年	2005	2006	600		
北京体育大学	澳门理工大学	澳门	体育教育训练学	硕士	3年	中方文凭	至2013	2005	2005	7	6	26
	香港大学	香港	体育教育训练学	硕士	3年	中方文凭	至2012	2006	2007	7	6	29
	香港体育学院	香港	运动训练学	本科	5年	中方文凭	至2016	1998	1999	28	58	30
	韩国仁川武术协会	广域市	民族传统体育学	本科	5年	中方文凭	至2010	2006	2005	12	0	0
中央音乐学院（附中）	澳门特别行政区政府文化局、澳门演艺学院音乐学校	澳门	音乐	高中	6年	双方	至2015年	2009	2009	30	0	42
北京语言大学	泰国易三仓大学	曼谷	课程与教学论	本科 硕士	4年 2年	双学位	至2013年	2001	2003	200	300	200
	韩国中文教师协会	首尔	汉语国际教育	硕士	3年	中方文凭	至2016年	2009	2009	10	0	18
	香港中文大学	香港	课程与教学论	硕士	3年	中方文凭	至2014年	2002	2004	15	45	58
	澳门理工学院	澳门	外国语言学及应用语言学	硕士	3年	中方文凭	至2013年	2007	2008	12	0	35
首都医科大学	加拿大中医药学院	多伦多	中医学	非学历教育	4年	双方颁发结业证书	长期		1997	30～60	未统计	128
	费拉拉大学	费拉拉	针灸学	非学历教育	1个月	双方颁发结业证书	至2016年		2011	45	45	

关于本市2011年教育经费执行情况的公告

《中华人民共和国教育法》第五十五条规定："各级人民政府教育财政拨款的增长应当高于财政经常性收入的增长，并使按在校学生人数平均的教育费用逐步增长，保证教师工资和学生人均公用经费逐步增长"。根据北京市教育经费执行情况监测制度（试行）的规定，现将2011年北京市教育事业费执行情况公告如下：

一、教育经费执行总体情况

2011年，本市地方国家财政性教育经费（包括：各级政府的教育拨款、各级政府征收的用于教育的税费、企业办学中的企业拨款、校办产业与社会服务收入用于教育的经费和其他属于国家财政性教育经费）627.73亿元，占全市国内生产总值16000.4亿元的3.92%，比上年增长0.19个百分点。

预算内教育经费投入（包括教育事业费投入、基建投入、科研投入及其他投入，不含教育费附加）557.73亿元，比上年增长18.84%。财政部于2004年1月印发了《关于统一界定地方经常性收入口径的意见》，对财政经常性收入口径做出了界定，按此口径调整2011年财政经常性收入2444.66亿元，比上年增长12.52%，预算内教育经费增长比例高于财政经常性收入增长比例6.32个百分点。

2011年财政支出3245.23亿元，预算内教育经费604.47亿元（含教育费附加），占财政支出的比例为18.63%，比上年增长0.02个百分点。

二、各级教育生均教育事业费执行情况

（一）普通小学：生均预算内教育事业费支出18494.11元，比上年的14482.39元增长27.70%。

（二）普通初中：生均预算内教育事业费支出25828.16元，比上年的20023.04元增长28.99%。

（三）普通高中：生均预算内教育事业费支出28533.85元，比上年的20619.66元增长38.38%。

（四）职业高中：生均预算内教育事业费支出16020.01元，比上年的13247.64元增长20.93%。

（五）普通高等学校：生均预算内教育事业费支出44073.80元，比上年的34546.43元增长27.58%。

（六）中等职业学校：生均预算内教育事业费支出18673.53元，比上年的15583.79元增长19.83%。

三、各级教育生均公用经费执行情况

（一）普通小学：生均预算内公用经费支出8719.44元，比上年的5836.99元增长49.38%。

（二）普通初中：生均预算内公用经费支出11241.78元，比上年的8247.66元增长36.30%。

（三）普通高中：生均预算内公用经费支出13612.11元，比上年的8864.84元增长53.55%。

（四）职业高中：生均预算内公用经费支出6234.00元，比上年的4674.48元增长33.36%。

（五）普通高等学校：生均预算内公用经费支出26465.43元，比上年的19896.42元增长33.02%。

（六）中等职业学校：生均预算内公用经费支出9096.94元，比上年的7962.78元增长14.24%。

特此公告。

北京市教育委员会
北京市财政局
北京市统计局
北京市发展和改革委员会
北京市科学技术委员会

（本栏责任编校　张晓兰）

北京教育总述

2011年北京教育简况

一、基本情况

（一）基础教育

北京市共有普通中学632所，比上年减少2所，其中：高中290所（其中示范性普通高中68所），比上年增加1所，初中342所，比上年减少3所；小学1090所，比上年减少14所。

基础教育在校学生117.78万人，其中：普通高中19.51万人（其中示范性普通高中在校生8.36万人），普通高中在校生中本市户籍17.79万人，非本市户籍1.72万人；初中30.23万人，初中在校生中本市户籍22.15万人，非本市户籍8.08万人；小学68.05万人，小学在校生中本市户籍39.13万人，非本市户籍28.91万人。

北京市共有独立法人的幼儿园1305所，比上年增加60所，另外，经过2011年幼儿园新建、改扩建工程建设，增加设置302个分园；特殊教育学校21所；工读学校6所。

幼儿园在园幼儿31.14万人，特殊教育学校在校生8037人，工读学校在校生725人。

（二）中等职业教育

北京市共有中等职业学校137所，其中：中等专业学校35所，成人中专11所，职业高中56所，技工学校35所。

中等职业学校在校学生21.38万人，比上年减少0.56万人。其中：中等专业学校6.31万人，比上年减少0.40万人；成人中专学校4.18万人，比上年增加1.48万人；职业高中在校生6.41万人，比上年减少0.36万人；技工学校4.48万人，比上年减少1.28万人。

（三）研究生教育

北京市有52所普通高校和78个科研机构培养研究生，共有在学研究生24.07万人，比上年增加1.57万人。其中博士生6.52万人，比上年增加0.29万人；硕士生17.55万人，比上年增加1.27万人。招收研究生8.30万人，比上年增加0.28万人。在52所普通高校中有19所市属高校，研究生在校生2.59万人，招生0.90万人。中央部委所属高校有33所，研究生在校生18.26万人，招生6.33万人。

（四）普通本专科教育

北京市共有普通高等学校89所，普通本专科在校生57.86万人；其中市属普通高校53所（含民办高校），普通本专科在校生28.34万人。全市普通高校本专科招生15.75万人。

（五）成人教育

北京市共有独立设置成人高校19所，成人高等学历教育在校生26.41万人（含普通高校举办的函授、夜大学、成人脱产班的学生23.86万人），招生10.64万人（含普通高校举办的函授、夜大学、成人脱产班招生9.59万人）。

培训机构3494所，注册学生243万人。

（六）民办教育情况

北京市有民办普通高校15所，民办高等教育机构68所，民办中学72所，民办中等职业学校20所，民办小学21所，民办幼儿园508所。

二、教育资源状况

（一）北京市高等教育设施情况

单位：万平方米

		学校产权占地面积	学校产权校舍面积	学校产权教室	学校产权图书馆面积
普通高校	计	4119	3086	313	117
	市属	1584	968	168	45
成人高校		123	85	25	4
民办的其他高等教育机构		86	58	17	3

		学校产权实验实习场地面积	学校产权学生宿舍面积	学校产权在建校舍面积	非学校产权独立使用占地面积	非学校产权独立使用校舍
普通高校	计	484	696	197	604	226
	市属	147	221	547	547	220
成人高校		5	12	4	10	2
民办的其他高等教育机构		1	25	1	307	151

（二）北京市高等教育设备情况（学校产权）

		固定资产（万元）	教科仪器（万元）	图书（万册）
普通高校	计	9255496	2743931	9522
	市属	3016440	984594	3510
成人高校		219641	29221	212
民办的其他高等教育机构		208229	24088	274

		电子图书（GB）	教学用计算机（台）	语音室座位数（个）	多媒体教室座位数（个）
普通高校	计	476457	347883	58221	918901
	市属	157084	176316	36451	469531
成人高校		17144	8984	1370	26899
民办的其他高等教育机构		23019	20238	4129	45510

（三）北京市基础教育设施情况

单位：万平方米

	占地面积	校舍建筑面积	教室面积	实验室面积	图书室面积
普通中学	2203	1097	217	65	30
小学	1375	567	200	15	12

（四）北京市基础教育设备情况

	固定资产（万元）	仪器设备（万元）	计算机（台）	图书（万册）	电子图书（GB）
普通中学	1975927	324075	203950	2605	139494
小学	981733	224044	158553	2429	116671

（五）师资队伍状况

北京市共有小学教职工 5.48 万人，其中专任教师 4.57 万人，生师比为 13.4∶1；普通中学教职工 7.73 万人，其中专任教师 5.60 万人，生师比为 9.8∶1；普通高校教职工 13.01 万人，其中专任教师 5.87 万人，生师比为 17.14∶1（按当量折算）。

（孙运科　赵琦）

2011 年北京教育大事记

1 月

4 日　市教委公布北京市阳光少年艺术团承办单位名单，确定北京市阳光少年艺术团承办团 9 个。

9 日　北京地区 8 所高校 14 个专业被教育部、财政部批准为第七批高等学校特色专业建设点。全国共有 78 个专业建设点入选，每个专业点获得 20 万元资助。

△　北京大学教授雷洁琼因病医治无效在北京逝世，享年 106 岁。她是著名的社会学家、法学家、教育家，杰出的社会活动家，中国民主促进会的创始人之一和卓越的领导人。

11 日　市委教育工委、市教委召开 2011 年寒假北京高校领导干部会议暨北京高校党建工作会议。

12 日　朝阳区教委召开基础教育综合改革实验启动会，宣布朝阳区在全市 5 个试点区县中率先启动基础教育综合改革实验。

△　北京 2011 年全国硕士研究生统考首次启用保密室远程电子巡查指挥系统。

14 日　在 2010 年度国家科学技术奖励大会上，北京高校 33 项通用项目成果以第一完成单位（人）获得国家科学技术奖。其中，2 所高校 3 个项目获得自然科学奖二等奖，4 所高校 6 个项目获得技术发明奖二等奖，1 所高校 1 个项目获得科学技术进步奖一等奖、14 所高校 23 个项目获得二等奖。

16 日　北京邮电大学名誉校长叶培大在北京逝世，享年 96 岁。他是中国科学院资深院士、微波通信与光纤通信专家、教育家。

18 日　市教委决定对普通高校和中等职业学校学生食堂发放临时补贴。补贴范围按全部计划内本专科生、研究生在校生和中等职业学校在校生，每生每月补贴 20 元，补贴时间由 2010 年 12 月 1 日至 2011 年 3 月 30 日。5 月 20 日，市教委决定继续对普通高校和中等职业学校学生食堂发放临时补贴，时间由 4 月 1 日至 6 月 30 日，共 3 个月。全市补贴共惠及 95 万名学生，总金额 11212 万元。

20 日　市教委认定第七批北京市社区儿童早期教育示范基地，26 所幼儿园入选。

27 日　市教委公布北京市现代化标志性中等职业学校建设计划第二批 6 所项目建设学校，建设周期两年。

2 月

9 日　中国人民大学一级教授宋涛因病在北京逝世，享年 97 岁。他被誉为中国经济学界的宗师和泰斗。

15 日　北京师范大学资深教授何兹全因病医治无效于北京逝世，享年 101 岁。他是历史学家、教育家。

20 日　市教委转发教育部《中小学文明礼仪教育指导纲要》。

21 日　北京高校 71 个项目以第一完成单位（人）获得教育部科学技术奖。其中，6 所高校 13 个项目获得自然科学奖一等奖、10 所高校 18 个项目获得二等奖，4 所高校 5 个项目获得技术发明奖一等奖、2 所高校 2 个项目获得二等奖，10 所高校 16 个项目获得科技进步奖一等奖、11 个高校 17 个项目获得二等奖。

3 月

2 日　首都医科大学首任校长吴阶平因病在北京逝世，享年 94 岁。

3 日　北京高校增列博士和硕士学位授权一级学科。其中，29 所高校增列博士学位一级学科 102 个，39 所高校增列硕士学位授权一级学科 250 个。

4 日　市教委公布第七批北京市示范幼儿园名单，19 所幼儿园入选。

△　市教委转发教育部《关于卓越工程师教育培养计划若干意见》。

7 日　吴邦国视察清华大学。

8 日　北京地区 4 所高校经教育部审批新增 12 个第二学士学位专业。

9 日　教育部与北京等 15 个省市自治区政府签署义务教育均衡发展备忘录，共同推进义务教育均衡发展。

14 日　教育部公布“国培计划”专家库首批人选名单，北京学校及教育单位 129 人入选。

16日　教育部公布2010年度“长江学者和创新团队发展计划”创新团队名单，北京高校16个团队入选。

20日　北京大学教授芮沐在京逝世，享年103岁。他是法学家、教育家，是中国经济法学和国际经济法学学科创始人。

23日　市教委公布全国第十届“明天小小科学家”北京学生获奖名单，30名学生获奖，其中，一等奖6人、二等奖13人、三等奖11人，中国人民大学附属中学谢亚晴获“明天小小科学家”称号。

△　清华大学教授范崇武在京逝世，享年104岁。他是中国第一代电机工程专家。

24日　市委、市政府召开北京市教育工作会议。会议正式颁布《北京市中长期教育改革和发展规划纲要(2010～2020年)》，市教委领导发表讲话。

24至27日　市科协、市教委、市科委、市知识产权局、市青少年科学基金会及门头沟区政府联合举办第31届安捷伦北京青少年科技创新大赛。16个区县和市青少年科技馆、北京教学植物园代表队以及9个国家的11支代表队61名外籍人员参加比赛。

28日　市教委、市发展改革委、市公安局、市卫生局联合颁布《北京市举办小规模幼儿园暂行规定》，支持社会力量举办小规模幼儿园，鼓励取得一级标准的各类型幼儿园举办分部。至年底，4个区县举办小规模幼儿园150所；22所小学开设附属幼儿园，增收幼儿800人。

4月

15日　清华大学数字博物馆开通。

18日　由市委宣传部、首都文明办、市委教育工委、市教委联合举办的“青春创意红色颂歌”第六届首都大学生创意文化节开幕。

23日　北京市高中体育竞赛优胜者及等级运动员首次统一测试在首都体育学院举行。

24日　庆祝清华大学建校100周年大会在人民大会堂召开。胡锦涛发表重要讲话。党和国家领导人吴邦国、温家宝、贾庆林、习近平、李克强等，以及刘淇、刘云山、刘延东、李源潮、令计划、袁贵仁等参加会议。

是月　艺术学被国务院学位委员会批准为独立学科门类。获得批准后，艺术学门类成为第13个学科门类，下设艺术学理论、音乐与舞蹈学、戏剧与影视学、美术学、设计学5个一级学科。

5月

2日　清华大学教授李志坚在京逝世，享年83岁。他是中国科学院院士、中国硅基半导体科学研究的奠基人和开创者。

7日　北京高校数学教育发展研究中心在北京信息科技大学成立。该中心由北京邮电大学、北京化工大学、北京航空航天大学等14所在京高校联合组建。

10日　胡锦涛给北京大学第12届研究生支教团成员回信。

12至15日　市教委、市体育局联合主办首都高校第49届学生田径运动会。61所高校的1207名大学生运动员参加比赛，角逐118枚金牌。

15日　北京科技大学高庆狮教授因病医治无效在北京逝世，享年77岁。他是国内计算机科学技术领域的先驱，曾担任中国第一颗人造卫星地面计算控制中心设计负责人，国内第一台专为“两弹一星”服务的晶体管计算机体系结构设计负责人。

19日　巴基斯坦伊斯兰共和国总理赛义德·优素福·拉扎·吉拉尼访问北京大学。

26日　市政府颁布《北京市学前教育三年行动计划(2011～2013年)》。

27日　市教委公布2010～2011学年民办高等教育机构办学状况评估结果，9所民办普通高校和独立学院专项检查通过，58所民办非学历高等教育机构评估考察合格。

31日　温家宝到朝阳区十八里店小学看望师生，和学生同上一堂篮球体育课。

是月　北京市完成2011年度高职自主招生考试试点工作。14所高职院校参加自主招生，比上年增加两所学校，分别是北京培黎职业学院和北京京北职业技术学院。

是月　市教委评审和验收学生金帆艺术团。58所原承办学校验收合格，32所新申办学校评审合格。

是月　市委教育工委、市教委、团市委、市学生联合会表彰2009～2010年度北京市三好学生、优秀学生干部和先进班集体。授予1121名学生“北京市三好学生”称号，授予386名学生“北京市优秀学生干部”称号，授予380个班集体“北京市先进班集体”称号。

6月

4日　市体育局、市大学生体育协会、市龙舟协会、延庆县政府共同举办首届北京大学生龙舟锦标赛。北京高校12支代表队参加比赛，中央民族大学获得冠军。

7日　北京大学医学部技术转移办公室和华北电力大学技术转移中心被认定为第三批国家技术转移示范机构。该评审工作由科技部主持评定，全国共有68家机构入选。

7至8日　2011年北京市普通高等学校招生考试在19个考区举行。共设立113个考场2507个考点，7万余名考生参加考试。7月5日至8月6日，北京市完成高招录取工作。其中，统考统招部分计划招生58906人，实际录取60442人，比计划增加1536人；高职单独考试招生部分计划招生3153人，实际录取2552人，比计划减少601人。高考升学率85.30%。台湾高校首次在北京招生，录取北京学生49人。

10日　清华大学和中国农业大学入选教育部与水利部共建高校。教育部与水利部共建8所高校。两部委支持共建校开展人才培养与学术交流、科技咨询与科技合作、学科与创新平台建设等方面工作。

13日　中国人民大学荣誉教授刘佩弦因病医治无效在北京逝世，享年90岁。他是马列主义发展史专家、新中国马克思主义发展史学科的重要奠基人。

17日　首届免费师范生毕业典礼在北京师范大学举行，温家宝参加会议并讲话。北师大为毕业典礼主会场，华东师范大学、东北师范大学、华中师范大学、陕西师范大学、西南大学同时设分会场，主会场与分会场之间采用音视频同步双向传输。

17至19日　市教委在中国国际展览中心举办第八届北京国际教育博览会。来自32个国家和地区182家境外机构、302家国内机构参展，200余名境外来宾参会，累计观众超过7.50万人次。

20日　市委教育工委、市教委主办的"信仰与使命"北京高校纪念中国共产党成立90周年展览在北京航空航天大学开幕。

23日　北京市招生考试委员会第二次全体会议确定北京市普通高校招生各批次录取最低控制分数线。普通专业文科：本科一批录取最低控制分数线524分、本科二批录取最低控制分数线481分、本科三批录取最低控制分数线443分；理科：本科一批录取最低控制分数线484分、本科二批录取最低控制分数线435分、本科三批录取最低控制分数线396分。专科批次录取最低控制分数线文科150分、理科150分。艺术类本科录取最低控制分数线文科312分、理科282分。体育教育、社会体育、休闲体育专业（体育成绩65分）文科350分、理科300分。高职单招分数线150分，艺术高职分数线105分。

△　市委教育工委召开北京高校纪念中国共产党成立90周年表彰大会。

24至26日　2011年北京市高级中等学校招生文化课考试举行。考试采用全市统一命题、统一考试、分区县网上评卷的方式举行。全市共设考点194个，考场3041个，考生8.9万人。7月28至31日，高级中等学校统一招生录取审批工作举行，计划招生88913人，录取考生73107人。

24至27日　市教委组织学生参加2011年全国职业院校技能大赛。其中，111名中职学生参加比赛，获得一等奖24个、二等奖22个、三等奖30个、优秀奖19个以及团体总分第五名；39名高职学生参加比赛，获得5个一等奖、4个二等奖、4个三等奖，创下历史最佳成绩。比赛由教育部、天津市政府等部门和单位在天津举办。

27日　市委教育工委、市教委主办，北京教育志编纂委员会办公室承办的"萌发、奋斗、创新、辉煌——北京教育系统庆祝中国共产党成立90周年专题展"开幕。

7月

1日　市委教育工委、市教委召开学习胡锦涛总书记七一重要讲话精神座谈会。

△　北京市对北京高校在校学生实行免费普通话水平测试，并免费发放证书。测试对象和范围为全日制普通高等学校在校学生（含专科生、本科生、研究生）。至年底，全市参加免费测试大学生13166人。

△　市教委印发《北京阳光少年艺术团管理办法（试行）》。

6日　北京地区9所高校75个专业入选教育部卓越工程师培养计划2011年学科专业。

8日　市教委制定《关于治理义务教育阶段择校乱收费问题的意见》，内容包括落实招生入学政策规范招生入学秩序、严格执行相关规定坚决禁止乱收费、提高学校办学水平推进义务教育均衡发展、健全完善督导制度加大舆论引导力度共4项内容。

△　市教委公布第七届北京市高等学校教学名师奖获奖名单，北京高校105名教师获奖。

11至12日　市委教育工委、市教委召开2011年暑期北京高校领导干部会议。

14日　市教委、市人力社保局联合表彰北京市校外教育（中小学生社会大课堂建设）先进集体和先进个人，授予80个单位和部门"北京市中小学生社会大课堂建设工作先进集体"称号，授予80人"北京市中小学生社会大课堂建设工作先进个人"称号。

15日　在北京市2011暑期基础教育领导干部会上，洪峰代表市政府与16个区县主管教育副区（县）长签署推进义务教育均衡发展责任书。

16至21日　北京代表队参加第11届全国中学生运动会，获得金牌10枚，奖牌29枚，取得团体总分557分，获得体育道德风尚奖，并有6篇论文获得全国学校体育科学论文报告会一等奖，团体总分位列第四名，奖牌总数位列第五名。

18至26日　市教委举办首届国际学生北京夏令营。来自俄罗斯、英国和加拿大等25个国家共1200名师生参加夏令营。

23日　首都医科大学附属北京安贞医院马长生、首都医科大学附属北京天坛医院王拥军和北京理工大学林程入选科技北京百名领军人才培养工程。该工程是《首都中长期人才发展规划纲要（2010～2020年）》确定的重点人才工程，是实施科技人才战略的重要内容之一。首批全市27人入选，包括北京高校3人。

26日　市教委、市对口支援和经济合作工作领导小组新疆和田指挥部共同举办的首届新疆和田中小学生北京夏令营在北京市和平街第一中学开幕。

是月　北京市13个中等职业学校实训基地建设项目（含技工学校4个）获得2011年度中央财政支持。该评选由教育部、财政部举办。

8月

2日　市教委发布《关于在全市各区县开展"推进中小学德育内容、方法和机制创新"项目试点的通知》。

2至8日　市教委组织北京学生参加第26届全国青少年科技创新大赛，获得青少年创新项目一等奖13项，占全国得奖总数20%；获得二等奖6项、三等奖7项，总成绩名列全国第一。比赛由中国科协、教育部、科技部、环境保护部、国家体育总局、团中央、全国妇联、国家自然科学基金委员会和内蒙古自治区政府共同主办。

6至12日 北京代表队参加2011年全国中学生田径锦标赛，获得23枚金牌、19枚银牌、14枚铜牌，以343分获得省市代表团团体总分第一名。

11日 中国人民大学授予玻利维亚总统莫拉莱斯名誉博士学位。

△ 北京外国语大学授予斯里兰卡总统马欣达·拉贾帕克萨名誉博士学位，并聘任其为斯里兰卡研究中心名誉主任。

15日 市教委机关办公地点因实施防震工程，由前门西大街109号办公地点临时迁至北四环中路267号北京奥运大厦办公。

25日 北京地区4所高校增补为研究生培养基地。北方工业大学、北京建筑工程学院、北京信息科技大学增补为北京高校产学研联合研究生培养基地，北京工业大学为北京高校国内外联合研究生培养基地。

△ 北京市完成北京市优秀博士学位论文评选，26个博士生培养单位的60篇论文入选。

9月

5日 教育部公布第六届高等学校教学名师奖获奖名单，北京13所高校14名教师入选。

8日 市委、市政府召开庆祝教师节大会。会议宣读《关于表彰第七届北京市高等学校教学名师奖获得者的决定》和《关于表彰第24届北京市中小学紫禁杯优秀班主任的决定》。

9日 胡锦涛在第27个教师节来临之际到北京市第八十中学看望师生员工。胡锦涛代表中共中央、国务院向全国广大教师和教育工作者致以节日的祝贺和诚挚的问候。

△ 刘淇到中国人民大学附属中学、北京第一实验小学看望师生员工，并代表市委、市政府向全市教育工作者致以节日问候。

△ 卓越联盟9所高校签订高校图书馆共享合作协议。9所学校分别是北京理工大学、重庆大学、大连理工大学、东南大学、哈尔滨工业大学、华南理工大学、天津大学、西北工业大学和同济大学。

11日 北京市第五幼儿园教师石利颖获“全国教书育人楷模”称号。“全国教书育人楷模”由教育部组织评选，全国共有10名教师入选。

14至23日 市教委举办第三届北京青少年翱翔科学论坛。

18日 习近平参加全国科普日北京主场活动。在北京奥林匹克公园中心区广场，习近平参加首届“北京科学嘉年华”活动。

22日 北京高校推进“农校对接”建立食堂原材料直供基地启动仪式在北京大学举行。仪式上宣读首批14个食堂原材料直供基地名单，涉及米、面、油、肉、蛋和蔬菜六大类食品原料企业。

28至30日 北京市举办2011诺贝尔奖获得者北京论坛，来自美国、英国和加拿大等国家11名诺贝尔奖获得者和经济界人士参加论坛。

29日 北京地区7所高校入选教育部第二批卓越工程师计划，全国共有133所高校入选。

9至12月，市财政提高幼儿园生均定额标准，投入8000万元用于部门和集体办园的生均定额补贴。

10月

11日 北京师生入选全国优秀少先队先进。其中，9名学生入选先进少先队员，9名辅导员入选优秀少先队辅导员，12个少先队大、中队（大队6个、中队6个）入选全国优秀少先队集体。该评选由团中央、教育部、全国少工委举办。

13日 北京5所高校被科技部批准建设5个国家重点实验室，分别是北京科技大学钢铁冶金新技术国家重点实验室、华北电力大学新能源电力系统国家重点实验室、北京邮电大学信息光子学与光通信国家重点实验室、北京化工大学有机无机复合材料国家重点实验室、清华大学低维量子物理国家重点实验室。全国49个国家重点实验室入选。

△ 市教委、市教育督导室发布《〈北京市校外教育机构办学条件标准〉实施意见》和《〈北京市校外教育机构办学条件标准〉实施细则》。

15日 第七届北京市全民终身学习活动周在国家图书馆开幕。活动表彰第三批首都市民学习品牌21个和第二批首都市民学习之星81人。

19日 11所行业特色型高校联合成立北京高科大学联盟。联盟由北京邮电大学、北京交通大学、北京科技大学、北京化工大学、北京林业大学、华北电力大学、中国地质大学（北京）、中国矿业大学（北京）、中国石油大学（北京）、西安电子科技大学、哈尔滨工程大学11所行业特色型高校组成。

20日 北京市8所中等职业学校入选2011年度“国家中等职业教育改革发展示范学校建设计划”第二批立项建设学校。

26日 首都高等工程教育研究中心在北京工业大学成立。

11月

1日 中国人民大学国学馆正式启用，这是国内高校首座国学馆。

3日 北京地区11个博士学位授予单位28篇论文被评为2011年全国优秀博士学位论文。该评选由教育部和国务院学位委员会主办。

7至10日 贺国强先后到中国人民大学、清华大学、北京师范大学、北京化工大学、北京大学调研，并召开部分高校反腐倡廉建设座谈会。

9日 教育部批准30所高校对口支援19所新疆维吾尔自治区所属高职学校，其中，北京地区2所，分别是北京农业职业学院对口支援新疆农业职业技术学院、首都师范大学对口支援和田师范专科学校。

11日　在第四届全国教育科学研究优秀成果奖评比中，北京高校4人获得终身成就奖；北京教育单位58个项目获得优秀成果奖，其中，一等奖6项、二等奖22项、三等奖30项。

15日　市教委发出禁止组织义务教育阶段学生参与学科竞赛活动的通知。

22日　市教委印发关于北京市幼儿师范学校并入首都师范大学的通知。幼儿师范学校建制撤销，整体并入首都师大。

23日　北京大学授予土库曼斯坦总统库尔班古力·别尔德穆哈梅多夫名誉教授称号。

24日　市教委召开北京市学前教育工作会议。

△　市委教育工委、市教委、市教育督导室联合印发《北京教育系统法制宣传教育的第六个五年计划》。

25日　市教委召开第五届首都特色行业院校改革与发展论坛。

12月

4日　市教委举行北京阳光少年文化节闭幕式暨第25届北京市中小学生金银帆奖颁奖典礼，表彰金帆奖获得者20人、银帆奖获得者93人。

7日　北京邮电大学教授周炯槃在北京逝世，享年91岁。他是中国工程院院士、中国信息论研究的奠基人。

8日　北京高校新增中国工程院院士6人。

9日　北京高校新增中国科学院院士9人。

13日　市教委公布2011年节约型中小学示范学校评选结果，100所中小学（含中等职业学校、幼儿园）入选。

14日　教育部公布2011年度“长江学者和创新团队发展计划”创新团队名单，北京高校16个团队入选。

15日　北京9所高校14人获得第12届中国青年科技奖。该奖项由中组部、人社部、中国科协共同主办，每两年评选一次，全国100名青年科技工作者获奖。

17日　刘延东在北京航空航天大学观看内地西藏班庆祝西藏和平解放60周年汇报演出《格桑花开》。

18日　北京工业大学与北京市科学技术研究院签约共建北京工业技术研究院。

△　市委教育工委召开“践行‘北京精神’服务首都发展”专题论坛暨2011年北京高校红色“1+1”示范活动展示评审会，表彰红色“1+1”示范活动一等奖5个、二等奖10个、三等奖65个、鼓励奖119个。

△　市教委举办北京学生特色科技活动展示会暨第29届北京学生科技节闭幕式。

20日　波兰共和国总统布罗尼斯瓦夫·科莫罗夫斯基率领波兰政府代表团访问北京外国语大学。

△　市委教育工委召开第二届首都大学生思想政治教育工作交流展示暨实效奖评审会，评出特等奖3项、一等奖7项、二等奖11项、优秀奖22项。

23日　市委教育工委、市教委办公室印发《关于调整北京教育志编纂委员会和北京教育年鉴编纂委员会组成人员的通知》。

30日　市委组织部、市委教育工委、市教委印发《首都中长期教育人才发展规划纲要（2010～2010年）》。

△　市教委召开第二批学前教育教师培养工作室启动会议，宣布启动19个教师培养工作室。

本年

是年　北京市基本完成中小学校舍安全工程。校安工程累计改造学校1275所、项目4205个，改造校舍666万平方米。其中，加固514万平方米全部竣工；翻建152万平方米，竣工78万平方米，在施74万平方米。通过实施3年校安工程，全市彻底消除危房校舍，改造后的校舍全部达到重点设防类抗震设防标准。同时，完成校舍防火、防洪、防雷击等设施改造和地质灾害易发区的迁移避险工作。

是年　北京市义务教育阶段资助实现“两免一补”。982726名学生免杂费，982726名学生免教科书费（含循环使用教科书），66033名学生接受生活学习补助。

是年　市本级财政共计投入6亿元实施学前教育三项工程。其中，幼儿园新建、改扩建工程涉及410余所幼儿园，共计扩班1000余个，350所幼儿园实施办园条件达标改造工程。

是年　市教委调整教育援疆资金投入比例，教育援疆资金规模由86553万元增至109153万元，教育援疆资金占全市援疆资金比例增至15%。

（华蕾）

（本栏责任编校　林业）

综合管理

综　述

2011年，北京市教育系统深入贯彻科学发展观，认真落实国家和北京市中长期教育规划纲要，积极探索教育发展方式转变，努力推动解决教育难点热点问题，改革发展稳定各项任务进展顺利，为实现“十二五”规划奋斗目标打下坚实基础。

全力筹备北京市教育工作会议，系统推进贯彻落实

3月24日，市委市政府召开全市教育大会，正式颁布实施《北京市中长期教育改革和发展规划纲要（2010～2020年）》。围绕规划纲要的贯彻落实制定“十二五”教育发展规划，将十年发展目标明确为五年的工作任务，同时制定教育人才中长期规划、学前教育三年计划、中小学建设三年行动计划、职业教育创新发展行动计划，谋划高等教育质量工程和创新工程二期任务，制定“留学北京”计划等一系列规划文件。各区县教委和各市属高校结合中长期教育改革和发展规划纲要的落实，初步完成区县和学校的“十二五”发展规划。

抓住有利契机，创新工作载体，深入推进素质教育

一是大中小学生思想教育再掀新高潮。以“学习党史、坚定信念”为主题，组织开展大型主题展览、专家辅导报告、创意文化节、文艺晚会、交响管乐音乐会、基层寻访等丰富多彩的教育实践活动。启动大中小学培育和弘扬“北京精神”主题教育活动，大学生思想政治教育教师“铸魂工程”实施效果良好，“新生引航工程”深入推进，开展红色“1+1”大学生社会实践活动的学生党支部已达800余个，全年发展学生党员3.8万人，占全市发展新党员数量的55%。二是教育教学质量不断提高。深入推进中小学“翱翔计划”和“雏鹰计划”，在人大附中、八中试点开展拔尖人才培养实验，努力探索课程设置和有效的教学方式，试点打造从小学、中学到大学的“绿色成才通道”，“翱翔计划”获得第二届全国教育改革创新特等奖。开展农村中小学教师研修工作站、绿色耕耘等30余个教师培训项目，全面总结“十一五”中小学教师继续教育工作成果，部署“十二五”时期教师培训工作。进一步整合北京地区高校专业建设资源优势，打破原有校内专业建设局限，在机械、计算机、经济贸易等5个专业试点专业群建设，提升高校专业建设整体水平。倡议指导16所高校加入北京市“卓越工程师教育培养计划”联盟，推动高校资源共享。组织22所职业学校、上百家企业开展职业教育分级制改革试验，引进国际先进的职业教育课程，不断创新技能型人才培养模式。三是学生综合素质全面提升。督促落实每天一小时体育锻炼，切实保证中小学生校园体育活动时间，在市级层面建立青少年体育卫生工作联席会议制度，争取各方力量统筹规划学校体育卫生工作。广泛开展阳光体育运动，举办近百个市级大中小学生体育竞赛，吸引100万人次学生参与。通过艺术节、科技节等形式，引导百余万人次学生积极参与校内外的各类艺术和科技教育活动，学生艺术素养不断提升，金帆艺术团、金鹏科技团已经成为北京艺术科技教育品牌。深入推进社会大课堂建设，2011年组织120万人次中小学生走进社会大课堂。“社会大课堂”作为推进素质教育的新举措，在全国产生广泛影响，获得全国第二届教育改革创新特别奖。

突出重点，加大力度，着力促进教育公平

一是义务教育均衡发展得到有效推动。市政府与教育部签署推进义务教育均衡发展备忘录，市政府与各区县政府分别签署推进义务教育均衡发展责任书，明确时间表和路线图。妥善解决来京务工人员随迁子女就学问题，2011年全市义务教育阶段随迁子女达到47.8万人，在公办学校就读比例达到70%以上。二是公用经费保障力度进一步增强，为推进教育现代化提供有力保障。三是积极做好特殊群体接受教育工作，提出学前教育家庭经济困难、残疾、孤儿等特殊困难群体儿童资助办法。举办首届民族教育实践教师教学基本功竞赛，组织“小学教师走进名校”观摩活动，提升民族教育教师的整体素质。

以破解“入园难”为突破口，全面提升教育发展水平

一是集中力量推动学前教育发展。市和区县颁布实施《学前教育三年行动计划》，制定《北京市举办小规模幼儿园暂行规定》，支持社会力量举办小规模幼儿园。进一步加大幼教师资培养力度，首都师范大学学前教育学院正式挂牌成立，全年新增幼儿教师2521人，增加幼儿园学位3.3万个，超额完成年初向社会承诺2.7万个的增加计划。

二是义务教育办学条件进一步改善。基本完成中小学校舍安全工程规划改造任务，基本解决60年积累的校舍安全隐患。继续深化小学规范化建设工程，全市82.70%的小学办学条件主要项目实现达标，小学招生净增近2万人，顺利完成小学新生的招生任务。

三是职业教育社会服务能力不断增强。围绕首都经济发展重点产业和领域加强专业建设，通过建设国家改革发展示范校和示范专业，打造职业学校建设排头兵。积极推进课程改革和人才培养模式改革，筹备组建电子信息、文化创意等职教集团，引导行业和企业共同参与职业教育改革与发展。北京市在全国职业院校职业技能大赛中获得26个一等奖。

四是高等教育人才培养质量不断提高。重点加强406个市级重点学科和37个高校哲学社会科学研究基地建设，在中央高校建设一批市属高校青年教师发展基地，新增立项支持420本精品教材建设，105名教师获市级教学名师奖，15人获国家级教学名师奖。2011年市属高校一级学科博士点达到38个，一级学科硕士点达

到 107 个，北京地区 13 个博士学位授予单位的 29 篇论文获全国优秀博士学位论文，占全国获奖数的近 30%。高校毕业生就业指导工作不断深化，高校毕业生就业率 95.70%，北京生源毕业就业率 96.10%，特殊困难毕业生群体就业率 97%。

五是民办教育得到规范健康发展。积极引导民办学校公益办学、特色办学、优质办学、规范办学，运用灵活机制推进教育体制创新，提供多样化教育服务满足多元教育需求，各级各类民办学校总体上呈现蓬勃发展的趋势。积极稳妥化解中联司法学院、北京民族大学等十余起民办高校安全稳定案件和突发性群体性事件，维护学校正常的教育教学秩序。

六是学习型城市建设稳步推进。评选推出 81 名“首都市民学习之星”和 21 个“首都市民学习品牌”，北京市学习城市网年点击率超过百万人次。开展各类培训 850 万人次，60 万人次农民参加各类实用技术培训。为郊区县职业学校、农广校、乡镇成人学校配备 32 辆“农民教育培训流动课堂车”，年行驶里程 80 余万公里，下乡、进村、进社区 13000 余次，为推进京郊产业结构、产品结构调整和首都新农村建设做出贡献。

七是语言文字规范化建设不断加强。发挥语言文字规范化创建工作的激励带动作用，积极拓展语言文化建设基础研究领域，面向广大市民做好普通话的推广宣传工作，全市普通高校在校生普通话水平测试全部免费，各行业参加普通话水平测试达到 5 万人次以上。

大胆探索，勇于创新，教育改革与开放进一步深化

一是国家教育体制改革项目全面展开。北京市经申报承担 20 项国家教育体制改革项目，重点推进人才培养体制改革、考试招生制度改革、建设现代学校制度、办学体制改革、管理体制改革等。不断深化基础教育课程教材改革，继续开展教材教法、教学方式、技术促进教学变革等实践探索。积极推进教师交流制度改革，制定《关于进一步推进义务教育优质学校干部教师向薄弱学校流动的指导意见（试行）》，指导区县开展试点。

二是教育交流合作水平不断提升。全年各级各类外国留学生首次达到 10 万人次，比 2010 年增长 8%；审批审核中外合作办学机构和项目 125 个；坚持中华文化走出去战略，累计开设孔子学院和孔子课堂 177 个；成功举办第八届北京教育国际博览会；举办首届国际学生北京夏令营，1200 名国际学生参加，产生广泛影响。推进华北地区教育合作发展，扩大招收其他四省区市学生 7132 人，占京外招生的四分之一。

三是教育对口支援力度不断加大。全面做好教育对口支援新疆、西藏、青海、内蒙古和湖北巴东工作，全年为受援地区在京培训教育管理干部和骨干教师 426 人。并采取送教上门方式在受援地培训干部教师 1068 人。青海、新疆内地高中班招生 260 人，为新疆和田地区培训未就业大学生 673 人。开展主题夏令营，280 名新疆、西藏少数民族中小学生来京参加活动。选派第七批 51 名机关干部和中小学教师赴新疆和田地区挂职支教。

四是积极营造有利于教育改革发展的舆论环境。加大教育宣传工作力度，紧密围绕市委教育工委、市教委、市教育督导室工作重点开展教育宣传工作。

加强制度建设，完善工作机制，教育督导水平和依法治教能力不断增强

一是教育决策和依法行政水平不断提高。进一步完善行政决策机制，建立教育重大事项风险评估机制，首次聘请常年法律顾问。积极推进学前教育条例、终身教育条例的立法调研，完善规范性文件审查和报备制度。主动公开政府信息 353 件，全文电子化率 100%。改版市教委网站，突出政府信息公开、公共服务和网上办事功能。二是教育督导水平进一步提升。制定《北京市“十二五”时期教育督导发展规划》，在全市普遍开展教育法律法规执法情况自查的基础上，重点对三个区县政府和部门进行实地督导检查。深入上万户家庭开展区县教育工作满意度调查。以义务教育督导为重点，开展义务教育均衡发展状况、小学规范化建设工程等专项调研，拓展学前教育、普通高中教育、特殊教育、校外教育等督导领域。成立北京市教育督导与教育质量评价研究中心，加快建设北京市督学研修中心，进一步加强教育督导的专业化建设。三是面向公众努力做好教育服务。完成市政府实事、折子工程等重大决策任务 19 项，办理人大代表建议、政协委员提案 267 件。积极畅通信访渠道，完善信访接待机制，“96391 教育咨询热线”解答公众咨询近 5.9 万件，受理群众来信来访 2253 件。

创先争优，加强基层，教育系统党建科学化水平进一步提高

以建党 90 周年为契机，深入推进创先争优活动，开展“提高办学质量促发展、服务人民群众树形象”主题教育活动，举办“双学双比双提高”集中活动周、“党建特色项目展示观摩周”等活动。

认真落实人才强国战略，召开首都教育人才大会，颁布《首都中长期教育人才发展规划纲要（2010～2020年）》。加快推进高校领导班子建设，探索建立高校领导班子和领导干部考核指标体系，加强干部教育培训和实践锻炼。制定北京市实施普通高等学校基层党组织工作条例办法，召开高校党务公开工作推进大会，有序推进党内民主建设。实施高校领导“领航工程”、基层党组织“聚力工程”和党员“先锋工程”，培养发展教师党员的经验得到中央领导高度肯定。

充分发挥哲学社会科学育人功能，推进社会主义核心价值体系进教材、进课堂、进头脑，加强形势政策宣传引导，举办“形势热点面对面”系列报告会，积极推进“学在北京”网站建设。

深入推进“平安校园”建设，稳妥化解各类涉校矛盾，建立联动机制应对外省区校园伤害案对本市中小学生造成的影响。为稳定高校食堂价格，启动高校食堂伙食原材料采购直供基地建设，首批建立 14 个直供基地，72 所首都高校与直供基地建立实质性合作关系。全市教育系统集各方力量平稳度过各个重点敏感时期，保持连续 22 年的稳定。

（聂荣）

总　类

【召开寒假高校领导干部会】 1月11

日，市委教育工委、市教委召开2011年寒假北京高校领导干部会议暨北京高校党建工作会议。会议主题是全面贯彻落实第19次全国高校党建会议精神，深入学习贯彻《中国共产党普通高等学校基层组织工作条例》，总结部署北京高校党建工作。会上，蔡赴朝传达全国高校党建工作会议精神，国防大学作当前形势报告。会议颁发北京高等学校党建和思想政治工作成果奖，表彰第六次北京市党的建设和思想政治工作先进普通高等学校。会议认为，“十一五”期间，首都高校坚持用中国特色社会主义理论体系武装党员干部，深入开展学习实践科学发展观活动和创先争优活动，大力加强高校领导班子和干部队伍思想政治建设、能力建设和作风建设，深入推进大学生思想政治工作，保持校园和谐稳定，党的建设工作迈上一个新台阶。王安顺、蔡赴朝、吕锡文等领导，以及市委教育工委、市教委、市教育督导室领导，北京高校党委书记、校长、组织部长等400人参加会议。

（吴洁）

【洪峰到市教委调研】 2月23日，洪峰到市教委调研，与市教委、市教育督导室班子全体成员座谈，了解全市教育事业发展的总体情况和重点工作推进情况。洪峰听取教育总体规划、各级各类教育发展等基本情况汇报，特别就缓解学前教育入园紧张、推进义务教育均衡发展、深化高中课程改革和教育招生考试改革、实施校舍安全工程、促进大学生就业工作进行详细了解和深入探讨。洪峰肯定市教委工作取得的成绩，同时要求市教委、市教育督导室领导班子把优先发展教育作为贯彻落实科学发展观基本要求，准确把握教育工作在整个社会经济发展大局中的地位和作用，提高教育决策的科学化民主化水平，深化教育体制改革，着力推进教育内涵式发展，努力办人民满意的教育。

（聂荣）

【赵凤桐调研首都师大】 3月1日，赵凤桐调研首都师范大学。赵凤桐听取学校工作汇报后，肯定学校“十二五”时期的建设目标和建设思路以及学校在提高核心竞争力、提升社会贡献力方面的做法，并表示市委教育工委、市教委将统筹协调各方资源，积极支持学校发展建设。

（刘海龙）

【吴邦国视察清华】 3月7日，吴邦国

视察清华大学。在视察过程中吴邦国指出，一流大学应成为基础研究和高技术前沿领域原始创新的重要源头，成为理论创新和文化创新的重要力量以及汇聚优秀创新人才的重要平台和培养创新人才的重要基地。希望清华大学认真总结百年办学经验，凝练百年大学文化，把高水平学术研究与国家重大需求结合起来，把攻克科学难题与培养创新人才结合起来，积极探索出具有中国特色的世界一流大学办学之路，再创辉煌。

（许亮）

【签署义务教育均衡发展备忘录】 3月9日，教育部与北京等15个省市自治区政府签署义务教育均衡发展备忘录，共同推进义务教育均衡发展。备忘录中，北京市承诺到2015年明显缓解义务教育择校现象，承诺逐年扩大非京籍学生就读北京公立学校比例免费接受义务教育，义务教育均衡指标将纳入北京各区县政府主要负责人政绩考核。根据备忘录条款，在“十二五”期间，教育部将支持北京市开展基础教育综合改革实验。支持北京市制定义务教育均衡发展指标体系和评估制度、开展义务教育课程改革实验、修订完善北京市中小学实验教材。

（林业）

【北京市教育工作会议召开】 3月24

日，市委、市政府召开北京市教育工作会议。会议贯彻落实全国教育工作会议以及国家中长期教育改革和发展规划纲要精神，动员部署新时期首都教育改革发展工作。会议由郭金龙主持，洪峰解读《北京市中长期教育改革和发展规划纲要（2010～2020年）》，要求教育部门抓好启动、突出重点、落实责任、加强督查，全面推进首都教育改革发展，提高首都教育现代化水平。会上，刘淇要求加强对教育工作的领导，加强教育系统党的建设，紧紧依靠广大教职员工推进首都教育事业科学发展，营造全社会共同推进首都教育事业科学发展的良好氛围，努力形成共同推动首都教育事业科学发展的强大合力。会议听取市教委、市发展改革委、市财政局、朝阳区代表交流发言。部分市人大代表和政协委员，各区县、市有关部门、各高等院校主要负责人，市与区县教育部门负责人，以及部分学校校长和教师代

表 1500 人参加会议。

（华蕾）

【颁布北京市中长期教育改革和发展规划纲要】 3 月 24 日，市委市政府在全市教育工作会议上正式颁布《北京市中长期教育改革和发展规划纲要（2010～2020 年）》。“规划纲要”明确提出“到 2020 年实现教育现代化，建成公平、优质、创新、开放的首都教育和先进的学习型城市，进入以教育和人才培养为优势的现代化国际城市行列”的奋斗目标，确定“优先发展、统筹协调、优质育人、改革创新”的战略方针，明确“坚持以人为本、全面实施素质教育”的战略主题。“规划纲要”提出的战略目标，一是公平的教育：人人享有平等的教育权利。公共教育服务更加发达，教育机会更加充分。学前三年毛入园率达到 99%，建立覆盖全市的 0 至 3 岁幼儿家庭教育指导网络。义务教育阶段在校生数占相应学龄人口总数（以户籍人口计算）的比例即毛入学率达到 100%以上。高中阶段教育毛入学率达到 99%。每 10 万人口在校大学生数达到 6700 人。主要劳动年龄人口受过高等教育的比例达到 48%，新增劳动力平均受教育年限达到 15.5 年。二是优质的教育：提供更加丰富的高质量教育。教育体系更加完善，教育质量显著提高。学历教育与非学历教育协调发展，职业教育与普通教育相互沟通，职前教育与职后教育有效衔接，学校教育、家庭教育、社会教育有机统一，形成人人皆学、处处可学、时时能学的终身教育体系。三是创新的教育：充分激发学校和师生发展的活力。创新人才培养水平明显提升，现代学校制度基本建立，学校、教师和学生的主动性、积极性和创造性得到充分发挥，拔尖创新人才培养取得突破。四是开放的教育：教育与经济社会发展的联系更加紧密。京津冀区域教育合作取得突破性进展，京港澳台地区教育合作更加深入。国际交流与合作进一步扩大，教育在吸引和聚集国际化高端人才中的作用更加显著，在京外国留学生规模达到 18 万人次。“规划纲要”描绘未来十年首都教育发展蓝图。

（姚转珍）

【习近平听取清华工作汇报】 4 月 6 日，习近平听取清华大学工作汇报。在听取学校汇报后，习近平对该校建设发展成就表示肯定，并向清华百年华诞表示祝贺。习近平强调，建设世界一流大学，要做到“六个必须”，即必须坚持正确的办学思想，必须努力培养世界一流的学生，必须造就世界一流的师资队伍，必须创造世界一流的学术成果，必须不断创新办学机制，必须充分发挥政治优势、切实加强学校党的建设。

（许亮）

【召开教育系统办公室主任会】 4 月 26 至 27 日，市委教育工委、市教委召开 2011 年北京市教育系统办公室主任会议暨北京市高等教育学会办公室工作研究分会“办公室工作大讲堂”。会上，线联平解读北京市中长期教育改革和发展规划纲要。会议向办公室工作研究分会第三批终身会员颁发终身会员纪念牌，清华大学、外交学院、首都师范大学、西城区教委、北京吉利大学校分别结合自身工作，就推动信息内涵发展，打造规范高效工作环境，全面提升办公室工作水平交流发言。姜沛民、刘建参加会议并讲话，各区县、高校、直管直属单位 180 名办公室主任参加会议。

（吴洁）

【胡锦涛给北大研究生支教团回信】 5 月 10 日，胡锦涛给北京大学第 12 届研究生支教团成员回信。全文如下：“北京大学第 12 届研究生支教团的同学们：很高兴收到你们的来信。首先，我向你们，并通过你们，向北京大学研究生支教团的全体同学，表示诚挚的问候！从同学们的信中得知，你们志愿到西部地区参加为期一年的支教扶贫工作，不怕艰苦，竭诚奉献，为推动西部地区教育事业发展发挥了积极作用。经过支教扶贫实践，你们丰富了阅历、磨练了意志、增长了才干。我为你们的进步感到由衷的欣慰。这些年来，北京大学组织一批又一批在读研究生深入西部地区基层一线开展支教扶贫活动。这是促进青年学生向实践学习、向人民群众学习的一个有效形式。希望北京大学坚持把支教扶贫的接力棒一届一届传下去，让更多的青年学生在实践中得到锻炼提高，努力成长为堪当国家建设重任的栋梁之材。衷心祝愿同学们都拥有一个精彩的人生！”此前，北大第 12 届研究生支教团 18 名研究生给胡锦涛写信汇报支教工作。1999 年 7 月，北大组建首届研究生支教团，12 届共有 163 名学生参加为期一年的支教扶贫，服务时间累计超过 35 万小时。

（华蕾）

【制定学前教育三年行动计划】 5 月 26 日，市政府颁布《北京市学前教育三年行动计划（2011～2013 年）》。该计划为推动学前教育科学发展，解决“入园难”问题，结合北京市学前教育发展特点制定。计划确定学前教育发展目标和主要举措，明确提出实施三项工程，分别是幼儿园新建改扩建工程、幼儿园条件达标工程、幼儿教师培养培训工程；提出落实六项措施，分别是多种形式扩大公办学前教育资源，做好小区配套幼儿园的规划、建设、接受、使用和管理，进一步鼓励规范民办幼儿园，加大政府投入、实施奖励补贴政策，完善幼儿园收费管理机制，形成幼儿园安全监管机制。

（华蕾）

【温家宝和学生上体育课】 5 月 31 日，温家宝到朝阳区十八里店小学看望师生，和学生上一堂篮球体育课。课上，温家宝和学生一起完成热身运动，示范三步上篮，参加三对三小组半场对抗比赛。课后，温家宝和学生说，生命在于运动。德智体的基础是身体，德智体要全面发展，必须有强健的身体。因为身体是精神和知识的载体。没有好的身体，就不会有充沛的精力刻苦学习。温家宝还观摩学校大课间体育活动。刘淇、刘延东、刘鹏陪同参加活动。两会期间，应全国人大代表、冬奥会短道速滑冠军杨扬提出的请求，温家宝承诺和学生上一堂体育课。六一儿童节到来之际，温家宝到学校兑现诺言。十八里店小学是一所农村中心小学，全校 756 名学生中绝大部分是当地村民和外来务工人员的子女。学校是朝阳区篮球、武术、田径项目特色校。

（林业）

【刘淇郭金龙到北师大调研】 6 月 10 日，刘淇、郭金龙到北京师范大学调研。市领导重点听取“加快转变经济发展方式，率先形成创新驱动发展格局”主题汇报，了解该校教育科技创新产业园项目、北师大出版集团等情况。随后，市领导察看北师大认知神经科学与学习国家重点实验室。市领导希望北师大进一步发挥教学科研优势，推进科研成果转化和产业化。李士祥、牛有成、赵凤桐、孙康林参加调研。

（吴洁）

【温家宝参加首届免费师范生毕业典礼】　6月17日，温家宝专程来到北京师范大学参加首届免费师范生毕业典礼。温家宝对即将加入教师队伍的首届免费师范生表示热烈的祝贺。温家宝在讲话中指出，教师肩负着开启民智、传承文明的神圣使命，承载着千万家庭的梦想和希望。实施师范生免费教育政策，就是向全社会发出重视师范教育的强烈信号，吸引最优秀、最有才华的学生做教师，鼓励更多的优秀人才终身做教育工作者；就是要进一步在全社会形成尊师重教的浓厚氛围，让教师成为最受尊重、最令人羡慕的职业。参加毕业典礼前，温家宝与北京师范大学、华东师范大学、东北师范大学、华中师范大学、陕西师范大学和西南大学6所学校首届免费师范生毕业生代表合影留念，参观这6所大学免费师范生教育成果展，观看电视专题片，了解6所师范大学在创新教师培养模式、加强实践教学、深入开展职业理想信念教育等方面的做法和经验。刘延东等领导和北师大2600名师生参加毕业典礼。北京师范大学体育馆是毕业典礼主会场，华东师大、东北师大、华中师大、陕西师大和西南大学同时设分会场，主会场与分会场之间进行音视频同步双向传输。2010年教师节，温家宝带领北师大部分首届免费师范生赴河北省兴隆县六道河中学观摩教学。当时，温家宝和北师大学生约定来年参加他们的毕业典礼。2011年5月，温家宝在北师大首届免费师范生代表“关于首届免费师范生签订就业协议等有关情况”的来信上作重要批示：“读了北师大首届免费师范生的来信，深受鼓舞。实践证明，我们在部分师范大学实行师范生免费教育的试点是完全正确的。我们要认真总结经验，正视存在的问题，实施好、发展好、完善好师范生免费教育配套政策，切实把这项试点工作搞好。”

（戴军）

【举办高校纪念建党90周年展】　6月20日，市委教育工委、市教委主办的“信仰与使命”北京高校纪念中国共产党成立90周年展览在北京航空航天大学开幕。洪峰等领导以及北京各高校党委书记参加开幕式。展览梳理1920年在北京大学红楼成立北京共产党小组以来，党领导北京高校奋斗与建设的历史脉络，总结挖掘各个历史时期北京高校党建的重大事件、典型人物和重要成就。展览从6月20日持续到7月5日，240批2万余名高校师生党员参观学习。

（姬云鹏）

【召开高校纪念建党90周年表彰大会】

6月23日，市委教育工委召开北京高校纪念中国共产党成立90周年表彰大会。会议以文艺节目、视频再现、现场采访等形式展示北京高校党的建设历史，宣传表彰先进事迹。会议表彰30个先进基层党组织、30名优秀党务工作者、90名优秀教师党员和10名优秀学生党员。赵凤桐、洪峰等领导，北京高校优秀共产党员、党务工作者和先进基层党组织代表，高校党委书记、组织部长以及师生党员代表共计1600人参加会议。

（姬云鹏）

【举办北京教育系统建党90周年专题展】　6月27日，“萌发、奋斗、创新、辉煌——北京教育系统庆祝中国共产党成立90周年专题展”开幕。该展览由市委教育工委、市教委主办，北京教育志编纂委员会办公室承办，展厅面积400平方米，分成萌发、奋斗、创新、辉煌4个专题，以文字、图片和实物的形式，全景展现中国共产

党在不同时期对北京教育的影响，重点展示新中国成立以来北京教育在党的领导下取得的伟大成就，共展出图片500余幅、实物120余件，其中，“李大钊在北大上马克思主义唯物史观课的告示”等部分文物为首次展出。至年底，共接待湖北教志办、市教委各处室及直属单位、北京史志研究会、中央戏剧学院、丰台区东罗园小学等共计3000人参观。

（王永刚）

【举办纪念建党90周年专题晚会】　6月30日，市委教育工委、市教委共同主办“我心中的旗帜——首都教育系统纪念中国共产党建党90周年专题晚会”。晚会根据教育特点，以“四面旗帜”（队旗·少年中国、团旗·青春中国、党旗·热血中国、国旗·阳光中国）作为贯穿整台晚会的主线，并与青少年的成长和中国共产党的发展历程联系起来。晚会借助现代舞台技术，通过合唱、舞蹈、音乐剧、交响及行进管乐艺术表现形式，抒发青少年对党的情怀和在党领导下的幸福感，树立“爱党爱国，永远跟党走”的理想信念。晚会在北京工业大学奥运体育馆举行，教育部和北京市代表，市委教育工委、市教委、市教育督导室领导，北京高校及各区县教委负责人，部分市人大代表和市政协委员，以及4000名观众观看演出。

（刘弦）

【各级领导检查高考准备工作】　6月，各级领导检查高考准备工作。6月4日，刘延东到国家教育考试命题基地和密云县检查高考准备工作。刘延东强调：高考高招工作是教育系统的重要工作，要精心组织，形成合力，确保高考高招工作顺利完成。袁贵仁、郭金龙等陪同检查。6月7日，郭金龙到北京教育考试院和北京钢铁

学院附属中学，检查高考考务和服务保障工作。在北京市国家教育考试考务指挥中心，郭金龙听取全市高考情况汇报，通过电子巡查指挥系统检查考试实施情况，与朝阳区、房山区主要负责同志通话，并向全市作讲话。随后，前往北京钢铁学院附属中学考点检查高考实施情况，看望一线考务人员。郭金龙对高考准备工作给予充分肯定，代表市委、市政府对全体考务工作人员表示感谢和慰问，并对高考考务工作提出要求。赵凤桐、洪峰、孙康林陪同检查。

（吴洁　卢杰）

【召开暑期北京高校领导干部会议】

7月11至12日，市委教育工委、市教委召开2011年暑期北京高校领导干部会议。会议主要内容是学习贯彻胡锦涛总书记重要讲话精神，全面落实教育规划纲要，科学制定与实施“十二五”规划，全力提升高校人才培养能力、科技创新能力、文化影响能力和社会贡献能力，推进首都高等教育科学发展。会议邀请有关领导、专家作专题报告。赵凤桐、洪峰以及市人大、市政协等有关部门负责人，市委教育工委、市教委、市教育督导室领导，北京高校党委书记、校长，直属单位负责人220人参加会议。

（吴洁）

【签署区县义务教育均衡发展责任书】 7月15日，在北京市2011暑期基础教育领导干部会上，洪峰代表市政府与16个区县主管教育副区（县）长签署推进义务教育均衡发展责任书。责任书内容包括依法保障适龄儿童受教育机会、保证义务教育质量、帮扶弱势群体和薄弱学校、创新优质教育资源共享、规范义务教育学校办学行为等。责任书明确义务教育均衡发展路线图，要求各区县着力推进义务教育学校标准化建设，均衡配置教师、设备、图书、校舍等资源，缩小义务教育差距。自2012年，市教委和市教育督导室将用4年时间对区县推进义务教育发展情况进行督导评价。至2015年，全市16个区县全部实现县域义务教育基本均衡发展，并通过市级政府认定。会上，北京市还启动7项国家级教育体制改革基础教育项目，7个项目是：推进城区义务教育学校均衡发展，探索城乡教育一体化发展有效途径，开展基础教育课程教材改革试验，深化基础教育学校学体制改革试验，探索拔尖人才培养模式，开展高中特色发展试验，推进中小学德育内容、方法和机制创新。

（何姣姣）

【市委常委会专题研究思想政治教育工作】 7月27日，市委常委会听取关于加强首都大学生思想政治教育工作汇报。市委常委会强调，要高度重视、大力加强首都大学生思想政治教育工作。一是要通过知名教授授课、编写高水平教材、完善考评机制等方式，努力提高高校思想政治课质量和水平。二是要大力加强高校教师队伍建设。三是要加强对大学生个性化的关心和指导，关心困难大学生生活，加强大学生社团组织管理，将做好大学生就业工作作为加强高校思想政治教育工作的重要着力点和抓手。四是要进一步加强国防教育。五是要多开展一些有意义的社会实践活动。六是要推进网络思想政治教育阵地建设。

（赵国伟）

【市教委办公地点搬迁】 8月15日，市教委机关办公地点搬迁。因实施防震改造，市教委机关由前门西大街109号办公地点，临时迁至北四环中路267号北京奥运大厦办公。

（张永凯）

【郭金龙等领导参加中小学开学典礼】 9月1日，郭金龙、王安顺、赵凤桐等北京市领导和教育部领导分赴北京市多所学校参加开学典礼。在景山学校开学典礼上，郭金龙等市领导与该校师生一起升国旗、唱国歌，并为获得东城区特优生、三好学生、优秀学生干部的学生代表颁奖。郭金龙代表市委、市政府向全市中小学生、广大教师和教育工作者致以亲切的问候。他说，大力发展教育事业，是全面建

设小康社会、加快推进社会主义现代化、实现中华民族伟大复兴的必由之路。在中关村第一小学，王安顺与该校师生一起参加新学年开学典礼。他向全体师生表示热烈祝贺，希望全校教师牢记教书育人的职责，关爱学生，严谨笃学，淡泊名利，自尊自律，积极投身教学改革，以人格魅力和知识魅力教育熏陶学生，当好学生健康成长的指导者和引路人。他祝愿同学早日成为建设祖国的有用之才。在北师大附属实验中学，刘利民敲响新学年的钟声。在二中的开学典礼上，洪峰希望同学们放眼世界，放眼未来，刻苦学习，为实现自己的远大理想奠定坚实基础。洪峰还参加通州三中开学典礼，并为该校新校址落成剪彩。

（吴洁）

【召开2011年度工作务虚会】 9月2至3日，市委教育工委、市教委召开2011年度工作务虚会。会议研讨北京市“十二五”时期教育改革和发展规划以及近期重点工作。赵凤桐参加会议并讲话。市委教育工委、市教委、市教育督导室领导和相关处室负责人近30人参加会议。

（吴洁）

【李长春调研电影学院】 9月5日，李长春调研北京电影学院。李长春考察动画、摄影、数字电影教学科研情况，希望电影学院充分发挥“中国电影人才摇篮”的优势，培养更多高素质的导演、编剧和科技应用等人才，为促进电影事业繁荣发展做出更大贡献。同时强调，北京是全国政治中心、文化中心和国际交往中心，在推动文化改革发展方面肩负着重要使命。希望北京以深入学习贯彻胡锦涛总书记“七一”重要讲话精神为强大动力，不断增强文化自觉和文化自信，进一步加快文化体制机制改革创

新，加快构建公共文化服务体系，加快发展文化产业，加强对文化产品创作生产的引导，多出精品、多出人才、多出经验，充分发挥示范带动作用，为推动社会主义文化大发展大繁荣做出新的更大贡献。

（崔晓玉）

【召开庆祝教师节大会】 9月8日，市

委、市政府召开庆祝教师节大会。刘淇参加会议。会议宣读《关于表彰第七届北京市高等学校教学名师奖获得者的决定》和《关于表彰第 24 届北京市中小学紫禁杯优秀班主任的决定》，与会领导为获奖教师代表颁奖。会上，杜玉波代表教育部向辛勤工作在首都教育战线的广大教师和教育工作者致以节日的祝贺和亲切的问候。洪峰代表市委、市政府向首都教育战线广大教师和教育工作者致以节日问候，向受表彰教师表示祝贺。他希望广大教师要忠诚党的教育事业，争做教书育人楷模。赵凤桐主持会议。全市教育系统干部教师代表 1000 人参加会议。

（吴洁 吴武）

【胡锦涛看望八十中师生】 9月9日，

胡锦涛到北京市第八十中学看望师生员工。胡锦涛代表中共中央向全国广大教师和教育工作者致以节日祝贺和诚挚问候。胡锦涛考察八十中望京校区，参观校史陈列，了解学校发展历程和教学成果。胡锦涛在接见学校教师代表时强调，中学阶段是学生健康成长的重要阶段，中学教育是整个国民教育体系中承上启下的关键环节。办好教育关键在教师，希望广大教师以对国家、对人民高度负责的精神，加强师德修养，钻研教学业务，不断开拓创新，扎实做好教书育人工作，努力培养社会主义建设者和接班人。

（华蕾 赵光 方媛）

【刘淇看望北京教师】 9月9日，刘淇

到中国人民大学附属中学、北京第一实验小学看望慰问师生员工，并代表市委市政府向全市教育工作者致以节日问候。刘淇观看欢庆 2011 年教师节人大附中素质教育部分成果展示表演。刘淇表示，人大附中坚持以人为本，努力创造适合每个学生发展的教育，是全面开展素质教育的典型。他祝愿人大附中越办越好，为国家建设发展培养出更多优秀人才和骨干力量，为建设创新型国家、创新型城市做出更大贡献。在实验一小，刘淇参观音乐教室，参观校史展览。在阅览中心，刘淇与学校教师座谈。他希望教师们继续积极探索和实践教育教学规律，帮助学生全面发展。李士祥、赵凤桐、洪峰一同慰问。

（吴洁）

【习近平参加科普日北京主场活动】

9 月 18 日，习近平参加全国科普日北京主场活动。在北京奥林匹克公园中心区广场，习近平参加首届“北京科学嘉年华”活动。习近平等领导观看“雨水收集与利用”、“脚踏节能环保阀门装置”等百姓身边的节能节水创意产品，观看“植树与涵养水源”、“再生纸制造与利用”等科普项目，并同中关村二小、八一中学等校学生一同参加科普实验演示活动。习近平表示，青少年是祖国的未来，科学的希望。他希望全社会都能关心青少年全面发展和成长成才，组织青少年开展多种形式科普活动和社会实践，为建成创新型国家培养更多后备人才。随后，习近平一行又来到朝阳区来广营地区的茉藜园社区，与和平街一中学生一起参与“把水留住”等科学体验活动，察看节水型净水器、节水龙头等节水器具，参观社区文化科普中心展板、展品。习近平希望各级党委和政府及时研究和帮助解决科普工作中遇到的困难和问题，支持科协组织广泛深入普及科学知识、为建设节水型社会和创新型国家发挥更大作用。王兆国、刘淇、刘云山等领导一同参加活动。

（路红芳 朱凯 张晓红）

【教育部检查海淀区教育体制改革工作】 10 月 11 日，教育部检查海淀区教委落实“国家中长期教育改革和发展规划纲要”情况。检查组听取海淀区教育发展规划制定、教育财政投入、教育体制改革实验、统筹各级各类教育发展、教师队伍建设工作汇报，建议国家和北京市出台相关措施，解决小学生源剧增和小区配套幼儿园接管、民办幼儿园收费等问题。检查组肯定海淀区贯彻落实国家教育规划纲要所做工作，并与海淀区相关部门座谈，了解教育改革现状与前景。会后，检查组赴红英小学实地调研农村义务教育、务工人员随迁子女义务教育和校舍抗震加固等工作。

（宋亚甫）

【贺国强到北京高校调研】 11 月 7 至 10 日，贺国强先后到中国人民大学、清华大学、北京师范大学、北京化工大学、北京大学调研，并召开部分高校反腐倡廉建设座谈会。贺国强指出，要认真贯彻落实党的十七届六中全会精神、胡锦涛总书记在庆祝清华大学建校 100 周年大会上的重要讲话精神和《国家中长期教育改革和发

展规划纲要（2010～2020年）》，进一步提高高校改革发展水平，为党和国家事业发展提供强有力的人才保证和智力支撑。考察期间，贺国强强调，要高度重视解决贫困家庭学生上大学和大学生就业问题。他希望各级党委、政府和高校思想上重视、政策上倾斜、经费上支持、学习上帮助，争取更多的贫困家庭学生能够考上大学并顺利完成学业。

（吴洁）

【市委教育工委举办“机关工作规范月”】 11月30日，市委教育工委召开“机关工作规范月”活动启动会。会议就“机关工作规范月”提出具体要求，邀请老领导陈大白作工委历史沿革、作风及传统专题讲座。市委教育工委领导和机关全体干部参加会议。“机关工作规范月”期间，相继举办网络办公座谈会等活动。

（吴洁）

【召开全市教育系统人才工作大会】 12月5日，市委教育工委、市教委召开全市教育系统人才工作大会。会议贯彻全国教育人才工作会议、全市人才工作会议和教育工作会议精神，研究部署新形势下首都教育人才工作。会议就《首都中长期教育人才发展规划纲要（2010～2020年）》制定背景、主要内容及特点作简要说明。海淀区、顺义区、北京大学、北京工业大学和北京职业技术学院交流工作经验。赵凤桐在讲话中指出，一流的城市要有一流的教育，一流的教育必须依靠一流的人才。教育人才是推进首都教育科学发展的第一资源，也是推动经济社会发展和科学技术创新的重要生力军。赵凤桐表示，人才工作是一项宏大的系统工程，要善于抓住重点、突破难点，着力解决好首都教育人才工作中的关键问题。要坚持高端引领战略，培养和聚集一批高层次教育人才。要坚持以德为先原则，全面提升首都教师队伍整体素质。要坚持整体开发思路，统筹推进各类教育人才协调发展。要采取切实可行的措施，加强农村中小学教师队伍建设。赵凤桐、刘建、姜沛民等领导，各区县、高校领导和教师代表等500人参加会议。12月30日，市委教育工委印发《首都中长期教育人才发展规划纲要（2010～2020年）》。

（张波）

【刘延东观看内地西藏班庆祝西藏和平解放汇报演出】 12月17日，刘延东在北京航空航天大学体育馆观看内地西藏班庆祝西藏和平解放60周年汇报演出《格桑花开》。演出结束后，刘延东走上舞台与参加演出的内地西藏班学生合影。她指出，举办内地西藏班是党中央、国务院为加快西藏人才培养做出的重大战略决策，充分体现中国特色社会主义制度的优越性，为维护祖国统一、促进民族团结发挥重要作用。内地办班省（市）和学校为内地西藏班学生健康成长提供良好的学习和生活环境。刘延东希望内地西藏班的学生努力学习，锻炼身体，全面发展，成为社会主义合格建设者和可靠接班人，用智慧和双手建设伟大祖国、建设社会主义新西藏，为中华民族伟大复兴贡献力量。演出由教育部主办、西藏教育厅和北大方正集团协办，分为《春蕾》、《夏花》、《秋实》三个篇章，全面展示西藏和平解放60年特别是举办内地西藏班26年来西藏教育事业发展取得的巨大成就。来自全国21个省（市）内地西藏初中班和高中班的130余名学生参加演出。在京内地西藏班和北航师生代表观看演出。

（华蕾）

【教育部检查北京市教育行风建设】

12月19日，教育部行风评议组检查北京市教育行风建设情况。评议组听取市教委专题汇报，以及北京市监察局、北京市纠风办对教育系统行风建设的意见，查阅相关文件资料，组织行风评议代表、行风监督员和大中小学学生家长测评和座谈。最后，评议组就检查情况向市教委进行反馈。评议组肯定市教委在教育行风建设工作中取得的成绩，认为：市教委领导重视，成立行风建设领导小组，明确主要职责、工作规则，建立健全一系列行风建设工作机制；抓服务到位，服务意识强，公共服务力度大；通过网络、热线等渠道畅通民意，首都教育咨询热线接访量大；治理教育乱收费成效明显，国家七部委每次检查都给予北京市高度评价；规范办学行为突出，不仅规范公办学校的办学行为，对民办学校的办学行为也进行规范。检查组客观指出北京义务教育阶段教育资源不均衡等问题，提出下一步加强行风建设的意见和建议。

（张华　谢金伶）

【颁布首都中长期教育人才发展规划纲要】 12月30日，市委组织部、市委教育工委、市教委印发《首都中长期教育人才发展规划纲要（2010～2020年）》。该文件是北京第一个中长期教育人才发展专项规划，是贯彻落实北京市教育规划纲要和首都人才发展规划纲要的具体执行规划，是深入实施人才强教战略和教育人才优先发展战略的指导性规划。文件强调首都教育人才中长期工作的指导思想和工作方针、战略目标、主要任务、政策制度保障、组织实施策略，明确10个重点项目。即：实施“长城学者计划”、实施“首都名师发展计划”、实施“高层次教育人才创新团队建设计划”、实施“高层次教育人才特区建设计划”、实施“高层次教育党政人才培养计划”、实施“优秀中青年骨干教师发展计划”、实施“职校教师双师素质提升计划”、实施“农村教师素质提升计划”、实施“首都教师国际视野拓展计划”、设立“首都教育家”荣誉称号。

（林业）

【就教育民生问题加强与人大政协联系】 至12月，市教委围绕教育民生重点问题，加强与人大代表和政协委员的联络协调。协调办理市“两会”建议提案267件，其中人大代表建议115件、政协委员提案139件、人大议案1件、政协建议案1件、党派提案8件，全国政协提案3件。针对教育热点问题组织代表、委员视察座谈10次，统筹协调“关于本市发展学前教育议案”办理工作，并通过市人大常委会审议。

（付浩奎）

【咨询和信访渠道进一步畅通】 至12月，市教委公众咨询和教育信访群众诉求表达渠道进一步畅通。全年受理群众来信来访2253件，排查全市教育系统信访矛盾纠纷185件。“96391首都教育咨询热线”解答公众咨询59847件。其中，接听电话53021件（咨询类电话52505件、诉求类电话468件、个人建议类48件），网上在线问答回复问题6501件，市非紧急救助服务中心（12345）网络派单325件。受理市纠风办政风行风热线转办件85件，办结率96.50%，群众满意率96%。年内，市教委加强信访形势分析研判，明确教育来信来访工作办理程序和办理流程，妥善处置郊区代课代工人员改善待遇、持北京居住证人员子女要求在京参加高考、外来务工人员随迁子女在京接受教育等重大群访事件，有效化解矛盾纠纷。

（聂荣　罗芳）

【督办落实市委市政府重大决策任务】 至12月，市教委承办市政府实事和折子工程等重大决策任务并如期完成。其中，市政府实事包括“加大幼儿园新建改建力度增加入园名额2万个”和“完成100万平方米中小学校舍抗震加固改造”两项。为落实市委市政府重大决策任务，市教委逐一落实责任领导、处室责任人和承办人，协调指导责任处室做好年度落实计划，分季度报送进展情况，并就公办幼儿园扩班、中小学校舍抗震加固等重点事项挂账督办，全程追踪，确保重大决策任务平稳有序实施。此外，完成市委市政府领导批示督办件16项，做到件件走程序、件件有台账、件件有结果。

（聂荣）

【稳妥推进信息公开工作】 至12月，市教委积极稳妥推进信息公开工作。全年主动公开公文类政府信息353条，确定依申请公开政府信息54条，市教委网站政府信息公开页面访问量522637人次。受理政府信息公开申请5件，按照有关规定按时予以答复。编印《信息公开月报》12期，将群众普遍关注的问题向上级反映，为领导决策提供参考。

（钱进军　罗芳）

【行政审批突出实用便民】 至12月，市教委行政审批突出实用便民特点。全年市教委行政许可事项共13项，主要集中在中外合作办学、民办学校核准、中小学地方课程审定等方面。受理行政许可类全程办事代理制事项7106件，按规定程序全部办理。

（姜振泉　钱进军　罗芳）

【市教委网站第九次改版】 至12月，市教委网站完成第九次改版。改版围绕政府信息公开、公共服务和网上办事3个主题，设计办事大厅、政民互动、教育服务等7个频道70个二级栏目和120个三级栏目。网站全年总点击量超过2亿次，日点击量55万余次。

（姜振泉　钱进军）

【加强网络管理确保信息安全】 至12月，市教委采取措施加强网络管理确保信息安全。全面梳理教委机关计算机涉密、正版化、政务邮箱、网络和信息安全管理制度，完成机关人员电子政务信息采集、终端计算机、服务器、网络设备信息安全扫描检查，加强应用系统等级保护，确保软件正版化。为各业务处室专门配备涉密计算机、移动硬盘，做到专机专用。

（姜振泉）

【机关档案接收882卷】 至12月，市教委机关接收各类档案882卷。档案利用346卷，销毁到期档案400余卷。新增81.7万条高校毕业生数据。完成3359份文件的数字化，满足档案实体销毁后的在线利用。年内，档案管理部门为机关办公楼改造提供档案支持，向市财政局提供市教委拟报废固定资产购置原始会计凭证，为机关办公楼改造立项申报提供现有办公楼竣工图纸、地质勘查报告、审批手续等凭证支持。为市领导高校共建提供决策支持，提供北大、清华等6所中央高校与地方共建的决定、合同等文件副本，涉及资金24亿元和土地500公顷。

（王薇）

政　策　法　规

【概　况】 2011年，市委教育工委、市教委认真贯彻落实全国教育工作会议精神，参与筹备召开全市教育工作会议，组织全市教育系统学习贯彻落实《国家中长期教育改革和发展规划纲要（2010～2020年）》。努力推动教育重大制度建设，组织开展修订《北京市学前教育条例》、起草《北京市终身教育条例》的前期调研工作，完成《校车安全管理条例》、《中华人民共和国职业教育法》、《北京市实施残疾人保障法办法》等43项法规规章以及规范性文件草案的意见征询工作，完成14项规范性文件的合法性审查和备案报送工作。推动教育决策科学化，修订完善市委教育工委、市教委调查研究工作制度，研制教育决策信息系统并投入使用。完成2011年市委教育工委、市教委、市教育督导室调研课题立项共计105项，其中机关调研课题74项，委托课题31项（含市级重点课题1项、市级关注课题4项）。完成2009至2010年市委教育工委、市教委、市教育督导室机关优秀调研成果评选及奖励资助工作。组织召开委托课题开题、中期检查、结题会13次。组织两委机关干部参加“好建议”征集活动，共征集好建议95条。全年共办理教师申诉5件、学生申诉案件5件、行政复议案件5件，行政诉讼应诉案件7件。

（高菲）

【编辑法治动态】 1月，市教委建立教育法制工作信息交流平台，定期编印《北京教育法治动态》。法治动态主要反映北京市教育法制工作的最新动态和发展趋势，交流依法行政和依法治校先进经验，为市委教育工委、市教委、市教育督导室领导，以及各处室、各高校、各区县教委提供及时、有效的教育法律信息服务。全年法治动态共编辑10期。

（马乐）

【加强法制宣传教育】　3月17日，市委教育工委、市教委印发2011年北京教育系统法制宣传教育工作要点。2011年是实施“十二五”规划的第一年，也是“六五”普法的启动年。2011年北京教育系统法制宣传教育工作总的要求是：认真学习贯彻全国教育工作会议精神，贯彻落实全市教育改革发展和法治建设的总体规划，以制定实施“六五”普法规划为契机，以增强广大师生员工法律素质和法治意识为目标，以推进依法治教为主线，以培养社会主义法治理念为主题，以青少年学生和领导干部为重点，进一步丰富教育内容，创新教育形式和工作机制，切实促进法制宣传教育科学发展，为推进依法治教奠定坚实基础，为全面实施“六五”普法规划开好局、起好步。文件提出，2011年北京教育系统法制宣传教育工作包括做好“五五”普法总结和“六五”普法启动工作、分类推进重点对象普法工作、扩大教育普法的社会影响力、加强普法工作基础建设4类14项工作要点。

（林业）

【印发法治工作要点】　4月7日，市教委印发2011年法治工作要点。文件提出，2011年全市教育法治工作的总体要求是：认真贯彻国务院《关于加强法治政府建设的意见》，全面落实国家和北京市教育工作会议精神以及教育规划纲要要求，以切实服务首都教育科学发展为主题，以深入推进依法治教为主线，紧密围绕市委教育工委、市教委、市教育督导室中心工作，科学谋划，统筹兼顾，运用法律机制创新教育管理方式，着力提升教育工作的法治化水平，营造健康有序的教育法制环境，为实施“十二五”教育改革发展规划提供坚实法治保障。文件明确加强统筹协调进一步完善依法行政工作体系、加强法制建设进一步完善教育规章制度体系、推进依法治校促进现代学校制度建设、妥善处理教育纠纷积极化解争议、推进社会主义法治理念教育全面启动“六五”普法工作5类21项工作要点。

（林业）

【机关大讲堂举办法治政府建设专题学习】　4月11日，市委教育工委、市教委、市教育督导室理论中心组暨机关大讲堂举办法治政府建设专题学习。讲座邀请中国政法大学专家就《国务院关于加强法治政府建设的意见》进行专题讲解。市委教育工委、市教委、市教育督导室领导，全体机关干部和直属直管单位主要负责人200人参加学习。

（马乐）

【落实中长期教育改革和发展规划纲要】　4月19日，市委教育工委、市教委、市教育督导室印发《关于认真学习贯彻北京市教育工作会议精神，全面实施北京市中长期教育改革和发展规划纲要的通知》。文件要求全市教育系统认真学习宣传会议精神和“教育规划纲要”，切实加强对贯彻落实的组织领导，突出贯彻落实中的重点和难点工作，强化督查检查。文件要求各单位5月底前，将贯彻落实情况和实施方案报送市教委。

（安晶晶）

【举办行政应诉培训班】　4月，市教委举办北京教育行政机关行政应诉培训班。培训根据《市政府法制办关于进一步加强本市行政应诉工作的意见》要求，结合教育系统行政应诉工作实际举办。培训邀请市高级人民法院、国务院法制办领导分别就行政应诉中典型问题和行政复议工作现状、发展趋势及存在问题进行重点阐述与讲授。市教委、北京教育考试院具有行政执法资格证书的工作人员，各区县教委主管教育法制工作领导及具有行政执法资格工作人员共150人参加培训。

（朱迎）

【举办全国助残日主题教育】　5月13日，在第21个全国助残日来临前夕，市委教育工委、市教委、市教育督导室在朝阳区芳草地国际学校远洋小学举办“携手同行——全国助残日主题教育活动”。教育部、全国残疾人联合会、市教委等单位领导与远洋小学六年级师生一起参加主题教育活动。主题教育活动是以“全国助残日”为

契机，宣传《残疾人保障法》，在广大中小学生中营造关心帮助残疾人，和谐温馨的校园氛围。

（朱迎）

【获评全国法制宣传教育先进单位】

5月，中共中央宣传部、司法部印发通知，北京市教育委员会被评为2006至2010年全国法制宣传教育先进单位，并颁发奖牌和奖状。5年间，市教委围绕首都基本实现教育现代化的奋斗目标，系统深入开展法制宣传教育和法治实践，广大师生员工法律意识和法律素质进一步提高，全市教育系统遵守法律、崇尚法律、依法办事的良好风尚基本形成；青少年学生的爱国意识、守法意识和权利义务意识进一步提高，正确的价值观和态度进一步确立；全市教育系统公务员特别是领导干部的社会主义法治理念进一步增强，依法行政能力和水平进一步提高；学校干部教师遵纪守法、为人师表、教书育人的意识进一步增强，良好教风、校风进一步确立；各级教育行政部门、各级各类教育机构依法管理和服务社会的水平进一步提高。

（朱迎　高菲）

【修订调查研究工作制度】　6月30日，市委教育工委、市教委办公室印发《中共北京市委教育工作委员会、北京市教育委员会调查研究工作制度（修订）》。文件对调研立项、调研实施、总结表彰、成果应用做出新的规定和要求。文件规定，调查研究工作

实行分层组织，政策研究与法制工作处负责机关调研工作的日常管理和统筹协调工作。机关每年拨出专项经费支持调研工作，主要用于课题资助。每两年开展一次机关优秀调研成果评选、召开一次机关调研工作会议。每年编印机关调研成果汇编，并在教育决策研究信息系统上发布。

（安晶晶）

【理论中心组专题学习行政问责办法】 9月26日，市委教育工委、市教委、市教育督导室中心组专题学习《中华人民共和国行政强制法》和《北京市行政问责办法》。学习邀请国家行政学院和市纪委有关专家解读两部法律法规，并分析实践中有关问题。市委教育工委、市教委、市教育督导室领导和各处室负责人参加学习。

（马乐）

【聘请常年法律顾问】 9月，市教委

举行法律顾问签约仪式。仪式上，市教委聘请君致律师事务所为常年法律顾问，聘期一年。这是市教委首次聘用律师事务所为常年法律顾问。法律服务内容主要包括法律咨询服务和案件办理服务两大类。

（马乐）

【启动青少年法制宣传活动】 9月，

市法制宣传教育领导小组办公室、市教委、市司法局和团市委在二中分校共同启动“青春船长法治启航”青少年法制宣传教育活动。活动仪式上，“青春船长”代表为学生上一节法制课，“青春船长”志愿者代表及二中分校代表发言。会上，市教委对活动开展提出要求，各区县教委、中小学校要以此次活动为契机，认真贯彻落实“六五”普法规划，总结和发扬法制宣传教育工作的成绩和经验，调动和整合社会各方面力量，推动中小学法制宣传教育的开展。司法部、市教委、市司法局等领导，首都高校志愿者代表、律师代表，各区县司法局、教委代表和二中分校师生500人参加现场活动。“青春船长法治启航”青少年法制宣传教育活动旨在通过整合青少年普法队伍资源，通过法律进校园、进社区、进网络等多种渠道，开展符合青少年心理和年龄特点的法制宣传活动，促进广大学生健康成长。

（朱迎）

【举办行政强制法培训考核】 11月30日，市教委组织行政执法人员行政强制法学习培训和考核工作。市教委行政执法资格人员共57人参加行政强制法的学习培训。培训后，采用市政府法制办提供的试题进行考核，考核成绩全部合格。学习培训依据市政府法制办《关于在全市行政执法人员中全面开展行政强制法学习培训和考核工作的通知》要求进行。

（马乐）

【开通教育决策研究信息系统】 11

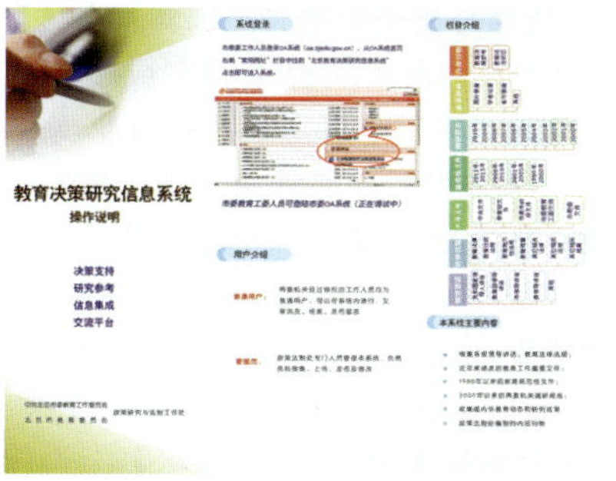

月，市教委开通运行北京教育决策研究信息系统。该系统收集与教育有关的领导讲话、法律法规和规章、工作文件、规范性文件、调研报告、学者论著和内部刊物7个方面资料。考虑到该系统含有敏感信息，仅供市委教育工委、市教委、市教育督导室工作人员内部参考。

（张远贵）

【启动“六五”普法工作】 12月9日，市教委召开北京教育系统“五五”普法总结暨“六五”普法启动大会。会

议报告显示，2006年“五五”普法启动以来，首都教育系统围绕庆祝改革开放30周年、举办2008北京奥运会、新中国成立60周年等重大活动，广泛开展教育活动，不断创新普法工作方法手段。全市普法工作取得显著成效，广大师生员工的法律意识明显增强，依法治教不断推进，营造出促进教育科学发展的良好法治氛围。会上，姜沛民强调，首都教育系统要切实增强做好新形势下法制宣传教育工作的责任感和使命感，全面落实教育系统“六五”普法规划目标任务，为促进首都教育事业的科学发展，全面提升首都教育现代化水平营造良好的法治环境。会议颁布《北京教育系统法制宣传教育第六个五年规划(2011～2015年)》。参会学生代表向全市学生发出“学法遵法守法用法”倡议书。市和各区县教育部门、各普通高等学校、中等专业学校负责人等300人参加会议。

（朱迎）

【举办北京高校依法治校培训班】 12

月9日，市委教育工委、市教委举办北京高校依法治校培训。培训邀请中国政法大学教授、最高人民法院法官、教育部法制办公室领导，分别就依法治校与高校办学中的法律责任、法院对高校决定的司法审查、高等学校依法治校与章程建设3个主题举办讲座。来自全市普通高校和民办高校

代表300人参加培训。

（朱迎）

【增补行政处罚执法资格人员】 至12月，市教委为进一步加强行政执法能力和队伍建设，增补一批行政处罚执法资格人员。在初审的基础上，20人参加市教委组织的公共法律知识和专业法律知识考试，考试成绩全部合格。经市政府法制办确认后，20人员全部取得行政执法资格证。至此，市教委共有行政执法资格人员54人，占总编制人数的30%。其中，委领导1人，处长6人，占处长比例26%，副处长11人，占副处长比例31%，其他干部36人，占其他干部比例34%。行政执法资格人员涉及市教委21个处室。

（马乐）

【开展专项文件清理工作】 至12月，市教委依据教育部和市政府法制办要求开展有关专项文件清理工作。清理文件包括歧视民办教育的政策文件、阻碍企业兼并重组文件和不利于民间投资发展的政策文件两大类。经清理，市教委不存在此类文件。同时，完成行政强制事项清理工作。市教委的341项行政规范性文件，均不涉及行政强制事项。经法律授权的行使行政强制权单位1个。

（李群伟）

组织干部工作

【概　况】 2011年，党的关系隶属于北京市委、归口市委教育工委管理的高等院校和事业单位共有60个，校级党委60个，院（系）级党委420个，党总支671个，党支部13381个（其中直属党委管理的直属党支部402个）。高校系统共有共产党员262894人，占高校系统总人数的29.80%，大学生党员155578人，占大学生总人数的22.40%。全年发展党员40628人，其中发展大学生党员39490人。年内扎实推进干部人事制度改革，完善高校领导干部选拔任用工作流程，注重高校与地方党委政府、企事业单位之间的交流任职。协助市委组织部和中央有关部委，补充调整北京43所高校的校级领导班子，共任免干部144人次，其中，双管高校干部63人次，市属高校81人次；完成市属高校党政正职领导干部任免17人次，完成15人次领导干部试用期满考察或跟踪考察工作。另外，完成市委教育工委、市教委机关处级干部任免19人次、直属单位和中专学校处级领导干部任免22人次。年内，市属高校领导班子平均年龄51.7岁，50岁以下的占45%；研究生学历的占68%，正高级职称的占63%，女同志占24%；从区县、委办、群团调任、提任的校级干部占到16.80%。年内，共收到高校领导干部理论学习文章491篇，上交率94.90%。在市委教育工委7月组织的评选中，共评出一等奖5篇，二等奖10篇，三等奖30篇，优秀组织奖6个。

（姬云鹏　张波）

【实行领导班子和领导干部任期制】 1月，市委教育工委在北京教育学院实行领导班子和领导干部任期目标责任制。12月，完成北京教育科学研究院领导班子和领导干部届满考察，新一届领导班子实行全额定向推荐。

（张波）

【完成领导班子和领导干部年度考核】 1至3月，市委教育工委完成领导班子和领导干部年度考核。考核涉及29所市属高校242名局级干部、6名处级干部，市委教育工委、市教委、市教育督导室机关115名处级干部，直属单位、中专学校84名处级干部。

（张波）

【评选高校先进基层党组织】 2月17日，市委教育工委印发《中共北京市委教育工作委员会关于评选表彰北京高校先进基层党组织优秀共产党员优秀党务工作者的通知》，启动高校系统党内表彰工作。经过酝酿、推荐、专家评审和公示，授予30个基层党组织“北京高校先进基层党组织”称号，授予100名共产党员“北京高校优秀共产党员”称号，授予30名党务工作者“北京高校优秀党务工作者”称号。

（姬云鹏）

【召开北京高校组织部长会议】 2月24至25日，市委教育工委召开2011年北京高校组织部长会议暨组工干部培训班。刘建代表市委教育工委作工作报告。报告全面总结2010年高校组织工作，分析当前高校面临的新形势、新任务，就做好2011年高校组织工作进行总体部署，提出明确要求。报告强调，要紧密围绕首都高等教育改革发展大局，以提高组织工作科学化水平为主线，以纪念建党90周年为契机，深入开展创先争优活动，持续推进党建工作创新，进一步加强领导班子和干部人才队伍建设、基层党组织和党员队伍建设，为推进首都高等教育科学发展提供坚强的思想、政治和组织保障。会上，北京大学、清华大学、北京林业大学、北京外国语大学、首都医科大学、北京青年政治学院6所高校作经验交流发言。市委组织部、市发改委、国际关系学院领导和学者分别以“如何当好组织部长”、“首都人才工作”、“当前国际局势和中国外交”、“首都宏观经济形势和任务”为题举办专题辅导报告。北京地区60所高校主管组织工作的领导和组织部长共计120人参加会议。

（姬云鹏　张波）

【召开创先争优先进事迹报告会】 3

月 31 日，市委教育工委召开“北京高校深入推进创先争优活动大会暨先进事迹报告会”。会上，先进事迹宣讲团 5 名成员作宣讲。洪峰等领导和北京教育系统深入开展创先争优活动领导小组成员，北京各高校教师和学生代表等 1600 人参加会议。北京高校开展创先争优活动以来，涌现出一大批成绩突出、事迹感人的先进典型。2010 年市委教育工委表彰 70 名“北京高校育人标兵”、30 名“北京高校成才表率”。为进一步发挥先进典型的示范和引领作用，市委教育工委从 100 名先进典型中遴选出 10 名代表，组建“北京高校创先争优活动先进事迹宣讲团”。

（姬云鹏）

【党员献爱心集中捐款】 6 月 20 日至 7 月 9 日，北京高校开展“共产党员献爱心”集中捐款活动。10 万名高校党员群众参与捐款，活动募集捐款 445.9 万元。款项由各高校直接送交北京市慈善协会。

（姬云鹏）

【举办高校正职领导干部专题研讨班】

6 月 21 至 22 日，市委组织部、市委教育工委、市教委、市委党校举办市属高校正职领导干部专题研讨班。赵凤桐、姜沛民等领导参加开班仪式，市属高校党委书记、校长 50 余人参加学习。研讨班重点学习胡锦涛讲话精神，研讨提高高等教育质量，贯彻落实基层组织条例，提高办学治校能力和水平等问题。

（张波）

【高校 7 个党组织入选北京市先进】 6 月，市委授予全市 50 个基层党组织、100 名共产党员和 100 名党务工作者“北京市先进基层党组织”、“北京市优秀共产党员”和“北京市优秀党务工作者”称号。北京高校中，7 个党组织获评“北京市先进基层党组织”，11 名党员获评“北京市优秀共产党员”，12 名党务工作者获评“北京市优秀党务工作者”。

（姬云鹏）

【参与组织史资料丛书编撰工作】 6 月，市委教育工委、市教委编撰的《中国共产党北京市组织史资料丛书（普通高等学校卷 1949～2010）》出版。该书由中央文献出版社出版，16 开本印刷，39.7 万字。此外，协助《中国共产党北京市组织史资料丛书（综合卷 1987～2010）》编撰组开展编撰工作，提供市委教育工委、市教委组织史资料。

（张波）

【两人入选全国优秀】 7 月，中共中央表彰“全国先进基层党组织”、“全国优秀共产党员”和“全国优秀党务工作者”。北京高校中，清华大学党委获评“全国先进基层党组织”，高松获评“全国优秀共产党员”，张雪获评“全国优秀党务工作者”。

（姬云鹏）

【完成干部公开选拔与竞争上岗工作】 7 至 10 月，市委教育工委完成干部公开选拔与竞争上岗年度工作。7 月，北京工商大学副校长、北京教育学院副院长、北京青年政治学院副院长 3 个职位参加全市第 11 次公开选拔工作。8 至 10 月，市委教育工委面向全市教育系统，完成市委教育工委、市教委机关及直属单位 16 个处级领导职位竞争上岗工作。按照宣传动员、笔试、面试、考察、公示、任前谈话、宣布任用的工作程序，最终选拔任用 16 名干部。

（张波）

【举办高校领导干部赴英教育管理培训班】 8 月 7 至 27 日，市委组织部、市委教育工委举办北京高校领导干部赴英教育管理培训班。培训班赴伦敦大学、牛津大学学习国际先进的高等教育理论和管理知识。市属高校 19 名校级领导干部参加学习。

（张波）

【部署“为民服务创先争优”工作】 9 月 15 日，市委教育工委召开北京高校“为民服务创先争优”工作部署会。会议印发《北京高校深入开展“提高办学质量促发展、服务人民群众树形象”活动的实施方案》，并就下一阶段的“为民服务创先争优”活动提出要求。一是切实在增强服务意识、改进服务作风上取得新成效。要在服务国家和首都经济社会发展方面更加积极主动，在服务师生员工方面更加以人为本，通过服务树立起党组织和党员的良好形象。二是切实在提高教育质量、提升服务能力上迈上新台阶，努力实现质量意识、人才培养质量、科技创新能力和教师队伍整体素质四个方面的“明显提高”。三是切实在提高服务效能、加强学校管理上实现新提升，重点在教学科研管理服务体系、大学生综合服务体系、首都高校新型后勤保障体系、惩治和预防腐败体系、“平安校园”创建体系“五个体系”建设上取得新进展，进一步提高管理和服务效能。北京教育系统深入开展创先争优活动领导小组负责人，北京高校主管副书记、组织部长共 120 人参加会议。

（姬云鹏）

【举行中小学支部书记高级研修班】 10 月 10 日，市委教育工委举行全市中小学支部书记高级研修班开班典礼。研修班招收学员 34 人，均从 2011 年北京市中小学先进基层党组织负责人和北京市中小学优秀党务工作者中遴选。研修班为期一年，采用专题讲座、课题研究等方式，重点学习、研讨党建工作科学化等方面内容。研修班由北京教育学院承办。

（王小垂　刘琳）

【举办优秀党支部书记示范培训】 10 月 11 至 15 日，市委教育工委举办第五期北京普通高等学校优秀党支部书记示范培训班。培训班安排“首都高等教育事业发展”、“高校安全稳定工作形势”、“胡锦涛同志七一讲话精神解读”、“普通高等学校基层组织工作条例解读”、“全市经济社会发展形势”6 个专题辅导报告。培训期间安排学员参观中关村展览中心。中国农业大学、北京邮电大学、北京外国语大学、中国政法大学、北京工商大学 5 所高校分别交流教工党支部建设经验。全市 60 所高校和事业单位 174 名优秀党支部书记参加学习。

（姬云鹏）

【印发基层组织工作条例实施办法】 12 月 14 日，中共北京市委印发《北京市实施〈中国共产党普通高等学校基层组织工作条例〉的办法》。该办法共计25条，主要对学校党委、院（系）级单位党组织和党支部的主要职责做出具体规定。该办法适用于党的关系隶属中共北京市委的普通高等学校。

（姬云鹏）

【召开党务公开工作推进会】 12月21

日，市委教育工委召开北京高校党务公开工作推进会。会议通报北京高校党务公开工作开展情况，北京师范大学、北京科技大学、中国政法大学和北京工业大学交流推进党务公开工作、加强党内民主建设的做法和经验。会议印发《北京高校党务公开工作程序（试行）》。北京各高校党务公开工作领导小组组长和领导小组办公室主任120人参加会议。

（姬云鹏）

【完成干部挂职锻炼工作】 至12月，市委教育工委完成干部挂职锻炼年度工作。年内，按照市委组织部的统一安排，选派41名校级后备及优秀处级干部到中央部委、发达省市、艰苦边远地区及市直机关、区县挂职锻炼。选调第6批共17名区县、高校处级干部，第3批共14名博士生、博士后、辅导员到市委教工委市教委挂职。完成第19批新疆高校5名处级干部到北京市属高校挂职锻炼工作。先后选派6名干部到街道、高校挂职锻炼。向北京市各区县推荐35岁左右的优秀正处级干部、80年代后出生的优秀年轻干部108人到乡镇街道任职，占北京市年轻干部到乡镇街道任职总数的三分之一。

（张波）

【完成干部调训工作】 至12月，市委教育工委完成干部调训工作。共选派50名高校校级干部、32名校级后备干部参加中央党校、国家教育行政学院及市委党校等部门组织的专题培训，选调2名校级干部参加北京市第三期一年制领导干部研修班脱产学习，选派25名校级干部参加境外培训。市属高校校级干部181人完成5年内参加一次主体班次培训的任务。

（张波）

【全面开展领导干部“在线学习”】 至12月，全市教育系统3000人参加北京市干部“在线学习”。其中，高校干部2700人，市委教育工委、市教委机关、直属单位和中专学校干部300人。

（张波）

【完成高校巡视工作】 至12月，市委教育工委完成8所高校巡视工作。其中，协助教育部巡视组完成北京师范大学、华北电力大学、中央财经大学、北京林业大学、中央戏剧学院、中央音乐学院6所高等学校的巡视工作；协助市委巡视组完成首都经济贸易大学、北京石油化工学院2所高等学校的巡视工作。

（张波）

【7所高校完成党委纪委换届】 至12月，北京7所高校完成党委纪委换届工作，选举产生新一届党的委员会和纪律检查委员会。7所高校分别是：北京教育学院（1月完成换届）、中央戏剧学院（4月完成换届）、北京工业大学（7月完成换届）、首都师范大学（7月完成换届）、北京林业大学（7月完成换届）、中国石油大学（12月完成换届）、北京第二外国语学院（12月完成换届）。

（赵学智）

宣传与思想教育

【概　况】 2011年，北京高校宣传与思想教育工作以中国特色社会主义理论为指导，把握纪念建党90周年、辛亥革命胜利100周年等契机，以专业化精细化规范化为目标，坚持铸魂强基，推动资源整合，加强督导检查，着力提升社会主义核心价值体系引领能力，着力提升工作的覆盖面和感染力，着力提升舆论引导和危机应对能力。宣传与思想教育工作为首都高等教育改革发展稳定提供强大的精神动力、思想保证和舆论支持。

（赵国伟）

【召开高校宣传教育工作会议】 2月

16至17日，市委教育工委召开2011年北京高校宣传教育工作会议。会议在全面回顾总结2010年工作的基础上，对2011年高校宣传教育工作进行总体部署。2011年宣传教育重点工作包括：推动学习型党组织建设，深化理论学习和理论武装工作；围绕纪念中国共产党建党90周年开展主题教育活动，深化理想信念；把握学生思想动态，准确研判形势，做好教育引导；开展检查督导，进一步加强思想政治理论课建设；加强心理教师队伍建设，完善心理危机干预与研究工作机制；进一步加强班集体建设和深度辅导，巩固大学生思想政治教育工作基础；以实施“铸魂工程”为重点，加强宣传教育工作队伍建设；加强对学生典型宣传，形成自我教育工作机制；建设“学在北京”大学生信息资源港，占领网络宣传思想工作阵地；加强教育新闻宣传，为教育改革发展营造良好氛围；充分发挥学会组织作用，推进高校宣传教育工作。市委教育工委领导和各高校代表共计

300 人参加会议。

（赵国伟）

【举办哲学社会科学教学骨干研修班】 3 至 12 月，市委教育工委举办 2011 年北京高校哲学社会科学教学科研骨干研修班。研修班分为 12 个期次在市委党校、海淀区委党校分别实施。研修班共组织专家现场报告 99 场、录像报告 15 场、影音教学 7 场、分组讨论 24 场。北京高校 1322 名哲学社会科学教学和科研骨干参加培训。

（王悦）

【召开高校心理素质教育工作会】 4

月 7 日，市委教育工委、市教委召开北京高校心理素质教育工作会暨 2011 年首都大学生心理健康节开幕式。会议分析大学生现存的心理问题，部署 2011 年心理素质教育工作。会上，中国人民大学、首都师范大学、北京科技大学作交流发言，有关专家就《北京高校〈大学生心理健康〉课程教学大纲》和《北京高校心理危机事件预防干预工作指导手册（2011 年修订版）》作说明。市委教育工委领导和高校教师、学生代表 200 人参加会议。2011 年首都大学生心理健康节以“亲近你我，给力幸福”为主题，重点开展心理健康宣讲团进校园、校园心理情景剧展演、大学生心理素质拓展等活动，致力于营造校园内温馨、和谐的心理健康教育氛围。

（于海）

【举办第六届首都大学生创意文化节】 4 月 18 日，市委宣传部、首都精神文明办、市委教育工委、市教委联合主办的第六届首都大学生创意文化节开幕式举行。创意文化节包括“唱响红歌”首都大学生创意文化节 A8 原创中国音乐大赛、“微家书”微博大赛、动漫作品大赛、创意大篷车进校园等活动。11 月 10 至 13 日，创意文化节成果展在第六届中国北京国际文化创意产业博览会上展出。

（杜建峰）

【召开辅导员班主任工作交流会】 4

月 28 日，市委教育工委、市教委召开北京高校辅导员班主任工作交流会。赵凤桐、姜沛民以及各高校领导、学工部长、辅导员和班主任代表 300 人参加会议。会上，北京理工大学、北京工业大学分别介绍工作经验，北京大学、华北电力大学（北京）、中央财经大学、北方工业大学的优秀辅导员、班主任交流工作心得和经验体会。会议印发北京高校辅导员队伍建设工作总结汇编和深度辅导工作案例选编。

（杜建峰）

【督查高校思想政治理论课建设情况】

5 月，市委教育工委、市教委开展思想政治理论课建设情况专项督查。督查工作依据教育部《高等学校思想政治理论课建设标准（暂行）》进行。全市组织专家组共督查 30 所高校。督查结果表明：近年来北京加大思想政治理论课建设工作力度，组织物质保障有力，队伍结构更加优化，科研水平显著提升，教学效果不断改善，在增强课程实效上取得明显进展。但是与教育部颁布的建设标准相比还存在一定差距，主要是思想政治理论课教学科研二级机构建设仍需改进，思想政治理论课教师队伍建设有待进一步增强等。

（杜建峰）

【举办大学生党史知识竞赛】 6 月 17 日，市委教育工委举行“学习党史坚定信念”首都大学生庆祝建党 90 周年党史知识竞赛。全市高校学生 8 万人次直接参与竞赛，经过层层选拔和分区比赛，北京大学、北京师范大学、北京交通大学、华北电力大学、首都师范大学、首都经济贸易大学、中华女子学院 7 支代表队入围总决赛。最终首都师范大学代表队获得一等奖，其余高校获得优秀组织奖。

（杜建峰）

【音乐舞蹈剧《旗帜》首演】 6 月 27

日，由市委教育工委组织，首都高校师生创作演出的音乐舞蹈剧《旗帜》在北京邮电大学演出。该剧以艺术的手法回顾首都高校跟党走的历史事件。市委教育工委领导和高校 1000 名学生代表观看首场演出。

（赵国伟）

【宣传张雪事迹】 6 月，市委教育工委组织新华社、人民日报、北京日报、北京电视台等十余家中央和市属媒体到首都师范大学和中国音乐学院开展集体采访，深入宣传张雪事迹。通过采访张雪本人、同事、普通教师、学生，新华社编发张雪先进事迹通稿，人民日报编发内参，光明日报社采写专题文章，中国教育报、北京日报、北京青年报等在头版显著位置进行报道。11 月 15 日，市委组织部、市委宣传部、市委教育工委、市教委举行张雪先进事迹报告会，各高校党政领导班子成员，各区县教育工委书记、教委主任，中小学校长代表等 1000 人参加报告会。

（赵国伟）

【组织学习胡锦涛七一讲话精神】 7 月 1 日，市委教育工委、市教委召开学习胡锦涛总书记七一重要讲话精神座谈会。会议交流学习体会，对首都教育系统深入学习、贯彻落实讲话精神进行部署和推动。北京师范大学、首都医科大学、东城区委教育工委等代表在座谈会上发言。赵凤桐参加会议并讲话。赵凤桐说，首都教育系统要把学习胡锦涛总书记讲话精神作为一项重要的政治任务，广泛发动，积极组织，把学习覆盖到每一名党员干部和师生员工，做到“三个下工夫”：一是在深入学习和全面把握讲话的内容与精神上下工夫；二是在大力宣传和研究讲话的新思想新要求上下工夫；三是在着力增强学习的针对性和实效性上下工夫。首都部分高校领导，区县教育工委领导和教育系统的党员、师生代表40人参加座谈。

（赵国伟）

【开展思想政治课教师学习实践活动】 7月10至15日、8月14至20日，市委教育工委先后组织200名高校思想政治理论课教师分别到延安、井冈山学习实践。活动通过专题讲座、现场教学、体验式和情景教学、互动课堂、分组讨论、征文比赛，引导教师重温党的历史，传承革命精神，增强素质能力。

（赵国伟）

【推进首都高校新生引航工程】 9月1日，2011年首都高校新生引航工程暨“党在百姓心中”高校新生巡讲活动启动，并举行“党在百姓心中”高校新生首场报告会。“新生引航工程”是市委宣传部、市委教育工委加强和改进大学生思想政治教育的创新举措，年内重点开展三项工作：一是新生理想信念主题教育活动；二是“党在百姓心中”高校巡回宣讲活动；三是新生学习生活的指导与服务工作。

（于海）

【民族团结主题宣讲活动走进高校】 9月20至21日，市委教育工委组织新疆维吾尔自治区教育厅宣讲团到北京邮电大学、北京交通大学、中央民族大学等学校举办宣讲活动，并举办新疆籍学生干部座谈会。宣讲团围绕“一反、二讲、六要求”，重点宣讲民族政策、内地有关省（市）及高校对口支援新疆教育取得的巨大成就等。“一反”指大学生要旗帜鲜明地反对三股势力在新疆制造的系列暴力犯罪活动；“二讲”指大学生要“讲法制、讲秩序”；“六要求”是新疆维吾尔自治区党委、政府向内地新疆籍大学生提出的六点要求，即：政治上坚定，增强政治敏锐性；建立崇高理想信念；珍惜美好时光，勤奋学习；提高个人素质、养成高尚品格；增强民族团结意识；树立感恩意识。1000名首都大学生听取报告。

（于海）

【举办形势热点面对面系列报告会】 9月22日，市委教育工委联合市委宣传部共同举办“形势热点面对面”系列报告会，报告会邀请中国社会科学院美国研究所研究员为高校师生作《十条诫令与美国对华文化渗透》报告。70所高校宣传教育部门干部、思想政治理论课教师和学生骨干共计600人听取报告。至年底，市委教育工委先后举办《中美关系从堵车到疏堵》、《美国与“颜色革命”》等系列形势政策报告，首都高校5000名师生代表听取报告。

（赵国伟）

【举办心理危机干预医校合作专题论坛】 10月18日，大学生心理危机预防与干预医校合作专题论坛在回龙观医院举行。会上，市委教育工委代表北京高校与回龙观医院签订“北京高校心理危机预防与干预医校合作协议”，与会领导为北京高校心理危机预防与干预指导中心揭牌，并为专家指导委员会专家代表颁发聘书。在专题论坛上，北京高校心理素质教育研究会专家、华北电力大学心理咨询中心主任和回龙观医院专家分别报告医校合作模式、心理危机预防与干预的专业技术和总体工作思路等。市委教育工委、市卫生局、回龙观医院等单位领导、北京高校学生工作部门和心理咨询中心负责人等共计140人参加论坛。

（于海）

【召开教育新闻宣传工作会】 10月28日，市委教育工委、市教委召开北京教育新闻宣传工作会。会议研讨加强新闻宣传工作阵地建设、围绕热点做好舆论引导等问题，并就进一步加强北京教育新闻宣传工作进行部署。市委教育工委、市教委、市教育督导室领导，各区县教育工委主管领导及部门负责人参加会议。

（赵国伟）

【召开首都高校学习型党组织建设总结会】 10月28日，市委教育工委召开首都高校学习型党组织建设总结推进会。会议总结交流首都高校学习型党组织建设经验，清华大学、中国人民大学、北京林业大学、首都师范大学、首都医科大学、北京建筑工程学院6所高校代表发言。会议报告显示，一年多来，市委教育工委通过健全工作机制、建设工作平台为学习型党组织建设提供保障和载体，各高校积极探索学习型党组织的工作模式，全市高校学习型党组织建设取得显著成效。市委教育工委领导和60多所高校党委宣传部部长参加会议。

（杜建峰）

【举办首都大学生国防教育系列活动】 11月10日，市委教育工委、北京卫戍区政治部联合举办首都大学生国防教育系列活动启动仪式。市领导和北京卫戍区领导，以及首都高校大学生代表、各区县代表共1000人参加启动仪式。首都大学生国防教育系列活动包括：在全市高校开展“形势热点面对面”报告会和北京高校入伍大学生士兵先进事迹报告会，举办首都大学生国防知识竞赛，开展“我与国防”征文与演讲比赛、国防教育宣讲团进校园活动。活动持续到12月底，北京高校近百万名大学生参加。

（刘柳）

【评选学生社会实践优秀论文】 11月24日，市委教育工委召开2011年首都高校思想政治理论课学生社会实践优秀论文评审会议。经过专家评审委员会评审，6篇论文获得一等奖，12篇论文获得二等奖，17篇论文获得优秀奖，12所高校获得优秀组织奖。全市27所高校105个团队或个人提交105篇论文参加评审。

（杜建峰）

【组建科学道德和学风建设宣讲团】 12月7日，市委教育工委、市教委与市科协举办北京市科学道德和学风建设宣讲团成立仪式暨专场报告会。启动仪式上，姜沛民宣读北京市科学道德和学风建设宣讲团的首批成员名单。他强调，要以组建宣讲团为契机，广泛开展宣讲教育活动，引导广大研究生和青年科技工作者继承和发扬老一辈科学家的优良传统，遵守学术规范，坚守学术诚信，完善学术人格，维护学术尊严。会上，与会领导为首批宣讲团成员颁发聘书。启动仪式后，北京交通大学校长宁滨教授作《从科技发展和大师成就谈研究生的科学道德和学风建设》专场报告。来自北京交通大学、北京师范大学、北京邮电大学等7所高校1000名研究生代表参加会议。宣讲团成立后陆续在首都各大高校开展巡回宣讲活动。

（于海）

【展示“1+1”示范活动】　12月18日，

市委教育工委召开“践行‘北京精神’服务首都发展”专题论坛暨2011年北京高校红色“1+1”示范活动展示评审会。会上，首都高校学生党支部代表交流弘扬“北京精神”的成果，展示红色“1+1”结对共建党支部示范活动。会议表彰红色“1+1”示范活动一等奖5个、二等奖10个、三等奖65个、鼓励奖119个。市委教育工委、首都精神文明建设办公室、市委农村工委等领导和首都高校代表参加会议。2011年北京高校红色“1+1”结对共建活动以宣传和践行“北京精神”为重点，共有596个学生党支部与农村、社区、部队、企业开展共建活动。自2006年以来，北京高校参加红色“1+1”结对共建活动的学生党支部1933个，开展各类共建活动近万次，捐赠资金14万元，捐赠图书约3万册，举办讲座336场，文艺展示近200场，送科技资料2万份，办科技培训班近200次，提供新技术近400项，培训群众1万名，诊治群众1000人。

（于海）

【评选思想政治教育工作实效奖】
12月20日，市委教育工委召开第二届首都大学生思想政治教育工作交流展示暨实效奖评审会。本届首都大学生思想政治教育工作实效奖共有40所高校申报成果98项。经过交流展示和专家评审，3项成果获得特等奖、7项成果获得一等奖、11项成果获得二等奖、22项成果获得优秀奖。市委教育工委、市教委、团市委等领导参加会议并担任评委，各高校主管领导、学工部长和辅导员代表共计230人参加会议。

（杜建峰）

【举办心理健康教材培训】　12月21至22日，市委教育工委举办北京高校《大学生心理健康》教材培训。北京70所高校心理咨询中心主任和任课教师150人参加培训。11月，市委教育工委印发《北京高校〈大学生心理健康〉课程教学大纲（试行）》，要求高校将大学生心理健康课程纳入学生培养计划，于2012年春季开设必修或必选课程，确保心理健康常识的全覆盖。培训是开课准备工作之一。

（于海）

【终期考核思想政治教学科研工作室】
12月23日，市委教育工委举办首都高校思想政治理论课第一批教学科研工作室终期考核。8所高校的8个工作室参加考核，经答辩全部通过考核。2009年11月，通过组织申报和专家评审，市委教育工委设立第一批8个教学科研工作室。两年多来，各工作室严格按照课题委托协议开展教学科研工作，组织学术研讨会，取得预期效果。

（杜建峰）

【评选“我的班级我的家”优秀班集体】　12月，市委教育工委评审2011年北京高校“我的班级我的家”优秀班集体创建活动。经过网络展示、专家评审、答辩评比3个阶段，最终北京师范大学2008级特殊教育班等10个班级获得“十佳示范班集体”称号，另有20个班级获得“优秀示范班集体”称号，50个班级获得“示范班集体”称号。评选6月启动，全市高校共有250个班级参与网络视频展示，投票总数150万人次。

（于海）

【理论中心组开展理论学习】　至12月，市委教育工委、市教委、市教育督导室结合实际开展中心组理论学习。全年理论中心组共集体听取辅导报告7场，集体观看录像1次，召开务虚工作会议1次，印发书面材料自学1次，完成年初设定的各项学习目标。

（杜建峰）

统一战线与群众工作

【概　况】　2011年，北京高校统战工作以邓小平理论和“三个代表”重要思想为指导，认真学习贯彻党的十七届五中全会、全国及北京统战部长会议精神，深入贯彻落实科学发展观，围绕首都高等教育事业科学发展主题主线，以主题教育凝聚共识，以创新思维破解难题，以品牌工作打造亮点，以队伍建设夯实基础，圆满完成全年各项工作任务。截至年底，北京高校党外高级知识分子共有1.62万人，民主党派基层组织289个，党派成员7624人，处级以上党外干部1035人，占高校处级以上干部总数的13.60%，33所高校配备36名党外校级领导干部。此外，高校全国政协委员和北京市政协委员中党外人士共有181人。

（钱卫）

【与民盟民进市委对口座谈】　2月23日，市委教育工委、市教委召开与民盟、民进市委对口联系新春座谈会。会议通报北京教育工作，听取民盟、民进代表有关建议。赵凤桐、姜沛民、线联平参加会议并讲话。民盟北京市委、民进北京市委，以及市委教育工委、市教委有关领导40人参加座谈会。

（相京）

【召开高校统战部长会议】　3 月 3 日，市委教育工委召开 2011 年北京高校统战部长会议。会议总结北京高校 2010 年统战工作，部署 2011 年重点工作。会上，市委统战部、市委教育工委联合表彰北京大学、清华大学、北京理工大学、中国农业大学、北京交通大学、中国政法大学、首都师范大学、北京印刷学院 8 所“2010 年度北京高校统一战线创新工作先进单位”。来自北京高校统战工作领导 100 人参加会议。

（相京）

【牛有成调研高校党外人士工作】　3 月 18 日，牛有成带队赴清华大学调研北京高校党外代表人士工作。牛有成听取市委教育工委关于北京高校党外代表人士工作汇报。北京大学、清华大学、中国人民大学、北京师范大学、北京航空航天大学、北京理工大学、北京工业大学 7 所高校主管统战工作书记参加会议，并汇报学校党外代表人士工作。

（相京）

【举办宗教政策选修课教师培训班】　4 月 11 至 22 日，市委教育工委举办北京高校“第二期宗教政策选修课教师培训班”。培训班邀请有关领导及学者分别作“中外宗教概论”等专题讲座，组织学员参观牛街礼拜寺、白云观、天主教西什库堂等宗教场所。来自北京高校思想政治理论课或相关学科专业教师、高校统战工作人员共 90 人参加培训。

（相京）

【统战部调研高校党外人士工作】　7 月 5 日，中央统战部一局到市委教育工委调研北京高校党外代表人士工作。在听取市委教育工委汇报后，调研组指出，北京高校重视党外代表人士工作，党外代表人士工作方面有成效，有经验，有思考，为多党合作事业可持续发展提供条件。

（马强）

【承办全国高校统战工作经验交流会】　10 月 25 至 26 日，全国高校统战工作经验交流会暨第 16 次高校统战工作研讨会在京召开。会议主要内容是学习贯彻党的十七届六中全会精神，进一步做好高校统战工作。与会代表还到北京大学、清华大学、中国农业大学、首都师范大学 4 所高校参加现场观摩会。来自全国各省市自治区、新疆生产建设兵团党委统战部、教育工委以及有关高校负责人共 200 人参加会议。

（相京）

【举办统战理论与实践研究会年会】　11 月 25 日，市委教育工委、北京高校统战理论与实践研究会在清华大学召开 2011 年北京高校统战理论与实践研究会年会。来自北京各高校的主管书记和统战部长共 100 人参加年会。会议学习贯彻党的十七届六中全会精神，加强高校统战理论研究。会议收到论文 70 余篇。

（相京）

【与市教育工会召开联席会议】　12 月 28 日，市委教育工委、市教委与市教育工会联合召开 2011 年联席会议。会议通报市教育工会关于 2011 年北京市构建和谐劳动关系工作推进大会精神、2011 年整体工作情况、2012 年工作计划，以及 2010 年联席会议议题落实情况等内容。市委教育工委、市教委、市教育工会领导参加会议。

（王朋信）

纪检·监察

【概　况】　2011 年，北京高校纪检监察机构共有 60 个。纪检监察专兼职干部 465 人，其中，大学及以上学历 440 人，占 89%；35 岁及以下和 56 岁以上干部分别占 13.50% 和 22.70%；妇女干部占 42.40%；少数民族干部占 5.80%。获得过省部级奖励人员 13 人。高校纪检监察部门新立案 14 件，结案 17 件，处分 28 人，挽回经济损失 1246 万元。全年，教育系统纪检监察机构共受理群众信访举报 2165 件次，其中，市教育纪工委受理 290 件次，比上年 309 件次减少 19 件次。

（周燕　郑立波）

【加强高校艺术类专业招生监察】　1 月 7 日，市教委监察处印发《关于做好 2011 年北京普通高校艺术类专业招生监察工作的通知》。通知从四个方面就如何做好 2011 年北京高校艺术类专业招生监察工作提出要求。一是各高校要高度重视艺术类专业招生考试管理和监督工作，按照招生“阳光工程”的精神和要求，加强组织领导，加大信息公开力度；坚持“一岗双责”，落实招生工作责任制和责任追究制。二是要完善制度，强化自我约束和监督制约，严格按照教育部有关文件规定的要求、程序、办法开展招生考试及监察工作。三是监察部门要按照“参与中监督、监督中服务”的要求，实行全过程参与和对重点环节的监督检查，做到人员到位、职责到位、监督到位；对反映招生考试违规问题的来信来访，要认真核实、及时处理。四是监察部门要结合形势的发展和艺术类专业招生的实际，不断探索创新。

（张华　谢金伶）

【召开党风廉政建设工作会议】　2 月 22 日，市委教育工委、市教委召开 2011 年北京教育系统党风廉政建设工作会议。会议作《贯彻落实教育规划纲要，深入推进北京教育系统党风廉政建设》工作报告，研究部署 2011 年教育系统党风廉政建设和反腐倡廉工作。赵凤桐参加会议并讲话。监察

部驻教育部监察局、市委教育工委、市教委等领导和高校、区县代表300人参加会议。

（郑立波）

【召开教育系统纪检监察工作会】 3

月3至4日，市委教育工委、市教委召开2011年北京教育系统纪检监察工作会暨培训会。会上，市教育纪工委作2011年纪检监察工作报告，清华大学作公共管理报告，市纪委作行政监察法规解读报告，17个高校、区县和直属单位作主题交流发言。市委教育工委、市教委领导，北京高校全体纪检监察干部，以及各区县、市教委直属单位纪检工作负责人共300人参加会议。

（郑立波）

【获评纪检监察先进组织和优秀干部】

3月3日至4月2日，市教育纪工委组织北京高校参与北京市先进纪检监察组织和优秀纪检监察干部的评选和推荐工作。经过研讨和专家评审，最终推选出3个北京市先进纪检监察组织和8名优秀纪检监察干部。其中，北京大学纪委副书记孔凡红被评为全国纪检监察系统先进工作者嘉奖，北京市教育纪工委、驻市教委监察处被评为2009至2011年度北京市先进纪检监察组织。

（郑立波）

【开展春季收费检查】 3月7日，北京市治理教育乱收费联席会议办公室转发全国治理办《关于认真做好2011年春季学期开学教育收费检查工作的紧急通知》。通知要求各区县及高校治理办要高度重视春季收费检查工作，协调相关部门，抓住春季开学收费的关口，有组织有计划地开展收费自查和检查工作，对发现的问题积极进行整改。检查的主要内容是：各区县教委、学校落实各项教育收费政策和管理措施情况；各级各类学校执行《北京市公办学校代收费、服务性收费管理办法》情况；各中小学执行“严禁公办中小学违规办班补课收费”情况；各高中校执行公办高中招收择校生的“三限”政策情况；各区县教委、各学校加强财务管理，严格财经纪律情况；各级各类学校加强教育收费公示情况；各区县教委、中小学加强教辅材料管理等情况。全市1407所中小学开展教育收费自查工作，自查率100%。在自查的基础上，各区县组织检查组100个，参检人员242人，对303所中小学进行抽查，其中高中39所、初中84所、小学180所，抽查率21.54%。各高校组织1590个部门进行自查，在自查的基础上，全市高校组织检查组88个，参检人员514个，检查647个部门收费情况。

（张华　谢金伶）

【巡视高招体育类专业考试】 4月，市教委监察处、北京教育考试院纪监审办公室会同首都体育学院纪检监察人员通过巡视，监督高考体育类考试、测试工作。4月9日，北京地区所有报考体育教育、社会体育、休闲体育专业的900余名考生，在首都体育学院参加专业考试。4月23日，近600名高中体育竞赛优胜者及等级运动员在首都体育学院参加统一测试。巡视工作监督考试、测试全过程，确保考试工作顺利进行。

（张华　谢金伶）

【做好高校招生监察工作】 6月24日，北京市2011年普通高等学校招生录取工作会在北京教育考试院召开。会上，市教育纪工委就做好高校招生监察工作进行部署并就加强高校招生录取阶段的管理和监督提出意见。一是提高认识，高度重视高校招生录取管理和监督工作，确保高校招生公平、公正。二是加强领导，完善招生管理和监督工作机制。学校党政主要领导要严格按照党风廉政建设责任制要求，认真履行“一岗双责”，切实加强对招生管理和监督工作组织领导，同时健全和完善相应工作机制，明确任务和职责。三是强化监督，确保“阳光工程”顺利开展。各高校要深入推进高校招生“阳光工程”，建立和完善高校自我约束和监督制约机制，进一步促使高校招生工作规范化和制度化。四是全程参与，加大执法监察工作力度。各高校招生监察部门要继续坚持录取现场全程监督的制度，市招生监察办公室将继续组织对高校招生录取现场进行巡视检查，后期还要参与新生入学资格审查工作，尤其加强对保送生、体育和艺术特长生的资格审查。五是严肃纪律，坚决查处各类违纪违规行为。

（张华　谢金伶）

【规范教育收费工作】 6月28日，市教委、市纠正行业不正之风办公室、市监察局等部门联合印发《关于2011年北京市进一步规范教育收费工作的意见》。文件中明确2011年北京市规范教育收费总体要求是：加强组织领导，落实工作责任，严格规范教育收费行为，深入治理教育乱收费，着力在源头治理、健全制度、强化监督、构建长效机制上下工夫，力争实现“治本力度进一步加大、教育收费进一步规范、教育乱收费现象进一步减少、群众满意度进一步提高”的工作目标。主要任务是：严格落实各项教育收费政策和管理措施，巩固治理成果；严格执行《北京市公办学校代收费、服务性收费管理办法》；严禁公办中小学违规办班补课收费行为，进一步规范义务教育阶段入学秩序；严格执行公办高中招收择校生的“三限”政策；加强财务管理，严格财经纪律；加强教育收费公示工作；加强中小学教辅材料管理；进一步巩固改制学校清理规范成果；研究规范学前教育阶段收费措施和办法，加强幼儿园收费行为监管。

（张华　谢全伶）

【召开规范教育收费工作会】 6月30

日，市委教育工委、市教委召开北京市规范教育收费工作会议。会议全面分析规范教育收费、进一步治理教育乱收费工作面临的形势，充分肯定全市近几年治理工作取得的明显成效，指出存在的主要问题，并分析产生问题的原因。会议强调，要突出重点狠抓各项治理措施落实，突出抓好义务教育阶段学校择校乱收费、坚决治理办班补课收费和举办“占坑班”等行为、加快研究解决规范学前教育收费等问题，确保规范教育收费工作取得明显突破。市治理教育乱收费局际联席会议成员单位领导，各区县代表，各高校、市教委直管中专学校和部分直属单位主要负责人共计400人参加会议。

（张华　谢全伶）

【教育部检查教育收费工作】 9月14日，驻教育部监察局专项检查北京市贯彻落实《教育部关于治理义务教育阶段择校乱收费问题的指导意见》和《国家发展改革委、教育部关于规范中小学服务性收费和代收费管理有关问题的通知》情况。市教委从采取措施积极推进义务教育优质均衡发展、严格规范中小学服务性收费和代收费行为，以及基本完成义务教育阶段改制学校清理规范工作三个方面汇报北京市落实教育收费相关工作情况。驻教育部监察局领导肯定北京市规范教育收费工作取得成绩，对继续做好群众关注的教育收费等热点问题提出指导性意见。市教委有关领导参加汇报。

（张华　谢全伶）

【检查中职校国家助学金落实情况】 9月，市教委检查中等职业教育学校落实国家助学金和免学费政策情况。全市共组成4个检查组，主要检查北京市国家助学金、北京市政府奖学金和免学费政策落实情况，中等职业学校学生资助工作情况，中等职业学校学生学籍、资助信息申报和审核情况，国家助学金、北京市政府奖学金和免学费资金使用管理情况以及节余资金管理情况，学校按规定从学费收入中提取5%用于校内资助情况，中职学生资助卡推行情况，以及非计划学生的管理情况共7方面的内容。检查涉及40所市属中专学校，检查结果表明，2010年北京市属中专校享受资助的学生共57253人。

（张华　谢全伶）

【专项督查全市教育收费工作】 10月

12至21日，市教委、市纠风办、市监察局等部门根据市治理教育乱收费局际联席会议工作部署，专项督查部分区县、高校的教育收费情况。全市组成4个督查组，由市治理教育乱收费局际联席会议领导带队，全面检查区县和高校规范教育收费工作情况，以及开展秋季收费自查自纠工作情况。重点检查义务教育阶段“两免一补”各项政策及各种惠民政策落实情况、公办中小学规范服务性收费和代收费的情况等11项内容。根据群众举报和各区县、高校收费管理实际，确定东城区、西城区、朝阳区、海淀区、丰台区、通州区、昌平区、房山区、门头沟区9个区县和中央美术学院、对外经济贸易大学、北京石油化工学院、北京工业职业技术学院4所高校为被督查单位。每个区县至少检查包括小学、初中和高中在内的4所学校。督查采取听汇报、看材料方式，检查2009年秋季开学以来账目、收费票据、记账凭证，召开部分学生、家长、教师座谈会，进行个别访谈等多种形式进行。检查组对督查中发现的不规范收费和违规收费问题及时督促区县、学校进行核查和整改。

（张华　谢全伶）

【检查民主评议基层站所工作】 11月2日，市纠风办民主评议督导组召开区县教委民主评议基层站所工作汇报暨座谈会，检查各区县教育系统民主评议基层站所情况。市民主评议督导组成员、市教委职能处室负责人、区县教委代表等40余人参加会议。市民主评议督导组在听取东城区、朝阳区、海淀区、丰台区、昌平区、平谷区、怀柔区和延庆县8个区县教委民主评议基层站所情况汇报后，召开部分区县的人大代表、政协委员、党风廉政建设监督员、群众代表参加的座谈会。参加座谈的23名代表，从谈教育、促发展的角度，对各区县教育系统政风行风建设工作发表意见，充分肯定成绩，客观指出问题，并提出建设性建议。市民主评议督导组肯定各区县民主评议基层站所工作，希望各区县继续坚持“谁主管谁负责”、“管行业必须管行风”原则和“标本兼治、纠建并举”工作方针，大力加强教育系统政风行风建设，为建设良好教育环境贡献力量。

（张华　谢全伶）

【召开高校廉政风险防控管理工作会】

12月15日，市委教育工委举办北京高校廉政风险防控管理工作大会暨北京高校廉政风险防控管理工作论坛。会议传达贺国强在部分高校反腐倡廉建设座谈会上的讲话精神和刘淇在全市廉政风险防控管理大会上的讲话精神。北京大学、首都医科大学介绍开展廉政风险防控管理工作的整体情况。工作大会后，各高校纪委的代表和教育纪检监察研究会代表参加论坛研讨。市委教育工委领导和全市高校代表、教育纪检监察研究会代表参加会议。

（郑立波）

【总结区县教育系统纪检监察工作】

12月27至28日，市教育纪工委、市教委监察处召开2011年区县教育系统纪检监察工作总结交流会。会上，各区县汇报2011年纪检监察工作特点，并提出2012年的工作思路，对廉政风险防控管理、民主评议基层站所、治理教育乱收费等重点工作进行研讨。会议认为，各区县工作思路清晰，在廉政风险防控管理、民主评议基层站所、监督检查、专项治理、党务公开、惩治腐败、查办信访案件和队伍建设方面都取得新进展和新成效，营造一个良好的风清气正的氛围。会议就2012年重点工作进行部署，并提出明确要求。一要继续加强党风廉政建设责任制，把专项检查和综合考评相结合，进一步细化领导干部的述职述廉工作，尽快落实治理教育乱收费工作责任制，层层签订责任书。二要加强党员和领导干部的廉洁教育，确保制度化、规范化，教育要常抓不懈。三要抓好政风行风建设，把民主评议基层站所工作与规范办学结合起来，推进所有中小学开展行风评议工作。四要继续抓好规范教育收费工作。五要加强廉政风险防控工作，结合“三个体系”建设，专门组织一次区县教育系统廉政风险防控交流会。六要加强队伍建设，有针对性地制定培训规划，增强培训的针对性。七要加强组织协调和沟通，建立与区县纪委的沟通协调机制。市教育纪工委、市教委有关处室，各区县教育纪工委、区县教委代表参加会议。

（张华　谢全伶）

【推进教育系统廉政风险防范工作】

至12月，市教育纪工委继续推进教育系统廉政风险防范工作。年内，市教育纪工委印发《2011年北京高校推进廉政风险防范管理工作实施方案》，组织3次北京高校廉政风险防范管理工作交流会。同时，确定北京高校10个重点防控领域，并选择其中8个领域进行重点深入研究。召开廉政风险防控管理工作任务分工完成情况汇报会，来自20多所高校汇报学校廉政风险防控管理工作。

（郑立波）

发　展　规　划

【概　况】　2011年，市教委规划处强化规划的统领作用，通过调动各行政部门和科研部门的力量，积极开展调研，深入研究教育事业发展趋势，发扬改革创新精神完成各项规划制定工作。全年在“十二五”时期北京教育改革与发展规划、学校布局结构调整、招生计划管理工作、教育事业统计等方面主动作为，全面推进，取得比较好的成效。一是规划工作。强化规划的统领作用，通过调动各行政部门和科研部门的力量，积极开展调研，深入研究教育事业发展趋势，充分融入改革创新精神完成各项规划制定工作。完成《北京市中长期教育改革和发展规划纲要（2010～2020年）任务分工》，明确各部门职责，调动全社会积极性共同贯彻落实规划纲要、推动首都教育现代化。编写《北京市中长期教育改革和发展规划纲要（2010～2020年）学习辅导读本》，将中长期规划纲要的内容分为38个专题进行全面分析、解读，对规划纲要实施起到促进作用。完成全国发达地区教育发展最新趋势与政策动态研究，为北京市编制“十二五”规划提供参考。牵头编制《北京市“十二五”时期教育改革和发展规划》，规划是北京市教育中长期发展规划的五年行动计划，也是北京市国民经济和社会发展第十二个五年规划体系的重要组成部分。参与完成《北京市“十二五”时期人文北京发展建设规划》等8个市级综合专项规划、《北京市“十二五”人口发展和调控规划》等6个市级一般专项规划的研究、编制工作。完成北京市“十二五”市级规划体系中《北京市“十二五”时期城乡经济社会一体化发展规划》等30多个相关规划的征求意见工作。牵头组织北京市参加国家教育体制改革试点项目的推进工作，接受国家教育体制改革领导小组办公室对北京市贯彻落实教育中长期规划纲要的检查和调研。国家发改委、教育部来京检查规划纲要落实情况，对北京的教育改革和发展给予高度评价。二是学校布局结构调整工作。做好北京市幼儿师范学校并入首都师范大学的相关工作，完善全市学前教育师资队伍培养体系。研究全市中、高等教育布局结构调整，指导部分高校为设置调整做好准备工作。三是招生计划管理工作。在研究生计划管理方面，按照提高高等教育质量，提升高校科技创新能力，加大拔尖创新人才培养力度的基本思路，适度扩大市属高校研究生招生规模。在普通本专科招生计划管理方面，牢牢把握“稳定规模，调整结构，突出特色，提高质量”原则安排市属高校招生规模。在成人高等教育招生计划管理方面，进一步体现为在职人员提高学历层次、提高职业能力和文化素养服务的办学宗旨，按照受教育需求安排计划。在高中阶段招生计划管理中，主要突出统筹区域教育资源，积极推动普通高中多样化发展，优化中等职业教育结构，促进普通高中教育与中等职业教育协调发展，普职比稳定在6∶4左右。加强考试制度研究，不断推进改革。第一，与考试院共同研究高考照顾加分政策调整问题；第二是参与教育部非本地户籍人口参加当地中、高考问题调研；第三是鼓励区县进行取消普通高中择校生试点；第四是为中等职业教育提供多元录取方式、多次录取机会，提高中职录取率。四是统计工作。编印《“十一五”期间（2006～2010学年）北京市教育事业统计资料》，在全面、系统整理2006至2010年各级各类教育事业发展数据的基础上，深入分析“十一五”期间北京市教育事业发展的情况，并对主要数据进行说明。完成2010至2011学年度北京市教育事业统计资料的数据汇总、分析和编印工作。完成2011年度北京市教育事业统计分析文集（总第九集）审稿、编辑和印制工作。参与完成北京市宏观经济与社会发展基础数据库一期工程项目前置节点的建设工作任务。配合教育部完成“教育统计管理信息系统”的研究开发和测试工作任务。

（孙运科）

【表彰教育事业统计工作先进】　8月22日，市教委通报表彰2010至2011学年度教育事业统计工作优秀集体和优秀个人，50个优秀集体和50名优秀个人获得奖励。该表彰依据此前进行的2010至2011学年度教育事业统计工作质量评估结果评选。评估范围包括2010年从事教育事业统计工作的区县教育行政部门、普通高等学校、成人高等学校、普通中等专业学校以及上述单位的统计人员。评估重点是积极推进教育事业统计工作制度化建设，不断提高教育事业统计能力，为办好人民满意的教育提供科学管理和宏观决策支持。

（赵琦　孙运科）

【市属高校研究生招生保持适度增长】　至9月，北京市属高校实际录取研究生9025人，比上年增长7.20%。其中，博士生680人，比上年增长2.30%，硕士生8345人，比上年增长7.60%。对比显示，市属高校研究生招生增长速度继续稳步增长。按照教育部安排，本年市属高校研究生招生计划8916人，其中国家计划6384人，委托培养和自筹经费招生计划2532人。招生规模中，博士生招生计划670人，硕士生招生计划8240人。根据教育部进一步扩大专业学位研究生培养规模的要求，市属高校承担全日制专业学位硕士招生任务2348人。同时，市属高校承担“少数民族高层次骨干人才”研究生培养任务，招生规模128人，其中博士研究生8人、硕士研究生120人。

（卜薇）

【市属高校普通高等教育稳定招生规模】　至9月，北京市属高校普通高等教育招生计划83000人，实际招生81107人，招生数比上年增长1.4%。其中本科招生47975人，招生数比上年增长4.9%，高职招生33132人，招生数比上年减少3.3%。市属高校普通高等教育招生规模保持稳定。

（姚林修）

【高考录取比例继续超过80%】　至9月，全国高校在京计划招生58906人，实际录取60442人，升学率继续保持在80%以上。北京地区参加统考7.1万人，比上年减少0.3万人。

（姚林修）

【市属成人高等教育招生规模稳定】　至9月，市属成人高等教育实际招生31728人，比上年下降6.40%。其中本科（含高中起点本科和专科起点本科）实际招生12392人，比上年下降1.30%，专科（高职）实际招生19336人，比上年下降9.50%，招生规模基本保持稳定。本年市属成人高等教育招生计划38802人，其中本科（含高中起点本科和专科起点本科）招生计划14815人，专科（高职）招生计划23987人。

（卜薇）

【继续开展高职自主招生试点工作】　至9月，北京市按照“高端多元，中间稳定，低端放开”高考改革总体思路，稳步推进高等职业教育自主招生试点工作。参加试点的招生院校增加到14所，分别是首钢工学院、北京电子科技职业学院、北京劳动保障职业学院、北京信息职业技术学院、北京工业职业技术学院、北京农业职业学院、北京财贸职业学院、北京经济管理职业学院、北京政法职业学院、北京体育职业学院、北京北大方正软件职业技术学院、北京汇佳职业学院、北京培黎职业学院和北京京北职业技术学院。招生计划3445人，其中招收农村户籍考生1688人。

（姚林修）

【高级中等学校招生118430人】　至9月，北京市各类高级中等学校招生118430人。其中，普通高中招生64146人，普通中专招生15186人，职业高中招生21633人，技工学校招生17465人。

（姚林修）

【幼儿师范学校并入首都师大】　11月22日，市教委印发关于北京市幼儿师范学校并入首都师范大学的通知。通知指出，为大力发展学前教育，加强北京市学前教育师资队伍培养建设，经市教委主任办公会和市委教育工委委员会研究通过，并报请市政府批准，决定将幼儿师范学校整体并入首都师大，幼儿师范学校建制撤销。首都师大以幼儿师范学校和首都师大学前教育系为基础，组建学前教育学院，作为首都师大非法人二级学院，主要培养学前教育师资的教学研究型学院，办学层次为本专科及以上普通高等教育。北京市幼儿师范学校始建于1955年，是市教委直属的唯一一所专门培养幼儿教育师资的重点中等师范学校。

（丁建）

【分解教育改革和发展规划纲要任务】　12月31日，市政府办公厅印发关于《北京市中长期教育改革和发展规划纲要（2010～2020年）》任务分工的通知。通知要求各区县政府，市政府各委、办、局，各市属机构结合实际认真贯彻落实“任务分工”。该任务分工结合市委、市政府各部门的工作职责，分解《北京市中长期教育改革和发展规划纲要（2010～2020年）》目标任务，明确责任单位。任务分工共设计基础教育、职业教育、高等教育、学习型城市建设、教育体制改革、教育合作与开放、教师队伍建设、教育资源空间布局与经费保障、教育信息化、依法治教、加强对教育事业的组织领导以及重大项目和改革试点12个领域的137项任务。任务分工方案由市教委主持制定，并广泛征求有关部门及单位意见，报市政府审议通过。

（姚转珍）

【编制北京市“十二五”教育规划】　12月，市教委根据市委市政府统一部署，编制完成《北京市“十二五”时期教育改革和发展规划》。规划是指导“十二五”时期北京市教育事业发展的重要文件，共分四大部分。第一部分是发展基础与面临的形势。第二部分是指导思想和主要目标。第三部分是重点工作，明确基础教育、职业教育、高等教育和终身教育未来5年的发展任务，提出教育体制改革、考试招生改革、提升首都教育的国际竞争力、提升教育信息化水平和加快调整学校空间布局结构的思路与主要工作。第四部分是保障措施，提出从加强党的建设、提高教师队伍建设水平、完善教育投入长效机制、推进依法治教和科学管理、健全和完善现代教育督导体系5个方面，全面保障首都教育现代化的建设。

（姚转珍）

财　务

【概　况】　2011年，市教委财务工作按照市委、市政府确定的教育重点投入方向，确保政府实事及重点工程的投入。根据市属高校、中等职业学校经费支出情况及中小学、学前教育经费预算执行情况，深入基层开展调研，进行教育政策研究工作。健全资助体系、提高各类教育定额标准、改革拨款制度、创新投入方式等措施，不断完善经费分配机制，提高经费配置效率，提高教育经费的保障能力和管理水平。完善国有资产管理政策，开展市教委直属系统资产清查工作。加强绩效管理，完善绩效考评政策、制度，规范绩效考评工作程序，组织高校和中专直属单位专项绩效考评工作。组织、协调政府采购预算执行工作。加强财务环境治理，开展深入的小金库专项治理复查工作，取消民办公助小学、初中、高中等学费收费标准。完成2011年全国教育经费统计汇总工作。2011年，市教委本级及所属预算单位58个，其中，行政单位1个（市教委本级）、事业单位57个。事业单位包括23所市属高等院校、11所中等专业学校和23个市教委直管直属单位。

（陶春梅）

【完成决算工作】　1至2月，市教委完成所属预算单位2010年决算数据审核、汇总、上报工作。涉及单位包括市教委机关事业及所属57个事业单位（含23所市属高等院校、11所中等专业学校、23个市教委直属单位）。2010年决算全年收入1741399.43万元，其中财政拨款1416353.74万元；全年支出1582749.17万元。9月，按照市财政局《关于批复北京市教育委员会2010年度部门决算的函》，市教委下达2010年度部门决算的批复，批复各预算单位2010年度的部门决算。

（刘伟）

【制定市属高校债务化解实施方案】　3月，市教委会同市财政局制定市属高校债务化解工作实施方案。至年底，化解债务8.65亿元。同时，为解决历史遗留问题，会同市财政局研究制定北京工商大学、首都师范大学良乡校区后勤生活设施回购方案，落实资金2.29亿元。

（陶春梅）

【公开部门预算】　3至11月，市教委按照市财政要求，完成部门预算公开工作。其中，3月公开市教委2011年部门预算，8月公开市教委2010年度部门决算和“三公经费”2010年决算及2011年预算财政拨款情况，11月公开市教委2010年度预算执行和其他财政收支审计结果。为确保数据真实可靠，市教委加强数据材料审核工作，制定相关公开文件。

（陶春梅）

【召开六城区财务工作会】　4月23至29日，东城区教委承办东城、西城、朝阳、海淀、丰台、石景山六城区财务工作会。会议研讨收费政策、国有资产管理、绩效工资实施中有关问题等六方面工作。会议就加强北京市专项经费管理和使用，完善经济贫困学生资助政策，提高预算编制科学性，保障专项资金使用规范性，进一步促进教育均衡发展统一认识。市教委领导，以及六城区教委财务负责人参加会议。

（景秀玫　李银娅）

【完成绩效评价工作】　4至7月，市教委开展2011年度绩效考评工作。完成市属高等学校绩效评价项目60个，其中，2009年人才强教深化计划项目53个，经考评，优秀项目30个、良好项目23个；2010年信息化建设项目7个，经考评，优秀项目6个、良好项目0个、一般项目1个。完成直属单位及中专学校绩效考评项目34个，经考评，优秀项目14个、良好项目20个。财政考评项目涉及市本级项目5个，评价结果均为优秀。

（时阳）

【调整定额标准】　9月，市教委调整市属高等学校、中等职业学校及西藏中学基本支出预算定额标准。主要内容包括：完善市属高校定额标准正常增长机制，考虑特殊因素引发学校办学成本上升，增加独立设置艺术类院校学生艺术创作公用经费定额；扩大中等职业学校的定额内涵，增加体育类定额类别，增加财政负担比例，修订学生规模调整系数，建立定额正常增长机制。修订后市属高校学科定额，一般院校财政拨款额度平均增加1900元，艺术类院校增加3600元，独立设置高职院校增加1800元；退休人员定额人均增加9700元。修订后财政负担比例平均为80%，比原有负担比例增加两个百分点。中等职业学校工科、文科和艺术类新定额比原定额增加2300元，医科增加3290元，独立设置艺术学校增加7860元，幼师增加2290元，西藏中学增加3260元；退休人员定额人均增加10500元。修订后财政负担比例平均为75.33%，比原有负担比例增加7.83个百分点。调整内容2012财年起实行。

（孔凡娟　李奇）

【完善项目管理办法】　9至12月，市教委制定或修订6个项目经费管理办法。分别是：北京市属高等院校图书馆建设项目管理办法、基础设施改造管理办法（试行）、公派境外学习奖学金项目管理办法（试行）、北京市民族艺术进校园活动管理办法（暂行）、北京市地方教育附加经费使用管理办法、北京市扶持学前教育事业发展项目经费管理办法。同时，市教委修订部分项目经费开支内容和标准，提高在校生劳务费标准和期刊发表费标准，建立引进高层次人才房租补助政策。

（陶春梅　徐达）

【联合评审 2012 年预算项目】　11月，市教委完成 2012 年预算项目联合评审工作。评审项目包括专业建设等 14 类 1717 个项目。总计申报金额 185337.72 万元，经评审，审定金额 176964.55 万元，审减金额 7887.95 万元，无法确认金额 485.22 万元，审减率 4.26%。

（魏筠）

审　计

【概　况】　2011 年，北京市教育系统内部审计机构 74 个，其中独立设置机构 27 个；内部审计人员 2518 人，其中专职审计人员 128 人。全年完成审计项目 4680 项，其中财务收支审计 346 项，预算执行与决算审计 85 项，基本建设项目审计 187 项，修缮项目审计 1292 项，经济责任审计 406 项，经济效益审计 14 项，专项资金审计 927 项，其他项目审计 1423 项。审计资金 609 亿元。查出有问题资金 31960 万元，其中财务处理不当资金 30001 万元，损失浪费资金 256 万元，违纪违规资金 1703 万元。促进增收节支约 20827 万元。构成移送纪检部门的经济案件 4 件，涉案金额 9 万元，受党纪政纪处分或移送司法机关处理 4 人。完成审计调查项目 56 项，提交审计调查报告 56 篇。完成科研立项 13 个，撰写论文 50 篇，公开发表 10 篇。

（李新影）

【召开教育系统审计工作会议】　3月

31 日，市教委召开北京市教育系统审计工作会。会议主要任务是学习贯彻国家教育中长期发展规划纲要和教育事业“十二五”规划，落实北京市审计工作会议精神；总结“十一五”期间全市教育内部审计工作的成绩和经验，部署“十二五”时期和 2011 年的教育审计任务。会议作《突出重点，注重实效，切实发挥“免疫系统”功能》主报告，市审计局教育审计部门肯定市教育系统内部审计工作成效，并对教育内部审计工作提出指导意见。各区县教委、市属市管高校和市教委直管直属单位主要负责人，以及各单位审计、财务、基建部门负责人 240 人参加会议。

（李新影）

【完成市级工程项目审计工作检查】
3 月，市教委审计部门实地检查 13 家市级建设单位基建工程项目内部审计工作情况。在了解基建工程投资规模、资金到位、项目进度等基本情况基础上，重点检查是否建立基建工程审计制度并有效执行、是否开展基建工程审计工作、审计方式和效果如何、基建工程审计存在的问题、不足与困难，最终形成《关于对部分市属高校和直属单位基建工程项目审计工作进行检查的情况报告》。报告针对审计中存在的问题提出建议，为制定《北京市教育委员会关于进一步加强教育系统建设工程和修缮工程项目审计工作的意见》提供依据。

（李新影）

【举办审计机构负责人学习班】　7 月 13 至 14 日，市教委审计部门举办北京市教育系统内部审计机构负责人学习班。学习班聘请业内资深专家，以《08 清单计价模式下建设项目全过程审计》为题，从“全过程审计的相关认知”、“全过程审计的具体实施”、“08 清单计价模式下全过程审计关键点”、“全过程审计的风险及防范”4 个方面举办专题讲座。各区县教委、市属市管高校和市教委直管直属单位主要负责人 80 人参加学习，并围绕“建设工程项目全过程审计”开展工作研讨。

（李新影）

【完成综合服务中心等项目审计】　7月，市教委审计部门启动市教委新建教育系统综合服务中心等项目过程审计工作。制定《市教委新建教育系统综合服务中心等项目过程审计实施办法办法》，并依据本办法，通过邀标确定具备工程造价咨询甲级资质和基建财务审计能力的社会中介机构实施审计。截至年底，共出具审计意见 8 条；送审金额 9618 万元，审减金额 941 万元。

（李新影）

【获评内审全国先进】　9月14日，市

教委审计处曹永模参加全国内部审计“双先”表彰会，并被授予“2008 年至 2010 年全国内部审计先进工作者”称号。曹永模，中共党员，1955 年 3 月 1 日出生于安徽省来安县水口镇，1976 年 2 月参加工作。2001 年 3 月，从北京印刷学院调入市教委任审计处处长，主持处室工作；先后多次获得北京市内部审计先进工作者称号。

（李新影）

【20个内审机构获得表彰】 10月18

日，北京市教育系统20个内部审计机构在“北京市内部审计工作经验交流暨‘双先’表彰会”上受到表彰。20个内部审计机构是：市教委审计处、西城区教委审计科、朝阳区教委审计科、丰台区教委审计科、石景山区教委审计科、通州区教委审计科、门头沟区教委审计科、昌平区教委审计办公室、大兴区教委审计科、房山区教委审计科、燕山教委审计小组、顺义区教委审计科、密云县教委审计监察科、延庆县教委审计监察科、首都师范大学审计处、首都医科大学审计处、首都经济贸易大学审计处、北京信息科技大学审计处、北京石油化工学院审计处、北京建筑工程学院审计处。同时，15名审计人员被评为北京市内部审计先进工作者。

（李新影）

【完成4家市级教育单位后续审计】 11月，市教委审计部门完成北京物资学院、首都经济贸易大学、北京电子科技职业学院和北京教育考试院4家单位的后续审计。该工作对被审计单位采纳审计建议、落实审计意见、进行审计整改情况实施跟踪检查，提出审计意见和建议13条。

（李新影）

【完善内部审计制度】 12月，市委教育工委、市教委制定文件完善内部审计制度。先后印发《北京市教育委员会直属单位领导干部经济责任审计实施办法》、《北京市属高等学校领导干部经济责任审计实施办法》、《北京市教育委员会关于进一步加强教育系统建设工程和修缮工程项目审计工作的意见》。3个文件就相关单位和项目内部审计做出具体规定。

（李新影）

【完成8家市级教育单位预算执行审计】 至年底，市教委审计部门完成北京教育音像报刊总社、北京市学生资助事务管理中心、北京教育综合服务中心等8家市教委直管直属单位2010年度预算执行情况审计。共审计资金17.55亿元，发现问题资金4713万元，其中，属于财务处理不当资金约4697万元，违纪违规资金约16万元。提出审计意见和建议78条。

（李新影）

【完成8名领导干部经济责任审计】 至年底，根据市委教育工委干部部门提请，市教委审计部门组织对首都体育学院、北京教学植物园、北京财贸职业学院等单位8名领导干部实施经济责任审计，并向市委教育工委干部部门提交审计结果报告。同时针对被审单位存在的财务管理方面问题出具审计意见书，提出整改要求。审计金额总计58.9亿元，查出有问题资金9422万元，促进增收节支653万元，提出审计意见和建议22条。

（李新影）

【完成基建修缮工程项目审计1379项】 至年底，北京市教育系统完成基建修缮项目审计1379项。送审金额201763万元，审减金额18866万元，审计率9.35%。其中，自审项目送审金额24376万元，审减金额1649万元，审减率6.76%；委托中介机构审计送审金额177387万元，审减金额17217万元，审减率9.71%。

（李新影）

基 本 建 设

【概　况】 2011年，北京市各级各类学校基本建设完成投资1034904.9万元。其中，国家投资951504.9万元（中央安排114万元、北京市地方安排420901.5万元、区县安排530489.4万元）、自筹资金83400万元。在施建筑面积4448242平方米，其中：新开工面积2708723平方米。竣工建筑面积3248727平方米，其中：教学及辅助用房2757378平方米，行政办公用房207266平方米，生活服务用房261133平方米，其他用房22950平方米。2011年新增固定资产301653.5万元。

（黄莹莹）

【加强中小学校园规划设计】 3月18日，市教委印发关于加强中小学校园规划设计工作的指导意见。文件提出，中小学校园规划设计的主要原则一是适应学校和师生发展需要，二是服务教育教学改革，三是重视学校文化建设，四是坚持可持续发展。文件从校园总体规划、单体建筑设计、主要建筑功能空间的创新设计、辅助空间的人性化设计、室内装修和家具设置、室外环境设计、安全性设计、无障碍设施设计、智能化与设备系统设计、绿色节能设计10个方面提出具体技术要点。文件要求，各区县要高度重视校园规划设计工作，要从学校发展建设的大局出发，为每一所学校“布好局、谋好篇”，严格落实先规划设计、再实施建设的要求，精心组织、科学规划、分步实施，坚决杜绝只顾眼前、不顾长远，今年建、明年改，今年改、明年拆的现象发生，避免重复建设和不必要的损失。

（王虹）

【检查丰台区校舍安全加固工程】 7

月9日，市住建委、市教委等领导带领检查组检查十二中初中一部、角门小学在施校安工程。检查组听取丰台

区教委、施工单位、监理单位加固校舍改造情况汇报，询问施工各个环节落实情况和实施中遇到的问题。检查组对丰台区校安工程实施情况给予肯定，同时强调：施工、监理单位要高度重视施工安全和消防安全，尤其是将施工临电、脚手架搭设和提升机的使用方面作为安全监督的重点，在确保工程质量和安全的前提下，加快进度，争取按期保质完成校舍安全工程建设任务。

（张克伟）

【参加华北地区基建学术研讨会】 9月14至17日，市教委组织中央部委所属及市属市管高等学校基本建设管理部门代表参加华北地区高校基建协会第21次学术研讨会。北京10所高校15人参加会议，其中，7所高校提交12篇技术论文，3篇论文获得优秀论文奖。

（马骏）

【举办教育系统基建工作专题培训】 10月10至11日，市教委举办教育系统基建管理及党风廉政培训班。培训主题是加强领导干部政治素质建设、作风建设和党风廉政建设，提高业务能力和管理水平，提高拒腐防变能力。培训邀请市住房和城乡建设部门和中央在京高校、市属高校有关专家讲解学校校园规划、工程项目管理和基本建设工程程序报审等内容。中央部委所属在京高校，以及市属市管高校30所90人参加培训。

（马骏）

【制定市属高校基本建设管理办法】 12月20日，市教委印发《市属高校基本建设管理办法（试行）》。管理办法就市属高校基本建设工作实施原则、组织领导及职责、校园总体规划、建设工程的提出与决策、建设工程的前期工作、建设工程的招标和合同管理、建设工程施工管理、配套市政工程管理、建设工程资金管理、建设工程的保障和监督10个方面内容作出具体规定。管理办法自2012年1月20日起施行。

（王虹）

【市本级完成基建投资10.2亿元】 至12月，市本级学校和单位共完成基本建设投资102227万元。其中，中央安排国家预算412万元、市政府固定资产投资37318万元、市财政教育经费安排50197万元、学校自筹14300万元。市教委所属高校和单位共有33个在建项目，总建筑面积823384平方米。其中竣工验收项目7项，总建筑面积245660平方米，分别为北京财贸职业学院实训楼17000平方米、北京联合大学特教学院改扩建28614平方米、北京市盲人学校校舍建设工程21165平方米、首都医科大学基础科研楼42129平方米、首都经济贸易大学学生公寓10572平方米、北京建筑工程学院新校区大学生公寓54180平方米、北京电子科技职业学院职教园区大学生公寓72000平方米。续建项目7项，总建筑面积246271万平方米，分别为北京市新少年宫39842平方米、北京舞蹈学院综合教学楼37090平方米、北京经济技术开发区职业教育园区图书馆使用沙特政府贷款项目59271平方米、北京服装学院艺术教学楼31615平方米、中国戏曲学院学生公寓及食堂33523平方米、北京电影学院摄影棚综合楼6972平方米、北京石油化工学院实验楼37958平方米。本年度新开工项目19项，总建筑面积331453万平方米。

（王虹）

【实施市属高校三年建设实施规划】

至12月，市教委继续实施"市属高校2010至2012年建设实施规划"。年内规划涉及60个建设项目，估算总投资约110亿元，其中市政府投资60亿元（市政府固定资产投资30亿元，市财政教育经费30亿元），完成约180万平方米教学科研设施和59万平方米新增大学生公寓。重点保障学校教育教学、生活服务、体育活动等提高办学水平和质量、影响教育教学和生活秩序的项目，同时积极支持对外交流、学习培训等影响首都教育形象的项目。年内，"三年建设规划"中28个项目取得立项批复，其中14个项目开工建设，开工面积31万平方米，15个项目申报立项，15个项目正在进行立项前期准备工作。

（王虹）

【开展工程建设领域专项治理工作】 至12月，市教委在市委市政府统一部署下，继续开展市教育系统工程建设领域专项治理工作。通过项目申报、自查自纠、排查、整改等环节，市教委严格检查系统内全部工程项目。检查结果表明，市教委系统内项目都能按照国家及本市基本建设管理法律、法规，依法依规、按时保质完成项目，没有涉及专项治理工作规定的漏洞及问题。

（马骏）

【基本完成中小学校舍安全工程】

至12月，北京市基本完成中小学校舍安全工程。全市校安工程累计改造学校1275所、项目4205个，改造校舍666万平方米。其中，加固514万平方米全部竣工；翻建152万平方米，竣工78万平方米，在施74万平方米。通过实施3年校安工程，全市彻底消除危房校舍，改造后的校舍全部达到重点设防类抗震设防标准。同时，完成校舍防火、防洪、防雷击等设施改造和地质灾害易发区的迁移避险工作，中小学校舍综合防灾能力全面提高，学校办学条件显著改善，校园环境和校舍建筑的育人功能明显增强，校舍管理工作信息化水平显著提高。2011年是校舍安全工程实施的收官之年，任务艰巨。经各方共同努力，全市校安工程各项工作进展顺利，是全国率先完成规划改造工作目标的10个省份之一。

（张逊）

学　校　后　勤

高校后勤工作

【临时补贴学生食堂】 1至6月，为应对市场涨价，保证食堂正常运行，市教委对全市高校和中专学校学生食堂进行临时补贴。全市补贴总额1.14亿元，共惠及97万名学生。

（王雷）

【召开高校后勤安全稳定工作会】 3月1日，市委教育工委、市教委召开全市高校后勤安全稳定工作会。会议就“两会”期间做好食堂及后勤保障工作提出7点要求。一是高度重视食堂工作，关键是稳定食堂价格；二是采取一切措施，千方百计做好学生食堂工作；三是落实国家对学生食堂的各项优惠政策；四是加强对学生的宣传和思想引导，透明办伙；五是加强食品卫生安全管理，特别加强对外包食堂的准入和监管；六是用好高校食堂临时补贴；七是做好后勤消防、交通安全及水电气保障等安全稳定工作。会议要求各校领导要统一思想、提高认识，明确做好食堂工作、维护价格稳定的特殊意义，把思想统一到中央和市委市政府的要求和部署上；采取有效措施保证各项工作要求落到实处；切实加强对学生的舆论宣传和教育引导，突出强调食堂工作的实际效果；加强组织领导，确保食堂和后勤管理服务的水平和质量。市委教育工委、市教委领导和全市各高校代表150人参加会议。

（王雷）

【完成大米面粉联合招标采购】 3月12日，北京高校联合采购中心在中国农业大学东校区举行2011年度联合采购第一批次招标（大米、面粉）大会。采购执行高校与企业“背对背”招标程序，58所高校指派采购代表参加招标会。在学校纪检部门和学生代表监督下，40所学校从30家企业提供的68种投标产品中定购5176吨大米和面粉。

（王雷）

【开展“2011国际森林年”活动】 3月，市教委开展“2011国际森林年”活动。该项目以“弘扬生态文明，共建绿色校园”为主题，组织学生参与国土绿化、生态文明、环保低碳等活动。至年底，全市高校义务植树58000株，尽责任人数2.7万人次，种植和养护树木20.7万株，举办各式宣传活动200多场次，各种征文、摄影、绘画作品万余件。

（肖燕平）

【举办高校学生公寓用品展示】 4月20日，北京高校2011年学生公寓用品展示活动在北京农业职业学院举行。展会以“节能减排、低碳生活”为主题，引领相关学校提升学生公寓安全和生活质量。参展企业30余家，种类丰富。除床上用品外，还有开水器、门禁系统、智能限电、灭蟑、公寓门锁、标志标牌、节水装置、保洁用品。

（王雷）

【召开高校商贸工作会】 4月25日，北京高校后勤研究会商贸专业委员会召开北京高校2011年商贸工作会。会议听取2010年商贸专业委员会工作总结以及2011年工作计划，宣读北京高校参加全国高校后勤研究会商贸专业部组织的全国教育超市样板店、标准店评选结果，并举行授牌仪式。其中，北京大学博实超市、清华大学清风湛影超市三分店、北京化工大学烛光超市（北校区店）入选“全国高校教育超市样板店”，北京师范大学后勤商贸学子超市、中国人民大学汇贤超市、北京航空航天大学优购超市（沙河校区）、北京化工大学烛光超市（东校区一店）、（北京交通大学店）、北京吉利大学千禧超市入选“全国教育超市标准店”。

（王雷）

【完成伙食联合采购招标】 4月29日，

北京高校第13届伙食联合采购招标大会在首都师范大学举行，教育部、市教委、市农委、市质监局、全国高校后勤分会、市高校伙食专业委员会及首都师范大学相关领导，全市63所高校后勤主管领导、纪检部门负责人、采购人员及学生代表共计300人参加会议。会议采取“招商”和“招标”方式，集中招标米、面、油等七大类食品原材料。142家合格供应商报名参加竞标。在招标样品展示上，采用统一容器，不显示样品品牌和厂家，采用“背靠背”招标形式，由高校采购团参照产品样品和报价集体议标、定标。为严格招标程序，避免供应商和高校采购代表现场议价，招标会采取严格入场验证制度，供应商一律不准进入采购现场。最终，招标采购米1.2万吨、面7000吨、食用油5000吨等。

（王雷）

【制定高校食堂成本核算指导标准】 4月，市教委制定《北京高校食堂成本核算指导标准》。文件全面规范食堂成本管理，为建立食堂长效机制指出突破口和实施路径。文件得到教育部肯定，教育部为此发专报，中国高等教育学会后勤管理分会以此为基础制定全国性指导文件。

（王雷）

【后勤管理研究会召开代表大会】 5

月26日，北京高等教育学会后勤管理研究会第13次会员代表大会暨换届大会在华北电力大学召开。来自北京91所高校200多名高校后勤代表参加会议。会议审议通过第12届理事会工作报告和会费缴纳使用情况报告，并肯定第12届理事会过去两年工作成绩。会议选举产生第13届理事会组成人员。新组成的理事会共有理事38人，常务理事16人。市教委委员叶茂林被推举为名誉理事长，华北电力大学副校长孙平生当选为理事长，16人当选为副理事长。第13届理事会秘书处设在华北电力大学。

（王雷）

【加强学生公寓管理】　5月，市委教育工委、市教委联合印发《北京高校学生公寓管理办法》。文件对高校学生公寓管理长期以来存在的齐抓共管以及职责分工不清提出规范要求。首次提出高校学生公寓安全管理、控烟管理等标准。对“寝室内务管理难”提出有效管理办法，明确规定学生在公寓内表现与个人和集体评优挂钩。文件就辅导员入住公寓开展工作提出具体要求。

（王雷）

【部署新学期高校食堂工作】　8月29日，市教委召开北京高校食堂工作会。会议就做好新学期开学食堂工作，维护高校稳定，启动北京高校“农校对接”工作，加快学生食堂原材料直供基地建设等工作进行部署。会议强调，各校要充分认识“农校对接”重大意义，积极参与北京高校食堂原材料联合采购和直供基地采购，形成合力，使采购量上去，价格降下来，食堂工作质量上去，食品安全隐患降下来。会议要求学校切实承担起办好食堂的主体责任，将国家各项优惠政策落实到位，食堂价格要保持基本稳定。市教委领导，全市普通高校后勤工作主管领导、后勤处长或后勤集团总经理以及北京高校后勤研究会和伙食专业委员会领导共200人参加会议。

（王雷）

【两委领导检查高校学生食堂】　9月2至9日，市委教育工委、市教委领导带队组成检查组，检查北京林业大学、中国矿业大学（北京）、北京理工大学等16所高校学生食堂工作。检查中，两委领导走访学生食堂主副食库、操作间、售饭区、就餐区，详细了解新学期食堂工作，并在学生食堂用餐，仔细问询就餐同学食堂饭菜价格与上学期对比情况，以及饭菜质量口味等情况。检查发现，开学初学生食堂饭菜价格基本稳定。

（王雷）

【建立“农校对接”直供基地】　9月

22日，北京高校推进“农校对接”建立食堂原材料直供基地启动仪式在北京大学举行。赵凤桐和教育部、市委教育工委、市教委领导，有关高校、食堂原材料直供基地代表参加活动。会议宣读首批14个食堂原材料直供基地名单，涉及米、面、油、肉、蛋和蔬菜六大类食品原料企业。会上，北京高校代表与直供基地代表签订合作协议，有关高校将从产品源头直接采购，保证产品质量，减少流通环节。至年底，全市高校从直供基地采购大米19000吨、面粉11000吨、大豆油5000吨、猪肉12000吨、鸡蛋5000吨、土豆6000吨、白菜4000吨，总计62000吨。为鼓励和吸引高校参加“农校对接”直供基地采购，解决高校仓储空间不足和北京交通运输困难问题，市财政对高校参加直供基地采购的仓储和物流环节进行补贴，补贴费用996万元。

（王雷）

【建立学生食堂饭菜价格平抑基金】　9月，市教委依据教育部等五部门《关于进一步加强高等学校学生食堂工作的意见》，建立食堂饭菜价格平抑基金。市教委规定，市属高校2012年从学费收入中计提5%作为平抑基金，补贴学生食堂“基本伙”的原材料部分，抑制价格过快上涨，确保食堂价格基本稳定。同时，市教委督促部委属高校尽快落实和做好此项工作。至年底，市属高校中多数已按文件要求建立5%的食堂价格平抑基金；部委属高校中，少数高校建立食堂价格平抑基金。

（王雷）

【公寓专业委员会召开年会】　10月13至14日，北京高校后勤研究会公寓专业委员会召开2011年年会。会议作《立足新起点，实现新发展，努力提升北京高校学生公寓管理科学化水平》第12届公寓专业委员会工作报告，并从常规工作及专项工作等两方面提出2012年工作设想。会议选举产生新一届公寓专业委员会主任、副主任。各高校后勤处、后勤集团学生公寓主管领导、学生公寓中心负责人、物业管理部门负责人等200人参加会议。

（王雷）

【开展秋季食堂安全卫生专项检查】

10至11月，市教委开展北京高校秋季食堂安全卫生专项检查。该项检查重在全面提高高校食堂管理水平和安全责任意识。检查采取自查和互查相结合形式，在全市高校自查基础上，选取34所历年检查中排名靠后或基础薄弱的高校食堂互查。

（王雷）

【全国公寓文化成果交流会获奖】　11

月5至8日，北京高校后勤研究会公寓专业委员会参加中国高校后勤研究会学生公寓管理专业部2011年年会暨第二届全国高校学生公寓文化建设

成果展示交流会。会议在深圳召开，来自全国各地220多所高校530人参加会议。北京高校代表40人参加会议，并在学生公寓文化建设成果评比中取得优异的成绩。其中，清华大学、北京师范大学、北京航空航天大学、北京林业大学获得高校学生公寓文化建设成果一等奖；中国政法大学、北京工业大学、北京工业职业技术学院、北京石油化工学院获得高校学生公寓文化建设成果三等奖。此外，3篇论文获得高校公寓管理工作优秀论文评比一等奖，1篇获得二等奖，3篇获得三等奖。

（王雷）

【召开高校后勤年度工作总结会】 12

月27日，市教委召开北京高校后勤2011年度工作总结会。会议公布年度高校后勤工作先进集体和个人的评选结果，总结全年工作，部署2012年工作。会议认为，2011年，首都高校后勤围绕深化后勤社会化改革，进行积极探索，在“农校对接”、建立食堂长效工作机制等方面取得实质性进展。全市高校主管后勤校领导以及后勤部门负责人400人参加会议。

（王雷）

【人大通过标准化教学楼物业服务验收】 12月28日，市教委评估验收中国人民大学公共教学一、二、三楼标准化教学楼建设。经评估，验收组认为人大教学楼管理组织结构和制度完善、基础设施管理与维护及时到位、安全管理健全、环境卫生整洁优美，展现一流高校的物业服务水平。同意通过验收。至此，人大成为通过全市后勤标准化物业评估验收的第一所高校。同时，北京也成为全国首个开展标准化教学楼物业评估的省市。

（王雷）

【食堂原材料源头采购率上升】 至12月，北京高校食堂主要原材料产地

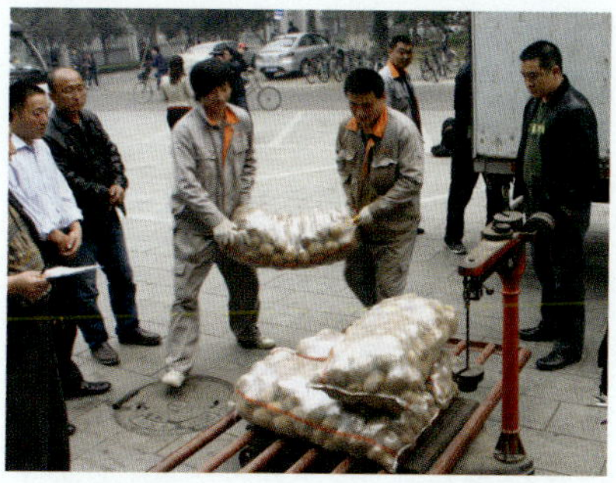

源头采购率上升。全年按量计算采购率：米52%、面56%、猪肉92%、油76%、蛋62%，平均产地源头采购率占总量的68%。全市节约采购资金3000万元。

（王雷）

学生营养餐工作

【改造中小学清真食堂】 2月，市教委与市政协民宗委联合调研全市少数民族学生在校就餐情况。调研历时3个月，涉及6个区县。在掌握全市中小学生清真餐状况基础上，市政协主席团根据调研报告向市政府提出改进中小学校清真餐供餐工作建议案。根据建议案市教委制定出全市清真餐厅改造工作方案。至年底，市政府根据清真餐厅改造工作方案拨付专款4000多万元，共改造300所中小学校学生清真食堂。

（肖燕平）

【检查全市学生食堂食品安全】 10月，配合全市“食品安全周”，市教委在全市开展新的一轮全市学生食堂食品安全检查。检查涉及全市各个区县中小学。在学生食堂自查自评基础上，市教委与市卫生局联合抽查部分区县和学校，进一步促进学校食品安全意识。

（肖燕平）

【加强中小学就餐管理】 11月22日，市教委印发关于加强中小学生在校就餐管理的通知。文件提出，统筹中小学校舍改造，要将学生食堂作为重点，切实改善学生就餐条件。学校在引进社会企业提供餐饮伙食服务时，实行准入制度并严格审核其资质，不得引入无食品卫生许可、无经营执照、无学生餐饮资质的单位或个人承包经营学校食堂。加强学生营养餐的管理。对当前确实不具备学校食堂供餐的学校，要本着公开、公正、公平的原则选择定点营养餐生产单位供餐，选择程序规范，选择过程公开，并实行动态管理。学校要与营养学生餐生产经营单位共同做好学生在校就餐工作，学校有监督送餐质量和为学生提供良好就餐条件及卫生就餐环境的责任。加强对学校食堂从业人员的管理。食堂从业人员、管理人员必须掌握有关食品卫生的基本要求，要加强从业人员培训，做到依法用工、和谐用工。文件明确，严禁学校或个人借机获取不正当利益，严禁直接或变相用学生餐费补贴老师伙食费及发放其他福利。

（林业）

节能减排工作

【成立节能专业委员会】 7月8日，北京高教后勤管理研究会正式成立节能专业委员会。节能专业委员会主要任务是进一步推进全市高校节能减排工作，开展科学理论与实际问题研究，合理利用高校现有节能技术，促进高校之间相互交流学习，促进教育系统节能减排工作改革和发展。节能专业委员会拥有会员学校89所，第一任主任学校为北京交通大学。

（李华勇）

【召开节约型学校建设工作研讨会】 10月20至21日，北京高校节能专业委员会、北京中小学后勤研究会联合召开“2011年北京教育系统节约型学校建设工作专题研讨会”。会议以“创建节约型校园”为核心，以“强化基础、整体规划、明确任务、落实责任、点面结合、务求实效”为主题，重点研讨全市节能减排形势任务，交流节约型校园创建工作经验。市教委、市发改委、水务局和市节能环保中心领导，全市80所高校、16个区县教委，以及中小学校代表共225人参加会议。

（李华勇　王海东）

【实施阳光校园金太阳工程】 11月9日，市教委、市发改委、市财政局

联合印发建设2011年北京市“阳光校园金太阳”工程的通知。文件提出，在2010年全市范围内中小学普遍开展的“阳光校园”创意大赛基础上，启动并实施北京市“阳光校园金太阳”工程。2011年工程计划在全市100所中小学建设屋顶太阳能光伏发电用户侧并网系统，总装机容量5MW，其中每所学校以50KW标准（结合学校用电情况及场地基础条件等）适当浮动。至2012年，各实施学校应在保证正常教学活动的前提下，提供现场安装条件并签订设备安装合同。项目完工验收后，转入运行阶段，运行期20年。项目建设资金由国家“金太阳”工程补助资金及实施单位自筹资金安排解决。

（林业）

【评选节约型中小学示范学校】 12月13日，市教委公布2011年节约型中小学示范学校评选结果。经学校自评、区县推荐、市级专家审评、集中评选的程序，市教委确认100所中小学（含中等专业学校、幼儿园）被评为“北京市节约型示范学校”。该评选依据《北京市节约型中小学校建设指导意见》、《北京市节约型中小学（绿色学校）建设考核评价办法（试行）》进行。

（林业）

【举办“供热节能技术”讲座】 12月15日，市教委在北京广播电视大学举办“供热管理与供热节能技术”讲座。讲座报告北京市相关政策以及最新供热技术，推广供热管理和供热节能经验。全市40所高校节能与供暖工作主管和工作人员参加学习。

（李华勇　王海东）

【征集节能减排优秀方案】 12月，市教委、市发改委联合举办“绿色北京建设2011年北京市教育系统节能减排优秀方案征集暨知识大赛”。大赛面向北京市大、中、小学生，普及节能减排与可持续发展知识，号召全体学生在节水、节能、节粮、节地、节材、环境保护方面做出自己的贡献。大赛共征集系统完整的节能减排建设方案500份、节能减排征文1600份。经过评审，评选出节能减排方案创意作品类一等奖5人、二等奖30人、三等奖100人；节能减排征文类一等奖5人、二等奖30人、三等奖100人。

（李华勇）

安全稳定工作

校园安全

【开展“消防平安行动”】 3月7日，市教委印发教育系统集中开展“消防平安行动”实施方案。文件明确，2011年全年集中开展“消防平安行动”。工作任务包括四项。一是集中开展消防安全“大排查”，二是集中开展消防安全“大整治”，三是集中开展消防安全“大宣传”，四是集中开展消防安全“大培训”。

（林业）

【承办全国中小学生安全教育日活动】

3月28日，第16个全国中小学生安全教育日主题活动在中国消防博物馆举行。活动由教育部、公安部、北京市政府等14个单位联合主办，袁贵仁、刘利民、洪峰等领导，以及500名中小学生、家长代表参加活动。启动仪式上，与会领导为中国消防博物馆“消防安全教育基地”揭牌。袁贵仁指出，利用社会资源加强对中小学生的安全教育，是挖掘课程和社会两个资源、整合学校和社会两个力量，建立教育部门与有关部门共同开展安全教育联动机制的一次创新实践。他要求各级教育部门和中小学校充分认识到中小学安全工作的极端重要性，切实承担起学校安全工作的政治责任，以科学的态度，把握规律性，提高针对性，增强有效性，狠抓落实，防患于未然，确保学生生命安全。

（战先政）

【专项检查学生公寓消防安全】 5月5日，市委教育工委、市教委召开专题会议，部署消防安全专项检查整治工作。市委教育工委、市教委有关领导，高校主管安全工作领导和保卫、后勤部门负责人等参加会议。至5月9日，市委教育工委、市教委牵头组建10个检查组，由部分高校主管领导分任组长和副组长，市公安局消防、文保部门和高校保卫、后勤部门有关负责人为成员，实地检查全市各高校，帮助学校查找学生公寓消防安全隐患，并督促学校采取措施整改。

（杨俊义）

【配发小学生交通安全帽】 9月，市教委按照市政府为民实事工作要求，为全市新入学的一年级小学生配发小学生夜光型交通安全帽（即小黄帽）14.7万套。市教委要求全市小学以小黄帽路队制工作为载体，广泛开展多种形式的交通安全教育，保障小学生道路交通安全。

（战先政）

【10校入选消防安全教育示范校】 10月，北京市10所学校入选“全国消防安全教育示范学校”。10所学校是东城区崇文小学、西城区康乐里小学、北京市第八十中学、北京市知春里中学、丰台区芳古园小学、房山区良乡第六中学、昌平区第一中学、大兴区庞各庄中学、怀柔区杨宋镇中心小学、北京师范大学附属平谷中学。自2010年起，市教委组织实施构筑教育系统消防安全“防火墙”工程，全市中小学消防安全意识明显提高。

（战先政）

【为163.7万名学生投保校方责任险】 至12月，市教委为163.7万名学生投保校方责任保险，投入资金650万元。校方责任保险覆盖学生在校活动中或由学校统一组织安排的活动过程中，因学校非主观过失导致注册学生人身伤害和财产损失，依法应由学校承担的直接经济赔偿责任。

（战先政）

校园稳定

【召开年度高校安全稳定工作会议】 2月28日，市委教育工委、市教委召开2011年首都高校安全稳定工作会议。会议回顾总结2010年安全稳定工作，分析面临形势和挑战，部署2011年工作任务。市委教育工委、市教委、市公安局、市国家安全局有关领导，各高校主管安全稳定工作领导、保卫部门和学生工作部门负责人，部分直管单位主管安全稳定工作领导、保卫部门负责人和两委机关相关处室负责人等近300人参加会议。会议印发《2011年首都高校维护安全稳定工作任务书》。

（杨俊义）

【推进综治工作联系点帮扶工作】 4月15日，市委教育工委、市教委在东城区安定门街道召开综治工作联系点帮扶工作推进会。安定门街道是首都综治办确定的两委2011～2013年综治工作联系点。年内，市委教育工委、市教委提供有关研究经费，委托中国人民大学社会学理论与方法研究中心与安定门街道承担《北京街道加强与创新社会管理问题研究——以安定门街道为例》调研课题。

（杨俊义）

【推进高校“平安校园”创建工作】

5月27日，2011年首都学校及周边综合治理暨高校“平安校园”创建工作部署会议召开。会议传达中央综治委学校及周边治安综合治理工作领导小组会议精神，部署全市学校及周边综合治理工作和高校“平安校园”创建工作。首都综治办、市委教育工委、市教委等部门有关领导，16个区县主管领导及综治、教育部门负责人，高校主管领导及保卫部门负责人共280人参加会议。会议印发市委教育工委、市教委、首都综治办、市公安局《关于深入推进高校“平安校园”创建工作的意见》和《首都高校“平安校园”创建基本标准（试行）》。依据文件，各高校制订“平安校园”创建工作实施方案。其中，北京大学、北京林业大学、北京工业大学、首都师范大学4所高校入选首批创建试点学校。市委教育工委、市教委等部门每年将组织检查验收，力争经过5年左右的努力，督促指导各高校全部达到“平安校园”标准。

（杨俊义）

【建立重大事项社会稳定风险评估机制】 6月1日，市委教育工委、市教委印发《重大事项社会稳定风险评估实施细则（试行）》。其中规定，对涉及改革和政策调整方面的7类重大决策事项，在审议决策之前应当进行合法性、合理性、可控性风险评估，并明确提出可以实施、暂缓实施或不实施的建议。在重大事项实施过程中要结合风险点，落实信访、维稳责任，做好风险防范和控制工作，最大限度从源头上预防和减少各种不稳定因素，确保重大事项顺利实施。

（杨俊义）

【举办创建“平安校园”专题培训班】 11月3至4日，市委教育工委、市教委举办高校“平安校园”创建工作专题培训班，高校负责创建工作的学校领导和保卫部门负责人参加培训。培训期间，学员参观朝阳区维稳指挥中心和亚运村街道综合治理维稳中心，听取相关专业辅导报告，进行分组讨论，北京大学、北京林业大学、北京工业大学等学校作经验交流发言。11月29日至12月4日，市委教育工委、市教委组织22所高校主管领导、保卫部门负责人和市公安局、市国家安全局有关负责人一行33人，赴广东省广州市、珠海市、深圳市考察交流，学习借鉴兄弟省市“平安校园”建设工作经验。

（杨俊义）

离退休干部与关心下一代工作

【概　况】 2011年，北京市属高校、市委教育工委和市教委机关及直属单位共有离休干部1304人，平均年龄82.8岁。其中，中共党员1103人；第二次国内革命战争时期参加革命工作的8人；抗战时期参加革命工作的245人；解放战争时期参加革命工作的1051人。共有退休干部16221人，其中中共党员9320人。有离退休干部分党委3个，离退休干部党总支20个，离退休干部党支部432个。全年，教育系统共举办各类学习班、读书班239期，8800人次参加学习；共举办各类专题报告会、情况通报会557场，47000人次参加；组织外出参观368批，21400人次参加。年内，各高校共走访慰问老同志31200人次，发放慰问金1846万元；为4200人次离退休老同志发放特困补助金1040万元。北京教育系统关心下一代工作委员会紧紧围绕市委教育工委、市教委中心工作开展教育活动，对青少年进行思想道德教育。

（杨旭）

【加强离退休干部工作】 1月12日，市委教育工委印发《关于进一步做好新形势下北京高校离退休干部工作的意见》。文件对加强离退休干部思想政治建设、丰富离退休干部精神文化生活、做好离退休干部的服务管理工作、充分发挥离退休干部的积极作用、加强对离退休干部工作的领导六个方面提出要求。同日，市委教育工委印发《北京高校贯彻落实〈北京市离退休干部工作领导责任制〉指导意见》，对高校全面落实责任制提出具体要求。

（杨旭）

【中学生业余党校志愿导师团成立】 1月26日，北京市中学生业余党校志愿导师团成立。经北京教育系统关心下一代工作委员会推荐，市委教育工委领导审定，31名来自区县教育部门、长期从事青少年思想政治教育工作的退休干部和退休教师，组成北京市中学生业余党校志愿导师团。导师团为全市各级中学生业余党校教授理论课程，旨在帮助党校学员提高运用所学理论解决实际问题的能力，增强教育的针对性和实效性。

（张兴华）

【总结支教工作】 2月26日，北京教育系统关心下一代工作委员会、北京市老教育工作者总会和密云县政府共同召开2007～2010年支教工作总结大会。会议总结老教育工作者总会支教工作。3年来，在老教师支教团帮助下，密云被支教学校教育教学质量、教师队伍建设等取得显著进步。会上，北京市老教育工作者总会和密云县政府签署2011～2013年支教协议。北京教育系统关心下一代工作委员会、北京市老教育工作者总会和密云县政府领导，支教团教师和被支教学校师生代表600人参加会议。

（张兴华）

【召开关心下一代工作会议】 3月30日，北京教育系统关心下一代工作委员会召开2011年北京教育系统关心下一代工作会议。会议总结2010年工作，部署2011年工作，表彰在关心下一代工作中作出突出成绩的先进集体、先进个人。北京交通大学关工委、房山区教育关工委、昌平区委教工委作经验交流发言。市委教育工委领导，北京高校、区县教育系统、高职中专院校关工委负责人200人参加会议。

（张兴华）

【顾秀莲视察关心下一代工作】 4月14日，关心下一代工作委员会主任顾秀莲视察北京市关心下一代工作。在京期间，顾秀莲听取北京教育系统关工委工作汇报，考察北京交通大学关工委、昌平区教育关工委。她肯定北京教育系统关工委工作。她指出北京交通大学、昌平区党政领导重视，全力支持关工委工作；工作扎实，结合实际，效果显著；深入调查，积累一整套经验；认识深刻，创新各种载体，开展有效工作；充分发挥老同志的作用，在挖掘老同志各种人才方面下工夫；组织队伍健全，制度完善。

（张兴华）

【举办两委机关离退休干部运动会】 4月20日，市委教育工委、市教委举办“颂党恩抒豪情、添光彩乐晚年”第五届机关离退休干部运动会。运动会设金球登顶、迷你保龄、炮击魔球等14个项目。教育系统老领导陈大白、李晨等200名机关老同志参加运动会。

（杨旭）

【调研高校离退休干部工作队伍建设】 4至12月，市委教育工委调研北京高校离退休干部工作队伍建设情况。调研组由北京工业大学、北京航空航天大学、首都师范大学等8所高校组成，通过召开座谈会、发放调查问卷、数据统计分析等方式，对北京高校离退休干部工作专兼职队伍基本情况、队伍建设工作经验、人员思想状况、素质能力情况进行调研。调研结果显示，北京高校已基本形成一支政治坚定、爱岗敬业、服务意识强、有奉献精神、能够全心全意为离退休老同志服务的离退休干部工作队伍，得到高校党委和离退休老同志肯定。

（杨旭）

【举办庆祝建党90周年书画展】 5月18日，市委教育工委、市教委举办“浓墨重彩颂党恩”北京教育系统老同志庆祝建党90周年书画作品展开幕式。展览历时3周，共有51所高校、16个区县教委、1个社区的800名老同志的1000件作品参加展览。

（杨旭）

【成立老干部党校和老干部大学】 5月25日，北京教育老干部党校和北京教育老干部大学在北京教育老干部活动中心挂牌成立。老干部党校将承担北京教育系统副局级以上职务的离退休干部、离退休干部党（总）支部书记、机关离退休干部党员，以及教育系统离退休工作部门负责人的理论学习、教育培训等工作。老干部大学主要承担教育系统离退休干部的老年继续教育（非学历）工作。

（杨旭）

【表彰优秀特邀党建组织员】 6月24日，北京教育系统关心下一代工作委员会召开关心下一代优秀特邀党建组织员表彰暨经验交流会。会议总结特邀党建组织员工作方面取得的成绩和经验，表彰51名“关心下一代优秀特邀党建组织员”。会上，优秀特邀党建组织员交流经验。会议要求，北京高校关工委在学校党委的统一领导下，围绕学校中心工作，把握新时期大学生党建工作的规律和特点，进一步完善特邀党建组织员工作长效工作机制。有关高校领导和受表彰的特邀党建组织员参加会议。

（张兴华）

【教育部调研职业院校关心下一代工作】 9月9日，教育部关心下一代工作委员会来京召开调研座谈会，了解北京职业院校关工委组织建设、队伍建设、工作开展等情况。调研组指出，职业院校关工委工作十分重要，关工委要围绕中心，服务大局，发挥职业院校退休教师的优势，给予职业院校学生特别的关爱，促进教育公平。

（张兴华）

【平谷区教育关工委成立】 9月22日，平谷区教育系统关心下一代工作委员会和平谷区老教师协会成立。平谷区教育系统关心下一代工作委员会是以离退休老同志为主体、在职同志参加的群众性工作组织。该组织旨在充分发挥老干部、老战士、老专家、老教师、老模范“五老”队伍的榜样示范作用，积极探索新形势下关心下一代工作的特点和规律，教育和引导广大青少年做一名合格建设者和接班人。平谷区老教师协会是经平谷区民政局社团管理办公室批准注册，具有独立法人资格的非营利性的社会团体。旨在为该区教育系统离退休老教师服务，打造宽松、和谐的“老教师之家”。成立大会上，北京教育系统关工委向该区师生捐赠500本《小学生新华字典》和“关心下一代丛书”《教育人生（征文选）》（上、下册）。北京教育系统关心下一代工作委员会、平谷区委教育工委、区教委领导，平谷区各中小学、幼儿园代表参加成立大会。

（张兴华）

【举办北京高校老同志健身项目展示活动】 10月18日，市委教育工委、市教委举办“豪情颂党恩、康乐展风采”北京高校老同志健身项目展示活动。来自清华大学、北京工业大学等高校的20支参赛队伍表演太极扇、柔力球、健身操等项目。

（杨旭）

【举办直辖市教育系统关工委协作组会议】 10月19至22日，北京教育系统关工委在北京工业大学召开直辖市教育系统关工委协作组会议。会议以贯彻落实教育部党组20号文件精神、加强关工委长效机制建设为主题，研讨工作中重点难点问题。教育部关工委领导、市委教育工委领导和京津沪渝直辖市教育系统关工委负责人参加会议。

（张兴华）

【老干部局检查离退休干部工作领导责任制情况】 10月28日，市老干部

局检查北京教育系统贯彻落实《离退休干部工作领导责任制》情况。检查组听取北京教育系统离退休干部工作整体情况汇报，查阅相关工作档案。检查组认为，北京教育系统长期以来高度重视离退休干部工作，认真贯彻落实领导责任制各项规定，并结合实际制定、完善相关工作制度，工作扎实，思路清晰，实践中创造很多好经验、好做法，取得良好效果。

（杨旭）

【总结主题教育读书活动】 11月2日，北京教育系统关心下一代工作委员会召开主题教育读书活动总结暨部署会。会上，昌平、房山、通州、顺义、大兴区教育关工委负责人分别总结开展主题教育读书活动经验。年内，北京教育系统关心下一代工作委员会根据教育部关工委有关部署，举办以光辉的旗帜为主题的教育读书活动，全市近20万中小学生参加活动。北京教育系统关心下一代工作委员会，顺义、昌平、房山、通州、大兴区教育关工委被教育部关工委评为读书活动先进集体。全市各区县代表约50人人参加会议。

（张兴华）

【召开关工委基层建设现场会】 11月23日，北京教育系统关心下一代工作委员会召开北京高校关工委基层建设现场会。会议总结北京高校关工委基层建设主要经验，要求各高校认真贯彻教育部党组有关文件精神，扎实推进关工委基层建设。会上，北京交通大学、清华大学代表交流基层建设经验。教育部关工委、北京市关工委、北京教育系统关工委领导和北京高校关工委负责人参加会议。12月8日，北京教育系统关心下一代工作委员会召开区县教育关工委基层建设现场会。

（张兴华）

语言文字工作

【概　况】 2011年，北京市语言文字委员会以科学发展观为统领，贯彻实施国家语言文字法律法规，按照市领导提出的“认识到位，给力支持；宣传引导，拓展空间；科研引领，丰富内涵”的工作要求，全面实施“一体两翼、增量推进”战略，夯实语言文字常规工作，研究繁荣语言文化事业，研究推动语言产业发展，不断开创新领域，拓展新空间，全面构建和谐语言生活，使语言文字的社会应用更好地服务“人文北京”和世界城市的建设。语言文字培训测试工作取得较大进展，测试类别进一步拓展，测试受众进一步拓宽，测试数量进一步增长，测评手段进一步优化，测试政策惠及广大学生，培训工作更具针对性。全年普通话水平测试48133人，汉字应用水平测试5289人，汉语能力测试200人。

（邓鸿）

【举办语言文化知识竞赛】 1月9日，

北京市语言文字规范化示范校语言文化知识竞赛总决赛在首都经济贸易大学举行。比赛历时半年，竞赛内容分为知识问答和“诵、写、讲”才艺展

示两个部分。比赛面向全市国家级、市级语言文字规范化示范校。通过区县初赛、半决赛选拔，共有8个队进入总决赛。最后，石景山区代表队获得冠军，海淀区、通州区代表队获得亚军，朝阳区、丰台区、昌平区、怀柔区代表队获得三等奖，西藏中学和潞河中学新疆班代表队获得特别奖。比赛由市教委、市语委举办。

（邓鸿）

【召开区县语委办工作会】 1月25至26日，市语委办召开2011年度区县语委办工作会议。会议主报告总结2010年工作，布置2011年工作要点。会上，东城区教委、石景山区语委办、通州区语委办、昌平区语委办交流语言文字工作经验。会议还对2010年的专项工作分区县逐一点评并给予奖励。市语委和各区县代表50人参加会议。

（邓鸿）

【加强区县语言文字宣传工作】 3月21日，市语委印发《关于加强区县语委宣传工作的意见》。文件从加强认识、把握形势、落实任务、注重手段、考核评比、组织领导等方面，对各区县加强语言文字宣传工作提出明确要求和任务部署。年终市语委对各区县落实文件情况进行检查。检查结果显示，各区县对语言文字宣传工作更加重视，普遍建立语言文字网站或网页，拓展宣传工作阵地，信息员队伍建设进一步加强，信息上报数量和质量有明显提高。

（邓鸿）

【召开语言文字测试中心工作会】 3月30日，市语言文字测试中心召开2011年度工作会议。会议总结近3年北京市语言文字工作10项开拓工作，即：成立正处级全额拨款事业单位“北京市语言文字测试中心”；创办市语委机关报《语文导报——语言文字工作专刊》；组织开发语言文字法规知识和语言文化常识在线测试系统；编印读物《北京市民迎奥运语言文字知识百题》、《首都市民迎国庆语言文字知识读本》、《北京市中小学师生语言文化知识读本》；与相关单位联合举办“首都市民迎国庆语言文字知识竞赛”、“北京市语言文字规范化示范校语言文化知识竞赛”；成立市语委专家委员会，组织全市语言应用科研工作；新增6个高校语言文字测试分中心；语言文字测试工作由单一的普通话水平测试发展成为以普通话水平测试为主体，汉字应用水平测试、汉语口语水平测试、职业汉语能力测试等为补充的工作格局；启动市语委科研基地建设工作，依托首都师范大学成立语言产业研究机构“北京语言产业研究中心”，依托北京语言大学筹备成立“北京语言文化建设研究中心”；将语言文字工作列入区县素质教育综合督导评估内容。会上，石景山区、房山区、延庆县和北京师范大学、北京青年政治学院语言文字测试分中心进行重点发言和交流。市语委、语委办领导、全市33个语言文字测试分中心负责人和工作人员70人参加会议。

（邓鸿）

【召开全市语言文字工作会议】 5月11日，市语委召开2011年度北京市语言文字工作会议。会议总结2010年工作总结，部署2011年主要工作。石景山区、市高级人民法院作典型发言。会议宣读2010年度“中华诵”活动奖励名单并为获奖单位颁奖。与会领导为市语言文字工作委员会第二届专家委员颁发聘书。教育部、国家语委、市政府有关领导，市语委各委员单位负责人共100人参加会议。

（邓鸿）

【成立语言文化建设研究中心】 5月

27日，中国语言资源有声数据库建设北京启动仪式和北京语言文化建设研究中心成立揭牌仪式在北京语言大学举行。会议为中国语言资源有声数据库建设北京项目专家组组长和北京语言文化建设研究中心主任颁发聘书，宣读《关于开展中国语言资源有声数据库北京建库工作的通知》和《关于成立“北京语言文化建设研究中心”的批复》，为北京语言文化建设研究中心揭牌。与会专家围绕“北京语言文化建设”主题进行研讨。教育部、国家语委、市政府有关领导，北京语言大学等有关专家共60人参加会议。

（邓鸿）

【首次评估语言文字规范化街道乡镇】 6月12至24日，市语委检查评估首批市级语言文字规范化示范街道、示范乡镇创建工作。市语委检查评估工作组由带队领导、语言文字专家、普通话水平测试员和语言文字工作干部组成。工作组实地检查评估16个街道乡镇机关，包括商场、银行、邮局共31个公共服务单位，以及16条大街的语言文化环境。同时抽查16所申报国家级规范汉字书写教育特色校。最终，经市语委批准，认定20个街道（乡镇）为首批语言文字规范化示范街道（乡镇），认定31个单位为第七批北京市语言文字规范化达标单位。2011年起，市语委开展为期3年的语言文字规范化示范街道、示范乡镇创建工作，每年认定全市街道、乡镇总数的10%。

（邓鸿）

【高校学生免费测试普通话水平】 7月1日，北京市对北京高校在校学生实行免费普通话水平测试，并免费发放证书。测试对象和范围为全日制普通高等学校在校学生（含专科生、本科生、研究生）。免费测试须以学校为单位，集体报名，每个学生只享受一次免费测试。相关经费由市政府财政补贴。至年底，全市参加“免费测试”大学生13166人。

（邓鸿）

【筹备语言资源有声数据库建设】 9月8日，教育部与市语委联合召开北京语言资源有声数据库建设筹备工作会议。会议研究北京语言资源有声数据库建设总体工作方案、任务分工和近期工作安排。会议议定：项目名称为“北京语言资源有声数据库建设”，该数据库为“中国语言资源有声数据库北京子库”，由北京语言大学牵头组织相关单位专家具体实施。成立领导小组、办公室、顾问组以及北京语言资源有声数据库、北京语言文化信息库2个课题组。建设宗旨着重体现北京话作为普通话标准音和基础方言的作用，体现北京地域文化特色。最终成果包括绘制“北京语言地图”、建设“北京语言文化网上博物馆”、合作建立实体语言资源专区等。国家语委、市语委和相关专家参加会议。

（邓鸿）

【举办2011经典诵读活动】 9月，市语委办结合第14届全国推广普通话宣传周，举办“中华诵·2011经典诵读”活动。13个区县、5所高校参加活动。通过选拔，教师组、高校学生组、综合组、留学生组、集体组5个组别共推荐90个节目入围全市评比。经市语委办组织专家评审，选定34个个人节目和5个集体节目参加全国“中华诵·2011经典诵读大赛网络预赛”。

（邓鸿）

【举办全国学生规范汉字书写比赛】

9月，市教委、市语委组织大中小学生参加“中华诵·2011全球华人学生暨全国学生规范汉字书写大赛”。比赛设5个组别：小学一组（1至3年级）、小学二组（4至6年级）、中学组（包括初中、高中和中等职业学校学生）、高校组（含港澳台学生）、在华外国留学生组。分6种书体类别：软笔楷书、软笔隶书、软笔行书、硬笔楷书、硬笔隶书、硬笔行书。16个区县、30所大中专院校参加活动。通过选拔，各组别共推选各书体作品1104件参加市级评审。经市语委办组织专家评审，最终评选出市级特等奖9人、一等奖29人、二等奖58人、三等奖97人、特别奖22人，特别奖作品均为在华外国留学生作品。其中，特等奖、一等奖、二等奖及特别奖作品上报全国组委会并在“中华诵”官网上展播。

（邓鸿）

【审定汉字应用水平测试应试指南】 10月13至14日，市语言文字测试中心召开专家委员会第四次会议，审定《汉字应用水平测试应试指南》。该书由市语言文字测试中心组织专家学者分章节撰写。内容包括五个部分：汉字应用水平测试解说、汉字的字音、汉字的字形、汉字的字义、附录。汉字的字音、汉字的字形、汉字的字义三部分是全书应试指导主体，每部分均分为三节：概说、真题解读、知识点详解与辨析。该书11月由首都师范大学出版社出版发行，供汉字应用水平测试应试者参考使用。

（邓鸿）

【举办普通话水平测试员骨干培训班】

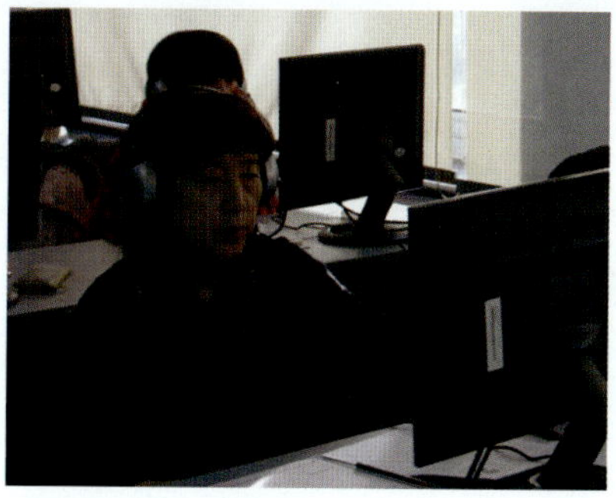

10月22日，11月12至13日，市语委办、市语言文字测试中心在首都师范大学举办第三期、第四期普通话水平测试员骨干培训班，来自城区20个分中心和郊区13个分中心共89名国家级测试员分别参加两期培训。培训旨在强化普通话水平测试员继续教育工作，提高测试员业务水平和测试操作能力，促进计算机辅助普通话水平测试工作顺利开展。培训邀请北京人民广播电台播音员和国家级普通话水平测试员主讲。培训后，参训测试员全部取得计算机辅助普通话水平测试的打分资格和骨干测试员上岗聘书。

（邓鸿）

【全国科研规划立项24个】 11月，国家语委科研规划领导小组公布国家语委“十二五”科研规划2011年度项目名单。北京市高校立项24个，其中重大项目3项占12.50%、重点项目5项占20.83%、一般项目13项占54.17%、委托项目3项占12.50%。作为北京市语委科研基地项目，首都师范大学北京语言产业研究中心申报的“语言产业的界定及其在新兴产业结构中的地位分析”、北京语言大学北京语言文化建设研究中心申报的“中国城镇化进程中的语言文字问题及对策研究”全部获得立项。

（邓鸿）

【开展汉语能力测试试点工作】 12月

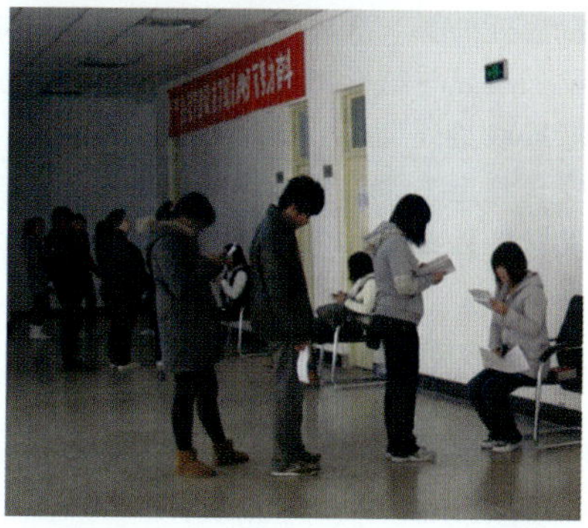

24日，市语委在北京教育考试院组织汉语能力测试首场考试，正式启动汉语能力测试试点工作。全市共有200人参加测试，考生职业覆盖公务员、专业技术人员、媒体从业人员、高校教师、大中学在校生。汉语能力测试是教育部、国家语委、教育部考试中心研制实施的一项涵盖汉语听说读写全方位能力的一项国家级语言类水平测试，是对以汉语作为生活、学习、工作基本用语的人群进行汉语应用能力的综合考评。

（邓鸿）

中共北京市委教育工作委员会
书记、副书记、委员

书　　记　王安顺（2月免）　赵凤桐（2月任）

常务副书记　刘　建

副 书 记　刘利民（1月免）　姜沛民（2月任）

线联平　王民忠　唐立军

委　　员　罗洁　郑萼　周燕　刘勇

李中水　何劲松

北京市教育委员会
主任、副主任、委员

主　任　刘利民（2月免）姜沛民（2月任）
副主任　罗洁　郑萼　付志峰　何劲松
委　员　周燕　孙善学　郑登文　曹秀云　叶茂林

中共北京市委教育工作委员会
北京市教育委员会
处室负责人

市委教育工委（市教委）办公室主任　葛巨众
市教委（市委教育工委）办公室主任　张永凯
政策研究与法制工作处处长　熊红
机关党委办公室主任　王栋
离退休工作处处长　张健
组织处处长　陈江华
干部处处长　刘勇（兼）
宣教处处长　狄涛（10月免）　王达品（10月任）
统一战线与群众工作处处长　钱卫
基层联络处处长　解江凌
安全稳定工作处处长　卢向红
发展规划处处长　周彤
人事处处长　吴武
财务处处长　李艳春
基本建设处处长　刘占军
学前教育处处长　张小红
基础教育一处处长　杨志成
基础教育二处处长　李奕
职业教育与成人教育处处长　邵和平
高等教育处处长　黄侃
学生处处长　沈聪伟
科学技术与研究生工作处处长　赵清
体育卫生与艺术教育处处长　王东江
国际合作与交流处处长　邱晓平
学校后勤处处长　张龙
审计处处长　曹永模
民办教育处处长　李开发
语言文字工作处处长　贺宏志
北京市监察局驻北京市教育委员会监察处处长　白保平

中共北京市纪律检查委员会
教育工作委员会
书记、副书记

书　记　周燕
副书记　郑立波　白保平

（本栏责任编校　林业）

教育督导

综述

2011年，市教育督导室认真学习贯彻国家和北京市中长期教育改革与发展规划纲要，按照年初制定的《北京市人民政府教育督导室2011年工作要点》要求，全面推进各项教育督导工作开展，取得显著成效。

一、明确思路，统筹全市教育督导工作

学习、贯彻国家和北京市两个教育规划纲要，准确把握教育督导发展面临的新形势、任务和要求。结合北京教育督导工作的实际，研究制定《北京市“十二五”时期教育督导发展规划》，并予以正式印发。组织召开2011年寒假北京市教育督导领导干部工作会，全面部署北京市“十二五”时期教育督导工作目标、思路、任务和2011年全市教育督导工作任务。会议提出加强和改进首都教育督导工作的五个着力点。一是更加注重优先发展方针的落实；二是更加注重教育体系的完善；三是更加注重教育发展的内涵；四是更加注重教育改革的实际效果；五是更加注重育人的质量。各处室组织召开不同层面的工作会议，分别部署各自的工作任务。年中，督导室组织召开2011年暑假北京市教育督导领导干部会，总结上半年工作，部署推进下半年工作。

二、继续开展教育法律法规执行情况的督导检查

完成2010年北京市教育法律法规执行情况督导检查。印发《北京市人民政府教育督导室关于开展2011年教育法律法规执行情况督导检查的通知》，部署2011年教育法律法规执行情况督导检查工作任务，明确督导检查重点内容和时间安排，提出工作要求，组织各区县开展教育法律法规执行情况自查。在全市普遍开展执法情况自查的基础上，11月，督导室正式成立督导检查组，对大兴、海淀、丰台3个区和市粮食局、公园管理中心和供销总社3个部门开展教育法律法规执行情况督导检查。年底初步形成督导检查意见，将对相关单位进行反馈，形成全市执法检查情况报告。

三、以义务教育督导为重点，继续开展各项专项督导

一是继续开展义务教育均衡发展状况的督导评价工作。完成2009至2010学年度义务教育均衡发展状况数据整理和分析工作，撰写专项督导评估报告。督导表明，近两年来，全市通过加大经费投入、改善办学条件、加强干部教师队伍建设等措施，有力地推进义务教育的均衡发展。对照“义务教育均衡发展状况差异系数的（试行）标准”，北京市2009至2010学年度在义务教育均衡发展状况测算统计的27项指标中，属于均衡的指标11项，比2008至2009学年度的9项增加2项，提高7.41%；属于比较均衡的指标为10项，比2008至2009学年度的8项增加2项，提高7.41%；属于不够均衡的指标1项，比2008至2009学年度2项减少1项，降低3.7%。各区县均衡发展状况，在测算统计北京市各区县27项监测指标差异系数的基础上，按照4项一级指标所含监测指标差异系数及其权重分配，从差异指数测算结果来看，2008至2009与2009至2010学年度比较，全市有11个区县差异指数降低，占57.89%，说明有半数区县均衡程度逐年提高。

二是完成6个区县“小学规范化建设工程”专项督导检查工作。4月18日至5月17日，督导室组织对海淀区、丰台区、顺义区、房山区、门头沟区和密云县6个区县的小学规范化建设工程进展情况进行专项督导检查。督导检查显示，小学规范化建设工程实施4年来，各区县按照建设规划，在市教委宏观指导、政策引导和机制保障下，充分调动各方面的积极性，本着“软硬并举，内涵发展”的原则，通过加强学校硬件设施改造、资源整合、设备更新、图书添置、改善教师工作和生活条件、组织干部教师培训、引导优秀教师合理流动等一系列有效措施，极大地改善学校的办学条件和校园环境，推进小学教育优质均衡发展，提升全市小学教育教学质量和社会声誉。

三是推进义务教育阶段中小学生综合素质测量工具研制工作。在大量文献分析和实践需求分析基础上，根据国家和北京市中长期教育改革和发展规划纲要精神，结合北京市建设中国特色世界城市建设要求，初步确定北京市义务教育阶段中小学生综合素质界定内容为德、智、体、美四个方面。

市教育督导室多次召开研讨会，基于课程标准、以能力为评价重点，明确“德智体美”学生综合素质评价领域和标准，研制义务教育质量督导评价测量工具。目前，已基本搭建北京市义务教育质量督导评价测量标准框架体系，完成测评的双向细目，确定以纸笔的形式利用发达的信息通讯网络技术进行抽测，并委托有关专业机构进行命题。

同时，为加强义务教育质量督导评价研究与实践工作，成立北京市教育督导与教育质量评价研究中心，开展教育督导与教育质量监测评价的研究工作，开发教育质量监控工具，管理和维护北京教育督导与教育评价数据库。

此外，顺利完成2011年教育部基础教育质量监测中心对北京市4个区县义务教育阶段英语和体育两个学科的监测。2011年，北京市西城区、海淀区、昌平区、密云县部分学校参加国家基础教育质量监测。每个区县抽样12所小学、6所初中学校，每所小学抽样30名5年级学生，每所初中抽样60名初三年级学生。全市共计72所义务教育阶段的学校参加英语和体育两个学科的测试。被抽测学校相关年级的英语和体育学科的教师参与教师问卷，校长完成校长问卷。昌平、密云两个区县还参加体育和英语实地抽测。

四是组织开展北京市独立学院督

导回访工作。为监督、检查、指导独立学院落实督导回复意见和学院整改方案，市教育督导室会同市教委于2010年12月28日至2011年1月7日，组织督学、专家和行政管理人员对5所独立学院整改情况进行督导回访，形成督导回访意见。4月，督导回访组召开专题督导回访意见反馈会，逐校反馈督导回访意见，与学校投资方和办学方坦诚交流，助推独立学院依法、科学、健康发展。

四、多种督导形式并举，全面加强和改进职业与成人教育督导工作

一是全面开展综合督导。年内完成第三轮职业学校综合督导工作。依据《北京市区县政府、教委、中小学、幼儿园全面实施素质教育评价方案》和《北京市中等职业学校全面实施素质教育评价指标体系》，市教育督导室完成北京农业职业学院机电工程学院开展全面实施素质教育情况的综合督导；联合市人力社保局对北京市工贸技师学院、北京市市政管理学校、北京地铁技术学校、北京市科技高级技术学校、北京市工艺美术高级技工学校5所技工学校开展综合督导评估工作。进一步促进技校规范化办学和教育管理的完善。检查总结市教委与市人社局不同管理体制下职业学校的办学经验和亮点，以及存在的问题。除指导学校整改外，市教育督导室还研究总结影响全市职业教育发展的问题，提出工作建议，供相关决策部门参考。

二是继续加强德育专项督导。依据《中等职业学校德育大纲》，督导室联合海淀区和丰台区教育督导室对所属的海淀艺术职业学校和丰台职教中心学校进行德育专项督导。

三是积极做好社区教育随访督导工作，促进首都学习型城市建设。在总结朝阳、顺义两区社区学院随访督导工作的基础上，督导室开展对东城区、西城区两个区社区教育随访督导，探索社区教育督导工作新模式，逐步推进社区教育督导工作，推动社区教育的规范建设。

四是运用现代信息技术，完善两个软件系统，为实现职成督导信息化提供支撑。开发和完善北京市中等职业学校督导评价管理系统，并根据使用情况和综合督导指标修订情况对软件进行适时修改和完善。完善中等职业学校监测系统。通过组织召开专家研讨会，对职业教育发展的新形势和新要求进行需求分析，增减和更新监测项目，优化操作界面。

五、依托专项督导调研，不断拓展督导工作领域

一是积极开展学前教育督导调研。2011年上半年，督导调研组分别到通州、朝阳、海淀、西城四个区开展学前教育督导调研，就学前教育发展状况、存在的困难、区政府及相关职能部门落实学前教育工作目标责任的情况以及需要市政府相关职能部门提供的政策支持等方面情况开展实地督导调研，撰写《关于开展学前教育督导调研情况的专项报告》。2011年下半年，督导调研组继续深入其他区县的幼儿园开展调研，全面了解全市各种不同类型幼儿园的发展情况，为研制北京市学前教育发展政策、学前教育督导工作方案提供有效信息支撑。8月初，教育部督导办委托市教育督导室研究编制国家的《学前教育督导评估办法》。10月，市教育督导室顺利完成《北京市学前教育督导评估指标体系》和《北京市学前教育发展状况监测统计表》征求意见稿。组织召开三个不同层面的座谈会，全面征求区县的意见和建议。同时，征求各相关处室修改意见，完善督导工作方案和工具，形成正式的北京市学前教育专项督导评价工作方案。

二是继续深入开展普通高中教育多样化发展与督导制度建设调研工作。年内，高中督导调研工作取得积极成果，为进一步开展督导调研奠定基础。4月27至28日，召开“2011年北京市普通高中教育督导调研工作研讨会”。大会总结研讨2010年调研成果，布置2011年工作任务，并成立开放式、多元参与的“北京市普通高中教育督导工作研究核心组”和6个“高中教育督导工作先行试点区”，并根据首都特点，研究教育督导在普通高中多样化发展的政策依据、指标体系和实施策略，为促进全市普通高中教育健康发展、可持续发展做出贡献。

三是开展特殊教育督导调研，启动研制特殊教育督导评价方案。组建北京市特殊教育督导队伍，正式启动特殊教育督导调研，研制特殊教育工作督导评价相关文件和评价指标体系，拟定书面调查提纲、调查问卷和座谈会提纲。在研制评价指标体系的基础上，督导室实地督导调研北京市盲人学校、海淀区培智中心学校、北京启喑实验学校、密云县聋人学校4所特殊教育机构，了解特殊教育机构工作状况及存在的突出问题，促进区县进一步加强特殊教育工作，同时，丰富完善特殊教育督导评价体系。

四是开展校外教育督导评价试点工作。在深入调研的基础上，经过充分讨论交流意见，研究制定《北京市区县校外教育工作督导评价方案（试行）》，完成《北京市校外教育工作督导调研报告》。下半年，研制《北京市校外教育工作督导评价细则》，并选择昌平、平谷正式开展校外教育督导评价试点工作。

五是启动研制北京市区县教育督导工作评价方案。为进一步推进区县教育督导工作的开展，市教育督导室正式启动研制区县教育督导工作评价方案，力求通过开展督导评价工作，进一步推进区县政府真正落实关于教育督导工作的法律法规和相关政策，不断加强和改进教育督导机构建设和教育督导工作，促进教育督导事业科学健康发展。

六是继续开展北京市区县教育工作满意度入户调查。在研究总结2010年北京市区县教育工作满意度调研报告和北京市区县教育工作满意度调查统计结果报告的基础上，形成2010年北京市区县教育工作满意度调查报告。同时，继续创新教育工作督导评价机制，正式开展2011年北京市区县教育工作满意度调查。调查走进全市11600户家庭，倾听来自基层的声音，准确把握首都教育发展中人民群众的新期待，为首都教育发展决策提供数据支撑。

六、大力推进教育督导交流与合作，不断提升北京教育督导影响力

一是举办北京2011教育督导评价国际研讨会，增进国内外交流与合作。与会代表就“现代学校管理与评价”开展研讨，专题探讨现代学校的

管理与评价理论体系的建构与实践探索，就现代学校的督导评价体系、评价制度和运行机制形成广泛共识，对于进一步提高首都教育督导的实效性，促进首都教育内涵发展，提升首都教育现代化水平具有重要意义。

二是加强与相关国家及兄弟省市教育督导工作的经验分享。2011 年，分别接待越南、荷兰两个国家的教育督导考察团。双方就各自教育督导工作开展的情况以及共同关心的问题进行广泛交流，并就积极开展合作达成共识。此外，还组织部分专职督学深入江西学习考察教育督导工作经验，并接待重庆市、贵州省、深圳市龙岗区的教育督导同行来京考察交流。

七、继续加强教育督导调研科研工作

完成“北京市督学责任区建设制度研究”、“北京市‘十二五’时期教育督导发展规划研究”等课题的结题工作。

跟踪学习型城市建设热点工作，组织对东城区、西城区、大兴区、通州区、顺义区五个学习型组织的建设工作进行专题督导调研，了解、研究和分析北京市在学习型城市建设中取得的成绩和遇到的问题，提出相关工作建议。

根据国家和全市教育规划纲要精神，开展北京工业职业技术学院、北京信息职业技术学院、北京现代职业技术学院等 10 所不同类型高职院校和部分中等职业学校的中高职衔接情况专题督导调研，研究中高职衔接中的制度建设、课程体系建设、毕业生直接升学制度等，形成调研报告。

以课题研究为先导，开展并完成“行业委办局依法履行职业教育职责情况督导评估方案研究”，“社区教育发展督导评价指标体系研究”，“继续教育督导评估方案研究”，“北京市中等职业学校全面实施素质教育综合督导评价指标体系研究”等专项课题研究，促进相关问题的解决。

初步完成《北京市教育督导机构和职能的研究》、《现代化教育背景下的教育督导评估理论与实践研究》、《学前教育督导方式的研究》等课题的课题研究工作。印发《北京市人民政府教育督导室关于加强教育督导科研工作的指导意见》。

组织力量认真开展两个试点项目（“研究制定北京市义务教育阶段中小学生综合素质督导评价方案”和“探索有效履行教育督导职能的体制机制”）的试点工作，依据项目的实施方案完成试点任务。

研制《北京市教育督导工作手册》（征求意见稿），初步构建北京市教育督导工作规程框架体系。

2009 至 2010 年度督导室共有 9 项研究成果获得市委教育工委、市教委、市教育督导室调研成果奖，并在两委机关的科研工作总结会上介绍教育督导科研调研工作经验。

八、进一步加强督学队伍专业化建设

推进成立北京市督学研修中心工作；依托北京教育学院，研发督学研修课程和教材；组织专职督学轮训赴江西考察工作；继续举办“北京督学大讲堂”。为加强职成教督导人员专业化建设，督导室于 3 月 15 日和 6 月 10 日，先后就职业教育分级制改革情况、教师专业化发展、校本教研等内容举办两次职教兼职督学培训。

（杨江林　王家兵）

总　类

【举办督学新春团拜会】　1 月 25 日，市教育督导室举行北京市督学新春团拜会。会议代表市委教育工委、市教委、市教育督导室对全体专兼职督学为全市教育督导事业健康发展和办人民满意的首都教育做出的新贡献，表示衷心感谢。会议总结 2010 年北京教育督导工作，通报 2011 年教育督导任务。会议指出，新的一年，市教育督导室将围绕办人民满意的教育宗旨和首都教育改革发展中心工作，准确把握首都教育现代化阶段性特征，以提高教育质量为核心、以改革创新为动力，加强教育督导专业化建设，坚持“依法、科学、公平”督导，全面提高督导工作现代化水平，努力营造良好的教育发展环境。北京市专兼职督学 100 余人参加会议。

（王家兵）

【召开寒假教育督导领导干部会】　2 月 24 至 25 日，市教育督导室召开北京市 2011 年寒假教育督导领导干部工作会议。会议总结 2010 年全市教育督导工作总体情况，部署 2011 年全市教育督导主要工作，解读北京市“十二五”时期教育督导发展规划。会议指出，为实现“十二五”时期北京教育督导工作新目标，年内要完成 8 项任务：继续坚持并完善教育法律法规执行情况督导检查工作；进一步完善素质教育综合督导工作，完善社会评价机制；开展学前教育督导工作；依法加强和改进义务教育督导；积极探索教育质量督导监测工作；大力加强和改进职业教育的督导工作；进一步探索推进民办高等学校办学状况的督导与评估工作；拓展教育督导工作领域。市教育督导室专兼职督学和各区县教育督导室领导 60 余人参加会议。

（王家兵）

【召开职成教督导工作会】　3 月 15 日，市教育督导室召开北京市 2011 年职成教育督导工作会暨督导人员培训会。会议总结 2010 年职成教育督导工作，并对 2011 年职成教育督导工作做部署。新的一年希望督导人员深入学习职业教育相关法律法规和有关会议精神，进一步明确教育督导工作的发展方向；遵循职业教育规律，切实提高督导实效性；加强研究，注重总结，为首都职成教的创新发展提供借鉴经验；高度重视积极参加督学培训，不断提升专业化水平。职业学校和教育督导机构要一起努力，切实解决职业教育与继续教育改革和发展中的困难和问题，为首都职业教育与继续教育健康、协调、可持续发展提供不竭动力和坚强保障。各区县教育督导室主任、督学，中等职业学校校长及督导室主任 170 人参加会议。

（龙梅）

【举办2011年督学大讲堂】 3月25日，

2011 年首期“北京市督学大讲堂”在北京教育学院开课。教育部人事司司长管培俊受邀做关于教师队伍建设新举措的报告，解析当前中国教师队伍建设面临的难题、任务以及国家的应对策略。市教育督导室主任线联平报告“十一五”期间首都教育改革与发展成就，并解读北京市中长期教育改革和发展规划纲要。北京市、各区县全体专、兼职督学，以及部分在北京教育学院参训学员听课。这是市教育督导室与北京教育学院第三次联合举办“北京市督学大讲堂”，也是 2011 年第一次开课。至年底，督学大讲堂举办 4 次。

（高传霞）

【完成义务教育均衡发展状况监测】 3 月，市教育督导室完成全市 2009 至 2010 学年度义务教育均衡发展状况监测工作，向社会公布监测评估报告。在义务教育均衡发展状况测算统计的 27 项指标中，属于均衡的指标为 11 项，比 2008 至 2009 学年度的 9 项增加 2 项，提高 7.41%；属于比较均衡的指标为 10 项，比 2008 至 2009 学年度的 8 项增加 2 项，提高 7.41%；属于不够均衡的指标为 1 项，比 2008 至 2009 学年度的 2 项减少 1 项，降低 3.7%。

（张士佐）

【举办教育督导评价国际研讨会】 6 月 18 至 19 日，教育部教育督导团办公室、市教育督导室、市教委联合举办“北京 2011 年教育督导评价国际研讨会”。会议以“现代学校管理与评价”为主题，来自美国、英国、日本、意大利、荷兰、芬兰、新加坡以及中国澳门和大陆的 20 余名教育督导主管、行政官员、高校学者、中小学校长，围绕现代学校的管理、评价和制度建设，报告理论研究成果和实践经验。全国 20 多个省市、自治区教育督导负责人，北京市有关委办局负责人，北京市各区县教委和教育督导室领导，市政府特约教育督导员，北京市专职和部分兼职督学等 200 人参加会议。研讨会是市教育督导室主办的第三次教育督导评价国际会议，前两次会议分别以“21 世纪教育督导的改革与创新”和“学校教育质量的督导评价与创新”为主题，产生较大影响。

（王家兵　任军）

【赴天津交流教育督导工作】 8 月 30 至 31 日，市教育督导室领导和专兼职督学赴天津市学习交流。其间，实地考察天津市河西区第一幼儿园、天津市实验中学、天津市和平区第十一幼儿园，与天津市教育督导委员会相关领导、督学和天津市教委相关处室负责人座谈，全面了解天津市学前教育和高中教育发展状况，并就天津市加快发展学前教育的创新举措和经验、高中教育多样化发展特色发展、构建覆盖城乡布局合理学前教育公共服务体系等问题进行交流和探讨。天津开展学前教育和高中教育督导的体制和机制、模式和方法、内容和指标体系等经验，为促进北京加快发展学前教育，促进高中教育多样化发展和特色发展提供经验借鉴。10 月 26 至 28 日，市教育督导室 7 人，再次赴天津，考察交流职业教育督导工作。

（杨江林　龙梅）

【召开暑假教育督导领导干部工作会】 9 月 13 至 14 日，市教育督导室召开 2011 年暑假北京市教育督导领导干部工作会议。会议听取国家教育质量监测工作情况、首都教育现代化进程中有关问题等专题报告，部署下半年北京市教育督导工作要点。会议指出，首都教育督导系统要增强紧迫感，适应教育现代化需求加强对教育质量监测的研究。下半年着力做好学前教育和义务教育均衡发展督导工作，以坚定的信心、饱满的热情、务实的作风、高效的服务，做好教育督导工作。市教育督导室专兼职督学和各区县教育督导室领导 60 余人参加会议。

（王家兵）

【成立教育督导与教育质量评价研究中心】 9 月 16 日，北京市教育督导

与教育质量评价研究中心成立暨揭牌仪式在北京工业大学建国饭店举行。评价研究中心经北京市机构编制委员会办公室同意成立。其主要职责是受市教委和市教育督导室委托，开展教育督导与教育质量监测评价研究工作，开发教育质量监控工具，管理和维护北京教育督导与教育评价数据库，承担教育督导与教育质量评价的事务性工作，为相关部门提供理论和信息咨询服务。评价研究中心设在北京教科院，下设办公室、督导及评价理论研究室、工具研发及组织实施室、信息与数据处理中心 4 个部门。

（张士佐）

【获教育教学质量监测优秀组织奖】 9 月 25 至 28 日，教育部基础教育质量监测中心监测西城、海淀、昌平、密云 4 个区县义务教育阶段教育教学质量。4 个区县 72 所义务教育阶段学校参加英语和体育两个学科的测试。被抽测学校相关年级的英语和体育学科教师参与教师问卷，校长完成校长问卷。昌平、密云两个区县还参加体育和英语实地抽测。此次监测，市教育督导室获得全国优秀组织奖。

（张士佐）

【举办专职督学轮训】 9月27日，北

京市专职督学轮训第二期结业式暨第

三期开学典礼在北京教育学院举行。第二期培训班27名学员结业，26名学员进入第三期培训班学习。2009年，市教育督导室委托北京教育学院开展督学专业培训。双方合作探索建立专业化、制度化、科学化督学培训制度，开展专职督学全员轮训、任务驱动式培训、专题培训以及督学大讲堂等多种形式的督学继续教育活动。

（高传霞）

【完成区县教育工作满意度入户调查】 10月10日，市教育督导室、北京市统计信息咨询中心、北京教科院召开2011年北京市区县教育工作满意度入户调查动员和培训会，正式启动北京市2011年区县教育工作满意度入户调查工作。至12月，400名调查员走访北京市16个区县和燕山地区1100个居委会、村委会的11600户家庭，对接受中等及中等以下教育的学生和学生家长，就区县教育工作满意度进行问卷调查，了解老百姓对教育的真实感受，了解对改进教育工作的意见。调查结果显示：2011年全市区县教育工作满意度平均分81.3分，达到“比较满意”程度以上。这是北京市第三次区县教育工作满意度入户调查，3年数据纵向分析表明市民对区县教育工作的满意度逐年提高。

（杨江林）

督 导 检 查

【检查基础教育法律法规执行情况】 3月，市教育督导室部署教育法律法规执行情况督导检查工作。在明确督导检查的重点内容和工作目标基础上，要求各区县开展教育法律法规执行情况自查。11月8至23日，市教育督导室组成督导检查组，实地督导检查丰台、海淀、大兴新建、改建居民小区教育配套建设情况。年底形成督导检查意见，形成全市执法检查情况报告。报告显示，区县政府较好贯彻落实《北京市实施〈中华人民共和国义务教育法〉办法》第十九条的法律规定，制定教育设施专项规划。对新建、改建居民区学校建设所需用地和建设资金，基本做到依法划拨和保证。在确保教育配套设施建设与居民区建设同步实施和同步交付使用等方面建立相关制度及工作机制，基本做到规划先行、制度保障、部门联动，并形成区域不同的管理特色。

（张士佐）

【开展小学规范化建设工程专项督导】 4月9日至5月10日，市教育督导室组织专家对海淀等6个区县小学规范化建设工程进行专项督导检查。督导检查结果显示，小学规范化建设工程实施4年来，各区县按照建设规划，在市教委宏观指导、政策引导和机制保障下，充分调动各方面的积极性。各区县本着“软硬并举，内涵发展”的原则，通过加强学校硬件设施改造、资源整合、设备更新、图书添置、改善教师工作和生活条件、组织干部教师培训、引导优秀教师合理流动，改善学校办学条件和校园环境。小学规范化建设工程推进小学教育的优质均衡发展，提升全市小学教学质量和社会声誉。

（张士佐）

【召开普通高中教育督导调研研讨会】 4月27至28日，市教育督导室召开“2011年北京市普通高中教育督导调研工作研讨会”。会议总结研讨2010年调研成果，布置2011年工作。会议宣布成立开放式、多元参与的“北京市普通高中教育督导工作研究核心组”和6个“高中教育督导工作先行试点区”。该项工作将根据首都特点，研究教育督导在普通高中多样化发展的政策依据、指标体系和实施策略，为促进全市普通高中教育健康发展、可持续发展做出贡献。市教育督导室领导和各区县代表100人参加会议。

（张士佐）

【实施校外教育专项督评】 12月7至8日，市教育督导室会同市教委组成北京市区县校外教育工作督导评价组，在昌平区试点开展校外教育工作督导评价。12月20至22日，市教育督导室联合市教委，在平谷区开展校外教育工作督导评价试点。这标志北京市校外教育专项督导正式启动，这也是全国省级教育督导室首次开展校外教育督评。昌平、平谷两区县校外教育工作督导评价试点，目的是以评促建，促进校外教育的队伍建设、场馆建设、机制建设和制度建设；以评促改，促进校外教育工作的规范管理和改进提高；以评促发展，促进校外教育工作的健康全面发展。在两区试点基础上，2012年北京正式开展校外教育专项督导，并在“十二五”期间完成对各个区县政府校外教育工作的首轮督评。

（高传霞）

【督导检查职教法律法规执行情况】 至12月，市教育督导室完成北京市粮食局、北京市公园管理中心、北京市供销合作总社等单位执行职业教育法律法规情况的督导检查。督导检查结合行业发展实际，总结其开展职业教育工作的典型经验，也发现存在的问题和薄弱环节，并提出改进建议。督导工作推动相关委办局建立和完善符合自身发展需要的职业教育与培训制度。

（马千里）

【完成中职学校综合督导】 至12月，市教育督导室完成北京农业职业学院中专部等5所技工学校全面实施素质教育综合督导评价工作。督导过程充分尊重学校主体，强调学校自我评价作用，提升自我改进能力，体现督评双方的合作性与互动性。督导充分运用过程评价和终结评价，对学校改革发展和全面实施素质教育工作作出综合判断，并形成学校认可的评价意见。督导工作充分利用自评和督评结果规范学校的办学行为，促进学校加快自主发展，形成办学特色，达到“以评促建、以评促改、以评促发展”预期目的。

（马千里）

【开展中职学校德育专项督导】 至12月，市教育督导室完成海淀艺术职业学校和丰台职教中心学校等职高学校德育专项督导。督导结果显示，两个学校德育工作管理规范，理念先进，目标明确，特色鲜明，科学育人机制健全，机制运行通畅高效，校园文化活动丰富，形式内容多样，德育工作成效显著。

（马千里）

【开展社区教育随访督导】 至12月，市政府教育督导室完成东城区和西城区社区教育随访督导检查。督导检查总结两区社区教育工作的成绩与特色，指出存在的问题，并提出建设性的意见。督导对提高区县政府对社区教育工作的重视程度，督促区县政府加强社区教育投入，完善社区教育体制，进一步推动社区教育发展，收到良好效果。

（陈琦璐）

督　导　调　研

【调研朝阳区学前教育督导】 4月20

日，市教育督导室督导调研朝阳区学前教育工作。线联平等领导和市政府特约教育督导员、市教育督导室兼职督学等有关人员14人参加调研。督导调研组听取朝阳区政府《关注教育民生，加快推动学前教育持续健康发展》工作汇报，召开朝阳区相关委办局和区教委相关科室（部门）参加的两个座谈会。针对调研组提出问题，朝阳区教委对本区学前教育工作做出整体研判，对“十二五”期间学前教育资源供求进行综合分析，并重点阐述近3年缓解入园难的措施。督导调研组实地考察香河园街道，听取香河园街道关于促进辖区内学前教育发展的工作汇报，走访香河园街道中心幼儿园（街道办园）和二十一世纪实验幼儿园分园（民办园）。

（杨江林）

【开展学习型城区建设调研性督导】 7月7日和15日，市教育督导室分别对西城和东城区的社区教育和学习型城区建设工作进行随访督导和调研。督导组听取两区政府关于社区教育工作的自查报告，查阅有关档案资料，召开居民代表座谈会，实地考察两个区的社区学院、部分学校和街道社区教育工作开展情况，并对两个区在社区教育和学习型组织建设方面取得的成绩给予充分肯定。督导组指出，两个区对社区教育和学习型组织建设工作认识深刻，主要领导高度重视，工作思路清晰，政策保障有力，品牌特色突出，而且能够做到不断创新、持续发展，在全市起到示范作用。同时，督导组在如何进一步整合资源、统筹协调管理、加强理论研究和更好地发挥社区学院龙头作用，对两个区提出要求。

（马千里）

【召开学前教育督导调研座谈会】 10月25至26日，市教育督导室连续召开3场北京市区县学前教育专项督导调研工作座谈会。会议分别邀请各区县分管教育工作区县长、教委分管学前教育工作的领导、教育督导室主任和幼儿园园长、教委相关科室负责人，了解各区县学前教育发展的状况和困难，征询不同层面对学前教育专项督导工作的意见和建议。调研显示，各区县根据学前教育三年行动计划，加大对学前教育的投入，新建、改扩建幼儿园增加学位取得初步成效。区县学前教育发展面临的难题包括：幼儿园扩增迅速，师资短缺，尤其保健员缺乏来源，管理队伍跟不上；新建和改扩建园所的审批程序较慢，影响进程；小区配套幼儿园建设存在不建、少建行为，或建成后不交教育行政部门。在解决难题实践中，各区县采取一些创新性措施。如为缓解师资短缺，面向社会招收大专以上学历、非幼师专业的人员，进行专业培训后再上岗，或定向委托高职院校培训幼儿教师。会议认为，督导评价指标体系内容全面，对学前教育发展产生督促作用。

（杨江林）

【开展课业负担专题调研】 至12月，市教育督导室与市教委开展“减轻学生过重课业负担，促进学生健康成长”调研工作。项目组运用教育科研的方法，通过项目研究和实验案例，努力寻找减轻学生过重课业负担，促进学生健康成长行之有效的策略和途径。至年底，调研组初步完成一期实验报告。

（张士佐）

北京市人民政府
教育督导室
主任、副主任

主　　任　线联平

副 主 任　刘莉　李銮　关国珍

（本栏责任编校　林业）

学前教育

综述

2011年，北京市有各类幼儿园（所）1305所，比上年增加60所。此外，经过园所改扩建工程建设，增加分园302所。全市幼儿园共设教学班11213个，在园幼儿311417人，比上年增加34423人。北京市户籍在园幼儿232361人，比上年增加25019人；外省市幼儿在本市入园79056人，比上年增加11389人。

全市幼儿园共有保教职工44458人，比上年增加7231人。园长1777人，其中，具有大学专科及以上学历的1611人，占90.66%。专任教师24170人，其中，具有大学专科及以上学历的19354人，占80.07%，比上年提高2.24%；具有中专、高中学历的教师4816人，占19.93%，比上年下降2.21%。具有小学高级及以上职称的园长、教师共5175人，占19.94%。

本年度全市共有745所幼儿园取得北京市分级分类证书，占57.09%，其中，达到一级标准以上的优质幼儿园506所。

研究制定学前教育三年行动计划，明确目标任务。在调研16个区县三年行动计划制定情况以及缓解入园难措施的基础上，就学前教育发展的诸多问题与相关委办局多次沟通、协调，制定《北京市学前教育三年行动计划（2011～2013年）》，经市政府第93次常务会审议通过，于5月26日颁布实施。该计划提出新时期学前教育发展原则、任务和目标，三年内市、区两级政府投入50亿元，实施幼儿园新建改扩建、条件达标和教师培养三大工程，改扩建769所幼儿园，使全市幼儿园总数达到1530所左右，全市公办性质幼儿园占幼儿园总数的比例达到65%。2011年至2013年分别增加学位约2.70万个、2.40万个、2.40万个，共增加学位约7.50万个，学前三年学位供给实现全覆盖，入园率由85.60%提高到95%；努力提高常住适龄儿童入园比例，学前三年学位供给覆盖率和入园率由80.80%提高到90%，使“入园难”问题得到有效缓解。

多种方式扩大教育资源，着力解决入园难问题。继续采取新建改扩建幼儿园和扩班等方式增加幼儿园学位，将幼儿园建设列为政府实事，全市16个区县共有156所幼儿园申报新建改扩建项目、441所幼儿园扩班，增加学位2.80万个，一定程度上缓解入园难问题。大力发展公办幼儿园，做好小区配套幼儿园建设和接收工作，制定并颁布《北京市关于加强小区配套幼儿园规划建设和管理的意见》。鼓励社会力量以多种形式举办幼儿园，满足群众多种入托需求。制定并颁布《北京市举办小规模幼儿园暂行规定》，对各区县教委、卫生局、公安局、消防局等相关负责人员进行小规模办园审批工作培训。积极开办小学附属幼儿园，指导区县利用小学富余校舍及师资补充学前教育资源不足问题，由幼儿园与小学共同开办附属幼儿园，年内有22所小学开办附属幼儿园。

部署幼儿园招生工作，确保幼儿平稳入园。由于“入园难”，招生工作逐渐成为热点。为缓解矛盾，保证招生工作平稳进行，市教委相关领导带队到16个区县调研，了解招生工作现状和问题，三次召开区县教委主任会议专题研究招生工作，对全市招生工作提出明确指导意见和要求。各区县教委高度重视，认真研究，采取划片、分时间段、分年龄、网上报名等多种措施，增加招生工作透明度，改善往年幼儿园招生各自为政、家长连夜排队、媒体炒作的状况。

拓宽渠道，不断加强教师队伍建设。将幼儿园教师培训工作纳入政府教育培训序列，加大对各级各类幼儿园教师的培训。为使培训更加有针对性，专门组织人员编写近5万字的培训教材，分期分批对新任园长、业务园长、新入职教师及全市民办幼儿园业务园长开展培训工作，同时启动未经注册幼儿园教帅和非师范类教师培训。提高在职教师教学实践能力，开展幼儿教师半日评优活动。扩大幼儿教师的培养规模，配合有关部门启动首都师范大学学前教育学院的筹备工作；组织非师范类大专毕业生幼儿教师招聘会，对招聘的2500余名毕业生进行教师资格认定，并分期进行入职培训，充实幼儿师资队伍，提高幼儿教师学历层次。

加大学前教育投入，加强经费使用管理。年内，市财政投入6亿元重点用于幼儿园新建改扩建工程、幼儿园办园条件标准化工程及师资培养、培训三大工程。从2011年起将教育部门办园生均综合定额标准提高到每生每年1200元，同时对其他部门和集体办园实施同等生均定额补贴，一定程度上减缓幼儿园办园压力。对2010年市政府办实事之“加大改扩建公办幼儿园力度，改扩建30所公办幼儿园；新增1.20万个入园名额，缓解入园紧张状况”项目进行绩效考评，深入16个区县调研经费使用及工作进展情况。

加强幼儿园质量管理，促进学前教育内涵发展。以质量评价为抓手，继续开展幼儿园视导和验收工作，年内对44所幼儿园进行分级分类验收，其中，达到一级一类标准的幼儿园32所。加强早教基地建设，新增市级社区早期教育示范基地10所，全市各级社区早期教育示范基地达到400所。以示范基地建设为载体，不断拓宽0～3岁早教工作服务领域，面向社区、外来务工人员集中地区，开展送教下社区活动，为更多的家庭和0～6岁幼儿提供科学的学前教育服务。不断完善学前特殊教育机制建设，进行学前特殊教育园本课程探索，近10个基地园基本形成富有本园特点的学前特殊教育课程。深化学前教育信息化基地建设，召开全市学前教育信息化基地建设现场会，全市新增20个信息化教育基地。

（郭春彦　王洪兰）

总　类

【认定第七批社区儿童早教示范基地】 1月21日，市教委认定第七批北京市社区儿童早期教育示范基地。共有26所幼儿园通过社区早期教育示范基地的视导和验收。经研究，决定认定26所幼儿园为社区儿童早期教育示范基地。

（华蕾）

【评选第七批市级示范园】 3月4日，市教委公布第七批北京市示范幼儿园名单。该评选依据市教委《关于修订北京市示范幼儿园标准的通知》，于2010年4月和11月，组织示范幼儿园的评审工作。经幼儿园自评申报、区县教委核准上报、市教委组织评审等程序，认定19所幼儿园为北京市示范幼儿园。19所幼儿园分别是东城区新中街幼儿园、北京市第二幼儿园、朝阳区京通幼儿园、北京师范大学实验幼儿园望京大西洋新城幼儿园、西城区三教寺幼儿园、西城区长安幼儿园、西城区马连道幼儿园、北京市第六幼儿园、海淀区恩济里幼儿园、北京立新学校幼儿园、海淀区二十一世纪幼儿园、中国科学研究院第三幼儿园、丰台区第二幼儿园、丰台区政府机关幼儿园、石景山区幼儿园、北京市京源学校幼儿部、顺义区宏城幼儿园、顺义区幸福幼儿园和怀柔区第一幼儿园。

（华蕾）

【举办第七批示范园开放日活动】 3月17至18日，市教委组织向全市开放第七批北京市示范幼儿园。17个区县（单位）学前科、教研室和各级各类幼儿园，派出幼教管理干部、教研员和幼儿园一线教师3800人次参观示范园的半日活动，观摩示范园的室内外教育环境、教师组织活动的随机教育能力及幼儿愉快、自主学习等内容。第七批北京市示范幼儿园共19所。

（王洪兰）

【鼓励多种形式办园】 3月28日，市教委、市发展和改革委、市公安局、市卫生局4个委办局联合颁布《北京市举办小规模幼儿园暂行规定》。该规定支持社会力量举办小规模幼儿园，鼓励取得一级标准的各类型幼儿园举办分部，坚持政府主导、社会参与的原则，坚持公益普惠、优质多样的原则，坚持保教结合、科学育儿的原则，坚持依托社区、就近就便的原则，不断满足人民群众对多样化学前教育的需求。规定要求各区县教委、发展改革委、公安分局、卫生局结合本地区实际，参照《北京市幼儿园、托儿所办园、所条件标准（试行）》制定本区县举办小规模幼儿园具体实施办法，在保障幼儿园安全、卫生、保教质量的基础上，确定与小规模幼儿园相适宜的办学条件。该规定于5月1日起实施。至年底，4个区县举办小规模幼儿园150所；22所小学开设附属幼儿园，增收幼儿800人。

（彭兴蕊　王洪兰）

【加强招生管理】 至3月，市教委加强幼儿园招生管理。招生工作提出分不同情况妥善解决的指导策略，首先保证户籍、住房均在辖区的常住适龄儿童；其次是祖父母在辖区有户籍和住房且适龄儿童长期随祖父母居住的；三是在辖区有住房无本市户籍的常住适龄儿童。幼儿园报名工作，在区县教委的指导下，采取摸清底数分段电话报名、网络报名等多种措施，使报名招生工作方便快捷，让百姓安心满意。

（郭春彦　王洪兰）

【加强居住区配套幼儿园建设和管理】 6月27日，市教委与市发展和改革委、市规划委、市财政局、市国土资源局、市住房和城乡建设委联合印发《关于加强居住区配套幼儿园规划建设和管理的意见》。意见对居住区配套幼儿园规划、建设和交付使用提出明确要求，把居住区配套幼儿园作为公共教育资源统筹安排，把居住区配套幼儿园举办为公办园或委托举办成普惠性民办幼儿园。

（郭春彦　王洪兰）

【加强社区儿童早教基地建设】 7月14日，市教委印发《关于进一步加强社区儿童早期教育示范基地建设的意见》。意见要求400所市、区两级社区早期教育示范基地幼儿园在保证3岁以上幼儿入托的同时，协调有关方面利用社区场地资源、深入到外来务工人员集中地开展早教活动，探索适宜的、能满足社区适龄儿童家庭早教需求的新路，使更多0～3岁儿童及家庭能接受到多种形式的早教指导服务。1月21日，市教委认定26所幼儿园为第七批社区儿童早期教育示范基地。

（王洪兰）

【提高幼儿园生均定额标准】 9至12月，市财政提高幼儿园生均定额标准。市财政投入8000万元用于部门和集体办园的生均定额补贴；教育部门办园生均定额标准由每生每年200元增至1200元。往年只有教育部门办园享受政府生均定额补贴，此次补贴范围扩大到各级各类部门和集体办园，补贴范围之广、提高幅度之大均属首次。

（彭兴蕊　王洪兰）

【召开学前信息技术年会】 11月2日，北京市学前教育技术专业委员会第四届年会在东城区崇文三幼召开。会议以实施幼儿素质教育、推进现代信息技术在幼儿教育中的应用、全面提升幼儿教育质量为主题，研讨通过信息技术在幼儿园各个学科领域中的有效应用，提升幼儿教育质量的实践模式。会议中，崇文三幼12名教师进行现场电教活动展示、该园园长做“信息技术融入园所发展、提升办园质量”的经验介绍。市教委、北京教育网络信息中心有关领导和北京市示范园园长、幼儿园代表共200人参加活动。

（李晶）

【召开北京学前教育工作会】 11月24日，市教委召开北京市学前教育工作会议。会议要求要高度重视学前教育，建立强有力的工作机制；要统筹规划，构建广覆盖、保基本的服务体系；要多措并举，完善保基本入园条

件；要科学保教，实施有质量的学前教育；要充实师资，扩大规模，提升素质；要采取多种形式，加强城乡结合部自办园的属地管理。会议表彰“十一五”时期为首都学前教育发展做出突出贡献的“辛勤育苗优秀学前教育工作者”563人和“辛勤育苗先进学前教育工作单位”125个。会议由姜沛民主持，洪峰出席会议并讲话，1600余名北京学前教育工作者参加会议。

（王洪兰）

【举办幼儿教育国际交流年会】 12月25日，北京教育学院与清华大学共同举办2011年（北京）幼儿教育国际交流年会。年会邀请美国幼儿教

育专家和清华大学教授就美国幼儿教育作报告。来自北京市、河北省的幼儿园园长、教师及校长研修学院部分教师共160人参加大会，并就当前幼儿教育热点问题展开交流。

（刘琳）

【组织幼儿教师社会招聘】 至年底，北京市各类幼儿园通过社会招聘方式解决幼儿教师短缺问题。幼儿园委托市人才交流就业指导中心面向社会招聘非师范类应届大学毕业生，经双向选择全市共计招聘幼儿教师2521人，其中，教育部门办园类别幼儿园招聘幼儿教师1366人、其他类别幼儿园招聘幼儿教师1155人。

（王洪兰）

【投入6亿元解决入园难问题】 至年底，市财政共计投入6亿元实施学前教育三项工程。其中，幼儿园新建、改扩建工程涉及410余所幼儿园，共计扩班1000余个，350所幼儿园实施办园条件达标改造工程。该项工程共增加学位2.80万个。

（彭兴蕊　王洪兰）

【投入2000万元培训幼儿教师】 至

年底，市级财政投入2000万元培训幼儿教师。培训形式多样，其中，为尽快提高新入职教师专业水平，市教委从各区县选取优秀的幼儿园园长、教师和教研员组成三个组，对新入职幼儿教师和民办幼儿园教师进行岗位培训，特别是暑期组织450名民办幼儿园业务园长培训。

（王洪兰）

幼　　儿　　园

北京市第一幼儿园

【概　况】 2011年，北京市第一幼儿园为教育部门办园类别，为寄宿和日托兼收制。占地面积4400平方米，建筑面积3450平方米。固定资产总值1350万元。全年教育经费投入1619.12万元，其中，国家拨款747.81万元、自筹经费871.31万元。拥有点点游戏屋、体能训练室、美术教室等专用教室，普通教室13个。教室内设有电子白板、投影仪和钢琴等教学设施。教职工82人，其中，教师63人，包括研究生学历3人、大学本科学历31人、专科学历29人、高级专业技术职务29人、市级骨干教师3人、北京市特级教师1人；保育员14人。设有名园长工作室。开设教学班13个，其中，小班5个、中班4个、大班4个。幼儿入园132人，离园137人，在园414人。

（马靓）

【开展挂职干部培训】 3至4月，一幼开展挂职干部培训。培训内容包括观摩骨干教师半日教学活动、查看资料和各项规章制度、与园长和主管干部交流经验等。该园挂职干部10人参加培训。

（马靓）

【举办庆“六一”系列活动】 5月27至29日，一幼举办庆“六一”系列活

动。该活动以“小丫走世界，童心绘乐园”为主题，幼儿表演堂鼓、合唱、舞蹈等节目；分5个展区展出千余幅幼儿美术作品。在幼儿美术作品慈善拍卖环节，拍卖作品39幅，所得48040元全部捐给北京妇女儿童基金会。教育部、市妇联、市教委等有关领导出席开幕式，该园幼儿与家长1000人参加活动。

（刘以华　孙璇）

【开展献爱心活动】 7月4日，一幼开展为北京太阳村儿童献爱心捐赠活动。活动以“爱心牵手，真情传递”为主题，共收到图书、学具、衣物等各类捐赠物品2426件、捐款9522

元。该园用捐款购置学习用品、生活用品等 2696 件，同捐赠物品一起捐给北京太阳村。北京太阳村位于顺义区赵全营镇板桥村，是无偿代养代教服刑人员未成年子女的慈善机构。

（马靓）

北京市第五幼儿园

【概　况】 2011 年，北京市第五幼儿园为教育部门办园类别，寄宿制和日托制兼收。占地面积 8360 平方米，校舍建筑面积 6987 平方米。固定资产总值 859 万元。全年教育经费投入 1410 万元，其中，国家拨款 1209 万元、自筹经费 201 万元。拥有游戏室、阅览室、科学探索室等专用教室 6 个，普通教室 16 个。教室内设有互动电子白板、计算机、钢琴等教学设施。教职工 135 人，其中，在编 95 人。专任教师 65 人，包括大专及以上学历 62 人、中级及以上专业技术职务 33 人；保育员 16 人，其中，中级及以上专业技术职务 8 人。开设教学班 16 个，其中，小班 6 个、中班 5 个、大班 5 个。幼儿入园 164 人，离园 200 人，在园 552 人。

（朱小娟　张艳）

【园长入选首都十大教育新闻人物】 3 月 6 日，五幼园长朱小娟入选 2010 年首都十大教育新闻人物。该评选由北京教育新闻中心主办。朱小娟，女，1958 年 4 月出生于北京，大学本科学历，中学高级教师，北京市特级教师。1978 年到五幼工作，1991 年起担任园长，曾获全国教育系统劳动模范、全国模范教师、北京市优秀教育工作者等荣誉称号。她坚持“科研强园”思想，参与和独立主持各级科研课题近 20 项，出版多部著作，多项研究成果具有创新性，获国家教育科研优秀成果一、二等奖。在她带领下，一批名教师迅速成长起来。她还指导 7 个区县的近 20 名园长开展工作。

（贾雪梅　尹荣）

【开展环保宣教活动】 3 月 26 日，五幼开展节能减排环保宣教活动。当天是“地球一小时”全球熄灯环保行动日，教师与幼儿共同设计“你准备好了吗？——地球一小时”主题宣传画报，粘贴在幼儿园门口向在园幼儿和来访客人宣传讲解。幼儿亲手设计制作“地球一小时”宣传单，向教职工发放。教师还带领幼儿走进社区宣传“地球一小时”全球熄灯环保行动，发放宣传材料。

（张艳）

【举办娃娃读书日活动】 4月22日，五

幼举办娃娃读书日活动。该园大班、中班、小班分别以“分享图书共享快乐”、“好书推荐你我他”、“我和图书做朋友”为主题，采取亲子阅读、伙伴推荐、好书交换、自主阅读等形式开展分享阅读活动。大班幼儿还拿出两本图书，一本与同学交换，一本通过红十字会捐给贫困地区幼儿。幼儿家长作为志愿者参与活动，为幼儿发放图书、引导交换。该园幼儿及家长 500 人参加活动。

（张艳）

【开展冬季运动】 11 至 12 月，五幼举行“坚持冬季锻炼，绽放健康笑脸”快乐冬季运动月活动。活动期间，鼓励师幼、家长共同坚持体育锻炼，各年级召开师幼运动会、开展适合幼儿的冬季体育锻炼活动，组织“快乐周末”亲子锻炼分享会，并以在班级和幼儿园张贴健康笑脸的方式激励师幼每日锻炼。

（张艳）

北京市东城区东华门幼儿园

【概　况】 2011 年，北京市东城区东华门幼儿园为教育部门办园类别，为日托制，分为本部和小班部两地办学。本部占地面积 2210 平方米、校舍建筑面积 3383 平方米，小班部占地面积 782 平方米、校舍建筑面积 804.74 平方米。固定资产总值 723.23 万元。全年教育经费投入 865 万元，其中，国家拨款 315 万元、自筹经费 550 万元。园本部拥有幼儿多功能厅、幼儿图书馆、幼儿艺术教室等专用教室 5 个，普通教室 8 个；小班部拥有普通教室 4 个，教室内设有液晶电视、笔记本电脑、录音机等教学设备。教职工 59 人，其中，教师 48 人，均为专科及以上学历，包括中级及以上专业技术职务 26 人；保育员 4 人，包括专科及以上学历 3 人、中级专业技术职务 3 人。开设教学班 12 个，其中，亲子班 1 个、小班 5 个、中班 3 个、大班 3 个。幼儿入园 110 人，离园 113 人，在园 381 人。

（刘悦）

【开展青年教师系列培训】 9 至 12 月，东华门幼儿园开展青年教师系列培训。培训对象为本年入职及工作三年以下教师，培训内容包括《幼儿园教育指导纲要》解读、家长工作、五大领域课程等，由该园相关部门领导、骨干教师、保健医生主讲。培训遵循从易到难原则，依据青年教师年龄特点和学习特点，采取网络交流、小组竞赛、研讨辩论、戏剧表演、专题讲座等形式，选择若干符合青年教师现状的内容作为培训重点，开展《幼儿教师师德修养》、《保育工作规范》等多方面的系列讲座与交流。

（吴超）

【开展“小礼宾”活动】 10 月 14 日，东华门幼儿园“东幼礼宾团”的小礼宾正式上岗。礼宾团成员均为在园幼儿，每周一上午 7：30～8：00 在幼儿园门口欢迎来园幼儿和家长。该活动旨在通过多种形式的礼宾服务，让幼儿养成初步礼仪习惯，将文明礼仪融入每日生活。

（刘悦）

【联合举办首届亲子运动会】 11 月 25 日，东华门幼儿园联合北京市第三幼儿园举办首届亲子运动会。该运动会是实施“一长两园”管理改革的背景下由两园共同组织实施，以“感受亲情、享受运动”为主题，分为运动员入场、汇操表演、游戏比赛三个部分，其中，游戏比赛环节分 3 个年龄组设置 21 个项目。该园幼儿 381 人在家长的陪同下参加比赛。自 2011 年 1 月7日起，两园实行“一长两园”的

管理体制，由同一人担任两园园长。

（刘悦）

【开展教师业务练兵月活动】　12月，东华门幼儿园开展教师业务练兵月活动。活动期间，各层级教师相互观摩教育活动，有针对性的给予评析指导，活动内容包括青年教师拜师学艺，提高组织“常规课”的教育教学能力；经验丰富教师通过选拔、推优成为园级骨干教师，逐步扎实学科教育功底；市区级骨干教师通过创新课评优，逐步走向“学有特长，教有特色”的教师专业化发展之路。该园教师27人参加活动。

（董欣）

北京市东城区崇文回民幼儿园

【概　况】　2011年，北京市东城区崇文回民幼儿园为教育部门办园类别，寄宿制和日托制兼收。占地面积2073.06平方米、校舍建筑面积1473.06平方米。固定资产总值365万元。全年教育经费投入591万元，其中，国家拨款289万元、自筹经费302万元。拥有多功能厅专用教室1个，普通教室9个。教室内设有计算机、电子白板和投影仪等教学设施。教职工52人，其中，教师32人，均为专科及以上学历，中级及以上专业技术职务9人；保育员9人，均为中级及以上专业技术职务，专科及以上学历5人。开设教学班9个，其中，亲子班2个、小班3个、中班2个、大班2个。幼儿入园110人，离园80人，在园332人。

（梁艳）

【举办娃娃庙会】　2月17日，崇文回

幼举办“娃娃庙会”。庙会以“我和兔年有个约会”为主题，以“娃娃自己办庙会”为主旨，设立花车巡游、歌舞曲艺表演、趣味体育游戏等项目，幼儿与家长一起逛庙会、玩游艺、品小吃、赏曲艺，共同参与社区元宵节猜灯谜、吃元宵等庆祝活动。

（梁艳　刘琳）

【举办师徒结对活动】　9月9日，崇文回幼开展“庆祝教师节暨师徒结对”活动。工作不满3年的青年教师与教学经验丰富的教师结为师徒关系，师傅负责指导徒弟开展教育教学实践、家长工作、教科研等。该园要求青年教师要有一颗好学的心，老教师要有一颗包融的心，双方携手共进，共同为幼儿园的发展而努力。

（张佳峰　刘琳）

【幼儿电视台成立】　9月23日，崇文回幼幼儿电视台成立并首播“开心秀”节目。电视台由青年教师自发组建的传媒社团承办，设置班级活动实录、娃娃小舞台等栏目，由大班幼儿承担的小记者采集各班特色活动视频素材，由社团成员负责制作，时长10分钟，每天午间通过各班闭路电视播放。

（张佳峰　刘琳）

【社区亲子乐园成立】　10月12日，崇文回幼社区亲子园成立。该园与东花市社区合办，坐落于东花市社区，占地面积100平方米，配有室内外大型玩具，招收0～3岁幼儿，开展幼儿早期教育，解决家长育儿困惑。

（张佳峰　刘琳）

北京市东城区崇文第三幼儿园

【概　况】　2011年，北京市东城区崇文第三幼儿园为教育部门办园类别，为日托制。占地面积4000平方米，校舍建筑面积2800平方米。固定资产总值792万元。全年教育经费投入908万元，其中，国家拨款606万元、自筹经费302万元。拥有幼儿电脑室、特殊资源教室和感觉统合教室等专用教室3个，普通教室15个。教室内设有电子白板、液晶电视和实物投影仪等教学设施。教职工85人，其中，教师60人，包括专科及以上学历57人、中级及以上专业技术职务19人；保育员9人，均为中级及以上专业技术职务，专科及以上学历2人。开设教学班15个，其中，亲子班3个、小班4个、中班4个、大班4个。幼儿入园110人，离园145人，在园466人。

（李晶）

【举办教育专题论坛】　2月21日，崇文三幼举办教育科研专题论坛。论坛以“区域活动与幼儿自发性学习”为主题，由教师结合课件，展示交流在幼儿活动区环境创设、材料投放及幼儿活动区指导策略方面的研究经验和成果。该园教师47人参加论坛。

（李晶）

【举办教学技能大赛】　2月22日，崇

文三幼举办青年教师教学技能大赛。青年教师依次参加边弹边唱、诗歌朗诵、舞蹈表演三项比赛，由该园高级专业技术职务教师担任评委，考察参赛教师的教学基础技能、表现力和创新性，最终评出一等奖5人、二等奖8人、三等奖10人。该园青年教师23人参赛。

（李晶）

【关爱自闭症儿童】　4月2日，崇文三幼举办关爱自闭症儿童系列活动。活动以“让自闭症孩子和我们拥有同一个世界”为主题，展出该园自闭症儿童的绘画、美工作品，引导其与正常幼儿一起开展“玩具图书馆”、“感觉统合游戏”、“箱庭游戏”等游戏活动，同台表演韵律操和歌舞，让自闭症儿童有更多与他人交流的机会。

（李晶）

【创编特色幼儿体操】 5月6日，崇文三幼创编三种特色幼儿体操。特色舞步操“欢乐跳起来”，将民族舞蹈的常见舞步与韵律操有机结合；手语操“让爱送出去”，让幼儿感受歌词的内涵，教育幼儿学会关爱他人；活力健身操“快乐宝贝”，让幼儿在愉悦的情感中运动锻炼。

（李晶）

北京市北海幼儿园

【概　况】 2011年，北京市北海幼儿园为教育部门办园类别，为寄宿制。幼儿园总占地面积（包括托儿部）25346平方米，总建筑面积（包括托儿部）9482平方米，固定资产总值3132万元。全年教育经费投入2044万元，其中，国家拨款1986万元、自筹经费58万元。拥有幼儿计算机房、玩具图书馆、益智玩具屋等专用教室8个，蒙台梭利教室15个，普通教室9个。园内设有体育走廊、健身房、儿童游泳馆等设施。教职工137人，其中，专任教师106人，包括全日制硕士研究生3人、本科学历68人、专科学历35人、中级及以上专业技术职务57人；保健员5人，包括专科及以学历上4人、中级及以上专业技术职务4人。开设教学班24个，其中，托班4个、小班8个、中班7个、大班5个。幼儿离园195人，入园173人，在园658人。

（吕小烨）

【举办首届读书节】 3月1日至5月26

日，北海幼儿园举办首届读书节活动。活动以年级为单位，以创建年级文化为平台，定期开展班级、年级、年级组之间的读书交流活动。该园通过创设班级阅读区和书香走廊、参观图书馆、举办图书社团和妈咪讲述团等活动，帮助幼儿养成爱读书、会读书、读好书的良好习惯。活动期间，该园举办“爱读书，会读书，快乐读书我做主”主题展示活动，幼儿参与图书博览会、图书交换、分享阅读三项活动。

（李海霞）

【开展教师专业化培训】 9月27日，北海幼儿园开展全园教师专业化培训。培训以“如何制定教学计划”为主题，针对一线教师的困惑，以实例分析的形式，重点讲解教师如何定位教学目标、把握重点难点等问题。该园教师100人参加活动。

（吕小烨）

【开展民族教育主题活动】 9月29日，北海幼儿园开展“五十六个民族是一家”大型主题教育活动。各班开展民族游戏、民族艺术、民族服饰等活动，幼儿与教师、家长一起收集、整理各民族资料，通过展板和表演等形式向全园师幼展示学习成果。该园师幼及家长1000人参加活动。

（李海霞）

【《幼儿园自主发展课程》出版】 11月，北海幼儿园园本教研成果《幼儿园自主发展课程》由北京师范大学出版社出版。该书由北海幼儿园园长柳茹主持编纂，上下两册，分为理论篇、研究篇和实践篇，体现北海幼儿园实施主体性教育的办园特色。该书体现该园教师对园本课程的学习、实践和研究的历程，是一套具有该园特色和风格的园本教材。

（吕小烨）

北京市西城区
棉花胡同幼儿园

【概　况】 2011年，北京市西城区棉花胡同幼儿园为教育部门办园类别，寄宿和日托兼收制。设有3个分园，总占地面积6398平方米，总建筑面积5852平方米。藏书6587册，固定资产总值888.90万元。全年教育经费投入1730.05万元。园内设有小礼堂、计算机教室、美劳室等6个专业教室及先进的电教设备。教职工104人，其中，专任教师83人，包括博士学历1人、本科学历35人、专科学历30人、中学高级职称2人、小学高级职称38人；技工15人；保健医5人；会计1人。开设教学班22个，其中，托班6个、小班8个、中班5个、大班3个。幼儿入园175人，离园128人，在园635人。网址：www.bjxchmy.org。

（刘峰峰）

【设立“课题日”和“教研日”】 3月，棉幼设立“课题日”和“教研日”。每周五为“课题日”，以“如何组织和实施幼儿社会性教育”为研究切入点，设立研究小组和实验班，进一步凝练该园社会性教育特色。每周三为“教研日”，设立语言教研组、艺术教研组、科学教研组和亲子教育教研组，在副园长和教学主任带领下围绕相关领域开展学习和研究。至年底，该园教师80余人次参与“课题日”和“教研日”活动。

（刘峰峰）

【开办七条分园】 6月29日，棉幼七条分园落成。七条分园位于西城区西四北七条20号院，占地面积948平方米，建筑面积478平方米，收托2.5至3.5岁幼儿，同时尝试“半日班”办学形式。首批幼儿136人于9月入园。

（刘峰峰）

【开展教师培训】 6至11月，棉幼开展教师培训活动。培训分为四个阶段：第一阶段为理论培训，聘请专家讲解先进的教学理念；第二阶段为园所文化内涵及园本课程基本内容学习；第三阶段为外出参观学习；第四阶段为一周的实践、见习。每一阶段培训结束后，该园安排分享和交流会，帮助教师提高学习效果。该园教师82人参加培训。

（谢鸥　李艳红）

【完成园所改造工程】 7月1日至11月15日，棉幼完成园所改造工程。该工程由区财政投资1400万元，加固建筑结构，增设电梯、楼梯，改造电路，增加安全监控设备，调整食堂布局，增设音乐教室、科学室、阅读室等专业教室，开辟居家中心、爱心起航站、娃娃家等活动场所，新增面积948平方米。

（范晓红）

北京市宣武回民幼儿园

【概　况】　2011年，北京市宣武回民幼儿园为教育部门办园类别，为全日制。占地面积1750平方米，建筑面积3538平方米。藏书1800册，固定资产总值206万元。全年教育经费投入1071.92万元，其中，国家拨款1063.73万元、自筹经费8.19万元。设有美术教室、幼儿科普苑、玩具图书馆等专用教室5个，普通教室9个。教室内设有电视、计算机和录音机等教学设备。教职工39人，其中，专任教师数28人，包括中学高级教师1人、小学高级教师15人、小学一级教师12人；保育员4人。开设教学班8个，其中，小班3个、中班2个、大班3个。幼儿入园95人，离园72人，在园244人。网址：www.bjxwhy.com。

（扬绍萱）

【举办民族体育节活动】　5月30日，宣武回幼举行“庆六一迎端午民族体育节”活动。活动设置民族体操表演、民族体育游戏表演和亲子民族体育游戏三个环节，大中小班幼儿分别表演耍中幡、舞彩带、踩高跷等传统民族体育项目。家长与幼儿共同参与民族体育游戏，幼儿担任家长的“小老师”，在小手牵大手的游戏中，共同体验体育游戏的快乐和节日的快乐。该园幼儿及家长442人参加活动。

（林巧红）

【开展教师美术技能培训】　10至12月，宣武回幼开展教师美术技能培训。培训邀请北京肖乔文化艺术中心专家授课，利用每周一下午，培训农民画、摆画等绘画技巧。教师的美术习作在楼道里展出。该园教师24人参加培训。

（林巧红）

【举办新年民族美术节】　12月29日，宣武回幼举办新年民族美术节。该园展出幼儿制作的吉祥龙、彩灯笼、剪纸等美术作品1500件，表达对新年

的祝福。此次展览是该园开展民族教育特色园本课程的成果，引导幼儿发现美、感受美、创造美。该园幼儿及家长448人参加活动。

（林巧红）

北京市西城区马连道幼儿园

【概　况】　2011年，北京市西城区马连道幼儿园为教育部门办园类别，为日托制。园所占地面积2100平方米，建筑面积1350平方米，操场面积726平方米。藏书1400册，固定资产总值130.16万元。全年教育经费投入676.50万元，其中，国家拨款628.90万元、自筹经费47.60万元。园内设专用教室7个，活动室8个，资料室和图书阅览室各1个。教室内配备计算机、电视、钢琴等教学设施。教职工43人，其中，专任教师31人，包括大专及以上学历19人、中级专业技术职务10人；保育员7人。开设教学班11个，其中，亲子班4个、小班3个、中班2个、大班2个。幼儿入园132人，离园75人，在园277人。网址：www.mldyey.com。

（王友菊）

【成为市级示范幼儿园】　3月，马连道幼儿园成为北京市示范幼儿园。专家组于2010年11月至该园评审，听取幼儿园建设工作汇报，考察幼儿园的内外环境与设施、幼儿活动、查阅档案资料等，对该园的人均占地及绿化面积、玩教具和图书数量等硬件和教育理念、科研能力及办学能力等进行测评。2011年3月4日，《北京市教育委员会关于公布第七批北京市示范幼儿园名单的通知》公布，该园成为北京市示范幼儿园。

（王友菊）

【教师参加首届“西城杯”半日评优活动获奖】　5月，马连道幼儿园教师参加首届“西城杯”评优活动获奖。该园组织教学观摩活动，推选3名教师参加西城区首届“西城杯”评优活动，分别获得一、二等奖和优秀奖。此次评选旨在深入贯彻《幼儿园教育指导纲要（试行）》和《北京市贯彻〈幼儿园教育指导纲要〉实施细则》精神，通过赛、研、训一体方式，提升幼儿教师保教结合的能力水平，为提高幼儿园保教质量、全面实施幼儿素质教育奠定基础。

（王友菊）

【完成园所改造工程】　7至12月，马连道幼儿园完成园所改造工程。改造工程包括厨房操作间和食品库房改造、封闭和加固教学楼外阳台、重铺各班睡眠室和园长办公室地板、改造阳光房地板和墙面、加装围墙不锈钢栏杆等。该工程投资79万元。

（王友菊）

北京市西城区三教寺幼儿园

【概　况】　2011年，北京市西城区三教寺幼儿园为教育部门办园类别，为全日制。园所占地面积5094平方米，建筑面积4698平方米。藏书3671册，固定资产总值269万元。全年教育经费投入1106万元，其中，国家拨款1064万元、自筹经费42万元。设有局域网络与监控系统，拥有亲子乐读园、巧手小厨房、音乐教室等专用教室5个，普通教室10个。教室内设有计算机、液晶电视、投影仪等教学设备；教室外设有攀岩墙、种植园、活动器械等。教职工48人，其中，专任教师26人，包括小学高级教师9人、市级骨干教师2人；保育员6人。开设教学班14个，其中，亲子班5个、小班3个、中班3个、大班3个。幼儿入园166人，离园90人，在园365人。网址：www.sjsyey.com。

（于晓琳）

【举办寒假趣事分享活动】　3月，三教寺幼儿园举办幼儿寒假趣事分享活动。活动以“画里的故事”为主题，幼儿将寒假中的见闻趣事画成图画，

与其他幼儿共同分享。该园幼儿 260 人参加活动。

（于晓琳）

【开展职业体验活动】 4 月，三教寺幼儿园开展幼儿职业体验活动。活动以“宝贝我当家”为主题，幼儿在园内扮成按摩师、擦鞋匠和园艺师，给他人按摩、擦皮鞋，帮助幼儿园修剪树木。该活动提高幼儿对职业的认识，体验劳动的快乐。该园幼儿 285 人参加活动。

（于晓琳）

【开展幼儿生活技能比赛】 6月17日，

三教寺幼儿园开展“劳动小能手”幼儿生活技能比赛。比赛内容为幼儿一日生活基本技能，小班比赛项目为晾袜子、穿穿戴戴、我会剥花生等，中班比赛项目为看谁叠得快、勤劳清洁工、运水工，大班比赛项目为快手削铅笔、巧手系鞋带、高高兴兴上学去。该园幼儿 250 人参加比赛，评出劳动能手奖、运动高手奖、最佳巧手奖各 3 个班级。

（于晓琳）

北京市朝阳区劲松第一幼儿园

【概　况】 2011 年，北京市朝阳区劲松第一幼儿园为教育部门办园类别，为日托制。现为一园两址，劲松园区占地面积 2041.83 平方米、建筑面积 2116.10 平方米，固定资产总值 332.16 万元。华纺易城园区占地面积 4400 平方米、建筑面积 3716.27 平方米，固定资产总值 1248.38 万元。全年教育经费投入 599.65 万元，其中，国家拨款 367.35 万元、自筹经费 232.30 万元。设有局域网与监控系统，音乐教室 2 个，普通教室 15 个。教室内配有计算机、电视、电子白板等现代化教学设备。拥有图书 32560 册。教职工 68 人，其中，专任教师 62 人，包括中学高级教师 2 人、幼教高级教师 17 人、幼教中级教师 17 人；保健医 4 人。劲松园区开设教学班 5 个，其中，小班 1 个、中班 2 个、大班 2 个；华纺易城园区开设教学班 10 个，其中，小班 4 个、中班 3 个、大班 3 个。幼儿入园 182 人，离园 90 人，在园 492 人。网址：www.ankang06.org。

（崔亚红）

【庆祝建园 30 周年】 5 月 27 日，劲松一幼在北京 21 世纪剧院举行建园 30 周年大型文艺演出。演出名为《太阳花的世界》，以教师鼓乐《龙腾虎跃》开篇，幼儿演出歌舞节目，最后在教师原乐团演奏的《勇往直前》中落幕。国际友好园马来西亚创价幼儿园、新疆乌鲁木齐妇联幼儿园、朝阳区教委相关领导、该园师幼家长等 1100 人参加活动。该园建于 1981 年 5 月 16 日，为北京市示范幼儿园。

（芦德芹　崔亚红）

【签署友好备忘录】 5 月 27 日，劲松一幼与马来西亚创价学会签署《六年期满后第二次劲松一幼与马来西亚创价幼儿园友好交流备忘录》。备忘录就今后双方在文化、教育等方面的交流、互访事宜进行说明。自 2006 年劲松一幼与马来西亚创价幼儿园建立友好交流关系，双方就教育理念、主题游戏课程、英语教学、戏剧表演、奥尔夫音乐等方面进行学习与探讨，多次互派教师开展教学分享活动。

（芦德芹　崔亚红）

【举办新年故事会】 12 月 28 至 30 日，劲松一幼举办新年故事会。故事会以“太阳花的世界”为主题，向幼儿、教师、家长征集太阳花成长的故事，以连环画、绘画图书、故事情景剧表演、童谣等形式展现。

（崔亚红）

【园长工作室成立】 12 月 30 日，于渊莘园长工作室正式成立。该工作室为北京市第二批学前教育教师培养工作室之一，由劲松一幼园长于渊莘主持，成员来自全市各区县幼儿园的 12 名教师，致力于幼儿园文化建设和提升园长科学管理能力研究。

（崔亚红）

北京师范大学实验幼儿园

【概　况】 2011 年，北京师范大学实验幼儿园为教育部门办园类别，全日制和寄宿制兼收。设有 4 个分园，分五址办学，总占地面积 2.74 万平方米，其中，本园 8595 平方米、牡丹分园 5250 平方米、望京分园 3461 平方米、奥林分园 3010 平方米、西苑分园 7127 平方米；建筑总面积 2.21 万平方米，其中，本园 6613 平方米、牡丹分园 3560 平方米、望京分园 3880 平方米、奥林分园 3583 平方米、西苑分园 4510 平方米。藏书 2.02 万册，固定资产总值 1473 万元，其中，本年度新增 333 万元。全年教育经费投入 1798 万元，其中，国家拨款 285 万元、自筹经费 1513 万元。园内设有多功能厅、音乐教室、美术教室等专用教室，设有幼儿图书阅览室、教师借阅室。教职工 501 人，其中，专任教师 332 人，包括小学高级职称 30 人、高级保育员 4 人、保健员 20 人。教师中硕士学历 24 人、本科学历 112 人、专科学历 128 人。五园共开设教学班 82 个，其中，托班 10 个、小班 13 个、中班 15 个、大班 11 个、混龄班 33 个。幼儿入园 645 人，离园 656 人，在园 2246 人。中文网址：child.bnu.edu.cn，英文网址：bnuk.english.bnu.edu.cn。

（丁乐）

【首派教师赴美培训】 1 月 16 至 27 日，北师大实验幼儿园首次派出 11 名教师赴美国普纳荷学校参加教师专业发展培训。此次培训由美国夏威夷州普纳荷学校主办，该园教师 11 人、北师大实验小学教师 11 人，共计 22 人参加学习。培训内容根据北师大实验幼儿园和实验小学教师专业发展设置，包括专家讲座、随堂听课、与普纳荷学校教师座谈等，参观当地幼儿园 2 所，了解、学习普纳荷学校教育理念及实践。普纳荷学校为私立学校，设幼儿园至十二年级，为孙中山和美国总统奥巴马母校。

（丁乐　董佑静）

【组织骨干教师教学展示与交流】 4 月 27 日至 5 月 6 日，北师大实验幼儿园组织骨干教师教学展示与交流活动。活动围绕“以儿童为本”主题，开展示范教学、观摩、专题研讨。该园24名市、区级骨干教师和学科带头人承担示范教学任务，158名教师分批次观摩示范教学活动。

（田瑞清）

【开展师德建设月活动】 5月，北师大实验幼儿园开展师德建设月活动。该活动以“享受职业幸福”为主题，组织征文、演讲、制作展板、家长评师德之星、采访老教师等活动。征文主题包括“以儿童为本”教育故事、师生间感人的教育故事、同事间的温暖故事等。共收到征文404篇，45人被评为师德优秀奖，18人被评为师德之星。

（田瑞清）

【完成抗震加固工程】 11月，北师大实验幼儿园校本部园完成抗震加固工程。该工程加固3栋教学楼、修缮户外场地及玩具设施，改造后各教学楼均达到国家抗震设防烈度八度。该工程于7至10月施工，总投资1200万元，由北京师范大学全额承担。

（鞠　亮）

【交流课程建设阶段性成果】 11月，北师大实验幼儿园开展课程建设阶段性成果交流。校本部园及4所分园通过汇报、展板等形式交流课程建设阶段性成果，校本部园主题为“发扬环境育人传统，促进师幼协同发展”，牡丹分园主题为“牵手阅读，开启幼儿精彩人生”，望京分园主题为“开放式教育活动中促进幼儿主动发展”，奥林匹克分园主题为“立足生活教育，促进幼儿主动发展”，西苑分园主题为“让幼儿在科学探究活动中主动发展”。

（田瑞清）

【开通英文网站】 12月，北师大实验幼儿园开通英文网站。网站设置7个栏目，包括园所介绍、课程、保健、科研动态、教师培训、家园共育与国际交流，首页设重要通知、新闻速递和国际交流3个栏目。网址：bnuk. english. bnu. edu. cn。

（田瑞清）

北京市海淀区四季青镇常青幼儿园

【概　况】 2011年，北京市海淀区四季青镇常青幼儿园为教育部门办园类别，为全日制。园所占地面积7500平方米、建筑面积6400平方米。图书17627册，各类玩具12000件，新置爬龙、荡桥、攀岩及幼儿户外游戏设施——沙池。固定资产总值2248万元。全年教育经费投入743万元，其中，市、区财政拨款151万元、镇财政拨款20万元、自筹经费572万元。园内建有亲子园、亲子讲堂，拥有形体室、钢琴室和小提琴室等5个专用教室，设有计算机、投影仪等教学设施。教职工95人，其中，专任教师52人，包括大专及以上学历52人、小教高级教师1人；保育员15人，包括中级专业技术职务10人。开设教学班15个，其中，托幼班1个、小班6个、中班5个、大班3个。幼儿入园178人，离园165人，在园476人。网址：www. cqkds. cn。

（韩玉兰）

【举办“如何备课”培训】 3月9日，常青幼儿园举办“如何备课”培训。该培训针对备课过程中教育活动目标制定的问题，采取案例分析形式，指明目标的具体性、可观察性、可操作性和可评价性，帮助教师总结制定目标及正确书写教案的方法。该园保教主任主持培训，教师15人参加学习。

（韩玉兰）

【举办升班主题教育活动】 9月1日，常青幼儿园举办升班主题教育活动。活动以“关爱弟弟、妹妹，做合格的哥哥姐姐”为主题，同时举办“我是文明小主人”新学年启动仪式。活动要求大中班幼儿每天看望新入园幼儿，和他们一起做游戏，给予力所能及的帮助；给新生做好榜样，做讲文明、懂礼貌、守纪律、爱学习的好孩子；多学本领，为升入小学做准备。园领导为获“文明小主人”称号的4名幼儿代表佩戴绶带。

（韩玉兰）

【改扩建幼儿食堂】 10月14日，常青幼儿园食堂改扩建工程完工。该园自筹资金200万元，将原有自行车棚改建为食堂，增加建筑面积100平方米，使幼儿食堂布局更合理，厨具设备更齐全，并采用天然气代替液化气，每月节省燃气费5000元，保证卫生标准为A级。

（韩玉兰）

【完成西藏幼儿教师代培工作】 10月31日至11月11日，常青幼儿园完成西藏幼儿教师代培工作。来自西藏实验幼儿园的8名骨干教师，观摩中大班6个班级的各项教学活动，与教师交流教学经验，并向幼儿介绍藏族哈达、服饰和藏族舞蹈。双方交流代培收获，并拟定“拉手”协议，常青幼儿园向西藏幼儿教师赠送自编《孩子爱玩的自制玩具》、《孩子爱吃的食谱》、《收获》等书籍240册。

（韩玉兰）

北京明天幼稚集团

【概　况】 2011年，北京明天幼稚集团为教育部门办园类别，拥有寄宿制和日托制两种类型幼儿园，共有21所幼儿园和1所托管幼儿园。总占地面积6.57万平方米、建筑面积5.63万平方米。图书室藏书1.09万册。固定资产总值9125万元。全年教育经费投入11650万元，其中，国家拨款6427万元、自筹经费5223万元。教职工556人，其中，专任教师379人，包括中学高级教师3人、幼儿园高级教师

156人，北京市骨干教师3人。教师367人具有专科及以上学历。开设教学班150个，其中，托班3个、小班60个、中班52个、大班35个，另有40个亲子班。在园幼儿5043人（含亲子），主要招收3至6岁幼儿。网址：www.mtyzjt.com.cn。

（杨吉 刘红）

【立美教育德育课题结题】 4月29日，

明天幼稚集团承担的全国教育科学"十一五"规划课题"完善立美教育德育功能的实践研究"结题。结题会分为立美成果展演和结题鉴定两部分，集团和相关课题单位师生表演舞蹈、马林巴、鼓乐、合唱、管乐、打击乐，展现立美教育实践历程，听取总课题负责人结题报告。来自全国教育科学规划办公室、中央教科所、市教育科学规划领导小组、中国教育学会、北京教育科学研究院的5名专家、教授参加集中评审鉴定，认为课题研究切合以人为本教育理念，形成贯穿中小幼一整套成果体系，肯定课题重要意义，课题通过结题鉴定。该课题于2007年10月立项，组织87个子课题成员校参与研究，研究对象覆盖中学、小学、幼儿园等各个年龄段学生以及教师，形成专著、教材、管理丛书、论文、研究报告、课程体系、教师培养模式、校园文化建设框架等研究成果。

（郝建玲）

【举办教师专场音乐会】 6月16日，明天幼稚集团举办教师专场音乐会。音乐会上，集团一幼音乐教师李琨演唱10首由本人创作的幼儿教育歌曲。李琨，1985年出生于北京，2007年毕业于首都师范大学，幼儿一级教师。该集团所属各幼儿园教师、幼儿5000人在线观看演出。

（张义霞）

【配备急救设备】 6月20日，明天幼稚集团为所属幼儿园全部配备急救设备。集团总投资9.90万元，为21所直属幼儿园配备急救设备，包括各幼儿园医务室急救箱、各班急救箱、每名教职工急救包，急救箱内包括绷带、纱布、冰袋、人工呼吸隔离膜、骨折夹板等，各园保健主任负责救助设备日常管理，包括急救箱保管及日常维护、清洁、物品清点、检查、及使用情况记录等。6月24日，集团聘请专业人员讲解示范急救箱、急救包使用方法，并下发急救手册；要求保健主任向每名教职工传授急救箱使用方法。该集团重视安全工作，本年度聘请市红十字会人员举办4次应急救护知识和技能培训，集团488名教职工参加培训，并取得《北京市红十字会急救员证》。

（卢红）

【改扩建6个班级】 9月1日，明天幼稚集团改扩建6个班开班。6个教学班为1个托班、5个小班，教室由办公用房改造而成，总投资98万元，配备计算机、投影等教学设备，可容纳幼儿180人。

（刘红）

【举办园长岗位培训】 9月22日至11月17日，明天幼稚集团举办园长岗位培训。培训围绕"如何高效开展园所管理工作"主题，分为7次，共20个课时，主讲人为集团管理人员和业务骨干，培训内容涉及政策法规、队伍建设、行政人事、财务管理、教科研实践、卫生保健、安全管理、信息化应用、环境创设等。该集团17名园长和10名主任参加培训。

（郝建玲）

【受托管理今日家园幼儿园】 9月26日，明天幼稚集团受托管理万寿路街道今日家园幼儿园。今日家园幼儿园位于万寿路街道今日家园小区西配楼一层，建筑面积600平方米、户外活动场地面积400平方米，设计规模为4个班级，采用小班教学模式，每班2名教师、1名保育教师，每班配有计算机、录音机、视频展示台等教学设备，户外配有滑梯、攀岩墙等大型玩具。

（杨吉）

【举办骨干教师观摩活动】 11月15至16日，明天幼稚集团举办骨干教师观摩活动。活动观摩明天六幼小灵通园小班音乐活动"变变变"和六幼金沟河幼儿园语言活动仿编故事"小蚂蚁飞上天"，之后进行集体研讨。参加观摩教师认为作课教师语言和肢体表现富有感染力，教学技巧娴熟、教学形式生动自然。该集团各园骨干教师21人参加活动。

（袁静）

中国人民解放军总后勤部六一幼儿园

【概　况】 2011年，中国人民解放军总后勤部六一幼儿园为一级一类示范园，为非寄宿制。园所占地面积24000平方米，绿化面积10000平方米，建筑面积11000万平方米。固定资产总值1043.88万元，幼儿图书15000册，教师用书4900册。全年教育经费投入968.50万元，其中，国家拨款230万元、自筹经费738.50万元。园内建有幼儿礼堂、幼儿活动室、音体室等配套用房。教室内设有钢琴、电视、移动黑板等教学设备。教职工107人，其中，专任教师44人，包括大专及以上学历43人、中学高级教师2人、幼儿园高级教师24人；保育员18人，包括高级保育员6人。开设教学班18个，其中，托班1个、小班6个、中班6个、大班5个。幼儿入园180人，离园142人，在园601人。

（范茜）

【引导教师电子备课】 2至4月，总后六一幼儿园引导教师电子备课。该园投资4.30万元，为教学班购置18台计算机，对36名教师进行计算机培训，采取互学与自学方式学习办公软件的应用，推行无纸化备课。至4月，该园教师能按照无纸化办公要求，运用计算机独立完成月、周目标及每日教案。

（范茜）

【园本课题获奖】 3月，总后六一幼儿园承担的两个园本课题结题并获奖。课题"幼儿园语言运用能力培养研究"总结近20种语言能力培养方法，获军队幼儿园"十一五"课题一等奖，全军参评课题110个，其中，一等奖20个。课题"在体验式音乐活动中培养幼儿园创造性表现"，从歌唱、韵律、打击乐三种活动中，总结培养幼儿创造能力20余种方法，获总后幼儿园“十一五”课题二等奖，参评课题50余项，一等奖5个、二等奖10个。

（范茜）

【组织骨干教师示范活动】 3至12月，总后六一幼儿园组织市、区、园三级骨干教师教学示范活动。市级骨干教师指导青年教师听评课活动，组织大班毕业综合活动“我的名片”，该园教师40人观摩。区级骨干教师承担区级体育课题组教研任务，组织三个实验班开展体育集体活动研究，并对青年教师进行说课示范。园级骨干教师参与区级课题和园本数学课题研究，组织大班体育活动“炸碉堡”和中班体育活动“小螃蟹”以及大班数学活动“电话号码算出来”和科学活动“制作降落伞”，向北京市幼儿师范学校学生开放。

（范茜）

【开展民族体育活动】 10至12月，总后六一幼儿园开展民族体育活动。中、大班以风火轮、跳绳、走高跷、拉绳踢毽等项目为主，小班以风车活动为主。为检查活动成效，该园从每班抽查5～10名幼儿，风火轮、走高跷项目优秀率100%，跳绳、拉绳踢毽项目优秀率75%。

（范茜）

北京市丰台区方庄第三幼儿园

【概　况】 2011年，北京市丰台区方庄第三幼儿园为教育部门办园类别，为日托制。占地面积6999平方米、校舍建筑面积5093平方米。固定资产总值949.53万元。全年教育经费投入915.21万元，其中，国家拨款493.06万元、自筹经费422.15万元。拥有美术、舞蹈和图书等专用教室7个，普通教室18个。教室内设有投影仪、计算机、电子白板等教学设施。教职工62人，其中，教师50人，均为专科及以上学历，包括中级专业技术职称20人、市级骨干教师1人；保健员1人，专科学历、中级技术职称。开设教学班18个，其中，小班5个、中班6个、大班7个。幼儿入园163人，离园150人，在园539人。网址：edu.youth.cn/zt/fzyey。

（刘毓）

【开展园本培训】 1月4至7日，方庄三幼开展园本培训。培训以多媒体课件制作为主题，讲解多媒体课件制作软件（Authorware）的运用知识。通过培训，教师课件制作水平得到提高，在全国中小学信息技术Authorware教学实践评优活动中，该园教师获论文、课件制作项目一等奖1人、二等奖2人。该比赛由全国中小学教育网络和现代信息中心主办。

（刘毓）

【举办儿童泥塑专题讲座】 2月28日，方庄三幼举办儿童泥塑专题讲座。讲座听取北京教育科学研究院教研员讲解开展泥塑活动的意义、儿童泥塑活动的年龄特点及行为表现等内容，分享案例实录课，并解答教师在幼儿泥塑教学中的困惑。该园教师52人参加讲座。

（刘毓）

【幼儿图书阅览室投入使用】 12月15日，方庄三幼幼儿图书阅览室投入使用。该阅览室由器材房改建而成，投入8万元，建筑面积50平方米，设有儿童沙发、儿童书架、书桌等设施，收藏幼儿图书1000册。图书室每天8：30～16：00开放。

（刘毓）

【开展0～3岁亲子特色教育】 年内，芳庄三幼开展0～3岁亲子特色教育活动。该园依托多年亲子活动园本研究成果，打破陈旧理念，创新教育模式，将自理活动、自主活动、大动作活动和亲子游戏四部分内容穿插在一小时的亲子活动中，使亲子活动动静交替，达到提高学习效果的目的。该园于6月和10月，分别接待两个观摩团共200人观摩亲子教育特色活动。

（刘毓）

北京市丰台区第一幼儿园

【概　况】 2011年，北京市丰台区第一幼儿园为教育部门办园类别，为日托制。园所占地面积12998平方米、建筑面积8531平方米。固定资产总值733万元。全年教育经费投入1002.80万元，其中，国家拨款488万元、自筹经费514.80万元。拥有亲子教室、音乐室和多功能教室等专用教室9个，普通教室29个。教室内设有计算机、钢琴、电子白板等教学设施。教职工90人，其中，教师57人，包括专科及以上学历55人、中级及以上专业技术职务31人；保健员10人，包括中级及以上专业技术职务5人。开设教学班29个，其中，小班10个、中班9个、大班10个。幼儿入园320人，离园300人，在园950人。网址：ft1y.cn。

（赵秀敏）

【园长获首都劳动奖章】 5月，丰台一幼园长朱继文获得首都劳动奖章。该评选由北京市总工会举办，全市共有37人入选。朱继文，女，1968年8月出生于北京，1989年毕业于北京市幼儿师范学校，获得中专学历，到丰台第一幼儿园工作；1997年到青塔第二幼儿园担任园长，2008年担任丰台第一幼儿园园长。自1997年担任园长以来，遵循“以人为本，环境育人”的教育思想，始终用自己的人格魅力影响每名教职工，把自己全部的爱无私的奉献给孩子，曾多次评为全国、北京市优秀教师。

（赵秀敏）

【开展抗震减灾教育】 10月13日，丰台一幼开展抗震减灾教育活动。该园大班幼儿120人在日本抗震专家的带领下，通过卡通图画、抗震儿歌学习抗震知识；开展抗震演练，掌握正确自救方法。活动向每名幼儿赠送图书《听地球妈妈讲故事》。

（赵秀敏）

【被评为区师德先进集体】 12月，丰台一幼被丰台区教委、教育工会评为丰台区师德先进集体。该园“坚持以师德促发展”的教育思想，开拓创新，努力实现幼儿园各项工作又好又快发展，并积极将活动成果转化为教育实践，更好的为教师、幼儿、家长服务；开展以“爱”为主旋律的主题系列活动，实践“大爱”教育，让爱心在丰台一幼代代传承。

（赵秀敏）

北京市石景山区第三幼儿园

【概　况】 2011年，北京市石景山区第三幼儿园为教育部门办园类别，为日托制。占地面积4230平方米，建筑面积2077平方米，固定资产总值308万元。全年教育经费投入374万元，其中，国家拨款292万元、自筹经费82万元。设有局域网络与监控系统，拥有多功能厅、玩具图书馆（CPM）、图书室等专用教室4个，普通教室9个。教室内配有计算机、投影仪、摄像机等教学设备。教职工41人，其中，专任教师32人，包括中学高级教师1人、小学高级教师15人、幼教一级教师11人、幼教二级教师2人；保育员2人。开设教学班9个，其中，小班4个、中班3个、大班2个。幼儿入园113人，离园86人，在园291人。网址：3y. sjsedu. cn。

（向导）

【组织消防逃生演习】 9月29日，石

景山三幼组织幼儿消防逃生演习。教师带领幼儿用湿毛巾捂住口鼻，弯腰伏身，按预定路线疏散到操场，用时1分53秒。幼儿安全疏散到操场后，教师向幼儿讲解消防知识及自救常识，教幼儿拨打火警电话。该园师幼331人参加演习。

（向导）

【开展“启萌杯”研究活动】 10月8至28日，石景山三幼开展“启萌杯”研究活动。活动内容包括面向教师的读书征文评优、教学活动评优、区域游戏评优、户外游戏材料评优，以及面向保育员的日常工作考核。由园长、业务园长和市区级骨干教师等组成评审团，对32篇征文、32节教学活动和2名保育员的日常工作情况进行量化评价，评出一等奖3人、二等奖5人、三等奖10人。

（向导）

【向家长发放幼儿在园活动光盘】 12月28日，石景山三幼向家长发放幼儿在园活动光盘。该园向家长播放“家园携手，共促发展”主题光盘，介绍各班教育教学活动、后勤工作及园所整体发展情况；以班级为单位向家长发放幼儿在园各领域教学活动、幼儿游戏活动光盘。该园幼儿家长239人参加活动。

（向导）

北京市石景山区实验幼儿园

【概　况】 2011年，北京市石景山区实验幼儿园为教育部门办园类别，为日托制。占地面积8184平方米，建筑面积4234平方米，户外活动场地2200平方米。固定资产总值897万元，图书3310册。全年教育经费投入520万元，其中，国家拨款360万元、自筹经费160万元。拥有舞蹈教室、多功能厅和儿童图书室等专用教室3个，普通教室9个。教室内设有钢琴、投影仪和电子白板等专用设备。教职工54人，其中，专任教师36人，包括幼教高级教师16人；保育员4人。开设教学班12个。幼儿入园129人，离园87人，在园309人。网址：syy. sjsedu. cn。

（刘金玲）

【获全国“巾帼文明岗”称号】 3月30日，石景山实验幼儿园获得全国“巾帼建功”活动领导小组授予的“巾帼文明岗”称号。该园坚持“立足本职，学习先进，岗位建功”的宗旨，在巾帼建功活动中不断取得新的成绩，2006年被评为石景山区三八红旗集体，2007年被授予北京市巾帼文明岗称号。

（刘金玲）

【与北师大学前专业师生交流】 5至12月，石景山实验幼儿园教师参加“走进师大名师讲坛”活动。该园园长、教学园长、1名市级骨干教师作为“名师”向北京师范大学学前教育系研究生介绍该园办园理念和办学情况。3人分别以《提升教育幸福指数，打造和谐发展的阳光幼儿园》、《开展园本体育活动促进幼儿健康成长》和《尊重幼儿是实施教育的基本点》为题介绍该园围绕“阳光”办园理念开展的阳光队伍建设、阳光儿童培养、阳光课程建构等举措，讲解该园体育活动的日常规划、材料研究、内容选择等工作，阐述教师如何在日常教学实践中尊重幼儿、关爱幼儿、促进幼儿自主发展。

（刘金玲）

【参加全国幼儿园优秀DV作品展播获奖】 9月，石景山实验幼儿园在第三届“鹤琴杯”全国幼儿园优秀DV作品展播评选中获奖。该园报送15件参赛作品，其中，《喂喂小动物》获一等奖，《勤劳的小松鼠》、《美丽的扎染围巾》获三等奖，其他12件作品分获优秀奖和鼓励奖。该评比由中国学前教育研究会和中国教育电视台联合举办，设立一二三等奖、优秀奖、鼓励奖、最受观众欢迎奖及组织奖等奖项若干名。

（刘金玲）

北京市门头沟区幼儿园

【概　况】 2011年，北京市门头沟区幼儿园为教育部门办园类别，为日托制。园所占地面积6340平方米，校舍建筑面积3780平方米，体育场地面积1600平方米。固定资产总值786万元。全年教育经费投入548万元，其中，国家拨款519万元、自筹经费29万元。拥有多媒体教室、音体厅和图书室等专用教室7个，普通教室12个。教室内设有电子白板、实物投影仪、计算机等教学设施。教职工56人，其中，专任教师39人，均具有专科及以上学历，包括中学高级教师1人、小学高级教师14人；保育员12人，均具有专科及以上学历，包括小学高级专业技术职务5人。开设教学班21个，其中，亲子班9个、小班6个、中班5个、大班1个。幼儿入园178人，离园188人，在园372人。

（翟雯）

【出版《家园同步开展早期阅读教育的实践研究》】 1月，门头沟区幼儿园园长刘秋红主编的《家园同步开展早期阅读教育的实践研究》出版。该书为园本课程理论与实践探索丛书，由北京师范大学出版社出版，为155mm×235mm开本，全书18万字，内容包括家园同步早期阅读教育的意义、创设有效环境、实践探索、活动案例和教育随笔。

（翟雯）

【评选“好老师”】 6月1日，门头沟区幼儿园举办“社会满意、家长信任、幼儿喜欢的好老师”评选活动。评选采取幼儿投票、发放家长问卷、园领导综合评价相结合的方式，对教师师德、班级活动、业务能力、家长工作等方面进行综合考评，评出6名“好老师”。

（翟雯）

【开展教学评比活动】 10月28日至11月8日，门头沟区幼儿园开展教学评比活动。该园按教龄5年及以下、6～10年、11年及以上三个时间段将教师分成三组，分别开展“春蕾杯”、“百花杯”和“秋实杯”教学评比活动。该园成立评审小组，分教龄组对教师进行笔试、课堂教学和户外活动评比。该园专任教师24人参加评比，评出一等奖3人、二等奖4人、三等奖7人。

（翟雯）

【举办读书节活动】 12月，门头沟区幼儿园举办“大手拉小手快乐阅读”读书节系列活动。活动包括晨间阅读、图书分享、故事表演等内容，指导家长培养幼儿会读书、好读书的良好习惯。活动共评选出“书香家庭”190个，“故事大王”24人。

（翟雯）

北京市门头沟区城子幼儿园

【概　况】 2011年，北京市门头沟区城子幼儿园为教育部门办园类别，为日托制。占地面积2300平方米，校舍建筑面积1171平方米。固定资产总值48万元。全年教育经费投入406.40万元，其中，国家拨款387.84万元、自筹经费18.56万元。拥有音体室、美劳室等专用教室2个，普通教室7个。教室内设有电子白板、投影仪等教学设施。教职工38人，其中，教师22人，包括专科及以上学历21人、小学高级教师16人。开设教学班7个，其中，小班4个、中班3个。幼儿入园110人，离园85人，在园215人。

（贾文红）

【开展手工制作活动】 5月15日，城子幼儿园开展“绿色环保，从我做起”手工制作活动。幼儿、家长及教师利用废旧物品进行手工制作，教师还创设“娃娃家”布景，提高幼儿、家长和教师的环保意识以及玩教具制作能力。

（程燕妮）

【举办幼儿演唱会】 9月29日，城子幼儿园举办“娃娃爱祖国”幼儿歌曲演唱会。幼儿演唱《祖国祖国多美丽》、《我们和祖国最亲亲》和《国旗国旗红红的哩》等歌曲，表达对祖国的热爱。

（苏文清）

【被评为“阳光体育工作优秀园所”】 11月，城子幼儿园在北京市“阳光体育”工作验收中被评为北京市“阳光体育工作优秀园所”。验收工作组由5名幼儿教育专家组成，全面考察该园阳光体育工作进展状况，现场考评教师组织的体育活动，抽测幼儿立定跳远等项目。验收组认为该园“领导务实、教师朴实、工作扎实”，幼儿阳光体育工作成效显著，同时也提出指导性建议。

（孟庆鸿）

北京市房山区房山幼儿园

【概　况】 2011年，北京市房山区房山幼儿园为教育部门办园类别，为日托制。占地面积4296平方米，建筑面积3852平方米。图书6389册，户外大型玩具10套，其他玩教具7000余件，固定资产总值410万元。全年教育经费投入778.20万元，均为国家拨款。设有局域网络和监控系统，拥有幼儿阅览室、多功能厅、图书资料室等专用教室，普通教室12个。教室内设有计算机、液晶电视等教学设施。教职工68人，其中，专任教师55人，包括专科及以上学历52人、中级及以上专业技术职务27人；保健员1人。开设教学班12个，其中，小班4个、中班5个、大班3个。幼儿入园136人，离园121人，在园440人。网址：www.fychild.com。

（穆波）

【教育活动方案获优秀奖】 6月，房山幼儿园教师张丽娟设计的教育活动方案《山猪上山》获第五届全国幼儿园语言教育活动方案评选优秀奖。《山猪上山》教学活动以绕口令的形式，让幼儿学会字母发音，提高语言能力。该评选由中国学前教育研究会幼儿课程与教学专业委员会举办，共收到教育活动方案506篇，评出获奖方案89篇。

（穆波）

【开展幼儿体操与游戏专题培训】 8月24至25日，房山幼儿园举办幼儿体操与游戏专题培训。培训以“积极开展体育活动，促进幼儿身心健康发展”为主题，邀请中国学前教育研究会专家讲解健康新理念、健康教育四元素、健康的特性、幼儿心理健康的标志、怎样提高孩子的心理健康水平以及幼儿园体操与游戏组织创编等内容。该园教师45人参加培训。

（穆波）

【开展快乐音符课程教学实验】 至年底，房山幼儿园开展3～6岁幼儿音乐能力发展实验。该课程运用多媒体教学手段，采用感知操作、世界名曲欣赏、古诗吟诵等形式，通过多次观摩和展示活动，开发“盘子交响曲”、“巨人花园”、“对鲜花”等适合幼儿的教学案例。该园4个班级幼儿、教师共146人参加课程实验。

（穆波）

北京市房山区青龙湖镇中心幼儿园

【概　况】 2011年，北京市房山区青龙湖镇中心幼儿园为教育部门办园类别，为日托制。占地面积4500平方米，建筑面积2120平方米。户外大型玩具2套，图书5000册，9机位视频监控系统和7机位视频监控系统各1套，固定资产总值163.98万元。全年教育经费投入522.87万元，其中，国家拨款504.60万元、自筹经费18.27万元。拥有11个活动室兼睡眠室，室内设有计算机、电视机、实物投影仪等电教设备。教职工38人，其中，专任教师35人，包括中级及以上职称14人、本科及以上学历25人。开设教学班11个，其中，小班4个、中班4个、大班3个。幼儿入园90人，离园62人，在园293人。

（郭娜）

【出版《教师半日活动实用手册》】 1月，青龙湖镇中心幼儿园编写的《微澜细浪——落实〈纲要〉目标教师半日活动实用手册》出版。该手册由吉林人民出版社出版，全书72万字，为170 mm×240 mm开本，共6本，其中，每个年龄段分上、下两册，系统介绍该园半日活动情况。

（郭娜）

【获全国"巾帼文明岗"称号】 3月，青龙湖镇中心幼儿园获得全国"巾帼文明岗"称号。该评选由全国妇联、全国妇女"巾帼建功"活动领导小组举办，共授予全国"巾帼文明岗"2000个。该园38名教职工中37人是女职工，她们不断强化教师素质，狠抓服务质量，巾帼不让须眉，展现女性教师风采。

（郭娜）

【开展"文明礼仪讲、演、做"系列活动】 4至9月，青龙湖镇中心幼儿园开展"文明礼仪讲、演、做"系列活动。4月举办《美在文明，慧在心智》专家讲座，讲解日常文明礼仪要点、如何更好的开展家长工作及教师心理调试。6月开展"我是干部我示范，我是党员我争先，我是教师我奉献"演讲活动，11人参加演讲。9月开展"师德承诺"活动，全园教师齐参与，增强责任意识和使命感。

（郭娜）

【翻建育新分园】 12月，青龙湖镇中心幼儿园育新分园翻建完工。分园地处青龙湖镇常乐寺村，占地面积1000平方米，建筑面积470平方米，拥有专用活动室兼睡眠室4个，设有计算机、电子琴、录音机等教学设备。教职工11人，开设教学班3个，解决常乐寺、西石府等村幼儿入园问题。该工程由区教委投资100万元。

（郭娜）

北京市通州区新城东里幼儿园

【概　况】 2011年，北京市通州区新城东里幼儿园为教育部门办园类别，为全日制。占地面积4712平方米（其中分园1919平方米），建筑面积3213平方米（其中分园1361平方米）。藏书3321册，玩教具3000余种，固定资产总值287万元。全年教育经费投入687万元，其中，国家拨款635.20万元，自筹经费51.80万元。园内设有幼儿活动室、音体室等专用教室，拥有多媒体、校园广播、视频会议系统、户外攀岩、科技安全防护等设备。教职工41人，其中，专任教师27人，包括专科及以上学历17人。开设教学班9个，其中，小班4个、中班3个、大班2个。幼儿入园156人，离园90人，在园380人。

（李新波）

【分园开园】 3月1日，新城东里幼儿园分园开园。分园位于通州玉桥东小区，是该小区配套教育设施，占地面积1362平方米、建筑面积1361平方米，为新城东里幼儿园小班部，招收幼儿119人，由1名副园级干部专职管理。

（李新波）

【组织幼儿自制安全提示图】 9月1日，新城东里幼儿园开展自制安全提示图活动。活动以"我为弟弟妹妹提个醒"为主题，组织大班幼儿讨论幼儿园中的安全隐患以及如何预防意外发生，开展自制安全提示图、标语活动，共制作安全提示图22幅、安全提示语15条张贴在总园及分园的楼道、大型玩具等位置。

（李新波）

【组织保育员观摩学习】 11月14至24日，新城东里幼儿园组织全园9名保育员开展幼儿进餐环节观摩活动。活动分成两个环节，首先是组织新入职保育员理论学习，了解进餐环节的消毒程序、照顾幼儿进餐的方法等，并观摩有经验保育员活动；其次是观摩新入职保育员在幼儿进餐环节的活动，引导他们找出缺点，以提高保育工作水平。

（李新波）

【举办分享阅读展示活动】 11月25日，新城东里幼儿园举办分享阅读展示活动。该园教师做"苍蝇、苍蝇快走开"和"我喜欢跳"教学活动展示，回答现场提问，最后由专家讲评。通州区幼儿教师代表80人参加活动。

（李新波）

【开展冬季户外体育活动】 11月，新城东里幼儿园开展冬季户外体育活动。该园在户外设置蹦跳游戏区、平衡游戏区、投掷游戏区、跑步游戏区、球类游戏区、特色小车区，安排小马运粮、小兔拔萝卜、开汽车、打老虎等小游戏16个。游戏打破班级界限，幼儿自选游戏区域。参与8种以上游戏的幼儿达75%，参与4种以上游戏的幼儿达100%。该园保健室医生每天抽测30名幼儿的运动量、脉搏等指标，结果显示幼儿均达到适宜运动量。

（李新波）

北京市顺义区仁和中心幼儿园

【概　况】 2011年，北京市顺义区仁和中心幼儿园为教育部门办园类别，为日托制。占地面积3989平方米、校舍建筑面积3852平方米。图书馆建筑面积20平方米，藏书6000册，杂志、报刊26种。全年教育经费投入385万元，均为国家拨款。全年信息化经费投入5万元，拥有计算机38台，多媒体教室座位50个，校园网出口总带宽100Mbps，数字资源量812GB；拥有音体室和教科研室专用教室2个，普通教室8个。教室内设有计算机和收录一体机等教学设施。教职工43人，其中，教师35人，均为大专及以上学历，包括中级职称15人、北京市学科带头人1人、市级骨干教师1人；保育员8人，均为大学本科学历，包括中级专业技术职务1人。开设教学班9个，其中，亲子班1个、小班3个、中班3个、大班2个。幼儿入园122人，离园106人，在园389人。网址：shunyirenheyey.ankang06.org。

（屈依蕾）

【抽测幼儿发展水平】　1月13日，仁和中心幼儿园分年龄班抽样测查幼儿发展水平。以“了解幼儿发展情况，找出五大领域发展中的强项和弱项，以便进一步提升优势，弥补劣势，促进幼儿全面发展”为指导思想，该园抽测幼儿保健常识、倾听能力和当众表达等五大领域内容，结果显示全园幼儿园语言领域成绩突出，其他领域均衡发展。

（陈红　屈依蕾）

【举办系列开放活动】　3至12月，仁和中心幼儿园以开放活动为抓手提高园所办园品质。该园举办示范开放活动5次、家长开放活动3次，包括3月的语言教学开放活动、5月的新入职教师教学观摩和研讨活动、6月的新招聘教师入职实践活动、11月的四川幼教代表团半日观摩和经验交流活动以及12月的张雪门行为课程组骨干教师语言教学观摩活动等。

（屈依蕾）

【开展肥胖幼儿管理工作】　4月1日，仁和中心幼儿园与家长共同探讨肥胖幼儿管理工作。在对肥胖幼儿身高、体重进行监测的基础上，该园将测查分析结果反馈给家长，指导家长更新理念，引导幼儿在家养成良好的饮食、锻炼习惯。同时，该园鼓励肥胖幼儿多参加跳绳、跑步、快速走等户外活动，关注其运动强度和密度。

（屈依蕾　周颖）

【开展幼儿知识竞赛】　6月16日，仁和中心幼儿园组织大班幼儿开展“我是健康宝宝”知识竞赛。比赛环节分必答题、抢答题和风险题，中间穿插啦啦队互动环节。内容涉及安全知识、保健知识和卫生知识等，检验幼儿在园三年来对健康领域知识的掌握情况。评分以答题准确率、知识面宽为标准，评出最佳团队奖1名、最佳博学奖3名、最佳风采奖3名。

（屈依蕾　周颖）

【凭卡接送幼儿】　11月10日，仁和中心幼儿园实行凭卡接送幼儿制度。教师给每个幼儿编号，制作“接送卡”。每日家长送幼儿来园时取走接送卡，接幼儿离园时交回接送卡，有效防止幼儿被错领、冒领和走失等事故发生，完善幼儿接送制度。

（屈依蕾）

【举行教师讲故事比赛】　12月2日，仁和中心幼儿园举行教师讲故事比赛。比赛内容来自《幼儿园快乐与发展课程》，由专家评委和观众评委共同打分，评出一等奖6人、二等奖12人。该园教师20人参加比赛。

（屈依蕾）

北京市顺义区宏城幼儿园

【概　况】　2011年，北京市顺义区宏城幼儿园为教育部门办园类别，为日托制。占地面积4726平方米、校舍建筑面积3687平方米。图书馆建筑面积30平方米，藏书5000册，杂志报刊12种。固定资产总值1815万元。全年教育经费投入623万元，均为国家拨款。全年信息化经费投入4.80万元，拥有计算机22台。拥有创意坊、书吧和舞蹈厅等专用教室4个，普通教室12个。教室内设有电子琴、录音机等教学设施。教职工50人，其中，教师25人，包括大学本科学历19人、大学专科学历6人、中级专业技术职务10人；保育员12人，包括大学本科学历9人、大学专科学历3人、中级专业技术职务6人。开设教学班16个，其中，亲子班4个、小班5个、中班4个、大班3个。幼儿入园200人，离园150人，在园507人。

（李金平）

【举办教职工演讲比赛】　6月2日，宏城幼儿园举办教职工演讲比赛。比赛以“永远跟党走，岗位立新功”为主题，分为推选参赛选手、全园演讲比赛两个环节。比赛中，参赛选手结合工作岗位抒发对党的情怀，对幼儿的热爱，对幼教改革创新的深刻认识。该园教职工47人参加活动，共评出一等奖1人、二等奖12人、三等奖34人。

（李金平）

【举办童话剧表演比赛】　11月8日，宏城幼儿园举办师幼童话剧表演比赛。各班教师挑选适合本班幼儿年龄特点的故事，自制舞台道具、服装，选录背景音乐，与幼儿一起排练并同台演出。经评选，大一班的《小乌龟拜师傅》、大三班《奇怪的电话》和中一班的《树上有只小小鸟》获得一等奖。

（李金平）

【组织教职工讲故事比赛】　11月23日，宏城幼儿园组织教职工讲故事比赛。45名参赛选手分成3组比赛，每人脱稿讲一则自选故事。园领导和区级骨干教师担任评委，从语言技巧、声音、节奏、表情、动作等方面给选手打分，每组评出一等奖1人。

（李金平）

【举办“树叶粘贴画”亲子制作比赛】　12月1日，宏城幼儿园举办“树叶粘贴画”比赛。幼儿和家长一起收集各种树叶，制作树叶拓印画和树叶粘贴画。60个家庭报名比赛，评委由小班家委会成员担任，《花孔雀》、《凶猛的大狮子》、《长颈鹿》等6幅作品获得一等奖。

（李金平　刘冬梅）

【组织保育员岗位知识测试】　12月21日，宏城幼儿园组织保育员岗位知识测试。测试采取闭卷形式，内容涉及3至6岁幼儿生理、心理学相关知识和幼儿日常紧急病症科学护理常识。该园保育员15人参加测试，均达到优秀标准。

（李金平）

北京市昌平区教工幼儿园

【概 况】 2011年，北京市昌平区教工幼儿园为教育部门办园类别，为日托制。占地面积4525平方米，建筑面积3060平方米。图书3600册，固定资产总值349万元。全年教育经费投入406万元，均为国家拨款。设有局域网络与监控系统。拥有教师多媒体备课教室、多功能活动厅、幼儿电脑室等专用教室4个，普通教室13个。教室内设有液晶电视、电子琴、校园广播等多媒体课堂教学设备。在编教职工76人，其中，专任教师66人。专任教师中专科及以上学历58人，中学高级教师1人，小学高级教师29人，北京市骨干教师2人；保健员3人，均为专科及以上学历，其中，中级职称1人。开设教学班16个，其中，亲子班4个、小班6个、中班3个、大班3个。幼儿入园112人，离园133人，在园425人。网址：www.cpjgyey.com。

（褚小芹）

【召开开放式家长会】 3月3至9日，教工幼儿园召开开放式家长会。家长会以班级为单位，听取各班教师介绍本班幼儿的整体发展情况，学期养成教育工作重点，幼儿晨检、接送等问题。会后，各班组织不同形式的开放活动，包括观摩班级幼儿活动和就餐，观看幼儿节目表演和幼儿活动纪实录像，与教师面对面探讨交流，开展亲子互动游戏等。幼儿家长412人参加会议。

（褚小芹）

【开展新任教师保育工作培训】 3至11月，教工幼儿园开展两次新任教师保育工作培训。其中，3月29日举办保育工作答疑解惑活动，回答新任教师提出的卫生保健管理、卫生工作技能、个别幼儿教育与管理等22个疑难问题；11月14日举办新任教师保育员岗位业务培训，讲解师幼关系、幼儿进餐常规培养、区域活动指导等9个方面内容。30人次参加培训。

（褚小芹）

【举办幼儿春季运动会】 5月6日，教工幼儿园举办幼儿春季运动会。运动会包括升国旗奏国歌、大班幼儿体操表演、各班运动项目展示等环节，以挑战性的运动游戏为主，各班自编班级口号，自制道具，自创勇士闯关、浇浇小树苗等14个运动项目。该园幼儿406人参加运动会。

（褚小芹）

【建立教学分部】 9月1日，教工幼儿

园教学分部开学。该教学分部租赁昌平区西环路豪恒大厦建成，建筑面积1041平方米，设有保安室、医务室、幼儿食堂、办公室，3个幼儿专用教室、1个活动大厅和户外活动场地。开设小班4个，招收幼儿85人，每班有独立的活动室、寝室、洗漱间，活动室配有电视、电子琴等，户外活动场地安装遮阳棚，四周安装不锈钢护栏，配备适合幼儿户外锻炼、嬉戏的大型玩具。

（褚小芹）

【改扩建工程竣工】 11月16日，教工幼儿园改扩建工程竣工并投入使用。该工程在园内北侧平房原址改建四层教学附属楼，总建筑面积950平方米，一层为幼儿食堂，二层、三层共4个幼儿教室，四层为多功能活动室。该工程于5月5日开始拆除原建筑，5月11日在原址开工新建，11月16日工程竣工并投入使用，改扩建工程共投入资金459万元。

（褚小芹）

【亲子班正式开班】 11月16日，教工幼儿园亲子班正式开班。亲子班设在新建教学附属楼二层，共2个班级33名幼儿，幼儿年龄为2至3岁，亲子班幼儿在园时间为半天。亲子活动室环境优美，玩教具一应俱全，有独立的盥洗室、卫生间。每班配备3名幼儿教师，负责幼儿的盥洗、进餐、户外活动、喝水、如厕等生活环节和教育教学活动。

（褚小芹）

北京市昌平区机关幼儿园

【概 况】 2011年，北京市昌平区机关幼儿园为教育部门办园类别，为全日制。占地面积10005平方米，校舍建筑面积7000平方米。固定资产总值907.47万元。全年教育经费投入1396.91万元，均为国家拨款。拥有玩具图书馆、美术教室和电脑教室等专用教室6个，普通教室21个。教室内设有电脑、展台和录音机等教学设施。教职工112人，其中，教师99人，包括专科及以上学历86人、中级及以上职称55人；保健员3人，其中，专科及以上学历2人、中级职称1人。开设教学班21个，其中，亲子班1个、小班8个、中班6个、大班6个。幼儿入园137人，离园201人，在园753人。网址：bjcpjgyey.ankang06.org。

（董文秀）

【教育幼儿安全服药】 5月19日，昌平机关幼儿园开展幼儿安全服药教育。该园邀请昌平区药监局医生为中一班幼儿上安全服药教育课，讲解乱吃药对人体的危害，以及要在成人的监督下服药、不随便自己服药、不吃大人的药、要坐着吃药、吃完药后要散步促进吸收等注意事项。该园中一班幼儿、教师33人听课。

（董文秀）

【举行爱心义卖活动】 5月31日，昌平机关幼儿园举行“心手相牵”爱心义卖活动。此次活动以帮助幼儿养成关爱他人习惯为主旨，以为贫困山区面临失学儿童筹集善款为目的，组织该园700名幼儿拿出自己的美术作品，在老师指导下标明价格，面向全园幼儿及家长义卖，共筹集善款12854元，全部捐给昌平慈善协会。

（董文秀）

【开展主题游戏活动】 5月31日，昌平机关幼儿园开展庆六·一“小鬼当家”主题游戏活动。该活动以“来源生活，回归生活”的教育理念为指导，分为服务类、创作类、消费类等游戏场景，通过设计的特定环境，让幼儿以游戏的方式体验生活中遵守规则、与人交往、动手做事、消费交易等事情。活动中，幼儿先通过剥豆子、擦皮球、当场创作美术品并售卖等方式"挣钱"，之后到照相馆、水吧、游乐园等消费区消费。该园幼儿620人参加活动。

（董文秀）

【接待加拿大客人来访】 6月29日，昌平机关幼儿园接待加拿大英属哥伦比亚大学教育学院课程与教学论研究所副教授、博士彼得(PeterJ. Gouzouasis)及夫人到访。来宾参观幼儿园内外环境，听取该园基本情况介绍，欣赏大班幼儿节目表演，接受幼儿赠送的水墨画，并教授幼儿3首英文儿歌。

（董文秀）

【改扩建工程竣工】 12月8日，昌平机关幼儿园改扩建工程竣工。该工程由区教委投入专项资金685万元，将原有美术教室拆除，在原址扩建三层教学综合楼，增加3个普通教室、1个美术教室和1个多功能教室；对门卫室、等候室进行翻建，翻建面积1529平方米。

（董文秀）

【开展家长评教活动】 12月20至23日，昌平机关幼儿园开展家长评教活动。活动以发放无记名问卷的形式开展，问卷内容包括对幼儿园环境满意度、对每日伙食满意度、对园务工作满意度等等，共发放问卷753份，回收753份，家长满意率97%，其中，有15名教师的满意率为100%。

（董文秀）

【开展半日评优活动】 12月，昌平机关幼儿园开展教师半日评优活动。通过生活活动、活动区活动、教学活动、户外活动、教育环境、综合评价等6个方面的评比，评出一等奖2人、二等奖2人、三等奖3人。评比发现，教师能想方设法提高备课质量，幼儿常规习惯较好，同时教师的执行目标意识较弱，把握学科特点的能力还需提高。该园7名骨干教师参加评优活动。

（李卫华）

北京市大兴区第一幼儿园

【概　况】 2011年，北京市大兴区第一幼儿园为教育部门办园类别，为日托制。园所占地面积12713平方米，建筑面积8663平方米。固定资产总值364.71万元。全年教育经费投入589.81万元，均为国家拨款。拥有计算机、美术和舞蹈等专用教室6个，普通教室19个。教室内设有电视、计算机和电子白板等教学设施。教职工75人，其中，教师71人，包括专科及以上学历51人、中级及以上专业技术职务20人；保健员2人，均为大专学历并具备执业医师助师资格。开设教学班19个，其中，小班8个、中班7个、大班4个。幼儿离园120人，入园210人，在园650人。网址：yiyou. dxschools. cn。

（吴红艳）

【开展玩具图书馆教学观摩活动】 4月1日，大兴一幼开展儿童玩具图书馆（CPM）教学观摩研讨活动。小中大班各展示一节CPM儿童玩具图书馆教学活动，之后研讨教学情况。北京培华人才培训公司CPM《儿童玩具图书馆》总部的专家认为教师的指导行为恰当，幼儿能够做到自律、自主、自控、自信，并现场讲解演示个别玩具在教学中的应用。

（苏凯毓）

【开展绘本主题教研活动】 4月11至

12日，大兴一幼开展绘本主题教研活动。该园教师在北京市幼儿师范学校课题组教师指导下，分成小组开展主题墙饰、主题活动区、绘本教学活动等"绘本主题活动"研究。每个研究小组由大中小班各1名教师组成，自主选择研究内容和形式，在专家指导下形成一本完整的三个年龄班的绘本主题案例集。该园参与北京幼师承担的"绘本教学实践研究之绘本主题活动"课题实践环节。5月31日，该园还举办"庆六·一绘本剧表演"活动，以年龄组为单位，由教师创编、改编绘本故事，精心排练《朋友最重要》、《我是彩虹鱼》、《老鼠娶新娘》等6个绘本剧。该园幼儿600人参加活动。

（王占丽）

【开展教育活动评优】 11月14至18日，大兴一幼开展教育活动评优。38名教师根据自己的专业特长和本班幼儿的特点，分别选择奥尔夫音乐活动、情境互动式数学、绘本教学等内容，运用现代化教学手段开展教育活动。经评选，评出一等奖10人、二等奖20人。

（朱鸿雁）

北京市大兴区第二幼儿园

【概　况】 2011年，北京市大兴区第二幼儿园为教育部门办园类别，为日托制，分本园和SOS儿童村分园两地办学。占地面积11690平方米，建筑面积6752平方米。固定资产总值847万元。全年教育经费320万元，均为国家拨款。拥有电脑教室、玩具图书馆（CPM）和亲子教室等专用教室4个，普通教室24个。教室内设有电子白板、计算机等教学设施。教职工122人，包括专科及以上学历62人、小学高级教师26人、小学一级教师28人。开设教学班32个，其中，亲子班8个、小班9个、中班8个、大班7个。幼儿入园256人，离园225人，在园763人。网址：www. bjdxey. com. cn。

（张海怡）

【举办"幸福"主题论坛】 5月9日，大兴二幼举办教师"幸福"主题论坛活动。在轻松、自由的氛围中，教师讲述发生在身边的典型案例，在研讨中畅谈自己对教师的幸福和对幼儿的幸福的理解。该论坛是大兴二幼构建"幸福教育"园本课程重要组成部分。该园教职工122人参加论坛。

（张海怡）

【开展项目教学培训】 8月19至23日，大兴二幼组织全体教师业务培训。培训以项目教学为主题，分园本培训和外请专家培训两部分。在园本培训中，该园园长讲解"让教师享受教育的幸福，让孩子享受幸福的教育"办园理念；在专家培训环节，专家讲解项目教学法的含义、发展史以及与项目活动的区别，并带领全体教师亲身体验一次项目教学实例研究。

（张海怡）

【开展保育员知识竞赛】 11月18日，大兴二幼开展保育员知识竞赛。评委由主管后勤工作的副园长、保健医生等6人组成，竞赛内容为保育理论知识以及日常消毒配比和突发事件的处理方法，比赛采取抽签答题形式进行。该园保育员28人参加竞赛，评出一等奖2人、二等奖3人、三等奖4人。

（张海怡）

【举办元旦庆祝活动】 12月29日，大兴二幼举办元旦庆祝活动。活动以"快乐王国"为主题，分成两大活动区域：一是"我是快乐小厨师"，下设果蔬坊、中餐坊和西点坊；二是"我是快乐艺术家"，下设色彩坊、工艺坊、泥塑坊。每名幼儿持有"快乐王国"护照，自愿选择游戏内容，参与各种食品或艺术品的制作，赢得快乐印章，兑换礼物。该园教师、幼儿及家长800人参加活动。

（张海怡）

北京市平谷区第二幼儿园

【概　况】 2011年，北京市平谷区第二幼儿园为教育部门办园类别，为日托制。园所占地面积3981平方米，建筑面积3567平方米，体育场面积1200平方米。图书1.28万册，固定资产总值398.82万元。全年教育经费投入661.46万元，均为国家拨款。设有奥夫音乐室、玩具图书馆（CPM）等专用教室5个，普通教室18个，教室内配有计算机、电子白板、钢琴等教学设施。教职工82人，其中，专任教师54人，包括本科及以上学历49人、中学高级教师1人、幼儿园高级教师33人；保育员18人。开设教学班18个，其中，小班7个、中班6个、大班5个。幼儿入园202人，离园215人，在园650人。

（李晓燕）

【开展幼儿语言领域测评】 3月31日，平谷二幼开展幼儿语言领域测评。小班测评幼儿在生活中学习运用语言的能力，中班测评幼儿对语言的理解能力以及运用规定句式表达思想的能力，大班测试幼儿语言综合能力。该园幼儿160人参加测试，小班优秀率90%、中班优秀率89%、大班优秀率85%，幼儿语言能力整体发展水平较高。

（李晓燕）

【开展假日园本培训活动】 9月3日至10月15日，平谷二幼利用节假日开展园本系列培训。培训内容包括邀请专家解读《幼儿园教育指导纲要》，解答教师日常教学中的困惑；该园业务园长引领教师学习该园制定的《教师一日工作规范》、《幼儿常规培养》和《一日工作流程》等规章制度，采取老教师示范、新教师体验的方式，帮助新教师了解该园整体工作；开展新教师"讲故事"比赛，培训新教师舞蹈基本功，组织青年教师每周观摩一节教师自荐课。该园教师54人参加培训。

（李晓燕）

【展示自制户外玩教具】 10月28日，平谷二幼展示教师自制户外玩教具。该园展出教师利用易拉罐、废旧泡沫板、矿泉水瓶等废旧材料制作的玩教具200件。这些玩教具符合幼儿教学规律，操作性强，部分玩教具一物多用、构思巧妙。该园教职工81人参加活动。

（李晓燕）

【开展一课多研活动】 11月7日至12月16日，平谷二幼开展一课多研活动。活动以年级组为单位，以某一科学领域为切入点，突出"多研"特点：一课多次交流研讨，或一课多人执教，及时调整教学策略，提高教师教学环节设计、师幼互动、课堂应变等方面的能力。该园教师54人参加活动。

（李晓燕）

北京市平谷区第三幼儿园

【概　况】 2011年，北京市平谷区第三幼儿园为教育部门办园类别，为日托制。园所占地面积6317平方米，建筑面积3675平方米。图书6000册，固定资产总值387万元。全年教育经费投入496万元，其中，国家拨款494万元、自筹经费2万元。拥有图书阅览室、舞蹈教室等专用教室3个，普通教室13个。教室内设有钢琴、计算机、电视等教学设备。教职工55人，其中，专任教师54人，均为大专及以上学历。开设教学班13个，其中，小班4个、中班4个、大班5个。幼儿入园145人，离园160人，在园500人。

（王国华）

【启动青年教师培养"三个一"工程】 3月5日，平谷三幼启动青年教师培养"三个一"工程。该工程包括每周上交一篇高水平教育教学反思文章、每月上交一篇高水平读书心得、每月准备一次全园教学公开活动。同时，该园组织青年教师参加科学领域培训、课件制作培训、课题研究培训、教学观摩活动以及拜师学艺活动等，提高青年教师业务素质。

（王国华）

【开展师德教育月活动】 9月5至30日，平谷三幼开展师德教育月活动。活动以"绿色师德"为主题，修改完善并重新公布《平谷三园教师考勤制度》、《平谷三园教师行为规范》、《平谷三园班级常规管理制度》、《平谷三园一日教学活动作息制度》等规章制度，使教师明确要求，保证园所各项工作顺利开展。该园还开展"说说我身边的优秀教师"谈话活动，营造学先进、比先进、争先进的良好氛围。该园教师39人参加活动。

（王国华）

【开展新教师技能考核】 10月14日，平谷三幼开展新教师技能考核。考核以"练技能、促提高"为主题，考核内容分为钢琴弹奏、歌曲演唱、边弹边唱和幼儿舞蹈创编四部分，主要考察新教师对幼儿艺术教育的理解和对幼儿认知水平的把握。8名新教师参加考核，其中，2人优秀、6人合格。

（王国华）

【举办班级环境创设比赛】 10月21日，平谷三幼举办班级环境创设比赛。比赛以"彰显园所特色、突出班级特点"为主题，各班级教师和幼儿利用废旧材料布置班级环境，突出本班特点。该园13个班级参加比赛，经评价小组对主题墙、活动区创设及整体环境三方面评比，评出一等奖2名、二等奖2名、三等奖4名。

（王国华）

【举办迎新年活动】 12月29日，平谷三幼举办迎新年活动。活动以“家园同乐庆新年”为主题，播放各班教师制作的幼儿在园学习、游戏课件，向每名幼儿颁发教师自制奖状，教师和幼儿共同表演舞蹈、演唱歌曲，家长展示才艺，家园同乐共庆新年。该园师幼及家长1000人参加活动。

（王国华）

北京市怀柔区第二幼儿园

【概 况】 2011年，北京市怀柔区第二幼儿园为教育部门办园类别，为日托制。占地面积4140平方米，建筑面积2625平方米。图书7200册，大小玩教具10500件，固定资产总值634万元。全年教育经费投入1093万元，其中，国家拨款945万元、自筹经费148万元。园内设有教师电子备课室、多功能活动教室、幼儿美术活动教室等专用教室。班内配有计算机、钢琴、监控录像等设施以及多媒体教学设备。教职工63人，其中，专任教师58人，包括高级职称教师1人、中级职称教师34人、市级骨干教师1人；保育员3人。开设教学班13个，其中，小班5个、中班4个、大班4个。幼儿入园163人，离园160人，在园552人。网址：www.hreryou.com。

（田晓银）

【开展幼小衔接活动】 5月16日，怀柔二幼开展幼小衔接活动。活动中，大班教师和家长志愿者带领幼儿到怀柔三小观看升旗、做操，体验小学生课堂教学，参观实验室，观摩课间活动。此外，各班还开展“我要上学了”主题活动，让幼儿深入了解小学与幼儿园的不同。该园幼儿及家长210人参加活动。

（田晓银）

【开展教学评优活动】 5月16日至6月14日，怀柔二幼开展“青蓝杯”教学评优活动。活动分课前说课、课堂教学活动、课后教师反思以及评委点评四个环节，评优内容涉及健康、语言、艺术、社会、科学五大领域，教师根据自己特长自主选择参赛内容。该园教师39人参加评优，评出一等奖3人、二等奖5人、三等奖8人、进步奖8人。

（田晓银）

【举办师徒帮带拜师会】 9月9日，怀柔二幼举办师徒帮带拜师会。该园27名教师结为师徒，其中，师傅8人，均为市区级骨干教师，每人带2至3名新教师。该园自2008学年度开始师徒帮带拜师活动，每3学年为一期，旨在发挥骨干教师引领作用，搭建青年教师发展平台，达到互帮互学、资源共享目的。

（田晓银）

【开展国旗教育活动】 10月10日，怀柔二幼开展国旗教育活动。活动观摩北京军区预备役部队升旗手演示升旗仪式，讲解怎样护卫国旗、怎样走步更精神、升旗时应该注意问题等相关知识。该园师幼600人参加活动。

（田晓银）

【开展防火疏散演习】 11月9日，怀柔二幼开展防火疏散演习。警报器拉响后，按照预案部署，后勤部分教师迅速到达指定班级与各班教师一起组织幼儿用毛巾捂住口鼻、弯腰，沿墙角有序地按照安全撤离路线迅速疏散撤离到操场。伙房人员马上关闭水、电煤气后，从指定的安全通道撤离。该园师幼553人参加演习，用时3分钟。

（田晓银）

【开展体能测试】 11月28至30日，怀柔二幼开展幼儿体能测试活动。对全园大中小班的150名幼儿抽测双脚连续跳和单手拍球，优秀率48%。测试中发现部分幼儿双脚跳时脚未并拢、拍球方法不正确。

（田晓银）

【创办园刊】 12月，怀柔二幼印制园刊。该刊物由教师团员编写，包括工作重点、小荷才露尖尖角和心路历程、晒我的幸福等13个板块，全面反映幼儿园的教育教学和职工生活情况。采用A4纸彩色打印，每学期印制两期。

（田晓银）

北京市怀柔区第三幼儿园

【概 况】 2011年，北京市怀柔区第三幼儿园为教育部门办园类别，为日托制。园所占地面积16800平方米，建筑面积9500平方米。固定资产总值3592万元。全年教育经费投入1107万元，均为国家拨款。拥有早教、美术和玩具图书馆（CPM）等专用教室3个，普通教室21个，配有大中型玩具、钢琴、计算机、数字白板等教学设施。教职工91人，包括专科及以上学历72人。专任教师66人，包括高级专业技术职务2人、中级专业技术职务39人；保健员3人，包括专科及以上学历2人。开设教学班21个，其中，小班8个、中班7个、大班6个。幼儿入园225人，离园100人，在园721人。

（吴淑江）

【举办课题研究阶段成果研讨交流会】 4月1日，怀柔三幼举办课题研究阶段成果研讨交流会。会议以“总结经验，促进课题研究深入开展”为主题，由该园2名区级名师培养工程青年骨干教师培训班成员，分别就自己的研究课题“在绘画活动中培养幼儿创造力的研究”和“大班幼儿责任感的培养”进行阶段总结，并展示美术活动课“春天的笑声”和社会活动课“保护蛋宝宝”。课后，与会人员围绕两项研究课题，结合两节观摩课进行研讨，一致认为艺术活动要尊重每个幼儿的创造力，要及时强化幼儿的积极责任行为。培训班学前组全体成员及该园教师30人参加会议。

（吴淑江）

【开展教师半日评优活动】 4至5月，怀柔三幼开展教师半日评优活动。该评选以各年龄班为单位，以幼儿园《半日活动评优标准》为依据，采用教研组评审，园长、主管领导、年级组长评议，授课教师反思，教研室指导，观摩教师研讨等方式进行，2名教师获优秀奖。该园教师32人参加评优活动。

（吴淑江）

【开展幼儿体操展示评比】 11月9日，怀柔三幼开展幼儿体操展示评比活动。该评比以各年龄班为单位，以幼儿园《幼儿体操评价标准》为依据，采取教研组评审，园长、主管领导、年级组长评议，观摩教师研讨的方式进行，评出小中大班组一等奖各1名。该园21个教学班700余名幼儿及教师63人参加活动。

（吴淑江）

【开展幼儿剪纸技能测评】 12月5日，怀柔三幼开展幼儿剪纸技能测评。该测评分年龄班进行，由各年级组主管领导和年级组长组成测评小组，每班随机抽取10名幼儿进行测评，以了解幼儿小肌肉动作发展水平。抽测结果显示97%的幼儿掌握剪纸的方法、技能，15%的幼儿用剪的协调性、灵活性需加强培养。该园幼儿210人参加测评。

（吴淑江）

【举行教研展示活动】 12月8至23

日，怀柔三幼举办教研展示活动。活动由各年龄班教研组长主持，以美术活动的有效指导策略为研究重点，先后观摩研讨大班的绘画活动“花儿朵朵”、中班的美工活动“小小设计师”，小班的美工活动“奇妙的雪花”。该园各年级组主管领导和教师50人参加活动。

（吴淑江）

北京市密云县第五幼儿园

【概　况】 2011年，北京市密云县第五幼儿园为教育部门办园类别，为全日制。园所占地2864.40平方米，建筑面积2870平方米。固定资产总值119.74万元。图书3500余册，期刊杂志10余种。全年经费投入403.28万元。教职工76人，其中，专任教师45人，包括专科及以上学历36人、中级专业技术职务8人。开设教学班15个，其中，小班5个、中班5个、大班5个。幼儿入园149人，离园157人，在园444人。网址：myy. miyunedu. net。

（史淑伶）

【开展幼小衔接教育】 5月23日，密云五幼组织大班幼儿至密云县第四小学体验小学生活。幼儿在教师带领下参观校园环境，观看升旗仪式，与一年级小学生一起上课，交流自己疑惑的问题，初步了解小学的学习生活情况。

（史淑伶）

【开展消防安全培训】 8月30日，密云五幼开展全园师生安全培训。该园邀请北京防火中心专家讲解火灾发生原因及后果，以及如何预防、避险、灭火工具的使用等，并指导全园师幼进行消防实战演习。

（史淑伶）

【开展一物多玩展示活动】 11月4

日，密云五幼开展一物多玩展示活动。该园组织一线教师分幼儿年龄段进行一物多玩的教研探讨，充分挖掘和探索玩具玩法。每班幼儿4人一组探讨一种玩具的新玩法，班内交流展示，一种玩具至少总结出三种玩法。

（史淑伶）

北京市密云县第六幼儿园

【概　况】 2011年，北京市密云县第六幼儿园为教育部门办园类别，为日托制。占地面积4209平方米，建筑面积2643平方米。固定资产总值180.49万元。全年教育经费投入20.58万元，均为国家拨款。拥有舞蹈、美术等专用教室3个，普通教室12个。教室内设有计算机、电钢琴等教学设施。教职工53人，其中，教师24人，包括专科及以上学历21人、中级专业技术职务16人，市级骨干教师1人；保育员13人，包括专科及以上学历13人、中级专业技术职务2人，市级骨干教师1人。开设教学班12个，其中，小班4个、中班4个、大班4个。幼儿入园346人，离园22人，在园324人。网址：myly. miyunedu. nec。

（刘茜）

【接受一级一类幼儿园验收】 6月10日，密云六幼接受北京市一级一类幼儿园验收。验收组听取园长汇报、观摩半日活动、查阅相关资料，肯定该园保教、保健、园所管理等各项工作。7月6日，市教委发布一级一类园验收结果，该园通过验收。

（刘茜）

【举办法律知识讲座】 9月3日，密云六幼举办法律安全知识讲座。讲座听取《做好事前防范，降低幼儿园法律风险》报告，介绍近年来幼儿园发生的各种法律纠纷案例，分析常见的安全纠纷类型、学生伤害事故种类和幼儿法律纠纷特点，使教师充分认识到安全无小事，责任大于天，安全工作的根本在于抓好每一个细节。该园教师66人参加学习。

（柴树才）

【展示半日活动成果】 11月8日，密云六幼向市级半日活动评优专家组展示半日活动成果。中二班幼儿展示集体教育活动、户外活动、区域活动和生活活动。专家组认为该园半日活动准备细致，寓教育于幼儿的一日生活之中，并提出进一步提高保教工作质量的意见。

（刘茜）

北京市延庆县第二幼儿园

【概　况】 2011年，北京市延庆县第二幼儿园为教育部门办园类别，为日托制。占地面积3564平方米，建筑面积5500平方米。固定资产总值1192万元。全年教育经费投入924.20万元，其中，国家拨款859万元、自筹经费65.20万元。拥有舞蹈教室、艺术教室、阅览室等专用教室3个，普通教室23个。教室内设有投影仪、计算机等教学设备。教职工80人，其中，教师69人，包括专科及以上学历65人、副高级专业技术职务1人、中级专业技术职务33人、市级骨干教师2人；保健员2人，包括专科及以上学历2人、中级专业技术职务1人。开设教学班23个，其中，小班9个、中班6个、大班8个。幼儿入园130人，离园240人，在园890人。网址：yq2y. yqedu. com. cn。

（王秀红）

【举办环保时装秀活动】 3月8日，

延庆二幼举办“二幼因我们而美丽”教师环保时装秀活动。该园教师运用报纸、塑料袋等废旧材料开展“创意服装秀”展示。经全体幼儿评审，小班教师获得优秀奖、中班教师获得创意奖、大班教师获得最佳奖。该园教职工72人参加活动。

（王秀红）

【开展校园安全防范专题培训】 5月8日，延庆二幼开展校园安全防范专题培训。培训就如何提高社会单位检查消除火灾隐患的能力、如何提高扑救初起火灾的能力、如何提高组织人员疏散逃生的能力、如何提高消防宣传教育能力展开，同时开展火灾逃生安全演练，提高培训效果。演习结束后，该园行政领导、安全管理干部、各班班长研讨演习中的问题并提出改进措施。该园师幼888人参与活动。

（王秀红）

【举办幼儿才艺展示周活动】 5月16至20日，延庆二幼举办幼儿才艺展示周活动。活动设有绘画、唱歌、讲故事、小制作四项内容，幼儿自选项目参赛。该园幼儿668人参赛，评出一等奖20人、二等奖40人、三等奖60人。

（王秀红）

【召开“1＋X”捆绑园工作会】 9月23日，延庆二幼及5所捆绑园召开新学期工作会。会议以“携手育儿，共谋发展”为主题，总结上学期捆绑工作，介绍捆绑园发展情况、师徒结对以及新学期捆绑工作重点，并就如何指导捆绑园形成教育理念、突显办园特色等工作提出建议和要求。县教委领导、该园及捆绑园教师34人参加会议。5所捆绑园为延庆县民族小学幼儿园、八达岭小学幼儿园、珍珠泉小学幼儿园、康庄小学幼儿园以及红苹果艺术幼儿园。

（王秀红）

【表彰骨干教师】 11月30日，延庆二幼举行市、县级骨干教师表彰会。会议以“强化责任，特色发展”为主题，宣布《延庆县第二幼儿园骨干教师的权利、责任及考核办法》、《延庆县第二幼儿园2011年骨干教师管理及使用办法》，为2名市级骨干教师、15名县级骨干教师颁发证书，提出骨干教师队伍建设具体要求。该园教师18人参会。

（王秀红）

【开展教学展评活动】 12月8至19日，延庆二幼开展“二幼杯”教学展评活动。活动以自主申报为前提，以英语、美术、维思德三个课程团队为主体，以活动设计、现场教学方式开展，评出一等奖18人、二等奖29人、三等奖11人。该园教师58人参评。

（王秀红）

北京市延庆县第三幼儿园

【概　况】 2011年，北京市延庆县第三幼儿园为教育部门办园类别，为日托制。园所占地面积4439.54平方米，建筑面积3085平方米。固定资产总值290.20万元。全年教育经费投入1748.47万元，其中，国家拨款1682.47万元、自筹经费66万元。拥有教室12个。教室内设有投影仪、计算机等教学设施。教职工59人，其中，教师45人，包括专科及以上学历43人、副高级专业技术职务1人、中级专业技术职务22人、市级骨干教师2人；保健员2人，包括专科及以上学历2人、中级专业技术职务1人。开设教学班12个，其中，小班4个、中班4个、大班4个。幼儿入园138人，离园164人，在园480人。网址：yq3y. yqedu. com. cn。

（韩淑香）

【幼儿园暂迁新址】 3月1日，延庆三幼因园所改造暂迁延庆县青少年活动中心办学。当天，全园出勤率95%，未因迁入新址而影响正常教学秩序。搬迁前，该园召开两次家长会，说明搬迁事宜以及行车路线等问题；改建新址部分设施，确保幼儿在园安全。

（韩淑香）

【开展亲子图书制作活动】 4月12日，延庆三幼开展“我爱我家”亲子图书制作分享活动。幼儿和家长一起用家中的亲子照片制成各式各样的图书，开展亲子阅读，分享成长中的小故事。该活动使家长了解亲子阅读对于幼儿成长的重要作用，培养幼儿读书好习惯。该园幼儿及家长120人参加活动。

（韩淑香）

【开展教师培训】 5月6日，延庆三幼开展“玩儿中成长”主题教师培训。教师自备材料，现场创意拼插玩具，共创作动物、人物、建筑、花草四类玩具50件，在玩中体验和积累教育经验，促进自身发展。该园教师50人参加活动。

（韩淑香）

【创先争优活动获评全国二等奖】 5月，延庆三幼在全国中小学创先争优活动优秀载体评选中获得二等奖。延庆三幼创先争优活动特色是围绕中心工作开展“三走进”。一是走进乡镇中心园，采取“1＋X”捆绑式发展模式，牵手带动7所农村乡镇中心园共同发展。二是走进农村民办园，党员教师深入研究延庆农村民办园（所）发展状况和发展前景，探索符合县域实际的农村学前教育发展途径。三是走进社区、乡村，带动区域幼儿教育协调健康发展。活动中，延庆三幼成立以“群众心目中的共产党员”为骨干的“快乐十人行”党员早教志愿小组，帮家长树立正确的育儿观念，推动延庆幼儿早期教育的健康发展。全国中小学创先争优活动优秀载体评选由教育部主办，北京市获奖4项，即全国一等奖1个、全国二等奖1个、全国优秀奖2个。

（韩淑香）

【实施新教师“学校制”培养方式】　至年底，延庆三幼对新任教师实施“学校制”专业培养方式。该方式采取“学生学习式”管理模式，通过集体教授、自主练习、逐一回课等流程，对新任教师的专业技能、理论、岗位职责等进行培训，每项内容均要达到合格水平。这一培训方式符合新任教师的学习特点和内在需求，使其尽快适应幼儿园工作。该园新任教师17人参加培训。

（韩淑香）

【完善园本课程建设】　至年底，延庆三幼完善园本课程内容体系。结合实际，该园在教育教学实践中，本着“生活渗透、教学突破、区角内化、环境影响”原则，深化和完善课程内容建设，梳理出三条课程主线——养成教育课程、真实践主题课程、兴趣课程。即以养成教育为基础课程，培养幼儿良好的行为习惯；以真实践主题课程为特色，培养幼儿能力，凸显课程特色；以兴趣课程为动力，促进幼儿个性健康发展。

（韩淑香）

【开展爱园主题教育活动】　至年底，延庆三幼开展“我爱我的新家”主题活动。该活动结合幼儿园新迁延庆县青少年活动中心办学的实际情况，在小班开展“我在新家真快乐”谈话活动，在中班开展“我的新家故事多”主题故事会活动，在大班开展“我爱新家”诗歌比赛活动，通过不同形式的语言主题教育活动，增强幼儿对新环境的了解和热爱，促进幼儿语言能力提高。

（韩淑香）

北京市延庆县第四幼儿园

【概　况】　2011年，北京市延庆县第四幼儿园为教育部门办园类别，为日托制。占地面积11215平方米，建筑面积7503平方米。固定资产总值1624万元。全年教育经费投入773万元，均为国家拨款。拥有图书室、音体室和多功能厅等专用教室5个，普通教室20个。教室内设有计算机、液晶电视、钢琴等教学设施。教职工98人，其中，教师81人，均具有专科及以上学历，包括副高级专业技术职务1人、中级专业技术职务23人；保健员3人，包括专科及以上学历2人、中级专业技术职务1人。开设教学班21个，其中，小班8个、中班7个、大班6个。幼儿入园287人，离园237人，在园798人。网址：www.bjyqsy.com。

（鲁爱文）

【举办主题绘画展】　3月2至15日，延庆四幼举办“童真、童心、童趣”主题绘画展。展览分为色彩王国、水墨长廊、玉树临风、快乐的鱼、太空之车、自画像小精灵六个板块，展出40名幼儿绘制的170余幅作品。展出期间，每天由1名教师带领4名幼儿负责现场讲解。

（鲁爱文）

【开展体育区域活动】　3月9日，延庆

四幼开展开放式体育区域活动。不同班级幼儿可在平衡区、钻爬区、投掷区等区域自由选择区域开展活动，为幼儿创造性的开展活动提供保证。该园开放式体育区域活动每周一次。

（鲁爱文）

【开设家教大讲堂】　3月18日，延庆四幼开展家教大讲堂首次活动。该讲堂听取《如何培养孩子的运动习惯》讲座，讲解运动理念、合理安排运动量、运动项目的选择及科学运动的教育方法等内容。该园220名家长参加学习。年内，延庆四幼开设家教大讲堂系列活动，以年龄班为单位，根据家长需求确定讲座主题，由该园教师认领承办，每月举办一次。

（鲁爱文）

【开展爱妈妈系列活动】　5月2至6日，延庆四幼开展“爱妈妈大行动”一周系列活动。周一至周五分别开展表演一个节目、拿拖鞋、洗一次脚、做一次家务、一份亲子制作活动，培养幼儿关爱母亲及家人的良好品德。该园幼儿80人参加活动。

（鲁爱文）

（本栏责任编校　王永刚）

基础教育

综　述

2011年，首都基础教育系统深入贯彻落实科学发展观，紧密围绕贯彻落实教育中长期规划纲要中心任务，全面完成年度各项工作。

义务教育均衡发展取得新进展。市政府与教育部签署《义务教育均衡发展备忘录》，与各区县分别签署责任书，分解落实任务目标，明确全市义务教育均衡发展的时间表和路线图。市教委研究制订《关于进一步推进义务教育优质学校干部教师向薄弱学校流动的指导意见（试行）》，推动开展教师流动试点。继续开展义务教育学业水平监测，进一步完善义务教育质量监控、分析和反馈体系。城乡区域之间的差别进一步缩小。各区县积极探索优质教育资源共享新机制，逐步形成富有区域特色的均衡发展模式。据市教育督导室均衡发展专项督导监测显示：全市义务教育均衡发展指数达到比较均衡，城乡区域间在教育经费保障、教育教学仪器设备配置和干部教师配备等方面均衡程度显著提高，城乡学校之间的办学差距明显减小。

2011年，市、区县两级财政投入50余亿元，通过免杂费、补助等形式支持随迁人员子女接受义务教育。至年底，全市义务教育阶段共有随迁人员子女已达47.8万人，其中在公办学校就读比例达到70%以上。制订《特殊教育学校办学条件标准》和送教上门服务管理办法。启动民族团结教育示范学校评选活动，中关村三小民族团结教育得到总理温家宝肯定。市财政投入2400余万元，专项支持283所中小学改善清真食堂。新增两个和田高中班，内地民族班学生达到6426人。

高中教育改革全面深化。在总结第一轮试验基础上，重点推动完善课程教材体系、凝练首都教育特色、打造高效课堂工作。推进65所课改样本校实验，扩大学校课程安排自主权和学生课程选择权，深入开展自主排课实验、通用技术和综合实践课程实验。完善学生综合素质评价方案，加强过程管理和诚信机制建设。

开展高中教师教学基本功培训展示活动，完成对15个学科5000余名教师的高中新课程集中培训。扎实推进“高中学校特色发展”、“拔尖创新人才培养”等试点项目，推动2所拔尖创新人才培养实验学校，10所高中自主排课学校，15所特色实验班学校，29所“翱翔计划”基地学校，45所高中特色发展试验学校建设。全市高中教育教学质量在全国的领先地位进一步巩固。“翱翔计划”与“北京市中小学生社会大课堂”获得第二届全国教育改革创新特别奖。

学生综合素质进一步提升。围绕纪念建党90周年，大力开展“党在我心中”主题活动，社会大课堂工作继续走在全国前列，完成300家资源单位课程建设，实现120余万人次中小学生走进社会大课堂，“牵手计划”覆盖所有远郊区县，推动农村学生共享社会大课堂建设成果。

学校办学条件明显改善。全市校舍安全工程基本完成。北京市是全国率先完成规划改造工作目标7个省份之一。市级财政三年累计投入60.57亿元，改造学校1261所、校舍657万平方米，实施项目4194个，实现加固一所、达标一所、安全一所的预期目标。学校办学条件标准化、信息化水平进一步提升。市、区两级继续深化小学规范化建设工程，新建30所设施完备、功能齐全标准化小学，全市82.7%的小学办学条件主要项目实现达标。中学和小学教室面积比上年共增加45万平方米，办学条件进一步改善。中小学数字校园建设加快推进，全市中小学校门户网站建设和中小学管理信息系统升级改造全部完成。中小学“平安校园”和“节约型学校”建设取得新进展，平安校园比例达到95%以上，部分区县全部建成平安校园，校园安全得到基本保障。

充分利用国内尤其是北京市丰富的国际学校资源，创新中小学干部教师培训模式，提升全市中小学干部教师国际素养，促进干部教师专业发展，市教委决定开展中小学干部教师“国内访学计划”，工作创新点在于扩展传统培训方式，充分利用首都国际教育资源，提高培训综合统筹能力。

开展“庆祝中国共产党建党90周年，首都特级教师送教郊区行”系列活动，共有9个学科40人次特级教师深入房山区、大兴区、密云县、延庆县开展送课，并向教师、学生赠送网络学习卡和学习用品，2000名基层教师、近1000名中学生直接参与受益。2011年，编订《北京市高中教师基本功培训与展示活动培训手册》、《北京市高中教师基本功展示活动内容说明》等指导性文件，市级培训和展示活动启动。

为共享名校长优质资源，推广首都教育家办教育经验，市教委通过北京电视台科教频道“非常向上”栏目，开展“校长大讲堂”工作，涉及小学、初中、高中各级学校。教育科学研究水平不断提升，先后成立北京市教育学会初中、小学、高中教育研究分会，为各区县和中小学校搭建研究平台。开展“名校办分校”、“推进城区义务教育学校均衡发展”、“‘十二五’适龄儿童人数变化对义务教育资源配置影响”等重点课题研究，课题对教育决策的支持作用得到充分发挥。在第四届全国教育科学研究优秀成果奖评选中，北京地区共获奖88项，占全国总数31%，其中获奖课题40%集中在基础教育范围内。

中小学办学行为进一步规范。继续开展教育收费检查工作，坚决制止教育违规收费。开展“减轻学生过重课业负担”项目实验，提出“减负增效”思路和策略体系。开展“身边的好学校”主题宣传活动，推出“身边的好学校”112所。针对校车问题，启动预案与公安、综治等部门联合开展行动。

（周晓宇）

总　类

【朝阳启动基础教育综合改革实验】 1月12日，朝阳区教委召开基础教育综合改革实验工作启动会。此次会议宣布朝阳区在全市5个试点区县中率先启动基础教育综合改革实验。朝阳区确定6个改革项目（包含20个子课题），分别为城区教育均衡化发展改革、探索城乡教育一体化发展的有效途径、深化基础教育学校办学体制改革、基础教育课程教材改革实验、探索拔尖创新人才培养模式、高中特色发展实验。全区共有45所普通中学、13所小学、3所职高参与教育改革，实验时间自1月开始，为期3至5年，分别占普通中学数量的68%、小学的40%和职高的43%。全市5个基础教育综合改革实验试点区县分别是朝阳区、东城区、西城区、海淀区、顺义区。

（黄阳艳）

【大兴与北师大共建优质教育实验区】 1月13日，大兴区政府和北京师范大学签署共建“优质教育实验区”框架协议。“优质教育试验区”包括两个方面实验内容与合作项目，第一方面是基础教育试验改革，双方将共同开展5项实验：一是开展学科教学创新试验，大幅提升课堂教学质量和效率；二是开展教育教学质量监测与评估试验，建立教育质量监测、评估体系；三是开展优质教育资源建设与共享试验，在基础教育领域开展一批合作办学项目；四是教师实践性能力提升方式创新试验，有效提升教师实践性能力；五是区域教育体制与机制改革试验，探索城乡教育一体化发展机制和解决义务教育阶段择校问题的有效途径。第二方面是能力建设项目，主要有六个项目：一是培训者能力建设项目；二是名师、名校长成长工程；三是教师学历提升工程；四是“实践基地”建设项目；五是国际合作拓展项目；六是组建教育专家顾问团，结合大兴区的实际需求开展其他项目培训。

（李永奎　戴军）

【举办首届全国班主任高峰论坛】 4

月2至3日，全国首届新时期班主任工作高峰论坛暨“杨镇一中杯”全国中小学班主任风采展示大赛在北京市顺义区杨镇第一中学举行。主题是“创新德育活动形式，促进班级健康发展”。开幕式上，与会人员听取顺义区经济社会发展情况介绍与教育发展状况及班主任队伍建设方面做法，教育专家作“积极的教育环境和实效的德育工作”专题报告。与会者交流班主任与学生之间教育故事，分享教育案例带来启示，讨论班级管理的技术和艺术。来自全国8个省市40名优秀班主任分中、小学两个组别进行风采展示。杨镇一中刘立光、顺义九中蔺颖、赵各庄学校杨梅艳和天竺中心小学茹娜4名教师分获中小学组一等奖，另有11人获二等奖，5人获三等奖。顺义区在“十一五”期间，100人被评为北京市“紫禁杯”班主任一、二等奖，11人被评为紫禁杯班主任特等奖，1人获全国优秀班主任称号。

（徐振阳　陈惠明）

【召开中小学资源建设应用表彰会】 4月13日，“2010年北京市中小学教育教学资源建设与应用总结表彰会”在延庆县教育网络和信息中心召开。来自16个区县教育信息中心负责人、先进学校和个人的代表以及延庆县部分教师参加会议。会议总结2010年度全市资源工作情况，介绍2011年度资源工作的重点内容，相互交流资源建设与应用的经验。

（周凯）

【建设中小学网管教师队伍】 4月26日，市教委召开北京市中小学网络管理教师队伍建设工作会议。此次会议听取市教委相关负责人介绍全市推进教育信息化队伍建设工作情况，布置北京市网络管理教师队伍建设工作；表彰在北京市2010年中小学网络管理教师基本功培训与展示活动中涌现出来的先进集体与先进个人；研讨下一阶段网管教师队伍培训工作内容。各区县学校网管教师160人参加会议。

（周凯）

【完善义务教育阶段入学工作】 5月和7月，市教委完善义务教育阶段入学工作。2011年义务教育入学工作基本思路为政策稳定、程序规范、工作透明、方便基层，并强调促进教育公平，配合人文北京、科技北京、绿色北京建设，结合高端人才引进、海外人员归国等实际情况。市教委根据北京市行政区划特点，要求入学政策要统一颁布、逐步调整到位，具体办法由区县教委制订；印发《关于治理义务教育阶段择校乱收费问题的意见》，在落实招生入学政策、规范招生入学秩序，严格执行相关规定、坚决禁止乱收费，提高学校办学水平、推进义务教育均衡发展，健全完善督导制度、加大舆论引导力度方面提出具体要求。

（周晓宇）

【推进素质教育工作】 6月11日，市教委举办“落实纲要精神，全面推进素质教育——走进人大附中”活动。活动与市委教育工委、市教育督导室联合主办，听取中国现代文学馆原馆长舒乙，以及北京市广播电视大学副校长、北京作家协会副主席等特邀专家发言，结合中国人民大学附属中学办学经验，并就如何推进素质教育进行研讨。教育部袁贵仁、刘利民，市委教育工委赵凤桐、刘建等领导出席，来自16个区县教育行政部门负责人参加活动。

（周晓宇）

【召开基础教育国际研讨会】 6月16日，市教委召开基础教育国际研讨会。会议围绕“学生课业负担与学业水平”主题，交流和研讨不同国家、不同文化背景下学校考试、升学的基本现状及其发展趋势，与学校减轻学生课业负担、提高学生学业水平的行政策略及措施等方面内容。研讨会由北京市国际教育交流中心承办，是第八届北京国际教育博览会内容之一，来自教育部、市教委及部分高校代表，北京市200名中小学校长和区县教委相关负责人，英国、新西兰和芬兰等国家30名中小学校长与教育官员参加会议。

（任军）

【四区县与首都师大签订合作协议】 6月、10月和12月，怀柔区、延庆县、房山区和大兴区人民政府分别与首都师范大学签署“十二五”时期区域教育合作意向书。其中，与怀柔区、延庆县和大兴区的协议是延续和拓展“十一五”期间的各项合作，与房山区的合作是“十二五”期间新增项目。根据协议，首都师大将依托优质资源和技术平台，参与并提供区域教育发展规划的政策咨询；支持薄弱校建设，建设合作共同体，深入学校、学科引领、助力发展，共同探索区域基础教育发展过程中的理论和实践问题，促进远郊区县中小学干部教师科研和教育教学能力整体提升，为其基础教育均衡可持续发展提供学术支持。

（刘海龙）

【合作建立国际教育研究院】 7月27日，美国麻州大学国际比较教育研究院成立。该研究院由北京第二实验小学、中国人民大学附属中学、美国麻州大学波士顿校区合作共同成立，仪式在美国波士顿市举行。研究院旨在增进各国之间教育了解，培养具有国际视野教育工作者，搭设最新教育理念互动平台，帮助其感受跨国度、跨文化换位思考方法，在学校管理、课程设置、课堂教学、教师队伍建设等方面展开项目合作，并举办研究生学位教育和培训、年度例行互访、短期研修以及国际学术交流年会等相关活动。

（孙津涛）

【房山与西城合作办学】 8月4日，房山区教委与西城区教委签署合作办学协议。协议规定，两区将在发展优质教育资源方面开展协作，北京第一实验小学与房山区良乡第四小学定期开展教育合作交流活动。房山、西城区教委领导以及两校负责人参加签字仪式。

（郭海涛）

【中小学开学】 9月1日，北京市中小学正式开学。16个区县119万名学生（包括30万名新生）参加开学典礼、开学第一课等活动。刘利民、郭金龙、赵凤桐等领导分别到海淀区中关村第一小学、北京师范大学附属实验中学、北京景山学校出席开学典礼。郭金龙在景山学校向全市中小学生、教师、教育工作者致以问候，并提出在首都发展新阶段，要贯彻中央精神，加快实施教育中长期改革和发展规划纲要，立足基本国情和首都实际，深化体制改革和机制创新，着力办好具有首都特色、首都风格、首都气派的现代化教育，造就更多更好人才，推动中国特色世界城市建设。市委教育工委、市教委、市教育督导室相关负责人分别参加全市各区县21所中小学开学典礼。

（詹伟华）

【怀柔与西城签订教育合作协议】 9月13日，怀柔区教委与西城区教委签订教育全面战略合作框架协议。协议规定，西城区推荐优质中小学各8所与怀柔区16所中小学分别结成友好合作学校，互相学习，资源共享；西城区教委每学期选派不少于30名市级骨干教师到怀柔区结对学校指导课堂教学及教研组活动；双方互派名师举办教育理念、教学方法、班级管理方面的业务讲座、经验交流、示范观摩活动；怀柔区每年选派两批教师到西城区学校进行一个学期的学习培训活动。

（杜书霞）

【召开义务教育均衡发展工作推进会】 10月26日，北京市义务教育均衡发展工作推进会召开。会议总结前一阶段北京市义务教育均衡发展总体情况，并就下一步工作思路和措施提出相关意见，指出要通过实施标准化策略、规范化或者制度化策略、优质共享策略、特色发展策略等推进义务教育均衡发展的各项重点工作，确保如期实现北京市和教育部签署的推进义务教育均衡发展备忘录以及市、区政府签署的推进均衡发展责任书承诺的各项目标、任务。此次会议听取东城、朝阳、海淀、石景山、大兴、通州、延庆7个区县交流发言。会议还强调要加大标准化学校建设推进力度；重点研究优质教育资源的拓展、辐射机制；加大改革力度，集中破解小升初择校问题和进城务工子女教育难题。洪峰、姜沛民出席会议并讲话，市发展改革委、市财政局、市人力社保局、市住建委、市公安局、市教委、市教育督导室等有关委办局负责人参加会议。

（向婷婷）

【禁止组织学科竞赛】 11月15日，市教委发出禁止组织义务教育阶段学生参与学科竞赛活动的通知。该通知面向各区县教委，提出严禁组织学生报名参加各种学科竞赛活动、严禁学校在入学工作中通过学科竞赛或参考竞赛成绩来选拔学生，以及各中小学校不得进行违规出租、出借校舍为学科类竞赛活动提供场地等六点要求。来自市教委、市教育督导室相关负责人组成联合督导检查组进行督促检查，对学校和教师违反法律法规规定行为，按照《北京市实施〈中华人民共和国义务教育法〉办法》予以问责处理。

（马志鹏）

【提升图书使用效益】 至年底，市教委开展工作提升图书使用效益。工作内容包括印发《关于进一步加强中小学图书馆（室）图书配备和管理工作的通知》，指导全市各区县学校规范图书采购行为，加强图书馆管理；开展“书香燕京——中小学阅读指导活动”，制作并发放光盘《北京市中小学阅读指导活动经典书目介绍》，全市共有511所中小学师生参加活动，提交征文13192篇，评出一等奖180篇、二等奖442篇、三等奖780篇、教师优秀征文1123篇；评出区县优秀组织奖14个、优秀个人31名、学校134所、先进个人147名、优秀辅导教师482名。

（周凯）

小　学　教　育

【概　况】　2011年，北京市共有小学1090所，比上年减少14所；教职工54781人，专任教师45684人；在校生680457人，北京市户籍学生391325人，非本市户籍学生289132人；毕业生101678人，招生132719人；学校占地面积1375万平方米，校舍建筑面积567万平方米；固定资产总值98.17亿元，其中，仪器设备资产22.40亿元；计算机158553台，图书馆（室）藏书2429万册。

（冯雪）

【承办全国小学名师表彰会】　4月9至10日，顺义区教委承办中国教育学会小学教育专业委员会2011年度工作会议暨首届全国小学名师表彰会。会议听取柳斌作“语文教学要重视读”讲座，刘永胜作“关于有效课堂的思考”报告。会议表彰“十佳全国小学名师”10人，“百优全国小学名师”147人，“成长中的全国小学名师”65人，“名师提名奖”35人。与会代表观摩顺义区石园小学数学课“分解质因数”等3节现场课。来自全国各省市教师代表、顺义区教师200人参加会议。

（杨树华）

【实验二小与三区县签约建分校】　4月21日、7月5日和9月15日，北京第二实验小学分别与大兴区教委、朝阳区教委和通州区教委签署合作协议。与大兴区协议规定：实验二小与大兴区教委合办大兴实验学校，学校位于大兴区西红门镇理想城小区，9月1日正式开学。与朝阳区教委协议规定：朝阳区教委、西城区教委、实验二小和中化方兴置业（北京）有限公司合作开办北京市第二实验小学朝阳学校，学校性质为公办。与通州区教委协议规定：实验二小与通州区教委共建北京市第二实验小学通州分校，学校为具有独立法人资格的正科级全额拨款事业单位，隶属通州区教委管理。学校规划占地面积1.81万平方米、建筑面积1.45万平方米，设计规模36个班，2012年9月1日投入使用。

（勾庆祥　李金艳　李文君）

【怀柔与东城联合研讨唱歌教学】　5月6日，怀柔区教科研中心与东城区教科研中心联合在怀柔六小召开小学唱歌教学研讨会。会议观摩怀柔六小及景山学校教师执教的唱歌课“音阶歌”和“螃蟹歌”，课后进行研讨交流。会议认为怀柔六小教师教学内容设计合理，注重学生相关音乐能力培养，教学效果好；景山学校教师关注音乐学科本位教学理念的实施，教学方式有利于培养学生自主学习歌曲的能力。会议强调唱歌教学要在关注学生把歌唱会的同时，尽可能实现把歌唱好的目标。怀柔区小学音乐教师和东城区10名音乐教学骨干教师共70人参加会议。

（杜书霞）

【窦店二小校舍投入使用】　6月7日，北京市房山区窦店第二小学校舍投入使用。学校占地面积23261.5平方米、建筑面积9600平方米、体育场馆1737平方米。普通教室24个、专用教室9个，拥有篮球馆、塑胶操场、室外排球场等设施，可容纳师生1000人学习生活。工程2009年开工建设，由市、区、镇三级政府财政投入资金3800万元，瓦窑头完全小学、于庄完全小学、下坡店完全小学三所完小并入窦店第二小学，建制撤销。

（杨振云）

【召开中小学校章建设工作会】　6月28日，市教委召开北京市中小学校章建设工作交流研讨会。来自各区县教委主管干部，以及全市60所样本学校校长、项目负责人100人参加会议。会议围绕中小学校章建设工作，听取石景山区教委、海淀五一小学、延庆七中代表就章程制定交流发言。会上北京市中小学校章建设项目负责人作题为“关于进一步加强北京市中小学章程建设的思考”专题报告，市教委就学校校章建设工作提出三点工作要求：一是希望区县学校要高度重视，提高认识，增强校章建设的自觉性；二是希望学校明确目的，找准定位，增强学校章程制定的针对性；三是要总结经验，反思问题，增强校章建设的实效性。

（陈德时）

【向阳小学新校园落成使用】　9月1日，北京市燕山向阳小学新校园落成投入使用。新校园占地面积14468.99平方米、建筑面积8451.51平方米，配备教育教学设施齐全，拥有普通教室28个、专用教室10个、实验室1个，可容纳教师、学生1000人学习生活。校园于2011年4月开工建设，由北京市专项和燕山地区地方财政总投资2539.37万元。其间，学校举办校园落成仪式，来自燕山地区办事处、地区教委领导，以及该校师生、家长1000人参加活动。

（董永仿）

【大兴二小召开发展共同体工作交流会】　9月15日，北京市大兴第二小学召开发展共同体工作交流会。来自大兴二小、黄村镇第三中心小学、魏善庄第一中心小学、亦庄一小、北京第二实验小学大兴实验学校五所学校校长、干部15人参加会议。此次会议就学校发展共同体工作实施方案、各学校发展与特色建设等进行研讨，达成通过共同体校际间互动交流、资源共享、平台共建、问题互探等方式共同促进。其间，五所学校商议制定三年工作实施方案，并对年度具体工作进行安排。

（郭红伟）

【举办节约型学校建设研讨会】　9月29日，北京市节约型学校文化建设研讨会举行。会议由全国中小学教育专业委员会、中国教育学会节能减排课题组主办，在朝阳区白家庄小学科技园校区举行，主题为“节能减排在行动”，倡导学生以实际行动参与建设节约型社会，培养具有节约意识和能力新型公民，目的在于通过建设节约型中小学校，促进学校自身发展。会议听取节能减排、建设节约型学校方面工作汇报；观看学生“节能减排也摩登”环保服饰展示以及“梦开始的地方”英文论坛；推出美术实践课“瓶盖的大变身”、数学实验课“解决问题”、语文实践课“节能减排伴我同行”等5节展示课。来自市教委、北京教科院，以及各区县课题组成员50人参加活动。

（张国徽　李瑞霞）

【三区县交流校本培训经验】　10月19日，平谷区与怀柔区、密云县开展校本培训经验交流研讨活动。密云、怀柔教师培训中心干部、工作人员观摩平谷区金海湖二小“草根式”校本培训活动，听取平谷区“深山区‘草根式’培训迎来学校大发展”专题汇报。三方表示要加强交流合作，共同提高区域校本培训工作效益。三区县教研人员120人参加活动。

（吴玉仙　张东安）

【古二小加盟古城教育集团】　10月25

日，北京市石景山区古城第二小学加盟古城教育集团。该集团实行理事会领导下的校长负责制，主要职能扩大古城地区优质教育资源，打造区域内高端优质教育品牌，现有成员校包括古城第二小学、古城外国语学校、古城高级中学三所。12月23日，该校教师在集团课题研讨会做“同课异构”数学教学汇报。

（胡文生）

【北坊小学教学楼投入使用】　11月23日，北京市大兴区阎村中心校北坊小学教学楼投入使用。教学楼共3层，占地面积1200平方米、建筑面积3600平方米，属抗震加固推倒扩建工程，框架结构；拥有普通教室10个、专用教室7个，配有消防报警、疏散、救援系统，安装自动变频加压给水系统，以及锅炉房和室外旱厕，可满足师生240人学习生活需要。工程2011年4月开工建设，由市、区财政总投资670万元。

（李洪海）

【召开学生减负工作交流会】　11月23日，市教委召开北京市小学“减轻学生过重课业负担，促进学生健康成长”工作交流研讨会。会议与北京教科院联合主办，来自各区县教委领导，以及小学校长200人参加交流。会议提出要坚持以促进学生健康成长、全面发展为价值追求，转变育人方式，全面实施素质教育；坚持以提高课堂教学实效为着力点，深化课程和教学改革，提高教育教学质量；坚持以校长、教师专业化发展为关键，加强能力建设，提升两支队伍整体素质；坚持以规范办学行为为工作抓手，健全制度、机制，增强政策措施的执行力和实效性；坚持以先进学校文化为导向，加强舆论宣传，营造有利于学生健康成长支持性教育环境五点意见。同时市教委举办“高效课堂与科学减负”、“优化课程与科学减负”、“创新管理与科学减负”分论坛，全市24所学校代表做专题发言。

（陈德时）

【开展小学规范化工程系列活动】　至年底，市教委开展小学规范化建设工程系列活动。4月22日和5月25日，市教委举行北京市小学规范化建设工程成果展示活动。活动走进房山区窦店中心小学和顺义区天竺中心小学，通过区县经验介绍、学校课堂及活动展示、专家点评形式，分别展示“主动课堂”和民族传统体育特色活动与“三化育人”办学特色。来自全市各区县干部、教师近300人参加活动。12月21至22日，市教委组织召开北京市小学规范化建设工作推进会暨“特色建设”2011小学校长论坛。来自全国各省市地区高校，市政府教育督学室、市教委、北京教科院领导，以及各区县干部、教师50人参加活动。论坛分为项目报告、学校典型发言、区县分会场现场交流、校长讲坛等部分，对全市小学规范化建设和学校“特色建设”工作进行总结。北京市小学规范化建设工程由市区两级专项经费投入74.20亿元，其中，市级投入30.40亿元，占40.90%；区级投入41.80亿元，占56.30%；其他2亿元。全市小学办学条件主要项目达标学校达960所，占82.70%。同时新建30所标准化小学。

（陈德时）

小　学

北京市东城区府学胡同小学

【概　况】　2011年，北京市东城区府学胡同小学占地面积9289平方米、建筑面积13445.86平方米、体育场面积5350平方米。图书馆藏书100925册。固定资产总值4949万元，拥有计算机593台，多媒体教室座位152个。全年教育经费投入3229万元，全部由国家拨款。学校信息化经费投入70万元，校园网出口总带宽10Mbps，数字资源量50GB，“信息技术”课程0.5课时/周。普通教室66个、专用教室18个、实验室2个。教职工195人，包括副高级职称11人、中级职称128人。专任教师162人，包括特级教师1人、北京市学科教学带头人1人、市级骨干教师5人；本科及以上学历143人。开设教学班66个。毕业481人、招生495人、在校生2986人。网址：www.fuxue.com.cn。

（许银萍）

【府学胡同小学朝阳学校开学】　9月1日，府学胡同小学朝阳学校成立仪式暨开学典礼举行。该校校址位于北京市朝阳区六里屯苇子坑路101号，隶属于朝阳区教委，占地面积13144.35

平方米、建筑面积11200平方米、体育场面积7500平方米，开设一、二年级教学班4个，有教职工28人，招收学生102人。

（王晓春）

【开办家长讲坛】 9月20日，府学胡同小学开办家长讲坛。学校邀请画家做“今天的视觉艺术”主题公开课，并为其颁发“家长讲坛”专家讲师聘书。来自东城区东四十四条小学、方家胡同小学，以及该校师生100人参加学习。

（许银萍）

【展示小学内涵发展特色】 12月6日，府学胡同小学开展小学内涵发展与特色办学观摩活动。来自全国各省市地区学校校长50人到校参观校园文化环境、爱国主义教育基地文天祥祠，了解学校文化建设与特色发展。其间，学校以“行走于学校文化管理的探索之路上”为题介绍管理工作视野国际化、思想人本化、方式数字化、风格精细化的办学愿景，以及师生对于文化家园探索与实践等。考察人员认为该校作为北京市基础教育文化窗口，办学经验具有借鉴作用。此次活动是“中国名校之光”专题考察交流活动内容。

（许银萍）

【校园小记者站成立】 12月14日，府学胡同小学校园红通社小记者站成立。该记者站由30名小记者组成，经过各中队自荐并通过选拔成为红通社社员。学校组织其学习《北京市红领巾通讯社章程》，就小记者职责、新闻稿撰写时效性、新闻稿撰写方法等内容进行培训，最后为其颁发“记者证”。

（赵志伟）

北京市东城区史家胡同小学

【概　况】 2011年，北京市东城区史家胡同小学占地面积25803平方米、建筑面积39700平方米、体育场馆面积8789平方米。图书室藏书7.5万册。固定资产总值17310.93万元，拥有计算机635台，多媒体教室座位845个。全年教育经费投入5354.78万元，其中，国家拨款4335万元、自筹经费1019.78万元。学校信息化经费投入830万元，校园网出口总带宽20Mbps，数字资源量20GB，“信息技术”课程0.5课时/周。普通教室78个、专用教室18个、实验室4个。教职工271人，包括副高级职称21人、中级职称144人。专任教师235人，包括北京市学科教学带头2人、市级骨干教师10人、特级教师2人；本科及以上学历226人。毕业465人；招生639人；在校生3587人，包括寄宿生307人。开设教学班82个。网址：www.shijia.org。

（金强　李雪）

【开办外使夫人中文学习班】 4月11日，史家小学开办外交使节夫人中文学习班。学习班由该校书法教师执教，内容包括汉字书法写作、中国国学常识、汉字演变历史、汉学文化等，每学期10课时。首批学员共6人，来自毛里求斯、赞比亚、莱索托等国家。学习期间，学员使用史家小学学生证。

（李雪）

【举办生命安全教育讲坛】 5月30日，史家小学举办“呵护生命——建设安全校园、关爱学生生命”生命安全教育讲坛。此次活动由中国红十字基金会主办，邀请四川安县桑枣中学校长讲述在“5·12”汶川地震中该校2000

名学生、100名教师零伤亡脱险真实经历；中国国际救援队专家做“突发公共事件及其防范”主题演讲；中国人民公安大学教授做“人生第一课”主题演讲。来自四川地震灾区学校教师代表30人，以及史家小学师生450人参与活动。

（李雪）

【张佑获国际马术冠军】 6月21日，史

家小学四年级学生张佑在2011北京国际马术大师赛中获得马主赛80cm级别冠军。该比赛由中国马术协会、中国人民对外友好协会主办，设有马主赛和大师赛两项比赛，其中，马主赛分为80cm和120cm两个级别。有来自世界各个国家10名骑手、中国30名骑手参赛。

（李雪）

【获评全国外语教研示范校】 9月25日，史家小学获得全国中小学外语教研工作示范学校称号。此次评选由中国教育学会主办，面向全国公立、私立各中小学，采取申报、评审、答辩的形式，包括初评、复评、终评阶段，评选标准为领导重视、制度完善、工作成效、工作特色四个方面。

（李雪）

【图书公益漂流活动启动】 12月26日，史家小学举办“2012爱心起航·科普图书公益漂流”活动启动仪式。中国科协青少年科技中心、科学普及

出版社以及该校向西藏、宁夏回族自治区学生代表赠送《来自宇宙的水精灵》图书1000册；该校学生购买图书2000册向四川、河北等省学生赠送；图书《来自宇宙的水精灵》作者捐献版税；北京皮皮鲁总动员文化科技有限公司向史家小学小书虫俱乐部赠送《皮皮鲁送你100条命》300册；青年作家、作曲家和学校干部共同创作此次活动主题歌《爱心起航》。社会人士以及全校师生450人参加活动。

（李雪）

北京市崇文区崇文小学（北京市崇文小学）

【概　况】 2011年8月10日，北京市崇文区崇文小学更名为北京市崇文小学。学校为全寄宿制，占地面积12673平方米、建筑面积14540平方米、体育场馆面积846平方米。图书馆（室）藏书27809册。固定资产总值2990万元，拥有计算机187台，多媒体教室座位1153个。全年教育经费投入1399万元，其中，国家拨款1013万元、自筹经费386万元。学校信息化经费投入30万元，校园网出口总带宽25Mbps，数字资源量500GB，“信息技术”课程8课时/周。普通教室28个、专用教室6个、实验室1个。教职工79人，包括高级职称1人、中级职称43人。专任教师75人，包括本科及以上学历57人。开设教学班28个。毕业162人；招生237人；在校生1059人，包括寄宿生1024人。网址：www.cwxx.com.cn。

（刘珊珊）

【举办特色升旗仪式】 3月7日，崇文小学举办特色升旗仪式。学校要求各中队利用升旗仪式时间，演唱红色经典歌曲、讲述歌曲背后英雄故事、带领师生学习人物精神，以此次活动为建党90周年献礼。全校师生1100人参与活动，共推广爱国歌曲20首。

（刘珊珊）

【阳光合唱团赴澳演出】 9月27日至10月7日，崇文小学阳光合唱团赴澳大利亚演出。该合唱团一行49人在市政大厅演唱8首曲目，包括《相亲相爱》、《保卫黄河》、《打倒列强》、《我们走在大路上》、《春天的故事》、《明天会更好》、《中华少年说》、《歌唱祖国》。此次演出是“百年辛亥颂”中澳青少年大型交响史诗吟诵会部分内容，由国务院侨务办公室、中国联合国教科文组织协会全国联合会联合主办，邀请艺术家指导青少年表达炎黄子孙不懈追求、中华民族伟大复兴的精神。

（刘珊珊）

【接待贵州苗族教师来校交流】 12月

5至9日，崇文小学接待贵州省台江苗族自治区教师来校交流。此次交流团包括校长、教研员、新任教师一行20人，进入学校不同年级组，分学科听课观摩，并与组内教师共同参加教研活动、同做一节公开课，参加学校升旗仪式等。该活动由中华慈善总会发起。

（刘珊珊）

北京市崇文区光明小学（北京光明小学）

【概　况】 2011年8月10日，北京市崇文区光明小学更名为北京光明小学。学校占地面积16400平方米、建筑面积11761平方米、体育场馆面积5800平方米。图书馆（室）藏书3429册。固定资产总值1066.93万元，拥有计算机223台，多媒体教室座位1873个。全年教育经费投入2437万元，其中，国家拨款2366万元、自筹经费71万元。学校信息化经费投入35.38万元，校园网出口总带宽9Mbps，数字资源量160GB，“信息技术”课程1课时/周。普通教室55个，专用教室20个，实验室3个。教职工155人，包括副高级职称6人、中级职称92人。专任教师132人，包括北京市学科教学带头人2人、市级骨干教师5人、特级教师1人、享受国务院专家津贴1人；本科及以上学历93人。开设教学班52个。毕业280人；招生338人；在校生1842人，包括寄宿生245人，另有外省市借读生257人。网址：www.bjgmxx.com。

（卢凤霞）

【启动学生全面成长计划】 3月4日，光明小学“3＋2＋1学生全面成长计划”启动。学校围绕“光明·我能行，我能行·光明”办学思路，制定团队情趣特长课程项目方案，其中“3＋2＋1”含义为“培养健康、智慧、充满希望的学生”办学目标，以体艺、科技领域为切入点，坚持“以德为先”教育理念。计划面向全校一至六年级学生实施，开设科技类课程、艺术类课程、体育类课程、生活类课程、德育实践类课程、国际视野类课程、传统文化类课程。

（卢凤霞）

【举办舞蹈专场演出】 5月28日，光明小学举办金帆舞蹈团“光明行”舞蹈专场演出。演出以“学生日记”为主线，以“健康、智慧、希望”为暗线，集中反映学生在日常学习生活中热爱党和祖国的感人细节，展现该校学生丰富多彩学习生活与心路历程。教育部、市区领导，共建单位、友好学校负责人和家长代表以及全体教职工600人观看演出。

（卢凤霞）

【接待新加坡学校访问】 10月31日至11月2日，光明小学接待新加坡乐塞学校访问交流。该访问团包括师生一行89人，参观光明小学城南分校校园文化环境，观摩“汉字演变、歌曲《茉莉花》演唱、京剧脸谱创作、武术棍法表演”等课程与特色活动。其间，两校师生共同学习、游戏，开展文化交流。

（卢凤霞）

北京市西城区黄城根小学

【概　况】 2011年，北京市西城区黄城根小学一校两址，占地面积9920

平方米、建筑面积 10467 平方米、体育场馆面积 3276 平方米。图书馆藏书 53000 册。固定资产总值 2562 万元，拥有计算机 529 台，多媒体教室座位 2480 个。全年教育经费投入 2619 万元，全部由国家拨款。学校信息化经费投入 139 万元，校园网出口总带宽 100Mbps，数字资源量 22GB，"信息技术"课程 1 课时/周。普通教室 49 个、专用教室 13 个。教职工 160 人，包括副高级职称 10 人、中级职称 81 人。专任教师 140 人，包括市级骨干教师 4 人；本科及以上学历 133 人。开设教学班 49 个。毕业 214 人、招生 479 人、在校学 1958 人。网址：www. bjhchgxx. xchedu. cn。

（于秋杰）

【开办首期教师专业发展研修班】 3 月，第一期"黄城根小学教师专业发展研修班"开班。研修班与北师大教师发展中心共同开办，该校选派语文、数学、英语学科骨干教师 10 人参加脱产学习，为期一个月，共计 80 学时，学习内容包括科研方法、国内外前沿教育学、心理学、统计学，考核方法为提交研究报告、课堂教学展示。4 月 30 日，培训班教师赴杭州天长小学进行课题交流。

（张颖）

【组织校本教研活动】 4 月和 9 月，黄城根小学组织校本教研活动。4 月 19 日，该校参加北京市校本教研展示活动。此次活动在北京市第四中学举行，主题为"让学生享受高质量的教育——教研组该做什么"，该校从课堂展示、教研活动、数学团队建设发展等方面进行汇报。全市各区县专家、领导，以及 6 所学校代表 1000 人参加活动。9月 19 日，学校举办北京市数学校本教研主题活动展示。活动主题为"北京市校本教研主体活动，走进黄城根小学数学团队——让每个学生享受高质量的小学教育"，分为中心组教研活动展示、教研组教研活动展示、三年级计算课展示三个部分，由特级教师吴正宪完成评价。来自全市各区县学校代表，以及学校教师 500 人参加活动。

（张颖　李爱华）

【成立班主任工作研究室】 5 月 17 日，北京市西城区黄城根小学班主任工作研究室成立。该研究室旨在使学校班主任工作更加专业化，与《班主任》杂志社共同组建，由黄城根小学进行日常工作管理，主要负责班主任业务培训。

（王莹）

【展示学生英语风采】 10 月 2 日，黄城根小学举办学生英语风采展示活动。此次活动面向校内各学生社团，开设"英语歌曲连连唱"栏目，并成立"黄小英语歌社"和"英语剧社"编写排练英语剧，其中，二年级"国王与夜莺"获得全国英语短剧展演活动二等奖。11 月 30 日，该校教师利用英文给学生讲解复活节来历，指导其制作感恩卡、组织复活节派对（Party）。

（张颖）

北京市西城区育民小学

【概　况】 2011 年，北京市西城区育民小学占地面积 13905 平方米、建筑面积 18789 平方米、体育场馆面积 2636.60 平方米。图书馆藏书 49000 册。固定资产总值 3990.51 万元，拥有计算机 354 台，多媒体教室座位 40 个。全年教育经费投入 1913.65 万元，全部由国家拨款。学校信息化经费投入 24.06 万元，校园网出口总带宽 100Mbps，数字资源量 750GB，"信息技术"课程 1 课时/周。普通教室 47 个、专用教室 16 个。教职工 92 人，包括副高级职称 4 人、中级职称 59 人。专任教师 82 人，包括特级教师 3 人、北京市学科教学带头人 1 人、市级骨干教师 2 人；本科及以上学历 70 人。开设教学班 40 个。毕业 217 人、招生271人、在校生1263人。网址：www. bjymxx. com。

（权全）

【举办消防疏散演习】 3 月 28 日，育民小学举办"珍爱生命、掌握自救技能"消防疏散演习。校园内拉响火警警报，全校 6 个年级师生 1300 人分别从 3 座教学楼 6 个安全通道有序向操场疏散，过程中教师引导学生利用湿毛巾捂嘴弯腰，要求动作快速。最快年级学生用时 1 分钟疏散完毕。

（权全）

【召开主题教育活动总结会】 5 月 16 日，育民小学召开"五星学生、三星班级"主题教育活动总结汇报会。会议回顾活动全过程，了解各年级取得成果，其中，一年级学生进行集体荣誉感和主人翁精神教育；二年级组织学生捐献学习材料，以及卫生工具、书籍等；三年级学生开展羽毛球、呼啦圈、编花篮等课间运动；四年级师生共同举办"一帮一互助"、"争当火车头"、"集体在我心中"等活动；五年级学生进行早锻炼；六年级在各个班级内开展小组评比，要求学生通过个人申报、小组讨论方式形成评价结果。

（崔静）

【组织学习爱眼体操】 11 月 22 日，育民小学组织学生学习"爱眼体操"。该校分三个层次开展培训，其中，第一层次邀请西城区卫生保健所专业医务人员对班主任教师进行训练、熟悉动作指令，第二层次学校医务室教师为班级学生干部做"爱眼体操"指导，第三层次学校医务室教师通过红领巾电视台向全校学生做"爱眼体操"宣传培训。全校教师、学生 1363 人参加活动。

（权全）

北京市宣武区师范学校附属第一小学（北京市宣武师范学校附属第一小学）

【概　况】 2011 年 5 月 23 日，北京市宣武区师范附属第一小学更名为北京市宣武师范学校附属第一小学。学校占地面积 12966.84 平方米、建筑面积 18909.35 平方米、体育场馆面积 5944 平方米。图书馆藏书 72434 册，订阅杂志、报刊 95 种。固定资产总值 905.85 万元，拥有计算机 232 台，多媒体教室座位 1880 个。全年教育经费投入 2276.76 万元，全部由国家拨款。学校信息化经费投入 162.08 万元，校园网出口总带宽 2Mbps，数字资源量 6000GB，"信息技术"课程 1 课时/周。普通教室 38 个、专用教室 14 个。教职工 122 人，包括副高级职称 5 人、中级职称 70 人。专任教师 110 人，包括市级骨干教师 3 人；本科及以上学历 77 人。开设教学班 38 个。毕业 258 人、招生310人、在校生1507人。网址：www.xsyfx.com。

（张虹）

【首届骨干教师培训结业】 3月20日，宣师一附小举办首届语文骨干教师培训班结业展示活动。此次活动是中国教育学会“十一五”课题部分内容，观摩该校 2 名教师执教低年级识字课和中年级阅读课“惊弓之鸟”、3 名教师做个人成长汇报、5 名教师讲述集体备课工作情况，与会专家对现场课点评认为体现教师专业发展效果。其间，学校展示校刊《与语文结缘，和幸福牵手》与教师成长纪录片。全国各省市地区教研员、教师 500 人参与活动。语文骨干教师培训活动计划为期 8 年。

（张虹）

【童谣雕塑园落成】 5月25日，宣师

一附小童谣雕塑园落成。雕塑园拥有“飞向未来”主雕塑，以及“老鹰捉小鸡”、“捉迷藏”、“丢沙包”、“抽陀螺”等 6 组反映学生传统与现代童谣游戏生活雕塑群。雕塑园于 2009 年 9 月建设，聘请清华大学美术学院专家作为校园文化顾问进行整体构架设计，经历设计、放大、翻制、铸铜、安装五个阶段 18 个月完成，学校总投资 85 万元。宣师一附小承担“北京童谣”项目列入国家非物质文化遗产保护名录。

（张虹　郝世东）

【首次开展学生军训】 10 月 26 至 28 日，宣师一附小首次开展学生军训活动。此次活动面向五年级学生，在北京市西城区国防教育中心进行，军训内容包括拓展素质训练、军事训练与条令教学，强化学生组织、纪律观念，讲解革命英雄先进事迹。该校教师、学生 276 人参加活动。

（张虹）

【认定为北京市金帆民乐团】 11月，

宣师一附小童心民乐团被认定为北京市金帆民乐团。该校民乐团 1998 年成立，现有学生团员 300 人，分设 A、B、C 三个等级小团，其中，C 团为基础团，面向二年级学生招收，训练成绩优秀团员选拔到 B 团，为参加 A 团基础；A 团学生参加各级比赛及社会活动。5 月 20 日，学校民乐团开始准备申报工作，经市教委评审，最终全市中小学有 94 个金帆团被授予“北京市学生金帆艺术团”称号。

（张虹）

北京第二实验小学

【概　况】 2011 年，北京第二实验小学占地面积 37009 平方米、建筑面积 42376 平方米、体育场馆面积 10000 平方米。图书馆藏书 13 万册。校园网出口总带宽 100Mbps，“信息技术”课程 1 课时/周。普通教室 88 个、专用教室 20 个。教职工 241 人，包括副高级职称 21 人、中级职称 158 人。专任教师 236 人，包括特级教师 5 人、市级骨干教师 8 人、北京市学科教学带头人 1 人；本科及以上学历 211 人。开设教学班 88 个。毕业 503 人、招生666人、在校生3635人。网址：www.bjsyex.org.cn。

（孙津涛）

【李烈被聘为国务院参事】 4 月 14 日，北京第二实验小学校长李烈被聘为国务院参事。李烈，女，北京第二实验小学校长，小学数学特级教师，是首位成为国务院参事的小学教育工作者。此次聘任经国务院审核，由总理温家宝颁发聘书，实验二小李烈、清华大学施祖麟等 8 人获聘。

（孙津涛）

【举办第五届体育节】 5 月 14 日，实验二小举办第五届体育节。体育节主题为运动健康快乐，采取全员参与、亲子互动等形式，在丰台体育场举行，包括入场式展示、亲子趣味运动、竞技项目等内容，增设少林武僧带领学生表演武术操、石家庄分校“轮滑展示”等项目。校本部师生、家长 3700 人，以及顺义分校、门头沟永定分校、石家庄分校师生代表，社会人士 10000 人参与活动。实验二小体育节始办于 2000 年，每三年举办一届。

（何建雯）

【承担《中国课堂》录制任务】 7 月，实验二小承担的《中国课堂》教学实录项目录制任务完成。此次录制工作由中国教育电视台主持，自 2008 年 9 月开始，节目以课堂实录方式，展示中国内地小学课堂教学实况，在北美麒麟电视台、香港国际教育频道、中国教育电视台空中课堂频道、早期教育频道播出。节目获得中国教育电视台奖教学类一等奖。该节目是海外观众了解中国教育的窗口和华人华侨子女学习汉语的平台，也是内地师生分享优质教育资源和实现教育均衡发展的资料。该校负责对外汉语教学，包括一至六年级“语文”和四至六年级“数学”、“品德与社会”，学校 36 名教师参与，共录制语文课 432 节、数学课 60 节、品德与社会课 24 节。全部节目由北师大音像出版社出版发行。

（马丽英）

【首次召开教育集团全体会议】 8 月 23 日，首次北京第二实验小学教育集团全体会议召开。至年底，该校共有 13 个分支机构，包括分校 9 所，联合办学 1 所，“手拉手”友好校 2 所，国际比较教育研究院 1 所，分布于北京市西城区、丰台区、大兴区、朝阳区、通州区、门头沟区、怀柔区、顺义区，以及石家庄市、沈阳市和美国麻州。

（孙津涛）

【举办环保赠书仪式】 10 月 10 日，实验二小举办绿色环保赠书仪式。仪

式上，财政部、教育部、气象局领导为师生赠予描述世界环保问题儿童绘本《共同关爱我们的气候》，学生与专家就我们的气候变化、身边的环境污染、未来的环境等问题进行互动交流，并发起步行上下学、乘坐公交车等绿色出行倡议。活动旨在引导学生关注自身生活，为节能减排、低碳环保做贡献、共同建设美好家园，来自各部委领导及相关工作人员，该校师生3800人参加活动。

（何建雯）

北京市朝阳区白家庄小学

【概　况】　2011年，北京市朝阳区白家庄小学占地面积29855.02平方米、建筑面积22394.88平方米、体育场馆面积22852平方米。图书馆（室）藏书8.06万册，订阅杂志、报刊25种。固定资产总值6139.15万元，拥有计算机1183台，多媒体教室座位2870个。全年教育经费投入3892万元，其中，国家拨款3440万元、自筹经费452万元。学校信息化经费投入350万元，校园网出口总带宽4Mbps，数字资源量2000GB，“信息技术”课程0.5课时/周。普通教室82个、专用教室31个。教职工221人，包括高级职称4人、中级职称131人。专任教师214人，包括市级骨干教师9人；本科及以上学历212人。开设教学班82个。毕业517人、招生488人、在校生2590人。网址：www.tfbx.net。

（张国徽　李瑞霞）

【成立班主任工作研究室】　1月19日，

白家庄小学班主任工作研究室成立。

研究室与《班主任》杂志社合作主办，双方协议规定通过自主研修与培训指导结合方式，指导班主任成长，提高班主任队伍整体素质，定期整理交流优秀班主任工作经验，有效期3年。会上，《班主任》杂志社主编以“如何撰写教育故事”为题举办专题培训与指导。全校班主任教师162人参加活动。

（张国徽　李瑞霞）

【与澳大利亚学校签署合作协议】　2月24日，白家庄小学与澳大利亚悉尼车士活小学（Chatswood Public School）签署合作协议。协议规定：双方在孔子课堂、校本课程、学校文化等方面开展交流与合作，有效期3年。10至11月，双方首次在校本课程及学校文化方面开展师生互访与文化交流，全校干部、师生60人参加活动。

（张国徽　李瑞霞）

【举办科普教育系列活动】　6月3日，白家庄小学举办“放飞梦想——波音航空科普教育系列活动”。活动在该校望京新城校区进行，邀请航空专家讲述世界航空工业发展史，介绍其设计“B&W－C”型水上飞机构造，解析飞机设计要点与模型制作过程，并进行仿真遥控飞机试飞表演。全校学生100人参加活动。该校2009年开展科普讲堂系列活动，将美国波音公司免费提供50套图书、《模型与飞机》、《飞行的奥秘》作为校本教材使用，组建学生航模飞机活动小组，开设航模飞机校本课程。

（李瑞霞）

【数字化校园系统通过测试】　6月7日，白家庄小学数字化校园系统通过测试。软硬件应用测试由学校网络主控室负责，共启用2台空调系统、13台服务器、11台交换机、3个UPS、1个主控电源系统，并对所有服务器操作系统进行升级和查杀病毒、木马安全测试，经10个小时广泛应用及负载测试，电源、硬件、操作系统、空调表现正常。该系统2011年3月开始搭建，包括数字化校园硬件与操作系统两部分，具有将校园内各种信息数字化并提高学校教育质量及管理效益的功能，由市教委、朝阳区教委共同投资200万元。白家庄小学是北京市数字化校园项目实验校。

（张国徽）

【举办市级社会大课堂展示】　11月23日，白家庄小学举办北京市中小学社会大课堂课程开发与实施研究展示活动。活动在该校科技园校区进行，围绕“尊重文化差异性与多样性、尊重环境与资源”两个主题，将4个校区分成3条线索，开展社会资源发掘与联动，并由2组教师展示三级课程与学校社会大课堂实践成果。其中，校本部突出“北京情”核心，探究了解北京文化，选择社会大课堂资源单位是北京城市中轴线名胜古迹，形成“北京线”；望京科技园校区突出“中国心”核心，探究品味民族文化，选择社会大课堂资源单位是中央民族大学、北京服装学院、中华民族园等民族文化社会单位，形成“民族线”；望京新城校区突出“世界人”，以科技创新和国际交流为特色，选择社会大课堂资源单位是中国科技馆等科技创新体验单位，形成“科技线”。来自北京教科院，以及各区县干部、教师120人参与活动。

（张国徽　李瑞霞）

北京市朝阳区实验小学

【概　况】　2011年，北京市朝阳区实验小学总占地面积24716平方米，其中，本校14916平方米、润泽分校9800平方米；总建筑面积28808平方米，其中，本校15907平方米、润泽分校12901平方米；体育场馆总面积9614平方米，其中，本校6323平方米、润泽分校3291平方米。图书馆（室）藏书47000册，其中，本校42000册、润泽分校5000册，电子图书9100册，订阅杂志、报刊85种。固定资产总值5969.96万元，拥有计算机731台，其中，本校686台、润泽分校45台。全年教育经费投入2562.22万元，其中，国家拨款2048.37万元、自筹经费513.85万元。校园网出口总带宽10Mbps，数字资源量500GB，“信息技术”课程1课时/周。普通教室83个，其中，本校63个、润泽分校20个；专用教室41个，其中，本校28个、润泽分校13个。教职工128人，包括副高级职称6人、中级职称64人。专任教师123人，包括北京市学科教学带头人2人、市级骨干教师16人；本科及以上学历123人。开设教学班47个，其中，本校45个、润泽分校2个。毕业282人；招生322人；在校生1488人，其中，本校1433、润泽分校55人，包括寄宿生38人。网址：www.cysy.bjedu.cn。

（褚连茹）

【召开艺术社团启动会】 4月16日，朝

阳实验小学召开艺术社团启动会。会议在天桥剧场举行，学校成立“凤飞舞蹈社团”、“兰亭诵读社团”、“德音管弦乐社团”，招收团员130人；组建专家指导团，聘请著名编导家、影视表演艺术家、舞剧表演艺术家、芭蕾舞表演艺术家、中央交响乐团首席双簧管、中国交响乐团乐队队长等8名专家作为学生艺术指导教师。

（褚连茹　姜伟）

【成立爱眼工作室】 6月7日，朝阳实

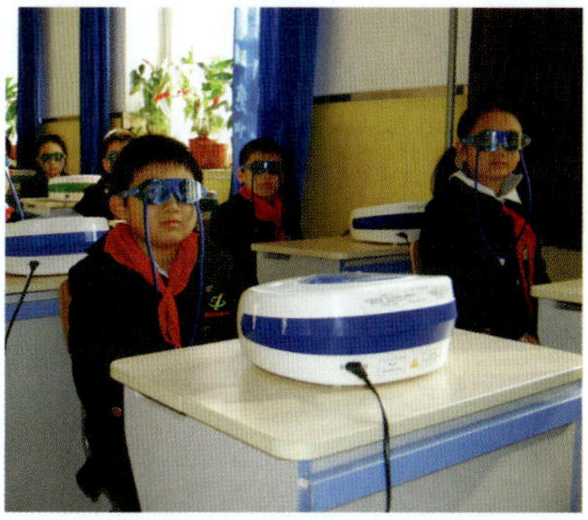

验小学爱眼工作室成立。工作室围绕“爱眼护目，共享健康”主题，由学校卫生部门负责，针对学生用眼过度、用眼疲劳现象，与企业合作指导学生每天进行30分钟治疗，通过气动治疗仪器放松眼部肌肉并预防近视眼。

（褚连茹　姜伟）

【朝阳实验小学润泽分校成立】 8月30日，北京市朝阳区实验小学润泽分校成立。该校隶属于朝阳区教委，校址位于朝阳区水岸庄园1007号，占地面积9800平方米、建筑面积12901平方米，教职工14人，专任教师10人，招生55人，开设教学班2个。校园2008年开工建设，由润泽地产总投资3000万元。

（褚连茹）

【周恩来教育基地落成】 10月31日，

朝阳实验小学“周恩来教育基地”落成。该校开展“寻伟人足迹，扬恩来精神，做优秀少年”系列活动，经周恩来、邓颖超纪念馆支持，以“周恩来青少年时代”为主题进行布展，修建展厅55平方米，通过文字、图片、手记等资料，帮助学生了解周恩来事迹、感受伟人风采，树立“为中华之崛起而读书”理想信念。周恩来、邓颖超研究中心顾问，以及全校干部、教师、家长委员会代表1800人出席典礼。

（褚连茹　姜伟）

【参加全国青少年建筑模型赛获奖】 12月9至13日，朝阳实验小学参加第16届“驾驭未来”青少年车辆模型教育竞赛暨2011全国青少年建筑模型教育竞赛获奖。比赛由国家体育总局、教育部、中国科协、共青团中央、全国妇联和中国关心下一代工作委员会联合主办，主题为“注重青少年在交通安全和节能环保”两个方面意识培养，目的是通过各类模型教育比赛，让广大青少年增长知识、陶冶情操、强健体魄，培养青少年从小立志献身祖国航海、航空、航天、车辆和建筑事业，在安徽省举行，包括车辆模型和建筑模型两个组别，设置建筑模型个人、集体、兼项3大类14个项目。来自全国19个省市24支学校代表队参赛，其中，朝阳实验小学代表队由6名五年级学生、2名科学教师组成，获得1个一等奖、2个二等奖、3个三等奖。

（杜静忠）

北京市朝阳区芳草地国际学校

【概　况】 2011年，北京市朝阳区芳草地国际学校占地面积89974.43平方米、建筑面积76917.96平方米、体育场面积18147平方米。图书馆（室）藏书3.4万册，电子图书20万册，订阅杂志、报刊47种。固定资产总值3200万元，拥有计算机1485台，多媒体教室座位40个。全年教育经费投入9233万元，其中，国家拨款6117万元、自筹经费3116万元。学校信息化经费投入484.70万元，校园网出口总带宽100Mbps，数字资源量47016GB，“信息技术”课程8课时/周。普通教室182个、专用教室84个。教职工381人，包括高级职称18人、中级职称197人。专任教师361人，包括特级教师1人、市级骨干教师29人、北京市学科教学带头人5人；本科及以上学历354人。开设教学班147个。毕业522人、招生901人、在校生4232人。网址：www.fcd.com.cn。

（沈湛）

【参加北美新春音乐会】 2月5日，芳草地国际学校出访参加北美新春音乐会。该校世纪小学校区金帆民乐团师生一行60人，应中国驻加拿大使馆邀请，出访加拿大、美国，在多伦多中华文化中心举行新春首场音乐会，并由电视台全球直播。来自多伦多市议员、教育局委员，以及中国驻多伦多总领馆领事12人出席活动。

（王雪艳）

【召开市级语文现场会】 4月7日，芳草地国际学校召开北京市语文现场会。活动与北京教科院联合举办，主题围绕“打造适合学生发展的阅读教学”，该校教师推出4节展示课，教研员点评认为课程以学生为主体，凸显年龄段特点，关注学生能力提高，并对学校语文学科质量给予肯定。来自全市各区县教研员、学校教学干部、骨干教师400人参加活动。

（刘文娥）

【庆祝建校55周年】 10月17日至12月31日，芳草地国际学校举行“茵茵芳草地，浓浓五洲情——回顾·传承·发展”建校55周年主题系列活动。

活动在北京市国际会议中心举行，分为五个阶段，包括领导讲话、老教师感言，表彰55名好教师、55名好学生、55名好家长，文艺汇演，以及素质教育成果展示。来自外交部、市教委、朝阳区政府领导，社会各界人士，以及该校教师、学生、家长1600人参加活动。北京市朝阳区芳草地国际学校始建于1956年，原名北京市朝阳区芳草地小学，为外交部子弟学校。1973年，经总理周恩来批示学校开始接收外籍及港澳台地区学生入学。2008年更名为北京市朝阳区芳草地国际学校，共有教学班147个，在校生4400人，包括外籍学生800人；教职员工400人，包括外籍教师14人。

（沈湛　张林）

【打工子弟走进人民大会堂】　11月1日，芳草地国际学校“打工子弟”走进人民大会堂。该校万和城实验小学校区来京务工人员子女20人在人民大会堂，参加“关爱健康、关注未来”主题食品安全公众科普活动，并受到党和国家领导人接见。活动由中国宋庆龄基金会事业发展中心组织，目的为全面启动食品安全公众科普宣传。来自全国各省市地区学生代表20人参与活动。

（李丽红）

北京市丰台区
丰台第一小学

【概　况】　2011年，北京市丰台区丰台第一小学占地面积31860平方米、建筑面积17745.59平方米、体育场馆面积8798平方米。图书馆藏书10.81万册，订阅杂志、报刊58种。固定资产总值2587.86万元。全年教育经费投入2728.28万元，全部由国家拨款。学校信息化经费投入95.7万元，拥有计算机342台，多媒体教室座位2947个，校园网出口总带宽10Mbps，数字资源量550GB，“信息技术”课程0.5课时/周。普通教室78个、专用教室11个。教职工184人，包括高级职称2人、中级职称116人。专任教师182人，包括市级骨干教师8人；本科及以上学历157人。开设教学班78个。毕业435人、招生550人、在校生2947人。网址：www.ft1x.ftedu.gov.cn。

（王艳红　张娟玲）

【开展小学生志愿者实验项目研究】　1至5月，丰台一小开展小学生志愿者手册实验项目研究。该校是北京市“学做志愿者”项目实验校，旨在引导学生传承志愿精神，争做“学习小主人、快乐小天使、环保小卫士、劳动小能手、同学小伙伴、礼仪小使者”的“六小”公民，组织师生召开“学做校园志愿者，争做合格小公民”主题启动会，开展“校园志愿者招聘会”、“小学生志愿者标志设计大赛”、“志愿者服务日”、“志愿者的微笑”主题升旗仪式、“爱心字典点亮人生”志愿捐赠系列活动。该校教师7人，4个志愿中队学生180人参与研究活动。

（张娟玲　王艳红）

【捐赠爱心字典】　4月19日，丰台一

小举办“爱心字典，点亮人生”主题捐赠活动。此次活动利用校内红领巾电视台，组织学生观看新闻纪实片“一本字典引发的爱心之旅”，引导学生展开讨论。该校师生向广西、重庆山区学生，捐赠新华字典1664册、现代汉语词典159册、成语词典120册、课外书1719册。来自丰台区教委领导、中央电视台《经济与法》栏目记者，以及该校教师、学生2510人参加活动。

（张娟玲　王艳红）

【组织开展社会实践活动】　6月15至

28日，丰台一小组织开展系列社会实践活动。该校发挥社会实践活动育人作用，组织师生赴通州区青少年社会职业体验中心、自然博物馆、周口店北京人遗址博物馆等场所，以研究性学习思路，分为确定主题、社会实践、交流感受三个阶段进行。全校教师、学生1868人参加活动。

（张娟玲　王艳红）

【组织小学实验室建设项目研讨】　10月11日，丰台一小组织北京市标准化小学科学实验室建设项目研讨活动，推出一节观摩课，该校教师通过汇报交流的方式，交流整体设计科学教室设计具体构想。与会人员研讨认为该实验室突出“生命科学”的特点，具有很强的功能性，体现出教师对科学教学的理解。来自市教委、丰台区教委、市教育技术设备中心领导，以及各区县教研员、教师43人参加活动。9月1日，该校丰益分校标准化科学实验室投入使用。教室由学校教师设计，使用面积79平方米，拥有多媒体、计算机、触摸一体机、科学教具等设备，具有教学、实验功能，可容纳学生48人。

（张娟玲　王艳红）

北京市丰台区
丰台第五小学

【概　况】　2011年，北京市丰台区丰台第五小学占地面积42000平方米、建筑面积21000平方米、体育场馆面积15200平方米。图书馆藏书2.4万册，订阅杂志、报刊42种。固定资产总值2702万元。全年教育经费投入380万元，全部由国家拨款。学校信息化经费投入103万元，拥有

计算机 396 台，多媒体教室 85 个，校园网出口总带宽 10Mbps，数字资源量 2600GB，“信息技术”课程 1 课时/周。普通教室 74 个、专用教室 12 个。教职工 193 人，包括高级职称 4 人、中级职称 109 人。专任教师 187 人，包括市级骨干教师 8 人；本科及以上学历 177 人。开设教学班 74 个。毕业427人、招生511人、在校生2906人。网址：www. bjftwx. com。

（徐文宇）

【获行进管乐全国展演金奖】 5月1

日，丰台五小参加“中华号角——2011 上海之春国际音乐节管乐艺术节”暨“中华杯”中国第五届非职业优秀（行进）管乐团队展演获得金奖。展演由中国音乐家协会管乐学会与上海之春国际音乐节组委会、上海市政府外事办公室、上海市教委等单位共同主办，在复旦大学举行，采取团队参赛形式，分为各地推荐、专家初审及最终比赛等过程，设有小学、中学和大学成人组，乐队按表演得分情况颁发金银奖，评委按音乐演奏、编排方案、表演质量综合评价。来自全国各省市地区 25 个单位 3000 人参加，评出金奖 13 个、银奖 12 个，其中，丰台五小行进管乐团由 120 名团员组成，表演《茉莉花》、《男儿当自强》获得金奖第一名。

（刘洪兴）

【校园抗震加固工程完工】 8 月 31 日，丰台五小校园抗震加固工程完工。此次施工范围包括教学楼与科技楼楼体，面积 4196 平方米，采用整体加固形式，对普通教室、专用教室、办公室等关键部分加固，并在楼内进行简单装修。工程 6 月 4 日开工，由市财政拨款。

（徐文宇）

【庆祝建校60年】 10月18日，丰台五小庆祝建校60周年。活动分为三

个部分，展示国家、地方、校本三级课程体系，推出体现“自主课堂”理念 18 节公开课，展示学校幸福教育、自主管理、家校协同教育理念 3 节班队课；展示 300 名学生组成 16 个社团活动，内容包括民族音乐、民族美术、民族体育等，综合体现学校“不一样的学生一样的精彩”育人理念；听取该校校长作“精彩天地幸福摇篮”主题报告，回顾学校六十年办学历程。该校老校长、老教师、各届毕业生，以及社会人士、学生家长 1700 人出席活动。其间，学校编辑画册《幸福·印记》、《精彩天地，幸福摇篮》，出版教育成果集《一路追寻》、《在行动中思索》；绘制十米长卷《绘彩图，迎校庆》。丰台五小创办于 1951 年，前身是 1951 年始建丰台区第九中心小学。1952 年更名为丰台镇中心小学。随后更名为丰台第五小学。2000 年、2005 年、2012 年相继开办银地家园分校、京铁家园分校和鸿业兴园分校，建校以来共培养毕业生 14200 人。

（梁佳煜　王育华）

【开展国学月活动】 11 至 12 月，丰台五小开展国学月经典诵读活动。活动以“经典浸润童年，书香溢满校园，师生幸福成长”为主题，全校 2000 名师生共同参与，背诵《国学启蒙》等古诗文、坚持“课前 2 分钟师共读”，每周开展“国学书法 15 分”、“国学基本功 10 分钟”。全校共计阅读国学书籍 2099 册、制作“国学书签”2030 个、出国学板报 48 期、68 个国学社团进行特色展示、三至六年级学生积累“国学名联”1577 条、四至六年级学生创作“贺新年国学春联”48 条。学校获 2011 北京市红领巾读书活动示范单位称号。

（李健）

北京市石景山区
六一小学

【概　况】 2011 年，北京市石景山区六一小学占地面积 21982 平方米、建筑面积 11767 平方米、体育场馆面积 6926 平方米。图书馆藏书 31002 册，电子图书 3023GB，订阅杂志、报刊 80 种。固定资产总值 2368. 45 万元，拥有计算机 331 台，多媒体教室座位 1543 个。全年教育经费投入 25126 万元，其中，国家拨款 16353 万元、自筹经费 8773 万元。校园网出口总带宽 10Mbps，数字资源量 8000GB，“信息技术”课程 1 课时/周。普通教室 33 个、专用教室 11 个、科学实验室 2 个。教职工 94 人，包括副高级职称 1 人、中级职称 52 人。专任教师 69 人，包括市级骨干教师 1 人；本科及以上学历 59 人。开设教学班 33 个。毕业157人、招生194人、在校生1130人。网址：www. lyx. sjsedu. cn。

（王京兰）

【虚拟国学苑启用】 5 月 29 日，六一小学虚拟国学苑启用。国学苑由学校与信息技术企业共同研发，运用 3D 技术，实现通过互联网进行学习，提高学生文学素养。软件整合《语文课程标准》中要求背诵 80 首古诗教材与学校国学校本课程相关篇目，根据主题、类别、学习难易程度进行分类，学生以角色扮演方式进入虚拟学习环境，可自主浏览跟读、与诗人对韵闯关晋级、情景再现理解等。软件总投资 30 万元，全校师生 1200 人免费使用。

（焦倩）

【庆祝建校50周年】 5月29日，六

一小学举办建校 50 周年庆典活动。活动以“承六一学脉，展世纪风华”为主题，包括校史展、庆典等内容。

来自北京军区、市委教育工委、石景山区人大常委会、区教委领导，以及该校各届校友、干部、教职工、学生1500人出席活动。北京市石景山区六一小学1961年建校，原名中国人民解放军北京军区直属队六一小学，隶属于北京军区，坚持“和谐校园孕育和谐发展的人”办学理念，建校以来共培养毕业生1万人。

（宁佩荣）

【抗震加固改造工程完工】　8月28日，六一小学抗震加固改造工程完工。工程对学校3栋教学楼、1栋宿舍楼进行改造，采用砖混结构，施工面积9548平方米，楼内对墙面、地面、电路、水路、暖气、门窗等进行装修，配有无障碍、应急出口、消防栓等设施。工程6月28日开工建设，由石景山区教委总投资1500万元。

（康磊）

【儿童文学家走进校园】　9月5日，六一小学开展儿童文学家走进校园活动。活动是石景山区读书工程内容，围绕“携手名家，亲近文学”主题，邀请儿童文学作家举办“快乐阅读，轻松写作”专题讲座，通过互动交流形式，结合自身经验与中外儿童文学作品，讲授阅读与练笔习惯重要性等。全校师生1000人参加活动。

（焦倩）

北京市石景山区实验小学

【概　况】　2011年，北京市石景山区实验小学一校两址，总占地面积15877平方米、总建筑面积9545平方米、体育场馆总面积6894平方米，图书馆藏书4万册，订阅杂志、报刊109种。固定资产总值3336.80万元，拥有计算机387台，多媒体教室座位2023个。全年教育经费投入1206.20万元，全部为国家拨款。学校信息化经费投入138.70万元，校园网出口总带宽10Mbps，数字资源量1000GB，“信息技术”课程1课时/周。普通教室36个、专用教室20个。教职工104人，包括副高级职称2人、中级职称70人。专任教师96人，包括市级骨干教师2人；本科及以上学历89人。开设教学班35个。毕业225人、招生240人、在校生1303人。网址：www.syx.sjsedu.cn。

（栾永宏）

【与八角社区结对共建】　1月4日，石景山实验小学与八角北路社区签订结对共建协议书。协议规定学校发挥教师资源优势，为社区活动提供辅导与培训；社区发挥青少年教育基地优势，为学生提供社会实践平台，协助学校开展校外教育，有效期3年。

（栾永宏）

【培训农村教师】　2月24日至7月10日，石景山实验小学完成第六期农村教师工作站培训任务。7名学员分别来自平谷区、房山区学校，脱产学习教学理论、国家课程标准、教学研究等内容，通过观摩、实践形式，解决农村教师在教育教学中所遇问题，提高教育教学能力。培训由北京教育学院主办，共计720学时，考核方式为上交录像课、图片及计划总结等文本资料。

（班世伟）

【召开视频家长会】　3月8日，石景山实验小学召开视频家长会。家长会主题为“培养杰出孩子的现代家庭教育理念”，利用远程组播技术，进行实时现场转播，邀请清华大学教授讲解“中国父母家庭教育经典误区、人与性格分类、杰出孩子共同精神品格及培养杰出孩子现代家庭”四个方面内容。全校学生家长1300人参加学习，学校收到书面反馈1082件。

（吴萍）

【举办第五届英语节】　12月5日，石景山实验小学举办第五届英语节。此次英语节主题为“积极参与我快乐”，包括百词竞赛、书写比赛、攀登英语歌曲童谣汇演等内容。全校35个班级、学生210人参加活动。

（班世伟）

北京市海淀区中关村第一小学

【概　况】　2011年，北京市海淀区中关村第一小学占地面积35713平方米、建筑面积41872平方米、体育场馆面积11500平方米。图书馆藏书200675册，订阅杂志、报刊177种。固定资产总值10505万元，拥有计算机1622台，多媒体教室座位6730个。全年教育经费投入9245万元，其中，国家拨款7505万元、自筹经费1740万元。学校信息化经费投入441万元，校园网出口总带宽12Mbps，数字资源量520GB，“信息技术”课程1课时/周。普通教室122个、专用教室63个。教职工320人，包括副高级职称5人、中级职称189人。专任教师307人，包括特级教师2人、北京市学科教学带头人1人、市级骨干教师14人；本科及以上学历293人。开设教学班122个。毕业883人；招生672人；在校生4554人，其中，寄宿生680人。网址：www.zgcyx.com.cn。

（董静）

【调整学校布局】　7月12日，中关村一小撤并寄宿部。该校进行学校布局调整，将寄宿部撤并至中关村一小天秀部。中关村一小寄宿部创办于1998年，地址为海淀区蓝靛厂西门1号，在原空军指挥学院内，拥有1个教学楼、1个宿舍楼，开设22个教学班。现中关村一小一校三址，包括中关村部、天秀部、党校部。

（张海宏）

【“空中花园”落成】　9月1日，中关村

一小“空中花园”落成。该花园为温室大棚，位于中关村校区五楼顶层，建筑面积100平方米，总投资36万元。建设创意由学校六年级10名学生提出，获得全校学生319张选票超半数支持，由师生共同参与内部设计、布置，作为学生实践无土栽培科技教育实验基地，采取LED全自动补光系统，平面、立体布局相结合，共栽种50种植物，包括蔬菜、花卉、水果等。学校专门成立种植养护小组，由固定教师指导学生进行日常管理，每天课间与周五下午时间向全体

学生开放。

（邓翼涛）

【设立“园丁杯”教师奖】 9月9日，中关村一小设立“园丁杯”教师奖。该奖项分为工作30年以上功勋教师奖、工作25年以上模范教师奖以及工作20年以上优秀教师奖。此次共评出功勋教师奖23人、模范教师奖21人和优秀教师奖97人，学校专门举办仪式，为每名获奖教师进行颁奖。全校干部、教师320人参与活动。

（吕翠萍）

【成立七彩工艺社团】 9月9日，中关村一小“七彩工艺社团”成立。该社团由学校美术组组织，面向三至五年级热爱艺术、动手能力强学生，首批招收成员84人，包括教师4人、学生80人，活动时间为每周五下午1个小时，指导民间剪纸、中国结等中国传统手工艺制作。

（王红丽）

【设立“挑战王日”】 11月28日，中关村一小设立“挑战王日”。该项决议经学校少年科学院“小院士”讨论决定，确定每月27日为“挑战王日”，遇到周末顺延到周一。首个挑战日与学校第8届科技节“我是挑战王”内容结合，开展“高高的纸结构”活动，分成班级比赛与校级比赛两个阶段，校本部55个班110名选手参加决赛，六年级2名学生以184厘米成绩成为第一轮“挑战王”。

（邓翼涛）

北京市海淀区中关村第二小学

【概　况】 2011年，北京市海淀区中关村第二小学占地面积51088平方米、建筑面积51730平方米、体育场馆面积18338平方米。图书馆藏书88580册，订阅杂志、报刊182种。固定资产总值11269万元，拥有计算机779台，多媒体教室座位5010个。全年教育经费投入6910万元，其中，国家拨款4900万元、自筹经费2010万元。学校信息化经费投入300.65万元，校园网出口总带宽30Mbps，数字资源量4000GB，“信息技术”课程1课时/周。普通教室154个、专用教室42个。教职工231人，包括副高级职称6人、中级职称104人。专任教师226人，包括北京市学科教学带头人2人、市级骨干教师4人；本科及以上学历192人。开设教学班102个。毕业542人、招生836人、在校生4208人。网址：www.zgcerxiao.com。

（路红芳）

【举办首届学生卡拉OK赛】 1月14日，中关村二小举办“我和歌声一起飞”首届“蓝博豆杯”学生卡拉OK赛。此次比赛共有1100名学生报名参加，63名家长与该校20名教师组成联合评委团，1000名家长担任志愿者。比赛历时一个月，分为预赛、复赛和决赛，最终33名学生入围决赛，并现场决出三个校区每个年级前三名，其中，第一名6人、第二名12人、第三名15人。全校共有师生、家长2600人参与活动。

（路红芳）

【成立5个学科专家工作室】 9至12月，中关村二小成立5个学科专家工作室。9月14日，学校成立英语学科研修工作室，聘请北京航空航天大学附属小学教师为工作室指导教师。10月20日，学校艺术学科专家工作室成立，聘请全国优秀教师、特级教师吴文漪为音乐学科专家工作室指导教师；聘请市学科教学带头人、市优秀教师李志勤为美术学科专家工作室指导教师。10月26日，信息技术学科专家工作室成立，聘请特级教师、北京大学附属中学李冬梅为工作室指导教师。12月14日，科学学科专家工作室成立，聘请市级学科带头人王思锦为工作室指导教师。学校成立英语、艺术（音乐、美术）、综合（信息、科学）学科8个研修工作室，共有教师198人成为工作室成员。该校在2005年成立语文专家工作室、2010年成立数学及体育专家工作室。

（路红芳）

【开展心理健康宣传周活动】 10月31日至11月4日，中关村二小开展心理健康宣传周活动。活动以“呵护心灵，为幸福护航”为主题，旨在通过宣传教育活动，在师生中普及科学心理健康知识。其间，学校举办学生间“赞美卡”交流展示，教师向学生赠送“心灵小语”卡片，分别举办“沟通”和“欣赏”2节心理团队辅导课，学生给家长写知心话语，在每天中午“红领巾”广播时间开设心语课堂，邀请心理专家为教师举办心理减压讲座，邀请儿童心理学专家为全校学生做“今天你欢笑了吗？”情绪管理课。统战部、海淀教科所代表，海淀西苑学区、有关学校德育干部28人，以及该校学生4200人、教师200人参与活动。

（路红芳）

【舞蹈团获全国金奖】 至年底，中关村二小舞蹈团参加全国比赛获得金奖。7月23日，该校舞蹈团参加全国小荷风采少儿舞蹈比赛，表演节目《卿卿鱼儿跃》获得“小荷风采新秀奖”、“小荷园丁奖”及“小荷编导奖”。8月23日，学校舞蹈团参加第10届CCTV少儿艺术电视大赛决赛获得金奖第一名。11月，学校舞蹈团被市教委授予“北京市金帆舞蹈团”称号。

（路红芳）

清华大学附属小学

【概　况】　2011年，清华大学附属小学占地面积33000平方米、建筑面积12120平方米、体育场馆面积18728平方米。图书馆藏书10万册，订阅报纸12种、杂志71种。固定资产总值1884万元，拥有计算机300台，多媒体教室座位1944个。全年教育经费投入4826万元，其中，国家拨款3091万元、自筹经费1288万元。学校信息化经费投入177万元，校园网出口总带宽100Mbps，数字资源量103GB，“信息技术”课程4课时/周。普通教室41个、专用教室15个。教职工81人，包括副高级职称4人、中级职称69人。专任教师79人，包括本科及以上学历60人；特级教师4人、市级骨干教师2人。开设教学班37个。毕业192人、招生306人、在校生1452人。网址：www.qhfx.edu.cn。

（康琪）

【推行午餐自助模式】　2至3月，清华附小推行午餐自助模式。该校对学生餐进行调整改良，召开专题会议研究，在校内外开展调研，就用餐形式及饭菜口味征求师生及家长建议。2月21日，学校在五、六年级试行午餐自助模式，学生自助取餐、用餐，教职员工、班主任协助分餐。3月9日，通过征求师生意见，细化分餐、取餐、餐盘回收环节，落实责任分工，学校在其他年级试行该模式，实现全校学生用餐自助进行。

（康琪）

【召开首届教代会】　4月6日，清华附小召开首届教代会。与会代表听取学校发展委员会情况汇报，校长做《清华附小“十二五规划”办学行动纲领》解读，并向全体教师提出学习领会《纲领》要求，与会代表表决通过实行。教职工代表、干部27人参加会议。1月15日，《清华附小“十二五”规划办学行动纲领》发布。《纲领》以党的教育方针为指南，以《国家中长期教育改革和发展规划纲要》为统领，制定学校办学思想及目标，体现办学要求及准则，经全校师生、家校委员会共同审议修订，《纲领》共15章、100条、2.4万字。

（康琪）

【举办道尔顿教育计划交流会】　6月13日，清华附小举办道尔顿教育计划学习交流会。会议围绕“学习方式改变”主题，教师分别从“自由与合作”、“乐学指南”、“作业合同”、“测评图表”、“语文学习方式”、“数学学习方式”、“走班制”等方面介绍经验，探索“让学校变得像游戏一样吸引人”，解决传统学习方式中学生“吃不饱”和“吃不了”问题。该校教师79人参加培训。此前学校为教师配发《道尔顿教育计划》一书，采取自学、实地考察、写随笔等形式，了解道尔顿实验室计划起源、原则以及实施办法，分组开展“学习方式改变”课题研究。

（康琪）

【完成校舍抗震加固】　8月27日，清华附小完成校舍抗震加固工作。根据海淀区教委安排，校舍抗震加固工程于6月1日开工，由清华大学基建规划处组织管理、北京六建集团有限责任公司负责施工，工程涉及建筑、水电、安防、消防、室内等项目，施工面积12121平方米。工程由教育部和清华大学共同投资5300万元建设。

（康琪）

【开展中瑞数学交流活动】　10月31日，清华附小举办中国、瑞典数学交流活动。该校两名教师展示五年级“分数的大小”、六年级“正比例”研究课，专家点评认为教学内容和方式体现北京师范大学版教材编写特点，充分发挥学生主体作用，并建议教师应关注学生独创性。中、瑞两国教师就教材编排、课堂设计以及数学教学等问题进行交流。来自瑞典小学教师23人、清华附小数学教师20人参加活动。

（康琪）

北京师范大学实验小学

【概　况】　2011年，北京师范大学实验小学占地面积13800平方米、建筑面积12188.4平方米、体育场馆面积8050平方米。图书馆藏书93000册，电子图书7260册，订阅杂志、报刊107种。固定资产总值4277万元，拥有计算机241台，多媒体教室座位2489个。全年教育经费投入3612万元，其中，国家拨款3478万元、自筹经费134万元。学校信息化经费投入29.72万元，校园网出口总带宽1024Mbps，数字资源量8957GB，“信息技术”课程1课时/周。普通教室43个、专用教室13个、实验室4个。教职工118人，包括副高级职称5人、中级职称78人。专任教师102人，包括特级教师1人、市级骨干教师4人；本科及以上学历96人。开设教学班43个。毕业265人、招生289人、在校生1778人。网址：www.eps.bnu.edu.cn。

（高春芳）

【开办学生讲坛】　3至12月，北师大实验小学举办学生讲坛活动。该活动由学校五、六年级学生策划并担任主讲，围绕“与好书同行”主题，以班级为单位，每周组织1次，在班会课或思想品德课时间开展。五年级8个班、六年级6个班共开设讲坛40次，采取学生自愿报名、自报书目形式，介绍包括《辛亥革命》、《隋唐演义》、《三国演义》等图书。该校学生580人参加学习。

（贾红斌）

【朝阳附小教师培训项目启动】　4月

1日，“青蓝之约”暨北师大实验小学支持北师大朝阳附小教师培训项目启动。该校选派语、数、英6名优秀教师，作为北师大朝阳附小青年教师的导师，每3周1次到朝阳附小指导日常备课、课堂教学、教研活动及指导论文写作。北京师范大学朝阳附属小学是朝阳区教委与北师大合作开办公办小学，2008年成立，现有14个教学班、学生375人。

（马骏）

【首届同梦杯篮球赛开赛】　4月25日，北师大实验小学举办首届“同梦杯”篮球比赛。该校在六年级以班级为单位组成6个队报名参加，赛前面向全校学生征集比赛名称和冠军奖杯设计，并由学生投票确定冠名“同梦杯”。学校教师组织参赛学生48人开展赛规培训，采取先循环后淘汰赛制，共进行16场比赛，最终决出冠亚军。

（秦亚鹏）

【童友杯足球赛开展10年】 5月31日，北师大实验小学举办“快乐的童年、足球的盛会”童友杯10周年庆典暨庆“六一”足球嘉年华活动。活动由学校少先队与体育组共同组织，围绕“我运动、我参与、我健康”主题，回顾“童友杯”足球赛10年发展历史，展示足球技术、啦啦操，10年历届优秀球员代表绕场传递足球。学校师生、家长、校友代表2100人参加活动。北师大实验小学2001年开办“童友杯”足球校内联赛，面向三至五年级学生，以班级为参赛单位，分年级组进行比赛，每个年级组决出冠亚军。

（孙彬）

【召开第五届教代会】 9月27日，北师大实验小学召开第五届教代会专题会议。会议听取学校“2011年度全面实施素质教育自评报告”，教师代表进行分组讨论，认为报告客观、实际、全面反映学校上一学年实施素质教育的举措，会议采取举手表决形式，最终20票同意，0票反对、0票弃权，报告获得通过。学校教代会代表20人、列席代表10人参加会议。北师大实验小学教代会1986年成立。

（徐文红）

【举办第10届英语研讨会】 10月25日，北师大实验小学举办第10届英语研讨会。本届研讨会主题为“教学设计在实施过程中的问题与对策研究”，观摩“My Food”和“My Clothes”两节现场课，与会教师探讨教学设计和实施中问题及对策，专家点评认为教学设计目标明确、思路清晰，情境设置得当，教师指示语到位、学生活动比较充分，学生于情境中感知、内化，并运用语言，达到预设目标。北京教育学院“绿色耕耘”项目组昌平区学员30人，以及该校教师10人参加研讨。北师大实验小学英语研讨会2001年开办，每年举办一次。

（刘莹）

【赵文喆获全国科学评优课一等奖】 10月，北师大实验小学教师赵文喆获得全国第二届教科版小学科学评优课一等奖。赵文喆现场课“光和影”，针对学生设计教学活动，将定量研究方法引入到“光学”内容中。该评比由中央教科所、教育科学出版社主办，天津市中小学教育教学研究室承办，采取教师即时短信评课、主持人访谈方式，围绕“反思、细节、理念”环节，将作课教师、指导团队、参会教师串联起来，开展沙龙式集体反思与研讨交流。来自全国17个省、自治区、直辖市教研员、科学教师300人参加活动，推出展示课19节。

（赵文喆）

北京市门头沟区 大峪第二小学

【概　况】 2011年，北京市门头沟区大峪第二小学占地面积6941平方米、建筑面积5406平方米、体育场馆面积3325平方米。图书馆藏书36618册，订阅报刊、杂志54种。固定资产总值968.80万元。全年教育经费投入1244.62万元，全部由国家拨款。学校信息化经费投入24.40万元，拥有计算机240台，多媒体教室座位35个，校园网出口总带宽100Mbps，“信息技术”课程1课时/周。普通教室28个、专用教室4个。教职工95人，包括高级职称4人、中级职称65人。专任教师81人，包括特级教师1人、市级骨干教师5人；本科及以上学历73人。开设教学班32个。毕业163人、招生185人、在校生1200人。网址：www.mtgdyex.bjedu.cn。

（高海英）

【举办特级教师讲座】 2月25日，大峪二小举办“如何有效备课”专题讲座。讲座邀请特级教师武琼，以一年级语文教材“语文园地”栏目为例，讲解怎样通读教材达到有效备课，交流语文教学实效性研究工作。来自门头沟区三家店小学、黑山小学、工人子弟小学、大台小学、潭柘寺小学干部、教师50人参加活动。

（杜瑞敏）

【召开和谐师生关系研讨会】 5月6日，大峪二小召开“实施发展性评价，促进中小学质量提高——师生关系”研究项目交流研讨会。来自中国教育学会、北京师范大学，门头沟区教委、区教师进修学校领导，以及各区县学校干部、教师105人参加交流。会议观摩5名教师讲授数学、语文、英语、体育、美术现场课，组织与会人员围绕报告和现场课进行研讨，讨论认为大峪二小开展项目研究成果显著，并对教师结合课题研究所采取讲课方式给予肯定。

（杜瑞敏）

【七彩阳光学苑成立】 11月29日，大峪二小召开“七彩阳光学苑”成立揭牌仪式。该学苑以促进学生全面可持续发展为目的，每名学生都可参加学习，现有校级学苑9个共400名学员，包括音乐学苑、美术学苑、广播学苑、体育学苑、科学苑、劳技苑、管乐学苑、信息学苑、太平鼓传承学苑，由学校教师任职辅导。另有家长教师协会建立班级学苑28个，包括芭比时装苑、编织苑、外语学苑等，聘请126名学生家长为辅导教师。学校规定每周二为“学苑日”，采取学分制评价体系，分为平时评价、学期评价、学年评价三个阶段，学期末为学员颁发结业证书，其中，第一年授予“小学士”称号、第二年授予“小硕士”称号、第三年授予“小博士”

称号、第四年授予“小教授”称号。

（吕雅丽）

【开展图书漂流活动】 12月5日，大峪二小开展“给图书一个奇妙的旅行”图书漂流活动。其间，该校大队辅导员宣读活动方案，学生代表讲述参与活动的感想与做法，并向青海省玉树地震灾区学生捐献图书1500册。图书在班级与学生间漂流意为“学生将自己所阅读书籍与感言传递给下一个学生”。全校学生700人参与活动。

（宋福燕）

北京市门头沟区大台中心小学

【概　况】 2011年，北京市门头沟区大台中心小学占地面积21312平方米，包括中心校3730平方米、唐家坟小学1855平方米、灰地小学12200平方米、千军台小学2018平方米。总建筑面积6625平方米，包括中心校2208平方米、唐家坟小学974平方米、灰地小学1166平方米、千军台小学881平方米。体育场馆总面积2406平方米，包括中心校270平方米、唐家坟小学410平方米、灰地小学1053平方米、千军台小学560平方米。图书馆总藏书10710册，订阅报刊、杂志56种。固定资产总值788.76万元。全年教育经费投入1178万元，全部由国家拨款。学校信息化经费投入37万元，拥有计算机435台，多媒体教室座位801个，校园网出口总带宽100Mbps，“信息技术”课程2课时/周。普通教室30个、专用教室8个。教职工106人，包括中级职称41人。专任教师90人，包括本科及以上学历55人。开设教学班37个。毕业107人、招生126人、在校生619人。网址：www.mtgdtxx.bjedu.cn。

（郝玉金）

【成立红领巾废品回收站】 3月9日，大台中心小学成立红领巾废纸回收站。该工作作为学校节能减排常规内容，以培养学生环保意识为目的，按班级为单位，要求每名师生将用过废纸、饮料瓶带回教室放入“回收站”，并进行统一分类。全校师生400人参加活动。

（殷冉冉）

【开展地质科普进校园活动】 5月19日，大台中心小学开展地质科普进校园活动。该校地处北京市门头沟深山区和矿区，借助丰富矿产资源，为提高师生研究水平与辨别矿石能力，邀请中国地质博物馆专家举办“认识脚下的岩石”主题讲座，同时组织学生实践活动，在实际中进行指导，讲解矿石成因、地质构造等内容，并带领师生观看矿石实物展。全校教师、学生400人参加学习。

（谭哲理）

【召开养成教育研讨会】 11月22日，大台中心小学召开学生养成教育研讨会。会议以“培养学生良好道德品行”为主题，组织观摩该校教师两节语文展示课，课后与会人员研讨认为：该校通过组织观摩课和开展各种活动，对学生开展养成教育，方式较好；同时对课程中开展的学生表达能力培养方法表示肯定。会议听取低、中、高年级组养成教育专题工作汇报，总结说话能力培养与自主学习习惯培养工作经验。全校干部、教师30人参加会议。

（郝玉金）

【乡村少年宫成立】 12月22日，大台中心小学乡村少年宫成立。来自门头沟区教委、区少年宫相关领导，以及学校干部、教师参加启动仪式。该少年宫是经国务院同意，由财政部安排中央专项彩票公益金20万元，经过审查验收合格后建设，并每年追加5万元，连续三年。该项目由中央文明办牵头组织，拥有活动场地21312平方米，以及航模飞机模型、科技创意插件等设施，器材由学校指派专门人员负责管理，面向全体学生和社会人员开放，利用课余时间与节假日组织开展活动。

（谭哲理）

北京第二实验小学永定分校

【概　况】 2011年，北京第二实验小学永定分校占地面积27315平方米、建筑面积12992平方米、体育馆面积800平方米。图书馆藏书21003册，电子图书15万册，订阅报刊、杂志40种。固定资产总值2047.98万元。全年教育经费投入2579.37万元，全部由国家拨款。学校信息化经费投入30万元，拥有计算机453台，多媒体教室座位90个，校园网出口总带宽10Mbps，数字资源量300GB，“信息技术”课程2课时/周。普通教室24个、专用教室10个。教职工230人，包括高级职称3人、中级职称116人。专任教师200人，包括市级骨干教师1人；本科及以上学历145人。开设教学班52个。毕业222人、招生281人、在校生1475人。网址：www.mtgydxx.bjedu.cn。

（杜海燕）

【接待赤峰喀喇沁旗教育代表团】 1月13日，实验二小永定分校接待内蒙古自治区赤峰市喀喇沁旗教育工作者代表团来校交流。该代表团一行6人，参观学校现代化教学设备与校园文化环境，听取有关学校发展方面介绍，双方就教学设备捐赠方案进行协商。赤峰市喀喇沁旗是门头沟区对口支援单位。

（杜海燕）

【成立家长学校】 3月2日，实验二小永定分校家长学校成立。家长学校成立目的是提升学校家庭教育整体水平，形成家庭教育、学校教育与社会教育合力。家长学校由该校副校长负责主持，面向全校学生家长，协助学校做好学生的教育工作，开展活动内容有：为家长举办如何教育子女方面讲座、利用家长资源为学生进行能力培训、表彰家教工作先进等。成立仪式后，学校聘请中国家长教育研究所教授举办题为“家庭教育——学生成长不可忽视的资源”的讲座，全校教师、学生家长80人参加学习。

（杜海燕）

【组织高效课堂教学研讨】 3月24日，实验二小永定分校组织构建高效课堂教学研讨暨拜师活动。来自门头区教委领导，以及北京第二实验小学、实验二小辽宁抚顺分校教师代表9人，全区20所小学教学干部、数学教师200人参加活动。活动听取学校校长阐释交流与拜师意义，观摩实验二小特级教师华应龙和该校教师执教“圆的认识”、“认识小数”公开课，与会教师围绕课程组织研讨，提出建立高效课堂要与学生能力、教师水平相结合，要与拜师结对、提升教师素质相结合具体建议。其间，学校青年教师与实验二小教师结成师徒对子4个。

（杜海燕）

【举办首届体育节】　4月28日，实验二小永定分校举办首届体育节。此次体育节以“加强体育锻炼、强化学生身体素质、让学生健康快乐学习”为主题，分为小学男子甲乙组、女子甲乙组4个组别，设置男子800米、女子400米、男女100米、男女混合接力共计32个比赛项目。全校学生450人参加比赛，评出一、二、三等奖各10个。其间，学生进行花样跳绳、轮滑、太极拳表演等特色体育活动展示。

（杜海燕）

【翔云计划启动】　9月14日，实验二小永定分校举办“翔云计划”启动仪式。来自门头沟区教委、区教师进修学校领导、教研员，以及该校干部、教师60人出席仪式。活动观摩该校教师研究课“辽阔的疆域”，并由教研员进行点评，认为课程中学生积极主动发言，发挥学生主体作用，培养学生理解、概括能力和合作意识；该校干部宣讲“翔云计划”意义与内容，表示将面向全校师生和家长，落实好各项工作，保证工作落实。学校提出“爱为源，人为本”办学理念和各层次教师培养目标与措施具体要求，一是培养学生道德品质、二是加强队伍建设、三是提高学校办学水平、四是推进文化创建。

（杜海燕）

北京市房山区 河北中心小学

【概　况】　2011年，北京市房山区河北中心小学占地面积25755平方米、建筑面积11251平方米、体育场面积13511平方米。图书馆藏书6.26万册，订阅杂志、报刊24种。固定资产总值2286.93万元，拥有计算机321台，多媒体教室座位695个。全年教育经费投入79万元，全部由国家拨款。学校信息化经费投入8万元，校园网出口总带宽20Mbps，数字资源量120GB，“信息技术”课程0.5课时/周。普通教室30个、专用教室10个、实验室2个。教职工106人，包括中级职称55人。专任教师71人，包括市级骨干教师1人；本科及以上学历64人。开设教学班30个。毕业127人、招生125人、在校生680人。网址：www.hbzhxx.com。

（张金红）

【开办少年宫活动站】　3月16日，河北中心小学开办少年宫活动站。活动站做为学生校外教育场所，开设舞蹈、声乐、二胡、主持表演、儿童画、硬笔书法、武术、阅读8个专业，邀请房山区少年宫教师在每周三下午课后时间到校授课，学期共计10课时。全校学生146人报名参加。

（张金红）

【综合楼投入使用】　9月1日，河北中心小学磁家务完小生活综合楼投入使用。综合楼占地面积800平方米、建筑面积2966平方米，共有4层，其中，一层为师生餐厅、二层为专用教室、三层为学生宿舍、四层为教师宿舍，可容纳师生400人在此学习生活。该楼2009年开工建设，由市、区两级财政投资514万元。

（张金红）

【开展体育每月一赛活动】　9至12月，河北中心小学开展体育每月一赛活动。9月，学校开展课间操比赛，根据标准由评委打分，评出完小团体第一名；10月，学校开展坐位体前驱比赛，每个年级随机抽取男、女各10人，共240名学生参赛，按年级分成6个组别，各组别取团体第一名；11月，学校开展跳绳比赛，每个年级随机抽取男、女各10人，共240名学生参赛，按年级分成6个组别，各组别取团体第一名；12月，学校开展长跑比赛，分为低、中、高三个组别，每个组别报送男、女各5人，共120名学生参赛，各组取团体第一名。全校共计学生1280人次参加活动。

（张金红）

【天文教育基地揭牌】　11月8日，河北

中心小学举行“科技促进发展——北京首家山区小学天文教育基地”揭牌仪式。仪式上，学校干部、学生代表、北京科学技术研究院专家分别做会议发言，并向校外辅导员颁发聘书。来自北京科学技术研究院、北京天文馆、房山区教委、河北镇领导，以及房山区电视台工作人员、学校师生、家长180人参加仪式。此后，北京天文馆将通过普及科普知识、设立天文班、建立天文兴趣小组等形式，定期到校开展活动。

（张金红）

北京市房山区 良乡第三小学

【概　况】　2011年，北京市房山区良乡第三小学占地面积10530平方米、建筑面积6806平方米、体育场面积4115平方米。图书室藏书2.14万册，电子图书1200册，订阅杂志、报刊19种。固定资产总值1058.44万元，拥有计算机253台，多媒体教室座位1294个。全年教育经费投入1226.36万元，其中，国家拨款1211.26万元、自筹经费15.1万元。学校信息化经费投入28.02万元，校园网出口总带宽40Mbps，数字资源量700GB，“信息技术”课程2课时/周。普通教室29个、专用教室2个。教职工100人，包括高级职称1人、中级职称65人。专任教师76人，包括市级骨干教师2人；本科及以上学历70人。开设教学班29个。毕业233人、招生212人、在校生1294人。网址：www.lx3x.com。

（周春英）

【举办教学信息化培训】 3月10日和9月29日，良乡三小举办两次教学信息化培训。学校举办教育资源网应用培训，邀请房山区教委信息中心相关负责人解答新用户注册，密码找回，资源卡申请、充值、查询，如何查找资源与下载问题，推荐期刊、中小学数字图书馆等免费资源。全校教师70人参加学习。学校组织电子白板培训，由专业公司技术人员担任主讲，介绍电子白板组装、驱动和软件安装、电子白板功能与使用方法，以及如何与其它教学软件整合，并就教学应用与教师进行交流互动。全校教师66人参加学习。

（周春英）

【召开发展性评价项目研究会】 3月31日，良乡三小召开“实施发展性评价，促进中小学教育质量提高”项目研究现场会。与会人员共同观摩语文、数学、英语、音乐、班会、心理辅导6节公开课，听取校长题为“以尊重理念为指导，调整师生关系，落实服务教育”发言，总结学校做法、明确优势与劣势、提出改进策略。教师代表交流“在反思中成长、在实践中提升”发展过程。项目课题组负责人肯定学校为推进研究所提供优质环境，讲解如何建立良好师生关系问题。全市各学校以及37所项目实验校干部、教师，首都教育专刊、现代教育报等媒体代表140人参加活动。该项目由北京师范大学认知神经科学与学习国家重点试验室心理与学习评价中心主办。

（周春英）

【组织特体学生健身】 4月4日，良乡

三小开展“小胖墩”特体学生健身活动。该校针对肥胖威胁学生健康问题，印发《家庭健身计划建议书》，指导特体学生在家庭中开展健身，经过个人报名、班级推荐、家长同意，成立“小胖墩”训练营。全校二至五年级70名特体学生，由体育教师带领，利用每周一至周四下午放学时间，开展1小时游戏与素质训练。

（周春英）

【开展学生军营远足活动】 12月19日，良乡三小开展学生“走进军营”远足活动。活动面向五年级学生，要求步行4公里，到良乡机场91395部队参观战士宿舍、观看枪械拆卸组装表演，并由解放军战士指导练习叠被子、组装枪械。该校学生245人参加活动。

（周春英）

北京市房山区
良乡第四小学

【概 况】 2011年8月30日，北京市房山区良乡第四小学成立。学校占地面积11000平方米、建筑面积5555平方米、体育场馆面积3010平方米。图书馆藏书1.5万册，电子图书100册，订阅杂志、报刊13种。固定资产总值273万元，拥有计算机72台，多媒体教室座位255个。全年教育经费投入110.37万元，全部由国家拨款。学校信息化经费投入5万元，校园网出口总带宽20Mbs，数字资源100GB，“信息技术”课程0.5课时/周。普通教室12个、专用教室8个。教职工22人，包括中级职称14人。专任教师20人，包括本科及以上学历22人。开设教学班6个。招生114人、在校生114人。网址：www.lxdsxx.com。

（齐利敏）

【学校揭牌成立】 8月30日，良乡四小

正式揭牌成立。该校隶属于房山区教委，是北京第一实验小学合作办学房山分校，办学模式为“4（德智体美）+2（音乐、体育特长）”形式。8月5日，房山区教委与韩建集团共同举办配套学校移交暨共建北京第一实验小学房山分校签约仪式。

（齐利敏）

【开展亲子早锻炼活动】 9月5日，良乡四小开展“我陪孩子早锻炼”亲子活动。活动在每天早晨7：00至7：30时间，学校操场面向学生家庭开放，由家长陪同学生与教师一同早锻炼，形式包括晨跑、武术、跆拳道等。其间，学校为保证安全，设计并制作“家长陪护卡”，凭卡进出校门。全校学生114人参加活动、参与率100%，家长70人参加活动，参与率61.40%。

（齐利敏）

【成立首届家长委员会】 9月15日，良乡四小成立首届家长委员会。家长委员会在班级委员会基础上产生，由家长理事会负责管理，作为家校沟通桥梁，协调利用家长资源，根据班级推荐、家长自荐形式推选，包括会长、副会长、秘书长、理事共7人，成员18人。

（齐利敏）

【音乐特长班开课】 11月2日，良乡四小音乐特长班开课。该特长班经家长委员会推动，由学校牵头组织，与音乐培训机构进行合作，开设音基、小号、单簧管、萨克斯、古筝、舞蹈、吉他、长笛8个班，利用每周三下午邀请专业教师授课指导；周一、周五下午时间由本校教师组织学生练习；制订教师、学生评价表，在各个学习阶段，按照国家器乐考级标准进行评价。全校学生100人参加学习。

（齐利敏）

北京市通州区
张家湾镇中心小学

【概 况】 2011年，北京市通州区张家湾镇中心小学下辖5所完全小学，共有61个教学班，毕业268人、招生401人、在校生2072人。其中，中心校占地面积2000平方米、建筑面积6028平方米、体育场馆面积9338平方米。图书馆藏书21998册，电子图书1.2GB，订阅杂志、报刊183种。固定资产总值834.56万元。

全年教育经费投入2977.80万元，其中，国家拨款2842.90万元、自筹经费134.90万元。学校信息化经费投入20.13万元，拥有计算机141台，多媒体教室座位1220个，校园网出口总带宽200Mbps，数字资源量120GB，“信息技术”课程1课时/周。普通教室28个、专用教室12个。教职工74人，包括中级职称47人。专任教师51人，包括本科及以上学历37人。开设教学班20个。毕业107人、招生151人、在校生453人。网址：www.58.131.233.75。

（高起刚）

【自编“做主人”教育读本】　3月7日，张家湾镇中心小学自编“做主人”系列教育读本。该读本包括《走进家乡做主人》、《我有一双灵巧手，实践创新做主人》、《民族文化蕴真情，团结和谐育主人》等共计10册，内容涵盖通州地区运河文化遗产、家乡历史和民间风俗文化、感恩教育、特色手工、花卉介绍及种植知识、民族知识等，总计100万字，图片2000张，第一批印刷5000套，规定每周1节校本综合实践课上使用。读本自2009年开始编写，全校教师34人参与工作。

（金万芝　高起刚）

【实施自主互助式教研】　3月9日，张家湾镇中心小学部署实施自主互助式教研工作。工作旨在提高低、中、高学籍段教研质量，针对教师工作中所遇问题，制订研究专题。其中，自主即由教师针对自身教学困惑和教材难点提出教研建议，教研组长组织讨论整理出教研“命题”；互动即在教研活动中采取体会交流、经验介绍、理论学习等形式。至年底，该校组织所辖小学校长、教学主任、骨干教师150人参加主体型教学引导课，通过多媒体运用、师生互动，体现主体型教学“自主、主动、合作、多元、发展”要素和“愉悦的师生心理、灵动的师生思维、多元的师生发展、融洽的师生关系”特征。

（高起刚）

【多功能阶梯教室建成】　9月18日，张家湾镇中心小学多功能阶梯教室建成。该阶梯教室建筑面积420.75平方米，顶高7.50米，采用砖混结构，共设有300个座位，用于师生文化活动展示、多媒体视频讲座辅导、组织会议等。工程6月15日开工，由通州区教委投资160万元。

（高起刚）

【组织社会大课堂活动】　10月18日，张家湾镇中心小学组织“走进企业”社会大课堂教育活动。活动面向学校三至四年级学生，走进北京铜牛制衣有限公司，听取公司发展情况介绍，并带领学生到车间参观生产线、观看制衣成品。至年底，该校共组织11批次社会大课堂活动，师生累计4000人次参与实践。

（高起刚）

北京教育科学研究院
通州区第一实验小学

【概　况】　2011年，北京教育科学研究院、通州区第一实验小学占地面积15800平方米、建筑面积6681平方米、体育场馆面积3000平方米。图书馆藏书16988册，电子图书60GB，订阅杂志、报刊51种。固定资产总值1067.67万元。全年教育经费投入1269.20万元，其中，国家拨款1268.50万元、自筹经费0.70万元。学校信息化经费投入17072元，拥有计算机212台，多媒体教室座位1162个，校园网出口总带200Mbps，数字资源量225GB，“信息技术”课程1课时/周。普通教室31个、专用教室13个。教职工96人，包括副高级职称1人、中级职称57人。专任教师88人，包括市级骨干教师3人；本科及以上学历77人。开设教学班31个。毕业169人、招生313人、在校生1473人。网址：www.tzsyyx.cn。

（王玉霞　张如燕）

【开展感恩教育】　3月8日，通州实验一小开展“六个行动”国际妇女节感恩教育活动。活动面向全校学生，内容包括：为母亲分担一件家务；为奶奶或外婆捶一次背；向身边亲人长辈说一声祝福；向劳动女性道一句感谢；低年级学生为女教师自制一张节日贺卡；中高年级学生每人给女教师写一封感恩信。据统计，行动实现率90%以上，低年级女教师420人、中高年级女教师800人分别收到节日贺卡与感恩信。

（王玉霞　张如燕）

【民族艺术进校园】　5月10日，通州实验一小开展民族艺术进校园教育活动。活动邀请中国敦善艺术公司木管乐团，演奏《卡门》、《天空之城》、《梁祝》等系列管乐经典名曲，介绍木管乐器名称与演奏特点，并教授学生相关乐理知识。全校师生1500人参加学习。

（王玉霞　张如燕）

【家长走进课堂】　9月9日，通州实验一小邀请家长走进课堂参加教师节。活动以“展教育智慧，现教师魅力”为主题，学生家长200人到校观看8名教师才艺展示，包括说课、版画、诗配画等形式。

（王玉霞　张如燕）

【组织开展社会实践】　10月25日，通州实验一小组织学生开展社会实践活动。此次活动到北京市大兴区瀛海镇红星快乐农庄，由26名指导员带领，瞻仰毛主席雕像，参加“中国人”手语操学习与表演，观看红星韶膳馆，亲手制作煮红薯，排演舞台剧《英雄王二小》，并体验排雷、翻越雪山、脸谱绘画等项目。全校师生1200人参加活动。

（王玉霞　张如燕）

北京市史家胡同小学
通州分校

【概　况】　2011年，北京市史家胡同小学通州分校占地面积40049平方米、建筑面积30629平方米、体育场馆面积11583平方米。图书馆藏书15103册，电子图书20GB，订阅杂志、报刊30种。固定资产总值953.20万元。全年教育经费投入952.90万元，其中，国家拨款 952.20 万元、自筹经费 0.70 万元。学校信息化经费投入 10.10 万元，拥有计算机 144 台，多媒体教室座位 1120 个，校园网出口总带宽 200Mbps，数字资源量 25GB，“信息技术”课程 1 课时/周。普通教室 48 个、专用教室 28 个。教职工 87 人，包括副高级职称 1 人、中级职称 33 人。专任教师 72 人，包括市级骨干教师 5 人；本科及以上学历 68 人。开设教学班28个。招生400人、在校生1058人。网址：www.school.3xy.com.cn。

（仵会平）

【评选“红孩子”少年】　3 月 5 日至 6 月 30 日，史家小学通州分校组织学生开展“文明在口中、文明在手中、文明在脚下、文明在心中”红孩子评选活动。3 月以助人为乐为主题评选“雷锋式红孩子”；4 月以爱校爱家为主题评选“高玉宝式红孩子”；5 月以遵守纪律为主题评选“邱少云式红孩子”。活动以班级为单位，采取自行申报形式，班级无记名投票，超过 50% 即认定。每月评选认定报送学校德育处，在每月“国旗下讲话”时进行表彰。“红孩子”少年评选表扬比率 4 月为 67%、5 月为 71%、6 月为 78%。

（仵会平）

【设校本研修讲台】　3 月 12 日至 12 月 27 日，史家小学通州分校开设市级骨干教师讲台。该校市级骨干教师 5 人，每月安排面向学校 72 名专任教师传递教育理念、解释课改方向、诠释纲要任务，专任教师及时了解教育发展进程，明确自身职责，审视自身教学行为，改进教育教学工作。讲台采取集中讲座、互动提问等形式进行，共计安排 6 次，教师 430 人参加学习。

（仵会平）

【新希望电视台开播】　9 月 30 日，史家小学通州分校“新希望电视台”开播。电视台设“校园新闻”、“缤纷秀场”、“师生访谈”等 9 个栏目，每双周四下午面向师生播出 1 课时。电视台由学校自筹资金 80 万元建成，配有摄像机、扩音器、控制器等设备，主持人经学校“小记者”、“金话筒”校本课程班进行培养，择优确定 8 名学生担任，其自采、自编、自导并直播节目，录播、剪辑工作由学校电教教师协助完成。

（仵会平）

【组织学生远足活动】　10 月 13 日，史家小学通州分校组织学生远足活动。活动面向全体一年级学生，共有 401 人参加，以长走形式锻炼学生意志，培养吃苦耐劳精神。全程 8 公里，共用 2.5 小时。

（仵会平）

【建设校园文化长廊】　12 月 26 日，史家小学通州分校校园文化长廊建设完成。该校依据“欣赏教育”理念，在教学楼一、二、三层分别设置民族介绍、古诗欣赏、交通标识文化长廊，其中，民族图片 56 幅、古诗 80 首、交通标识 120 个。长廊总长度 120 米，投入资金 1.50 万元。

（仵会平）

北京小学通州分校

【概　况】　2011 年，北京小学通州分校占地面积 22343 平方米、建筑面积 19473 平方米、体育场馆面积 789 平方米。图书馆藏书 15046 册，订阅杂志、报刊 32 种。固定资产总值 561.20 万元。全年教育经费 574 万元，其中，国家拨款 573.20 万元、自筹经费 0.80 万元。学校信息化经费投入 15 万元，拥有计算机 95 台，多媒体教室座位 1075 个，校园网出口总带宽 10Mbps，数字资源量 186GB。普通教室 36 个、专用教室 18 个。教职工 51 人，包括副高级职称 1 人、中级职称 19 人。专任教师 40 人，包括市级骨干教师 2 人；本科及以上学历 48 人。开设教学班 12 个。招生 246 人、在校生 399 人。

（周敏）

【提出活力教育办学特色】　3 月，北京小学通州分校提出活力教育办学特色。该方案由教代会讨论通过，校务委员会研究制订，通州区教师研修中心、北京小学参与筹划，以契合“活力通州、创意通州、和谐通州”新城规划宗旨，围绕德、智、体、美、劳主线，通过特色学校的课程、特色学校的科研、特色学校的制度等实施策略，打造“活力涌动”的环境文化、“活力彰显”的管理文化、“活力融通”的教师文化、“活力四射”的学生文化、“活力互动”的家长文化。

（周敏）

【家长教师协会成立】　5 月 19 日，北京小学通州分校家长教师协会成立。该校家长 147 人、教师 28 人成为第一届协会会员。协会以班级为单位，规定会员要参加学习培训及交流活动，每学期组织家长会 1 至 2 次，组织家长学习家庭知识 1 至 2 次，并通过家长学校、校长信箱、家访等方式宣传家庭教育理念、知识和方法，聘任中国家庭教育学会理事和北京教科院德育专家为顾问。其间，学校举行“博学之旅”教育活动，带领学生、家长到韩美林艺术馆参观交流。至年底，该校表彰优秀学生家长 30 人、活力“五好少年”80 人、活力“星级班级”9 个；观看活力教育阶段性成果、常规教育月成果、班级文化建设成果展示；举办“创建和谐家庭”讲座，介绍家校协作教育教学工作，师生、家长分班级进行交流。

（周敏）

【开展常规教育月表彰活动】　10 月 12 日，北京小学通州分校开展“常规教育月”总结表彰活动。该校将每学年第一个月定为学校“常规教育月”，面向全体师生，根据学校活力教育评价条件进行表彰。首次表彰会共有学校师生、家长 490 人参加，观看学校活动宣传片、听取德育主任总结，共表彰“活力文明”、“活力守纪”、“活力健康”、“活力创新”班集体 8 个；“文明礼仪好少年”、“爱学习好少年”、“讲卫生好少年”、“体育健康好少年”、“有特长好少年”90 人。

（周敏）

【开展校本培训】　11 月，北京小学通州分校开展校本培训。该校依托“赵美荣名师工作室”，举办 4 次名师示范引领活动。活动围绕“学生教我做教师”研修专题，从教材设计、学情分析、教学设计与实施、课后反思方面组织教师交流互动。全校教师 510 人次参加活动。9 月，该校开设“赵美荣名师工作室”，面向学校数学学科骨干教师和青年教师，由特级教师赵美荣指导课堂教学及教科研工作。

（周敏）

北京市顺义区东风小学

【概　况】　2011年，北京市顺义区东风小学占地面积40133平方米、建筑面积33080平方米、体育场馆面积18150平方米。图书馆（室）藏书67400册，订阅杂志、报刊276种。固定资产总值2712万元，拥有计算机474台，多媒体教室座位5360个。全年教育经费投入3906万元，全部为国家拨款。学校信息化经费投入4万元，校园网出口总带宽100Mbps，数字资源量10GB，"信息技术"课程1.5课时/周。普通教室110个、专用教室26个、实验室6个。教职工340人，包括副高级职称2人、中级职称194人。专任教师260人，包括市级骨干教师7人；本科及以上学历247人。开设教学班110个。毕业723人、招生900人、在校生4650人。网址：www.dfxx.shyedu.cn。

（范玉霞）

【开展课间操比赛】　3月至5月30日，

东风小学开展课间操比赛。该校以"保证学生每天锻炼一小时，不断提高学生体质健康水平"为目的，以比赛为契机，提高课外活动一小时工作质量，将"加强课间操练，提高学生体质"、"开展体育运动，增强学生体质"、"每天活动一小时，快乐生活每一天"理念融入；平时训练与集中训练相结合；学校课间操时间由25分钟延长到40分钟。全校教师、学生4982人参加活动。

（任志梅　陈淑云）

【召开中日教育学术交流会】　4月1日，东风小学召开中日教育学术交流会。此次活动由首都师范大学组织，日本大阪教育大学、大阪大学一行5人，以及首都师大特聘研究员、教育技术系代表3人出席。会议听取该校教师作"分数的初步认识"常态课，与会专家从学习数学意义、作用以及数学概念形成等方面，阐明自身认识与思考，并点评认为中国教师开展小组交流式课堂教学模式扎实、深入；从中日对比角度阐述中国小学教育属于分科教学，学科特点分明规范；日本小学教育采用班主任负责制，促使学生所学联系紧密、知识全面。来自顺义区考研中心相关人员，该校干部、教师30人参与交流。

（朱秋婷）

【举办学生个人文集首发式】　7月13日，东风小学举办学生个人文集首发式。活动听取学生读书收获和体会介绍，家长谈论如何为学生读书和创作提供物质、心理环境保障。全校师生1500人、家长300人参加活动。该校六年级学生汤玉莹个人专辑《七彩童年ING》收录69篇短文和1部小说，文章分为"成长故事"、"幻想天空"、"心动之时"等部分。全书共计5万字。

（任志梅）

【参加香港文化艺术展演】　7月18至24日，东风小学参加"魅力校园"2011海峡两岸青少年"盛世歌舞动香江"文化艺术交流展演活动。活动由中国教育学会主办，在香港举行，展示来自北京、辽宁、浙江等省市地区声乐、舞蹈、京剧操等12个节目，以及香港地区歌唱、拉丁舞等10个节目，经现场嘉宾与组委会评议，最终评出金奖3个。东风小学民乐团一行43人参加展演，以民乐合奏节目《潇湘愤》获得金奖，学校获得"艺术教育先进单位"称号，3名干部、教师被评为"全国优秀艺术教育工作者"，5名辅导教师获得指导金奖。

（薛海洪）

【举办首期干部研讨会】　8月14至15日，东风小学举办首期学校干部研讨会。该校17名中层干部参加，针对干部队伍建设、教师队伍建设、教育教学管理等方面进行总结，围绕经验反思、工作设想进行讨论；顺义区教研考试中心干训负责人作"有效工作与干部发展"专题报告。与会人员认为交流研讨是达成共识、形成合力有效过程，为有针对性开展工作夯实基础。

（范玉霞　于有民）

【加强学生自我教育】　至年底，东风小学加强学生自我教育岗位建设。学校安排学生负责班级管理，设立"卫生岗"、"宣传岗"、"学习督导团"、"生活检查团"、"纪律常规组"、"日常维护组"，制定岗位职责、设计岗位标志，每周进行履职评比、每月进行岗位轮换；开展"小鬼当家"主题活动，在校园内设立校长助理、总务主任助理、门卫助理、图书馆管理员助理、卫生教师助理、大队辅导员助理、电教教师助理、网管教师助理、清洁工助理、教导处助理、桌椅设备检修助理、年级主任助理、校报编辑助理、校长办公室助理、体育教师助理15个学校管理岗位，由少先队拟订岗位所需技能、品质、获奖标准，各中队择优推荐候选人、竞争上岗，要求活动结束后学生撰写一篇工作记录，指导干部、教师上交教育故事、教育反思工作日志。全校干部、师生4982人参加活动。

（范玉霞）

北京市顺义区石园小学

【概　况】　2011年，北京市顺义区石园小学占地面积18200平方米、建筑面积8073.60平方米、体育场馆面积9674平方米。图书馆（室）藏书31248册，电子图书200册，订阅杂志、报刊78种。固定资产总值1307.24万元，拥有计算机300台，多媒体教室座位2449个。全年教育经费投入1837.65万元，全部由国家拨款。学校信息化经费投入30万元，校园网出口总带宽100Mbps，数字资源量450GB，"信息技术"课程1课时/周。普通教室49个、专用教室12个、实验室2个。教职工156人，包括副高级职称1人、中级职称95人。专任教师123人，包括市级骨干教师1人；本科及以上学历123人。开设教学班48个。毕业354人、招生395人、在校生2238人。网址：www.syxx.shy.bjedu.cn。

（朱凤齐）

【展示自编作文集】　3月，石园小学举办自编文集系列展示活动。该校要求学生将其作文修改、整理、编辑成册在班内展示，并评出一、二等奖100名；开办自制个性化文集展，学生800人参观学习；学校将优秀文集存档备案；组织观摩骨干教师公开课“欣赏自制文集”，包括展示与演讲、困难与感动、欣赏与评价、朗读与品味、收获与体会5个环节，与会人员结合课程交流研讨。该活动自2002年启动，中高年级学生累计15000人次参与其中。

（张梅）

【举办特级教师讲座】　9月7日，石园小学举办特级教师讲座。该校邀请特级教师周爱东，以“构建数学高效课堂”为题，围绕“让学生经历学习——思考——实践循环反复过程”、“构建新型师生关系”、“抓住学生个性特点”等方面，结合实例教学片段进行阐述；并就“研究儿童个性化特征注重个性思维培养”等问题与教师互动研讨；达成提高展现数学思想方法，拓展体现学科价值，评价要轻甄别、重激励等共识。该校教师100人参加交流。

（张梅）

【联合开展网络教学】　11月3日，石园

小学与北京市顺义区第五中学联合开展校际网络教学研究。此次研究以“网络教学如何助推提高课堂教学实效性”为主题，围绕“如何通过合理利用网络信息，扩展教材内容”、“如何借助网络教学，有效利用多媒体”、“如何合理利用网络资源，使其成为教学好帮手”等问题进行交流，达成将教学设计、教案、演示型课件等上传到教学网，实现资源共享，为学生自主学习、教师分层教学、个性化教学提供信息平台共识。两校教师80人参加活动。

（张梅）

【注重家长素质提升】　至年底，石园小学注重家长素质提升。5月27日，学校召开“关注孩子心灵成长”主题家长会。会议邀请中国家庭教育学会专家作“科学家教进万家——关注孩子心灵成长”专题报告，与家长互动、解答问题。全校学生家长2000人参加活动。11月11日，学校召开“如何与孩子沟通”主题家长会。家长听取家庭教育学专家“让子成龙使女成凤”专题讲座，从“非智力因素、先天学习特质、个体学习偏差”方面进行讲解，指导与孩子有效沟通方法。

（张梅）

【坚持学生英语口语练习】　至年底，石园小学坚持学生英语口语练习。工作要求班主任与学生共同开口练习；定期通过校园电视台进行风采展示；利用每天下午“口语天天练”时间，教授学生2至5句英语常用口语；期末分年级评选表彰优秀班级和学生“口语之星”。全校师生2230人参加活动。

（张梅）

【开展写字教育工程】　至年底，石园小学开展写字教育工程。工作要求学校师生全员参加，定期定时组织培训；坚持全程专业辅导，学科教师加强识字、写字教学；举办钢笔字、粉笔字、毛笔字比赛，成立书法小组，开设书法园地、举办书法展览、写字考级等活动。5月11日，学校组织“在写字中使学生均衡发展”学案研讨。12月2日，学校举办教师硬笔书法培训活动，内容包括硬笔书法重要性、基本知识、硬笔书写工具等方面知识。全校教师150人参加活动。学校自2002年为每名教师配备小黑板，每周组织粉笔字展示活动，教师上交作品放置各楼层，专人量化打分，现在扩展到硬笔书法范围。

（张梅）

北京市昌平区
城北中心小学

【概　况】　2011年，北京市昌平区城北中心小学下辖4所小学：中心校六街小学、完小三街小学、东关小学和西关小学，总占地面积30722平方米、总建筑面积17414平方米、体育场馆总面积13318平方米。图书馆（室）藏书7.52万册，电子图书100册，订阅杂志、报刊107种。固定资产总值3516万元。全年教育经费投入4477万元，其中，国家拨款4225万元、自筹经费252万元。学校信息化经费投入21.70万元，拥有计算机604台，多媒体教室座位4140个，校园网出口总带宽100Mbps，数字资源量570GB，“信息技术”课程1课时/周。普通教室104个、专用教室31个、实验室5个。教职工288人，包括副高级职称2人、中级职称170人。专任教师268人，包括市级骨干教师5人；本科及以上学历199人。开设教学班104个。毕业542人、招生747人、在校生3934人。网址：www.cbzxedu.bj.cn。

（王英）

【举办班主任演讲比赛】　1月4日，城

北中心小学举办班主任即兴演讲比赛。此次比赛以“做学生喜爱的老师”为主题，分为初赛、复赛、决赛三个阶段，决赛程序为选手现场抽签排序、每4人题目为一组，题目现场抽取，备考室准备10分钟，引导员将选手带到赛场演讲。比赛规则要求不携带任何文字材料，上场自我介绍，演讲时间4至5分钟，题目围绕“怎样进行学校各种活动前的动员与组织”、“如何对学生的课间活动进行有效的引导”、“对学生的家庭作业的控制与管理”等。全校共有班主任教师98人参加初赛，16人进入决赛，最终评出一等奖6人、二等奖10人。

（胡长红）

【开展经典美文诵读活动】　3月31日，城北中心小学开展“诵读经典美文，争做文明少年”活动。此次活动本着趣味性、参与性、发展性、自主性原则，分为集体展示与个人展示两部分，其中，集体展示要求每所分校

参赛30人，诵读内容围绕“谨、信、泛、爱、众”主题，学生通过声音、表情、肢体动作、变换队形展现中华文化，最终东关小学、西关小学获得集体诵读一等奖，六街小学、三街小学获得二等奖；个体展示分一至六年级进行，每名选手随机选择诵读内容，要求声音洪亮、具有韵律，全校学生120人参加展示，评出一等奖12人、二等奖12人。

（胡长红）

【教师到民办校送课】 5月4日，城北中心小学组织开展青年教师到民办学校送课活动。该校团员青年教师16人，到民办打工子弟学校——昌平区棚鹰学校送课交流，推出“看图写话”、“找次品”、“认识小数”三节公开课，并就如何上好一节课、如何与学生相处等教育教学实际问题展开研讨。其间，该校向棚鹰学校师生捐献图书与学习用具2000件。

（吴冬）

【开展习惯养成主题教育】 5月16日，城北中心小学开展“好习惯伴成长——绿色出行，文明交通”主题教育活动。该校向学生发放“好习惯，好人生”主题雨伞，其中，一、二年级伞面绿色，象征生命幼苗在好习惯滋润下发芽成长；三、四年级伞面浅蓝色，象征雏鹰在好习惯滋润下飞向蓝天；五、六年级伞面深蓝色，象征学生基本养成良好习惯向更高更远飞翔。其间，城北街道六街社区片区交警做“绿色出行，文明交通”专题讲话。来自昌平区教委、区交通局领导，以及该校师生1800人参加活动。

（胡长红）

【展示第二课堂成果】 12月9日、

21日和22日，城北中心小学举办第二课堂成果展示活动。其间，东关小学以“童真童趣，无忧无虑”为题组织汇报演出，展示中国鼓、舞蹈、魔术、羽毛球、国际象棋、珠心算、剪纸、书画等；西关小学展示学生读书成果、绘画作品、读书故事、照片等；六街小学邀请78名家长委员会成员参加活动，观看语文朗诵、语文课本剧、英语故事、英语课本剧、科技制作、电脑绘画、版画、纸艺、篮球、田径、足球、跆拳道、武术、乒乓球、管乐、乐器、舞蹈、大合唱、小合唱项目。第二课堂活动由各完小负责人主持，该校师生、家长4500人参与其中。

（王凤云　张树玲　王淑芬）

北京市昌平区城关小学

【概　况】 2011年，北京市昌平区城关小学占地面积9795.62平方米、建筑面积9594.40平方米、体育场馆面积3062平方米。图书馆（室）藏书29984册，订阅杂志、报刊15种。固定资产总值825万元。全年教育经费投入1559万元，其中，国家拨款1447万元、自筹经费112万元。学校信息化经费投入40万元，拥有计算机361台，多媒体教室座位82个，校园网出口总带宽10Mbps，数字资源量160GB，“信息技术”课程1课时/周。普通教室31个、专用教室4个。教职工102人，包括高级职称34人、中级职称60人。专任教师93人，包括特级教师1人、市级骨干教师3人、北京市学科教学带头人2人；本科及以上学历68人。开设教学班31个。毕业241人、招生239人、在校生1140人。网址：www.chpcgxx.net。

（刘月霞）

【兴趣班开课】 3月9日，城关小学“快乐星期三”兴趣班开课。该校利用每周三下午课后时间，组织四至六年级学生根据自身实际情况报名参加，包括足球、篮球、独轮车、武术、乒乓球、跳绳、十字绣、航模、棋类、救护、绘画、舞蹈、合唱、书法、诗歌、羽毛球、语数英提高班6大类25个项目。部分兴趣班教师从校外聘请，每班严格规定活动计划与考勤，学期末上交作品并评选优秀学员。

（刘海龙）

【开展综合实践活动】 5月27日，城关小学开展“走进信息世界”综合实践活动。活动根据学生兴趣，展示“信息传递方式发展对人们生活影响”主题，利用互联网、图书馆、走访等途径收集相关资料，并分成小组整理加工信息制作电子文稿，通过相声、小品、快板等艺术形式进行演示。该校五年级师生217人参加活动。

（杨景岚）

【新教学楼落成】 9月30日，城关小学新教学楼落成。该教学楼占地面积9795.62平方米、建筑面积9594.40平方米，整体框架结构，包括教学区、办公区、后勤服务区三部分，普通教室27个、专用教室8个，可容纳教师、学生1060人学习生活。工程2009年8月26日开工建设，由市政府投资3400万元。

（邵红英）

【举办首届课堂教学赛】 12月1至12

日，城关小学举办第一届“领航杯”课堂教学比赛。比赛围绕“整体提高新课改背景下课堂教学改革，正确把握城关小学减负增质思路，提高学校整体教学质量”主题，要求参赛教师年龄在35至45岁之间，自愿报名、报课。活动分为报名、初评、展示、表彰四个阶段，学校干部以及各学科教研组长16人担任评委量化打分。全校共有教师86人推出赛课30节，最终评出一等奖15节、二等奖15节。

（张芳）

【成立星光艺术团】 12月31日，城关小学星光艺术团成立。该艺术团以开发学生艺术潜能，提高学生艺术修养、综合素质和艺术实践能力，展示学校艺术教育成果为宗旨，拥有章程与组织机构，下设金星管乐团、红星合唱团、紫星舞蹈团、蓝星航模队、七彩美术社，各艺术团安排相应教师具体负责。艺术团每年9月进行招生，规定每周活动两次，并定于每年“六一”、“元旦”汇报展示，学校选派优秀团员参加市、区级艺术比赛。

（李春荣）

北京市昌平区南口镇小学

【概　况】　2011年，北京市昌平区南口镇小学占地面积13269平方米、建筑面积3548平方米、体育场面积6011平方米。图书室藏书25472册，电子图书83册，订阅杂志、报刊32种。固定资产总值702万元。全年教育经费1020.51万元，其中，国家拨款997.16万元、自筹经费23.34万元。学校信息化经费投入2万元，拥有计算机187台，多媒体教室座位1000个，数字资源量4GB，校园网出口总带宽100Mbps，“信息技术”课程1课时/周。普通教室21个、专用教室3个。教职工63人，包括中级职称37人。专任教师54人，包括本科及以上学历38人。开设教学班21个。毕业89人、招生99人、在校生650人。网址：www.nkzxx.net。

（李荣会）

【开展国旗下特色展示活动】　2至12月，南口镇小学开展“国旗下讲话，班级特色展示”活动。此次活动改变以往校领导、教师讲话做法，由学生完成国旗下特色展示，确立“安全、诚信、环保、感恩、文明礼仪、书香校园”系列教育主题，利用每周一升旗仪式时间，各个班级学生轮流主持，并担任旗手与护旗，自行准备内容、文稿处理、讲话形式等，班主任配合指导，展示班级特色风貌。活动形式包括诗歌朗诵、故事、儿歌等。全校21个教学班学生150人次参加活动。

（李荣会）

【布置数学每日一题】　3月，南口镇小学布置数学每日一题活动。活动要求学生每天将所学知识重难点、容易混淆知识点以及作业中错题涉及相关知识做为习题进行练习，与教学内容、教学进度匹配一致。学校定期抽查活动实施情况并做点评。全校学生650人参加活动。

（李荣会）

【举办英语口语比赛】　4月，南口镇小学举办英语口语比赛。比赛面向三至六年级学生，主要考察选手英语听说能力，采取班级初评、年级复赛、学校决赛方式进行，内容包括自我介绍、猜单词、即兴演讲、现场对话四个部分。学校由学生代表、英语教师8人组成评审组，根据仪表形象、单词正确率、语言表达流利程度进行量化打分。全校学生450人参加比赛，70人进入决赛，最终评出一等奖10人、二等奖25人、三等奖35人。

（李荣会）

【学校鼓乐队成立】　5月，南口镇小学鼓乐队成立。该鼓乐队由学校音乐教师负责管理，包括1名指挥、10名号手、10名小鼓手、6名大鼓手、6名大镲手、10名小镲手，队员从三至五年级学生中选拔产生，于每周五下午课外活动时间进行训练。该校共计投资3万元购置军鼓、小号和服装，并聘请2名专业教练对队员进行系统化培训。

（李荣会）

【展示班级文化墙】　12月，南口镇小学开展班级文化墙展示活动。活动根据学生年龄特点，以班级为单位，采取评比形式，其中，低年龄段侧重学生习惯、常规培养；三、四年级主要反映团结互助、爱校爱班；高年级以“争先创优、确定班级奋斗目标”为主题。学校根据主题鲜明化、形式艺术化、立意创新化三方面进行打分。全校21个班级参加评选，4个班级获得奖励。

（李荣会）

北京市昌平第二实验小学

【概　况】　2011年，北京市昌平第二实验小学占地面积15000平方米、建筑面积8808平方米、体育场馆面积7000平方米。图书馆（室）藏书18218册，订阅杂志、报刊81种。固定资产2234.50万元。全年教育经费投入1011.62万元，全部由国家拨款。学校信息化经费投入89.97万元，拥有计算机167台，多媒体教室座位42个，校园网出口总带宽100Mbps，数字资源量2.56GB，“信息技术”课程1课时/周。普通教室28个、专用教室12个。教职工84人，包括高级职称1人、中级职称29人。专任教师78人，包括市级骨干教师1人；本科及以上学历74人。开设教学班28个。毕业134人、招生200人、在校生948人。网址：www.cpshyex.com。

（张彤）

【举办第五届面塑比赛】　4月22日，昌

平第二实验小学举办第五届面塑比赛。本届比赛以“小手捏出大世界”为主题，采取现场制作形式，包括调色、设计、制作等环节，要求在规定时间内完成个人作品。评委由学校干部、美术教师担任，从作品创意、完成质量等方面打分。全校一至六年级学生104人参加比赛，评出一等奖15件、二等奖25件、三等奖35件。昌平第二实验小学面塑比赛始办于2008年，每年举办一届，自2011年起每学期举办一届。

（柳东红）

【家长志愿者授课】　4月22日，昌平第二实验小学邀请家长志愿者为学生讲授心理健康课。此名家长志愿者是人大附中心理教师，利用自身业务知识，组织二年级学生家庭主题绘画并讲述。课后，志愿者将学生作品分类整理，并与班主任就学生画内所表现性格、心理状况展开沟通，积极为心理不良学生进行干预。全校教师、学生43人参加活动。

（李红艳）

【组织低年级识字教学研讨】　5月5日，昌平第二实验小学组织开展低年级随文识字教学研讨活动。该校教师作研讨课“两只小狮子”，课程采取教师范读、师生共读、生生互读形式，配合动画教学课件、课文插图与识字卡片比对教学。与会人员评课认为课程整体把握字词学习，采用听读识字、字源识字、解义识字等方法，运用幽默语言调动学生积极性训练朗读、巩固识字技巧。全校干部、教师21人参加交流。

（高跃）

【召开中华经典诵读经验交流会】 11月23日，昌平第二实验小学召开“中华经典诵读行动”经验交流研讨会。来自教育部、市语委办领导，以及全国各省市语委相关负责人50人参加会议。会议组织观看学校28个班学生习字课，观摩一节经典诵读课，听取学校校长“雅言传承文明，诗歌润泽生命”专题工作汇报；昌平区教工委书记总结诵读试点工作。与会领导点评认为该校在“常”、“众”方面诵读工作扎实有效，并肯定学校“大面覆盖、全员关注、着眼文学熏陶和浸润生命”具体做法。

（李小平）

北京市大兴区黄村镇第一中心小学

【概　况】 2011年，北京市大兴区黄村镇第一中心小学由1所中心校、5所完小组成，总占地面积72214平方米、建筑面积23402平方米、体育场面积4760平方米。图书馆藏书79000册，电子图书250册，订阅杂志、报刊24种。固定资产总值3854万元，拥有计算机902台，多媒体教室座位500个。全年教育经费投入4008万元，全部由国家拨款。学校信息化经费投入90万元，校园网出口总带宽440Mbps，数字资源量5600GB，“信息技术”课程1课时/周。普通教室87个、专用教室30个。教职工266人，包括副高级职称2人、中级职称174人。专任教师248人，包括特级教师1人、市级骨干教师9人、北京市学科教学带头人1人；本科及以上学历177人。开设教学班87个。毕业生458人、招生452人、在校生2900人。网址：www.hczedu.dxschools.cn。

（吴立燕）

【举办首届教育科研周】 1月23至25日，黄村镇第一中心小学举办首届教育科研周活动。此次活动旨在通过专家讲座、榜样示范，引导教师将教育教学中问题课题化，将教育教学研究工作科研化，在课题研究过程中向科研型、专家型教师转变。其间，北京教科院、大兴教师进修学校专家做“开展教育研究，提高课堂教学实效”、“学习、思考、实践——学做研究型教师”专题讲座，该校8名教师汇报交流小学低年级学生写作入门方法与途径、培养学生环保实践能力及自我教育能力等研究成果。该校校长、干部、教师78人参加活动，规定教育科研周每年举办一次。

（吴立燕）

【数字校园网络硬件改造完成】 5月20日，黄村镇第一中心小学数字校园网络硬件改造完成。此次硬件改造包括添加网络中心UPS电源、电力线缆、精密空调、核心服务器9台，由大兴区教委总投资50.96万元。现该信息中心分为设备区、管理区和办公区，能够实现网络平台24小时7天安全运行。学校网络中心于2001年建成。

（吴立燕）

【开展学生自我教育培训】 6月24日，黄村镇第一中心小学开展学生自我教育培训。此次培训旨在确立学校教师“激励学生自我教育”目的观念，聘请2名享受国务院特殊津贴教授，分别以“自我教育，激发潜能”、“教师如何进行自我教育”为主题举办讲座，通过互动交流形式，讲解“什么是自我教育”、“自我教育的目的是什么”以及“如何激励学生自我教育”等内容。全校教职工280人参加学习。

（吴立燕）

【观音寺完小加固工程竣工】 8月

28日，黄村镇第一中心小学观音寺完小校舍加固工程竣工。该校教学楼占地面积12000平方米、建筑面积4338平方米、体育场面积6000平方米，建筑结构为砖混结构。施工完成楼体框架加固，改造、更换地下水、消防水、暖气水网以及墙内电路等。工程6月20日开工建设，由大兴区财政总投资867.60万元。

（陈淑娟　吴晓明）

【召开阳光发展共同体首次会议】 9月16日，黄村镇第一中心小学召开阳光绿色发展共同体第一次会议。此次会议以“‘优质+优质’让‘1+1>2’效应进一步放大”为主题，结合发展共同体各成员校特点，就共同体名称、目标、发展愿景展开研讨，制订《共同体组织机构工作细则》、《共同体三年发展规划》、《共同体专项资金使用细则》等工作实施方案。来自大兴区团河小学、旧宫镇第一中心小学、瀛海镇第二中心小学、亦庄镇第二中心小学和长子营镇第二中心小学，以及该校6所“阳光绿色发展共同体”学校校长、干部12人参加会议。

（吴立燕）

【举办北京精神专题书画赛】 12月14日，黄村镇第一中心小学举办“我眼中的北京精神”书画作品比赛。比赛要求以书画作品形式，解读北京精神“爱国、创新、包容、厚德”内涵，面向全体师生征集作品，在各分校选拔基础上向中心校推荐；现场对优秀作品评比。其中，美术作品要求主题突出，体现时代特征；构图新颖，寓意深刻；色彩搭配合理，美观大方。书法作品要求主题突出，弘扬时代主旋律；字体结构合理，字迹流畅；风格明显，协调一致。全校教师、学生报送硬笔、软笔书法作品207件，刮画、水彩、水粉、计算机绘画作品515件。

（吴立燕）

北京市大兴区旧宫镇第二中心小学

【概　况】 2011年，北京市大兴区旧宫镇第二中心小学占地面积13049平方米、建筑面积4261平方米、体育场馆面积4590平方米。图书室藏书21000册，电子图书150册，订阅报纸杂志48种。固定资产总值825.72万元，拥有计算机161台，多媒体教室座位 740 个。全年教育经费投入 775.98 万元，其中，国家拨款 740.90 万元、自筹经费 35.08 万元。校园网出口总带宽 100mbps，数字资源量 150GB，信息技术课程 1 课时/周。普通教室 19 个、专用教室 8 个。教职工 53 人，包括中级职称 32 人。专任教师 42 人，包括本科及以上学历 38 人。开设教学班 19 个。毕业 112 人、招生 117 人、在校生 740 人。网址：www.jg2x.dxschools.cn。

（邵俊霞）

【开展简妙作文专题教研】　3 至 10 月，旧宫二小组织开展简妙作文专题教研活动。学校面向干部、师生，举办“立足校本，推进简妙作文教学研究”专题研讨；开展“简开头，妙结尾”学习培训；举办首届“我手写我心”作文比赛，并组织作文教学研究活动等。

（邵俊霞）

【校刊《小荷尖尖》出版】　5月9日，

旧宫二小校刊《小荷尖尖》出版。该校刊由学校语文工作室主编，按春、夏、秋、冬四季各出版一期，分为 10 个版块，文章包含学生习作、教师随笔、家长论坛等内容。校刊采用 16 开本，共 10 万字，由北方文艺出版社出版，每期印刷 1000 册。首期面向学校 740 名学生赠送。

（邵俊霞）

【组织爱心捐款活动】　5月和12月，旧

宫二小两次组织爱心捐款活动。5 月 23 日，该校开展“博爱在京城，博爱在大兴”捐款活动。活动由学校红十字会、少先大队联合主办，利用周一升旗仪式时间动员全体师生 703 人向大兴区红十字会共计捐款 7008 元。12 月 8 日，学校开展“献出我的爱，温暖你的心”捐款活动。活动由学校红十字会理事会、少先队大队联合组织，全校师生 800 人共计捐款 32574 元，用于五年级 2 班学生苏婕骨癌住院治疗。

（邵俊霞）

【第五届学生冬季长跑活动启动】　12 月 6 日，旧宫二小第五届学生阳光体育冬季长跑活动启动。此次活动主题为“阳光体育与快乐校园同行”，由 4 名体育教师组织调整队形，利用每天课间操时间，学生以班级为单位完成规定路程，各班体育委员记录活动情况，学校组织监督、检查、评比和表彰。全校教师、学生 790 人参加活动。旧宫二小冬季长跑活动始办于 2007 年，每学年举办一届。

（邵俊霞）

【组织学生社会实践活动】　至年底，旧宫二小组织学生社会实践活动 3 次。3 月，学校开展“弘扬雷锋精神，争做文明学生”社会实践，四至六年级师生、家长、社区居民 470 人参加活动；10 月 18 日，学校组织五年级师生 120 人到北京市航天科普教育基地开展社会实践活动；11 月 22 日，学校组织四年级、六年级学生 238 人走进中国科技馆。

（邵俊霞）

北京市怀柔区第三小学

【概　况】　2011 年，北京市怀柔区第三小学占地面积 8086.89 平方米、建筑面积 6021 平方米、体育场馆面积 3490 平方米。图书室藏书 32900 册，订阅杂志、报刊 47 种。固定资产总值 1268 万元。全年教育经费投入 2030 万元，全部为国家拨款。学校信息化经费投入 400 万元，拥有计算机 406 台，多媒体教室座位 60 个，校园网出口总带宽 3Mbps，数字资源量 200GB，“信息技术”课程 2 课时/周。普通教室 32 个、专用教室 6 个、实验室 1 个。教职工 134 人，包括副高级职称 5 人、中级职称 85 人。专任教师 101 人，包括市级骨干教师 2 人；本科及以上学历 96 人。开设教学班 32 个。毕业 296 人；招生 249 人；在校生 1428 人，包括外省市借读生 87 人。网址：www.bjhrsx.com。

（彭淑英）

【开展中美师生交流活动】　5 月 18 日，怀柔三小开展中美师生互动交流活动。活动与美国密歇根大学共同主办，考察团包括教师 2 人、学生 11 人，分成 9 个小组走进学校英语课堂，对 26 个教学班进行话题教学，考察人员通过生动幽默授课方式以及与互动教学方法，为学生创设真实英语对话情境。双方师生 1080 人参加活动。

（彭淑英）

【举办校本教研】　8 月 30 日，怀柔三小举办校本教研活动。此次活动主题为“勇退善进，提高实效”，由该校 2 名教师分别作数学“分数乘整数”、语文“钢琴之王的微笑”研究课，并组织全体教师就如何发挥学习优势、提高学习质量互动研讨。与会人员交流认为在课堂上教师要走近学生，有效发挥学生学习优势，促进学生主动学习，提高课堂时效性。校长针对课程提出要继续研究小组交流合作方法，将教学目标向学习策略转化，发挥每名学生学习优势。全校教师 133 人参加活动。

（彭淑英）

【召开长城中队交接仪式】　10月21

日，怀柔三小召开“知我长城，爱我家乡”长城中队交接仪式。仪式包括新老中队旗交接、校外辅导员讲话、互赠纪念品、长城文化歌曲表演等内容。该校五年级学生 300 人参加活动。怀柔三小少先队大队深入挖掘教育资源、利用本土文化，1994 年在慕田峪长城建立学生活动基地，学校聘

请慕田峪长城景区负责人为校外辅导员，对学生进行爱国主义教育。共青团怀柔区委命名学校五年级联合中队为“慕田峪长城中队”，规定每年10月举行长城中队队旗交接仪式，并组织学生游览长城、捡拾废弃物、开展绘画、写作等活动。

（刘 颖）

【举办第十届柿子节】 11月23日，怀柔三小举办第十届柿子节。活动以“我爱三小，我爱三小的柿子”为主题，包括诗歌朗诵、师生共话柿子情、柿子采摘等内容。该校六年级学生263人参加活动。学校于2001年始办“柿子节”，每年一届，期间组织六年级联合中队开展为柿子树浇水、制作保护柿子树宣传卡片、采摘柿子等活动。

（刘 颖）

【合作召开课题研讨会】 11月24日，怀柔三小联合召开学习优势课题研讨会。会议与怀柔六小等11所学校共同举办，以“跟进学习优势教育，构建高效课堂教学”为主题，怀柔三小课题组推出语文、数学两节研究课，与会教师就如何开展学习优势课题研究进行讨论，认为要及时形成阶段性成果，促进自身专业发展。北师大课题组负责人就如何寻求课题创新方面进行指导。来自怀柔区各课题实验学校校长、教师代表150人参加会议。

（彭淑英）

北京市平谷区第一小学

【概　况】 2011年，北京市平谷区第一小学占地面积24814.46平方米、建筑面积9741.82平方米、体育场面积4216平方米。图书室藏书5万册，订阅杂志、报刊60种。固定资产总值756.60万元，拥有计算机230台，多媒体教室座位40个。全年教育经费投入885万元，其中，国家拨款875万元、自筹经费10万元。学校信息化经费投入21万元，校园网出口总带宽10Mbps，数字资源量50GB，“信息技术”课程2课时/周。普通教室41个、专用教室12个、实验室1个。教职工135人，包括副高级职称2人、中级职称100人。专任教师109人，包括市级骨干教师2人；本科及以上学历105人。开设教学班41个。毕业290人、招生274人、在校生1567人。网址：http：//192.168.2.4。

（景国莲）

【开展教师读书交流活动】 3月28日，平谷一小开展教师读书交流活动。活动以“知书达理，感悟教育人生——讲述我的读书故事”为主题，围绕阅读书目《用感恩的心去工作》，学校7名教师作典型发言、阐述思考感悟，校长对如何开展读书活动提出有效建议。会后，学校要求教师将读书反思上传到校内网站，并在《一小教师文摘》刊登。全校教师128人参加活动。

（景国莲）

【组织幼小衔接工作】 4月18日，平谷一小组织开展幼小衔接工作。此次工作与平谷第一幼儿园、平谷第二幼儿园联合开展，主题为“做好幼小衔接，体验校园生活”，带领学前幼儿参观校园环境、观看升旗仪式、感受少先队员风采，与一年级师生同上语文、数学课，并进行现场互动交流。学校举办“迎接快乐的小学生活，争做乐学的小学生”专题讲座，教师从小学生活时间表、课程表、良好习惯等方面进行介绍。两所幼儿园师生500人参加活动。

（景国莲）

【开设礼仪课堂】 10月24日，平谷一小开设礼仪课堂。该校旨在开展“文明有礼北京人”教育活动，围绕“做知书达理一小人”校训，在每周一升旗仪式时间增加“礼仪课堂”内容，由师生代表介绍校园生活礼仪，包括校园尊师礼仪、课堂礼仪、同学交往礼仪等，学校礼仪标兵现场进行展示。全校教师、学生1700人参加学习。

（景国莲）

【展示高效课堂模式】 11月10日，平谷一小组织开展践行高效课堂模式总结暨展示交流活动。活动以教研组为单位，举行同课异构、校内评优，推出语文、美术、数学课3节优质课展示。课后，授课教师围绕高效课堂模式进行自评、教研员与听课教师互评，并针对具体问题开展交流讨论。来自平谷区教委、区教研中心相关负责人、各校校长、教师160人参加活动。

（景国莲）

北京市平谷区第六小学

【概　况】 2011年，北京市平谷区第六小学占地面积13000平方米、建筑面积6000平方米、体育场面积4000平方米。图书馆藏书5万册。固定资产总值1018万元，拥有计算机223台，多媒体教室座位1300个。全年教育经费投入1302万元，全部由国家拨款。学校信息化经费投入11万元，校园网宽带出口总带宽10Mbps，数字资源量10GB，“信息技术”课程1课时/周。普通教室33个、专用教室10个。教职工121人，包括副高级职称3人、中级职称61人。专任教师98人，包括本科及以上学历62人。开设教学班33个。毕业234人、招生220人、在校生1179人。

（王海霞）

【开展系列安全教育】 3至10月，平谷六小开展安全教育3次。3月，学校组织开展“强化安全意识，提高避险能力，安全才能快乐”主题教育，邀请平谷区公安局警官为学生做安全教育课，带领四、五、六年级学生开展“学校安全隐患我发现，家庭

安全隐患我排查”活动，并利用红领巾广播站发布信息；组织全校师生1100人进行防震、防火疏散演习。6月，学校邀请平谷区消防支队官兵到校开展安全教育活动。10月，学校邀请交通队警官举办交通安全讲座；报请交通主管部门在学校路口设置交通标志；印发《致家长的一封信》；加强学生到校时间管理，禁止学生早到校；加强对路队区护导，要求负责教师提前半小时到校，对在校园周边聚集学生进行安全管理。

（王海霞）

【推出骨干教师课堂开放周】　5月9至13日，平谷六小推出骨干教师课堂开放周系列活动。该校15名市、区级骨干教师全部实行课堂开放，接待校内外教师听课交流；邀请平谷区南独乐河学区干部、教师17人参与活动，通过两校骨干教师同上一节课以及听评课等形式开展课堂研讨；组织青年教师向骨干教师拜师仪式。全校教师90人参加活动，结成师徒对子12个。

（王海霞）

【开展国学校本课程诵读活动】　9月16日，平谷六小开展“国学启蒙”校本课程诵读活动。该校制定“四结合”实施计划，即课内诵读与课外阅读相结合，以校本课程为重点，指导学生诵读技巧并推荐课外补充阅读材料；校本教材与自选材料相结合，修订校本教材《国学启蒙》，精选古诗文篇目向学生发放，每班设置“图书角”、开放学校图书室；诵读活动与展示交流相结合，定期开展诵读展示、竞赛活动，通过表演、吟诵、配乐等形式展现；学校诵读与家庭诵读相结合，通过家校活动、家访、校讯通等形式宣传活动必要性，号召家长与学生共同阅读。全校学生1180人参加活动，学期末18人被评为“诵读小状元”。

（王海霞）

【加强师德建设】　9月17日至12月14日，平谷六小采取措施加强师德建设。该校召开全体教师会，学习学校师德建设“十不准”、“禁止有偿家教五不准”等制度；成立师德师风监察小组，向学生及家长公布校长、书记办公电话，随时接受监督；通过学生、家长、职工评教等形式，评出年度“学生最喜爱教师”20人。全校师生、家长1100人参与活动。

（王海霞）

【校舍安全加固完工】　10月8日，平谷六小校舍安全加固工程完工。该工程涉及建筑加固、水电改造、屋顶翻修等项目，总计加固教学楼3栋，包括35个教室、1个专用教室、29个办公室，施工面积5400平方米。工程于7月10日开工，由北京城建公司负责承建，市财政总投资1000万元。

（王海霞）

北京市密云县河南寨中心小学

【概　况】　2011年，北京市密云县河南寨镇中心小学占地面积17000平方米、建筑面积8020.55平方米、体育场馆面积6400平方米。图书室藏书43000册，订阅杂志、报刊39种。固定资产总值1221.53万元，拥有计算机252台，多媒体教室座位1012个。全年教育经费投入2168.03万元，其中，国家拨款2142.45万元、自筹经费25.58万元。学校信息化经费投入15.60万元，校园网出口总带宽1000Mbps，数字资源量320GB，“信息技术”课程2课时/周。普通教室31个、专用教室21个。教职工141人，包括中级职称91人。专任教师106人，包括市级骨干教师3人；本科及以上学历91人。开设教学班31个。毕业138人、招生153人、在校生794人。

（徐国文）

【开展爱国主义教育】　2月和9月，河南寨中心小学组织开展学生爱国主义教育活动。2月21日，该校启动“童心向祖国”教育活动，表彰寒假期间“四好少年”100名，听取学校干部“养成良好习惯，我为队旗添光彩”专题宣讲，提出要文明守纪、勤奋学习、牢记安全、坚持锻炼。全校学生736人参加活动。9月5日，学校开设爱国主义教育第一课。课程听取“祖国在我心中”主题讲话，引领师生回顾建国62年历史，并提出热爱祖国、遵守校章、努力学习的希望。全校学生368人参加活动。

（关晓明）

【举办消费维权主题演讲】　3月11日，河南寨中心小学举办“消费维权与食品安全”主题演讲比赛。比赛要求内容来自学生生活实际，涉及校园小食品、食物添加剂等话题，评价标准有语言流畅、表达准确、紧扣主题等。全校学生368人参加活动，15人获奖。

（关晓明）

【开展志愿者实践活动】　3月24日，河南寨中心小学开展“小小志愿者在行动”社会实践活动。此次活动与河南寨镇潮白河水务管理所共同开展，带领中高年级学生到河南寨镇宁村地区，向过往行人发放节水宣传知识手册和《致京密引水渠沿岸朋友的一封信》，并宣讲有关水的法律法规知识、节水护水常识等。全校学生48人参加活动。

（关晓明）

北京市密云县太师屯镇中心小学

【概　况】　2011年，北京市密云县太师屯镇中心小学占地面积17100平方米、建筑面积9560平方米、体育场面积5000平方米。图书馆藏书3.22万册，报纸、杂志16种。固定资产总值2545.70万元，拥有计算机431台，多媒体教室座位1280个。全年教育经费投入364.15万元，全部由国家拨款。学校信息化经费投入20万元，校园网出口总带宽1000Mbps，数字资源量500GB，“信息技术”课程1课时/周。普通教室44个、专用教室11个、实验室1个。教职工229人，包括中级职称118人。专任教师222人，包括市级骨干教师1人；本科及以上学历189人。开设教学班37个。毕业215

人、招生160人、在校生1160人。网址：www.117.115.68.1。

（王士才）

【举办第五届读书节】 3月5至30日，太师屯中心小学举办第五届读书节活动。读书节以“我读书、我成长、我快乐”为主题，采取展阅、评比、竞赛等形式，包括知识竞赛和手抄报比赛。其间，学校开展“红领巾书市”活动，学生以集体或个人方式将阅读过书籍互相交换；组织剪贴画、手抄报等展示。全校教师、学生546人参加活动。

（王士才）

【开展节约环保教育】 4月18至30日，太师屯中心小学开展节约环保教育。此次活动以“节约一滴水、一度电、一张纸、一粒米”为主要内容，引导学生做到“五不、五要”，即不把白色污染带进校园、要随手拾起废纸果皮；不乱扔废弃物、要自觉实行垃圾分类袋装；不随地吐痰、要主动打扫卫生；不在楼内游戏打闹、要节约水电；不弄脏、损坏墙面，要爱护花草和环保设施。全校学生320人参加活动。

（王士才）

【与滦平二小开展“手拉手”活动】 10月29日，太师屯中心小学与河北省承德市滦平县第二小学开展“手拉手”活动。滦平二小干部、教师一行11人，参观校园文化建设、专用教室和校园电视台，学习交流教学工作管理经验，听取学校教育教学特色活动介绍，解读“新求真教育”内涵，双方代表围绕学校管理、教科研、学校德育工作、幼儿园建设展开研讨。其间，两校达成开展“手拉手”合作意向。

（王士才）

【丰富新求真教育内涵】 至年底，太师屯中心小学丰富“新求真教育”内涵。该校坚持“做人求正，做事求真”教育理念，开展“求真积分卡”系列活动，包括“争卡得章”——求真少年章、“争卡得牌”——求真班级牌内容，即学生每得5张积分卡可换取一个级别求真章、班级每得9张积分卡可换取一个级别求真牌。全校师生1082人参加活动，100名学生、8个班级获得表彰。

（王士才）

北京市延庆县第一小学

【概　况】 2011年，北京市延庆县第一小学占地面积7700平方米、建筑面积8302.22平方米。图书室藏书44300册，订阅杂志、报纸29种。固定资产总值1423万元。全年教育经费投入1462.68万元，其中，国家拨款1461.71万元、自筹经费0.97万元。学校信息化经费投入444.70万元，拥有计算机221台，多媒体教室座位1720个，校园网出口总带宽100Mbps，数字资源量870GB，“信息技术”课程三至五年级1课时/周。普通教室34个、专用教室10个、实验室1个。教职工103人，包括副高级职称2人、中级职称68人。专任教师84人，包括市级骨干教师3人、北京市学科教学带头人2人；全部为本科及以上学历。开设教学班34个。毕业232人、招生189人、在校生1297人。网址：www.yqxdyxx.com。

（王建茹）

【启用校长与教研组对话制度】 3月7日，延庆一小启用校长与教研组课程对话制度。制度规定每周校长随机与一至六年级一个教研组教师就自主性学习、实践性学习和创新性学习、如何发挥学生主体作用、如何提高课堂教学质量等专题，通过走进课堂形式展开对话，总结多维记忆法、科学实验控制变量、有效任务驱动等方面教学经验。

（王建茹）

【与香港学校开展交流】 3月28日和4月1日，延庆一小与香港学校开展交流研修活动。3月28日，该校接待香港中文大学教师共同交流“京港配对学校网上游戏专题研习项目”实施情况，观摩1节网上发言指导课，并就计划实施方案进行座谈。“学习村庄”项目是香港中文大学开发的融合计算机协作学习讨论平台与网上游戏教育系统，延庆一小自2010年10月参与共同研究。4月1日，该校接待香港天水围天主教小学师生、学生家长一行40人开展交流，活动主题为“京港携手，交流共进”，两校学生同唱《拉起手》歌曲、互赠纪念品；学生表演葫芦丝齐奏、笛子独奏等节目；学生代表介绍利用“学习村庄”计算机网络平台学习体会，在互动游戏中结成“京港好友对”30个，互相交流学习、生活情况；并由学生讲解员带领参观碑廊、校门、三柱联等校园景观。

（王建茹）

【通过国家汉字书写特色校验收】 6月14日，延庆一小通过国家级规范汉字书写教育特色学校评估验收。验收组由来自中国语文现代化学会、北京市语言文字工作委员会、语言文字报社等专家14人组成，观看学校语言文字工作专题片、听取校长专题汇报、巡视校园文化环境、查阅档案、观摩语文课，并重点对汉字书写工作制度建设、校内用字规范程度，以及成果宣传等方面内容进行检查。专家评估认为该校开展汉字书写工作规范，与教育教学实际融合紧密，并在与艺术教育结合方面工作扎实、有效，验收通过。

（王建茹）

【特级教师指导作文课】 10月20日，延庆一小邀请特级教师陈延军指导作文课。该校四、五年级语文教师推出“编写童话”、“学写说明文”展示课并由陈延军完成点评。随后，陈延军讲授四年级作文指导课“学写一件事”，举办“快乐写作会使学生更为智慧”专题讲座。活动要求该校干部、教师明确一篇好作文标准，要根据学生认知规律与心理特点有针对性指导，重点培养学生写作习惯。来自延庆县教科研中心专家，以及第一课改片干部、教师105人参加活动。

（王建茹）

【召开学困生转化课题研讨会】 12月7日，延庆一小召开“学困生转化策略与方法”课题研讨会。会议围绕“关于实验班如何开展实验研究”问题展开，交流图书《提高成绩就这么简单》学习体会、评价总结“问题学习法”在实验中运用以及前期使用经验。来自延庆县各校课题组成员，以及县教科研中心、延庆七中、旧县中学等12所实验校德育干部、教师25人参加会议。

（王建茹）

【完成校园环境改造】 至年底，延庆一小完成校园环境改造任务。8月25日，该校教学楼加固工程完工。此次工程加固面积为6620平方米，由北京筑福事务有限责任公司负责设计，南通启益建设集团有限公司负责施工，采用隔震技术，为仿古建筑风格。工程6月20日开工，由市政府投资539.40万元、延庆县政府投资701.23万元。10至11月，学校进行冠山书院碑廊二期彩绘、立记工程施工。碑廊总占地面积165.60平方米、总建筑面积53.01平方米，整体呈“L”字母形，宽2.80米、长2.20米，柱、梁、檩、枋等承重构件均由传统木结构建造，柱身饰铁锈红色，梁、枋两端做彩画。彩绘内容包括“妫川八景”和“闻鸡起舞”、“精卫填海”、“铁杵成针”等成语故事。工程由北京市文物古建工程公司承建，总投资3万元。

（王建茹）

北京市延庆县第二小学

【概　况】 2011年，北京市延庆县第二小学占地面积25282.76平方米、建筑面积9235平方米。图书室藏书35244册，订阅杂志、报纸107种。固定资产总值1326.20万元。全年教育经费投入3133.91万元，全部由国家拨款。学校信息化经费投入40.12万元，拥有计算机205台，多媒体教室座位720个，校园网出口总带宽100Mbps，数字资源量80GB，“信息技术”课程三至五年级1课时/周。普通教室44个、专用教室2个。教职工141人，包括副高级职称2人、中级职称88人。专任教师113人，包括市级骨干教师2人；本科及以上学历106人。开设教学班44个。毕业295人、招生258人、在校生1795人。网址：www.yqex.com.cn。

（吴秋菊）

【举办首届读书节】 2月28日至4月8日，延庆二小举办首届读书节活动。本届读书节以“让阅读成为‘悦读’”为主题，旨在推动学习型学校建设，形成“好读书、读好书”风尚，构建特色书香校园文化。其间，学校召开读书节启动会、班级读书展示会，评选“阅读之星、书香班级”，以班级为单位编辑读书专集；召开“在悦读中阅读”教师读书沙龙；开展全校师生读书节成果展示；举办读书知识大讲堂；六年级组与延庆县邮政局联合开展读书表彰。全校师生1925人参加活动。

（吴秋菊）

【与史家小学构建教育联盟】 3月14日，延庆二小与北京市东城区史家胡同小学达成合作意向。具体内容包括两校继续寻求开放式办学思路，实施“双走进”策略，提高常态课实效，提升教师综合素质。“双走进”策略内容指史家小学教师到延庆二小作常态课，通过上课、听课、评课、说课、讲座形式，指导该校常规教学工作；延庆二小骨干教师深入史家小学课堂，参加为期1至2周短期脱产培训，经过共同听评课及时更新教育理念与教学方法。

（吴秋菊）

【社会大课堂活动课程化】 4月6日至10月28日，延庆二小开展社会大课堂活动。该校将社会大课堂活动内容与自然、生活、社会实践相联系，通过课程化形式固定各年级学生活动地点，包括走进北京植物园、海洋馆，中国军事、农业、自然、航天、地质、电影主题博物馆，中国科技馆、天文馆、古动物馆，世界花卉大观园、工体富国海底、奥林匹克中心公园等20个北京城区资源单位；水土保持示范园、长城博物馆、野鸭湖自然保护区和岔道古城等12个县级资源单位。全校二至六年级学生1657人参加活动。

（吴秋菊）

【首届课堂教学评优活动启动】 5月4日，延庆二小启动首届“活力杯”课堂教学评优活动。活动围绕《活力课堂的基本标准》，面向青年教师和骨干教师，分成两个阶段进行评优。其中，5月4至9日组织参加工作一至三年青年教师课堂教学评优，全校共有20人参评，评出一等奖7人、二等奖6人、三等奖7人；11月19至30日组织该校市、县级骨干教师课堂教学评优，活动以“转变教学方式，提高课堂实效，打造高效活力课堂”为主题，全校共有24人参评，评出一等奖4人、二等奖6人。《活力课堂的基本标准》包括目标明确、多元，科学高效、人本，自主探究；合作分享等10项具体内容。

（吴秋菊）

【展示捆绑式发展教学成果】 10月25日，延庆二小展示“1+2”捆绑式发展教学成果。此次活动与延庆下屯小学、千家店学校共同主办，听取工作计划介绍，宣读师徒结对名单，颁发师傅聘书；三所学校教师以“转变教学方式，提高课堂实效，打造生本课堂”为主题，展示教学活动课6节。延庆县教委领导提出三校要工作共进、资源共享；师徒教师工作、生活要互相促进；校长对此项工作要有计划、有落实、有资料留存。延庆县教委干部，三所学校校长、骨干教师120人参加活动。

（李伟新　吴秋菊）

【开展阳光体育活动】 10月27日至12月16日，延庆二小开展阳光体育活动。活动主题为“天天运动，健康一生”，学校利用宣传栏、红领巾广播站进行动员，各个班级在课间十分钟练习踢毽子基本功；在大课间组织五年级学生参与“锦上添花”踢毽团体赛；举办跳短绳比赛等。该校学生1796人参加活动。

（赵起云　吴秋菊）

【召开首届科研年会】　12月23日，延庆二小召开首届科研年会暨县级课题开题示范会。此次会议以“规范科研管理，扎实推进科研实践”为主题，旨在以课题为引领出台《科研管理制度（征求意见稿）》；听取英语教师“英语创新课堂模式的研究”开题报告，并由专家点评；校长作“扎实推进科研工作，感悟教育研究幸福”工作报告；宣读学校“优秀课题组、科研先进个人、优秀科研成果”评选启动决定。来自延庆县教科研中心相关负责人，以及该校教职工129人参加会议。

（吴秋菊）

北京市燕山前进第二小学

【概　况】　2011年，北京市燕山前进第二小学占地面积11107平方米、建筑面积5185.49平方米、体育场面积6550平方米。图书馆藏书20万册，电子图书500册，订阅杂志、报刊40种。固定资产总值1462万元。全年教育经费投入935万元，全部由国家拨款。学校信息化经费投入100万元，拥有计算机160台，多媒体教室座位30个，校园网出口总带宽15Mbps，数字资源量30GB，“信息技术”课程1课时/周。普通教室24个、专用教室9个。教职工67人，包括副高级职称1人、中级职称40人。专任教师59人，包括特级教师1人、市级骨干教师1人；本科及以上学历47人。开设教学班20个。毕业177人、招生131人、在校学生667人。网址：www.qjex.ysedu.gov.cn。

（刘冬梅）

【开办国学第一讲】　3月7日，前进二小举办国学教育第一讲活动。活动倡导学生要诵读文学经典、营造书香校园、传承华夏文明，聘请专家讲解国学的种类，以及如何阅读等相关知识；学校校长提出师生要共同诵读经典，让国学文化滋养心灵，让国学文化陪伴一生的建议。全校师生687人参加活动。

（王灵荣）

【走向卓越行动启动】　3月17日，前进

二小“创先争优，走向卓越”活动启动。活动面向学校中青年教师，提出每名教师要站在教育战略地位高度、站在学校科学发展高度、站在打造教育品牌高度，加强教育思想研讨，提升教职工素质教育能力水平，课堂上实现学校教育发展突破。5月5日，该校举办实现教育跨越式发展专题讲座。该报告是“中青年教师走向卓越行动”系列内容之一，邀请燕山地区教委书记围绕“认清形势明确任务——站在新的起点上实现教育的跨越式发展”主题，讲解包括国家发展理念转变、区域经济发展等内容。全校干部、教师68人参加学习。

（白聪）

【开展有效教学研究】　3月和12月，前进二小开展有效教学研究工作。3月9至11日，该校进行有效教学先导课研究，要求指导教师将学案与课堂教学融合，4名教师推出语、数、英先导课，集体交流探讨“高效的生命课堂”行动方案；开设教师教学考核课，主题为“优化教学设计”、“落实三维目标”，全校教师30人参与备课，学校干部、师生、家长代表担任评委，评价结果为有效性良好。12月13日，该校推出青年教师“有效教学”语文研究课，采取自学与合作形式，通过小组交流、师生互动、生生互动等方法，讲解学生理解难点问题。前进二小在2009年开始有效教学课堂研究工作。

（李雪铭　张丽娜）

【举办学生技巧比赛】　11月15日和12月22日，前进二小举办学生技巧比赛。11月15日，该校举办首届陀螺比赛，旨在激发学生对科学探究，培养发现问题能力与表达能力。活动分成两个阶段，其中，第一阶段要求学生亲手制作陀螺，探究陀螺旋转问题；第二阶段展示学生作品，旋转时间长取胜。全校学生40人参赛，评出一等奖4个、二等奖7个、三等奖10个。12月22日，学校举办首届七巧板比赛，目的让学生在观察、制作、拼摆过程中开发智力参与实践活动，采取班级选拔、年级推荐等形式。全校学生36人参赛，评出一等奖4个、二等奖6个、三等奖8个。

（刘冬梅）

中　学　教　育

【概　况】　2011年，北京市普通中学632所，比上年减少2所。其中高级中学42所，比上年减少6所；完全中学248所，比上年增加7所；初级中学267所，比上年减少9所；九年一贯制学校75所，比上年增加6所。初中招生100636人，毕业97587人，在校学生302269人，其中本市户籍在校学生221506人，比上年减少14448人。高中招生64146人，毕业58275人，在校学生195072人，其中本市户籍在校学生177855人，比上年减少5004人。中学教职工77282人，比上年增加6864人，其中专任教师50856人，比上年增加983人，其中研究生毕业5042人、本科毕业44394人。专任教师占教职工总数65.8%。初中专任教师30539人，比上年增加284人，学历合格率99.8%，与上年基本持平，初中生师比为9.9∶1；高中专任教师

20317人，比上年增加699人，学历合格率99.1%，比上年增加0.2%，高中生师比9.6∶1。普通中学占地总面积2202.6万平方米，生均44.3平方米；校舍建筑总面积1096.7万平方米，生均22.1平方米；固定资产总值197.6亿元，包括仪器设备总值32.4亿元。

（王雪青）

【开展高中学校特色建设】 3至12月，

市教委开展高中学校特色建设工作。内容包括召开高中特色发展试验项目启动会，提出整体工作思路和工作机制；参加教育部普通高中多样化特色发展改革试点情况交流会，介绍北京市普通高中特色发展历程和基本情况；组织部分高中校长16人赴沪、苏、浙进行高中教育专项考察；组织专家对44所国家级高中特色发展项目学校试验方案进行评审，并整理反馈意见、召开针对性指导专题研讨会；根据学校特色创建理论与实践需求，结合具体案例组织项目学校培训；召开北京市高中特色发展研讨交流会，教育部、市教委、市教育督导室领导，以及各区县教委主任、高中校长200人参加会议。12月16日，市教委向45所北京市参加国家级开展高中特色发展试验项目学校颁牌。

（王雪青）

【举办第三届高中课改学生论坛】 5月6日，市教委举办北京市第三届高中课程改革学生论坛暨2011年“翱翔计划”学员开课仪式。活动由北京教科院、北京青少年科技创新学院承办，海淀区教委协办，以“翱翔学员话责任，多方齐聚迎新生”为主题，在北京市第一零一中学举行，包括北京市第三届高中课程改革学生论坛、2011年“翱翔计划”学员开课仪式、

2011级学员与基地学校、高校和科研院所实验室的对接会、翱翔学员新学年第一堂课——“科学家报告会”及基地学校反馈会5部分内容。“翱翔计划”数学、物理、化学、生物、信息技术、地理、人文与社会7个学科领域、23所基地学校共接收172名2011级新学员。中科院、市政协、市教委、市科委、市科协相关院士、领导，北京教科院、“翱翔计划”参与学校负责人、学员、教师、家长700人参加会议。

（任虹）

【三十五中李大钊研究会揭牌】 6月16日，北京市第三十五中学“李大钊研究会”揭牌。研究会是由三十五中社团管理服务中心负责，与北京大学中国李大钊研究会与李大钊纪念馆合作开发校本课程，挖掘与传承李大钊精神，面向全校学生开展爱国主义教育、革命传统教育以及价值观教育。其间，该校聘请李大钊嫡孙李建生为名誉校友并授予银质校徽，同时“志成教育基金会”成立。

（郭轶琮）

【举办北京青少年翱翔科学论坛】 9

月14至23日，市教委举办第三届北京青少年翱翔科学论坛。论坛在部分区县以及20所基地学校分别举办数学、物理、化学、生物、信息技术、地理6个场次学科分论坛，观摩144名2010级翱翔学员汇报展示学习作品130篇，表现翱翔学员能力水平与社会责任感。入选作品经过学员自评、同伴互评、导师评价、基地评价、专家书面评审环节评选产生。论坛与市科委共同主办，北京教育科学研究院、北京青少年科技创新学院承办，来自教育部、中国科学院、中央教科院，市教委、市科委、市人力社保局，北京教育学院、北京教育考试院等单位领导、专家，“翱翔计划”参与单位负责人、教师、学员2000人参加论坛。

（任虹）

【颁发中学生宏志奖学金】 9月，市教委完成第13届普通高中宏志奖学金评选工作。此次评选包括报名推荐、民主评议、材料审核、公示程序环节，面向普通高中在校生中城乡低保家庭、低收入家庭子女、享受社会优抚待遇家庭子女、烈士子女及经民政部门认定的其他困难家庭子女，要求在校期间品行良好、关心集体、乐于助人、学业成绩及学生综合素质评价优良。全年共完成资助3347名学生、每人金额800元。普通高中宏志奖学金评选活动始办于1997年，每年评选一次，至此北京市享受宏志奖学金学生共计36776人。

（王雪青）

【获第二届全国教育改革创新特别奖】 11月15日，“翱翔计划”获得第二届全国教育改革创新特别奖。该奖项由中国教育报、中国教育新闻网组织评选，面向全国教育系统，分为公众投票、专家评议两个阶段，评选标准包括为各地各校提供可资借鉴的教育改革创新实践案例，激发广大教育工作者改革创新的激情和活力，推动教育规划纲要的全面贯彻落实，推动教育事业科学发展的教育改革创新实践经验。来自全国各省市地区150个项目参评，210个项目获奖，奖项由国家领导李源潮、刘延东颁发。“翱翔计划”2008年启动，北京市基础教育课程改革实验工作领导小组指导实施。

（任虹）

【整合“翱翔计划”基地校】 至年底，市教委整合“翱翔计划”基地学校。此次工作本着提高学员培养针对性和实效性，推动学校特色发展基本

原则，将原学科领域调整为“数学与信息科学”（包括数学、信息技术等）、“物理与地球科学”（包括物理、地理、通用技术等）、“化学与生命科学”（包括化学、生物等）、“人文与社会科学”（包括语文、外语、历史、政治、音乐、美术或艺术等）4个培养领域工作。10月，市教委组织完成新一轮基地学校申报、区县推荐和专家评审，最终全市确定29所学校为新一轮“翱翔计划”基地学校。

（任虹）

中　　学

北京市第二中学

【概　况】　2011年，北京市第二中学占地面积30596平方米、建筑面积38224平方米、体育场馆面积8296平方米。图书馆藏书98327册，电子图书400GB，订阅杂志216种、报纸25种。固定资产总值6114.87万元，拥有计算机500台，多媒体教室座位3358个。全年教育经费投入5099.51万元，其中，国家拨款3862.32万元、自筹经费1237.18万元。学校信息化经费投入150万元，校园网出口总带宽20Mbps，数字资源量100GB，“信息技术”课程2课时/周。普通教室42个、专用教室21个、实验室27个。教职工212人，包括副高级职称70人、中级职称38人。专任教师145人，包括特级教师6人、北京市学科教学带头人2人、市级骨干教师7人；本科及以上学历144人。开设高中教学班39个。毕业382人、招生465人、在校生1213人。高中录取分数线542分（东城区），应届高考本科上线率100%。网址：www.bjn2ms.net。

（钮小桦）

【李旸获健美操世界杯金牌】　2月24日，二中高三年级学生李旸参加健美操世界杯系列赛获得冠军以及“国际健将”称号。李旸获得三人操比赛铜牌、六人操比赛金牌。此次比赛由国际体操联合会主办，面向全世界大中小学生，分为预赛、决赛两个阶段，决赛在法国里昂市举行，包括成年组、青年组两个组别，设置15个项目。来自世界24个国家和地区700名运动员参赛，40人获奖。

（李震）

【开展学生社会实践】　3月18日，二中组织开展学生“职业见习日”社会实践活动。活动旨在增强高中学生社会体验，带领学校高一、高二年级学生903人走进中央人民广播电台、法制晚报社、北京广播电台、北京市气象局、120急救中心、肯德基总部、北京市珐琅厂、苏宁电器物流中心、腾讯网等20个资源单位进行参观，经行业专家授课、座谈交流、职场体验、公益活动等环节了解社会工作。

（李震）

【建设博士学历教师队伍】　3月29日，二中加强博士学历教师队伍建设。学校召开“在创新中发展”主题人才建设工作会，针对12名博士研究生教师具体情况，出台《北京二中博士学历教师队伍建设的几点意见》，规定为每名博士学历新任教师配备学科指导教师；鼓励其从专业出发主持“精品课程”建构；发挥自身专业资源优势指导研究性学习，为学生开设选修课、为教职工开设专题讲座等。

（李震）

【参加全国中学生天文奥赛获奖】　4月29日至5月3日，二中学生天文社团参加2011全国中学生天文奥林匹克竞赛获奖。该校天文社团学生20人参赛，高三年级学生程思森获得一等奖，程思浩、成昕伦、房庚雨分获二、三等奖。此次比赛由中国天文学会普及工作委员会、北京天文馆、北京师范大学天文系及《天文爱好者》杂志主办，面向全国中学生，分为预赛、决赛两个阶段，决赛在北京市延庆县举行，包括低年级组、高年级组两个组别。来自全国各省市地区22个参赛队127名选手参赛，经过笔试、星空观测、天文望远镜操作等环节角逐，最终评出一等奖9个、二等奖24个、三等奖40个。

（李震）

【开展百所高校进校园活动】　5至12月，二中开展“百所高校进校园活动”。该活动邀请中国传媒大学、北京外交学院、北京化工大学等100所高校教师，围绕各高校办学理念、办学特色、人才培养、专业设置、招生就业等方面情况交流座谈，旨在帮助家长、学生消除对高校及专业设置认识的偏差。全校学生、家长500人参加活动。

（李震）

【郭慕孙院士实验室颁牌】　6月13日，二中“郭慕孙院士几何动艺实验室”颁牌。学校实验室承担郭慕孙指导建设孵化器作用，旨在依据书本知识，向青少年传播科技与艺术结合成果，现有数学、物理、通用技术学科教师4人、学生成员30人。颁牌仪式在中国科学院学术会堂举行。“几何动艺”是由中国科学院院士郭慕孙所创，学科融合“艺术灵感、科学分析、精确手艺”。

（李震）

【国际部正式招生】　7月，二中国际部正式招生。该校与美国加州索斯兰高中联合办学，面向北京市招收学生，学制为3年，要求学生在校期间根据相关章程，完成规定科目学习，并参加中、美两国教育机构举办水平考试，其中，美国高中课程由美籍教师授课、中国课程由本校教师兼任。国际部首次招收学生77人。

（李震）

【开设学科素养课】　11月4日，二中开设“百节学科素养课”。学科素养课旨在体现学科认识、学科思想、学科方法、学科应用和拓展以及跨学科综合，由各教研组整合学科教师课程，经电教组编辑，利用每周五时间向学生展示播放。该校教师、学生

1200人参加活动。学校此系列活动包括2009年开展的“百位名人进校园”、“百位校友进校园”、“走近百位学生家庭”，2010年开展的“百位教师进班级”。

（李震）

北京市第五十中学

【概　况】 2011年，北京市第五十中学占地面积27910平方米、建筑面积24360平方米、体育场馆面积10125平方米。图书馆（室）藏书97213册，订阅杂志、报刊122种。固定资产总值5160万元，拥有计算机841台，多媒体教室座位2083个。全年教育经费投入3767万元，其中，国家拨款3724万元、自筹经费43万元。校园网出口总带宽100Mbps，数字资源量2611.20GB，“信息技术”课程初中2课时/周、高中2课时/周。普通教室48个、专用教室11个、实验室8个。教职工215人，包括高级职称64人、中级职称69人。专任教师153人，包括市级骨干教师3人、北京市学科教学带头人1人；本科及以上学历151人。开设教学班48个，其中，初中班24个、高中班24个。毕业612人，其中，初中323人、高中289人；招生500人，其中，初中267人、高中233人；在校生1657人，其中，初中877人、高中780人，包括寄宿生151人。高中录取分数线501分（东城区），应届高考本科上线率100％。网址：www.bj50.com。

（曹天骄）

【接待美国教育访问团】 4月16至21

日，五十中接待美国弗吉尼亚地区自由中学访问团。该访问团包括师生一行11人，期间美方教师作公开课1节、该校英语教师作交流课4节，双方教师围绕教育教学方法等问题展开交流讨论；学校为7名美方学生开设常态课9节，包括国画、中国功夫、中国结、抖空竹等内容，并安排入住高一年级学生家庭体验生活。

（曹天骄）

【举办教师专业发展论坛】 5月10日，五十中举办教师专业发展论坛。该论坛以“丹心育桃李、芬芳铸师魂”为主题，坚持“认真做事情，用心办教育，做五十中主人”思路，组织教师分享教育教学体会，其中，青年教师以自我成长经历为主要内容，中年教师从不同类型班级管理介绍工作方法与成果，精英班班主任谈论如何打造精英品牌体会，住宿班班主任分享工作感悟，教研组长、年级组长分别做工作汇报。全校干部、教师210人参加活动。

（曹天骄）

【举办首届游泳教学赛】 6月15日，五

十中举办首届游泳课教学效果检验比赛。此次比赛采取个人赛及团体赛形式，分为初、高中男、女子组四个组别，设置初中25米蛙泳、25米仰泳、4×25米不限泳姿接力，高中50米蛙泳、50米仰泳、4×50米不限泳姿接力项目。全校学生256人参赛，36人获奖、6个班级获团体奖。五十中2008年开设游泳课，每周2课时。至年底，该校95％的学生能掌握一种以上泳姿。

（王振宇）

【开通德育博客】 9月，五十中德育博客开通。该博客由学校德育处负责管理，利用互联网开设，通过新浪网与学校网站链接，向师生展示校内各项活动并以博文形式小结，与学生共同探讨活动意义、推荐最新学习资源、搭建自由交流平台，推出十佳学生、优秀教师相关文章等，开通“五十中心理咨询室”网络栏目。至年底，博客点击率为7000次。

（曹天骄）

北京市第一六六中学

【概　况】 2011年，北京市第一六六中学占地面积19838平方米、建筑面积24065平方米、体育场馆面积4865平方米。图书馆藏书11万册，订阅杂志150种、报纸25种。固定资产总值4156.83万元，拥有计算机654台，多媒体教室座位3630个。全年教育经费投入3207.34万元，其中，国家拨款3005.15万元、自筹经费202.19万元。学校信息化经费投入305万元，校园网出口总带宽20Mbps，数字资源量1GB，“信息技术”课程2课时/周。普通教室53个、专用教室20个、实验室12个。教职工236人，包括副高级职称71人、中级职称80人。专任教师170人，包括特级教师2人、北京市学科教学带头人2人、市级骨干教师1人；本科及以上学历167人。开设教学班46个，其中，初中班24个、高中班22个。毕业652人，其中，初中352人、高中300人；招生556人，其中，初中331人、高中225人；在校生1843人，其中，初中1027人、高中816人；外省市借读生141人，其中，初中124人、高中17人。高中录取分数线517分（东城区），应届高考本科上线率100％。网址：www.bj166z.cn。

（王蕾）

【开办冰心文学班】 4月6日，一六六中开办冰心文学班。该校举行“秉承育人本真，构筑教育生态——文学教育论坛暨高中冰心文学班启航盛典”，设有“课程润文学”、“魅力展文学”、“冰心作品诵读会”、“学生诗歌作品赏析”四个论坛，国家督学总顾问陶西平，市教委、东城区教工委领导，以及社会人士、学校师生700人出席活动。“高中冰心文学实验班”招收学生37人，学习内容涵盖国家课程、地方课程、校本课程、特色课程、实践课程。

（翟莉梅 荣志宇）

【生命科学实验班开班】 5月13日，一六六中“高中生命科学创新人才培养实验班”开班。该实验班是“中国遗传学会科普教育基地”、“北京师范大学生命科学学院后备人才培养基地”，学校与北师大生命科学学院、美国冷泉港医学中心、英特尔公司联合开办系列课程并提供科学实践机会，面向北京市招生，现有学生44人在班学习。

（翟莉梅 荣志宇）

【开展高效课堂教学系列活动】 8月和12月，一六六中开展高效课堂教学系列活动。8月28日，学校召开教学年会。会议邀请国家督学做“部分质量调研结果对教师工作的启示”主题发言，与会人员围绕“多元课程、多元发展”思路就学校语文、化学、地理、物理、数学学科课例进行研讨，为课堂教学提供经验支持和理论依据。全校教师240人参加交流。12月3日，学校举办“秉承育人本真，构筑教育生态”同课异构活动。此次活动与东城区教师研修中心、四中、汇文中学、广渠门中学、一七一中协办，13名教师就高一年级数学、物理和高二年级物理、历史学科作公开课，课后专家围绕“一节好课的标准”进行点评，认为同课异构是一种提高课堂教学实效性的有效方式。来自市、区研修中心、学校教师200人参加活动。

（张韬 翟莉梅）

【艺术教育基地挂牌】 12月26日，一六六中艺术教育基地挂牌。该校与北京人民艺术剧院、中央戏剧学院、国家交响乐团签约，协议规定艺术单位提供每学年1至2次艺术教育领域的专家报告，开办艺术选修课程、论坛、社团辅导等，以提高师生的艺术修养；学校承担为学生提供艺术教育实践机会，推荐优秀高中毕业生参加艺术单位自主招生，成立艺术单位“老艺术家工作室”，并为工作室提供必要的保障。其间，学校举办特色艺术论坛，第一单元“艺术素养”，展示“节奏时间的艺术”、“解放天性”、“律动与创造”、“体的探索与创造”、“不一样月光”五门校本必修、选修课程；第二单元揭晓“北京市第一六六中学艺术教育风云人物”；第三单元召开“艺润心灵”研讨会，与会人员就“中学艺术教育对人生的影响”、“如何提高特长生综合素质”、“中学与大学艺术教育的衔接问题”、“中外艺术教育发展趋势与实施策略”、“艺术教育对提高学生人文素养的影响”问题展开讨论；同时东城区教委宣布一六六中戏剧联盟成立，包括史家小学、汇文一小等10所中小学。社会各界领导、专家，以及该校师生700人参加活动。

（丁之强 李彤）

北京市广渠门中学

【概　况】 2011年，北京市广渠门中学占地面积20034平方米、建筑面积27813平方米、体育场馆面积14440平方米。图书馆藏书92066册，订阅杂志41种、报纸18种。固定资产总值8513.04万元，拥有计算机625台，多媒体教室座位1814个。全年教育经费投入4535万元，其中，国家拨款4397万元、自筹经费138万元。学校信息化经费投入45万元，校园网出口总带宽10Mbps，数字资源量800GB，“信息技术”课程2课时/周。普通教室51个、专用教室13个、实验室11个。教职工222人，包括副高级职称39人、中级职称75人。专任教师162人，包括北京市学科教学带头1人、市级骨干师3人、特级教师2人；本科及以上学历157人。开设教学班51个，其中，初中班25个、高中班26个。毕业677人，其中，初中326人、高中351人；招生549人，其中，初中297人、高中252人；在校生1814人，其中，初中976人、高中838人，包括寄宿生281人。高中录取分数线518分（东城区），应届高考本科上线率100%。网址：www.gqmms.com。

（高昂 彭雪兰 吴臻）

【获高中篮球北京赛区冠军】 2月，广渠门中学男子篮球队获得2010至2011赛季阿迪达斯高中篮球联赛北京赛区冠军。此次比赛由市教委主办、北京市中小学体协承办，面向全市高中学校，分为预赛、决赛两个阶段，决赛在北京市第十五中学举行。来自全市各区县16支队伍参赛。

（高昂 彭雪兰 吴臻）

【举行优质生源基地校签约仪式】 4月29日，广渠门中学举行“优质生源基地”校签约授牌仪式。活动与北京科技大学、北京化工大学、中国传媒大学、北京工业大学、北京第二外国语学院五所高校共同举办，来自市教委、东城区委、区政府领导，以及各高校主管校长、广渠门中学干部、师生400人出席仪式。其间，该校与五所高校分别签署合作协议，规定自9月1日起，学校高中学生可任意选择五所高校开出10门“大学先修课”，所获学分可作为高中选修课学分，高校学习也获得认可、免修相关课程。

（高昂 彭雪兰 吴臻）

【高迎轩获全国科技创新赛一等奖】 5月18日，广渠门中学初三年级学生高迎轩参加“北斗杯”全国青少年科技创新赛获得一等奖。该比赛由教育部、共青团中央、中国科学技术协会、中国卫星导航系统专项管理办公室共同主办，经历初评、复评和终评三个阶段，分为大学组、中学组。来自全国各省市地区87家单位262个作品参赛，最终评出一等奖6人、二等奖12人、三等奖24人，优秀单位组织奖10个，其中，高迎轩凭借成功研制一款应用卫星导航技术航测无人机获奖，成果在上海市“第二届中国卫星导航学术年会”展示。

（高昂 彭雪兰 吴臻）

【艺术教育取得成绩】 7月18日，广渠门中学“星光舞蹈团”参加首届香港国际舞蹈比赛获得金奖。此次比赛由中国教育国际交流协会、国际艺术专业等级评委协会、世界华侨华人社团、中国人民对外友好协会主办，中华文化五洲行组委会、世界华人青少年艺术节组委会承办，来自各个国家和地区1000名华人选手参赛，包括独舞、群舞、三人舞、双人舞项目，共展示作品108个，专业组、非专业组各设有金奖10个，其中，广渠门中学表演的《律动的青春》获得非专业组群舞金奖。

（司莉华　彭雪兰　吴臻）

【媒介素养课程开课】　10月25日，广渠门中学“媒介素养”课程开课。该课程邀请中国传媒大学教授授课，指导学生学习不同媒介形式特征与信息制作过程，批判性地解读媒介信息并有效使用，采取教师讲授、学生探究、师生互动等形式，课程共计16课时。学校高一年级学生60人参加学习。

（殷惠婷　彭雪兰　吴臻）

北京汇文中学

【概　况】　2011年，北京汇文中学占地面积52453.13平方米、建筑面积57532.43平方米、体育场馆面积28468.95平方米。图书馆藏书12万册，电子图书723册，订阅杂志125种、报纸24种。固定资产总值4752万元，拥有计算机629台，多媒体教室座位1800个。全年教育经费投入2995万元，其中，国家拨款2667万元、自筹经费328万元。学校信息化经费投入20.90万元，校园网出口总带宽20Mbps，“信息技术”课程1课时/周。普通教室63个、专用教室19个、实验室12个。教职工188人，包括副高级职称69人、中级职称68人。专任教师137人，包括北京市学科教学带头人1人、市级骨干教师5人、特级教师3人；本科及以上学历173人。开设教学班43个，其中，初中班16个、高中班27个。毕业490人，其中，初中159人、高中331人；招生528人，其中，初中235人、高中293人；在校生1569人，其中，初中618人、高中951人。高中录取分数线529分（东城区），应届高考本科上线率100%。网址：www.huiwen.edu.cn。

（祖茹）

【李星煜获市长奖】　3月27日，汇文中学高三年级学生李星煜在第31届安捷伦北京青少年科技创新赛上获得第九届“北京青少年科技创新市长奖”。李星煜获奖项目为《新型多级真空蒸馏海水淡化装置》。该奖项2003年首次设立，每年评选一届，每届评出5名获奖者。此次创新赛由各区县共推选出771个竞赛项目，内容涉及自然科学、工程技术、社会科学领域等13个学科，经市级审查167个项目进入终评，共有全市18支代表队170名青少年，以及澳大利亚、丹麦、意大利、日本、韩国、马来西亚、新加坡、乌克兰、美国9个国家师生60人参与活动。

（祖茹）

【首届黄南班学生毕业】　4月28日，汇文中学首届青海省黄南藏族自治州高中班结业。该高中班是根据原崇文区政府与青海省黄南州政府达成友好交流协议于2008年开办，招收学生25人，其中，23人完成高中三年学业返回青海省参加高考，10人达到一本录取线、占学生人数43.5%，8人达到二本录取线、占学生人数34.8%。

（祖茹）

【庆祝建校140周年】　9月10日，汇文中学举办建校140周年庆祝活动。活动围绕“继承优良传统、展示办学成就、汇集各界力量、共绘美好蓝图”主题，分为“八方来贺”、“薪火相传”、“奔向未来”三个乐章展示学校风采。来自国家、北京市领导、各界校友，以及学校师生5000人参加活动。其间，该校编辑出版《汇文学生名录》，共整理记载在校工作学习教职工1300人、学生5万人。汇文中学始建于1871年，初为美国基督教美以美会附设“蒙学馆”，后更名为“汇文书院”、“京师私立汇文中学”。1952年为北京市第二十六中学。1989年恢复校名为北京汇文中学。2001年12月，市教委认定为首批“北京市示范性普通高中”。建校以来共培养毕业生5万人。

（祖茹）

北京市第四中学

【概　况】　2011年，北京市第四中学占地面积68942平方米、建筑面积63810平方米、体育场馆面积27775平方米。图书馆藏书181138册，电子图书12058GB。固定资产总值11965万元，拥有计算机1128台，多媒体教室座位3220个。全年教育经费投入8515万元，其中，国家拨款6845万元、自筹经费1670万元。学校信息化经费投入88.87万元，校园网出口总带宽100Mbps，数字资源量12138GB，“信息技术”课程2课时/周。普通教室66个、专用教室32个、实验室28个。教职工335人，包括副高级职称116人、中级职称91人。专任教师240人，包括特级教师4人、北京市学科教学带头人3人、市级骨干教师4人；本科及以上学历240人。开设教学班64个。毕业805人，其中，初中309人、高中496人；招生879人，其中，初中400人、高中479人；在校生2496人，其中，初中1040人、高中1456人。高中录取分数线554分（西城区），应届高考本科上线率99%。网址：www.bhsf.cn。

（郭琪）

【参加全国信息学奥赛获奖】　1月9

日，四中参加第16届全国青少年信息学奥林匹克联赛（NOIP2010）北京赛区获奖。该校50名学生参赛，6人获得提高组一等奖（同时获得高考保送资格、高考加20分）、3人获得普及组一等奖。比赛由中国计算机学会主办，围绕“计算机算法与程序设计”主题，分为初赛、复赛两个阶段，包括普及组、提高组，设置一、二、三等奖、最小年龄奖、最佳女选手奖。来自全市各区县学校学生1473人参赛，评出提高组一等奖40人、普及组一等奖38人。

（秦波　王海明）

【首次在金色大厅演出】　2月8至16日，四中金帆合唱团赴奥地利维也纳首次在金色大厅演出。该校合唱团师生一行60人，应中国文化部、中国驻奥地利大使馆邀请，参加纪念中奥建交40周年文艺演出，表演《沂蒙山歌》、《夜来香》两首无伴奏中国民歌作品。四中金帆合唱团1993年成立，现拥有团员60人，取得第一、二届全国中小学生艺术展演一等奖，历届北京市艺术节合唱比赛一等奖。

（邱磊　王海明）

【开设国际课程项目】　5月，四中开设国际课程项目。项目是该校与美国布里斯中学联合开办，经北京市教委批复获准，旨在促进学校国际化发展、推动高中新课程实施，采取中外教师相结合的教学形式，开设中国高中课程与美国AP课程，在四中校本部授课。9月，课程班首次招收高一年级学生60人。

（安迎）

【参加首届国际学生峰会】　6月11至18日，四中3名学生参加第一届国际学生峰会。会议由新加坡来佛士学院主办并在其举行，共分为“Glass Ark、Empty Pocket、Life Line、Dove Swarm、Short Crop”五个小组，商讨关于环境、贫穷、医疗、人权和粮食等国际性话题，由每所参会学校设计实施方案，并使用会议提供基金完成项目。来自世界16个国家和地区教师、学生80人参加活动，其中，四中参与完成“后天因疾病和药物使用不当而导致耳聋”问题项目展示。

（郭芳）

【召开刘葵教育思想研讨会】　6月21

日，四中召开教师刘葵教育思想研讨会。会议是该校教育论坛系列内容之一，以“青春做伴”为主题，听取刘葵作专题汇报，借助教学片断、教育故事，分别从“尊重差异，能者为师”、“知识第二，情怀为先”、“给成长一个交流的平台”、“唤醒体验，储存生命的喜悦”、“拒绝功利的教育”五个方面分享教育经验。全校干部、教师500人参加会议。刘葵，1968年11月出生，北京人，特级教师、北京市语文学科教学带头人，现任北京市第四中学语文教研组组长。

（于鸿雁　王海明）

【学生完成世界三极考察】　8月，四中高二年级学生林定炆、高三年级学生张亦弛完成对西藏珠穆朗玛峰科学考察回京。此次首届北京中学生地球第三极——珠穆朗玛峰科学考察团，由中国科学探险协会、北京青少年科技俱乐部组织，中科院高原研究所专家带领进行适应性训练，途经林芝、江孜、拉孜、日喀则、定日实地考察，最终到达珠穆朗玛峰5600米处，并现场听取中科院珠穆朗玛峰大气与环境综合观测研究站专家讲解。林定炆、张亦弛分别于2007年和2011年1月参加北极格陵兰岛西部科考与南极科考，至此完成全部“地球三极”科学考察活动。

（林定炆）

【召开学生新书发布会】　9月3日，四

中召开“道元班”高二年级学生孙天慧“90time新书发布会”。该书名为《若鱼若雁》，采取小说体裁，涉及生命、不幸、死亡、亲情、友情、爱情、理想、磨难、坚韧的奋斗与追求、生活的意义与价值选择等人生命题，包含生理学、动物学、艺术、登山运动、不同的地域与民族文化等领域知识。全书共计20万字，由文艺出版社出版。

（李靖　王海明）

【高增获全国通用技术教学赛一等奖】
10月21至24日，四中教师高增参加第九届全国普通高中通用技术课程实验工作会议暨全国高中通用技术教师教学技能赛获得一等奖。该比赛由教育部基础教育课程教材发展中心主办，围绕通用技术必修课程“控制与设计”主题，分为省（市）级初选与全国决赛两个阶段。决赛在西安市长安一中举行，分为“网上知识技能测试”、“说课比赛”、“现场命题设计制作”三个环节。500名国内外的技术教育专家、通用技术教师、教研员代表参加活动。来自全国24个省市24所学校教师参赛，评出一等奖4人，二、三等奖各10人。

（李雪梅）

【刘长铭获奖】　11月20至23日，四中校长刘长铭获得发展中国家科学院（TWAS）第22届院士大会颁发东亚、东南亚及太平洋地区教育发展奖。此次活动在意大利里雅斯特举行，包括专题研讨会、论坛，奖学金计划项目，妇女科学发展项目，院士、获奖科学家、青年通讯院士和地区奖的推荐工作，以及2012年工作计划等内容。来自世界50个国家和地区院士、科学家、特邀代表300人出席会议。其间，中国科学院院长白春礼率中国TWAS院士代表团300人出席，主持东亚与东南亚及太平洋地区（ROESEAP）院士和青年通讯院士座谈交流活动。

（郭琪）

北京市第十五中学

【概　况】　2011年，北京市第十五中学占地面积43822平方米、建筑面积37387平方米、体育场馆面积19182平方米。图书室藏书17.30万册，订阅杂志170种、报纸15种。固定资产总值3731.75万元，拥有计算机450台，多媒体教室座位144个。全年教育经费投入5876.67万元，其中，国家拨款5688.31万元、自筹经费188.36万元。学校信息化经费投入300万元，校园网出口总带宽20Mbps，“信息技术”课程初中1课时/周、高中2课时/周。普通教室60个、专用教室14个、实验室14个。教职工259人，包括副高级职称82人、中级职称83人。专任教师165人，包括市级骨干教师4人、特级教师1人；全部为本科及以上学

历。开设教学班53个，其中，初中班26个、高中班27个。毕业691人，其中，初中376人、高中315人；招生551人，其中，初中334人、高中217人；在校生1868人，其中，初中1094人、高中774人，包括寄宿生115人。高中录取分数线519分（西城区），应届高考本科上线率100%。网址：www.bj15.cn。

（莫晓红）

【接待农家女学校教师学习】 3月3日，十五中接待北京昌平农家女实用技能培训学校教师到校交流学习。农家女学校教师均来自贵州、四川、甘肃、内蒙古四个省份农村，一行共63人，观摩十五中语文、数学、外语、物理、化学、政治、历史、音乐学科课程27节，课后与干部、教师围绕教学理念、教学方法、实施策略等问题交流座谈。农家女学校1998年由《农家女》杂志社创办，是专门面向农村妇女公益性非营利培训学校，免费提供短期技能和综合素质培训，十五中于1999年与该校开展交流活动。

（马东杰）

【召开图书发布会】 3月28日，十五中召开“为了另一个自我的诞生——‘静朴丛书’新书发布会”。发布图书包括历史教师阮其红摄影作品集《心灵牧场》、语文教师邢东方篆刻作品选集《寸舞天心》，其中，《心灵牧场——摄影镜头下的心感意动》，分为5个篇章，共收录180张摄影作品，《寸舞天心》包括11个部分，以印拓附用毛笔亲自书写文字说明形式，展现创作成果200件。两书由十五中学委会负责编辑出版。

（胡永红）

【展示选修课成果】 6月13日，十五中举办“彰显个性放飞心灵——选修课成果汇演”活动。此次演出涵盖学年选修课，包括合唱《花非花》、《小白船》，英文小品《An Outing》，话剧《国际市场》、《生命呼叫转移》，瑜伽《倾听身心的律动》，服装秀《织女星》，素描欣赏《回归自然》，钢琴表演《匈牙利舞曲》等。全校初一年级师生350人参与活动。

（马东杰）

【完善学生就餐工作】 7至9月，十五中完善学生就餐工作。学校对原学生第二食堂进行整体改造，建设具有文化气息西式就餐环境，配备制作西餐全套设备，总使用面积360平方米，可容纳学生130人就餐，工程总投入90万元。学校推出学生午餐自由选择制度，工作由总务处负责管理，面向初三、高一、高二、高三四个年级学生，改变旧有固定就餐形式，规定全校学生可自由在两个餐厅选择点餐。

（杨艺）

【开展爱国主义专题教学】 9月15日至10月31日，十五中开展爱国主义专题开放式教学活动。此次活动围绕“辛亥革命”主题，与国家图书馆联合举办，由该校初中历史组教师针对展览与课本内容结合，制作观展竞赛试题，分为A类卷（高级版）和B类卷（初级版），包括客观题与主观题，注重对知识与能力考查，要求学生到国家图书馆观展，根据自身兴趣与水平选取试卷，并在观展过程中完成作答。活动同时向社会公众进行开放，其间发放试卷1300份，其中，学生600份、社会人士700份；回收学生试卷522份、校外人士78份，涉及中华女子学院、北京城市学院、人大附中、清华附中、四中、十四中、六十六中、一六一中、民大附中、宣武外国语学校、广安中学、厂桥小学学生。

（莫晓红）

北京师范大学附属中学

【概　况】 2011年，北京师范大学附属中学占地面积43877平方米、建筑面积48078平方米、体育场馆面积9400平方米。图书馆藏书17.80万册，订阅杂志147种、报纸39种。固定资产总值11314万元，拥有计算机600台，多媒体教室座位4个。全年教育经费投入3644.77万元，其中，国家拨款3053.77万元、自筹经费591万元。学校信息化经费投入13.60万元，校园网出口总带宽10Mbps，数字资源量2000GB，“信息技术”课程初中1课时/周、高中2课时/周。普通教室72个、专用教室33个、实验室22个。教职工246人，包括正高级职称6人、副高级职称92人、中级职称105人。专任教师194人，包括北京市学科教学带头人2人、市级骨干教师8人、特级教师5人；全部为本科及以上学历。开设教学班54个，其中，初中班23个、高中班31个。毕业667人，其中，初中284人、高中383人；招生645人，其中，初中313人、高中332人；在校生1934人，其中，初中885人、高中1049人，包括寄宿生人154人。高中录取分数线534分（西城区），应届高考本科上线率99.6%。网址：www.bjsdfz.com。

（朱静静）

【“钱学森班”开班】 9月1日，师大附中“钱学森班”开班。该课程班由北京市教委批准，面向全市首批招收学生30人，旨在探索“新时期杰出人才培养模式”，采取“自学＋讨论＋实践授课”形式，课程包括“伦理学”、“自主学习课”、“个性读书课”等。课程班特别聘请解放军高级工程师、钱学森之子钱永刚为顾问。12月3日，学校召开纪念钱学森诞辰100周年会议暨《钱学森从这里走来》图书首发式。该书由科学普及出版社出版，该校教师共同编写，内容分为63个章节，总计15万字，反映钱学森在师大附中学习生活情况。钱学森，1911至2009年，浙江杭州人，1923年9月进入北京师范大学附属中学学习。

（张帅）

【召开院士专题报告会】 10月21日，师大附中召开丘成桐院士专题报告会。报告会主题为“中学数学教育”，采取讲座形式，通过丘成桐讲解个人成长经历和治学经验，引导学生要从小树立志向、培养良好学习兴趣、养成读书习惯，并向学生赠送《数学与教育》、《数学与人文》、《陈省身与几何学的发展》等书籍。丘成桐，哈佛大学终身教授、美国科学院院士、中国科学院外籍院士，数学领域“菲尔兹奖”、“克拉福德奖”、“沃尔夫数学奖”获得者。

（李磊）

【庆祝建校110周年】 10月29日，师大附中举办建校110周年庆祝活动。活动主题为“百年风华，沃圃佳苑”，内容包括各届校友返校交流、创新教育研讨会、文艺节目演出等，听取校长关于学校变化和办学情况介绍。其间，学校举办美术教师书法艺术展、校友邮票艺术设计展和美术校友协会绘画作品展。全校干部、师生，以及社会各界校友4000人参加活动。师大附中1901年（清光绪二十七年）由顺天府尹堂和五城察院经清政府批准创办，始称五城学堂。1902年更名为五城中学堂。1912年（民国元年）奉南京临时政府教育部令改名为国立北京高等师范学校附属中学校。1923年更名为国立北京师范大学附属中学。1949年定名为国立北平师范大学附属中学。1953年更名为北京师范大学第一附属中学。1972年更名为北京市宣武区南新华街中学。1978年恢复校名北京师范大学附属中学，校址位于北京市西城区南新华街18号。

（朱静静）

【举办创新教育研讨会】 10月30日，师大附中举办“创新人才·基础教育”研讨会。各高校负责人、两院院士，全国人大教科文卫委员会、市教委、西城区政府、区教工委、区教委领导，以及全国各省市地区中小学校长92人出席会议。会上听取中国教育学会、人民大学、上海交通大学、西安交通大学、清华大学、北师大、师大附中、上海华东师大二附中、师大附中合作体兄弟学校、清华附中、深圳中学教授、校长专题演讲，北京教育学院专家完成点评，中央电视台对此论坛进行报道。

（郑一丹）

【获金帆舞蹈团称号】 11月4日，师大附中参加北京市学生金帆艺术团授牌仪式并获得金帆舞蹈团称号。此次活动由市教委主办，面向全市各中小学，分为申报、初审、专家评审、终审四个阶段，评审标准有学校艺术教育管理、学校课外艺术活动、艺术团师生状况等13项内容，全市共有4所学校获评。师大附中舞蹈团创办于2000年，现拥有团员40人，获历届北京市、区中小学艺术节舞蹈比赛集体一等奖。

（齐峰）

北京师范大学第二附属中学

【概　况】 2011年，北京师范大学第二附属中学占地面积65390平方米、建筑面积97375平方米、体育场馆面积26500平方米。图书室藏书10万册，订阅报刊、杂志350种。固定资产总值19481万元，拥有计算机610台，多媒体教室座位2667个。学校信息化经费投入85万元，校园网出口总带宽1030Mbps，数字资源量200GB，“信息技术”课程初中2课时/周、高中2课时/周。普通教室36个、专用教室10个、实验室22个。教职工194人，包括副高级职称55人、中级职称85人；专任教师154人，包括特级教师7人、北京市学科教学带头人2人、市级骨干教师4人；本科及以上学历153人。开设教学班59个，其中，初中班18个、高中班41个。毕业629人，其中，初中254人、高中375人；招生634人，其中，初中240人、高中394人；在校生1912人，其中，初中739人、高中1173人。高中录取分数线542分（西城区），应届高考本科上线率100%。网址：www.shsbnu.net。

（姚雪莹）

【开展首届化学日活动】 3月15日，师大二附中开展第一届化学学科日活动。活动主题为“揭开材料科学神秘的面纱”，坚持科学性、前沿性、趣味性原则，采取图片展览、讲座、动手实验、有奖竞猜形式，设计“学生百家讲坛”、“阿伏伽德罗常数与美”、“化学谜语猜猜看”、“电影中的化妆术”、“材料专业知多少”、“丰富的新型材料”六个部分内容。全校学生300人参加活动。

（姚雪莹）

【举办首届“质朴杯”评选】 5月3日，师大二附中举办首届“质朴杯”十佳志愿服务项目与十佳志愿者评选活动。此次活动由学校团委、校青年志愿者协会联合主办，旨在继承创新“五四表彰”奖励传统，树立青年志愿服务优秀典型，推进学校志愿服务开展，面向高一、高二年级学生，内容包括回顾短片和舞蹈、事迹介绍等，评选设有十佳志愿者、十佳志愿服务项目奖项。全校学生1200人、25个项目参评，10人、10个项目获奖。师大二附中青年志愿者协会2009年成立。

（姚雪莹）

【举办青少年北极科考活动】 7月14至26日，师大二附中举办青少年北极科考活动。该校师生一行30人参加科考，完成3万字科考报告、20万字考察札记。活动与中国科协探险协会、北京市青少年科技俱乐部联合举办，考察北极冰川、动植物、土壤等方面情况。

（姚雪莹）

【参加全国校外科技比赛获奖】 7月和8月7日，师大二附中参加全国校外科技比赛获奖。在第11届全国青少年机器人比赛中，该校学生汪肇澍项目“可变结构轮辐机器人”获得高中组一等奖；在呼和浩特第26届全国青少年科技创新比赛决赛中，该校学生沈欣、宋天泽、李湘依项目“屋顶绿化降雨径流截污效应的研究”获得一等奖、徐扶天项目“基于互联网的盲人信息交互系统的研究”获得二等奖。

（姚雪莹）

【参加国际化学年作品赛获奖】 9月1日，师大二附中参加国际化学年作品赛获奖。该比赛由英国皇家协会化学会主办，主题为国际“PPT化学与生活”，是纪念居里夫人诞辰100周年活动内容，北京分会在北京大学附属中学举行，采取设计科技墙报图片展示形式，包括化学与生活、化学与科技内容。来自世界各个国家和地区学生参加，其中，师大二附中高二年级学生步凡、李嘉怡作品“化学成就生活之美——浅谈上海世博会新型复合材料”获得国际优秀奖和奖金，冯燕瑛获、孙敏获优秀指导教师奖。

（姚雪莹）

【推出生涯规划课程】 9月1日，二附中推出生涯规划课程。课程面向高一年级文科实验班开设，目标为培养学生宏观的、具有前瞻性的生涯态度与信念，引导学生探索自我——认识自身兴趣倾向、能力优势和价值观帮助学生拓展生涯发展能力，提升时间、情绪、目标等管理能力和耐受挫折、生涯决策的能力，思索未来生涯方向和范围。授课方式以活动为主，强调学生参与互动，注重学生在课堂活动中的体验；活动后要求学生进行相关学习内容和探索结果的记录与分析。依据课程目标，安排自我探索主题、自我管理主题和生涯决策主题，包含兴趣探索、能力探索、价值观探索、情绪管理、目标管理、时间管理、挫折管理、人际沟通、生涯决策九个模块。该校高一年级学生 60 人参加学习。

（姚雪莹）

【宋天泽获“明天小小科学家”称号】 11 月 15 至 21 日，师大二附中学生宋天泽项目“北极地区格陵兰海周边岛屿水循环与水环境特征研究”获得“明天小小科学家”称号。此次活动由教育部、中国科协、香港周凯旋基金会共同主办，颁奖在北京市第八中学举行。

（姚雪莹）

【刁靖东获北京发明创新赛金奖】 至年底，二附中学生刁靖东项目“变形车轮的设计与研究”获得第五届“北京发明创新大赛”金奖，指导教师石林。该比赛由北京发明协会、北京市职工技术协会联合主办，来自全国 26 个省市地区 1037 项发明项目参赛，最终评出发明创新奖 110 项，其中，特等奖 1 项、金奖 19 项、银奖 30 项、铜奖 60 项。

（姚雪莹）

【开设项目研究实验班】 至年底，二附中开设项目研究实验班。该班级招收学生 27 人，在项目研究课程中学习基础课程一，包括走进项目研究、文献检索法、实验研究法、数据处理法以及案例分析；在综合实践类校本选修课程中学习基础课程二，包括实验技术与理论等。

（姚雪莹）

【开展国际教育交流合作】 至年底，二附中开展国际教育交流。该校落实国际学历插班生教育教学工作，做好 4 个长期国际项目，包括长期国际插班生项目、SYA 海外学年项目、美国纳赛尔国际课程项目、华侨中学双文化课程项目。在校学习长期国际学生 676 人，接待短期学生 130 人。学校共接待美国、日本、澳大利亚等国家 29 个团组来访，共计 760 人；分别组织学生 11 批 142 人、教师 13 批 26 人赴美国、英国、马来西亚、日本、新加坡进行交流访问。2 月和 4 月，学校分别与澳大利亚哈钦斯学校、丹麦约松中学签署友好协议。协议规定师大二附中与澳大利亚哈钦斯学校、丹麦约松中学进行教师与学生的定期交流活动，并建立基于网络的学科交流活动，有效期 3 年。至此，该校与 17 所国外学校签订友好交流协议。12 月 7 日，学校与美国海外学年总部签署长期合作协议。协议规定师大二附中提供专用教室和办公室，协助对学生进行管理，负责安排学生活动，美国海外学年总部承担招生和日常管理工作，有效期 5 年。师大二附中与美国海外学年总部于 1993 年签订第一份合作协议，1994 年开始接收美国高中生到校学习、住宿中国家庭。

（姚雪莹）

北京师范大学附属实验中学

【概　况】 2011 年，北京师范大学附属实验中学占地面积 43600 平方米、建筑面积 80930 平方米、体育场馆面积 13347 平方米。图书馆藏书 13 万册。固定资产总值 17411 万元，拥有计算机 1120 台，多媒体教室座位 6250 个。全年教育经费投入 5746 万元，其中，国家拨款 4215 万元、自筹经费 1531 万元。学校信息化经费投入 2088 万元，校园网出口总带宽 310Mbps，数字资源量 249GB，“信息技术”课程初中 1 课时/周、高中 2 课时/周。普通教室 71 个、专用教室 46 个、实验室 36 个。教职工 304 人，包括副高级职称 119 人、中级职称 132 人。专任教师 227 人，包括北京市学科教学带头人 4 人、市级骨干教师 8 人、特级教师 6 人；全部为本科及以上学历。开设教学班 71 个，其中，初中班 36 个、高中班 35 个。毕业 905 人，其中，初中 462 人、高中 443 人；招生 1005 人，其中，初中 520 人、高中 485 人；在校生 2845 人，其中，初中 1521 人、高中 1324 人。高中录取分数线 544 分（西城区），应届高考本科上线率 100%。网址：www.sdsz.com.cn。

（邢艳茹）

【训练青少年领导能力】 3 月 25 日，北师大实验中学开办卡耐基青少年情商与领导力训练活动。此次活动是“小天使行动基金推广公益校园行”内容之一，邀请美国卡耐基训练讲师，围绕“情商与领导力”主题，面向学校学生干部，通过讲座解读情商含义、讲述如何提高自身情商能力方法，采取互动学习的形式。全校学生 50 人参加学习。

（陈晨）

【参加市青少年科技创新赛获奖】 3 月 27 日，北师大实验中学参加第 31 届安捷伦北京青少年科技创新赛获奖。该校 17 名学生 14 项作品参赛，获得一等奖 7 个，高三年级学生殷岳获得第九届“北京市青少年科技创新市长奖”、高二年级学生蒋笑瑀获得“钱学森青少年航天奖”。比赛由市科协、市教委和市科委共同主办，主题为“体验、创新、成长”，分为初赛和决赛两个阶段，决赛在北京市大峪中学举行，包括学生创新成果竞赛、科学幻想画展示等项目，来自全市各区县 18 支代表队学生 170 人参加，终审项目共 167 项，共评出一等奖 81 项，二等奖 85 项。

（刚永运）

【召开市级生涯教育现场会】 11 月 17 日，北京市中学生生涯教育现场会在北师大实验中学召开。会议由市教委、北京教科院、北京教育学院联合主办，西城区教委与北师大实验中学共同承办，听取西城区教委相关负责人“生涯教育为幸福人生奠基”主题发言、北师大实验中学校长“基于学生自主发展的生涯教育创新”专题报告，并向 17 个区县代表赠送教材分享教育实践成果；现场观摩该校 5 名教师展示课，以及高二年级师生“职业梦想剧场”主题实践活动；举办高峰研讨活动，听取学校教师“生涯教育使命”主题演讲，人大、北师大、北京教科院、北京教育学院教授、专家对现场观摩课程、活动完成点评，并回答初中阶段生涯教育开展、师资培训以及课程设置等问题。来自教育部、北京市领导，各区县心理教育、生涯教育、德育教育教师 340 人参与活动。

（陈晨）

【姜江获“明天小小科学家”称号】 11 月 21 日，北师大实验中学高三年级学生姜江获得第 11 届“明天小小科学家”奖励。该校 6 人进入终评，姜江获得一等奖并获“明天小小科学家”称号、3 名学生获得二等奖、2 名学生获得三等奖。该活动由教育部、中国科学技术协会、香港周凯旋基金会共同主办，全国各省市地区高中学生 500 人提交正式申报材料，100 名学生晋级终评，通过知识水平测试、项目问辩和综合素质考察等环节，最终评出一等奖 15 人、二等奖 35 人、三等奖 50 人（获得一、二等奖 50 名学生具有保送生资格或享受高考加 20 分政策）。

（刚永运）

【举办陶瓷文明系列活动】 12 月 19 至 23 日，北师大实验中学举办陶瓷文明系列主题活动。此次活动与世界遗产青少年教育中心联合主办，经景德镇政府、景德镇陶瓷学院支持，来自联合国教科文组织、文化部、财政部、中国文学艺术界联合会领导参加开幕式。活动邀请 12 名景德镇陶瓷艺术家来校现场画瓷、制瓷，并聘请其作为顾问长期指导学生创作、讲解陶瓷知识；学校举办“青花瓷”专场纸模服装表演，开办国家博物馆研究员陶瓷专题讲座以及“陶瓷展览”；组织师生“赛宝大会”，共同分享陶瓷作品，讲述“我与陶瓷”故事，安排陶瓷专家现场鉴定，为师生藏品评级、解答问题。全校教师、学生 3200 人参加活动。

（谢微微）

北京育才学校

【概　况】 2011 年，北京育才学校占地面积 72201 平方米、建筑面积 44775 平方米、体育场馆面积 1658 平方米。图书室藏书 11.54 万册。固定资产总值 3328.73 万元，拥有计算机 870 台，多媒体教室座位 91 个。全年教育经费投入 5602.80 万元，其中，国家拨款 5302.20 万元、自筹经费 300.60 万元。学校信息化经费投入 29000 元，校园网出口总带宽 20Mbps，数字资源量 336GB，“信息技术”课程初中 1 课时/周、高中 2 课时/周。普通教室 88 个、专用教室 38 个、实验室 13 个。教职工 420 人，包括副高级职称 89 人、中级职称 162 人。专任教师 299 人，包括北京市学科教学带头人 1 人、市级骨干教师 8 人、特级教师 1 人；本科及以上学历 299 人。开设教学班 86 个，其中，小学班 39 个、初中班 22 个、高中班 25 个。毕业 806 人，其中，小学 207 人、初中 317 人、高中 282 人；招生 798 人，其中，小学 276 人、初中 270 人、高中 252 人；在校生 3130 人，其中，小学 1493 人、初中 845 人、高中 792 人，包括寄宿生 489 人。高中录取分数线 494 分（西城区），应届高考本科上线率100％。网址：www.bjyucai.com。

（马卫庆）

【推行自助餐改革】 1 月 20 日，育才学校推行自助餐改革工作。此次工作旨在贯彻落实学校“学生全面健康成长、教师科学幸福工作、学校和谐跨越发展”核心价值理念，根据需求增设自助餐柜、咖啡机等配套设施，并推行学生营养配餐刷卡服务、师生分区域就餐、教师自助式就餐服务改革措施，完善全校教师、学生 2000 人就餐工作。

（马卫庆）

【完成初中部整体搬迁】 2月1日，育

才学校完成初中部整体搬迁改造工作。此次工作包括外墙抗震加固工程改造、室内全面装修更换黑板、地下室改造、教学楼科技楼整体改造，配有配电室、教学楼多媒体教学设备，并在楼外部增加中国文化元素装饰，楼内设置育才校友介绍文化栏。初中部改造后可容纳 1000 名师生学习生活。工程 2010 年 7 月开工，由西城区政府总投资 2300 万元。

（马卫庆　李萌）

【与什邡学校签署合作备忘录】 4 月 25 日，育才学校与什邡七一城西学校签署合作交流备忘录。根据北京——什邡智力援建框架协议，两校在教育教学管理、教科研工作、校园文化建设、选派骨干教师开展学术交流、对应班级建立“手拉手”友好班集体等方面展开合作，其中，育才学校提供来访人员食宿、教育培训、教科研资源共享、派遣骨干教师开展学术交流互访；什邡七一城西学校承担选派人员来访参加培训、制订具体学习交流方案，有效期 3 年。

（马卫庆）

【获非职业管乐团队展演金奖】 5 月 10 日，育才学校管乐团获得“中华杯”中国第五届非职业优秀（行进）管乐团队展演金奖。此次展演由上海之春国际音乐节组委会、中国音乐家协会管乐学会、中国人民解放军军乐团等 10 家单位主办，在上海市举行，包括大学组、中学组、小学组三个组别。来自北京、辽宁、河北、江西、广东、浙江、上海 7 个省、市 23 支乐团 1800 名乐手参演，产生金奖 13 个、银奖 10 个。

（马卫庆　李萌）

【成为北航后备人才培养基地】 6月

3 日，育才学校成为北京航空航天大学“优秀航空后备人才培养基地”和“生源基地输送校”。该校探索与高校合作发展模式，同北航签署协议，规定育才学校提供优秀艺术科技后备人才、推荐优秀高中毕业生、招生宣传及招生体制改革相关调研合作与支持；北航承担开放校园、夏令营课外科技活动合作支持、师资共享等工

作，有效期3年。

（马卫庆）

【获全国手球锦标赛冠军】 8月3日，

育才学校获得“育华杯”2011全国小学生手球锦标赛冠军。该比赛由国家体育总局手曲棒垒球管理中心主办，围绕“教育、交流、低碳、实践”主题，在山东省潍坊市育华学校举行，分为分小组赛、决赛两个阶段，包括男女AB组四个组别，采取单循环赛制。来自全国7个省市32所学校55支代表队660人报名参赛，评出一、二、三等奖各4个，其中，育才学校小学部女子手球队获得女子A组冠军、女子B组亚军。

（马卫庆）

【获创新思维中国区赛一等奖】 12

月9至11日，育才学校获得2011至2012年头脑创新思维（DI）中国区总决赛一等奖。青少年创新思维（Destination Imagination）竞赛（简称DI），是开发创造力与创造性解决问题能力国际性竞赛。此次竞赛由DI中国区组委会主办，中国教育学会、中国青少年发展基金会、西安市教育学会等单位支持，在西安市举行，赛题分为A需要组装、B太阳能舞台、C即将上映、D新新闻、E拿好别动。来自全国14个省市地区200支队伍参赛，评出一、二、三等奖各15个，其中，育才学校“V2弯的4”队获得中学组B太阳能舞台项目一等奖，晋级美国全球赛。

（马卫庆　李萌）

北京市第八十中学

【概　况】 2011年，北京市第八十中学占地面积127797.20平方米、建筑面积106769平方米、体育场馆面积8427平方米。图书馆藏书12万册，订阅杂志350种、报纸100种。固定资产总值3.7亿元，拥有计算机975台，多媒体教室座位215个。全年教育经费投入9272万元，其中，国家拨款6391万元、自筹经费2891万元。学校信息化经费投入185万元，校园网出口总带宽20Mbps，数字资源量30TB，“信息技术”课程2课时/周。普通教室40个、专用教室27个、实验室20个。教职工330人，包括副高级职称101人、中级职称101人。专任教师300人，包括特级教师13人、市级骨干教师10人、北京市学科教学带头3人；全部为本科及以上学历。开设教学班80个，其中，初中班36个、高中班44个。毕业807人，其中，初中349人、高中458人；招生868人，其中，初中438人、高中430人；在校生2690人，其中，初中1232人、高中1458人，包括寄宿生1203人。高中录取分数线525分（朝阳区），应届高考本科上线率99.7％。网址：www.bj80.com。

（方媛）

【教师培养工程启动】 4月17日，八十中“教育家成长工程暨中国特色品牌学校共同体培训基地”启动。该校借助《中国教师报》“教育家成长工程”平台，邀请专家举办专题讲座，培训4个学时。考核经自主申报、专家答辩等环节，学校教师34人成为首批学员。

（方媛）

【开办科学创新实验班】 9月，八十中开办科学创新实验班。该实验班基于“北京市拔尖创新人才培养模式实验校”项目，以探索学校拔尖创新人才育人模式和培养机制为目的，借鉴国内外成功经验和优秀中学生成长需求，建立融合中西方课程优势适合拔尖创新人才培养课程体系，主动研究培养学生思维能力、自主学习能力核心教学方式。实验班由校长任组长、教学处负责管理，面向全市招生，授课采用自主探索、合作交流等形式。

（方媛）

【成立特级教师讲师团】 9月，八十中特级教师支教讲师团成立。讲师团为落实《国家中长期教育改革和发展规划纲要（2010至2020年）》要求，利用特级教师群体优势，义务为朝阳区、北京市以及全国经济、教育相对落后地区或学校提供有关讲学和教师培训服务。讲师团现拥有特级教师团员10人。

（方媛）

【参加纽伦堡国际发明展获奖】 10月27至30日，八十中学学生参加第63届纽伦堡国际发明展（IENA）获奖。此次展览主题为“从创意发明到市场的道路”，在德国纽伦堡展览中心举行，面向各国发明相关机构组织、个人和公司，分为专业展示、评审答辩、公众展示，包括自述、答辩、演示阶段。来自世界各个国家和地区30所学校学生750人参加，150人获奖，其中，八十中高二年级学生王一安、张悦宸设计制作“汽车行进间并线防剐蹭安全系统”获得金奖，指导教师南星、何斌；闫家琪、周扬设计制作“太阳能多功能水上自动清污船”获得银奖，指导教师何斌。

（方媛）

【出版系列校本教材】 10月和11月，八十中出版系列校本教材。该校普通高中研究性学习校本课程系列丛书，分为《研究性学习活动指南》和《研究性学习课型设计》两册，总计40万字；创新人才培养系列丛书分为《研究性学习课型设计教学案例》、《教育教学研究论文集》、《研究性学习成果论文集》（2008至2009）和《研究性学习成果论文集》（2009至2010）四册，总计128.90万字。校本课程系列丛书由八十中督导室负责编辑，西藏人民出版社出版。

（方媛）

【举办建校55周年庆祝活动】 10月，八十中举办建校55周年系列庆祝活动。14日，该校校友促进教育基

金会成立。基金会由市教委负责业务管理，由7名理事组成理事会，并设监事3名，下设办公室和财务部门，接受捐赠资金主要用于支持学校发展、教学科研、奖励优秀师生、资助贫困学生等。15日，学校举办建校55年周年庆祝仪式。此次活动围绕“回首征程多壮丽，展望明天更辉煌”主题，包括校长致辞、宣布校友会组织机构名单及章程、校友代表发言和校友捐赠仪式等内容。来自社会各界人士，以及学校干部、教师1000人参加活动。22日，学校举办庆祝建校55周年摄影书画展。该展览由学校“艺视域美术社团”组织，在北京798艺术区阿吉康卓展馆举行，展出摄影、书画作品70幅，来自社会各界人士300人参观展览。八十中1956年建校，与北京市第三师范隶属同一党支部、校委会。1962年转由八十中直接管理。建校以来共培养毕业生10万人。

（方媛）

【召开全国教育家高峰论坛】 12月21

日，田树林校长办学思想研讨会暨全国教育家高峰论坛在八十中召开。此次会议旨在学习贯彻主席胡锦涛视察八十中所作重要指示精神，总结学校在实施素质教育和贯彻落实《纲要》方面成功经验，听取田树林校长“一人一天地，一木一自然”主题报告、参会校长代表典型发言、国家总督学陶西平、北师大教授点评、学校3名副校长题为“以人为本科学发展，遵循规律内涵发展”、“提升课程领导力，培养学生可持续学习与发展能力”及“铸造中华魂，培养国际人”专题报告。来自全国各省市地区160所学校代表500人参加会议。田树林，女，1958年2月出生，北京市人，特级教师，北京市第八十中学校长、副书记。1977年参加工作，历任北京市第十四中学生物教师、班主任、教研组长、教务主任、教学副校长，宣武区教委副主任兼北京教育学院宣武分院二部院长，获评北京市百名优秀校长、全国十佳中学校长、全国教育科研杰出管理者、全国十佳教育管理者。

（方媛）

北京市陈经纶中学

【概　况】 2011年，北京市陈经纶中学占地面积67341平方米、建筑面积79206平方米、体育场馆面积32660平方米。图书馆藏书16万册，电子图书393册，订阅杂志、报刊300种。固定资产总值56109万元，拥有计算机863台，多媒体教室座位2500个。全年教育经费投入7396万元，其中，国家拨款6556万元、自筹经费840万元。学校信息化经费投入473万元，校园网出口总带宽100Mbps，数字资源量2300GB，“信息技术”课程2课时/周。普通教室106个、专用教室41个、实验室19个。教职工401人，包括副高级职称108人、中级职称139人。专任教师359人，包括特级教师8人、市级骨干教师16人、北京市学科教学带头人3人；本科及以上学历345人。开设教学班123个，其中，小学班51个、初中班38个、高中班34个。毕业993人，其中，小学154人、初中437人、高中402人；招生1098人，其中，小学257人、初中481人、高中360人；在校生3846人，其中，小学1302人、初中1408人、高中1136人，包括寄宿生121人。高中录取分数线515分（朝阳区），应届高考本科上线率99%。网址：www.bjcjl.com。

（程木昌）

【推进数字化校园建设】 2月25日，陈经纶中学开发“数字化大厅”项目。该项目由朝阳区教委投资319万元，改造现有图书馆空间资源，实现网络在线学习、教学互动与自动录播、研学探究、校园网络信息发布、学校历程展示、虚拟翻书以及终端网络化智能管理等功能。

（姚维红）

【召开首届教师表彰会】 3月29日，陈经纶中学召开第一届“群星璀璨展风采，凝心聚力创佳绩”教师表彰会。此次活动在帝景分校举行，采取学生、家长、教师共同参与形式，内容包括宣布表彰决定、事迹介绍、学生演出等。学校经过学生评议、教师评议、主管部门评议，共设教学特别贡献奖、优秀班主任、优秀副班主任、教学改革奖、优秀教研组、优秀年级组长、环境最美办公室、初三集体八个奖项。全校干部、教师80人参加活动，教师51人次获奖。

（程木昌）

【举办第五届话剧节】 4月1日至5月

13日，陈经纶中学举办第五届“校园小天地·人生大舞台”话剧节。话剧节面向高二年级学生，采取自编、自导、自演形式，共演出司马迁《鸿门宴》、鲁迅《铸剑》、法国讽刺小说《守财奴》等6个剧目。全校学生480人参加活动。陈经纶中学话剧节始办于2007年，每一年举办一届。

（司文威）

【开展首届社团文化周活动】 4月20至23日，陈经纶中学开展第一届社团文化周活动。此次文化周主题为“激情社团周，风采耀经纶”，该校60个学生社团中52个参加展示，包括“气候酷派优秀小队”、“电影社”、“模拟联合国”等，采取走秀和现场互动形式，展示社团风采和成果。全校学生1200人参加活动。

（周一繁）

【参加国际青少年合唱赛获奖】 7月17日，陈经纶中学参加2011香港国际青少年合唱赛获奖。此次比赛由国际合唱联盟主办，香港合唱协会承办，每三年举办一届，主题为“I sing the melody we sing in harmony”，面向世界各国热爱合唱青少年儿童，分为录像选拔、现场比赛、友好音乐会、大师班讲座、音乐嘉年华、世界优秀合唱团观摩六个阶段，采取童声合唱、同声合唱、混声合唱、分组比赛、分组交流、集体研讨形式，展示西方古典合唱作品、民族合唱作品、现代合唱作品。来自日本、韩国、新加坡等10个国家30支合唱队参加，20支队伍获奖，其中，陈经纶中学“经纶之声”合唱团由学生70人组成，表演西方古典合唱作品《ubi》、《芭芭拉安》，中国民族合唱作品《花儿里要答出个话来》、《等你到天明》，现代合唱作品《sleep》等节目，获得3个金奖、1个银奖。

（王帅）

【保利分校开学】 9月1日，陈经纶中学保利分校开学。保利分校校址位于朝阳区常营乡保利嘉园社区，占地面积24600平方米、建筑面积19848平方米，由朝阳区教委投资4355.42万元，是九年一贯制学校，开设教学班24个，拥有教职工89人，招收学生960人。

（张海霞）

【庆祝建校90周年】 10月8至17日，陈经纶中学举办建校90周年庆祝活动。活动包括召开清水安三教育思想研讨会、尝试教育理论与实践研讨会、回顾90年办学报告会、经纶人继承发扬优秀办学传统交流会、“十年示范校建设”总结表彰会、90年校庆师生庆祝会。全校干部、师生5000人参加活动。陈经纶中学创办于1921年，原名崇贞学园。1949年更名为北京市女子第四中学。1966年更名为朝阳中学。1992年更为现名，北京市示范高中，现为校本部、望京分校、嘉铭分校、帝景分校、保利分校五址办学。建校以来共培养毕业生5万人。

（程木昌）

北京市和平街第一中学

【概　况】 2011年，北京市和平街第一中学占地面积61965.90平方米、建筑面积48782平方米、体育场馆面积30817平方米。图书馆（室）藏书11.91万册，订阅杂志、报刊195种。固定资产总值9506.01万元，拥有计算机300台，多媒体教室座位100个。全年教育经费投入6008.91万元，其中，国家拨款5561.10万元、自筹经费447.82万元。学校信息化经费投入169.79万元，校园网出口总带宽100Mbps，数字资源量4GB，“信息技术”课程4课时/周。普通教室66个、专用教室45个、实验室17个。教职工320人，包括副高级职称83人、中级职称105人。专任教师285人，包括特级教师1人、市级骨干教师2人、北京市学科教学带头人1人；本科及以上学历279人。开设教学班61个，其中，初中班24个、高中班37个。毕业621人，其中，初中222人、高中399人；招生680人，其中，初中276人、高中404人；在校生1829人，其中，初中548人、高中1281人，包括寄宿生452人。高中录取分数线496分（朝阳区），应届高考本科上线率45%。网址：www.phs.bj.cn。

（邱颖）

【参加市学生艺术节获奖】 3月29日、30日和5月，和平街一中参加北京市第14届学生艺术节获奖。学校管乐团、民乐团参加艺术节（朝阳赛区）集体项目展演，演奏《指环王》组曲、《黑狼》以及民乐曲《快乐的牧马人》，获得管乐展演一等奖。该校高一年级学生张宇参加艺术节声乐项目比赛，表演节目《天路》，获得一等奖，并被评为“北京市中学生艺术之星”。

（房子维）

【组织拓展与社会实践活动】 4月4日，和平街一中组织拓展训练与社会实践活动。该校组织预科、高一、高二年级内高班251名师生到北京植物园进行拓展训练。活动以小组为单位，项目是学校与专业公司共同设计，重在增强学生吃苦耐劳意志、培养团队意识。学校组织高三年级内高班72名学生到天津市开展“强我国防，爱我中华，胸怀祖国，放飞理想”主题社会实践活动，带领学生参观“基辅”号航空母舰、周恩来邓颖超纪念馆、南开大学等。

（王建玲）

【参加第五届全国童声合唱赛获奖】 7月21至28日，和平街一中参加第五届全国童声合唱赛获奖。此次比赛由文化部与广东省政府主办，中国合唱协会、中山市人民政府、中国宋庆龄基金会协办，为纪念辛亥革命100周年，在广东省中山市举行，面向全国中小学校与少年宫合唱团，分为申请、遴选、推荐三个阶段，设有儿童组与青少组两个组别，包括开、闭幕式展演、大师班展示等内容。来自全国各个省市以及香港、澳门、台湾地区学校50支合唱队参赛，38支队伍获奖。其中，和平街一中金帆合唱团由学生42人组成，表演《革命先行者之歌》、《我祝福你森林》、《花儿少年》获得比赛铜奖。全国童声合唱比赛始办于2000年，每三至四年举办一届。

（王建玲）

【召开第五届班主任基本功赛表彰会】

9月25日，和平街一中召开第五届班主任基本功比赛总结表彰会。会议主题为“我与和一共成长”，表彰班主任教师61人，并就主题班会、班级常规管理、情景问答以及班主任工作征文四个方面工作进行总结。全校干部、教师93人参加会议。和平街一中班主任基本功比赛始办于2006年，每年举办一届。

（房子维）

【举办法制专题教育】 11月8日，和平街一中举办“青春船长，法制起航”专题教育活动。此次活动邀请东城区司法局专家，推出法制公开课“学法的孩子伤不起”，以社会网络事件为脉络，借助演弹唱等表现形式，阐述如何预防网络犯罪、远离毒品、醉驾入刑、预防早恋等法律常识。全校教师、学生1000人通过现场参与、网络视频收看。该活动2009年由东城区司法局发起，组织“模拟法庭”、“绿色环保行”、“守法新势力”等10场青少年法制实践活动，30000名青少年受益。

（房子维）

【与两所学校建立友好关系】 12月24日和28日，和平街一中分别与广东省中山市第一中学、贵州修文中学签订“手拉手”友好协议。按照协议，双方开展互派教师学习合作，加强管理层面信息交流，互相借鉴办学思想和教育、教学管理成果资料；其中一方有重大活动，邀请对方派员参加；互派干部到对方学校挂职学习，互派教师到对方学校做课；通过网上教研、学术讲座、课题合作等方式，在新课程实施、校本教研和校园文化建设等方面拉手共建。

（邱颖）

北京市第十二中学

【概　况】 2011年，北京市第十二中学占地面积85669平方米、建筑面积70258平方米、体育场馆面积29735平方米。图书馆藏书15.15万册，电子图书1万册，订阅杂志、报刊393种。固定资产总值15890.49万元。全年教育经费投入7307万元，其中，国家拨款6738万元、自筹经费569万元。学校信息化经费投入161万元，拥有计算机1446台，多媒体教室座位3588个，校园网出口总带宽20Mbps，数字资源量3200GB，“信息技术”课程2课时/周。普通教室92个、专用教室33个、实验室27个。教职工404人，包括高级职称140人、中级职称134人。专任教师286人，包括特级教师7人、市级骨干教师15人、北京市学科教学带头人5人；本科以上学历331人。开设教学班86个，其中，初中班52个、高中班34个。毕业1136人，其中，初中733人、高中403人；招生951人，其中，初中516人、高中435人；在校生3088人，其中，初中1897人、高中1191人，包括寄宿生531人。高中录取分数线535分（丰台区），应届高考本科上线率文科97%、理科95%。网址：www.bj12hs.com.cn。

（崔茂华）

【两学生赴南极考察】 1月24日至2月10日，十二中高二年级两名学生参加南极科学考察活动。此次活动由北京青少年科技俱乐部与中国科学探险协会共同组织，面向全市中学生，采取实地考察形式，随船专家为学生讲解南极历史、地理、野生动物等知识，安排地理地貌、野生动物等科考活动。活动后，学生将南极考察样品向学校捐赠。

（崔茂华）

【教育家成长工程启动】 6月17日，十

二中教育家成长工程启动。该校与《中国教师报》教育家成长工程办公室签署协议，旨在建设专家型优秀教师队伍，学校共有10名教师被推荐为“教育家成长工程”首期学员、35名教师被推荐为“教育家成长工程”后备学员，采取共同研讨、专家指导等形式学习，培养周期为2年，并专门为学员配备学术导师、定制培养计划。

（崔茂华）

【出席世界名中学会员签约仪式】 7

月23日，十二中出席参加世界名中学联盟会员签约仪式。此次签约仪式在美国纽约市举行，协议规定十二中可以共享世界名中学联盟成员校优质资源，来自世界各个国家和地区26所学校参加，其中，中国包括十二中、四中、复旦附中等6所学校。“世界名中学联盟”由欧盟教育基金会与英国伊顿公学、美国哈佛西湖中学、北京四中共同发起，为非营利性教育组织，目标建立世界优秀中学交流国际平台，宗旨在于促进和协调中西方精英教育领域交流与合作。

（田敏）

【开办钱学森实验班与国际课程班】 9月1日，十二中“钱学森航天实验班”和“中美国际课程班”开班。两课程班是市教委批准特色发展项目，旨在早期探索拔尖创新人才并为国家航天事业发展培养后备人才和国际化人才，是高等教育与基础教育衔接，校内教育与校外教育结合，国内教育与国际教育整合，推动普通高中优质化、多样化发展有益尝试。课程班面向全市招生，由外方教师和中方教师共同执教，学习中方高中阶段必修课程、美国高中课程和美国大学先修课程（AP），国际课程学时占总学时50%以上。

（崔茂华）

【获清华、北大选拔推荐资质】 10月22日，十二中成为清华大学自主选拔“新百年领军计划”推荐资格学校与北京大学“中学校长实名推荐学校”。该校经中学教育教学成果评审，考察学校历年高考升入清华、北大人数和质量，最终取得推荐资格。全国有221所中学获得清华大学2011至2012年度推荐资格。

（崔茂华）

【学生参与小卫星研制】 12月5日，十二中两名学生参与“希望2号”小

卫星研制。此颗卫星由钱学森青少年航天科学院专家、师生共同开发，该校学生全程参与，采用光电技术，利用合金铝为材料，由两个扁方形星体构成，星体间用柔性太阳能电池连接。它将择机跟随大卫星进行发射，《北京日报》对其进行报道。

（崔茂华）

【与北师大签署合作协议】 12月23日，十二中与北京师范大学教育学部签署教育合作协议。根据协议，北师大教育学部通过举办夏令营、学生论坛、社团活动对接等方式，让十二中学生走进高校，听取教授讲座、观摩实验室、参与学术活动、旁听基础课程、了解大学专业设置与教学内容；开办教师提升学历层次培训班，并为学校干部提供专业培训，提高执行力与管理水平。十二中将作为北师大教育学部实习基地、挂职岗位，双方共同开展课题研究，联合举办“高中教育质量改进国际论坛”等。协议有效期3年。

（崔茂华）

北京市第十八中学

【概　况】 2011年，北京市第十八中学占地面积51450平方米、建筑面积44858平方米、体育场馆面积23613平方米。图书馆藏书8.90万册。固定资产总值13288.60万元。全年教育经费投入3461.49万元，其中，国家拨款3193.91万元、自筹经费267.58万元。学校信息化经费投入116.84万元，拥有计算机467台，多媒体教室座位170个，校园网出口总带宽15Mbps，数字资源量600GB，“信息技术”课程2课时/周。普通教室60个、专用教室24个、实验室20个。教职工200人，包括高级职称56人、中级职称65人。专任教师152人，包括特级教师3人、市级骨干教师3人；本科及以上学历152人。开设教学班46个，其中，初中班22个、高中班24个。毕业568人，其中，初中247人、高中321人；招生516人，其中，初中250人、高中266人；在校生1479人，其中，初中671人、高中808人，包括寄宿生220人。高中录取分数线491分（丰台区），应届高考本科上线率90%。网址：www.bj18.net。

（翟力平）

【开展感恩主题教育】 8月，十八中开展感恩主题教育活动。此次活动面向初一年级新生，共分为三个阶段，通过写文章、演讲、手抄报和演示文稿形式，组织“学生讲述亲情故事”、“我为爸爸妈妈做件事”；以教师节为契机，学生回到母校表达感谢；争当“社区文明小使者”，关爱空巢老人，慰问节日期间坚守工作岗位劳动者。全校学生172人参加活动。

（徐红梅）

【举办首届读书节】 11月，十八中举办首届读书节活动。活动面向初一年级学生，以“走进经典，对话大师”为主题，利用中午休息时间，走进图书馆、阅览室，重点阅读教师推荐《钢铁是怎样炼成的》、《鲁宾逊漂流记》、《骆驼祥子》等经典名著。全校学生172人参加活动。

（徐红梅）

【与新加坡乒乓球队开展交流】 12月

3日，十八中接待新加坡国家乒乓球队交流访问。访问团包括少年女队一行10人，与该校乒乓球体育俱乐部学员共同开展文化以及打球技战术交流活动，举办比赛32场次。

（马永学）

【校园改扩建工程完成】 至年底，十八中校园改扩建工程完成。2月15日，该校南校区扩建工程竣工并交付使用，硬件建设包括教学楼、实验楼、行政办公楼、学生宿舍楼、食堂，占地面积51450平方米、建筑面积38437.20平方米，可容纳师生1500人学习生活。工程2009年10月开工建设，由市发改委投资1.40亿元。

8月29日，该校北校区教学楼抗震加固工程完工。施工面积7293平方米，采取墙壁钢筋拉网、内外墙加厚喷浆结构，对教学楼进行改造装修。工程3月21日开工，由市政府投资745.10万元、区政府投资1117.65万元。

（李桂明）

北京市丰台区丰台第二中学

【概　况】 2011年，北京市丰台区丰台第二中学占地面积23713平方米、建筑面积17155平方米、体育场面积6000平方米。图书馆藏书76130册，电子图书800册，订阅杂志、报刊500种。固定资产总值2803.76万元。全年教育经费投入3584万元，其中，国家拨款3396万元、自筹经费188万元。学校信息化经费投入53.73万元，拥有计算机309台，多媒体教室座位2902个，校园网出口总带宽20Mbps，数字资源量1100GB，“信息技术”课程1课时/周，普通教室46个、专用教室9个、实验室10个。教职工226人，包括高级职称56人、中级职称55人。专任教师165人，包括特级教师6人、市级骨干教师9人、北京市学科教学带头人2人；本科及以上学历162人。开设教学班46个，其中，初中班22个、高中班24个。毕业602人，其中，初中298人、高中304人；招生508人，其中，初中239人、高中269人；在校生1647人，其中，初中778人、高中869人，包括寄宿生185人。高中录取分数线517分（丰台区），应届高考本科文理上线率100%。网址：www.bjf2.cn。

（白杨）

【环保社团成立】　3月4日，丰台二中“淡若自然”环保社团成立。该社团由学校发展中心牵头，学生自愿参与，现有团员23人，目的在校园中倡导生活垃圾零废弃观念，鼓励学生分类回收身边废旧书本、废电池等，社团成员对每名学生进行“绿色责任积分卡”登记。其间，活动共收集废电池100节、废旧书本20公斤、发放环保宣传画20册。11月21日，该社团与丰台一小共同开展“绿色生活行动”校园行活动。鼓励学生收集废旧电池、药瓶等，并宣传回收处理方法与绿色环保理念。两校学生30人参加活动。

（昝晨辉）

【与英国新兰女中建立友好关系】　4月18至22日，丰台二中与英国赫尔地区新兰女中建立友好关系。该访问团包括校长、教师一行3人，观摩数学、英语公开课，并分别为初一、高一年级班级做英国文化介绍，随后与英语教研组教师进行座谈。其间，双方签署友好合作协议，就交流时间与形式、“公民教育”项目意向、两校师生交流互访事宜进行商定。

（崔文健　李劲松）

【开展志愿交流活动】　6月7日，丰台二中开展“爱的桥梁——携手‘南关’共渡难关”主题志愿交流活动。此次活动与小天使行动基金共同开展，该校14名团员学生、2名教师到房山区良乡南关希望小学，与80名三年级学生举行趣味运动会，参加跳长绳、两人三足接力、30米接力跑等项目；与50名四年级学生共同参加“《未成年人保护法》带你走进希望之光”法律专题讲座学习，由丰台二中政治教师主讲，讲述家庭保护、学校保护、社会保护等法律知识，经过提问、互动交流、案例分享等环节，指导学生如何维护自身合法权利。其间，该校向南关希望小学捐赠学习、生活用品86件。

（刘珂）

【举办15周年团庆音乐会】　11月14日，丰台二中金帆管乐团举办15周年团庆音乐会。此次活动在北京音乐厅举行，来自丰台区委、区教委领导，各学校干部、教师，以及高一年级学生280人到场观摩。活动分为上下半场，该校管乐团学生演奏《时光倒流》，毕业生演奏《巴伐利亚波尔卡》、《我是一个兵》、《我们是骄傲的管乐队》等乐曲；《茶花女》、《萨克斯的桑巴舞》、《苏格兰的蓝铃花》等。该校金帆管乐团创建于1996年，利用每周二、五下午、周六时间活动，曾取得北京市中小学生艺术节比赛一等奖，现有团员90人。

（肖春园　陈建奇）

【获评市中小学科技教育示范校】　12月18日，丰台二中被评为北京市中小学科技教育示范学校。此次评选由市教委、市科委、市科协、市体育局联合主办，旨在培养学生科学素养、实践能力和创新精神，分为丰台区教委主任、学校做汇报和深入学校评估两个阶段，评选标准包括目标与规划的制定、学校管理、人力资源开发和利用、物质资源开发和利用、信息资源的开发和利用、学科教学渗透、课程开发与实施、科技环境建设。来自全市各区县学校参评，19所学校当选。

（邢鲲鹏）

北京市丰台区实验学校

【概　况】　2011年，北京市丰台区实验学校占地面积59031.78平方米、建筑面积29646平方米、体育场面积10700平方米。图书馆藏书6.30万册，订阅杂志、报刊40种。固定资产总值3354万元。全年教育经费投入3684万元，全部由国家拨款。学校信息化经费投入8万元，拥有计算机300台，多媒体教室座位100个，校园网出口总带宽10Mbps，数字资源量50GB，“信息技术”课程2课时/周。普通教室44个、专用教室4个、实验室7个。教职工257人，包括高级职称41人、中级职称113人。专任教师124人，包括市级骨干教师2人；本科及以上学历10人。开设教学班36个，其中，初中班18个、高中班18个。毕业424人，其中，初中203人、高中221人；招生424人，其中，初中219人、高中205人；在校生1258人，其中，初中607人、高中651人，包括寄宿生146人。高中录取分数线473分（丰台区），应届高考本科上线率50%。网址：www.bjfes.com。

（何宏亮）

【成立特级教师工作室】　9月10日，丰台实验学校特级教师工作室成立。工作室由学校办公室和科研室主持，面向学校167名任课教师，邀请特级教师余明忠等5人，指导教师课堂教学、教研组建设、青年教师培养等，对学校工作、教师培养提出建议，引导教研组加强学科建设，优化教研活动，形成专业发展意识。

（何宏亮）

【组织教师培训】　9月和10月，丰台实验学校组织教师培训工作。9月27日，学校第四届青年班开班暨人才培养项目启动会举行。来自丰台区教委领导，以及该校教师167人参加会议。学校校长提出青年班教师要以“爱岗敬业，德艺双馨”为宗旨，以

“知行合一，德能兼修”为班训，“修身六有、精业六能”为培养目标。培训班采取听报告、外出交流、自我体悟等形式开展师德、师能学习，共计260学时。10月14日，学校举办“师带徒”活动启动仪式。丰台区教委领导，丰台分院教研员，以及该校干部、教师270人出席会议。其间，校长宣读“师带徒”活动要求与结对名单，16名青年班主任与11名优秀班主任结成师徒对子并签订协议，学校向师徒接受聘书与《师带徒活动记录手册》。

（何宏亮　韩立颖）

【举办校园科技节】　10月10日至11月30日，丰台实验学校举办“金色之秋”科技节活动。此次活动分为参观、竞赛、展览、汇报四个阶段，内容包括“数独竞赛”、“英语演讲”、“语文辩论会”、“科技小制作”、“科技小论文”。全校共有24个班级学生1000人参加活动。

（何宏亮）

北京市第九中学

【概　况】　2011年，北京市第九中学占地面积5.67万平方米、建筑面积2.60万平方米、体育场馆面积29146平方米。图书馆藏书80701册，电子图书3300册，订阅杂志152种、报纸34种。固定资产总值6670万元，拥有计算机520台，多媒体教室座位248个。全年教育经费投入3960万元，其中，国家拨款2646万元、自筹经费1314万元。学校信息化经费投入160万元，校园网出口总带宽10Mbps，数字资源量600GB，“信息技术”课程2课时/周。普通教室34个、专用教室42个、实验室15个。教职工176人，包括副高级职称59人、中级职称48人。专任教师126人，包括特级教师2人、市级骨干教师9人；本科及以上学历126人。开设高中教学班36个。毕业451人、招生360人、在校生1331人。高中录取分数线（石景山区）503分，应届高考本科上线率98％。网址：www.9z.sjsedu.cn。

（乔慧莲）

【区儿童图书馆流动站揭牌】　4月22日，石景山区少年儿童图书馆流动站在九中揭牌。此次活动由石景山区文委和区教委主办，发挥少儿图书馆的社会教育职能，促进精神文明建设，少儿图书馆向学校新疆部提供图书100册，并定期更换。该校新疆部教师、学生100人参加活动。

（乔慧莲）

【建立教育集团课程体系】　11月，九中建立教育集团课程体系。课程整合原则为在小学高年级渗透中学生必需重要能力，包括数学学科中的分析问题与解决问题能力、语文学科的阅读能力和写作能力、英语学科的听说能力，在初中重新调整物理、化学学科课程内容；德育课程从小学一年级至高中三年级进行整体设计与推进，规划每个阶段德育目标和实施方案；综合发展系列课程，涉及体育与健康、艺术修养、科技教育，系统进行设计；成员校金顶街二小“小小金帆舞蹈团”在师资与课程方面和九中金帆舞蹈团衔接；开设博物馆课程，小学至高中学习12个学年、24个学期，系统安排学生参观20个博物馆和科技场馆。北京市第九中学教育集团2010年建立，成员校包括九中本部、九中初中部、佳汇中学、金顶街二小、金顶街四小。

（乔慧莲）

【学生素质教育取得成绩】　至年底，九中学校学生素质教育取得成绩。10月10日，该校参加第七届“舞动北京”群众舞蹈赛，表演节目《阳光路上》获得少年组金奖、作品创作金奖、总决赛金奖；11月6日，学校参加北京市青少年艺术体操锦标赛获得冠军；12月24日，学校参加北京市第17届中小学生自然科学知识竞赛获得冠军。

（乔慧莲）

【对外交流工作取得进展】　至年底，九中对外交流工作取得进展。2月7至18日，该校高二年级38名师生受邀赴美国马里兰州巴尔的摩市帕克（Park）学校游学访问；6月28日，该校组织28名学生赴英国考察学习；10月19日，学校与瑞典乌普萨拉市罗森多斯（Rosendals）高中签订友好交流协议；10月28日，该校高二年级10名学生参加“2011年中日高中生交流互访”活动；11月21至24日，学校接待新加坡莱佛士书院师生访问。

（乔慧莲）

北京市京源学校

【概　况】　2011年，北京市京源学校占地面积49161平方米，其中，幼儿部2352平方米、小学部4663平方米、中学部42146平方米；建筑面积30537平方米，其中，幼儿部4655平方米、小学部4895平方米、中学部20987平方米；体育场馆面积22218平方米，其中，幼儿部300平方米、小学部3440平方米、中学部18478平方米。图书馆藏书101123册，电子图书2万册，报刊318种。固定资产总值8626万元，拥有计算机680台，多媒体教室座位2202个。全年教育经费投入4841万元，其中，国家拨款3403万元、自筹经费1438万元。学校信息化经费投入1万元，校园网出口总带宽10Mbps，数字资源量1500GB，“信息技术”课程初中1课时/周、高中2课时/周。普通教室64个，其中，幼儿部13个、小学部16个、中学部35个；专用教室14个，其中，小学部8个、中学部6个；实验室8个，其中，小学部1个、中学部7个。教职工269人，其中，幼儿部56人、小学部45人、中学部168人；包括副高级职称40人，其中，幼儿部1人、中学部39人；中级职称97人，其中，幼儿部13人、小学部26人、中学部58人。专任教师215人，其中，幼儿部47人、小学部44人、中学部124人；包括市级骨干教师6人；本科及以上学历167人，其中，幼儿部9人、小学部32人、中学部126人。开设教学班65个，其中，幼儿班12个、小学班19个、初中班22个、高中班12个。毕业560人，其中，幼儿97人、小学74人、初中300人、高中89人；招生563人，其中，幼儿89人、小学100人、初中274人、高中100人；在校生2104人，其中，幼儿355人、小学 513 人、初中 937 人、高中 299 人。网址：www.jyxx.sjsedu.cn。

（徐继伟　雷锋利）

【开设午间大课堂】　3 月 2 日，京源学校开设“午间大课堂”。课堂面向全体学生，由学校教师或学生主讲，利用中午休息时间，旨在根据需要开发校本课程，引导学生关注社会、拓宽知识范围，提高分析问题与语言表达能力。至年底，学校共举办“中国成为世界第二大经济体的利与弊”、“苹果电脑创始人史蒂夫·乔布斯的传奇人生”、“走进图书馆，学点读书艺术”、“走进图书馆，初步了解工具书”四次专题讲座。全校学生 600 人参加学习。

（徐继伟）

【金旭获市青少年科技创新赛金牌】　3 月 27 日，京源学校高三年级学生金旭获得第 31 届北京青少年科技创新赛金牌。金旭获奖论文为“基于 DEM 的北京海淀东部地区道路雨洪调查”。此次比赛由北京市科协、市教委、市科委、市知识产权局、门头沟区政府和北京青少年科学基金会主办，主题为“体验·创新·成长”，面向全市青少年学生，分为学校推荐、区县评审和市级初评、决赛四个阶段，包括小学和中学两个组别，设置 771 个项目。全市各区县学校学生 27 万人参加。

（邢晓燕）

【召开生涯教育研讨会】　4 月 8 日，京源学校召开生涯规划教育研讨会。会议以“为了人的终身发展和一生幸福”为主题，分为现场课、主题报告、研讨交流三个单元，通过初、高中生涯教育课与班会课进行展示。其间，京源学校、理工大附中教师作“以人生规划引领学校课程发展”等专题汇报，从“引领”、“开放”、“高度”、“踏实”角度介绍生涯规划教育开展情况。该校师生以及来自四中、人大附中、北师大昌平附小等 33 所学校干部、教师 200 人参加会议。

（林丽）

【教师专业成长阶梯计划启动】　4 月 18 日，京源学校教师专业成长阶梯计划启动。该计划包括青年教师教学基本功培养、后备骨干教师培养工程、市区骨干教师加固工程、名师卓越工程和成立老教师工作室五项，具体内容为公布《京源学校教师专业成长阶梯计划》，提出学校“双肩挑，两胜任”教师培养目标。

（权银花）

【开设翱翔班励志课】　5 月 8 日，京源学校开设翱翔班励志课。课程邀请北京大学元培学院 15 岁学生徐安琪及家长，作“我的成长故事”专题励志报告，通过交流互动形式，讲述自身成长故事，强调要为学生创设宽松家庭环境。全校教师、学生 40 人参加学习。

（陈曦）

【开展分类暑期实践活动】　7至8月，

京源学校开展分类暑期实践活动。该校旨在践行“创造适合孩子的教育”办学理念，将暑期实践活动分成“游学”、“科技”和“社会实践”三类。其间，学校组织 23 名师生到纽约艺术学院访问学习、34 名师生开展“走进自然之中国西北”综合实践考察、36 名师生参加维也纳“2011 年世界和平合唱节”、6 名师生参加石景山区与日本浜田市青少年交流活动；组织 180 名学员参与“雏鹰计划科技夏令营”、15 名师生进行野外星空观测、4 名学生参加“2011 全国青少年航海模型锦标赛”；组织 20 名师生到“石景山小飞象训练发展中心”献爱心、100 名高一年级学生参加社区实践活动。

（徐继伟　雷锋利）

【举办第五届翱翔学员选拔活动】　10 月 14 日，京源学校举办第五届翱翔学员选拔活动。此次选拔面向高一年级新生，采取学生发言、评委提问评分形式，课题涉及“生活污水处理”、“血吸虫病防治”、“城市道路排水系统改进”、“电子智能技术研究”；评委成员由学校干部、翱翔计划指导教师组成，评价标准包括学生课题的独创性、可行性和回答评委提问的完整性等。全校学生 27 人参与选拔，最终 16 人入选。翱翔学员选拔活动自 2008 年开始，每年举办一届。

（徐继伟）

【召开首届学术交流会】　11 月 19 日，第一届京源学校骨干教师学术研讨会暨教科研选题交流会召开。此次会议围绕“梳理教育成果，积极稳妥选题”主题，发言内容包括学科教研、课程开发和德育教育等，学校教师根据各学科特点介绍培养学生课前质疑能力、提升课堂教学趣味性、突破教学重难点等方面研究；教研组长介绍对学科教研、校本课程开发等规划、实施和成效。全校干部、教师 30 人参加会议。

（徐继伟）

【成为金鹏科技团成员】　12 月 18 日，京源学校成为北京市“金鹏科技团”成员并接受颁牌。此次活动由市教委主持，面向全市各区县中小学、北京金鹏科技团、北京科技示范校等。在第 29 届北京市学生科技节期间，市教委为 13 个单位颁发“金鹏科技团”牌匾。京源学校是石景山区首个北京市“金鹏科技团”成员。

（邢晓燕）

【庆祝建校 15 周年】　12 月 26 日，京源学校举办建校 15 周年庆祝活动。活动主题为“收获·感恩·继往开来”，包括领导讲话、“功勋教师”颁奖、展示新校旗、歌舞节目表演等内容。来自北京军区政治部领导，以及社会各界人士、学校干部、师生、家长 1000 人出席活动。北京市京源学校 1996 年建校，原名北京市京源中学，初级中学，后增建高中、小学、幼儿园。

（徐继伟　雷锋利）

北京市苹果园中学

【概　况】　2011 年，北京市苹果园中学占地面积 49416 平方米、建筑面积 31765 平方米、体育场馆面积 15980 平方米。图书馆（室）藏书 44389 册，订阅杂志、报刊 250 种。固定资产总值 4628 万元，拥有计算机 385 台，多媒体教室座位 2160 个。全年教育经费投入 1636 万元，其中，国家拨款 1370 万元、自筹经费 266 万元。学校信息化经费投入 6.80 万元，校园网出口总带宽 10Mbps，数字资源量 500GB，“信息技术”课程高中 1 课时/周。普通教室 28 个、专用教室 12 个、实验室 10 个。教职工 146 人，包括副高级职称 43 人、中级职称 39 人。专任教师 112 人，包括市级骨干教师 4 人；本科及以上学历 137 人。开设教学班 28 个。毕业 357 人、招生 298 人、在校生 913 人。高中录取分数线 478 分（石景山区），高考本科上线率76.24%。网址：www.pz.sjsedu.cn。

（王丽萍）

【成立教师家长协会】　3 月 11 日，苹果园中学教师家长协会成立。协会设有主任 1 人、副主任 5 人、秘书长 1 人、委员 7 人，旨在充分发挥家庭对学校教育教学工作的知情权、监督权、评议权、参与权；促进学校与家庭之间紧密联系；促进学校教育教学质量的提高；促进青少年综合素质全面和谐发展。

（刘葱）

【发放蒲公英奖金】　3月11日，苹果

园中学举办蒲公英奖学金表彰发放仪式。活动包括表彰形象大使、发放助学金、党员与受助学生结对子三项内容，奖项分为学习、礼仪、科技等 11 个类别。该校教师家长协会委员、教职工，高一、高二年级学生 800 人参加活动，共有校级形象大使 31 人受到表彰。蒲公英奖学金于 2005 年设立，由学校党员每月交纳 10 元特殊党费，作为对品学兼优、综合表现突出学生奖励基金，每次每生发放 300 元。

（高姗姗）

【传统艺术首次进校园】　10 月 27 日，苹果园中学首次举办传统艺术进校园活动。此次活动主题为“弘扬传统文化、传承国粹艺术”，包括表演、学习、互动、交流四项内容。其间，学校邀请北京市幽兰戏曲艺术团表演京剧《拾玉镯》，并由京剧表演艺术家指导京剧动作、指法、唱腔。学校高一年级教师、学生 310 人参加活动。

（刘兵）

【走进区政协会场】　12月19日，苹果

园中学组织学生走进石景山区政协第九届委员会会议现场。活动中教师带领 8 名学生对区政协主席与委员进行采访，了解国家政协发展历史和中国共产党领导下多党合作政治协商制度，并就“政协委员产生和任期”、“前期政协网上提案线索征集情况”、“政协委员基层调研情况”等问题进行交流座谈。

（张剑）

【开展国际教育交流】　至年底，苹果园中学开展国际教育交流活动。5 月 19 日，该校接待日本 MIHO 美学院中等教育学校访问；9 月 19 至 26 日，学校接待德国古腾堡高级文理中学师生来访；10 月 19 日，该校接待瑞典乌普萨拉市普瑞斯中学访问。其间，外国访问团师生走入课堂，学习中国传统书法、篆刻，并就双方教育合作交流事宜展开磋商。

（赵丽娜　高姗姗）

【展示可持续发展教育成果】　至年底，苹果园中学展示可持续发展教育成果。3 月 31 日，该校“可持续发展教育育人模式经验报告团”出席中国可持续发展教育实验学校通识培训班；4 月 20 日，学校举办“可持续教学模式实验与低碳生活养成教育”市级现场会，各区县 61 所学校干部、教师 116 人参加会议；10 月 17 日，学校承办第五届北京可持续发展教育国际论坛分会，论坛主题为“践行可持续教学模式和低碳生活理念，创建优质品牌学校”，学校推出数学、英语、政治、生物、历史必修学科 5 节公开课，组织参观“雨水回收”、“太阳能 LED 屏”、“分类垃圾箱”、“太阳能路灯”、“回收清洗用水冲厕装置”校园节能减排设施。

（白晔）

北京市第十九中学

【概　况】　2011 年，北京市第十九中学一校三址，包括十九中校本部（东校区）、阳春光华校区（中校区）和原北京市第四十五中学校区（西校区），总占地面积 102177 平方米、总建筑面积 68592 平方米、体育场馆总面积 45524 平方米。图书馆藏书 20 万册，电子图书 800GB，订阅杂志 441 种、报纸 48 种。固定资产总值 7598.90 万元，拥有计算机 1410 台，多媒体教室座位 4440 个。全年教育经费投入 4500 万元，全部由国家拨款。学校信息化经费投入 217.32 万元，校园网出口总带宽 32Mbps，数字资源量 5120GB，“信息技术”课程 2 课时/周。普通教室 348 个、专用教室 13 个、实验室 9 个。教职工 283 人，包括副高级职称 81 人、中级职称 90 人。专任教师 228 人，全部为本科及以上学历；特级教师 1 人、市级骨干教师 5 人。开设教学班 75 个，其中，初中班 46 个、高中班 29 个；另有外国留学生班 4 个。毕业 922 人，其中，初中 526 人、高中 396 人；招生 802 人，其中，初中 516 人、高中人 286 人；在校生 2389 人，其中，初中 1559 人、高中 830 人。高中录取分数线 503 分（海淀区），应届高考本科上线率 94%。网址：www.bj19zx.cn。

（时昂）

【开展五校联合教研活动】　3 至 5 月，十九中与海淀区 4 所中学开展联合教研活动。3 月 24 日，该校与交大附中、北师大三附中、育英中学、玉渊潭中学 5 校联合开展教研活动。活动由十九中牵头，首次参与学科为高一语文、数学、英语，高二年级物理、化学、生物，利用同课异构形

式，开展研讨交流、优势互补、资源共享、研究学生学习难点。4月21日至5月25日，5校联合体举办活动4次。4月21日，十九中、北师大三附中、玉渊潭中学3名教师展示高二年级化学“同课异构”课，海淀区教研员，5校干部、教师20人参与听课；4月30日，育英中学、十九中、交大附中3名教师采取“同课异构”形式，执教高二年级生物课“生态系统能量流动”，共有30名教师参加活动；5月11日，十九中、北师大三附中、交大附中3名教师同授1节高一年级数学展示课，海淀区教研员，5所学校教师20人参与听评课；5月25日，十九中、交大附中、育英中学3名教师举办高一年级英语“同课异构”展示活动，5校干部、教师20人参与听评课。

（时昂）

【提高常态课实效性】 9至12月，十九中开展提高常态课实效性工作。此项工作围绕“让常态课走向优质，让优质课成为常态”主题，成立校长任组长的常态课领导小组，拟定《北京市第十九中学提高常态课实效性实施方案》、《常态课教学有效性评价表（各学科通用）》和《学科常态课实效性控制标准》，听取教学干部、教研员和部分学科主任常态课，课后进行数据统计分析、议课评课、整理反馈意见，对听评课问题分析并提出解决办法，委派专人进行反馈，包含数据分析、亮点分析和改进建议等。

（时昂）

【学生戏曲团获“国戏杯”一等奖】 11月12日，十九中京昆团参加北京市第二届“国戏杯”中小学戏曲比赛获得集体项目一等奖第1名。该校京昆团学生20人参赛，表演剧目为《穿越时空——铁梅与贵妃》，运用舞蹈元素，将传统京剧与现代京剧融合。比赛由市教委主办，中国戏曲学院、北京市学生活动管理中心承办，以“传承、弘扬、创新”为主题，面向大、中、小学生，来自新加坡等国家600名选手参赛。十九中京昆团成立于2008年，现有学员12人，该校是海淀区教委认定的“京剧、昆曲进课堂”试点学校。

（时昂）

【陈思打破纸飞机成绩全国纪录】 11月25至28日，十九中高一年级学生陈思打破全国纸飞机公开赛纪录。该校代表队由6名学生组成，代表北京市参赛获得4个一等奖、1个二等奖、5个三等奖，其中，陈思以直线距离30.90米成绩获得中学女子组纸飞机直线距离第一名并创全国纪录。公开赛由国家体育总局、教育部、科技部主办，中国航空运动协会、湖北省体育局、湖北省教育厅、荆门市人民政府承办，来自全国18个省市地区36支代表队409人参赛。

（时昂）

【美术教育中心成立】 12月27日，十九中美术教育中心成立。该中心建筑面积1300平方米，设有展廊500平方米，绘画专用教室5个，拥有专业美术教师4人，面向全校教职工和学生，开展作品展示、辅导班指导等活动。该校是北京金帆书画院海淀分院，2009年被海淀区教委评为艺术教育特色学校，被市教委评为北京市艺术教育传统项目学校。

（时昂）

【开展小班化特色教学】 至年底，十九中开展小班化特色教学工作。该校作为国家级高中特色发展试验项目学校，基本完成“小班化”教学资源配置，高中入学新生除理科实验班外，全部进入“小班化教学实验班”学习，每班限额28人，并成立教育管理协作小组，开通校讯通；初步形成小班化教与学管理方法，邀请专家作“怎样提高课堂教学的有效性”专题报告，开展“班级文化建设”培训。10至11月，学校派出5批干部、骨干教师赴上海、南京、深圳等地学习参观，并在校内交流实施小班化教育、教学策略。至年底，形成有利于学生个性发展的课程体系，开发高中团体积极心理、阳光体育活动等70门校本课程。

（时昂）

北京市第二十中学

【概　况】 2011年，北京市第二十中学占地面积72534平方米、建筑面积22956平方米、体育场馆面积19947平方米。图书馆藏书14万册，电子图书1万册，订阅杂志240种、报纸20种。固定资产总值7400万元，拥有计算机350台，多媒体教室座位2700个。全年教育经费投入5265万元，全部由国家拨款。学校信息化经费投入978万元，校园网出口总带宽10Mbps，数字资源量100GB，“信息技术”课程2课时/周。普通教室67个、专用教室34个、实验室16个。教职工235人，包括副高级职称72人、中级职称95人。专任教师186人，包括本科及以上学历186人；特级教师6人、市级骨干教师8人。开设教学班60个，其中，初中班36个、高中班24个。毕业818人，其中，初中510人、高中308人；招生846人，其中，初中546人、高中300人；在校生2478人，其中，初中1541人、高中937人；另有非本市户籍借读学生450人，其中，初中406人、高中44人。高中录取分数线509分（海淀区），应届高考本科上线率理科99.5%、文科96%。网址：www.bj20zx.com。

（郭秀丽）

【参加全国青少年测向赛获奖】 1月20日，第二十中学学生参加全国青少年阳光测向总决赛获奖。此次比赛由国家体育总局航空无线电模型运动管理中心主办，来自全国各省市地区选手700人参加，比赛分为预赛、决赛两轮进行。该校无线电测向代表队27人参赛，14名队员进入决赛，最终1人获得制作比赛一等奖，5人获得二等奖，6人获得场地比赛二等奖，获得接力比赛高中男子组一等奖，获得高中女子组二等奖，获得初中男子组二等奖。

（郭秀丽）

【班主任工作室成立】 1月22日，二十中班主任工作室成立。学校旨在加强班主任队伍建设，探索增强班主任职业幸福感和成就感渠道，开展学习、研修、实践活动，提高学校班主任工作专业化发展水平，组织青年班主任进行校本培训。该校班主任工作室成立7人领导小组，首届成员由14人组成，聘请北京教育学院、海淀区教科所2名专家做为顾问。

（郭秀丽）

【举办学生科技论坛】 1月和11月，二十中举办学生科技论坛。1月4日，该校5名学生展示4项创新研究成果，课题包括“自行车车轮大小对机械效率的影响探究”、“学校午餐餐盘缺陷改造”、“基于视觉的交通灯检测预处理”和网络技术领域“IPv6无状态地址自动配置安全性改进方案的研究”，学校干部、高一年级师生参加论坛。11月4日，学校围绕“在创新中享受探究的成功，享受成长的快乐”主题，展示高二、高三年级学生科技创新学习成果，听取12名学生“停车位改良”、“高中生考试焦虑状况及其影响因素研究调研报告”、“与植物间的情感沟通是否影响植物的生长”、“探究利用钝化反应进行水管防锈的可行性”课题研究汇报。高一年级学生、教师332人参加论坛。

（郭秀丽）

【举办中德学生环保交流讲座】 5月12日，二十中举办中德学生环保交流项目讲座。讲座邀请中国国际民间组织合作促进会国际顾问、德国博尔基金会环境项目经理、青年应对气候变化活动网络项目协调员，介绍环保常识、大学生清洁能源比赛以及德国学校实施气候变化活动，高一年级10名学生作小组课题汇报。全校高一年级、初二年级2个班学生94人参加学习。2011年，该校10名高一年级学生参加中德学生环保交流项目。

（郭秀丽）

【庆祝建校60周年】 9月25日，二十中举办建校60周年庆祝活动。活动以“辉煌历程，光荣绽放”为主题，分为奋进二十、峥嵘岁月、累累硕果、再创辉煌四个部分，表现第二十中学60年教育发展历程。该校学生表演古筝、书法、诗歌朗诵、管乐合奏及舞蹈，教师合唱团和学生合唱团共同演唱校歌《青春年华》。来自海淀区教工委、区教委领导，以及该校师生、校友代表2960人出席活动。二十中1951年建校，前身为北京市第十四区第四中心小学附设初中班。1952年9月，定名为北京市第二十中学。1958年增设高中班。2003年12月清河三中并入二十中学。2003年定为北京市示范高中校。建校以来共培养毕业生32800人。

（郭秀丽）

北京市第一零一中学

【概　况】 2011年，北京市第一零一中学占地面积210971.21平方米、建筑面积60061.63平方米、体育场馆面积44791.67平方米。图书馆藏书125649册，订阅各类报纸20种、杂志287种。固定资产总值15122.14万元，拥有计算机1501台，多媒体教室座位6518个。全年教育经费投入9405.46万元，全部由国家拨款。普通教室72个、专用教室14个、实验室13个。学校信息化经费投入263.56万元，校园网出口总带宽56Mbps，数字资源量1564GB，“信息技术”课程2课时/周。教职工355人，包括副高级职称106人、中级职称80人。专任教师269人，包括特级教师6人、北京市学科教学带头3人、市级骨干教师15人；本科及以上学历210人。开设教学班84个，其中，初中班49个、高中班35个。毕业1072人，其中，初中626人、高中446人；招生1188人，其中，初中734人、高中454人；在校生3486人，其中，初中2122人、高中1384人。高中录取分数线538分（海淀区），应届高考本科上线率100%。网址：www.beijing101.com。

（王晓琳）

【虚拟校园启用】 3月18日，一零一中网络“3D虚拟校园”正式启用。该虚拟网络采用Web3D技术，通过VRML语言及独立开发浏览器，采用偏振三维技术实现真实人眼夹角成像3D效果，加入声音、视频、图片等传统二维信息。学校信息中心负责服务器端以及场景信息管理、服务、技术和监控。“虚拟校园”由一零一中与北京理工篮园科技发展有限责任公司共同开发建设。

（王晓琳）

【研讨可持续教学模式】 3月29日和9月22日，一零一中研讨可持续教学模式。该校教师作5节研究课，听取学习可持续发展教育思想体会、实施可持续教学模式设计思路报告；与会教师认为研究课营造严谨、高效探究氛围，学生在教师指导下主动思考学习并提出处理分析相关信息见解；专家点评指出教师教学中随机渗透可持续发展价值观培养，注重人文精神教育。全国可持续发展教育工作委员会领导、北京教育学院可持续发展教育教师研修班以及可持续发展项目实验校教师100人参加研讨。该校举办市级可持续教学模式研讨会，以“在可持续教学模式实验中实现减负增效”为主题，推出初中数学、生物4节研究课，介绍可持续教学模式设计思路及教学体会。联合国教科文组织中国可持续发展教育全国工作委员会、市教委、北京教育学院、可持续发展教育课题专家以及全市各区县学校校长、教师100人参加研讨。

（王晓琳）

【庆祝建校65周年】 3月，一零一中开展校庆65周年系列活动。1日，校长受邀做客新华网访谈，就学校历史传承与创新发展等话题与网友进行在线交流，为时2个小时。20至23日，学校举办建校65周年庆典。校友李铁映、曾庆红、刘淇分别发来贺信，赵凤桐、洪峰、杨利伟，教育部、市教委以及共建单位总参三部、国防大学、军事科学院等领导，海淀区青龙桥街道干部，社会各界人士5000人出席活动。其间，该校《全体师生名录》、《北京一零一中大事记（1995至2010）》、《放飞梦想成就未来——2008年北京奥林匹克青年营在北京一零一中》、《光荣与梦想——校庆画册》编辑成书；出版教学论文集《北京一零一中学教育丛书》。一零一中1946年3月20日建校，原名张家口市立中学。1946年9月18日，张家口市立中学、女中、回民中学三校合并，更名为晋察冀边区联合中学。1948年8月，更名为华北育才中学。1949年3月8日迁往北平。1949年5月9日，与北平师范大学附属中学合并，成为北平（北京）师大附中二部。1955年9月，定名为北京市第一零一中学。建校以来共培养毕业生42000人。

（王晓琳）

【与美国学校开展交流合作】 11月21日，一零一中与美国诺福克学校开展交流合作。双方签订协议，规定开设中美高中国际课程，开展中西教育项目研究、师生互换交流活动，选派中方优秀教师到合作院校培训学习，组织一零一中教师编订中国文化特色校本教材，定期选派部分教师为诺福克学校提供中国文化特色课程教学。诺福克学校位于美国弗吉尼亚州诺福克市，建于1728年，现拥有1200名学生、110名教师。

（王晓琳）

【获4所高校校长实名推荐资格】 11月，一零一中获得2012年4所高校校长实名推荐资格。该校获得清华大学“领军计划”推荐资格，推荐学生标准为志向远大、追求卓越、品学兼优、素质全面应届高中毕业生，北京地区19所中学入选；北京大学“校长实名推荐制”推荐资格，面向综合素质全面、学科成绩突出、志向远大、具备发展潜能、社会责任感强高中毕业生，北京地区16所中学入选；香港大学“校长推荐计划”推荐资格，对推荐学生于每年1月单独组织测试（笔试和面试），北京地区4所中学入选；中国人民大学“校长直通车计划”推荐资格，招收综合素质高或具有某方面特长且具有人民大学相关学科培养潜质的应届高中毕业生，北京地区9所中学入选。学校自行制订选拔方案，至年底完成全部4所高校学生推荐任务。

（王晓琳）

【19名学生国际技能拓展课程结业】 12月9日，一零一中19名学生获得第一期国际技能拓展课程（SDP）结业证书。该校举办剑桥SDP课程颁证仪式暨成果汇报会，召开SDP课程第十期教师研讨会，举办获SDP证书学生成果巡展活动。来自一零一中、四中、八十中、三十五中60名学生组成12个展台，以展板、视频、讲述等方式呈现学习成果；一零一中、十二中、四中学生分组汇报学习成果。剑桥大学国际技能拓展课程（Skills Development Programme，简称SDP），由剑桥大学国际考试委员会（CIE）联合欧盟教育基金会（CHEER）对现行中国高中课程和教学目标，结合海外高等教育基本要求，特别针对中国学生在社会技能、自我展示及创新精神等方面不足，设计开发短期技能强化课程。2010年5月7日，一零一中启动SDP课程，招收高一、高二年级学生，采取小班化教学，聘请外籍教师全英文授课，为期一年。至年底，该校共举办4期、181名学员完成学习。

（王晓琳）

【成立“学森书院”】 12月12日，一零一中成立“学森书院”。该校召开钱学森诞辰100周年暨“学森书院”成立会，宣布书院管理章程，向高二（1）班授予“学森书院”牌匾，并与中科院签订共同培养创新型科技人才协议，为书院提供专家支持；举办学生论坛，高二年级2名学生介绍研究课题“削楞截角六面体机器人的研制”、“无线随动电动汽车充电装置的实验验证”，中科院专家完成点评。“学森书院”借鉴古代书院形式，打破年级界限，采取教师指导、学生自学和共同讲习形式，进行纵向自主式学业管理，按学科聘请大学教授和本校教师各1人为首席导师，另聘1至2名师生助教，组成书院导师管理团队。中科院专家，以及该校师生284人参加活动。

（王晓琳）

【参加学生体育科技比赛获奖】 至年底，一零一中参加学生体育科技比赛获奖。3月27日，该校初三年级学生兰泽华研究课题“基于环境参数的施肥浇水音乐”、“短信智能报警系统”，高一年级学生于潇洋“柠檬叶浸提液防治白粉虱的初步机理研究”在第31届安捷伦北京青少年科技创新赛获得一等奖；4月3日，该校健美操队28人在北京市体育传统项目学校健美操比赛上获得初中组8项第一、高中组5项第一、初中组竞技团体总分第1名；8月2至8日，在第26届全国青少年科技创新赛上，该校高一年级学生闫钇岑创新研究项目“蚯蚓洗涤液防止月季灰霉病的初步机理研究”获得一等奖和“英特尔英才奖”、“内蒙古自治区主席奖”；于潇洋项目“柠檬叶浸提液防治白粉虱的初步激励研究”获得二等奖和“星光创新思维奖”；8月8至11日，学校1名教师、16名学生参加全国中学生田径锦标赛获得3枚金牌、2枚银牌、1枚铜牌；11月8至11日，在中国专利年会上，该校高一年级学生兰泽华“多用户的农田大棚群智能监测报警节水管理系统”、刘乔祎“磁吸附式擦黑板爬壁机器人”获得校园发明与创新银奖，初二年级学生李桐“便携式飘尘采样器的制作及应用”，高二年级学生冉紫愚“削楞截角六面体机器人的研制”，刘思亮、赵东方、刘逸凡“三维立体扫描仪的改进”获得校园发明与创新优秀奖。

（王晓琳）

北京市八一中学

【概　况】 2011年，北京市八一中学占地面积125000平方米、建筑面积75557平方米、体育场馆面积27700平方米。图书馆藏书132600册，电子图书2000册，订阅杂志232种、报纸33种。固定资产总值22186万元，拥有计算机1239台，多媒体教室座位300个。全年教育经费投入8512.34万元，其中，国家拨款7929.47万元、自筹经费582.87万元。学校信息化经费投入254.60万元，校园网出口总带宽40Mbps，数字资源量1000GB，“信息技术”课程2课时/周。普通教室80个、专用教室 33 个、实验室 17 个。教职工 349 人，包括副高级职称 76 人、中级职称 142 人。专任教师 258 人，全部为本科及以上学历；特级教师 3 人、北京市学科教学带头人 2 人、市级骨干教师 9 人。开设教学班 76 个，其中，初中班 46 个、高中班 30 个。毕业 1082 人，其中，初中 715 人、高中 367 人；招生 1110 人，其中，初中 723 人、高中 387 人；在校生 3384 人，其中，初中 2190 人、高中 1194 人，包括寄宿生 209 人。高中录取分数线 527 分（海淀区），应届高考本科上线率理科 100%、文科 98.11%。网址：www.bayims.cn。

（左秋洁）

【举办多学科课堂观摩活动】 3 至 5 月，八一中学举办多学科课堂观摩活动。3 月 16 日，学校为国培计划学员展示“鸟类的生殖和发育”、“消化与吸收”2 节生物课，来自内蒙古国培计划学员 100 人、该校生物教师和生物实验室教师 12 人参加活动。5 月 17 日，学校开展物理学科教学研讨活动，听取专题报告“物理教学中科学的思想”，观摩该校物理学科“浮力的应用”、“初三一模物理试题分析”2 节示范课，各区县物理教师培训班学员 30 人参加活动。5 月 26 日，该校与市骨干教师班、北师大教师培训部开展英语研讨活动，展示初二年级“阅读教学有效性”1 节英语课，山东东营市教师分别做英语听说课和读写课，并就提高英语课堂教学有效性展开交流，教师 100 人参加活动。

（严卫国　张长磊　曲红茹）

【召开市级课题结题报告会】 5 月 6 日，八一中学召开市级课题结题报告会。报告会由海淀区教科所主持，听取美术教师“新课程标准下高中美术鉴赏教学模式和教学方法研究”结题报告，观摩 4 节美术鉴赏课，展示高中美术鉴赏课程实施教学模式和方法。与会专家认为课题研究目标明确、方法可靠、尝试大胆、成果丰富、成效显著，对于海淀区及北京市普通高中校，在课改背景下实施和开展美术鉴赏课程有指导意义，专家团队同意结题。来自中国书法家协会、北京教科院、人民教育出版社、首都师大美术学院、教育学院美术系评审、鉴定专家，华东师大校长培训班学员、市美术学科带头人和骨干教师、海淀区高中美术教研组成员，以及该校教师 130 人参加会议。“新课程标准下高中美术鉴赏教学模式和教学方法研究”是市级“十一五”规划课题，2008 年立项，研究新课程的内涵及教材内容整合、高中美术鉴赏教学中的情境创设、鉴赏教学课堂的有效性和突破传统建立以自由为原则的教学模式方面内容，形成《结题成果报告册》和《优秀课例》光盘。

（左秋洁）

【建立青年教师成长营】 9 月 28 日，八一中学建立青年教师成长营。成长营由学校发展处负责管理，启动仪式听取学校历史介绍，“幸福为师”主题发言，举行青年教师拜师仪式，结成新老教师对子 7 个。该校干部、教师 25 人参加活动。10 至 12 月，成长营围绕“如何有效听课”、“关于备课的思考”、“积极参与课题和项目研究”专题开展活动，听取学科教学骨干教师报告，并进行座谈交流。成长营青年教师 20 人参加活动。

（左秋洁　王晓燕）

【被授予国际生态学校绿旗】 9月，八

一中学被授予国际生态学校绿旗。9 月 16 日，环保部、国际生态学校项目中国协调办公室及环境教育专家对学校进行评审，该校汇报学生活动、课程建设、校园环境建设工作，专家认为学校注重学生素质培养，以生态学校创建活动为依托，发挥学生主体性优势，符合生态学校绿旗授予标准。9 月 22 日，环境保护部宣教中心授予该校国际生态学校绿旗。

（左秋洁　李佳）

【成立初中班主任工作室】 10 月 18 日，八一中学成立初中班主任工作室。学校组织观看海淀区班主任工作坊介绍专题片，听取初中班主任工作室成立背景及过程介绍，为工作室 18 名成员颁发聘书和《把班级还给学生》图书。该校干部、教师 18 人参加会议。

（姜杉）

【召开资优生项目课例研讨会】 10 月 21 日，八一中学召开“资优生项目”课例研讨会。研讨会围绕“在问题解决体验中发展能力”主题，研讨实验一班课堂教学方式。会议观摩高一年级数学、高二年级英语 2 节公开课，作课教师谈教学体会及对培养学生独立分析、解决问题能力思考。其间，海淀区教研员举办“在问题解决体验中发展能力”讲座，该校教师 70 人参加学习。

（王华蓓　韩祎）

【启动教育家成长工程】 10月27日，

八一中学教育家成长工程启动。该工程由《中国教师报》主持，旨在培养扎根教学实践教育家，面向一线校长、教师，入选条件为在学校工作 10 年以上，具有丰富教学经验、热爱教育事业并愿意终生从事教师职业。启动仪式上，学校宣布首批入选教育家成长工程 11 名教师名单，接受教育家成长工程基地牌匾。教育部、市教委、中国教育报刊社、海淀区教工委、区教委领导，以及全校教职工 370 人出席活动。

（左秋洁　王晓燕）

北京市十一学校

【概　况】 2011 年，北京市十一学校占地面积 14.80 万平方米、建筑面积 15.60 万平方米，体育场馆面积 29211 平方米。图书馆藏书 20 万册，电子图书 17000 册，订阅纸质期刊 500 种、电子期刊 2000 种。普通教室 105 个、

专用教室17个、理化生实验室22个。教职工482人，包括副高级职称145人、中级职称127人。专任教师352人，包括外籍教师43人；特级教师27人、北京市学科教学带头人5人、市级骨干教师11人；本科及以上学历352人。开设教学班113个，其中，初中班54个、高中班43个、国际部18个（含外国学生语言班2个、学历班1个、高考班1个、中国学生剑桥课程班8个、AP课程班5个、英语实验班1个）。毕业1090人，其中，初中660人、高中430人；招生1296人，其中，初中711人、高中585人；在校生4037人，其中，初中2174人、高中1434人、国际部429人（含外国学生52人、中国学生377人）。高中录取分数线523分（海淀区），应届高考本科上线率98.9%。网址：www.bjshiyi.org.cn。

（杨雄）

【与石景山区学校对口帮扶】　3月23日，十一学校学生帮扶石景山区玉泉路小学。此次活动由该校国际部组织，义工社学生22人指导玉泉路小学学生英语课程，包括背单词、读课文、做英语游戏，课后护送学生放学回家。11月25日，国际部篮球社帮助玉泉路小学成立“阳光少年篮球队”。篮球社学生向玉泉路小学赠送“阳光少年篮球社”纪念牌，教小学生传球、带球、上篮、投篮、防守等基本技术，并捐款为学校购买篮球、篮球书籍及队服等。玉泉路小学为随迁人员子女学校，借读生占全校学生人数96%。2010年9月，十一学校国际部学生开始帮扶工作，义工社在外教带领下，利用每周二、周三选修课时间，为玉泉路小学二、三、四年级学生义务教授英语。

（邹瑞祥）

【举办首届青年教师基本功赛】　5月5日，十一学校举办首届“启航”杯青年教师基本功比赛。此次比赛由学校“教育家书院”主办，分为硬笔书法、板书设计、即兴演讲3个比赛项目，其中，硬笔书法比赛要求现场限时完成1篇指定作品；板书设计比赛要求现场书写教学设计板书提纲，并说明设计意图；即兴演讲项目要求现场随机抽取题目，经3分钟准备，进行2分钟演讲。该校2009年、2010年入职青年教师27人参赛，最终评出一等奖5人、二等奖10人、三等奖12人。

（吴泠）

【颁发首届方圆奖学金】　9月27日，十一学校举办首届方圆奖学金及其他奖学金颁奖典礼。典礼上，学校干部为71名学生发放奖学金，每人1000元。2010年，十一学校设立方圆奖学金，奖项由方圆家长学校倡议，学校出资数额根据获奖人数而定，每年颁发一次，经各年级初审推荐，学校评审小组终审确定，人数不限，凡符合条件者，均可获奖；同时颁发校长奖学金、国际部“HLT”奖学金，其中，校长奖学金获得者共有25人，包括金苹果奖每人奖金1000元、金钥匙奖每人奖金300元、金点子奖每人奖金200元；“HLT”奖学金共有6名学生获奖，每人奖金4000元。

（雷露）

【接受诺奖科学家访问】　9月28日，1998年生理医学诺贝尔奖获得者费里德·穆拉德（Freid Murad）教授访问十一学校。穆拉德一行包括6人，由该校“大使社团”成员引领出席欢迎仪式，教授结合自身成长经历以及在生理医学领域研究工作，介绍科学探索方法与途径，并回答学生提问。期间，学校经穆拉德同意，将9月28日命名为“北京市十一学校Murad Day”（穆拉德日），并聘任其为北京市十一学校科学馆名誉馆长。世界卫生组织顾问，北京市政府、市教委领导，以及学校师生280人出席活动。

（杨雄）

【高一年级实行走班制】　9月，十一学校高一年级实行走班制。学校高一年级学部实施分布式管理，制订走班选课形式下年级管理制度，所有教室不设立讲台，教学资源进入对应学科教室，全天候向学生开放。2010年，该校启动高中教学组织形式改革，8月完成学科功能性教室改造，涉及高中楼和科技楼，包括语文教室5个、数学教室5个、英语教室5个、物理功能教室11个、化学功能教室8个，生物功能教室6个、哲学教室3个、地理教室2个、历史教室2个，每个教室配备互联网教师用计算机1台、学生用计算机2台、投影仪等电教设备，同时配有学科专业书籍，理化生教室配备各类实验器材，总投资2000万元。

（杨雄　宋亚甫）

【召开校园新闻发布会】　10月26日，

十一学校少年社会科学院和少年科学院共同策划组织第三期新闻发布会。此次活动主题为“竞赛多焦点，看竞赛的现在与未来”，特邀学校竞赛总教练介绍有关学校设置竞赛课程目的和开展情况，并就“小记者”提出竞赛未来发展方向问题，结合学校高中课程改革、大学先修课程等进行解答。学校师生、“小记者”80人参加活动。5至12月，该校共举行4次校园新闻发布会。

（杨雄　宋亚甫）

【启动首批“卓越教师研究室”】　12月2日，十一学校启动首批“卓越教师研究室”。首批启动研究室3个，包括课程变革研究室、教学评价研究室和自主探究研究室，分别由特级教师王春易、方习鹏和周志英主持，共有成员21人，主持人分别介绍课改探究历程及研究室研究方向和工作计划，校长为其授予研究室标牌。十一学校每年成立2至3个研究室，经个体申报、学术委员会审批、校务委员会通过等流程，已建研究室每两年确定一个专题，以开放灵活方式开展研究工作。

（吴泠）

【举办首届校园狂欢节】　12月31日，十一学校举办首届校园狂欢节。此次活动以“创意迪士尼，欢乐在十一”为主题，策划10个特色项目，包括“师生创意游行”、“神秘园寻宝”、“美食一条街”、“迪士尼影片放映”、“新年许愿树”、“T台走秀及笑脸连连拍”、“玩具总动员游艺区”、

“无篮球不兄弟”、“梦幻城堡歌舞会”、“新年欢乐午宴”。其间，校长扮成电影人物形象宣读“2012 年十事实办学生工程”。全校教师、学生 4500 人参加活动。

（杨雄）

【学生与校长共进午餐】 至年底，十一学校实行“校长有约、共进午餐”活动。每周一至周五，由校长发出邀请，学生自愿报名，团委根据报名情况协调安排，每天中午 1 名校级干部值班，报名学生获得与其面对面沟通与交流机会。餐间，学生针对学习生活中所遇困难、成长困惑、对学校教育教学课程设置要求等提出意见。校团委每月对学生反映情况进行汇总、整理，并组织有关负责人和教师分析研究，帮助学生解决问题，同时将普遍性问题在网络上发布。至年底，共有学生 1600 人次与校长对话，提供建议 3000 条。

（杨雄　宋亚甫）

【鼓励学生电影社团活动】 至年底，

十一学校规定学生在校影院观影可计入学分。2008 年十一学校学生影院成立，影院位于科学馆，设中英文两个放映厅，面积 800 平方米，可容纳观众 600 人，每周一和周三放映 4 部影片，学生从网上申报系统自行订票，不收取费用。影院由班级、社团或十一影迷协会承办，经理和放映员均由学生担任，学生每欣赏一部影片可得 0.2 学分，在校期间欣赏 10 部影片视为合格。2011 年共放映电影 160 部，观影学生 2.9 万人次。11 月 21 日，该校学生拍摄影片《课堂革命》首映。该片由学校班尼达斯电影公司拍摄，由学生担任编剧、摄影、导演，讲述学生在梦境中经历的课堂革命。首映式介绍电影历史，拍摄该影片的经历，并现场评选最佳男女主角。

（杨雄　雷露）

北京大学附属中学

【概　况】 2011 年，北京大学附属中学占地面积 50000 平方米、建筑面积 65000 平方米、体育场（馆）面积 16000 平方米。图书馆（室）藏书 50000 册，电子图书 5000 册，订阅杂志 408 种、报纸 36 种。拥有计算机 800 台，多媒体教室座位 300 个，校园网出口总带宽 80Mbps，数字资源量 700GB，“信息技术”课程 70 课时/周。普通教室 77 个、专业教室和实验教室共 46 个。教职工 214 人，包括副高级职称 77 人。专任教师 195 人，包括特级教师 11 人、北京市学科教学带头人 1 人、市级骨干教师 6 人；本科及以上学历 189 人。开设教学班 57 个，其中，初中班 18 个、高中班 39 个。毕业 711 人，其中，初中 242 人、高中 469 人；招生 609 人，其中，初中 239 人、高中 370 人；在校生 2063 人，其中，初中 748 人、高中 1315 人。高中录取分数线 542 分（海淀区），应届高考本科上线率 100％。网址：www.pkuschool.edu.cn。

（姚勃任）

【举办首届读书月活动】 4 月 8 日，北大附中举办首届读书月活动。活动以“读醒智慧读亮心灵”为主题，开幕式在国家图书馆广场举行，内容包括开展校园书市、趣味答题、旧书买卖、图书排行等。全校学生 300 人参加活动。

（姚勃任）

【参加英语拼词赛获奖】 5 月 21 日，北大附中参加第三届世界青少年拼词大赛中国区决赛获奖。该比赛由富兰克林电子出版公司、诺亚舟教育控股有限公司主办，面向世界非英语国家青少年，中国区赛在北京市举行。来自全国各省市地区学校学生 88 人参赛，其中，北大附中初中部 11 名学生参赛，初二年级学生王依然获得第一名同时获得代表中国赛区参加纽约全球总决赛权、初二年级学生岳博涵获得第二名。

（姚勃任）

【获重点课题优秀实验基地校】 7 月 18 日，北大附中获评“十一五”教育部重点课题优秀实验基地校。“中国基础英语素质教育的途径和方法”课题是全国教育科学“十一五”规划教育部重点课题，由北京外国语大学中国外语教育研究中心承担。北大附中初中部 2010 年尝试英语课程分层教学，面向初一、初二年级学生使用《典范英语》实验教材，组织典范英语故事编辑比赛、典范英语 DV 故事比赛、校园剧比赛等兴趣活动。

（姚勃任）

【开设校本课程】 8 月 30 日至 12 月 30 日，北大附中高中部与北京大学联合开设校本课程。课程包括人文与社科讲座及讨论课、自然科学与技术讲座及讨论课，采用北京大学通识课集中授课、分组讨论授课方法，邀请北京大学专家、教授担任主讲，讨论课由北大附中教师与北大助教组织学生小组进行讨论。至年底，课程共举办 20 讲，专题包括“古典诗歌赏析与人文素质提升”、“什么是科学”、“在西学语境中欣赏国学的美丽”、“载人航天与神舟飞船”等。

（姚勃任）

【开展学生综合实践活动】 9 月 26 日至 12 月 31 日，北大附中组织开展学生综合实践活动。此次“文化魔方”主题活动在初中部举办，以班级为单位，围绕历史与发展、宗教与哲学、风俗与习惯、科技与教育、文学与艺术、环境与生活 6 个主题，开展阅读书籍展示、《三国演义》知识竞赛、南洋文化、动手设计等专题内容。全校初一、二年级学生 500 人参加活动。

（姚勃任）

【参加清华结构设计比赛获奖】 11 月 20 日，北大附中参加清华大学第 17 届结构设计比赛获奖。比赛始办于 1994 年，旨在通过对知识综合应用能力、创新意识和团队协作精神考验，激发学生主动求知欲望、团队协作精神、突出交流能力、开放思维方式和高度创新能力，每年举办一届。来自全国各省市地区学校学生参加比赛，其中，北大附中由学生 6 人组成 2 支代表队参加趣味组（中学组）比赛，作品“三人行”获得一等奖、“内涵”获得二等奖。

（姚勃任）

【举办首届戏剧节展演】 12月29日，北大附中举办首届戏剧节展演活动。戏剧节由在校学生组织策划，要求参赛话剧为学生原创，对每单元节目时长进行规定。演出按单元分为7场，包括神奇剧“牛仔裤的夏天”、奇幻剧“CATS·CATS!”、科幻剧“人创”、穿越剧“千年”、喜剧“分手大师”、理想与现实剧“有雷无雨”以及超能力剧“幻想”。全校高一年级学生394人参加活动。

（姚勃任）

中国人民大学附属中学

【概　况】 2011年，中国人民大学附属中学占地面积94557平方米、建筑面积95995平方米、体育场馆面积22760平方米。图书馆藏书15万册，订阅报纸47种、杂志444种。学校拥有计算机1200台，多媒体教室座位7500个。校园网出口总带宽150Mbps，数字资源量100TB。普通教室130个、专用教室30个、实验室21个。教职工417人，包括正高级职称8人、副高级职称212人、中级职称132人。专任教师326人，包括特级教师33人、北京市学科教学带头人5人、市级骨干教师15人；本科及以上学历322人。开设教学班124个，其中，初中班58个、高中班66个。毕业1451人（含外籍学生），其中，初中709人、高中742人；招生1837人（含外籍学生），其中，初中883人、高中954人；在校生5018人（含外籍学生），其中，初中2419人、高中2599人。高中录取分数线548分（海淀区），应届高考本科上线率100%。网址：www.rdfz.cn。

（徐华莹）

【召开创新人才早期教育报告会】 1月22日，人大附中召开拔尖创新人才早期培养教育实践报告会。会议听取校长“拔尖创新人才早期培养的探索与思考”报告，介绍有关“早培班”先期准备、整体构想及课程设置和实施情况，通过视频展示班级物理、技术与设计、心理、语文名著阅读、英语等课堂教学情景。来自教育部、市教委、海淀区政府、区教委领导，中科院、社科院等专家，北京市部分中小学校长、幼儿园园长以及该校干部、教师500人出席会议。2010年4月，经教育部、市教委批准，人大附中与中科院、社科院合作，成立“拔尖创新人才早期培养基地”，每年在北京市小学五年级学生中选拔，首次招生80人，除初一年级基本课程外，增设物理、化学、工程技术、生命教育、校本选修等课程。

（徐华莹）

【施逸萌获国际科学工程赛一等奖】

5月14日，人大附中高三年级学生施逸萌参加第62届英特尔国际科学与工程大奖赛（ISEF）获得一等奖。施逸萌研究课题为“基于风洞实验的昆虫及仿生翼流场特性研究”，获得物理与天文学一等奖，同时获得美国物理教师协会、美国物理学会专项一等奖，美国商标专利局专项一等奖，联合技术公司专项奖，并获得一颗小行星命名权。比赛由美国科学与公众社团（Society For Science&Public）主办，在美国洛杉矶市举行，设置17个学科项目奖项。来自全球65个国家和地区1539名选手参赛，包括12名中国香港、5名中国澳门和12名台湾地区参赛者，中国大陆代表队共有30名学生20个项目参评12个学科，其中，8个项目16名选手获得12个奖项，学科奖6个、专项奖6个。

（徐华莹）

【学生获国际商业挑战赛冠军】 8月14至18日，人大附中学生参加2011全球商业挑战赛（JA）获得冠军。该校高二年级学生冯路、高三年级学生郭弘烨组成“Heaven 899”代表队获得挑战赛第一名，同时获得3000美元奖金。JA全球商业挑战赛通过高中学生组队开办虚拟公司，确定核心竞争力目标，获得最高绩效，分析价格、生产计划和投资，以及在资金、市场营销和研究、发展方面预算。来自世界38个国家和地区531支16至22岁高中、大学队伍参赛，每支队伍由2至6名成员组成，分为预赛、半决赛、决赛3轮。

（徐华莹）

【与人大签订足球队共建协议】 10月26日，人大附中与中国人民大学签订足球队共建协议书。根据协议，人民大学与人大附中足球训练基地联合培养学生运动员，将文化课学习和足球训练纳入整体计划，2011至2012年从三高足球俱乐部挑选符合要求队员，通过高考择优录取，进入人民大学学习；2013至2019年陆续整体接收三高足球俱乐部培养中学生希望队4支队伍，成为人民大学正式学生，期间参加全国大学生足球比赛和全国足球职业联赛，与普通学生同时完成大学学业。协议为期8年。人大附中三高足球俱乐部成立于1992年，“三高”指道德品质高、文化素质高、运动水平高；俱乐部引进社会资金与专业人才，并同中国足协对口联系，形成大、中、小学年龄梯队，曾4次获得国际中学生足球比赛冠军、9次获得全国中学生足球比赛冠军、89次获得北京市中学生足球比赛冠军。

（徐华莹）

【承办中小学骨干教师研修项目】 11

月6日，人大附中承办的“国培计划”高中数学培训班开班。该校经投标获得2011“国培计划”中小学生骨干教师研修项目，培训内容包括介绍国内外数学教师专业发展特点和趋势，明确高中数学教师专业化发展有效模式和方法，了解高中数学课程基

本理论和主要内容，掌握高中数学有效课堂教学方法，研究教育教学规律和研究学生基本方法与策略，以及人大附中数学教育实践与创新等，校长刘彭芝为培训班主讲第1课。来自全国13个省市地区中学数学教师100人参加学习。

（徐华莹）

清华大学附属中学

【概　况】 2011年，清华大学附属中学占地面积7.90万平方米、建筑面积8.50万平方米、体育场馆面积23356平方米。图书馆藏书11.40万册，电子图书2000册，订阅杂志481种、报纸48种。固定资产总值10219万元，拥有计算机660台，多媒体教室座位4900个。全年教育经费投入10153万元，其中，国家拨款4841万元、自筹经费5312万元。学校信息化经费投入110万元，校园网出口总带宽1050Mbps，数字资源量160GB，“信息技术”课程初中1课时/周、高中2课时/周。普通教室82个、专用教室20个、实验室56个。教职工296人，包括正高级职称1人、副高级职称106人、中级职称78人。专任教师210人，包括特级教师15人、北京市学科教学带头人2人、市级骨干教师9人；本科及以上学历210人。开设教学班72个，其中，初中班40个、高中班32个。毕业830人，其中，初中467人、高中363人；招生949人，其中，初中502人、高中447人；在校生2644人，其中，初中1453人、高中1191人，包括寄宿生525人。高中录取分数线544分（海淀区），应届高考本科上线率100％。网址：www.qhfz.edu.cn。

（高岷）

【举办“我与校长面对面”活动】 1月7至8日，清华附中举办“我与校长面对面”系列活动。活动由学生会组织，分为教学、生活两个场次，预先通过“我有问题问校长”形式收集学生提问及建设性意见，并将问题分类整理为教学、活动、体育等，校长对学生所提每个问题做出回答，向学生阐述自身教育思想、教育理念，展望学校发展，并鼓励学生深入思考，以积极态度面对生活。全校初一、初二、高一、高二年级学生100人次参加交流对话。

（高岷）

【2名学生翱翔计划结业】 1月21日，清华附中2名学生获得“翱翔计划”毕业证书。该校共有8名学生成为首批“翱翔计划”学员，经过2年学习，2人获得“翱翔计划”结业证书，其中，2008级（高三年级）学生张跃然论文被评为“翱翔计划”优秀论文、校长王殿军获得“翱翔计划”优秀基地校校长称号、4名教师获得“翱翔计划”基地校优秀指导教师称号、1人获得“翱翔计划”基地校优秀志愿者称号。“翱翔计划”由北京市青少年科技创新学院主持并负责评审，采取中学与大学联合培养方式，来自全市94所中学164名学员，在数学、物理、化学、生物、信息技术、地理6个学科领域100所高校、科研实验室开展研究性学习。

（高岷）

【获市青少年科技创新赛一等奖】 3月27日，清华附中学生获得第31届安捷伦北京青少年科技创新大赛6个一等奖。该校共有9个项目参加决赛，其中，6个项目获得一等奖，包括初二年级学生崔兆庆“蚯蚓部分趋性行为的初步研究”、初三年级学生董月峤“不明飞行物现象的分类及其与地外文明关系的研究”、高二年级学生唐岱维“以剩余污泥碱水解产物为碳源生物合成生物燃料前体的研究”、李昂“耐受免疫治疗I型糖尿病的研究”、张凯航“PET聚酯塑料降解的新介质及过程研究”、高三年级学生谷裴祯“城市绿化固碳树种的新选择”。此次比赛由市科协、市教委、市科委、市知识产权局、门头沟区政府、北京青少年科学基金会主办，共有81个参赛项目获得一等奖。

（高岷）

【新初中楼建成使用】 9月1日，清华附中新初中楼建成投入使用。该教学楼位于学校南侧，主体建筑4层，占地面积5106平方米、建筑面积7160平方米，设有42个教室、5个实验室，包括办公室24个、会议室1个、自习室2个以及2个计算机教室，配备饮水机、空调、多媒体、电子监控等设备。工程2010年9月开工建设，自筹资金3600万元。

（高岷）

【推出学生素养提升计划】 9月，清华附中高一年级推出“学生素养全面（人文＋体育）提升计划”。该计划旨在培养学生优秀习惯，在德智体方面均衡发展。每期学习历时4个月，涉及文史、外语、历史、政治、体育等学科，授课方式采取专家报告、课外活动、项目研究等，由外聘教师和本校教师专门指导，每月固定活动1次，每次4课时。学校高一年级师生520人参与活动。

（高岷）

【唐岱维获“明天小小科学家”称号】 11月21日，清华附中高三年级学生唐岱维获得“明天小小科学家”称号。唐岱维以“以剩余污泥碱水解产物为碳源生物合成生物燃料前体的研究”项目获得一等奖，同时获得“明天小小科学家”称号，该校另有2名学生研究项目分获二、三等奖。“明天小小科学家”活动由教育部、中国科协、香港周凯旋基金会共同主办，全国共有3人获得“明天小小科学家”称号，15人获得一等奖、35人获得二等奖、50人获得三等奖。

（高岷）

【白雪峰获紫禁杯班主任特等奖】 12月26日，清华附中教师白雪峰获得北京市紫禁杯优秀班主任特等奖。白雪峰，1971年8月出生，内蒙古人，中学高级教师，毕业于内蒙古师范大学，担任班主任工作16年，奉行“有爱心就能有热情，勤学习总会有方法”教育观念，研究适合中学生心理特点和成长规律教育方法，总结积累出学生心态引导和压力调控方面经验，著有《自信度高三》、《用爱心与智慧书写班主任的幸福人生》。

（高岷）

【学生参加体育竞赛获奖】 至年底，清华附中学生参加体育竞赛获奖。4月24至30日，该校男子篮球队获得2011世界中学生篮球锦标赛冠军；5月14日，该校篮球队获得中国高中男子篮球联赛冠军；9月23至28日，该校6名学生参加瓦尔特杯全国重点

射击学校锦标赛获得冠军，其中，高二年级学生陈芳获得女子 50 米步枪三种姿势冠军，并以资格赛 587 环和总成绩 684.1 环分别打破全国业余纪录，达到国家运动健将标准；10 月 18 至 24 日，学校 12 名学生组成中国少年队参加第四届亚洲气枪锦标赛获得男子气步枪个人亚军、男子气步枪团体亚军、女子气步枪个人季军、女子气步枪团体亚军。

（高珉）

北京理工大学附属中学

【概　况】　2011 年，北京理工大学附属中学占地面积 4.10 万平方米、建筑面积 2.54 万平方米、体育场面积 1.50 万平方米。图书馆藏书 10.50 万册，订阅杂志 40370 种。固定资产总值 4841 万元，拥有计算机 736 台，多媒体教室座位 2446 个。全年教育经费投入 6781 万元，全部由国家拨款。学校信息化经费投入 248 万元，校园网出口总带宽 40Mbps，数字资源量 4.70TB。普通教室 58 个、专用教室 29 个、实验室 15 个。教职工 230 人，包括副高级职称 75 人、中级职称 68 人。专任教师 202 人，包括特级教师 5 人、北京市学科教学带头人 1 人、市级骨干教师 5 人；本科及以上学历 194 人。开设教学班 56 个，其中，初中班 30 个、高中班 26 个。毕业 762 人，其中，初中 402 人、高中 360 人；招生 837 人，其中，初中 471 人、高中 366 人；在校生 2446 人，其中，初中 1338 人、高中 1108 人。高中录取分数线 523 分（海淀区），应届高考本科上线率 100%。网址：www.lgfz.com.cn。

（邵虹　彭警）

【召开备课组长论坛】　3 月 21 日，理工大附中召开备课组长论坛。论坛围绕“让教学回归本源——有效作业研究”主题，解读有效作业研究意义和具体要求，5 名学科教师就解决教学中“真问题”进行精细化研究分析。全校教师 202 人参加会议。理工大附中于 2007 年开始有效教学研究，在课型研究、有效课堂、质量分析、合作学习、导学案研究等方面进行探索。

（周玲　彭警）

【启动青少年科学调查体验】　6 月 3 日，“珍爱生命之水——2011 青少年科学调查体验活动理工大附中启动仪式”举行。活动为初一年级各班代表授书，听取北师大教授讲座，介绍活动流程与参赛项目，为学生展示科技小论文范例并讲解如何撰写，发出节能环保号召。该活动由教育部、中央文明办、广电总局、共青团中央、中国科协主办，始于 2006 年，每年确定一个主题，面向小学高年级和初中学生开展，旨在使青少年学习有关能源基本科学知识，掌握节约能源方法，增强节约意识。该校初一年级学生 471 人参加活动。

（王雾　彭警）

【成立理工实验班】　9月9日，理工大

附中首次成立理工实验班。该实验班拥有高一年级学生 46 人，通过中考和入学考试摸底成绩进行选拔，先期开设大学课程。该校与北京理工大学达成共识，为实验班学生提供教师及设备资源，每周安排半天时间指导学生走进大学实验室，教授和研究生对学生进行一对一学科辅导。9 月 19 日至 12 月 19 日，实验班举办“理工讲坛”12 讲，共聘请 14 名导师，内容涉及近代科学的发展与起源，机器人起源、发展与应用，信息对抗技术知识等专题。

（王雾　彭警）

【首次评比“校园之星”】　9 至 11 月，理工大附中开展“校园之星”评比活动。此次活动要求每月每班推出 1 名学生为“校园之星”，经过班级、年级推荐，共产生 148 名“校园之星”，涉及获奖项目 20 个，包括“文明礼仪之星”、“志愿奉献之星”、“阳光体育之星”等。评选期间，学校利用升旗讲话时间，对“校园之星”进行表彰，年级和班级通过板报形式进行宣传。

（姜郁　彭警）

【成立少年科学院】　11月10日，理工

大附中少年科学院成立。该院下设天文、气象、机器人等 7 个研究所，首届拥有成员 240 人，聘请中国工程院院士许建民、学校校长为名誉院长，12 名教师为指导教师，高二年级学生侯德诚被聘为第一届院长，11 名学生为少年科学院常委及各研究所所长。成立会上，组织观看学校科技教育短片《科技启迪未来》，宣读《理工附中少年科学院章程》，介绍少年科学院组织结构以及成员管理方案。学校为少年科学院揭牌，宣读第一届成员名单，举行聘书颁发仪式。许建民发表专题演讲，鼓励学生在中学阶段培养科研精神。有关领导、专家，以及全校师生 2690 人参加活动。

（王雾　彭警）

【成立家长委员会】　12 月 12 日，理工大附中成立家长委员会。会议向家委会成员颁发聘书，通过《理工附中家长委员会的章程》，明确家委会相关职责，交流家庭教育经验，研究家校如何配合，并对学校教育教学工作提出建议，同时推选 3 名家长组成家长委员会秘书处。本届家委会共有成员 15 人，职业涵盖律师、教师、记者等。学校干部、家委会成员 33 人参加会议。

（陆旻　彭警）

【纪念管乐团建团20周年】　12月23

日，理工大附中举办金帆管乐团建团20周年暨新年音乐会。音乐会演奏10首中外曲目，市委教育工委、市教委、市政府外事办、海淀区教工委、区教育督导室领导，北京理工大学等15个共建单位代表参加活动。理工大附中金帆管乐团建于1991年。2007年被认定为“北京市金帆管乐团”，现有成员150人。2011年4月，管乐团获得北京市第14届学生艺术节行进管乐比赛管乐合奏一等奖、打击乐演奏一等奖；5月，管乐团获得“中华杯”中国第四届非职业优秀管乐团队（行进管乐）展演金奖、“中华号角”（世博号角）特殊贡献奖。

（黄惠平　彭警）

首都师范大学附属中学

【概　况】　2011年，首都师范大学附属中学占地面积33100平方米、建筑面积24026平方米、体育场馆面积12930平方米。图书馆藏书10万册，电子图书4000册、电子报纸20种，订阅杂志200种、报纸40种，电子触摸屏阅读机3台。固定资产总值14527万元，拥有计算机734台，多媒体教室座位5100个。全年教育经费投入5448万元，其中，国家拨款3319万元、自筹经费2129万元。学校信息化经费投入1475万元，校园网出口总带宽20Mbps，数字资源量资源库2700GB，“信息技术”课程1课时/周。普通教室49个、专用教室17个、实验室16个。教职工235人，包括副高级职称71人、中级职称71人。专任教师157人，全部为本科以上学历；特级教师9人、北京市学科教学带头人1人、市级骨干教师4人。开设教学班49个，其中，初中班14个、高中班29个、中美课程实验班6个。毕业645人，其中，初中187人、高中458人；招生709人，其中，初中233人、高中476人；在校生2022人，其中，初中615人、高中1407人（含中美课程实验班192人），包括外籍学生5人。高中录取分数线524分（海淀区），应届高考本科上线率100%。网址：www.cnuschool.org。

（高国欣）

【高校专家指导课题研究】　3月，首师大附中接受高校专家指导课题研究。3月9日，北京外国语大学教授一行3人，指导该校国家级课题“典范英语在中小学英语教学的实践”研究工作，听取初一、初二年级2节英文小说阅读观摩课，专家肯定教师授课思路、学生参与课堂活动评价的形式，并与教师进行现场互动研讨。该校初、高中年级英语教师18人参加活动。3月19日，北京师范大学博士生导师一行3人，指导学校初三化学项目研究。专家观摩“中和反应”研究课，认为课程以情景线贯穿整个教学内容，突出中和反应判断方法与应用价值，并针对教学中复习、备课、课堂活动组织提出指导性意见。学校初中、高中化学组教师8人参与听课研讨。

（李大永）

【首届中美高中班毕业】　6月10日，首

师大附中举办首届中美高中班毕业典礼。典礼上，毕业生表演非洲鼓、合唱等节目，该校校长与美国德怀特中学校长共同为58名学生颁发毕业证书。2008年，经市教委批准，报教育部备案，首师大附中与美国私立德怀特中学合作办学，引进AP课程项目，合格毕业生可获得首师大附中和德怀特中学高中毕业文凭，首届毕业生58人全部被美国大学录取，99.95%学生通过AP考试，TOEFL考试成绩最高分117分。

（马德玲）

【抗震加固工程完工】　9月1日，首师大附中抗震加固工程完工。工程包括加固教学楼、办公楼、实验楼及校园各专项建设，由河北建设集团有限公司负责施工，北京华建项目管理有限公司负责监理。加固任务面积20200平方米，包括更换上下水、消防、采暖管道，加粗采暖、消防、网络通讯线路，改造实验室、通用技术教师、心理咨询室、会议室，粉刷两栋楼整个内墙面；更换办公室、教室、实验室门窗，修补维护学校操场，更新实验室设施；建设新消防水箱设备、陶艺室、汽车驾驶模拟室等。工程6月15日开工建设，由市教委投资3000万元。

（张国平）

【举办“校长邀你听讲座”活动】　9至12月，首师大附中举办“校长邀你听讲座”系列活动共10次。活动邀请首都师大、中科院、国防大学、北师大、北京语言大学、北京舞蹈学院等10名专家开办讲座，包括“混沌理论与分形初步”、“人类的探月之路”、“百年航母”、“学习优势分析”、“从《天鹅湖》走近芭蕾”、“浅谈戏曲美学兼谈戏曲流派”、“思考与想象”专题。全校学生2000人次参加学习。

（丁伯华）

【举办首届科技节】　11月12日，首师

大附中举办首届科技节。活动以科技成果展示为主要内容，设立12个展台、45块展板，包括往届在全国、北京市科技比赛获奖作品、学生暑期科技竞赛及科技活动展板、学生研究性学习优秀作品展板、全国比赛获奖航模作品、校机器人代表队及其作品、校天文社活动及天文观测设备、科普

类图书读物推荐。全校师生 600 人参观展览。

（丁伯华）

【学生论文发表】 11 月，首师大附中学生论文在学术期刊发表。学校高二年级学生邢戚加论文《地球与月球关系的研究》在《力学与实践》2011 年第五期上发表。该期刊由中科院力学研究所和中国力学学会共同主办，刊登力学及其交叉学科的最新进展，报道力学应用成果和力学教育成绩，介绍古今中外力学专家及其成就，面向工程技术人员、科研人员和院校师生征稿。

（丁伯华）

北京市大峪中学

【概　况】 2011 年，北京市大峪中学占地面积 63210 平方米、建筑面积 44268.15 平方米、体育场馆面积 1582 平方米。图书馆（室）藏书 6 万册，电子图书 20 册，订阅杂志、报刊 30 种。固定资产总值 1.27 亿元。全年教育经费投入 2419.89 万元，其中，国家拨款 2187.57 万元、自筹经费 232.32 万元。学校信息化经费投入 40.75 万元，拥有计算机 250 台，多媒体教室座位 200 个，校园网出口总带宽 100Mbps，数字资源量 100GB，“信息技术”课程 2 课时/周。普通教室 36 个、专用教室 21 个、实验室 12 个。教职工 165 人，包括副高级职称 61 人、中级职称 50 人。专任教师 115 人，包括特级教师 2 人、北京市学科教学带头人 2 人、市级骨干教师 1 人；本科及以上学历 113 人。开设教学班 32 个。毕业 337 人；招生 353 人；在校生 1064 人，包括寄宿生 670 人。高中录取分数线 481 分（门头沟区），应届高考本科上线率 86%。网址：www.dyzx－bj.com。

（刘景敏）

【实施高效课堂原则】 3 月，《大峪中学高效课堂五项原则》实施。该原则由教务处调研制定并组织实施，适用于各学科教学工作，包括“以学定教”、“突显学生主体”、“关注个体差异”、“创设活力课堂”、“人人进步”，每条原则具体为学情分析、学法指导、主体参与、合作探究、思维训练、知识生成、因材施教、培优补差、直观教学、激励评价等内容。

（徐俊）

【科技创新实验基地竣工】 3 月，大峪中学科技创新实验基地竣工。该基地拥有学生专业实验室 15 个、主控室 1 个，总面积 1000 平方米。其中，实验室包括 1 个综合性分子生物学实验室、11 个功能性实验室、2 个万级洁净室。拥有扫描共聚焦显微镜、基因枪、高效液相色谱仪、实时荧光定量 PCR 仪、发酵罐、凝胶成像系统、分子杂交仪、PCR 仪、酶标仪、高速冷冻离心机仪器设备，可满足现代生物化学与分子生物学实验教学和科学研究工作需要。基地于 2010 年 7 月开工建设，由门头沟区教委拨款 500 万元。

（徐俊）

【与化大签署创新人才培养协议】 4 月 25 日，大峪中学与北京化工大学签署创新人才培养协议。协议规定双方定期就高考和学生培养等情况进行交流，共同加强对品学兼优生和特长生联合培养，其中，大峪中学提供学生培养场地，北京化工大学承担具体培养工作，有效期 3 年。其间，双方就学生免试推优、专业选择和创新人才培养等方面内容展开实质性交流。

（徐俊）

【成立教学督导评估室】 9 月 1 日，大峪中学“教学督导评估室”挂牌成立。该评估室为学校教学质量监控机构，由学校副校长主管负责，1 名主任、1 名专职教师、10 名兼职教师组成，通过课前教学案检查、课堂听课观课、课后测评反馈等方式，检查评估课堂教学；结合课堂过程监控与学生测试成绩，引领教师课堂教学专业化成长。

（徐俊）

【开设首届自主研修班】 11 月 8 日，大峪中学开设首届自主研修班。该校干部、家校协会代表、学业导师、人生导师、全体学员 60 人参加成立仪式。研修班由学校行政负责管理，面向高二年级招收学员 20 人，实行松散管理，平时学生在各班上课、自主学习，利用自习课时间可合作研讨、

集中交流。该班采用双导师制，每名学生配有 1 名学业导师和 1 名人生导师。研修班采取研修成果和研究态度相结合的形式进行考核。

（陶术研）

【成立农村青少年科技园】 12 月，大峪中学“农村青少年科技园”成立。该项目经市科协审批通过并投入经费，立足于门头沟区新农村建设实际，结合经济发展对人才技术需求，由区科委和大峪中学共同主持，面向全区青少年指导开展植物组育苗培养研究、科技组科研活动研究、文学组文化作品创作研究等，配备苗床、科技活动组件等设备。

（陶术研）

【接待蒙藏教师学习交流】 至年底，大峪中学接待蒙藏教师来校学习交流。10 月 25 日至 11 月 11 日，学校接待内蒙古自治区察右后旗第一中学教师到校开展影子培训。该培训团包括一行 5 人，采取一对一导师负责制，以结对子方式全程跟踪学习，内容涵盖新课程理论、课堂教学实践、教学研讨等。12 月 5 至 17 日，该校接待西藏自治区尼木县教师到校学习交流。该交流团一行 6 人，研讨内容包括课堂教学、学生管理、宿舍管理等，认为通过教师间学习可加强两校联系、增进民族感情。

（贺启谋）

首都师范大学附属中学永定分校

【概　况】 2011 年，首都师范大学附属中学永定分校占地面积 33681 平方米、建筑面积 27668.50 平方米、体育场馆面积 12299 平方米。图书馆藏书 40000 册。固定资产总值 2426 万元。全年教育经费投入 1795 万元，

全部由国家拨款。学校信息化经费投入630万元，拥有计算机320台，多媒体教室座位55个，校园网出口总带宽100Mbps，数字资源量680GB，“信息技术”课程4课时/周。普通教室34个、专用教室18个、实验室11个。教职工147人，包括副高级职称39人、中级职称48人。专任教师105人，包括市级骨干教师2人；本科及以上学历89人。开设教学班33个。毕业394人；招生456人；在校生1277人，包括寄宿生500人。网址：www.58.117.144。

（张翼）

【加强教师培养】　2至10月，首师大附中永定分校开展工作加强专任教师培养。该校以联合办学为契机，聘请首师大附中特级教师担任导师，定期来校组织备课，指导学生与考试质量分析；邀请教育专家来校听评课。与门头沟区教委同步举办校级“春雷杯、百花杯、秋实杯”比赛，提高教师教学能力和水平。实行教师进修双轨制，即要求教师参加门头沟区进修，并且兼顾参加首师大附中与海淀区教师进修学校培训。

（杨清龙）

【确立高效课堂模式】　3至6月，首师大附中永定分校确立高效课堂模式。该校组织开展构建高效课堂教学实践展示活动，先后有20名教师作校、区级展示课，专家评课认为学校课堂教学由“知识传授”向“学生为主体”方向转变、由“统一规格”教学向“差异性”教学方向转变、由教学“模式化”向教学“个性化”方向转变等。

（杨清龙）

【完成校园信息化建设任务】　至年底，首师大附中永定分校“数字化校园”系统建设完成。该系统集数字化教学系统、自动化办公系统、信息化考试系统、海量化资源系统、智能化评价系统、人性化网络系统为一体，可实现家校互动、网上办公、安防监控等功能。系统2011年1月开始建设，由门头沟区教委投资200万元。11月30日，该校完成校园局域网与安防设备建设任务，包括在办公室、专用教室、学生宿舍铺设光纤连接互联网；在楼内配备灭火器、安装监控摄像头82个。

（高金华　杨清龙）

北京市房山区良乡第五中学

【概　况】　2011年，北京市房山区良乡第五中学占地面积104888平方米、建筑面积27668平方米、体育场面积24832平方米。图书馆藏书3.41万册，订阅杂志、报刊107种。固定资产总值1368.57万元，拥有计算机282台，多媒体教室座位1600个。全年教育经费投入1919.80万元，其中，国家拨款1907.80万元、自筹经费12万元。学校信息化经费投入6.33万元，校园网出口总宽带16Mbps，数字资源量80GB，“信息技术”课程1课时/周。普通教室39个、专用教室19个、实验室11个。教职工144人，包括高级职称18人、中级职称57人。专任教师94人，全部为本科及以上学历。开设初中教学班32个。毕业397人、招生371人、在校生1156人。网址：http://58.130.30.3。

（韩正勤）

【启动高效课堂研究计划】　2月，良乡五中高效课堂研究计划启动。该计划将课堂分为无效、低效、有效、高效、魅力五个等级，围绕如何提高课堂效率，探索研究“自主合作、探究展示、适度干预、诊测评价”双主体四框架高效课堂教学模式。学校通过举办高效课堂研讨会，开展研究课、展示课活动，组织教师外出观摩学习、确立实验班、实验学科等形式，以点带面，推动学校课堂教学改革。计划首批开设4个实验班，全校教师23人参与研究。

（韩正勤）

【参加市学生艺术节获奖】　5月，良乡五中参加北京市第14届学生艺术节获奖。艺术节由市教委主办，主题为“阳光下成长”，全市各区县学校代表队参赛，良乡五中艺术团舞蹈队由16名学生组成，获得舞蹈展演一等奖。该校艺术团于2006年10月成立，聘请房山区少年宫专业教师指导，利用每周四两课时进行学习，每次学生250人参加活动。

（韩正勤）

【庆祝建校五周年】　9月9日，良乡五

中举办建校五周年庆祝活动。活动以“五年华诞展辉煌历史，敬业奉献做育人先锋”为主题，包括学生献词、校长致辞、表彰颁奖、优秀毕业生代表、先进教师代表发言、领导讲话六个部分内容，为班主任、毕业班教师12人颁发“建校五周年特殊贡献奖”，表彰年度学校“十佳班主任”、“十佳教师”，并为优秀毕业生颁发“成才奖”。来自各区县代表，以及该校师生、家长代表1400人参加活动。良乡五中成立于2006年8月，是一所山区寄宿制初级中学，有教职工136人，管辖霞云岭、史家营、大安山、南窖和佛子庄5个山区中学，在校生1149人。建校以来共培养毕业生2000人。

（冯文静）

北京市房山区长沟中学

【概　况】　2011年，北京市房山区长沟中学占地面积65407平方米、建筑面积19065平方米、体育场馆面积1759平方米。图书馆藏书5.05万册，电子图书1429册，订阅杂志50种、报纸40种。固定资产总值6738万元，拥有计算机339台，多媒体教室座位120个。全年教育经费投入1515.40万元，其中，国家拨款1579.75万元、自筹经费35.65万元。学校信息化经费投入3.79万元，校园网出口总带宽40mbps，数字资源量50gb，“信息技术”课程2课时/周。普通教室32个、专用教室12个、实验室10个。教职工139人，包括副高级职称24人、中级职称48人。专任教师96人，本科及以上学历124人。开设教学班30

个，其中，初中班18个、高中班12个。毕业290人，其中，初中160人、高中130人；在校生982人，其中，初中501人、高中481人，包括寄宿生182人。高中录取分数线422分（房山区），应届高考本科上线率26.56%。网址：www.58.130.14.231。

（景玉霞）

【建设书香校园】 6月30日，长沟中学开展“打造学校文化，建设书香校园”活动。活动旨在建立校园文化体系，聘请专业文化设计公司，在教学楼与办公楼回廊地点创建4个读书角；要求学生利用早自习时间读书，包括课本、弟子规、各班书库等；午间阅览室对学生开放45分钟；语文学科课堂注重学生朗读训练；开展“读经典、诵名著”活动。全校教师、学生1200人参加活动。

（景玉霞）

【开设创新能力实验课程】 9月5日，长沟中学开设创新能力实验课程。课程面向全校六个年级学生，分别将物理、化学、生物实验项目编排进课表，其中，物理实验5课时/周、化学实验5课时/周、生物实验6课时/周，学习内容包括物理学史、实验操作技能、生活与科学。该校本课程由教师18人参与设计开发。

（景玉霞）

【市美育基地校挂牌】 9月8日，北京市美育基地校在长沟中学挂牌。此次评选由北京教育学会主持，包括申报参评、评审确定、发文授牌环节。其间，中小学美音研究会向该校颁发“北京市美育教育学会集体会员单位”铜牌，并向美术兴趣小组学生捐赠艺术家书画作品画集，为学校美术教师颁发中华书画协会会员证书。2009年该校确定“艺术与体育齐飞，特长和发展并举”办学特色。

（景玉霞）

【举办首届体育节】 9月15至30日，长沟中学举办首届“龙泉”杯体育节。体育节以“发展体育运动、增强人民体质、艺体齐飞、永续发展”为口号，分为健美操展示和竞赛两部分，共开设乒乓球、跆拳道、田径等14个比赛项目，以年级为单位，全校师生1200人参加活动。

（景玉霞）

【组织可持续发展教育汇报】 11月8日，长沟中学组织可持续发展教育汇报交流活动。此次活动共分四个阶段进行，包括观看学校可持续发展（ESD）教育宣传片并组织师生座谈，展示“长沟镇地区部分水质污染情况调查研究”、“地理小卫士”等8项可持续发展教育教学实践成果，开展“探究影响光合作用的因素”等3项课堂教学课改实验、推出3节观摩课，参观调研世界地质公园博物馆、龙泉湖湿地。联合国教科文组织中国可持续发展教育全国工作委员会主任、北京可持续发展教育协会会长、房山区教师进修学校负责人、房山区可持续发展项目实验校代表，以及该校师生532人参加活动。

（景玉霞）

【参加市中小学跆拳道比赛获奖】 11

月26日，长沟中学参加北京市中小学生跆拳道比赛获奖。此次比赛由市教委、市体育局主办，来自全市各区县286个单位、1500名队员参赛，其中，长沟中学跆拳道代表队由在校学生45人组成，最终以3个冠军、6个亚军、6个季军成绩获得中学组团体第一名。2009年长沟中学跆拳道运动队成立，2011年9月被批准为房山区跆拳道传统项目学校，12月经国家体育总局批准成立“北京长远青少年体育俱乐部”。

（景玉霞）

北京市房山区房山中学

【概　况】 2011年，北京市房山区房山中学占地面积42156平方米、建筑面积26972平方米、体育场馆面积18700平方米。图书馆（室）藏书5.90万册，订阅杂志140种、报纸37种。固定资产总值352.50万元，拥有计算机388台，多媒体教室座位349个。全年教育经费投入2853万元，其中，国家拨款2399万元、自筹经费454万元。学校信息化经费投入26.50万元，校园网出口总带宽16Mbps，数字资源量120GB，“信息技术”课程2课时/周。普通教室49个、专用教室13个、实验室10个。教职工163人，包括副高级职称53人、中级职称50人。专任教师106人，包括市级骨干教师5人；全部为本科及以上学历。开设高中教学班31个。毕业303人；招生375人；在校生1226人，包括寄宿生762人。高中录取分数线468分（房山区），应届高考本科上线率53.3%。网址：www.58.130.5.100。

（刘荟）

【召开班主任工作会】 2月26日，房山中学召开班主任工作研讨会。会议以“贯彻精神、展示成果、精细管理、提高能力”为主题，该校教师展示班主任工作室成果；工作室7名青年教师进行交流；3名班主任围绕班级文化建设、班干部队伍建设、班级常规管理方面做典型发言；参加全国班主任会教师介绍学习体会；德育处干部带领学习《中小学班主任规定》、《房山中学关于加强班主任队伍建设促进班主任专业化发展的意见》。全校教师68人参加会议。5月，房山区隗金枝班主任工作室成立，同时房山中学骨干班主任工作室建成，负责组织青年班主任案例分析、专业技能培训等工作。

（刘荟）

【举办教师高端发展班启动会】 11月18日，房山中学举办高级教师高端发展班启动会。此次会议是学校教师分层指导、促进成长措施工作，针对40岁以上非骨干高级教师发展要求，由校内具有丰富教育教学经验教师指导，通过个人学习与集体培训、外出考察与校内交流、理论素养提升与实践能力突破等形式，培训先进理念、教学实践、专业技能等方面内容。该校教师28人参加学习。

（刘荟）

【开展学业指导工作】 12月，房山中学开展学业整理指导工作。此次工作面向高一、高二年级学生，以提高学生自主学习能力为宗旨，制订学业整理A、B、C、D四个等级评价标准，各学科教师规范学业整理模板，提出一周学业整理重点及要求，每周四各个班级学习委员把综合评价为A级学业作品上交年级组，年级组在学生会期间进行展示，每次推出30名学生学业作品，每周更新一次。该校学生240人次学业作品得到展示。

（刘荟）

北京师范大学良乡附属中学

【概 况】 2011年，北京师范大学良乡附属中学占地面积6.31万平方米、建筑面积4.24万平方米、体育场馆面积2.54万平方米。图书馆藏书86270册，电子图书828GB，订阅杂志110种、报纸19种。固定资产总值7683万元，拥有计算机357台，多媒体教室座位1900个。全年教育经费投入2650万元，其中，国家拨款2127万元、自筹经费523万元。学校信息化经费投入21.79万元，校园网出口总带宽16Mbps，数字资源量948GB，“信息技术”课程2课时/周。普通教室49个、专用教室7个、实验室13个。教职工198人，包括副高级职称72人、中级职称61人。专任教师116人，包括北京市学科教学带头人6人、市级骨干教师14人、特级教师4人；本科及以上学历116人。开设教学班34个。高中毕业472人、招生409人、在校生1367人。高中录取分数线女生509分、男生507分（房山区），应届高考本科上线率94.06%。网址：www.58.130.100.2。

（粘明涛）

【成立青年教师英才班】 4月14日，北师大良乡附中成立31岁以下青年教师英才班。英才班由教学处管理，班长、副班长由学校团委书记、副书记兼任，通过同伴互助、项目学习，为青年教师搭建交流沟通平台，促进其专业成长。现拥有成员30人。

（粘明涛）

【开设教师阅读交流中心】 4月23日，北师大良乡附中开设教师阅读交流中心。该中心由校科研处负责管理，旨在促进学校学习型组织建设，为教师“读书、交流、提高、成才”搭建平台，拥有成员19人，其间，学校组织学习《良乡附中阅读交流中心章程》、交流参与读书会设想，介绍读书交流、专题讲座、专项培训等活动安排。

（粘明涛）

【举办教研方法培训会】 9月14日，北师大良乡附中举办教育科研方法培训会。此次培训与房山区教师进修学校、区教育学会共同举办，采取讲座形式，邀请北师大教授介绍开题报告基本框架、如何选题、课题存在问题以及如何整理文献综述等。全区各校教科研干部、各课题负责人300人参加学习。

（粘明涛）

【抗震加固工程完工】 9月24日，北师大良乡附中抗震加固工程完工。此次施工涉及教学楼、办公楼、实验楼、男女学生与教工宿舍楼、学生浴池、连廊的整体加固和内部粉刷，重新更换取暖设备，总建筑面积21000平方米。工程自7月1日开工建设，由市财政总投资7000万元。

（粘明涛）

北京市通州区潞河中学

【概 况】 2011年，北京市通州区潞河中学占地面积227223平方米、建筑面积91960平方米、体育场馆面积7299平方米。图书馆藏书140297册，电子图书2830GB，订阅杂志217种、报刊32种。固定资产总值17336.26万元。全年教育经费投入12640.60万元，其中，国家拨款12532.60万元、自筹经费108万元。学校信息化经费投入23.67万元，拥有计算机1656台，多媒体教室座位4900个，校园网出口总宽带200Mbps，数字资源量8265.68GB，“信息技术”课程初中1课时/周、高中2课时/周。普通教室66个、专用教室31个、实验室26个。教职工327人，包括副高级职称140人、中级职称111人。专任教师291人（外籍教师13人），包括特级教师11人、北京市学科教学带头人4人、市级骨干教师12人；本科及以上学历289人。开设教学班70个，其中，初中班24个、高中班46个（内地新疆高中班12个）。毕业839人，其中，初中274人、高中565人；在校生3380人，其中，初中967人、高中1902人、新疆高中班511人，另有外籍学生53人。高中录取分数线513分（通州区）。网址：www.luhe.net。

（苏培）

【举办航天知识系列活动】 2月28日，潞河中学举办航天知识系列活动。此次活动与俄罗斯航天署共同主办，邀请俄罗斯宇航员巴图林作国际空间站经历报告，并与初一、高一年级学生展开交流。学生观看巴图林在国际空间站工作、生活视频短片，听取宇航事业所需知识与技能情况介绍。该校学生900人参加活动。

（梁娟 苏培）

【承办全国高中和谐德育论坛】 4月8至10日，潞河中学承办全国第六届高中和谐德育论坛。论坛由中国伦理学会道德专业委员会主办，提出促进三级和谐德育体系构建新理念，并作“和谐德育研究”高中学段工作报告，重庆北川中学、贵州怀仁一中等16所高中德育干部围绕学校特色德育体系构建与不同德育问题研究交流经验、展示优秀成果。其间，潞河中学作题为“构建和谐德育课程体系，培养学生健全人格”会议发言。来自全国20个省市部分学校教师200人参加论坛。

（梁娟 苏培）

【举办主题门票展】 5月17至18日，潞河中学2名教师举办“光辉的历程”歌颂建党90周年主题门票展。该校教师从自己1982至2011年间收藏2万枚门票中精选出670张门票，设计“日出东方”、“长征北上”、“抗日烽火”、“建国伟业”、“伟人风采”、“改革开放”版块，展现中国共产党走过的自由、振兴历程。来自北京市收藏家协会3名专家参观点评，全校学生3000人观看展出。

（梁娟 苏培）

【展示可持续发展教育成果】 6月9日，潞河中学举办可持续发展教育国家实验学校建设阶段成果展示活动。来自全市各区县可持续发展教育项目示范学校教师150人参加活动。其间，与会人员观摩潞河中学10名教师可持续教学模式课堂教学现场展示，听取学校校长关于可持续发展教育中促进学生成长专题汇报。市教委、区县教育部门负责人，项目全国工作委员会专家组成员出席活动。至年底，该校参加第五届可持续发展教育国际论坛。论坛主题为“为了可持续发展的哲学思考与教育变革”，学校教师作“在新疆预科班中开展可持续发展教育的尝试”发言，校长论文《坚持可持续发展教育理念，推动学校事业健康和谐发展》以及3名教师可持续发展教学设计收录在会议材料中，学校11篇教学案例获得中国可持续发展教育优秀论文案例奖。来自联合国教科文组织官员、国际可持续发展教育专家、教师代表，教育部、北京市政府、市教委领导，国内各学术团体、非政府机构、学校代表参加论坛。

（梁娟　苏培）

北京市通州区永乐店中学

【概　况】　2011年，北京市通州区永乐店中学占地面积90007平方米、建筑面积41339平方米、体育场面积27227平方米。图书馆藏书50554册，订阅杂志、报刊106种。固定资产总值5623.95万元。全年教育经费投入4802.80万元，其中，国家拨款4424.90万元、自筹经费377.90万元。学校信息化经费投入1.62万元，拥有计算机351台，多媒体教室座位2680个，校园网出口总带宽200Mbps，数字资源量670GB，“信息技术课程”初中1课时/周、高中1课时/周。普通教室60个、专用教室10个、实验室13个。教职工259人，包括副高级职称58人、中级职称78人。专任教师182人，包括市级骨干教师2人、北京市学科教学带头人2人；本科及以上学历178人。开设教学班52个，其中，初中班12个、高中班40个。毕业652人，其中，初中145人、高中507人；招生663人，其中，初中124人、高中539人；在校生2140人，其中，初中401人、高中1739人。高中录取分数线472分（通州区），应届高考本科上线率75.8%。网址：www.yongzhong.net。

（刘宗璞　肖洋）

【教学楼抗震加固完工】　8月30日，永乐店中学3栋教学楼抗震加固完工。工程主体采用双面钢筋混凝土夹板墙结构，施工面积8378平方米，包括高中楼、学生宿舍楼、初中楼，由市、区两级政府投资1843.16万元。学校用美术兴趣班学生书画作品装饰楼道，包括高中学生作品55幅、初中学生作品31幅。

（刘宗璞　肖洋）

【双向选择招聘教师】　9月1日，永乐店中学招聘6名研究生从事高中教学工作。此次招聘按照双向选择原则，要求热爱教育事业，具有开拓和奉献精神，专业知识扎实等。该校自1994年采用双向招聘制度，累计招收外地进京毕业生156人，占教师总数60.23%。

（刘宗璞　肖洋）

【成立文学社】　9月，永乐店中学“芳草社”文学社成立。文学社由语文教研组牵头组织，设有社长1人、副社长3人，下设编辑部、宣传部、记者部等。活动内容包括文学探讨，每周三第八节课为课外活动课，由指导教师辅导写作，探讨文学或讲座；主办杂志，不定期编辑发行《通州区永乐店中学校报》、《芳草园》校刊。经学生自愿报名、作文竞赛选拔形式，最终招收社员49人。

（刘宗璞　肖洋）

【开办青年教师培训班】　10月17日，永乐店中学开办“五四青年教师培训班”。培训班旨在提高青年教师政治素质、业务素质，采取师徒结对子、邀请专家讲座、听评课、外出参观学习等形式，为期1年，共计80课时，合格者颁发结业证书。该校参加工作2年以内青年教师25人参加学习。

（刘宗璞　肖洋）

【获市校园足球赛冠军】　11月12日，永乐店中学代表队获得“我运动、我快乐、我健康”奥运城市杯2011年北

京市中小学生校园足球赛暨北京市中小学生足球联赛校园组（高中男子组）第一名。通州区永乐店中学学生足球队2003年成立，拥有队员24人。此次比赛由北京奥运城市发展促进会、市教委、市体育局共同主办，北京电视台、北京学生活动管理中心承办，以“我运动、我快乐、我健康”为主题，决赛在北京市八一中学举行。比赛包括高水平组、普通学校组、校园组，全市各区县635所学校803支队伍参加，共角逐2085场次，各组录取前8名。

（刘宗璞　肖洋）

北京中加学校

【概　况】　2011年，北京中加学校占地面积7.34万平方米、建筑面积3.62万平方米、体育场馆面积1.70万平方米。图书馆藏书3.50万册，电子图书2万册。固定资产总值5081万元。全年教育经费投入5013万元，全部自筹。学校信息化经费投入45万元，拥有计算机656台，多媒体教室座位320个，校园网出口总带宽1000Mbps，数字资源量4000GB，“信息技术”课程2课时/周。普通教室40个、专用教室13个、实验室6个。教职工262人，包括副高级职称28人、中级职称27人。专任教师107人，包括特级教师1人、外籍教师28人、本科及以上学历107人。开设教学班36个。毕业292人、招生257人、在校生955人。网址：www.ccsc.com.cn。

（荆枝）

【成立中加爱心阳光基金会】　3月3日，中加爱心阳光基金会成立仪式举行。活动期间，该校接受10万元首批

捐款。基金会由学校董事会支持创建，由基金会理事会负责管理，资金用于组织师生开展社会公益慈善活动，教育学生关注社会及他人。该校自1997年起每年组织师生参与“保护母亲河”公益募捐、“四川汶川地震”爱心募捐、“关注艾滋孤儿”行动等社会公益活动。

（荆枝）

【举办首届中加义卖文化季】 5月17

日和18日，中加学校举办首届中加义卖文化季活动。此次活动以“资助蒲公英路线图公益组织”为主题，采取学生社团自愿报名形式，组织学生分小组现场制作小吃、设计饰物进行义卖，所筹善款用于四川省凉山市希望小学筹建工作。该校学生159人参加活动。

（荆枝）

【开办家庭教育讲座】 5月29日，中加学校开办家庭教育讲座。此次讲座邀请北师大心理咨询专家进行讲解，主题为“了解心理知识，提高学习能力，建立和谐亲子关系”，从社会和谐、家庭幸福、个人成长等方面解释关系与意义，引导家长建立和谐亲子关系。该校学生家长68人参加学习。

（荆枝）

【举办首届校园吉尼斯挑战赛】 12月5日，中加学校举办首届校园吉尼斯挑战赛。此次活动旨在鼓励学生发展特长，全面认识自我与个体差异，自主参与主体运营。经校园吉尼斯组委会审核、公示，9名学生分别在“2分钟即时记忆数字”、“2分钟篮球跑动3分投篮”、“1分钟踢毽子”、“1分钟仰卧起坐”、“颠乒乓球”、“颠羽毛球”、“垫排球”、“2分钟电脑录入”8个项目挑战成功，成绩纪录生效。全校学生120人参加活动。

（荆枝）

北京市顺义区第一中学

【概　况】 2011年，北京市顺义区第一中学占地面积66000平方米、建筑面积48500平方米、体育场馆面积6000平方米。图书馆藏书9.36万册，电子图书100册，订阅杂志、报刊673种。固定资产总值9793万元，拥有计算机806台，多媒体教室座位4870个。全年教育经费投入5397万元，全部由国家拨款。全年信息化经费投入60万元，校园网出口总带宽50Mbps，数字资源量500GB，“信息技术”课程2课时/周。普通教室55个、专用教室28个、实验室19个。教职工282人，包括副高级职称95人、中级职称83人。专任教师228人，包括北京市学科教学带头人2人、市级骨干教师8人、特级教师3人；本科及以上学历226人。开设教学班46个。毕业746人；招生620人；在校生2088人，包括寄宿生2088人。高中录取分数线497分（顺义区），应届高考本科上线率97.60%。网址：www.syyz.bjedu.cn。

（何雪莲）

【成立学生社团】 3月11日，顺义一中举办学生社团成立仪式。仪式宣布社团部工作分工，安排社团活动场所，为社团颁发活动许可证，并听取社长、社员代表发言，学生集体朗诵诗歌《相信未来》。该校干部、师生600人参加活动。至年底，学校社团总数24个，招收社员213人。

（朱妞荣　何雪莲）

【举办首届校园歌手赛】 3月15至31日，顺义一中举办首届“It's You——明星就是你”校园歌手赛。比

赛由校学生会主办，面向全体在校生，分为预赛、决赛两个阶段，预赛中选手均清唱、无伴奏伴舞、唱法不限，前10名进入决赛，并现场公布入围名单；决赛中音乐教师和学生会共同组成评委组，从音准、节奏感、舞台表现等7个方面进行评价，满分10分，每名选手准备两首歌曲，自备服装、伴奏、伴舞。该校高一、高二年级学生100人参赛，2人获得冠军，学校干部、师生1200人观看。此次校园歌手赛组织工作均由学生会完成，包括自拟比赛方案，制定评分标准，印发大赛通知、宣传海报等。

（乔柏双　何雪莲）

【自主教育课题取得成果】 4月27日和9月23日，顺义一中交流自主教育课题成果。学校参加“十一五”教育科研规划重点课题“中小学学生自我教育和自我管理实验研究”成果座谈会。会议由中国教育学会主办，中国教育学会会长顾明远，以及教育部领导40人出席会议。其间，该校校长代表课题实验校作“顺义一中自我教育研究实践与思考”典型发言。学校举办“自我教育与课程建设”报告会，采取专家讲座、活动展示、互动交流等形式，介绍自我教育的理念及实践方法。全校干部、教师以及顺义一中联盟校代表295人参加会议。

（何雪莲）

【许实云获全国科技创新赛一等奖】 8月2至8日，顺义一中教师许实云参加第26届全国青少年科技创新赛获得一等奖。许实云获奖项目为“自动跟光太阳能板演示装置”。此次比赛由中国科协、教育部、科技部、国家发展改革委、环境保护部、国家体育总局、共青团中央、全国妇联、国家自然科学基金委员会和内蒙古自治

区人民政府共同举办，围绕“点燃兴趣的火花、成就创新的梦想”主题，面向全国中学生和科技辅导员，分为初评、决赛两个阶段，采取答辩、公示形式审核，设置科技发明类、科教制作类、科技教育方案类三类项目。来自全国各省市地区600所学校教师800件作品参赛，200件作品入围决赛，186件作品获奖，其中，北京地区共有30件作品入围，最终获得一等奖3个、二三等奖10个。

（许实云　何雪莲）

【人文学科综合校本课程开课】 12月23日，顺义一中人文学科综合性校本课程开课。课程主题为“聚焦利比亚——利比亚战争的多元思考”，由地理、历史、政治学科教师分别从地理位置、自然资源、综合国力、历史脉络、民族与宗教、政治制度、经济发展、国际关系角度讨论利比亚战争爆发内外因素，课程内容整合各学科知识并探究跨学科思考方法。该校师生400人参与课程。

（陈曦　辛加伟）

【召开教育联盟班主任交流会】 12月25日，顺义一中教育联盟班主任经验交流会召开。报告会主题为“教育因爱而熠熠生辉”，来自11个联盟校班主任代表作专题发言，从班级文化建设、班级常规管理、班主任专业发展、班级活动的开展、如何进行家访等方面介绍各自工作经验，同时接受会议颁发荣誉证书。会议交流认为顺义一中教育联盟形成教育教学合力，促进各学校之间有效资源共享。顺义区各中学干部、教师200人参加会议。

（乔柏双）

北京市顺义区第八中学

【概　况】 2011年，北京市顺义区第八中学占地面积19000平方米、建筑面积10500平方米、体育场馆面积9700平方米。图书馆藏书2.78万册，电子图书343册，订阅杂志、报刊78种。固定资产总值2461.72万元，拥有计算机150台，多媒体教室座位1300个。全年教育经费投入1705.66万元，全部由国家拨款。学校信息化经费投入10万元，校园网出口总带宽100Mbps，数字资源量521GB。普通教室36个、专用教室12个、实验室5个。教职工139人，包括副高级职称26人、中级职称55人。专任教师102人，包括北京市学科教学带头人2人；本科及以上学历101人。开设教学班30个。毕业299人；招生319人；在校生1029人，包括寄宿生267人。网址：www.58.133.214.9。

（蒙士奎）

【召开外出学习汇报会】 2月19日，顺义八中召开干部教师外出学习汇报会。会议主题为“采得百花酿成蜜，一人辛苦众人甜”，学校5名干部、教师就外出学习情况进行交流，涉及各地育人思想、管理方法等。该校教师140人参加会议。至年底，学校先后派出干部、教师40人次走进内蒙古乌丹五中、赤峰平庄中学和山东杜郎口中学。

（蒙士奎）

【开展家校协同教育】 3月和11月，顺义八中开展家校协同教育。3月5日，该校初二年级召开“把握自己，成就明天”家校协同会议，各班班长代表学校宣读上学期活动优胜者名单并颁发奖状，主管干部具体说明管理目标、教师教学和学生发展目标，明确提出抓好过程管理、完善评价体系、提高教学质量工作思路，3名学生分别从语言类、理科类、综合类角度介绍学习方法。学校学生、家长350人参加会议。11月13日，学校邀请北师大管理学博士举办“家校协同，撑起素质教育蓝天”主题讲座，以案例分析形式，通过现场互动方法，讲授新形势下家校协同教育的重要意义以及有效方法和途径。全校学生、家长600人参加活动。

（蒙士奎）

【规范学校校本课程】 至年底，顺义八中规范学校校本课程。此次工作结合校本课程开发，制订《顺义八中校本课程实施方案》。社团包括艺体兴趣类：阳光管乐团、春之声合唱团、轮滑俱乐部；课程拓展类：四海漫游、生命之旅、科技论坛；政治文化类：时事在线、春芽电视台；生活技能类：未来工程师、模型设计、心灵之约、flash动画设计、航模。全校学生990人参与社团活动，占学生人数90%。

（蒙士奎）

【分类开展学生教育活动】 至年底，

顺义八中针对学生特点分类开展专题教育活动。4月11日，学校针对初二年级女生，举办“与你同行——青春期异性交往讲座”，以视频短片、案例分析形式，就青春期异性如何交往、交往应注意问题进行辅导。全校学生360人参加学习。4月12日，学校举行心理拓展团体活动，面向初一年级学生，以班级为单位，设置海底捞月、背夹球、赛龙舟三个项目。共有学生350人参赛，最终评出一等奖2人、二等奖3人、三等奖5人。6月17日，学校召开“珍藏友谊，收获中考，祝福未来”毕业典礼。此次活动面向初三年级师生，由班主任为每名学生发放留念卡，师生演唱歌曲《相信自己》。全校教师、学生400人参加活动。

（蒙士奎）

【构建班级特色文化】 至年底，顺义八中采取措施构建班级特色文化。学校利用文化展板、读书角、板报等媒介展示班级风采，由各班学生“小主持人”现场讲解班级文化主题、班徽设计理念等；开展“夸夸我班的好

同学、好老师”主题活动；学生生活指导中心负责展示具有突出表现学生并进行表彰；通过校园电视台介绍优秀班级做法与经验。全校30个班级学生1100人参与活动。

（蒙士奎）

【开设专题德育课程】　至年底，顺义八中开设专题德育课程。该校以养成教育活动为核心，组织初一年级新生编辑《走进八中——新生入学手册》；初二年级开展青春期教育、法制教育、学习方法人生规划教育；初三年级开展理想感恩和意志品质教育；组织彩虹读书活动，举办读书笔记展评、心得交流、美文诵读比赛。全校学生1100人参加活动。

（蒙士奎）

北京市顺义区杨镇第一中学

【概　况】　2011年，北京市顺义区杨镇第一中学占地面积491714平方米、建筑面积95422.46平方米、体育场馆面积9418平方米。图书馆藏书10.10万册，电子图书10GB册，订阅杂志、报刊210种。固定资产总值25695.91万元，拥有计算机753台，多媒体教室座位5300个。全年教育经费投入5794万元，其中，国家拨款5213万元、自筹经费581万元。全年信息化经费投入95万元，校园网出口总带宽80Mbps，数字资源量3071GB，“信息技术”课程2课时/周。普通教室74个、专用教室16个、实验室23个。教职工416人，包括副高级职称164人、中级职称105人。专任教师305人，包括北京市学科教学带头人3人、市级骨干教师8人、特级教师3人；本科及以上学历298人。开设教学班73个。毕业885人；招生749人；在校生2926人，包括寄宿生2776人。高中录取分数线482分（顺义区），应届高考本科上线率96％。网址：www.bjyzyz.net。

（马洪良）

【完善校园基础设施建设】　8月、9月30日和12月24日，杨镇一中加强校园基础设施建设。该校“和乐广场”占地面积8000平方米，主要组成部分包括喷泉、雕塑、绿地等。工程于6月开始启动，由顺义区政府和区教委总投资80万元。学校校史馆建筑面积499平方米，为砖混建筑结构，采用中国传统建筑风格，由“梦之源、梦之基、梦之歌、梦之续”四个主题组成，包括“领导关怀”、“风流人物”、“民族团结教育”等内容。工程6月开工建设，由顺义区政府和区教委投资277万元。学校“跑廊”占地面积2900平方米、建筑面积2896平方米，主要组成部分包括跑道、车库、办公室等，设计使用年限30年，抗震8.5级。工程于7月25日开工建设，由顺义区政府和区教委总投资1106万元。

（金海利　殷建波）

【庆祝建校60周年】　10月16日，杨镇一中举办建校60周年庆典活动。赵凤桐、新疆维吾尔自治区领导出席并讲话，市人大、市政协、顺义区负责人，各委办局代表，各中小学校长、幼儿园园长，各镇（街道）教育助理，该校校友、师生6000人参加活动。其间，学校举办“梦——成真的地方”文艺演出，包括序曲情景表演《沸腾校园》、大型歌舞《百花盛开》、配乐情景诗朗诵《杨中，您听我说》、民族歌舞《校园是我家》、歌曲联唱、主题歌表演唱、大型歌舞《吉祥如意》、尾声情景表演《超越梦想》八个部分。杨镇一中1951年2月建校，原址位于顺义城关小学内，同年迁至杨镇西北关帝庙内，并更名为顺义中学。1958年开设高中班，更名为杨各庄中学。1987年，学校变更为杨镇一中（高中校）和杨镇二中（初中校）。2003年被认定为“北京市示范性普通高中”，同年“杨镇一中教育集团”成立。2005年开始招收内地新疆高中班学生。

（徐振阳　杨文功　周君妹）

【新疆和田高中班开班】　11月14日，

北京新疆和田高中班开班仪式在杨镇一中举行。来自市委、新疆和田地委、市委教育工委、市教委、市教育督导室、北京市对口支援和经济合作领导小组、新疆和田地区教育局，北京市各区县民委、区县教委、各内地民族班学校负责人、管理教师、学生200人参加会议。会议包括领导讲话、教生代表发言等内容，宣布杨镇一中、密云二中各开设两个班，每届招收和田学生50人。

（杨文功）

【打造“253”课堂模式】　至年底，杨镇一中打造“253”课堂模式。该模式按照2∶5∶3比例，将学习内容分为自学能会、合作学会、教师教会三部分；将学生小组构成分为特优生、优秀生、待优生三类；将时间分配分为教师课堂引领、学生分组探究、当堂检测归纳三个时段。学校规范学案编写、细化备课流程、加强“定时”训练、落实四级质量评价和教学常规，实行五步导学制。5月27至31日，学校在第四届全国中小学交互式电子白板学科教学说课讲课比赛上，教师王小青、包俊以“253高效课堂”设计电子白板交互教学方案与现场授课分获一二等奖。来自全国各省市地区教师400人参赛。10月24日至11月4日，学校组织高一、高二年级学生举行课改周展示活动。活动以“253”高效课堂教学模式为主题，开展评课、研讨。全校学生2000人参加活动。杨镇一中“253”课堂模式2009年推行，至年底共有教师100人次获得国家级奖励。

（马洪良）

【学生体育工作取得成绩】　至年底，杨镇一中学生体育工作取得成绩。7月16至21日，该校学生李颖在第11届全国中学生运动会上以6.13米成绩

获得跳远金牌。8月8至11日，在全国中学生田径锦标赛上，该校初三年级学生张帅参加乙组110米栏、高二年级学生李颖参加甲组跳远、连枫林参加甲组110米栏项目获得金牌。8月，学校3人参加第22届全国少年儿童“庄则栋杯”乒乓球邀请赛获得男子团体第一名。10月16日，在北京市传统项目学校田径比赛上，该校以86分成绩获得男团第一名，高一年级学生杨辰宇在100米项目以10秒9成绩获得第二名，并达到国家一级运动员标准。10月21至23日，在“阳光体育2011第49届北京市中学生田径运动会”上，该校13人组成代表队，获得高中组比赛9枚金牌，高一年级学生张翔宇、吴欣宇在3000米项目中以9分28秒1的成绩打破市中学生运动会纪录，并达到国家一级运动员标准；初二年级学生崔海萌以9分34秒成绩打破1500米市中学生运动会纪录，达到国家一级运动员标准。

（刘利　陈连璐）

北京市顺义牛栏山第一中学

【概　况】　2011年，北京市顺义牛栏山第一中学占地面积181652.31平方米、建筑面积80536平方米、体育场馆面积1164平方米。图书馆藏书7.26万册，电子图书2万册，订阅杂志、报刊394种。固定资产总值8612.47万元，拥有计算机790台，多媒体教室座位3024个。全年教育经费投入6546.50万元，其中，国家拨款6027.50万元、自筹经费519万元。学校信息化经费投入36.62万元，校园网出口总带宽200Mbps，数字资源量2000GB，“信息技术”课程2课时/周。普通教室63个、专用教室10个、实验室13个。教职工450人，包括副高级职称158人、中级职称119人。专任教师405人，包括北京市学科教学带头人3人、市级骨干教师10人、特级教师4人；本科及以上学历390人。开设高中教学班56个。毕业886人；招生636人；在校生1998人，包括寄宿生1903人。高中录取分数线515分（顺义区），应届高考本科上线率95%。网址：www.nlsyz.com.cn。

（许坤）

【获评奥林匹克后备人才基地校】　1月12日，牛栏山一中获评“北京奥林匹克教育学校体育后备人才培养基地”学校。该基地是市教委、市体育局为提高全市中学生竞技体育水平，为国家培养高素质体育后备人才设立，遵循学生从体育传统项目学校中选拔原则，通过申请、考核和评估程序，审核连续3年合格学校可获得批准。此次全市共有15所学校获评。

（许坤）

【获北大清华校长实名推荐资格】　1

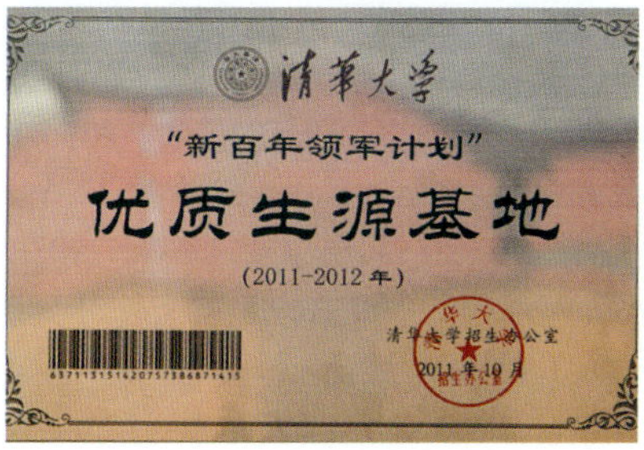

月，牛栏山一中获得北京大学校长实名制推荐资格。该资格由北京大学自主招生专家委员会进行审议，通过综合考察所申请中学办学条件、生源质量等因素确定，要求推荐学生1人，履行北京大学“中学校长实名推荐制”等工作程序，标准包括品学兼优、成绩突出、综合素质全面等。推荐校资格由北京大学每年审定一次。10月，学校获评2011至2012年度清华大学“新百年领军计划”优质生源基地。“新百年计划”是清华大学深化招生考试制度改革重要举措，分为“领军计划”、“拔尖计划”和“自强计划”三个部分，其中，“领军计划”面向志向远大、追求卓越、品学兼优、素质全面应届高中毕业生，采用中学推荐方式报名，清华大学将根据各中学近年考入清华学生在校综合表现，确定具有推荐资格中学名单和推荐人数，审核通过者免于参加自主招生笔试，只参加综合面试。面试通过者高考享受降60分录取政策，并根据面试成绩最多给予加30分选专业权力，获得优质生源基地奖牌学校即具有推荐资格。

（许坤）

【与美国凤凰学院合作办学】　6月4日，牛栏山一中与美国洛杉矶地区凤凰（Phoenix）传媒学院签订合作协议。此次合作以“互惠、互信、互利”为原则，发挥两所学校资源优势，开展国际化教育校本课程建设实验，丰富各自办学内容，培养具有国际视野、通晓国际规则现代中学生。协议规定两校参照国际教育模式共同培养学生，学制为3年，内容包括开展美国高中实验课程项目及汉语学习交流。牛栏山一中提供学生国内高中阶段课程教学，美国凤凰传媒学院承担语言强化、新媒体课程、国际理解教育等课程指导，有效期3年。

（许坤）

【参加全国青少年科技创新赛获奖】　8月7日，牛栏山一中参加第26届全国青少年科技创新赛获奖。该校环保小组和生物科技小组师生50人共同参与的“绿色校园，低碳行动——走进低碳生活科技实践活动”获得优秀科技实践活动一等奖。此次比赛由中国科协、教育部、科技部、环境保护部共同主办，主题为“创新，体验，成长”，面向全国中学生和科技辅导员，分为初评和终评审两个阶段，设置科技发明类、科教制作类、科技教育方案类三类项目。来自全国各省市地区35支代表队以及世界13个国家和地区22支国际代表队1050名学生及800名教师参加，共收到青少年和科技辅导员创新项目1105项、少儿科学幻想绘画952项、科技实践活动项目352项，最终评出优秀科技辅导员创新项目一等奖29项、二等奖68项、三等奖89项以及十佳科技辅导员；青少年创新项目一等奖65项、二等奖140项、三等奖176项。

（许坤）

【与北林大签订协议】　11月30日，牛栏山一中与北京林业大学签订“高水平运动员优质生源基地”合作协议。协议本着“加强交流、密切合作、互相促进、共同发展”原则，北京林业大学为牛栏山一中提供高考志愿填报咨询和高水平运动员招生政策宣传服务，同时开展校际间交流与合作，牛栏山一中承担推荐优秀体育特长学生参加高水平运动员测试及报考北京林业大学相关专业工作，有效期5年。

（许坤）

【与中科院开展合作】 12月28日，牛

栏山一中与中国科学院开展合作。该校与中科院京区科学技术协会签订“科技拔尖创新人才早期培养方案”，同时启动“科技拔尖创新人才早期培养”项目。协议规定，中科院京区协会为学校科技拔尖人才早期培养提供义务授课，为师生举办专题讲座，组织学生开展探究性课题研究，协助优化科技课程和实践活动，建立科技教师培训基地，组织参加中学生科普创意赛等；牛栏山一中负责协助组织学生有序、安全参与各项活动。仪式上，中科院为学校颁发“中国科学院科技人才早期培养计划学校教育基地”铭牌，来自中科院京区协会、古脊椎动物与古人类博物馆、生物物理研究所专家、负责人，顺义区政府、区教委领导，以及该校干部、师生500人参加活动。

（许坤）

【学生开展研究性学习】 至年底，牛栏山一中开展学生研究性学习工作。工作实施“三确立”完善学生课题管理模式，一是确立“海选——筛选——精选”三个环节，精选课题进行研究；二是确立学生课题活动报告体例，涉及开题报告、研究方案、活动记录、结题报告、个人体会等；三是确立固定活动时间，利用班会形式组织学生参加开题报告、阶段展示等。该校高一、高二年级学生各完成1个完整课题结题报告，共计200项课题；教师辅导学生获得市级一等奖31人次。

（许坤）

北京市昌平区第一中学

【概　况】 2011年，北京市昌平区第一中学占地面积6.80万平方米、建筑面积5.1万平方米、体育场面积2.30万平方米。图书馆藏书10万册，电子音像资料20100小时，订阅杂志、报刊450种。固定资产总值8536万元。全年教育经费投入5037万元，其中，国家拨款4283万元、自筹经费754万元。学校信息化经费投入264.54万元，拥有计算机605台，多媒体教室座位2810个，校园网出口总带宽15Mbps，“信息技术”课程2课时/周。普通教室68个、专用教室40个、实验室16个。教职工255人，包括高级职称62人、中级职称61人。专任教师169人，包括特级教师2人、市级骨干教师8人、北京市学科教学带头人2人；本科及以上学历169人。开设教学班56个，其中，初中班14个、高中班42个。高中毕业554人；招生633人，其中，初中183人、高中450人；在校生1910人，其中，初中384人、高中1526人，包括住宿生938人。高中录取分数线491分（昌平区），应届高考本科上线率98%。网址：www.cpyz.org.cn/index.asp。

（周坤）

【首次组织参加TOFEL考试】 2月20日，昌平一中高二年级国际班10名学生首次参加托福（TOFEL）考试。此次考试首次面向高中学习阶段组织，指导该校高一、高二年级国际班学生参加考前集训，邀请美国佳域学校教师开展系统辅导，包括托福听力、托福口语、托福阅读、托福写作内容，每天8小时学习。考核结果为2人80分以上，4人60分以上，4人50分。

（金媛媛）

【开展同课异构教研交流】 3月31日，昌平一中举办化学课堂研究性教学研讨暨“同课异构”交流活动。此次活动由昌平区教师进修学校、顺义区教师进修学校、牛栏山一中协办，以昌平一中“高中新课程背景下构建研究性学习机制促进学校形成办学特色的研究”课题为依托，组织两区化学教师对“化学能与热能”、“化学实验方案设计与评价”、“盐类的水解”教学内容进行不同教学展示，教师分别选取高一至高三年级各两个班级同时做课，采用激发学习、自我检查学习、自主探究学习等教学方法。来自昌平区、顺义区干部、教师30人听课交流。

（沈素平）

【开设三一口语课程】 3月，昌平一中开设三一口语课程。该校聘请主修英语语言文学加拿大籍外教，以三一口语六级教材为基础，系统培训学生常用交际话题，采用主题讨论课形式，利用每周一晚两小时进行授课。4至10月，课程改为中外教集中授课形式，强化听说训练。该校高二年级文科班13名学生参加学习，考核结果8人通过7级口语考试、6人通过6级口语考试。

（王红静）

【举办首届英语歌赛】 4月25日，昌平一中举办首届“Cola Panda”英语歌唱比赛。此次比赛是该校首次以社团形式组织，分为初赛、复赛、决赛三个阶段，包括独唱与对唱，评委由7名教师组成，针对发音准确清晰、声音优美、表现力强综合评分。全校有学生49人报名参赛，10人进入决赛，共评出一等奖2人、二等奖4人、三等奖3人，500名师生观看比赛。该校“Cola Panda”英语社2010年成立，宗旨是“Cohesion（凝聚）、Communication（交流）、Contact（感知）”。

（周坤　王红静）

【《作文得分策略全解全练》出版】 6月，昌平一中编写《作文得分策略全解全练》出版。该书由学校教师张斌主编，广西教育出版社出版，共计269千字。内容包括5章24小节，将技巧讲解与范文示例相结合，介绍高考作文审题要领、得分要素和失分误区等。

（王红静）

【首次表演校园心理剧】 11月8至17日，昌平一中首次组织表演校园心理剧《花季绽放》。该剧是学校“雨露心理健康教育社团”学生利用业余时间创作，内容围绕正确处理青春期异性交往之间关系话题，完成《花季绽放》之一《少年之烦恼》、之二《青苹果之惑》、之三《真爱需要放手》演出。全校学生40人参与活动，500人观看表演。

（王世强）

【庆祝建校60周年】 12月1日，昌平一中举办建校60周年庆祝活动。此次活动主要反映学校60年开拓进取、勇争第一主题，包括领导致词、校长讲话、校友致词、文艺演出四部分内容，师生表演歌曲《同一首歌》、《老歌联唱》、配乐诗朗诵《一路走来》、歌舞《越来越好》、打击民乐《花儿与少年》节目；播放校庆专题片《向祖国报道》，展示60年素质教育成果。市委教育工委副书记刘建，昌平区领导，以及学校师生、校友、社会人士3000人参加活动。其间，该校编辑出版60周年校庆纪念文集《厚德致忠甲子情》。昌平一中始建于1951年，原名昌平县立中学校，在昌平县城东北角关帝庙内办学。1956年成为完全中学。1961年认定为北京市远郊区重点中学。2000年成为高中校。2004年被认定为北京市示范性普通高中。2009年成立昌平一中天通苑校区。建校以来共培养毕业生3万人。

（周坤 沈素平 林金平）

北京市昌平区第二中学

【概 况】 2011年，北京市昌平区第二中学占地面积82000平方米，其中，北校区42000平方米、南校区40000平方米。建筑面积65626平方米，其中，北校区38599平方米、南校区27027平方米。体育场馆面积2203平方米。图书馆（室）藏书96542册，订阅杂志265种、报纸36种。固定资产总值7384万元。全年教育经费投入6198万元，其中，国家拨款5374万元、自筹经费824万元。学校信息化经费投入464万元，拥有计算机680台，多媒体教室座位440个，校园网出口总带宽30Mbps，数字资源量850GB，“信息技术”课程2课时/周。普通教室99个、专用教室14个、实验室30个。教职工335人，包括高级职称106人、中级职称76人。专任教师241人，包括特级教师8人、市级骨干教师6人、北京市学科教学带头人1人；本科及以上学历297人。开设教学班76个，其中，初中班32个、高中班44个。毕业985人，其中，初中436人、高中549人；招生869人，其中，初中380人、高中489人；在校生2521人，其中，初中938人、高中1583人，包括寄宿生1306人。高中录取分数线482分（昌平区），应届高考本科上线率91.7%。网址：www.bjcpez.net。

（王洁睿）

【回龙观校区新宿舍楼落成】 2月20日，昌平二中回龙观校区新宿舍楼落成。该宿舍楼共分5层，整体为框架结构，建筑面积7330平方米、使用面积5511面积平方米，拥有学生宿舍228个，为四人间，配有衣柜、写字台等物品。宿舍楼2010年5月开工建设，由昌平区财政总投资3470万元。昌平二中回龙观校区530名住宿生全部入住。

（佟婧楠）

【马鑫宇获市青少年科技创新一等奖】 3月27日，昌平二中初三年级学生马鑫宇在第31届安捷伦北京青少年科技创新赛上获得行为与社会科学项目一等奖。马鑫宇获奖项目为“昌平地区拆迁产生的问题及其拆迁对人们的影响”。比赛由北京市科学技术协会主办，以“体验、创新、成长”为主题，分为初赛、复赛、决赛三个阶段，设置竞赛项目和展示项目两个系列，共13个学科。来自全市15个区县学校师生500人参加，评出一等奖82个、二等奖171个、三等奖232个。

（尚章华）

【马思勇获政府特殊津贴】 5月，昌平二中教师马思勇获评享受国务院政府特殊津贴专家。该奖项由国务院面向做有突出贡献专家、学者、技术人员评选，旨在加强高层次专业技术人才队伍建设，标准包括热爱祖国，遵纪守法，有良好的职业道德，模范履行岗位职责；必须具有高级专业技术职务；长期工作在教育、教学工作第一线，对学科建设、人才培养、事业发展发挥重大作用，所创新的教育理论或教学方法，经省（部）级以上的教育行政部门鉴定并普遍推广，成效显著并为同行所公认等。马思勇，1952年2月出生，北京市昌平人，特级教师。1971年参加工作，从教35年培养出国家一级运动员11人，9人10次参加亚洲和世界中学生运动会取得金牌5块、银牌3块、铜牌3块，撰写科研论文20篇，发表个人著作《享受放飞的快乐》，先后6次被评为全国优秀教师、全国百名优秀体育教师，13次获得市级荣誉。

（王洁睿）

【欢度古尔邦节】 11月7日，昌平二中开展庆祝古尔邦节活动。该校组织干部、教师向新疆住宿学生祝贺节日；举办欢庆古尔邦节联欢会，学校金帆民乐团演奏《江山颂》，学生表演哑剧《诊室风波》、舞蹈《民族大团结》等节目。来自昌平区委、区教育工委、区教委领导，以及该校干部、教师、内地新疆高中班学生650人参加活动。昌平二中现有新疆内高班学生617人。

（阎晓东）

【恢复春晖戏剧社】 11月8日，昌平二中恢复组建“春晖戏剧社”。戏剧社由校团委负责管理，学校教师专人指导，现有学生社员18人，利用课余休息时间开展活动，排练《迟来的丰碑》等节目，并对学生提出守时、自觉、自律等纪律要求。“春晖戏剧社”2004年创办，是昌平二中为具有艺术表演天赋学生所搭建的展示与发展平台，2008年由于缺少专业教师原因停办。

（王丽娜）

北京市昌平实验中学

【概 况】 2011年，北京市昌平实验中学占地面积41354平方米、建筑面积25000平方米、体育场馆面积13161平方米。图书馆（室）藏书35706册，电子图书1.85GB，订阅杂志、报刊

243 种。固定资产总值 3954.82 万元。全年教育经费投入 2923.31 万元，其中，国家拨款 2806.96 万元、自筹经费 116.35 万元。学校信息化经费投入 44.80 万元，拥有计算机 511 台，多媒体教室座位 3000 个，校园网出口总带宽 10Mbps，数字资源量 1000GB，“信息技术”课程初中 1 课时/周、高中 2 课时/周。普通教室 42 个、专用教室 24 个、实验室 9 个。教职工 195 人，包括高级职称 45 人、中级职称 59 人。专任教师 154 人，包括特级教师 1 人、市级骨干教师 4 人、北京市学科教学带头人 7 人；本科及以上学历 153 人。开设教学班 42 个，其中，初中班 18 个、高中班 24 个。毕业 513 人，其中，初中 214 人、高中 297 人；招生 516 人，其中，初中 185 人、高中 331 人；在校生 1604 人，其中，初中 600 人、高中 1004 人，包括寄宿生 1112 人。高中录取分数线 467 分（昌平区），应届高考本科上线率 44.3%。网址：www.bjcpems.net。

（王文立）

【试行双困生导师制】　3 月，昌平实验中学试行双困生导师制。该校由年级组长与助理牵头，组织教师对学生学习和德育方面问题进行研究，要求本年级每名任课教师与任课班级一至两名双困生，即学业困难学生和思想习惯存在缺陷学生，建立一对一长效教育管理关系，在日常教学中从理想、学业、生活和行为等方面进行常规性指导。学校开展学生调研工作，了解掌握任课教师教育引导情况。该校任课教师 130 人与学生 100 人结成长效管理关系。

（马红国）

【开办学生个人摄影展】　4 月 5 日，昌平实验中学开办学生个人摄影作品展。此次展览在教学楼四楼开设，展示面积 80 平方米，共分为四个版面，包括“动”、“静”、“人物”与“静物”，展出高三年级学生廖梦瑶个人作品 17 幅。全校教师、学生 700 人参观。

（马红国）

【陈文明工作室挂牌】　5 月 23 日，昌平实验中学特级教师陈文明工作室挂牌。工作室由陈文明主持，位于艺术楼一层，拥有专用教室 2 个，用以指导学校艺术教育、培养音乐教育新生力量，面向该校及全区音乐教师开放。陈文明，1951 年 4 月出生，北京市昌平区人，特级教师，1993 年 9 月和 1997 年 9 月获得北京市优秀教师称号，2000 年 4 月获得北京市先进工作者称号，2001 年获得全国优秀教师称号，2009 年 9 月其“实施全体学生基本艺术素质培养模式促进师生和谐发展”研究成果获得北京市第三届基础教育教学成果一等奖。

（马红国）

【召开校本选修课启动会】　9月19至

23 日，昌平实验中学召开“我要会”校本选修课启动会。会议面向初一至高三年级师生，以学生综合素质培养为主题，听取学校干部讲解“我要会”校本课程重要性、实用性、定位性质和管理评价方法以及“双班主任制”计划；介绍“我要会”措施背景、内涵、培养目标和思考方法，对教师课堂教学提出建议，要求师生双方要以真挚情感投入到活动全过程；并对学校校园文化建设、学生社团、主题班会、学生自管队伍建设等工作进行布置。学校设立记录学生表现、教师工作评价等检查反馈制度，并分成 5 次举办通识培训。

（苏劲松　王文立　谭建华）

【创新校园文化建设】　10 月 31 日至 11 月，昌平实验中学创新校园文化建设。该校向全体教职工印发《昌平实验中学校园文化建设指导意见》，布置校园文化建设工作，在各教学和生活区域设立主题宣传栏 46 块，包括时政快讯、读书园地、年级动态等板块；增设 40 平方米动态彩色电子屏 1 块，用于宣传学校政策方针与活动照片，新增普通单色电子显示屏 4 块，用于师生舆论宣传和行为引导；设计制作校园科技文化主题橱窗，板块制作任务由各年级组、教研组以及各相关管理部门完成，并规定每学期更换两期。该校组织学生策划填写《班级文化建设项目书》，要求学生自行拟定“班级精神（班训）”、选取“班级形象”、自定“班级公约”、创意设计“班级主题板报栏目”、设计制作“班徽”等，学校 210 名学生获得“昌平实验中学班级文化建设项目书优秀设计者”称号。

（马红国）

北京市昌平区南口学校

【概　况】　2011 年，北京市昌平区南口学校占地面积 48000 平方米、建筑面积 16000 平方米、体育场馆面积 18000 平方米。图书馆藏书 7.55 万册，电子图书 36 万册，订阅杂志、报刊 102 种。固定资产总值 1735 万元。全年教育经费投入 3203 万元，其中，国家拨款 3145 万元、自筹经费 58 万元。学校信息化经费投入 18 万元，拥有计算机 280 台，多媒体教室座位 48 个，校园网出口总带宽 20Mbps，数字资源量 100GB，“信息技术”课程 2 课时/周。普通教室 50 个、专用教室 20 个、实验室 6 个。教职工 196 人，包括高级职称 36 人、中级职称 71 人。专任教师 130 人，包括市级骨干教师 2 人；本科以上学历 115 人。开设教学班 37 个，其中，小学班 15 个、初中班 12 个、高中班 10 个。毕业 302 人，其中，小学 78 人、初中 102 人、高中 122 人；招生 350 人，其中，小学 70 人、初中 125 人、高中 155 人；在校生 1118 人，其中，小学 433 人、初中 344 人、高中 341 人，包括寄宿生 26 人。高中录取分数线 380 分（昌平区），应届高考本科上线率 26.9%。网址：www.nkxx.net。

（周京玲）

【召开初一特色家长会】　4 月 21 日，南口学校召开初一年级特色家长会。此次会议安排家长到操场观摩学生体育活动成果、了解学生体育活动技能与身体素质状况，设有 50 米接力赛、跳绳、踢毽、队列等项目；观看学生作业、朗读、绘画、写字等学习技能展示；围绕“同心圆中的你我他”、

“沟通、理解、合作”、“怎样做一名合格家长”、“家庭教育交流与探讨”主题，各个班级采取互动式沟通，交流学生状况与存在问题、商讨解决方法，学校要求家长坚持每天陪学生锻炼 1 小时。该校初一年级学生、家长 242 人参加活动。

（刘军芳）

【组织高一新生综合实践通识培训】 9 月 22 日，南口学校组织高一年级新生综合实践课程通识培训。此次培训从内容、形式、评估方式等方面分析新课程优缺点，解读综合实践课程关于课时安排、学分设置等问题，以及综合素质平台对学生在校表现真实记录，对学生、家长如何操作等方面提出建议。该校高一年级班主任、学生 84 人参加活动。

（刘军芳）

【开展用眼健康主题教育活动】 9 至 12 月，南口学校开展“关爱健康，关注视力，我的爱眼日记”主题教育行动。此次活动要求学生每天写爱眼日记，由教师指导学生上课听讲、写作业正确姿势，以及每次持续时间等用眼行为习惯。学生记录内容包括每节课间或休息时远眺一次，读书 1 小时或看电视 30 分钟后休息 10 分钟，每天锻炼 1 小时，每天回家做一次眼保健操，每天吃保护眼睛食品，班主任、家长监督每周签字落实，校医每月对学生视力进行检测。该校小学生 437 人参加活动。

（刘海燕）

北京市大兴区第一中学

【概　况】 2011 年，北京市大兴区第一中学占地面积 60000 平方米、建筑面积 43647 平方米、体育场馆面积 9820 平方米。图书馆（室）藏书 11 万册，订阅杂志 214 种、报纸 199 种。固定资产总值 11426.58 万元，拥有计算机 570 台。全年教育经费投入 4377.22 万元，其中，国家拨款 4183.22 万元、自筹经费 194 万元。学校信息化经费投入 306.40 万元，校园网出口总带宽 10Mbps，数字资源量 100GB，“信息技术”课程初中 1 课时/周、高中 2 课时/周。普通教室 59 个、专用教室 16 个、实验室 8 个。教职工 300 人，包括副高级职称 121 人、中级职称 106 人。专任教师 222 人，包括北京市学科教学带头人 2 人、市级骨干教师 7 人、特级教师 4 人；本科及以上学历 218 人。开设教学班 57 个，其中，初中班 18 个、高中班 39 个。毕业 900 人，其中，初中 279 人、高中 621 人；招生 709 人，其中，初中 277 人、高中 432 人；在校生 2655 人，其中，初中 952 人、高中 1703 人，包括寄宿生 630 人。高中录取分数线 507 分（大兴区），应届高考本科上线率 96%。网址：www.dxhcyz.com.cn。

（姜士厂）

【举办首届校园读书节】 4月11至25

日，大兴一中举办首届校园读书文化节。此次文化节以“学习红色文化，弘扬红色精神”为主题，旨在结合建党 90 周年，对学生进行党史宣传教育，增强学生理想信念与爱国热情。其间，该校举办爱心书市，以班级为单位开展图书义卖，所得收入捐献校内“1.2”爱心基金会，用以资助生活贫困、品学兼优学生，全校学生 2600 人参加活动；组织初一、初二年级学生 634 人开展读书知识竞赛，60 人分获一、二、三等奖；组织高一年级学生 666 人开展经典诵读比赛，高二年级学生 649 人开展辩论赛，6 个班级分获一、二、三等奖。

（姜苗）

【召开特级教师专题报告会】 12 月 16 日，大兴一中召开特级教师专题报告会。该校邀请北京师范大学大兴附属中学特级教师王书香作“做智慧教师，建魅力课堂”主题报告，讲述其对教育工作亲身感悟等。全校教师 240 人参加活动。

（姜士厂）

【校外教育取得成绩】 至年底，大兴一中学生校外教育取得成绩。5 月 28 至 29 日，在 2011 北京市青少年未来工程师博览与竞赛节能环保抗震建筑模型项目比赛上，该校高一年级 3 名学生选送“大兴图书大厦”建筑模型获得中学组节能环保抗震建筑项目一等奖第一名。8 月 12 至 15 日，在第 21 届中国儿童青少年计算机表演赛上，该校高二年级学生毕临风获得北京赛区网络基础赛一等奖、全国总决赛三等奖，教师汤震获得全国优秀指导教师奖。12 月 25 日，在第六届北京市中小学生虚拟创造邀请赛上，该校初二、高二年级 6 名学生组成代表队获得冠军，并取得方案设计、团体、创意展示三项一等奖，高二年级学生单施墨获得博学奖。

（汤镇　张腊梅）

【参加体育比赛获奖】 至年底，大兴

一中参加体育比赛获奖。3 月 6 日，在阳光体育 2011 北京市中小学生长跑比赛上，该校学生 17 人参加，获得高中男子组团体总分第一名，以及个人高中男子、高中女子和初中女子组冠军。3 月 27 日，在 2011 全国中学生越野跑锦标赛上，该校长跑队男、女队员各 5 人参加，获得男、女团体和个人四项冠军。6 月 17 至 25 日，在 2011 世界中学生田径锦标赛上，中国代表团由全国 8 所中学 24 名学生运动员参加，大兴一中学生郭振铎、关亚欣以 8 分 45 秒和 4 分 28 秒成绩分获男子 3000 米、女子 1500 米冠军。8 月 8 至 11 日，在全国中学生田径锦标赛上，该校代表队学生 17 人获得 5 枚金牌、4 枚银牌、1 枚铜牌，同时取得男子甲组、女子乙组团体总分第三名。10 月 21 至 23 日，在“阳光体育北京市第 49 届中学生田径运动会”上，该校代表队学生 16 人获得 9 枚金牌，其中，初三年级学生关亚欣以 2 分 12 秒

31和4分24秒51成绩分别打破800米、1500米两项赛会纪录。

（孙文生　姜士厂）

北京市大兴区兴华中学

【概　况】　2011年，北京市大兴区兴华中学占地面积40626平方米、建筑面积30814平方米、体育场馆面积18028平方米。图书馆藏书60946册。固定资产总值6321万元，拥有计算机300台，多媒体教室座位2100个。全年教育经费投入3159.84万元，其中，国家拨款2980.53万元、自筹经费179.30万元。学校信息化经费投入50.90万元，校园网出口总带宽6Mbps，数字资源量126GB，“信息技术”课程初中1课时/周、高中1课时/周。普通教室36个、专用教室10个、实验室10个。教职工213人，包括副高级职称70人、中级职称68人。专任教师171人，包括市级骨干教师4人、特级教师1人；全部为本科及以上学历。开设教学班36个。毕业418人；招生413人；在校生1373人，包括寄宿生751人。高中录取分数线488分（大兴区），应届高考本科上线率92.6%。网址：www.xinghua.dxschools.cn。

（李峥）

【举办第五届体育节】　10月14日至11

月28日，兴华中学举办第五届体育节。该体育节以“健康、文明、和谐、拼搏”为主题，包括教育活动、竞技活动两项内容，分别举办第四届秋运会、“彭清一教授励志专场报告会”、“不畏天灾，科学应对”专题报告、棋类对抗赛、男子七人制足球赛、女子羽毛球团体赛等活动。全校学生975人参加活动。

（李峥）

【开办特级教师专题讲座】　10月21日，兴华中学开办特级教师专题讲座。该校邀请四中特级教师李俊和讲解英语学习方法、如何写开放作文两个方面知识内容。全校高三年级学生660人参加学习。

（褚隽）

【唐仲英爱心小分队成立】　10月26日，兴华中学唐仲英爱心小分队成立。“爱心小分队”由36名学生组成，学校专门安排辅导员教师负责指导，制定奖学金章程与学期活动安排，并由心理教师为学生进行团队心理辅导。

（杨馥铭）

【开展社团与课外学习小组活动】　10至11月，兴华中学开展社团与课外学习小组活动。全校共开设35个社团，包括“语思社”、“百奥生物实验室”、“色彩水粉社团”等，共计学生990人参加，学校安排专职辅导教师，在固定教室和时间组织社团开展活动。各学科教师参与社团、课外学习小组相关活动，筹备、计划、制定实施细则与考核评价。

（杨馥铭）

北京市怀柔区第一中学

【概　况】　2011年，北京市怀柔区第一中学占地面积56375平方米、建筑面积36416平方米、体育场馆面积27715平方米。图书馆（室）藏书7.66万册，电子图书887册，订阅各类报纸35种、杂志121种。固定资产总值10302.85万元。全年教育经费投入3621.16万元，其中，国家拨款3440.50万元、自筹经费180.66万元。学校信息化经费投入39.80万元，拥有计算机523台，多媒体教室座位5156个，校园网出口总带宽100Mbps，数字资源量1387GB，“信息技术”课程2课时/周。普通教室60个、专用教室16个、实验室10个。教职工249人，包括副高级职称87人、中级职称76人。专任教师180人，包括市级骨干教师6人、北京市学科教学带头人1人；本科及以上学历180人。开设教学班49个。毕业693人；招生532人；在校生1862人，包括寄宿生477人。高中录取分数线485分（怀柔区），应届高考本科上线率97.5%。网址：www.bjhryz.com。

（孙建明　李晓伶）

【召开青年教师拜师会】　9月13日，怀柔一中召开青年教师拜师会。会议以座谈形式，围绕“以老带新”主题，学校12名新参加工作青年教师向10名教学经验丰富老教师拜师。其间，新教师代表表示在教育教学工作中要加强学习提高能力，老教师提出勉励期望，校领导强调新老教师互相关心、帮助。全校干部、教师30人参加会议。

（杨晓平）

【签订合作办学协议】　9至11月，怀柔

一中与北京市第四中学、北京师范大学附属中学、北京宽高前程教育科技有限公司签署教育全面战略合作协议。协议规定双方在队伍建设、教育科研、信息交流、学生活动方面开展合作；对怀柔一中教育教学、干部交流进行指导；接纳该校教师参加教科研活动，并提供网络教学资源；双方定期开展办学思想、管理模式、教育科研、办学经验等方面研讨活动，以实现资源共享、共同发展的目标。

（孙建明）

【开展教育交流】　至年底，怀柔一中开展教育交流活动。学校先后组织干部、教师赴北京市第二中学、江苏省泰兴市洋思中学、山东省茌平县杜郎口中学、山东省兖州市第一中学、山东省昌乐县第二中学，以及西城区、海淀区等示范学校交流观摩；并接待内蒙古四子王旗干部、教师6人以及美国校长代表团一行6人来校教育考察。全校干部、教师300人次参与活动。

（孙建明　杨晓平）

【开展性健康教育研究】 至年底，怀柔一中开展性健康教育研究。该校参与北京市中小学性健康教育大纲修订与实施课题中学组活动，教师结合学生实际开展研究，撰写题为“浅谈高中阶段性教育的实施”、“大大方方异性交往”、“预防艾滋病——健康生活，关爱生命”性健康教育论文，在8月19日北京青少年性健康教育国际论坛暨第四届全国学校性健康教育学术研讨交流会上获得一等奖。

（孙建明）

北京市怀柔区第五中学

【概　况】 2011年，北京市怀柔区第五中学占地面积27600平方米、建筑面积14447平方米、体育场馆面积13625平方米。图书馆（室）藏书4.05万册，电子图书70册，订阅各类报纸9种、杂志23种。固定资产总值3812.84万元。全年教育经费投入2606.80万元，其中，国家拨款2602.59万元、自筹经费4.21万元。学校信息化经费投入40万元，拥有计算机467台，多媒体教室座位2710个，校园网出口总带宽10Mbps，数字资源量400GB，“信息技术”课程1课时/周。普通教室44个、专用教室14个、实验室4个。教职工200人，包括高级职称42人、中级职称101人。专任教师144人，包括市级骨干教师4人；本科及以上学历142人。开设教学班44个。毕业643人、招生586人、在校生1802人。网址：www.hr5z.homepage.huairouedu.com。

（赵录志）

【联合开展研修活动】 3月15日，“首都师大——怀柔区初中史地生学科教师互动式联合研修”研讨交流活动举行。活动中，怀柔五中2名生物教师做“研究性学习——松针浸出液对植物生长的影响”、“人类的遗传病”研究课，专家研讨认为该课程按照新课标要求，遵循学生认知规律，学生探究能力与实践能力得到提升。来自首都师大教授、密云县生物教研员、骨干教师，以及怀柔区教研员、该校教师31人参加讨论。

（赵录志）

【接待美国教授到校交流】 5月26日，怀柔五中接待美国卡士奇大学教授来校考察交流。考察团包括语言学家艾德一行31人，来校观摩英语授课情况，并与学生互动解答问题。客人对学校教师运用现代英语教学方法，设计输入与输出活动，为学生运用知识提供练习空间给予肯定。

（赵录志）

【开展优质课评选】 10至11月，怀柔五中开展同课异构优质课评选活动。此次活动旨在深化学校“学—教—练”课堂教学改革，创设高效课堂，涉及语文、数学、外语等9个学科，中青年教师22人参与作课。课程选取学科核心内容、重难点课型，以学科教研组为单位，组织说课、评课、交流研讨，并从自学、讲授、练习巩固等环节开展综合评比。全校共有22节课参评，最终评出优质课10节。

（赵录志）

【与十五中达成合作意向】 12月12日，怀柔五中与北京市第十五中学签订教育全面战略合作协议。协议规定两校在课堂教学、教师培训、信息资源等方面进行合作，十五中定期选派骨干教师到怀柔五中指导，怀柔五中选送教师到十五中考察学习，两校举办重大活动适时通知对方参加。协议有效期5年。

（赵录志）

【举办“北京精神”书画展】 12月26日，怀柔五中举办“践行北京精神”主题书法和绘画展。此次活动采取自由参加、公开展出形式，旨在演绎对“北京精神”——爱国、创新、包容、厚德内涵的理解，共有学生96人参加，收到书法、绘画作品100幅，表达学生践行北京精神、做文明北京人、文明怀柔人愿望。全校共有师生1500人次参观展览。

（赵录志）

北京市怀柔区雁栖学校

【概　况】 2011年，北京市怀柔区雁栖学校占地面积28681平方米、建筑面积14369平方米、体育场面积6500平方米。图书室藏书42000册，电子图书54册，订阅各类报纸13种、杂志16种。固定资产总值2074万元。全年教育经费投入2489万元，全部由国家拨款。学校信息化经费投入59万元，拥有计算机138台，多媒体教室座位200个，校园网出口总带宽100Mbps，数字资源量1200GB，“信息技术”课程2课时/周。普通教室43个、专用教室7个、实验室3个。教职工199人，包括副高级职称12人、中级职称123人。专任教师133人，包括市级骨干教师4人；全部为本科及以上学历。开设教学班39个，其中，小学班25个、初中班14个。毕业217人，其中，小学99人、初中118人；招生260人，其中，小学176人、初中84人；在校生1235人，其中，小学943人（外省市学生659人、寄宿生39人）、初中292人（外省市学生129人、寄宿生74人）。

（崔连荣）

【开展联校教研活动】 2至12月，雁栖学校开展联校教研活动。活动围绕“学案导学”教学模式改革工作，分别与怀柔庙城学校、渤海学校、八一中学等7所学校联合教研，涉及化学、数学、物理、英语、语文学科，共组织7次课例研讨。其中，雁栖学校主办1场研讨交流会，推出公开课11节，教师6人发言交流，参会听课173节，展示教师学习体会53篇。各校教师80人次参加活动。

（崔连荣）

【强化教学评优展示活动】 3月，雁栖学校强化教学评优展示活动。活动由该校小学部主持，组建教学行政干部、教研员、年级组长参加评价小组，分成三个层次、开展六轮评优课。其中，第一层次8名市、区骨干教师作课，第二层次26名中老年教师作课，第三层次30名青年教师作课，要求每个层次作课两轮。评价小组按照课堂教学评价标准量化打分，最终教师22人次被评为一等奖、40人次被评为二等奖，推出展示课13节、区级展示课8节。

（崔连荣）

【分校长元小学撤销】 9月1日，雁栖学校分校长元小学建制撤销。雁栖镇长元小学始建于1949年，原名长元学堂。1953年更名为长元学校，1979年更名为长元小学，2001年成为北京市怀柔区雁栖学校分校。2005年长元小学停止一年级招生，以后逐年减班。2011年8月，有教学班2个，教职工11人，学生13人，经雁栖镇政府、怀柔区教委批准撤并，师生24人并入雁栖学校。该校建校以来共培养小学毕业生1800人、初中生580人、高中生73人。

（崔连荣）

【启用新校训】　9月1日，雁栖学校公布并启用"日有所长"校训。该校训经校长结合农村学校、农村学生成长环境提议，由全体教职工在校园网上投票，校委会、党支部、教代会讨论选定通过。"日有所长"旨在体现设有目标、人人可为。

（崔连荣）

【开展拜师学艺活动】　9月，雁栖学校开展拜师学艺系列活动。此次活动包括举办青年教师拜师仪式、师傅为徒弟做示范课、师徒共同商议学案、师傅跟踪听评课、徒弟做汇报课、师徒共同撰写教学相长总结体会，其中，拜师活动分为校内骨干教师带校内青年教师、区学科教研员带学校学科优秀教师两个层次。全校共确定校内师徒关系14对、区校师徒关系10对。至年底，区学科教研员共进校作示范课6节、校内教师作课30节，师徒研究学案120节、作汇报课42节，师傅听、评课146节，师徒撰写教学相长总结体会38篇。

（崔连荣）

北京市平谷区第二中学

【概　况】　2011年，北京市平谷区第二中学占地面积37923.60平方米、建筑面积24152平方米、体育场馆面积6000平方米。图书馆藏书70000册。固定资产总值4515.35万元，拥有计算机341台，多媒体教室座位40个。全年教育经费投入2902.57万元，全部由国家拨款。学校信息化经费投入37.71万元，校园网出口总带宽10Mbps，数字资源量125GB，"信息技术"课程1课时/周。普通教室40个、专用教室12个。教职工252人，包括副高级职称87人、中级职称98人。专任教师170人，包括市级骨干教师1人；全部为本科及以上学历。开设教学班40个。毕业585人；招生441人；在校生1510人，包括寄宿生500人。网址：www.pgez2011.30edu.com。

（李立群）

【加强校园安全工作】　1月10日，平谷二中加强校园安全工作。该校组织安保处、德育处检查学生乘车情况；对校园水电暖等设施进行清查；加强进出校园人员管理，实行登记约见制，引导学生在规定时间入校；每天安排两名学校干部带班巡视校园，在上下学重点时段疏导校门前及周边道路交通秩序，加装探头、防盗警报等技防设备；开展师德教育，确保无体罚和变相体罚，对学生体质进行排查，学生集会、出操由教师带队，严格实验室和有毒、易燃易爆物品管理；对学校食堂全面检查，宿舍、教室、办公室定时通风、定期消毒；各个班级选派学生及时汇报班级安全信息；利用校会、广播、宣传栏、班会、法制讲座、征文比赛等方式开展安全教育，层层签订安全责任书，开展安全技能培训；与辖区派出所联系沟通，及时通报学校治安状况。全校干部、师生1700人参加活动。

（李立群）

【建设教师队伍】　3月10日和25日，平谷二中开展工作加强教师队伍建设。该校坚持"新教师导师制"，根据每名新教师具体情况落实培养规划；开展多课型展示，提高新教师教学水平和科学研究能力；鼓励新教师参加专业培训与学术研讨活动；邀请师德典型代表介绍经验。全校教师48人参加活动。学校组织青年教师60人参加课堂教学研讨活动，修改完善办学章程，要求教师每学期读一本教育教学著作、转化一名后进生、每月做一节研究课、每周写一篇教学反思或案例、每天写课后小结；引导教师以教育质量为中心，完善"双测一练多展示"基本课堂模式；以学困生帮扶方案制定作为干部、教师评职、评优依据。该校每周举行班主任例会、每月开展两次班主任论坛，举办德育专家班级管理能力系列培训；结成班主任师徒帮扶对子；组织开展读书、爬山、远足等活动。

（李立群）

【打造优质课堂】　10月16日，平谷二中采取措施打造优质课堂。该校要求教师做好备课工作，研究学情分层设计教学，组织集体讨论并设计出最佳备课方案；借鉴江苏洋思、山东杜郎口、山西灵石二中教学经验，以学生活动为主体，创建小组合作学习与学案教学模式；通过学校干部听推门课形式，加强常态课督导工作。全校干部、教师188人参加活动。

（李立群）

【赴山区开展家访】　12月1日，平谷二中组织教师集体赴镇罗营、熊儿寨等山区开展学生家访工作。家访中，该校干部、教师向家长汇报学校教育教学情况与学校管理所发生变化；听取家长对学校管理意见建议，沟通学生在家校情况，指导具体家教方法。全校干部、教师60人参加活动。平谷二中集体家访工作每学期定期开展。

（李立群）

北京市平谷区第六中学

【概　况】　2011年，北京市平谷区第六中学占地面积35330平方米、建筑面积23032平方米、体育场馆面积16991.25平方米。图书馆藏书7万册。固定资产总值2848万元，拥有计算机232台，多媒体教室座位2085个。全年教育经费投入2797万元，全部由国家拨款。学校信息化经费投入8万元，校园网出口总带宽12Mbps，数字资源量80GB，"信息技术"课程初中2课时/周、高中2课时/周。普通教室40个、专用教室8个、实验室9个。教职工288人，包括副高级职称60人、中级职称57人。专任教师158人，包括本科及以上学历158人。开设教学班45个，其中，初中班1个、高中班44个。高中毕业602人；招生542人；在校生1972人，其中，初中20人、高中1952人，包括寄宿生945人。高中录取分数线 431 分（平谷区），应届高考本科上线率37%。网址：www.pglz.net。

（王雅梅　郭峰亭）

【为患白血病学生捐款】　3月4日，平谷六中组织师生向“阳光基金会”捐款。此次活动为救助该校高一年级一名患白血病女生发起，采取无记名捐款形式，全校教师、学生 2358 人参加活动，共计捐款 41485.60 元。平谷六中“阳光基金会”2004 年成立，由学校基金会委员会管理，具有扶助本校家庭贫困学生，为其塑造健康人格，树立远大理想，对全体学生进行爱心教育和感恩教育职能。

（王雅梅　郭峰亭）

【注重学校文化建设】　4 月 6 日，平谷六中注重学校文化建设工作。此次工作将文化建设与构建高效课堂相结合，实施“四步教学法”，每个小组利用固定区域展示组名、组徽、口号与高效课堂成果，设置知识归纳奖、小组共进奖；与行为习惯培养相结合，开展“优秀宿舍”评选以及舍名、舍训征集比赛等活动，设置文明宣传奖、整体环境奖；与艺术教育相结合，开展绘画、剪纸、黑板报等评选活动，设置最佳设计奖和最佳效果奖，利用校园广播、网站、橱窗、展板宣传展示优秀作品。

（王雅梅　郭峰亭）

【设立班级标兵榜】　9月2日，平谷六中设立班级标兵榜。该校要求各个班级每月评选一次，包括文明标兵、礼仪标兵、爱心标兵、学习标兵、守纪标兵、勤奋标兵、劳动标兵、文艺标兵、体育标兵、进步标兵，评选标准由各班师生共同研究制定。10 月 10 日，各个班级制作首期专栏，在教室外侧墙壁张贴标兵照片与分享话语。全校 45 个教学班、师生 2017 人参与活动。

（王雅梅　郭峰亭）

【举办班主任系列培训】　10 月 8 日和 11 月 23 日，平谷六中举办班主任系列培训。培训由学校校长围绕“抓好常规管理促进班级建设”、“批评学生时应该注意的几个问题”主题，并结合具体案例进行讲解。校长通过自身教育教学与管理实践体会，提出班主任教师要具有“四境意识”、提升“六种能力”、掌握“15 种具体的方法”，其中，“四镜意识”即望远镜意识，着眼于学生未来发展；放大镜意识，善于发现学生优点、闪光点；显微镜意识，善于观察，及时发现个别学生问题；平面镜意识，面向全体学生，客观公正；“六种能力”为建设班集体能力、组织各种班级活动能力、做个别生思想工作和心理疏导能力、指导家庭教育能力、学习提高能力、与人交往能力。全校干部、班主任、青年教师 108 人参加学习。

（王雅梅　郭峰亭）

【编印校本教材《平谷史话》】　11 月 25 日，平谷六中编印校本教材《平谷史话》。该书分为序、目录、正文、后记、编写参考文献五个部分，包括平谷历史沿革概说、平谷名字的由来、平谷八景今何在等 25 个章节，主要介绍平谷区历史文化、名胜古迹、名人轶事等，总计收录文字 45000 字、图片 110 张，学校自行编印，首次印刷 2300 册，面向全校学生使用。

（王雅梅　郭峰亭）

北京市平谷中学

【概　况】　2011 年，北京市平谷中学占地面积 42000 平方米、建筑面积 21268 平方米、体育场面积 18543 平方米。图书馆藏书 12 万册，电子图书 95 万册，订阅杂志、报刊 77 种。固定资产总值 5154.90 万元，拥有计算机 628 台，多媒体教室座位 90 个。全年教育经费投入 4105.90 万元，其中，国家拨款 4055.90 万元、自筹经费 50 万元。学校信息化经费投入 36 万元，校园网出口总带宽 10Mbps，数字资源量 200GB，“信息技术”课程 2 课时/周。普通教室 52 个、专用教室 14 个、实验室 6 个。教职工 350 人，包括副高级职称 177 人、中级职称 92 人。专任教师 204 人，包括特级教师 2 人、市级骨干教师 10 人、北京市学科教学带头人 2 人；全部为本科及以上学历。开设高中教学班 42 个。毕业 853 人，其中，初中 47 人、高中 806 人；招生 810 人；在校生 2285 人，包括寄宿生 1023 人。高中录取分数线 476 分（平谷区），应届高考本科上线率91.6%。网址：www.pgzx.net。

（李晶　杜德胜）

【成立学生文艺社团】　1 月和 4 月，平谷中学成立学生文艺社团。1 月 10 日，该校“锦年文学社”成立。文学社共招收社员 210 人，由 3 名语文教师担任顾问，创办刊物《我们》，分为小说、散文、诗歌、图文摄影、自由文体、时事评论、国学、歌词短章 8 个版块，为双月刊。4 月 8 日，学校“青岚书画社”成立。书画社由德育处管理、美术教师负责指导，首批招收学生 11 人。

（杜德胜）

【庆祝建校 60 周年】　12 月 2 日，平谷中学举办 60 周年校庆庆典活动。来自平谷区政府、区教委领导，以及全校干部、师生、历届毕业生、离退休教师 4000 人参加活动。其间，学校出版《平中人》纪念专刊。平谷中学 1951 年 12 月 6 日建校，为清末道光年间“近光书院”。1955 年，定名为河北平谷初级中学。1958 年，改名为北京市平谷中学，并成为完全中学。2000 年成为纯高中校。2003 年被认定为北京市示范性普通高中校。2004 年并入附属初中班 4 个。2011 年再次成为高中校。建校以来共培养 47 届 251 个班初中毕业生 13691 人、

48届406个班高中毕业生21095人。

（邢海燕　王小文　杜德胜）

【接受社会捐资助学】 至年底，平谷

中学接受社会各界捐资助学。9月7日，韩国“衣恋圣秀慈善基金”向该校高一年级学生刘佳等17人共计捐助12万元，用于资助其日常学习生活。9月26日，平谷区政协代表向学校35名贫困学生捐资3.50万元。12月23日，该校高一年级2个学生家庭为学生捐资1.60万元，用于资助指定6名学生日常学习生活。

（邢海燕　杜德胜）

北京市密云县第二中学

【概　况】 2011年，北京市密云县第二中学占地面积10.98万平方米、建筑面积4.70万平方米、体育场馆面积4.17万平方米。图书馆藏书10万册，电子图书2万册，订阅杂志330种、报纸33种。固定资产总值7019.19万元，拥有计算机700台，多媒体教室座位3540个。全年教育经费投入4751.38万元，其中，国家拨款4407.36万元、自筹经费330.86万元。学校信息化经费投入465万元，校园网出口总带宽10Mbps，数字资源量10GB，“信息技术”课程2课时/周。普通教室74个、专用教室21个、实验室17个。教职工342人，包括副高级职称86人、中级职称69人；专任教师260人，包括特级教师4人、市级骨干教师6人、北京市学科教学带头人2人；全部为本科及以上学历。开设教学班68个，其中，初中班24个、高中班44个。高中毕业598人；招生886人，其中，初中265人、高中621人；在校生2792人，其中，初中800人、高中1992人。高中录取分数线503分（密云县），应届高考本科上线率98%。网址：www.bjmy2z.cn。

（石晓军）

【获全国高中篮球联赛季军】 3月20日，密云二中获得2010至2011中国高中篮球联赛季军。此次比赛由中国中学生体育协会主办，主题为“打天下”，分为选拔赛、南北分区赛、挑战赛、全国总决赛四个阶段，包括男、女子两个组别。来自全国各省市地区200所学校288支队伍参赛，最终清华附中代表队、东莞光明中学代表队、密云二中代表队分获冠、亚、季军。

（石晓军）

【参加市科技英语创意赛获奖】 6月

12日，密云二中参加北京市中小学生科技英语创意大赛获奖。该校代表队由1名教师、7名学生组成，自编剧本、自创服装道具，进行科学实验并撰写实验报告、制作ppt，最终获得团体表演赛一等奖。此次比赛由市教委、北京市学生活动管理中心组织，面向全市中小学生，旨在提高学生英语水平，丰富科普知识，强化创新意识，鼓励创新与协作精神，分为科普英语短剧舞台表演和答辩两种形式，包括A、B、C三个组别。来自全市各区县125所学校师生2860人参赛，705人获奖。

（石晓军）

【开办和田高中预科班】 11月，密云二中开办新疆和田高中预科班。12日，该校贯彻北京市落实中央新疆工作座谈会精神，接收首批新疆和田地区50名预科班学生，学制为预科年级一年、高中年级三年。14日，北京市举办新疆和田高中班开班典礼，来自市教委、新疆和田地区领导，以及全市10所开办新疆班学校代表200人

参加活动。

（石晓军）

首都师范大学附属密云中学

【概　况】 2011年，首都师范大学附属密云中学占地面积53778平方米、建筑面积26489平方米、体育场馆面积3735平方米。图书馆藏书51861册。固定资产总值4318万元，拥有计算机563台，多媒体教室座位2406个。全年教育经费投入3188万元，其中，国家拨款2881万元、自筹经费307万元。学校信息化经费投入50万元，校园网出口总带宽1000Mbps，数字资源量20GB，“信息技术”课程2课时/周。普通教室42个、专用教室10个、实验室13个。教职工229人，包括副高级职称62人、中级职称68人。专任教师153人，包括市级骨干教师3人、北京市学科教学带头人1人；本科及以上学历153人。开设教学班42个。毕业545人、招生587人、在校生1859人。高中录取分数线489分（密云县），应届高考本科上线率85.8%。网址：www.ssdf.miyuneou.net。

（张连全）

【编写校园安全手册】 4月，《首师大附属密云中学校园安全手册》编印完成。《手册》面向全校师生发放，分为42篇，收录校园安全工作方案、处置突发事件演习预案、消防安全四个能力建设、交通安全须知、食品安全须知、预防溺水及救护知识、如何避免遭受雷击办法、发生地震时如何自我保护八个方面知识。学校要求教师在班会时间组织学生开展学习，提高师生安全防范意识与自救能力。

（张连全）

【庆祝建校60周年】 10月15日，首师大附属密云中学举行建校60周年系列庆祝活动。活动分为参观校园、主题庆典两部分，包括名师评选表彰、校史展览、文艺汇演等内容。来自密云县政府、县教委领导，以及学校各届毕业生2500人参加活动。其间，学校编辑出版《密云一中60年》、《春华秋实》。首师大附属密云中学1951年建校，原名密云中学。1955年，更名为密云县第一初级中学。1962年，与十里堡中学合并，更名为密云县第一中学。1970年，更名为密云县季庄中学。1973年成为完全中学。1983年高中由二年制改为三年制。2000年7月停止初中招生。2001年7月改为高中校。2004年9月1日，更为现名。

（张连全）

【改革课堂教学工作】 至年底，首师大附属密云中学组织课堂教学改革系列活动。4月15日，学校召开新课程背景下高中“自主——互助”式课堂教学改革研讨会。会议由首都师大基础教育研究院主持，来自怀柔区“名师后备班”教师40人参加交流。与会人员观摩10节现场教学展示课，听取校长改革实施理念、背景、存在问题汇报，教师介绍课堂设计思路；专家对学校改革情况给予肯定，提出课型应突出特色的建议。10月18日，学校组织课堂教学改革观摩研讨活动。活动由中国教育学会基础教育专业委员会主持，采取观摩、交流、研讨形式，涉及课堂模式改革的理论依据、实践中存在的问题、以后的研讨方向等内容。来自一五四中、云岗中学、香河县三中等校干部、教师60人参加活动。

（张连全）

北京市延庆县第一中学

【概　况】 2011年，北京市延庆县第一中学占地面积75917平方米、建筑面积37339平方米、体育场面积21000平方米。图书馆藏书55137册，电子图书2万册，订阅杂志204种、报纸55种。固定资产总值6426万元。全年教育经费投入3625.99万元，其中，国家拨款3231.91万元、自筹经费394.08万元。学校信息化经费投入59万元，拥有计算机586台，多媒体教室座位1920个，校园网出口总带宽110Mbps，数字资源量150GB。“信息技术”课程2课时/周。普通教室48个、专用教室18个、实验室11个。教职工251人，包括副高级职称90人、中级职称79人。专任教师155人，包括特级教师3人、市级骨干教师2人、北京市学科教学带头人3人；全部为本科及以上学历。开设教学班42个。高中毕业578人；招生565人；在校生1745人，包括寄宿生580人。高中录取分数线431分（延庆县），应届高考本科上线率83.5%。网址：www.bjyqyz.com.cn。

（吴东华）

【雷锋班创建10周年】 3月6日，延庆一中高一年级12班“雷锋班”创建10周年。学校与延庆县儒林街道温泉东里社区居委会举行“弘扬雷锋精神，共建和谐社区”活动，“雷锋班”代表发言，学校领导对学生志愿服务意识与行动给予表扬并提出希望。仪式后，“雷锋班”学生分三个组擦拭小区报箱宣传栏、捡拾白色垃圾、照顾社区孤寡老人。延庆一中“雷锋班”创建于2001年，共有学生300人参与活动，并坚持照顾延庆镇胜利街1名孤寡老人。

（吴东华）

【聘请首都师大教授指导英语教学】 3月21至22日，延庆一中聘请首都师范大学英语学院教授指导英语教学。教授观摩学校英语课6节，并在课后与全体英语教师交流授课经验，提出英语教学要靠近课标、语言要实用、课堂活动要有开放性、学会利用区域优势等建议。该校聘任其为英语教学指导专家并颁发聘书。学校教师25人参加学习。

（吴东华）

【举办第10届体育节】 9月19至30日，延庆一中举办第10届体育节。此次体育节以“增强运动意识，自觉锻炼身体，为拥有强健的体魄而努力”为主题，组织广播操、田径运动会、跳绳、迎面接力、拔河等活动，要求教师、学生参与，包括个人单项赛、团体赛，每个项目分设一、二、三等奖。全校师生2000人参加活动，共有30个班级、200人获奖。

（吴东华）

【开展走进学部系列活动】 9至12月，

延庆一中开展“走进学部”系列活动。此次活动涉及“随机听课交流”、“学生笔记本和作业本展示”、“暑期培训汇报”、“我与班集体共成长展示”、“班会展示”、“青年教师汇报课”、“学科典型课例展示”、“教案展示”8个内容。其间，学校对干部、教师随时推门听课，课后组织交流研讨。全校干部、教师170人参加活动。此项工作是学校“转变教学方式，打造高效课堂”措施。

（吴东华）

北京市延庆县第四中学

【概　况】 2011年，北京市延庆县第四中学占地面积26968平方米、建筑面积13592平方米、体育场面积10200平方米。图书室藏书2.68万册，电子图书8200GB，订阅杂志、报纸204种。固定资产总值2870.61万元。全年教育经费投入1892.21万元，全部为国家拨款。学校信息化经费投入533.30万元，拥有计算机239台，多媒体教室座位517个，校园网出口总带宽100Mbps，数字资源量175GB，“信息技术”课程1课时/周。普通教室30个、专用教室14个、实验室6个。教职工143人，包括副高级职称20人、中级职称60人。专任教师88人，包括市级骨干教师3人、北京市学科教学带头人1人；本科及以上学历125人。开设教学班30个。初中毕业442人；招生483人；在校生1419人，包括寄宿生137人。网址：www. bjyqsz. com。

（岳海林　徐留平）

【特级教师指导教学】　6月2日，延庆

四中举办“专家指导团”启动仪式。此次活动由首都师大主持，指导团包括5名特级教师，定期以讲座、面授、听评课、网络培训、电话沟通形式指导该校教学业务，组织教师进行理论、备课、作课方面学习，探索高效课堂教学模式。专家负责指导学校教师后备人选加强科研素质与学科建设，提供课改教育理念等信息。至年底，特级教师共来校听课26节。

（岳海林　徐留平）

【与五中分校建立友好联系】　7月18日，延庆四中与北京市第五中学分校建立友好联系。两校达成共识，要求双方互派学校管理人员定期交流挂职锻炼，各校领导通过组织专题报告、座谈、参与管理等形式，在办学思想、管理理论等方面给予支持；确定一方学校每学年可派出1名中层干部到对方学校诊断问题、跟班指导、参与管理；双方学校定期选派骨干教师考察学习、听课、观摩等，通过专题讲座、示范课、集体备课等形式开展交流。双方共建网络平台，分享课件、试题、管理经验等信息资源。

（岳海林　徐留平）

【学校网站开通】　9月，延庆四中校园门户网站开通。网站采用ASP技术，总投资9500元，设有学校简介、德育经纬、师生天地、开放办学、特色发展、党政工团、家校互动和后勤保障栏目，上载资料2.23GB，由学校信息技术组负责管理。网址：www. bjyqsz. com。

（岳海林　徐留平）

【开设4门校本课程】　9月，延庆四中开设4门校本课程。课程面向初一年级学生，包括科技物理、延庆史话、植物栽培、金工木工，其中，科技物理课程带领学生走进物理实验室；延庆史话使用教师自编教材，讲解延庆历史上所发生重大事件；植物栽培，指导学生种植并了解植物生长规律；金工木工，带领学生动手操作、组装、制作模型。课程由学校教师及外聘教师任教，每两周1课时。

（岳海林　徐留平）

【构建学生成长课堂】　9至12月，延庆四中构建学生成长课堂。此次工作旨在转变课堂教学模式，采用“学案导学”、“小组合作”、“新授课”、“复习课”、“试卷讲评课”，推进课堂实践、研讨问题、组织培训。其间，学校共组织教师497人次参与校内外专题培训16次；教师汇报课、骨干教师研究课、专家指导课126节次；外请专家18人次；班主任、教师272人次参与专题交流研讨5次。

（岳海林　徐留平）

【组织四校联动专题培训】　12月2日，延庆四中成长课堂的探索与实践——“手拉手”学校联动专题培训举行。此次活动与延庆县香营学校、刘斌堡中学、旧县中学共同开展，听取延庆四中代表做“成长课堂”专题讲座，阐述概念界定、提出背景、基本模式、实施方法；介绍“学案导学与小组合作”教学模式实施方法，并结合具体事例说明学案导学基本理念、基本原则、基本模式以及三种课程类型；对小组合作基本理念、小组建立与建设、小组评价进行讲解。四所学校干部、教师80人参加活动。

（岳海林　徐留平）

【举行共建机器人教室签约仪式】　12月19日，延庆四中与北京市科协举行共建机器人教室签约仪式。合约规定市科协投资27.44万元，提供设备、技术支持；延庆四中投资8.56万元，承担固定资产管理、定期向学校及周边中小学开放、上传学生优秀作品职责，双方共同组织开展延庆县机器人科技竞赛活动。

（岳海林　徐留平）

北京市延庆县十一学校

【概　况】　2011年，北京市延庆县十一学校占地面积19017.04平方米、建筑面积12215平方米、体育场面积6648平方米。图书室藏书3.29万册，订阅杂志、报纸40种。固定资产总值2311.83万元。全年教育经费投入1894.35万元，全部为国家拨款。学校信息化经费投入15.69万元，拥有计算机204台，多媒体教室座位2250个，校园网出口总带宽200Mbps，数字资源量450GB，“信息技术”课程1课时/周。普通教室51个、专用教室10个、实验室7个。教职工179人，包括副高级职称27人、中级职称79人。专任教师147人，包括市级骨干教师5人；本科及以上学历136人。开设教学班47个，其中，小学班24个、初中班23个。毕业618人，其中，小学189人、初中429人；招生424人，其中，小学142人、初中282人；在校生1993人，其中，小学1044人、初中949人，包括寄宿生23人。高中录取分数线431分（延庆县）。网址：syxx. yqedu. com. cn。

（王满）

【开展参与式教研活动】　9月20日，延庆县十一学校开展参与式教研系列活动。此次活动面向小学部全体教师，组织观看5分钟视频《一封求助信》，要求针对视频进行个人反思，围绕“作为一个教师要把学生教育成为怎样的人”专题研讨，认为要给学生营造快乐民主、健康学习氛围。该校干部、教师81人参加活动。参与式教研系列活动包括制定教研计划、召开教学管理分享会、教学经验交流会等。

（李燕伶　赵爱华）

【“1+2”捆绑式发展启动】　10月15日，延庆县十一学校“共谋发展，实现双赢‘1+2捆绑式发展’主题师徒结对活动”启动。此次活动与延庆县珍珠泉小学、姚家营小学联合开展，三所学校签订以“发挥十一学校优秀教师的示范作用，推进城乡学校均衡协调发展，开创共谋发展实现双赢局面”协议书；延庆十一学校24名骨干教师分别与延庆珍珠泉小学、姚家营小学教师结成“1对2”指导帮扶模式。来自延庆县教委有关领导，三所学校校长、干部、教师76人参加活动。

（李燕伶　赵爱华）

【展示课改片骨干教师教学成果】 10月28日，延庆县十一学校举办延庆县小学第五课改片骨干教师课堂教学展示活动。此次活动以“转变教与学的方式，构建主体课堂”为主题，设立语文、数学、科学等5个会场，6所课改片学校骨干教师10人分别做课堂教学展示，并组织教师互动交流研讨。6所学校干部、教师133人参加活动。延庆县第五课改片包括延庆县十一学校、康庄小学、香营学校、珍珠泉小学、姚家营小学和左所屯小学。

（李燕伶　赵爱华）

北京师范大学燕化附属中学

【概　况】 2011年，北京师范大学燕化附属中学占地面积41112平方米、建筑面积25154平方米、体育场馆面积15000平方米。图书馆藏书15万册，电子图书20万册，订阅杂志、报刊200种。固定资产总值6615.45万元。全年教育经费投入3159.65万元，其中，国家拨款2811.27万元、自筹经费348.38万元。学校信息化经费投入50万元，拥有计算机450台，多媒体教室座位150个，校园网出口总带宽8Mbps，数字资源量2500GB，“信息技术”课程2课时/周。普通教室50个、专用教室4个、实验室9个。教职工150人，包括副高级职称43人、中级职称59人。专任教师123人，包括市级骨干教师2人；全部为本科及以上学历。开设高中教学班27个。毕业283人、招生361人、在校生1000人。高中录取分数线437分（燕山地区），应届高考本科上线率80.92%。网址：www.bsdyhfz.cn。

（李蓓）

【开展希望杯系列活动】 3至10月，北师大燕化附中开展“希望杯”系列活动。学校面向全体教职工开办，旨在提高读书热情、促进专业发展，组织各教研组交流专业心得、青年教师分享成长经历、研究生团队解读“我眼中的水”的含义、外出考察教师汇报参观感想；学校举办“希望杯”学生美术作品和教师摄影作品展，共有师生200人参与活动，在教学楼、办公楼区域展示作品200件。

（李蓓）

【第一届西藏内高班开班】 9月，北师大燕化附中第一届西藏内高班开班。首届内高班招收学生45人，学校组织民族政治讲解、民族团结、民风民俗等专题培训8场。至年底，该校带领全体教职工学习《北京市教委关于加强内高班的管理意见》3次。

（李蓓）

【举办首届校园足球赛】 11月15日至12月18日，北师大燕化附中举办首届校园足球赛。比赛面向高一、高二年级学生，采取分组循环、交叉淘汰制。全校共有18支队伍200名学生参赛，最终2个班分获年级冠军。

（李蓓）

【获批基教课改试验项目校】 11月，北师大燕化附中获批基础教育课程教材改革试验项目学校。该校2010年9月启动高中特色项目建设工作，成立项目创建领导小组；11月，召开学校发展规划研讨会，拟订创建方案、实施细则、发展思路、近期发展目标和远景发展规划，提出“希望与生命教育”办学思想、确定办学目标；利用地区资源优势，建设特色学科拓展类、石化科技类、实践活动类等教育课程体系。

（李蓓）

【成为“翱翔计划”课程基地校】 12

月，北师大燕化附中成为“翱翔计划”课程基地校。该校经向北京青少年科技创新学院申报，通过书面评审、集中评审和学校现场评审三个阶段考评，被认定为第二轮“翱翔计划”课程基地校，学校有6名学生成为翱翔学员。9月23日，该校高三年级2名学生参加第三届北京青少年翱翔科学论坛化学学科分论坛。

（李蓓）

民　族　教　育

【概　况】 2011年，北京市有民族学校46所，其中，民族中学8所、九年一贯制民族学校2所、民族小学36所；教职工2419人，包括少数民族教职工424人、专任教师1866人；在校生19956人，包括少数民族学生6319人。民族中学分布在西城、朝阳、海淀、门头沟、通州、大兴、怀柔、延庆8个区县；民族小学分布在东城、西城、朝阳、海淀、昌平、通州、顺义、大兴、房山、怀柔、密云、延庆、平谷13个区县。内地新疆高中班办班学校9所，在校生3358人；内地西藏班（校）4所，在校生972人；内地青海班5所，在校生327人。民族幼儿园9所，教职工322人，包括专任教师189人，在园幼儿850人，包括少数民族幼儿382人；分布在东城、西城、朝阳、石景山、通州、大兴、密云7个区县。

（陆小红）

【举办首届“胜利杯”青年教师基本功赛】 3至5月，北京市民族教育学会举办首届北京市“胜利杯”初中教师教学基本功竞赛。比赛以“提高教师内在品质，打造民族中学骨干教师队伍”为主题，旨在为初中教师搭建交流经验、学习成长和展示水平的平台。比赛采取笔试、板书、说课活动以及录像课等形式。全市各区县112名教师分别参加语文、数学、英语、物理、化学和民族团结教育6门

录像课比赛，评出一等奖 24 人、二等奖 34 人、三等奖 54 人。获奖教师赛后分别做示范课展示，并由专家完成示范课点评。

（陆小红）

【举行首届中小学民族艺术展演】 9

月 25 日，市民族教育学会举行首届北京市中小学民族艺术展演活动。活动旨在推进民族团结、弘扬民族精神、传承中华民族优秀文化，以“祖国，您好！”为主题，在民族文化宫剧院举行，分为“祖国您好”、“江山颂歌”、“学堂乐歌”、“复兴之路”4 个板块，包括金帆百人华乐团、小学生马头琴合奏、民族舞蹈与华夏服饰展示等。来自全市各民族中小学、部分内地民族班学校等师生 1200 人参加活动。

（陆小红）

【举办民族中小学风筝赛】　10 月 22 日，北京市民族中小学第三届风筝比赛在海淀公园举行。比赛为进一步推动民族特色校本课程开发，由市教委与市民委、市民族教育学会共同举办，来自全市 17 所民族中小学 18 支代表队参加包括硬翅类、软翅类、板子类三个项目比赛。最终产生团体一等奖 6 个、二等奖 8 个、三等奖 3 个，个人一等奖 37 人、二等奖 35 人、三等奖 25 人、优秀奖 65 人，优秀指导教师奖 19 人。

（陆小红）

【组织“巨人杯”青年教师教学赛】　11 月 1 至 2 日，市教委组织北京市第四届“巨人杯”民族小学青年教师教学比赛。比赛与市民委、市民族教育学会共同举办，以“贯彻《中国教育改革和发展纲要》精神，促进基础教育均衡发展，提高民族小学的教学质量，发现教学新秀，培养学科骨干教师”为主题，旨在为青年教师成长与进步搭建平台，有效推动民族小学课堂教学质量提高。比赛采取现场教学和录像课形式，来自全市 50 所民族教育学会理事学校 67 名教师参加，共评出语文、数学、英语学科教学一等奖 14 人、二等奖 14 人、三等奖 13 人，主题教育活动和民族团结教育录像课一等奖 8 人、二等奖 8 人、三等奖 10 人。

（陆小红）

【召开民族团结教育指导纲要培训班】　11 月 24 至 26 日和 12 月 8 至 10 日，市民族教育学会举办《学校民族团结教育指导纲要（试行）》培训班。培训班面向小学、中学民族团结教育课程授课教师，内容包括形势任务教育——主要进行民族团结重要性、紧迫性教育和联系当前民族工作实际，听取有关领导民族工作形势、任务介绍；理论知识教育——邀请专家学者讲授中国、世界民族概况和民族问题以及中国民族理论与民族政策；教学指导教育——通过参观示范校、走进课程、教材分析环节，感受民族团结教育育人环境，教师引领、教材理解、课堂教学方法等。市民委领导、市民族教育学会会长参加会议并讲话。全市各中小学教师共计 100 人参加学习。

（陆小红）

民族教育学校

北京市东城区回民小学

【概　况】　2011 年，北京市东城区回民小学占地面积 4426 平方米、建筑面积 7558 平方米、体育场面积 1860 平方米。图书室藏书 25810 册，电子图书 500 册，订阅杂志、报刊 50 种。固定资产总值 1191 万元，拥有计算机 249 台，多媒体教室座位 606 个。全年教育经费投入 1008 万元，其中，国家拨款 940 万元、自筹经费 68 万元。学校信息化经费投入 4 万元，校园网出口总带宽 2Mbps，数字资源量 500GB，“信息技术”课程 0.5 课时/周。普通教室 19 个、专用教室 9 个、实验室 1 个。教职工 61 人，包括中级职称 32 人。专任教师 47 人，包括本科及以上学历 43 人。开设教学班 19 个。毕业 84 人；招生 114 人；在校生 534 人，包括回族学生 121 人，另有外省市借读生 68 人。网址：www.dchx.org.cn。

（袁侨）

【与银川回民学校开展交流】　5月5

日，东城回民小学与银川市兴庆区回民第一小学开展教学交流。此次活动围绕艺术教育主题，采取课堂教学互动形式，与会人员观摩东城回民小学一年级音乐课“小蚂蚁”、三年级美

术课“剪团花”，以及兴庆回民一小音乐课“宁夏花儿”，并就艺术校本课程开发和实践成果进行研讨。两校师生以及东城回民幼儿园代表150人参加活动。

（芦平）

【开展社会大课堂学习实践】 5月27日，东城回民小学开展社会大课堂学习实践活动。全校师生572人参加活动，分为低、中、高年级三个组，结合学校“蓝天工程”、“社会大课堂”学习内容，分别到中华民族园、顺义神迪陶艺村、世界公园等地点开展课程体验。该校社会活动以综合学科学习为基础，采用学校教师与资源单位讲解员联动授课方式开展。

（谢丽娟）

【举办民族团结教育周】 9月30日，东城回民小学举办“民族节日展风采，民族欢歌迎国庆”民族团结教育周活动。活动中该校“民族艺术社团”表演自创中华五十六个民族文化特色《中华民族谣》歌谣与集体舞，各班学生分别以表演、合唱、小品形式展示回族、藏族、高山族等15个少数民族风俗文化，并与教师、家长共同设计制作“班级民族吉祥物”、装饰“民族文化班”。来自东城区竹竿社区负责人、北京少年报记者，以及全校师生601人参加活动。

（芦平）

北京市崇文区回民小学（北京市东城区回民实验小学）

【概　况】 2011年5月26日，北京市崇文区回民小学更名为北京市东城区回民实验小学。学校占地面积2882平方米、建筑面积4396平方米、体育场面积800平方米。图书馆藏书1.46万册。固定资产总值571万元，拥有计算机121台，多媒体教室座位23个。全年教育经费投入655万元，全部由国家拨款。学校信息化经费投入48万元，校园网出口总带宽100Mbps，数字资源量1800GB，“信息技术”课程2课时/周。普通教室16个、专用教室5个。教职工51人（含少数民族教师16人），包括副高级职称1人、中级职称39人。专任教师37人，包括市级骨干教师1人；本科及以上学历35人。开设教学班16个。毕业55人；招生74人；在校生405人（含少数民族学生105人），包括寄宿生154人，另有外省市借读生156人。网址：www.hm.eduwindows.com。

（郭增杰）

【展示民族体育校本课程】 3月14日，崇文回民小学举办民族体育校本课程展示活动。此次活动面向全校师生和家长，展示校本民族体育课程项目“太极扇”，学生390人进行阶段性汇报，来自东城区幼儿园的幼儿同时观看表演。

（郭增杰）

【开办幼小衔接辅导课】 7月4至5日，东城回民实验小学开办幼小衔接学前辅导课。课程面向一年级新生开设，内容涉及熟悉校园环境、音乐艺术特长前测、语言体能前测、数学乐园漫游等趣味学习，旨在落实学校学前教育课题研究。学校制订相应培训计划，选派教师参与研讨，并记录新生动态表现及时与家长沟通。全校教师、学生40人参与工作。

（郭增杰）

【组织省市民族校联盟活动】 9月29日，“四省一市”民族学校联盟活动在东城回民实验小学举行。此次活动旨在搭设省际民族学校间互动平台，探索校园文化建设创新方法，分享民族文化教育推动学校品牌建设跨越式发展作用，共分为三个阶段，包括启动联盟协议、实施区域互动、每年一次研讨推进。来自市教委、市民委、人教社、市民族教育学会、东城区人大、区民委、区教工委、区教委领导，以及全校师生、兄弟学校代表578人参与活动。“四省一市”民族学校联盟包括宁夏银川唐睐回民小学、河北唐山夏庄回民小学、云南香格里拉尼史完小、甘肃省兰州市清华小学、内蒙古赤峰市宁城县天义实验小学、辽宁省瓦房店市世纪小学、山东省济南市永长街回民小学、北京市东城区回民实验小学。

（郭增杰）

北京西藏中学

【概　况】 2011年，北京西藏中学占地面积35860平方米、建筑面积28053平方米、体育场馆面积10600平方米。图书室藏书41385册，电子图书1595GB，订阅杂志、报刊350种。固定资产总值4809万元。全年教育经费投入5434万元，其中，国家拨款5085万元、自筹经费349万元。学校信息化经费投入7.61万元，拥有计算机300台，多媒体教室座位192个，校园网出口总带宽6Mbps，“信息技术”课程2课时/周。普通教室20个、专用教室17个、实验室6个。教职工132人，包括副高级职称40人、中级职称28人。专任教师57人，包括市级骨干教师2人、本科及以上学历57人。开设教学班18个。毕业270人；招生270人；在校生817人，全部为藏族等少数民族学生。

高中录取分数线 438 分，应届高考本科上线率99.7％。网址：www.bjxzzx.bjedu.cn。

（赵学军　唐宝军　李险峰）

【发放华育助学金】　4 月 27 日，西藏中学举行“华育助学金”发放仪式。仪式围绕爱心助学主题，学校为受资助学生颁发奖金、校长代表全校师生感谢华育基金会，共面向学校 20 名家庭贫困学生发放助学金 1.76 万元。来自市委教育工委、市教委、北京华育助学基金会领导，以及该校干部、学生 30 人出席活动。“华育助学金”2005 年由原劳动部部长郑斯林发起成立，发放标准为每名受助学生一次获得 800 至 1000 元资助。

（张一帆）

【开展藏文化宣传展示活动】　4月，

西藏中学开展藏文化宣传展示周活动。活动目的为展示学校民族文化建设办学特色与校园文化建设成果，体现“爱国、励志、勤奋、博雅”校训，安排藏语朗诵、藏文书法、藏文作文、知识竞赛、绘画、讲座、手工小制作、藏舞、藏歌、藏语辩论、藏式举重和拔河 12 个项目。全校学生 800 人参与活动。3 月 5 日，该校举办“欢度藏历铁兔新年庆祝会”，来自中央统战部、教育部、国家民委，以及市委教育工委、市教委领导，以及学校师生 1000 人参加活动。

（张一帆）

【参加全国民运会获奖】　9 月 10 日，西藏中学参加第九届全国少数民族传统体育运动会获得表演项目银奖。运动会由国家民族事务委员会和国家体育总局联合主办，围绕“各民族共同团结奋斗，共同繁荣发展”主题，包括 16 个竞赛项目和 188 个表演项目。来自全国各省市地区 34 个代表团共 6771 名运动员参赛，北京代表团在竞赛项目和表演项目中，共获 7 个一等奖、12 个二等奖、15 个三等奖。

（张一帆）

中央民族大学附属中学

【概　况】　2011 年，中央民族大学附属中学占地面积 22678 平方米、建筑面积 22807.56 平方米、体育场馆面积 4293.96 平方米。图书馆藏书 20153 册。固定资产总值 5853 万元，拥有计算机 260 台，多媒体教室座位 1700 个。全年教育经费投入 2694 万元，其中，国家拨款 1760 万元、自筹经费 934 万元。学校信息化经费投入 156 万元，校园网出口总带宽 25Mbps，数字资源量 100GB，“信息技术”课程 2 课时/周。普通教室 30 个、专用教室 20 个、实验室 6 个。教职工 122 人（含少数民族 26 人），包括副高级职称 50 人、中级职称 38 人。专任教师 95 人，包括特级教师 2 人、市级骨干教师 1 人；本科及以上学历 93 人。开设教学班 30 个。毕业 555 人；招生 555 人；在校生 1793 人，来自全国 25 个省市地区 50 个民族学生寄宿制学习。高中录取分数线 502 分（海淀区），应届高考本科上线率 98％。网址：www.Mdfz.com.cn。

（孙立清）

【增设“民族希望”奖励基金】　3 月，民大附中增设“民族希望”奖励基金。该校在原奖项基础上新增“朵日纳奖”，由内蒙古鄂尔多斯市东方路桥集团捐款 100 万设立，为新生入学奖，奖励高一年级自主招生考试成绩在各省录取线前三名学生，每人 5000 元，其中，新生入学报到时兑现 2500 元，高一第一学期期中考试后，成绩在年级前半人数内，再兑现 2500 元；西部八省区视成绩灵活掌握标准。新增“美影奖”，由容川科技有限公司（校友）总经理个人每年捐款 10 万元设立，奖励在音乐、美术、摄影等艺术领域发表作品、各级评比中获得优胜师生，金额由 20 元至 2000 元不等。新增“都仑奖”，由河北省承德市恺达公司捐款 50 万元设立，奖励在校就读成绩优秀、进步显著满族学生，金额为 100 至 2000 元不等。2008 年 2 月，学校通过接收社会捐赠和学校划拨资金设立“民族希望”奖励基金，下设“雄鹰奖”、“天狮奖”、“集美奖”、“希望奖”。

（孙立清）

【成为传媒大学优质生源基地】　6 月 14 日，民大附中挂牌成为“中国传媒大学优质生源基地”。仪式上，双方签订共建优质生源基地协议，规定中国传媒大学提供自主招生考试优秀生优先录取机会，民大附中负责优质生源选送工作。协议有效期 5 年。

（孙立清）

【召开纪念李大钊诞辰报告会】　10 月 24 日，民大附中召开纪念李大钊诞辰报告会。报告会听取李大钊之孙李建生讲述其祖父事迹，学校聘请李大钊之子李光华为学校教育发展高级顾问、李建生为名誉校长，并为其颁发聘书，学生代表宣读向李大钊学习倡议书。民大附中成立于 1913 年，前身为蒙藏学校，李大钊关心学校及学生成长，乌兰夫、多松年等蒙古族学生受其影响相继到校就读，李大钊、邓中夏、赵世炎等先后到校宣传马克思主义思想。该校师生 1450 人参加会议。

（孙立清）

【获 3 所高校校长实名推荐资格】　11 月，民大附中获得 3 所高校校长实名制推荐资格。该校获得 2012 年清华大学新百年“领军计划”优质生源基地校推荐资格；中国人民大学校长直通车计划；复旦大学“望道计划”校长直推生资格，并被纳入国家级特色高中建设校行列。至年底，学校完成包括北京大学在内 4 所高校学生推荐工作。

（孙立清）

北京市门头沟区妙峰山民族学校

【概　况】 2011年，北京市门头沟区妙峰山民族学校占地面积17467平方米、建筑面积6750平方米、体育场馆面积5610平方米。图书馆（室）藏书2.80万册。固定资产总值1436.33万元。全年教育经费投入1254.55万元，全部由国家拨款。学校信息化经费投入183.57万元，拥有计算机354台，多媒体教室座位200个，校园网出口总带宽100Mbps，数字资源量60GB，"信息技术"课程2课时/周。普通教室21个、专用教室6个、实验室3个。教职工102人，包括高级职称7人、中级职称56人。专任教师71人，全部为本科及以上学历。开设教学班18个，其中，小学班12个、初中班6个。毕业113人，其中，小学38人、初中75人；招生84人，其中，小学42人、初中42人；在校生375人，其中，小学240人、初中135人，包括寄宿生47人、少数民族22人。网址：www.mtgmfsmzxxbjedu.cn。

（杜春勇）

【举办教学基本功赛】 10月13日至11月11日，妙峰山民族学校举办教学基本功比赛。全校共有31名教师参加"先学后教、合作探究、学案导学"课堂教学展示和比赛活动，要求参赛教师完成集体备课、讲课、评课、反思四个环节，评比标准有教学目的明确、学生参与度高、学生合作学习效果突出、知识讲解清晰。比赛最终产生5个一等奖、7个二等奖。

（孙宏军　陈永周）

【改善教师住宿条件】 10月，妙峰山民族学校改善教师住宿条件。该校共投入资金20万元，对教师宿舍上下水管道进行改造，施工长度120米，另包括操场、甬道等修复工作。

（郝荣平）

【开展读书节活动】 12月，妙峰山民族学校开展"沐浴书香，快乐成长"主题读书节活动。活动期间，该校向学生共推荐100部少年儿童阅读书目，并举办"好书伴我成长"黑板报与手抄报比赛。全校学生400人参加活动，共有18名学生获评"读书之星"称号。

（李维东）

北京市昌平区西贯市回民小学

【概　况】 2011年，北京市昌平区西贯市回民小学占地面积13340平方米、建筑面积2726平方米、体育场面积5396平方米。图书室藏书11455册，电子图书68册，订阅杂志、报刊23种。固定资产总值1174万元。全年教育经费投入351万元，其中，国家拨款350万元、自筹经费1万元。学校信息化经费投入1万元，拥有计算机111台，多媒体教室座位40个，校园网出口总带宽15Mbps，数字资源量60GB，"信息技术"课程4课时/周。普通教室9个、专用教室9个、实验室1个。教职工23人，包括中级职称13人。专任教师22人，包括回族教师16人；本科及以上学历19人。开设教学班8个，其中，小学班6个、学前班1个、幼儿班1个。毕业29人；招生65人；在校生252人，包括回民学生86人。网址：www.xgs.chpedu.net。

（包雪莲）

【举办教职工趣味运动会】 4月29日，西贯市回小举办教职工趣味运动会。活动开设民间传统体育项目"板鞋竞速跑60米"，要求三人一组将足套固定在同一双板鞋上，每两组进行比赛，以同等距离内所用时间最少队伍为胜。比赛按抽签顺序进行，全校共有教职工24人参与，最终评出一等奖1个、二等奖3个、三等奖4个。

（杨东涛）

【展示作文训练成果】 5月10日，西贯市回小举办"作文训练结硕果，六字真经香满园"汇报展示会。此次活动采取现场朗读、背诵等形式，该校学生26人按照作文培训"真、新、形、曲、巧、美"六字技巧，将所撰写文章分类演讲展示。与会人员认为"作文教学全程训练已获丰硕成果，使学生取得了知识技巧和思想双丰收"。来自昌平区教委、区教师进修学校、区教育关工委领导，以及全校师生293人参加活动。该校2008年邀请昌平区教育关工委"五老"讲师团成员，面向师生开展作文教学全程训练。

（魏长义）

【召开民族主题班会】 9月27日，西贯市回小召开"让民族之花永远绽放"主题班会。此次班会由六年级班主任主讲，通过搜集学生学习、生活实际案例，结合视频、音频，利用相声、诗歌、歌曲、乐器演奏、舞蹈等表演形式，使学生在"近、小、亲、实"情景中融入开展民族常识教育。班会介绍回族、傣族、苗族等少数民族生活习惯、服装服饰等内容，表达五十六个民族团结和谐愿望。全校教师12人参加活动。

（包雪莲）

【开展读书系列活动】 9至12月，西贯市回小开展"点亮智慧人生"读书系列活动。该校为教职工采购图书65册，涉及班级管理、民族体育、家校互动等14个种类，包括《孩子把你的手给我》、《德育智慧源于何处》、《魅力班会》等。学校组织教师利用隔周五下午第三节课时间在图书室阅览，要求教师撰写读书感想；组织教职工交流，每名教师发言总结学期读书成果。全校教职工22人参加活动。

（杨东涛）

北京市怀柔区长哨营满族中学

【概　况】 2011年，北京市怀柔区长哨营满族中学占地面积9396平方米、建筑面积5000平方米、体育场馆面积2560平方米。图书馆（室）藏书4.70万册，订阅各类报纸8种、杂志14种。固定资产总值607.94万元。全年教育经费投入750.27万元，全部为国家拨款。学校信息化经费投入8000元，拥有计算机180台，多媒体教室座位186个，校园网出口总带宽100Mbps，数字资源量100GB，"信息技术"课程1课时/周。普通教室12个、专用教室8个、实验室3个。教职工49人（满族职工5人），包括副高级职称4人、中级职称16人。专任教师31人，包括本科及以上学历 29 人。开设教学班 7 个。毕业 76 人；招生 33 人；在校生 143 人（满族学生 74 人），包括寄宿生 131 人。网址：www.csyzx.com.cn。

（王敏）

【组织教学观摩研讨】 9 至 12 月，长哨营满族中学组织开展教学观摩研讨活动。此次活动分三个阶段进行，其中，第一阶段要求教师参加构建“三主合一”课堂教学结构研究课，以教研组为单位集体备课，每名教师参与备课、听课、评课；第二阶段推出骨干教师观摩课、班主任班会课，其他教师参与听、评课；第三阶段作 45 岁以下青年教师汇报课以及初三年级复习研究课并参与评价。全校教师 31 人参加活动，共评出优秀课 6 节、优秀学案 6 件。至年底，该校实行“三主合一”教学模式，形式包括以课改教案为主的教师导教、以学案为主的学生导学、以合作学习为主的课堂组织。

（王敏）

【启动学生操行评比活动】 11 月 1 日，长哨营满族中学启动“一日五行”学生操行评比活动。“一日五行”即“日讲礼仪、日做善事、日有岗位、日做环保、日清习题”，具体要求学生每天讲文明、懂礼貌，见到教师主动问好，不讲脏话、不打架骂人；为学校、班级、教师、同学做一件好事；每名学生在自己值勤岗位履行其职责；见到垃圾主动清理，不随地吐痰，不吸烟、不浪费等；每天学习内容掌握熟练，完成课堂练习与作业。规定各班每月总结评议学生操行情况一次，结果纳入星级学生评选条件。全校学生 143 人参加活动。

（王敏）

【开展师生读书活动】 11 月，长哨营满族中学开展“书满校园，书韵飘香”师生主题读书活动。活动要求每名教师学习《刘彭芝教育思想与实践》一书，阅读符合其所教学科或与具体岗位职责相关书籍，撰写读书体会；学生利用阅览课及课余时间，阅读课外图书撰写体会。该校领导组成评审小组，对师生读书体会进行评比，选出优秀读书体会各 6 份进行表彰。全校师生 192 人参加活动。

（王敏）

【开展民族特色教育】 至年底，长哨营满族中学开展民族特色教育。该校利用自编《满族知识读本》，对学生进行满族风土人情教育；组织“满乡人合唱队”、“八旗雄风”表演队，演唱满族歌曲，表演满族集体舞蹈；排演校园剧《听妈妈的话》，展示满族传统文化。全校教师、学生 70 人参加活动。

（王敏）

北京市延庆县新华民族中学

【概　况】 2011 年，北京市延庆县新华民族中学占地面积 12000 平方米、建筑面积 1925 平方米、体育场面积 5350 平方米。图书馆藏书 1.72 万册，订阅杂志、报纸 28 种。固定资产总值 481.61 万元。全年教育经费投入 354.59 万元，全部由国家拨款。学校信息化经费投入 2.30 万元，拥有计算机 41 台，多媒体教室座位 90 个，校园网出口总带宽 200Mbps，数字资源量 411GB，“信息技术”课程 1 课时/周。普通教室 6 个、专用教室 13 个、实验室 3 个。教职工 32 人（少数民族 1 人），包括中级职称 12 人。专任教师 17 人，包括本科及以上学历 17 人。开设教学班 4 个。初中毕业 26 人；招生 27 人；在校生 76 人，包括少数民族学生 29 人。网址：www.yqxxhmzzx.cn。

（于德文）

【开展中小学教育衔接工作】 5 月 20 日，新华民族中学开展中小学教育衔接工作。此次工作组织学校主管德育、教学干部 2 人到延庆县民族小学，从学习心理、文化知识、认知规律方面与六年级学生、家长进行沟通交流，并介绍该校改进工作管理方式、提高学业成绩等新举措及取得成果。来自延庆县民族小学师生、家长 58 人参加活动。

（于德文）

【组织五校班主任培训】 5月27日，新华民族中学组织五所学校班主任联合培训。培训与延庆县旧县中学、沈家营中学、井庄中学、刘斌堡中学共同开展，邀请延庆县教科研中心教研员、延庆二中教师做题为“班集体建设与班主任习惯”、“幸福的班主任”专题讲座，并就如何与学生有效沟通、如何培养学生学习兴趣等问题现场解答。五所学校德育干部、班主任以及任课教师 45 人参加学习。

（于德文）

【举办民族趣味运动会】 10 月 21 日，新华民族中学举办民族趣味运动会。此次活动为学校开展师生体育运动新举措，根据在校生逐年减少状况进行改进，分成教师、学生两个组，其中，学生组设有推铁环、踢球、陀螺等 10 个项目；教师组设有踢毽、投球、托球跑、合作运球 4 个项目。全校共有教职工 34 人、学生 76 人参加活动，最终学生 38 人次、教师 12 人获奖。

（于德文）

【开展四校联合教学研究】 11 月 22 日至 12 月 1 日，新华民族中学组织开展四校联合教学研究。此次研究与延庆县沈家营中学、井庄中学、大榆树中学联合进行，由新华民族中学教师作化学观摩课，课后四所学校校长、教学干部、教师共同交流评课。来自延庆县教委领导，四所学校校长、干部、师生 68 人参加活动。异地学生作课是四校联合教学研究内容，有 14 名教师参与异地教学展示。

（于德文）

特 殊 教 育

【概　况】 2011年，北京市有基础教育阶段特殊教育学校22所，其中，盲校1所、聋校2所、培智学校15所、综合类学校4所；在校生3148人，其中，视力残疾学生229人、听力残疾学生772人、智力残疾学生2147人；教职工1228人，包括专任教师1051人。随班就读学校1071所，其中，中学356所、小学715所；随班就读学生5643人，其中，中学2042人、小学3601人；随班就读学生中视力残疾学生101人，听力残疾学生334人，智力残疾学生4576人，其他类残疾学生632人。从事随班就读教师19131人，另有177名重度和多重残疾学生接受送教上门服务。

（陆小红）

【召开全市特教教研员培训会】 3月25日，市特教中心召开北京市特教教研员培训会。会议围绕如何提升特教教研能力主题，听取特教中心主任做“发展首都特殊教育，提升特教教研能力”报告，中央教科所研究员就“个案研究法与个案研究报告的撰写”举办讲座，特教中心对2011年北京市特教教研工作进行部署。来自全市16个区县聋校、盲校、培智学校、随班就读7个教研组104名教研员参加会议。

（陆小红）

【召开特教教师基本功通识培训会】 4月16日、23日和5月7日，市特教中心召开北京市特教教师基本功通识培训会。会议旨在提升特教教师专业化水平，采取聘请专家、教授和特教学校校长授课形式，培训内容包括特殊教育基本理论，智力障碍、自闭症及脑瘫学生心理与教育，视力残疾学生心理与教育，听力残疾学生心理与教育，特殊教育相关法律法规以及特殊儿童心理评估。专家、教授和特教学校校长结合其从事特教教科研工作经验，对《北京市特殊教育学校教师基本功培训与展示活动培训手册》详细讲解。来自全市各特教学校主管领导、教研组组长、骨干教师240人参加培训。

（陆小红）

【召开特教校长培训会】 5月17至18日，市特教中心召开北京市特教学校校长培训交流会。会议旨在加强全市特殊教育学校干部队伍建设，提升特教校长教育教学管理水平，促进特教教师专业发展，听取市特教中心主任做“特教教师专业发展趋势”报告，教育学院教授就“关于教师专业发展的几个问题”举办讲座，各校校长围绕特教学校教师基本功培训与展示活动进行专题交流。来自市教委、市特教中心领导，全市各特教学校校长30人参加会议。

（陆小红）

【举办随班就读教学设计说课答辩】 10月11至13日，市特教中心举办2011北京市随班就读优秀课堂教学设计现场说课和答辩活动，来自全市各区县随班就读学校72名教师参加活动。说课要求教师全面了解随班就读学生现状、特点和学情，能正确说明教材选择目的、教学重点难点，并依据课程标准对教材内容进行分析，对教学目标设定、教学资源使用、教学策略及方法选择目的性与实效性以及教学评价做出说明，并针对评课专家提出质疑进行答辩。活动共评选出优秀随班就读教学设计一等奖14人、二等奖21人、三等奖34人，优秀组织奖8人。

（陆小红）

【怀柔培智学校与密云聋校建立合作关系】 11月12日，怀柔培智学校与密云县聋人学校建立“手拉手”合作关系。协议规定双方在教育教学、教师队伍、生活与品德校本教材建设等方面开展合作，其中，怀柔培智学校提供教育、教学、科研、后勤等方面管理经验和资料，密云聋校承担《德育生活化教育》校本教材编写指导和帮助工作等，双方互相交流促进、提高办学水平。

（任海明）

特殊教育学校

北京市东城区特殊教育学校

【概　况】 2011年，北京市东城区特殊教育学校占地面积5230平方米、建筑面积3751平方米、体育场面积2858平方米。图书馆藏书2.55万册。固定资产总值1351万元，拥有计算机152台，多媒体教室座位27个。全年教育经费投入1724.25万元，其中，国家拨款1670.84万元、自筹经费53.40万元。学校信息化经费投入3.52万元，校园网出口总带宽4Mbps，数字资源量150GB，“信息技术”课程30课时/周。普通教室21个、专用教室14个。教职工70人，包括副高级职称3人、中级职称34人。专任教师54人，包括特级教师1人；本科及以上学历53人。开设教学班21个，其中，听障部11个、智障部10个。毕业22人，其中，听障部12人、智障部10人；招生13人，其中，听障部7人、智障部6人；在校生185人，其中，听障部101人、智障部84人，包括住宿生51人，外省市借读生85人。网址：www.dctj.com.cn。

（郭莉）

【举办教学研讨活动】　6月16日，东城特教学校举办教学研讨活动。活动主题为“深入研究体育教学工作，促进残障学生健康成长”，采取会议形式，内容包括主题报告、现场教学、说课、专家点评等。会议研讨认为教师教学基本素质过硬，课程设计流程清晰，教学分层准确，重视学生心理体验，自制教具资源利用突出，提高课堂教学效果明显。来自市特教中心、西城区、海淀区、顺义区的培智学校代表，以及东城区教委领导，各区县30所小学的干部、教师50人参加活动。

（郭莉）

【中职班合作签约】　9月1日，东城特

教学校举办中等职业教育签约仪式。该校分别与东城区工美附中、国际职业教育学校对残疾学生开展美术、烹饪、园林等中等职业教育工作签署协议，协议规定三校以合作办学形式，旨在落实东城区“十二五”教育规划目标，探索校际间深度联盟育人模式，注重优质教育资源共享，拓展学区建设内涵，由东城特教学校提供师资、生源、教育教学设施设备等，工美附中、国际职业教育学校承担专业技能指导以及提供实习实践场地，双方开展长期合作。来自中国残疾人联合会、市教育督导室、东城区委教工委领导，以及青年歌唱家、残疾人艺术团演员，三所学校代表150人出席仪式。

（郭莉）

【肖雪获全国特教信息技术赛特等奖】　10月25至31日，东城特教学校教师肖雪在第三届全国特殊教育学校教师信息技术综合应用能力赛上获得听障教育组特等奖。该比赛由教育部、中国教育学会主办，济南特殊教育中心承办，围绕“提高信息技术应用能力，促进特殊教育资源共享”主题，分为预赛、决赛两个阶段，包括听障教育组、智障教育组、视障教育组三个组别，设置课堂教学、课件制作项目。来自全国各省市地区155所学校教师300人参赛。

（郭莉）

北京市崇文区培智中心学校（北京市东城区培智中心学校）

【概　况】　2011年5月26日，北京市崇文区培智中心学校更名为北京市东城区培智中心学校。学校占地面积3659平方米、建筑面积2550平方米、体育场面积1009平方米。图书馆藏书7670册，电子图书10GB册，订阅杂志、报刊10种。固定资产总值359.13万元，拥有计算机153台，多媒体教室座位20个。全年教育经费投入372万元，其中，国家拨款361.61万元、自筹经费10.39万元。学校信息化经费投入9万元，校园网出口总带宽5Mbps，数字资源量200GB，“信息技术”课程1课时/周。学校拥有普通教室10个、专用教室11个。教职工30人，包括中级专业技术职务17人。拥有专任教师22人，包括本科及以上学历26人。开设教学班9个。毕业11人、招生14人、在校生93人。网址：www.cwtjzx.com。

（王昕）

【培智电视台开播】　3月8日，崇文培智中心学校电视台首播。该电视台软件系统由学校开发并整合网络资源进行发布与传播，硬件系统包括播放采集服务器等设备，节目主持人、技术支撑均由学校教师和学生担任，节目涉及教育教学宣传，校园文化建设和学生风采展示，在每周三、四播出。至年底，学校电视台拥有成员10人，共播出33期，包括期末家长会3次、小记者广播站20次、重大活动宣传展示5次、恶劣天气下升旗仪式5次。

（王昕）

【接待英国学校访问】　4月6至8日，崇文培智中心学校接待英国哈维威廉学校访问。该访问团包括一行两人，两校以“同课异构”方式展开交流，从教学模式、教学方法角度进行研讨，对教辅工具选择组织学习；英方教师讲授体育项目“硬地滚球”、“New Age Hurling”、中方教师教授中华传统项目“推铁环”、“抖空竹”。两所学校结合校情制定研究内容、课程、评价标准，并在课程设置、康复训练方法及社区融合教育理念上互相借鉴交流。

（王昕）

【“爱心烘焙坊”揭牌】　9月1日，东城

培智中心学校“爱心烘焙坊”揭牌。此次仪式以“爱心无限、快乐成长”为主题，采取文艺演出、互动形式，包括表演节目、实际操作等内容。来自台湾“101”球队爱心大使、台湾姐妹会“爱心妈妈”、“爱心姐姐”志愿者，以及学校师生150人参加活动。“爱心烘焙坊”是由在京台商为成员的京华“101”球队与该校共同创建，旨在提供职业培训机会，帮助学生在岗前熟练掌握技能。

（王昕）

【开展文明礼仪教育】　10月10日，东城培智中心学校开展“做文明有礼培智人”系列教育活动。此次活动依据教育部《文明礼仪教育指导纲要》制定策划相关内容，包括9月“文明就餐”、10月“文明排队”、11月“感恩亲人”、12月“文明课间”主题，并结合每月各个班级目标制定、红旗下讲话、小记者广播站、班级之星评选等展开。启动仪式上，学校春苗班学生、教师代表共同发起开展文明礼仪活动倡议。全校师生150人参加活动。

（王昕）

【组织助残日融合活动】　12月4日，东城培智中心学校与德国拜耳中国公司组织开展国际残疾人日“行随心动”融合活动。活动由拜耳公司志愿者以及学校教师与智障学生结成小组，每组以海洋馆中动物命名，通过带领学生近距离观察，与志愿者进行沟通交流、感受社会融入。拜耳公司志愿者以及该校师生200人参加活动。“行随心动”拜耳——培智“手拉手”活动始办于2006年。

（王昕）

北京启喑实验学校

【概　况】　2011年，北京启喑实验学校占地面积8703平方米、建筑面积23224平方米、体育场馆面积559平方米。图书馆藏书3.10万册，电子图书12万册，订阅杂志70种、报纸50种。固定资产总值1546万元，拥有计算机180台，多媒体教室座位50个。全年教育经费投入2085万元，全部由国家拨款。学校信息化经费投入20万元，校园网出口总带宽100Mbps，数字资源量300GB，“信息技术”课程2课时/周。普通教室30个、专用教室43个。教职工114人，包括副高级职称10人、中级职称50人。专任教师99人，包括市级骨干教师1人；本科及以上学历98人。开设教学班25个。毕业79人，其中，小学15人、初中26人、高中38人；招生71人，其中，学前13人、小学11人、初中15人、高中32人；在校生333人，其中，学前13人、小学88人、初中95人、高中137人，包括寄宿生213人。网址：www.bjd2lrxx.org。

（王秋阳）

【接待挪威教育代表团】　3月18日，启喑实验学校接待挪威教育代表团到校访问。访问团包括挪威（Folke-hoyskole）聋人中心师生一行40人，听取该校学前教育、九年义务教育、普高和职高各部学生学习情况以及学生毕业后继续深造与就业情况介绍，品尝职高学生亲手制作甜点并参观校园文化环境。交流中，客人对中国聋人特殊教育情况与中国传统文化表示肯定。

（邱平）

【举办辅助器具专题讲座】　5月20日，启喑实验学校举办沟通板辅助器具专题讲座。讲座主题为“沟通板如何帮助儿童交流和成长”，面向全体学生家长，旨在使家长了解学生学习、交流、成长愿望，使教师教学更有趣味，邀请瑞典乌普萨拉大学教授托马斯（Thomas Fredengren）讲解与演示，阐释“如何能让孩子学习、交流和成长的愿望变成现实”。全校教师、家长140人参加学习。

（李华婷）

【成立专家顾问团】　5月27日，启喑实验学校“专家顾问团”成立。顾问团由学校直接管理，成员包括原市教育局副局长汤世雄等9人，不定期开展活动，主要负责处理学校发展中面临各种困难，为学校发展出谋划策，并在制定学校办学方略和推动学校教科研、对外交流方面发挥作用。

（刘发茂）

【参加首届全国特教三人制篮球赛获奖】　7月19日至8月10日，启喑实验学校参加首届2011全国特殊教育学校三人制聋人篮球百队赛获奖。该校代表队获得女子组季军，高年级学生赵阳获得女子个人赛亚军。此次比赛由中国残疾人联合会、教育部、国家体育总局、中国聋人体育协会共同主办，围绕“活跃特殊教育学校校园体育活动，增强特教学校学生体质，进一步促进残疾人体育事业发展”主题，采取单循环积分形式，分为省、市选拔赛，全国分赛区和“嘉年华”总决赛三个阶段，设置男女“三对三”篮球赛、个人技术赛项目。来自全国各省市地区100所学校100支代表队参赛，6支队伍获奖。

（房彪）

【与通辽特教学校结对办学】　12月15日，启喑实验学校与内蒙古通辽市特殊教育学校结对合作办学。此次合作是西城区教委与通辽市教育局交流项目，按照双方约定内容，启喑实验学组织人员到通辽特殊教育学校了解需求情况、共同制订活动方案，开展各学科带头人、骨干教师示范课、听评课、讲座、辅导等，通辽特殊教育学校承担艺术节活动任务。结对有效期3年。

（王秋阳）

北京市宣武区培智中心学校（北京市宣武培智学校）

【概　况】　2011年9月1日，北京市宣武区培智中心学校更名为北京市宣武培智学校。学校占地面积7419平方米、建筑面积6621.20平方米、体育场馆面积2100平方米。图书室藏书49504册。固定资产总值662943元，拥有计算机90台，多媒体教室座位25个。全年教育经费投入942.68万元，全部由国家拨款。学校信息化经费投入234.70万元，校园网出口总带宽100Mbps，数字资源量500GB。普通教室21个、专用教室25个。教职工58人，包括中级职称35人。专任教师54人，包括本科及以上学历50人。开设教学班21个，其中，学前教育班2个、义务教育班9个、职业教育班10个。毕业61人，其中，义务教育12人、职业教育49人；招生32人，其中，学前教育4人、义务教育16人、职业教育12人；在校生174人，其中，学前教育15人、义务教育83人、职业教育76人。网址：www.ischool.org.cn。

（王文洪）

【校安工程完工】　2月21日，宣武培智中心学校校安工程完工。该工程由中建一局承建，西城区建委负责质量与安全监督，总建筑面积3246平方米，经历设备清空、拆除和剔凿、植筋、喷射、装修、室外工程、设备恢复、回迁等阶段，新增教学楼一层安全出口和消防水箱、消防栓等安全设施。学校根据专业设置规划11个专业教室、1个计算机教室、1个中控室、1个家居室、2个音乐教室、1个理论学习室、1个会议室、1个心理咨询室、1个特殊教育中心、1个特殊教育中心办公室、1个教师办公室。校安工程于2010年6月22日开工建设，由西城区教委投入资金1200万元。

（赵立军）

【召开个别化教育质量报告会】　3月10日，宣武培智中心学校召开个别化教育计划（IEP）评估质量报告会。会议听取学校生活语文、生活数学、生活适应、康复以及职业教育部等7

个教研组分析报告，与会专家对取得成绩给予肯定，并引导教师思考实施个别化教育计划学生有哪些明显变化、IEP 制定与课堂教学是否体现“差异性”等问题，交流认为要不断提升教育观念、将深入了解学生作为教育计划依据。来自联大特教学院专家，以及该校干部、教师 36 人参加会议。

（王文洪）

【组织全纳课堂教学设计评选】 3 月 14 日，宣武培智中心学校组织全纳课堂教学设计征集与评选活动。此次活动旨在从普通教育与特殊教育融合以及全纳教育视角引导教师感受教学设计过程，要求教师整体谋划课时教学、系统规划决策，组织特教干部及随班就读教研组教师共同参与，以“全纳课堂教学设计”为主题对教研组 31 名成员进行培训、布置撰写全纳课堂教学设计征集方案。17 所学校上交教学活动设计 28 篇，其中，语文 12 篇、数学 13 篇、英语 2 篇、劳动 1 篇，参照“北京市教师专业基本功设计模板”和“市特教中心随班就读教学设计评优标准”进行评审，最终评出一等奖 6 篇、二等奖 14 篇、纪念奖 8 篇。

（郑京梅）

【学校更名】 9 月 1 日，宣武培智中心学校举办“新起点、新航程、新发展”主题开学典礼暨新校名揭牌仪式。北京市宣武区培智中心学校更名为北京市宣武培智学校，更名后学校建制、办学性质不变。来自教育部、联大特教学院、市残联、西城区教育督导室、区教委以及区残联、牛街、广内街道办事处特教专家、顾问、领导 21 人出席仪式。北京市宣武培智学校成立于 1982 年，校址位于西城区新桥胡同 1 号，2010 年 7 月由于北京市区划调整，原宣武区和西城区合并为西城区，经市、区人大、政协常委会审议定为现名，建校以来共培养毕业生 1200 人。

（王文洪）

【特教教研组成立】 9 月 28 日，宣武培智学校特教教研组成立。学校校长为成员颁发聘书，并以“个别教学计划的单元实施”为主题，从学情、教学内容调试、实施方法、学业评估等方面解读单元设计内涵。

（郑京梅）

【开展包班制综合课程实践】 9 月，宣武培智学校开展包班制综合课程实践。该课程实践旨在打破科任教师制局限，由两名教师承担班级教育教学工作，着重解决学生生活问题，组织主题教学活动，涉及综合生活数学、生活语文、生活适应等领域，并采取现场教学、情境教学、操作学习、课外实践等方式，教授学生整合生活化知识，培养其生存技能与社会适应能力。该校 8 个班级教师、学生 89 人参与工作。

（王文洪）

【薛玲玲获全国特教信息技术赛特等奖】 10 月 21 日，宣武培智学校教师薛玲玲在第三届全国特殊教育学校教师信息技术综合应用能力赛上获得智障组特等奖。该比赛由中国教育学会特殊教育分会举办，围绕“提高信息技术应用能力，促进特殊教育资源共享”主题，在桂林市举行，分为预赛、决赛两个阶段，包括视障、听障、智障三个组别，设置信息技术与学科整合课堂教学、多媒体教学课件制作、教育主题网页制作三个项目。来自全国各省市地区 11 所学校教师参赛，4 名教师获得特等奖、7 名教师获得一等奖。

（王文洪）

北京市朝阳区安华学校

【概　况】 2011 年，北京市朝阳区安华学校占地面积 5800 平方米、建筑面积 3878 平方米、体育场馆面积 812 平方米。图书馆藏书 6800 册。固定资产总值 801.64 万元，拥有计算机 116 台，多媒体教室座位 10 个。全年教育经费投入 938.47 万元，其中，国家拨款 914.22 万元、自筹经费 24.25 万元。校园网出口总带宽 100Mbps，数字资源量 460GB。普通教室 18 个、专用教室 22 个。教职工 62 人，包括高级职称 1 人、中级职称 23 人。专任教师 44 人，包括本科及以上学历 39 人。开设教学班 20 个，其中，小学班 9 个、初中班 4 个、高中班 7 个。毕业 56 人，其中，小学 16 人、初中 19 人、高中 21 人；招生 51 人，其中，小学 17 人、初中 18 人、高中 16 人；在校生 164 人，其中，小学 70 人、初中 39 人、高中 55 人，包括寄宿生 20 人。网址：www.bjah.net。

（王蕊）

【与延庆特教中心结对合作】 6 月 24 日，安华学校与延庆特教中心开展“手拉手”联合培训。培训以“做一个合格的特殊教育教师”为主题，听取市特教专家做“特殊教育学校教师基本功”专题讲座，通过讲解、问答、交流等形式，阐述对特教教师在师德、师能方面素质基本要求。两校 24 名青年教师结成帮扶对子，双方签订为期 2 年合作协议，规定每学期开展 1 至 2 次教研交流活动。

（杨华云）

【参加全国学生比赛获奖】 6 月、11 月 7 至 10 日，安华学校参加全国学生比赛获奖。该校在第 16 届全国中小学生绘画书法作品比赛上获得一等奖 2 个、二等奖 2 个、三等奖 5 个、优秀奖 9 个，1 名教师获得绘画类指导一等奖以及组织工作先进集体奖。此次比赛由教育部主办，围绕“阳光成长”主题，以绘画书法为主赛，工艺设计和摄影为附赛，分为小学组、初中组、高中组三个组别。该校代表队在 2011 全国特奥篮球比赛暨东亚区特奥篮球比赛上获得第三名，比赛由中国残联、国家体育总局和中国特奥委员会主办，主题为“勇敢尝试，争取胜利”，采取分组循环赛形式，分为三个组别，设置男子五人制、女子三人制和定点投篮项目，来自全国 16 个省、市、自治区和港、澳、台地区以及韩国 20 支代表队参赛，20 支队伍获奖。

（曹跃）

【培智教育课程研究成果出版】 7 月 18 日，北京市朝阳区培智教育课程体系建设研究与实践成果集编辑出版。该书由朝阳区教委相关负责人担任主编，该校校长任执行主编，14 名专家任指导顾问，49 名教师承担编写任务。全书共收录朝阳区培智教育课程建设纲要性文件，共计 19 万字，由天津教育出版社出版，第一次印刷 18000册。成果包括三个学段“课程标

准”，即《特殊儿童学前教育与康复课程标准》、《义务教育课程目标网络手册》、《职业高中教育课程标准》和“课程评量标准”，即《特殊儿童学前教育与康复评量标准手册》、《九年义务教育评量标准手册》、《职业高中教育评量标准手册》。

（杨华云）

北京市海淀区培智中心学校

【概　况】　2011年，北京市海淀区培智中心学校占地面积6699平方米、建筑面积5930平方米、体育场馆面积1480平方米。图书室藏书14300册，订阅杂志6种、报纸5种。固定资产总值2612.58万元，拥有计算机160台，多媒体教室座位24个。全年教育经费投入1437万元，全部由国家拨款。学校信息化经费投入70万元，校园网出口总带宽50Mbps，数字资源量20GB，“信息技术”课程7课时/周。普通教室16个、专用教室20个。教职工64人，包括副高级职称2人、中级职称26人。专任教师64人，包括本科及以上学历49人。开设教学班23个。毕业6人，其中，义务教育3人、职业教育3人；招生23人，其中，义务教育11人、职业教育12人；在校生273人，其中，义务教育232人、职业教育40人。网址：www.happyonline.com。

（方进宝）

【承担接待课任务】　3至12月，海淀培智学校承担接待课任务。学校共完成参观学习接待任务60次，作接待课516节，接待来自韩国、英国、全国部分省市及海淀区学校教师1156人。3月25日，来自海淀中心学区11所学校24名青年团员教师到培智学校，共做课11节，涉及数学、语文、音乐等学科。5月4日，学校接待韩国特教代表团参观，双方教师研讨交流教学理念、课堂组织形式等。9月23日，学校接待幼儿园教师60人走进课堂，观摩活动性课程教学。11月9日，来自全国14所特教学校干部来校参观，交流特教理念与课程改革经验。

（王桂香）

【为学生免费发放药品】　4月26日，海淀培智学校与海淀精神防治卫生院共同为学生免费发放药品。2010年学校与海淀区精神防治卫生院贯彻医教结合理念，签订手拉手合作协议，卫生院配合学校，监控在校儿童教育训练进程和效果，为学生提供免费医疗服务，包括免费服药、健康咨询、免费残疾等级评估等项目。至年底，免费发药经费合计9.60万元、发药135人次，药品种类全部为进口精神科专科药品，用于稳定患儿情绪及控制患儿行为。

（方进宝）

【服务普校自闭症学生】　9月21日，海

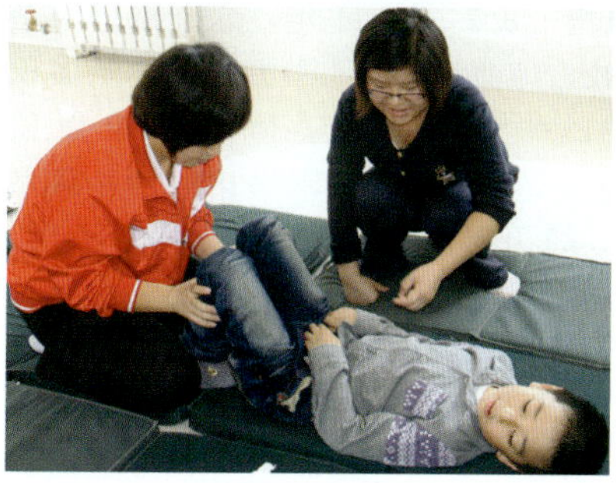

淀培智学校教师为普校自闭症学生提供服务。该活动由海淀区特教中心组织，旨在为自闭症随班就读学生提供教育训练，该校1名康复治疗师为向东小学2名学生、农科院附小2名学生做动作评估，并为其制订动作训练计划，设计在家需做动作项目和内容，并为家长示范。

（张俊贤）

【举办汇报课展示】　10至11月，海淀培智学校举办汇报课展示活动。活动分两轮进行，第一轮于10月12日至11月8日，共有35名教师参加，围绕单元活动教学内容，涉及主题认知、主题实践、律动、体育、美术等领域，课后组织骨干教师对青年教师进行评课，并提出修改意见；第二轮于11月16至22日，13名青年教师参加，基于上一轮意见和建议对课堂教学做出改进。全校教师67人共展示汇报课48节，其中青年教师汇报课26节。

（王桂香）

北京市第三聋人学校
北京市健翔学校

【概　况】　2011年10月18日，北京市第三聋人学校增名北京市健翔学校。学校占地面积11400平方米、建筑面积13000平方米、体育场馆面积2000平方米。图书馆藏书3.73万册，电子图书10000册，订阅杂志76种、报纸6种。固定资产总值2260.51万元，拥有计算机200台，多媒体教室座位400个。全年教育经费投入2995.84万元，其中，国家拨款2509.42万元、自筹经费486.42万元。学校信息化经费投入72.26万元，校园网出口总带宽5Mbps，数字资源量100GB，“信息技术”课程小学2课时/周、初中2课时/周、高中8至12课时/周、培智4课时/周。普通教室22个、专用教室12个、实验室15个。教职工103人，包括副高级职称9人、中级职称25人。专任教师64人，包括本科及以上学历63人；特级教师1人、北京市学科教学带头人1人、市级骨干教师1人。开设教学班22个，其中，小学班8个、初中班6个、高中班8个。毕业100人，其中，小学28人、初中26人、高中46人；招生75人，其中，小学15人、初中29人、高中31人；在校生292人，其中，聋生260人、肢残生32人；小学110人、初中82人、高中100人，包括寄宿生256人。网址：www.beijing3deaf.org。

（陈建功）

【开设骨干教师讲堂】　1至6月，第三聋人学校教师“骨干讲堂”开讲。该校5名骨干教师介绍教学实践经验，题目为“戏剧教育在聋校中的尝试”、“听残学生英语学习模式的研究”、“导入艺术”、“从兴趣出发提高英语课堂教学的时效性”、“数学学科

教学对聋生形象思维和抽象思维能力协调发展的研究”。全校教师 281 人次参加学习。

（陈建功）

【增设职高培智班】 9 月 1 日，第三聋人学校增设职业高中培智班。该专业为 3 年制，共招收 17 名智力残疾学生，开设 24 门课程，其中包括职业语文、职业道德、计算机基础等 6 门文化基础课，音乐、礼仪、职业康复等 6 门辅助性康复课程，绘画基础、艺术常识、手工艺制作等 11 门专业课程。

（陈建功）

【成立实习就业处】 9月1日，第三聋人学校成立实习就业处。实习就业处共有成员 2 人，根据毕业生情况和社会企事业需求，负责安排招生、实习、就业，学资管理，手语培训，对外联络，随班就读指导等工作。

（陈建功）

【学校增名改学制】 10 月 18 日，第三聋人学校增名北京市健翔学校，同时改为四年学制。2011 年 9 月升入学校高三年级学生，仍为三年学制，2012 年毕业。12 月 20 日，学校完成工艺美术专业、计算机应用专业 2 门新课程备案工作。

（陈建功）

【成立心理社团】 10 月 31 日，第三聋人学校成立“阳光彩虹”心理社团。社团以“呵护心灵，传递快乐”为宗旨，由对心理知识感兴趣高一、高二年级学生自发组建，现有指导教师 1 人、学生 9 人。社团每两周一次定期开展活动，制作《心理导航报》，带领低年级学生体验沙盘游戏，担任班级心理监督员，协助心理教师开展相关活动等。

（陈建功）

【举办首届心理健康周】 12 月 5 至 9 日，第三聋人学校举办首届心理健康活动周。活动围绕“关注心理健康，幸福快乐成长”主题，包括观看励志电影《我的少女时代》，组织“心语心愿”专题活动、“我的成长足迹”心理征文，“阳光彩虹”心理社团成员带领一至六年级学生体验团体沙盘游戏、开展初高中趣味心理活动、在智障班与慧灵智障人士服务机构联合开展活动。全校教师、学生 300 人参与其中。

（陈建功）

【图书馆改扩建完成】 12 月 20 日，第三聋人学校图书馆改扩建完成。新图书馆建筑面积 296.5 平方米，增加面积183.10平方米，拥有计算机2台，添设图书 4485 册，可容纳 49 人同时阅览。工程于 10 月 1 日开工，总投资 8 万元。

（陈建功）

北京市盲人学校

【概　况】 2011 年，北京市盲人学校占地面积 29656 平方米、建筑面积 31395.10 平方米、体育场馆面积 3607.30 平方米。图书馆（室）藏书 2.25 万册，包括盲文图书 1.92 万册。固定资产总值 4345.68 万元。全年教育经费投入 4220.77 万元，其中，国家拨款 4098.57 万元、自筹经费 122.20 万元。学校信息化经费投入 134.20 万元，拥有计算机 467 台，多媒体教室座位 500 个，校园网出口总带宽 100Mbps，“信息技术”课程 2 课时/周。普通教室 35 个、专用教室 30 个、实验室 4 个。教职工 127 人，具有副高级职称 26 人、中级职称 38 人。专任教师 87 人，包括北京市学科教学带头人 2 人、市级骨干教师 1 人；本科及以上学历 79 人。开设教学班 25 个，其中，初中班 3 个、高中班 2 个。毕业 67 人，其中，初中 16 人、高中 7 人、成人中专 14 人、职业高中 12 人；招生 114 人，其中，小学 35 人、职业中专 11 人、成人中专 39 人；在校生 291 人，其中，初中 55 人、高中 11 人、职业中专 40 人，学生全体寄宿。网址：www.mrxx.bjedu.gov.cn。

（黄小丽）

【主办国际视力康复讲座】 2 月 27 至 28 日，北京盲校主办美国费城盲校和萨路斯大学视力康复讲座。来自北京、天津、重庆 7 所盲校干部、师生、家长，随班就读教研员 200 人参加活动。此次培训以“如何正确对视障孩子进行视力康复训练”为主题，邀请美国费城盲校牛文如、茱蒂，萨路斯大学教授萨拉进行授课，分为专家讲座、现场答疑、分组讨论三个环节，讲解眼疾及其对学习、生活、工作影响和教学策略应用、教学辅助工具选择等专业知识。

（黄小丽）

【与富士施乐公司签订志愿服务备忘录】 2月28日，北京盲校与日本富士施乐（中国）有限公司签订志愿合作备忘录。协议规定富士施乐（中国）有限公司承担该校以及北京市随班就读低视力学生大字教材复印工作；北京盲校成为该公司志愿者服务基地，负责接待公司职员来校义务服务，有效期 3 年。5 月，北京市盲人学校志愿者管理理事会成立。理事会以“优质、高效”为宗旨，按照视障学生需要，设置盲文录入、读书大使等 12 个志愿者服务岗位，聘请首都师大、北交大、民大等 10 所高等学校，以及 3 家公司志愿者为视障学生提供志愿服务，形成 12 个特殊教育学校志愿者团队。

（黄小丽）

【入选全国特殊艺术人才培养基地】 3 月 16 日，北京盲校举办“全国特殊艺术人才培养基地”授牌仪式。该基地由教育部、中残联共同命名，以“发展残疾人特殊艺术，培养优秀特殊艺术人才”为宗旨，面向全国义务教育阶段盲校、聋校及综合类特教学校（不包括培智学校）、特殊教育普通高中、残疾人中等职业教育机构、残疾人高等教育机构进行评选，经学校申报、当地教育部门与残联联合审查、教育部与中残联筛查命名等过程，全国各省市地区首批共有200所学校入选。

（黄小丽）

【组织市级视障随班就读工作】 4月、5月和11月，北京盲校组织开展4次市级视障随班就读研究课活动。研究课在实验二小永定分校、朝阳芳草地小学、房山坨里中心小学、海淀实验二小当代校区分别举行，市特教中心、联大特教学院、门头沟教科所专家、领导，以及各区县视障随班就读教研员、学校教师80人参与活动。活动以“促进全市视障学生随班就读工作快速发展”为宗旨，围绕“如何加强随班就读教研员培训、规范巡回指导工作、如何有效开展家长亲子活动、如何提高家长的支持度”主题，采取教师说课、专家评课、集体讨论形式，其间，学校组织召开北京市随班就读工作总结会、举办2011年北京市部分随班就读视障儿童亲子培训活动。

（黄小丽　程向明）

【美国使馆学生资助项目结束】 7月25日，北京盲校接受美国驻华大使馆资助项目结束。该项目于2009年启动，以“提高特殊教育学校师生英语口语水平”为宗旨，采取“按口语水平分班授课”的形式，由美国驻中国大使馆官员以及“空中英语”教室相关专业人士随机指导、观摩初中班级、职业教育按摩专业英语教学班课程，提出指导性教学意见；以及开展英语夏令营、课外拓展、外出交流等活动。该校教师和学生共计100人参与项目。

（黄小丽）

【校舍建设工程完工】 10月19日，北京盲校校舍整体建设工程完工。该工程2006年启动，由市财政局、市发改委投资11498万元建设，包括原有3栋建筑整体装修改造，新建2个单体楼，施工面积31395.10平方米，包括体育馆、综合楼、学生食堂、培训楼、职教楼、学生宿舍、钟楼与八角阶梯教室。

（黄小丽）

【举办特教教师专业培训】 11月，北京盲校举办特教教师专业培训。7至8日，该校举办视障教育专业教师培训。培训旨在提高视障多重残疾、学前早期干预等项目教师专业化水平，包括如何与视障多重残疾婴幼儿沟通、如何系统化评估和制定个别教育计划与课程设计，如何解决送教上门定向行走问题以及视觉测量相关技术与策略等，教师围绕项目所遇问题组织讨论并分享经验。共有教师20人参加交流。28日，该校与中国儿童乐益会共同主办残障儿童项目培训。培训旨在指导教师通过开发和实施以游戏为基础发展课程，促进儿童身体健康、社会性发展以及情感发展。北京“1＋1”视障人声音工作室成员，以及学校教师80人参加学习。

（黄小丽　程向明）

【举办首届心理健康周】 12月19至26日，北京盲校举办“敞开心灵，关爱自我”第一届心理健康教育周活动。活动旨在引导师生建立乐观积极心态，由该校德育科与“心苑”心理健康维护工作站联合主办，包括召开心理主题班会、音乐治疗观摩课、家长讲座等内容。全校师生、家长500人参加活动。

（黄小丽）

【体育工作取得成绩】 至年底，北京盲校体育工作取得成绩。4月18至24日，在“东方杯”2011全国残疾人体育春季邀请赛上，该校获得盲人门球项目女队第二名。8月2日，在2011全国青少年无线电测向锦标赛1.8MHz阳光测向比赛中，该校获得盲人组男、女子个人赛2个一等奖、2个二等奖。10月11至19日，在全国第八届残疾人运动会上，该校代表队12人参加，其中，按摩三班学生杜权有获得盲人柔道男子90KG级铜牌；高一年级翁帝成、初一年级甄梓晨获得盲人门球项目男子组亚军，高二年级张惠雯获得女子组第三名，毕业生王嵩荣获得“78至100KG＋”无差别级金牌。

（黄小丽　王红蕾）

【校本课程建设取得成果】 至年底，北京盲校校本课程建设取得成果。该校以“优化课程结构，提高教学质量”为目标，主持开发语文精品阅读、小学数学珠心算、日常生活技能、信息技术校本必修课程，以及动漫欣赏、盲文打字机的使用、广播站操作等20门校本选修课程与部分配套校本教材，形成强调过程性与发展性的校本课程评价标准。

（黄小丽）

北京市门头沟区特殊教育中心

【概　况】 2011年，北京市门头沟区特殊教育中心借用中等职业学校场地办公，占地面积500平方米、建筑面积130平方米、体育场馆面积400平方米。图书馆（室）藏书1500册。固定资产总值83万元。全年教育经费投入480.28万元，全部由国家拨款。学校信息化经费投入5.40万元，拥有计算机15台，多媒体教室座位15个，校园网出口总带宽100Mbps，“信息技术”课程5课时/周。普通教室6个、专用教室2个。教职工12人，包括中级职称10人。专任教师12人，包括本科及以上学历5人。开设教学班4个。毕业1人、招生2人、在校生35人。网址 www.mtgczxx.bjedu.cn。

（石明廷）

【迁入新址】 2月26日，门头沟特教中心迁入新址。中心新址位于门头沟区中等职业学校院内，占地面积

500 平方米、建筑面积 130 平方米、体育场馆 400 平方米，拥有 5 个普通教室和 1 个计算机教室，可容纳学生 60 人学习生活。

（王会庆）

【开发学生动手潜能】　3 月 3 日至 6 月 8 日，门头沟特教中心组织开发学生动手潜能。该特教中心利用中午小饭桌时间，对学生进行十字绣手工制作培训，邀请门头沟区城子小学手工教师，开展制作过程的讲解与实际指导，学习绣手帕技巧。全校共有 6 名学生参加学习。

（王会庆）

【市级课题结题】　6 月 4 日，门头沟特教中心承担的市级课题“调动校内外教育资源，增强残障学生社会适应能力的研究”通过结题认定。该课题是北京市特殊教育专项课题，主要研究弱智学生智力引导问题。该研究课题于 2010 年 1 月立项，投入科研经费 1000 元。

（王会庆）

【开展数字油画教学】　9 月，门头沟特教中心开展数字油画教学。该中心针对孤独症学生，通过组织观看数字油画，引导学生思维扩展和与人交流。全校学生 10 人参加学习。

（王会庆）

【举办首届艺术节】　12 月，门头沟特教中心举办第一届艺术节暨十字绣与美术作品展示活动。此次活动旨在培养弱智学生行为能力，采取现场演示和作品展出形式。其间，学校共展出学生创作作品 15 件，学生、家长 40 人参与活动。

（王会庆）

北京市通州区培智学校
北京市通州区特殊教育中心

【概　况】　2011 年，北京市通州区培智学校（北京市通州区特殊教育中心）占地面积 11320 平方米、建筑面积 7249 平方米、体育场面积 5705 平方米。图书馆藏书 2700 册，订阅杂志、报刊 13 种。固定资产总值 1639 万元。全年教育经费投入 884.10 万元，其中，国家拨款 871.10 万元、自筹经费 13 万元。学校信息化经费投入 150 万元，拥有计算机 60 台，多媒体教室座位 20 个，校园网出口总带宽 2Mbps，数字资源量 6GB，“信息技术”课程 1 课时／周。普通教室 12 个、专用教室 10 个。教职工 52 人，包括副高级职称 1 人、中级职称 28 人。专任教师 45 人，包括本科及以上学历 22 人。开设教学班 12 个。毕业（结业）15 人、招生 20 人、在校生 146 人。

（丁秋宇）

【创编残障学生韵律操】　2 月 28 日，通州培智学校（特教中心）创编残障学生韵律操。此套操由学校 4 名体育教师编排，针对残障学生“无意注意凸现、对新事物更感兴趣”特点，时长共计 3 分钟、全 6 节，分为热身运动、上肢运动、体侧运动、全身运动、跳跃运动、整理运动。

（丁秋宇）

【10 万奖金捐助学校】　2 月，通州培智学校（特教中心）教师李银环 10 万元奖金捐助学校特教事业。李银环，1968 年 8 月出生，通州人，1988 年至今在北京市通州区培智学校（特教中心）担任教师，被评为“北京市‘紫禁杯’特等奖”、“全国劳动模范”等先进称号，并获得通州区 2010 年度“杰出人才”。

（丁秋宇）

【自编生活读本与指导手册】　3 月 3 日，通州培智学校（特教中心）自编生活读本与指导手册。该校旨在为残障学生创编学习生活知识、掌握生活技能、练就生活本领的课堂教材，其中，《生活读本》分为 4 部分，包括个人生活、学校生活、家庭生活、社会生活，共计 40 千字；《一日生活指导手册》分为 4 部分，共计 2 千字。首批各印刷 300 册，面向学校师生、家长发放。

（丁秋宇）

【开设两节综合实践课】　4 月 21 日，通州培智学校（特教中心）开设两节综合实践课。课程采取教师讲授与学生实际操作结合形式，其中，烹饪课指导职训班师生学做鸡蛋灌饼；缝纫课指导康复站学生学做红领巾，练习裁、剪、缝等技术。全校教师 40 人参加观摩活动。

（丁秋宇）

【组织特教基本功考试】　10 月 14 日，通州培智学校（特教中心）组织教师特殊教育教学基本功考试。此次考试围绕特殊教育基本观点、《残疾人教育》展开，采取闭卷形式，题型包括填空、选择、判断、简答及问答等形式。全校干部、教师 52 人参加考核并全部通过考试，及格率 100%、优秀率 75%。

（丁秋宇）

北京市顺义区
特殊教育学校

【概　况】　2011 年，北京市顺义区特殊教育学校占地面积 14593 平方米、建筑面积 4182 平方米。图书馆藏书 1 万册，电子图书 200 册，订阅杂志、报刊 15 种。固定资产总值 698 万元，拥有计算机 80 台，多媒体教室座位 30 个。全年教育经费投入 866 万元，全部由国家拨款。学校信息化经费投入 10 万元，校园网出口总带宽 100Mbps，数字资源量 100GB。普通教室 17 个、专用教室 5 个。教职工 68 人，包括副高级职称 3 人、中级职称 42 人。专任教师 58 人，包括市级骨干教师 1 人；本科及以上学历 58 人。开设教学班 17 个。结业 6 人；招生 20 人；在校生 154 人，包括寄宿生 135 人。残疾儿童入学率 100%、巩固率 100%。网址：www.tj.shyedu.cn。

（胡金侠）

【开设残疾幼儿亲子音乐课】　2 月 14 日，顺义特教学校开设残疾幼儿亲子音乐活动课。该校个训康复部针对学龄前残疾幼儿特点，由指导教师通过音乐欣赏、乐器演奏以及律动活动不同形式，为学生提供利用音乐调整情绪、融入集体活动平台，为家长创造相互沟通、学习机会。全校共有 30 个学生家庭参与课程。

（周艳红）

【召开教学专题研讨会】　5 月 27 日，顺义特教学校召开“运用恰当教学策略，提高课堂教学实效性”专题研讨会。会议听取该校听障部作“探索交互式校本教研模式，提高我校聋生课堂教学实效”发言，重点就产生背景、

实践过程以及取得效果进行分析和总结；观摩听障部两名教师做数学、语文研讨课，并围绕“交互的度应如何把握”、“交互的关键环节如何设定”、“课堂中生生交互、师生交互的模式有哪些”、“课前、课中师师交互的重点是什么”等问题展开交流。与会专家对该校校本教研模式研究成果给予肯定，认为对新课改理念探索深入，运用教学策略有效、实践恰当。来自市特教中心、市特教研究会领导、专家，以及全市各区县教委相关负责人、教研中心教研员、特教学校校长、教师100人参加活动。

（武红静）

【参加特奥大学运动员训练营】 8月31日至12月31日，顺义特教学校参加2011特奥大学运动员领袖训练营活动。此次活动是国际特奥会东亚区经中国特奥会委托北京体育大学执行试点项目，由瑞银集团专项赞助，旨在对运动员认知能力、沟通能力、采访与被采访相关礼仪，以及田径部分项目运动技能和参与相关竞赛基本知识与裁判知识进行培养，邀请东亚区特奥会专家进行讲解，培训共计36课时。该校培智部体育教师3人、学生5人参加学习。

（孟庆生　胡金侠）

【4名学生被企业录用】 9月，顺义特教学校4名学生被企业录用。2010年9月职业部招收10名18周岁智力障碍学生，针对学生不同特点，学校开设社会实践课、生活自理课和家庭烹饪课，同时对学生进行一年体力康复训练、持久性训练、专注性训练等。顺义特教学校职业部于2001年承担九年义务教育后1至2年职业培训任务，形成学前康复、学龄教育、职业培训办学体系。至年底，该校共有30名学生回归社会。

（杨翠伶）

【举办首届班主任论坛】 12月10日，

顺义特教学校举办“体验的魅力”首届班主任论坛。此次论坛听取该校8名教师介绍各自教育故事，2名优秀班主任分别就班级管理中的体验教育分享经验。与会人员交流认为在工作中要注重学生体验学习实践，换位思考有助于班主任工作开展和教育教学效果提高。全校干部、教师20人参加研讨。

（王颖）

【参与公益活动】 至年底，顺义特教学校参与社会公益慈善演出活动。5月24至25日，师生20人与北京电影学院导演、演员共同参与“大学生回馈社会关注残疾儿童慈善活动”，电影学院摄制组一行15人到校录制公益视频。6月8日，学校师生30人参加北京电影学院主办的“我们共有一片蓝天”晚会演出。活动中，听障学生表演手语歌曲《国家》、智障学生表演舞蹈《说唱脸谱》。

（武红静　王颖）

【开发电子校本教材】 至年底，顺义特教学校开发电子校本教材。此次工作由学校智障康复部主持完成，在纸质版校本教材编写基础上，研发《生活语文》电子版教材，运用现代化信息技术，包涵课文赏析、语音读文、生字书写、相关影像，数据量15GB，共计18册，由学校自行刻制，面向适合中度智障学生与纸质版教材配套使用。

（吴靖　瓮立）

北京市昌平区
特殊儿童教育学校

【概　况】 2011年，北京市昌平区特殊儿童教育学校占地面积8020平方米、建筑面积2060平方米、体育场面积900平方米。固定资产总值277万元。全年教育经费投入384万元，全部由国家拨款。拥有计算机28台，校园网出口总带宽5Mbps，“信息技术”课程2课时/周。普通教室4个、专用教室5个。教职工25人，包括高级职称2人、中级职称4人。专任教师11人，全部为本科及以上学历。开设教学班4个。招生4人、在校生18人。

（王玉荣）

【开展校外实践活动】 4月1日和5

月6日，昌平特教学校开展校外实践活动。该校举办“乘车购物，自立成长”主题活动，让学生体验社会环境、培养安全意识，全校学生13人参加活动；举办“拥抱春天，感受社会”主题社会实践，教师指导学生购买门票、认识公共厕所等标识，组织学生插贴保护环境提示牌，培养学生社会环保意识，全校8名中重度智力障碍与孤独症学生由7名教师陪同参加活动。

（李海洋　王志鹏）

【开展送教上门工作】 4至12月，昌平特教学校开展送教上门工作。该校两名教师针对昌平区水屯地区1名脑瘫学生，坚持每周日送教上门一次，讲授基础文化知识，引导其建立自信心，培养基本生活自理能力与社会适应能力。

（任虹颖）

【举办特教生才艺展示】 5月20日，昌平特教学校举办“展我特长、自力成长”学生才艺展示活动。活动分为生活技能展示、学生现场才艺展示、学生作品展示、亲子游戏四个项目，包括朗读、歌谣、舞蹈、感统训练、体育秀等内容，展示提高自信心与自立能力“我能行”教育成果。全校师生、家长60人参加活动。

（李海洋）

【建成实景模拟商店】　10月17日，昌平特教学校实景模拟商店建成。该商店占地面积36平方米、建筑面积20平方米，配备4组货架，摆放食品小吃，设有模拟收银台。学校目的是为训练学生在实景中融会课堂所学生活知识，共出资1000元。

（蔡连玉）

【开展教师专业培训】　11月，昌平特教学校开展教师专业培训。此次培训围绕“行为改变技术”专题，分四次进行。该校4名教师通过面授形式，从相关理论、惩罚、正强化负强化原理、代币制以及行为问题功能评估、观察与记录方面进行讲解。全校教职工25人参加学习。

（李海洋）

北京市大兴区特殊教育中心

【概　况】　2011年，北京市大兴区特殊教育中心占地面积3294平方米、建筑面积2584.85平方米、体育场馆面积1254.42平方米。图书室藏书1000册。固定资产总值650.78万元，拥有计算机53台，多媒体教室座位9个。全年教育经费投入434.60万元，全部由国家拨款。学校信息化经费投入16.33万元，校园网出口总带宽4Mbps，数字资源量450GB，“信息技术”课程2课时/周。普通教室9个、专用教室8个。教职工28人，包括副高级职称1人、中级职称18人。专任教师24人，包括本科及以上学历20人。开设教学班9个。招生6人、在校生60人。网址：www.tejiao.daxingedu.cn。

（刘健）

【组织首届校级骨干教师评选】　4月11至21日，大兴特教中心组织第一届校级骨干教师评选工作。此次活动要求学校参评教师从事教学工作3年以上、具有大学专科学历及以上、年龄在45岁以下；承担或参与区级及以上科研课题。评选办法为候选人进行备课、说课、上课、评课等四项比赛，提交近3年工作业绩与1篇教学论文，最后经学校考核小组综合评价确定。该校12名教师参评，最终评出校级骨干教师3人。

（刘健）

【家教协会成立】　4月19日，大兴特教中心家教协会成立。协会旨在为学生营造和谐、健康成长环境，促进家长、教师间交流，以家长为主体参与班级教育管理，协助班级开展活动。协会设会长1人、副会长2人、家教协会委员11人，主要工作包括组织家长培训、定期举办家长教师教育经验座谈会、个案指导、辅助学生实践活动等。

（刘健）

【参加全国特奥日活动】　7月20日，大兴特教中心参加第五次全国“特奥日”活动。该校组织师生、家长20人参与其中，主题为“家庭的参与，让特奥更精彩”，由市残联组织，在北京市残疾人体育训练职业技能培训中心篮球馆进行。活动采取竞赛形式，以家庭为单位，1名家长、1名特奥运动员共同参与完成高尔夫球、定点投篮、沙包掷准等特殊奥林匹克运动项目。

（刘健）

【各学段调整开设新课程】　9月20日，大兴特教中心各学段调整开设新课程。实验按照《培智学校义务教育课程标准》规定设置课程名称，严格执行课程比例，其中，低学段将生活语文、生活数学、生活适应、绘画与手工、劳动技能调整为蒙氏语文、蒙氏数学、蒙氏日常、蒙氏美工、蒙氏日常，并使用蒙氏教具和教材；低、中、高年级运动与保健、康复训练两个学科根据学生情况开展体育运动和感觉统合训练；“唱游与律动”采用奥尔夫音乐教学法，课程由专任教师负责指导；学生期末评价考核由笔试、能力展示、教具操作三部分构成。

（刘健）

【开展团队教练培训】　10月21日至12月30日，大兴特教中心开展“LTC领导力团队教练”培训。培训旨在打造教师专业队伍、促进团队和谐，内容包括掌握SMART目标设定、5R教练技术、3F聆听技术、意识地图、领导力模型、4P性格解析技术，采取集中讲座、小组讨论、组员互动等学习形式，通过作业呈现、现场交流汇报进行考核。活动每两周一次共计8次，该校教师25人参与，全部取得结业证书。

（刘健）

【举办儿童行为发育障碍讲座】　11月24日，大兴特教中心举办儿童行为发育障碍讲座。该校邀请3名专家，为家长讲解孤独症病因以及如何面对孩子，介绍数码听觉统合训练、数字化行为训练治疗、感觉统合训练治疗、植物芳香治疗、应用行为分析、结构化教学、语言治疗、自主交往训练医疗康复手段。全校教师50人参加学习。

（刘健）

北京市怀柔区培智学校

【概　况】　2011年，北京市怀柔区培智学校占地面积3540平方米、建筑面积860平方米、体育场面积1050平方米。图书室藏书2000册。固定资产总值148.96万元。全年教育经费投入484.90万元，全部由国家拨款。学校信息化经费投入17.96万元，拥有计算机30台，多媒体教室座位30个，“信息技术”课程4课时/周。普通教室5个、专用教室2个。教职工34人，包括中级职称22人。专任教师16人，包括本科及以上学历11人。开设教学班5个。毕业2人；招生3人；在校生42人，包括外省市学生6人。

（任海明）

【举办青年教师基本功赛】　9月，怀柔培智学校举办青年教师特教基本功比赛。此次比赛旨在提高青年教师教学水平，促进其专业成长，由基本功通识（特殊教育基本理论、特殊教育相关法律法规）、核心能力展示（个别化教育计划的制订、说课）两部分组成。学校领导班子、教研室成员组成评委小组，从基本知识笔试、说课、课堂展示等方面进行评议，全校青年教师17人参赛，最终评出一等奖1人、二等奖12人、三等奖3人。

（任海明）

【校长作示范课】　12月7日，怀柔培智学校校长为培智二班作示范课“打电话”。课程根据怀柔区教委关于校长上示范课统一要求，紧密结合学生自身特点，课堂形式采用讲授与演练结合，包括认识电话、接打电话、打电话的文明礼仪、打求救电话知识内容，学生基本掌握打电话技能与要领。该校教师8人参与听、评课。

（任海明）

【开展志愿者联谊活动】 12月14日，

怀柔培智学校与怀柔镇中心小学志愿者共同开展联谊活动。活动以“同在蓝天下，携手共成长”为主题，志愿者为培智学校学生表演歌舞、乐器演奏以及讲述故事等，培智学生向志愿者赠送自制感谢卡与图画。两校师生40人参加活动。

（任海明）

北京市平谷区特教中心

【概　况】 2011年，北京市平谷区特教中心占地面积6816.74平方米、建筑面积4560平方米。图书室藏书2万册，订阅杂志50种、报纸20种。固定资产总值320万元，拥有计算机64台，多媒体教室座位20个。全年教育经费投入87万元，全部由国家拨款。学校信息化经费投入197万元，“信息技术”课程5课时/周。普通教室11个、专用教室2个。教职工66人，包括副高级职称3人、中级职称36人。专任教师43人，包括本科及以上学历24人。开设教学班11个。毕业16人；招生3人；在校生139人，其中，聋生17人、智障90人、脑瘫儿童7人、孤独症儿童8人、多重残疾17人，包括寄宿生80人。网址：www.pgtj.com。

（王红梅）

【获全国特奥工作先进单位称号】 4月21日，平谷特教中心获得“2006至2010年全国特奥工作先进单位”称号。此次评选由中残联和国家体育总局共同主办，经省市级推荐、全国评比过程，标准包括积极参加特奥运动、支持残疾人发展和就业、关心爱护残疾人、有一定的社会影响力。来自全国各省市地区209所学校参评，北京市有2所学校获奖。

（王红梅）

【参加市艺术汇演获奖】 9月19日，平

谷特教中心参加第六届北京市特教学校学生艺术汇演获奖。该校聋生表演《我是京剧人》获得戏剧小品类一等奖，聋生、智障生共同表演诗朗诵《相信自己，永远第一》获得启智奖。此次汇演由市残联主办，包括盲、聋、培智三类，分为声乐、器乐、舞蹈、唱歌四个部分，在北京市残疾人体育训练和职业技能培训中心举行。来自全市各区县18所特教学校参演，评出一等奖5个，

（王红梅）

【加强学生安全法制教育】 至年底，

平谷特教中心加强学生安全法制教育工作。3月28日，学校开展系列安全法制教育活动。活动内部包括组织师生紧急疏散演练；开设法制教育课；利用国旗下讲话时间树立学生文明祭祖、安全游玩、防止传染病发生等事件意识；各班以“强化安全意识，提高避险能力”为主题做班会课。全体师生130人参加活动。6月15日，学校举行防汛应急疏散模拟演练活动。活动旨在让师生熟悉防汛避灾逃生路线，班主任教师指挥学生快速撤离到教学楼顶层，用时2分20秒。6月25日，学校开展暑期安全教育活动。内容包括组织召开全体教职工与学生暑期安全教育会议，提示暑期易发生溺水、雷击、食物中毒、交通事故等事件，印发《暑期致家长一封信》，并与学生、家长签订《假期安全责任书》。9月19日，学校开展防震避灾疏散演练活动，熟悉防震避灾逃生路线，全校教师、学生148人参加。

（王红梅）

【接受社会爱心捐赠】 至年底，平谷特教中心接受社会爱心捐赠3次。6月1日，学校举办“关爱儿童健康，爱心奉献聋儿”活动。中国国际经济交流中心、北京美尔斯通科技发展股份有限公司为聋哑学生捐赠30套骨传导助听器、4套语言训练设备，总价值30万元。9月27日，学校开展“手拉手、心连心”助残联谊活动。北京首汽友联汽车服务公司员工向残疾学生捐款5300元，以及图书、玩具、学习用品等，并与学校师生开展融合体育活动，参观校园文化环境。北京首汽友联汽车服务公司第八车队代表22人、学校师生138人参加活动。12月12日，学校举办慈善捐赠仪式。山东省久久爱心公益事业发展中心向师生捐赠物品价值30000元、捐款15000元。来自全国各省市地区爱心人士150人，以及学校教师、学生200人参加活动。

（王红梅）

北京市延庆县特殊教育中心

【概　况】 2011年，北京市延庆县特殊教育中心占地面积5200平方米、建筑面积2735平方米、体育场面积810平方米。图书室藏书5万册，订阅杂志、报纸35种。固定资产总值535.70万元。全年教育经费投入291.20万元，全部由国家拨款。学校信息化经费投入2万元，拥有计算机26台，多媒体教室座位40个，校园网出口总带宽100Mbps，数字资源量300GB。普通教室6个、专用教室7个。教职工

27人，包括中级职称14人。专任教师18人，包括本科及以上学历15人。开设教学班6个，其中，小学班3个、初中班3个。初中毕业7人；招生8人，其中，小学4人、初中4人；在校生55人，其中，小学21人、初中34人，包括寄宿生48人。

（周英杰）

【监测教学效果】　1月12日和13日，延庆特教中心进行教学效果监测。此次工作采取分层、分科形式，针对生活语文、生活数学、常识、美工学科，组织教师根据学期制订教学计划、教学目标，以学生掌握基础知识和操作技能为重点命题库，由教导处统一抽题形成各学科监测试卷，通过书面考核与现场操作方式，对学生进行个性化评价。全中心共有学生50人参与测试，其中，优秀37人，占学生总数74%；良好13人，占学生总数26%。

（周英杰）

【组织学生社会实践】　1月14日、9月28日和10月19日，延庆特教中心组织学生社会实践活动。该校带领学生到校内超市购物，规定食品、物品在0.5元至38元范围，学生可以用日常累积代币卡进行购买，教师指导学生查询价签、结账找零、查看保质期等。学生代币卡可通过学习、劳动技能、文明礼貌、就餐礼仪评比得到，七至九年级30名学生参与活动。

中心组织学生到延庆农业银行开展自助存取款实践，教师利用银行卡示范存取现金，指导学生认识自动存取款机（ATM）提示信息，七至九年级学生28人参加活动。中心组织学生参观中山公园、天安门广场、游览北京海洋馆，五年级、七至九年级27名学生参加活动。

（周英杰）

【举办送教上门培训班】　8月16日，延庆特教中心举办“扶残助学送教上门”培训班。该培训班面向延庆县20名大学生“村官”，结合实际情况，对志愿者上门服务内容、方法选择进行理论知识讲解，并对特殊教育基本概念、基本体系，以及如何与自闭症、脑瘫、智障儿童沟通，志愿者职业道德等方面进行指导。大学生“村官”两人一组负责延庆县首批送教上门10名学生。

（周英杰）

【自编两套课间操】　9月13日至11月4日，延庆特教中心自编两套课间操。由该校音乐教师、体育教师结合智障学生知识需求和康复需要创编拍手健身操《生活多美好》和武术健身操《快乐成长》，自选音乐、自编动作与歌谣，利用课间操35分钟和课间活动时间组织师生学习，达到语言、肢体协调锻炼目的。全校师生82人参与活动。

（周英杰）

【开展科研专题献课】　12月17日，延

庆特教中心开展“小科研专题”献课活动。此次活动要求教师结合各教研组研究专题与学生实际，进行生活语文、生活数学等学科课堂教学展示，课题组以低、中、高年级为单位，经组内研讨、组间交流确定研讨专题，包括“孤独症儿童沟通能力的研究”、“智障学生情绪障碍的研究”、“智障学生行为问题的研究”等，专题组研究结果以个案总结、论文、献课等方式展示。全校共有教师16人参加献课活动。

（周英杰）

（本栏责任编校　马志鹏）

普通高等教育

综　　述

2011年是“十二五”的开篇之年，也是北京高等教育“质量工程”建设巩固深化、人才培养工作突破创新的关键之年。北京高等教育继续以提高教育教学质量为核心，践行科学发展观，遵循国家和北京市中长期教育改革和发展纲要战略部署，进一步深化教学改革，提高教育质量，促进人才培养模式创新，着力提高北京高校社会服务水平和文化传承能力，全面推动北京高等教育教学水平提升。

2011年，北京地区共有普通高等学校89所，普通本专科在校生57.86万人；其中，市属普通高校53所，普通本专科在校生28.34万人。有52所普通高校和78个科研机构培养研究生，共有研究生24.07万人，比去年增加1.57万人。其中，博士生6.52万人，比去年增加0.29万人；硕士生17.55万人，比去年增加1.27万人。在52所普通高校中，市属高校19所，在校研究生2.59万人；中央部委所属高校33所，在校研究生18.26万人。

创新人才培养模式，提高本科生教育教学质量。

加强本科教学发展规划和质量监控。根据教育部、财政部《关于“十二五”期间实施“高等学校本科教学质量与教学改革工程”的意见》精神和要求，积极研讨配套实施管理办法，制定指导未来五年内北京地区高等教育教学改革的《关于进一步提高北京高等学校人才培养质量的若干意见》，明确“一个中心、两个重点、四项原则、五种兼顾、十大举措”的基本建设思路。编纂出版《北京高等教育质量报告（2010）》。

推动专业建设发展。突破高校专业建设壁垒，推动专业建设资源共享，首批在机械类、计算机与信息类、经济与贸易类等5个专业中试点启动专业群建设。

完善课程教材体系。通过成立北京高校数学教育发展研究中心、开展大学英语教学模式改革专题研究等方式，不断完善高校课程体系，特别是基础课教学模式。积极开展北京高等教育精品教材评审立项工作。完成北京地区高校图书馆文献资源保障体系（BALIS）五个分中心的建设检查和交流工作，推进高校教材图书资源一体化。

提高大学生实践创新能力。倡议并组织成立北京市“卓越工程师教育培养计划”高校联盟，推动高校在实验室开放、实践基地共享、教师交流互访、学生联合工程创新训练等方面全方位合作。积极组织开展北京市大学生数学建模与计算机应用竞赛等12项学科竞赛，首次组织京港澳台大学生计算机应用大赛。开展校内创新实践基地建设，完善大学生校内创新实践教学体系。隆重召开北京高等学校校外人才培养基地建设工作会，交流基地建设经验，探索完善校外人才培养长效机制。组织开展208个市级实验教学示范中心建设情况检查，着力推动实验教学改革和高校实验室的建设工作。

实现教学资源共享。深入开展国家教育体制改革试点项目“在京中央高校与市属高校共建”，成立项目教学资源共享推进协调办公室，开展首都高校共建专项研究。出台新的学院路共同体学分制收费及教学管理办法等意见。深入开展华北五省（市、自治区）高等教育合作，举行合作发展论坛，开展首批区域内高校大学生交换培养工作。

提升高等教育社会服务水平和文化传承能力。成立首都高校博物馆联盟，整合博物馆优质教学资源，加快高校博物馆社会开放步伐。

求真务实，稳步推进，“创新工程”各项工作进展顺利。

积极完善学科布局和结构，指导高校加强学科建设。一是圆满完成北京地区一级学科点增列工作，进一步完善学科结构布局。根据国务院学位委员会对北京地区开展增列一级学科授权点审核工作的批复，共有64个一级学科博士点和284个一级学科硕士点通过审议，通过率分别为93%、98%。二是召开学科建设工作会，对新增学科尤其是对本次破格增列的学科，明确要求在做好学科整体规划的前提下，加强学术队伍建设，加强学位点建设，保证人才培养质量。三是进一步促进重点学科内涵发展，支持高校开展国家级重点学科建设。在推进北京市重点学科内涵发展、完善重点学科体系的同时，根据主管领导要求，在对市属高校国家级重点学科建设情况调研的基础上，提出建设性意见和对策，确保国家级重点学科建设取得成效。四是积极组织高校申报国家特殊需求人才培养项目，提升市属高校服务国家特殊需求在高层次人才培养方面的整体实力。通过精心组织和指导，最终教育部正式批准北京石油化工学院、北京城市学院开展培养硕士专业学位研究生试点工作。

继续实施“研究生教育质量工程”，高层次创新人才培养质量又有新提高。

一是紧密围绕创新人才培养工作，深化产学研联合、国内外联合研究生培养基地建设。支持高校与企业紧密合作，支持研究生参加各种学术组织和学术活动，拓宽国际视野，培养具有实践能力、创新能力的人才，目前共建有研究生培养基地22个。二是通过“鼓励与奖励相结合”、“北京市与全国优博评选相衔接”的新做法，引导高校切实把研究生教育的工作重点放到提高质量上来。今年，北京地区共有28篇论文入选全国优秀博士学位论文，占全国的29.9%，其中，9篇是北京市优秀博士学位论文；另外还有75篇入选全国优秀博士学位论文提名论文，占全国提名论文的29.3%，其中，20篇是北京市优秀博士学位论文。这些数字表明北京市优秀博士学位论文的整体质量较高，论文水平居全国之上。

（黄侃　张年武）

总　类

【联大与北科大签订合作协议】 4月11日，北京联合大学与北京科技大学签订合作协议。根据协议，双方开展本科层次特色专业、精品课程、学生培养、教师培养、指导教师方面合作。

（杨影）

【北大清华生命科学联合中心揭牌】 4月18日，北京大学—清华大学生命科学联合中心揭牌。中心由教育部、科技部、财政部设计、组织，清华大学与北京大学密切配合，按照“统一领导、顶层设计、强强联合、务实发展、动态调整”原则组建的生命科学联合中心，是科研和教育体制的重大改革措施。其目标是通过改革教育和科研的相关制度，吸引与汇聚热心教育的优秀科学家，以出色的理论教学和尖端的研究并重，培养拔尖创新人才，造就一流的生命科学研究与教育中心。

（鞠晓）

【艺术学被批准为独立学科门类】 4月，艺术学被国务院学位委员会批准为独立学科门类。获得批准后，艺术学门类成为第13个学科门类，下设艺术学理论、音乐与舞蹈学、戏剧与影视学、美术学、设计学5个一级学科。艺术学原为文学门类下设一级学科。本次升级门类工作由国务院学位委员会主持，中央音乐学院承担“艺术学学科上升学科门类的论证”和“一级学科目录修订”工作，该院成立工作组，组织全国艺术院校参加，先后召集28次研讨会和专项活动，最终由国务院学位委员会审定通过。

（王天红）

【高校数学教育发展研究中心成立】 5月7日，北京高校数学教育发展研究中心在北京信息科技大学成立。该中心由北京邮电大学、北京化工大学、北京航空航天大学等14所在京高校联合组建，为北京地区高校间数学教育的交流与合作提供平台。中心主要研究新形势下数学教学中的热点与难点问题，建立具有代表性的数学教育研究实践基地，通过开展教学观摩与研讨、开发优质教学资源、编写教材等活动，加大交流与合作，促进教师的成长与发展。中心同时开展大型数学教育研讨会与专题学术报告会，建立国际交流机制，保持研究方向与成果的先进性与科学性，推动大学数学课程的建设与改革，提高人才培养质量。

（张驰）

【首医大与北师大签订人才培养合作协议】 5月16日，首都医科大学与北京师范大学签订学科建设与人才培养合作协议。协议包括学科建设、课程互选、教师互聘、学生互动、教学管理队伍交流、教学技能培训及校园文化建设交流7个方面。协议规定，两校学生可以互选课程并承认学分，两校提供各自相关专业可供选修的课程名录，供双方学生互选，两校可互聘客座教授或兼职教师为学生讲授课程、开设讲座。

（戴军）

【农学院与农大签约本科生交流培养】

5月17日，北京农学院与中国农业大学举行本科生交流培养签约仪式。根据协议，该校分别选派生物技术专业、食品科学与工程专业、农村区域发展等10个专业共20名学生到中国农业大学进行为期一年学习，学习期间与中国农业大学学生享受同等待遇。

（陈勇）

【两校列入教育部与水利部共建校】 6月10日，北京地区两所高校列入教育部与水利部共建高校。教育部与水利部共建8所高校，其中，北京地区清华大学和中国农业大学入选，根据教育部和水利部协议，两部委支持共建校开展人才培养与学术交流、科技咨询与科技合作、学科与创新平台建设等方面工作。

（张驰）

【召开高等教育国际研讨会】 6月17

日，市教委召开高等教育国际研讨会。会议围绕“高校合作与区域贡献”主题，研讨中国和北京高等教育体制改革创新发展途径，共商高校人才培养模式。会议由北京市国际教育交流中心承办，来自美国、加拿大、法国等国的高校校长与教育官员，以及河北、山西、内蒙古、天津等华北四省区和北京市部分高校代表共200人参加会议。

（邱晓平）

【九校签署图书馆共享合作协议】 9月9日，卓越联盟九所高校签订高校图书馆共享合作协议。根据协议，九所高校依据“协同创新、追求卓越”理念，遵循“自愿、平等、共享”原则，以资源建设为基础，以信息技术为支撑，建设联盟高校图书馆共享平台，探索卓越联盟图书馆协同服务新模式，实现资源共享和服务共享，促进联盟图书馆之间全方位、多层次合作，为学校人才培养、科学研究、社会服务和文化传承提供强有力保障。卓越联盟九所高校包括北京理工大学、重庆大学、大连理工大学、东南大学、哈尔滨工业大学、华南理工大学、天津大学、西北工业大学和同济大学。

（史建伟）

【召开市属高校教学业务会】 9月14日，市教委召开市属高校教学业务会。

会议阐述开展北京高校“质量工程”二期建设基本原则和思路，分析推进专业建设、实践教学改革、师资队伍建设、资源结构调整等核心工作主要举措，布置下一阶段市属高校教学领域重点任务。会议听取北京工业大学、首都师范大学、北京第二外国语学院等学校经验介绍。来自市教委领导和各市属高校教学主管校长、教务处处长参加会议。

（张驰）

【北京高科大学联盟成立】 10月19

日，北京高科大学联盟成立。联盟由北京邮电大学、北京交通大学、北京科技大学、北京化工大学、北京林业大学、华北电力大学、中国地质大学（北京）、中国矿业大学（北京）、中国石油大学（北京）、西安电子科技大学、哈尔滨工程大学 11 所行业特色型高校组成，涉及电子信息、网络与通信、铁路公路交通、新型材料、化学化工、电力、地质、矿业、石油、林业、造船、核工业等重要领域。联盟通过资源共享、优势互补、强强合作，在人才培养、科学研究、师资队伍建设、招生就业、国际合作、校园文化等方面，开展全方位的合作与交流。

（华蕾）

【首都高等工程教育研究中心成立】

10 月 26 日，首都高等工程教育研究中心在北京工业大学成立。该中心是在市教委指导下，基于首都经济社会发展对工程技术和人才的需求，依托北京工业大学，联合北京邮电大学、北京交通大学、华北电力大学、北京信息科技大学、北京石油化工学院等单位，成立的跨学科、跨单位专门从事高等工程教育理论与实践研究工作的科学研究机构。

（刘玮）

【召开首都特色行业院校改革与发展论坛】 11 月 25 日，市教委召开第五届首都特色行业院校改革与发展论坛。论坛以“机遇、创新、共享”为主题，研讨特色专业院校发展建设、人才培养、专业设置、成果共享以及特色专业院校在支持首都经济发展和社会建设方面发挥重要作用等问题。来自北京地区 10 所高校领导和相关专家学者参加论坛。

（张驰）

【冶金类高校环境专业联盟成立】 11 月 28 日，冶金类高校环境专业联盟成立。该联盟是由北京科技大学发起，联合中南大学、东北大学、西安建筑科技大学、昆明理工大学、武汉科技大学等国内冶金类高等院校的环境专业自愿组成的一个交流平台和团体组织，将以“平等自愿、互信互利、互相尊重、共同发展”为原则，充分发挥各成员高校优势，秉承开放式办学的思想，通过资源共享、优势互补和强强合作，在人才培养、科学研究、师资队伍建设、招生就业、国际合作、校园文化以及办学体制机制改革等方面开展全方位合作与交流，共同打造高水平冶金行业特色环境专业，着力提升各高校环境专业的创新力与竞争力，增强服务国家战略需求、行业和地方经济社会发展的能力。

（金剑苞）

学位与研究生教育

【完成北京市重点学科建设项目中期检查】 1 月 7 日，北京市学位办完成北京市重点学科建设项目中期检查。检查于 2010 年 11 月开始，共检查北京市重点学科 406 个，检查结果为优秀 98 个、良好 300 个、合格 8 个。通过检查，专家组认为，北京市重点学科项目经过三年的建设，在学术队伍、科学研究、人才培养、条件平台、学术交流等方面都取得很大进展，取得一批标志性成果，为国家及北京市经济和社会的发展做出贡献。

（张年武）

【增列博士和硕士学位授权一级学科】 3 月 3 日，北京地区普通高校增列博士和硕士学位授权一级学科。其中，29 所普通高校增列博士学位一级学科 102 个；39 所普通高校增列硕士学位授权一级学科 250 个。

（张驰）

2010 年审核增列的博士学位授权一级学科名单（北京地区　普通高校）

北京大学
- 新闻传播学
- 生物医学工程
- 中西医结合
- 管理科学与工程

中国人民大学
- 外国语言文学
- 数学
- 计算机科学与技术

清华大学
政治学
教育学
体育学
外国语言文学
航空宇航科学与技术
北京交通大学
应用经济学
数学
物理学
电子科学与技术
控制科学与工程
北京工业大学
应用经济学
数学
力学
动力工程及工程热物理
电子科学与技术
控制科学与工程
计算机科学与技术
交通运输工程
北京航空航天大学
法学
外国语言文学
数学
物理学
公共管理
北京理工大学
应用经济学
教育学
数学
化学
计算机科学与技术
化学工程与技术
生物医学工程
工商管理
北京科技大学
外国语言文学
物理学
化学
计算机科学与技术
土木工程
环境科学与工程
工商管理
北京化工大学
动力工程及工程热物理
控制科学与工程
北京邮电大学
控制科学与工程
中国农业大学
应用经济学
化学
水利工程
环境科学与工程
公共管理
北京林业大学
机械工程
建筑学
农业资源利用
北京协和医学院
公共卫生与预防医学
中西医结合
首都医科大学
生物学
基础医学
公共卫生与预防医学
药学
北京师范大学
体育学
外国语言文学
计算机科学与技术
首都师范大学
哲学
马克思主义理论
教育学
心理学
外国语言文学
地理学
生物学
光学工程
北京语言大学
外国语言文学
中国传媒大学
信息与通信工程
中央财经大学
理论经济学
工商管理
对外经济贸易大学
理论经济学
法学
工商管理
首都经济贸易大学
管理科学与工程
工商管理
外交学院
政治学
中国人民公安大学
法学
中央美术学院
艺术学
中央戏剧学院
艺术学
北京电影学院
艺术学
中央民族大学
社会学
历史学
中国政法大学
政治学
马克思主义理论
中国科学院研究生院
机械工程
仪器科学与技术
控制科学与工程
土木工程
测绘科学与技术
地质资源与地质工程
核科学与技术
水产
农林经济管理
图书馆、情报与档案管理
中国社会科学院研究生院
马克思主义理论
外国语言文学

（张驰）

2010年审核增列的硕士学位授权一级学科名单（北京地区　普通高校）

北京大学
新闻传播学
中西医结合
中国人民大学
心理学
物理学
化学
地理学
环境科学与工程
食品科学与工程
公共卫生与预防医学
清华大学
政治学
教育学
心理学
体育学
外国语言文学
大气科学
交通运输工程
基础医学
临床医学
药学

北京交通大学
法学
外国语言文学
新闻传播学
生物学
动力工程及工程热物理
建筑学
化学工程与技术
地质资源与地质工程
北京工业大学
社会学
教育学
外国语言文学
艺术学
生物学
力学
动力工程及工程热物理
电子科学与技术
建筑学
水利工程
交通运输工程
工商管理
北京航空航天大学
马克思主义理论
心理学
艺术学
地球物理学
测绘科学与技术
船舶与海洋工程
兵器科学与技术
基础医学
北京理工大学
理论经济学
法学
马克思主义理论
心理学
外国语言文学
艺术学
生物学
科学技术史
电气工程
环境科学与工程
药学
图书馆、情报与档案管理
北京科技大学
应用经济学
物理学
仪器科学与技术
地质资源与地质工程
北方工业大学
应用经济学
法学
马克思主义理论
外国语言文学
数学
机械工程
电气工程
电子科学与技术
信息与通信工程
控制科学与工程
计算机科学与技术
建筑学
土木工程
工商管理
北京化工大学
法学
数学
物理学
机械工程
动力工程及工程热物理
计算机科学与技术
食品科学与工程
药学
工商管理
公共管理
北京工商大学
理论经济学
法学
新闻传播学
机械工程
材料科学与工程
控制科学与工程
计算机科学与技术
化学工程与技术
食品科学与工程
工商管理
北京服装学院
艺术学
机械工程
材料科学与工程
化学工程与技术
工商管理
北京邮电大学
应用经济学
法学
马克思主义理论
外国语言文学
新闻传播学
数学
物理学
军队指挥学
工商管理
公共管理
北京印刷学院
新闻传播学
艺术学
科学技术史
机械工程
材料科学与工程
信息与通信工程
北京建筑工程学院
数学
控制科学与工程
测绘科学与技术
交通运输工程
环境科学与工程
工商管理
中国农业大学
法学
马克思主义理论
地理学
动力工程及工程热物理
信息与通信工程
控制科学与工程
土木工程
工商管理
图书馆、情报与档案管理
北京农学院
食品科学与工程
作物学
园艺学
兽医学
林学
农林经济管理
北京林业大学
哲学
理论经济学
心理学
外国语言文学
艺术学
数学
地理学
计算机科学与技术
建筑学
环境科学与工程
食品科学与工程
公共管理
北京协和医学院
口腔医学
公共卫生与预防医学
中西医结合
中药学
图书馆、情报与档案管理

北京师范大学
　应用经济学
　法学
　政治学
　体育学
　外国语言文学
　水利工程
　工商管理
　图书馆、情报与档案管理
首都师范大学
　法学
　新闻传播学
　艺术学
　化学
　计算机科学与技术
　公共管理
首都体育学院
　心理学
　体育学
北京外国语大学
　法学
　政治学
　中国语言文学
　新闻传播学
　管理科学与工程
北京第二外国语学院
　应用经济学
　中国语言文学
　工商管理
北京语言大学
　计算机科学与技术
中国传媒大学
　应用经济学
　政治学
　外国语言文学
　数学
　电子科学与技术
　信息与通信工程
　计算机科学与技术
　公共管理
中央财经大学
　法学
　社会学
　马克思主义理论
　中国语言文学
　管理科学与工程
对外经济贸易大学
　理论经济学
　政治学
　公共管理
北京物资学院
　应用经济学
　计算机科学与技术
　工商管理
首都经济贸易大学
　理论经济学
　法学
　外国语言文学
　公共管理
　外交学院
　外国语言文学
中国人民公安大学
　心理学
国际关系学院
　理论经济学
　政治学
　外国语言文学
北京体育大学
　马克思主义理论
　心理学
　临床医学
中央美术学院
　建筑学
中央戏剧学院
　艺术学
中国戏曲学院
　艺术学
中央民族大学
　哲学
　理论经济学
　应用经济学
　法学
　政治学
　马克思主义理论
　教育学
　新闻传播学
　艺术学
　数学
　生物学
　计算机科学与技术
　环境科学与工程
　工商管理
　公共管理
中国政法大学
　哲学
　理论经济学
　应用经济学
　社会学
　心理学
　外国语言文学
　新闻传播学
　历史学
　工商管理
　公共管理
中国科学院研究生院
　哲学
　应用经济学
　法学
　外国语言文学
　新闻传播学
　机械工程
　仪器科学与技术
　控制科学与工程
　土木工程
　测绘科学与技术
　地质资源与地质工程
　航空宇航科学与技术
　核科学与技术
　生物医学工程
　作物学
　畜牧学
　林学
　水产
　基础医学
　中药学
　工商管理
　农林经济管理
　公共管理
　图书馆、情报与档案管理
中国社会科学院研究生院
　马克思主义理论
　外国语言文学
　公共管理

（张驰）

【北京4所高校增补为研究生培养基地】　8月25日，北京4所高校增补为研究生培养基地。该增补工作由市教委主办，经学校申请、专家评议、市教委审核，北方工业大学、北京建筑工程学院、北京信息科技大学增补为北京高校产学研联合研究生培养基地，北京工业大学为北京高校国内外联合研究生培养基地。

（张驰）

【完成北京市优秀博士论文评选】　8月25日，北京市完成优秀博士学位论文评选。该评选由北京市主办，在学位授予单位推荐的基础上，经专家评议、学科评选组评审和评选专家委员会评审，最终26个博士生培养单位的60篇论文被评为北京市优秀博士学位论文。入选论文中，高校54篇、科研单位及军队院校6篇。在高等学校入选论文中，中央在京高校 45 篇、市属高校 9 篇。

（张驰）

【北京地区 28 篇论文被评为全国优秀博士论文】 11 月 3 日，北京地区 11 个博士学位授予单位的 28 篇论文被评为 2011 年全国优秀博士学位论文。该评选由教育部和国务院学位委员会主办，本届共评出 97 篇学位论文为全国优秀博士学位论文，256 篇学位论文为全国优秀博士学位论文提名论文。其中，北京地区共有 11 个博士学位授予单位的 28 篇论文被评为 2011 年全国优秀博士学位论文，22 个博士学位授予单位的 64 篇论文被评为 2011 年全国优秀博士学位论文提名论文。

（张驰）

2011 年全国优秀博士学位论文名单（北京地区）

北京大学

肖清和　“天会”与“吾党”：明末清初天主教徒群体之形成与交往研究（1580～1722）

叶少勇　《中论颂》与《佛护释》——基于新发现梵文写本的文献学研究

马仁敏　一维纳米半导体材料及其电子与光子器件研究

袁荃　稀土/锆基和稀土/铝基有序介孔结构的可控合成及性质研究

姚亚刚　单壁碳纳米管的结构控制生长方法研究

周煦之　地球磁层能量粒子动力学研究

王艳　LSD1 是 NuRD 复合体的一个亚基，功能上调控乳腺癌的转移

魏朝亮　钙火花调控细胞方向性迁移

魏贤龙　结合扫描电子显微镜和纳米探针研究碳纳米管的操控和力学电学特性

中国人民大学

王书成　合宪性推定论——一种宪法方法

卢燕新　唐人编选诗文总集研究

清华大学—北京协和医学院（清华大学医学部）

那娜　基于纳米材料表面化学发光的传感器阵列研究

柳占立　微尺度晶体塑性的离散位错和非局部理论研究

伍晖　电纺丝纳米纤维的制备、组装与性能

王飞　图上的半监督学习算法研究

张强　宏量可控制备碳纳米管阵列

北京交通大学

李政勇　光纤偏振态的高速控制与偏振编码通信

北京工业大学

郑坤　原位原子尺度下纳米线室温力学性能与行为的研究

赵跃　涂层导体织构镍合金基板及过渡层的研究

赵密　近场波动有限元模拟的应力型时域人工边界条件及其应用

北京航空航天大学

裴旭　基于虚拟运动中心概念的机构设计理论与方法

北京理工大学

张亮亮　太赫兹波位相成像

中国农业大学

张宝忠　干旱荒漠绿洲葡萄园水热传输机制与蒸发蒸腾估算方法研究

陈赛华　水稻米香基因功能分析与米香物质 2AP 的代谢机理研究

北京林业大学

王君　青杨派树种多倍体诱导技术研究

北京师范大学

王青　上博简《曹沫之陈》研究

中国科学院大气物理研究所

吴波　印度洋—太平洋海气相互作用及其对东亚季风的影响

中国科学院金属研究所

刘岗　表面与均相掺杂氧化钛基光催化材料的设计、合成与光催化特性研究

（张驰）

【北京 4 所高校成立研究生院】 至年底，北京 4 所高校成立研究生院。分别是北京工业大学研究生院、中央财经大学研究生院、首都师范大学研究生院和对外经济贸易大学研究生院。研究生院成立后将专门负责各自学校研究生的招生、教学、学位管理、思想政治教育以及学校学科建设等工作。

（刘玮　刘瑜）

本专科教育

【北京 8 所高校 14 个专业被评为第七批特色专业建设点】 1 月 9 日，北京 8 所高校 14 个专业被教育部、财政部批准为第七批高等学校特色专业建设点。全国共有 78 个专业点入选，每个专业建设点获得 20 万元资助，与红色经典艺术教育相关的特色专业建设点获得 80 万元资助（地方高校经费自筹）。其中，北京共有 8 所高校 14 个专业入选。

（张驰）

第七批高等学校特色专业建设点（北京高校）

北京大学

能源与资源工程

环境工程

清华大学

生物科学

北京科技大学
物联网工程
环境工程
北京化工大学
能源化学工程
北京邮电大学
网络工程
物联网工程
华北电力大学
能源工程及自动化
智能电网信息工程
中国地质大学（北京）
地理信息系统
资源勘查工程
中国农业大学
生物工程
种子科学与工程

（张驰）

【新增本科专业41个】 3月8日，北京25所高校（不含民办）41个本科专业通过2010年高等学校专业备案或审批设置。其中，市属院校有12所，新增专业20个；部属院校有13所，新增专业21个。新增专业于2011年开始招生。

（张驰）

2010年度经教育部备案或审批同意设置的高等学校本科专业名单（北京高校 不含民办）

北京航空航天大学
071205W 信息安全
080505S 能源工程及自动化
080616W 光电信息工程
北京大学
070303W 化学生物学
080205Y 材料科学与工程
080607 生物医学工程
中国人民大学
071301 材料物理
清华大学
080702 城市规划
北京交通大学
050205＊ 西班牙语
110303＊ 劳动与社会保障
华北电力大学
080511S 核反应堆工程
中国地质大学（北京）
081101 化学工程与工艺
北京林业大学
050249S 商务英语
071502 应用心理学
080705 给水排水工程
北京师范大学
081401 食品科学与工程
北京语言大学
050231＊ 葡萄牙语
中国传媒大学
071205W 信息安全
080613W 网络工程
中央财经大学
030302 社会工作
中央美术学院
080303 工业设计
北京联合大学
081202 交通工程
北京工业大学
070402 生物技术
北方工业大学
071205W 信息安全
080505S 能源工程及自动化
首都师范大学
060103 考古学
080902W 遥感科学与技术
首都经济贸易大学
050103＊ 对外汉语
050249S 商务英语
北京印刷学院
050306W 媒体创意
北京建筑工程学院
050408 艺术设计
071201 电子信息科学与技术
080707W 历史建筑保护工程
北京石油化工学院
080215S 功能材料
080305Y 机械工程及自动化
北京第二外国语学院
050249S 商务英语
110218S 酒店管理
北京工商大学
080623W 数字媒体艺术
081407W 食品质量与安全
北京物资学院
080609Y 信息工程
中国戏曲学院
050404 绘画

注：专业代码加有“W”者为目录外专业；专业代码加有“S”者为在少数高校试点的目录外专业；专业代码加有“H”者为中外（含内地与港澳台地区）合作办学机构设置的专业。

（张驰）

【北京4所高校新增12个第二学士学位专业】 3月8日，北京4所高校新增12个第二学士学位专业。该资质由教育部审批，2010年度共在全国共批准17所高校增设41个第二学士学位专业，其中，北京地区共有4所高校被批准增设12个第二学士学位专业。新增专业可在2011年开始面向全国招生。

（张驰）

2010年度教育部同意增设的第二学士学位专业名单（北京高校）

中国人民公安大学
030512S 犯罪学
030514S 涉外警务
030515S 国内安全保卫
082107S 网络安全与执法
华北电力大学
080601 电气工程及其自动化
中国矿业大学（北京）
080103 矿物加工工程
080703 土木工程
080901 测绘工程
081002 安全工程
081101 化学工程与工艺
中国地质大学（北京）
020101 经济学
110201 工商管理

注：专业代码加有“S”者为在少数高校试点的目录外专业。

（张驰）

【召开本科院校教学业务会】 4月29

日，市教委召开北京地区本科院校教学业务会暨“高校教师教学发展”交流会。会议围绕《国家中长期教育改革和发展规划纲要》研讨首都高等教

育发展问题，重点研讨高校教师教学发展中心建设问题，首都经济贸易大学"教师促进中心"和北京师范大学"区域地理教学团队"负责人分别介绍各自学校和团队在提高教师教学水平、加强教师队伍建设中形成的完善机制和推出的有效举措。会议要求各高校进一步统一思想、提高认识，在总结巩固"质量工程"一期建设成果基础上，推进"质量深化工程"建设，以专业建设为龙头，着力提升大学生创新实践能力，在人才培养模式创新、专业群、课程综合改革、教师团队、精品教材、实习基地建设方面实现新突破。市教委将扩大高校办学自主权，做好指导和服务，搭建合作共享平台。市教委领导以及北京地区各本科院校教学主管校长、教务处长参加会议。

（张驰）

【北京9所高校75个专业入选卓越工程师培养计划】　7月6日，北京9所高校75个专业入选教育部实施卓越工程师培养计划2011年学科专业。教育部根据第一批卓越工程师教育培养计划学校提交专业培养方案的论证结果和专家组意见，批准本科专业或试点班462个、研究生层次学科293个加入卓越计划。北京9所高校75个学科、专业入选。

（张驰）

实施卓越工程师教育培养计划
2011年学科专业名单
（北京地区）

清华大学
　电子信息科学与技术
　材料科学与工程
　机械工程及自动化
　车辆工程
　工程物理
　能源动力系统及自动化
　电气工程及其自动化
　自动化
　计算机科学与技术
　生物医学工程
　计算机软件
　建筑学
　土木工程
　水利水电工程
　环境工程
　化学工程与工业生物工程
　工程力学与航天航空工程
　工业工程
北京交通大学
　机械工程及自动化
　自动化
　计算机科学与技术
　电气工程与自动化
　软件工程
　土木工程
　交通运输
北京工业大学
　电子信息工程
　信息安全
　材料科学与工程
　机械工程及自动化
　软件工程
　数字媒体技术
　建筑学
北京航空航天大学
　材料科学与工程
　机械工程及自动化
　测控技术与仪器
　自动化
　电子信息工程
　计算机科学与技术
　软件工程
　飞行器设计与工程
　飞行器动力工程
北京理工大学
　机械工程及自动化
　车辆工程
　热能与动力工程
　计算机科学与技术
　生物医学工程
　电气工程与自动化
　光电信息工程
　物联网工程
　电子封装技术
　飞行器设计与工程
　探测制导与控制技术
　弹药工程与爆炸技术
　地面武器机动工程
　生物工程
北京科技大学
　矿物资源工程
　冶金工程
　材料科学与工程
　机械工程及自动化
北京化工大学
　过程装备与控制工程
　自动化
　环境工程
　化学工程与工艺
　制药工程
　生物工程
北京邮电大学
　信息安全
　机械工程及自动化
北京石油化工学院
　高分子材料与工程
　机械工程及自动化试点班（含机械设计制造及其自动化、机械电子工程、测控技术与仪器、过程装备与控制工程、热能与动力工程、环境工程六个专业）
　机械电子工程
　自动化
　通信工程
　计算机科学与技术
　化学工程与工艺
　制药工程

（张驰）

【北京7所高校入选卓越工程师计划】　9月29日，北京地区7所高校入选教育部第二批卓越工程师教育培养计划。该计划由教育部主持，各高校自愿申请，最后由专家组论证，第二批卓越工程师计划高校共评选133所，其中，北京地区共有7所高校入选。

（张驰）

第二批卓越工程师教育
培养计划高校名单
（北京地区）

中国石油大学（北京）
中国地质大学（北京）
北京信息科技大学
北京服装学院
北京印刷学院
北京建筑工程学院
北方工业大学

（张驰）

【召开北京高校专业群建设（试点）工作会】　11月23日，市教委召开北京高校专业群建设（试点）工作会。会议旨在进一步推进北京地区高等学校专业建设和专业结构调整，提

高高等教育质量。会议指出专业群建设是北京市“质量工程”二期建设的重点，是优质教育资源共享的一种新的尝试，通过牵头高校组织相关高校相同或相近专业专家学者，通过专业专家委员会，共同研究制定专业规范化的培养方案，探讨核心课程及设置标准，结合教师教学发展中心建设，在教师互访、学生互派、教材建设、专业评估等方面开展工作，使北京地区高校的特色优势专业得到进一步提升，促进新建专业和基础薄弱专业的建设，从而实现北京地区高校教育教学质量的整体提高。来自市教委领导，北京地区5所中央部委高校和5所市属高校教学校长、教务处长以及相关专业负责人参加会议。

（张驰）

普通高等学校

北京大学

党委书记　闵维方（8月免）
　　　　　朱善璐（8月任）
校　　长　周其凤

【概　况】　2011年，北京大学占地面积274.23万平方米，校舍建筑面积219.98万平方米，固定资产总值747770万元，其中，教学科研仪器设备资产值270723.00万元。全年教育经费投入505000万元。图书馆建筑面积6.75万平方米，图书馆藏书950万册。设50个直属院系。有38个博士学位一级学科授权点、211个博士学位授权点、242个硕士学位授权点、118个本科专业、18个国家（一级）重点学科，25个国家（二级）重点学科，3个国家重点（培育）学科，以及39个博士后流动站。博士后研究人员出站342人，进站425人，在站1009人。有12个国家重点实验室、3个国家工程研究中心、68个省部级研究院（所、中心、重点实验室）、8所附属医院、13所教学医院。在职教职工19820人（含医学部及附属医院），其中，专任教师6168人。有教授2131人、副教授2980人，博士生导师1587人，中国科学院、中国工程院院士70人，“长江学者奖励计划”特聘教授和讲座教授147人，“973”项目首席科学家49人，国家杰出青年科学基金获得者168人。毕业生19999人，其中，全日制研究生5248人（博士生1611人、硕士生3637人），普通本专科生3589人（本科生3382人、专科生207人），成人教育本专科生3368人（本科生2898人、专科生470人），网络教育本专科生7794人（本科生5937人、专科生1857人）。本科毕业生就业率99.06%。招生24399人，全日制研究生6903人（博士生1816人、硕士生5087人），普通教育本专科生3654人（本科生3455人、专科生199人），成人教育本专科生3036人，网络教育本专科生10806人（本科生7880人、专科生2926人）。高考北京地区提档线理科655分，文科634分。在校生89436人，全日制研究生21107人（博士生7653人、硕士生13454人），普通教育本专科生14699人（本科生14107人、专科生592人），成人教育本专科生10540人（本科生9926人、专科生614人），网络教育本专科生43090人（本科生33965人、专科生9125人）。2011年录取各省（自治区、直辖市、港澳台地区）高考第一名45人。留学生毕业2473人，招生2661人，在校4306人。网址：www.pku.edu.cn。

（张兴明）

【雷洁琼逝世】　1月9日，北大教授、社会学家、法学家、教育家，杰出的社会活动家，中国民主促进会的创始人之一雷洁琼在北京因病逝世，享年106岁。雷洁琼，1905年9月出生于广东台山，1924年赴美国留学，在加州大学选修化工、斯坦福大学选修远东问题，后到南加州大学攻读社会学，获得硕士学位。1931年回国，任燕京大学社会系讲师、副教授。1941年后，任上海东吴大学社会学系教授，兼任沪江大学、圣约翰大学、华东大学、上海震旦女子文理学院教授。1946年任燕京大学社会系教授。1949年任中国新政治学会副秘书长、政务院文教委员会委员。1953年任北京政法学院副教务长、国务院专家局副局长。1973年任北京大学国际政治系教授、社会学系教授。1977年后，历任北京市政协副主席，北京市副市长，国务院学位委员会第一届学科评议组成员，全国妇联副主席。先后担任北京市社会学学会会长，中国婚姻家庭研究会会长，是北京大学社会学系教授、博士生导师。她是第一、二、三届全国人大代表，第六届全国人大常委会委员、法律委员会副主任委员，第七、八届全国人大常委会副委员长。政协第一届全国委员会全体会议代表，政协第五届全国委员会常委，政协第六届全国委员会副主席。

（张兴明）

【12项成果获国家科学技术奖】　1月14日，北大12项成果获得国家科学技术奖。其中，《定量电子显微学方法与氧化钛纳米结构研究》（第一完成单位）和《细胞凋亡与抗病毒反应的信号转导研究》（第一完成单位）项目获得自然科学奖，《纳米尺度硅基集成电路新器件与新工艺技术及其应用》（第一完成单位）项目获得技术发明奖，《水沙灾害形成机理及其防治的关键技术》（第一完成单位）、

《区域大气复合污染研究的技术体系及在珠江三角洲的应用》（第一完成单位）和《网络教育关键技术及示范工程》等9个项目获得科技进步奖。

（胡少诚）

【韩汝琦逝世】 2月16日，北大教授、博士生导师、微电子学界专家韩汝琦教授因病医治无效在北京逝世，享年72岁。韩汝琦，1938年8月出生，河北清苑人，1960年毕业于北京大学物理学系物理专业，是民革中央常委、北京市主委，第九、十届全国政协常委。他长期从事微电子领域研究，出版《固体物理学》、《非晶态物理学》、《非导体物理基础》、《晶体管原理与设计》。其中，《固体物理学》于1992年获第二届全国高校优秀教材国家级特等奖，1996年获国家科技进步二等奖。

（张兴明）

【完成《中国新诗总系》编纂】 2月，北大完成《中国新诗总系》编纂。该书2006年初启动，由该校中文系谢冕教授担任总主编，遴选1917至2000年间的诗作4千余首，每10年为一卷，另有“理论卷”和“史料卷”各一类，一共十卷，由人民文学出版社出版。

（张兴明）

【获全国三八红旗集体称号】 3月7日，北大中外妇女问题研究中心获“全国三八红旗集体”称号。此次全国妇联共表彰10名全国“三八红旗手标兵”、334名“全国三八红旗手”和222个“全国三八红旗集体”。该中心成立于1990年10月，长期开展女性理论与实践问题研究，与国内外女性教学与研究组织进行学术交流与合作，编辑出版《女性学概论》、《女性学：理论与方法》、《中国文化与妇女》、《马克思主义妇女理论发展史》教材。现有教科研人员49人，其中，高级职称49人。

（张兴明）

【芮沐逝世】 3月20日，北大教授，法学家、教育家芮沐在京逝世，享年103岁。芮沐，生于1908年7月14日，祖籍浙江吴兴，1932年获法国巴黎大学法学硕士学位，1935年获德国法兰克福大学博士学位，毕业后回国工作，1939至1941年任重庆国立中央大学法律系教授，1941至1945年任西南联大法律系教授，后赴美国讲学，1947年归国参加革命工作，任北京大学法律系教授，先后任北京大学法律系副系主任、经济法研究所所长、国际经济法研究所所长。他是中国经济法学和国际经济法学学科的创始人，全国第一批法学博士生导师，为中国培养大批优秀法学人才。他曾担任全国人大常委会法制委员会委员、香港特别行政区基本法起草委员会委员、国务院学位委员会第一届学科评议组成员。

（张兴明）

【授予卡赞斯坦名誉教授称号】 3月28日，北大授予彼特·卡赞斯坦名誉教授称号。卡赞斯坦，1945年出生于德国，研究领域涉及国际关系理论、国际政治经济学、比较政治学、地区研究。近期研究集中在文明性国家的政治问题，涉及公共外交、法律、宗教和大众文化。独著、合著和主编30余部著作，发表100余篇学术论文和评论。

（张兴明）

【举办启明星课堂】 3至7月，北大举办16期启明星课堂。该课堂以“学党史，举党旗，坚定信念跟党走”为主题，由该校研究生支教团在西藏、青海、新疆、云南支教服务地举办，面向西部学生，以主题班会、师生互动交流、学生课后撰写感想等多样化的教学方式，开展爱党、爱社会主义教育。该校研究生50人参与活动，培训学生1600人次。

（张兴明）

【与4省市签订合作协议】 4至11月，

北大与4省市签订合作协议。其中，4月17日，该校与湖南省签订合作协议，根据协议，该校数字视频编解码技术国家工程实验室、微处理器研究开发中心将与湖南省有线电视网络（集团）公司共建“3D技术与应用实验室”，并联合开发“中国芯芯片在三网融合广电网络上的应用”；9月22日，该校与苏州市签订合作协议，根据协议，双方合作开展共同推进区域自主创新、共同推进创新成果产业化、共同推进高层次人才的培养等三个方面工作；11月12日，该校与重庆市签订合作协议，根据协议，双方合作开展决策咨询、科技开发、教育合作、人才培养、产业合作、文化发展等方面工作；11月14日，该校与南京市签订合作协议，根据协议，双方合作开展重大项目、创业就业、人才交流培养、国际科技交流等领域的相关工作。

（张兴明）

【承办大运会火炬点燃仪式】 5月4

日，北大承办大运会火炬点燃仪式。李克强在仪式上点燃主火炬，宣布世界大学生运动会火炬传递活动开始。在活动结束后李克强看望和慰问北大师生，参观校史馆，他希望北大发扬“五四”精神，坚持创新求实，奋勇争先，加快建设世界一流大学，为国家培养更多高质量人才。

（胡少诚）

【医学部成立两个学系】 5月11日和11月12日，北大医学部成立2个学系。5月11日，该校成立风湿免疫学学系，该系作为整合临床资源、开展临床教学的学科平台，由北京大学第一医院、人民医院、第三医院等10家医院参组，开展风湿免疫学学科领域教学科研活动。学系共有教科研人员70人，包括高级职称12人。11月12日，该校成立全科医学学系，该系开展全科医师的在职培训机制研究，同时考虑对专科医师进行全科医学思维、理念、方法的系统培训，加强培训师资的队伍建设领域教学科研活动，培养一流的全科医学师资队伍。

（胡少诚）

【与重庆大学签订合作协议】　5月25日，北大与重庆大学签订合作协议。根据协议，双方合作开展科研项目、学生培养、教师交流等方面的工作，北大负责在学科建设、人才培养方面提供帮助。

（张兴明）

【获全国五一劳动奖状】　5月，北大荣获“全国五一劳动奖状”。该评选由中华全国总工会主办，本届全国共评选306个，其中，该校为北京教育系统唯一获奖单位。此次获奖旨在表彰北京大学为中国经济建设、政治建设、文化建设、社会建设以及生态文明建设和党的建设做出的突出贡献。

（张兴明）

【学生获得3项国家级奖励】　6至10月，北大学生获得3项国家级奖励。6月16日，城市与环境学院2008级本科生范敬怡荣获“2010中国大学生年度人物”；10月19日，在第12届“挑战杯”全国大学生课外学术科技作品竞赛中获得特等奖一项、一等奖一项、二等奖三项、三等奖一项，竞赛团体优胜杯；10月13日，获得第五届“母亲河奖”。

（鞠晓）

【与两所国外大学签订合作协议】　9月26日和10月28日，北大与两所国外大学签订合作协议。9月26日，与德国洪堡大学签订合作协议，根据协议，双方共同筹建中德高级研究院，开展人文社科方面的研究。10月28日，与美国斯坦福大学签订合作协议，根据协议，北大与该校共建斯坦福大学孔子学院。

（张兴明）

【成立人力资本与国家政策研究中心】　9月27日，北大成立人力资本与国家政策研究中心。该中心由该校与教育部共建，依托北京大学国家发展研究院优势资源，按教育部人文社会科学重点研究基地的标准建设，开展教育规划与战略性重大基础问题等领域的教学研究。有教学科研人员13人，其中，高级职称10人。

（张兴明）

【举办第八届北京论坛】　11月4日，北大举办第八届北京论坛。该论坛以“文明的和谐与共同繁荣——传统与现代、变革与转型”为主题，共设有七个分论坛、一个青年学生论坛、一个专场、一场圆桌会议和两场对话，分别从哲学、环境、国际关系、城市、医学、经济、教育角度探索建设和谐家园之路。来自中国、美国、韩国等40多个国家和地区专家学者300余人参加活动。

（张兴明）

【张滂逝世】　11月29日，北大教授、有机化学家、化学教育家、中国科学院院士张滂因病医治无效，在北京逝世，享年94岁。张滂，1917年8月25日出生于江苏省南京市，1938至1942年在西南联合大学化学系学习，获理学学士学位，1946年9月至1949年7月在英国剑桥大学读研究生，获博士学位，1949年在燕京大学任教，后并入北京大学化学系任教。1991年当选为中国科学院化学部学部委员。他长期从事有机化学和有机合成的教学与研究工作，培养大批有机化学人才，并为提高有机化学教学水平和促进教学改革做出贡献。

（张兴明）

【设立润地利产学研基金】　12月7日，北大设立“北京大学—润地利产学研基金”。该基金由润地利房地产投资集团有限公司出资5000万元设立，用于新兴工学领域中，国家产学研创新体系的建立。

（张兴明）

【新增6名院士】　12月，北大新增6名院士。其中，1人当选中国工程院院士、5人当选中国科学院院士，分别是，该校信息科学技术学院高文教授当选为中国工程院信息与电子工程学部院士，该校数学科学学院鄂维南教授当选为中科院数理学部院士，该校化学与分子工程学院刘忠范教授、严纯华教授当选为中科院化学部院士，该校生命科学学院朱玉贤教授当选为中科院生命科学和医学学部院士，该校信息学院梅宏教授当选为中科院信息技术科学部院士。

（张兴明）

【教师获得10项重要奖励】　至年底，北大教师获得10项国家级、省部级奖励。2月12日，获得科技部颁发的国家科技计划执行优秀团队奖2项，国家科技计划执行突出贡献奖1项，其中，作为科研机构获得“十一五”国家科技计划执行优秀团队奖，城市与环境学院冯长春教授获得“十一五”国家科技计划执行突出贡献奖；3月18日，城市与环境学院方精云教授等主编的《中国木本植物分布图集》荣获第二届中国出版政府奖图书奖；3月27日，经济学院院长孙祁祥教授当选2010年中国经济女性年度人物；4月22日，肿瘤医院主任医师陈敏华、人民医院主任医师陶其敏荣获第三届“首都十大健康卫士”称号，第三医院主任医师赵鸣武当选为第三届“首都健康卫士”；5月，药学院辅导员李玉莲荣获2010全国高校辅导员十大年度人物；7月，在建党90周年全国先进基层党组织、优秀共产党员、优秀党务工作者评选工作中，化学与分子工程学院教授高松院士荣获“全国优秀共产党员”称号；11月8日，第三医院乔杰教授荣获2011年度何梁何利基金科学与技术进步奖；11月18日，医学部韩济生院士荣获吴阶平医学奖，以表彰他在针刺原理研究、疼痛医学和神经科学方面的科研和教学成就；12月1日，第三医院生殖医学中心终身名誉主任张丽珠教授荣获第十五届“宋庆龄樟树奖”；12月2日，环境科学与工程学院教授胡敏荣获第八届“中国青年女科学家奖”。

（鞠晓）

中国人民大学

党委书记　程天权

校　　长　纪宝成（11月免）

　　　　　　陈雨露（11月任）

【概　况】　2011年，中国人民大学占地面积75.77万平方米、建筑面积95.83万平方米。固定资产总值

294781万元，其中，教学、科研仪器设备资产值38398万元。全年教育经费投入278098.96万元，其中，国家拨款128695.71万元、事业收入96804.68万元、其他收入52598.57万元。图书馆（新旧馆）面积5.5万平方米，藏书414.6万册，其中，电子图书总量1428975种（17899GB）。学校信息化经费投入1218万元，网络信息点数33245个，校园网出口总带宽2100Mbps，电子邮件系统用户数51000个，管理信息系统数据总量7410GB。其中中文电子图书1156548种，外文电子图书272427种。下设5个学部，23个学院，14个跨院系研究机构，另设有汉青经济与金融高级研究院、体育部、继续教育学院、培训学院、国际学院（苏州研究院）及深圳研究院；开设本科专业67；拥有本科专业自主设置权，具有一级学科38个，博士学位授权一级学科点20个，博士学位授权点104个、硕士学位授权点168个；博士后流动站15个，其中，出站55人、进站88人、在站164人。国家重点一级学科8个，国家重点二级学科8个，北京市重点一级学科3个、北京市交叉重点学科1个、北京市重点二级学科6个。教育部工程重点实验室1个，国家级实验教学示范中心2个，教育部普通高等学校人文社会科学重点研究基地13个。教职工3665人，其中，专任教师1850人，包括教授537人、副教授652人；博士生导师666人、硕士生导师1359人。有国务院学位委员会委员和学科评议组成员18人，国家有突出贡献的中青年专家8人。毕业生20457人，其中，学历教育学生中全日制研究生3915人（博士生811人、硕士生3104人），普通本科生2656人，成人教育本专科生3116人（本科生2540人、专科生576人），网络教育本专科生10770人（本科生6370人、专科生4400人）。高考北京地区本科提档线文科623分，理科630分。本科毕业生就业率96.12%。招生25819人，其中，学历教育学生中全日制研究生4329人（博士生848人、硕士生3481人），普通本科生2911人，成人教育本专科生761人，网络教育本专科生17818人（本科生10258人、专科生7560人）。高考北京地区提档线理科630分、文科623分。在校生78703人，其中，学历教育学生中全日制研究生11203人（博士生3306人、硕士生7897人），普通本科生11261人，成人教育本专科生7862人（本科生7196人、专科生666人）；网络教育本专科学生48377人（本科生29911人、专科生18466人）。留学生毕业805人、招生1103人、在校生1921人。网址：www.ruc.edu.cn。

（段蕾）

【召开邓荣霖从教50周年座谈会】 1月8日，人民大学召开企业理论与实践暨邓荣霖从教50周年座谈会。会议回顾邓荣霖执教生涯和研讨企业理论及实践问题。来自人民大学、中国社会科学院、国务院发展研究中心等单位的专家学者、企业家和人大师生、校友代表100多人参加会议。邓荣霖，1961年从人民大学工业经济系毕业并留校任教，曾担任国务院学位委员会第四届工商管理学科评议组成员。他在公司理论与实务、现代企业制度、组织理论与实践、现代企业管理等方面取得丰硕成果，其著作《论公司》和《企业论》开创公司研究的新领域，对推动中国企业改革与发展、特别是现代企业制度的建立起到重要作用。

（段蕾）

【曾宪义逝世】 1月15日，人民大学一级教授、博士生导师曾宪义，因病医治无效在北京逝世，享年75岁。曾宪义，1950年12月于山东省济宁市公安局参加革命工作，1954年加入中国共产党，1956年9月考入中国人民大学法律系，1960年7月毕业后留校任教，1990至2005年先后担任该校法律系主任、法学院院长，2006年以来任法学院名誉院长。曾宪义是教育部高等学校法学学科教学指导委员会名誉主任，原中国法学会副会长，中国法学会法学教育研究会会长，全国法律硕士专业学位教育指导委员会第一副主任，《法学家》杂志社社长兼主编。

（段蕾）

【宋涛逝世】 2月9日，人民大学一级教授、博士生导师宋涛因病医治无效在北京逝世，享年97岁。宋涛，1914年12月5日出生，安徽省利辛县人。1937年“七七事变”后，任安徽省学生战地服务团副团长，1938年5月参加新四军，1939年春进入陕北公学，1942年加入中国共产党，1944年8月随晋察冀边区中学并入华北联大教育学院继续从教，并任政治部主任，1947年华北联大成立经济系，担任系主任，1948年初华北大学成立，先后任一部区队长、天津分校主任，政治研究所副所长，1950年，参与中国人民大学筹建工作。该校命名组建后，担任经济系主任，并任校党委委员、常委。人民大学复校后，继续担任校党委委员、常委、校学位评定委员会副主任和政治经济学系主任等职，1983年起任政治经济学系名誉主任。宋涛是经济学家，国务院学位委员会经济学科评议组原召集人，全国马克思列宁主义经济学说史学会首任会长，中国《资本论》研究会名誉会长，北京经济学总会名誉会长。从教70多年来，培养近万名社会主义建设者和经济学人才，被誉为中国经济学界的宗师和泰斗。

（段蕾）

【举办中国社会保障论坛】 2月11至12日，人民大学举办“中国社会保障30人”论坛。论坛以“城乡统筹：走向公平的社会保障”为主题，研讨社会保障相关问题。来自国内研究机构和高校专家学者50人参加研讨。

（段蕾）

【与重庆市签订合作协议】 3月8日，

人民大学与重庆市签订合作协议。根据协议，双方合作开展人才培养、科学研究，重庆市政府选派人员到该校学习深造；合作建立中国人民大学重庆研究院，成立中国人民大学重庆经济社会发展研究机构；该校负责选派有关专家、青年骨干教师到重庆市挂

职锻炼或在科研院所、企业担任管理顾问；为重庆市公务员和企业管理人员举办专业培训。

（段蕾）

【成立第二届董事会】　3月9日，人民大学召开第二届董事会成立大会。会议听取《中国人民大学董事会章程》修订情况汇报，以及学校“十年腾飞”规划及近五年工作设想介绍，并就学校未来发展方向与建设规划进行讨论。会议同时选举第二届董事会董事106人。该校董事会2007年10月成立。

（段蕾）

【出版《国学新视野》(春季号)】　3

月12日，人民大学出版《国学新视野》（春季号）创刊号。该杂志是该校国学院与中华能源基金委员会合办，是一份高端学术刊物，旨在开辟一个面向世界华人的高端思想交流平台，为季刊，面向国内发行。

（段蕾）

【成立高礼研究院】　4月23日，人民大学成立高礼研究院。研究院的成立将为该校商学院、财政金融学院等单位开展项目提供支持，包括举办具有国内国际领先水平的专题讨论会、专家论坛、大型交流活动以及编辑出版相关出版物和建设网站等。

（段蕾）

【成立最高人民法院知识产权司法保障研究基地】　4月，人民大学成立最高人民法院知识产权司法保障研究基地。该基地由该校和最高人民法院合办，双方将通过重大课题研究、信息资料交流、培训研讨工作等多种形式，为研究基地开展研究工作提供便利条件。

（段蕾）

【举办刘少奇与中国共产党展览】　5月26日，人民大学举办刘少奇与中国共产党展览。该展览以刘少奇生平为主线，采用生平与专题相结合的形式，分为中国共产党早期党员、中国工人运动著名领袖、白区正确路线代表等八个组成部分，全面展示刘少奇同志光辉而伟大的一生，再现他为中国共产党的建设和发展以及中国人民的革命、解放和建设事业所做的巨大贡献。

（段蕾）

【举办中国人文社科论坛】　5月28日，

人民大学举办中国人文社科论坛。该论坛以“革命·建设·改革——中国共产党90年”为主题，采取主题报告和讨论形式，研讨中国共产党发展和新中国建设问题。来自中央部委和国内专家学者300人参加论坛。

（段蕾）

【刘佩弦逝世】　6月13日，人民大学荣誉教授、马列主义发展史专家刘佩弦因病医治无效在北京逝世，享年90岁。刘佩弦，1922年2月19日生于山东省掖县（今莱州市），1945年10月进入燕京大学法学院学习，之后投奔张家口解放区，1946年3月进入华北联合大学财经系学习并到张北参加土地改革，1946年9月至1948年6月在华北联大政治学院政治研究室读研究生，先后任教于北京大学和中国人民大学，1983年5月至1994年2月，在中国人民大学马列主义发展史研究所担任教授、博士生导师。他长期从事马列主义发展史研究，是新中国马克思主义发展史学科的重要奠基人，著有《科学社会主义史纲》、《列宁思想史》、《20世纪马克思主义史》、《第二国际若干人物的思想研究》等著作。

（段蕾）

【成立教育发展与公共政策研究中心】　7月14日，人民大学成立教育发展与公共政策研究中心。该中心搭建新的科研体制框架，以该校多个优势学科为依托，共同研究中国发展中面临的诸多宏观政策问题，为党中央、国务院及各部委提供决策咨询服务。

（段蕾）

【举办方立天从教50周年学术研讨会】　9月17日，人民大学举办方立天教授从教50周年学术研讨会。研讨会以“锲而不舍、金石可镂”为主题，研讨方立天教学理念、治学精神。来自国内外专家学者50人参加研讨。方立天，1961年8月自北京大学哲学系毕业分配到中国人民大学哲学系从事教学和科研工作至今。历任中国哲学史学会常务副会长、顾问，中国宗教协会副会长、顾问，中国佛教协会特邀顾问，《中国哲学史宗教研究》，《宗教社会科学》等刊物主编，他秉承“立身有道、学有专长”的人生理想，常勤精进，取得丰硕的学术成果，为中国哲学史、中国宗教和佛教研究做出巨大贡献。

（段蕾）

【召开邬沧萍从教60周年学术研讨会】　9月24日，人民大学召开庆祝邬沧萍教授从教60周年学术研讨会。会议研讨邬沧萍教学理念、治学精神、学术思想等问题。国内外专家学者，邬沧萍同事、学生、子女等200人参加会议。邬沧萍，1922年出生，广东番禺人，中国人口学、老年学开拓者和奠基者、中国人民大学荣誉一级教授、校学术委员会委员、《中国人民大学学报（英文版）》编委、《人口研究》杂志名誉主编。第六届全国政协委员、第七、八届全国政协常委，中国老年学学会会长，中国人口学会副会长。

（段蕾）

【成立画院】　10月12日，人民大学画院成立。该画院由该校培训学院主办、艺术学院承办，开展绘画、创作、培训、展览、交流等活动，并为学生提供实习实践机会。该画院有花鸟、人物、山水、工笔、写意领域等画家12人。

（段蕾）

【与扬州市签订合作协议】　10月12日，人民大学与江苏省扬州市签订合作协议。根据协议，双方合作建立文化科技园扬州园区，开展人才交流和培养、科学研究以及高校科研成果转化。地方政府负责建设67000平方米的中国人民大学文化科技园，该园区是以文化产业为特色的国家级大学科技园、留学生创业园和大学生创业园以及国家版权贸易基地。该校负责提供教育教学科研资源。

（段蕾）

【举办法律与社会论坛】 10月22日，人民大学举办法律与社会论坛。论坛研讨“法律社会学专业委员会建设”、“法律社会学教学问题”、“法律社会学研究问题”等问题，并就社会学与法学合作平台的构建提出意见。来自国内法学、社会学专家学者300人参加研讨。

（段蕾）

【举办孔子学院文化节】 10月23日，人民大学举办首届孔子学院文化节。文化节由孔子学院工作研讨会和汉语国际推广工作成果展组成。其中，成果展由人民大学承建的海外孔子学院概况、各家孔子学院介绍、孔子学院工作与人民大学国际化建设关系、汉语国际推广成果四部分组成。来自国内外专家学者400人参加活动。

（段蕾）

【举办公共管理学院成立10周年研讨会】 10月23日，人民大学举办公共管理学院组建十周年研讨会。会议以“21世纪公共管理教育：挑战、机遇与未来”为主题，研讨公共管理教育相关问题。来自国内外高等学校学者150人参加研讨。

（段蕾）

【成立教育学院】 11月1日，人民大学

成立教育学院。教育学院将负责全校教育学学科规划与建设，开展相关学术领域的人才培养和科学研究活动。该院开展本科学历层次教学，有专任教师24人，包括教授10人、副教授5人。

（段蕾）

【成立日内瓦孔子学院】 11月8日，人民大学成立瑞士日内瓦孔子学院。该院设在瑞士日内瓦大学，开展汉语教学、科研和交流活动。该孔子学院是瑞士第一所孔子学院，也是人民大学合作支持的第13所孔子学院。

（段蕾）

【举办哲学院成立55周年庆祝大会】 11月11日，人民大学举办哲学院（系）成立55周年庆祝大会。大会由纪念研讨会、哲学院院友会成立揭牌仪式和文艺晚会组成。来自国内外专家学者和该院毕业生400人参加活动。该院成立于1956年，前身为1950年成立的中国人民大学马列主义基础教研室以及1952年成立的辩证唯物论和历史唯物论教研室。1999年，宗教学系成立，与哲学系并称为“哲学系、宗教学系”。2005年5月，依托哲学系、宗教学系成立哲学院。

（段蕾）

【与联合国环境规划署签订合作协议】 11月15日，人民大学与联合国环境规划署签订合作协议。根据协议，双方共建环境应急管理法律政策研究院，合作开展公共机构化学品事故预防研究。

（段蕾）

【国学馆和校医院投入使用】 11月，人民大学国学馆和校医院投入使用。11月1日，国学馆正式竣工并启用。该馆总建筑面积约18000平方米，地上4层，地下2层，为国学院以及与国学教学研究密切相关的清史研究所、汉语国际推广研究所等单位提供教学、科研和办公用房。11月2日，校医院新址投入使用，新址建筑面积10000平方米，集医疗、教学、科研、预防、保健为一体，有临床科室12个，医技科室6个，承担校园及周边社区5万余人的医疗、保健服务和公费医疗管理工作。

（段蕾）

清华大学

党委书记　*胡和平*
校　　长　*顾秉林*

【概　况】 2011年，清华大学占地面积389.4万平方米，学校产权建筑面积204.3万平方米。固定资产总值827787.98万元，其中，教学、科研仪器设备资产值308809.98万元。图书馆建筑面积5.29万平方米，藏书402.03万册。学校信息化经费投入3400万元，拥有计算机54344台，信息化设备资产24189.43万元，网络信息点数62162个，校园网出口总带宽4000Mbps，电子邮件系统用户数55360个，数字资源量73648GB，管理信息系统数据总量6945.6GB。有16个学院56个系。国家重点学科（一级）22个，国家重点学科（二级）15个，国家重点（培育）学科2个，本科专业66个，第二学位专业7个，有博士、硕士学位授予权的一级学科54个。共有博士学位授权点56个，硕士学位授权点65个，有博士后科研流动站37个。有国家重点实验室13个，国家工程研究中心4个，省、部级设置的研究院（所、中心）、实验室40个。教职工8610人，其中，专任教师3109人（正高级1245人、副高级1271人）；博士生导师1276人，硕士生导师1492人。科研人员2493人。有中国科学院院士40人，中国工程院院士34人。毕业生6590人，其中，全日制博士研究生978人、硕士研究生2367人、普通本科生3245人。招生7996人，其中，全日制博士研究生1630人、硕士研究生3037人、普通本科生3329人。高考北京地区提档线理科651分、文科641分。在校生28529人，其中，全日制博士研究生6688人、硕士研究生8105人、普通本科生13736人。留学生毕业1876人、招生2117人、在校3303人。全校教职工因公出国（境）4720人次，学生3388人次；全年接待重要海外来宾2586人次；全年主请50多个国家和地区的海外专家（含港澳台地区）1133人来校讲学，其中长期243人、短期880人；举办国际或地区学术会议90次。网址：www.tsinghua.edu.cn。

（许亮　冯劲涛）

【成立环境学院】 1月10日，清华大学成立环境学院。该院下设环境工程系、环境科学系、环境规划与管理系，开展本科、硕士、博士学历层次教育，有专任教师74人，包括教授

37人、副教授29人。

（许亮　冯劲涛）

【19项成果获国家科技奖】 1月14日，清华大学19项科技成果获得2010年度国家科学技术奖。其中，国家自然科学奖1项、国家技术发明奖6项、国家科学技术进步奖12项。作为第一完成单位或第一完成人所在单位获奖7项，其中，工程物理系教授康克军等完成的“大型装备缺陷辐射检测技术”项目获得国家技术发明奖一等奖，工程物理系教授范维澄等完成的“应急平台体系关键技术与装备研究”项目获得国家科学技术进步奖一等奖；航天航空学院教授方岱宁等完成的“电磁固体的变形与断裂”项目获得国家自然科学奖二等奖；汽车工程系教授欧阳明高等完成的“城市客车多能源一体化混合动力系统及其系列化车型应用”项目，汽车工程系教授连小珉等完成的“运动汽车噪声综合识别及控制技术”项目，以及精密仪器与机械学系教授张书练等完成的“光学元件内应力、双折射和光学波片相位延迟测量的新原理和仪器”项目获得国家技术发明奖二等奖；环境学院教授郝吉明等完成的“特大城市空气质量改善理论与技术及其应用”项目获得国家科学技术进步奖二等奖。

（许亮　冯劲涛）

【一项成果入选中国科学十大进展】 1月18日，清华大学拓扑绝缘体领域的研究成果入选中国科学十大进展。该成果为该校物理系教授薛其坤、陈曦与中国科学院物理研究所科研人员在拓扑绝缘体领域实验和理论两方面的系列研究成果。该成果在国际上首次建立高质量拓扑绝缘体薄膜的分子束外延生长动力学，并制备出高质量拓扑绝缘体量子薄膜，为理论预言的量子反常霍尔效应、巨热电效应和激子凝聚等效应的研究提供物质基础；观察到拓扑绝缘体表面金属态的朗道量子化，证明拓扑表面态是一个二维无质量的狄拉克费米体系并受时间反演对称性保护；观察到拓扑绝缘体薄膜两个表面上的拓扑态耦合导致的能隙，对发展新的自旋电子器件具有指导意义。这些研究成果大大加深人们对拓扑绝缘体的理解，在国际学术界引起广泛影响。

（许亮　冯劲涛）

【下一代互联网核心网国家工程实验室揭牌】 1月19日，清华大学成立下一代互联网核心网国家工程实验室。该实验室旨在针对下一代互联网发展需求，建立核心网技术研发、测试和试验平台，开展关键技术以及运营管理技术研究。该实验室有科研人员115人，包括高级职称34人。

（许亮　冯劲涛）

【一教授当选十大杰出青年法学家】 1月25日，清华大学教授王振民被评为第六届“全国十大杰出青年法学家”。该评选由中国法学会主办。王振民，清华大学法学院院长、中国法学会宪法学研究会副会长、香港基本法委员会委员，为香港基本法实施提供理论依据做出重要贡献。

（许亮　冯劲涛）

【召开人居环境科学国际研讨会】 2

月28日，清华大学召开人居环境科学国际研讨会。该会议由该校与中国科学院、中国工程院合办，以“人居环境科学”为主题，研讨中国城市化过程中人居环境建设面临的理论和实践问题。来自住房与城乡建设部、中国社会科学院、北京大学等单位以及唐山、昆明、深圳等地的代表近百人参会。

（许亮　冯劲涛）

【徐旭常逝世】 3月18日，清华大学教授、中国工程院院士徐旭常在京逝世，享年78岁。徐旭常，1932年生，江苏省常州人。1953至1954年在清华大学热能动力装置专业研究生班学习，1956年起在清华大学动力工程系任教。他长期从事热能工程领域教学和科研工作，创立煤粉火焰稳定的“三高区原理”；发明“旋流式煤粉预燃室燃烧器”和“带船型火焰稳定器的煤粉燃烧器”，分获1984年国家科技进步三等奖和1989年国家技术发明二等奖；研究新的低氮氧化物（NOx）煤粉燃烧方法，烟气脱硫和联合脱除污染物的新技术和理论；在国际上率先利用燃煤烟气脱硫废弃物（脱硫石膏）对国内大面积盐碱化土壤进行改良。1989年获世界知识产权组织和中国专利局颁发的“发明创造金奖”，1996年获何梁何利科学与技术进步奖。他还长期从事人才培养工作，共培养硕士生20余人、博士生30余人。

（许亮　冯劲涛）

【范崇武逝世】 3月23日，清华大学教授、中国第一代电机工程专家、教育家范崇武在京逝世，享年104岁。范崇武，1907年生，浙江嘉善人。1935年起到清华大学电机系任教至今，其间曾出任北京市第三地方工业局（后北京市机电工业局）局长。他一直工作在电机工程教育第一线，在教学和科研工作中做出重要贡献。1990年获国家教委“老骥伏枥、志在千里、桃李不言、下自成蹊”嘉奖。他长期主讲电机设计课程，并编写电机设计讲义教材。

（许亮　冯劲涛）

【改革博士生导师制度】 3月，清华大学改革博士生指导教师制度。该校在学校层面取消博士生导师评聘制度。除法学院、公共管理学院外，全校各院系均开始启动此项改革。改革后，该校教师系列副高以上职称的教师和长聘教授（Tenure Track）系列的教师，均有招收指导博士生资格。

（许亮　冯劲涛）

【启动清华学堂人才培养计划】 4月

14日，清华大学启动“清华学堂人才培养计划”。学校每年在数学、物理学、化学、生命科学、计算机科学和力学等学科领域动态选拔优秀本科生，配备一流的师资，提供一流的学

习条件，创造一流的学术环境与氛围，开展教育教学改革和人才培养模式改革，创新管理制度与运行机制，促进学生充分发展，促进拔尖创新人才脱颖而出。同时，发挥示范和引领作用，带动各学科、各院系的人才培养模式改革探索。该计划采用学校引导、院系自主的模式，充分尊重学科门类、人才培养模式的差异，调动院系和教师人才培养的积极性和主动性，鼓励院系多样化的措施和选择。至年底，有290名学生入选“清华学堂人才培养计划”。

（许亮　冯劲涛）

【清华大学数字博物馆开通】　4月15日，清华大学数字博物馆开通。该馆是该校推出的网上博览，分为“清华足迹”、“清华人物”、“校园风貌”、“学在清华”、“成果展示”、“清华轶事”6个栏目，用文字、图片、视频、三维动画等形式全面展现清华历史和成果。

（许亮　冯劲涛）

【举办清华创新论坛】　4月19日，清华大学和国务院发展研究中心联合主办清华创新论坛。创新论坛以“创新——梦想与使命”为主题，研讨区域创新、大学创新、企业创新等问题。会上，由清华大学启迪创新研究院和清华科技园创办的“启迪创业学院”、由百家创业企业自愿联合发起的中关村100创业家俱乐部成立，该俱乐部将以清华大学和清华科技园多年的人才培养和企业孵育实践为基础，为广大企业家和有志于创业的人才打造一个相互交流和共同发展的平台。来自政府、高校、科技园区、企业等领域代表400人参加论坛。

（许亮　冯劲涛）

【胡锦涛视察清华】　4月20日，胡锦涛视察清华大学。胡锦涛参观校史展，会见杨振宁等知名学者和应届毕业生代表，参观信息网络工程研究中心和结构生物学中心，还回到水利系，与1965届校友见面并观看学生教学实验。胡锦涛充分肯定清华大学建校100年来所取得成就，希望学校以建校百年为新的起点，全面贯彻党的教育方针，坚持教书育人，进一步提高教学质量和科研水平，努力跻身世界一流大学行列，为国家富强、民族振兴造就更多优秀人才、提供更多智力支持，不断谱写新的辉煌篇章。3月7日、4月6日、6月30日、11月8日，吴邦国、习近平、李长春、贺国强分别视察清华大学。

（许亮　冯劲涛）

【纪念梁思成诞辰110周年】　4月20

日，清华大学召开梁思成诞辰110周年纪念大会。会议高度评价梁思成先生在建筑教育、古建筑研究和保护、建筑设计、城市规划等方面贡献，认为应学习和发扬梁思成等前辈学者的精神风范，扎根本土又保持国际视野，学术严谨而又勇于开拓创新，始终以国家及社会需要为目标，不断提高办学质量和研究水平，努力为国家和人类做出更大贡献。纪念活动还包括中国营造学社纪念馆梁思成先生铜像揭幕仪式、梁思成著作《为什么研究中国建筑》（双语版）首发式和学术论坛。来自国内外专家学者800人参加活动。

（许亮　冯劲涛）

【召开大学校长全球峰会】　4月23日，

清华大学召开大学校长全球峰会。会议以“全球社会经济发展与高等教育”为主题，研讨全球化背景下高校所面临的历史责任、时代使命和现实挑战。大会通过“清华共识”，即从促进大学间交流、培养高素质人才、承担社会责任、加强知识创造和文化传承四个方面阐述未来高等教育在全球社会经济发展中作用和责任。来自40个国家和地区130余所大学校长参加活动。

（许亮　冯劲涛）

【李志坚逝世】　5月2日，清华大学教授、中国科学院院士、中国硅基半导体科学研究的奠基人和开创者、中国半导体领域科学家李志坚在北京逝世，享年83岁。李志坚，1928年5月出生，浙江镇海人。1958年起在清华大学工作。他是中国硅基半导体科学研究奠基人、中国半导体领域著名科学家，长期从事半导体和微电子技术领域的教学和研究工作；曾获国家科技进步奖二等奖两次、部委科技进步奖多次；主编《半导体材料硅》和《MOSLSI集成技术》；发表论文130余篇。

（许亮　冯劲涛）

【成立低维量子物理国家重点实验室】　7月15日，清华大学成立低维量子物理国家重点实验室。低维量子物理实验室依托于物理系，立足当前物理学发展前沿，结合国家中长期科学和技术发展规划纲要，瞄准国家经济建设中相关科学技术问题，开展量子物理研究。目前研究主要集中在低维量子材料与结构的制备和控制动力学研究，精密极端条件实验技术和方法研究，低维量子体系的新奇量子现象研究和应用，低维量子体系的设计与基础理论研究四个方向。有科研人员40人，其中，正高级职称32人、副高级职称8人。

（许亮　冯劲涛）

【举办博士生论坛】　10月12至15日，清华大学举办“C9－Go8”（C9：中国九校；Go8：澳洲八校联盟）博士生论坛。该论坛以“未来清洁能源与全球变化”为主题，研讨全球热点环境问题。来自“C9－Go8”联盟博士生50人参加活动。

（许亮　冯劲涛）

【召开中巴合作研讨会】　10月24日，清华大学召开“中国－巴基斯坦合作研讨会”。会议研讨“中巴战略合作”、“后阿富汗时代的中巴合作”、“中巴国际研究合作”和“中巴能源信息合作”四个主题。来自中巴两国部分高校、科研机构专家学者100人参加研讨。

（许亮　冯劲涛）

【与5个省市签订合作协议】 至年底，

清华大学与5个省市签署合作协议。1月7日，该校与重庆市政府在渝签署战略合作协议，双方将在汽车、机械工程、建筑、镁铝金属制造和材料工程等方面开展全面合作。学校同时还与重庆市科委、市国资委、重庆大学、长安汽车和中冶赛迪等单位签订涉及人才培养、科技合作、制造业技术等多个领域的19项合作协议。3月9日，该校与浙江省人民政府签订合作协议。双方将围绕加快浙江清华长三角研究院建设发展、培育战略性新兴产业、建立产业技术创新战略联盟和人才培养等方面开展全面合作。8项省校合作相关项目协议同期签署。同日，该校与江苏省人民政府签订合作协议，根据协议，双方将在战略合作咨询、科技合作、重大产学研平台、人才交流培养等方面开展合作。同日，该校与安徽省人民政府签订合作协议。根据协议，双方将在加强战略决策咨询、推进战略性新兴产业发展、提升安徽企业技术创新能力、加强人才交流培养等方面开展长期广泛深入的合作。7月18日，该校与广西壮族自治区签署战略合作协议。根据协议，双方将以科技合作、人才培养、咨询服务等形式，开展区校长期的合作。

（许亮　冯劲涛）

【举办9次清华论坛】 至年底，清华

大学举办9次清华论坛。3月23日，亚洲开发银行行长黑田东彦（Haruhiko Kuroda）作题为《保护水资源：中国与亚行水安全合作》的演讲；微软公司首席研究及战略官克瑞格·蒙迪（Craig Mundie）作题为《迎接人性化的计算时代》的演讲。4月18日，全国政协原副主席、工程院主席团名誉主席徐匡迪作题为《依靠科技进步，促进绿色发展》的学术报告。4月27日，西门子股份公司全球副总裁、清华大学顾问教授阿赫思（Reinhold Achatz）作题为《绿色革命：用创新应对气候变化的挑战》的演讲。5月9日，2009年诺贝尔经济学奖得主埃莉诺·奥斯特罗姆（Elinor Ostrom）作题为《诊断社会生态系统》的演讲。5月10日，美国国际商业机器公司（IBM）董事长、总裁兼首席执行官彭明盛（Samuel J. Palmisano）作题为《一个伟大的公司和它的理念：塑造一个公司和一个世纪》的演讲。11月8日，微软公司全球常务副总裁、总法律顾问布拉德·史密斯（Brad Smith）作题为《科技创造机遇：以微软和美国科技发展为例看创新促进增长》的演讲。11月17日，美国卡内基梅隆大学校长、美国大学协会执委会主席贾里德·柯亨（Jared Cohon）作题为《创建人类社会的能源未来——隐性成本和新的机遇》的演讲。12月21日，中国大洋协会秘书长金建才，中国大洋深海勘测技术与深海科学研究开发基地常务副主任、海底资源环境中心副主任陶春辉，“蛟龙”号载人潜水器总体与集成项目负责人、第一副总设计师崔维成，“蛟龙”号主驾驶员叶聪一行4人作题为《走向深海大洋——中国在国际海底区域的活动》的联合演讲。

（许亮　冯劲涛）

【7名诺贝尔奖获得者来访】 至年底，清华大学接待7名诺贝尔奖获得者来访。4月14日，1985年度诺贝尔物理学奖得主克劳斯·冯·克利青（Klaus V. Klitzing）到清华物理系进行学术交流；4月22日，2007年诺贝尔经济学奖获得者讲座教授埃里克·马斯金（Eric Maskin）到访，作题为《金融危机的成因与对策》的演讲；5月9日，2009年诺贝尔经济学奖得主埃莉诺·奥斯特罗姆（Elinor Ostrom）到访，作题为《诊断社会生态系统》的演讲；5月30日，1993年诺贝尔生理学和医学奖获得者菲利浦·艾伦·夏普（Phillip Allen Sharp）到访，作题为《RNA在生命中的重要性》的演讲；7月5日，2001年诺贝尔经济学奖得主约瑟夫·斯蒂格利茨（Joseph E. Stiglitz）到访，作题为《国际经济学会第16届全球大会在我校举行》的演讲；9月14日，2001年诺贝尔经济学奖得主迈克尔斯·宾塞（Michael Spence）到访，作题为《发达国家的结构、竞争和就业问题：诊断与应对》的演讲；9月27日，2006年诺贝尔物理学奖获得者乔治·斯穆特（George Fitzgerald Smoot III）到访，作题为《绘制宇宙宏图》的演讲。

（许亮　冯劲涛）

【授予13人名誉学衔】 至年底，清华

大学授予13人名誉学衔。其中，3月24日，美国纽约国际软件屋公司创办人及董事长廖凯原（Leo KoGuan）受聘为客座教授；4月8日，德国柏林工业大学教授马丁·耶克（Martin Rudolf Jekel）受聘为客座教授；4月21日，美国伊利诺伊大学芝加哥分校计算机系教授俞士纶（Philip S. Yu）受聘为客座教授；4月22日，英国牛津大学校长安德鲁·汉密尔顿（Andrew Hamilton）、美国芝加哥大学校长罗伯特·锦穆尔（Robert J. Zimmer）被授予名誉博士称号；5月16日，美国国家科学基金会（NSF）工程力学和材料学科主任张建平（Ken P. Chong）受聘为客座教授；7月7日，美国普渡大学印第安纳波利斯校区教授陈耀斌（Yaobin Chen）受聘为客座教授；9月8日，美国麻省理工学院教授陈刚（Gang Chen）受聘为客座教授；9月21日，中国文物学会青铜器专业委员会理事王纲怀受聘为顾

问教授；10 月 23 日，美国康奈尔大学讲座教授乔纳森·卡勒（Jonathan Culler）受聘为客座教授；11 月 16 日，台湾长庚医学院教授陈敏夫（Miin－Fu Chen）、厦门长庚医院副院长赖明坤（Ming－Kuen Lai）受聘为客座教授；11 月 17 日，美国宾夕法尼亚大学建筑学院、麻省理工学院教授加里·海克（Gary Hack）受聘为客座教授。

（许亮　冯劲涛）

【与 9 个机构签订合作协议】　至年底，清华大学与 9 个国内外机构签订合作协议。3 月 15 日，与黑龙江省农垦总局签订合作协议，双方在科技成果转化、人才培养、校企合作等多方面开展合作。3 月 16 日，分别与中国南极天文中心、国家天文台签订合作协议，合作开展相关研究等。4 月 1 日，与中国核工业集团公司签订合作协议，共建“中国核工业集团公司人才培养基地”；与中国华能集团公司签订利用脱硫副产物改造盐碱地合作协议。4 月 13 日，与中国大唐集团公司签订合作协议，在先进发电技术、煤低碳清洁转化、燃煤污染控制、可再生能源等技术领域和安全生产、人才引进、培养等方面开展合作。4 月 21 日，与中国电子科技集团公司签订合作协议，在科学研究、人才培养、学术交流等方面开展合作。4 月 22 日，与中国东方电气集团有限公司签订合作协议，围绕国家重大技术装备研制、新能源产业发展战略，在科技研发、成果转化、人才培养等方面建立战略合作关系。6 月 22 日，与国家开发银行签订开发性金融合作协议，在规划咨询、金融服务、融资支持等领域开展合作。9 月 29 日，与中国建筑股份有限公司签订合作协议，在科技研发、成果转化、人才培养、国际工程管理等方面开展合作。11 月 9 日，与美国阿冈国家实验室签订合作协议，双方在能源转化与储存、车辆优化与控制、交通能源系统评估和教育及公共科普活动四个领域开展联合研究。

（许亮　冯劲涛）

【成立6个研究机构】　至年底，清华大学成立 6 个研究机构。1 月 5 日，成立交叉信息研究院。该院为实体机构，旨在建设世界一流的交叉信息研

究中心和人才培养基地，推动理论计算机科学和量子信息科学的发展，培养具有国际竞争力的拔尖创新人才。3 月 2 日，与北京市神经外科研究所合作成立临床神经科学研究院。该院为非实体科研机构，挂靠医学院，共同发起方为第二附属医院。6 月 15 日，成立华商研究中心。该中心是在国务院侨办的支持与合作下成立的高层次交流平台和科研机构。9 月，成立国家软实力研究院。该院致力于构建软实力研究的跨学科交叉平台。11 月 16 日，成立清华大学长庚医学发展研究院。该院由该校和台湾长庚医疗财团、厦门长庚医院合作成立，三方将进行临床医学、基础医学、技术开发、医学管理等方面的交流与合作，培养高素质、高水平的医学人才，开展高层次的生命科学和医学科学研究。11 月 28 日，成立职业能力发展研究中心。该中心由中国就业促进会、中国就业培训技术指导中心、清华大学教育研究院三方发起成立，旨在推动国内就业及高端职业培训和高技能人才工作的开展。12 月 29 日，成立中国农村研究院。该院是在中央农村工作领导小组办公室、国务院发展研究中心等支持下，依托清华大学成立的，旨在开展中国“三农”问题高水平研究，培养服务于中国农村改革发展的高素质人才。

（许亮　冯劲涛）

北京交通大学

党委书记　曹国永
校　　长　宁滨

【概　况】　2011 年，北京交通大学占地面积 66.81 万平方米，学校产权建筑面积 84.24 万平方米。固定资产总值 267269.15 万元，其中，教学、科研仪器设备资产值 72893.22 万元。图书馆建筑面积 16357 平方米，藏有纸质图书 162.49 万册，电子图书 35.85 万册。全年教育经费投入 157926 万元，其中，国家拨款 74608 万元、自筹经费 83318 万元。学校信息化经费投入 1447 万元，拥有计算机 12209 台，多媒体教室座位 23000 个，信息化设备资产 32122.32 万元，网络信息点数 30000 个，校园网出口总带宽 1000Mbps，电子邮件系统用户数 57880 个，上网课程 661 门，数字资源量 45000GB，管理信息系统数据总量 4.74GB。下设 16 个直属院（系），36 个系；开设本科专业 48 个，覆盖 8 个学科门类和 33 个一级学科，一级学科博士点 20 个，博士学位授权点 98 个，硕士学位授权点 170 个，10 类专业学位授权点；博士后流动站 13 个，其中，博士后研究人员出站 59 人、进站 41 人和在站 132 人。2 个一级学科国家重点学科、2 个二级学科国家重点学科，3 个一级学科北京市重点学科、6 个二级学科北京市重点学科、2 个交叉学科北京市重点学科，4 个铁道部重点学科。国家重点实验室 1 个，国家工程实验室 2 个、国家工程研究中心 1 个。教职工 2825 人，其中，专任教师 1691 人，包括教授 350 人、副教授 671 人；博士生导师 289 人、硕士生导师 951 人；中科院院士 4 人、工程院院士 8 人。“长江学者奖励计划”特聘教授 4 人、国家有突出贡献专家 5 人、享受政府特殊津贴专家 162 人；外籍教师 4 人，其中，教授 4 人。毕业生 30070 人，其中，学历教育学生中全日制研究生 2859 人（博士生 270 人、硕士生 2589 人），普通本专科生 3689 人（本科生 3289 人、专科生 400 人），成人教育本专科生 2919 人（本科生 1915 人、专科生 1004 人），网络教育本专科生 20066 人（本科生 6271 人、专科生 13795 人）；非计划招生高等教育学生中在职人员攻读硕士学位 537 人。本科就业率 98.55%，研究生就业率 98.91%。招生 39630 人，其中，学历教育学生中全日制研究生 3310 人（博士生 420 人、硕士

生 2890 人），普通本专科生 3907 人（本科生 3462 人、专科生 445 人）、成人教育本专科生 3670 人（本科生 2443 人、专科生 1227 人），网络教育本专科生 26706 人（本科生 8064 人、专科生 18642 人）；非计划招生高等教育学生中在职人员攻读硕士学位 2037 人。高考北京地区提档线理科 568 分，文科 571 分。在校生 88924 人，其中，学历教育学生中全日制研究生 8699 人（博士生 2268 人、硕士生 6431 人），普通本专科生 15323 人（本科生 13969 人、专科生 1354 人），成人教育本专科生 7689 人（本科生 5257 人、专科生 2432 人），网络教育本专科生 53127 人（本科生 18355 人、专科生 34772 人）；非计划招生高等教育学生中在职人员攻读硕士学位 4086 人。留学生毕业 189 人，招生 357 人，在校生 586 人。网址：www.bjtu.edu.cn。

（高杰）

【成立国际班】　2 月 21 日，北京交大成立国际班。该班针对交通运输类铁道运输及道路与交通工程两个专业方向，自 2009 级学生开始采取自愿申请方式组建由 24 名学生组成交通运输类专业国际化人才培养试点班。国际班专业基础课程、专业必修课程和专业选修课程采用双语授课及逐步过渡到全英语授课方式。该班学生可选择“2+2”（本校学习两年，境外高校学习两年）或“3+1”（本校学习三年，境外高校学习一年）两种培养模式。

（高杰）

【庆祝出版社建社 10 周年】　5 月 18 日，北京交大庆祝出版社建设 10 周年。庆祝活动由研讨会、论坛组成。来自国家出版总署、教育部和兄弟院校领导 200 人参加活动。该社成立于 2001 年，坐落在该校国家大学科技园内，是由教育部主管、北京交通大学主办的中央级出版社，于 2003 年正式生产运营，2005 年 8 月增设音像出版权，2006 年 4 月增设电子出版权，2010 年完成体制改革。其主要出版电子信息、计算机科学与技术、交通运输等 10 个方向出版物。出版图书的类别主要为高等学校教材、教学参考书、工具书、学术专著、科技图书以及各类技术培训用书。至年底，已出版新书 2400 余种，重印图书达到 3100 余种次，年生产码洋过亿，有 150 多种图书获得国家级和省部级的奖励。

（高杰）

【与两家国外企业签订合作协议】　5

月 23 日和 10 月 20 日，北京交大与两家国外企业签订合作协议。5 月 23 日，该校与法国威立雅交通一巴黎地铁集团中国有限公司签订合作协议，根据协议，双方在委托课题研究、学生实习基地建设、邀请专家讲学、共同举办公共交通研讨会或组织培训项目等领域开展合作。10 月 20 日，学校与美国南加州大学签订合作协议，根据协议，两校在本科生、研究生人才培养、师资培训以及科学研究领域开展合作。

（高杰）

【成立三个学院】　5月，北京交大成

立三个学院。5 月 16 日，该校整合原人文社会科学学院的马克思主义理论教学研究部与文化素质教育中心两个机构，组建成立马克思主义学院。马克思主义学院是直属学校领导的思想政治理论课教学科研二级机构，是思想政治理论课教学部门和马克思主义理论研究机构，又是马克思主义理论学科点依托单位。该院统一管理思想政治理论课教师，负责思想政治理论教学、科研、社会服务和相关管理工作，负责马克思主义理论学科建设、人才培养和教学科研梯队建设等工作。有专任教师 47 人，其中，高级职称 34 人。5 月 24 日，该校在人文社会科学学院法律系基础上，成立法学院。学院有专任教师 27 人，其中，高级职称 12 人。5 月 31 日，该校成立国家保密学院。该学院主要依托计算机与信息技术学院建设，经济管理学院和法学院共同参与建设，从 2011 年起招收信息安全（保密技术）、信息管理与信息系统（保密管理）2 个专业方向的本科生，培养懂技术、懂法律、善管理的复合型保密人才，建设一流的国家保密学历教育、保密科研和保密培训基地。有专任教师 40 人，其中，高级职称 26 人。

（高杰）

【聘任 1 名讲座教授】　7 月 14 日，北京交大聘任郑大昭为讲座教授。受聘后，郑大昭在经济管理学院从事物流与供应链管理教学和科研工作。郑大昭（T. C. Edwin Cheng），1957 年 5 月 7 日出生，籍贯中国香港，剑桥大学哲学博士、科学博士，香港理工大学管理学讲座教授，2008 年受聘教育部长江学者讲座教授，历任香港理工大学管理系主任、商学院院长、副校长，曾任教于新加坡国立大学、香港中文大学、加拿大马尼托巴大学，担任过 30 余个国际期刊的主编、副主编、客座主编及编委。出版 10 本英文专著，发表高水平论文 520 余篇，其中，在权威期刊发表 400 余篇、世界顶级期刊发表 60 余篇。

（高杰）

【举办高层管理人员工商管理硕士高端论坛】　7 月 16 日，北京交大举办首届高层管理人员工商管理硕士（EMBA）高端论坛。该论坛以“综合交通与现代物流发展”为主题，开设“综合交通运输业发展”和“现代物流业发展”两个分论坛，采用主旨发言、圆桌讨论和自由问答方式，研讨中国交通与物流行业的热点问题。来自国家相关部委、北京市领导，相关高校和研究机构专家学者以及高层管理人员工商管理硕士 240 人参加论坛。

（高杰）

【成立风电室外实验室】　8 月 22 日，北京交大成立风电室外实验室。该实验室是由该校与东营市人民政府合作建设，投资 2000 万元，实验室依托

东营经济技术开发区风电产业聚集的基础，发挥该校科研、技术和人才方面的优势，开展风电科学研究，打造基础研究与产业化推广相结合的风电技术开发、成果转化和人才培养基地。风电室外实验室下设风电机组建模仿真实验室、整机及零部件性能测试实验室、变流器研发及试验实验室、整机设计及寿命评估实验室、风电场运行维护实验室5个部门。该实验室总面积为4200平方米，技术团队共30人，主要来自于该校新能源研究所，包括博士生导师1人、教授1人。有博士生20人，硕士生10人。

（高杰）

【成立两个研究中心】 8月23日和9月28日，北京交大成立两个研究中心。8月23日，该校与摩托罗拉公司成立数字化无线技术研究中心，开展数字化无线技术研发、系统测试以及铁路运输、智能交通、公安消防领域研究。9月28日，成立中国技术经济研究中心，该中心挂靠经济管理学院，开展重点高层次技术经济人才培养，承担重要研究项目，搭建国内外学术交流平台。

（高杰）

【举办绿色物流国际论坛】 10月22日，北京交大举办中德绿色物流国际论坛。论坛以“绿色物流发展战略与实践”为主题，采取主题报告形式研讨“中国绿色货运及绿色交通运输体系构建行动计划”、“德国促进绿色交通实现的途径”、“构建中国绿色物流理念与体系”等问题。来自中国和德国政府机构、高校和企业专家学者200人参加论坛。

（高杰）

【与平谷区签订土地供应协议】 11月4日，北京交大与平谷区人民政府签订“北京交通大学现代轨道交通创新基地暨新校区项目教育用地土地供应协议”。根据协议，平谷区为该校提供146.67万平方米土地，用于新校区建设。该项目总投入300000多万元。

（高杰）

【学生活动服务中心启用】 11月15日，北京交大学生活动服务中心启用。该中心总建筑面积58000平方米，集一站式服务、文化素质培养、艺术教育、科技创新、生活服务、日常办公等多功能于一体，同时兼顾广大教师使用需求和学校发展综合需求。中心共分为地下2层、地上10层，包括学生食堂、学生艺术用房、学生浴室、小剧场、办公用房和地下车库。其中，一、二、三层食堂面积共计12000平方米，可提供3000人同时就餐。男女浴室共1400平方米，可同时提供371个喷头。该工程2009年开始建设，总投入24200万元。

（高杰）

【长三角研究院落成】 12月9日，北京交大长三角研究院落成。该研究院是该校与镇江市政府、镇江新区管委会共建的一所专业性研究机构，位于镇江科技城内，规划建筑面积2万平方米，下设10个研发中心。落成典礼上，研究院与江苏物泰信息科技有限公司、南京邮电大学、镇江恒驰科技有限公司和派顿科技（集团）有限公司4家单位签订合作协议。该研究院2010年开工建设，总投入16000万元。

（高杰）

【学生竞赛取得好成绩】 至年底，北京交大学生竞赛取得好成绩。在1月22日举行的中国移动第二届大学生创新大赛全国总决赛中，电信学院学生周钰威、杨吉、李一石、曾奕帝的《电动自行车节能综合控制系统》获一等奖；在5月21日举行的第六届全国大学生交通科技大赛上，该校运输学院代表队作品《地铁换乘站行人行为与设施服务水平及其仿真研究》、《基于iPhone平台的校园导航系统的开发》分别获得全国一等奖和三等奖。在5月23日举行的第23届中国控制与决策年会上，电信学院2009级交通信息工程及控制专业研究生陈鹤楠所著论文《自主车辆FW操控的容错跟踪控制》、《Fault－tolerant Tracking－Control of FW－Steering Au－tonomous Vehicles》获得“张嗣瀛青年杰出论文奖”。9月2日，该校建筑与艺术系学生王佳、刘冬贺、孟璠磊、侯磊设计的作品“六米阳光”获得“台达杯”国际太阳能建筑设计竞赛一等奖。10月19至23日，在“第五届全国大学生结构设计竞赛”中，土建学院2008级学生杨朔、2009级江鹏、2009级刘培玲等组成的参赛队以抗震防灾作品《擎天柱》获得一等奖。11月13日，在首届“CIBN杯”全国大学生英语节目主持人大赛中，2010级理科实验班学生康政获得特等奖。

（高杰）

【成立3个处室】 至年底，北京交大成立3个处室。其中，1月9日，成立发展战略与规划处。该处由原行业特色研究性大学发展战略研究中心、联合国教科文组织产学合作教席办公室与原发展规划处、高等教育研究所合并成立。成立后，该处开展国内外高等教育发展动态研究和发展战略研究，行业特色研究型大学发展战略研究，学校中长期发展规划及战略措施的研究与制定，教育教学研究与评估，联合国教科文组织产学合作教席相关工作。新发展规划处定编6至10人，设处级领导干部职数2个，其中，处长1名、副处长1名，非处职管理编制1个、研究编制3至7个。5月24日，成立政策研究室。该研究室由学校党委领导与管理，挂靠学校办公室。其主要职能是提供政策支持、研究改革方案和起草重要文稿等。政策研究室设有主任1名（正处级）、副主任1名（副处级），专职研究工作人员编制1个，可根据需要聘用兼职教师。同日，成立国际教育交流中心。成立后，原留学生办公室撤销，其职能划归国际教育交流中心。该中心设主任1名（正处级，兼任国际合作交流处副处长）、副主任1名（副处级），工作人员采取非事业编制聘用为主的运行模式。

（高杰）

北京工业大学

党委书记　王守法
校　　长　郭广生

【概　况】 2011年，北京工业大学占地面积80.41万平方米，建筑面积80.75万平方米。固定资产总值300100万元，其中，教学、科研仪器设备总值156000万元。全年教育经费投入190120万元，其中，国家拨款136113万元，占71.59%；自筹经费54007万元，占28.41%。图书馆建筑面积2.6万平方米，藏书172.2万册，电子图书5629.66GB。学校信息化经费投入3991.70万元，拥有计算机18187台，多媒体教室座位18782个，网络信息点数26500个，校园网出口总带宽2700Mbps，电子邮件系统用户数43249个，上网课程568门，数字资源量3000GB，管理信息系统数据总量220TB。学校下设18个二级学院和体育教学部、激光工程研究院、固体微结构与性能研究所、循环经济研究院、高等教育研究所；开设本科专业47个；现有一级学科博士学位授权点18个，二级学科博士学位授权点1个；一级硕士学位授权点31个，二级硕士学位授权点3个；博士后流动站15个，其中，出站30人、进站38人、在站73人。国家重点学科3个，北京市重点学科16个，北京市重点建设学科18个。国家工程研究中心1个，国家级产学研中心1个，国际合作研究中心1个，教育部工程研究中心2个，教育部重点实验室2个，省部共建重点实验室3个，北京市级科研基地16个，行业重点实验室3个。定期出版专业刊物2种。教职工3190人，其中，专任教师1521人，包括教授315人、副教授790人；博士生导师203人，硕士生导师629人（含专业学位和学术学位硕士生导师）。外籍教师30人，其中，教授8人。享受政府特殊津贴专家26人，院士5人，“长江学者奖励计划”特聘教授4人，国家杰出青年基金获得者6人，中央层面“海外高层次人才引进计划”入选者3人，“北京海外人才聚集工程”入选者13人。毕业生8047人，其中，学历教育学生中全日制研究生1405人（博士生152人、硕士生1253人）；普通本专科生3098人；成人教育本专科生2958人（本科生1563人、专科生1395人）；非计划招生高等教育学生中在职人员攻读硕士学位586人。本科生就业率94.71%，研究生就业率96.3%。招生8555人，其中，学历教育学生中全日制研究生1827人（博士生231人、硕士生1596人），普通本专科生3191人，成人教育本专科生2779人（本科生1832人、专科生947人）；非计划招生高等教育学生中在职人员攻读硕士学位758人。高考北京地区提档线文科524分、理科484分。在校生30094人，其中，学历教育学生中全日制研究生5402人（博士生982人、硕士生4420人），普通本专科生12722人，成人教育本专科生8717人（本科生5842人、专科生2875人）；非计划招生高等教育学生中在职人员攻读硕士学位3253人。留学生毕业275人，招生449人，在校生709人。网址：www.bjut.edu.cn。

（周刚　刘玮　李四平）

【5项成果获国家科技奖】　1月14日，北工大5项成果获国家科学技术奖励。材料学院符寒光、雷永平等完成的“高强韧铸造耐磨材料制备技术及应用”获技术发明奖二等奖；材料学院聂祚仁、席晓丽等完成的“废弃钴镍材料的循环再造关键技术及产业化应用”，建规学院苏经宇等完成的“大型复杂结构隔震减震关键技术及工程应用”，建工学院高文学等完成的“岩体爆破振动效应定量评价理论与精细化控制技术及工程应用”，建工学院李悦等完成的“钢管高强混凝土膨胀控制与制备技术及其在大跨度结构的应用”分别获得国家科学技术进步奖二等奖。

（刘玮）

【成立两个学院】　3月30日和4月27

日，北工大成立两个学院。其中，3月30日，该校成立马克思主义学院。该学院属二级教学科研机构。有教师28人，其中，教授2名、副教授18名、讲师8名，下设五个教研室和一个行政办公室，主要承担全校学生的思想政治理论课程及部分学科基础课程的教学、马克思主义理论学科建设以及研究生培养任务等工作。该学院现有马克思主义理论一级学科硕士点和科技哲学二级学科硕士点各1个。4月27日，该校成立国际学院。该学院是负责实施学校国际教育教学的办学实体，主要教学、培养对象为来华留学生和中国学生，有专职教师12名、兼职教师24名，包括教授5人，副教授13人。至年底，培养来华留学生704人次，派遣247名中国学生赴海外进行长短期学习交流。

（刘玮）

【举办首届校园文化节】　4月12日至5月31日，北工大举办首届校园文化节。文化节以“动感校园·青春旋律”为主题，举办文化、艺术、体育三个大类10余场校园文化活动。该校师生1000人次参加活动。

（刘玮）

【与四川博物院签订合作协议】　4月15日，北工大与四川博物院签订合作协议。根据协议，该校艺术学院与该博物馆共建博物馆展陈科研与教学实践基地，并在教学、科研、产品开发等方面开展合作。

（刘玮）

【科技与艺术博物馆开馆】　5月11日，北工大科技与艺术博物馆开馆。该馆采取集中与分散相结合的建设布局，设置“首都科技条件平台—北京工业大学研发实验服务基地”分馆、民间美术博物馆、微电机收藏展览馆、学生创新成果展室和北工大奥运纪念馆5个分馆。

（刘玮）

【启动杰出学子培育计划】　5月11日，

北工大启动杰出学子培育计划。该计划是北工大推出的一项旨在帮助学生继续深造、就业和创业竞争力，提高考研、出国留学成功率和就业质量项目。首批在大三学生和建筑学专业大四学生中试点申报，培育时间为1

年。通过学院审核、面试答辩等环节，首批培育计划学生共有209人。

（刘玮）

【周锡元逝世】 5月29日，北工大教授、中国科学院院士周锡元因病在北京逝世，享年73岁。周锡元，1938年5月24日出生于江苏省无锡县。1956年毕业于苏州建筑工程学校。1978年后一直在中国建筑科学研究院工作，历任工程抗震研究所室主任、副所长、院顾问总工程师、研究员、博士生导师，1997年当选为中国科学院院士。2000年后同时受聘北京工业大学建筑工程学院教授、博士生导师。长期从事结构隔震、减震与振动控制，城市与工程抗震减灾，地震危险性分析与设计地震，城市和区域综合减灾规划等领域研究。先后发表学术论文300余篇，著有《地震工程概论》、《场地·地基·设计地震》、《抗震工程学》、《工程抗震的新发展》等专著；曾获全国科技大会奖1项和国家科技进步二等奖4项、三等奖1项，指导培养硕士生、博士生、博士后60余人。

（刘玮）

【樊恭烋逝世】 8月12日，北工大原校长樊恭烋因病医治无效在北京逝世，享年90岁。樊恭烋，1921年4月18日出生于浙江省象山县，1947年毕业于清华大学。1983年担任该校校长，1986年担任名誉校长。是第七、八届全国政协委员。1985年被授予“北京市特等劳动模范”称号并获全国“五一劳动奖章”。

（刘玮）

【一人获高校教学名师奖】 9月8日，北工大蒋宗礼教授获得第六届全国高等学校教学名师奖。蒋宗礼，1956年出生于河南，1986年毕业于哈尔滨工业大学，取得硕士学位，2001年到北工大工作，长期从事计算机学科专业教育、计算机软件研究。他是国家精品课程“编译原理”、计算机软件基础课国家级教学团队负责人，主编的《形式语言与自动机理论（第2版）》是国家2008年度普通高等教育精品教材，曾获国家教学成果二等奖2项，省部级教学、科研奖励10余项，主讲编译原理、形式语言与自动机理论、神经计算等课程，培养研究生50余人。

（刘玮）

【年鉴获全国特等奖】 9月12日，北工大《北京工业大学年鉴（2010）》获得全国年鉴编校质量检查评比特等奖。该奖项由中国版协年鉴工作委员会主办，是该校继2008年获得全国年鉴编校质量检查评比一等奖后再次获奖。该校年鉴2004年创刊，由北京工业大学出版社出版。

（刘玮）

【召开国际化专业工程师培养研讨会】

10月7至8日，北工大召开国际化专业工程师培养研讨会。研讨会由该校与英国阿斯顿大学合办，围绕工程技术人才培养、产学研结合、工程教育专业认证、国际化专业工程师培养等内容进行8个主题发言，与会人员就国际化专业工程师的培养开展交流和研讨。来自中国、英国、西班牙等国高校教师、专家及企业代表150人参加会议。

（刘玮）

【开展中法卓越工程师项目】 10月17

日，北工大开展中法卓越工程师项目。该项目由该校与法国电子与计算机信息学院（EFREI）合作，采用“3＋1＋2”本硕连读培养模式，期满符合要求者，获得双方本科文凭后可以直接进入法方学校工程师硕士阶段学习，学制两年，毕业后获得法方工程师文凭和硕士学位。

（刘玮）

【举行感动工大人物颁奖典礼】 11月15日，北工大举行建校50年“感动工大”人物颁奖典礼。评选活动于2010年7月1日启动，前期基层共推荐感动人物56名，经过初选，确定候选人29名。经由全校师生和校友投票，最终选出“感动工大”人物10名和“感动工大”人物特别奖2名。

（刘玮）

【与爱尔兰高校签订合作协议】 12月

16日，北工大与爱尔兰都柏林大学签订合作协议。根据协议，双方共建北工大下属二级学院“北京－都柏林国际学院”。

（刘玮）

【与北汽集团签订合作协议】 12月29日，北工大与北京汽车集团有限公司签订合作协议。根据协议，北汽集团将结合自身企业发展对人才数量实际需求，将该校列为其招收新员工的重点院校，定期从北工大招收优秀毕业生；双方还将联合开展学术交流和研发活动、建立学生培养实践基地；北工大也将为北汽集团员工开办个性化培训，并以师资优势支持北汽集团党校教学工作。

（刘玮）

【共建3个研究机构】 至年底，北工大共建三个研究机构。其中，与北京市科学技术研究院共建北京工业技术研究院；与中北大学、山西银光镁业集团三方共建国家地方镁合金工程研究中心；与北京市信访矛盾分析研究中心共建当代中国信访与社会治理研究中心。

（刘玮）

【学生竞赛获奖】 至年底，北工大学生参加多项竞赛获奖。4月5日，在2011年度美国大学生数学建模竞赛上获得一等奖1项、二等奖3项。5月14日，在第十五届“外研社杯”全国英语辩论赛上获得季军。5月22日，钟果程获得第二届亚洲英语辩论赛英语非母语组最佳辩手奖。8月24

日，在2011中国机器人大赛中获得中型组项目冠军、在机器人武术擂台赛双机配合自选动作技术挑战项目上获得亚军。8月24日，学生代表队在第六届全国大学生“飞思卡尔”杯智能车竞赛光电组获得一等奖。10月19日，在全国“挑战杯”竞赛中，电控学院学生孙荣毅等完成的作品“一种新型的外骨骼式主从机器人遥控操作系统”荣获特等奖；电控学院学生冷魁等完成的作品“便携式微型储能点焊机”，软件学院学生蒋超博等完成的作品“数字皮影交互平台”分别获得三等奖。

（刘玮）

北京航空航天大学

党委书记 杜玉波（1月免）
胡凌云（1月任）
校　　长 怀进鹏

【概　况】 2011年，北京航空航天大学占地面积220.53万平方米，建筑面积145.41万平方米。固定资产总值567034万元，其中教学、科研仪器设备资产总值181297万元。图书馆建筑面积26983平方米，藏书254.04万册，电子图书8800GB。全年教育经费投入152197.81万元，其中，国家拨款99593.58万元、自筹经费52604.23万元。学校信息化经费投入1480万元，拥有计算机24977台，多媒体教室座位33265个，信息化设备资产51197万元，网络信息点数41900个，校园网出口总宽带3300Mbps，电子邮件系统用户个数64317个，上网课程302门，数字资源20333GB，管理信息系统数据总量52.05GB。设有26个学院，开设57个本科专业，具有硕士学位授权一级学科点38个，硕士学位授权二级学科点（不含一级学科覆盖点）3个，博士学位授权一级学科点21个，博士学位授权二级学科点（不含一级学科覆盖点）1个。学科涵盖理、工、文、法、经济、管理、教育、哲学、医学、艺术学等10个门类。博士后流动站15个，其中，博士后研究人员出站120人、进站92人和在站184人。国家重点一级学科8个，国家重点二级学科28个、北京市重点学科9个；国家实验室1个（筹建）、国家实验室2个、国家级重点实验室8个（含国家重点学科点专业实验室3个），省部级重点实验室40个，国家级工程中心2个以及省部级工程中心7个。学校现有教职工3799人，其中专任教师2215人，包括教授524人，副教授811人。博士生导师587人和硕士生导师1128人（不含外聘博硕导师）；中科院院士5人、工程院院士12人。“长江学者奖励计划”特聘教授27人、国家有突出贡献专家30人、享受政府特殊津贴专家62人，国家杰出青年基金获得者30人，跨世纪优秀人才13人，新世纪优秀人才127人；国家级教学名师奖3人，国家自然科学基金委创新研究群体4个，教育部创新团队9个，国家级教学团队5个，国防科技创新团队6个。毕业生16060人，其中，学历教育学生中全日制研究生2688人（博士生566人、硕士生2122人），普通本科生2747人，成人教育本专科毕业生1347人（本科生980人、专科生367人），网络教育本专科毕业生7726人（本科生3725人、专科生4001人）；非计划招生高等教育学生中在职人员攻读硕士学位1552人。本科毕业生就业率98.12%。招生20517人，其中，学历教育学生中全日制研究生3775人（博士生703人、硕士生3072人），普通本科生3614人；成人教育本专科1504人（本科生988人、专科生516人），网络教育本专科生7966人（本科生3317人、专科生4649人）；非计划招生高等教育学生中在职人员攻读硕士学位3658人。北京地区高考提档线文科591、理科602。在校生64590人，其中，学历教育学生中全日制研究生12121人（博士生3807人、硕士生8314人），普通本科生13704人；成人教育本专科3573人（本科生2348人、专科生1225人），网络教育本专科生27194人（本科生14544人、专科生12650人）；非计划招生高等教育学生中在职人员攻读硕士学位7998人。留学生毕业313人，招生449人，在校生945人。网址：www.buaa.edu.cn。

（赵轶姝）

【4项成果获国家科技奖】 1月14日，北航4项成果获国家科技奖。其中，“实时三维图形平台BH_GRAPH”项目获国家科技进步一等奖，该项目是以赵沁平教授为首的北航实时三维图形平台科研团队，历时10年时间研制成的第一个集成建模工具、布景工具和绘制引擎的大型图形基础软件系统BH_GRAPH，该项目成果在可扩展的图形绘制引擎体系结构、多深度图像自动配准与高精度建模方法复杂场景和对象几何模型数据管理与优化方法等方面取得重要进展。另外，北航焦宗夏教授主持的“先进液压系统技术及其应用”获国家科技进步二等奖，另有两项目（其一为合作项目）获国家科技进步二等奖。2004年以来，北航已累计获7项国家科技奖励一等奖。

（毕娟　陈颖）

【引进两名千人计划专家】 2月28日和3月11日，北航引进两名“千人计划”专家。其中，2月28日，该校引进英国皇家天文学会副理事长简·查尔斯·扎尼奇（Jan Charles Zarnecki），受聘后，扎尼奇教授带领团队建立北航深空载荷研究中心，推动北航与欧空局“火星探测计划”的合作研究；3月11日，该校聘任美国康涅狄格大学教授宋知人，开展基础燃烧领域研究。

（毕娟　陈颖）

【获全国巾帼文明岗称号】 3月，北航外国语学院大学英语教学部获全国“巾帼文明岗”称号。本次评选活动由中华全国妇女联合会、全国妇女“巾帼建功”活动领导小组联合举办。该校大学英语教学部共有教师43人，其中，女教师35人，承担全校近6000名本科生的大学英语教学任务。大学英语教学部2008年被评为北京市“三八红旗集体”，连续5年在北京市高校青年教师基本功比赛中获奖，6 人获学校优秀主讲教师称号。

（毕娟　陈颖）

【与两个企业共建人才培养基地】 4

月 11 日和 6 月 24 日，北航与两个企业共建人才培养基地。其中，4 月 11 日，该校与中国商飞公司共建大型客机高级人才培训基地，培养学员掌握大型飞机设计、制造、运行管理基本技能；6 月 24 日，该校与百度公司共建百度人才培养基地，根据协议，该校学生可以直接接触到互联网搜索引擎核心技术，在百度技术专家指导下参与前沿技术及产品的实际研发，得到包括技术进阶、职业发展规划等专业培训。

（毕娟　陈颖）

【一人当选国际宇航科学院通讯院士】 9 月 3 日，北航生物与医学工程学院刘红教授当选为国际宇航科学院生命学部通讯院士。刘红，女，教授，博士生导师，1987 年毕业于南京理工大学环境保护专业，1994 年获莫斯科大学环境保护专业博士学位，先后在中国矿业大学、中国农业大学、北京师范大学等多所高等院校任教，现任北航生医学院空间生命科学与生命保障技术中心主任。创建环境生物学与生命保障技术实验室、中俄深空探测生命保障技术研究中心。她所领导的研究团队先后承担国家国际合作重点课题、国家 863 课题、国家水污染控制重大专项课题等项目。发表论文 80 余篇，获国家发明专利授权 6 项，出版专著 2 部。

（毕娟　陈颖）

【温家宝考察周末车载蔬菜市场和学生食堂】 10 月 1 日，温家宝考察北航教职工生活社区周末车载蔬菜市场和学生食堂。温家宝在车载蔬菜市场摊位前询问蔬菜种类、价格、持续时间和场地等问题，并与排队购菜的教

职工交谈，了解情况。随后，温家宝一行走进北航学生第一食堂，与正在用餐的学生交谈，询问饭菜价格和学生的生活情况。

（毕娟　陈颖）

【召开空间可持续发展会议】 10 月 13 至 14 日，北航召开 2011 北京空间可持续发展会议。会议讨论空间碎片减缓与防护、空间碎片主动移除、空间安全运行和各国在执行空间碎片减缓条例上所做的努力等相关技术问题，以及空间态势知悉、空间法、空间天气等有关议题，从技术研究角度探讨空间可持续发展的相关问题。会议由北航、美国安全世界基金会（Secure World Foundation）、国际空间大学（International Space University）联合发起，来自美国、英国、俄罗斯、西班牙、日本等国高校和研究机构以及外交部、航天五院、中国工程物理研究院、北京应用物理中心、中科院国家天文台、中国政法大学等单位国内外空间可持续发展研究领域的专家学者 40 人参会。

（毕娟　陈颖）

【举办法国日活动】 10月14日，北

航举办法国日活动。该活动以中法科技、教育、文化交流为主题，举办法国前总理让・皮埃尔・拉法兰名誉博士学位授予仪式、该校与法方学校合作签约仪式、对法教育合作与交流研讨会等活动。来自中法专家、高校代表和该校学生 500 人参加活动。

（毕娟　陈颖）

【聘任两名名誉教授】 10 月 31 日和 11 月 29 日，北航聘任两名名誉教授。分别是大卫・威廉姆斯和皮特・弗洛维特。大卫・威廉姆斯，英国皇家工程院院士，美国生物与医学工程院院士，材料科学家。从事科研工作 40 年，国际生物材料杂志《Biomaterials》主编，出版著作 39 部，发表论文约 400 篇，2008 年任威克弗里斯特大学再生医学研究所教授、国际事务部负责人。皮特・弗洛维是英国皇家工程院院士、英国布里斯托大学教授，1966 年获英国伦敦大学材料学博士学位，1980 年获帝国理工大学自然科学博士学位。他是材料断裂和结构完整性领域科学家，在传统电站和核电站压力容器相关材料的应用研究方面成果卓著，先后发表学术论文 300 余篇，出版著作 3 部。

（毕娟　陈颖）

【成立核科学与技术研究中心】 11月

1 日，北航成立核科学与技术研究中心。该中心将吸引国内外相关领域科学家，利用国内外资源，开展交流合作，培养人才，推动核科学与技术的基础研究、创新和应用研究。北航“千人计划”学者谷畑勇夫教授被聘为第一任主任。

（毕娟　陈颖）

【实施霍尼韦尔卓越科学与工程计划】 11 月 15 日，北航实施霍尼韦尔卓越科学与工程计划。该计划旨在通过与全球顶尖高校合作，举办一系列论坛、讲座，为学生提供与霍尼韦尔技术领袖及诺贝尔物理奖和化学奖得主直接交流的机会。作为该计划的一部分，“霍尼韦尔卓越工程课程”第三次作为研究生选修课为北航研究生开设，该课程于 2009 年创建，已有 119 名学生选修。北航今年派出第三批 11 名学生到霍尼韦尔公司进行为期 3 至 6 个月的带薪实习，自 2010 年该项目

启动以来已有30多名学生赴霍尼韦尔实习。

（毕娟　陈颖）

【一人获中国青年科技奖】　12月15日，北航王少萍教授获第十二届“中国青年科技奖”。该奖项由中共中央组织部、人力资源和社会保障部、中国科协共同主办，每两年评选一次，每届获奖者不超过100人，已评选表彰11届。王少萍，女，1994年在北航自动控制系获博士学位并留校任教。2000年破格晋升为教授、博士生导师。近5年主持国家自然科学基金，北京市自然基金，航空基金，国防基金，国家“九五”、“十五”预研项目20余项。获省部级科技进步奖7项，申请国家专利4项。她现任全国容错学会委员、中国过程控制学会委员、中国航空标准化委员会委员。

（毕娟　陈颖）

【聘任一名客座教授】　12月19日，北航聘任郑诚功为客座教授。郑诚功是台湾阳明大学特聘教授，国际骨生物力学及骨科植入物领域著名学者，1988年获美国爱荷华大学博士学位，曾获台湾最高荣誉杰出科技贡献奖、台湾杰出工程教授奖等。他曾担任台湾生物力学学会理事长、世界生物力学学会理事等职。

（毕娟　陈颖）

【与国内外高校签署40项合作协议】　至年底，北航与国内外高校签署合作协议40项。其中，签署校级框架合作协议18项，院级框架合作协议5项，与伊利诺伊大学香槟分校、巴黎第十一大学、比利时布鲁塞尔自由大学、法国航空航天大学、法国国立民航大学、乌拉尔联邦大学以及香港中文大学、台湾新竹清华大学、台湾元智大学等著名高校建立校际合作关系。签署校级、院级项目合作协议17项，涉及科研合作、学生交换、联合培养、教师交流、成立联合机构等多方面合作。

（毕娟　陈颖）

【签署8项国内合作协议】　至年底，北航与国内地方政府及企业签署8项协议。1月15日，北航与航天信息股份有限公司签署《航天信息股份有限公司—北航战略合作协议》。1月22日，北航与辽宁省人民政府签订战略

合作协议。1月25日，北航与山西省临汾市人民政府签订共建北航临汾基地战略合作协议。4月10日，北航与交通运输部公路科学研究院签署北航交通运输部公路科学研究院合作协议。4月25日，北航与中国民用航空沈阳航空器适航审定中心签署通用航空适航技术与管理合作协议。4月26日，北航与北京市昌平区人民政府签订战略合作框架协议。8月29日，北航与临沂市人民政府签署全面战略合作协议。12月12日，北航与鄂尔多斯市政府签署战略合作协议。

（毕娟　陈颖）

【学生竞赛获得好成绩】　至年底，北航学生竞赛获得好成绩。4月6日，北航在第27届美国大学生数学建模竞赛中获奖，其中，1个队获杰出奖提名奖，2个队获一等奖，7个队获二等奖。5月，北航学生杜天、杜文彬在“外研社杯”全国大学生英语辩论赛中获一等奖。6月，北航飞天合唱团在北京合唱节上获金奖。学校代表队6名学生在第十三届全国大学生英语竞赛中获特等奖。8月17至19日，在第八届全国周培源大学生力学竞赛中，北航120人获奖。8月22日，北航航空科学与工程学院2007级本科生李航获第七届中国青少年科技创新奖。10月13日，北航航模队47名队员在2011年全国大学生航空航天模型锦标赛（科研类）中共获3项团体冠军、2项个人冠军、2项个人亚军、1项团体季军和2项个人季军，实现七连冠。10月16至19日，在第12届全国“挑战杯”竞赛中获优胜杯，成为全国唯一一所连续12届在“挑战杯”竞赛中捧杯的高校。12月7至9日，在第20届世界脑力锦标赛中，北航自动化科学与电气工程学院2009级本科生付剑津获“世界记忆大师”称号。

（毕娟　陈颖）

【三名教师获奖】　至年底，北航3名教师获奖。其中，2月，刘杨的论文在日本举办的第16届国际人工生命与机器人会议上获青年作者奖；11月20日，邓路的博士论文《上市公司定向增发融资行为研究——全流通时代中国资本市场的经验证据》获第五届“杨纪琬会计学奖”，这是该校教师首次获得该奖；12月，高以天教授发表的论文《Multi－solitonic solutions for the variable－coefficient variant Boussinesq model of the nonlinear water waves》入选“2010年中国百篇最具影响国际学术论文”。

（毕娟　陈颖）

【5名诺贝尔奖获得者来访】　至年底，北航接待5名诺贝尔奖获得者来访。5月9日，接待2009年诺贝尔经济学奖获得者、美国印第安纳大学埃莉诺·奥斯特罗姆教授做客“北航大讲堂”并被授予北航名誉教授学衔。11月15日，世界原子和分子物理学学者、法国物理学家克劳德·科恩一坦诺奇教授访问北航，被聘为北航名誉教授。至年底，该校还接待1998年生理医学奖获得者斐里得·姆勒德教授、1988年化学奖获得者哈特穆特·米歇尔教授和1976年物理学奖获得者丁肇中教授。

（毕娟　陈颖）

北京理工大学

党委书记　郭大成
校　　长　胡海岩

【概　况】　2011年，北京理工大学占地面积126.53万平方米，学校产权建筑面积121.39万平方米。固定资产总值362783.86万元，其中，教学、仪器设备资产值161940.26万元。图书馆建筑面积53599平方米，藏书226.20万册，电子图书370GB。全年教育经费投入279421万元，其中，国家拨款138441万元、自筹经费140980万元。学校信息化经费投入824.53万元，拥有计算机19622台，多媒体教室座位31927个，信息化设备资产53898.71万元，网络信

息点数 30000 个，校园网出口总带宽 1000Mbps，电子邮件系统用户数 43082 个，上网课程 275 门，数字资源量 384.80GB，管理信息系统数据总量 9000GB。学校建有中关村校区和良乡校区，建有研究生院、基础教育学院，设有 19 个专业学院、继续教育学院、高等职业技术学院和秦皇岛分校；开设 63 个本科专业及覆盖 11 个学科；具有一级学科博士学位授权点 22 个，二级学科博士学位授权点 95 个；一级学科硕士学位授权点 38 个，二级学科硕士学位授权点 196 个，专业学位授权点 11 个；博士后流动站 19 个，其中，博士后研究人员出站 34 人、进站 38 人、在站 141 人。一级学科国家重点学科 4 个，二级学科国家重点学科 5 个，国防特色学科 24 个，一级学科北京市重点学科 3 个、二级学科北京市重点学科 4 个、交叉学科北京市重点学科 2 个；国家重点实验室 1 个、国家重点实验室培育基地 1 个、国家工程实验室 1 个、国防科技重点实验室 3 个、国家重点学科点专业实验室 4 个、国防重点学科实验室 3 个、教育部重点实验室 6 个、教育部部门开放实验室 1 个、北京市重点实验室 8 个、教育部工程研究中心 2 个、北京市工程技术研究中心 2 个、国防科技工业技术研究应用中心 1 个、国家级教学基地 3 个、国家级实验教学示范中心 2 个、北京市实验教学示范中心 11 个。教职工 3492 人，其中，专任教师 1976 人，包括正高级专业技术职务 455 人、副高级专业技术职务 985 人；博士生导师 512 人、硕士生导师 1296 人；中国科学院院士 5 人，中国工程院院士 9 人，发展中国家科学院院士 1 人，国际质量科学院院士 1 人。“长江学者奖励计划”特聘教授 18 人、讲座教授 4 人、国家级有突出贡献专家 17 人、享受国务院特殊津贴人员 242 人、国家“千人计划”特聘教授 5 人、国家“青年千人计划”特聘教授 2 人、国家杰出青年基金获得者 14 人、国家级教学名师 4 人。外籍教师 29 人，其中，教授 5 人、副教授 1 人。毕业生 9248 人，其中，学历教育学生中全日制研究生 185 人（博士生 170 人、硕士生 15 人），普通本专科生 3220 人（本科生 2783 人、专科生 437 人），成人教育本专科生 2138 人（本科生 1529 人、专科生 609 人），网络教育本专科生 3189 人（本科生 1880 人、专科生 1309 人）；非计划招生高等教育学生中在职人员攻读硕士学位 516 人。本科毕业生就业率 97.06%。招生 18280 人，其中，学历教育学生中全日制研究生 3514 人（博士生 608 人、学术型学位硕士 2019 人、专业学位硕士 887 人），普通本专科生 4113 人（本科生 3703 人、专科生 410 人），成人教育本专科生 2524 人（本科生 1831 人、专科生 693 人），网络教育本专科生 8129 人（本科生 2139 人、专科生 5990 人）。高考北京地区提档线理科 583 分，文科 573 分。在校生 66603 人，其中，学历教育学生中全日制研究生 10450 人（博士生 2775 人、学术型学位硕士 5916 人、专业学位硕士 1759 人），普通本专科生 14622 人（本科 13432 人、专科 1190 人），预科班 498 人，成人教育本专科生 6886 人（本科生 4986 人、专科生 1900 人），网络教育本专科生 28682 人（本科生 15981 人、专科生 12701 人）；非计划招生高等教育学生中在职人员攻读硕士学位 5465 人。留学生毕业 260 人，招生 322 人，在校生 557 人。网站：www.bit.edu.cn。

（史建伟）

【1 个教育部工程研究中心通过验收】 1 月 13 日，北理工导航、制导与控制技术教育部工程研究中心通过教育部验收。验收专家组听取关于中心运行模式、建设内容、人才建设与培养、科研成果与获奖、成果转化、科技合作、陆用定位定向导航系统关键技术研究及产业化、开放基金申请及使用以及未来工作计划的汇报，考察中心研发平台，参观成果展览，对中心建设成效予以肯定，认为中心圆满完成教育部规定的各项任务，一致同意“导航、制导与控制技术”教育部工程研究中心通过验收。

（史建伟）

【召开北京市新能源汽车联席会议】 1 月 24 日，北理工召开北京市新能源汽车联席会议。会议针对纯电动邮政车、物流车、公安巡逻车的产业化和示范应用进行探讨，确定北京市 2011 年电动汽车发展规划，确立以北理工为核心技术团队在北京市电动汽车发展中的技术引领地位，北理工将在 2011 年北京市电动汽车产业化和示范应用中承担整车开发和示范运行技术指导等工作。北京市有关领导、部分企事业单位和高校负责人 50 人参加会议。

（史建伟）

【与云南省续签合作协议】 3 月 25 日，北理工与云南省续签全面科技合作协议。根据协议，该校可根据云南省科技发展战略的需要，发挥技术和人才优势，支持重点产业解决核心和关键技术，与云南省企业和科技园区合作建设创新平台，联合争取重大项目，联合培养人才。

（史建伟）

【女教授协会获评全国巾帼文明岗】 3 月，北理工女教授协会被评为全国巾帼文明岗。该评选由全国妇联主办，表彰该校女教授协会在人才培养、科学研究、社会服务等方面做出突出贡献。

（史建伟）

【成立教学促进与教师发展中心】 4 月 2 日，北理工成立教学促进与教师发展中心（Center for Faculty Development，简称 CFD）。该中心是一个学术及教学服务机构，由工作指导委员会、专家委员会、日常工作机构组成，日常工作机构设在教育研究院，通过教师培训、质量评估、研究交流、咨询服务等工作，促进教师职业发展，提升教育教学水平，帮助学生有效学习，提高学校教师队伍水平和人才培养质量。

（史建伟）

【两人受聘为徐特立教授】 4月15日，北理工聘任两人为徐特立教授。其中，郝阳为英国伦敦大学玛丽女王学

院教授，被聘为该校徐特立讲座教授，受聘后在该校开展人体中心无线网络的天线与电波传播教学研究；张加涛被聘为徐特立特聘教授，受聘后在该校开展金属/半导体纳米核壳结构的生长及光、电性能开发方面教学研究。徐特立讲座教授、特聘教授是该校为进一步加强师资队伍建设，提高学校人才培养、科学研究的实力，以老院长的名义设立的校内最高层次的学衔。这次是徐特立讲座教授、特聘教授设立以来的首次聘任。

（史建伟）

【一人受聘为“千人计划”特聘教授】 4月15日，北理工聘任李庆明为国家“千人计划”特聘教授。李庆明，长期从事冲击动力学方面的基础与应用研究，在结构抗冲击动力学，结构抗冲击防护，材料在高应变率下的动态性能及测试方法，抗冲击吸能结构及材料的机理与应用，结构非线性动力响应稳定性等方面取得成绩。受聘后，李庆明将在该校兵器科学与技术一级学科国家重点学科和爆炸科学与技术国家重点实验室开展教学研究工作。

（史建伟）

【两人获兵工学会科学技术奖】 4月，北理工2人获第四届中国兵工学会科学技术奖。该评选由中国兵工学会主办，本次共评出23位获奖者，其中，特等奖1名，一等奖2名，二等奖8名，三等奖12名。该校杨树兴获得特等奖，张同来获得二等奖。

（史建伟）

【新增两个优秀生源基地】 5月和9月，北理工新增两个优秀生源基地。两所学校分别是北京一六一中学和北京理工大学附属中学，其中，一六一中学是该校首个正式挂牌和签订合作协议的在京中学；该校在北理工附中设立“理工实验班”，并利用大学优势，为实验班学生开设各类讲座，安排实验班学生进入大学实验室学习，并抽调大学教师、研究生指导实验班学生进行科研实践和科技创新等活动。至此，该校在全国共有优秀生源基地校99所。

（史建伟）

【举办“青春试航”见习双选会】 6月11日，北理工举行“青春试航”见习双选会。双选会面向该校大学三年级、研究生一、二年级学生，来自摩托罗拉集团、百度集团、中国移动通信等国内外知名企业76家参加，提供涉及机电、车辆、金融证券等岗位700多个。该校学生3000人参加活动。

（史建伟）

【获全国大学生足球联赛冠军】 6月

15日，北理工第五次获得全国大学生足球联赛冠军。该校在决赛中战胜太原理工大学足球队夺冠，至此，该校共5次夺得该赛事冠军。

（史建伟）

【通过军工保密资格审查认证】 6月15至16日，北理工通过军工保密资格审查一级保密资格认证。审查组在审阅档案文件、实地考察和专家研讨后，认为该校各级领导对保密工作高度重视，保密责任明确，保密组织机构健全，保密制度完善，各项保密管理规范，措施有力，保障到位，保密制度得到有效执行。

（史建伟）

【与辽宁省签订合作协议】 6月16日，北理工与辽宁省人民政府签订合作协议。根据协议，双方本着“优势互补、互惠互利、务实高效、共同发展”原则，发挥该校科技优势、人才优势、智力优势和辽宁省的区位优势、资源优势、产业优势，开展省校长期合作，积极推动双方产学研合作、人才交流和培养等工作，进一步提升辽宁省产业技术水平和自主创新能力、促进科技成果转化、推动经济快速发展。

（史建伟）

【新增1个国家重点实验室培育基地】 7月14日，北理工新增1个国家重点实验室培育基地。该项目由科技部、工信部合作，旨在把复杂系统智能控制与决策重点实验室建成国家重点实验室。科技部和工信部投入力量建设该试验室。

（史建伟）

【4部作品获首届中国高校电视奖】 7月25日，北理工4部作品在首届“视友杯”中国高校电视奖评选中获奖。其中，《红色征途》获得专题类一等奖，《北京理工大学巡礼》、《大爱育人中华魂》、《历史回眸》分别获得专题类三等奖。

（史建伟）

【与两家企业签订合作协议】 8月30日和12月21日，北理工与2家企业签订合作协议。8月30日，该校与中航工业签订合作协议。根据协议，双方联合开展战略研究、基础研究、关键技术攻关，联合申请和建设国家级实验室，开展国际合作、学术交流，联合进行人才培养，建立成果转化机制。12月21日，该校与北汽集团签订合作协议。根据协议，双方将在科研技术攻关、科技成果转化、人才培养、学术交流以及教学实践等方面开展合作，该校将发挥人才培养优势，建立科学有效的人才培养体系，为企业提供智力支持和人才保障。

（史建伟）

【1个教育部重点实验室通过验收】 8月，北理工“光电成像技术与系统”教育部重点实验室建设项目通过教育部专家组验收。专家组听取实验室建设期间针对国家重大需求和国际科技发展前沿技术在四个主要研究方向建设成效，参观真三维成像、彩色夜视等科技成果展示，通过质询与讨论，一致认为该实验室全面完成建设计划任务，同意通过验收，并建议进一步加强原创性研究，使实验室的研究方向更具特色与优势。

（史建伟）

【1个专业通过教育部全国工程教育专业认证】 10月18日，北理工光电信息工程专业通过教育部全国工程教

育专业认证。专家组通过实地考察、课堂听课、查阅资料、召开座谈会等形式，对“光电信息工程”专业进行全面检查。通过检查，专家组认为该专业作为该校本科热门和品牌专业，专业办学水平目前处于国内先进行列，肯定该专业培养质量、教育管理、实验室建设、学生发展等方面的工作。同时，专家组对学校今后如何加大实验室的建设力度和投入、校企合作等提出针对性建议。

（史建伟）

【开展易创计划】　10月，北理工开展易创计划。该活动由该校与易才集团合办。该计划通过邀请成功企业家进行培训、指导，为大学生指点迷津，培养学生创新创业精神；在进行创业教育同时提供大量实习就业机会，满足大学生创业就业需求；提供针对青年创业，聘请高校教授、企业家、风险投资专家等不同背景和领域的优秀创业导师队伍对创业大学生进行培训和指导。该项目计划实施5年，帮助超过10000名大学生创业人成长。

（史建伟）

【一人获中国青年科技奖】　12月15日，北理工王兆华教授获得中国青年科技奖。王兆华，长期从事资源与环境管理、绿色供应链管理、技术创新等领域的研究，作为负责人主持国家自然科学基金、国家哲学社会科学基金、国家软科学研究计划以及作为执行负责人主持国家“973”计划等课题20余项；在国内外学术期刊发表论文90余篇。

（史建伟）

【两项目通过国际认证】　12月，北理工工商管理（MBA）和高级工商管理项目（EMBA）通过英国工商管理硕士协会（AMBA）认证。该协会于10月10至11日入校评审，评审专家考察学校图书馆、管理与经济学院图书分馆、MBA/EMBA教室、案例室、实验室等硬件教学设施，审核MBA/EMBA教学管理各项文档资料，听取AMBA认证汇报，召开教师、雇主、学生及校友座谈会。在入校评审后，该协会理事会经讨论一致通过北理工MBA/EMBA项目国际认证。通过评审后，该校管理与经济学院成为国内第10所、全球第189个通过该协会认证的商学院。

（史建伟）

【一人当选国际质量科学院院士】　12月，北理工郎志正教授当选国际质量科学院院士。国际质量科学院（IAQ）是一个独立的、非盈利性非政府组织，其成员是由国际同行选出最受尊敬、富有经验质量专家和学者，共有三位中国籍院士。郎志正，现任中国质量协会副会长、中国标准化协会常务理事，曾率先提出“大质量”概念并作出阐述，提出国内标准化两个学派之一的“约束论”，是中国质量管理体系国家标准等主要起草人和审定者之一。

（史建伟）

【与4所大学签署项目协议】　至年底，北理工与4所大学签署项目协议。4月13日，与意大利都灵理工大学签署“3＋3”学生交流协议。4月20日，与台湾元智大学签署合作协议，共同决定在教师互访、学生互访、联合举办学术研讨会议、合作建立研究室及研究开发等事项中开展交流与合作。5月20日，与美国北卡州立大学签署合作协议，双方开展学生“3＋X”项目。6月9日，与英国瑞丁大学签署项目延长协议。

（史建伟）

【获国家级以上大学生科技竞赛奖339人次】　至年底，北理工获国家级以上大学生科技竞赛奖339人次。该校学生参加各级各类学科知识竞赛和科技创新竞赛共计29项，参赛4215人次，获国家级以上奖励339人次，获省部级以上奖励642人次。其中，获全国（国际）一等奖105人次，全国（国际）二等奖192人次，全国（国际）三等奖42人次。包括获得2011年全国大学生信息安全竞赛一等奖3项，首届全国大学生物联网创新应用设计大赛团队一等奖，第五届全国计算机博弈锦标赛冠军4项，全国软件设计大赛特等奖，中国大学生方程式汽车大赛总冠军。在第四届“全国大学生创新年会”中参展的2项作品获本次创新年会最高奖“我最喜爱的十件作品”称号。在全国大学生数学建模竞赛中共获全国一等奖4队，全国二等奖4队。

（史建伟）

北京科技大学

党委书记　罗维东
校　　长　徐金梧

【概　况】　2011年，北京科技大学占地面积80.46万平方米（含管庄校区），建筑总面积84.49万平方米（含管庄校区）。固定资产总值239326万元，其中教科仪器设备资产值65999.99万元。全年教育经费投入157262.63万元，其中，国家拨款95447.63万元，自筹经费61815万元。学校由13个学院，以及研究生院、体育部、管庄校区、天津学院（独立学院）、延庆分校组成；开设有46个本科专业，覆盖工、理、管、文、经、法6个学科门类。学校现有19个一级学科博士授权点，73个博士学科点（含9个自设），118个硕士学科点（含10个自设），另有MBA（含EMBA）、MPA、法律硕士和20个领域的工程硕士专业学位授予权，11个博士后科研流动站。学校有国家一级重点学科4个，国家二级重点学科12个，国家重点学科（培育）1个；北京市一级重点学科2个，北京市二级重点学科11个，北京市重点交差学科1个；一级博士授权学科9个，二级博士学位授权学科48个；一级硕士学位授权学科20个，二级硕士学位授权学科109个，另有MBA、EMBA、MPA、法律硕士和20个工程硕士点。学校现有1个国家科学中心（筹），2个国家级重点实验室，2个国家工程（技术）研究中心，2个国家科技基础条件平台，21个部委级重点实验室、研究中心。学校作为唯一一所教育部直属高校牵头承担国家重大科技基础设施项目——重大工程材料安全服役研究评价设施，并负责筹建国家材料服役安全科学中心。学校教职工总数2902人，其中专任教师1787人，教授430人、副教授735人，正高级职称431人、副高级职称733人。专任教师中有中国科学院院士6人、中国工程院院士2人，中组部“千人计划”入选者6人，“973”首席科学家3人，国家级有突出贡献专家14人，“长江学者奖励计划”特聘教授13人、讲座教授3人，国家杰出青年科学基金获得者13人，国务院学位委员会委员1人、国家学科评议组成员5人，国家“新世纪百千万人才工程国家级人选”入选11人，全国教学名师2人，教育部跨世纪/新世纪优秀人才支持计划87人，享受政府特殊津贴专家350人（其中调离2人，离退休236人，31人去世）。外籍教师22人。毕业生15318人，其中，学历教育学生中全日制研究生2580人（博士生370人、硕士生2210人），普通本专科生3343人（本科3254人、专科生89人），成人教育本专科生2666人（本科生1588人、专科生1078人），网络教育本专科生6272人（本科生2046人、专科生4226人）；非计划招生高等教育学生中在职攻读博士硕士学位360人，研究生课程进修97人。招生15462人，其中学历教育学生中全日制研究生3078人（博士生536人、硕士生2542人），普通本专科生3377人（本科3295人、专科生82人），成人教育本专科生3131人（本科生1777人、专科生1354人），网络教育本专科生5404人（本科生1444人、专科生3960人）；非计划招生高等教育学生中在职攻读博士硕士学位472人。在校生50714人，其中，学历教育学生中全日制研究生8867人（博士生2583人、硕士生6284人），普通本专科生13532人（本科13267人、专科生265人），成人教育本专科生9328人（本科生5918人、专科生3410人），网络教育本专科生16991人（本科生6398人、专科生9032人）；非计划招生高等教育学生中在职攻读博士硕士学位1851人，研究生课程进修班145人。留学生毕业145人，招生275人，在校生765人。网址：www.ustb.edu.cn。

（金剑苞）

【成立两个学院】　1月12日，北科大

成立两个学院。该校在原信息工程学院的基础上，分别成立自动化学院、计算机与通信工程学院。自动化学院覆盖控制科学与工程、仪器科学与技术、智能科学与技术三个学科，包括自动化、测控技术与仪器、智能科学与技术三个专业，下设自动化系、测控技术与仪器系、信息基础科学系（电工电子部分）、电子信息系（部分）四个系和一个教育部重点实验室（自动控制研究所和原机器人研究所），有教职员工100人，学生1400人。计算机与通信工程学院涵盖计算机科学与技术、信息与通信工程、电子科学与技术三个学科，开设计算机科学与技术、通信工程、智能科学与技术、信息安全、物联网工程五个专业，包括计算机科学与技术系、通信工程系、信息基础科学系（计算机语言部分）、电子信息系（部分）四个系，有教职工90人，学生1600人。

（金剑苞）

【4项成果获国家科技奖励】　1月，北科大4项成果荣获国家科学技术奖。姜福兴参与的项目“煤矿冲击地压预测与防治成套技术”获国家科技进步二等奖，该项目针对中国煤矿的地质条件和开采技术条件，建立煤矿冲击地压发生理论，研制7台套新设备，提出多项新技术，并与20余个煤矿协作攻关，形成可靠有效的煤矿冲击地压预测与防治技术，为煤矿安全高效生产提供技术保障，避免或减缓冲击地压造成的人员伤亡和财产损失。吴爱祥等牵头完成的“复杂破碎条件下露天—地下联合高效开采关键技术”项目获国家科技进步二等奖，该项目形成复杂破碎条件下露天地下联合开采关键技术体系，首次建成国内金属矿山机械手高效湿喷混凝土台车在复杂地质条件下大断面（28平方米）巷道一体化支护系统，攻克高强度湿喷混凝土配合比与可泵送性控制难等关键技术难题，湿喷混凝土综合技术达到世界先进水平。徐金梧等牵头完成的“宽带钢热连轧生产成套关键技术与应用”项目获国家科技进步二等奖，该项目以宽带钢热连轧生产中的生产计划集成与动态调度、板形质量控制与新机型设计、计算机控制系统等一些关键技术为研究对象，通过自主创新、自主集成和应用推广，使国内宽带钢热连轧生产技术达到世界先进水平。朱维耀等牵头完成的“特低渗透油藏有效开发非线性渗流理论和开发方法及其工业化应用”项目获国家科技进步二等奖。该项目通过非达西渗流条件下多相非线性渗流理论体系的建立、系列开发方法的提出与完善、配套工艺技术的改进和发明，实现特低渗透油田的有效动用和大规模开发，首次建立非达西条件下整体压裂开发井网系统耦合流动两相非线性渗流模型，构建形成整体压裂开发非线性渗流理论。

（金剑苞）

【1个国家重点实验室获批立项】　3月29日，北科大高效钢铁冶金实验室获批国家重点实验室立项。该实验室以冶金学科为基础，整合矿业、材料、能源等相关学科资源，汇聚一支由2名中国科学院院士、4名国家“杰出青年基金”获得者、4名长江学者奖励计划特聘教授、3名“新世纪优秀人才支持计划”获得者、2个教育部创新团队领衔的学术团队，将着力解决制约国内钢铁工业可持续发展所面临的能源效率、资源利用、产品性能等方面问题，实现钢铁工业碳素能源高效转化、特色资源高效利用、高端产品高效生产。

（金剑苞）

【聘任两名客座教授】　4月12日，北科大聘任两名国家“千人计划”入选者为客座教授。分别是林建国和林平。林建国，1991年10月在英国谢菲尔德大学获得博士学位，近年来承担7个英国自然科学基金、5个欧盟

第六、第七框架基金和2个英国工贸部基金，发表学术论文170余篇。2010年3月入选第三批国家“千人计划”，他领导的研究团队在先进金属成形、多尺度材料模拟、金属热加工和基于优化技术的演化算法等方面做出突出贡献，研究水平处于国际领先。林平，1995年在加拿大不列颠哥伦比亚大学取得博士学位，先后在不列颠哥伦比亚大学、美国斯坦福大学、美国伦斯勒理工学院等高校从事科学研究工作，2010年3月入选第三批国家“千人计划”，长期开展应用数学、科学工程计算、流体力学、物理与材料科学等交叉学科研究，在牛顿流体、非牛顿流体、多相流的相域和界面追踪方法以及医疗图像分割技术等方面取得成果。

（金剑苞）

【授予沙弗名誉教授称号】 4月19日，

北科大授予澳大利亚昆士兰大学格雷厄姆·沙弗教授名誉教授称号。沙弗，澳大利亚技术科学与工程院院士、美国粉末冶金科学院（APMI）院士、材料学教授及澳大利亚研究委员会轻合金研究中心副主任，长期从事微粒金属加工和轻金属领域研究，其在汽车工业粉末冶金铝合金开发以及烧结快速制备铝合金的熔渗体系的开发上一直处于国际领先地位。

（金剑苞）

【高庆狮逝世】 5月15日，北科大教授，中国科学院院士高庆狮因病医治无效在北京逝世，享年77岁。高庆狮，1934年7月出生，福建漳州人，1957年毕业于北京大学数学力学系，曾任中国科学院计算技术研究所研究员，首席科学家。1994年调入北京科技大学，任北京科技大学智能、语言与计算机技术研究所所长。是第五届、第六届全国人大代表，1978年被评为全国科技大会先进工作者，1980年当选中国科学院院士。高庆狮是国内计算机科学技术领域的先驱，曾担任中国第一颗人造卫星地面计算控制中心设计负责人，国内第一台专为两弹一星服务的晶体管计算机体系结构设计负责人，国内第一台超大型向量机新体系结构原理的提出者和总体设计负责人。

（金剑苞）

【陈国良逝世】 5月25日10时18分，北科大教授，中国工程院院士陈国良因病医治无效在北京逝世，享年77岁。陈国良，1934年3月出生，江苏宜兴人，1952年考入北洋大学，1952年院系调整先后入清华大学、北京钢铁工业学院学习，1955年毕业于北京钢铁工业学院，曾在美国哥伦比亚大学、田纳西大学和德国马普所学习和研究，历任北京科技大学材料系主任，新金属材料国家重点实验室主任，学术委员会主任。1980年作为第一作者获得第四届高温合金国际会议唯一最佳论文奖，1999年当选中国工程院院士，2005年当选美国金属学会会士，2009年获何梁何利基金奖，曾多次获得国家科技进步奖以及国家发明奖。

（金剑苞）

【与安徽淮北市签订合作协议】 5月

30日，北科大与安徽省淮北市人民政府签署战略合作协议。根据协议，双方本着“真诚合作、优势互补、互惠共赢、协同发展”的原则，开展多领域、全方位、深层次的科技合作，实现高校科技、人才、智力优势和淮北市区位、资源、产业优势紧密结合，共同推动城市和高校的双赢发展。

（金剑苞）

【一工程教育专业通过认证】 6月1日，北科大“机械工程及自动化”专业通过教育部工程教育专业认证。专家组对该校机械工程及自动化专业的教学支撑条件作详细实地考察，并着重对该校机械工程及自动化专业的专业目标、管理制度和学生发展等情况进行全面考察。通过考察，专家组一致认为，北科大“机械工程及自动化”专业培养目标符合工程教育的通用标准和机械行业的补充标准；专业人才培养定位明确而且合理，不仅满足“华盛顿协议”的要求，体现“厚基础、宽专业、强实践、重创新、懂管理”高级工程人才培养理念，而且还特别强化冶金机械的专业特色，使本专业的学术积累和行业背景用于提高人才培养质量。

（金剑苞）

【一教育部创新团队通过验收】 7月1日，北科大以朱鸿民教授为团队带头人的创新团队通过教育部创新团队结题验收。该团队以“钛金属低成本、清洁冶金新技术”为研究方向，针对钛金属熔盐电化学提取及其中相关基础科学问题开展研究，提出一种新的低成本、清洁型钛提取工艺，形成具有自主知识产权的钛冶炼新方法，在国际上被称之为“USTB”。

（金剑苞）

【获得捐款1000万元】 7月11日，北科大获得捐款1000万元。该捐款由神州租车（中国）有限公司捐赠，根据协议，该捐款用于发起成立“北京科技大学1987级校友基金”，并设立优秀师生奖励基金和创新团队资助基金，推进学校创新拔尖精英人才的培养和激励机制完善，从而进一步推进学校人才培养和教学科研事业的持续健康发展。

（金剑苞）

【召开一维纳米材料国际会议】 12月7至9日，北科大召开第四届一维纳米材料国际会议。会议由大会和分组会组成，其中，大会特邀报告8个、分会邀请报告29个、口头报告36个。来自美国、德国、瑞典等8个国家专家学者73人和国内研究人员200人参加会议。

（金剑苞）

【召开7场国际学术会议】 至年底，北科大召开7场国际学术会议。包括“科学计算中的开源软件国际研讨会”、“一维纳米材料国际会议”两个大型国际学术会议以及“大学国际化现状与展望”四校研讨会、“国际稀土稀有金属技术经济研讨会”、“2011无缝钢管技术国际研讨会”、“大学教育投资与发展战略国际学术研讨会”和“北京科技大学——牛津大学第三届材料研讨会”学术领域会议。来自世界30多个国家的一流高校及科研机构的代表以及中科院等国内科研院所共计600名知名学者参加会议。

（金剑芭）

【举办8期材料名师讲坛】　至年底，北科大举办8期中国材料名师讲坛。该校分别邀请来自美国哈佛大学、牛津大学、美国密西根大学等高校8名国际材料领域专家，分别作《拓扑绝缘体：一种新的量子材料》、《迈向单离子尺度水平的分子磁体》等报告。该校师生2400人次参加学习。

（金剑芭）

【与9个企业签订合作协议】　至年底，

北科大与9个企业签订合作协议。5月11日，该校与重庆钢铁集团公司签订关于组建船舶及海洋工程用钢产业集成创新服务联盟合作协议。5月13日，该校与首钢长治钢铁有限公司签订战略合作协议。6月14日，该校与玉柴重工有限公司签订战略合作协议。6月27日，该校与山东钢铁集团有限公司签订战略合作协议。8月28日，该校与中钢设备有限公司签订“先进冶金装备及工艺技术研发”合作协议。9月26日，该校与唐钢集团签订节能减排战略合作协议。12月5日，该校与宝山钢铁股份有限公司签订科研合作协议。12月7日，与中国有色矿业集团有限公司签订全面合作协议。12月27日，该校与中国冶金科工集团有限公司签订全面战略合作协议。

（金剑芭）

【成立6个研究机构】　至年底，北科大成立6个研究机构。2月25日，该

校与北京市燃气集团研究院签约共建城市燃气管网联合实验室。4月28日，该校与中科新越投资（北京）有限公司联合成立中科新越——北科大先进信息产业技术研究院。5月18日，该校与德国卡尔蔡司公司（Carl Zeiss Jena）联合成立电子显微镜合作实验室。5月21日，该校成立生物工程与传感技术研究中心。6月10日，该校与新兴能源装备股份有限公司、盛泽能源技术有限公司签订“创新产业战略联盟协议”，三家联合成立“能源装备新技术研发中心”。10月23日，该校成立北科大新兴产业技术研究院。

（金剑芭）

北方工业大学

党委书记　吴晓云
校　　长　王晓纯

【概　况】　2011年，北方工业大学占地面积32万平方米，建筑面积36.4万平方米。固定资产总值69456.27万元，其中教科仪器设备总值32196.21万元。2011年全年教育经费投入52438.82万元，其中，国家拨款40108.57万元、自筹经费12330.25万元。设有8个学院，14个教学实验中心，30个研究设计院（所）；开设32个本科专业，19个一级学科硕士授权点、50个二级学科硕士授权点、11个专业硕士学位领域、同等学力人员申请硕士学位资格，1个第二学士学位点。有3个国家级特色专业，5个北京市特色专业，4个北京市品牌专业，1个北京市重点实验室，5个北京市实验教学示范中心，7个北京市重点建设学科。教职工1288余人，其中，专任教师748人。专任教师中，教授92人，副教授229人；硕士生导师281人；享受政府特殊津贴专家4人。外籍教师12人。高考北京地区提档线一本理科484分，二本理科465分、文科501分。毕业生4365人，其中，学历教育学生中全日制硕士研究生442人，普通本科生2376人（本科2356人、第二学士学位20人），成人教育本专科生1547人（本科961人、专科586人）。本科毕业生就业率95.17%。招生4373人，其中，学历教育学生中全日制硕士研究生550人，普通本科生2643人（本科2623人、第二学士学位20人），成人教育本专科生1180人（本科生578人、专科602人）。在校生13942人，其中，学历教育学生中全日制硕士研究生1476人，普通本科生10109人（本科10068人、第二学士学位41人），成人教育本专科生2357人（本科生1248人、专科1109人）。留学生毕业138人，招生168人，在校生152人。图书馆建筑面积19652平方米，馆藏图书128.50万册，其中，电子图书110.98万册。网址：www.ncut.edu.cn。

（杨嵩松）

【承办两项市级比赛】　5月7至28日和

9月18日，北方工大分别承办第16届首都高校棒垒球锦标赛和北京大学生集成电路设计大赛。棒垒球比赛面向北京地区高校，共有16所高校的14支棒球队和10支垒球队参加，北方工大分别获得棒球甲组冠军和垒球甲组冠军。集成电路设计比赛由北京电子学会主办、采取笔试和上机设计两个环节，考查学生微电子理论联系实际的能力和独立思考的意识。来自京津两地清华大学、天津大学、南开大学等高校200人参赛。

（杨嵩松）

【与承德市签订合作协议】　5月9日，北方工大与承德市人民政府签订合作协议。根据协议，双方以“两化融合”为核心，在人才培养、科研成果转化、产学研示范基地建设、“两化融合”示范工程推广等方面进行全面合作。

（杨嵩松）

【召开形势与政策课研讨会】　5月20

日，北方工大召开全国高校“形势与政策”课建设与教学研讨会。会议由全国高校形势与政策分教学指导委员会主办，传达中共中央加强大学生思想政治教育重要指示精神，肯定高校形势与政策课建设取得成绩，分析存在不足，对加强和改进形势与政策课教学工作提出希望和要求。来自全国部分省区领导、专家和高校教师50人参加会议。

（杨嵩松）

【成立变频技术北京市工程研究中心】6月17日，北方工大成立变频技术北京市工程研究中心。该中心以电气自动化本科教学、研究生教育和电力电子电气传动技术研发为一体，形成良好产学研体系，与北京多家企业以及与韩国、英国等国企业合作研发高水平的变流装置和设备，多项技术在国内处于领先水平。中心有教学科研人员15人。

（杨嵩松）

【成立数字版权唯一标识符技术实验室】　8月30日，北方工大成立数字

版权唯一标识符技术联合实验室。该实验室由该校和中国版权保护中心合作，基于数字版权唯一标识符技术（DCI，Digital Copyright Identifier）开展数字作品版权登记模式及流程研究、建立数字作品元数据模型、数字版权费用结算等方面展研究。

（杨嵩松）

【成立西部知识产权教育基地】　9月

28日，北方工大成立北京西部知识产权教育基地。该基地由该校和北京市知识产权局合办，旨在探索与建立政产学研一体化的知识产权人才培养基地，通过开展“多渠道、多形式、层次化、市场化”的多方位工作，培养一支北京西部经济转型发展急需的知识产权人才队伍，努力打造知识产权助推京西四区经济发展方式转变的系统化支撑平台，为北京西部经济转型提供有力支撑，服务“科技北京”建设、服务“世界城市”建设。

（杨嵩松）

【承办电子专业设计大赛全国总决赛】12月23至24日，北方工大承办第三届全国电子专业人才设计与技能大赛全国总决赛。该比赛由工业和信息化部主管，工信部人才交流中心主办，决赛分为电子设计与开发、单片机设计与开发、嵌入式设计与开发3个赛场，共有全国113所高校630名学生参赛。

（杨嵩松）

【多项学生竞赛获奖】　至年底，北方工大在多项学生竞赛中获奖。在第二届全国大学生数学竞赛决赛中，该校学生获得二等奖。在第七届“博创杯”全国大学生嵌入式设计大赛全国总决赛中，该校学生设计作品《基于GSM的智能车载系统》获得三等奖。在第四届全国大学生广告艺术大赛上，该校学生作品《加加酱油必备物品篇》荣获影视广告作品北京赛区一等奖。在第二届全国学生规范汉字书写大赛上，该校学生获得二等奖。

（杨嵩松）

北京化工大学

党委书记　王芳
校　　长　王子镐

【概　况】　2011年，北京化工大学占地面积70.11万平方米，产权建筑面积57.03万平方米、非产权建筑面积3万平方米。固定资产总值152339万元，其中，教学、科研仪器设备资产值62346万元。图书馆建筑面积18641平方米，藏书161.6万册，电子图书藏量8712GB。全年教育经费收入107135万元，其中，财政拨款收入69385万元、上级补助收入14万元、事业收入31543万元、经营收入1667万元、其他收入4526万元。学校信息化经费投入881万元，拥有计算机7594台，多媒体教室座位20413个，信息化设备资产11825万元，网络信息点数10000个，校园网出口总带宽400Mbps，电子邮件系统用户数23000个，上网课程42门，数字资源量8712GB，管理信息系统数据总量5000GB。校区设置12个学院；开设44个本科专业，覆盖27个学科；具有一级学科博士点5个，博士学位授权点28个，硕士学位授权点90个、硕士专业学位授权点3个和工程硕士专业领域10个；博士后流动站5个，其中，博士后研究人员出站19人、进站11人和在站39人。国家一级重点学科1个（涵盖5个二级重点学科），国家二级重点学科2个，国家重点（培育）学科1个，北京市一级重点学科1个（涵盖3个二级重点学科），北京市交叉重点学科2个，北京市二级重点学科7个；国家级特色专业建设点8个，北京市级特色专业建设点10个，教育部工程教育专业认证专业2个；国家重点实验室2个，国家级实验室2个，国家级工程技术研究中心1个，国家工程实验室1个，省、部级重点实验室6个，省、部级工程技术研究中心9

个。教职工 1662 人，其中，专任教师 1138 人，包括教授 257 人、副教授 353 人；博士生导师 191 人、硕士生导师 634 人；中科院院士 2 人、工程院院士 7 人（本校院士 3 人，双聘院士 6 人）、国家“千人计划”入选 1 人，全国杰出专业技术人才 1 人、“长江学者奖励计划”特聘/讲座教授 9 人、国家杰出青年基金获得者 13 人、“百千万人才工程”国家级人选 7 人、“973”首席科学家 3 人、国家有突出贡献专家 10 人、中国青年科技奖获得者 7 人、享受政府特殊津贴专家 114 人，外籍教师 10 人。毕业生 7289 人，其中，学历教育学生中全日制研究生 1417 人（博士生 114 人、硕士生 1303 人），普通本专科生 3431 人（本科生 3042 人、专科生 389 人），成人教育本专科生 2332 人（本科生 1179 人、专科生 1153 人）；非计划招生高等教育学生中在职人员攻读硕士学位 109 人。本专科毕业生就业率 97.82%，研究生就业率 97.08%。招生 8679 人，其中，学历教育学生中全日制研究生 1723 人（博士生 164 人、硕士生 1559 人），普通本专科生 3982 人（本科生 3588 人、专科生 394 人）、成人教育本专科生 2623 人；非计划招生高等教育学生中在职人员攻读硕士学位 351 人。高考北京地区提档线理科 538 分。在校生 26240 人，其中，学历教育学生中全日制研究生 5184 人（博士生 588 人、硕士生 4596 人），普通本专科生 14730 人（本科生 13591 人、专科生 1139 人），成人教育本专科生 5614 人；非计划招生高等教育学生中在职人员攻读硕士学位 712 人。留学生毕业 121 人，招生 118 人，在校生221人。网址：www.buct.edu.cn。

（葛佑勇　李宇鹏）

【两专业通过教育部认证】　1月6日，北化两个专业通过教育部认证。其中，过程装备与控制工程专业通过专业认证，有效期至 2016 年 12 月；化学工程与工艺专业通过认证有效期延长申请审核，有效期至 2013 年 12 月。

（葛佑勇　梁军）

【获研究生教育特色工程领域称号】　1月7日，北化材料工程被授予全国工程硕士研究生教育特色工程领域称号。该工程领域是学校重点研究领域，研究方向包括高分子材料、生物功能材料、复合材料、碳材料、信息记录材料、金属及表面保护材料、先进陶瓷、材料物理与化学、材料加工，其中，材料学科为国家重点学科，高分子化学与物理为国家重点（培育）学科。近五年来，该领域承担和完成国家级和省部级科研项目共有 180 余项，获国家级和省部级奖共有 20 项。

（葛佑勇　梁军）

【分析测试中心通过评审】　1月7至8日，北化分析测试中心通过中国国家认证认可监督管理委员会的计量认证监督评审。认监委委派的评审专家在听取学校工作汇报的基础上，通过对实验室硬件设施的考察、样品现场测试和审查档案文件，认为该中心质量体系运行正常，检测人员操作熟练，分析测试能力强，能够满足所申请项目检测能力的需求，同意中心通过监督评审。

（葛佑勇　梁军）

【获邓白氏注册编码】　3月22日，北化获邓白氏注册编码 653934505。该编码是一个 9 位数字全球编码，用于企业识别、商业信息的组织及整理，是电子商务中常用的国际认可的公司识别符号，是 50 多家全球、行业及贸易机构及美国联邦政府承认、推荐或是要求使用的编码系统。学校申请该编码，旨在顺应学校科研广度和深度的发展需求，为国际科技合作创造条件。

（葛佑勇　梁军）

【共建电缆新材料研发中心】　4月17日，北化与中天科技装备电缆有限公司共建电缆新材料技术研发中心。该中心结合该校在新材料制备及应用领域人才培养、科学研究领域优势和中天科技提升企业核心竞争力的体制和机制的优势，搭建电缆高端材料研发平台，实现互利互赢。

（葛佑勇　梁军）

【成立马克思主义学院】　5月31日，北化成立马克思主义学院。该学院下设一个教研部和两个研究所，主要承担全校学生的思想政治理论课程及部分学科基础课程的教学、马克思主义理论学科建设以及研究生培养任务等工作。有马克思主义理论研究一级学科硕士点和科学技术哲学二级学科硕士点。有教师 52 人，其中，教授 15 人、副教授 20 人、讲师 17 人。

（葛佑勇　梁军）

【优势学科创新平台投入使用】　6月21日，北化优势学科创新平台中试基地投入使用。该基地隶属中关村科技园区，位于昌平区科技园区，总占地面积 3 万平方米，建筑面积 2.5 万平方米，包括 1.7 万平方米的科技成果中试孵化用房和 0.85 万平方米的综合办公楼及配套设施用房。该基地依托“优势学科创新平台”，借助国家大学科技园政策汇聚、人才聚集、技术集成、信息集成、资金集成和服务集成功能，为学校知识创新和技术创新体系建设提供强有力的支撑。至年底，该校生物资源与绿色化学实验室、国家碳纤维中心、无机资源有效利用实验、化工安全与节能实验室等 15 个承担国家课题的北化技术创新研发团队入驻基地。

（葛佑勇　梁军）

【主办医用技术先进材料研讨会】　11月13至15日，北化和英国布莱福德大学联合主办中英科技桥－医用技术先进材料研讨会。该会议研讨中国生物医用材料的开发研究问题。来自英国、中国高校专家学者 36 人参加会议。

（葛佑勇　梁军）

【一创新引智基地通过评估】　11月15日，北化插层结构分子材料组装化学创新引智基地通过教育部和国家外国专家局联合评估。该基地于 2007 年依托该校化工资源，与英国牛津大学、剑桥大学联合开展研究，并在国际上具有一定的影响力。该基地自建设以来申请国际专利 22 项，申请国家发明专利 100 余项，获国家技术发明二等奖 1 项及省部级科技成果奖 2 项，实现超分子结构无铅聚氯乙烯热稳定剂和高性能沥青抗紫外老化剂等产品的工业生产，发表科学引文索引收录论文 300 余篇，出版专著 2 部，有 2 人获得国家基金委杰出青年基金支持、4 人获得教育部新世纪优秀人才计划支持。

（葛佑勇　梁军）

【成立教育基金会】　11月18日，北化成立教育基金会。基金会的成立旨在凝聚社会各方力量，为校友及社会各界对学校的捐赠搭建平台，为推动学校人才培养、科学研究及学校建设等事业的长远发展提供宝贵的外部资源。年内，该基金会接受红太阳集团有限公司900万元捐赠和太原市兆伟房地产开发有限公司300万元捐赠。

（葛佑勇　梁军）

【开通移动图书馆】　12月8日，北化开通移动图书馆。该移动图书馆由该校和北京超星集团联合研发，以学校图书馆集成管理系统平台和基于元数据的信息资源整合为基础，通过身份验证的学校师生能够在任何时间、任何地点登录图书馆网页，浏览、检索所需文献信息，完成馆藏书目查询、图书预约续借、浏览、个人借阅信息查询、新书简介和电子图书等资源的下载、阅读等功能，实现图书馆资源充分利用，为教学科研工作提供技术支撑。

（葛佑勇　梁军）

【一人获中国青年科技奖】　12月15日，北化材料科学与工程学院吴一弦教授获第12届中国青年科技奖，这是该校第六位获此奖励的教师。吴一弦，1967年出生，1998年毕业于北京化工大学，获得博士学位，2009年被聘为教育部长江学者。他主要从事可控聚合及采用可控聚合方法设计合成高性能高分子材料等方面的研究，发表学术论文80余篇，出版专著《控制阳离子聚合及其应用》；申请发明专利50余项，获国家技术发明二等奖1项、中国青年科技奖1项、省部科技奖励5项及其他科研成果奖3项，被全国妇联、中国发明家协会和国家知识产权局授予全国新世纪巾帼发明家新秀奖。培养博士生15名、硕士生67名，指导本科生毕业论文56篇，主讲两门本科生课程和一门研究生课程。

（葛佑勇　梁军）

【1个国家重点实验室揭牌】　12月16日，北化有机无机复合材料国家重点实验室揭牌。该实验室由科技部批准立项建设，依托该校纳米材料先进制备技术与应用科学教育部重点实验室、北京市新型高分子材料制备与加

工重点实验室、北京市生物加工过程重点实验室和教育部超重力工程研究中心等四个实验室组建，围绕复合材料结构—功能本构关系、基础相材料主动设计与制备科学、材料复合过程分散—界面科学等问题开展科学研究，以实现有机无机复合材料高性能化、多功能化和低成本化目标。实验室现有面积6919平方米，5万元以上仪器设备238台件，固定资产值8270万元。

（葛佑勇　梁军）

【获全国文明单位称号】　12月20日，北化被中央文明委授予全国文明单位称号。该称号是一个单位在“物质文明、政治文明和精神文明”建设方面相互促进，协调发展，取得显著成绩的综合性最高荣誉，采用推荐、报批的程序评选。本次受表彰单位共1794个，北京市有52个。

（葛佑勇　梁军）

【共建电镜实验室】　12月23日，北化

与日本电子株式会社共建电镜实验室揭牌。该实验室包括日本电子株式会社提供的一台场发射扫描电子显微镜和一台透射电子显微镜，实验室设备由校测试中心统一管理，向全校师生开放使用，日本电子株式会社定期组织技术培训与经验交流活动。

（葛佑勇　梁军）

【多项学生科技类竞赛获奖】　至年底，北化学生在多项科技类竞赛中获奖。校代表队参加2011年美国大学生数学建模、跨学科建模竞赛，获一等奖1项、二等奖1项。在第二届全国高校环保科技创意设计大赛中，学生作品“生物质炉灶自愿减排碳交易创新模式研究”获银奖。校代表队参加第七届全国大学生“用友杯”沙盘模拟经营大赛，获全国二等奖。参加2011全国软件专业人才设计与开发大赛，1名学生获一等奖、2名学生获二等奖、1名学生获三等奖。在第十二届“挑战杯”全国大学生课外学术科技作品竞赛中，学生作品《绿色固沙保育棒》获银奖。参加第六届全国信息技术水平大赛，获特等奖1项、一等奖1项、二等奖6项。在首届“东富龙”杯全国大学生制药工程设计大赛中，学生作品“静脉滴注用奥美拉唑钠无菌冻干制剂车间工程设计”获三等奖。

（葛佑勇　梁军）

【多项学生体育类竞赛获奖】　至年底，北化学生在多项体育类竞赛中获奖。王子卓获第26届世界大学生夏季运动会健美操比赛六人操冠军和中国健美操团体冠军，健美操世界杯系列赛（第二站）三人操和六人操两项冠军。在第14届世界软式网球锦标赛中，史博获混双亚军和“国际级运动健将”称号，周纽萱获女子团体铜牌。校代表队参加全国健美操锦标赛，获冠军2项、亚军1项、季军3项。参加全国健美操冠军赛暨2011年全国健美操联赛，获冠军3项、亚军1项。参加第六届全国舞蹈公开赛，获冠军4个、亚军4个、季军1个。参加全国健美操联赛青岛站比赛，获冠军3项、季军1项。

（葛佑勇　梁军）

北京工商大学

党委书记　孙尧东
校　　长　谭向勇

【概　况】　2011年，北京工商大学占地面积82万平方米，建筑面积42.9万平方米，固定资产总值885000万元。图书馆建筑面积2.5万平方米，藏书243万余册，其中，纸

本文献156万余册，电子图书87万余种，另有中外文报刊1717种设有11个学院、1个教学部；拥有2个国家级检测中心、1个国家级实验教学示范中心、2个北京市重点实验室、1个北京高等学校工程研究中心、2个北京市研究基地、3个北京市高校实验教学示范中心；学校现有硕士学位授权点一级学科16个、专业硕士学位授权点16个（其中工程硕士专业领域6个）、本科专业45个；拥有北京市重点学科2个，北京市重点建设学科8个，国家级特色专业建设点5个，北京市特色专业建设点8个。教职工1343人，其中专任教师826人。专任教师中，教授116人，副教授及其他副高级专业技术职务323人，具有博士和硕士学位的教师分别为346人和314人，占专任教师总数的80%。现有中国工程院院士3人（含双聘院士2名），享受国务院政府特殊津贴专家8人，全国优秀教师2人，全国高校优秀骨干教师1人，新世纪百千万人才工程国家级人选1人、市级人选5人，省部级有突出贡献专家7人，教育部新世纪优秀人才1人，北京市高层次人才3人，北京市拔尖创新人才6人，北京市学术创新人才4人，北京市教学创新人才6人，北京市学术创新团队15个，北京市跨世纪优秀人才工程8人，北京市高校青年学科带头人5人，北京市科技新星9人，北京市优秀教师4人，北京市优秀教育工作者2人，北京市中青年骨干教师101人，北京市优秀青年骨干教师24人。在校生17684人，其中，博士生15人，硕士生1812人，全日制普通高等教育本科生11969人，成人学历教育学生3888人。本科生一次就业率95.86%。高考本科北京地区提档线理工类：一批485分，二批475分；文史类：一批525分，二批520分；艺术类综合分：469.75分。网址：www.btbu.edu.cn。

（李惠来　宋煜）

【成立3所学院】　1月19日，工商大学成立3所学院。分别是理学院、食品学院和材料与机械工程学院。理学院可招收统计学、化学工艺、材料物理与化学等学科硕士研究生，设有信息与计算科学、化学2个本科专业。有教职工78人，专职教师71人，其中，教授14人，副教授27人，讲师30人。食品学院有食品科学与工程、食品质量与安全、应用化学、生物工程、环境工程5个本科专业，有环境科学与工程、食品科学与工程、化学工程三个一级学科和食品科学、应用化学、生物化工、环境工程、环境科学5个二级学科的硕士学位授予权及化学工程的专业硕士和工程硕士学位授予权，有教职工89人，其中，专任教师68人。专任教师中，中国工程院院士3人（双聘院士2人），教授21人，副教授17人。材料与机械工程学院，有材料科学与工程、机械工程等两个一级学科硕士学位授权点，高分子材料与工程、机械工程及自动化、包装工程、工业设计等4个本科专业，有教职员工100人，其中，专任教师62人，教授11人，副教授25人。

（李惠来　宋煜）

【召开双代会】　4月9日，工商大学召开第三届教职工代表大会暨第三届工会会员代表大会。大会以“凝心聚力十二五、科学发展促转型”为主题，总结第二届“双代会”工作，为学校“十二五”时期事业发展规划建言献策，选举产生第三届教代会执委会、工会委员会、经审委员会等议题。大会号召全校教职员工为贯彻落实“十二五”规划，建设特色鲜明的教学研究型大学做出新贡献。

（李惠来　宋煜）

【召开本科教学综合改革会议】　11月25日，工商大学召开本科教学综合改革会议。会议认为在学校进入内涵发展的历史阶段进行本科教学综合改革，对提升学校教学水平和人才培养质量具有重大意义；本科教学综合改革是系统工程，全体教师要充分认识并全力推进，各教学单位要理清思路，制订方案，找准改革突破点，强力推进教育教学改革。会上，该校评选出教学优秀一等奖10人、教学优秀二等奖30人。

（李惠来　宋煜）

【开展学校文化建设】　至年底，工商大学开展学校文化建设。该校二级网站建设完成流媒体资源管理平台的技术搭建工作、学校网络电视（即IPTV）系统测试工作。校园网开设“青春榜样”、“身边的党员”、“优秀教师风采”、“校友风采录”等专栏，报道学校优秀教师、学生和校友。开展青年教师思想政治课教师和辅导员社会实践、学生“十乡百村千人行”暑期社会实践、师生赴内蒙古兴安盟三下乡服务实践活动。

（李惠来　宋煜）

【学生竞赛取得好成绩】　至年底，工商大学学生竞赛取得好成绩。该校学生获得第四届教育部广告艺术大赛策划类一等奖，第三届全国大学生物流设计大赛一等奖，全国大学生电子设计竞赛全国二等奖，第七届“用友杯”沙盘模拟经营大赛二等奖，全国工商管理硕士培养院校企业竞争模拟大赛全国总决赛一等奖。

（李惠来　宋煜）

【获两项省部级科技奖】　至年底，工商大学获两项省部级科技奖。3月，该校“原味浓缩肉汤生产技术”荣获教育部科技进步一等奖。4月，该校三项目获得2009年北京市科学技术奖，其中，二等奖1项，三等奖2项。

（李惠来　宋煜）

北京服装学院

党委书记　惠桂芝
院　　长　刘元凤

【概　况】　2011年，北京服装学院占地面积319995平方米，建筑面积211849平方米。固定资产总值46778.92万元，其中，教科仪器设备资产值25090.05万元。全年教育经费投入35290.61万元，其中，国家拨款25472.08万元，自筹经费9818.53万元。学校信息化经费投入378.32万元，拥有计算机4759台，多媒体教室座位4849个，信息化设备资产值2094.42万元，网络信息点数5000个，校园网出口总带宽600Mbps，电子邮件系统用户数7000个，上网课程376门，数字资源量10910GB，管理信息系统数据总量8GB。图书馆建筑面积8408平方米，藏书总量 54.13 万册，另有电子图书 2340.00GB。学校位于朝阳区和平街北口樱花东街，另在昌平区小汤山镇租用商务部培训中心建立北校区。设有 5 个二级学院、2 个系、2 个教学部和 1 个教学中心。开设 21 个本科专业，覆盖文（艺）、工、经、管、理等 5 个学科。有 8 个一级学科硕士点、13 个二级学科硕士点，1 个第二学士学位点，1 个北京市重点建设一级学科、3 个北京市重点建设二级学科，6 个市级特色专业建设点，4 个国家级特色专业建设点，2 个市级实验教学示范中心，2 个市级校外人才培养基地，1 个国家级教学团队和 12 个市级教学团队。有教职工 756 人，其中，专任教师 483 人；专任教师中教授 59 人，副教授 159 人；有硕士生导师 135 人。聘请校外教师 33 人。毕业生 2276 人，其中，学历教育学生中全日制硕士生 173 人，普通本专科生 1471 人（本科生 1469 人，专科生 2 人），成人教育本专科生 627 人（本科生 316 人，专科生 311 人），非计划招生高等教育学生中在职人员攻读硕士学位 5 人。本科毕业生就业率 91.13%。招生 2225 人，其中，学历教育学生中全日制硕士生 218 人，普通本专科生 1489 人，成人教育本专科生 505 人（本科生 272 人，专科生 233 人），非计划招生高等教育学生中在职人员攻读硕士学位 13 人。高考北京地区本科提档线理科 435 分，文科 483 分。在校生 8167 人，其中，学历教育学生中全日制硕士生 586 人，普通本专科生 5965 人（本科生 5964 人，专科生 1 人），成人教育本专科生 1564 人（本科生 848 人，专科生 716 人），非计划招生高等教育学生中在职人员攻读硕士学位 52 人。留学生毕业 26 人，招生 81 人，在校生 149 人。网址：www.bift.edu.cn。

（付佳）

【举办中法青年海报作品联展】 3 月 7 日，服装学院和法国国际时尚教育集团联合举办首届中法青年海报设计精选作品联展。展览以“是/非?”为主题，共展出 48 件作品，其中，有该院艺术设计学院视觉传达系 2008 级四个班学生作品 24 件。

（付佳）

【成立高性能运动服装设计研发中心】

3 月 29 日，服装学院成立北京服装学院高性能运动服装设计研发中心。该中心是校企共建体育服装设计研发中心，为体育服装产业研发人才的培养、推动体育服装产业创新发展提供保障。

（付佳）

【与山东南山纺织服饰公司签订合作协议】 4 月 20 日，服装学院与山东南山纺织服饰有限公司签订合作协议。根据协议，服装学院为南山纺织服饰公司提供科研成果转化、技术咨询、员工培训服务和推荐优秀毕业生，共同推动服装教育和公司品牌的发展；南山纺织服饰有限公司将在该院设立“南山职业装设计创新奖学金”，以奖励在职业装设计领域取得显著成绩的学生；双方在南山纺织服饰有限公司设立教学研究和实习基地，公司将定期安排教师和学生进行生产实习和毕业实习。

（付佳）

【召开纺织生物工程和信息学会会议】

5 月 27 至 29 日，服装学院召开第四届纺织生物工程和信息学会国际会议（TBIS2011）。会议以“先进纺织·时尚产业”为主题，研讨纺织材料、材料检测评价、纺织与服装设计等问题。会议收到 49 个国内外大专院校、科研机构和企业专家学者论文 360 篇。来自中国、英国、美国等 8 个国家专家学者 23 人参加会议。

（付佳）

【与意大利高校举行签订合作协议】

10 月 17 日，服装学院与意大利米兰理工大学签订合作协议。根据协议，双方在艺术设计、材料研究等领域开展校际合作、师生交流合作。

（付佳）

【7 项成果获行业教学成果奖】 11 月 10 日，服装学院获得中国纺织工业协会 7 项纺织高等教育教学成果奖。该评选由中国纺织工业协会主办，经过网评、现场评审并公示，共确定获奖成果 167 项。该校申报的“构建 TPO 知识系统的男装课群优化研究”等 7 项成果获奖。纺织高等教育教学成果奖是中国纺织工业协会依据国务院颁发的《教学成果奖励条例》，为奖励在纺织高等教育人才培养中做出突出贡献和显著成果的单位和个人，于 2009 年 4 月设立，每两年评审一次。

（付佳）

【举办周翔学术讲座】 11 月 25 日，服装学院举办周翔学术讲座。讲座题为“纺织工业降低温室效应气体（GHG）排放国际国内动态”，围绕气候变暖、纺织工业排放温室气体量、国内和国际上应对气候变化信息及纺织工业发展与气候环境健康 4 个方面，讲解当代气候环境保护和健康前提下纺织工业的发展方向。周翔，中国工程院院士，东华大学纺织化学与染整工程教授、博士生导师，国家染整工程技术研究中心工程技术委员会主任。

（付佳）

【师生参赛获奖】 至年底，服装学院教师学生参加比赛获奖。3 月 25

日，在“汉帛杯”第十九届国际青年时装设计师作品大赛上，该校学生朱圣伟作品《0&1的困惑》获银奖。4月6日，在“2011黛安芬触动创意设计大赛”中国赛区上，学生白鸽的设计作品《时光》获得总冠军，同时获得最佳工艺奖。9月19日，在第十四届“真皮标志杯”设计大奖赛决赛中，该校学生宋方友设计作品《衍》获得金奖。10月19日，在“乔丹杯”第六届中国运动装备设计大赛中，该校学生卫晓君设计作品获得金奖。10月27日，在“L&XF杯”第10届全国时装画艺术大赛中，该校学生郑凤以《看秀前排魔鬼们》系列时装画作品获得金奖。10月29至30日，在“第二届全国高校电子信息实践创新作品评选活动”中，该校学生王子恒、晋帆、严众意设计制作的“分布式无线温度监测系统”获本科基础组创新实践作品全国一等奖。10月30日，在第二届大学生杯动漫大赛中，该校学生张馨尹的作品《一分不少》获得金奖。11月1日，在梅赛德斯—奔驰中国国际时装周（微博）中国时尚大奖2011年度颁奖典礼上，该校教师楚艳与杨洁获得“十佳设计师”称号，服装艺术与工程学院服装表演专业学生王梦雅获得十佳职业模特称号。12月3日，在大学生动漫大赛中，该校学生张馨尹、蔡宏伟、孟岳、柳叶、华山青分别获得动画组和漫画组的金奖和铜奖，学校获得优秀组织奖。12月21日，在全国啦啦操联赛总决赛上，该校健美操队荣获“2011年全国啦啦操联赛总决赛大学组自由舞蹈”冠军和“大学组街舞”冠军。

（付佳）

北京邮电大学

党委书记　王亚杰
校　　长　方滨兴

【概　况】　2011年，北京邮电大学现占地面积46.12万平方米，建筑总面积65.04万平方米。固定资产总值170249.70万元，其中，教学、科研仪器设备总值53330.84万元。图书馆建筑面积13406平方米，藏书167万册，电子图书485万册。全年教育经费总投入130683.84万元，其中，国家拨款76407.45万元，自筹经费54275.95万元。学校信息化经费投入500万元，拥有计算机15921台，多媒体教室座位22183个，网络信息点数8600个，校园网出口总带宽11200Mbps，电子邮件系统用户数34594个，上网课程86门，数字资源量61000GB，管理信息系统数据总量8000GB。北京邮电大学设有13个教学单位、3个研究院，并设有研究生院。学校现有博士学位授权一级学科点7个，硕士学位授权一级学科点19个（含一级学科博士点7个），博士学位授权二级学科点2个，硕士学位授权二级学科点4个，有5类专业硕士学位授权点，有36个本科专业。建立博士后流动站5个，博士后研究人员出站24人，进站19人，在站49人。现有一级学科国家级重点学科2个、北京市重点学科7个、部级重点学科8个。设有国家重点实验室4个（含国家工程实验室2个）、教育部工程研究中心2个、教育部“111创新引智基地”2个、各类部级重点实验室9个。教职工总数2171人，其中，专任教师1394人；专任教师中教授201人，副教授496人；博士生导师212人，硕士生导师702人。中国科学院院士1人，中国工程院院士2人（其中1人为双院士）；“长江学者奖励计划”特聘教授3人；国家有突出贡献专家21人；国家级教学名师2人；享受政府特殊津贴专家126人。外籍教师123人（包括长期27人，短期96人），其中，教授95人，副教授10人。毕业生12923人，其中，全日制研究生2042人（博士生199人、硕士生1843人），在职研究生1748人，普通本科生3189人，成人教育本科生151人，网络教育本专科生5793人（本科生2341人、专科生3452人）。本科生就业率为99.28%。招生15092人，其中，全日制研究生3053人（博士生336人、硕士生2717人），在职研究生2030人，普通本科生3270人，网络教育本专科生6739人（本科生3416人、专科生3323人）。高考北京地区最低录取线理科592分（国际合作办学565分）、文科545分。在校生67697人，其中，全日制研究生9173人（博士生1277人、研究生7896人），在职研究生7697人，普通本科生12915人，成人教育本专科生6250人（本科生3444人、专科生2806人），网络教育本专科生31662人（本科生15959人、专科生15703人）。留学生毕业14人，招生76人，在校生154人。学校网址：www.bupt.edu.cn。

（于晓龙　王晋）

【4个项目获国家科技奖】　1月14日，北邮4个项目获2010年度国家科学技术奖。其中，该校为第一完成单位“基于智能通道组织和共享保护方法的光层联网技术与应用”项目获国家技术发明奖二等奖，该校为第一完成单位“TD－SCDMA及其增强型终端一致性测试技术与平台”获得国家科技进步奖二等奖；该校作为参编单位完成“基于异构网络融合的多媒体技术研究与应用”、“网络教育关键技术及示范工程”两个项目分别获得国家科技进步奖二等奖。

（于晓龙　王晋）

【叶培大逝世】　1月16日，北邮名誉校长、中国科学院资深院士、微波通信与光纤通信专家、教育家叶培大在北京逝世，享年96岁。叶培大，1915年出生于上海，1938年毕业于国立西北工学院，并留校任教；1944年升为助理工程师，同时兼任金陵大学电机系交流电机实验工作；1945年参加美国租借法案官费出洋考试，以电信方面第一名成绩被哥伦比亚大学录取，求学同时，又先后在美国国家广播公司、哥伦比亚广播公司和美国电话电报公司实习；1946年11月，回国任金陵大学电机系副教授；1949年9月到天津北洋大学任教；1952年，北洋大学改为天津大学，任天津大学电信系教授兼系主任；1955年，随天津大学电信系转入北京邮电学院，相继担任过教授、系主任、院长助理、副院长、院长，1985年担任名誉院长；是第四、五、六、七届全国政协委员，国务院学位委员会学科评议组第一届召集人，第二、三届评议组成员，国家自然科学基金会学科评议组成员兼光学组组长；自1949年9月在天津北洋大学起，一直在高等院校执教，1959年开始培养硕士研究生，1984年起开始培养博士研究生。

（于晓龙　王晋）

【与法国高校签订合作协议】 2月10日，北邮与法国里昂高等商学院签订合作协议。根据协议，该校与法方在北京合作举办高级工商管理硕士项目（EMBA），双方各负责课程讲授的50%，完成课程、通过论文答辩并获得足够学分的学员将被授予法国里昂高等商学院高级工商管理硕士学位和该校出具的相关证明材料或课程证明书。

（于晓龙　王晋）

【与斐济高校共建孔子学院】 2月22

日，北邮与斐济南太平洋大学共建孔子学院。该孔子学院是该校参与共建的第一所孔子学院，也是斐济及南太平洋地区第一所孔子学院。

（于晓龙　王晋）

【与两企业签订合作协议】 3月25日

和12月30日，北邮与两企业签订合作协议。3月25日，该校与河北长城传媒有限公司签订合作协议。根据协议，双方在培训就业、技术研发和应用领域开展合作。12月30日，该校与中国电子信息产业集团有限公司签订合作协议，根据协议，双方将围绕推进信息安全发展、建设创新型国家战略需要，在重大科研与应用平台、重大科技项目、科研成果转化等领域开展合作。

（于晓龙　王晋）

【举办质量工程建设成果展】 3至4月，北邮举办质量工程建设成果展。该展览采取展板形式，展示该校2007至2010年质量工程建设成果，是该校质量工程一期建设成果的总结。该校师生3000人次参观展览。

（于晓龙　王晋）

【启动“985工程优势学科创新平台”建设项目】 6月14日，北邮启动“985工程优势学科创新平台”建设项目。该校“985工程优势学科创新平台”以促进学科交叉融合，加快引进和造就学术领军人物和创新团队，着力提高自主创新能力，实现重点突破为主要任务。

（于晓龙　王晋）

【成立大学生党史教育研究中心】 6月22日，北邮成立大学生党史教育研究中心。该中心由该校和中共党史教育办公室共建，隶属学校，开展党史教育工作研究。

（于晓龙　王晋）

【项目管理工程硕士获国际认证】 9月16日，北邮项目管理工程硕士（MEng－PM）获美国项目管理协会全球项目管理鉴定中心（PMI GAC）认证。该校经过递交申请意向书、准备自评报告、现场访问考察、认证方决策四个环节获得认证。通过认证后，该校能够提供高水平项目管理相关教育，提升该校项目管理教育国际化水平，完善自我检讨机制、追求持续改进，吸引更多优秀学生通过该教育培训进入项目管理行业，通过该认证学位项目毕业生可获得1500个项目管理经验小时供其申请项目管理专业人士（人事）资格认证（PMP）认证使用。认证有效期为2011年9月1日至2018年8月31日。至年底，全球共有30多所高等院校获得认证。

（于晓龙　王晋）

【召开粮食信息技术国际研讨会】 10月10至11日，北邮召开粮食信息技术国际研讨会。会议研讨粮食领域信息技术现状、发展前景、理论探索与实际应用等问题，并展示该领域最新研究成果。来自美国、中国、日本等国家专家学者100人参加研讨会。

（于晓龙　王晋）

【一篇论文在自然杂志上发表】 10月，北邮郭军教授在《自然》杂志发表论文。该论文题目是《An Activation Force－based Affinity Measure for Analyzing Complex Networks》。郭军，该校信息与通信工程学院教授，主要从事模式识别、网络管理、生物信息学等领域的教学研究。

（于晓龙　王晋）

【信息光子学与光通信国家重点实验室揭牌】 12月5日，北邮信息光子

学与光通信国家重点实验室揭牌。该实验室依托该校电子科学与技术国家一级重点学科、信息与通信工程国家一级重点学科以及光学工程一级学科博士点，立足信息光子学与光通信研究领域，坚持基础探索和工程技术相辅相成、光子学与光通信“驱”“牵”互动、光通信与光信息处理交叉融合发展模式，开展电子光学和光通信研究。该实验室有科研教学人员62人，其中，高级职称45人。

（于晓龙　王晋）

【周炯槃去世】 12月7日，北邮教授、中国工程院院士、中国信息论研究奠基人周炯槃在北京逝世，享年91岁。周炯槃，1921年1月15日出生于浙江省上虞县。1943年毕业于上海交通大学。1955年，周炯槃到该校任教，从事电视教学和科研工作，并结合教学长期从事信息论的研究。1958年创建中国第一座实验电视台，后又领导研制飞点扫描彩色电视实验系统，填补国内空白。20世纪60年代首次把卷积码引入无线数字通信信道的纠错和检错，在国家科研项目“6401”实验样机中取得成功。20世纪80年代指导研制报纸传真压缩传输设备，领导和建立中国的数字化卫星报纸传真网。1995年当选中国工程院院士。周炯槃重视从科研实践中提炼教材，1983年出版研究生教材《信息理论基础》，先

后获得全国邮电院校优秀教材特等奖、全国优秀教材特等奖。

（于晓龙　王晋）

【质量工程成绩显著】　至年底，北邮质量工程项目建设取得成绩。其中，“网络工程”和“物联网工程”专业获得教育部批准，成为第七批国家级特色专业建设点；白中英教授主编的《计算机组织与体系结构》被评为2011年度国家级精品教材；“信息安全”专业和“机械工程及自动化”专业入选为“卓越工程师教育培养计划”专业；“通信工程”、“电子信息工程”专业顺利通过工程教育专业认证。

（于晓龙　王晋）

【学生竞赛取得好成绩】　至年底，北邮学生共有1356人次获得各类竞赛奖励。其中，有221人次在国际性竞赛中获奖，包括一等奖57人次、二等奖155人次、三等奖9人次；有311人次在国家级竞赛中获奖，包括特等奖9人次、一等奖35人次、二等奖141人次、三等奖126人次；有824人次在市级竞赛中获奖。

（于晓龙　王晋）

北京印刷学院

党委书记　郑吉春

院　　长　曲德森（6月免）

　　　　　王永生（6月任）

【概　况】　2011年，北京印刷学院占地面积21.75万平方米，学校产权建筑面积21.83万平方米。固定资产总值64385.54万元，其中，教学、科研仪器设备资产值29147.24万元。图书馆建筑面积15170平方米，藏书114.5万册，其中，纸质图书93.8万册、电子图书20.7万册。全年教育经费投入33693.49万元，其中，国家拨款28451.07万元、自筹经费5242.42万元。学校信息化经费投入889.92万元，拥有计算机4287台，多媒体教室座位11604个，信息化设备资产14931.21万元，网络信息点数6500个，校园网出口总带宽360Mbps，电子邮件系统用户数8990个，上网课程3122门，数字资源量119633GB，管理信息系统数据总量1700GB。校区设置11个院（系、部）；开设本科专业23个，覆盖3个学科门类；具有一级学科7个，硕士学位授权点7个和专业学位授权点2个。北京市重点学科建设4个。教职工747人，其中，专任教师444人，包括教授42人、副教授159人；硕士生导师110人。享受政府特殊津贴专家3人。外籍教师2人，外聘专家有美国国家工程院院士1人、中科院院士1人，工程院院士2人，“长江学者奖励计划”特聘教授3人，中组部“千人计划”1人，博士生导师11人。毕业生2172人，其中，学历教育学生中全日制硕士研究生100人，研究生班59人，普通本专科生1534人（本科生1285人、专科生249人），成人教育本专科生479人（本科生128人、专科生351人），本科毕业生就业率96%。招生2794人，其中，学历教育学生中全日制硕士研究生164人、研究生班103人，普通本专科生1803人（本科生1550人、专科生253人）、成人教育本专科生724人（本科生134人、专科生590人）。在校生9912人，其中，学历教育学生中全日制硕士研究生575人、研究生班173人，普通本专科生6597人（本科生5843人、专科生754人），成人教育本专科生2740人（本科生438人、专科生2032人）。留学生招生6人，在校生1人。网址：www.bigc.edu.cn。

（杨雪莲）

【与中科院签订合作协议】　3月11日，印刷学院和中科院化学所签订合作协议。根据协议，中国科学院化学研究所支持印刷学院绿色印刷包装产业技术研究院建设，共建纳米绿色印刷联合实验室，共同承担基于绿色制版技术数字化工作流程开发和喷墨数字印刷机用墨水研发等国家及北京市重大科研课题，中科院的院士、专家学者还将为印刷学院的师生讲课，并与该院联合培养硕士生、博士生等高端人才。

（杨雪莲）

【3人获中国出版政府奖】　3月18日，印刷学院3人获中国出版政府奖。该奖由新闻出版总署主办，每三年评奖一次。该校乔东亮、聂震宁和严晨3人获得优秀出版人物奖，同时，该院多媒体电子出版物《北京印象》获音像电子网络奖。

（杨雪莲）

【引进5名专家】　3至11月，印刷学院引进5名专家。其中，万立骏、邹竞、何新贵3人为院士，崔铮为“千人计划”专家，梅雪松为长江学者特聘教授家。万立骏，中国科学院院士，长期从事电化学、纳米化学和纳米材料的研究。邹竞，中国工程院院士，长期从事国防军工胶片、彩色电影胶片、彩色民用胶卷和医用胶片的制造技术和新产品开发研究。何新贵，长期从事计算机软件和人工智能理论研究和工程实践工作。崔铮，长期从事微纳米加工技术及其应用研究。梅雪松，长期从事高速、高精度机电系统的实现方法和控制技术，开放式运动控制和远程控制技术。

（杨雪莲）

【召开数字印刷专业建设暨人才培养研讨会】　4月2日，印刷学院召开数字印刷专业建设暨人才培养研讨会。会议作题为《从IT角度看印刷数字化发展趋势》、《喷墨打印进入量产时代》、《数字印刷技术的价值一创意工作的平台》、《数字印刷的发展与融合》、《数字印刷市场对高校人才需求》、《商务印企的数字化人才需求》报告。来自国内专家学者50人参加会议。

（杨雪莲）

【学生参加竞赛活动获奖】　5至12月，印刷学院学生参加多项竞赛获奖。8月18至20日，该院学生在第六届全国大学生“飞思卡尔”杯智能汽车竞赛中获得3个三等奖，一个全国总决赛优秀奖。9月，该院9名学生组成三支队伍在全国高校市场营销大赛（京津晋赛区）决赛中获大赛一、二、三等奖。11月3至4日，该院学生获得第四届全国高校市场营销大赛总决赛二等奖。11月25日，该院学生在第四届全国大学生广告艺术大赛中获得一等奖。

（杨雪莲）

【聘任两名讲座教授】　6月和11月，印刷学院聘任柳冠中和张文霞为讲座教授。柳冠中，1943年9月出生，清华大学美术学院教授、博士生导师。

张文霞，香港理工大学语言测试学博士，现任清华大学外文系教授、博士生导师，教育部外语指导委员会委员。

（杨雪莲）

【主办印刷行业博物馆研讨会】 9月23日，印刷学院主办中国印刷行业博物馆研讨会。会上，多家已建成印刷博物馆的单位介绍办馆经验及其对传承中华印刷文明作用认识，在建、拟建印刷博物馆的单位介绍其建馆计划与进度。会议发起成立中国印刷行业博物馆协作组织，并讨论通过《中国印刷行业博物馆协作组织细则》。

（杨雪莲）

【一人荣获毕昇印刷杰出成就奖】 9月28日，印刷学院谢普南在第11届毕昇印刷技术奖颁奖大会上获得毕昇印刷杰出成就奖。谢普南，1961毕业于苏联莫斯科印刷学院，回国后参加北京印刷学院及其前身北京文化学院、中央工艺美术学院印刷工艺系的筹备、建设全过程。1975年开始领导筹备创建中国第一个印刷机械本科专业。

（杨雪莲）

【首次获评国家级精品教材】 11月，印刷学院许文才教授编著的《包装印刷技术》获评全国普通高等教育精品教材。该课程是包装工程专业的核心课程，学习、了解和掌握各类包装材料和容器的印刷方法、工艺和相关技术。

（杨雪莲）

【举办包装设计论坛】 12月8日，印刷学院举办北京国际包装设计论坛。论坛以“设计改变生活，创新推动发展”为主题，6名专家分别作题为《包装与可持续发展》、《阅读与被阅读》、《设计梦工厂》、《鸡或蛋——从包装到创意设计》、《设计教育者的故事》、《瓦楞纸板减量设计新方法及其应用》报告。该校师生500人参加学习。

（杨雪莲）

【加入“1＋2＋1”中美人才培养计划】 12月9日，印刷学院与中教国际教育交流中心签订“1＋2＋1”中美人才培养计划合作协议。《1＋2＋1中美人才培养计划》是（教育部）中国教育国际交流协会（CEAIE)、中教国际教育交流中心（CCIEE）和美国州立大学与学院协会（AASCU）共同合作与管理的新型中美高等教育双向交流与合作项目，现已成为中美人文交流高层磋商机制框架下的项目之一。该计划通过双方学分互认，使学生能够在4年时间内获得中美两校的本科学位以及在3年时间内获得中美两校硕士研究生学位。该校是第一所参加该项目的北京市属高校。

（杨雪莲）

【建立6个校外实践基地】 至年底，印刷学院建立6个校外实践基地。6月9日，该院与北京画中画印刷有限公司共建校外实践教育基地；6月30日，该院与广东省新闻出版高级技工学校共建研究生联合培养基地。9月30日，该院建立西藏新华印刷厂印刷技能人才培训基地。11月18日，该院与北京时代华语图书股份有限公司共建教学实践基地。12月7日，该院与中文在线共建出版传媒人才教育教学实践基地。12月23日，该院与中钞信用卡发展有限公司共建印刷人才教育教学实践基地。

（杨雪莲）

北京建筑工程学院

党委书记 钱军
院　　长 郑文堂

【概　况】 2011年，北京建筑工程学院有西城、大兴2个校区。西城校区占地面积11.8万平方米，建筑面积16万平方米；大兴校区占地63.5万平方米，建筑面积38万平方米。学校固定资产总值52868万元，其中，教学、科研仪器值为25964万元。图书馆建筑面积8000平方米，纸质藏书129万册，电子图书30万册，大型电子文献数据库36个，中外文期刊1435种。全年教育经费投入73607万元，其中，国家拨款61622万元，自筹经费11985万元。下设10个学院和3个教学部。有29个本科专业，其中国家级特色专业3个，北京市特色专业7个。覆盖理、工、管、法、艺、农5个学科门类，有二级学科北京市重点学科1个，一级学科北京市重点建设学科2个，二级学科北京市重点建设学科3个。有一级学科硕士点12个，覆盖二级学科硕士点54个，硕士专业学位授权类别点3个，工程硕士专业学位授权领域点6个。有9个省部级科研基地和1个大学科技园，分别是：教育部工程研究中心1个，教育部重点实验室1个，国家测绘局重点实验室1个，北京市重点实验室2个，北京市高校工程研究中心2个，北京市哲学社会科学研究基地1个，共建浙江省工程研究中心1个和北京建筑科技一大学科技园1个。有国家级人才培养模式创新实验区1个，北京市级人才培养模式创新试验区1个，北京市实验教学示范中心3个，北京市高等学校校外人才培养基地3个，北京市高校产学研联合研究生培养基地1个。教职工993人，其中，专任教师695人，包括教授103人、副教授298人；博士生导师18人、硕士生导师395人；享受政府特殊津贴专家4人，北京市教学名师5人，北京市学术创新人才4人，北京市优秀教学团队6个、学术创新团队15个、管理创新团队1个，在全国各类教学指导委员会和专业指导委员会中承担委员的专家16人。外籍教师6人。毕业生2665人，其中，学历教育学生中全日制硕士研究生259人，普通本科生1540人，成人教育本专科生839人，非全日制专业学位硕士27人。招生3401人，其中，学历教育学生中全日制硕士研究生373人，普通本科生1823人，成人教育本专科生1129人，非全日制专业学位硕士76人。在校生10786人，其中，学历教育学生中全日制硕士研究生1023人，普通本专科生6633人（本科生6625人、专科生8人），成人教育本专科生2925人，非全日制专业学位硕士生205人。留学生招生43人，在校生120人。该校在北京地区高招提档线一批理科484分，二批理科450分，文科481分。各类学生总体就业率97.61%，其中，本科毕业生就业率97.47%，硕士研究生毕业生就业率98.46%。网址：www.bucea.edu.cn。

（孙强）

【两项成果获国家科技进步奖】 1月14日，建工学院两项成果获得国家科学技术进步奖二等奖。分别是王晏民教授主持的项目《特大异型工程精密测量与重构技术研究及应用》和宋国华教授参加完成的项目《我国北方几种典型退化森林的恢复技术研究与示范》。王晏民教授主持的项目，已在国家大剧院、鸟巢、国家体育馆等多项大中型工程中得到应用，经济效益达到7亿余元，为北京奥运会、探月工程等国家重大工程项目做出突出贡献。宋国华教授参加完成的项目，针对退化森林的保护、恢复、重建和经验等重大问题，在北方4省（区、市）14个单位示范，推广面积10.47亿平方米，近3年累计直接经济效益4.45亿元，解决林业重大生态工程中的一些关键性科学技术难题，在东北林区天然林保护、西北地区防沙治沙和“绿色北京”建设中发挥重要科技支撑和先行示范作用，取得显著的生态、经济和社会效益。

（孙强）

【与北京住总集团签订合作协议】 5

月16日，建工学院与北京住总集团签订校企合作协议。根据协议，双方在人才培养、学生就业、岗位培训、技术交流、项目合作、科研成果应用与转化等领域开展合作。

（孙强）

【与美国高校签订合作协议】 5月17日，建工学院与美国奥本大学签订协议。根据协议，该校将推荐优秀毕业生攻读奥本大学工程专业的硕士和博士学位；奥本大学对该校推荐的优秀学生采用直接面试的方式进行英语水平评价，并为学生提供学费资助。

（孙强）

【城市规划专业通过住建部评估】 5月18至20日，建工学院城市规划专业通过住建部专业指导委员会评估。评估工作组通过听取汇报、观看短片、查阅资料、召开座谈会等方式，一致认为该校办学条件优越，教学计划完善，办学特色鲜明，教学管理规范，教学质量和水平稳步提高。

（孙强）

【大兴校区投入使用】 7月6日，建工

学院大兴校区投入使用。该校区规划建筑面积35万平方米。2009年3月18日奠基，经两年的建设期，一期工程16万平方米全部竣工。该校计划五年内完成二期工程10万平方米的建设。首批入驻本科学生1375人。

（孙强）

【承办生态环境与混凝土技术国际会议】 8月2至4日，建工学院承办第二届生态环境与混凝土技术国际会议。会议研讨胶凝材料的纳米尺度改性、低碳经济时代水泥混凝土行业的发展方向、建筑垃圾资源化利用及再生混凝土技术等问题。来自中国、美国、澳大利亚等国家和地区专家学者150人参加会议。

（孙强）

【与建设银行签订合作协议】 8月3日，建工学院与中国建设银行北京市分行签订合作协议。根据协议，双方将本着“长期合作、互惠互利、强强联合、共同发展”原则，在综合授信、资金结算、代理业务、咨询服务、理财业务等方面开展合作。

（孙强）

【古建工程材料试验检测中心揭牌】 8月22日，建工学院北京古建工程材料试验检测中心揭牌。该中心联合北京市文物工程质量监督站，开展古建材料试验、检测、科研及培训工作。

（孙强）

【国家测绘局重点实验室揭牌】 9月5日，建工学院现代城市测绘国家测绘地理信息局重点实验室揭牌。该实验室经国家测绘局批准成立，凭借该校测绘科学与技术学科和人才培养优势，在研究队伍、科研及生产设备、研究环境等方面提供支持，为企业和社会输送城市测绘地理信息技术人才。开展现代城市测绘技术体系与标准化、数字城市理论方法及应用和建筑精细测量及重构研究。

（孙强）

【13个项目获得省部级科技奖励】 至年底，建工学院获得省部级科技奖励13项。其中，教育部科技进步奖1项，北京市科学技术奖6项，中国钢结构协会科学技术奖1项，华夏建设科技奖2项，精瑞科学技术奖2项，中国航空学会科学技术奖1项。

（孙强）

【多名学生竞赛获奖】 至年底，建工学院学生在省部级竞赛中获得好成绩。在第七届“挑战杯”中国大学生创业计划竞赛中，该校获铜奖1项。在第十二届“挑战杯”全国大学生课外学术科技作品竞赛终审决赛中，获得一等奖1项。在第五届全国大学生结构设计竞赛中，获得三等奖1项。

（孙强）

北京石油化工学院

党委书记　高锦宏
院　　长　郭文利

【概　况】 2011年，北京石油化工学院占地面积30万平方米，学校产权建筑面积20万平方米。固定资产总值62677万元。其中，教学、科研仪器设备资产值40000万元。图书馆建筑面积8353平方米，藏书1558601册，其中，纸质图书751211册、电子图书807390册。全年教育经费投入44108万元，其中，国家拨款37107万元、自筹经费7001万元。学校信息化经费投入627万元，拥有计算机4604台，多媒体教室座位11081个，信息化设备资产8616万元，网络信息点数10599个，校园网出口总带宽200Mbps，电子邮件系统用户数9503个，上网课程356门，数字资源量17408GB，管理信息系统数据总量22GB。下设3个校区，设有8个教学院（系），1个教学部，1个工程教育中心。开设25个本科专业，专业覆盖理、工、经、管、文五个学科门

类。有硕士专业学位授权点 2 个。有北京市重点学科 4 个。教职工 794 人，其中，专任教师 473 人，包括教授 61 人、副教授 173 人；博士生导师 9 人、硕士生导师 70 人；享受政府特殊津贴专家 1 人。外籍教师 3 人。毕业生 2749 人，其中，学历教育学生中全日制硕士研究生 43 人，普通本科生 1763 人，成人教育本专科生 513 人（本科生 162 人、专科生 351 人），网络教育本专科生 430 人（本科生 73 人，专科生 357 人。本科毕业生就业率 91.5%。招生 2745 人，其中，学历教育学生中全日制硕士研究生 52 人，普通本科生 1954 人、成人教育本专科生 557 人（本科生 270 人，专科生 287 人），网络教育本专科生 182 人（本科生 62 人，专科生 120 人）。高考北京地区本科提档线理科 435 分，文科 481 分。在校生 8578 人，其中，学历教育学生中全日制研究生 211（博士生 9 人，硕士生 202 人），普通本科生 7243 人，成人教育本专科生 603 人（本科生 317 人，专科生 286 人），网络教育本专科生人 521（本科生 335 人，专科生 186）；留学生毕业 28 人，招生 51 人，在校生 47 人。网址：www.bipt.edu.cn。

（张翠华）

【市级校外人才培养基地揭牌】 2 月 27 日，石化学院市级校外人才培养基地揭牌。该基地由该校与俏江南集团合办，面向该院学生开展教学培训活动，企业提供实习教学岗位。该校与俏江南集团 2006 年开始合作，签订旅游专业实习协议书，2007 年签订管理学专业实习协议书，2010 年签订产学研合作协议、培训合作协议。

（张翠华）

【召开师资队伍建设工作会】 3月29

日至 4 月 19 日，石化学院召开师资队伍建设工作会。会议以“深化改革、创新机制、建设高水平师资队伍、实现学校快速发展”为主题，分为启动、研讨、总结三个阶段，分析和研究该校师资队伍建设存在问题和原因，提出“壮大队伍、优化结构、提升能力、增强活力、健全机制”师资队伍发展目标。该校领导、教师、中层干部、辅导员 500 人参加会议。

（张翠华）

【新增两个市重点实验室】 5 月，石化学院新增两个北京市重点实验室。其中，恩泽生物质精细化工实验室由国家最高科学技术奖获得者闵恩泽于 2008 年 10 月 12 日在该院创建，主要致力于新催化材料与新反应工程基础研究和应用基础研究、搭建环境友好精细化学品新技术与新产品开发平台；特种弹性体复合材料实验室致力于开展特种弹性体及其生物医用材料、环保型高性能大规模集成电路封装材料、电纺丝纳米环境净化材料、有机太阳能相关材料研究。

（张翠华）

【一人获大运会半程马拉松亚军】 8 月 21 日，石化学院学生金玲玲以 1 小时 16 分 42 秒获得第 26 届世界大学生运动会女子半程马拉松比赛亚军。该比赛由国际大学生体育联合会举办，是只限在校大学生和毕业不超过两年大学生（年龄限制为 17 至 28 岁）参加的世界大型综合性运动会，始办于 1959 年，其前身为国际大学生运动会。本届赛事在深圳举办。金玲玲，山东平度人，人文社科学院公共事业管理专业学生。

（张翠华）

北京电子科技学院

党委书记 沈永社
院　　长 陈子真

【概　况】 2011 年，北京电子科技学院占地面积 7.93 万平方米，建筑面积 7.39 万平方米，其中，教学行政用房建筑面积 3.58 万平方米、学生公寓建筑面积 1.54 万平方米。固定资产总值 36722 万元，教学、科研仪器设备总值 6325 万元。本年教育经费投入 12647 万元，其中，国家财政拨款 10685 万元。《北京电子科技学院学报》设有自然科学、社会科学两个版、季刊、年发行 4000 册。图书馆建筑面积 4700 平方米，藏书 26.55 万册，中文报刊 568 种，外文期刊 33 种，网上全文数据库 7 个，教师阅览室 1 个，电子阅览室 1 个。信息化经费投入 70 万元，拥有计算机 2472 台，多媒体教室座位 1720 个，信息化设备资产 5232 万元，网络信息点数 1260 个，校园网出口总带宽 130Mbps，电子邮件系统用户总数 3892 个，上网课程 549 门，数字资源量 7200GB，管理信息系统数据总量 90GB。下设 5 个系，2 个教学部，开设 7 个本科专业，2 个工程领域硕士专业学位授予点，3 个联合培养硕士研究生专业。在岗教职工 334 人，其中，专任教师 135 人，教授 17 人、副教授 55 人；博士学位 51 人、硕士学位 106 人；硕士生导师 21 人；15 名教师享受国务院政府特殊津贴。毕业生 1050 人，其中，学历教育学生中全日制普通本科生 416 人，成人教育本专科生 634 人（本科生 196 人、专科生 438 人）。招生 505 人，其中，学历教育学生中全日制普通本科生 453 人、成人教育专科生 52 人。高考北京地区提档线理科 487 分、文科 530 分。在校生 3888 人，其中，学历教育学生中全日制普通本科生 1792 人，成人教育本专科生 2096 人（本科生 702 人、专科生 1394 人）。与西安电子科技大学联合培养硕士研究生毕业 29 人，招生 30 人，在校 89 人。举办北京广播电视大学开放教育毕业 79 人（本科 30 人，专科 49 人）。网址：www.besti.edu.cn。

（张斌）

【与西安电科大签订合作协议】 1月

19 日，电科院与西安电子科技大学签

订增补专业联合培养硕士学位研究生协议。根据协议，双方联合培养硕士研究生，培养学生面向全国招生，毕业颁发硕士学位证书。

（张斌）

【召开党代会】 5月13至14日，电科院召开党代会。

会议分别作题为《为把学院建成特色鲜明、水平一流的机要密码专业高等学校而努力奋斗》和《深入推进党风廉政建设，努力促进学院各项事业和谐健康发展》党委和纪委工作报告；审议并通过《北京电子科技学院“十二五”发展规划》；产生新一届党委委员和纪委委员。

（张斌）

【召开质量工程建设经验交流会】 7月17至18日，电科院召开质量工程建设经验交流会。会议总结该院质量工程建设情况，建设项目进度和取得成绩，分析存在问题和不足，提出整改措施。该院领导和各系部负责人50人参加会议。

（刘旭然）

【举办寄家书活动】 9至10月，电科院举办寄家书活动。该活动以“感恩父母，放飞梦想”为主题，要求新入学学生亲笔为父母书写家书。活动共评出“十佳家书”以及“深情挚爱”家书、“弘毅志远”家书、“文采华赡”家书、“墨韵焕采”家书共60封。该校451名新生参加活动。

（刘旭然）

【举办人文知识竞赛】 10至11月，电科院举办首届人文知识竞赛。竞赛以“关乎人文，化成天下”为主题，面向全校师生，采取笔试、面试等环节，考查学生人文方面知识，评出优秀奖10人。该校共有学生692人参加比赛。

（刘旭然）

【举办保密管理专业建设研讨会】 12月26日，电科院举办保密管理专业建设研讨会。会议研讨保密管理专业内涵、人才规格与能力结构、课程体系、实践教学设计等问题。来自国家保密局和该院专家学者50人参加研讨。

（刘旭然）

【开展教学改革研究与模式方法创新活动】 至年底，电科院开展教学改革研究与模式方法创新活动。活动分为系部研讨交流和院级交流评比两个阶段。第一阶段由各教学部门组织教师开展教学研讨与交流评比活动，并推荐3名教师参加全院交流评比。学院教学督导组对各教学部门活动开展情况进行检查和成绩评定。第二阶段由教务处组织专家组通过对上课学生进行测试等方式，依据相关评价指标对参加院级交流评比教师进行成绩评定。

（刘旭然）

【完成内设机构改革】 至年底，电科院完成内设机构改革。该校按照精简、效能和突出教学、科研主业的原则，把内设机构由26个精简至20个，部门科室从91个精简至52个，其中，教学科研、学生管理和教辅部门14个，编制268人，分别占机构总数70%和编制总数74.4%。

（张斌）

【制订院领导联系青年教职工工作办法】 至年底，电科院制订《院领导联系青年教职工工作办法》。该办法旨在增进领导干部与青年教职工联系，有针对性地做好青年教职工思想引导工作，加强青年教职工队伍建设，制定定向联系、定期听取青年教职工意见、及时分析青年教职工思想状况等规定。

（张斌）

中国农业大学

党委书记 瞿振元
校　　长 柯炳生

【概　况】 2011年，中国农业大学总占地面积130万平方米，建筑面积117万平方米（不含校外住宅）。固定资产总值260805万元，其中，教学、科研仪器设备总值115159.67万元。全年教育经费投入279590万元，其中，国家拨款221290万元、自筹经费58300万元。学校信息化经费投入1027.57万元，拥有计算机14741台，多媒体教室座位24046个，信息化设备资产19555.33万元，网络信息点数37366个，校园网出口总带宽IPV4为1700Mbps，IPV6为1000Mbps，电子邮件系统用户数22813个，上网课程617门，数字资源量8500GB，管理信息系统数据总量3020.6GB。学校分东西两个校区，设有14个学院、1个体育与艺术教学部和1个研究生院。具有一级学科56个，一级学科博士点19个，博士学位授权点95个，硕士学位授权点171个，专业学位授权点10个，覆盖9个学科门类。学校有64个本科专业。设有博士后流动站12个，博士后研究人员出站43人，进站72人，在站164人。具有6个国家重点一级学科、6个国家重点二级学科，共覆盖了24个二级学科；北京市重点学科10个，省部级重点学科11个。学校有农业生物技术、植物生理学与生物化学、动物营养学3个国家重点实验室和畜禽育种国家工程实验室，31个部级重点实验室，5个国家级研究中心，23个部级研究中心，国家级野外台站1个，部级野外台站6个。教职工2811人（在职），其中，专任教师1555人，包括教授（含研究员）526人，副教授（含副研究员）755人；有导师1162人，其中，博士生及硕士生导师547人，硕士生导师615人。中科院院士5人，工程院院士7人；“长江学者奖励计划”特聘教授16人，享受政府特殊津贴专家77人（不含退休）。外籍教师数42人，其中，教授2人。毕业生22350人，其中，学历教育中全日制研究生2099人（博士生610人，硕士生1489人），普通本专科生3443人（本科生3222人，专科生221人），成人教育本专科生4636人（本科生2248人，专科生2388人），网络教育本专科生11654人（本科生4734人，专科生6920人），非计划招生高等教育学生中在职人员攻读博士硕士学位518人（博士26人，硕士492人）。本科毕业生就业率为96.86%。招生25220人，其中，学历教育中全日制研究生 2698 人（博士生 755 人、硕士生 1943 人），普通本科生 3057 人、成人教育本专科生 5440 人（本科生 2977 人、专科生 2463 人），网络教育本专科生 13541 人（本科生 5647 人，专科生 7894 人），非计划招生高等教育学生中在职人员攻读博士硕士学位 484 人（博士 20 人，硕士 464 人）。高考普通本科专业北京录取线理科 562 分，文科 555 分［经济学类（中外合作办学）理工类录取线 529 分、文史类录取线 540 分］。在校生 91022 人，其中，学历教育学生中全日制研究生 6765 人（博士生 2643 人，硕士生 4122 人），普通教育本科生 12944 人，成人教育本专科生 11367 人（本科生 6354 人，专科生 5013 人），网络教育本专科生 57568 人（本科生 28334 人，专科生 29234 人），非计划招生高等教育学生中在职人员攻读博士硕士学位 2378 人（博士生 124 人，硕士生 2254 人）。留学生毕（结）业 214 人，招生 269 人，在校生 187 人。图书馆建筑面积 2.2 万平方米，藏书 187 万册，电子图书4.86万册。网址：www.cau.edu.cn。

（钟占蓉）

【设立健坤人才培养基金】 1 月 9 日，农大设立健坤人才培养基金。该基金由健坤投资集团有限公司捐资 300 万元设立，用于帮助农大培养具有国际视野和素质优良的青年教师、管理干部，并支持提高研究生培养质量。资金将在 3 年内分 3 期到账，每年 100 万元。

（钟占蓉）

【获七项国家科技奖】 1 月 14 日，农大 7 项成果获国家科技进步奖。其中，学校主持完成的“牛和猪体细胞克隆研究及应用”、“农业化学节水调控关键技术与系列新产品产业化开发及应用”、“主要作物种子健康保护及良种包衣增产关键技术研究与应用”、“芽孢杆菌生物杀菌剂的研制与应用”和“青藏高原牦牛乳深加工技术研究与产品开发”5 个项目分别获得国家科技进步二等奖。参与完成的“矮败小麦及其高效育种方法的创建与应用”项目获得国家科技进步一等奖；参与完成的“干旱半干旱农牧交错区保护性耕作关键技术与装备的开发和应用”获得国家科技进步二等奖。

（钟占蓉）

【举办生物学大赛】 3 月 17 日至 6 月 10 日，农大举办首届生物学大赛。比赛采用三模块形式，分别从生物学基础知识趣味竞赛、生物学实验技能比赛及生物学奇思妙想方案征集三个部分对现代生物学所要求的知识掌握能力、实践动手能力、创新思维能力三个层次展开竞赛。其中，第一部分基础知识竞赛，采取笔试答卷和知识竞赛形式开展，最终产生优胜队伍 1 支、优秀队伍 3 支；第二部分实验技能竞赛，共有农学院、生物学院、动医学院、资环学院的 24 名学生组成 12 个小组参赛，最终产生基本实验技能优胜队伍 1 支、优秀队伍 3 支，实验技能全能奖队伍 1 支；第三部分奇思妙想竞赛，以“疾病早知道”和“荒漠变良田”两个与人类健康及和谐发展相关的待解决问题为主题，在全校范围内广泛征集方案，历时 1 个半月，通过题目征集、评审，从 19 个报名方案中评选出 8 个优秀方案入围决赛。该生物学大赛面向在校本科生，三个板块分别设有 1000 元、3000 元、10000 元奖励。

（钟占蓉）

【出版图书获中国出版政府奖】 3 月 18 日，农大出版社出版译著《家畜兽医解剖学教程与彩色图谱（第 3 版）》获得中国出版政府奖图书奖。该书原版为德文，由奥地利维也纳兽医大学霍尔斯特·埃里希·科宁（Horst Erich K·Nig）教授和德国慕尼黑大学汉斯·乔治·立比茨（Hans－Georg Liebich）教授主编完成。原版图书因其在专业方面权威性，被翻译为多种文字出版。中文版本由该校动物医学院陈耀星教授率领团队翻译完成，由该校出版社于 2009 年出版发行，该书保持原版图书的严格标准，集教科书和彩色图谱于一体，理论联系实际。

（钟占蓉）

【举办粮食生产和粮食安全专题报告会】 4 月 12 日，农大举办粮食生产和粮食安全专题报告会。会议听取农业部部长韩长赋题为《关于“十二五”粮食生产和国家粮食安全问题》报告，讲述粮食安全，“十二五”发展粮食生产基本思路和粮食发展政策及措施三大问题，并鼓励农大学生踊跃投身于“三农”事业。该校师生 1000 人参加学习。

（钟占蓉）

【召开蔡旭百年诞辰纪念会】 5月12

日，农大召开纪念蔡旭百年诞辰纪念会。纪念会由纪念视频播放、生平回顾和精神探究三个部分组成，回忆蔡旭尊重科学、实事求是实践精神，坚持科研、教学、生产三结合研究方针，以及治学严谨、为人师表、光明磊落、襟怀宽广的大师风范和高尚品德。蔡旭教授生前同事好友、在校师生及兄弟科研院所代表等 300 人参加纪念会。蔡旭，1911 年 4 月 14 日生于江苏武进，1985 年 12 月 15 日去世，是小麦栽培及遗传育种学家、农业教育家，中国小麦杂交育种的开拓者和新中国小麦育种工作奠基人之一。新中国成立前他繁育出“南大 2419”抗锈小麦品种，在华北地区大面积推广，在赴美留学期间搜集 4000 多份小麦品种及原始材料，为中国小麦品种资源和育种工作奠定雄厚的物质基础，新中国成立以后，他先后选育出近 20 个小麦优良品种，总结小麦高产栽培技术，培育出亩产千斤的小麦品种，在华北北部地区大面积推广。

（钟占蓉）

【召开吴仲贤百年诞辰纪念会】 5 月 12 日，农大召开纪念吴仲贤教授百年诞辰纪念会。纪念会由生平回顾和塑像揭幕仪式组成。吴仲贤教授生前同事、弟子、好友 100 人参加会议。吴仲贤，1911 年 5 月 12 日生于湖北汉川，2007 年 8 月 3 日在北京逝世，是动物遗传学家、教育家，中国动物数量遗传学科奠基人。1937 年，他取得英国爱丁堡大学博士学位，回国后先后在西北农学院、西北大学、中央大学、北京大学农学院任教授，先后主编《动物遗传学》、撰写《统计遗传学》、翻译《植物的杂交试验》、《生统遗传学》、《群体遗传学》等著作。他运用数学和统计学的原理，把评定畜禽数量性状遗传值的方法系统化和公式化，并利用“杂种遗传力”概念，提出杂种优势预测新方法。

（钟占蓉）

【设立欧阳启教育基金助学金】 5月23日，农大设立欧阳启教育基金助学金。该助学金由美国欧阳启教育基金会董事长欧阳彦之出资设立，助学金总额522万元，设立期10年，用于资助家庭经济困难学生。至年底，基金资助25名家庭经济困难的2011级本科生和2名预科生，每人6000元，此后资助人数将逐年增加。

（钟占蓉）

【召开突发性动物疫病应急处理与生物安全防护研讨会】 6月4日，农大召开突发性动物疫病应急处理与生物安全防护研讨会。会议围绕突发性动物疫病的应急处理及生物安全防护措施在新形势下面临挑战和机遇进行学术交流，听取美国和中国专家作专题报告，分别介绍动物疫病的临床诊断和流行病学调查流程，生物安全操作在动物疫病防控中重要性以及中国在禽流感防控和监测上所采取一系列措施。会后，与会专家在该校动医学院解剖学教室开展“穿戴生物防护服、采集样品和处理废弃物”演示和实际操作训练。来自美国农业部、联合国粮农组织、中国农业部、中国动物疫病预防控制中心以及农大等单位的专家学者和研究生80余人参加会议。

（钟占蓉）

【完成对口支援联合培养项目】 6月22日，农大完成与内蒙古农业大学、塔里木大学联合培养项目。两个项目共培养学生49人，其中，31名学生来自内蒙古农业大学，18名学生来自塔里木大学。农大与内蒙古农业大学合作项目按照教育部要求，自2006年探索开展“2+2”模式的联合培养项目，参与项目学生一、二年级在内蒙古农大就读，三、四年级在农大继续学习，毕业获得学习证明。2010年，农大开展与塔里木大学本科生交流培养，根据协议，塔里木大学学生在二年级后可参加选拔，到农大相关专业学习一年，再回塔里木大学继续学习，毕业获得学习证明。

（钟占蓉）

【举办农村青年致富带头人培训班】 8月25至31日，农大举办中国农村青年致富带头人协会首期会员培训班。培训结合现代农业相关内容，采取专家课堂讲授、交流互动、专题讨论和现场教学相结合形式，讲授宏观经济分析与农业产业发展，农产品营销策略，农业标准化与农产品安全生产、农业多功能的开发与利用，沟通与协调艺术五方面内容。中国农村青年致富带头人协会会员45人参加学习。

（钟占蓉）

【召开贫困不平等与参与式发展研讨会】 10月16日，农大与挪威奥斯陆大学联合召开贫困、不平等与参与式发展研讨会。会议从“现阶段中国贫困问题和挑战”，“转型期中国的特殊贫困问题”，“贫困与发展相关的热点问题”，“双方合作研究框架、领域和主题”四个方面对“贫困与发展”问题进行讨论。来自国内外高校专家学者50人参加会议。

（钟占蓉）

【举办娄成后百年诞辰纪念活动】 11

月5日，农大举办娄成后百年诞辰纪念活动。会议回顾娄成后生平事迹和巨大贡献，缅怀其科学精神和高尚品质，会后，举行娄成后铜像揭幕仪式。铜像坐落在该校生命科学大楼大厅北侧。娄成后，1911出生，2009在北京去世，中国植物生理学家、农业科学家、教育家，中国科学院资深院士。他从事教育事业和科学研究工作70余年，是中国植物生理学学科的奠基人之一，在基础科学研究及农业生产实际中的应用方面取得突出成就。

（钟占蓉）

【新增3个部级重点实验室】 11月8日，农大新增3个农业部重点实验室。它们分别是农业部玉米生物学与遗传育种重点实验室、农业部动物遗传育种与繁殖重点实验室和农业部设施农业工程重点实验室。“十二五”期间，农业部重点实验室建设工作围绕主要农产品、共性技术和生态类型进行布局设计，形成以综合性重点实验室为龙头、专业性和区域性重点实验室为骨干、科学观测实验站为延伸的一体化布局。

（钟占蓉）

【举办研究生学术文化节】 11月10至14日，农大举办首届研究生学术文化节。文化节由科普展览、学术讲座和主题征文等活动组成。该校研究生2000人次参加活动。

（钟占蓉）

【戎易逝世】 12月9日，农大戎易教授因病医治无效在北京逝世，享年89岁。戎易，1922年7月出生，浙江省慈溪县人。1944至1946年在燕京大学求学，1946年转入辅仁大学，1949年9月转入北京农业大学，1951年8月大学毕业后留校工作。1951年8月至1995年10月任北京农业大学畜牧系讲师、副教授、教授、博士生导师，1995年10月至1997年12月任畜牧系教授、博士生导师。他对中国动物营养学科发展起到重要推动作用。1985年3月至1993年1月任北京市人大常委会副主任期间，为北京市农村建设的规划、决策及立法工作做出大量卓有成效的工作，1997年12月离休，是第八届全国人大代表。

（钟占蓉）

【召开中国县域现代农业发展会议】 12月16日，农大召开首届中国县域现代农业发展高层会议暨北京国际农业科技交流会。会议以“科技创新、国际交流、县域发展、合作共赢”为主题，由国际农业科技交流会、首届中国县域现代农业发展高层会议、特邀嘉宾论坛等组成。会上，农大和荷兰食品加工与包装机械制造协会签署合作协议。来自农大、中国农科院、中科院以及相关部委农业专家学者500人参加会议。

（钟占蓉）

【与大北农公司签订合作协议】 12月18日，农大与北京大北农科技集团股份有限公司签署战略合作协议。根据

协议，该公司在农大五年内上限投资5亿元用于委托研发、合作研发等，双方共同发起设立“中关村农业科技创新基金”，还将加强创新型人才和企业家队伍建设，培养农业高级技术人才和管理人才，指导和培训研发与技术人员，结合“国家现代农业科技城”和“中关村科学城”建设规划，共同推进中关村农业科技创新发展。大北农董事长、总裁邵根伙博士个人捐资5000万元设立农大大北农教育基金，分5年完成，每年捐赠1000万元，用于资助创新型人才培养、高水平人才队伍建设以及重点支持动物科学、动物医学、农学、生物技术、植物保护等学科的发展和建设。

（钟占蓉）

【举办国际食品安全博士论坛】 12月25至26日，农大举办国际食品安全博士论坛。论坛围绕国内外食品问题、政策趋势、技术保障体系、管理体系、转基因作物与食品安全等主题展开研讨交流。来自农大及南京农业大学、华中农业大学、西南大学等30所高校博士生150人参加论坛。

（钟占蓉）

【开展本科教育教学改革】 至年底，农大开展本科教育教学改革。改革提出调整招生规模，优化专业结构，转专业政策改革，推进考试方法改革，拓展双学位专业改革，开设新生研讨课，强化实践技能训练，加强学术拔尖人才培养，实施领导力培养计划，推进就业与创业教育教学，促进本科教育教学国际化。转专业新政策不设立报名成绩限制，允许学生多次转专业。对110门课程进行考试改革试点，提高平时成绩占学期成绩的比例，由任课教师根据各门课程的性质和特点自行决定，一般占总成绩的50%左右。13个学院共开设新生研讨课20门，为学生理性选择专业提供保证。

（钟占蓉）

北京农学院

党委书记　王慧敏（9月免）
　　　　　郑文堂（9月任）
院　　长　王有年（9月免）
　　　　　王慧敏（9月任）

【概　况】 2011年，北京农学院占地面积75.76万平方米，学校产权建筑面积20.57万平方米、非产权建筑面积10.73万平方米。固定资产总值53018.49万元，其中，教学、科研仪器设备资产值28085万元。图书馆建筑面积15997平方米，馆藏纸质文献65.71万册、电子文献21万种。全年教育经费投入34921.52万元，其中，国家拨款27655.28万元、自筹经费7266.24万元。学校信息化经费投入339.81万元，拥有计算机3427台，多媒体教室座位7624个，信息化设备资产2044万元，网络信息点数6000个，校园网出口总带宽164Mbps，电子邮件系统用户数460个，上网课程117门，数字资源量1200GB，管理信息系统数据总量22GB。校区设置10个学院、4个教学部及继续教育学院；开设26个专业，覆盖7个学科门类；具有一级学科7个，硕士学位授权点9个和专业学位授权点12个；北京市重点学科5个。教职工1065人，其中，专任教师427人，包括教授63人、副教授150人；博士生导师12人、硕士生导师138人。享受政府特殊津贴专家4人（以及其他国家级专家及其构成）。毕业生2157人，其中，学历教育学生中全日制研究生133人（硕士生133人），普通本专科生1940人（本科生1528人、专科生412人），成人教育本专科生81人（本科生56人、专科生25人）；在职硕士生3人。本科毕业生就业率96%。招生2293人，其中，学历教育学生中全日制研究生180人（硕士生180人），普通本专科生1898人（本科生1513人、专科生385人）、成人教育本专科生124人（本科生69人、专科生55人）；招生在职硕士生91人。高考提档线及其构成。在校生8314人，其中，学历教育学生中全日制研究生473人（硕士生473人），普通本专科生7311人（本科生6144人、专科生1167人），成人教育本专科生393人（本科生229人、专科生164人）；在职硕士生137人。网址：www.bua.edu.cn。

（陈勇）

【举办青海畜牧兽医教师学习培训班】

1月5日，农学院举办青海畜牧兽医职业技术学院教师学习培训班。此次学习交流活动是落实《北京市教委与青海省教育厅关于进一步加强教育交流合作备忘录》和两校《交流合作备忘录》重要举措，32名青海畜牧兽医职业技术学院教师在该校进行为期2周的学习交流。

（陈勇）

【一项成果获国家科技进步奖二等奖】 1月14日，农学院主持完成的“枣林高效生态调控关键技术的研究与示范”项目获得国家科技进步奖二等奖。该项目针对国内枣树虫害严重形势以及国内外市场迫切需要优质安全枣果要求，以兼顾保护生态环境和提高枣果产量、质量为目标，系统研究不同生境、不同间作环境中枣林有害生物可持续生态调控关键技术方法与措施，实现枣林有害生物生态调控与优化管理，由被动盲目的防治转变为主动可持续生态调控，满足市场上对安全枣产品需求。

（陈勇）

【与昆明学院签订合作协议】 1月18日，农学院与昆明学院签订发展都市型现代农业合作协议。根据协议，双方在师资培训、科研活动、师生交流、都市农业建设与发展等方面开展合作。

（陈勇）

【一项国家农业项目规划通过论证】 4月14日，农学院承担的《全国休闲农业发展“十二五”规划》通过农业部论证。该规划是农业部17个规划之一，《全国休闲农业发展“十二五”规划》是该校首次承担的国家级农业产业发展规划。编写组由农学院、北京第二外国语学院、市农委、市农职院组成，编写与调研工作历时一年。

（陈勇）

【召开大学生村官工作研讨会】 4月26日，农学院召开大学生村官培养和选拔工作研讨会。会议以探索大学生村官培养和选拔工作，完善“政、产、学、研、推”服务新农村建设的特色模式，从积极引导和支持毕业生到村任职，农村迫切需要什么样的大学生村官，如何构建大学生村官工作的体系等方面开展交流和研讨。延庆县、怀柔区等10个郊区县人力社保局大学生村官工作负责人参加会议。

（陈勇）

【两个新品种通过审定】 4月，农学院两个农业新品种通过北京市审定。两个新品种为一串红“红粉佳人”和“彩铃红”，由该校刘克锋研究员率领“一串红”课题组选育。两项产品成为该课题组继“橙香公主”、“白马王子”之后的两个一串红新品种。

（陈勇）

【一人入选新世纪优秀人才计划】 6月23日，农学院何忠伟教授入选教育部新世纪优秀人才支持计划。何忠伟，1969年12月出生，现任北京农学院经济管理学院院长，教授，公开发表论文160篇，出版专著16部，制定新农村建设规划12个，主持国家级和省部级课题16项。曾获1项国家科学技术进步二等奖，2项北京市哲学社会科学优秀成果二等奖，1项北京市科学技术一等奖，2项北京市科学技术三等奖，1项北京市教育教学成果一等奖。

（陈勇）

【完成本科专业培养方案修订工作】 7月9日，农学院完成2011级本科专业培养方案修订工作。新方案通过“3＋1”培养模式，主动适应北京都市型现代农业发展，建立专业特色鲜明的教学体系和能力培养体系。

（陈勇）

【举办中外涉农大学校长论坛】 10月

15日，农学院举办中外涉农大学校长论坛。论坛以“国际合作背景下的高等教育特色发展”为主题，研讨高等教育国际化趋势及特色发展问题，分享相关院校办学理念、实践成果和特色经验。来自8所国外大学、20所国内大学的校长及专家参加论坛。

（陈勇）

【3件作品获好新闻奖】 11月29日，农学院3件作品获中国高校校报好新闻奖。其中，曾恋之、陆璐采写的《寻找“金钥匙”打开心灵之门我校第一届辅导员沙龙纪实》获通讯类三等奖，张悦、陕娟娟采写的《不朽的国旗精神，炽热的爱国情怀》获消息类三等奖，刘可心的《图片新闻》获图片类三等奖。

（陈勇）

北京林业大学

党委书记　吴斌
校　　长　宋维明

【概　况】 2011年，北京林业大学占地面积46.88万平方米，学校产权建筑面积46.58万平方米。固定资产总值174807.38万元，其中，教学、科研仪器设备资产值48150.47万万元。图书馆建筑面积23400平方米，藏书231.18万册，其中，纸质图书156.86万册、电子图书74.32万册。电子文献37000GB，电子资源库36种。全年教育经费投入84448.35万元，其中，国家拨款59807.88万元、自筹经费24640.47万元。学校信息化投入343万，拥有计算机台数7356台，多媒体教室座位数12260个，网络信息点21000个，校园网出口总带宽1.1GB，电子邮件用户数5200个，上网课程62门，数字资源量16TB，管理信息系统总量22GB。校区设置13个院（系、部）；开设57个专业及覆盖10个学科；具有一级学科32个，一级学科博士点39个，博士学位授权点9个，硕士学位授权点27个和专业学位授权点19个；博士后流动站5个，其中，博士后研究人员出站12人、进站29人、退站2人和在站86人。学校拥有1个一级国家重点学科（涵盖7个二级学科），2个二级国家重点学科，1个国家重点（培育）学科；10个国家林业局重点学科；1个北京市一级重点学科，4个北京市二级重点学科，1个北京市交叉重点学科。建有1个国家工程实验室、1个国家工程技术研究中心、1个国家野外台站、4个教育部重点实验室、3个教育部工程技术研究中心、1个教育部科技创新团队、5个国家林业局重点实验室、2个北京市重点实验室、5个国家林业局定位观测站，1个北京市工程技术研究中心。教职工1697人，其中，专任教师1113人，包括教授209人、副教授473人；有博士生导师195人，硕士生导师390人；中国工程院院士4人。有长江学者4人，973项目首席科学家1人，“千人计划”人选1人，国家“百千万人才工程”人选5人，国家“新世纪百千万人才工程”人选3人，国家有突出贡献专家8人，省部级有突出贡献专家20人，享受政府特殊津贴专家107人。教育部“新世纪优秀人才”27人。外籍教师3人。毕业生6444人，其中，学历教育学生中全日制研究生1184人（博士生244人、学术型学位硕士867人、专业学位硕士73人），普通本专科生3053人，成人教育本专科生1991人（本科生1055人、专科生936人）；在职人员攻读硕士学位授予学位数216人。本科毕业生就业率95.06%。招生11891，其中，学历教育学生中全日制研究生1463人（博士生257人、学术型学位硕士867人、专业学位硕士339人），普通本专科生3337人、成人教育本专科生6600人（本科生3930人、专科生2670人）；在职人员攻读硕士学位招生人数491人。高考北京地区文科录取线560分、理科526分。在校生32430人，其中，学历教育学生中全日制研究生4160人（博士生930人、学术型学位硕士2715人、专业学位硕士515人），普通本专科生13213人，成人教育本专科生13280人（本科生8120人、专科生5160人）；在职人员攻读硕士学位1777人。留学生毕业22人，招生23人，在校生95人。网址：www.bjfu.edu.cn。

（刘继刚　张勇）

【举办中国自然保护论坛】 5月22至23日，北林大举办首届中国自然保护论坛。该论坛由该校与中国野生动物保护协会、北京富群环境研究院合办，以“生物多样性与森林”为主题，探讨自然保护区建设、管理与生物多样性保护，协调生态保护与社会经济发展问题。会议提出国家野生动植物保护、湿地保护和自然保护区事业未来的发展战略，并发表《北京宣言》。来自国家部委、省厅、各自然保护区、国内外环保组织代表及专家学者、社会各界人士200余人参加论坛。

（刘继刚　张勇）

【举办水土保持研讨会】 9月1至2日，北林大举办海峡两岸校际水土保持学术研讨会。会议邀请台湾屏东科技大学、北京市水土保持总站、北林大水土保持学院的10名教授就“台湾河川生态护溪工程”、“北京生态清洁小流域建设”和“陕北半干旱黄土区植被恢复近自然造林技术”等10余个水土保持不同专业领域前沿成果进行学术报告。会议期间，与会专家参观北京市生态清洁小流域建设、密云县石匣水土保持科技示范园和首都圈森林生态系统定位观测研究站，并就小流域综合治理、生态环境建设以及今后两岸的水土保持科研、教学、技术交流与合作进行探讨。

（刘继刚　张勇）

【获第五届年鉴编校质量二等奖】 9月，北林大《北京林业大学年鉴（2010卷）》在全国第五届年鉴编校质量检查评比活动中获得二等奖。本届评审活动由中国版协年鉴工作委员会主办，自3月启动，经过参评单位自查、评委初查、顾问专家复审组复审、评审委员会审核批准等评比工作程序完成评选。该校年鉴工作始于2009年，学校成立年鉴编委会和编辑部，组建兼职组稿队伍，聘请离退休人员作为特约编辑，制定审校流程，严把语言文字质量关，至今已连续出版3部。

（刘继刚　张勇）

【成立国家能源非粮生物质原料研发中心】 10月，北林大成立国家能源非粮生物质原料研发中心。该中心由该校与中国农业大学、大唐集团新能源股份有限公司和河南天冠集团有限公司共同建立，开展能源作物育种和高效栽培技术研究，研发非粮生物质原料收集、运输、贮藏和加工的关键技术和成套设备，培养研究型和技术性专业人才。中心将围绕纤维素乙醇、生物柴油为主的液体燃料的非粮原料的培育与开发利用，形成标准化生产技术体系，进而在边际土地上进行生产示范，推动中国非粮生物质产业的健康、快速和可持续发展。

（刘继刚　张勇）

【与海淀区签订合作协议】 12月12日，北林大与海淀区人民政府签订校地科教合作协议。根据协议，双方在“十二五”期间，将本着“优势互补，精诚合作，求实高效，互惠互利，共同发展”的原则，充分发挥双方的优势，共同创造有利条件，促进双方以多种形式、多种途径广泛的开展合作与交流。

（刘继刚　张勇）

【成立生物质能源产业技术研究院】 12月26日，北林大与中国留学人才发展基金会联合成立生物质能源产业技术研究院。研究院实行双院长负责制，研究院成立后将纳入国家非粮生物质能源材料研究中心的统一发展规划和北林大科技园区的主要入驻机构，同时建立国际交流与合作中心、非粮生物质能源重点实验室和科技成果孵化中心三个机构。该研究院开展国际间生态科技交流与合作，培养、引进高科技专业人才等工作。

（刘继刚　张勇）

【学生竞赛获奖】 至年底，林北大多项学生竞赛取得好成绩。其中，2月23日，在泰国曼谷举办的亚太地区风景园林设计竞赛中，该校学生赢得竞赛一、二、三等奖，同时获得15个评委奖中的10个；7月4日，在“2011大中华区VR盟主选拔赛”中，北林大学生作品分别获得大赛金奖、银奖、优秀奖；7月25至27日，在第二届中国大学生创意创业大赛全国总决赛中，该校4个参赛团队分别获得全国一等奖2项，全国二等奖2项。

（刘继刚　张勇）

北京协和医学院（中国医学科学院）

党委书记　李立明
院　　长　刘德培（12月免）
　　　　　　曾益新（12月任）

【概　况】 2011年，北京协和医学院占地面积133.69万平方米，建筑面积90.97万平方米。固定资产总值28552.31万元，其中，教学、科研仪器设备资产值6399.79万元。图书馆建筑面积15905平方米，藏书279万册，其中，纸质图书266万册、电子图书13万册。全年教育经费投入22434.53万元，其中，国家拨款20745.52万元、自筹经费1689.01万元。学校信息化经费投入380万元，拥有计算机1145台，多媒体教室座位2869个，信息化设备资产2313.52万元，网络信息点数5800个，校园网出口总带宽180Mbps，电子邮件系统用户数901个，数字资源量18.63TB，管理信息系统数据总量10GB。北京协和医学院与中国医学科学院实行院校合一的管理体制。院校设有18个研究所（以及5个分所）、7所临床医院（含与北京市共建的天坛医院）、5所学院、1个研究生院和5所分院，具有一级学科博士点8个，博士学位授权点53个，硕士学位授权点58个；博士后流动站6个，其中，博士后研究人员出站23人、进站54人、在站100人。国家一级重点学科2个、国家二级重点学科8个、国家重点（培育）学科1个；省部级一级重点学科1个、省部级二级重点学科4个；国家重点实验室5个，省部级重点实验室30个。教职工12954人，其中，专任教师1022人，包括教授609人、副教授286人；博士生导师487人、硕士生导师717人；中科院院士10人、工程院院士17人。“长江学者奖励计划”特聘教授14人、长江学者讲座教授2人、中组部“千人计划”2人、国家有突出贡献专家95人、杰出青年基金获得者27人、享受政府特殊津贴专家611人、新世纪百千万国家级人选43人、教育部长江学者奖励计划创新团队8个、国家自然科学基金委创新团队2个。有外籍教师2人。毕业生1457人，其中，学历教育学生中全日制研究生875人（博士生527人、硕士生348人），普通本专科生138人（本科生61人、专科生77人），成人教育本专科生444人（本科生302人、专科生142人）。本科毕业生就业率95%。招生1726人，其中，学历教育学生中全日制研究生1087人（博士生487人、硕士生600人），普通本专科生211人（本科生137人、专科生79人）、成人教育本科生428人。高考北京地区提档线临床本科理科651分、护理本科理科520分、护理专科理科276分、护理专科文科307分。在校生5735人，其中，学历教育学生中全日制研究生3454人（博士生1573人、硕士生1881人），普通本专科生863人（本科生629人、专科生234人），成人教育本专科生1418人（本科生1172人、专科生246人）。网址：www.pumc.edu.cn。

（贺晶）

【获国家科技进步奖二等奖】　1月14日，协和医学院“危重症冠心病外科评估体系与关键技术临床应用”项目获国家科技进步奖二等奖。该项目由该院阜外心血管病医院教授主持，从解决提高危重症冠心病外科治疗的安全性和有效性，建立共识性治疗规范等业内关注的焦点和亟待解决的突出问题入手，在国内率先建立围绕危重症冠心病人术前评估体系、制定科学外科治疗规范，自主创新部分危重症冠心病外科治疗关键技术，明显提高危重症患者救治成功率，制订出适合中国国情、并得到国内同行专家认可的危重症冠心病外科治疗策略。研究成果通过协作网络在全国20个省市43家医院得到应用和推广，获得良好的社会经济效益。

（潘宣）

【新增两个国家重点实验室】　4月2日，协和医学院获批增加心血管转化医学国家重点实验室和天然活性物质与功能国家重点实验室两个国家重点实验室。其中，心血管转化医学国家重点实验室依托阜外医院3个平台、3个部级重点实验室、11个临床诊治中心和7个社区，以心血管疾病的预测、预防和个体化防治为目标，从心血管疾病病因和防治工作存在关键科学问题和技术难点入手，走一条基础与临床和人群结合道路，开展心血管转化医学研究。天然药物活性物质与功能国家重点实验室围绕国家重点发展规划和目标，以天然药物活性物质与功能研究为核心，基于天然药物传统用药经验及现代医药研究领域多学科的新进展，引入新思路、新技术和新方法，在诠释天然药物活性物质作用科学内涵同时，开展创新药物前沿基础的研究，创制具有国际竞争力的新药。

（马天龙）

【一人获国际癌症研究荣誉奖章】　5月11日，协和医学院阜外心血管病医院教授乔友林获国际癌症研究机构2011年度荣誉奖章。该奖章由世界卫生组织国际癌症研究署（WHO/IARC）颁发，以表彰乔友林在世界子宫颈癌筛查和预防研究方面取得成绩，特别是在中国和其他发展中国家妇女子宫颈癌防治方面所做杰出贡献。乔友林，1955年生，博士学历，博士生导师，享受国务院政府特殊津贴。1996年获美国约翰·霍普金斯大学博士学位。1991至1997年任美国国家医学科学院国家癌症研究所癌预防控制部正式研究员，1997至1998年任中国医学科学院肿瘤医院肿瘤研究所肿瘤流行病学研究室副研究员、室主任，1998年至今任中国医学科学院北京协和医学院肿瘤医院肿瘤研究所肿瘤流行病学研究室研究员、室主任。

（贺晶）

【召开转化医学研究国际论坛】　5月19至20日，协和医学院召开第四届转化医学研究国际论坛。该论坛邀请中美科学家8人以专题报告形式研讨针对癌症基础与临床研究、基因治疗、转化医学在癌症防治中应用与前景等问题。来自国内外专家学者100

人参加活动。

（陈明雁　段文利）

【与井冈山大学签订合作协议】　5月28日，协和医学院与井冈山大学签署友好支援协议。根据协议，双方建立全面友好的支援合作伙伴关系，成立合作领导小组，定期对口互访、专题讨论支援合作事宜，并定期召开会议协调援助工作；在医疗、教学、科研及管理等方面开展各类学术交流活动，传播新知识、新理念和新技术；联合申请科研课题，开展科学研究、学科建设及实验室平台建设等；合作开展继续教育和培训。

（刘静）

【一人获南丁格尔奖章】　8月26日，协和医学院吴欣娟获南丁格尔奖章。该评选由红十字国际委员会主办，本年共有19个国家39名护理工作者获奖，其中，中国8人。吴欣娟，长期从事护理学领域教学研究，现任北京协和医学院护理学院副院长、北京协和医院护理部主任、中华护理学会副理事长。

（张京煜）

【一人获国家级教学名师称号】　9月8日，协和医学院教授郎景和获国家级教学名师称号。郎景和长期从事妇产科医疗、教学、科研工作四十年，先后获得多项国家级和省部级奖项。1990年至今，郎景和教授指导硕士研究生、博士研究生80余名。

（刘茜）

【开展少数民族贫困地区先心病儿童医疗救助行动】　9月，协和医学院开展少数民族贫困地区先心病儿童医疗救助行动。该行动面向少数民族贫困地区专门设立爱心病区，配备诊疗队伍，首期为来自新疆和内蒙古的23名少数民族先心病患儿免费进行手术治疗。

（于梅子）

【成立国际微血管医学研究中心】　10

月22日，协和医学院成立国际微血管医学研究中心。该中心依托该院微循环研究所，以国际微循环学会联合会和亚洲微循环联盟为桥梁，开展微血管医学领域国际学术交流与科研。

（高翠峰）

【两人获谈家桢生命科学奖】　10月，协和医学院两人获得第四届谈家桢生命科学奖。其中，该院曹雪涛院士获得谈家桢生命科学成就奖，基础医学研究所张学教授获得谈家桢生命科学创新奖。谈家桢生命科学奖是企业在生命科学领域设立的第一个奖项。该奖项从2008年设立至今已经举办四届，本届共有2人获得谈家桢生命科学成就奖，10人获得谈家桢生命科学创新奖。

（刘静）

【成立糖尿病研究中心】　11月14日，协和医学院成立糖尿病研究中心。该中心以糖尿病研究为切入点，发挥该院综合优势，建成国内卫生科学创新体系核心基地。中心将注重学科交叉和转化医学研究，为糖尿病早期预防、个体化治疗和科学管理提供良好平台。

（朱成斌）

【成立药物研究院】　12月17日，协和医学院成立药物研究院。该研究院是从事新药创制的综合性、大型的、集产学研于一体的药物研究机构，由学校所属药物研究所、医药生物技术研究所和药用植物研究所联合组建。

（王影）

【举办三期乡村医生培训】　至年底，协和医学院举办三期乡村医生培训。该项目每期15天，共224学时，培训来自3个省、自治区学员共270人。其中，3月7至22日举办少数民族乡村医生培训班，来自云南省乡村医生99人参加学习，共计72学时；9月13至27日举办新疆少数民族乡村医生培训班，来自新疆维吾尔少数民族自治区72人参加学习，共计76学时；10月26日至11月9日，举办红十字老区行乡村医生培训班山东班，来自山东革命老区96人参加学习，共计76学时。

（李春宇）

首都医科大学

党委书记　李明
校　　长　吕兆丰

【概　况】　2011年，首都医科大学学校和附属医院总占地面积135.127万平方米，总建筑面积212.63万平方米，其中，学校占地面积24.66万平方米，建筑面积29.54万平方米。学校和附属医院固定资产总值1522484.53万元，其中，学校固定资产总值136150.30万元。学校和附属医院教科仪器设备资产值228808.47万元，其中，学校教科仪器设备资产值93813.48万元。全年教育经费投入91534.54万元，其中，国家拨款63214.02万元，自筹经费10949.38万元，科研经费17371.14万元。学校和附属医院图书馆建筑面积26324平方米，共藏书122.71万册，其中，学校图书馆建筑面积17901平方米，藏书77.00万册。学校信息化经费投入1210.36万元，拥有计算机6080台，多媒体教室座位7022个，信息化设备资产3246.49万元，网络信息点数9132个，校园网出口总带宽300Mbps，电子邮件系统用户数4400个，上网课程112门，数字资源量5100GB，管理信息系统数据总量61440GB。设有10个学院，18所临床医学院暨附属医院以及1个预防医学教学基地，设有4个专科学院和30个专科学系。开设本科专业16个、七年制专业2个。有一级学科博士学位授权点8个和一级学科硕士学位授权点11个，按照三级学科统计，有博士学位授权点59个和硕士学位授权点78个。有博士后流动站5个，出站32人、进站22人、在站57人。有国家重点学科8个、国家重点（培育）学科2个、国家临床重点专科24个、国家中医药管理局重点学科8个、北京市一级重点学科2个、北京市交叉重点学科1个、北京市二级重点学科7个、北京市一级重点建设学科2个、北京市二级重点建设学科13个，有省部共建国家重点实验室培育基地1个、教育部重点实验室1个、教育部省部共建重点实验室3个、北京市重点实验室14个，有教育部工程研究中心1个、北京市工程技术研究中心3个、北京市高等学校工程研究中心1个、北京市哲学社会科学研究中心1个。设有国家生命科学与技术人才培养基地、卫生部全科医学培训中心、北京市全科医学培训中心、首都卫生管理与政策研究基地、北京神经科学研究所等。学校和附属医院共有教职员工和医务人员31363人，其中，校本部1555人、附属医院29808人；有院士5人、特聘顾问11人；正高职称1654人，其中，校本部98人、附属医院1556人；副高职称3051人，其中，校本部229人、附属医院2842人；有专任教师1916人，专任教师中教授548人，其中，校本部94人、附属医院454人，专任教师中副教授994人，其中，校本部167人、附属医院827人；有博士研究生导师342人、硕士研究生导师723人；有“长江学者奖励计划”特聘教授1人；校本部和直属附属医院有国家有突出贡献专家2人、省部级有突出贡献专家20人、享受政府特殊津贴专家105人；有外籍教师7人。毕业生4364人，其中，学历教育学生中全日制研究生858人（博士生198人、硕士生660人），普通本专科生1618人（本科生767人、专科生851人），成人教育1659人（本科613人、专科生1046人）；以同等学力申请博士硕士学位229人（博士生59人、硕士生170人）。招生4389人，其中，学历教育学生中全日制研究生902人（博士生229人、硕士生673人），普通本专科生1663人（本科生901人、专科生762人），成人教育本专科生1441人（本科生743人、专科生698人）；以同等学力申请博士硕士学位383人（博士生162人、硕士生221人）。在校生13639人，其中，学历教育学生中全日制研究生 2975 人（博士生 688 人、硕士生 2287 人），普通本专科生 6191 人（本科生 4135 人、专科生 2056 人），成人教育本专科生 4473 人（本科生 1935 人、专科生 2538 人）。留学生毕业 11 人，招生 58 人，在校生 343 人。本科毕业生就业率 94.61%，高考北京地区本科一批理工最低录取分数 542 分。网址：www.ccmu.edu.cn。

（方海侠　王于英）

【吴阶平逝世】　3 月 2 日，首医大首任校长吴阶平因病在北京逝世，享年 94 岁。吴阶平，1917 年 1 月生，江苏常州人，1933 至 1936 年在燕京大学医预科学习，1936 至 1942 年在协和医学院学习，1946 至 1947 年任北京大学医学院讲师，1947 至 1948 年在美国芝加哥大学进修泌尿外科，1948 年 11 月回国，1948 至 1960 年任北京医学院副教授、教授，1960 至 1970 年任北京第二医学院院长，1981 年当选为中科院生物学部委员。吴阶平长期从事泌尿外科的临床治疗和科研工作，是中国泌尿外科的先驱者之一，在肾结核对侧肾积水和肾上腺髓质增生研究中有独创性见解；1957 年首创用输精管结扎并用精囊灌注术，增强避孕效果，是国内男性节育技术的奠基人；首先提出的肾结核对侧肾积水的概念，被国内外公认为“在临床上有极重大的意义”，并率先利用回盲肠行膀胱扩大术治疗膀胱挛缩取得成功；设计特殊的导管改进前列腺增生的手术，使手术出血量大为减少，手术时间缩短，被称为“吴氏导管”；1977 年提出的“肾上腺髓质增生”是一个独立的疾病。主编有《泌尿外科学》、《外科学》、《泌尿外科进展》等，发表有影响的医学著作 150 篇，出版医学书籍 21 部。2000 年 1 月出版《吴阶平文集》。

（王于英）

【第十二临床医院揭牌】　3 月 5 日，首医大第十二临床医院揭牌。该临床医院为北京地坛医院，该医院现有职工 955 人，其中，专业技术人员占 92%，高级职称 102 人，研究生以上学历 170 人，博士生导师、硕士生导师 18 人。“新世纪百千万”人才、北京市高层次技术人才、北京市优秀人才、有突出贡献专家及享受政府特殊津贴专家 40 余人。

（王于英）

【附属北京世纪坛医院暨肿瘤医学院揭牌】　3 月 25 日，首医大附属北京世纪坛医院暨肿瘤医学院揭牌。北京世纪坛医院有员工 2187 人，正高级职称 77 人，副高级职称 182 人，床位 1100 张，首医大聘任教授 18 人，副教授 29 人，承担肿瘤学科的科研和教学任务。

（王于英）

【成立 3 个研究机构】　4 月 9 日，7 月 13 日和 15 日，首医大成立 3 个研究机构。其中，4 月 9 日，成立神经介入研修学院，开展培训和实践活动；7 月 13 日，成立肿瘤研究所；7 月 15 日，成立中医研修学院。

（王于英）

【获批 1 项合作办学项目】　4 月 14 日，首医大与澳大利亚迪肯大学合作举办护理学专业本科教育项目获得教育部批准。该项目纳入国家普通高等学校招生计划，学生将在该校和澳大利亚完成学业，成绩合格者将同时获得首都医科大学及澳大利亚迪肯大学学士学位。该项目是该校第一个本科层次中外合作办学项目，该专业今年招生 32 人。

（王于英）

【设立默克雪兰诺中国精英奖学金】　4 月 27 日，首医大设立默克雪兰诺中国精英奖学金。该项奖学金由默克雪兰诺公司出资设立，每年资助 11 名学生，每人资助 4500 元，旨在共同培养优秀医药卫生事业的栋梁之才，支持医学教育事业的快速发展。

（王于英）

【基础科研大楼竣工】　5月18日，首

医大基础科研大楼竣工。该楼建筑面积 4.2 万平方米，地上 14 层，地下 2 层，建设投资 23560 万元，是北京市重点建设项目。大楼 1 至 6 层由医学实验与测试中心管理，集中学校 30 万元以上的贵重仪器设备；7 至 14 层实行项目课题负责人负责制；地下楼层由实验动物科学部负责，建设实验动物服务平台。

（王于英）

【与多所国外大学签署合作协议】　6 至 9 月，首医大与多所国外大学签署合作协议。其中，6 月 2 日，与奥地利格拉兹医科大学签署校际合作协议；6 月 17 日，与英国卡迪夫大学签署两校医学教育合作协议；7 月 18 日，首医大与巴黎笛卡尔大学签署两校合作举办急救与灾难医学专业硕士研究生教育项目意向书。9 月 2 日，首医大与奥地利帕拉希尔萨斯医科大学签署校际合作协议。

（王于英）

【首届山区半山区定向班学生毕业】　7 月 1 日，首医大首届山区半山区定向班学生毕业。该定向班共有 71 名来自北京山区学生，毕业后在京郊怀柔、房山等 6 个远郊区县乡镇医疗卫生战线工作。

（王于英）

【与市药监局签订合作协议】　7月12

日，首医大与北京市药品监督管理局签订合作协议。根据协议，双方合作搭建医药卫生转化平台，开展医药卫生人才培养工作。

（王于英）

【举办首都国际癌症论坛】　9 月 23 日，首医大举办首都国际癌症论坛。本次论坛以“早期诊断，规范治疗”为主题，由国际癌症研究高峰论坛和消化道肿瘤、肝癌、妇科肿瘤等专场学术演讲组成。来自美国、日本等国家以及国内癌症研究专家、学者参加活动。

（王于英）

【成立临床护理学院】　10 月 28 日，首医大成立临床护理学院。该院整合

首医大18家附属临床医院和8家教学医院的临床护理学科资源，并在此基础上设立26个临床护理学系。至此，首医大组建34个临床专科学院和专科学系。

（王于英）

【《转化医学研究（电子版）》创刊】 12月6日，首医大《转化医学研究（电子版）》创刊。该期刊由首医大和高等教育出版社共同主办，王晓民教授任期刊总编辑，20位院士担任副总编辑，为季刊。

（王于英）

北京中医药大学

党委书记 吴建伟
校　　长 高思华

【概　况】 2011年，北京中医药大学占地面积25.30万平方米，学校建筑面积27.33万平方米。固定资产总值771419万元，其中，教学、科研仪器设备资产值18768.85万元。图书馆建筑面积15811平方米，藏书82.31万册，其中，纸质图书82.31万册、电子图书39.58万册。中医古籍线装书3914种，8179函，39125册。全年教育经费总投入45883万元，其中，国家拨款31471万元、自筹经费14412万元。学校信息化经费投入490.5万元，拥有计算机2960台，多媒体教室座位6191个，信息化设备资产6098.94万元，网络信息点数5824个，校园网出口总带宽600Mbps，电子邮件系统用户数1400个，上网课程639门，数字资源量10033GB，管理信息系统数据总量10GB。设有15个院（系、部），开设9个专业及覆盖8个学科；具有一级学科2个，一级学科博士点3个，博士学位授权点21个，硕士学位授权点26个和专业学位授权点8个；博士后流动站3个，其中，博士后研究人员出站78人，进站14人、在站35人。国家重点学科一级学科2个，国家重点学科二级学科15个，北京市重点学科6个，部级重点学科21个；科技部国际科技合作基地1个、教育部重点实验室2个、教育部工程研究中心2个、教育部“长江学者与创新团队发展计划”创新团队2个、高等学校学科创新引智计划2个、国家中医药管理局重点研究室10个、国家中医药管理局三级实验室14个、北京市重点实验室2个、市教委工程研究中心1个、北京市教育委员会北京中医药文化研究基地1个。教职工1276人，其中，专任教师580人，包括教授146人，副教授200人；博士生导师281人，硕士生导师568人。“长江学者奖励计划”特聘教授2人，国家有突出贡献的中青年专家7人，国家杰出青年科学基金获得者1人，享受政府特殊津贴专家90人。外籍教师3人。毕业生6153人，其中，学历教育学生中全日制研究生651人（博士生177人、硕士生474人），普通本专科生1394人（本科生838人、专科生520人），成人教育本专科生838人（本科生368人、专科生470人），网络教育本专科生3230人（本科生2275人、专科生955人）；非计划招生高等教育学生中在职人员攻读博士硕士学位40人（博士生7人、硕士生33人）。本科毕业生就业率96.93%。招生8270人，其中，学历教育学生中全日制研究生832人（博士生198人、硕士生634人），普通本专科生1295人（本科生1149人、专科生146人），成人教育本专科生1158人（本科生601人、专科生557人），网络教育本专科生4854人（本科生2319人、专科生2535人）；非计划招生高等教育学生中在职人员攻读博士硕士学位131人（博士生13人、硕士生118人）。北京地区高考本科录取线理科535分、文科532分。在校生27293人，其中，学历教育学生中全日制研究生2964人（博士生596人、硕士生2368人），普通本专科生5372人（本科生4923人、专科生449人），成人教育本专科生3484人（本科生1657人、专科生1827人），网络教育本专科生14812人（本科生8296人、专科生6516人），非计划招生高等教育学生中在职人员攻读博士硕士学位661人（博士生36人、硕士生625人）。留学生毕业265人，招生157人，在校生1003人（博士毕业11人，招生13人，在校生28人；硕士毕业41人，招生27人，在校生90人；本科毕业213人，招生117人，在校生885人）。网址：www.bucm.edu.cn。

（杨苏）

【获两项国家科学技术奖】 1月14日，中医药大学两项成果获得国家科学技术奖。其中，副校长王庆国等人完成的“经方现代应用的临床与基础研究”获得国家科技进步奖二等奖，唐启盛等人完成的“抑郁症中医证候学规律的研究”获得国家科技进步奖二等奖。

（杨苏）

【获中医药国际贡献奖团体奖】 2月20日，中医药大学获第四届中医药国际贡献奖团体奖。该奖项由世界中医药学会联合会主办，面向世界范围中医药领域，评选出第四届中医药国际贡献奖个人1人，团体2个，其中，该校“中医—生物”双学士学位本科项目获得团体贡献奖。该项目由该校与新加坡南洋理工大学合作开办，采取中、英文双语授课，3年在新加坡学习生物学和西医课程，2年在该校学习中医课程及临床实习，毕业后由南洋理工大学授予生物学学士学位，该校授予医学学士学位。

（杨苏）

【1所附属医院挂牌】 3月16日，中医药大学附属怀柔区中医医院挂牌。挂牌后，该院将承担该校临床教学任务，培养中医毕业生，该校负责该院临床教学基地的建设，提升服务能力和整体服务水平。怀柔区中医院始建于1985年，1988年开始与该校合作，承担临床教学工作。

（杨苏）

【签订联合培养博士后协议】 3月18日，中医药大学与方正医药研究院和北大医学部签订联合培养博士后协议。根据协议，三方合作开展医疗医药领域博士后培养，加强人才信息交流、人才培养和科技攻关方面合作。

（杨苏）

【开办岐黄国医实验班】 4月13日，中医药大学开办岐黄国医实验班。该班面向全国招生，实行九年学制，前五年按中医学专业本科教学计划培养，其间第四年末对学生进行分流考核，不合格学生继续按五年制教学计划培养，毕业时符合学士学位者，授予医学学士学位。合格学生可直接攻读临床专业博士，学生毕业时可获得医学学士学位和临床医学博士专业学位。该班首批招收学生30人。

（杨苏）

【实施卓越医学人才培养计划】 4月13日，中医药大学实施中医学专业卓越医学人才培养计划。该计划是在原有中医学相关专业七年制基础上推出的人才培养模式，学制7年，毕业时授予医学学士和临床医学硕士专业学位，教学内容由中医诊疗思维方法、技能和西医学知识组成，培养中医医疗、预防、保健、康复等工作的高级中医临床人才。该计划招收专业方向为理科基地班、中医临床班、中西医结合班、中西医结合骨伤班和针灸推拿对外交流班。至年底，面向全国招生220人。

（杨苏）

【举办中医药高层次人才培养院士论坛】 4月18日，中医药大学举办中医药高层次人才培养院士论坛。论坛以“中医药高层次人才培养中院校教育的改革方向与思路”为主题，研讨中医药创新人才与应用型人才培养中，院校教育如何与毕业后教育相衔接问题。会议认为，中医药人才培养质量对中医药发展影响重大，为培养中医药创新型人才，应做好院校教育与临床相衔接，紧密围绕中医临床这一核心，从师资队伍建设、教材建设、课程体系设置、培养方案制定和培养模式的设定等方面进行全面的改革。该校国医大师、院士和中医药专家代表40人参加论坛。

（杨苏）

【1所教学医院挂牌】 4月28日，中医药大学世纪坛教学医院挂牌。该院挂牌后，仍隶属北京市卫生局，与该校开展学科建设、教学和临床工作，并承担该校临床教学工作。世纪坛医院成立于1915年，现为三级甲等医院，是北京市示范中医院建设单位。

（杨苏）

【与沧州医院签订合作协议】 5月12日，中医药大学与河北沧州中西医结合医院签订教学合作协议。根据协议，该医院成为该校附属医院，与该校在医、教、研领域开展合作。沧州中西医结合医院是全国十佳中西结合医院，是一家集医疗、教学、科研、预防、保健等为一体的三级甲等中西医结合医院，拥有职工1200人，开放床位1260张，有国家“十一五”重点专科1个，省级重点专科4个。

（杨苏）

【与伊朗大学签订合作协议】 5月26日，中医药大学与伊朗德黑兰医科大学签订合作协议。根据协议，双方合作建设伊朗糖尿病教育和研究中心、联合培养研究生和合作建立“中国—伊朗”医学科学技术园区。

（杨苏）

【出版《中国佛教医药全书》】 5月28日，中医药大学出版《中国佛教医药全书》。该著作由该校教授李良松和嵩山少林寺方丈释永信合著，收录从汉代到民国时期关于佛教医药的著作，包括佛教大藏经中所有医学文献、少林寺藏经阁中所有医学典籍以及全国各大图书馆收藏各类佛医典籍，共101部、7000多万字，收录各类佛医文献3000多部，由中国书店出版社出版。

（杨苏）

【举办专家专场讲座】 9月26日，中医药大学举办宋采专场讲座。讲座以《神经炎症和神经生长因子的相互作用：一个神经退化性疾病的新假说》为题，介绍神经系统与免疫系统相互间作用，神经退化性疾病假说以及脑内炎症反应对大脑衰退和细胞凋亡的贡献，阐述由其本人提出关于神经退化性疾病新假说，并讲解如何就其新假说进行严谨的验证思路及开展实验以及神经退化性疾病治疗现状、中药治疗的潜力以及开发的方向等问题。宋采，加拿大神经免疫学首席科学家、加拿大神经免疫生物学协会发起人、达尔豪斯大学教授。

（杨苏）

【新增7个国家临床重点专科】 9月，中医药大学新增7个国家临床重点专科。该评选由卫生部主持，面向全国评出147个中医专科，其中，该校7个专科获评，分别是，王耀献负责的“肾病”专科、高颖负责的“脑病”专科、刘清泉负责的“急诊”专科、张允岭负责的“脑病”专科、林谦负责的“心血管病”专科、金哲负责的“妇科”专科、王庆甫负责的“骨伤”专科。

（杨苏）

【成立医学名家研究室工作站】 10月13日，中医药大学成立郭士魁名家研究室和郭维琴名医传承工作站。研究室和工作站将依托第一临床医学院（东直门医院）心内科开展心血管病症的临床与基础研究工作。郭士魁，1915年出生，于1981年病逝，早年开业行医，1953年于中医研究院筹备处工作，1955年后，历任中医研究院西苑医院心血管病研究室主任、副院长。是第五届全国政协委员，与合作者先后研制成功冠心Ⅱ号、宽胸丸与宽胸气雾剂，对冠心病、心绞痛有较好疗效，获得1978年“全国医药卫生科学大会奖”、“卫生部科研成果奖”等，1980年获全国劳动模范称号，编著有《活血化瘀文献选辑》、《杂病证治》。郭维琴，郭士魁之女，从事中医内科医疗、教学和科研近50年，在中医药心血管病症临床与基础研究方面有重要贡献，传承与发展郭士魁学术理念及临床经验，并通过多次交流及培训活动加强创新人才的培养，为心血管学科建设起到促进作用。

（杨苏）

【与太洋树康公司签订合作协议】 12月6日，中医药大学与北京太洋树康中药饮片厂签订合作协议。根据协议，该校在该公司建立大学生就业创业实践基地，该企业为该校提供先进设备、技术、管理经验和稳定的就业、创业条件。

（杨苏）

【举办纪念刘渡舟活动】 12月10日，中医药大学举办纪念刘渡舟活动。活动包括刘渡舟铜像揭幕仪式和学术报告会。其中，报告会由刘渡舟弟子作“治疫勿忘《伤寒论》”、“论汤证辨证方法的临床应用”、“刘渡舟临床辨证经验的继承”、“刘渡舟教授心下痞辨治经验”学术报告。来自国内中医专家以及刘渡舟弟子200人参加会议。刘渡舟生于1917年，于2001年病逝，当代著名中医学大师，伤寒学专家。1956年开始中医教学工作，1978年任北京中医学院教授，1985年成为全国第一批招收中医博士研究生的指导教师，1983年获评全国卫生系统先进工作者，北京市教育系统先进工作者，1985年获评北京市劳动模范。是第五、六、七、八届全国人大代表。

（杨苏）

北京师范大学

党委书记 刘川生
校　　长 钟秉林

【概　况】 2011年，北京师范大学占地面积70.64万平方米，建筑面积72.83万平方米。固定资产总值300763.23万元，其中，教学、科研仪器设备资产值77357.71万元。全年教育经费投入262191万元，其中，国家拨款163069万元、自筹经费99122万元。图书馆建筑面积48.52平方米，藏书399.76万册，其中，电子图书677.51GB。学校信息化经费投入7439.82万元，拥有计算机16930台，信息化设备资产36639.52万元，网络信息点数27500个，校园网出口总带宽2300Mbps，电子邮件系统用户数39000个，上网课程3051门，数字资源量14399GB，管理信息系统数据总量752GB。下设1个学部、22个学院、2个系、26个研究院（所）；拥有本科专业自主设置权；开设本科专业57个；现有博士学位、硕士学位授权点的一级学科36个，博士学位授权点111个、硕士学位授权点166个；博士后流动站18个，其中，出站107人、进站113人、在站426人。一级学科国家重点学科5个，二级学科国家重点学科11个个，国家重点（培育）学科2个。有国家重点实验室4个，省、部级设置的研究（院、所、中心）、实验室22个。教职工3157人，其中，专任教师1900人，包括教授632人、副教授658人；博士生导师683人，硕士生导师875人。有两院院士8人、双聘院士11人。毕业生16401人，其中，学历教育学生中全日制研究生2964人（博士生682人、硕士生2282人），普通本科生2132人，成人教育本专科生3233人（本科生2236人、专科生997人），网络教育本专科7448人（本科生4151人、专科生3297人）；非计划招生高等教育学生中在职人员攻读硕士学位624人。本科毕业生就业率97.36%。招生21562人，其中，学历教育学生中全日制研究生3745人（博士生799人、硕士生2946人），普通本科生2195人，成人教育本专科生4402人（本科生3432人、专科生970人），网络教育本专科生10767人（本科生4851人、专科生5916人）；非计划招生高等教育学生中在职人员攻读硕士学位453人。高考北京地区本科提档线文科599分，理科604分。在校生59106人，其中，学历教育学生中全日制研究生10918人（博士生3056人、硕士生7862人），普通本科生8766人，成人教育本专科生9537人（本科生7650人、专科生1887人），网络教育本专科生27608人（本科生16088人、专科生11520人）非计划招生高等教育学生中在职人员攻读硕士学位2277人。留学生毕业2039人，招生1839人，在校生1804人。网址：www.bun.edu.cn。

（戴军）

【成立国民核算研究院】 1月23日，北师大成立国民核算研究院。该院为独立建制实体性科学研究与人才培养机构，依托于该校经济管理与人文社科优势学科，开展经济核算与定量研究主题开展理论与应用研究。该院承担硕士生和博士生培养任务，同时招收博士后和国内外访问学者。有教授3人、副教授3人。

（戴军）

【何兹全逝世】 2月15日，北师大资深教授、历史学家、教育家何兹全因病医治无效于北京逝世，享年101岁。何兹全，1911年生于山东菏泽，原名何思九，字子全，1935年毕业于北京大学历史系，1947年赴美国，在纽约哥伦比亚大学读书，并受约翰霍普金斯大学资助，协助法兰西斯教授将范文澜著《中国通史简编》翻译为英文，1950年抗美援朝战争发生后回国，在北京师范大学任教，先后任副教授、教授，兼任魏晋南北朝研究室主任。长期从事汉唐经济史、兵制史、寺院经济和魏晋南北朝史几个方面研究。著有《魏晋南北朝史略》、《中国通史·魏晋南北朝时期》、《中国古代社会》等专著，出版《何兹全文集》。

（戴军）

【成立国家职业教育研究院】 2月20日，北师大成立国家职业教育研究院。该院依托该校学科优势，承担职业教育国家战略、国家制度和国家政策重大研究课题，开展国家级和省部级教育科研重要项目工作，把握国际职业教育发展最新趋势，介绍职业教育发达国家先进理念，挖掘国内各地职业教育改革创新典型，提炼国内各地职业教育改革成功经验，成为国家职业教育改革发展决策的“智库”和“创新源”。

（戴军）

【举办大学生价值取向与历史责任报告会】 3月16日，北师大举办大学生价值取向与历史责任报告会。报告会邀请浙江大学专家作题为《文化、人格、修养、视野——当代中国大学生的价值取向与历史责任》专题报告，讲授“信仰就是力量”、“民富不等于国强”、“要追求非对称优势”等问题。该校相关领域专家和学生400余人参加学习。

（戴军）

【召开免费师范生优质课程教学资源共享协调会】 3月18日，北师大召开免费师范生优质课程教学资源共享协调会。会议汇报该校优质课程教学资源共享任务实施方案，介绍该校免费师范生课程体系及课程共享思路。与会代表研讨免费师范生优质课程教学资源的建设和共享的具体方案。来自华中师范大学、陕西师范大学等六所部属师范大学负责人参加会议。

（戴军）

【召开教育开放与国际合作会议】 3月17日，北师大召开中国教育开放与国际合作会议。会议由该校与英国剑桥教育集团合办，研讨教育服务中非政府组织和政府合作、中国对非洲援助等问题。来自国内外相关机构专家学者30人参加会议。

（戴军）

【成立机器翻译实验室】 3月28日，北师大与中国专利信息中心联合成立机器翻译实验室。该实验室隶属结合中国专利信息中心工作需求，开展机器翻译研究。

（戴军）

【召开中国文学海外传播研讨会】 4

月28日，北师大召开中国文学海外传播国际研讨会。会议以“中国文学海外传播的历史、现状和未来”为主题，研究中国文学创作和研究现状，展望全球语境下中国文学海外传播前景。研讨会还举办“革命传统与中国文学思想”和“语言教育教学”博士生论坛。来自中国、美国、日本等11个国家专家学者以及国内相关专业博士生180人参加研讨。

（戴军）

【成立中国社会管理研究院】 5月7日，北师大成立中国社会管理研究院。该院是学校实体机构，主要职能是培养社会管理高层次人才，开展社会管理科学研究和社会管理政策咨询等活动。

（戴军）

【召开欧盟交流项目工作会】 5月18日，北师大召开欧盟交流项目工作会。会议总结项目执行情况，对项目进一步发展的前景进行研讨。中国和欧洲各联盟院校的代表参加会议。该项目始于2009年，参加者为德国柏林自由大学、英国伦敦大学学院、西班牙马德里自治大学等10所欧洲大学和北京大学、清华大学、北师大等10所中国大学。项目组在各联盟院校中选派教师和学生，资助师生赴海外联盟院校进行联合培养或科研活动，通过学生和教职人员流动，使他们有机会参与海外院校教学、科研和社会活动，从而加强各学校间科研合作，促进科研创新，增进不同文化之间相互了解。

（戴军）

【成立中国医疗卫生政策研究院】 5月28日，北师大成立中国医疗卫生政策研究院。该院依托学校多学科特点和交叉学科优势，开展医疗卫生政策的学科建设，开展医疗卫生政策领域高端人才培养，针对国内医疗卫生事业改革与发展的迫切需要，致力于为解决人民群众健康突出问题提供政策咨询与建议。

（戴军）

【签订农村教师培训协议】 6月2日，北师大与河南省教育厅签订“振豫河南农村小学教师培训项目”合作协议。根据协议，该校在今后5至10年中在河南省31个国家级贫困县开展农村小学教师培训活动。

（戴军）

【举办戏曲名家演唱会】 6月26日，北师大举办“非物质文化遗产”戏曲名家演唱会。演唱会邀请马力、田春鸟、周婧等老中青三代艺术家表演京剧、昆曲、河北梆子等剧种，演出《智取威虎山》、《红灯记》、《牡丹亭游园惊梦》等剧目。该校师生500人观看演出。

（戴军）

【召开中国教育学科发展研讨会】 7月2日，北师大召开中国教育学科发展研讨会。会议研讨“教育学科的发展现状与未来”、“教育科研的质量约束与突破”、“教育科研人才的引进与培养”、“教育科研机构的合作与发展”问题。来自国内高校专家学者170人参加研讨。

（戴军）

【与内蒙古自治区签订合作协议】 7月，北师大与内蒙古自治区政府签订合作协议。根据协议，双方将本着“优势互补、合作双赢”的原则，建立长期、稳定、全面的人才战略合作伙伴关系。在今后5年内，双方将重点在人才培养与交流、产学研用一体化、科技、文化、教育等方面共同展开合作。

（戴军）

【召开基础教育合作办学工作会】 8月2日，北师大召开基础教育合作办学工作会。会议对基础教育合作办学取得的成绩给予肯定，并就新形势下如何提高办学质量以及学校面临的发展形势进行分析。会上，朝阳附中等九所学校被授予“北京师范大学教育教学实践基地”牌匾。该校领导以及34所合作办学附属（实验）学校、部分资源服务学校校长及学校所在地区的教育行政部门负责人共100余人参加会议。

（戴军）

【举办西部基础教育论坛】 8月3日，北师大举办西部基础教育论坛。论坛以“教育创新与区域教育质量提升”为主题，研讨教育科研信息、教育政策动向、教育改革成果和区域教育发展问题。来自中国教育学会、教育部基础教育质量监测中心等机构的专家学者以及国内14个省市自治区教育系统的负责人、校长和教师代表参加会议。

（戴军）

【举办教育成果展】 9月8日，北师大举办教师教育成果展。展览由“殷切关怀”、“弘文励教”、“教育引航”、“育英培华”四个部分组成，展出图片200张以及相关资料，反映该校在改革开放以来在人才培养、学科建设、科学研究、党建和思想政治工作、校园文化等方面的成就。该校师生2000人次参观展览。

（戴军）

【成立宇一艺术研究院】 9月26日，北师大成立宇一艺术研究院。该研究院由该校和艺术家刘宇一合作建立，集理论研究、创作及人才培养基地为一身，开展艺术领域研究和人才培养。刘宇一，1940年出生，南京人，油画家、国画家，1960年毕业于中央美术学院附中，擅长大题材油画，代表作《伟业千秋》、《开国盛典》、《人民万岁》和《祖国万岁》。

（戴军）

【举办北海道大学交流日】 10月20日，北师大举办日本北海道大学交流日活动。活动由学术交流和日本北海道大学图片展组成。来自两校师生500人参加活动。北海道大学创立于1876年，是日本首个授予学士学位大学。在130多年的办学历史中，形成“开拓精神”、“国际化素养”、“全方面教育”和“重视实学”的教育理念，确立“以掌握专业知识和形成具有自主精神和健康完善的人格”的教育目标，培养具有多方面素养和高度国际化的人才。

（戴军）

【开展博士生就业深度辅导月活动】 10月，北师大开展博士生就业深度辅导月活动。活动针对博士毕业生普遍关心的国家和北京市有关毕业生就业政策、毕业生就业去向和派遣流程、签约程序以及户口编制等问题，开办5场讲座，讲授就业政策与派遣程序、简历写作与投递技巧、求职应聘技巧等内容。

（戴军）

【发布《2011中国劳动力市场报告》】 11月5日，北师大发布《2011中国劳动力市场报告》。该报告由该校劳动力市场研究中心主持编写，是国内首部以“就业质量”为主要关注点的劳动力市场报告。报告设定的就业质量指数涉及就业环境、就业能力、就业状况、劳动者报酬、社会保护、劳动关系6个维度、20个二级指标和50个三级指标，建立一个完整的就业质量评价指标体系，并且采取实证分析方法，对国内各地区2007年及2008年就业质量状况进行系统的研究分析。

（戴军）

【在《自然》杂志发表论文】 11月14日，北师大教授李占清在英国《自然》地球科学杂志发表气溶胶增多影响气候变化科研成果。该成果通过分析长期的地面综合观测资料、全球卫星观测资料，研究团队结合精细模式计算首次揭示气溶胶对云和降水的长期气候影响，并区分和识别出在不同气象和云条件下的各种效应。结果显示，随着地表气溶胶浓度增加，云顶高度和云厚度都有显著增加。在颗粒物高浓度情况下，夏季云厚度可比低浓度时高出一倍，因此可显著增强雷暴天气，增加强降水；相反，在干燥的季节和地区，气溶胶可抑制云的生成与发展，降低降水发生的概率。

（戴军）

【成立脑科学研究院】 11月18日，北师大成立脑科学研究院。该研究院由美国国际数据集团出资1000万美元建设，依托该校在儿童青少年学习与教育方面优势，开展儿童发展、教育及儿童脑功能障碍的基础与应用基础研究，将通过多科学手段，揭示儿童心理发展与脑发育规律。

（戴军）

【新图书馆投入使用】 11月25日，北师大新图书馆投入使用。该图书馆地下2层，地上8层，建筑面积32000平方米。该馆借助先进的设备设施，实现图书自动分拣、自助借还、自助存包、自助复印、自助饮水、手机检索资源和短信服务、24小时自助还书、馆内全方位电子信息发布、实体馆藏和空间的360度全景导航、学术报告同声传译、现场同步录播服务。

（戴军）

【接受500万元捐款】 11月，北师大接受唐仲英基金会500万元捐赠。该笔捐赠由唐仲英出资500万元设立，用于在该校设立“仲英未来教师培养基金”，该基金将在2011至2015年的五年间资助该校开展仲英教育名家讲堂项目、仲英师范生教育实习项目、仲英师范毕业生教师专业提升项目以及仲英师范毕业生攻读在职研究生奖学金项目。

（戴军）

【成立新兴市场研究院】 12月5日，北师大成立新兴市场研究院。该研究院是该校与美国华盛顿特区的新兴市场论坛（Emerging Markets Forum）合作成立的国际性智库机构，开展新兴市场国家及其与全球经济之间互动关系的研究。

（戴军）

【召开汉语推广工作研讨会】 12月10至11日，北师大召开汉语推广暨孔子学院工作研讨会。会议以“质量、特色和创新”为主题，研讨孔子学院工作经验，国家汉办孔子学院评估工作等问题。来自该校各孔子学院中外方院长以及专家学者参加会议。

（戴军）

【与两市签订合作协议】 12月，北师大与两城市政府签订合作协议。其中，该校与山东省淄博市签订经济社会重大问题研究和政策制定、培养淄博市新型社会管理人才合作协议；与四川省德阳市签订建立实践基地，研究德阳市社会管理创新全国试点重大问题研究和政策制定、培养德阳市新型社会管理人才合作协议。

（戴军）

首都师范大学

党委书记 张雪
校　　长 刘新成

【概　况】 2011年，首都师范大学占地面积89.8602万平方米，建筑面积74.493万平方米。图书馆建筑面积2.8196万平方米，藏书306.4773万册。固定资产总值234188.2066万元，其中，教学、科研仪器设备资产总值67563.21万元。全年教育经费投入159706.9166万元，其中，国家拨款122886.9166万元、自筹经费36820万元。学校信息化经费投入2377.92万元，拥有计算机13761台，多媒体教室座位20399个，信息化设备资产7951.9284万元，网络信息点数31800个，校园网出口总宽带2010Mbps，电子邮件系统用户697个，上网课程1393门，数字资源量34240.17GB，管理信息系统数据总量280GB。设20个院系（系、部），1个中专专业，52个本科专业，140个硕士学位授予点，90个博士学位授予点，11个博士后流动站。4个国家重点学科，13个北京市重点学科，15个北京市重点建设学科。教职工2590人，其中，专任教师1359人。专任教师中，教授262人，副教授497人，讲师493人、助教59人，博士生导师213人，硕士生导师509人，另聘请外籍教师22人，外聘高级专家21人。毕业生7775人，其中，全日制研究生1445人（博士生105人、硕士生1340人），普通本科生2422人，普通中专生314人，成人教育专科生3594人（本科1852人、专科1742）；非计划招生高等教育学生在职人员攻读硕士学位323人。本科毕业生就业率99.34%，研究生毕业就业率99.53%，普通中专学生就业率100%。招生8836人，其中，全日制研究生1642人（博士生133人、硕士生1509人），普通本科生2650人，普通中专生442人，成人教育本专科4102人（本科2439人、专科1663人）。高考北京地区提档线本科第一批一志愿文科532分、理科495分。

第一批平行志愿文科579分，理科564分，第二批文科提档线509分，理科463分。在校生28140人，其中，全日制研究生4871人（博士生501人、硕士生4370人），普通本科生10157人，普通中专生1138人，成人教育本专科生11974人（本科7157人、专科4817人）。留学生毕业1020人、招生1126人、在校生1376人。网址：www.cnu.edu.cn。

（葛新浩）

【获国家科技进步奖二等奖】 1月14日，首都师大李毓佩教授完成的“李毓佩数学故事系列”获得国家科学技术进步奖二等奖。该套系列丛书包括《数学司令》、《数学西游记》、《数学神探006》、《数学王国历险记》、《数学小眼镜》、《数学智斗记》、《数学动物园》七部。李毓佩，1938年7月出生，山东黄县人；1984年和1993年两次获北京市优秀教师称号，1993年获北京市高等学校教学成果一等奖，1992年起享受国务院政府特殊津贴。他主要从事数学科普创作和研究，曾获第四届国家图书奖，第七届国家“五个一工程奖”，出版各类科普作品130余部，约1500多万字。

（葛新浩）

【赵凤桐调研首都师大】 3月1日，赵

凤桐调研首都师大。赵凤桐听取该校工作汇报后，肯定学校“十二五”时期建设目标和建设思路以及学校在提高核心竞争力、提升社会贡献力方面的做法，并表示市委教育工委、市教委将统筹协调各方资源，积极支持学校发展建设。

（葛新浩）

【教育部重点实验室通过验收】 3月，首都师大“太赫兹光电子学实验室”通过教育部重点实验室验收。该实验室围绕太赫兹波谱学、太赫兹成像、太赫兹和红外无损检测、太赫兹与物质相互作用四个方向开展研究。实验室2001年成立，现有全职科研人员29人，其中，高级职称9人，共承担包括国家“973”、国家“863”、国家自然科学基金等重大项目23项，发表科学引文索引论文130多篇，已授权专利11项，已公布国家标准3项，完成学术专著4本。

（葛新浩）

【一人获全国五一巾帼标兵称号】 3月，首都师大郭海燕教授获“全国五一巾帼标兵”称号。郭海燕，1949年出生，1982年毕业于北京师范学院，同年留校工作，主要从事教育艺术与演讲艺术的研究，曾主持过六项国家级和省部级科研课题，发表专著五部，论文百余篇。郭海燕先后获得北京市优秀教育工作者、北京市“灵山杯”优秀报告（党课）一等奖、特等奖等荣誉。

（葛新浩）

【举办两岸大学生吟诵节】 4月1至4日，首都师大举办两岸大学生吟诵节。该活动由该校与中华吟诵学会合办，以“中华诵”为主题，通过诗词创作、吟诵以及两岸大学生社团联合展演等形式加强台湾高校和大陆高校之间的文化交流和联系，共同推动中华吟诵发展，弘扬中国传统文化。来自北京、上海、台湾等地17个高校社团200人参加活动。

（葛新浩）

【与三国高校签订合作协议】 4月26

日，5月24日和12月16日，首都师大与三个国家高校签订合作协议。签约大学分别是美国加州州立圣伯纳迪诺大学、英国伦敦国王学院、英国伯明翰大学，该校分别与三所大学就合作办学、本科生、研究生双学位培养、学术互访，互派留学生方面签订合作协议。

（葛新浩）

【召开学校发展国际学术研讨会】 6月16至18日，首都师大召开首都教育论坛暨学校发展国际学术研讨会。会议以“学校发展：价值、挑战与对策”为主题，围绕社会变革与学校发展、学校组织再造、学校效能等议题开展主题演讲、交流互动和专家对话等活动。来自海内外专家学者40人和大中小学校长100人参加会议。

（葛新浩）

【一人当选中青年德艺双馨文艺工作者】 6月20日，首都师大刘进安当选第三届全国中青年德艺双馨文艺工作者。该活动由中宣部、人力资源和社会保障部、中国文联共同主办，旨在深入贯彻实施人才强国、人才兴文战略，团结激励广大文艺工作者进一步弘扬崇德尚艺良好风气，推动社会主义文化大发展大繁荣。刘进安，1957年9月出生，1982年毕业于河北师范大学，1999年到首都师大工作。

（葛新浩）

【成立汉字认知与表现研究中心】 6

月28日，首都师大成立汉字认知与表现研究中心。该中心为学校直属，致力于研究汉字变迁、形意辨析、书学研究、汉字教育等，实现文化传承与教育发展、汉字认知与书法表现的有机结合。该中心有科研人员9人，其中，高级职称5人。

（葛新浩）

【一人获全国优秀党务工作者称号】 7月1日，首都师大张雪获得全国优秀党务工作者荣誉称号。该评选由中共中央组织部主办，教育系统共有35个基层党组织和5名共产党员以及8名党务工作者受到中央表彰。张雪，1957年1月出生，1984年毕业于北京师范学院，2007年到首都师大担任党委书记。她是中共十七大代表，全国优秀党务工作者，曾任首都师范大学党委副书记、中国音乐学院党委书

记等职。

（葛新浩）

【一人获世界历史先驱奖】 7月8日，

首都师大刘新成在世界史学会第 20 届年会上获得“世界历史先驱奖（Pioneers in World History Award）”。该评选由世界史学会主办，本届评出 2 人。刘新成，1952 年 3 月出生，历史学博士，教授，博士生导师，现任首都师大校长。刘新成近年来在《历史研究》、《世界历史》等权威核心期刊发表多篇高质量学术论文，为构建中国特色全球史理论做出贡献，主持过北京市教委、教育部哲学社会科学研究等多项重大科研项目，其中，主持的“世界历史进程中多元文明互动与共生研究”于 2008 年获得教育部哲学社会科学研究重大课题攻关项目，成为该校在此项重大攻关项目上零的突破。

（葛新浩）

【召开当代中国大众文化价值取向研讨会】 7 月 14 至 16 日，首都师大召

开当代中国大众文化价值取向学术研讨会。会议以“当代中国大众文化价值取向”为主题，研究当下大众文化流行形态、价值取向。来自国内研究机构和出版社专家学者共 80 人参加会议。

（葛新浩）

【一人获全国青年地理科技奖】 8 月，首都师大王茂军获第 11 届全国青年地理科技奖。该奖项由中国地理学会主办，每两年评选一次，逢单数年颁奖，每届授奖人数不超过 10 名。王茂军，1973 年 11 月出生，2005 年毕业于北京大学，同年到首都师大工作，主要从事城市地理研究，在城市体系与城市网络、区域与城市发展等领域取得多项研究成果。

（葛新浩）

【成立课程与教师发展国际研究中心】

9 月 24 日，首都师大成立课程与教师发展国际研究中心。该中心挂靠教育学院，是以课程教学理论与改革、教师发展为研究宗旨，聚集教育学院课程教学论、部分比较教育和政策研究、各院系的学科课程和教师教育研究者的跨学科、跨院系的学术机构。中心常设学术指导委员会，聘请中外相关领域知名专家组成。有专任教科研人员 7 人，其中，高级职称 5 人。

（葛新浩）

【一人获国家级教学名师奖】 9 月，首都师大历史学院徐蓝获得国家级高校教学名师奖。徐蓝，1947 年 11 月出生，1977 年毕业于北京师范学院，1982 年到该校工作，长期从事世界史教学和研究工作，是学校国家重点学科世界史学科负责人和学术带头人，现任历史学院博士生导师、中国史学会副会长，曾先后出版各类著作 11 部，发表论文 80 余篇，获得省部级教学、科研奖励 20 余次。

（葛新浩）

【召开生物数学国际学术研讨会】 10 月 18 至 21 日，首都师大召开生物中偏微分方程模型与分析国际学术研讨会。会议就生物数学中的相关学术问题，特别是生物教学中的偏微分方程模型的建立与分析进行探讨和交流。来自中国、美国、英国等国家和地区的专家学者 100 人参加会议。

（葛新浩）

【完成国培计划培训项目】 10月和11月，首都师大完成国家级培训任务。

该工作由教育部主持，该校共承担高中数学、高中地理、高中班主任与中小学美术 4 个学科 5 个子项目，共开展 300 人面授培训和 1000 人远程校本研修。

（葛新浩）

【开展远郊区县市级学科带头人高级研修班项目】 11 月 19 日，首都师大开展北京市远郊区县市级学科带头人高级研修班项目。该项目以“善于教学，善于研究，善于引领”为指导，以学科导师团队为依托、导师具体指导为前端，以必修课程与选修课程相结合，通过一年的“理论学习—教学反思—科研成长—辐射引领”四个模块的研修与实践，进一步提升教师的教学科研能力。项目研修对象为顺义、延庆、密云、怀柔、房山、通州、大兴、平谷八个区县的语文、数学、英语、历史和物理五个学科的 47 名市级学科带头人和骨干教师。

（葛新浩）

【举办首届北京国际诗会】 11 月 21 至 24 日，首都师大举办首届北京国际诗会。本次活动以“中国与中欧中青年诗人交流互访”为主题，研讨“诗歌的声音”。来自克罗地亚、马其顿等中欧地区的中青年诗人与中国诗坛的诗人、诗评家 20 人参加活动。

（葛新浩）

【举办全球化与当代中国文化发展学术论坛】 12 月 25 日，首都师大举办全球化与当代中国文化发展学术论坛。论坛以全球化与当代中国先进文化建设为主题，围绕当代中国先进文化建设的全球背景和现实实践问题、当代中国国际文化软实力的打造和提升问题、当代中国核心价值观与大众文化建设问题展开研讨，从全球化发展的宽广视域，从文化自身发展的时空维度，审视当代中国先进文化建设中所遇到一系列现实性问题和未来发

展的前瞻性问题。来自国内高校专家学者 60 人参加研讨。

（葛新浩）

【成立中小学书法教育研究中心】

12 月 27 日，首都师大成立中小学书法教育研究中心。该中心挂靠初等教育学院，并整合中国书法文化研究院、文学院、继续教育学院、初等教育学院的书法教育资源，以研究书法基础教育理论、服务中小学书法教育为宗旨，构建开放的学术交流平台，为教育主管部门提供相关政策、法规、教学指导意见等理论与实践咨询服务，全面推动中小学书法教育事业蓬勃发展，为国家书法基础教育与文化战略提供理论与实践的基础性保障。有教科研人员 15 人，其中，高级职称 14 人。

（葛新浩）

首都体育学院

党委书记　李鸿江
院　　长　钟秉枢

【概　况】　2011 年，首都体育学院占地面积 32.33 万平方米，学校产权建筑面积 17.83 万平方米。固定资产总值 61663.6 万元，其中，教学、科研仪器设备资产值 9779.61 万元。图书馆建筑面积 5301 平方米，藏书 428610 万册，其中，纸质图书 389229 万册、电子图书 6GB。全年教育经费投入 19927 万元，其中，国家拨款 16320 万元、自筹经费 3607 万元。学校信息化经费投入 856 万元，拥有计算机 1092 台，信息化设备资产 5554 万元，网络信息点数 4500 个，校园网出口总带宽 234Mbps，电子邮件系统用户数 3734 个，数字资源量 300GB，管理信息系统数据总量 380GB。学院设有 6 个教学单位；开设本科专业 9 个，覆盖 4 个专业方向；有一级硕士学位授权点 2 个和专业学位授权点 1 个。教职工 499 人，其中，专任教师 237 人，包括教授 40 人、副教授 102 人；硕士生导师 99 人，博士、硕士导师 5 人；享受政府特殊津贴专家 4 人、国家级教学名师 0 人。毕业生 970 人，其中，学历教育学生中全日制硕士研究生 142 人，普通本科生 588 人，成人教育本专科生 200 人（本科生 110 人、专科生 90 人），非计划招生高等教育学生中在职人员攻读硕士学位 40 人。本科毕业生就业率 97.34%。招生 1038 人，其中，学历教育学生中全日制硕士研究生 199 人，普通本科生 638 人，成人教育本专科生 150 人（本科生 82 人、专科生 68 人）；非计划招生高等教育学生中在职人员攻读硕士学位 51 人。在校生 3593 人，其中，学历教育学生中全日制硕士研究生 486 人，普通本科生 2488 人，成人教育本专科生 520 人（本科生 369 人、专科生 151 人），非计划招生高等教育学生中在职人员攻读硕士学位 99 人。留学生毕业 64 人，招生 93 人，在校生 103 人。网址：www.cupes.edu.cn。

（李萌　李丹阳）

【与市体育总局签订合作协议】　1 月 14 日，首体院与北京市体育局签订合作协议。根据协议，双方合作开展优秀体育人才培养和培训、优秀运动员学历教育、体育科研服务与攻关技术支持、体育专业人才培养与培训、全民健身研究和人才培养、实习基地建设、体育政策和规划制定理论研究，体育局负责提供相关政策支持，该院负责教学、技术支持和科研。

（李萌　李丹阳）

【举办《体育教学》创刊 30 周年庆祝活动】　4 月 23 至 24 日，首体院举办《体育教学》杂志创刊 30 周年庆祝活动。活动由杂志创办回顾、主题报告和论文交流组成。来自教育部、国家体育总局、北京市相关部门领导和该院领导以及杂志工作人员参加活动。《体育教学》创刊于 1981 年，双月刊，大 16 开本，设置消息报道、专题讨论、教学探悉等栏目，面向全国大中小学体育工作者发行。

（李萌　李丹阳）

【召开国家特殊需求人才座谈会】　5 月 25 日，首体院召开“首都体育学院服务国家体育发展，培养国家特殊需求人才”专家座谈会。会议围绕国家体育事业发展“十二五”规划和体育人才“十二五”规划以及国家全民健身计划和奥运争光计划，研讨体育赛事管理营销、优秀运动员培养与转型、社区体育理论与实践问题。来自国家体育总局、教育部和国内高校专家学者 12 人参加会议。

（李萌　李丹阳）

【与爱国者签订合作协议】　7 月 13 日，首体院与爱国者数码科技有限公司签订合作协议。根据协议，爱国者公司将在该院建立“爱国者首体记者俱乐部”、“爱国者教室”及学生社团，开展国际象棋运动推广和文化创业产业宣传活动。

（李萌　李丹阳）

【体育教育专业学生基本功大赛获奖】　8 月 14 至 21 日，首体院学生在全国高校体育教育专业学生基本功大赛中获奖。该比赛由教育部主办，来自全国 21 个省、直辖市、自治区的 24 所高校近 200 名体育教育专业学生参加比赛。该院学生获得基本功大赛团体第一名、基础理论知识竞赛团体一等奖、运动技能类竞赛团体一等奖、精神文明奖，同时还取得专业基础理论综合、英语、计算机、田径四个单项第一名。

（李萌　李丹阳）

【世界大学生运动会获 3 金】　8 月 23 日，首体院学生在第 26 届世界大学生运动会中获得 3 金 1 银。该校徐艳芬在女子足球比赛中获得金牌，李洋在男子飞碟多项比赛中获得团体银牌，李超在国际象棋比赛中获得个人和团体金牌。

（李萌　李丹阳）

【召开建院 55 周年庆祝大会】　9 月 30 日，首体院召开建院 55 周年庆祝大会。会议宣读教育部、国家体育总局和北京市贺信，并由该院作主题报告。来自教育部、国家体育总局、北京市和兄弟院校领导以及该校校友参加大会。该院创办于 1956 年，原名北京体育学校，1960 年改建为北京体育师范学院，2000年更名为首都体育学院。

（李萌 李丹阳）

【与内蒙古自治区签订合作协议】

11月3日，首体院与内蒙古自治区体育局签订合作协议。根据协议，双方在运动训练科技攻关与服务，多学科、多领域科学研究，合作共建研究生、本科生实践基地，各类体育专门人才培养、培训，竞技体育后备人才培养等六个方面进行合作。地方政府负责提供体育相关政策，该院负责对各类体育专门人才及竞技体育后备人才进行培养、培训。

（李萌 李丹阳）

【完成机构调整】 11月10日，首体院完成机构调整。该院将现有技术学科部、理论学科部、体育教育系、运动训练系、体育保健康复系、民族传统体育系、休闲与社会体育系、管理与新闻系撤销，设立体育教育训练、运动科学与健康、武术与表演、休闲与社会体育、管理与传播五个二级学院，各学院下设二至三个专业，若干教研室、实验室、实训室、研究中心、研究基地等。同时成立国际教育学院、现代教育技术中心、期刊部三个教学教辅单位和资产管理处，继续教育部更名为继续教育学院。

（李萌 李丹阳）

北京外国语大学

党委书记 杨学义
校　　长 陈雨露

【概　况】 2011年，北京外国语大学占地面积49.21万平方米，其中，产权面积40.77万平方米。产权建筑面积40.77万平方米。固定资产总值129172.41万元，其中教科仪器设备资产值10981.15万元。全年教育经费投入49910.9万元，其中，国家拨款34048万元、自筹经费35358.95万元。学校信息化经费投入1342.48万元，拥有计算机4123台，多媒体教室座位9252个，信息化设备资产7043.22万元，网络信息点数14000个，校园网出口总带宽820Mbps，电子邮件系统用户数5592个，上网课程1796门，数字资源量36641.2GB，管理信息系统数据总量3500GB。学校有14个学院，7个直属系部，65个研究中心（所），1个教育部人文社会科学重点研究基地；中国外语教育研究中心，2个教育部非通用语种本科人才培养基地：欧洲语种群和亚非语种群；另有信息技术中心、图书馆等教学辅助单位。学校开设49种外国语课程，开设专业62个，覆盖文学、法学、经济学、管理学和工学五个学科；有1个一级学科博士学位授予权（涵盖49国语言，12个二级学科）；12个二级学科博士学位授权点；6个一级学科硕士学位授权点，16个二级学科硕士学位授权点；6个专业学位授权点；1个外国语言文学博士后流动站，其中，博士后出站43人、进站5人、在站21人。有4个国家重点学科（含培育学科），6个北京市重点学科。教职工1375人，其中，专任教师652人，包括教授134人、副教授231人；有博士生导师92人、硕士生导师290人；国家级有突出贡献的专家4人，享受政府特殊津贴专家113人。外籍教师94人，其中，教授26人，副教授9人。毕业生2437人，其中，学历教育学生中全日制研究生617人（博士生53人、硕士生564人），普通本科生1153人，成人教育本专科生153人（本科生103人、专科生50人），网络教育本专科生667人（本科生630人、专科生37人）。普通本科一次性就业率94.52%。招生5197人，其中，全日制研究生738人（博士生72人、硕士生666人），普通本科生1164人，成人教育本专科生172人（本科生114人、专科生58人），网络教育本专科生3123人（本科生2298人、专科生825人）。高考北京地区本科提档线文科525分、理科580分。在校生14748人，全部为学历教育学生，其中，全日制研究生2106人（博士生360人、硕士生1746人），普通本科生4628人，成人教育本专科生492人（本科生337人、专科生155人），网络教育本专科生7522人（本科生5355人、专科生2167人）。留学生毕业1003人，招生1124人，在校生1306人。图书馆建筑面积8704平方米，目前施工面积15588平方米，藏书总额113.65万册。网址：www.bfsu.edu.cn。

（滕岑）

【一人获意大利共和国总统骑士勋章】

1月18日，北外沈萼梅教授获意大利共和国总统骑士勋章。授勋仪式由意大利使馆文化处组织，意大利驻华大使雅努奇代表意大利共和国总统为沈萼梅授勋，以表彰沈教授为中国意大利语教育事业以及意大利文学翻译事业所做出的杰出贡献。沈萼梅，女，1940年12月出生，浙江慈溪人，该校欧洲语言学院教授，专业方向为意大利语言文学，出版《意大利语入门》、《当今意大利会话》、《意大利语中级教程——意大利当代文学巡礼》等专著。

（滕岑）

【莫斯科国立语言大学孔子学院揭牌】

3月31日，北外莫斯科国立语言大学孔子学院揭牌。该院设在莫斯科国立语言大学，面向俄国民众和青年学生，开展中国语言和文化方面教学和科研活动。有专任教师3人。至此，该校共承办16所孔子学院、1所独立孔子课堂和3个下设孔子课堂。

（滕岑）

【获中科友好贡献奖】 4月12日，北外获加强中国科威特两国和两国人民友好关系特殊贡献奖。该奖由科威特政府主办，表彰为加强和发展两国与两国人民之间的友好合作关系而做出突出和建设性贡献的机构和个人，北外与外交部、文化部、商务部、北京市等17家政府部门和单位获奖。该校长期开展中科两国文化交往、学术交流，充分发挥学校阿拉伯语言专业优势，多次承办“科威特文化周”，并举办文化展和歌舞晚会等活动。

（滕岑）

【与马来西亚高校签订合作协议】 4月28日，北外与马来西亚马来亚大学签订合作协议。根据协议，该校将帮助马来亚大学设立中国研究中心，增强马来亚大学对中国政治、外交、经济发展政策的研究，并协助该校举办高水平国际学术会议和联合培养高端国际化人才。

（滕岑）

【与两市签订合作协议】 5月16日和

6月17日，北外与两市签订合作协议。5月16日该校与井冈山市政府签订合作协议，根据协议，北外利用自身在国际化人才培养、对外文化传播等方面的优势，在干部外语培训、外语基础教育、文化传承与创新、提升对外宣传等方面为井冈山市提供帮助和智力支持；井冈山市发挥红色革命教育优势，根据该校育人工作需要，为学校设立大学生爱国主义教育基地和大学生社会实践基地。6月17日，该校与延安市政府签订合作协议，根据协议，该校在延安设立大学生思想政治教育基地、社会实践基地，每年利用暑期实践组织优秀学生赴延安开展“歆语工程”外语支教、红色主题教育等社会实践活动。

（滕岑）

【举办翻译教育发展国际研讨会】 5

月21至22日，北外举办翻译教育发展国际研讨会。本次研讨会首次在欧洲以外地方举办，由该校与中国翻译协会共同主办，以“经济发展与专业翻译服务所发挥的作用”为主题，设立十个分论坛，研讨“双边关系——中国经济与翻译研究”、“企业界——低估翻译作用将会导致经济管理不善”、“口译及笔译的重要性”等10个问题。来自国内外高校翻译学领域专家学者300人参加会议。

（滕岑）

【入选“985优势学科创新平台”建设高校】 6月3日，北外入选“985优势学科创新平台”建设高校。该校创新平台目标将以国家语言政策研究为基础，重点在非通用语学科布局调整和学科专业建设、国家亟须的非通用语高端人才培养、非通用语国家及区域研究三方面开展建设，力争通过5至10年时间，把该平台建设成为覆盖世界主要地区的国家非通用语种建设基地、国家战略亟须的非通用语高端人才培养基地、服务国家战略发展需求的国际区域问题研究和国家“走出去”战略研究基地。

（滕岑）

【举办拉丁语教学研讨会】 6月10日，北外举办首届中国高校拉丁语教学研讨会。研讨会由中国海外汉学研究中心主办，研讨“中国高校拉丁语教学”和“拉丁语言文化与中国”问题。来自国内高校和研究机构专家学者30人参加研讨。

（滕岑）

【成立艺术研究院】 6月11日，北

外成立艺术研究院。该研究院行政编制独立，开展中外艺术比较研究，培养既熟练掌握艺术基本知识和技能又具备扎实外语功底能在中外两个文化平台上自由交流的复合型、高层次艺术人才。研究院有教学科研人员6人，其中，高级职称2人。

（滕岑）

【两人获中斯友谊突出贡献奖】 6月23日，北外两人获得中国斯里兰卡友谊突出贡献奖。该评选由斯里兰卡—中国社会文化合作协会主办，面向为中斯友好交流做出突出贡献的个人。该校杨学义和杨晓京由于在促进中斯友好交流、增进中斯友谊等方面做出突出贡献获奖。

（滕岑）

【庆祝葡萄牙语专业创办50周年】 8月25日，北外举办葡萄牙语专业创办50周年庆典暨第一届中国葡语教学国际论坛。论坛期间，与会专家学者围绕中国葡语教学发展、葡萄牙语专业教材建设，中外葡语教学比较研究等主题进行深入的交流与探讨。葡萄牙语专业是北外服务国家战略需要，培养优秀外交人才的重要基地。成立50年来，北外葡语专业培养400多名毕业生，为中国与葡语国家和地区的合作交流做出了积极贡献。

（滕岑）

【拉脱维亚语班开班】 9月10日，北外拉脱维亚语班开班。北外是目前世界上7所开设拉脱维亚语课程的大学之一，也是中国唯一开设拉脱维亚语专业的大学。新语种的开设有利于增强中国与世界的交流、友谊与合作，有更多的中国学生可以学习拉脱维亚语，了解拉脱维亚文化，成为两国之间友谊的桥梁。在过去十年里，北外新开设十几种外国语言专业。

（滕岑）

【庆祝建校70周年】 9月24日，北外

举行建校70周年庆祝大会。会上宣读温家宝、刘延东和联合国秘书长潘基文贺信；播放马来西亚总理纳吉布、国际奥委会主席罗格等外国政要和国际组织领导人的视频祝福；授予44名老教授和外籍专家“70周年校庆荣誉奖”，以表彰他们对北外发展做出的杰出贡献。共有176名外国驻华使节、82名驻外大使以及40多所

海外及港澳台大学校领导以及近 5000 名校友参加活动。该校前身为 1941 年创办的抗大三分校俄文大队，是中国共产党创办第一所外语高等学校，是目前国内开设语种最多的外国语大学（49 种外国语）。70 年来，该校先后为国家培养 8 万余名高素质涉外人才，逐步形成以外国语言文学学科为主体，文、法、经、管等多语种多学科协调发展的学科布局。2011 年 6 月，学校成为国家“985 优势学科创新平台”建设高校。

（滕岑）

【聘任一名名誉教授】 10月28日，北

外聘任熊光楷上将为名誉教授。授予仪式结束后，熊光楷上将为该校师生作题为《中国的大安全观》学术报告，介绍“中国综合的大安全观的形成与发展”、“当前国际形势的特点”、“大安全观视角下的传统安全和非传统安全”等问题。该校师生 400 余人参加报告会。

（滕岑）

【召开中马阿拉伯语教学研讨会】 12

月 5 至 6 日，北外召开中马阿拉伯语教学国际学术研讨会。会议围绕阿拉伯语教学法、教材编纂、阿拉伯语与伊斯兰教等议题进行研讨。会议决定该校与马来西亚国立大学合作成立“亚洲教授非阿拉伯人学习阿拉伯语学会”，每两年举办一次阿拉伯语教学国际研讨会，由北外和马方大学轮流承办。来自马来西亚、沙特阿拉伯、阿曼等国家和国内高校的学者百余人参加会议。

（滕岑）

【接待 33 名外国驻华大使来访】 至年底，北外接待 33 名外国驻华大使来访。来访大使中，美国和英国大使面向学校师生作主题演讲，其中，9 月 9 日，美国新任驻中国大使骆家辉来访，以“美中关系的未来”为主题发表在中国的首次公开演讲，他从经贸往来、防务关系、防止核扩散、打击恐怖主义、文化交流、教育合作等角度阐述美中关系未来的发展趋势；11 月 23 日，英国驻中国大使吴思田来访，并作题为《文化与创造力》的主题演讲。

（滕岑）

北京第二外国语学院

党委书记　冯培
院　　长　周烈

【概　况】 2011 年，北京第二外国语学院占地面积 21.32 万平方米，建筑面积 23.28 万平方米。固定资产总值 60805.51 万元，其中，教科仪器设备资产值 15038.23 万元。全年教育经费投入 32419.93 万元，其中，国家拨款 22027.28 万元、自筹经费 10392.65 万元。图书馆建筑面积 13980 平方米，馆藏图书 92.46 万册，馆藏电子图书 1243.6GB。下设 20 个院系和教学部，还设有教育技术中心、图书馆、旅游教育出版社等教学科研辅助机构及经济实体。开设 26 个本科专业、2 个专科专业，覆盖经济学、法学、文学、管理学 4 个学科；具有一级学科硕士授权点 4 个，学术型学位硕士授权点 18 个，专业学位硕士授权点 3 个，覆盖哲学、经济学、文学、管理学 4 个学科。有北京市重点建设学科 4 个，国家级特色专业 4 个。教职工 911 人，其中，专任教师数 488 人，专任教师中，教授 61 人、副教授 173 人，硕士生导师 215 人。享受政府特殊津贴专家 2 人。外籍教师 48 人。毕业生 2287 人，其中，学历教育学生中全日制硕士研究生 318 人，普通本专科生 1426 人（本科生 1425 人、专科生 1 人），成人教育本专科生 543 人（本科生 448 人、专科生 95 人）。毕业研究生一次就业率 90.88%，本专科（含二学位）一次就业率 95%。招生 2567 人，其中，学历教育学生中全日制硕士研究生 382 人，普通本科生 1549 人、成人教育本专科生 636 人（本科生 496 人、专科生 140 人）。高考北京地区提档线理科 484 分，文科 525 分。在校生 9148 人，其中，学历教育学生中全日制硕士研究生 1060 人，普通本科生 6100 人，成人教育本专科生 1988 人（本科生 1741 人、专科生 247 人）。留学生毕业 318 人，招生 1238人，在校生627人。网址：www.bisu.edu.cn。

（潘建军）

【召开国际汉语研讨会】 1 月 12 日，二外召开国际汉语教师培训与人才储备基地研讨会。会议总结基地设立以来取得的成就、经验与问题，研讨基地建设问题。来自北京市国际教育交流中心、北京市汉语国际推广中心及该校师生 15 人参加会议。该基地于 2010 年 7 月成立，先后承担“2010 年小语种国际汉语教师短训班项目”、“2010 年国际汉语辅修课堂项目”、“暑期外籍教师培训班”教学等任务。基地致力于将学生海外实习与汉语志愿者的培养、选派结合起来，对外交流与对外实习同时并进。

（潘建军）

【获得推广阿拉伯文化特别奖】 1 月 24 日，二外获得推广阿拉伯文化特别奖。该奖项由科威特国家新闻部颁发，表彰该校长期以来在弘扬中阿文化等方面所做的贡献。该校 1964 年设立阿拉伯语专业，并在推广阿拉伯文化上做出贡献。

（潘建军）

【搜集整理学校口述史】 3月5日，

二外启动口述史搜集整理系列活动。该活动以寻访见证学校发展、与学校风雨同舟的离退休教职工为主要对象，以访谈和讲座的形式记录学校各方面发展历史，并采取文字和影像的方式存档。至年底，共完成12期人物采访，整理口述文字20万字。

（潘建军）

【与美国高校签订合作协议】　4月20日，二外与美国阿巴拉契亚州立大学签订合作协议。根据协议，两校在学生交流、短期学生出国学习、教职工交流、合作研讨项目、出版物及其他学术信息的交流等方面开展合作。协议有效期5年。

（潘建军）

【与亿利资源集团签订合作协议】　4月22日，二外与亿利资源集团签订合作协议。根据协议，双方利用各自资源优势设立人才培训基地、教学实践基地及产学研联合研究生培养基地，在人才培养基地建设、人力资源供需协作以及科学研究等多方面展开合作。

（潘建军）

【召开北京高校旅游产业人才培养座谈会】　5月25日，二外召开北京高

校旅游人才培养座谈会。会议研讨高校旅游专业建设、旅游高端人才培养等问题，介绍各校旅游专业办学历史、发展状况、课程设置等情况，探讨北京旅游高端人才培养存在问题及解决思路。来自市教委以及相关高校领导和旅游专业负责人25人参加会议。

（潘建军）

【举办朝鲜语系成立10周年庆祝活动】　6月11至12日，二外举办朝鲜语系成立10周年庆祝活动。活动由庆祝大会和学术研讨会组成。其中，研讨会围绕韩国语教育、语言教育、韩国文化和文学等问题展开讨论，20名专家学者提交论文并发表主题演讲。来自韩国庆熙大学、日本近畿大学以及台湾中国文化大学、中央民族大学、对外经贸大学等26所高校300人参加活动。

（潘建军）

【举办国际文化贸易高峰论坛】　6月18日，二外举办国际文化贸易高峰论坛。论坛以“国际化视角下的文化贸易与文化创意产业”为主题，研讨“统筹国内国际两个市场，开创文化发展新局面”、“国际化视角下文化贸易与文化创意产业理论研究”、“国际化视角下文化贸易与文化创意产业实践探索”、“学科专业建设与人才培养国际化合作研讨”问题，发布《首都文化贸易发展报告》。来自国内外专家学者33人参加论坛。

（潘建军）

【成立中国翻译行业发展战略研究院】　6月29日，二外成立中国翻译行业发展战略研究院。研究院与中国翻译协会合作共建，研究中国翻译行业发展特征与规律，开展翻译领域的国际交流与合作，为行业发展提供相关理论、实践、教学方面的研究成果；研究翻译产业动态及其对翻译人才的需求，定期发布行业信息，推动产学研有效结合并搭建交流与合作的平台提供翻译行业咨询与服务，组织开展各类翻译培训。

（潘建军）

【设立深圳机场国旅奖学金】　7月4

日，二外设立深圳机场国旅奖学金。该奖学金由深圳机场国际旅行社有限公司出资设立，分为研究生学术创新奖和本科生成绩卓越奖，奖励旅游管理学院品学兼优在校本科生、脱产研究生和留学生，每年出资5万元，有效期5年。

（潘建军）

【成立两个研究中心】　8月22日和11月28日，二外分别成立两个研究中心。8月22日，成立京剧传承与发展（国际）研究中心。该中心与北京京剧院共建，京剧院为该中心提供所需文字、数据、影音资料以及所需经费。中心有科研人员14人，其中，高级职称12人，主要开展国际化研究团队建设、北京京剧院发展战略研究、对北京京剧院生产经营活动给予理论支持等方面研究。11月28日，成立全球舆情与受众研究中心。该中心设在俄语系，根据国家文化发展战略，与中国外文局对外传播研究中心合作，利用多语种、跨学科优势，通过跟踪国外大众媒介及中外人际传播，集中研究外国人对中国文化的认知状况以及中国文化对外传播的策略。该中心有科研人员12人，其中，高级职称10人。

（潘建军）

【3人获资深翻译家称号】　9月30日，二外3人获得资深翻译家称号。获奖人员分别是阿语系张志华、德语系唐伦亿、英语系黄金嘉。该评选由中国翻译协会主办，表彰在外事外交、对外传播、翻译服务等多个领域翻译工作做出突出贡献、从事翻译工作30年以上，年满65岁的翻译家。至此，该校共有16人获得资深翻译家称号。

（潘建军）

【举办国际学术沙龙】　10月21日，二外举办国际学术沙龙。活动以“中西方语境下的文化研究前沿问题”为主题，从各自研究背景、研究专长和研究视阈出发，针对当今世界文化研究主题、文化研究方法与路径等前沿问题进行研讨。来自英国、丹麦、韩国以及中国相关学校专家学者92人参加研讨。

（潘建军）

【举办全国高校多语种口译邀请赛】　10月22至29日，二外举办全国口译大赛暨第四届多语种邀请赛。比赛设日语、法语、德语、俄语、韩语5个竞赛组，日语交替传译、日语同声传译、法语交替传译、德语交替传译、俄语交替传译、韩语交替传译6个竞赛单元。每个单元竞赛包括中译外和外译中两种形式。该比赛共评出一等

奖1人、二等奖2人、三等奖3人。来自北京大学、北京外国语大学、上海外国语大学等全国34所大学77名学生参加比赛。

（潘建军）

【召开翻译教学与翻译理论研讨会】 10月28日，二外召开全球化背景下翻译教学与翻译理论研讨会。会议由主题报告和交流研讨两部分组成，国际大学翻译学院联合会（CUITI）主席、瑞士日内瓦大学翻译系主任汉尼洛尔·利扬克（Hannelore Lee-Jahnke）做翻译教学和理论研究方面讲座，并就翻译教学中的理论与实践、翻译课程的设计以及自己原创的翻译教学法与参会教师进行交流。来自该校教师30人参加研讨会。

（潘建军）

【旅游管理专业通过质量认证】 11月24日，二外旅游管理专业通过世界旅游组织教育质量认证。学校在认证评定各环节均获得较高分，综合分数位于全球认证教育机构前列，取得全球最高认证年限（2011年10月至2015年10月）。该认证由联合国泰美斯（Themis）基金会创立，负责联合国旅游组织的教育实施、培训和调研，并在全球范围内对高等旅游教育机构的教育质量做出评定与认证。该认证侧重与旅游教育相关的教学方法、领导力发展、教育宗旨等多方面的评定，属全球最高级别旅游教育认证。

（潘建军）

【与中青旅签订合作协议】 11月24日，二外与中青旅控股股份有限公司签订合作协议。根据协议，该校每年可选派一定数量本科生到中青旅实习，表现优秀的学生可以择优录用。协议有效期两年。

（潘建军）

【召开休闲旅游与文化大发展研讨会】 11月27日，二外召开休闲、旅游与文化大发展高级学术研讨会。会议以“新契机：休闲、旅游与经济文化大发展”为主题，分上、下两个板块，8名与会专家围绕“休闲产业与经济发展”与“旅游经济与文化发展”作主题发言。来自国家发改委、清华大学、中国科学院等多个部门和学校专家学者58人参加会议。

（潘建军）

【举办汉语国际教育三十周年庆祝活动】 12月16日，二外举办汉语国

际教育三十周年庆祝活动。活动由庆祝大会和汉语国际教育教学科研研讨会组成。其中，研讨会探讨汉语国际教育问题，主要涉及汉语本体研究，语言教学理论，教师、教材与课程建设，语言对比，教学管理与服务内容。来自教育部、国家汉办和孔子学院、市教委、兄弟院校及该校师生800人参加庆典活动。该校是中国开展汉语国际教育较早的院校之一，至年底，该院共培养来华留学研究生42人、本科生250人，长短期留学生2万人。

（潘建军）

北京语言大学

党委书记　王路江
校　　长　崔希亮

【概　况】 2011年，北京语言大学占地面积约33.0289万平方米，总建筑面积383234平方米（均为产权建筑面积）。固定资产总值91296.13万元，其中教科仪器设备资产值7984.46万元。全年教育经费投入53807万元，其中，国家拨款24108万元，自筹经费29699万元。图书馆建筑面积10476平方米，藏书89万册，中外文期刊2.69万册，电子文献数据库23个。学校信息化经费投入520.45万元，拥有计算机5077台，信息化设备资产7185.21万元，网络信息点数10464个，校园网出口总带宽200Mbps，电子邮件系统用户数2058个，数字资源量8036GB，管理信息系统数据总量100GB。设有10个学院，3个教学单位，14个研究单位及其他教学辅助机构。本科专业23个，硕士专业26个，博士专业15个，学科专业覆盖文学、经济学、历史学、法学、工学、教育学和管理学等7个门类。一级学科4个，一级学科博士点2个，国家重点学科1个，一级学科北京市重点学科1个，二级学科北京市重点学科9个。教育部普通高等人文社会科学重点研究基地1个。共有教职工1281人，其中，专任教师656人，教授68人，副教授190人；博士生导师28人，硕士生导师213人；“长江学者奖励计划”讲座教授2人，享受政府特殊津贴专家39人。外籍教师94人次，其中，教授10人，副教授68人。毕业生10562人，其中，全日制研究生418人（博士生37人、硕士生381人），在职硕士研究生12人，普通本科生857人，成人教育本专科生1144人（本科生423人、专科生721人），网络教育本专科生8131人（本科生3681人、专科生4450人）。本科毕业生就业率97.08%。招生15755人，其中，全日制研究生597人（博士生49人、硕士生548人），在职硕士研究生64人，普通本科生1040人，成人教育本专科生647人（本科生491人、专科生156人），网络教育本专科生13407人（本科生3705人、专科生9702人）。高考北京提档线文科584分，理科566分。在校生43719人，其中，全日制研究生1689人（博士生168人、硕士生1521人），在职硕士研究生71人，普通本科生3969人，成人教育本专科生1544人（本科生1185人、专科生359人），网络教育本专科生32732人（本科生10179人、专科生22553人），非学历生3714人。留学生毕业7410人次，招生7401人次，在校生8917人。网址：www.blcu.edu.cn。

（姜西良）

【举办中国文化英文系列讲座】 3月16日至11月23日，北语举办中国文化英文系列讲座18讲。该活动旨在满足来华留学生学习和了解中国文化需求，促进中外师生的互动交流，讲座分别为“韩非子的哲学思想”、“陶瓷与中国文化”、“灯笼与中国文化”、“中国姓名文化”、“《三字经》中的中

国文化”、“中国的君子文化”、“历史时期中外文化交流的地理背景”、“中国神话中的创世故事”、“墨子的哲学思想”、“中国园林及其文化传播”、“中国的‘家庭’观念”、“成语中的中国文化”、“美国动画中的中国元素”、“麻将文化”、“中国电影在美国：一个世纪的交流”、“紫禁城里的西方人”、“中国神话中的创世故事：开天辟地之后”、“中国女性与儒家文化”。该校中外师生共有6000人次参加学习。

（姜西良）

【举办专家与期刊主编对话高级论坛】 4月15至17日，北语举办“北语专家与主编的对话”高级论坛。论坛以“中国语言学展望”为主题，研讨如何总结和评价过去十年中国语言学发展、中国语言学未来、学术评价体系与期刊身份、学术规范与期刊编审、学术发展与期刊责任等问题，达成语言学期刊不能仅满足于在自然来稿状态下编发稿件，而应该同时把引领学术方向作为自己的目标，采用主动约稿、设置栏目等方式来推进中国语言学的发展共识。《民族语文》、《中国语言学》、《语言教学与研究》等期刊主编及北语专家20人参会。

（姜西良）

【成立两个学院】 5月20日和7月8日，北语成立两个学院。5月20日，北语成立高级翻译学院。该院是全国首家同时面向国内外招收本科生及硕士生的翻译学院。下设口译系、笔译系、翻译硕士教育与合作中心、翻译与跨文化研究中心、实习与就业指导中心。有教职工9人，其中，高级职称3人。7月8日，北语成立社会科学学院。该院主要承担该校中国籍本科生思想政治理论课教学、社会实践活动、公共选修课程，中国籍硕士和博士研究生思想政治理论课以及思想政治教育专业硕士研究生培养工作，有马克思主义基础理论研究、马克思主义中国化理论与实践、中外思想政治教育及管理工作比较研究三个方向硕士学位点。有教职工6人，其中，高级职称5人。

（姜西良）

【举办4期对外汉语教学系列讲座】 5月31日至6月22日，北语举办4期对外汉语教学系列讲座。4期讲座分别为杨惠元教授《北语对外汉语教学的优良传统》、鲁健骥教授《听力课再议》、崔永华教授《汉语课堂教学的理念与策略》、施光亨教授《对外汉语教学需要什么样的词典》，对听力课教学内容和方法、汉语课堂教学的理念与策略问题、教学词典的词语释义、例句选择、教学提示及汉语词汇特点进行分析与阐释。该校师生1000人次参加学习。

（姜西良）

【举办学科建设高峰论坛】 6月8日，北语举办学科建设高峰论坛。高峰论坛以国家学科建设思路为背景，研讨如何提高高校学科建设水平，优化学科结构，强化学科优势。来自国务院学位办、北京市政府、清华大学、北京大学等单位专家学者180人参加论坛。

（姜西良）

【举办中华民族大文学史观高端论坛】 7月5日，北语举办中华民族大文学史观高端论坛。论坛以“中华民族大文学史观研究”为主题，研讨树立中华民族大文学史观、编撰中华民族大文学史等问题。国内知名学者30人参加论坛。

（姜西良）

【召开汉语句式研究与教学研讨会】 8月20至21日，北语召开汉语国际教育语境下的句式研究与教学专题研讨会。会议研讨类型学视角下的汉语句式研究、汉语句式研究的跨文化视角与相关语言事实、跨文化视角下的汉语第二语言句式教学和汉语作为第二语言句式教学设计中的句式问题，共提交论文42篇。来自国内20所高校专家学者48人参会。

（姜西良）

【召开中国学研究国际研讨会】 9月17至18日，北语召开东亚视野下的中国学研究国际研讨会。会议围绕中日韩三国政治文化学术的交流与相互影响、三国关系的历史演进、三国的民俗语言文学比较分析等展开讨论；达成“东亚”的概念由于历史的原因曾经在一个很长的时间内被主流社会所遗弃，然而随着时间的推移、国际格局的变化、地缘经济的形成，东亚这一概念又以新的意义与表征形态重新回到人们的视野中，如何进一步重构对东亚的认识，将成为未来全球性区域研究中一个具有重大价值课题的共识。来自中日韩三国专家学者45人参会。

（姜西良）

【与贵州省签订合作协议】 11月11日，北语与贵州省教育厅签订合作协议。根据协议，该校在学科建设、科学研究、人才与师资培养等方面加强与贵州省教育厅的合作。

（姜西良）

【举办儒道传习与中华文化高端论坛】 12月24至25日，北语举办儒道传习与中华文化高端论坛。论坛以“走出去”为主题，研讨如何在当代建设文化强国的时代浪潮中将传统文化进行传习、如何让中华文化“走出去”等问题。来自国内外专家学者26人参加研讨。

（姜西良）

【在多项竞赛中获奖】 至年底，北语在多项竞赛中获奖。其中，3月27日，获第六届中日友好之声日语演讲全国总决赛第三名、全国二等奖；4月5日，获美国大学生数学建模竞赛特等奖提名1个、一等奖2个、二等奖1个；5月7至14日，获第十五届“外研社·中国银行杯”全国英语辩论赛三等奖；5月14日，获“第二届京津地区高校德语配音大赛”三等奖；7月15日，获第四届中国大学生（文科）计算机设计大赛全国二等奖1项、全国三等奖2项；9月24日，获第四届中国日本学研究“卡西欧杯”优秀硕士论文奖二等奖；10月22日，获“全国口译大赛”全国二等奖；10月29日，获全国日语作文演讲大赛个人一等奖1人、个人二等奖2人、团体第二名；11月5日，获第四届大学生海洋知识竞赛个人组一等奖；11月10日，获韩国文学作品读后感大赛一等奖；12月18至21日，获全国啦啦操联赛总决赛大学爵士无级别组冠军。

（姜西良）

【聘任12名兼职教授】 至年底，北语聘任12名兼职（客座）教授。其中，3月29日，聘请林祥雄为客座教授。4月4日，聘请荷兰莱顿大学保罗·海顿（Paul Heijden）校长为名誉教授；4月25日，聘请林文光、叶联礼为客座教授；5月10日，聘请王士元为名誉教授；5月11日，聘请蒂尔堡大学菲利普·艾兰德校长为名誉教授；5月23日，聘请澳门理工学院毛思慧为客座教授；6月15日，聘请美国南卡莱罗那大学保罗·艾伦·米勒教授和叶坦教授为客座教授；7月8日，聘请大卫·达姆罗什博士为客座教授；10月8日，聘请日本杏林大学理事长松田博青为名誉教授；11月21日，聘请波士顿大学白诗朗教授为客座教授。

（姜西良）

【与国外7所大学签订合作协议】 至年底，北语与国外7所大学签订合作协议。其中，4月4日，与荷兰莱顿大学签署合作协议，根据协议，北语每年选送5名计算机专业学生到莱顿大学攻读硕士学位；5月13日，与泰国斯巴顿大学签署学术合作补充协议，根据协议，两校联合培养双学位外国本科生项目于9月正式举办第一届，学生在两校完成全部学习、通过答辩后，可以获得两校授予的学士学位；6月10日，与英国里丁大学签订合作协议，根据协议，北语每年可以选派一定数量的信息科学学院本科毕业生赴里丁大学攻读硕士学位；6月13日，与日本北陆大学签署共同培养本科生教育合作实施协议；7月22日，与英国诺丁汉特伦特大学签署两校联合培养本科生合作协议，根据协议，两校共同开展金融专业本科生“1+3”联合培养项目，学生在北语完成一年的预科学习并达到对方入学标准，可以直接到诺丁汉特伦特大学金融本科专业攻读本科学士学位；10月15日，与德国欧福大学签订合作协议，根据协议，北语德语专业本科生可在大三下学期及大四上学期期间自费赴欧福大学学习一年，并享受德方提供的实习机会；10月26日，与法国巴黎高等翻译学院签署翻译专业双学位协议，根据协议，两校学生分别参加两校毕业考试，考试成绩合格者将分别获得北语颁发翻译硕士（MTI）文凭和巴黎高等翻译学院颁发的“中—法—英”翻译硕士或会议口译硕士文凭。

（姜西良）

中国传媒大学

党委书记　李培元
校　　长　苏志武

【概　况】 2011年，中国传媒大学占地面积46.36万平方米，建筑面积36.81万平方米。固定资产总值127645.28万元，其中，教科仪器设备资产值41258.54万元。全年教育经费投入115400万元，其中，国家拨款78831万元，自筹经费36569万元。图书馆建筑面积1.26万平方米，藏书158.72万册，数字资源量32358.40GB，其中，电子图书23623GB。下设19个学院，5个研究院；开设本科专业82个，覆盖7大学科门类；一级学科博士点7个，博士学位授权点25个，一级学科硕士点18个，硕士学位授权点89个，专业学位授权点6个；博士后流动站4个，其中，博士后研究人员出站10人、进站22人，在站61人。拥有2个国家重点学科（新闻学和广播电视艺术学），1个国家重点培育学科（传播学），5个北京市重点学科。设有普通高等学校人文社会科学重点研究基地1个、广播电视数字化教育部工程研究中心1个、媒介音视频教育部重点实验室1个、全国公益广告创新研究基地1个、国家语言资源监测与研究中心有声语言分中心1个、文化部国家文化贸易理论研究基地1个、北京市哲学社会科学研究基地1个、广电总局高校人文社科研究基地3个。教职工1971人，其中，专任教师1093人。专任教师中，教授233人，副教授342人；博士生导师100人，硕士生导师368人；“长江学者奖励计划”特聘教授1人，“长江学者奖励计划”讲座教授1人，国家有突出贡献专家1人，享受政府特殊津贴专家73人，入选教育部“新世纪优秀人才支持计划”23人；国家级教学名师奖2人，北京高校教学名师奖9人，全国优秀教师2人，北京市优秀教师30人。外籍教师16人。毕业生7366人，其中，学历教育中全日制研究生1173人（博士生144人、硕士生1029人），普通本专科生2131人（本科生1959人、专科生172人），成人教育本专科生3211人（本科生2481人、专科生730人），网络教育本专科生851人（本科生784人、专科生67人）。招生8575人，其中，学历教育学生全日制研究生1604人（博士生175人、硕士生1429人），普通本专科生2675人（本科生2369人、专科生306人），成人教育本专科生3053人（本科生2433人、专科生620人），网络教育本专科生1243人（本科生992人、专科生251人）。高考北京地区提档线理科493分，文科572分。在校生25781人，其中，学历教育学生全日制研究生4062人（博士生728人、硕士生3334人），普通本专科生9340人（本科生8857人、专科生483人），成人教育本专科生6968人（本科生5464人、专科生1504人），网络教育本专科生5411人（本科生4596人、专科生815人）。留学生毕业272人，招生319人，在校424人。学校网址：www.cuc.edu.cn。

（陈莹峰）

【与新华社签订合作协议】 3月30日，

传媒大学与新华社新华视讯手机电视台有限公司签订《共建新华社手机电视动漫频道合作协议》。根据协议，该校与该公司将创造条件、建立合作创新、共同发展的长效运行机制，探索手机动漫与手机电视的艺术形态、产品特征以及商业运营模式，建立长期稳定全面的合作关系与较为完善的运营管理体系。

（陈莹峰）

【与巴西高校共建孔子学院】 4月12日，传媒大学与巴西南大河州联邦大学合作创建孔子学院。这是传媒大学与海外教育机构合作创办的第四所孔子学院。南大河州联邦大学是巴西历史最悠久的高等学府之一，名列巴西200余所公立大学前三位，始建于1895年。

（陈莹峰）

【入选“985优势学科创新平台”项目】　6月8日，传媒大学“数字媒体优势学科创新平台”入选国家“985优势学科创新平台”项目。该项目有效整合数字媒体技术、信息与通信工程、数字媒体艺术等多个优势学科，优化重组学科资源，形成多学科协调发展、相互交叉渗透的学科体系；大力提升创新人才培养的能力和水平，汇聚和造就一批在国内外具有较大影响的学术领军人物和创新团队，取得一批对国家经济建设具有重大影响的原创性科研成果。

（陈莹峰）

【一人获法国骑士勋章】　6月15日，传媒大学刘昶教授获法国文化教育骑士勋章。法国文化教育骑士勋章是1808年由拿破仑亲自创立，是法国文化教育领域最高级别荣誉，用以表彰世界范围内，在文化教育领域中具有杰出成就，并为法国文化、教育和艺术的发展及传播做出重要贡献的外国人士。刘昶，1983年毕业于北京大学西方语言文学系，同年考取北京广播学院新闻研究所出国研究生，1984年国家公派留学法国，获新闻传播学硕士、博士学位，著有《西方大众传播学——从经验学派到批判学派》，主编《欧洲新闻传播学名著译丛》，译有《传媒是什么——新实践、新特质、新影响》。

（陈莹峰）

【举办发展中国家国际传播硕士项目】　9月9日，传媒大学举办首届发展中国家国际传播硕士项目。该项目是商务部和教育部主办的为发展中国家培养高层次专门人才的高端援外培训项目。首届学员是发展中国家政府高级行政管理人员和具有领导潜能的媒体优秀人才，分别来自埃塞俄比亚、白俄罗斯、柬埔寨、肯尼亚、老挝、马达加斯加、缅甸、尼日利亚、坦桑尼亚、乌兹别克斯坦、伊拉克和苏丹。该项目学制为一年，采取全英文教学方式。

（陈莹峰）

【成立两个学院】　9月15日和12月21日，传媒大学成立两个学院。9月15日，该校成立音乐与录音艺术学院。该学院下设音乐系、录音系和艺术教育部，开设有音乐专业（包括音乐传

播方向、电子音乐制作方向）、录音艺术专业（包括录音工程方向、音像导演方向）。12月21日，该校成立国家广告研究院。该研究院由国家工商行政管理总局指导，开展广告领域以及广告与社会、经济、文化的相互关系研究。

（陈莹峰）

【发布中国纪录片蓝皮书】　11月9日，

传媒大学发布中国首部纪录片蓝皮书《中国纪录片发展报告（2011）》。该报告由中国纪录片研究中心组织编纂，社科文献出版社出版，从国家高度、政府立场、行业视点、专业角度，以“数据解读”、“格局”、“变局”、“布局”、“行业预测”为话语框架，对中国纪录片产业化发展现状和未来趋势进行分析。

（陈莹峰）

【举办中国纪录影像世纪盛典】　12月

23日，传媒大学举办“光影纪年——中国纪录影像世纪盛典”晚会。晚会现场播放回顾中国纪录片百年发展轨迹的三部纪录短片。短片以时代为分界，分为“仰望星空”、“镜鉴华夏”和“如是春秋”三部分，展现中国纪录片百年来波澜壮阔的恢宏篇章。同时，晚会揭晓首届中国纪录片学院奖，延安电影团、伊文思、陈汉元等为中国纪录片发展做出过突出贡献的团体和个人获得该奖项。

（陈莹峰）

【获中国文化艺术政府奖】　12月27日，传媒大学在中国文化艺术政府奖首届动漫奖颁奖典礼上获得最佳动漫教育机构奖。该奖项是经中央批准的唯一国家级动漫奖，是中国动漫界的最高奖。最佳动漫教育机构奖是中国文化艺术政府奖首届动漫奖的重要奖项之一，表彰“十一五”以来为中国动漫人才培养作出卓越贡献的高等教育机构。同时，该校动画与数字艺术学院教师李智勇领衔创作的《功夫兔》获得中国文化艺术政府奖首届动漫奖和最佳新媒体动漫作品奖。

（陈莹峰）

【学生在多项竞赛中获大奖】　至年底，传媒大学学生在多项竞赛中获奖。5月，获全国大学生英语竞赛一等奖和第十五届“外研社·中国银行杯”全国英语辩论赛一等奖；7月，获全国大学生电子设计竞赛全国二等奖；8月，获第七届中国大学生棒垒球锦标赛普通高校组冠军和中国大学生模拟亚太经合组织（APEC）大会冠军；9月，获第二届中国戏剧文化奖表演金奖、舞美设计金奖、灯光设计金奖；10月，获中华小姐环球大赛冠军、最佳上镜奖，全国口译大赛法语交传比赛冠军，第十二届全国“挑战杯”大学生科技学术作品竞赛哲学社会科学一等奖。

（陈莹峰）

【举办国际新闻传播硕士国情教育讲座】　至年底，传媒大学举办17场国际新闻传播硕士国情教育讲座。该国情教育讲座由中宣部主办，全部由副部长以上级别领导担任主讲，内容涉及国际形势、国际关系、国际贸易等多个方面，构建国际新闻传播硕士关于国家内政外交知识框架。来自清华大学、中国人民大学、北京外国语大学、中国传媒大学2010级国际新闻传播后备人才145人次参加学习。

（陈莹峰）

中央财经大学

党委书记 胡树祥
校　　长 王广谦

【概　况】 2011年，中央财经大学学校占地面积80.5万平方米，建筑面积41万平方米。固定资产总值135571万元，其中，教学、科研仪器设备资产值15900万元。图书馆建筑面积1.1万平方米，藏书总额298万，其中，纸质图书148万册，电子图书150万册。全年教育经费投入106071.64万元，其中，国家拨款65124.06万元，自筹经费40947.58万元。学校信息化经费投入1941.5万元，拥有计算机6455台，多媒体教室座位16025个，信息化设备资产7112.26万元，网络信息点数30000个，校园网出口总带宽1200Mbps，电子邮件系统用户数1910个，上网课程330门，数字资源量25838GB，管理信息系统数据总量6545GB。设学院南路校区、沙河校区2个校区。设有29个教学科研单位。开设41个本科专业和10个本科专业方向，涵盖经、管、法、文、理、工、教育、艺术8个学科；拥有应用经济学、理论经济学、工商管理、统计学4个一级学科博士学位授权，25个博士学位授权点，64个硕士学位授权点，11个专业学位授权点（其中保险学院、财政学院是全国保险硕士、资产评估硕士专业学位教学指导委员会秘书处所在单位）3个博士后科研流动站，其中，博士后研究人员出站11人，进站29人，在站86人。拥有应用经济学一级学科国家重点学科（涵盖10个二级学科国家重点学科）、会计学二级学科国家重点学科和4个北京市重点学科。有62个科研机构，其中，教育部普通高等学校人文社会科学重点研究基地1个、北京市哲学社会科学研究基地1个、校级重点研究基地6个。教职工1457人，其中，专任教师960人，包括教授213人、副教授347人；博士生导师140人、硕士生导师590人；"千人计划"入选者1人，"跨（新）世纪百千万人才工程国家级人选"4名，"长江学者奖励计划"特聘教授1人，"长江学者奖励计划"讲座教授3人，享受政府特殊津贴专家28人，入选教育部新世纪优秀人才人选37人（累计）；外籍教师26人，其中教授4人，副教授2人。毕业生6327人，其中，学历教育学生中全日制研究生1329人（博士生111人、硕士生1218人），普通本科生1702人，成人教育本专科生2615人（本科生1487人、专科生1128人）；非计划招生高等教育学生中在职人员攻读硕士学位167人。研究生课程进修班514人。招生8478人，其中，学历教育学生中全日制研究生1736人（博士生172人、硕士生1564人），普通本科生2518人，成人教育本专科生2937人（本科生1575人、专科生1362人）；非计划招生高等教育学生中在职人员攻读硕士学位208人。研究生课程进修班1079人。在校生21703人，其中，学历教育学生中全日制研究生4131人（博士生594人、硕士生3537人），普通本科生9079人，成人教育本专科生6115人（本科生3847人、专科生2268人）；非计划招生高等教育学生中在职人员攻读硕士学位416人，研究生课程进修班1962人。本科毕业生就业率95.62%。高考北京地区本科提档线文科584分、理科597分。留学生学历生中，毕业37人，招生127人，在校生453人；非学历生在校生101人。网址：www.cufe.edu.cn。

（刘瑜）

【举办诺贝尔经济学奖获得者学术报告】 3月20日，中央财大举办克里

斯托弗·皮萨里德斯专题报告。皮萨里德斯以"如何成为一名优秀的经济学研究者"为题作学术报告。报告结束后皮萨里德斯与该校师生展开互动交流。该校师生500人参加学习。皮萨里德斯，2010年诺贝尔经济学奖获得者，伦敦政治经济学院教授。

（刘瑜）

【成为国际精英商学院协会会员】 3月，中央财大成为国际精英商学院协会会员。国际精英商学院协会（The Association to Advance Collegiate Schools of Business，简称AACSB）始创于1916年，是一个由商学院、社团和其他机构组成的非盈利组织，致力于提高和促进工商管理学和会计学高等教育水平，是工商管理和会计学专业学士、硕士、博士等学位项目的全球首要认证机构。其发起成员包括哈佛大学、哥伦比亚大学、康乃尔大学、宾夕法尼亚大学、耶鲁大学、威斯康星大学等。该协会于1919年颁布商学院认证标准，并于1980年颁布会计学项目的认证标准。该认证代表全世界商学院的最高水平，取得该项认证资格是优秀管理教育的重要标志。

（刘瑜）

【召开中小银行高层会议】 6月16日，中央财大召开中国中小银行高层圆桌会议。与会代表共商新形势下中小银行发展之道，就新形势下中小银行机遇、挑战与管理创新以及中小银行风险防控管理与业务模式创新等议题展开交流与探讨。杭州银行、包商银行、青岛银行等11个中小银行高层20人参加会议。

（刘瑜）

【获2000万元捐款】 7月，中央财大获得骋望地产集团教育基金会捐赠人民币2000万元。其中，500万元设立"中央财经大学骋望奖励基金"，用于资助经济困难学生顺利完成学业，奖励优秀学生干部，培养学生课程实践能力，发展学生文体等多方面才能，鼓励志愿者、学生服务等公益行为，激发港澳台侨及国际学生学习热情和动力，支持学校教育教学事业发展。另外1500万元用于学校沙河校区校务办公楼建设。

（刘瑜）

【共建校级实践基地】 7至11月，中央财大与地方政府和企业共建教学实践基地。7月7日，该校与中国工商银行北京市分行共建教学实践基地揭牌。11月19日，该校与北京国资公司共建教学科研实践基地。11月28日，该校与咸阳市人民政府共建产学研实践基地。

（刘瑜）

【成为国际工商管理硕士协会认证成员】 9月19日，中央财大工商管理硕士项目获得国际工商管理硕士协会（Association of MBAs，简称AMBA）认证，成为中国大陆地区第八家、北京首家认证成员。专家组现场查阅自评材料和学校图书馆等硬件设施，听取工商管理教育中心认证汇报，召开教师、雇主、学生及校友座谈会后，通过审核。认证专家对中央财经大学工商管理项目给予肯定，尤其是生源质量、师资力量、职业发展、课程管理以及企业合作方面给予高度评价。该校国际认证工作启动于2009年，严格对照认证标准，本着“过程重于结果”的原则，对工商管理项目使命、战略、课程体系、教师资质和生源质量控制、过程管理等进行系统梳理和改进。

（刘瑜）

【沙河校区西区学生宿舍及体育场投入使用】 9至10月，中央财大沙河校区西区学生宿舍及体育场投入使用。西区学生宿舍楼于2010年12月开工，建筑面积17520平方米，在2011年10月3日完成建筑单体及周边市政工程施工，确保2000多名2011级新生开学时顺利入住。沙河校区体育场于2010年下半年动工，占地面积15000平方米。

（刘瑜）

【聘任128名客座导师】 10月16日，中央财大会计学院聘任128名客座导师。受聘导师为金融会计业界精英。此次聘任，旨在为更好地适应国家经济社会发展对高层次、应用型人才需要，调整优化研究生教育类型结构，完善研究生教育培养体系。完成聘任后，会计学院在研究生教育中实行双导师制，即每名研究生配备一名校内导师和一名校外客座导师。

（刘瑜）

【举行何振一从教六十周年研讨会】 11月26日，中央财大举办何振一从教六十周年暨共同需要论理论研讨会。本次学术活动旨在进一步促进财政基础理论创新，并祝贺何振一先生从事教学六十周年。来自国内专家学者及教师代表近百人参加会议。何振一是中国著名财政学家、中国社会科学院荣誉学部委员、中国社会科学院财贸经济研究所资深研究员。他最早系统阐述的“社会共同需要论”及其著作《理论财政学》，对中国财政理论的形成和发展、对推动中国财政改革做出贡献。

（刘瑜）

【举办第五届国际税务论坛】 12月1至2日，中央财大举办第五届国际税务论坛。会议作题为《走向合作的博弈》发言，回顾中国税务机关在国际税收管理工作发展历程，分析税务机关在“十二五”期间工作重点，涉及体制机制建设、税企合作的实施途径、国际间合作等方面问题。会议还就“国际税收征管协作及中国实践”、“中国反避税的探索与发展”、“大企业税务风险管理”等主题分别进行研讨。来自美国国内收入署、国家税务总局、大型跨国企业和国际中介机构专家学者以及该校师生100余人参加论坛。

（刘瑜）

【学生参加竞赛获奖奖】 至年底，中央财大学生参加竞赛获奖。4月28日，中央财大代表队在“顺丰杯”全国大学生物流设计大赛中获二等奖。7月，中央财大在第四届中国大学生（文科）计算机设计大赛中获1个二等奖和1个优胜奖。8月20日，中央财大外国语学院国际经济贸易学院2009级学生李治在“2011中国大学生模拟APEC大会”总决赛获得全国总决赛季军。10月30日，中央财大会计学院2008级学生组成的代表队在“中华会计网校杯”第三届校园财会大赛全国总决赛上获得冠军。12月11日，中央财大会计学院代表队在2012年全球商业精英挑战赛华北赛区总决赛中获得华北赛区总决赛冠军。

（刘瑜）

【签署8个合作协议】 至年底，中央财大与国内8家单位签订合作协议。1月11日，中央财大与西藏大学签订对口支援协议。3月10日，中央财大工商管理硕士教育中心与中国民族证券有限责任公司签订校企战略合作协议。3月28日，渭南市人民政府、中央财经大学和鸿基世业集团三方签署战略合作协议。4月20日，中央财大与华民慈善基金会签订大学生就业扶助项目合作协议。5月15日，中央财大与中国政法大学签订研究生课程互选协议。11月28日，中央财大工商管理硕士教育中心与科技金融产业园签署战略合作协议。12月12日，中央财大与鄂尔多斯市政府签署战略合作协议。12月14日，中央财大工商

管理硕士教育中心与中联重科融资租赁（中国）有限公司签订校企战略合作协议。

（刘瑜）

【成立 3 个研究机构】 至年底，中央财大成立 3 个研究机构。3 月 19 日，财政学院与鹏元资信评估有限公司成立“中财—鹏元”地方财政投融资研究所。研究所主要从事地方公债、市政债券、城市基础设施投资、高新技术产业和新兴战略性产业政府支持等地方财政投融资理论和政策研究。10 月 19 日，中央财大与甲骨文（Oracle）公司联合组建的会计信息化联合实验中心揭牌。该实验中心是校企强强联合，双方将基于企业业绩管理系统打造全新的会计信息化课程体系。12 月 17 日，中央财经大学成立金融仲裁与非诉讼纠纷解决程序（ADR）研究中心。

（刘瑜）

对外经济贸易大学

党委书记 王玲
校　　长 施建军

【概　况】 2011 年，对外经济贸易大学占地面积 34.2 万平方米，学校建筑面积 51.14 万平方米（含学校产权建筑面积、非产权建筑面积）。固定资产总值 117489.99 万元，其中，教学、科研仪器设备资产值 11897.7 万元。图书馆建筑面积 24935.54 平方米，藏书 179 万册，其中，纸质图书 131 万册、电子图书 48 万册。全年教育经费投入 73580 万元，其中，国家拨款 34276 万元、自筹经费 39304 万元。校区设置 18 个院（系、部）；开设 34 个专业，覆盖经济学、管理学、文学、法学、理学五大学科；一级学科博士点 5 个，一级学科硕士点 8 个和专业学位授权点 10 个；博士后流动站 2 个，其中，博士后研究人员出站 6 人、进站 26 人、在站 53 人。国家重点学科 2 个、北京市重点学科 6 个，国家重点实验室 1 个。教职工 1598 人，其中，专任教师 893 人，包括教授 170 人、副教授 317 人；博士生导师 117 人、硕士生导师 480 人；享受政府特殊津贴专家 30 人。外籍教师 28 人，其中，教授 12 人、副教授 16 人。毕业生 7006 人，其中，学历教育学生中全日制研究生 1396 人（博士生 45 人、硕士生 1351 人），普通本科生 1953 人，成人教育本专科生 916 人（本科生 576 人、专科生 340 人），网络教育本专科生 2741 人（本科生 1152 人、专科生 1589 人）。本科毕业生就业率 98.58%。招生 9069 人，其中，学历教育学生中全日制研究生 1812 人（博士生 117 人、硕士生 1695 人），普通本科生 2084 人、成人教育本专科生 1106 人（本科生 649 人、专科生 457 人），网络教育本专科生 4067 人（本科生 2077 人、专科生 1990 人）。高考北京地区提档线文科 600、理科 615。在校生 23515 人，其中，学历教育学生中全日制研究生 4107 人（博士生 485 人、硕士生 3622 人），普通本科生 8184 人，成人教育本专科生 2319 人（本科生 1382 人、专科生 937 人），网络教育本专科生 8905 人（本科生 4238 人、专科生 4667 人）。留学生毕业 245 人，招生 612 人，在校生 1386 人。网址：www.uibe.edu.cn。

（侯英杰）

【中国开放经济与国际科技合作战略研究中心揭牌】 1 月 5 日，外经贸

大中国开放经济与国际科技合作战略研究中心（SCOT）揭牌。该中心是教育部批准的 13 个战略研究基地之一，整合全国开放经济与全球科技合作战略研究的优势资源，开展国家层面的开放经济与全球科技合作战略研究，加强国际开放经济和全球科技合作发展动态研究，为中国开放经济与国际科技战略实施工作提供有效的政策建议和决策支持。

（侯英杰）

【俄罗斯语言文化中心揭牌】 4 月 25 日，外经贸大俄罗斯语言文化中心揭牌。该中心由该校和俄罗斯国立人文大学合作创办。该中心的创办有助于两校签署学生互换协议，共同培养高端俄语人才，同时有助于两校师生在语言、文化、历史、经济等方面加深相互了解。

（侯英杰）

【召开藏族学生座谈会】 3 月 4 日，外经贸大召开藏族学生座谈会。本次座谈会以“维护民族团结”为主题，就如何关爱藏族学生成长等问题展开讨论。该校教务处、就业指导中心、学院辅导员以及全体藏族学生参加会议。目前该校共有藏族本科学生 57 人，其中，来自西藏 46 人，青海 8 人，四川 1 人，甘肃 2 人。

（侯英杰）

【召开首届北京高校法学双语教学研讨会】 4 月 16 日，外经贸大召开首届北京高校法学双语教学研讨会。会议以北京高校法学双语教学推进与实践问题为主题，就课程设置、教材选定、教学对象等问题进行研讨。来自北京大学、中国人民大学、中国政法大学、北京外国语大学、中央财经大学、北京航空航天大学、北京理工大学、北京交通大学、北方工业大学、北京联合大学等北京高校法学院的专家和教授 30 人参加会议。

（侯英杰）

【召开保险资金运用法律与实践研讨会】 4 月 27 日，外经贸大召开保险资金运用法律与实践研讨会。研讨会以“保险人才的培养”为主题，研讨人才标准、课程设置、专业技能等方面问题。来自中国保监会等监管机构、中国保险学会、中国保险行业协会、北京大学等高校、中国人保集团公司专家学者以及该校师生 120 人参加会议。

（侯英杰）

【召开中欧文化交流及应用伦理研讨会】 5月6日，外经贸大召开第二

届中欧文化交流及应用伦理研讨会。该会议由该校、中国欧盟商会和德国驻华使馆合办，纪念德国耶稣会会士汤若望诞辰420周年，研讨中欧关系可持续发展、中国的地区经济和改善世界贫困人口境遇等问题。来自中欧政界要员、专家学者和企业界150人参加会议。

（侯英杰）

【聘任58名客座教授】 5月7日，外经贸大国际经济贸易学院聘任58名客座教授。新聘任客座教授全部来自社会知名企业高级管理层，主要针对国际商务和金融专业进行教学研究工作，促进学校的人才培养和产学结合。

（侯英杰）

【举办非洲文化校园行活动】 5月23日，外经贸大举办非洲文化校园行活动。活动以“聚焦非洲”为主题，包括专家讲座、非洲工艺品和摄影作品欣赏、非洲歌舞表演等内容。该校师生1000人参加活动。

（侯英杰）

【召开国际商务研讨会】 6月24日，外经贸大召开“孔子与亚里士多德的思想对当今世界的影响”国际商务研讨会。会议由该校、国家汉办和希腊雅典经商大学合办，探讨古典中西哲学思想对当今世界影响问题。来自中国、希腊、美国、英国、法国、德国等20个国家哲学、经济、管理领域的专家学者120人参加会议。

（侯英杰）

【成立教育与经济研究中心】 7月8日，外经贸大成立教育与经济研究中心。该中心由该校与教育部共建，以“教育对经济增长的贡献率、教育与经济的互动与互依关系、教育与对外开放”等重点项目为依托，为中国教育促进经济与开放型事业发展提供理

论支撑，为教育部战略与规划提供智力支持。

（侯英杰）

【召开老教授座谈会】 9月9日，外经贸大召开老教授座谈会。会议以庆祝教师节为契机，慰问多年在教育战线上工作的老同志、老教授。李岚清参加并回忆自己多次来校时与老教授们共事的经历，肯定学校在人才培养、科学研究、社会服务和文化传承创新等方面取得的成绩。该校领导和老教授20人参加会议。

（侯英杰）

【科研楼投入使用】 9月20日，外经贸大科研楼投入使用。该楼建筑面积22470平方米，分南侧11层主楼与北侧5层配楼。其中，南楼设有硕博教室和实习用房、教授专家科研用房，北侧配楼设置校史馆、档案馆以及校友会等办公用房。楼内设有消防系统等10多项专业系统，应用地源热泵技术，具有节能减排优势。

（侯英杰）

【校史馆开馆】 9月24日，外经贸大校史馆开馆。该馆位于学校逸夫科研楼内，建筑面积800平方米，上下两层，一层主要为校史展示；二层为办学成果展。馆内采取展板和实物相结合的展陈形式，反映该校60年来的办学历程，展出展品200件。该馆为永久展馆，于2009年开始建设。

（侯英杰）

【举办建校60周年庆祝大会】 9月25

日，对外经济贸易大学举办建校60周年庆祝大会。大会由领导致辞、兄弟院校领导发言、该校师生代表发言等活动组成。刘延东、蒋树声、李岚清等发来贺信。来自商务部、教育部、市委教育工委、市教委等部门领导，20多所国外高校校领导和近100所国内大学领导以及该校师生和校友5000人参加大会。该校前身为高级商业干部学校，创建于1951年，受中央贸易部和教育部双重领导。1952年，中央贸易部撤销，学校划归对外贸易部，受对外贸易部和教育部双重领导。1953年，学校更名为北京对外贸易专科学校，由教育部委托对外贸易部领导。1954年，中国人民大学贸易系对外贸易专业并入北京对外贸易专科学校，以北京对外贸易专科学校为基础成立北京对外贸易学院。1984年，学校更名为对外经济贸易大学。2000年6月，原中国金融学院与原对外经济贸易大学合并成立新的对外经济贸易大学，划归教育部直属。2010年12月，教育部与商务部正式签署协议，共建对外经贸大学。

（侯英杰）

【举办世贸组织与中国国际研讨会】 10月29日，外经贸大举办“第十届WTO与中国学术年会”暨“中国入世十周年：中国的学习曲线”国际研讨会。会议以“中国加入世界贸易组织十周年”为主题，围绕中国入世以来的经济发展、体制改革、对外经贸关系、参与WTO争端解决、多哈回合谈判等方面进行研究。来自全国50多所高校、国内外企业、科研机构专家学者300人参加会议。

（侯英杰）

【张素我逝世】 12月2日，外经贸大教授张素我因病在北京逝世，享年96岁。张素我，1915年4月出生于安徽巢县。1935年南京金陵女子学院肄业后到英国西南大学留学。1937年抗日战争爆发后，回国参加抗战，先后任安徽黄丽学校校长、湖南省地方行政干部学校妇女训练班副主任、国民党中央军校第七分校外语班教员、国立兰州兽医学院副教授。1951至1953年，在北京外国语学校（现北京外国语大学）任教，1953年起历任北京外贸专科学校、北京外贸学院、对

外经济贸易大学教员、副教授、教授。1955年加入中国国民党革命委员会，先后担任民革中央第六届中央委员，第七届中央常委、妇女工作委员会主任，第八届中央监察委员会副主席，第九届民革中央顾问。历任全国政协第五、九届委员，第六、七、八届常委。

（侯英杰）

【科研工作取得好成绩】 至年底，外经贸大科研工作取得好成绩。该校获得纵向课题117项，横向课题86项。纵向课题中，获国家社会科学基金项目31项，包括3项重大项目，5个重点项目；获得国家自然科学基金项目28项；获教育部人文社会科学研究项目42项，其中1项重大课题攻关项目；获中央其他部门的社科项目1项，北京市15项。产出各类科研成果1544项，发表各类论文1346篇，社会科学引文索引（SSCI）收录41篇，科学引文索引（SCI）收录5篇，艺术与人文科学引文索引（A&HCI）收录1篇，中文社会科学引文索引（CSSCI）A类期刊收录36篇，出版各类著作198篇。共有10项成果获全国商务发展研究成果奖，超过本届全国获奖总数的20%。本年科研项目和论文发表创该校建校以来最好成绩。

（侯英杰）

北京物资学院

党委书记 刘木春
院　　长 王旭东

【概　况】 2011年，北京物资学院占地面积39.7万平方米，建筑面积19.11万平方米（含学校产权建筑面积15.75万平方米，非产权建筑面积3.36万平方米）。固定资产总值39240.49万元，其中，教学、科研仪器设备总值24281.19万元。图书馆建筑面积8281平方米，纸质图书97.82万册，电子图书66.03万册。全年教育经费投入30429.95万元，其中，国家拨款24943.15万元，自筹经费5486.80万元。校区设经济学院、物流学院、信息学院、商学院、劳动科学与法律学院、外国语言与文化学院、思想政治理论课教学与研究部、体育教学部和继续教育学院等教学机构。有6个硕士学位授权点，27个本科专业（方向），2个北京市重点建设学科，2个部级设置的实验室、研究所（中心），定期出版专业刊物1个。教职工总数660人，其中，专任教师395人，包括教授47人、副教授136人；硕士研究生导师108人，享受政府特殊津贴专家2人，外籍教师2人。毕业生2179人，其中，学历教育学生中全日制研究生157人，普通本科生1405人，成人教育本专科生617人（本科生162人、专科生455人），本科毕业生就业率96.73%。招生2524人，其中，学历教育学生中全日制研究生213人，普通本科生1547人，成人教育本专科生764人（本科生227人、专科生537人）。北京地区高考提档线理科456分，文科503分。在校生7961人，其中，学历教育学生中全日制研究生578人，普通本科生5968人，成人教育本专科生1415人（本科生437人、专科生978人）。留学生毕（结）业58人，招生64人，在校生18人。网址：www.bwu.edu.cn。

（夏雨）

【召开推进依法治校工作会议】 1月10日，物资学院召开推进依法治校工作会议。会议以“夯实科学发展长效机制，推进依法治校全面建设”为主题，总结近两年来学校法律事务的处置情况，对学校下一阶段依法治校工作开展提出建议。会议指出，学校依法治校水平直接体现和代表学校办学和管理水平，要进一步提高认识，转变观念，增强法治意识，建立健全学校章程，落实专业人员和专门机构配备，要加强对领导干部和全体师生的法制宣传教育和培训，不断提高法治化工作水平。

（夏雨）

【开展规章制度清理与汇编专项工作】 1月18日至12月23日，物资学院开展规章制度清理与汇编专项工作。1月18日，该校决定在全校范围内开展规章制度清理工作，清理工作遵循科学性、规范性、可行性相结合原则，有针对性地分别进行修订、废止与补充。通过制度建设，使各项管理更加科学化、规范化、制度化。12月23日，《北京物资学院制度汇编》编印成册并发布，这是该校第一次对现行有效的规章制度成系统地整理汇编。该书共收录各类制度193项，涉及党建工作、教学科研、学生管理、后勤服务等方面，对学校各单位、各部门、全体教职员工和学生具有普遍约束力。

（夏雨）

【成立两个二级学院】 3月15日，物资学院成立劳动科学与法律学院和外国语言与文化学院。劳动科学与法律学院在原劳动人事系和法政系法学教研室基础上组建而成，设有法学、人力资源管理、劳动与社会保障三个本科专业，有专任教师38人，其中，19人具有副教授以上职称。外国语言与文化学院是在原外语系基础上成立的，设有英语本科专业，分为国际商务、国际传播两个专业方向，并承担公共英语、大学语文教学工作，有专任教师65人，其中，16人具备副教授以上职称。

（夏雨）

【一人荣获全国五一劳动奖章】 4月，物资学院物流学院教授邬跃荣获“全国五一劳动奖章”。邬跃，该院物流学院院长，1983年毕业于北京经济学院，1989年赴日本流通经济大学，获经济学博士学位。

（夏雨）

【学生竞赛获奖】 4至12月，北京物资学院学生在各种竞赛中获奖。4月28日，该院代表队获得第三届全国物流设计大赛一等奖。8月8日，该院代表队获得第七届全国大学生“用友杯”沙盘模拟经营大赛二等奖。12月18日，该院学生1人在第三届全国大学生数学竞赛中获二等奖。

（夏雨）

【召开流通现代化论坛】 10月15日，物资学院召开第五届中国北京流通现代化论坛暨加快现代流通体系建设高层峰会。论坛围绕“加快流通理论研究，推动流通产业发展”主题，研讨流通体系建设、转变流通发展方式、降低流通成本、提高流通效率、创新流通业态问题。来自国内外理论界、实业界专家、学者及相关单位负责人300余人参加研讨。

（夏雨）

【签订教学院部目标责任书】 12月22日，物资学院签订教学院部目标责任书。该校分别与6个二级学院负责人签订《领导班子任期目标责任书》。目标责任书明确各学院发展任务量化指标，强化各学院责任意识。会议要求各学院要明确任务和责任，制定与学校发展思路相吻合的实施方案，层层落实学校“十二五”规划相关要求和领导班子任期目标责任，高质量完成各项任务指标，努力实现“十二五”规划发展目标。

（夏雨）

首都经济贸易大学

党委书记　柯文进
校　　长　王稼琼

【概　况】 2011年，首都经济贸易大学占地面积39.68万平方米，建筑面积36.66万平方米。图书馆建筑面积3.57万平方米，藏书161.69万册。固定资产总值110316万元，其中，教学、科研仪器设备资产总值25349万元。全年教育经费投入72748万元，其中，国家拨款56522万元、自筹经费16226万元。学校信息化经费投入997万元，拥有计算机6733台，多媒体教室座位16393个，信息化设备资产10357万元，网络信息点数16000个，校园网出口总宽带800Mbps，电子邮件系统用户20000个，上网课程184门，数字资源量20000GB，管理信息系统数据总量2048GB。设15个院系（系、部），41个本科专业，5个专科专业，10个硕士学位授予点，4个博士学位授予点，1个博士后流动站。1个国家重点学科，2个北京市重点学科，9个北京市重点建设学科。教职工1575人，其中，专任教师750人。专任教师中，教授126人，副教授288人，讲师253人、助教29人，博士生导师54人，硕士生导师333人，另聘请外籍教师5人，外聘高级专家71人。毕业生6066人，其中，全日制研究生632人（博士生37人、硕士生595人），普通本专科生2378人（本科2257人、专科121人），成人教育专科生3056人（本科1230人、专科1826人）；非计划招生高等教育学生在职人员攻读硕士学位109人。本科毕业生就业率98.86%，专科毕业生就业率96.69%，研究生毕业就业率95.40%。招生6065人，其中，全日制研究生913人（博士生57人、硕士生856人），普通本专科生2497人（本科2381人、专科116人），成人教育本专科2655人（本科1200人、专科1455人）。高考北京地区提档线本科第一批一志愿文科536分、理科520分。第一批二志愿文科593分，理科597分，第二批文科提档线514分，理科471分。在校生20015人，其中，全日制研究生2480人（博士生170人、硕士生2310人），普通本专科生9920人（本科9528人、专科392人），成人教育本专科生7615人（本科3480人、专科4135人）。留学生毕业77人、招生260人、在校生421人。网址：www.cueb.edu.cn。

（刘江霞）

【与北京环卫集团签订合作协议】 3月25日，首经贸大与北京环卫集团签订合作协议。根据协议，双方将在企业发展战略、环卫服务、运行管理、投融资、人才培养和技术研发与管理领域开展合作。

（刘江霞）

【举办黄金市场发展趋势研讨会】 4月28日，首经贸大与中国黄金协会共同主办黄金市场发展趋势研讨会。会上，与会专家分别就“黄金投资的环境复杂和战略高度莫测”、“站在历史的新起点——黄金走势回顾与展望”、“黄金牛市还能走多远”、“黄金迎来中级拐点”和“超级周期下的黄金增长——强势黄金将在2014年突破2100美元/盎司”问题进行讨论研究。世界黄金协会大中华区100家会员单位代表参加研讨会。

（刘江霞）

【成立两个学院】 4月，首经贸大成立文化与传播学院和马克思主义学院。文化与传播学院由广告学系、传播学系、汉语言文学系和艺术教研部、

传媒教学实验教学中心组成。马克思主义学院由马克思主义基本原理教研室、中国特色社会主义理论概论教研室、中国近现代史纲要教研室、思想道德修养与法律基础教研室、形势与政策教研室和心理咨询中心等六个部门组成。马克思主义学院承担全校本科生、硕士研究生思想政治理论课的教学任务，还承担心理学、逻辑学、中国传统文化、经济学说史、当代世界格局与中国安全等多门选修课的教学任务。

（刘江霞）

【举办第三部门与公共治理学术研讨会】 5月22日，首经贸大举办第三部门和公共治理学术研讨会。会议研讨第三部门发展及其对中国乃至全球公共治理的影响等问题。来自美国、加拿大和中国专家学者及第三部门实践工作者80人参加会议。

（刘江霞）

【举办中国经济增长与周期论坛】 6

月11日，首经贸大举办中国经济增长与周期高峰论坛。论坛的主题是“后危机时代中国经济可持续繁荣暨中国城市生活质量指数发布会”，探讨2011年和“十二五”时期中国实现稳定增长问题。论坛认为中国宏观调控侧重点是使经济走稳，主要是防止经济从偏快转向过热，实现经济增长方式转型是中国实现平稳增长的关键。来自国内外专家学者200人参加会议。

（刘江霞）

【一人获国家级教学名师奖】 9月8

日，首经贸大杨河清教授获第六届高等学校教学名师奖。杨河清，1951年出生，毕业于日本流通经济大学经济学专业，获经济学博士学位。他从事高校教学和科研工作30年，长期承担本科和研究生教学任务，主要研究领域是劳动经济、人力资源开发与管理、社会保障、人才学、证券经济，主讲课程是劳动经济特别研究、证券经济特别研究、货币银行学、人力资源研究、专业日语，为本科生教授劳动经济学、人力资源管理学和比较公务员制度。

（刘江霞）

【新增审计硕士专业学位授予权】 9月，首经贸大新增审计硕士专业学位授权点。该专业面向国内招生，开设现代企业经济分析、审计研究前沿等10余门课程，学制2年，毕业授予专业硕士学位，于2012年开始招生。

（刘江霞）

【成立两个研究院】 10月17日和11月16日，首经贸大成立两个研究院。10月17日，该校成立社会计算研究院。研究院下设社会经济调查研究中心、云计算研究中心、数据挖掘研究中心和经济仿真实验室。11月16日，该校成立中国经济实验研究院。

（刘江霞）

【举办资产评估新发展国际论坛】 10

月28至29日，首经贸大举办第一届资产评估新发展国际论坛。论坛以“资产评估新发展”为主题，围绕以财务报告为目的的评估研究、税基评估研究、知识产权评估研究等资产评估前沿问题开展讨论。论坛编印《资产评估新发展论文集》。来自美国、英国等地的评估专家学者共130人参加论坛。

（刘江霞）

【注册会计师专业方向通过评估】 10月，首经贸大会计学院注册会计师专业方向通过全国教学质量评估。今年中国注册会计师协会开展的教学质量评估指标为七大类、共二十五项，涉及教学目标、教学环境、教学发展思路等方面。该校会计学院本着“以评促改，以评促建”的原则，扎实准备评估资料，顺利通过评估。

（刘江霞）

【举办科学管理比较研究与合作研讨班】 11月1至2日，首经贸大主办

中欧高校科学管理比较研究与合作研讨班。研讨班以“欧洲大学科学管理和中国大学科学管理比较研究”为主题，探讨高等教育管理问题。来自国内10多所大学的高层管理者与欧洲管理学专家参加活动。

（刘江霞）

【首次编纂出版年鉴】 12月，首经贸大《首都经济贸易大学年鉴（2011卷）》出版。该年鉴由首都经济贸易大学出版社出版，设十五个篇目，共计93.4万字，收录166幅图片，150人参加资料收集和编纂工作。

（刘江霞）

【引进多名校外人才】 至年底，首经贸大多渠道引进海内外知名教授和优秀留学人员。6月20日，聘任台湾国硕工业科技股份有限公司张昭焚董事长为客座教授；9月14日，聘任中国人民银行营业管理部主任杨国中为兼职教授；9月13日，聘任东北大学科技政策研究中心主任娄成武为教授。9月28日，聘任中国保监会北京监管局局长丁小燕为兼职教授。10月22日，聘任美国北卡罗来纳州立大学李百炼博士为顾问教授。11月25日，聘任丰台区人民法院刑事审判第一庭庭长张勇法官为法学院校外导师。

（刘江霞）

【首次面向全国招收篮球和游泳高水平运动员】 至年底，首经贸大首次面向全国招收篮球和游泳两个项目高水平运动员。根据教育部《2011年普通高等学校招收高水平运动员办法》，按照高校招生实施“阳光工程”的精神和要求，该校共招收16名高水平运动员。

（刘江霞）

外交学院

党委书记　秦亚青
院　　长　赵进军

【概　况】 2011年，外交学院占地面积6.50万平方米，学校产权建筑面积9.15万平方米。固定资产总值19459.96万元，其中，教学、科研仪器设备总值2228.66万元。图书馆建筑面积4998平方米，藏书62.53万册，其中，纸质图书44.32万册、电子图书18.21万册。全年教育经费投入10058万元，其中，国家拨款7325万元、自筹经费2733万元。学校信息化经费投入15.36万元，拥有计算机676台，多媒体教室座位2065个，信息化设备资产1522.71万元，网络信息点数4个，校园网出口总带宽130Mbps，电子邮件系统用户数2027个，上网课程260门，数字资源量20000GB，管理信息系统数据总量327GB。设有外交学与外事管理系、英语系、外语系、国际法系、国际经济学院、研究生部、成人教育学院7个直属院（系），以及国际关系研究所、国际法研究所、东亚研究中心、基础教学部和国际教育学院。中国国际法学会、中国国际关系学会两个挂靠学会。开设8个专业，涵盖法学（含政治学）、文学、经济学3大学科门类；具有一级学科2个，一级学科

博士点1个，博士学位授权点3个，硕士学位授权点9个和专业学位授权点1个。国家重点学科1个、北京市重点学科3个、部级重点学科3个。教职工413人，其中，专任教师188人，包括教授36人、副教授84人；博士生导师10人、硕士生导师77人。享受政府特殊津贴专家15人。外籍教师26人，其中，教授13人、副教授5人。毕业生769人，其中，学历教育学生中全日制研究生240人（博士生16人、硕士生224人），普通本科生249人，成人教育本专科生280人（本科生213人、专科生67人）。本科毕业生就业率98%。招生517人，其中，学历教育学生中全日制研究生268人（博士生20人、硕士生248人），普通本科生249人。高考提档线理科618分，文科610分。在校生1861人，其中，学历教育学生中全日制研究生579人（博士生66人、硕士生513人），普通本科生1074人，成人教育本专科生208人（本科生163人、专科生45人）。留学生毕业53人，招生82人，在校生146人。网址：www.cfau.edu.cn。

（阚四进）

【举办法语国家国际研讨会】 3月10

日，外交学院举办中国与法语国家关于“世界粮食安全的地缘政治”研讨会。会议研讨世界粮食安全问题，就“主权与粮食安全”、“世界治理与调节”、“农业创新”三个议题展开讨论。来自国内外专家学者100人参加会议。

（阚四进）

【召开东亚区域合作研讨会】 3月11至12日，外交学院召开东亚区域合作研讨会。会议研讨东亚合作架构与方向、美国与东亚安全合作、中国东盟关系以及大湄公河次区域合作等问题。来自国内外专家学者40人参加研讨。

（阚四进）

【设立尤伦斯奖学金】 3月30日，外交学院设立尤伦斯奖学金。该奖学金由盖伊·尤伦斯捐款100万元设立，用于资助该校优秀本科生和研究生。尤伦斯，比利时银行家，现任古曼东方美术馆、英国泰特美术馆等博物馆和艺术中心董事。

（阚四进）

【举办两期非洲国家外交官培训班】 3月30日至5月24日和5月20日至6月15日，外交学院举办两期非洲外交官培训班。两个培训班分别是非洲英语国家外交官研修班和赤道几内亚外交礼宾官员培训班，采取授课和参观游览的形式，向非洲外交官讲授礼宾知识、中国外交政策、中国基本国情、中国经济、中国历史文化、中非关系课程。来自利比里亚、坦桑尼亚、莫桑比克等10多个非洲英语国家外交官和赤道几内亚外交礼宾官员共30余人参加学习。

（阚四进）

【召开双语教学改革座谈会】 5月26日，外交学院召开双语教学改革座谈会。会议研讨该校国经学院本科双语教学改革情况，肯定教学改革方向，认为改革符合外交学院“专业特色与外语优势并重”总体方针和该学院自身实际情况；指出在教学改革中需要注意解决好专业课时增加与总课时不能突破上线的矛盾，以及加强专业基础与强化外语优势的矛盾。该院领导和教师20余人参加会议。

（阚四进）

【接待瑞士驻华大使来访】 6月8日，

外交学院接待瑞士驻华大使顾博礼（H. E. Mr. Blaise Godet）来访。顾博礼大使以《瑞士外交政策及欧洲政策》为题发表演讲，重点介绍瑞士政治制度和对外政策，并通过对其中立政策的阐释介绍瑞士的文化与传统价值观，并表示将进一步推动瑞士教学科研机构与该院开展合作交流活动。演讲结束后顾博礼回答该校学生关于中立政策与“韬光养晦”的比较以及瑞士加入联合国和欧盟等国际组织等问题。该院师生100人参加活动。

（阚四进）

【主办中国东盟战略研讨会】 8月23

日，外交学院主办“中国—东盟互联互通战略研讨会”。会议以“中国—东盟互联互通”为主题，研讨制度建设、产业对接和地方动议等问题。与会代表对“中国—东盟互联互通”建设进行全面客观地评估，认为“中国—东盟互联互通”建设前景光明。来自中国与东盟官、产、学、媒各界代表150余人出席会议。

（阚四进）

【举办非盟外交官座谈会】 9月20日，外交学院举办非盟外交官座谈会。会议研讨中国在非利益、中非之间的共同利益、非洲对中国出口到非洲的商品质量的看法等问题。来自非盟外交官30人和该院专家学者10人参加会议。

（阚四进）

【与海航集团签订合作协议】 10月18日，外交学院与海南航空股份有限公司签订合作协议。根据协议，企业在学校设立奖学金，并在学生实习基地和就业方面提供支持；学校为企业提供智力支持。

（阚四进）

【举办加入世贸十周年研讨会】 10月22至23日，外交学院举办“中国加入世界贸易组织十周年：中国与国际体系”国际学术研讨会。会议以“中国加入世界贸易组织（WTO）的进程与挑战”为主题，研讨中国加入世界贸易组织的遵约情况、与国际接轨的程度如何以及推动中国对国际贸易仲裁参与等问题。来自美国哥伦比亚大学、澳大利亚邦德大学、日本庆应大学等7所外国大学和国内大学专家学者40人参加会议。

（阚四进）

【接待马里外交与国际合作部长来访】 11月2日，外交学院接待马里外交与国际合作部长苏梅卢·布贝耶·马伊加一行来访。马伊加以《非洲和平安全》为题发表演讲，全面介绍非洲安全问题的历史、发展现状与未来的挑战，并重点介绍马里在非洲安全机制中所做出的努力和面临的困难，演讲结束后，他回答学生提出的关于非盟和利比亚局势等方面问题。该院师生100人参加活动。

（阚四进）

【举办中国外交回顾与展望研讨会】

12月18日，外交学院举办“风云世界、激扬中国——2011年中国外交回顾与展望”研讨会。会议围绕经济外交、周边外交、中国与大国关系等议题开展探讨和交流，听取外交部专家发表题为《2011年国际形势风云激荡，中国外交乘风破浪》的主题演讲。来自相关政府部门和国内高校专家学者30人参加会议。

（阚四进）

中国人民公安大学

党委书记 程琳
校　　长 程琳

【概　况】 2011年，中国人民公安大学占地面积95.22万平方米，建筑面积60.09万平方米。固定资产总值106453.13万元，其中，教科仪器设备资产值11298.90万元。图书馆建筑面积43467平方米，藏书124.45万册。全年教育经费投入107956.24万元，其中国家拨款90535.94万元，自筹经费17420.3万元。学校信息化经费投入758万元，拥有计算机5185台，多媒体教室座位13063个，信息化设备资产8352.17万元，网络信息点数10300个，校园网出口总带宽434Mbps，电子邮件系统用户数10000个，上网课程54门。有木樨地、团河2个校区、15个教学系部；开设12个本科专业，覆盖2个学科门类；有1个博士后科研流动站，2人在站；有1个一级学科博士学位授权点，3个一级学科硕士学位授权点，17个二级学科学术学位硕士授权点和4个专业硕士学位授权点；有国家级第一类特色专业点1个，北京市重点学科2个，国家级实验教学示范中心1个，省部级重点实验室2个，北京市实验教学示范中心1个。全校在编在岗教职工2203人（含聘用制人员），其中，专任教师590人，包括教授96人、副教授220人；博士生导师39人、硕士生导师192人。中国工程院院士1人。享受政府特殊津贴27人。外籍教师2人。毕业生6208人，其中，学历教育学生中全日制研究生403人（博士生16人、硕士生387人），二学位生873人，高中起点本科生1516人，成人教育本专科生3370人（本科生2579人、专科生791人）；非计划招收高等教育学生中在职人员攻读硕士学位46人。招收学生学员2173人，其中，学历教育学生中全日制博士研究生23人，硕士研究生403人，二学位生40人，本科生1660人；非计划招收高等教育学生中在职攻读硕士学位47人。在校（籍）生11446人，其中，学历教育学生中全日制研究生1255人（博士生65人、硕士生1190人），普通本科生6108人，二学位生792人，公安部管理干部学院专科生2113人；非计划招收高等教育学生中在职攻读硕士学位140人，研究生课程进修班210人。本科毕业生一次就业率99%，高考北京地区提档线文科525分，理科484分。留学生毕业1人，招生1人，在校2人。全年举办（承办）各级公安领导干部和在职民警培训班次38个，培训学员7213人次；培训军队保卫干部100余人。举办10期港澳和外国警察培训班，为9个国家和地区、180名警务执法官员提供具有针对性的研修。网址：www.cppsu.edu.cn。

（苗磊）

【提出践行学校核心价值观】 2月25

日至12月31日，公安大学提出践行“忠诚、敬业、创新、表率、奉献”核心价值观。该价值观的提出旨在通过倡导践行核心价值观将“忠诚、敬业、创新、表率、奉献”的要求内化为全体师生员工普遍认同的群体意识和共同奋斗的思想基础，转化为每个人和每个基层工作部门自觉行动，推动校园文化建设。至年底，学校建设校史馆、文化墙、英模墙等文化设施。

（苗磊）

【公安学、公安技术被列为一级学科】 3月8日，公安大学主导论证的公安学（0306）和公安技术（0838）两个一级学科分别列入法学和工学门类。公安学是研究维护国家安全与社会公共安全的公安警务活动规律和对策的综合性应用学科；研究对象是国家安全、社会公共安全及其维护，涉及国家政治稳定、社会稳定、社会治安秩序及其危害因素，公安警务工作的历史与现状，公安队伍建设及发展等；下设公安学基础理论、公安管理学、治安学等11个二级学科。公安技术是以维护社会稳定与治安秩序，预防、控制、处置违法犯罪的技术理论与方法为主要研究对象，综合应用物理、化学、生物、医学、信息、控制、工程与管理学科理论与技术，保障社会公共安全的综合性应用学科，下设刑事科学技术、人体检验与鉴定技术、网络安全执法技术等6个二级学科。

（苗磊）

【与两国高校签署备忘录】 4月15日和5月26日，公安大学分别与土耳其和乌兹别克斯坦高校签订合作备忘录。其中，与土耳其警察大学签署《中国人民公安大学与土耳其警察大学合作谅解备忘录》，与乌兹别克斯坦签署《中国人民公安大学与乌兹别克斯坦内务部警察学院合作备忘录》。根据协议，该校与双方开展学校互访、学术交流和互派留学生等活动。

（苗磊）

【成立学历教学指导委员会】 6月7日，公安大学各系部成立学历教学指导委员会。系部学历教学指导委员会由5至7人组成，其中系部主任、分管教学的副主任、系部校学历教学指导委员会委员为固定委员，其他委员由长期从事教学和教学管理工作、经验丰富、责任心强的在职教师和教学管理人员组成。设主任委员1人，副主任委员1人。委员每届任期四年，可以连任。系部教学指导委员会根据《中国人民公安大学教学指导委员会章程》开展工作，主要任务是对系部的教学工作进行审议、咨询、监督和指导。

（苗磊）

【改革学位授予形式】 6月22日，公安大学改革学位授予方式。学校通过校系两级组织召开毕业典礼，为毕业生颁发毕业证书和学位证书。6月22日，学校各系分别举行学位授予仪式。6月24日，学校举行学生毕业典礼暨学位授予仪式，为毕业生代表授予学位证书和毕业证书，表彰奖励优秀毕业生，组织全体毕业生进行集体宣誓，并将典礼活动与校园开放日结合，邀请238名学生家长代表参加毕业典礼，参观学生学习、生活环境，让学生家长亲身感受学校特色和优势，提高学校和家庭育人合力。该校原学位授予采取学校集中为毕业生部分代表颁发学位和毕业证书形式。

（苗磊）

【颁布研究生改革实施方案】 6月29日，公安大学颁布《研究生培养机制改革实施方案（试行）》。根据《方案》，学校成立研究生培养机制改革领导小组，负责研究生改革领导工作，改革主要内容包括优化研究生教育层次和类型、改革与完善研究生导师责任制、规范研究生导师考评和工作报酬制度、建立研究生招生指标配置机制、改革研究生奖助体系。

（苗磊）

【开展公安业务调研】 7月13日至8月25日，公安大学教师开展公安业务调研。共有13个系部的140名教师利用暑期分批到全国各地公安实战部门进行为期十天的专业调研，调研围绕专业培养目标和课程体系设置、教学内容改革，以及针对专业人才需求、培养目标定位和专业主干课程在实战部门应用等问题，通过走访一线民警，与实战部门领导和相关人员进行座谈，参观实践教学基地，实施问卷调查，开展课题预研，收集大量教学案例和教学素材，为人才培养定位、优化课程体系、更新教学内容、改进教学方法、提高教学水平和教学质量奠定基础。

（苗磊）

【开展教师课堂教学比赛】 9月5日至11月23日，公安大学开展教师课堂教学比赛。比赛分系部预赛和学校复赛两个阶段进行，旨在促进教师改进教学内容，创新教学手段，提高课堂教学质量。比赛采取教学比赛与现场评议相结合方式进行，相关教师和评议组观摩45分钟授课并现场评议，提出意见和建议。共28名教师参加高职、中职教师2个层次决赛，2人获一等奖、6人获二等奖、7人获三等奖。

（苗磊）

【举办国际警务论坛】 10月11至13

日，公安大学举办第三届国际警务论坛暨电信网络、信用卡诈骗侦控与打击交流研讨会。以“电信网络和信用卡诈骗侦控与打击”为主题，研讨信用卡诈骗手段、侦查策略和证据收集，金融部门与警方在打击信用卡诈骗中的合作，打击信用卡诈骗的国际合作和防范策略等问题。来自英国、美国和中国等8个国家专家学者38人参加研讨。

（苗磊）

【举办亚洲国家毒检技术培训班】 11月8至21日，公安大学举办第一期亚洲国家毒检技术培训班。培训班重点学习毒品检测有关技术，旨在推动亚洲国家禁毒执法部门在相关领域交流与合作，增强毒检技术对毒品犯罪侦查工作支持力度，共同遏制周边毒源地对本地区威胁。来自阿富汗、巴基斯坦、格鲁吉亚等7个国家14名毒品检测人员参加培训。

（苗磊）

【举办巴基斯坦高级执法官员研修班】 11月28日至12月2日，公安大学举办巴基斯坦高级执法官员研修班。该培训综合运用专家辅导、案例教学、现场教学、专题研讨和座谈交流方法，就中国基本国情、公共安全危机事件应急处理、中国刑事政策等有关内容进行专题培训，并通过互动交流，分享各自国家在预防和打击犯罪方面经验，探讨中巴两国警方携手打击犯罪新途径、新方法。来自巴基斯坦警务部门高级执法官员10人参加学习。

（苗磊）

【开展毕业生模拟面试活动】 12月2至22日，公安大学开展2012届全体毕业生模拟面试活动。活动分摸底测试、面试讲座、面试考官培训及毕业生全面模拟面试4个阶段进行，旨在通过对毕业生进行仿真面试测试，提升其公务员面试能力，以应对全体毕业生须参加公务员竞争性考试才能到公安机关就业的新政策。此次模拟面试在学校属首次，历时21天，研究生、二学位和本科毕业生近2000人参加测试，110名系部教师和50名学管干部担任面试考官。

（苗磊）

【获评普通高校继续教育示范基地】 12月24日，公安大学在全国继续教育工作会议上被评为“普通高校继续教育示范基地”。该校成人教育1985年创建，现形成包括自学考试、脱产专修、函授、夜大、高职班、本专科预科班等成人学历教育和专业证书教育在内的结构合理、层次分明、衔接紧密的多层次公安成人教育体系。学校成人高等学历教育有本科、专科教育两个层次，在全国29个省（市）设立函授辅导站。在校人数（包括脱产、函授、夜大、高职）达到15000人，自学考试本、专科学员各2万余人，为全国公安系统培养专业人才20万人。

（苗磊）

【成立6个非在编科研机构】 12月30

日，公安大学成立6个非在编科研机构。分别是司法鉴定中心、应急警务研究中心、公安情报研究中心、当代犯罪问题研究中心、公安法治研究中心、警务改革与发展研究中心。非在编科研中心通过整合校内外科研力量，搭建跨学科、专业的科研合作与交流平台。

（苗磊）

国际关系学院

党委书记 刘慧
院　　长 陶坚

【概　况】 2011年，国际关系学院占地面积15.8万平方米，学校产权建筑面积12.5万平方米。固定资产总值38942.95万元，其中，教学、科研仪器设备资产值5059.15万元。图书馆建筑面积5925平方米，藏书39.73万册，其中，纸质图书35.5万册、电子图书4.23万册。全年教育经费投入14532.4万元，其中国家拨款10418.5万元、自筹经费4113.9万元。学校信息化经费投入180万元，拥有计算机1200台，多媒体教室座位4200个，信息化设备资产2680.45万元，网络信息点数4200个，校园网出口总带宽294Mbps，电子邮件系统用户数4000个，上网课程10门，数字资源50000GB，管理信息系统数据总量10000GB。下设9个院（系、部）；开设10个专业、覆盖4个学科；现有一级学科3个，硕士学位授权点11个、专业学位授权点2个。北京市重点学科1个。教职工352人，其中，专任教师148人，包括教授24人、副教授62人；博士生导师7人、硕士生导师173人。享受政府特殊津贴专家5人。外籍教师7人，其中，教授2人、副教授3人。毕业生1044人，其中，学历教育学生中全日制硕士研究生157人，普通本科生418人，成人教育本专科生348人（本科生291人、专科生57人）；非计划招生高等教育学生中研究生课程进修班121人。本科毕业生就业率95.69%。招生1343人，其中，学历教育学生中全日制硕士研究生174人，普通本科生657人、成人教育本专科生241人（本科生231人、专科生10人）；非计划招生高等教育学生中研究生课程进修班271人。高考北京地区提档线理科568分，文科550分。在校生4104人，其中，学历教育学生中全日制硕士研究生341人，普通本科生2586人、成人教育本专科生744人（本科生661人、专科生83人）；非计划招生高等教育学生中研究生课程进修班433人。留学生毕业101人，招生103人，在校生105人。网址：www.uir.cn。

（任婉君）

【举办国际战略与安全论坛】 4月23

日，国关学院举办第11届国际战略与安全论坛。论坛以“当前中东局势与国际安全问题”为主题，研究当前国际安全形势、北非中东局势和日本核问题。来自中央党史研究室、国务院参事室、中国社会科学院等单位和相关高校以及丹麦奥尔堡大学专家学者共计50人参加研讨。

（任婉君）

【召开政治学学科建设研讨会】 6月28日，国关学院召开政治学学科建设研讨会。会议肯定政治学学科建设所取得的成绩，并结合实际情况提出建议和意见。与会专家认为，该校政治学学科建设应充分发挥“小而精”的传统优势和特色，从扩大基础、坚持特色、建好队伍、完善课程、明确科研方面进行规划和建设。应该以政治学为学科整合平台，将现有资源有机整合，形成合力，加强相关学科的相互渗透和支持，进行交叉研究和综合研究，并形成学科优势和特色二级学科。来自国内专家学者共计50人参加论坛。

（任婉君）

【举办硕士专业学位研究生教育研讨会】 7月12日，国关学院举办硕士专业学位研究生教育研讨会。会议介绍该校学科建设发展历程以及2011年硕士专业学位招生情况和师资力量。与会院校代表就各自学校在发展建设硕士专业学位方面经验进行交流。来自国内专家学者共计40人参加会议。

（任婉君）

【举办首届法语口语技能竞赛】 10月16日，国关学院举办首届法语口语技能竞赛。该比赛由该校和法国驻华大使馆合办，面向该校和对外经济贸易大学学生，采取演讲形式，考查学生法语口语水平。来自对外经济贸易大学法语系学生5人及该校法语专业大三学生21人参加竞赛。

（任婉君）

【举办国际政治经济学论坛】 11月5

日，国关学院举办国际政治经济学论坛。论坛与中国社会科学院、北京大

学共同主办，以“货币政治与国际关系”为主题，研讨世界形势与国际政治经济学的发展、货币体系与货币政治、货币国际化与新兴经济体崛起、债务危机与世界格局4个问题。来自国内外专家学者60人参加研讨。

（任婉君）

【举办女教授与女大学生手拉手活动】 11月9日，国关学院举办女教授与女大学生手拉手活动。活动以“媛聚国关”为主题，女教授围绕思想分析、学习指导、生活向导等方面，在学习、交友、恋爱、生活、健康、女性成长等方面对女大学生进行指导。该校女教授和女学生50人参加活动。

（任婉君）

【举办新生语音语调比赛】 12月7日，国关学院举办第25届新生语音语调比赛。比赛面向新入学本科生，分为专业选手个人演讲、双人电影配音以及幸运儿（lucky bird）演讲三个环节。选手演讲满分为100分，其中，语音语调60分、流畅度30分、舞台效果10分。该校8个系学生参加比赛，评出冠军1人、亚军2人。

（任婉君）

北京体育大学

党委书记　杨桦
校　　长　杨桦

【概　况】 2011年，北京体育大学占地面积75.53万平方米，学校产权建筑面积59.05万平方米。固定资产总值185171.78万元，其中教学、科研、训练仪器设备资产值13399.54万元。图书馆建筑面积5766平方米，藏书109.8万册，其中，纸质图书94.15万册、电子图书15.65万册。全年教育经费投入48771.07万元，其中，国家拨款26190.18万元，自筹经费22580.89万元。学校信息化经费投入1381.04万元，拥有计算机3007台，多媒体教室座位8023个，信息化设备资产5113.41万元，网络信息点数6800个，校园网出口总带宽680Mbps，电子邮件系统用户数4975个，上网课程数20门，数字资源量10000GB，管理信息系统数据总量8GB。学校拥有室内训练馆25个，室外运动场62个。设有8个学院、4个系、2个中等专业学校。开设本科专业12个，覆盖教育学、文学、理学、医学、管理学5个学科门类，其中国家级特色专业建设点3个，北京市特色专业建设点4个；拥有体育学一级学科博士学位授权点1个、一级学科硕士学位授权点4个；二级学科硕士学位授权点1个，以及体育硕士专业学位授权点和高校师资学位授权点；体育学博士后科研流动站1个，出站5人，进站7人，在站20人。有一级学科国家级重点学科1个（含4个二级学科国家级重点学科），省部级重点学科12个，省部级优秀重点学科2个，省部级重点实验室5个，省部级体育社会科学重点研究基地1个，北京市高等学校工程中心1个，国家级实验教学示范中心1个，北京市高校实验教学示范中心2个。在职教职工1032人，其中，具有高级专业技术职务人员366人（正高级119人，副高级247人），专任教师626人。专任教师中，教授107人，副教授172人；博士生导师64人，硕士生导师209人。国际级裁判33人，国家级裁判160人。享受政府特殊津贴专家50人。毕业学生2351人，其中，学历教育学生中全日制研究生453人（博士生87人、硕士生366），本科生1855人；研究生课程进修班43人。本科毕业生就业率95.85%。招生2940人，其中学历教育学生全日制研究生683人（博士生120人、硕士生563人），本科生2101人；非计划招生高等教育学生中在职人员攻读硕士学位116人，研究生课程进修班40人。在校生10293人，其中，学历教育学生中全日制研究生1868人（博士生314人、硕士生1554人），本科生7965人；非计划招生在职攻读硕士学位422人，研究生课程进修班40人。留学生毕业19人，招生418人，在校生597人。网址：www.bsu.edu.cn。

（牛文珺　王树宁）

【深圳大运会取得佳绩】 8月1日，北体大学生在深圳大运会取得好成绩。该校共有42人参加比赛，共获得金牌10枚、银牌4枚、铜牌4枚。

（王树宁）

【成立体育道德与廉政风险研究中心】 9月29日，北体大成立体育道德与廉政风险研究中心。该中心由该校与国家体育总局合办，下设办公室、《体育廉情动态》编辑部和5个研究团队，开展体育领域道德建设、行风建设与反腐倡廉建设研究。

（王树宁）

【民运会取得佳绩】 9月，北体大学

生在全国少数民传统体育运动会上取得好成绩。该校共有70人参加武术、板鞋竞速、蹴球等5个竞赛项目和柔力球、弹弓术2个表演项目比赛，最终取得竞赛类4个一等奖、8个二等奖、11个三等奖以及弹弓术和柔力球两个表演项目的一等奖。

（王树宁）

【成立中国残疾人体育研究中心】 12月19日，北体大成立中国残疾人体育研究中心。该中心开展与残疾人体育相关的专业化教育和专项研究，面向社会发展需求，促进成果转化，更好地为中国残疾人体育全面发展提供智力支撑与专业服务。

（王树宁）

【一人获体育与社会责任奖】 12月28

日，北体大杨桦获体育与社会责任奖。该奖项由国际奥委会在全世界范围内评选产生，以表彰获奖个人在弘扬奥林匹克精神、传播和丰富奥运文化等方面所做出的杰出贡献。杨桦，现任北京体育大学党委书记、校长。

（王树宁）

【科研工作取得进展】　至年底，北体大科研工作取得进展。其中，由北体大作为牵头单位申报，由杨桦教授担任项目负责人的“十二五”国家科技支撑计划《运动促进体质健康关键技术的研究与应用》通过科技部、国家体育总局组织的项目可行性论证与课题评审；由谢敏豪教授为项目负责人的《改善心肺耐力的有效运动负荷及其评价研究》被立项为2011年度教育部科学技术研究重大项目；由池建教授担任项目负责人的“十一五”国家科技支撑计划项目《全民健身关键技术的研究及信息系统开发》6项课题通过验收；由刘大庆教授、胡扬教授、王卫星教授分别承担的“十一五”国家科技支撑计划项目《我国竞技体育潜优势项目取得突破的关键技术研究》3项课题通过验收。至年底，该校还获科技部“十一五”国家科技计划执行优秀团队奖，国家体育总局“十一五”体育哲学社会科学优秀成果奖。

（王树宁）

【开展多项国际交流活动】　至年底，北体大开展多项国际交流活动。其中，与蒙古、挪威、新西兰等8个国家签订合作协议，接待马来西亚、韩国、朝鲜等41个国家来访156批次，出访美国、土耳其和日本等50个国家共169批次。

（王树宁）

中央音乐学院

党委书记　郭淑兰
院　　长　王次炤

【概　况】　2011年，中央音乐学院占地面积6.1万平方米，建筑面积14.4万平方米。固定资产总值23930万元，其中，教科仪器设备资产值11851万元。全年教育经费投入36336万元，其中，国家拨款28895万元、自筹经费7791万元。图书馆建筑面积约4696平方米，藏书48.11万册，其中，乐谱15.43万册，期刊1.42万册，音像资料20.99万件。学校信息化经费投入170万元，拥有计算机1196台，多媒体教室座位194个，信息化设备资产4830万元，网络信息点数2039个，校园网出口总带宽1110Mbps，电子邮件系统用户数847个，上网课程数54门，数字资源量480GB，管理信息系统数据总量6.5GB。学院设有12个教学部门，1个音乐学研究所和1所附属中等音乐学校。有一级学科博士学位授权点1个，含二级学科4个。有一级学科硕士学位授权点1个，含二级学科6个。有国家重点二级学科1个。博士后流动站1个，其中，博士后研究人员出站2人，进站4人，在站9人。教育部人文社会科学重点研究基地1个，国家级实验教学示范中心1个，北京市实验教学示范中心2个，国家人才培养模式创新实验区2个。学校现有教职工684人，其中，专任教师372人，包括教授100人、副教授103人；博士生导师29人、硕士生导师131人。国家有突出贡献专家5人、享受政府特殊津贴专家18人。外籍教师25人，其中，教授21人、副教授2人。毕业生1532人，其中，学历教育学生中全日制研究生156人（博士生137人、硕士生19人），普通本科生324人，网络教育本专科生1052人（本科生533人、专科生519人）。招生1493人，其中，学历教育学生中全日制研究生198人（博士生33人、硕士生165人），普通本科生355人，网络教育本专科生940人（本科生430人、专科生510人）。在校生7151人，其中，学历教育学生中全日制研究生523人（博士生97人、硕士生426人），普通本科生1463人，网络教育本专科生5165人（本科生4357人、专科生808人）。毕业生就业率93.29%。高考本科提档线音乐学专业443分，音乐教育专业312分，音乐表演专业282分。留学生毕业18人，招生18人，在校生38人。网址：www.ccom.edu.cn。

（王天红）

【中国古琴音乐文化数据库结项】　1月13日，中央音乐学院中国古琴音乐文化数据库结项。该项目于2006年立项，由现代继续教育学院袁静芳教授负责，2006年9月被教育部批准为“教育部人文社会科学重点研究基地重大开放项目”，2008年被列为该院“211工程”三期重点学科建设项目。该数据库收集先秦至清代古琴琴论68种，近现代古琴论著77种；收集明、清琴谱中有关琴学论述共5679篇；收集1911年以来古琴文论，共1612篇，论文集9部；收集1911年以来的各种古琴学术及交流刊物，计10种126期；收集古琴报道51篇。谱集部分共收历代刊印及手抄的各种琴谱165部，包括古代至现代琴谱中所收的古琴曲谱，总计约4799种，基本涵盖自《碣石调幽兰》至当代的各种出版及手抄的琴谱。各种古琴音频专辑、乐曲，约9480分钟，收录专辑129种，琴曲共计1411首。人物部分收录自先秦至清代的历代琴人共841人。近现代部分收录民国以后琴人资料近百人。琴社部分收录晚清以后成立的古琴社团总计约30个。各种纪念活动、雅集、学术研讨会及音乐会等总计82次。琴技部分收录历代古琴谱集中有关古琴指法论述749条。另外，还搜集有关古琴诗1080首、词25首、文31篇、赋25篇、壁画8件、雕塑55件、绘画51幅。

（王天红）

【举办北京现代音乐节】　5月21至27

日，中央音乐学院举办北京现代音乐节。音乐节邀请4位世界级作曲大师，14支国内外著名乐团，举办6场音乐会演出、6场大师课、5场学术讲座、3场新音乐跨界论坛、2场青年作曲家专属音乐会。来自美国、德国、奥地利等国家艺术家500人参加活动。

（王天红）

【举办国际长号大号艺术节】　7月11至14日，中央音乐学院举办北京第三届国际长号大号艺术节。本届艺术节包括3次基本功热身训练，18次大师班课，6场独奏、重奏专场音乐会。期间，共有8名青年演奏家与国外演奏家同台演出。来自国内外演奏家和专业学生300人参加活动。

（王天红）

【举办作曲大师班和音乐会】 7月18至30日，中央音乐学院举办北京国际作曲大师班和音乐会。大师班邀请美国和国内知名音乐家举办6场讲座。音乐会共举办3场，演出21名艺术家室内乐作品21部。来自国内外专家学者、音乐爱好者和该校师生90人参加活动。

（王天红）

【举办双簧管艺术节】 7月20至24日，中央音乐学院举办首届北京国际双簧管艺术节。该活动由该校和中国交响乐团联合主办，举办10场专业音乐会、9场大师课、3场专题讲座。来自全国各院校双簧管专业师生，表演院团，解放军文艺单位及双簧管爱好者600人参加活动。

（王天红）

【举办北京国际电子音乐节】 10月24

至30日，中央音乐学院举办第十二届北京国际电子音乐节。音乐节以“虚拟世界”（Virtual World）为主题，举办电子音乐专场音乐会、国际电子音乐大师班讲座、应用电子音乐讲座等活动。来自国内外专家学者和音乐爱者400人参加活动。

（王天红）

【实施拔尖创新人才培养计划】 11月

16日，中央音乐学院实施拔尖创新人才培养计划。该计划旨在培养国际一流音乐人，从学院优秀学生中遴选，对在校生进行二次选拔，优中选优，进行超常规培养，采取完全学分制管理，实行尖子生保研、硕博连读的“一条龙”培养体系。首批从在校本科生各年级选拔，共12人入选该培养计划。

（王天红）

【教学科研取得好成绩】 至年底，中央音乐学院教学科研工作取得好成绩。该院各级各类学生获国内、国际奖项228个，其中，国际奖56人次，国内奖172人次，金奖和一等奖项共60人次。声歌系排演的歌剧《奥涅金》参加文化部歌剧节获得6个奖项。该院纵向科研项目申报获得正式立项9项，校内项目共获批准立项35项，表演专业科研项目共获批准立项37项。教育部人文社会科学重点研究基地重大开放项目、该院“211工程”三期重点学科建设项目“中国古琴音乐文化数据库”结项，共收录古琴谱、音频、人物、论（著）、诗词、刊物等近16000余条。

（谢穗）

【比赛取得好成绩】 至年底，中央音乐学院师生参加比赛取得好成绩。其中，郭淑珍获首届中国歌剧节歌剧特殊贡献奖；郭文景获首届中华艺文奖；在第八届中国音乐金钟奖评选中，汪毓和获终身成就奖，于润洋、王次炤获得理论评论奖一等奖，戴嘉枋、李晓东获三等奖，钟子林、杨民康、褚历、李昕、邢维凯获优秀奖，江洋获琵琶比赛金奖。

（谢穗）

中国音乐学院

党委书记　闫拓时
院　　长　赵塔里木

【概　况】 2011年，中国音乐学院占地面积44181平方米，学校产权建筑面积112200平方米。固定资产总值42298.16万元，其中，教学、科研仪器设备资产值15865.95万元。图书馆建筑面积3351平方米，藏书27.96万册，其中，纸质图书27.96万册、电子图书1300GB。全年教育经费投入17667万元，其中，国家拨款12474万元、自筹经费5193万元。学校信息化经费投入283.50万元，拥有计算机481台，信息化设备资产1845.77万元，网络信息点数3600个，校园网出口总带宽85Mbps，电子邮件系统用户数2000个，数字资源量3634.00GB，管理信息系统数据总量500GB。学院设有10个教学单位，另设有继续教育学院和一所附属中等音乐专科学校；开设本科专业3个，覆盖40个专业方向；有博士学位授权点1个，硕士学位授权点1个和专业学位授权点1个。北京市重点学科1个。教职工374人，其中，专任教师223人，包括教授49人、副教授66人；博士生导师8人、硕士生导师84人，博士生、硕士生导师19人；国家有突出贡献专家2人、享受政府特殊津贴专家35人、国家级教学名师2人、全国中青年“德艺双馨”教师3人。毕业生685人，其中，学历教育学生中全日制研究生71人（博士生5人、硕士生66人），普通本科生186人，成人教育本专科生402人（本科生270人、专科生132人），非计划招生高等教育学生中在职人员攻读硕士学位26人。本科毕业生就业率79%。招生899人，其中，学历教育学生中全日制研究生107人（博士生16人、硕士生91人），普通本科生306人，成人教育本专科生455人（本科生266人、专科生189人）；非计划招生高等教育学生中在职人员攻读硕士学位31人。高考北京地区本科提档线音乐学专业文科366分，理科348分；作曲与作曲技术理论专业文科275分，理科261分；音乐表演专业文科256分，理科261分。在校生2700人，其中，学历教育学生中全日制研究生307人（博士生43人、硕士生264人），普通本科生1302人，成人教育本专科生1002人（本科生559人、专科生403人），非计划招生高等教育学生中在职人员攻读硕士学位89人。留学生毕业23人，招生30人，在校生52人。网址：www.ccmusic.edu.cn。

（田婷）

【成立雅乐研究中心】　1月22至23日，中国音乐学院成立雅乐研究中心。该中心隶属中国音乐学院音乐研究中心，开展雅乐领域教学研究。成立仪式上，与会专家就“雅乐重建”、“雅乐重建之经验”、“东亚雅乐”、“雅乐与历史”等内容做主题发言，并对雅乐重建定位、意义、存在问题、构想与建议进行研讨。来自中国、韩国、日本、越南四个国家专家学者40人参加活动。

（田婷）

【签署艺术实践直通车协议】　3月16日，中国音乐学院与天津音乐学院签订《艺术实践直通车》协议。根据协议，两院建立艺术实践直通车合作机制，互相开放特色教学资源，联动开展艺术实践月等实践活动，形成共进、共勉、共享的交流合作机制，提升人才培养实践能力、创新能力。

（田婷）

【举办星期三讲堂】　3至11月，中国音乐学院举办6期星期三讲堂。邀请6名学者作题为《什么是真正的二胡艺术》、《钢琴与键盘乐器的发展》、《德国艺术歌剧简介》、《中国传统漆艺的历史与现状》、《音乐、戏剧、舞台与现实的力量》、《民歌、艺术歌曲和摇滚：确凿性的不同表现》讲座。该院师生230人次参加学习。

（田婷）

【与陕西考古研究院签订合作协议】　4月8日，中国音乐学院与陕西省考古研究院签订合作协议。根据协议，双方共建民族音乐研究教学实践基地，双方依托该基地为研究人员搭建学术研究、交流平台，共同致力于研究生培养工作。

（田婷）

【耿生廉逝世】　5月12日，中国音乐学院教授、中国当代民族音乐理论家、音乐教育家、杰出的民歌传播者耿生廉因病在北京逝世。享年84岁。耿生廉，1927年9月11日出生，山西省大同市人，1949年考入北京师范大学音乐系，1953年2月提前毕业留校任教，先后在北京师范大学、北京艺术师范学院、北京艺术学院、中央音乐学院、中国音乐学院等单位从事民歌教学与研究工作。曾任中国音乐学院音乐学系副主任、民族音乐理论专业硕士研究生导师、中国音乐家协会会员、中国传统音乐学会理事、《中国民间歌曲集成》特约编审员、《中国民间歌曲集成·北京卷》副主编等职。他先后编写33套民歌教材，发表论文20余篇，很多教材和手稿被应用于教学领域。

（田婷）

【3人获德艺双馨文艺工作者称号】　6月20日，中国音乐学院3人获得第三届全国中青年德艺双馨文艺工作者称号。该评选由中宣部、人力资源社会保障部、中国文联共同主办，全国共有54人获得该称号，该校获奖者是宋飞、马秋华、张也。

（田婷）

【举办音乐纵横三人谈】　9至12月，

中国音乐学院举办七期《音乐纵横三人谈》。论坛面向全院研究生，由作曲家瞿小松与该院谢嘉幸教授共同发起，邀请来自音乐、舞蹈、电影、美术、戏曲、文学等不同艺术领域专家，每期围绕一个主题，探讨音乐与文化前沿问题，并即兴畅谈音乐与大文化、音乐与人生关系。该院研究生50人次参加学习。

（田婷）

【举办中国音乐文献学系列讲座】　11月3至10日，中国音乐学院举办研究生课程中国音乐文献学系列讲座。系列讲座面向该院研究生，邀请四川师范大学教授王小盾主讲，包括9次课堂讲授和1次实践课。该院100人参加学习。

（田婷）

【举办音乐理论比较研究国际论坛】　11月16至17日，中国音乐学院举办音乐理论比较研究国际论坛。论坛共举办八个单元主题报告及专题发言与讨论，38名专家学者做主题发言，内容涉及音乐术语翻译学、音乐心理学、音乐教育学、音乐形态学等学术领域。论坛上，该院译著《剑桥西方音乐理论发展史》（The Cambridge History of Western Music Theory）首发，该著作由美国芝加哥大学教授托马斯·克里斯坦森（Thomas Christensen）等32人共同完成，该院杨通八教授历时两年翻译完成。来自中国、美国、英国等国家和地区专家学者共100人参加论坛。

（田婷）

【和田木卡姆首次进京演出】　11月22日，中国音乐学院举办和田木卡姆学术展演。该演出是该院新疆“民族音乐研究教学实践基地”建立后举办系列活动之一，当晚表演《盘吉尕木卡姆》、《木夏吾莱克木卡姆》、《琼乃何曼》、《巴亚特乃何曼》四套传统和田木卡姆。在京艺术院校代表和音乐爱好者300人观看展演。

（田婷）

【获国际华乐作曲大赛奖】　11月25日，中国音乐学院学生王东旭在新加坡国际华乐作曲大赛中获青年作曲家奖。该比赛由新加坡华乐团主办，每四年一届，本届共有来自世界各地146部作品参赛，最终有13部作品获入围奖，并从中产生“创作大奖首奖”、“创作大奖二奖”、“创作大奖三奖”、“青年作曲家奖”、“南洋奖”和“新加坡作曲家奖”各一名。王东旭是该院作曲系本科五年级学生，获奖作品是民乐队协奏曲《山谣随想》。

（田婷）

【举办张维良笛艺音乐会】　11月26日，中国音乐学院举办“乡梦——2011张维良笛艺40年音乐会”。音乐会演出张维良创作的《咏春》、《绿色交响》、《乡梦》等8部作品。张维良，笛箫演奏家、教育家，现任中国音乐学院国乐系主任、中国竹笛学会会长、北京音乐家协会副主席、中国音乐家协会民族音乐委员副主任，出版著作《笛子演奏法》、《箫演奏法》等，发表论文《中国笛乐文化发展的透视》、《笛子呼吸理论及实践》等十余篇。

（田婷）

【举办钢琴系成立十周年庆典音乐会】　11月25日至12月12日，中国音乐学院举办钢琴系成立十周年庆典系列音乐会。活动期间，共举办三场师生音乐会，音乐会演奏中外各个时期不同曲目类型、不同音乐风格作品。中国音乐学院钢琴系成立于2001年，以“发展并完善中国钢琴艺术人才培

养体系，建立中国钢琴音乐创作、演奏和教育人才培养基地”为发展目标。有教师11人，主科教研室教师平均年龄38岁，全部毕业于美国、德国、俄罗斯等国际著名音乐院校，在教学过程中，他们注重中西不同教育方式、方法的融合与创新。

（田婷）

【举办纪念老志诚百年诞辰学术研讨会】　11月26日，中国音乐学院举办纪念老志诚百年诞辰学术研讨会。会议肯定老志诚先生在钢琴、音乐创作和音乐教育方面所取得的成就，以及在中国近现代音乐史上的地位，解析老志诚最具代表的《牧童之乐》、《秋兴》等作品。来自国内专家学者40人参加研讨。老志诚，1911年出生，2006年病逝于北京，中国音乐学院教授、作曲家、钢琴演奏家、音乐教育家。老志诚从事音乐教育工作超过70年，一生教过钢琴学生1000余人，2001年被授予中国音乐最高奖金钟奖终身荣誉勋章。

（田婷）

【举办中国作品专场音乐会】　12月4日，中国音乐学院举办中国青年爱乐乐团室内乐中国作品专场音乐会。乐团演绎高为杰、金湘、罗忠镕等8名中国当代著名作曲家优秀室内乐作品。来自国内专家学者及音乐爱好者500人观看演出。

（田婷）

中央美术学院

党委书记　杨力
院　　长　潘公凯

【概　况】　2011年，中央美术学院占地面积332072平方米，总建筑面积293622平方米。学校固定资产总值72873万元，其中，教学科研仪器设备资产值12101万元。全年教育经费投入37574.6万元，其中，国家拨款22481.5万元，学院自筹15093.1万元。图书馆建筑面积8824平方米，藏书50万册，其中，电子图书10万册。学校信息化经费投入155万元，拥有计算机2840台，信息化设备资产1134.09万元，网络信息点数7000个，校园网出口总带宽230Mbps，电子邮件系统用户数4500个，数字资源量5500GB，管理信息系统数据总量20GB。设有7个院（系），7个科研机构；开设10个本科专业，覆盖2个学科门类；具有一级学科博士授权点3个，一级学科硕士授权点6个，国家级重点学科1个，北京市重点学科两个，1个艺术硕士（MFA）专业学位硕士点，1个艺术学博士后流动站；教职工608人，其中，专任教师348人。教师中正高级职称82人、副高级职称101人；博士生导师47人；硕士生导师136人。“长江学者奖励计划”特聘教授1人，国家有突出贡献专家6人，享受国务院政府特殊津贴专家66人，文化部优秀专家2人，中宣部“四个一批”人才1人，教育部“新世纪人才支持计划”22人，教育部、人事部、科技部“百千万人才工程”2人，教育部“优秀青年教师资助计划”10人，全国非物质文化遗产先进工作者2人，北京市教学名师3人。聘请校外教师130人，其中，正高级职称23人，副高级职称24人，外籍教师7人。毕业生1543人，其中，学历教育学生中全日制研究生333人（博士生92人、硕士生241人），普通本专科学生821人，成人本专科学生389人（本科253人、专科136人）。招生1515人，其中，学历教育学生中全日制研究生298人（博士生47人、硕士生251人），普通本专科学生815人，成人本专科学生402人（本科252人、专科150人）。在校生5542人，其中，学历教育学生中全日制研究生898人（博士生180人、硕士生718人），普通本专科学生3584人（本科生3538人、专科生46人），成人本专科学生1060人（本科677人、专科383人）。本科毕业生就业率93.25%。留学生毕业45人，招生50人，在校生270人。学院网址：www.cafa.edu.cn

（陆英明）

【举办乌菲齐博物馆珍藏展】　3月11日，中央美院举办意大利乌菲齐博物馆珍藏展。本次展览是该院美术馆建馆以来举办的首个大型油画珍品展，包括文艺复兴早期佛罗伦萨画派大师波提切利、文艺复兴盛期威尼斯画派大师丁托列托和提香的画作在内的82件作品。

（陆英明）

【召开中国学院实验艺术教育大会】　4月28日，中央美院召开中国学院实验艺术教育大会。此次大会旨在陈述与展示近十年来中国高等艺术院校实验艺术专业教育成果，建立实验艺术在当代艺术教育中学术性结构，在国际当代多元文化艺术的背景下，立足中国深厚传统文化土壤，以学术的、学院的、理性的理念，推进实验艺术学科建设有序、有效发展。中国美术馆、鲁迅美术学院、湖北美术学院、美国纽约视觉艺术学院、英国泰特美术馆负责人参加大会。

（陆英明）

【举办王式廓百年诞辰纪念大会】　5

月6日，中央美院举办王式廓百年诞辰纪念大会。王式廓是新中国美术的奠基人之一，是中国20世纪美术史重要的现实主义画家，他的艺术作品《改造二流子》、《血衣》、《井冈山会师》等，是中国现代美术史上的经典作品，产生极其重要的历史影响。

（陆英明）

【举办靳尚谊个展】　6月11日，中央美院举办靳尚谊学术性展览《向维米尔致意》。该展览凝聚各种文化精华的力量，由三张貌似临摹、其意在改变古典、面对当代的《惶恐的戴珍珠耳环的少女》、《新戴尔夫特风景》和

《戴尔夫特老街》组成。展览目的是让观者理解创新一延续传统之价值所在。《向维米尔致意》展览的一大亮点是首创国内展览网上研讨会和在线展览。

（陆英明）

【举办首届超有机泛主题展】 9月20日，中央美院举办“首届CAFAM泛主题展：超有机/一个独特研究视角和实验”。该主题展具有跨学科泛主题性、包容性、融合性和学术性。展出中外艺术家49组作品。

（陆英明）

【主办周令钊艺术展】 10月27日，

中央美院举办周令钊艺术展。展览展出周令钊从艺80年以来不同时期作品，包括油画、水彩、水墨、艺术设计等200余件，以作品与文献共同呈现周令钊先生艺术生涯的历程与成就。周令钊曾绘制开国大典天安门城楼的毛主席画像，参与设计了国徽、少先队队旗、共青团队旗、八一勋章、独立自由勋章、解放勋章，以及第二、三、四套人民币等。展览在中国美术馆举行。

（陆英明）

【承办中国国际创意设计推广周】 11月4日，中央美院承办2011中国国际创意设计周。此次活动以“远见：设计作为创新的策略”为主题，汇聚来自世界各地创意设计界的精英。活动目的是推动中国产业升级转型，从“中国制造”转向“中国创造”，提升创意与设计在产业链中的更高价值观，促进中国创意设计产业与教育事业的发展。

（陆英明）

【举办国际艺术与设计学院院长峰会】 11月28日，中央美院召开第四届国际艺术与设计学院院长高峰研讨会。此峰会是目前国际上唯一一个将世界各大著名美院院长联系起来的常设机构。来自美国、英国、日本、澳大利亚、新加坡等全球多所一流艺术与设计院校的院长共同探讨全球化语境下，艺术与设计教育的基础训练、基础教学与创造力的关系等问题。

（陆英明）

【举办纪念江丰百年诞辰活动】 12月

9日，中央美术学院承办纪念江丰百年诞辰活动。此次活动由“江丰百年纪念大会”、“发现：百年江丰文献展”和“江丰百年纪念座谈会”等系列活动组成。江丰是国内著名版画家、美术教育家与美术活动家，是中国现代木刻运动的开拓者与奠基人之一。

（陆英明）

【靳尚谊获中华艺文奖终身成就奖】 12月19日，中央美院教授靳尚谊获首届中华艺文终身成就奖。中华艺文奖由中国艺术研究院主办，为国家级学术机构办的专业性、综合性、学术性文化艺术最高奖。

（陆英明）

中央戏剧学院

党委书记　刘立滨

院　　长　徐翔

【概　况】 2011年，中央戏剧学院占地面积23.99万平方米，建筑面积6.66万平方米。固定资产总值58486.07万元，其中，教学、科研仪器设备资产值16665.09万元，信息化设备资产值1879.74万元。全年教育经费投入38971.49万元，其中，国家拨款35351.10万元，自筹经费3620.39万元。学校信息化投入516.04万元，拥有计算机673台，多媒体教室座位2232个，语音实验室座位30个。共拥有网络信息点数1300个，校园网出口总带宽286Mbps，电子邮件用户数300个，管理信息系统数据总量580GB，数字资源量79.52TB，其中电子图书66.82TB。图书馆建筑面积10546平方米，藏书48.74万册。设有7个院（系），2个教学部。开设7个本科专业；有博士学位授权一级学科点2个，硕士学位授权一级学科点2个。国家级重点学科1个。教职工352人，其中，专任教师210人。专任教师中教授37人，副教授64人；博士生导师28人，硕士生导师53人；享受政府特殊津贴专家9人。毕业生589人，其中，学历教育学生中全日制研究生54人（博士生3人、硕士生51人），普通本专科生535人（本科生251人、专科生284人）。招生655人，其中，学历教育学生中全日制研究生82人（博士生16人、硕士生66人），普通本科专科生573人（本科生319人、专科生254人）。在校生2007人，其中，学历教育学生中全日制研究生234人（博士生51人、硕士生183人），普通本专科生1773人（本科生1227人、专科生546人）。高考北京地区本科提档线（所有专业均不分文理）表演专业戏剧影视表演方向290分，音乐剧表演方向275分，京剧表演方向173分；导演专业戏剧影视导演方向425分，影视编导方向400分，演出制作方向360分。戏剧影视美术设计专业舞台设计方向380分，舞台化妆、舞台服装和电脑美术设计方向350分；戏剧影视文学专业戏剧创作和电视剧创作方向460分；戏剧学专业戏剧史论与批评方向425分；公共事业管理专业影视制片管理方向380分。学院留学生毕业39人，招生53人，在校生87人。网址：www.chntheatre.edu.cn。

（王晓辉）

【聘任1名客座教授】 3月21日，戏剧学院聘任美国城市广播制作公司制作人董方思为客座教授。董方思是纽约城市广场娱乐公司董事长、总裁、制片人，倪德伦环球娱乐公司中国运营公司总经理，迪斯尼戏剧部创始人之一。主要作品有《颂扬百老汇音乐剧——美女与野兽》、《圣诞老人日记》等。

（王晓辉）

【召开首次党代会】 4月9日，戏剧学

院党委召开第一次代表大会。会议审议通过题为《巩固成果、深化改革、励精图治、科学发展，开创全面建设特色鲜明、世界一流艺术院校的新局面》的党委工作报告和题为《全面推进反腐倡廉建设，为争创世界一流的艺术院校提供有力保证》的纪委工作报告，选举产生中国共产党中央戏剧学院新一届委员会和纪律检查委员会。会议应到党代表120人，实际参加会议115人。

（王晓辉）

【举办亚洲戏剧教育研究国际论坛】 5月18至22日，戏剧学院举办第六届亚洲戏剧教育研究国际论坛。论坛以“戏剧文学的创作与实践”为主题，研讨戏剧艺术的历史与理论教学、编剧课程的教学与实践和戏剧文学的现状研究等问题。论坛期间，韩国、印度和蒙古的4所国外院校和该院共上演5台剧目。来自国内外13所院校专家学者100人参加论坛，

（王晓辉）

【与格鲁吉亚大学签订合作协议】 5月19日，戏剧学院与格鲁吉亚绍塔·鲁斯塔维利戏剧电影大学签订合作协议。根据协议，双方合作开展高等艺术教育和科研活动领域合作，共同开展教师和学生间的互换与交流活动，共同举办戏剧节、研讨会和高水平会议。

（王晓辉）

【邀请两名导演指导话剧】 5月和9月，戏剧学院邀请两名国外知名导演指导话剧。其中，5月，该院邀请希腊著名的悲剧艺术家、著名戏剧导演特尔佐布罗斯教授排演话剧《安提戈涅》；9月，邀请俄罗斯圣彼得堡国立戏剧学院格纳吉·萨乌洛维奇·马伊教授排演《蠢货》、《纪念日》、《求婚》三部独幕剧。

（王晓辉）

【签署合作培养协议】 7月22日，戏剧学院与中国儿童艺术剧院签署合作培养儿童戏剧表演本科毕业生协议。根据协议，该学院将于2012年在表演系设立中国儿艺班，由该院与儿艺共同招生、共同培养学生，学生毕业将双向选择，儿艺择优录取。

（王晓辉）

【聘任斯妮吉娜·坦科夫斯卡为客座教授】 9月24日，戏剧学院聘任斯妮吉娜·坦科夫斯卡教授为客座教授。坦科夫斯卡是欧洲著名戏剧导演，毕业于保加利亚国立戏剧影视艺术学院，现为保加利亚国立戏剧影视艺术学院戏剧表导演系主任、表演与导演专业教授，同时还是欧洲艺术院校联盟理事会与执行小组成员，曾导演过《西游记》、《第十二夜》、《大谎言家俱乐部》、《幻影》等多部话剧作品。

（王晓辉）

【创立学院奖】 10月13至15日，戏剧

学院创立学院奖（戏剧表演）。学院奖由该院设立，面向全国表彰杰出表演艺术人才，促进戏剧表演艺术的创作、研究和教学，为戏剧艺术繁荣做出贡献的专家学者，首次评选收到来自国内30余家艺术院团推荐剧目34台，最终评选出最佳主角10人和最佳配角7人。

（王晓辉）

【举办学生作品交流活动】 10月21至23日，戏剧学院举办国际舞台美术专业学生作品交流活动。活动由展览、实践工作坊、讲座、研讨会组成，展示、研讨国际舞台美术专业学生作品，共展示作品70件。来自比利时安特卫普皇家美术学院、保加利亚索菲亚国立艺术学院、加拿大约克大学等国内外18所院校的师生代表70人参加活动。

（王晓辉）

【举办导演研讨会】 10月31日至11

月2日，戏剧学院举办“当今舞台上的易卜生——当代易卜生导演的呈现与解读”研讨会。研讨会邀请中国、巴西、印度和挪威导演、戏剧制作人以及易卜生研究专家，分别结合自己的实践，介绍易卜生作品在当今舞台上创作情况。来自国内外专家17人参加会议。

（王晓辉）

【举办日本纪录片影像交流会】 12月2至4日，戏剧学院举行日本纪录片影像交流会。本次交流会以“不动摇！感知新世纪影像日本”为主题，共放映《祝之岛》、《大海啸之后》、《TAIMAGURA奶奶》、《我们的时代》、《大家庭》5部反映日本民生纪录片。该院师生100余人参加交流会。

（王晓辉）

中国戏曲学院

党委书记　张凡
院　　长　杜长胜

【概　况】 2011年，中国戏曲学院占地面积8.62万平方米，总建筑面积6.56平方米。在布局上分为教学区、办公区、体育活动区、生活区及后勤服务区，具有大、小剧场、影视制作中心、录音棚、体育馆等在内的

教学实践实习场所。固定资产总值61149.01万元。全年教育经费24019.87万元，其中，国家拨款20537.27万元、自筹经费3482.60万元。图书馆总建筑面积5723平方米，藏有纸质图书22.61万册，中文图书22.27万册，西文图书2809册，电子图书173.31GB，中文期刊339种，外文期刊65种。设有京剧系、表演系、音乐系、导演系、戏曲文学系、舞台美术系、新媒体艺术系、基础教育部、中专部（中国戏曲学院附属中等戏曲学校）等9个教学系部，戏剧与影视学、音乐与舞蹈学2个一级学科硕士点，有艺术学理论1个二级学科硕士点，设有10个本科专业及25个专业方向。全院在编教职工414人，其中，从事教学的专任教师233人。专任教师中教授29人，副教授70人；硕士生导师40人。毕业生583人。其中，学历教育学生中全日制硕士研究生45人，普通本专科生507人，成人教育本专科生31人（本科生23人、专科生8人）。本科毕业生就业率85%。招生796人，其中，学历教育学生中全日制硕士研究生72人，普通本专科生516人、成人教育本专科生178人（本科生95人、专科生83人），非计划招生高等教育学生中在职人员攻读硕士学位30人。在校生2689人，其中，学历教育学生中全日制硕士研究生231人，中国京剧优秀青年学员研究生班学员40人，普通本专科生2051人，成人教育本专科生306人（本科生182人、专科生124人），非计划招生高等教育学生中在职人员攻读博士硕士学位61人。留学生毕业212人，招生199人，在校205人。网址：www.nacta.edu.cn。

（王媛）

【召开首届人才工作会议】　5月10日，戏曲学院召开首届人才工作会议。会议主题是面向“十二五”，全面动员，科学设计，务实工作，努力创建“师德高尚、业务精湛、结构合理、充满活力”的富有鲜明特色的人才队伍和师资队伍。院领导作主题报告，对学院“十一五”期间人才工作做全面总结，对“十二五”期间人才工作进行全面部署。会议通过《中共中国戏曲学院委员会关于加强人才工作的意见》等文件。

（王媛）

【举办京剧学国际学术研讨会】　5月20至22日，戏曲学院举办第四届京剧学国际学术研讨会。会议以“京剧表演理论体系建构”为主题，对现实京剧问题、京剧本体研究、京剧表演理论传承以及京剧多媒介传播与国际化交流等问题进行研讨。来自中国、美国、日本等国家京剧学专家学者、表演艺术家、京剧院团管理者及社会各界京剧爱好者140人参加研讨会。

（王媛）

【实现一级学科硕士点零突破】　8月，戏曲学院新增戏剧与影视学、音乐与舞蹈学两个一级学科硕士点。戏剧与影视学下设京剧表演研究、京剧器乐研究、京剧学等19个专业方向；音乐与舞蹈学下设戏曲音乐理论研究、中国近现代音乐史研究等4个专业方向。该院以艺术学升格门类为契机，统筹规划，合理调整学科布局，提升办学层次，拓展学位点，扩大学院学位建设的自主权。

（王媛）

【学生公寓及食堂工程竣工】　9月30

日，戏曲学院学生公寓及食堂工程竣工。该工程占地面积4129平方米，建筑面积33523平方米，建筑高45米。地下2层，地下一层为生活服务用房，地下二层战时用于人防，平时用于车库。地上12层，有宿舍234间，每间宿舍核定6人，可同时容纳学生1404人住宿。楼内有教工食堂、学生食堂、风味餐厅和清真餐厅，可同时供2600人就餐。该项工程于2010年3月开工建设，总计投入资金14112万元。

（王媛）

【承办中华文化大课堂启动仪式】　10

月18日，戏曲学院承办北京市高校外国留学生中华文化大课堂启动仪式暨戏曲大师讲座。中华文化大课堂旨在丰富北京高校外国留学生的文化生活，加深在华留学生对中国文化的了解与热爱，弘扬中国文化，增进国际友谊。京剧大师作题为《中国京剧艺术赏析》的讲座。该院学生分别为外国留学生现场表演《拾玉镯》和《三岔口》两段折子戏。来自北京各高校留学生和国内学生代表600余人参加活动。

（王媛）

【《长征组歌》进入国家大剧院公演】　10月29日，戏曲学院创作的京剧音乐史诗《长征组歌》在国家大剧院公演。《长征组歌》以该院音乐系、京剧系教师为创作主体，来自音乐系、京剧系、表演系的198名师生共同参与演出。《长征组歌》曲目包括“序曲”、“告别”、“突破封锁线”、“遵义会议”、“四渡赤水”、“飞越大渡河”、“过雪山草地”、“到吴起镇”、“祝捷”、“报喜”、“大会师”。

（王媛）

北京电影学院

党委书记　籍之伟（10月免）
　　　　　　侯光明（10月任）
院　　长　张会军

【概　况】　2011年，北京电影学院占地面积91293平方米，产权建筑面积91339平方米。固定资产总值60246.21万元，其中，教科仪器设备资产值36134.93万元。全年教育经费投入24422.16万元，其中，国家拨款16726.27万元，自筹经费7695.89万元。图书馆建筑面积2057平方米，藏书34.51万册。学校信息化经费投入325.77万元，拥有计算机2149台，多媒体教室座位1710个，信息化设备资产700.2万元，网络信息点数2620个，校园网出口总带宽284Mbps，电子邮件系统用户数3317个，上网课程12门，数字资源量29177GB，管理信息系统数据总量8GB。设有院（系、部）15个；开设本科专业10个，专科专业10个，覆盖学科门类3个；具有一级学科3个，一级学科博士点和博士学位授权点3个，硕士学位授权点8个和专业学位授权点1个。有部级重点学科（一级）1个，部级重点学科（二级）1个，北京市重点学科1个。教职工512人，其中，专任教师262个，包括教授49人、副教授104人；有博士生导师3人和硕士生导师102人。享受政府特殊津贴专家26人。外籍教师1人。毕业生944人，其中，学历教育学生中全日制研究生141人（博士生10人、硕士生131人），普通本专科生483人，成人教育本科生270人（本科生175人、专科生95人）；非计划招生高等教育学生中在职人员研究生课程进修班50人。本科毕业生就业率93%。招生1070人，其中，学历教育学生中全日制研究生183人（博士生16人、硕士生167人），普通本科生513人、成人教育本专科生307人（本科生196人、专科生111人）；非计划招生高等教育学生中在职人员攻读士硕士学位67人。在校生3378人，其中，学历教育学生中全日制研究生554人（博士生51人、硕士生503人），普通本科生2016人，成人教育本专科生585人（本科生384人、专科生201人）；非计划招生高等教育学生中在职人员攻读硕士学位173人，研究生课程进修班50人。留学生毕业31人，招生31人，在校生84人。网址：www.bfa.edu.cn。

（崔晓玉）

【一作品获夏衍杯最高奖】　2月15日，电影学院王英作品《牡丹亭》获"夏衍杯"电影剧本评最高奖"优秀电影剧本"奖。该活动由国家广电总局电影局、电影剧本中心、夏衍电影学会联合主办，由55名初评评委经过初评、推荐，采用多轮次讨论与投票相结合的方式，依据征集启事中所列衡量指标，推选出35部"入围电影剧本"。最终投票选出5部"优秀电影剧本"。

（崔晓玉）

【一人荣获全国五一劳动奖章】　5月3日，电影学院穆德远教授获中华全国总工会授予的全国五一劳动奖章。穆德远，1955年出生，1982年毕业于北京电影学院，毕业后留校任教，现为该校摄影系教授、系主任，硕士生导师。

（崔晓玉）

【举办安德鲁讲座】　5月27日，电影学院举办耶鲁大学达德利·安德鲁讲座。在讲座中，安德鲁教授通过多段短片片段展示电影镜头运用，并介绍著名电影导演巴赞长镜头理论，以及戈达尔、特吕弗对其理论的延续与发展。达德利·安德鲁教授（Prof. Dudley Andrew）是法国政府艺术及文学爵士勋章获得者，美国杰出终生事业成就奖获得者。出版专著15本，其中，《主流电影理论》（The Major Film Theories）、《电影理论概论》（Concepts of Film Theory）和《安德烈·巴赞》（Andre Bazin）在电影界影响深远。

（崔晓玉）

【与团中央网络影视中心签订合作协议】　8月16日，电影学院与共青团中央网络影视中心签订合作协议。根据协议，团中央以现有资源平台与动画学院学术资源相结合，共同打造可以引领青少年在动漫领域健康发展的平台，平台包括网站、博客、线上线下交流、线下会展讲座等多种形式。

（崔晓玉）

【在全国电影科技工作会议上获奖】　10月25至27日，电影学院教师在全国电影科技工作会上获奖。该院数字媒体技术研究所论文《色彩管理中胶片密度与色度转换模型研究》荣获一等奖、《基于特征点的LUT色彩匹配算法》荣获二等奖、《基于ISO国际标准的电影数字拷贝校验方法研究》和《虚拟3D摄影移轴技术研究》荣获三等奖。

（崔晓玉）

【举办文化创意与影视产业投融资高级研修班】　10月28日，电影学院与中国文化书院联合举办文化创意与影视产业投融资高级研修班。高研班旨在结合学院和学员的工作实际，尝试开创一条为有志于投身影视文化产业的高端人士学习培训的新路。学习期间，学院邀请国内著名文化学者、政府管理部门领导、影视界知名企业主管和著名导演等高端师资力量授课，梳理中国传统文化元素，剖析影视产业概念和规律。

（崔晓玉）

【举办国际学生影视作品展】　11月，电影学院举办第十届国际学生影视作品展。本届影展共吸引来自46个国家及地区影视院校900部有效参展作品，有88部作品入围，其中，中国有23部作品入围。活动评出国际学生优秀作品奖、亚洲最佳学生作品奖、中国优秀学生作品奖等9个奖项，其中，国际学生作品奖金奖1部、银奖1部、铜奖1部、国际学生优秀作品奖3部、亚洲最佳学生作品奖1部、亚洲优秀学生作品奖1部、中国最佳学生作品奖1部、中国优秀学生作品奖2部、观众最喜爱作品奖10部。

（崔晓玉）

【获得中国文化艺术政府奖】　12月27日，电影学院获得首届中国文化艺术政府奖动漫奖。首届动漫奖由文化部、财政部、教育部、科技部、商务部、工业和信息化部、广电总局、税务总局、工商总局、新闻出版总署、天津市人民政府共同主办。该院获得最佳动漫教育机构奖，该院出品动画电影《兔侠传奇》获得最佳动画电影奖、兔侠形象获得最佳动漫形象奖。

（崔晓玉）

【获多项影视科技优秀论文奖】　至年底，电影学院获得多项中国电影电视技术学会影视科技优秀论文奖。评奖工作经过初评、终评两个阶段，按照中国电影电视技术学会评奖办法和获奖比例规定，初评阶段经过电视视频组、电视网络与媒资组、电影组、传输覆盖组、广播与音频组以及管理技术组六个专业组 27 名评委评选，共推荐入围论文 222 篇，评选出一等奖 21 篇；二等奖 69 篇，电影学院师生 9 篇论文获奖。

（崔晓玉）

【获洛杉矶电影节最佳新人导演奖】 至年底，电影学院学生余治林创作的电影《炫舞天鹅》在第十六届洛杉矶国际家庭电影节上获得最佳新人导演奖。洛杉矶国际家庭电影节是一个面向世界的电影竞赛平台，至今已举办 16 届，颁奖盛典在美国洛杉矶派乐蒙电影公司举行，该校学生余治林获得最佳新人导演奖，《炫舞天鹅》同时获得最佳外语片、最佳儿童片表演和最佳新人导演奖三项提名。

（崔晓玉）

北京舞蹈学院

党委书记 王传亮
院　　长 李续

【概　况】 2011 年，北京舞蹈学院占地面积 5.73 万平方米，建筑面积 9.7 万平方米。固定资产总值 30472.50 万元，其中，教科仪器设备资产值 9779.07 万元。全年教育经费投入 25576 万元，其中，国家拨款 15383 万元，自筹经费 10193 万元。学院共设 10 个系、1 个教学部；开设本科专业 5 个，覆盖 2 个学科门类；具有一级学科 2 个，硕士学位授权点 1 个。北京市重点学科 1 个、部级重点学科 1 个。教职工总数 431 人，其中，专任教师 210 人，包括教授 25 人、副教授 50 人；硕士生导师 62 人；国家有突出贡献专家、享受政府特殊津贴专家等国家级专家 11 人。外籍教师 2 人。毕业生 539 人，其中，学历教育学生中全日制研究生 45 人，普通本专科生 298 人，成人教育本专科生 165 人（本科生 64 人、专科生 101 人），非计划招生高等教育学生中在职人员攻读硕士学位 31 人。招生 612 人，其中，学历教育学生中全日制研究生 56 人，普通本专科生 327 人、成人教育本专科生 143 人（本科生 73 人、专科生 70 人），非计划招生高等教育学生中在职人员攻读硕士学位 30 人。在校生 2081 人，其中，学历教育学生中全日制研究生 160 人，普通本专科生 1265 人，成人教育本专科生 638 人（本科生 269 人、专科生 297 人），非计划招生高等教育学生中在职人员攻读硕士学位 90 人，招生 53 人，在校生 10 人。本科毕业生就业率 95%，高考提档线，表演（中国古典舞方向、汉唐古典舞方向、中国民族民间舞方向、芭蕾舞方向、音乐剧方向）235 分；表演（国际标准舞方向）255 分；表演（现代舞方向）245 分；舞蹈编导（舞蹈编导方向）270 分；舞蹈学（舞蹈历史与理论方向）395 分；戏剧影视美术设计（舞台设计绘景方向、舞台服装与化妆设计方向、舞台灯光设计方向）345 分；舞蹈编导（新媒体舞蹈方向）380 分；公共事业管理（中外文化交流方向）470 分。图书馆建筑面积 4383 平方米，藏书总额 25.36 万册。网址：www.bda.edu.cn

（高毅军）

【举办两部专著首发式】 1 月 10 日，舞蹈学院举办《中国舞蹈通史》（刘青弋主编）和《中国原生态舞蹈文化》（巫允明著）新书首发式。发布会与中国艺术研究院舞蹈研究所、上海音乐出版社联合主办。《中国舞蹈通史》的出版填补国内舞蹈史学领域的空白，成为迄今为止相关领域最具规模、最系统、最完整的中国舞蹈史学通史类著作。该书在推出过程中，得到市教委给予"首批拔尖创新人才"和"重点学科建设"项目的专项科研资助，本项目亦为国家教育部"十一五"规划项目，并由国家教育部认定为全国高等学校研究生教学指定用书。

（高毅军）

【与爱尔兰青年舞蹈家交流】 3 月 18 日，舞蹈学院与爱尔兰米琪娜舞蹈学校进行艺术交流。交流活动重点介绍爱尔兰传统舞蹈历史和演变过程，两校师生现场表演《大河之舞》。此次交流活动是第四届爱尔兰文化节系列活动之一。

（高毅军）

【召开教学质量年工作会】 3 月 19 日，舞蹈学院召开教学工作会暨教学质量年工作部署会。会议提出关于学院学分制方案的实施与建设工作，教学质量工程的建设问题，教学实践体系建立和完善三方面工作。教学管理将试行教学违纪行为逐步公开通报，实施院级领导和各系领导抽查式教学督导制度、加强教学数据的统计和运用，对质量工程一期的总结以及二期的建设思路、规划。

（高毅军）

【与罗马国家舞蹈学院签订合作协议】

4 月 22 日，舞蹈学院与意大利罗马国家舞蹈学院签订合作协议。该协议确立双方在平等基础上的多层次合作，涉及学生交流、教师交流、代表团互访、演出交流、比赛交流和与第三国的国际合作等不同领域。

（高毅军）

【召开艺术院校公共课研讨会】 4 月 26 日，舞蹈学院召开北京市艺术院校人文社科公共课教学改革研讨会。会议设五个分会场，24 所京内外高等院校的人文社科学科带头人及一线教师围绕"思想政治理论"、"大学英语"、"文学与写作"、"艺术概论"、"音乐理论基础"等课程，从特色化教学模式、教学内容、方法创新、师资队伍建设、实践教学、教学与科研关系、教材体系向教学体系转化、课程学习评价方式等层面展开研讨。来自北京电影学院、中国戏曲学院、中央戏剧学院等京内外 24 所高等院校 80 人参加会议。

（高毅军）

【世界芭蕾首席来院指导排练】 5 月 9 至 18 日，舞蹈学院邀请世界著名芭蕾舞演员尼娜·安南拉斯维利（Nina Ananiashvili）及其助手艾加特林娜·夏丽雅西里（Ekaterina Shavliashvili）为芭蕾舞系2009级学生排演俄罗斯经

典芭蕾作品《仙女们》。安南拉斯维利曾在多个国际顶级芭蕾舞团任首席艺术家，现任格鲁吉亚国家芭蕾舞团艺术总监。本次为期10天的排练中，安南拉斯维利为芭蕾舞系2009级学生教授古典芭蕾舞基本训练课程，进行俄罗斯经典芭蕾作品《仙女们》的排练，并参加舞院组织的芭蕾学术研讨会。5月18日，《仙女们》在学院沙龙舞台首演。

（高毅军）

【获批开设舞蹈学研究生课程进修班】 5月，舞蹈学院继续教育学院获得批准开设舞蹈学（舞蹈编导理论与实践方向）研究生课程进修班。该进修班主要目标是通过理论和专业课学习，全面提升学员舞蹈创作思维、艺术理论研究、人文素养及实践应用能力，力争使符合条件者顺利通过该课程各专业考试和学院研究生部组织的论文答辩与评审，以及全国统一学位外语水平和学科综合水平考试，最终获得硕士学位，以此培养出能够从事舞蹈创编研究与实践和舞蹈相关交叉学科研究与实践的高层次人才。

（刘菲）

【首演原创中国舞剧《红船启航》】

6月27至29日，舞蹈学院推出大型舞剧《红船启航》。《红船启航》是该历史题材首次以舞剧形式呈现，北京大学参与剧本讨论并提供演出场地，特邀中央音乐学院教授担任舞剧音乐创作。舞剧共演出3场，来自国内艺术爱好者6000人次观看演出。

（高毅军、刘菲）

【举办青年教师教学基本功比赛】 7月4日，舞蹈学院举办青年教师舞蹈技术类课程教学基本功比赛。比赛旨在提高学院教学质量，为舞蹈专业的青年教师提供一个交流理念、切磋技艺、展示风采、实现成材的平台，各教学系8名专业教师参加比赛。

（高毅军）

【召开全国舞蹈科学学术研讨会】 11月26至27日，舞蹈学院召开全国舞蹈科学学术研讨会。会议设“舞蹈科学训练”、“舞蹈医疗与健康促进”、“舞蹈科学现状与发展”三个主题，开展“舞蹈辅助训练”工作坊、“舞蹈损伤防治”工作坊、“舞蹈身心训练”活动。来自上海师范大学、沈阳音乐学院、四川音乐学院等6所高校教师、医疗师及科研人员40人参加会议。

（高毅军）

中央民族大学

党委书记　鄂义太
校　　长　陈理

【概　况】 2011年，中央民族大学占地面积为38.1万平方米，规划新校区占地面积81万平方米。校园建筑面积58.3万平方米，教学行政用房20余万平方米，资产总额15.9亿元，教科仪器设备资产21091.8万元。全年教育经费投入81573.84万元（含附中3556.04万元），其中，国家财政拨款53324.91万元（含附中2622万元）。图书馆建筑面积24500平方米，藏有图书186万册，电子图书176万册。设23个学院，开设55个专业。一级学科博士点5个，博士学位授权点44个，140个硕士学位授权点。3个博士后流动站，3个国家级重点学科、13个省部级重点学科，2个国家文科基础学科人才培养和科学研究基地，1个教育部人文社会科学重点研究基地，3个国家“985工程”哲学社会科学创新基地。专任教师有1052人，专任教师中有教授249人，副教授338人；有“长江学者”讲座教授1人，双聘院士2人，国家级教学名师2人、北京市教学名师10人，“新世纪百千万人才工程”国家级人选9人，教育部“新世纪优秀人才支持计划”38人，学科、学术带头人96人。学校与27个国家和地区的81多所大学、科研机构建立交流合作关系。毕业生8129人，其中，学历教育学生中全日制研究生1094人（博士生161人、硕士生933人），普通本科生2727人，成人教育本专科4269人（本科生1998人、专科生2271人），非计划招生高等教育学生中在职人员攻读硕士学位39人。招生6721人，其中，学历教育学生中全日制研究生3769人（博士生670人、硕士生3099人），普通本科生2803人，成人教育本科生149人。在校生24753人，其中，学历教学学生中全日制研究生3769人（博士生670人、硕士生3099人），普通本科生11247人，成人教育本专科生12323人（本科生6371人、专科生5952人）；非计划招生在职人员攻读硕士学位114人。留学生毕业53人，招生56人，在校生176人。网址：www.muc.edu.cn。

（何修良）

【颁布学院教授委员会章程】 1月7日，民族大学颁布《中央民族大学学院教授委员会章程（试行）》。该章程是该校深化管理体制改革、建立现代大学制度的重要举措，是落实“党委领导、校长负责、教授治学、民主管理”机制重要内容，旨在充分发挥教师在办学中的主体地位和主导作用，实现教师对大学学术事务的民主参与和管理，推动全校形成“崇尚学术、尊重知识、尊重人才、教授治学”的良好环境和氛围。根据该章程，学院教授委员会是各学院改革与发展相关重大事项的咨询和重要学术事务决策机构，其职权包括审议学院学科建设规划和师资队伍建设规划有关事项，审议学院本科生、研究生培养方案和专业设置方案，评审本学院教师职称，评审本科生、研究生学位授予，评审重要的教学科研成果及奖励，评议本学院教学科研项目申报、分配、教材选用，评审人才引进、教学科研人员聘用等事项。

（何修良）

【获民委社科研究特等奖】 3月14日，民族大学获得第二届国家民委社会科学研究成果特等奖。本次评选由国家民委主办，共评出论文和著作奖项109个。其中，该校25个项目获奖，其中，耿世民教授的《回鹘文“阿弥陀经/大白莲社经”二叶残经研究》获论文类特等奖，阿力肯教授的《一件清代哈萨克租牧地文书研究》获论文类一等奖，李俊清教授的《现代文官制度在中国的创构》、丁石庆教授的《双语族群语言文化的调适与重构——达斡尔族个案研究》获著作类一等奖。

（何修良）

【成立校友会】 6月17日，民族大学校友会成立。该校友会直属学校，旨在加强与广大校友的联系、促进母校与校友之间的往来，设立理事会作为会员代表大会的执行机构，设立常务理事会对理事会负责。

（何修良）

【举办建校60周年庆祝大会】 6月18日，民族大学举办建校60周年庆祝大会。回良玉、刘延东参加庆祝大会，回良玉在讲话中高度肯定该校六十年来所取得的成就和做出的重大贡献，并特别指出民族高等院校在国内民族教育和整个教育体系中占有十分重要的地位，要深入贯彻落实科学发展观，大力推进体制机制创新，走质量立校、特色兴校、人才强校之路，全面提高民族高等院校办学水平。中央和国家部委有关部门、北京市有关部门和部分民族地区领导，兄弟院校领导以及海内外校友1000人参加庆祝大会。

（何修良）

【召开第五届教代会】 7月2日，民族大学召开第五届教代会和第十三次工会会员代表大会。会议作学校工作报告和工会委员会工作报告，介绍《中央民族大学“十二五”事业发展规划纲要》，审议通过有关候选人建议名单和工作报告，并以无记名投票方式民主选举“第五届教代会常设主席团”、“工会第十三届委员会”和“工会第十三届经费审查委员会”。

（何修良）

【两少数民族零起点班开班】 10月14日，民族大学藏语、维语零起点班开班。藏语和维语两个零起点班，分别设在该校藏学研究院和维吾尔语言文学系。藏语、维语零起点班只招收填报该专业志愿的汉语答卷考生，学制五年。2011年面向全国招生62人，其中，文科29人，理科33人。

（何修良）

【获挑战杯特等奖】 10月15至19日，民族大学在“挑战杯”全国大学生课外学术科技作品竞赛决赛中获得特等奖。该校民族学与社会学学院2008级民族学专业学生曹何稚论文《多民族地区宗教和谐发展研究——以四川省康定县炉城镇为例》获得特等奖，这是该校自参加“挑战杯”全国总决赛以来获得的首个特等奖。

（何修良）

【举办美术展】 11月12日，民族大学举办“天山南北·中国美术作品展”。该展览以“天山南北”为主题，展出20世纪以来以新疆为题材作品300余幅，展现新疆奇幻壮美的地貌山川、各民族纯朴豪迈的民风和古代丝绸之路的文明遗存以及当代新疆文化风貌。

（何修良）

【举办博士论坛】 12月7日，民族大学举办全国民族学博士生研究论坛。该论坛以“瞄准社会前沿、助推民族发展、鼓励学科交叉、促进理论创新”为主题，采取专题讲座和座谈形式，研讨民族理论与实践相关问题。来自全国12所民族院校及15所设有民族学、人类学、社会学相关专业的综合类大学、科研机构的研究生和该校师生200人参加活动。

（何修良）

【与云南省签订合作协议】 12月11日，民族大学与云南省人民政府签订合作协议。根据协议，双方合作开展区域经济社会发展、民族多样性、少数民族艺术创新和民族医药研发等领域的科学研究和成果转化，并且在少数民族高级专业人才培养和民族干部培训、产学研创新平台建设和大学生实践创新与创业就业等方面开展全方位合作。

（何修良）

中国政法大学

党委书记　石亚军

校　　长　黄进

【概　况】 2011年，中国政法大学占地面积44.6万平方米，学校产权建筑面积44.6万平方米。固定资产总值63563.06万元，其中，教学、科研仪器设备资产值10879.29万元。图书馆建筑面积17313平方米，藏书188万册，其中，纸质图书188万册、电子图书资源量2080.73GB。全年教育经费投入28161.52万元，其中，国家拨款49635.53万元、自筹经费28525.99万元。学校信息化经费投入1969.40万元，拥有计算机4841台，多媒体教室座位15471个，信息化设备资产210万元，网络信息点数12816个，校园网出口总带宽470.00Mbps，电子邮件系统用户数4987个，上网课程数389门，数字资源量517695.50GB，管理信息系统数据总量1.00GB。学校设置19个院；开设17个专业、覆盖13个学科；具有一级学科13个，一级学科博士点3个，博士学位授权点3个，硕士学位授权点68个和专业学位授权点3个；博士后流动站2个，其中，博士后研究人员出站23人、进站25人和在站71人。国家重点学科1个、北京市重点学科6个；教育部重点实验室1个，教育部重点研究基地3个，北京市重点研究基地1个。教职工1666人，其中，专任教师897人，包括教授240人、副教授378人；博士生导师118人、硕士生导师401人。“长江学者奖励计划”特聘教授1人、“长江学者奖励计划”讲座教授1人、享受政府特殊津贴专家18人，国家“千人计划”入选者1人、全国优秀教师2人、国家教学名师1人、北京市教学名师11人、曾获全国十大“杰出中青年法学家”称号7人、获教育部青年教师奖2人、入选“新（跨）世纪百千万人才工程”3人，入选教育部“新世纪优秀人才支持计划”26人。外籍教师42人，其中，教授4人。毕业生10533人，其中，学历教育学生中全日制研究生1854人（博士生167人、硕士生1687人），普通本专科生2224人，成人教育本专科生3439人；非计划招生高等教育学生中在职人员攻读博士硕士学位639人，研究生课程进修班2377人。本科毕业生就业率94%。招生8802人，其中，学历教育学生中全日制研究生2009人（博士生230人、硕士生1779人），普通本专科生2108人、成人教育本专科生1240人；非计划招生高等教育学生中在职人员攻读博士硕士学位257人，研究生课程进修班3188人。高考北京地区文科提档线为582分，录取最低分582分，最高分642分；理科提档线576分，录取最低分576分，最高分644分。在校生20962人，其中，学历教育学生中全日制研究生5841人（博士生901人、硕士生4940人），普通本专科生8464人，成人教育本专科生2653人；非计划招生高等教育学生中在职人员攻读博士硕士学位796人，研究生课程进修班3208人。留学生毕业47人、招生273人、在校生494人。网址：www.cupl.edu.cn。

（喻清泉）

【聘任一名二级教授】　3月27日，法大聘任吴琼恩为二级教授。根据协议，该校聘任吴琼恩为二级教授，聘期为三年。聘期内吴琼恩教授每年将承担一门专业课程，为研究生用英文开设1门专业名著导读或承担1门专业外语的教学任务；每年以法大在职教授的名义，在境内外公开出版的刊物上发表1篇（含1篇）以上的学术论文；每年指导1名研究生。吴琼恩，现任台湾中国文化大学教授，毕业于美国奥斯汀德州大学，获得博士学位，曾任台湾政治大学公共行政系主任、公共行政研究所所长、专任教授。长期从事公共行政学、两岸关系与台湾政治领域研究，出版《儒家政治思想及中国政治现代化：其内在结构关系及转化发展》、《台湾命运与中国前途》、《腾飞与坠落：突破两岸关系僵局的新思维》等著作。

（喻清泉）

【入选“985优势学科创新平台”】　6月8日，法大入选“985优势学科创新平台”项目。“985工程优势学科创新平台”建设项目的主要任务是以国家和行业发展急需的重点领域和重大需求为导向，围绕国家发展战略和学科前沿，重点建设一批优势学科创新平台，其建设方式采用“985工程”科技创新平台建设模式。该校入选后将重点开展法学领域学科建设、人才培养、科学研究、社会服务，首批投入资金3000万元。

（喻清泉）

【加入欧亚太平洋大学联盟】　8月30日，法大加入欧亚太平洋大学联盟。该联盟成立于2000年，是由奥地利联邦科学研究部及该国教育主管部门资助的学术交流机构。该校入选后将和联盟学校开展多边科学合作、共同开发研究项目、召开学术会议、实行教师和学生互换等活动。该联盟现有奥地利、中国、俄罗斯等14个国家和地区的142所高校及研究机构加入该联盟。

（喻清泉）

【商学院成为国际精英商学院协会会员】　10月，法大商学院成为国际精英商学院协会（AACSB）会员。该协会成立于美国，总部设在美国佛罗里达州的坦帕，1960年起，该协会成为管理教育界最具权威的认证机构。该院的入选标志其教学科研水平达到国际标准。

（喻清泉）

【一人获俄罗斯友谊勋章】　11月4日，法大黄道秀教授获得俄罗斯“友谊勋章”。该勋章由俄罗斯联邦政府颁发，旨在奖励为促进发展各国与俄罗斯友谊作出突出贡献的人士。黄道秀，1941年生于重庆市云阳县，1962年毕业于四川外国语学院俄语系，1958年，在北京政法学院任教，长期从事俄语和俄罗斯法律教学研究，译有《俄罗斯联邦仲裁程序法典》。

（喻清泉）

【与韩国政府签订合作协议】　12月9日，法大与韩国政府法制处签订合作协议。根据协议，双方合作共同举办法律文化与合作、法律图书信息资料共享及开展学术会议、学术交流等活动。

（喻清泉）

【获国际论文奖】　12月，法大教师论文获得国际社会工作领域最佳论文奖。该评选由国家社会工作组织（International Social Work）主办，该校社会学院社会工作与社会政策专业郭伟和与香港理工大学徐明心合写的文章《from resilience to resistance：a reconstruction of strengths perspective in social work practice》获奖，该论文针对优势视角下通用社会工作模式进行讨论，提出对生活的场域关系进行批判和解构，寻找真正优势为本的增权社会工作模式。

（喻清泉）

华北电力大学

党委书记　吴志功
校　　长　刘吉臻

【概　况】　2011年，华北电力大学校园占地面积100.09万平方米，建筑面积97.82万平方米。固定资产总值261967万元。教学用图书馆建筑面积30057平方米，藏书约193.81万册。拥有计算机836台，多媒体教室座位49000个，网络信息点12600个，校园网出口总带宽1000Mbps。设有直属学院10个，教学部2个，另设有国际教育学院、研究生院、成人教育学院、培训学院、艺术教育中心和工程训练中心各1个。拥有一级学科博士学位授权点5个和二级学科博士授权点30个，一级学科硕士学位授权点22个和二级学科硕士授权点 123 个，本科专业 56 个；学校拥有国家级重点学科 2 个、国家级工程实验室 1 个、国家工程技术研究中心 1 个、教育部重点实验室 3 个、教育部工程研究中心 1 个、北京市重点实验室 2 个、北京市工程技术研究中心 1 个，另有北京市省部级哲学社会科学研究基地 1 个，博士后科研流动站 4 个。教职工 2918 人，其中，专任教师 1761 人，包括教授 312 人、副教授 501 人。中国工程院院士 5 人（含双聘院士 4 人），“千人计划”专家 4 人。国家级教学名师奖获得者 1 人，“长江学者”讲座教授 1 人，获国家“杰出青年科学基金”资助人员 4 人，入选国家“百千万人才工程”人员 7 人，“973 计划”首席科学家 4 人，“国家有突出贡献专家”5 人，教育部“新世纪优秀人才支持计划”28 人，全国模范教师 2 人，全国优秀教师 2 人，入选“中科院百人计划”7 人，4 个创新团队入选教育部“长江学者和创新团队发展计划”。毕业生 10240 人，其中，研究生 1456 人（博士生 116 人，硕士生 1340 人），普通本专科生 5041 人，成人教育本专科生 3743 人。招生 12436 人，其中，研究生 2297 人（博士生 194 人，硕士生 2103 人），普通本专科生 5314 人，成人教育本专科 4632 人。在校生 42450 人，其中，研究生 6845 人（博士生 889 人，硕士生 5956 人），普通本专科生 20550 人，成人教育本专科生 15055 人。留学生毕业 175 人，招生 193 人，在校生 289 人。2011 年学校中外合作办学项目在读本科学生达 1098 人。网址：www. ncepu. edu. cn。

（陈军）

【一专业获评国家级特色专业】 1 月 9 日，电力大学可再生能源学院能源工程及自动化专业获评国家级特色专业。能源工程及自动化专业顺应国家节能减排和发展可再生能源、清洁能源政策需要，培养能源工业急需掌握清洁能源、发电技术、节能技术相结合的复合型人才。能源工程及自动化包括能源工程、能源自动化及清洁能源利用，研究能源转换、传输与利用及与之相关系统与设备，研究风能、太阳能、生物质能等新能源开发利用，是与新兴能源、清洁能源发展密切相关的科学。

（陈军）

【召开太阳能光热产业技术创新研究生学术研讨会】 4 月 22 至 23 日，电力大学召开科技部太阳能光热产业技术创新战略联盟研究生学术研讨会。会议展示太阳能相关领域发展与最新成就，探讨国际上太阳能热利用的现状和发展趋势。

（陈军）

【与国网电力科学研究院签订合作协议】 5 月 30 日，电力大学与国网电力科学研究院签订合作协议。根据协议，双方将建立长期稳定的合作机制，在智能电网、新能源等领域科学研究、人才培养、科技创新、资源共享等方面展开广泛、全面、深层次合作。

（陈军）

【召开智能电网研讨会】 7 月 13 日，电力大学召开智能电网研讨会。会议讨论大规模风电安全运行控制及高效传输消纳和微网运行控制及其对大系统的影响问题。会议达成科研合作共识，共同组织开展高层次跨国科研合作，充分发挥相关专家在各自研究领域优势，提高该校在智能电网相关领域科研水平。来自国内专家学者参加会议。

（陈军）

【风洞实验室建成使用】 8 月，电力大学风洞实验室建成使用。该风洞实验室是为满足该校风力发电、火力发电和环境科学等有关空气动力学的实验研究而建设的教学与科研平台。风洞实验室设计使用年限 30 年。总建筑面积为 1533.11 平方米，其中，一层建筑面积 922.03 平方米，二层建筑面积 611.08 平方米，建筑占地面积 922.03 平方米。该工程于 2010 年 6 月 13 日开工建设。

（陈军）

【学生宿舍投入使用】 9 月 1 日，电力大学 13 号学生宿舍楼建成并投入使用。该楼结构形式为剪力墙结构，设计使用年限 50 年。总建筑面积 11267.4 平方米，地上建筑面积 9792.9 平方米，地下建筑面积 1474.5 平方米（其中人防面积 440 平方米），建筑高度 21.75 米，总投资 3836 万元。

（陈军）

【新一代可信任互联网通过验收】 11 月 8 日，电力大学承担的教育部国家科技支撑计划“可信任互联网”项目“新一代可信任互联网试验网”课题通过验收。该课题总投资为 81.5 万元，其中，国拨专项经费 19.5 万元，学校自筹经费 62 万元，共购置锐捷 RG - S2652 交换机 48 台，RG - S2628 交换机 20 台。该课题主要通过测试源地址合法性验证技术，研究 IPv6 网络的安全可信可控性。

（陈军）

【与中科院电工所签订合作协议】 12 月 12 日，电力大学与中科院电工所签订合作协议。根据协议，双方将开展全面战略合作。在科学研究方面，将发挥各自优势和影响，共同向国家有关单位提出重大咨询建议，联合申请承担国家、地方及大型国企重大项目，积极开展联合研究课题；在学术交流方面，将定期开展活动，促进相互合作；在人才培养方面，将互派科研人员，探索建立兼职教授、研究员、博士研究生联合培养机制；在资源共享方面，以双方重点实验室为基础，提供开放课题，并探讨科研条件合作共享机制。

（陈军）

【学生在多项活动中获奖】 至年底，电力大学学生参加各种学科竞赛获奖。4 月 30 日，该校经济与管理学院会计 0902 班李娟娟获 2010 年度“中国大学生自强之星”称号。5 月 21 日，在首届全国商科院校国际贸易技能大赛中获得本科组一等奖。10 月 19 日，该校学生在“挑战杯”全国大学生课外学术科技作品竞赛暨西安世园会专项竞赛中，获特等奖 1 项、二等奖 1 项、三等奖 1 项。

（陈军）

中华女子学院

党委书记　范继英（兼）
院　　长　张李玺

【概　况】 2011 年，中华女子学院校园占地面积 9.94 万平方米，产权建筑面积 10.79 万平方米，非产权建筑面积 1.88 万平方米。固定资产总值 8708 万元，其中，教学、科研仪器设备资产值 5248 万元。图书馆建筑面积 12614 平方米，藏书 71.74 万册，其中，纸质图书 40.20 万册，电子图书 31.54 万册。全年教育经费投入 18842.75 万元，其中，国家拨款 14888.28 万元，自筹经费 3954.47 万元。学校信息化经费投入 350 万元，拥有计算机 2042 台，多媒体教室座位 5555 个，信息化设备资产 1134 万元，网络信息点数 6000 个，校园网出口总带宽 250Mbps，电子邮件系统用户数 7000 个，上网课程 20 门，数字资源量 3710GB，管理信息系统数据总量 10GB。校区设置 7 个二级学院、4 系、2 部。开设普通高等教育本科专业 19 个、高职专业 13 个，覆盖法、经、管等 8 个学科门类，具有一级学科 10 个，专业学位授权点 11 个。教职工 489 人，其中，专任教师 266 人，包括教授 32 人、副教授 89 人。享受政府特殊津贴专家 8 人。外籍教师 25 人次，其中，教授 14 人，副教授 8 人。毕业生 1649 人，其中，学历教育学生中普通本专科生 1321 人（本科生 971 人、专科生 350 人），成人教育本专科生 328 人（本科生 148 人、专科生 180 人）。招生 1906 人，其中，学历教育学生中普通本专科生 1597 人（本科生 1133 人、专科生 464 人）、成人本专科生 309 人（本科生 22 人、专科生 287 人）。在校生 6063 人，其中，学历教育学生中全日制普通本专科生 5289 人（本科生 4409 人、专科生 880 人）、成人本专科生 774 人（本科生 108 人、专科生 666 人）。留学生招生 4 人，在校生 6 人。网址：www.cwu.edu.cn。

（程敏）

【成立教授协会】 3月7日，女子学院

成立教授协会。协会隶属首都女教授协会，面向该校全体正高职称人员开展工作，是该校“教授治学”的一项重要举措，在学校人才培养、学科建设、教学科研和学术管理中推进学术管理与行政管理的协调发展。成立大会上，该协会表决通过《中华女子学院教授协会章程（草案）》，选举教授协会第一届理事会。该校领导及 20 名正高级职称教职工参加女教授协会成立大会。

（程敏）

【召开理事会成立大会】 3 月 15 日，女子学院召开理事会成立大会。会议通过《中华女子学院理事会章程（草案）》。该校理事 25 人参加会议。该校理事会负责对学校重大决策和重要事务进行咨询和指导，支持学校加强与政府及社会各界联系、交流与合作，理事由国家党政机关、企事业单位、社会团体的代表及海内外知名人士、著名学者、校友代表和企业家共 29 人组成。

（程敏）

【举办心理健康节】 3 至 5 月，女子学院举办心理健康节。活动以“亲近你我·给力幸福”为主题，开展“笑容传递温暖照片征集”，“阳光心语条幅签名传递”，“自我期望与职业生涯规划”等活动。该院师生 4000 人次参加活动。

（程敏）

【教学图书综合楼竣工】 5 月 10 日，女子学院教学图书综合楼竣工。该楼为框架剪力墙结构，总建筑面积 3.57 万平方米，其中，地上 10 层，2.91 万平方米；地下 2 层，0.66 万平方米，建筑高度 45 米。该楼由教室、图书馆及行政办公室三大功能区组成，一至五层为实验室及教学用房，共 24 间教室，可同时容纳 3320 人上课；六至八层为图书馆；九至十层为行政办公、会议室等。设有两个报告厅、6 个不同规模的会议室。工程于 2008 年开始建设，总投资 1.71 亿元。

（程敏）

【召开中加学者研讨会】 5 月 19 日，女子学院召开中国和加拿大国外马克思主义研究学者研讨会。会议探讨马克思有关资产阶级阴谋政治、深度政治概念和范围、阶级区分的本质等问题。来自加拿大西安大略大学国王学院、北京大学和该校专家学者 15 人参加会议。

（程敏）

【成立学生女子国学研修会】 5 月 19 日，女子学院成立学生女子国学研修会。该研修会是学校第一个由学生分别担任会长、副会长的学生国学社团，旨在学习与传播国学，培养高尚品质和健康人格。成立仪式上，研修会成员介绍国学会成立的相关背景，名称、会徽的由来以及宗旨目标，开展书法展示和诗词朗诵表演。该校领导、教师和社团成员 30 人参加成立仪式。

（程敏）

【成立女大学生思想政治教育研究中心】 5 月 25 日，女子学院成立女大学生思想政治教育研究中心。中心隶属学生工作部，开展理论研究、专兼职教师培养工作，为女大学生思想政治教育理论学习、交流、研究搭建平台。中心有教学科研人员 55 人，其中，高级职称 8 人。

（程敏）

【成立首个学生公益服务基地】 6 月 7 日，女子学院成立首个大学生公益服务基地。基地设在北京新运弱智儿童养育院，该校学生在该基地长期开展残障儿童服务活动。至年底，该校有学生 200 人次赴该基地服务。

（程敏）

【举办女性学学科论坛】 6 月 24 日，女子学院举办女性学学科建设与专业人才培养论坛。论坛研讨如何深化本土女性学学科建设，如何将学科建设成果有效地运用于教育教学实践，从而培养更多女性学专业人才，如何推进性别平等教育等问题。来自国内各高校女性学、性别研究领域专家学者 40 人参加会议。

（程敏）

【与企业签订教育用地协议】 9 月 22 日，女子学院与北京星宇昊经济技术发展中心签订教育用地协议。根据协议，该校与企业合作购买土地用于学校独立学院建设。该教育用地位于平谷区马昌营镇，占地面积 10.67 万平方米，为平谷区教育规划用地。

（程敏）

【建立大学生创业实践基地】 9 月，女子学院建立首个大学生创业实践基地。该基地为学生自主经营项目，采

取学校提供场地和硬件设施，学生申报竞争经营权方式，共有6个团队参与竞争，最终，该校3名女生组成的"水语咖啡"团队获胜。项目申请过程中，项目创意书、实体运作、员工招聘与管理等由学生自主完成。

（程敏）

【举办大使论坛系列活动】　10至12月，女子学院举办4场大使论坛系列讲座。讲座分别为中国原驻联合国、驻美大使李道豫《从个人经历谈中美关系的重要性》，中国原驻阿拉伯联合酋长国大使张志军《伊斯兰风俗及习惯》，中国原驻阿尔巴尼亚大使范承祚《亲历伟人的外交风范》，中国原驻苏联、俄罗斯大使李凤林的《从中苏到中俄》。该校师生2000人次参加学习。

（程敏）

【完成机构调整】　12月6日，女子学院完成机构调整。调整后，内设处级机构35个，全部为正处级机构，不再设副处级机构。组宣部分设为组织部和宣传部；社会与法学院分设为性别与社会发展学院和法学院；成立现代教育技术中心；设立思想政治理论教学部，撤销公共教学部；外事办公室由独立科级单位升格为正处级单位，撤销国际合作交流中心；撤销"中华高丽（职业）学院"；国有资产管理中心更名为国有资产管理处，升格为正处级单位；学报编辑部、团委、体育教学部、离退休干部管理办公室升格为正处级单位；科研与规划管理处更名为科研管理处。

（程敏）

【召开性别与公共政策研讨会】　12月10至11日，女子学院召开性别与公共政策国际研讨会。会议以大会发言、专题研讨、自由发言等方式，就性别与公共政策研究前景，男女不同年龄退休政策，性别与健康福利等问题进行研究。来自日本、美国和中国等地专家学者、高校教师以及政府相关部门领导80人参加会议。

（程敏）

【中国女性图书馆挂牌】　12月27日，

女子学院中国女性图书馆挂牌。中国女性图书馆是在该院图书馆特色馆藏基础上，经过策划和筹备建成。该馆致力于收集、保留、传承和展示中国妇女研究成果，促进研究交流，宣传中国男女平等基本国策，推动社会性别主流化，为国内外研究者提供中国妇女研究文献资料及信息服务。

（程敏）

北京信息科技大学

党委书记　郑君礼

校　　长　杜林（8月免）

柳贡慧（8月任）

【概　况】　2011年，北京信息科技大学占地面积33.32万平方米，学校产权建筑面积33.12万平方米、非产权建筑面积0.24万平方米。固定资产总值80427.21万元，其中，教学、科研仪器设备资产值34783.40万元。图书馆建筑面积9661平方米，纸质图书95.64万册、电子图书14808.35GB。全年教育经费投入52927.81万元，其中，国家拨款41453.17万元、自筹经费11474.64万元。学校信息化经费投入603.30万元，拥有计算机7934台，多媒体教室座位14385个，信息化设备资产13147.98万元，网络信息点数9916个，校园网出口总带宽850.00Mbps，电子邮件系统用户数23867个，上网课程17门，数字资源量73315.34GB，管理信息系统数据总量7.23GB。现有5个校区，下设10个学院（系）、2个中心以及体育部、研究生部和继续教育学院。开设本科专业31个，覆盖工、管、理、经、文等5个学科门类，其中，国家级特色专业建设点4个、北京市级特色专业建设点9个、在京第一批招生专业10个；具有一级学科硕士点14个，二级学科硕士点22个，专业学位门类（工程硕士、MBA）2个、工程硕士专业学位授权领域8个。拥有北京市重点学科3个、北京市重点建设学科9个、部级重点学科2个；省部共建教育部重点实验室1个；北京市重点实验室3个；北京市哲学社会科学研究基地1个、原信息产业部重点实验室2个；北京市工程研究中心1个、机械工业重点建设实验室2个；北京市高等学校市级校外人才培养基地2个、北京市高等学校市级人才培养模式创新试验区1个，被市商务委和市教委联合认定为第一批服务外包人才培训机构。现有国家级教学成果奖特等奖和一等奖各1项、国家级实验教学示范中心1个、国家级规划教材选题17本、北京市教学成果奖15项、北京市精品课程9门、北京市精品教材16本、北京市实验教学示范中心4个、北京市高等学校市级校外人才培养基地2个和市级人才培养模式创新试验区1个。教职工1359人，其中，专任教师754人，专任教师中正高级99人、副高级221人；博士生导师17人、硕士生导师173人；双聘中国工程院院士2人、特聘教授1人、讲座教授3人、国家级优秀教学团队1个、入选国家新世纪百千万人才工程1人、全国劳动模范1人、全国优秀教师2人、北京市属高校学科首席专家岗位1个、北京市属高校创新团队22个、北京市属高校拔尖创新人才12人、北京市属高校高层次人才1人、北京市属高校优秀中青年骨干教师125人。毕业生4571人，其中，学历教育学生中全日制硕士研究生253人，普通本科生2477人，成人教育本专科生1836人（本科生447人、专科生1389人）；非计划招生高等教育学生中在职人员攻读硕士学位5人。本科毕业生就业率96%，研究生毕业生就业率100%。招生4517人，其中，学历教育学生中全日制硕士研究生345人，普通本科生

2683人、成人教育本专科生1479人（本科生287人、专科生1192人）；非计划招生高等教育学生中在职人员攻读硕士学位10人。高考北京地区录取线一批理科484分、二批理科459分，二批文科496分。在校生14960人，其中，学历教育学生中全日制硕士研究生919人，普通本科生10665人，成人教育本专科生3351人（本科生708人、专科生2643人）；非计划招生高等教育学生中在职人员攻读硕士学位25人。留学生毕业112人，招生110人，在校生12人。网址：www.bistu.edu.cn。

（刘永林）

【举办首届C语言基本技能比赛】 3月2日，信息科大举办首届C语言基本技能比赛。本项赛事是面向全校在籍本科学生的特色学科竞赛之一。比赛内容包括C语言基本语法及其掌握熟练程度，以及使用C语言解决实际问题的能力。本项赛事专门建立程序设计自动判题系统，该系统承担首届C语言基本技能比赛的预赛和决赛判题和排名任务，同时还可作为辅助教学平台，承担程序设计课程的实验辅助教学，并且为学生提供一个一周不间断答疑平台。经过比赛组委会评判，最终评出一等奖2人、二等奖1人、三等奖7人。该校学生共计500人参赛。

（刘永林）

【合作开展心理健康与精神卫生服务】 5月25日，信息科大与北京回龙观医院合作开展心理健康与精神卫生服务。该服务面向该校学生，举办专家心理咨询、现场心理测试、音乐治疗等活动，利用医院专家优势全方位解决学生学习烦恼、就业压力、情感恋爱、人际交往等问题。

（刘永林）

【卫冕机器人世界杯冠军】 7月5至12日，信息科大机器人足球队卫冕世界杯冠军。该校在土耳其伊斯坦布尔举行的第15届机器人世界杯赛中型组决赛中以6∶5再次击败荷兰埃因霍温科技大学队，以13战全胜、进98球失9球的战绩成功卫冕机器人世界杯冠军。共有来自43个国家和地区代表队参赛。

（刘永林）

【举办诺奖大师演讲会】 9月29日，

信息科大举办诺贝尔经济学奖获得者罗伯特·蒙代尔先生演讲会。蒙代尔作题为《货币战争，欧元狂热及黄金价格》的演讲。他从金银的复本位时代讲起，简要介绍200年来国际货币体系的发展演变状况、变化的经济政治原因，美国从19世纪以来的兴衰演变，经济政策和对世界的影响，2008年的世界性经济危机和当下的欧元债务危机，以及这些危机对于国际货币体系的影响。该校师生200人参加学习。

（刘永林）

【举办青年教师成长发展主题论坛】 10月19日，信息科大举办青年教师成长发展主题论坛。论坛采取主题报告形式，研讨教师职业发展、如何过好教学关、如何提高教学水平和学术水平等问题。该校教师共计40人参加论坛。

（刘永林）

【召开首次科技工作会】 11月25至

26日，信息科大召开首次科技工作大会。会议围绕学校“十二五”科技发展规划和建设“教学研究型大学”发展总体目标展开讨论，该校领导作专题报告，在全面总结“十一五”科研工作的基础上，分析建设“教学研究型大学”的必要性，明确“十二五”期间科研工作的方向和工作思路。该校教师200人参加会议。

（刘永林）

【与台湾3所大学签订合作协议】 11月，信息科大与台湾3所大学签订合作协议。其中，11月3日，该校与台湾龙华科技大学、朝阳科技大学签订合作协议；11月23日，该校与台湾建国科技大学签订合作协议。根据协议，该校与台湾3所大学合作开展教师学生交换、教学科研合作等活动。

（刘永林）

中国矿业大学（北京）

党委书记 杨仁树
校　　长 乔建永

【概　况】 2011年，中国矿业大学（北京）占地面积24万平方米，建筑面积36万平方米。固定资产总值85501万元，其中，教科仪器设备资产值17566万元。全年教育经费投入64476万元，其中，国家拨款28548万元、自筹经费35928万元。学校信息化经费投入523万元，拥有计算机3665台，多媒体教室座位9543个，信息化设备资产3846万元，网络信息点数18000个，校园网出口总带宽600Mbps，电子邮件系统用户数1700个，数字资源量4400GB，管理信息系统数据总量16.14GB。设有研究生院和10个学院；开设本科专业60个，覆盖理、工、文、管、法、经等多个学科门类；有1个一级学科国家重点学科，8个国家重点学科、1个国家重点培育学科、9个省部级重点学科；有16个一级学科博士点，35个一级学科硕士点，69个二级学科博士点，173个二级学科硕士点，9个硕士专业学位授权点；博士后流动站12个，其中，博士后研究人员出站15人、进站30人、在站100人。建有2个国家重点实验室、1个国家工程研究中心、2个教育部工程研究中心，1个北京市重点实验室。教职工总数808人，其中，专任教师560人，包括教授130人、副教授176人；有博士生导师146人、硕士生导师143人；中国工程院院士6人。教师中有“长江学者奖励计划”特聘教授4人，国家杰出青年基金获得者7人，全国优秀教师2人，享受政府特殊津贴专家25人。毕业生4160人，其中，学历教育学生中全日制研究生1246人（博士生208人、硕士生1038人），普通本科生1112人，成教生1680人；非计划招生高等教育学生中在职人员攻读硕士学位122人。高考北京地区本科录取线理工科491分，文科527分。招生4000人，其中，学历教育学生中全日制研究生1534人（博士生260人、硕士生1274人），普通本科生1358人，成人教育本专科生814人［函授724人（本科生450人、专科生274人），业余90人（本科生57人、专科生33人）］；非计划招生高等教育学生中在职人员攻读硕士学位294人。本科毕业生就业率96.9%，研究生就业率93.4%。在校生12306人，其中，学历教育学生中全日制研究生4843人（博士生1152人、硕士生3691人），普通本科生5139人，成人教育本专科生1503人［函授1302人（本科生694人、专科生608人），业余201（本科生131人、专科生70人）］；非计划招生高等教育学生中在职人员攻读硕士学位821人。留学生招生26人，在校生37人。图书馆建筑面积10027平方米，藏书71万册，电子图书50万册。网址：www.cumtb.edu.cn。

（朱彤）

【5项成果获国家科学技术奖】 1月14日，矿大获5项国家科学技术奖。其中，获得国家技术发明奖二等奖1项、国家科技进步奖二等奖4项。该校获奖项目中，以第一完成单位完成项目“矿井移动与应急通信技术与系统”获国家科技进步二等奖；参与完成项目“深部煤矿高温热害治理技术及其装备系统”获国家技术发明奖二等奖，“中国煤炭地质综合勘查关键技术与工程运用”、“富含腐植酸的劣质煤梯级综合利用技术及其应用”和“岩体爆破振动效应定量评价理论与精细化控制技术及工程应用”获得国家科技进步二等奖。

（朱彤）

【成立能源安全产业技术研究院】 5月17日，矿大成立能源安全产业技术研究院。该院承担国家能源与安全领域的重大科技研发项目，开发拥有自主知识产权高新技术产品，实施一批重大能源与安全产业化项目，为中关村自主创新示范区核心区的创新成果转化提供新空间。有科研人员43人，其中，高级职称14人。

（朱彤）

【入选国家技术转移示范机构】 6月13日，矿大中关村能源与安全科技园被认定为第三批国家技术转移示范机构。该认定由科技部主办，本次共认定68家单位。该科技园成立于2007年7月12日，是该校与中关村科技园区管委会共建的具有显著能源与安全特色的专业科技园区。至年底，该园区共有入园企业87家，其中，留学人员创业企业25家。入驻专业科研机构4家，其中，国家重点实验室1家。

（朱彤）

【与晋煤集团签订合作协议】 9月15日，矿大与山西晋城无烟煤矿业集团有限责任公司签订合作协议。根据协议，双方合作开展科技开发、人才培养等方面合作，企业为学校的教学科研、学生就业提供支持和帮助；该校在人才培养、技术服务、科技攻关、信息宣传等方面给予企业支持。

（朱彤）

【与内蒙古签订合作协议】 9月20日，

矿大与内蒙古自治区人民政府签订合作协议。根据协议，双方建立长期、稳定、全面、紧密人才与经济战略合作伙伴关系，开展科技开发、产学研结合、共建研发平台和人才培养与引进方面交流合作，该校在内蒙古自治区设立院士工作站，共建工程技术中心、重点实验室和博士后工作站，共建中国矿业大学（北京）内蒙古学院以及共建内蒙古科技大学。

（朱彤）

【举办行为安全与安全管理研讨会】 9月24至26日，矿大举办首届行为安全与安全管理国际学术研讨会。会

议成立专家组，由国家安监局、神华集团、清华大学、美国职业安全健康研究院，荷兰戴尔夫特大学等机构专家19人组成，负责日程安排、审稿、会议组织；共设安全学科基础理论、组织安全行为、个人行为安全4个议题；收到论文200篇，其中，160篇入选论文集。来自美国、澳大利亚、英国等国家高校和研究机构以及清华大学、北京交通大学、北京科技大学等国内高校专家学者300人参加会议。

（朱彤）

【开展新生心理训练营活动】 9至12月，矿大开展新生心理训练营活动。活动面向全校新生，以班级为单位，通过“大风吹”、“温暖的手”、“呼啦圈传递”、“班级愿景”、“一句话总结”等系列活动分别完成热身相识、沟通协作、分享总结三个活动环节。系列活动中，该校针对34名申请校内无息贷款本科新生，以“美妙生活”为主题，开展“破冰相识”、“团结协作”和“一句话分享”活动。该校共有39个大一班级1200人参加活动。

（朱彤）

【举办校园形象大使大赛】 11月23日，矿大举办首届校园形象大使大赛决赛。该比赛9月开始，面向全校学生，经过初赛和复赛，共有20人进入决赛，决赛采取四轮淘汰赛制，考察青春活力、应变能力、知识储备等内容，评出一等奖1人、二等奖2人、三等奖3人。该校共有8个学院50人报名参赛。

（朱彤）

【获评为全国优秀博士后科研流动站】 至年底，矿大矿业工程博士后流动站被评为全国优秀博士后科研流动站。该评选由人力资源社会保障部和全国博士后管理委员会联合评选，本年共评出148个优秀博士后科研流动站。

矿业工程学科于1985年设立博士后科研流动站，涵盖采矿工程、安全技术及工程和矿物加工工程三个国家级重点学科。学术队伍中有中国工程院院士6人，教授、副教授73人，2000年以来有3篇博士论文入选“全国百篇优秀博士论文”，获国家级科研成果奖、省部级奖、国家级教材、图书奖多项。

（朱彤）

【与多所大学签订合作协议】　至年底，矿大与多所大学签订合作协议。其中，与南非范达大学和中国煤炭科工集团有限公司签署三方合作框架协议；与美国萨姆休斯敦州立大学和南达科达矿业理工学院签署合作框架协议；与香港浸会大学签署“3＋2”本硕连读项目合作协议；与比利时蒙斯大学签署交换生实习协议；与美国宾夕法尼亚州州立大学签订“2＋2”项目合作协议；与德国弗莱贝格工业大学签订“4＋2”项目团签补充协议；与澳大利亚西澳大学签署共同成立中澳能源采矿中心合作协议。

（朱彤）

中国石油大学（北京）

党委书记　蒋庆哲
校　　长　张来斌

【概　况】　2011年，中国石油大学（北京）占地面积35.9万平方米，建筑面积37.6万平方米。固定资产总值130265.5万元，其中，教科仪器设备资产值44412万元。全年教育经费投入64770.2万元，其中，国家拨款35228.2万元，自筹经费29542万元。图书馆建筑面积14474平方米，藏书90.48万册，电子图书454万册。校园网出口总带宽500Mbps，电子邮件系统用户数15000个。下设11个院、部，开设本科专业27个。拥有博士授权一级学科11个，45个博士点，6个博士后流动站，博士后研究人员出站89人，进站63人，在站205人；硕士授权一级学科33个，151个硕士点；4个专业硕士学位授予权，工程硕士授权点涵盖20个工程领域；拥有5个国家重点学科、2个国家重点（培育）学科、6个北京市重点学科。教职工1245人，专任教师762人；在专任教师中，具有博士学位的教师占61%；教授218人，副教授242人，其中，博士生导师184人。有中国科学院院士2人，中国工程院院士2人，双聘院士5人；国务院学位委员会学科评议组成员3人。中组部“千人计划”入选者2人，“长江学者”特聘教授5人，国家杰出青年基金获得者8人，国家“973”项目首席科学家5人，国家级教学名师1人，全国优秀教师4人，中国青年科技奖获得者5人，全国百篇优秀博士生论文获得者4人，入选“新（跨）世纪百千万人才工程”国家级人选7人，入选教育部“新世纪优秀人才支持计划”23人。有教育部“长江学者和创新团队发展计划”创新团队3个，国家级教学团队3个，北京市优秀教学团队6个。聘用外籍教师12人，其中，教授4人。毕业生15219人，其中，学历教育学生中全日制研究生1344人（博士生143人、硕士生1201人），普通本科生1804人，成人教育本专科生1670人（本科生962人、专科生708人），网络教育本专科生9964人（本科生2114人、专科生7850人）；非计划招生高等教育学生中在职人员攻读硕士学位437人。本科一次就业率为97.62%，研究生一次就业率为98.43%。招生17250人，其中，学历教育学生中全日制研究生2000人（博士生254人、硕士生1746人），普通本科生2001人，成人教育本专科生3264人（本科生2574人、专科生690人），网络教育本专科生9985人（本科生3853人、专科生6132人）。高考北京地区录取线理科484分，文科524分。在校生40484人，其中，学历教育学生中全日制研究生5558人（博士生821人、硕士生4737人），普通本科生7065人，成人教育本专科生7444人（本科生5465人、专科生1979人），网络教育本专科生20417人（本科生9449人、专科生10968人）。留学生毕业79人，招生339人，在校生652人。签订合同（或任务书、计划书等）1207项，合同总额11.65亿元。较2010年合同金额增长116%。科研经费到账6.03亿元。共荣获省部级以上各类奖励37项，其中，国家科技进步奖5项，省部级奖励32项。学生在国际、国内各种学科竞赛中共获奖267项，获奖总数比2010年增加35项。获奖中，国际奖7项、国家奖161项、北京市奖99项。网址：www.cup.edu.cn。

（许博）

【东食堂投入使用】　2月19日，石油大学新建东食堂投入使用。东食堂占地面积1632平方米，建筑面积9800平方米，共有6层，为地上五层、地下一层，划分就餐区、食品粗加工区、食品精加工区、设备用房等四个功能区，可同时容纳8000人就餐。该食堂于2009年开工建设，总投入4000万元。

（许博）

【与4省市签订合作协议】　3至8月，石油大学与4省市签订合作协议。3月11日，石油大学与安徽省铜陵市政府签订合作协议。根据协议，铜陵市政府将全力支持石油大学在铜陵开展科研攻关、成果转化、人才培养等合作项目，学校将发挥科研、人才优势，切实提高铜陵市自主创新能力。3月31日，石油大学与四川省广元市签订合作协议，根据协议，双方将形成长期稳定的市校全面战略合作关系，广元市政府将石油大学作为广元低碳发展和能源开发的重要科技支撑单位，石油大学将为广元发展低碳经济、建设低碳示范城市等方面提供科技及智力支持。6月29日，石油大学与北京市政府签订合作协议。根据协议，北京市将支持石油大学建设国际能源产业创新园，在海淀区号、昌平区分别建设国际油气产业总部基地、国际油气技术研究院和国际油气技术孵化大厦。石油大学将发挥在石油石化及新能源领域的科技创新和产业化优势，推进科技成果转化，推动体制机制创新。8月24日，石油大学与辽宁省抚顺市政府签订合作协议。根据协议，双方重点促进糠醛抽出油制备绿色橡胶填充油产品、微晶蜡产品，催化裂化油浆深加工综合利用制备针状焦等精细化工产品的成果转化，在抚顺共同组建国家重点实验室抚顺实验室、建立学校工程技术研究中心抚顺分中心。

（许博）

【举办“十一五”发展成就展】 6月，

石油大学举办“十一五”发展成就展暨书画摄影展。展览分为“数字看变化”、“亮点显特色”两个板块，以“特色化战略”、“国际化战略”、“人才强校战略”为主线，全面回顾和总结该校“十一五”期间学科建设、队伍建设、人才培养、科学研究、开放办学、办学条件、国际交流与合作、党建与思想政治工作等方面所取得成就。共有200幅师生书画摄影作品参加展览。

（许博）

【举办首届企业技术专家进修班】 9至12月，石油大学举办首届企业技术专家进修班。进修班学员在导师团队指导下，通过选修研究生课程以及参加学术报告、专题研讨和学术交流等活动，提高解决生产技术疑难课题和科技攻关的能力。来自中石油各油田集团公司专家和油田级技术专家28人参加学习。

（许博）

【召开石油工程联合研讨会】 10月21至22日，石油大学召开石油工程联合研讨会。会议与南加利福尼亚大学合办，以“石油工程研究前沿”为主题，由报告会、分组研讨和总结会三部分组成。来自两校11名专家、教授参加研讨。

（许博）

【12项成果获石化联合会科技奖】
10月，石油大学12项成果获中国石油和化学工业联合会科学技术奖。其中，“陆相盆地断裂控藏机理与模式”、“中国煤层气开发技术经济评价参数与方法体系”和“环境可接受型钻井液与钻井废弃物无害化处理及资源化利用新技术”3项成果获得一等奖，另有7项成果获得二等奖，2项成果获得三等奖。

（许博）

【设立中国石油奖学金】 11月11日，石油大学与中国石油集团公司签署中国石油奖学金协议。根据协议，中石油在石油大学设立奖学金，期限为5年，总金额180万元，每年评选名额60人，每人奖励6000元，其中，“特困生”评审比例不低于60%。

（许博）

【一教师入选中组部青年千人计划】
11月，石油大学教师李永峰入选中组部第一批“青年千人计划”。本年为首批评选，共有143人入选，每人获得国家配套一次性生活补助50万元、科研补助200万元。李永峰，1976年出生，2004年于大连理工大学化学工艺专业获博士学位，是“全国百篇优秀博士论文”获得者，长期从事碳纳米和微米材料的制备及功能化研究。

（许博）

【与中油测井签订合作协议】 12月6

日，石油大学与中国石油集团测井有限公司签订战略合作协议。根据协议，双方联合建立多层次、高水平研发团队，学校在中油测井设立研究生工作站及教学实习基地，通过双导师制，为中油测井培养高层次人才。

（许博）

【开展人生导师导航计划】 12月16日，石油大学开展大学生人生导师导航计划。人生导航计划是针对本科生中积极上进、勤奋努力、有理想、有抱负的学生群体，通过导师有针对性地进行思想引导、学业辅导、生活指导、心理疏导、职业向导等，对其人格发展和人生规划给予必要引导。导师由有三年以上工作经验、良好政治思想素质、师德师风，以及具有较好的交流沟通能力的机关干部担任。首批入选导航计划学生有45人、导师有21人。

（许博）

【举办教学经验交流会】 12月27日，石油大学召开“名师说课”教学经验交流会。会议听取国家级教学名师朱筱敏教授和北京市教学名师张宝生教授通过实例导入和启发式讲述，讲授教师授课要领。该校教师60人参加学习。

（许博）

【修订专业学位研究生培养方案】
至年底，石油大学修订3个全日制硕士专业学位研究生培养改革方案。3个专业分别是地质工程、石油与天然气工程和化学工程，修订后的方案突出对工程实践能力培养，明确专业学位研究生工程实践课和企业实习必修环节课程内容要求和考核标准，制订对应课程存档资料模板。其中，石油与天然气工程专业根据研究方向，分别设置钻井、油藏、开发和储运方向专门工程实践课，聘请实践经验丰富高级工程师授课，实施“0.75＋1.5＋0.75”（一个半学期完成课程学习，在企业进行1.5年的现场实习和论文研究，最后一个半学期内在校内参加就业、撰写论文、毕业答辩）培养模式，确保校内课程教学在一个半学期内完成，专业学位研究生在毕业前一个半学期内回到学校撰写论文并参加就业招聘。

（许博）

中国地质大学（北京）

党委书记　王鸿冰
校　　长　邓军

【概　况】 2011年，中国地质大学（北京）占地面积56.01万平方米，建筑面积44.11万平方米。固定资产96370.49万元，其中，教学科研仪器设备总值27744.22万元。图书馆建筑面积13277平方米，藏书106.98万册、电子图书500万册。设有17个教学单位，开设本科专业38个，覆盖8个学科门类，具有一级学科硕士学位授权点32个，二级学科硕士学位授权点187个，一级学科博士学位授权点12个，二级学科博士学位授权点54个，博士后流动站9个，工程硕士专业学位授予点19个，专业学位授权点10个。国家重点学科10个（包含8个二级学科），省部级重点学科12个，1个国家重点实验室，2个国家专业实验室、3个教育部重点实验室、1个国土资源部重点实验室，4个国土资源部开放实验室，2个北京市重点实验室，3个北京高等学校实验教学示范中心，1个国家基础科学研究与教学人才培养基地。教职工1244人，专任教师834人，其中，教授180人，副教授250人，讲师338人；中国科学院院士8人，博士生导师200人，硕士生导师430人。外籍教师18人。毕业生4709人，其中，学历教育学生中全日制研究生1179人（博士生277人，硕士生902人），普通本科生1958人，成人教育本专科生1572人（本科生734人、专科生838人）。本科毕业生就业率93.87%，研究生毕业就业率95.76%。招生6291人，其中学历教育中全日制研究生1955人（博士生367人，硕士生1588人），在职攻读专业学位硕士生304人，普通本科生2105人，成人教育本专科生1680人（本科生699人，专科生981人），工程硕士247人。在校生17654人，其中学历教育学生中全日制研究生5770人（博士生1558人，硕士生4212人），普通本科生8337人。成人教育本专科生3547人（本科生1249人，专科生2298人），留学生招生14人，在校生125人。网址：www.cugb.edu.cn。

（李飞）

【获国土资源部科学技术奖9项】 1月，地大获得9项国土资源部科技奖。其中，以该校为第一完成单位获科技奖一等奖1项，二等奖2项。翟裕生院士主持完成的“成矿系统理论与找矿实践”项目成果获得国土资源部科技奖一等奖，姚长利教授主持完成的“重磁电勘探数据处理、反演方法技术研究与找矿应用”项目成果获国土资源部科技奖二等奖。王成彪教授主持完成的“纳米硬质类金刚石碳膜及其特种摩擦学应用”项目成果获国土资源部科技奖二等奖。

（李飞）

【召开页岩气国际学术研讨会】 4月

16日，地大与国土资源部油气中心联合主办页岩气国际学术研讨会。与会专家围绕着“国际页岩气勘探开发现状，中国页岩气地质特征、中国页岩气地质勘探与评价、中国页岩气开发工程与技术”等内容展开研讨，总结近年来国内外页岩气勘探开发研究和生产的成功经验，展现行业应对新领域的新思路、新技术、新方法和新工艺，研讨现阶段国内页岩气研究和勘探开发方面存在的理论和技术瓶颈，并提出进一步推进页岩气的可持续发展方法和措施。来自国内外专家学者200人参加会议。

（李飞）

【接受帕拉代姆地球物理公司软件捐赠】 4月28日，地大接受帕拉代姆地球物理公司捐赠一整套价值3500万美元的勘探和生产（E&P）软件及相关许可。软件涉及地震处理、成像和解释、测井、油藏特征描述等领域，主要用于研究生的教学和师生的科研工作，支持师生进行高深尖研究与创新。

（李飞）

【一项技术通过科技成果鉴定】 4月28日，地大马鸿文教授主持完成的“污水磷回收再利用制取磷酸二氢钾清洁生产技术”通过教育部鉴定。专家组认为该成果以及解决相关关键技术基础问题方面，达到国际领先水平。该项成果形成的污水磷回收再利用制取磷酸二氢钾清洁生产技术，实现污水中磷的提取再利用。该项工艺的技术路线系统完整，具有创新性，为国家钾盐工业提供全新的技术路线和方法。该工艺路线国内外均无先例，其技术成果具有完全自主知识产权。

（李飞）

【登山队登顶岗什卡卫峰】 5月5日，地大登山队6名队员成功登顶海拔

5080米的岗什卡卫峰。岗什卡雪山位于青海省门源县，为技术型山峰。此次攀登队伍由11名队员组成，分组依次冲顶本次攀登活动为“零垃圾”攀登，所有垃圾全部带回山下集中处理。队员们希望能够通过自己的行动，呼吁更多的人为环境保护做出贡献。同时，队员对当地地质情况进行分析并采集部分岩石标本。

（李飞）

【举行赵鹏大八十华诞庆祝会】 5月25日，地大举行中国科学院院士、地质学家赵鹏大八十华诞暨从事地质工作六十周年庆祝大会。17名两院院士以及来自国务院学位委员会、教育部、国土资源部等中外专家学者230余人参加庆祝大会。赵鹏大，1931年5月出生，辽宁清源人，1952年毕业于北京大学地质学系，1958年在莫斯科地质勘探学院研究生毕业并获副博士学位。长期从事矿产普查与勘探、数学地质的教学与科研工作，1980年任教授，1993年当选为中国科学院院士。

（李飞）

【召开国际层序地层学研讨会】 6月20日，地大召开国际层序地层学研讨会。会议围绕碎屑岩层序地层学、碳酸盐岩层序地层学、煤层和其他沉积物层序地层学在油气勘探开发中的应用、未来发展方向展开讨论，并对层序地层学的标准化提出建议。来自11个国家20名专家及国内40多个科研院所、高等院校、石油企业专家学者200人参加会议。

（李飞）

【与美国高校签订合作协议】 7月15日，地大与美国密苏理理工大学签订《中国地质大学（北京）与美国密苏理理工大学（本科）教育合作协议书》。根据协议，双方合作举办资源勘查工程专业和石油工程专业“2+2”项目。

（李飞）

【一教育部创新团队顺利通过验收】 7月24日，地大“成矿复杂系统与资源定量化预测”教育部创新团队通过教育部科技司验收。专家组在听取团队负责人成秋明教授的汇报后，经质疑、讨论，一致同意通过验收，建议教育部持续资助该团队，并建议尽快申报国家创新群体。“成矿复杂系统与资源定量化预测”教育部创新团队3年来围绕成矿复杂系统与资源定量预测这一国际地学前沿，结合国家经济建设重大需求开展研究工作，完成团队建设各项任务，在矿产资源定量预测与评价的学科发展、平台建设和人才培养等方面取得成果，培养100多名研究生和多名研究骨干，团队带头人获得国际数学地球科学协会最高奖，团队成员主持“973”项目1项、“863”项目1项、中国地质调查局计划项目1项和自然科学基金项目多项，获得自然科学基金委杰出青年基金1项、黄汲清青年科技奖1项、省部级科技奖励多项。

（李飞）

【举行全国博士生论坛】 9月24到27日，地大举行全国博士生论坛暨第四届中日研究生论坛。本次论坛的主题是“资源、环境与生命”，旨在探讨生命繁衍、环境污染防治和资源可持续利用等热点问题，由资源、环境和生命三个分论坛组成。来自日本筑波大学、北海道大学、神户大学以及清华大学、北京大学、北京师范大学等高校专家学者和研究生近500人参加论坛。

（李飞）

【登山队登顶雪隆包峰】 10月5日，地大登山队自背负成功登顶雪隆包峰。此次登山是该校登山队建队3年以来完成的第11座独立雪山安全攀登。雪隆包峰位于四川省北部，海拔5527米，为技术型雪山，各种技术型的路段非常齐全，攀登高度为1800米，需要较强的负重能力、熟练的结组技术和丰富的裂缝行军经验。

（李飞）

【学生参加多项体育比赛获奖】 至年底，地大学生参加多项体育比赛获奖。5月7日，该校户外队队员杨家根在2011北京国际户外耐力跑挑战赛获得百公里男子组冠军。8月10日，该校由张伟波、任启伟、李坤、梁宇宫、阮红艳、郭碧君组成的拓野骐骥队在第二届全国户外拓展大赛中获得团体冠军，李彤、杨国滔、刘佩奇、王元伟、王双双、杨静组成的WE队获得季军，其中，李坤、阮红艳与王元伟、杨静分别包揽双人混合项目的冠亚军。9月9至21日，该校参加2011年全国定向锦标赛、全国定向冠军赛队获得一金三银四铜。

（李飞）

【学生参加多项竞赛获奖】 至年底，学生参加多项竞赛获奖。5月18日，该校学生刘思琦、孙显卫、韦佳黎、祁福斌的参赛作品《“北斗超人”—2031》在第二届“北斗杯”全国青少年科技创新大赛上获得大学组科幻类唯一的一等奖。6月4日，该校学生罗炳程、袁学友的参赛作品《废弃聚氨酯多功能资源化的利用》在第二届全国高校环保科技创意设计大赛获得大赛银奖。10月16日，该校代表队在第十二届“挑战杯”竞赛终审决赛上获得哲学社科类全国三等奖。11月5日，该校代表队在第四届全国大学生海洋知识竞赛电视总决赛获最终大奖。11月25至27日，该校代表队在第三届“全国普通高校信息技术创新与实践活动”决赛上获得机器人灭火项目的团体总分第一名。

（李飞）

【签署7个合作协议】 至年底，地大与

7个单位签署合作协议。3月16日，地大与青海省地矿局签署战略合作协议书。根据协议，双方重点在科研攻关与矿产资源勘查开发利用方面开展合作。4月25日，地大与青海大学签订对口支援工作计划协议。4月28日，地大与中国地质图书馆签署共建协议，根据协议，双方将在资源建设、到馆服务、网络服务、联合培养、后勤保障和资金保障六个方面开展合作。5月16日，地大与有色金属华东地质勘查局签订合作协议。11月11日，地大与中国石油天然气集团公司签署合作协议。12月13日，地大与中国国土资源航空物探遥感中心签署共建产学研基地协议。12月19日，地大与陕西延长石油集团签署战略合作协议。

（李飞）

北京联合大学

党委书记 徐永利
校　　长 柳贡慧（8月免）

【概　况】 2011年，北京联合大学产权占地面积40.79万平方米。校舍建筑面积62.09万平方米，其中，产权校舍建筑面积454415平方米。固定资产总值145906.70万元，其中，教学仪器设备资产值50895.86万元。全年教育经费投入121225.81万元，比上年增长12.58%，其中，国家拨款经费97536.12万元，自筹经费23689.69万元。图书馆产权建筑面积17231平方米，藏书230.60万册，电子图书4300.8GB。学校信息化经费投入1104.23万元，拥有计算机17913台，多媒体教室座位34133个，信息化设备资产7423.52万元，网络信息点15948个，校园网出口总带宽760Mbps，电子邮件系统用户数6333个，上网课程4858门，数字资源量1472512GB，管理信息系统数据总量137.65GB。学校下设14个学院、36个校级研究所，有国家级的保健食品功能检测中心、4个市级科研机构、2个北京市重点实验室和230个实验室，有6个北京市重点建设学科和13个校级实践教学中心。学校的学科专业设置注重贴近北京市经济建设和社会发展需要，共有6个硕士学位授予学科点、61个本科专业、71个高职高专专业，覆盖工学、理学、文学等10个学科门类。在职教职工3315人，其中，专任教师1670人。专任教师中，高级职称144人，副高级职称527人，中级职称891人。享受政府特殊津贴专家3人。毕业生9683人，其中，硕士研究生36人，普通本科生5791人，高职高专生 2309 人，成人教育学生 1547 人。本科毕业生就业率 93.10%。招生 9534 人，其中，学历教育全日制研究生 39 人，普通本科生 6080 人，高职高专生 1901 人，成人教育学生 1514 人。高考北京地区录取线，本科理科 435 分、文科 481 分；高职高专理科 150 分，文科 150 分。在校生 30487 人，其中，学历教育全日制研究生 101 人，普通本科生 20607 人，高职高专生 6355 人，成人教育学生 3424 人。在校留学生 612 人。网址：www.buu.edu.cn。

（杨影）

【建立高新技术研发及成果转化基地】

1 月 14 日，联大机电学院建立高新技术研发及成果转化基地。该基地由该校和北京华德液压工业集团有限责任公司合办，开展高新技术研发和成果转化工作和横向课题研究。该基地 2011 年投入科研课题和科研资金 20 万元，委托学校 4 名教师进行企业研发产品研究。

（杨影）

【举办首届首都旅游发展论坛】　1 月 16 日，联大举办首届首都旅游发展论坛。论坛以“北京建设国际一流旅游城市”为主题，研讨北京旅游发展中的热点、组织管理等问题。来自北京旅游界专家学者参加论坛。

（杨影）

【特殊教育学院回迁蒲黄榆校区】　2 月 12 日，联大特殊教育学院回迁蒲黄榆校区。该院全部单位迁回该校区办公、教学。蒲黄榆校区现有总建筑面积 36000 平方米，其中，综合楼 21000 平方米、特教楼 4000 平方米、食堂、操场 3600 平方米、学生宿舍 7400 平方米。该校区改扩建工程于 2008 年 12 月正式启动，总投入 1.3 亿元。

（杨影）

【与枣庄市签订合作协议】　2 月 20 日，联大旅游学院与山东省枣庄市教育局签订合作协议。根据协议，双方采取“1＋X”的创新教育模式对学生进行培养，引进职业经理人、职业资格证书等项目。此外，双方还就旅游人才培训、职业教育分级等达成合作共识。

（杨影）

【召开教学工作会】　3 月 1 日，联大召开教学工作会。会议要求教学管理人员工作要有计划、有重点、明确职责，围绕教学品质提升计划；教学品质提升是工作的主线，执教能力、管理水平和学习效能的提升是各单位的工作重点；新版培养方案的制订工作要合理安排时间点；要进一步规范教学管理，重新梳理教学过程管理文件，使用现代化手段，做到科学管理。该校领导及各学院负责人参加会议。

（杨影）

【与 4 所国外大学签订合作协议】　3 月 4 日至 11 月 18 日，联大与 4 所国外大学签订合作协议。3 月 4 日，该校与英国罗伯特·哥顿大学签订“3＋1”、“3＋1＋1”和短期交换等合作项目协议。4 月 12 日，该校与美国斯普林爱伯大学签订教师和学生交流协议。10 月 11 日，该校与美国埃弗里特社区大学签订“1＋1＋2”合作办学协议。11 月 18 日，该校与美国高立德大学签订聋人大学生“2＋2”培养协议。

（杨影）

【小营校区公选课实现三统一】　3 月，联大小营校区公共选修课教学首次实现三统一。该校小营校区有校本部和旅游学院，公共选修课改变各个学院独立教学，完成统一申报课程、教务统一排课、学生统一选课工作，实现“三统一”。至年底该校区共开设公共选修课 92 门次，共有 5900 人次成功选课。

（杨影）

【开通大学生就业能力学习平台】　3 月，联大开通大学生就业能力学习平台。该平台依托高校图书馆网络，提供专家视频、直播讲坛、实践社区等互动服务，以及综合英语、职业规划、职业技能、职业实践等方面的课程培训。该平台由该校图书馆主持建设。

（杨影）

【举办第五届青年教师教学基本功大赛】　4 月，联大举办第五届青年教师教学基本功大赛。比赛以“以赛带练、以赛促导、导练结合、重在培养”为主题，分为文史、理工两大类别，设置初赛、决赛和辅导提高三个环节，评选出一等奖 2 名，二等奖 4 名，三等奖 8 名。该校共有 40 岁以下青年教师 828 人参加比赛。

（杨影）

【成立特殊教育学院校外实践教学基地】　5 月 21 日，联大特殊教育学院成立听障生园林技术专业校外实践教学基地。该基地由该院与中国科学院植物研究所共建，面向该院听障学生开展教学实践活动。

（杨影）

【与全聚德签订合作协议】　5 月 30 日，联大旅游学院与中国全聚德（集团）股份有限公司签订合作协议。根据协议，双方合作开展订单式校企合作、专业共建校企合作等人才培养模式改革与创新，建立企业导师制度，建立校企深度融合的实习、实训基地，创设“全聚德集团定单培养”项目奖学金，开展委托项目、技术协作、产品开发、共建研发实体、共建联合实验室等科研领域的合作，共同开展职业教育及职业教育分级制改革试点项目的研究与实践，依托全聚德餐饮管理学院进行集团中高级管理人员培训工作，开发餐饮教育与技术的国际合作项目、开发国际资格证书培训项目等合作。协议有效期 5 年。

（杨影）

【与中关村软件园签订合作协议】　6 月 3 日，联大国家级服务外包人才培养模式创新实验区与国家软件基地中关村软件园签订合作协议。根据协议，双方共建 IT 服务外包产学研用、就业一体化实践服务平台。通过实践平台，引导企业在校内开展工程项目实践，联合制定 IT 服务外包专业培养方案，共同组织制定服务外包人才测试标准。

（杨影）

【与北汽集团签订合作协议】　8 月 23 日，联大与北京汽车集团公司举行校企人才培养协议签约仪式。根据协议，北汽集团将联合大学列为招收新员工的重点院校，定期招收优秀毕业生，并将所属企业作为联合大学学生培养实践基地；联合大学为北汽集团开办各类人员个性化培训，支持集团党校教学工作。

（杨影）

【残运会上取得好成绩】 10月19日，联大特殊教育学院学生代表北京参加第八届全国残疾人运动会取得好成绩。该院学生共获得5枚金牌、6枚银牌、9枚铜牌，其中，朱鹏凯获得3枚金牌，谢青获得2枚金牌。

（杨影）

【开展职业教育分级改革试点工作】

10月，联大开展职业教育分级制度改革试点工作。该工作是将原来“镶嵌”于普通教育、学历教育体系之中职业教育分离出来，按照职业教育特点和规律加以梳理和重构，建立具有中国特色的现代职业教育体系。该校分别开办餐饮管理“全聚德订单班”和市场营销“职业教育分级试验班”，实现校企“双主体育人机制”培养学生。

（杨影）

【举办3期大讲堂】 10至12月，联大举办3期大讲堂。期中，10月，邀请北京师范大学教授解读《诗经》；11月，邀请首都经贸大学教授做“大学生职业规划与学涯设计”讲座；12月，邀请国家行政学院社会教授做《有效沟通的艺术》讲座。

（杨影）

【开通英文网站】 11月1日，联大开通英文网站。网站网址为english.buu.edu.cn，下设联大概况、教学、科研、招生、学生活动、校友、国际化、人力资源管理共八个一级目录，包括40个二级目录。

（杨影）

【与贵州职院签订对口帮扶协议】 11月11日，联大与贵州航天职业技术学院签订对口帮扶协议。根据协议，联大将帮助该院进行专业建设、干部

和教师培训等活动，同时，开展教学科研合作。

（杨影）

【全面推行教学改革】 至年底，联大推行教学改革。该校制定《北京联合大学“十二五”普通高等教育本科教材建设的规划》、《成绩管理办法》和《实习经费管理暂行办法》，完成教改项目申报和评审，制订校级实验班培养方案及管理制度，进行公共基础课和通识教育课程改革。

（杨影）

中国青年政治学院

院　　长　陆昊（兼）
党委书记　倪邦文

【概　况】 2011年，学校占地面积113220平方米，建筑面积172938平方米。固定资产总值12758.95万元，其中，教学科研仪器设备资产总值5658.37万元。全年教育经费投入20450.92万元，其中，国拨13807.77万元，自筹经费6643.15万元。设有14个本科教学机构，包括3个学院、7个系、5个中心。另设继续教育学院（在全国5个省区设有5个教学点）、轮训部、国际教育交流学院等3个教学培训机构。开设13个本科专业，15个硕士研究生专业，覆盖5个学科门类。硕士学位授予点15个。教职工总数531人，其中，专任教师314人，专任教师中，教授39人、副教授120人，有硕士生导师77人，享受政府特殊津贴专家1人。毕业生1899人，其中，学历教育学生中全日制研究生105人，普通本专科生1123人，成人教育本专科生671人（本科生340人、专科生331人）。招生3029人，其中，学历教育学生中全日制研究生212人，普通本科生1091人，成人教育本专科生1726人（本科生407人、专科生1319人）。在校生8292人，其中，学历教育学生中全日制研究生504人，普通本科生4491人，成人教育本专科生3297人（本科生1051人、专科生2246人）。留学生招生118人，在校生154人。本科毕业生就业率93.82%，高考提档线文科562分，理科547分。留学生招生118人，在校生154人。图书馆建筑面积11000平方米，藏书总额67.68万册。网址www.cyu.edu.cn。

（韩永涛）

【与企业合作关爱农民工子女】 3月5日，中青院与企业开展合作关爱农民工子女活动。中青院与中国电子信息产业集团有限公司合作帮助北京石景山区树仁学校农民工子弟，三方签订《志愿1+1+1关爱助成长结对子协议》。

（韩永涛）

【新增6个一级学科硕士学位授权点】 3月，中青院新增6个一级学科硕士学位授权点。新增授权点由国务院学位委员会审定，分别是哲学、应用经济学、法学、社会学、马克思主义理论和新闻传播学。

（韩永涛）

【首个思政理论课实践教学基地揭牌】 4月1日，中青院首个思想政治理论课实践教育基地在中国人民抗日战争纪念馆挂牌。挂牌后，该基地承担该校相关专业学生教学实践任务。纪念馆提供相关支持和保障。

（韩永涛）

【共青城培训基地挂牌】 7月13日，中青院共青城培训基地在南昌理工学院挂牌。该基地是该校自1995年以来在京外建立的第8个全国团干部教育培训基地，面向全国高校共青团干部开展培训活动。

（韩永涛）

【共建教学实习实践基地】 9月23日，中青院与北京市大乾律师事务所共建教学实习实践基地。该基地设在该律师事务所，面向该校法律系学生开展人才培养工作。该事务所为学生提供必要保障。

（韩永涛）

【召开媒介与青年亚文化研讨会】 11月5日，中青院召开“媒介与青年亚文化”学术研讨会。会议由该校与北京师范大学、中国艺术研究院《文艺研究》杂志社合办，以“媒介与青年亚文化”为主题，研讨青年亚文化问题。来自全国20所高校和科研机构专家学者80人参加会议。

（韩永涛）

首钢工学院

院　　长　毛武（兼）
党委书记　黄吴兵

【概　况】 2011年，首钢工学院占地面积16.75万平方米，建筑面积9.12万平方米。固定资产总值7811万元，其中，教科仪器设备资产值2792万元。全年教育经费投入4343.7万元（无国家拨款）。图书馆建筑面积6400平方米，藏书30.4万册，其中，电子图书560GB。信息化经费投入173万元，拥有计算机953台，多媒体教室座位6025个，信息化资产1212万元，网络信息点数5000个，校园网出口总带宽62Mbps，电子邮件系统用户数600个，上网课程342门，数字资源量9000GB，管理信息系统数据总量300GB。设有5个系部和1个成教学院，开设高职专业25个、成人专科专业7个、成人专升本科专业3个，有普通本科学士学位授予资格专业6个（1999年后暂未招生）。教职工总数282人，其中，专任教师180人，包括教授、副教授62人。毕业生2094人。其中，普通专科生1165人，成人教育本专科生418人（本科生111人、专科生307人），网络教育本专科生449人（本科生275人、专科生174人）；非计划招生高等教育学生中在职人员攻读硕士学位62人。本专科毕业生就业率99.8%。招生2364人。其中，普通专科生1117人，成人教育本专科生480人（本科生132人、专科生348人），网络教育本专科生661人（本科生421人、专科生240人）；非计划招生高等教育学生中在职人员攻读硕士学位106人。高考北京地区提档线文科150分、理科150分。在校生6342人。其中，普通专科生3419人，成人教育本专科生824人（本科生169人、专科生655人），网络教育本专科生1659人（本科生1079人、专科生580人）；非计划招生高等教育学生中在职人员攻读硕士学位440人。网址：www.sgit.edu.cn。

（徐励　吕雪珊）

【成立院团校】 5月11日，首钢工学院成立团校。团校隶属院团委，开展学生团干部培训工作。该团校经过班级推荐、系部审核、笔试和面试，选拔40名学生参加首期培训。

（徐励）

【召开课程体系改革交流研讨会】 6月，首钢工学院召开课程体系改革交流研讨会。会议研讨该院各专业人才需求分析、专业培养定位、双证书工作落实等问题，提出校内实训基地建设目标。该院学校环境监测与治理技术、建筑装饰工程技术、建筑工程管理等7个高职专业负责人和教师参加交流研讨。

（徐励）

【参加全国数学建模比赛获奖】 9月，首钢工学院在全国大学生数学建模乙组竞赛中取得好成绩。本届乙组比赛，全国共评出51个一等奖，221个二等奖，获奖率为7.8%。该院选派7个队参赛，2个队获全国二等奖、2个队获北京市一等奖。

（徐励）

【召开专业群建设研讨会】 11月25至26日，首钢工学院召开专业群结构分析与建设研讨会。会议总结学校专业群建设情况，就高职层次六个专业群建设进行交流研讨。会议认为要从学校实际出发，加强办学定位与发展方向研究；要从企业、社会发展需要和招生就业需求出发，加强专业设置与评价的动态机制；要从专业建设目标出发，加强教学资源的配置与协调；要进一步总结工作成果，完善制度与机制，提高专业建设水平。该院领导和教师50人参加会议。

（徐励）

【教师基本功比赛获奖】 至年底，首钢工学院教师在两项基本功比赛中获奖。其中，在第二届“外教社杯”全国大学英语教学大赛（北京赛区）的比赛中，该院基础部英语教师郭海燕获三等奖；在市教工委举办的“第五届北京高校思想政治理论课教学基本功比赛”中，基础部社科教师徐章燕获得“毛泽东思想和中国特色社会主义理论体系概论”课程教学基本功二等奖。

（徐励）

中国劳动关系学院

党委书记　颜辉
院　　长　李德齐

【概　况】 2011年，中国劳动关系学院占地面积42.08万平方米，学校产权建筑面积19.06万平方米、非产权建筑面积6.03万平方米。固定资产总值20398.6万元，其中，教学、科研仪器设备资产值4459.74万元。图书馆建筑面积9800平方米，藏书85万册，其中，纸质图书64万册、电子图书21万册。全年教育经费投入27219万元，其中，国家拨款23193万元、自筹经费4026万元。学校信息化经费投入2700万元，拥有计算机3234台，多媒体教室座位7373个，信息化设备资产1410万元，网络信息点数7885个，校园网出口总带宽820Mbps，电子邮件系统用户数545个，上网课程2门，数字资源量5700GB，管理信息系统数据总量83GB。设置11个院（系、部）；开设13个专业、覆盖6个学科；具有一级学科5个。教职工481人，其中，专任教师277人，包括教授27人，副教授69人。享受政府特殊津贴专家10人。毕业生1842人，其中，普通本专科生1566人（本科生1044人、专科生522人），成人教育本专科生276人（本科生193人、专科生83人）。本科毕业生就业率96.66%。招生2419人，其中，普通本专科生1762人（本科生1165人、专科生597人）、成人教育本专科生657人（本科生219人、专科生438人）。北京地区高考提档线本科理科438分、文科481分；专科理科151分、文科

153分。在校生7255人，其中，普通本专科生5890人（本科生4531人、专科生1359人），成人教育本专科生1365人（本科生624人、专科生741人）。网址：www.ciir.edu.cn。

（焦园媛）

【设立总工会奖学金】 9月20日，劳关学院设立中华全国总工会奖学金。该项奖学金由中华全国总工会出资设立，为长期项目，每年提供资金75万元奖励，200名学习成绩优异、家庭经济困难学生，奖励标准为每人每年3000元。

（焦园媛）

【与加拿大大学签订合作协议】 9月，

劳关学院与加拿大坎纳多文理学院签订合作协议。根据协议，双方在高等职业教学领域采用“1＋2”或“2＋1”模式，学生第一年或第二年在劳动关系学院学习后赴加拿大坎纳多文理学院学习两年或一年。在加拿大期间学习为半工半读形式，每年有5个月带薪实习。毕业后双方均颁发专科学历。

（焦园媛）

【获得专业学位研究生建设单位资格】 10月17日，劳关学院获得培养硕士专业学位研究生试点工作建设单位资格。根据国务院学位委员会印发《服务国家特殊需求人才培养项目”——学士学位授予单位开展培养硕士专业学位研究生试点工作建设单位名单的通知》，该院被确定列入开展培养硕士专业学位研究生试点工作建设单位名单，专业学位类别为公共管理硕士。国务院学位办将在2012年8月以前组织专家组进行实地检查评估，如通过评估将被列入开展培养硕士专业学位研究生试点工作的单位名单，并从2013年起开始进行公共管理（劳动关系方向）专业学位研究生的招生、培养和学位授予工作。

（焦园媛）

【举办首届模拟集体谈判大赛】 11月

25日，劳关学院举办首届模拟集体谈判大赛。比赛以“劳动关系由‘背靠背’到‘面对面’”为主题，分别模拟煤矿企业谈判案例、食品企业谈判案例和杂志社谈判案例。来自首经贸大、人民大学和该院三只代表队参赛。

（焦园媛）

【共建两个教学实践基地】 至年底，劳关学院共建两个教学实践基地。3月31日，学院与海淀区总工会签订合作共建教学实践基地协议，根据协议，海淀区总工会根据工作需要为学生提供一定量的实习岗位，并派专人给予指导。双方在突发事件预警机制、建立新生代农民工心理疏导机制、工会组织建设、职工素质建设、工作集体协商、劳动争议协调六个方面开展专题研究。6月15日，学院与北京建工集团签订合作共建教学实践基地协议，根据协议，学院与北京建工集团共同开展教学实践周活动，企业提供场地和必要经济支持。

（焦园媛）

中国科学院研究生院

院　　长　白春礼
党委书记　邓勇

【概　况】 2011年，中国科学院研究生院由设在北京的4个园区、5个研究生教育基地及130个研究生培养单位构成，设有数学科学学院、物理科学学院、化学与化学工程学院、材料科学与光电技术学院、地球科学学院、资源与环境学院、生命科学学院、信息科学与工程学院（国家计算机网络入侵防范中心）、管理学院、人文学院、外语系、计算机与通信工程学院、工程教育学院、科技管理学院、中丹学院等直属教学机构；设有中国科学院数据与通信保护研究教育中心（信息安全国家重点实验室）、中国科学院虚拟经济与数据科学研究中心和科技资源管理研究中心等研究机构。拥有博士学位授权一级学科点39个，分布在教育学、理学、工学、农学、医学、管理学6个学科门类；硕士学位授权一级学科点53个，分布在哲学、经济学、法学、教育学、文学、理学、工学、农学、医学、管理学10个学科门类，覆盖54个一级学科。另有工程和工商管理硕士等8类专业学位授权点。研究生院教师由专任教师、任课教师、论文指导教师组成，其中，专任教师345人（教授研究员133人、副教授副研究员154人），论文指导教师10559人，任课教师1574人。中科院研究生院录取研究生12792人，其中，博士研究生5520人，硕士研究生7272人。在学研究生38320人，其中，博士研究生18659，硕士研究生19661人。毕业研究生8131人，其中，博士研究生4734人、硕士研究生3397人。授予4832人博士学位，3898人硕士学位。在学外国留学生149人，其中，博士研究生121人，硕士研究生10人；在学港澳台学生47人。外国留学生毕业16人，均为博士研究生；港澳台学生毕业4人，其中，博士研究生2人，硕士研究生2人。主办有《中国科学院研究生院学报》、《自然辩证法》、《管理评论》、《工程研究——跨学科视野中的工程》4个公开发行的学术期刊以及内部刊物《研究生院》。网址：www.gucas.ac.cn。

（尚颖）

【与沙特高校签署学生交流协议】 2月25至26日，中科院研究生院与沙特阿卜杜拉国王科技大学签署学生交流协议。根据协议，双方确定设立联合培养项目，在互认课程学分、共同指导的基础上，阿卜杜拉国王科技大学将为该院学生提供奖学金和赴该大学学习的机会，参加此项目的学生将获得研究生院和阿卜杜拉国王科技大学两名导师的指导，学习结束并通过答辩后，可获得中科院研究生院和阿卜杜拉国王科技大学分别颁发的毕业文凭和相应学位。首批共有 20 名学生参加该项目。

（尚颖）

【举办数据学与数据科学国际研讨会】 5 月 29 至 30 日，中科院研究生院举办数据学与数据科学国际研讨会。研讨会主题为“探讨数据科学的原理、结构与应用”，分为专题报告和交流讨论两个部分，32 名国内外专家学者围绕数据分析、数据结构、数据库管理、数据挖掘、知识发现、智能知识与知识管理等多个角度作学术报告。来自美国、加拿大、澳大利亚、日本、西班牙等国家和国内知名学者、高校学生近 100 人参加会议。

（尚颖）

【与美国卫理公会医院签订合作协议】 5 月 30 日，中科院研究生院与美国卫理公会医院研究所（The Methodist Hospital Research Institute，TMHRI）签订联合培养研究生协议。根据协议，双方自 2011 年 6 月 1 日起，开展为期 6 年的医用材料及相关领域的研究生联合培养计划，中科院研究生院材料学院每年遴选数名优秀研究生及青年教师到美国卫理公会医院研究所进行为期两年的学习研究，获选研究生将由中美双方导师共同指导，毕业时由中科院研究生院授予学位。研究生或青年教师在美国学习研究的两年期间，将享受到美方提供的高额资助和其他优厚待遇。

（尚颖）

【举办地球科学前沿国际研讨会】 7 月 6 至 7 日，中科院研究生院举行 2011 地球科学前沿国际研讨会。研讨会为期 2 天，43 名专家学者在会上作专题报告，来自中国、美国、法国、德国、日本、意大利、丹麦专家学者参加会议。

（尚颖）

【成立中丹学院】 7月11日，中国科学院研究生院成立中丹学院。该学院为中科院研究生院的非营利性二级学院。中丹学院先期发展的学科领域包括水和环境、可再生能源、纳米科学与技术、生命科学、社会科学。学院教师分别来自中科院研究生院相关学院、培养单位以及丹麦哥本哈根大学等 8 所国外大学。该学院实行双导师制，采用全英文教学的课堂面授形

式，培养中丹双学位硕士生和博士生。该学院计划在水和环境、神经科学与神经影像学、创新管理和公共管理与社会发展 4 个专业招收第一批联合培养硕士生，共 120 名学生，其中，丹麦学生约 60 人左右。

（尚颖）

【举办10期暑期学校】 7月18日至8

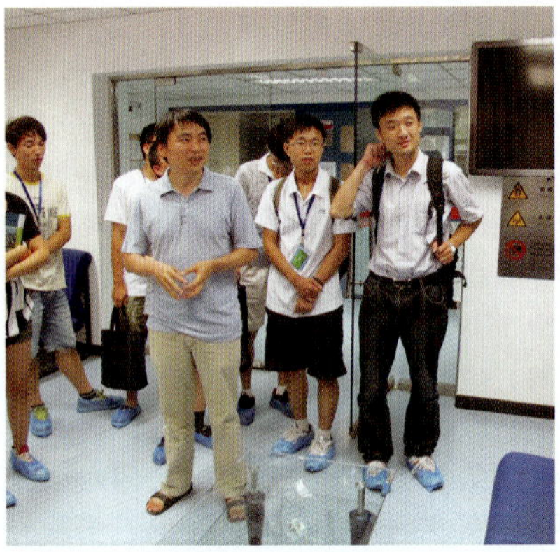

月 1 日，中科院研究生院举办 10 期全国优秀大学生暑期学校。10 期暑期学校分学科群开办，分别由该院 10 个学院承办，招生对象为全国高等院校优秀高年级本科生，一律免收学费，由中科院研究生教育基金会提供 200 万元经费资助。暑期学校采取讲座报告、团队研讨、参观考察、师生联谊等形式，帮助学生开拓学术视野、培养科研兴趣、激发科研潜能。期间共举办讲座 254 场。来自国内 149 所高校的 1107 名大学生参加暑期学校的学习。

（尚颖）

【召开科教结合工作研讨会】 9 月 22 日，中科院研究生院召开科教结合工作研讨会。会议围绕中科院科教结合教育创新项目规划以及存在的问题进行总结交流。会议提出科教结合教育创新项目应进一步提高项目的实施成效，从充分发挥“科教结合”教育创新项目的教学平台、科研平台作用以及加强院所沟通三个方面着手，进一步加大研究所科研一线人员的参与度，帮助年轻教师提高研究能力、学术水平，努力在教师互聘、学生培养等研究生教育的各个环节逐步建立院所间良好的沟通机制。16 名科教结合教育创新项目的负责人、相关院系负责人参加研讨会。中国科学院科教结合教育创新项目于 2009 年 4 月启动，项目以体现科教结合理念，立足于科教结合，提高研究生创新与科研能力为原则。至年底，共有 16 个研究生院与研究所联合共建项目及 1 个特聘教师岗位项目获准设立。该项目的实施促进教学工作与科研工作的紧密结合，加强对研究生科研能力的培养、推进师资队伍建设。

（尚颖）

【举办体育节】 10月，中科院研究生

院举办第三届体育文化节。体育节以“科学·体育·星行”为主题，为期 9 个月，活动内容包括组织 14 场各类体育赛事，举办 4 期“科学·体育·星行”访谈等。

（尚颖）

【举办地球物理学全国研究生暨国际研究生短期学校】 11 月 11 至 21 日，中科院研究生院举办“地球物理学”全国研究生暨国际研究生短期学校。该短期学校是教育部研究生教育创新计划项目之一，由教育部学位管理与研究生教育司和国家自然科学基金委员会的“‘地球物理学’全国研究生暨国际研究生暑期学校”课题资助，由中国科学院研究生院承办。该短期学校课程包括专题系列讲座、学术交流会、实验室参观和野外考察。来自武汉大学、中国地质大学、中国地震局地震研究所、中科院地质与地球物理研究所等 18 家培养单位的 45 名硕士生、博士生和博士后参加短期学校学习。

（尚颖）

【举办地下水污染与水系统安全国际会议】 12月1至2日，中科院研究生院举办2011地下水污染与水系统安全国际会议。会议由中国科学院发起，美国环境保护总署（EPA）和中国地质调查局协助推进，中国科学院研究生院承办。会议研讨地下水污染调查、监测预警与应急、地下水与地表水相互转化时空演变与定量评价、地下水污染模拟新进展、地下水污染人体健康与生态风险评估、全球变化与地下水环境响应、地下水污染控制与修复新进展、地下水风险管理平台与法律法规建设和地下水污染流域尺度水环境系统优化调控问题，共举办46场主题报告。来自中国、美国、加拿大等国内外研究机构和院校的近300名专家学者及研究人员参加会议。

（尚颖）

【启动“菁英计划”试点工作】 12月17日，中科院研究生院启动“菁英计划”试点工作。“菁英计划”主要针对本科生教育，由中科院相关研究所（培养单位）与高等院校合作，在高等院校的相关专业开办具有明显学科优势的特色班，该特色班原则上以相关专业中科院著名科学家冠名。各研究所（培养单位）可根据实际情况，介入“菁英班”招生选拔、教学、培养、学术指导环节，并为“菁英班”学生科研实习提供实践基地。本次试点工作拟定30个中科院研究所（培养单位）作为牵头单位，先行开展试点工作。

（尚颖）

中国社会科学院研究生院

党委书记 黄晓勇
院　　长 刘迎秋

【概　况】 2011年，中国社会科学院研究生院占地面积40.69万平方米，一期建筑面积7.6万平方米，固定资产新增额1918万元，全年教育经费投入16612万元，其中，国家拨款9855万元、自筹经费6757万元。图书馆建筑面积10007平方米，藏书32万册，中文图书221994册，外文图书43656册，中外文期刊45333册。学校信息化经费投入67.7万元，拥有计算机500台，信息化设备资产560万元，网络信息点数4100个，校园网出口总带宽50Mbps，电子邮件系统用户数316个，数字资源量10390GB，管理信息系统数据总量1229GB。具有一级学科博士学位授权点15个、硕士学位授权点17个，二级学科博士学位授权点103个，硕士学位授权点109个，有公共管理硕士、工商管理硕士、法学硕士、社会工作硕士、金融硕士、税务硕士、文物和博物馆硕士7个专业学位授权点。有北京市重点学科5个。有在职教职工140人。其中，专任教师19人，包括教授7人、副教授9人、初中级职称3人；国家有突出贡献专家1人；院级有突出贡献专家1人；享有政府特殊津贴2人；外籍教师4人。院所属39个教学系有指导教师1187人，其中，博士生导师485人，硕士生导师702人。毕、结业学生中学历教育计划内研究生共668人，其中，获博士学位246人，获硕士学位422人（学术学位190人、专业学位232人）；港澳台研究生毕业5人，其中博士生3人，硕士生2人；外国留学生毕业17人，其中博士生9人，硕士生8人；非学历研究生教育课程进修班结业262人。招收学生中学历教育计划内研究生974人，其中博士生308人，硕士生666人（学术学位178人、专业学位488人）；港澳台研究生招生9人，其中博士生8人，硕士生1人；外国留学生招生14人，其中博士生4人，硕士生10人；非学历教育研究生课程进修班招生653人。在校学生中学历教育计划内在校研究生总人数为2490人，其中博士生994人，硕士生1496人；在校港澳台研究生数为42人，其中博士生39人，硕士生3人；在校留学生54人，其中博士生16人，硕士生38人。网址：www.gscass.cn。

（石力）

【与河南大学签订合作协议】 3月15日，社科院研究生院与河南大学签订《中国社会科学院研究生院与河南大学关于共建研究生联合培养基地的协议》。根据协议，双方合作建设研究生联合培养基地，河南大学聘任该院多名教授担任研究生指导教师。

（石力）

【召开中国能源问题研讨会】 4月13至14日，社科院研究生院召开中国能源问题研讨会。会议结合中东北非的政治变局和日本“3·11大地震”导致的福岛核泄露危机等问题，研讨中国能源发展战略和能源产业布局调整。会议整理《日本福岛核泄漏事件对中国未来核能利用的启示》和《中东北非政治变局对我国能源安全战略的警示》两篇文章。来自中国社会科学院、英国诺丁汉大学、北京大学、中国石油大学（北京）以及中石油公司、中海油公司等单位专家学者参加会议。

（石力）

【良乡新校区落成】 4月26日，社科院研究生院良乡新校区落成。该校区位于房山区良乡，占地面积约40万平方米，于2008年开工建设。落成仪式上，该院进行新校区建设先进个人表彰。来自教育部、新闻出版总署、北京市和中国社会科学院领导参加落成典礼。

（石力）

【举办社会工作专业硕士实习工作坊】 6月17日，社科院研究生院举办社会工作专业硕士实习工作坊。工作坊邀请北京市协作者社会工作发展中心主任李涛作专题培训。培训提出社会工作专业是一个应用学科，是解决问题的专业，学生应该从自我需求和期望开始，认真思考自己对实习的期望。参加培训学生进行分组讨论，讨论内容包括实习中专业内容，生活上、实习过程中需要注意细节问题。最后，李涛结合具体情境，对几个方面的问题作启发性提问，并进行阐述。最后，他回答学生关于社会工作专业相关问题。该院学生共计50余人参加学习。

（石力）

【举办研究生创新人才培养研讨会】 7月18日，社科院研究生院举办科研机构研究生创新人才培养研讨会。会议研讨创新型人才培养问题。会议认为科研机构应对生存和发展问题达成共识，形成一个共同体，发出自己的声音，要改革内部管理机制，发挥优势，在当前创新型人才培养的大好环境下争取更多机遇，立足科研更好地培养创新人才。来自国内外的专家学者和该院相关负责人共计 20 人参加会议。

（石力）

【举办征文活动】 9 月 28 日，社科院研究生院举办征文活动。该活动以“梦想”为主题，面向全院学生征集对该院发展建设及自我学业规划的建议文章，共收到作品 40 余篇，最终评选出特等奖 1 名，一等奖 2 名，二等奖 5 名，三等奖 10 名及纪念奖若干名。

（石力）

【非洲研究学者研修班结业】 11 月 6 日，社科院研究生院举办的非洲经济与社会发展研究学者研修班结业。研修班以“非洲经济与社会发展”为主题，举办 16 次专题讲座，并组织学生赴中国国电集团、山东省济南市和曲阜市等地参观考察。该研修班于 10 月 17 日开办，历时 21 天，来自 10 个非洲国家的 20 名学者和官员参加学习。

（石力）

中国农业科学院研究生院

院　　长 翟虎渠（兼）
党委书记 韩惠鹏

【概　况】2011 年，中国农业科学院研究生院占地面积 1.5 万平方米，建筑面积 4.5 万平方米，固定资产总值 6015 万元，其中，教学科研仪器总值 2910 万元。全年教育经费投入 8554 万元，其中，国家拨款 4423 万元，自筹经费 4131 万元。该院研究生教育以其分布在全国 17 个省（市、自治区）的 39 个研究所为依托，拥有 10 个博士一级学科和 53 个博士授权点，12 个硕士一级学科和 65 个硕士授权点。有博士后流动站 8 个，进站 86 人，出站 65 人，在站 264 人。有中国农业领域仅有的农作物基因资源与基因改良国家重大科学工程和国家农业生物安全科学中心，6 个国家重点实验室，17 个农作物、畜禽改良中心，5 个国家重点野外科学观测试验站，5 个国家工程技术研究中心，3 个国家质检中心，1 座国家农作物种质资源长期库，1 座国家农业微生物菌种保藏中心，1 座馆藏文献 210 万余册、33 万余种的国家农业图书馆，拥有 100 多种国内外农业及生物科学电子数据库。有科技人员 5266 人，高级职称 2217 人，其中，研究员 805 人，副研究员 1412 人；两院院士 12 人，国家级专家 24 人，国家“百千万人才工程”人选 44 人，省部级专家 220 人，政府特殊津贴专家 964 人，国家产业技术体系首席科学家 18 人、岗位专家 177 人。有导师 1144 人，其中，博士生导师 418 人。毕业生 685 人，其中，博士生 184 人、硕士生 501 人；授予 172 人博士学位，763 人硕士学位。招生 1331 人，其中，博士生 228 人（包括少数民族骨干计划 21 人，与中国农业大学联合培养 20 人），硕士生 660 人（全日制专业学位硕士 49 名，少数民族骨干计划 3 名）；专业学位硕士招生 443 人。在校生 4285 人，其中，全日制研究生 2593 人（博士生 748 人、硕士生 1845 人），专业学位研究生 1602 人，在职申请学位 90 人。留学生毕业 2 人，招生 46 人（其中学历生 41 人），在校生 99 人。网址：www. gscaas. net. cn。

（高雷）

【召开来华留学生工作研讨会】 1 月 19 日，农科院研究生院召开来华留学工作研讨会。会议研讨来华留学生工作和完善农业科技全球战略布局、打造国际合作平台、实施农业科技“走出去”战略等问题。来自教育部、国家留学基金委以及北京市相关单位专家学者 40 人参加研讨。

（高雷）

【与第三世界科学院签订合作协议】 3 月 1 日，农科院研究生院与第三世界科学院发展中国家妇女科学组织签订合作协议。根据协议，双方共同开展奖学金项目，每年提供 15 个奖学金名额用于资助撒哈拉沙漠以南非洲国家或最不发达国家优秀年轻女科学家来该院攻读博士学位或开展博士课题研究。

（高雷）

【举办文化节】 5 月 10 日，农科院研究生院举办文化节。文化节以“青春、文化、使命”为主题，开展摄影比赛、优秀寝室评选和向玉树灾区儿童捐赠图书活动，共评出 20 件优秀摄影作品，表彰和奖励 39 个寝室。该院师生 300 人参加活动。

（高雷）

【举办专业学位研究生教育工作研讨会】 10 月 12 至 14 日，农科院研究生院举办第五次专业学位研究生教育工作研讨会。会议以“优化生源、规范管理、全面提升专业学位研究生教育质量”为主题，总结该院“十一五”期间的研究生教育成果，探讨该院“十二五”研究生教育规划，与会代表就专业学位研究生教育管理中的相关工作内容分组进行交流研讨。来自黑龙江、云南、西藏等地 17 个教学协助单位代表 38 人参加会议。

（高雷）

（本栏责任编校　张驰　郑明）

职业与成人教育

综　述

2011年，北京市职业与成人教育工作以推进职业教育分级制改革为重点，进一步完善终身教育体系，加快构建学习之都。

职业教育工作

北京市高等职业教育，推进职业教育分级制改革试点，完成先期改革试点12个专业改革方案论证，以职业教育分级制为基础的“我国现代职业教育体系研究”被确定为国家社科基金教育学重大课题。推进国家教育体制改革试点项目“地方政府促进高等职业教育发展综合改革试点”，推动北京工业职业技术学院、北京电子科技职业学院分别与石景山区、大兴区建立战略合作关系。完成北京农业职业学院、北京财贸职业学院国家示范性高等职业院校建设验收工作，举办机器人技术应用等7项北京市高等职业院校技能大赛。参加全国职业院校技能大赛，北京市在7个赛项中共获得一等奖5项、二等奖4项、三等奖4项。开展中德合作职业资格教育项目，在5个北京市技能型人才紧缺专业引入德国职业资格认证体系。召开职业教育国际合作研讨会。

北京市中等职业教育深化办学模式、人才培养模式和课程体系改革，完善职业教育基本制度。继续开展校企合作的人才培养模式改革和职业教育集团化办学改革试验。总结北京交通职教集团和昌平职教集团办学经验，推进电子信息、文化创意、金融商贸、现代制造等职业教育集团筹备组建工作。推动职业院校与企业深度合作，建立双向参与、双向服务、合作共赢机制。开展职业教育分级制度改革实验，探索构建现代职业教育体系，搭建中高等职业教育、职业学历教育与职业培训、普通教育与职业教育、学校教育与社会教育之间的衔接融通，面向不同社会群体和满足不同层次职业教育需求的人才成长立交桥。向教育部推荐29本中职教育改革创新示范教材。组织汇编2010年教学设计方案，进行优秀课例、自编讲义、教师论文评选。开展课程改革成果展示交流。开展顶岗实习管理现状调研和实训基地建设项目评估。规范专业建设和管理，形成与首都产业发展相适应的“三、二、一”专业建设格局。重点建设20个示范专业。印发《关于中等职业学校示范专业建设的指导意见》。评定6所学校为第二批北京市现代化标志性中职学校。8所中职学校入选2011年度“国家中等职业教育改革发展示范学校建设计划”第二批立项建设学校。13个中职学校实训基地建设项目获2011年度中央财政支持。加强德育管理，组织中职学校德育工作骨干开展交流、研讨，组织开展中职学校校园文化建设实践研究。举办市中职学校技能比赛暨全国职业院校职业技能大赛北京地区预选赛，67所学校近万名学生参加12大类、45个项目比赛，以获奖学生为主集训组团参加全国比赛，获得一等奖24个、二等奖22个、三等奖30个、优秀奖19个以及团体总分第五名。开展调查研究，筹建职业教育教学资源库。起草制定《职业教育创新行动计划》。

成人教育工作

北京市成人高等教育工作，高标准组织承办全国继续教育工作会，受到刘延东、袁贵仁等领导一致肯定。参与教育部“十二五”继续教育分规划等政策文件制定与研讨。加强继续教育专业建设，25所高校增设47个继续教育专业。召开市属高校继续教育规范管理、维护稳定工作会，开展市属高校继续教育规范办学排查工作。完善北京高校继续教育数据状态平台，编写完成《北京高等学校继续教育质量年度报告2010》。北京7所成人高等学校7种教材入选2011年北京高等教育精品教材。

北京农村成人教育工作，加强农村职业与成人教育工作队伍建设。指导各区县完善乡镇和农村成人学校管理，推动有关部门和部分区县妥善解决乡镇成人学校机构和人员编制等问题。对专兼职管理干部和教师开展专题业务培训。组织专家对各区县2010年申报的86个农民教育培训项目进行评审，认定74个项目获奖，其中，一等奖15项、二等奖26项、三等奖33项。组织专家对各区县教委2010年申报的示范性乡镇成人学校进行评估，认定8所学校为北京市示范性乡镇成人学校。加强社会主义新型农民培养工作，全年共开展各类农民培训60万人次。

学习型组织建设

北京市学习型组织建设工作，加强统筹协调和组织领导。起草《学习型城市建设规划》。召开建设学习型城市领导小组第五次工作会议，市委市政府领导分别向北京师范大学、中国人民大学、首都师范大学颁发“首都学习型社会研究院”、“北京学习型组织发展研究中心”和“北京市学习型学校建设促进中心”铜牌。开展学习型学校建设理论实践研究、工作交流研讨，指导学校转变教育观念，服务终身学习。认定81人为第二批“首都市民学习之星”，认定21个项目为第三批“首都市民学习品牌”。推动示范区县建设，起草《关于加快首都学习型城市建设，进一步推进学习型区县建设的意见》，修订《北京市学习型城市建设工作示范区评估指标》。加强社区学院建设，印发《关于推动社区学院发展，促进学习型城市建设的意见》，启动示范社区学院建设工作。探索建立终身学习激励制度。参与开放大学方案制定工作，开展市民学习成果累计、认证和转换实验。指导区县推进市民终身学习卡实验，完善终身学习服务网络。完善北京学习型城市网建设，面向社会开展网络学习资源征集活动，与部分学习网站建立课程互换机制，整合充实学习资源；拓展网上阅读、成果测评、学分积累等在线学习和服务功能，年点击率超过百万人次。

（邵和平　黄侃）

总　　类

【举办阳光工程职教系统运动会】 5月7至8日，阳光工程2011年北京市职教系统运动会在北京市大兴区第一职业学校举办。运动会分田径、跳高、跳远等传统项目和30米往返躺立跑、30米双人夹球跑、100米袋鼠跳接力等趣味项目，传统项目下教职工和学生分开进行比赛。全市45所高职、中专、技校、职高2000余名师生参加比赛。大兴区第一职业学校获教职工团体总分第一名、中职郊区组团体总分第一名。运动会由市教委、市体育局、市人力社保局主办，大兴区第一职业学校承办。

（宋思均）

【召开北京职业教育国际合作研讨会】 6月16日，北京职业教育国际合作研讨会在北京信息职业技术学院召开。会议主题是“应对经济全球化挑战的职业教育多边合作”，包括职业教育标准国际认同、多边合作组织的职业教育战略、职业教育国际合作经验和成功案例三项内容。来自外交部、教育部，北京市教委、上海市教委和华北其他省份教委领导，北京25所高职学院正副院长和教务处主任，来自爱尔兰、韩国、德国和中国台湾等地大学校长，以及来自澳大利亚驻华大使馆、欧盟委员会教育文化总司、英国职业教育协会、德国德累斯顿工商联合会等国外教育机构和相关单位专家领导共150余人参加大会。会议由市教委主办，市国际教育交流中心、北京信息职业技术学院、北京工业职业技术学院和北京电子科技职业学院共同承办，是第八届北京国际教育博览会内容之一。

（侯彤　任军）

【组织参加全国职业院校技能大赛】 6月24至27日，市教委组织学生参加2011年全国职业院校技能大赛。其中，111名中职学生参赛，获得一等奖24个、二等奖22个、三等奖30

个、优秀奖19个以及团体总分第五名；39名高职学生参赛，获得一等奖5个、二等奖4个、三等奖4个，创下历史最佳成绩。比赛由教育部、天津市政府等部门和单位在天津举办，涵盖16个专业类别55个赛项，其中，中职组12个专业类别45个赛项、高职组4个专业类别10个赛项，全国38个省、市、自治区共5038名选手参赛，决出一等奖524个、二等奖1012个。

（吕轮超　张兰　宋友山）

全国职业院校技能大赛
中职组一等奖（北京）

团体项目

企业网搭建与应用
北京市信息管理学校
张洋　赵兴路

机电一体化设备组装与调试
北京电子科技职业学院
马向朴　朱玉亮

汽车二级维护作业和车轮定位
北京市交通学校
曹阔　史春达

现代物流中心作业
北京市商务科技学校　王晨阳
北京国际职业教育学校　宋玉超
北京金隅科技学校　刘钊

个人项目

中餐热菜
北京市丰台区职业教育中心学校
王海港

中餐面点
北京市昌平职业学校　张娟

中餐冷拼
延庆县第一职业学校　王轩

数控车工
北京金隅科技学校　苑启凡

车工
北京金隅科技学校　杜知峰

装配钳工
北京市工贸技师学院　李道胜
北京市工贸技师学院　姜丛帅

汽车维修基本技能
北京市交通学校　马义龙
北京市交通学校　臧云松

车身涂装（涂漆）
北京市交通学校　王贺齐
北京市交通学校　白晨

女式春夏时尚成衣款式设计、立体造型与纸样修正
北京电子科技职业学院　王雪华

中职学生模特服装表演
北京国际职业教育学校　伍倩

男士无缝推剪造型（教习模特）
北京市黄庄职业高中　何根伟

女士中长翻翘（教习模特）
北京市黄庄职业高中　马蓉蓉

新娘化妆、盘发整体造型（真人模特）
北京市黄庄职业高中　黄萍
北京市商务管理学校　李亚虹

晚宴化妆、发型设计造型（真人模特）
北京市实美职业学校　宋诗卿
延庆县第一职业学校　王迪

物流单证
北京市商务科技学校　于江溪

（胡雨）

全国职业院校技能大赛
高职组一等奖（北京）

机器人
北京工业职业技术学院
陈浩　贾莉　林午童

光伏发电系统安装与调试
北京电子科技职业学院
施祥颖　郭杰　王超

芯片级检测维修与信息服务
北京电子科技职业学院
张宇　尉凯
北京工业职业技术学院
杨东　周鹏

信息安全技术应用
北京信息职业技术学院
郭子健 李紫阳 高磊

（胡雨）

【《校企合作暂行办法》施行并获教育部转发】 7月1日，《北京市交通行

业职业教育校企合作暂行办法》施行，并于9月23日获教育部办公厅转发，要求各地学习借鉴。制订该办法是受教育部委托，市教委、市交通委联合承担的北京市交通行业校企合作促进政策研究工作，北京交通运输职业学院参与调研。根据该办法，市交通行业职业教育开展校企合作模式，即交通类职业院校与企业在技能型专门人才培养与职工岗位技能提升培训、科技创新与技术服务、资源共享与共同发展等方面开展合作；交通类职业院校建立在校学生到企业实习、实践制度，并向合作企业优先推荐毕业生。该办法是目前国内首个由行业制定的校企合作办法。

（苑媛 卢慧）

【开展第八届职业教育优秀论文评选】 9月27日，北京市职业教育优秀论文颁奖大会在北京教育考试院举行。论文一等奖获得者上台领奖。为总结办学经验，提高教育教学质量，推动职业教育科学发展，促进职业教育研究，市职业技术教育学会于4月开展第八届职业教育优秀论文评选，全市各职业院校教师721篇论文参选，经过学会初评和复评，评出获奖论文407篇，其中，一等奖40篇、二等奖107篇、三等奖260篇。

（苑媛）

【举办职教院校首届形体健康运动会】 10月22日，市教委、北京教育科学研究院在北京水利水电学校举办北京市职教院校首届形体健康运动会。运动会设置跑姿软梯接力赛、站姿平衡盘稳定赛、教职工气排球等7个赛项，北京市经济管理学校、北京信息职业技术学院等6所职教院校近300名师生参赛，北京水利水电学校获冠军。运动会由水电学校承办。

（刘京丽）

【249人入选职业院校教师素质提高工程】 12月13日，市教委公布入选2011年北京市职业院校特聘专家、名师、专业带头人、专业创新团队和优秀青年骨干教师名单。在学校推荐和专家组评议基础上，经北京市职业院校教师素质提高工程领导小组审定，共249人入选，其中，特聘专家13人、职教名师25人、专业带头人50人、优秀青年骨干教师161人；20所学校入选专业创新团队。

（华蕾）

【开展职业教育分级制改革实验】 至年底，北京市开展“职业教育分级制”改革实验。实验为落实北京市承担的国家教育体制改革试点项目“关于构建人才成长立交桥”实验任务，选择北京联合大学、北京电子科技职业学院和北京市商业学校等16所中高等院校（其中，普通高校1所、高职学校9所、中职学校6所）25个专业开展“职业教育分级制”改革实验，探索构建现代职业教育体系。至年底，组织试点院校相关专业团队教师先后开展专题理论辅导和培训8次；组织行业企业、教育和人力社保部门、教学管理和科研等方面专家分别听取16所院校25个专业的实验方案汇报，指导学校把握改革方向，明确实验内涵，完善实验方案；对其中12所学校14个专业进行市级专家评审论证，获得市教委、市财政局批复。年内，首批试点学校和专业共招收新生1074人。

（张兰 李文波）

高等职业教育

【完成高职自主招生考试试点】 5月，北京市完成2011年度高等职业教育自主招生考试试点工作。14所高职院校参加自主招生考试试点，比上年增加2所学校，分别是北京培黎职业学院和北京京北职业技术学院。自主招生计划纳入各校年度招生总计划，已录取的考生不再参加当年普通高校招生全国统一考试和录取。本年计划招生3345人，实际录取3594人。

（华蕾）

【调整高职教育专业】 6月16日，市教委公布2011年度北京市新增及撤销普通高等职业教育专业名单。经北京市高等学校专业设置评议委员会评议并报教育部备案，新增高职教育专业27个，依申请撤销专业6个，依申请更改学制专业（两年改为三年）5个。新增专业原则上试办期2年，试办期间年招生规模控制在60人以内。

（胡雨）

【6个项目入选中央财政支持高职教育实训基地建设项目】 7月6日，财政部、教育部公布2011年度中央财政支持建设的高等职业教育实训基地项目，北京市6个项目入选。入选项目为北京北大方正软件技术学院计算机网络技术专业、北京吉利大学数控技术专业、北京科技职业学院物流管理专业、北京交通职业技术学院道路桥梁工程技术专业、北京交通运输职业学院物流管理专业和北京政法职业学院安全保卫专业。全国共221个项目入选。

（胡雨）

【13名高职院校教师获市级教学名师奖】 7月8日，北京13名高等职业院校教师获得第七届北京市高等学校教学名师奖。13名教师分别是北京工业职业技术学院刘业辉、张亚英、朱

运利，北京财贸职业学院兰丽丽，北京农业职业学院白兆秀、侯引绪，北京信息职业技术学院李学礼、张晓蕾，北京经济管理职业学院于久洪，北京劳动保障职业学院孙立如，北京社会管理职业学院王晓玫，北京戏曲艺术职业学院张晓红和北京政法职业学院孙智慧。该评选由市教委举办，北京高校共105名教师获奖。

（胡雨）

【两校通过国家示范性高职院校建设计划项目验收】 7月26日，北京农业职业学院、北京财贸职业学院通过教育部、财政部“国家示范性高等职业院校建设计划”2008年度立项建设学校部分项目验收。教育部、财政部组织专家组根据各地上报的验收申请材料，对照项目学校建设任务书，对项目学校建设工作进行评审，认为项目学校在教产结合体制机制创新、校企合作人才培养模式改革、专业教学方案修订、课程开发、实训条件和师资队伍建设等方面建设情况，地方政府和院校举办方落实承诺的各项政策措施，学校预算执行情况，示范建设成果辐射效果与社会认可度均达到预期目标，同意通过验收。全国共28所学校通过验收。3月23日，上述两校通过“国家示范性高等职业院校建设计划”项目北京市验收。

（胡雨）

【入选全国高职高专院校科研工作先进】 8月15日，在中国高等职业技术教育研究会科研工作委员会2011年学术年会暨科研先进表彰会上，北京市2个单位、3名个人入选全国高职高专院校科研工作先进。北京工业职业技术学院科研处、北京经济管理职业学院科研处获“全国高职高专院校科研工作先进单位”称号，全国共124个单位入选。北京工业职业技术学院陈建民、北京京北职业技术学院袁宝旺和北京经济管理职业学院周景勤3人获“全国高职高专院校支持科研工作的校长、书记”称号，全国共114人入选。

（胡雨）

【1名高职院校教师获全国高校教学名师奖】 9月5日，北京1名高等职业院校教师获第六届全国高等学校教学名师奖。获奖教师为北京工业职业技术学院机电工程系教师牛小铁。牛小铁，1970年1月出生，河南沁阳人，1992年9月毕业于焦作矿业学院机械制造及自动化专业，硕士，副教授职称，长期从事专业基础课程教学及教学改革工作，主编或参编教材6部，主持或参与课程改革5门；近年主持完成市教委以上课题5项，公开发表学术论文10篇；2002年被评为北京市优秀中青年骨干教师，2004年被评为北京市优秀教师。该评选由教育部举办，全国共100名高校教师获奖，其中，高职院校教师22人。

（刘建新）

【两种高职教材入选国家精品】 11月7日，北京两所高等职业院校两种教材入选教育部2011年普通高等教育精品教材。入选教材分别是北京财贸职业学院《调查技能与分析》和北京农业职业学院《饭店服务技能综合实训——花艺》。该评选由教育部举办，经出版社申报、专家评审，确定276种教材为2011年高等教育精品教材，其中，北京市75种。

（胡雨）

【13所高职院校教材入选市级精品】 12月8日，北京13所高等职业院校41种教材入选2011年北京高等教育精品教材。其中，北京工业职业技术学院5种，北京信息职业技术学院4种，北京电子科技职业学院5种，北京农业职业学院6种，北京财贸职业学院8种，北京经济管理职业学院3种，北京劳动保障职业学院3种，北京政法职业学院2种，北京京北职业技术学院、北京青年政治学院、北京社会管理职业学院、北京汇佳职业学院、北京吉利大学各1种。该评选由市教委举办，经学校申报、专家评审，共评出北京高等教育精品教材429种。

（胡雨）

高等职业学校

北京工业职业技术学院

党委书记　马平
院　　长　陈建民

【概　况】 2011年，北京工业职业技术学院占地面积24.01万平方米，产权建筑面积19.25万平方米、非产权建筑面积4122平方米。图书馆建筑面积5868平方米，藏书117.08万册，其中，纸质图书49.11万册、电子图书67.97万册。固定资产总值53441.60万元，其中，教学、科研仪器设备总值31343.21万元。拥有计算机4651台，多媒体教室242间、座位14050个。全年教育经费投入33076.75万元，其中，国家拨款29099.78万元、自筹经费3976.97万元。学校信息化经费投入1236.97万元，信息化设备资产1398.29万元，网络信息点3060个，校园网出口总带宽340Mbps，电子邮件系统用户418个，上网课程146门，数字资源量17672.04GB，管理信息系统数据总量40.05GB。设有7个系部，开设工程测量技术、机电一体化技术、通信技术和安全技术管理等高职专业35个，包括国家级重点专业5个、北京市重点专业7个。建有国家级精品课程10门，北京市级精品课程11门。教职工479人，其中，专任教师332人，包括教授及教授级高级工程师7人，副教授及高级工程师以上121人；博士10人，硕士235人；“双师型”教师202人。外聘教师322人。毕业生1862人，其中，高职生1761人，中职生11人，成人教育专科生14人，成人教育中专生76人。毕业生一次就业率99.77%，一次签约率

80%。招生2149人，其中，高职生1480人，中职生500人，成人教育专科生169人。高考北京地区提档线文科150分、理科152分，单考单招170分。在校生6649人，其中，高职生4711人，中职生1680人，成人教育专科生157人，成人教育中专生101人。网址：www.bgy.org.cn。

（谢光辉　刘建新）

【举办首期“强军育才接力工程”职业技能培训班】 3月10日至7月15

日，北工职院举办首期“强军育才接力工程”职业技能培训班。培训班开展汽车维修、平面图像处理和网页设计制作三项技能培训，共培训官兵138人，其中，35人获得人力社保部和行业颁发的职业资格证书。该工程由北京军区政治部、石景山区政府和北工职院共同发起，旨在利用高职学校教学实训资源，为在役官兵提供免费职业技能培训，使其在服役期间掌握一至两项专业技能，实现官兵“入伍即入学、在伍有作为、退伍即成才”目标，培训任务由学院承担。三方签署《强军育才培训合作议定书》，规定培训包括计算机操作、汽车维修、汽车营销、通信和速录技术5大类12项内容，每期计划培训3个月，官兵通过相应职业资格考试后可获得国家或行业颁发的职业技能等级证书。

（刘建新　王俊峰）

【调整专业设置与培养方向】 4月，北工职院调整专业设置与培养方向。该院在引进社会第三方评价机构调研、分析2010届毕业生就业情况基础上，调整专业结构，将原有33个专业整合为23个专业，涵盖8个专业大类，其中，工科类专业占总专业数69.60%，招生数占总招生数77.10%，专业布局趋于合理。同时，根据区域发展需要，以建设“共平台，多方向”培养体系为目标，调整部分专业培养方向，如依托计算机应用技术专业建立动漫设计与制作专业，市场营销专业向会展营销方向、媒体营销方向和商贸零售方向发展等。

（刘建新）

【学生参加全国技能大赛获突破】 6月24至27日，北工职院学生在2011年全国职业院校技能大赛高职组比赛中取得历史性突破。该院学生在“机器人技术应用”比赛中获得一等奖1项、二等奖1项，在“芯片级检测维修与信息服务”比赛中获一等奖。另外，该校学生参加全国多项比赛获奖，其中，参加全国首届速录信息处理大赛暨第48届国际速联大赛预选赛获得冠、亚军各1项；参加全国第二届高职高专英语写作大赛获得公共英语组特等奖1项、一等奖1项，获得英语专业组二等奖1项；参加第六届全国高职高专发明杯大学生创新创业大赛获一等奖4项、二等奖3项、三等奖1项。

（刘建新）

【实施特色专业建设工程】 7月1日，北工职院实施“特色专业建设工程”。该院为适应北京市重点发展现代制造业、现代服务业和高新技术产业，石景山区重点发展文化创意产业、高新技术产业和生产性服务业的新形势、新要求，建设机电一体化技术和工程测量技术等10个特色专业，通过组织特色专业建设研讨会和聘请部分国家特色专业负责人、特色专业项目专家进行指导，打造一批在北京市乃至全国有影响力的特色品牌专业，为形成“重点专业引领、主体专业支撑、特色专业带动、短线专业补充”的专业布局奠定基础。

（刘建新）

【科研成果获省级科技进步一等奖】 7月4日，北工职院“布沼坝露天矿五期扩建安全控制关键技术的研究”科研成果获得云南省科技进步一等奖。该项目研究如何控制边坡变形与安全生产的关键技术，取得多项创新性研究成果：创建复杂荷载作用下露天开采过程边坡滑移场搜寻技术与安全评价方法，提出滑移场与极限平衡的耦合分析方法；创建边坡三维实体变形预测模型，提出边坡相对危险区域的划分与评价方法，建立组合预测模型、滚动组合预测与长期预测方法；建立爆破震动对岩体力学参数损伤计算方法，并在边坡稳定性评价与分析中进行应用；提出边坡三维变形与刚体极限平衡评价方法，并应用于深部煤炭资源安全开采。

（刘建新）

【开展国家专业教学资源库建设】 8月23日，教育部公布高等职业教育专业教学资源库2011年度立项建设项目名单，北工职院“国家高等职业教育工程测量技术专业教学资源库项目”获得立项。该项目是教育部在高职教育领域实施的一项共享性教学资源建设措施，要求建成的专业教学资源库要体现以学习者为中心的理念，能够满足学习者多样化需求，内容丰富，资源表现形式多样，能有效整合行业企业生产一线优质资源，具有持续更新机制、学习过程管理和相互交流等功能。项目建设资金由中央财政拨款、北京市1∶1配套、建设单位自筹等形式组成，建设成果归国家所有，供全社会共享共用。项目以主持单位牵头，多家单位联合的形式开展。该项目共联合16所职业学校和21家企业，建设周期3年。

（刘建新）

【两专业开展职业教育分级制改革试点】 9月，北工职院通信技术、建筑工程技术两个专业开展“职业教育分级制”改革试点工作。通信技术专业从2011级新生入学即开始全面试点，建筑工程技术专业继续完善试点方案。此项工作是北京市为适应现代化建设对于技能型人才需求的层次性、专业性和发展性对职业教育提出的现实要求，根据社会分工的复杂性和用人结构的层次性对职业人才应当具备的职业素养、技能水平和文化知识的不同要求，将职业教育从1级到5+级分成六个级别。以上两个专业主要围绕职业教育4级水平展开试点。

（刘建新）

【完成社会培训6200人次】 至12月，北工职院开展测量技术人员培训、建筑类职业培训、数控培训、汽车维修技术培训等岗位培训项目18项，完成社会培训6200人次。其中，学院作为国家级安全培训机构和北京市矿山安全生产培训基地，分25期开展北京京煤集团基层管理人员培训工程、北京昊华能源股份有限公司千名采掘班队长安全培训工程和北京市矿山救护大队安全培训工程，通过军事化训练、安全技术培训、急救知识强化、拓展训练等形式提高受训学员安全意识、事故处置能力、团队意识和执行力等综合素质，培训历时8个月，累计培训1236人。

（刘建新）

北京信息职业技术学院

党委书记 武马群
院　　长 武马群

【概　况】 2011年，北京信息职业技术学院占地面积20.21万平方米，产权建筑面积21.19万平方米、非产权建筑面积1361平方米。图书馆建筑面积3686平方米，藏有纸质图书53万册。固定资产总值50474万元，其中，教学、科研仪器设备总值19893万元。拥有计算机8311台，多媒体教室座位3326个。全年教育经费投入38595.58万元，其中，国家拨款32848.39万元、自筹经费1002.50万元，预算外4744.69万元。学校信息化经费投入1307万元，信息化设备资产10368万元，网络信息点5219个，校园网出口总带宽400Mbps，电子邮件系统用户10000个，数字资源量1235GB，管理信息系统数据总量5000GB。设有3个校区，下设9个教学系，以及通用能力教学部、专业部、基础部。实施“通用平台+技术中心”（GPTC）人才培养模式，设置软件技术、多媒体设计与制作、计算机信息管理、电子信息工程技术、模具设计与制造5个专业群31个专业。教职工980人，其中，专任教师445人，包括教授7人，副教授及高级工程师以上职称教师144人；“双师型”教师186人；硕士及以上学历教师204人。外聘教师130人。毕业2929人，其中，普通专科生2224人，成人教育专科生705人。毕业生一次就业率99%。招生2609人，其中，普通专科生2163人（含自主招生352人），成人教育专科生446人。高考北京地区高职提档线文科150分、理科150分，单招单考150分。在校生8666人，其中，普通专科生5992人，五年制高职生1452人，成人教育专科生1222人。网址：www.bitc.edu.cn。

（侯彤）

【与北京电信共建光纤入户实训基地】 4月2日，信息职院与中国电信北京公司签订共建“光纤入户（FTTH）组装与维护实习实训基地”协议。根据协议，电信公司投入设备和技术，对计算机工程系校内智能楼宇实训基地部分实训环境进行改造，增加光纤入户相关实训内容，实现光线路终端（OLT）和光纤配线架（ODF）等设备安装、模拟家庭与办公环境的光纤接入、业务管理平台安装与配置、故障处理等功能，并从电信直接光纤接入实训基地，达到与真实应用完全相同效果。基地建设完成后，可为企业提供光纤入户建设和装维人员培训，使企业快速建立适应光纤入户规模发展的工程建设和装维队伍；也可组织校内学生开展生产性实习实训，并通过订单培养方式，为企业批量提供高技能工程技术人才。

（侯彤）

【成立党建和思想政治工作研究会】 4月30日，信息职院召开党建和思想政治工作研究会成立大会。会议通过《学院党建和思想政治工作研究会章程》；选举产生研究会理事会；公布第一届研究会课题10个，包括学生思想政治教育、学生社团、思想政治课实践教学、法纪教育等内容。第一届会员共57人，由两课教师、辅导员、学生工作部等相关人员组成。该研究会是党建与思想政治理论研究和实践的学术团体，为学校探索新形势下党建和思想政治工作的研究搭建平台。市委教育工委、市职教学会、市党建研究会领导以及23所高职、中专学校党委书记50余人参加会议。

（侯彤）

【学生作品获全国发明展览会金奖】 8月19至22日，信息职院五年制高职学生作品在第20届全国发明展览会上获奖。该校学生4项作品参展，其中，“利用瓶盖等制作的智能机器蟋蟀”作品获得金奖，其他3个作品“花卉智能浇水系统”、“报废节能灯改造”、“多点温度控制”均获得银奖。该展览会经科技部批准，在山东省威海市举行，主题是“技术创新、改善民生、协调发展”，共有来自全国各省市，台湾、香港地区，以及国防专利局军转民项目近400个展位，展出1600项专利发明和科技成果。

（侯彤）

【首次赴国外宣传展示】 11月9至15

日、12月9至18日，信息职院分别赴越南、马来西亚参加国外留学生招生说明会和国际教育展。参展是为加大学校对外宣传力度，拓展留学生招生渠道，探讨双方开展学生交流等合作的可能性。该校于2008年经市教委批准，市外事办、市公安局审核后获准具备招收外国留学生资格。

（侯彤　白凌）

【校企共建企业实训基地】 11月30日，信息职院与五洲大酒店和北京国际会议中心校企共建企业实训基地揭牌。该校财经管理系会展策划与管理专业78名学生开始在五洲大酒店和北京国际会议中心进行为期2个月实习，参与世界智育运动会精英赛、北京市政协会议等活动服务工作。该校与五洲大酒店、北京国际会议中心在专业教师的企业技术服务和学生订单培养项目上继续商谈进一步密切合作。根据协议，学校派师生到企业实习，企业派会展项目经理作为学校会展专业兼职教师参与课程建设，企业人力资源部领导带队参加财经管理系毕业生双选会等。

（侯彤）

【开展各类培训工作】 至年底，信息职院开展各类培训工作。该校为电控企业进行552人次鉴定工作，完成28个考评员工作；配合电控技师工作站完成生产管理班组长培训班120人的鉴定工作，使学员通过鉴定取得“生产组织与管理工程技术人员”高级工职业资格证书。信息技术类教师培训基地开展来自 9 所职业学校 19 名骨干专业教师赴德国学习培训的组织管理工作；组织 5 个专业团队教师高新技术和工程实践能力专业培训；配合市教委及教科院举办德国工商业联合会（IHK）项目德国专家培训。全年共开展活动 84 次，培训教师 4300 人次。在北京市职业院校教师素质提高工程“十一五”总结暨“十二五”启动大会上，该校被评为“十一五”时期教师培训工作先进集体，4 名教师被评为先进工作者。

（侯彤）

北京电子科技职业学院

党委书记 赵文
院　　长 王海平

【概　况】 2011 年，北京电子科技职业学院占地面积 55.95 万平方米，产权建筑面积 25.18 万平方米、非产权建筑面积 3.51 万平方米。图书馆建筑面积 4254 平方米，藏书 129.19 万册，其中，纸质图书 128.33 万册、电子图书 0.86 万册。固定资产总值 98497.28 万元，其中，教学、科研仪器设备总值 48923.37 万元。拥有计算机 8387 台，多媒体教室座位 11040 个。全年教育经费投入 46870.29 万元，其中，国家拨款 41284.66 万元、自筹经费 5585.63 万元。学校信息化经费投入 1045 万元，信息化设备资产 13418.70 万元，网络信息点 9700 个，校园网出口总宽带 155Mbps，电子邮件系统用户 1157 个，上网课程 387 门，数字资源量 13691GB，管理信息系统数据总量 151.40GB。设有大兴亦庄、朝阳区芍药居等 7 个校区，23 个系部，生物技术及应用、数控技术、金融保险等 48 个专业。教职工 1127 人，其中，专任教师 595 人，包括教授及教授级高级工程师 15 人，副教授及高级工程师以上 219 人；博士 19 人，硕士 212 人；“双师型”教师 396 人。外聘教师 164 人。毕业生 3936 人，其中，高职生 1983 人，中职生 1653 人，成人教育专科生 300 人。毕业生一次就业率 96.67%，一次签约率 95.91%。招生 3794 人，其中，高职生 2340 人，中职生 1340 人，成人教育专科生 114 人。高考北京地区提档线文科 189 分、理科 150 分，单考单招 150 分。在校生 10733 人，其中，高职生 6276 人，中职生 4120 人，成人教育专科生 337 人。网址：www.dky.bjedu.cn。

（陈晓文）

【成立思想政治理论教研部和 3 个二级学院】 3 月 14 日和 9 月 1 日，电科职院成立思想政治理论教研部和 3 个二级学院。思想政治理论教研部共 26 人，全部为专任教师，设有道德与法律教研室、概论教研室、形势与政策教研室，主要开展思想政治理论课教学、科研，为思想政治理论课教师队伍建设提供组织保障，不直接面对学生授课。3 个二级学院为新自动化工程学院、经济管理学院和生物工程学院。其中，新自动化工程学院由自动化工程学院和原科技工程学院工程技术系合并，下设机电技术系、电气技术系、智能建筑技术系和电工电子实训中心；经济管理学院下设财经系、商务管理系和涉外服务系；生物工程学院下设生物系和食品系。至此，该校自合并以来共成立 7 个二级学院。

（陈晓文）

【建成供配电综合实训室】 3 月 31 日，电科职院建成供配电综合实训室。该实训室耗资 460 万元，包括高、低压成套配电设备、变电站综自系统和调试专用仪器三部分，可真实或模拟再现 10 千伏变 400 伏的整个过程，涵盖值班电工、高压试验工、继电保护工、变电安装工等相应工种的典型工作任务；可完成电气运行、继电保护调试、高压试验、电气安装等相应实训实验；能对供配电技术、高电压技术、继电保护技术等课程提供实践支持。该实训室硬件条件在国内高职院校中位居前列。

（陈晓文）

【与 5 家企业建立合作关系】 4 至 10 月，电科职院与 5 家企业建立合作关系。其中，与北京天海工业有限公司签订联合办学协议，学校在北京和其他省区市招收机电一体化和焊接专业学生，公司参与人才培养过程，尝试企业招工与学院招生合二为一的人才培养新模式；公司设立“天海奖学金”，每年提供 4 万元奖励成绩优秀学生。与智翔集团签署校企合作协议，共同投资 1000 余万元在学校建设“校企合作嵌入式人才培养实训基地”，并建立一套符合产业需求的嵌入式人才培养实训方案；双方共同负责实训基地管理、维护和运营实施等工作。与上海 ABB 工程有限公司建立校企合作关系，在中国华北地区就 ABB 机器人产品开展教学、培训以及实训活动，开展教学和科研合作。与奇瑞汽车股份有限公司共建人才培养基地，公司接收学校在校生短期生产性实习，学校承接公司员工培训，并在时机成熟时在学校组建“奇瑞实验班”。与北京零点市场调查与咨询公司签署校企合作协议并挂牌，双方在业务培训、学生培养等方面开展合作。

（陈晓文）

【成立北邮 3G 电科职院教学区】 5 月 12 日，电科职院与北京邮电大学签订“北邮 3G”项目合作协议。双方就培养输送 3G 人才方面开展战略合作，在学校合作成立“北邮 3G 北京电子科技职业学院教学区”。“北邮 3G”是由北京邮电大学与北京方舟修业教育咨询有限公司联合推出的国内面向 3G 行业的权威 3G 职业教育品牌和体系，获得工业和信息化部通信行业职业技能鉴定指导中心肯定和支持，并将“3G 数据业务师”部分纳入职业技能鉴定范畴。电科职院是北京邮电大学此次在北京合作的首家高校。8 月 19 日，电科职院成为北京邮电大学现代远程教育校外学习中心。学校获得北邮通信工程、计算机科学与技术、物流工程、市场营销、经济管理、电子商务 6 个专业本专科网络教育的权限。

（陈晓文）

【与国外高校及职业培训机构交流合作】 5 至 11 月，电科职院与国外高校及职业培训机构交流合作。学校分别组织赴意大利、法国、西班牙课程合作签约团，赴英国和德国合作办学签约团，赴澳大利亚合作院校考察团，以及赴英国、法国校企合作签约团。经过参观、考察和座谈、交流，出访团组分别与法国战略与发展高等职业教育培训中心、英国南诺丁汉学院等国外高校及职业培训机构签署11个合作交流协议。6月19日，该校在第八届北京国际教育博览会上与德国柏林职教集团签署《合作建立中德职业技能培训中心框架协议书》。根据协议，双方在机械、电子技术、自动化控制、电信通讯、计算机、汽车、轨道交通以及文化产业类专业开展教科研项目、行业标准、技能培训、技能取证、互换学生、教师培训、国际合作、外籍教师聘任和交流互访等方面合作。

（陈晓文）

【与大兴区政府签署职业教育培训合作战略协议】 6月17日，电科职院

与大兴区政府签署职业教育培训合作战略协议。根据协议，双方开展优质技能人才培养合作，包括实施高技能人才联合培养计划、联合开展教材建设、灵活开展订单培训、共同建立技能人才实训基地等。学校通过合作面向大兴新区重点企业、临空经济等主导产业培养急需的技能人才，全面提升大兴区劳动力的就业能力和工人队伍技能水平，增强职业培训服务经济社会发展的能力，为发展地方经济、加快城南崛起、实现新区跨越式发展提供技能型人才支持。

（陈晓文　蔺月松）

【成为G20工程应用型人才培养基地】 7月27日，电科职院被市科委、市经济信息委、市投资促进局和中关村科技园区管委会联名授予“G20北京生物医药产业跨越发展工程应用型人才培养基地”。基地主要工作或职责是：校企双方共同制订G20工程应用型人才培养计划，为北京地区G20工程企业订单培养生物医药高技能应用型人才。G20工程是北京生物医药产业跨越发展工程，是市科委2010年重点工程，旨在促进北京生物医药产业2012年销售收入突破1千亿，“G20工程应用型人才培养”是G20工程子项目之一。

（陈晓文）

【戴姆勒中国汽车学院揭牌】 9月2

日，电科职院举行戴姆勒中国汽车学院揭牌仪式和首批学员开学典礼。洪峰参加仪式并讲话。来自市政府，教育部，市委教育工委、市教委，大兴区、北京经济技术开发区领导和戴姆勒东北亚投资有限公司高管，以及电科职院部分干部教师和首批学员参加仪式。该校与戴姆勒东北亚投资有限公司于6月19日签署《关于合作建立“戴姆勒中国汽车学院”框架协议》，在学校建立“戴姆勒中国汽车学院”，学生将接受理论与实践相结合的德国“双元制”教育，起步阶段在学校学习，之后在经销商或戴姆勒在华合资工厂的生产线上接受实习培训，毕业后受雇于戴姆勒在华合资工厂，从事戴姆勒和梅赛德斯—奔驰乘用车和商务车生产工作，或加入梅赛德斯—奔驰经销商售后服务团队。首批学员108人。

（陈晓文　王秀婷）

【4个专业开展职业教育分级制改革实验】 9月13日，电科职院生物技术及应用、汽车制造、机电一体化技术和通信技术4个专业经市教委、市财政局批准开展“职业教育分级制”改革实验。该校是生物技术及应用、汽车制造、机电一体化技术专业实验项目负责单位，是通信技术专业实验项目主要参加单位。实验内容包括人才培养方案、专业教学标准、课程体系设计、招生衔接方案、评价方法和机制、共享师资力量、课程资源和实习实训条件等，树立新的职业教育标准和声誉。实验在职业教育一级至五级进行。实验周期5年。

（陈晓文）

【启用新视觉识别系统】 9月14日，电科职院启用新视觉识别系统（VIS）。原有VIS废除，停止使用。VIS包含校徽及校徽释义，以及中英文校名书写规范。12月29日，该校正式发布VIS应用部分，规范学校在形象具体应用中相关要素，包括办公用品、宣传用品、环境导识、校徽、服装、车体字等。

（陈晓文）

【开展“三百”活动】 9月14日，电科职院在全体教师中开展“百名教师到企业挂职（岗）实践、开发百门工学结合项目课程、编写百部工学结合校本教材”活动，即“三百”活动。活动资助100名优秀专职教师脱产到企业挂职（岗）实践锻炼，每名资助教师作为课程建设项目负责人或主要负责人，组成一个结构合理的教学团队，完成一门“工学结合”项目课程开发，编写一套基于该项目课程的工学结合校本系列教材（教学资源）。活动周期3年。

（陈晓文）

【与美国哈希公司成立技术服务中心】 12月19日，电科职院与美国哈希（HACH）公司联合成立“技术服务中心”并揭牌。该中心设立于该校芍药居校区，面向全国哈希产品用户开展技术培训，与企业共同探索水质在线监测行业技术规范等，为企业长远发展提供技术支持和人才储备，提高学校科研和社会服务能力，实现校企互惠双赢。

（陈晓文）

【学生参加全国竞赛获奖】 至12月，电科职院学生参加全国竞赛获奖。其中，在全国第三届乘用车汽车装调工职业技能竞赛中获综合成绩第二名、第三名各1人；在第二届全国软件专

业人才设计与开发大赛中获“C语言程序设计高职高专组”一等奖1名、二等奖1名、三等奖3名；在2011年全国大学生数学建模竞赛中获二等奖；在“达利杯”第四届全国高职院校服装制版与工艺技能大赛中获得学生组金、银、铜奖，获奖选手同时获得技师称号；在“金富春杯”首届中华嫁衣创意大赛中获优秀奖，同时作品被大赛组委会永久收藏并投入生产；在全国大学生电子设计竞赛中获全国一等奖1项、二等奖1项。

（陈晓文）

【“计算机应用基础”课程教学取得新突破】 至年底，电科职院“计算机应用基础”教学取得新突破。该课程是学校公共基础课。该校课程教学团队经过多年探索开发出“任务驱动”型高职教材，以“制作个人简历”、“学生成绩数据处理”等项目贯穿课堂教学，调动学生学习积极性。教学管理实行突出教学质量与考证鉴定成绩相结合、教学内容与鉴定大纲及实际应用相结合的“双结合”，通过统一课程标准、组织集体备课、落实考试机房及网络管理员、组织模拟考试等，将教学管理落到实处。考核采用参加全国计算机信息高新技术考试（操作员级）形式，考试合格后颁发《全国计算机信息高新技术考试合格证书》。该证书作为反映计算机操作技能水平的职业资格证书，国家职业资格四级。

（陈晓文）

北京京北职业技术学院

党委书记 袁宝旺（1月任4月免）
滕利君（4月任10月免）
王恩成（10月任）

院　　长 周东金（10月免）

【概　况】 2011年，北京京北职业技术学院占地面积12.40万平方米，产权建筑面积6.12万平方米、非产权建筑面积6.28万平方米。图书馆建筑面积8685平方米，藏书51万册，其中，纸质图书25万册，电子图书26万册、120GB。固定资产总值13825万元，其中，教学、科研仪器设备总值1812.43万元。拥有计算机755台，多媒体教室座位3240个，语音实验室座位92个。全年教育经费投入4746万元，其中，国家拨款3529万元、自筹经费1217万元。学校信息化经费投入140万元，信息化设备资产1114万元，网络信息点800个，校园网出口总带宽50Mbps，电子邮件系统用户100个，上网课程2门，数字资源量130GB，管理信息系统数据总量30GB。拥有6个职业技能培训鉴定（考试）站点资质，设有三系一部两中心，开设建筑、经贸、电子等七类14个高职专业。教职工208人，其中，专任教师126人，包括教授及教授级高级工程师2人，副教授及高级工程师以上28人；博士1人，硕士71人；“双师型”教师37人。外聘教师11人。毕业生1259人，其中，高职生790人、成人教育学生469人。毕业生一次就业率99.50%。招生1136人，其中，高职生539人、成人教育学生526人、五年制学生71人。高考北京地区提档线文科150分、理科150分。在校生4243人，其中，高职生2013人、成人教育学生1939人、五年制学生291人。网址：www.jbzy.com.cn。

（张洁）

【怀柔区图书馆京北职院分馆开馆】

3月18日，怀柔区图书馆京北职院分馆开馆。分馆在原学校图书馆基础上改扩建而成，怀柔区图书馆负责分馆各项制度制定、网络系统维护和工作人员业务技能培训。分馆新增各类图书2.8万册、期刊228种，内有现代化图书借阅管理系统，能够实现图书“一卡通”服务，“无障碍、零门槛”免费向学院师生和社会公众提供图书检索、借阅等服务。

（张洁）

【开展学生工种实训】 3至7月，京北职院组织部分学生开展工种实训。其中，建筑工程系组织2009级学生利用课余时间开展建筑工种实训，内容主要包括钢筋工、砌筑工和抹灰工3个项目。

（张洁）

【完成首次自主招生工作】 4月，京北职院首次自主招生工作完成。自主招生包括笔试和面试两部分，考生通过测试合格后，可直接被录取，不用再参加高考。首批学前教育专业参与招生，计划自主招生70人，实际录取70人，完成招生工作计划。

（张洁）

【邀请企业专家来校培训】 4至11月，京北职院邀请企业专家来校培训。学校邀请国家级精品课程《建筑施工技术》负责人和北京筑福建筑事务有限责任公司总工程师分别开展关于专业建设、课程改革和建筑抗震加固新技术的讲座，并与建筑系师生围绕示范校建设中课程体系、人才培养模式等关键问题进行座谈。学校邀请SMC（中国）有限公司人力资源部总监作题为《企业文化和人才培养》专题报告，介绍公司情况、企业文化、员工培养、人才类型选择等方面内容。学校邀请加拿大木业协会为建筑设备工程技术专业2009级学生进行为期一周“木结构房屋建筑”施工培训，全程由加拿大木业协会教师用英语授课，学生亲自施工建造木结构墙体，了解建筑行业发展趋势和国外同行先进工艺。

（张洁）

【教师参加企业实践锻炼】 7月，京北职院教师参加企业实践锻炼。该校选派建筑专业3名教师参加工程实践，包括怀柔区红螺寺中学教学楼抗震加固工作，昌平生命科学园泰康健康管理研究中心施工技术与管理工作，北京中央商务区（CBD）运河一号一期及二期中央空调设计、绘图、施工安装工作。实践为期3个月。此外，计算机教研室教师前往清华大学继续教育学院、神州数码科技有限公司参观交流，双方围绕开展校企合作、校际合作办学、计算机及电子信息两专业招生难等问题进行探讨。

（张洁）

【成立大学生就业创业交流中心】 10月31日，京北职院大学生就业创业交流中心正式成立。中心邀请学院部分领导和教师担任校内创业就业顾问，聘请北京回购时代培训师、怀柔水长城副总经理、福田培训部部长担任校外创业就业顾问，学院招生就业办和团委相关领导为指导教师。成立该中心旨在为在校生与毕业生提供交流平台，为广大学生提供更多就业创业交流机会。

（张洁）

北京交通职业技术学院

党委书记　杨保红
院　　长　杨保红

【概　况】 2011年，北京交通职业技术学院占地面积20.38万平方米，产权建筑面积9.70万平方米。图书馆藏书25.30万册，其中，纸质图书12.20万册、电子图书13.10万册。固定资产总值1.30亿元，其中，教学、科研仪器设备总值2801.53万元。拥有计算机868台，多媒体教室66个、座位4835个，语音实验室1个。全年教育经费投入5646.72万元，其中，国家拨款4343.57万元、自筹经费1303.15万元。学校信息化经费投入140万元，信息化设备资产621万元，网络信息点1190个，校园网出口总带宽100Mbps，上网课程22门，数字资源量60GB，管理信息系统数据总量24GB。设有路桥系、汽车系、管理系、基础部“三系一部”，15个专业。校内实验实训基地8个，校企合作共建校外实习实训基地24个。教职工266人，其中，专任教师97人，包括高级专业技术职务教师25人、中级专业技术职务教师45人；市级骨干教师14人。毕业生657人，毕业生一次就业率94.50%。招生670人。高考北京地区提档线文科150分、理科150分，单考单招150分。在校生2109人。网址：www.jtxy.com.cn。

（陈宏伟）

【与华润置地合作举办人才培养基地】 3月25日，交通职院与华润置地（北

京）物业管理一分公司签署《人才培养基地合作协议》。签约仪式上，双方领导为“华润置地（北京）物业管理一分公司人才培养基地”和“华润班”揭牌，公司向学校赠送“华润励志奖学金”和“华润未来之星奖学金”支票。校企双方将促进工学结合，在学生实习与招聘、企业内部人才培养等领域进行多层次广泛合作，实现资源共享，并实现学院、企业、学生三方共赢的目标。校企双方领导和相关工作人员、中国物业管理杂志社专题部主任以及185名物业管理、物业设施管理专业学生参加签约仪式。11月17日，该校管理系8名学生获得2010～2011学年度“华润未来之星奖学金”，10名学生获得“华润励志奖学金”，奖金金额共计2万元。

（黎妮　李新）

【北京现代售后服务班开班】 9月5日，交通职院“北京现代售后服务班”正式开班。该班由汽车系与北京现代汽车有限公司合作举办，学员20人，来自汽车系2010级汽车技术服务与营销专业和汽车电子技术专业，学习期1年。此举标志该校与该公司合作办学项目正式启动。

（黎妮）

【与两家企业签署合作协议】 10月12日和12月13日，交通职院分别与北汽集团新能源汽车有限公司、中软国际有限公司签署校企合作协议。根据协议，学校与新能源汽车公司合作实施以职业能力培养为中心的教学模式，为企业培养职业素质好、操作技能强的应用型人才。年内，11名学生到该公司进行为期8个月带薪顶岗实习。学校与中软国际共同培养计算机应用技术（3G移动互联方向）人才，共同研讨人才培养方案。签约仪式上，双方领导为“北京交通职业技术学院校外实训基地”揭牌。

（黎妮）

【参加全国及北京市各项比赛获奖】 至年底，交通职院学生参加全国及北京市各项比赛获奖。其中，在2011年全国汽车职业院校课程设计大赛中，汽车系教学团队代表队获得汽车营销高职组课程设计大赛二等奖和优秀论文奖。在北京市第二届高职高专大学生数学竞赛中，17名学生参赛，2人获一等奖。在北京市大学生数学建模竞赛中，获得高职（专科）组北京市一等奖1个。

（黎妮　罗锦丽　张燕）

北京青年政治学院

党委书记　楚国清
院　　长　梁绿琦

【概　况】 2011年，北京青年政治学院占地面积46363.60平方米，产权建筑面积40756.67平方米、非产权建筑面积22551.26平方米。图书馆建筑面积2527.50平方米，藏书74.54万册，其中，纸质图书39.34万册、电子图书35.20万册。固定资产总值26425.18万元，其中，教学、科研仪器设备总值10354.91万元。拥有计算机3199台，多媒体教室座位3488个。全年教育经费投入14422.68万元，其中，国家拨款10477.18万元、自筹经费3945.50万元。学校信息化经费投入201.20万元，信息化设备资产1817万元，网络信息点3600个，校园网出口总带宽202Mbps，电子邮件系统用户660个，上网课程900门，数字资源量22856GB，管理信息系统数据总量2300GB。设有望京和金盏两个校区，12个系部，青少年工作与管理、学前教育和社会工作等20个专业，6个研究中心。教职工347人，其中，专任教师252人，包括教授及教授级高级工程师13人、副教授及高级工程师85人；“双师型”教师146人；博士32人，硕士184人。外聘教师73人。毕业生1500人，其中，高职生1286人、成人教育专科生214人。毕业生一次就业率98.60%，一次签约率78.23%。招生1382人，其中，高职

生 1283 人、成人教育专科生 99 人。高考北京地区提档线文科 153 分、理科 150 分。在校生 4198 人，其中，高职生 3901 人、成人教育专科生 297 人。网址 www.bjypc.edu.cn。

（杨跃辉）

【颁发首届校级教育教学成果奖】 5 月 6 日，北青院举办 2011 教育教学成果奖励暨教师职业技能展示活动。活动表彰首届校级教育教学成果奖 9 项，表彰 2010 年职业技能比赛获奖者 49 人。来自公共事业专业群、现代服务业专业群及文化创意产业专业群 22 名高级实训师，结合所聘岗位实践技能，采用现场表演、成果展示等形式，展现行业领域和职业工作岗位上最新应用技能与方法。该校教育教学成果奖每 2 年举办一次，从教育思想、调整专业结构、注重创新人才等方面进行评选。本年，共 69 人参加评选。

（杨跃辉）

【举办各类培训班】 5 至 11 月，北青院举办各类培训班。其中，举办伊春市团干部培训班，培训学员 30 人，为期 7 天。与西宁市委组织部合办西宁市领导干部综合素质提升专题培训班，来自西宁市各系统 40 名领导干部接受培训，为期 10 天。举办北京首都机场商贸有限公司班组长培训班，50 余名学员参加培训，为期 3 天。与青海省西宁市湟源县委和市团校共同举办青海省湟源县教育系统干部综合素质提升培训班，来自湟源县教育系统 41 名领导干部参加培训，为期 7 天。与青海省果洛藏族自治州委组织部、海晏县委组织部和市团校共同举办果洛州、海晏县党政领导干部综合素质提升培训班，来自青海省果洛州、海晏县 41 名党政领导干部参加培训，为期 10 天。为北京航天万源科技公司举办团干部培训班，30 人参加培训，为期 3 天。

（杨跃辉）

【获全国沙盘模拟经营大赛一等奖】 7 月 24 日，北青院代表队在第七届全国职业院校“用友杯”沙盘模拟经营大赛中获全国总决赛一等奖。该院财金系 7 名师生组成代表队，以 C 组第一名的成绩获得该大赛全国总决赛一等奖。该比赛考查学生经营决策、成本管理、财务管理、市场营销、团结协作等多方面能力。大赛由全国财政职业教育教学指导委员会支持、用友新道科技有限公司主办、四川财经职业学院承办，来自全国 31 个省区市近千家高职院校参赛。经过各省初赛，共 85 支代表队晋级全国总决赛，北青院代表队以北京赛区季军身份晋级总决赛。

（杨跃辉）

【庆祝建校 25 周年暨市团校建校 55 周年】 9 月 25 日，北青院举办庆祝

建校 25 周年暨北京市团校建校 55 周年系列活动。活动包括庆祝大会、校友座谈会、邓小平塑像揭幕仪式、文艺汇演等。学校领导、学生校友会理事、各界校友代表及各院系党总支书记 40 余人参加校友座谈，回顾学院创办历程。建造邓小平半身塑像是为纪念邓小平为学校题写校名 25 周年。邓小平长女邓林参加揭幕仪式并讲话。北京市团校成立于 1956 年，隶属于团市委，1986 年 9 月在市团校基础上成立北青院，隶属于市教委，是国家公立全日制普通高等教育学院。建校 25 年来，该校共培养专科学历毕业生 15669 人。

（杨跃辉）

【成立国际学院】 9 月 28 日，北青院举办泰尔弗商务分院建院十周年暨国际学院成立大会。国际学院在泰尔弗商务分院基础上成立，主要培养国际交流型人才。学院拥有 1 个系部，开设 3 个专业，共有教职工 20 人。泰尔弗商务分院是北青院与加拿大泰尔弗国际商学院合作，于 2001 年经市教委批准的中外合作办学机构，主要致力于在中国全面推行全英文国际高等学历教育、基础英语、商务培训，全面培养精通英语的商务与管理人才。

（杨跃辉）

【与朝阳区拘留所签订校外实训基地协议书】 11 月 16 日，北青院社会工作系与朝阳区拘留所签订校外实训基地协议书。根据协议，社会工作系为朝阳区拘留所被拘留人员开展人生观、道德观、心理辅导、文明礼仪、思想品德、行为规范、社会认知等方面教育，开展文体娱乐、情感沟通、心理咨询、心理疏导、个案分析、人文关怀、跟踪服务等相关活动；为拘留所民警开展思想品德、社会动态、时事政治、心理咨询、心理疏导、心理减压等相关讲座与活动。双方领导及有关负责人，朝阳公安分局、花家地派出所有关负责人参加签字仪式。

（杨跃辉）

【与市老龄协会签署合作协议】 11月

30 日，北青院与市老龄协会合作框架协议签约暨北京养老理论研究科技实训基地揭牌仪式在学院举行。根据协议，双方在老年人身心健康、中华孝道文化传播和机关文化建设等方面开展合作。双方领导为北京养老理论研究基地、北京养老科技实训基地揭牌。基地将承担传统文化普及、社区助老培训和心理咨询服务等任务。双方领导和相关部门负责人以及西城区、朝阳区养老服务中心负责人参加仪式。11 月 3 日，该校还与团中央网络影视中心签署战略合作协议，双方在人才培养、课题攻关和教材建设等方面开展合作。

（杨跃辉）

【举办首届行业英语速录速记比赛】 12 月 14 日，北青院首届“青英杯”行业英语速录速记比赛决赛举行。比赛分专业组、非专业组和艺术组。决赛由速录和速记两项技能组成。全校 2010 级各专业学生在上机实训和初赛选拔基础上推荐 30 余名选手参加决赛，各组分别评出一等奖 1 人。

（杨跃辉）

北京农业职业学院

党委书记 崔砚青
院　　长 王振如

【概　况】 2011年，北京农业职业学院占地面积84.55万平方米，产权建筑面积27.55万平方米。图书馆建筑面积6631平方米，藏书102.38万册，其中，纸质图书44.61万册、电子图书57.77万册。固定资产总值37124.74万元，其中，教学、科研仪器设备总值15603.04万元。拥有计算机2578台，多媒体教室座位10184个。全年教育经费投入34152.74万元，其中，国家拨款30277.86万元、自筹经费3874.88万元。学校信息化经费投入97.60万元，信息化设备资产5110.52万元，网络信息点3600个，校园网出口总带宽130Mbps，电子邮件系统用户950个，上网课程80门，数字资源量4167GB，管理信息系统数据总量155GB。设有4个校区，10个系部，园艺技术、畜牧兽医和绿色食品生产与检验等37个高职专业。教职工862人，其中，专任教师416人，包括教授及教授级高级工程师22人，副教授及高级工程师以上120人；博士20人，硕士96人；"双师型"教师312人。外聘教师183人。毕业生1740人，其中，高职生1405人，中职生335人。毕业生一次就业率98.72%，一次签约率95.93%。招生1761人，其中，高职生1415人，中职生346人。高考北京地区提档线文科150分、理科150分，单考单招150分。在校生5089人，其中，高职生4038人，中职生1051人。网址：www.bvca.edu.cn。

（肖兵）

【建成食品安全检测中心】 1月14日，农职院食品与生物工程系食品安全检测中心建成并通过验收。该中心为国家级示范校实训条件建设项目，建筑面积800平方米，拥有理化分析、样品预处理、虚拟仿真等实验室，配置气相色谱仪、高效液相色谱仪、聚合酶链式反应仪（PCR）等大型高端仪器设备，形成符合绿色食品生产与检验专业从田间到餐桌全程质量控制课程要求的实训基地，满足学生职业能力培养要求。

（朱建晨）

【获4项国家专利】 3至5月，农职院获4项国家专利。其中，发明专利3项，分别是食品与生物工程系"一种羊肉保鲜剂及其制备方法"，其技术成果在肉类屠宰加工企业得到转化应用；畜牧兽医系"一种蛋用种鸡复合预混料"，成果在北京及全国20余个省市养殖企业转化应用；畜牧兽医系"一种治疗奶牛酒精阳性乳的制剂"。实用新型专利1项，为畜牧兽医系"牛、猪子宫栓剂投放器"。4项专利授权期限均为20年。

（朱建晨　于凤芝）

【举办各类培训】 3至10月，农职院举办各类培训班。3月，与大兴区妇联面向当地社区居民开展"家庭理财规划"培训，通过理论与案例讲授相结合的方法，从家庭理财观念、银行理财和保险理财三方面阐述相关理财知识、金融产品和理财技巧。9月，承办内蒙古现代农业干部赴京培训班，来自内蒙古赤峰和乌兰察布农牧业局50名农业干部听取4个现代农业知识相关专题讲座，参观考察北京南宫现代农业科技示范园区、京之源农业有限公司和顺义北郎中新农村建设示范村等单位，并研讨交流。10月，承办北京教育系统关工委高职中专协作会特邀党建组织员培训。来自全市30余所高职院校的特邀党建组织员及中专学校党务工作者近百人听取《关于如何做好特邀党建组织员工作》专题讲座。另有农职院关工委成员及党务工作者近20人参加培训。

（韩媛媛　赵军　安涛）

【3个科研项目通过验收】 3至11月，

农职院3个科研项目通过验收。"生态型奶业发展的技术集成与示范"项目是市农委科技计划项目暨国家示范性高等院校建设项目，由畜牧兽医系主持，找到长期困扰青贮饲料开封后容易变质问题的新解决途径，为北京市奶牛养殖向生态型养殖方向发展提供基础数据，且大幅提高奶牛产奶量，降低奶牛乳房炎和不孕症的总发病率。项目发表论文15篇，建立推广示范基地4个，实现经济效益767万元。"北京郊区生态环境建设研究"项目是2010年市农村建设办公室重点调研项目，论证北京郊区生态环境建设中必须处理好的几个重要关系，提出推进北京郊区生态环境建设的建议。项目于2010年8月启动，形成30万字研究主报告、3个区县子报告及10个案例。"高职人才素质培养模式研究"项目是市教委教育教学改革项目，于2008年3月立项，分析北京高职院校学生素质状况及社会对学生素质的要求，提出高职学生素质培养基本原则、培养模式、培养途径及素质教育组织体系架构。

（张耀川　高秀清　孟利前）

【开展校外综合实训】 4月6至22日，农职院食品与生物工程系绿色食品生产与检验专业0911班开展校外综合实训。全班32名学生在市农林科学院蔬菜中心实验基地严格遵照企业规章制度接受封闭式管理，开展绿色蔬菜标准化生产以及种子繁育方面综合实训，由校内教师与企业人员共同指导和管理。该专业实践课程体系由专项实训、集中实训、综合实训以及毕业实习等部分组成，其中，综合实训是该专业"从田间到餐桌全程质量监控"课程体系重要组成部分和"1—4—1工学结合"人才培养模式运行重要环节，是培养学生绿色食品标准化生产、加工与质量监控、食品安全检测三大专业能力的重要保障。

（迟全勃　冀艳美）

【1名教师入选全民科学素质行动实施工作先进个人】 8月30日，在全民科学素质行动实施工作电视电话会议上，农职院畜牧兽医系侯引绪教授获"全民科学素质行动实施工作先进个人"表彰。该评选由中国科协、中组部、教育部等单位联合举办，共表彰先进集体150个、先进个人194人。侯引绪，1963年10月出生，陕西凤

翔人，1989年毕业于西北农业大学，取得本科学历。1996年到该校工作，任市奶牛创新团队试验站站长、市职工创新工作室首席专家、科技部农村科技特派员；在北京密云开设全国首个“奶牛专家门诊”；示范推广“肉绵羊一年两产”技术；每年在基层从事科技工作150天以上。

（丁会娟　邓志峰　吕嘉）

【开展课程分层教学探索】　9月，农职院基础部在2011级部分新生中开展英语、数学和体育课程分层教学探索。英语课程方面，挑选学期计划课时一致的13个班372名新生进行摸底考试，按考试成绩将学生分别编入6个高层次班级和7个低层次班级，分别进行不同模块教学和模块考核。数学课程改革选择4个班级作为试点，通过考试摸底分出A班1个、B班3个，采取同教材不同深度的方式进行教学。体育课程改革主要围绕男女生分班、素质分层教学开展，并结合新生运动会、学生早操和体质健康测试等工作进行。

（林雪萍　林洁）

【首次借助企业冠名举办技能大赛】

11月15日，农职院首次借助企业冠名举办技能大赛。该院食品与生物工程系邀请北京百花蜂产品科技发展有限公司冠名赞助举办“百花杯”食品检验技能比赛，来自北京电子科技职业学院、北京城市学院以及农职院共20名学生参赛。比赛用时2小时，产生一等奖2人、二等奖4人、三等奖6人，获奖选手分别获得由公司提供价值500元、350元和250元的奖品。该校参赛学生获一等奖1个、二等奖2个、三等奖3个。

（朱建晨）

【成立团校并举办首期培训】　11月，农职院团校正式成立并举办首期培训。团校同时在北校区及国际教育学院、机电工程学院设立分校。培训分政治理论与时事政策、共青团理论与实务、素质拓展训练、研讨、考试以及毕业典礼等部分，全校300名团学干部参加培训，260余人考核合格，获得结业证书。

（黄雨屏）

【完成技能鉴定1814人次】　至12月，农职院完成技能鉴定1814人次。其中，完成校内应届毕业生鉴定692人次、社会鉴定1122人次。应届毕业生职业技能鉴定包括高级工630人次、中级工62人次，涉及花卉工、食品检验工、动物检疫检验员等17个工种，鉴定考核分理论、实际操作两部分进行。社会鉴定面向北京农学院、中国农民大学等单位毕（结）业生以及农村实用人才培训班学员开展。

（穆希维）

北京政法职业学院

党委书记　张景荪
院　　长　张景荪

【概　况】　2011年，北京政法职业学院占地面积29.98万平方米，产权建筑面积61742.79平方米、非产权建筑面积44847.10平方米。图书馆建筑面积5233.05平方米，藏书496.75万册，其中，纸质图书42.5万册、电子图书454.25万册。固定资产总值20399.71万元，其中，教学、科研仪器设备总值7931.66万元。拥有计算机2747台，多媒体教室座位5000个。全年教育经费投入14672.43万元，其中，国家拨款11159.62万元、自筹经费3512.81万元。学校信息化经费投入1172.77万元，信息化设备资产971.73万元，网络信息点1989个，校园网出口总带宽100Mbps，电子邮件系统用户657个，上网课程108门，数字资源量16057.77GB，管理信息系统数据总量41.70GB。设有杨闸校区、八里桥校区、文化园校区、西校区和大兴校区5个校区，5个系、9个研究所、7个教辅机构、2个培训机构。开设21个专业，包括市级教改试点专业1个、市级高职示范专业3个。教职工384人，其中，专任教师184人，包括教授9人、副教授60人；博士15人、硕士150人。外聘教师215人。外籍教师6人。毕业生1464人，其中，普通高职生1075人、中专生373人、成人教育专科生16人。毕业生一次就业率99%。招生1371人，其中，普通专科生1012人，五年制高职生359人。高考北京地区提档线文科155分、理科151分，统招艺术文史类111分、艺术理工类171分，单考单招150分。在校生4765人，其中，普通高职生3706人、中专生1023人、新疆班36人。另有与北京师范大学联合举办网络教育在校生570人。网址：www.bcpl.cn。

（李文波）

【师生在国际速录大赛中获奖】　7月10至15日，政法职院师生在第48届国际速录大赛中获奖。该校1名速录教师和1名学生代表国家和学校参赛，分别获得成年组文本创建项目比赛季军和青年组信函摘要项目比赛第六名。该大赛在法国巴黎举行，分为成年组、青年组和少年组，每组设6个赛项，来自26个国家330名选手参赛。3月31日至4月2日，该院8名师生参加“亚伟杯”首届全国速录信息处理大赛暨第48届国际速联大赛预选赛，5人获9个单项奖，2人入选国家队。5至7月，该院师生还在全国多项技能竞赛中获奖。其中，在全国职业院校技能大赛高职组“高教社杯”英语口语技能大赛暨第七届全国高职高专实用英语口语大赛中，1名学生获得非英语专业组全国二等奖，1名教师获优秀指导教师奖。在全国高等职业院校体育教师说课比赛决赛中，1名教师获三等奖。

（李文波）

【举办退役士兵班】　9月26日，政法职院2011级法律文秘退役士兵班正式开班。该院法律文秘专业本年共招收36名退役士兵，单独编班，单独设置教学计划，学制两年，重点开展职业知识与技能培训。完成学习后，符合毕业条件的学员可取得教育部统一颁发的专科毕业证书和相关职业资格证书。

（李文波）

【与北京SOS儿童村开展合作】 12月

2日，政法职院社会法律工作系与北京SOS儿童村举行社会工作专业实践教学基地签约暨揭牌仪式。双方签署实践教学基地合作协议书，正式启动校、村合作项目。根据协议，该校社会法律工作系社工专业发挥办学资源和知识智力密集优势，为儿童村建设发展提供专题研究服务、合作申报政府购买项目、人才培训服务、法律服务、重要会议速录服务以及义工与志愿者服务，实现双方合作共赢、优势互补。

（李文波）

北京财贸职业学院

党委书记　韩宪洲

院　　长　王茹芹（2月17日免）

　　　　　　王成荣（2月18日任）

【概　况】 2011年，北京财贸职业学院占地面积29.15万平方米，产权建筑面积13.69万平方米。图书馆建筑面积12461平方米，藏书84.95万册，其中，纸质图书68.36万册、电子图书16.59万册。固定资产总值33729.83万元，其中，教学、科研仪器设备总值14671.58万元。拥有计算机3210台，多媒体教室座位4303个。全年教育经费投入31644.44万元，其中，国家拨款25445.91万元、自筹经费6198.53万元。学校信息化经费投入1465.36万元，信息化设备资产11631.80万元，网络信息点12000个，校园网出口总带宽174Mbps，电子邮件系统用户6500个，上网课程102门，数字资源量22800GB，管理信息系统数据总量320GB。设有校本部、涿州校区和东四校区共3个校区，9个教学系部和二级学院。开设21个高职教育专业、3个中专教育专业、5个成人教育专业。教职工597人，其中，专任教师329人，包括教授及教授级高级工程师8人，副教授及高级工程师以上97人；博士22人，硕士179人；“双师型”教师208人。外聘教师75人。毕业生2399人，其中，高职生1993人、中专生141人、成人教育专科生265人。毕业生一次就业率99.20%，一次签约率87.51%。招生2282人，其中，高职生1896人、中专生102人、成人教育专科生284人。在校生7754人，其中，高职生5986人、中专生260人、成人教育专科生1508人。网址：www.bjczy.edu.cn。

（李红兵）

【北京财贸实训基地落成开课】 1月8日，财贸职院“北京财贸实训基地”落成开课。该基地建筑面积7560平方米，以产业发展、企业人才需求为出发点，建设商贸区、物流区、金融区、财会区、旅游区、艺术区共六大区域36个上班式工作厅，每个工作厅均有自主研发的岗位实训课程。

（李红兵）

【举办第五届京商论坛】 1月20日，

财贸职院与北京商业经济学会、北京商业文化研究会、中国商业经济学会、中国商业史学会、北京社科联学术部联合举办第五届京商论坛。论坛以“京商文化·北京服务”为主题，研究探讨北京商业发展走向。市商务委员会主任作《北京商业发展的形势与趋势》主题报告，中国商业史学会会长围绕“京商品牌·北京服务”主旨发言。来自北京商业主管部门领导、知名京商企业代表和北京各高校、社科院商业经济研究学者100余人参加论坛。

（李红兵　黄有恒）

【评选首届校级教学名师】 5月7日，财贸职院评选出首届校级“教学名师”5人。评选活动自4月开始，共8名教师参评，经个人申请，系（院）部推荐，相关处室审核，学院“教学名师”评委会评审，院长办公会审议确定和全院公示等程序评选出教学名师。该校制订《“教学名师”评选与管理办法（试行）》，明确“教学名师”评选对象、评选标准、评选名额、评选流程和奖励办法等，旨在加强教师队伍建设，表彰和奖励在教学工作中做出突出贡献教师，推动学院教学质量提高，2年评选一次。

（李红兵）

【举办“工学结合”课程方案设计比赛】 5月27日，财贸职院举办“工学结合”课程方案设计比赛。比赛鼓励教师进行教学改革与创新，把实际工作任务、工作过程转化为学习性工作任务，培养学生职业能力。决赛由项目负责人利用幻灯片阐述教学目标分析、能力训练项目、教学组织以及教学过程设计等内容，论证“工学结合”理念及课程实施措施、实施效果等。来自各系（院）部24个项目参赛，其中，15项进入决赛。经学院学术委员会成立的专家组现场评审，共评出一等奖2个、二等奖4个、三等奖9个。

（李红兵）

【建立教师下企业制度】 6月13日，财贸职院实施《鼓励教师下企业实践管理办法》。该办法明确教师下企业实践范围、地点、时间、形式与途径、要求和考核办法等内容，并对不同级别教师下企业实践分别作出具体规定。至年底，该校教师下企业实践187人次，企业调研168人次，企业脱产挂职3人次，企业兼职13人次，完成企业咨询服务30次，获得32项成果。

（李红兵）

【实施科研奖励办法】 6月15日，财贸职院实施《科研奖励办法（试行）》。办法对经过认定的科研（教学）成果、科研（教学）项目、学术论文、学术著作等予以10%～100%不等的配套或追加奖励，按篇或千字给予一定金额现金奖励。至年底，该校共7本著作、29篇核心期刊论文、

124 篇一般期刊论文、46 本教材、11 项科研项目、14 项艺术成果获得校级奖励资助，资助金额近 21 万元。

（李红兵）

【首次与街道合作开办干部培训班】 7 月 29 日，财贸职院在丰台区马家堡街道举办的街道干部素质能力提升专题培训班开班。培训内容包括科学发展、社会管理与创新、团队建设 3 个专题共 8 讲内容，历时 3 个月。共有街道干部 80 人参加学习。这是该校首次为街道提供培训。

（李红兵）

【首获中国青少年科技创新奖】 8 月 22 日，在第七届中国青少年科技创新奖颁奖大会上，财贸职院金融系三年级学生王博获得中国青少年科技创新奖。学生获奖成果是《学生宿舍设计方案的分析与评价》、《卫星和飞船的跟踪与测控站的优化设计》，前者获得 2010 年全国大学生数学建模竞赛专科组全国一等奖，并发表于全国核心期刊《工程数学学报》，后者获得全国大学生数学建模竞赛北京赛区乙组北京一等奖，并参加 3 项国家级精品课程及北京市级教学资源库建设。这是该校首次获得此项荣誉。中国青少年科技创新奖由团中央、全国青联、全国学联、全国少工委共同设立，该校学生作为北京 9 名候选人之一，与清华大学、北京航空航天大学、北京科技大学 3 名学生共同获得该奖项。

（李红兵）

【成为自学考试主考院校】 9月27日，

财贸职院与北京教育考试院签署合作开展自学考试工作协议。考试院向该校颁发连锁经营管理专业考试委员会专家聘书，向 14 名教师颁发专业指导委员会委员聘书。财贸职院是北京首家获得自学考试主考资格的高职院校。笔试加实践考试的方式为国内首次尝试。

（李红兵）

【获全国大学生数学建模竞赛一等奖】 11 月 17 日，财贸职院在 2011 年全国大学生数学建模竞赛中取得新突破。6 支参赛队共获得 2 个全国一等奖、2 个全国二等奖，包揽该比赛北京市高职（专科）组全部全国一等奖。另有 2 支代表队获得北京赛区一、二等奖。获奖等级和获奖率在北京市高职院校中均名列第一。

（李红兵）

【教职工代表大会换届】 12月9至10

日，财贸职院举行第七届教职工代表大会暨第七届工会会员代表大会。大会选举产生第七届教职工代表大会常设主席团、第七届工会委员会、经费审查委员会，审议通过《北京财贸职业学院“十二五”时期教育事业改革和发展规划》。96 名正式代表和特邀代表、列席代表共 138 人参加会议。

（李红兵　梁超）

【与北京保险行业协会签署合作协议】 12 月 15 日，财贸职院与北京保险行业协会签署合作协议，并为“北京财贸职业学院—北京保险行业协会教学实习基地”挂牌。根据协议，双方在教学、科研和人才培养等方面开展合作。教学实习基地位于北京市保险协会的各保险公司，承担培训和顶岗实习等任务。

（李红兵）

北京戏曲艺术职业学院

党委书记　刘宝华
院　　长　王鸣铎

【概　况】 2011 年，北京戏曲艺术职业学院占地面积 2.36 万平方米，产权建筑面积 3.06 万平方米。图书馆建筑面积 1569 平方米，藏书 21.28 万册，其中，纸质图书 15.73 万册、电子图书 5.55 万册。固定资产总值 9791.34 万元，其中，教学、科研仪器设备总值 2022.65 万元。拥有计算机 300 台，多媒体教室座位 500 个。全年教育经费投入 8143.46 万元，其中，国家拨款 7199.01 万元、自筹经费 223.77 万元，预算外 720.68 万元。学校信息化经费投入 64.92 万元，信息化设备资产 661.09 万元，网络信息点 300 个，校园网出口总带宽 100Mbps，上网课程 2 门，数字资源量 15000GB，管理信息系统数据总量 2GB。设有 7 个系部，设京剧、舞蹈、地方戏曲等五类专业 12 个专业方向，1 个艺术研究中心，1 个中型剧场。教职工 331 人，其中，专任教师 195 人，包括教授及正高职称 10 人，副教授及副高职称以上 31 人；博士 3 人，硕士 60 人；“双师型”教师 95 人。外聘教师 75 人。毕业生 294 人，其中，高职生 164 人、中职生 130 人。毕业生一次就业率 96.25%。招生 313 人，其中，高职生 164 人、中职生 149 人。高考北京地区艺术类提档线文科 105 分、理科 105 分。在校生 908 人，其中，高职生 368 人、中职生 540 人。网址：www.bjxx.com.cn。

（廖维）

【与大兴文委联合举办社会培训】 1 月 26 至 28 日，北戏与大兴区文化委员会联合举办“北戏社会培训”。培训面向大兴区近百名戏迷票友，由该校京剧系承担培训任务，培训京剧唱腔等内容。

（廖维）

【与德云社合作办学】 3月7日，北戏

与北京德云社文化传播有限公司合作开办“相声传习班”签约。北戏聘请

郭德纲为客座教授，与德云社合作开办相声专业。德云社相声演员担任专业教师；学校在德云社各演出场所开设实训基地，为学生提供实践机会；德云社择优录取毕业生成为签约演员。“相声传习班”主要为曲艺事业传承与发展培养具有相声表演专业基础理论和专业知识，掌握“说、学、逗、唱”各项技能及文化知识的高素质艺术职业人才，毕业颁发中等专业学历证书。9月，“相声传习班”首次招生14人。11月25至26日，北戏与德云社在北京长安大戏院联合演出传统评剧《严罗锅抢亲》和《王华买父》。两出剧目均由郭德纲整理、领衔主演，北戏地方戏曲系师生集体参与创作。

（廖维　陈明）

【两个体育场馆投入使用】　3月和9月，北戏乒乓球馆和操场建设工程竣工并正式投入使用。乒乓球馆建筑面积1857平方米，位于综合教学楼地下一层，包括学生活动区和教师活动区，拥有14张乒乓球台、2张台球桌以及更衣室、休息室等相应设施。乒乓球馆于2010年9月动工，总投资近30万元。操场占地面积5000平方米，拥有跑道、篮球场、排球场、羽毛球场、单双杠、升旗台等设施。该工程于2011年6月动工，总投资210万元。

（廖维）

【两本新书出版】　5月18日和7月8日，北戏与市艺术研究所联合举办《音乐剧音乐创作与研究》和《网络媒介社会功能论》新书报告会。《音乐剧音乐创作与研究》为32开本，共3章18万字，总结音乐剧歌曲分类方法和写作模式，探讨音乐剧创作一般规律。该书打破国内音乐剧歌曲创作缺乏理论支撑的局面，为当代中国音乐剧音乐本体的系统研究奠定基础，为中外音乐剧音乐的创作、表演、教学与欣赏提供理论分析依据。《网络媒介社会功能论》为16开本，共8章20万字，分析网络媒介特性和传播模式，阐述网络媒介各项功能及实现条件，并重点论证实现网络媒介监管创新、优化网络媒介社会功能的基本思路。

（廖维）

【举办首期残疾人皮影戏演员公益培训班】　6月1日，北戏首期残疾人皮影戏演员公益性培训班正式开班。该班是与北京龙在天皮影剧团联合举办，由学校选派有经验的专业教师，针对皮影戏演员实际特点，开设话剧台词、形体、戏剧表演、编导、舞美等课程，总课时108节，历时3个月。龙在天皮影剧团全体演员均为身高不足一米的残疾人。此次培训是北戏推进社会公益文化发展的首次尝试，也是专业院校对保护非物质文化遗产（皮影戏）的有意义的探索。

（廖维）

【获北京市舞蹈大赛一等奖】　10月9日，北戏舞蹈系群舞《八女投江》在北京市第12届舞蹈大赛中获得少年组创编一等奖和表演二等奖。该作品由舞蹈系青年教师创编并指导，由中专2009级女班16名学生参演，讲述抗日战争时期东北抗日联军8名女官兵在顽强抗击日本侵略军的战斗中投江殉国的故事，体现中华民族同侵略者血战到底的英雄气概。该比赛由北京市文学艺术界联合会、北京舞蹈家协会联合主办，全市60余所院校、单位参赛，经过初赛，123部作品进入决赛。

（廖维　龚光时）

【承办首期基层文化骨干培训】　10月15日，北戏承办“千名基层文化骨干培训工程”启动仪式暨第一期“北京最美乡村”基层文化组织员培训。培训针对53个“北京最美乡村”文化组织员的岗位需要和实际水平进行。其间，北戏与29个最美乡村签订文化联谊意向书。该工程由市文化局主办。12月16日，首期培训结束，结业汇报演出“我从乡村来——北京最美乡村”在北戏排演场举行，市文化局局长观看演出并向学员代表颁发结业证书。整台节目由基层文化组织员自行策划、编导、排演。

（廖维）

【获全国大学生创新创业大赛一等奖】
12月25日，北戏学生作品获第六届全国高职高专“发明杯”大学生创新创业大赛（发明类）一等奖，辅导教师获优秀辅导教师奖。获奖作品为该校舞美系学生发明的《色彩知识科普纸牌》。该比赛由中国发明协会、中国高等职业技术教育研究会等5个单位联合举办，来自全国20余省区市和台湾地区近60所院校1100项作品参赛。经过初评、终评，共评出创意类一等奖36项、创业类一等奖26项、发明类一等奖50项。

（廖维）

【与北方昆曲剧院签约联合办学】　12月26日，北戏与北方昆曲剧院签署2012年昆曲联合招生协议。2012年北戏与昆曲剧院携手在全国招收昆曲专业学生50人，其中，昆曲表演专业40人、昆曲器乐演奏10人，学制6年，毕业颁发普通中等学校专科毕业证书。学生在读期间免除学费，毕业后择优进入昆曲剧院工作。北方昆曲剧院是在周恩来领导下组建的专业昆曲表演艺术团体，以保护、继承、发展、革新昆曲艺术为根本宗旨。

（廖维）

北京现代职业技术学院

党委书记　高学通（3月免）
　　　　　丁久库（3月任）
院　　长　高学通（3月免）
　　　　　丁久库（3月任）

【概　况】　2011年，北京现代职业技术学院占地面积11.29万平方米，产权建筑面积7.27万平方米。图书馆建筑面积6635平方米，藏书15万册。固定资产总值1.27亿元，其中，教学、科研仪器设备总值4000万元。全年教育经费投入4673.38万元，其中，国家拨款2794.38万元、自筹经费1879万元。设有汽车工程系、机电工程系、经济管理系和基础部“三系一部”，开设汽车制造与装配技术、数控技术和社区管理与服务等9个专业，拥有 43 个实验实训室。教职工 212 人，其中，专任教师 128 人，包括教授、副教授 7 人；博士 1 人、硕士 40 人。毕业生 756 人，毕业生一次就业率 96.03%。在校生 1910 人。高考北京地区提档线文科 150 分、理科 150 分。招生 482 人。网址：www.moderncollege.com.cn。

（李跃谦）

【召开第一次团代会】 3 月 4 至 8 日，现代职院召开第一次团代会。会议听取团委书记作上届团委工作报告；审议并通过工作报告；采取等额选举方式，产生团委新一届委员和出席顺义区第二次团代会代表。截至 12 月底，该校共有 51 个班级团支部，团员学生 1897 人。

（李跃谦）

【设立班级心理委员】 3 月，现代职院在各班设立心理委员。心理委员为班委会正式成员之一，履行学生干部权利和义务，享受班干部可享受的所有评奖评优待遇，主要负责班级学生心理健康教育及维护工作。学校每年评选优秀心理委员，并颁发证书。

（李跃谦）

【举办第一届教学设计竞赛】 4月4日

至 5 月 6 日，现代职院举办第一届教学设计竞赛。比赛分预赛和决赛两个阶段，参赛对象为所有任课教师。预赛由各系部组织，共推选出 15 名教师进入决赛；决赛由学校组织实施，设 10 名教师评委和 10 名学生评委，最终评出一等奖 4 人、二等奖 5 人、三等奖 6 人和优秀组织奖 2 个。

（李跃谦）

【开展暑期企业调研】 6 月 20 日至 8 月 2 日，现代职院利用暑期开展企业调研。该校组织 32 名干部教师分成 4 个调研组，对顺义区内航空航天、汽车、现代制造、物流等产业方向 86 家企业进行实地调研，其中，走访国有企业 46 家、民营企业 18 家、外资企业 8 家、合资企业 14 家。调研组与企业管理人员、技术工人面对面交流，通过座谈、问卷等形式对企业用人需求、岗位设置、职工培训需求、工人学历进修需求等内容进行详细了解。共发放问卷 86 份，收回有效问卷 84 份。通过问卷统计和分析得出调研结论，形成调研报告。

（李跃谦）

【开展主题教育活动】 10 月 19 日，现代职院启动“读写经典·立德立行”主题教育活动。活动面向教职工和学生，历时 1 年。学校统一发放《弟子规》、《三字经》等国学经典著作，分层次组织师生集中观看“百家讲坛”等视频资料，组织开展诵读经典语句、书法比赛、话剧音乐剧创作等。12 月 23 日，学校举办学生《弟子规》诵读大赛，各班均参加初赛，12 个班级进入决赛，评出一等奖 2 个、二等奖 4 个、三等奖 6 个。

（李跃谦）

【加强实训基地建设】 至年底，现代职院加强校内实训基地建设。工程包括完善汽车实训中心功能分区；投资 580 万元新增数控实训中心设备；新建 5 个物流专业实训室，升级改造 2 个物流专业实训室；完成物流实训基地二期、2010 年中央财政支持的数控实训基地、2009 年中央财政支持的汽车检测实训基地的设备安装调试。

（李跃谦）

【实现就业模式新突破】 至年底，现代职院实现毕业生就业模式新突破。该校与 13 家企业共同开设短期就业型订单班 13 个，未组织任何招聘会即落实 80%以上 2012 届毕业生实习就业去向。该校拓展办学思路，围绕职业教育服务地方产业发展、为企业提供人才支持和智力保障的主线，先后与驻区汽车、数控、航空航天等 42 家重点企业和首都机场地区 15 家航空类重点企业进行对接，沟通、交流校企合作问题，探讨、拓展校企合作方式和途径，并选派骨干教师深入区内近百家重点企业调研，了解企业人才需求和岗位要求，校企联手修订人才培养方案，完善教学计划，增强专业对产业发展的适应性，提高课程对岗位素质的契合度。至年底，南航北京分公司、北京第一机床厂和顺丰速运等 13 家企业向该校提出用人需求，通过集中宣讲、学生报名、双向选择、面试选拔 4 个环节，组建 13 个订单班，校企双方联合制定培养方案，对学员开展岗前集中培训和岗上实践培训，让学生实现“毕业即就业、就业即上岗”。

（李跃谦）

北京经济管理职业学院

党委书记　赵永平

【概　况】 2011 年，北京经济管理职业学院占地面积 86 万平方米，产权建筑面积 14.40 万平方米。图书馆建筑面积 7957 平方米，藏书 88.10 万册。固定资产总值 22764 万元，其中，教学、科研仪器设备总值 5790 万元。拥有计算机 1352 台，多媒体教室座位 4297 个。全年教育经费投入 14878 万元，其中，国家拨款 10620 万元、自筹经费 4258 万元。学校信息化经费投入 383.15 万元，信息化设备资产 5434 万元，网络信息点 3100 个，校园网出口总带宽 100Mbps，电子邮件系统用户 754 个，上网课程 118 门，数字资源量 2831.50GB，管理信息系统数据总量 264.07GB。设有南、北两个校区，8 个教学系部，开设工商管理、会计和国际商务等 18 个专业。教职工 568 人，其中，专任教师 183 人，包括教授及教授级高级工程师 8 人、副教授及高级工程师 52 人；“双师型”教师 69 人；博士 13 人，硕士 103 人。外聘教师 105 人。毕业生 1397 人，其中，高职生 1169 人、成人教育专科生 228 人。毕业生一次就业率 98.87%。招生 1518 人，其中，高职生 1303 人、成人教育专科生 215 人。高考北京地区提档线专科提前批文科 154 分、理科 154 分，专科普通批文科 158 分、理科 150 分，单考单招 150 分。在校生 4591 人，其中，高职生 3629 人、成人教育专科生 962 人。网址：www.biem.edu.cn。

（刘志东）

【成立基础部】 2月18日，经管职院成立基础部。该校北校区信息系数学教研室教师，经贸系人文、法律教研室教师，体育、对外汉语教师与南校区基础部数学、人文、体育教研室教师及经贸系人文、法律教师合并成立基础部，下设数学、人文、体育、法律4个教研室，教职工33人。重组基础部是为规范办学，整合基础课教学资源，加强学生思想政治教育和素质养成，提高公共基础教育水平。

（刘志东）

【两个校企合作班开班】 2月20日，经管职院经贸系两个校企合作班长江证券班和南京证券班开班。长江证券班由学院与长江证券北京万柳东路营业部共同举办，定向培养证券专业人才，由校企双方共同实施教学和管理，学生学习期满颁发大专学历毕业证书，营业部择优录取毕业生就业。该班经过前期报名、职业能力测试、现场面试等环节，最终选拔40人就读。南京证券班由学院与南京证券公司合作举办，定向培养证券专业人才，由校企双方共同实施教学和管理，学生学习期满颁发大专学历毕业证书，公司择优录取毕业生就业。

（刘志东）

【成为全国外经贸从业人员考试机构】 3月3日，经管职院经贸系接受北京盈创经纬文化传播有限公司全国国际商务单证考试机构及全国外经贸从业人员考试机构授牌。盈创经纬公司是商务部对外贸易经济合作企业协会全国外经贸从业人员考试中心北京考试机构，学校接受该公司授权并与之合作，成为北京考试机构下的考区。国家权威考试认证项目如国际商务单证员、外贸会计、国际商务秘书、国际贸易业务员、国际商务英语等级考试等可在学校自行组织考试。考核证书由中国对外贸易经济合作企业协会统一颁发，全国通用。

（刘志东）

【召开第二届双代会】 5月15日，经管职院召开第二届教职工代表大会暨工会会员代表大会第一次会议。会议总结第一届教代会和工会工作，审议并通过第一届工会工作报告、工会财务及经费审查工作报告；确认第二届教代会79名代表和常设主席团13名成员；确认教代会5个专门工作委员会及其成员；选举产生新一届工会委员会、经费审查委员会和女教职工委员会。市国资委副主任、市教育工会主席参加会议并讲话。学校“双代会”代表71人、列席代表16人参加会议。

（刘志东）

【与两家企业签署合作协议】 6月10日和11月16日，经管职院分别与银泰证券有限责任公司北京王府井大街证券营业部、北京国华商场有限责任公司签署合作协议。该院与银泰证券王府井营业部签署人才培养战略合作协议书和合作办学共建“金融与证券专业—证券公司班”协议，双方在研究金融事业发展人才战略需求、制定人才培养规划和实施计划等方面开展合作，共同建设银泰证券人才培养基地。该院珠宝与工程系同国华商场签署人才培养战略合作协议书，双方在制定人才培养规划、专业建设、校内外实习实训基地建设等方面开展合作，共同建设国华商场人才培养基地。

（刘志东）

【探索校企合作实训教学新模式】 至年底，经管职院经贸系校企合作浦发银行班探索校企合作实训教学新模式。该班在课堂教学中，根据银行人才培养目标模式要求和业务流程特点进行教学模式创新。在“银行柜员职业素养”、“银行业务技能”和“银行运营实务”课堂教学中，除引入课堂研讨、师生互动、生生互动等教学手段外，还融入柜员柜面接待、大堂经理接待服务流程情景模拟，并将已入行工作的学生请入课堂做助教，参与教学实践，从而把银行营业室对新员工的业务传授引入课堂，完成实训和实习无缝对接。任课教师把营业室员工的业务展示与课堂上银行业务模拟进行对比分析，找出差距和不足，强调教学重点和难点，从而有效解决实训“做中学”问题及教学难点的讲授问题。课堂实训效果良好。

（刘志东）

【举办7个社会培训班】 至年底，经管职院举办7个社会培训班。其中，举办市安监局处级干部培训班（第一期），受训人数40人，为期3天；区县安监局监管人员执法资格培训班，来自各区县及北京经济技术开发区安全生产监督管理局73人接受为期2周培训；市安全生产执法监管人员培训班（第一期），受训人数80人，培训为期2天；全市组织系统调查研究专题培训，包括理论课程和实地考察，56人参加培训，为期5天；北京地铁公司中层后备干部培训班，设置政治理论和党性修养、中青年干部素质与能力、北京地铁科学发展3个模块课程，48人参加培训，为期9天；北京热力集团第二期中青年干部培训班，开设政治素质、经营管理、基层党建、职业素养4个模块课程，37人参训，培训为期4周；贵州省国资委系统企业党务干部培训班，为期10天，学员57人。

（刘志东）

北京劳动保障职业学院

党委书记 李宗泽
院　　长 李继延

【概　况】 2011年，北京劳动保障职业学院占地面积21.53万平方米，产权建筑面积12.53万平方米。图书馆建筑面积7105平方米，藏书60.95万册，其中，纸质图书35.05万册、电子图书25.90万册。固定资产总值38113.45万元，其中，教学、科研仪器设备总值10021万元。拥有计算机1900台，多媒体教室座位7700个。全年教育经费投入12981.20万元，其中，国家拨款10281.40万元、自筹经费2699.80万元。学校信息化经费投入382.60万元，信息化设备资产202万元，网络信息点1800个，校园网出口总带宽110Mbps，电子邮件系统用户220个，上网课程10门，数字资源量800GB，管理信息系统数据总量110GB。设有亚运村和昌平西关两个校区，设置机电工程系、工商管理系、劳动经济管理系、安全工程系，基础部和实训中心。教职工221人，其中，专任教师170人，包括教授及教授级高级工程师5人，副教授及高级工程师以上52人；博士8人，硕士72人；“双师型”教师87人。

外聘教师130人。毕业生1553人，其中，高职生1048人，成人教育生505人。毕业生一次就业率99.81%。招生1631人，其中，高职生1041人，成人教育生590人。高考北京地区提档线文科151分、理科154分，单考单招152分。在校生4958人，其中，高职生3161人，成人教育生1797人。网址：www.bvclss.cn。

（徐海峰）

【与普亲老龄产业公司签署合作协议】 6月18日，京劳职院与普亲老龄产业发展有限公司签署校企合作协议。根据协议，双方合作创建产、学、研一体化的高端养老示范基地、养老产业培训基地，学院负责资产监管、教学实训保障等，公司负责示范基地日常运营管理、商业模式设计等。

（徐海峰）

【两专业成为市职教分级制度改革试点专业】 8至10月，京劳职院两专业通过市教委审核成为首批北京市职业教育分级制度改革试点专业。两专业分别是旅游管理专业和老年服务与管理（健康管理与老年关怀）专业，其中，旅游管理专业中该校作为参与单位负责酒店管理子项目。

（徐海峰）

【入选首批国家专业技术人员继续教育基地】 11月8日，京劳职院被人力社保部批准为首批“国家级专业技术人员继续教育基地”。全国共20家单位入选，该校是北京市唯一入选单位。国家级专业技术人员继续教育基地是国家专业技术人才知识更新工程重要项目之一，主要职责是承担国家专业技术人才知识更新工程培训项目、专家师资、教材资源、数据库开发、在线学习平台建设和课题研究等任务，并着重加强科研成果的教学资源转化功能。

（徐海峰）

【两专业入选中央财政支持重点专业建设项目】 12月16日，京劳职院两个专业被教育部、财政部确定为中央财政“支持高等职业学校提升专业服务产业发展能力”重点专业建设项目。两个专业是公共事务管理（劳动关系管理）专业和老年服务与管理（健康管理与老年关怀）专业。至此，该校共6个中央财政支持重点专业建设项目。

（徐海峰）

【师生参加全国技能竞赛获奖】 至年底，京劳职院师生参加全国技能竞赛获奖。在首届全国高职高专院校计算机综合应用能力大赛中，9名学生组成代表队参赛，获得团体三等奖和常用应用软件模块二等奖、计算机基础模块三等奖。在2011全国职业院校技能大赛高职组“中科杯”机器人技术应用大赛中，安全工程系代表北京市参赛，获得三等奖。

（徐海峰）

北京社会管理职业学院

党委书记 王杰秀
院　　长 蒋昆生

【概　况】 2011年，北京社会管理职业学院占地面积60.39万平方米，产权建筑面积8.97万平方米。图书馆建筑面积8948平方米，藏书28.40万册，其中，纸质图书19.40万册、电子图书9万册。固定资产总值21251万元，其中，教学、科研仪器设备总值2746万元。拥有计算机800台，多媒体教室座位20个。全年教育经费投入4902.74万元，其中，国家拨款2805.40万元、自筹经费2097.34万元。学校信息化经费投入203万元，信息化设备资产1573万元，网络信息点1000个，校园网出口总带宽110Mbps，电子邮件系统用户300个，上网课程19门，数字资源量2000GB，管理信息系统数据总量100GB。设有河北燕郊和北京大兴两个校区，7个系，社会工作、婚姻服务与管理、殡仪服务技术与管理等16个专业和专业方向，3个研究中心。教职工279人，其中，专任教师126人，包括教授及教授级高级工程师7人，副教授及高级工程师以上15人；博士13人，硕士101人；“双师型”教师73人。外聘教师16人。毕业生468人，全部为高职生。毕业生一次就业率97.44%。招生917人，其中，高职生803人，成人教育专科生114人。高考北京地区提档线文科150分、理科150分。在校生2636人，其中，高职生2434人，成人教育专科生202人。网址：www.bcsa.edu.cn。

（何立军）

【与11家企业签署校企合作协议】 4至12月，社职院共与11家企业签署校企合作协议。其中，与德法利集团下属北京世纪中彩网络科技有限公司签署合作协议，根据协议，双方共建彩票营销与管理专业教学实训基地。该基地是国内首家校企合作“订单式”培养彩票专业人才的社会实训基地。另外，与北京航腾物业管理有限责任公司签署合作协议，共同培养物业管理专业人才；与天津医养股权投资基金签署合作协议，共同成立“北京社会管理职业学院医养科研发展中心”；与北京艾格美国际康复器具有限责任公司签署合作协议，企业进驻学校，以“校中厂”模式，共同培养假肢矫形器设计与制造专业高素质技能人才。

（何立军）

【全面修订人才培养方案】 6月，社职院全面修订新一轮专业（方向）人才培养方案。该校在原有12个专业（方向）基础上，新增墓地管理与建设、殡葬服务与礼仪、儿童早教、矫形器技术4个专业方向，评定老年服务与管理、婚姻服务与管理、假肢与矫形器设计与制造、现代殡仪技术与管理4个特色专业建设点。另外，老年服务与管理专业、社会工作专业被批准为教育部、财政部“支持高等职业学校提升专业服务产业发展能力”首批项目建设专业，获得400万元专项经费支持，实现专业建设新突破。

（何立军）

【与4家社会福利院签署合作协议】 6至12月，社职院与全国4家社会福利院签署合作协议。分别是南京市祖堂山社会福利院、浙江省湖州市社会福利院、福州市儿童福利院和河南省郑州市儿童福利院。根据协议，学校与福利院合作建立学生实习基地，共同培养老年服务与管理专业人才。本年，该校加强交流合作工作，共与34家企事业单位建立合作关系。

（何立军）

【举办63期民政干部培训班】 至年底，社职院依托民政部培训中心举办

63期民政干部培训班。培训项目主要包括民政厅（局）长研讨班，福彩公益金养老、社工、儿童培训项目，彩票公益金政府购买公益服务项目，养老护理员培训项目等。共有7200人参加学习。

（何立军）

【完善校内实训体系】 至年底，社职院完善校内实训体系。该校共投资400万元，新建7个实训室，服务于物业管理、殡葬、特殊儿童、早教、彩票等专业实训教学。北京瑞哈国际假肢矫形器贸易有限公司捐助80万元设备支持该校足部实验室建设。至此，该校12个专业方向拥有300余个校外实训基地，遍布全国20余个省份，与校内实训基地呼应，校内实训教学与校外实习对接。

（何立军）

北京体育职业学院

党委书记　徐建中
院　　长　徐建中

【概　况】 2011年，北京体育职业学院占地面积8万平方米，产权建筑面积6.55万平方米。图书馆建筑面积300平方米，藏有纸质图书14.10万册。固定资产总值35150万元，其中，教学、科研仪器设备总值5098万元。拥有计算机318台，多媒体教室座位904个。全年教育经费投入2461万元，其中，国家拨款2206万元、自筹经费255万元。学校信息化经费投入63万元，信息化设备资产223.90万元，网络信息点518个，校园网出口总带宽2Mbps，电子邮件系统用户71个，上网课程5门，数字资源量1447GB，管理信息系统数据总量8GB。设有院本部和芦城2个校区，6个系部；设竞技体育、运动训练、社会体育、体育保健、体育服务与管理5个专业。教职工176人，其中，专任教师82人，包括教授及教授级高级工程师2人，副教授及高级工程师以上33人；硕士30人；“双师型”教师7人。外聘教师21人。毕业生196人，其中，中职生104人，成人教育专科生92人。毕业生一次就业率90%，一次签约率90%。招生248人，其中，高职生82人，中职生166人（含五年制高职）。高考北京地区提档线理科150分。在校生702人，其中，高职生279人，中职生408人（含五年制高职），成人教育专科生15人。网址：www.bjtzhy.org。

（张文刚）

【承办全国优秀运动队文化教育工作研讨会】 3月17至18日，北体职

院承办全国优秀运动队文化教育工作研讨会。会议研讨运动员文化教育工作以及近期中央相关政策和改革指导思路，部署优秀运动队文化教育科研工作。会议结合各院校工作特点，针对专门为运动员文化教育设立研究课题的引导方向与政策展开讨论。研讨会由国家体育总局主办，来自北京、浙江、广东、福建、湖南、上海和云南7个省市体育职业（技术）学院领导和部门负责人参加研讨会。

（徐谦翮）

【调整机构设置】 11月2日，市体育局批复同意北体职院调整机构设置。学校内设机构数由6个核定为11个，分别是综合办公室、党务办公室、教育督导室、教务处、学生处、总务处、教育服务保障处、财务部、社会体育系、竞技体育部、金海湖培训中心。12月1日起，教育督导室、教育服务保障处开始独立运行。

（焦伟）

【开展教师教学基本功系列培训】 至年底，北体职院在专、兼任教师中开展教学基本功系列培训。培训包括教学准备、课堂教学能力、教学组织以及教学评价等内容，培训对象以新进教师、青年教师及非师范院校毕业教师为主，培训过程及考核结果记入教师业务档案。全年共开展培训2次，73人次教师参加培训。

（杨阳）

北京交通运输职业学院

党委书记　李怡民
院　　长　刘小明

【概　况】 2011年，北京交通运输职业学院占地面积32.64万平方米，产权建筑面积13.81万平方米、非产权建筑面积0.37万平方米。图书馆建筑面积5882平方米，藏书57.76万册，其中，纸质图书34.36万册、电子图书23.40万册。固定资产总值26875.84万元，其中，教学、科研仪器设备总值9842.23万元。拥有计算机1138台，多媒体教室座位7657个。全年教育经费投入13701.77万元，其中，国家拨款11634.07万元、自筹经费2067.70万元。学校信息化经费投入669万元，信息化设备资产1501.56万元，网络信息点3034个，校园网出口总带宽10Mbps，电子邮件系统用户362个，上网课程114门，数字资源量300GB，管理信息系统数据总量5000GB。设有西三旗、黄村和劲松等6个校区，13个系室，城市轨道交通运营管理、汽车运用技术和物流管理等7个专业。教职工380人，其中，专任教师174人，包括副教授及高级工程师以上43人；博士2人，硕士45人；“双师型”教师103人。外聘教师44人。招生1219人，其中，高职生565人，中职生619人（含五年制高职），成人教育专科生35人。高考北京地区提档线文科152分、理科150分。在校生3209人，其中，高职生764人，中职生2087人，成人教育专科生358人。网址：www.jtysxy.com。

（苑媛）

【与两家汽车企业签订校企合作协议】

5月9日和11月16日，交通运输职院分别与一汽—大众销售有限责任公司、保时捷（中国）汽车销售有限公司签订校企合作协议。该校与一汽大众签订“技术质量培训体系（TQP）伙伴计划”协议，公司支持学校汽车服务专业人才培养教育，学校开展订单式培养，校企合作建立品牌班，公司在学校建立培训中心。协议期2年。与保时捷公司签订《保时捷英才实习生项目合作协议书》，公司向学校提供教学用具、保时捷英才实习生项目（PEAP）教学课程课件与软件；学校组建保时捷PEAP教学班，开展订单教学工作，组织教师参加保时捷公司提供的培训，并培训保时捷公司技术人员。该校为北京市唯一与保时捷公司开展校企合作的高职院校。

（苑媛）

【与房山区政府合作建设新校区】 6月9日，交通运输职院与房山区政府签订合作协议。根据协议，学校在房山区建设良乡新校区。新校区占地面积9.46万平方米，校园内建设规模6.89万平方米，项目总投资3亿元。新校区建设列入北京交通“十二五”发展规划，引进国际知名企业及国外优质职业教育资源，开展国际证书培训、交通应用技术研发，建成国际化交流中心、培训中心、研发中心。

（苑媛）

【与大兴区签署职业技能培训合作协议】 6月17日，交通运输职院与大兴区政府签署《大兴区职业技能培训合作战略协议书》。协议约定，学校承担大兴区政府组织的区域内在职职工、城市失业人员和农转非人员技能培训任务，实施高技能人才联合培养计划，联合开展教材建设，灵活开展订单培训，共同建立技能人才实训基地。

（苑媛）

【参加汽车技能大赛获奖】 6月24至27日，交通运输职院学生参加2011年全国中等职业院校汽车运用与维修技能大赛获奖。该校12名学生代表北京市参赛，获得一等奖7个，二、三等奖各1个，一等奖中包括汽车维修团体、车身涂装、汽车空调维修3个项目冠军和汽车维修个人项目亚军。大赛由教育部、交通运输部、天津市政府主办，全国37个省区市职业院校413人参赛。8月13至14日，该校师生在第二届奥运城市体育文化节“绿色交通、城市未来——青少年绿色方程式新能源赛车”竞赛中获佳绩。5名教师、11名学生组成“交通壹号车队”参赛，获得总成绩第二名、工程技术第一名、直线行驶第一名、耐力赛第二名、最佳车队推广奖和最佳车队风貌奖。竞赛由北京奥运城市发展促进会、市社工委、团市委、市科技委等单位主办，北京7所高校和中学参赛。

（苑媛　赵琳）

【与交通企业及行业协会签署合作协议】 9月14日，交通运输职院与北京交通行业5个主要大型交通企业和4个行业协会签订《落实〈北京市交通行业职业教育校企合作暂行办法〉创新职教办学体制机制战略合作协议》。5大交通企业是北京公共交通控股（集团）有限公司、北京地铁运营有限公司、北京市首都公路发展集团有限公司、北京市政路桥控股（集团）有限公司、北京祥龙资产经营有限责任公司；4个行业协会是北京市道路运输协会、北京公路学会、北京汽车维修行业协会、北京出租汽车暨汽车租赁协会。双方合作开展集团化办学模式下的校企合作/校会企合作，企业在学院建立订单班，学院根据企业需要定向培养和输送人才；企业/协会技术及管理骨干可担任学院客座教授、兼职教师和实践导师；学院承担企业关键技术及管理岗位中、高端人员在职技术培训和职业资格等级晋升培训等工作。活动由市交通委、市教委联合举办，鲁昕、赵凤桐等参加活动，调研北京职业教育。

（苑媛）

【入选首批教育部SGAVE项目合作校】 10月12日，交通运输职院入选首批教育部“中德汽车机电技能型人才培养培训合作项目（SGAVE）”合作学校。学校成为宝马公司合作校。SGAVE项目由教育部与德国国际合作机构（GIZ）、德国五大汽车生产企业（保时捷、宝马、奥迪、戴姆勒—奔驰、大众）携手中国高等职业院校联合开展，目的是充分利用德国汽车领域雄厚技术和职业教育领域先进经验储备，联合构建符合现代汽车维修行业需求的专业人才培养体系，共同开发适应中国国情的汽车机电技术人才培养方案，共同为德国五大汽车生产企业培养具有国际竞争力的技能型汽车售后服务技术人才。来自教育部、市交通委、市教委等单位有关领导以及德国五大汽车生产企业代表参加活动。

（苑媛）

【4个校企合作班开班】 至10月，交通运输职院4个校企合作班开班。4个班分别是首届中德德国工商业联合会（IHK）汽车机电师班和仓储物流师班、首届保时捷英才实习生班、首届中德汽车机电工实验班。汽车机电师班、仓储物流师班分别招收学生40人和20人，学制均为3.5年，学生经考核合格后可同时获得该校毕业证书和IHK汽车机电师/仓储物流师职业资格证书，外语水平达到规定要求的学生可被推荐到德国或其他国家就业。保时捷英才实习生班是该校与保时捷（中国）汽车销售有限公司首次合作开办，共招收学生8人。该班学生首先进入北京3家保时捷中心接受8个月“铜级技师”标准培训，培训结束后在学校接受2个月强化训练，通过企业和学校双层考核后可进入保时捷企业工作，入职6个月后可参加保时捷“铜级技师”考试。中德汽车机电工实验班共招收汽车系学生30人，学制3年。该班学生以“订单培养”方式培养，学生通过考试后可获得学院毕业证书以及德国五大汽车生产企业承认的汽车机电工职业资格证书，毕业后可进入德国五大汽车生产企业的售后服务体系工作。

（苑媛）

【汽车驾驶员职业技能鉴定题库命题标准通过审核】 11月5日，交通运输职院开发的《北京市汽车驾驶员鉴定题库命题内容标准》获市职业技能鉴定中心审核通过。该标准是北京市编写汽车驾驶员初、中、高级试题库的依据，其中，初级部分含3个职业功能5个工作内容26条，中级部分含7个职业功能8个工作内容35条，高级部分含9个职业功能14个工作内容29条，分别包含汽车驾驶、汽车维护、汽车新技术使用、汽车故障识别与处理、职业道德等内容。

（苑媛）

【开展交通行业培训和鉴定工作】 至年底，交通运输职院开展交通、公路、房地产行业相关职业培训和鉴定考核工作。共完成各类培训11721人次，各类考核62499人次。培训和鉴定项目涉及营业性普通货物运输驾驶员、道路危险货物运输驾驶员、道路运输危险货物押运员、汽车维修质量检验员、停车管理员和租赁企业管理人员等。

（苑媛）

中等职业教育

【概　况】 2011年，北京市共有中等职业学校137所，其中，普通中等专业学校35所，成人中等专业学校11所，职业高中56所，技工学校35所。普通中等专业学校毕业生17896人，招生15186人，在校生63107人；教职工4717人，包括专任教师2460人；占地面积167.82万平方米，学校产权校舍建筑面积95.60万平方米；固定资产总值20.89亿元，其中，教学、实习仪器设备资产6.73亿元。成人中等专业学校毕业生12365人，招生24688人，在校生41802人；教职工637人，包括专任教师330人；占地面积13.19万平方米，学校产权校舍建筑面积9.90万平方米；固定资产总值1.03亿元，其中，教学、实习仪器设备资产0.36亿元。职业高中毕业生20851人，招生21633人，在校生64073人；教职工7978人，包括专任教师4997人；占地面积333.28万平方米，学校产权校舍建筑面积119.51万平方米；固定资产总值19.80亿元，其中，教学、实习仪器设备资产6.29亿元。中等职业学校全年面向社会开展各类职业培训760万人次。

（张兰　胡雨）

【确定市现代化标志性中职学校建设计划第二批项目建设校】 1月27日，市教委公布北京市现代化标志性中等职业学校建设计划第二批项目建设学校名单。经学校申报，市教委组织专家进行评估，确定北京国际职业教育学校、北京市电气工程学校、北京市劲松职业高中、北京市信息管理学校、密云县职业学校和北京市园林学校共6所学校为北京市现代化标志性中等职业学校建设计划第二批项目建设学校，建设周期两年。以上6所学校同时作为“国家中等职业教育改革发展示范校建设计划”北京市第二批推荐备选学校。

（陈薇　胡雨）

【举办市中职学校技能比赛】 3至4

月，市教委举办2011年北京市中等职业学校技能比赛暨全国职业院校技能大赛北京地区预赛。比赛设12个专业类别48个比赛项目，全市一万余名学生参加比赛，最终评出一等奖111人、二等奖199人、三等奖296人。并从中选拔111名学生代表北京市参加2011年全国职业院校技能大赛，获得一等奖24个、二等奖22个、三等奖30个、优秀奖19个以及团体总分第五名，创下历史最佳成绩。

（张兰　胡雨　李庆）

【13个中职实训基地建设项目获中央财政支持】 7月，北京市13个中等职业学校实训基地建设项目（含技工学校4个）获得2011年度中央财政支持。该评选由教育部、财政部联合举办。

（项明　龚戈淬）

【完成中职学校课改实验项目阶段成果评审】 9月19日，市教委完成市中等职业学校“工作过程导向”课程改革实验项目阶段成果评审。市教委组织课程改革专家指导组对课改实验项目学校332个课例、335本专业核心课程讲义和271篇课程改革研究论文进行评审，共评出课例一等奖33个、二等奖62个、三等奖81个；专业核心课程讲义一等奖26本、二等奖60本、三等奖78本；课程改革研究论文一等奖21篇、二等奖45篇、三等奖59篇。

（胡雨）

【举办中职学校信息化教学大赛】 9月21至23日，市教委举办2011年北京市中等职业学校信息化教学大赛暨2011年全国中等职业学校信息化教学大赛选拔赛。比赛包括多媒体教学软件、信息化教学设计和计算机网络技术信息化教学3个赛项。选拔赛由北京教育科学研究院承办。在此基础上，市教委推荐11名教师参加教育部11月22至26日在沈阳举办的全国中等职业学校信息化教学大赛，取得一等奖2个、二等奖4个、三等奖3个、优秀奖2个。来自全国35个地区369名教师参加3个项目14个组别比赛，评出一等奖38个、二等奖76个、三等奖105个、优秀奖140个。

（张兰　胡雨）

【8所中职学校入选国家改革发展示范校建设计划】 10月20日，北京市8所中等职业学校入选2011年度“国家中等职业教育改革发展示范学校建设计划”第二批立项建设学校。经各地申报，教育部、人力社保部和财政部组织专家复核，并经公示程序，确定北京市8所中职学校入选该计划第二批立项建设学校，分别为北京市信

息管理学校、北京市工贸高级技工学校、北京市工业高级技工学校、北京市劲松职业高中、北京国际职业教育学校、北京市电气工程学校、北京市实用高级技术学校和密云县职业学校。全国共377所中职学校入选，自建设方案及任务书批复下达之日起开始建设，建设期2年。

（张兰　胡雨）

【参加全国中职学校文明风采竞赛获奖】 10月21日，第八届全国中等职

业学校“文明风采”竞赛结果公布，北京1416名学生的1374件作品获奖。另有792名教师获奖，14所学校获组织奖，8所学校获优秀组织奖，市教委获组织工作贡献奖。5至8月，市教委联合首都文明办、团市委举办该竞赛北京市复赛，共53所学校7000余名学生参加，提交作品6409件，其中，52所学校1630名学生进入全国决赛，上交作品1573件。该竞赛由教育部、中央文明办和中华职业教育社主办，分五类11项，包括学校初赛、省级复赛和全国决赛三个阶段。全国1980所中职学校52943名学生（不包括参加集体项目学生数，后同）51174份作品进入全国决赛，36358名学生的35165份作品、984个集体项目、20184名教师、511所学校和14个省级复赛组委会获奖。

（吕轮超　张兰　胡雨）

【组织课改实验项目新课程实施阶段项目实施】 至年底，市教委组织中等职业学校课程改革实验项目新课程实施阶段的项目实施。市教委召开年度课程体系改革工作会议，印发《北京市中等职业学校以工作过程为导向的课程改革实验项目新课程实施阶段2011年项目实施方案》，明确年度改革主要工作任务；督促各学校进一步加强课改工作领导，深入推进课程体系改革工作，内容包括继续开展专业核心课程教学设计和课堂教学改革实践研究；研究探索学生顶岗实习的工作机制和管理制度；完善学生学业综合评价方案，继续开展学生课程学业评价；继续开展新课程背景下的教师课堂教学质量评价，建立健全与新课程实施配套的教学管理制度和运行机制；研究探索工作过程导向课程教材开发机制，开发部分专业核心课程教材；研究开发部分专业教学资源，建设专业教学资源库；开展专题研究，调研课程改革成效，总结提炼成功经验与做法，破解课程改革进程中的难题，深入挖掘课程改革研究成果，处理好课改、课程和课堂的关系，加强对新课程实施的管理，完善课程评价工作，为课程改革实验项目工作总结和成果推广做好准备。

（张兰）

国家重点中等职业学校

中央音乐学院附属中等音乐学校

【概　况】 2011年，中央音乐学院附属中等音乐学校占地面积1.46万平方米，产权建筑面积2.95万平方米。图书馆建筑面积915平方米，藏书6.93万册，其中，纸质图书1.33万册、电子图书5.60万册。固定资产总值21000万元，其中，教学、科研仪器设备总值4800万元。拥有计算机300台，多媒体教室23间、座位212个。全年教育经费投入4268万元，其中，国家拨款1488万元、改善办学条件专项款2780万元。拥有网络信息点580个，校园网出口总带宽10Mbps，数字资源量18GB。开设9个专业，包括钢琴、小提琴和民乐等5个六年制专业。拥有中国少年交响乐团、少年民族管弦乐团、少年室内乐团、少年合唱团和少年管乐团。附属小学是附中六年制中专学历教育之外“学前预科班”，学制3年。教职工131人，其中，专任教师96人，教辅人员35人。专任教师中研究生及以上学历52人，本科及以上学历占教师总数97%；高级专业技术职务9人、中级34人。聘请校外教师154人。毕业生347人。招生245人。在校生1240人，其中，初中部928人、高中部312人。网址：fuzhong.ccom.edu.cn。

（宋歌）

【举办首届弦乐四重奏比赛】 4月6至12日，中央音乐学院附中举办首届弦乐四重奏专项比赛。12组选手报名参赛，全部由初三至高二学生自由组合而成。比赛设立一等奖奖金1万元、二等奖6千元、三等奖3千元。比赛由校友高彤彤提琴制作工作室赞助举办，比赛期间还举办提琴维护保养讲座，讲授提琴鉴别、保养以及如何挑选提琴等知识。高彤彤是坚持独自手工制作提琴的制琴大师。该校自2005年设四重奏为必修课，有50名中提琴学生，是世界上提琴学生最多的学校。

（宋歌）

【钢琴专业学生获国际比赛大奖】 4月28日至5月3日，中央音乐学院附中学生在第九届霍洛维茨青少年国际钢琴比赛中获大奖。该校钢琴专业3名学生分获金、银、铜奖，3名指导教师获得优秀指导教师奖。该比赛由乌克兰国家文化部在乌克兰举办，来自14个国家和地区83人参赛。

（宋歌）

【教师入选2010新世纪优秀人才支持计划】 5月，中央音乐学院附中中提琴副教授王绍武入选2010年度“新世纪优秀人才支持计划”资助项

目。研究期限3年，资助经费每人20万元。这是该校教师首次入选。该计划是教育部于2004年启动实施的“高层次创造性人才计划”之一，主要培养、支持一批学术基础扎实、具有创新能力和突出发展潜力的优秀青年学术带头人，每年评选一次。

（宋歌）

【手风琴专业学生获两项大奖】　5月和10月，中央音乐学院附中手风琴专业学生获两项国际比赛大奖。在第48届德国克林根塔尔国际手风琴比赛中，该校2名高二学生分获青年组第一、二名，这是该项比赛历史上罕见由同一个国家、同一所学校、同一名教师指导的2名选手包揽前两名的情况。共17个国家和地区68名选手参加不同组别比赛。10月，在第64届世界杯手风琴锦标赛上，该校1名高三学生获青年世界杯组第二名，1名高二学生获青年流行组第二名。

（宋歌）

【作曲专业学生参加国际比赛获佳绩】

6月和12月，中央音乐学院附中作曲专业学生在两项国际比赛中获佳绩。6月，在2011美国波士顿青年国际音乐比赛（Young Promise International Music Competition）的作曲比赛和钢琴比赛中，该校作曲专业1名高一学生七重奏作品《谑》获作曲二等奖、钢琴演奏比赛D组第一名和最佳浪漫作品演奏奖；1名初二学生作品《岚》获作曲比赛三等奖。12月，在第十届唐文森特维蒂国际作曲比赛（Don Vincenzo Vitti Concorso Internazionale）中，该校高二学生创作的弦乐队与钢琴作品《梦色》获得作曲二等奖、钢琴演奏一等奖，六重奏作品《逝影·跃魂》获得三等奖。同时，《梦色》作者作为组委会唯一邀请人，在颁奖音乐会上对该作品及创作经历进行20分钟英文讲解。

（宋歌）

【学生获国际竖琴比赛金奖】　11月12至16日，中央音乐学院附中学生在第五届薇拉·杜洛娃国际竖琴比赛中获奖。该校竖琴专业1名高三学生获得比赛大组金奖，并获奖励竖琴一架；1名初二年级学生获得比赛小组第二名。该比赛为竖琴专业国际级重要比赛。

（宋歌）

【师生参加音乐金钟奖比赛获奖】　11月26日至12月4日，中央音乐学院附中师生参加第八届“中国音乐金钟奖比赛”获奖。该校管弦专业“弦之风云”弦乐四重奏组获得四重奏金奖，民乐学科1名青年教师获得琵琶比赛金奖。该比赛由中国文学艺术界联合会、中国音乐家协会和广州市人民政府主办，包括作品奖、表演奖、理论评论奖、终身成就奖4个组别，表演奖分声乐比赛、民乐比赛、小提琴比赛、弦乐四重奏4个子项目，分别评出金奖各1人（组）。

（宋歌）

北京市什刹海体育运动学校

【概　况】　2011年，北京市什刹海体育运动学校占地面积3.37万平方米，产权建筑面积47442平方米、非产权建筑面积1966平方米。图书馆建筑面积136平方米，藏有纸质图书6.27万册。固定资产总值12917.10万元，其中，教学、科研仪器设备总值432万元。拥有计算机200台，多媒体教室座位150个。全年体育事业经费投入7111.15万元。学校信息化经费投入40.07万元，网络信息点600个，校园网出口总带宽20Mbps，上网课程1门，数字资源量30GB。开设武术、跆拳道、乒乓球等10个运动项目，9个运动班，7个运动队。教职工302人，其中，专任教练87人、教师22人、教辅人员4人。专任教师教练中具有研究生学历7人，本科及以上学历占教师总数100%；副高级专业技术职务28人、中级39人。聘请校外教师4人。运动班向一线运动队输送运动员8人。在校生786人，运动员年龄6至30岁。网址：www.bjschtx.com。

（严丽芬）

【参加中俄散打对抗赛夺冠】　1月18日，什刹海体校散打运动员黄磊在中俄散打对抗赛中获得90公斤级冠军。比赛由国家体育总局武术运动管理中心和中国武术协会在哈尔滨举办，设5个级别，每个级别中俄各派一名选手进行对决。黄磊，1986年10月生于江苏省，2002年到什刹海体校武术散打专业学习，2007年入选北京散打队。

（严丽芬）

【获高尔夫国际比赛冠军】　1月21至23日，什刹海体校北京高尔夫球队运动员王梓漪、石昱婷分别获得2011年汇丰中国青少年高尔夫球公开赛A组和C组冠军。该赛事由国家体育总局、中国高尔夫球协会和广东省体育局举办，为国内最高水平青少年高尔夫球国际赛事，北京4名选手参赛。石昱婷还与另一名北京队选手代表中国队夺得团体冠军。王梓漪与石昱婷均于1998年生于北京，2005年开始练习高尔夫球，2010年进入什刹海体校。

（严丽芬）

【承办两届市“乒协杯”公开赛】　2月19至20日、12月24至25日，什刹海体校承办第16、17届北京市“乒协杯”公开赛。两次比赛均由市乒乓球协会主办，来自各乒乓球业余团体200余支代表队750余人参赛，分7个年龄组进行，参赛者范围广，年龄跨度大。经过分组循环赛、单淘汰赛两个阶段比赛，两届比赛共决出18个团体冠军、24个单打冠军。

（严丽芬）

【夺得3项世界冠军】　4至10月，什刹海体校运动员在世界大赛中夺得3块金牌。4月，该校北京羽毛球队运动员张楠在成都举行的羽毛球亚锦赛中与其队友赵芸蕾夺得混双冠军；8月14日，张楠与其队友夺得2011年伦敦羽毛球世锦赛混合双打冠军，成为北京羽毛球队首名夺得世锦赛混双冠军的运动员。10月，在第11届世界武术锦标赛上，该校运动员黄磊夺得武术散打 90 公斤级冠军；李昕豫以 9.85 分夺得女子组太极拳金牌，成为该校培养输送的第 39 名世界冠军。张楠，1990 年生于北京，2001 年到什刹海体校学习羽毛球专业，2004 年入选北京羽毛球队。黄磊，1986 年生于江苏，2002 年到什刹海体校学习武术散打专业，2007 年入选北京散打队。李昕豫，1990 年生于山东，2006 年进入什刹海体校学习武术套路专业，2008 年入选北京武术队。

（严丽芬）

【羽毛球队首获全国团体冠军】 5 月和 8 月，什刹海体校北京羽毛球队分别获得全国羽毛球冠军赛混合团体冠军和全国羽毛球团体锦标赛男子团体冠军。两次夺冠均为北京羽毛球队在相应赛事中首次夺冠，创造建队以来最好成绩。北京羽毛球队于 1978 年成立，1980 年、1983 年两次整改，男队在 1983 年、1985 年两次进入全国甲级行列。

（严丽芬）

【北京武术队入选世纪十佳荣誉团体】 7 月 13 日，什刹海体校北京武术队获得北京体育“世纪十佳荣誉团体”称号。该评选由市体育总会、市体育记者协会联合组织，旨在评选 1908 至 2008 年间对北京乃至全国体育发展做出突出贡献、产生较大影响的体育人物、团体和事件。评选采取相关部门推荐，广大公众与专家投票的方式进行。北京武术队于 1974 年成立，迄今共培养 10 余名世界冠军，夺得 220 余块全国比赛金牌、12 块世锦赛金牌和 1 块北京奥运会武术比赛金牌。

（严丽芬）

【功夫剧《什刹海》驻校演出】 7 月 19 日，什刹海体校功夫剧《什刹海》正式驻校演出。该剧以常态形式在该校剧场每晚上演，可同时接待观众 700 余人。该剧由市体育局出资，什刹海体校承办，自 2008 年 10 月开始筹备，2009 年 10 月正式上演，演出时长 70 分钟，以中国功夫为主线，讲述一对迷恋中国功夫的外国情侣来北京拜师学武的故事。该剧融入京剧、杂技、舞蹈、柔术、民俗等多种艺术表现形式，展现奥运会后北京人新风貌、新生活，是市体育文化创意产业重点项目，也是市旅游委重点打造 16 个旅游演出推介剧目之一，曾赴多个国家和地区演出。

（严丽芬）

【12 人受国家体育总局表彰】 12 月 27 至 28 日，什刹海体校 12 人因 2011 年度取得优异成绩在全国体育局长会议上受到国家体育总局表彰。其中，3 名运动员和 6 名教练员获得“2011 年度优秀运动员和教练员体育运动荣誉奖章”，2 名教练员和 1 名文化课教师获得“2011 年全国各级各类体校优秀教练员、优秀文化课教师”称号。

（严丽芬）

【夺得 13 项全国比赛冠军】 至年底，什刹海体校北京队专业运动员在全国比赛中共夺得 13 项全国比赛冠军。获奖情况包括全国跆拳道锦标赛 87 公斤级冠军、全国跆拳道冠军赛 80 公斤级冠军，全国女子拳击锦标赛 64 公斤级冠军、全国女子拳击冠军赛 64 公斤级冠军，全国男子拳击锦标赛 75 公斤级冠军、全国男子拳击冠军赛 75 公斤级冠军，全国男子武术散打锦标赛 90 公斤级冠军和 100 公斤级冠军、全国男子武术散打冠军赛 52 公斤级冠军和 60 公斤级冠军，全国武术套路冠军赛棍术冠军和太极剑冠军，以及全国羽毛球冠军赛男子单打冠军。

（严丽芬）

【多形式开展学生德育工作】 至年底，什刹海体校通过多种形式将德育教育渗透到学校教育各环节。该校德育教育以“重情感、重互动、重实践”为原则，实行一月一个主题，采取讲座、广播、板报、知识竞赛、外出参观、读书活动等多种方式进行，内容涵盖文明礼仪、行为习惯、爱国主义、传统文化、法律法规、安全知识、心理健康等多个方面。2011 年，该校进行法制讲座、主题读书活动、演讲比赛、歌咏比赛各 1 次，外出参观 3 次，每周进行 1 次广播宣传，每学期进行 1 次板报评比。

（严丽芬）

北京市商务科技学校

【概　况】 2011 年，北京市商务科技学校占地面积 4.81 万平方米，产权建筑面积 3.79 万平方米、非产权建筑面积 1.34 万平方米。图书馆建筑面积 680 平方米，藏书 24.37 万册，其中，纸质图书 12.83 万册、电子图书 11.54 万册。固定资产总值 10610 万元，其中，教学、科研仪器设备总值 3978 万元。拥有计算机 1254 台，多媒体教室座位 2815 个。全年教育经费投入 4952 万元，其中，国家拨款 4543 万元、自筹经费 409 万元。学校信息化经费投入 161.50 万元，网络信息点 1298 个，校园网出口总带宽 20Mbps，上网课程 4 门，数字资源量 150GB。设有右安门、富河园和徐辛庄等 4 个校区，5 个系部，开设物流服务与管理、服装设计与工艺、财会等 10 个专业和 7 个专门化方向，39 个教学班。教职工 157 人，其中，专任教师 81 人、教辅人员 18 人。专任教师中具有研究生学历 7 人，本科及以上学历占教师总数 100%；高级专业技术职务 32 人、中级 41 人；“双师型”教师 49 人。毕业生 336 人，毕业生就业率 95.25%，职业资格证书取证率 100%。招生 402 人，包括成人中专生 110 人。全日制在校生 1236 人，包括成人中专生 278 人。网址：www.swkj.org.cn。

（黄汉周）

【新增影像与影视技术专业】 1 月 26 日，商务科技学校经市教委批准新增影像与影视技术专业。该专业面向北京市及全国初中毕业生招生，主要培养从事影视和影像媒体工作的技能型、操作型专业技术人员。7 月开始招生，首批计划招生 25 人，实际招生 21 人。至此，该校共有 10 个专业 7 个专门化方向。

（黄汉周）

【与四川服装艺术学校联合办学】 3 月 9 日，商务科技学校与四川省服装艺术学校签署联合办学协议。根据协议，双方联合开办物流服务与管理专业班和服装设计与工艺专业班，学制 3 年。物流服务与管理专业实行“1＋2”联合办学模式，即学生第一年在四川服装艺术学校学习，第二、三年在商务科技学校学习。服装设计与工艺专业实行“1.5＋1.5”联合办学模式，即学生前一年半在四川服装艺术学校学习，后一年半在商务科技学校学习。四川服装艺术学校负责招生宣传及招生组织工作，商务科技学校负责学生专业课教学、专业实习及顶岗实习工作。学生学习期满，成绩合格者可获得四川省教育厅颁发的普通中专学历证书和北京市教委颁发的成人中专学历证书。同时，商务科技学校免费承担四川服装艺术学校物流服务与管理专业师资培训工作。

（黄汉周）

【参加全国物流技能大赛获突破】 6

月24至27日，商务科技学校在2011年全国职业院校技能大赛中职组现代物流技能比赛中获重大突破。该校4名学生参赛，2人获一等奖、1人获二等奖、1人获三等奖，这是该校参加全国职业院校技能大赛以来首次获得一等奖。该赛事由教育部举办，来自全国36个省区市237人参赛。10月27至30日，该校4名教师代表北京市参加第二届全国“环众·创新杯”物流教师技能竞赛，共获得个人单项一等奖6个、二等奖6个，另有3人获个人全能一等奖，1人获个人全能二等奖。比赛由中国职教学会主办，全国52所学校81名教师参加比赛。

（黄汉周）

【成为全国物流职业教育人才培训基地】 9月22至23日，商务科技学校成为首批全国物流职业教育人才培养基地单位，并在中国职业教育与物流行业发展对话活动现场接受授牌。培训基地主要承担为物流行业培养、输送高技能人才的任务。评选由中国物流与采购联合会、全国物流职业教育教学指导委员会联合组织，全国共34个单位入选。

（黄汉周）

【与3家企业签订合作协议】 9至11月，商务科技学校与3家企业签订合作协议。其中，与北京国商物流有限公司签订合作协议，公司定期派企业专家来校举办讲座，为学校师生提供实习、实践机会；学校为企业提供优秀毕业生。与北京宝华联汇商贸有限公司签订合作协议，企业每年接受学校师生实习、实践，派专业技术人员指导服装专业技能大赛训练，每年举办6学时时装流行趋势讲座，每年提供100件教学样衣，协助开办服装设计与制作职业技能培训班；学校为企业提供优秀毕业生，为企业员工进行技能培训、职业资格鉴定（考证）辅导。与环众软件（上海）有限公司签订联合培训协议，双方共同在商务科技学校物流培训基地面向全国高职院校学生进行岗前培训，首期培训顶岗实习人员18人。

（黄汉周）

【完成两委换届选举】 12月23日，商务科技学校党委、纪委换届选举大会召开。会议审议并通过上一届党委工作报告，采取差额选举方式，选举产生新一届党委委员5人、纪委委员5人。该校共有党员89人，参加会议党员76人。12月30日，新一届党委、纪委召开第一次会议，以无记名投票方式选举产生党委书记、副书记及纪委书记人选，明确委员分工。

（黄汉周）

北京水利水电学校

【概　况】 2011年，北京水利水电学校占地面积3.88万平方米，产权建筑面积2.66万平方米。图书馆建筑面积3247平方米，藏有纸质图书8.66万册。固定资产总值4931万元，其中，教学、科研仪器设备总值1540.85万元。拥有计算机581台，多媒体教室座位1500个。全年教育经费投入4463.52万元，全部为国家拨款。学校信息化经费投入184.47万元，网络信息点1个，校园网出口总带宽20Mbps，上网课程63门，数字资源量200GB。设有1个校区，5个系部，开设水利水电工程施工、给排水工程施工与运行、机电技术应用等8个专业，44个教学班。教职工154人，其中，专任教师87人、教辅人员14人。专任教师中具有研究生学历18人、本科及以上学历占教师总数100%；高级专业技术职务31人、中级38人；“双师型”教师32人。聘请校外教师14人。毕业生452人，就业率97%，职业资格证书取证率99.80%。招生438人。在校生1675人。网址：www.slsdschool.com。

（刘京丽）

【电子电工实训基地投入使用】 8月

20日，水电学校电子电工实训基地投入使用。基地建筑面积500平方米，配备先进多媒体教学辅助设备，扩建电工技术实训室，新建电子工艺、电机与控制技术、楼宇自动化等6个实训室，涵盖电工、传感与检测技术等课程。基地自2010年11月开始建设，总投资420余万元，其中，中央财政资金180万元，北京市财政资金180万元，学校自筹资金60余万元。年内，基地新开实训项目56个，完成32个教学班次实训教学，完成校内外培训3972人次，开展学生第二课堂178学时。

（刘京丽）

【参加全国水利技能竞赛获奖】 10月19至21日，水电学校在第三届全国水利中等职业学校职业技能竞赛中获奖。比赛包括水利工程测量、水利工程计算机辅助设计（CAD）等3个竞赛项目，该校11名学生参赛，获得水利工程测量一等奖、水利工程CAD三等奖、水利工程测量单项团体第一名，学校获综合团体第四名和优秀组织奖。该比赛由中国水利教育协会主办，全国13所学校100人参加比赛。

（刘京丽）

【首次开展污水处理工鉴定】 11月5日，水电学校首次开展污水处理工鉴定工作。鉴定工作面向北京城市排水集团下属污水处理厂在岗一线职工，包括理论考核与实操考核。实操考核在高碑店污水处理厂进行，考生抽取“采集水样、沉降比测定”考题后，考评员按工序程序标准，察看考生实操过程的操作步骤，严格按评分标准打分。共151人参加鉴定，其中，63人获中级工证书、59人获初级工证书。

（刘京丽）

北京城市建设学校

【概　况】　2011年，北京城市建设学校占地面积2.91万平方米，产权建筑面积2.28万平方米。图书馆建筑面积403平方米，藏书18.70万册，其中，纸质图书6万册、电子图书12.70万册。固定资产总值26444.24万元，其中，教学、科研仪器设备总值1849.91万元。拥有计算机646台，多媒体教室座位300个。全年教育经费投入3810.69万元，其中，国家拨款2941.01万元、自筹经费869.68万元。学校信息化经费投入169.87万元，网络信息点500个，校园网出口总带宽20Mbps，上网课程55门，数字资源量40GB。全日制中专开设9个专业，39个教学班；成人大专开设7个专业，29个教学班；成人中专开设6个专业。教职工125人，其中，专任教师77人、教辅人员11人。专任教师中具有研究生学历21人，本科及以上学历占教师总数100%；高级专业技术职务25人、中级49人；“双师型”教师33人。聘请校外教师37人。毕业生640人，其中，全日制中专生313人，成人大专生164人，成人中专生86人，北京电大市建职大工作站77人。毕业生就业率100%，职业资格证书取证率90%。招生947人，其中，全日制中专生425人，成人大专生344人，成人中专生81人，北京电大市建职大工作站97人。在校生2646人，其中，全日制中专生1219人，成人大专生806人，成人中专生142人，北京电大市建职大工作站479人。全年为市建筑行业从业人员开展岗位培训、技能鉴定考核共计4046人次。网址：www.bccs.cn。

（周晓凌）

【与两家企业签约合作】　3月18日和4

月26日，城建学校分别与北京北旅时代商务旅游投资有限公司、北京怀建集团有限公司签约开展校企合作。双方在资源共享、优势互补、互惠互利、共同发展原则下，在专业建设、教育教学、学生实习实训、招生就业、师资培训等方面开展深度合作。

（周晓凌）

【庆祝建校30周年】　10月15日，城建学校召开庆祝建校30周年庆典大会。会议回顾学校30年发展历程，展望今后发展方向。市教工委、市教委、市住建委，中国职业技术教育学会、中国建设教育协会等部门和单位以及全国各地兄弟院校代表，该校师生、校友代表参加庆典大会。学校还编辑《城建学校三十年》纪念册和校友录，制作学校宣传片和光盘，举办教育教学成果展、学生作品展、教职工书画摄影展等系列展览，组织校友联谊会等庆祝活动。城建学校建于1981年，原隶属于市建设委员会，2008年划转市教委管理。建校以来，共培养中专学历毕业生近万人。

（周晓凌）

【成为市建设行业技能人才实训基地】

10月15日，城建学校成为市建设行业技能人才实训基地，市教委、市住建委领导为基地揭牌。基地职能是为首都建设行业技能人才实训提供服务，承担技能实训培训、考核等任务。9月29日，该校被市住建委授予“北京市建设类培训机构综合办学水平评估优秀单位”称号。

（周晓凌）

【举办首届学生技能竞赛月活动】
11月10日至12月15日，城建学校举办首届学生技能竞赛月活动。竞赛包括工程算量、电子制作、空调设备组装等12个赛项。全体在校生参与活动，共评出一等奖26人次、二等奖58人次、三等奖550人次。该校制订技能竞赛管理办法，建立技能竞赛长效机制。

（周晓凌）

【课程改革逐步推进】　至年底，城建学校建筑工程施工专业逐步推进“以工作过程为导向”课程改革实验项目新课程实施任务。完成普通装饰装修施工、建筑工程资料管理、建筑施工项目管理3门专业核心课程教学设计，编写专业核心课程讲义和学生工作页等教学资源；完成小型框架结构建筑物施工的理论与实践一体化教学任务，“普通装饰装修施工”等课程以课例形式反映课堂教学改革成果；完成市级课题1项；完成《建筑地基基础施工》等校本教材7册；6篇论文获市级以上奖项。

（周晓凌）

北京市自动化工程学校

【概　况】　2011年，北京市自动化工程学校占地面积近4万平方米，产权建筑面积2.26万平方米。图书馆建筑面积500平方米，藏书16.10万册，其中，纸质图书6.10万册、电子图书10万册。固定资产总值8439.95万元，其中，教学、科研仪器设备总值5214.92万元。拥有计算机618台，多媒体教室座位1500个。全年教育经费投入5075万元，其中，国家拨款4708万元、自筹经费367万元。学校信息化经费投入4.85万元，网络信息点490个，校园网出口总带宽10Mbps，数字资源量10TB。设有25个实训教室和实验室；建有综合实训楼，包括数控实训基地、模具实训基地、塑料成型工艺车间和普通机加工车间；开设7个专业，54个教学班。教职工137人，其中，专任教师81人、教辅人员13人。专任教师中具有研究生学历6人，本科及以上学历占教师总数100%；高级专业技术职务24人、中级28人；“双师型”教师33人。聘请校外教师4人。毕业生350人，毕业实习率100%，就业率97.30%，职业资格证书取证率99%。招生874人。在校生2091人。全年开展短期培训720人次。网址：www.zdhschool.com.cn。

（李季）

【举办“职教教学模式探究”专题讲座】 3月11日，自动化学校举办“职教教学模式探究”专题讲座。学校邀请北京市“工作过程导向”教学改革工作小组专家作题为《关于职教教学模式构建几点理念的思考》讲座，涉及中国职业教育改革背景、职业教育以综合职业能力为核心的课程体系设计以及教学技术三方面内容。讲座结束后，学校要求各科组织教研室教师在教研活动中继续深入探讨，领会“工作过程导向”教育理念实质，在后续教学计划修改、课程整体教学设计、课程单元教学设计中对现有课程进行深入改革，进而推进学校教学改革工作向纵深发展。

（熊小平）

【知名企业进校招聘】 3月，知名企业进入自动化学校招聘。其中，SMC（中国）有限公司采用校企合作人才培养模式，对SMC试验班学生及部分非试验班学生开展笔试和面试工作，最终录用26人进入企业顶岗实习。60名学生参加北京现代汽车有限公司笔试和面试，其中，57人于5月底进入公司实习。计算机0820班12名学生通过中讯计算机系统（北京）有限公司初试、复试和面试，于5月底到公司实习，从事文档管理和软件测试工作。至5月，该校共组织16场招聘会，262名学生顺利就业，占本年毕业生人数98.50%。

（刘新）

【发放年度SMC奖学金】 4月2日，自动化学校颁发2010年度“SMC实验班企业奖学金”。学校领导及SMC（中国）有限公司负责人为10名学生颁发优秀奖学金和专项奖学金，共计1.25万元。该校自2004年与SMC公司合作开展“订单培养”，公司为2008级SMC实验班23名订单班学生提供实践平台，其中，5人被派至日本总部进修学习。

（刘新）

北京金隅科技学校

【概　况】 2011年，北京金隅科技学校占地面积11万平方米，产权建筑面积10万平方米。图书馆建筑面积2000平方米，藏书16.90万册。固定资产总值2.01亿元，其中，教学、科研仪器设备总值6454万元。拥有计算机1375台，多媒体教室座位4200个。全年教育经费投入10367万元，其中，国家拨款9164万元、自筹经费1203万元。学校信息化经费投入156.66万元，网络信息点1200个，校园网出口总带宽60Mbps，上网课程70门，数字资源量200GB。设有东、西两个校区，一个基础教学部，开设机械与电气工程、材料与建筑工程、信息与管理工程三大专业系，数控技术应用、硅酸盐工艺及工业控制、电气运行与控制等22个专业，145个教学班。教职工304人，其中，专任教师153人、教辅人员74人。专任教师中具有研究生学历27人，本科及以上学历占教师总数100%；高级专业技术职务53人、中级66人；“双师型”教师119人。毕业生731人，毕业实习率100%，就业率99%，职业资格证书取证率100%。招生1090人。在校生4547人。网址：www.bjjyp.org.cn。

（刘波）

【与通达耐火公司签订校企合作协议】 3月10日，金隅学校与北京通达耐火技术股份有限公司签订校企合作协议。根据协议，公司针对订单班岗位需求，全程参与学校专业建设、教学大纲制定、教学过程实施，公司专家作为学校客座教授参与教学活动，全程跟进学生和教师下企业实习、实践，并给予相应支持和通力配合；学校根据公司需求进行相应教学内容改革，利用资源优势开展教科研究，开展企业职工培训等。学校成为公司人才培养基地，公司成为学校就业实习基地。双方领导为两个基地揭牌。

（刘波）

【加强与集团内企业合作】 至年底，

金隅学校加强与金隅集团内企业密切合作。该校先后与通达耐火公司、琉璃河水泥有限公司、金隅物业管理有限责任公司签约共建人才培训基地，承接琉璃河水泥公司的白俄罗斯克若厂职工培训和尼日利亚援建项目，承办金隅物业职工“楼宇智能化系统安装与调试”技能竞赛。同时，创新三种订单模式，其中，与金隅物业签约开办“校内定向式”订单班2个，与沁阳、陵川、左权、鼎新水泥公司签约开办“企业招工学校招生式”学历订单班3个和短期培训订单班2个，与金隅物业在职职工签约开办“工学交替式”订单班1个。三种模式订单班均根据企业实际情况、针对企业实际需求开办，旨在拓宽学校招生渠道，提高学校社会服务能力。

（刘波　张涛）

【技能大赛成绩创历史新高】 至年底，金隅学校参加各类技能大赛成绩创历史新高。其中，该校代表北京市参加2011年全国职业院校技能大赛，6个工种获奖，包括3项一等奖，其中车工获得一等奖第一名。机电系、材料系和信息系组织学生参加北京市专业技能比赛，20个项目（工种）获奖，其中，8个项目（工种）获一等奖。机电系学生在全国第六届计算机信息技术应用大赛中，获得二维计算机辅助设计（CAD）机械设计一等奖，实现该校参加此项大赛以来一等奖零的突破。此外，组织学生参加文明风采四大类9项比赛，推荐参赛作品196项，获得市级奖项145项、全国奖项50项，其中，市级一等奖14项、全国一等奖8项，创下参与学生数量和获奖作品数量两个新高。

（刘波）

北京市园林学校

【概　况】　2011年，北京市园林学校占地面积8.61万平方米，产权建筑面积3.41万平方米。图书馆建筑面积1271.70平方米，藏书11.26万册，其中，纸质图书4.22万册、电子图书7.04万册。固定资产总值10766万元，其中，教学、科研仪器设备总值1494万元。拥有计算机506台，多媒体教室座位762个。全年教育经费投入2153万元，其中，国家拨款2057万元、自筹经费96万元。学校信息化经费投入11万元，网络信息点941个，校园网出口总带宽30Mbps，上网课程1门，数字资源量230GB。设有房山区良乡镇和东城区天坛路两个校区，开设园林技术、园林绿化、导游服务等7个专业，24个教学班。教职工106人，其中，专任教师56人、教辅人员12人。专任教师中具有研究生学历11人，包括博士2人，本科及以上学历占教师总数98.28%；高级专业技术职务19人、中级27人；“双师型”教师36人。聘请校外教师13人。毕业生247人，就业率95%，中专生职业资格证书取证率97.20%。招生226人。在校生1396人。网址：www.bjlas.cn。

（苏革）

【完成专业结构调整】　2月，园林学校完成专业结构调整。该校根据教育部中等职业学校专业目录，重新修改、论证园林技术、园林绿化、植物保护、森林资源保护与管理（野生动植物保护方向）、导游服务和物业管理6个专业人才培养方案和教学计划，使各专业特点更突出，教研针对性更强，便于专业发展。同时，经市教委批准，新增宠物养护与经营专业，新建宠物养护与经营专业理论实践一体化教室。至此，该校专业拓展为7个。

（苏革）

【学生参加农业技能比赛获奖】　4月27日和6月14日，园林学校学生在北京市及全国中等职业学校农业技能比赛中获奖。4月27日，该校学生参加市中职学校农业技能比赛，1人获树

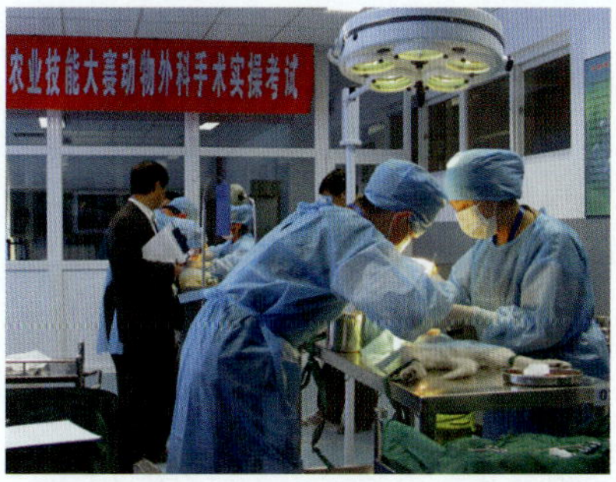

木修剪比赛一等奖，1人获种子质量检测比赛一等奖，2人获动物外科手术比赛一等奖。比赛由市教委、教科院、市职教学会主办，全市8所职业学校36人参加3个农业类项目比赛。6月13至14日，该校与昌平职业学校、延庆县第一职业学校学生组成北京市农业技能比赛代表队，参加全国中等职业学校技能比赛农业技能大赛（中职组），1人获种子质量检测比赛二等奖，1人获园林植物修剪比赛三等奖，2人获动物外科手术比赛优秀奖。大赛由教育部与农业部联合主办，全国35支代表队共230人参加中职组比赛。

（苏革）

【与两所外省学校联合办学】　7月15日和8月15日，园林学校分别与新疆林业学校、云南省普洱林业学校签署联合办学协议。根据协议，双方合作开办园林专业班，学制3年，新疆学校招生30人，云南学校招生70人，实行“2+1”办学模式，新疆、云南两校负责招生宣传组织和前两年教学工作，园林学校负责提供园林专业教学计划、教学大纲，以及第三学年专业教学和实验实习工作；学生学习期满，成绩合格者可获得园林学校毕业证书。

（苏革）

【新建综合实验楼屋顶花园实训场地】　9月10日，园林学校综合实验楼屋顶花园工程竣工。该屋顶花园是园林专业实训场地，总面积878平方米，其中，绿化面积865平方米，设计荷载200 kg/m²，包括基底系统、灌溉、种植、道路及广场铺装、园林小品、照明工程六个部分，可使学生全面了解屋顶花园施工过程、屋顶绿化各构造层主要材料及造园技术。工程于8月1日开工，投资40万元。

（苏革）

【庆祝建校60周年】　9月16日，园林学校举办北京园林职业教育60年暨园林学校建校60周年庆典活动。活动包括庆典仪式、校训墙揭幕、60周年校史展及师生书画摄影展等内容。庆典仪式上，学校表彰教龄30年以上老教师及获得国家级、市级奖励的教师，与会嘉宾为“修德强技、树木树人”校训墙揭幕，并参观校史展、园林专业特色实训教室，观看学生技能才艺表演。国家林业局、市教委、市园林绿化局、中国林业教育学会、市公园管理中心、房山区人大领导，以及来自全国各地30所兄弟院校代表、历届校友和在校师生300人参加活动。建校60周年校史展投资65万元，展览面积388平方米，展出各历史时期照片209张、实物71件，展示园林学校60年发展历史。展览长期保留，作为学校师生德育教育课堂和导游服务专业学生讲解实训场所。园林学校前身为1951年9月成立的市政府建设局技术干部学校园林班，1960年7月经市教育局批准成立北京市园林技工学校，1987年5月4日经市政府批准建立北京市园林学校，隶属于市园林局，校址位于东城区天坛内东里7号；2003年11月被认定为市重点中职学校；2004年9月迁入房山区良乡镇广阳西路9号；2006年3月起隶属于市公园管理中心；2007年3月被认定为国家级重点中职学校。60年来，共为行业培养大中专学历教育人才1.50万人，培训、鉴定在职人员4.10万人。

（苏革）

【构建园林专业教师课堂教学质量评价体系】　11月，园林学校构建园林专业教师课堂教学质量评价体系。评价主体由校领导、督导室、教学科长、教研室主任、同行教师、教师本人、企业专家和评价对象授课班级全

体学生组成，评价要素包括教学目标、教学内容、教学资源、教学环境、教学方法、教学过程、教学效果七个方面，评价结果分为优秀、良好、合格、不合格四个等级。每学期组织教师课堂教学质量评价，对各评价主体的评价结果赋予不同权重，通过汇总，形成教师课堂质量综合评价结果，评价结果纳入学校教师岗位考核，并作为学校骨干教师评选、教师职称评聘参考。

（苏革）

【为行业开展培训和鉴定】　至年底，园林学校为行业开展培训和鉴定工作。内容包括园林绿化施工项目经理、园林绿化施工安全员、园林绿化施工安全员继续教育、绿化工、插花员、展览讲解员培训等，并为北京鑫富园林绿化有限公司、北京东方园林股份有限公司以及内蒙古鄂尔多斯东胜康巴什新区园林绿化事业管理局提供职工岗前培训。全年共举办各类培训班15期，培训园林绿化行业从业人员3565人次，组织职业技能鉴定考试12次，考核1653人次。

（苏革）

【施行学生学业综合评价方案】　至年底，园林学校制订并实施学生学业综合评价方案。该方案由课程学业综合评价、顶岗实习评价、职业资格评价以及综合素质评价四个模块组成。评价方法采用优秀、良好、合格、不合格四级制，先以百分制分别计算学生学业综合评价各模块成绩，然后按照学生学业综合评价各模块的权重计算综合评价，最后通过“百分制与四级制转换对照表”将学生学业综合评价转换成四级制。学生毕业时，学校为学生出具《学生学业综合评价报告》，通过定性和定量两种形式全面评价学生学业成绩。

（苏革）

北京市商业学校

【概　况】　2011年，北京市商业学校占地面积184.40万平方米，产权建筑面积10万平方米、非产权建筑面积0.05万平方米。图书馆建筑面积3620平方米，藏书14.20万册，其中，纸质图书11.20万册、电子图书3万册。固定资产总值19696万元，其中，教学、科研仪器设备总值3018万元。拥有计算机2178台，多媒体教室座位5056个。全年教育经费投入10712万元，其中，国家拨款8127万元、自筹经费2585万元。学校信息化经费投入145万元，网络信息点4000个，校园网出口总带宽30Mbps，上网课程98门，数字资源量20000GB。设有本校区、东校区、西校区和红桥校区4个校区，7个系部，开设会计、金融事务、酒店服务与管理等20个专业，108个教学班。教职工303人，其中，专任教师205人、教辅人员16人。专任教师中具有研究生学历63人，本科及以上学历占教师总数97%；高级专业技术职务52人、中级102人；市级骨干教师26人；“双师型”教师112人。毕业生952人，就业率98%，职业资格证书取证率100%。招生1200人。在校生5026人。网址：www.bjsx.com.cn。

（金瑞明）

【召开教科研成果表彰会】　9月10日，

商业学校召开教科研成果表彰会。会议共表彰学年度教学质量奖76人，其中，专任教师一等奖18人、二等奖16人、三等奖22人，复合岗教师、行政兼课教师一等奖6人、二等奖6人、三等奖8人；校级说课比赛一等奖3项、二等奖5项、三等奖3项；优秀课题奖一等奖6项、二等奖4项、三等奖4项；优秀教学课件奖一等奖11项、二等奖16项、三等奖32项、优秀奖32项；优秀教案奖一等奖12项、二等奖18项、三等奖35项。获奖人数占全校教师总数50%以上，对获奖项目，学校按照教科研成果奖励政策予以奖励。

（金瑞明）

【教师赴维也纳商校接受培训】　9月18日，商业学校组织14名教师赴奥地利维也纳商业学校接受专业培训。参训教师来自教育教学、学生管理、招生就业及培训等业务部门，培训为期3周，由维也纳商校提供全面基础商业课程，培训内容包括学生营销管理、英语销售技巧训练、信息技术、办公室管理、企业家素质能力培养等。维也纳商校隶属于维也纳总商会，是德语国家中历史最悠久的商业学校。两校于2010年10月签署合作办学协议，共同举办国际商务助理专业。

（金瑞明）

【两个示范专业通过评估】　10月18至20日，商业学校会计专业、珠宝玉石加工与营销专业通过示范专业评估。两专业是市中职学校骨干特色专业，被确定为市“十一五”期间重点建设专业和重点专业建设实训基地，均列为国家中等职业教育改革发展示范校建设计划重点建设专业，共投入近1000万元，实训基地装备好、设施设备一流。财会专业在校生963人，专任教师19人，其中，高级专业技术职务8人、中级11人；珠宝专业在校生408人，专任教师11人，其中，高级专业技术职务6人、中级5人。两个示范专业师生精神风貌好，实训基地管理规范，实践科学到位，教学质量好；毕业生就业好，专业对口率高，用人单位满意。

（金瑞明）

北京铁路电气化学校

【概　况】　2011年，北京铁路电气化学校占地面积15.12万平方米，产权建筑面积6.89万平方米。图书馆建筑面积2122平方米，藏有纸质图书17.75万册。固定资产总值9598.79万元，其中，教学、科研仪器设备总值5177.45万元。拥有计算机700台，多媒体教室座位6332个。全年教育经费投入12138.60万元，其中，国家拨款10191.30万元、自筹经费1947.30万元。学校信息化经费投入227.30万元，网络信息点530个，校园网出口总带宽50Mbps，数字资源量4500GB。开设电气技术、供用电技术和轨道交通技术3个专业，120个教学班。教职工213人，其中，专任教师140人、教辅人员7人。专任教师中具有研究生学历22人，本科及以上学历占教师总数88.60%；高级专业技术职务38人、中级51人；“双师型”教师79人。聘请校外教师27人。毕业生996人，就业率97.46%，职业资格证书取证率96.60%。招生1362人。在校生6257人。网址：www.jtdx.com。

（丰艳）

【产生新一届学生委员会】 4月21日，京铁电校召开第19次学生代表大会。242名学生代表审议并通过第18届学生委员会《刻苦学习、开拓进取》工作报告，选举产生第19届学生委员会。第19届学生委员会由11人组成，由学生代表从14名委员候选人中差额选举产生。

（孙然）

【首次举办大学生动车司机培训】 5月10日，京铁电校首次举办定向培养大学生动车司机提职考前培训班。培训是为学员参加电力机车司机驾驶证考试做准备，共有19名大学毕业生学员，均来自北京机务段，主要从事京津城际动车驾驶方面工作。培训为期1个月。

（孙然）

【与银杰供电民用电公司开展校企合作】 6月，京铁电校与北京银杰供

电民用电有限公司签署校企合作协议。根据协议，校企共同举办“银杰订单班”定向培养学生；成立供电专业教学指导委员会，由学校专业教师与企业相关领导和专业技术人员担任委员，共同商定课程设置、学时分配、教材选用等。10月19日，该公司会同海淀供电公司率北京电力公司下属二级企业人力资源处处长等20余人到校选拔2009级“银杰订单班”学员，经笔试、面试，共140名学生入选“银杰订单班”。

（孙然）

【与地铁供电公司签约】 12月30日，京铁电校与北京地铁供电公司签署校企合作协议。根据协议，学校为公司定向培养城市轨道交通供电专业人才，校企双方根据各自需求共同进行课程开发及教材建设，相互提供支持。截至签约之日，该公司完成2000余名员工招聘计划，该校学生约占五分之一。

（孙然）

北京商贸学校

【概　况】 2011年，北京商贸学校占地面积9.51万平方米，产权建筑面积7.95万平方米。图书馆建筑面积3652平方米，藏书26.08万册，其中，纸质图书7.83万册、电子图书18.25万册。固定资产总值20836万元，其中，教学、科研仪器设备总值10033万元。拥有计算机2262台，多媒体教室座位9807个。全年教育经费投入7148万元，其中，国家拨款6515万元、自筹经费633万元。学校信息化经费投入220万元，网络信息点550个，校园网出口总带宽20Mbps，数字资源量19TB。设有1个校区，4个系部，开设金融事务、饭店服务与管理和食品检测等16个专业，92个教学班。教职工206人，其中，专任教师93人、教辅人员31人。专任教师中具有研究生学历54人，本科及以上学历占教师总数100%；高级专业技术职务35人、中级72人；“双师型”教师50人。聘请校外教师22人。毕业生1138人，就业率100%，学生技能鉴定取证率96%以上。招生479人。在校生2907人。网址：www.bjsmxx.com.cn。

（刘杰）

【与大兴区政府签署合作协议】 6月17日，商贸学校与大兴区政府签署《大兴区职业技能培训合作战略协议书》。根据协议，双方建立紧密战略合作关系，进一步拓宽职业教育合作领域，共同推进新区职业技能培训工作开展，推进人才强区战略深入实施；学校承担具体培训任务，提供优质师资、场地和教材资源。

（刘杰）

【校企合作开展学生实训】 11月28日至12月2日，商贸学校利用校企合作平台开展学生实训活动。该校组织2009级影视后期制作专业、动漫设计与制作专业2个教学班52名学生到中视完美动力科技有限公司开展实习实训活动。其间，公司为学生开展行业介绍、知识讲座、交流互动、实际操作和作品评比，并对表现优秀学生颁发实训结业证书。

（刘杰）

【国家级课题结题】 12月26日，商贸学校“创新公办职业学校内部管理机制研究”课题经全国教育科学规划领导小组办公室审核，予以结题并颁发证书。该课题为全国教育科学“十一五”规划专项课题，于2007年立项实施。课题通过对北京市几十所中专、技校、职高进行抽样调查，梳理与总结中职学校内部管理体制改革过程与做法，分析北京市三类公办职校内部管理体制改革状况，研究阻碍公办职校发展的症结，得出观念转变是制度改革体制创新的先导、推行全员聘任制是学校从事制度改革的核心、分配制度是学校内部管理改革的突破口等结论。另外，6月3日，该校“以推进学校发展为目标的职教名校建设研究”课题经市教育科学规划领导小组办公室审核通过，予以结题并颁发结题证书。该课题为市教育科学“十一五”规划校本研究专项课题，于2007年立项实施。

（刘杰）

北京市供销学校

【概　况】 2011年，北京市供销学校占地面积44002平方米，产权建筑面积32289平方米。图书馆建筑面积2642平方米，藏书22万册，其中，纸质图书7万册、电子图书15万册。固定资产总值10291万元，其中，教学、科研仪器设备总值3097万元。

拥有计算机1038台，多媒体教室座位3967个。全年教育经费投入2921万元，全部为国家拨款。学校信息化经费投入239.40万元，网络信息点1000个，校园网出口总带宽10Mbps，上网课程12门，数字资源量202GB。开设计算机应用、城市轨道交通运营管理、会计等五大类14个专业，49个教学班。教职工145人，其中，专任教师73人、教辅人员10人。专任教师中具有研究生学历12人，本科及以上学历占教师总数100%；高级专业技术职务19人、中级47人；"双师型"教师47人。毕业生778人，就业率99%，职业资格证书取证率90%。中等职业学历教育招生628人，其中，北京市普通中专342人、河北省普通中专105人、成人中专181人；职业技术培训招生3964人，包括涉农培训3219人；联办高等学历教育招生652人，其中，北京电大供销学校工作站招生320人、东北农业大学北京学习中心招生332人。中等职业学历教育在校生2045人，联办高等学历教育在校生2225人。网址：www.bjgx.com。

（陈文军）

【与经贸技校整合资源】　5月10日，市供销合作总社整合供销学校、北京市经贸高级技术学校两校资源。资源整合依照"整合资源、盘活资产、壮大实力、抵御风险"方针，对两校未来向产业化、集团化发展提出战略目标。校长、党委书记在两校任职，两校名称、机构、人事不变。供销学校以教产合作、校企一体、工学结合为方向，推进学校办学体制改革；以增强社会办学效益、提高员工适应社会能力、提高创收能力为重点，采取分块开展多层次、多形式办学模式，进行机构改革；优先拓展联办高等教育、培训业务，整合两校电大；党政办公室机构分开，督导室与教务科机构分开，调整职能，充实干部配备，调整干部聘用方式和聘期。

（陈文军）

【试行班级公司化管理模式】　5月13日，供销学校会计专业试行班级公司化管理模式。2010级会计专业3个班级参与实验，采用"公司化"管理模式，即在班级中按照公司模式设岗、定人、定责、定"薪"。通过不同的企业角色定位，让学生真切感受企业管理氛围，从而提高学生对企业适应力，培养学生职业能力和社会能力，使学生较快转变观念融入社会、介入企业，提升职业观念，做到学校和企业"零距离"。此举是学校在培养职场人才方面新举措。

（陈文军）

【开展农产品经纪人培训】　10月18至25日，供销学校为昌平区阳坊镇前白虎涧村农民进行农产品经纪人培训。该校教师结合当地自然条件和种植特点，理论联系实际，为农民讲授农产品市场营销、农产品经营和财务会计等方面知识，并在课后与农民座谈，解答农民在农产品销售中遇到的困惑，为他们分析当前存在的问题和解决措施，深受农民欢迎。

（陈文军）

【举行学生职业素养展示活动】　10月26日，供销学校举行学生职业素养展示活动。该校2009级、2010级32个教学班1544名学生参加活动，将所学专业融合到展示之中，模拟职场情景展示行业风采。如：模拟火车车厢服务，表现交通运输管理专业学生风采；模拟应聘场景，通过正反两个方面对比突出职业礼仪要求；模拟银行柜员服务，展示点钞、盲打等职业技能。学校从专业技能、形体等方面对各班展示进行评比，最终评出一等奖2人、二等奖5人、三等奖10人。该展示活动是为检验学生入校以来职业素养训练成果。

（陈文军）

中国音乐学院附属中等音乐专科学校

【概　况】　2011年，中国音乐学院附属中等音乐专科学校占地面积26439平方米，产权建筑面积22678平方米。图书馆建筑面积400平方米，藏书15万册，其中，纸质图书2.40万册、电子图书12.60万册。固定资产总值5876.50万元，其中，教学、科研仪器设备总值2227.60万元。拥有计算机134台，多媒体教室座位620个。全年教育经费投入2965.23万元，全部为国家拨款。学校信息化经费投入90万元，网络信息点380个，校园网出口总带宽10Mbps，数字资源量326GB。开设中国乐器演奏、声乐表演、作曲与音乐基础理论、键盘乐器演奏、管弦乐器演奏共5个专业学科和1个文化课教研室，15个教学班。设有1个培训中心，6个教育培训基地（全国）。拥有中国少年民族乐团。教职工96人，其中，专任教师66人、教辅人员7人。专任教师中具有研究生学历22人，本科及以上学历占教师总数97%；高级专业技术职务12人、中级33人。聘请校外教师60人。毕业生108人，就业率100%。招生139人。在校生565人。网址：www.msccmusic.com。

（朱留丹）

【与俄罗斯国家民族交响乐团签订合作协议】　4月16至20日，中国音乐

学院附中与俄罗斯国家民族交响乐团签订院团合作协议。根据协议，双方通过专家互访、讲学、举办联合音乐会等多种途径和形式开展教育、表演、音乐创作、理论研究等方面交流与合作。该校与俄罗斯国家民族交响乐团都拥有以本民族弹拨乐器为主体、特色鲜明并在国内外享有独一无二地位的民族乐团。7月13日，应俄罗斯国家民族交响乐团邀请，该校女声合唱团在莫斯科普希金音乐厅举办"我们的歌"专场音乐会，以合唱、独唱、重唱和表演唱等形式演唱中俄经典歌曲，获得俄罗斯观众好评。

（朱留丹）

【赴美举办中国作品专场音乐会】　7月11日，中国音乐学院附中钢琴、管弦专业6名学生在宾夕法尼亚音乐节上举办中国作品专场音乐会。音乐会用西洋乐器演奏《二泉映月》、《夕阳箫鼓》和《百鸟朝凤》等中国传统民族音乐经典作品，以及融合西方现

代写作技法的《托卡塔》和民族民间音乐素材改编的《牧歌》、《沂蒙山小调》、《浪漫曲》等作品。音乐节在美国兰开斯特举办，为期 2 周，由美国宾夕法尼亚音乐学院附中主办，该场音乐会是音乐节开幕式后首场音乐会。该校师生 10 人应姊妹学校美国宾夕法尼亚音乐学院之邀，参加音乐节交流、演出和学习等各项活动，学生先后参加 9 场音乐会演出。

（朱留丹）

【学生在国际中国器乐大赛中获佳绩】 7 月 23 至 27 日，中国音乐学院附中学生在国际第二届中国器乐大赛中获佳绩。该校民乐学科 30 名学生参赛，共获得板胡、二胡、扬琴、琵琶、古筝、笙、唢呐、独弦琴 8 个专业少年组 3 项金奖、10 项银奖、15 项铜奖及 2 项优秀奖。该比赛由香港国际艺坛在广州主办，来自国内主要音乐学院、艺术职业学校、专业文艺团体的师生、演奏员以及海外选手近 400 人次参赛。

（朱留丹）

【举办钢琴学科建科十周年庆典音乐会】 10 月 30 日，中国音乐学院附中钢琴学科建科十周年教师音乐会在北京音乐厅举行。本场音乐会为钢琴学科建科十周年庆典系列活动首场演出，该学科 12 名教师参与音乐会独奏和重奏表演。随后，钢琴学科赴唐山分别举办教师和学生专场音乐会。该学科前身为学校钢琴教研室，2001 年正式建科并招收钢琴表演专业学生。现有教师 13 人，学生 96 人。建科 10 年来，钢琴学科建设取得长足发展，众多学生在全国及国际重大赛事中取得优异成绩。

（朱留丹）

【与香港中乐团举办联合演出】 11 月 5 日，中国音乐学院附中中国少年民族乐团一行 22 人赴香港文化中心与香港中乐团举办联合演出。联合音乐会演奏《喜洋洋》、《绣荷包》、《花好月圆》等民族管弦乐作品，乐队指挥在演奏过程中向观众详细介绍每首作品。演出目的是向香港市民普及中国民族音乐，传播中国传统音乐文化。该校与香港中乐团于 2000 年正式签订“院团合作计划”，定期举办联合音乐会，此次演出是该计划第四期活动。

（朱留丹）

【与西安音乐学院附中合作演出】 12

月 8 日，中国音乐学院附中与西安音乐学院附中在北京音乐厅联合举办两校少年民族乐团音乐会。两校少年民族乐团演奏《敕勒歌》、《二泉映月》、《走西口》等众多经典优秀曲目。除两校民乐表演专业学生外，音乐会还邀请朝阳区安慧里中心小学金帆民乐团部分小乐手加盟演出。中国少年民族乐团成立于 1997 年，由中国音乐学院附中优秀学生组成。乐团分设民族管弦乐团、弹拨乐团、弓弦乐团和吹打乐团。西安音乐学院附中少年民族乐团成立于 2011 年，是中国西部地区代表性的少年民族乐团。

（朱留丹）

【承办首次“板胡音乐周”活动】 12 月 11 至 16 日，中国音乐学院附中承办“板胡音乐周暨艺术院校板胡教材建设研讨会及新作品音乐会”系列活动。活动分别举办“纪念胡琴大师刘明源诞辰 80 周年音乐会”，两场由老中青三代演奏家参演的艺术院校交流音乐会，两场由作曲家、演奏家创作的新作品音乐会，由音乐学专家、作曲家、教育家、演奏家共同参与的板胡教材建设研讨会以及艺术院校板胡教学专家公开课。这是新中国成立以来第一次举办板胡音乐周活动，由中国音乐学院、中央民族乐团和上海音乐学院联合主办，旨在为全国板胡同仁搭建平台，交流信息，展示成果，共同推进板胡艺术进步和民族音乐发展。来自全国各地 17 所艺术院校、18 个艺术院团和单位以及首都主要新闻媒体近 200 人参加活动。

（朱留丹）

【举办首届作曲比赛】 12 月 20 日，中国音乐学院附中第一届“鹂鸣春晓”作曲比赛落幕。参赛作品体裁包括艺术歌曲、钢琴小品、室内乐等，参赛选手从初一到高三年级。比赛于 7 月开始征集作品，截至 11 月底，共征集作品 44 首。经过评审，共 27 首作品进入决赛。最终评出初中组和高中组一、二、三等奖各 1 个，佳作奖 6 个。

（朱留丹）

【在青岛设立艺术教育培训基地】 12

月 24 日，中国音乐学院附中青岛艺术教育培训基地成立。该基地由学校与青岛市少年宫协议设立。根据协议，学校定期委派专家、教师赴青岛市少年宫授课，协助开展音乐教师培训，定期举办大师班和文艺演出等活动。协议暂行 2 年。至此，该校在青岛市少年宫、太原市少年宫和湖南省艺术职业学院（长沙）设立 3 个校外招生点。

（朱留丹）

北京国际职业教育学校

【概　况】 2011 年，北京国际职业教育学校占地面积 8.38 万平方米，非产权建筑面积 1.27 万平方米。图书馆建筑面积 1612 平方米，藏书 48.27 万册，包括纸质图书 25.27 万册、电子图书 23 万册。固定资产总值 10912.89 万元，其中，教学、科研仪器设备总值 4053.23 万元。拥有计算机 2239 台，多媒体教室座位 6065 个。全年教育经费投入 11006.54 万元，其中，国家拨款 8561.97 万元、自筹经费 2444.57 万元。学校信息化经费投入 52.10 万元，网络信息点 876 个，校园网出口总带宽 30Mbps，数字资源量 2805GB。设有总部校区、北京站校区、鼓楼校区、安定门校区、和平里校区共 5 个校区，拥有五大专业群，开设计算机网络技术、服装展示与礼仪、旅游服务与管理等 18 个专业，121 个教学班。教职工 448 人，其中，专任教师 259 人、教辅人员 19 人。专任教师中具有研究生学历 27 人，本科及以上学历占教师总数 100%；高级专业技术职务 86 人、中级 116 人；“双师型”教师 67 人。聘请校外教师 11 人。毕业生 641 人，就业率 98%。招生 779 人。在校生 4000 人。网址：www.bjive.net。

（赵晶）

【服装专业师生获多项专业奖】 6 至 11 月，北京国职服装展示与礼仪专业师生获得多项专业奖。在第六届亚洲品牌小姐大赛中，该专业 4 名学生参赛，1 人获中国区冠军、亚洲总决赛亚军，1 人获亚洲总决赛季军，1 人获亚洲总决赛最具活力奖，1 人获中国区最上镜奖。在 2011 年全国职业院校技能大赛中，该专业 12 名学生参加 3 个项目比赛，1 人获一等奖、4 人获二等奖、1 人获三等奖。在 2011 北京汽车模特大赛中，该专业 5 名学生参赛，经过海选、四场淘汰赛和一场总决赛，1 人获亚军，1 人获季军，3 人分获最具时尚个性奖、最佳微笑奖和最上镜奖。此外，该专业 4 名青年教师参加全国中等职业学校服装专业“创新杯”教师基本功竞赛，1 人获说课比赛一等奖、2 人获二等奖，1 人获说课比赛三等奖和技能比赛一等奖，学校获优秀组织奖。

（冯雪梅　何媛）

【成为东城区中职定点培训机构】 7 月，北京国职通过东城区人力社保局及部分专家考察和评定，被认定为东城区唯一具有培训资质的中等职业学校定点培训机构。该校和平里校区服装专业和烹饪专业分别承担初、中级化妆师、服装制作工、服装模特、中式面点师和中式烹调师培训工作。

（冯雪梅）

【与东城区图书馆共建德育共青团教育活动基地】 9 月 26 日，北京国职与东城区图书馆签署共建“德育共青团教育活动基地”协议。根据协议，图书馆在学校设立流动图书阅览室，定期更新图书杂志，为学生提供学习实践平台；学校充分利用基地优势，配合学校校园文化建设，提高学生综合素质。

（瑙敏）

【开展优秀课例研讨活动】 11 月 3 日，北京国职开展优秀课例研讨活动。该校 256 名任课教师分成 14 个学科和专业组，共同观摩、学习、研讨当前北京市基础教育系统和职业教育系统优秀课例。学校邀请北京市知名职业教育课程改革专家、特级教师、市级学科教研员等 14 名专家指导各组研讨。研讨活动中，各专家结合优秀课例，剖析当前职业教育课程改革领域和高效课堂教学中新理念、新模式、新做法，教师在参与研讨过程中感悟专家剖析，寻找更新观念、改变方法、反思自我、促进发展的有效途径。研讨活动之后，每名教师认真结合教学实际开展自我反思，撰写反思感悟。该校校长、书记及全体行政干部全程参与研讨。

（韩琼）

【获全国中职语文教师教学技能大赛一等奖】 11 月 19 日，北京国职服装设计与展示专业教师获 2011 年“外研社杯”全国中等职业学校语文教师教学技能大赛全国一等奖第一名。经过各省区初赛、复赛等阶段，全国 13 个省市 40 名中职学校语文教师进入总决赛。经过角逐，8 人获一等奖，该校教师获一等奖第一名。大赛由中国当代语文教学专业委员会职业教育语文教学研究中心、外语教学与研究出版社举办。

（冯雪梅）

【实行德育导师牵手制】 至年底，北京国职全面实行德育导师牵手制。该制度围绕“师生结对手牵手，自信自强促成长”主题，以“面向全体学生，不让一个学生掉队”为宗旨，目标是争取学校每名教职员工都主动参与育人工作，形成育人网络，通过“牵手”方式对学生进行思想道德、心理健康、行为规范等方面指导，预防和减少青少年犯罪，最大限度提高学生整体素质。该校干部、教导员、班主任、心理课教师、德育课教师等积极参与，认领牵手学生，并对其进行思想引导、学业辅导、生活指导、心理疏导，引导学生树立正确世界观、人生观、价值观。

（冯雪梅）

北京现代职业学校

【概　况】 2011 年，北京现代职业学校占地面积 26476.31 平方米，产权建筑面积 22742.85 平方米。图书馆建筑面积 1190 平方米，藏书 20.20 万册，其中，纸质图书 10.20 万册、电子图书 10 万册。固定资产总值 3806 万元，其中，教学、科研仪器设备总值 819 万元。拥有计算机 1402 台，多媒体教室座位 58 个。全年教育经费投入 4662 万元，其中，国家拨款 4315 万元、自筹经费 347 万元。学校信息化经费投入 100 万元，网络信息点 1200 个，校园网出口总带宽 100Mbps，上网课程 12 门，数字资源量 15GB。设有南、北两个校区，开设金融事务、医药商品经营和国际商务（物流管理）等 8 个专业，44 个教学班。教职工 177 人，其中，专任教师 96 人、教辅人员 7 人。专任教师中本科及以上学历占教师总数 100%；高级专业技术职务 55 人、中级 66 人；“双师型”教师 52 人。毕业生 646 人，毕业实习率 98%，就业率 95%，职业资格证书取证率 97%。招生 312 人。在校生 1726 人。网址：www.bjmvs.com。

（张一梅）

【与两所外地职校合作办学】 3 月 21 日和 6 月 9 日，现代职校分别与安徽省宿州市第一职业高级中学、河北省巨鹿县职教中心校签订合作办学协议。根据协议，该校与宿州一职在吸引生源、开发新专业、教育教学实践、充分实现就业等方面开展合作。学校与巨鹿职校合作举办国际物流专业和电子商务专业，并为巨鹿籍学生提供学习专业技能和创业、就业新平台；巨鹿职校为学校输送优质生源，扩大学校办学规模。

（张一梅）

【成立班主任工作室】 3 月 29 日，现代职校成立班主任工作室。工作室聘请中国教育学会中小学德育研究分会主任和全国班主任工作学术委员会秘书长为顾问，学校校长、书记和德育副校长组成工作室领导小组，7 名骨干班主任为核心组成员。工作室拥有自己的章程，设置专用办公室，并在校园网开设班主任交流平台，目的是促进班主任专业化建设，充分发挥骨干班主任示范作用，引领班主任向学习型、智慧型、科研型、事业型发展。学校28名班主任及全体行政干部参加成立仪式。

（张一梅）

【与3家企业签署校企合作协议】 4至10月，现代职校与3家企业签署校企合作协议。4月，该校与台湾天福集团北京京城天福茶庄有限公司签署校企合作协议书。根据协议书，学校优先输送毕业生到天福公司接受企业培养与锻炼，并尝试与天福集团旗下天福茶学院（大专）实现学历对接；天福公司成为学校实习就业基地。协议期15年。9月和10月，该校分别与国金证券北京金融街营业部、北京养天和科贸有限公司签署校企合作协议。学校成为两家公司人才培养基地，公司成为学校实习实训基地和教师岗位实践基地，校企双方在加强专业建设、教学指导、顶岗实习、毕业生接收、实习实训基地和实践基地建设、企业文化进校园等方面开展合作。至此，学校共与30家单位合作办学。

（张一梅　马绍英）

【师生参加全国比赛获奖】 至11月，现代职校师生参加全国比赛获奖。在2011年北京市中等职业学校技能比赛暨全国职业院校技能大赛北京地区预赛会计技能比赛中，1人获一等奖，1人获二等奖，3人获三等奖，带队教师获优秀指导教师奖。在全国中等职业学校财经类专业“爱丁数码·创新杯”教师说课比赛中，该校会计组1名教师获二等奖。在中国统计教育学会中职分会第二届年会暨统计调查技能大赛中，该校选送4篇论文，分别获得年会一、二等奖；3名学生组队代表学校获得统计大赛中职组一等奖；学校获得团体一等奖。

（张一梅）

【成立骨干教师工作室】 12月13日，现代职校成立骨干教师工作室。工作室聘请朝阳区教科所所长、东城区教师研修学院数学学科特级教师、英语学科专职教研员、计算机学科专职教研员共4人为工作室指导专家。工作室拥有自己的章程，目标是抓好师资队伍建设，努力做到培养培训提升师资、“双师”素质引导师资、专兼结合优化师资、统筹资源用好师资、突出特色管理师资，在特聘专家指导下，以课程教学为主线，以专业和学科教学为载体开展活动，促进教师专业化成长。

（张一梅）

【服务社区教育】 至年底，现代职校为学习型城区与市民终身学习体系建设服务。该校先后指派3名专业教师为永定门外、天坛和前门等社区举办家庭急救、养生保健、家庭理财、茶艺等多个专题讲座，受到社区居民好评。2名教师被东城区教委聘为“市民教育讲师团”讲师；1名教师被北京市红十字会聘为北京奥运会急救员培训讲师，由其指导的东城区三人家庭获得“我的红十字”北京市第三届红十字电视知识竞赛一等奖；12月，2名教师被评为“2011年东城区优秀市民学习指导教师”。

（张一梅　马绍英）

北京市外事学校

【概　况】 2011年，北京市外事学校占地面积3.08万平方米，非产权建筑面积3.14万平方米。图书馆建筑面积600平方米，包括新建电子图书馆114平方米；藏书23万册，其中，纸质图书10.30万册、电子图书12.70万册。固定资产总值4239万元，其中，教学、科研（实训）仪器设备总值3466万元。拥有计算机930台，多媒体教室座位596个。全年教育经费投入6392万元，其中，国家拨款5809万元、自筹经费583万元。学校信息化经费投入560万元，网络信息点900个，校园网出口总带宽1000Mbps，上网课程6门，数字资源量500GB。设有北址、中心址和南址3个校区，5个系部，开设酒店服务与管理、烹饪和旅游服务与管理等9个专业，56个教学班。拥有实训室31个，实习饭店2家。在岗在编教职工233人，其中，专任教师186人、教辅人员47人。专任教师中具有研究生学位4人，研究生学历或同等学力1人，本科及以上学历占专任教师总数85%；高级专业技术职务59人、中级85人；“双师型”教师24人；北京市职业院校专业带头人2人，优秀青年骨干教师2人。聘请校外教师10人。毕业生388人，就业率100%，职业资格证书取证率94.33%。招生476人。在校生1309人。网址：www.bjwszg.org。

（张朝辉）

【聘任企业技术能手担任专业教师】 2月，外事学校聘任7名企业技术能手担任烹饪专业外聘教师。7人分别来自民族饭店、友谊宾馆和西苑饭店等企业，均为具有丰富饭店工作经验的高级技师，受聘后，教授炒锅、中餐面点、西餐面点、冷荤4门课程。此举让课堂更贴近实际工作情境，使教学更具实效性。

（张朝辉）

【学生社团正式成立】 4月18日，外事学校领导为学生社团成员颁发徽章，学校学生社团正式成立。学生社团以学生会为基础，北址开设绿色先锋、爱心社，南址组建社区志愿者、集体舞社，中心址成立绿色空间、舞动青春等社团，社团活动在三个校址同时展开。学生社团采取学生自主报名方式，开展活动力求趣味性、知识性和实用性相结合，既开阔学生视野，又让学生在学习中增长知识与技能，在活动中开发潜能与内涵。

（张朝辉）

【庆祝实习饭店建店 20 周年】　6 月 17 日，外事学校举办庆祝实习饭店建店 20 周年教学实习专业技能汇报活动。教师指导学生布置客房茶歇台、餐厅中式摆台和各类菜品展台，实习学生以小品、现场制作等方式进行知识和技能展示。实习饭店师生近 60 人参加汇报活动。此外，该校还编辑完成实训教材、饭店纪念画册和京菜菜谱。该校实习饭店于 1991 年与北京饭店联合创建，位于西单路口西南角，占地面积 3800 平方米，使用面积 2100 平方米，拥有餐厅、客房、茶园、多功能厅等设施，对外开展用餐、住宿、会议等服务，对内承担学生教学实训、教师轮岗培训等任务。

（张朝辉）

【与中粮营销公司签订合作协议】　6

月 26 日，外事学校与中粮食品营销有限公司签署战略合作框架协议。协议规定，双方围绕职业教育中食品、烹饪相关专业领域开展校企合作，按照“优势互补、相互支持、长期合作、共同发展”原则，通过政府推动、企业支持、学校配合相结合的方法建立和完善校企合作机制，推动职业教育与社会需求接轨，进一步深化战略合作与交流。

（张朝辉）

【加入世界酒店管理学校协会】　8 月，外事学校加入世界酒店管理学校协会（EUHOFA）。该校是该协会第一所中国会员校。世界酒店管理学校协会成立于 1955 年，旨在联合世界领先的酒店和旅游学校，不断提升酒店培训品质和成员素质，促进成员共同发展。协会拥有全世界 200 余个会员校，每年召开国际年会，并通过协会网站加强会员之间联系。学校加入该协会将为东西方职业教育和文化交流提供新机会。

（张朝辉）

【推行专业部建制】　9 月，外事学校全面推行专业部建制。学校 9 个专业分属五大专业部，即酒店专业部，下辖酒店服务与管理、公关礼仪专业；烹饪专业部，下辖中餐烹饪、西餐烹饪专业；金融专业部，下辖金融事务、电子商务专业；旅游专业部，下辖旅游服务与管理、商务英语专业；航空专业部，下辖航空服务专业。此举经过 4 年摸索而成，旨在深化学校管理体制改革，实现扁平化管理，调动专业部教师工作积极性，提高教师工作效率和效益。

（张朝辉）

【出版专业系列教材】　9 月，外事学

校编纂的中等职业学校酒店服务与管理类规划教材由清华大学出版社出版。该校作为市中职学校酒店服务与管理专业委员会主任校，联手全国 14 所开设相关专业的职业学校，编纂中职学校酒店服务与管理类规划教材 9 册，分别是《中餐与服务》、《西餐与服务》、《调酒技艺》、《中华茶艺》、《前厅服务与管理》、《酒店花卉技艺》、《康乐与服务》、《葡萄酒侍服》和《咖啡服务》，涵盖酒店服务与管理专业各核心课程。此套教材丛书共 13 册。

（张朝辉）

【金融专业首次下企业开展教学实习】　11 月 23 日，外事学校金融事务专业学生首次下企业参加教学实习。首批实习学生 20 人到京北方科技股份有限公司参加教学实习，为期 2 个月。用人单位来校进行岗前培训，安排学生到中国建设银行北京分行、中国农业银行北京分行两家银行开展清分、汇划、审核、扫描、贷记卡扫描质检等专业对口工作。第一批学生实习 1 个月后，第二批学生轮换上岗。这是该专业自创办以来，除高三年级毕业实习外，首次进行企业教学实习。

（张朝辉）

【数字图书馆投入使用】　12 月 12 日，外事学校数字图书馆投入使用。数字图书馆引入 12 万册电子图书、100 余份电子报纸及 70 余种电子期刊，使用苹果平板电脑（IPAD）作为阅览终端。学生出示学生证便可领取 IPAD，阅览电子资源，观看各类型学术视频或上网浏览资讯。该校成为首个配备 IPAD 并向全体学生开放使用的学校。

（陈楠）

【郭文彬大师工作室揭牌】　12 月 22 日，外事学校“郭文彬大师工作室”在第三届京菜研究会年会上正式揭牌。学校同时聘请郭文彬担任面点特聘专家。大师工作室主要任务是整理面点相关资料，研究和总结前辈宝贵经验，出版弘扬面点文化和技能相关著作，培养和培训新一代面点人才；成为京式面点研究中心、推广中心。郭文彬是国家国宝级烹饪大师、国际烹饪大师，世界烹饪大赛评委，国际食品设计协会资深顾问，全国烹饪大赛评委，中国饮食业功勋人员，北京十大名厨之一。年会同时推出学校京菜研究会京菜文化研究小组编撰的校本读本《海纳百川·京华肴馔》。

（张朝辉）

北京市实美职业学校

【概　况】　2011 年，北京市实美职业学校占地面积 5.14 万平方米，产权建筑面积 5.49 万平方米。图书馆建筑面积 1467 平方米，藏有纸质图书 16 万册。固定资产总值 7421 万元，其中，教学、科研仪器设备总值 718 万元。拥有计算机 1494 台，多媒体教室座位 360 个。全年教育经费投入 10361 万元，其中，国家拨款 10301 万元、自筹经费 60 万元。学校信息化经费投入 81.99 万元，网络信息点 1300 个，校园网出口总带宽 200Mbps，数字资源量 2TB。设有本址、东址和西址等 5 个校区，开设美术绘画、美容美发与形象设计、影视动画等 14 个专业和普通高中班，120 个教学班。教职工 416 人，其中，专任教师 338 人、教辅人员 13 人。专任教师中具有研究生学历 9 人，本科及以上学历占教师总数 78%；高级专业技术职务 100 人、中级 156 人；“双师型”教师 141 人；市级学科带头人 1 人、市级骨干教师 1 人。毕业生 452 人，就业率 98%，职业资格证书取证率 90%。招生 1289 人。在校生 3019 人。网址：www.bjsm.net。

（王秋生）

【与西城经科大合办成人大专班】 2 月 26 日，实美学校与北京市西城经济科学大学合作举办的艺术幼教专业成人大专班正式开学。合作经过专业论证、专家审批，两校共同进行教学管理、课程设计，培养幼儿教育高级专业人才。首批学生共 51 人，学习 2.5 年，学习期满经考核合格可获得西城经科大颁发的大专学历证书。此举是该校幼教专业与高等学校衔接、提升专业建设的新尝试。

（刘晓霞）

【成立国旗护卫队】 4月2日，实美学

校举行迎接建党 90 周年特别活动暨国旗护卫队成立庆典。市少先队总辅导员为国旗护卫队授旗，该校副校长为国旗护卫队队长授刀，原天安门国旗班第八任班长、首都高校规范化升旗仪式培训总教官为首批达标升旗手代表颁发培训证书。国旗护卫队共由 24 名学生组成，其中，3 名升旗手、21 名护旗手。此举目的是培养学生爱党爱国情感，增强学生国家观念和国旗意识。

（邰海慧　吴兵兵）

【与德国威能公司共建实训基地】 6 月 26 日，实美学校与德国威能（北京）公司签署校企合作共建实训基地协议。根据协议，公司为学校提供先进环保供暖和制冷设备，为电子和制冷专业师生提供实训、实操和学习先进专业技术的条件；学校负责实训基地管理。校企双方共同制定实习实训计划，公司定期指派专家或工程技术人员到校指导学生实习实训。

（李援瑛）

【获全国校园健美操大赛北京赛区特等奖】 9 月 25 日，实美学校获全国校园健美操大赛北京赛区特等奖。该校健身专业、体育舞蹈专业 14 名学生组成代表队参赛，按规定套路 4 选 1，以全场最高分夺得特等奖，并受邀在大赛闭幕式上进行返场表演。该大赛由市教委、北京肯德基有限公司举办，北京地区 42 支队伍参赛。另外，11 月 22 日，该校体育舞蹈专业 2 支队伍在阳光体育 2011 年北京市中小学生体育舞蹈比赛中包揽女子六人集体舞高中组第一名和第二名。

（宋少鑫）

北京市宣武区第一职业学校（北京市财会学校）

【概　况】 2011 年 6 月，北京市宣武区第一职业学校更名为北京市财会学校。学校占地面积 3.53 万平方米，产权建筑面积 3.59 万平方米、非产权建筑面积 1300 平方米。图书馆建筑面积 1976 平方米，藏书 16 万册，其中，纸质图书 6 万册、电子图书 10 万册。固定资产总值 2683.50 万元，其中，教学、科研仪器设备总值 2019.04 万元。拥有计算机 755 台，多媒体教室座位 614 个。全年教育经费投入 4330.13 万元，其中，国家拨款 4246.84 万元、自筹经费 83.29 万元。学校信息化经费投入 687.50 万元，网络信息点 856 个，校园网出口总带宽 10Mbps，上网课程 20 门，数字资源量 1000GB。设有西便门和广外 2 个校区，5 个系部，开设金融事务、会计和计算机网络技术等 5 个专业，31 个教学班。教职工 166 人，其中，专任教师 87 人、教辅人员 24 人。专任教师中具有研究生学历 11 人，本科及以上学历占教师总数 97.60%；高级专业技术职务 36 人、中级 58 人；“双师型”教师 34 人。聘请校外教师 4 人。毕业生 242 人，就业率 98%。招生 261 人。在校生 887 人。网址：www.bjckxx.cn。

（杜娟）

【开展规范职业行为主题活动】 3 月 29 日，宣武一职举行“打造职业形象，领悟职业精神，规范职业行为”主题活动启动仪式。仪式上，校领导为女生发放头花，要求各班长发女生统一标准盘起头发，并根据不同专业佩戴不同颜色头花，显示干练气质。各个专业部女生代表和学校礼仪队进行规范展示。活动还要求学生每周一及大型活动时穿工装，与人沟通、交往过程中使用文明规范用语和手势等。活动将作为专业部建设内容之一长期坚持下去。

（杜娟　马娟）

【学校更名】 6 月，宣武一职经西城

区机构编制委员会批准更名为北京市财会学校。更名由于北京市行政区划调整。更名后，学校办学性质、办学方向不变。9 月 2 日，学校举行新学期开学典礼暨更名揭牌仪式，播放“回眸·奋进·超越”宣武一职回顾短片，为“北京市财会学校”校牌揭幕，进行新旧校旗交接，解读学校新标识（LOGO）和新校徽深刻内涵，明确“明德、砺能、承业、益民”校训。西城区人大、政协、区委教育工委领导，相关单位、兄弟学校以及合作企业代表参加仪式。

（杜娟）

【举办首届田径运动会暨学生体育节】 10 月 13 至 14 日，财会学校举办更改校名后首届田径运动会暨学生体育节。比赛分为传统田径项目、达标项目和集体趣味项目三大类 22 个小项，分 6 个组别进行，共 652 人次参赛，其中，两项 5 人次打破校记录。运动会新增设男子 1500 米（女子 800 米）、立定跳远和实心球三个达标项目。

（杜娟）

【举办第一届“用友杯技能大赛”】

11月，财会学校会计专业部举办第一届“用友杯技能大赛”。比赛历时1个月，项目包括会计分录、珠算、点钞、传票（账表）、书法和五项全能。近200人次参赛，60人次获奖。学期末，专业部召开颁奖典礼，为获奖学生颁奖，对大赛进行点评和总结。

（杜娟）

北京市宣武区第二职业学校（北京市实验职业学校）

【概　况】　2011年5月，北京市宣武区第二职业学校更名为北京市实验职业学校。学校占地面积4.09万平方米，产权建筑面积3.11万平方米、非产权建筑面积0.91万平方米。图书馆建筑面积667平方米，藏书9.82万册，其中，纸质图书8.62万册、电子图书1.20万册。固定资产总值4045万元，其中，教学、科研仪器设备总值1968万元。拥有计算机1145台，多媒体教室座位1650个。全年教育经费投入7754.80万元，其中，国家拨款7590.91万元、自筹经费163.89万元。学校信息化经费投入477.03万元，网络信息点1000个，校园网出口总带宽10Mbps，上网课程3门，数字资源量1000GB。设有菜园街、广外和宣西等5个校区，开设学前教育、中药、出版与发行等9个专业，44个教学班。教职工247人，其中，专任教师158人、教辅人员89人。专任教师中具有研究生学历8人，本科及以上学历占教师总数96.20%；高级专业技术职务46人、中级91人；“双师型”教师占93%。聘请校外教师4人。毕业生255人，就业率98%。招生369人。在校生1072人。全年开展短期培训5071人次。网址：www.bjsyzyxx.com.cn。

（曾达鲁）

【学校更名】　5月23日，宣武二职经西城区机构编制委员会批准正式更名为北京市实验职业学校。更名由于北京市行政区划调整。更名后，学校办学方向、机构设置等不变。9月2日，学校举行更名揭牌仪式。西城区委、区政协、区教委，牛街街道、广外街道、白纸坊街道和各兄弟学校领导100余人参加揭牌仪式。

（曾达鲁）

【开展实地教学实践】　9月28至29日，实验职校开展实地教学实践。该校药学专业将“认药课”开设到山里和药市，组织三年级师生120余人到河北安国药材市场及河北易县云蒙山进行考察和实践，专业教师结合本专业及学科特点，指导学生辨认药用原植物，采集和压制植物标本，讲解中药材鉴别要点，了解药材市场管理及法规执行情况等，将书本知识与实践有机结合，加强学生专业实践技能。

（曾达鲁）

【与和田二中建立兄弟校关系】　11月9日，实验职校与新疆和田地区第二中学建立兄弟校关系。和田二中领导到校观摩课堂，参观教学实训基地，与实验职校领导就教育教学、科研课改、行政管理等方面进行交流和探讨，同时感谢该校援疆行动，高度赞赏该校支教教师工作。

（曾达鲁）

【在公安部幼儿园设立校外实习实训基地】　11月29日，实验职校学前教育专业校外实习实训基地在公安部幼儿园正式挂牌。双方领导共同为基地挂牌，就学生顶岗实习、毕业生就业等方面达成初步合作意向，并签订建立校外实习实训基地协议书。该校学前教育专业师生可在公安部幼儿园开展教育教学实习实训活动。

（曾达鲁）

【学生参加技能竞赛获奖】　至年底，实验职校学生参加技能竞赛获得多项奖励。其中，在2011年北京市第31届“安捷伦杯”北京青少年科技创新大赛中，学生科技创新作品“纵向摩擦独弦琴”获高中组一等奖，并参加全国科技活动周暨北京科技周以及北京国际教育博览会展示；学生研究项

目“小鼠骨髓间充质干细胞在肝癌前病变形成过程中的分化研究”获高中组二等奖。在2011年北京市青少年未来工程师博览与竞赛中，5名学生获“环保乐器创意”项目第二名。在2011年北京“金叶杯”青少年低碳生活动态创意大赛中，学生表演的科普剧《森林音乐会》和《垃圾桶的自述》分别获得二、三等奖。在2011年第20届全国发明展中，学生科技创新作品获2项银奖和2项铜奖。

（曾达鲁）

北京市求实职业学校

【概　况】　2011年，北京市求实职业学校占地面积11.12万平方米，产权建筑面积8.45万平方米、非产权建筑面积2500平方米。图书馆建筑面积1963.90平方米，藏书26.90万册，其中，纸质图书26.40万册、电子图书0.50万册。固定资产总值15286.30万元，其中，教学、科研仪器设备总值3176万元。拥有计算机2759台，多媒体教室座位5240个。全年教育经费投入8028万元。学校信息化经费投入5672万元，网络信息点2750个，校园网出口总带宽500Mbps，上网课程34门，数字资源量1000GB。设有望京、团结湖和安贞里等9个校区，6个系部，开设文秘、金融事务和计算机网络技术等19个专业，263个教学班。建有文秘实训基地、金融事务实训基地、计算机网络实训基地、航空服务综合实训基地和育婴师实训基地等19个实训基地。教职工421人，其中，专任教师236人、教辅人员23人。专任教师中具有研究生学历45人，本科及以上学历占教师总数100%；高级专业技

术职务 101 人、中级 119 人；“双师型”教师 97 人。聘请校外教师 49 人。毕业生 1520 人，就业率 99.40%，职业资格证书取证率 95%。招生 1769 人。在校生 4753 人。全年开展社会培训 4110 人次。网址：www.bjqszx.com。

（张孝刚 占福林）

【与北大方正软件技术学院签约合作】 3 月 1 日，求实学校与北大方正软件技术学院签署教育合作协议。双方在计算机网络和商务日语文秘两个专业实施“优质生源培养基地”和“高职定向班”教育合作，在师资队伍建设、实训基地资源共享、教师企业实践、学生企业实习等方面开展深入合作。协议期 3 年。

（占福林）

【开展市文秘师资培训】 5 月 27 日，求实学校开展北京市文秘专业师资培训。培训观摩该校 3 名赴德培训教师展示两节教学研究课，其他教师展示“办公室管理”和“文秘英语”课，市职教专家 8 人对研究课进行点评。培训还介绍全国文秘专业教师基本功大赛基本情况，对参会教师进行系统培训。来自北京政法职业学院、北京国际职业教育学校、北京高等秘书学院、北京信息职业技术学院、北京市昌平职业学校、北京市商业学校、北京市商务管理学校及该校近 100 名教师参加学习。

（占福林）

【获香港国际青少年合唱节比赛铜奖】

7 月 21 日，求实学校参加香港国际青少年合唱节比赛获国际铜奖。该校清姿合唱团 41 名学生参加 B1 组青少年合唱（女高低音）比赛，获得国际铜奖。该比赛由国际青少年联合会主办，分 2 个组进行，各组分别评出金、银、铜奖 6 个。来自 40 个国家和地区约 70 队合唱团参赛，该校是其中唯一职业学校。

（占福林）

【举办求是创业场第四次活动】 10 月 21 日，求实学校举办“求是创业场”第四次活动。学生以“低碳、节约、诚实、守信”为宗旨，将零散物品集中起来与其他学生进行交易置换。学生 3 至 5 人一组，策划卖场促销活动，张贴海报，各有分工。学校周边 6 个社区领导和 20 余名家长参与活动。该活动自 2009 年开始举办，目的是为学生搭建实践和体验平台，培养学生节约、环保、低碳的生活态度，提升学生表达、沟通和协作能力。

（占福林）

北京市劲松职业高中

【概　况】 2011 年，北京市劲松职业高中占地面积 9.98 万平方米，非产权建筑面积 10.09 万平方米。图书馆建筑面积 2400 平方米，藏书 21.20 万册，其中，纸质图书 11.20 万册、电子图书 10 万册。固定资产总值 8832 万元，其中，教学、科研仪器设备总值 5643 万元。拥有计算机 1009 台，多媒体教室座位 2980 个。全年教育经费投入 2970 万元，其中，国家拨款 2870 万元、自筹经费 100 万元。学校信息化经费投入 300 万元，网络信息点 856 个，校园网出口总带宽 1000Mbps，上网课程 10 门，数字资源量 1000GB。设有劲松、双龙、新源里、西坝河和常营共 5 个校区，开设中餐烹饪、西餐烹饪和美容美发与形象设计等 14 个专业，70 个教学班。教职工 275 人，其中，专任教师 178 人、教辅人员 10 人。专任教师中具有研究生学历 11 人，本科及以上学历占教师总数 100%；高级专业技术职务 58 人、中级 102 人；“双师型”教师 56 人。聘请校外教师 15 人。毕业生 1173 人，就业率 97.50%，职业资格证书取证率 93%。招生 1237 人。在校生 4179 人。网址：www.jszg.com.cn。

（李婷婷）

【与大潮国旅签订合作协议】 9 月 26 日，劲松职高与北京大潮国际旅行社签订校企合作协议。根据协议，双方在订单培养学生、培训师资和实训基地建设等方面合作，学校负责教学与实训，公司负责学生顶岗实习。28 至 30 日，双方在奥林匹克森林公园组织旅游服务与管理专业学生开展校外实习，包括定向越野和徒步穿越等内容。

（黄永刚 李婷婷）

【李锦记希望厨师班开班】 10月9日，

劲松职高“李锦记希望厨师班”开班。李锦记希望厨师项目是该校与李锦记集团合作开展的“订单式”培养项目，是为有志从事中餐行业的青年提供学习机会和平台、为中餐业培养和储备人才的公益事业。9 月，该校与李锦记集团和新浪公益频道深入“老少边穷”地区招录希望厨师，先后录取来自贵州、四川、云南等地区 20 名有志于烹饪事业的寒门青年。学员经过 3 年学习且通过毕业考试，可取得职高毕业证，并可自愿考取相关厨师资格证。李锦记集团对所资助学生提供全额学杂费和生活费资助。

（李婷婷 李志辉）

【与珠江钢琴制造公司签订校企合作协议】 11 月 10 日，劲松职高与北京珠江钢琴制造有限公司签订校企合作协议。根据协议，双方在学生实习、师资培训、基地建设、证书培训等方面开展合作，学校负责校内教学与实训，公司负责学生顶岗实习。此前，该校组织乐器修造专业高二年级学生到公司参观，了解京珠钢琴从组装到调律全套生产流程，参观完毕学生现场演出小型音乐会，展示专业技能，公司当即与学校签订合作协议。

（黄永刚 李婷婷）

北京市电气工程学校

【概　况】 2011 年，北京市电气工程学校占地面积 11.01 平方米，产权建筑面积 7.72 平方米。图书馆建筑面积 1912 平方米，藏书 16.50 万册，其中，纸质图书 6.50 万册，电子图书 10 万册。固定资产总值 6465 万元，其中，教学、科研仪器设备总值 2403 万元。拥有计算机 1342 台，多媒体教室座位 2200 个。全年教育经费投入 4162.45 万元，其中，国家拨款 3704.19 万元、自筹经费 458.26 万元。学校信息化经费投入 11.66 万元，网络信息点 1028 个，校园网出口总宽带 100Mbps，上网课程 7 门，数字资源量 100GB。设有将台路、花家地、大山子和管庄 4 个校区，开设制冷和空调设备运行与维修、楼宇智能化设备安装与运行、电气运行与控制等 10 个专业，78 个教学班。教职工 224 人，其中，专任教师 184 人、教辅人员 9 人。专任教师中具有研究生学历 13 人，本科及以上学历占教师总数 100%；高级专业技术职务 65 人、中级 107 人；"双师型"教师 87 人。聘请校外教师 33 人。毕业生 1026 人，就业率 98%，职业资格证书取证率 97%。招生 848 人。在校生 4068 人。网址：www.dqgc.com。

（张慧荣）

【入选市思想政治工作优秀单位】 4 月 14 日，电气工程学校被评为北京市思想政治工作优秀单位。该评选由市委宣传部、市人力社保局和市思想政治工作研究会共同举办，在全市范围内表彰近两年来在思想政治工作方面取得显著成绩的基层单位 100 个、优秀个人 100 人。

（曹双玲　张慧荣）

【承办3项市中职学校技能比赛】 4 月，电气工程学校承办 2011 年北京市中等职业学校技能比赛"电气安装与维修"、"制冷与空调设备组装与调试"和"电子产品组装与调试"3 个项目比赛。13 所中职学校 51 名选手参加比赛，其中，"电气安装与维修"、"制冷与空调设备组装与调试"项目分别评出一等奖 2 个、二等奖 3 个、三等奖 4 个，"电子产品装配与调试"项目评出一等奖 2 个、二等奖 4 个、三等奖 6 个。该校选手囊括 3 个项目全部一等奖，另有 10 人获二等奖、14 人获三等奖，学校获组织奖。

（曹双玲　张慧荣　赵伟刚）

【携手社区举办创建文明城区文艺巡演】 6 月 11 日，电气工程学校与丽都社区共同举办共创全国文明城区"百日迎检"社区文艺巡演活动。活动在丽都公寓小广场举行，学生表演"我爱这蓝色的海洋"、"文明礼貌歌"和"爱护环境，从我做起"等节目，并向社区居民发放朝阳区教委创建文明城区宣传手册和市民公共文明调查问卷。该活动是学校"校园文化进社区"、"学校与社区共建和谐品牌"具体举措。

（曹双玲　张慧荣　李庆）

北京市丰台区职业教育中心学校

【概　况】 2011 年，北京市丰台区职业教育中心学校占地面积 6.90 万平方米，产权建筑面积 3.56 万平方米、非产权建筑面积 0.50 万平方米。图书馆建筑面积 760 平方米，藏书 30.93 万册，其中，纸质图书 6.93 万册、电子图书 24 万册。固定资产总值 4250.71 万元，其中，教学、科研仪器设备总值 2241.76 万元。拥有计算机 1806 台，多媒体教室座位 1233 个。全年教育经费投入 4453.34 万元，其中，国家拨款 3654.04 万元、自筹经费 799.30 万元。学校信息化经费投入 70.80 万元，网络信息点 1100 个，校园网出口总带宽 100Mbps，上网课程 18 门，数字资源量 6000GB。设有中心校区、木樨园校区和三营门校区等 6 个校区，开设烹饪、汽修和学前教育等 15 个专业，76 个教学班。教职工 249 人，其中，专任教师 180 人、教辅人员 69 人。专任教师中具有研究生学历 11 人，本科及以上学历占教师总数 97.90%；高级专业技术职务 59 人、中级 97 人；"双师型"教师 88 人。聘请校外教师 11 人。毕业生 770 人，就业率 100%，职业资格证书取证率 91.20%。招生 1140 人。在校生 3016 人。网址：www.ftzj.com。

（郭双财）

【开展"职教服务民生"活动】 1 月 13 日，丰台职教中心校开展"职业教育服务民生"技能展示活动。各专业师生向社区居民和领导展示职业教育成果，学校与方庄办事处、东铁营办事处签订为社区服务意向书，使职业教育走进居民社区，为社区劳动力就业和美化生活、建立和谐社区做贡献。至年底，该校开展养生汤讲座、计算机维修和汽车常识讲座等系列活动，落实职业教育服务民生活动宗旨。

（郭双财）

【参加全国职业院校技能大赛及作品展洽会获奖】 6 月，丰台职教中心校学生参加 2011 全国职业院校技能大赛及学生技能作品展洽会获奖。该校烹饪专业 1 名学生代表北京市参加 2011 年全国职业院校技能大赛中职组"中粮福临门杯"烹饪技能比赛，其热菜作品《金灯报福》获得中餐热菜比赛金奖。25 至 26 日，该校首次参加全国职业院校学生技能作品展洽会，30 件学生技能作品参加 11 个项目角逐，全部获奖，占北京市获奖总数 57.70%。其中，烹饪专业学生面塑作品《赏荷》和动漫专业学生动漫三维作品《梦!?》获得一等奖。

（郭双财）

【举办"跨文化理解交流"活动】 9 月 20 日，丰台职教中心校举办首次"跨文化理解交流"活动。国际文化交流组织（AFS）工作人员和 16 国官员一行 23 人到学校访问，并与学生进行"跨文化理解交流"活动。来访者观看学生表演和专业作品展示，品尝学生炒菜，并与学生在文化、民族歌舞表演、艺术、服装制作、手工艺制作、中西菜品制作等领域展开交流，加强中国中等职业学校与国际职业教育联系和深度理解。

（郭双财）

【首个企业冠名班开班】　9月，丰台

职教中心校首个企业冠名班“全聚德班”正式开班。该班是学校与全聚德集团合作项目，首批学生25人。学校专门开班为全聚德集团定向培养烹饪专业学生，全聚德集团提供专家指导、资金、实习实训和就业机会等，学制3年，学生学习期满经考核合格可获得专科学历证书。双方于6月16日签订定向培养冠名班合作协议。11月16日，双方领导在全聚德王府井店为全聚德班揭牌。

（郭双财）

北京市黄庄职业高中

【概　况】　2011年，北京市黄庄职业高中占地面积9.06万平方米，产权建筑面积7.88万平方米。图书馆建筑面积1600平方米，藏书42.80万册，其中，纸质图书12.80万册、电子图书30万册。固定资产总值12066.63万元，其中，教学、科研仪器设备总值5298.16万元。拥有计算机1259台，多媒体教室座位58个。全年教育经费投入2969.70万元，其中，国家拨款2629.30万元、自筹经费340.40万元。学校信息化经费投入240万元，网络信息点1280个，校园网出口总带宽30Mbps，上网课程5门，数字资源量900GB。设有学历教育区、综合培训服务区、实训经营区、合作办学区和住宿生活区5大学区，设置信息科技、旅游服务、金融商贸等5个学部，开设服装设计与工艺、美发与形象设计和计算机网络技术等11个专业，57个教学班。教职工264人，其中，专任教师217人、教辅人员47人。专任教师中具有研究生学历61人，本科及以上学历占教师总数100%；高级专业技术职务66人、中级112人；“双师型”教师123人。聘请校外教师41人。毕业生1708人，就业率99%，职业资格证书取证率90%。招生2015人。在校生4070人。网址：www.huangzhi.net.cn。

（张海英）

【校企联合举办学生装设计大赛】　4至6月，黄庄职高与北京艾诺美特服装服饰有限公司联合举办首届“艾诺美特（AMIT）杯”学生装设计大赛。比赛旨在以赛促教，主题为“简约、时尚、个性”，内容为学生春夏运动装系列作品设计和制作。公司提供资助，学校、公司和学生三方构成大赛组委会。比赛共收到作品36份，经初赛、决赛，评出金奖1人、银奖2人、铜奖4人和最佳工艺奖、最佳设计奖各1人。学校为获奖者颁发奖杯、证书，奖金共2300元。

（朱宁）

【举办新疆幼师班汇报演出】　6月17

日，黄庄职高举办2009届新疆幼师班教育教学成果汇报会。汇报会演出15组节目，全部由学生原创，135人次以合唱、钢琴独奏、幼儿韵律操等形式展示职高幼儿师范专业和幼教职业技能教育独特风采。石景山区民宗侨办和石景山伊斯兰教协会观看演出。该校自2006年与新疆幼儿师范学校合作办学，开设新疆幼师班，生源来自新疆各民族。学生全部通过专业学科和汉语言水平考试（HSK），返回新疆完成顶岗实习。至此，该校共四届136人毕业返回新疆从事汉语幼儿教育事业。

（曹艳玲）

【举办首届教师说课比赛】　6月和12月，黄庄职高分别举办首届公共基础课教师单元教学设计说课比赛和首届专业课教师说课比赛。公共基础课说课比赛旨在交流创新公共基础课服务于专业课的方式、方法，总结“一对一”（即一名公共基础课教师与一名专业课教师结对）课改成果，共20名教师参赛，9人分获一、二、三等奖。专业课教师说课比赛旨在梳理课程目标、课程课堂教学、教学方法，共35名教师参赛，评出一等奖4人、二等奖7人、三等奖11人。

（朱宁）

【颁发首届“古藤励教奖”】　7月8日，黄庄职高颁发首届“古藤励教奖”。首批获奖人员为10名美容美发专业技能大赛指导教师，奖金共1.60万元。该奖是“古藤造型”企业执行总裁高原为该校美容美发专业所设专项奖，于本年1月设立，奖励该专业优秀指导教师和优秀班主任，每年评选一次，每次评选10人。高原为该校优秀毕业生、自主创业成功人士、2011年学校“十大功勋学子”之一。

（曹艳玲）

【美容美发专业完成市级课改实验】　7月10日，黄庄职高美容美发与形象设计专业完成北京市“以工作过程为导向的专业课程改革”实验。课改实验历时3年，形成100万字文本和多媒体课改资料，包括课改实施方案和13门专业核心课程的课程教学设计、讲义、课例、教学资料；形成《专业核心课程教学设计及课堂教学实施研究报告》、《教师课堂教学质量评价研究报告》和《学生学业评价研究报告》等科研成果。该专业全体教师共获得北京市专业核心课例、讲义9项奖项。

（吴懋）

【完成学校志稿】　8月10日，黄庄职高完成1996～2010年学校志稿。该志稿记述15年间学校职业教育发展历程，包括历史沿革、专业设置与调整等九部分内容，共13694字。该

志稿同期提交石景山区志办，收入《1996～2010年石景山区志·教育篇·职业教育》。志稿于5月4日开始编写。

（曹艳玲）

【完成校园文化整体布局】 9月8日，黄庄职高完成校园文化整体布局。教学楼以中国传统文化为主题，两栋实训楼以现代职业教育、国际文化为主题，校园内构建“玉石迎晖”、“群雕叠翠”等八大景观，分别寓意“厚德、精技、励志、图强”校训和“创新、成才、成人、优质”办学理念。旅游专业编制《校园景观》校本教材纳入课程。至年底，该专业学生为来校参观、访问和交流的1200名中外人士进行中英文导游讲解。

（曹艳玲）

【庆祝建校30周年】 10月20日，黄

庄职高举办建校30周年庆典。庆典活动回顾学校30年发展历程，参观校史展和校园文化八大景观；举办市级非物质文化遗产“京式旗袍”研发成果发布会和巴黎欧莱雅秋冬发型潮流发布会；举办北京市非物质文化遗产“京式旗袍”研究中心（与红都集团合作）、中国惠普商用电脑人才培训基地（与惠普公司合作）和石景山区现代金融人才培训基地（与石景山金融办公室合作）揭牌仪式；为与贵州黔西南地区合办的民族团结班授牌。来自教育部、北京市、石景山区领导，职教和企业专家，媒体单位代表，学校十大功勋学子，成功人士代表以及新老校友1000余人参加活动。庆典之际，学校出版画册《黄职风》和校刊《亲历》。该校“1981～2011三十年校史展”当日开展。展厅总面积309.60平方米。展览收录273张照片、24件老物件、4幅国家领导人视察及题词、132个市级以上奖牌、45部校本教材和5类自编书刊，围绕“黄柑千树忆往昔、庄谐相济见名园、职教改革勇实践、业精品正聚友朋”主题，从12个方面总结展示学校和石景山区职业教育发展历程。该校于1981年开办职业高中班，1984年成为独立设校职业高中，2006年与石景山区职教中心、古城旅游职业学校合并。30年来，共培养专科学历毕业生21447人。

（文昌敏　曹艳玲　张海英）

北京市昌平职业学校

【概　况】 2011年，北京市昌平职业学校占地面积40.88万平方米，产权建筑面积12.44万平方米。图书馆建筑面积1600平方米，藏书19.90万册，其中，纸质图书11.90万册、电子图书8万册。固定资产总值9826.84万元，其中，教学、科研仪器设备总值3848万元。拥有计算机700台，多媒体教室座位1200个。全年教育经费投入7454万元，其中，国家拨款6598万元、自筹经费856万元。学校信息化经费投入350万元，网络信息点1500个，校园网出口总带宽15Mbps，数字资源量3000GB。设有校本部、昌平培训部及三大园区（昌平职业教育文化园区、昌平职业教育工业文化园区、昌平职业教育汽车文化园区），6个系部，开设航空服务、汽车运用与维修和园林技术等29个专业，117个教学班。教职工281人，其中，专任教师245人、教辅人员36人。专任教师中具有研究生学历26人，本科及以上学历占教师总数94%；高级专业技术职务39人、中级63人；“双师型”教师106人。聘请校外教师82人。毕业生1521人，毕业实习率100%，就业率100%，职业资格证书取证率95%。招生1300人。在校生5150人。网址：www.cpvs.com.cn。

（康静）

【启用学生信息管理系统暨德育学分信息平台】 2月19日，昌平职校启用学生信息管理系统暨德育学分信息平台。该平台由该校计算机专业教师自主研发，依托“德育学分评价标准库”，涵盖学生从入学到毕业在值日、住宿、卫生、行为、就业等多方面评价标准，详细直观列出学生德育状况变化过程，从而简化德育学分评价手段，服务班主任工作。

（邢予）

【帮扶康陵村再创佳绩】 3月6日，昌平职校对口帮扶“北京最正宗的春饼宴”村康陵村再创佳绩。学校专门针对农历“二月二”活动进行专项策划，以“二月二、龙抬头、品春饼、捡金豆”为主题，通过村容村貌改造、引导系统制作、宣传栏、宣传册设计以及活动组织策划为康陵村营造热烈节日氛围，一天接待游客超过3000人，收入近20万元，创历史新高。该校于2006年将康陵村作为学校服务新农村建设的重点帮扶村。

（姚蕾）

【数控实训基地投入使用】 3月21日，昌平职校数控技术应用实训基地投入使用。该基地位于昌平区南口镇，占地面积7.33万平方米，拥有价值2300万元数控设备。21日起，汽车系数控专业学生每周三次到该基地进行普通车床加工实习，通过使用先进机床设备，实现理论与实践相结合。该基地还具有企业员工培训、生产加工等功能。25日，汽车系与三一重工等企业达成合作意向，在基地开展零部件加工以及企业培训等。

（王喜芬）

【首届航机员订单班开班】 4月1日，昌平职校首届航机员订单班正式开班。该班是北京航空食品有限公司与学校合作首届订单班。学员按照企业标准，学习客舱服务工作流程、客舱服务条例、对装机实操、安全防护等课程。学习期满上岗后，学生能按照企业要求完成各项任务。经过选拔，来自航空服务系、计算机系、旅游系、经济管理系共23名学生成为首批学员。

（马玉兰）

【召开首届体育卫生大会暨田径运动会】 4月28日，昌平职校召开首届体育卫生大会暨2011年“和谐杯”春季田径运动会。活动包括体育卫生工作大会和春季田径运动会两部分。会议听取题为《健心、健身、健体，做实体育卫生工作，服务师生发展》体育卫生工作报告，并为“马思勇体育

教学工作室”和“昌平区社会体育指导员培训基地”揭牌。学校健美操队、舞蹈团、红十字会、“昌职梦想”青少年体育俱乐部学生分别表演健美操、集体舞、急救演示、太极拳。之后，举办田径运动会。

（邢予）

【幼儿教育实践基地揭牌】　5月12日，昌平职校与昌平区工业幼儿园举办的“童真元土”幼儿教育实践基地在昌平职业教育文化园区揭牌。这是昌平职业教育文化园区幼儿科普教育系列首次揭牌活动。该基地整合昌平职业教育文化园区和工业幼儿园优质教育资源，利用园区现有植物、教育和设施资源，发挥职业教育专业性，丰富幼儿园课程。此次合作是探索新形势下职业教育与学前教育有机融合新模式。

（高世珍）

【启用自编课程系列教材】　8月，昌平职校正式启用自编工作过程系统化课程系列教材（第一版）。该套教材由学校组织、汽车系教师主编，为职业教育汽车运用与维修专业工作过程系统化课程系列教材，适用于中等职业学校三年或四年制汽车运用与维修专业，共包含9门课程，其中《汽车维修保养》、《发动机及其组件的拆装与检测》、《汽车电子和电气系统的检测与维修》和《汽车传动系统的诊断与维修》已出版并在学校启用。该套教材针对汽修行业人才培养特点，按企业行动领域构建课程内容，以工作任务为载体，注重工作能力培养，实现校企“零”对接。

（王丽）

【发布学校新标识】　9月9日，昌平职校在庆祝第27个教师节大会上发布学校新标识（LOGO）。新标识由红、蓝、黄、绿四色组成，分别代表激情、梦想、品质、未来，承载学校用激情成就梦想、用品质铸就未来的

职教理想，也体现学校围绕经济增长方式、产业结构调整、社会和市场“动、走、变、转”不断自我进步、自我转变、自我更新“追求卓越、锲而不舍”的过程。

（康静）

【打造“三有”课堂】　9月26日，昌平职校提出“打造‘三有’课堂、促进内涵发展、提升教学质量”。“三有”课堂即“有效、有用、有趣、充满活力”的课堂，该校将其作为提高课堂教学质量重要途径，有步骤、分阶段实施。该校围绕“三有”课堂一方面开展课堂常规管理月专项活动，教务处、学生处、督导处及各系室联合组成课堂常规检查小组，深入课堂，检查贯彻实施情况；另一方面，开展提高教师教学设计能力活动，组织研究课、讲座、教研活动等专项活动，促进教师教学设计水平提高。

（王丽平）

【开展选修课与学生创业园活动】　12月2日，昌平职校选修课与学生创业园活动开幕。活动围绕“课程大超市，创业大舞台”主题，分为“选修大超市、创业大舞台、才艺俱乐部、生活大讲坛、技能大比武”五项内容，包括选修课展示、学生创业摊位、社团才艺表演、生活专题讲座、专业技能比拼等，分布在18个地点。此活动是学校对培养模式、课程模式、教学模式的变革，是将课堂教学与生活相结合、与生产经营相结合、与学生个性发展相结合的创新尝试。

（王丽平）

北京市大兴区第一职业学校

【概　况】　2011年，北京市大兴区第一职业学校占地面积18.47万平方米，产权建筑面积8.90万平方米。图书馆建筑面积1900平方米，藏书7.60万册，其中，纸质图书6.10万册、电子图书1.50万册。固定资产总值9062万元，其中，教学、科研仪器设备总值1202万元。拥有计算机809台，多媒体教室座位450个。全年教育经费投入5635万元，其中，国家拨款4892万元，自筹经费743万元。学校信息化经费投入80万元，网络信息点990个，校园网出口总带宽100Mbps，上网课程12门，数字资源量18TB。设有4个系部，开设园林技术、航空服务、汽车运用与维修等8个专业，45个教学班。教职工285人，其中，专任教师176人、教辅人员69人。专任教师中具有研究生学历8人，本科及以上学历占教师总数99%；高级专业技术职务69人、中级93人；“双师型”教师62人。毕业生406人，就业率98%，职业资格证书取证率85%。招生421人。在校生4256人，其中，全日制学生2247人、非全日制学生2009人。网址：www.dxyz.com.cn。

（宋思均）

【汽修专业学生赴企业实践】　3月15

日，大兴一职汽车运用与维修专业学生赴企业实践。该校汽修专业2009级136名学生分两批到北京长京行汽车销售服务有限公司、北京现代朝益缘特约服务店等6家企业开展教学实践活动。企业为学生提供汽修实习场地，并派专业技师给予技术指导；学生可进行现场实践，也可通过双向选择留在企业进行顶岗实习。

（宋思均　刘向东）

【成为国家级青少年俱乐部】　4月14日，大兴一职经国家体育总局批准成为国家级青少年俱乐部。俱乐部是集训练、比赛、健身于一体的学生体育运动平台，拓展体育训练局面，举办相关培训项目，向国家输送优秀体

育人才，发挥培育体育后备人才、提高青少年身体素质等积极作用。

（宋思均）

【开展职业教育教学交流活动】 5月18日和12月13日，大兴一职开展两次职业教育教学交流活动。5月，大兴区教师进修学校、大兴区第二职业学校等学校30余名教师到校交流，其中，10名教师采用项目教学法、任务驱动法、案例分析法等多种教学方法授课，并根据教学内容安排学生进行分组活动与合作学习。12月，大兴区教师进修学校、大兴区第二职业学校领导和部分教师到该校开展教学交流，该校8名教师现场授课，将工作过程导向理念应用于教学实践，采用多种教学方法，并安排学生开展分组活动与合作学习，课堂气氛活跃。

（宋思均）

【举办教育教学成果展示会】 5月26

日，大兴一职举办教育教学成果展示会。展示会设篮球馆和科技报告厅两个区域，展示该校园林技术、电子商务、航空服务、机电技术应用、汽车运用与维修、动漫设计、女子足球等专业学生职业技能和综合素质。篮球馆展区展示园林专业学生设计和施工的庭院景观和亲手制作的植物标本、昆虫标本、景观沙盘，计算机系特色体验项目和角色扮演（COSPLAY）表演，以及机电专业工业机器人实训设备操作和电子产品制作流程。科技报告厅展区内，学生通过舞台表演展示专业技能。全校师生及用人单位领导近2000人参加展示会。

（宋思均　刘向东）

【召开校企合作座谈会】 12月27日，大兴一职召开校企合作座谈会。北京中进万国汽车销售服务有限公司、安迅金融设备系统有限公司等7家企业主管领导与学校相关领导进行面对面交流。双方就“校企之间如何配合”、“企业需要哪些政策支持”、“企业需要学校重点培养学生哪些素质”等问题进行交流并达成共识。企业人力资源主管对学校专业建设提出建议。

（宋思均）

北京市怀柔区职业学校

【概　况】 2011年，北京市怀柔区职业学校占地面积22.67万平方米，产权建筑面积3.49万平方米。图书馆建筑面积500平方米，藏书12万册，其中，纸质图书4万册、电子图书8万册。固定资产总值6666万元，其中，教学、科研仪器设备总值1685万元。拥有计算机300台，多媒体教室座位900个。全年教育经费投入5343万元，其中，国家拨款5264万元、自筹经费79万元。学校信息化经费投入28.70万元，网络信息点300个，校园网出口总带宽10Mbps，上网课程2门，数字资源量50GB。设有主校区、南校区和城区3个校区，设机械加工、旅游服务与管理、汽车运用与维修和计算机4个系部，开设16个专业，43个教学班。教职工256人，其中，专任教师167人、教辅人员69人。专任教师中具有研究生学历4人，本科及以上学历占教师总数97%；高级专业技术职务46人、中级66人；“双师型”教师118人。毕业生679人，毕业实习率98%，就业率98%，职业资格证书取证率97%。招生385人。在校生2033人。网址：www.bjhrzyxx.com。

（曹桂林）

【与欧曼汽车厂签订订单培养协议】 5月19日，怀柔职校与北汽福田汽车股份有限公司北京欧曼重型汽车厂签订订单培养校企合作协议。协议就确定委培学生、招生、培训材料和培训课程、课程实施、教员培训、学生就业等问题约定双方责任与义务。根据协议，双方合作培养重型汽车维修人才，学校开设“欧曼班”定向培养学生，单独进行教学和管理，学生经过三年制培训，无任何违法违纪记录，并在规定时间内取得毕业证书和技能等级证书，经双向选择后可到该厂就业。协议期3年。9月1日，首个“欧曼班”开学，首批学生30人。

（彭兴山　曹桂林）

【汽修实训基地获得首批教育部专项资金】 8月，怀柔职校汽修实训基地获得首批教育部中央财政320万元专项资金。该校用此项资金重点购置重型汽车实验、实训和维修设备，填补进行重型汽车修理及培训的空白，补充钣金喷漆实训设备不足，使该校汽车专业实训硬件上新档次。

（范耕田）

【开通班级博客】 12月12日，怀柔职校开通所有班级博客。博客依托“北京市网上家长学校”网，每个班级拥有自己的主页，班主任可发布班级相关信息，学校、班级活动信息，学生收费通知，节假日告家长一封信等信息，学生和家长可浏览博客并评论、留言，与班主任互动交流。由此架起家校沟通桥梁，为加强学生管理及帮助学生发展提供良好沟通平台。

（王海霞）

【首批农民中专班学员毕业】 12月，怀柔职校首批农民中专班学员毕业。624名学员完成3年文化课学习和农业生产经营技能培训，各学习课程全部合格，取得中级职业技能证书和成人中专学历毕业证书。

（陈素芝）

【完成6780人次社会培训】 至年底，怀柔职校完成1149人、6780人次社会培训。培训以农民为主，其中，分三批次组织中级农产品经纪人培训，涉及5个乡镇28个行政村373人；完成对接农户的农村初级实用人才培养工作，217人接受培训，涉及5个对接乡镇30个行政村；完成两期企业员工接待礼仪及餐厅客房技能培训，30人次接受培训。

（陈素芝）

【成人学历教育招生数量创历史新高】 至年底，怀柔职校各类成人学历教育招生数量创历史新高，共269名学员交费注册。其中，中国农业大学网络教育招生118人，北京市农业广播电视学校怀柔分校会计中专班招生129人，农业科学院村干部大专班招生22人，超额完成招生计划，招生数量创历史新高。

（曹桂林）

北京市平谷区第一职业学校

【概　况】 2011年，北京市平谷区第一职业学校占地面积7.50万平方米，产权建筑面积3.37万平方米。图书馆建筑面积696平方米，藏书104万册，其中，纸质图书4万册、电子图书100万册。固定资产总值5200.78万元，其中，教学、科研仪器设备总值3400.36万元。拥有计算机400台，多媒体教室座位408个。全年教育经费投入1491.76万元，全部为国家拨款。学校信息化经费投入105.80万元，网络信息点350个，校园网出口总带宽10Mbps，上网课程12门，数字资源量40GB。设有校本部、南校区和东校区3个校区，开设服装设计与工艺、烹饪、机械制造与控制等10个专业，31个教学班。拥有实习实训基地16个。教职工215人，其中，专任教师74人、教辅人员30人。专任教师中本科及以上学历占教师总数90%；高级专业技术职务42人、中级84人；市级骨干教师1人，市级优秀教师2人。聘请校外教师5人。毕业生343人，实习率100%，就业率90%；参加单考单招考试46人，录取42人，上线率91.30%，录取率91.30%。招生412人。在校生1172人。全年开展社会培训1480人次。网址：www.pgyz.cn。

（贾爱兵）

【通过比赛提升教师基本功】 4至11月，平谷一职通过举办和参加比赛提升教师基本功。4月，该校举办教师说课大赛。赛前，邀请平谷区教科研中心专家进行实例教学设计讲座和培训。每名教师进行教学设计，书写教案，制作说课课件，46名教师参加校级说课比赛，41名教师进行课堂教学展示，并选拔出8名教师参加区级职成教系统说课比赛，3人获区级一等奖。10月，该校2名教师为平谷区职成教系统全体教师进行现场说课和上课展示。11月，服装专业2名教师参加“创新杯”全国中等职业学校服装专业教师基本功大赛，1人获说课比赛一等奖、教师专业技能竞赛三等奖、综合奖二等奖，1人获说课比赛三等奖、教师专业技能竞赛三等奖、综合奖三等奖。

（李翠敏）

【首届新农村建设定向委培班学员毕业】 9月，平谷一职首届新农村建设定向委培班学员毕业。该项目旨在为岳各庄新农村建设提供专业人才储备，培养物业管理及建筑专业人才，学制1年，首批学员100人，毕业合格率100%，其中，80人参加监理员、资料员、实验员考证，取证率90%。年内，52名学员作为岳各庄新农村首批建筑专业人才走上工作岗位，成为岳各庄新农村建设中坚力量。

（李震生）

【分层培养青年教师】 9月，平谷一职对新教师进行分层培养。学校按照发展阶段将青年教师分为“入门适应期”、“成长发展期”和“成熟成才期”三个阶段，分别制定培养方案，实施“青蓝工程”，即针对不同阶段青年教师需求，开展师徒结对、以老带新活动。新老教师先后开展说课、评课、上公开课、实操技能展示、班级管理竞赛等教育教学实践活动，促使青年教师在实践中不断提高。每项活动完成后要求有记录、有反思、有总结、有指导意见、有改进措施。学校还制定不同阶段青年教师考核细则，成立专门考核小组，结合教师平时表现进行期末考核。

（李翠敏）

【开展送教下乡活动】 10月18至25

日，平谷一职开展“送教下乡”活动。活动围绕“学习、创新、发展”主题，在世纪广场以展板、现场咨询等形式宣传全民学习、终身学习重要意义，展示学校近年来教学成果；专业教师针对编织技术、工艺画制作方法等进行现场指导和答疑。此外，继续开展“乡村旅游餐饮培训流动大篷车”活动，面向熊尔寨乡、金海湖镇、刘店镇等地农民开展烹调技术技能培训，200人参加培训，合格率100%；并免费发放《农闲手工艺》、《农家特色菜》等8种自编农民培训丛书共500本，答疑170人次。

（蔡三奇　刘家鑫）

【举办师生技能竞赛】 11月15日至12月15日，平谷一职举办全校师生技能竞赛。竞赛内容包括数控专业组的普通车床操作和数控车床操作，汽修专业组的大众01N自动变速器拆装，计算机专业组的整机组装、系统安装、驱动安装、网络布线、常用软件操作（图像处理、网页制作、动画制作），服装专业组的礼服设计、打板、制作与展示，以及烹饪专业的刀工。数控、汽修、计算机、服装和烹饪五个专业共69名教师、212名学生参赛。10名教师、70名学生进入决赛。经过角逐，共评出一等奖6人、二等奖9人、三等奖10人。

（李震生）

【开展校园文化建设】 至年底，平谷一职大力开展校园文化建设。该校以“乐学、乐教、乐管”为策略，营造“文化育人”校园文化氛围。该校制定校规、校训、校歌，绘制校园文化墙；开设第二课堂，成立舞蹈队、合唱队、电声乐队、舞龙队、模特队、健美操队、绳编兴趣小组7个文化团队；开展“我爱我的专业”、“教学成果展暨新年联欢”等活动。经过努力，该校校园文化建设硕果累累：获北京市第21届农民艺术节“金凤凰团队”奖、北京市第14届学生艺术节校园集体舞展演一等奖、规范字书写大赛（北京赛区）三等奖；在平谷区武术、舞蹈、乐团、美术、书法、摄影等各类比赛中获多项奖励；另外，学校“盛世龙腾”节目代表平谷区参加北京电视台“美丽乡村”2012大型文艺晚会。

（李震生）

密云县职业学校

【概　况】 2011年，密云县职业学校占地面积14.80万平方米，产权建筑面积5.20万平方米。图书馆建筑面积4155平方米，藏书11.50万册，其中，纸质图书6.40万册、电子图书5.10万册。固定资产总值11051.70万元，其中，教学、科研仪器设备总值4341.40万元。拥有计算机1272台，多媒体教室座位2260个。全年教育经费投入6397.70万元，其中，国家拨款6177.20万元、自筹经费220.50万元。学校信息化经费投入35.60万元，网络信息点1000个，校园网出口总带宽100Mbps，数字资源量40GB。设有校本部、东校区和西校区共3个校区，5个系部，开设旅游服务与管理、电子商务（呼叫服务）和美容美发与形象设计等13个专业，90个教学班。教职工279人，其中，专任教师177人、教辅人员102人。专任教师中具有研究生学历8人，本科及以上学历占教师总数98%；高级专业技术职务36人、中级64人；“双师型”教师87人。聘请校外教师18人。毕业生949人，就业率96.70%，职业资格证书取证率97%。招生900人。在校生2838人。网址：myzx. miyunedu. net。

（陆洋林）

【聘请企业专家顾问】　1月18日，密云职校聘请两名企业专家为数控、汽修专业建设顾问。聘请北京华德液压工业集团有限责任公司高级工程师为数控专业建设顾问，北京市名副实汽车修理厂汽修高级技师为汽修专业建设顾问。企业专家全面参与专业定位、发展规划、课程设置、教师培养和基地建设等专业建设工作。

（陆洋林）

【与4家单位签订合作协议】　3月9日

至12月19日，密云职校与4家单位签订合作协议。其中，与中国邮政呼叫中心签订长期用人协议，学校负责招生和人才培养，呼叫中心负责提供实习就业场所。与北京宝城客运有限公司签署文明共建协议，学校为公司建设提建议，公司监督学生乘车行为，并首期聘任8名五路车队乘务员为学校“文明乘车督导员”。与北京英迈特矿山机械有限公司签订员工定期培训协议，学校每年定期为公司员工进行培训，企业招收学校优秀毕业生到单位就业。首轮培训从5月28日至8月30日，利用周末时间进行，开设焊工和装配钳工两项培训课程，共17人参加学习。与北京宏远鑫液压元件厂签订校企合作协议，企业为学校提供实习就业场所，教师深入企业实践基地，学校为企业输送适用型人才。

（陆洋林）

【举办首届汽修专业技能展示节暨现场招聘会】　5月18日，密云职校举

办首届汽修专业技能展示节暨现场招聘会。汽修专业2009级240名学生参加活动。一汽大众、广汽本田等十余家汽修企业领导观看20余名学生技能展示，并与学校领导、专业教师围绕“如何加强校企合作、培养适销对路的合格人才”主题进行座谈。会后，汽修企业进行现场实习招聘，经过双向选择，50名学生被录用。

（陆洋林）

【成立8个定向班】　6月20日，密云职校成立8个定向班。该校2011级400余名学生和家长听取北汽福田、北新建材、北京现代、一汽大众等企业领导专题讲座，了解企业规章制度、用人标准、薪金待遇、企业发展前景等方面情况。经过企业面试，该校成立8个定向班，其中，数控专业成立2个SMC班、1个北新建材班、1个北汽福田（机加工方向）班，汽修专业成立1个北汽福田（汽车组装方向）班、1个北京现代班、2个一汽大众班。

（陆洋林）

【与高职院校联合办学】　9月8日，密云职校与北京电子科技职业学院签署联合办学协议。根据协议，双方联合举办机电一体化技术、汽车检测与维修技术两个专业的成人高等教育专科班，中职学校学生通过参加全国成人高等教育考试的方式入学，经过3年业余学习，经主办院校考核合格后由主办院校颁发大专学历毕业证书。

（陆洋林）

【外埠班学生100%就业】　至年底，密云职校外埠班学生100%就业。该校绥中班、康保班共68名学生分别进入北京顺丰物流有限公司、北京邮政呼叫中心和北京惟帆通讯设备有限公司就业，就业率100%。绥中班、康保班是该校联合办学的2008级客户信息服务专业外埠班，班里学生在本埠学习一年半，在密云职校学习一年半。

（陆洋林）

延庆县第一职业学校

【概　况】　2011年，延庆县第一职业学校占地面积12.08万平方米，产权建筑面积3.29万平方米、非产权建筑面积1.54万平方米。图书馆建筑面积1878平方米，藏书7万册，其中，纸质图书3.37万册、电子图书3.63万册。固定资产总值7853.38万元，其中，教学、科研仪器设备总值1000万元。拥有计算机872台，多媒体教室座位80个。全年教育经费投入4459.89万元，其中，国家拨款3914.28万元、自筹经费545.61万元。学校信息化经费投入1500万元，网络信息点475个，校园网出口总带宽100Mbps，上网课程68门，数字资源量4GB。设有5个育新系列实训基地、1个民俗培训基地和1个种养殖培训基地，开设烹饪、旅游和汽修等16个专业，83个教学班。教职工270人，其中，专任教师149人、教辅人员121人。专任教师中具有研究生学历2人，本科及以上学历占教师总数96%；高级专业技术职务62人、中级110人；“双师型”教师40人。聘请校外教师14人。毕业生871人，就业率98.80%，职业资格证书取证率87.50%。招生920人。在校生2659

人。网址：www.yqyz.org.cn。

（王文利）

【开展中外学生“爱心之旅”】 3月31日，延庆一职中外学生“爱心之旅”活动启动。该校54名中外学生（其中，22人是来自哈萨克斯坦、挪威、泰国、澳大利亚等7国留学生，32人为高一美术设计班学生）到延庆县特殊教育中心与学生交流并参加游戏活动。4至6月，该校中外学生分6次到社区、敬老院、光荣院等单位开展献爱心活动，并以小组为单位，在活动后出墙报展示收获。6月，评出“公益之星”8人、“爱心团队”3个。

（王文利）

【参加全国职业院校技能大赛获奖】 6月，延庆一职学生参加全国中等职业学校技能大赛获佳绩。13日，在教育部、农业部主办的全国职业院校技能大赛农业技能比赛中，园林专业学生获得中职组园林植物修剪项目比赛

二等奖。26至27日，在全国中等职业学校烹饪技能大赛中，烹饪专业学生1人获冷拼组一等奖，美容美发专业1人获全国晚宴化妆盘发造型一等奖、1人获全国女士外翻造型二等奖。

（王文利　龙云杰）

【教师参加全国教师教学能力大赛夺魁】 10月，延庆一职教师在2011年度全国汽车职业教育教师教学能力大赛（中职组）中夺魁。大赛包括6个竞赛类别，参赛选手上交教学设计书、说课视频、说课课件等，进行网络预选，评委在网上对材料进行评分，评选出63名选手进入现场总决赛。总决赛由说课比赛和实操教学比赛两部分组成。该校汽修专业教师“汽车纵梁与保险杠连接点的拉伸”课题获得汽车钣喷项目一等奖、实操专项奖、说课专项奖。

（王文利）

【承办育新杯汽车维修行业技能大赛】 12月18日，延庆一职承办延庆县职工职业技能大赛暨延庆县第三届育新杯汽车维修行业技能大赛。大赛分机电类、钣金类和喷漆类三大项目，来自上海大众汽车特约维修延庆有限公司、北京汽车修理公司六厂延川分厂等16个单位85人参赛，经过角逐，各项目共评出4个一等奖。其中，该校学生获得3个一等奖。比赛由延庆县总工会、县交通局、县人力社保局和县科技委主办。

（王文利）

成人高等教育

【概　况】 2011年，北京市共有独立建制成人高等学校19所，占地面积122.94万平方米，学校产权校舍建筑面积85.10万平方米；固定资产总值21.96亿元，其中，教学、科研仪器设备值2.92亿元。教职工3409人，其中，专任教师1507人。成人高等教育学历毕（结）业生9.76万人（含普通高校举办的函授、夜大学、成人脱产班学生8.56万人），其中，本科生5.10万人、专科生4.66万人；招生10.64万人（含普通高校举办的函授、夜大学、成人脱产班学生9.59万人），其中，本科生5.81万人、专科生4.83万人；在校生26.41万人（含普通高校举办的函授、夜大学、成人脱产班学生23.86万人），其中，本科生14.98万人、专科生11.43万人。

（胡雨）

【开展“绿色耕耘”年度培训】 3月11日，2011年“绿色耕耘”培训在北京

教育学院开班。培训突出“体现分层、分段”设计思路和“研训一体”培训特色，针对非专业教师、熟练期教师和发展前期教师三个不同发展阶段教师分别设计培训目标和内容。培训分为集中讲座、实践指导、校本展示三个阶段，并通过网络辅导的方式答疑解惑。培训为期半年，共8个区县、12个学科420人参加培训。

（刘琳）

【举行中国远程教育专家论坛】 4月18日，中国远程教育专家论坛在中央广播电视大学举行。论坛主题为“学者视角中的开放大学”，12名来自教育研究领域、高校网络教育学院以及电大系统的专家学者就开放大学建设与发展问题发表主题演讲，就开放大学责任与使命、开放大学功能定位和特色定位、当前开放大学建设试点需重点解决的问题以及解决路径等问题发表看法，就开放大学建设过程中的质量保障、资源共建与共享、教师队伍建设等问题进行探讨。论坛由《中国远程教育》杂志社主办。

（孙明博）

【完成年度“影子培训”】 9月29日，北京市2011年度“教育部—中国移动中小学校长培训项目”影子培训结业论坛暨结业典礼在北京教育学院举行。来自四川、广西、新疆、宁夏、甘肃、云南六省区76名中小学校长顺利结业。该培训由教育学院承办，旨在提高中西部农村中小学校长整体素质和管理实践能力，促进义务教育均衡发展和城乡教育协调发展，主要内容包括2天集中理论培训和9天基地学校实践。北京市十一学校等13所优质学校作为培训基地校。

（刘琳）

【举办国际终身教育论坛】 10月18至19日，“2011国际终身教育论坛”在北

京广播电视大学举办。论坛围绕“国际终身教育经验分享和开放大学建设”主题，交流终身教育领域发展理念和成功实践经验，为北京建设学习型城市、推进终身教育体系建设、办好开放大学提供理论指导和实践案例。来自美国、印度、英国及中国香港有关专家学者200人参加论坛。

（高玉英　王军）

【中国国际远程教育大会召开】　11月17至18日，2011中国国际远程教育大会在北京召开。会议以“问道数字化学习未来：信息技术与教育的融合与创新”为主题，总结数字化学习新经验，展示数字化学习新成果，探讨数字化学习新问题，交流数字化学习新思考，积极推动信息技术与教育深度融合与创新，引领数字化学习发展新未来。会议由全国高校现代远程协作组、中央广播电视大学指导，《中国远程教育》杂志社主办。

（孙明博）

【举行社区音乐教育高峰论坛】　11月29至30日，2011中国社区音乐教育高峰论坛在朝阳区举行。论坛以主题报告、专题研讨、社区音乐教育工作坊和专场演出等多种形式呈现“音乐——为每个人的一生”主题。国际音乐教育学会社区音乐活动委员会主席等专家20余人在论坛上发言。中国音乐学院、中央广播电视大学、市民政局、市教委领导以及群众近千人参加论坛各项活动。论坛由中国音乐学院、中央广播电视大学、朝阳区社区教育领导小组办公室、朝阳社区学院联合举办。

（朱平）

【7所成人高校教材入选市级精品】
12月8日，北京7所成人高等学校7种教材入选2011年北京高等教育精品教材。入选教材分别是北京广播电视大学《言语交际学》、北京宣武红旗业余大学《环境艺术设计手绘表现技法》、北京市西城经济科学大学《广告设计》、北京市东城区职工业余大学《SQL Server 2005案例教程》、北京市崇文区职工大学《电子商务实训》、北京市朝阳区职工大学《计算机应用基础实例教程》和北京市石景山区业余大学《广告学概论》。该评选由市教委举办，经学校申报、专家评审，共评出北京高等教育精品教材429种。

（胡雨）

【“学分银行计划”福田试点学生实现双证毕业】　至12月，北京市总工会职工大学“学分银行计划”试点企业北汽福田试点学生实现双证毕业。这是“学分银行计划”项目在福田公司试点进行双证毕业的初步尝试。该校与机械行业职业技能鉴定指导中心协商建立学习成果互认机制，组织2008级符合认证条件的毕业生参加技师论文答辩考评，共18人通过认证，获得成人高等教育专科证书和职业资格技师等级证书，实现“双证毕业”。在此基础上，校企双方总结经验，调整培养内容，以相同标准和程序组织2009级毕业生进行技师论文答辩，共17人参加答辩，12人通过认证取得证书。

（周东妹）

独立建制成人高等学校

中央广播电视大学

校　　长　杨志坚
党委书记　阮智勇

【概　况】　2011年，中央广播电视大学占地面积2671平方米，产权建筑面积72377平方米。图书馆建筑面积729平方米，藏有纸质图书8.79万册。固定资产总值104405.82万元，其中，教学、科研仪器设备总值2650.88万元。拥有计算机1546台，多媒体教室座位93个。信息化设备资产5290.41万元，网络信息点4000个，校园网出口总带宽700Mbps，电子邮件系统用户1026个，上网课程1019门，数字资源量12947GB，管理信息系统数据总量1200GB。中央电大系统包括校本部和全国44所省级电大、1125所地（市）级电大分校、1827个县级电大工作站组。设有6个学科学院和直属学院、继续教育学院以及八一学院、总参学院、空军学院、西藏学院、残疾人教育学院，专设中国电视师范学院、中国燎原广播电视学校、中央广播电视中等专业学校。开设101个专业，其中，开放教育本科（专科起点）专业26个、专科专业57个、教育部“一村一名大学生计划”专业18个。教职工487人，其中，专任教师150人，包括教授、副教授85人。毕业生721935人，其中，本科生198979人、专科生471724人、教育部“一村一名大学生计划”学生51232人。开放教育招生983425人，其中，本科生278054人、专科生652562人、教育部“一村一名大学生计划”招生52809人。开放教育在校生2941525人，其中，本科生851561人、专科生1926752人、教育部“一村一名大学生计划”学生163212人。网址：www.crtvu.edu.cn。

（孙明博）

【开展奖学金试点工作】　3月14日，中央电大开展2010年度奖学金试点工作。试点范围由20所省级电大扩大至29所，继续开展“希望的田野”奖学金和残疾人教育“IET－阳光奖学金”试点工作，新增设中央电大士官奖学金。士官奖学金奖励对象为中央电大八一学院、总参学院和空军学院在读现役士官，奖励金额每人1000元。至7月，完成评选工作，共5950名学生获得奖学金，其中，4817人获得中央电大奖学金，535人获得“希望的田野”奖学金，100人获得残疾人教育“IET—阳光奖学金”，498人获得士官奖学金。

（孙明博）

【国家开放大学建设方案获通过】 5月26日，教育部党组会议审议通过中央电大《国家开放大学建设方案》。方案明确国家开放大学建设背景，提出国家开放大学建设总体战略、体制机制、建设重点和改革重点，计划分三阶段实施。至年底，中央电大多次研讨国家开放大学建设相关事宜，包括召开国家开放大学特色专业论证工作交流会、探索开放大学建设模式试点单位工作座谈会、国家开放大学信息化建设及网络平台研发与应用专题研讨会；发布《国家开放大学网络平台试点运行方案（讨论稿）》和《国家开放大学网络平台运行环境建设（讨论稿）》。

（孙明博）

【召开全国电大党委书记校长会】 6月23至24日，中央电大召开2011年全国电大党委书记校长会议。会议听取杜占元讲话，指出全国电大要积极推进国家开放大学建设，实现电大向开放大学的战略转型，进一步深化内涵，提升办学质量。中央电大领导班子全体成员以及全国44所省级电大党委书记、校长，中央电大八一学院、总参学院、空军学院、西藏学院和残疾人教育学院相关领导等100人参加会议。

（孙明博）

【与市检二分院签订共建协议】 8月9

日，中央电大与市人民检察院第二分院举行签订共建协议暨“中国普法学习网”开通仪式。根据协议，双方在理论实践研究、教育培训、建立教学实践基地等方面开展深入合作。中国普法学习网由双方共建，是首个由高校和检察系统合作建设的普法学习平台，是面向社会公众普及法律知识、开展普法教育、提供法律信息服务、预防职务犯罪的网络互动平台，开设职务犯罪预防、案例直送、法律法规、名师讲堂、专家答疑、国开课堂、理论研究、检察视角等栏目。网址：www.lawlearner.net。

（孙明博）

【举办汉语教师培养论坛】 8月12日，中央电大与中国教育电视台举办“2011国际汉语教育新形势下的教师培养论坛”。论坛听取华东师范大学、暨南大学、中山大学、北京语言大学、北京大学和中国人民大学教授作主题发言。论坛研讨汉语教师培养中长期困扰广大同行的相关问题，为国际汉语教育领域专家学者交流探讨、海内外高校间合作互动搭建平台。来自50余所国内高校、研究机构以及日本、美国、德国等国家10余所院校专家、教师参加论坛。

（孙明博）

【与思科公司签署合作协议】 11月3

日，中央电大与思科系统国际有限公司签署战略合作框架协议。根据协议，双方探讨如何共同创建具有前瞻性的教育云平台创新和运维机构；利用思科公司研发、创新能力和未来国家开放大学先进教育方法，以“推进教育与先进技术深度融合”为目标，推进云计算平台技术在国家远程教育中的应用；为全球教育内容供应商、课件提供商提供平台服务，开展更多元化的网上学历和非学历教育；针对国家开放大学信息化建设提供高质量的规划指导、咨询工作，共同探索并建立满足中国国情且适合国家开放大学需要的产品及技术服务模式。

（孙明博）

北京教育学院

党委书记　马宪平
院　　长　李方

【概　况】 2011年，北京教育学院占地面积5.27万平方米，产权建筑面积10.03万平方米。图书馆建筑面积2961.80平方米，藏书61.36万册，另有音像资料1.94万套。固定资产总值23423.50万元，其中，教学、科研仪器设备总值6393.20万元。拥有计算机1804台，多媒体教室座位4102个。全年教育经费投入16702.60万元，其中，国家拨款14536.60万元、自筹经费2166万元。学校信息化经费投入181.50万元，信息化设备资产4047万元，网络信息点1400个，校园网出口总带宽180Mbps，电子邮件系统用户60个，上网课程49门，数字资源量2736GB，管理信息系统数据总量0.25GB。设有黄寺校区、文兴街校区和中轴路校区等5个校区，7个二级学院，1个图书资料中心。设有19个教学系，开设34个专业，覆盖10个学科。教职工555人，其中，专任教师260人、兼职教师80人。专任教师中教授11人、副教授98人。毕业生1431人，其中，专科生801人、本科生630人。招生1657人，其中，专科生1239人、本科生418人。在校生5228人，其中，专科生3282人、本科生1946人。参加短期汉语学习留学生617人。全年岗位培训和继续教育结业学员14164人次。网址：www.bjie.ac.cn。

（刘琳）

【培训干部培训机构教师】 1月11日，北京市干部培训机构教师培训项目在教育学院结业。93名学员完成为期3年研修任务。与会领导为学员颁发结业证书，并表彰表现突出的优秀培训教师32人。该培训由市教委主办，主要面向各区县培训机构教师和区县教工委、教委干训工作管理者，采取通识讲座、课题研究、观摩研讨、学科研修等多种形式开展。

（刘琳）

【召开党代会、教代会和工代会】 1月

20至21日、12月23日，教育学院分别召开第二次党员代表大会、第六届教职工代表大会暨第九届工会会员代表大会。党代会听取和审议党委工作报告和纪律检查委员会工作报告，选举第二届党委会和纪律检查委员会，讨论学院“十二五”改革和发展规划（草案），并开展党代表提案工作。市教工委领导、会议主席团成员及120名代表参会。双代会以“凝聚力量，温暖人心，鼓足干劲，推动发展”为主题，听取行政工作报告和教代会工作报告，总结工作经验，确定今后工作目标和主要任务，选举产生第九届工会委员会、第六届工会经费审查委员会，成立新一届教代会和工会的专门工作委员会。学院领导和全体代表共124人参加会议。

（刘琳）

【开展教师培训项目自评验收】 4月19日和5月16日，教育学院开展2010年北京市级教师培训项目绩效自评验收工作。院内外专家对该院2010年组织的教师培训17个总项目、21个子项目和教育干部培训10个项目的培训绩效进行考评验收。项目负责人进行汇报陈述，并就专家提出的相关问题现场答辩；各项目组以书籍、光盘、展板等形式展示培训成果。专家组检查验收相关档案和成果后，进行评议打分，并撰写项目验收意见。

（刘琳）

【举办“校本教研能力提升培训”3个子项目】 5月13日，2011年北京市中小学学科教师市级培训“校本教研能力提升培训”3个子项目在教育学院开班。3个子项目为“教学实施能力提升培训”（180学时）、“校本教研能力提升培训”（180学时）和“基于实际需要的专题研修”（80学时），分为集中理论学习、分组实践研讨和校本展示交流等阶段。培训涵盖小学科学、初中数学、高中地理等11个学科，480名教师参加学习。

（刘琳）

【学报创刊25周年】 6月28日，教育学院召开《北京教育学院学报》创刊25周年暨出版100期纪念会。学院领导，学报编辑部老主编、老编辑代表，新一届学报编委会成员，各二级学院、部分管理部门负责人以及作者代表参加会议。学报于1987年创刊，以教师教育研究和基础教育研究为特色，重点反映学科教育研究、继续教育理论与实践、中小学教育教学改革、学科基础理论研究、学校管理工作研究及职业教育和成人教育研究等方面科研成果，为双月刊，每期88页，至今出刊100期（不计增刊），累计发表论文1600余篇，近1400万字。

（刘琳）

【培训法国汉语教师】 7月4至31日，教育学院承办法国汉语教师培训。该培训由法国教育部和法国汉语教师协会推荐、国家汉办审核，培训分为法语母语班和汉语母语班两个班。法语母语班主干课程为语言课，辅以中国当代文学和传统文化、汉语新现象研究及教学法实践研讨等汉语教学和文化类课程；汉语母语班以研究汉语语言本体为主，同时开设中国文学、文化、语言学类专题讲座。17名法国汉语教师参加学习。

（刘琳）

【承办“国培计划”中西部农村骨干教师培训项目多项短期培训】 8月4日至12月22日，教育学院受8个省区委托承办“国培计划”2011年中西部农村骨干教师培训项目多项短期培训。新疆、新疆生产建设兵团、青海、河南、陕西、河北、云南、海南等省区760名教师来院参加培训，涉及中小学语文、英语、地理、信息技术、音乐、体育、美术等学科教师和培训管理者，采用专家讲座、合作探究、观摩考察、参与体验、交流研讨等多种方式进行培训。

（刘琳）

【培训全国英语特级培训师】 8月18日至10月14日，教育学院举办2011年英语特级培训师培训。该培训由学院与英国大使馆文教处合作举办，培训对象为来自北京、上海、广东、浙江、重庆、湖北等省市高校及教研部门10名英语资深培训者。培训内容包括教材开发、课堂观察、英语教师专业发展和行动研究等。英国专家采用课堂讨论、迷你课堂、英语教学或培训相关文章阅读、观看国外英语教学录像等方式，使学员了解英语教学和培训的前沿理论和方法。该项目在为期2个月国内学习后，前往英国学习1个月，提升学员英语交际教学及英语教师培训等方面能力。

（刘琳）

【承办3个“国培计划”中小学教师示范性培训项目】 8月28日至10月27日，教育学院承办3个“国培计划”2011年中小学教师示范性培训项目。3个项目为紧缺薄弱学科骨干教师培训项目、培训团队研修项目和中小学骨干班主任教师研修项目。紧缺薄弱学科骨干教师培训项目是对15个省区300名专职小学体育骨干教师和6个省区100名专职中小学音乐骨干教师进行培训，课程均为60学时。体育教师培训采用合作反思下的专题研修模式，将学员们划分成体育教学质量、教学技能、小学体育科研、阳光体育运动4个专题研究强化小组，向学员传授前沿的理论知识和教学方法与技巧；音乐教师培训以学练合唱指挥技能为主，开设通识教育课程、合唱指挥课程、交流展示课程、体验交流课程4个模块。培训团队研修项目为中小学教师培训管理者班，两期共96名学员，各为期10天，采用“世界咖啡”、培训沙龙等形式，设置教师培训政策理论、教师培训管理工具箱、教师培训管理方案、教师培训同行交流和实践观摩与行动5大课程模块。中小学骨干班主任教师研修项目包括小学、初中、高中3个子项目，分别聚焦“班集体建设”、“教育价值引领”和“主题活动设计”3个主题，并设置基础理念创新、专业能力提升、主题技能实训等课程模块，采用专题讲座、现场学习、分组研讨、主题论坛等方式开展培训。培训为期10天，共143名学员。

（刘琳）

【日本长崎大学汉语培训班结业】 9月23日，教育学院举办的日本长崎大

学汉语培训班结业。47名留学生完成3周共60课时培训。项目组针对留学生实际情况，制定详细教学计划和教学目标，并根据留学生语言能力的不同，实施分班教学，增强培训有效性和针对性。主要课程为汉语综合课和文化课，同时安排语言实践、文化考察和中日学生交流等活动。

（刘琳　张乃明）

【举办“走向社会”课程培训者培训班】　10月18日和11月29日，教育学院举办的两期“走向社会——生活·就业·发展”课程培训者培训分别开班。两期培训各为期4天，来自全国各省、县科技协会和中小学87名校长、教师参加培训。培训包括“职业入门与发展”和“人际交往与沟通”两门课程，介绍流动人员子女若干心理特点及应对对策，明确在人际交往与求职、创业等方面挑战及应对策略。该培训是学院承担的“非正规教育课程开发”项目第三阶段。该项目由学院与联合国儿童基金会、中国科学技术协会合作开发，面向10至19岁农村流动青少年，通过非正规教育帮助他们走进城市、走进社会，独立面对生活、就业和发展中各种问题。

（刘琳）

【完成吉林省中小学校长培训】　11月4至9日，教育学院完成吉林省中小学校长培训管理者、培训者高级研修北京培训阶段。该培训是学院受吉林省教育学院委托承办。培训将理论与实践有效结合，开设系列专家讲座，并组织学员到海淀区中小学干部研修中心、东城区教师研修中心、中央工艺美术学院附属中学、首都师范大学附属中学、北京第一师范学校附属小学进行考察学习。

（刘琳）

【成为乐高区域性技术教育教师培训基地】　11月21日，教育学院成为教育部—乐高“技术教育创新人才培养计划”区域性技术教育教师培训基地。这是乐高集团在北京市援建的两个基地之一，也是北京市唯一获援建的高校培训基地。乐高集团在教学设备、人员培训等方面提供援助。该院“乐高通用技术实验室”承担国外技术教育理念研究、高中通用技术教学资源开发、与技术教育同行合作开展通用技术学科领域教学研究等任务，并承担部分通用技术学科培训课程。7月16至28日，该院承办该计划2011年度骨干教师培训，分2010年项目学员跟进培训（高中通用技术学科）、2011年项目学员集中培训（高中通用技术学科、小学科学学科）3个班，培训对象包括200名高中通用技术学科骨干教师和100名小学科学学科骨干教师，培训内容涉及通用技术课程、动手实验、创新设计、反思及示范课等多方面，采用“讲座—讲习—互动—示范”方式，以巩固跟进培训学员在岗教学实践成果，优化集中培训学员学科教学知识，提高学员设计技术活动的能力，为项目后期开展远程培训组建辅导教师队伍。

（刘琳）

【培训青少年校外活动场所管理者】　12月5日，教育学院承办的2011年北京市青少年校外活动场所管理者培训开班。来自各区县学生活动管理中心管理者、北京校外教育协会负责人共75人参加培训。培训为期4个月，旨在提升首都青少年学生校外活动场所管理者的管理水平和整体素质。培训设置学习与培训、考察与交流、总结与反思三个模块，采用专题讲座、学习观摩、交流研讨、主题论坛、汇报展示等多种形式进行。

（刘琳）

【承办15项市级师资培训】　至12月，教育学院承办15项市级师资培训。包括北京市首届“积极心理教育大讲堂”、首期“国内访学计划”项目、2011年北京市中小学教师带薪脱产培训、北京市2011年初中骨干班主任培训、北京市2011年春秋两季市级教育干部培训、2011年北京市学科带头人与骨干教师培训、2011年北京市中小学教师培训机构培训者培训、2011年中职学校教师培训项目、北京市中学体育教研组长阳光工作室专项培训、优美校园建设工程——北京市中小学教师专项培训、北京市小学音体美教师德艺双修阳光培训、市级骨干教师和学科带头人境外培训、年度“祥云行动——提高高中校长课改领导力的跟进培训”，以及北京市第六期和第七期农村中小学教师研修工作站指导教师培训。共有9667人次参加学习。

（刘琳）

北京广播电视大学

校　　长　胡晓松

【概　况】　2011年，北京广播电视大学占地面积2.50万平方米，校舍建筑面积5.22万平方米；全市电大系统产权建筑面积31.27万平方米，非产权建筑面积39.38万平方米。图书馆建筑面积1900平方米，校本部藏有纸质图书3.93万册。校本部固定资产总值11614.22万元，其中，教学、科研仪器设备总值4174.13万元；全市电大固定资产总值61957.30万元，其中，教学、科研仪器设备总值19076.32万元。全年教育经费投入17128万元，其中，国家拨款7581万元、自筹经费9547万元。校本部信息化经费投入821万元，拥有计算机1437台，包括教学用850台，网络信息点3089个，校园网出口总带宽200Mbps，电子邮件系统用户13029个，上网课程255门，管理信息系统数据总量4272GB，数字资源量14428GB，包括电子图书1239GB。全市电大系统拥有计算机9191台，包括教学用计算机7050台，语音实验室座位1130个，多媒体教室座位20586个，信息化设备资产8290.40万元，管理信息系统数据总量8399GB，数字资源量21418GB。设有皂君庙、白塔庵和西直门3个校区，54个教学单位。校本部教职工286人，其中，专任教师74人；全市电大系统教职工2356人，其中，专任教师1055人。本专科毕业生19219人，中专毕业生4903人。高等学历教育招生24624人，年度两期注册课程人数129429人，其中，春季65574人，秋季63855人；中专学历教育招生26106人；对外汉语教学工作招收留学生近300人次。全年完成各类社会培训考试13种，22次，约12万人次；完成北京市第八期2359名小学教师英语口语能力培训工作；协调12家电大系统分校参与首都职工素质教育工程开展上万人次专项培训活动。网址：www.bjou.org。

（高玉英）

【引进英国开放大学两门课程】 3月

19日，北京电大引进英国开放大学“西方职场道德”和“非财务经理的财务课”两门课程。课程基于成人在职学生学习特点和学习需求，以案例研讨、经验分享、情境体验等方式开展教学，通过教学内容合理编排和学习活动设计，激发学习者主观能动性，使其自觉掌握知识与技能，并在学习过程中得到人性化、个性化的学习辅导。英国开放大学职业学习和发展中心专家就两门课程开展专业培训。课程组选取开放教育学院30名学生对两门课程开展网上教学实验，试学学生分成两组对课程全部内容进行为期7周的全网络学习。

（高玉英　王军）

【举办第五届青年教师教学基本功比赛】 4月12日，北京电大举办第五届青年教师教学基本功比赛决赛暨北京市第七届青年教师教学基本功比赛选拔赛。经过系部推荐，共7名选手参加决赛，并最终推选1名教师代表学校参加第七届北京高校青年教师教学基本功比赛。

（高玉英）

【与哈佛大学合作开展培训项目】 5月18日，北京电大与美国哈佛大学合作开展“为理解而教”培训项目。团队成员以观察员身份在线免费体验哈佛课程“为理解的教学1”，并就相关问题开展多次研修活动。团队成员由9名教师、技术人员、管理人员等组成。“为理解而教”是哈佛大学教育研究生院开设的针对各级各类教师的网络研修培训课程，是教学论层面的在线培训课程，注重工具和策略，是一种全新教育理念、教学模式、教学方法。

（高玉英）

【与布谷鸟公司合作】 12月21日，布谷鸟（Pukunui）网络教学科技公司北京办事处在北京电大揭牌成立。双方签署合作意向书，北京电大成为布谷鸟公司（澳大利亚/香港）在北京地区唯一合作机构，双方共同为北京地区教育机构和企业提供网络教学平台和移动学习平台开发的咨询和服务项目，合作举办模块化课程培训项目，为中国内地教育工作者提供不同层次培训。布谷鸟公司是模块化面向对象的动态学习环境（Moodle）官方合作伙伴，此次是Moodle官方合作伙伴首次落户中国。

（高玉英）

北京宣武红旗业余大学

【概　况】 2011年，北京宣武红旗业余大学占地面积32837平方米，产权建筑面积35997平方米。图书馆建筑面积300平方米，藏书6.98万册，其中，纸质图书6.50万册、电子图书0.48万册。固定资产总值1409万元，其中，教学、科研仪器设备总值880.45万元。拥有计算机425台，多媒体教室座位640个。全年教育经费投入2231.25万元，其中，国家拨款1394.26万元、自筹经费836.99万元。学校信息化经费投入136.10万元，信息化设备资产115.28万元，网络信息点440个，校园网出口总带宽12Mbps，电子邮件系统用户114个，上网课程58门，数字资源量82GB，管理信息系统数据总量108GB。设有右安门、广安门外小红庙和西便门老龄大学共3个校区，5个教学系。开设48个专业，覆盖12个学科。教职工150人，其中，专任教师68人，包括教授2人、副教授20人。兼职教师64人，包括教授12人、副教授24人。专科学历毕业生303人、招生389人、在校生1131人；市委党校红旗业大分院毕业生425人、在校生212人；北京理工大学继续教育学院红旗业大教学站毕业生162人、招生150人、在校生325人；北京理工大学远程教育学院红旗业大教学站毕业生119人、招生87人、在校生541人；北京交通大学继续教育学院红旗业大教学站毕业487人、招生496人、在校生1238人；北京师范大学继续教育学院红旗业大教学站招生19人、在校生103人。全年培训6704人次。网址：www.hqdx.com。

（李艳君）

【举办市民信息能力提高培训班】 4月18至23日，红旗业大举办2011年西城区市民信息能力提高培训班。培训班由该校与西城区政府信息办、椿树街道联合举办，教授计算机基础应用知识。来自椿树街道50名社区干部和居民参加学习。

（李艳君）

【新增两个专业】 4月21日，红旗业大经市教委批准新增“文化事业管理”和“旅游服务与管理”两个专业。两个专业于8月开始招生，面向北京市具有高中及同等学力人员招收业余专科层次学生，学制2.5年，首批计划招生50人，文化事业管理专业实际招生12人。

（李艳君）

【完成工会改选】 6月17日，红旗业大召开第七届工会换届选举大会。会议通过无记名投票方式，民主选举产生第七届工会组织机构，经报请西城区教育工会批准，第七届工会委员会正式成立。

（李艳君）

【完成教代会代表改选】 7月1日，红旗业大召开第七届教职工代表选举大会。全校教职工分为6个小组，通过民主投票，产生第七届教代会代表29人。11月11日，召开新一届教代会第一次会议，审议通过《开拓办学奖励机制暂行办法》、《关于教职工进修学习及培训的相关规定》和《科研成果奖励管理办法》3个文件。27名正式代表和11名特邀代表参加会议。

（李艳君）

【成为西城区电子商务培训基地】 10月31日，红旗业大成为西城区电子商务培训基地。该基地由西城区信息办、区商务委授权，是西城区唯一电子商务培训基地，面向西城区各企事业单位提供多层次、多领域电子商务培训。红旗业大一直致力于为各种培训提供全员、全程、全方位的优质、周到服务，学校配备多个高配置网络多媒体计算机房、多媒体电教室、语音室、会计模拟实验室等教学设施，以满足各专业教学和各种培训对硬件设施的要求。

（李艳君）

北京市总工会职工大学

【概　况】 2011年，北京市总工会职工大学占地面积2.07万平方米，产权建筑面积2.87万平方米。图书馆建筑面积950平方米，藏有纸质图书65275册。固定资产总值3953万元，其中，教学、科研仪器设备总值522万元。拥有计算机410台，多媒体教室座位2432个。全年教育经费投入2255万元，其中，国家拨款1400万元、自筹经费855万元。学校信息化经费投入113.98万元，信息化设备资产756万元，网络信息点350个，校园网出口总带宽20Mbps，电子邮件系统用户200个，上网课程233门，数字资源量46GB，管理信息系统数据总量598GB。设有工会理论研究所、素质建设工程办公室、继续教育部、招生培训部、职工教育研究室等教学科研机构及8个职能教辅部门。开设31个专业。教职工116人（包括内退6人），其中，专任教师49人。教师中高级专业技术职务12人、中级35人。兼职教师41人。毕业生714人，其中，党校研究生班63人，北京电大74人，市委党校193人，成人高考384人。招生889人，其中，党校研究生班49人，北京电大309人，成人高考531人。在校生1844人，其中，党校研究生班166人，北京电大514人，市委党校115人，成人高考1049人。全年培训工会干部1.23万人次。开设各类非学历培训项目63个班次，包括内联升鞋业、瑞蚨祥绸布店、环境卫生工程集团、市经济开发区等外埠及本市的定制式培训和英语、成人高考辅导、会计等标准化培训项目，共培训9954人次；组考10次，5124人次。网址：www.ghgy.com.cn。

（周东妹）

【启动“学分银行计划”试点企业教学运行】 2月22日，市总职大“学分银行计划”燃气试点专业2011级新生开学，标志2011年“学分银行计划”试点企业教学运行工作正式启动。该试点专业学生共73人，来自燃气集团下属各企业生产一线，通过“学分银行”方式，学习燃气工程技术和工商企业管理两个专业课程内容，毕业合格取得由市总职大颁发的大专学历毕业证书。

（周东妹）

【成立科研团队】 3月31日，市总职大成立科研团队。首批共18人通过审核成为团队成员，并授予证书。科研团队由学校内部具备科研能力或具有一定专业职务的研究人员组成，是学校培养专业科研人才队伍的重要组织平台，是规范科研活动、提升学术研究质量的重要组织载体。科研团队通过定期举办讲座、及时提供重要政策信息、组织专题研讨等活动，加大对科研团队成员理论培训，促进团队成员科研素质全面提升。科研团队系列讲座于4月22日举办第一讲，围绕“中国工会的历史发展沿革与特点”开展学习。

（周东妹）

【开展“农民工大学生助推计划”文化大讲堂】 9月22日，市总职大首都职工素质建设工程开展“农民工大学生助推计划”文化大讲堂。活动聘请教学经验丰富教师，为农民工提供成人高考考前辅导培训，讲授英语、语文和数学知识，进一步提升农民工科学文化素质。来自金隅集团、住总集团、城市排水集团等20余家企业100余名农民工参加学习。该计划是首都职工素质建设工程2011年推出的十大免费服务项目之一，免费为农民工提供高等学历教育，为农民工学习和受教育提供更多机会。

（周东妹）

【完成“学分银行计划”教学质量专项检查】 12月17日，市总职大“学分银行计划”完成2011年教学质量专项检查。检查以项目组研究制定的《“学分银行计划”2011年教学质量检查实施方案》为依据，先后对北京燕山石化公司、北京市燃气集团有限责任公司和北京现代汽车有限公司进行实践课教学抽查，内容涵盖教师教学活动、学生实践活动和教学管理组织工作。从抽查结果看，各试点企业教学点重视培养和提高学生实际技能，并将实践课程作为重要提升手段。三个教学点以各自制定的实践课程方案为依据加以组织落实，其课程组织到位，管理工作细致规范，教学内容结合专业和职业需要，体现产教结合、校企合作特点。检查于10月13日启动，项目组根据实地检查结果和各企业提交的《实践课程总结评价》等材料，在分析基础上完成《“学分银行计划”2011年教学质量检查情况报告》。

（周东妹）

【编制《校园文化手册》】 12月20日，市总职大举行《校园文化手册》首发式。编委会就编制《校园文化手册》作说明，学校领导向各部门主任颁发《校园文化手册》，编辑代表以“共沐校园文化春风，共担校园发展重任”为题对《校园文化手册》进行解读。编制该手册是为弘扬学校优良传统，构建办学理念明确、教风学风优良、学术氛围浓厚、校园环境优美、文化生活丰富的校园文化体系，经过学习调研、问需问计、专题座谈和征求意见等阶段，九易其稿，编制而成。该手册详细阐释学校历史、校训、标识、文化理念、核心价值观、人才理念、传统风尚、行为规范和文化活动。该校通过学习领会、宣传推广、整体推进、研讨交流四个阶段在全校推广该手册，在教职工中倡导相互学习、开放学习、做好事、做成事的理念。

（周东妹）

【组织完成200场公益大讲堂】 至年底，市总职大首都职工素质建设工程共组织完成公益大讲堂200场。大讲堂主题集中在文明礼仪、心理健康、现代生活、安全生产等方面，参加活动的单位覆盖全市各区县工会和市总机关事业单位、服务业、建筑业、制造业等系统女工委员会以及首都职工素质建设工程通用能力培训站点，人员主要是一线职工、基层工会干部及农民工。全市共4万人参加活动。

（周东妹）

【培训工会干部12254人次】 至年底，

市总职大共培训工会干部12254人次。全年共举办各层次、各类别培训班145期，包括金融系统新任工会干部培训班、乡镇街道工会主席培训班、工资协商指导员专题培训班等全总、市总计划内培训班37个，4623人次；青海省工会主席培训班、来京建筑施工企业工会主席培训班等计划外培训班18个，1116人次；北辰集团、中石油西安测井公司等工会干部校外培训班90个，6515人次。

（周东妹　王爱军）

北京市西城经济科学大学（北京市西城区社区学院）

【概　况】 2011年，北京市西城经济科学大学（北京市西城区社区学院）占地面积4.30万平方米，产权建筑面积4.40万平方米。图书馆建筑面积1500平方米，藏有纸质图书10.72万册。固定资产总值1469.79万元，其中，教学、科研仪器设备总值626.99万元。拥有计算机754台，多媒体教室座位2767个，语音实验室座位82个。全年教育经费投入2310万元，其中，国家拨款1035万元、自筹经费1275万元。学校信息化经费投入11.60万元，信息化设备资产715万元，网络信息点600个，校园网出口总带宽30Mbps，电子邮件系统用户200个。设有5个校区，4个教学系，开设31个专业，覆盖10个学科。教职工149人，其中，专任教师63人，包括副教授19人。兼职教师82人，包括教授11人、副教授21人。毕业生1376人，其中，专科生1164人、本科生212人。招生1363人，其中，专科生1098人、本科生265人。在校生4675人，其中，专科生3143人、本科生1532人。全年培训6219人次，承接各类报名考试15612人次。网址：www. xcjkd. org。

（何伶）

【培训社区街道科研骨干】 4月14日，西城经科大举办西城区社区街道科研骨干人员科研工作培训。培训采取讲座方式，讲授课题立项、研究设计、收集资料、分析资料、撰写报告等五个研究阶段的基本工作原则、必要工作环节和有关注意事项等内容。40人参加学习。自2009年起，该校负责西城区学习型城区研究中心日常管理工作，面向西城区委、办（局）和各街道、社区教育学校，实施关于西城区文明城区建设与学习型城区建设课题的申报、立项、检查、评审等工作。

（何伶）

【西城区市民终身学习成果认证中心揭牌】 4月27日，西城区市民终身学习成果认证中心在西城区社区学院揭牌。该认证中心是由西城区区委、区政府牵头，各委、办（局）以及区域内企事业单位领导参加，跨部门组成的市民终身学习成果认证制度实施工作领导小组，负责领导和规划市民终身学习成果认证制度的实施。市民终身学习成果认证制度运行方式称为“学分银行”。市民通过西城区市民终身学习平台、“学习型西城”网站登记注册，建立本人学习账户，无论在线学习，参加社区学院或社区教育学校培训、单位培训，还是通过自学考试获得国家承认的资格证书，均可获取相应学分。认证中心与西城区相关部门对学分高的市民给予发放奖学金、减免培训学费、购物优惠打折等奖励，市民也可以用学分兑换一定量的社区生活服务和帮助。这是全国首个市民终身学习成果认证制度。

（何伶）

【举办首届生活垃圾分类培训】 5至9月，西城区社区学院与西城区市政市容管理委员会联合举办首届生活垃圾分类培训。该培训面向西城区各街道和社区的垃圾分类指导员及物业管理人员，由市政市容委培训中心两位专家授课，讲授垃圾分类重要意义与个人行为指导、垃圾分类政策解读、生活垃圾分类达标考核内容及评分标准解析等内容，并分批组织学员到高安屯生活垃圾焚烧发电厂、南宫堆肥厂、大屯垃圾转运站等地进行参观学习，课后进行测试。培训分两期进行，共1027人参加培训。

（何伶）

农村成人教育

【评选农民教育培训优秀项目】 2月26日，市教委公布北京市农民教育培训优秀项目评选结果。市教委先后组织专家对各区县2010年申报的86个农民教育培训项目进行系统评审，认定74个项目获奖，其中，一等奖15项、二等奖26项、三等奖33项。

（陈斌）

北京市农民教育培训
优秀项目一等奖

顺义区第一职业学校
《农村劳动力转移培训》
怀柔区职业学校
《继承民俗传统，培训满族饮食文化》

怀柔区社区教育中心
　《民俗旅游培训》
通州区第一职业学校
　《农产品网络销售实用技术培训》
昌平职业学校
　《农村劳动力转移培训》
北京市农广校密云分校
　《生态农业技术培训》
北京市农广校平谷分校
　《探索办学新模式，农民学历教育结硕果》
平谷区第一职业学校
　《民俗旅游培训》
北京市农广校延庆分校
　《培养新型农民，服务新农村建设》
延庆县延庆镇成人学校
　《特养动物繁殖技术培训》
大兴区采育镇成人学校
　《鲜切菊花标准化生产技术培训》
大兴区魏善庄镇成人学校
　《精品梨种植技术培训》
门头沟区社区教育中心
　《开展农民学历教育，培养新型农民》
房山区南窖乡成人学校
　《民间传统艺术继承与培训》
房山区第一职业学校
　《开发红色旅游资源促进农民致富》

（胡雨）

【评估示范性乡镇成人学校】　3月9日，市教委公布北京市示范性乡镇成人学校评估结果。市教委组织有关专家组成评估小组，对各区县教委2010年申报的示范性乡镇成人学校进行评估，认定8所学校为北京市示范性乡镇成人学校。

（陈斌）

北京市示范性乡镇
成人学校名单

北京市房山区韩村河镇成人学校
北京市通州区永乐店镇成人学校
北京市怀柔区北房镇成人学校
北京市平谷区镇罗营镇成人学校
北京市密云县溪翁庄镇成人学校
北京市密云县东邵渠镇成人学校
北京市延庆县延庆镇成人学校
北京市延庆县康庄镇成人学校

（胡雨）

【开展农民教育大讲堂】　3月，北京

市昌平职业学校开展“农民教育大讲堂”。该项目是昌平区政府为民办实事工程之一，该校承担区内4个镇、12个村的培训任务。该校在南邵镇东营村开设健康知识、疾病预防、法律法规等系列培训课程，共120人参加培训；在长陵镇黄泉寺村有针对性开设禽类养殖课程，共30名村民参加学习。至年底，该校根据各村特点和村民需求，开展果树修剪、手工艺制作、计算机等各类培训35次，共780人次参加培训。

（姚蕾）

【北京电大首个“农村电大书屋”落户门头沟】　7月5日，北京广播电

视大学首个“农村电大书屋”落户门头沟区雁翅镇。北京电大在财力、物力上对农村电大书屋给予支持，拨专款为“书屋”添置新书。北京电大图书馆挑选适合中小学生和农民朋友阅读的文学作品、科普知识、技能培养、法律常识、强身健体、休闲娱乐等多类书籍以及2010年度多种期刊共计1000余册。

（高玉英）

【加强新型农民培养工作】　至年底，市教委加强社会主义新型农民培养工作。市教委大力开展农民学历教育，深入开展“技能＋基础”农民成人中等职业教育实验，积极开展农村实用生产技术培训，全年共开展各类培训60万人次，提高农民综合素质，努力培养一大批懂生产、会经营、善管理的新型农民。

（张兰）

学习型城市建设

【召开学习型城市领导小组工作会】　4月22日，北京市建设学习型城市工作领导小组第五次会议召开。会议总结交流近年北京学习型城市建设工作成果和经验，播放《学习让首都更美好》专题片，听取延庆县、市委组织部干部教育处和市直机关工委领导关于推进农村（社区）教育创建学习型区县、推进党员干部教育创建学习型党组织和市直机关创建学习型机关的经验介绍，并部署下一步工作。会议通报调整后的领导小组成员名单，向

北京师范大学、中国人民大学、首都师范大学分别颁发“首都学习型社会研究院”、“北京学习型组织发展研究中心”、“北京市学习型学校建设促进中心”铜牌，北京学习型城市建设

“一院两中心”宣告成立。市建设学习型城市领导小组成员单位领导、各区县建设学习型区县领导小组负责人，在京部分高校、北京教育科学研究院、北京教育考试院负责人及有关新闻媒体 80 人参加会议。北京市开展建设学习型城市工作以来，共建成 1261 个市民学习基地，北京学习型城市网站年点击率超过 150 万人次，初步形成覆盖全市的远程学习服务平台，为市民随时随地和个性化学习提供条件。

（陈敬文　张兰）

【认定第三批首都市民学习品牌】　4 至 9 月，北京市建设学习型城市工作领导小组办公室开展第三批首都市民学习品牌评选认定工作。各系统、各区县共申报学习品牌项目 32 个，经过专家评审，认定“科学人生”科普演讲、海淀区自主创新企业大讲堂、合作共同体教师发展学校等 21 个项目为第三批“首都市民学习品牌”，并在北京市第七届全民终身学习活动周开幕仪式上给予表彰。

（陈敬文）

【评选第二批首都市民学习之星】　4 至 9 月，北京市建设学习型城市工作领导小组开展第二批首都市民学习之星评选活动。各系统、各区县共推荐报送 316 人参加评选，经专家评审，认定 81 人为第二批“首都市民学习之星”，并在北京市第七届全民终身学习活动周开幕仪式上给予表彰。

（陈敬文　张兰）

【召开郊区农民教育和学习型区县建设工作会】　5 月，市教委召开北京市郊区农民教育和学习型区县建设工作会。会议总结北京市“十一五”期间农村职业教育和成人教育工作，部署今后一段时期工作，延庆县政府、大兴区教委、房山区教委分别就建设学习型区县、开展农村成人教育和职业教育、农村成人教育机构和专兼职工作人员队伍建设等工作交流经验。

（张兰）

【举办第七届全民终身学习活动周】　10 月 15 日，第七届北京市全民终身学习活动周在国家图书馆开幕。活动主题为“学习・创新・发展”。开幕式上，推介和表彰 21 个首都市民学习品牌和 81 名首都市民学习之星；举办主题为“科学学习、友善用脑”的首届首都学习论坛、“人文北京・学习之都”建设成果展、北京学习型城市网站视频学习资源演示、高新技术和 IT 产品应用体验、智能书法现场

体验等活动。学习周开展“四走进”学习活动，即“走进国家图书馆、走进高等学府、走进高新企业、走进社区”。各区县、各高校、各单位也围绕主题开展丰富多彩的学习活动，大力倡导终身学习理念，积极营造尊重知识、崇尚学习的良好氛围。

（吕轮超　张兰　宋亚甫）

【开展创建学习型社区先进街道乡镇评估视导】　至年底，市教委开展创建学习型社区先进街道乡镇评估视导。市教委组成专家组，根据街道乡镇指标体系标准，采取查阅相关资料、实地考察、召开座谈会等形式，对 20 个基本符合条件的街道乡镇开展评估视导。

（陈敬文　张兰）

（本栏责任编校　胡雨）

民办教育

综述

2011年，北京民办教育认真贯彻全国和北京市教育工作会议精神，以科学发展观为指导，按照“扶需扶特，促优促强”的原则，进一步优化首都民办教育的发展环境，引导民办学校公益办学、规范办学、优质办学和特色办学，推动民办教育健康稳定发展。

进一步加大扶持资助力度，健全公共财政扶持民办教育发展的措施

依据新修订的《北京市民办教育发展促进项目管理办法》，不断完善公共财政扶持民办教育发展的长效机制。市教委完成2011年度民办高等教育发展促进项目资助经费的发放，配合财政部门组织开展对民办教育发展促进项目的财政评审工作，完成2012年度民办教育发展促进项目的申报和评审工作。自2010年起，民办教育发展促进项目资助经费有较大增长，市财政对民办高校的资助力度继续加大，引导和促进一批民办高校特色化办学和提升教育教学质量。

组织开展一系列培训，进一步提高民办高校相关管理人员的素质和工作水平

市教委建立民办高校相关人员培训长效机制，定期举办培训班，邀请行业专家讲解和辅导。一是举办北京民办高校教学管理人员培训班，对教务管理人员进行专门培训；二是举办北京民办高校党务干部培训班，对民办高校党组织负责人和党务干部进行专题培训；三是继续举办民办高校学团干部培训班，对学生管理人员和团干部进行专题培训；四是首次举办北京民办高校辅导员培训班，对辅导员进行业务培训。通过举办培训班，提高民办高校相关人员的思想理论水平和业务工作能力。

研究制定推进民办教育改革与发展的文件，继续推进落实民办学校平等待遇政策

召开系列座谈会，征询各级各类民办学校、专家学者、政府督导专员及相关部门意见，研究起草《关于推进首都民办教育改革和发展的意见》，明确首都民办教育发展的基本思路、发展重点、主要措施和拟实施的重点项目，推动民办教育内涵发展。开展民办学校税收情况调研工作，积极与税务部门沟通协调，努力为市民办教育争取平等的税收优惠待遇。

加强规范管理，继续做好民办高校有关事项的许可、备案和年检工作

在对有关变更申请材料进行认真审核的基础上，依法完成6项行政许可变更事项。制定《民办高校备案办法补充说明及备案范本》，进一步完善备案手续和程序，规范备案管理工作，完成多所民办高校决策机构的备案工作。启动办学许可证年检工作，结合民办高校办学状况评估，组织专家对学校年度财务审计报告进行专项审查，对存在问题的学校下发年检工作整改意见书。配合民政部门开展民办高校法人年检工作，对民办非企业单位法人年检报告书进行初审。通过加强和完善对民办高校的管理、监督工作，进一步推动民办高校依法办学、诚信办学、规范办学。

组织做好民办高等教育机构办学状况评估工作

一是做好2010至2011学年民办高等教育机构办学状况评估的复评、总结和意见反馈工作，根据评估情况形成《民办高等教育机构办学状况评估报告》，向评估学校印发专家组考察意见，并公布评估结果；二是总结5轮评估工作情况，组织开展评估工作专项课题研究，多次召开座谈会听取民办高校、专家、相关部门对办学状况评估工作的意见建议，修改完善评估指标体系；三是启动2011至2012学年办学状况评估工作，召开评估工作会和专家动员会，部署评估工作，组织多个专家组在11至12月开展新一轮办学状况的评估工作。通过评估，特别是加强对民办高校资产财务的监管，规范学校办学行为，促使民办高校改善办学条件，提高教育教学质量，促进民办高校健康发展。

继续开展民办高校招生简章、广告的备案及监测工作

2011年，市教委共完成60余所民办高校招生简章、广告的备案工作。在进行备案工作的同时启动监测工作，通过网站监测、收集学校招生宣传材料、赴外省招生宣传现场视察等方式加大对学校招生宣传工作的监测力度，针对发现的问题，向一些学校下发招生宣传工作整改通知书。通过对招生宣传工作的监管，进一步规范民办高校的招生宣传行为。

以创先争优活动为载体，进一步加强民办高校党建工作

一是继续指导民办高校开展创先争优活动。组织召开民办高校“为民服务创先争优”工作部署大会，开展民办高校先进基层党组织、优秀共产党员、优秀党务工作者评选表彰活动，认真做好创先争优简报的编发工作。二是组织开展民办高校党建评估回查工作。分别对参加评估的学校进行回查，有效推动民办高校党建和创先争优活动的开展。三是完成民办高校督导专员的改选聘任工作。新一届督导专员兼党建工作联络员增加到15人，每人负责4所学校；同时进一步完善服务机制，使督导专员在沟通信息、督查指导、促进学校健康发展等方面发挥更大作用。四是根据教育部关于高校思想政治理论课建设督查工作的要求，组织15所民办普通高校开展思想政治理论课的自查工作，同时组织专家进校开展思想政治理论课的督查。根据督查情况，向这些学校下发督查反馈意见，推动民办普通高校思想政治理论课建设。

完善民办教育系统安全稳定长效工作机制，全力维护民办教育系统的安全稳定

一是协调相关部门，推动维稳办、综治办、公安、教育、民政、卫生等部门联动工作机制建设，发挥民办教育安全稳定工作委员会作用，切实提高民办学校安全稳定的整体防控能力；二是全力抓好安全稳定工作，

选派督查组对各民办高校安全稳定落实情况进行督查；三是组织开展民办高校清理整顿工作，改善民办教育办学环境。10月，启动民办高校清理整顿工作，通过成立工作小组、下发清理整顿工作文件、民办高校自查、工作小组督查清查等对部分民办高校发展进行检查并提出建议，引导其终止办学或兼并重组，使清理整顿工作取得显著效果。四是做好突发事件的处置工作。包括参与以非法办学行为手段涉嫌诈骗犯罪案件的处理工作；会同相关处室对个别学校办学进行行政执法调查。市教委针对个别学校涉及的意外死亡、债务纠纷等方面安全稳定事件，迅速反应，积极开展工作，协调相关部门妥善处理，及时消除不良影响，维护民办高校校园安全稳定。五是做好信访投诉处理工作。至年底，共接到各类信访投诉30余件，涉及各类民办学校20余所，投诉主要涉及招生宣传不实和退费纠纷方面，经过积极协调，大部分投诉得到妥善处理，有效维护相关方面的合法权益。

至年底，北京市共有各级各类民办学校1939所，在校生人约135.7万人，教职工约7.2万人。其中，民办普通高校15所，共有本专科在校生约7万人，接受非学历教育的学生约3万人，教职工约0.8万人；其他民办高等教育机构68所，在校生约11.6万人，教职工约0.7万人；民办中等学校92所，在校生约4.5万人，教职工约0.8万人；民办小学21所，在校生约3.6万人，教职工约0.11万人；民办幼儿园508所，在园幼儿约10万人，教职工约1.76万人。另有在教育行政部门注册的民办职业技术培训机构1235所，注册学生约96万人。

（闫彦斌）

民办教育管理

【3所民办高校参加高职自主招生】　3月4日，市教委印发《关于2011年本市高等职业教育自主招生工作的通知》，北京北大方正软件技术学院、北京汇佳职业学院、北京培黎职业学院3所民办高校参加自主招生。其中，北大方正软件学院软件技术、计算机通信、医用电子仪器与维护、动漫设计与制作（影视动画制作）、数字媒体技术、物流管理、应用英语（商务管理）、应用日语（商务管理）8个专业计划招生280人；汇佳职院体育服务与管理、学前教育、影视动画、影视多媒体技术、计算机应用技术5个专业计划招生200人；培黎职院金融与证券、商务英语、计算机应用技术、旅游管理、国际经济与贸易5个专业计划招生200人。

（张晓兰）

【民办高校新增本科专业10个】　3月9日，教育部印发《教育部关于公布2010年度高等学校专业设置备案或审批结果的通知》，北京地区4所民办高校和独立学院新增本科专业10个。其中，北京城市学院新增社会工作、教育学、通信工程、城市管理、媒体创意5个专业，首都师范大学科德学院新增艺术设计学、广播影视编导、会展经济与管理3个专业，北京邮电大学世纪学院新增软件工程专业，北京工业大学耿丹学院新增社会工作专业。新增专业学制4年，可从本年开始招生。

（张晓兰）

【召开民办高校工作会】　3月31日，市委教育工委、市教委召开2011年北京市民办高校工作会。会议听取市教委民办高等教育年度工作报告和题为《全国民办教育发展情况、存在问题、发展趋势及下一步拟采取的政策举措》的工作辅导报告，总结2010年民办高等教育发展情况和采取的措施，分析民办高等教育面临的新形势，并就下一步工作提出“三个引导”和“四个规范”。“三个引导”即引导一批办学基础较好、办学质量较高、办学特色突出、办学内容适应社会需求的学校进一步提升办学水平；引导一批学校实现转型发展、创新发展；引导民办高校建立和完善法人治理结构。“四个规范”即规范学历院校的非学历教育；规范控制非学历高等教育机构数量；规范民办高校财务管理；严肃进行民办高校、教育机构违规违法办学行为清理整顿工作，实现规范办学。会议要求各民办高校贯彻落实北京市教育工作会议精神，并部署下一阶段民办高校工作。各民办高校董事长、校长，北京民办教育协会负责人，教育部发展规划司，市委教育工委、市教委领导及民办高校督导专员共150余人参加会议。

（闫彦斌）

【开展招生简章和广告备案初审工作】　3至12月，北京民办教育协会受市教委委托开展民办高等教育机构招生简章和广告备案初审工作。初审工作包括网络初审备案材料、材料报送、材料公示、样刊搜集、招生宣传检查和院校整改检查。至年底，应备案院校71所，完成备案71所。市教委根据民教协会监测结果，对具有招生资格且有违规宣传的50所院校印发整改通知书。

（左文智）

【举办民办高校党务干部培训班】　5月5至6日，市委教育工委、市教委举办民办高校党务干部培训班。培训班学员听取题为《加强民办高校党建工作、推进民办高等教育科学发展》的辅导报告，报告总结分析民办高校开展党建工作要抓好的五个着力点，明确强调充分发挥民办高校党组织政治核心作用和党员先锋模范作用的途径和方式。邀请相关人员作题为《以改革创新精神加强党的基层组织建设》和《关于如何做好基层党组织党务工作》的辅导讲座。参加培训人员结合学校实际，针对加强民办高校党的建设相关问题进行交流。各民办高校党组织负责人和党务工作人员，民办高校督导专员兼党建工作联络员共

130 人参加培训班。

（闫彦斌）

【举办民办高校毕业生就业研讨会】 5 月 11 日，北京市民办高校毕业生就业研讨交流会在北京吉利大学举行。会上，各民办高校就 2011 年就业工作形势、就业工作进展情况、主要经验做法和存在问题进行交流，市教委学生处负责人肯定各民办高校近期就业工作，介绍本年毕业生就业工作情况。来自吉利大学、北京城市学院、北京汇佳职业学院等 11 所民办高校就业部门负责人参加会议。

（励荆晶　张广玖）

【民办高校新增两个继续教育专业】 5 月 20 日，市教委印发《关于公布 2011 年度市属高校学历继续教育新增设专业的通知》，北京城市学院新增两个继续教育专业。两个专业分别为工商管理和城市管理，学历层次专升本，采取业余学习形式，修业年限 3 年。经有关学校申报、北京高校学历继续教育专业设置评议委员会评议，市教委共批准 25 个教育单位新增设学历继续教育专业 47 个。

（张晓兰）

【政策鼓励民办幼儿园发展】 5 月 26 日，市政府印发《北京市学前教育三年行动计划》，鼓励支持民办幼儿园发展。计划提出要“鼓励支持民办幼儿园的发展，特别是对面向大众、收费较低的普惠性幼儿园，要采取减免租金、以奖代补等方式引导民办幼儿园提供普惠性服务。同时，可结合实际，根据本市举办小规模幼儿园有关规定，积极探索创办小规模幼儿园，满足辖区内适龄儿童优质、便利、多样的入园需求。进一步规范民办幼儿园的管理，鼓励民办幼儿园进入分级分类管理范围。依法保障民办幼儿教师的合法权益，在职称评定、评优评先等方面享有与公办教师同等待遇”。

（张晓兰）

【公布民办高等教育机构评估结果】 5 月 27 日，市教委公布 2010～2011 学年民办高等教育机构办学状况评估结果。市教委组织专家组共评估院校 73 所，其中，对 49 所全日制民办非学历高等教育机构开展办学评估，对 9 所举办非学历教育民办普通高校、独立学院进行专项检查，对 15 所非全日制民办非学历高等教育机构进行一般考察。经评估和复评等程序，民办普通高校和独立学院专项检查通过院校 9 所，民办非学历高等教育机构评估考察合格院校 58 所。

（张晓兰）

2010～2011 学年北京市民办高等教育机构办学状况评估合格学校名单

北京现代音乐研修学院
北京工商管理专修学院
北京北大资源研修学院
中国信息大学
北京演艺专修学院
北京财经专修学院
中国管理软件学院
北京人文大学
现代管理大学
北京应用技术大学
北京八维研修学院
北京东方大学
北京中新企业管理学院
东方文化艺术学院
中国逻辑与语言函授大学
北京金融学院
北京民族大学
北京国际标准舞研修学院
北京京海研修学院
北京高等秘书研修学院
北京旅游专修学院
北京黄埔大学
北京华大研修学院
北京国际经贸研修学院
中国农民大学
北京东方研修学院
北京兴华大学
北京华嘉专修学院
北京文理研修学院
北京明园大学
北京计算机专修学院
北京中国驻颜美容学院
北京国际青年研修学院
北京建设大学
北京涉外经济专修学院
北京影视研修学院
北京经济技术研修学院
北京卓达经济管理研修学院
北京美国英语语言学院
北京珠宝首饰研修学院
北京翻译研修学院
北京华夏管理学院
北京瀚林职业研修学院
北京长城研修学院
北京军地专修学院
北京国际商务学院
北京国际汉语学院
北京经济研修学院
北京摄影函授学院
北京心理学函授学院
蒙代尔国际企业家大学
北京彼得·德鲁克管理研修学院
北京经济管理函授学院
北京东方妇女老年大学
中国教育国际交流研修学院
北京汉语国际推广中心
北京机械工程师进修学院
北京社会函授大学

（张晓兰）

【改选聘任民办高校督导专员】 5月

27 日，市委教育工委、市教委召开民办高校督导专员兼党建工作联络员聘任大会。会议聘任 15 人担任 60 所民办高校督导专员兼党建工作联络员，要求每名专员负责 4 所学校，任期 3 年。民办高校督导专员兼党建工作联络员由市委教育工委、市教委负责选派和管理，人选主要来自教育行政部门和公办普通高校处级以上、党性观念和责任意识强、理论素养高、经验丰富、熟悉高等教育规律和高校党建工作、有较强组织协调能力的在职或退休人员，主要职责是沟通学校信息、规范学校办学、指导学校发展、推进民办高校党建工作。首批 12 名专员于 2008 年 4 月聘任，共联络民办高校 48 所。

（闫彦斌）

【举办民办高校教学管理人员培训班】 6 月 7 至 8 日，市教委举办 2011 年北京民办高校教学管理工作人员培训班。培训班听取北京科技大学教授题为《解析教学工作内涵，提升教学管理水平》的专题讲座，阐述教学管理工作内涵、要点和主要环节；听取北京交通大学教授题为《建立符合校情的教学质量保证与监控体系》的辅导报告，介绍教学质量保证与监控体系的基本概念、构成要素，教育评估及评价的内容要求，以及对于如何结合校情做好教学质量保证与监控工作。参加培训人员结合讲座内容和本校实际工作情况开展讨论并进行交流。来自60所民办学校150名教学管理干部参加培训。

（闫彦斌）

【7所民办高校新增高职专业12个】
6月16日，市教委印发《关于公布2011年度本市新增及撤销普通高等职业教育专业名单的通知》，批准7所民办普通高校新增高职专业12个。其中，北京北大方正软件技术学院新增电视节目制作专业，北京经贸职业学院新增经济信息管理专业，北京经济技术职业学院新增会展策划与管理（京）、动漫设计与制作专业，北京吉利大学新增物业管理、房地产经营与估价专业，北京科技职业学院新增工程造价、应用日语专业，北京培黎职业学院新增软件测试技术（京）、影视动画、工程造价专业，北京新圆明职业学院新增文化事业管理专业。新增专业修业年限3年，试办期2年，试办期间招生规模要求控制在60人以内。通知同时撤销经济职院经济信息管理、多媒体设计与制作、旅游英语3个专业，吉利大学家政服务、图形图像制作、应用俄语3个专业；要求吉利大学数控技术、社区康复2个专业更改学制，修业年限由2年调整为3年。

（张晓兰）

【召开民办高校建党90周年表彰会】

6月29日，市委教育工委、市教委召开北京民办高校纪念中国共产党成立90周年表彰大会。会议宣读《关于表彰北京民办高校先进基层党组织优秀共产党员优秀党务工作者的决定》，表彰先进基层党组织5个、优秀共产党员10人、优秀党务工作者5人。会上，市委教育工委领导、获奖代表分别发言。市各民办高校党组织负责人、校长，获奖单位及个人，民办高校督导专员兼党建工作联络员，市委教育工委、市教委领导及相关人员共170人参加会议。

（闫彦斌）

【首次举办民办高校辅导员培训班】

6月23至24日，市委教育工委、市教委首次举办北京民办高校辅导员培训班。培训班邀请专家分别就大学生常见心理问题的识别与干预、大学生思想政治教育的形势与任务、新时期大学生思想政治教育方法研究、大学生职业生涯规划指导工作作专题辅导讲座。培训人员结合讲座内容和学校实际工作，开展讨论和交流。30所民办高校140名辅导员参加培训。

（闫彦斌　崔晶）

【举办民办幼儿园园长培训】 7月28日至8月25日，市教委举办民办幼儿园业务园长培训。培训班邀请学前教育教研员作专题讲座，委托北京汇佳职业学院遴选教师负责授课，委托汇佳教育集团三所幼儿园承担教学情境呈现和现场观摩任务。培训班学员通过授课、讲座、现场观摩等形式，系统学习幼儿园业务管理和专业技能等方面知识。培训班共举办3期，来自全市445所民办幼儿园450名业务园长参加培训。

（李旭昌）

【公布民办高校毕业生就业率】 8月31日，市教委印发《关于公布2011年北京地区普通高等学校及研究生培养单位毕业生就业率的通知》，发布14所民办高校就业率。其中，北京城市学院、北京北大方正软件技术学院、北京经贸职业学院、北京经济技术职业学院、北京汇佳职业学院、北京科技经营管理学院、首都师范大学科德学院、北京科技职业学院、北京邮电大学世纪学院、北京工业大学耿丹学院、北京培黎职业学院就业率≥95%；北京吉利大学、北京新圆明职业学院90%≤就业率<95%；北京工商大学嘉华学院85%≤就业率<90%。

（张晓兰）

【公布民办学历教育学费收费标准】
9月28日，市教委公布2011年民办学历教育学费收费标准。标准规定5个民办高校11个新增专业及专业方向收费最高线，要求各学校可根据情况适当下浮，幅度不限；规定各民办高校其他专业学费仍按现行收费标准执行；要求各民办高校认真做好教育收费公示工作，通过招生简章及设立公示栏、公示牌、公示墙等形式向社会公示收费项目、收费标准等相关内容。该规定自新学年起施行。

（张晓兰）

2011年民办高校
新增专业及专业方向
学费收费标准

（单位：学年/人）

北京邮电大学世纪学院
　软件工程　28000元
北京工业大学耿丹学院
　社会工作　18000元
北京工商大学嘉华学院
　财务与管理（CFA专业方向）
　　20000元
　广告学（策划与设计方向）
　　20000元
　保险（ASA方向）　20000元
　市场营销（CIM方向）　20000元
北京科技职业学院
　应用日语（业务流程外包服务方向）
　　8000元
　工程造价　8200元
　物流管理（中德物流师）
　　12000元
北京北大方正软件学院
　数字媒体技术　12800元

电视节目制作 16800元

（张晓兰）

【开展民办高校党建评估回查】 10月，市委教育工委开展民办高校党建和思想政治教育评估工作回查。回查采用进校实地考察、集中听取学校汇报、抽查等方式，检查学校党建评估后党的建设情况，并对学校党建工作提出具体、中肯、建设性指导意见，推动民办高校党建工作和学校创先争优活动的开展。此次共回查70所民办学校，结果显示大多数学校按照评估意见完成整改。

（闫彦斌）

【东城区培训民办学校校长】 12月14至15日，东城区教委召开民办学校校长培训会。培训会围绕民办教育内涵特色发展、依法办学政策解析、安全管理展开讨论，部署东城区2011年民办学校年检工作。会议表彰北京市翔宇中学、炳文培训学校、京水培训学校、学而思培训学校4所优质教育学校，表彰北京市东城区第二文化馆文化艺术培训学校、北京市民族教育培训学校2所特色学校和9名先进个人，宣布17所建校30年民办学校名单，印发《争做民办教育优质校》经验文集。市教委、东城区教委、中国民办教育协会有关领导和专家，以及东城区民办学校校长共计210人参加会议。

（陈月　李银姬）

【开展民办教育优质办学资源推介】 至年底，市教委通过建立新宣传机制开展民办教育优质办学资源推介工作。市教委建立北京民办教育信息员队伍，要求每所民办高校委派1名专门信息员负责民办教育宣传工作，收集、整理、撰写、报送本校信息材料。全市60所民办学校共委派信息员60人。市教委同时与现代教育报社合作推出“北京民办教育”专版，每两周一期，主要刊载区县及学校动态信息、教师或学生先进人物事迹、特色专业及教学、以案说法、新闻图片、重大事件报道。年内，共出版11期，35所民办高校发表报道85篇。

（闫彦斌）

民办高等学校

北京城市学院

【概　况】 2011年，北京城市学院占地面积75.10万平方米，建筑面积29.79万平方米，其中，产权建筑面积25.82万平方米、非产权建筑面积3.97万平方米。图书馆建筑面积1.42万平方米，藏有纸质图书119.40万册。固定资产总值58872.90万元，其中，教学、科研仪器设备总值10207.62万元。拥有多媒体教室座位17499个，计算机8122台。全年教育经费投入37441万元，其中，国家拨款1063万元、自筹经费36378万元。信息化设备资产总值5976.36万元，网络信息点1769个，校园网出口总带宽1154Mbps，电子邮件系统用户845个，上网课程65门，数字资源量15666.34GB，管理信息系统数据总量28.20GB。年度信息化经费投入732.15万元。拥有校内专业实训室74个，校外实训基地68个。设有10个学部（系），开设84个专业，其中，研究生1个、本科29个、专科54个。教职工1369人，其中，专任教师621人，包括教授30人，副教授160人。学校外聘教师1046人，包括教授54人、副教授267人。毕业7012人，其中，学历教育全日制普通本科生2729人、专科（高职）生3984人，成人教育本科生112人、专科生187人。招生6546人，其中，学历教育全日制普通本科生4381人、专科（高职）生1880人，成人教育本科生68人、专科生217人。全日制学历教育高考招生北京地区本科第二批次提档线理科429分、文科475分；本科第三批次提档线理科376分、文科423分。在校生20738人，其中，学历教育全日制普通本科生13159人、专科（高职）生7053人，成人教育本科生108人、专科生418人。网址：www.bcu.edu.cn。

（倪钰）

【中国信访与城市发展研究中心成立】 4月8日，城市学院中国信访与城市发展研究中心成立并揭牌。该中心与市政府信访办公室合作共建。中心利用学校多学科综合优势和高科技社会调查技术手段，结合学校社会舆情研究中心在信访研究方面的优势，通过理论与实证研究相结合的方式，重点研究中国信访和城市发展中的问题，为政府提供前瞻性的决策依据。教育部、国家信访局、市政府信访办领导，及该校教职工30人参加仪式。

（倪钰）

【刘林获五四奖章】 5月4日，城市学院党委书记、校长刘林获第15届“中国青年五四奖章”。“中国青年五四奖章”是由共青团中央、全国青联联合授予中国优秀青年的最高荣誉，旨在树立政治进步、品德高尚、贡献突出的优秀青年典型，1997年设立，2011年奖章获得者共25人。刘林，1972年生，教育学博士、教授，享受国务院政府特殊津贴专家。2009年1月任城市学院党委书记、校长，先后获得教育部全国招生工作先进工作者、全国就业工作先进工作者、北京市五四奖章、北京市优秀教师、全国优秀教育工作者称号。

（倪钰）

【开展两项校企合作】 6月和7月，

城市学院开展两项校企合作。6月27日，该校“浦发银行实验班”开班。该班与上海浦东发展银行合作共建，

旨在为银行培养具备较强业务实践能力和较高职业素养的应用型人才。该班面向在校二年级本科生择优选拔，独立设班，并实行淘汰制，学制一年。首期选拔 31 人。7 月 27 日，该校北京生物医药产业跨越发展工程（G20 工程）应用型人才培养基地揭牌。该基地由学校与 9 家生物医药企业合作，是 G20 工程定制培养学历班在企业的实训基地。G20 工程是市科委 2010 年重点工程，旨在促进北京生物医药产业发展，“G20 工程应用型人才培养”是 G20 工程子项目。

（倪钰）

【开展夏季海外实习实训】 6 至 9 月，城市学院开展夏季学期海外实习实训。其中，语言、公管、经管、信息、生物、城建、艺术学部学生 93 人赴美国参加带薪实习；语言、公管、经管学部师生 36 人赴英国参加为期 3 周语言文化游学；外语专业学生 33 人赴法国、德国、西班牙合作院校参加为期 4 周语言实训夏令营。

（倪钰）

【获批开展研究生教育】 10 月 17 日，城市学院获批开展社会工作硕士专业学位研究生教育。经有关主管部门推荐、专家评审，国务院学位委员会批准城市学院作为学士学位授予单位开展社会工作硕士专业学位研究生教育试点。根据试点要求，学校可根据国家统一招生安排，从本年 10 月起开展相关招生录取工作，首批计划招生 30 人。“服务国家特殊需求人才培养项目”——学士学位授予单位开展培养硕士专业学位研究生试点工作，是针对国家有关行业领域特殊需求的高层次专门人才，择需、择优、择急、择重安排少数办学水平较高、特色鲜明的高等学校，在一定时期内招生培养硕士专业学位研究生的人才培养项目；此次试点工作时间为 2012 年 7 月至 2017 年 7 月。

（倪钰）

【召开传统文化传承研讨会】 11 月 17 日，城市学院组织召开中华优秀传统文化传承与首都高等教育研讨会。研讨会以“中华优秀传统文化传承与首都高等教育发展”为主题，研讨高等教育在传承中华优秀传统文化中的责任、对策和做法，特别就高等教育在建设首都文化和传承传统文化中的作用交流探讨。会议由该校与北京市高等教育学会、石景山区委区政府共同主办。来自中国文联、市委宣传部、市文化局、石景山区委区政府、人民文学出版社、市文联的领导、专家学者 20 人参加会议。

（倪钰）

【外聘教师】 至年底，城市学院外聘

教师加强学校师资建设。学校聘请欧阳中石为终身名誉教授。欧阳中石，1928 年生，首都师范大学教授、博士生导师、博士后导师，全国政协委员，中央文史馆馆员、中国书法文化研究院名誉院长。学校聘请爱国者数码科技有限公司总裁兼董事长冯军等 77 人为学校首批社会导师，通过经验分享、名人讲堂、一带一等方式从思想品德、知识学习、实习实践等方面教育、指导学生。学校另聘请黄磊、姜武、王劲松等影视演员和导演共 7 人为表演学部客座教授和明星导师。

（倪钰）

【开展教育交流活动】 至年底，城市学院组织开展一系列教育交流活动。该校代表团应邀访问英国高等院校，与已签署合作协议的斯旺西大学（Swansea University）、诺桑比亚大学（Northumbria University）研究探讨新的合作专业和合作形式，接受斯旺西大学合作开展人文类硕士预科授权书；与瓦特大学（Heriot Watt University）、亚伯大学（Aberystwyth University）签署正式合作协议；与华威大学（The University of Warwick）、班戈大学（Bangor University）协商推进双方合作事宜。该校接待澳门理工学院、英国坎特伯雷大学、台湾私立教育事业协会、台湾私立学校文教协会、西班牙 Rovira1 Virgili 大学、日中教育文化振兴会等代表团来访。

（倪钰）

北京北大方正软件技术学院

【概　况】 2011 年，北京北大方正软件技术学院占地面积 38.6 万平方米，建筑面积 12.21 万平方米，其中，产权建筑面积 6.74 万平方米、非产权建筑面 5.47 万平方米。图书馆建筑面积 2050 平方米，藏有纸质图书 31.36 万册，电子图书 1200GB。固定资产总值 16785.86 万元，其中，教学、科研仪器设备总值 4050.27 万元。拥有多媒体教室座位 2928 个，教学用计算机 3127 台。全年教育经费投入 5499 万元，全部自筹。信息化设备资产 26.02 万元，网络信息点 3200 个，校园网出口总带宽 100Mbps，电子邮件系统用户 330 个。年度信息化经费投入 140.8 万元。拥有校内专业实训室 50 个，综合实训室 52 个，校外实训基地 31 个。设有 5 个系部和国际教育学院、软件工程分院，开设专业 25 个。教职工 315 人，其中，专职教师 246 人，包括教授 13 人、副教授 39 人。学校外聘教师 58 人，包括教授 7 人、副教授 11 人。毕业 1519 人，招生 747 人，在校生 3485 人。网址：www.pfc.edu.cn。

（赵晓婵）

【召开专业共建研讨会】 1 月 10 日和 6 月 23 日，北大方正软件学院分别与北京经济管理职业学院、方正集团召开专业共建研讨会。学校与北京经济管理职业学院探讨专业建设情况，并就 2011 年信息技术（IT）相关专业合作计划达成意向。根据意向，软件学院派教师到经职院讲授公开课；经职院派一个班的学生到该校数字媒体专业开展实训；两校合作开发教材。该校与方正集团相关负责人探讨经济管理系金融与证券专业建设问题。学校对金融与证券专业前期建设、企业调研情况向企业作说明；双方就共建专业指导委员会、共同修订培养方案、课程体系、共同开发课程、兼职教师聘用等方面达成共识。

（赵晓婵）

【与中职学校共建生源基地】 3月1日，北大方正软件学院与北京市求实职业学校签订优质生源基地建设合作协议并举办授牌仪式。根据协议，求

实职业学校成为该校首个职业院校生源基地，选拔和培养优秀学生进入北大方正软件学院；双方在招生咨询、人才培养等方面开展合作。两校校长、其他有关人员共16人参加授牌仪式。3月16日，学校另与北京市育园中学签约共建优质生源基地。

（赵晓婵）

【开设方正宽带订单班】　3月10日，北大方正软件学院与方正宽带网络技术有限公司达成协议共建网络技术专业订单式培养班。该订单班采用网络工程分院推荐、方正宽带择优录取的招生方式，由校企双方共同组织教学。该班学生在校学习一学期，由企业派遣电信宽带技术工程师讲授宽带运维技术等核心课程；完成在校课程后进入企业上岗实习1年，实习合格学生直接进入方正宽带运维中心等部门就业。至年底，该班共招生41人。

（赵晓婵）

【与通州税务局开展合作】　4月14日，

北大方正软件学院与通州区国家税务局、地方税务局举行基地授牌仪式。该校成为税务局税法宣传基地；通州区国家税务局第三税务所和地方税务局永乐店税务所成为学校校外实践基地，正式建立长期合作伙伴关系。自2009年以来，该校与通州国税三所和地税永乐店所合作开展大学生进所实岗实习项目。授牌仪式后，双方共同举办“税收你我他税法宣传进大学”活动。通州区国税局、地税局领导、工作人员，该校教师、学生共80人参加活动。

（赵晓婵）

【举办三网融合与网络优化竞赛】　5月8至9日，北大方正软件学院举办“方正杯”三网融合与网络优化竞赛。竞赛旨在检验高职培养对象在三网融合与网络优化等方面的职业能力。来自北大方正软件学院、北京工业职业技术学院、北京电子科技职业学院、北京信息职业技术学院4所院校的9支队伍，共54人参赛。经过角逐，该校获得第一名，并代表北京参加全国职业院校技能大赛。“方正杯”三网融合与网络优化竞赛是北京市职业技能大赛2011年新增分项赛，由市教委和方正集团主办，北大方正软件学院承办。

（赵晓婵）

【召开首届团代会和学代会】　6月15日，北大方正软件学院第一届团员代表大会暨第一届学生代表大会召开。大会听取并审议学代会和团代会第八届委员会工作报告；团学会通过差额选举方式选出第九届团学会委员11人。大会经过分组讨论，共整理通过提案3项，并针对学生日常学习生活中关注度较高的校园文娱活动、图书馆书籍扩增、学院内部兼职岗位增设等问题形成书面文件。学校领导与6个分院（系）150名代表参加大会。

（赵晓婵）

【成为自主创新人才孵化基地实习生选拔示范基地】　6月27日，北大方正软件学院成为企业自主创新人才孵化基地实习生选拔示范基地。根据规定，示范基地学校可选拔学生到各行业100强企业顶岗实习、就业。全国共30所院校获批成为实习生选拔示范基地。“企业自主创新人才孵化基地”是经国务院国有资产监督管理委员会批准，国家财政拨款，于2009年底由职业经理研究中心建成的创新人才孵化载体，本次在全国范围内建立实习生选拔基地，旨在丰富孵化基地的人才项目合作方式，帮助高校大学生获得企业实习、就业机会。

（赵晓婵）

【成立党校】　10月31日，中共北京北大方正软件技术学院委员会党校成立。成立大会上，学校党委书记宣读《中共方正集团党委关于成立中共北

京北大方正软件技术学院委员会党校的批复》。方正集团和学校领导、全体党员、入党积极分子、学生团员600人参加成立大会。12月23日，该校教学党总支委员会分党校成立。

（赵晓婵）

【成为北京高等教育自考主考院校】　12月8日，北大方正软件学院成为网络传媒设计专业（专科）高等教育自学考试主考院校。经学校申请、北京教育考试院批准，该校获得网络传媒设计专业（专科）高等教育自学考试主考院校资格，于2012年4月面向社会开考。根据规定，学院全面负责该专业的专业建设、人才培养、考试大纲制定、试卷命题等工作。

（赵晓婵）

【开展国际专业教育合作】　至年底，北大方正软件学院开展国际专业教育领域合作。9月27日，学校获得“2010年度全国优秀思科网络技术学院”称号。2003年，学校网络技术系与思科公司合作成立北大方正思科网络技术学院，引进先进实验设备，至年底，该网络技术学院共培养毕业生2000人。12月20日，学校成为谷歌（Google）大学合作项目安卓（Android）认证课程学校。学校接受Android人才培养示范基地和Android认证课程授牌，Google公司为学校提供教学资源，协助学校做好免费移动应用平台课程建设和人才培养工作。北京地区另有北京邮电大学、北京理工大学和北京工业大学共4所学校成为认证课程学校。

（赵晓婵）

北京经贸职业学院

【概　况】　2011年，北京经贸职业学院占地面积10.57万平方米，建筑

面积5.06万平方米。临时图书馆面积610平方米，藏有纸质图书23.5万册。固定资产总值13258.6万元，其中，教学、科研仪器设备总值787.7万元。拥有教学用计算机519台，多媒体教室37个。全年教育经费投入2432万元，其中，国家拨款84.3万元、自筹经费2347.7万元。信息化设备资产427.2万元，网络信息化点827个，校园网出口总带宽50Mbps，上网课程1门，管理信息系统数据总量2GB。年度信息化经费投入63万元。拥有校内专业实训室21个、综合实训室2个，校外实训基地31个。设5个系和1个综合教育学院，开设专业24个，其中，专科（高职）专业15个，非学历教育专业9个。教职工226人，其中，专任教师90人，包括教授10人、副教授24人。学校外聘教师47人，包括教授8人、副教授6人。毕业1453人，其中，学历教育全日制高职生1023人、非学历教育学生430人。招生801人，其中，学历教育全日制高职生685人、非学历教育学生116人。全日制学历高职教育招生北京地区提档线理科150分、文科150分。在校生2167人，其中，学历教育全日制普通高职生1948人、非学历教育学生219人。网址：www.csuedu.com。

（张舒拉）

【与台湾高校签订交流协议】 9月19日，经贸职院与台湾德明财经科技大学签订《学生交流协议书》。根据协议，两校互派学生跟班学习、互认学分。双方首批各派10名国际贸易实务专业学生跟班学习一学期。

（张舒拉）

【开展校企合作】 10月13日，经贸职院与北京时代天华传播有限公司签订合作协议并举行校企合作授牌仪式。根据协议，学校建立“时代天华影视动画高端人才培养基地”；聘请5名企业专业技术人员担任艺术设计专业建设顾问，参与制订教学计划，担任授课教师和校外辅导员。企业建立“经贸职业学院艺术设计系学生实习实训基地”，为学生提供实习实训岗位。该校和企业相关人员18人参加仪式。

（张舒拉）

【举办首届职业生涯规划大赛】 10月24日，经贸职院举办第一届大学生职业生涯规划大赛。大赛以“重规划，讲实践”的职业理念为主题，要求学生把职业规划方案及实施办法以讲演的形式进行展示。经过初选、复赛、决赛，最终评出一等奖1人、二等奖2人、三等奖3人。该校学生120人参赛，12人进入决赛。

（张舒拉）

【举办首届计算机基础技能大赛】 11月30日，经贸职院举办第一届计算机基础技能大赛。大赛采取笔试和上机操作的形式，主要考察英特网、办公自动化及日常维护的基础知识和上机操作能力。经过初赛、复赛、决赛，最终评出冠亚季军各1人、优秀奖4人。该校学生170人参赛。

（张舒拉）

北京经济技术职业学院

【概　况】 2011年，北京经济技术职业学院占地面积22.37万平方米，建筑面积9.28万平方米，其中，产权建筑面积8.65万平方米、非产权建筑面积0.63万平方米。图书馆建筑面积2917平方米，藏有纸质图书22万册、电子图书1200GB。固定资产总值15956万元，其中，教学、科研仪器设备总值1335万元。拥有多媒体教室座位3500个，计算机922台。全年教育经费投入3130万元，全部自筹。网络信息点100个，校园网出口总带宽10Mbps，电子邮件系统用户200个，数字资源量2000GB，管理信息系统数据总量2000GB。年度信息化经费投入7万元。拥有校内实验室40个，校内综合实习实训基地40个，校外综合实习实训基地65个。设有8个院系、2个教学部。开设18个专业。教职工215人，其中，专任教师108人，包括教授20人、副教授21人。学校外聘教师45人，包括教授7人、副教授10人。毕业1336人，招生428人，在校生2515人。网址：www.tangedu.cn。

（郭倩倩）

【施行“一三六素养教育”】 5月25日，经济职院金融、会计系施行“一三六素养教育”。该教育模式围绕“育人为本，德育为先”办学理念，目的是把社会主义核心价值观和金融、会计优秀传统文化融入人才培养全过程、建立学生素养教育体系、提升学生工作水平。内容主要包括一个中心、三大主题、六个模块。其中，“一个中心”是指全程以提高教学质量为中心。“三大主题”是指大一以《弟子规》教育为切入点，开展“树爱心、讲诚信、知感恩、负责任”的做人教育；大二以《会计文化》、《金融文化》为切入点，开展“善传承、讲严谨、能创新”的做学问教育；大三以《财经法规与职业道德》、《就业指导》为切入点，开展“讲认真、守规矩、重效率”的做事教育。“六个模块”是指学校分别围绕三大主题，每年共开展六项活动。

（郭倩倩）

【音乐表演课程创新考试形式】 6月27日，经济职院基础教育系《音乐表演》课程期末考试以汇报演出形式举行。该考试要求学生按照教师设定的考试题目，通过舞蹈、歌曲等形式表达主题，邀请学院、各系部领导和部分学生按照课程考核标准现场打分。该班18名学生参加考试，其中，优秀8人、良好6人、及格4人。《音乐表演》课是该校学前英语教育方向专业教学改革的重点课程。该课程把音乐、器乐、舞蹈、形体、礼仪、表演课程融为一体，旨在培养能歌善舞、能编会演、具有较高艺术修养的高素质幼儿英语教师。

（郭倩倩）

【开展校企合作】 11月6日，经济职院与中石油华油集团阳光国际公司签订校企战略合作框架协议。根据协议，双方整合各自优势资源，开展紧密型、多方位校企间互助合作；经济职院成为阳光国际国内优秀人才储备基地。至年底，经济职院学生10人参加中石油海外实习、就业项目；学校举办“首届服务培训师”训导班，为阳光国际培训人员30人。

（郭倩倩）

北京汇佳职业学院

【概　况】 2011年，北京汇佳职业学院占地面积24.48万平方米、建筑面积8.42万平方米，全部为产权建筑面积。图书馆建筑面积1.15万平方米，藏有纸质图书27.53万册、电子图书24.3万册。固定资产总值5508.43万元，其中，教学、科研仪器设备总值1627.03万元。拥有多媒体教室30个、座位4853个，计算机704台。全年教育经费投入4758万元，其中，自筹经费4328万元、市政府民办教育引导性资金拨款430万元。信息化设备资产500.7万元，网络信息点数400个，校园网出口总带宽100Mbps。年度信息化经费投入150.75万元。拥有校内实训室16个，校外实训室30个。设有7个系部，开设11个专业、18个专业方向。教职工255人，其中，专任教师102人，包括教授15人、副教授23人。学校外聘教师180人。毕业1516人，招生1132人，在校生3420人。网址：www.hju.net.cn。

（李旭昌）

【开展主题大讨论活动】 1月4至19日，汇佳职院开展“突围、发展”大讨论活动。活动以“开源、挖潜、节流、创收”为主题，探讨生源结构性下降给学院发展带来的不利影响，积极寻求困境中发展的新途径、好点子。活动分为学习讨论，建言献策，完善措施、制订方案，交流提升、确定方案4个阶段，共收到教职工针对教学科研、学生管理、人才队伍建设、招生就业、节流创收5个方面的建议对策842条，经过梳理、论证，采纳43条。

（李旭昌）

【召开课程教学设计汇报会】 2月22至24日，汇佳职院召开课程设计汇报会。会议设教师汇报、教案检查和全院汇报3个环节，按系分组，要求教师从总体设计分析、内容与标准、教学过程设计、教学对象分析、课程教学资源组织、学习评价与考核设计、改革思路7个方面汇报课程设计情况。该校教师12人参加汇报。

（李旭昌）

【举办系列校园活动】 3至11月，汇佳

职院分别举办体育节、艺术节、动漫节。3月15日至5月5日，该校举办第四届“阳光青春”体育节，组织篮球联赛、足球联赛、广播体操比赛、健美、健身操、趣味运动会和学院教职工高尔夫趣味赛，该校师生4000人次参加活动。4月26日至5月25日，该校举办第四届艺术节，以“绽放青春，放飞理想”为主题，举办皮影戏欣赏、宿舍文化大赛、学前教育专业5项技能赛等共14项活动，该校学生5000人次参加活动。9月28日至11月28日，该校举办第四届动漫节，以“放飞理想、激励创新”为主题，组织动画作品展、动漫知识大赛、动漫教育论坛等13项活动。北京6所高校、4家动漫企业10名专家学者及该校师生800人参加活动。

（李旭昌）

【开展计算机技能比武】 5月30日，汇佳职院开展第二届计算机技能比武。比赛内容包括计算机基础知识、办公软件（Office）应用、计算机组装与维护、网络基础、信息安全基础、常用工具软件的使用，设置必答、抢答、操作三个环节。来自计算机系的9支代表队共27人参赛。经过角逐，评出一二三等奖各1个。

（李旭昌）

【成为高尔夫球童培训基地】 10月27日，汇佳职院成为人社部教育培训中心“高尔夫球童”培训基地。该培训基地由人社部教育培训中心批准成立，依托学校“体育服务与管理专业群”的培训教学资源，主要开展高尔夫球童岗位资格培训项目。按照规定，通过该基地培训且考核合格的学员，可获得人社部高尔夫球童岗位资格证书。至年底，该中心共培训学员42人。

（李旭昌）

【开展禁烟活动】 至年底，汇佳职院开展公共场所禁止吸烟活动。学校通过明确禁烟目标和责任的方式，积极开展禁烟宣传。该校举办禁烟讲座8次，成立20人参加的禁烟督导队，引导帮助30人成功戒烟，校园禁烟区域达90%。在两次市控烟联合检查组控烟工作督导检查和控烟效果评估中获得100分。

（李旭昌）

北京科技经营管理学院

【概　况】 2011年，北京科技经营管理学院占地面积22万平方米、建筑面积18.2万平方米。图书馆建筑面积4500平方米，藏有纸质图书58.8万册、电子图书8GB。固定资产总值55061万元，其中，教学、科研仪器设备总值3135万元。拥有多媒体教室73个，教学用计算机2801台。全年教育经费投入7809.8万元，全部自筹。信息化设备资产1382万元，网络信息点1215个，电子邮件系统用户1个，上网课程8门，数字资源量12GB，管理信息系统数据总量19.5GB。年度信息化经费投入125.3万元。拥有校内专业实训室28个、综合实训室22个，校外实训基地33个。设有7个院系，开设21个专业。教职工520人，其中，专任教师152人，包括教授25人、副教授46人。学校外聘教师450人，包括教授50人、副教授84人。毕业2657人，其中，学历教育全日制专科（高职）生1338人，非学历教育学生1319人。招生956人，其中，学历教育全日制专科（高职）生721人，非学历教育学生235人。全日制学历教育招生北京地区提档线理科150分、文科150分。在校生6485人，其中，学历教育全日制普通专科（高职）生3151人，非学历教育学生3334人。网址：www.bjjsy1985.cn。

（赵彦平）

【修订《教学管理规章制度汇编》】 10月18日，科技经营管理学院修订完善《教学管理规章制度汇编》。此次修订工作以教育部和市教委历年文件要求为依据，结合学校实际，修订《大学英语教学总体规划》、《学籍管理规定》、《学籍管理操作规程》、《教师管理办法》4个文件；增加《教研室工作条例》、《优秀教学成果奖励办法》2个文件。该校《教学管理规章制度汇编》于2010审定，共包括8类学校规范文件。

（王德荣）

【开展结核病防控工作】 12月22日，科技经营管理学院连续三年获评昌平区结核病防控工作先进单位。该院从2009年开始，成立结核病防控工作领导小组；制定学校《传染病防控预案》、《传染病疫情监测制度》、《结核病应急预案》、《新生结核病监测工作方案》、《新生入学体检工作方案》、《结核菌素试验强反应学生预防性治疗管理办法》6个文件并收入《学生工作制度汇编》；采取动员发动、规范监测、严格程序、监督核对等方法，累计对7814名学生开展结核病监测。

（王德荣）

【教师学生参加比赛获奖】 至年底，科技经营管理学院学生参加全国比赛获奖。在"达利杯"2011全国第四届高职高专院（校）师生服装设计技能大赛中，该校教师陈静作品《月半弯》、学生彭贺冲作品《化蝶》分别获得教师组铜奖和学生组优秀效果图奖。在2011年全国高职高专大学生企业经营管理沙盘模拟大赛中，该校代表队获团体优胜奖。在全国商科院校技能大赛品牌策划专业技能大赛总决赛中，该校5名学生获高职高专组三等奖。

（王德荣）

北京吉利大学

【概　况】 2011年，北京吉利大学占地面积88.65万平方米，建筑面积43.66万平方米。图书馆建筑面积2.23万平方米，藏有纸质图书63.1万册、电子图书15万册。固定资产总值66676.39万元，其中，教学、科研仪器设备总值6492.1万元。拥有多媒体教室座位17291个，计算机3833台。全年教育经费投入7191万元，其中，国家拨款126.8万元、自筹经费7064.2万元。信息化设备资产199.25万元，网络信息点21420个，校园网出口总带宽802Mbps，电子邮件系统用户1125个，上网课程317门，数字资源量750GB，管理信息系统数据总量115GB。年度信息化经费投入1561万元。拥有校内专业实训室186个、综合实训室7个，校外实训基地140个。设有15个院，开设29个专业。教职工1145人，其中，专任教师518人，包括教授39人、副教授76人。学校外聘教师129人，包括教授12人、副教授29人。毕业5362人，其中，学历教育全日制专科（高职）1865人，非学历教育学生3497人；招生4587人，其中，学历教育全日制普通专科（高职）生1861人，非学历教育学生2726人。全日制学历教育高考招生北京地区提档线理科150分、文科150分。在校生17172人，其中，学历教育全日制普通专科（高职）生5273人，非学历教育学生11899人。网址：www.bgu.edu.cn。

（张广玖）

【成立教学评审专家团】 1月7日，吉利大学成立教学评审专家团。专家团主要负责学校专业标准与课程体系评审、教师教学能力测评、课程鉴定和其他教学有关工作，成员由学校领导、学科带头人、骨干教师和有关职能部门专家组成。专家团首批聘任51人，任期两年。

（李华平　张广玖）

【开展课程体系改革工作】 3至7月，吉利大学开展课程体系改革工作。此次改革主要目的是使学校课程体系更加适应高级应用型、技能型人才培养的需要。各专业课题组按照学校《关于"能力目标项目化"课程改革的指导性意见》、《专业课程体系改革工作规程》要求，通过职业岗位流程为导向的模块化课程解构方式完成各项课题改革任务。改革共分3批，调整课程体系69项。

（李华平　张广玖）

【开展项目化课程设计教学改革】 3至12月，吉利大学开展"项目化课程设计"教学改革。"项目化课程设计"要求教师从课程入手，明确岗位能力目标，以工作任务为载体，围绕项目整合对应知识，进行真实的项目化教学；要求实现课程从"以知识传授为主"到"以能力培养为主"、"以教师为中心"到"以学生为中心"、"以讲授为主"到"以项目训练为主"的3个转变。改革过程中，该校举办系列培训会，组织教师系统学习应用型大学的课程观念和课程评价标准、项目化课程"就业导向、能力目标、项目训练、学生中心"的设计原则；开展课程设计演示互评会，组织每名教师做两次以上的课程设计演示，并通过点评、互评等方式掌握项目化课程设计技能；组织开展项目化教学能力测评，测评教师课程定位、课程能力目标、课程能力训练项目情景和过程等26项。年内，该校139门课程完成项目化课程设计改革。

（李华平　张广玖）

【与万科集团签订定向培养协议】 6

月2日，吉利大学万科物业学院与北京万科物业服务有限公司签订定向培养学生合作协议。根据协议，万科集团分布在全国各地的物业公司作为北京万科的关联公司，全部列入学校物业管理、楼宇智能化管理专业学生的

定向就业单位；该校学生毕业前接受校企双方的评估考核，合格后直接进入企业实习就业。该校万科物业学院成立于2010年，是万科集团与吉利集团战略合作框架下的校企合作项目，开设物业管理、物业管理与经营、楼宇智能化管理3个专业，包括2个定向班。

（张广玖　励荆晶）

【举办全国大学生创业大赛】　6月8日

至9月2日，吉利大学举办“吉利杯”全国大学生创业大赛。比赛以鼓励与扶持大学生自主创业，帮助大学生实现创业梦想为宗旨。参赛项目网上递交申请，通过网友和专家在线投票入围正式比赛。经过评审专家三轮投票，前10名进入决赛。决赛经过面试、辅导、创业可行性论证后，最终评选出一等奖1名，奖金10万元；二等奖3名，奖金5万元；三等奖6名，奖金2万元。共有来自全国的26个大学生团队共700余个项目参赛。比赛由吉利大学与腾讯网等媒体共同主办，吉利大学学生创业基金提供资金支持。

（张广玖　段岚）

【推行学生工作导师制】　6月14日，吉利大学召开“导师制”试点工作经验总结暨全校试行启动大会。会议颁布《关于在全校试行“导师制”学生教育模式的决定》，宣布在试行工作的基础上，推行学生工作导师制。“学生工作导师制”就是在专职辅导员的基础上，以一、二年级学生为主，按学生比例配备导师，对学生进行全程对接式教育指导。具体教育指导内容包括思想教育、专业学习辅导、职业生涯规划等。9月，学校聘任教师200人成为首批2011级新生导师。

（张广玖　宁霄）

【举办辅导员班级建设体验营】　7月11至13日，吉利大学举办辅导员班级建设体验营活动。体验营通过指导讲座，体验式项目培训、讨论、汇报等方式组织辅导员开展互动交流，掌握引导和促进班级团队建设、帮助学生认识自我、规划人生的方法和技巧。全校200名辅导员参加学习。

（张广玖　宁霄）

【举办“小荷成长训练营”】　8月16至30日，吉利大学举办2011级新生“小荷成长训练营”。该训练营共分6期，每期5天。通过故事讲述、游戏活动、自我展示、团队任务等方式，培养学生在责任感、团队协作意识等方面素质。该校新生4500人参加训练营。“小荷成长训练营”是吉利大学素质教育特色课程，2010年设立，已开设12期，培训9600人次。

（张广玖　励荆晶）

【接受吉利汽车研究院捐赠】　9月22

日，吉利大学接受吉利汽车研究院捐赠。捐赠物品为10台教学车，总值47.4万元。学校与吉利汽车研究院于2009年签订校企合作框架协议，双方开展高素质汽车产业人才培养合作，至2011年，学校向吉利汽车研究院培养输送学生134人。

（励荆晶　张广玖）

【启用网络办公平台】　11月1日，吉利大学启用网络办公平台。该平台设置我的工作、文档管理、吉利办公、知识管理、表单管理、机构管理、邮箱功能模块，用户可登陆学校网页主界面通过用户名和密码进入该平台。该平台于5月始在全校范围内试运行。

（张广玖　段岚）

北京科技职业学院

【概　况】　2011年，北京科技职业学院占地面积191.8万平方米，建筑面积74.6万平方米，全部为产权建筑面积。图书馆建筑面积4.6万平方米，藏有纸质图书105.6万册、电子图书65万册。固定资产总值159855.60万元，其中，教学、科研仪器设备总值17836.5万元。拥有多媒体教室座位850个，计算机3900台。全年教育经费投入10108.2万元，全部自筹。信息化设备资产1400万元，网络信息点4380个，校园网出口总带宽400Mbps，电子邮件系统用户762个，上网课程4门，数字资源4814.29GB，管理信息系统数据总量1590GB。年度信息化经费投入103万元。拥有校内专业实训室142个，综合实训室18个，校外实训基地112个。设有9个二级学院，开设52个专科专业。教职工886人，其中，专任教师371人，包括教授21人、副教授132人。学校外聘教师113人，包括教授33人，副教授55人。毕业4755人，其中，学历教育全日制专科（高职）生818人，非学历教育学生3937人。招生1438人，其中，学历教育全日制普通专科（高职）生747人，非学历教育学生691人。全日制学历教育高考招生北京地区提档线理科150分、文科150分。在校生12056人，其中，学历教育全日制普通专科（高职）生2968人，非学历教育学生9088人。网址：www.5aaa.com。

（树玉森　王枫　李爱东）

【试行课程模块叠加式教学】　3月4日，北科院在汽车工程学院2010级“北京现代班”试行课程模块叠加式特色教学。该教学模式要求课程按“先基础课，后专业基础课、专业课加实习实训课”进度设计，体现课程之间循序渐进、相互联系、承上启下特色；要求实行弹性课时制，可根据教学目的和效果对某一模块教学增减课时；要求每两个模块教学任务完成后有一次书面和实操考试，引导学生前后知识融会并掌握；毕业以综合答辩和抽题技能测试的方式评定成绩。“北京现代班”是学校与北京现代汽车公司共建的校企合作班，学制3年，应授课程13门，学校与企业合作设计教学模块14个。

（树玉森　李爱东）

【合作共建基地校工作启动】　3月16日，北科院合作共建基地校工作全面启动。共建基地校工作首先考虑有条件、有合作需求，且在近 10 年与该校有生源合作基础的中专、中技和职业高中。该校与共建基地校商定，在各基地校建设一至两个中职（技）专班，毕业后对口转入北科院进行高职阶段学习；北科院义务帮助基地校专班开展专业教材编写和师资培训；北科院向基地校提供有关计算机等教学设备材料。截至 10 月，该校与河北、河南、山西等省的 84 个学校签约共建，其中，首批签约 15 个、第二批 28 个、第三批 41 个。

（树玉森　李爱东）

【制定专业培养方案】　3 月 26 日，北科院制订《2011 级各专业培养方案》。新方案对学历教育与非学历教育学生实施有区分度培养，分班授课。方案要求，对学历教育生严格按照国家规定专业大纲、专业教育计划要求，开全开足课程，满足实习实训课时，加强质量检测和教育特色项目探索；对非学历教育生引进“就业学程”加以改造，结合自考助学，实现“文凭＋技能”的培养目标。新方案实施后，经民主测评，满意度达89.6%。

（树玉森　李爱东）

【人才园建成并投入使用】　4 月 15 日，北科院人才园建成并投入使用。人才园占地面积 6960 平方米、建筑面积 1325 平方米，主要承担校内培训和继续教育任务，提供校外一站式培训取证等外包服务和北京市会计类初、中、高级职称考试场地签约服务。至年底，人才园承接各类培训项目 7 个，培训人员 2300 人次。

（树玉森　李爱东）

【建立考试质量标准】　4 月 30 日，北科院公布《学历教育生与非学历教育生考试试卷质量控制制度与考试考核质量标准》。标准要求学历教育考试命题以教学大纲为准绳，覆盖面须达到授课内容 70%～80%，并做到难度、题量适中，符合学生学习实际；要求任课教师设计好所授课程的考试考核方案，把课程参与、平时作业、平时训练、平时测查、期中测验、期末测验以及历次实习实训课技能考试考核成绩纳入课程成绩测算评定范围，并依据不同课程的学习目标确定对动脑动手要求的权重，综合考评本专业学习结业成绩。非学历教育考试自选课程实行开卷与闭卷相结合的方式，基础课程以作业完成情况来测定所得成绩。

（树玉森　周瑛）

【开展就业学程教学观摩】　7月29日，

北科院开展两岸“就业学程”教学体系实施观摩活动。该校物流学院、现代管理学院 4 名教师进行现场教学展示，邀请台湾大叶大学、明道大学、兴国管理学院 3 所私立高等学校教学工作负责人及教师共 13 人实地观摩，并与北科院教师就一年来共同实施“就业学程”教育体系的情况座谈交流。“就业学程”是 2003 年由台湾教育家与企业家共同提出的职技教育理念，主要实现“企业在大学，校园有职场”的人才订单式培养模式，旨在构建“知识＋态度＋技能＋创业”4 种能力课程体系。2010 年，北科院与 3 所大学达成“就业学程教学体系”共同实验框架意见。

（树玉森　李爱东）

【确定校园十八景】　8月16日，北科院

树立校园十八景铜牌标识。十八景由该校通过校内外专家共同评议定名，包括李昭树、鞠躬山、博雅湖、定音台、木铎楼、千方桥、大跃进墙、紫藤长廊、K 式校门楼、绿岛衣带渠、奥运梦之馆、醒石、百花岭、榆树沟元代山庄遗址、挂剑孔子像、北京奥运闭幕式彩排观摩台、校训墙、中韩校长共立励志碑。每个景点铜牌标识包含名称、由来、特色等内容。

（树玉森　李爱东）

【实施缩编减员人事方案】　9 至 11 月，北科院实施“瘦基层、简中层、精高层”缩编减员人事方案。该方案按照国家规定生师（含员工）比配标准，分三步实施。第一步，完成职能相近岗位合并，通过分管领导与群众评议，实现基层教职员工与工勤人员定员入岗；第二步，设定宽域职能，合并相关处室，减少在岗人员编制，让中层管理人员通过述职竞争上岗；第三步，高层管理班子实行专业能力、管理水平、年龄、性格最佳选配原则，统筹提出合理聘用框架意见。调整后，该校党政机构由 13 个减至 9 个，行政教辅及工勤人员由 1538 人减至 515 人，专职教师控制在 370 人左右，中层干部减少 38 人，领导班子成员由 7 人减为 5 人。调整中，对符合条件又有个人意愿的被精简人员，可安排在学校人才园二次就业。

（树玉森　李爱东）

【实行大学生社团活动状况评估】　11 月 19 日，北科院开展大学生社团活动状况评估。评估通过听取各社团自评汇报、查阅活动文字图片以及走访座谈等形式，评出社团活动一、二、三等奖。至年底，该校大学生社团有 26 个，开展科技文化、社会实践以及志愿服务等公益活动 150 余次，参与人数 9000 人次。

（树玉森　于祥）

北京培黎职业学院

【概　况】　2011 年，北京培黎职业学院占地面积 49.09 万平方米，建筑面积 9.27 万平方米，其中，产权建筑面积 8.91 万平方米、非产权建筑面积 0.36 万平方米。图书馆建筑面积 8400 平方米，藏有纸质图书 27.40 万册，电子图书 18.08GB。固定资产总值 5522.66 万元，其中，教学、科研仪器设备总值 1801.96 万元。拥有多媒体教室 51 个，教学用计算机 1658 台。全年教育经费投入 4685.06 万元，其中，国家拨款 359.68 万元、自筹经费

4325.38万元。信息化设备资产144万元，网络信息点2000个，校园网出口总带宽120Mbps，数字资源量18.08GB，管理信息系统数据总量38GB。年度信息化经费投入114.54万元。拥有校内专业实训室36个、综合实训室6个，校外实训基地42个。设有7个系，开设17个专科（高职）专业、21个自学考试专业。教职工395人，包括专任教师170人，拥有高级专业技术职务76人；行政人员152人，拥有高级专业技术职务10人；学校外聘教师62人，拥有高级专业技术职务21人。毕业1265人，其中，学历教育全日制普通专科（高职）生947人，非学历教育学生318人。招生1020人，其中，学历教育全日制普通专科（高职）生935人，非学历教育学生85人。在校生3858人，其中，学历教育全日制普通专科(高职)生3018人，非学历教育学生840人。网址：www.bjpldx.edu.cn。

（武心连）

【专业教材建设取得成绩】 2月，培黎职院教师刘中编写的专业教材《Lightroom2专业数码暗房从入门到精通》获第二届广播影视类百部（篇）工程评选活动三等奖。该教材是国内第一本图像处理软件（Lightroom2）中文版教材，介绍奥多比（ADOBE）公司Adobe Photoshop Lightroom2软件中文版使用方法、应用技巧和专业数码暗房知识。

（马子华　郭岱光）

【恢复参加高职院校自主招生】 3月11日，培黎职院经市教委批准恢复参加北京高职院校自主招生。该校共设金融与证券、商务英语、市场营销、旅游管理、计算机应用技术5个自主招生专业方向。经过报名、确认、笔试、面试等程序，共录取新生230人。培黎职院2006年首次获得自主招生资格。

（赵小林）

【完成年度教师职务评聘工作】 6月27日，培黎职院完成2011年教师专业技术职务校内评聘工作。该校按照《职务评审规定》，经个人申报，院系推荐，教务处、人事处复核，综合学科专家组评议，院评聘委员会审定、公示，共5人通过教师职务评审，其中，副教授3人、讲师2人。该校共6人申请晋升专业技术职务，其中，申报副教授4人、讲师2人。

（王颖）

【签订3项合作协议】 9至12月，培黎职院分别与新中友好协会、加拿大蒙特利尔英语教育局、工信部“国家信息化计算机教育认证（CEAC）”信息化培训认证管理办公室签订合作协议。根据协议，该校与新中友好协会在与新西兰高校学术交流、教师互访学习、青年学生交流等方面开展合作；与加拿大蒙特利尔英语教育局开展职业教育培训方面合作；与工信部CEAC信息化培训认证管理办公室在公共计算机技能实训、专业技能实训等方面展开合作，共同探索人才培养新模式。

（王丽薇　李伟丽）

【开展专业模拟法庭演练】 11月10日，培黎职院法律事务专业2009级高职班开展专业模拟法庭演练。演练通过学生选取案例，分成原告组、被告组、综合组展现民事、刑事庭审过程、诉讼审判过程等仿真程序，促进理论知识学习。该校学生92人参加演练。

（郭岱光）

【3个项目获资助】 至12月，培黎职院春蕾班贫困女生就业培训项目、会计（ERP软件实施与服务）专业、法律服务进社区项目获公共资金资助。其中，“2011级春蕾班贫困女生就业培训（第一年）”项目经市民办教育协会初审、专家评审，由市社工委批准入选政府购买民生服务项目，获得公共财政资助资金5万元。学校2011级春蕾班招收品学兼优、家境贫困女生共37人，学校为每人提供学费6000元。会计（ERP软件实施与服务）专业成为市民办教育促进性项目重点专业建设项目，获得建设资金45万元用于学校实训室软件建设。法律服务进社区项目是市民政局政府购买社会组织服务公益服务项目，获资助资金4万元，用于该校在海淀区东升乡八家村和清河地区开展社区法律服务咨询活动。

（郭岱光　刘乐山　李伟丽）

【开展专业建设】 至年底，培黎职院采取措施开展专业建设。3月，学校确定会计、电脑艺术设计两个专业为院级重点建设专业，从师资队伍、基本办学条件等方面给予支持。11月，学校根据《关于申报2011年度院教育教学改革和精品课程建设立项的通知》要求，经过教师申报、系处推荐、教务处审核、专家评审组评议、修改项目内容、专家审定，评出重点建设教育教学改革项目10项、一般建设教育教学改革项目9项、鼓励建设教育教学改革项目3项、精品课程建设项目3项。

（王颖）

北京新圆明职业学院

【概　况】 2011年，北京新圆明职业学院占地面积11.13万平方米，建筑面积4.97万平方米，其中，产权建筑面积4.47万平方米、非产权建筑面积0.5万平方米。图书馆建筑面积1079平方米，藏有纸质图书9.12万册、电子图书300GB。固定资产总值3695万元，其中，教学、科研仪器设备总值820.15万元。拥有多媒体教室9个，教学用计算机816台。全年教育经费投入312万元，其中，国家拨款80.08万元、自筹经费231.92万元。信息化设备资产542.90万元，网络信息点数15个，校园网出口总带宽10Mbps，电子邮件系统用户10个，上网课程6门，数字资源量500GB，管理信息系统数据总量200GB。拥有实验、实习和实训室14个，语音室3个，包括数字语音室1个。设有4个系和2个教学部，开设10个专科专业。教职工172人，其中，专职教师83人，包括教授13人、副教授5人。学校外聘教师3人。学历教育全日制普通专科（高职）毕业生354人；招生118人，全日制学历教育高考招生北京地区提档线理科150分、文科150分；在校生973人。网址：www.ymyu.com。

（毛亚玲　陈海霞）

【改变顶岗实习考查模式】 3月7日，新圆明职院在毕业生顶岗实习动员大会中宣布改变顶岗实习考查模式。新模式改变原有单纯通过实习报告考核的模式，要求教师对学生实习总结报告以答辩形式抽查，通过答辩学生可获得毕业证书。新学年 350 名学生参加顶岗实习，为期 3 个月。

（宋丽萍　陈海霞）

【举办建党 90 周年纪念活动】　6 月 15 日和 7 月 1 日，新圆明职院分别举办庆祝中国共产党建党 90 周年红歌会和《江山多娇·民族团结》大型书画展。其中，红歌会由行政党支部、文化艺术系党支部、计算机系党支部、经济管理系党支部师生表演《十送红军》、《闪闪的红星》等歌曲。该校教师、学生 500 人参加活动。《江山多娇·民族团结》大型书画展在民族文化宫举行，展出沈鹏、欧阳中石、陈昔未等书画家作品 150 幅，为期 5 天。书画展由该校与民建中央画院、北京网信网络科技有限公司等单位联合主办，共接待观众 1 万人次。

（冯伯宁　郭竞舟）

【举办高职教育思想学习研讨班】　8 月 22 至 27 日，新圆明职院举办 2011 年高职教育思想学习研讨班。研讨班组织该校教师学习高职教育理论知识、高职教育政策文件，邀请来自北京教育学院教育专家就高职教育问题举办专题讲座。该校教师 100 人参加研讨班学习。

（冯伯宁）

首都师范大学科德学院

【概　况】　2011 年，首都师范大学科德学院占地面积 28.27 万平方米，建筑面积 19.24 万平方米。图书馆建筑面积 1.5 万平方米，藏有纸质图书 54 万册、电子图书 5000GB。固定资产总值 40498.68 万元，其中，教学、科研仪器设备总值 3730 万元。拥有多媒体教室座位 6492 个，计算机 1144 台。全年教育经费投入 22121.99 万元。信息化设备资产 678.55 万元。年度信息化经费投入 84.1 万元，网络信息点 8000 个，校园网出口总带宽 280Mbps。拥有校内实训室 34 个，校外实训基地 34 个。设有 4 个学院，开设本科专业 18 个。教职工 380 人，其中，专任教师 238 人，包括教授 35 人、副教授 64 人。学校外聘教师 58 人，包括教授 9 人、副教授 11 人。毕业生 1147 人。招生 1201 人，全日制学历教育高考招生北京地区提档线普通理科 376 分、文科 423 分，艺术理科 282 分、文科 312 分。在校生 4710 人。网址：www.kdcnu.com。

（张娜）

【开展校企合作】　1 月和 7 月，科德学院分别与中国青年网、东华软件股份公司签约共建人才基地。根据协议，企业成为学校学生实习实训基地，协助学校完成实习教学任务；学校为企业输送相关专业优秀毕业生，并根据企业要求提供咨询服务和人员培训。项目合作期 3 年。

（张娜）

【接待荷兰师生访问团】　4 月 13 日，科德学院接待荷兰欧洲港商学院（Euro Port Business School）访问团。访问团由港商学院院长、教师、学生共 40 人组成。访问团参观校园环境和教学设施，听取学校办学特色和国外教学实习实践活动介绍。该校邀请港商学院院长就欧洲商务教学实例、荷兰教育概况等内容作专题讲座。该校教师、学生共 10 人参加接待活动。本年，该校分别接待英国伯恩茅斯大学、美国内布拉斯加州立大学、纽约德门学院、澳大利亚埃迪斯科文大学、韩国东国大学代表团访问。

（王欢）

【举办名师专题讲座】　5 月 11 日和 12 月 29 日，科德学院分别举办两场名师专题讲座。该校邀请华中科技大学教授赵炬明围绕“给教学型本科高校的建议”和“关于学院制”作专题讲座，讲述“什么是教学型高校”、“教学改革”、“学生工作”、“教师管理”、“学院制设计”、“决策科学化”。该校全体教师参加讲座。学校邀请北京大学国际 MBA 美方院长杨壮作题为《职业生涯与幸福感》专题讲座，通过实例、调查研究结论，诠释个人价值观与兴趣对自身发展重要作用。该校师生 300 人参加讲座。

（王欢）

【举办毕业生双选会】　10月21日，科德学院举办毕业生双选会。双选会面向2012届毕业生，邀请北京地区70家企业参加。企业共提供就业岗位 1700 个，涵盖传媒、金融、计算机等行业。

双选会共收到简历 3909 份，达成就业意向 265 个，57 人签订就业协议。该校毕业生 900 人次参加双选会。

（王欢）

北京工商大学嘉华学院

【概　况】　2011 年，北京工商大学嘉华学院占地面积 20 余万平方米，建筑面积 10 余万平方米。图书馆建筑面积 1800 平方米，藏有纸质图书 39.38 万册，电子图书 400 余万册。固定资产总值 6987 万元，其中，教学、科研仪器设备总值 2564.20 万元。拥有多媒体教室 39 个、座位数 5261 个，教学用计算机 766 台。全年教育经费投入 881.81 万元，全部自筹。信息化设备资产 2339 万元，校园网出口总带宽 100Mbps。年度信息化经费投入 55 万元。拥有各类实验室 9 个、语音室 6 个、实训基地 39 个。设有 4 个系部、开设 11 个本科专业。教职工 437 人，其中，专任教师 278 人，包括教授 55 人、副教授 81 人。学校外聘教师 55 人，包括教授 13 人、副教授 28 人。毕业生 1379 人；招生 1300 人，全日制学历教育高考招生北京地区高考提档线理科 396 分、文科 439 分；在校生 5551 人。网址：www.canvard.com.cn。

（苗焱）

【组织独立学院联合双选会】　4 月 9 日，嘉华学院组织北京地区独立学院 2011 年联合双选会。双选会在北京大学生就业之家举办，300 家用人单位提供就业岗位 1000 个，收到简历 1300 份。来自首都师范大学科德学院、北京工业大学耿丹学院、北京邮电大学世纪学院和嘉华学院的毕业生共 2000 人参加双选会。

（苗焱）

【获赠图书】　5月26日和11月12日，嘉华学院分别接受机械工业研究总院和中国光华科技基金会光华大学生发展基金捐赠的图书。其中，机械工业研究总院捐赠商科、机械设计、外语等方面图书资料3万册；光华大学生发展基金“光华树才计划”捐赠30万元图书资料和5万元现金，其中，现金用于开展第二课堂教学及相关活动。

（苗燚）

【举办德育工作研讨会】　10月20日，嘉华学院举办独立学院思想政治理论课程与改革经验交流会。会议围绕“如何有效开展大学生德育教育工作及独立学院思想政治理论课程改革”的主题，就各学校思想政治理论课程改革中出现的新情况、思想政治理论以及德育课程教学内容和师资建设等问题交流探讨。共有来自首都师范大学科德学院、北京化工大学北方学院、北京邮电大学世纪学院、北京第二外国语学院中瑞酒店管理学院的有关人员40人参加会议。会议由北京北方投资集团教育研究院主办。

（苗燚）

【新增16个实习实践基地】　12月6

日，嘉华学院举办2011年度大学生实习实践基地签约授牌仪式。该校与中央电视台数字频道实训基地、北京泛议信国际翻译有限公司等16家单位签订实习实践基地建设协议。根据协议，签约单位为学校学生提供实习实践岗位及部分就业岗位。至此，学院共签订实习实践基地39家。

（苗燚）

北京邮电大学
世纪学院

【概　况】　2011年，北京邮电大学世纪学院占地面积14.52万平方米，建筑面积8.70万平方米，其中，产权建筑面积1.15万平方米、非产权建筑面积7.55万平方米。图书馆建筑面积7162平方米，藏有纸质图书52万册、电子图书25万册。固定资产总值15329.51万元，其中，教学、科研仪器设备总值3450.12万元。拥有多媒体教室座位5284个，计算机2110台。全年教育经费投入1070.69万元，全部自筹。信息化设备资产1669.28万元。学校信息化经费投入318.6万元，网络信息点5000个，校园网出口总带宽220Mbps，电子邮件系统用户400个，数字资源量16.21GB，管理信息系统数据总量500GB。拥有校内实验室47个，校外综合实习实训基地56个。设有8个院系，开设16个本科专业。教职工411人，其中，专任教师283人，包括教授21人、副教授66人。学校外聘教师96人，包括教授15人、副教授39人。毕业1375人，其中，学历教育全日制普通本科毕业生1347人、非学历教育结业生28人。招生1342人，全部为学历教育本科生。全日制学历教育高考招生北京地区提档线理科396分、文科446分。在校生5901人，其中，学历教育全日制普通本科生5431人、非学历教育学生470人。网址：www.ccbupt.cn。

（樊薇）

【聘任客座教授9人】　1月13日，世纪学院举行客座教授聘任仪式。学校为中国射击队总教练王义夫、中国移动通信联合会会长倪健中等9人颁发客座教授聘书。新聘客座教授与该校教师就移动通信、动漫等领域发展趋势及前沿问题交流，并对学校发展理念、人才培养模式提出自己的意见和建议。

（樊薇）

【学生科技创新项目结题】　4月8日，

世纪学院举办第四届学生科技创新立项项目结题答辩会。共有21个学生项目参加答辩，经项目成果展示、现场提问、负责人答辩、专家组评议，19个项目通过结题验收，其中，优秀10个、合格9个。通过验收项目中，大型电子显示屏（LED）、数字电视实验装置信号源等设计制作类成果4个；公益动画、手机游戏等传媒艺术类作品12个；研究报告类成果3个。第四届科技创新立项2009年11月启动，支持立项22个，其中，通过中期检查21个、未通过1个。

（樊薇）

【开设国际注册会计师实验班】　4月

15日，世纪学院与英中联合国际技术培训（北京）中心签订特许公认会计师公会（ACCA）国际注册会计师实验班合作协议。根据协议，该实验班挂靠经济管理系，技术培训中心为ACCA实验班制定培养方案、提供ACCA师资队伍。实验班面向该校各专业年度新生招生，采用英文原版教材、中英文双语授课、全球同步考试。实验班学生在完成相应阶段考试后可获得相应级别国际注册会计师证书。ACCA实验班首批招生31人，学制4年。

（樊薇）

【组织校园招聘】　5月和9月，世纪学

院组织两次校园招聘活动。5月1至11日，该校组织2011年度校企联谊暨校园招聘会。活动以“加强校企沟

通、扩大交流、洽谈合作、搭建平台、促进学生实习就业、实现校企共赢”为主题，以拓展“实习—就业”平台为重点。该校邀请亿阳信通股份有限公司等100家企业参加招聘会，提供工作岗位1000个、实习岗位1000个。该校学生千余人参加招聘会。9月28日，该校举办首次“每周招聘”。经前期报名、筛选，共7家用人单位参加首次“每周招聘”活动，提供岗位40个。该校毕业生百余人参加活动。“每周招聘”由就业指导中心主办，每周一次。

（樊薇）

【召开首届教职工代表大会】 6月1至3日，世纪学院召开第一届教职工代表大会。会议听取并通过学院院长题为《齐心协力、艰苦创业、科学发展，为建设有影响力的应用型大学而努力奋斗》的工作报告，审议通过《北京邮电大学世纪学院第一届教职工代表大会决议》和提案工作报告，批准学院财务工作报告。大会共收到提案67份，涉及学科及实验室建设、师资队伍建设、校园环境治理等内容。教职工代表131人参加大会。

（樊薇）

【开展校企合作】 6月12日和24日，世纪学院分别启动两项校企合作项目。12日，2011年度“亿阳班”选拔考试举行。该考试面向2008级学生，通过初试、复试，共16人进入该班。该校学生60人参加选拔考试。“亿阳班”由该校与亿阳通信股份有限公司共同开办，通过培训授课、企业实习的校企联合培养方式培养定向人才。根据协议，亿阳公司选派客座教授为学生授课、安排学生实习，并对实习学生考核后择优录用。24日，该校与铭誉集团（香港）有限公司签署校企合作框架协议，并举行实习实训基地授牌仪式。根据协议，企业为学校学生提供实习实训机会；学校在高年级开办北邮世纪—铭誉班，开展工业企业物业管理领域专业人才订单式培养；企业在学校设立“铭誉”奖、助学金。

（樊薇）

【开展暑期教师企业实训】 7至8月，世纪学院开展暑期教师企业实训。学校组织教师进入中兴公司、甲骨文教育工程部、中国移动厦门动漫基地等企业参加实训，提高教师工程实践能力。该校教师58人参加实训。世纪学院2010年颁布《北京邮电大学世纪学院教师参加企业工程实践和培训的规定（试行）》，要求凡在学院任职的专职教师，原则上每年到企业参加工程实践和培训不低于两周。

（樊薇）

【首届中法工程师部学生赴法留学】 8月29日，世纪学院中法工程师部第一批留法学生16人抵达法国。首批留法学生来自学校中法工程师部2008级，完成在校3年工程师基础教育后，经学校与法国EG@工程师院校集团考核，进入法国勒芒材料及机械工程学院（ISMANS）、法国军事工程学院（ENSTA）等5所学校学习，为期3年。其中，符合双方大学学位授予条件的学生，第1年可获得世纪学院颁发的毕业证书、学位证书及合作大学颁发的学士学位证书；3年期满毕业学生可获得法国国家硕士学位和法国工程师文凭。世纪学院中法合作项目2008年启动。

（樊薇）

【首次接收外国留学生】 9月1日，世纪学院接收两名韩国交换留学生来校学习。两名学生来自韩国庆云大学，在校期间学习汉语口语、听力、写作、阅读四门汉语课程及英语课程。世纪学院2010年获得接收外国留学生资格，这是该校接收的首批外国留学生。

（樊薇）

【举行首次教学名师评选】 9月8至14日，世纪学院举行首批教学名师、骨干教师评选。评选旨在加强学校教师队伍建设，提高学校教育教学和科研水平。经个人申请、教学单位推荐、评选委员会综合评议、院务会研究等程序，该校授予并聘任教学名师2人、青年骨干教师7人。

（樊薇）

【与国外院校签订合作协议】 10月19至20日，世纪学院分别与美国麻省州立大学罗威尔分校、芬兰凯米托尔尼奥应用技术大学签署合作协议。其中，与美国麻省州立大学罗威尔分校友好院校合作协议规定，双方在学科类别、课程兼容性上开展合作，共同

开展计算机专业物联网方向3+2本硕连读培养。与芬兰凯米托尔尼奥应用技术大学姊妹院校协议规定，双方开展以教师、学生互换交流为基础的教育文化交流合作；拟定每年互派3至5名学生到对方学校免费学习交流，每次为期3至6个月。

（樊薇）

北京工业大学耿丹学院

【概　况】 2011年，北京工业大学耿丹学院占地面积30.36万平方米，建筑面积18.64万平方米，全部为产权建筑面积。图书馆建筑面积9028平方米，藏有纸质图书53.3万册，电子图书12.6万册。固定资产总值4634.72万元，其中，教学、科研仪器设备总值2324.96万元。多媒体教室60个，教学用计算机2193台。全年教育经费投入12306.7万元，其中，国家拨款373.9万元，自筹经费11932.8万元。信息化设备资产474.95万元，网络信息点3个，校园网出口总带宽200Mbps，电子邮件系统用户350个，上网课程6门，数字资源量1000GB，管理信息系统数据总量15GB。年度信息化经费投入67.09万元。拥有校内专业实训室55个、综合实训室24个，校外实训基地68个，工程训练中心1个。设有6系5部，开设17个本科专业。教职工586人，其中，专任教师300人，包括教授24人，副教授70人。学校外聘教师77人，包括教授3人、副教授27人。毕业生1237人；招生1556人，全日制学历教育高考招生北京地区提档线理科396分、文科443分。在校生5577人。网址：www.gengdan.edu.cn。

（胡晓铭）

【召开首届教代会】　1月7日，耿丹学院召开第一届教代会第一次全体会议。会议听取学校领导班子工作报告，审议并通过《北京工业大学耿丹学院十二五事业发展规划》。大会及闭会后共收到提案8份，主要涉及课程建设、提升就业质量和职称评定等。首届教代会主席团共16人，设主席1人、副主席1人、秘书长1人，下设教学科研、青年教师工作、生活福利、民主评议干部和提案工作5个专门委员会。该校101名教职工代表与相关人员25人参加会议。

（胡晓铭）

【共建教学实践基地】　4月13日，耿丹

学院与顺义区司法局举行合作共建教学实践基地签约暨法律援助工作站揭牌仪式。仪式上，两单位代表签署合作协议并为工作站揭牌，司法局为该校人文社会科学系8名学生志愿者颁发聘书。根据合作协议，顺义司法局聘请该校师生为“法律服务进企业、进社区、进村庄”志愿者，为学校提供理论知识与社会实践相结合的平台。双方代表及学校教职工、学生共200余人参加仪式。

（胡晓铭）

【两专业实行大类招生】　7月，耿丹学院电子信息工程专业与通信工程专业实行大类招生。两专业统一按电气信息类招生，学生接受两年基础培养后，学校参考学生意愿、高考分数和学习成绩按1∶1比例开展专业分流。学生毕业后授予分流专业工学学位。该电子工程大类共招生118人。

（胡晓铭）

【评定学年奖学金】　11月23日，耿丹学院评定学年奖学金。全院共有1933人次分获国家级奖学金和学院奖学金。其中，3人获国家奖学金，128人获国家励志奖学金，40人获学院特等奖学金，161人获学院一等奖学金、

317人获学院二等奖学金、407人获学院三等奖学金，462人获学院单项奖学金，415人获学院英语四、六级考试奖学金。本年授予学生奖学金总额286.99万元。

（胡晓铭）

北京第二外国语学院
中瑞酒店管理学院

【概　况】　2011年，北京第二外国语学院中瑞酒店管理学院占地面积22.5万平方米，建筑面积9.6万平方米，全部为产权建筑面积。图书馆建筑面积7676平方米，藏有纸质图书14.69万册，电子图书1154册。固定资产总值36532.54万元，其中，教学、科研仪器设备总值564万元。拥有多媒体教室座位4246个，计算机300台。全年教育经费投入6967万元，其中，国家拨款45万元、自筹经费6922万元。信息化设备资产255万元，网络信息点5400个，电子邮件系统用户5000个，上网课程67门，数字资源量2000GB，管理信息系统数据总量5000GB。年度信息化经费投入255万元。学校设有4个实验室和1个计算机中心。开设旅游管理（酒店管理方向）和英语（酒店和商务英语方向）2个专业。教职工237人，其中，专任教师120人，包括教授4人、副教授7人。学校外聘教师10人。招生1000人，全日制学历教育高考招生北京地区提档线理科396分、文科443分，在校生2242人。网址：www.bhi.edu.cn。

（李辉）

【第一届工会委员会成立】　1月13日，中瑞学院第一届第二次教职工代表大会召开。会议通过差额无记名投票方式，选举产生第一届工会委员会，包括主席、副主席、宣传委员、女工委员、经费审查委员、福利委员、文体委员各1人。该校教职工212人参加会议。

（李辉）

【教师博士论文获奖】　3月24日，中瑞学院酒店管理专业教师黄珏获旅游管理领域2010年爱墨瑞得/欧洲管理发展基金会（Emerald/EFMD）优秀博士论文高度赞扬奖。获奖论文题为《客户间的交流：对巡游经历和整个假期满意程度的影响》（Customer - to - Customer Interaction: Impacton Cruise Experience and Overall Vacation Satisfaction），主要阐述提供良好客户交流平台对旅游产业在特定时期内的影响。Emerald/EFMD优秀博士论文奖是英国Emerald出版集团与EFMD给予全球管理科学最好博士研究的国际认可与奖励，2005年设立，包括优秀奖和高度赞扬奖。本年共有来自46个国家234份论文申请该奖项。

（摆志靖）

【与万豪酒店集团签订合作协议】　6月20日，中瑞学院与万豪酒店集团签订人才培养合作协议。根据协议，校企双方优势互补，联合建立务实高效合作机制，实现产教结合。双方协议合作期4年。

（摆志靖）

【举办首届亚洲酒店业青年领袖峰会】　10月22至25日，中瑞学院举办首届亚洲酒店业青年领袖峰会。会议通过研讨和竞赛的方式举办。竞赛围绕“如何建立一个使酒店和顾客双方满意的收费系统”的主题，要求参赛学生经抽签和随机分组组成红、黄、蓝、绿、粉、紫6组，在峰会成功讲坛、专题课程、高端对话活动帮助下，采用团队表演、演讲等方式展示解决方案。经过角逐，红队ppt设计、粉队现场模拟、黄队解决方案获奖。来自香港理工大学、南开大学、澳门科技大学等11所国内外高校的36名选手参赛。活动由中瑞学院Hoteliers社团主办，北京昭德投资有限公司等6家企业赞助，迈点网作为支持媒体。亚洲酒店业青年领袖峰会（Young Hoteliers Summit Asia，简称YHSAsia）是全球酒店业青年领袖峰会（Young Hoteliers Summit Global,

简称 YHS）的亚洲分支，该校与 YHS 协会签订合约，成为 YHS 亚洲区主办机构。

（摆志靖）

【举办雪茄品鉴培训】 11 月 15 日，中瑞学院举办雪茄品鉴培训班。培训班学员听取雪茄品鉴专家介绍雪茄的种植、产地、品种和品牌、制作流程、结构等基本知识，讲解雪茄选择和品鉴过程中应注意的问题，并现场展示各种雪茄。该校教师 40 人参加培训。

（李辉）

【举办首届教学基本功大赛】 11 至 12 月，中瑞学院举办首届教学基本功大赛。大赛包括教学设计、教学演示两个环节，邀请专家学者和部分学生担任评委，考核教学内容、教学组织、教学语言与教学形态、多媒体与板书和教学的思想政治性。经过初赛和复赛，决出一等奖 2 个、二等奖 3 个，最佳演示奖 1 个。该校教师 17 人参赛。

（摆志靖）

民办高等教育机构

中国管理软件学院

【概　况】 2011 年，中国管理软件学院占地面积 23 万平方米，建筑面积 11 万平方米，其中，产权建筑面积 3.2 万平方米，非产权建筑面积 7.8 万平方米。图书馆建筑面积 3600 平方米，藏有纸质图书 13.8 万册、电子图书 30 万册。固定资产总值 14000 万元，其中，教学、科研仪器设备总值 1281.56 万元。拥有多媒体教室 5 个、教学用计算机 1745 台。全年教育经费投入 358 万元，全部自筹。信息化设备资产 210 万元，网络信息点 400 个，校园网出口总带宽 100Mbps，上网课程 10 门，数字资源量 200GB，管理信息系统数据总量 320GB。年度信息化经费投入 60 万元。拥有校内专业实训室 12 个、综合实训室 2 个，校外实训基地 2 个。设有 6 个院，开设 20 个专业。教职工 151 人，其中，专任教师 73 人，包括教授、副教授 48 人。学校外聘教师 39 人。结业生 1104 人，招生 308人，在校生1585人。网址：www.aa55.com。

（杨竑艳）

【开展软件测试员定制培养】 3 月，中软软件工程学院试点定制培养软件测试人员。该项目与软通动力信息技术有限公司合作。学院负责学生管理、提供实验室和教学设备；软通动力负责提供培训师资。首期培训人员 20 人，为期 3 个月。经培训，该班 19 人达到企业录取标准。

（杨竑艳）

【举办校园艺术节】 9 月 27 日，中软举办第十届校园艺术节。艺术节期间，学校举办学生摄影绘画作品展，展出学生摄影绘画作品 300 幅；举办艺术节文艺演出，学生自创相声、小品、歌曲、舞蹈等 15 个节目参加表演；开展影视电子作品放映活动，展映网页设计、互动学习软件等学生作品 8 项。艺术节自 2002 年举办，每年 1 次，每次历时 3 天。

（杨竑艳）

【举办优秀毕业生经验交流会】 10 月，中软举办优秀毕业生经验交流会。交流会邀请 2001、2003、2006 届优秀毕业生 50 人，就“在学校期间如何学好专业技术、提高实践能力”、“如何写好求职简历”、“如何在应聘过程中取得好的机会”等问题与在校生互动交流。该校学生 200 人参加交流会。

（杨竑艳）

北京人文大学

【概　况】 2011 年，北京人文大学占地面积 42.56 万平方米，建筑面积 21.60 万平方米，其中，产权建筑面积 1.29 万平方米、非产权建筑面积 20.31 万平方米。图书馆建筑面积 1.55 万平方米，藏书 35.09 万册，其中，纸质图书 20 万册、电子图书 15.09 万册。固定资产总值 10188 万元，其中，教学、科研仪器设备总值 2246 万元。拥有多媒体教室 25 个、座位 4853 个，教学用计算机 1560 台。全年教育经费投入 1529 万元，全部自筹。信息化设备资产 804.65 万元，网络信息点 1500 个，校园网出口总带宽 200Mbps，电子邮件系统用户 500 个，上网课程 160 门，数字资源量 500GB，管理信息系统数据总量 600GB。年度信息化经费投入 49.62 万元。拥有校内实验实训室 38 个，校外实训基地 32 个。设有 15 个学院，开设 62 个专业。教职工 674 人，其中，专职教师 166 人，包括教授 14 人、副教授 49 人。聘请校外教师 285 人，包括教授 19 人、副教授 97 人。结业生 4291 人，招生 1308 人，在校生8859人。网址：www.bjrwdx.edu.cn。

（田涛）

【完成首次校内教师职称评定工作】 3 月，人文大学首次校内教师职称评定工作结束。根据市高校教师职称评定原则和民办高等职业教育特点，学校按《北京人文大学校内教师职称评定工作办法（修订）》中规定的职称评审办法，接受教师职称申报，获评教师获得校内认可并可享受人文大学相应职称待遇。其中，申报副教授待遇 15 人、讲师 23 人、助教 15 人。经过资质审核、评审、听课、答辩等程序，学校认定享受校内副教授职称待遇 1 人、讲师 14 人、助教 4 人，并颁发证书。

（田涛）

【成为贫困村大学生村官培训基地】 5 月 6 日，人文大学举行“贫困村大学生村官培训基地”揭牌仪式暨中国

扶贫开发协会“支持贫困村大学生村官成长工程”第一期培训班开班典礼。中国扶贫开发协会为学校授牌，中国扶贫开发协会会长、人文大学校长分别讲话。国务院扶贫办、中国扶贫开发协会、人文大学代表，第一期培训班学员共300人参加典礼。根据先期协议，学校与中国扶贫开发协会合作，承担“支持贫困村大学生村官成长工程”中的大学生村官培训任务，为期1年。培训班首批培训来自山西、重庆、贵州等省市区的贫困村大学生村官220人，历时17天，主要内容包括“红色”教育、扶贫宗旨、传统美德等。至年底，培训班共举办3期，累计培训村官1000人次，包括少数民族村官151人。

（田涛）

【建立呼叫中心】 8月19日，人文大学

建立呼叫中心及服务外包实训中心。该中心与北京戎马天成信息技术有限公司联合建立，帮助部分专业实现认知实习、生产过程实习、毕业实习校内完成。中心一期工程建设呼叫席位200个，可以容纳400至600名学生开展专业实训。至年底，中心接收学生实训500人次。

（田涛）

【开展教育扶贫项目工作】 至年底，人文大学开展教育扶贫项目。通过贫困学生提交相关材料、学校教育扶贫办公室审核、履行入学手续等程序，学校本年招收贫困学生188人。学校通过免除学费、提供勤工助学岗位方式帮助其完成学业。

（田涛）

北京工商管理专修学院

【概　况】 2011年，北京工商管理专修学院占地面积14万平方米，建筑面积11.90万平方米，其中，产权建筑面积10.18万平方米、非产权建筑面积1.72万平方米。图书馆建筑面积2700平方米，藏有纸质图书5.82万册。固定资产总值18600万元，其中教学、科研仪器设备总值849万元。拥有多媒体教室37个、座位5256个，教学用计算机1045台。全年教育经费投入425万元，全部自筹。信息化设备资产37.38万元，网络信息点86个，校园网出口总宽带100Mbps，上网课程10门，数字资源量210GB，管理信息系统数据总量3GB。年度信息化经费投入406.4万元。拥有综合实训室16个，校外实训基地84个。设有6个学院，开设专业12个。教职工671人，其中，专任教师182人，包括副高级以上职称64人。结业生3276人、招生1245人、在校生6680人。网址：www.buba.edu.cn。

（贯鑫）

【合并成立国际学院】 3月24日，北工商计算机学院与国际学院合并为国际学院。合并后的国际学院以培养实用技能型计算机和英语人才为目标，下设计算机科学与技术、软件工程、游戏动漫、软件测试、电子商务、计算机新技术、学前教育、商务英语8个专业，开设14个专业方向。至年底，国际学院在校生780人。

（贯鑫）

【首批与石油大学合作培养本科生毕业】 3月，北工商与中国石油大学（北京）远程教育学院合作培养的首批学生毕业。毕业学生来自工商管理、会计学、计算机科学与技术3个专业，共62人，其中，32人取得石油大学远程教育学院本科学士学位。

（贯鑫）

【签署三方战略合作协议】 4月28日，北工商与中国石油大学（北京）、

北京建工四建工程有限公司签署三方合作协议。根据协议，三方通过发展远程教育和继续教育，实现优势互补，进一步探索校企联动机制；合作内容主要包括人才订单式培养、建立实习实训基地、职工学历再教育、科研开发和成果推广。协议规定，两所学校帮助公司员工提升素质和团队管理水平，企业与学校共建学生实习实训基地，为学生提供实习岗位。

（贯鑫）

【举办首届任课教师说课比赛】 10月28日，北工商举办第一届任课教师“说课比赛”。比赛采用专家评审方式，要求参赛教师说教材、说教法、说学法、说教学过程、说教学反思。经过角逐，共评出一等奖2人、二等奖2人、三等奖2人。该校教师16人参加比赛。赛后，学校邀请河北科技师范学院教师以《朗读的一般技巧》为例，向学校教师传授讲课技巧和经验。

（贯鑫）

【开展校外住宿学生清宿工作】 10月，北工商集中开展校外住宿学生清宿工作。学院制定并印发《关于严禁学生擅自校外住宿和进一步做好学生校外租房清理整顿工作的意见》，共清理整顿校外住宿学生1048人，实现2011级、2010级学生零校外住宿。学校同时派专人管理因实习实训需要在校外住宿的其他高年级学生。

（贯鑫）

【规范教学管理】 至年底，北工商通过应用教学信息系统软件、修订完善教学管理文件的方式规范学校教学管理。学校投资19万元引进杭州正方软件有限公司的现代教学信息系统软件。该软件主要用于常规教学管理工作和搭建教学电子数据库，包括学生管理、考试管理、毕业生管理等12个模块。学校另制定并出台《学生课

堂成绩管理办法（暂行）》，规范学生课堂成绩管理。

（贯鑫）

中国信息大学

【概　况】　2011 年，中国信息大学占地面积 20.01 万平方米，建筑面积 9.09 万平方米，全部为非产权建筑面积。临时图书馆建筑面积 1500 平方米，藏书 142.17 万册，其中，纸质图书 12.17 万册、电子图书 130 万册。固定资产总值 3490 万元，其中，教学、科研仪器设备总值 1880 万元。拥有多媒体教室 24 个，教学用计算机 1095 台。全年教育经费投入 1018 万元，全部自筹。信息化设备资产 40 万元，网络信息点 1500 个，校园网出口总带宽 400Mbps，管理信息系统数据总量 20GB。年度信息化经费投入 47 万元。拥有实验室 23 个、实训基地 5 个。设有 2 个学院，6 个系，开设 20 个专业。教职工 147 人，其中，专任教师 73 人，包括教授 2 人、副教授 5 人；兼职教师 22 人，包括副教授 8 人。结业生 1243 人，招生 218 人，在校生 2976 人。网址：www.ciu.gov.cn。

（黄明玥）

【实行三学期制】　3 月，信息大学实行三学期制。该学制把每年 3 至 11 月分为 3 个 10 周的短学期，各学期之间安排 1 周教学调整。每年 11 月中旬至第二年 3 月中旬安排放假和社会实践，教师在此期间开展下学年教学准备。该学制缩短教学周期，避免学生学习疲劳，同时为学生参与社会实践提供充足假期时间。

（黄明玥）

【开发合作校教学管理系统】　4 月，信息大学合作校教学管理系统正式投入使用。系统主要面对该校在全国的 400 所合作中学，应用于中学教学管理、成绩查询、成绩分析等方面。该校合作学校教师、学生可通过在信息大学主页面登录注册获得不同级别管理授权，在系统中对个人、班级、年级成绩做分析和管理。该系统开发历时 5 个月。至年底，共有 70 所中学 2113 名教师和 14541 名学生免费使用该系统。

（宋晓丽）

【举办首届毕业设计成果展】　5 月 28 日，信息大学举办首届学生毕业设计作品成果展。活动共展出学生毕业设计作品 196 件，支撑材料 1900 件，包括调研报告、设计方案、学术论文、效果图、报刊样稿、影像作品、实物作品。该校 2007 级毕业生 160 人、指导教师 43 人参加成果展。展览共接待该校教职工、学生 9000 人次参观。

（姜宇堃）

【改善硬件办学条件】　5 月和 9 月，信息大学投入 100 万元改善硬件办学条件。5 月，学校投入 8 万元购置专业印刷设备，印刷《会计基础》、《单片机开发技术》、《美术史》等教学材料 900 份。9 月 3 日，学校投入市财政民办高等教育发展引导性项目资金 40 万元、配套资金 7 万元建成数字影视实验室。新建实验室建筑面积 105 平方米、购置仪器设备共 37 万元，可同时容纳 60 人开展数字电视节目录制模拟、访谈拍摄模拟、后期制作等实践教学。9 月，学校投资近 45 万元建成标准网球训练场。该训练场占地面积 1340 平方米。球场长 35.5 米、宽 16.5 米，采用沥青面层地面，铺设丙烯酸球场专用涂料，围网及其他设施采用绿色聚乙烯（PE）包塑围网结构。本年，该校新设网球课，每学期 40 学时，聘任专业网球教师 1 人，同时开设业余网球课训练班。

（罗义）

【完成院系调整】　9 月，信息大学完成院系调整。学校把原有信息工程学院、传媒艺术学院、经济管理学院、国际交流学院 4 个学院调整为基础教育和专业教育 2 个学院。基础教育学院负责一、二年级学生的通识教育，专业教育学院负责三、四年级学生的专业教育。专业教育学院下设信息工程、文化传播、艺术设计、企业管理、外贸投资、市场营销 6 个系。

（黄明玥）

【施行全过程教学评价模式】　至年底，信息大学施行教学准备、教学过程、教学成果全过程评价模式。该模式要求教师制定教学方案，包括编写教学大纲、拟定授课计划、撰写教学讲义；同时要求方案内容完整、注重理论联系实际。学校在学期中组织课堂教学方法评优；学期末通过学生考评和全年教学评价结合的方式评价教师教学成果。本年，该校共评出优秀教学方案 32 份，发放奖金 42500 元；评选优秀教学方法奖 15 人，发放奖金 13500 元。

（黄明玥）

北京现代音乐研修学院

【概　况】　2011 年，北京现代音乐研修学院占地面积 10 万平方米，建筑面积 8.4 万平方米，全部为产权建筑面积。图书馆建筑面积 1500 平方米，藏书 25.8 万册，其中，纸质图书 5.8 万册、电子图书 20 万册。固定资产总值 25000 万元，其中，教学、科研仪器设备总值 6300 万元。拥有多媒体教室 36 个，教学用计算机 680 台。全年教育经费投入 8500 万元，全部自筹。信息化设备资产 570 万元，网络信息点 2000 个，校园网出口总带宽 400Mbps，电子邮件系统用户 400 个，上网课程 22 门，数字资源量 4096GB，管理信息系统数据总量 10GB。年度信息化经费投入 225 万元。拥有校内专业实训室 31 个、综合实训室 14 个。设有 8 个院（系）、1 个附属中专，开设专业 30 个。教职工 746 人，其中，专任教师 271 人，包括教授 19 人、副教授 28 人；兼职教师 86 人。结业生 1335 人，招生 2182 人，在校生 6115 人。网址：www.bjcma.com。

（王金君）

【举办毕业生艺术人才推介会】　4月 15 日，北音举办毕业生才艺展示暨艺术人才推介会。推介会上，该校举办“战略合作校企联盟”启动仪式，校长与罗兰（中国）数码科技有限公司、华谊兄弟传媒集团等 29 家用人单位代表推动启动杆，并签订《专业对接、订单培养、校企合作协议书》。根据协议，该校与签约企业正式建立战略合作伙伴关系，联手打造“毕业生就业直通车”。签约仪式后，该校毕业生举行汇报演出，表演舞蹈《青花瓷》、音

乐剧片段《意大利人》、歌曲《离开的时候》等13个节目。通过毕业生才艺展示和用人单位综合考量，共有462名毕业生签约。

（王金君）

【承办两项大型活动】　6月10至12日

和12月2至5日，北音分别承办“第二届北京·九棵树数字音乐节”和“第二届中国音乐剧发展国际论坛暨第五届中国音乐剧教学与创作研讨会”。音乐节期间，该校负责举办音乐节开幕式和第二届数字音乐及多媒体产品交易会。该校教师、学生1000人参加音乐节组织和表演活动。该音乐节由文化部世界民族文化交流促进会、中国录音师协会、通州区政府等单位主办，通州区梨园镇政府和该校联合承办，全国100个音频及多媒体设备品牌参展，10名数字音乐家、15支摇滚乐队、40所高校音乐专业学生共1800人参加活动。音乐剧发展国际论坛围绕“交流、展演、合作、发展”主题，探讨音乐剧市场化及音乐剧教学等问题，交流音乐剧创作、音乐剧本土化、音乐剧人才培养等内容。论坛组织国内外音乐剧专家教学展示和高端、优质音乐剧剧目展演等活动。来自美国、英国、澳大利亚等9个国家和地区的音乐剧专家，以及全国100所高校的校长、学科带头人共350人参加论坛。该论坛由文化部艺术司、中国音乐剧研究会主办，中国音乐剧研究会教学专业委员会和该校联合承办。

（王金君）

【完成教学楼和学生公寓改造】　8月14日，北音完成教学楼和学生公寓室内改造和设备更新。此次改造面积3500平方米，包括48间普通教室、1间阶梯教室、2个录音棚、12间办公室、400间学生宿舍。改造主要对室内设施、墙面及地面重新设计装修。工程总投资1000万元。

（王金君）

【开设声音设计专业】　9月1日，北音开设声音设计专业。该专业主要培养电影、电视、动漫、游戏等多媒体领域声音设计和制作人才，有专任教师7人，主要课程包括多媒体收音工程、影视录音、合成器技术等。学校配套建设声音设计实习实训基地1个，包括2间机房、50台计算机、1个专业教室、1个录音拟音实验室。该专业学制3至4年，毕业颁发学士学位，首批招生180人。

（王金君）

【庆祝建院15周年】　12月18日，北音

举办庆祝建院15周年系列活动。活动以“回顾北音学子成长道路，展示建院以来的各项成果”为主题，包括首届师生捐赠校庆雕塑“犁琴”仪式，发行《北音胎记：北音原创作品2009～2011》专辑，举办“辉煌十五年”校史展、北音老照片图片展、我心中的北音影像展，开展“北音往事”征文等活动。该校同时成立第一届“北音校友联谊会”。北京现代音乐研修学院1993年建立，1996年招收全日制学生，现开设流行演唱、音乐剧演唱、爵士乐演奏等专业，至年底，共培养毕业生8500人。

（王金君）

北京北大资源研修学院

【概　况】　2011年，北京北大资源研修学院占地面积12.9万平方米，建筑面积5.8万平方米，全部为产权建筑面积。图书馆建筑面积350平方米，藏书6.7万册。固定资产总值1424.50万元，其中，教学、科研仪器设备总值1130.13万元。拥有多媒体教室41个，教学用计算机679台。全年教育经费投入1024万元，全部自筹。信息化设备资产93万元，网络信息点3105个，校园网出口总带宽150Mbps，电子邮件系统用户120个，上网课程68门，数字资源量136.7GB，管理信息系统数据总量187GB。年度信息化经费投入175万元。拥有校内专业实训室20个，校外实训基地40个。设有4个学院，开设17个专业。教职工258人，包括专任教师170人。兼职教师88人。结业生647人，招生388人，在校生2308人。网址：www.pkurc.com。

（苏童）

【全景式教学启动】　3月11日，北大资

源研修学院举办全景式教学启动仪式。全景式教学通过全面调动各类资源，创设真实公司、企业情境，实现学校教学与学生社会就业对接。该校首批建立软件、涉外会计、美国酒店与住宿业协会（AH&LA）专业3个全景教学班，共招生179人。三个教学班模拟创设北京启元科技有限公司（软

件工程专业）、Eagle Base International Hotel（AH&LA专业）、北京凝海会计有限公司（涉外会计专业）三个公司作为日常教学使用。该校师生206人参加启动仪式。

（苏童）

【开展首届餐饮服务达人秀活动】 5月19日，北大资源研修学院举办第一届美国酒店与住宿业协会（AH&LA）专业餐饮服务技能达人秀。达人秀包括中餐摆台、西餐摆台、折口布等7个项目，设问答、互动环节。经过角逐，该校AH&LA专业9人获“达人”称号。

（苏童）

【举行合作授牌互换仪式】 6月8日，

北大资源研修学院举行校企合作授牌互换仪式。学校与海南航空集团互换铜牌，该校指定海南航空集团为“实习实训基地”，海南航空集团指定该校为“人才培养基地”。根据协议，企业捐资协助学校建设学术研究中心，奖励优秀教师、优秀教育工作者以及优秀学生，支持学生创业项目；企业为学校提供实习实训岗位，成为学校对口就业单位。

（苏童）

北京文理研修学院

【概　况】 2011年，北京文理研修学院占地面积3.47万平方米，建筑面积1.25万平方米，全部为非产权建筑面积。图书馆建筑面积226平方米，藏有纸质图书5.57万册。固定资产总值812万元，其中，教学、科研仪器设备总值623万元。拥有多媒体教室座位160个，计算机160台。全年教育经费投入181万元，全部自筹。信息化设备资产167.95万元，网络信息点3个，上网课程2门，数字资源量72GB。年度信息化经费投入8.69万元。拥有校内专业实训室3个、校外实训基地1个。设有6个学部，开设16个专业（其中订单式职业教育专业7个，自考专业9个）。教职工132人，其中，专任教师53人，包括教授4人、副教授17人。聘请校外教师38人。结业生474人，招生484人，在校生1028人。网址：www.bjwlxy.net。

（吴潇剑）

【开展专业调整】 3至5月，文理研修学院通过设置特色学部方式开展专业调整。专业调整中，该校撤销生源萎缩的英语、物流、计算机等专业，开设民航服务、用户界面（UI，User Interface）设计、影视表演、国际护理等特色职教专业。同时改系为学部，成立民航服务学部、影视艺术学部、国际护理学部、UI设计学部。其中，民航服务学部开设民航服务与管理、国际空乘、民航机务等专业，旨在培养民航业急需的各类服务及管理人才，至年底，民航学部招生189人，在校生339人，有专职教师7人；国际护理学部开设高级护理、国际护理专业、公共卫生管理等专业，旨在培养具备人文社科、医学知识的预防保健、护理管理、临床护理等专门人才，至年底，招生59人，在校生59人；影视艺术学部开设影视表演艺术、影视美术设计专业，旨在培养具有一定理论基础、具备影视表演或影视美术设计实践能力的新型影视行业人才，至年底，招生44人，在校生44人；UI设计学部开设游戏制作、影视动漫设计等专业，旨在培养具备良好艺术功底、熟悉相关理论知识的应用软件操作人才，至年底，招生68人，在校生68人。

（吴潇剑）

【组织新生接种疫苗】 11月1日，文理研修学院组织2011级部分非京籍新生免费接种疫苗。本次疫苗接种依照自愿原则，由海淀疾控中心和蓟门医院医生为2011级非京籍学生338人次接种麻疹和破伤风疫苗，其中，接种麻疹疫苗167人次，破伤风疫苗171人次。

（吴潇剑）

【召开首次学科带头人会议】 12月14日，文理研修学院召开首次学科带头人会议。会议组织各学科带头人就学院特色转型及学科发展现状、存在问题、教育模式及学科发展方向进行探讨和研究。会议认为学校向特色职业教育转型是必然趋势，各学科均应该加强对学生实践能力的培训，实现对技能型、应用型人才的培养。该校领导、学科带头人10人参加会议。本年，学校加强学科带头人队伍建设，聘请原中国国际航空公司专机乘务长、乘务训练中心党委书记任德珍为民航管理学部学科带头人，用户体验设计师、社区UIRSS.COM创始人、乐投科技公司设计总监曹宇担任UI学部学科带头人，北京医院副院长韩绥生担任护理学部学科带头人，青年毛泽东扮演者特型演员李光彩为影视艺术学部学科带头人。

（吴潇剑）

北京演艺专修学院

【概　况】 2011年，北京演艺专修学院占地面积9.31万平方米，建筑面积3.30万平方米。图书馆建筑面积1200平方米，藏书9.60万册，其中，纸质图书1.95万册、电子图书7.65万册。固定资产总值933.4万元，其中，教学、科研仪器设备总值717.3万元。全年教育经费投入73万元，全部自筹。拥有多媒体教室8个，教学用计算机270台。网络信息点280个，校园网出口总带宽100Mbps，电子邮件系统用户28个，管理信息系统数据总量80GB。年度信息化经费投入32万元，拥有校内实训室114个，综合实训室5个，校外实训基地4个。开设18个专业。教职工180人，其中，专任教师128人，包括专职教师54人、兼职教师74人。教师中，博士研究生1人，硕士研究生33人，教授31人，副教授22人。结业生204人，招生247人，在校生1142人。网址：www.interart.cn。

（李霞忠）

【与八达岭办事处签订合作协议】 1月23日，北演与八达岭特区办事处签订合作协议。根据协议，双方共同打造八达岭长城景区演出项目。学院负责项目具体运营，包括设计与建设演出场馆、选定与推出剧目、培训演艺人员等；八达岭特区办事处负责提供项目场馆用地，同时协助项目市场运作。

（李霞忠）

【施行新财年编制体制】　8月1日，北演施行新财年编制体制。新体制按定岗、定编、定人“三定”工作目标，新增设党宣办、培训部、艺术团、学前教育系4个部门；调整8个系3个处室负责人；施行新《薪酬管理制度》。新制度规定和完善学校薪酬体系，内容包括月基本工资、月岗位工资、月绩效工资、项目奖金、津贴和补贴、项目提成、加班薪酬及年度绩效工资、年度奖金发放原则和办法。新薪酬制度提高该校50%教职工工资待遇水平。

（李霞忠）

【艺术团成立】　8月18日，北演艺术团成立。艺术团设团长、副团长共5名负责人，下设合唱团、流行乐团、舞蹈团、戏剧团、曲艺团5个分团。艺术团负责统筹学校演出项目、协调学校演艺资源、打造节目精品。至年底，艺术团推出歌舞《放飞·梦想》和音乐剧《K歌之后》两台节目。

（李霞忠）

【首获优秀教研团队奖】　9月9日，北演首获“2011第五届北京民办教育园丁奖”优秀教研团队。获奖团队为流行音乐教研室团队。该团队以词曲作家付林为学科带头人，拥有6名骨干教师，设计“三M”型教学法。“三M”教学法课程体系包括声乐体系、音乐素质、舞台综艺；课程设置包括演唱技法、舞台技法、录音体验、现代和声、现代节奏、合音技法、现代舞蹈、形体训练、舞台形象课程；采用分解式训练法和综合式教学相结合的教学方式，并第一个在国内推广赛斯·瑞格斯“说话式歌唱”方法。北京民办教育园丁奖由北京市民办教育协会、北京教育评估院和新京报共同主办，2011年首次设立“优秀教研团队”奖，共有4所民办普通高校和1所培训机构的5个教研团队获奖。

（李霞忠）

【演艺中心投入使用】　9月20日，北演演艺中心建成并投入使用。该中心建筑面积1200平方米，拥有灯光、音响等舞台设备，可承接电视节目录制和其他文艺表演。中心拥有观众座位510个。该工程于4月底开工建设，总投资230万元。至年底，中心共承接校外演出团体节目录制和演出10余场，校内教学汇报展示和对外演出20场。

（李霞忠）

【原创儿童剧对外公演】　12月24至

31日，北演原创儿童舞台剧《东东的玩具王国》对外演出。该剧由北演戏剧社自行创作，20名在校学生参加表演，讲述小朋友东东因不爱惜玩具，经常把玩具弄坏而引发的一连串有趣的故事。该剧共对外演出25场，采用票务公司、网络等商业方式售票，共有观众6000人次观看演出。

（李霞忠）

民办中小学幼儿园

北京市大地实验幼儿园

【概　况】　2011年，北京市大地实验幼儿园占地面积3344平方米，建筑面积3017平方米，其中，产权建筑面积2977平方米、非产权建筑面积40平方米。固定资产总值101万元。全年教育经费投入939万元，其中，国家拨款11万元、自筹经费928万元。拥有专用教室8个，普通教室15个。开设教学班15个，其中，托班3个、小班5个、中班4个、大班3个。有教职工80人，其中，专任教师37人，包括本科学历8人、专科学历29人。教职工中保育员17人。入园幼儿126人、离园101人、在园455人。

（郭荣华）

【举办首届幼小衔接班家长现场会】
3月24日，大地实验幼儿园花市·大地幼稚园举办“同享一片蓝天，携手共育成长”——首届幼小衔接班家长现场会。幼儿园邀请家长参观教室环境，查看活动资料，观摩“魔法拼音”、“思维游戏”教学课和主题班会。参会家长听取幼儿园“家园携手培养幼儿入学适应能力”的主题发言，听取花市小学介绍小学入学问题。家长代表围绕“幼儿进入幼小衔接班后的变化”发言。会上，幼儿教育专家与家长互动交流。东城区教育研修学院专家、区教委相关人员及幼儿家长共90人参加现场会。

（郭荣华）

【举办早期阅读教学观摩展示活动】
5月11日，大地实验幼儿园举办走进大地——早期阅读教学观摩展示活动。活动听取该园情景式阅读课程研究情况介绍，观摩小班诗歌《好朋友》、中班创编故事《小乌鸦》、大班诗歌《许愿星》拓展活动，参观校园环境及户外活动。本市幼儿教师112

人参加活动。

（郭荣华）

【举办首届幼小衔接班毕业典礼】 7

月22日，大地实验幼儿园花市·大地幼稚园举办“爱在大地、成长起航”第一届幼小衔接班毕业典礼暨汇报演出。典礼分为成长回眸、国际视野、环保先锋、才艺展示、展翅高飞章节，幼小衔接班离园幼儿表演民族舞、武术等节目。该园幼小衔接班附设于东花市小学，共95名幼儿，其中，7人进入东花市小学。中国学前教育研究会、北京教育科学研究院、市教委、东城区教委有关人员和该班幼儿及家长290人参加典礼。

（郭荣华）

北京市二十一世纪实验幼儿园

【概　况】 2011年，北京市二十一世纪实验幼儿园占地面积5.5万平方米，建筑面积3.7万平方米。固定资产总值10000万元。拥有16所分园、8所亲子中心、1个特殊教育研究中心。开设144个教学班，其中，托班41个、小班29个、中班42个、大班32个。所有教学班中，寄宿班6个、国际班6个。拥有教职工1000人，其中，专任教师540人。入园幼儿4235人、在园幼儿4600人。网址：www.bjkid.com。

（刘莉娜）

【成为市级示范园】 3月4日，二十一世纪幼儿园成为市示范幼儿园。经幼儿园自评申报、区县教委核准上报、市教委评审组评审等程序，认定二十一世纪幼儿园等19所幼儿园为第七批市示范园。该园是民办园中首家市级示范园。本年，二十一世纪幼儿园参加第七批示范园和农村乡镇中心园“手拉手”活动，成为海淀育龙幼儿园“手拉手”示范园，帮助育龙园提高管理水平。活动为期两年。

（刘莉娜）

【举办自制玩教具展评】 4至5月，二十一世纪幼儿园举办系列自制玩教具展评活动。活动在玉海、玉阜分园举行。其中，“托班组玩教具展评”活动设定教师个人介绍、集体评价两个环节，要求教师介绍自制玩教具用途、玩法、投放区域等内容，按照教育性、趣味性、安全性、科学性评价标准对玩教具进行评价。共14件作品参加展评。保育员“自制户外玩教具展评”活动以茶话会形式，要求保育员做自制户外玩具介绍、班长做补充说明。共有14名保育员的28件户外玩教具参加展评。

（董　燕）

【培训玉树藏族幼师】 9月15至30日，二十一世纪幼儿园举办玉树藏族幼师公益培训。此次公益培训以“情系玉树、传递温暖”为主题，内容包括“各领域教学活动计划与实施”、“幼儿一日活动计划与实施”、“幼小衔接理念、课程与实施”、“幼儿园管理者相关技能”。来自青海省玉树州称多县和囊谦县幼儿教师10人参加培训。培训班开班仪式上，该园为青海玉树捐赠幼儿图书9324册。

（刘莉娜）

【举办教师综合素质比赛】 12月27日，二十一世纪幼儿园举办教师综合素质比赛。比赛邀请北京教育科学研究院、二十一世纪教育集团早教专家6人担任评委，要求参赛教师做课程设计陈述、才艺展示，并完成团队情景任务，经过初赛、复赛和决赛，共评出二等奖3个、三等奖3个。该比赛一等奖空缺。该园12个分园所教师40人参加比赛。

（刘莉娜）

北京市顺义区泛美幼儿园

【概　况】 2011年，北京市顺义区泛美幼儿园占地面积1400平方米、建筑面积1096平方米，全部为产权建筑面积。图书室面积17平方米，藏书1.5万册，包括电子图书100册。固定资产总值100万元。全年教育经费投入50万元，其中，国家拨款16.08万元、自筹经费33.92万元。拥有专用教室1个，普通教室5个。开设教学班5个，其中，亲子班1个、小班2个、中班1个、大班1个。教职工15人，包括教师10人。离园幼儿89人、入园83人、在园146人。

（金　姬）

【举办十年园庆联欢活动】 1月9日，

泛美幼儿园举办“迎新年·庆元旦暨十年园庆”联欢活动。幼儿表演儿歌串烧、武术、新疆舞等节目。幼儿园教职工、幼儿及家长共260人参加活动。泛美幼儿园于2002年由北京泛美服装有限公司投资建立，至年底，该园在园幼儿146人。

（陈金萍）

【组织幼儿体能测试】 5月28日，泛美幼儿园完成幼儿体能测试。该测试分大、中、小三个组别，设立10米往返跑、单脚跳、计时双脚跳、立定跳远和计时走平衡木5个项目。该园幼儿140人参加测试，其中，优秀110人、合格30人。

（陈金萍）

【开展家园自制玩具展评活动】 10月15日，泛美幼儿园举办家园自制玩具展评活动。该活动以教学班为单位，要求教师、幼儿及家长共同制作玩具，并完成设计目标说明和现场展示。活动要求玩具能一物多玩、巧用自然物、适宜本班幼儿年龄特点、实用耐用。300件作品参加展评。该园幼儿及家长、教师155人参加活动。

（陈金萍）

北京市昌平区幸福童年双语幼儿园

【概　况】 2011年，北京市昌平区幸福童年双语幼儿园占地面积5400

平方米，建筑面积 3681.8 平方米。固定资产 510.25 万元。全年教育经费投入 68 万元，全部自筹。拥有专用教室 6 个，普通教室 12 个。开设 12 个教学班，其中，小班 3 个、中班 4 个、大班 5 个。教职工 76 人，包括专任教师 32 人、保育员 12 人。专任教师中，中级以上专业技术职称 13 人，昌平区骨干教师 7 人。入园幼儿 84 人、离园 84 人、在园 380 人。网址：www. xftnsy. com。

（刘敏）

【开展年度教师工作考核】 1 月 7 至 12 日，幸福童年双语幼儿园开展教师年度工作考核。考核内容包括年度承担具体任务、主要成果贡献及著述、培养人才情况、参加学术活动情况、学习进修专业成绩、奖惩情况。幼儿园按照班长组、英语教师组、蒙氏教师组和五大领域教师组分组考核，通过教师自评、互评和考核小组考评，对上一年度工作做优秀、称职、基本称职或不称职的考核评定。该园教师 32 人参加考核，其中，优秀 28 人、称职 4 人。

（刘敏）

【举行课程教材培训】 2 月 26 日，幸福童年双语幼儿园举行《幼儿园快乐与发展课程》教材园本培训。该园园长对大、中、小、托班《幼儿园快乐与发展课程》教材全面解析；教务主任利用实例、结合各年龄班幼儿特点详细说明教材使用方法及注意事项，规范和明确教师课程行为标准。该园教师 32 人参加教材园本培训。《幼儿园快乐与发展课程》教材由北京师范大学出版社出版，分为上下册，每册 5 本。

（刘敏）

【开辟班级区角和小菜园】 4 月，幸福童年双语幼儿园开展班级区角创设、班级小菜园体验活动。在班级区角创设活动中，各班级教师和幼儿创新创设思路、设计理念，按照实用性、教育性、美观性、创造性要求，亲自动手布置自由墙。在班级小菜园体验活动中，幼儿园把后操场外空地分给各班开展蔬菜种植，幼儿在教师带领下，用锄头、铲子、水桶等工具，通过翻土、挖坑、撒种、浇水等种植程序了解蔬菜种植过程，并观察记录播种蔬菜的变化。

（刘敏）

北京市大兴区十一建华实验幼儿园

【概　况】 2011 年，北京市大兴区十一建华实验幼儿园占地面积 9000 平方米，建筑面积 4600 平方米，全部为非产权建筑面积。固定资产总值 139.10 万元。全年教育经费投入 674.58 万元，全部自筹。拥有专用教室 4 个，普通教室 15 个。开设教学班 15 个，其中，托班 2 个、小班 6 个、中班 4 个、大班 3 个。教职工 79 人，包括专职教师 35 人、保育员 23 人、保健员 3 人。离园幼儿 60 人、入园 90 人、在园 420 人。

（李晓静）

【开设父母学院】 3 月 5 日，十一建华实验幼儿园父母学院正式开课。父母学院为幼儿家长提供专业育儿指导，帮助幼儿家长正确认识幼儿教育、了解幼儿园价值追求及管理方式。该园规定，新入园幼儿家长均需进入父母学院，完成 12 个课时的学习任务，内容包括开学典礼、半日活动体验、亲子活动、保健知识讲座、幼儿心理学讲座、毕业典礼 6 个主题。该园幼儿家长共 100 人参加父母学院首次课程。

（席建荣）

【开展幼小衔接教育活动】 3 月，十一建华实验幼儿园开展“成长节”、“到小学留学”幼小衔接教育活动。在“成长节”活动中，大班幼儿开展“我的寄宿生活”、“过去/现在/未来的我”等主题活动，锻炼独立生活能力。大班幼儿 63 人参加活动。在“到小学留学”活动中，该园组织幼儿到建华实验学校参加升旗仪式、参观校园、进教室听课，为该校六年级学生赠送礼物、表演节目。大班幼儿 60 人参加活动。

（张秀超）

【举办首届教学节】 4 月 11 日至 5 月 13 日，十一建华实验幼儿园举办首届教学节。教学节分为对内展示交流和对外展示研讨两个阶段。教学节期间，该园共组织教学半日展示活动 28 次，教学课展示 56 节，专题研讨 28 次。该园教师 28 人、幼儿 354 人参加活动。

（张丽丽）

【完成幼儿发展测评报告】 6 月，十一建华实验幼儿园完成《幼儿发展测评报告》。该报告通过对在园幼儿健康与动作、认知与语言、品德与社会、习惯与自助能力 4 个方面的测查，经过分析、整理完成。报告认为该园幼儿在 4 个项目上发展良好，达标率 80%以上；但部分子项目发展薄弱，达标率均低于 60%。该报告是幼儿园制订新学期教学计划参考依据。

（张秀超）

【开展自主小社会活动】 10至12月，

十一建华实验幼儿园举办 6 次“自主小社会”活动。活动把教室、楼道互相联系，形成一个开放式社会区域，要求幼儿自主选择职业、自由参与各项活动。活动每两周举办一次，目的是扩展教室和公共空间功能、促进幼儿主体性发展。该园幼儿 375 人参加活动。

（张秀超）

北京第二实验小学怡海分校

【概　况】 2011 年，北京第二实验小学怡海分校占地面积 7500 平方米、建筑面积 13100 平方米。体育场（馆）面积 1360 平方米。图书馆（室）面积 240 平方米，藏有纸质图书 8 万册、电子图书 4000 册，订阅杂志、报刊 57 种。固定资产总值 815 万元。拥有多媒体教室座位 84 个，计算机 114 台。全年教育经费投入 1200 万元，其中，国家拨款 650 万元、自筹经费 550 万元。年度信息化经费投入 13 万元。拥有普通教室 50

个、专用教室16个。开设教学班44个。教职工144人，包括中级以上专业技术职称38人。专任教师105人，包括本科以上学历82人。毕业生212人、招生259人、在校生1281人。网址：www.yhxx.org。

（赵红）

【参加数学创新思维比赛获奖】 1月，实验二小怡海分校参加第13届“华夏杯”创新思维总决赛获奖。该校学生56人参赛，获冠军奖1人、一等奖9人、二等奖21人、三等奖25人；指导教师5人获优秀教练员奖；该校获“我爱数学创新思维决赛团体金奖”、“我爱数学创新思维头脑风暴团体金奖”两项团体奖。比赛由中国教育学会数学教育发展研究中心、全国小学数学教改研究会、华夏教育研究院、华夏奥数之星教育研究会、奥数之星国际联合会共同举办，来自北京、广州、香港等20余个分赛区1000人参赛。该校重视数学创新思维教育，积极参加并组织创新思维比赛。其中，7月10日，“两岸”创新思维数学邀请赛决赛在实验二小怡海分校举办，该校109人进入决赛，36人获奖；8月1日，2011第七届“亚洲杯”创新思维总决赛夏令营在该校开营，接待来自全国300名小学生。该校41人参赛，获得特等奖2人、一等奖2人、二等奖18人。

（赵红　杨捷）

【开展助学活动】 8月5日，实验二小

怡海分校协办乡村教师北京培训周活动。来自广西农村学校17名教师到该校参观，与怡海分校教师就当前数学教学改革、创新，教材灵活使用等问题座谈交流。“乡村教师北京培训周”是商务印书馆2011年“小乡村，大课堂”系列助学第二期活动，由商务印书馆、丰台区委教育工委主办。

（杨捷）

【举办青年教师课堂展示活动】 11月7日，实验二小怡海分校举办“怡海杯”青年教师课堂教学展示活动。活动要求教师以“让课堂教学充满活力”为核心，结合当前教学改革和学校“生本、对话、求真、累加”课堂文化，开展集体备课和个人展示。该活动每年举办一次。该校教师60人参加展示活动。

（杨捷）

北京市第八中学怡海分校

【概　况】 2011年，北京市第八中学怡海分校占地面积2.48万平方米、建筑面积3.40万平方米，其中，产权建筑面积2.89万平方米、非产权建筑面积0.51万平方米。体育场馆面积1.27万平方米。图书馆建筑面积770平方米，藏有纸质图书3万册、电子图书3万册，订阅杂志、报刊195种。固定资产总值1623万元。拥有多媒体教室座位1380个，计算机215台。全年教育经费投入2452万元，其中，国家拨款889万元、自筹经费1563万元。学校信息化设备资产378万元，校园网出口总带宽30Mbps，数字资源量280GB，“信息技术”课程28课时/周。学校信息化经费投入20万元。拥有普通教室40个、专用教室8个、实验室13个。开设教学班40个，其中，初中班28个、高中班12个。教职工163人，包括高级职称29人、中级职称53人。专任教师121人，包括特级教师1人、市级骨干教师14人、市学科教学带头人4人；本科以上学历121人。毕业生389人，其中，初中272人、高中117人；招生415人，其中，初中290人、高中125人；在校生1166人，其中，初中828人、高中338人。在校生中寄宿生460人。网址：www.yh8z.com。

（魏娜）

【开展主题教育研修活动】 3月25日，八中怡海分校开展“站在学生的立场看教育”主题研修活动。活动邀请北京教育科学研究院张铁道围绕“国内外的学生是如何看待教育”作主题发言；以“孩子们的需求有哪些”、“我们怎样回应儿童的学习需求”为主题，组织学生、教师现场分组讨论。活动认为教师在教学活动中要树立正确学生观、实践以满足和提升学生需求的教学过程观、开展基于回应学生需求的教师行动研究。该校教师、学生265人参加研修活动。

（裴先杰）

【召开第一届校友理事会年会】 12月11日，八中怡海分校召开第一届校友理事会年会。会议通过理事会人员名单，确定27名校友会会员担任理事，推荐4人为“2012中美杰出青年培训”候选人。该校校长及历届高中毕业生代表共17人参加会议。

（裴先杰）

【成为素质教育舞蹈课程实践基地】

12月16日，八中怡海分校成为中国教育学会舞蹈教育专业委员会“素质教育舞蹈课程实践基地”。根据要求，该校提供实践基地开展工作经费，承担实践基地管理职责。根据协议，学校与教育部考试中心共同开展“全国素质教育舞蹈水平测试”教材编写、课程和教学内容研发、舞蹈教育学科建设和科研研究，以及在职中小学艺术教师专业培训工作。

（魏娜）

北京市海淀外国语实验学校

【概　况】 2011年，北京市海淀外国语实验学校占地面积20.01万平方米，建筑面积9万平方米，全部为非产权建筑面积。图书馆建筑面积1400平方米，藏书5万册。固定资产总值1980万元。拥有多媒体教室232个，计算机4598台。全年教育经费投入11389万元，全部自筹。信息化设备

资产283万元，网络信息点1个，校园网出口总带宽50Mbps，电子邮件系统用户3个，数字资源量5000GB。年度信息化经费投入163万元。拥有专业教室240个，多功能报告厅9个，钢琴房100间；有中学楼、小学楼、实验楼等建筑18座。开设教学班117个，其中，高中19个、初中31个、小学67个。教职工775人，其中，专任教师322人、包括副高级职称37人、中级职称133人；外籍教师45人。毕业生519人，其中，小学182人、初中263人、高中74人；招生1043人，其中，小学416人、初中401人、高中226人；在校生3919人，其中，小学2190人、初中1169人、高中560人。网址：www.bjfles.com。

（郭晔）

【小学部实施“2+2”工程】 1月19日，

海淀外国语实验学校小学部实施“2+2”工程。工程要求小学部学生完成游泳、钢琴2门必修课程学习，同时自主选择完成体育、艺术各1门选修课程学习。该校共开设“2+2”选修课程3门。

（郭晔）

【成立艺术团和运动队】 3月6日，海淀外国语实验学校海外艺术团、高水平运动队成立。艺术团下设管乐团、合唱团、舞蹈团3个分团，聘请国家一级导演为团长，聘请校外艺术教育专家及该校艺术教师共30人担任指导教师。高水平运动队下设小学运动队、中学运动队两个分队，由中学体育教研组长任队长，聘请该校体育教师33人担任指导教师。

（郭晔）

【密歇根分校成立】 4月7日，海淀外国语实验学校美国密西根湖区学校中国分校成立。分校为双语双毕业证书国际高中，由该校与美国密西根湖区公立学校合作创办，占地面积4万平方米、建筑面积4500平方米，拥有教室、学生教师宿舍、餐饮中心等教学场所和设施，可容纳150名学生学习生活。根据协议，分校就读学生在中国学习两年、在美国插入相应高中年级学习一年。该校每年派高二年级学生90人到美方学校学习，毕业学生获得中美高中毕业证书，可参加美国高考。至年底，中国分校就读学生90人。

（郭晔）

【完善专业选修课配套设施】 10至12月，海淀外国语实验学校完善专业选修课配套设施。该校完成金工、木工、陶艺、机器人、航模6间专业教室的建设，购买定向越野、定向测试活动专业器材，包括点签器、短80信号源、长80信号源、标准2米信号源、短2米信号源、标准80测向机、标准2米测向机、起终点站、指卡。总投资110万元。

（郭晔）

【创办家长报和教师报】 11月15日和30日，海淀外国语实验学校家长报《海外心桥》、教师报《恒思》创刊发行。两份报纸由该校教务部主办。其中，《海外心桥》为学校、家长及学生间提供沟通交流平台，设有校园建设、班主任日志、家长叮咛、百家争鸣4个栏目，稿件来源包括教育专家、本校教师和学生家长，每月1期，正4开4版彩色印刷。《恒思》为教师提供学习交流平台和生活娱乐空间，设有名师讲坛、教学启示录、教师书斋、拍客营4个栏目，稿件来源包括教育专家、本校教师，每月1期，以电子版形式在学校网站发布。

（郭晔）

北京市海嘉双语学校

【概　况】 2011年，北京市海嘉双语学校占地面积1.38万平方米，建筑面积1.68万平方米。图书馆建筑面积1275平方米，藏书4.4万册，订阅报纸杂志15种。固定资产总值301万元。拥有多媒体教室座位40个，计算机180台。全年教育经费投入1722万元，全部自筹。信息化设备资产78万元，校园网出口总带宽20Mbps，数字资源量500GB，“信息技术”课程21课时/周。全年信息化经费投入144万元。拥有普通教室26个，专用教室14个，实验室2个。教职工89人，包括专任教师69人。专任教师中，本科以上学历61人。开设教学班25个，其中，幼儿园部8个、小学部13个、中学部4个。毕业生82人，其中，幼儿园45人、小学32人、中学5人。招生111人，其中，幼儿园40人、小学66人、中学5人。在校生374人，其中，幼儿园113人、小学221人、中学40人。网址：www.bibachina.org。

（梅雪晶）

【开通网站】 10月13日，海嘉双语学

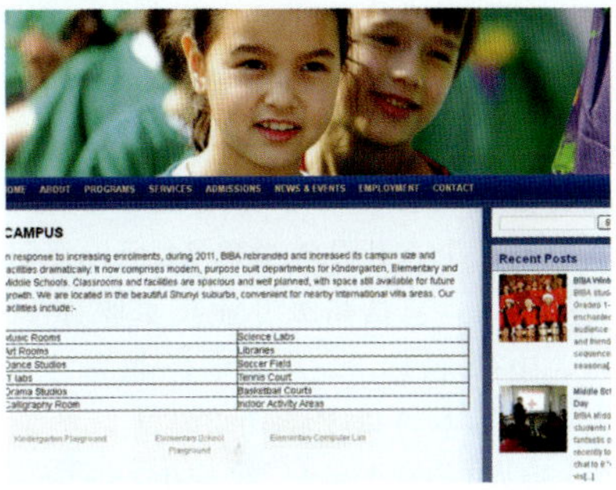

校网站开通。网站设立“关于海嘉”、“招生信息”、“课程设计”等6个一级栏目，包含中英两个版本。总投资4万元。网址：www.bibachina.org。

（孙良芸）

【开展职业选择学习探讨】 12月8日，海嘉双语学校中学部开展成人职业选择学习探讨活动。该活动邀请无国界医生、爱立信战略联盟总监等职业人士担任嘉宾介绍自己的职业选择。活动同时通过图片、文字、视频方式展示不同职业发展情况；组织学生以“实现工作的满意度和幸福度也同样重要——不只是金钱和威望!”为主题展开互动交流。该校中学部学生57人参加活动。

（孙良芸）

【新增两栋教学楼】 至年底，海嘉双语学校新增两栋教学楼。两栋新教学楼建筑面积10600平方米，租期19.5年，年租金181万元。学校投资200万元为教学楼增添教学设施，可同时容纳学生400人学习。新教学楼满足学校3个教学部办公教学的需

求，改变幼儿园、小学、中学在一栋楼办公教学的环境。

（孙良芸）

北京市新英才学校

【概　况】　2011年，北京市新英才学校占地面积12万平方米，建筑面积11.7万平方米，全部为产权建筑面积。体育场馆面积4995平方米。图书馆建筑面积360平方米，藏书3.7万册，包括电子图书10册，订阅杂志、报刊282种。固定资产总值50889万元。拥有多媒体教室座位3240个，计算机625台。全年教育经费投入6977万元，全部自筹。信息化设备资产460万元，校园网出口总带宽16Mbps，数字资源量1000GB，“信息技术”课程54课时/周。年度信息化经费投入1000万元。拥有普通教室50个、专用教室15个、实验室9个。开设教学班74个。教职工535人，包括高级专业技术职称27人、中级职称34人。专任教师344人，包括本科以上学历270人。毕业生135人、招生190人、在校生1882人。网址：www.bjnewtalent.com。

（赫英贺）

【举办感动校园十大人物颁奖盛典】

1月21日，新英才学校举行第二届感动校园十大人物颁奖盛典。经学校教职工、学生、家长投票，有包括幼儿园后勤主任、宿管员工、一线教师等10人成为第二届感动校园人物。学校为获奖者颁发证书与奖牌。学校教师、学生及家长2000人参加典礼。2008年，该校首次举办感动校园十大人物评选。

（赫英贺）

【举办高效愉悦课堂主题沙龙】　3至6月，新英才学校举办系列“高效愉悦

课堂”教师主题沙龙。沙龙以“育人目标下的高效愉悦课堂”为主题，共举办7场次。其中，“哈佛专场”通过该校哈佛中心研究人员专题报告，引导教师认识育人目标和高效愉悦课堂的关系；“幼儿园专场”通过解读高效课堂、精彩课堂展示和互动交流，引导教师认识育人目标下课程体系整合并初步系统化的趋势，提出在幼儿生活活动、活动区活动、教育活动、户外活动中要彰显活动目的性；“小学部专场”通过视频展示小学部教研活动和课堂中高效课堂实践，听取剑桥中心专家与小学数学教研组组长专业性问答，组织小学英语教师与初、高中英语教师教研对话等环节，引导教师认识一贯制教育思想；“中学部专场”围绕“课堂深处的精彩”主题，从不同学科教学模式、不同课型助学稿撰写两方面例证、诠释“育人目标下的高效愉悦课堂”主题。该校另举办汉语中心、剑桥中心、艺术中心3个主题沙龙。该校领导、教师共450人次参加活动。

（赫英贺）

【开展小升初系列活动】　7月15至20

日，新英才学校开展小升初系列活动。活动内容包括“小升初体验之科技馆之旅”、“小升初体验之感恩父母”、“小升初体验之让青春做主”。该校组织小升初衔接班学生到中国科技馆参观；组织学生为家长汇报演出，开展感恩父母为家长洗脚活动等。该校学生316人参加活动。

（赫英贺）

【与东北师范大学签署合作协议】

11月8日，新英才学校与东北师范大学签署战略合作协议。根据协议，两校开展学术交流活动，开展课题立项和研究；新英才在东北师大建立教师培训、进修基地，安排相关管理及教学人员到东北师大参加各种类型培训和学历进修；东北师大在新英才学校建立实习基地和就业基地，每学年派学生到该校实习，并推荐优秀毕业生到该校就业。协议期3年。新英才另资助东北师大贫困大学生30人。

（赫英贺）

北京市私立汇佳学校

【概　况】　2011年，北京市私立汇佳学校占地面积9.35万平方米，建筑面积9.38万平方米。体育场（馆）面积3.02万平方米。图书馆（室）建筑面积1221平方米，藏有纸质图书5.69万册，电子图书160GB，订阅报刊147种。固定资产总值13706万元，其中，教学、科研仪器设备总值1400万元。拥有教学楼3座、学生宿舍楼7座；普通教室3个，专用教室2个，实验室3个，专用钢琴房125间、钢琴200架。拥有多媒体教室113个、座位2000个，教学用计算机500台。全年教育经费投入5884万元，全部自筹。信息化设备资产500万元，网络信息点1000个，校园网出口总带宽100Mbps，电子邮件系统用户200个。学校信息化经费投入71万元。开设教学班80个，其中，小学32个、初中18个、高中30个。教职工496人，包括专任教师171人。教职工中，本科以上学历334人，外籍教师65人，拥有高级专业技术职称48人。毕业生598人，其中，小学157人、初中214人、高中227人；招生472人，其中，小学177人、初中135人、高中160人；在校生2178人，其中，小学883人、初中573人、高中722人。网址：www.huijia2000.com。

（李尔京）

【接待德国师生来访】 4月7至14日，汇佳学校接待德国达芬奇学校师生25人来访。其间，该校安排德国学生跟随初中部进班听课，举行中德学生座谈会和篮球、乒乓球、足球比赛；同时，安排初中部16个学生家庭周末接待德国学生寄宿，体验中国家庭日常生活。访问结束后，该校以节目表演形式为德国师生举行欢送会。该校学生30人次全程用英语接待来访客人。

（李尔京）

【创新课程教学形式】 5至6月，汇佳学校创新课程教学形式。5月27至31日，该校人文课程举办模拟法庭活动。活动结合学生近一个学期所学的法律知识，模拟法院审理案件的真实过程。每场模拟法庭活动用时40分钟，剧本内容为一起普通民事案件，要求有审判长1人、书记员2人、陪审员及审判员各1人，原告、被告及其当事人若干人，全部由学生担任。活动为期一周，共举办6场，该校6个班共213人参加活动。6月，该校语文中学项目（MYP，Middle Years Programme）课程举办硬笔书法比赛和语文词语竞赛。其中，初一年级213人参加硬笔书法比赛，27人获优胜奖，获奖作品参加专栏展出；初一年级213人参加语文词语竞赛，17人获得满分。6月16日，该校初中部英语组举办话剧专场晚会。组织者从学生准备的26个话剧中选出《小红帽》、《银行劫匪》和《远离毒品》等9个话剧参加晚会，评出“最幽默演员”、“最夸张表演”等奖项。该校学生560人参加活动。

（李尔京）

【举办课外实践活动】 6月，汇佳学校

举办商业街和科学市集课外实践活动。6月7日，该校举办商业街活动，以班级为单位，要求学生自行商定摊名、设计海报、整理物品，开设书店、小饰品店、花店等店铺，并开展正式买卖活动。活动部分所得600元捐给该校爱心社。该校初一、初二年级403人参加活动。6月27日，该校举办第四科学实验（科学市集）活动。活动以“厨房（Kitchen）”为主题，要求6人组成1个参赛小组，在10小时内完成规定的实验，并进行中英文讲解，评出一二三等奖和最受欢迎奖。实验包括霉菌的生长、温度与苹果腐烂程度的关系、塑化剂对健康的影响等内容。该校高二年级共40个小组240人参加比赛。

（李尔京）

【完成一项基建工程】 9月1日，汇佳

学校完成一项基建工程。该工程为钢混结构立体工程，由地上篮球场、半地下停车场和与主校区相连的地下通道构成，建筑面积7200平方米。其中，篮球场占地面积3600平方米，包括8个标准球场；停车场占地面积3600平方米，共有车位233个；地下通道穿过停车场与主校区的公路，设有40个靠椅的家长休息区和接待学生与家长的前台工作区，同时安装双向自动扶梯。该工程2010年7月开工，总投资2100万元。

（李尔京）

【举办人文课成果展示活动】 10月19日，汇佳学校开展人文课成果展示活动。活动以“关于学生自己的一生”为主题，要求学生通过自我分析，结合成长经历，制作一份属于自己的海报（poster），海报主题为“我的生命”（my life），要求以时间轴（timeline）作为海报展示形式，运用足印、尺子、相框等多种元素。该校初中部213人参加活动。9月，该校初中部开设人文课，主要内容涉及历史、地理、政治，每周6节。

（李尔京）

【创办科学实验俱乐部】 11月9日，汇

佳学校创办科学实验俱乐部。该俱乐部以“从生活走向物理”为宗旨，面向刚开始接触物理知识的初中学生，培养学生的动脑思考、动手操作能力。俱乐部实验内容以物理实验为主、化学生物实验为辅，引导学生完成“多种方法测量初中部楼高”、“科学方法抛鸡蛋”等试验型实验和“孔明灯的制作”、“水火箭的制作与发射”等技术型实验。至年底，该校初中部学生15人参加俱乐部活动。

（李尔京）

【成立初中荣誉协会】 12月6日，汇佳学校初中生荣誉协会成立。该协会以平均成绩点数（GPA，Grade Point Average）评估制度为基础，规定接纳GPA3.7以上学生为会员。协会授予会员荣誉会徽并定期组织户外活动。协会首批荣誉会员57人。

（李尔京）

【开展系列校园文化活动】 至12月，汇佳学校开展系列校园文化活动。4月7日，高中部举办首届礼仪展示大会。大会向学生展示服装礼仪、交往礼仪，同时以游戏方式让学生体验穿戴礼仪。该校高中部师生共222人参加活动。11月29日，学校举办环保服装设计大赛。比赛以班为单位，要求每班至少三套服装参赛。服装以塑料袋、报纸、光盘等废旧物为原材料，每套服装要配以名字和设计词，学生自选模特参赛。活动共收到作品50件，评选出一等奖15个、二等奖25个。12月13日，初中部举办“汇佳初中部音乐会——暨初中部音乐俱乐部汇报演出”。音乐会上，师生表演电子管弦乐曲《Nightingale》、古筝齐奏《战台风》、二胡齐奏《奔驰在千里草原》等作品。音乐会以观众投票形式评选出最佳创意奖、最具人气奖、最佳表演奖等奖项，该校初中部师生38人参加演出，588人观看演出。

（李尔京）

北京王府学校

【概　况】　2011年，北京王府学校占地面积10万平方米，建筑面积9.2万平方米，全部为产权建筑面积。图书馆建筑面积2000平方米，藏书25万册，订阅期刊、报纸109种。固定资产总值12530万元。拥有多媒体教室4个，计算机532台。全年教育经费投入95.66万元，全部自筹。信息化设备资产142.73万元，校园网出口总带宽70Mbps，数字资源量3.6GB。拥有普通教室34个、专用教室9个、实验室9个。开设教学班28个，其中，高一12个、高二10个、高三6个。教职工210人，其中，专任教师145人，包括外籍教师35人。专任教师中，硕士学历55人、博士5人、博士后1人。毕业生153人，招生473人，在校生770人。网址：www.bjroyalschool.com。

（张丽川）

【启动合作师资培训项目】　2月25日，王府学校哈佛大学教育学院教师培训（WIDE World）项目正式启动。该项目与美国哈佛大学教育学院、北京王府外国语学校联合举办。根据协议，王府学校成为哈佛大学教育学院WIDE World项目中国示范基地，共同在中国推广WIDE World教学模式；WIDE World项目教练帮助该校教师在课堂教学及管理中运用“为理解的教学”思想，开展教学、教法实践，提高课程准备、课堂教学等方面能力。该校教师100人参加培训。WIDE World项目是旨在为教育者提供高效教法及工具，通过在线互动、面对面辅助课程的方式培养优秀教师的职业发展项目。

（张丽川　江超民）

【聘任客座讲师3人】　3月16日，王府学校举行客座讲师聘请仪式。该校为美国明尼苏达州大法官安德森、明尼苏达大学法学院院长郝兰琼和汤森路法律信息集团中国区首席研究和学术官王昶颁发校客座讲师证书。客座讲师定期为学生作相关知识讲座。仪式结束后，学校邀请安德森大法官为该校师生作讲座。讲座介绍美国政治、经济、社会、法律基本情况，并就美国法律及中美关系与学生座谈。该校学生105人参加座谈。

（张丽川）

【举办首届英语辩论赛】　6月13日，王

府学校举办首届英语辩论赛。辩论赛以“全球化与青年责任”为主题，按照学校英语教学班级为单位开展。一、二级英语初级班以“我们是否应该使用核能”为辩题，提前准备辩论材料；三、四级英语高级班以“考试是否是测试学生学术成就的最好方式”为辩题，在比赛前3小时按照抽取的辩题准备报刊资料、海报等支撑材料。该校英语监视、外籍教师担任评委。通过对辩手表达能力、质疑能力等方面综合考量，评出最佳辩手2人、一等奖8人、二等奖8人。

（张丽川）

【与美国开展高中交换生项目】　8月，王府学校与美国米尔布鲁克（Millbrook）高中互派学生。王府学校5名高二年级学生赴米尔布鲁克高中学习，寄宿当地爱心家庭，参加学校组织的社会实践，熟悉和适应美国学习和生活。米尔布鲁克高中6名学生到王府学校学习和生活，了解中国文化。项目为期1年。

（张丽川　任晶晶）

【接受第三方教学评估】　11月14至18日，王府学校邀请美国北卡罗来纳大学教育学院对该校开展第三方教学评估。评估团由北卡罗来纳大学教育学院专家教授18人组成，采用课堂听课，与专业课教师、教研室和行政部门负责人座谈，查阅教案、教材、教学计划、试卷等方式，评估学校教学、行政管理两方面情况。评估团认为学校拥有高层次领导层、课程运作模式有特色、师资队伍实力雄厚，同时就教学管理、行政管理等方面问题提出意见和建议。这是该校首次邀请美国大学层次专业评估团队作为独立第三方对学校评估。

（张丽川）

【接待美国人员来访】　11月和12月，王府学校分别接待美国大学理事会和升学指导机构（NCAC，National College Advising Corps）代表来访。11月11日，美国大学理事会视察团一行11人观摩该校8个学科18门课程，与师生座谈交流美国大学预修课程（AP）情况。代表团认为该校教师教学水平高、上课技巧到位、对AP课程学习要求把握准确，把中国学生特点与AP课程学术要求有机融合。12月16日，NCAC董事访问该校并与教师座谈。访问者介绍NCAC的目标、服务范围以及美国升学申请步骤，并就如何帮助学生选择最适合自己学校等问题回答教师提问。该校教师123人参加座谈。

（张丽川）

（本栏责任编校　张晓兰）

德育体育美育

综　　述

2011年，北京市深入学习贯彻科学发展观，围绕“提高教育质量，促进内涵发展”主题，坚持以科学发展观统领全局，以面向全体学生为出发点，以促进学生德智体美全面发展、全面实施素质教育为目标，以创建长效机制、规范日常管理为根本，根据国家和北京市《中长期教育改革和发展规划纲要》开展各项工作。

德育工作。市教委围绕纪念建党90周年，以“党在我心中”为主题，掀起全市中小学生学习党史、热爱祖国、热爱中国共产党的高潮。市教委投入40万元，为中小学配发《青少年学习中共党史丛书》，提供有效学习载体；组织20名党史专家、20余名劳动模范走进100所中小学作专题报告；举办优秀学生事迹报告会，搭起专家引领、榜样示范、同伴教育的平台。

市教委将培育和弘扬“北京精神”活动作为推进社会主义核心价值体系教育着眼点，建设长效机制，将“北京精神”作为具有鲜明首都特色的重要德育内容固定下来。至年底，市教委组织全市小学生创编《北京精神新童谣》，并汇编成册供全市小学生传唱；修订中小学27个学科德育指导纲要，将社会主义核心价值体系教育和“北京精神”融入各学科教学中，积极开发和实施“北京精神”地方课程。

市教委充分发挥市区两级1260家社会资源单位的作用，强化实践育人。完成300家市级资源单位的课程开发工作，促进学校教育与社会教育的深度融合。投入950万元，实施“牵手计划”，支持农村学生和来京务工人员随迁子女走进社会大课堂。

市教委研讨并制订北京市实验方案，确定中小学德育体系建设、社会大课堂可持续发展机制和班主任队伍建设三个重点研究方向。组织16个区县和燕山地区开展试点工作。有效推进三项重点任务，完成全市中小学德育经验的总结梳理、中小学班主任队伍工作状况调研并形成调查报告、《中小学德育指导纲要》（征求意见稿）的编制等项工作。

学校体育工作。2011年，市教委采取有力措施，着力改善青少年学生体质健康状况。其中，制定政策措施，切实保证中小学生每天一小时校园体育活动；传承奥运精神，广泛开展学生阳光体育运动；举行阳光体育展示，开展阳光体育联赛评估，促进全市阳光体育运动全面开展；认真贯彻《国家学生体质健康标准》，努力提升全体学生体质健康水平。市教委与市体育局联合规划统筹全市大中小学体育比赛活动，加强体育活动的科学规范管理，提高体育比赛的效益。至年底，市教委组织首都高等院校田径运动会、北京市中学生田径运动会、奥林匹克基地学校田径运动会、北京市职教系统校园体育节等大型赛事活动；承办教育部主办的多项全国高水平体育赛事；组织参加全国第11届中学生运动会。市教委做好初中毕业升学体育考试和高中毕业体育会考工作，组织开展初中升高中体育特长生测试、高中升大学体优生及等级运动员测试。市教委检查评估市属高校《学校体育工作条例》实施情况，采取自查、评比、答辩、抽查等方式，评出20所优秀院校。同时为推进体育课程建设和教学改革，进一步完善体育课程评价体系，研究制定《首都普通高等学校体育课程建设与教学改革指导意见》和《首都普通高等学校体育课程教学常规》，促进高校切实加强对体育工作的领导和管理，大力推进体育课程改革，广泛开展学生课外体育活动，全面实施《学生体质健康标准》，高度重视体育师资队伍的建设。

艺术教育工作。2011年，北京市艺术工作加强法规和制度建设，进一步规范艺术教育工作，本着“优质、均衡、特色”的原则，对部分区县和高等学校进行《学校艺术教育规程》贯彻实施情况检查，为进一步规范北京市学生金帆艺术团的建设和管理，组织专家对原有金帆艺术团进行验收，完成“十一五”期间制定的布局和规模调整任务，为“十二五”期间金帆艺术团的发展奠定有力的基础。以传承民族艺术为己任，深化京剧进课堂工作。为更好地推动京剧进课堂工作顺利实施，让学生达到“熟悉京剧、尊重艺术、热爱生活、提高素养”的工作目标，完善《北京市京剧进中小学课堂试点工作实施方案》，开展教师专业培训，编写中小学关于京剧的校本课程，借助京剧进课堂工作带动民族优秀文化在学校的全面传承和发展。

科普教育工作。2011年，市教委举办全市青少年（DI）头脑创新思维活动。设立北京市中小学机器人智能大赛，通过品牌活动的打造，促进科技创新发展。继续举办第三届北京市中小学生科学建议奖评选活动。组织开展系列展示、竞赛及论坛活动。全市近百万名学生参与其中。借助社会力量和资金开展“波音”航空科普教育系列活动；组织中小学生“低碳环保”主题系列活动。

校外教育工作。为丰富农村地区学生课余文化生活、培养创新精神和提升综合素质，加强农村地区未成年人活动场所建设，进一步缩小城乡教育差距，促进教育均衡发展，首批利用中央彩票公益金建设的6所乡村学校少年宫揭牌。至此，全市在10个远郊区县的乡镇中心校建成47个乡村学校少年宫。

学校卫生工作。市教委联合市卫生局和市政府教育督导室共同印发《关于加强本市中小学生肥胖及视力低下防控管理工作的意见》，要求区县把握规律，制定科学有效的干预措施；强化监管，确保上好“两操一课”；加强指导，树立健康新观念；关口前移，做好低年级学生近视及肥胖预防干预；严格标准，改善教学设施和环境；加强预警，建立资源共享平台。

针对新疆维吾尔自治区和田地区发生的脊髓灰质炎疫情，市教委与市卫生局联合制定北京市教育系统应急预案，启动二级应急响应，向全市各级各类学校紧急布控，有效的控制脊髓灰质炎疫情在教育系统的传染。与市卫生局联合开展全市学生常见病防治规划（2011～2016）的培训工作，制定完善有效的防病工作管理制度和预案。开展北京市健康促进学校的评估验收工作，推进学校健康教育，引导学校卫生工作健康发展。加强对青少年性健康教育、艾滋病防控及控烟工作，加大对学校卫生工作的宣传力度，培养学生卫生与健康的生活习惯。加强对中小学校医的配备与培训。

国防教育工作。市教委组织市属高校及部分高中学生20余万人参加军训，并开展高中军事理论教师继续教育培训班。组织高校无线电测向、学生定向越野活动及高校国防教育演讲比赛。为确保全年军训工作开展，进一步规范学生军训基地管理，组织开展学生军训定点基地检查，保证全年军训工作顺利进行。

（王东江　向姣姣）

德　　育

德育工作

【12名学生入选市优秀学生】　4月18日，市教委认定12名学生为2010～2011年北京市优秀学生。市教委根据教育部和北京市教育委员会关于评选省级优秀学生的有关精神和政策，经学校和区县推荐，市教委基教一处组织进行初审和复审，充分听取市教委有关处室以及人大代表、政协委员的意见，报市教委主任办公会审议通过，并在学生本人所在学校公示无异议后，市教委认定北京市东直门中学李达等12人为2010～2011年北京市优秀学生。

（向姣姣）

2010～2011年度
北京市优秀学生名单

李达	北京市东直门中学
胡琬莹	北京市广渠门中学
梁禹澄	北京市汇文中学
林意	北京师范大学附属中学
马诗琦	北京师范大学附属第二中学
毕淼	北京市盲人学校
田梓垚	中国人民大学附属中学
冯美娜	北京市顺义牛栏山第一中学
韩特	北京市昌平职业学校
孙靖	北京市怀柔区第一中学
毛丽	北京市密云县第二中学
李阳	北京市延庆县第一中学

（向姣姣）

【召开《青少年学习中共党史丛书》出版座谈会】　4月23日，中央党史研究室、教育部和团中央主办，市委教育工委、市教委承办《青少年学习中共党史丛书》出版座谈会。中央党史研究室、团中央书记处、新闻出版总署、教育部等单位相关领导参加座谈会。会议肯定《青少年学习中共党史丛书》的出版，对如何用好这套丛书在青少年中开展党史宣传教育提出具体意见建议，并为市中学生代表赠送丛书。《青少年学习中共党史丛书》是中小学党史教育有效载体，党史丛书进校园活动也是北京市中小学“党在我心中”主题教育实践活动重要内容。市教委投入40万元，为全市中小学配发《青少年学习中共党史丛书》。会议在北京育才学校举行。

（向姣姣）

【召开中等职业学校德育工作大会】　4月26日，市教委召开2011年北京市中等职业学校德育工作大会。会议对2011年中职德育工作提出四点意见：第一，坚持育人为本、德育为先，把提高育人质量作为教育工作的根本要求，把立德树人作为职业学校教育的根本任务；第二，适应党和国家对职业教育新要求，适应首都经济社会发展的新形势，适应首都青少年学生成长的新需求，不断丰富中职学校德育内容；第三，创新中职德育形式和载体，突出职业教育实践特色，搭建大学生自我教育、自我提升、自我展示的舞台，营造有利于中职学生成长、成才氛围；第四，以纪念建党90周年为契机，以推进社会主义核心价值体系教育为重点，扎实做好2011年中职学校德育工作。市教委、区县教委领导及各中等职业学校校长、教师代表300余人参加会议。

（向姣姣）

【公布“瞭望杯”时事知识竞赛获奖名单】　5月11日，市教委和《中学时事报》联合举行第30届北京市中学生“瞭望杯”时事知识竞赛暨年度时评总结表彰会。会议公布第30届中学生“瞭望杯”时事知识竞赛获奖名单。本届比赛时间为2010年11月26日，竞赛内容为2010年1至10月《中学时事报》刊载的形势政策教育内容，国家、北京市对中学生提出的有关德育方面的要求，竞赛形式采取开卷答题方式，在各区县初赛基础上选拔选手参加全市竞赛。本届赛事共有16个区县及燕山地区163所中学676名学生参加。市教委提出四条措施进一步加强中学生时事政策教育：一要进一步引导区县和学校重视中学生时事教育，把时事政策教育作为德育工作的一项重要内容，统筹好教育内容、方式、时间；二要发挥中学政治课在时事教育中的重要作用，把时事政策教育内容贯穿到政治课教学之中，切实抓好中学政治教师队伍建设；三要充分发挥首都特有的资源优势，创新时事政策教育的方式，提高中学生时事政策教育的针对性；四要继续发挥《中学时事报》等载体作用，加强合作，做好时事述评等活动。市教委、区县教委有关领导以及学校获奖代表60余人参加会议。

（向姣姣）

第30届北京市中学生“瞭望杯”时事知识竞赛一等奖

团体总分奖第一名

城区组：朝阳区

郊区组：平谷区

集体奖第一名

城区组：北京市第五中学分校

郊区组：密云县西田各庄中学

个人一等奖（60人）

东城区（14人）

北京市文汇中学

谢天

北京市第五十中学分校

周涵

北京市汇文中学

王晓丹　郑依辰

北京市第五中学分校

李晟昊　胡钰萱　张骞

闫一明

北京市广渠门中学

刘子艺

北京市第五十中学

刘清扬　王言方

北京市前门外国语学校

刘欣　孙赫男

北京市第一零九中学

刘寒韵

西城区（2人）

北京市第八中学

李肇阳　刘涵清

朝阳区（15人）

北京市日坛中学

朱勤勤　林捷　靳然

北京市陈经纶中学分校

张韵　王正坤

北京市和平街第一中学

吴宇嘉

北京市第八十中学

王博艺　丁昱文

北京市三里屯第一中学

王岚

北京市陈经纶中学

杨舒然　常博宇　刘禹含

北京工业大学附属实验中学

漆晓磊

北京市樱花园实验中学

乐东晨

北京市五路居第一中学

金霄

丰台区（4人）

北京市第十二中学初中一部

刘跃劼　杨梦

北京市洋桥学校

韦祎

北京市第十中学

王嘉冬

顺义区（1人）

北京市牛栏山一中实验学校

姚萌萌

平谷区（16人）

北京市平谷区第二中学

李佳红　刘欣锋　李佳安

郭凯旋

北京市平谷区第三中学

李嫣然　彭鹏　宋蕊

北京师范大学附属平谷中学

岳馨毅

北京市平谷区第七中学

齐凯

北京市平谷区第九中学

费秀丽

北京市平谷区夏各庄中学

王彬宇

北京市平谷区张各庄中学

何颖鑫　熊欣

北京市平谷区刘家河中学

韩顺鑫　王紫鑫　王蕾

密云县（7人）

北京市密云县古北口中学

张武涛　金佳

北京市密云县第三中学

张昊群

北京市密云县西田各庄中学

娄欣宇　季爽　张朝阳

崔欣然

延庆县（1人）

北京市延庆县十一学校

王函

（向姣姣）

【举办“劳模进校园”活动】　5月20日，市教委和市教育工会举行2011年北京市中学“劳模进校园”活动启动仪式。全国劳模北京航空航天大学房建成教授作首场报告，讲述他如何在飞行器惯性导航、组合导航、自主导航与航天器姿态控制惯性执行机构技术等领域的基础理论与关键技术方面开展开拓性和创新性的研究工作。该活动在北京市东直门中学举行，来自市、区县教委领导和东直门中学师

生共计330余人参加仪式。至年底，共有20名劳模走进100所中学开展宣讲活动。北京市自2010年开展“劳模进校园”活动以来，取得良好效果；2011年起，市教委将“劳模进校园”活动作为首都中小学德育的一项制度性活动，每年在“五一”、“五四”前后组织开展。

（向姣姣）

【举办优秀中学生事迹报告会】　6月22日，市委教育工委、市教委联合市委宣传部、首都精神文明办和团市委举办“党在我心中——2011年北京市优秀中学生事迹报告会”。报告会听取6个先进典型事迹报告，包括不断追求卓越，完成《关于秦灭亡的研究》课题研究的北京市顺义牛栏山第一中学冯美娜；身处远郊，在科学探索领域内收获美丽与艰辛的北京市延庆县第一中学李阳；执着追求马列理想，用信仰引领青春航向的北京师范大学附属中学林意；以“团结协作，守望相助，做优秀班集体”为目标，努力打造“爱心班级”的北京市八一中学初三（7）班；经历不寻常的生活磨难，被评为中国十大孝子的中央工艺美术学院附属中学邵帅；踊跃投身各种社会活动中，让青春在责任中绽放的北京汇文中学梁禹澄。市委教育工委、市教委、首都精神文明办、团市委等有关单位的领导以及市教委、区县教委的有关部门负责人以及中学生代表共500余人参加报告会。报告会在北京师范大学附属中学举行。

（向姣姣）

【召开廉洁教育主题活动现场会】　7月5日，北京教育科学研究院举办的北京市廉洁教育研究现场会暨中学生主题实践优秀成果展示会在北京市第十八中学召开。会议着重介绍该校德

育为先、学生主体、师生互动的办学理念及学校廉洁教育的整体研究思路和经验特色。会议举办学生廉洁教育进校园主题实践优秀成果展示活动，由研究性学习报告、课本剧和模拟法庭三个部分组成。在研究性学习报告中，3组学生分别展示“明朝的反贪考查及其现代启示”、“廉者常乐无求，贪者常忧不足”、“打牢反腐倡廉的思想防线”3项课题研究，从敬廉崇洁、激浊扬清、从我做起三个角度完整阐释对于廉洁问题的认识和思考；学生自编自演课本剧《和谐端午》，并举办模拟法庭。其间，与会学生共同在“打牢反腐倡廉的思想防线倡议活动”横幅上签名，并在“廉洁书签”上写下寄语。市教委、市第二中级人民法院少年法庭、丰台区委教育工委等领导、专家参加活动。

（向姣姣）

【举办中小学数字德育网上夏令营】 7月12日至8月31日，市教委举办北京市中小学数字德育网上夏令营活动。该活动以“党在我心中”为主题，依托北京市中小学数字德育网（http://moral.bjedu.cn）、北京市中小学网上家长学校（http://jzschool.bjedu.cn）、北京市中小学生社会大课堂门户网（http://bjssc.bjedu.cn）等平台，共开设“红色精神我传承”、“学习身边的榜样”、“社会大课堂暑期活动资讯”、“青春e彩光荣绽放”、“青少年与法”、“沙燕心理”6个板块，下设若干个栏目，为中小学生营造一个健康文明的网络环境，引导广大中小学生健康上网、文明上网，过一个快乐而有意义的暑假。全市共有中小学生63万人参与德育网上夏令营活动。

（向姣姣）

【表彰社会大课堂建设工作先进】 7月14日，市教委、市人力社保局联合表彰北京市校外教育（中小学生社会大课堂建设）先进集体和先进个人。会议总结3年来社会大课堂建设工作的成果和经验，表彰为建设好、运用好社会大课堂做出突出贡献的先进集体和先进个人，授予首都博物馆社会教育部等80个单位和部门“北京市中小学生社会大课堂建设工作先进集体”称号，授予北京师范大学第二附属中学陈国治等80人“北京市中小学生社会大课堂建设工作先进个人”称号。来自市人力社保局、市教委领导以及获奖代表共计300余人参加会议。

（向姣姣）

【召开中小学文明礼仪教育现场交流会】 10至11月，市教委召开加强中小学文明礼仪教育现场交流会。会议分别走进海淀区教师进修学校附属实验学校、东城区安里小学，现场观摩学校通过课程、活动、校园文化介绍等展示学校礼仪教育经验。市教委要求各区县和学校把学习践行北京精神与“做文明有礼的北京人”活动有机结合，进一步加强中小学生文明礼仪教育，大力推广中华传统美德教育实验成果，巩固和深化北京市中小学生十个文明形象教育效果，引导中小学生用良好的文明行为为首都北京增光。各区县教委中教科科长和校长代表共计100余人参加会议。

（向姣姣）

【举办高职院校德育工作论坛】 11月18日，第三届北京高职院校德育工作论坛在北京电子科技职业学院举办。论坛围绕“创新高职院校德育工作，服务首都经济社会发展”主题，总结和提炼当前高职德育工作经验和规律。北京电子科技职业学院、北京农业职业学院、北京财贸职业学院、北京工业职业技术学院、北京青年政治学院分别作题为《文化育人，打造精品》、《高职学院德育定位与目标统筹——以价值观与思维方式的视角》、《思想政治教育中的感恩与敬畏》、《打造安生立命之本，养成职业基本素养——职业基本素养养成教育系统设计与实施》、《高职院校“生命、生存、生活”主题教育活动探索——以北京青年政治学院教育实践为例》主题发言。与会代表就高职学院德育定位与目标统筹、高职院校职业基本素养养成教育、德育主题教育、文化育人等问题进行多角度、深层次探讨。论坛由首都大学生思想政治教育研究中心主办。市委教育工委、首都大学生思想政治教育研究中心办公室相关领导，北京电子科技职业学院、北京财贸职业学院、北京工业职业技术学院、北京农业职业学院、北京经贸职业学院、北京青年政治学院和北京城市学院等高职院校主管学生工作的领导、相关人员和学生代表120余人参加论坛。

（陈晓文）

【启动“培育和弘扬北京精神”主题教育活动】 11月28日，市委教育工

委、市教委在宣武师范学校第一附属小学举办“北京精神”新童谣传唱活动。会议启动中小学和中等职业学校“培育和弘扬北京精神”主题教育活动。市委教育工委、市教委领导参加启动活动并讲话。会议部署中小学和中等职业学校培育和弘扬“北京精神”工作，重点要通过十项举措，切实抓好三个方面的工作：一是要扎扎实实搞好“北京精神”学习宣传；二是要建立长效机制培育和弘扬“北京精神”；三是积极引导中小学生体验践行“北京精神”。主题教育活动向小学生代表赠送《“北京精神”新童谣》小册子，宣师一附小的学生传唱“北京精神”新童谣。西城区作会议发言，介绍全区中小学学习践行“北京精神”有关情况。来自市委教育工委、市教委领导以及相关处室的负责人、16个区县和燕山地区教委的主管主任、中小教科长、部分中小学师生代表参加活动。“北京精神”表述语正式发布后，全市中小学以“北京精神”为主题开展新童谣创编，市教委从中选出23首学生创作的童谣汇编成册并印发给学生。

（向姣姣　陈蕾倩）

【承办全国中小学德育工作经验交流会】 12月8至9日，市教委承办全国中小学德育工作经验交流会。会议由教育部主办，刘延东发来贺信，袁贵仁作重要讲话，刘利民主持会议，赵凤桐参加会议并致辞。会议总结交流2004年以来全国各地推进中小学德育工作的好经验，分析中小学德育工作面临的新形势，部署基础教育战线学

习贯彻落实党的十七届六中全会精神，推动社会主义核心价值体系融入中小学教育。会议向137个全国中小学德育工作优秀案例单位代表颁发奖牌，命名141家全国县级示范性青少年校外活动场所和22家全国中小学社会实践基地。会议听取北京、广东、辽宁、湖南、重庆、江苏、四川、浙江教育行政部门和部分学校代表作交流发言。姜沛民代表北京市作交流发言，介绍北京市积极推动社会大课堂建设和应用的实践探索。近年来，北京市动员社会参与，强化实践环节，在增强德育的针对性和实效性方面开展积极探索，取得一些成效，主要体现在以创设社会大课堂为抓手，实现学校教育和社会教育的深度融合。会议还分别走进东城、西城、朝阳、海淀4个区的4所中小学校和4家社会资源单位，现场观摩社会大课堂实践体验活动。教育部、团中央、全国妇联、国家粮食局、国家档案局的有关领导以及来自全国各省、直辖市、自治区、新疆生产建设兵团、计划单列市的教育行政部门负责人，部分中小学校长、校外教育机构和社会实践基地代表150人参加会议。"北京市中小学生社会大课堂建设的实践探索"获得全国中小学德育创新案例奖，北京教育科学研究院德育中心的网上家长学校建设、朝阳区教委的班主任队伍建设、海淀区的区域资源整合、北京师范大学附属实验中学的生涯教育4项实践案例同时获奖。

（向婷婷）

专门教育

【海淀寄读学校开展学雷锋系列活动】 2月28日至3月5日，海淀区寄读学校开展学雷锋系列活动。该校以班为单位，分别开展各种形式学雷锋活动，包括设立雷锋活动周、学雷锋月，观看电影《离开雷锋的日子》，讲解雷锋事迹，组织学雷锋做好事义务劳动，评选学雷锋优秀小组和学雷锋优秀个人，开展公益环保、美化校园大扫除活动等。该校学生293人参加活动。

（郭俊峰）

【海淀寄读学校举办读书节系列活动】

3月12日至4月21日，海淀区寄读学校举办读书节系列活动。读书节围绕"阅读润泽生命，好书伴我同行"主题，开展语文古诗文默写比赛、书法评比、手抄报征集与评比、读书组内交流、"弟子规"诵读比赛、"向您推荐一本书"教师读书沙龙、展板及会徽展示8项活动，其中，书法评比、手抄报征集评比、班级读书节展板及会徽展示分别在校园甬道举行；读书组内交流、古诗文默写比赛以班为单位，由语文教师组织；"弟子规"诵读比赛利用晚点名时间进行。全校师生380人参加系列活动。

（王红侠）

【东城工读学校启动"导师制"】 3月15日起，东城区工读学校启动"导师制"学生辅导计划。活动由学校挑选22名青年骨干教师，每人负责1名在班级中"能量较大的学生"，采取谈话、走访、帮扶等形式对学生成长给予帮助，并辅助班主任工作，活动期暂定1年。活动主要内容包括教师每学期给自己辅导的学生送上至少1本励志书籍；在生活上关心、爱护，在学习和行为习惯上给予引导和帮助，每周至少和学生交流1次，填写学生成长情况记录表。截至12月，教师家访40次，与学生面谈超过300次，还通过电话交流、网络留言等方式开展交流。

（郝霞）

【东城工读学校组织参观看守所】 3月21日，东城区工读学校组织学生参观东城区看守所。活动听取东城区看守所领导作法制报告，讲解如何看待财富、抵制不良诱惑、避免犯罪等内容，并参观监舍。学校校长藉此提出要求，要求学生"做好人生定位，学法、懂法、用法，走好自己的人生之旅"。共有200名学生参加活动。

（郝霞）

【东城工读学校开设德育活动选修课】 3至12月，东城区工读学校开设德育活动选修课。选修课面向全体学生开设，主要丰富学生业余生活，培养个人爱好和团队意识及人际交往能力，主要课程包括足球、篮球、乒乓球、羽毛球、棋牌、网球、手工和烹饪。活动时间为每周二、四下午的课外活动时间，每节时长1小时。选修方式是学生不以班级为单位，随意选择一至两门自己擅长或喜爱的课程。全校学生积极报名参与，每次参与活动的学生达百余人次。

（郝霞）

【海淀寄读学校举办辩论赛】 4月13日，海淀区寄读学校举办辩论赛。辩论主题为"获得知识重要还是获得能力重要"，该校初三年级通过班级辩论赛，选拔正方、反方各5名辩手参加决赛。决赛分立论陈词、攻辩、攻辩小结、自由辩论、总结陈词5个环节，经评委评议，反方获优胜奖，正方获优秀奖，初三（4）班1名学生获最佳辩手称号。该校初三学生82人参加活动。

（郭俊峰）

【海淀寄读学校演出心理剧】 5月20日，海淀区寄读学校学生演出心理剧。该心理剧名为《光荣与梦想——

诺贝尔奖承载的人类进步之梦》，由高一年级学生自编、自导、自演，邀请学校心理中心教师做顾问，全剧分为4幕：诺贝尔传奇、诺贝尔物理学奖、诺贝尔化学奖、诺贝尔和平奖，高一（1）、高一（2）班全体学生扮演诺贝尔、爱因斯坦、居里夫妇、马丁·路德·金等角色。学校教师及高一年级学生38人观看演出。

（郭俊峰）

【门头沟工读学校巩固工读预备生制度】 5至12月，门头沟区工读学校继续巩固“工读预备生制度”。该制度建立于1997年，内容是把各校问题学生作为工读学校预备生，纳入工读学校管理之列，学籍依然在原学校，工读学校定期了解他们的情况，与学校协商教育方法。如果学生依然问题严重，则收入工读学校进行教育。建立工读预备生制度，有利于对问题学生的教育和管理，帮助问题学生走入正途。至年底，共建立工读预备生档案22份。

（董国舫）

【举办专门教育学校展示交流活动】 6月28日，市教委举办的北京市专门教育学校展示交流活动在北京市东城区古城职业高中举行。活动围绕“为每一个学生的幸福成长奠基”主题，听取东城区教委和古城职业高中分别作《加强专门教育学校建设》、《促进专门学校发展》交流发言，6所专门教育学校通过展板、短片、工作教育案例集展示各自办学特色与取得的教育成果。首都综治办、团市委，市教委有关职能部门以及东城区、西城区、朝阳区、海淀区、门头沟区教委主管领导及其所辖6所专门教育学校校长、教师代表共计80人参加展示交流活动。

（向姣姣 郝霞）

【门头沟工读学校组织社会大课堂实践】 10月19日，门头沟区工读学校组织中小学生社会大课堂实践活动。该校师生参观门头沟区社会大课堂资源单位“北京花露蝴蝶园”，聆听蝴蝶知识讲座，参观蝴蝶标本室及400平方米的蝴蝶养殖大棚，并在工人指导下制作蝴蝶标本。学生的蝶翅画作品在学校进行展览，并评出一、二、三等奖。

（董国舫）

【东城工读学校开展职业生涯规划“体验课”】 10月27日，东城区工读学校组织学生到企业上职业生涯规划“体验课”。高三年级学生依照专业分别被安排到中亚远恒物业公司所辖的化工大厦、和平里宾馆和天润奥迪4S店等企业，了解员工岗位职责并观摩和实践。在和平里宾馆工作的该校往届优秀毕业生，讲解企业员工在工作过程中的职业道德规范。全校师生共50余人参与活动。

（郝霞）

【东城工读学校开展团体心理辅导】 11月8日，东城区工读学校开展团体心理辅导。心理辅导围绕“时间管理”主题，指导学生如何更有意义的度过每一天。辅导授课形式为团体活动，包括小游戏“撕纸人生”、“时间圆饼图”和小组协作游戏“人体时钟”等。辅导以职高一年级学生为主体，其他年级学生适当参与其中。

（郝霞）

【东城工读学校举办首个“校园开放日”】 11月15日，东城区工读学校

举办首个“校园开放日”。开放日围绕“丰富多彩的校本课程”主题，向家长介绍学生近期学习生活情况，引导家长观摩和参与学生的“一日生活制度”、学校特色课程（礼仪、法制、就业指导等）和德育活动课，并观看学生作业展示和书法课程学习成果，使家长感受学校“从兴趣入手培养学生良好行为习惯”教育思路。全校师生、学生家长300人参加活动。

（郝霞）

【东城工读学校推出6项教改举措】 11月，东城区工读学校推出6项教学改革举措。学校在分析期中考试成绩基础上，对文化课和专业课有待改进的方面进行梳理和总结，结合学生实际情况，推出6项教学举措，分别是细化教案的课后反思中对学生课堂学习情况的分析；每次教研组活动增加分析学生现阶段学情的内容，组内分享调动学生学习积极性的策略；早晚自习的硬笔书法练习，融入古典音乐的元素，提高书写的时效性；文化课组织开展学科竞赛；专业课邀请专家不定期到校指导；不定期举行抽测，了解学生的阶段学习情况。

（郝霞）

【调研海淀寄读学校】 12月21日，

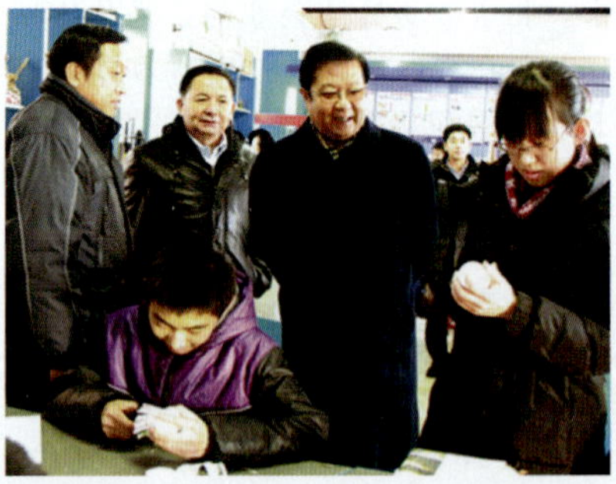

教育部、公安部、司法部、团中央联合调研组到北京市海淀寄读学校调研北京市专门学校。调研组查看该校学生活动和校园环境，听取学校汇报并与师生代表座谈。市教委领导介绍北京市专门学校基本情况、办学模式和急需解决的问题及建议。“十一五”期间，北京市专门学校办学条件得到有效改善，形成符合北京特点的专门学校发展模式，即半军事化寄宿制的学校管理模式、初中加职业教育课程教学模式、以特困资助为支持的经费保障模式、市级统筹区县合作为支撑的管理运行模式。5年来，北京市专门学校累计教育矫治挽救青少年1724人。教育部领导肯定学校办学效果和教师无私奉献，并指出当前全国专门学校发展遇到的新情况、新问题，希望学校进一步总结经验，在全国发挥示范引领作用。

（向姣姣 王常智）

体　育　卫　生

体　育

【召开首都高等学校体育工作会议】

1月11至12日，市教委召开2011年首都高等学校体育工作会议。会议总结上年工作，明确改革方向，部署工作任务。会议为获得“2010年北京市高校阳光体育联赛优胜奖”的学校颁奖。市教委、各高校主管体育工作的校领导、体育部主任以及市大体协各分会负责人共计180人参加会议。

（郑淑媛　李铮）

【举办中小学生乒乓球比赛】 1月23至26日，市教委举办阳光体育2011年第27届北京市中小学生乒乓球比赛。比赛设男女单打、双打和混双5个大项、8个组别、1363个场次，第一阶段采用分组循环赛，第二阶段采用淘汰赛制进行比赛。来自14个区县145所中小学的610名学生参加比赛，累计参赛3606人次。比赛邀请外来务工人员子女（借读生）参赛，同时邀请高水平试点校运动员（北京市第六十六中学、北京大学附属中学）参赛。在提高比赛整体水平的同时，也充分体现教育公平的原则，扩大参赛覆盖面。比赛与市体育局联合主办，北京学生活动管理中心承办，西城区教委、西城区体育局协办，在北京市第六十六中学举行。

（郑淑媛　李铮）

【召开职教系统校长体育工作会议】

3月2日，市教委召开2011年北京市职教系统校长体育工作会议。会议听取2010年工作总结和2011年的工作计划报告，市教委相关部门负责人作题为《抓好全市职教系统体育工作，增强青少年体质健康水平》的讲话。会议要求各校校长切实从学生健康出发，抓好体育工作，在上级领导关注职业教育的大好形势下，抓好自身建设，主动配合上级领导把学校体育工作推上一个台阶。会议为获得2010年学生体质健康测试前六名的北京市昌平职业学校等代表颁发奖杯。共有65所高、中职院校负责人76人参加会议。

（郑淑媛　李铮）

【举办中小学生长跑比赛】 3月6日，市教委举办阳光体育2011年北京市中小学生长跑比赛。90余所学校的700余名中小学生参加比赛。经过激烈角逐，大兴区第一中学和通州区运河中学分别获得高中男子组及高中女子组团体第一名，房山区韩村河中学、顺义牛栏山第一中学分别获得初中男子组、初中女子组团体第一名，丰台区王佐学校包揽小学男子、女子组团体第一名；大兴区第一中学关亚欣、郭振铎和郑向月，房山区韩村河中学田喆昊，通州区运河小学王可心，大兴区庞各庄第二小学高爽分获各组别个人项目第一名。该比赛与市体育局联合主办，北京学生活动管理中心承办，丰台区教育委员会协办，在青龙湖公园举行。

（郑淑媛　李铮）

【举办中小学生跳绳、踢毽比赛】 4月9至10日，市教委举办2011年阳光体育北京市中小学生跳绳、踢毽比赛。16个区县97所中小学校3500名中小学生参加总比赛。经过激烈争夺，北京市第七十一中学和海淀区红山小学分别获得跳绳比赛中学组、小学组团体冠军；平谷区第四中学和丰台区郑常庄第一小学分别获得踢毽比赛中学组、小学组团体冠军。该比赛与市体育局联合主办，北京学生活动管理中心承办，东城区教委协办。

（郑淑媛　李铮）

【举办高校龙舟裁判、教练培训班】

4月16至17日，市龙舟协会、市体育局和市大学生体育协会联合举办2011年北京高校龙舟裁判、教练培训班。培训班邀请3名国际裁判员和教练采取讲座方式，讲解龙舟相关理论与实践知识，使学员系统学习龙舟运动相关知识和技术技巧。23所高校50名教师参加学习。

（郑淑媛　李铮）

【举办高校棒垒球锦标赛】 5月7至28日，2011年第16届首都高校棒垒球锦标赛在北方工业大学举办。比赛由北京大学生体育协会主办。棒垒球各分甲乙两组，共有16所高校的14支棒球队和10支垒球队参加，经过60场比赛，最终北方工业大学分别获得棒球甲组冠军和垒球甲组冠军，清华大学获得棒球乙组冠军，首都经济贸易大学获得垒球乙组冠军。

（杨嵩松）

【举办大学生足球乙级联赛】 5月7日至6月2日，市教委、市体育局联合主办北京市大学生足球乙级联赛。19所普通高校及部分军事院校参加比赛，分4组进行小组赛。北京邮电大学、中国矿业大学、中国人民解放军装甲兵工程学院获得前3名；北京印刷学院、北京科技大学、解放军装甲兵工程学院获得体育道德风尚奖；北京印刷学院、对外经济贸易大学、中国矿业大学获得最佳组织奖。该比赛由北京市大学生体育协会承办。

（郑淑媛　李铮）

【举办“培养基地”田径运动会】 5月

8日，市教委举办“北京奥林匹克教育学校体育后备人才培养基地”田径运动会。运动会设男女各ABCDE共10个组别，竞赛采用中国田径协会审定的田径规则，来自15个奥林匹克教育学校体育后备人才培养基地田径校参加比赛。运动会与市体育局共同主办，丰台区教育委员会、丰台区体育局、北京市第十二中学承办。

（郑淑媛　李铮）

【举办高校学生田径运动会】 5月12

至15日，市教委、市体育局联合主办首都高校第49届学生田径运动会。比赛分为甲、乙、丙三个组，设有23个比赛项目，来自61所高校1207名大学生运动员参加比赛，角逐118枚金牌。北京理工大学、北京大学、北京科技大学、清华大学等30所学校获得“体育道德风尚奖”；北京建筑工程学院、北京工业大学耿丹学院、北京农学院等10所学校获得“最佳参赛组织奖”。该运动会由北京市大学生体育协会、清华大学承办。

（郑淑媛　李铮）

【举办中小学生健美操比赛】 5月15

日，市教委举办的2011年阳光体育北京市中小学生健美操比赛在北京市第二中学举行。170名中小学生参加比赛，经过激烈角逐，中国人民大学附属中学获高中组团体总分冠军、北京市第二中学获初中组团体总分冠军、海淀区中关村第一小学获小学组团体总分冠军。比赛与市体育局共同主办，北京学生活动管理中心承办，东城区教委、中国中学生体育协会健美操分会筹委会共同协办。

（郑淑媛　李铮　郭跃）

【举办中小学生勇敢小伙伴绑腿跑比赛】 5月21日，市教委举办的2011年

阳光体育北京市中小学生勇敢小伙伴绑腿跑比赛在海淀区第四实验小学举行。经过16个区县选拔赛后，31所中小学校500名学生参加总决赛。最终，顺义区石园小学获得小学组第一名、房山区第三中学获得中学组第一名、两所学校同时获得“最佳团队奖”称号。该比赛与市体育局联合主办，北京学生活动管理中心承办。

（郑淑媛　李铮　郭跃）

【举办少年儿童跳皮筋比赛】 5月28日，市教委举办的2011年阳光体育北京市少年儿童跳皮筋比赛在西藏中学举行。来自9个区县47支代表队429人参加比赛，经过激烈竞争，朝阳区酒仙桥中心小学、西城区上斜街小学、西城区福州馆小学、西城区太平街小学、通州区中山街小学、西城区三义里小学获得甲组一等奖，北京小学、北京育才学校、通州区中山街小学获得乙组一等奖。比赛与市体育局联合主办，北京学生活动管理中心承办，东城区教育委员会协办。

（郑淑媛　李铮）

【举办首届大学生龙舟锦标赛】 6月4日，市体育局、市大学生体育协会、市龙舟协会、延庆县人民政府共同举办首届北京大学生龙舟锦标赛。北京高校12支代表队参加比赛，经过激烈角逐，中央民族大学获得冠军，北京农学院、北京大学、清华大学、北京建筑工程学院、北京林业大学分别获得二至六名。比赛在延庆县夏都公园举行。

（郑淑媛　李铮）

【参加全国阳光体育展示活动获奖】 6月18日，北京学生参加“心手相连、健康成长”2011年全国学生阳光体育展示活动获奖。来自全国各省、直辖市、计划单列市和10个革命老区的260余名中学生代表参加跳绳、踢毽和登山比赛。北京代表队由北京市第七十一中学跳绳队和首都师范大学附属丽泽中学踢毽队联合组成，最终取得5个比赛项目的4个一等奖。该活动由教育部和重庆市政府共同举办，在重庆市渝北中学举行。

（郑淑媛　李铮　张桂忠）

【举办高校游泳冠军赛】 6月19日，市教委与市体育局联合主办2011年首都高校游泳冠军赛。比赛分为甲组AB和乙组，采用国家体育总局审定的最新游泳竞赛规则。24所高校参赛。北京工业大学、中国石油大学、北京体育大学等九所学校被评为精神文明先进单位。比赛由市大学生体育协会协办，北京市育英学校承办。

（郑淑媛　李铮）

【参加全国中学生运动会】 7月16至

21日，北京代表队参加第11届全国中学生运动会。北京代表团获得金牌10枚，奖牌总数29枚，团体总分557分，获得体育道德风尚奖，并有6篇论文获得全国学校体育科学论文报告会一等奖，团体总分位列第四名，奖牌总数位列第五名。运动会共设有田径、游泳、篮球、排球、足球、乒乓球、武术、健美操、毽球9个大项213个小项。来自全国各省、自治区、直辖市、新疆生产建设兵团和香港、澳门特别行政区共34个代表团、211支运动队、2832名运动员参赛。中运会期间，还举行体育科学论文报告会、表彰2010年100所国

家级体育传统项目学校等活动。运动会在内蒙古自治区包头市举行。

（郑淑媛　李铮）

【参加全国中学生田径锦标赛】　8月6至12日，北京代表队参加2011年全国中学生田径锦标赛。北京代表团共有23所学校303名男女运动员参加比赛，获得23枚金牌、19枚银牌、14枚铜牌，以343分获得省市代表团团体总分第一名。比赛在湖南省长沙市宁乡县举行，全国25个省市134所学校1716名男女运动员参加4个组别60个单项（除接力）比赛。

（郑淑媛　李铮）

【举办中小学生篮球联赛】　10月15

至30日，市教委举办2011年北京市中小学生篮球联赛。来自12个区县60余支代表队参加比赛，经过近两个月激烈争夺，东城区灯市口小学获得小学女子组第一名、首都师范大学附属实验学校获得小学男子组第一名、清华大学附属中学获得初中女子组第一名、北京市第四中学获得初中男子甲组第一名、清华大学附属中学获得初中男子乙组第一名、密云县第二中学获得高中女子乙组第一名、北京第二十五中学获得高中男子乙组第一名、清华大学附属中学还获得高中女子甲组和高中男子甲组第一名。比赛与市体育局共同主办，北京学生活动管理中心承办，北京市东直门中学协办。

（郑淑媛　李铮）

【举办高校秋季学生田径运动会】

10月16日，市教委、市体育局和大学生体育协会共同举办首都高校第三届秋季学生田径运动会。23所高校田径代表队参加，经过激烈争夺，中国青年政治学院、北京大学、北京科技大学等10所学校获得道德风尚奖；北京林业大学、北京石油化工学院、中国石油大学（北京）获得男女甲组团体总分前三名；北京建筑工程学院、北京工业大学耿丹学院、中国青年政治学院获得男女乙组团体总分前三名；中国青年政治学院、北京石油化工学院、北京劳动保障职业学院获得趣味项目团体总分前三名。运动会在北京林业大学举行。

（郑淑媛　李铮）

【举办《国家学生体质健康标准》测试赛】　11月12日，市教委举办第

五届中小学生《国家学生体质健康标准》测试赛。16个区县46所中小学1440名学生及24所中职学校的720名学生分别参加身高体重、肺活量、台阶试验、立定跳远、握力（男）和坐位体前屈（女）、正常视力检出率和标准体重检出率的测试。测试赛对每名学生裸眼视力进行检查，并根据现场检查的实际情况，按照视力正常、轻度视力、中度视力和重度视力不良四档进行统计。市教委将检测结果向受检学生出具体质健康状况监测报告和运动处方建议，向区县提供全区详细的检测报告。

（刘兆武　张志华　李忠诚）

【举办中小学生武术比赛】　11月12至13日，市教委举办2011年北京市中小学生武术比赛。比赛设拳、器械、初级套路、对练、集体项目5类24个项目。来自203个参赛单位的1300名运动员报名参加比赛，经过激烈角逐，海淀区中关村第三小学、海淀区中关村中学、北京少林武术学校分获小学组、中学组和混合组团体总分第一名。比赛与市体育局共同主办，北京市中小学体协承办，北京少林武术学校协办。

（郑淑媛　李铮）

【举办“奥运城市杯”中小学生智力运动会】　11月12日至12月3日，北京奥运城市发展促进会、市教委、市体育局共同举办2011年“奥运城市杯”北京市中小学生智力运动会。比赛包括桥牌、国际跳棋、国际象棋、围棋、中国象棋5个项目。北京市6个区县80所学校共计1000名中小学生参加比赛，经过角逐，各项目前16名选手与中国棋牌大师以车轮赛的方式进行比赛。该活动是2011首届世界智力精英运动会文化活动之一，旨在搭建国际交流平台，给广大中小学生提供一个向国际大师学习的机会。

（郑淑媛　李铮）

【举办中小学生体育舞蹈比赛】　11月

19日，市教委举办阳光体育2011年北京市中小学生体育舞蹈比赛。来自10个区县50支代表队1700名学生参加比赛，角逐29个奖项。经过激烈角逐，北京农业大学附属小学和丰台区第一小学均获团体舞小学A组一等奖；朝阳区酒仙桥中心小学的两支代表队分别获得团体舞小学B组一等奖和二等奖；通州区潞河中学获团体舞初中组一等奖；北京市实美职业学校获团体舞高中组一等奖和二等奖。该比赛与市体育局联合主办，北京学生活动管理中心和北京市健美操体育舞蹈协会承办。

（郑淑媛　李铮）

【举办乒乓球比赛】　11月19日至12月3日，市教委举办北京市第五届“和谐杯”乒乓球比赛暨北京市中小学生乒乓球联赛。来自10个区县91支队伍上千人次参加比赛，经过激烈争夺，海淀区万泉河小学获得小学女子乙组第一名，北京市和平北路学校获得小学男子乙组第一名，万泉河小学还获得小学女子甲组第一名、男子甲组第一名，中国人民大学附属中学获得初中女子组第一名，北京市第六十六中学获得初中男子组第一名、高中

女子组和男子组第一名。比赛与市体育局共同主办，北京学生活动管理中心、北京市社会体育管理中心承办。

（郑淑媛　李铮）

【建立青少年体育卫生工作局际联席会议制度】 11月25日，北京市青少年

体育卫生工作局际联席会议成立大会召开。会议介绍成立联席会议制度情况，听取洪峰讲话。市发展改革委、市体育局、市卫生局等15个委办局主管领导以及16个区县主管领导作为联席会议成员单位出席会议。联席会议由市政府批准设立，在市委市政府领导下，统筹协调全市青少年体育卫生工作，研究制定加强青少年体育增强青少年体质工作的相关政策措施；协调解决学校体育卫生工作中有关重大问题；讨论确定年度工作重点并协调落实；指导、督促、检查各区县、各学校开展青少年体育、增强青少年体质健康的工作情况。联席会主席由洪峰担任，成员单位包括市发展改革委、市体育局、市教委等15个委办局以及16个区县政府。

（刘兆武　张志华　李忠诚）

【举行学生阳光体育展示大会】 11月

25日，市教委举行2011年北京市学生阳光体育展示大会暨全国青年迎青奥北京长跑活动和第五届北京市学生阳光体育冬季长跑活动启动仪式。来自首都体育学院、北京市中关村中学及海淀区中关村第四小学等28所学校3000名大中小学生，展示武术等29个阳光体育活动项目。展示活动后，为获得2010～2011学年度北京市阳光体育联赛优胜奖评估前6名的区县和获得第五届北京市中小学生《国家学生体质健康标准》测试赛前6名的区县颁发奖杯和奖牌。颁奖仪式结束后，举行全国青年迎青奥北京长跑活动暨第五届北京市学生阳光体育冬季长跑活动启动仪式，为全国青年迎青奥北京长跑活动和第五届北京市学生阳光体育冬季长跑活动拉开序幕。市政府、国家体育总局、教育部、团中央、第二届青年奥林匹克运动会组委会、市委教育工委、市教委、市政府教育督导室以及市委市政府有关委办局、区县政府，部分市人大代表、全市基础教育系统领导、教师和大中小学生及家长共5000人参加展示大会和长跑活动。

（刘兆武　张志华　李忠诚）

【举办中小学生跆拳道比赛】 11月

26至27日，市教委举办2011年北京市第五届中小学生跆拳道比赛。比赛项目包括竞技个人、品势个人、品势团体、跆拳道操（舞）4类，286个参赛单位的1500名参赛运动员报名参加比赛，比赛采用单败淘汰赛，品势集体、跆拳道操（舞）比赛采用裁判当场评议的方法。竞技个人赛北京户籍和非北京户籍分别录取前8名，品势个人赛统一录取前8名，团体总分分别录取普通组、专业组、俱乐部组团体总分前6名（男女合计）。比赛评选体育道德风尚奖、最佳组织奖、优秀裁判员、教练员奖。该比赛与市体育局共同主办，北京市中小学体协承办。

（郑淑媛　李铮）

【举办高校游泳锦标赛】 12月3日，市教委举办2011年首都高校游泳锦标赛暨第九届全国大运会游泳项目选拔赛。比赛分为甲、乙两个组别，采用国家体育总局审定的最新游泳竞赛规则。来自24所高校280名运动员参加比赛，经过角逐，北京工业大学获得甲组团体第一名、首都经济贸易大学获得乙组团体第一名。北京工业大学、中国石油大学、北京体育大学等10所高校获得道德风尚奖。比赛与市体育局共同主办，首都经济贸易大学承办。

（郑淑媛　李铮）

【举办中小学生大众健美操比赛】

12月3日，市教委举办2011年北京市中小学生大众健美操比赛。比赛分为小学组、初中组、高中组3个竞赛组别，竞赛项目包括规定动作和自选动作2大类，规定动作以国家体育总局颁布的“大众健美操锻炼标准（第三套1～6级）”和“普及组”规定动作为动作标准，自选动作则以健美操自选动作和健身街舞为比赛内容。来自84所中小学和校外教育单位的199个参赛队的1300名运动员参加比赛，海淀外国语实验学校、北京市上地实验学校、昌平区第一中学分获小学组、初中组、高中组团体总分第一名。比赛由市教委与市体育局共同主办，市中小学体协承办、朝阳区管庄中心小学承办。

（郑淑媛　李铮）

【举办大学生田径精英赛】 12月11日，北京市大学生体育协会、北京市田径协会举办2011年北京大学生第28届田径精英赛。17所高校的选手参赛，包括教育部审批试办田径项目高水平运动队的14所院校及2所非试点院校和北京田径队部分专业运动员。经过激烈争夺，北京科技大学、清华大学、北京大学获得男子团体奖牌总数前3名；北京大学、清华大

学、华北电力大学获得女子团体奖牌总数前3名。比赛由北京市大学生体育协会田径分会承办。

（郑淑媛　李铮）

【举办中小学生游泳比赛】 12月17至18日，市教委举办2011年北京市中小学生游泳比赛。比赛分为小学甲、乙、丙组，初中组和高中组5个组别，设15个比赛项目。来自224所中小学1400名运动员参加比赛，北京市第四中学、北京市八一中学、中国人民大学附属中学、北京市育英学校分别获得高中、初中、小学、基地校各组第一名。比赛与市体育局联合主办，市中小学体育运动协会承办，北京市育英学校、北京喜百波游泳俱乐部协办，在大兴区第一中学游泳馆举行。

（郑淑媛　李铮）

国防教育

【召开学生军训工作会议】 3月23日，市教委召开北京市2011年学生军训工作会议。会议传达全国学生军训工作座谈会和全国教育工作会议有关精神，总结上年工作及部署下年工作任务，特别强调2011年是“十二五”开局之年，各级单位要配齐队伍，按纲组织教学训练，做好各项保障工作，密切协调配合，落实国家和北京市中长期教育和发展规划纲要。会议就加强领导、提高质量和做好安全防事故工作三个方面工作分别做出指示。北京卫戍区、市教委、各普通高校、区县教委和人武部、军队院校及军训基地共175人参加会议。

（熊冰）

【举办中小学生定向越野比赛】 10月

23日，市教委举办2011年北京市中小学生定向越野比赛。本次比赛有1500余名运动员参加比赛。经过激烈角逐，北京育才学校、海淀区培英小学、北方交通大学附属中学、北京市第十五中学、北京市八一中学、北京市苹果园中学、北京市第十九中学分别获得男子M12组、女子W12组、男子M14组、女子W14组、男子M16组、女子W16组、男子M18组、女子W18组团体总分第一名。该比赛与市体育局共同举办，由北京市中小学体协、北京师范大学第三附属中学承办，在北京西山国家森林公园举行。

（郑淑媛　李铮）

【举办军事理论教师培训班】 12月13至15日，市教委举办北京市第六期军事理论教师培训班。培训采取集中学习、专题辅导和交流研讨等方式进行，集中学习军训法律、规定等文件，邀请专家、教授进行专题辅导，进行保密教育。116名普通高中、职业高中教师参加学习。

（熊冰）

【落实普通高校军训教学大纲】 至年底，市教委组织落实普通高校军训教学大纲。清华大学、北京交通大学、北京理工大学等43所高校科学制订教学计划，合理安排军事技能训练时间，落实大纲规定的14个训练日，部分高校达到29个训练日。清华大学组织学生实弹射击，计划周密、组织正规、效果良好。

（熊冰）

【为军训基地拨付维修、补助经费】 至年底，市教委为军训基地拨付维修、补助经费。为怀柔军训基地划拨维修经费160万元，并第一次为民办基地拨出200万元，使军训基地食堂、浴室、厕所等设施明显改观。

（熊冰）

【完成军训工作】 至年底，市教委组织完成军训工作。全年共有256065名大中学生完成军训课程，其中，普通高校170870人、普通高中57722人、职业高中7805人、中等专业学校10806人、技工学校8862人。全年调拨射击用弹29.76万发，调运（配）射击、训练用枪，仿真枪52.66万支次。全市有16.38万名大学生参加军事理论学习。在市管基地训练11.28万人，其中，普通高校74497人、普通高中21564人、职业高中4200人、中等专业学校7391人、技工学校5130人。市军训办统一调配到各高校、基地训练用枪1000支、仿真枪535支，协调各区县人武部调运射击用枪645支次保障射击训练。

（熊冰）

【完成派遣军官军训教学任务】 至年底，市教委与国防大学、空军指挥学院军训办合作完成派遣军官军训教学任务。该项任务以军事课教学规范为依据，加强与承训高校联系、积极协调，及时调整教学计划，合理安排教学力量，组织集体备课、试讲示教和重难点问题攻关，不断提高教学质量。派遣军官全年累计授课10856学时（包括国防大学8214学时、空军指挥学院2642学时），完成10.30万名大学生（包括国防大学80740人、空军指挥学院22320人）的教学任务，完成理论考试的学生总评合格率96.87%，优秀率27.62%。北京大学、北京航空航天大学、华北电力大学、中国矿业大学（北京）等43所高校均完成36学时的军事理论教学。

（熊冰）

学校卫生

【开展无烟校园工作】 5月28日，市教委与市爱卫会、市卫生局共同召开北京市教育系统无烟校园启动工作会。会议提出要求：一是要高度重视，加强领导，切实保障学校控烟工作在各级各类学校有效落实；二是要广泛开展控烟宣传教育，让控烟工作成为学校文化一部分；三是要充分发挥学校领导、教师及学生家长的表率作用，掐灭学生手中的第一支烟；四是学校要成立一支校内控烟志愿者队伍，对校内抽烟行为进行劝阻；五是确定校园禁烟范围；六是加强对各级各类学校控烟工作指导检查，加大监督执法力度。会议要求确保教育部、卫生部《关于进一步加强学校控烟工作意见》在各级各类学校全面落实。来自全市教育系统200人参加会议。

（宋玉珍）

【研究制定中小学生视力低下及肥胖的防控工作意见】 6月10日，市教委研究制定中小学生视力低下及肥胖的防控工作意见。该意见根据教育部、卫生部、财政部印发的《国家学校体育卫生条件试行基本标准》以及教育部印发的《中小学学生近视眼防控工作方案》，结合本市实际工作状况，市教委、市卫生局、市政府教育督导室针对中小学生视力低下及肥胖的防控工作提出几点意见：一是提高认识，加强领导，团结协作，认真做好中小学生防近工作；二是认真分析学生视力低下和肥胖发生发展规律，有针对性的制定科学有效的干预措施；三是加强管理，坚持上好“两操一课”，加强体育卫生监督，保证体育锻炼的效果；四是完善健康教育，加强日常指导，提高学生预防视力不良和肥胖的自觉性；五是近视防控工作关口前移，重点做好低年级学生的预防干预工作；六是努力改善环境，为学生提供科学、健康的教学和生活环境；七是加强学生视力低下和肥胖数据的管理和利用；八是加强检查监督指导工作，保证学校卫生工作的全面落实。

（宋玉珍）

【完成健康促进学校验收工作】 10至11月，北京市健康促进学校领导小组办公室完成健康促进学校验收工作。办公室组织专家对275所申报校开展市级验收工作，本次验收及效果评估采用现场评估与小组访谈相结合的方法进行，迎检学校全部合格。至此，全市共有健康促进学校1156所。

（宋玉珍）

【公布学生体质调研结果】 至年底，市教委完成北京市学生体质与健康调研工作。该工作是根据2010年全国学生体质健康调研统一工作方案的要求完成本次调研的现场检测、调研数据录入及统计分析等工作。调研工作分为城市男生、城市女生、乡村男生、乡村女生4个群体，按照均等抽样来自社会经济状况的不同地区，涉及东城区、西城区、海淀区、通州区、顺义区和怀柔区6个区以及首都师范大学、北京工业大学2所高校。调研对象为6～22岁的北京在校大、中、小学生，共计9421人。检测项目涉及学生形态、机能、素质、健康状况4个方面的29项具体指标。学生体质与健康调研结果显示：北京市的学生体质与健康状况总体是好的，表现在身体形态发育水平进一步提高，学生低体重及营养不良状况继续改善，学生肥胖检出率快速上升趋势被遏制，部分学生常见病检出率呈下降趋势，而且城乡差异日益缩小，农村学生健康水平有显著改善。值得注意的是中小学生肺活量、速度、耐力、爆发力等身体素质有所提高，但超重、肥胖检出率仍处在较高水平，视力不良检出率继续上升。调研工作与市卫生局、市体育局共同组织，是自1985年以来全国第六次大规模的学生体质与健康调研。

（宋玉珍）

艺术与校外教育

艺术教育

【举办大学生戏剧节】 3至10月，市委

教育工委和市教委举办第三届北京大学生戏剧节。戏剧节组委会共收到31所高校的参赛剧目65部。参赛作品突出学生戏剧的特点，内容丰富、题材多样、贴近实际、贴近生活、贴近学生，普遍具有鲜明的创作风格，真挚的情感内涵。通过专家评委初评，16所高校22台题材各异的剧目入围展演活动，围绕“放飞戏剧梦想，点亮艺术人生”的主题进行演出。根据本届大学生戏剧节的节目评选规则，经过专家评选，最终评选出优秀组织奖16个，单项奖22个。戏剧节由北京学生活动管理中心及中央戏剧学院承办。

（张君）

【举办民族艺术进校园活动】 3至12月，市委宣传部、市文化局、市教委主办民族艺术进校园活动。该活动共演出590场，其中，大学88场、中小学489场、专场演出13场。众多大中小学生通过该活动观赏民族艺术演出。该活动连续举办7年，本年，对活动方式进行改革，其中，改革办公方式，实现活动申报、审批、统计等程序的操作网络化；调整经费，演出经费从以往的城区、郊区每场1万元，调整为城六区每场1万元，远郊区县每场2万元；规范管理活动内容，市委宣传部、市文化局、市教委及市财政局联合制定印发《北京市民族艺术进校园活动管理暂行办法》，明确活动总体要求，划分项目实施部门职责，规定实施活动的安全措施。该活动由北京学生活动管理中心承办。

（张君）

【验收和评审学生金帆艺术团】 5月，市教委评审和验收北京市学生金帆艺术团。该验收工作根据《北京市学生金帆艺术团管理办法》中对金帆艺术团“每三年申报并复检一次”的规定开展验收，共计65所学校的69个金帆艺术团接受验收。市教委对新申报的39所承办学校进行评审认定。经过验收及评审认定工作，58所原承办学校验收合格，32所新申办学校评审合格。至此，北京市共有80个金帆艺术团。

（边圆）

【举办第14届学生艺术节】 10月，市

教委举办2011年北京市第14届学生艺术节。来自上千所各级各类学校分别举办艺术活动，百万余名中小学生参加本次活动。全市有260个管乐、8个管弦乐、114个民乐、886个舞蹈、72个戏剧、170个特色乐团、23个行进打击乐、408个校园集体舞共1941个节目参加集体项目展演，突破任何一届的节目数量。个人项目评选出市级艺术之星923个，最佳艺术之星115个。该艺术节由北京学生活动管理中心承办。

（吴文）

【举办首都学生演出季】 11至12月，

市教委举办2011年首都学生演出季活动。演出季分舞蹈专场和器乐专场，演出地点为天桥剧场和中山音乐堂，舞蹈专场为首场演出，参演学校涉及东城、西城、朝阳、通州、延庆五个区县5所学校的200名学生。器乐专场，包括东城、西城、朝阳、海淀、丰台、顺义和密云7个区县的13所学校，共演出8场，参演人数1400人。该活动由北京学生活动管理中心承办。

（曹璐）

【举办高雅艺术进校园活动】 至年底，高雅艺术进校园活动共组织25场。其中，教育部高雅艺术进校园活动演出14场、北京市主办的高雅艺术进校园活动11场。其中，市教委将“春华秋实——艺术院校舞台艺术精品展演周”纳入高雅艺术进校园活动中，共演出8场，包括民族管弦乐、舞蹈、戏曲等节目。来自中国音乐学院、中国戏曲学院、北京舞蹈学院、中央戏剧学院等院校近千名名家、名师与青年学子参加演出。市教委组织1万人次学生观看，上座率超过90%。

（赵硕）

校外教育

【30名学生获得“明天小小科学家”奖励】 3月21日，市教委公布全国第十届“明天小小科学家”北京学生获奖名单。北京30名学生获奖，一等奖6人、二等奖13人、三等奖11人，其中，中国人民大学附属中学谢亚晴获“明天小小科学家”称号。该奖励活动由教育部、中国科协、香港周凯旋基金会举办，主要通过全面考察学生的创新意识、研究能力、知识水平以及综合素质，选拔具有科学潜质的学生，推荐到重点高校，并鼓励他们立志投身于科技事业，努力成长为未来的科学家。全国581名高二学生申报，经过资格审查、初评和复评，100名学生入围终评。通过研究项目问辩、综合素质考察和知识水平测试，最终评出一等奖15人、二等奖35人、三等奖50人，其中，获得“明天小小科学家”称号3人。

（郑明）

【举办北京青少年科技创新大赛】 3月24至27日，市科协、市教委、市科委、市知识产权局、市青少年科学基金会及门头沟区人民政府联合主办第31届安捷伦北京青少年科技创新大赛。比赛围绕“体验创新成长”主题，开展封闭答辩、公开展览、专项奖颁奖晚会、校长论坛、植物与环境学生论坛、颁奖典礼暨闭幕式等活动，每天接待中小学生和社会公众近1000人。来自16个区县和市青少年科技馆、北京教学植物园代表队以及9个国家的11支代表队61名外籍人员参加比赛，共有中学部分的167个项目参加现场决赛。比赛还举行科学幻想绘画、优秀科技实践活动以及后备人才项目展示。500名参赛学生、评委、领队、优秀教师和外国代表参加各项活动。该活动为获奖选手颁发“科技创新优秀项目”一等奖和二等奖、安捷伦青少年科技英才奖、优秀科技实践活动奖、优秀（十佳）科技辅导员奖、“国际参赛学生优秀项目奖”和特别贡献奖、“市长奖”和“提名奖”。活动由北京学生活动管理中心、门头沟区科协、区教委、区科委、北京市大峪中学共同承办。

（郑明）

2011年北京市市长奖获得者

申靓博	北京市第四中学
李子赫	中国人民大学附属中学
李星煜	北京汇文中学
殷岳	北京师范大学附属实验中学
谢亚晴	中国人民大学附属中学

（郑明）

【成立钱学森青少年航天科学院】 3月26日，钱学森青少年航天科学院在新落成的东高地青少年科技馆成立。少科院是中国运载火箭技术研究院、市教委、丰台区共同创建的科技课外教育机构。少科院总建筑面积5500平方米，设有航天模拟发射、科技互动、科技体验和科普展示四个学生活动大厅，有模拟发射、航天员训练体验、太空舱旅行等互动体验类项目30余个，可同时容纳千名青少年研究学习。少科院将依托东高地青少年科技馆的硬件基础，招收航天特色实验班、特色校、科技特色校和参与北京市翱翔计划的学生，聘请航天专家辅导、引领课题研究、策划竞赛等。同时，设立“钱学森青少年航天科学奖”和“培养人才贡献奖”，激发学生对航天科学的兴趣，为航天事业培养拔尖创新人才。

（袁富文）

【举办中小学师生电脑作品评选】 3至7月，北京教育网络和信息中心举办北京市第12届中小学师生电脑作品评选活动。活动共收到学生作品636件，其中，小学作品368件、初中作品130件、高中作品138件。经

过初评和总评等程序，评选出一等奖40件、二等奖64件、三等奖125件。并推荐86件作品参加全国第12届中小学师生电脑作品评选。活动共收到教师作品1650件，经过初评、总评等程序，评出一等奖68件、二等奖140件、三等奖298件。

（潘东庭）

【举办北京模拟联合国大会】　4月8至10日，外交学院与团市委、中国联合国协会和联合国儿童基金会联合举办北京模拟联合国大会。会议以“青年的声音”（Voice of the Young）为主题，辩论主权债务危机问题、反对针对儿童的暴力、食品安全等问题。来自国内外55所学校300人参加活动。

（阚四进）

【举办青少年机器人竞赛】　4月9日，

市科协和市教委共同主办第11届北京青少年机器人竞赛。来自11个区县和北京市青少年科技馆、中国儿童中心等102支参赛队292人参加竞赛。按照小学、初中、高中三个组别进行四个项目竞赛，经过激烈角逐，四个项目第一名分别是：机器人基本技能小学组北京市西城区长安小学、初中组北京市八一中学、高中组北京市昌平区第二中学；机器人足球小学组北京大学附属小学、初中组北京市第一五六中学、高中组北京市第一五六中学；FLL机器人工程挑战赛小学组北京理工大学附属小学、初中组北京市十一学校、高中组北方交通大学附属中学；VEX机器人工程挑战赛小学组朝阳区教辅中心、初中组北京市第五十七中学、高中组中国人民大学附属中学。机器人竞赛是北京市青少年传统科技项目，该竞赛旨在鼓励青少年机器人爱好者在电子、信息、自动控制等高新科技领域进行学习、探索、研究和实践，激发他们对机器人活动的兴趣，提高他们的科学素质和动手能力。竞赛在北京师范大学附属实验中学举行。

（华蕾）

【评审和验收金鹏科技团】　4月21至29日，市教委开展北京金鹏科技团和北京市科技教育示范校评审验收工作。该工作组织专家评审组验收原金鹏科技团和市科技示范校，评审新申报的金鹏科技团和市科技示范校。18个金鹏科技团和10所市科技示范校参加验收，14个金鹏科技团和26所市科技示范校参加评审。经过评审验收、通报和复审等工作程序，最终确定16个金鹏科技团和10所市科技示范校通过验收，13个金鹏科技团和19所市科技示范校通过评审。评审验收结果在北京学生科技网上公布，在北京市陈经纶中学举办新认定单位的授牌仪式。至此，北京市共有44个金鹏科技团，144所北京市科技示范校。该项工作由北京学生活动管理中心组织实施。

（李晨）

【举办首届北京高校法语诗歌大赛】

5月7日，首届北京高校法语诗歌大赛在国际关系学院举办，该比赛与法国驻华大使馆科技文化合作处合办。本次比赛共分三个主题：法语，自然和爱。选手们共分为三组，用法语借助诗歌这一艺术形式，通过自己的理解对这三个主题进行诠释。来自北京大学、中国传媒大学、北京外国语大学等8所院校19人参加比赛，经过评委们的严谨评审，北京外国语大学的选手摘得桂冠。

（任婉君）

【举办中小学生金鹏科技论坛活动】　5月8日，市教委举办第11届北京市中小学生金鹏科技论坛活动。论坛以“科学引领我们成长”为主题，学生结合自己的研究项目，围绕“走近科学——从好奇开始，发现问题；体验科学——用科学的方法收集证据；感悟科学——在科技实践中健康成长”三个话题展开交流。与会领导、专家、家长和教师积极参与，与学生平等交流。来自市教委、市政府教育督导室、北京学生活动管理中心、朝阳区教委以及中国科学院、北京师范大学等单位20名领导和专家以及北京市16个区县的300名师生和家长参加活动。

（郑明）

【举办高中生通用技术设计创意大赛】

5月15日，市教委举办第二届北京市高中生通用技术设计创意大赛决赛。比赛分“悬臂梁结构模型”项目、“服装再造设计”项目及“计算机三维软件设计”项目。比赛结合高中通用技术课程的教学实际，以技术课程的基本理念作为活动设计的指导思想，通过项目式学习与实践，帮助学生理解技术、使用技术、管理技术、评价技术，培养和提高学生的技术素养，特别是创新意识和解决实际问题的能力。来自16个区县70所中学近600名高中学生参加比赛。经过激烈角逐，最终，北京市铁路第二中学、北京市二龙路中学、通州区潞河中学获得“三维成型”项目一等奖；“悬臂梁结构模型”之“挑战极限”项目的A组一等奖由北京育才学校、北京市第三十五中学、北京市第五十五中学夺得，B组一等奖由北京市和平街第一中学、通州区第二中学和通州区运河中学夺得；“悬臂梁结构模型”之“超级链接”项目的一等奖由北京市第四中学、西城区实验学校、延庆县第五中学、通州区运河中学、北京市第三十五中学、宣武区第二职业学校夺得；丰台区丽泽中学、通州区运河中学和北京市铁路第二中学获得“服装再造”项目的一等奖。活动由北京学生活动管理中心与西城区教委承办。

（蒋小建）

【举办青少年未来工程师博览与竞赛】

5月28至29日，市教委举办第七届北京市青少年未来工程师博览与竞赛。竞赛以“丰富学生知识、拓展学生活动内容、开阔学生眼界、培养学生对科技的兴趣”为主旨，举办“生活的创意、创意的生活”博览活动。来自14个区县76所学校近600名师生参与活动。经过激烈比赛，东城区景泰小学二队、大兴区第三小学二队、大兴区第三小学一队、北京市第五中学分校分别获得航天器探月归来、木梁承重、排雷机器人、创意环保乐队项目第一名；大兴区第一中学、海淀区中关村第一小学分校获中小学组节能环保抗震建筑项目第一名；大兴区、东城区、海淀区分别获得团体总分前三名。活动由北京学生活动管理中心与大兴区教委共同承办。

（郑明）

【举办首届石油工程设计大赛】　5月28至29日，首届全国石油工程设计大赛在中国石油大学（北京）举办。比赛由世界石油大会中国国家委员会、中国石油学会、中国石油教育学会联合主办，面向石油类高校学生。本次大赛共有来自全国16所高校421组队伍报名，209组队伍提交有效报告，经过来自15所高校92名专家的三轮初审和现场答辩，共产生特等奖1组、一等奖4组、二等奖6组、三等奖9组、优秀奖60组、成功参赛奖129组、优秀指导教师20名、优秀组织奖5个。

（许博）

【举办北京中小学文化嘉年华】　5月28至29日，北京中小学文化嘉年华暨学生社团成果展示公益活动举办。该活动围绕“放飞理想、张扬个性”主题，同时在清华大学、清华大学附属中学和圆明园遗址公园展开，分“遨游科技太空”、“品味活力秀场”、“漫步创意集市”、“徜徉文化长廊”、“社团主题论坛”、“与院士面对面”、“体验清华大学”、“爱国主义教育”8个板块、70个项目，举办20场科技报告和家庭教育讲座，邀请两院院士、科学家与中小学生互动谈心，展示清华大学百年校庆科技成就、向中小学生开放30个国家及清华大学重点实验室。活动由清华大学、中国下一代教育基金会、海淀区教委、中国科学院文化传播办公室主办，清华附中、清华附小、社会型公益组织百城万校中小学助学计划办公室联合承办，来自海淀区、昌平区、朝阳区、延庆县，以及河北省张家口市等100所中小学学生、校长、教师及家长3万人参加活动，北京光爱学校部分流动儿童学生及汶川灾区部分中小学生应邀参与活动。

（高岷）

【举办中小学机器人竞赛】　5月，北京教育网络和信息中心举办北京市第12届中小学机器人竞赛。比赛设机器人灭火、机器人足球、机器人工程挑战赛、机器人场地任务挑战赛、人型机器人全能挑战赛和机器人篮球6个大项11个小项，分为小、初、高组别竞赛。14个区县147支代表队参赛，经过激烈角逐，74支代表队获奖，其中，11支代表队代表北京市参加全国机器人竞赛，并获得2个季军、1个第五名、1个第六名。

（潘东庭）

【举办中小学生科技英语创意大赛】

6月11至12日，市教委举办2011年北京市中小学生科技英语创意大赛。比赛分为初赛、复赛和决赛。来自15个区县88个团队559名中小学生参加决赛。参赛学生从动手做实验、编写科普英语剧本、现场舞台表演和即兴问辩的各个环节中，充分体验设计、创造、展示、团结、奋进、收获与快乐。该比赛与北京长江科技扶贫基金会共同主办。

（郑明）

【参加国际教育博览会】　6月17至

19日，在市教委举办的第八届北京国际教育博览会上，校外教育成果参加展览。40个校外教育基地、校外教育机构参展，提供大量宣传材料，展览期间共发放宣传资料12000份。展览还展示2011年北京校外教育活动指南《阳光少年快乐成长》、北京校外教育协会宣传册，多方面宣传展示北京校外教育。来自世界32个国家和地区及国际组织的代表参展，参展机构302家，展位555个。

（崔向红　卢亭　阴少萌）

【举行阳光少年文化节活动】　6月25

日至12月4日，市教委举办北京阳光少年文化节。该文化节以“阳光少年快乐成长”为主题，围绕“阳光少年爱国情，寻访足迹心向党”、“阳光少年继传统，民族精神大发扬”、“阳光少年爱科学，创新实践长知识”、

“阳光少年展才艺，艺海畅游乐成长”4项内容，全市16个区县共计19个校外教育机构和校外活动场所，组织主题教育活动1161项，参加学生87万人次。

（崔向红　卢亭）

【举办学生绿色科幻画竞赛】　7月10日至12月1日，北京教学植物园举办北京市中小学生绿色科学幻想画竞赛。活动以“植物与环境科学”为主题，旨在培养少年儿童的科学想象力和创造意识，倡导科学和艺术的融会贯通。比赛分创作培训、学生创作、作品征集、优秀作品评选4个阶段。来自西城、海淀、朝阳、房山、密云等7个区县9所小学191幅作品参赛，评出一等奖40幅、二等奖30幅、三等奖50幅。

（段洁）

【参加全国青少年科技创新大赛】　8月2至8日，市教委组织北京学生参加第26届全国青少年科技创新大赛。北京青少年代表队共获得青少年创新项目一等奖13项，占全国得奖总数20%；二等奖6项、三等奖7项，总成绩名列全国第一。北京队共有26个青少年创新项目和13个科技辅导员创新项目参评。同时，获得科技辅导员创新项目一等奖3项、二等奖3项、三等奖7项；在15个专项奖中获得12项奖励。其中，北京师范大学附属实验中学的李梓睿获得比赛最高荣誉奖“中国科协主席奖”；北方交通大学附属中学的巩炳辰和北京市第一零一中学的闫钇岑获得“英特尔英才奖”；北京师范大学附属实验中学获得“全国科技教育创新十佳学校”称号。该比赛由中国科协、教育部、科学技术部、环境保护部、国家体育总局、团中央、全国妇联、国家自然科学基金委员会和内蒙古自治区政府共同主办，大赛主题为“创新·体验·成长”，共有来自全国35支代表队的347个学生创新项目和187个科技辅导员创新项目参加比赛。来自全国的16名中学生、10名科技辅导员分别获得“英特尔英才奖”和“十佳优秀科技辅导员奖”。10所中小学校凭借其在科技教育上的卓越成就和突出贡献获得“十佳科技教育创新学校奖”。

（郑明）

第26届全国青少年科技创新大赛青少年科技创新项目一等奖获奖名单（北京）

水稻矮缩病毒Pns11蛋白的致病性研究

李佳巍　北京大学附属中学

北京城区12种行道树树叶固碳能力比较研究

陈梓睿　北京师范大学附属实验中学

基于“手机KEY”的文件保密柜

巩炳辰　北方交通大学附属中学

救援物资仓库智能巡检“管理员”

赵若辰　中国人民大学附属中学

手帕速干机的设计与实现

王丹娜　中国人民大学附属中学

磁悬浮飞轮电池的设计与制作

洪今涵　北方交通大学附属中学

交互电子沙盘的设计与实现

王秉劼　中国人民大学附属中学

屋顶绿化的降雨径流截污效应研究

沈欣　宋天泽　李相依　北京师范大学第二附属中学

中国菟丝子寄生能力的研究

明希雨　北京市海淀区第三实验小学

蚯蚓洗涤液防治月季灰霉病的初步机理研究

闫钇岑　北京市第一零一中学

光波偏振转向现象的发现及其应用

付元　中国人民大学附属中学

北京平安里地区盲道隐患问题调查研究

谢嘉欣　北京市西城区黄城根小学

跟超市小票说再见

陈杰昊　北京市第三十五中学

（郑明）

【5名学生获中国青少年科技创新奖】　8月4日，北京地区5名学生获第七届中国青少年科技创新奖。5人分别是北京师范大学附属实验中学高三学生殷岳、北京财贸职业学院金融系2008级高职生王博、清华大学物理系2007级本科生胡嘉仲、北京航空航天大学航空科学与工程学院2007级本科生李航、北京科技大学冶金与生态工程学院2007级博士生张国华。该评选由共青团中央、全国青联、全国学联、全国少工委联合开展，在各地区严格选拔、认真推荐基础上，经过评审委员会审核评定，并经中国青少年科技创新奖励基金管理委员会确认，共100名学生（包括3名港澳学生和2名海外留学生）获奖，其中，北京地区5人。

（胡雨）

【举办集成电路设计大赛】　9月18日，

2011年北京大学生集成电路设计大赛在北方工业大学举办。比赛由北京电子学会主办，分为笔试和上机设计两个环节，考查学生微电子理论联系实际的能力和独立思考的意识，该大赛是国内首个大规模集成电路设计大赛，来自京津两地清华大学、天津大学、南开大学等十余所高等学校参赛。经过前期筛选，最终共有220人参加决赛。

（杨嵩松）

【举办学生校外艺术节展演】　10月15至16日，市教委举办第五届北京学生校外艺术节展演。活动包括器乐、合唱、舞蹈、京剧4场专场展演，全市校外教育机构共177个节目参加展演。按照市教委《关于举办第五届北京学生校外艺术节的通知》的组织办法及规则，经竞赛组委会组织有关专家进行现场评分，共评出一等奖25个、二等奖55个、三等奖97个。

（刘弦）

【举办中小学生低碳环保知识竞赛】

10月22至23日，市教委举办2011年北京中小学生低碳环保知识竞赛。28778名中小学生参与网络初赛，经过选拔和区县推荐，小学组、初中组、高中组三个组别共有28支代表队参加决赛。决赛现场分为必答题、抢答题、即兴演讲题和风险题四个环节，现场观众还参与互动题目。最终，朝阳区、昌平区代表队获得小学组一等奖；昌平区、延庆县代表队获得初中组一等奖；延庆县、怀柔区代表队分获高中组一等奖。昌平区、延庆县、朝阳区、海淀区和怀柔区获得最佳组织奖；顺义区、门头沟区、东城区、丰台区和石景山区分别获得优秀组织奖。同时颁发最佳指导教师奖和优秀指导教师奖。该竞赛由北京学生活动管理中心组织实施，在北京工业大学附属中学举行。

（赵茜）

【建设6所乡村学校少年宫】　10月28日，首都精神文明办、市教委、市财政局在平谷区大华山中心小学共同组织中央彩票公益金支持乡村学校少年宫建设项目启动仪式暨培训活动。该活动为北京市首批利用中央彩票公益金建设的6所乡村学校少年宫揭牌。6所少年宫分别落户密云县东邵镇中心小学、延庆县香营学校、平谷区大华山中心小学、门头沟区大台中心小学、房山区房山第五中学、怀柔区渤海镇中心小学。

（崔向红　卢亭　张东安）

【举办全国高校第四届法律英语大赛】　10月29至30日，全国高校第四届法律英语大赛演讲比赛在北京第二外国语学院举办。比赛与法律英语证书（LEC）全国统一考试委员会和法律出版社联合主办，以“用英语表达你的法律观点”为主题，分为法律英语论文比赛和法律英语演讲比赛两种形式，参赛论文和演讲内容为用英语撰写的原创论文和调研报告。来自全国70所高校法律专业本科生和研究生200人参加法律英语论文比赛。

（潘建军）

【举办大学生外交外事礼仪大赛】　11月6日，外交学院举办“青年的使命——第十届全国大学生外交外事礼仪大赛”决赛。该比赛以“爱中国、懂中国、表达中国”为主题，分为“礼仪的颜色——必答热身赛”、“青年的声音——危机处理”、“外交的风采——情景表演”三个环节，涉及外交外事礼仪原则、规范、风俗习惯、宗教习俗等方面知识。比赛内容包括“男士应如何根据场合挑选领带颜色”、“法国国旗中白色的部分代表什么”等常识问题，同时要求参赛选手扮演各国发言人，对当下热点事件进行模拟表态。来自北京大学、清华大学、复旦大学等31所学校参加比赛。该项比赛开始于2002年，由外交学院主办，主要普及外交外事礼仪知识、提高大学生基本素质、弘扬中华文明风尚、促进中国学生与国际社会交往。

（阚四进）

【举办北京英语辩论公开赛】　12月2至4日，中国石油大学（北京）举办“中国石化杯”北京英语辩论公开赛。比赛分为五场小组循环赛、1/4预选赛、1/4决赛、半决赛和决赛五个环节，共举行81场辩论赛。比赛特邀国际资深裁判、高级培训师担任裁判长，邀请6个国家国际裁判和来自全国20所高校的独立评委，确保大赛级别和质量。北京外国语大学、北京大学和天津外国语大学等全国26所高校56支队伍参赛，杭州外国语学校代表队获得冠军。

（许博）

【评选中小学生金帆奖、银帆奖】

12月4日，市教委举行第25届北京市中小学生金银帆奖颁奖典礼。共有310名中小学生申报金银帆奖，经专家评审学生事迹材料等程序，共评出金帆奖20人、银帆奖93人。该项工作于9月15日正式启动，依据新修订的《北京市中小学生金帆奖、银帆奖评选办法》，并首次利用北京市中小学信息管理系统（CMIS）进行网络申报。新修订的评选办法于7月29日颁布，于9月1日起施行。

（崔向红　卢亭）

第25届北京市中小学生
金帆奖获奖名单

北京市第二中学
　程思浩　程思森
北京师范大学附属实验中学
　邹逸龙
北京市第八十中学
　吴诗晨
清华大学附属中学
　方丽伟　李洋　李怡霖
　吴鹏博
中国人民大学附属中学
　范浩强　施轶萌　陈麟
北京市育英学校
　张佳琦　程海花　刘昭
北京市海淀区中关村第三小学
　赵润艾　郭英瀚　彭雪庭
　陈道逸
北京市大兴区第一中学
　关亚欣　郭振铎

（郑明）

【4家单位入选全国示范性校外活动场所】　12月8日，在全国中小学德育工作经验交流会上，北京市4家单位被命名为全国示范性县（区）级校外活动场所。4个校外活动场所分别是西城区少年宫、丰台区青少年活动中心、大兴区少年宫、东城区少年宫。此次评选由全国青少年学生校外教育联席会议办公室举办，经过单位申报、各省市自治区教育部门推荐和全国青少年学生校外教育联席会议办公室最终审定等程序，评出全国140家入选单位。

（崔向红　卢亭）

【举办北京学生科技节闭幕式】　12月18日，市教委举办北京学生特色科技活动展示会暨第29届北京学生科技节闭幕式。该活动为获得第三届北京市中小学生科学建议奖的学生及获得北京金鹏科技奖的单位颁奖；为新评审认定的“北京金鹏科技团”和“北京科技教育示范学校”颁牌；播放《让梦想插上腾飞的翅膀——发展中的北京学生科技教育》专题短片，展示全年北京市科技教育相关工作和所取得的成效。仪式后，与会领导同中小学师生代表共同参与北京学生特色科技活动展示。市人大、市政协、市教委等相关单位领导以及16个区县及燕山教委、北京金鹏科技团、市级科技示范校领导及部分中小学师生代表600人参加活动。活动与市科委、市体育局、市科协共同主办，北京学生活动管理中心承办，在北京市陈经纶中学举行。本年，共有10人获得北京市中小学科学建议奖、10人获得建议提名奖；37所中小学和校外教育机构获得金鹏科技奖；44个单位入选北京金鹏科技团、144所学校入选北京市中小学科技教育示范校。

（张峥　蒋小建）

2011年北京市中小学生科学建议奖获奖名单

北京古塔研究及保护建议

张卓　北京师范大学第二附属中学

关于完善北京市门楼牌和道路指示系统的建议

刘昊祺　中国人民大学附属中学

关于加强对儿童食品监管的建议

李蔚蓝　北京市东城区和平里第一小学

把城市垃圾（树叶、树枝、草）转化为资源再利用的建议

苏磊　北京市怀柔区第四中学

关于井盖文化的建议

刘畅　北京市第十三中学

关于在出租车顶部安装人数和方向显示器的建议

马剑威　北京第二实验小学

关于什刹海地区应该成为本土文化的沃壤的建议

王雨晨　北京市第十三中学

关于开展驾驶员急救培训和配备车载急救包的提议

张及晨　北京市海淀区中关村第二小学

关于制定北京商品内容和外包装分别计价政策的建议

于玥　北京市第六十五中学

关于在小学生群体中建立专门网络交换互助平台的建议

刘一凡　北京小学

（郑明）

【举办中小学生虚拟创造邀请赛】 12月25日，大兴区教委和大兴区科协联合主办的第六届北京市中小学生虚拟创造邀请赛在大兴区第五中学举办。活动围绕“科学技术让未来生活更美好”主题，聘请中国航天科技集团电子技术研究院、中国科学院研究人

员担任专家评委，审议由大兴区、丰台区、怀柔区、石景山区的37所中小学校提交的81篇方案。经评审组评审，中小学组共评出一等奖9个、二等奖17个。获得方案一等奖的9支代表队进行现场展示，学生综合运用模型、课件、解说、表演等方式创造性的表现自己对未来生活的美好向往。现场由学生组成的大众评委和专家评委采用投票的方式共同评选出创意展示奖。大兴区第三小学、大兴区第一中学获得现场创意展示奖，大兴区5名学生获得博学奖；大兴区第三小学、大兴区庞各庄镇第二中心小学获得小学组方案一等奖；大兴区第一中学、大兴区兴华中学、大兴区第五中学获得中学组方案一等奖。

（李金艳）

（本栏责任编校　郑明）

科学研究

2011 年，北京市教育系统科学研究工作以科学发展观为指导，积极贯彻落实国家和北京的教育改革发展规划纲要、人才发展规划纲要以及科技发展规划纲要有关精神全面发展。

科技人员及投入

北京地区 62 所设有理工农医类高校（含 22 所附属医院）共有教学与科研人员 64184 人，包括具有正高级职称 8522 人，具有副高级职称 15318 人；研究与发展人员 33219 人；科技经费投入共 179.7 亿元，其中政府资金投入 114.6 亿元，企事业单位委托投入 57.7 亿元。市属 32 所设有理工农医类高校（含 13 所附属医院）共有教学与科研人员 24978 人，包括具有正高级职称 2009 人，具有副高级职称 4785 人；研究与发展人员 9876 人；科技经费投入共 19.9 亿元，其中政府资金投入 12.9 亿元，企事业单位委托投入 6.3 亿元。

科技活动

北京地区 62 所设有理工农医类高校（含 22 所附属医院）共有科研活动机构 467 个；开展科技课题 44205 项，其中研究与发展课题 41063 项，研究与研发成果应用及科技服务课题 3142 项；派遣进修访问学者 5368 人次，接受进修访问学者 6039 人次；出席国际学术会议 28218 人次，交流论文 14426 篇。32 所市属设有理工农医类高校（含 13 所附属医院）共有科研活动机构共 78 个；开展科技课题 7974 项，其中研究与发展课题 7636 项，研究与研发成果应用及科技服务课题 338 项；派遣进修访问学者 676 人次，接受进修访问学者 630 人次；出席国际学术会议 5279 人次，交流论文 2685 篇。

科技产出

北京地区高校共出版科技专著 440 部，大专院校教科书 445 部，编著 391 部；发表学术论文 74545 篇，其中在国外学术刊物发表 23226 篇；SCI（科学引文索引）收录论文 14994 篇、EI（工程索引）18779 篇、ISTP（科技会议索引）10019 篇；鉴定成果 260 项，获奖成果 588 项，其中，国家级奖 71 项，省部级奖 345 项。市属高校出版科技专著 134 部，大专院校教科书 197 部，编著 123 部；发表学术论文 17021 篇，其中国外学术刊物发表 3932 篇；SCI（科学引文索引）收录论文 1739 篇、EI（工程索引）2672 篇、ISTP（科技会议索引）1060 篇；鉴定成果 27 项，获奖成果奖 78 项，其中国家级 8 项，省部级 54 项。

科技推广

北京地区高校共签订技术转让合同 931 项，总金额 10.3 亿元，实际收入 5.9 亿元；专利出售 166 项，合同金额 1.8 亿元，实际收入 1.1 亿元；申请专利 9393 项，授权 5391 项，其中申请发明专利 8117 项，授权 4296 项。市属高校签订技术转让合同 122 项，总金额 8175.7 万元，实际收入 5104.9 万元；专利出售 17 项，合同金额 2690 万元，实际收入 1906 万元；申请专利 1495 项，授权 948 项，其中申请发明专利 968 项，授权 524 项。

实施科研专项工程

一是积极支持市属高校申报教育部优秀创新团队及优秀人才计划，提高高层次人才科研水平。本年，在教育部创新团队发展计划、培育计划和教育部“新世纪优秀人才支持计划”等项目上市属高校又取得可喜成绩。二是积极支持市属高校服务于中关村国家自主创新示范区的建设，支持印刷学院、信息科大、农学院建设中关村科学城，鼓励高校的技术成果与北京经济的结合；联合中关村科技园区管委会制定了《关于加强北京高校与中关村国家自主创新示范区企业人才互动工作的意见》，在政策和制度上支持高校为中关村的需求开展产学研合作。三是通过科技专项和创新平台资助和扶持市属高校进行高水平科学研究，取得可喜成绩。今年，北京市属高校为第一完成单位主持完成的 8 个成果获得 2010 年度教育部科学研究优秀成果奖项。同时，市属高校在获国家科技进步奖方面也取得了可喜成绩，首次以第一承担单位获 4 项 2010 年度国家科技进步奖。

加强科研基地建设

一是注重以项目为引导，积极支持高校哲学社会研究基地建设，引导高校研究基地围绕国家关注的问题、社会急需解决的问题开展研究，加强理论创新，为繁荣哲学社会科学发展做贡献。二是市属高校国家级科研基地建设成效显著。今年，首都医科大学附属北京同仁医院的研究中心正式获科技部批准立项组建，这是北京市属高校获立项建设的首个国家级科研基地，实现零的突破。首都医科大学的北京市重点实验室获批为省部共建国家重点实验室培育基地。

提升管理及服务能力

北京市根据《北京高校科研经费管理调研报告》中提出的对策建议，进一步加强科研项目立项环节的管理，依托高校的技术，构建出来自中央部委所属高等学校、市属高校、中科院系统、科研院所等多种渠道，涵盖各学科领域的专家库；强调在立项评审中严格实行回避制度。同时进一步强化项目的合作管理，坚决预防学术腐败。

继续建设北京教育发展与政策研究资源库

北京市继续开展北京教育发展与政策研究资源库建设。资源库新增内容有：2011 年北京教育科学研究院学术年会全部入选文章，2010～2011 年度北京市教育统计资料，2011 年教育快报（研究版）全部资料，2010 年中国统计年鉴，2010 北京统计年鉴，世界银行全球各国有关发展的中文版全面数据等，总计新增条目 2000 多条。该库是集中反映北京教育事业发展概况及教育科研成果的资料性数据库，对北京教育科研工作有重大意义。

（张年武）

【北京高校4个实验室通过教育部验收】 1月19日，北京高校4个教育部重点实验室通过验收。本次教育部重点实验室验收工作开始于2010年，由教育部主持，面向部分建设期已满的教育部重点实验室和省部共建教育部重点实验室，共有10个教育部重点实验室和21个省部共建教育部重点实验室通过验收，其中，北京地区高校共有北京大学恶性肿瘤发病机制及应用研究、北京航空航天大学空天先进材料与服役教育部重点试验以及北京信息科技大学现代测控技术、首都师范大学太赫兹光电子学省部共建教育部重点实验室通过验收。同时，根据科技和学科发展的需求以及实验室学术委员会的意见，北京大学恶性肿瘤发病机制及应用研究教育部重点试验更名为恶性肿瘤发病机制及转化研究教育部重点实验室，北京航空航天大学信息数学与信息行为教育部重点实验室更名为数学、信息与行为教育部重点实验室。通过教育部验收的实验室正式以教育部重点实验室名义开放运行。

（张驰）

【实施特色教育资源库建设项目】 4月和8月，市教委实施特色教育资源库建设项目。4月，市教委完成2010年9所市属高校特色教育资源库建设项目验收工作，共完成61个特色资源包建设，共计图片30.9万张、音视频8778个、编写文字726余万字、网页设计44474个。8月，市教委完成特色教育资源库建设项目学校评审工作，该项工作面向北京市属普通高等学校开展，共有北京第二外国语学院、北京工业大学、北京服装学院、北京电影学院、北京印刷学院、中国戏曲学院、北京建筑工程学院、北京舞蹈学院、中国音乐学院和首都医科大学10所高校通过评审。

（张豫）

【3人入选科技北京百名领军人才培养工程】 7月23日，北京地区高校3人入选科技北京百名领军人才培养工程。该工程是《首都中长期人才发展规划纲要（2010～2020年）》确定的重点人才工程，是实施科技人才战略的重要内容之一。计划从2010到2020年，利用10年时间，通过项目带动、产学研用结合、国际合作交流等形式，培养造就百名科研水平一流、管理能力突出、成果国际前沿、专业贡献重大，能够引领和促进新兴学科形成与产业关键技术发展的科技领军人才；立足首都发展需求，构建一批由科技领军人才领衔的，成熟、稳定、高效的科技创新团队；推动科技领军人才及其创新团队的创新成果在首都转化为现实生产力，引领和带动本市战略性新兴产业的形成和发展。首批共有27人入选，其中，北京地区高校3人入选，分别是首都医科大学附属北京安贞医院马长生、首都医科大学附属北京天坛医院王拥军和北京理工大学林程。

（张驰）

【完成北京高校实验室信息统计】 9月，市教委完成北京高校实验室信息统计工作。本次统计北京地区共有118所高校参加，结果显示，118所高校共有单价800元以上教学科研仪器设备146万台（件），价值236亿元，其中，以教学为主的仪器设备99.4万台（件），价值121.8亿元，以科研为主的仪器设备47.1万台（件），价值114.5亿元。贵重仪器设备4226台（件），价值43.9亿元。共有教学、科研实验室2008个，实验室面积154.5万平方米，其中，以教学为主的实验室1359个，面积99.1万平方米，以科研为主实验室585个，面积50.4万平方米，其他实验室64个，面积4.9万平方米。实验室数量按学科分，理学555个、工学777个、农学27个、医学133个、经济学45个、管理学127个、法学56个、文学243个、历史学3个、哲学7个、教育学35个。学年度实验室投入经费38亿元。实验室人员16423名，其中专任人员9699名（教师4866名、实验技术人员1913名、其他2920名），兼职人员6724名。学年度实验成果获奖7613个，其中，教师获奖3800个（国家级287个、省部级828个、发明专利2685个），学生获奖3813个。

（李善廷）

【5所高校批准建设国家重点实验室】 10月13日，北京5所高校被科技部批准建设5个国家重点实验室。该工作由科技部主持，对相关实验室进行建设计划可行性论证，并审查修改后报送建设计划任务书，批准建设49个国家重点实验室，其中北京5所高校5个实验室入选。分别是，北京科技大学钢铁冶金新技术国家重点实验室、华北电力大学新能源电力系统国家重点实验室、北京邮电大学信息光子学与光通信国家重点实验室、北京化工大学有机无机复合材料国家重点实验室、清华大学低维量子物理国家重点实验室。通过审批实验室主管部门和依托单位按照《国家重点实验室建设与运行管理办法》和建设计划任务书的要求，落实有关政策和建设经费，组织相关实验室开展建设工作。建设期间，实验室应进一步凝练发展方向和目标，提升科研水平，加强队伍和实验条件建设、建立健全运行管理机制，努力成为国家组织高水平科学研究、聚集和培养优秀科学家、开展学术交流的重要基地。建设期一般不超过两年，建设计划完成后，科技部将开展验收工作。

（张驰）

【北京高校新增工程院院士6人】 12月8日，北京高校新增中国工程院院士6人。工程院增选工作通过提名、遴选，经过第一轮评审、第二轮评审和选举、学部常委会研究、院主席团审议、报请国务院备案等程序产生最终名单，共增选院士54人，其中，年龄最小的46岁，最大的74岁。北京地区高校共有6人当选。通过此次增选，中国工程院院士总人数达到783人。

（张驰）

2011年新增中国工程院院士（北京高校）

北京大学
　高文　信息与电子工程学部
北京化工大学
　谭天伟　化工、冶金与材料工程学部
北京航空航天大学
　徐惠彬　化工、冶金与材料工程学部
中国农业大学
　康绍忠　农业学部
北京协和医学院
　郎景和　医药卫生学部
　詹启敏　医药卫生学部

（张驰）

【北大高文当选中国工程院院士】 12月8日，北京大学高文当选中国工程院院士。高文，1956年3月出生于辽宁省大连市，原籍山东省牟平县。1991年获日本东京大学电子工程学博士学位。长期从事计算机智能算法与系统研究，在高效视频编解码算法与标准化、图像检索技术、视频分析技术、人脸识别技术、手语识别技术等方面做出重要贡献，先后获国家技术发明二等奖1项、国家科技进步二等奖5项。2009年，因“对基于对象的视频表达、可伸缩视频编码技术与标准化的贡献”当选为电气电子工程师学会会士（IEEEFellow）。2010年，因“音视频编解码理论、标准及应用的突出成就”被授予中国计算机学会王选奖。

（胡少诚）

【化大谭天伟当选中国工程院院士】

12月8日，北京化工大学谭天伟当选中国工程院院士。谭天伟，1964年生于甘肃天水市，1986年毕业于清华大学化工系。1993年获得清华大学博士学位。长期从事生物化工研究，在脂肪酶、酶固定化及酶催化合成化学品上进行大量研究，实现有机合成用脂肪酶和酶工业催化的工业化；建立基于标志代谢物控制的发酵放大新方法，并用于酵母发酵产品的工业生产；开发发酵废菌丝体综合利用工业化应用新工艺。先后获国内外发明专利17项，(国外发明专利1项)，发表科学引文索引收录论文160余篇，工程引文索引200余篇。获2项国家技术发明二等奖和4项省部级科技进步一等奖（第一完成人）。获得何梁何利科学与技术创新奖、谈家桢生命科学奖、亚洲青年生物技术杰出贡献奖和国家教学名师称号。

（葛佑勇　梁军）

【北航徐惠彬当选中国工程院院士】

12月8日，北京航空航天大学徐惠彬当选中国工程院院士。徐惠彬，1959年生，1992年获柏林工大博士学位，1993年到该校材料学院任教。主要研究领域为功能材料与固态相变。发表科学引文索引收录论文200余篇。获得发明专利50项。作为第一完成人，先后获国家技术发明一等奖和二等奖各1项、省部级科技一等奖4项、国家教学成果二等奖1项、北京市教学成果一等奖2项。指导的博士生中1人获全国优秀博士论文，1人获全国优秀博士论文提名。

（毕娟　陈颖）

【农大康绍忠当选中国工程院院士】 12月8日，中国农业大学康绍忠当选中国工程院院士。康绍忠，1962年出生，湖南桃源人。1982年在武汉水利电力学院获学士学位，1985年、1990年在西北农业大学分别获硕士、博士学位。康绍忠是中国农业水土工程学科主要学术带头人之一，长期从事农业节水与水资源研究、工程应用和人才培养工作，率领团队在旱区作物节水高效灌溉与水资源合理利用方面做出突出贡献，推动农业水土工程学科的理论发展与技术进步。他出版著作8部，发表论文200余篇，其中科学引文索引收录80多篇，所指导的博士生有2人获得全国百篇优秀博士论文。他先后获国际农业节水技术奖1项、国家科技进步二等奖2项、国家级教学成果二等奖1项、部省级科技一等奖5项。

（钟占蓉）

【协和医学院郎景和当选中国工程院院士】 12月8日，北京协和医学院郎景和当选中国工程院院士。郎景和，1940年出生，吉林省吉林市人，1964年毕业于白求恩医科大学。长期从事妇产科医疗、教学、科研，对子宫内膜异位症发病机制进行研究，提出“在位内膜决定论”和“源头治疗说”；对于卵巢癌淋巴转移的研究及对妇科内镜手术、子宫颈癌防治、女性盆底障碍性疾病的诊治及基础研究均有突出贡献。获国家科技进步奖、卫生部、教育部及北京市科技奖8项，并荣获2004年度何梁何利科技进步奖、2005年北京市劳动模范、全国五一劳动奖章及全国高校教学名师称号等。共计发表学术论文600余篇，主编（译）著作30余部，个人专著10余部。

（王维铭）

【协和医学院詹启敏当选中国工程院院士】 12月8日，北京协和医学院詹启敏当选中国工程院院士。詹启敏，1959年出生，江西省乐平市人，1982年毕业于苏州大学医学院，1987年毕业于中国协和医科大学研究生院。现任中国医学科学院副院长、北京协和医学院副校长，国家“863计划”生物医药领域专家组专家，分子肿瘤学国家重点实验室主任，中国微循环学会理事长，“973”肿瘤转移研究项目首席科学家。在国际上率先发现和系统揭示细胞周期监测点关键蛋白的作用和机制，阐明多个重要细胞周期调控蛋白在细胞癌变和肿瘤诊断与个体化治疗中的作用。主编主译学术著作4部。曾获国家杰出青年科学基金、教育部“长江学者”特聘教授、教育部自然科学奖一等奖和科技部“十一五”国家科技计划执行突出贡献奖。

（王维铭）

【北京高校新增中科院院士9人】

12月9日，北京高校新增中国科学院院士9人。本年新增科学院院士51人，分属6个学部，其中，数学物理学部9人，化学部7人，生命科学和医学学部9人，地学部10人，信息技术科学部7人，技术科学部9人。新院士平均年龄52.6岁，其中60岁（含）以下43名，占84.3%。新增选院士中，北京高校有9人入选。经过本次增选，中科院现有院士总人数为727人。

（张驰）

2011年新增中国科学院院士（北京高校）

北京大学

鄂维南	数学物理学部
刘忠范	化学部
严纯华	化学部
朱玉贤	生命科学和医学学部
梅宏	信息技术科学部

清华大学

李亚栋	化学部
南策文	技术科学部
雒建斌	技术科学部

北京协和医学院

赵玉沛	生命科学和医学学部

（张驰）

【北大鄂维南当选中国科学院院士】

12月9日，北京大学鄂维南当选中国科学院院士。鄂维南，1963年9月生于江苏省靖江市，1982年毕业于中国科技大学数学系，1985年获中国科学院计算中心硕士学位，1989年获美国加州大学洛杉矶分校（UCLA）博士学位，长期从事计算数学、应用数学及其在力学、物理、化学和工程等领域中的应用等方面的研究，提出设计与分析多物理模型的多尺度方法的一般框架。曾获国际工业与应用数学协会颁发的克拉茨（Collatz）奖、首届美国青年科学家和工程师总统奖、冯康科学计算奖。

（胡少诚）

【北大刘忠范当选中国科学院院士】

12月9日，北京大学刘忠范当选中国科学院院士。刘忠范，1962年10月出生于吉林省九台市，1983年7月毕业于长春工业大学化学工程系，1987年3月获日本横滨国立大学硕士学位，1990年3月获东京大学博士学位，长期从事低维材料与纳米器件、分子自组装以及电化学研究。发展了纳米碳材料的化学气相沉积生长方法学，建立精确调控碳纳米管、石墨烯等碳材料结构的系列生长方法，发明碳基催化剂、二元合金催化剂等新型生长催化剂，提出了新的碳纳米管“气—固”生长模型；将有机小分子的自组装概念拓展到准一维碳纳米管领域，建立多种化学自组装方法，并开拓自组装膜电化学和基于扫描探针显微技术的针尖化学研究方法。曾获国家自然科学奖二等奖、高等学校科学技术奖自然科学一等奖。

（胡少诚）

【北大严纯华当选中国科学院院士】

12月9日，北京大学严纯华当选中国科学院院士。严纯华，1961年1月出生于上海市川沙县，籍贯江苏如皋，1982年7月毕业于北京大学化学系，1985年7月和1988年1月先后获该校硕士、博士学位，现任北京大学稀土材料化学及应用国家重点实验室主任。长期从事稀土分离理论、应用及稀土功能材料研究，发展“串级萃取理论”，实现中重稀土串级萃取工艺参数的准确设计，实现高纯重稀土的大规模工业生产。建立稀土纳米晶的可控制备方法，系统研究“镧系收缩”效应对稀土纳米晶的结构影响规律，发现稀土晶发光主要受到表面晶格对称性破损控制，实验上率先证实CeO_2对CO的催化活性与其外露晶面有关的理论预测；实现不同结构与组成的稀土氟化物纳米晶的多色上转换发光。曾获国家科技进步奖二等奖和国家自然科学奖二等奖等奖励。

（胡少诚）

【北大朱玉贤当选中国科学院院士】

12月9日，北京大学朱玉贤当选中国科学院院士。朱玉贤，1955年12月生于浙江省富阳市，1982年毕业于浙江农业大学农学系，1989年获美国康奈尔大学博士学位，长期从事棉花纤维发育功能基因组学和拟南芥转录调控因子研究，利用棉纤维伸长阶段特异性表达的棉花互补脱氧核糖核酸，研究与纤维伸长发育密切相关的代谢途径，揭示棉花纤维发育的分子机制，阐明纤维品质相关基因的网络效应。成功构建具有国际领先水平的大型高通量陆地棉互补脱氧核糖核酸芯片。筛选鉴定778个棉花纤维特异表达基因。首次发现植物激素乙烯生物合成途径在棉花纤维细胞伸长过程中的主导作用，发现超长链脂肪酸在转录水平上调控乙烯生物合成，而同时受乙烯和超长链脂肪酸调控的果胶多糖生物合成是棉纤维细胞初生壁合成和细胞伸长的限速步骤。获得国家发明专利六项，2008年获教育部自然科学奖一等奖，主编《现代分子生物学》。

（胡少诚）

【北大梅宏当选中国科学院院士】

12月9日，北京大学梅宏当选中国科学院院士。梅宏，1963年5月生于贵州省余庆县，1984年和1987年分别于南京航空学院获学士和硕士学位，1992年于上海交通大学获博士学位。长期从事软件工程和系统软件领域的研究，针对开放网络环境下软件动态适应和在线演化两个核心难题，提出基于微内核的中间件构件化体系结构和基于容器的构件在线组装机制，建立构件化的软件中间件技术体系与框架，提出基于软件体系结构的构件化软件开发方法，拓展到软件全生命周期，实现对系统级结构复杂性和一致性的有效控制。曾获国家技术发明二等奖、国家科技进步二等奖、教育部自然科学一等奖等。

（胡少诚）

【清华李亚栋当选中国科学院院士】

12月9日，清华大学李亚栋当选中国科学院院士。李亚栋，1964年11月

生于安徽省宿松县。1986年毕业于安徽师范大学化学系。1988至1991年在中国科技大学应用化学系获硕士学位。1991至1999年在中国科技大学应用化学系、化学系任教，其间于1995年师从钱逸泰院士攻读博士学位，从事无机半导体纳米材料研究，1998年获博士学位。1999年入选清华大学首批“百人计划”，任清华大学化学系教授、无机化学研究所所长、系学术委员会主任，现为低维量子物理国家重点实验室副主任。主要从事无机纳米材料合成化学研究，在《自然》等国际一流学术刊物上发表论文300余篇。曾获2008年国家自然科学二等奖。

（许亮）

【清华南策文当选中国科学院院士】

12月9日，清华大学南策文当选中国科学院院士。南策文，1962年11月生于湖北省浠水县。1982年和1985年先后获华东理工大学学士和硕士学位，毕业后在武汉理工大学（原武汉工业大学）任教。其间于1992年获武汉理工大学博士学位，同年晋升为教授。1999年底调任清华大学材料科学与工程系教授，曾任副系主任、系主任，现任材料科学与工程研究院院长。主要从事复合材料及功能陶瓷领域的研究工作。以系统的创新性成果发表科学引文索引收录论文350余篇，科学引文索引论文他引总数6000余次，出版学术专著1部。曾获国家自然科学二等奖。

（许亮）

【清华雒建斌当选中国科学院院士】

12月9日，清华大学雒建斌当选中国科学院院士。雒建斌，1961年8月生于陕西省户县。1982年毕业于东北大学，1985至1988年在西安科技大学读

研究生，并获北京科技大学硕士学位；1991至1994年在清华大学读博士研究生并获博士学位并留校工作。1999年获国家杰出青年科学基金，2000年晋升为研究员，2002年被聘为教育部“长江学者奖励计划”特聘教授。现任摩擦学国家重点实验室主任。从事纳米摩擦学方面研究。曾获国家科技发明三等奖、国家自然科学二等奖、国家科技进步二等奖和省部级科技奖7项；在国际会议上作报告15次，其中，大会报告8次。出版英文专著1部；发表论文240余篇，包括科学引文索引收录130余篇，他引1800余次；授权发明专利15件。

（许亮）

【协和医学院赵玉沛当选中国科学院院士】 12月9日，北京协和医学院赵玉沛当选中国科学院院士。赵玉沛，1954年7月出生于吉林省长春市。1982年毕业于白求恩医科大学医疗系，1987年获中国协和医科大学硕士学位。他在胰腺癌早期诊断和综合治疗的临床与基础研究方面进行系统性和开创性工作，牵头制定中国胰腺癌诊治流程和国家行业标准，提出胰腺癌高危人群概念，使更多早期患者得到及时诊治；通过建立多科协作会诊中心、开辟快速诊治绿色通道、建立术前可切除性评估体系、规范手术切除范围、创立经空肠胃造瘘术等，缩短确诊时间，为更多病人赢得手术机会，也使无法切除者避免不必要手术，改善病人生活质量，并使北京协和医院胰腺癌手术切除率、术后并发症发生率和病人生存时间等综合指标明显优于国际同期水平。其研究成果获国家科技进步二等奖等多个奖项。

（王维铭）

【北京高校14人获得青年科技奖】

12月15日，北京地区9所高学14人获得第十二届中国青年科技奖。该奖项由中共中央组织部、人力资源和社会保障部、中国科技协会共同主办，每两年评选一次，本次共有211个单位推荐出730名候选人，经评审、公示、审批，有100名青年科技工作者获奖，获奖者年龄最大为45岁、最小为29岁、平均为39岁。北京地区共有9所高等学校14人获得青年科技奖。

（张驰）

第十二届中国青年科技奖
（北京高校）

北京大学
方方　朴世龙　郭红卫　韩鸿宾
清华大学
傅旭东　颜宁
北京航空航天大学
王少萍
北京理工大学
王兆华
北京工业大学
王全淑
北京化工大学
吴一弦
中国农业大学
刘西莉　李道亮
中国矿业大学（北京）
聂百胜
首都医科大学
徐文

（张驰）

【完成北京高校研究与试验性发展资源清查工作】 至年底，市教委完成北京地区高校第二次研究与试验性发展（R&D）资源清查工作。该工作由教育部和北京市R&D资源清查领导小组主持，旨在摸清北京地区高校的科研实力和资源配置情况。本次清查中，市教委科研处分别荣获全国和北京市R&D资源清查R&D资源清查先进集体。中国人民大学等18所高校获第二次全国R&D资源清查教育系统先进集体，61位高校统计工作人员获第二次全国R&D资源清查教育系统先进个人称号。

（张豫）

科　学　技　术

【两校入选国家技术转移示范机构】 6月7日，北京两所高校技术转移机构被认定为第三批国家技术转移示范机构。该评审工作由科技部主持，经各省、自治区、直辖市、计划单列市科技厅（委、局）、国务院有关部门推荐和专家评审，评出确定68家机构为第三批国家技术转移示范机构。其中，北京地区两所机构入选，分别是北京大学医学部技术转移办公室和华北电力大学技术转移中心。

（张驰）

【确定科研计划2012年度项目】 12月，市教委完成2012年科研计划项目审批。经过项目申请、学校初选推荐、市教委评审等程序，共批准来自28所高校的科研项目490个。其中，“科技发展计划”重点项目41个、面上项目247个，“人文社会科学研究计划”重点项目30个、面上项目172个。批准项目资助经费总额6491.3万元，其中“科技发展计划”项目经费5275万元，“人文社会科学研究计划”项目经费1216.3万元。

（车庆珍　翟昊）

2012年度科技发展计划重点项目立项项目

北京工业大学
- 作为科学实验仪器的独轮自平衡机器人系统关键技术研究
- 基于车载制氢机的氢氧混合燃料内燃机的研究与开发
- 逆流推力矢量喷管的流动特性研究
- 氟塑料润湿性能的准分子激光改性研究
- 三维不可压Navier—Stokes方程及其相关流体动力学方程的研究
- 血流动力学几何多尺度模拟及其单心室手术规划应用
- 分片线性分类器的学习方法及其应用
- 超高强铝合金原子团簇形成及纳米强化相析出机理研究
- 用于空间站生物危害报警器的荧光微检测关键技术研究
- 侧限土体液化特性及对地下结构抗震性能的影响

北方工业大学
- 群组对象的数学表达及其在3D模型检索中的应用

北京工商大学
- 高刚度高强度谐波齿轮传动设计理论与制造工艺研究

北京服装学院
- 原位熔融电纺丝法制造三维组织工程材料的研究
- 面向数字化服装MTM的三维人体造型及着装新技术研究

北京印刷学院
- 网络印刷协同排版关键技术研究

北京建筑工程学院
- 基于实景影像与物联网的精细化城市管理关键技术研究

北京石油化工学院
- 深水立管焊接工艺及疲劳断裂可靠性评估研究

北京农学院
- 草莓种苗高通量反应器快繁技术研究
- 栗苞中诱引板栗桃蛀螟的挥发性活性化合物的发掘与利用

首都医科大学
- α—synuclein通过PP2A调节TH活性的分子机制
- 高效低毒且无铅再分布的1，3二硫戊环类排铅药研究
- 基于MRI应用于睡眠呼吸暂停手术规划的生物力学模型
- 癫痫患者闸皮层特定语言区的综合定位及其分布规律研究
- HCV治疗应答相关宿主因素的筛选及其机理
- 肺部感染肠杆菌科细菌对碳氢霉烯类耐药的分子机制研究
- VGLUTs对耳鸣的听觉中枢重塑机制的影响
- 以VEGFA第二受体为靶体的糖尿病性视网膜病变的基因治疗
- 应用皮肤α—突触核蛋白诊断帕金森病的生物学标记物研究
- 胎儿超声联合基因测定揭示胎儿致死性心脏畸形发病机制
- 心外膜三维电生理标测方法的研究
- 儿童急淋白血病MRD检测多中心协作组的建立及意义

首都师范大学
- 量子场论中的几个数学问题
- 流体方程若干重要问题研究
- 北京地区100万年来高分辨率环境演化综合集成研究
- 嘧啶稠杂环衍生物的合成及抗肿瘤活性研究
- 空间串行高速总线形式化验证关键技术研究

北京物资学院
- 基于物联网技术的智能物流系统研究

首都经济贸易大学
- 公共危机事件中人群恐慌情绪蔓延与集群行为涌现研究

北京信息科技大学
- 基于流形学习的超精密加工主轴回转精度劣化溯源技术研究
- 掺杂量子点太阳电池的研究

北京联合大学
- 四种植物化学物质细胞毒性比较及其作用机制的探讨

（车庆珍　翟昊）

2012年度人文社会科学研究计划重点项目立项项目

北京工业大学
- 北京城市商业银行碳金融业务X效率分析
- 汽车制造企事业的商业生态系统运行机制研究
- 运用传统手工艺和现代工业设计手段改良京剧乐器产品的设计研究
- 北京市上市公司财务重述现状与控制机制研究

北京工商大学
- 共生理论视角下北京保障性住房投融资问题研究
- 基于我国医药改革的药品流通新模

式研究
会计治理的实现路径及其评价

北京服装学院
碳足迹导向的服装低碳消费方式及行为研究
明清时期的女性服饰时尚研究

北京印刷学院
中国当代期刊史研究

北京建筑工程学院
我国城市空间公平问题的伦理考量——以北京市为例

北京石油化工学院
北京南部现代产业新区发展策略研究

北京农学院
农产品供应组织模式对食品安全的影响：基于北京蔬菜供应链的实证研究

首都医科大学
医学英语词汇的文化渊源对词汇构词规律及演变影响的研究

首都师范大学
现当代散文中的北京地域文化研究
两周金文异体字研究
英格兰天主教徒的生存之路（16—18世纪）
全球史的兴起及其影响研究
首都高校法人化治理的现状与制度完善

首都体育学院
国际象棋训练对青少年问题解决能力的影响
北京市职工体育理论与实践的创新研究
促进北京体育赛事经济发展的研究

北京第二外国语学院
旅游业价值链价值回报、风险溢出与投资转移研究

北京物资学院
基于期货盯市制度商业银行贷后信用风险管理研究

首都经济贸易大学
北京市失业人员再就业培训现状、问题与对策研究
理性疏忽、粘性信息与经济周期——基于中国数据的实证研究
我国上市公司信息披露公正性评价研究

中国音乐学院
北京市音乐产业集聚区发展研究

北京信息科技大学
北京市科技金融平台构建研究

北京联合大学
就业能力视角下的首都大学生就业结构性失衡问题研究

（车庆珍　翟昊）

【实施北京高校科技成果转化工程】 至年底，市教委继续实施北京高校科技成果转化工程。该工程共支持北京高校校企合作产学研项目27项、北京市大学科技园项目6项、支持发明专利实施转化项目28项。

（张年武）

科　研　成　果

【北京高校33项成果获得国家科技奖】 1月14日，在2010年度国家科学技术奖励大会上，北京高校33项成果（通用项目）以第一完成单位（人）获得国家科技奖。其中，2所高校3个项目获得自然科学奖二等奖，4所高校6个项目获得科学技术发明奖二等奖，1所高校1个项目获得科学技术进步奖一等奖，14所高校23个项目获得科学技术进步奖二等奖。

（张驰）

2010年度国家自然科学奖二等奖（北京高校　第一完成单位）

北京大学
定量电子显微学方法与氧化钛纳米结构研究
细胞凋亡与抗病毒反应的信号转导研究

清华大学
电磁固体的变形与断裂

（张驰）

2010年度国家技术发明奖二等奖（北京高校　第一完成单位）

北京大学
纳米尺度硅基集成电路新器件与新工艺技术及其应用

清华大学
运动汽车噪声综合识别及控制技术
光学元件内应力、双折射和光学波片相位延迟测量的新原理和仪器
城市客车多能源一体化混合动力系统及其系列化车型应用

北京邮电大学
基于智能通道组织和共享保护方法的光层联网技术与应用

中国矿业大学（北京）
深部煤矿高温热害治理技术及其装备系统

（张驰）

2010年度国家科技进步奖一等奖（北京高校　第一完成单位）

北京航空航天大学
实时三维图形平台BH_GRAPH

（张驰）

2010年度国家科技进步奖二等奖（北京高校　第一完成单位）

北京农学院
枣林高效生态调控关键技术的研究与示范

北京林业大学
我国北方几种典型退化森林的恢复技术研究与示范

中国农业大学
牛和猪体细胞克隆研究及应用
农业化学节水调控关键技术与系列新产品产业化开发及应用
主要作物种子健康保护及良种包衣增产关键技术研究与应用
芽孢杆菌生物杀菌剂的研制与应用

青藏高原牦牛乳深加工技术研究与产品开发

北京科技大学

特低渗透油藏有效开发非线性渗流理论和开发方法及其工业化应用

宽带钢热连轧生产成套关键技术与应用

复杂破碎条件下露天一地下联合高效开采关键技术

中国石油大学（北京）

重油催化裂化后反应系统关键装备技术开发与应用

北京航空航天大学

高可靠先进液压系统新技术及其在现代军机、民机和航天器中的应用

北京大学

水沙灾害形成机理及其防治的关键技术

区域大气复合污染研究的技术体系及在珠江三角洲的应用

北京体育大学

提高运动员体能的关键技术研究

清华大学

特大城市空气质量改善理论与技术及其应用

首都医科大学

心房颤动导管消融的临床研究与推广应用

口腔颌面组织修复及功能重建技术的研究及应用

北京中医药大学

抑郁症中医证候学规律的研究

经方现代应用的临床与基础研究

北京邮电大学

TD—SCDMA及其增强型终端一致性测试技术与平台

中国矿业大学（北京）

矿井移动与应急通信技术与系统

北京建筑工程学院

特大异型工程精密测量与重构技术研究及应用

（张驰）

【北京高校71个项目获得教育部科技奖】 2月21日，北京高校71个项目以第一完成单位（人）获得教育部科技奖。其中，6所高校13个项目获得自然科学奖一等奖，10所高校18个项目获得自然科学奖二等奖；4所高校5个项目获得技术发明奖一等奖，2所高校2个项目获得技术发明奖二等奖；10所高校16个项目获得科技进步奖一等奖，11个高校17个项目获得科技进步奖二等奖。

（张驰）

【电力大学一项科研成果通过省级鉴定】 3月6日，华北电力大学全断面岩石掘进机盘形滚刀三维设计理论及应用通过鉴定。鉴定委员会听取课题组所作工作报告、技术报告、测试分析报告、科技查新报告、用户使用情况报告，查阅相关资料，经质疑答辩和认真讨论，一致同意通过技术鉴定，认为该科研成果整体技术达到国际领先水平。该研究成果在国内各大型水电、铁道及城铁掘进机施工中广泛应用，国内市场占有率已达到50%左右。

（陈军）

【北科大地下避难硐室完成载人验证试验】 4月10日，北京科技大学第一代地下避难硐室载人现场验证试验成功。实验由矿工、救护队员、科研人员等组成的80名试验人员，在井下470余米的常村矿N3采区永久避难硐室完成48小时模拟灾变环境密闭现场试验。在试验中，完成地面钻孔供氧、高压氧气瓶供氧、矿井压风供氧三大试验，验证三种供氧系统运行的可行性和可靠性。避难硐室具有防爆密闭、氧气供应、空气监测、二氧化碳吸附、空气温湿度控制、电力供应、通讯联络、食品饮水供应等功能，井下人员可以通过直达地面的救援钻孔获得新鲜空气、流食供应、通讯联络、电力供应等，可提供80至100人避难所需。

（金剑苊）

【北京交大车用动力蓄电池管理系统关键技术通过验收】 4月13日，北京交通大学电气工程学院新能源研究所承担的“车用动力蓄电池管理系统核心关键技术及可靠性研究”“863”课题通过验收。来自全国汽车领域的8位专家组成的专家组考察了研发实验室，听取课题组汇报，经过质询和讨论，给予课题研究成果高度评价，认为课题组高质量完成课题规定的研究内容，达到课题目标和考核指标的要求，同意通过结题评审。该课题开展基于变多阶极化电压模型和状态空间的动力电池动态模型等方面的研究，推导电池组容量，提出有利于平衡电池充电快速性和电池长寿命的恒极化电压充电控制策略，建立基于单体电池之间的内阻、容量一致性综合评价体系，以及基于电池组容量和能量利用最大化的电池组一致性的量化评价方法和均衡控制策略；研究开发出电动车辆电池管理系统，进行相关测试，配合多家整车厂及动力电池生产厂进行系统集成和装车试验，并搭载奥运纯电动客车、世博纯电动客车以及亚运会纯电动客车进行示范运行，课题开展期间申请发明专利6项，发表相关研究论文8篇。

（高杰）

【化大大型挤压造粒机组项目通过验收】 5月20日，北京化工大学等六单位联合研发的20万吨/年聚丙烯大型挤压造粒机组国产化项目通过专家组的现场验收。该项目作为“十一五”国家级重大装备攻关项目，旨在打破德国和日本相关公司对大型乙烯成套设备中的重大关键装备——大型挤压造粒机组的技术封锁和价格垄断，改变国内长期依赖进口的局面，设计、研发、生产和制造拥有完全自主知识产权的大型挤压造粒机组。通过现场调研和论证，专家组做出“20万吨/年聚丙烯挤压造粒机组国产化项目一次试车成功，生产能力达到机组最大产量；运行平稳，性能良好；切粒均匀；能耗低，外观质量好，控制系统先进；满足设计要求；系统配套满足机组运行要求”的结论。

（葛佑勇　梁军）

【地大发现一种新矿物】 6月2日，中国地质大学（北京）科学研究院晶体结构实验室李国武教授等提交的一种新矿物——羟钙烧绿石获得国际矿物学会新矿物及矿物分类命名委员会（IMA—CNMNC）正式批准。这是继刘家军教授2010年发现汉江石之后该校教授在新矿物方面的又一重要发现。相关样品由杨光明教授在上世纪八十年代采自四川牦牛坪稀土矿床。受当时的实验和研究条件所限，该矿物此前一直被认定为贝塔石。2010年地大晶体结构实验室在对该矿物进行再研究时发现，虽然该矿物受放射性影响而发生严重的非晶质化，但经过两次加热重结晶后，在衍射实验中可

出现清晰的衍射点。科学研究院晶体结构实验室熊明副教授通过多种衍射实验获得较好的衍射数据，李国武教授根据衍射数据解析出晶体结构和成分及原子占位特点将该矿物重新定名为羟钙烧绿石。在补充红外数据后，李国武、杨光明等将该矿物资料提交到国际矿物学会新矿物及矿物命名委员会，经该委员会的 20 位国际矿物学专家的评审投票表决，正式批准该矿物为新矿物，编号为 IMA2011－026。此新矿物的发现为烧绿石族矿物种增添新的成员。

（李飞）

【石油大学复杂油气田地质与提高采收率技术通过验收】 6 月 10 日，中国石油大学（北京）主持完成的“复杂油气田地质与提高采收率技术”国家科技重大专项项目通过国家油气开发专项领导小组办公室验收。专家组认为该项目在储层评价技术、特低渗油藏增注控水技术、复杂结构井优化设计与钻完井控制技术等方面取得创新性成果，在中国油气勘探新领域地质评价方面提供理论指导，为中国特低渗透等难动用储量高效开发与提高采收率提供一定的技术保障，知识产权成果显著，培养一批高层次人才和大量的研究生。该项目于 2009 年 1 月正式启动，是国家科技重大专项“大型油气田及煤层气开发”的重要组成项目之一，归口教育部承担，委托石油大学作为责任单位，下设 6 个子课题，来自石油大学、中国地质大学、浙江大学、北京大学、南京大学等 11 所高校的 150 余人参加研究工作。

（许博）

【农职院新技术在14省市推广应用】 7 月，北京农业职业学院园艺系研发的植物病虫害生物防治技术在北京、安徽等国内 14 个省、市的项目示范点得到推广应用。项目繁殖的天敌昆虫花绒寄甲在防治蛀干性天牛害虫，特别是防治传播松材线虫病的媒介昆虫——松褐天牛方面取得明显效果。在安徽九华山项目示范点，释放花绒寄甲成虫的马尾松木段松褐天牛被寄生率达 88.5%，释放花绒寄甲卵的木段松褐天牛被寄生率达 75.8%，松材线虫病造成的死树明显减少。这一成

果获得中国工程院院士和中国林科院首席专家的肯定。

（刘宪东）

【石油大学教师获孙越崎能源奖】 10 月 17 日，中国石油大学（北京）教授李根生获得孙越崎能源大奖。全国共有 4 人获奖。孙越崎科技教育基金于 1992 年设立，是中国科学技术基金会孙越崎科技教育基金的最高奖，每年评选一次。李根生，1961 年 9 月出生，安徽石台县人，博士生导师，二级教授，长期从事高压水射流基础理论和应用技术研究，油气井工程国家重点学科学术带头人。他主持承担国家杰出青年科学基金、国家自然科学基金、国家“863”计划等 10 余个重点项目的研究工作，取得国际水平科研成果 8 项、获国家发明三等奖 1 项、国家科技进步二等奖 2 项、省部级科技进步奖 10 项，取得国家专利 6 项，发表论文 100 余篇，合作出版中英文专著、论文集各 1 部。李根生担任中国水射流技术专业委员会常委兼国际合作部副部长、中国机械工程学会流体工程分会理事和喷射技术专业委员会副主任等社会职务，曾获得“中国青年科技奖”和国家杰出青年科学基金资助。

（许博）

【首师大北京湿地生物多样性保护技术通过验收】 10 月，首都师范大学北京湿地生物多样性保护技术重大科技项目通过北京市科委验收。该项目形成包括北京湿地生物多样性评价指标体系、北京湿地植物保护技术规范及实施手册、北京湿地夏季繁殖鸟类保护技术规范及实施手册、北京湿地越冬灰鹤保护技术规范及实施手册、湿地植物多样性恢复与重建的土壤种子库技术等一系列保护技术，发表论文 30 余篇，建成包括野鸭湖水鸟栖息地等保护技术示范基地等共计 133 万平方米。

（葛新浩）

【北航为神舟八号天宫一号交会对接提供多项技术支持】 11 月 3 日，北京航空航天大学“天宫一号”目标飞行器与“神舟八号”飞船成功实现首次交会对接提供技术支持。北京航空航天大学宇航学院、可靠性与系统工程学院、自动化学院等学院的多个科研团队所独立研究或合作研究的空间天气研究、姿轨控发动机喷流数值模拟研究、可靠性综合环境应力测试、交会对接运动模拟系统研究等多项技术和成果。

（毕娟　陈颖）

【北理工完成神舟八号飞船搭载任务】 11 月 17 日，北京理工大学微流控芯片基因扩增装置科学装置载荷完成搭载神舟八号实验任务。该装置由该校作为牵头单位完成是国家“十一五科技支撑项目”某空间重大项目的重要研究成果之一，成为该校首次作为载荷伴随飞船遨游太空的实验装置，同时也实现中国微流控芯片太空应用技术领域“零”的突破，也是中国首次在空间环境下开展基因实验，并实现在轨检测。

（史建伟）

【化大耐紫外线老化沥青路面通车】 11 月 21 日，北京化工大学研发的超分子结构紫外线阻隔材料（LDHs）制备的耐紫外线老化沥青铺设的示范路段正式通车使用，该路段位于长深高速（长春—深圳）内蒙古金宝屯至查日苏段，总长 8.4 公里。LDHs 材料的研发获得国家“十二五”科技支撑计划的支持，旨在解决沥青耐紫外线老化能力弱的世界性难题，在国家西部及高原等紫外线辐照强烈的地区具有广泛的应用前景。学校通过对 LDHs 材料组成和结构的设计，突破清洁生产工艺、等波长粒径控制等关键技术，创制一种沥青用新型紫外线阻隔材料。经检测和应用表明，这种材料能够明显提高沥青的耐紫外线老化性能，使沥青的使用寿命延长 3 倍以上。

（葛佑勇　梁军）

【首都师大车载激光建模测量系统通过鉴定】 11 月 21 日，首都师范大学车载激光建模测量系统产品通过鉴

定。该项目属国家基础测绘科技项目，通过在机动车上装配全球定位系统、惯性测量单元、车辆控制编码系统以及激光扫描仪、数码相机等先进的传感器和设备来实现测量任务。此研究成果的应用将完全改变现有公路勘察设计模式、公路运营及养护模式、公路改建及扩建模式。目前，此系统已经应用于三亚测图、内蒙古部分蒙市、河北石家庄的高速公路改扩建、数字政通公司的部件普查、北京测绘院的地图修测等项目，得到用户方的一致肯定。

（葛新浩）

【北航3号新型固液探空火箭成功发射】 11月25日，北京航空航天大学宇航学院师生自主设计研制的“北航3号”新型固液探空火箭成功发射。“北航3号”是国内首枚以过氧化氢固液火箭发动机为动力系统的探空火箭。该火箭通过高压氮气挤压式输送系统，实现两级推力调节，采用全球卫星定位数传技术，实时向地面传输火箭飞行状态参数。其主要任务是验证变推力、过氧化氢固液火箭发动机技术与全球卫星定位数传技术，为此型固液火箭发动机的工程应用奠定基础。“北航3号”箭体全长5.16米，直径0.3米，满载质量310千克，有效载荷20千克，飞行高度可达30千米。

（毕娟　陈颖）

【“清华简”第二批研究成果发布】 12月19日，清华大学《清华大学藏战国竹简（贰）》发布。《清华大学藏战国竹简（贰）》收入一部失传2300多年的历史著作，暂命名为《系年》。《系年》全篇分为23章，概要记述从西周初年一直到战国前期的历史，其中有许多事件不见于传世文献，对传世的《左传》、《国语》、《史记》等典籍有重大订正作用。这是自西晋发现《竹书纪年》之后，历经1700多年后，中国又一次发现的秦代以前的完整史书。

（许亮）

【地大成矿动力学引智基地通过验收】 至年底，地大刘家军教授牵头的“成矿动力学引智基地”建设项目通过教育部验收。该项目总体定位目标是瞄准国际地学领域发展前沿，围绕国家扩大矿产资源开发目标，结合国家重点发展的学科领域和地大地学优势学科，以“地质过程与矿产资源”国家重点实验室为研究平台，与国外引进的海外学术大师、学术研究骨干开展科研合作与学术交流，努力形成一支具有高水平的研究队伍，创造具有国际影响的科研成果，提高地大教师在成矿学及其相关领域的整体科研水平和国际地位，加快建设地大成为地球科学领域世界一流的研究型大学。经过近五年建设，“成矿动力学创新引智基地”在学科建设、学术贡献、人才建设等方面取得显著的成绩，形成五项基地特色，即国家目标与科学前沿相结合的特色；研究对象具备地域特色；主要学术思想的特色；专业结构齐全、研究覆盖面广的特色；增强学科发展后劲、增加学科新的生长点的特色。

（李飞）

教育科学研究

【召开市中小学体育科学论文报告会】 1月23日，市教委召开北京市第九届中小学体育科学论文报告会。报告会展示市中小学体育科研工作的成果，表彰在论文征集和交流活动中表现突出的个人和集体，进一步推进中小学体育科学研究工作的开展，加强科研成果的展示与交流。会议由北京市教育学会承办，市教委、北京教育学院等领导，获奖单位代表参加会议。

（郑淑媛　李铮）

【北京教科院召开青少年道德赋能研究培训会】 2月15至17日，北京教育科学研究院组织召开北京初中青少年道德赋能研究培训会。培训会有请全球文明研究中心主任兼香港大学社会学系副教授出席并给予方法指导；英国牛津大学博士生兼澳门巴迪基金会

项目官员，以及全球文明研究中心项目经理，英国中央兰开夏大学中国办事处国际支持专员，支援研究者参加培训会并巡视小组学习讨论。此次培训会有来自全球文明研究中心、北京市（区）德育研究机构、实验学校的德育专家、研究者、校长、德育主任和实验教师共43人参加。

（朱凌云）

【北京教科院举办两委委托课题结题汇报会】 3至4月，北京教育科学研究院召开2010年度市委教育工委、市教委委托课题结题汇报会。会议对2010年两委委托课题试行集中开放式结题。会议听取各委托课题研究单位对研究过程、主要研究成果及相关的政策建议进行结题汇报，课题委托人（两委领导）或联系人（相关处室负责人）进行提问及当面给予鉴定意见，对于不能结题的课题给予修改意见和研究建议。

（杜玲玲）

【市总职大“学分转换体系理论与实践研究”成果通过鉴定】 6月10日，北京市总工会职工大学承担的“校企合作学分银行计划——学分转换体系理论与实践研究”课题教改成果通过鉴定。鉴定专家组认为该项目立足于企业职工继续教育领域，在已经开展的校企合作学分银行计划教改试点的基础上，以成人高等职业教育课程为依据，进行学分转换的理论研究和教改实践，尝试总结提炼学分转换的原则、标准和相关制度，探讨各级各类教育相互沟通的可行性，提出

学分转换实施方案和政策建议，对搭建终身学习"立交桥"进行有益尝试；在减少重复学习、缩短学习时间，降低学习成本，促使职工实现个人能力全面可持续发展方面进行探索；在为企业培养人才搭建绿色通道，最终提高企业竞争力方面发挥重要作用。最终，专家组认为该项目可以通过鉴定。该项目是北京市高等学校教育教学改革立项项目，于2009年开题。

（周东妹）

【北京教科院召开56家社会大课堂基地课程表研制工作会】 9月8日，北京教育科学研究院召开56家大课堂基地课程表研制工作会。会上，来自中小学各学科的教研员分为三组对56家基地的资源情况进行分析和研讨，挖掘基地资源中可用的课程资源。并在此基础上，根据本学科的课程特点及教学内容，寻找与基地资源之间的共同点，设计适合本学科开展的实践活动。此次课程表研制活动是在2009年44家基地课程表研制的基础上开展，通过研制课程表实现社会资源到课程资源的转化，为全市各中小学校开展各种实践活动提供指引。

（沈俊楠）

【北京教科院召开北京市区县小教研工作研讨会】 9月14日，北京教育

科学研究院召开北京市区县教研部门小学教研室主任教研工作研讨会。会议引领区县小教研领导认识最新教育形势、要求，解析贯彻落实全国教育工作会议和规划纲要内小学所承担的推进均衡发展、探索创新人才模式、教材改革实验等7项重点工作，提出各区县要在教研工作的深层定位、教研员职能的充分发挥以及教研方法的改进创新上加强思考，并通过典型教研案例启发教师，使各区县能够分享经验、共同发展。

（张驰）

【举办北京可持续发展教育国际论坛】 10月16至18日，第五届北京可持续发展教育国际论坛在北京举办。论坛由北京市教委、联合国教科文组织驻北京办事处、中国可持续发展教育全国工作委员会、北京教科院主办。论坛以"为了可持续发展的哲学思考与教育变革"为主题，共设有"社会转型中的区域可持续发展教育"、"可持续发展教育的学校推进"、"可持续发展教育课程与教学模式创新"、"青少年低碳生活创新行动"、"推进可持续发展教育、提高教育质量"等五个专题展开研讨和交流。同时，各国官员和专家在达成一致的基础上发布《可持续发展教育走向优质教育之路》。来自市教委、教科院领导及联合国教科文组织专家100人参会。

（王咸娟）

【58个项目获全国教育科学研究优秀成果奖】 11月11日，北京教育单位58个项目获得第四届全国教育科学研究优秀成果奖。该奖项由教育部主办，经资格审查、专家评审、面向社会公示和奖励委员会审核通过后，全国共有11人获得终身成就奖，300项成果分获一、二、三等奖。其中，北京市属单位和中央部委在京高校4人获得终身成就奖，58个项目获得优秀成果奖，其中，一等奖6项、二等奖22项、三等奖30项。

（张驰）

第四届全国教育科学研究优秀成果奖终身成就奖（北京教育单位）

北京大学
- 汪永铨

北京师范大学
- 顾明远　黄济　张厚粲

（张驰）

第四届全国教育科学研究优秀成果奖一等奖（北京教育单位）

北京大学
- 教育投入、资源配置与人力资本收益——中国教育与人力资源问题研究

清华大学
- 一流大学建设的理论与实践研究

北京师范大学
- 世界一流大学的形成与发展
- 流动儿童城市适应状况及过程
- 运用信息化教学创新理论大幅提升农村中小学教学质量促进教育均衡发展研究

中央民族大学
- 民族教育理论与政策研究

（张驰）

第四届全国教育科学研究优秀成果奖二等奖（北京教育单位）

北京大学
- 我国高等教育发展观的反思

中国人民大学
- 现代心理健康教育——心理卫生问题对社会的影响及解决对策

清华大学
- 当代中国公民道德状况调查

北京师范大学
- 20～21世纪之交中俄教育改革比较
- 影视文化对未成年人的影响和对策研究
- 大学课程研究
- 论高等教育中的经济主义倾向
- 教师与课程：创生的视角
- 儿童游戏通论
- 中国特色基础教育教学研究制度的发展
- 教育哲学
- 外国教育史
- 教育经济学
- 走向校长专业化
- 最后的图腾：中国高中教育价值取向与学校特色发展研究
- 体育教学论

首都师范大学
- 北京市中小学生思想道德发展评价指标体系的研制与跟踪测评
- 义务教育均衡发展的三重意蕴及其超越性
- 学校变革中的校长领导力

北京广播电视大学
- 将个体经验汇聚为群体资源——教师同伴研修的理念与实践策略

北京市东城区史家胡同小学
- 教育是温暖的

中国人民大学附属中学

人生为一大事来

（张驰）

第四届全国教育科学研究优秀成果奖三等奖（北京教育单位）

北京大学

中国博士质量报告

高校学生参与度及其成长的影响机制：2010年首都大学生发展数据分析

中国人民大学

教育法学：原理规范与应用

北京师范大学

美国研究型大学管理：国家、市场和学术权力的平衡与制约

公平与效率的抉择：美国教育市场化改革研究

让德育成为美丽的风景

基于知识观的大学核心竞争力研究

农村中小学布局调整的问题、原因与对策

中国大学毕业生失业问题研究

混合式学习的理论与实践

合作学习与课堂教学

外国教育现代化进程研究

艺术教育与儿童创造力的发展

中央财经大学

从政府问责到社会问责：中国高校问责制的内涵、类型与变革

知识建构研究：主义到实证

中国传媒大学

文科硕、博研究所培养教育系列研究

中央民族大学

论人类学取向民族地区教育研究方法论之革新：经典文化概念的局限及其克服

首都师范大学

重新理解教育——来自教师发展学校的报告

生命德育论

False belief understanding: Children catch it from classmates of different ages

百年中国教科书图说（1897～1949）及百年中国教科书图说（1949～2009）

中国高等教育治理：现实还是理想？

中国城镇学生教育补习研究

首都体育学院

北京承办2008年奥运会与首都普通高校体育发展的研究

中央广播电视大学

电大远程教育成本效益实证与比较研究

北京市第四中学

针对中学生课堂学习差异的教学对策研究

北京教育科学研究院

儿童学习分化问题的研究与干预

教授群体与研究型大学

我国城市流动人口随迁子女高中阶段入学问题初探

北京教育考试院

新高考改革的六项原则

（张驰）

【北京教科院建设北京教育发展与政策研究资源库】　至年底，北京教育科学研究院继续建设北京教育发展与政策研究资源库。资源库新增内容有：2011年北京教育科学研究院学术年会全部入选文章；2010～2011年度北京市教育统计资料；2011年教育快报（研究版）全部资料；2010年中国统计年鉴；2010北京统计年鉴；世界银行全球各国有关发展的中文版全面数据等。总计新增条目2000多条。该库是集中反映北京教育事业发展概况及教育科研成果的资料性数据库。

（李震英）

教育教学研究

【举行教学展示】　3月9日，北京教育科学研究院在北京市石景山区古城第二小学举行北京市小学劳动技术学科“培养技术素养”主题研究教学展示活动。活动由基教研中心技术教研室教研员主持，有来自石景山区和门头沟区的3位教师分别围绕各自区县的研究专题做课堂教学展示。老师以研究和分析小锥体为切入点，让学生在动手实践中体会技术思想和方法。展示课后，两个区县的教研员分别围绕各自研究专题，结合展示课进行说课和评述。共有16个区县小学劳技教研员、部分骨干教师以及石景山区小学劳技教师，共90人参加。

（沈俊楠）

【市教委举办首届教职工多媒体课件技能大赛】　3至12月，市教委、市总工会举办首届教职工多媒体课件技能大赛。比赛分初审、复赛和决赛三个阶段。1785件多媒体课件参加初审，评出258件作品参加复赛。经评审评出获奖小学、中学、通用技术课件各30件。比赛由北京教育网络和信息中心承办。

（潘东庭）

【市教委召开实验教学工作会】　4月25日，市教委召开加强中小学实验教学和实验室建设工作会议。会议听取市教委解读《关于进一步加强实验教学和实验室建设工作的意见》精神；听取顺义区教委、北京十一学校、北京市京源学校、北京青年政治学院附属中学代表交流实验教学和实验室建设工作经验；听取北京教育科学研究院、北京市教育技术设备中心专题汇报贯彻落实文件的工作思路与举措，部署深化课程改革、培养学生动手实践能力及创新精神等方面工作。来自各区县教委主管教学和装备主任、中小教科科长、市区两级教研和装备部门负责人以及部分中小学校长240人参加会议。

（周凯）

【北师大举办新疆少数民族师范生教师基本功比赛】　5月15日，北京师范大学举办新疆少数民族师范生教师基本功比赛。比赛分别用汉语和维语进行教学，内容涉及化学、物理、英语、语文、数学、生物、地理等多个

学科，采用多媒体、实验等手段进行教学活动，最终评出最佳勇气奖、最佳风采奖、最佳能力奖、最佳技巧奖等多个奖项。该校新疆少数民族学生15人参加比赛。

（戴军）

【举办高校体育教学展示活动】 5月22日，市教委和北京市大学生体育协会联合主办的首都高等学校体育教学展示交流研讨活动在北京邮电大学举行。活动围绕“提高体育教学质量，提升体育教师的业务能力和对教法、学法的运用能力”为主题，采取“说课”形式展示教育教学成果。市教委、市大学生体育协会领导及北京市43所的高校体育部主任及骨干教师100人参加活动。

（郑淑媛　李铮）

【国际教育交流中心召开中小学对外汉语教学观摩研讨会】 5月26日，北京市国际教育交流中心举办的第一期“北京市中小学对外汉语教学观摩研讨会”在北京市第四中学召开。会议观摩四中4名优秀对外汉语教师进行初级班口语、阅读、中级班写字和阅读的教学示范。全市50余所中小学校的130余名教师参加会议。

（邱瑀璐）

【教育网络信息中心举办中小学教师作品评选】 5至11月，北京教育网络和信息中心举办北京市第12届中小学教师作品评选活动。活动共征集整合课例197节，评选出一等奖20节、二等奖34节、三等奖73节。教师多媒体课件有353件参评，评选出一等奖29件、二等奖56件、三等奖127件。其中，79件教师作品参加第15届全国多媒体教育软件大奖赛，获得一等奖8件、二等奖16件、三等奖16件。北京市还有200余名教师代表北京市参加第九届全国中小学信息技术创新与实践活动，19人获得“恩欧希（NOC）教育信息化发明创新奖”；一等奖62人、二等奖88人、三等奖10人。北京市获得组织工作示范奖。

（潘东庭）

【教育网络和信息中心举办中小幼教育教学视频评优活动】 6至10月，北京教育网络和信息中心举办北京市中小幼教育教学视频评优活动。活动共收到各区县教育信息中心和电教馆推荐的有效作品495部。通过专家评委评定，共评出精彩一节课类一等奖9件、二等奖25件、三等奖49件；教育专题类一等奖6件、二等奖19件、三等奖43件；校园电视节目类一等奖2件、二等奖3件、三等奖11件；文艺类一等奖2件、二等奖11件、三等奖15名。摄影类一等奖8件、二等奖44件、三等奖80名。本届上交评比的作品从质量和数量上较往年均有明显提高。

（马东）

【召开首都高等体育教学工作会议】 8月27至28日，市教委召开首都高等体育教学工作会议。各高校以区域分布为单位，就《首都普通高等学校体育课程建设与教学改革指导意见》和《首都普通高等学校体育课程教学常规》两个文件开展讨论。会议认为，高校体育教学改革正处于关键时期，出台指导性文件，对高校体育教学改革具有重要意义。教学常规是确保体育教学质量的基本切入点，教学纪律松懈，也是当下影响教学质量的重要因素之一。市教委、大学生体育协会领导及专家学者以及北京市68所高校的144名体育部主任、教学主管主任、科研主管主任等参加会议。

（郑淑媛　李铮）

【北京教科院召开新增课改专项申报研讨会】 9月13日，北京教育科学研究院召开2012年新增课改专项申报研讨会。会上，4位业务人员分别介绍《国际基础教育优质课程资源引进、开发与实验》，《北京市中小学电子教材开发与实验研究》，《教科书循环使用政策跟进、完善与成果推广》，《首都特色的北京市地方课程开发与管理模式实验研究》四个新增项目，同时参会人员就新增项目作讨论并提出修改建议。北京教科院课程中心全体业务人员参加此次研讨会。

（李清俭）

【举办首届全国中小学体育教学改革北京论坛】 10月24至25日，市教委主办首届全国中小学体育教学改革北京论坛。论坛恰逢义务教育课程改革10周年和《中国学校体育》创刊30周年。论坛以“提高中小学体育教师基本功和教学能力”为主题，分4个

单元进行，北京市作题为《加强体育教师队伍建设，促进体育教师专业化发展》的主题报告，与会代表还观摩东城区体育教师基本功展示和教学展示课。该论坛与中国中学生体育协会、中国教育学会体育卫生分会共同举办，来自教育部、市教委、东城区、中国教育学会和中国中学生体育协会相关领导，全国23个省、自治区、直辖市教育系统的300名代表参加会议。

（刘兆武　张志华　李银姬）

【北京教科院收集与编译教育资讯】 至年底，北京教育科学研究院受北京市教委国际合作交流处委托，收集与编译教育咨询，共发布《国际教育视野》10期，文字量约9万字。该刊物以国际各方面信息为基础，主要内容包括当前国际教育改革的重大发展趋势；美、英、俄、日、德、法等主要发达国家及印度、巴西等人口大国的教育改革与发展动态、各国成功的教育改革实践；国际权威教育机构最新发布的重要教育文献、统计数据和专题研究报告；上级领导及两委一室要求的专题资料等。刊物围绕北京教育工作的重点、难点，提供具有时效性和专业性的信息参考服务。

（刘志斌）

【市教委举办首届市中小学教师多媒体课件制作赛】 至年底，市教委举办首届北京市中小学教师多媒体课件制作比赛。此项赛事由市总工会、市人力资源和社会保障局、市科学技术委员会共同主办，是第二届北京市职工职业技能大赛分项赛事，市教委、市教育工会联办，首都师范大学承办。比赛旨在进一步提高全市基础教育领域数字化教学资源建设能力，树立优秀教师和优质课件，挖掘优秀教学创意，为全市中小学教师搭建学习

技能和交流技术平台，面向全市中小学在职教师，分成小学（语文、数学、科学、音乐）、中学（语文、数学、英语、历史、物理、通用技术）两个组别进行，全市各区县1600件作品报名参赛，经初赛分组委会评审推荐、初赛组委会评审程序，60件作品进入决赛并获奖。

（周凯）

教材编研

【北京教科院开展课程教材建设优秀成果评选】 3月9日，北京教育科学研究院组织开展2010年高中课程教材建设优秀成果（京版《语文》）评选活动。活动邀请来自北京市的10名语文教育专家对上交论文进行评审，共评出一等奖案例13篇，一等奖论文8篇，二等奖案例19篇，二等奖论文22篇。此次高中课程教材建设优秀成果（京版《语文》）评选活动共收上来自东城、西城、朝阳、石景山、门头沟、顺义、昌平、延庆、平谷等9个区县的上百篇案例。

（李清俭）

【召开中小学地方教材建设经验交流会】 4月28日，北京市召开首届中小学地方教材建设经验交流会。此次会议的目的是为北京市各区县在地方教材建设与实施过程中积累的经验搭建交流平台；进一步深化地方课程和教材建设水平，规范地方教材的审查程序。大会选取在地方教材编写与实验中特色突出的四套教材进行经验总结交流，分别为《国际理解》、《小学生心理素质培养》、《走进昌平》、《通州区地理》。此次交流会有市教委、北京教科院以及来自17个区县教委、教研部门、学校主管领导共计200余人参加。

（李清俭）

【北京教科院开展农村成教优秀自编教材和多媒体课件评选】 10月18至19日，北京教育科学研究院举办北京市农村成人教育优秀自编教材（讲义）和多媒体课件评选活动。评选活动由来自高职院校、职业学校、农广校和教研中心的评委，按照“以评促教、以评促建、以评促改、评建结合、规范教学”的思路，遵守公平、公正的原则进行评选。经评审，共有76件作品获奖，其中一等奖5件、二等奖29件、三等奖42件。此次评选共收9个郊区县的138件作品，其中自编教材（讲义）60本、多媒体教学课件78份。

（禹治斌）

【召开教材改革实验工作总结会】 11月3日，市教委召开2010至2011学年度基础教育课程教材改革实验工作总结交流会。会议以深入贯彻落实《国家及北京市中长期教育改革和发展规划纲要》精神，总结2010至2011学年度基础教育课程教材改革实验工作为重点，交流国家教育体制改革试点项目初步成果，对表彰课程建设优秀成果、优秀课堂设计、优秀课改论文等进行表彰，对为参与国家级基础教育课程教材改革实验项目170所学校颁牌，同时部署2011至2012学年度课程改革实验工作。来自市教委、市政府教育督导室、市基础教育课程教材改革实验工作领导小组、北京教育学院、北京教育科学研究院、北京教育考试院相关领导，以及各区县教委、教研科研部门负责人、中小学校长和教师代表400人参加会议。

（任虹）

【实施地方教材编写审定管理办法】 12月27日，市教委印发《北京市普通中小学地方教材编写审定管理办法》。该办法结合北京市中小学地方教育开发与使用实际，修订《北京市普通中小学地方教材审定管理暂行办法》，旨在加强普通中小学教材建设，规范地方教材的审定管理，提高编审质量，促进地方教材的精品化发展。管理办法内容涉及教材的审定机构、编写条件、编写立项和审定等六章，于2012年1月28日起试行。办法中所指地方教材指利用普通中小学地方课时进行课堂教学的教科书及必要的教学辅导资料。

（任虹）

（本栏责任编校　张驰）

师资建设

综　　述

2011年，北京教育人事工作以邓小平理论和“三个代表”重要思想为指导，以科学发展观为统领，紧密围绕市委教育工委、市教委重点工作，继续深化教育人事分配制度改革，大力实施人才强教战略，加强高层次人才队伍建设，不断提升教育领导干部和教师队伍整体素质和专业化水平，更好地适应首都教育事业科学发展要求。

研究出台“十二五”时期干部、教师队伍建设意见

为建设高素质、专业化的教师和干部队伍，推动首都教育现代化目标的实现，根据国家和北京市中长期教育改革和发展规划纲要、中长期人才发展规划纲要等文件精神，结合北京市各类学校实际，在深入调研和广泛征求意见基础上，研究出台“十二五”时期职业院校、中小学干部教师队伍培训工作意见及相关配套文件。

继续实施人才强教深化计划，加强市属高校人才队伍建设

继续实施“人才强教深化计划”，做好市属高校高层次人才、创新人才、创新团队和优秀中青年骨干教师的培养工作。

加大对高校青年学术骨干的支持和培养力度。制定《关于开展北京市属高校教师发展基地研修工作的意见》，在北京大学、清华大学等中央高校建设一批市属高校青年教师发展基地。市教委计划每年选派百名优秀青年教师作为教学名师、教学创新团队带头人和学术（科）带头人人才后备力量，在教师发展基地进行为期一年的研修，培养和提升市属高校优秀青年教师教育教学能力和科研能力。

继续做好国家“千人计划”和北京市“海聚工程”人选的推荐、报送工作以及引进海外高层次人才的规划工作。

加强高校教师基础能力建设，继续开展多方位的培训项目，提高教师和管理人员的国际化水平，支持更多人才参与国内、国际交流。

推进职业院校教师素质提高工程，促进职业教育教师队伍建设

加强教师培训基地建设和创新团队建设，对从企业引进的教学实践优秀人才、学校聘请的兼职教师和取得专业职业资格证书的职业院校教师给予经费资助。

进一步加强专业教师教学技能培训，利用教师培训基地和培训学校的资源开展国内培训，继续选派专业教师到国外进行培训。同时做好有关国家培训机构的调训任务。

加强基础教育教师队伍建设，促进教育均衡发展

紧密结合中小学教育教学改革和发展的实际需要，坚持“面向全体、突出骨干、倾斜农村、服务急需”的培训思路，启动14项中小学教师培训项目，培训教师10000人次。主要包括：面向全体的“北京市中小学教师带薪脱产培训项目”、“北京市中小学教师教育技术能力培训”、“北京市中等职业学校文化课教师培训”；突出骨干的“北京市学科带头人及骨干教师培训”；倾斜农村的“‘绿色耕耘’行动——北京市远郊区县中小学教师培训项目”等。积极创新培训模式，在东城区等区县推行“友善用脑”培训。

加强对各级各类培训机构的统筹和协调力度，督促各培训机构在教师培训工作中增强针对性和实效性，为广大教师专业发展提供平台，提升其整体素质。

统筹培训资源，加强中小学教育管理干部队伍能力建设

根据《中共教育部党组关于教育系统深入开展大规模培训干部工作的实施意见》要求，紧密围绕实施素质教育的中心任务，继续开展以中小学校长任职资格培训、提高培训、高级研修和专题培训为主要形式的全员培训，开展教育行政干部、教育干部培训机构培训者的培训。加强首都名校长队伍建设，组织实施第二期3个市级名校长工作室建设，对21名中小学校长实施为期两年的培训。组织部分校长到市中小学校长培训实践基地和外省市学校挂职锻炼，完成有关国家培训机构调训任务。

推进中小学教师交流工作，促进城乡教育均衡发展

为促进义务教育均衡发展，进一步加强中小学教师队伍建设，对义务教育阶段学校教师交流问题进行深入研究，积极探索区域内、区域间教师流动机制，在广泛征求意见基础上研究起草《关于进一步推进义务教育优质学校干部教师向普通学校流动的意见》。根据国务院关于开展国家教育体制改革试点的通知精神，启动北京市城镇优秀教师到农村从教的政策意见的研究工作。

拓宽渠道，加强学前教育教师队伍建设

根据《北京市学前教育三年行动计划（2011～2013年）》要求，积极拓宽渠道，开展幼儿园教师培训工作，把幼儿园教师培训工作纳入政府教育培训序列，包括编写培训教材，组织公办和民办幼儿园新任园长、新入职教师培训。至年底，市级财政共投入2000万元用于幼儿教师培训。

加强本市教育系统和两委机关人事工作，促进教育事业健康发展

配合市人力资源和社会保障局做好各类学校绩效工资实施工作，认真落实相关政策，研究工作中存在的具体问题，依法保障和改善教师工资待遇。分别召开高校、区县、直属单位绩效工资座谈会，就义务教育绩效工资实施后存在的问题、其他事业单位如何实施绩效工资进行专题研讨。根据全市事业单位清理规范工作会议精神，积极推动市教委所属事业单位清理规范工作，拟定实施方案。加强对所属单位工资管理，做好工资总额核定工作。进一步加强机关公务员队伍建设，举办年度市委教育工委、市教委机关公务员培训班。

探索师德建设长效机制，进一步加强师德建设

组织召开庆祝第 27 个教师节大会，表彰北京市高等学校教学名师和北京市中小学“紫禁杯”优秀班主任。根据教育部“关于做好 2011 年全国教书育人楷模《每月一星》学习宣传工作的通知”精神，采取先进事迹报告会、专题网页、拍摄专题片、媒体采访、电台访谈、电视访谈等形式开展学习、宣传北京市第五幼儿园教师石利颖系列活动。组织编写《铸就师魂——首都师德楷模先进事迹系列丛书》幼教卷、高教卷。

至年底，北京市各级各类学校共有专任教师 192415 人，其中，中学专任教师 50856 人、小学专任教师 50867 人、幼儿园专任教师 24170 人、中等职业学校专任教师 7787 人、普通高校专任教师 58735 人。普通高校专任教师中，部委院校 37502 人、市属高校 17406 人、民办高校 3827 人。

（吴武）

总　类

【129 人入选国培计划专家库】 3 月 14 日，教育部公布“国培计划”专家库首批人选名单，北京学校及教育单位 129 人入选。经各省（区、市）教育行政部门、部属高等学校及有关单位推荐，教育部初审、复审和公示等程序，共 500 人入选。各地按照教育部要求，优先从专家库遴选专家组建“国培计划”培训专家团队。

（张晓兰）

“国培计划”专家库
首批人选名单（北京）

语文

吴晓东　北京大学
李希贵　北京十一学校
苏立康　北京教育学院
郑国民　北京师范大学
赵谦翔　清华大学附属中学
高远东　北京大学
温儒敏　北京大学
程郁缀　北京大学
程翔　北京大学附属中学
窦桂梅　清华大学附属小学
翟小宁　中国人民大学附属中学

数学

王尚志　首都师范大学
任志瑜　北京十一学校
刘可钦　北京市海淀区中关村第四小学
刘晓玫　首都师范大学
刘彭芝　中国人民大学附属中学
华应龙　北京第二实验小学
朱文芳　北京师范大学
严士健　北京师范大学
吴正宪　北京教育科学研究院
张饴慈　首都师范大学
张思明　北京大学附属中学
张顺燕　北京大学
李烈　北京第二实验小学
金宝铮　北京师范大学第二附属中学
郭洁　北京市东城区教师研修中心
曹一鸣　北京师范大学
綦春霞　北京师范大学

英语

文秋芳　北京外国语大学
王松美　北京教育学院
王蔷　北京师范大学
田贵森　北京师范大学
张连仲　北京外国语大学
陈琳　北京外国语大学
赵书梅　北京市东城区教师研修中心
程晓堂　北京师范大学

小学科学

李晶　北京教育学院
彭香　北京教育科学研究院

物理

邢红军　首都师范大学
李春密　北京师范大学
郭玉英　北京师范大学

化学

王磊　北京师范大学
宋心琦　清华大学
罗滨　北京市海淀区教师进修学校

生物

刘恩山　北京师范大学
李晓辉　北京师范大学附属实验中学
荆林海　北京教育科学研究院

历史

朱汉国　北京师范大学
张斌平　北京市第五中学
李晓风　中国人民大学附属中学
赵亚夫　首都师范大学
郝瑞庭　中国青年政治学院

地理

王民　北京师范大学
王能智　北京教育学院石景山分院
石桂梅　北京市房山区教师进修学校
何妮妮　北京教育学院
李宗录　北京市大峪中学
林培英　首都师范大学

美术

尹少淳　首都师范大学
卢新华　清华大学
白彬华　北京市西城区教育研修学院
杨永善　清华大学
杨景芝　首都师范大学
郑勤砚　中央美术学院
侯令　北京东城区崇文小学

音乐

王安国　首都师范大学
杨立梅　北京师范大学
苏丹娜　北京航空航天大学
陈文明　北京市昌平实验中学
郑莉　首都师范大学
梁洪来　北京教育科学研究院
谢嘉幸　中国音乐学院

体育

毛振明　北京师范大学
张建中　北京市东城区教师研修中心
陈雁飞　北京教育学院
胡凌燕　北京教育学院朝阳分院
郭玉学　北京市朝阳区呼家楼中心小学

高嵘　北京师范大学
韩玲　北京师范大学实验中学
赖天德　北京体育大学

思想政治

杜毓贞　清华大学附属中学
姚春平　北京市教育学院丰台分院
赵聪　北京教育学院
梁侠　北京师范大学附属实验中学
韩震　北京师范大学
檀传宝　北京师范大学

高中信息技术

何克抗　北京师范大学
李冬梅　北京大学附属中学
孟宪凯　北京教育学院
黄荣怀　北京师范大学

综合实践活动

石鸥　首都师范大学
宋德武　北京市门头沟区教师进修学校
郑剑春　北京市第十二中学
祖浩东　北京交通大学附属中学
康健　北京大学

学校安全教育

吴昌顺　北京市第五中学
陈丽　北京教育学院

班主任工作

丁榕　北京市西城区教育研修学院
王宝祥　北京教育科学研究院
陈爱苾　北京教育学院
高金英　北京市广渠门中学

心理健康教育

方晓义　北京师范大学
刘翔平　北京师范大学
林崇德　北京师范大学
董奇　北京师范大学
樊富珉　清华大学

教育理论

王陆　首都师范大学
史静寰　清华大学
石中英　北京师范大学
刘复兴　北京师范大学
劳凯声　首都师范大学
郑新蓉　北京师范大学
顾明远　北京师范大学
谢维和　清华大学

教师培训理论与实践

王智秋　首都师范大学
包华影　北京师范大学
朱旭东　北京师范大学
余新　北京教育学院
李方　北京教育学院
李芒　北京师范大学
陈向明　北京大学
俞启定　北京师范大学
钟秉林　北京师范大学
钟祖荣　北京教育学院
钱志亮　北京师范大学

学前教育

冯晓霞　北京师范大学
朱小娟　北京市第五幼儿园
国秀华　北京师范大学实验幼儿园
庞丽娟　北京师范大学

（张晓兰）

【举办首届积极心理教育大讲堂】　3月16日，北京举办首届“积极心理教育大讲堂”。大讲堂聘请心理教育专家开设专题讲座，并通过现场互动方式，解答教师生活或教育教学中遇到的实际问题。大讲堂启动同步网络学习平台，学员可通过网络平台参加问卷测评，获得专家指导建议。来自16个区县和燕山地区210名中小学骨干班主任和学科骨干教师参加大讲堂学习，为期一年。积极心理学以人的积极力量、善端和美德为研究对象，激发人自身所固有积极品质和积极力量。“积极心理教育大讲堂”项目以该理论为出发点，引导教师树立积极心理教育理念。

（刘琳）

【16个团队入选2010长江学者和创新团队发展计划】　3月16日，教育部公布2010年度“长江学者和创新团队发展计划”创新团队名单，北京地区高校16个团队入选。该评选经所在高校推荐、专家通讯评审、现场答辩和公示等程序，共评选出创新团队86个。根据规定，2010年度入选的创新团队资助期限为2011年1月至2013年12月，资助经费一般为300万元。

（张晓兰）

2010年度教育部“长江学者和创新团队发展计划”创新团队（北京）

北京大学
　生殖内分泌与辅助生殖相关研究
　极限条件下奇异量子输运的研究和调控
　疑难重症皮肤病的发病机制及诊治新策略
北京航空航天大学
　飞行器流体动力控制与操纵
北京理工大学
　fourier相关的分数阶信号与信息处理
北京协和医学院
　单基因病致病基因的识别
　天然药物中活性物质的结构与功能研究
清华大学
　聚纳大型风光发电的电力系统智能调度与控制的基础研究
中国农业大学
　重要作物病害控制的研究
中国人民大学
　中国宏观经济分析与预测
北京交通大学
　隧道及地下工程安全性控制
北京科技大学
　块体非晶合金的原子结构、本征特征与应用潜力的基础研究
北京邮电大学
　无线移动通信网络理论与技术
首都医科大学
　主动脉瘤的转化医学研究
中国地质大学（北京）
　青藏高原地质作用与找矿评价
中国矿业大学（北京）
　矿井水害防控理论与实践

（张晓兰）

【表彰支援农村教育工作先进】　3月31日，市委教育工委、市教委印发《关于表彰2009～2010学年城镇教师支援农村教育工作先进集体和先进个人的决定》，公布城镇教师支援农村教育工作表彰名单。其中，授予北京市第五十中学等50个单位“北京市城镇教师支援农村教育工作先进集体”称号，授予刘静等99名教师“北京市城镇教师支援农村教育工作先进个人”称号。

（张晓兰）

【105人获市教学名师奖】　7月8日，市教委公布第七届北京市高等学校教学名师奖获奖名单。经学校推荐、现场教学观摩课评价、评审专家组评议、评审委员会投票、市教委审核并公示，共有来自北京大学等高校105名教师获奖。

（吴武）

【14人获第六届教学名师奖】 9月5日，教育部印发《关于表彰第六届高等学校教学名师奖获奖教师的决定》，公布第六届高等学校教学名师奖获奖名单。北京地区13所高校14名教师入选。经省市推荐、专家评审等程序，教育部共认定北京大学高毅等100名教师获奖。

（张晓兰）

第六届高等学校教学名师奖获奖教师（北京）

高毅　北京大学
张征　中国人民大学
李俊峰　清华大学
胡洪营　清华大学
阮秋琦　北京交通大学
朱筱敏　中国石油大学（北京）
欧阳津　北京师范大学
孟焰　中央财经大学
王卫国　中国政法大学
郎景和　北京协和医学院
蒋宗礼　北京工业大学
徐蓝　首都师范大学
杨河清　首都经济贸易大学
颜丹平　中国地质大学（北京）

（张晓兰）

【4人获职业道德建设标兵称号】 9月6日，在庆祝教师节暨全国教育系统职业道德建设标兵表彰大会上，北京地区4人获“职业道德建设标兵”称号。获奖人分别是清华大学当代国际关系研究院院长阎学通、北京航空航天大学教授李尚志、北京大学第一医院院长刘玉村、史家胡同小学党支部书记洪伟。该评选由中国教科文卫体工会举办，经各级教科文卫体工会推荐、申报，评审委员会评审等程序，来自全国100名教育工作者获得该称号。

（张晓兰）

【400人获紫禁杯优秀班主任奖】 9月8日，市教委公布第24届北京市中小学“紫禁杯”优秀班主任获奖名单。经学校推荐、区县审核和紫禁杯教育奖励基金管理委员会评审，市教委认定史家胡同小学陈玉梅等400名中小学、职业学校教师获奖，其中，获特等奖20人，一等奖180人，二等奖200人。

（吴武　向姣姣）

第24届北京市中小学“紫禁杯”优秀班主任特等奖

陈玉梅　东城区史家胡同小学
王红玲　北京育才学校小学部
李红延　清华大学附属小学
王荣　门头沟区大峪第二小学
吴雪锋　大兴区黄村镇第一中心小学
赵海霞　房山区良乡第二小学
张洪霞　通州区中山街小学
鲁跃颖　怀柔区第二小学
李福芹　平谷区第二小学
贺艳霞　延庆县第二小学
陈东升　北京市第二十一中学
张子瑜　西城区实验学校
白雪峰　清华大学附属中学
蒋炎富　北京市第十二中学
赵月灵　通州区潞河中学
及振成　顺义区第一中学
罗海亮　密云巨各庄中学
张学红　北京市平谷中学
王世贤　延庆县第二中学
赵俊会　北京市自动化工程学校

（向姣姣）

【五幼教师获教书育人楷模称号】

9月11日，北京市第五幼儿园教师石利颖获“全国教书育人楷模”称号。石利颖，女，中共党员，1993年毕业于北京幼儿师范学院；曾获全国模范教师、全国教育系统巾帼建功标兵、北京市优秀教师称号。“全国教书育人楷模”由教育部组织评选，经各省市教育部门推荐、社会公众投票、推选委员会推选等程序，共授予10名教师该称号。

（张艳　张晓兰）

【举办中小学校长培训专业化论坛】 9月25至26日，第二届全国中小学校长培训专业化研究论坛在北京举行。

论坛以“校长培训专业能力建设”为主题，设立“校长培训专业化的理性思考”、“校长培训的课程设计”、“校长培训的实施模式”、“校长培训的质量保障”4个专题分论坛。邀请北京师范大学、韩国首尔教育厅、香港中文大学等单位学者作6场主报告，43名专家作专题发言。论坛汇集、反映、展示、交流已有理论与实践研究成果，收到学术论文89篇。论坛由市委教育工委、市教委主办，北京教育学院承办，全国各省、市、自治区中小学校长培训工作者和研究人员共250人参会。论坛同时决定成立“全国中小学校长培训专业化研究联盟”，该研究联盟以“共建、共享、共赢、共荣”为宗旨，为全国干训实践者、研究者、管理者提供学术研究、培训交流与合作平台。

（刘琳）

【《铸就师魂》幼教卷、高教卷出版】 9月，《铸就师魂——首都师德楷模先进事迹系列丛书》幼教卷、高教卷正式出版。两卷系列丛书由市委教育工委、市教委、北京教育音像报刊总社共同编纂，共计44万字，分别收录21名幼儿教师和19名高校教师先进事迹。至年底，该系列丛书共出版小学卷、中学卷、职教卷、幼教卷、高教卷5卷，共计121.7万字，收录111名教师先进事迹。

（吴武）

【563人获优秀学前教育工作者称号】 10月14日，市教委公布第二届辛勤育苗优秀学前教育工作者名单。经各区县教委和相关部门、单位推荐，市教委评选，共有563人获得优秀学前教育工作者称号。

（张晓兰）

【举办全国教师培训学术研讨会】 10月22至23日，市教委举办2011年全国教师培训学术研讨会。会议围绕“中

小学教师专业化的政策、理论与实践”，探讨教师培训政策与制度、教师专业发展理论与实践等问题，探索促进教师专业成长新思路、新方法。会议举办“教师培训的政策与制度”、“教师队伍建设研究”、“教师培训的课程建设与质量评价”、“教师培训的模式创新与实践探索”4个分论坛，邀请来自中国香港、新加坡、法国等国家和地区专家作7场主题演讲，40名代表作小组发言。会议收到论文137篇，出版《2011年全国教师培训学术研讨会论文汇编》。会议由市教委主办、北京教育学院承办，教育部领导以及来自上海、重庆、广东等18个省市500名从事教师培训研究和实践的专家学者参加会议。

（崔亚超　刘琳）

【16个团队入选2011长江学者和创新团队发展计划】 12月14日，教育部公布2011年度“长江学者和创新团队发展计划”创新团队名单。北京地区普通高校16个团队入选。该评选经所在高校推荐、专家通讯评审、现场答辩和公示等程序，共评选出创新团队97个。根据规定，2011年度入选的创新团队资助期限为2012年1月至2014年12月，资助经费一般为300万元。

（张晓兰）

2011年度教育部“长江学者和创新团队发展计划”创新团队（北京）

北京大学
　化学生物学方法研究生物化学过程
　风湿病的发病机制、免疫诊断及治疗
　多功能材料与结构力学
　载体给药系统的分子药剂学研究
北京科技大学
　低维功能材料
北京理工大学
　电化学关键技术与化学电源
北京师范大学
　土壤水文与土壤侵蚀
华北电力大学
　区域能源与环境系统优化
清华大学医学部—北京协和医学院
　中药资源学
清华大学
　网络海量可视媒体职能处理
　污水处理与资源化
　转型期中国公共政策体系改革研究
　煤炭利用中的二氧化碳排放控制基础科学技术问题研究
首都师范大学
　几何分析
中国农业大学
　畜禽分子育种技术
中国石油大学
　石油与天然气地球物理

（张晓兰）

师　资　管　理

【开展研修工作站指导教师培训】 2月16日和8月26日，北京市第六期、第七期农村中小学教师研修工作站指导教师培训分别在北京教育学院举办。培训邀请高校专家、区县教研员、中小学一线教师作专题报告，组织学员进入各工作站开展研修活动。培训采用全员通识培训、学科集中培训和工作站研修实践三种方式，为期1学期。共有330名教师参加培训。

（刘琳）

【举办中小学教师带薪脱产培训】 2月19日，2011年北京市中小学教师带薪脱产培训项目在北京教育学院启动。该项目以“提高教师学科教学能力”为主题，分为半脱产培训和全脱产培训。半脱产培训（骨干教师后备班）采用专家讲座、案例分析、观摩研讨、听评课、课堂实践、课题研究方式。培训内容包括师德和教育理论，教学设计，教学实施，反思、表达和研究能力提升4个模块。培训为期1年，共计352学时。共有来自东城、西城、丰台、石景山4个城区的小学科学、品德，初中生物、物理、历史、思想品德6个学科的校级和区级骨干教师140人参加。全脱产培训（教学新秀班）以提升学科教学能力为重点，培训内容包括师德和教育理论，教学设计基本能力，教学实施基本能力，反思、表达和研究能力4个模块；分为学习观摩、实践反思、后测展示、跟进实践培训四个阶段。该培训面向处于熟练期优秀青年教师，为期9个月，共计760学时。共有来自西城、海淀、丰台、昌平、通州、房山6个区210人参加。

（刘琳）

【开展初中骨干班主任培训】 3月11日，2011年初中骨干班主任培训项目在北京教育学院启动。该项目是市中小学骨干班主任与心理健康教师培训项目的延续，围绕“新课程背景下初中班主任主题活动设计与实施能力的提升”，通过理论学习、反思讨论、下校实践、展示交流等形式，开展教育基本理论与班主任工作背景知识、初中生心理特点与行为、主题活动设计理念与实施等方面培训。培训为期10个月，共200课时，来自16个区县90名班主任参加培训。

（刘琳）

【举办春、秋教育干部培训班】 4月

12日和9月13日，春、秋两季市级教育干部培训班开班典礼分别在北京教育学院举行。两次培训共举办专题培训班7个，分别是以“提升工作专业品质，促进德育队伍建设”为主题德育管理干部专题班、以“区域教育优质发展与行政管理改进”为主题教育行政干部提高班、以“高中多样化发展”为主题“祥云行动”校长高研班、以“教育国际化背景下的校长领导力建设”为主题中小学校长国际合作培训高研班、以“学校特色建设的研究”为主题北京—广东异地合作培训中学校长高研班、以“校长关键能力学习、训练和体验”为主题新任校长胜任力培训班和以“校长培训专业化”为主题中小学干部培训机构培训者专题培训班。各培训班分别采用专题讲座、集中研讨、参观考察等方式，为期10天至1年不等，共330人次参加培训。

（刘琳）

【开展中小学教师培训机构培训】 4月21日，北京市中小学教师培训机构培训者培训在北京教育学院开班。培训以“教师培训管理工具箱”为主题，针对教师培训者岗位需求，重点讲授如何设计教师培训方案。该培训为期1年，共设4个班，采取短期脱产集中、任务驱动、合作参与形式，帮助学员掌握教师培训管理工具箱使用方法。至年底，共培训市、区县两级学员100人。

（刘琳）

【建设中小学网管教师队伍】 4月26日，市教委印发《进一步推进本市中小学网管教师队伍建设工作的意见》。该意见分析网管教师队伍现状，明确加强网管教师队伍建设的指导思想和总体目标，制定加强网管教师队伍建设的工作任务。其中，具体任务包括建设网管教师支持服务平台、加强网管教师培训、深入开展网管教师技能展示活动、支持数字校园建设工作四个方面。意见要求各单位就网管教师队伍建设工作加强组织领导、加大培训力度、开展督导工作。

（张晓兰）

【举办中职校教师培训】 5月7日，2011年中职校教师培训项目在怀柔开班。培训采用集中面授、互动式学习、网络教学、分组研讨、参观学习、观摩实践方式，包括课程改革实施情况分析、中职教师职业素养、课堂教学技术与艺术、学科价值和职业思考、教师教学工作质量监测与评估5个培训模块。怀柔区114名中职教师参加培训。该培训班由北京教育学院承办，面向怀柔区职业学校，是市中职校教师培训送教进区活动之一。

（刘琳）

【举办音体美教师培训】 5月15日和6月11日，北京市中学体育教研组长阳光工作室专项培训和小学音体美教师德艺双修阳光培训在北京教育学院开班。两个培训班采用循环式、菜单式、跟进式、案例式教学方式。其中，中学体育教研组长阳光工作室专项培训班设置核心课程、专业课程、工作室课程和交流课程4个培训模块，旨在提高教研组长思考能力、业务水平和领导素养。来自16个区县150名教研组长参加培训。小学音体美教师德艺双修阳光培训班设置核心课程、修炼课程、成长课程、交流课程4个培训模块，共计180学时，旨在促进学员职业修养和专业发展，提升教学魅力、教育教学能力和科研能力。来自16个区县300名教师参加培训。

（刘琳）

【开展优美校园建设工程专项培训】 5月21日，优美校园建设工程——北京市中小学教师专项培训在北京教育学院举办。培训班以让学员“写一份优美校园建设规划、设一个校园代表标志、辟一块特色校园区角、置一条校园文化长廊”为目标，以校园环境和校园文化为重点，以基础教育、素质教育、美术教育为基点，开设专业知识技能拓展与提高、特色校园文化创设与开发、优美校园环境指导与评选3个培训模块。培训为期1年，共计160学时。来自16个区县200所学校200名中小学美术和德育教师参加培训。

（刘琳）

【基础教育培训项目绩效考评优秀】 6月22日，市教委接受市财政对2010年基础教育师资培训项目绩效考评。财政考评小组经走访培训基地、现场质询、综合评议等程序，认定市2010年基础教育师资培训项目绩效考评优秀。该项目是市教委推进中小幼教师专业发展和教育系统干部水平提升重要举措，资金共计3970.312万元。

（鲜万标）

【举办高中校长课改领导力全员培训】

6月27日，2011年度高中校长课改领导力全员培训在北京教育学院启动。该培训为“祥云行动”提高高中校长课改领导力的跟进培训，包括正职校长班、教学校长班、德育校长班3个培训班。培训班针对新课程实施和年度中心工作，聚焦“高中多样化发展与学校特色建设”，设置集中理论培训、现场教学、考察交流和课题研究4个学习阶段。全市高中校长800人参加培训。

（刘琳）

【举办青年骨干体育教师培训班】 6月28至30日，市教委和北京市大学生体育协会联合举办首都高校第五届青年骨干教师培训班。培训班通过报告会、讲座和交流互动等形式开展。来自46所高校54名学员参加培训。自2007年，市教委与市大体协每年举办青年骨干体育教师培训1次，旨在促进首都高校体育教师师资队伍建设，帮助青年教师成长。

（郑淑媛　李铮）

【第二期名校长工作室项目启动】 7

月9日，北京市第二期中小学名校长工作室项目启动。市教委新批准3个市级名校长工作室，主题项目分别为教育国际化、学校组织变革、学生自我发展能力培养。项目为期两年。工作室实行“特聘导师＋学院导师”的双导师制，特聘导师以自己的办学思想和成果作为案例开展教学展示，学院导师用研究成果指导工作室主题研究。工作室要求学员围绕主题和需要解决的问题制定个人研究计划和小组合作计划，通过自主探索、合作研究和开放交流等形式，进行学术研究和办学实践探讨。经区县推荐、专家面试，共有16个区县21名中小学校长成为工作室成员。

（鲜万标）

【国内访学计划举办首期访学班】

9月26日至10月27日，“国内访学计划”举办首期访学班。该班学员面向中小学中层干部，通过区县推荐产生，要求年龄不超过45岁，能够用英语日常交流。首期访学班包括理论学习3天、市内国际学校深度访问学习3周、外省市国际学校教育考察4天。该班组织学员访问北京乐成国际学校（BCIS）、北京京西学校（WAB）、北京顺义国际学校（ISB）、北京英国学校（BSB）4所国际学校。来自16个区县16名干部教师参加访学班。“国内访学计划”由市教委主办，北京教育学院承办，利用国内特别是北京市国际学校资源，通过集中理论学习、市内国际学校访问学习、外省市国际学校考察等活动创新中小学干部教师培训模式，提升中小学干部教师国际素养，促进干部教师专业发展。

（任虹　刘琳）

【制定中小学干部教师培训工作意见】

9月27日，市委教育工委、市教委印发《关于“十二五”时期中小学干部教师培训工作的意见》。该意见分析“十一五”和“十二五”时期北京职业院校、中小学、幼儿园干部教师队伍培训基本形势，提出幼儿园干部教师队伍培训指导思想、总体目标、培训对象、主要任务和保障机制。意见明确“十二五”期间重点实施对农村干部教师、名师、名校长及教育家的培养，确立“推动培训专业化、培养造就高层次人才、提升队伍整体素质、促进教育均衡发展”为主要任务。市委教育工委、市教委同时印发《“十二五”时期北京市中小学教师市级培训重点工作》和《北京市“十二五”时期中小学教师培训工作实施意见》两个配套文件。

（吴武）

【召开中小学教师继续教育工作大会】

10月11日，市教委召开“十一五”中小学教师继续教育总结暨“十二五”中小学教师培训规划启动大会。会议总结“十一五”时期中小学教师继续教育工作；表彰“十一五”教师继续教育工作先进集体和先进个人；部署“十二五”时期教师培训工作。大会授予东城区教委等7个单位“十一五”中小学教师继续教育工作先进集体称号，西城区教委等8个单位“十一五”中小学教师继续教育工作单项奖；授予郑克强等113人“十一五”继续教育工作优秀教师称号，李弢等62人“十一五”继续教育工作优秀管理人员称号。各区县委教育工委、教委分管领导、相关科室负责人，教师培训机构负责人，有关学校代表500人参加会议。“十一五”期间，市级财政投入专项培训经费3.5亿元，市各学校参加各类培训教职工共13万人次，其中，专任教师12万人次；各区县投入培训经费7.4亿元，区（县）教师培训机构开发课程6908门，编写教材1374种。

（崔亚超）

北京市“十一五”时期中小学教师继续教育工作先进集体及各单项奖

先进集体

东城区教育委员会

宣武区教育委员会

朝阳区教育委员会

海淀区教育委员会

通州区教育委员会

顺义区教育委员会

房山区教育委员会

课程开发奖

崇文区教育委员会

石景山区教育委员会

模式创新奖

崇文区教育委员会

西城区教育委员会

昌平区教育委员会

组织管理奖

门头沟区教育委员会

大兴区教育委员会

密云县教育委员会

燕山教育委员会

（张晓兰）

北京市“十一五”时期中小学教师继续教育工作优秀教师

东城区教师研修中心

郑克强　魏澄之　吴晓燕　张磊

黄薇　赵蕊莉

西城区教育研修学院

顾春晖　白彬华　周杰　王磊

张春明　刘燕

东城区教育研修学院

马春杰　张鹏宇　方红　李宇翔

北京教育学院宣武分院

袁志勇　解铁军　路宝伶　刘静

北京教育学院朝阳分院

吴江媛　王立春　苗沐霖　王小京

朝阳区教育研究中心

周岗　高萍

海淀区教师进修学校

梁华　王秀英　牛永生　迟淑玲

周颖

海淀区教育信息中心

马涛

海淀区教委体卫中心

谢娟

北京教育学院丰台分院

李玉英　李俊连　梁丽冰　齐静

孙建　宗文革

北京教育学院石景山分院

韩晓京　张福芝　任瑞芬　严洁

通州区教师研修中心

马晓堂 毛洪其 刘志田 卢洪利
黄玉凤 赵春香

门头沟区教师进修学校
郭玉菊 刘莹 郑春雷 刘海燕
侯秀丽 曹云梅

大兴区教师进修学校
王云阁 毕洪强 贾富华 魏巍
赵洁 刘伟 胡秀荣

昌平区教师进修学校
刘淑芳 任蓉 杨剑英 王颖
刘金凤 周卫红

顺义区教育研究考试中心
于海 殷海燕 马志忠 刘殿光
孔春荣

顺义区幼儿教育培训中心
张鑫艳

房山区教师进修学校
郭志富 李青梅 刘殿勤 姚丽辉
张淑萍 张士文

怀柔区教科研中心
杜连艳 车英子 孙明林 王秀琴
马红民 赵兰香

平谷区教育培训中心
王林华 张国弘 张海荣 孔祥珍
刘立辛 顾玉锁

密云县教师培训中心
李金凤 高小芹 张红军

密云县学前教育中心
张秀红

延庆县教育科学研究中心
吕淑娟 王书祥 白玉瑾 王艺
李卫新

燕山教研中心
高惠荣 侯兰涛 刘妍 徐秋玲

北京市幼儿师范学校
关永春 赵丽丽

北京教育学院
王远美 张学君 张丹 巩平
陈捷 杨秀治

（张晓兰）

北京市“十一五”时期
中小学教师继续教育工作
优秀管理人员

东城区教师研修中心
李弢 戈海宁 王丽珉

西城区教育委员会
李晓琳

西城区教育研修学院
陈漪明 侯映丽

东城区教育研修学院
马福贵 张洪滨

东城区教育委员会
刘宁

北京教育学院宣武分院
薛亚明 朱红杰 郑惠敏

北京教育学院朝阳分院
常连仲 景为国

朝阳区教育研究中心
庄国先

海淀区教育科学研究所
吴颖惠

海淀区教师进修学校
马虹 李雅萍

海淀区职业技术教育中心
燕海霞

北京教育学院丰台分院
石群雄 胡志跃 刘勇霞

北京教育学院石景山分院
赵士雪 刘红

通州区教师研修中心
张振松 刘振凤 侯立华

门头沟区教师进修学校
王占井 刘琦 韩秋静

大兴区教师进修学校
冯向一 张桂清

昌平区教师进修学校
王淑霞 赵素华 王君

顺义区教育研究考试中心
方树东 赵辉

顺义区幼教培训中心
冯军

房山区教师进修学校
穆甫国 时书明 任国青

怀柔区教科研中心
彭玉良 高富强 高立标

平谷区教育培训中心
耿连发 王自力 张秀珍

密云县教师培训中心
马久利 张树臣 李雄杰

延庆县教育科学研究中心
刘进 郝殿斌 吴连民

燕山教研中心
潘淑英 张秀金 夏永

北京市幼儿师范学校
郭亚新 周梅林 李昭

北京教育学院
余新 杨禾 渠素彬

（张晓兰）

【认定31人为特级教师】 10月13日，市教委重新认定31人为特级教师。经个人报名、区县申报、申报人答辩说课、专家组评议、市教委审核，认定北京市第六十五中学刘更臣等31人为特级教师，自10月起享受市特级教师待遇。按照规定，外省市特级教师调入北京市，须重新认定后方可享受特级教师待遇。

（鲜万标）

【开展骨干教师境外培训】 10月17日，北京市级骨干教师和学科带头人境外培训开班典礼在北京教育学院举行。培训班以“提升教师国际视野下的学科教育能力”为主题，设置境内和境外两个培训阶段，共计160学时。其中，境内开展语言强化训练；境外通过下校观摩实践和课堂教学两种方式，学习外国教育制度、教育理念，了解国外教师教育经验。培训班根据学科特点和培训目标，设置美国班和英国班。其中，美国班设置英语语言与文化、美国教育改革背景下的数学教育理念、美国数学教育实践观摩、国际视野下数学教育理念和实践的本土优化4个教学模块；英国班设置英国文化与跨文化交际、英国面向非英语母语人群的英语课程（ESL, English as a Second Language）教育理念、英国ESL教育实践观摩、国际视野下英语教育理念和实践的本土优化4个教学模块。北京市2011年新认定的30名市级骨干教师和学科带头人参加培训。至年底，北京教育学院另举办“2011年市学科带头人与骨干教师培训”，为期10个月，共培训各区县中学数学、物理、化学，小学数学、语文、外语等21个学科600名市级骨干教师。

（刘琳）

【召开“十二五”干训启动大会】

11月4日，北京市“十一五”中小学干部培训总结表彰暨“十二五”培训工作启动大会在北京教育学院召开。

会议总结“十一五”时期中小学干部培训工作，表彰“十一五”干部培训工作先进集体和先进个人，部署“十二五”时期中小学干部培训工作。会上，授予东城区教育工委、区教委等8个单位北京市“十一五”时期普职成教育干部培训工作“先进集体”称号，授予西城区教育工委、区教委等5个单位北京市“十一五”时期普职成教育干部培训工作“培训模式创新奖”、“培训组织奖”等单项奖，表彰53名“十一五”时期普职成教育干部培训工作先进个人。“十一五”期间，北京市按照“面向全员、突出骨干、倾斜农村、服务急需”总体思路，实现中小幼和职成教育干部全员培训，共培训10902人次。

（刘琳）

【组织中小学美术教师研修】 11月9至18日，“国培计划”中小学美术骨干教师研修项目在中央美术学院举行。研修班设置课程标准与政策解读，美术教育认识与方法，美术教学案例与研讨，课程学习汇报展与研讨、参观共4个模块。中央美院邀请美术教育专家20人分别讲授义务教育美术课程标准、发达国家与地区美术教育现状、艺术实践与教学转换等课程；组织教师参观该校版画、摄影、数码等工作室；举办“中小学美术骨干教师培训课程汇报展”。全国100名中小学美术骨干教师参加学习。该研修项目由教育部主办、中央美术学院承办。“国培计划”全称“中小学教师国家级培训计划”，由教育部、财政部组织实施，旨在提高中小学教师特别是农村教师队伍整体素质。

（陆英明）

【5校成为市属高校教师发展基地】 11月23日，市教委在清华大学举办市属高校教师发展基地启动大会。会议宣读《关于建立北京市属高校教师发展基地的决定》，认定北京大学、清华大学、北京师范大学等5所部属院校成为“北京市属高校教师发展基地”，每年接收市教委选派的100名市属高校教师进基地研修学习。会上，有关高校代表，指导教师和研修学员代表分别发言。各基地高校主管校长和部门负责人、市属高校主管校长、研修学员、市教委有关人员共100人参加启动大会。

（吴武）

【实施职业院校教师素质提高工程】 11月26日，市教委、市财政局联合印发《关于实施“十二五”时期北京市职业院校教师素质提高工程的意见》。意见明确指导思想和目标任务，规定“十二五”时期市职业院校教师素质提高工程由特聘专家计划、职教名师培养计划、专业带头人培养计划、优秀青年骨干教师培养计划、专业创新团队建设计划、教师企业实践计划、教师国内培训计划和教师国外培训计划8个项目构成，实施范围包括市高等职业学院和中等职业学校。市财政安排1.8亿元专项经费保证工程实施。意见同时公布工程8个子项目的实施办法。

（张晓兰）

【推进优质学校干部教师流动】 12月23日，市编办、市委教育工委、市教委、市人力社保局联合制定《关于进一步推进义务教育优质学校干部教师向普通学校流动的意见》。意见明确教师交流工作基本原则、交流对象、交流方式、政策措施和工作要求；规定干部教师交流在本区教委举办的义务教育阶段学校进行；交流对象为本区域内副校级以上领导干部，市特级教师以及区（县）级及以上学科教学带头人、骨干教师。其中，校级干部交流采取组织调动方式进行；普通教师交流采取学校间就近选派、个人自愿和组织推荐相结合的办法。意见要求各区县教委要根据接收学校提出的岗位需求选派交流教师。

（张晓兰）

【第二批学前教育教师培养工作室启动】 12月30日，市教委召开第二批学前教育教师培养工作室启动大会。大会宣布第二批19个学前教育教师培养工作室启动，300名教师进入工作室学习。第二批工作室建立在东城区东华门幼儿园、西城区棉花胡同幼儿园、朝阳劲松第一幼儿园等幼儿园，涵盖幼儿语言教育、骨干教师培养、幼儿园管理等研究方向，主要任务是为一线园长和教师提供支持和指导。工作室由1名主持人、10至15名工作室成员（培养对象）组成。成员通过各区县推荐选拔产生，工作周期3年。市教委、工作室所在幼儿园相关人员参加大会。

（张晓兰）

【制定幼儿教师培训工作意见】 12月31日，市教委印发《关于“十二五”时期幼儿教师培训工作的意见》。该意见内容包括工作目标、培训对象、培训内容、重点培训计划和组织实施5部分。意见明确，“十二五”时期市幼儿教师培训对象为各类学前教育机构中在职教师，培训内容包括公共必修课程（教育政策法规、幼儿教师职业理想与道德、幼儿教育心理学）、专业必修课程（《幼儿园教育指导纲要》及幼儿园活动设计与指导、幼儿教师教育技能、幼儿教育评价）、选修课程；重点培训项目包括幼儿教师师德建设计划、新入职幼儿教师培训计划、幼儿园骨干教师培训计划等9个培训计划。

（张晓兰）

【安置军转干部61人】 至年底，市教委安置军转干部61人。通过双向选择、指令派遣等方式，市教育系统相关单位安置军转干部61人，其中，团职7人，团职以下54人。

（房卫青）

【组织职业院校教师出国培训】 至年底，市教委组织职业院校教师出国培训。市教委共组织出国培训团6个，目的为开拓教师国际视野、提升教育教学水平和实践教学技能。来自北京电子科技职业学院等学校100名教师参加培训。

（吴武）

【组织教育干部参加全国培训】 至年底，市教委分批组织区县教育干部参加全国培训。其中，组织三批共6人次参加全国地市教育局长研修班、三批共6人次参加全国县市教育局长培训班、两批共4人次参加全国省地督学培训班、1人次参加全国优秀中学校长高级研究班、两批共4人次参加全国高中校长研修班、两批共4人次参加全国初中校长高级研修班、1人次参加全国优秀小学校长高级研究班、两批共6人次参加全国小学校长高级研修班、三批共6人次参加全国幼儿园园长高级研修班、2人次参加全国中小学校长培训管理者研修班、两批共12人次参加全国中等职业学校校长改革创新战略研究班、两批共6人次参加全国基础教育改革动态研修班。

（郭宏伟）

【开展教辅人员培训】 至年底，市教委组织开展教辅人员培训。市教委组织全市物理、化学、生物、美术、劳技学科专兼职实验室管理人员业务培训216人次，内容包括新仪器新设备使用技能、疑难实验、创新实验、实验室管理规范。组织中小学图书管理人员培训560人次，内容包括如何发挥数字图书馆的作用、利用数字图书提高学生的阅读能力等。举办第六、七期全市中小学教育装备部门领导培训班，组织学员进入学校，探讨学校实验室建设改革。

（周凯）

职称评定与资格认定

【组织中小学教师资格认定考试】 3月6日，北京教育学院组织北京市2011年中小学教师资格认定考试。该考试面向北京市中小学、中等职业学校非师范教育类专业考生，采用闭卷笔试方式，设立教育学和教育心理学两个科目。考试分数均为100分，考试时间各120分钟。考试在东城区、西城区、海淀区和朝阳区4个区25个考点共设置493个考场。共有15332人参加考试，双科合格1719人、教育学单科合格790人、教育心理学单科合格1049人。

（崔亚超　刘琳）

【认定教师资格9989人】 4月和10月，北京市9989人通过教师资格认定。全市各级教师资格认定机构和依法接受委托的普通高等学校共受理教师资格认定申请11283人，通过现场审核确认、教育教学能力测试等环节，共认定9989人。其中，市教委和依法接受委托的普通高等学校共认定6162人，包括高级中学教师资格2865人、中等职业学校教师资格162人、中等职业学校实习指导教师资格8人、高等学校教师资格3127人；区县教委认定3827人，包括幼儿园教师资格1477人、小学教师资格906人、初级中学教师资格1444人。

（崔亚超　刘琳）

【中专教师91人晋升专业技术职称】 9月23至24日，北京市中等专业学校91人晋升专业技术职称。本年中等专业学校教师共145人申报晋升专业技术职称，其中，申报高级讲师72人、讲师62人、助理讲师4人，高级实验师1人、实验师6人。经教师高、中级职务评委会认定，91人晋升专业技术职称，其中，高级讲师44人、讲师37人、助理讲师4人、实验师6人。

（陈静　杨喜姝）

【中学教师（管理）64人晋升专业技术职称】 10月15日，北京市中学教师（管理）64人晋升专业技术职称。本年16个区县共推荐申报中学教师（管理）高级职称66人，经中学教师（管理）高级职务评委会认定，64人晋升专业技术职称。

（陈静　杨喜姝）

【组织中小学体育教师专业技能考核】 11月18至20日和11月25至27日，市教委、北京教育科学研究院组织开展北京市中小学体育教师专业技能考核。此次考核内容涵盖田径、武术、球类、体操和《第三套全国中小学生系列广播体操》，设中学组和小学组，分别在北京育才学校和北京第二实验小学举行。其中，来自东城区、海淀区、房山区500名教师参加中学组考核；来自市教委2011年义务教育阶段质量监控校600名教师参加小学组考核。此次考核由西城区教委承办，市教委为考试合格者颁发“北京市体育教师基本功——专业技能考核合格”证书。

（刘兆武　张志华　李忠诚）

【高校教师306人晋升专业技术职务】 11月22日，北京市高等学校306人晋升专业技术职务。本年共有398人申报晋升高校教师、科研（含高校教育管理研究）两个系列专业技术职务。经高校教师职务专业学术评议委员会评议审定，306人晋升专业技术职务，其中，晋升高级专业技术职务54人、副高级职务186人、中级职务66人。

（陈静　杨喜姝）

【评定政工系列职称】 至12月，市委教育工委完成北京市教育系统政工系列职称评审。全年教育系统申报高级政工师25人、政工师6人、助理政工师1人。经市教育系统政工专业职务任职资格中级评审委员会和高级评审组审议，认定高级政工师21人、政工师6人、助理政工师1人，并于12月向各学校核发政工系列专业任职资格证书。该项评审工作由北京教育综合服务中心承担。

（罗芳）

（本栏责任编校　张晓兰）

学生管理

综　述

2011年，北京市完善学籍学历管理工作机制，加强就业指导机构和指导课程建设，提升就业服务质量，使北京高校毕业生就业工作始终处于全国前列；奖贷助学工作有序开展。

学籍学历管理工作

进一步完善学籍学历管理工作机制，搭建平台。先后召开普通高等教育本专科学籍学历管理工作培训会和普通高等教育研究生学籍学历管理工作培训会，针对教育部学籍学历管理系统新增功能和常见问题进行系统培训；完善学籍学历管理交流研讨机制，定期开展工作交流；向教育部推选全国高等教育学籍学历管理工作先进集体14家、先进个人25名。

完成各类高等教育和普通中等专业教育毕业生学历证书电子注册工作，共注册学历证书453524本，其中，研究生66448本、普通高等教育本专科153426本、成人高等教育100757本、网络高等教育115542本、普通中等专业教育17351本。

完成各类高等教育和普通中等专业教育新生审核注册工作，共注册新生555668人，其中，研究生88394人、普通高等教育本专科156450人、成人高等教育112859人、网络高等教育182760人、普通中等专业教育15205人。全年共为普通高等教育研究生、本专科，成人高等教育、网络高等教育学生办理转学、转专业、留级、降级、休学、取消学籍等学籍变动手续114895人次。

毕业生就业工作

加强就业指导机构和指导课程建设。做好36个示范性就业中心建设，投入资金510万元支持非示范性就业中心高校建设，惠及29所高校。要求各高校将就业指导课程纳入课程体系，并根据学校特点编写教学大纲和教学讲义，出版教材，提升课程质量。举办首届北京地区高校就业指导课程教学大赛，36所高校74名选手参赛，并推荐4名选手参加全国就业指导课程教学大赛，其中，3人进入决赛。

加强就业工作队伍建设。先后举办高校新入职就业指导中心主任培训班、新入职就业工作人员培训班、高校就业工作人员专业化培训班、大学生创业教育项目（KAB）讲师培训班、国家中高级职业指导师培训班和心理咨询师培训班，共计培训高校就业工作人员800余人次。

加大投入，解决毕业生就业工作难点和重点问题。全年投入400余万元专项经费着力解决北京高校毕业生就业工作热点、难点和重点问题。投入100万元开展2011届毕业生就业状况调查，通过问卷调查，以第三方角度获得2011届北京高校毕业生就业去向、就业结果、求职过程、教育培养、就业服务以及自主创业等方面数据，为市教委和各高校有针对性开展工作提供可靠依据。投入160万元专项资金开展“千人自主创业助力计划”暨北京高校学生自主创业培训及项目孵化工程，针对有创业意愿的毕业生进行创业辅导和培训，并帮助成熟的创业项目实现孵化。投入150万元资金开展“万人自强就业助力计划”暨北京高校就业困难及家庭经济困难毕业生就业帮扶工程，通过政府出资购买服务的方式面向就业困难及家庭经济困难毕业生开展有针对性的免费培训，提升大学生求职就业竞争力。2011年北京地区普通高等学校、研究生培养机构共有毕业生212754人，截至8月31日，毕业生就业率95.70%，其中，研究生95%、本科生95.50%、高职（专科）生96.90%。各高校家庭经济困难等特殊困难毕业生11490人，就业率97%，高于整体就业率。全年共10012名毕业生响应国家号召到西部地区就业，17853名毕业生到基层就业，1892名毕业生被录用为北京村官，244名毕业生被录用为北京社区工作者，126名毕业生被录用为市级科研项目助理。

完成征集高校大学生入伍工作。本年征兵工作主体在高校，征集对象重点是在校大学生和高校毕业生，市教委一方面加强工作机制建设，与市征兵办、区县武装部、各高校武装部等部门建立联系，明确职责，密切配合，并配备专职军转干部负责大学生征兵工作；另一方面加强调研，配合市征兵办制定优抚政策，为高校大学生应征入伍提供制度保障，解决大学生后顾之忧。至年底，北京地区高校共征集大学生士兵1941人（其中，毕业生811人、在校生1130人），占征兵总数51.08%，比上年提高18.05个百分点，兵员数量及质量均有较大幅度提升。

奖贷助学工作

2011年，北京55所市属高校共466人获得国家奖学金，核拨372.80万元；8563人获得国家励志奖学金，核拨4285万元；40447人享受国家助学金，核拨1.29亿元；校内国家助学贷款发放金额2135万元，发放人数3775人，市级财政承担贷款贴息及风险补偿金510万元。生源地信用助学贷款发放金额91万元，发放人数165人，中央财政承担贷款贴息及风险补偿金33万元。全年共287人申请服义务兵役补偿代偿款499万元，82人申请赴边远山区就业补偿代偿款50万元。同时，新受理37人申请赴边远山区就业补偿代偿。对在京中央部委属高校和市属高校家庭经济困难学生发放饮水、洗澡、电话补贴1500万元和临时伙食补贴近1200万元，惠及全市高校学生4万人次。

资助高级中等学校贫困学生10177人，市级财政承担539.90万元，区县财政承担175.80万元；中职学校10.68万名学生享受国家助学金，核拨资金6557.88万元；5414人获得政府奖学金，核拨资金1082.80万元；为包括民办中职学校在内的8885名中职学生核拨免学费补助资金1641.22万元。义务教育阶段资助实现“两免一补”，982726名学生免杂费，982726名学生免教科书费（含循环使用教科书），66033名学生接受生活学习补助。

（沈聪伟　罗芳）

总　　类

【召开新形势下构建大学生就业服务体系研讨会】 1月10日，市教委召开

“新形势下构建大学生就业服务体系研讨会暨2011新春校企联谊会”。会议围绕“新服务、新体系、新跨越”主题，听取对外经济贸易大学、中国就业促进会、联想集团、国家发改委代表专题演讲，研讨如何完善北京高校毕业生就业服务体系，搭建校企交流平台，推动北京高校毕业生就业服务迈上新台阶。会议由北京高校毕业生就业指导中心、北京高校毕业生就业促进会承办，来自教育部、全国高等学校学生信息咨询与就业指导中心、市教委等单位相关领导参加会议并讲话。市人力社保局、团市委、市民政局、中关村科技园区管委会等单位相关负责人和北京地区100家用人单位代表、北京地区84所高校就业工作部门负责人共240人参加会议。

（张海涛　侯文磊）

【5个学校团组织入选全国先进】 4月28日，北京市5个学校团组织入选2010年度全国五四红旗团委（团支部）。5个团组织分别是清华大学团委、北京市第一零一中学团委、北京市古城外国语学校教工团支部、北京市朝阳区芳草地国际学校教工团支部和北京市第四中学高二（7）班团支部。同时，北京市海淀区今典小学教师王珏、首都师范大学资源环境与旅游学院旅游管理专业2008级学生陈渝入选2010年度全国优秀共青团员。该评选由共青团中央举办，共评出全国五四红旗团委（团支部）357个，其中，北京市12个；评出全国优秀共青团员132人，其中，北京市3人。

（胡雨）

【评选市三好学生、优秀学生干部和先进班集体】 5月，市委教育工委、市教委、团市委、市学生联合会表彰2009～2010年度市三好学生、优秀学生干部和先进班集体。授予1121名学生“北京市三好学生”称号，授予386名学生“北京市优秀学生干部”称号，授予380个班集体“北京市先进班集体”称号。

（胡雨）

【召开高校毕业生就业工作会】 6月

15日，市人力社保局、市教委联合召开北京市高校毕业生就业工作会。会议总结通报前一阶段北京市高校毕业生就业进展情况和经验做法，部署下一阶段工作，并对高校毕业生就业工作提出要求。清华大学、对外经济贸易大学、首都医科大学、北京二商集团、昌平区人力社保局等单位进行经验交流发言。赵凤桐参加会议，丁向阳到会并讲话。各区县人力社保局，北京地区各高校、研究生培养机构，市属各主要用人单位负责人共300余人参加会议。

（张海涛）

【开展首都大学生励志奖学行动】 9至11月，北京市开展“学子阳光”首都大学生励志奖学行动。活动由团市委、北京青少年发展基金会、市青年联合会、北京青年商会主办，各高校团委、联动优势科技有限公司、北京天明国际投资管理有限公司协办。活动面向具有京内高校正式学籍的全日制本专科学生和研究生，奖励对社会公益方面有突出贡献、特殊贡献的大学生。按照评审标准，经各高校申报、两轮综合评审、社会公示等阶段，评出“学子阳光”首都大学生社会公益突出贡献奖25人、特殊贡献奖25人，奖金每人4000元。

（胡雨）

【师生入选全国优秀少先队先进】 10月11日，北京地区师生入选全国优秀少先队先进。其中，9名学生入选先进少先队员，9名辅导员入选优秀少先队辅导员，12个少先队大、中队（大队6个、中队6个）入选全国优秀少先队集体。该评选由团中央、教育部、全国少工委举办，全国共304人获“全国优秀少先队员”称号，296人获“全国优秀少先队辅导员”称号，396个少先队大、中队（大队200个、中队196个）获“全国优秀少先队集体”称号。

（胡雨）

全国优秀少先队员（北京）

张旭阔	北京市大兴区庞各庄镇第二中心小学
李丽妍	北京市顺义区东风小学
陈曼媛	北京市东城区分司厅小学
白雪杨	北京市朝阳区酒仙桥中心小学
郝瑀然	北京市朝阳区劲松第四小学
姚畅	北京市海淀区苏家坨中心小学
顾馨悦	北京市海淀区中关村第三小学
赵唯	北京市石景山区古城第二小学
叶静	北京市通州区中山街小学

（胡雨）

全国优秀少先队辅导员（北京）

代淑娥	北京市丰台区丰台第一小学少先队大队辅导员
章军	北京市海淀区少先队总辅导员
房炳云	北京市大兴区第三小学少先队大队辅导员
张莞霏	北京市东城区培新小学少先队大队辅导员
孙爱凤	北京市石景山区杨庄小学少先队大队辅导员

王珂　北京育才学校少先队大队辅导员

杨海松　北京市朝阳区管庄学区少先队总辅导员

王湛鑫　北京市通州区官园小学少先队大队辅导员

刘军艳　北京市门头沟区龙泉雾小学少先队大队辅导员

（胡雨）

全国优秀少先队集体（北京）

北京市密云县太师屯镇中心小学少先队大队

北京市石景山区实验小学少先队大队

北京大学附属小学少先队大队

北京市朝阳区呼家楼中心小学三校区联合少先队大队

北京第二实验小学少先队大队

北京第一师范学校附属小学少先队大队

北京市顺义区木林中心小学校六（3）中队

北京市大兴区第二小学六（5）中队

北京市平谷区城关第四小学四（5）中队

北京市怀柔区实验小学四（2）中队

北京医科大学附属小学四（3）中队

北京市东城区西中街小学五（1）中队

（胡雨）

【召开2012年毕业生就业工作会】 11月30日，市教委、市人力社保局召开北京市2012年毕业生就业工作会。会议总结通报北京市2011年毕业生就业工作，分析2012年毕业生就业形势，安排部署2012年毕业生就业工作主要任务，同时为北京地区高校就业指导课程教学大赛获奖个人代表颁发荣誉证书。会议听取北京交通大学、北京工业大学、北京电子科技职业学院、平谷区人力社保局、北京燃气集团作经验交流发言。北京地区各普通高校及中专学校、各区县人力社保局、市属各主要用人单位负责人共400人参会。

（张海涛）

【评选首都大学生暑期社会实践先进】 12月，团市委、市委宣传部、市精神文明办、市委教育工委、市教委和市学联表彰首都大学生暑期社会实践先进集体、个人和优秀成果。授予北京大学等64个单位2011年“首都大学生暑期实践先进单位”称号，授予清华大学任蕾等294人2011年“首都大学生暑期实践先进工作者”称号，授予中国人民大学李广等604人2011年“首都大学生暑期实践先进个人”称号，授予北京师范大学草原之星实践团等578支团队2011年“首都大学生暑期社会实践优秀团队”称号，授予北京理工大学《走进基层，增长才干》等939项社会实践成果2011年“首都大学生暑期社会实践优秀成果”称号。

（胡雨）

【批准高校聘用科研项目助理126人】 至年底，市教委与市人力社保局审核批准北京地区17所高校聘用2011届研究生毕业生担任科研项目助理。选聘涉及98个科研项目，聘用毕业生126人，其中，博士生8人、硕士生118人。

（朱义清）

学籍管理

【完成各类新生学籍电子注册】 4月和11月，市教委完成各类新生学籍电子注册工作。4月，审核注册81所成人高等教育学校新生112859人（其中，本科61071人、专科51788人），比上年增加179人，增长0.16%。11月，审核注册89所普通高等教育学校（按教育部国标代码计算）新生156450人（其中，本科117667人、专科〈含高职〉37012人、第二学士学位464人、预科生1307人），比上年增加8425人，增长5.61%。审核注册17所高校网络教育学院新生182760人（其中，本科76192人、专科106568人），比上年增加8757人，增长5.03%。审核注册136个研究生培养单位新生88394人（其中，博士19511人、硕士68883人），比上年增加2083人，增长2.41%。审核注册42所普通中等专业教育学校新生15205人，比上年减少1800人，降低10.59%。

（张道明　张海涛）

【完成各类毕业生学历证书电子注册】 7月，市教委完成各类毕业生学历证书电子注册工作。共审核注册89所普通高等教育学校（按教育部国标代码计算）毕业生学历证书153426本（其中，本科109257本、专科〈含高职〉42657本、第二学士学位1512本），比上年增加550本，增长0.36%。审核注册17所高校网络教育学院毕业生学历证书115542本（其中，本科51087本、专科64455本），比上年增加30474本，增长35.82%。审核注册87所成人高等教育学校毕业生学历证书100757本（其中，本科52900本、专科47857本），比上年减少16834本，降低14.32%。审核注册134个研究生培养单位毕业生学历证书66448本（其中，博士15611本、硕士50837本），比上年增加3864本，增长6.17%。审核注册47所普通中等专业学校毕业生学历证书17351本（其中，毕业证书17076本、结业证书275本），比上年减少5518本，降低24.13%。

（张道明　张海涛）

【完成本专科在校生学年注册及学籍变动工作】 10月，市教委完成2010～2011学年度普通高等教育本专科在校生学年注册及学籍变动工作。北京地区89所普通高等学校（按教育部国标代码计算）共有普通高等教育本专科在校学生579746人，其中，注册学籍573726人、暂缓注册1794人、保留学籍683人、各种原因休学3543人。另外，各种原因退学2133人，各种原因死亡27人，各种原因取消学籍429人。在校生中涉及学籍变动47763人次，占在校生总数8.24%，其中，跳级124人、留级

1327 人、降级 1879 人、转学 178 人、转专业 42173 人、复学 1030 人、其他 1052 人。

（张道明）

【召开高校学籍学历管理工作总结会】 12 月 15 日，市教委召开 2011 年北京地区高校学籍学历管理工作总结会。会议总结 2011 年北京地区高校学籍学历管理工作，部署 2012 年工作。教育部高校学生司学籍处处长作《如

何做好高校学生学籍学历管理工作》报告。中国农业大学、北方工业大学、北京交通大学和北京信息职业技术学院等高校进行经验交流发言。会议通过小组讨论形式互相交流各校工作，研讨进一步做好学生学籍学历管理工作方式方法。来自北京地区各高校教务部门、研究生学籍学历管理部门和研究生培养单位学籍学历管理部门共 330 余人参加会议。

（张宪国）

毕业与就业

【核发高校毕业生自主创业证】 1 月 7 日，市教委启动北京地区高校《高校毕业生自主创业证》审核和发放工作。市教委召开《高校毕业生自主创业证》申请审核系统培训会，介绍推动毕业生创业教育开展工作情况，对做好《高校毕业生自主创业证》审核、发放工作提出具体要求，对全国大学生就业信息服务一体化系统及毕业生改派有关问题进行培训。至年底，北京地区各普通高等学校、研究生培养单位、独立建制成人高等学校共审核和发放《高校毕业生自主创业证》635 份。

（张海涛）

【制定免费师范毕业生就业实施办法】 3 月 2 日，市教委、市人力社保局制定《教育部直属师范大学免费师范毕业生就业实施办法》。制定该办法是为确保教育部直属师范大学北京市生源免费师范毕业生到北京市中小学任教。办法适用于已与市教委签订《师范生免费教育协议书》，并取得教师资格证的教育部直属师范大学免费师范毕业生。办法规定，免费师范毕业生应按协议到北京市中小学任教，履行国家义务，服务期不少于 10 年；鼓励毕业生到远郊区县农村、山区中小学任教。办法同时明确免费师范生就业基本程序，要求加强对免费师范毕业生就业管理和指导。办法自本年 4 月 3 日起施行。至年底，北京市接收 18 名免费师范生到中小学任教，服务期 10 年。

（房卫青　张晓兰　胡雨）

【完成高校毕业生入伍预征工作】

至 7 月，市教委完成 2011 年北京地区高校毕业生入伍预征工作。4 月 28 至 29 日，市教委、北京卫戍区联合召开 2011 年北京地区高校毕业生入伍预征工作动员会暨 2010 年征兵工作总结会，总结 2010 年北京地区高校冬季征兵工作，传达总参谋部、教育部全国普通高校毕业生入伍预征工作会议精神，部署 2011 年北京地区高校毕业生预征工作。中国农业大学、北京工商大学、北京农学院、北京电子科技职业学院、昌平区武装部等单位作经验交流发言。参会人员通过小组讨论形式，互相交流经验和做法。5 月 9 至 15 日，开展“2011 年高校毕业生入伍预征宣传动员暨政策咨询周”活动，集中开展预征教育宣传和咨询活动。至 7 月，北京地区高校共 683 名毕业生预征报名。

（孙世光）

【启用新版高校毕业生就业管理系统】 至 7 月，市教委启用新版高校毕业生就业管理系统。该系统在原有系统基础上，针对目前管理方式和政策要求，进行全新设计和开发，运用先进互联网技术，大大提高工作效率，同时全国首家采用报到证打印防伪加密二维码方式。系统面向市教委、高校（院系）和学生，具备线上报送、审核和打印等功能。6 月，为北京地区各高校、研究生培养单位的校级就业工作人员共 200 人开展培训，详细演示和讲解新系统各项功能。

（李秉桦）

【举办首届高校就业指导课程教学大赛】 8 至 10 月，市教委举办首届北京地区高校就业指导课程教学大赛。比赛面向高校就业指导教师中讲授一次就业指导课程的教师，分初赛、复赛和决赛。共 38 所高校教师 121 人参加市级初赛，36 所高校 76 人进入复赛，20 人晋级决赛。决赛通过现场授课方式，评出一等奖 1 人、二等奖 2 人、三等奖 3 人。经过再次评选，4 人被推荐参加全国比赛，其中，1 人获特等奖、2 人获二等奖。比赛由北京高校毕业生就业指导中心承办。

（侯文磊）

【完成高校冬季征兵工作】 9 至 12

月，市教委完成 2011 年北京地区高校冬季征兵工作。北京地区高校共征

集大学生士兵1941人（其中，毕业生811人、在校生1130人），占征兵总数51.08%，较上年提高18.05个百分点。

（孙世光）

【普通高等教育毕业生就业率95.70%】 10月24日，市教委公布2011年北京地区普通高等学校及研究生培养单位毕业生就业率。截至8月31日，北京地区高校毕业生全员初次就业率95.70%，其中，研究生95%、本科生95.50%、高职（专科）生96.90%。北京地区普通高等学校、研究生培养单位共培养毕业生212754人。其中，北京生源毕业生81786人，占毕业生总数38.44%，北京生源毕业生就业率96.50%。毕业去向统计显示，升学28070人，出国留学12827人，拟继续升学648人，拟出国留学205人，申请暂不就业24人。扣除上述各种情况，实际参加就业人数170980人，占毕业生总数80.37%。北京地区各高等学校家庭经济困难等特殊困难毕业生11490人，就业率97%，高于整体就业率。北京地区高等学校10012名毕业生到西部地区就业，其中，非西部生源毕业生1916人。

（张海涛）

【开展高校毕业生就业工作理论研究】 10月，市教委完成高校毕业生就业工作理论研究。该研究依托北京高教学会毕业生就业研究分会，于2010年底立项，由分会常务理事会确定立项重点课题20项、一般课题34项。至10月，各高校共提交51项研究成果。经专家评审，评选出24项优秀成果，其中，一等奖4项、二等奖8项、三等奖12项。

（程武）

【举办大学生职业生涯规划大赛】 10至11月，北京高校毕业生就业指导中心举办第二届全国大学生职业生涯规划大赛北京地区选拔赛。此次大赛以“规划自我、服务社会、赢取未来”为主题，包括个人职业生涯设计、职业生涯点评和职业情景模拟3个环节，来自北京大学、北京化工大学和北京财贸职业学院等12所高校13名选手进入决赛。决赛阶段，经过选手展示、评委现场打分，最终评出特等奖1人、一等奖2人、二等奖3人、三等奖7人。

（侯文磊）

【举办高校毕业生就业服务月活动】 11月20日至12月30日，市教委举办2011年北京地区高校毕业生就业服务月活动。其间，北京大学生就业之家、北京教育人才市场、北京地区各高校集中举办68场大中型供需见面活动，参会用人单位5300家次以上，为毕业生提供就业工作岗位9.80万个以上，举办各类毕业生就业指导活动100场以上。同时，市教委主办，北京高校毕业生就业指导中心和15所相关高校承办的“北京高校大学生职业技能提升计划”全面实施，面向15所承办高校推选的6000余名家庭经济困难或就业能力欠缺毕业生开展就业技能、求职英语、办公软件使用、沟通能力等方面培训以及个性化就业推荐服务。另外，北京地区各高校为毕业生提供各类就业指导，包括毕业生就业政策解析、一对一就业咨询指导、就业简历撰写与投递、模拟面试大赛、创业大讲堂、创业设计大赛、就业心理辅导等，帮助毕业生解决就业过程中遇到的各类问题。

（王效斌　侯文磊）

【开展西部就业典型宣传】 11月，市教委开展赴西部就业毕业生典型宣传工作。市教委从23所高校报送的76名到西部地区就业毕业生先进事迹材料中，选出22名毕业生作为典型宣传对象，委托北京教育新闻中心组织人民日报、科技日报和中国青年报等13家中央及市属主要媒体，赴新疆、甘肃两省区实地采访赴西部就业毕业生先进典型。至年底，各媒体均完成专题宣传报道。

（朱义清）

【开展高校毕业生就业状况调研】 12月，市教委开展的北京地区高校毕业生就业状况调查研究工作结题。通过对2万余名毕业生和2000余家用人单位进行问卷调查，对北京地区高校毕业生就业去向、薪酬、用人单位满意度等若干问题进行广泛调研，形成《2011届北京高校毕业生就业状况调查报告》和《2011年北京地区高校毕业生用人单位调查报告》，为市教委政策决策及各高校今后人才培养改革提供数据支持和决策参考。该研究填补毕业生就业状况研究领域空白。

（王效斌　侯文磊）

【举办100场毕业生双选会】 至年

底，北京高校毕业生就业指导中心举办100场毕业生双选会。共有8901家用人单位提供需求岗位20.60万个，毕业生11.30万人次应聘。举办教育专场双选会18场，其中，区县教育专场双选会6场、教育综合专场双选会8场、学前教育专场双选会4场，共服务教育系统单位1193家次，提供职位1.80万个，参会求职人数累计1.60万人次。

（侯文磊）

【实施困难群体毕业生就业帮扶计划】 至年底，市教委实施家庭经济困难及就业困难毕业生就业帮扶计划。该计划面向北京地区高校就业困难及家庭经济困难毕业生，免费开展有针对性培训，涵盖就业力训练、沟通能力训练、职业英语训练、计算机技术应用训练4个部分，并进行个性化推荐，以提升困难群体大学生求职就业竞争力。计划实施以来，报名人数超过9000人，共培训学生6000人次。

（王效斌　侯文磊）

【开展大学生自主创业推进项目】 至年底，市教委投入专项资金开展北京地区高校大学生自主创业推进项目。项目包括创业培训、创业导师计划和创业项目推广等内容，从北京各高校选拔100支创业团队参加创业高端培训，并聘请企业家或企业管理者担任团队长期创业导师，以创业培训、创业沙龙、创业咨询等方式对有创业意愿的大学生进行培训。至年底，累计培训800余名学生，300余名毕业生参加超过24学时的创业实训活动，800余名毕业生参加创业沙龙活动。

（王效斌　侯文磊）

奖 贷 助 学

【全面推行中职学生资助卡】　4月20日，北京市全面推行中职学生资助卡（简称“中职卡”）。中职卡是面向享受国家助学金政策待遇的中职学生发行、用于国家助学金发放的借记卡。中职卡使用专用发卡银行标识代码，卡面式样统一设计，并印有“中职学生资助卡”字样，由发卡银行制作。该卡实行“一人一卡、集中申领、本人激活”，从2011年秋季入学新生开始办理，中职国家助学金统一通过中职卡发放，不得以实物或服务等形式抵顶或扣减国家助学金。此举是为加强中职国家助学金发放监管工作，由人行营业管理部、市财政局、市教委和市人力社保局联合实施。

（胡雨）

【提高应征入伍在校大学生一次性助学金标准】　6月2日，市民政局、市财政局、市教委提高应征入伍在校大学生一次性助学金标准。从2010年冬季征兵开始，凡从北京市高等院校在校大学生中征集的义务兵，正常退伍并复学，一次性助学金从1万元调整为3万元，所需经费由批准入伍的区县财政负担。

（胡雨）

【设立高校学生公派境外学习奖学金】　9月30日，市教委制定《北京市高等学校学生公派境外学习奖学金项目管理办法（试行）》。该奖学金项目是指市教委向北京市属高校选派的赴国（境）外进行课程学习、课题研究以及参加国际竞赛、学术及文化交流的在籍本科生和研究生提供境外学习费用，是全国首个高校学生境外学习奖学金项目。计划每年资助1500名市属高校在籍本科生和研究生公派赴国（境）外学习，其中，进行一学期以上（含一学期）至一学年以内境外学习、交流本科生500名，为A类奖学金，资助额度每人2万元；进行两周以上至一学期以下境外学习、交流研究生和本科生1000名，为B类奖学金，资助额度每人1万元。项目遵循“公正、公平、公开”原则，采取“个人申请、单位评审、择优录取”方式进行选拔。管理办法自2012年1月1日起执行。

（胡雨）

【高校学生资助实现应助尽助】　至12

月，北京市属高校资助突出“政府奖助、学校资助、社会救助”。55所市属高校共466人获得国家奖学金，核拨372.80万元；8563人获得国家励志奖学金，核拨4285万元；40447人享受国家助学金，核拨1.29亿元；校内国家助学贷款发放金额2135万元，发放人数3775人，市级财政承担贷款贴息及风险补偿金510万元。生源地信用助学贷款发放金额91万元，发放人数165人，中央财政承担贷款贴息及风险补偿金33万元。本年是实施服义务兵役补偿代偿和赴边远山区就业补偿代偿政策第三年，共有287人申请服义务兵役补偿代偿款499万元，共有82人申请赴边远山区就业补偿代偿款50万元。同时，新受理37人申请赴边远山区就业补偿代偿。

（罗芳）

【补助家庭经济困难大学生】　至12月，北京市补助家庭经济困难大学生。对在京中央部委属高校和市属高校家庭经济困难学生发放饮水、洗澡、电话补贴1500万元和临时伙食补贴近1200万元，惠及全市高校学生4万人次；55所市属高校报到新生74678人，包括家庭经济困难新生10824人，其中，通过绿色通道入学新生3929人，占家庭经济困难新生36.30%。

（罗芳）

【发放高级中等学校助学金】　至12月，北京市发放高级中等学校贫困学生助学金。高中阶段资助实施“国家助学、宏志奖学”政策，高中助学金受资助学生10177人，市级财政承担539.90万元，区县财政承担175.80万元；中等职业学校学生10.68万人享受国家助学金，核拨资金6557.88万元；5414人获得政府奖学金，核拨资金1082.80万元；为包括民办中职学生在内的8885名中职学生核拨免学费补助资金1641.22万元。

（罗芳）

【义务教育资助实现“两免一补”】　至年底，北京市义务教育阶段资助实现“两免一补”。982726名学生免杂费，982726名学生免教科书费（含循环使用教科书），66033名学生接受生活学习补助。

（罗芳）

（本栏责任编校　胡雨）

招生与考试

综　述

2011年，北京市共组织各级各类考试570次，涉及考生184.2万人次；全年共命制试题1144套；为各级各类招生单位录取新生30.3万人；通过考试发放各种证书36.4万份。

坚持管理创新，招考工作取得新进展

坚持把考试安全作为生命线，确保考试公平，促进招生公正，实现平安考试、阳光招生工作目标。考试招生工作得到各级领导高度重视。刘延东在高考前到北京市视察考试准备情况，郭金龙检查高考实施情况。市委、市政府、市人大、市政协以及市委教育工委、市教委负责人多次检查指导考试招生工作；不断完善协作机制，市招考委和国家考试局际联席会议作用得到充分发挥，与公安、交通、保密、无线电等部门通力协作，制定考试组织方案和突发事件应急预案，保证预警机制良好运行。加强宣传教育培训，严格规范操作程序；加强统筹协调，落实保密安全职责；加大巡查力度，强化纪检监察部门全程参与监督检查作用。各区县领导挂帅，指挥协调考试工作，保证人力、物力、财力投入，为招考工作平稳实施提供有力保障。

扎实基础工作，各项招考改革稳步推进

中等学校招生首次实现中考现场体育考试，调整语文科目试卷结构和英语科目听力试题播放方式，开展中考改革调研并对改革思路进行初步论证；高等学校招生拟定北京市高考加分政策调整方案，首次实施等级运动员和高中体育竞赛优胜者统一测试，推进综合业务管理平台开发应用，启动高考英语科目考试改革研究；研究生招生实现全市考点保密室全部达标，推进研究生考点保密室远程电子巡查系统建设并投入使用，启用新研制的无线信号屏蔽器；成人考试招生重点推进国家教育改革试点项目"改革成人高等教育招生考试制度"研究，拟定北京市成人高等教育考试制度改革方案，规范改进北京地区学位英语考试组织管理工作；自学考试积极推进综合改革试点工作，拓展行业部门合作空间，探索开展考试模式、考试内容调整试点工作，继续搭建高等教育"立交桥"；社会考试开展汉语能力测试试点工作，实施英语类考试项目IC卡信息化管理，加强英语水平考试口试考官网上定标培训，推进标准化口语考场管理系统建设。

坚持标准化题库，试题命制质量不断提升

在总结2009年以来题库建设经验的基础上，结合2011年题库建设的特点，完善《标准化题库建设规范》，修订题库管理办法，制定各课程建库蓝图，确保题库建设工作的顺利实施。2011年，题库建设共组建15门课程、1.1万道试题的题库，共有命题专家70余人参与题库建设。完成《北京教育考试命题过程中试题难度预估方案》、《试题试卷评价分析报告》、《计算机题库开发方案》，对题库建设工作具有理论指导意义。

以总结十年高考自主命题工作为契机，深化考试内容改革，贯彻和体现"能力立意"原则，加大工作力度，促进命题管理由外控管理向学科管理转变，由有序化管理向系统化、精细化管理转变，初步形成较为完善的命题管理体系，与教学、教研一线的良性互动得到加强。

加快推进"高考试题资源库"和"自考标准化题库"建设。完成年度资源库题目命制和审查任务。进行试题录入编辑软件调试，实施试题参数标定和入库工作，推进高考试题资源库信息系统建设，制定相关运行使用办法。开发完成"自学考试命题管理信息系统"、"计算机题库管理系统"，并投入试运行。进一步完善《标准化题库建设规范》，组建包括15门课程、1.1万道试题的自考题库。

加强命题科学研究，完成7类考试数据的分析工作，向教育部考试中心报送高考学科试题分析报告9份，为命题和科研提供参考依据。与北京师范大学等高校深入合作，加强教育测量理论的实践应用研究，稳步推进诊断性评价工作。开发分数报告自动生成系统，提供诊断性分数评价报告7600余份，针对考生的不同错答类型进行更为深入的反馈。

加大统筹管理力度，考务管理体系日趋完善

加大考务统筹管理力度，强化考务部门管理职能。以贯标工作为抓手，深入开展对考务管理标准化和考试安全保密的宣传和培训活动。修订《北京教育考试管理文献选编》，完善《北京教育考试考务管理规定》、《北京教育考试标准化考点规范》等文件，加强考试安全保密制度建设。加强与保密局、无线电管理局、城管执法局等部门联系，完善机制，形成合力，确保考试安全与试卷保密。

稳步推进标准化评卷点建设。北京工业大学评卷点投入使用，北京市示范性评卷点数量达到5个，分别在高中会考、高考、成考、自考等考试中使用。建立评卷教师信息库，继续推进教师信息采集系统的应用。加强统筹管理，不断提高评卷质量和效率，有力保证评卷安全公平。

加强远程电子巡查系统的维护与更新，保证在多项考试中的良好应用，进一步完善系统功能，提高系统利用效率。优化试卷运送GPS定位及视频监控系统，确保试卷运送、分发的安全保密。加强对利用无线电等高科技技术手段作弊、特别是群体舞弊行为的防范对策研究，加大巡视检查力度，扩大手机屏蔽仪、隐形耳机探测器等技术设备应用范围，有效防范作弊行为和群体舞弊事件发生。

推进考试评价研究，科研评价能力持续增强

全年诊断性评价项目的工作内容包括《计算机应用基础》和《英语水平考试（一）笔试》两门课程的命题评价工作。科研评价工作结合软件开发，开发分数报告自动生成系统，基于成绩数据库及评价语句数据库自动生成诊断性评价报告。全年共免费向考生提供诊断性分数报告7569份。

积极推进考试评价研究。完成对中考、高中会考和高考23个学科的全样本分析。组织考试评价研究专家，完成三类考试的试题评价研究报告与考生水平评价报告49篇。为提高评价研究质量，首次组织各学科评价教师提出预估难度，并与考试数据对照分析研究；首次针对评价报告增加各学科的研讨交流；首次对高考语文、英语学科分文理进行数据统计分析，并进一步健全专家队伍，补充一线中青年教师、教研员从事评价工作，初步建立起一支具有较高水平，较强实力的评价队伍。完成15个区县及两所学校的高考委托评价分析，并组织专家分赴区县进行评价数据解读与分析，充分发挥考试数据对教育教学的反馈指导作用。

切实做好基础工作，招考服务水平切实提高

拓宽服务渠道，拓展服务功能，提升服务能力，提高服务水准。充分发挥考试院网站和北京考试报宣传作用，及时准确发布招考信息。高度重视咨询信访工作，保证咨询举报渠道畅通，咨询信访反馈准确及时，积极稳妥化解矛盾，保护考生知情权，有力维护社会和谐稳定。

（蒋来）

总　类

【硕士统考启用保密室远程巡查系统】　1月12日，北京2011年全国硕士研究生统考首次启用保密室远程电子巡查指挥系统。全部考点24小时开启新建保密室远程巡查系统，北京教育考试院对考点保密室试卷保管情况进行远程实时巡查。这是首次在硕士研究生考试中应用远程电子巡查指挥系统。

（李青文）

【召开教育考试评价研究十年总结会】　1月18日，北京教育考试院组织召开北京教育考试评价研究十年总结会。会议以考试院承担的“大规模教育考试评价研究与实践”项目获得教育部基础教育课程改革教学研究成果一等奖为契机，全面总结和梳理教育考试评价研究10年来的工作，推进北京教育考试评价研究进一步向前发展。各区县教委主管领导和教研部门负责人，中考、高考、高中会考评价组全体成员和北京考试院相关人员200余人参加总结会。

（周欣）

【召开市属高校招生计划工作会】　3月11日，北京市属高校2011年普通高等教育招生计划工作会在北方工业大学召开。会议介绍2011年市属高校普通高等教育招生计划编制。依照“稳定招生规模，调整招生结构，规划引领、突出特色”的基本原则，提出改善办学条件、提高高等教育质量；牢固树立服务首都意识，合理编制招生来源计划；合理确定学校定位，加大专业结构调整力度；严肃纪律依法治教，进一步规范办学行为的基本要求。会议演示和解读各校办学条件指标的现状数据及达标情况，提出各校2011年普通高等教育招生建议规模。来自市委教育工委、市教委领导，各市属高校主管招生工作的校（院）长、民办高校校（院）长、招办主任100人参加会议。

（杨嵩松）

【召开招考委年度首次全体委员会议】

3月30日，北京市招生考试委员会2011年第一次全体委员会议召开。会议听取2010年高招工作汇报，审议并通过《北京市2011年普通高校招生工作规定》。市招考委主任委员洪峰出席会议并讲话，并对2011年北京市高招工作提出“安全、公正、和谐、创新”的工作要求。市招考委成员单位相关负责人参加会议。

（卢杰）

【首次实施高中体育竞赛优胜者及等级运动员统一测试】　4月23日，北京市首次实施高中体育竞赛优胜者及等级运动员统一测试。该测试在首都体育学院进行。测试项目包括田径、游泳、足球、篮球、排球、手球、棒球、垒球、乒乓球、羽毛球、网球、武术、跆拳道、健美操和定向越野15项，585人报名，实际参加测试514人，实测率87.86%；缺测71人，缺测率12.14%。经测试，363人合格，合格率70.62%；151人不合格，不合格率29.38%。

（卢杰）

【召开中考命题工作动员会】　4月28日，2011年北京市中考命题工作动员会在北京教育考试院召开。参加命题的全体教师签署保密协议书，并进行各学科分组讨论。市教委、北京考试院相关领导、中考命题教师和工作人员40人参加会议。

（赵海燕）

【研讨高考入闱命题工作】　5月23日，2011年普通高等学校招生全国统一考试北京卷入闱命题研讨会召开。洪峰参加会议并讲话。他指出，高考命题工作任务艰巨，使命光荣，意义重大；强调高考命题受很多因素制约，既要考虑考生人数及计划数的变化，又要保持考试的稳定，不能出偏题怪题；提出命题工作是一项讲求科学、很复杂的工作；希望命题人员再接再厉，做好高考命题工作，为高考的顺利实施奠定基础。市教委、北京教育考试院及相关职能部门领导，参与高考命题工作的人员参加会议。

（赵海燕）

【台湾地区高校首次在京招生】　7至8月，台湾地区高校首次在北京招生。

台湾地区高校共录取北京新生49人。这是台湾高校首次在大陆招生，分别在北京、上海、浙江、江苏、广东和福建6个省市招生。北京地区考生需通过登录大陆地区学生联合招生委员会网站进行网络报名。

（卢杰）

【召开高考北京市自主命题十周年总结会】 12月2日，北京教育考试院

召开高考北京市自主命题十周年总结会。会议总结10年来北京高考自主命题的工作情况，并对以后的命题工作提出要求和建议。有来自市委教育工委，市教委，教育部考试中心、社科中心，北京教育考试院以及北京大学、北京外国语大学等8所高校的领导和代表，参与高考北京卷命题工作的教师80人参会。

（赵海燕）

【召开区县考试评价座谈会】 12月13日，北京教育考试院召开区县考试评价座谈会。会议听取各区县教研部门负责人分别介绍本区县考试评价研究的开展情况，并对北京考试院为区县开展评价服务提出需求和建议。各区县教研部门的负责人、考试院科研办和发展中心的相关人员30余人参加会议。

（周欣）

【召开中考中招、高中会考年度工作总结会】 12月20至22日，北京市中考中招、高中会考年度工作总结会召开。会议由北京教育考试院举办，总结年度中考中招、高中会考工作，表彰获得2011年度中考中招和高中会考目标管理评比优秀奖的19个单位；听取线联平作题为《十二五期间首都基础教育应有哪些作为》的讲话。市人力和社保局、市体检中心、市教委有关处室、部分区县教委主管主任及各区县考试中心、中招办、会考办主任等150人参加会议。

（郭振铎）

【完成中、高、会考考试评价研究】 至年底，北京教育考试院完成2011年北京市中考、高考、高中会考各科命题质量、考生水平评价研究工作。该评价共涉及3类考试的23门课程，完成3类考试全样本考试数据统计分析报告49份、评价研究报告49篇；完成对东城、西城、朝阳、海淀、丰台、石景山、门头沟、房山、通州、顺义、昌平、大兴、平谷、密云、延庆15个区县和2所学校的高考全样本数据统计分析，形成统计报告221份，并组织各学科有关专家结合统计数据对各区县进行分学科讲解分析与教育教学指导；尝试开展对高考、中考试题分析进行难度预估，并与实测数据进行对比分析；首次将语文、外语2个学科的文理科数据进行分别统计；首次针对评价报告开展逐学科的研讨交流。

（周欣）

高级中等学校招生

【概　况】 2011年，北京市共有初三年级学生9.78万人通过登陆北京教育考试院网站进行网上报名，其中，88974人参加网上报考。参加中考考生88739人，包括盲残考生11人、视力障碍考生10人。全市共有393所高级中等学校计划招生88913人。其中，普通高中270所、中等师范1所、中等专业学校36所、技工学校22所、职业高中56所、五年高职院校8所。共录取新生73107人，其中，普通高中录取新生55310人、中等专业学校（含师范）录取新生8111人、技工学校录取新生3616人、职业高中录取新生2889人、五年制高职学院录取新生3181人。录取率86%。另外，14所中职学校录取未升学高中毕业生87人。

（郭振铎）

【举行中考体育考试培训会】 3月26至27日，市教委、北京教育考试院和北京教育科学研究院联合举办中考体育考试培训会。会议对580余所初中校的体育教研组长进行体育考试工作各项要求培训，实现体育考试工作要求的全覆盖。本年首次将中考体育组织管理权委托北京考试院，首次实现中考现场体育考试。

（刘兆武　李忠诚）

【举办中招网络、电话咨询活动】 5月8日，北京教育考试院举办2011年北京市高级中等学校招生网上咨询。咨询活动主会场设在北京考试院，分会场设在各区县中招办和278所咨询学校。咨询系统点击数为144万余次，访问人数6947人，注册考生2837人。市教委、市人力资源和社会保障

局、市体检中心和市区县中招办以及咨询学校工作人员900余人参加咨询活动。

（郭振铎）

【举办初中升高中体育特长生统一测试工作】 5月14日，市教委、市体育局、北京教育考试院共同主办2011年初中升高中体育特长生统一测试工作。测试项目包括田径、足球、篮球、排球、棒球、垒球、游泳、乒乓球、跆拳道、武术、手球、健美操、艺术体操、射击、射箭、定向越野共计16个项目。来自84所体育传统项目学校的748名体育特长生进行测试。最终，702人合格、46人不合格。测试在首都体育学院举行，各考

务组严格按测试标准组织测试，管理到位，考场秩序良好。

（郑淑媛　李铮）

【完成中招文化课考试工作】　6月24至26日，2011年北京市高级中等学校招生文化课考试举行。该考试采用全市统一命题、统一考试、分区县网上评卷的方式进行。考试科目分为语文（120分）、数学（120分）、外语（120分）、物理（100分）、化学（80分）5个科目。考试时间分别为语文150分钟，数学、外语、物理120分钟，化学100分钟。全市共设考点194个，考场3041个，考生8.90万人。

（郭振铎）

【召开中考统一评卷标准报告会】　6月25至27日，北京教育考试院召开高级中等学校招生考试统一评卷标准报告会。会议听取命题组教师介绍语文、数学、外语、物理、化学5个学科评分标准，提出网上评卷应注意的问题。17个区县（燕山单位）中考评卷负责人300人参加会议。

（郭振铎）

【完成中招考试残疾学生试卷评阅工作】　6月27日，2011年北京市高级中等学校招生考试残疾学生试卷评阅工作完成。该评卷工作由北京教育考试院组织完成，试卷面向盲残、视障考生，分为盲文和大字试卷两种，共计21份。全市共有11名盲残和10名视障考生参加语文、数学、外语、物理和化学5科文化课考试。来自北京市盲人学校的9名教师参加试卷评阅工作。

（郭振铎）

【完成提前招生录取审批】　7月14日，北京教育考试院完成本年度高级中等学校提前招生录取审批工作。123所提前招生学校共录取考生7930人，其中，普通高中录取1561人、职技类学校录取6369人。

（郭振铎）

【完成特殊学生录取资格审核工作】

7月19日，2011年北京市高级中等学校统一招生录取特殊学生资格审核工作完成。全市112所有资格招收特殊学生的普通高中学校，共录取特殊考生4314人，其中，市级三好生362人、金银帆奖学生16人、文艺特长生705人、体育特长生616人、科技特长生64人、大学教工子女257人、集训队员17人、直升实验班545人、特色实验班149人、外交人员子女94人、“名额分配”1409人、异校推荐80人。

（郭振铎）

【完成统一招生录取审批工作】　7月28至31日，2011年北京市高级中等学校统一招生录取审批工作进行。录取按照考生招生考试的总成绩从高分至低分，依照考生的志愿顺序择优录取。参加统一招生的学校共计393所，招生计划88913人，录取考生73107人，其中，普通高中55310人，包括示范高中2.7万人、普通高中2.9万人；职技类学校14120万人，包括中专学校7096人、技工学校1692人、职业高中2195人、五年高职学校3137人。

（郭振铎）

【完成中招补录和调剂工作】　8月6日和9月15日，北京市部分高级中等学校分别完成招生补录和调剂工作。其中，补录工作在统一招生录取结束后，未完成招生计划的职技类学校补录考生512人；调剂工作共调剂录取考生1021人。

（郭振铎）

【完成未升学高中毕业生录取审核】　10月13日，部分高级中等学校录取未升学高中毕业生审核备案工作完成。根据市教委关于“在部分中等职业学校中开展面向未升学高中毕业生进行中等职业教育的试点工作”的要求，共有14所中等职业学校，录取未升学高中毕业生86人，完成计划的2.40%。

（郭振铎）

高中毕业会考

【概　况】　2011年，北京教育考试院组织完成春季和夏季两次高中会考。两次会考分别开设语文、数学、外语、地理、历史、政治、物理、化学、生物9科文化课考试。全年参加高中会考（含自行组考及替代科目）的考生总计198477人，比上年减少8686人，下降4.19%；报考601026科次，比上年减少31875科次，下降5.04%。颁发《北京市高中会考合格证》58909份。

（郭振铎）

【完成春季高中会考】　1月11至13日，北京市2011年春季高中会考举行。126196人报考446097科次，其中，124524名在校学生和1672名职技类及非在校公民参加9科会考。全市共安排考点118个。与上年春季相比，报考人数下降4.90%，报考科次下降5.68%。此外，经市教委批准的自行组考学校也同期考试，考生人数10295人，39054科次。考试期间，发现并处理违规考生123人。

（郭振铎）

【完成春季高中会考评卷工作】　1月20至26日，北京市2011年春季高中会考评卷工作完成。该评卷工作由北京教育考试院组织评卷教师完成，共选聘评卷教师392人，阅评会考试卷45万份。

（郭振铎）

【完成夏季高中会考】　7月5至7日，北京市2011年夏季高中会考举行。72281人报考154929科次。全市共安排考点108个。与上年夏季相比，报考人数下降2.92%，报考科次下降3.13%。此外，自行组考学校考试人数为11405人，31160科次。考试期间，发现并处理违规考生 143 人。

（郭振铎）

【完成夏季高中会考评卷工作】 7 月 14 至 19 日，北京市 2011 年夏季高中会考评卷工作完成。评卷工作由北京教育考试院组织完成，选聘评卷教师 166 人，阅评试卷 15 万份。

（郭振铎）

【颁发高中会考合格证】 至 12 月，北京教育考试院颁发《北京市高中会考合格证》55154 份。其中，颁发普通高中类合格证 55152 份、职技类合格证 2 份。应届高中毕业生 70167 人参加会考，54295 人取得合格证书。

（郭振铎）

普通高等学校招生

【概　况】 2011 年，全国共有 811 所高等学校在京招生。全市高考报名共计 76007 人，录取 62994 人，高考升学率稳定在 80％以上。在统招部分中，报名人数为 70857 人，招生计划为 58906 人，实际录取新生 60442 人，比计划增加 1536 人。其中，文史类录取 20848 人，占录取总数的 34.49％；理工类录取 39594 人，占录取总数的 65.51％。在高职单独招生部分中，报名人数为 5150 人，计划招生 3153 人，录取新生 2552 人，比计划减少 601 人。

（卢杰）

【完成美术类专业统一测试工作】 1 月 8 日，北京市 2011 年美术类专业统一考试举行。考试在北京工业大学、首都师范大学和北京城市学院 3 个考点进行，共有 5622 人报名，实际参加考试 5339 人，缺考率 5.03％。考试依照《北京市 2011 年美术类专业统一考试实施办法》和《北京市 2011 年美术类专业统一考试考试大纲》等文件实施。1 月 9 至 12 日，美术类专业统一考试评卷工作在首都师范大学和北京服装学院进行。经评定，共有 5267 名考生取得美术统考合格资格，合格率达到 98.65％。其中，取得本科合格资格考生 3968 人，占取得合格资格考生的 75.34％。

（卢杰）

【完成高水平运动员体育测试工作】 3 月 26 日，北京市 2011 年高水平运动员体育测试在北京体育大学举行。测试包括田径、篮球、排球等 13 个项目，317 人报名参加考试，实际测试 281 人。经认定，达到测试 A 级标准 123 人，B 级 147 人，C 级 11 人，36 人自动放弃测试。

（卢杰）

【举办高招咨询系列活动】 4 月 1 至 29 日、6 月 27 日至 7 月 10 日，北京市举办高考招生本科、专科院校广播电台咨询系列活动。活动由北京教育考试院、北京城市服务管理广播、北京考试报社分两个阶段联合举办。咨询节目通过北京城市服务管理广播“教育面对面”栏目播出，主要介绍学校办学情况和本年度招生信息。共有 74 所本科高校、30 所高职院校以及北京市体检中心、部分区县考试中心参与招生咨询。

（卢杰）

【完成报考体育专业考生测试工作】 4 月 9 日，北京市 2011 年普通高等学校体育教育、社会体育专业体育测试工作在首都体育学院举行。测试包括田径、篮球、排球、足球、体操、艺术体操（女）、武术、游泳和乒乓球等项目，1366 名考生参加考试。经测试，成绩 90 分以上 53 人、80 分以上 182 人、70 分以上 394 人、70 分以下 737 人。

（卢杰）

【完成外语口试工作】 4 月 23 至 24 日，北京市 2011 年普通高校招生外语口试举行。考试设在北京外国语大学、北京语言大学、中国传媒大学、对外经济贸易大学、首都师范大学、外交学院、北京第二外国语学院 7 个考点，44058 名考生参加外语口试。

（卢杰）

【完成高职升本科试点工作】 4 月，北京市完成选拔高等职业教育（专科层次）优秀应届毕业生进入本科阶段继续学习的试点工作。41 所高校推荐 5594 名专科毕业生参加“高职升本科”考试。12 所高校参加招生，计划招生 3196 人，实际录取 3203 人。

（卢杰）

【召开教育考试招生工作电视电话会议】 5 月 12 日，2011 年北京市教育

考试招生工作电视电话会议召开，洪峰出席会议并讲话。会议全面部署 2011 年高等学校招生考试工作，提出“安全、公正、创新、和谐”的工作要求。来自公安、交管、保密、供电、卫生、城建、城管、宣传等部门人员，区县考试中心负责人和有关人员，在京高校领导和招生办主任共 300 人参加会议。

（卢杰）

【完成高职自主招生考试试点工作】 5 月，北京市完成 2011 年度高职自主招生考试试点工作。根据《试点工作实施办法》的规定，各试点院校的自主招生考试可自主采取不同形式的入学考试评价办法，采用笔试和面试等考试形式，考试内容以综合能力测试为主。各试点院校录取按照德智体全面衡量、择优录取的原则，结合考生高中阶段的学习情况及综合测试成绩，自主确定录取方案。至年底，全市共有 14 所高职院校参加自主招生考试试点工作，计划招生 3345 人，实际录取 3594 人，比计划增加 249 人，增长 7.44％。

（卢杰）

【完成高考考试及评卷工作】 6 月 7 至 8 日，2011 年北京市普通高等学校

招生考试在19个考区举行。共设立考点113个考场2507个，7万余名考生参加考试。考试期间，郭金龙巡视检查高考实施情况。6月9至23日，高考评卷工作在北京大学、清华大学、北京师范大学、首都师范大学、北京第二外国语学院和北京工业大学6个评卷点进行，共评阅答卷283573份，1233名教师参加评卷工作。

（卢杰）

【确定普通高校最低录取控制分数线】 6月23日，北京市招生考试委员会第二次全体会议确定北京市普通高校招生各批次录取最低控制分数线。普通专业文科：本科一批录取最低控制分数线524分、本科二批录取最低控制分数线481分、本科三批录取最低控制分数线443分；理科：本科一批录取最低控制分数线484分、本科二批录取最低控制分数线435分、本科三批录取最低控制分数线396分。专科批次录取最低控制分数线文科150分、理科150分。艺术类本科录取最低控制分数线文科312分、理科282分。体育教育、社会体育、休闲体育专业（体育成绩65分）文科350分、理科300分。高职单招分数线150分，艺术高职分数线105分。

（卢杰）

【完成高招录取工作】 7月5日至8月6日，北京市完成高招录取工作。其中，统考统招部分计划招生58906人，实际录取60442人，比计划增加1536人；高职单独考试招生部分计划招生3153人，实际录取2552人，比计划减少601人。高考升学率达到85.30%。

（卢杰）

【召开高考招生工作总结研讨会】 11月22至23日，2011年北京市普通高校招生工作总结研讨会召开。会议总结北京市2011年普通高校招生工作，表彰2011年北京市普通高校招生考试区县工作目标管理一等奖的19个考区，研讨2012年北京市普通高校考试招生工作。市教委、北京教育考试院有关职能部门负责人，各在京高校主管院校长、招生办主任，各区县考试中心主管主任、高招办主任300人参加会议。

（卢杰）

【完成2012年高考报名工作】 12月1至20日，北京市完成2012年高考报名工作。报名通过网上采集考生的报名信息、收取报考费、现场进行资格确认的方式进行。经过确认，2012年高考报名人数共计73460人，比上年减少2547人，下降3.35%。其中，全国统考报名68349人，比上年减少2508人，下降3.54%；高职单考单招报名5111人，比上年减少39人，降幅0.76%。

（卢杰）

【完成2012年艺术特长生统一测试工作】 12月17至18日和24至25日，北京市2012年艺术特长生统一测试工作在清华大学举行。该测试共设置声乐、管乐、弦乐、键盘、民乐、舞蹈、书画、戏剧8大类60个小项。测试共计2642人次报名参加，实测2368人次，实测率89.63%；缺考274人次，缺测率10.37%。经测试，2198人取得合格等级成绩，通过率92.82%。其中，取得合格一级成绩的考生931人，占实考人数39.31%；取得合格二级成绩的考生811人，占实考人数34.25%；取得合格三级成绩的考生456人，占实考人数19.26%。不合格考生170人，占实考人数7.18%。

（卢杰）

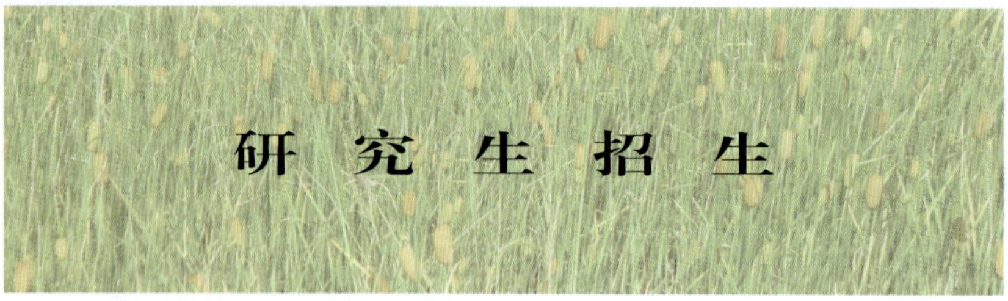

研究生招生

【概　况】 2011年，北京市研究生（博士生、硕士生）招生86113人，比上年增加4057人，增长4.94%。研究生招生中，国家计划69230人，比上年增加3220人，增长4.88%。硕士生招生67636人，比上年增加3644人，增长5.69%。硕士生招生中，国家计划52046人，比上年增加3295人，增长6.76%。博士生招生18477人，比上年增加413人，增长2.29%。博士生招生中，国家计划17184人，比上年减少75人，下降0.43%。全国报考北京138个招生单位的考生263734人，比上年增加5080人，增长幅度为1.96%。报考75个招生单位（不含解放军在京单位）考生57541人，比上年增加721人，增长1.27%。北京研究生招生单位共录取硕士生66211人，比上年增加1625人，增加2.52%。招收博士研究生19054人，比上年增加754人，增长4.12%。北京地区非全日制攻读硕士学位全国考试报考人数37862人，比上年增加3381人，报考55071科次。

（李青文）

【举行硕士研究生统一入学考试】 1月15至16日，北京地区2011年全国硕士研究生统一入学考试举行。考试共设置59个考点，2724个考场。应试考生103748人，比上年增加431人，增长0.42%。2月12日至3月4日，北京教育考试院组织硕士研究生统一入学考试评卷工作，5个评卷点共评阅试卷60万份。

（李青文）

【举行同等学力申请硕士学位全国统考】 5月29日，北京地区2011年同等学力人员申请硕士学位外国语水平和学科综合水平全国统一考试举行。全市共设5个考点499个考场，2.9万人次考生分别参加外国语和学科综合水平考试。3月11至20日，举行该项考试报名工作。3月25至28日，北京4个报名点组织考生进行现场确认。经确认，报考外国语水平考试14845人，比上年增加1289人，增长9.51%；报考27个学科综合水平考试的考生13896人，比上年增加2174人，增长18.55%。

（李青文）

【完成硕士生报名工作】 10月10至31日，2012年全国招收攻读硕士学位研究生统一入学考试进行网上报名。11 月 10 至 14 日，北京 58 个报考点组织考生进行现场确认，共确认考生 119324 人，比上年增加 4565 人，增长 3.98%。其中，报考京内招生单位的考生 109533 人，占京内报名总人数 91.80%；报考外埠 501 个招生单位的考生 9791 人，占 8.20%。2012 年，全国报考北京招生单位的考生 269555 人，比上年增加 5821 人，增长 2.21%。其中，报考学术型专业的考生 197594 人，占 73.30%；报考专业学位的考生 71961 人，占 26.70%。

（李青文）

【完成在职攻读硕士学位全国联考】 10 月 29 至 30 日，北京地区 2011 年在职人员攻读硕士学位全国联考举行。全市共设 6 个考点 617 个考场，1.9 万人参加考试。7 月 1 至 14 日，在职人员攻读硕士学位全国联考报名，这是全国首次采取考生在统一规定时间内登录指定的网站进行网络报名。7 月 16 至 18 日，5 个报考点组织考生进行现场确认，共确认考生 19093 人，比上年增加 1231 人，增长 6.89%。

（李青文）

【完成硕士生录取工作】 10 月，北京 2011 年硕士研究生录取工作结束。北京 138 个招生单位（不含解放军在京单位）共录取硕士生 66211 人，比上年增加 1625 人，增长 2.52%。其中，共招收全日制专业学位硕士研究生 21909 人，比上年增加 3887 人，增长 21.57%。

（李青文）

【完成博士生录取工作】 10 月，北京 2011 年博士研究生录取工作完成。北京高等学校、科研机构（不含解放军在京单位）实际录取博士研究生 19054 人，比上年增加 754 人，增长 4.12%。教育部下达招生规模 18123 人（不含少数民族骨干计划），比上年增加 59 人，增长 0.32%。

（李青文）

成人高等学校招生

【概　况】 2011 年，在京招生成人高等学校共有 94 所。其中，市属院校 47 所，部（委）及外埠院校 47 所。招生计划总数 89768 人，比上年增加 3733 人，增长 4.34%。招生专业 1622 个，比上年增加 27 个。其中，高中起点本科计划招生 8121 人，高中起点专科计划招生 38002 人，专科起点本科计划招生 43645 人。网上报名交费考生人数为 109431 人，比上年减少 9158 人，下降 7.72%；全市共有 102785 人确认参加考试，占整个网上缴费人数的 93.93%。其中，报考高中起点本科 11099 人，比上年减少 2868 人，下降 20.53%；报考高中起点专科 42718 人，比上年减少 4018 人；下降 8.60%；报考专科起点升本科 48968 人，比上年减少 2171 人，下降 4.25%。全市共录取新生 83246 人（不含单考单招计划和录取人数）。其中，高中起点本专科艺术、体育类共录取新生 6954 人，高中起点本科、专科起点本科共录取新生 45396 人，非艺术体育类专科共录取新生 30896 人。北京地区成人本科学士学位英语考试上半年 82775 人报考，实考考生 60619 人，缺考率 26.77%；下半年共有 97290 人报考，实考考生 70574 人，缺考率 27.46%。

（陈进生）

【完成上半年成人本科学士学位英语考试】 5 月 7 日，上半年北京地区成人本科学士学位英语考试举行。共有 82775 人报考，其中，北京考生 54368 人，外地考生 28407 人。京内外共设考点 164 个，考场 2840 个，其中，外埠考点 105 个，考场 998 个；本市考点 59 个，考场 1842 个。实考考生 60619 人，缺考考生 22156 人，缺考率 26.77%。

（陈进生）

【完成成人高校招生计划汇总工作】 8 月 4 日，北京市成人高校招生计划核对及汇总工作结束。本年共有 94 所高校在京招生，比上年减少 1 所。招生专业 1622 个，比上年增加 27 个。招生计划总数 89768 人，比上年增加 3733 人，增长 4.34%。其中，市属高校招生专业数 766 个，招生计划为 32960 人；部属高校招生专业数 856 个，在京招生计划为 56808 人；脱产计划 4330 人，业余计划 80507 人，函授计划 4931 人；高中起点专科计划 38002 人，高中起点本科计划 8121 人，专科起点本科计划 43645 人。本年招生计划的主要特点是：招生计划总数有所上升，增长 6.60%；专科起点本科层次计划上升幅度较大，增长 7.4%；函授计划继续减少，下降幅度较大，下降 16.2%；单考单招规模保持稳定。

（陈进生）

【举办成人高校招生网上咨询活动】

8 月 7 至 8 日，北京教育考试院举办成人高校招生网上咨询活动。82 所在京招生成人高校参加，考生共提出各类有关问题 10020 个，访问 11434 人次。咨询平台上各类页面浏览量超过 100 万次。考生关注的问题主要集中在：招生照顾政策、外地考生报考是否需要暂住证、具体报名办法、网上交费、各招生学校专业设置等。

（陈进生）

【完成成人高校招生考试报名工作】 8 月 15 至 28 日，北京市成人高校招生考试网上报名工作举行。参加网上报名 141876 人次，其中，网上报名交费考生人数为 109431 人，比上年减少 9158 人，下降 7.72%。9 月 2 至 6 日，组织考生进行现场确认。确认考生

102785人，占整个网上缴费人数的93.93%。其中，报考高中起点本科11099人，比上年减少2868人，下降20.53%；报考高中起点专科42718人，比上年减少4018人，下降8.60%；报考专科起点升本科48968人，比上年减少2171人，下降4.25%。

（陈进生）

【完成成人高校招生统考及阅卷工作】

10月15至16日，北京市成人高校招生全国统一考试举行。共设19个考区，149个考点，3547个考场，102785人参加考试。共发现违规考生191人，违纪率0.19%。依照教育部《国家教育考试违规处理办法》对违规考生分别给予取消当科考试成绩和取消全部考试成绩的处理。10月17至28日，该项考试阅卷工作完成。北京师范大学、首都师范大学、北京教育学院和北京广播电视大学4所高校共评阅20科共计35.6万余份试卷。11月4日，考试成绩通过北京教育考试院网站发布。

（陈进生）

【完成下半年成人本科学士学位英语考试】　11月5日，下半年北京地区成人本科学士学位英语考试完成。共有97290人报考，实考考生70574人，缺考考生26716人，缺考率27.46%。其中，北京考生68960人，占全部考生的70.88%；外地考生28330人，占全部考生的29.12%。京内外共设考点103个，考场3287个，其中，北京市考点54个，考场2320个。外地考点49个，考场967个。

（陈进生）

【划定成人高校招生录取最低控制分数线】　11月8日，经北京市招生考试委员会批准，北京市成人高校招生录取的最低控制分数线划定。高中起点专科，文史外语类125分、艺术类72分、理工类125分、体育类80分；高中起点本科，文史外语类210分、艺术类165分、理工类138分、体育类106分；专科起点升本科，文史中医类110分、艺术类92分、理工类107分、经济管理类110分、法学类125分、教育学类110分、农学类110分、医学类206分。

（陈进生）

【完成成人高校招生考试录取工作】　11月23日至12月12日，北京市成人高等学校招生考试录取工作完成。全市录取新生共计83246人（不包括单考单招计划和录取人数），完成计划的94.50%。其中，录取高中起点艺术、体育类专业考生6954人，完成年初计划的83.80%。录取高中起点本科非艺术、体育类专业和专升本考生45396人，完成年初计划的91.70%。录取高中起点专科非艺术、体育类考生30896人，超额完成年初计划的2.10%。

（陈进生）

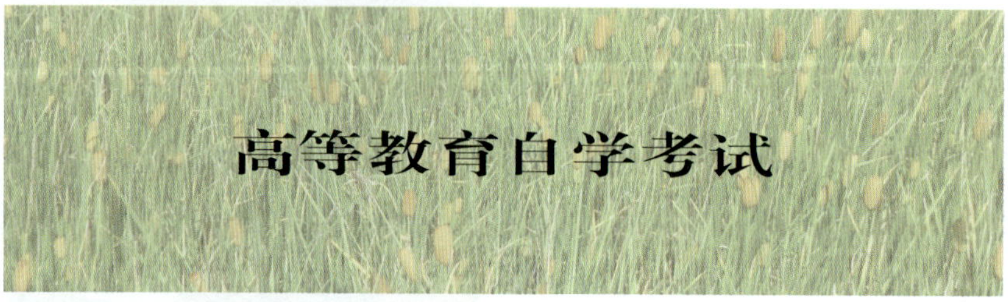

高等教育自学考试

【概　况】　2011年，北京市共完成高等教育自学考试28次。共有26.6万人次报考73.8万科次，注册新生3.3万人。本年开设专业总计111个，其中，专科专业61个、本科专业50个；学历非学历相结合的含“双证书”专业20个；行业或部门委托开考专业32个。全年共评阅试卷42.5万份。毕业生10864人，其中，本科毕业生4580人、专科毕业生6284人，共有3667人获取学士学位。

（段绍晖）

【1月自学考试结束】　1月7至9日，北京市组织完成1月高等教育自学考试。考试在全市13个考区进行，共开考专业107个42门课程，设立考点59个，考场1158个。本次考试共有70776名考生报考143668科次。注册新生14762人。

（段绍晖）

【4月自学考试结束】　4月9至10日、16至17日，北京市组织完成4月高等教育自学考试。共有87699名考生报考256528科次。注册新生6057人。共开考111个专业、380门课程。考试工作在19个考区同时进行，设立考点103个，考场1593个。发现并处理违规考生292人。

（段绍晖）

【举行两次计算机应用基础考试】　5月8至9日和11月13至14日，北京教育考试院举行两次北京市自学考试计算机应用基础考试。上半年考试在16个考区进行，共有5515人报名参加考试；下半年在15个考区进行，共有5153人报名参加考试。

（段绍晖）

【举行两次自学考试非学历证书考试】　5月21至22日和11月19至20日，北京教育考试院举行两次北京市高等教育自学考试非学历证书考试。上半年开考32门课程，涉及6个证书，6941名考生报考16264科次；下半年开考34门课程，涉及5个证书，4712名考生报考10958科次。

（段绍晖）

【7月自学考试结束】　7月8至10日，北京市组织完成7月高等教育自学考试。全市共有16652名考生报考笔试课程43832科次。考试采用笔试的方式进行，共开考6个专业、21门课程。考试工作在朝阳区、延庆县两个考区进行，设立考点18个，考场301个。

（段绍晖）

【10月自学考试结束】　10月22至23日、29至30日，北京市组织完成10月高等教育自学考试。共有80421名考生报考笔试课程246984科次。

注册新生10462人。考试采用笔试方式进行，共开考109个专业、399门课程。考试工作在19个考区同时进行，设立考点111个、考场1594个。发现并处理违规考生174人。

（段绍晖）

【自学考试10864人毕业】　至年底，北京市高等教育自学考试共有毕业生10864人。其中，本科4580人、专科6193人、应用技术考试毕业生91人。3667人获得学士学位。

（段绍晖）

社　会　考　试

【概　况】　2011年，北京教育考试院举办7个考试项目，共组织考试18次，报考总人数188325人次，阅卷88554份，并颁发相应证书。中国书画等级考试报考人数1518人，比上年1331人增长14.05%。北京英语水平考试报考人数8754人，比上年9081人减少3.60%。全国计算机等级考试报考人数119207人，比上年123918人减少3.80%。北京英语口语证书考试报考人数21342人，比上年22840人减少6.56%。剑桥少儿英语报考人数31354人，比上年37869人减少17.20%。全国计算机应用技术证书考试报考人数4504人，比上年6326人减少28.80%。全国青少年计算机考试报考人数1646人，比上年3278人减少49.79%。

（徐卫红）

【举办两次全国计算机等级考试】　3月和9月，北京教育考试院举办两次全国计算机等级考试（NCRE）。两次考试均采用笔试和上机考试的方式，分为一级（含一级B）、二级、三级和四级4个等级，共设立92个考点。来自全市119207人参加考试，比上年减少4711人，下降3.80%。有49738人获得全国计算机等级考试合格证书。

（姜树森）

【举行剑桥少儿英语考试】　3月、9月和12月，北京教育考试院举办3次剑桥少儿英语全国统一考试。该考试采用笔试和口试方式，全市共有31354人次报名参加考试，比上年37869人减少17.20%。其中，一级11027人、二级10433人、三级7954人，预备级1940人。

（金辉）

【举行北京英语口语证书考试】　4月、5月和11月，北京教育考试院举办3次北京英语口语证书考试（BOEC）。该考试采用考官对考生一对一口试形式，分为初、中、高3个等级，考试时间分别为初级5至7分钟/人，中级8至10分钟/人，高级12至15分钟/人。3次考试全市共有21342人次报名，比上年22840人减少6.56%。其中，初级12706人、中级6672人、高级1890人、未成年犯管教所初级考试人数74人。

（伍亚娜）

【举行北京英语水平考试】　5月、10月，北京教育考试院举办两次北京英语水平考试。考试采用笔试和口试方式，共有8754人次报名参加考试，比上年9081人减少3.60%。其中，一级4000人、二级4285人、三级469人。

（姜树森）

【举行中国书画等级考试】　5月、11月，北京教育考试院举办两次中国书画等级考试。该考试设书法、硬笔书法、素描、动漫画、色彩5个科目，其中书法、硬笔书法分9个级别，素描、动漫画、色彩分6个级别，北京市共有1518人报名参加考试，比上年1331人，增长14.05%。

（金辉）

【举行全国计算机应用技术证书考试】　6月、12月，北京教育考试院举办两次全国计算机应用技术证书考试。该考试采用系统及题签考试方式，设立14个考点，累计开考文字处理、电子表格和演示文稿制作等共计12个模块，全市全年报考总人数4504人，比上年6326人减少28.80%。

（姜树森）

【举行全国青少年计算机考试】　6月、12月，北京教育考试院举办两次全国青少年计算机考试（YNIT）。考试分别采用题签考试方式，开考操作基础、文字处理和多媒体制作等11个模块。北京市全年共有1646人报名参加考试，比上年3278人减少49.79%。

（姜树森）

中外合作考试

【概　况】　2011年，北京教育考试院举办中英合作英语口语等级考试（GESE）324场，英国剑桥通用英语证书考试（MSE）6场，英国剑桥英语教学能力证书考试（TKT）6场，共有45907名考生参加考试。全年举办中英合作英语口语等级考试（GESE）考前培训、英国剑桥少儿英语教师培训、英国剑桥英语教学能力（TKT）考前培训、北京地区成人学士学位英语考试考前培训共12期，886人参加培训。

（庞博）

【举办英国剑桥通用英语证书考试】　至12月，北京教育考试院举办英国剑桥通用英语证书考试（MSE）6场。有10256名考生参加三个级别的考试。

其中，一级（KET）3843人、二级（PET）5790人、三级（FCE）623人。

（庞博）

【举办中英合作英语口语等级考试】　至12月，北京教育考试院举办英语口语等级考试（GESE）324场。全市共有35167名考生参加12个级别的考试，总体通过率72%。

（庞博）

【举办英国剑桥英语教学能力证书考试】　至12月，北京教育考试院举办英国剑桥英语教学能力证书考试（TKT）6场。共有484名考生参加4个证书的考试。其中，证书一163人、证书二112人、证书三138人、证书五71人。通过考试的考生均获得成绩证书。

（庞博）

【举办各种英语培训班】　至12月，北京教育考试院举办各种英语培训班。包括中英合作英语口语等级考试（GESE）考前培训、英国剑桥少儿英语教师培训、英国剑桥英语教学能力（TKT）考前培训、北京地区成人学士学位英语考试考前培训共12期，886人参加培训。

（庞博）

社会委托考试

【概　况】　2011年，北京教育考试院共完成19个考试项目、53个科目、111考次，总计790026人/科次的考务组织工作；组织发放各类考试合格证书及成绩单共349608份。全年完成5个科目10套试卷的命题工作；完成试卷答题卡数据扫描178529305张；组织评阅试卷（含网上评卷）1517290份；打印条形码982865枚。社会委托考试由北京考试院直属单位北京市教育考试指导中心完成。

（胡海）

【举行北京地区全国计算机等级考试】　3月、9月，北京教育考试院负责北京地区全国计算机等级考试（NCRE）考务组织工作。该考试采用笔试和上机考试的形式，共计119207人次报名参加考试。

（胡海）

【举行北京地区全国英语等级考试】　3月、9月、12月，北京教育考试院主办北京地区全国英语等级考试（PETS）考务组织工作。该考试采用笔试和口试的形式，共计12668人次报名参加考试，其中，笔试12163人次、口试7937人次。完成答题卡数据扫描18773张，评阅试卷8550份，发放成绩（证书）4865份。

（胡海）

【主办大学英语四、六级考试】　6月、12月，北京教育考试院负责北京地区大学英语四、六级考试考务组织工作。6月，共设73个考点和18个分考点、考场9333个，考生共计274618人，评阅六级试卷581232份；12月，共设70个考点和15个分考点、考场7856个、考生共计233510人，评阅六级试卷583805份。

（胡海）

【举行执业兽医资格考试】　10月，北京教育考试院承担2011年北京地区全国执业兽医资格考试考务组织工作。该项工作受北京市畜牧兽医总站委托，共计2449人次参加考试。

（胡海）

【举行全国报检员资格考试】　11月，北京教育考试院承办全国报检员资格统一考试北京考区考务工作。该项工作受北京市进出口商品检验检疫局委托，全市共有1646人报名参加考试。

（胡海）

【主办会计类专业应届毕业生会计从业资格考试】　12月，北京教育考试院主办北京地区大、中专院校会计类专业应届毕业生会计从业资格考试。共设52个考点、30个分考点、考场1522个、共计44103人次参加考试，发放证书17515份。

（胡海）

【承办英国使馆委托的多项考试】　至年底，北京教育考试院承办英国使馆委托的多项考试。该中心受英国使馆文化教育处委托，承办雅思口语考试（IELTS）、英国特许公认会计师考试（ACCA）、英国特许管理会计师公会考试（CIMA）、跟单信用证专家资格考试（CDCS）和国际贸易金融师资格认证考试（CITY）考务组织工作，全年共为7357名考生提供考试服务。

（胡海）

（本栏责任编校　张晓白）

交流与合作

综　　述

2011年，北京教育交流与合作工作大力推进教育对外开放，促进教育现代化和国际化发展。

国际交流与合作工作

推进教育外事工作创新和发展。创新中外合作办学机制，采取政府主导、高校实施、政校合力方式，支持北京学校与国外名校通过多种方式合作办学。新批准4个项目的合作办学以及11个职业教育领域和高中阶段合作办学项目。在全国率先设立高校学生境外学习奖学金项目；创设北京高校外国留学生中华文化大课堂活动；创办国际学生北京夏令营。举办北京市中小学干部和教师“国内访学”计划，组织17名中小学教师到4所国际学校交流学习，促进公办学校与外籍人员子女学校的交流、整合、共享优质教育资源。开展国际课程比较研究。

提升北京教育国际合作与交流层次和影响。举办第八届北京国际教育博览会，来自32个国家和地区182家境外机构、302家国内机构参展，200余名境外来宾参会，累计观众总数超过7.50万人次。期间，11个中外合作项目签约，82个国内外教育机构代表参加“一对一”项目洽谈会，近百对学校开展合作洽谈，达成一批合作约定和意向。组织北京教育代表团赴越南河内市和胡志明市举办北京教育说明会，推介宣传北京教育。组织北京院校参加韩国教育联展以及马来西亚教育展。协助有关部门组织北京市院校参加俄罗斯学生北京夏令营、中日青年友好交流、中韩友好城市职业教育交流、诺贝尔奖获得者北京论坛、北京友好城市交流等活动。与巴黎、都柏林等友好城市教育部门建立联系，取得突破性成效。与5家外国政府教育部门就加强双边合作签署协议，完善教育对外交往格局。新增11个孔子学院和66个孔子课堂。全年共接待来自26个国家和地区32个代表团约1500人次。全年派出出访任务68个共822人次，涉及36个国家及地区。全年来华留学生规模达10万人次，比上年增长8%。

增强统筹兼顾北京教育开放合作和安全稳定的能力。编制《因公出访手册》，起草《关于加强外籍教师管理工作的意见》、《关于加强北京地区教育系统非政府组织管理工作的意见》等文件，完善对中外合作办学、因私出国留学中介机构、外教、外籍人员子女学校和非政府组织的管理。配合有关部门完成高校敏感时期维稳工作。协助完成西亚、北非22个国家留学生的境外领事保护工作。开展教育外事系统培训和业务交流，组织北京高校和区县中小学外事工作负责人赴英国和美国开展专题培训，建立“市、区、校”三级立体培训机制。

港澳台侨交流与合作工作

以学生交流为核心，以活动为载体，组织青春祖国行——2011京港澳学生交流夏令营、海峡两岸优质高中生台湾阿里山夏令营、京台学生科技夏令营、京澳中学生互联网交流活动、港澳台侨学生迎新联欢晚会等系列交流活动。来自京港澳台四地58所学校1600余名学生参加活动。新增中国农业科学院研究生院接受港澳台侨学生资质。至此，北京市共53所高校具有接受港澳台侨学生资质。8所市属高校82名港澳台侨学生获得教育部奖学金，其中，博士生3人、硕士生12人、本科生67人。

区域交流与合作工作

加强华北五省区市区域教育交流与合作。举办华北五省区市区域教育合作研讨会，探讨职业教育改革创新、基础教育均衡发展成果和经验、区域教育资源共享和协作以及五省区市教育合作交流工作。举办五省区市高等教育合作发展论坛、高等教育教学合作发展工作总结交流会暨交换生座谈会，研讨推动区域内高等教育教学合作发展、加快高等教育现代化建设进程、资源共享等问题，共同努力形成华北地区高等教育优势品牌。

加强京津沪地区教育交流与合作。举办首届京津沪全国交通职业教育集团化办学联席会议，北京交通职业教育集团、北京交通运输职业学院与天津交通职业教育集团、上海交通物流职业教育集团共同签署会议章程，共同探索职业教育集团化办学发展道路，促进京津沪交通职业教育工作协调推进与共荣共赢。召开京津沪地区独立设置成人高等学校协作会第17届大会，探讨成人高等教育发展情况与未来前景。

对口支援工作

教育援疆，以“双语”教育为重点，全方位多形式培训新疆少数民族“双语”骨干教师。举办2个新疆和田内地高中班，完成86名内地新疆高中班学生扩招任务。实施和田地区少数民族普通高校未就业毕业生来京培养计划，两批共673名和田地区高校未就业毕业生到北京9所高校接受培养。实施“双语”示范校建设和现代教学设备配备工程项目，13所示范校建设工程全部启动。启动“北京援助和田幼儿教师专业学习资源平台”建设，对有条件的幼儿园开展远程在线培训。选派第七批共51名教育管理干部和教师赴和田地区挂职支教。组织开展“热爱祖国，感受北京”新疆和田地区少数民族中小学生“民族团结夏令营”活动。

教育援藏，组织开展“热爱祖国，感受北京”西藏拉萨少数民族中小学生“民族团结夏令营”，拉萨40名中小学师生参加活动，郭金龙接见夏令营师生代表。组织拉萨教育（体育）系统25名干部到北京挂职培训。教育对口支援青海，继续在京举办内地青海高中班，招收80名青海少数民族高中生来京学习。做好青海玉树灾区师生从青海到辽宁转移就学在北京的中转工作，共周转玉树灾区师生7批3066人次。对口支援湖北巴东，组织巴东教育系统10名干部到北京培训，学习北京学校先进办学和管理经验。

（邱晓平　张永凯）

总　　类

【参加韩国教育联展】 3月24日、26至

27日，北京市国际教育交流中心组织北京市部分学校分别参加在釜山国际会展中心、首尔国际会展中心举办的第32届韩国教育联展。此次教育联展共有来自中国、美国和新西兰等25个国家和地区500余家教育机构参展，参观人数超过4万人次。中国·北京展区受到韩国学生和家长极大关注，展示北京教育良好风貌。

（邱瑀璐）

【4人获长城友谊奖】 3月30日，市政府举行2010年度“长城友谊奖”颁奖仪式，教育系统4人获奖。4人分别为北京顺义国际学校政府事务部总监池铮铮（Jen. Ada Jeng Jeng Chih），美国籍；中国矿业大学（北京）煤炭资源与安全开采国家重点实验室访问学者巴图金娜·伊达·米哈依拉夫娜（Batugina Ida），俄罗斯籍；北京电影学院客座教授凯文·盖格（Kevin Geiger），美国籍；首都医科大学宣武医院客座教授马克·哈拉特（Mark Hallett），美国籍。该奖项是市政府授予在京外国专家最高奖项。

（胡雨　朱彤）

【利比里亚外长访问外交学院】 3月31日，利比里亚外交部长托加·盖伊维亚·麦金托什访问外交学院。麦金托什参观校园，听取学校情况介绍，感谢该校接收利比里亚外交官和学生培训、学习。他还介绍利比里亚外交学院发展情况，表示希望加强两院合作。10月18日，外交学院接待利比里亚外交学院院长来访，双方正式签署合作谅解备忘录。

（阚四进）

【法国国民议会议长访问外交学院】 4月28日，法国国民议会议长贝尔纳·阿夸耶夫妇访问外交学院。阿夸耶发表“法国将如何担任二十国集团轮值主席国”主题演讲，全面回顾二十国集团峰会制度成立背景和发展历程，描绘二十国集团未来五大发展目标，并回答学生关于国际能源合作、国际货币体系改革等方面提问。

（阚四进）

【巴基斯坦总理访问北大】 5月19日，

巴基斯坦伊斯兰共和国总理赛义德·优素福·拉扎·吉拉尼一行访问北京大学并发表演讲。吉拉尼围绕巴中两国历史、教育领域合作交流、国际恐怖主义挑战等话题发表演讲，并回答现场观众提问。他希望积极推动两国青年学生交流，并表示，两国在未来3年内将推动500名学者间交流，同时将有6000名巴基斯坦学生应邀来华学习。吉拉尼生于1952年，2008年当选巴基斯坦总理。

（鞠晓）

【举办北京国际教育博览会】 6月17至19日，市教委在中国国际展览中心举办第八届北京国际教育博览会。博览会年度主题为“创新优质教育资源，服务建设世界城市”，共设展览展示、国际会议和交流活动三个板块。展览展示部分包含国际教育展、国内教育展和市教委专区，展览

面积13580平方米，展位555个，参展机构484家，包括来自32个国家和地区境外参展机构182家。博览会首次推出京城名师讲堂，利用网络和现场讲堂等形式为市民提供教育信息咨询服务，8名知名教师围绕学生和家长关心的热点问题现场讲座，组委会与搜狐教育频道联合推出在线名师讲堂。博览会同期举行高等教育国际研讨会、教育督导与评价国际研讨会、基础教育国际研讨会和职业教育国际合作研讨会4场高端国际研讨会；举行6场驻华使馆签证官讲座、31场国际教育项目说明会、7场京城名师讲堂和80余场中外学生风采现场展示活动。博览会期间累计观众总数7.50万人次，82家中外教育机构代表参加“一对一”项目洽谈会，近千名中小学生参加中外学生风采展示。博览会由北京市国际教育交流中心承办。

（任军）

【举办首届国际学生北京夏令营】 7

月18至26日，市教委举办首届国际学生北京夏令营。赵凤桐、洪峰和姜沛民参加开营仪式。夏令营组织学生学习汉语及中国文化历史，参观故宫、长城等历史文化古迹；部分学生前往北京学生家庭寄宿，感受普通市民家庭生活。来自俄罗斯、英国和加拿大等25个国家及港澳地区共1200名师生参加夏令营。中央电视台新闻联播和晚间新闻及有关媒体对活动进

行报道。活动由北京市国际教育交流中心承办。

（刘斯　邱瑀璐）

【授予玻利维亚总统名誉博士学位】
8月11日，中国人民大学授予玻利维亚总统莫拉莱斯名誉博士学位。授予仪式上，莫拉莱斯发表演讲，他指出，此次授予学位不仅是个人荣誉，更是对美洲土著人民事业的赞扬，玻利维亚政府十分重视与中国的经贸合作和投资关系。莫拉莱斯总统是该国历史上第一位印第安土著人总统，也是该校历史上第11位名誉博士学位获得者。

（段蕾）

【授予斯里兰卡总统名誉博士学位】
8月11日，北京外国语大学授予斯里兰卡民主社会主义共和国总统马欣达·拉贾帕克萨名誉博士学位，并聘任其为斯里兰卡研究中心名誉主任。学位授予仪式上，总统发表演讲，回顾两国几千年来友好交往历史，介绍僧伽罗语由来与发展，并对在场僧伽罗语专业学生提出希望。之后，总统与该校校长共同为斯里兰卡研究中心揭牌，标志中国第一个斯里兰卡研究中心正式成立。总统向中心赠送僧伽罗语书籍，并向中国第一位僧伽罗语学生、该校僧伽罗语专业郑于中教授赠送礼物。中央电视台、中国国际广播电台、中国教育电视台、中国网等多家媒体对此次活动进行报道。斯里兰卡外交部部长、高等教育部部长，中国外交部亚洲司相关领导及该校师生代表200余人参加活动。

（滕岑）

【召开北京教育外事工作会】 9月15

至16日，市教委召开北京教育系统新学年外事工作会议。会议通报北京教育外事系统新学期有关工作，开展教育外事政策和业务培训，介绍中外合作办学、来华留学、高层次人才引进、因公出访、非政府组织管理、对台工作等相关政策及工作要求。会议要求北京教育系统外事工作要牢固树立教育国际化意识，增强加快推进北京教育国际化的紧迫感；要全体参与，全面提高北京教育国际化程度；要做好教育国际化发展规划，加大投入力度，推进北京教育国际化科学发展；要开拓创新，抓紧推进北京教育国际化重点工作实施；要加强能力建设，全面提升北京教育国际化规范管理水平。来自教育部、国家外专局，市外办、市外专局、市公安局、市台办等相关单位领导，市教委和北京教育系统外事工作者500人参加会议。

（邱晓平）

【国际奥委会主席访问中央美院】 9月23日，国际奥林匹克委员会主席雅克·罗格夫妇访问中央美术学院。罗格夫妇参观该校美术馆泛主题展（CAFAM）及装置作品《何处惹尘埃?》，并对该校设计学科及奥运艺术研究中心为北京2008年奥运会及2014年南京青年奥运会设计“金镶玉”奖牌等项目给予高度评价。来自德国、希腊和阿联酋等16个欧盟国家大使及参赞陪同访问。

（陆英明）

【举办诺贝尔奖获得者北京论坛】 9月28至30日，北京市举办“2011诺贝尔奖获得者北京论坛”。论坛年度主题为“创新与发展”，邀请以诺贝尔获奖者为主体的世界顶级学者开展学术、社会和产业等多层次研讨和交流。来自美国、英国和加拿大等国家11名诺贝尔奖获得者和经济界人士参加论坛。论坛由中国科学院、国务院发展研究中心及市政府主办，市教委作为论坛发起单位和成员单位协助完成各项工作，包括完成论坛开幕式、组织学生志愿者、组织“诺奖大师面对面”活动。“诺奖大师面对面”活动邀请4名诺贝尔获奖者分别到首都师范大学、北京信息科技大学、北京市十一学校和北京市第五中学与学生面对面交流，1200名师生参加活动。

（任军）

【比利时王储访问中央美院】 10月23日，比利时王储菲利普王子、玛蒂尔德王妃访问中央美术学院。来访者观看比利时现代舞《罗莎舞罗莎》，参观美术馆泛主题展（CAFAM）和“持守进取：中央美术学院版画系青年教师汇报展”。欧盟欧洲委员会文化总长华西里奥·瓦西利乌、比利时副首相兼外交部长史蒂夫·范纳克尔等一行20余人陪同访问。

（陆英明）

【赴越南举办北京教育说明会】 11月

11日和14日，市教委分别在越南河内市和胡志明市举办北京教育说明会。北京16所高校和7所中学共41人组成北京教育代表团，推介宣传北京教育，吸引更多越南学生到北京高校就读，并推进两地学校深入交流合作。代表团成员与来自越南大中学校近200名代表进行交流洽谈。越南2000名学生及家长到说明会现场进行留学咨询。说明会由北京市国际教育交流中心承办。

（潘芳芳　邱瑀璐）

【授予土库曼斯坦总统名誉教授称号】
11月23日，北京大学授予土库曼斯坦总统库尔班古力·别尔德穆哈梅多夫名誉教授称号。在授予仪式上，别尔德穆哈梅多夫对其被北大授予名誉教授称号深感荣幸，他表示，将永远珍视这项荣誉，为推动土中友好合作关系深入发展不懈努力，并希望中国高等学府与土方同行加强交流与合作，为两国友好事业发展做贡献。别尔德穆哈梅多夫，1957年出生，2007年当选土库曼斯坦总统。

（胡少诚）

【参加马来西亚教育联展】 12月10至18日，北京市国际教育交流中心组织北京教育代表团赴马来西亚参加第31届FACON教育联展。北京5所高校和3所中学共18人组成北京教育代表团，分别参加吉隆坡站、槟城站和新山站展览，接受马来西亚学生和家长关于入学资格、专业设置、留学生奖学金申请、学校设施及环境、学费等方面咨询。代表团共计发出材料2700余份，前来咨询人数800余人。该教育联展是马来西亚最大型及为期最久的教育展览，此次联展分别在马来西亚12个城市举行，来自中国、美国、新西兰、泰国等国家和地区350余家教育机构参展，参观人数8万余人。

（胡雨　邱瑀璐）

【波兰总统访问北外】　12月20日，波兰总统布罗尼斯瓦夫·科莫罗夫斯基率领波兰政府代表团访问北京外国语大学。总统参加在学校举行的“中波大学校长论坛”开幕式，并为北外波兰研究中心揭牌。总统指出，波中两国在加强经济合作同时，要不断加强文化教育领域合作，促进两国关系全面提升。波兰科学与高等教育部部长，中国教育部、外交部相关领导以及来自波兰20余所高校和中国近30所大学校长近200人参加开幕式。

（滕岑）

【开展前瞻性引导和研究工作】　至年底，市教委开展前瞻性引导和研究工作。市教委开展北京市外籍教师管理工作调研、非政府组织管理工作调研、高中中外合作办学调研，并在北京教育外事工作重点领域开展“北京市留学归国人员子女就学需求调研课题”、“首都高校国际化评价指标体系的建构研究”、“北京市高校境外办学情况调研”和“‘留学中国计划’英语授课品牌课程评定标准研究”共4项专题调研，全部结题，并形成调研结题报告。

（潘芳芳）

国际交流与合作

中外合作办学

【1个境外办学项目获教育部批准】

2月，北京师范大学继续与新加坡新跃大学合作举办汉语言文学硕士学位境外办学项目获教育部批准。北师大获准在新跃大学继续开展硕士研究生教育。两校于1999年开始合作，联合举办汉语言文学学士学位课程；2005年开始举办硕士学位课程。至此，北京市共8所学校与11个国家和地区24所学校合作开展26个境外办学项目，其中，非学历项目6个、学历项目20个，学历项目包括硕博项目2个、硕士项目5个、本硕项目2个、本科项目8个、专科项目2个、中专项目1个，涉及中文、中医和法律等15个专业。

（许株桦）

【新批准11个中外合作办学项目】

至年底，市教委新批准11个中外合作办学项目。11个项目包括8个高中中外合作办学项目，分别为北京市第四中学与美国布利斯中学、北京市第二中学与美国索斯兰高中、北京师范大学附属中学与美国堪萨德学校、北京市第八十中学与美国辅园中学、北京市第十二中学与美国哈佛西湖中学分别合作举办美国大学预修课程（AP）项目，中国人民大学附属中学与英国惠灵顿中学合作举办中英课程高中项目（续办）、北京市第八十中学与英国埃克塞特公学合作举办英国威尔士国家高等教育委员会（WIC）课程高中项目（续办）、北京市第二十五中学与加拿大查尔斯贝斯特高中合作举办中加课程高中项目（续办）；2个高职教育中外合作办学项目，分别为北京信息职业技术学院与英国威根雷学院合作举办电子信息工程技术专业高职教育项目、北京信息职业技术学院与英国威根雷学院合作举办计算机网络技术专业高职教育项目；1个中职教育中外合作办学项目，为北京市商业学校与奥地利维也纳商业学校合作举办国际商务助理中等职业学历教育项目。

（许株桦）

【5个中外合作办学事项获教育部批准】　至年底，北京5个中外合作办学事项获教育部批准。5个事项分别是首都医科大学与澳大利亚迪肯大学合作举办护理学本科教育项目、北京邮电大学与英国伦敦大学玛丽女王西田学院合作举办物联网工程专业本科教育项目、长江商学院注册地址由广东省变更为北京市、首都师范大学与澳大利亚弗林德斯大学合作举办教育硕士项目（续办）、对外经济贸易大学与法国兰斯高等工商管理学院合作举办零售管理硕士学位项目（续办）。

（许株桦）

【加大高中中外合作办学研究力度】

至年底，市教委加大高中中外合作办学工作研究力度。进一步开展对普通高中中外合作办学调研，研究制订《关于普通高中中外合作办学工作的管理意见》，明确高中中外合作办学宗旨、审批标准、程序，并将进一步从学校招生录取、课程设置、师资配备、考核考试、颁发证书、项目收费等环节加强对办学活动日常监管，研究建立符合北京市的办学质量评估体系。同时，为适应高中课程改革和高中多样化发展需要，组织专门力量对美国大学预修课程（AP）、国际高中通用文凭课程（IB）、英国高中教育水平测试课程（A－level）进行比较研究，并组团赴瑞士国际文凭组织（IBO）总部考察，对公办学校引进IB课程进行初步调研。

（许株桦）

友好往来

【新签6项合作备忘录】　6至10月，

市教委新签6项教育合作备忘录。市教委与肯尼亚高等教育与科技部签署友好交流与合作备忘录，鼓励和支持双方学校加强教育方面交流与合作，加强青年学生交流，支持肯尼亚学生到北京高校学习；与意大利伦巴第大区教育管理局签署合作备忘录，双方互相支持教师、学生交换项目，建立姊妹学校项目，开发共同课程和联合学位，商讨两国毕业证书及学分认证方式；与英国驻华使馆文化教育处签署教育合作备忘录，在基础教育、职业教育与技能培训、高等教育等领域开展合作；与英国专长学校联合会签署教育合作备忘录，鼓励教师、学生及学校间交流，共同努力推动汉语及中华文化教学、文物和历史研究；与德国德累斯顿工业大学、纽伦堡德国工商业联合会签署合作备忘录，三方商定在职业教育领域开展合作；与德国巴登—符腾堡州教育、青年和体育部续签合作备忘录，开展职业教育研究与交流，共享先进经验和方法，共同促进两地职业学校合作，支持北京职业学校与德国在京企业建立联系。

（刘斯）

【举办首尔·北京青少年体育交流大会】　8月1至5日，市教委与韩国首

尔特别市教育厅在首尔联合举办第12届首尔·北京青少年体育交流大会。来自北京景山学校、北京市第五中学等学校32人组成北京代表团，与首尔代表队开展篮球和排球友好竞赛，双方各有胜负。北京代表团还参观首尔历史文化名胜。该活动始于1996年，北京、首尔两市每年互派学生共同开展不同体育项目竞技交流，是两市合作与交流传统项目和品牌活动。

（刘斯）

【组织赴英美夏令营】　8月2至30日，北京中学生国际理解教育系列项目赴英国、美国夏令营举办。赴英夏令营为期21天，北京24名中学生进行英语强化培训，参观剑桥、牛津等名校，游览莎士比亚故居、丘吉尔庄园等历史古迹。赴美夏令营为期18天，北京30名中学生到美国学校学习，了解美国文化，并自己制作英文演示文稿（PPT）为美国学生讲解中国历史、美食以及书法、围棋等中国传统文化知识。夏令营由北京市国际教育交流中心承办。

（邱瑀璐）

【举办首届中日韩首都红十字大学生交流活动】　8月22至26日，北京市红十字会承办首届中日韩三国首都红十字大学生交流活动。活动包括交流工作、体验志愿服务和了解中国文化等内容。来自三国首都20名大学生参观市红十字会紧急救援中心（999），了解应急餐车特点和作用以及应急救援流程；参观市红十字血液中心血源管理科、成分科、检验科、献血服务远程视频指挥中心和献血服务大厅，听取血液中心工作人员介绍无偿献血志愿服务工作经验和特色；体验北京无偿献血志愿服务工作；慰问市红十字会颐年护老院；开展预防艾滋病主题宣传活动。

（李胜华　解莉丽）

【举办国际少年宫发展交流活动】　10

月21至23日，北京市少年宫举办“2011北京·国际少年宫发展交流活动”。活动举办座谈会、校外教育主论坛和分论坛等。市少年宫还与俄罗斯、朝鲜、越南校外教育机构分别签署校外教育交流意向书。根据意向书，市少年宫与三国校外教育机构在2012至2013年开展“三个一”互访交流活动，即一场夏令营、一场文化艺术交流演出、一场两地青少年教育工作者座谈交流。来自俄罗斯莫斯科市儿童创造力活动中心、朝鲜万景台少年宫、朝鲜平壤市少年宫、越南河内儿童宫及国内20余个省市和北京市区两级少年宫、青少年宫、青少年活动中心、少年之家代表100人参加活动。该活动是国内首次举办国际校外教育工作交流。

（杨建龙）

【举办“梦想与团队”项目】　12月，市教委与英国大使馆文化教育处共同举办“梦想与团队”（Dreams＋Teams）项目。该项目是全球性学生领袖培养项目，通过组织和参与体育、文艺交流活动等方式，培养青年人组织能力、社交能力、领导能力和跨文化交际能力，提升未来一代社会责任感和实践能力。项目由海淀区教委承办，北京市育英学校等10所学校参与项目。

（刘斯）

【接待32个外国代表团】　至年底，市

教委共接待26个国家和地区32个代表团约1500人次。其中，协助教育部、国家汉语国际推广领导小组办公室、市外办等单位接待比利时弗拉芒大区教育部部长一行、博茨瓦纳教育与技能发展部部长一行以及荷兰国家教育督导局、美国教育厅长访华团、美国优秀高中毕业生访华团、以色列特拉维夫·雅法市议长团等高层代表团；协助安排美国国防部长、马来西亚副首相和教育部长等代表团到有关学校访问；接待巴黎学区主任、英国专长学校联合会首席执行官、卢旺达驻华大使和日本长野县知事等外国官员来访。

（刘斯　邱瑀璐）

【推动中外师生交流】　至年底，市教委推动中外师生交流合作。全年共选派6所中小学67名师生参加中国优秀高中生代表团短期赴日访问活动、第12届中国少年友好交流访日活动等国家级和市级重点交流项目；选派8所学校4名教师和4名学生参加友好城市交流项目，赴韩国京畿道

开展为期 10 个月研修学习；选派北京市广渠门中学等 3 所学校初三毕业生赴新加坡学习。

（刘斯）

外国学生教育与管理

【完成中国政府奖学金学生推荐工作】 4 月 30 日，市教委完成 2011～2012 学年度“中国政府奖学金——支持地方奖学金项目”学生推荐工作。根据高校申请，经市教委推荐，国家留学基金委审核同意，共有来自 34 个国家 106 名外国留学生享受“中国政府奖学金——支持地方奖学金”，到北京 22 所高校学习。该批留学生在北京高校 69 个专业攻读硕士及以上学位，其中，硕士生 55 人、博士生 51 人。

（张明）

【举办中小学和高校外国学生陶艺体验赛】 5 月 11 日和 10 月 14 日，市教委在北京神笛陶艺村分别举办第五届北京市中小学外国学生汉语节陶艺比赛和北京高校外国留学生中国文化节陶艺创作体验赛。共有来自北京 15 所中小学、12 所高校的 30 余个国家 800 名外国学生参加比赛。

（张明　邱瑀璐）

【举办外国留学生汉语之星大赛】 5

月 29 日，市教委举办第三届北京外国留学生汉语之星大赛决赛。大赛采用高校“自办分赛场”组织形式，选手通过词句表达、才艺表演、视频展示、情境表演等方式展现汉语水平。来自 70 个国家 853 名留学生报名参赛，经过海选、初赛和复赛，20 名选手进入决赛。经过激烈角逐，10 名选手获得“汉语之星”称号。市教委为表彰大赛优秀留学生，于 6 月 30 日至 7 月 3 日组织北京 19 所高校、23 个国家 54 名留学生赴山东开展“中国文化之旅”活动，使外国学生感受中国不同地区文化氛围，进一步认识中国文化多样性。活动由北京市国际教育交流中心承办。

（张明　邱瑀璐）

【认定 1 所学校接受来华留学生】 9 月 19 日，市教委认定北京华文学院接受来华留学生。至此，北京市共有 81 所高校具有接受外国留学生资质（北京大学与北京大学医学部合计为 1 个单位）。

（张明）

【举办国际语言文化交流展示区活动】

10 月 15 至 16 日，市教委、市外办在市劳动人民文化宫举办年度北京外语游园会国际语言文化交流展示区活动。来自 22 个国家 250 余名外国学生表演 60 余个节目，包括歌曲、舞蹈、曲艺等艺术形式。中国政法大学、中国人民大学附属中学等 22 所大中小学校参加活动。活动由北京市国际教育交流中心和市民讲外语活动组委会办公室承办。

（张明　邱瑀璐）

【举办外国留学生中国菜烹饪比赛】

10 月 16 日，市教委举办北京外国留学生中国文化节第五届中国菜烹饪比赛。比赛分为包饺子和以“鱼香”为题炒菜两个赛场，来自北京 18 所高校 200 名留学生参赛，最终来自对外经济贸易大学、北京交通大学、北京国际青年研修学院的留学生获得冠军。活动由北京市国际教育交流中心、市高教学会和北京烹饪协会承办。

（张明　邱瑀璐）

【举办外国留学生中华文化大课堂活动】 10 月 18 日，市教委在中国戏曲学院举办北京高校外国留学生中华文化大课堂首场活动。该活动听取戏曲学院教授作《中国京剧艺术赏析》专题讲座，介绍中国戏曲剧种和京剧起源、京剧艺术特征、京剧表演基本功和主要流派，阐述京剧与中国文化关系等内容，并邀请留学生代表走上舞台参与现场互动。该校学生为留学生现场表演《拾玉镯》和《三岔口》两段折子戏。市教委相关领导，北京 25 所高校留学生工作负责人以及留学生代表共 600 人参加首场活动。至年底，该活动分别在中央民族大学、北京中医药大学、北京师范大学、北京体育大学和中国音乐学院举办，开设中国民族舞蹈、中医养生、书法、武术和中国传统乐器等课堂。来自 70 余所高校 70 余个国家 2500 名留学生参加学习。活动由北京市国际教育交流中心和有关高校承办。

（张明　邱瑀璐）

【举办外国留学生汉语辩论邀请赛】

10 至 12 月，市教委举办 2011 北京高校外国留学生汉语辩论邀请赛。比赛辩题围绕留学生在中国学习和生活相关问题展开，要求用汉语进行辩论。来自北京语言大学、中央民族大学、中国农业大学等 20 支辩论队 100 余人参加比赛，辩手来自加拿大、法国和越南等30余个国家。经过预赛、初赛、复赛、半决赛，北京语言大学和对外经济贸易大学辩论队进入决赛。经过角逐，北京语言大学辩论队获得冠军，其中，1名马来西亚留学生获得最佳辩手称号。活动由北京市汉语国际推广中心承办。该比赛自2009年开始举办，每年举办一次。

（张明　邱瑀璐）

【举办中小学外国学生汉语节】 11月

10至11日，市教委在北京市第十九中学举办2011北京市中小学外国学生汉语节。活动举办北京市中小学外国学生汉语演讲比赛和中华才艺大比拼等活动。来自北京市第四中学、北京市芳草地国际学校等25所中小学的30个国家321名外国学生参加比赛。外国学生用歌舞、相声、戏曲、朗诵和话剧等多种形式展示中国文化，互相交流学习，参演节目102个。活动由北京市国际教育交流中心承办。

（张明）

【推进来华留学课程体系建设】 至年底，市教委深入推进来华留学课程体系建设。市教委加强外国学生教育课程指导和调研，组织开展来华留学英语授课品牌课程评定办法研究。北京27所院校（部委院校21所、市属院校6所）共开设328个英文授课项目，其中，博士项目69个，硕士项目161个，本科项目19个，非学历项目79个；涉及159个专业。支持公办中小学为外国学生开设国际课程试点，增强北京教育对外国学生吸引力。通过举办外国留学生中华文化大课堂、来华留学生汉语之星大赛、外国留学生中国文化节陶艺创作体验赛等活动，建设外国学生第二课堂，丰富外国学生教育课程。

（张明）

【完成外籍人员子女学校年度审核】 至年底，市教委完成外籍人员子女学校年度审核工作。市教委对19所外籍人员子女学校开展年度审核，17所学校通过办学审核，北京协力国际学校、北京中关村国际学校因未有办学活动未通过审核。17所学校在校生共计12098人。

（任军）

汉语国际推广

【设立30所汉语国际推广中小学基地校】 1月19日，市教委确定30所中小学为北京市汉语国际推广中小学基地校。基地校负责承办国家和北京市汉语国际推广项目，与国外学校合作举办孔子课堂，参与向国外派出汉语教师和志愿者、对外汉语课程开发与建设、接受汉语国际教育专业学生实习、接受外国师生来校学习汉语、举办外国学生夏（冬）令营等活动。市教委予以一定经费支持。至年底，市教委组织基地校邀请16个国家649名境外师生来京学习汉语，体验中国文化，并邀请其中454人参加国际学生北京夏令营等活动；支持基地校选派12名对外汉语教师赴国外友好学校任教；组织88名高校对外汉语专业学生到基地校进行教学实习活动。

（张明　胡雨）

【开展公派出国留学人员汉语推广能力培训】 1至7月，市教委开展公派出国留学人员汉语及中国文化宣传推广传播能力培训。培训内容涉及汉语教学法和中国文化概论两方面，主要是使学员在公派出国留学期间运用所学知识向外国友人推广汉语和中国文化，成为传播中国文化新生力量。培训分三期进行，共6周50学时，845人参加培训。该项培训自2007年开始，累计培训2000人。培训由北京市国际教育交流中心承办。

（张明　张笑　邱瑀璐）

【举办驻华使馆官员汉语培训】 5至12月，市教委举办两期驻华使馆官员汉语及中国文化培训。培训内容为日常汉语、中国文化体验等，目的是加深外国驻华使馆官员对中国教育和文化了解，满足其日常工作和生活需要，推动官员所在国与中国在教育文化等

领域交流合作。来自21个国家71名驻华使馆官员参加培训。培训由北京市国际教育交流中心承办。

（张明　张笑　邱瑀璐）

【举办首届北京中小学国际汉语教材展】 6月17日，第八届北京国际教

育博览会同期举办第一届2011北京中小学国际汉语教材展。教材展秉承“聚焦国际汉语教材，促进一线教学创新”理念和口号，集中展示中小学国际汉语教材近年优秀创新和发展成果，包括来自美国、泰国和韩国等国家和地区本土中小学汉语教材约100册，来自北京市中小学原创汉语教材和教学资料约120种，以及来自北京语言大学出版社等8家出版社最新中小学对外汉语教材教辅上千册。教材展现场开展模拟课堂、成语互动等体验活动，使观众更深入了解最新教学软件。19日，2011北京中小学国际汉语教材创新研讨会在北京市第四中学召开。来自国内外优秀对外汉语教师、著名国际汉语专家、作者、出版社同仁等200余人就目前国际汉语教学领域存在的问题交换意见，并对未来该领域发展前景做出猜想。教材展及研讨会由北京市汉语国际推广中心承办。

（胡雨　张笑　邱瑀璐）

【组织专家赴国外培训汉语教师】 6至7月，市教委组织专家赴国外培训汉语教师。来自首都师范大学、北京第二外国语学院10名对外汉语教学专家分别赴印度尼西亚、马来西亚，对当地汉语教师开展短期集中培训，

培训内容为汉语教学法、中国文化传播、中小学课堂教学技能技巧等。共758人参加学习，其中，印尼431人、马来西亚327人。活动由北京市国际教育交流中心承办。

（张明　张笑　邱瑀璐）

【组织对外汉语专业学生赴新加坡开展教学实习】　7月10至23日，市教委组织北京市高校对外汉语专业学生赴新加坡开展教学实习。来自首都师范大学、北京第二外国语学院共46名对外汉语专业学生到新加坡进行对外汉语教学实习，新加坡安排莱佛士女子学校等9所当地最具代表性学校负责此次活动。

（张明）

【开展高校小语种专业学生培训】　7至12月，市教委开展高校小语种专业学生培训。培训为培养和储备小语种对外汉语教学师资，针对首都师范大学、北京第二外国语学院等高校法语、德育、西班牙语、俄语等语种专业学生，开展对外汉语专业基础理论、汉语教学法、中国文化传播等方面培训。共150名学生参加培训。培训由北京市国际教育交流中心承办。

（张明　张笑　邱瑀璐）

【开展境外汉语教师培训】　至12月，市教委开展境外汉语教师培训。市教委举办友好城市官员及汉语教师培训班、日韩汉语教师高级培训班、新加坡汉语教师培训班等，共邀请241名来自美国、越南、新加坡等国家汉语教师来北京参加学习。培训为期20天，内容涵盖汉语教学法、现代技术在教育中的应用、教学观摩等。培训由北京市国际教育交流中心承办。

（张明　张笑　邱瑀璐）

【开展境内中小学对外汉语教师培训】

至12月，市教委开展境内中小学对外汉语教师培训。市教委针对北京市中小学对外汉语教师特点，开展中华文化与跨文化交际专题、汉语知识与教学法专题、第二语言习得、教学经验交流活动等6个专题内容培训，并举办“中小学对外汉语教师汉语教育大讲堂”和教学观摩研讨活动。共240名中小学对外汉语教师参加培训。培训由北京市国际教育交流中心承办。

（张明　张笑　邱瑀璐）

【完成汉语教师和志愿者招募及派出任务】　至年底，市教委完成汉语教师和志愿者招募及派出任务。市教委协助国家汉办完成美国关键语言项目教师、赴德国助教、赴新加坡汉语教师志愿者、赴泰国和菲律宾汉语教师志愿者以及推荐2011年国家公派教师招募工作，共招募158人；选派7名小学和幼儿园教师赴阿布扎比中文学校任教，其中，带队教师1人、小学教师2人、幼儿园教师4人；选派2人赴赫尔辛基中芬双语学校任教。

（张明）

【招收孔子学院奖学金学生】　至年底，市教委通过孔子学院奖学金项目推动汉语国际推广。市教委指导北京工业大学等5所市属高校开展孔子学院奖学金宣传、招生和材料审核上报工作，共招收孔子学院奖学金学生103人，其中，汉语国际教育硕士10人、一学年研修生44人、四周研修生49人。

（张明）

【新增11个孔子学院66个孔子课堂】

至年底，北京市新增11个孔子学院和66个孔子课堂。新增11个孔子学院分别为中国人民大学承办的瑞士日内瓦大学孔子学院，北京师范大学承办的美国威廉玛丽大学孔子学院和意大利马切拉塔大学孔子学院，中国传媒大学承办的塞尔维亚贝尔格莱德孔子学院、荷兰格罗宁根孔子学院和巴西南大河州联邦大学孔子学院，北京邮电大学承办的斐济南太平洋大学孔子学院，华北电力大学承办的埃及苏伊士运河大学孔子学院和美国西肯塔基大学孔子学院，北京理工大学承办的加拿大萨斯喀切温大学孔子学院，北京舞蹈学院承办的英国伦敦大学金史密斯学院舞蹈孔子学院。新增66个孔子课堂为中国人民大学附属中学承办的美国昊济思学校孔子课堂、丹麦尼尔斯·斯丁森学校孔子课堂等。至此，北京共有24所高校和11所中小学在37个国家和地区举办177个孔子学院和孔子课堂，其中，孔子学院96个，孔子课堂81个。

（张明）

引智培训及因公派出

【加强因公出访引导和服务】　至年底，市教委加强因公出访引导和服务。考察访问紧密围绕高校质量工程和创新工程、职业教育分级制度、基础教育课程改革、学前教育小规模办园、中小学校安工程、大学生思想政治工作、来华留学、汉语国际推广等市委教育工委、市教委中心工作安排，重点加大对专业技术培训的支持力度，开展幼儿园园长培训、中小学校长和骨干教师培训、高校骨干教师和双语教师培训、高职院校骨干教师培训、北京教育系统外事干部培训等系列境外培训。全年实际派出68个出国任务团组822人次，其中，自行组团短期出访43个329人次，组团培训团组25个458人次，随团出访和培训28个35人次。市委教育工委、市教委、市教育督导室处室共70人次出访，约占两委机关总人数31%。教育管理干部及教师出访培训比例占89.50%，参加培训人员占总出访培训人数55.70%，出访涉及36个国家及地区。

（刘斯）

【推进制止公款出国（境）旅游专项工作】 至年底，市教委采取多项措施推进制止公款出国（境）旅游专项工作。加强因公出国（境）政策和纪律宣讲与培训，召开因公出访工作业务培训会，编制《因公出访手册》，设计并采用《公务团组出访信息表》，完善制度建设；多次召开因公出国（境）专题会议，加强工作研究；完善因公出国（境）管理制度，严格审批和计划管理，严格控制计划外出访，压缩一般性考察，严格把握出访活动量化指标，严格控制出访人选、团组规模、天数、日程安排和费用等；强化因公出国（境）经费管理；加强对因公和因私证照的收缴和保管。全年出访布局趋于合理，出访任务安排突出与协议伙伴合作、友好城市交往，杜绝一般性、待遇性和公款出国（境）旅游现象；完成中央和北京市关于2011年党政干部出访人数压缩的量化管理任务；实现护照100%按时回收上缴。

（刘斯）

【加强出国留学政策研究和指导服务】 至年底，市教委加强对公派和因私出国留学的政策研究和指导服务。全年在全国选拔各类出国留学人员12000人，其中，国家公派研究生项目计划选派6000人，包括国家建设高水平大学公派研究生项目5000人、国家公派专项研究生项目1000人；国家公派高级研究学者项目、访问学者（含博士后研究）项目、国家公派专项出国留学项目以及与有关国家互换奖学金项目计划选派6000人。北京地区教育系统614人提出申请，国家公派访问学者项目（含博士后）、专项研究生奖学金项目、与有关国家互换奖学金项目、公派专项留学项目共录取199人，包括市属院校19人。

（潘芳芳）

【聘请外国文教专家6400人次】 至年底，北京市院校聘请外国文教专家6400人次。市教委按照“请进来，走出去”工作要求，批准北京市院校聘请外国文教专家6400人次，派出出国（境）培训团组53个，涉及双语教学能力、中学教育管理以及各专业骨干教学培训等项目，共493人赴境外参加教育管理和教学专业培训。

（潘芳芳）

港澳台侨交流与合作

【举办两岸清华博士生学术论坛】 3月11至13日，清华大学举办两岸清华博士生学术论坛。论坛以“百年卓越·合作发展”为主题，设生命科学、新材料、新能源、电子信息、现代管理、青年责任与领导力6个分论坛。两岸清华大学共150余名师生参加论坛。

（许亮）

【举办海峡两岸教育论坛】 7月14日，市台办、海淀区人民政府和北京教育学院共同举办2011年海峡两岸教育论坛。论坛围绕“教育创新与内涵发展”主题，研讨交流教育教学创新、搭建京台教育合作平台等问题。来自中国教育学会、台湾首府大学、北京大学附属中学和北京教育学院的教授在主论坛上发言，就两岸共同关注的教育问题发表各自观点；32位京、台校长和教师在分论坛上发言，对学校文化建设、学校教学改革、学校管理创新、学生人格发展等问题进行沟通和交流。国台办、市台办、海淀区、教育学院等单位领导参加开幕活动，来自海峡两岸300余名教育专家参加论坛。论坛已于2007年和2010年举办两届。

（刘琳）

【举办京港澳学生交流夏令营】 7月

17至23日，2011年青春祖国行——京港澳学生交流夏令营活动在京举办。港、澳两地师生参观北京大学、首都师范大学附属中学、北京顺义三高科技农业试验示范区以及圆明园遗址公园、卢沟桥抗日战争纪念馆等历史文化古迹，并与北京中学师生交流。来自京、港、澳三地共281名师生（其中，香港153人、澳门64人、北京64人）参加活动。活动由市教委、香港特别行政区政府教育局和澳门特别行政区教育暨青年局共同主办，市港澳台教育交流中心承办。该活动是京港澳教育交流传统项目，自2005年开始举办，每年举办一次。活动由北京市国际教育交流中心承办。

（刘斯　张笑　邱瑀璐）

【举办京澳中学生科技合作交流活动】 7月25至29日，市教委与澳门教育暨青年局在北京举办第三届北京—澳门中学生科技合作交流活动。活动以互联网作为交流平台，京、澳两地学生在特定的自然或科学主题下，共同建立一个知识性、科普性主题网页，向公众传播环境保护及珍稀资源相关信息。活动期间，两地学生进行对口学校交流、现场科技成果展示及答辩，并参观颐和园、故宫等历史文化古迹。来自京、澳两地10所学校近80名师生参加交流。北京市第三十五中学及澳门菜农子弟学校联队获最佳探究过程奖、最佳知识演示奖；澳门劳工子弟学校及北京景山学校联队获最佳网页表达奖、团队合作精神奖；澳门同善堂中学及北京市海淀区教师进修学校附属实验学校联队获最佳科学表达力奖；北京理工大学附属中学及澳门东南学校联队获最具吸引力奖；北京市朝阳外国语学校及澳门培道中学联队获最具实践力奖。活动由北京学生活动管理中心和澳门科学馆股份有限公司承办。该活动自2009年举办，每年一届，共有150名学生参加。

（刘斯　刘羽）

【参加京台中学生科技交流活动】 8月20至26日，市教委组织北京6所学校120名中学师生赴台参加北京—台湾中学生科技研讨交流活动。北京师生参观台湾科学教育基地和代表性人文景观，并与台湾师生围绕“科技让城市更美好”主题开展作品展示、教学观摩、师生座谈等活动。

（刘斯）

【举办两岸高中生台湾阿里山夏令营】 8月，市教委组织北京6所高中49名师生赴台参加海峡两岸优质高中生台湾阿里山夏令营。京台两地师生开展多种形式的文化、体育和科技互动活动，并参观阿里山、故宫博物院等历史文化名胜。活动由北京学生活动管理中心承办。该活动是京台教育交流传统项目，自1997年开始举办，每年一届，此次是继“2010年海峡两岸高中生北京长城夏令营”台湾优秀学生来北京交流之后的回访。

（刘斯 杨建龙）

【实施寰宇暑期实习计划】 8月，市教委实施“寰宇暑期实习计划”项目。50余名香港中文大学学生到首都医科大学附属医院实习、进修或交流学习。项目由市教委和香港中文大学主办，首都医科大学承办，自1997年启动以来，共400余名香港学生来京实习。

（刘斯）

【举办京港澳台大学生计算机应用大赛】 11月6日，“北京联通杯”2011年北京市大学生计算机应用大赛暨京港澳台大学生计算机应用大赛闭幕。比赛主题是“移动终端应用创意与程序设计”，参赛者根据大赛组委会提供的规范，确定创意设计主题，针对移动设备技术特点，围绕移动应用开发进行研究和设计，编制创意设计方案，完成设计与开发。比赛历时5个月，共有来自京港澳台33所高校（北京25所、台湾6所、香港1所、澳门1所）99支代表队（本科86队、高职13队）报名参赛，经过初赛评审，24所学校60支代表队入围决赛，包括台湾4所高校7支代表队。决赛评审专家来自北京20所高校、台湾中原大学以及相关企业，最终评出一等奖10队（包括4支台湾代表队）、二等奖22队（包括2支台湾代表队）、三等奖27队。比赛由市教委主办，北京联合大学和市高教学会计算机教育研究会共同承办，信息产业著名企业协办。

（胡雨）

【举办海峡两岸大学会计辩论邀请赛】 12月3至4日，2011海峡两岸大学会计辩论邀请赛在首都经济贸易大学举行。辩论赛辩题为“会计凭证的合规性比真实性更重要”、“审计过程比审计结果更重要”。来自海峡两岸16所学校参赛，包括14所大陆高校和台湾大学、东吴大学2所台湾高校。经过2天共28场次激烈角逐，最终西南财经大学获得冠军、中国海洋大学获得亚军、中南财经政法大学获得季军、江西财经大学获得殿军。该赛事由台湾高校和大陆高校轮流承办，迄今已举办10届，为两岸会计学专业学生提供良好交流平台。

（刘江霞）

【82名港澳台侨学生获教育部奖学金】 至年底，市属高校共有82名港澳台侨学生获得教育部奖学金。经学校评审推荐，市教委审核，共有来自北京服装学院等8所市属高校82名港澳台侨学生获得教育部奖学金，其中，博士生3人、硕士生12人、本科生67人。

（张明）

【新增1所高校接受港澳台侨学生】 至年底，北京市新增1所高校接受港澳台侨学生。经教育部港澳台办备案，中国农业科学院研究生院获得接受港澳台侨学生资质。至此，北京市共有53所高校具有接受港澳台侨学生资质。

（张明）

区域交流与合作

【举办华北五省区市高等教育合作发展论坛】 4月1至2日，2011年华北五省区市高等教育合作发展论坛在北京举办。论坛以“改革、创新、合作、发展”为主题，围绕《国家中长期教育改革和发展规划纲要（2010～2020年）》要求，研讨进一步推动区域高等教育合作发展、加快高等教育现代化建设进程、完善独立学院建设等问题。来自教育部以及北京市教委、天津市教委、河北省教育厅、山西省教育厅、内蒙古自治区教育厅相关领导参加论坛。

（张驰）

【召开京津沪地区独立设置成人高校协作会】 5月9至11日，京津沪地区独立设置成人高等学校协作会第17届大会在北京市西城经济科学大学召开。会议听取题为《办好居民身边的大学，为学习型城区建设服务》主题报告，京津沪代表汇报本地区独立设置成人高校办学现状和发展情况。与会代表分组讨论。会议还邀请专家对成人高等教育未来前景进行探析讲座。会议认为，独立设置成人高校应明确自身定位，理顺运行机制，确定办学类型、办学层次和办学规模，为构建终身学习体制、建设学习型社会服务；要坚持“面向地区、服务基层”办学宗旨，不断加强自身建设，努力提高教育服务水平。来自教育部、京津沪三市教育主管部门、中国成人教育协会等领导和京津沪地区31所成人高校校长及代表300余人参加会议。

（何伶）

【举办华北五省区市区域教育合作研讨会】　6月16日，市教委与天津市

教委、河北省教育厅、山西省教育厅、内蒙古自治区教育厅联合举办华北五省区市区域教育合作研讨会。会议主题涵盖职业教育改革创新探讨、基础教育均衡发展成果和经验、区域教育资源共享和协作等方面内容。华北五省区市教育主管部门领导作专题报告，并研讨五省区市教育合作与交流工作。该研讨会在天津召开，是第八届北京国际教育博览会内容之一。

（任军）

【召开华北东北地区高招工作协作会】　9月26至27日，华北东北地区普通高等学校招生工作协作会在北京教育考试院召开。会议就高考照顾加分政策调整方案，当前高招录取工作重点、难点问题及处理办法，以及推进高考改革新举措、创新点等问题进行交流。来自天津、河北、黑龙江、辽宁、吉林、内蒙古、山西和北京八省区市教育考试机构负责人以及从事高招工作人员100人参加会议。

（卢杰）

【京津沪全国交通职业教育集团化办学联席会议章程签约】　10月27至28日，京津沪全国交通职业教育集团化办学联席会议章程签约仪式在京举行。根据章程，联席会议是京津沪三个直辖市交通职业教育集团自愿组成、共创共进、合作发展的非营利、非社会团体法人的合作同盟，其基本宗旨是：以推进集团化办学建设发展为目标，以弘扬专业特色和育人特色为主线，以职教集团内涵发展为重点，以“双师型”教师队伍建设为关键，积极探索职业教育集团化办学发展道路，充分发挥京津沪集团化办学的各自优势，促进京津沪交通职业教育工作协调推进与共荣共赢。北京交通职业教育集团、北京交通运输职业学院与天津交通职业教育集团、上海交通物流职业教育集团共同签署该章程，来自全国职业院校院长等约20人参加签约仪式。

（苑媛）

【举办京津地区会计财务教授论坛】　12月10日，第20届加拿大注册会计师协会（CGA）京津地区会计、财务教授论坛在北京第二外国语学院举办。论坛以“企业内部控制报告的信息价值”为主题，研讨从内控审计师到内控咨询师到内控执行者、企业内部控制中会计师事务所的角色、企业内部控制报告分离审计动因分析等问题。来自CGA协会北京分会、北京中旗东方投资咨询有限公司、利安达会计师事务所和北京语言大学等单位（学校）专家学者参加论坛。论坛由北京大学、清华大学和南开大学等高校与CGA协会共同发起设立，每年在北京举办两次，在天津举办一次。

（潘建军）

【召开华北五省区市高教合作发展工作总结交流会】　12月11日，2011年华北五省区市高等教育教学合作发展工作总结交流会暨交换生座谈会在北京召开。会议探讨交换生培养工作，五省区市达成共识，将继续扩大交换生规模，完善人才培养模式，形成区域内高校大学生、教师访学的长效促进保障机制。同时，与会代表就进一步推动区域内高等教育教学合作发展，资源共享，形成华北地区高等教育优势品牌等问题进行深入研讨。北京市教委、天津市教委相关领导，北京、天津、河北、山西、内蒙古华北五省区市高等教育主管部门和高校负责人、交换生代表参加会议。

（胡雨）

【举办华北五省区市大学生人文知识竞赛】　12月11日，2011年华北五省区市大学生人文知识竞赛决赛在清华大学举行。决赛环节包括古诗创作、知识问答、即兴说理和人文演绎4部分，经过角逐，清华大学、山西大学获一等奖，河北大学、内蒙古大学、天津师范大学获二等奖。该竞赛主题为“观乎人文，化成天下”，以文史哲基础知识、艺术修养和自然科学的基本素养为内容，旨在拓宽大学生知识视野，提高大学生文化素质，增强大学生阅读人文经典自觉性。竞赛自7月启动，共105所高校学生参赛，经各校选拔赛、华北五省区市初赛、半决赛，各赛区冠军清华大学、天津师范大学、河北大学、山西大学和内蒙古大学5支代表队进入决赛。竞赛由北京市教委、天津市教委、河北省教育厅、山西省教育厅、内蒙古自治区教育厅联合主办，清华大学承办。

（胡雨）

对口支援

【选派干部教师赴和田挂职支教】　2月，北京市选派第七批优秀援疆干部教师赴新疆和田地区挂职支教。按照教育部和市委、市政府统一部署，选派优秀援疆干部教师51人赴和田挂职支教，其中，教育管理干部7人（2名正处级、5名科级），挂职支教3年；援疆教师44人。

（武怀海　付浩奎）

【完成和田幼儿园双语教学普及提高试点实验】　2月，市教委完成北京援助和田地区幼儿园“双语”教学普及提高试点实验项目。按照“‘双语’教育从娃娃抓起、逐步推进、全面铺

开”原则，北京市选派3批18名市级优秀学前教育教研员组成专家支教团队赴新疆和田地区，采取送教上门方式，就地选定10所幼儿园进行双语教育试点研究和教学实验，38名幼儿园园长、骨干教师和双语教学培训者参与实验，形成并出版《幼儿教育双语教学指导手册》，作为学前双语教育培训专门教材在实践中应用。

（武怀海　付浩奎）

【实施和田高校未就业毕业生来京培养计划】　3月，北京市实施新疆和田地区普通高等学校未就业毕业生来京培养计划。挑选首都师范大学等6所市属高校承担第一批255名新疆和田地区普通高校未就业毕业生来京培养任务。11月，又挑选首都师范大学、首都医科大学和北京农业职业学院3所院校承担第二批418名新疆和田地区未就业高校毕业生来京培养任务。该计划旨在针对新疆未就业高校毕业生需求和特点，通过为期2年培养锻炼，组织学员到教育培训单位或见习单位进行理论深造、技能训练、见习培训和汉语强化，帮助他们增长知识、提高技能、开阔视野、增强就业竞争力和对中华民族认同感，以适应返疆后工作岗位需要。

（武怀海　付浩奎）

【举办拉萨中学骨干教师和教育系统行政管理干部培训】　5月11日、10月17日和11月18日，2011年西藏拉萨中学文科骨干教师培训、教育系统行政管理干部培训和中学理科骨干教师培训先后在北京教育学院举办。3个培训班均为期一个月，各有学员30名。文科骨干教师培训主题为“新课改后中学文科教师课堂教学能力的提高”，分为理论学习、专业提升、观摩实践、总结展示4个阶段。培训注重教育理念和学科知识相结合、专家引领与自主学习相结合、理论学习与课堂随练相结合，包括教师专业发展和教育理念提升、课改理论与教学科研技能提高、教师综合知识扩展和教学实践等课程模块。行政管理干部培训旨在全面提高学员教育行政领导能力和创新能力，增强校长的学校发展规划意识，提高其所辖区域和所在学校教育教学质量以及实施素质教育的能力，为拉萨市培养层次高、素质优、后劲足的干部队伍。理科骨干教师培训主题为“在新课程理念下提升中学理科教师课堂教学能力”，培训内容主要包括新课程理论提升类、专业自主发展类、技能提升类、教学观摩类、实践感悟类和参观考察类共6大类。

（刘琳）

【新疆双语骨干教师培训班结业】　6月21日，2010年新疆少数民族“双语”骨干教师培训班结业典礼暨培训成果展示活动在北京教育学院举行。培训班于2010年9月开班，新疆11个地区121名汉语和数学双语骨干教师接受培训。一年来，共开设汉语课、专业课1280课时，组织学员到16所学校实习。学员撰写读书笔记、听课笔记、听课体会等，汇编成文集75万字；参加由国家汉办统一举行的新汉语水平（HSK）考试，合格率95%。9月18日，2011年新疆少数民族双语骨干教师培训班、新疆和田地区双语教师培训班在教育学院开班。新疆12个地州121名少数民族双语骨干教师及和田地区57名维吾尔族双语教师到该校参加脱产培训。培训为期一年，分为汉语学习及考试、诊断与专业学习、深化与总结、教学实习4个阶段。

（刘琳）

【召开北京青海电大系统交流合作会】

6月27日，北京青海两地电大系统交流合作会在北京广播电视大学召开。两地电大领导围绕进一步深化合作交流项目进行交谈，达成青海省7所州县级电大与北京7所区级电大结对交流合作意向；双方就建设开放大学工作进行学习交流，两地基层电大就各自学校办学经验和特点进行结对交流座谈。会议标志两地电大合作工作向基层电大拓展。两地电大于2010年5月5日正式签订合作交流协议书，确定两校在人才队伍培训、教学资源建设和校际对口交流等方面开展合作工作。开展合作以来，北京电大共为青海电大提供10批次40余人次的学习交流机会，援助青海电大非学历教育方面多媒体培训课件20种，累计为青海电大赠送33个系列668集社区教育资源。

（高玉英　王军）

【举办首届和田中小学生北京夏令营】　7月26日，市教委、市对口支援和经济合作工作领导小组新疆和田指挥部共同举办的首届新疆和田中小学生北京夏令营在北京市和平街第一中学开幕。开幕式由姜沛民主持，赵凤桐宣布开营，新疆和田地区地委委员致辞，北京市中学生代表集体献词，新疆和田地区洛浦县第二小学学生代表发言。夏令营以“热爱祖国，感受北京”为主题，突出北京与新疆民族团结“心连心，手拉手”内容，围绕相聚北京、回味奥运、古都魅力、爱我中华等内容，组织观看升旗仪式，参观游览国旗班、国家博物馆、长城、故宫等，与北京京剧院及少年宫兴趣小组学生开展互动。活动由北京学生活动管理中心、朝阳区教委承办，北京市和平街一中协办，来自新疆和田地区和田市、和田县、墨玉县、洛浦县和新疆生产建设兵团农十四师共250名中小学师生参加活动。

（武怀海　付浩奎　王宝林）

【举办京藏两地中小学生民族团结夏令营】　7月28日至8月2日，市教委、市援藏拉萨指挥部和拉萨市教育局组织拉萨市中小学生赴京开展“热爱祖国·感受北京”京藏两地中小学生民族团结夏令营。郭金龙接见夏令营师生代表，并向他们赠送学习用品和纪念品。营员们观看升国旗仪式，游览长城、故宫、中华民族园，参观国家博物馆、北京科技馆等，并与北

京中小学生进行交流联欢。来自拉萨市七县一区中小学校30名学生参加活动，大多数来自基层和边远农牧区贫困家庭，包括26名藏族学生、3名汉族学生和1名回族学生。

（付浩奎　王宝林　胡雨）

【对口支援西藏大学共建西藏学院签约】　9月1日，中央广播电视大学“十二五”期间对口支援西藏大学共建西藏学院协议书签字仪式在西藏大学举行。根据协议，中央电大将办好西藏学院作为国家开放大学重要发展战略，国家开放大学在“十二五”期间把西藏学院建设和发展列入整体发展规划和年度工作计划，帮助西藏学院加强信息化基础设施建设，支持西藏学院建设国家数字化学习资源中心西藏分中心，组织国家开放大学分部和行业学院开展教育援藏工作，无偿为西藏学院教师培训，为西藏地区学习者提供更多学习机会和优质教育服务。西藏自治区教育厅、中央电大和西藏大学领导及相关人员参加签字仪式。西藏学院的建立与发展填补西藏自治区没有广播电视大学的空白。

（孙明博）

【招收80名青海高中生来京学习】　9月，北京市招收80名青海少数民族高中生到北京师范大学大兴附属中学学习。至此，青海内地高中班共两批160人。北京市每年每生拨付生均经费14700元用于举办青海内高班。此外，根据教育部要求，北京市自2010年起开展青海玉树灾区师生从青海到辽宁转移就学在北京中转工作，共周转玉树灾区师生7批3066人次。

（武怀海　付浩奎）

【新增两所高校对口支援新疆高职学校】　11月9日，教育部批准30所高校对口支援19所新疆维吾尔自治区所属高职学校，其中，北京地区两所。分别是北京农业职业学院对口支援新疆农业职业技术学院、首都师范大学对口支援和田师范专科学校。

（胡雨）

【北京和田高中班开班】　11月14日，北京市对口支援新疆和田高中班开班典礼在北京会议中心举行。市委副秘书长、新疆和田地委委员兼宣传部部长讲话，和田新生代表、办班学校教师代表和校长代表发言。市委教育工委、市教委、市政府教育督导室、新疆和田地区领导和顺义区主管区长，各区县民委主任，各区县教委主任、主管主任、中教科长，全市各举办内地民族班学校校长，和田班内派管理教师和全体新生共200余人参加典礼。北京和田高中班学制4年，包括预科1年，采取全日制寄宿方式，统一使用汉语言授课，使用当地统一教学计划和教材。学习期满后，学生在高考前返回和田参加体检、政审和考试。本年面向和田市、和田县、墨玉县、洛浦县和新疆生产建设兵团农十四师择优录取100人，分别安排在密云县第二中学、顺义区杨镇第一中学。首批北京和田高中班学生于11月11日前往办班学校学习。至此，北京市有11个区县15所高中承担内地民族班办学任务，共有在校生4464人。

（付浩奎　胡雨　詹伟华）

【市红十字会发放援疆助学基金】　11月18日，红十字援疆助学基金发放仪式在新疆生产建设兵团红十字会举行。该基金是市红十字基金会为资助和田地区贫困家庭在疆就读大学生顺利完成学业而设立，资助金额每人每学年3000元，直至毕业。兵团红十字会在十四师筛选推荐家庭贫困大学生10人，经资助方审核同意后成为资助对象。发放仪式为首批10名受助大学生发放助学金3万元。

（李胜华）

【8所高校入选对口支援西部高校工作十周年典型经验集体】　12月4日，教育部召开对口支援西部高校工作十周年总结大会，北京地区8所高校入选对口支援西部高校工作十周年典型经验集体。8所高校分别是北京大学、中国人民大学、清华大学、中国农业大学、北京中医药大学、北京师范大学、北京理工大学和中央音乐学院。同时，37人入选对口支援西部高校工作十周年突出贡献个人。对口支援西部高校工作于2001年启动，取得显著成效，为宣传推广对口支援工作经验和做法，开创对口支援工作新局面，经各地申报，教育部组织专家评审，共评出39个对口支援西部高校工作十周年典型经验集体和164名突出贡献个人。

（胡雨）

【承办青海省青少年校外活动中心管理干部异地研修培训】　12月15日，

北京教育学院承办的2011年青海省青少年校外活动中心管理干部异地研修培训班开班。培训为期10天，培训对象为青海省36个市县青少年校外活动中心40名主任和管理干部。培训包括政策理论学习、领导与管理能力提高、交流与分享活动三个课程模块，采用专题讲座、观摩考察、挂职实践、教育论坛、经验交流等方式，提升学员理论水平，提高管理能力，同时为广大校外教育管理工作者搭建交流与合作平台。

（刘琳　张艾）

【举办内地新疆高中班演讲比赛】　12月25日，市教委举办北京市内地新疆高中班演讲比赛。比赛旨在宣传新疆学生遵纪守法、爱国爱疆、团结互助事迹，反映“反暴力、讲法制、讲秩序”活动开展成果，展示新疆学生知法、守法、懂法，积极维护校园和谐、社会稳定的精神风貌，以“做知法、懂法、守法公民”为主题，在北京市和平街第一中学举行。来自9所内地新疆高中班办班学校18名学生参赛，最终评出一等奖3人、二等奖6人、三等奖9人。市教委、市民族教育学会相关领导，内地新疆高中班办班学校参赛学生，内地新疆高中班师生代表400人参加活动。

（陆小红）

【调整教育援疆资金】　至年底，市教委调整教育对口支援新疆和田地区资金投入比例。在《2011～2015年北京市教育对口支援新疆和田地区规划》和《2011～2015年北京市对口支援新疆和田地区“一市三县”和新疆生产建设兵团农十四师综合规划》基础上，根据两地对接实际情况，进一步调整教育援疆规划，教育援疆资金规模由86553万元增至109153万元，教育援疆资金占全市援疆资金比例增至15%。

（武怀海　付浩奎）

【送教上门培训和田双语教师】　至年底，北京市采取送教上门方式赴新疆和田培训双语教师。实施和田地区学前双语教师“北京提高班”和田培训项目，选派北京市优秀学前教育专家及培训师资赴和田地区，采取脱产培训一个月、集中学习与下园实践相结合形式，分四批为和田“一市三县”和新疆生产建设兵团农十四师培训学前双语教师共400人。培训内容包括教育理论、教育实践和强化汉语等。实施新疆和田地区中小学双语教师和田培训项目，组织北京教育专家和优秀教师赴和田教育学院，以集中培训为主、示范教学为辅，脱产培训和田中小学双语教师600人，培训为期一年。开展和田地区幼儿园园长和田培训项目，就地为和田“一市三县”及农十四师培训幼儿园园长30人。

（武怀海　付浩奎）

【开展和田双语示范校建设】　至年底，北京市开展新疆和田“双语”示范校建设。选定和田地区13所学校建设“双语”示范校。实施现代教学设备配备工程项目，为和田地区“一市三县”和新疆生产建设兵团农十四师各改扩建一所幼儿园、小学、中学、高中，完成硬件建设并配备相应教学设备，整体提升和田地区教育水平。开展“北京援助和田幼儿教师专业学习资源平台”建设，对有条件的幼儿园开展远程在线培训；组织有关专业人员为和田教师学习提供远程互动交流服务，探索远程教师培训实施机制。

（武怀海　付浩奎）

【安排和田干部教师来京培训】　至年底，北京市安排新疆和田地区干部教师来京培训。开展首期和田“双语”骨干教师北京培训项目，安排首期60名和田地区维吾尔族“双语”骨干教师到北京教育学院接受培训。开展首期和田地区教育管理干部和骨干教师北京培训项目，和田“一市三县”及新疆生产建设兵团农十四师教育管理干部和骨干教师90人到京参加2个月脱产培训。安排和田“一市三县”及农十四师30名学前“双语”干部教师到京培训，培训为期2个月。安排15名和田地区中小学校长（书记）到区县中小学挂职学习，其中，分配至海淀4人、丰台2人、石景山2人、房山2人、大兴3人、门头沟2人。学习时间6个月，于学期末返疆。

（付浩奎　郭宏伟　刘琳）

【安排拉萨和巴东教育干部来京培训】

至年底，北京市安排西藏拉萨和湖北巴东教育系统干部来京培训。根据北京市《关于对口支援地区干部人才来京培训工作问题的意见》安排，分别组织拉萨教育（体育）系统25名干部和巴东教育系统10名干部来京培训，学习北京学校先进办学经验和管理水平，切实促进两地教育管理水平提高。

（武怀海　付浩奎　刘琳）

（本栏责任编校　胡雨）

区县教育

东　城　区

总　类

【召开外事干部培训会】　1月12至13日，东城区教委召开2011年教育系统对外开放单位外事干部培训会。会议就东城区教育系统外事制度进行培训，围绕推动基础教育国际化新发展和外事安全工作开展讲座，听取北京景山学校和北京市第一零九中学工作经验交流。市教委、区政府、区公安分局有关领导和系统对外开放单位外事干部67人参加会议。

（李倩　李银娅）

【召开财务预算批复工作会】　3月4日，东城区教委召开2011年财务预算批复及专项资金管理培训工作会。会议通报2010年部门预算执行情况，认为上年东城区教育经费收支实现稳步增长，财政教育总收入比上年增长10.34%，在校生人均教育事业费、人均公用经费实现增长，教师工资水平略有提高。会议部署2011年部门预算工作，要求各单位结合财政体制改革，加强依法理财意识、预算管理意识、责任意识以及绩效意识，加强领导，责任到人；严格执行各项财务制度，规范管理，确保教育资金安全。区教委、区财政局领导，教育系统财会人员170人参加会议。

（景秀玫　李银娅）

【51个事业单位更名】　3月，按照北京市行政区域划分调整工作要求，东城区教委完成部分事业单位更名工作。共有51个单位变更名称，涉及小学26所、幼儿园10所、小学教学单位2个、校外教学单位2个、其他事业单位9个、成人教学单位2个。更名基本原则是只改区名不改校名，如：北京市崇文区板厂小学更名为北京市东城区板厂小学。

（曹铮铮　李银娅）

【开展读红色经典系列图书活动】　3至6月，东城区教委开展读红色经典系列图书活动。区教委组织党员干部、教职工阅读党史书籍、红色经典、伟人传记等系列图书，并开展“读红色经典讲感人故事”读书演讲活动，评出演讲一等奖6人、二等奖10人、三等奖50人、优秀奖63人。活动将阅读红色经典作为师德建设重要方式，推动教职工更好地学习和继承中国共产党老一辈无产阶级革命家光荣传统，真正做到爱党、爱国、爱岗位。

（蔡约翰　李银娅）

【召开东城区教育大会】　4月21日，东

城区教委召开教育大会。会议听取《实施精品特色战略，建设国际化、现代化教育首善区》主题工作报告。会议要求：面对下一阶段教育工作，一要提高认识，充分发挥教育在推动“国际化、现代化新东城”建设中的战略支撑作用；二要明确目标，认真落实好推进教育改革与发展的各项任务；三要加强领导，努力形成共同推动东城教育事业科学发展的强大合力。东城区区委、区政府、区人大、区政协和相关委办局、街道办事处有关领导，区委教育工委、区教委、区教育督导室机关干部和教育系统各单位党政负责人共计800人参加会议。

（李银娅）

【发布第十二个五年规划】　4月，东城区教委发布教育事业发展第十二个五年规划、实施方案和11个分规划。实施方案即东城区国家级基础教育综合改革实验区项目实施方案；11个分规划包括中小学生综合素质规划，学前教育规划，义务教育规划，普通高中教育规划，课外、校外教育规划，职业教育规划，成人教育、社区教育和促进学习型城区建设规划，教育国际化规划，教育人才队伍建设规划，教育信息化规划和改善办学条件规划。规划全面部署东城区未来五年教育事业发展的指导思想、重点工作及保障措施。

（关英　李银娅）

【举办第五届民族团结教育周】　9月29日，东城区第五届中小学民族团结教育周启动仪式在回民实验小学举行。启动仪式上，原崇文区回民小学正式更名为东城区回民实验小学，举办“民族校园文化”论坛，组织参观回民实验小学“民族风情园”。东城区各小学德育干部、师生代表和宁夏、唐山等地的民族学校师生共800人参加活动。

（王军　李银娅）

【启动基础教育综合改革实验区项目】　10月13日，东城区74所中小学校成为国家级基础教育综合改革实验项目学校。实验校将通过开展问卷调查、完善研究方案、进行重点调研等方式，推进“探索拔尖创新人才培养模式实验”等7个国家级实验项目。11月，东城区教委在北京市“推进城区义务教育学校均衡发展实验”和“高中特色发展实验”项目年度研讨会上交流基础教育综合改革实验工作经验。

（关英　李银娅）

【召开学年教育工作会】　10月13至14日，东城区教委召开2011至2012学年度教育工作会。会议围绕“落实规划，深化改革，发展特色，提高质量”主题，听取《未来五年东城教育基本战略和主要任务》主题报告，举行东城区国家级基础教育综合改革实验区项目启动仪式、新增学区和学校联盟签约仪式，举办中学、小学、职教三个主题分论坛，通报上一学年度综合督导评价情况。会议认为，过去五年东城区教育“优质、均衡”战略成果显著，基本实现硬件资源均衡化配置，内涵发展和特色发展取得成效，各级各类教育协调发展，均衡发

展机制进一步完善。会议提出，未来五年东城教育要以“精品、特色”为战略，通过建设“教育改革先导区、素质教育先进区、优质教育的集聚区、教育交流与合作窗口区和学习型城市示范区”，实现“国际化、现代化教育首善区”的目标。会议强调，东城区教育工作者要以“领先”为使命，做到“做人、勤学、敬业、思辨”。区委教育工委、区教委、区教育督导室有关领导，教育系统各单位领导、教育研修单位相关人员300人参加会议。

（肖菲　李银姬）

【成立教育新闻中心】　10月27日，东城区教委成立东城区教育新闻中心。成立会议上，播放《风物十年放眼量——东城教育新闻》专题片，听取《加强新闻宣传工作，助推学校品牌提升》主题报告，召开部分书记、校长座谈会，邀请中国传媒大学举办“现代社会的新闻媒体沟通策略”主题讲座。市委教育工委、市教育新闻中心，区委宣传部、区新闻中心，以及区委教育工委、区教委、区教育督导室有关领导，有关区县代表和东城区学校新闻宣传工作负责人、通讯员500人参加活动。新闻中心为区教委下设事业单位，主要负责东城区教育新闻宣传工作，编制10人。

（李银姬）

【举办全国教书育人楷模事迹报告会】

11月25日，市委教育工委、市教委举办全国教书育人楷模石利颖“真爱点亮心灵，智慧相伴成长”事迹报告会。北京市第五幼儿园教师石利颖作《在启蒙路上幸福前行》主题报告，讲述从事幼教工作19年来成长历程、教育理念与实践策略等体会。五幼园长、家长和青年教师代表分别发言，从不同角度阐释石利颖职业成长过程，介绍她带领青年教师开展教育教学实践的具体做法。会议充分肯定石利颖的教育教学成绩，认为她展现东城幼教工作者的精神风貌，号召全体教育工作者要向石利颖学习，珍惜荣誉，再接再厉、勇攀高峰，为东城和首都教育事业发展做出新的贡献。会议由东城区委教育工委、区教委承办，教育部、市委教育工委、市教委、区政府有关领导，各区县教育系统教师代表800人参加会议。

（李银姬）

【与内蒙古建立对口支援关系】　12月22日，东城区内蒙古、集宁区区域合作远程教育项目启动。启动仪式上，北京市第二中学与集宁第二中学签署教育合作与交流协议，两校将利用远程教育资源实现两地同课、资源共享。年内，东城区教委与内蒙古自治区乌兰察布市集宁区教育局签署教育交流合作框架协议。依据协议，东城区选派54名优秀干部、教师赴集宁献课、讲学，集宁区4名校长到东城区中小学挂职培训，20余名小学教师到东城区教育研修学院和部分小学参观、听课。

（安欣　李银姬）

【成立青少年国际教育学院】　12月28

日，东城区青少年国际教育学院举行成立仪式。市、区有关领导为学院揭牌。东城区青少年国际教育学院是继东城区青少年艺术院和青少年科学院后又一个人才培养模式。国际教育学院主要任务是为开展多层次、宽领域的对外交流与合作活动搭建平台，重点加强与友好城市间教育部门的交流与合作，深化引智培训工作，加强外籍教师的管理，规范合作办学行为，创建合作办学品牌。国际教育学院将统筹东城区内所有国际教育资源，为区内各校的国际教育提供服务。年内，东城区积极开展教育对外交流合作。全年共接待30个国家和地区151个政府及教育代表团3400余人；累计派出团组74批次—教师265人、学生533人赴26个国家和地区开展国际教育交流互访；景山学校与日本作新学院、二十五中与日本体育大学附属荏原高级中学分别签署姊妹校友好交流协议。

（安欣　李银姬）

【办结行政许可审批工作】　截至12月31日，东城区教委共受理民办教育行政许可事项61件次。其中，设立3件次、变更举办者12件次、变更学校名称13件次、变更校长21件次、变更地址8件次、终止4件次。上述事项全部审批并办结。

（陈月　李银姬）

【落实收费减免及助学资助政策】　截至12月31日，东城区教委共投入专项资金2683万元用于落实中小学收费减免及助学资助政策。其中，2087万元用于落实义务教育阶段两免一补资助政策，惠及学生71685人，138万元用于落实普通高中助学金等各项减免资助政策，惠及学生848人，458万元用于落实中等职业学校奖助学金及减免资助政策，惠及学生3667人。

（景秀玫　李银姬）

学前教育

【概　况】　2011年，东城区托幼园所51所（市立园23所、街道园9所、社会办园16所、民办园3所）。在园幼儿12355人。全区教职工2086人（专任教师1187人）。全区北京市示范幼儿园14所，市级早教示范基地21个。

（关英　李银姬）

【召开招生工作座谈会】　3月9日，东城区教委召开幼儿园招生工作座谈会。会议围绕幼儿园发展中的困惑、缓解入园难的方法以及如何完善东城教育服务体系、建立公平机制三方面进行座谈，指出要尽可能调动多方积极性，扩大学前教育资源；要统筹安排招生工作，多途径、多样化解决招生问题。全区各类型幼儿园园长代表11人参加会议。

（张静玲　李银姬）

【举办幼儿教师半日活动评优】 6月20日至7月15日，东城区教委举办幼儿教师半日活动评优活动。活动采取现场观摩（包括班级教育环境创设、区域游戏活动、教育活动、户外活动）、审阅教案、互动评议方式进行评选。最终评选出一等奖12人。活动旨在提高教师教育水平，加强经验交流。

（张静玲　李银姬）

【召开早期教育促进会】 7月8日，东城区教委与东城区计生委联合召开0至3岁婴幼儿早期教育促进会议。会议听取东城区“0至3岁婴幼儿家庭早期教育促进”项目进展情况和早教需求调查报告；听取街道办事处和幼儿园代表利用社区资源开展早教活动经验报告。会议肯定东城区率先建立政府牵头、多部门联动、多资源整合的早教工作管理与运行机制。会议认为，东城区作为首善之区，早教工作起点高、目标明确、思路清晰、任务艰巨，要以促进婴幼儿身体健康、心理健康、个性健康，培养婴幼儿良好的情感、态度、习惯、能力为早教工作任务；继续完善跨部门联动、多资源整合的早教管理运行模式，加快推进早教走进每个街道、社区、家庭，持续提升早教覆盖率与指导率。有关领导、专家、街道负责人和市级早教基地园园长100人参加会议。

（张静玲　李银姬）

【崇文托儿所更名】 9月6日，东城区

崇文托儿所举行更名庆典仪式。庆典仪式以“新起点、心成长、欣腾飞”为主题，宣布崇文托儿所正式更名为崇文幼儿园。更名后，该园办园方向由收托0至3岁低龄婴幼儿为主调整为以3至6岁为主，同时兼顾0至3岁婴幼儿早期教育，并探索开展特殊儿童随班就读工作，实验免费早教社区小时班。崇文托儿所建于1980年，2008年由区卫生局划转到东城区教委管理。

（张静玲　李银姬）

【东城二幼分部开园】 11月1日，东

城区第二幼儿园分部开园。东城二幼分部位于安化楼北里，占地面积1500平方米，建筑面积800平方米，开设4个教学班，首届招收幼儿100余人。为缓解幼儿园学位紧张问题，东城区年内新建7所幼儿园，其他6所分别是永建里幼儿园、西园子幼儿园、光明幼儿园朝阳分园、东四五条幼儿园雍和宫分部、大方家幼儿园分部、广渠门外南街幼儿园。

（张静玲　李银姬）

【考核18所幼儿园工作】 11月12至30日，东城区教委完成18所单位园、街道园和民办园的考核工作。考核工作依据2011年东城区单位自办园、街道园自主发展评价标准及北京市民办幼儿园年度考核评价标准分细则进行。区教委联合东城区教育研修中心分为4个组，通过进校考察等方式，全方位评价幼儿园工作。考核结果均合格。年内，东城区幼儿园共考核幼儿园18所，包括单位园13所、街道园3所、民办园2所。

（张静玲　李银姬）

【东四五条幼儿园分部开园】 12月9

日，东四五条幼儿园分部开园。幼儿园占地面积1700平方米，建筑面积701.60平方米，设5个教学班，招收幼儿130余人。东四五条幼儿园分部是东城区年度重点建设的园所之一，采取名园办分园的形式，一方面减缓五条幼儿园多年以来的招生压力，另一方面将和毗邻的雍和宫小学一起承担“幼小衔接一体化教育模式的研究”。幼儿园于7月动工，由市区两级财政拨付600多万元专款，按照幼儿园的办园标准，对雍和宫小学部分教室进行整体改造，9月竣工，10月开学。

（张静玲　李银姬）

【永定门幼儿园迁址】 12月28日，永

定门幼儿园举办迁址开园仪式。新址原为西园子小学，位于西园子街32号。迁入新址的永定门幼儿园占地面积2840平方米，设6个教学班，教学设施设备先进，每个班均配备电子白板和实物投影仪。永定门幼儿园原位于永定门车站路12号。

（张静玲　李银姬）

基础教育

【概　况】 2011年，东城区小学63所，1418个教学班，毕业7827人，招生8601人，在校生46461人。教职工4206人（专任教师3545人）。小学入学率100%，巩固率100%，毕业及格率100%。中学43所（初中7所、高中5所、完全中学29所、九年一贯制学校2所）。教学班1265个（初中684个、高中581个），毕业14237人（初中7934人、高中6303人），招生14240人（初中8088人、高中6152人），在校生43937人（初中24638人、高中19299人）。教职工6359人（专任教师4369人）。初中入学率100%，巩固率100%。工读学校1所，在校生91人，教学班5个，招生54人，毕业48人。特殊教

育学校2所，在校生278人。校外教育单位8所，教职工288人。中小学教师学历合格率100%，高级专业技术职务教师1131人（小学41人、初高中1090人）。中小学校舍总占地面积156.48万平方米，总建筑面积136.66万平方米，图书馆藏书512.47万册，固定资产总值284970.60万元。全年教育经费投入42.94万元，其中，国拨经费37.51万元，自筹经费5.43万元。

（关英　李银娅）

【召开中学特殊教育工作会】 1月5日，东城区教委召开中学特殊教育工作会。会议表彰2010年东城区特殊教育征文获奖教师，听取一六五中学、东直门中学、五十中学分校交流发言，传达全国随班就读工作研讨会精神并布置下一阶段相关工作。区教委领导和中学教师60余人参加会议。

（杨学银　李银娅）

【举办初中教师教学技能大赛】 1月6日，东城区教委首届初中中青年教师教学技能大赛落幕。大赛设语文、数学、英语、物理、化学、思想品德、历史、地理、生物、体育、音乐、美术、信息技术、劳动技术共14个学科，分为初赛、复赛、决赛三个阶段，全区2600名初中中青年教师参赛，384名选手进入复赛，最终评选出一等奖120人、二等奖150人、三等奖114人。

（杨学银　王军　李银娅）

【召开高中学生综合素质评价工作会】 1月10日，东城区教委召开"构建评价共同体，奏响青春美丽的乐章"高中学生综合素质评价工作总结交流会。会议听取二十五中、五十五中、六十五中、工美附中教师和学生的交流发言。会议肯定东城区普通高中学生综合素质评价工作，认为评价工作能够坚持多元评价主体，探索情景式记录评价，注重突出评价的教育功能。各高中校学生综合素质评价工作负责人、学科教师、班主任、研究性学习指导教师代表200人参加会议。

（肖菲　李银娅）

【第20期特殊教育培训班结课】 1月17日，东城区第20期特殊教育培训班结课。来自部分中学、小学和幼儿园的125名特殊教育教师，通过理论学习、开展主题实践活动等形式，重点体验感统训练培训。培训班为期3个月，共40学时，旨在提高特殊教育师资水平，全面落实"全覆盖"、"零拒绝"的教育目标。

（杨学银　李银娅）

【组织干部教师境外培训】 1至3月，7至9月，东城区教委组织多学科骨干教师和校级干部分别赴澳大利亚悉尼大学、英国伍斯特大学和美国加州长滩大学培训。培训涉及国际化教育理念、教育管理、教育管理者领导力等方面内容，培训注重针对性和实效性，加大体验式、互动参与式培训的力度。全区骨干教师和校级干部81人参加培训。

（安欣　李银娅）

【举办新任书记校长培训班】 3月11至13日，东城区教委举办以"履职尽责、创新发展"为主题的新任书记校长培训班。培训分别就"如何做学校党政一把手"、"如何应对突发公共事件的媒体报道"、"做好学校纪检工作"举办专题讲座；听取广渠门中学和史家小学经验报告；听取区教委业务科室工作职责讲解并答疑。会议强调：学校一把手要全面贯彻党的教育方针，要"掌好舵、定好位、掌好权、用好人"。全区24名一年内新就职的书记和校长参加培训。

（李民锁　李银娅）

【举办首届小学德育干部培训班】 3月30日，东城区首届小学德育干部培训班开班典礼在东城教育研修学院举行。培训班由区委教育工委、区教委、教育研修学院联合举办，主题为"有效德育与德育管理创新"，通过专家讲座、案例研讨、现场教学、经验分享等形式，提高小学德育干部队伍的整体素质，提高德育工作的实效性和针对性。小学德育干部30人参加首批学习。

（王军　李银娅）

【市政协委员调研学校清真餐】 4月6日，市政协委员一行调研东城区二中、新鲜胡同小学、二幼少数民族师生清真餐情况。调研组听取各校清真餐工作情况汇报，参观学校食堂和操作间。市政协委员充分肯定三所学校清真餐供应工作。

（单聪　李银娅）

【举办中小学生田径运动会】 4月16至17日，阳光体育东城区中小学生田径运动会在国家奥林匹克体育中心体育场举行。开幕式以"拥抱阳光"为主题，分为"朝气蓬勃"、"英姿飒爽"、"多彩多姿"、"爱我中华"、"展翅飞翔"5个篇章，展示学生操、特色体育等项目。教育部、国家体育总局、市教委等领导，以及全区7000名中小学生参加开幕式。运动会设8个组别81个竞赛项目，全区90所中小学1500人次参加比赛。最终汇文中学、五十中、一零九中获得高中团体总分前三名；汇文中学、五十中、文汇中学获得初中甲组团体总分前三名；五十中、文汇中学、汇文中学获得初中乙组团体总分前三名；一师附小、培新小学、体育馆路小学获得小学组前三名。

（单聪　李银娅）

【首次评选健康促进学校窗口校】 7月4至6日，景山中学、二中、二十七中、灯市口小学和织染局小学获得首批东城区健康促进窗口校称号。该评选由区教委、区卫生局、区红十字会举办，通过验收小组现场听取各申报校汇报、查阅学校档案并现场巡查等方式，确定5校入选。东城区自1995年起，率先在北京市开展健康促进学校评选工作，共有60所中小学校获得"健康促进校"称号，占学校总数86%。健康促进窗口校评选旨在将健康教育、课堂教学、课外活动以及健康服务等工作有机结合，促进学生健康发展，推动中小学健康促进校工作再上新水平。

（单聪　李银娅）

【推进学区化和校区制建设】 7月7日，东城区教委举办学区及学校联盟工作论坛。会议总结上年度学区建设工作经验与成果，部署下阶段工作，同时启动"校区制"试点。会议决定：在原有5个学区的基础上，新建第六个学区，即"东花市—崇文门—前门"学区，包含16个单位，形成学校联盟，实现优质教育资源共享；启动"校区制"试点，新建汇文校区，涵盖汇文中学、汇文一小两所试点校；新增6对深度联盟学校，以示范校带动普通校、两校强强联合、走读校与全寄宿校联盟等形式，探索多样化育人模式。区委教育工委、区教委、各学区、校区制学校、新增深度联盟校领导40余人参加会议。

（李银娅）

【实施教育家成长工程】 9月8日，东城区教委在国子监彝伦堂举办“教育家成长论坛”。该论坛以“时代呼唤教育家”为主题，重点研讨如何成就现代教育家等话题。在该论坛上，东城区教委正式启动“教育家成长工程”。该工程通过教师专业素养研修、学区教研、“大年级组”制、跨校兼课、教师交流等实践探索，不断完善教师队伍建设，计划到2015年培养一批教育家式的校长和名师。工程首先开展“十百千万计划”，即数十名教育家培养计划、百名优秀干部教师留学计划、千名骨干教师提升计划、万名教师全员轮训计划。启动仪式上，崇文小学、史家小学、广渠门中学、二中校长分别作主题发言，就“什么是教育”、“怎样理解教育”、“校长怎样做教育”等话题分别发表意见。“教育家成长论坛”由《中国教师报》、东城区教委主办。

（李银娅）

【开展认捐字典活动】 9月，东城区小学开展“省下一元零用钱，捐出一本好字典”活动。全区62所小学参加活动，共捐赠字典35241本，由人民教育出版社统一收集，配送到西部少数民族地区。

（王军　李银娅）

【新增7所金帆艺术团承办校】 11月4日，东城区新增7所北京市学生金帆艺术团承办校。7所学校分别是广渠门中学管乐团、一零九中学管乐团、景山学校舞蹈团、地坛小学话剧团、革新里小学话剧团、史家胡同小学合唱团、府学小学行进管乐团。至此，东城区有19个学校22个金帆艺术团，占有率居全市第一。

（史伟　李银娅）

【召开小学文明礼仪教育现场会】 11月22日，东城区教委承办的“走进东城——北京市小学文明礼仪教育现场会”在定安里小学召开。会议听取区教委《知文明行为，展礼仪风采》文明礼仪教育工作经验报告，观摩定安里小学阅读、礼仪教育学科课程及行为训练小课，观看学生“阳光少年”自编操和“礼仪操”展示，听取学校礼仪教育经验介绍。会议要求全市各小学要以贯彻落实北京精神为契机，广泛深入开展礼仪教育。市区有关领导、各区县德育科长、东城区各小学德育干部等100人参加会议。

（王军　李银娅）

【举办课改培训月】 11至12月，东城区教委举办第七届小学课改培训月走进学校系列展示活动。活动以深化课程改革为核心，旨在固化品牌项目，推出典型经验。本届课改培训月活动集市级专项展示、区级专题研讨、高校专家培训于一体，相继走进定安里小学、板厂小学、光明小学、青年湖小学、景山学校和史家小学，涉及“创新教研模式”、“促进教师专业发展”、“中小学古诗文吟诵教学衔接研究”等多个主题，为26所学校50校次提供展示平台，作现场研究课39节，主题发言15次，专家点评8次，专家报告1次。市区有关领导、全区小学书记、校长和干部教师共计1500人参加活动。

（王军　李银娅）

【举办男生文艺展演】 12月13日，东

城区教委举办“阳光男孩雄心飞扬”——东城区男生文艺展演。展演分为舞蹈、相声、京剧等类目。活动为男生搭建艺术展示平台，激发男生参与艺术活动的主观能动性，深度挖掘男生艺术表演才能，旨在展示学校开展群众性艺术教育活动优秀成果，整体提升教育品质，提高学生综合素质。全区17所中学、小学、幼儿园近500名学生参加展示。

（史伟　李银娅）

【召开小学规范化建设现场会】 12月21日，东城区教委承办的北京市小学规范化建设工作推进会暨“特色建设”2011年校长论坛在北京光明小学举行。会议听取区教委《坚持精品特色战略促进学校内涵发展》区县特色建设工作报告；观看光明小学二胡艺术团、男生舞蹈团素质教育成果展示，听取学校《实践团队管理特色教育文化》学校特色建设主题发言，走班观摩30门校本课程。市区有关领导，兄弟省市、区县代表，东城区小学校长120人参加论坛活动。

（王军　李银娅）

职业与成人教育

【概　况】 2011年，东城区职业高中8所（独立设置校3所、职普联合设校3所、民办2所），开设专业40个，教学班227个。毕业1925人，招生1631人，完成招生计划100%，在校生6052人。教职工838人（专任教师445人）。专任教师学历合格率100%，高级专业技术职务145人。成人高等教育学校4所，开设专业57个，教学班266个，在校生6049人。教职工218人，其中，专任教师130人。至年底，成人教育学校完成职业教育培训6061人次。

（关英　李银娅）

【召开职业教育工作会】 1月21至22日，东城区教委召开职业教育工作会。会议听取《迈向2020年的北京职业教育》专题报告和2010年职业教育工作汇报以及7所职业学校经验介绍，部署2011年工作要点。会议要求，职业教育要继续坚持走精品、特色发展之路，坚持人才强教，全面育人，改革创新，探索建设学习型学校。各职业学校干部、职教教研人员60人参加会议。

（覃玉玲　李银娅）

【两街道获评全国社区教育示范街道】 2月21日，东城区朝阳门街道办事处和东花市街道办事处在全国社区教育专业委员会年会上，被评为全国社区教育示范街道。该评选由中国成人教育协会社区教育专业委员会主持，全国126个全国社区教育示范街道（乡镇）入选。

（陈红　李银娅）

【召开课程改革培训交流会】 3月11至12日，东城区教委召开职业学

校课程改革培训交流会。会议听取《行动导向教学法在新课改中的应用》和《当前职教走势和职教课改探析》专题报告，听取市级课改专业和区级课改专业共10个专业的课例展示和交流。全区参与课程改革的4所职业学校干部、教师代表80人参加会议。

（覃玉玲　李银娅）

【举行公共基础课展示活动】 4月8至22日，东城区职业学校公共基础课展示活动在北京现代职业学校和北京市第一七九中学举行。活动观摩语文、英语、计算机和德育4个学科5名教师展示课，邀请北京教科院等专家现场点评。全区6所职业学校百余名教师参加活动。

（覃玉玲　李银娅）

【三校入选创建学习型学校先进单位】 5月6日至6月28日，东城区教委联合东城区建设学习型城市领导小组评估东直门中学、北京现代职业学校、工美附中3所学校创建学习型学校工作。评估组听取学校自评报告，观看学校创建工作视频短片，参观校园，召开座谈会，查阅档案，进行现场交流和沟通。评估组认为，3所学校高度重视创建工作，把创建工作列入学校的日常管理，计划、宣传、组织实施，扎实有效，使创建工作与学校教育教学和教改、课改工作相结合，提高学校的办学水平，形成创建特色，基本达到北京市创建学习型学校先进单位评估指标体系的要求。最终，3所学校被认定为东城区创建学习型学校先进单位。

（陈红　李银娅）

【评选优秀课和优秀教案】 6月7至22日，东城区教委开展职业学校青年教师评优课及优秀教案评选活动。评选经由学校选拔，按比例推荐，确定4所职业学校19名教师参加终评。经学校教学干部、外聘骨干教师和特级教师组成的评委会评选，最终评选出评优课一等奖3人、优秀教案一等奖3人。

（覃玉玲　李银娅）

【召开职业教育教学工作会】 6月22至23日，东城区教委召开职业教育教学工作会暨青年教师评优课总结会。会议通报青年教师评优课情况，举办教师基本功专题培训。会议认为，教学管理的核心是课堂教学，在工作中应重点把握“深入一线、研究实干，评价多元、量身裁断，资源富有、才学走秀，团队合作、幸福坚守”。全区8所职业学校教学干部30余人参加会议。

（覃玉玲　李银娅）

【举办文教事务助理培训】 8月29日，东城区教委举办第七届文教事务助理培训。培训采取理论讲座与实践考察相结合的方式，就“发展社区教育应注意的问题和遵循的原则”、“如何利用社区资源和自身优势开发社区教育课程”、“社区教育新闻报道与活动信息撰写”等主题开展培训，并组织赴中关村学院学习体验中心参观考察。培训会还总结2010至2011学年度文教事务助理工作，表彰17名优秀文教事务助理、16名优秀社区教育科研论文获得者和15名优秀文教事务助理信息员。17个街道70名文教事务助理参加培训。

（陈红　李银娅）

【举办全民终身学习周】 10月19至25日，东城区教委举办全民终身学习活动周。活动举办市民教育系列讲座、市民业余棋类比赛、中老年市民计算机应用能力培训等各项学习活动，免费发放社区教育系列教材、市民教育读本和“东城区市民终身学习记录卡”，表彰12个市民学习之星、5个市民学习品牌、72个优秀市民学习指导教师，启动东城区第二届“清风墨韵”市民书法绘画展。全区各街道参与活动。至年底，东城区新建前门—崇外—东花市市民学习基地、龙潭—体育馆路市民学习基地、天坛—永外市民学习基地。全区拥有市民学习基地8个、市民学习中心2个、数字化学习室10个，开设近百种课程，课时1210节，46435人次参与。全年举办市民计算机培训199次，7914人次参与学习。

（陈红　李银娅）

【研讨校园文化建设】 12月1日，东城区教委召开职业学校校园文化建设专家研讨会。会议听取各校校园文化建设规划、管理、目标、主题、要素、特色及存在突出问题汇报，并邀请清华大学、中国人民大学、北京师范大学、中央民族大学、华北电力大学6名教授现场指导职业学校校园文化建设。会议认为，校园文化建设要与学校本身定位、专业发展相结合；要加强对学校美育的培养，突出品牌特色；要借助首都高校的力量加强校园文化建设研究，促进学生树立正确的人生观、价值观，凝聚人心，塑造灵魂。全区5所职业学校领导、干部及教研员50人参加会议。

（覃玉玲　李银娅）

教育督导

【概　况】 2011年，东城区教育督导室专职督学10人，兼职督学21人，见习督学1人。年内，教育督导室以邓小平理论和“三个代表”重要思想为指导，以科学发展观为统领，全面贯彻落实党的十七届五中全会、六中全会和全国第四次教育工作会议精神，深入学习国家和北京市中长期教育改革和发展规划纲要及市、区“十二五”教育发展规划，紧紧围绕区委、区政府“实施精品特色战略建设国际化、现代化教育首善区”的总体工作思路，以提高教育质量为核心，以改革创新为动力，坚持依法督导，突出教育督导的针对性与实效性，努力促进办学水平和教育质量的进一步提升，圆满完成全年各项工作任务。

（李菊　李银娅）

【召开教育督导工作会】 4月2日，东城区政府召开2011年教育督导工作会。会议要求，各单位要认真学习全国教育工作会和市教育工作会精神，紧紧围绕东城发展的总体战略目标和教育发展的要求，结合本单位的实际，做好2010年度落实教育法律法规及实施素质教育职责的自查工作，要通过自查总结经验，查找不足，并要进一步明确本单位教育执法的职责和任务，做好2011年度贯彻落实教育法律法规及实施素质教育职责计划。会上，和平里街道办事处、团区委、人力社保局主管领导分别交流2010年度落实教育法律法规及实施素质教育职责情况。会议向30名新一届专兼职督学颁发聘书，完成新东城区新一届督学队伍的组建工作。各委办局、街道办事处主管领导及新一届专兼职督学参加会议。

（李菊　李银娅）

【开展综合评价工作】 5月9日至6月29日，东城区教育督导室全面开展教育单位综合评价工作。综合评价涉及全区146个教育单位。教育督导室及相关单位负责人100余人组成15个评价组，以“检查、引领、服务”为宗旨，以公平、公正为原则，严格按照督导评价标准实地检查各单位工作。经综合评价，146个教育单位全部达到优良标准。

（李菊　李银娅）

【调研高中校本课程多样化建设】 10月13至20日，东城区教育督导室完成高中校本课程多样化建设调研。调研督导工作以深入探索高中校本课程办学模式的多样性、课程设置的合理性、课程管理的有序性、教学效果的有效性为目的，促进东城区高中校本课程多样化科学发展，推进高中多样化办学模式建设。调研内容涉及校本课程的概念与内涵、校本课程建设的目标、发展方向、建设方案、评价办法等方面的内容。调研中，实地检查二十四中、一七一中、广渠门中学和十一中4所中学。

（李菊　李银娅）

【调研学校文化建设】 11月8至16日，东城区教育督导室专项调研学校文化建设。培新小学、定安里小学、府学胡同小学、黑芝麻胡同小学4所学校参加调研。结果显示：4所学校善于发挥自身在历史、地域、生源、师资、课程等方面的优势，从精神文化、物质文化、制度文化、行为文化、课程文化方面积极探索学校文化建设的有效途径，学校文化建设取得明显成绩。

（李菊　李银娅）

【调研特殊教育学校特色建设】 11月24至25日，东城区教育督导室完成两所特教学校办学特色专项调研。调研工作旨在突破普通教育办学模式及教育教学内容、方法，最大限度地发挥特教学校在培养残疾学生方面的潜能，从而为教育改革深入开展提供依据，使教育机构真正办出特色，促进学校科学可持续发展。调研结果显示：东城区特殊教育学校初步形成适合残障学生发展和生存的办学特色，即一条龙办学模式——特教与职高联通；培智中心学校“融合教育”的理念取得一定成效。

（李菊　李银娅）

【完成小学规范化建设工程督导验收】 12月，东城区教育督导室完成33所小学规范化建设督导验收工作。验收工作分为两个阶段：第一阶段，对学生和学生家长进行问卷调查；第二阶段，督导验收组进入验收学校，听取校长报告、进班听课、对学校干部及教职工访谈、考察硬件达标情况、查阅相关资料。至此，区内所有小学全部通过验收。

（李菊　李银娅）

【开展督政工作】 至12月，东城区教育督导室积极开展督政工作。教育督导室印发《关于对相关委办局、街道办事处落实教育法律法规及实施素质教育职责情况开展督导工作的通知》，及时调整完善《东城区政府职能部门教育执法职责和实施素质教育职责分解》，收集整理、编辑《东城区落实教育执法职责和实施素质教育职责自查报告汇编》（47个单位）。通过集中听取汇报、召开职能科室座谈会、查阅资料、实地查看等方式，完成对东花市街道办事处、天坛街道办事处、永定门外街道办事处、崇文门外街道办事处、前门街道办事处、龙潭街道办事处、体育馆路街道办事处及区体育局、区司法局、区妇联10个单位落实教育法律法规和实施素质教育职责情况的督导，形成督导调研报告。

（李菊　李银娅）

中共东城区委教育工委

书　记　蔡福全

东城区教育委员会

主　任　冯洪荣

东城区政府教育督导室

主　任　张京明

西　城　区

总　类

【青少年科技创新赛金牌全市第一】 3月27日，在第31届北京市青少年科技创新大赛上，西城区代表队获奖总数和金牌数居全市首位。其中，在中学生创新成果竞赛中获得一等奖10项、二等奖18项；在小学生创新成果竞赛中获得一等奖10项；获得专项奖16项。其中，四中申靓博、北师大附属实验中学殷岳还获得北京市青少年科技创新市长奖，八中孙同方获得市长奖提名奖。

（马志洪）

【举办第五届“双优评选”】 6月17日，西城区教委在育才学校召开第五届“先进教研组、优秀青年教师、青年班主任”评选活动总结表彰会。会议总结第五届“双优”评选活动，交流获奖教师经验，为获奖学校和教师颁奖。西城区南区中学代表200人参加会议。西城区南区中学第五届“先

进教研组、优秀青年教师、青年班主任”评选活动始自 2009 年 10 月，1000 名青年教师、青年班主任参加校级初评，177 名青年教师、79 个教研组、47 名班主任参加区级评选。通过板书板画、课件制作、说课、现场课、主题班会、情景测试、教研组展示，共评出青年教师综合奖项一等奖 44 人、二等奖 61 人、三等奖 72 人，先进教研组 40 个，优秀班主任一等奖 14 人、二等奖 15 人、三等奖 18 人，优秀组织奖 19 所学校。

（王贞茶）

【加强校安工程管理】 6 月 22 日，西城区教委召开校安工程安全工作部署大会。会议通报全区校安工程进展情况，部署校安工程施工期间校园安全管理工作，并要求有施工工程的学校与教委签订校安工程安全责任书。区教委、有关学校负责人、保卫干部、技防施工单位代表 80 人参加会议。会后，区教委向参会单位印发《西城区校安工程安全规定》、《西城区校安工程安全责任书》、《西城区校安工程施工现场安全管理制度》等资料，并要求各单位在施工现场进行张贴宣传，提高施工队伍安全意识，保证施工绝对安全。

（吕迎国）

【总结教师继续教育工作】 11 月 18 日，西城区教育系统 2011 年专项工作会召开。会议总结“十一五”期间教师队伍建设工作；部署“十二五”时期建设重点工作。会议授予 16 个单位“十一五”教师继续教育工作先进集体称号，授予 20 个单位校本研修先进单位、校本培训示范学校称号，授予 30 个单位校本研修特色单位、校本培训优秀学校称号，授予 238 名教育管理者和教师“十一五”教师继续教育先进个人称号，授予 5 个单位“十一五”时期教师继续教育先进培训单位称号。会议向新一届北京市特级教师颁发证书，并由新入职教师向特级教师敬献鲜花。会议还部署下一阶段全系统重点工作。西城区教育系统党政领导、骨干教师代表 300 人参加会议。

（李文君）

【举办教育科研周】 11 月 18 日，西城区教委举行“2011 年西城区教育科研周”开幕式。开幕式上，区教委领导总结全区教育科研工作，提出以“求真、务实、进取”为原则深入研究教育教学的规律与艺术，展现校本和西城教育特色，推动新西城的教育在教育研究引领下科学、优质、高效发展。会议宣读对 25 所获得北京市基础教育先进科研单位学校的表彰决定。亚太实验学校、回民小学、实验中学交流教育科研工作经验，北京教育学院、北京教育科学研究院领导完成学校工作点评。全区教育系统教师代表 400 人参加会议。2011 年西城区科研周主题是“新西城、新教育、新思路、新发展”。

（李文君）

【推进校长任期经济责任审计工作】 至 12 月，西城区教委完成 15 所学校法人代表任期经济责任审计。该审计根据经济责任审计联席会决定完成，审计金额 76360.46 万元，查处违规违纪资金 53.10 万元，提出审计建议 14 条。被审计领导干部在任期内，未发现个人违法、违规问题。

（张燕哲）

【健全学生资助政策体系】 至 12 月，西城区教委健全学生资助政策体系。区教委进一步扩大义务教育阶段减免政策范围，推进义务教育均衡化，同时，继续投入资金落实职业学校家庭经济困难学生资助政策体系。2010 至 2011 学年，西城区教育减免、奖励资金共计 3008.78 万元，其中，义务教育阶段 2648.80 万元（义务教育阶段学生免收教科书费 1188.75 万元，更新循环使用教科书 182.40 万元，其余为助学金等项目）、普通高中 66.50 万元、职业高中 293.48 万元。助学工程涵盖全区（包含民办学校）中小学生。此外，办理 1 人生源地信用助学贷款 6000 元；办理 21 人高校应届毕业生入伍服义务兵役学费补偿审核工作。

（周玉凤）

【完成校舍安全加固工程】 至 12 月，西城区教委完成校舍安全加固工程。加固 38 所学校，翻建 7 所学校。资金投入 60508 万元，其中，市级校舍加固工程款 18129 万元、区级 42379 万元。

（于瑞华）

学前教育

【概　况】 2011 年，西城区托幼园所 63 所，其中，区教委直属幼儿园 25 所，单位办园 26 所，部队办园 4 所，民办园 8 所。离园幼儿 3711 人，入园 5199 人，在园 15648 人，入园率 62.15%。教职工 2596 人，其中，专任教师 1388 人，大专及大专以上学历占教师比例 86.24%；市级学科带头人 2 人、市级骨干教师 15 人，市级特级教师 1 人。至年底，市、区财政投资 1.16 亿元改善幼儿园的办园条件，共扩班 28 个，增加 1488 个学位。全区 0 至 3 岁幼儿受教育率不断提高，区内北京市示范性幼儿园 14 所，北京市一级一类园 37 所，一级二类园 7 所、二级二类园 5 所。北京市社区早教基地 32 个。

（王丽萍）

【研讨孙玉兰园长管理思想】 1月6

日，西城区教委召开孙玉兰管理思想研讨会。会议观看《孙玉兰的故事》录像；听取宇锋幼儿园代表从不同角度介绍孙玉兰管理、育人、工作等方面的事迹；听取孙玉兰题为《要做就做到最好——谈谈我的幼教职业生涯》报告，从“走上幼教之路、做幼儿园的带头人、引领幼儿园科学发展”三个方面，讲述自身成长和工作的经验。研讨会旨在研究孙玉兰管理经验，挖掘管理思想，推动园长们做幼儿园科学发展的优秀带头人。来自北京军区空军后勤部、市保教协会、市教委代表，以及区内 37 所幼儿园代表 200 人参加会议。孙玉兰，2002 年起担任空军蓝天宇锋幼儿园园长，以其至纯的爱心、高度的责任感、勇于拼搏的实干精神，带领幼儿园分别跨入西城区示范园、空军示范园、北京市示范园、全军示范园行列。幼儿园荣立集体三等功，孙玉兰个人荣立二等功。

（王丽萍）

【六园入选市级早教基地和示范园】 1月21日和3月7日，市教委分别发布通知，西城区6所幼儿园分别入选北京市第七批社区儿童早期教育示范基地和北京市第七批示范幼儿园。其中，中国儿童活动中心幼儿园、西城区曙光幼儿园、西城区小百合幼儿园、西城区三教寺幼儿园入选早教示范基地；三教寺幼儿园、长安幼儿园和北京市第六幼儿园入选示范园。至此，西城区共有市级早教示范基地18所、市级示范园8所。

（王丽萍）

【举办首届"西城杯"教学评优】 3至

6月，西城区教委举办首届"西城杯"幼儿教师教学活动评优。全区119名教师参加活动，通过园、片、区三级评优，共评选出一等奖10人、二等奖19人、三等奖43人、表扬奖47人。此次评优活动通过赛、研、训一体方式，提升幼儿教师保教结合的能力水平，为提高幼儿园保教质量、全面实施幼儿素质教育奠定基础。

（王丽萍　张娟）

【举办首期幼儿教师英语培训】 3至12月，西城区教委举办首期幼儿教师英语培训。培训通过表演英语小节目、英语实践课、外出考察等方式，提高英语学习和英语教学实践能力。参训人员在原宣武区幼儿教师中择优选拔，20人参加学习，全部通过北京市英语口语证书测试。

（张娟）

【制定学前教育发展文件】 6月1日和13日，西城区政府印发《北京市西城区加快推进学前教育发展的意见》和《北京市西城区学前教育三年行动计划（2011～2013年）》。两个文件落实国务院和北京市有关发展学前教育的若干意见，提出加快推进学前教育事业发展，有效缓解入园难问题的具体措施。

（张娟）

【撤销1所幼儿园】 10月8日，西城区撤销文化部机关服务局下属文化部幼儿园。该园因上级部门改革正式撤销，教职员工划入中共中央直属机关事务管理局。文化部幼儿园建于1950年，办园地址西城区旧鼓楼大街小石桥胡同甲24号。

（王丽萍）

【建立18个学前教育名师工作室】

10月21日，西城区教委启动第二届西城区学前名师工作室骨干教师拜师活动。此次共设立沈心燕、郎明琪等18个名师工作室，带徒弟97人。该活动主要通过名师工作室培养骨干教师，加强以骨干教师为重点的教师队伍建设。

（张娟）

【研讨新京畿道幼儿园办园经验】

11月24日，西城区教委举办新京畿道幼儿园办园经验研讨会。会议听取新京畿道幼儿园整体环境介绍，园长和教师代表分别作《感悟园所文化管理，提高街道园的办园质量》、《教育科研引领街道幼儿园保教质量持续发展》、《教育教学研究帮助我成长》经验介绍；观摩教学活动。会议肯定该园努力拼搏、积极进取的精神和创新发展的办园理念，提出要进一步加强幼儿园特色建设，办人民满意的高品质幼儿园。全区幼儿园园长代表50人参加会议。

（王丽萍）

【曙光幼儿园分园开园】 12月28日，

曙光幼儿园分园开园。该园位于庆丰胡同3号院，在原庆丰小学基础上投资300万元改建而成，占地面积2087平方米，建筑面积1807.70平方米。幼儿园改建后6个班规模，首批招收4个教学班试运行。2012年收托总数计划达到380人。

（王丽萍）

【接收3所小区配套幼儿园】 至12月，西城区教委接收红山世家、信和嘉园、丽水莲花3所小区配套幼儿园设置公立幼儿园。其中，红山幼儿园占地面积3500平方米、信和幼儿园占地面积3100平方米、丽水莲花幼儿园占地面积2700平方米。此外，区教委还租用宣武回民幼儿园东侧1200平方米、北侧900平方米的两座建筑进行改造和装修，扩大回民幼儿园办园规模。

（张娟）

基础教育

【概　况】 2011年，西城区小学72所（公办71所、民办1所），开设班级1676个。毕业7965人、招生11076人，在校生37508人（另有借读生15713人）。教职工4414人（专任教师3879人）。小学入学率100%，巩固率100%，毕业率100%。中学51所（公办49所、民办1所、其他部门办学1所），其中，初中7所、高中2所、完全中学40所、九年一贯制学校1所、十二年一贯制学校1所。毕业17740人（初中9371人、高中 8369 人），招生 17544 人（初中 9327 人、高中 8217 人），在校生 53307 人（初中 28368 人、高中 24939 人）。初中入学率 100%，巩固率 100%，毕业及格率 100%，应届毕业生高考上线率（本科）79.78%。教职工 7973 人（含一贯制学校小学部），其中，专任教师 5482 人。特殊教育学校 3 所，教学班 58 个，毕业 113 人，招生 77 人，在校生 631 人（另有小学随班就读学生 172 人，初中随班就读学生 126 人），教职工 242 人（专任教师 195 人）。残疾儿童入学率 98.70%，巩固率 100%。工读学校 1 所，教学班 6 个，在校生 92 人，教职工 64 人（专任教师 44 人）。校外单位 12 个，其中，区级少年宫 2 个、区级青少年科技馆 2 个、区级青少年美术馆 1 个、少年之家（街道少年宫）7 个，教职工 301 人（专任教师数 180 人）。全区中小学教师学历合格率 97%。中小学特级教师 44 人（小学 11 人、中学 33 人），高级专业技术职务教师 1694 人（小学 63 人、中学 1631 人）。全区在职特级教师 58 人，市级学科教学带头人 44 人，市级骨干教师 179 人，区级学科带头人 570 人，区级骨干教师 1676 人，全区各级学科带头人和骨干教师比例达到专任教师总数的 20%以上。全年教育经费投入 51.26 亿元，其中，国家拨款 47.73 亿元，自筹经费 3.53 亿元。

（杨海蓉）

【开展中高考心理服务】　3 月 30 日，西城区教委启动 2011 年中高考心理服务工作。服务工作聘请全区 12 所中学的心理教师和优秀班主任，面向初、高三师生及家长，提供为期 3 个月的电话咨询、当面咨询、网络咨询等多种形式的心理服务。至 7 月，共接待来电来访 30 余次，上传网络博文 50 余篇。

（李蕾）

【成立华夏女子中学办学联合体】　4 月 15 日，华夏女子中学与北京师范大学实验中学、北京市第一六一中学、北京市第十四中学签署办学联合体协议。协议规定，北师大实验中学、十四中、一六一中为华夏女中提供优质教师资源，承担高中的部分教学工作，名师定期或不定期地为师生举办学科专题讲座；3 所示范校教师与华夏女中青年教师建立师徒挂钩关系；四校各学科教研组建立联合教研制度，定期开展教研交流活动；华夏女中学生定期走进 3 所示范校，参与听课及其他教学活动。华夏女中是北京市唯一公立完全女子中学，也是西城区教委重点推进特色高中建设的学校。3 所示范学校与华夏女中组成办学联合体，旨在扩大示范校优质资源的共建共享，名校与特色学校联手打造女中特色品牌。

（杨海蓉）

【研讨“关注过程提高实效”教学模式】　4 月 20 至 22 日，西城区教委

组织 28 所学校开展“关注过程提高实效”课堂教学研讨交流活动。在自主研究基础上，各校推出 29 节课参与区级研讨交流。区级研讨采取教学干部说课与教师现场上课相结合、专家点评与互动研讨相结合方式进行。现场作课部分评出一等奖 13 人、二等奖 13 人、三等奖 3 人；现场说课部分评出区一等奖 12 人、二等奖 17 人。7 月 8 日，区教委召开课堂教学研讨交流活动暨总结表彰会。

（陈蕾倩）

【启动“七彩梦想”大舞台】　5 月 27

日，西城区教委启动“七彩梦想”大舞台。启动仪式上，来自北京小学金帆舞蹈团、青龙桥小学金帆民乐团、实验二小舞蹈团等 16 所小学艺术社团参加首次活动。11 月 18 日，“七彩梦想”大舞台举办舞蹈专场演出，登台表演人数近 200 人，展示舞蹈 13 个。“七彩梦想”大舞台是西城区实施艺术教育的重要举措，旨在为所有热爱艺术的学生搭建演出平台。

（王笑菲）

【六校通过金帆艺术团承办校评审】　5 月，西城区 6 所中小学通过北京市金帆艺术团承办学校评审，成为金帆艺术团承办校。6 所学校是北师大附中金帆舞蹈团、北京小学金帆合唱团、北京第二实验小学金帆管乐团、北师大亚太实验学校金帆合唱团、宣师一附小金帆民乐团、五路通小学金帆舞蹈团。

（王笑菲）

【完成小学毕业生升初中工作】　至 7 月，西城区教委完成小学毕业生升初中工作。按照招生计划及入学办法，全区小学共计录取学生 9510 人，其中，3158 名学生参加划片派位，约占西城区升学人数 40.10%。本年小学毕业生升初中工作采取多种招生方式与计算机派位相结合。多种招生方式包括：文艺、科技、体育传统项目学校，寄宿制校（班），西城外国语学校小语种（西班牙语、法语）、月坛中学（日语）招生；推荐派位入学、学生与学校双向选择入学；企、事业办学校子弟班，“共建”单位职工子弟班和军队“双拥”班学生入学；划片派位入学。

（白冰）

【完成高级中等学校招生】　至 7 月，西城区教委完成高级中等学校招生工作。因区划调整，西城区中考中招工作本着统一政策、统一管理、统一程序、统一时间，分区（原西城区、原宣武区）操作的原则进行。升学考试由北京教育考试院统一命题，区县组织考试、网上评卷、成绩登统和发布考试成绩。高级中等学校招生考试文化课科目为五科，其中，语文、数学、外语各科满分 120 分，物理 100 分，化学 80 分，体育 40 分（体育考试 30 分＋体育过程性成绩 10 分）计入升学考试总分，满分 580 分。南北两区（原西城区、原宣武区）考生总计 9170 人，具有升学资格考生 8139 人（含往届生 142 人）。提前招生学校录取新生 798 人，其中，示范高中

405人、一般高中92人、中专119人、技校25人、职高147人、五年制高职10人。统一招生录取6616人，其中，普通高中录取6087人（示范高中录取3062人、一般高中录取3025人）、中专147人、幼教6人、技校32人、职高161人、高职183人。未录取考生725人。录取总计7414人，升学率91.09%。

（曹玉华）

【建立优秀班主任资源库】 9月，西城区教委借助网络资源平台建立"紫禁杯"优秀班主任资源库。入库教师经过学校上报、区内审核，涉及在岗"紫禁杯"优秀班主任23人。资源库收录内容包括班主任教学特点和显著成绩等，面向全区中小学开放，为区域内学校加强班主任校本培训提供资源支持。

（陈蕾倩）

【普通高校录取9233人】 9月，西城区教委完成普通高等院校招生考试组考工作。普通高考报名10483人，实考10108人，本科上线7453人，上线率73.73%。中学应届实考8240人，本科上线6574人，上线率79.78%。截至10月底，普通高校招生考试录取9233人，录取率91.34%。

（马华）

【组织高职班单独招生考试工作】 9月，西城区教委组织高职班单独招生考试工作。全区职高、中专校应届、往届生636人报名参加高师、高职班的招生考试，实考人数428人，录取人数340人，录取率79.44%。此外，145名考生被14所自主招生高职专科院校提前录取。

（马华）

【表彰优秀班主任】 11月4日，西城区教委召开2011年西城区中学优秀班主任表彰会。会议宣读《关于表彰"2011年西城区中学优秀班主任"的决定》，表彰优秀班主任80人，通过短片展示2011年北京市中小学"紫禁杯"优秀班主任获奖者风采，听取市、区两级优秀班主任代表典型经验报告。全区中学代表180人参加会议。9月，经过学校评选推荐，市、区两级教委审核，西城区19名教师入选第24届北京市中小学"紫禁杯"优秀班主任。

（李蕾）

【研讨班主任校本培训工作】 11月21日，西城区教委在宣师一附小举办"成长在学校"——班主任校本培训工作研讨会。会上，7所学校代表采取学校汇报与个人交流相结合的方式，从学校干部管理和教师个人成长两个层面，交流班主任校本培训实践经验。西城区教委领导和小学代表参加会议。该活动是西城区教育科研周活动之一。

（陈蕾倩）

【成立首个老艺术家工作室】 11月25

日，吴灵芬教授合唱工作室在三十五中挂牌。这是全市首个老艺术家校园工作室。吴灵芬教授合唱工作室由市教委主办，由西城区郭志平名师工作室承办。合唱工作室实施项目管理模式，统筹负责工作室网站建设、曲目库建设、外籍专家与专家队伍建设、教师指挥队伍建设、合唱团队建设、合唱团校本课程建设。

（王笑菲）

【全国校园电视节目赛获金奖】 11月，西城区教育信息技术中心编制的教学片《神奇的机器人》在中央电教馆主办的"第八届中国中小学校园电视奖评选活动"中，获得教学类特别奖。这是全国唯一的教学类金奖。同时，西城区教育信息技术中心辅导西城区学校参加比赛，获得金奖1枚，银奖1枚，铜奖4枚。

（夏郁）

【举办"传承北京精神"中学生论坛】 12月19日，西城区教委举办"传承北京精神，争做责任小公民"西城区中学生论坛。会上，5名中学生代表分别就历史、传统文化传承、公共事务关注、社会责任论述五个方面进行大会发言。会议还邀请有关专家对学生发言逐一点评。全区各中学学生代表及德育干部参加本次活动。此前，西城区教委结合"北京精神"宣传活动，面向全区中学生征集"传承北京精神，争做责任小公民"优秀论文，全区共征集个人作品200件，集体作品70件。

（李蕾）

【评选"智慧教师生命课堂"课例】 12月20日，西城区教委召开"智慧教师生命课堂"课例评选活动总结表彰会。会议表彰一等奖课例30篇，二等奖43篇，三等奖79篇，涵盖语文、数学、英语等12个学科。10月，西城区教委面向全区小学举办课例研讨评选活动。活动主题是"教与学的策略研究"，经过区级动员培训、学校研讨评选，各学校选报157份课例参加区级评选。

（陈蕾倩）

【晋升中学高级教师221人】 至12月，西城区教委完成年度教师职称评审工作。经过评审，中学高级职称申报247人，通过221人，通过率89.50%；中学一级职称申报203人，通过198人，通过率97.50%；小学高级职称申报159人，通过156人，通过率98.10%。至年底，西城区教委组建新一届中学教师高级专业技术评审委员会、中学教师中级专业技术评审委员会和小学教师中级专业技术评审委员会，评委会委员共61人。

（于锡华　陈然）

职业与成人教育

【概　况】 2011年，西城有5所职业高中和1个特殊教育职高班。5所学校共开设饭店服务与管理、旅游服务与管理、计算机网络技术等32个专业。毕业1392人，招生1981人，在校生4809人。教职工1087人，其中，专任教师736人。专任教师中，高级专业技术职务554人，市级学科带头人3人，市级骨干教师4人，区级学科带头人29人，区级骨干教师108人。学校总占地面积15.42万平方米、总建筑面积16.46万平方米。图书馆藏书41.48万册，电子藏书23.90万册，订阅杂志611种，报纸

168种。固定资产总值18981.66万元。全年教育经费投入27827.58万元，其中，国家拨款26434.24万元，自筹经费907.74万元。全区成人教育3学校所，开设专业73个，在校生12151人。开设短期培训班168个，培训12923人。成人学校总占地面积8.38万平方米，总建筑面积8.70万平方米。图书室藏书18.45万册，固定资产总值2897.65万元。全年教育经费投入5031.59万元，其中，国家拨款2635.90万元，自筹经费2391.69万元。全年审批社会力量办学9所，年末全区共有社会力量办学317所（其中民办小学1所，民办幼儿园9所，民办培训机构307所）。市民终身学习成果认证中心1家，注册学员1万人。全年市民教育培训107万人次。

（王娜娜）

【区教委调研职成教工作】 4月6日，西城区教委到北京宣武红旗业余大学调研。区教委领导听取红旗业大历史发展情况，以及现阶段发展状况汇报，肯定学校为区域经济和社会发展做出的积极贡献，对新形势下成人高校健康发展提出意见。区教委领导指出，成人高校要注重“校校合作（成人高校与职业高中）”和“校企合作”，形成良性循环，为地区经济与社会发展培养更多更实用的人才；建设学习型城区，建立终身教育体系，开展继续教育，推进学习型组织创建。同日，区教委领导还调研区职成教中心。

（王娜娜）

【实施市民终身学习成果认证制】 4月27日，西城区教委举行“西城区市民终身学习成果认证制度”启动仪式。教育部、中国成人教育协会、市教委等有关领导参加启动仪式和新闻发布会。仪式宣读《关于成立北京市西城区市民终身学习成果认证中心的决定》，为“西城区市民终身学习成果认证中心”揭牌。西城区市民终身学习成果认证制度是建立在西城区社区教育品牌项目——“市民终身学习积分卡”基础之上的终身学习制度，运行方式称为“学分银行”，一种借鉴银行的功能特点，以数字化存储、认证、兑换为手段，通过建立个人学习账户，实现个人学习与终身学习的信息存储、学分认证、学分积累、学分兑换、学习信用管理等功能的公益性的市民终身学习成果认证系统。该体系涵盖学习管理、学分管理、学分诚信管理和学分积累与积分兑换。凡在西城区辖区内工作、学习、生活的全体人员、各类学习型组织均可申请学习账户。学习者在终身学习成果认证中心认证的各注册点参加面授学习或者登陆学习型西城网站在线学习，或者通过自学等方式取得各级国家承认的资格证书，或者单位参加各类学习型组织创建活动等，都可通过学习时间的累积换取学分，也可通过课程考试获取相应的学分。存储在个人账户里的学分，每年一定时间里学员可以向西城区终身学习成果认证管理中心办公室申请使用、兑换。持卡人可根据自身需求，选取兑换一定的教育服务或培训服务，参加由合作单位提供的各类对外收费课程，获得学费减免；持卡人也可兑换一定量的社区生活服务和帮助，包括社区志愿者服务、家政服务、子女托管服务等。

（王珍）

【两校接受示范专业评估】 6月7至10日，西城区第一职业学校金融事务专业、外事学校的酒店服务与管理专业于分别接受市教委示范专业评估。评估专家组由12人组成，评估内容包括听取学校关于专业建设自评情况汇报、考察专业实训基地建设情况、查阅学校专业建设相关档案资料、随堂听课，以及召开教职工、在校学生和毕业生、用人单位代表座谈会。经过评估，评估专家组肯定两校的两个专业的整体建设情况，并提出学校发展有关建议。

（王娜娜）

【完成成人高校招生考试工作】 8至11月，西城区教委完成成人高等学校招生考试工作。报名工作南北分区。经资格审核后，南区和北区共确认报名9295人，比上年减少1688人。报名人员中，高中起点专科3200人、高中起点本科1151人、专科起点本科4944人。报考29036科次，比上年减少5474科次。共设置成人考试考点校16所，考场331个。录取9295人，其中，高中起点专科3200人，高中起点本科1151人，专科起点本科4944人。

（马华）

【总结社区教育“十百千”工程】 10月10日，西城区教委召开2011年社区教育“十百千”工程暨建设学习型学校工作会议。会议听取社区教育“十百千”工程与学习型学校创建工作报告；表彰2010年社区教育“十百千”工程与创建学习型学校先进单位93个、先进个人106人，西城区创建学习型学校先进单位18个2010年度教育系统创建学习型学校先进单位35个、创建学习型学校先进个人100人。会议听取先进单位代表经验介绍。区教委系统各单位和各街道办事处的负责人300人参加会议。

（王珍）

【完成高等教育自学考试组织工作】 至11月，西城区教委完成高等教育自学考试组织工作。全年受理各类考试报名共54932人次，137262科次，新生注册5730人，组考4020场次。办理自考毕业初审2705人（专科1236人，本科1469人）。西城区教育考试中心自考办负责西城区范围内及全市部分专业（中英合作专业）高等教育自学的报名、组考、成绩发放及论文申请等工作。全国高等教育自学考试笔试每年1月、4月、7月、10月考试；计算机应用基础上机考试每年5月、11月考试；高等教育自学考试证书考试每年5月、11月考试。

（李飞）

【召开学习型城区建设领导小组工作会】 12月1日，西城区学习型城区建设领导小组召开年度学习型城区建设领导小组工作会议。会议听取区教委关于学习型城区建设进展工作汇报，以及关于开展北京市学习型城市工作示范区（县）评估的有关工作报告。会议印发《北京市西城区人民政府关于创建北京市学习型城市示范区的实施意见》（征求意见稿）。学习型城区建设领导小组成员单位代表参加会议。西城区学习型城区建设领导小组成员单位由全区委办局、各街道办事处48家单位组成。

（王珍）

【评选成人教育优秀论文】 12月15日，西城区教委举办成人教育优秀论文表彰活动。为推进学习型城区和各类学习型组织建设，宣传推广成人教育优秀科研成果和经验，西城区教委组织西城区成人教育优秀论文评选工作。活动共收集论文 52 篇，评选一等奖 8 篇、二等奖 14 篇。

（王娜娜）

【成教管理干部走进外事学校】 12 月 15 日，西城区教委组织区属机关、企事业单位、成人学校管理干部"走进外事学校"活动。活动主题为"注重职成融合、加强校企合作、走进职业教育"，听取外事学校发展概况介绍，参观学生实践活动和教学设施。活动搭建职业教育与成人教育融通合作平台，加强区属企业参与职业发展的积极性。全区成教管理干部 100 人参加活动。

（王娜娜）

【编辑成教理论学习资料】 至年底，西城区教委编辑完成系列成教理论学习资料。系列学习资料包括《职工教育优秀项目选编》、《成人继续教育学习资料手册》、2 期《西城成人教育》杂志、3 期《成教动态》报。

（王娜娜）

教育督导

【概 况】 2011 年，西城区教育督导室是区政府加强教育行政监督，行使教育督导职能的专门机构；代表区政府开展区内教育督导工作；主要工作对象是区政府的有关委、办、局、街道办事处，中等及中等以下各级各类学校和校外教育等单位；职能是依法对区内教育工作进行监督、检查、评估、指导。至年底，督导室完成 17 所学校（幼儿园）全面实施素质教育综合督导（其中 11 所小学与小学规范化建设专项督导合并进行），完成 4 所小学规范化建设专项督导阶段性验收，随访督导 2 个街道办事处履行素质教育目标责任，完成 4 所非学历民办教育机构综合管理督导评价，随访 2 个教委直属单位、1 个社区教育及成人教育单位、2 所特殊教育学校以及 1 个校外教育单位。

（王锦红）

【推进全面实施素质教育工作】 1 月 13 日，西城区教育督导室召开进一步推进全面实施素质教育工作会。会议解读《西城区进一步推进全面实施素质教育评价工作方案（征求意见稿）》，明确评价工作的重要意义、指导思想和基本原则。会议强调教育督导室职能，希望区属各相关单位提高认识，高度重视，认真研读本单位目标责任，针对单位实际情况提出修改意见，并在工作中认真贯彻执行单位的目标责任。教育督导室和区属 52 个相关单位领导、专职督学和部分兼职督学参加会议。

（王锦红）

【召开督导意见反馈会】 1 月，西城区教育督导室召开 2010 年下半年综合督导意见反馈会。会议通过逐校召开督导反馈会形式，分别在 11 所学校（幼儿园）召开，有关督导和校领导班子成员参加会议。会上，责任督学代表督导室向各单位宣读督导评价意见，建议各校组织领导班子成员认真研读评价意见，领会评价角度和程度，采取适当方式向全体教职工反馈。会议要求各校在广泛征求意见基础上制定整改措施并限期改进。

（王锦红）

【评价验收小学规范化建设】 3 月 3 日，西城区教育督导室召开 2011 年上半年全面实施素质教育暨小学规范化建设督导评价验收工作动员会。接受综合督导 4 所小学的校长和部分干部参加会议。至 6 月，教育督导室完成 4 所小学规范化建设督导评价验收，验收结果全部合格。

（王锦红）

【随访调研汇佳北欧幼儿园】 3 月 23 日，西城区教育督导室随访调研北京市西城区汇佳北欧幼儿园。随访组会同区教委共同进行，通过听取幼儿园自评汇报、与中层以上干部座谈、察看幼儿园环境、查阅相关资料和个别访谈的方式，分别从依法办园、财务管理、行政管理与办园条件、教育教学管理和卫生保健等五个方面了解幼儿园近三年来开展工作的情况、取得的主要成绩和存在的主要问题。至年底西城区教育督导室共完成 10 余所学校随访督导。

（王锦红）

【开展督学培训】 6 月，西城区教育督导室召开以"加强自身建设，促进专业发展"为主题督学培训会。培训共举办两次，邀请原宣武区督学讲解"如何做督学"等问题。培训围绕"督学干什么、怎么干、如何干好"3 个问题，就如何做好督导中具体工作做详细辅导。区教育督导室督学、责任督学、兼职督学 40 人参加学习。

（王锦红）

【召开全体督学会】 9 月 5 日，西城区教育督导室召开 2011～2012 学年度第一次全体督学会。会议布置督导室 2011 年下半年的工作计划要点。会议回顾区划调整一年来的督导工作，希望督学能继续明确督导任务和目的，在工作中力求做到"八个到位"，即思想认识更加到位、融合结合更加到位、学习提高更加到位、建章立制更加到位、履职尽责更加到位、思路载体更加到位、团结协作更加到位、调研深入更加到位，结合区域教育发展的实际，进一步发挥教育督导"监督、检查、评估、指导"的职能，推动教育的科学发展。全体专兼职督学 40 人参加会议。

（王锦红）

【召开督学研讨会】 9 月 15 至 16 日，西城区教育督导室召开全体督学研讨会。会议确定"结合督导工作实际，总结经验，谈谈做督学的体会"，"围绕北京市教育督导发展规划以及西城区教育督导现状，对西城教育督导工作提出建议"两个议题。督学围绕两个议题分别提出建议。全体专兼职督学参加会议。

（王锦红）

【完成国家基础教育质量监测测试】 9 月 28 日，西城区 18 所中小学作为样本校参加教育部基础教育质量监测。质量监测从各中学随机抽取 60 名 9 年级学生，各小学随机抽取 30 名 5 年级学生参加测试，并完成四年级、八年级英语教师、体育教师和校长问卷调查。此前，9 月 19 日，西城区教育督导室召开国家基础教育质量监测样本校考务工作会，就监测工作提出具体要求。

（王锦红）

【编印《西城教育督导手册》】 9 月，西城区教育督导室编印《西城教育督导手册》。手册根据区划调整后教育督导工作实际编印，汇集现行有关教育督导政策，以及各项管理制度和工作流程，共10万字。手册作为现任督学的工作指南和新任督学岗前培训资料共全区使用。

（王锦红）

【综合督导非学历民办教育机构】
11月23日和27日，西城区教育督导室分别综合督导西城区英辅语言培训中心和华夏培训学校。督导室督导评价学校近3年综合管理情况。督导中，督导组听取学校自评报告，通过召开教师、家长座谈会，进行学员问卷调查，查阅档案资料，实地查看办学场地，个别访谈以及随堂听课等方式，全面考察学校综合管理的情况。

（王锦红）

【制定高中学生发展状况评价指标】
至年底，西城区教育督导室完成“普通高中学生发展状况评价指标”研究制定。评价指标主要涵盖学生发展现状评价和学生发展评价机制两个一级指标。该评价指标是西城区督导室承担的“普通高中多样化发展与现代督导制度建设”的课题研究成果。课题于2009年立项，主要针对西城区推进普通高中学生发展工作的实际状况，研究探索切实可行的学生发展评价督导内容、途径与方法。

（王锦红）

中共西城区委教育工委

书　　记　高子忠（8月免）
　　　　　张军（8月任）

西城区教育委员会

主　　任　田京生

西城区政府教育督导室

主　　任　牟东棋

朝　阳　区

总　类

【获“人民满意的公务员集体”称号】
1月13日，由北京市委组织部、市委宣传部和市人力社保局等部门组织的第五届北京市“人民满意的公务员”表彰大会在北京国际饭店会议中心召开。30名北京市“人民满意的公务员”和10个北京市“人民满意的公务员集体”受到表彰。朝阳区教委被评为北京市“人民满意的公务员集体”，是北京市教育系统中唯一获奖机关团体。

（黄阳艳）

【309人入选市级学科带头人和骨干教师】　2月23日，在北京市教委新一届市级学科教学带头人、市级骨干教师评选工作会上，朝阳区教育系统共有309名优秀教师被评为北京市学科教学带头人和北京市骨干教师，比上一届大幅增加50名。其中50人被评为市级学科带头人，259人被评为市级骨干教师，分别占到北京市的12.5%和12.8%，总量占全市的八分之一，位居全市第二。该评选采用专家小组随机听课与学生评价相结合方式，设立课堂教学讲授质量、教学态度、教学内容、教学方式方法、课堂效果和教学特色项目，经过评议、提名，由专家大组观摩录像、评议、投票表决产生。

（耿健）

【清华附小落户朝阳】　3月22日，朝

阳区教委与清华大学附属小学签署合作办学协议。根据协议，成立清华大学附属小学商务中心区实验小学，校长由清华大学附属小学校长担任。该校隶属朝阳区教委，事业单位，全额拨款。办学地址建国门外大街4号，占地面积15346平方米，建筑面积11238平方米。9月1日，清华大学附属小学商务中心区实验小学开学，1至6年级各4个班，共24个班。此前，朝阳教委落实区委、区政府提出“引进名校，扩大朝阳优质教育资源供给”战略目标，相继引入东北师大附中、清华附中、人大附中等全国14所名校落户朝阳办学。

（吴蕊　康琪）

【民办学校签订集体合同】　3月31日，朝阳区225所民办学校与朝阳区民办学校工会联合会签订民办学校行业集体合同，合同涵盖教职工8170人。该合同是民办学校教职工协商代表和学校协商代表依法就劳动报酬、工作时间、休息休假、劳动安全卫生、教育培训、保险福利合同规定事项，通过集体协商共同签订。合同规定，民办学校保障国家法律、法规规定的教职工各项劳动权益，提供符合国家要求的各项劳动标准；在民办学校经济效益提高的基础上，改善教职工的劳动条件，提高教职工的工资福利待遇。教职工认真履行劳动合同，遵守劳动纪律和民办学校各项规章制度。民办学校工会代表教职工整体利益，依据本合同规定，指导教职工正确处理和民办学校的劳动关系，并监督和调整这种关系。民办学校工会有义务支持民办学校各项工作管理，支持民办学校合法权益，教育教职工认真履行劳动合同，遵守劳动纪律和民办学校各项规章制度，配合民办学校组织开展合理化建议、校务公开等工作，促进民办学校健康发展。合同期限3年。12月，该项工作被评为北京市教育工会优秀成果奖。

（吴蕾）

【主办全国中小学校长论坛】　4月28至29日，2011全国中小学校长论坛暨全国基础教育协作体交流会在朝阳

区召开。论坛（交流会）以“质量·特色·品牌”为主题，由朝阳区教委和《中国教育报》社共同主办。论坛旨在营造教育优先发展、育人为本、改革创新、促进公平、提高质量的工作氛围和学术研讨平台，展示交流各地区教育改革和发展的最新动态和有效模式，并引导各地区基础教育行政领导进一步强化内涵发展、均衡发展、科学发展的教育发展观。会上，与会代表围绕主题，从区域、学校特色发展、教育质量提升与品牌塑造展开研讨，教育部代表、华中师大教授，以及来自全国各地的12所学校校长在论坛上发言。来自全国各地的教育行政领导人和中小学校长代表及朝阳区部分中小学校长300人参加论坛活动。

（赵艳玲）

【公办资源委托办学】 6月27日，朝阳区教委举行“2011年朝阳区使用公办资源委托办学签约仪式”。区教委将原辛庄小学、定福庄第三小学和姚家园小学3所公办学校校舍委托给安民学校，举办专门接收随迁子女的民办学校。3所学校将接收1800名来京务工人员随迁子女入学，这将为3所以上未批自办校学生分流提供充足学位，为随迁子女提供合格的义务教育。加上2010第一批委托民办的3校7址，区教委已通过“整合资源委托民办”方式提供5500余个学位。“整合资源委托民办”是朝阳区教委解决随迁子女就学问题举措之一。2010年以来，朝阳区分阶段在来京务工人员聚集地区整合公办校舍，委托具有丰富教育教学经验的退休老师为校长，举办定向接收随迁子女民办学校。区教委对委托办学举办者不仅免费提供校舍，还给予专项经费支持，如提供公用经费定额补助、负担校舍供暖费、负担教师保险费用总额的50%、为学校提供必需的教育教学设备设施，降低学生收费标准。2010年，朝阳区为打工子弟学校提供教育经费14.7亿元。

（周滢）

【成立社区教育科】 6月30日，朝阳区教委社区教育科成立。社区教育科为区教委内设机构，行政编制4人，其中科级领导职数1正1副。主要职责是：负责制定本区社区教育发展规划和年度计划，并组织实施；负责制定并落实促进本区社区教育发展的相关政策和各项管理制度；负责社区教育专项经费的预算编制和管理工作；负责社区教育理论研究、课程设置、教材开发和数字化学习平台建设管理工作；负责社区教育教师队伍建设和培训评估工作，并对街乡社区教育工作进行指导；负责社区教育资源整合开发工作。

（朱平）

【赴内蒙古丰镇市支教帮扶】 8月5日，朝阳区教委与内蒙古丰镇市教育局签订协议，建立对口帮扶合作单位。至此，朝阳区教委共建立6家帮扶单位。根据协议，区教委为对口支援地区提供教育智力支持，帮助培训教师，组织学校开展结对帮扶与交流等活动。11月中旬，朝阳区教委6名教研员、骨干教师赴内蒙古丰镇市开展为期一周的支教帮扶活动。教研员深入基层学校开展专题讲座，听课、评课、上示范课，与基层一级教师座谈交流，举办专题培训，得到丰镇市教育干部和教师好评。

（刘志如）

【承办基础教育国际研讨会】 10月14

日，2011中国教育年会基础教育国际研讨会在朝阳区召开。会议由中国教育国际交流协会、朝阳区政府主办，以“改革的力量·创新的魅力——教育对外开放和中学教育发展”为主题。会上，朝阳区提出要加快建设现代化教育体系，打造“优质教育资源聚集区、现代高端职业教育发达区、开放多元国际教育试验区、文明和谐社区教育示范区”目标，以及“全面提升素质教育水平”等10个任务和“教育优质化建设”、“教育国际化发展”等10个重点项目。会议研讨“中学生的自我发展与自主学习”、“培养拔尖创新人才——中学的探索与实践”等问题，并交流IB、AP、A－level等国际课程进行对比研究和实践经验。教育部、中国教育学会，全国各省市和地区代表，以及朝阳区中小学校长300人参加会议。

（吴丹萍）

【举办安全专业培训】 11月15日，朝阳区教委面向全区公办和民办中小学、幼儿园及直属机关单位保卫工作人员举办安全专业培训。培训邀请有关专家举办消防安全、学生意外伤害、校园安全工作等专题讲座。全区有关学校代表300人参加培训。

（谢仲能）

【完成校舍安全改造工程】 11月15日，朝阳区校舍安全改造工程结束。该工作2009年5月启动，3年来，朝阳区共改造256所校址750栋楼，改造面积116.27万平方米，投资28.74亿元，涉及5000个班级，14万名师生的周转安置工作。其中，2011年工程共涉及86所校址251栋楼，改造面积39.84万平方米。完成1758个班级、51724名学生周转工作。

（李成）

学前教育

【概　况】 2011年，朝阳区幼儿园165所，其中，区教委直属幼儿园28所，单位办园56所，部队办园6所，民办园75所。离园幼儿10941人，入园19282人，在园53870人，入园率98%。教职工10045人，其中，专任教师5805人。至年底，市、区财政投资8700万元改善幼儿园的办园条件，共扩班84个，增加2100个学位。全区0至3岁幼儿受教育率不断提高，区内北京市示范性幼儿园8所，北京市一级一类园73所，一级二类园 23 所、二级二类园 16 所。北京市社区早教基地 70 个。

（叶蕾）

【调整 3 所幼儿园办园体制】 1 月 13 日，朝阳区政府批准 3 所幼儿园调整管理体制。其中，北京市朝阳区团结湖第一幼儿园福怡苑分园由体制改革试点幼儿园专为公立幼儿园。新园命名为北京市朝阳区福怡苑幼儿园。隶属于区教委，独立法人，全额拨款事业单位。北京市朝阳区望京新城幼儿园由体制改革试点幼儿园专为公立幼儿园。新园命名为北京市朝阳区望京新城幼儿园。隶属于区教委，独立法人，全额拨款事业单位。北京市朝阳区定福家园幼儿园由体制改革试点幼儿园专为公立幼儿园。新园命名为北京市朝阳区清友实验幼儿园。隶属于区教委，独立法人，全额拨款事业单位。

（吴蕊）

【启动城乡学前教育一体化发展课题】 1 月 21 日，“探索城乡学前教育一体化发展有效途径”课题启动会在朝阳区教委召开。会上，全区 52 所农村地区的幼儿园和 52 所北京市一级一类幼儿园结对并签订合作协议。协议强调课题研究的目的任务，明确结对园双方的工作责任和要求。课题旨在引导幼儿园从促进学前教育事业优质均衡发展的角度认识此项工作的重要意义，以高度的责任感和开放的胸怀实心实意地合作与学习，输出和共享双方的智慧与资源，实现共同提高。

（张翠红）

【表彰社会力量举办优秀园】 3 月 23 日，朝阳区第二届社会力量举办优秀幼儿园评优表彰会召开。评选活动 2010 年 10 月启动，共有 17 所幼儿园提出申请。区教育督导室、区教委、区教研中心、区卫生局组成的评审小组，通过审阅材料、实地考察、社会满意度调研等形式对园所进行综合评估。最终凯尔宝宝梵谷园、北师大大西洋新城幼儿园、亚运村第一幼儿园等 10 所幼儿园受到表彰。来自全区各类型幼儿园园长、业务园长、民办幼儿园举办者近 300 人参加会议。

（叶蕾）

【新任幼儿教师培训班结业】 4 月 20 日，朝阳区教委委托北京教育学院朝阳分院举办的新任幼儿教师培训班结业。该班 4 月 11 日开班，共 60 学时，其中包括 40 学时的面授课程和 20 学时的实践课程。内容涉及幼儿教师职业理想、职业信念和职业道德、幼儿园一日生活的组织、区域游戏环境创设与指导、主题活动的设计与实施、家长工作、幼儿常规培养、意外伤害预防等方面。培训使新任教师明确岗位职责，增强职业认同感，掌握幼儿园一日生活的流程、组织要点和基本方法、理解幼儿园主流课程的基本理念，初步掌握课程的组织方法。全区各类型幼儿园新任幼儿教师 80 人参加学习，并全部结业。

（郝晋）

【新建4所幼儿园】 6至11月，朝阳区

政府、朝阳区机构编制委员会批准成立幼儿园 4 所。其中，6 月 15 日，成立北京市朝阳区定福家园幼儿园。该园位于朝阳区平房地区定福家园小区，隶属区教委，事业单位，全额拨款。该园占地面积 2908 平方米，建筑面积 2518 平方米，幼儿园规模 8 个教学班。同日，成立北京市朝阳区北辰福第幼儿园。该园位于朝阳区常营地区北辰福第小区，隶属区教委，事业单位，全额拨款。该园占地面积 4313 平方米，建筑面积 3450 平方米，幼儿园规模 12 个教学班。11 月 24 日，成立北京市朝阳区丽景幼儿园。该园位于朝阳区常营地区金隅丽景苑小区，隶属区教委，事业单位，全额拨款。该园占地面积 4366 平方米，建筑面积 3493 平方米，幼儿园规模 12 个教学班。11 月 24 日，成立北京市朝阳区泛海幼儿园。该园位于朝阳区东风地区泛海小区，隶属区教委，事业单位，全额拨款。该园占地面积 4000 平方米，建筑面积 3005 平方米，幼儿园规模 12 个教学班。

（吴蕊）

【举办园长研修课程培训】 11月16至

25 日，朝阳区教委举办一级幼儿园园长高级管理研修课程培训。培训委托北师大继续教育学院 10 名专家授课，课程内容包括国际幼儿早期阅读的进展、幼儿教师专业化发展与职业生涯规划、幼儿园战略管理与园所发展规划、职业园长的礼仪修养、用教育哲学视角看待幼儿园办园理念与办园方向、学前教育发展对我国幼儿园课程与教学的借鉴。全区一级二类以上 93 所幼儿园园长参加学习。

（叶蕾）

基础教育

【概　况】 2011 年，朝阳区小学 134 所，毕业 11813 人（本市户籍 6482 人），招生 19656 人（本市户籍 8294 人），在校生 91029 人（本市户籍 39998 人）。教职工 6802 人，其中，专任教师 6170 人。小学入学率 100%，巩固率 100%，毕业率 100%。特教学校、小学附设特教班 7 所，在校学生数 272 人，教职工 91 人，专任教师 85 人。残疾儿童入学率 99.67%，巩固率 100%。中学 77 所（公办 67 所、民办 10 所，初中 31 所、完中 17 所、高中 2 所、一贯制学校 27 所）。毕业 14197 人（初中 9369 人、高中 4828 人，本市户籍初中 6769 人、高中 4353 人），招生 18503 人（初中 13259 人、高中 5244 人，本市户籍初中 5933 人、高中 4462 人），在校生 51846 人（初中 35592 人、高中 16272 人，本市户籍 18592 人、高中 13999 人）。初中入学率 100%，巩固率 100%，毕业及格率 100%，应届毕业生高考录取率

99.69%。教职工6461人，其中，专任教师5282人。特殊教育学校1所（公办），结业52人，招生50人，在校生164人，开设教学班20个；教职工62人，其中，专任教师58人。工读学校1所，班级8个，在校生201人，入校生82人，离校生78人。教职工46人，专任教师34人。校外教育单位6个，教职工150人，其中，专任教师109人。全区中小学教师学历合格率100%。中小学特级教师9人（小学2人、中学7人），高级专业技术职务教师1843人（小学88人、中学1755人）。全区中小学占地面积365.70万平方米、建筑面积199.76万平方米，图书馆（室）藏书762万册，固定资产总值479742万元。全年教育经费投入422497万元，其中，国家拨款395530万元、自筹经费26967万元。

（赵光　李庆春）

【新成立两所学校】　1至3月，朝阳区教委新成立两所学校。1月31日，成立北京中学。该校产权归属区教委，事业单位，全额拨款。学校具体校址在选择中。3月8日，成立府学胡同小学朝阳学校。该校位于朝阳区观湖国际小区，隶属区教委，事业单位，全额拨款。学校占地面积1.32万平方米，建筑面积1.12万平方米。学校规模36个教学班。

（李成）

【开展儿童阅读日活动】　4月2日，朝阳区第四届中国儿童阅读日“学校图书馆资源的开发与利用”活动举行。活动旨在充分开发利用学校图书馆资源，为学生搭建阅读交流平台，进一步推动儿童阅读促进工程的深入开展。至6月，儿童阅读日举办专题读书活动340场次，开展阅读明星学校、阅读明星教师、阅读明星学生的评选活动，评选出45所明星学校，以及475名明星教师。

（赵艳红）

【举办环境保护演讲比赛】　4月11日，“朝阳区第15届环境保护演讲比赛”决赛在朝阳区白家庄小学举行。该项目由朝阳区教委、朝阳区环保局主办。全区来自全区23所中小学校的26位学生以环境保护为主题发表演讲，展示朝阳区青少年对于环保行动的理解。

（金环）

【建立社科名家进校园基地学校】　4月26日，中国社科院与朝阳区教委合作启动仪式暨“社科名家进校园”活动在陈经纶中学报告厅举行。活动中，中国社科院与陈经纶中学共同为“社科名家进校园基地学校”揭牌仪式，社科院和教委领导为社科院派出的12名朝阳区中小学科研副校长颁发聘书。会上，社科院文学研究所所长、学部委员杨义作《阅读与成长》主题报告，正式启动基地校活动。活动标志着朝阳区教委和中国社科院战略合作全面展开，双方将围绕办学理念的提升、教育教学改革的课题研究、干部教师培养和学术交流、专家型人才的选派开展合作。社科院每年选派1至2名社科名家走进陈经纶中学，为陈经纶中学学生开设主题讲座，培养和加强学生的人文素养。社科名家主题讲座也将成为陈经纶中学校本课程之一。

（程木昌）

【网络教研进农村】　5月23日，朝阳区教研中心启动农村初中校网络教研活动。该活动利用信息技术网络教研平台，达到远程、异地授课的目的。朝阳区农村校数学教师和兼职教研员40人体验首次网络教研活动。他们在学校办公室通过远程视频交互、视频同步讲解、语音交流等形式，开展教学研讨。教师普遍认为：网络教研平台提供全新的教研体验和专业的指导与交流，网上教研模式节约工作时间，避免为参加教研活动在路途中的奔波之苦。该网络教研平台域名 http://58.132.100.175，服务对象为全体教研员及全区教师。功能模块包含远程在线音视频交流、远程多媒体播放、远程桌面演示、远程白板、在线文字交流、文件传输、过程档案保存、离线文字交流等，数据包含多媒体教学资源及生成性资源。

（赵艳玲）

【展示小学生创新成果】　5月26日，朝阳区首届小学生创新性学习成果展示活动举行评比表彰活动。该活动历时两个月，全区近百所学校292个项目参加评选，获奖项目共有30项。其中，自然科学16项、社会科学14项，8项获得金奖，10项获得银奖，12项获得铜奖。活动同时评出10所学校获得优秀组织奖。全区各小学校长、获奖学生及其指导教师，部分学校学生代表等400人参加展示与表彰活动。

（张丽娟）

【建筑材料研究院附中更名】　6月15日，朝阳区政府批复，中国建筑材料科学研究院附属中学更名为北京第二外国语学院附属中学。更名后学校隶属区教委管理，事业单位，全额拨款。二外附中两校址占地面积2.96万平方米，建筑面积1.44万平方米，开设36个教学班。

（吴蕊）

【小学器乐进课堂结题】　6月20日，“朝阳区小学器乐进课堂成果汇报会暨小学器乐教学法的研究”课题结题。该课题2009年立项，经过专家鉴定，准予结题。课题主要研究音乐课堂教学。通过研究构建小学1至6年级的课堂器乐教学内容体系及标准，有效提高全区小学音乐教师队伍整体的课程意识和专业水平。通过研磨课堂教学片段和案例，研发出适合小学器乐教学的2类课型、5个模式、4条策略和10种方法。至2010年，实现全区小学“班班器乐进课堂”，建成管乐、民乐、打击乐等金帆乐团5个，朝花艺术团39个，器乐特色校56所，其中40所进入示范校行列。全区共组织召开6届器乐教学成果汇报会，累计965校次、3760人次参加交流，12名教师作研究课，印发教案、经验交流材料等3000套。

（蔡萍）

【完成三校资源整合工作】 6月和9月，朝阳区3所学校资源整合工作。6月15日，北京市朝阳区水南庄小学撤销编制，原校址归北方中学办学使用，师生、财产、设备等由朝阳区垂杨柳学区负责分流安排。北方中学占地面积7235.21平方米，建筑面积3989.44平方米。开设3个年级、8个班。9月9日，北京市朝阳区松榆里二小与北京市朝阳区武圣庙小学合并，合并后新校名北京市朝阳区武圣庙小学，撤销北京市朝阳区松榆里二小编制，利用原武圣庙小学校址办学。原松榆里二小校址改为武圣庙小学分校。

（吴蕊）

【高考整体质量再创历史新高】 7月，

朝阳区高考成绩再次取得较好成绩，各项指标再创历史新高。本科以上上线3206人，上线率81.21%，较上年提升4.5个百分点，高出全市平均值27个百分点，在全市本科计划录取率减少1.03%的情况下，朝阳区本科上线率仍保持持续增长。一批本科上线1758人，上线率44.53%，较上年提高5.5个百分点，高出全市平均值18个百分点。600分以上人数为260人，占考生总数的6.59%，略高于上年及全市平均值。在全市减少900多人的情况下，朝阳区仍有小幅提升。

（苏纪玲）

【成立小学生涯教育研究中心】 9月

21日，北京市首个“小学生涯教育研究中心”在朝阳区幸福村学区成立。该中心由北京市教育科学研究院德育研究中心、朝阳区教委联合主办，朝阳区幸福村学区承办，以“开展生涯教育，为学生幸福人生奠基”为研究主题。成立仪式上，幸福村学区所属小学展示11节生涯教育展示课，从家庭、自我认知、兴趣、习惯养成、职业认知、认知社会、早期生涯规划角度展示小学生涯教育的内容。

（李烨楠）

【推进儿童阅读促进工程】 9月28日，

朝阳区教委召开“儿童文学促进小学语文有效教学的研究与实验”课题结题会暨“朝阳区小学儿童阅读促进工程”工作推进会。会议旨在总结经验，鉴定成果，表彰先进，使实验研究成果系统化、科学化，并进一步推动“朝阳区小学儿童阅读促进工程”深入开展。会上，北师大博士生导师林崇德，北师大博士生导师王本陆，教育部课程教材研究所研究员、总课题负责人张廷凯完成课题点评，通过课题成果鉴定。3所学校从不同方面汇报课题成果。区教委表彰课题研究先进学校和先进教师，并解读“2011至2014年儿童阅读促进工程实施方案”。区教委领导和课题组专家，朝阳区各学校代表300人参加会议。“儿童文学促进小学语文有效教学的研究与实验”是全国教育科学“十一五”规划教育部重点课题“课程资源促进有效教学的研究与实验”子课题。朝阳区2007年参与课题研究。4年来，区教委投入1000万元用于学校购置图书、开发阅读资源；开展区级大型培训、研讨、竞赛活动40余次，推出一批阅读特色学校，形成一支高素质的推动儿童阅读的教师团队；总结出6种儿童文学阅读教学的模式，并制定相配套的课堂教学评价标准；创办《书香》专刊，出版一套30本的阅读丛书及《教师优秀案例集》等。

（李烨楠）

【郑丹娜班主任工作室获奖】 10月21至24日，在中国伦理学会举办全国班主任基本功大赛上，郑丹娜班主任工作室的12名教师获奖。其中，酒仙桥中心小学马静获得总决赛亚军，并且获得故事演讲、特长展示两个项目的一等奖；惠新里小学马晓昕获得一等奖；田华小学赵智慧获得二等奖；垂杨柳中心小学宋子男、呼家楼中心小学熊亚超、松榆里小学马平菊分别获得三等奖；南沙滩小学王丽萍、垂杨柳中心小学郝静、平房小学王冬梅、大黄庄小学王艳、团结湖小学肖海员、幸福村小学穆晓媛分别获得优秀奖。全国共有200名选手参加比赛。

（赵光）

【研讨“习作教育”】 12月22日，枣营小学召开“习作教育”研讨会。研讨会以“习作教育”搭建师生可持续发展平台为主题。会上，该校一至六年级语文教师分别展示口语交际、说写训练、辩论等习作课程。枣营小学2008年启动“习作教育”研究，2010年课题被确定为朝阳区“名校长工程”课题。同年12月17日，朝阳区枣营小学被北京市小语学会基础教研中心、小语教研室授予北京市第一所“习作教育”实践研究基地校。“习作教育”与以往的语文作文教育不同，通过跨学科引导启发学生们的作文创作热情，培养小学生的观察、思考、动手等综合能力。

（赵光）

【建立“手拉手”互助校】 至年底，朝阳区酒仙桥学区6所城市优质学校与6所农村学校、3所城市薄弱校开展“手拉手”互助校协作。活动中，6所城市优质学校教师先后下校指导40多次，使“手拉手”学校近30名教师受益。“手拉手”互助校在日常管理、课程改革、薄弱学科和校本课程等方面开展交流，提高农村学校、薄弱学校教师教育教学能力和学校管理水平，推动城乡教育均衡发展。6所城市优质学校是南湖东园小学、南湖中园小学、酒仙桥中心小学、酒仙桥二小、望花路小学、望欣园小学，6所农村学校是驼房营小学、北苑小学、北皋中心小学、奶子房小学、上辛堡小学、苇沟小学，3所城市薄弱校是大山子二小、将台路小学、高家园小学。

（张楠）

职业与成人教育

【概　况】　2011年，朝阳区职业教育学校6所。国家级重点学校1所，即北京市求实职业学校。毕业3486人，招生3213人，在校生10373人，社会培训2万人。教职工1125人，其中，专任教师821人。专任教师中，高级专业技术职务209人，市级学科带头人5人，市级骨干教师18人，区级学科带头人5人，区级骨干教师22人。学校占地面积26.21万平方米、建筑面积19.20万平方米。固定资产总值31570万元。全年教育经费投入65192万元，其中，国家拨款61244万元，自筹经费3948万元。全区成人教育中等专业学校1所，开设专业4个，在校生187人，其中，中专94人，本科93人。开设短期培训班69个，培训5735人。成人学校（职工大学）占地面积3.47万平方米，建筑面积2.77万平方米。图书室藏书77984册，固定资产总值4497万元，全年教育经费投入4062万元，其中，国家拨款2547万元，自筹经费1515万元。

（李连启　张洁平）

【东方妇女老年大学落户朝阳】　3月2日，“幸福养老大课堂暨北京东方老年文化节启动仪式新闻发布会”在朝阳社区学院演播大厅举行。发布会上，

顾秀莲为北京东方妇女老年大学揭牌，并向教学基地代表授牌。北京东方妇女老年大学创立于2007年。坚持“面授教育与远程教育相结合，以远程教育为主；教学培训与科研和教材建设相结合，以科研和教材建设为主；老年普遍培训与老年工作管理者培训相结合，以老年工作管理者培训为主”的“三结合，三为主”办学原则。2010年11月迁址到朝阳社区学院，并在朝阳区首批设立200个教学基地推广远程教育“幸福养老大课堂”课程体系。该课程体系以幸福养老为一条主线，以养身、养心、养神为三大支点，以健康、艺术、国学、生活、时政五项教育为主体，包括幸福导航、养生宝典、兴趣天地、疾病防治、生活百科、老年维权、和谐家庭、奉献社会、时事纵横九大系列。

（刘润梅）

【成立企业专家教学指导委员会】　5月19日，朝阳区教委成立企业专家教学指导委员会。该委员会由7名企业专家组成，是朝阳区推进校企互动、促进职教发展、提高教学质量、搭建教师成长平台的重要举措。该委员会的职责是指导学校课程建设、专业建设及实习实训基地建设，为学校提供企业和市场信息，对人才素质提出要求，指导学校教学，提出教学改革建议，提供学生实习和就业咨询服务等。

（赵艳玲）

【职业高中参与文明城区创建行动】　5月30日，朝阳区教委举办职业高中创建全国文明城区“十百千”行动计划启动仪式。“十百千行动计划”内容：一是开展十大主题教育活动；二是开展百班进社区活动；三是开展“千生进企业”活动。启动仪式上，区教委领导为职业高中开展“百班进企业”活动授旗。求实职业学生代表向全区万余名职高学生发出“践行文明、传播文明”倡议，号召从自己做起，播撒文明种子，争做技能过硬、职业道德高尚、文明有礼的职高生，为创建全国文明城区贡献力量。区委教育工委、区教委领导，以及全区职业高中代表400人参加活动。

（李联启）

【职业高中向普通高中和社区派送课程】　7月，朝阳区教委为利用职业教育资源，启动职业高中向普通高中派送课程工作。至年底，5所职高校共向7所中学派送14门课程，共209课时。课程包括照相机的使用、茶道咖啡、电子制作等。此外，朝阳区职业高中与社区学院合作开发社区教育网络课程工作11月启动。第一阶段计划开发34门课程，包括化妆、金融理财、插花艺术等。

（李联启）

【民族文化艺术职校并入求实职校】　10月10日，朝阳区教委决定将北京市民族文化艺术职业学校并入北京市求实职业学校。至此，北京市求实职业学校一校分9个校址办学，占地面积111182.90平方米，开设17个专业，有286名专业教师（含兼职教师），招收4753名学生。

（李联启）

【两校列入国家级示范校建设】　10月20日，北京市劲松职业高中、北京市电气工程学校被批准为国家中等职业教育改革发展示范校计划建设项目学校。北京市劲松职业高中创办于1983年，是国家级重点职业高中、全国职业教育先进单位。开设中餐烹饪、西餐烹饪、美发与形象设计等14个专业，在校生4118人，学校有劲松、双龙、新源里、西坝河、常营5个校区，占地面积91000平方米，建筑面积100857平方米。北京市电气工程学校创办于1984年，是“北京市职业教育先进单位”和国家级重点职业学校，开设经济法律事务、制冷和空调设备运用与维修、楼宇智能化技术等12个专业，学校一校四址，占地面积11.01万平方米，建筑面积5.23万平方米，在校生3851人，每年短期培训6000余人次，是兼有职业教育、继续教育、短期培训的综合性职业学校。此前，在1月27日两

校被评为北京市现代化标志性学校。

（李联启）

【举办全民终身学习周】 10月29日，朝阳区全民终身学习周启动仪式暨朝阳区社区教育成果展在亚运村街道社区教育中心举行。活动由区社区教育领导小组办公室主办，亚运村街道办事处承办。区教委领导和各街乡社区教育负责人、社区教育专职工作者参加活动。活动周围绕“学习、创新、发展”主题，开展多种形式学习活动。

（韩斌）

【试点社区教育专项奖励基金】 11月

2日，“修实公益基金”设立的社区教育专项奖励基金启动仪式在朝阳社区学院举行。该项奖励由修实公益基金出资，授奖对象是区社区学院（区社区教育中心）、街乡、社区（村）从事社区教育的专、兼职教师和管理人员以及社区教育志愿者。第一期将在朝阳、西城和怀柔三个区试点，每年至少投入10万元进行定向奖励。

（韩斌）

【出版《老年教育教程》】 11月2日，

朝阳区教委举行《老年教育教程》首发式。《老年教育教程》由朝阳区建设学习型城区研究会、修实公益基金编著。教程由同名课题研究报告和研究成果两部分组成。教程以适合退休前、退休后和高龄人员学习的128门课程为主，全书15.7万字，大32开本，北京出版社出版。教程作为服务于老年教育教学的工具书，旨在引导老年人有选择地进行需求性学习，不断提高生命质量。其创新点在于首次对老年教育课程进行规范性梳理和完善，建立老年教育课程体系。此书将率先在朝阳区推广试用。

（韩斌）

【召开社区教育工作大会】 11月25

日，朝阳区教委召开社区教育工作大会。会议作《总结成绩、明确任务，扎实推进社区教育工作、服务朝阳区“新四区”建设》报告，总结朝阳区社区教育工作成绩。会议表彰社区教育工作先进街道，交流全国社区教育示范街道（乡镇）亚运村街道办事处、南磨房地区办事处社区教育经验。市教委代表，区社区教育领导小组21个成员单位，以及各街乡社区、学校、校外教育机构代表共600人参加会议。

（朱平）

【全国教学设计比赛获奖】 11月26日，朝阳职业技术学校教师毛正莲获得“神州数码杯”全国中等职业学校信息化教学大赛教学设计比赛一等奖。毛正莲是朝阳区首届“教学标兵”、朝阳区职教系统的计算机兼职教研员，2011年被评为北京市优秀青年教师，多次作市、区级公开课、评优课、研究课，并获得奖项和名次；论文和教学案例曾在清华大学主编的国家级刊物上发表。

（李联启）

【表彰职高校园之星】 12月30日，

朝阳区教委召开第五届朝阳区职业高中“校园之星表彰大会”。在各校评比基础上，大会表彰12名区级“校园之星”。该表彰始自2007年，每年举办一次，累计共表彰59名学生。

（李联启）

【设置专业教材出版专项资金】 12月，朝阳区教委设置专项资金78万元，支持专业教材出版。支持的教材包括《咖啡知识与咖啡调制》、《单片机控制装置》、《实用机电英语》等25本专业教材。首批10本教材9月由中国人民大学出版社公开出版，第二批教材2012年4月出版。

（李联启）

【开展专业整合工作】 至12月，朝阳区教委为进一步优化朝阳区职业教育资源配置，开展专业整合工作。该工作按照专业设置不重复、师生同步整合、分步实施的原则，将东方职业学校酒店服务与管理、旅游服务与管理、电子商务、商务英语4个专业整合到劲松职高。至此，劲松职业高中所设专业以旅游服务为重点，主要专业包括烹饪（中餐、西餐）、饭店服务与管理（国际酒店管理）、旅游服务与管理（外语导游）、美容美发与形象设计（美发与形象设计、美容美体）、影像与影视艺术（摄影艺术、影视艺术）、音乐（声乐、钢琴调律）、计算机网络技术、计算机及应用、休闲体育服务与管理、商务外语（商务英语）、国际商务。东方职业学校所设专业以都市农业为重点，包括园林花卉、交通运输管理（城市交通营运、公路运输管理）。

（李联启）

教育督导

【概　况】 2011年，朝阳区教育督导室有专职督学7人，兼职督学117人，督政兼职督学25人。主要负责对区内幼儿园、中小学、职业高中、成人教育等各类学校的办学方向、管理水平和教育质量进行监督、检查、评估和指导；对区有关委办局、街道办事处、镇政府落实教育法律法规职责和实施素质教育目标责任制落实情况进行监督检查；对区有关行政部门领导和管理教育工作情况实施督导；对教育工作中重大问题进行调查研究，提出意见和建议。年内，督导室深入贯彻科学发展观，以全面贯彻党的教育方针、全面推进素质教育为中心，坚持依法督导，重在指导，突出教育督导的针对性与实效性，在促进全区义务教育均衡优质发展，促进教育水平和教育质量提高等方面做出一定成绩。

（赵玉芳）

【督导街道系统落实素质教育工作】

1月12至13日，朝阳区教育督导室召开“2010年街道系统落实素质教育目标责任工作汇报会”。会议听取23名街道主管领导落实全面实施素质教育目标责任、开展区域教育工作汇报，并就相关问题与各街道主管领导进行沟通与交流。督导小组归纳整理23个街道全面实施素质教育情况的考核评价结果，报送区委组织部街道综合考核评价工作办公室和区监察局。教育督导室领导和23个街道代表参加会议。

（赵玉芳）

【调研现代技术设备使用情况】 1至6月，朝阳区教育督导室完成全区中小学校园网、数字化校园、教学质量监控系统等8项现代教学专用设备调研并形成调研报告。调研结果显示，多数学校重视专用教学设备的建设、管理和使用，积极将其用于学校管理和教育教学等各项工作中。现代技术专用教学设备的投入使用，不仅提升学校管理效率、教师工作效率，而且改进教师的教学方式和学生的学习方式，促进课堂教学效率的提高。

（赵玉芳）

【督导小学规范化建设】 3月28日至4月1日，朝阳区教育督导室召开“2011年朝阳区全面实施素质教育暨小学规范化建设督导验收学校工作汇报会”。会议听取19所小学规范化建设验收学校工作汇报，并对规范化建设验收学校提出要求。一是要进一步对照规划，组织班子成员梳理前期工作，理清学校发展思路，制定好保障措施，确保目标实现。二是各校要对特色发展问题进行深入思考，从办学思想、师德师风、师生素质、校园文化、素质教育等五个方面理解特色内涵。三是校长要进一步加强对课程建设的领导力。四是要进一步体现“以人为本”的管理思想，增强办学活力，做到校长有激情、教师有热情、学生有良好的情绪状态、学校有浓厚的办学氛围。五是要认真研究存在的问题，进一步提高社会对学校评价的满意度。教育督导室专兼职督学、区教委相关领导和小学代表近60人参加会议。

（赵玉芳）

【专项督导校园安全】 4月12日至5月4日，朝阳区教育督导室完成191所公办校安全专项督导检查。检查项目主要涉及安全管理制度、消防设备设施、用电用气安全、化学实验室管理、寄宿学校安全管理、出租出借安全管理、临建房屋安全管理和学校车辆安全管理8个方面。通过检查，形成检查报告，并对检查出的问题提出改进意见。

（赵玉芳）

【完成校园周边环境专项督导】 4月26至29日，朝阳区教育督导室完成全区中小学、职业高中校园周边环境专项检查。督导检查涉及195所学校（中学63所、小学126所、职高6所）282处校址，共下校检查350人次。检查采取实地察看、座谈交流、查看资料方式进行。检查结果显示，全区中小学、职业高中校园周边环境基本符合市教委有关要求。督导对存在问题较大的单位提出解决方案。

（赵玉芳）

【督导职业教育专业建设】 4月底至7月初，朝阳区教育督导室专项督导调研朝阳区6所职业高中50个专业建设情况。在调研的基础上，督导组完成《关于朝阳区职业高中专业设置与专业建设的专项督导调研报告》。报告阐述朝阳区职业高中专业建设的优势：专业的集约化渐成规模；创新培养模式，专业竞争力增强；实训基地建设不断加强，基本满足重点专业发展需求；校企合作不断深化，成为专业建设的重要依托；软件建设力度增强，支撑重点专业持续发展。报告也分析朝阳区职高专业建设面临的困难和存在的问题，并从制定特色专业、精品专业的发展战略，推进工学结合的人才培养模式，深化课程与教学改革，稳步推进专业整合工作，不断优化办学效益，充分发挥各级行政和教研部门的指导、决策、服务功能方面提出建设性意见。

（赵玉芳）

【完成初中教学管理规范化建设督导验收】 11月20日，朝阳区教育督导室完成初中教学管理规范化建设督导验收。督导依据朝阳区《关于实施初中教学管理规范化建设工程的督导评价意见及指标体系》，验收第二、第三批共43所普通中学教学管理规范化建设工程。验收工作通过听取学校工作汇报、听课、座谈、访谈、查看校园环境、查看文档方式进行。验收结束后，督导室为各校反馈结果，下发回复意见。

（赵玉芳）

【评选教育督导工作案例】 11月24至25日，朝阳区教育督导室组织专家完成教育督导工作案例评选工作。经过专家评选，最终评出一等奖9篇，二等奖12篇，三等奖16篇。案例评选获奖作品特点是在选题和内容上与督导工作实际紧密结合，在学校建设中具有典型性、代表性。督导室将其中优秀案例20篇，编撰成册，印制150本，供全体督学学习交流。

（赵玉芳）

中共朝阳区委教育工委

书　　记　吴金龙（7月免）
　　　　　周炜（9月任）

朝阳区教育委员会

主　　任　孙其军

朝阳区政府教育督导室

主　　任　滕国清

丰　台　区

总　类

【召开东高地教育推进座谈会】 1月12日，丰台区委、区政府领导与东高地人大代表团就区域教育发展问题座谈。会上，区教委汇报东高地教育基本情况以及未来发展举措。同时，就十二中在东高地设立东校区、依托东高地青少年科技馆成立钱学森青少年航天科学院等问题进行说明。听取汇报后，区人大代表对东高地地区利用人大、政协工作室平台解决民生问题表示赞同，建议十二中东校区要高端定位，处理好软、硬件建设问题。丰台区领导指出，教育问题涉及民生，事关重大，对于十二中东校区改扩建工程所需资金问题，区政府将全力支持。丰台区区长、东高地街道工委书记，以及区规划分局、区教委、区科委等领导参加座谈。

（李量）

【361人充实师资队伍】 3月4日，丰台区教委在市教委人才中心举办"丰台区专场教师招聘会"，该区70所学校参加招聘。近两年是该区教师退休高峰年，每年退休人数达500人左右，师资缺口很大，而招聘应届毕业生是补充师资的重要渠道。为此，丰台教委制定2011年招聘应届大学毕业生的方案和程序。至年底，组织学校参加各级各类招聘会6场，共录用优秀毕业生361人，其中博士3人，硕士47人。

（王斌斌）

【面向社会公开招聘教师】 4至9月，丰台区教委面向社会公开招聘优秀教师和专业技术人员。通过资格审查、笔试、专业考核、面试、调档查档、体检，共招聘32名专业技术人员，其中，教师30人，校医2人。招聘缓解部分学校师资不足、校医急缺的问题。

（王斌斌）

【召开教育工作会议】 5月9日，丰台区教育工作会议在京丰宾馆召开。会上，区政府作《抢抓历史机遇建设教育强区努力实现丰台教育新跨越》教育工作报告，总结"十一五"期间教育事业取得的成绩，部署"十二五"期间教育事业发展任务。首都师范大学宣布在丰台区设立教育研究实践基地的决定。会议为丰台区特级教师和学科带头人代表颁发证书。市委教育工委、市教委、区委、区政府领导，以及各相关委办局、各街乡镇、各群团组织党政领导，教育系统基层单位党政领导干部800人参加会议。

（张伟）

【传唱《卢沟谣》】 5月30日，丰台

区教委在丰台五小举行"爱祖国爱北京爱家乡——唱响《卢沟谣》"活动启动仪式。会上，《卢沟谣》词作者李明圣、曲作者鄂矛讲述作品的创作背景，丰台五小学生代表向全区小学生、幼儿园小朋友发出传唱《卢沟谣》倡议。会议提出，把《卢沟谣》纳入丰台区地方教材，让全区小学、幼儿园学生深入了解卢沟桥历史，进一步激发学生的爱国情怀，培养他们爱祖国、爱北京、爱家乡的自豪感；在全区小学、幼儿园开展主题教育活动，并结合社会实践活动，组织学生到卢沟桥实地参观，体会歌词深刻内涵，让《卢沟谣》成为丰台区少年儿童流行的童谣歌曲。区政府、区教委有关领导，以及全区师生代表2000人参加会议。

（杨璐）

【获北京市普法先进集体称号】 7月8日，北京市召开"五五"普法总结暨"六五"普法启动大会。会上，丰台区教委被授予"五五"普法先进集体称号。过去5年，丰台区教委认真部署、积极开展普法工作，成立由区委教育工委副书记担任组长的丰台教育系统法制宣传工作领导小组，针对青少年、教职员工、机关干部等不同群体的特点和普法需求系统开展丰富多彩的法制宣传教育和法治实践。

（朱瑞）

【市级骨干教师赴美学习】 9月28日

至10月18日，丰台区首届中小幼市级骨干教师高级研修班20人赴美国加州州立大学圣伯纳迪诺分校学习。其间，研修班学员听取有关美国教育制度、教学方式、教师培训等方面专题讲座，还拜访美国联邦教育部、加州洛杉矶县教育局以及洛杉矶学区教师工会。通过学习和考察，研修班学员加强对美国教育管理、教师权益保护、教学评价等了解。将市级以上骨干教师送出国门学习交流，是丰台区加强教师队伍建设的重要举措。

（林京秋）

【启动教师"十二五"培训】 11月22至23日，丰台区教委召开丰台区中小学、幼儿园教师"十一五"教师培训总结暨"十二五"启动大会。会议表彰教师培训工作取得优异成绩的学校、幼儿园和个人，全面总结"十一五"教师培训工作，解读"十二五"教师培训工作意见。会议举办教师培训主管领导和管理人员培训，重点解读"十二五"教师培训管理办法，以及"导师带教方案"、"银龄计划方案"、"校本研训管理办法"等。

全区中小学、幼儿园代表360人参加会议。

（石群雄）

【教师摄影书画作品展览开幕】 12月28日，“美丽丰台”丰台教师摄影书画作品展览在丰台影院揭幕。展览将持续到2012年1月6日。4月，丰台区教育工会在全区教职工中开展“我爱丰台”为主题的摄影、书法、绘画、征文、工艺活动。至10月，收到110个单位926件摄影作品。经过专家组评审，218件作品获奖，其中部分作品参加展览。此外，展览开辟“高校园地”，用于展览驻区高校中央民族大学、中国戏曲学院、首都医科大学、首都经济贸易大学师生摄影书画作品。为丰富教职工文化生活，7月和10月，丰台区先后成立教育系统摄影协会和书画协会。

（李文龙）

【引进优质教育资源】 12月，丰台区教委与北京十一学校、中国人民大学附属中学签署合作办学协议。12月1日，与北京十一学校签约合作举办北京十一学校中堂实验学校。该校坐落于万丰公园南侧中堂小区内，建筑面积约2.4万平方米，预计2014年建成。建成后可招收30个初中教学班，容纳1200名学生。十一学校派管理干部和教师任教，并选送丰台教师到十一学校进行不低于一个月的培训。12月16日，与人大附中合作办学签约。根据协议，人大附中将在丰台区王佐镇青龙湖国际文化会都内建设两所学校，按计划于2012年动工。其中一所是公办性质的人大附中丰台学校，占地133200平方米，包括小学、初中和高中，预计招生规模3000人；另一所是私立性质的人大附中丰台国际学校，占地约26000平方米，包括初中和高中，将面向国内、国际招生。

（翟洪臣 徐华莹）

【34所健康促进学校通过市级验收】 至12月，丰台区40所健康促进学校通过区级验收，其中34所学校通过市级健康促进校验收。至此，丰台区市级健康促进校102所。

（原家美）

【接收4所小区配套学校及幼儿园】 至12月，丰台区教委区接收4所小区配套学校及幼儿园的产权。4所为小区配套建设的学校及幼儿园分别是：位于新村地区的鸿业兴园小区配套建设24班小学一所，占地面积12400平方米，建筑面积6200平方米；位于顺八条的宋家庄家园小区配套建设18班小学一所，占地面积11922平方米，建筑面积6752.98平方米；位于顺八条的宋家庄家园小区配套建设的6班幼儿园一所，占地面积约2000平方米，建筑面积约1500平方米；位于沙子口小区配套建设的3班幼儿园一所，占地面积约1200平方米，建筑面积约700平方米。

（闫子颖）

【完成学校布局调整年度工作】 至12月，丰台区完成学校布局调整年度工作。撤销3所学校，更名4所学校，新增8所幼儿园，6所中小学增设幼儿班。撤销学校有北京市丰台区西局小学、北京市丰台区小屯小学、北京市丰台区新宫小学。更名学校是：北京市丰台区郑常庄第一小学更名为北京市丰台区长安新城小学、北京市丰台区西马厂小学更名为北京市丰台区西马金润小学、北京市丰台区二七车辆厂小学更名为北京市丰台区长辛店第九小学、北京市丰台区长辛店第三中学更名为北京市丰台区长辛店学校。新增北京市丰台区大地美域双语幼儿园、北京市丰台区北方之星幼儿园、北京市丰台区世纪阳光幼儿园、北京市丰台区海嘉实验幼儿园、北京市丰台区汇英阳光音乐幼儿园、北京市丰台区阳光起点锦城幼儿园、北京市丰台区友爱谷潜能开发双语幼儿园、北京市丰台区德美双语幼儿园。此外南宫中心小学、丰台五小（京铁家园）、丰台一小（远洋分校）、王佐学校、长辛店学校、教育学院丰台分院附属学校新增附设幼儿班。

（宋海燕）

学前教育

【概　况】 2011年，丰台区托幼园116所，其中教育部门办园22所（含市立园18所），集体办园29所，民办42所，其他部门办园23所。离园幼儿8687人，入园幼儿12984人，在园幼儿37040人。教职工5463人，其中，专任教师2906人；学前三年教育普及率100%。年内，丰台区7所小区配套园、5所学校附属幼儿园、12所改扩建幼儿园开班招生，新增加2032个学位。

（宋海燕）

【新增加3所市级早教基地】 1月20日，经过市教委认定，丰台区东罗园幼儿园、群英幼儿园和解放军62301部队幼儿园被评为北京市早教基地。至此，该区社区儿童早期教育示范基地已达到30所。

（孙桂荣）

【新增2所北京市示范园】 3月4日，经北京市教委正式批准，丰台区第二幼儿园、丰台区政府机关幼儿园被批准为北京市示范幼儿园。至此，该区市级示范园增添到9所，完成该区既定的折子工程目标。

（孙桂荣）

【举办自办园教育培训工作会】 3月18日，丰台区教委召开自办园教育培训工作会。会议重点说明办园标准、消防安全标准、卫生安全标准、安保标准、房舍安全和安全监管要求，并限期整改。会议明确，自办园达到办园标准后颁发办园许可证，统一纳入区教委规范管理。区教委、区公安分局、区消防支队、区卫生局、丰台交通支队、区房管局、区规划分局代表，以及非法自办园园长或举办者在由各自街乡镇负责人带领下参加会议。该培训标志丰台区整治非法自办园工作已进入第二阶段（集中整改阶段）。丰台区非法自办园243所，2010年11月，丰台区开始整治非法自办园工作。经整改确认，2011年上半年区教委为6所自办园颁发办园许可证，另有11所正在审批进程中。

（吴莹）

【新增4所市级一级一类园】 10月，丰台区草桥幼儿园、63963部队幼儿园、北京开发红黄蓝双语幼儿园、高娃钢琴幼儿园，在园所管理、教育质量、卫生保健工作方面达到一级一类标准，经过区验收组验收，被评为北京市一级一类园。至此，该区一级一类园已达到47所。

（孙桂荣）

【举办“创新杯”教学设计比赛】 11月25日，丰台区教委举办第三届“创新杯”教学设计比赛。比赛分为说课、现场演示两部分进行，39名市区骨干教师参加比赛。经有关园长、教研员组成的评委会评选，评出一等奖11人，二等奖11人，三等奖10人。全区幼儿园业务领导100人观摩比赛。

（宗文革）

【完成民办幼儿园考核】 11月，丰台

区教委开展民办幼儿园年度考核。考核采用园所自评与区教委下园所实际考核相结合的方式进行。考核工作加大对普惠性园所的指导力度，促进园所办园质量的提高和办园条件的改善。同时，鼓励民办园所进入级类管理，规范办园行为。经考核，37所幼儿园全部合格。其中，4所民办幼儿园纳入级类管理。

（孙桂荣）

【召开保教工作年会】 12月8至9日，

丰台区教委召开幼儿园第11届保教工作年会。年会听取学期工作总结，布置下学期工作重点，结合北京市半日活动评优分析丰台区半日活动存在问题，并提出指导意见。会议举办园所业务管理和文化讲座，并举办分组研讨和交流。全区幼儿园园长、业务园长和骨干教师140人参加会议。

（宗文革）

【新增两所丰台区示范园】 12月22日，经丰台区教委批准，丰台区宛平幼儿园，东罗园幼儿园被评为丰台区示范幼儿园。至此，丰台区示范园增至16所。

（孙桂荣）

【召开幼儿园教师培训管理工作会】 12月27日，丰台区教委召开丰台区幼儿园“十二五”教师培训管理工作会。会议报告“十二五”幼儿园教师培训管理办法和“十二五”幼儿园教师研训课程规划，从加强工作领导、明确任务、全力保障三个方面提出明确要求。丰台区幼儿园园长及主管教师培训的业务领导，共计100余人。

（吴萃萍）

基础教育

【概　况】 2011年，丰台区小学86所，教学班1942个，毕业9115人，招生11644人，在校生66422人（其中北京市户口学生22992人）；教职工4555人，其中，专任教师3918人；小学入学率100%，巩固率100%，毕业及格率100%。中学44所（初中16所、高中4所、完中12所、一贯制学校12所），教学班941个（初中632个、高中309个），毕业9173人（初中6249人、高中2924人），招生9392人（初中6317人、高中3075人），在校生29521人（初中19863人、高中9658人）；在校生中，北京市户籍学生20232人（初中11314人、高中8918人）；初中入学率100%，巩固率100%，毕业合格率98.96%，高中入学率84.97%，应届高考录取率90.51%；教职工5258人，其中，专任教师3217人（初中2153人、高中1064人）。特殊学校1所，10个教学班，毕业6人，招生6人，在校生96人，教职工40人，其中，专任教师33人。特殊教育残疾儿童入学率100%，巩固率100%，毕业率100%。校外教育单位4个，教职工261人，其中，专任教师191人。全区中小学教师学历合格率98.32%，市级特级教师15人（小学3人、中学12人），高级专业技术职务教师774人（小学38人、初中372人、高中364人）。中小学占地面积1942522平方米，建筑面积987200平方米，图书馆藏书3179387册，电子图书59225.7GB，固定资产总值144012.51万元。全年教育投入238829.1万元（含职业教育7193.5万元、成人教育1664.5万元），其中，国家拨款218866.5万元，自筹经费19962.6万元。

（宋海燕）

【继续开展“学区工作坊”工作】 1月5日，丰台区教委与北京师范大学教育管理学院举行第三期小学规范化建设专家指导团签字仪式。依据协议，北师大教育管理学院选派8名专家参加小学规范化建设专家指导团。至年底，北师大专家指导团完成8所学区工作坊核心校学校发展诊断，指导学校制定文化发展方案，帮助学校提升核心价值观，凝练办学理念、提升办学品质。丰台区2008年开始“学区工作坊”工作。学区工作坊是把丰台区的小学按照区域分成8至10个小组，每组确定一所核心校，通过集中指导、专家进校个别指导、课例研究等方式促进区域整体水平提高。

（杨璐）

【第六期农村中小学教师研修工作站启动】 2月24日，丰台分院、十二

中、丰台五小农村中小学教师研修工作站（第六期）启动。研修工作站培训为期半年，来自大兴、顺义、房山等区县学员37人在工作站参加语文、数学、科学、音乐等学科研修学习。为保证完成培训任务，3个工作站分别聘请市级学科带头人、骨干教师担任指导教师。管理上分工明确、措施到位，确保培训扎实、有效进行。此前，丰台区举办5期农村中小学教师研修工作站，179名农村中小学教师参加学习。

（陈京会）

【沙燕心理网举办寒暑假专题活动】 2月和8月，“沙燕心理网”利用冬、

夏令营活动继续开展网上心理健康教育咨询以及专题活动。寒假期间，心理网举办网上专题活动“我的梦想我的2011”征文评比活动，中学共评选出一等奖学校11所，小学评选出一等奖学校32所。暑假期间，心理网开展“我的优势我的力量”社会实践评选活动。中学23所、小学37所参与活动，有效发帖2933篇，点击量22946次。沙燕心理网是丰台区心理健康教育中心主办的中小学生网络心理咨询服务网站。

（陈京会、刘勇霞）

【召开中考研讨会】 3月19至20日，丰台区教委、教育学院丰台分院分学科召开中考研讨会。研讨会邀请中考5个学科专家解读2011年中考说明，分析近年中考试题特点、丰台区学生得失分情况，以及各学科重点内容命题方向等。各交流专题复习内容，观摩初三骨干教师复习专题现场课。全区初三任课教师等600人参加会议。

（孙震）

【“创新杯”课堂教学评优颁奖】 3月22日，丰台区第二届“创新杯”中学骨干教师教学评优活动表彰会在教育学院丰台分院召开。会议表彰“创新杯”一等奖获得者98人、二等奖98人、三等奖71人。会议指出，第二届“创新杯”教学评优活动，反映全区骨干教师队伍教师专业素养、学科教学技能具有较高水平，其中部分学科教学设计撰写、教学片断（说课）有明显提高。2008年，丰台区举办骨干教师“创新杯”课堂教学评优活动。活动根据市教委骨干教师评选时间，每一年半到两年举行一届。评比内容围绕某一教学内容进行教学设计说明和教学片段展示。评比要求丰台区获得北京市骨干教师、丰台区骨干教师称号的教师必须参加，各校教学干部、市学科带头人自愿参加。

（孙震）

【举办学校特色发展观摩周】 4月14至15日，丰台教委举办中学学校特色发展行动研究观摩周活动。观摩活动分为3个板块：第一板块是首医大附中和太平桥中学联合特色展示活动，介绍学校特色建设情况。第二板块是第二批9所中学特色发展实验校

论证和研讨，通过校长研讨、专家论证等方式，评选出丰台区第二批中学特色发展行动研究实验校6所。第三板块是以“学校特色发展”为主题的校长论坛，教育学院分丰台分院附中、卢沟桥中学、和义学校等校长现场交流学校特色发展经验。丰台区中学代表160人参加会议。2010年，丰台区教委在全区中学实施“学校特色发展行动研究计划”。该计划以学校为主体，结合学校自身发展需求，利用区内外资源，特别是各类专家资源，以创新学校制度体系，加强两支队伍建设、完善课程建设、改进课堂教学、优化校本教研、学校文化变革等一两个主题为重点进行持续的研究和实践，目的是全面提高教育质量，全面深化素质教育，力争形成学校特色和取得显著的办学实效，整体推动学校的内涵发展，提升学校办学品质。该计划采取先实验再推广的办法进行。

（刘洋）

【开展“童谣赞丰台”主题教育】 4月

26日，“童谣赞丰台”区级展示活动在丰台区少年宫东区举行，31所学校32个节目参加展示。该活动是2010年“红领巾知丰台，爱丰台——少先队员四个一百”主题教育活动的延续，分为“小手拉大手共谱新童谣”、“演绎新空间尽展新童谣”、“激情创精品爱我新童谣”三个阶段。全区98个校区参与活动，各校推荐百余种题材近三千篇童谣参加全区展示，最终评选出10个优秀童谣作品。

（孙琳）

【交流教育信息化工作】 4月26日，

丰台区教委召开教育信息化工作交流研讨会。会议第一阶段在3个分会场交流研讨信息化建设经验。会议第二阶段听取“创新应用树立区域特色，立足服务促进内涵发展”教育信息化工作总结，并表彰“丰台区教育信息化技能与应用评优活动”获奖师生。会议强调树立教育信息化工作的责任意识、全局意识和机遇意识，推动“十二五”时期丰台区教育信息化工作深入开展。全区中小学代表400人参加会议。

（李俊连）

【举办首届中学心理剧比赛】 5月12

日，丰台区教委举办首届心理剧比赛。比赛以“撷取小小浪花，绽放美丽心灵”为主题，涉及亲子沟通、异性交往过密、偶像崇拜等内容。全区29所中学选送33部校园心理剧参赛，6部作品入围决赛。中学心理剧比赛在北京市中小学尚属首次。

（程忠智）

【评选优秀健康教育课程】 5月20日，丰台区教委举办中小学校健康教育课程评优活动。经过层层筛选，16个中小学片区推选17名健康教育课程教师参加全区评比。其中，中学组教师演讲主题为性病艾滋病预防知识，小学组教师演讲主题为合理膳食和食品安全知识。通过评比，最后评出小学组一等奖两人、中学组一等奖

1人，14人获得二等奖和三等奖。

（原家美）

【招生考试委员会召开第一次会议】 6月1日，丰台区召开2011年第一次招生考试委员会会议。会议布置高考组考有关工作，明确公安局、交通局、城管、住建委、保密局、卫生局、监察局、供电公司各职能部门职责与任务。会议要求各有关单位制定工作方案，全力做好今年高考的保障工作。3月，丰台区2011年招生考试委员会成立。该委员会由主管副区长任招考委主任，区政府办公室副主任、区教委主任及教委主管领导任副主任，有关委、办、局领导任委员。

（苏榕芳　张峰）

【与北师大签订合作协议】 6月13日，丰台区教委与北京师范大学教育学部签订合作协议。根据协议，区教委委托北师大教育学部主持丰台区中学教师专业发展研究合作项目。北师大教育学部选派专家担任该项目负责人，负责丰台区中学教师专业发展研究合作项目的人员、计划、实施等工作。北师大教育学部将以学科为单位选派主责专家，为参加高级研修的18名丰台骨干教师提供高级研修培训，并保证在研修期间，指导这些教师完成“三个一”（一篇在核心期刊上发表的论文、一节市级以上观摩课、一本教学专著）。同时，北师大教育学部还将为丰台区提供教师培训课程（每学科每年40至48课时）。协议约定，项目为期两年。

（杨德林）

【实施“国际理解教育”】 6月15日，丰台区教委召开“国际理解教育”项目启动培训会。会议解读“国际理解教育”项目，宣读首批27所区级项目基地校名单。会议同时举办丰台区优秀班主任工作站启动仪式。区教委领导和全区中小学代表200人参加会议。国际理解教育是以“国际理解”为教育理念而开展的教育活动。丰台区“国际理解教育”项目包括国际理解教育分层培训计划、义务教育阶段地方课程实施计划、项目研究基地校建设计划等内容。项目计划通过三年的努力，开拓学生视野，增进学生对国际知识的了解，提高学生对世界重大问题和矛盾等的鉴别能力，提升学生国际交往的合作沟通能力。

（张巧）

【“红通社”丰台分社成立】 6月18

日，北京市红领巾通讯社丰台分社在北京汽车博物馆成立。会上，市红通社、区教委、团区委等领导向丰台区红领巾通讯社颁发社牌，同时为赴重庆彭水采访的13名小记者代表送行。13名小记者将进行红通社成立后的第一次外出采访报道。丰台一小、丰台五小等20所学校的百名小记者参加活动。

（孙琳）

【完成中考阅卷工作】 6月27日至7月1日，教育学院丰台分院完成丰台区2011年中考网络阅卷工作。5个学科教师229人参加阅卷。数据分析表明，丰台区初中教学质量稳步提升，区平均分较上年提高30分以上，550分以上90余人（2009年3人，2010年11人），500分以上1500人，远超过2010年的826人。

（孙震）

【举办教学干部发展行动研究培训班】 7月4日，丰台区教委举办小学教学干部发展行动研究培训班。培训班为期1年，共180课时，通过面授、讲座、交流等方式，教授科研课题确定与撰写、小循环合作式教学管理、自主式分析与主题式活动等内容。至年底，培训班完成体验式备课、全景式通识培训、开放式学习、合作式研究4个主题培训。全区小学教学干部30人参加学习。

（朱世诚）

【举办教育管理专业研究生课程进修班】 8月8日，丰台区教育管理专业研究生课程进修班在首都师大举行开班仪式。该课程班暨丰台区教育系统领导干部研修班，由丰台区教委委托首都师大继续教育学院举办。课程班开设科目包括教育学、心理学、教育管理学等12科课程，采取集中面授形式授课，学制1年。毕业合格颁发研究生课程班结业证书。来自全区教育教学干部40人参加学习。

（史雨淋）

【举办教育管理与领导力提升高级研修班】 8月10日，丰台区教委、北京大学联合举办教育管理与领导力高级研修班。研修班是区教委首次与北京大学合作实施干部培训，也是区教委科室领导与学校校长首次共同接受培训。培训涉及理论学习、名校考察、论文撰写等内容，共360课时。丰台区教委科室干部和中小学校长50人参加培训。

（王春平）

【完成随迁子女分流安置工作】 8月29日、30日，9月2日、9日，丰台区教委分四次集中办理小学随迁子女入学登记工作。共办理194名随迁子女入学。至9月15日，该区公办学校接受义务教育随迁子女43430人，占入学总数的65.38%。

（崔德跃）

【17名城镇教师赴农村支教】 9月，丰台区教委选派17名城镇小学优秀教师到区内农村小学支教。经前期宣传动员、个人申请、核准等工作环节，9月1日支教教师顺利到岗工作。支教工作促进教育人才资源合理配置，改善农村偏远学校师资力量不足和教学质量不高的状况。

（王斌斌）

【举办首届新疆内地高中班】 9月，丰台区首届新疆内地高中班在北京市第十中学东校区开班。首届新疆内地高中班招收新疆籍少数民族学生81人。他们将在丰台学习四年，第一年为预科学习汉语，后三年与内地普通高中生合校混班。为确保新疆班工作顺利开展，区教委多次召开专题会、协调会，解决筹备过程中涉及的医疗卫生、食品安全、校园周边环境治理、经费使用、民族政策问题，确保各项措施落实到位。

（王沁艳）

【召开中学教育专题会】 10月24至25日，丰台区教委召开2011年中学教育工作专题会。专题会包括中高考分析与表彰、教育研究资助计划发布、优秀学生建设与培养奖励、校长论坛、“师慧杯”竞赛启动仪式，以及德

育干部培训与展示。会议总结全区教育工作，希望各部门和学校围绕“十二五”规划，在提高教学质量、加强教学研究、提升教师团队、拓宽干部视野等方面加强工作、不断创新，为丰台教育的提升再创佳绩。各中学校长、教学干部200人参加会议。

（柳志英）

【召开小学课程建设现场会】　11月1日，丰台区教委在在万柳园小学召开丰台区小学课程建设现场会。会议以“整体推进三级课程建设，促进学生全面发展”为主题，活动内容共分三个阶段。第一阶段观摩三至六年级学生表演武术操，第二阶段观摩武术校本课程片段，第三阶段听取万柳园小学“扬幸福生命教育之帆，为学生可持续发展奠基”经验报告。会议对小学整体推进课程建设提出三点要求：一是学校整体规划三级课程；二是深入研究三级课程；三是总结和固化三级课程建设的成果。各小学校本课程建设主管干部和体育教师代表240人参加会议。

（杨璐）

【交流初中新课程教学成果】　11月16至17日，教育学院丰台分院在太平桥中学、实验学校、丰台八中等7所学校举办课堂教学展示与交流活动。活动主题为“深化联片教研促进能力发展”，初中各学科集中展示77节研讨课，其中，语文、数学、英语、物理、化学、体育中考科目研讨课达到43节。每个学科研讨课后，教研员组织听课教师开展分组研讨，并邀请外聘专家点评。全区初中教师2000人参加活动。

（孙震）

【召开鼓号队工作总结会】　11月25日，丰台区少工委在看丹小学召开鼓号队工作总结会。活动分为现场展示和经验交流两环节。第一环节由看丹小学进行现场鼓号展示；第二环节听

取优秀辅导员经验介绍。丰台区教委领导和全区大队辅导员90人参加活动。丰台区少工委每两年对全区鼓号队进行一次评比验收。在此次评比中看丹小学、丰师附小、西罗园五小被评为优秀学校。

（孙琳）

【举办小学骨干校长高级研修班】　12月5日，丰台区小学骨干校长高级研修班在北师大校长培训学院开学。研修班封闭学习20天，授课内容包括发达国家基础教育改革的动向与趋势、学校特色与品牌建设、新课程背景下的教学评价等。丰台区34名小学校长和5名幼儿园园长参加学习。

（王春平）

【中小学班主任资格班结业】　12月13日，丰台区中小学班主任资格班结业。培训班9月20日开班，以班主任基本功培训与展示贯穿始终，通过专题讲座、研讨交流、案例分析、自主研修方式提高班主任工作的基本技能和能力。全区中小学教师106人参加学习，并全部结业。

（刘建）

【总结教育资助计划】　12月15日，丰

台区教委召开教育资助计划总结表彰暨优秀项目推介会。会议总结教育资助计划三年来的工作。总结指出，教育资助计划共投入1154万，结题研究项目1140个，成果2700多项，共汇编三套研究成果集。总结梳理教育资助计划中存在的问题，并提出改进的方向及建议。会议表彰13所教育资助计划先进学校和26名教育资助计划先进个人。会议指出，教育资助计划是丰台区特色项目，要在促进学校进步、教师发展、学生成长中发挥更大的实效。区教委领导和有关学校教育研究资助计划项目负责人120人参加会议。2008年，丰台区启动教育研究资助项目。该项目通过资助教研组、备课组、年级组等业务团队或教师个人，引导、鼓励教师研究教育方法、研究德育实效性、研究学生学习过程、研究教材教法、研究课堂教学效率，加强校本教研制度建设，形成自主的教研文化，造就一批师德高尚、成绩突出的业务骨干和教育教学管理人才。

（吉战胜）

职业与成人教育

【概　况】　2011年，丰台区职业高中6所，开设专业30个，教学班150个。毕业1282人，招生1546人，完成招生计划100%，在校生4162人。教职工697人，其中，专任教师418人。专任教师学历合格率83.01%，高级专业技术职务111人。学校占地面积116874平方米，学校建筑面积15414平方米，图书馆藏书140533册，电子图书170GB，固定资产总值8244.18万元。全区各级各类成人学校228所。其中，成人高校（社区学院）1所，开设31个专业，毕业421人，招生354人，在校生1842人。教职工91人，其中，专任教师63人。社会力量办学单位223所，全年培训116756人，教职工1812人，其中，专任教师992人。乡办成人校4所，全年培训14392人次，教职工19人。村办成人学校66所。全区直属成人教育单位占地面积20496平方米，建筑面积15957平方米，图书馆藏书60000册，固定资产总值918万元。农村成人教育学校占地面积6433平方米，建筑面积3543平方米，图书馆藏书7300册，固定资产总值2484万元。

（宋海燕）

【举办职业技能展示活动】　1月13日，丰台职业教育中心学校举行“职业教育服务民生”技能展示活动。会

上，该校与方庄办事处、东铁营办事处签订职教为社区服务意向书。该校烹饪、汽车运用与维修、学前教育等专业学生现场展示刀工、汽车常规检测、立体裁剪等专业技能。丰台区教委领导，以及各中学校长、部分街道办事处代表参加活动。

（孟海军）

【召开农村成人教育现场会】 6月30日，丰台区教委在花乡新发地村召开农村成人教育现场会。会上各乡镇交流农村成人教育工作情况，并研讨新发地地区村民培训工作经验。会议提出，发掘特色、贴近实际、创新形式、服务村民，力争使丰台农村成人教育工作再上新台阶。来自全区各乡镇代表30人参加会议。新发地村民培训工作始终关注村民学习教育需求，借助2007年被评为“丰台区学习型新村先进村”和2010年被授予“学习型丰台信息教育基地”契机，利用所配备的计算机设备，面向全村村民、市场人员开展计算机、文明礼仪、会计等技能培训活动，培训人员占全村劳动力的60%以上。通过培训千余人获得各项技能证书。

（李奇）

【举办教育基地学习资源培训】 7月，丰台区教委举办“学习型丰台信息教育基地”学习资源培训。会议针对信息教育基地网络现状，重点讲解网络学习资源和实物学习资源使用方法。其中，依托北京市学习型城市网进行网络学习资源专题培训，对如何利用学习型城市网视频资源、登录网站在线学习等。会议还依托学习资源系列光盘进行实物学习资源专题培训，并为各信息教育基地发放学习资源系列光盘。系列光盘涵盖18个主题，共77张384集。各乡镇政府领导、学习型丰台信息教育基地代表参加会议。3月，丰台区教委认定学习型丰台信息教育基地8个，其中，社区教育中心校4个，村镇4个。

（李奇）

【评选创建学习型星级村】 10月18日，教育学院丰台分院、丰台区社区教育委员会办公室完成学习型星级村综合评审工作。评委会根据丰台区社区委员会的相关文件、学习型星级村评选标准，以及丰台区创建学习型星级村评估指标体系，在学习、辅导、自评、推荐的基础上，听取5个申报单位全面汇报，完成综合评价工作。最终，长辛店镇张郭庄村、南苑乡果园村、王佐镇庄户村、花乡新发地村、羊坊村5个村被评为创建学习型星级村。

（焦德禄）

【评选创建学习型星级社区】 10月28日，教育学院丰台分院、丰台区社区教育委员会办公室完成创建学习型星级社区评选工作。马家堡嘉园二里、云岗北里、芳星园第三社区等16个参评单位申报评审。评委会依据创建学习型星级社区评估指标体系，在听取汇报基础上完成综合评价打分。最终，马家堡嘉园二里、云岗北里、芳星园第三社区等16个社区被评为创建学习型星级社区。

（焦德禄）

教育督导

【概　况】 2011年，丰台区教育督导室工作人员9人，其中，专职督学8人。聘请特约教育督导员18人，兼职督学34人。年内，教育督导室在专职督学双周例会学习基础上，组织专兼职督学和特约教育督导员集中培训，不断提高自身素质。在督导工作中，树立“以服务为宗旨、以督导为手段、以促进学校发展为目的”督导理念，科学评价和指导服务对象，促进教育事业不断发展。

（石蕊）

【启动小学规范化建设第四批督导评价】 1月11日，丰台区教育督导室召开全面实施素质教育暨小学规范化建设第四批督导评价学校工作布置会。会议布置督导评价工作，重点讲解学校督导自评程序、督导验收目的和具体要求，以及督导当天一日工作安排。会上，两所学校交流督导验收迎检体会。教育督导室领导和18所督导验收学校代表100人参加会议。4月，教育督导室完成第4批16所学校全面实施素质教育暨小学规范化建设督导验收工作。至此，教育督导室完成全区全面实施素质教育暨小学规范化建设的督导验收任务，共验收学校82所。

（石蕊）

【召开督政工作座谈会】 3月15日，丰台区教育督导室召开2011年督政工作座谈会。会议2010年督政重点工作，说明2011年督政工作要点。会议交流阶段，有关单位交流开展督政工作体会和建议。会议明确，教育督导室将向相关单位定期通报工作，征求意见和建议，促进相互沟通，实现督政工作创新发展。区人大教科文卫体委员会、教育督导室领导，特约教育督导员、专职督学、部分街乡镇和校长代表参加会议。

（石蕊）

【召开2011教育执法督导工作会】 4月20日，丰台区政府召开2011年教育法律法规执行情况督导检查工作会。会议报告区人大常委会履行法定监督职能情况，总结丰台区2010年教育督导工作，部署2011年教育法律法规执行情况督导检查工。全区21个街道办事处、乡镇政府和相关委办局代表，教育督导室督学、特约教育督导员参加会议。

（石蕊）

【接受北京市小学规范化建设专项检查】 4月21至22日，北京市小学规范化建设工程专项督导检查组督导检查丰台区小学规范化建设工程2008至2010年实施情况。督导检查组观看丰台区小学规范化建设专题片，听取丰台区实施规范化建设工程，促进小学优质均衡发展情况报告，以及和小学规范化建设督导报告。专项督导检查组还分成两组实地检查新发地小学、芳古园小学、东高地三小和草桥小学。督导检查组认为，丰台区小学规范化建设取得明显成绩。一是区政府高度重视，统筹教育资源，全面改善办学条件，小学教育均衡发展程度不断提高；二是加强队伍建设，注重内涵发展，干部教师队伍整体水平得到提高；三是深化德育研究，提高德育工作的针对性实效性；四是规范教学管理，发挥教科研作用，教育教学质量稳步提高；五是落实学校体育卫生工作，积极创建文化校园。

（崔德跃）

【召开履行教育职责培训会】 5月12日，丰台区教育督导室召开街道乡镇2011年履行教育法律法规职责工作培训会。会议通报第四次全国教育工作会议和北京市教育工作会议主要精神，传达丰台区教育工作会议主要内容，重点解读《丰台区“十二五”时期教育事业发展规划》，对街道乡镇教育督导检查工作提出具体要求。会议指出，街道乡镇教育督导检查重点包括3项。一是维护校园安全和校园周边环境治理方面履职工作情况；二是督导检查部分单位校外教育开展情况；三是围绕全系统大面积开展的校舍抗震加固工作，督导检查部分单位化解矛盾、维护稳定、提供保障情况。教育督导室特约教育督导员，全区21个街道办事处、乡（镇）政府代表参加会议。6月，教育督导室完成21个乡镇履行教育法律法规职责

工作督导检查。

（石蕊）

【完成抗震加固工程随访督导】 6月28至30日，丰台区教育督导室完成西罗园街道、大红门街道、卢沟桥乡等11个单位在学校抗震加固工程中做好群众工作情况随访督导。督导检查组听取街乡镇和居委会工作汇报，听取施工方、代建公司和工程监理相关情况介绍，并深入工地施工现场实地查看。针对部分施工现场与居民区相距较近、噪音扰民、群众反映较突出问题，督导检查组与各方交流探讨，研究化解办法。针对暑期天气炎热、工期紧张、施工场地狭窄等诸多不利因素，督导室领导要求施工方、代建公司和工程监理严把工程质量关，要求街乡镇和居委会及时跟进，耐心细致做好矛盾排除和化解工作，保障抗震加固工程顺利进行，按时完工，保障新学期按时开学。随访督导促进街乡镇、居委会、学校和辖区居民、施工方的沟通，对保障工程起到积极促进作用。

（石蕊）

【发布义务教育学校满意度调查结果】 11月4日，丰台区教育督导室召开2011年义务教育学校满意度调查工作发布会。会议报告满意度调查指导思想、研究流程和调查对象、调查工具等情况，就满意度数据进行具体分析。会议要求，各学校要认真分析调查数据，做到内部评价与社会评价相结合，客观分析与主观努力相结合。丰台区各中小学校长、书记200余人参加会议。

（石蕊）

【举办幼儿园试点督导培训会】 11月15日，丰台区教育督导室召开幼儿园全面实施素质教育试点督导培训会。会议针对学前教育与义务教育区别，提出学前教育督导具体要求。会议指出，督导验收工作旨在要提高规范管理意识、提高规范管理行为、提高规范管理实效。学前教育督导目的是促进督导队伍的建设和全区学前教育水平的提高。教育督导室领导和幼儿园代表参加会议。12月，教育督导室完成2所幼儿园的督导试点。

（石蕊）

中共丰台区委教育工委

书　记　宋金忠

丰台区教育委员会

主　任　冯晓光

丰台区政府教育督导室

主　任　孔令斌

石　景　山　区

总　类

【区人大调研学前教育】 3月15至17日，石景山区人大教科文卫委员会3次组织人大代表调研石景山区学前教育工作。15日，区人大代表11人实地考察实验幼儿园，听取区教委学前教育工作汇报，与区教委领导和园长座谈。16日，区人大代表7人调研民族幼儿园、首钢大地苹果园幼儿园、军区政治部幼儿园3所社会幼儿园。人大代表通过观看园所环境和幼儿活动，听取办园情况介绍，与园长们座谈等形式，就教师待遇、园所房舍改造等问题进行交流。17日，区人大代表8人调研无证园（小博士幼儿园）、民办园（希望之星幼儿园）、教育部门办园（师范学校附属幼儿园）3所性质不同的幼儿园，对不同类型园所的发展情况、教师状况进行全面了解。区人大代表对学前教育发展表示肯定，并对学前教育发展与建设提出意见与建议。区委教育工委、区教委领导陪同调研工作。

（范璐丹）

【发布教育质量信息】 4月22日，石景山区教委分别在实验小学和实验中学

召开2011年石景山区教育质量信息视频发布会。会议向全区六年级和初三年级学生家长全面介绍区域教育各类终结性评价结果，以及教育事业整体发展和教育教学质量状况。同时进行招生政策解读，为志愿的填报以及学生、家长关心的问题做出提示和解答。会议同时通过视频会议系统向全区中小学转播。

（周晓敏）

【召开全区教育工作会议】 4月26日，

石景山区委、区政府召开教育工作会议，全面贯彻落实国家和北京市《中长期教育改革和发展规划纲要》精神。会议发布《石景山区“十二五”时期教育事业发展规划》，明确基础教育实现高标准、高质量发展，职业教育实现特色创新发展，学习型城区形成区域特色，提供更加优质教育的战略发展目标，提出学前教育全面普及、义务教育优质均衡发展、高中教育高品质特色发展等10项重点工程。区委、区政府本着教育优先发展，统筹协调的工作方针，建立政府教育实事工作机制，每年推出10件教育实事保证重点项目的落实。区委、区政府领导和有关委办局、街道代表，教育系统干部教师代表参加会议。

（王蕾）

【召开“走进石景山”现场会】 6月14日，石景山区教委在京源学校、古城外国语学校召开“贯彻北京市教育工作会议精神走内涵提升之路建初中课

程特色——走进石景山”现场会。会议由市教委和北京教育学会初中研究分会主办，石景山区教委承办。各区县教委领导、150所初中校校长共240人参加会议。会议旨在围绕市教育工作会议精神，加强初中教育研究，推动各学校内涵发展，全面实施素质教育，提升教育质量，努力实现办人民满意教育的目标。石景山是继西城之后“走内涵提升之路促初中教育发展”系列活动走进的第二个区县。

（胡光熠）

【第五次少先队员代表大会召开】 10

月11日，石景山区少先队第五次代表大会召开。全区中小学、民办学校和首钢矿山学校53个少先队大队的259名代表和列席代表共计400人参加会议。会议听取过去五年少先队工作总结，提出未来三年少先队工作的发展方向和任务。选举产生第五届少工委、少先队工作学会和少先队联合会。会议还代表团区委、区妇联、区教委等12个部门答复57份红领巾提案。会议还投票选出“绿色畅想”红领巾小社团石景山区总社标志物。会议期间还组织少先队员“阳光心语互动”和“小小生日会”等内容的活动。少先队员代表大会每5年召开一次。

（张蕾）

【“市民学习圈”入选首都市民学习品牌】 10月，“石景山区市民学习圈”被北京市建设学习型城市工作领导小组认定为首都市民学习品牌。石景山区市民学习圈项目发挥社区教育志愿者协会的优势，实施“健康教育进社区”等8大工程活动，并编写老年教育、市民家庭生活教育、市民英语教育和社区教育志愿者培训等4个系列16本市民教育教材。同时，石景山区4人被认定为首都学习之星。

（姜葵葵）

学前教育

【概　况】 2011年，石景山区幼儿园38所，市级示范园5所，一级一类幼儿园16所，市级早期教育示范基地16所。离园幼儿2399人，入园幼儿3911人，在园（班）幼儿11232人。教职工1681人，其中，专任教师892人。园所总占地面积179583平方米，建筑面积94377平方米。全年，幼儿园经费投入5477.7万元，其中，国家拨款3234.2万元，自筹资金2243.5万元。

（黎铮）

【召开学前教育工作会】 2月23日，石景山区教委召开学前教育工作会。会上，区教委部署2011年学前教育重点工作，通报石景山区“十二五”时期教育事业发展规划。要求各园所按照《规划》的指示精神和2011年学前教育重点工程，做好优质园所打造、人才培养建设、安全卫生工作、绿色教育工作及招生工作。会议从基础管理工作、优质园所建设、师资打造工程、质量提升工作等四个方面，提出本年度学前教育工作的工作重点和具体措施。全区幼儿园园长、业务园长参加会议。

（范璐丹）

【研讨绿色学前教育项目推进工作】 3月5日，北师大和石景山区教委联合召开“绿色学前教育”项目研究推进研讨会。会议分析2010年绿色学前教育研究现状，以品牌园打造工程及“雁阵双名”工程为重点，提出课程开发与教师发展一体化的工作思路。会议通报并研讨2011年绿色学前教育工作方案及工作推进时间表。区教委领导、北师大专家，以及有关幼儿园代表参加会议。2010年，北师

大和石景山区教委联合实施“绿色学前教育”项目。该项目通过双名工程及绿色活动课程建构等方式，达到促进区域学前教育质量优质、均衡发展，提升教师队伍整体素质的目标

（范璐丹）

【举办市级示范园开放活动】　3月17

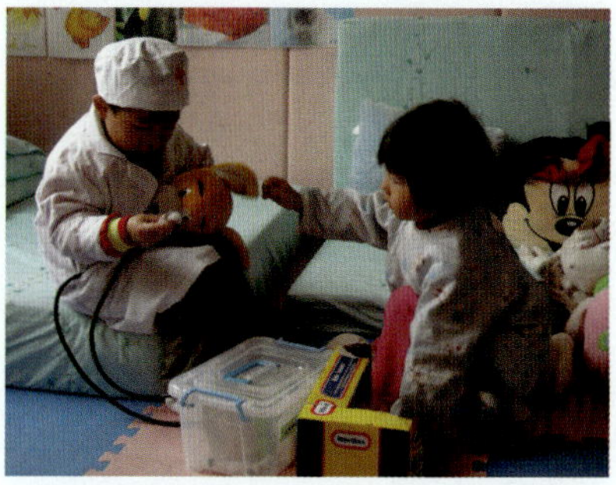

至18日，石景山区幼儿园、京源学校幼儿部作为新验收的市级示范幼儿园向全市幼儿园举行开放观摩活动。活动展现石景山区幼儿园、京源学校幼儿部主题鲜明的环境创设、独具特色的区域活动、尊重幼儿主体性的集体教学、丰富多彩的阳光体育活动。来自各区县的园长、教师300人参加活动。

（范璐丹）

【召开学前教育工作总结表彰会】　3月23日，石景山区教委召开2010年石景山区学前教育工作总结表彰会。会议总结年度学前教育工作，公布2010年学前教育工作荣誉名单，表彰先进园所和优秀园长、优秀教师。会上，3所优秀幼儿园代表交流工作经验。区教委领导和全区幼儿园代表120人参加会议。

（范璐丹）

【举办园长计划管理培训】　3月31日，石景山区教委举办“幼儿园有效管理”幼儿园园长计划管理培训。培训邀请市级示范园验收专家组成员以示范园验收实例举办专题讲座。讲座分析园长计划管理途径与方法，强调加强目标管理意识提高幼儿园精细化管理水平。全区各类型幼儿园园长、业务园长、后勤主任90人参加学习。

（范璐丹）

【抽查“阳光体育活动”】　4月19日至5月5日，石景山区教委组织评审组开展幼儿园“阳光体育活动”视导抽查暨石景山区“阳光体育活动”示范园评定工作。最终，抽查14所幼儿园“阳光体育活动”。视导抽查结果显示，自2008年10月石景山区推进幼儿园“阳光体育活动”以来，幼儿园健康领域教育改革不断深化，幼儿园体育活动质量明显提升，幼儿及教职工身体素质和健康水平得到提高。8月15日，石景山区教委召开阳光体育活动总结会暨石景山区阳光体育特色园颁牌仪式，向14所获得“阳光体育特色园”称号的幼儿园颁发匾牌并赠送阳光体育活动阶段性成果《石景山区民间体育游戏案例集》。

（范璐丹）

【举办优质园所观摩活动】　4月27至

29日，石景山区以“优质办园·均衡发展”为主题举办走进北京市示范幼儿园、北京市一级一类园观摩研讨活动。活动分别在在石景山区幼儿园、京源学校幼儿部、北京军区联勤部幼儿园召开。在三天开放活动中，全区各类型园所的园长、教师代表600人次参与优质园所的半日观摩、经验交流、主题研讨活动。观摩研讨活动以“示范引领”形式发挥优质园所辐射作用，为区域园所间搭建交流与沟通的平台。

（范璐丹）

【举办“走进师大·名师讲坛”活动】　5月11日，石景山区教委在北京师范大学举办“走进师大·名师讲坛”第一次宣讲活动。石景山区师范学校附属幼儿园园长齐景华作《管理求精细，质量促发展》主题汇报，结合管理过程中的真实故事讲述精细管理、以人为本的管理理念与策略。石景山区教委领导，以及北师大50名本科、研究生参与活动。该活动与北师大学前教育研究所联合举办，是绿色学前教育系列活动之一。至年底，“走进师大·名师讲坛”系列活动举办7次，石景山区选派幼儿园园长、业务园长、一线教师和教研员等7人在北师大举办专题报告，宣讲石景山区学前教育发展水平，提高报告人理论研究能力。

（黎铮　安亚玲）

【早期发展中心招募社会志愿者】　5月11日，衙门口儿童早期发展中心召开社会志愿者启动会。该活动面向区内幼儿园招募23名幼儿教师社会志愿者，她们将为中心提供4个月的志愿服务。衙门口儿童早期发展中心由石景山区教委与世界救助儿童会的儿童早期发展项目组联合举办。至年底23名教师共组织为早期发展中心志愿活动18次。为对志愿者教师表示感谢，9月29日，世界救助儿童基金会向志愿教师颁发荣誉证书。

（安亚玲）

【优质园与民办园“手拉手”结对】

5月25日，石景山区优质幼儿园与民办幼儿园“手拉手”结对工作启动会在石景山区新世界国际幼儿园召开。会上，区教委印发《关于开展石景山区优质幼儿园与民办幼儿园“手拉手”结对工作的通知》，10所优质幼儿园和10所民办幼儿园签订“手拉手”结对工作协议书。协议书规定，优质园向民办幼儿园开放优势教育资源，并对民办幼儿园各项常规管理、教学活动给予重点指导。区教委领导和优质园、民办园代表80人参加会议。

（范璐丹）

【举办暑期园长培训班】　8月15日，石景山区教委举办“扎实常态管理，提高园长保教工作能力”第九期暑期园长培训研讨班。研讨班以解决园所保教工作中的实际问题为核心，着眼于提高管理者指导教师组织活动的能力，有效提高管理者专业水平。研讨班邀请石景山区学前教育教研员举办专题讲座。区教委领导以及全区幼儿园园长80人参加学习。

（范璐丹）

【总结无级类幼儿园视导工作】 10月30日，石景山区教委召开2011年无级类幼儿园视导工作总结会。会议根据9至10月各园视导检查工作结果，布置无级类幼儿园级类考评重点工作。会议明确级类考核的工作目标和重点，为后续活动梳理工作程序。区教委领导和全区无级类幼儿园园长及业务园长参加会议。

（黎铮）

【举办幼儿园半日活动观摩】 11月29日，石景山区教委学举办“夯实基本功提高实践能力提升保教质量”幼儿园半日活动观摩研讨活动。活动组织观摩3名幼儿园教师半日活动，并邀请教研员完成课后点评。会后，参观教师填写《意见反馈表》，为教师培训活动提出思路和建议。全区120名园长及幼儿园教师参加活动。

（黎铮）

基础教育

【概　况】 2011年，石景山区小学32所，教学班670个，毕业生3308人（本市户籍1767人），招生4051（本市户籍1688人），在校生21046人（本市户籍9284人）；小学入学率100%，巩固率100%，毕业及格率100%；教职工1616人，其中，专任教师1405人。中学25所（初中13所、高中4所、完全中学4所、一贯制学校4所），教学班444个（初中305个、高中139个）；毕业4371人（初中2873人、高中1498人），招生4909人（初中3305人、高中1604人），在校生14388人（初中9635人、高中4753人），在校生中本市户籍学生9609人（初中5695人、高中3914人）；初中入学率100%，巩固率100%，毕业及格率100%，普通高中入学率62.73%，应届毕业生高考上线率98.04%，高考录取率91.6%；教职工2370人，其中，专任教师1746人。特殊教育学校1所，10个教学班，招生10人，毕业14人，在校学生100人，残疾儿童入学率100%，巩固率100%，毕业率100%，教职工32人，其中，专任教师27人。校外教育单位1个，教职工62人，其中，专任辅导员30人。中小学高级技术职务教师442人。全区中小学图书馆藏书167.02万册，校舍总占地面积88.15万平方米，总建筑面积38.25万平方米，固定资产总值71646.35万元。全年教育经费投入12.92亿元，其中，国家拨款9.13亿元，自筹资金3.79亿元。

（刘娟）

【签约“爱慕希望女童”项目】 1月10日，石景山区教委与区妇联签约“爱慕希望女童”项目。该项目是市妇联与爱慕公司合作的专项助学项目，资助对象为义务教育阶段品学兼优的贫困女童，每人每年资助金额1000元，直到女童初三毕业。此次共有10名女童受到资助。

（刘娟）

【共建“青少年消费教育课堂”】 3月11日，石景山区教委、区工商分局、物美控股集团有限公司联合成立全市首家“青少年消费教育课堂”。该活动发挥物美集团在资金、企业文化方面优势，结合区工商局保护消费者权益职能，走进学校课堂开展消费维权教育。启动仪式上，区内8所学校挂牌“青少年消费教育课堂”。

（施爽）

【制定防肥胖与近视工作方案】 3月，石景山区教委制定防肥胖与近视工作方案。工作方案通过充分利用健康监测结果，建立健康预警工作机制，及时警示肥胖和视力不良率较高的学校，提高学校对学生健康的重视程度和工作力度。依据工作方案，4月，区教委采取现场抽查、问卷调查等形式检查47所学校预防近视工作。检查发现，各学校对保护视力、预防近视工作重视程度有所加强，保证学生眼保健操时间，并开展校内评比活动；定期调整学生座位；教室采光系数、墙反射系数、课桌面平均照度和噪声等项目合格率达到50%以上；部分学校特色爱眼护眼活动在学生中取得良好效果。

（向鸿）

【评选随班就读优秀课】 4月11至21日，石景山区特教中心、教育学院石景山分院举办中小学校随班就读评优课活动。活动涉及义务教育阶段语文、数学、英语三个学科，覆盖全区有随班就读学生。评选采取评委进班听评课方式进行。评选出随班就读优秀课堂教学一等奖9人、二等奖12人、三等奖12人，随班就读优秀教学设计一等奖9人、二等奖13人、三等奖14人。

（林臻）

【4校通过科技示范校验收】 4月28日，石景山区京源学校、石景山区实验中学、石景山中学、石景山区第二实验小学4所市级科技示范校接受北京市中小学科技教育示范学校评审验收。验收组认为4所学校在机器人、无线电测向、航模项目活动中起到示范、引领、辐射作用，4所学校全部通过验收。

（朱志学）

【举办第五届教育教学研讨月】 4至5月，石景山区教委与教育学院石景山分院共同举办中小学第五届教育教学研讨月活动。研讨月以“创设绿色课堂，关注生命价值”为主题，涉及教学竞赛、专题培训、课堂观摩等54项活动。其中，市区级活动18项，科研课题带题授课26项，协作区活动10项。

（林臻）

【培训随班就读教师】 4至12月，石景山区特教中心举办全区随班就读教师培训4次。4月2日，邀请市特殊教育教研员举办“随班就读需要爱心，更需要智慧”专题讲座；11月

15日，邀请中央教科所特殊教育与心理研究中心研究员举办“实施差异教学，关注随班就读学生”专题讲座；12月15日，邀请区培智中心学校举办“创设宽松和谐的学习环境，促进随班就读教学质量”报告。全年累计开展12课时专题培训，培训教师196人次，覆盖小学、初中所有学科。

（林臻）

【完成音体美专项行政视导】 5月4日，石景山区教委行政视导京源学校和同文中学。该视导临时确定下校对象，听推门课，重点关注音体美等学科教学。从检查情况看，两校均落实课程计划，做到开齐开足，确保音体美学科的正常教学，并不断加强学科课程育人研究。

（刘娟）

【校园足球节闭幕】 5月28日，石景山

区教委、北京京西校园足球训练营、北京八喜联合竞技足球俱乐部联合举办的首届京西八喜校园足球节闭幕。闭幕式举办颁奖仪式，八喜联合竞技足球俱乐部向玉泉路小学、炮厂小学赠送20套足球运动装备。校园足球节设有足球体验活动10项，来自石景山区11所学校、房山区4所学校、门头沟区5所学校200名学生参加活动。

（孙志国）

【举办中小幼四联展】 5月31日至6月10日，石景山区第25届中小幼四联（绘画、书法、篆刻、工艺品四大类为主）课堂教学成果展在石景山图书馆举行。展览展出作品1502件，其中教师作品118件，评出一等奖167人、二等奖296人、三等奖460人。153件作品入选《快乐的成长》作品集。石景山区自1986年开始举办中小幼四联（绘画、书法、篆刻、工艺品四大类为主）课堂教学成果展，每年一次，分大展和小展。本年是小展，由区内5个协作区自行展评。

（刘娟）

【妥善安置拆迁地区打工子弟学生】 6月，石景山教委采取措施，妥善安置拆迁地区打工子弟学生就学。因刘娘府地区拆迁，打工子弟学校红星希望小学、太和小学和春蕾小学535名学生面临失学。区教委根据区公办学校现有校舍和场地情况，努力扩大公办学校的收生能力，制定分流方案，最终将符合政策的459名学生全部安置到11所公办学校就读。

（郭燕艳）

【考核体育教师专业技能】 7月8至9日，石景山教委举办中小学青年体育教师专业技能考核。148名教师参加考核，其中，女教师42人。考核内容包括田径、武术、球类、体操4项教材考核内容，以及教育部颁布的第三套全国中小学生系列广播体操。考核成绩分合格、不合格两个等级。参加考核教师必须完成4项教材考核内容，以及第三套全国中小学生系列广播体操中的一项。4项教材考核内容总分达到60分，且第三套全国中小学生系列广播体操考核达到合格水平，考核方为合格。经考核，148名教师全部合格。

（孙志国）

【教委残联共商残疾人教育】 7月12日，石景山区教委、区残联召开特殊教育工作联席会。会议研讨《石景山区“十二五”教育事业发展规划》和《石景山区“十二五”残疾人事业发展规划》，明确下一时期特殊教育工作努力方向。一是建立教委、残联联席会议制度，二是优化特殊教育学校布局，三是普及残疾儿童学前教育，四是完善支持保障体系提高随班就读教育质量，五是深入开展重度残疾儿童送教上门工作，六是加强残疾人教育专业队伍建设。区教委、区残联有关领导参加会议。

（林臻）

【测试校外教师基本功】 8至10月，石景山区教委举办校外教师基本功测试。活动分“活动设计、介绍活动、项目专业技能”3个项目进行，共有35名教师参加区级测试，其中，成绩优秀4人、良好27人，单项良好13人。经推荐，4名教师参加北京市校外教师基本功测试，获得4个优秀、3个良好的成绩。

（马威）

【落实每天一小时体育活动】 9月19日，石景山区教委召开中小学落实教育部加强体育工作电视电话会议。会议就中小学落实每天一小时体育锻炼活动工作做出六点规定。一是进一步提高认识，加强领导，牢固树立“健康第一”的理念，校长是保障学生每天一小时活动的第一责任人。二是确保学生每天锻炼一小时。中小学要认真执行国家课程标准，保质保量上好体育课，没有体育课的当天，学校必须在下午课后组织学生进行一小时集体体育锻炼并将其列入教学计划排入课表。三是各学校要结合实际和学生的年龄特点，开展具有特色、更能体现学生兴趣的体育活动，每位学生都能掌握两项以上体育活动技能。四是与学生每天一小时校园体育活动紧密结合，推进全面实施《国家学生体质健康标准》。五是防控与干预肥胖率、近视率，教室照明和桌面光线百分之百达标。六是成立督察组对学校落实学生每天一小时情况进行督察，建立举报电话。

（孙志国）

【召开课改年度总结会】 11月21至22

日，石景山区教委召开2010至2011学年度基础教育课程改革总结会。会议听取《推进课程改革纵深发展，全面提升区域基础教育质量》报告，总结2011年教育教学竞赛、义务教育阶段课程改革、高中课改、地方校本课程和专题教育活动情况。会议表彰3个北京市基础教育课程改革建设先进单位，5个综合素质评价先进单位，40个石景山区教育教学竞赛群星奖获奖单位。区教委领导和中小学代表120人参加会议。

（王贤鑫）

【调研班主任任职年限】 11月，石景山区教委通过问卷调查方式调查全区班主任任职年限。调查涉及小学班主任537人，中学班主任588人。调查结果表明，小学从事班主任工作1至5年100人、6至10年58人、11至15年103人、16至20年130人、21至25年96人、25年上50人。中学1至5年268人、6至10年87人、11至15年75人、16至20年42人、21至25年7人、25年以上9人。

（施爽）

【召开“媒体进校园”答谢会】 12月

1日，石景山区委教育工委在爱乐实验小学召开“媒体进校园”暨年度媒体答谢会。活动听取爱乐实验小学以特色音乐课程为依托、实施课程体制改革、构建育人新模式的汇报，观摩一堂3年级音乐课。区委教育工委领导对新闻媒体一年来对石景山教育改革和发展的关注和支持表示衷心感谢，并介绍石景山区“十二五”教育发展规划和重点工作。来自中国教育报、北京青年报、现代教育报等10余家媒体记者参加活动。

（彭悦）

【友善用脑课题结题】 12月21日、23日，石景山区教委与教育部友善用脑总课题组在五里坨小学、同文中学联合召开友善用脑课题结题现场会。来自7所实验学校代表以及相关部门负责人50人参加会议。会议听取课题实验校汇报，观摩展示课。经评审，专家验收组同意课题结题。来自7所实验学校代表以及相关部门负责人50人参加会议。“友善用脑课题”全称是“实施友善用脑，提高学生学习效率的实证研究”，由教育部立项。2008年11月，石景山区教委参加课题研究。课题采取行动研究及实证研究等方法，研究如何提高学生学习效率等内容，在教学实践中引入友善用脑的理论与方法；总结出符合友善用脑理论的课堂教学方法和学生学习方法。至2011年，石景山区7所学校参加课题研究。

（王贤鑫）

【举办首届跆拳道比赛】 12月24日，

石景山区教委、区体育局联合举办首届中小学生跆拳道比赛。来自13所中小学，2所跆拳道俱乐部的230名运动员参加个人品势、团体品势和个人竞技的比赛。实验小学、八角北路小学、外语实验小学获得小学组团体前三名。苹果园中学、青少年活动中心、景山远洋分校分别获得初中组团体前三名。

（孙志国）

【研讨高中特色建设工作】 12月29日，石景山区教委召开高中特色建设工作研讨会。会议听取5所公办高中校“十二五”时期特色建设方案。5校的建设方案涉及指导思想、发展目标、工作措施、年度推进计划。区政府和区教委领导，以及高中学校代表参加会议。石景山区高中特色建设工作以实现普通高中学校优质多样化发展为目标，力争通过5年左右时间，挖掘学校内涵，打造核心竞争力，凝练学校文化，塑造教育品牌，逐步培育高中学校鲜明的办学特色。

（周冬）

职业与成人教育

【概 况】 2011年，石景山区职业高中3所，毕业426人，就业率99%，职业资格证书取证率90%，招生1286人，在校生2730人。教职工234人，其中，专任教师120人。另聘请校外教师41人。职业高中占地面积9.06万平方米，建筑面积7.88万平方米，图书馆藏书42.80万册，固定资产总值12066.63万元。全年教育经费投入2969.70万元，其中，国家拨款2629.30万元，自筹经费340.40万元。区属成人高校2所，其中，石景山区业余大学开设12个专业，毕业318人，招生650人，在校生802人；北京电大石景山分校开设15个专科专业和14个本科专业，毕业633人，招生879人，在校生3409人。两校实行合署办学统一管理，共有教职工140人，其中专任教师38人。学校有三个教学区，总占地面积10636.3平方米，建筑面积24529.41平方米，图书馆藏书133571册，固定资产总值12478.76万元。全年教育经费投入4296.86万元，其中，国家拨款2221.33万元，自筹经费2075.53万元。社区市民总校（社区学院）1所，市民学校中心校（街道社区教育中心）9所，市民学校分校（设在居委会）139所。区教委委派社区专职教师33人，登记在册社区教育志愿者3768人，全年共完成各类社区教育市民培训321132人次。

（姜葵葵）

【召开社区教育工作会】 1月24日，石景山区教委召开2011年社区教育工作会。会议总结2010年社区教育全年工作，安排2011年重点工作。会上，教育督导室反馈2010年各街道社区教育工作督导意见。督导意见对2010年各街道社区教育工作给予肯定和好评。区教委领导和各街道主管主任13人参加会议。

（姜葵葵）

【举办“可持续发展教育”项目培训】 3月9日，石景山区教委召开“争创可持续发展教育国家实验区”项目培训会。会议讲解可持续发展教育的定义、核心思想、内涵及发展观，总结石景山区实施可持续发展教育的成就与问题。会议分析可持续发展教育的重点领域，强调可持续发展的指导思想、目标与原则。区教委领导和社区教育负责人16人参加会议。

（姜葵葵）

【举办职校公共基础课说课比赛】 6月20日，石景山区教委举办中等职业学校2011年公共基础课单元教学设计说课比赛。全区中职学校语文、数学、英语三科任课教师20人参加比赛。经现场说课、说课课件演示、单元教学设计编写等环节，最后共评选出一等奖2人、二等奖3人、三等奖5人。

（姜葵葵）

【举办社区学习节】 6月22日，石景

山区教委召开第七届石景山区社区学习节启动仪式暨学习品牌、学习之星表彰会。会议表彰“市民公益英语”首都市民学习品牌，以及9个区级学习品牌和11名区级学习之星，宣布第七届社区学习节启动。本届学习节持续一周，主题为“繁荣社区文化，构建和谐家园”。学习节举办市民学校数字生活技能赛等系列活动，并为市民颁发市民教育系列教材。

（姜葵葵）

【终身学习周闭幕】 10月29日，2011

年石景山区全民终身学习周闭幕。学习周期间，各街道、社区围绕“人人参与学习、分享学习成果、提升生活品质”的主题，通过开展系列读书活动、学习体验、知识竞赛等学习活动，交流学习体会，展示学习成果，营造学习氛围。闭幕式上，区教委表彰“读书月”活动评选出的8个“书香家庭”，表彰“党的生日”祝福语创作比赛最佳创作奖作品50幅。

（姜葵葵）

【举办市民讲外语活动周】 10月29日，石景山区教委举办2011年石景山区市民讲外语活动周。开幕式上，区

教委表彰7个学外语优秀团体，以及10个学外语典型个人，为市民讲外语志愿者颁发荣誉证书。石景山社区学院大会向市民代表颁发市民英语教材《英语伴我行》。活动周期间，各街道将充分利用市民学校主阵地作用，组织丰富多彩的外语教育活动，提高市民学外语、讲外语的积极性。

（姜葵葵）

【成人学历教育招生1662人】 至12月，石景山区业余大学学历教育招生1662人。其中，业大成人高考报名确认697人，录取650人，连续11年完成市教委招生计划指标。电大春秋两季招生879人，处于全市47所电大分校第五名。奥鹏远程教育招生133人。学历教育在校生4703人，开设有50个本专科专业，124个教学班。

（向左霞）

【业大开展“双证书”教育】 至12月，石景山区业余大学开展“学历＋职业资格”的“双证书”教学改革。该校结合国家有关部门对职业资格要求，调整教学内容，创新课程模式，明确要求2011级新生用“北京英语口语考试”替代大学英语课程考试、“计算机等级证书”替代计算机基础课程考试。至年底，该校197名学生考取会计证、助理物流师、保育员证、普通话等资格证书，123人参加导游证、英语口语考试等。

（向左霞）

教育督导

【概　况】 2011年，石景山区教育督导室以教育法律、法规为依据，坚持监督与指导并重，充分发挥教育督导的监督、保障、导向和激励作用，为全区教育改革和发展服务。至年底，完成12所小学规范化建设工程学校督导验，完成2所幼儿园督导随访，完成6所初中学校督导随访。依据区“十二五”时期教育事业发展规划，重新修订《北京市石景山区民办学校办学水平综合评价方案（试行）》。完成本区教育法律法规执行情况督导检查自查工作，汇总35个责任单位的教育执法自查总结，考核汇总73名位党政一把手和主管教育领导的工作自查鉴定上交区委组织部。开展义务教育实施情况监测和义务教育均衡发展督导评价，会同区教委完成人民满意学校测评工作，授予35所学“石景山区人民满意学校”称号。至年底，督导室专职督学7人，兼职督学14人，特约督学14人，挂职督学3人。

（王桂洋）

【反馈社区教育随访意见】 1月24日，石景山区教育督导室召开社区教育随访意见反馈会。2010年，教育督导室依据“石景山区教育执法和实施素质教育目标责任分解”完成社区教育工作随访督导。会议反馈上年随访督导意见。反馈意见肯定并推介各街道办事处在学习型城区建设、兴办家长学校引导家庭教育、青少年校外教育与未成年人保护等方面特色、亮点，并提出有关的建议。区教育督导室和区教委领导，以及8个街道办事处负责人参加会议。

（厉丽）

【督导随访民办学校】 4月，石景山区

教育督导室督导随访国家体育总局老山汽车摩托车驾驶学校、华大天下教育研究培训中心、巨人文化艺术培训学校。该督导检查学校办学基本情况、专职与兼职教师队伍建设、办学规模与办学质量等。督导组与学校领导交换随访意见、提出有针对性的办学建议。至年底，石景山区教育督导室共督导检查民办学校12所。

（厉丽）

【问卷调查人民满意学校】 4至6月，石景山区教育督导室会同区教委继续在全区范围内进行人民满意学校问卷调查。该调查对象涵盖全区除高三外所有中、小、幼、职学生的家长、中学生和4至6年级小学生及派出所、街道和社区人员。设计幼儿园家长、中小学生家长、中小学学生、街道和派出所共5套问卷。问卷内容包含对学校的总体评价、学校管理、家校沟通、教师、教学和环境设施等。总计向家长、派出所、街道和社区发出问卷28731份，回收有效问卷27223份，问卷有效率94.75%；发出学生问卷13312份，回收有效问卷13195份，问卷有效率99.12%。总体有效回收率达到96.13%。统计结果表明，2010年人民满意评价全区整体满意率92.31%。12月15日，召开石景山区2010年人民满意学校评价工作总结暨表彰大会，35所中小学幼儿园评为“石景山区2010年人民满意学校”。

（王桂洋）

【调研小学图书馆情况】 4至10月，石景山区教育督导室结合小学规范化建设督导验收，开展石景山区小学图书馆情况调研。通过问卷调查、学校自查、实地查看、召开座谈会等形式收集数据，了解全区各小学图书馆工作人员的基本情况、图书馆的基本配置情况、馆藏文献情况。12月完成《石景山区小学图书馆现状调查报告》。调查报告显示：近年来区教委对区内各小学图书馆投资力度加大，硬件建设取得初步成效。书库面积、藏书量达到《北京市中小学校办学条件标准细则》的小学分别占统计总数的94%和88%；所有小学均能做到开架借阅图书；设置数字图书馆的小学有23所，占统计总数的70%；全区82%的小学图书馆人员达到大专以上学历。

（千文芳）

【表彰优秀民办教育培训机构】 5月13日，石景山区教委召开2011年民办教育工作会。会议表彰2010年度办学取得突出成绩的先进单位及先进个人，同时为2010年区教委、区教育督导室联合评选出的5所“石景山区优秀民办教育培训机构”颁发奖牌。全区90所民办学校100人参加会议。

（郭燕艳　厉丽）

【完成教育执法自查自评】 5至10月，石景山区教育督导室完成教育执法自查自评工作。依据自查方案，教育督导室成立自查工作领导小组并进行责任分工。组织区发改委、区教委等5个相关委办局就本单位教育法律法规执行情况进行自查自评并提交报告。10月，完成《石景山区2011年教育法律法规执行情况自查报告》上报市教育督导室。

（厉丽）

【督导验收12所小学】 至12月，石

景山区教育督导室开展第三批小学规范化建设督导验收工作。验收涉及12所小学。依据《石景山区小学规范化建设工程督导验收工作方案》，督导组通过听取汇报、实地检查、座谈等方式学校规范化建设情况。最终，12校全部通过督导验收。至此，石景山区25所小学通过小学规范化建设督导验收。

（千文芳　魏莉）

中共石景山区委教育工委

书　　记　邢俊毅

石景山区教育委员会

主　　任　叶向红

石景山区政府教育督导室

主　　任　刘志成

海　　淀　　区

总　　类

【成立国际交流与合作办公室】 2月，海淀区教委成立国际交流与合作办公室。办公室主要职能为统筹协调区属教育系统对外交流与合作工作，研究拟定对外交流与合作发展规划，创新性开展对外交流与合作项目；负责对区属教育系统各单位外事工作进行规范和指导；负责因公出国（境）手续办理工作；承担区属教育系统外事干部的培训及队伍建设工作。年内，海淀区具备招收外国学生资质学校24所，举办中外合作办学项目学校5所。全区中小学幼儿园外国籍学生1058人，中外合作办学机构和项目在校生1652人。全区57所学校和培训机构具备聘用外籍教师资质，全年聘用外籍教师263人次。全区共有54所学校与23个国家（地区）206所学校建立友好学校关系，全年共接待各类国（境）外教育交流与访问代表团313个，接待外宾6691人次。

（宋亚甫）

【社会大课堂创新人才培养计划开班】 5月15日，海淀社会大课堂创新人才培养千人计划启动仪式在中科院生物物理研究所举行。教育部、中科院、清华大学、市教委、海淀区政府代表，以及海淀区大中小学校师生400人参加活动。启动仪式上，有关领导和科学家、教育家签署行动宣言，首批学员开展开班培训和选题考察活动。海淀社会大课堂创新人才培养千人计划由海淀区教委主办，在3年内将组织1000名中小学生，到清华、北大、中科院、高新企业做研究助理，跟导师做课题。该计划通过校外基地指导专家与中小学教师合作，制

定创新培养课程和计划，探索社会大课堂创新教育模式，跟踪培养一批创新拔尖人才。

（宋亚甫）

【召开教育工作会议】　5 月 22 日，海淀区委、区政府召开教育工作会议。会议听取《落实教育优先发展的战略地位，大力推动海淀教育事业科学发展》工作报告，回顾“十一五”时期海淀教育发展成果，并就落实教育优先发展战略地位、转变教育发展方式、加大政府统筹各级各类教育协调发展力度等“十二五”时期海淀教育改革发展任务进行部署。会议提出，举全区之力发展教育，全力推进教育事业科学发展，全面推动海淀教育实现“三个一流”（即：教育整体质量、教学基础设施、师资水平和教师待遇全国一流）。区委、区政府领导和海淀教育系统干部教师 400 人参加会议。

（宋亚甫）

【文明礼仪文明交通动画片面世】　6

月 22 日，海淀区教委制作完成两部文明礼仪、文明交通系列动画片。两部动画片名为《闪耀吧，文明的勋章》、《有才与十大交通陋习》，分别由教育新闻传播中心、海淀区交通安全委员会办公室与北京市商务管理学校联合制作。动画片以孩子们喜闻乐见的形式，引导中小学生做文明有礼北京人。动画片 9 月起每周日晚 8：10 在 BTV 公共频道《海淀教育》电视栏目播出。

（宋亚甫）

【召开《海淀历史与文化》座谈会】
8 月 30 日，海淀区教委召开《海淀历史与文化》地方教材座谈会。会议介绍《海淀历史与文化》地方教材编写背景、意义、教材结构等，与会专家认为教材内容丰富、图文并茂、设计新颖，符合知行结合课改新理念，有利于激发学生热爱家乡、热爱爱国的情感，并建议作为市民教育、对外宣传材料。区委教育工委、区教委、区教师进修学校领导，中央教科所、北京地理学会、区史志办、区环保局等专家，教材编写者等 28 人参加会议。《海淀历史与文化》是海淀区地方课程，由海淀区教育科学研究所编著，吴颖惠主编，2009 年 3 月立项研发，2010 年 9 月编写完成，10 月经北京中小学地方教材审定委员会初审通过，2011 年 6 月由人民教育出版社出版，共 10 万字，96 页。2011 年 9 月 1 日起，《海淀历史与文化》正式作为海淀区地方教材，在新初一年级开始，连续使用两年，初一和初二两个学年共安排 8 课时。

（宋世云）

【召开总务工作会】　9 月 20 至 21 日，海淀区教委召开教育系统总务工作会。会议举办总务工作负责人培训，内容包括房屋管理、修缮工程、资源设施、国有资产处置、中小学设备经费预算、房地产权、后勤档案管理和校方责任保险风险管理，并邀请专家讲解校园环境优化的理念和实施方式。会议提出 4 点要求，一是谋划未来，完善管理机制，转变工作方式。学校总务工作者要加强专业技能学习，了解教育教学动态，为学校发展当好家、服好务；二是学校后勤工作要逐步转向社会化。对校园安保、食堂管理、维护修缮等工勤类岗位，应加强统一培训，规范工作标准，探索出一条适合海淀教育、适合学校发展的学校后勤社会化道路；三是通过评优、争优、树典型等活动，做到“内部有典型、机制有保障”；四是培养开展专题培训，适应新形势、新要求的总务工作队伍。海淀区中小学、幼儿园和直属单位总务工作负责人 240 人参加会议。

（宋亚甫）

【参加“图书传递工程”公益活动】
9 月 26 日，海淀区教委参加“图书传递工程”公益活动。活动在海淀区钢院附中举行，中央电视台农业频道主办、《生活 567》栏目承办，活动主题“图书传递工程走进山西长治”。活动中，海淀区中小学生共募集 20 万册课外读物，包括工具书、科普和文学书

籍、杂志、教辅读物，3000 件文具和书包，所捐赠物品分别送往山西长治壶关和平顺地区。“图书传递工程”公益活动 2005 年 8 月启动，活动遍布全国 20 个省市自治区和直辖市，建立近千个爱心图书室，千余万册图书传递到书籍资源短缺地区。

（高珉　宋亚甫）

【开展食品安全专项检查】　9 月，海淀区教委开展秋季食品安全专项检查。该检查突出 4 个特点。一是抓好前期培训。召开新学期食品安全工作会，针对秋季大肠杆菌易发、高发特点，对各校食品安全主管领导和食堂管理员进行培训，提升相关人员食品安全专业水平。二是突出检查重点。检查中要求全区 143 个学校食堂、营养餐送餐单位使用食品添加剂做到“五专”，即专店采购、专柜存放、专人负责、专用工具、专用台账。三是强化制度落实。要求学校细化进货台账，保管好相关资料，确保食堂相关管理制度能落到实处，并实施责任倒查。四是完善管理机制。建立教委、学区、学校三级管理网络，12 个小学学区指派专人负责食品安全工作，定期会商、研判学校食品安全现状。

（宋亚甫）

【召开“大中小学联动”培养创新人才交流会】　11 月 27 日，海淀区召开大“中小学联动”培养创新人才成果交流研讨会。会议由海淀区委教育工委、海淀区教委、北京大学、清华大学、中国人民大学、中国科学院、中关村管委会共同举办。会议总结“大中小联动”培养创新人才的机制、载体、模式，交流联动培养成果，推进区域教育深层改革、资源结构优化、人才培养模式的实践和创新。教育部、科技部、海淀区领导，相关高校、海淀区中小学代表，北京市各区县和外省市代表 300 人参加会议。

2008年，海淀区首次提出“大中小学联动”概念，2009年，在第一次社会大课堂高峰论坛暨特色活动博览会上，基本形成“大中小学联动”框架，2010年，正式将“大中小学联动”规范为海淀区社会大课堂实施模式之一，至2011年，形成资源联动、课程联动、社团联动、创新活动、课题合作、师资互动的人才培养体系，完成资源联盟、多元课堂、千人计划、个性化学习、体验学习共同体等大中小学联动项目。

（宋亚甫）

【开展校车安全专项治理】 11月，海

淀区教委开展校车安全专项治理。该工作由区教委牵头，相关部门配合，在11月中旬到2012年1月共同开展校车安全联合执法检查。工作重点一是在上下学高峰期，集中治理超载超速等违章车辆。二是摸清校车底数。凡是有校车的学校，全部上账，统一管理，实时掌握校车动态。三是集中治理。坚决打击“黑校车”，从重处罚，整顿合法校车，发现问题及时整改，并向社会公布整改结果。四是加强安全乘车宣传和教育，使学生及家长自觉遵守交通秩序，自觉抵制“黑校车”。至年底，区教委与4所学校、21辆校车、21名校车驾驶员签订交通安全责任书。

（宋亚甫）

【与内蒙古敖汉旗开展对口支援工作】 12月4至17日，海淀区教委培训内蒙古赤峰市敖汉旗教师。100名敖汉旗干部教师分两批到海淀区开展培训交流活动，海淀区教委根据对方需求及建议，结合本区教育实际，制定培训计划和保障措施，并确定16所“手拉手”学校实施培训。培训根据不同岗位性质，采取区校两级培训结合、集中培训与分散培训结合的形式，分校长、班主任和学科教师三类。此前，11月，海淀区教委与敖汉旗通过互访、召开交流座谈会，就教育对口帮扶合作实施工作方案等事宜达成共识，明确对口支援方式和内容包括：敖汉旗干部教师到海淀区培训、海淀优秀教师利用寒暑假赴敖汉旗讲学和支教、利用海淀教师研修网实现网络研修互动等。

（宋亚甫）

【校舍安全工程基本完工】 12月31日，海淀区中小学校舍安全工程基本完工。校舍安全工程分为加固和翻建两类，其中2009年至2011年抗震加固类投资27.60亿元，完成136所学校、262栋楼房、83.10万平方米的校舍加固工程；2010年、2011年翻建类投资11152.42万元，完成3所学校、24219.76平方米校舍翻建工程。

（宋亚甫）

【加强海淀教育品牌宣传】 至12月，海淀区教委继续加强海淀教育品牌宣传工作。海淀区教委所办《海淀教育报》、《海淀教育党建》、《海淀教育》电视与主流媒体联手，专题报道海淀区教育工作会议和海淀区德育工作会议等重点工作，并与各级各类50家媒体保持联系和合作关系，在《中国教育报》、《北京日报》、《北京晚报》等媒体上制作专版10余个。继续承办北京国际教育博览会海淀展位，并确定“实现教育现代化、建成学习型海淀”的主题，将圆明园遗址大水法融入展位设计，展现海淀文化底蕴。在《海淀报》开辟“一校一品”栏目，全年完成20所各级各类学校宣传工作。全年共出版《海淀教育报》、《海淀教育党建》各10期、《海淀教育年报》8版、《海淀教育》电视栏目制作播出52期，报道新闻400余条。围绕魅力党员、教师节、德育等教育系统重大活动制作专题片和专题节目90部，选送21部作品参加“第十五届中国行业电视节目展评”，分获栏目类、专题片类、新闻片类、美术片类、科教片类17项奖励，其中一等奖3个、二等奖4个、三等奖5个、优秀奖5个。引进舆情监控系统，加强对网络舆论实时监测、有效引导，积极化解网络舆论危机，做到重要中文网站全覆盖，新闻、论坛、博客、微博、视频全监控，海淀教育重点工作全纳入。

（宋亚甫）

学前教育

【概　况】 2011年，海淀区托幼园所152所，其中，教育部门办园9所，地方企业办园2所，事业单位办园26所，部队办园37所，集体办园32所，民办幼儿园28所，其他部门办园18所。在园所幼儿52569人，入园18679人，离园11315人；教职工8103人，其中专任教师3969人。2011年，海淀区新接收5所小区配套园；改扩建、改造70余所幼儿园，在34所幼儿园实施扩班，完成扩增学前教育学位6000个的年度目标；修订实施《海淀区支持和奖励幼儿园建设与发展暂行办法》，落实财政支持经费3000万元，对新建、改扩建幼儿园和特殊儿童教育基地给予支持。全区幼儿园班数达到1845个，比2010年增加183个班，新入园幼儿增加2956人，在园儿童总数比上年增长11.8%，3岁以上在园幼儿增加6176人，比上年增长16%，外省市户籍在园幼儿增加2000人，占总数21%。至年底，新增4所市级示范园、3所北京市一级一类园，市级示范园达16所。

（宋亚甫）

【新增4所市级示范园】 3月17日，海淀区新增4所市级示范幼儿园。经市级示范园专家评审组评审，海淀区恩济里幼儿园、立新学校幼儿园、海淀区二十一世纪幼儿园、中科院第三幼儿园获得市级示范园称号，其中，海淀区二十一世纪幼儿园为北京市首家通过市级示范园验收民办幼儿园。

（宋亚甫）

【承办入园难问题现场会】 4月15日，海淀区教委承办北京市教委解决适龄儿童入园难问题现场会。会议由市教委主办，海淀区北部新区实验幼儿园承办。会议听取海淀区2010年以来解决入园难问题成绩和经验，强调破解入园难需政府主导，但非政府全管，应走多形式、多途径，公办民办共同努力方式。会上，北部新区幼儿

园介绍该园筹建过程，市教委、海淀区领导发言，分别阐述学前教育发展关系、政府在解决适龄儿童入园难中应坚持的原则。来自各区县代表50人参加会议。

（宋亚甫）

【制定学前教育三年行动计划】 4月，海淀区教委制定《海淀区学前教育三年行动计划（2011～2013年）》。该计划通过调研全区学前教育现状，分析存在问题，科学测算适龄儿童入园需求和供需缺口，确定发展目标。该计划提出，按照"政府主导、社会参与、公办民办并举"方针，坚持"广覆盖、保基本、多形式"原则，利用3年时间，通过扩大增量、盘活存量、挖掘潜力，努力解决13800个学位缺口，有效缓解"入园难"问题，基本满足适龄儿童入园需求。

（宋亚甫）

【举办园长专题培训】 4月，海淀区教委举办幼儿园园长专题培训。活动由围绕"质量为本，特色立园，办有文化的幼儿园"主题，内容包括幼儿园规范管理和特色建设、幼儿园依法办园等。海淀区幼儿园园长及中层干部300人参加培训。

（宋亚甫）

【召开学前教育工作会议】 6月3日，

海淀区教委召开学前教育工作会。会议听取《学前教育工作报告》，提出未来3年海淀学前教育发展目标。与会者分组就"扩大资源着力破解入园难"、"携手共进促进幼儿园优质均衡发展"、"科学保教促进幼儿健康快乐发展"、"创新模式促进干部教师专业发展"举办专题讨论。会议为5所首批"海淀区学前教育干部教师培训基地"园挂牌。市教委、海淀区政府、区委教育工委、区教委领导，中央教科所、北京教科院专家及海淀区152所幼儿园园长180人参加会议。

（宋亚甫）

【依法规范办园】 至12月，海淀区教委采取措施依法规范办园。出台《北京市海淀区非教育行政部门所属公办幼儿园设立审批办法（试行）》，规范非教育部门办公办幼儿园审批手续。规范幼儿园注册备案工作，完成108所公办幼儿园登记证书年检，完成152所幼儿园注册信息核实、登记。完善区域自主互动小组管理机制，入园指导各小组开展培训与交流活动。完成全区90所公办园、28所民办园年度考核工作。

（宋亚甫）

【加快学前教育内涵发展】 至12月，海淀区教委采取措施加快学前教育内涵发展。一是加快各类幼儿园建设，扩大优质学前教育规模。其中，实施街道幼儿园发展工程，新建万寿路街道今日家园社区幼儿园，委派北京明天幼稚集团管理。探索名园办分园模式，由空军直属蓝天幼儿园承办马连洼竹园小区配套幼儿园，北京师范大学附属实验幼儿园承办清河小营住宅项目配套幼儿园，中国科学院第三幼儿园承办永丰嘉园小区配套幼儿园，将苏家坨镇幼儿园纳入北部新区实验幼儿园管理，提升北部地区学前教育水平二是。推进"幼儿园示范工程"建设，召开幼儿园特色建设研讨会，落实"质量兴园、特色兴园"发展思路。三是组织开展"幼儿园教育管理创新奖"评选活动，对扩大入园学位，注重提升质量，取得良好社会效益40所幼儿园进行表彰鼓励。四是完善幼儿园园长自主互动小组管理机制，加强业务指导与交流，提升活动质量和水平。五是加强幼教队伍建设。制定《关于建立海淀区学前教育干部教师培训基地的意见》，在六一幼儿院、明天幼稚集团、北京师范大学实验幼儿园、空军直属机关蓝天幼儿园和北京大学幼教中心5个幼儿园建立首批学前教育干部教师培训基地。同时开展对幼儿园新任教师、业务管理者、骨干教师的专项培训，促进幼儿园教师专业化发展。

（宋亚甫）

【完成增园扩班年度计划】 至12月，海淀区完成增园扩班年度计划，完成扩增学前教育学位6000个的年度目标。其中，新建今日家园社区幼儿园、智合国学双语幼儿园2所幼儿园。新接收领秀新硅谷、西山华府、柳明家园、苏家坨幼儿园、居易园幼儿园5所小区配套幼儿园，其中2所幼儿园已开园招生，3所幼儿园正在装修和筹备。完成70余所幼儿园园舍改扩建、改造，其中总后勤部五一幼儿园、海军机关幼儿园、红黄蓝幼教中心等6所幼儿园进行翻建、扩建，34所幼儿园实施扩班。另有北部5所农村小学新增设幼儿园。

（宋亚甫）

基础教育

【概　况】 2011年，海淀区小学118所（含12个小学部），教学班3612个，毕业18891人，招生25111人，在校生127837人；教职工6957人，其中，专任教师6441人；小学入学率100%，巩固率100%，毕业率100%。中学75所（不包含1所附设中学班的学校），其中，初级中学11所，高级中学3所，完全中学49所，九年一贯制学校2所，十二年一贯制学校10所；教学班2756个（初中1582个、高中1174个），毕业30288人（初中17395人、高中12893人），招生34392人（初中20405人、高中13987人），在校生100572人（初中58654人、高中41918人）。初中入学率100%，巩固率100%，毕业率100%；普通高中入学率83%，完成率100%（毕业率91%），应届高考录取率90.97%；教职工11670人，其中专任教师8000人（初中4272人、高中3728人）。特殊教育学校3所，开设教学班63个，结业91人，招生86人，特殊教育在校学生

1256 人（特殊教育学校 617 人、随班就读学生 639 人）；教职工 306 人，其中，专任教师 216 人。工读教育学校 1 所，开设教学班 15 个，离校 105 人，入校 102 人，在校生 335 人；教职工 81 人，其中，专任教师 67 人。校外教育单位 601 个。中小学教师学历合格率 99%，其中，小学教师合格率 99%，初中教师合格率 98.6%，高中教师合格率 98%。中小学市级特级教师 203 人，在岗 124 人，其中，小学特级教师 9 人、中学特级教师 114 人（包括民办学校）、职业高中 1 人。学校总占地面积 5181177 平方米，总建筑面积 3444612 平方米，固定资产总值 609140 万元，图书馆藏书 870.2 万册。全年教育经费投入 665089 万元，其中，国家拨款 525694 万元，自筹经费 139395 万元。

（宋亚甫）

【认定第三批素质教育优质校】 1月

10 日，海淀区教委认定第三批 18 所小学素质教育优质校。至此，海淀区小学素质教育优质校达到 44 所，占全区小学总数 37.90%，在优质校就读学生总数占小学生总数 65.80%。海淀区 2003 年 3 月启动小学素质教育优质校评选活动，“十五”期间，13 所学校首批入选，“十一五”期间，13 所学校入选。

（宋亚甫）

【入选基础教育综合改革实验区】 1 月，海淀区教委入选国家基础教育综合改革实验区。海淀区共参与 6 个国家教改试点项目，包括推进城区义务教育学校均衡发展、探索城乡教育一体化发展的有效途径、开展基础教育课程教材改革试验、深化基础教育学校办学体制改革实验、探索拔尖创新人才培养模式和开展高中特色发展试验。其中，“推进城区义务教育学校均衡发展”和“探索城乡教育一体化发展的有效途径”项目在全区范围内开展，其他 4 项在试点学校开展。

（宋亚甫）

【成立五校联合教研体】 3 月 24 日，海淀区 5 所中学成立联合教研体。联合教研体包括交大附中、十九中、北师大三附中、育英中学、玉渊潭中学 5 所学校，旨在促进校际间教师交流、实现资源互补和共享。联合教研体首批参与学科为高一语文、数学、英语，高二物理、化学、生物。4 月 21 日至 5 月 25 日，联合体举办 4 次活动，分别开展高二化学、生物，高一数学、英语“同课异构”活动。

（宋亚甫）

【总结高中课程改革工作】 3 至 4 月，海淀区教委总结高中课程改革工作。3 月 15 日，召开高中课程改革工作总结及表彰会。会议围绕海淀高中课改实践主题，总结 3 年课改工作。会议表彰 15 所课改工作先进学校和 12 所课改单项工作先进学校。全区高中学校校长、主管课改工作副校长及教科研主任等 200 人参加会议。4 月中旬，举办高中课改学校开放日活动。活动以“和谐共生，分享共赢”为主题，十一学校、北大附中、五十七中、一零一中 4 所学校展示高中课程改革研究成果和实践经验。

（宋亚甫）

【召开首届基础教育国际化现场会】 5 月 25 日，海淀区教委召开首届基础教育国际化现场会。会议由区教委主办、十一学校承办。会议听取区教委“推进基础教育国际化，促进海淀教育内涵发展”报告，听取十一学校国际化教育发展和课程开发情况。会上十一学校中英合作课程项目代表介绍中英合作课程设置、管理体系和评价方式，外国学生代表以“十一学校，我温馨的中国家”为题，介绍在十一学校学习、生活体会和收获，初一学生代表以访谈形式展示西班牙文化日的筹备、组织、活动情况及学生的活动体验与收获。有关领导和海淀区中小学代表 200 人参加现场会。

（宋亚甫）

【二十一世纪实验学校更名】 6 月 16 日，海淀区二十一世纪实验学校更名为北京市二十一世纪国际学校。该校创办于 1993 年，是全国首家“政府出政策、企业出资金、专家办学校”全寄宿制学校，设小学部、中学部、国际高中部、留学生部。2006 年学校引入 AP 课程，2010 年，与美国费尔蒙特学校合作，创办“中美高中双文凭”项目，同年 5 月 6 日，与十一学校签署合作协议，实现“公”“民”联手，资源共享。至 2011 年，学校教学班 60 个，在校生 1700 人，拥有教育部核准的承办国内学生出国留学中介机构和 AP 课程考点资质，市教委核准的接收外国留学生和开展中外合作办学项目资质。

（宋亚甫）

【高考成绩创优】 6 月，海淀区高考成绩创优。人大附中学生梁思齐以总分 697 分获得北京市高考理科第一名；人大附中分校学校伊思昭以总分 676 分并列北京市高考文科第一名。全区 600 分以上成绩文科考生 358 人、理科考生 1532 人，分别占全市的 37.49%、44.02%，比上年提高 3.35 和 1.89 个百分点。全区共有 22 名理科考生获数学单科成绩满分，比上年增加 16 人。本年，海淀区高考考生 14893 人，其中统考考生 14258 人（文科 4768 人、理科 9490 人），单考单招考生 635 人。

（宋亚甫）

【小学入学人数创历史新高】 6 月，海淀区小学共招收新生 25544 人，创小学入学人数历史新高。为做好入学工作，海淀区制定《关于做好 2011 年小学入学工作的通知》，召开小学入学工作会及各街道乡镇工作协调会，建立科室人员定点联系学区和街乡镇制度，编辑《海淀区小学学籍管理实用手册（试用本）》，设计制作来京务工人员随迁子女在海淀办理“在京借读证明”须知、宣传卡和流程，并开发网络平台。

（宋亚甫）

【成立特级教师研究中心】 9 月 9 日，海淀区教委成立特级教师研究中心。该中心为非独立建制机构，由区教师进修学校负责管理，主要有三方面职能。一是组织特级教师对骨干教师开展专业培训和指导，发挥示范引领作用，促进全区教师队伍整体水平提升；二是开展学习、考察、研讨和交流等活动，为特级教师发展搭建服务平台；三是通过学科学术会议、学科专业论坛等形式，总结、宣传和推广特级教师教育思想、教改经验和研究成果，加强对名师成长规律的研究，培养造就教育名家。海淀区在职特级教师116人入选首批成员。

（宋亚甫）

【检查流动人员自办学校】 9月11至13日，海淀区教委检查流动人员自办学校办学状况。检查情况显示，海淀区共有未经批准自办学校15所（15个校址），教职工266人。义务教育学生7028人，其中，小学生6589人、初中生439人，在校生总数比上年同期下降9.70%。11所学校附设学前班，学龄前儿童952人。本年度腾退绿园小学、苗苗小学、新希望学校和红星小学4所存在不同程度安全隐患的未经批准自办校，涉及在册学生3200人，其中，1800人被安排到肖家河小学分校、六郎庄小学、石油附小北校区等公办校就读；批准自办学校2所（2个校址），共有在校小学生1357人，没有初中生，其中1所学校开设学前班，学龄前儿童73人。未发现新自办校。

（宋亚甫）

【召开德育工作会议】 9月27日，海淀区教委召开德育工作会议。会议总结回顾“十一五”海淀德育工作成果及经验，明确“十二五”德育工作发展方向。一是发挥学校主阵地和课堂主渠道作用，抓实课程德育；二是坚持“德育为先，能力为主，全面发展”，完善中小学生素质评价体系；三是坚持科研引领，推进德育方法、内容、机制创新；四是成立海淀区德育工作专家组，谋划学校德育发展思路，适时提供指导；五是举办德育周校园开放日活动，增进德育工作校际交流，展示学校德育成果；六是举办家庭教育社会大讲堂、开办家长学校，搭建家校德育互动平台，引导家长树立正确的教育观念，掌握科学的教育方法；七是以社会大课堂为载体，进一步探索创新校外教育资源共享机制，形成“大中小学联动”和“社区学校互动”模式。市委教育工委、海淀区政府领导和海淀区教育系统代表共400人参加会议。

（宋亚甫）

【成立小学校长沙龙】 10月11日，海淀区小学校长沙龙成立。成立仪式上，海淀区教委为首批小学校长沙龙成员代表颁发证书。中国教育学会、市教委、清华大学、海淀区政府、区人大、区委教育工委、教委领导及海淀区小学校长32人参加活动。小学校长沙龙在海淀区教委倡导下成立，由知名专家、学者引领，小学素质教育优质校校长自愿加入，为互助互动学术性团体。沙龙成员将针对海淀区小学发展中重点、难点和焦点进行讨论，帮助教育行政部门在管理文化、管理制度等方面作出科学决策，促进全区小学教育优质发展。小学校长沙龙首批共有20名校长成员，秘书处设在区教委小教科。

（宋亚甫）

【红通社海淀区分社成立】 10月12日，红领巾通讯社海淀区分社成立。通讯社成员由53个校园记者站、9所市级红领巾通讯社小记者站、2个学区红领巾通讯社总记者站和小记者协会小记者150人组成。

（宋亚甫）

【召开民办教育座谈会】 11月10日，海淀区教委召开民办教育座谈会。会上，新东方、学大、学而思等6所上市非学历培训机构代表发言。会议强调民办教育是海淀教育重要组成部分，非学历教育培训业在海淀民办教育体系中具有十分重要地位，各有关部门和单位应在人才引进、办学场地租赁、高管子女入学等方面，为非学历教育培训业提供支持。要求有关部门从经费、人员等方面对区民办教育协会建设和发展给予支持，更好发挥民办教育协会作用。区教委、区民办教育协会领导和有关培训机构负责人参加会议。海淀区各类非学历教育培训机构数量、培训人次、培训质量、从业人数、营业收入、利税居全市各区县首位。

（宋亚甫）

【家庭教育大讲堂举办特教讲座】 11月19日，海淀区家庭教育大讲堂第六讲举办特殊教育讲座。讲座由海淀区特殊教育管理中心主讲，报告题目为《关注差异、关心成长》。讲座针对区内特殊需要学生情况，列举其类型及特点，从生态环境、人文环境及教育环境等方面，分析并找出问题根源和解决问题的方法。海淀区家长、随班就读教师110人参加活动。大讲堂由海淀区委教育工委、区教委、区教育督导室联合组织。

（张俊贤）

【召开小学教学工作会】 11月22至23日，海淀区教委召开小学教学工作会。会议听取“小学生素质发展评价和五年级学生学业质量监测”试验工作总结、小学五年级学生学业质量状况分析、学校如何有效减轻学业负担、“校长的使命和智慧”4个报告。会议分设校长和教学管理干部论坛，征集小学发展和教学管理建议。海淀区小学校长、教学主管干部300人参加学习。

（宋亚甫）

【举办第五届中小学心理周】 12月5日，海淀区举办第五届中小学心理健康教育活动周暨北京市中小学积极心理教育研讨会。活动由海淀区委教育工委、区教委与北京教科院共同举办，为期5天，主题为“关注心灵成

长，享受职业幸福”。心理周采取专家报告、经验介绍、示范课形式，从建立工作机制、培养学生心理品质、构建心理教育内容体系、关注教师心理健康、加强资源建设5方面，总结海淀区心理健康教育经验，提出心理健康教育工作思路与策略。活动周邀请北师大、美国耶鲁大学等专家举办讲座，组织观摩3所学校5节心理课，认定48所学校为区心理健康教育特色学校。教育部、市教委领导，各区县代表，内蒙古自治区敖汉旗骨干教师，海淀区学校心理健康教育负责人700人参加活动。

（宋亚甫）

【召开随班就读工作研讨会】 12月7至8日，海淀区教委召开随班就读工作研讨会。会议解读随班就读学生手册和资源教室使用手册，认为海淀区特殊教育工作已形成随班就读为主体、特教学校为骨干、送教上门为补充的特色形式。会议交流区特教中心、首都师大附小随班就读工作经验。会议宣布成立自闭症、听力障碍、视力障碍、小学资源教室和中学随班就读综合组5个教研组，宣读教研员职责，向36名教研员颁发聘书。区教委领导和全区特殊教育干部教师56人参加会议。

（张俊贤）

【全国建筑模型竞赛获8枚金牌】 12月9至13日，海淀区学生参加第12届全国青少年建筑模型教育竞赛总决赛获得8枚金牌。比赛由国家体育总局、教育部、中国科协等单位主办，芜湖市承办，来自全国各省市24支代表队400名运动员参加，总决赛设建筑模型个人、集体、兼项三类14个项目。海淀区15所学校74名学生参加比赛，获得8枚金牌、4枚银牌、7枚铜牌、18个一等奖、17个二等奖、21个三等奖，区青少年活动管理中心获“最佳组织奖”。

（宋亚甫）

【五项举措发展义务教育】 至12月，海淀区教委五项举措发展义务教育，积极推进义务教育优质均衡发展。一是统筹规划，着力提升北部教育发展水平。根据区域人口分布状况，制定北部学校建设规划，选定区内名校、优质校全程介入北部学校设计、建设，建成后，通过名校承办、集团化办学等方式，将区内名优教育资源引入北部地区，并在资金投入、教师配置和教师待遇等方面向农村倾斜。二是加大投入，为义务教育均衡发展提供资金保障。资金投入向农村校和相对薄弱校倾斜，全面改善学校办学条件。保障来京务工人员随迁子女接受义务教育权利，务工人员子女在公办校就读的比例达85%，高于北京市70%平均水平。三是标本兼治，综合治理，减轻学生过重课业负担。加强教师教学基本功培训，减少课堂教学低效现象，提高教学有效性。建立中小学生课业负担监测和报告制度，严格控制作业量和考试次数。引导家长树立正确的教育观念，掌握科学的教育方法。四是严格控制择校行为。停办城区小学所有寄宿部。取消义务教育阶段所有学科实验班，禁止学校设立重点班。五是加强干部教师队伍建设，促进师资相对均衡。启动教师学历学位及素质提升计划，成立特级教师研究中心，适当提高农村学校、纯初中校、特教学校教师津贴，设立农村校教师评优评先和职称晋升专项指标，引导教师在区域内合理流动。

（宋亚甫）

【进行教育布局调整】 至12月，海淀区教委合理配置教育资源，进一步扩大区域内优质教育规模。由中关村中学承办学院路中学，万泉河中学并入八一中学，石油附小承办二里庄小区配套学校，委派首都师大附小承办柳明家园配套学校，巨山小学承办西山新村小区配套学校，加大优质教育资源辐射力度。在清河西三旗地区，由石油附小承办马坊新村二期配套学校，十一学校承办清河小营住宅项目配套中学，缓解该地区教育资源紧张、优质教育资源缺乏问题。委派上地实验小学承办上庄地区配套小学，首都师范大学附属中学承办西北旺镇C3地块配套教育设施，中国科学院第三幼儿园承办永丰嘉园小区配套幼儿园，满足北部地区优质教育需求。

（宋亚甫）

【民办教育快速发展】 至12月，海淀区民办教育快速发展。海淀区有民办普通中小学17所，在校生22313人，教职工2846人。有民办职业高中1所，在校生273人。民办幼儿园28所，在园幼儿6086人。各类民办教育培训机构452家，年度招生108万人，结业99万人。民办教育采取“走出去”战略，在外区、外埠新设分校和教学点1273个，比上一年度增长41%，民办中小学招生数比上一年度增长14.90%，首次接受政府派位学生452人，巩固率达到76%。新增民办幼儿园2家。为规范民办教育快速发展，年内，区教委制定《海淀区民办非学历教育培训机构设置管理规定》、《海淀区民办幼儿园审批管理暂行办法》。

（宋亚甫）

职业与成人教育

【概　况】 2011年，海淀区有中等职业学校16所，其中，职业高中学校6所（包含2所附设职高班的特殊教育学校），普通中等专业学校7所，成人中等专业学校3所，其他机构3所（不计校数）。职业高中和附设职高班在校生6423人，招生5764人，毕业4926人。职业高中教职工729人，包括专任教师460人。职业高中占地面积287040平方米，建筑面积222669平方米，固定资产总值23008.89万元。成人高校（社区教育学院）1所，开设30个专业，在校生3286人；教职工125人（专任教师76人）。成人中等学校2所，招生1077人，毕业617人，在校生2034人，教职工149人（专任教师53人）。社会培训机构504所，在学32万人，结业103万人。社区教育中心15个，市民学校500所。全年各级各类成人教育培训机构累计开展成人培训143万人次，其中，干部岗位技能培训和继续教育2.6万人次，农民实用技术培训1.8万人次，各类培训机构培训95万人次，社区市民教育43万人次，中等职业学校短期文化生活培训及岗位技术培训2000人次。

（宋亚甫）

【接待日本社区教育参观团】 2月13日，海淀区教委接待日本社区教育参观团。参观团由日本的联合国教科文组织亚太文化中心代表团一行3人组成。参访团与区教委、中关村学院领导交流社区教育工作情况，听取海淀区开展社区教育情况。双方交流海淀区社区教育工作体制、模式，以及日本公民馆运行模式等问题进行交流。教育部、海淀区教委领导及日本驻华使馆工作人员参加活动。

（宋亚甫）

【召开农民教育工作座谈会】 5月10日，海淀区教委召开农民教育工作座谈会。会议回顾“十一五”时期农民教育工作，听取北京市农民培训优秀项目评审工作介绍。会议交流农民教育工作经验，对农民培训提出建议。认为海淀教育现代化，包括农民教育现代化，要把农民教育放在重要位置，重视和研究农民教育问题，以适应农村新变化，了解农民内在需求。应对农民生存技能、生产素养、生活质量等分类研究，开展工作要统筹协调及整合资源，加强工作评价、宣传推动工作，注重开发农民远程教育。市教委、区委教育工委、区教委、区教育督导室、区农委、乡镇主管领导、中关村学院及各社区教育学校负责人18人参加会议。

（宋亚甫）

【培训职业高中班主任】 6月20至21日，海淀区教委培训职业高中班主任。培训由区教委主办、中关村学院承办，涉及理论、实践和运用3个模块。理论模块听取《新时期班主任工作》讲座，从班主任工作基本理论和思路、班主任工作基本要求以及国内外学生管理理念方面进行培训；实践模块组织班主任到中关村学院社区教育体验学习中心，参加书法、国画、插花、烹饪及西点制作等体验活动；运用模块举办《积极心理学指导下的班主任工作方式变革》讲座。海淀区职业高中德育工作主管领导、班主任140人参加活动。

（宋亚甫）

【召开职高德育工作会】 9月21日，海淀区教委召开职业高中德育工作会。会议明确，职业高中要利用德育大会成果、固化成功经验、加快管理体系建设，打造适合中职学生健康发展内外部环境的工作思路。会议提出强化制度和体系建设、提升两支队伍建设水平、加强学生管理等重点工作。会议指出，德育工作应遵循职业教育规律，从学生实际出发，增强针对性、突出实效性、体现时代性，重视中职学校班主任队伍建设和校园文化建设，做到总体规划、分步实施、凸现成效、呈现特色、注重总结、共享成果，打造具有海淀职业教育特色德育工作平台。全区职业高中德育主管领导和德育主任25人参加会议。

（宋亚甫）

【完成职高生资助情况检查】 10月10至13日，海淀区教委完成职业高中学生资助情况检查。区教委、学校后勤管理中心学生资助管理办公室组成联合检查组，重点检查职业高中国家助学金、北京市政府奖学金和免学费政策落实情况，听取学校对国家助学金审核发放、政府奖学金提取和使用、免学费政策落实、学生资助卡推广等工作汇报，了解学校学生资助机构建设、人员配备情况，抽查学校规章制度文件、学生申领助学金及免学费申报及审核材料、学籍变动材料、政府奖学金申请及发放材料等。检查中发现个别问题，与学校沟通，指导学校进行整改，完善学校相关工作。

（宋亚甫）

【召开创建学习型组织示范评审会】 11月17至19日，海淀区召开创建学习型组织示范评审会。会上，四季青镇党委、区质量技术监督局、区老干部局等17家单位介绍创建学习型组织示范单位情况，并接受专家组质询。专家组对17个单位逐一评审，确定海淀区创建学习型组织示范单位候选名单。市教委、海淀区教育督导室、区学习型组织建设工作专家组专家、申报区创建学习型组织示范单位代表40人参加会议。12月，经区委区政府批准，14家单位入选第5批创建学习型组织示范单位。

（宋亚甫）

【举办首期中职骨干班主任培训】 11月25至26日，海淀区教委举办首期中等职业学校骨干班主任培训。培训为期1年，旨在提高班主任组织能力、引导能力、政策执行能力，培训内容包括教育政策法规、专业发展理论与实践、班主任工作科学研究三方面综合学习。培训聘请联想集团、区委党校专家辅导，采取做中学、学中思的教学方法，通过“沙漠掘金”活动，观察学员参与的环节及细节，对活动中表现及反映出来的问题进行团队合作学习分析。海淀区职业学校40名骨干班主任参加培训。

（宋亚甫）

教育督导

【概　况】 2011年，海淀区政府加强教育督导工作。完善督导队伍建设，建立相对独立的教育督导机构，充实班子成员。修订《海淀区兼职督学聘任管理办法》，开展专兼职督学、学校监测员、学校评价员培训，聘请新一届兼职督学、特约督导员、督学顾问。全面推进视导工作。坚持教育督导工作联席会议制度，加强联合执法和监督管理。以小区配套学校建设、职业教育发展、教育经费保障机制落实情况为重点，完成2011年度教育执法检查。完成教育部和北京市义务教育监测。对67所中小学、幼儿园和中职学校全面实施素质教育进行综合督导。开展小学规范化建设工程专项验收和职高德育专项督导。

（宋亚甫）

【召开教育督导工作会】 2月21至23日，海淀区教育督导室召开2011年教育督导工作暨“十二五”规划研讨培训会。会议主题为“创新机制、引领发展、提升素养、推进工作”，听取《北京市“十一五”时期教育督导工作总结和“十二五”时期教育督导工作思路》、《海淀区教育发展现状和“十二五”时期发展思路》专题报告，学习《海淀区“十二五”时期教育督导规划》。会议审议通过《海淀区人民政府教育督导室2010年工作总结和2011年工作要点》，明确4项重点工作，即：建立一支数量充足、结构合理、素质较高的专业教育督导队伍；加强督导培训工作，不断提升督导队伍专业化水平；坚持督学与督政并重，完成各项教育法规专项检查和义务教育监测工作，提高教育督导工作实效性和依法治教水平；深入开展调研和教育督导科研工作。市、区教育督导室领导及区教育督导室专兼职督学40人参加会议。

（宋亚甫）

【完成英语和体育质量监测工作】 8至10月，海淀区教育督导室完成2011年国家基础教育英语和体育学科质量监测工作。区教育督导室成立海淀区基础教育质量检测领导小组和办公室，制定《海淀区2011国家基础教育质量检测实施工作方案》，召开部门协调会和样本校动员说明会、监测工作人员培训会，落实样本校学生和教师信息上报与修订。监测工作涉及6所中学、12所小学，共提供720名学生和教师数据。海淀区是国家基础教育质量监测中心11个样本省市中北京市的4个样本区县之一。

（宋亚甫）

【聘请13名督学顾问】 9月19日，海淀区教育督导室聘请陶西平等13人为督学顾问，任期3年，任期自2011年9月21日起，至2014年9月20日止。同时成立海淀区教育咨议委员会，由傅首清任主任，聘请13名督学顾问为委员，任期3年，任期自2011年9月21日起，至2014年9月20日止。

（宋亚甫）

【举办新任兼职督学专业培训】 9至12月，海淀区教育督导室举办新任兼职督学专业培训。培训以“依法履职，引领提升”为主题，内容为4部分，一是督学工作的使命和职责，二是教育督导的相关法律法规、政策理论，三是督学组织协调、收集与处理信息、研究分析等具体操作技能，四是教育督导工作的最新动态、前沿理论和实践状况。培训方式以课程分模块、时间分阶段、学员分类别方式，采取大班授课和小组专题研讨、领导专家报告和督导实践相结合形式进行，其中，集中培训32学时、自修学习8学时。培训分为两个阶段。9至11月，听取专家专题讲座，与资深督学研讨交流；10至12月，逐步参与督导工作，入校考察实践。新任兼职督学82人参加学习。

（宋亚甫）

【完成67所学校督导工作】 至12月，海淀区教育督导室完成67所学校综合督导。督导采取综合督导、随访督导等形式进行。其中，综合督导中小学11所，共发放学生、家长、教工、干部问卷7000份，随堂观课838节次，针对46个三级评价指标，全面评价学校实施素质教育各方面工作。随访督导中小学11所，随堂观课240节次。此外，指导并全程参与12个小学学区45所小学全面实施素质教育综合督导评价工作。

（宋亚甫）

【完成年度教育执法检查工作】 至12月，海淀区教育督导室完成2011年度教育执法检查工作。执法检查内容包括新建和改建小区配套学校建设、职业教育发展和实施情况、建立和完善教育经费保障机制情况三方面。检查结果表明，区教委结合区域实际制定教育设施专项规划，成立专门机构，建立相关制度，确保教育配套设施建设与居民区建设同步进行，同步交付使用；区教委加大资金投入，保障教育配套建设标准。建议形成区政府各部门联合监管的工作机制，确保教育配套设施达到《北京市中小学办学条件标准》的要求。检查还建议在职业教育预算内教育事业费逐步增长的基础上，保证每年教育费附加中要安排不低于30%的经费用于支持职业教育。

（宋亚甫）

中共海淀区委教育工委

书　　记 张卫光

海淀区教育委员会

主　　任 孙鹏

海淀区政府教育督导室

主　　任 尹丽君

门　头　沟　区

总　类

【召开校外教育联席会】 1月17日，门头沟区召开学生校外教育工作联席会。会议审议“十一五”时期学生校外教育工作情况，布置年度工作。会议要求，要提高对学生校外教育认识，做好校内教育与校外教育衔接工作，为学生全面发展、健康成长提供良好环境。加强对学生校外教育活动场所的监督和管理，加快推进少年宫建设，加强斋堂、灵溪等四个基地建设。要抓好学生校外教育队伍建设，提高管理水平和教师素质。要落实校外教育各部门职责，形成合力，推动学生校外教育工作持续健康发展。联席会组成单位代表20人参加会议。

（朱凤海）

【确定4项重点工作】 3月16日，门头沟区教委召开会议，确定全年重点工作。一是全面提高学前教育保障水平，制定学前教育三年行动计划，公办民办并举，为棚户区改造新区建设配套幼儿园，增加学位990个；同时通过应届招聘、转岗培训等多种途径加强幼儿园教师队伍建设。二是推动城乡教育一体化发展，加大农村教师培训力度，探索干部教师队伍合理流动、城乡学校联动等工作机制，拓宽优势资源共享的渠道，促进教育均衡发展。三是推动教育基础设施建设，完成14所学校4.40万平方米校舍抗震加固工作，推进石门营中小学、龙泉中小学等8所棚户区改造配套学校建设工程及少年宫、军庄小学、三家店铁路中学等工程建设。四是加强教学质量监控，积极构建高效课堂，优化提升雁翅、琉璃渠等4个教育基地功能，打造有市级影响力的素质教育基地，促进学生的全面发展和综合素质提高。

（侯永忠）

【打造学校“放心食堂”】 5月19日，门头沟区教委采取措施打造“放心食堂”。第一，完善食堂安全管理制度，设专人负责原材料采购、贮存、加工、发售等各个环节，做到全面监管，无缝对接。第二，加大食堂基础设施建设，严格按标准配备消毒、通风等设施，确保食堂卫生安全。第三，加强食堂用工管理，严查从业人员健康证明、上岗资质等，定期开展培训，提高安全意识和业务水平。第四，健全食堂安全应急处置机制，确保能够快速反应、有效组织、及时控制和高效救援，最大限度保证师生身体健康和生命安全。

（张娅）

【开展对口支援合作】 6月13日，门头

沟区教委与内蒙古乌兰察布市察右后旗教育局达成初步合作意向。双方决定，门头沟区教委送课到察右后旗，组织优秀干部、教师通过示范课、讲座等形式，在教育教学管理、课堂教学研究等方面为察右后旗提供帮助。察右后旗选派干部、教师到门头沟区挂职，加强在推动教育事业发展方面的学习和交流。门头沟区教委为察右后旗提供设备支持，改善对方学校办学条件。10月25日，内蒙古察右后旗首批22名中小学教师到门头沟区进行为期3周的交流学习。

（侯永忠）

【加强和创新社会管理】 6月16日，门头沟区教委围绕教育热点难点问题加强和创新社会管理工作。主要措施包括：推进城乡教育均衡发展。在继续落实教师培训、职称晋升等原有倾斜政策的基础上，创新城乡学校联动一体化发展机制，选定大峪二小与潭柘寺中心小学、大峪一小与王平村中心小学4所学校，通过互派干部教师学习交流等措施，促进城乡学校同步优质发展。提升学前教育保障水平。制定《门头沟区学前教育事业发展“2011～2013年”行动计划》，通过推进棚户区改造配套幼儿园建设、创新建设幼儿园标准班、鼓励民办学前教育等措施，着力解决群众“入园难”问题。推动学校资源全面开放。统筹基础教育、职业教育和成人教育资源，继续实施“一校挂两牌、一长管两校、一师任两教”制度，在开放学校图书馆、阅览室、体育设施等资源的基础上，为农民和居民提供实用技术、职业技术、劳动力转移等培训，形成覆盖全区所有村、镇、社区的教育网络。

（侯永忠）

【组建青年干部培养导师团】 7月7日，门头沟区委教育工委决定组建青年干部培养导师团，加强青年干部培养。导师团通过定期下校指导、个别沟通交流，帮助青年干部制定工作计划，梳理学校管理流程，帮助处理突发事件，协助解决学校重大问题。在聘请专职导师基础上，聘请优秀中青年校长作为兼职导师，与青年干部结成帮扶对子，实现大校与小校、山区学校和城镇学校之间的优势互补、资源共享，进一步提升青年干部管理水平。至年底，先后聘请4批导师22人，指导帮扶青年干部46人。

（田俊晓）

【召开教育工作会】 9月7日，门头沟区委、区政府召开教育工作会暨庆祝教师节表彰会。会议报告指出，实现全区经济社会跨越式发展必须优先发展教育；要以科学发展观为指导推进全区教育科学发展，要着力促进教育公平，推动教育改革创新，推进教育内涵发展，要加强干部教师队伍建设；要形成共同推动教育事业科学发展的强大合力。会议要求各相关部门要认真贯彻落实会议精神，切实保障教育优先发展；要结合城市建设统筹优化中小学校布局；要在拆迁过程中，确保土地出让收益10%用于教育；要继续加大财政投入，不断改善办学条件；要做好困难地区学生帮扶工作，确保山区学生不因经济困难失学。会议表彰2011年优秀教师、优秀教育工作者。门头沟区有关领导，教育系统代表300人参加会议。

（石明廷）

【启动“十二五”教师继续教育】 11

月4日，门头沟区教委召开“十二五”教师继续教育启动大会。会议总结“十一五”继续教育成绩，对“十二五”继续教育工作提出明确的要求。会议指出，“十二五”教师继续教育整体思路是以提升学科素养、促进专业发展、助力高效课堂为中心，以激活骨干教师和青年教师资源为抓手，以坚持职业道德建设、坚持管理机制创新、坚持高端人才引进为策略，以突破骨干教师、青年教师、英语教师和学前教师专业发展的瓶颈为着力点，全面高效地实施教师继续工作。继续教育重点工作是打造适合首都教育发展，适合门头沟发展的教师队伍。会议为带徒的市级骨干教师和名师工作室主持人颁发聘书，为骨干教师颁发远程培训学习卡。会议决定，从1月开始，区教委和教师进修学校将陆续组织市级骨干教师和学科教学带头人带徒活动，并继续利用名师工作室加速骨干教师培养。本区“十二五”继续教育重点工作是打造适合首都教育发展，适合门头沟发展的教师队伍。市教委、北京教育学院领导，区教委、区教师进修学校和全区中小学教师代表300人参加会议。

（刘琦）

【开展食品卫生安全检查】 11月22至24日，门头沟区教委联合区卫生监督所专项督查中小学校和托幼机构食品安全工作。共检查34个学生食堂，其中，中小学校食堂19个，托幼机构食堂15个（含8个民办园）。检查重点是食品卫生管理制度是否落实，人员健康管理是否到位，原料采购、加工制作、食品添加剂使用是否规范，清洗消毒是否符合规定，饮用水卫生管理是否到位。检查结果总体满意，查找出5处安全隐患，主要是个别单位食品留样和台账记录不规范，餐具消毒不规范，库房食品存放不符合要

求，学生饮用水安全管理措施不到位。检查组当场责令限期整改。

（侯凤兰）

【第二届名师工作室启动】 12月23

日，门头沟区教委召开第二届名师工作室启动培训会。会议为第二届8个名师工作室授牌，为工作室负责人和成员颁发证书。会议再次明确，名师工作室实行动态管理，聘期3年，名师成员根据情况随时调整。会议要求工作室成员要有成果意识，积极开展研究，要有辐射性，带动团队发展，解决各学科教学实践中的难题和困惑。区教委、区教师进修学校领导，各学科名师工作室负责人，中小学教师代表150人参加会议。

（刘孟海）

【做好师资补充工作】 至12月，门头沟区教委通过3种途径补充教师87人。一是公开招聘，年内招聘应届毕业生71人，其中，博士生1人、硕士生17人。二是外地优秀人才引进工作，共引进京外地区优秀教师2人。三是做好支教大学生留教工作，本着双向选择的原则，选调15名支教大学生区内任教。

（王海泉）

学前教育

【概　况】 2011年，门头沟区幼儿园16所，其中，教育部门办园8所，其他部门4所，民办4所，开设教学班174个。离园幼儿2829人，入园3043人，在园5066人。教职工477人，其中，专任教师268人。学前三年教育普及率85%。全区一级一类园3所，市级示范园1所，北京市早教基地6所。

（石明廷）

【解决幼儿入园难问题】 3月10日，门头沟区教委研究儿童入园难问题，决定采取多种形式扩大学前教育供给能力。一是增园扩班。采空棚户区改造配套建设4所幼儿园，可接纳幼儿1440人；新建潭柘寺和斋堂幼儿园，可接纳幼儿330人；利用闲置教育资源在清水、雁翅、妙峰山、军庄四个镇共开办11个标准班，可接纳幼儿300人，覆盖山区各镇；新筹办2所民办幼儿园，可接纳幼儿330人。二是多种途径加强幼儿教师队伍建设。加大应届毕业生招聘力度，对中小学富余教师进行转岗培训，同时对园长和教师进行专业培训。三是多种渠道加大学前教育投入。公办幼儿园生均公用经费由200元提高至1200元；民办幼儿园每名幼儿每年补助150元，鼓励社会力量举办学前教育。四是制定学前教育三年行动计划，科学测算全区入园需求和供需缺口，确定每年发展任务，统筹学前教育发展。

（侯永忠）

【发挥区级骨干教师引领作用】 3月29日至4月21日，门头沟区教委发挥幼教系统区级骨干教师引领作用，由教师进修学校师训部组织系列骨干教师观摩活动，提高幼儿教师的教育教学水平及专业素养。3月29日，城子幼儿园区级骨干教师组织数学活动“有趣的单双数”；4月21日，区幼儿园骨干教师组织音乐活动“爱我你就抱抱我”；4月14日，永定幼儿园骨干教师组织剪纸活动“小蝌蚪找妈妈”。教师进修学校有关领导以及区级骨干教师20人参加观摩活动。活动中，骨干教师以《幼儿园教育指导纲要》为指导，结合教学班幼儿发展水平，组织交流研讨。

（曹云梅）

【发挥骨干教师导师团作用】 4月26

日，门头沟区教师进修学校发挥骨干教师导师团示范作用，组织8名区级骨干教师到王平村小学附属幼儿园指导业务工作。活动中，区级骨干教师分别观摩小、中、大三个班的半日活动和区域活动、环境创设等。观摩后，骨干教师与该园教师研讨区域活动材料投放、结合主题环境创设、一日生活常规组织等问题。该园教师20人参加活动。

（曹云梅）

【组织幼儿园新任及转岗教师培训】 8月21至26日，门头沟区教师进修学校组织幼儿园新任及转岗教师培训。幼儿园新任及转岗的48名教师参加集中培训，内容为学前教育理论知识与技能，包括幼儿生理和心理特点、世界最前沿的幼教理论、如何有效组织幼儿的教育教学活动、如何开展好家长工作。9月5至9日，区教委还组织新任及转岗教师在城镇幼儿园开展一周的观摩见习。

（曹云梅）

【举办幼儿骨干教师培训】 10月18日，门头沟区教师进修学校召开幼儿园市级区级骨干教师培训会。会议研讨骨干教师活动计划，明确指导思想及工作重点；研讨骨干教师示范课、导师团、师带徒等活动；总结幼儿园教师的“三杯”评比情况；组织幼儿语言教学方法培训。全区市级区级骨干教师20人参加会议。

（曹云梅）

【举办“三杯”比赛】 11月1日，区教

委组织幼儿教师“三杯”比赛。全区15所幼儿园的61名幼儿教师参加比赛。比赛分为“春雷杯”、“百花杯”、“秋实杯”三个层次。“春雷杯”比赛面向工作5年以内教师，“百花杯”面向参加工作6至15年教师，“秋实杯”面向参加工作16年以上教师。比赛内容分为理论测试、实践考评两

部分。理论考试包括运用理论分析教育活动录像和理论基础知识测试。实践考评重点考查教师上课、听课、评课具体情况。比赛后，考评小组根据教师考核成绩，分组研讨，评出优胜者，并总结比赛情况。

（王智聪）

【园长任职资格班学员进山交流】 12月9日，门头沟区教育党校组织园长任职资格班走进山区幼儿园实地考察交流。资格班学员分别参观大台、王平小学附属幼儿园，听取园长幼儿园发展情况介绍。分成3个小组观摩大、中、小班6节研究课，并分组交流研讨观摩情况。学员认为，两所幼儿园虽处山区，但办学理念和园所管理系统、规范，幼儿园环境建设融入园本文化元素。园长任职资格班全体学员29人参加活动。

（周强）

【召开幼教专业教学指导委员会年会】 12月21日，门头沟区教委召开幼教专业教学指导委员会第四届年会。年会主题为“园校深度交流，共享合作成果”。会议总结2011年主要工作，交流中等职业学校幼教专业建设和发展情况，为第二批中等职业学校幼教专业实习实训基地颁牌。区教委有关领导，15所幼儿园代表参加会议。门头沟区幼教专业教学指导委员会成立于2006年，委员会宗旨是为门头沟职业教育发展和幼儿教育发展提供服务，主要任务是为职业教育幼教专业学生提供实习基地，为幼教专业教师提供高层次学历教育和培训。教学指导委员会由区教委有关科室、教师进修学校、中等职业学校以及全区16所幼儿园代表组成。

（李四平）

基础教育

【概　况】 2011年，门头沟区小学35所，开设教学班409个，毕业生1859人、招生1974人、在校生11471人。在校生中，本市户籍7492人。教职工1555人，其中，专任教师1222人。中学17所（完全中学2所、高级中学2所、初级中学13所），开设教学班236个（初中170个、高中66个）。教职工1351人，包括专任教师939人。毕业生2509人（初中1907人、高中602人），招生2398人（初中1543人、高中855人），在校生7597人（初中4992人、高中2605人），在校生中本市户籍6621人（初中4067人、高中2554人）。初中入学率100%，升学率98%，高中应届毕业生高考录取率91.25%。特殊教育学校1所（特教中心），毕业生0人，招生0人，结业0人，在校生35人，教职工13人（专任教师12人）；残疾儿童入学率95%，巩固率90%，结业率80%。校外教育单位5个，教职工125人（专任教师96人）。工读学校1所，毕业16人，招生15人，在校生47人，教职工47人（专任教师26人）。全区中小学教师学历合格率100%（小学100%、中学100%），高级技术职务教师443人（小学26人、中学417人）。中小学总占地面积599049平方米，总建筑面积255443.26平方米，图书馆藏书97.1万册，固定资产总值43458.74万元。全年教育经费投入39401.86万元，全部为国家拨款。

（石明廷）

【做好寒假安全工作】 1月22日至2月21日，门头沟区教委采取措施做好寒假安全工作。一是开展安全检查和安全教育。放假前，要求各校开展一次全面安全检查，对师生进行一次全面安全教育。重点教育学生外出安全、学习各类应急避险知识，并以“致家长信”的形式提示家长负起假期学生监护责任。二是做好消防安全工作。加强对学生、职工宿舍和实验室、配电室、计算机房等重点防火部位的检查和管理，做好冬季用电安全工作，确保不发生各类火灾事故。三是加强校园安全管理。加强寒假期间学生活动的组织管理，确保活动安全；加强对出租房屋和校内施工单位的管理和监督，确保校园安全。四是做好烟花爆竹安全管理工作。利用主题班会等形式对学生进行一次安全燃放烟花爆竹教育；清理房前屋后、露天平台等校内和周边的可燃物；同时加大节日期间值班巡逻力度。

（侯永忠）

【调整教学进度】 2月22日，门头沟区教委召开会议研究调整上半年中小学教学安排，确保暑期校舍抗震加固工程顺利开展。会议决定，开学起全区各中小学平均每周加课一天，法定节假日照常休息，6月26日前结束学期工作。要求全区统筹安排课程及教学进度，保证学科总课时，按时保质保量完成教学任务；加强日常教学活动组织管理，严禁随意加课补课，维护良好教育教学秩序；做好解释工作，争取学生和家长的配合。

（侯永忠）

【完成骨干教师学科带头人年度审核】 3月18日，门头沟区教委完成市级学科教学带头人、市级骨干教师年度审核工作。依据《门头沟区市、区级骨干教师和学科教学带头人管理办法》，区教委对2007年评选的市级骨干教师、学科教学带头人进行年度审核。共审核市级学科教学带头人10人，市级骨干教师55人。经评审，参评教师全部通过审核。

（王海泉）

【召开青年教师培养现场会】 3月22日，门头沟区教委在东辛房小学召开青年教师培养现场会。会议推出3名青年教师公开课，报告学校培养青年教师经验。为加速青年教师成长，该校成立“春蕾工作室”，制定详细章程和计划，并提供物力、财力保障。同时学校开展师带徒活动，青年教师首先听师傅的课，个人备课后师傅签字认可才能上课。门头沟区教委、区教师进修学校代表，全区小学教师代表80人参加会议。

（韩秋静）

【开展“同课异构”教学交流活动】 4月1日，门头沟区市级骨干教师及学科带头人“同课异构”教学指导交流活动分别在大峪中学、大峪中学分校、大峪二小举行。活动由北京教育学院、区教师进修学校联合主办。活动以“如何构建高效课堂”为主题，以分学科同课异构、评课研讨，以及分学科开展专题讲座方式进行，共涉及9个学科的41节课。活动中，学校教师和市级骨干教师同上一节课，两名教师在对教材的把握和教学方法的处理上，做到“同中求异、异中求同”，展示不同教师对同一教材内容的不同处理方法，以及不同教学策略所产生的不同教学效果。北京教育学院专家，以及门头沟区教委、区教师进修学校领导和教师代表50人参加活动。

（刘海燕）

【开展“防灾减灾日”宣传教育】　5月12日，门头沟区教委开展“防灾减灾日”宣传教育活动。一是有针对性地开展宣传教育活动。针对火灾、拥挤踩踏、交通、溺水等突出问题，以“防灾减灾从我做起”为主题开展宣传教育，增强学生安全意识，提高安全防范知识和自救自护能力。二是突出演练，提高宣传教育实效性。在运用专题讲座、主题班会、宣传板报等形式进行宣传教育的同时，组织学生开展紧急疏散、逃生自救等演练，使学生在活动中切实提高安全意识和防范及自救能力。三是注重常规，提高宣传教育持续性。坚持日常教育与集中教育相结合，以“防灾减灾日”活动带动全面工作，推动安全教育工作持续深入进行。

（杜春友）

【举办“走近鲁迅”校园行展览】　5月

13日，门头沟区教委与北京鲁迅博物馆联合举办“走近鲁迅”校园行展览。展览开幕仪式在斋堂中学举行。展览主要内容是鲁迅先生为追求真理而呐喊的大无畏精神。展览包括展板20余块，展出图片101幅、文字20000字。在斋堂中学展出后，“走近鲁迅”校园行展览在门头沟山区5所中学巡展。

（侯凤兰）

【做好义务教育阶段入学工作】　5月17日，门头沟区教委采取四项措施做好义务教育阶段入学工作。一是加强依法监督力度，严禁在义务教育阶段入学工作中组织任何形式的考试、测试，严禁将各种竞赛成绩、奖励证书作为入学依据。二是加强学校招生计划管理，严格控制无序出区择校流动，要求学校不得自行组织超计划招生和超班额教学，加大宣传力度，防止出现大量盲目出区择校的情况。三是认真做好流动人口子女入学工作。可在暂住地就近借读，但学校接收有困难的，由区教委统一协调解决，严格禁止违规收取借读费。四是落实公示制度，及时公示义务教育阶段入学工作方案、义务教育学校招生范围、招生计划以及招生结果名单，增加政策和工作程序透明度。

（侯永忠）

【评定教师职称】　5月，门头沟区教委完成教师职称评定年度工作。全区教师109人申报评定（晋升）职称。经评定小组评审，评定中学高级教师35人，中学一级教师30人，小学高级教师34人，小学教师评定中学高级教师（小中高）10人。

（王海泉）

【做好龙门小学拆迁安置工作】　6月8日，门头沟区教委制定学生分流方案，做好龙门小学拆迁安置工作。区教委决定将龙门小学学生安置到工人子弟小学，如因家庭搬迁距离较远，由区教委统筹解决学生就近入学问题。同时，做好国有资产监管工作，全面清理学校各类财产，严防国有资产流失。做好家长解释工作，召开家长会发放学生分流方案，引导家长合理表达诉求。龙门小学在校生170人，因国家实施棚户区改造拆迁，需安置学生130人。

（侯永忠）

【调整学生实践基地接待任务】　6月，门头沟区教委调整琉璃渠中小学劳动艺术教育基地和斋堂中小学革命传统教育基地接待学生实践任务分工。琉璃渠教育基地接待年级由小学六年级变更为小学四年级，斋堂教育基地接待年级由小学四年级调整为小学六年级。暑假开始，斋堂教育基地进入为期两年的休整期，工作任务由承接学生实践学习调整为培训教师和开发新课程。

（韩民）

【培训青年教师】　10月21日至11月30日，门头沟区教委举办青年教师培训。培训由大峪二小等4名青年教师现场作课，课后说课，并由教研员点评，组织研讨。研讨重点围绕制定教学目标、突破教学难点、设计教学环节等进行。全区小学任教3年以内教师250人参加培训。

（邓宏　程淑芬）

【开展骨干教师远程培训】　10月28日，门头沟区教委组织骨干教师参加全国中小学教师继续教育远程培训。培训采取网上网下相结合、课堂内外相结合、集中分散相结合方式进行，并结合高效课堂的研究与实施，促进一线骨干教师教育教学水平提高。全区共获得400个市、区骨干教师培训学习注册码，357人报名参加学习，完成研修日志233篇、教学反思48篇，网络发帖137篇。

（刘琦）

【总结名校办分校经验】　11月9日，

门头沟区教委召开名校办分校经验总结会议。会议全面总结名校办分校的起因、过程、工作方法和建设成绩。会议认为，名校办分校对提高教育质量，特别是远郊区县教学质量具有促进作用，对实现实现优质教育资源共享、促进教育公平具有深远意义。会议提出，在成功创办首都师大附中永定分校、实验二小永定分校的基础上，进一步寻求合作，创办更多的名校分校。区教委领导和全区中小学干部代表参加会议。2005年，门头沟区与首都师大附中合作，将原永定中学改扩建成为“公办完全中学”，并获得市政府7150万元投资。2007年9月，永定中学更名为首都师大附中永定分校。学校占地面积33600平方米，办学规模30个教学班。合作办学以后，永定分校借鉴首都师大附中办学理念和管理机制，实施人事制度、分配制度、管理制度、教学制度改革，逐渐步入良性发展轨道，学校管理和教师精神面貌发生根本性变化。

（石明廷）

【研讨信息技术与高效课堂整合】　12月1日，门头沟区教委举办运用互动技

术与高效课堂整合研讨活动。活动中，工人子弟小学校长汇报学校运用互动技术与课堂教学进行整合所取得的成果和存在的问题，该校两名教师分别作两节信息技术与高效课堂整合课。这两节课将电子交互白板技术与课堂教学有效融合，通过互动反馈技术了解学生知识点的掌握和认知情况；运用电子交互白板的拖动、复制粘贴、旋转、放大和批注功能，让学生自主解决存在问题。首都师大教授运用统计数据原理对两节课进行定量和定性评价。区教委、区教师进修学校代表，全区中小学代表200人参加会议。

（李西刚）

【举办首届高中生艾滋病专题辩论赛】 12月1日，第24个“世界艾滋病日”，门头沟区教委举办首届高中生艾滋病专题辩论赛。辩论赛围绕“艾滋病主题”共设3场比赛，辩手们论点明确、语言犀利。全区4所高中学校代表队参加比赛，经过角逐，中等职业学校获得冠军。

（侯凤兰）

【完成中小学校安工程】 至12月，门头沟区教委完成中小学校舍安全工程年度任务。工程涉及14所学校，加固和翻建总面积44346平方米，总投资为1.14亿元。中小学校舍安全工程始自2009年，工期共3年。至2011年，累计完成楼房加固涉及34所学校69栋；翻建涉及17所学校32幢。加固和翻建总面积165714平方米，总投资4.48亿元。

（赵连生）

职业与成人教育

【概　况】 2011年，门头沟区有中等职业教育学校1所，开设学前教育、汽车运用与维修、中餐烹饪等10个专业。毕业427人、招生196人、在校生1365人。教职工173人，其中，专任教师122人。专任教师中，高级专业技术职务37人。学校占地面积21679平方米，建筑面积19114平方米，图书馆藏书44485册，固定资产总值559.8万元。全年教育经费投入300万元，其中，国家拨款209.23万元、自筹经费90.77万元。有社区教育中心1所，教职工35人，其中，专任教师24人。学校占地面积11225.23平方米、建筑面积3399.28平方米。全年教育经费投入410.28万元。高等成人教育学校1所（北京广播电视大学门头沟分院），开设专业11个，学历教育在校生2007人。教职工31人，其中，专任教师11人。全年教育经费投入589万元，其中，国家拨款233万元、自筹经费356万元。其他成人教育机构29所，全年培训11411人次。

（张文生）

【举办教师英语口语能力培训】 3月13日至9月25日，北京广播电视大学门头沟分院举办第八期小学教师英语口语培训。培训课程设置为四个级别，其中，一、二级为普及级，三、四级为提高级，学员可依据本人水平自选学习级别。全部课程分为三个模块：语音模块、口语培训模块为普及、提高级必修课程，职业技能模块为提高级必修课程。语音模块使用高等教育出版社《英语口语教程》，口语模块使用清华大学出版社出版的《英语网络课程》教材，职业技能模块使用北京电大英语教研室自编教材。学员利用双休日时间上课，每周7课时，共计8周。培训结束参加市电大组织的考试，合格者颁发结业级培训合格证。区内15所中小学教师69人参加培训，全部获得所报级别合格证书。

（王朝华）

【开展居民心理调试】 3月，门头沟区教师进修学校举办社区居民心理调适活动。活动通过讲座方式进行，心理调适讲师团3名讲师分别讲解健康最重要、自信的女人最有魅力、如何认识情绪和调节情绪、如何做自己情绪的主人，交流保持健康心态、树立自信心、正确处理日常生活中矛盾等心理调适技巧。150名居民听讲。至6月，共组织市民心理健康调适20次，培训1000人次。

（焦桐会　张文生）

【召开建设学习型城市领导小组会】 4月1日，门头沟区教委牵头召开门头沟区建设学习型城市领导小组会。会议总结2010年工作，通报2011年工作任务要点，表彰89个先进单位。会议决定开展“首都市民学习之星”和“首都市民学习品牌”培育和创建工作，营造全民学习、终身学习社会氛围。建设学习型城市领导小组成员25人参加会议。10月，经北京市建设学习型城市工作领导小组办公室审批，门头沟区3人入选全市第二批“首都市民学习之星”，党员干部周末大课堂、永定河文化大讲堂入选全市第三批“首都市民学习品牌”。

（张文生）

【制定职业教育发展策略】 4月8日，门头沟区教委研究职业教育发展策略。区教委决定，根据北京市中长期教育改革和发展规划纲要精神，结合门头沟区功能定位和产业发展需求，努力做优职业教育、做大高职教育、做强职业培训，构建灵活开放的职业教育体系。明晰发展定位，坚持“以服务产业为宗旨，以促进就业为导向”，服务我区休闲旅游文化、山地体育、会议培训等产业。树立职业教育品牌，开展新型综合高中实验，探索普通教育和职业教育的多元融合途径，引进符合地区产业需求的高职，努力培养符合区域发展的实用型人才。推动建立学校、政府、企业三方联动机制，统筹区域资源和信息，合力推进职业教育和职业培训发展。

（张文生）

【规范学习型机关创建工作】 5月6日，门头沟区教师进修学校为区直机关工委和全区各机关干部举办“创建学习型机关”知识讲座。讲座讲解如何创建学习型机关、创建学习型机关指标体系、自评报告撰写、创建中的误区共4个方面内容，提出创建学习型机关要确定“明确建设学习型机关主要任务”、“熟悉学习型机关建设阶段”、“了解学习型组织的特点”三个方面的创建工作要点。区直机关工委领导和全区各机关干部120人听讲。

（刘冬霞）

【推动学校教育资源向社会全面开放】 5月31日，门头沟区教委采取措施推动学校教育资源向社会全面开放工作。区教委决定，将学校阅览室、计算机房、体育设施等向社会开放，为社区居民和农民提供就近免费“充电”场所和健身场所。统筹教育资源，利用晚上和节假日时间，根据地区经济发展形势和实际需求，开展职业技术、劳动力转移、农民实用技术等培训，提高居民就业能力和农民创收能力。加强“三教统筹”，继续实施“一校挂两牌、一长管两校、一师任两教”工程，形成覆盖全区13个乡镇街道、276个居（村）委会的社区教育培训网络，确保学校教育资源合理、有序向社会开放。

（李四平）

【调研全区市民学校】 5月，门头沟区教委调研全区市民学校办学情况。调研通过调查问卷和实地走访座谈两种方式进行。调研结果显示，市民学校讲授内容受到市民欢迎，为创建和谐门头沟起到积极推动作用；市民心理调适、餐饮礼仪培训、农家菜制作等培训为富余劳动力转岗就业提供技术支持；市民希望进一步开展多种形式、多种内容的培训，为就业致富打下基础。

（张文生）

【制定农民教育培训五年行动计划】 6月，门头沟区委常委会、区政府常务会审议通过《门头沟区农民教育培训五年行动计划（2011～2015）》。该计划提出，2011至2015年，通过开展农民实用技术培训、农村劳动力转移就业培训、农村社区教育和农民学历教育培训，培养“讲文明、守道德、有文化、懂技术、会经营”的新型农民，使大部分农村劳动力具有较高学历水平、较强劳动技能和能够进入二、三产业就业的能力，促进农村经济的发展，为实现农业和农村的现代化提供人才支撑。该计划明确五大培训任务：村级干部和镇村企业带头人培训，每年培训3000人次，5年共培训1.5万人次；农村劳动力转移就业和岗位培训，每年培训1万人次，5年共培训5万人次；农民实用技术培训，每年培训5000人次，5年共培训2.5万人次；农村及社区教育培训，每年培训6万人次，5年培训30万人次；农民学历教育，培养新农村建设急需专业的中专毕业生2000人、大专毕业生1500人、本科毕业生1000人，使农民中专及以上文化程度人员由23.36%提高到35%以上，农村新增劳动力受教育年限达到15年以上。

（张文生）

【开展失地农民培训】 9月21日，门头

沟区教委研究失地农民教育培训工作。区教委决定通过对拆迁居民开展公共礼仪、文明知识等培训，使他们逐步转变思想观念、生活方式和生活习惯；通过对失地农民培训，使他们逐步具有社区意识，提升整体文明素质；通过开展餐厅服务、客房服务、烹饪、保安等培训，使失地农民掌握一门职业技能，推动劳动力顺利实现转移；通过开展学历教育，提升年轻失地农民学历水平和文明素养。至年底，门头沟区开展公共礼仪、文明知识等培训1128人次；开展餐厅服务、客房服务、烹饪、保安等培训983人次；开设物业管理任职资格培训班，招生275人，其中125人取得物业管理师资格证书。

（李四平）

【举办优秀毕业生主题报告会】 10月

22日，门头沟区中等职业学校举办实习就业指导论坛暨“精彩中职，绚丽青春”第二届优秀毕业生报告会。报告会上，6名优秀毕业生代表分别从学习、工作、求职等不同方面，汇报如何确立人生目标、如何处理好学习与工作的关系、如何与他人合作等经验体会。他们共同体会是：在校学习是人生的一个关键时期，只有刻苦学习、努力拼搏，才会适应社会发展的要求，才能在激烈的社会竞争面前有所作为。会上，北汽福田欧曼技术中心等企业代表举办就业指导报告。该校毕业生400人参加会议。

（杜德松）

【三项目入选农民教育培训优秀项目】 12月，门头沟区农民教育3个项目入选北京市农民教育培训优秀项目。其中，社区教育中心开展的农民学历教育和新型农民培养项目获得一等奖，中等职业学校民俗旅游培训项目获得二等奖，王平镇成人学校的樱桃种植培训、雁翅镇成人学校的农业实用技术培训获得三等奖。

（张文生）

教育督导

【概　况】 2011年，门头沟区教育督导室以邓小平理论和“三个代表”重要思想为指导，认真贯彻落实科学发展观，在落实教育教学法律、法规，推进“两基”、落实“两全”，实施素质教育等方面开展多项工作。一是深入开展教育执法检查；二是实施对区属有关委办局、乡（镇）政府、街道办事处教育工作的督导评价；三是建立中小学、幼儿园、职业高中教育教学质量综合督导评价制度，开展全面实施素质教育督导评价；四是围绕教育教学中心工作和热点、难点问题开展专项督导和调研工作。在完成上述工作同时，区教育督导室加强自身建设，提高专兼职督学人员素质，规范督导行为，提高教育督导工作水平和质量。

（任建辉）

【总结小学规范化建设工程验收工作】 4月12日，门头沟区教育督导室召开

2010 年小学规范化建设工程督导验收工作总结会。会议总结王平村中心小学、军庄中心小学、黑山小学等 6 所小学规范化建设工程验收情况，对存在的问题提出改进建议。会议还部署 2011 年验收工作。区教委、区教育督导室领导和全区小学代表 35 人参加会议。门头沟区 2009 年开始实施小学规范化建设工程，2009 年督导验收 4 所，2010 年督导验收 6 所，2011 年督导验收 9 所，2012 年督导验收 7 所。至此，全区 26 所小学将全部完成小学规范化建设验收工作。

（陈菊新）

【教育满意度综合测评全市排名第四】 5 月，市教育督导室公布社会对教育满意度测评结果，门头沟区教育工作满意度列全市第四。测评包括 3 个部分：一是学生家长对教育工作满意度，综合得分 82.6 分，在全市 16 个区县及燕山地区排名中，位列第四。其中小学生家长满意度最高，为 83.3 分；职业高中学生家长满意度最低，为 79.7 分。二是各学段家长对教育工作满意度综合，幼儿园满意度 82.5 分，在全市排名第六；小学满意度 83.3 分，在全市排名第四；初中满意度 82.1 分，在全市排名第四；高中满意度 82.2 分，在全市排名第二；职业高中满意度 79.7 分，在全市排名第七。三是学生家长对教育工作的意见和建议，学生家长希望要加强教师队伍建设，将全社会资源整合用于教育，加强学校周边环境治理，加强学校规划布局等。

（任建辉）

【召开督政工作会】 9 月 30 日，门头沟区政府召开督政工作会。会议听取区教育督导室督政工作总结报告，重点总结上年相关委办局、街道办事处和镇政府年终考核情况，分析全区有关教育法律法规执行情况，布置 2011 年督政工作。会议还就督政工作机制、教育法律法规执行举办辅导报告，介绍全国各省市成功经验。会议就全区督政工作提出要求：一是要不断提高对教育督导重要地位和作用的认识；二是要不断完善我区教育督导体系和工作机制；三是要努力建设一支高素质的督学队伍。区政府领导，各镇政府、街道办事处、相关委办局代表，区教育督导室专兼职督学共 4 人参加会议。10 月 25 日，门头沟区教育督导室召开督政暨语言文字工作会，对督政和自评工作进行专题辅导培训。

（任建辉）

【河南街小学通过规范化建设验收】 11 月 10 日，门头沟区教育督导室督导验收河南街小学小学规范化建设工程。督导组通过查阅资料、召开座谈会、发放调查问卷等形式，确认河南街小学规范化建设工程达到北京市验收标准，验收合格。督导验收小组认为，该校坚持“科研兴校、生态立校、文化润校”的理念，促进干部教师队伍建设，学校教育教学质量保持稳定；学校科研课题带动学校整体工作的可持续发展，全面提升学校办学质量。

（李福兰）

中共门头沟区委教育工委

书　　记　张爱宗

门头沟区教育委员会

主　　任　何渊

门头沟区政府教育督导室

主　　任　（空缺）

房　山　区

总　类

【召开“双争”工作会】 3 月 18 日，房山区教委召开 2011 年“双争”（争创人民满意学校、争当人民满意教师）工作会。会议总结上年度“双争”工作，表彰 2010 年度人民满意标兵学校和人民满意教师标兵，窦店中心校、良乡中学侯秀霞分别代表获奖学校和教师交流典型经验。会议提出，一要坚持深化，提高学校建设水平，要符合人民标准，使人民大众满意。二要坚持一手抓建设，一手抓法治，大力推进“双争”工作进一步深化。三要确定工作重点，以秩序和安全为尺度，力争把工作做好，争创好的舆论环境。四要坚持树立先进典型和加大查处力度并重的原则，规范办学行为，加强办学环境，优化教师言行。全区各单位党政正职、乡镇教委助理等 160 人参加会议。

（郭海涛）

【落实新疆班接收工作】 3 月，房山区教委积极稳妥落实新疆班接收工作。一是按照教育部、市政府要求，确定北京师范大学良乡附属中学为接收学校。自 2012 年起，接收新疆籍学生，每年招生两个班，学制 4 年，最终达到 8 个班，约 350 名学生。二是扩建原有校舍、购置相应教学设备。增加建筑面积 11200 平方米，计划总投资 4640 万元。三是积极稳妥落实师资及教育资源，抽调骨干教师进行相关业务培训。四是落实新疆班办学工作方针、政策，制定相关措施，会同有关部门做好协调工作，确保新疆班办学工作健康发展。

（郭海涛）

【五项措施防控春季传染病】 3 月，房山区教委采取五项措施全面防控春季传染病。一是进一步完善各单位传染病管理办法，制定严格有效预防工作机制，准备充足消毒物资，确定专人消毒。二是向家长和社会广泛宣传，通过致家长一封信、班校会等形式，确保宣传覆盖率 100%。三是与卫生部门合作，加强传染病防治技术力量。四是全面检查学校卫生工作，严格幼儿园、学校出入制度，非教育工作人员严禁入校，重点做好食品安全、卫生防病工作，排查各类卫生隐患。五是制定紧急工作预案，发现突发情况时，少于3人本班停课，达到3人全校停课，减少扩散危险。

（郭海涛）

【公开招聘教师38人】 4月2日，房山区教委首次面向北京生源应届毕业生招聘教师。招聘采用业务考核与面试统一形式，应聘人员由骨干教师组成的考核组进行业务考核，成绩合格后，直接由招聘学校面试。43人参加应聘，38人与学校达成初步意向，并经过考核、体检和资格复审，确定为拟聘用人员，在房山教育信息网和房山区人力社保局网站上公示7天。公示期满后，38人被聘用人员享受教师岗位待遇。

（郭海涛）

【召开财务基建工作会】 4月15日，房山区教委召开2011年财务基建工作会。会议总结2010年财务、基建修缮、审计工作，部署2011年重点工作。会议就学校财务基建工作退出三点希望。一要依法行政，提高财务水平，加大审计力度；二要继续推动工程标准化；三是要切实提高学校财务管理水平，扎实做好财务等各方面工作，为教育教学提供强有力保障。房山区教委领导及基层各单位相关负责人300人参加会议。

（郭海涛）

【围绕“一区一城”制定五大战略任务】 4月，房山区教委围绕“一区一城”（房山区“十二五”规划当中提出要建设首都高端制造业新区和现代生态休闲新城）制定2011年五大战略任务。一是以保持领先地位为目标，推进学前教育的发展。扩大公办园覆盖水平，巩固并提高学前三年儿童的入园率。二是以服务“三化两区”建设为目标，创新职业教育招生、培养和就业一体化机制，培养合格的新生劳动力，构建城、乡、村三级社区教育网络建设，推进职成教育的发展。三是以做强基础教育为目标，提高教育质量。加强教育管理，以提高课堂质量为核心，深化课程改革一体化研究，建立顺应课程改革要求的管理体制，提高教师与课程改革相适应的专业化水平，全面推动教育质量提高。四是以适应“三化两区”要求为目标，推进现代化进程。深化与加拿大、西城区的战略合作，积极引进四中、首师大附中、北京小学等优质教育资源，形成优质教育集聚区，提升房山区教育的现代化、国际化水平。五是按照市颁标准，推进学校办学条件标准化建设。完成中小学标准化建设工作，加强教学仪器设备配备工作，切实推动城乡教育资源优质均衡发展。

（郭海涛）

【启动“三敢”精神大讨论】 5月25日，房山区教委召开“三敢”精神大讨论活动动员会议。会议总结全区教育系统创先争优活动，并部署区教育系统开展“三敢”精神大讨论活动工作。“三敢”精神即敢负责、敢碰硬、敢创新。会议提出：一是要把握机遇，进一步深化教育改革，全面推进教育现代化进程。二是要结合各校实际情况，努力在寻求新的突破、挖掘新的资源、探索新的机制上下工夫。三是要加快发展，认真研究规律，切实做到推进工作不等待、干事创业不观望，为推动“十二五”时期房山教育科学发展凝聚强大合力。房山区教委领导及各基层单位领导200人参加。

（郭海涛）

【举办“童心向党”主题队会】 5月31

日，房山区教委与区妇儿工委、区少工委、区妇联、团区委联合举办房山区庆祝建党90周年“童心向党、快乐六一”主题队会活动。会议表彰2010年度房山区十佳少先队员和红旗大队。会议展示活动分为英雄少年、阳光少年、四好少年3个主题，全区1000名儿童参加演出。房山区委、区政府及相关部门领导和师生1000人参加活动。

（郭海涛）

【总结“光辉的旗帜”读书征文活动】 10月12日，房山区教委召开青少年五好小公民主题教育“光辉的旗帜”读书征文活动总结表彰会暨“文明美德伴我成长”读书征文活动启动仪式。会议总结“光辉的旗帜”读书征文活动，并表彰活动中取得优异成绩的学校、指导教师、学生。会议部署“文明美德伴我成长”读书征文活动。房山区教委领导及各中小学关工委工作负责人和受表彰的学校、指导教师、学生代表200人参加会议。8月，房山区举办“光辉的旗帜”读书征文活动，共征集读后感1480篇，评选出优秀个人226人、先进学校3所。

（郭海涛）

【媒体集中报导房山区学前教育】

10月13日，新华社、光明日报、中国教育报、京华时报、现代教育报、北京教育杂志社、《学前教育》杂志社、中国教育电视台、北京教育新闻中心就房山区大力推进学前教育发展进行专题采访。先后到佛子庄中心幼儿园、阎村镇张庄幼儿园实地采访，并与房山区教委领导座谈。媒体记者认为：房山区学前教育通过10年努力实现城乡均衡发展、可持续发展、跨越式发展。房山区学前教育坚持“三为主”（政府办园为主、财政投入为主、公办教师为主），注重发挥乡镇中心幼儿园的示范指导作用，优先加快农村学前教育的均衡发展与普及，为幼儿和家长提供方便就近、灵活多样的学前教育服务，已成为一项群众满意的民心工程。房山区教委立足本地经济社会发展实际，遵循教育发展一般规律，适时提出学前教育政府主导的新思路，在学前教育各个发展阶段，不断创新机制，深化体制改革，从而争取到各级政府的政策支持，保障学前教育快速健康发展。采访后，相关媒体集中报道房山区学前教育成绩。

（郭海涛）

【召开中考高考总结表彰会】 10月28日，房山区教委召开2011年中考、高考工作总结表彰会。会议表彰61个优秀备课组、96名优秀管理工作者、268名优秀教师。房山区教委领导以及中学校长、受表彰代表150人参加会议。年内，房山区高考升学率比上年提高4.01个百分点。

（郭海涛）

【举办世界遗产教育创新实践研讨会】

11月10日，房山区教委举办世界遗产教育创新实践研讨会。会议组织观看周口店中学、周口店小学师生的现场课“学做小导游”和“保护北京人遗址之我行”，听取房山区教委负责人、周口店北京人遗址博物馆负责人关于依托世界遗产开展社会综合实践的报告。会议研讨依托周口店遗址，实施世界遗产课程化的具体策略。会后，有关专家、领导分组实地考察周口店遗址资源及综合实践活动。来自中国教科文组织全国委员会、文化部等单位领导，市教委、有关省市教委代表，房山区中小学教师500人参加会议。

（郭海涛）

【召开区域教育创新发展理论研讨会】 12月3日，房山区教委召开区域教育创新发展理论研讨会。会议旨在系统总结、研究10年来房山教育的发展策略及创新成功模式。会上，媒体调研组先后到阎村镇中心幼儿园、阎村镇中新小学、良乡五中、房山二职、阎村镇社区成人职业学校、北师大良乡附中实地参观考察，与房山区教委领导、各科室负责人和校长代表进行探讨交流。调研组认为：房山教育发展重工作思想引领，在掌握教育发展规律的基础上改革创新教育管理模式，全面统筹区域内教育资源，通过调整结构、优化布局、整合资源，健全幼、小、中、职、成终身教育体系，促进内涵发展，实现房山教育的科学化、均衡化、现代化的跨越性发展，且具有六大特性。即：前瞻性、创新性、系统性、理论性、实践性和普示性。会议由人民日报社、人民论坛杂志社和房山区教委主办，新华社、人民日报、光明日报等多家主流媒体记者60人参加会议。

（郭海涛）

【首期少年先锋团校开学】 12月9日，共青团房山区委、区委教育工委、区教委联合举行纪念“一二·九”运动76周年暨第一期少年先锋团校开学典礼仪式。活动宣布少年先锋团校成立，为团校揭牌，并宣读关于区少年先锋团校命名的决定，以及组织机构名单。与会领导为团校讲师颁发聘书，向团校学员赠书，向团校志愿者服务小队授旗。团市委、团区委、区教委领导以及全区师生代表200人参加活动。

（郭海涛）

【加强校车管理确保师生安全】 12月，房山区教委多项措施加强校车管理。一是会同区公安分局、区交通支队、区消防支队、区综治办等部门联合召开校园安全工作推进会，制定联防机制。二是明确学校负责人是学校车辆安全第一责任人，明确安全职责，层层签订安全责任书，责任到人。三是会同相关部门进行检查，凡车况不良的一律不准上路；同时认真核对校车的承载人数，杜绝超载现象。四是制定详细校车运行方案，完善恶劣天气交通安全应急预案，净化校班车驾驶员队伍。五是开展交通安全专题教育，切实增强师生道路交通安全意识，防止交通安全事故发生。

（郭海涛）

【“四个规范”优化教育环境】 至12月，房山区教委采取“四个规范”优化教育环境。一是规范教育收费。全面落实义务教育阶段中小学生免费政策，继续实行收费投诉和通报检查制度，及时查处群众反映的乱收费问题，加大从源头上治理乱收费的力度。二是规范教育经费管理。禁止任何单位或个人以任何理由截留、挤占、挪用、平调学校收费收入和教育经费，严禁设立小金库和账外账。三是规范学生教辅资料用书。在规范图书资料进校管理的基础上，严禁任何单位和个人以任何形式强迫学生在教学用书目录之外订购教学资料，切实减轻学生负担。四是规范民主评议政风行风和学校民主评议活动。完善行风工作长效机制，坚持纠建并举，加大纠正不正之风工作力度，确保教育行风建设工作取得实效。

（郭海涛）

【多种教育模式助推城市化建设】 至12月，房山区教委探索多种教育模式助推城市化建设。一是深化与西城区的教育合作，采取合作办学、名校设立分校等形式，积极对接市区优质的教育资源，从增加合作办学项目向着力引进优质教育资源转变，全区32所中小学与西城区结成对口支援单位，教育教研与西城开展同步合作。二是积极推动校企合作，鼓励企业在学校建立学生实训中心，并提供一批稳定且一定技术含量的实习实训岗位。北京印刷二厂、西南物流等企业已经成为房山区学生实习基地。三是进一步扩大与先进国家和地区的教育合作与交流，在远郊区县首先派出110名英语教师赴加拿大、英国等地进行语言深造。四是积极配合中粮万科房地产开发，主动与企业开展教育合作，支持企业引进市区名校，并做好相关基础工作。

（郭海涛）

学前教育

【概　况】 2011年，房山区幼儿园188所，离园幼儿6831人，入园幼儿8897人，在园幼儿24794人。全区幼儿园教职工3161人，其中，专任教师1957人。学前三年儿童入园率95.89%。全区幼儿园中，市级示范幼儿园2所，市级早教基地12所。

（郭海涛）

【培训新教师】 8至12月，房山区教委、区教师进修学校联合开展2011届新任学前教师培训工作。针对今年非师范毕业生比例大的特点，培训以职前职业认知、专业技能专项培训为主，坚持每月按计划完成分领域、分专题培训任务。新任职教师115人参加培训，全部通过考试合格结业。

（郭海涛）

【开展半日评优活动】 9月，房山区

教委开展幼儿园教师半日活动评优。最终评出一等奖 4 人，二等奖 8 人，三等奖 11 人。在区级评审的基础上，推选 8 人参加市级半日活动评比。同时，将市级半日活动评价标准作为区级、园级培训、教研的重点内容，继续组织学习研讨。

（郭海涛）

【完成民办幼儿园年度考核】 12 月 5 至 17 日，房山区教委完成民办幼儿园年度考核。区教委组织区教师进修学校、区妇幼保健院相关人员，从依法办园、幼儿园管理、办园条件、保教质量、卫生保健工作方面，对全区 18 所民办园进行年度考核。经考评，17 所幼儿园达到合格标准，1 所幼儿园不合格。

（郭海涛）

【学前教育实力增强】 至 12 月，房山区学前教育稳步发展，实力继续位居郊区前列。一是以提高学前三年儿童覆盖率为重点，加强乡镇中心园和分园建设。23 个乡镇办事处 100%建有中心园，全区共有中心园 27 所，分园 35 所。为解决入园难的问题，全区 18 所公办园实际扩班 49 个，原西潞园幼儿园变更为公办幼儿园，即良乡第二幼儿园，共多接收幼儿 1406 人。扎实推进分园建设。周口店、河北、韩村河、长沟和大石窝 5 个乡镇新建瓦井、东庄子、曹章、中院、南甘池、后石门 6 所分园，改造育新、立教 2 所分园，共多接收幼儿 324 人。全区学前三年儿童入园率达 95.89%。二是以晋升级类为重点，提高办园水平。年内交道幼儿园晋升为一级二类园，长沟中心园晋升为一级一类园。12 所幼儿园通过北京市社区儿童早期教育示范基地验收。三是以提高管理水平为重点，加强队伍建设。园长工作室按计划如期开展，开展系列培训 5 次。在市教委组织的第二批学前教育教师培训工作室中，9 名骨干教师分别跟随 5 名名师进行不同领域研究与学习。

（郭海涛）

基础教育

【概　况】 2011 年，房山区小学 106 所，1303 个班；毕业 6270 人，招生 7406 人，在校生 38065 人（本市户籍 26212 人）；教职工 3714 人，其中，专任教师 2813 人；小学入学率 100%，巩固率 100%，毕业及格率 100%。中学 48 所，教学班 919 个（初中 645 个、高中 274 个），毕业 9137 人（初中 6713 人、高中 2424 人），招生 9322 人（初中 6047 人、高中 3275 人），在校生 29625 人（初中 19787 人、高中 9838 人），在校生中，本市户籍 25997 人（初中 16339 人、高中 9658 人）；初中毕业合格率 100%，普通高考升学率 94.15%；教职工 4786 人，其中，专任教师 3425 人。特殊教育班 6 个，毕业 0 人，招生 4 人，在校生 41 人。校外教育单位 1 所，教职工 72 人，其中，专任教师 57 人。小学教师学历合格率 99.97%，初中教师学历合格率 99.95%，高中教师学历合格率 99.47%。中小学高级专业技术职务教师 409 人，其中，小学 26 人，中学 383 人。全年教育经费投入 19.60 亿元，其中，国家拨款 18.70 亿元，自筹经费 0.90 亿元。

（郭海涛）

【寒假实施“五个一”教育】 2 月，房山区中小学生通过寒假“五个一”活动提高社会实践能力。一是读一本好书，在假期中积极开展“读好书”活动，陶冶情操，提高自身鉴赏力和文学素养，培养“爱祖国、爱家乡、爱科学”的品格。二是学会做一件家务，在假期中学会做一件家务劳动，通过实践，突出自主体验、感受父母生活的艰辛，提高生活自理能力。三是进行一次志愿者服务或社会公益活动，以小组为单位到敬老院、社区服务，进行社会公益活动，提高参与社会活动的能力。四是坚持一小时体育锻炼活动，在假期中每天坚持一小时体育锻炼，不断提高身体素质。五是培养一个好习惯，形成良好的规则意识，提升个人的基本素质。

（郭海涛）

【首次评选骨干班主任】 4 至 5 月，房山区教委完成首次骨干班主任评选工作。经评委会评审，区教委骨干班主任队伍建设领导小组审核、公示和复审，200 名教师获得区级骨干班主任荣誉称号。区级骨干班主任享受区级骨干教师待遇（每月 200 元）。

（郭海涛）

【举办防灾减灾宣传周】 5月6日，房

山区应急办、区地震局、区民防局、区民政局、区红十字会、区教委联合在良乡六中举办 2011 年地震疏散演练暨防灾减灾宣传周系列活动启动仪式。活动中，良乡六中师生模拟地震疏散逃生演练，红十字志愿者以情景剧形式，展示包扎自救互救技能，民防志愿救援团进行救援科目展示，区领导向良乡六中学生赠送防灾科普读物。会议明确，全区各相关单位要通力合作，加强应急救援力量，完善责任制度，向公众广泛宣传防灾减灾知识，为新房山建设营造和谐安定的社会环境。有关领导和良乡六中师生参加活动。

（郭海涛）

【隗金枝班主任工作室成立】 5 月 17 日，隗金枝班主任工作室在房山中学揭牌成立。工作室首批吸纳 16 名中小学优秀班主任开展研修工作。其中，小学 7 人、初中 5 人、高中 4 人。工作室将采取专家引领和自主研修相结合方式提高班主任工作水平，课程计划分三年六个阶段逐步推进。

（郭海涛）

【召开考试工作联席会】 5月26日，房山区教委召开2011年考试工作联席会。会上，区教育考试中心通报2011年国家考试基本情况，各单位就考试工作明确职责分工。会议提出，建立健全安全责任制，巩固和落实考试安全保障机制，加强考务人员的安全培训与管理，完善高考应急预案，妥善处理各类突发事件。继续保持对考试违纪舞弊行为的高压态势，严格选调、培训考务人员。各部门要认真贯彻“以人为本，服务考生”的工作理念，在各负其责、各尽其职基础上，加强沟通，通力合作，确保各项考试工作顺利进行。房山区政府办、房山区委宣传部、房山区教委等15个考试工作委员会成员单位负责人参加会议

（郭海涛）

【实验一小房山分校成立】 8月30日，

北京第一实验小学房山分校（良乡四小）揭牌成立。学校作为房山区第一所名校办分校模式的小学，是区教委直属小学，位于良乡瑞雪春堂小区，占地面积11000平方米，使用面积5010平方米，6个教学班，学生120人，教职员工22人。

（郭海涛）

【宏志班招生40人】 8月，房山区宏志班招生40人。招生对象是有特殊生活困难、确无继续升读高中的经济来源，具有房山区户口的初三应届毕业生，要求品学兼优，有成才愿望和发展潜力。学生在享受全市“四免一补”（即免学费、教材费、校服费、住宿费，补助伙食费）的基础上，还将享受房山区特有的免社会实践费、区校骨干教师任教、专家定期讲座等待遇，每名学生每年的待遇价值超过6000元。房山区2005年在房山中学创办房山区首届高中宏志班，2011年在校宏志生120人。

（郭海涛）

【高考成绩再创新高】 8月，房山区高考升学率、本科录取率双创历史新高。房山区2784人参加全国普通高等学校招生统一考试，2621人被各高校录取，升学率为94.15%，比上年提高2.71个百分点，连续8年超全市平均水平，稳居郊区前列。其中，本科录取1398人，录取率50.22%，比上年提高7.52个百分点，首次突破50%大关。此外，535人参加单考高职和自主招生考试，132人参加单考高职考试，403人参加自主招生考试，升学528人，升学率98.69%。

（郭海涛）

【接受北京市专家视导】 10月10至12日，北京教科院视导房山区基础教育教学。视导以“提高教学质量促进城乡教育一体化”为主题，教科院教研员70人参加视导。视导组在7所高中、11所初中和11所小学开展课堂听课、教师交流与教学意见反馈等相关工作。小学共听课81节，评出好课47节，比较好课34节。中学听课147节，评出A级课62节、占42.18%，B级课85节、占57.82%。

（郭海涛）

【举办中小学生武术比赛】 10月27日，房山区第17届中小学生武术比赛在少年宫举行。共有34支中小学代表队、782名运动员参加比赛。218名运动员获得单项奖，葫芦垡中学一队、公议庄少林武术队分获中小学集体第一名。

（郭海涛）

【举办有效教学观摩研讨会】 10月28日，全国新课程有效教学观摩研讨会在房山区韩村河会议中心举行。会议由房山区教委、周口店中心小学承办，旨在进一步总结和推广周口店中心小学“1653”问题导学型课堂学习模式。中国教师发展基金会、中国关心下一代教育研究院、房山区政府、区教委领导，以及内蒙古、安徽、山东等省市教育部门负责人和教师600人参加会议。周口店中心小学“1653”问题导学型课堂学习模式中，“1”是以“让每一位同学都灿烂起来”为核心理念；“6”是六种基本课型，即问题发现课、问题生成课、问题解决课、问题拓展课、综合解决课和回归拓展课；“5”是五大核心要素，即学生的结构化预习、学生的自主合作、小组展示对话交流、师生的规范指导和拓展提升，五个要素在六种基本课型中的不同体现构成不同过程的生命课堂；“3”即三种工具支持，即问题导读评价单、问题解决评价单和问题拓展评价单。

（郭海涛）

【举办中学学校文化建设论坛】 11月

23日，房山区教委在房山二中举办中学学校文化建设论坛。论坛以“大力推进学校文化建设，全面提升内涵发展水平”为主题，组织参观房山二中学校文化设施，听取学校文化建设作专题汇报，并邀请北京教科院教研员完成点评。区教委领导和全区中学负责人100人参加论坛。

（郭海涛）

【召开小学学科德育现场会】 12月7日，房山区教委在良乡三小召开小学学科实施德育现场观摩会。会上，良乡三小教师作观摩课10节，校领导和学科教师交流围绕岗位职责开展学科德育工作经验，区教师进修学校教研员完成10节课点评。会议指出，良乡三小注重机构建设、实践创新，带动8个领域（即学校文化建设、班级建设、师德建设、班主任队伍建设、学科德育、团队工作、法制教育、家庭教育与社会教育）整体优化的典型经验值得全区小学借鉴。区教委、区教师进修进校和全区小学代表80人参加会议。

（郭海涛）

【完成中小学校舍抗震加固工程】 至12月，房山区教委完成中小学校舍抗震加固工程。年内完成工程投资2.88亿元，涉及20所学校48栋建筑，建筑面积14.40万平方米。2009至2011年，房山区实施中小学校舍抗震加固工程，总计加固、翻建43.80万平方米，投资8.69亿元。工作中，房山

区将抗震加固和标准化建设统筹考虑并捆绑实施，即在进行校舍抗震加固的同时实施标准化建设，使校舍达到市颁办学条件标准。经测算，捆绑后两项工程共投入资金17.59亿元，比分别实施的预算资金总和节约4.09亿元，工程建设时间也由分别实施的5年缩短到3年。

（郭海涛）

职业与成人教育

【概　况】　2011年，房山区职业中学5所，开设专业15个。毕业2203人，在校学生2870人，招生935人。教职工426人，其中，专任教师265人；专任教师学历合格率100%，高级专业技术职务教师36人。职业学校占地面积91538平方米，建筑面积40602平方米，固定资产总值84633万元。各级各类成人学校521所，其中，成人高校（社区学院）1所，开设74个专业，毕业1712人，招生1138人，在校生4400人；教职工46人，其中，专任教师62人。成人中等学校3所，开设21个专业，毕业881人，招生990人，在校生3359人；教职工67人，其中，专任教师37人，全年培训18834人次。市民学校87所，全年培训19969人次。乡村办成人学校（站）430所。成人学校教师学历合格率98%，高级专业技术职务45人。全区成人学校占地面积342793平方米，固定资产总值37450万元。

（郭海涛）

【完成自学考试组考】　1月6至8日，房山区教育考试中心完成自学考试组考工作。房山考区开考30门课程，1196人报名，报考2018科次，总场次53场。实考1324科次，实考率65.60%，无考试违规。

（郭海涛）

【举办山区绿色产业培训】　3月15日，房山区成教中心在史家营乡举办“山葡萄栽培与病虫害防治”和“蜜蜂饲养与春季管理措施”培训班，来自史家营乡的50余名从事葡萄种植、蜜蜂养殖人员参加培训。年内，农广校和乡村职业学校根据学员的需求，深入实地跟进培训，全程参与种养殖过程及销售环节，引领农民开辟致富新道路。

（郭海涛）

【北京现代捐助教学实训设备】　3月

28日，房山区第二职业高中与北京现代汽车公司举行“助教捐车”仪式。仪式上，北京现代捐赠房山二职4辆整车、10台套发动机以及汽车核心零部件作为学校教学实训设备，价值100万元。市教委、房山区教委、北京现代汽车公司领导参加捐助。房山二职汽车专业是北京市骨干特色专业、房山区拳头特色专业。

（郭海涛）

【实施农民大学生培养工程】　4月19日，房山区举办北京电大“首都新农村建设农民大学生培养工程”。该工程首期举办农村行政管理专业大专班，学制3年，采取网络教育和自学相结合方式授课。参加学习的农村干部将免除全部学费。来自全区18个乡镇的364名村干部、后备干部和农民参加学习。大专班启动仪式上，区委组织部表示，房山区组织部门将把毕业学员纳入村级后备干部信息库，在村级干部选拔任用上优先考虑。北京广播电视大学、房山区有关领导及学员400人参加启动仪式。

（郭海涛）

【房山二职与长安汽车合作】　5月26日，房山区第二职业高中与北京长安汽车公司签订校企合作协议。协议明

确，北京长安汽车公司作为房山二职实习（就业）基地，每年定期接受学生顶岗实习，并优先选用合格实习生就业。双方将共同研究制定汽车类工种的培训计划、教学大纲、实习内容，结合学校教学工作实际情况，及时改进人才培养模式，适应企业需求。北京长安汽车公司将委派主管以上专业技术人员指导学生学习和实习，促进学校汽车专业发展。双方共同建设“长安汽车股份有限公司北京长安汽车公司人力资源培训培养基地”，共同进行合作项目的设备投入，制定各专业培养目标和教学计划，制定各专业岗前培训计划和顶岗实习计划。房山区政府、市教委、北京长安汽车公司及相关领导参加签约仪式。

（郭海涛）

【房山职业学校与高职学院合作办学】　8月11日，房山职业学校与中华女子学院高职学院签订关于学前教育专业高职班合作办学协议。依据协议，双方共同举办学前教育专业高职班。其中，房山职业学校负责履行具体业务的实施，中华女子学院负责负责教学组织与管理。高职班首次计划录取70人，实际录取92人。

（郭海涛）

【举办全民终身学习活动周】　10月27日，房山区教委举办第七届全民终身学习活动周。启动仪式上，区教委要求，各学校要围绕“用学习托起房山，用学习促教育发展”主题，加强领导班子培训、创建队伍的学习型组织建设培训工作，营造浓厚的师生学习氛围，进一步推进学习型学校建设，为学习型房山建设做出更大贡献。房山区教委领导及各基层单位相关负责人300人参加启动仪式。全民学习周期间，区教育系统各单位举办岗位培训、继续教育培训、校本教研等活动，推进学习型学校建设。

（郭海涛）

【成立职业学校实训培训基地】 11月

4日，房山区教委举行职业学校实训培训基地揭牌仪式。培训基地位于河北镇河南村，占地面积33000平方米，建筑面积29214平方米，由撤并校河南中学改建。基地主要作为中职学生教学实习基地，并承担新型农民培养、绿色证书培训及各类农村富余劳动力转移培训。市教委和房山区有关领导参加揭牌仪式。

（郭海涛）

【开展五项实用人才培训工程】 至12月，房山区教委积极开展农村五项实用人才培训工程。一是以满足农民实用技术需求和提高农民文化素质为目标，积极开展“技能＋基础”农民中专学历教育。二是以农民教育培训优秀项目为载体，大力开展实用技术培训。三是以提高乡村干部的管理水平和营销能力为重点，开展农村管理人员培训。全年开展中高等学历教育、新农村建设系列培训、村干部岗位培训等8238人次，市场营销培训5000人次。四是提高农村富余劳动力向二、三产业转移能力。五是针对二、三产业企业职工，综合企业职工岗前培训、岗位培训、转岗培训三种培训需要，实施企业职工培训工程。

（郭海涛）

教育督导

【概　况】 2011年，房山区教育督导工作围绕房山区教委“攻坚、深化和形象建设”三个方面内容要求，通过完善并落实综合评价指导意见，切实发挥教育督导的职能作用。全年工作以综合评价工作为中心，教育督导与评价工作扎实深入开展，综合评价各个工作环节得到加强。与区人大、区财政局等有关部门密切协作，把年度教育执法检查与年度教育工作考核紧密结合，有力地促进各乡镇辖区内各类教育的发展。至年底，评选表彰教育工作先进乡镇14个，完成“十一五”教育评价与督导市级研究课题的结题、评选及上报工作。落实责任片内各单位校园周边安全检查工作。协助市教育督导室进行“高中教育多样化办学与现代督导制度的建设研究”，提供样本校和实践支撑，并完成初期各项报表工作和阶段性调研报告的撰写上报工作。按照市年度教育执法督导检查要求，完成区政府自查报告和数据上报工作，完成义务教育均衡发展情况数据统计上报工作。至年底，教育督导室督学8人，兼职督学19人。

（郭海涛）

【检查验收小学规范化建设工程】 5月12至20日，房山区教育督导室、房山区教委检查验收小学规范化建设工程学校。检查验收涉及21所学校，主要通过听取汇报、听课、与干部教师座谈等方式进行。检查结果表明，21所学校工程全部达标。房山区小学规范化建设工程始于2008年，涉及学校104所，工程主要内容是软硬件并重，强调内涵发展和特色建设、促进小学教育“高标准、高质量”均衡发展，工程总投资58500万元。

（郭海涛）

【表彰教育工作先进乡镇】 10月11日，房山区教育督导室召开2010年度教育工作先进乡镇总结表彰会。会议总结2010年度乡镇教育评估工作，表彰工作先进乡镇14个。房山区有关领导和各乡镇代表参加会议。上年，教育督导室开展乡镇教育评估工作，从教育决策及规划、教育发展状况、教育环境优化等方面检查乡镇街道落实教育责任情况。

（郭海涛）

中共房山区委教育工委

书　　记 杜成喜

房山区教育委员会

主　　任 郭志族

房山区政府教育督导室

主　　任 徐维珍

通　州　区

总　类

【两名教师赴新疆支教】 2月19日，通州区教委选派大杜社中学教师程跃雷、梨园中学教师郝刚赴新疆和田地区参加为期1年半的支教。自2005年以来，通州区已连续选派10名教师赴新疆支教。

（勾庆祥）

【启动青春健康教育进校园活动】 4月26日，通州区教委与区人口计生委在运河中学共同举行“青春健康教育走进校园”启动仪式。活动中，运河中学、大杜社中学、通州六中交流

学校青春期健康教育工作经验，运河中学学生代表宣读“青春健康倡议书”。会后，北京师范大学教授举办“相信自己走向成功”讲座，讲解青少年青春期成长遇到的问题等。北京师范大学，通州区人口计生委、区教委、区卫生局相关部门负责人，以及

全区33所中学德育干部、心理学教师、校医和运河中学高一年级学生等500人参加活动。通州区中学德育工作干部、心理教师和校医参加会议。“青春健康教育走进校园”活动由通州区人口计生委与区教委、区卫生局联合举办，通过青春健康教育活动，帮助青少年以负责任的态度，健康、安全度过青春期。活动根据城乡不同地区的特点，以示范校为先行试点，分层逐步在全区开展。

（魏秀华）

【发放国家助学金39万元】 4月，通州区教委为2010至2011年度第二学期139名学生发放国家助学金39.08万元。此次助学金发放与以往相比较有4点变化：一是资助内容除国家助学金外，增加校内奖助金和减免学费的内容，增强学校参与和决策的力度；二是提高补助标准，由最高每人每月120元补助提高到每人每月200元；三是评定等级从甲乙两等增加到甲乙丙三等；四是发放办法改为按学期直接发放到学生银行卡内。

（张莹）

【港澳政协委员视察通州教育】 5月

24日，市政协港澳委员、港澳台侨工作顾问等一行70人考察通州教育。在于家务乡中心小学，考察团参观校园民族服饰墙、民族英雄像、传统美德故事浮雕、民族园、中华童铭巨幅展板，并听取民族教育专题工作汇报。活动中，市政协港澳委员、港澳台侨工作顾问对学校的民族团结教育办学特色表示肯定，并希望该校继续发扬多元化的办学特色。

（勾庆祥）

【举办“丹心杯”教师节画展】 9月7日，通州区教师研修中心、通州区教育学会联合举办通州区中小学、幼儿园教师“丹心杯”书法绘画作品展示活动。作品展共收到中小学、幼儿园、北工大通州分校等单位教师书法作品59件，美术作品128件。通过专家组评审，评出美术一等奖10人，二等奖20人，三等奖45人。评出书法一等奖5人，二等奖10人，三等奖20人。

（勾庆祥）

【召开教师节庆祝会】 9月9日，通州区区委、区政府在区教师研修中心召开2011年教师节庆祝会。区委、区人大、区政府等各级领导，以及教育系统干部教师代表近千人参加会议。会议祝全区各级各类教师节日快乐，印发《关于通州区教育系统高层次人才奖励及管理暂行办法》，宣布2011年骨干教师认定名单，宣读教师体检标准由每年70元提高到200元的决定。2011年，通州区政府认定各学科骨干教师500人。其中，幼儿园教师10人，小学教师231人，初中教师140人，高中教师112人，职业教育教师5人，成人教育教师2人，每人每月补助150元。

（勾庆祥）

【制定政策奖励高层次人才】 9月9日，通州区委教育工委、区教委印发《关于通州区教育系统高层次人才奖励及管理暂行办法》。该办法为全面实施“高素质教育人才培养工程”，培养造就一批教育家、教学名师和学科领军人物，结合通州区实际研究制定的，共10条。其中，高层次人才界定为入选北京市特级教师、北京市学科带头人和骨干教师的在职中小学教师。关于高层次人才工作职责，规定五方面内容。量化指标包括每年至少精读教育教学论著1册，完成1篇读书心得，在专业学术刊物上发表1篇教学论文；主持或承担1项区级以上（含区级）教科研课题研究；承担2节区级以上示范公开课或区级专题讲座；每人带徒不少于2人，主动参加各类支教活动，每年不少于1次。关于高层次人才待遇与奖励方面，文件规定除享受全市的待遇与奖励外，在考核基础上，每年发放一次高层次人才奖，奖金每人2万元。关于高层次人才管理，文件提出建立服务期制度，特级教师服务期为10年，北京市学科带头人、北京市骨干教师服务期为3年。高层次人才如调离工作岗位，相关待遇和奖励即行终止。

（勾庆祥）

【举办第五届教职工运动会】 9月24日，通州区委教育工委、区教委、区教育工会在张家湾中学举办第五届教职工运动会。运动会主题为“展通州教师风采、办人民满意教育”。开幕式上，1400名中小学教师分组进行广播团体操表演，张家湾镇中心小学学生表演《运河鼓娃》，陆辛庄学校师生表演棍术，现代音乐学校师生表演踢踏舞。运动会设有定点投篮、“龙卷风”跑、拔河等47个比赛项目，来自82个单位近3000名运动员参加比赛。

（勾庆祥）

【举办两岸教育学术研讨会】 10月7日，第15届海峡两岸暨港澳地区教育学术研讨会在通州区教师研修中心举行。来自台湾、香港、澳门、上海、广东、四川、北京的学者、专家和通州区中小学校长、科研管理干部共500人参加会议。研讨会由市教委、北京教科院等单位主办，通州区教委、区教师研修中心承办，主题是“面向全体学生，促进学生全面发展”，包括大会交流和分组交流研讨、学校考察等内容。海峡两岸暨港澳地区教育学术研讨会始于1996年。

（勾庆祥）

【举办语言文化智力竞赛】 10月29日，通州区语委举办“通州区语言文字规范化示范校学生语言文化智力竞赛”。竞赛分为中华传统成语故事、书法展示及成语接龙比赛三个环节。全区27所语言文字规范化示范校分别派出代表队参加比赛，4所学校获得比赛一等奖。

（徐永常）

【组织异地联动干部培训】 11月18日至12月3日，通州区委教育工委、区教委与华南师范大学联合举办中学校长、幼儿园园长高级研修班，35名中学校长、29名幼儿园园长组团赴华南师大参加培训。其中，中学校长班培训主题为“加强学校特色建设，探寻学校发展途径”。幼儿园园长班培训主题为“从办园、管园、兴园走向卓越发展”。两班均采取举办专题讲座、下校担任影子校长（园长）、举办校长（园长）论坛等多种形式开展特色培训。

（勾庆祥）

学前教育

【概　况】 2011年，通州区幼儿园77所，其中，教育部门办园16所，民办幼儿园29所，集体办园31所，其他部门办园1所。离园幼儿4465人，入园幼儿5262人，在园幼儿14692人。教职工1711人，其中，专任教师958人。专任教师中，本科学历107人，小学高级教师53人。教育部门办幼儿园教育投入7031.60万元，其中，国家拨款6135.8万元、自筹经费895.8万元。全区北京市示范园1所，一级一类幼儿园2所，市级早教示范基地3个。

（勾庆祥）

【举办新教师专题讲座】 3月27日，通州区教师研修中心举办“幼儿一日生活常规培养”专题讲座。讲座讲解常规培养的基本方法、一日生活的基本要求等内容，通过图片、游戏，为新教师提供一日生活各环节教育策略，解决教育培养中的常见问题。全区80名幼儿园新任教师参加学习。

（王艳娟）

【培训民办幼儿园骨干教师】 4月9日至6月9日，通州区马驹桥成人文化技术学校举办镇域民办幼儿园骨干教师培训班。培训班采取专题培训、专家讲座、案例分析、实地考察形式，共安排5讲培训，每讲4课时。培训内容涉及“一切为孩子”、“幼儿园一日生活常规”、“幼儿园教师职业道德”、“幼儿园管理”、“幼儿园教师礼仪”。马驹桥镇60名教师参加培训。经过考核，学员全部合格，获得镇教委、成人学校颁发的培训证书。

（田爱芳）

【接收大方居配套教育设施】 4月13日，通州区教委与北京龙湖中佰置业有限公司签署半壁店大街25号住宅项目（大方居项目）配套教育设施交付管理协议。按照协议，北京龙湖中佰置业有限公司将半壁店大街25号住宅项目2所配套幼儿园移交区教委举办公办幼儿园。移交的2所配套幼儿园各12个教学班规模，每园占地面积4104平方米、建筑面积2746平方米。

（姜宁）

【总结表彰幼儿创编操】 4月16日，通州区幼儿教师创编操比赛总结表彰展示会在区教师研修中心举行。会议表彰幼儿教师创编操比赛获奖单位，获得一等奖的6个单位现场展示创编操，并邀请有关专家完成点评。全区各类幼儿园园长、教师300人参加会议。2月，通州区教师研修中心在全区开展幼儿教师创编操工作，并举办“幼儿体操创作与编排”专题讲座。全区30个幼儿园根据各年龄班幼儿的特点和兴趣，创编轻器械操和韵律操共30套。

（勾庆祥）

【新设立两所公办幼儿园】 5月4日和8月12日，通州区新设立两所公办幼儿园。5月4日，区政府同意设立北京市通州区大方居幼儿园。该园坐落于通州区半壁店大方居小区，占地面积8208平方米，建筑面积5492平方米，办学规模24个班。8月12日，区政府同意设立北京市通州区七零九零幼儿园。该园坐落永顺镇七零九零小区（金隅上河明居项目），占地面积5785平方米，建筑面积3353平方米，办学规模12个班。两所幼儿园教职工编制由区编办依据相关规定核定，所需经费由区财政按拨付。

（勾庆祥）

【永顺镇中心园开园】 6月1日，易址

新建的通州区永顺镇中心幼儿园竣工投入使用。该园坐落在永顺镇杨庄社区内，占地面积6300平方米，建筑面积3650平方米。教学楼共三层，设有幼儿活动室、休息室、图书室、多功能厅、心理咨询室。教学班包括大班、中班、小班各两个，教学以双语和音乐为特色内容。

（勾庆祥）

【举办教师心理健康辅导】 8月28至30日，通州区教师研修中心与北京市幼儿师范学校联合举办幼儿教师心理健康辅导班。辅导内容包括“亲子婚恋与心理和谐”、“压力与身心健康”、“我可以应对”三个部分。讲座侧重心理调节机能辅导，传授调节人际关系、调试心情的基本方法。全区19所幼儿园55名教师参加学习。

（白秋红）

【举办“启蒙杯”教学活动评优】 9月19日，通州区教委通报表彰第四届“启蒙杯”教学活动评优结果。其中，一等奖10人，二等奖14人，三等奖17人，另有农村中心园、民办园教师7人获奖。第四届“启蒙杯”教学活动评优4至6月举行，全区74个幼儿园860名教师参加评比。通过教案设计、活动展示、反思总结3个环节，各幼儿园推荐优秀教师参加区级评优。区教委经实地考察，最终认定评优活动结果。

（勾庆祥）

【举办保育员培训班】 10月23日，通州区教师研修中心和北京市幼儿师范学校联合举办保育员培训班。培训利用专家师资库聘请教师，通过举办讲座，教授幼儿心理学、幼儿教育学、幼儿卫生学等内容。全区87名保育员参加学习。

（白秋红）

【展示教科研课题成果】 11月17日，通州区教师研修中心在通州区幼儿园举办“十二五”区级课题中期成果展示交流活动。活动中，通州区幼儿园分别展示小、中、大3个班的课题研究课；课题负责人汇报中期研究成果，展示课堂教学设计，通州区幼儿园报告课题研究工作经验。会上，与会者分“幼儿社会交往能力培养”与“教科研管理经验”两个主题研讨、交流研究心得。全区园长、教师70人参加活动。

（王洪霞）

基础教育

【概　况】 2011年，通州区小学81所（教育部门办学73所、其他部门办学1所、民办校7所），教学班1395个。毕业6773人，招生10503人，在校生50802人。教职工3332人，其中专任教师2930人。中学40所（完中10所、高中1所、初中16所、九年一贯制学校10所、十二年一贯制学校3所），教学班841个（初中524个、高中317个），毕业10307人（初中6300人、高中4007人），招生9730人（初中5720人、高中4010人），在校生29385人（初中17326人、高中12059人）。教职工4732人，其中专任教师3479人。特殊教育学校1所，在校生146人。校外教育单位1所，教职工81人。教育部门办中小学专任教师学历合格率100%，高级专业技术职务296人。全区中小学总占地面积305.93万平方米，总建筑面积115.60万平方米，信息化数字资源量28304.45GB，固定资产总值153440.04万元。全年教育经费投入152809.2万元，其中，国家拨款150957.5万元，自筹经费1851.7万元。

（勾庆祥）

【建立体育工作划片组织】 3月1日，通州区教委召开创新体育工作划片组织会议。会议宣布，依地域将全区中小学学校划分成6片，形成6个体育工作组。各工作组按体育工作计划加强校际间沟通与交流，提升各项体育活动质量。会议明确，近期体育工作组重点开展体育教学评优、课间操评比、学生体质健康测试、课堂质量检测工作。全区中小学体育工作负责人和体育教师代表参加会议。

（勾庆祥）

【表彰优秀班主任】 3月4日，通州区教委在北京小学通州分校召开第五届中小学优秀班主任表彰会。会议表彰"通州区第五届中小学优秀班主任"141人，并颁发获奖证书。会上，北京教育学院教授举办"班主任的角色定位与行为智慧"辅导讲座。全区中小学德育工作干部、教师300人参加会议。

（勾庆祥）

【举办中华传统文化教育节】 4月15日，北京市哲学社会科学"十一五"规划课题"首都未成年人中华美德教育深化与推广研究"成果展示会暨"通州区第二届中小学中华传统文化教育节"，在北京小学通州分校举行。活动旨在总结未成年人中华传统美德教育经验，探索教育途径与方法，为深入开展中华传统文化教育，提高未成年人思想道德建设水平提供借鉴。市、区有关领导、专家，各区县课题组负责人、中华美德示范校校长代表，呼伦贝尔市教育局和天津市河西区教育局代表，以及通州区中小学校长参加开幕式。开幕式上，来自全区15所中小学学生代表以"我们从这里扬帆"为主题举办汇报演出，展示传统文化校本课程教学成果。"传统文化教育节"期间，还举办走进四所中小学校活动，全面展示基层学校传统文化教育成果。具体包括于家务中学的"崇德、悟道、做人"，永顺镇中心小学的"弘扬运河文化、做运河传人"，东方小学的"弘扬中华传统文化、探索写字育人新途径"，永乐店镇中心小学的"感受母爱感恩母亲——过中华母亲节"。

（勾庆祥）

【7所小学展示办学特色】 4月15日至11月24日，通州区教委举办系列小学办学特色展示活动。4月15日，永顺镇中心小学举办"弘扬运河文化、做运河传人"活动，展示主题"运河文化教育"。10月25日，后南仓小学举办主题"深化科技教育促进学生全面发展"展示活动。10月26日，北京二中通州分校（小学部）举办"依托十二年制学校优势丰富小学办学内涵"展示活动。11月1日，漷县镇中心小学举办"健康校园"展示活动。11月10日，东方小学展示"尊重生命促进发展使学生健康发展"成果。11月16日，司空小学举办"探索诗化教育提升学校品质"主题活动。11月24日，永乐店镇中心小学举办"读经典修美德提高师生文化素养"展示活动。活动期间，市、区教委领导，有关教育专家100人参加活动。通州区小学特色建设工作始自2008年。活动分三个阶段推进，即制定完善办学特色建设方案阶段（2008年），学校办学特色建设与实践阶段（2009年至2011年），学校特色建设成果展示阶段（2011年9月至2012年5月）。

（勾庆祥）

【3所学校更名】 4至9月，通州区第一实验中学、潞河中学分校、小街小学相继更名。4月28日，通州区政府同意调整北京市通州区第一实验中学办学层次并更名为北京市通州区马驹桥学校。调整后，办学层次由初级中学调整为九年一贯制。7月20日，通州区政府同意北京市通州区潞河中学分校恢复北京市通州区张家湾中学校名。该校1956年建校，2005年9月更名北京市通州区潞河中学分校，为完全中学。近年来，特别是随着《北京古镇图志》的出版，张家湾镇被列为市级十大古镇，为弘扬古镇传统与形象，满足当地群众、干部心愿，恢复通州区张家湾中学校名。9月1日，通州区小街小学迁入梨园镇新校址，并更名为北京市通州区临河里小学。新校址为住宅小区配套教育设施，占地面积10000平方米，建筑面积8000平方米。

（勾庆祥）

【课堂教学评优颁奖】 5月24日，通州区小学第七届"春华杯"课堂教学评优总结表彰暨多元智能项目研讨会在张家湾镇中心小学召开。会议表彰

16名“春华杯”获奖者，9名优秀奖获得者，15名表扬奖获得者，以及16个“春华杯”先进集体。会议邀请北京教育学院专家举办“借鉴多元智能理论，提高课堂教学教和学的实效性”专题讲座。区委教育工委、区教委领导，以及全区小学代表100人参加会议。

（勾庆祥）

【市教委督导检查学校卫生】 5月24日，市教委督导检查学校通州区学校卫生工作和学生体检质量控制工作。督导组由市教委、市卫生局、市疾控中心、市卫生监督所、各区县疾控中心、各区县中小学卫生保健所领导和专家组成。督导组实地查看于家务乡中心小学学生体检质量控制情况及学校学生常见病防治和传染病的防控情况，听取该区学校卫生工作情况汇报。督导组认为，通州区教委领导重视卫生防控和健康教育工作，分层岗位责任制机制健全。

（勾庆祥）

【4646人参加高考】 6月7至8日，通州区4646名考生参加北京市普通高等教育学校统一招生考试。其中，文科1346、理科2620人，高职单考单招考生680人。考分600分以上63人，公办学校一本上线率22.90%。

（勾庆祥）

【完成中考工作】 6月24至26日，通州区2011年中考工作结束。全区共有5853人报名，其中应届生5767人，往届生86人。共设14个考点，201个考场。此届中考与往年相比有两点变化，一是语文科目中作文分值由60分改为50分。二是英语听力考试由以往电台播放试题改为校园广播系统播放光盘或磁带。

（勾庆祥）

【高中会考结束】 7月5至7日，通州区高中会考在通州二中、通州三中、永乐店中学、潞州中学、潞河中学分校5个考点共316个考场举行。设开考政治、语文、数学、物理、化学、外语、历史、地理、生物9个学科。该区考生3922人，报考9193科次。

（勾庆祥）

【通州三中新址投入使用】 8月31日，通州区第三中学新址落成暨开学典礼在该校举行。洪峰以及市委教育工委、

市教委、市教育督导室等领导参加开学典礼。新校址位于通州东部新城的潞城镇，占地面积64407平方米，建筑面积52770平方米。建有初中教学楼、高中教学楼、图书专业楼、行政办公楼、体育馆和报告厅、学生食堂、公寓、运动场、地下停车场及相关配套设施，建设总投资3.5亿元。学校设计规模60个教学班，可容纳2600名学生。其中初中24个班，高中36个班。新学期开学起，通州区胡各庄中学和通州区南刘中学并入通州三中，学校改为完全中学。通州三中原址位于京杭大运河源头西岸。前身是1915年创建的京兆女子师范学校，1963年改为北京市通县第三中学，1997年更名为北京市通州区第三中学，2003年后为独立高中。

（勾庆祥）

【裁撤4所中小学】 至8月底，通州区教委结合通州新城建设和规模办学实际裁撤6所中小学校。其中，借迁址建设通州区第三中学和通州区觅子店学校的契机，裁撤通州区胡各庄中学、通州区南刘各庄中学，并入第三中学，通州区侯黄庄中学并入觅子店学校。通州区双阜头小学并入通州区徐辛庄小学。裁撤的4校师生及其可动资产一同并入。同时，借通州区侯黄庄中学并入通州区觅子店学校之机，通州区教委依规模办学原则在侯黄庄中学原址设立侯黄庄小学。临近的通州区张庄小学和曹庄小学裁撤，师生并入办学。裁撤的两所小学不动产归属所在村庄使用。

（勾庆祥）

【觅子店新校落成】 9月28日，通州区漷县镇觅子店学校新址落成典礼举行。新落成的觅子店学校由原来的觅子店中学、侯黄庄中学和觅子店小学迁入组成。学校占地面积64905平方米，建筑面积27286平方米，总投资1.2亿元。校园设施由教学区、室外活

动区和生活区三个功能区组成。教学区包括中学部、小学部、教师办公楼、实验室以及各种专业教室；室外活动区包括中学400米、小学200米标准塑胶跑道操场，以及人工草坪、篮球场、羽毛球场；生活区包括教职工宿舍、餐厅等。

（勾庆祥）

【聘任名师工作室指导教师】 11月20日，通州区教委在运河中学召开“名师培养工程”启动大会。会上，区教委聘请由首都师范大学等高校专家教授担任名师工作室指导教师，其中，学科指导教师23人，学科带头人23人。全区中小学教师代表700人参加会议。通州区名师培养工作遵循分层提高、高校引领，团队合作的原则，采取“名师工作室”形式进行。通过培训，使名师进一步总结、提炼自身教学风格和实践经验，引领区级骨干教师共同成长，提升自身教育科研能力，示范并带动全体教师走“科研兴教之路”。

（勾庆祥）

【举办国学课观摩会】 11月22日，通州区中小学国学启蒙教育课题研究观摩会在于家务中心小学召开。活动听取该校16节国学课，观看《弟子规》集体快板表演，参观竹简护栏国学教育校园文化，听取学校《学校实施国学教育的实践与思考》国学教育经验介绍。中国国学文化艺术中心、人民教育出版社等单位负责人，全区31所国学教育实验校代表80人参加活动。

（勾庆祥）

职业与成人教育

【概　况】 2011年，通州区中等职业学校7所，其中，中等技术学校3

所，职业高中校 4 所（教育部门办 2 所、民办 2 所）。职业高中学校总占地面积 209953 平方米，总建筑面积 91566 平方米，图书室藏书 140892 册，固定资产总值 3303.21 万元。职业高中毕业 2907 人，招生 1763 人，在校生 6625 人，教职工 201 人（其中专任教师 113 人）。区教委辖属职业教育经费投入 1421.20 万元，其中国家拨款 1160.70 万元，自筹经费 260.20 万元。成人教育单位 60 个，其中成人教育中心 1 个、教委辖管乡镇成人学校 11 个、其他培训机构 48 个。开设外语、计算机、文明素质等培训科目。教职工 1053 人（不含外聘教师），其中专任教师 722 人。区教委辖属乡镇成人学校总占地面积 78854 平方米，总建筑面积 14126 平方米，图书馆藏书 42570 册，多媒体教室座位 803 个，计算机 537 台，固定资产总值 879.41 万元。全年教育经费投入 2788.30 万元，其中，国家拨款 2124.40 万元，自筹经费 663.90 万元。

（勾庆祥）

【举办白菊栽培实用技术培训】 1 月 8 日至 7 月 10 日，北京市农业广播电视大学通州区分校举办白菊栽培实用技术培训。培训聘请中国农业大学两名教师采取集中上课方式，重点讲解白菊春季种植的准备、苗期管理、生长期及花芽分化期管理技术。漷县镇东黄垡、凌庄、靛庄村 40 名农民参加学习。白菊栽培是当地农民出口创收的主打产业项目。

（郭秀智）

【联办行政管理大专班】 3 月 24 日，通州区张家湾成人文化技术学校与北京广播电视大学（通州站）举办的农村行政管理专业大专班开学。该班学制两年半，采取集中面授和函授方法教学，学分制考核。张家湾成人学校负责学员管理、北京电大选派专任教师授课。原则上每周 4 课时，学分合格颁发电大相关证书。大专班注册学员 38 人，全部为张家湾镇村级党支部、村委会干部。

（勾庆祥）

【举办高等教育自学考试】 4 月 17 日，通州区教育考试中心完成北京市高等教育自学考试组考工作。通州区 4146 人报名参加考试，涉及 44 个专业，173 门课程，报考 10622 科。

（谷梅）

【举办大棚花卉种植技术培训】 4 月 21 日至 5 月 18 日，通州区马驹桥成人文化技术学校举办“大棚花卉种植技术”培训。培训聘请市农业技术推广站教师以玫瑰花种植技术为重点，采取专题讲座与现场指导相结合方式授课。房辛店、小张湾村 35 名大棚花卉种植户参加学习。

（田爱芳）

【认定区级学习型学校】 4 月 25 日至 5 月 18 日，通州区创建学习型新城区领导小组办公室评估区级学习型学校。评估涉及次渠中学、中山街小学、东方小学等 11 所学校。依据学习型学校评估细则，评估指导组通过听取自查报告、查阅档案、教师座谈、实地考察，检查各学校创建工作。经过评估指导组合议，11 所学校被认定为通州区学习型学校。

（姜梦笔）

【举办培训教材编写辅导】 5 月 5 日，通州区教委与区教师研修中心共同举办成人教育培训教材编写辅导班。培训班举办“编修优质教材服务成人教育”专题辅导，同时，举办“教育发展规划”讲座。全区乡镇成人学校校长 30 人参加学习。

（勾庆祥）

【新城学校举办首届艺术节】 5月13

日，北京新城职业学校举办首届学生艺术节。艺术节旨在检验学校素质教育的成效以及师生良好的精神风貌，搭建幼儿教育专业学生的展示平台，供用人单位参考选用。艺术节安排歌曲、舞蹈、朗诵以及学生专业作品展示等。艺术节后，35 名即将毕业幼教专业学生全部被区内幼儿园录用。

（刘惠金）

【运河讲堂建成投入使用】 5月18日，通州区成人教育中心承建的“运河讲

堂”竣工投入使用。该讲堂坐落在区成教中心内，建筑面积 500 平方米，可同时容纳 250 人上课。讲堂课桌椅采取移动式布局，根据需要可随时改变为室内运动场馆。讲堂功能定位于开展社区居民教育活动、根据群众需要开展项目培训、配合区有关部门举办专项集中教育活动等。该项目是通州区政府为人民群众拟办实事之一，建设投资 290 万元。至年底，成人教育中心利用“运河讲堂”开展职工素质培训、安全管理员培训培训、电工进网证培训等，2380 人参加培训。

（裴志军　郭秀智）

【新城学校增设两个专业】 9 月 1 日，北京新城职业学校新设置旅游服务与管理、电子商务两个专业。旅游服务与管理专业培养从事旅游服务与管理的工作人员，学制 3 年，专业课包括旅游地理、旅游英语、旅行社业务与管理等 11 个科目，计划统一招生 20 人，实际招生 14 人。电子商务专业学制 3 年，培养电子商务工作人员，可考取电子商务师证书，专业课包括电子商务基础、市场营销基础、金融基础等 12 个科目，计划统一招生 20 人，实际招生 9 人。

（刘惠金）

【培训社区教育骨干】 11 月 10 至 24 日，通州区教师研修中心举办社区教育骨干培训班。培训涉及新闻图片摄影、公文信息写作、学习型城市建设 3 个主题。4 个街道办事处社区教育管理干部 60 人参加学习。

（刘学萍）

教育督导

【概　况】 2011 年，通州区教育督导室设 1 室（办公室）2 科（督政、

督学），由7人组成（另聘5名兼职督学）。年内，教育督导室围绕教育法律法规执行情况，全面推进素质教育、校外教育、民办教育等开展专项督导。重新制定《通州区乡镇政府落实素质教育责任目标评价体系》，制定《关于中小学幼儿园全面实施素质教育年度考核工作意见》、《落实北京市全面实施素质教育督导评价方案的实施意见》。开展高中新课程改革与小学规范化建设工程督导随访，完成4所公办幼儿园、通州一职全面实施素质教育督导评价。配合市教育督导室完成通州区2010年度新建、改建居民区配套设置学校、幼儿园情况进行督导检查工作等。

（董迎春）

【督导与评价教科研课题获奖】 3月11日，在北京市教育评价与督导研究会“十一五”课题研究总结暨“十二五”课题指南发布会上，通州区教育督导室获得北京市教育评价与督导“十一五”课题研究优秀举办奖。“十一五”期间，通州区上报课题26项，审批立项25个课题，全部结题。其中，2项课题获得二等奖，5项课题获得三等奖。

（董迎春）

【综合督导评价6所学校】 4月12至26日，通州区教育督导室完成柴厂屯等6所中学全面实施素质教育综合督导评价。区教育督导室全体专兼职督学通过听取汇报、深入课堂听课、与干部教师座谈、查阅档案资料、察看学校硬件设施建设和校园文化建设、问卷调查，最终依据评价指标体系对学校给予评价。督导评价就6所中学分别提出素质教育特色化、校本培训系统化、档案资料规范化等建议。

（董迎春）

【督导调研学前教育工作】 4月19日，

市教育督导室督导调研通州区学前教育工作。调研组听取通州区政府《通州区学前教育工作情况的汇报》，与区政府职能部门、乡镇政府相关科室、幼儿园代表座谈。调研组还实地考察张家湾镇中心幼儿园、运乔蓝天幼儿园，听取张家湾镇政府和幼儿园工作汇报。此前，通州区教育督导室通过听取汇报、查阅资料、察看设施设备、观看幼儿活动等形式，随访督导全区不同类型5所幼儿园。

（董迎春）

【召开评价与督导课题总结会】 5月4日，通州区教育督导室召开“十一五”教育评价与督导课题总结表彰会。会上，6所学校获得“通州区优秀举办奖”，7所学校课题获得“通州区优秀成果奖”一等奖，7所学校课题获得二等奖，10所学校课题获得三等奖。会议印发市教育评价与督导研究会“十二五”课题指南，并举办“十二五”课题申报辅导。全区中小学代表210人参加会议。

（董迎春）

【完成小学规范化督导验收】 9月15

日至10月14日，通州区教育督导室完成29所小学规范化建设工程学校督导验收。督导检查会同区教委、区教育技术设备中心进行。通过听校长汇报、查阅相关资料、查看硬件建设，督导检查组重点检查学校办学行为、内部管理、两支队伍建设、教育教学管理、办学条件达标、专项经费使用。经比照市颁标准全面检查，29所小学全部通过验收。

（董迎春）

中共通州区委教育工委

书　　记　宋京玮

通州区教育委员会

主　　任　宋京玮

通州区政府教育督导室

主　　任　孙玉起（12月免）
　　　　　李少杰（12月任）

顺　义　区

总　类

【3项措施加强教师队伍建设】 1至6月，顺义区3项措施加强教师队伍建设。一是深化师德建设，坚持每年开展主题师德教育活动，组建师德巡讲报告团开展巡回演讲，举办班主任德育工作论坛，深化教师责任教育；二是加强培训提升整体素质，创新研训一体培训模式，深入推进脱产培训，深化名师工作室，录制同步课堂，开展“名校体验之旅”等实践活动；三是加强交流促提高，开展区内名师异校授课活动，邀请市级名师作示范观摩课，借助联盟、组团开展教研活动。

（徐振阳）

【成立教育改革办公室】 2月1日，顺义区教委设立教育改革办公室，全面负责全区改革实验工作。其主要职责是：全面筹划“十二五”时期顺义教育改革工作目标、工作任务、工作措施，安排工作推进时间表。拟定顺义区教育综合改革“城乡联动教育改革”实验工作实施方案、年度工作计划并组织实施。全面协调推进国家级教育体制改革项目工作进程，组织、检查、督促相关项目的改革实验工作。协调有关科室研究制定相关政策，支持实验校开展实验研究。落实上级部门工作要求，指导实验校进行项目实验工作总结，完成实验项目的评估验收。完成区教委领导交办的其他工作。教育改革办公室属于区教委内设临时机构，临时抽调3人。

（孟海芹）

【发布“十一五”教育均衡发展成果】 3月，顺义区教委发布“十一五”教育均衡发展成果。一是学校布局均衡。完成第2次中小学布局结构调整，完成73所小学初中规范化建设工程，撤并规模不适宜的农村中小学34所。二是教育教学条件均衡。完成100余所次农村中小学操场、危房危电、供暖系统等设备设施改造；新改建近20所农村学校教师办公室、午休室和食堂，每年投入100余万元作为用餐补贴，购置48辆教师班车。三是人力资源均衡。实施“十百千”农村教师带动工程，重点培训农村教师1000余名；区级骨干教师到农村学校做示范课、研究课1000余节；录制同步课堂常态课1000余节。四是优质教育资源均衡。与四中、八中等5所京内名校联合办学，20所中小学、幼儿园与市级名校建起“手拉手”交流关系。

（徐振阳）

【召开教育工作会】 4月22日，顺义

区委、区政府召开教育工作大会。会议工作报告全面总结“十一五”时期顺义区教育工作取得的成绩和经验，分析当前顺义区教育发展面临的新形势和新挑战，对今后一个时期特别是今后五年教育事业的发展做出全面部署。提出：坚持教育优先发展，保证教育在全区发展中的战略地位；坚持教育协调发展，促进各级各类教育有机衔接；坚持教育均衡发展，为受教育者提供优质的教育资源；坚持教育内涵发展，最大限度地满足人的发展需求；坚持教育创新发展，激发顺义教育的发展活力；坚持终身发展，推动学习型社会建设不断深入。会议印发《顺义区“十二五”时期教育事业发展规划》和《顺义区城乡联动教育改革实验方案》等7个文件。顺义区各级领导、教育系统基层单位代表1000人参加会议。

（徐振阳　陈惠明）

【《教育改革资讯》创刊】 4月25日，《教育改革资讯》创刊。该刊由顺义区教育体制改革办公室主办，采取网络发放的形式发至全区各中小学、幼儿园及相关直属单位，旨在广泛搜集国内外最新教育改革动态，为科室部门、实验校提供学习借鉴，引领和宣传该区教育改革。《教育改革资讯》设政策引领、改革指南、工作动态等版块内容。同时，由区教委教育体制改革办公室创建的“城乡联动教育改革”网站面向全区近百家教育单位开通。

（孟海芹）

【雒梦妍入选中国好人榜】 4月，杨

镇二中学生雒梦妍入选“中国好人榜”。雒梦妍1996年出生，是一名普通的学生团员。她坚持8年照顾一个与自己年龄相当身患肌无力病症的朋友。2008年，雒梦妍获得北京市十佳少年称号，2009年当选顺义区十大志愿明星，2010年获得宋庆龄基金及顺义区十大道德模范称号。“我推荐、我评议身边好人——中国好人榜”由中央文明办主办，全国共收到群众推荐身边好人事迹材料4153件，115名先进人物入选。

（张娟）

【启动城乡联动改革实验】 5月5日，顺义区学习贯彻区教育工作会议精神动员大会暨城乡联动改革启动仪式在杨镇一中举行。会议全面介绍区教育工作会议内容，传达会议精神，并指出：城乡联动改革实验是落实教育发展规划，实现顺义区“十二五”教育发展目标的重要抓手和工作平台，力争在重点领域和关键环节取得一批突破性成果，带动教育规划全面而卓有成效地落实。各中小学、幼儿园、职业学校干部教师代表，各镇、街道教育助理，教育系统区人大代表和区政协委员400人参加会议。4月22日，顺义区教育工作大会印发《顺义区城乡联动教育改革实验方案》。文件提出，自2011年至2015年，在全区开展城乡联动教育改革实验工作。城乡联动教育改革的核心内容是：用3到5年时间，构建起“城乡联动、共同发展”的学校协同联盟体系，探索出整体设计学段德育、校本课程、资源融通的有效方法和途径，形成人文、科学、信息、艺术、体育等方面特长生12年贯通培养的新机制，培育出一批有活力、有特色、有竞争力的学校典型，全区各级各类学校的办学质量整体提高，教育品牌的知名度和影响力显著提升。首先组建教育联盟和学校组团。以牛栏山一中、顺义一中和杨镇一中三所高中示范校为龙头，以城区优质中、小学为骨干，本着地域相近、优势互补、资源共享的原则，将城乡中、小学组建成三个教育联盟，在联盟内分别成立高中、初中、小学三个组团，全区形成九大学校组团。然后确定实验校、开展项目攻坚，最终典型引路、全面铺开。

（徐振阳　张建柏　孟海芹）

【召开规范民办教育工作会】 5月10日，顺义区教委召开打击非法办学暨规范民办教育工作会。会议总结区内非法办学情况，认为存在四大问题。一是非法办学点多而且分散，全区非法办学点共212所，其中自办校

6所，自办园20所，分散在全部25个镇（街道）；二是办学条件简陋，教学辅助设备严重缺乏；三是师资不合格，99%从业人员无教师资格证；四是存在严重安全隐患。会议强调，要高度重视校园安全问题，增强属地意识、法制意识、服务意识，做到依法行政；要强化属地责任，属地牵头与行业联合开展综合整治活动，符合规定予以审批，不达标的坚决予以取缔；针对消防、食品、车辆、食堂食品卫生、房屋隐患问题，交通、卫生、工商、消防和建设部门要增强使命感、责任感，消除各种安全隐患，确保经济社会和谐稳定。相关部门、各街道镇一把手及主管领导、非法学单位负责人400余人参加会议。年内，顺义区依法撤销流动人口自办学校2所，停用自办校校车9辆，停办学生食堂4所。

（徐振阳　王焱）

【全面启动“十二五”继续教育】　6月

10日，顺义区教委全面启动“十二五”教师继续教育工作。一是继续开展与首都师大、北京教育学院等高校联合培训项目，培训覆盖全区中小学。二是继续与首都师大合作开办学历培训项目。三是与教育学院合作：开展绿色耕耘、教非所学教师培训等项目；四是协助做好培训工作，开展幼儿园教师岗前培训、初中英语区级骨干教师培训，配合区红十字会举办急救知识培训，组织教师参加北京市友善用脑培训，举办第二届班主任大赛决赛，开展新课程培训，举办小学名师月末大讲堂。“十二五”期间，顺义区教师继续教育工作总体目标是即围绕在以邓小平理论和“三个代表”重要思想为指导下，围绕努力为实现顺义教育现代化和顺义城市现代化服务，造就一支师德高尚、具备现代化背景和国际化视野的高素质专业化教师队伍，造就一批教育家、教学名师和学科领军人才。努力实现三个目标：一是探索构建开放多元、优质高效的现代教师培训体系；二是进一步完善科学规范的教师培训管理体制和工作机制；三是高质量、全覆盖的培训惠及全区中小学教师。

（赵辉　许冬梅　顾军荣）

【全面推进教育系统党务公开】　8月21日，顺义区教委召开教育系统党务公开工作会。会议印发《党务公开工作实施方案》、《党务公开目录（试行）》和《党务公开工作实施细则》。会议从实施范围、公开内容和公开步骤等7个方面部署工作。会议要求各单位认真制定工作方案，结合校务公开工作，统筹兼顾，开拓创新，严格落实责任，强化检查考核，确保党务公开工作顺利进行。全区教育系统领导干部800人参加会议。8至12月，全区各单位根据目录进行公示，区教委党务公开领导小组采取定期检查和不定期抽查形式进行督查。经检查，所有基层单位全部按要求落实党务公开工作。

（杨守丰）

【区教委机关党委召开第一次党代会】

9月27日，顺义区教委机关党委第一次党员代表大会召开。会议宣布区委组织部关于成立中共顺义区教委机关党委的批复，任命机关党委书记、副书记、组织委员、宣传委员、纪检委员。同时按照程序选举5人作为机关党委代表参加区党代会。区教委机关党员代表109人参加会议。

（张琪悦）

【签订城乡联动教育改革合作协议】　11月20日，顺义区教委与北师大教育管理学院签订“城乡联动教育改革项目合作协议”。依据协议，全区确定22所重点实验校和39所参与校。北师大教育管理学院开展“特色校建

设与校长领导力提升项目”、“德育课程一体化及干部教师研修项目”、“有效教学及干部教师能力提升项目”、“城乡教育一体化机制研究”四个教育改革合作项目。每个合作项目均安排专人负责，采取定期下校指导、集中研修、跨校研修、考察学习方式，为项目实验校诊断发展问题、设计发展方向、提供发展经验、跟踪发展过程、推广建设成果。顺义区教委将协助北师大教育管理学院对合作项目实施日常管理，提供必要经费保障。双方合作期限2012年1月至2015年底。

（孟海芹）

【召开第五届教育科研大会】　12月15日，顺义区教委召开第五届教育科研大会。会议宣读表彰决定，表彰182项优秀科研成果、45个先进教科室、58名先进科研负责人、245名先进科研工作者，发放教科研成果集等资料1380份。会议作《深化教育科研，引领教育实践，推动顺义教育又好又快发展》报告，交流天竺中心小学、俸伯中学、李桥中学教科研经验。北京教科院、区教委领导，以及全区教育单位代表350人参加会议。

（王艳霞）

学前教育

【概　况】　2011年，顺义区幼儿园60所（不含附设幼儿园数），其中教育部门办园42所（含4所分园）、集体办园5所、民办园12所、部队办园1所。离园幼儿3501人（教育部门办园3499人），入园幼儿6277人（教育部门办园4180人），在园幼儿14247人（教育部门办园12724人）；教职工1140人（教育部门办园1087人），其中，专任教师956人（教育部门办园

773人）。教育部门办园专任教师学历合格率100%，市级学科带头人1人，市级骨干教师4人，区级学科带头人5人，区级骨干教师112人，区级园丁新星15人。全区一级一类幼儿园27所（教育部门办园26所），北京市示范园5所，市级早教基地30所。学前三年教育普及率100%，0至3岁幼儿受教育率90%以上。教育部门办园图书馆藏书21.85万册，校舍总占地面积240656平方米，总建筑面积108224平方米，固定资产总值12062.94万元。全年教育经费投入16759.10万元，其中，国家拨款16510.70万元，自筹经费248.40万元。

（周君姝）

【举办幼儿教师连片培训】　3月4日，

顺义区幼教培训中心在仁和幼儿园举办连片培训活动。培训以制定三维目标及提炼重点难点、故事教学中有效提问、评课3个问题为重点，通过《乌龟开店》教学课例，讲解情感目标制定、过渡环节提问、自评与他评等。教研片内10余所幼儿园80余名教师参加学习。

（屈依蕾）

【制定三年行动计划】　4月22日，顺义区教育大会印发《顺义区学前教育三年行动计划》，明确从三个方面推进学校教育发展。一是扩大公办园比例。通过新建、翻建、迁建、改扩建及接收小区配套方式，建设21所幼儿园，预计投资3亿元，届时教育部门办园达到77%以上。二是提升农村地区办园水平。优化资源布局，确保每个镇有1至2所乡镇中心幼儿园或分园；提高办园质量，保证50%的农村乡镇中心幼儿园达到一级标准。三是加大队伍建设力度。投入专项培训资金500万元；招聘毕业生、引进人才600人；100%幼儿园园长和90%的幼儿教师达到学前专业大学专科以上学历，专任教师与幼儿比达到1∶10～1∶15。

（徐振阳）

【举办幼儿教师基本功比赛】　5月29

日，顺义区幼儿教师基本功竞赛结束。比赛分弹唱、讲故事、绘画三项，共有105名选手参加。经比赛，9人获得一等奖，9人获二等奖。宏城幼儿园、北小营幼儿园和幸福幼儿园分获团体总分前三名。区教委领导和各幼儿园代表200人观摩比赛。

（胡金凤）

【3项措施保障幼儿园招生】　6至7月，顺义区教委采取3项措施保障幼儿园招生平稳顺利。一是提前准备。招生前深入派出所、居委会，通过入户调查、电话访谈等形式，摸清适龄幼儿底数。二是分流报名。在居委会设立分报名点，现场解答入园问题。三是协调配合。协调居委会、派出所配合招生工作；在5所报名数量较多的幼儿园派驻联络员，负责沟通协调工作。至年底，城区16所公办幼儿园共招生1933人、50个教学班。

（徐振阳）

【两所幼儿园开园】　9月1日，顺义区马坡第三幼儿园和顺义区杨镇第三幼儿园开园。马坡三幼位于顺义新城马坡佳和宜园29号，为公办县镇幼儿园。园所占地面积6309平方米，建筑面积2604平方米，可满足周边社区及各村约420名适龄幼儿入园需求。教职工25人，其中，专任教师24人。首批入园150人，开设5个教学班。杨镇三幼位于杨镇顺鑫澜庭小区，为公办城市幼儿园。园所占地面积2710平方米，建筑面积1129平方米，可满足周边社区及各村约300名适龄幼儿入园需求。教职工19人，其中，专任教师13人。首批入园幼儿102人，开设4个教学班。

（周君姝）

【举办幼儿教师资格证班】　9月17日，顺义区举办幼儿教师资格证培训班。培训班由北京电大顺义分校主办，市幼教师资培训中心和区幼教中心协办。培训班采取集中授课与自主学习、理论指导与实践操作相结合培训原则，讲授学前教育原理、学前教育五大领域、幼儿园教育纲要解读等10方面内容。培训班为期4周。学习结束经考核，颁发幼儿教师资格证书。顺义区幼儿园教师70人参加学习。这是顺义区首期幼儿教师资格证书培训班。

（张静）

【总结级类考核工作】　9月18日，顺义区幼儿教育培训中心召开幼儿园年度考核工作总结会。会议全面总结幼儿园级类年度考核工作情况，分析各园所优势与亮点，指出存在问题与不足，并就提高办园水平提出建议。区幼儿教育培训中心教研员、妇幼保健院医生以及全区幼儿园园长、业务园长近百人参加会议。此前，顺义区完成38所级类幼儿园年度考核工作，考核结果优秀16所，合格22所。

（李淑芳）

【举办新任教师入职培训】　9至12月，顺义区教委开展幼儿园新任教师入职培训。一是组织新教师参加市级“三优”培训（即：集中优势兵力、搭建优质平台、精选优秀内容）。二是举办幼儿教师资格证培训，170名新入职且未取得任职资格教师参加培训。三是举办幼儿园新任教师培训班，采取集中授课与自主学习、理论指导与实践操作相结合培训原则，邀请市级优秀骨干教师分别举办“幼儿园五大领域教学的核心教育价值及实践策略”、“活动计划撰写”及“活动操作实践”讲座，280名新任教师全部参加学习。四是举办区级和园所新教师学习展示活动，以赛促学。

（李淑芳）

【完成民办幼儿园考核】　11月16至24日，顺义区教委完成全区12所民办幼儿园年度考核。考核通过听汇报、教师座谈会、查看档案资料和财务账簿、看幼儿活动，依据“评价标准及细则”逐项考核、评审、打分。检查结果显示，各民办幼儿园能够坚持依法办园、保障教职工利益，财务管理规范，办园条件不断改进，教育教学质量有所提高，保教活动丰富多彩，卫生保健符合要求，安全保卫方案翔实、设施齐备。

（王焱）

【召开办学管理模式促进社会和谐发展现场会】 11月28日，顺义区教委在南彩镇河北村幼儿园召开创新办学管理模式促进社会和谐发展现场会。会议听取河北村、南彩镇、龙湾屯镇通过举办村办园取消私办园、公交车与校车对接等办学管理创新经验。会议通报区内自办校和私办幼儿园情况。会议要求，树立属地政府责任意识，创新解决随迁子女入学方法，破解辖区内民间办学困境，促进教育持续发展。会议明确指出，顺义区学前教育继续巩固深化政府主导、社会参与并举的管理机制，合理规划，完善镇、村学前教育网络。全区镇、街道代表，以及相关委办局领导150人参加会议。

（徐振阳）

【举办师幼同台表演展评活动】 12月，顺义区教委举办师幼同台故事表演展评。全区152名教师带领近200名幼儿参加活动，同台表演故事节目。评委依据讲故事能力和表达表演能力进行评比。经评比，4个组别分别评出特等奖1名、一等奖3名、二等奖10名，三等奖24名。此前，在9月24日，顺义区举办师幼同台故事表演培训，作家金波及象棋大师谢军为全区幼儿教师作故事表演专题讲座。全区各级各类幼儿园园长及教师1268人参加学习。

（李淑芳）

【3项措施解决学前教育热点问题】 至12月，顺义区教委3项措施解决学前教育热点问题。一是增加幼儿学位。接收3所小区配套幼儿园；8所幼儿园实行扩班改造，将亲子室或音体室改造成活动室，开拓幼儿活动空间，提高园所容纳能力。截至年底，共增加学位990个。二是充实教师队伍。协调区编办等单位，新补充教师180人，面向社会公开招考80名编外教师。三是创新办园模式。开办1所村办园，属地镇政府全面负责，加大经费投入力度，村委会发动村民捐资助学，所聘教师在公办园接受培训，合格后上岗。

（徐振阳）

基础教育

【概　况】 2011年，顺义区小学43所（不含一贯制学校小学部），其中公办学校41所（内含2所完小）、民办学校2所，教学班987个，毕业5079人，招生6808人，在校生34037人；教职工2883人，其中，专任教师2269人；小学入学率100%，巩固率100%，毕业率100%，及格率100%。顺义区中学41所，其中公办37所（初中27所、完中2所、高中4所、一贯制4所），民办4所（完中1所、高中1所、一贯制学校2所），教学班799个（初中468个、高中331个）；毕业9359人（初中5416人、高中3943人），招生9719人（初中5591人、高中4128人），在校学生29434人（初中16636人、高中12798人），在校生中北京市户籍24794人（初中13046人、高中11748人）；公办学校初中入学率100%，巩固率100%，毕业率100%，及格率100%；高中入学率70.74%，毕业合格率75%，应届毕业生高考录取率93.40%；公办学校教职工3924人，其中，专任教师2922人（初中1647人、高中1239人）。特殊教育学校1所，开设班18个，结业6人、招生20人，在校生153人；教职工63人（专任教师54人）；残疾儿童入学率100%、巩固率100%。校外教育单位及其他教育单位10个，教职工438人。全区公办中小学专任教师学历合格率100%，北京市特级教师16人（小学1人、中学15人），高级专业技术职务教师1187人（小学26人、中学1161人）。公办中小学图书馆藏书267.52万册，电子图书3348片。校舍总占地面积357.99万平方米，总建筑面积99.34万平方米；固定资产总值14.35亿元。全年教育经费投入14.96亿元，其中，国家拨款14.57亿元，自筹经费0.39亿元。

（周君姝）

【4项举措推进教师课堂教学水平】 1至6月，顺义区4项举措推进教师课堂教学水平。一是组织教师培训，培训内容包括基础知识、基本理论、基本技能等学科基本素养；二是开展课堂教学展示活动，重点研究“学科课时目标的制定与落实”、“有效设问”和“学生意识”等；三是推行优秀课堂实录共享机制，实现同步录制，实现资源共享；四是推选优秀教师异校授课，公开授课时间、年级、学科，面向全区教师开放。

（徐振阳）

【启动师德报告团巡演】 3月12日，顺义区教育系统师德建设经验交流暨首届师德报告团巡回讲演启动会在顺义八中召开。会议宣读开展师德报告团巡回讲演决定，聘请顺义区6名教师担任首届师德报告团成员，并颁发证书。全区中小学、幼儿园、职业学校教师代表200人参加会议。至年底，师德报告团巡回讲演6次，听众近3000人次。

（张晓宪）

【普通高考报名人数减少】 3月，顺义区2011年普通高校招生报名工作结束。据统计，报名参加全国统考考生5353人，同比减少327人。报考高职单考单招人数110人，同比减少58人。两项总人数5463人，比上年的5848人减少385人。

（徐振阳）

【承办全国小学名师表彰会】 4月9至

10日，中国教育学会小学教育专业委员会2011年度工作会议暨首届全国小学名师表彰会在顺义宾馆举行。会议由中国教育学会小学教育专业委员会主办，顺义区教委承办。会上，柳斌作《语文教学要重视读》讲座，刘永胜作《关于有效课堂的思考》报告。会议表彰“十佳全国小学名师”10人，“百优全国小学名师”147人，“成长中的全国小学名师”65人，“名师提名奖”35人。顺义区教委获得特别贡献奖。与会代表观摩顺义区石园小学数学课“分解质因数”等3节名师现场课。来自全国各省市教师代表、顺义区干部教师代表共计200人参加会议。

（杨树华）

【举办青年教师演讲赛】 4月12日，顺义区教委举办青年教师演讲大赛决赛。18名选手围绕“享受教育收获幸福”主题，展现教育教学成长过程中收获与感悟，反映青年教师爱岗敬业、积极向上、无私奉献、拼搏进取的精神和风貌。最终18名选手分获一二等奖。全区91个教工团支部百余名青年教师观看比赛。

（王静）

【首次面向全区播出视频会议】 4月19日，“彩虹读书行动——世界读书日”活动在顺义一中报告厅举行。会上，畅销书《点亮智慧之灯：黄冈中学教育魔方》作者阮中强作“读书与成长”专题报告，同时顺义新华书店向部分学校捐书。会议通过视频会议系统向全区中小学直播，分布在全区各个位置教师无需专程到现场，可以在校收看。这是顺义区教委首次面向全区中小学播出视频会议。会后，教师反映很好，认为网络视频会议系统节省人力物力，提高工作效率。

（张志广）

【首次举办青少年航海模型竞赛】 5

月27日，顺义区教委在区少年宫举办“2011年顺义区青少年航海模型竞赛”活动。该项赛事为首次开展，设置“小虎鲨”电动遥控双体快艇拼装模型、“乘风号”空气动力快艇拼装模型、“扬帆号”电动帆船拼装模型、“嘉年华”豪华游轮电动游轮拼装模型、“杭州号”现代级导弹驱逐舰拼装模型、“自由号”电动遥控游艇、“探索者”太阳能机械自划船、“自由号”电动遥控游艇水上足球赛8个竞赛项目。经过预赛，全区15所中小学校近200名选手参加决赛，最终100余人分获各项目一二三等奖。

（任立春）

【高考成绩创佳绩】 7月，顺义区高考再创佳绩，总录取率92%以上。全区4869人报名参加普通高校招生考试，同比减少451人。600分以上高分段人数184人，同比增加41人，增加率居全市第一。本科以上录取3341人，在全市本科招生计划减少情况下，录取率66.80%，创恢复高考以来顺义区录取率之最。其中，文科最高分656分，理科最高分686分。

（陈惠明）

【教育信息中心迁新址】 9月1日，顺义区教育信息中心迁至位于北京现代职业技术学院内。新址建筑面积860平方米，核心设备机房面积100平方米。机房内装有精密空调，密封抽气式消防设备。网络带宽由原来的220兆增至320兆，4路输出均独享带宽。信息中心2003年4月成立，截至2011年共有12人。教育信息中心为顺义区教育研究考试中心的一个业务部门，负责全区信息化建设工作。

（张志广）

【启动小学优质校建设项目】 10月10

日，首都师范大学——顺义区教委“UDS小学优质校建设项目”在顺义区光明小学启动。该项目由首都基础教育发展研究院、首都师范大学初等教育学院、顺义区教育研究考试中心共同承担。项目对象包括光明小学、双兴小学和马坡小学等6所学校。该项目以“规范——特色——优质”为基本路径，坚持实践取向，为每所学校配备一名高校指导专家，聘请一名城区优秀校长为顾问，指定一名名师、干训教师为联络人，每周进校活动一次，6所学校每月联合活动一次。项目周期3年，至2014年9月结束。“UDS小学优质校建设项目”是指通过大学、区域、学校间合作，推进顺义区小学优质校建设工程。“U”即university（大学），“D”即district（区域），“S”即school（学校）。该项目旨在借助大学的教育资源，通过区域教育行政部门的推动，加强大学和区域、学校之间的联系与合作，为顺义区部分小学把脉，在原有基础上形成各自特色，努力打造顺义区优质品牌校，进而辐射带动全区小学整体办学水平的进一步提升。

（姚磊　李士文）

【实施青少年心理健康教育合作项目】 10月17日，顺义区教育研究考试中心实施青少年心理健康教育合作项目。项目由教研考试中心和区心理教育咨询中心联合实施，项目内容包括青少年心理咨询、家庭教育培训及亲子沟通、中小学生心理健康教育（早恋、厌学、叛逆、考试焦虑、网瘾、自卑）等，全区中小学校为各子课题成员校参与研究。

（李立军）

【连续20年获中学生田径运动会第一】

10月21至23日，第49届北京市中学生田径运动会举行，顺义区以726分获得郊区县团体总分第一名。本次比赛该区共获金牌31块、银牌19块、铜牌16块，奖牌总数66块，为历年来最高。4人次打破3项赛会纪录，同时被评为“体育道德风尚奖”。至此，顺义区连续20年获市中学生田径运动会第一名。

（张克深）

【首次举办青少年建筑模型竞赛】 11月12日，顺义区首届青少年建筑模型竞赛在东风小学结束。比赛主题为“顺义，我可爱的家乡”，鼓励学生用作品展示顺义新城的变化与发展，探求思索具有“顺义特色”的建筑之美。比赛分个人组和团体组，设七彩阳光、缤纷童年、梦想家园等10个项目。比赛邀请区规划局、区住建委、区科协等4家单位代表组成联合评审团，从布局规划、建筑特点、科学含量、教育元素四方面进行评判。全区27所中小学校500名学生参加活动，最终18所中小学168名选手进入区级决赛，优胜者将参加全国青少年建筑模型大赛。

（杨晓东）

【青少年文化艺术教育基地揭牌】 11

月18日，顺义区青少年文化艺术教育基地揭牌仪式在寺上美术馆举行。揭牌仪式上，区教委与寺上美术馆签订合作协议。根据协议，寺上美术馆将依托自身优势，为顺义区中小学生提供艺术教育实践活动项目和活动场地；利用艺术教育人才资源对顺义区中小学艺术教师进行培训；对参加社会大课堂活动的学生实行免费。寺上美术馆位于顺义区高丽营镇，是集美术研究、创作、展览、交流及人才培养于一体，带有一定公益性质的文化机构。

（张晓宪）

【专项调研学生乘坐校车问题】 11至12月，顺义区教委开展"学生乘坐校车问题"专项调研。甘肃校车事故发生后，区教委争取相关职能部门支持，加大对"黑校车"查处力度。同时开展19个镇学生住所分布、上下学乘车情况专项调研。经过座谈、问卷调查，调研组撰写《关于解决中小学生上下学校车问题的调研报告》，为区政府决策提供依据。调研结果表明，19个镇600余名学生需要乘车上下学，全部为家长自行解决学生上下学问题。

（单继荣）

【总结基础教育课程改革经验】 12月15日，顺义区教委召开基础教育课程改革总结大会。会议总结基础教育课

程改革10年来主要成绩和经验，认为顺义区基础教育课程改革主要经验有四点：一是创新工作思路，搭建研修平台，通过理论学习、实践培训，促进学校校长、教师、教研员队伍发展；二是以多元化教研方式为载体，扎实开展"课题教研"，提高校本教研的实效性，保证课程改革实验工作有效实施；三是以促进学校、教师、学生发展为价值追求，加强管理，深入研究，建立完整的三级课程体系；四是加强课程改革与德育实效性研究项研究，促进全区教育教学质量整体提升。会议表彰两所"北京市课程建设先进单位"，4名北京市课程建设优秀成果一等奖获奖教师，为8所北京市国家教育体制改革试点项目基础教育课程教材改革试验项目校授牌。会上，顺义一中、西辛小学交流典型经验。区教委领导以及全区教育单位代表300人参加会议。

（王艳霞）

【发放教育资源卡】 至12月，顺义区教育信息中心完成北京教育资源卡和学生卡发放工作。全区59所学校（中学27所、小学32所）1704名教师申请北京教育资源卡，累计发放5000万点。发放学生卡2096张，其中新制卡189张，补制卡1907张。

（陈曦）

【推进教育体制改革实验工作】 至12月，顺义区确定各级教育体制改革实验校，以"典型引路"方式推动教育体制改革。全区13所学校承担北京市、国家级教育体制改革试点项目实验工作，其中，1所学校承担高中特色校建设实验项目，1所学校承担办学体制改革实验项目，3所学校承担城乡教育一体化机制研究实验项目，8所学校承担课程教材改革实验项目。同时，25所学校入选顺义区实施义务教育均衡发展和城乡教育一体化机制研究两项区级改革试点项目校，共同参与实验研究。

（孟海芹）

【集中采购大宗食品原材料】 至12

月，顺义区全部实现学生食堂大宗食品原材料集中采购。5月，联合区食品办、农委、质监、工商、卫生部门，制定《学生食堂大宗食品原材料集中采购工作方案》，按照发布招标公告、报名、资质审核、评标、实地考察程序，确定8家供货商。8月8日，在顺义二中举办产品展示洽谈会，当场签订供货合同，全区61个学生食堂食品原材料实现集中采购，满足3万名学生伙食需要。实行大宗食品原材料集中采购后，61个学生食堂每月节约资金约10万元。

（单继荣　徐振阳）

【严把五关免费配发学生装】 至12月，顺义区严把五关免费配发学生装。一是严把采购关。委托政府采购办，面向全国生产厂商招标采购，确定生产厂家。二是严把监督关。实地考察中标厂家，避免弄虚作假。三是严把安全关。要求厂家提供面料检测报告，杜绝甲醛含量、PH值等超标的布料。四是严把订制关。厂家入校，依据各校具体款式要求，为每名学生量身定做。五是严把验收关。现场抽查、封存，送检测机构全面检测，确认符合招标技术指标后，做出合格认定。全年区级财政投入资金200万元，共配发学生装3万余套。

（徐振阳　王伟）

【扎实推进三名工程】 至12月，顺义区教委扎实推进"三名"工程（名师、名校、名校长）。"名师大讲堂"活动中，市级名师30余人上课、说课、举办讲座；承办全国首届小学名师表彰会，顺义区3名教师获"百优名师"奖，1名教师获"成长中的名师"奖；与北师大等高校合作，成立

理论研修基地校和教师培训基地校20个。“名校体验之旅”活动中，干部教师560人次走进人大附中、北大附小、光明小学等6所名校；与北京多所名校联系，准备引进市级名校创办分校。名家对话活动中，承办全国课改名家论坛，组织“干部月末大讲堂”10余次，派遣近50名校长到英美等国学习。截至年底，顺义区1名校长入选新一轮市级名校长工作室；区内名校长工作室1个，在室校长6人，区内名师工作室23个，新一轮在室教师200人。2008年，顺义区全面启动“三名”工程。

（徐振阳）

职业与成人教育

【概　况】　2011年，顺义区职业高中4所，毕业1140人，招生576人，在校生2337人。职业高中总占地面积105052平方米，总建筑面积31545平方米，固定资产总值8854.09万元。全年教育经费投入9220.80万元，其中，国家拨款7260.80万元，自筹经费1960万元。各级各类成人学校485所。其中，成人学历教育学校3所，毕业2696人，招生2667人，在校生8772人；教职工92人，其中，专任教师76人。社区学校6所，农村成人教育学校（乡校及村校）445所，民办成人培训学校31所。

（李建生　王振宇）

【召开构建学习型社会工作会】　2月

11日，顺义区2011年构建学习型社会工作会在区会议中心召开。会议全面总结2010年学习型社会工作，并对2011年构建工作进行部署。会议指出，顺义区构建学习型社会工作以开发区域人力资源为核心，以创建各类学习型组织为重点，以全面提高人口科学文化素质和思想道德素质为目标，夯实学习型社会理论基础，健全终身学习服务体系，完善工作体制和运行机制，创新学习服务载体，全面提升学习型顺义建设水平，为“打造临空经济区、建设世界空港城”提供强有力的人才支持和智力保证。区领导和全区各委办局公司、企业领导300人参加会议。“十一五”期间，顺义区累计培训干部、企业职工、社区居民、农民和流动人口467.5万人次。全区创建学习型组织区级先进76个，市级先进8个，国家级先进2个，评选构建学习型社会工作先进集体209个、先进个人221人，评选学习型家庭426个、学习型个人160人、学习之星30人。2005年和2007年顺义区两次被评为北京市创建学习型区县先进区。2010年顺义区被评为全国社区教育示范区。

（王振宇）

【顺义电大成立学生活动中心】　4月1日，北京广播电视大学顺义分校学生活动中心成立。其主要职责是建立学校、教师、学生和谐发展通道，提高学生管理、策划和组织能力并丰富业余生活。学生活动中心设有学习部、宣传部和组织部。负责人由学生自愿报名竞聘产生。

（张静　王云）

【举办“兴农讲堂”系列活动】　4月12日，“争做学习型农民，服务城乡一体化发展”暨顺义农广校2011年“兴农讲堂”系列活动启动仪式在杨镇镇政府举行。2011年“兴农讲堂”将采取讲座形式，开展文明礼仪、科普知识、法制观念等培训，为加快“城乡一体化”发展进程和培养新型农民服务。启动仪式上，朝阳区农村人才培训中心教授为杨镇拆迁村村民举办“健康心态与快乐人生”首场讲座。至年底，“兴农讲堂”举办讲座10次，培训1200人。“兴农讲堂”是顺义农广校2007年创办的一项“送教下乡”活动品牌。

（陈更硕）

【举办农民技能素质提升学历教育班】　4月23日，顺义农广校和马坡镇政府合作举办新型农民“高等学历＋技能（中高级）”素质提升班。素质提升班

与中国农业大学联合举办，开设财会、物流、会展、园林等专科专业及财会本科专业，学习期限1至3年。教学利用网络自学和面授相结合，采用“教室设在村、老师送进村、设备搬进村”教学方式，每周（每月）农广校教师进村面授1至4次。学员毕业通过考核可以获得中国农业大学专科、本科学历文凭。同时，马坡镇为学员考取中、高级技能证书提供免费培训。为降低农民学习成本，马坡镇政府、社区教育中心分别为每名学员补贴3000元、1000元学费。马坡镇村民46人参加学习。

（陈更硕）

【新引进两所高校】　4月，北京广播电视大学顺义分校新引进北京科技大学、四川大学两所合作高校。通过合作办学，新开设工商管理特许经营、金融与会计、机械设计、战略管理与信息化4个专业。截至年底，电大顺义分校共有10所合作办学高校，开设专业20个，在读学员1000人。

（张静）

【顺义一职举办北京现代实验班】　5月13日，顺义区第一职业学校和北京现代汽车有限公司签约举办“北京现代实验班”。依据协议，顺义一职共开设3个实验班，每班30人。企业参与学生培养，实验班学员是北京现代的准职工，在校穿北京现代工作服。教学内容突出针对性和实用性，开设北京现代企业文化和职业道德、汽车制造工艺等课程，聘请北京现代兼职教师授课。该班采用“2＋1”订单培养模式，前两年在校学习，企业专家和学校共同制定实验班培养方案。第三年顶岗实训，学校选派专职教师参与管理。顺义一职是北京市重点中等职业学校，“十一五”期间，该校累计向北京现代输送毕业生500人，同时学校利用设备和师资优势，

为北京现代职工开展各类培训。

（李晓红）

【举办四川大学硕士班】 9月4日，北京广播电视大学顺义分校举办四川大学北京教学中心顺义校区战略管理与信息化专业硕士班。硕士班由四川大学软件学院负责教学，电大顺义分校负责教学管理。硕士班学习期限2年，开设课程24门，其中，11门必修课及专业课全脱产学习半年，选修课和论文采取远程教学、现场指导等形式教学。硕士班共招生38人。

（王振宇）

【召开成人学校校长工作会】 9月8

日，顺义区学习型社会领导小组办公室召开2011年成人学校校长工作会。会议就今后一段时期工作提出五点要求：一是要充分认识社区教育的意义。二是要加强宣传引领工作。三是要加强社区教育课程建设。四是要加强社区教育志愿教师队伍建设。五是要加强成人学校教学设施建设。镇、街道成人学校校长及相关人员40人参加会议。

（王振宇）

【顺义电大通过青年文明号验收】 11月15日，北京广播电视大学顺义分校开放教育办公室“青年文明号”创建工作接受团区委考核验收。团区委验收组听取工作汇报，查看资料，实地考察，开展师生访谈，认为顺义电大重视师德修养，踏实工作，是一支优秀的“学习型”青年团队。最终该校开放教育办公室获得“青年文明号”称号。该校开放办共有青年教师13人，负责4000名在校学员的教育教学管理工作。

（张静）

【举办中等职业学校技能展示】 11月23至24日，顺义区教委举办中等职业学校技能展示活动。顺义区3所职业高中参加活动，其中，汽车职高展示汽车双人保养、四轮定位、故障排

除等实训项目。北京广播电视中等专业学校顺义分校以“护士的一天”为主题，展示铺床、测量生命体征、无菌技术等6项操作。顺义一职展示钳工、普通车工、物流、会展等专业技能。顺义区教委领导和社会各界代表200余人观摩展示活动。

（高成）

【顺义电大探索网络课程教学模式】 至12月，北京广播电视大学顺义分校不断完善网上学习支持服务。一是新建网上教学资源IP课件130门1250学时，网上教学文本累计712门10984篇。二是引导学员积极参加网络交流，在北京电大在线学习前100名统计中，顺义学员占76%，发帖学员前100名该校占46%。三是教学成效显著，128名学生获得市级奖学金，12名学生获学士学位，全校毕业率82%，超过全市平均水平。

（张静）

【社区教育中心推进职业教育改革】 至12月，顺义区社区教育中心积极推进职业教育改革。一是加大技能型教师培养力度。实施技能型教师培训工程，全年安排18名教师进修职业资格证书，3名教师参加国家级培训，23名教师到企业参加实践。二是为企业培训高级技能人才。利用专业设施和师资优势，开展企业高技能人才培训，为北京现代等企业培养维修电工技师15人，维修电工高级工22人，数控加工高级操作工15人。三是积极参加职业技能比赛。在校内比赛选拔基础上，选派13名学生参加2011年北京市中等职业学校技能比赛暨全国职业技能大赛预选赛钳工、普通车工、物流三个项目的比赛，共有10人获奖。

（拜晓勇）

【3项措施服务新农村建设】 至12月，顺义区3项措施服务新农村建设。一是创建学习型镇村。聘请专家讲座，深入创建单位指导创建工作，选择2个镇争创市级学习型乡镇；指导各镇村开展学习型村庄创建工作。二是培训拆迁村民。依托“兴农讲堂”举办免费大讲堂，为6000名农村劳动力提供职业指导、文明礼仪、计算机文字录入员、收银员等引导性和技能性培训。三是提升劳动力再就业本领。开设包括园林花卉、财务会计、计算机等10个专业在内的“学历+技能”中专班。

（徐振阳）

【实施拆迁失地农民再就业培训工程】 至12月，顺义区教委实施“拆迁失地农民再就业技能培训”工程，培训6000人。该区发挥区内职业学校专业设备和师资优势，面向拆迁失地农民开展计算机操作员、会计从业资格证书培训，实施中高级钳工、中高级维修电工、中级汽车维修工等7个工种的专业技能培训。至年底，1842人考取相应职业资格证书，97%以上学员被推荐就业。

（徐振阳）

教育督导

【概　况】 2011年，顺义区教育督导室发挥“监督、检查、评估、指导”职能，围绕区域教育核心工作，完善“以服务为宗旨，督导为手段，促进学校发展为目的”的督导工作机制，加强队伍建设，开展督政、督学活动，开创教育督导工作新局面。全年重点工作包括督政、督学、调研与科研、宣传工作4项。年内获得北京市教育评价与督导课题研究优秀组织奖，《发挥教育督导助推功能，促进义务教育均衡发展的研究》和《运用发展性评价策略，推进初中建设内涵发展的研究》分获课题研究一、二等奖，获奖篇数及获奖率均居全市各区县前列。

（王跃文）

【完成教学设备使用情况专项督导】 3月3至4日，顺义区教育督导室完成学校教学仪器设备使用情况专项督导。该项工作在调研基础上，实地考察仪器设备使用情况，现场研究解决

存在问题，达到“一清楚三明确”目的。即：相关领导进一步清楚学校现有仪器设备情况，学校进一步明确相关文件要求、明确条件标准、明确仪器设备的用途和用法。

（王跃文）

【教育督导科研成绩显著】 3月11日，北京市教育评价与督导研究会“十一五”课题研究总结暨“十二五”课题指南发布会召开。会上，顺义区教育督导室“发挥教育督导助推功能，促进义务教育均衡发展的研究”课题获得一等奖，此外，顺义区两项课题获得二等奖，3项课题获得三等奖获，获奖篇数及获奖率均居全市各区县前列。全市申报课题130项，其中获一等奖4个。

（王跃文）

【召开教育评价与督导科研工作会】 3月15日，顺义区教育督导室召开教育评价与督导科研工作会。会议研讨全区“十二五”教育评价与督导科研课题管理办法，通报教育督导科研成果总结表彰和宣传交流政策，部署“十二五”拟申报课题的数量、题目、负责人等事宜。会议强调教育督导科研工作要注重创新性、实用性，要优化研究内容、创新研究方式、整合科研手段，坚持以科研为先导，走科研兴督之路。区教育督导室专兼职督学30余人参加会议。

（王跃文）

【召开教育督导工作会】 4月1日，顺义区教育督导室召开教育督导工作会。会议总结教育督导室上年度工作。一是督政力度不断加大，为全面实施素质教育起到保驾护航的作用；二是督学工作进一步规范，推进区域内各级各类教育健康持续发展；三是研究意识和水平不断提高，增强教育督导实效性；四是信息宣传工作不断加强，教育督导影响力得到提升。会议部署2011年主要工作和具体措施、方法，就即将开展的小学规范化建设第三批督导验收工作进行详细部署。全体专兼职督学、特约督导员40人参加会议。

（王跃文）

【接受市级小学规范化建设专项督导】 4月25至26日，顺义区接受市教育督导室小学规范化建设专项督导。督

导检查组听取区教委和区教育督导室关于小学规范化建设（2008至2010年）工程实施情况汇报，召开学校管理、硬件达标和经费保障、队伍建设、教育教学4个座谈会，实地考察4所学校小学规范化建设情况。检查组认为，自2008年启动小学规范化建设以来，顺义区以科学发展观为指导，围绕加快推进均衡发展和全面实施素质教育两大主题，坚持“立足均衡、提升质量、凸显特色”内涵发展宗旨，通过加快学校布局调整、实施办学条件达标、加强队伍建设、深化教学改革、发展学校特色等途径，不断推进小学规范化建设工程，全面提升全区小学办学品质。督导检查组认为，顺义区小学规范化建设成果显著，学校特色初具规模，涌现出一批办有特色学校。

（王跃文）

【完成小学规范化建设督导验收】 4

至11月，顺义区教育督导室完成24所小学规范化建设督导验收。评估验收主要内容包括软件和硬件建设情况等。评估验收过程中，督导人员听取校长关于小学规范化建设工作思路、措施、实施效果等情况汇报；听课187节；组织家长问卷2300份，教师问卷956份，学生问卷720份；访谈校长、中层干部75人，访谈教师75人，召开学生座谈会240人次，召开家长座谈会340人次。评估验收组认真分析汇总，充分挖掘学校小学规范化建设工程成绩，针对学校发展中的主要问题提出改进意见。自2008年，顺义区先后完成四批小学规范化建设督导验收，累计验收学校38所。

（王跃文）

【实施开放式效能性幼儿园督导】 9

月29至30日，顺义区教育督导室开展开放式效能性幼儿园督导活动。该活动的开放系统包括督导对象开放、督导人员开放、督导现场开放、督导标准开放、督导过程开放。效能性是指诊断学校出现的问题并选择合适的应对策略。现场督导中，专兼职督学按照素质教育评估方案开展督导评价，相关专家针对幼儿园提出的问题现场提出解决办法和措施。在现场督导基础上，区教育督导室将进一步跟踪评价，促使幼儿园在专家指导下有效改进，并将整改效果纳入园长年度考评范畴。来自北京教育学院、北京教科院等专家和区教育督导室专兼职督学参加督导活动，顺义区36所幼儿园代表近百人观摩活动。

（王跃文）

【完成学校体育卫生专项督导】 10月

31日至11月4日，顺义区教育督导室完成顺义八中等20所学校体育卫生工作专项督导。督导主要内容包括学校体育卫生工作组织机构建立情况，体育卫生工作制度制定及执行情况，学生每天一小时体育活动开展情况等。督导组通过听取校长关于学校体育卫生工作开展情况的汇报，分组

查看体育教师教案、任课表、活动记录等档案资料，随机抽取30名学生问卷调查，查看两操、学生课外活动情况，全面了解全区各校体育、卫生工作。督导组对发现问题印发整改意见书，并完成督导报告。

（王跃文）

【完成学校实验教学专项督导】 10月31日至11月4日，顺义区教育督导室完成顺义区第五中学等20所学校实验教学工作专项督导。督导主要内容包括学校实验教学工作制度及执行情况，按国家课程设置标准开足实验课时情况，学校实验教师队伍建设情况等。督导组通过听取学校汇报，查看实验教学档案资料，问卷调查等方式全面了解全区各校实验教学工作。督导组对督导中发现的问题印发整改意见书，并完成督导报告。

（王跃文）

【开展高中教师队伍调研式督导】 11月1日，顺义区教育督导室对顺义区第一中学、顺义区第九中学干部教师队伍建设情况开展专项督导调研。督导组对照《顺义区高中教师队伍建设评价指标体系（试行）》，通过听取校长汇报、查看相关资料、听课、教师问卷、与干部教师座谈等形式深入了解两校的教师队伍建设工作，系统掌握该区高中教师队伍建设的成绩和不足。在调研基础上，督导室对《顺义区高中教师队伍建设评价指标体系（试行）》提出修改意见。

（王跃文）

【完成25个镇街道综合督导】 11月22至30日，顺义区教育督导室完成全区19个镇政府和6个街道办事处2011年依法履行教育职责、全面实施素质教育工作综合督导。督导重点是贯彻落实国家、北京市中长期教育改革与发展规划纲要，把教育事业摆在优先发展的战略地位情况，教育管理机制的建立和运行情况，为辖区内教育单位办实事情况，综合治理学校周边环境和维护校园安全稳定情况，社区教育基地建设及社区教育（含青少年校外教育）开展情况。督导组听取各镇、街道支持教育工作汇报，查阅自查报告、教育预算外投入情况统计表、适龄儿童入园情况统计表、农村劳动力转移培训完成情况统计表，通过网络完成108名校（园）长问卷调查，实地进班抽查完成580名学生问卷调查。结果显示，2011年全区各镇政府、街道办事处高度重视教育工作，围绕“打造教育强区，实现全区教育发展一体化、均衡化和现代化”教育发展总目标开展工作。

（王跃文）

【召开科研课题开题报告会】 12月22日，顺义区教育督导室区召开“十二五”科研课题开题报告会。会议听取

“中小学督导评价网络平台建设与应用的研究”、“构建校外教育督导机制，促进青少年健康成长的研究”两项课题开题报告。来自北京教科院、市教育督导与评价研究会等单位的专家认为两项课题选题精、目标明、方法得当、安排有序，同意课题开题。两课题是顺义教育督导室“十二五”在北京市教育学会教育评价与督导研究会立项课题。

（王跃文）

中共顺义区委教育工委

书　　记　冯义国

顺义区教育委员会

主　　任　冯义国

顺义区政府教育督导室

主　　任　姜华阳

昌　平　区

总　类

【总结表彰民办教育先进】 2月24日，昌平区教委召开2010年度民办教育系统总结表彰会暨新东方外国语学校现场会。会议作2010年度民办教育工作报告，回顾“十一五”期间昌平区民办教育工作，总结昌平区民办教育事业成绩，展望“十二五”时期昌

平区民办教育事业面临的新机遇、新挑战、新使命。会议表彰2010年度民办教育系统先进工作者40人，民办教育系统优秀教师110人，优秀协调办主任17人，民办教育系统优秀管理干部23人。新东方教育集团董事长俞敏洪介绍办学经验。全区教育协调办主任，以及164所民办教育机构负责人210人参加会议。

（张威）

【召开交通安全总结表彰会】 3月15

日，昌平区教委与昌平交通支队联合召开“中小学生‘平安之路’幼儿‘红绿灯杯’交通安全教育活动第十

届总结表彰、第11届工作部署暨文明交通行动启动大会”。会议提出，加强交通安全组织领导，完善各项管理制度；落实文明交通行动，提高师生文明交通素质；做好学生交通安全教育工作；强化校车安全管理，严控违法行为；做好拆迁地区学校的交通安全工作。会议表彰62个先进单位、134名先进个人、130个先进班集体。先进单位代表和学生代表分别作典型发言。会议要求各单位根据全市部署扎实开展文明交通行动。全区中小学、幼儿园主管领导和学生代表750人参加会议。

（刘志军）

【召开学校史志工作现场会】　10月25日，昌平区教委在西贯市回民小学召开昌平区学校（小学）史志工作现场会。会上，昌盛园小学汇报该校史志工作情况和该校教育年鉴编纂出版情况，重点介绍学校编辑出版学校年鉴工作流程、经验等；城北中心小学以《传承历史继往开来》为题介绍学校史志工作及2011卷该校年鉴编辑工作情况；西贯市回民小学以《以史为鉴凝聚人心促学校发展》为题介绍学校基本情况、校庆、史志等项工作；区教育志办公室以《记录历史、传承文化、服务大局》为题对学校史志工作提出要求。会后，全体与会人员参观西贯市回民小学校史展。各小学主管史志工作的领导、区教育年鉴组稿人50人参加会议。

（韩玉霞）

【“十一五”重大课题结题】　10月29

日，北京市教育科学“十一五”规划重大课题“新农村建设背景下区域可持续发展教育综合实践与推进策略的研究”结题鉴定会在昌平区前锋学校召开。陶西平、线联平、时龙等领导和专家参加课题研究成果鉴定。专家组听取课题研究汇报和答辩。经过合议，鉴定专家组认为课题通过创建“统筹协调、层层联动、全员参与”课题研究模式，围绕教育体制机制改革、教育教学质量提高、教育人才培养、教育资源配置、学习型城区建设和教育发展评价进行系列改革和实践，探索出促进区域教育可持续发展的政府统筹规划、教委主导推进、学校特色发展和社会参与合作四个实践推进策略，实现义务教育与非义务教育协调发展、普通教育与职业教育相互融通、职前教育与职后教育彼此衔接，使昌平的传统国民教育体系不断健全和优化，形成较为完善的终身教育体系，初步建立起终身学习服务体系，基本形成学习型社会。专家组会商一致同意课题结题，鉴定综合等级为“优”。市、区相关领导，各区县教委和昌平区中小学代表300人参加结题会。“新农村建设背景下区域可持续发展教育综合实践与推进策略的研究”2006年立项，主持单位昌平区教委，2007年被认定为北京市教育科学“十一五”规划重大课题。

（奚燕）

【完成中小学校校舍安全工程】　10月30日，昌平区中小学校抗震加固工程全部竣工。自6月5日，完成大东流中学、七里渠中心小学、马池口中心小学等31所学校平房加固工程，总建筑面积41562平方米，投入资金1.2亿元；完成昌平一中、昌平二中、天通苑小学等17所学校楼房加固，总建筑面积98444平方米，总投资1.9亿元。改造方式均为整体加固。

（辛颖）

【召开特色品牌学校教学展示交流会】

12月16至17日，中国教师报、中国关心下一代教育研究院、昌平区教委联合在回龙观中学召开“中国特色品牌学校共同体教学展示交流研讨会”。会上，回龙观镇政府和昌平区教委分别总结和展望回龙观镇和昌平区教育现状与发展前景，并为中国特色品牌学校共同体区域示范基地授牌。会议听取有关专家《教育与人生》、《随笔化写作理论与实践研究》、《关于教学目标》等专题报告。回龙观中学5名教师分别进行语文、数学、英语、作文、化学学科现场教学展示，来自北京、辽宁、江苏、天津、河北、山东的教师进行同课异构展示，与会专家分科进行点评。来自全国20个省市及北京市10个区县600多名教师参加会议。

（樊勇）

【与大兴区交流年鉴工作经验】　12月

19日，大兴、昌平教育年鉴工作交流研讨会在昌平区召开。会上，大兴区教师进修学校、昌平区教育志办公室就编辑、出版年鉴相关事宜进行交流研讨。大兴区代表交流2012卷教育年鉴工作准备情况，昌平区代表报告昌平教育史志工作现状，并具体讲解《昌平教育年鉴》编纂流程、框架设定、撰稿人队伍建设等组稿、编辑、培训工作规范。大兴、昌平代表12人参加会议。

（唐明）

【举办珠心算比赛】　12月27日，昌平区举办2011年度珠心算比赛。比赛由昌平区教委、区珠算协会、区教师进修学校联合举办。全区参与珠心算实验的14所学校和5所幼儿园在初赛基础上推荐学生165人参加决赛。比赛分幼儿园组、小学一年级组、小学三年级组；比赛内容是：小学一年级组和幼儿园组为5分钟加减算，小学三年级组为5分钟加减算和5分钟乘算。最终，幼儿园组评出特等奖1人、一等奖7人、二等奖9人；一年级组评出一等奖12人、二等奖14人、三等奖23人；三年级组评出一等奖18人、二等奖26人、三等奖

38 人。

（高春杰）

【召开教育史志工作会议】 12月27

日，昌平区教委召开 2011 年教育史志工作会议。会议作 2011 年昌平区教育史志工作总结报告。报告从二轮修志工作取得阶段性成果、圆满完成 2011 卷《昌平教育年鉴》和四期《昌平教育史志专刊》编辑任务、继续加强基层学校史志工作三个方面进行总结，并提出 2012 年昌平教育史志工作思路及征稿要求。会议表彰昌平区教育史志工作先进集体 20 个、先进个人 30 人和优秀条目（摄像、录像）作者 100 人的决定，并向先进集体及先进个人颁奖。会议要求各单位继续加强领导，确保志鉴工作任务完成。区教委各科室、教委直属单位、全区中小学、幼儿园、部分民办单位史志工作主管领导及志鉴组稿人 200 人参加会议。

（韩玉霞）

学前教育

【概　况】 2011 年，昌平区幼儿园 85 所，教学班 702 个。离园幼儿 3668 人，入园幼儿 5265 人，在园幼儿 17285 人。教职工 2516 人，其中，专任教师 1313 人。学前三年教育基本普及，0～3 岁幼儿受教育率不断提高，北京市示范性幼儿园 3 所，北京市一级一类幼儿园 14 所、一级二类幼儿园 2 所、二级二类幼儿园 8 所，北京市社区早期教育基地 10 所。

（谷长志）

【启动新一轮“手拉手”工作】 1 月 21 日，昌平区教委召开幼儿园“手拉手”工作总结表彰暨第二批幼儿园“手拉手”启动大会。会上表彰第一轮“手拉手”工作先进单位。会议指出，过去五年，各园所“手拉手”工作通过送教下乡、挂职锻炼、听课评课等多种形式，本着优势互补、资源共享、互助互利”的原则所取得丰富经验和成绩。会议宣布第二轮“手拉手”幼儿园名单。区教委领导和全区幼儿园园长 90 人参加会议。

（董双鸿）

【举办学前教育系列宣传活动】 2 月 24 日，昌平区教委召开“昌平区学前教育系列宣传活动”启动会。会议明确宣传活动的目的、意义、内容以及宣传的渠道。会议指出，学前教育系列宣传活动旨在讲解学前教育法律法规，宣传昌平区各级各类幼儿园的特色及成绩。区教委领导和 8 所幼儿园园长参加会议。

（董双鸿）

【举办幼儿园干部计划管理培训】 2

月 28 日，昌平区教委举办幼儿园领导干部计划管理培训。活动邀请市级类验收组成员以《管理必须有效》为题，从验收现况中存在的问题、幼儿园管理过程中所需要的文字材料两个方面，剖析各类幼儿园参加级类验收过程存在的问题。并针对北京市级类验收标准，结合幼儿园规划、教学案例给予讲解和指导。昌平区幼儿园园长、业务园长、保教主任领导干部 140 人参加学习。

（朱颖杰）

【市政府调研学前教育工作】 3 月 24 日，市政府研究室到昌平区调研学前教育工作。昌平区教委代表区政府汇报全区学前教育发展总体情况，详细说明 2006 至 2010 年学前教育经费投放、每年入园儿童数量、幼教师资情况，以及未来五年加快学前教育发展的主要目标和举措。市政府研究室领导对昌平区促进学前教育工作所做的努力给予充分肯定，就供需矛盾、师资来源、教师职称、资金投入等问题与区教委沟通、交流，针对“入园难”问题提出意见和建议。区教委领导和相关科室代表陪同调研。

（董双鸿）

【举办教师发展规划撰写专题讲座】 4 月 29 日，昌平区教委举办幼儿园教师“十二五”个人发展规划设计与撰写专题讲座。讲座以《走向成功从职业规划开始——经营好自己的明天》为题，从“为什么要进行职业生涯设计、成功教师职业发展必须具备因素、教师职业生涯和珍惜积极影响克服不利影响”四个方面，分析教师职业生涯主要问题，并针对问题从国家社会、集体组织、个人心理方面研讨解决方法。全区幼儿教育骨干教师、学科带头人 115 人参加培训。

（朱颖杰）

【“童真元土”实践基地揭牌】 5月12

日，昌平工业幼儿园“童真元土”教育实践基地揭牌。“童真元土”教育实践基地设在昌平职业教育文化园，占地面积 3 万平方米，主要用于各种植物的种植实践。基地与昌平职业技术学校联合设立，昌平职业技术学校主要负责提供幼儿实践场地。在揭牌仪式上，工业幼儿园展示“大手拉小手”种植活动，“美丽的花”绘画活动，“我爱劳动”黄豆种植活动，“我是能干的小花匠”无土栽培活动，“我眼中生命”观赏活动。区教委领导和工业幼儿园、昌平职业技术学校代表共 236 人参加活动。

（蒯丽媛　袁媛）

【滨河幼儿园成立】 6月2日，北京市昌平区滨河幼儿园成立。该园坐落在昌崔路 198 号院，占地面积 4400 平方米，建筑面积 3500 平方米。2010 年 9 月开工，2011 年 9 月竣工并交付使用，总投入 480 万元。滨河幼儿园为昌平区教委所属、区财政全额拨款

事业单位，教职员工40人，其中园长1人，副园长3人，专任教师24人。专任教师中，大专以上学历24人。幼儿园办园规模12个班。

（金岚）

【两园通过一级一类园验收】 6月9日、11月25日，回龙观镇中心幼儿园、红黄蓝幼儿园通过北京市一级一类园验收。验收组由市教委、北京教科院以及北京市妇幼保健院领导和专家组成，通过听取园长汇报、观看半日活动、查阅档案材料等形式，从管理、办园方向、保教工作以及卫生保健等方面对两所幼儿园进行全面检查。验收组在肯定园所工作的同时，对幼儿园的发展寄予希望。至此，昌平区一级一类幼儿园达到14所。

（董双鸿）

【召开"十一五"继续教育总结会】 6月13日，昌平区教委召开幼儿园"十一五"继续教育工作总结会。会议从必修课程、选修课程以及园本培训三方面总结"十一五"工作，对继续教育工作提出新要求。一是园所要给教师参加继续教育学习提供机会。二是培训过程中教师要认真学习和记录。三是园所继续教育负责人要认真负责，严把考勤关。四是园所继续教育负责人要配合区里做好各园教师培训的相关管理和协调工作，完成好上传下达任务。全区18所幼儿园继续教育管理干部18人参加会议。

（王颖）

【举办暑期教师培训班】 7月4至14日，8月18至24日，昌平区教委举办新任教师、新任业务园长、新任园长、农村教师培训班。培训班重点是帮助教师树立科学的儿童观、教育观及责任感，促进教师自身专业知识的提高，拓宽教学经验和管理经验。同时提升教师的专业能力、教科研能力及业务干部的管理水平。全区幼儿教师400人参加培训。

（董双鸿）

【召开民办园园长工作会】 9月16日，

昌平区教委召开2011至2012学年度民办幼儿园园长工作会。会上，区教委通报近期全国发生的校车事故情况，对民办幼儿园校车管理、校车安全、校车标准进行培训并提出要求。会议还总结上一学年度民办幼儿园信访工作，对全年没有信访投诉的幼儿园给予肯定，对信访中主要集中的问题进行反馈，并从政策的层面进行指导。会议强调，各民办幼儿园在全市入园紧张的压力下，应服从教委及相关部门的统一领导，做好招生工作。尤其是使用教育配套设施举办的幼儿园，要优先满足小区业主子女入园要求。各幼儿园要做好收费工作，不要擅自涨价。要强化学校各项安全管理工作，把安全管理放在重中之重的位置。32所幼儿园园长参加会议。

（王蓉）

【举办区域活动设计与指导系列讲座】 9月28日、11月9日、12月13日，昌平区教委举办幼儿园区域活动设计与指导系列讲座。讲座涉及区域活动设计、区域环境创设与材料投放、区域活动指导等内容，重点结合教育实践具体案例，阐述区域活动指导一般性原则和指导策略。全区区级骨干教师23人参加活动。

（王玉华）

【召开学前教育现场会】 11月4日，昌

平区教委召开"推进幼儿园体制改革 提高学前教育质量"现场会。与会教师参观马池口镇中心幼儿园及分园环境，观摩集体教育和户外活动，听取幼儿园和马池口镇政府学前教育工作汇报。会议就该园建园两年来取得的成绩给予肯定，就当前学前教育发展前景同与会教师进行交流；要求全区各幼儿园要抓住机遇，全面实施素质教育，不断提高全区学前教育水平。全区各级各类幼儿园园长及保教干部152人参加会议。

（董双鸿）

【举办青年教师课堂教学评优活动】 11月22至25日，昌平区教委举办青年教师课堂教学评优活动。全区31所幼儿园工作6年以内的82名教师参加评比。评委由区教研员及部分园所业务园长承担。评委通过查看教案、现场听课、课后查看教师活动反思，评价青年教师教学设计能力、课堂教学组织能力、教学反思能力。共评出一等奖15人、二等奖34人、三等奖33人。

（尚南）

【增加幼儿园学位】 至12月，昌平区教委采取多项措施增加幼儿园学位。通过加快小区配套幼儿园建设、加快镇中心园建设、学校办附属幼儿园、改扩建增加学位、示范园办分部、利用幼儿园现有资源扩班6个渠道扩大学前教育资源，增加学位，缓解入园难。区教委积极向市教委争取专项经费7000万元，用于幼儿园新建、改扩建工程。整合园内资源改扩建机关幼儿园、教工幼儿园、兴寿镇中心幼儿园、95820部队幼儿园、防化学院幼儿园、农学院幼儿园。将阳坊中心小学、上苑中心小学、桃洼学校、下庄学校、黑山寨学校5所学校布局调整后富余教室改造成附属幼儿园，与中小学抗震加固工程同步进行并顺利招生。将南新村小学、马池口中学改造成十三陵镇中心幼儿园分园、马池口镇中心幼儿园分园。63960部队幼儿园、王府幼儿园、中馥慧幼儿园等26所幼儿园挖掘潜力扩班招生。新接收1所小区配套幼儿园滨河幼儿园，建筑面积3606平方米，招生3个班，55名幼儿园。此外，通过租赁举办教工幼儿园分部。

通过以上 6 项措施完成增加学位 2500 个以上的目标。

（董双鸿）

基础教育

【概　况】　2011 年，昌平区小学 85 所（公办 84 所、民办 1 所）；毕业 5245 人，招生 6882 人，在校生 36480 人（本市户籍 18017 人）。教职工 2856 人，其中，专任教师 2462 人；小学入学率 100%，巩固率 100%，毕业率 100%。中学 43 所（公办 37 所、民办 6 所，初中 18 所、完全中学 9 所、高中 1 所、一贯制学校 15 所）；毕业 6897 人（初中 4640 人、高中 2257 人），招生 7577 人（初中 4451 人、高中 3126 人），在校生 22008 人（初中 13575 人、高中 8433 人），在校生中本市户籍 15091 人（初中 8760 人、高中 6331 人）；初中入学率 100%，巩固率 100%，毕业及格率 100%，应届毕业生高考录取率 92%；教职工 4284 人，其中，专任教师 3255 人。特殊教育学校 2 所（公办 1 所、民办 1 所），结业 18 人，招生 13 人，在校生 88 人，开设教学班 15 个；教职工 53 人（专任教师 28 人）。校外教育单位 2 个，教职工 55 人（专任教师 43 人）。全区中小学教师学历合格率 100%，特级教师 11 人（小学 3 人、中学 8 人），高级专业技术职务教师 781 人（小学 35 人、中学 746 人）。中小学总占地面积 252.59 万平方米，建筑总面积 94.57 万平方米，图书馆藏书 231.64 万册，固定资产总值 10.99 亿元。全年教育经费投入 16.26 亿元，其中，国家拨款 15.30 亿元，自筹经费 0.96 亿元。

（樊勇）

【举办首届中小学生英语大奖赛】　1 至 5 月，昌平区教委举办首届“佳域杯”中小学生英语大奖赛。大赛的主题为“展现·联想·超越”。比赛按年级分为五个组别，分初赛、复赛两阶段。初赛包括口试、笔试两部分，由各中小学根据组委会提供材料组织比赛，并按参赛人数的3%选报学生参加复赛。经初赛，全区中小学生1400

人参加复赛。复赛由演讲和互动问答两部分组成，以国家新课程标准为蓝本，突出基本技能的延伸。最终，评选出一等奖 50 人，二等奖 100 人，三等奖 202 人。

（郑金霞）

【成立长陵学校】　2 月 19 日，昌平区长陵中心小学、昌平区长陵中学合并为昌平区长陵学校。学校占地面积 35324 平方米、建筑面积 19708 平方米，普通教室 26 个、专用教室 9 个、实验室 10 个。合并后的长陵学校设小学、初中 9 个年级 26 个教学班，其中，小学 18 个班，初中 8 个班，在校生 629 人，教职工 128 人，是一所九年一贯制学校。

（聂存德）

【成立“模拟联合国”社团】　3 月，昌

平五中成立“模拟联合国”社团。通过笔试、口试、组织协调、表达能力测试，最后有 15 名学生成为该社团成员。“模拟联合国”简称 MUN 是模仿联合国及相关的国际机构，围绕国际上的热点问题召开的会议。学生们扮演不同国家的外交官，作为各国代表，参与到“联合国会议”当中，在“联合国”的舞台上，充分发挥自己的才能。

（王辉）

【开展学生评价教师活动】　3 月，回龙观中学面向全校学生征集、调查学生心目中好教师的评价标准。第一轮以学生自由评议的方式进行，征集范围涉及三个年级 23 个班的 786 名学生。统计结果表明，学生心目中好教师的评价内容涉及师德行为规范、课堂教学艺术、师生交流沟通等 49 项共计 3049 条。经整理归纳，汇总排序，将位于前 15 位意见作为第二轮调查的依据，制作成调查问卷对全校学生再次调查。第二轮调查共回收问卷 751 份。经过票选汇总，不打骂、讽刺、挖苦学生，有幽默感，能够活跃课堂气氛等 10 条作为回龙观中学“好教师”学生评议标准的主要内容。标准将作为每学期学校对教师进行综合考评内容的一部分，并与教师绩效、推优、晋级等挂钩。

（刘瑞娴）

【举办随班就读评优课活动】　4 月 7 至 20 日，昌平区教委举办随班就读评优课活动。有随班就读生的各中小学共申报 42 节课，涉及数学、语文、英语、物理、政治、品德与社会 6 个学科。依据《昌平区随班就读课堂教学评价标准》，评出一等奖 13 节、二等奖 13 节、三等奖 16 节。

（奚燕）

【举办德育系列活动】　5月6日，昌平

区教委在长陵学校举办德育系列活动。活动主题为“全员德育，自主管理，快乐成长”。第一阶段听课，全校 28 个教学班全部开放，与会人员可以听任何一节课。第二阶段召开全体人员大会，听取该校《全员德育，自主管理，快乐成长》报告，重点介绍“学管会自主管理、包班组全员德育”德育管理模式。班主任代表作典型发言。会上，区教委领导肯定长陵学校取得显著成绩，并提出希望。全区中小学主管德育副校长、德育主任、教师代表 152 人参加活动。

（马永珍）

【举办首届多媒体课件制作大赛】　5 月 10 至 20 日，昌平区教委举办首届中小学教师多媒体课件制作大赛。活动征集中小学教师多媒体课件143件。由信息技术专家、教研员和一线教师联合组成的评审委员会，按照首届北京市中小学教师多媒体课件制作大赛评分标准，从教学内容、教学设计、技术性、艺术性以及创新性等方面进行评审。评出一等奖10个、二等奖29个、三等奖45个，其中，10个一等奖课件将参加“首届北京市中小学教师多媒体课件制作大赛”。

（张庚）

【桃洼学校出版校本课程教材】 5月，桃洼学校出版校本课程教材《腰鼓操》和《民间工艺手工制作》。两册教材主编王海峰，均为40页，彩色印刷，共印制900册。其中，桃洼学校中心校以腰鼓操为特色编写《腰鼓操》，檀峪小学以葫芦雕为特色编写《民间工艺手工制作》。

（谷士山）

【总结吴正宪工作站工作】 7月6日，

吴正宪小学数学教师工作站昌平园成立三周年总结大会在昌平区教师进修学校召开。会议以“借势发展，历练团队，让更多的教师成长起来”为主题，交流数学教师培养经验。会上，播放工作站昌平园活动专题片《借势做事做成事》，以《借势发展，历练团队，让更多的教师成长起来》为题总结工作站昌平园工作，吴正宪与工作站教师代表现场交流互动，回顾研修场景、交流研修感受。会议宣布工作站优秀教师名单，并颁发证书。会议认为，昌平园“自下而上、自上而下”研修模式形成特色。市教委、北京教育学院、北京教科院、北京教育学会领导，大兴、通州等8个区县教委领导，吴正宪工作站分站成员，昌平区骨干教师270人参加活动。

（高春杰）

【中招录取3026人】 7月，昌平区中考考生3038人，经过提前招生录取、招优录取、统一招生录取和后期补充录取，共录取考生3026人，升学率99.18%。其中普高2053人（示范高中852人，一般高中1201人），占录取总数67.9%；中专499人，占录取总数16.5%；技校87人，占录取总数2.9%；职高209人，占录取总数6.91%；高职151人，占录取总数4.99%。未录取12人，其中10人为复读生，2人出国留学。

（张宏）

【举办暑期小学教学论坛】 8月24至25日，昌平区教委举办小学教学工作论坛。会上，教研员分析各学科质量监控数据，学校代表围绕提高课堂效率、建设学校特色、科学评价学校教育质量3个议题进行研讨。与会人员剖析存在的问题，并提出建设性意见。全区部分学校校长和教学干部80人参加会议。

（郑金霞）

【上苑学校新建工程竣工】 8月26日，

昌平区上苑学校新建工程竣工。工程占地面积41053平方米，建筑面积12820平方米，使用面积9639平方米，共投入资金5600万元。新建小学教学楼、中学教学楼、办公楼、宿舍楼、食堂、300米跑道塑胶操场。其中，中学教学楼设普通教室12个，专业教室9个；小学教学楼设普通教室12个，专业教室9个。工程2008年12月开工。

（辛颖）

【开展校车专项整治】 9月1日6：00至8：00，昌平区教委和昌平交通支队联合开展校车专项整治活动。区教委组织20人，昌平交通支队派出交警20人，分20个检查组，部署在有校车学校（幼儿园）周边，对全区校车路面行驶等安全状况进行检查。共检查已批民办学校（园）21所，发现5所流动子女学校的7辆校车超员，2辆校车灭火器过期。检查人员对违法超员等问题进行现场纠正，并根据《道路交通安全法》对相应驾驶人进行处罚。

（刘志军）

【撤销阳坊中心八口小学】 9月，昌平区教委决定撤销阳坊中心小学八口小学。该小学是一所不完全小学，近年来生源日渐减少，2010年只有四年级、六年级两个班，2011年6月六年级学生毕业后只剩下四年级21人。经昌平区教委、阳坊镇政府研究决定撤销阳坊中心八口小学。撤销后，原八口小学教师5人、学生23人合并到中心校，八口小学改建为阳坊中心小学附属幼儿园。

（胡亚丽）

【召开“干部引领教师专业成长”现场会】 11月10日，昌平区“发挥干

部引领作用，促进教师专业成长”现场会在巩华中心小学召开。会议观看该校宣传片《求索》，参观学校校本课程资源，观摩13节展示课。课后，上课教师说课，区教研员进行点评。会议听取该校《营造绿色职场生态，提高中层领导执行力》主题发言，从“营造清醒的职场生态、营造自立的职场生态、提高中层干部的执行力”三方面汇报有效发挥干部示范引领作用经验。会议认为，干部要投入到教学一线实践才能对教学有发言权，才能指导教师，才能对学校校本课程建设提出意见。北京教科院、区教委领导，以及全区各小学校长、教学干部200人参加活动。

（孙元伟）

【评选中小学优秀校园门户网站】 11至12月，昌平区教委开展中小学校园门户网站建设工作阶段性总结暨优秀校园门户网站评选工作。活动要求各校总结网站建设过程、建设成果、建设覆盖率、达标率、建设特

色、实施效果、突破性成绩、经验总结、工作展望方面情况。全区31所中小学校全面总结校园门户网站工作，并申请参加优秀网站评比。按照网站内容、网站设计、网站技术及应用等四大项一级指标、6项二级指标、27项三级指标逐项打分，最终评选出昌平一中、城北中心小学等8所学校为昌平区校园门户优秀网站。

（陈姗姗）

【举办教师基本功比赛】　12月7至8日，昌平区教委举办“昌平区教师基本功比赛——古诗诵、写、讲活动”。全区45所学校在初赛的基础上推选68名教师参加区级决赛。区级决赛展示三项内容：统一默写指定古诗，展示硬笔书法水平；从1至12册教材中抽签诵读古诗，展示诵读水平；按照低、中、高三个学段，从给定的三首古诗中选取一首进行15分钟微格教学，展示古诗教学水平。最终，评委根据教师综合表现，评出比赛一等奖14人、二等奖20人、三等奖34人。

（高春杰）

【啦啦操获全国第一名】　12月19至

21日，百善学校啦啦操队参加在江苏无锡举行的2011年全国啦啦操联赛总决赛，在小学花球一级项目比赛中获得第一名。比赛由国家体育总局体操运动管理中心、江苏省体育局、无锡市政府共同主办，共设技巧啦啦操及舞蹈啦啦操两个大项，是国内级别最高、水平最高、规模最大的啦啦操比赛。比赛同时承担着组建中国首支啦啦操国家队的选拔任务。百善学校啦啦操队由10名队员组成。

（孙长虎　张立亭）

【完成学生健康体检工作】　至12月，昌平区中小学卫生保健站完成中小学生体检32029人。统计数据表明，昌平区学生贫血患病率、营养不良低体重率、沙眼患病率、龋齿患病率、肠道蠕虫感染率达到国家规定的控制指标。但学生的视力不良率上升，尤其小学生视力不良率上升较快（小学56.81%，初中75.40%，高中82.76%）。学生肥胖问题得到控制（小学15.93%，初中16.71%，高中13.19%）。

（李媛媛）

职业与成人教育

【概　况】　2011年，昌平区职业高中3所（公办1所，民办2所）。毕业1828人，招生1896人，在校生4866人。教职工343人，其中，专任教师257人。专任教师中，高级专业技术职务教师39人，市级学科带头人1人，市级骨干教师2人，区级学科带头人2人，区级骨干教师31人。学校占地面积12万平方米，建筑面积6.65万平方米，使用面积5.32万平方米，图书馆藏书79649册，电子图书10册，订阅杂志233种，报纸42种。固定资产总值8628.12万元。全年教育经费投入5189万元，其中，国家拨款4163万元，自筹经费1026万元。全区成人教育学校5所，开设专业22个，招生1266人、毕业1327人，在校生9048人。开设短期培训班14个，培训3258人。社会化考试项目8个，组织各级各类考试共计11835人。“农民教育大讲堂”培训学员4450人。教职工121人，其中，专业技术人员83人，区级学科带头人2人，区级骨干教师12人。成人教育学校总占地面积1.6万平方米，总建筑面积1.02万平方米，图书室藏书11448册，固定资产总值1332.2万元。全年教育经费投入2274.2万元，其中，国家拨款1324.4万元，自筹经费949.8万元。

（樊勇）

【为失业人员举办绿化工培训班】　2月23日，昌平职业学校为沙河镇失业人员举办绿化工培训班。培训主要内容包括园林树木的基本知识、熟悉园林土壤功能、识别常见园林病虫害等。学校选派经验丰富的专业教师授课，培训共计10天。培训后，学员全部参加北京市职业技能鉴定。沙河镇30名失业人员参加学习。

（姚蕾）

【举办青年教师说课大赛】　5月，昌平

区成教中心举办青年教师说课大赛。活动分说课培训、说课示范、说课比赛、反馈反思四个阶段。该活动是成教中心成立以来规模最大的青年教师才艺展示活动，40岁以下教师43人全员参加。说课内容涉及英语、语文、数学、法律、会计、计算机、管理、经济、金融等课程，涵盖中专、大专、本科层次。

（庞子凌）

【举办“新农杯”知识技能竞赛】　9月23日，昌平区教委举办2011年“新农杯”知识技能竞赛。来自全区15个镇街的45名选手参加比赛。比赛内容为纵横汉字输入和成语接龙。比赛分为老、中、青三组，分别评选出一等奖1人、二等奖2人、三等奖3人。获奖的农民选手将组队参加北京市纵横汉字录入技能大奖赛。

（王颖）

【为农民编写通俗读本】　9月，昌平农广校为农民读者编写《农村里的事——农村知识集萃》读本。该书总结近几年来开展农民培训的经验，搜集整理与农民朋友生产生活密切相关的综合知识，包括农村环境篇、农业技能篇、农民生活篇三部分，共计10万字。该书参加市教委举办的“2011年北京市农村成人教育优秀自编教材（讲义）和多媒体课件评选活动”，获一等奖。

（夏叶）

【首次举办计算机辅助普通话水平测试】　10月23日，昌平区语言文字测试分中心首次使用计算机辅助普通话水平测试。测试共有68人参加，参加测试人员包括教师、学生及社会

人员。测试中，计算机辅助评分系统解决异地评分、异地复审的问题，有效提高测试员的工作效率，减轻测试员工作强度。

（李莉）

【举办迎接草莓大会英语培训班】 10

月31日，昌平职工学校在兴寿镇沙陀村举办迎接世界草莓大会英语培训班。沙陀村村民30多人参加首期学习，学员年龄从30岁到60多岁不等。该培训班用一个半月的时间，完成草莓种植户2000多人的英语培训。此外，该校还举办村民接待礼仪培训，重点教授涉外交往中的禁忌、交际礼节等。

（李莉）

【举办农民教育大讲堂】 至12月，昌平区教委举办农民教育大讲堂完成培训5100人次。农民教育大讲堂培训由昌平职业学校、昌平职工学校、昌平成教中心3所学校具体实施。3所学校根据镇街、村的主导经济状况和拆迁搬迁村村情制定培训项目，培训内容包括计算机基础知识、法律法规、文明礼仪、健康知识、手工艺制作、民俗旅游。年内，昌平区农民培训获得"北京市农民培训优秀项目奖"一等奖1项，二等奖1项，三等奖2项。农民教育大讲堂培训活动连续第四年被列为区政府"为民办实事"项目之一。

（王颖）

教育督导

【概　况】 2011年，昌平区教育督导室坚持以中国特色社会主义理论为指导，加强督政与督学相结合，完善各项教育督导检查工作，全面贯彻党的教育方针，全面推进相关委办局、镇政府、街道办事处以及中小学全面实施素质教育督导评价工作，促进和保障中小学提高教育质量，推进昌平区率先基本实现教育现代化进程。全年督导工作在平稳中逐步推进，完成12所学校小学规范化暨素质教育督评工作，完成11所中学、1所幼儿园全面实施素质教育综合督导。加强对镇街及相关委办局关心支持教育、优先发展教育工作督导力度，评选6个"关心支持教育工作先进镇街"和23名"先进个人"。本年度督导室设主任1人，副主任2人，专职督学4人。

（苏凤兰）

【召开督政工作会】 1月18日，昌平区教育督导室召开年度督政工作会。会议总结全区乡镇街道关心支持教育工作情况，听取17个镇政府、街道办事处教育工作负责人关心支持教育工作情况汇报，并根据工作汇报、自评报告单、档案资料进行评价。会议就乡镇街道政府关心支持教育所做的大量工作给予肯定，要求各单位以此次工作为契机，积累总结工作经验，继续关心支持教育工作。会上，在17个镇政府、街道办事处中评选出6个关心支持教育工作先进单位。区教育督导室领导和17个镇政府、街道办事处代表参加会议。

（苏凤兰）

【召开督导评价工作培训会】 2月22日，昌平区教育督导室和昌平区教委联合召开昌平区民办中小学（职高）年度考核暨督导评价迎检工作培训会。会议重点讲解年度考核暨督导评价工作的实施背景、工作程序、督评方式，同时对学校如何做好督导评价迎检准备工作提出具体要求和建议。会议提出，学校要对督导评价工作高度重视，做好自查自检工作；学校要借督导之机强化学校领导班子的团队建设和部门协助，夯实学校工作。区教育督导室和区教委领导，24所民办中小学代表共60人参加会议。

（张建飞）

【完成民办学历教育学校年检督评】 3月1至18日，昌平区教委和昌平区教育督导室联合组织2个督导评价组，完成全区24所学历教育民办中小学校、职高年度考核与督导评价。督评组通过听取校长工作汇报、听推门课、观看课间操、与教师座谈、查看学校办学条件，全面检查和督导学校依法办学情况、行政管理和干部教师队伍建设情况、德育及教学管理工作、体美健康教育工作、财务管理工作、食堂及校车管理工作、校舍安全、校园安全和学校办学特色。经考评，年度考核合格学校22所，不合格学校2所。这是昌平区教育督导室与区教委首次联合开展的民办学校综合督导检查。

（王蓉　张建飞）

【召开督政工作总结表彰会】 5月19

日，昌平区教育督导室召开2010年度督政工作总结表彰会。会上，区教育督导室总结2010年镇街教育评价工作。会议表彰"关心支持教育工作先进单位"6个，"关心支持教育工作先进个人"23人。这是昌平区教育督导室首次对镇街教育工作进行评价和表彰。会议对各镇街为昌平教育做出的贡献表示感谢，要求各镇街继续加强校园安全整治工作，做好拆迁镇街学校的安置工作，加强名校建设，加快推进镇中心幼儿园的建设进程。全区17个镇街主管教育工作的领导和先进个人参加会议。

（苏凤兰）

【完成7所小学规范化建设督导检查】 10月19至26日，昌平区教育督导室、区教委联合组成督导组完成7所学校全面实施素质教育暨小学规范化建设工程督导检查。督评组通过听取学校工作汇报、查阅档案资料、召开干部座谈会、深入课堂听课、观看课间活动、组织教师家长学生问卷调查，对学校规划制定实施情况、两支队伍建设情况、各项工作管理情况、办学条件和资源利用情况、学校发展绩效进行定性和定量评价。通过检查，督导组认为，7所学校都能够做到办学目标明确，思路清晰；注重两支队伍建设，采取有效措施，提高干部教师业务水平；各项工作管理制度、体系健全，实效性较强；硬件设备管理使用规范。7所学校硬件建设检查结果全部为“达标”，综合督导评价等级全部为发展“成效显著”。

（苏凤兰）

【完成11所中学综合督导检查】 11月15至23日，昌平区教育督导室、区教委联合组成督导组完成11所中学全面实施素质教育工作综合督导检查。督评组通过听取学校工作汇报、观看大课间活动、查看档案资料、召开干部座谈会、个别访谈、听推门课、组织教师学生的问卷调查，对学校实施素质教育工作进行定性和定量评价。通过检查，督导组认为，11所学校都能够做到办学目标明确，思路清晰；注重两支队伍建设，采取有效措施，大力提高队伍业务水平；工作管理体系健全，活动形式多样，实效性较强。督评结果，1所中学综合督导评价等级为发展“成效较好”，其余10所中学综合督导评价等级均为发展“成效显著”。

（苏凤兰）

【接受市政府校外教育督导评价】 12

月7至8日，市教育督导室和专家组督导检查昌平区校外教育工作。督导组听取昌平区政府《共同建设青少年健康成长的快乐课堂》校外教育工作汇报；召开委办局及镇街、教委相关科室、校外教育机构和中小学校长四个座谈会；实地考察昌平区少年宫、昌平实验二小、昌平二中、青春健康教育基地、昌平区科技活动中心、昌平区图书馆6个单位。经检查，督导组认为昌平区校外教育成效显著。

（刘江宇）

【综合督导检查十三陵镇幼儿园】 12月22日，昌平区教育督导室、区教委联合组成督导组，对十三陵镇中心幼儿园进行全面实施素质教育工作综合督导检查。督评组依据《昌平区幼儿园全面实施素质教育督导评价实施细则》，通过听取园长工作汇报，查阅幼儿园软硬件建设情况资料，召开部分干部、教师座谈会，进行教师问卷调查，观看幼儿半日活动，查看园所环境建设，全面检查幼儿园办园情况。督导组认为，十三陵镇中心幼儿园整体工作秩序良好，努力改善办园条件，保教质量不断提高；建议进一步加大队伍建设力度，提高保教质量。园所综合督导评价等级为“成效较好”。

（苏凤兰）

中共昌平区委教育工委

书　　记　隋彦玲

昌平区教育委员会

主　　任　李成旺

昌平区政府教育督导室

主　　任　方炎（10月免）
　　　　　刘淑华（10月任）

大　　兴　　区

总　　类

【举办政风行风建设专题培训】 1月7日，大兴区委教育纪工委召开加强财经管理促进政风行风建设专题培训会。会上，区财政局等单位分别举办“涉会人员的权限与职责”、“行政事业单位资产管理相关制度和要求”、“教育领域职务犯罪与预防”讲座。会议提出，进一步规范财务管理，强化财务内部监控机制；进一步完善建设工程、修缮工程、物资采购招投标制度，严格落实“三重一大”制度，不断加大全程监督工作力度。区委教育工委、区教委有关领导，以及全区教育系统直属单位、幼儿园、成人学校、职业高中代表200人参加会议。

（李永奎）

【教育网出口带宽再度升级】 1月13日，大兴区教育信息网新增的200M出口带宽正式开通使用。至此，大兴区教育网出口带宽增至440M。这是大兴区教育网出口第五次扩容。2000年，大兴区教育网络正式开通运行，网络出口带宽2M，2002年扩容到10M，2004年扩到40M，2007年扩到140M，2009年第四次扩容，带宽扩容到240M。

（李永奎）

【举办中层管理干部岗位培训班】 2月15日，大兴区第一期中层管理干部岗位培训班开班。培训班为期10天，主要内容涉及基础理论课程、岗位拓展提升课程、综合实践课程等，共300学时。区教委直属单位中层管理干部168人参加学习。

（李永奎）

【成立青少年艺术教育研究会】 3月29日，大兴区青少年艺术教育研究会成立大会在少年宫召开。会议宣布研究会理事、常务理事人选，研究会领导分工。会议提出，提高认识，切实增强学校艺术教育的责任感、使命感；明确目标，充分发挥艺术教育研究会的重要作用；加强领导，努力开创艺术教育新局面。会上，市教委领导举办艺术教育专题讲座，报告北京学校艺术教育发展现状、对策、发展路线等内容。市教委、区教委领导和全区中小学代表150人参加会议。

（李永奎）

【完成民办学校年检工作】 3月31日，大兴区教委完成民办中小学、幼儿园年检工作。112所民办学校按时参加年检。其中，55所学校年检合格，6所基本合格，44所存在问题限期整改，7所学校办理变更手续中。4所学校未参加年检，办学许可证到期失效；12所学校未按时参加年检，被暂缓年检。年检工作实行安全工作"一票否决"，如安全检查不合格，视为年检不合格。年检采取实地察看、查阅资料等方式，重点检查民办学校办学条件、教学管理、后勤管理、执行政策和办学效益。年检发现，部分学校存在财务审计不清楚、净资产未达到规定比例、无验资报告等问题。

（李永奎）

【召开"十二五"教师队伍建设大会】 4月27日，大兴区教委召开"十二五"教师队伍建设大会。会议听取《统筹规划求实创新全力推进教师队伍建设》工作总结，表彰"十一五"时期教师队伍建设工作取得突出成绩单位和个人。会议解读《大兴区"十二五"教师队伍建设规划》。"十二五"期间，大兴区将进一步完善教师队伍建设长效机制，优化师资培训体系，形成符合区域教育改革与发展实际的教师培养模式，不断壮大骨干教师队伍，努力塑造一支师德高尚、业务精湛、结构合理、充满活力的高素质教师队伍。区教委、首都师大领导，以及各中小学、幼儿园、职业学校、成人学校代表300人参加会议。

（李永奎）

【召开"十二五"教育科研工作会】 5月25日，大兴区教委召开"十二五"教育科研工作会。会议以专题片形式全面总结"十一五"期间教育科研工作，通报78项教育科研优秀成果，表彰21个教育科研先进单位、33名教育科研优秀管理者、114名教育科研先进个人。会议作《加强教育科研工作，促进教育质量提高》工作报告，明确未来五年大兴区科研工作重点。区教委等领导和全区教育单位代表500人参加会议。

（李永奎）

【实施名校长培养工程】 12月16日，大兴区教委召开教育系统"十二五"干部队伍建设大会暨大兴区"名校长培养工程"启动会。会议说明"培养工程"主要内容，宣布"培养工程"入选人员名单和导师名单。其中，理论导师全部由北师大的教授、博士生

导师组成；实践导师全部由北京市中小学的知名校长担任。会议总结"十一五"干训工作并部署"十二五"干部队伍建设工作。全区教育系统干部教师代表300人参加会议。大兴区"名校长培养工程"是大兴区与北师大共同构建"优质教育实验区"实验协议的一项内容，力争在5年内培养一批教育信念坚定、视野开阔、办学思路独特、学识修养丰富、办学业绩突出，并且具有较高管理水平和教学能力，在北京市乃至全国都有一定影响力和知名度的校长、园长。

（李金艳）

【扩大亦庄公办教育规模】 至年底，大兴区教委完善亦庄地区幼儿园、小学、初中入学工作方案。依据大兴区、北京经济技术开发区2011年深度融合精神，区教委采取措施扩大亦庄新区公办教育规模。年内，北京经济技术开发区实验学校转制为公办学校，并更名为北京市第二中学亦庄学校，同时引入八中亦庄分校，建成公办亦庄三幼、亦庄四幼。与北京市十一学校达成合作意向，在亦庄地区开办十一学校亦庄分校。

（李金艳）

学前教育

【概　况】 2011年，大兴区幼儿园54所，其中教育部门办32所，民办和其他部门办22所。离园幼儿4421人，收托幼儿17637人，入园幼儿8075人。教职工1951人，其中，专任教师1085人。小学附设学前班24所，收托幼儿2226人。全区学前教育普及率91.6%，北京市一级一类幼儿园15所，市级早教基地7所。

（徐敏）

【举办农村幼儿教师继续教育培训】 6月13日，大兴区教委举办第一期北京市农村幼儿教师继续教育项目培训。培训为期5天，邀请北京教科院教研员主讲，内容涉及"幼儿园的游戏活动"、"幼儿园教育环境创设"、"驾起家园沟通的桥梁"等。各镇中心园入职三年以内（含三年）教师60人参加培训。北京市农村幼儿教师继续教育项目培训由北京市幼教师资培训中心统一领导，各区县组织。

（李永奎）

【完成幼儿园年度考核】 6月和11月，大兴区教委分批完成公办幼儿园和民办幼儿园年度考核。6月13至30日，区教委和妇幼保健院等单位组成的区考核小组，通过听取园长汇报、查看室内外环境及活动、查看档案资料、汇总意见、评议并反馈意见，完成全区22所公办幼儿园年度考核，22所幼儿园全部合格。11月8至17日，区教委和区妇幼保健院组成的民办园考核小组完成全区民办幼儿园年度考核。考核分两组检查全区19所民办园。同时，作为教育部普惠性民办园政策研究项目抽样调查区县，区教委完成全区民办园园长、教师、家长的问卷调查。经考核，19所民办园全部合格。

（金月荣　徐敏）

【举办园长和新任教师培训】 7月4日，大兴区教委举办幼儿园园长、业务园长、新任教师培训。培训由区教委、区教师进修学校联合举办，聘请全市优秀园长、教研员、骨干教师组成专家培训团队担任现场教学。培训内容涉及园所管理、教师队伍建设、课题研究、幼儿园五大领域。全区各类型幼儿园园长、业务园长、新教师270人参加培训。

（马国娟）

【研讨未登记幼儿园管理工作】 11月

4至5日，大兴区未登记注册幼儿园专项整治工作办公室召开未登记注册幼儿园管理工作研讨会。会上，各镇交流未登记注册幼儿园现状和管理过程中问题，研讨管理工作有效做法。会议对各镇（街道）未登记注册园管理工作表示肯定，对存在问题和下一步工作提出要求。会议指出，整治未登记注册园的决心不能变，严格控制复开园所和新增园所。工作过程中要讲究策略、创新方法，确保全区学前教育机构的安全与稳定。各镇教委办主任、各街道综治办主任等20人参加会议。大兴区未登记注册幼儿园专项整治领导小组由区教委、区公安局、区综治办等单位主管领导组成。

（徐敏）

【召开农村园建设现场会】 11月16

日，大兴区教委召开农村幼儿园建设现场会暨采育镇第一中心园新园剪彩仪式。会议从加强园长教师队伍专业化水平、优化园所环境、提升管理水平等方面对全区农村学前教育管理者提出希望与要求。会议组织参观采育镇第一中心园及辛店分园，为采育镇第一中心幼儿园新园剪彩。区教委、采育镇相关领导及全区各镇中心园负责人60人参加会议。采育镇第一中心幼儿园下辖下辖两所园址。新园位于大兴区采育镇采福路口西侧，占地面积5335平方米，建筑面积3252平方米，办园规模10个班。

（徐敏）

【示范园双一园举办开放周】 11月29日至12月2日，大兴区教委举办示范园、双一园开放周活动。全区3所北京市示范园和12所一级一类园面向全区各类型幼儿园开放。活动采用分层开放的形式，即示范园向一级一类园开放、一级一类园向其他幼儿园开放。在为期四天开放活动中，全区15所示范园和一级一类园各开放两天，侧重展示特色课程、特色活动等，共接待来园参观教师1300人次。

（徐敏）

【举办保育员岗位资格培训班】 12月4日，大兴区幼儿园保育员岗位资格培训班开班。培训班由大兴区教师进修学校与北京市幼帅培训学校合作举办，面向大兴区未取得保育员岗位资格证的保育员，开展婴幼儿卫生保健基础知识、心理发展基础知识、教育基础知识等岗位知识培训。培训班为期9天共90学时，160名保育员参加培训，经考试合格后全部获得保育员岗位资格证。

（徐敏）

基础教育

【概　况】 2011年，大兴区小学88所，开设教学班1267个，毕业6195人，招生7724人，在校生40678人（本市户籍22354人）；教职工3528人，其中，专任教师3220人；小学入学率100%，巩固率100%，毕业及格率100%。中学41所，开设教学班778个（初中525个、高中253个）；毕业生8179人（初中5673人、高中2506人），招生8774人（初中5830人、高中2944人），在校生26745人（初中17715人、高中9030人），在校生中本市户籍21451人（初中12932人、高中8519人）；初中入学率100%，巩固率99.94%，毕业及格率100%；高中入学率61.7%，毕业及格率90.86%，应届毕业生高考录取率91.38%；教职工4743人，其中，专任教师3466人（初中2322人、高中1144人）。特殊教育学校1所，教学班9个，招生14人，在校生60人，教职工28人，其中，专任教师20人；残疾儿童入学率99%，巩固率100%。校外教育单位1所，教职工83人，其中，专任教师75人。教师进修学校1所，教职工199人，其中专任教师188人。全区中小学教师学历合格率93.76%（小学93.38%、初中91.3%、高中96.6%）。特级教师12人（小学3人、中学9人），高级专业技术职务教师808人（小学10人、中学798人）。图书馆藏书2308784册，校舍总占地面积278.20万平方米，建筑面积106.80万平方米；全年教育经费投入15.70亿元，其中，国家拨款15.40亿元，自筹经费0.30亿元。

（李永奎）

【召开中小学教育工作会】 1月10日

和12日，大兴区教委分别召开2010年中小学教育工作会。在10日的中学工作会上，表彰成绩突出的24所先进学校，以及20名优秀教务主任和政教主任，确定2011年中学教育重点工作。即：突出两条主线（质量提高和内涵发展），着力做好五项工作（强化队伍建设、推进规范管理、落实素质教育、提高教学质量、做好重点项目实验）。区教委领导和全区中学代表200人参加会议。在12日的小学工作会上，会议表彰2010年度评选出的教育教学先进学校、特色创建优类校等先进单位以及先进个人。通报区教育督导室22所小学实施规范化建设工程督导验收结果，宣读关于表彰实施小学规范化建设工程软件建设先进学校的决定，并对软件建设取得突出成绩的10所学校颁牌，每校颁发奖励2万元。会议要求在“学校管理、队伍建设，特色品牌、质量提升”四个方面深入思考，理出思路，推进小学教育工作可持续发展。区教委领导以及全区小学代表300人参加会议。

（李金艳　李永奎）

【共建景山学校大兴实验学校】 1月18日，大兴区教委与北京景山学校签署共建北京景山学校大兴实验学校协议。该项目借助北京景山学校先进办学理念、办学模式、校园文化和教科研成果，发挥名校资源和品牌效应，为大兴输送、培育优质教育资源。东城区教委、北京景山学校、大兴区教委有关领导参加签约仪式。北京景山学校大兴实验学校是大兴区新城北区教育配套学校，属于九年一贯制学校。学校位于大兴区新城北区九号地，占地面积28000平方米，建筑面积23000平方米，办学规模8个班。学校5月竣工，9月1日投入使用。

（李金艳）

【举办高中英语教师基本功培训】 3月9日，大兴区教师进修学校举办高中英语教师基本功培训。培训分析2010年高考试卷，邀请北师大教授举办“提升英语教师专业化水平和落实教学实效”讲座，讲解高中英语教法、教师专业知识与能力等问题。培训会总结英语教师基本功考试情况。全区英语教师123人参加培训。

（李永奎）

【培训青海小学英语教师】 3月21日，大兴区教师进修学校举办青海省海南藏族自治州骨干教师第三批培训班。海南州20名小学英语骨干教师参加为期20天的培训。培训以全面提升教师教学理念和教学技能为目标，邀请市、区骨干教师授课，学习方式包括讲座、观摩、研讨等多种形式。其间，培训班学员观摩5所学校10节现场课。自2010年11月，大兴区教师进修学校承担三批海南州骨干教师培训任务，累计培训71人。

（李永奎）

【完成新校医培训】 3月22日，大兴区中小学卫生保健所培训新上岗校医及保健教师。培训内容涉及学校食堂常规管理、学校传染病防控、健康信息管理系统使用等。培训结束后举办上岗考核。全区新上岗校医及保健教师32人参加培训，全部考核合格。

（李永奎）

【举办小学领导干部听评课活动】 3月23日，大兴教委在大兴二小举办小学领导干部听评课活动。活动观摩榆垡镇第二中心小学六年级语文现场课，并依据《小学语文课堂教学评价方案》填写《校长课堂教学听课评价表》。北京教科院教研员现场完成评课，并结合语文教学现状作“打造适合学生发展的语文课堂教学”专题讲座。区教委领导肯定领导干部听评课重过程、重实效的作法，并要求全区小学要关注教学全过程，抓实课堂，增强课堂教学实效性，采取多种“听课、评课”形式促进小学教学质量提高。区教委领导以及全区小学校长、语文骨干教师百余人参加活动。该活动是大兴区小学领导干部听评课系列活动之一，至年底小学领导干部听评课系列活动共举办6次。

（李金艳）

【包揽全国中学生越野锦标赛金牌】 3月27日，大兴一中田径队参加在广东中山举行的“2011年全国中学生越野跑锦标赛”。来自全国13支队伍近百名运动员参赛。大兴一中长跑队男、女各5名队员参加比赛。继上届比赛包揽金牌之后再次包揽男、女个人和男、女团体四项冠军，创造全国中学生越野锦标赛一个学校连续两次包揽全部冠军的历史。6月，该校学生再获佳绩，郭振铎、关亚欣分别获得2011年世界中学生田径锦标赛男、女1500米冠军。

（李永奎）

【总结吴正宪数学工作站工作】 3月

31日，大兴区教委召开吴正宪小学数学教师工作站大兴分站总结会。会议现场观摩北京小学大兴分校四年级数学课，并分会场举办专题研讨。会上，区教委总结大兴区师资队伍建设历程，肯定吴正宪小学教师工作站大兴分站三年来取得的优秀成果。会议表彰大兴分站优秀成员，并颁发证书，播放专题片《为新区教育插上飞翔的翅膀》。专题片全面回顾吴正宪小学数学教师工作站大兴分站培养青年骨干教师的研修历程。市教育学会、北京教育学院、大兴区委领导，昌平、房山等兄弟区县代表，全区小学校长、大兴分站全体成员共200人参加会议。吴正宪小学数学教师工作站大兴分站建于2008年，3年来，参加研修教师580人。

（李金艳）

【举办“邀你同行”科普剧比赛】 4月29日，大兴区少工委和大兴区文委共同举办红领巾系列读书活动之“邀你同行”科普剧比赛。来自全区11所学校代表队100名少先队员参加比赛。青云店镇第一中心小学表演的《群治“妖怪”》获得一等奖，代表大兴区参加北京市决赛。另有10支代表队分获二三等奖。

（李永奎）

【召开学校课程开发研讨会】 6月8日，北京市小学学校课程开发与管理现场研讨会在北师大大兴附属小学举行。会议由北京教科院主办，大兴区教委承办，北师大大兴附属小学协办。研讨会主题是“为每名学生创造适合的课程”。活动分为参观校园、现场课展示、现场研讨会三大部分。会上，北师大大兴附属小学展示数学、国学、想象色彩等8节研究课，汇报“为每名学生创造适合的课程”经验。会议对学校构建丰富、系统、科学、和谐的特色课程体系提出建议。来自全市各区县代表和大兴区教师代表参加会议。北师大大兴附小校本课程包括全员必修和自主选修两种形式。全员参与必修类校本课程包括国学、阅览、攀登英语等，全部纳入课表。学生自主选修校本课程包括和计算机交朋友、做电视台小主人、卡通英语、玩出智慧等。该校建校两年，第一年开设17门校本课程，第二年开设23门校本课程。

（李永奎）

【举办传统文化教育骨干教师培训】 8月22至25日，大兴区教委、区教师进修学校联合举办“传统文化教育骨干教师”培训。其间，举办“孔子智慧和国学的基本精神”、“声律启蒙是进行传统文化熏陶的最佳读本”、“传统文化与古琴欣赏”、“传统文化立校，国学经典养人”、“课程的角度理解‘传统文化教育课题’的实施”讲座，通过教学案例分析《弟子规》、《三字经》、《论语》、《孟子》教学方法。全区各校骨干教师280多人参加。该培训是大兴区校本培训内容之一。

（李永奎）

【大兴少年宫与美国合唱团签订友好协议】 9月5日，大兴少年宫与美国晶晶合唱团签订“中美儿童合唱团建立友好单位交流协议”。协议明确，双方建立友好交流关系，共同建设青少年合唱团对外交流演出平台。大兴少年宫兴星少儿合唱团成立于2004年，2011年被市教委命名为“北京市阳光少年合唱团”。美国晶晶儿童合唱团成立于1994年，是由海外学人为推广华人子女文化教育组成的音乐团体。

（李永奎）

【评估健康促进学校工作效果】 9月15日，大兴区健康促进学校领导小组办公室开展健康促进学校工作效果评估。评估涉及学校15所，包括8所已经挂牌和7所未挂牌的学校。评估依据2011年北京市健康促进学校验收方案和全市健康促进学校工作效果评估方案进行，通过听汇报、看档案、做问卷、实地检查，全面评估学校健康政策、物质环境、社会环境、社区关系、个人技能、健康服务。评估报告显示，健康促进学校水平明显高于非健康促进学校。

（李永奎）

【召开学校课程建设现场会】 9月28日，大兴区教委在青云店一小召开小学“学校课程建设”现场会。会议通过听课、参观、听取经验介绍，推广青云店一小“建设以研究性学习为重点的自主课程，促进学生全面发展”经验。会上，该校推出5节校本课程，其中，两节课在校园“国学文化墙”和“综合实践园”实地授课。北京教科院、大兴区领导和全区46所代表参加会议。

（李永奎）

【特色品牌学校共同体示范基地授牌】 9月29日，中国特色品牌学校共同体示范基地授牌仪式在北师大大兴附中举行。会上，《中国教师报》为北师大大兴附中颁发“中国特色品牌学校共同体示范基地”牌匾。之后，中国教育学会专家举办学校特色建设专题报告。会议由《中国教师报》、中国关心下一代教育研究院学校发展研究中心、大兴区教委联合举办。来自北京、天津、河北等省市代表和北师大大兴附中教师500人参加会议。“中国特色品牌学校共同体”由《中国教师报》主办。共同体将在3年内建立10所培训基地、百所示范基地、千所研究基地、万所信息互动校，通过分类研修、跟进指导等形式，研究、剖析、培育这些学校特色发展之路，打造一批在全国具有较大影响的特色中小学校。

（李永奎）

【成立学校发展共同体】 11月17日，大兴区教委在北师大大兴附属小学召开小学学校发展共同体成立大会。会议宣读《大兴区教育委员会关于在小学建立学校发展共同体的实施意见》，全区46所小学共组成10个发展共同体。会议为学校发展共同体核心校颁发铜牌，为发展共同体指导专家颁发聘书。会议要求运用优质资源，动用各种力量，做好小学学校发展共同体工作，进一步提升办学质量，实现教育均衡发展目标。大兴区小学学校发展共同体是大兴区缩小城乡教育差距，促进城乡教育均衡发展的重要举措。每个学校发展共同体由1所核心校和3至5所联盟校组成。核心校与联盟校通过召开联席会，研究制定共同体工作方案，明确学习、合作、发展目标，推进各项重点工作；通过共同开展教育教学研究实践活动，实现在管理策略、学校文化、师资培养、教学改革、德育实施、教育科研方面的资源共享。

（李永奎）

【举办校园剧编导培训班】 11月25日和12月2日，大兴区校外教育办公室、区少年宫举办艺术教师校园剧编导培训班。培训班邀请中国儿童艺术剧院编剧授课。培训主要内容涉及导演构思、舞台调度、戏剧节奏等，并通过观摩分析大兴区中小学原创校园剧作品。来自全区22所学校37名教师参加培训。

（李永奎）

【攀登英语协作区举办片内教研】 12月3日，大兴区攀登英语第一协作区教研活动在北师大大兴附小举行。活动交流各校攀登英语实验成果，观摩北师大大兴附小攀登英语环境创设，以及一节一年级公开课。课后举办现场研讨，要求采用“1＋1＋1模式”（即一个优点、一个建议、一个不足）交流听课体会。协作区攀登英语负责人和实验教师35人参加教研活动。大兴区攀登英语第一协作区9月成立，成员包括10所学校。

（李永奎）

【召开第十届教师论坛论文评审会】 12月3至4日，大兴区教师进修学校召开第十届教师论坛论文评审会。教师论坛活动面向全区各中小学、幼儿园、职高征集教育教学论文共2470篇，涉及中学文科、中学理科、小学文科、小学理科、幼儿园、师德、职成7个组别。经名评委匿名初评，最后确定1136篇论文参加复评。复评中，每组5名评委再次进行匿名评审，最终确定一等奖论文107篇。

（李永奎）

【展示中学生社团活动】 12月5日，“绽放青春炫我风采”大兴区中学生社团展示交流活动在大兴一中举行。活动由大兴区教育团工委主办、大兴一中承办。活动由主会场、分会场、社团建设交流会三部分组成。活动中，有关领导为大兴一中12个优秀社团授旗，全区25个中学生社团交流展示，全区中学团干部交流社团建设工作经验。区教委领导以及全区中学团干部，大兴一中学生1000人参加活动。

（李永奎）

【设计好队员卡通形象】 12月8日，大兴区少工委开展大兴区红领巾“五小”好队员卡通形象设计作品评审工作。在校级初赛的基础上，全区共征集优秀作品518份。经评审小组评审，评出特等奖1个，一等奖28个，二等奖55个，三等奖80个，优秀奖107个，同时评出最佳组织奖9个。大兴区红领巾“五小”好队员卡通形象将于2012年大兴少工委三届四次扩大会议上发布。

（李永奎）

【举办第十届校长教育思想论坛】 12月11至12日，全国首届校长教学领导力高峰论坛暨大兴区第十届校长教育思想论坛在国家教育行政学院举行。论坛由大兴区教委、中国教师报社联合主办，主题是“校长的生命力在课堂”。论坛听取《学校的教学领导》主题报告，以及北京、天津、辽宁等地校长教学管理经验。会议组织观摩大兴一中、大兴八中、北京小学大兴分校和北京小学翡翠城分校课堂教学，各地教师就中小学语文、数学学科进行同课异构，并完成现场点评。来自北京、天津、重庆等地教育专家 300 人参加活动。

（李永奎）

【开展初中教师说课展示活动】 12 月 17 日，大兴区六个中学教学协作区举行初中教师说课展示活动。活动中，说课教师按照各学科提前布置的同一课题，以学科专业为基础，展示教师的教学策略。说课之后进行答辩。活动分片进行，全区所有初中校、所有学科全部参加。经学校推荐，35 所学校 14 个学科近 800 名教师参加活动。

（李金艳）

【网络直播教研活动】 12 月 23 日，大兴区教师进修学校举办初高中化学联合教研暨网络视频直播活动。活动观摩大兴一中初三和高一年级《金属的化学性质》研究课，听取授课教师教学思路，最后教研员完成点评和总结。活动由教研网站同步直播，全区近百名化学教师同时在线收看。

（李金艳）

【二中进驻亦庄】 12 月 27 日，北京经济技术开发区实验学校与北京市第二中学签署合作办学协议。依据协议，开发区实验学校更名为北京市第二中学亦庄学校。两校将实现优质教育资源共建共享，亦庄学校教师将不定期赴二中学习取经，青年教师到二中进修，二中优秀教师将定期到亦庄学校交流。合作办学还包括优秀学生互动，开展体育、艺术、科技等特色项目交流学习等。北京经济技术开发区实验学校是一所集小学、初中、高中、国际高中为一体的十二年一贯制学校。学校建于 1998 年，建校初期属于二中、史家胡同小学共同举办的民办学校。2011 年 9 月起，学校转制为公办学。

（李金艳）

【举办聚焦课堂系列教研活动】 至 12 月，大兴区教委、区教师进修学校举办聚焦课堂系列教学研究活动。活动包括专家指导、集体视导、组织物理教师实验技能大赛三类。其中，专家指导活动邀请北京教科院 15 个学科 33 名教研员分别走进大兴一中、北师大大兴附中、大兴五中、兴华中学，共听课 77 节。集体视导活动由区教师进修学校负责，共完成 12 所学校集体视导，通过听课、评课了解课堂教学情况、指导教师改进教学。物理教师实验技能大赛包括笔试和现场实验操作两个部分，全区 35 所中学物理教师 100 余人参加比赛，评出一等奖 28 人。

（李金艳）

【公办学校接收随迁子女入学】 至 12 月，大兴区教委发挥公办学校教育资源，最大限度接收随迁子女入公办学校就读。要求公办学校在接收服务范围内符合条件的适龄儿童入学后，按现有空余学位最大限度接收来京务工人员随迁子女入学。至年底，大兴区公办学校和已审批自办校接收随迁子女 32930 人，占义务教育阶段在校学生总数的 56%，超额完成年初制定的计划目标。

（李金艳）

【改善自办学校办学条件】 至 12 月，大兴区教委拨专款改善自办学校办学条件。其中，拨款 770 万元为 12 所经审批的自办学校配备教育教学设备；投资 300 万元建立两所流动学校（建业学校、经纬学校），解决流动人员子女入学问题；为 16723 人次减免学杂费 140.16 万元，免费提供教科书 23347 套计 168.33 万元。

（李金艳）

【实施教师基本功达标工程】 至 12 月，大兴区教委继续实施教师基本功达标工程。全区 500 名班主任参加第二批学科教师基本功考核，500 名教师参加第三批基本功考核。至年底，全区 1600 名班主任和 2800 名学科教师获得达标合格证书。

（李金艳）

职业与成人教育

【概　况】 2011 年，大兴区共有中等职业学校 9 所，其中教育部门办 2 所，非教育部门办 3 所，民办 4 所。附设中职班 1 个（不计校数）。在校生共 16384 人。教育部门办职业学校 2 所，开设专业 14 个，教学班 133 个，在校生 5549 人（外省市 4072 人），招生 1499 人，完成招生计划 105%，毕业生 1843 人，学生就业率 98%，高考录取率 100%；教职工 587 人，其中专任教师 441 人，学历合格率 91.5%，高级专业技术职务教师 111 人；图书馆藏书 134884 册；校舍占地面积 210960 平方米，建筑面积 101038 平方米；全年教育经费 10953.1 万元，其中，国家拨款 9774 万元，自筹经费 1179.1 万元。各级各类成人学校 531 所，其中成人综合院校（社区学院）1 所，开设专业 5 个，在校生 4665 人，招生 653 人，毕业 722 人，教职工 102 人，其中专任教师 72 人，教师合格率 100%，高级专业职务教师 14 人。镇成人学校 14 所，村成人学校 516 所，全年培训 263327 人次。社会力量办学 125 所，在校生 147223 人。成人学校图书馆藏书 48440 册；校舍占地面积 125304 平方米，建筑面积 43623 平方米。全年教育经费投入 610.5 万元，其中，国家拨款 403.1 万元，自筹经费 207.4 万元。

（李金艳）

【表彰社区教育优秀论文】 1 月 6 日，大兴区社区教育协会召开 2010 年度社区教育理论研讨暨优秀论文表彰会。会上宣读优秀论文表彰决定。研讨会共征集论文 46 篇，评选出一等奖 6 篇，二等奖 16 篇，三等奖 22 篇。会议交流获奖教师论文，并提出在新形势下重新认识社区教育重要性，在理论研究上有新突破，在实务上要有新作为。区教委领导和社区教育单位代表 30 人参加会议。

（李金艳）

【10 校获得安全生产培训机构资质】

3 月 4 日，大兴区教委、区安监局联合举行镇成人学校受颁北京市安全生产培训机构四级资质仪式。会议为 10 所镇成人学校颁发北京市安全生产培训机构四级资质证书，并部署企业安全生产培训工作。会议要求，各镇成人学校要把获得安全生产培训机构四级资质作为丰富成人学校服务职能和内容、提升服务经济社会发展能力的重要途径，切实负起培训责任、优化细化培训方案、服务企业服务职工。区教委、区安监局领导和相关学校代表参加会议。

（李金艳）

【开通拆迁农民教育培训服务平台】 3月28日，大兴区教委、北臧村镇政府在北臧村镇成人学校举行北臧村镇拆迁农民教育培训信息服务平台建设暨《北臧村镇农民教育报》启动仪式。仪式上，北臧村镇领导点击鼠标为全镇拆迁农民发送第一期《北臧村镇农民教育报》。北臧村镇农民教育培训信息服务平台是区教委与北臧村镇政府合作，为拆迁农民提供教育培训信息服务的创新举措。服务平台以北臧村镇为试点，依托北臧村镇成人学校（社区教育中心），以手机报为载体，为北臧村镇拆迁农民及时提供新区发展动态、就业培训、企业招聘等教育培训服务信息，旨在为拆迁农民提供引导性培训和就业服务的目的。每期手机报图文并茂，文字大约3000字。北臧村镇5000名搬迁农民第一批享受到服务。

（李永奎）

【举办企业法人安全生产培训班】 4月9日，大兴区青云店镇成人学校与镇政府安监科联合举办全镇企业法人安全生产培训班。培训共5期，每期12学时，聘请北京市安全生产专家采取面授讲座形式进行。培训内容涉及消防安全知识和特种设备安全知识等。全镇企业法人、各单位安全员600人参加培训。青云店镇成人学校是全区获得安全生产培训机构四级资质学校中，首个举办安全生产培训的学校。

（李金艳）

【承办全国农村职业教育试点省份座谈会】 4月20至22日，全国农村职业教育试点省份座谈会暨部分中心城市农村成人教育协作会在大兴区召开。会议由教育部主办，市教委和大兴区教委承办。会议听取大兴区和北京经济技术开发区经济发展状况报告，听取《加强农村、农业职业教育和新型农民培养培训工作》主报告，听取《全国农村职业教育和成人教育示范县（市、区）评估标准（征求意见稿）》起草工作报告。会上，大兴区教委作题为《努力建设农村职成教育网络，构筑新型农民培养的综合教育服务平台》主题发言，介绍大兴农村职业教育和成人教育发展历程和经验做法。会议期间，组织参观青云店镇成人学校。来自18个省市教育行政部门代表91人参加会议。

（李金艳）

【社区学院举办说课比赛】 5月19日，

大兴社区学院举办教师说课比赛。比赛在中文、经管、理工、英语、文法5个教研室全体教师初赛基础上，选拔9名教师参加学院复赛。复赛要求选手针对远程教育学生特点，从专业课程体系定位、教学目标设计、面授课程安排等多个方面进行阐述。最终评选出一等奖2人、二等奖3人、三等奖4人。

（李金艳）

【职教集团举办安全生产培训】 6月15日、17日，大兴职教集团举办2011年大兴区安全生产法人代表、安全生产管理人员安全生产培训。培训结合案例讲解安全生产管理知识、人员密集场所的安全、生产规定及消防知识、特种设备安全管理和维护知识。培训分别与兴丰街道办事处和林校路街道办事处合作举办，培训总人数300人，其中兴丰街道130人、林校路街道170人。参加学习人员涉及辖区内商业、餐饮业和娱乐业。

（李永奎）

【设立城乡劳动力实训基地】 6月17日，大兴区城乡劳动力职业技能实训基地启动暨职业技能培训资源战略合作协议签约仪式在大兴二职举行。会议宣布在大兴二职设立城乡劳动力职业技能实训基地，利用学校资源优势，为大兴区培养和培训技能型人才和技术工人。会上，区政府与驻区7家职业院校签订培训合作框架协议，按照“政府主导、企业参与、学校承担”的思路，发挥培训机构专业优势，为新区发展培养合格劳动力。市人力社保局、大兴区政府领导，以及有关学校代表参加会议。

（李永奎）

教育督导

【概　况】 2011年，大兴区教育督导室坚持依法督导，积极推进义务教育均衡发展，完善教育督导评价制度，创新教育督导工作体制机制，推进教育督导队伍和教育督导工作的专业化建设，全面促进大兴区教育事业的改革与发展。完成14个镇政府和5个街道办事处2011年履行教育职责情况督导考核，区政府首次把督导考核结果纳入区委、区政府对镇街道办事处和区直单位科学发展绩效考核中。组织区内教育执法的自查工作和迎检的准备工作。完成15所小学实施规范化建设情况的督导验收，完成2009年验收中“软件建设”尚未合格的4所完小复查验收工作；开展14所成人学校的综合督导评价；第二次进行73所中小学教育工作满意度情况的问卷调查，结果显示全区总体满意度83.2%，比上年提高2.1个百分点。完成34个单位教师工作考核评价及注重人性化管理情况调查，形成《关于学校对教师工作考核评价及注重人性化管理情况的调查报告》；完成义务教育实施与均衡发展情况监测统计工作。

（李金艳）

【完成镇政府履行教育职责情况考核】 1月1日至2月26日，大兴区教育督导室完成镇政府上年履行教育职责情况督导考核。根据区政府“对镇街道办事处和区直单位科学发展绩效考核办法”精神，区教育督导室检查各镇政府在教育投入、校园周边环境治理、控制义务教育阶段学生辍学方面工作，形成督导考核结果，并印发《关于2010年各镇政府教育投入情况的通报》。全区14个镇政府教育投入由2009年的3809.3万元增至2010年的4482.3万元。

（李金艳）

【督导验收15所小学规范化建设】 5月6日至9月30日，11月29日至

12月2日，大兴教育督导室分别完成15所小学实施规范化建设情况督导验收和4所完小复查验收工作。验收中坚持做到软件建设和硬件建设并重，增加德育工作实效性、学科课堂教学质量、学生每天一小时体育活动等督导检查力度。通过与领导干部、教师个别访谈，召开部分学生座谈会，察看教学仪器设备的配备、管理、使用情况和校园环境，家长问卷调查，验收组全面了解学校现状，并完成督导报告。

（李金艳）

【完成成人学校综合督导评价】　9月3日至11月20日，大兴教育督导室完成14所成人学校综合督导评价工作。评价内容涉及规划与计划、各项工作管理、发展绩效3个一级指标，规划、计划总结、行政管理、队伍管理、办学物质条件管理、培训项目管理、安全管理、档案管理、办学成果、特色与创新、社会效益11个二级指标。在研究学校发展规划和自评材料基础上，督导组对学校管理人员进行个别访谈和问卷调查，召开镇政府相关部门负责人和村干部、企业领导座谈会，察看学校设施设备。督导组重点针对项目化管理、规章制度建设、调查研究、档案管理、校园安全进行口头反馈，同时印发书面回复意见，并召开督导结果通报会。

（李金艳）

【调查教师工作考核评价效果】　10月26日至11月28日，大兴教育督导室完成教师工作考核评价及注重人性化管理情况调查。调查经随机抽取以34个单位作为调查样本，共访谈干部教师371人，问卷调查1090名教师。调查内容涉及各单位实施教师考核评价的情况、教师对考核评价的认同情况、领导关心尊重教师等方面的情况。最终完成《关于学校对教师工作考核评价及注重人性化管理情况的调查报告》。报告显示，教职工普遍认为考评结果比较公平合理，能够较好调动工作积极性；教职工对学校（单位）人性化管理"满意"、"比较满意"的比例在85%以上。

（李金艳）

【接受北京市教育执法检查】　11月22

至23日，市教育督导室到大兴区进行教育执法检查。市教育督导室33人参加教育执法检查。检查主要内容包括大兴区新建、改建居民小区教育配套设施建设情况，职业教育和成人教育教师培养和职业能力提升情况，区政府教育费附加用于职成教育的情况等。检查通过查阅资料、听取汇报、座谈、实地考察几种方式进行。市教育督导室检查反馈意见认为：大兴区政府能够制定教育设施专项规划，合理整合教育资源；依法依规建设教育设施，确保资金投入；教育设施建设基本达标，基本满足教育教学需要；初步形成教育配套设施建设的工作机制；高度重视职业教育工作；注重大力发展农村居民、外来务工人员的职业培训；按照国家改革发展示范标准，积极改善职业学校的办学条件。建议：区政府采取措施，调整配套中小学建设的投资渠道，确保建设质量达标；拓展培训渠道，加大教师培训力度，全面提升教师的职业素养和专业水平。

（李金艳）

【考核街道办事处履行教育职责情况】　12月11至24日，大兴教育督导室首次开展街道办事处履行教育职责情况督导考核。根据考核要求，督导室重点考核街道办事处在治理校园周边环境、未注册幼儿园管理、开展青少年校外教育活动三方面职责。考核结果表明，各街道办事处对基础教育工作支持力度都有不同程度提高，普遍高度重视校园周边环境治理，对未注册幼儿园也都加强管理，在重视青少年校外教育方面做很多有益的工作。

（李金艳）

中共大兴区委教育工委

书　　记　李达

大兴区教育委员会

主　　任　李达

大兴区政府教育督导室

主　　任　李广成

怀　柔　区

总　类

【干部异地挂职培训】　3至11月，怀柔区委教育工委举办后备干部和德育干部异地挂职培训。该培训组织26名后备干部和20名德育副校长分别到北京市东城区和浙江省杭州市挂职学校校长助理。其间，挂职干部参与学校教育教学活动，参加学校行政会议，并严格考勤。同时，还组织挂职干部到其他重点校和特色校参观，与名师、名校长座谈交流，了解学校教育教学特色、校长办学思想和管理特点。赴东城挂职培训分两期进行，每期40天；赴杭州挂职培训为期20天。12月1日，怀柔区召开后备干部赴东城区挂职培训汇报会，4名参训人员汇报学习收获和体会。

（杜书霞）

【签订文化教育交流协议】　6月4日，怀柔区教委与美国卡士奇大学签订文化教育交流项目协议。协议规定，卡士奇大学聘请怀柔区英语教师赴美国卡士奇大学任汉语助教，每年1人；

卡士奇大学在怀柔区招收本科学生就读，委托怀柔一中、怀柔二中、红螺寺中学等学校承办招生工作；怀柔区部分中小学校委托卡士奇大学联系肯奴沙县地区中小学校开展对口交流，每年双方选派适当数量学生开展教学交流；怀柔区教委欢迎卡士奇大学学生来怀柔区各类学校实习考察，并给予工作生活上照顾，卡士奇大学为怀柔区赴美考察代表团提供支持。双方协议为期10年。

（杨晓平）

【完成学校加固改造工程】 8月25日，怀柔区教委完成中小学校舍加固改造工程并交付使用。该工程6月10日开工，涉及全区25所学校，总建筑面积115427平方米，总投资2.38亿元。怀柔区学校加固改造工程始自2010年，两年累计完成180363平方米改造。

（杜书霞）

【召开教师节表彰大会】 9月9日，怀柔区委、区政府召开教育工作暨教师节表彰会。会上，副区长作题为《科学发展务实创新为提高怀柔教育现代化水平而努力奋斗》工作报告，总结“十一五”怀柔教育发展成果，并就“十二五”期间提高教育质量、改善办学条件、提升干部教师整体素质、推进教育均衡发展提出明确要求。区委书记讲话指出，怀柔教育工作要认清新形势、立足新高度、开创新局面、着眼新成效，构筑促进教育事业发展的强大合力，扎实推进教育事业科学发展。会议表彰6个教育先进镇乡，8个创建学习型组织先进集体，15个教育工作先进集体，1003名先进教育工作者、学科带头人、骨干教师、支教优秀教师。会上，优秀教育工作者和教育工作先进集体代表交流典型经验。怀柔区领导，区直各部门，各校书记、校长、先进集体和先进个人代表1000人参加会议。

（杜书霞）

【《怀柔教育报》创刊】 9月19日，怀柔区教育学会、《怀柔报》编辑部合作举办的《怀柔教育报》创刊。该报为双周刊，八开版面，设“教育新闻”、“校园风”、“家校桥”、“百草园”四版。首期四版分别报道怀柔教育新闻、优秀校长园长谈校园管理理念与经验、学生家教理论与实践、师生作品选登。该报教育系统内部发行，并以《怀柔报》夹刊形式，面向全区教育系统教职工、学生和全区党政机关发放。首期发放5万份。

（杜书霞）

【教师培训基地建设通过验收】 9月，怀柔区教科研中心通过市教委区县教师培训基地建设验收。市教委正式颁牌，授予怀柔区教科研中心“北京市区县教师培训基地建设达标单位”。2010年10月28日，市教委组织8人专家组，验收怀柔区教师培训机构（教科研中心）建设情况。专家组通过听取验收汇报，检查硬件设施、档案材料，评估教科研中心管理体制、机构定位、制度建设等28个方面工作进行检查评估。

（杨晓平）

【与四子王旗开展教育交流合作】 10月12日，怀柔区教委与内蒙古自治区四子王旗政府举行教育交流合作项目启动仪式。区教委、区发改委、四子王旗相关领导参加活动。四子王旗45名干部教师参加首期交流活动，他们在怀柔区10所中小学和幼儿园脱产培训16天。培训通过参观考察、课堂听课、访谈交流形式进行，学习学校文化、学校管理、教学理念等方面经验。

（杨晓平）

学前教育

【概　况】 2011年，怀柔区幼儿园67所，其中，教育部门办园14所，民办园51所，其他部门办园2所。离园幼儿2819人，入园幼儿3250人，在园幼儿9272人。教职工758人，其中专任教师343人。学前三年教育普及率100%。全区北京市示范园2所，一级一类幼儿园6所，市级早教示范基地5所。

（杨晓平）

【培训新任教师】 3月11日，怀柔区教委、区教科研中心举办新任幼儿教师培训活动。活动聘请北京教科院教研员举办“尊重儿童身心发展规律，促进幼儿数学素养发展”专题辅导，从幼儿数学经验建构和正规数学学习准备、如何获得基本数学概念、数学素养逐步养成等方面对新任教师进行培训。各级各类幼儿园新任教师及园长、业务园长、科研骨干140人参加活动。

（杜书霞）

【举办“比比和朋友”项目交流培训】 3月26日，怀柔区教委、区教科研中心在怀柔一幼举办“比比和朋友”儿童情绪健康与社会能力课程交流培训。活动中，密云和怀柔两地10名课程实验教师交流课程实施经验，中央教育科学研究所和北京市六一幼儿院两名教师辅导“比比和朋友”课程第五单元学习内容，确定单元目标，分析重点、难点，指出应注意的事项。密云及怀柔15所“比比和朋友”课程实验教师33人参加活动。“比比与朋友”幼儿情绪健康教育课程由中央教育科学研究所、汇丰银行慈善基金和香港教育学院合作举办。该课程由英国非营利性教育组织“儿童好拍档”开发，旨在改善幼儿情绪和促进社会性发展。在全球16个国家和地区的实施结果均表明，该课程对于提高儿童处理社会情绪问题的能力和社会交往能力具有非常显著的成效。2004年，汇丰银行慈善基金通过与香港教育学院合作将此项目引入香港，2005年引入上海，2008年又引进到北京。

（杜书霞）

【制定学前教育三年行动计划】 3至4月，怀柔区教委制定《怀柔区学前教育三年行动计划（2011至2013年）》。文件确定以教育部门办园为主，社会力量办园为辅，基本满足学前儿童入园需求的目标；规划建设怀柔四幼及改造18所幼儿园，预计增加幼儿入园学位3480个；构建以城区教育部门办园为核心，以乡镇中心幼儿园为基础，以乡镇中心园附属分园为补充的三级教育网络。文件提出，加强师资队伍建设，完善幼儿园教师资格准入制度，采取公招与委培的形式充实幼师队伍，通过挂职、交流、评优等方式提高教师专业素质；加大学前教育督导力度，成立学前教育工作督导评估领导小组，定期开展办园质量和管理水平督导评估工作。

（杜书霞）

【开展“一课三研”教研活动】 3至5月，怀柔区教委、区教科研中心联合开展“一课三研”活动（即针对一节教学课进行3项研讨）。活动针对“幼儿园快乐与发展”课程一线教师在健康、语言、艺术、社会、科学5个领域教学实践中困惑和问题，由教研员组织教师针对一节课的教学进行研究。活动首先研讨教案的设计与撰写，其次研讨教师的教学过程，最后研讨幼儿的学习效果。在此基础上，组织教师进行教学实践。活动中，5名教研员组织110名教师共同研究6节课。

（杜书霞）

【培训幼儿教师】 7月，怀柔区教委、区教科研中心举办乡镇及民办园幼儿教师培训活动。培训采取专题讲座及研讨形式进行，内容涉及国内外教育形势与展望、教师职业道德素养与追求、地区资源优势开发与利用、教材教法具体实施策略等。培训为期6天，全区民办幼儿园教师和乡镇中心幼儿园教师130人参加培训。

（杜书霞）

基础教育

【概　况】 2011年，怀柔区小学26所，教学班468个，毕业2571人，招生2842人，在校生15085人（本市户籍学生10233人）。教职工1886人，其中专任教师1295人。小学入学率100%，巩固率100%，毕业及格率100%。中学22所，教学班393个（初中266个、高中127个），毕业4325人（初中2924人、高中1401人），招生4094人（初中2363人、高中1731人），在校生12974人（初中7659人、高中5315人），在校生中本市户籍学生11316人（初中6355人、高中4961人）；教职工2589人，其中专任教师1709人（初中1232人、高中477人）。初中入学率100%，巩固率100%，毕业及格率100%；高中入学率59%，毕业及格率82.7%，应届毕业生高考录取率88.3%。特殊教育学校1所，开设教学班5个，毕业2人，招生3人，在校生42人；教职工34人（专任教师16人）；残疾儿童入学率98%，巩固率100%，结业率100%。校外教育单位1个，教职工33人（专任教师27人）。全区中小学专任教师学历合格率小学100%、初中99.7%、高中98.6%，高级专业技术职务教师272人（小学3人、初中123人、高中146人），特级教师4人（小学2人、中学2人）。中小学图书馆藏书123.33万册，校舍总占地面积120.84万平方米，总建筑面积44.18万平方米，固定资产总值75960.22万元。全年教育经费投入58453.6万元，全部为国家拨款。

（杨晓平）

【总结学校体卫艺术科技工作】 1月14日，怀柔区教委召开学校体育、卫生、艺术、科技工作总结表彰会。会议总结2010年学校体育、卫生、艺术、科技工作，向区级体育竞赛团体成绩前八名颁发奖杯，为科技艺术综合评估优秀校颁发证书。会议针对学生体质测试和健康促进学校工作提出要求：要全面提高学生体质健康水平，降低近视眼发病率，提高学生正常体重检出率，认真分析学生体检结果，制定好下学年工作计划，在实际工作中抓好落实；保证体育课质量，确保学生每天锻炼一小时，努力提升学生身体素质水平；各校要进一步提高认识，加大投入力度，广泛开展教师培训交流，提高一线教师教学水平。区教委领导及各中小学校负责相关工作主管领导60人参加会议。

（杜书霞）

【召开教育工作会议】 1月21日，怀柔区教委召开2011年教育工作会。会议通报2010年教育督导情况，总结、部署党建及行政工作。会议强调，要继续坚持“稳定、质量、发展”六字方针，围绕“全面实施素质教育，努力提高教育质量”这一中心工作，加强师德建设，提高教师职业道德；做好非义务教育阶段单位绩效工资调整工作，确保工资改革工作平稳有效实施；抓好安全稳定工作，强化安全稳定工作长效机制建设；规范财务工作，各单位领导要做到不挪用专项，不私设小金库，不乱发钱物；完成“校安工程”，涉及“校安工程”补课学校必须严格执行补课时间，确保6月10日工程开工，禁止搭车补课现象；做好督导工作，重点是对存在问题进行督查整改，解决实际问题；规范招生考试工作，加强依法治考，树立教育考试良好社会形象；加强党风廉政建设，全力推进基层党组织建设和思想建设；加强干部队伍建设，做好后备干部选拔、干部培训、干部考察和调整工作。怀柔区相关领导，以及教育系统各单位代表170人参加会议。

（杜书霞）

【实施院本培训项目】 2至12月，首都师范大学怀柔分院、怀柔区教科研中心与首都师范大学联合实施院本培训项目。该项目借助首都师大师资力量，面向教科研中心全体教研员举办专业培训。培训利用每周一下午，一次一个专题，共10次。培训专题分别为：“关于区内监测——纸笔测试思考”、“崛起在中间地带——努力成为全面实施素质教育的重要专业力量”、“持续学习专业教研——东北师范大学培训内容的理解与转化”、“促进教师专业发展的教研思考”、“新课程背景下教研员工作”、“落实教育工作会精神提高教科研工作实效”、“以校本教研促进教师不断发展”、“开启教育科学研究之门”、“四中远程教育合作介绍”、“听课、评课——教研活动的重要内容”。区教科研中心134名业务人员全部参加培训。

（杨晓平）

【召开中小学卫生工作会】 3月4日，怀柔区教委召开中小学卫生工作会。会上，区卫生局疾控中心、中小学保健所分析怀柔中小学生近3年体质健康数据，区教委公布迎接国家卫生区复审工作实施方案，并部署相关工作。会议要求，建立学生成长健康档案，开具健康处方和干预措施；本着对学生未来负责态度，培养学生良好卫生习惯；广泛开展阳光体育活动及校园文化活动，减轻学生课业负担。区教委、区卫生局疾控中心领导和各校主管卫生工作校长、校医100人参加会议。

（杜书霞）

【部署教育信息化工作】 3月9日，怀柔区教委召开教育信息化工作会，部署2011年教育信息化工作。会议要求，各校要把教育信息化工作纳入学校“十二五”规划及学校工作计划中；加强专业队伍培训，建立信息技术骨干群体；各学校要组织相应技能比赛及交流、研讨、教研、科研等活动，提高教师现代教育技术能力和水平；充分发挥现代教育技术设备作用，促进教育教学质量提高。区教委领导及各校主管电教工作副校长、电教组长80余人参加会议。此前，在1月6日，怀柔区教委召开教育信息化建设研讨会。会议强调“十二五”期间要加强信息中心建设，提高整体建设及应用水平；加大教育区域网建设投入，保证重点工作有序开展。区教委、区教科研中心领导及电教馆成员20人参加会议。

（杜书霞）

【采取措施提高初中教学质量】 3月，

怀柔区教科研中心采取多项措施提高初中教学质量。教研员结合对学科教学课课程标准、历年中考试题，研究定位中考考点，为教师提供备考指导。聘请学科命题专家和城区教研员讲解中考命题方向，聘请名师举办英语、数学、物理、化学教师考点辅导。以复习研究课为载体，针对不同层次学生提出不同要求，并加强教学情境设计，把知识趣味化、生活化，提升复习课实效。组建骨干教师辅导团，选择怀柔三中、怀柔四中、怀柔五中临近及格线200名学生，集中上课辅导。经过努力，6月全区中考成绩得到提高。其中，语文、数学、英语、物理、化学5科及格率86.3%，优秀率12.4%，平均分380，分别比上年提高11.4个百分点、5个百分点、32分。500分以上高分段学生308人，比上年增加76人。

（杜书霞）

【展示体育特色活动】 5月6日，怀柔区教委在怀柔实验小学举办中小学体育特色系列展示活动。活动以“阳光体育，快乐校园”为主题，展示该校体育大课间活动、体育课堂教学和学生形体训练成果；听取学校题为《积极开展阳光体育活动，为学生未来幸福奠基》经验介绍。教育部、市教委等领导，以及怀柔区有关单位代表、中小学校长、体育教师200人参加活动。近几年，怀柔实验小学针对学生身体形态、生理机能等方面问题，加强体育教学及体育活动开展。学校以校本课程方式在一、二年级开设形体课，聘请首都体育学院形体教师指导编写形体课校本教材；实施大课间活动，上午设25分钟课间操，下午两节课后组织师生半小时跑步；组建阳光体育俱乐部，开展乒乓球、跆拳道等特色体育活动。

（杜书霞）

【两区联手研讨唱歌教学】 5月6日，怀柔区教科研中心与东城区教科研中心联合在怀柔六小召开小学唱歌教学研讨会。会议观摩怀柔六小及景山学校教师分别执教的唱歌课《音阶歌》和《螃蟹歌》，课后进行研讨交流。会议认为，怀柔六小教师的课，教学内容设计合理，注重学生相关音乐能力培养，教学效果好；景山学校教师的课，关注音乐学科本位教学理念的实施，教学方式有利于培养学生自主学习歌曲的能力。会议强调，唱歌教学要在关注学生把歌唱会的同时，尽可能实现把歌唱好的目标。怀柔区小学音乐教师和东城区10名音乐教学骨干共70人参加会议。

（杜书霞）

【推广杨宋中学初中教学改革经验】 5月13日，怀柔区教科研中心在杨宋中学召开怀柔区初中课堂教学改革研讨会。会议以“坚持课堂教学改革，稳步提升教学质量”为主题，推出该校两节数学、物理研究课。两节课应用“学案导学、展示激学”教学模式，以学生自学为主，教师导学为辅，开展小组合作式自学，使学生在自主探究、展示交流中学到知识，提高探究能力及学习效率。“学案导学、展示激学”教学模式是杨宋中学课堂教学新模式。课堂上强调“两环、两点、一贯穿”，即：“学案导学、展示激学”两个主要环节，“课始明确具体学习目标、课末几分钟当堂检测”两个要点，“课堂始终贯穿对小组或学生的激励评价”。改革实现让学生动起来、课堂活起来、教学质量高起来的教改目标。2010年，该校中考优秀率居全区第三，30%学生考入市、区重点高中。北京教育学院及怀柔区教委领导，有关教研员、初中校校长和教师代表100人参加会议。5月21日，怀柔区教委主任作出批示，要求全区各中学学习借鉴杨宋中学“学案导学、展示激学”教改经验。

（杜书霞）

【举办中美学生文化交流嘉年华活动】 7月18日，怀柔区首届中美学生文化交流嘉年华活动启动。活动为期5天。经选拔，33名怀柔区初中学生、1名美国教授、4名美国助教、2名中国助教参加活动。活动采取开放式教学方式，上午由美国教授主讲美国历史、美国文化；下午学生与教授一起考察本地长城文化、红螺文化、影视文化等。该活动是区教委与美国卡士奇大学合作项目之一。

（杨晓平）

【举办校长示范课】 9至12月，怀柔区教委开展中小学校长示范课活动。活动旨在促进校长把主要精力放在教育教学上，对学校课堂教学起引领和示范作用。区教委两名副主任主抓该活动，统筹安排校长示范课时间表，督促、组织示范课顺利进行。并要求中小学校长每人在本校上一节示范课。截至12月底，怀柔区20名小学校长、21名中学校长分别上一节示范课。区教委主管主任、相关学校校长参与校长示范课听课、评课活动。

（杨晓平）

【举办小学生跳皮筋比赛】 11月11日，怀柔区教委在怀柔一中体育馆举办“2011年怀柔区小学生跳皮筋比

赛”。比赛分甲组（四至六年级）、乙组（一至三年级）两个组别。甲组代表队跳皮筋人数不少于6人，乙组代表队跳皮筋人数不少于4人，拉筋人数不限，男女不限，每个代表队总人数不超过24人。比赛项目为集体基本动作和集体自选动作两项。其中，基本动作比赛以点、迈、顶、绕、转、掏、踢、摆压、摆勾、摆踩10个动作为基础，分别在3个不同拉筋高度上，完成3个以上基本动作；自选动作比赛要求将数条皮筋拉成各种图案（如拉成三角形、四方形、多边形、八字形等），队形变化不少于5次。评分包括技术分、艺术分，两项分数之和为比赛最终得分。全区19所小学33支代表队400名运动员参加比赛，最终怀柔镇中心小学、长哨营中心小学、怀柔六小获得一等奖。

（杨晓平）

【举办视频说课展示活动】　11月18日，怀柔区教委在怀柔六小举办首届怀柔区小学综合实践活动课后视频说课展示活动。活动中，12名综合实践活动课教师利用视频分别展示12个主题的课后说课活动。评委认为，12个主题活动中，教师都能指导学生研究和解决学生生活中真实问题，体现综合实践活动的自主性、实践性、开放性等特点。35名综合实践活动课教师和教研员参加活动。课后说课是作课教师课后阐述该课的设计思路、教学方法及其效果的一种教研方法。

（杨晓平）

【成立小学校长发展工作室】　12月14日，怀柔区教委举行怀柔区小学校长发展工作室启动仪式。工作室聘请全国小学教育专业委员会副理事长，享受国务院特殊津贴专家刘永胜为工作室导师，教育学院教授、市教育领域专家、市知名校长等组成工作室专家组，全区21名小学校长为工作室成员。工作室研修内容遵循模块设计思路，分为五大模块，即专业知识讲座、学校问题诊断、拓展能力培养、教育综合考察和研修评估总结，通过体验培训、研讨交流、学校诊断、教育考察等形式开展学员与专家之间的交流，培养校长的规划设计能力、科学研究能力、语言表达能力、领导管理能力和团队合作能力。工作室设在区教委小学幼儿教育科。

（杨晓平）

【展示青年教师教学基本功竞赛成果】　12月16日，怀柔区教委举办青年教师教学基本功竞赛成果展示暨表彰大会。会议表彰150名获奖教师，举办获奖教师课堂教学和说课基本功展示。区教委相关领导、各学校校级干部及获奖教师300人参加会议。青年教师教学基本功竞赛4月开始，包括校级初赛、区级复赛两个阶段。其中，复赛分为笔试和现场说课两项内容。全区313名教师参加复赛，150名选手分获一、二、三等奖。

（杨晓平）

职业与成人教育

【概　况】　2011年，怀柔区职业高中2所（1所民办），设置专业16个，开设教学班62个；毕业892人，招生569人，在校生3152人；教职工462人，其中，专任教师261人。职业学校占地面积242867平方米，建筑面积48134平方米，藏书61616册，固定资产总值7093万元。教育部门办职业学校全年教育经费投入5264.1万元。各级各类成人教育学校349所，其中，镇乡成人文化技术培训学校14所，教职工50人（专任教师35人）；村级成人文化技术培训学校284所，教职工310人（专任教师275人）；社会力量办学51所，教职工1065人（专任教师425人）。农村成人文化技术培训学校占地面积31700平方米，建筑面积30450平方米，固定资产总值1650万元；社会力量办学单位占地面积34650平方米，建筑面积29800平方米，固定资产总值380万元。

（杨晓平）

【召开创建学习型怀柔工作会】　2月24日，怀柔区教委创建学习型组织领导小组召开2011年创建学习型怀柔工作会。会议总结2010年创建学习型怀柔工作，部署2011年创建工作。会议表彰14家“学习型组织先进单位”、4项怀柔区“首都市民优秀学习品牌”、5名市级学习之星和13名区级“首都学习之星”。会议充分肯定“十一五”期间创建学习型怀柔工作，对2011年工作提出具体要求。一是提高对建设学习型怀柔重要性认识；二是要围绕学习型组织共同愿景，扎实推进学习型怀柔创建工作；三是紧扣学习型怀柔创建工作重点，抓出实效；四是整合社会资源，构筑市民学习成才平台；五是不搞形式主义，将学习型怀柔创建活动长期开展下去。区政府、区教委、社区教育中心，以及各镇乡、街道、机关、企业领导共160人参加会议。

（杨晓平）

【举办职业技能竞赛】　12月21日，怀柔区教委举办第二届职业技能竞赛。竞赛共涉及计算机、机电、汽车、旅游餐饮服务4个专业，包括小型局域网组建、钳工技能、数控车技能、武术跆拳道、汽钢检测技术、发动机故障排除、餐厅服务技术、茶艺技术等21个竞赛项目。竞赛以理论试题笔试和现场实际技能操作形式进行。区教科研中心教研员和职业学校教师7人担任评委，依据各工种《国家职业标准》对参赛学生理论试卷和实际操作进行评分。全区职业学校学生235人参加决赛，评出一等奖20人、二等奖21人、三等奖41人。

（杨晓平）

【举办残疾人信息技术培训】　至12月，怀柔区政府信息中心、区教科研中心联合举办12期残疾人信息技术培训班。培训是区政府开展提高全民信息化知识普及与技能系列培训活动之一。培训涉及8个社区、4个乡镇，200名残疾人参加学习。培训班每期3天，学习内容涉及计算机及互联网基础知识、办公软件使用、信息搜索与发布等。

（杨晓平）

【开展农民实用技术培训】　至12月，怀柔区教委完成161户农民实用技术培训。3月，区教委与宝山镇、雁栖镇、桥梓镇、汤河口镇政府，以及161户农民签订实用技术培训协议。根据协议，社区教育中心负责邀请专家举办培训。至年底，全部完成161户农民培训，其中培训民俗接待73户、黑兔养殖20户、果树种植48户、蝎子养殖4户、手工编织16户，161名培养对象成为当地“土专家”或产业带头人。

（杨晓平）

【举办柳编技术培训】 至12月，怀柔区教委完成雁栖镇“4050”人员柳编技术培训。“4050”人员是指处于劳动年龄段，女40岁以上、男50岁以上，本人就业愿望迫切、但因自身就业条件较差、技能单一等原因，难以在劳动力市场竞争就业的劳动者。为帮助“4050”人员就业，区教委先后组织乡镇领导和培养骨干赴河北固安、山东临沭柳编大县考察、学习，并聘请山东临沭柳编师傅在雁栖镇西栅子村举办为期1个月的柳编技术培训。周围6个村子累计600名“4050”人员参加培训。经培训70%以上接受培训者掌握柳编工艺品制作技术，并以民俗接待村为基地出售柳编纪念品。

（杨晓平）

【继续开展“三进三送”活动】 至12月，怀柔区教委继续开展“三进”和“三送”活动。该活动始自2005年，由社区教育中心具体实施。“三进”项目包括文明礼仪进社区、实用英语进景区、致富信息进农户，即在全区居民社区、旅游景区、农村地区大力开展礼仪培训、实用英语培训和实用技术培训。一年来，“三进”项目共举办32期培训3500人。“三送”活动包括送教下乡、送教进村、送教入户活动，即将计算机、实用技术光盘、书籍、信息技术送给村民。在“三送”活动中，社区教育中为14个乡镇民俗户、种养殖户送去计算机36台、实用技术光盘320套1072张和书籍675套。

（杨晓平）

【超额完成农村富余劳动力转移培训】 至12月，怀柔区社区教育中心超额完成农村富余劳动力转移培训。培训包括计算机操作、中式烹调、民俗旅游、手工编织、商品营销、农艺工六方面内容。共投入培训资金82万元，开设22个培训班，累计培训12个乡镇农村劳动力1300人。其中有973人参与考核鉴定，鉴定合格率95%，就业率为70%，超额完成年初制定的培训指标。

（杨晓平）

教育督导

【概　况】 2011年，怀柔区教育督导室紧扣教育均衡发展和教育强区两大主题开展工作。配合区教委制定素质教育考核评价方案，指导各校制定“十二五”规划和计划，督促学校做好学年度全面实施素质教育自评工作。完成全区37所中小学体育工作专项督导及5所小学规范化建设验收工作。完成2011年教育执法检查工作，考核评价镇乡、街道、委办局教育工作。按时完成2011年义务教育实施情况与义务教育均衡发展状况监测工作。创新教育督导工作机制，实行“怀柔区教育系统督学责任区及随访制度”。加强教育督导科研工作，成立教育评价与督导研究分会，立项36个市级研究课题。年内，教育督导室《创新工作方法提高教育督导评价实效性》课题研究成果，获怀柔区2011年度科学技术二等奖。

（杜书霞）

【成立教育评价与督导研究会】 4月26日，怀柔区教育督导室召开教育评价与督导研究会成立大会。会议宣布怀柔区教育评价与督导研究会第一届理事会成员名单。其中，理事长1人，常务副理事长1人，副理事长7人，秘书长1人，副秘书长9人，常务理事51人。该研究会隶属于怀柔区教育学会，主要任务是管理、指导全区教育评价与督导科研活动。区教委和教育督导室领导、教育评价与督导研究会成员、中小学代表等120人参加会议。

（杜书霞）

【审议中学整改方案】 5月19日，怀柔区教育督导室审议各中学针对2010年综合督导评价意见而制定的整改方案。中学专兼职督学和区教委有关人员组成的审议组，就整改方案格式及内容进行逐项审议。结果显示，各校整改方案基本符合督导室要求。多数学校对存在问题的原因分析得准确、透彻，并制定改进措施，明确责任人。少数学校整改方案存在文本格式不符合要求、问题产生原因分析不到位，整改措施缺少量化、可操作性、可检测性问题。审议后，教育督导室向各校反馈评审意见，并要求各中学在接到整改方案评审意见后，针对存在问题认真修改，确保修改后整改方案格式符合要求，内容切实可行，整改目标明确，工作流程清晰。各学校必须保证整改方案具有可操作性和可检测性。

（杜书霞）

【完成专兼职督学聘任工作】 8月，怀柔区教育督导室完成2011至2012学年度专兼职督学聘任工作。聘任依据2011年8月修订的《怀柔区人民政府教育督导室兼职督学暂行管理办法（修订）》，重点吸纳特级教师及专家型干部、教师。同时，为方便督学人员及时补充调整，把过去三年一聘任改为一年一聘。此次共聘专职督学5人，兼职督学17人，督学顾问3人。其中，特级教师2人，北京市名校长2人。

（杜书霞）

【举办专兼职督学培训会】 9月15至16日，怀柔区教育督导室举办新任专兼职督学培训会。培训内容包括督导工作发展形势、督导工作任务、素质教育考核评价方案等内容。新任专兼职督学及部分教科研中心教师30人参加培训。

（杜书霞）

中共怀柔区委教育工委

书　　记 刘生勃

怀柔区教育委员会

主　　任 闫充印（5月免）
夏占利（5月任）

怀柔区政府教育督导室

主　　任 闫充印（5月免）
夏占利（5月任）

平 谷 区

总 类

【召开新学期后勤工作会】 3月2日，平谷区教委召开新学期后勤工作会。会议就新学期财务管理、校舍修缮、校安工程及设备购置、调剂进行工作部署。会议要求，各单位要突出重点，扎实做好教育财务工作；全力做好校舍的建设与管理工作；强化学习意识、规范意识和廉洁意识，增强自身综合素质和业务水平。各校及直属单位相关人员85人参加会议。

（吴玉仙 张东安）

【召开2011年工作部署会】 3月3日，

平谷区委教育工委召开2010年工作总结会暨2011年工作部署会。会议就创先争优活动、宣传工作及思想政治工作目标管理考核进行总结部署。会议提出，强化干部队伍建设，提高治校理教能力；强化组织建设，努力推进创先争优活动；强化宣传教育工作，优化教育发展环境；强化党风廉政建设，筑牢职业道德防线；强化统筹协调，凝聚教育发展力量。会议表彰2010年18个宣传工作先进集体和36名宣传工作先进个人。区委教育工委、区教委领导及各单位代表210人参加会议。

（吴玉仙 张东安）

【建立述职述廉制度】 3月，平谷区教育系统建立基层单位主要领导向区委教育工委、区教委述职述廉制度。述职述廉内容为本单位领导班子对学校近几年学习贯彻党的路线方针政策、学校办学思路和特色建设、干部教师队伍建设、财务管理制度执行、遵守廉洁从政、选拔任用中层干部情况，剖析当前学校存在突出问题，并提出可行性改进措施。至年底，全系统65个基层单位完成述职述廉，述职述廉内容作为考核、奖惩、任用领导干部的重要依据。

（吴玉仙 张东安）

【新设立3个机构】 3至4月，平谷区教育系统新设立3个机构。3月，平谷区教委团委办从组织科析出独立办公，成立少工委办公室（团委办）。其职责是负责区少工委的日常工作；研究制定全区少先队组织的发展规划和年度计划，并组织实施；组织、指导、协调基层少先队组织建设工作；加强少先队组织的思想政治教育工作；负责本系统共青团工作，抓好团组织的管理、发展和团员的思想政治教育工作；对本区少先队和共青团工作开展相关调研，提出意见、建议。少工委办公室（团委办）属教委内设机构，编制3人。4月，成立平谷区教育系统关心下一代工作委员会，简称关工委。关工委是在平谷区委教育工委、平谷区教委领导下的群众性工作机构，该组织机构独立办公，机构成员由区委教育工委、区教委和直属单位代表担任。同时还成立平谷区老教师协会，与关工委合署办公。

（吴玉仙 张东安）

【成立名校长及特级教师工作室】 4月14日，平谷区教委在平谷二小举行名校长及特级教师工作室成立启动仪式。仪式上，工作室成员及工作室主持人分别发言。区教委领导指出，成立名校长和特级教师工作室是实施队伍素质提高工程，注重高层次人才培养的重要举措。目的是培育培养名校长、名教师、骨干教师，提升校长队

伍整体素质，带动教师队伍整体专业化水平。区教委领导和有关学校代表45人参加活动。平谷区名校长工作室设在平谷二小，主持人为原光明小学校长刘永胜、平谷区教委主任徐素芝，成员8人；平谷区特级教师工作室设在平谷中学，主持人段宝明、崔占国，成员10人。

（吴玉仙 张东安）

【举办“红娃向着太阳唱”文艺晚会】

4月15日，平谷区教委举办“红娃向着太阳唱——新农村孩子和打工子弟献给建党90华诞的歌”文艺晚会。晚会分为红色记忆、金色激情、绿色畅想三个篇章。平谷区小香玉艺术学校的师生们表演歌舞、武术舞蹈、豫剧等13个节目。平谷区有关领导和部分师生、学生家长500人参加晚会。4月29日，该场晚会在全国政协礼堂演出。全国政协领导和打工子弟学校师生代表观看演出。平谷区小香玉艺术学校成立于2010年9月，是一所九年一贯制学校。该校前身是平谷八中。

（吴玉仙 张东安）

【召开办学理念培训会】 5月26日，平谷区教委召开校长园长办学理念暨特色建设培训会。会上，38所学校、幼儿园的校、园长分别汇报本校的办学理念及特色建设思路、措施。原光明小学校长刘永胜分组进行整体点评，并对每所学校、幼儿园的办学理念、办学思路、办学目标、办学特

色、实施途径进行具体指导。区教委领导和学校代表40人参加培训会。

（吴玉仙 张东安）

【完成教育城域网改造工程】 6月10日，平谷区教育城域网改造工程完成。工程总投资798.4万元，工程项目包括城域网出口改造、数据中心安全加固、数据中心核心交换机更换、网络基础设备升级。工程项目中，除正在进行抗震加固的11所学校外，其余教育单位全部改造完毕，基本形成覆盖全区的教育城域网络。

（吴玉仙 张东安）

【召开教师节表彰大会】 9月7日，平

谷区委教育工委、区教委召开2011年教师节庆祝暨表彰大会。会议表彰奖励10个教育工作先进集体、10名标兵校长（园长）、20名优秀教育工作者、30名优秀班主任、80名优秀教师。区委书记向受到表彰的先进集体和先进个人表示祝贺，向全区广大教育工作者表示节日的问候，并提出五点意见：要优先发展，加大教育投入；要均衡发展，促进教育公平；要全面发展，推进素质教育；要优质发展，提高教育质量；要内涵发展，加强队伍建设。平谷区有关领导和教育系统代表900人参加会议。

（吴玉仙 张东安）

【40名贫困学生受捐赠】 9月7日，平谷区40名成绩突出家庭贫困的学生受到“衣恋圣秀慈善基金”捐赠。助学金发放仪式在北师大平谷附中体育馆举行，衣恋集团通过慈善协会向平谷中学和北师大平谷附中共计40名中考成绩突出、家庭困难的学生提供连续3年，每年3000元的助学金。

（吴玉仙 张东安）

【开展推广普通话活动】 9月，平谷区教委开展多种形式推广普通话活动。北师大附属平谷中学、平谷六中、南独乐河学区，利用校园广播、宣传橱窗、电子大屏幕等，介绍推广普通话知识，举办“提升国家通用语言文字应用能力，弘扬中华优秀文化传统”主题班会，举行红色经典诗词诵读会、美文诵读会。平谷一幼悬挂“我是中国娃爱说普通话”条幅，针对幼儿年龄特点开展学习、运用普通话活动，教师开展讲故事比赛、普通话拼音答卷活动。

（吴玉仙 张东安）

【3个单位迁址】 9月，平谷区3个教育单位迁址。其中，平谷中学因教学楼重建，暂迁至迎宾环岛西原北京联合大学平谷学院。区教育科研中心迁至迎宾环岛西原北京联合大学平谷学院西，单位原址经加固后归平谷六中使用。区特教中心迁至平谷区兴谷开发区平翔路18号，原址归平谷一小使用。

（吴玉仙 张东安）

【签订对口支援师资培训协议】 11月

6日，平谷区教委与内蒙古自治区商都县教育局签订对口支援师资培训协议。协议明确，培训每期1至2周，对象为商都县幼儿园至高中（含职高）学校干部教师，共473人。培训采取“一带一”师徒结对方式进行，内容涵盖学校内涵管理与特色建设、新课程改革等。协议为期1年。

（吴玉仙 张东安）

【全区中小学校长异地培训】 11月6至16日，平谷区教委举办全区中小学校长全员异地培训。培训主题是新课程背景下的校长领导力与学校发展。培训在华东师范大学进行，为期11天。其间，听取14名专家报告，考察华东师范大学第二附属中学、建平中学等6所学校。全区43名中小学校长分两批参加培训。该培训是平谷区“十二五”干部培训规划重点项目之一。

（吴玉仙 张东安）

学前教育

【概　况】 2011年，平谷区幼儿园53个，园所占地面积120517平方米。离园幼儿2171人，入园幼儿2390人，在园幼儿7149人。教职工1028人，其中，专任教师652人。学前三年教育普及率98.5%。年内，大兴庄镇中心幼儿园晋升为北京市一级一类幼儿园。至此，全区北京市示范幼儿园2所，一级一类幼儿园5所。

（吴玉仙 张东安）

【规范民办幼儿园管理】 3月，平谷区教委规范民办幼儿园管理措施。一是加强安全细化管理，进一步督导民办幼儿园落实区教委《关于进一步加强幼儿园安全工作的意见》，创建平安校园。二是按《民办教育促进法》规定审计、公示幼儿园年度财务报告，规范财务管理。三是贯彻《平谷区民办幼儿园教育教学常规管理办法》，落实园长观摩市立园半日开放活动、听课、评课活动，提高园长专业水平。四是采取分步实施的办法推进幼儿园级类验收工作，2013年前将民办幼儿园全部纳入级类管理。

（吴玉仙 张东安）

【制定学前教育三年行动计划】 5月4日，平谷区教委制定并印发《平谷区学前教育三年行动计划》。该计划的总体目标是：构建政府为主导、公办为主体、社区为依托、公办民办并举的学前教育公共服务体，努力创造管理体制完善、职责任务明确、结构布局合理、基础设施完备、经验保障到位、师资配置达标的北京市远郊区县较高水平的学前教育。具体目标包括6点：抓普及、保两率，确保有就读能力的幼儿接受学前教育；建立健全学前教育发展保障体系；完善学前教育经费保障制度；优化结构布局，整合扩大学前教育资源；建立教师准入及研修制度；整体提升各级各类幼儿园办园质量和水平。

（吴玉仙 张东安）

【一所幼儿园晋升级类】 5月19日，北京市一级一类园验收专家组对大兴庄中心幼儿园晋升北京市一级一类园进行视导验收。专家组查看幼儿园管理、

设备条件、教育环境创设与利用，并通过审阅档案材料、听取园长工作汇报、与教师座谈等形式了解园所整体发展情况。最终，专家组认定该园晋升为北京市一级一类幼儿园。

（吴玉仙　张东安）

【制定幼儿园学籍管理方案】 9月，平谷区教委制定《平谷区幼儿园学籍管理方案》。方案从幼儿园入园、建档、转园、借读、学籍管理方面，细致规定市立园、乡镇园及民办园学籍管理规范。文件为宏观调控幼儿园管理、推进幼儿园管理工作信息化提供政策保障。

（吴玉仙　张东安）

【培训幼儿园园长】 10月10至12日，

平谷区教委举办幼儿园园长培训。培训邀请5名市级示范园园长主讲。五名园长分别结合自身管理经验报告“以规范的制度建设保障园所可持续发展”、“人文管理提升幸福指数”、“特色幼儿园创建策略”等内容。全区各级各类幼儿园园长300人次参加培训。

（吴玉仙　张东安）

【改建3所幼儿园】 10月，平谷区教委为实施村办园规模化管理，改建3所幼儿园。3所幼儿园全部附设在小学内，其中，东樊各庄小学幼儿园、大

宝上营小学幼儿园为小幼一体化管理形式，上纸寨小学幼儿园为平谷二幼分园。改建工程总投资1850万元。至年底，3所幼儿园完成，附近村办园在园幼儿迁入新园。

（吴玉仙　张东安）

【加强民办园年检及考核工作】 11月7日，平谷区教委制定并印发《平谷区民办幼儿园年检及考核工作意见》。文件明确，坚持年检考核与日常管理、监督指导相结合的原则，通过年检及考核，不断规范民办幼儿园的办园行为，增强民办幼儿园依法办园、依法治教意识，促进民办园健康自主发展。年检及考核范围是经区教委审批，取得有效“民办学校办学许可证”的学前教育机构。年检及考核内容包括依法办园、财务管理、行政管理与办园条件、教育教学管理、卫生保健5个方面。区教委联合相关部门组成年检及考核领导小组，采取审核幼儿园年度自查报告、实地检查、考核小组集体评定等方法具体实施。

（吴玉仙　张东安）

【民办幼儿园实施级类管理】 11月7日，平谷区教委制定民办幼儿园分级分类管理意见。该意见规定民办幼儿园级类验收的范围、验收的标准、颁证及换证办法等。文件明确，民办幼儿园分级包括一、二、三级，分类包括一、二、三类。

（吴玉仙　张东安）

基础教育

【概　况】 2011年，平谷区小学49所，教学班595个，毕业2964人，招生2837人，在校生15599人。教职工2584人，其中，专任教师1811人。小学入学率100%，巩固率100%，毕业及格率100%。中学20所，教学班426个，毕业5953人（初中3801人、高中2152人），招生4492人（初中2456人、高中2036人），在校学生15310人（初中8843人、高中6467人）。在校生中，本市户籍学生14858人。初中入学率100%，巩固率99.8%，毕业及格率100%。高中入学率56.26%，应届毕业生高考录取率86.61%。教职工3336人，其中，专任教师1776人（初中1150人、高中626人）。特殊教育学校1所，开设教学班16个，在校生150人，招生13人，毕业17人。教职工64人（专任教师40人）。残疾儿童入学率100%，巩固率100%，结业率100%。中学教师学历合格率99.6%，小学教师学历合格率100%；特级教师5人（小学1人、中学4人）；高级专业技术职务教师590人（小学8人、中学教师582人）。全区中小学校舍总占地面积147.42万平方米，总建筑面积46.26万平方米，固定资产总值7.36亿元，图书馆藏书220万册。全年教育经费投入14.13亿元，其中，国拨14.01亿元，自筹0.12亿元。

（吴玉仙　张东安）

【刘家店学区开展实效课堂评优达标活动】 3月3日至5月3日，刘家店学区开展“实效性课堂评优达标”活动。活动首先观摩名师录像课，组织教师研讨交流。然后采用“看课堂活动、听师生交流、问教学设计、谈教学感悟”的“问诊式”评价，组织多学科教师评议。依据评议结论，组织课堂教学练兵活动，组织实效课堂汇报提高课。最后，展示其中精品课，引领实效课堂教学。全校27名干部和任课教师参加活动。

（胡利平）

【召开“课堂教学有效策略”专题报告会】 3月6日，平谷区教委召开“课堂教学有效策略”专题报告会。原光明小学校长刘永胜为全区市、区级骨干教师作“课堂教学有效策略”报告。刘永胜从“学生需要什么样的课堂”、“有效的课堂教师要注意什么”、“有效的课堂学校应该做什么”三个方面，讲解教学策略有效实施的具体内容。区教委领导和全区小学代

表60人听取报告。

（吴玉仙 张东安）

【视导小学教育教学工作】 3月17至23日，平谷区教委与区教育科研中心小学联合视导马坊第一学区、马坊第二学区、镇罗营学区等7所学校。视导通过课堂听课，与学校干部、教师交流，检查备课、作业形式，了解学校教育教学及管理方面情况。视导组在肯定学校优点同时，指出各学校存在的问题，针对具体情况，提供改进策略。区教委及教育科研中心28人参加视导。

（吴玉仙 张东安）

【举办“我爱地球妈妈”主题演讲】 3月23日，平谷区举办第15届“我爱地球妈妈”主题演讲活动。活动由区教委与区环保局联合举办，平谷一小承办。各学区、直属小学的29名学生围绕“低碳生活从我做起”参加演讲，共同分享环境保护、低碳生活的前卫思想和生活妙招。比赛共决出一等奖2个，二等奖5个，三等奖10个。活动开始于1997年，每年举办一次。

（吴玉仙 张东安）

【中考报名减少】 3月25日，平谷区2011年中考报名工作结束。该区中考报名总人数4018人，比上年减少502人。其中应届生3768人，往届生250人。报名期间，区教育考试中心设立电话咨询专线，安排专人解答报名过程中各种问题。

（吴玉仙 张东安）

【刘家店学区加强习题作业实效性研究】 4月8日，平谷区刘家店学区召开教学工作专题会议，加强习题作业实效性研究。会议认为，学校习题作业中存在内容盲目随意，重“量”轻“质”，形式单一等问题，决定开展以“习题作业布置与设计方法策略”专项研究活动。会议提出，教师要严格按照学习目标、进度对习题作业进行筛选和审查，减少随意性，以“范例讲解”、“举一反三强化”等方式提高学生分析和解决问题的能力；习题作业内容体现梯度，注意习题要求的层次性，学生根据自己的能力自主选择所能达到的层次；改进作业评价方法，尝试增加面批比例，引入评语、汇报展示等评价方式。全校27名干部和任课教师参加研讨。

（胡利平）

【交流“课堂教学有效性”实验成果】

4月28日，平谷区教委举办走进平谷九小——平谷区小学“课堂教学有效性”展示交流活动。活动听取平谷九小校借鉴杜郎口经验，推进课堂教学改革的举措，观摩该校语文、数学、英语、科学、品德与社会10节展示课，听课教师进行现场互动研讨，教研员完成现场点评。区教委领导和全区小学代表50人参加活动。

（吴玉仙 张东安）

【研讨中学体育男女生分班教学】 5月23日，平谷区教育科研中心在峪口中学举办中学体育男女生分班教学研讨会。会上，该校分年级展示体现男女生特点的公开课，包括初三年级男生支撑跳跃、女生篮球，初二年级女生跳远、男生双杠，初一年级女生技巧、男生武术棍。会议认为，体育课男女分班教学确实提高课堂质量。全区各中学体育教师60人参加活动。

（吴玉仙 张东安）

【表彰优秀教育科研成果】 5月31日，平谷区教育科研中心召开“十一五”优秀教育科研成果表彰会。会议表彰10个教育科研先进集体、34项优秀教育科研成果、10名教育科研先进工作者、62名课题研究先进个人。全区各中小学代表和先进代表160人参加会议。

（吴玉仙 张东安）

【举办中小学图书管理员培训】 6月9日，平谷区教育设备中心举办中小学图书管理员参加培训。培训邀请北京市教育技术设备中心报告数字化图书馆和小学阅读指导活动经典书目等情况，并邀请市、区教育设备中心分别对图书馆建设与管理提出指导性建议。全区中小学代表70人参加活动。

（周国征 张海平）

【本科上线率48.26%】 6月27日，平谷区2011年高考成绩揭晓。全区参加高考考生2356人（其中，统考考生2249人，单招单考考生50人，自主招生57人），本科上线1137人，上线率48.26%。其中，3所公办高中上线率60%，分别为：平谷中学本科上线549人，上线率91.20%；北师大平谷附中本科上线232人，上线率45.31%；平谷六中本科上线189人，上线率37.57%。文科最高分604分，理科最高分631分。

（吴玉仙 张东安）

【组织教学质量监控考试】 7月4日，平谷区教委非毕业年级教学质量监控考试。考试涉及初一、初二两个年级。其中，初一参考2852人，考查7科，总分760分；初二年级参考3342人，考查8科，总分860分。考试全区统一组考、学校间循环监考、全区统一阅卷。考试结果显示：初一年级总平均分550.17分，总优秀率16.69%，总及格率83.24%；初二年级总平均分628.77分，总优秀率19.12%，总及格率84.02%。

（吴玉仙 张东安）

【举办高中教师基本功集中培训】 9月15至19日，平谷区教委和区教育科研中心联合组织高中教师基本功集中培训活动。培训内容包括统一笔试、说课与答辩、现代教育技术应用。全区各高中校各学科参赛教师及指导教师、教研员65人参加培训。培训为参加北京市普通高中教师新课程教学基本功大赛举办。

（吴玉仙 张东安）

【交流学校特色建设方案】 9月21日、27日，平谷区教委举办小学校长办学理念暨学校特色建设方案交流研讨会。会议交流各学区、直属小学特色建设方案29个，并逐一进行办学理念、办学思路、办学目标等问题点评指导。区教委领导和小学代表30人参加会议。此前，各学校建设方案经刘永胜等老校长指导，并按指导意见完成修订。

（吴玉仙 张东安）

【为中小学配备电子黑板】 9月，平谷区教委为部分中小学校配备130台交互式电子黑板。电子黑板集成投影机、电子白板、液晶电视、计算机多种设备功能，配合书写软件，具备书写、图画、投影等功能。

（吴玉仙　张东安）

【举办小学校本课程培训】　10月11日，平谷区教育科研中心小学校本课程教研组在平谷五小举办第一次校本课程培训。培训交流各校校本课程设置、课程内容、课程开发协作意向，讲解校本课程开发。全区各学区、小学的教务主任、校本课程教研组成员60多人参加培训。9月25日，平谷区教委小教科与教育科研中心联合成立小学校本课程教研组。教研组主要职责是研究校本课程教学策略，推进校本课程建设。校本课程教研组成员29人。年内，校本课程教研组重点举办“人人献课人人评”活动。活动探讨校本课程优质教学策略，加强校际间的交流与合作，通过建立校本课程协作组、校本课程资源库，实现共同开发，资源共享，为学校开发多样化的校本课程创造条件。

（吴玉仙　张东安）

【三区县交流校本培训经验】　10月19日，平谷区、怀柔、密云三区县开展校本培训交流研讨活动。密云、怀柔教师培训中心领导及工作人员观摩平谷区金海湖二小“草根式”校本培训活动，听取平谷区《深山区“草根式”培训迎来学校大发展》专题汇报。三方表示今后要加强交流，共同提高区域校本培训工作效益。三区县教研人员120人参加活动。

（吴玉仙　张东安）

职业与成人教育

【概　况】　2011年，平谷区职业高中1所，设置专业7个，开设教学班22个。毕业191人，招生53人，在校生450人。教职工221人，其中，专任教师74人。学校占地面积7.5万平方米，建筑面积3.7万平方米，固定资产总值5200.78万元。各类成人学校276所，开设专业17个。毕业834人，招生905人，在校生3104人。教职工719人，其中，专任教师324人。成人学校占地面积574558平方米，建筑面积87060平方米，固定资产总值9720.4万元。

（吴玉仙　张东安）

【完成高等教育自学考试组考工作】　4月17日，平谷区完成2011年上半年北京市高等教育自学考试组考工作。该区共有考生165人，报考378科次，参考200科次，参考率52.91%。平谷区教委为规范考试管理，防范考生作弊，为各考点配备手机屏蔽器防止作弊。

（吴玉仙　张东安）

【举办创建学习型学校专题讲座】　6月14日，平谷区教委举办创建学习型学校专题讲座。讲座结合该区学习型学校创建情况，从建设学习型学校时代背景、什么是学习型学校、如何创建学习型学校等7个方面进行具体讲解。2011年申报参加学习型学校创建的10所学校校长、主管领导及相关负责人20人听取讲座。

（吴玉仙　张东安）

【218名电大学生毕业】　6月18日，北京广播电视大学平谷分校举行2011年春季毕业典礼。本届毕业生共有218人，其中8名学员分别获得武汉大学和中国政法大学学士学位，1名学员获得北京电大优秀毕业生称号，5名学员获得平谷分校优秀毕业生称号。北京电大平谷分校建校以来共为社会输送专、本科毕业生7604人，培养农村干部233人。

（吴玉仙　张东安）

【召开中等学历提升计划总结表彰会】　6月21日，平谷区教委召开中等学历提升计划总结暨表彰会。会议总结平谷区“十一五”期间中等学历提升计划工作，表彰6个先进集体、36名先进个人。区教委领导和有关学校教师代表150人参加会议。“十一五”期间，平谷区中等学历提升计划累计培训2471人，培养中等学历毕业生1130人。

（吴玉仙　张东安）

【平谷第二职业学校撤销】　8月，平谷区第二职业学校暨北京联合大学平谷学院撤销。该校在2005年已经停止招生，只保留专业设置。平谷二职撤销后，校址由平谷中学暂用，学校教师分流到北师大附属平谷中学、平谷六中、北京电大平谷分校等单位。平谷区第二职业学校建于2002年9月，与北京联合大学应用技术学院合署办公。2005年9月，平谷二职停止招生，学校改名为北京联合大学平谷学院，学校法人仍为第二职业学校。

（吴玉仙　张东安）

【社教办主任述职】　9月20日和11月7日，平谷区教委分两批召开社区教育办公室主任述职会。来自16个乡镇和2个街道的社区教育办公室主任分别就教师队伍建设、学习型组织创建、成人学校建设等工作述职。两次共18名主任述职。区教委主管领导和各乡镇、街道代表听取述职报告。

（吴玉仙　张东安）

【1948人参加成人高考】　10月15至16日，平谷区教委完成2011年全国成人高考组考工作。全区1948人报名参加考试，其中，高中起点专科考生605人，高中起点本科考生123人，专科起点本科考生1220人。考试设平谷二中和平谷六中两个考点。

（吴玉仙　张东安）

【举办全民终身学习活动周】　10月24至29日，平谷区举办2011年全民终身学习活动周。活动周主题是“学习、创新、发展”。其间，各乡镇、街道、机关、单位围绕活动主题开展专题学习、教育培训、学习型组织理论讲座、科技下乡活动。共开展主题宣传17次，发放宣传资料38000多份，开展读书征文活动6次，举办专题讲座20次，开展学习型组织创建研讨会9次，开展各种培训5500多人次。

（吴玉仙　张东安）

【评估验收创建学习型乡镇】　11月20日至12月5日，平谷区教委开展学习型乡镇、新村评估验收工作。评估组听取乡镇、村主要领导所作的自评

报告及自评分说明，实地察看镇、村学习培训的硬件设施建设，查阅2至3年档案资料。通过评估，马昌营镇和大华山镇被认定为区级学习型乡镇，平谷镇园田队、东高村镇崔家庄等8个村被认定为区级学习型新村。刘家河中学、金海湖二小等9所学校被认定为区级学习型学校。

（吴玉仙　张东安）

【与 SMC 公司合作办学】 11月30日，平谷第一职业学校与SMC中国有限公司签订合作办学协议。协议明确，平谷一职设立SMC班，定向为公司培养学生。校企联合制定教学计划，由企业员工担任校外辅导员，渗透现代化企业员工素质要求。公司设立SMC奖学金，奖励品学兼优、技术过硬的学生。学生定期到SMC公司实习，成绩合格者毕业后即可与公司签订工作协议。该协议为长期合作协议。SMC公司是“中国机械500强企业”。

（吴玉仙　张东安）

教育督导

【概　况】 2011年，平谷区教育督导室设主任1人，专职督学3人，兼职督学16人。5月召开平谷区第二届教育督导大会。完成对16个乡镇政府、2个街道办事处落实2010年教育职责情况的督导检查，开展校园门口交通设施建设情况督导检查，做好迎接市督导室对区校外教育工作督导评价工作。继续开展各级各类学校实施素质教育综合督导评价和专项督导，完成小学规范化验收工作，完成中小学每天体育活动一小时专项督导检查。

（吴玉仙　张东安）

【召开督学工作会】 3月2日，平谷区教育督导室召开专兼职督学工作会。会议传达2011年北京市教育督导室会议精神及区教育督导室2011年工作计划，部署新学期督学工作。会议要求，全体专兼职督学要提高对教育督导工作重要性的认识，认真加强学习，不断提升专业化水平。平时在工作中要做到勇于创新有思想，勤奋工作重细节，实现效果最优化，充分发挥自己在教育发展中的督导作用。专兼职督学45人参加会议。

（吴玉仙　张东安）

【回复幼儿园素质教育督导意见】 3月24日，平谷区教育督导室召开会议，传达2010年对4所公立幼儿园和2所民办幼儿园实施素质教育督导评价的回复意见。回复意见对6所幼儿园工作给予充分肯定，对各幼儿园保健并重，科学管理，促进幼儿潜能开发，开展本园特色科研教学给予高度评价。同时希望各幼儿园要以本次督导为契机，分析本园的问题与不足，弘扬自己的特色，在全面实施素质教育过程中，大力推进教育教学改革，促进内涵发展。区教育督导室负责人及6所幼儿园园长、副园长23人参加会议。

（吴玉仙　张东安）

【督导检查落实教育管理职责工作】

5月16至26日，平谷区教育督导室督导检查16个乡镇政府、2个街道办事处落实2010年教育职责情况。检查组在听取镇（乡）政府、街道办事处主管领导汇报基础上，通过实地查看乡镇成人学校、幼儿园、中小学办学条件和校园周边环境，组织社区教育办公室、各级各类学校相关人员座谈和问卷调查，检查相关档案资料等形式，重点检查镇（乡）政府、街道办事处把教育工作列入重要议事日程定期研究教育工作情况，建立和执行主要领导联系学校（园）制度情况，对辖区各类教育投入情况等。检查发现，各乡镇、街道认真落实教育职责，加大教育投入，重视校园周边安全环境治理，取得良好效果。各乡镇、街道形成“比教育工作重视程度、比教育投入、比教育富民效果、比教育教学质量，比先进、比经验”的局面，促进区域内各级各类教育均衡高效发展。

（吴玉仙　张东安）

【督导检查校园门口交通设施】 10月，平谷区教育督导室开展校园门口交通设施建设情况督导检查工作。检查旨在改善各中小学、幼儿园门口交通设施配备情况，清除校园门口安全隐患，进一步完善校园门口安全配套设施建设。检查中发现，马路周边各校学校警示牌、校门口斑马线齐全。对检查中发现的校门口斑马线模糊不清、褪色变浅，未设立限速及解除标志牌、减速带等问题，将由区政府督促相关单位补充完善配套设施，清除校园门口安全隐患。

（吴玉仙　张东安）

【召开校外教育自查迎检工作会】 11月16日，平谷区教育督导室召开校外教育督导评价工作自查迎检工作会。会议学习传达相关文件，结合北京市区县校外教育工作督导评价指标体系，制定分解各单位应承担的校外教育责任，全面部署校外教育自查和迎检等工作。会议要求各单位精心组织领导校外教育自查整改工作，认真总结分析，围绕职责、重点查、查重点。通过自查整改，建立自评工作机制，有效落实各自职责。各相关委办局、乡镇街道、校外教育机构、中小学主管领导50人参加会议。

（吴玉仙　张东安）

中共平谷区委教育工委

书　　记　屈志奇

平谷区教育委员会

主　　任　徐素芝

平谷区政府教育督导室

主　　任　韩宝芳（1月免）
　　　　　赵志刚（8月任）

密　　云　　县

总　　类

【总结农村基础教育现代化实验区项目成果】　1月15日，密云县教委召开会议，总结农村基础教育现代化实验区项目工作。总结报告显示，农村基础教育现代化实验区课题组开展广泛教育教学理论和实践研究，形成系列教师培训方式和教学研究模式。如中学绿色升学率研究项目形成以现场教学指导与专家教学讲座为主，研讨、总结与交流为辅的教师培训模式；攀登英语与常规英语整合的教学模式；电子备课、建设网络课程体系、家校互联等有效教学模式。这些模式为学校开展校本培训和教科研活动提供新思路和有益经验。2007年，密云县与北师大合作实施“农村基础教育现代化实验区”项目。3年来，项目组开展7个方面、25个子课题研究，通过多种形式培训教师，促进教师整体发展，提高课堂教学质量。

（雒晓波）

【确定年度工作重点】　2月，密云县教委召开寒假领导干部工作会，提出年度工作重点。全年工作思路是以“提高教育教学质量”为核心，以“三名工程”（名教师、名校长、名学校）为抓手，做到队伍建设有新举措、质量提高有新突破、各类教育有新进展。重点工作包括7项。一是学前教育工作方面，加快推进幼儿园改造进程，加强幼教师资水平的提高，整体提升办园层次和办园水平。二是在队伍建设方面，实施“名校长”和“名校”建设工程，提升教育教学水平。三是在学校管理方面，紧紧围绕“提高教育质量”核心，严格落实“教学管理规范”和“课堂教学十项要求”，促进学生全面发展。四是在体育卫生工作方面，进一步落实“每天一小时体育锻炼时间”，狠抓课间操和集体跑步管理。五是在校外教育工作方面，培育校外教育特色和品牌，加大学校特色项目建设力度，提高学校特色建设水平。六是在改善办学条件方面，完成校舍加固工程，实施新农村中学等建设工程。七是在职成教育方面，加强呼叫服务、数控技术、汽车运用与维修专业建设，为密云县新引进企业输送中等职业人才。做好农民学历教育招生工作，推进学习型密云创建工作。

（雒晓波）

【召开审计工作会】　3月16日，密云县教委召开教育经费自查和审计工作会。会议要求各单位要高度重视教育经费自查工作，把自查工作作为当前一项重要任务抓实抓好，按时完成自查任务，并配合审计机关开展审计工作。全县教育单位代表128人参加会议。至年底，密云县124个教育单位开展教育经费自查工作，未发现违规金额。

（雒晓波）

【举办做合格领导者专题讲座】　3月29日，密云县教委邀请北京师范大学周之良教授就干部队伍建设举办专题讲座。周之良以《做合格领导者》为题，通过典型的案例、生动的图片、古今中外教育教学理论，系统阐述学校领导者如何把握教育工作中的主要矛盾、如何科学决策、如何建设坚强的领导班子等问题。全县中小学代表400人听讲。

（雒晓波）

【实施6项计划建设优质师资队伍】　3月，密云县教委印发文件实施6项优质师资队伍建设计划。一是实施教师学历提升计划，举办数学专业硕士研究生学位预科班、幼儿艺术教育专科班、学前教育本科班。二是实施心理健康知识远程培训计划，分期分批举办教师培训。三是实施班主任工作能力提高计划，举办小学班主任培训班。四是实施科研能力提升计划，组织中小学各学科教研、备课组长参加学习。五是实施英语教师口语能力提升计划，聘请外教举办英语教师培训。六是实施专任教师基本功培训计划，开展普通高中教师基本功培训展示活动，组织中学语文、数学、英语教师专业知识测试。

（雒晓波）

【总结“十一五”对口支援成绩】　8月，密云县总结“十一五”时期对口支援与交流合作工作。“十一五”时期，密云县教委与内蒙古自治区乌兰察布市察右中旗教育局和青海省湟中县教育局签署协议，结为对口支援与交流合作单位。几年来，密云县教委累计为对口帮扶地区捐助贫困资金55万元。为内蒙古地区捐赠课桌椅、实验桌椅3800（套）件，计算机、投影仪、语音教室设备、体育器材等1500台（套），图书、衣物1.2万册（件），吉普车2辆。为青海省湟中县捐赠体育器材、学生用床、升降桌椅700套。赴内蒙古举办专题讲座6场，授课、听评课77节。赴援湟中县举办专场教育讲座5场。先后接受60名内蒙古、青海干部教师来密云挂职锻炼、驻校学习。

（雒晓波）

【多项措施提高教育质量】　至年底，密云教委注重教育内涵发展，多项措施全面提高教育质量。一是以“三名工程”为载体提升队伍整体素质。制定《密云县“名校长、名教师、名学校”建设工程的实施意见》，创新干部教师队伍培养机制。二是以建党90周年为契机抓好德育工作，深化“三种习惯”和“四项意识”培养（学习习惯、卫生习惯、体育锻炼习惯，劳动意识、节约意识、合作意识、效率意识）。三是以“三三四”工程为抓手强化教学管理。“三三四”工程即“三抓三清四重”。“三抓”是从起始年级抓起，从新生入学抓起，从最后一名学生抓起；“三清”指堂堂清、日日清、周周清；“四重”是抓住薄弱学校、薄弱年级、薄弱学科和学困生四个工作重点，抓细、抓实教学环节。四是以攀登英语、数字化教研体系建设、信息技术与学科教学整合、绿色升学率“四个项目研究”为重点，推进“农村基础教育现代化实验区”建设。五是以落实“每天一小时体育锻炼时间”为工作重心加强体育工作，狠抓课间操和集体跑步管理，提高课间操和跑步质量。六是以提升学生综合素养为目标推进校外教育工作，为学生健康成长搭建平台，促进学生德智体美全面发展。

（雒晓波）

学前教育

【概　况】 2011年，密云县幼儿园60所（其中教育部门办46所，民办14所），幼儿班352个。离园3173人，入园4431人，在园幼儿10065人（其中本市户籍幼儿8321人）。教职工1405人，其中，专任教师765人。学前三年教育普及率97.3%。全县一级一类幼儿园15所。

（雒晓波）

【幼教管理者培训班结业】 7月3日，密云县幼教管理者培训班结业。培训班2010年4月9日开班，共210学时。培训班通过专题讲座、拓展训练、研讨交流等方式学习幼儿教育管理理论知识，交流教学管理经验。来自全县幼儿园29名学员参加学习。

（雒晓波）

【县城地区重建两所幼儿园】 9月1日，密云县第八幼儿园和密云县第一幼儿园重新建设后投入使用。密云八幼位于密云镇李各庄村，重建后建筑面积3200平方米，办园规模12个班。密云一幼原位于鼓楼街道，在鼓楼街道地区异地新建后建筑面积3000平方米，办园规模12个班。至此，密云县城地区公办园8个，基本满足百姓子女入园需求。

（雒晓波）

【多措并举大力发展学前教育】 至12月，密云县教委采取多项措施大力发展学前教育，整体提升办园层次和水平。一是加强园所建设，制定计划新建幼儿园11所、续建1所，进一步改善办园条件。二是抓好园长培训，选派5名园长到市级示范园挂职学习，举办园长培训班及干部听评课活动，提高管理水平。三是强化幼儿教师基本功训练，开展第三届“芬芳杯”幼儿教师基本功展评活动，提高幼儿园教师综合素质。四是继续争创级类园，年内完成8所幼儿园级类验收任务，全面提升办园水平。五是推进“攀登英语”项目研究，继续与北师大合作，在所有幼儿园深入开展“攀登英语”实验项目研究，提升幼儿综合素养。年内，密云县0至3岁婴幼儿监护人、看护人早教指导率95.3%，3至6岁儿童受教育率97.3%，其中，平原地区学前三年受教育率99.4%，山区学前三年受教育率92.76%，社会满意度不断提高。

（雒晓波）

基础教育

【概　况】 2011年，密云县小学40所（少数民族学校4所，寄宿制学校16所），教学班592个。毕业3625人，招生3661人，在校生19643人（其中，本市户口15871人）。教职工2156人，其中，专任教师1528人。中学22所（初中17所、高中2所、完全中学3所），教学班499个（初中334个、高中165个）。毕业6408人（初中4541人、高中毕业1867人），招生5762人（初中3453人、高中2309人），在校生18391人（初中11249人、高中7142人），在校生中本市户籍学生17579人（初中10464人、高中7115人）。普通中学教职工2720人，其中，专任教师1907人。特殊教育学校1所，开设教学班14个，毕业10人，招生18人，在校生144人。另有小学随班就读190人，初中随班就读131人。特殊教育学校教职工41人（专任教师25人）。全县中学教师学历合格率100%，小学教师学历合格率100%；特级教师8人（小学2人、中学6人）；高级专业技术职务教师692人（小学27人、中学665人）。中小学校舍总占地面积149.88万平方米，总建筑面积46.88万平方米，固定资产总值4.2亿元，图书馆藏书152万册。全年教育经费投入10.92亿元，其中，国拨10.64亿元，自筹0.277亿元。

（雒晓波）

【召开教育信息化工作会】 3月31日，密云县教委召开教育信息化工作会。会议总结信息化工作经验，部署年度工作重点。会议表彰5个2010年教育信息化工作先进单位和10个第四届“十佳”校园网站先进单位，同时表彰教育信息化领域获奖个人。会议听取巨各庄中心小学、溪翁庄中心小学、太师屯中心小学工作经验。全县中小学代表300人参加会议。

（雒晓波）

【举办学历教育师资班】 3月和5月，密云县教师培训中心分别与北京教育学院、首都师范大学联合举办学历教育师资班。3月，与教育学院联合举办幼儿艺术专科班、学前教育本科班，学制3年。66名学员参加学习。5月，与首都师大联合举办英语专业教育硕士学位班。学位班开设课程12门，利用周末和假期上课，学制二至四年。24名学员参加学习。学员修完12门课程通过论文答辩，可以取得硕士学位。

（刘哲）

【举办教育教学管理技能水平测试】 4月10日，密云县教委在密云六中举办学校中层干部、优秀教师教育教学管理技能水平测试活动。测试采取闭卷考试的形式，内容包括教育学、心理学、学校管理理论、课程理论、教育政策法规及校园管理案例分析。教育系统各单位430名中层干部和优秀教师参加测试，全部合格。

（郭立增）

【展示优秀教师个人能力】 5月6日，“我成长、我快乐、我奉献”密云县学校中层干部、优秀教师个人能力展示首场活动在巨各庄中学举行。来自穆家峪、巨各庄、大城子等乡镇中小学52名中层干部、教师参加演讲展示。该活动通过演讲展示中层干部、优秀教师的师德风范、管理实践、创新探索方面体会与心得。至年底，共举办展示活动7场，全县中小学中层干部、优秀教师389人参加展示。活动评出22名“有突出贡献的教师”。

（雒晓波）

【反馈起始年级学生追踪测评结果】 5月27日，北京师范大学“区域教育发展性评价研究”课题组向密云县教委反馈基础教育阶段起始年级学生入学状况及追踪测评结果。课题组负责人报告测试目的、测试内容、测试方式、测评结果，分析问题产生原因，提出改进建议，并讨论测试中有关问题。密云县教委领导听取反馈汇报。2010年，北师大专家完成密云县9所小学、6所初中校和5所高中校起始年级入学状况测评，完成上年度接受测评年级的1.2万名学生追踪测评。2008年，密云县与北师大联合开展“密云县起始年级学生入学状况及其追踪测评”项目研究。该项目以中小学起始年级学生入学状况为切入点，对起始年级学生开展全方位测评，并持续追踪其发展变化状况，通过描述学生发展状况和特点，为评估教育教学行为提供基础数据。

（雒晓波）

【中小学校长赴江苏培训】 5月和10

月，密云县教委两次组织22名中小学校长赴江苏培训。5月，密云县10名初中校长赴江苏美琪学校、东洲中学、丹阳实验小学3所学校跟岗培训半个月，学习江苏学校管理理念和教育教学模式。培训回京后，县教委举办“学习·反思·展望——赴江苏培训初中校长论坛”，听取6名赴江苏培训教师体会报告。10月，第二批12名小学校长赴江苏培训，培训回京后，县教委再次举办校长论坛，交流学习收获。赴江苏学校跟岗培训是密云县“三名工程”（名教师、名校长、名学校）的重要内容，旨在学习名校办学经验，提升办学水平。

（雒晓波）

【交流小学常规管理工作】 6月2日，密云县教委召开小学常规管理工作交流会。会议组织参观太师屯镇东庄禾小学、桑园小学，听取太师屯中心小学常规管理工作经验介绍。会议肯定3所学校的“三项意识”、“四种习惯”和“新求真”教育等常规管理工作经验。“三项意识”是学习、卫生、体育锻炼；“四种习惯”是劳动、节约、合作、效率；“新求真”教育是求真尚志、崇文尚学、做拥有求真情怀的人民教师、做有求真情怀的小学生。县教委领导和全县小学教师代表456人参加交流会。

（雒晓波）

【班主任研修班结业】 7月2日，密云县教委举行班主任研修班读书交流活动暨结业式举行。研修班由县教委与首都师大基础教育学院联合举办，是密云县“十二五”期间首期班主任研修班。研修班以“小学班级教育管理的理论与实践”为主题，共100学时，来自全县27所小学44名学员参加学习。

（索辉）

【设立万都奖学金】 8月12日，密云县政府与万都（北京）汽车底盘系统有限公司签约设立“密云县万都奖学金”。依据协议，万都（北京）汽车底盘系统有限公司每年捐款30万元设立“密云县万都奖学金”。奖学金用于奖励密云县勤奋学习、全面发展、品学兼优的优秀学生。9月，奖学金首次颁奖，密云县28名学生每人获奖1万元。

（雒晓波）

【全国青少年科技创新赛获奖】 8月，在第26届全国青少年科技创新大赛科技实践活动项目评选中，密云县学生获得3个一等奖。3个获奖项目全部由大城子中心小学选报，分别是“自然讲堂与我同行”科技实践活动、“探秘蝗虫私生活”科技实践活动、“关于庄户峪村小水库惊现‘桃花水母’的调查”。该项赛事全国评选一等奖53个，北京市获奖7个。

（雒晓波）

【骨干教师赴山区任学科指导教师】 9月1日，密云县教委选派骨干教师赴山区任学科指导教师。密云五中6名骨干教师担任首批学科指导教师，赴到北庄中学等6所山区中小学任教。指导教师将在山区工作1年。

（雒晓波）

【接受教学软件捐赠】 9月13日，民

盟中央、民盟北京市委、民盟上海市委联合在密云县河南寨中学举行“烛光行动·《几何王》智能型教育软件捐赠仪式”。活动中，民盟有关领导为密云县捐赠《几何王》智能型教育软件200套，研制专家举办软件使用培训。有关领导和密云县中学教师200人参加活动。《几何王》智能型教育软件在“基本图形分析法”基础上，分析几何教学方法规律性，突破数学教学的难点和瓶颈。

（雒晓波）

【举办优秀教师辩论赛】 9月29日，

密云县教委举办学校中层干部、优秀教师辩论赛。辩论赛在教育教学管理基础知识培训和基本技能测试、个人能力展示（演讲）活动基础上举行。全县中小学、职业学校、幼儿园96名中层干部和优秀教师，围绕学习与实践的关系、竞争与合作的关系、师德与师能的关系等12个辩题进行12场辩论。最终，评出32名获奖教师。

（雒晓波）

【召开学校管理工作现场会】 11月1日，密云县教委举办首场学校管理工作现场交流——走进太师屯镇中心小学。活动组织参观太师屯镇中心小学校园文化建设，听取学校发展规划和依托网络集体教研的汇报。与会人员走进班级、办公室，查看学生作业及劳技作品，并随机听课。县委教育工委、县教委领导和中小学、直属单

位代表112人参加活动。

（雒晓波）

【召开城乡教育一体化发展推进会】 11月9日，密云县教委召开“探索城乡教育一体化发展有效途径”研究项目推进会。会议部署项目推进相关工作。会议提出，各部门要高度重视课题研究工作，将课题研究与日常工作相结合、与教育现代化建设相结合，用科研课题带动方式推进各项工作，推动全县教育优质均衡发展。会议要求，各相关科室、部门要明确责任、密切配合，全力做好课题研究工作。争取在“名校办分校”、“城乡结对子”、“师资交流”等方面有所突破，切实缩小城乡教育差距。县教委领导和业务科室负责人参加会议。2010年12月，密云县参加国家“探索城乡一体化发展有效途径”课题研究。

（雒晓波）

【邹俊梅全国教学评比获奖】 11月，密云县果园小学教师邹俊梅执教的《三角形内角和》课例参加第七届全国小学数学优化教学录像课评比活动，获得一等奖。评比由中国教育学会小学数学教学专业委员会主办，每两年一届。邹俊梅，1977年11月生，果园小学数学教师，小学高级教师，市级骨干教师。

（王海军）

【召开名校长办学思想研讨会】 12月12日，密云县教委召开“为儿童一生发展奠基——王得印校长办学思想研讨会”。会议听取王得印《用心做教育》办学思路报告。季庄小学、密云第六幼儿园、穆家峪中心小学领导分别从教师队伍建设、德育工作和教学管理3个方面具体阐释王得印校长的办学思想。有关专家学者、知名校长和密云县干部教师代表400人参加会议。王得印，穆家峪中心小学校长。1956年出生，1997年首都师范大学毕业，2007年任穆家峪中心小学校长。

（雒晓波）

【绿色升学率项目稳步开展】 至12月，密云县教委继续开展绿色升学率项目。项目涉及初中、高中15个学科，聘请专家指导68人次（其中高中50人次，初中18人次），针对学生举办讲座13次。该项目是密云县政府与北师大合作实施的“农村基础教育现代化实验区建设项目”子项目。项目通过开展教师培训、实地课堂教学点拨、教师教学个案研究、听课评课和面向学生举办专家讲座，传播先进教育理念，促进教师专业发展，促进学生综合素质提高。

（雒晓波）

职业与成人教育

【概　况】 2011年，密云县职业高中1所，毕业804人，招生900人，在校生2838人，教职工283人，其中，专任教师193人。学校占地面积14.8万平方米，建筑面积5.2万平方米，固定资产总值11051.7万元。各类成人学校367所，开设专业23个。毕业1307人，招生949人，在校生2650人。教职工150人，其中，专任教师68人。成人学校占地面积16.72万平方米，建筑面积2.46万平方米，固定资产总值3393万元。

（雒晓波）

【为学习型社区先进街道授牌】 4月13日，建设学习型密云工作领导小组办公室（密云县学习办）分别向获得密云县学习型社区先进街道称号的鼓楼街道和果园街道授牌。县学习办宣读创建学习型社区先进街道工作的回复意见，希望2个街道创建工作进一步深化，为和谐社区建设和学习型社区建设做出贡献。有关领导和街道负责人参加授牌仪式。

（雒晓波）

【社区教育中心搬迁新址】 9月1日，密云县社区教育中心迁入新址。新校址位于密云镇新西路李各庄村南，占地面积6000平方米，建筑面积6000平方米。新校址具备远程教育所需的办学设施，拥有6个专用机房，310台计算机，19个多媒体教室，以及视听阅览室和双向视频会议系统。新校址建设总投资2000万元。

（雒晓波）

【表彰学习型学校】 9月15日，密云县教委召开学习型学校总结表彰会。会议总结学习型学校创建工作，表彰密云三中、密云三小、密云四小等16个创建先进单位。会议提出，不断完善团队学习和组织学习的内容和形式，培养教职工的学习能力、系统思考能力，使教师成为终身学习的引领者，促进学校发展和进步，办好人民满意的学校。县教委领导和各乡镇、中小学代表参加会议。

（雒晓波）

【举办全民终身学习活动周】 10月14日，密云县教委举办第七届全民终身学习活动周。活动周共举办书画展、学习型社会研讨会、文化生活知识讲座等活动。其间，市民代表发出学习倡议，号召全体市民积极主动投入到终身学习活动之中。全县20个乡镇街道100所学校参与活动。

（雒晓波）

【职业教育名师工作室成立】 12月26

日，密云县职业教育名师工作室在密云职业学校成立。10名教师成为职业教育郝桂霞、尹宗龙名师工作室成员。工作室研修主题为“以工作过程为导向的课程教学设计与课堂实施”。职业教育名师工作室将充分发挥学科带头人和骨干教师作用，以课题带动研修，促进职教群体素质和教学实效性的提高。

（陆洋林）

教育督导

【概　况】 2011年，密云县教育督导室编制4人，在岗4人，兼职督学10人。县教育督导室学习贯彻《国家教育督导条例》，根据教育和教育督导工作发展的新形势、任务和要求，结合密云县教育督导工作的实际，认真开展各项教育督导工作。完成小学规范化建设督导检查工作，完成教育部基础教育质量监测中心开展的学科质量监测工作，配合县教委完成义务教育实施情况与义务教育均衡发展状况监测工作。

（张凤存）

【接受小学规范化建设工程专项督导】 5月16至17日，密云县接受北京市小学规范化建设工程督导检查组小学规范化建设工作专项督导。专项督导组听取县政府工作汇报、召开座谈会、查阅相关资料，实地检查石城中心小学、东邵渠中心小学、十里堡中心小学和北庄中心小学。专项督导组听取校长汇报、召开教师座谈会、课堂听课、进行学生问卷调查、实地查看学校教学设备设施。在广泛收集信息的基础上，专项督导组认为密云县政府高度重视小学规范化建设工作，坚持按照“软硬件并举、注重内涵发展、统筹资源配置、分类指导、因校制宜”的原则，完成小学规范化建设的各项任务。

（张凤存）

【完成社会满意度问卷调查】 6月，密云县教育督导室面向中小学、幼儿园、职业学校学生家长开展社会满意度问卷调查工作。至9月，县教育督导室完成22所中学、27所小学、1所职业学校、6所直属幼儿园、1所聋人学校学生家长调查，并完成数据统计、分析。结果显示，社会各界对教育满意度较高。

（张凤存）

【完成学科质量监测工作】 9至10月，密云县教育督导室完成学科质量监测工作。监测内容是义务教育阶段学生英语学习质量和体育健康状况。监测分为两个阶段进行，9月监测12所小学、6所中学，10月监测6所小学、3所中学。最终监测数据上报基础教育质量监测中心。年内，县教育督导室还配合市教育督导室完成义务教育实施情况与义务教育均衡发展状况专项督导和监测。

（张凤存）

中共密云县委教育工委

书　记　高淑贤

密云县教育委员会

主　任　李钟勤

密云县政府教育督导室

主　任　果长毅

延　庆　县

总　类

【完成离任校长经济责任审计】 3月21日至4月6日，延庆县教委完成21所学校校长离任经济责任审计，离任审计率100%。为确保审计工作质量，县教委制定《2011年校长离任经济责任审计工作方案》，明确校长离任、任免、调动必须进行经济责任审计。离任审计以单位内部财务管理制度和票据管理、重大经济决策、预算管理、货币资金管理、财务收支、专项资金管理、工会经费和专用基金使用、债权债务管理、固定资产管理、食堂管理十项工作为重点。审计结果将作为干部考核任用的依据。

（郤占华）

【召开教育科研工作年会】 3月29日，延庆县教委召开教育科研工作年会。会议总结2010年全县教科研工作，表彰10名国家级、市级优秀论文一等奖获奖教师、10名县级优秀论文一

等奖获奖教师，交流延庆三幼、延庆三小、延庆五中等学校的教科研工作经验。会议要求以课程改革建设为中心，由单纯重视教材向关注实验转变，从重视考试成绩向提高学习效率、提高教师专业素质转变。全县中小学、幼儿园、职业学校等单位教科研工作负责人、教科研骨干教师180人参加会议。

（李晶华）

【与北林大签订实习基地共建协议】 4月6日，延庆县教委召开北京林业大学人文社会科学学院心理系实习合作工作会。会上，县教委与北林大签订实习基地共建协议，延庆县中小学正式成为林大人文社会科学学院心理

系实习基地。年内，北林大人文社会科学学院心理系2008级学生23人在延庆县13所中小学实习。实习期间，实习生根据各学校实际情况，开展个体辅导、团体辅导、心理讲座等多种形式心理辅导工作。

（李晶华）

【实施第七轮校长任期责任目标】 4月8日，延庆县教委召开第七轮校长任期责任目标启动会。会议宣布第七轮任期目标实施方案，为实施任期责任目标管理单位法人代表发放聘书，并签订责任书。第七轮校长任期责任目标包括五项任务：一是提高教育普及水平；二是提升教育公共服务能力；三是深化教育体制机制改革；四是构建完善的教育体系；五是扩大教育交流与合作。第七轮校长责任制任期2015年终止。此前，依据第六轮任期责任目标验收结果，延庆县教委完成44个单位校级、副校级干部87人的岗位交流调整，另有乡镇教育助理12人岗位调整，共涉及干部99人。

（李晶华）

【洪峰到延庆调研】 4月13日，洪峰、

姜沛民到延庆县第二幼儿园和延庆县第一职业学校调研。在延庆二幼，洪峰、姜沛民参观幼儿园教室、艺术室、多功能厅，向幼儿园负责人询问入园、办园等情况，并和孩子们交谈。看到幼儿园环境方面精心别致的布置、孩子们良好的表现，领导们对该园工作给予肯定。在延庆一职，洪峰、姜沛民参观学校烹饪专业中西餐操作间、男生公寓、汽修实践场，并在酒吧训练室观看学生调制鸡尾酒，在茶艺室欣赏学生的茶艺表演。洪峰、姜沛民对延庆县学前教育、职业教育发展表示肯定。

（李晶华）

【成立教育发展研究室】 4月20日，延庆县教育科学研究中心设立教育发展研究室。该研究室隶属县教委和县教科研中心双重领导，设主任、副主任、工作人员各1人。其职能是负责促进全县教育科学发展和教育改革项目的可行性研究，参与教育规划、教育科研题目等前期调研和论证工作，为教育行政部门及上级部门领导提供参考意见和建议，提高全县教育改革发展决策的质量和实施效益。

（李晶华）

【开展扶残助学送教上门活动】 5月13日，延庆县教委在香水苑街道举行“扶残助学送教上门”启动仪式。县教委领导在启动仪式上强调，一是要依托特教中心和各中小学对全县7至15周岁未入学残障儿童少年进行入户调查，了解就学需求，在特教中心建立学籍档案；二是要组织特殊教育专业师资队伍，对实施送教上门的志愿者进行培训和业务指导，并对送教上门工作进行评估考核。此次“扶残助学送教上门”活动，为全县10名残障学生每人配备2名入户送教志愿者，为28名有送教上门需求的适龄儿童提供教学辅导、康复辅导和技能培训等服务。县残联及县教委等领导30人参加启动仪式。

（高天学）

【举办校长办学思想专题培训班】 7月2至3日，延庆县教委举办中小学校长办学思想和学校管理评价培训班。培训班邀请北京师范大学和首都师范大学专家分别举办“现代基础教育发展动态和趋势”、“现代学校校长领导力的思考”专题培训。培训中，延庆一中、延庆二中、延庆一职、延庆二小、延庆四幼5名校长交流学校工作经验。县教委要求，全体干部要抓住学习机遇，切实提高自身的综合素质；要落实本年县教委提出“树立科学质量观，全面实施素质教育”的工作主题，“积极转变教育发展方式，转变教与学的方式”的工作主线，“推动均衡、促进公平、提高质量、提升特色”工作目标，明确办学思路。延庆县中小学、幼儿园、职业学校干部和县教委机关副科级以上干部200人参加培训。

（李晶华）

【规范教育收费】 7月14日，延庆县政府召开规范教育收费第一次局际联席会。会议学习北京市2011年进一步规范教育收费工作的意见，确定延庆教育收费检查的重点内容，同时签订“延庆县2011年规范教育收费工作责任书”。会议指出，一要高度重视规范教育收费问题，充分认识到规范教育收费的重要意义，增强规范教育收费的责任感；二要制定出规范教育收费的总体思路，确保规范教育收费工作全面推进，重点突破；三要加大教育收费管理，各校要严格执行收费制度；四要建立规范教育收费的长效机制。延庆县领导，县纠风办、县监察局、县教委、县发改委、县财政局、县审计局、县法制办7个单位领导参加会议。

（郤占华）

【发放日上慈善专项助学款】 8月25日，延庆县慈善协会发放“日上爱心成就未来”助学款50万元。全县低收入家庭的品学兼优高中、中专、中技学生250人，每人获得助学款2000元。延庆县2005年启动“爱心成就未来”助学活动，6年来，共资助1600余名品学兼优的家庭贫困学生，共发放助学款358万元。2010年，北京日上综合商品批发市场有限公司向县慈善协会捐资成立“日上慈善专项基金”，首批资助408名学生。该专项基金由日上市场每年出资100万元连续3年共捐赠300万元设立，用于资助县慈善协会开展助学等慈善活动。

（李晶华）

【召开德育工作会】 8月27日，延庆县教委召开德育工作会。会议布置学期德育工作计划和德育科研培训工作计划，对新学期社会大课堂建设与应用提出具体要求，并通报家校互动平台试运行情况。会议把德育工作途径归纳为一个体系三个途径，即以课程建设为体系，以课堂、学校日常管理、各种活动和实践为途径，其中课堂是德育工作的主渠道。会议提出，德育工作重点应放在生态、文明礼仪教育，强学风建设。学期具体工作，一要处理好德育活动的数量、形式和效果之间的关系，重在实效性；二是社会大课堂工作要出一批成果，各校要形成长效工作机制；三要重视家、校、社一体建设；四要宣传好学校工作，营造良好的社会氛围；五要关注学生的综合素质，加强学校日常管理。县教委以及中小学及职业学校干部180人参加会议。

（高天学）

【表彰优秀教师】 9月9日，延庆县

教育系统庆祝教师节暨优秀教师、优秀教育工作者表彰大会在县教委召开。大会表彰10个先进单位、104名优秀教师、33名优秀教育工作者，颁发奖牌和证书。县领导表示，县委、县政府将一如既往地坚持教育优先发展的战略，坚持“三个增长”的落实，坚持保障教师工资，坚持教育资源共享最大化。全县教育系统干部教

师 240 人参加会议。

（李晶华）

【表彰生态文明校园】 11月4日，延庆

县教委召开延庆县生态文明校园总结表彰会。会议总结延庆县生态文明校园年度工作，表彰生态文明创建优秀学校 20 所，优秀学校代表交流创建生态文明校园典型经验。2010 年，延庆县教委与县环保局面向全县中小学、职业学校、幼儿园开展“生态文明校园”创建活动。要求 2010 至 2012 年三年内创建率达到 80%以上，生态文明知晓率达到 100%，生态文明教育课时占总课时达到 2%。

（李晶华）

【设备购置总投资 4335 万元】 至 12 月，延庆县教育系统完成教育教学设备配备工程，全年设备购置总投资 4335 万元。主要涉及落实中小学校办学条件达标、改善中小学校师生生活条件、扩充幼儿园设备、增添职业教育设备。其中，为 22 所学校购置学科教学仪器设备、计算机、多媒体、家具、食堂设备，总资金 1200 万元；完成 9 所幼儿园扩班设备购置工作，总资金 140 万元；13 所幼儿园新建改扩建项目，总资金 1490 万元；12 所学校心理咨询室建设，总资金 118 万元；完成职教中心设备购置，总资金 416 万元；延庆第一职业学校购置汽修专业实操间设备，总资金 500 万元；其他设备配备 471 万元。

（郤占华）

【完成学校修缮工程】 至 12 月，延庆县教委完成 35 所中小学校校园基础设施修缮工程。修缮涉及新建辅助用房、室外围墙改造、室内装修改造等项目，总投资 875 万元。此外，更新大锅炉 4 台，改造 22 所学校锅炉房，总投资 200 万元。

（李晶华）

【实现教育经费三个增长】 至 12 月，延庆县实现教育经费三个增长。延庆县财政经常性收入 170302 万元，比上年的 155442 万元增加 14860 万元，增长 9.56%。财政拨付教育事业费（预算内教育拨款）76926 万元，比上年的 70205.2 万元增加 6720.8 万元，增长 9.57%，高于财政经常性收入的增长幅度。其中，拨付义务教育事业费 54585.8 万元，比上年的 48335.7 万元增加 6250.1 万元，增长 11.45%，高于财政经常性收入的增长幅度。同时，全县各类生均预算内教育事业费和生均预算内公用经费继续增长。

（郤占华）

【落实“两免一补”政策】 至 12 月，延庆县继续落实九年义务教育阶段“两免一补”政策。全年落实资金 1048.12 万元，惠及学生 42416 人次。其中：减免教科书费 431.91 万元，惠及学生 42416 人；减免住宿费 89.47 万元，惠及学生 4446 人次；减免杂费 2.66 万元，惠及学生 430 人；发放助学补助 178.56 万元，惠及学生 11904 人次；发放伙食补助 345.52 万元，惠及学生 4319 人次。

（郤占华）

【完成 29 校校安工程】 至 12 月，延庆县完成 29 所中小学校园安全抗震加固工程。其中，完成 14 所学校 18 栋楼房加固工程，总建筑面积 42949 平方米；完成 13 所学校平房翻建工程，翻建总建筑面积 18430 平方米；完成 2 所学校平房加固工程，加固面积 1000 平方米。本年校安加固工程 6 月 24 日启动，总投资 18481.7 万元（市政府投资 15250.7 万元、县政府投资 3221 万元）。

（李晶华）

学前教育

【概　况】 2011 年，延庆县新增延庆第一小学幼儿园、四海镇中心幼儿园，全县托幼园所共 48 所，其中，教育部门办园 25 所（市立园 4 所、中心园和校级园 21 所），民办园 23 所。另有 19 所小学附设学前班。全县托幼园所离园幼儿 2082 人，入园幼儿 2669 人，在园幼儿 6225 人，开设教学班 214 个。教职工 620 人，其中，专任教师 438 人。全县北京市示范园 2 所，一级一类幼儿园 6 所，市级早教示范基地 10 个。

（高天学）

【制定“十二五”学前教育发展规划】 3 月，延庆县教委制定“十二五”时期学前教育发展规划。规划涉及四方面内容：一是加强幼儿教师队伍建设，坚持把师德建设摆在首位，进一步对教师职业理想和职业道德进行教育；二是严格规范健全幼儿教师资格准入制度，并实施“学前教师专业培养计划”和“学前教师技能达标计划”；三是加强学前教研室建设，增进区域间交流，提升教师专业能力，带动全县学前教师整体素质提高；四是新建 8 所北京市社区儿童早期教育基地，6 所以上延庆县早教指导中心，并以幼儿园为基地，开展 0 至 3 岁儿童父母及看护人培训，普及科学育儿知识，形成家庭教育指导网络，解决延庆县 0 至 3 岁儿童早期教育问题。

（高天学）

【举办骨干教师半日活动展示会】 5

月 27 日，延庆县教委在张山营中心幼儿园举办解春荣半日活动展示现场会。会上，解春荣利用当地特色举办大班教育现场展示活动。全县各幼儿园教师 50 人参加活动。解春荣，延庆一幼市级骨干教师，在张山营中心幼儿园支教。此前，延庆县教委举办学前教育骨干教师半日评优活动。活动为期 1 个月，延庆 28 名学前教育市县级骨干教师参加评比，评出一等奖 8 人。

（高天学）

【综合检查民办园】 8 月 29 日，延庆县教委联合乡镇教委综合检查 15 所民办幼儿园。检查全面了解幼儿园

办园条件、人员资格，重点是食品卫生、师生体检情况以及防火安全等。检查发现，民办园均存在不同程度安全隐患。检查组对存在问题园所提出整改建议，要求限期整改。县教委要求各幼儿园加强管理，建立健全各种规章制度，改善办园条件，尤其要强化幼儿园安全管理。15所民办园分布在延庆镇百泉街道办事处、康庄镇、旧县镇、永宁镇。

（高天学）

【实施师徒帮带制】　9月4日，延庆一幼召开第一联片园“手拉手”工作总结表彰及拜师会。会议总结联片园的合作帮带工作，表彰“手拉手”工作优秀干部、教师。会上，延庆一幼骨干教师与农村幼儿园青年教师签订帮带协议，结成师徒关系。5所幼儿园干部教师120人参加活动。延庆县第一联片园由延庆一幼，以及张山营中心小学、西屯中心小学、大柏老中心小学、井庄中心小学4所学校附设幼儿园组成。

（高天学）

【两园通过北京市早教基地验收】　10月13日，延庆县大榆树、旧县镇两所中心幼儿园通过“北京市社区儿童早期教育示范基地”验收。市教委专家验收组通过观摩亲子活动，查看玩具种类、档案材料，听园长汇报等形式对两所幼儿园进行综合验收。专家验收组对两所幼儿园早教工作给予充分肯定。至此，延庆县10所幼儿园通过“北京市社区儿童早期教育示范基地”验收。

（高天学）

【启动非学前专业教师培训】　10月22

日，延庆县教委举办非学前专业教师培训启动仪式。培训面向在幼儿园任教的非学前专业教师和近年新招聘的专业教师，培训课程包括新手入门和师德素养、《幼儿园教育指导纲要》解读、五大领域（健康、语言、社会、科学、艺术）核心价值的把握等。培训期为半年，每周六授课。培训结束后，通过五大领域理论考核，成绩优秀者颁发单项或全能奖证书，合格达标者颁发合格证书。延庆县200名幼儿教师参加培训。

（高天学）

【举办社会领域工作室展示活动】　12月17日，延庆县教委在延庆一幼举办学前教育社会领域工作室展示活动。活动听取社会领域工作室汇报，研讨两个教学案例，并由有关专家完成点评。延庆县教委领导、北京市学前教育教研员，以及延庆县学前教育五大领域工作室成员80人参加活动。2010年，延庆县成立学前教育健康、语言、社会、科学、艺术5个工作室，并邀请市级和县级骨干教师担任工作室负责人。

（高天学）

【乡镇园举办半日开放活动】　12月22日，延庆县教委和县教科研中心组织永宁、大榆树、康庄3所乡镇一级园面向全县举办半日开放活动。活动以“全面开放、凸显亮点”为主题，展示3所乡镇一级园特色课程、特色活动等，并围绕常态工作推进、室内外材料的投放、师幼关系等三方面进行交流研讨。延庆县各类型幼儿园干部教师100人参加活动。

（高天学）

基础教育

【概　况】　2011年，延庆县小学44所（中心校32所、完小11所、村小1所），教学班499个。毕业2529人，招生1943人，在校生12581人（其中外省市户口借读生1838人）。教职工1737人，其中专任教师1434人。小学入学率100%，巩固率100%，毕业及格率100%。中学22所（初中14所、完中3所、高中2所、一贯制学校2所、体育运动学校1所），教学班354个（初中244个、高中110个）。毕业4229人（初中2851人、高中1378人），招生3958人（初中2493人、高中1465人）；在校生12283人（初中7737人、高中4546人），在校生中外省市户口借读生527人。初中入学率100%，巩固率99.6%，毕业合格率99.96%；高中入学率（初中升学率）98.03%，毕业合格率88.87%，普通高考专科以上录取率87.26.%。教职工2323人，其中专任教师1323人。特殊教育单位1个，教学班6个，在校生55人，教职工27人（专任教师18人），残疾儿童入学率98.5%。校外教育单位1个，教职工43人（专任教师25人）。中小学教师学历合格率99.53%（小学99.72%、初中99.66%、高中98.61%）。中小学市级特级教师6人，高级专业技术职务教师250人（小学3人、初中104人、高中143人）。全县中小学图书馆藏书92.97万册，校舍总占地面积92.67万平方米，总建筑面积29.90万平方米，固定资产总值55200.39万元。全年教育经费投入95313.1万元，其中，国家拨款91536.1万元，自筹经费3777万元。

（郤占华　李晶华　高天学）

【研讨班主任校本培训】　4月2日，延

庆县教委召开小学班主任“在沟通互动中体现班主任的教育智慧”校本培训研讨会。会上，延庆四小交流“立德树人润泽生命——做好校本培训提升育人智慧”校本培训经验，低、中、高三个年级段的班主任分别以论坛、情境研讨、案例报告3种方式交流学习体会。会议邀请全国优秀班主任、史家小学教师万平举办“静静聆听童声的呼唤”专题讲座。会议提出，校本培训应统筹考虑、分步实施，通过班主任队伍校本培训，切实提高班主任队伍的教研质量和教育管理能力。全县小学德育主任和优秀班主任140人参加培训。

（高天学）

【19所小学通过规范化建设验收】 4

月20日，延庆县教委召开2010年第三批小学规范化建设总结表彰会暨2011年第四批小学规范化建设启动会。会议表彰永宁小学等10所通过第三批规范化建设的小学。在第四批小学规范化建设启动仪式上，延庆一小、延庆二小、千家店小学分别汇报规范化建设创建工作实施方案。延庆县2008年启动小学规范化建设，至2011年有19所小学通过规范化建设验收。县教育督导室、县教委领导和全县小学校长40人参加会议。

（高天学）

【举办小学课堂教学评优活动】 4月28日，延庆县教委召开2010至2011学年度课堂教学评优总结会。会议总结全县小学课堂教学评优活动，表彰获奖教师61人，其中，一等奖16人、二等奖20人、三等奖25人。县教委、教科研中心以及各学校教学管理干部和获奖教师代表80人参加会议。本年度小学课堂教学评优活动历时6个月，全县32所小学和2所九年一贯制学校共派出92名教师参赛。其中，二年级品德与生活教师28人，三年级语文教师34人，四年级劳动技术教师30人。

（高天学）

【召开中学教学工作交流会】 5月5日，延庆县教委召开中学教学业务干部中期工作交流会。各中学业务干部围绕中高考复习工作重要举措和高频考点研究与应用工作等方面进行汇报交流。会议建议把中高考备考工作进行整理，形成系统，纳入教学管理规程，用更多时间指导教师教学。会议要求提高复习实效，确保后期教学秩序稳定，做好学生适应性训练；借鉴初高三年级复习工作经验，强化基础年级课堂教学实效。各中学教师代表50人参加会议。此前，在1月4日和6日，延庆县教委分别在延庆二中、延庆八中召开高中、初中教学工作汇报交流会，总结交流各学校教学工作经验，5所高中校及延庆四中等6所初中校分管教学工作的副校长和教学主任等参加会议。

（李晶华）

【“手拉手”校实施远程教学】 5月25日，延庆县沈家营小学和西城区奋斗小学通过网络实施远程教学。沈家营小学三年级1班学生和奋斗小学三年级5班学生分别在各自学校通过互联网，一同接受奋斗小学教师讲授的一节语文课和一节数学课。沈家营小学与奋斗小学2005年成为“手拉手”学校。此前两校举行交流活动时，需要乘车到对方学校，很不方便。

（高天学）

【首次聘请专家指导团】 6月2日，延庆县第四中学聘请北京市第八中学、北师大附属实验中学等重点中学的5名特级教师为专家指导团成员，这是延庆四中2010年成为首都师范大学附属中学后首次聘请专家指导团。专家指导团将针对语文、数学、英语、物理、化学五门中考学科对延庆四中学5名市、县级骨干教师实施为期三年工作指导。专家指导团将定期以讲座、听评课、网络培训等方式对学科教师进行理论和实践方面业务指导，提升学科教师专业素质。

（李晶华）

【完成小学常态教学质量监测】 6月，延庆县教委完成小学三、四、六年级的常态质量监测工作。监测涉及语文、数学、英语、科学、品德与社会5个学科，采取分片组考与统一组考相结合的形式进行。全县6500名学生参加监测活动，合格率99.8%。

（高天学）

【举办首届“延庆杯”三棋比赛】 7月9至12日，北京市首届“延庆杯”象棋、围棋、国际象棋定升级定升段比赛在延庆县举办。延庆县中小学、幼儿园416名选手参加比赛，其中169名选手在延庆四小参加围棋和中国象棋的定升段、定升级赛，247名选手在延庆四幼参加国际象棋定升级比赛。

（吴铁华）

【召开“136计划”阶段总结会】 8月22日，延庆县教委召开“136计划——延庆县骨干教师高级研修班”阶段总结会。会议听取县教科研中心上半年项目工作总结，4名研修学员代表分别从集体和个人角度汇报学习感受，认为通过培训掌握新的专业知识、科研方法。研修班全体导师和学员，以及延庆县教委、教科研中心相关人员45人参加会议。“136计划”是首都师大支持延庆骨干教研员研修项目，即1个研修目标、3个研修模块和6个实践专题。首都师大教授作为导师与延庆县各学科教研员16人形成一对一帮扶关系，通过专书阅读、考察观摩、听课评课、教材分析、实验指导，提高延庆县教研员专业知识素养、教研专业技能和教育科研能力。项目2010年12月启动，涉及中小学语文、数学、物理等学科。

（李晶华）

【展示教与学研究成果】 8月25日，延

庆县教委在延庆二中开展“课堂教与学方式研究与实践”展示活动。活动分为听课、说课、评课，与集中交流、专家点评两个阶段。会上，延庆二中报告“构建有效校本科研体系，推动教与学方式转变”科研工作经验，延庆二中初、高中17名教师分别通过课例展示和说课，展示课堂教学方式研究成果。北京教科院教研员点评认为，学校通过“课堂教与学方式研究与实践”研究，提高教师素质和提升教育教学质量。全县中学教师代表和延庆二中学科教师240人参与活动。

（李晶华）

【分析中学教学质量】 9月22日，延庆县教委召开延庆县中学教学质量分析会。会议分析总结中高考质量和中高考教学业务工作，就中学教学发展提出建议。会议表彰在中高考取得优异成绩的学校14所，优秀教研员11人，优秀教师111人。会议指出，在提高中高考成绩的同时，要逐步提高

分数的科学含量，即在重视学生能力提升的同时关注教师教学的效率和提高成绩的方式。县教委、县教科研中心相关领导，中学全体教学干部及教研员、县城中学毕业年级组长以及受表彰教师240人参加会议。

（李晶华）

【实施“1+2”捆绑发展模式】 10月11日，延庆县教委召开小学“1+2”捆绑发展模式启动会。会上，5所县城优质学校分别与10所川区、山区薄弱学校签订“1+2”捆绑式发展协议书。“1+2”捆绑发展模式为：1所县城学校和川区、山区2所学校通过建立捆绑式发展模式，推进城乡学校均衡、协调发展。按照协议，城区学校将为川区、山区学校提供管理上的帮助，选派中层干部到捆绑学校任职，组建“优秀教师讲学团”，分期分批到捆绑学校讲学，选派骨干教师到山区学校顶岗支教，将山区学校教师业务培训工作纳入到城区学校教师培训工作中，无偿为捆绑学校提供多媒体教学课件、教学案例等教育资源，并在学生间开展交流活动。2008年，延庆县小学启动“1+1捆绑发展模式”，经三年实践积累丰富经验，取得初步成效。县教委在此基础上实施“1+2”捆绑式发展办学模式，使更多学校加入捆绑活动，实现教育资源共享，教育优势互补，促进县域内小学教育全面、协调、可持续发展。

（高天学）

【实施中小学发展评价】 10月18日，延庆县教委召开中小学学校发展评价工作动员会，并印发《延庆县中小学学校发展评价方案》。评价方案包括评价原则、指标体系、结果使用等内容，是延庆县中小学规范办学，提升办学质量的指导性文件，具有行政规范性。全县中小学代表140人参加会议。

（李晶华）

【召开“走进延庆”初中教育现场会】 11月18日，北京市“走进延庆”初中教育现场会在延庆召开。会议由市教委、市教育学会和延庆县教委联合主办，首都师范大学附属延庆中学（延庆四中）承办。会议听取延庆县初中教育发展情况报告，以及延庆四中《提高课堂教学有效性，减轻学生过重负担——“成长课堂”构建之探索》、延庆十一学校《创新教学方式，深化课堂教学层次性研究，打造高效课堂》、延庆二中《提升教师专业素养，促进课堂教学有效》教学经验报告。与会人员走进延庆四中，分学科听取初中三个年级9个学科共16节教学展示课。会议认为延庆基础教育课堂教学体现出“注重教学情境创设、开展生生合作师生合作、积极鼓励学生答疑、突出关键知识点理解”特点，做到依靠教师、依靠教师的专业化发展达到减负增效目的。市教委、北京教科院、市教育学会领导，以及各区县代表280人参加会议。

（李晶华）

【举办实验教学现场观摩会】 11月30

日，延庆县教委在延庆三中举办“积极落实实验工作意见，全面推进实验教学工作”实验教学活动现场观摩会。与会人员走进该校物理、化学、生物实验室和计算机、通用技术等专用教室，观摩初、高中物理、化学、生物等9个学科15节实验教学课，并进行说课、评课活动。会上，延庆三中、康庄中学、延庆县教育装备部分别从教学科学管理、实验教学模式创新、发挥实验室作用等方面交流经验。会议要求重视专用教室管理员队伍建设，建立健全相关制度，确保责任落实到人。县教育督导室、县教委及各校教学领导、业务干部和实验室管理人员110人参加活动。

（李晶华）

【吴正宪第二期数学教师工作站开站】

12月13日，吴正宪小学数学教师工作站延庆分站第一期结站暨第二期开站仪式在延庆二小举行，39名教师成为工作站第二期成员。会议为第一期26名数学教师颁发结业证书，并授予39名新学员进站证书。吴正宪小学数学教师工作站2008年6月18日开站，延庆分站也同时成立。第一期招收延庆县学员26人，通过三年拜师学习，全部取得良好成绩。

（高天学）

【与朝阳区开展教研合作交流】 12月27至28日，延庆县教委、教科研中心与朝阳区教委、教研中心开展教研合作交流活动。研讨活动分成初、高中两组，首先由朝阳区教育专家围绕常规教研工作重点内容和方法，以及初三、高三复习工作策略等为延庆县教师举办培训。再分学科，就培训内容进一步交流研讨。活动为两地中学教研工作搭建交流平台，促进区县教研工作有效开展。延庆县、朝阳区教委领导和有关教研员60人参加研讨活动。

（李晶华）

职业与成人教育

【概　况】 2011年，延庆县职业高中1所（独立设校），开设专业16个，教学班83个，毕业916人，招生907人，在校生2659人。教职工270人，其中，专任教师149人。学校占地面积120818.6平方米，建筑面积48280.43平方米。固定资产总值7707万元，全年教育经费投入4459.89万元，其中，国拨3914.28万元，自筹545.61万元。县级成人学校3所，开设29个专业，全年学历教育毕业 1755 人，各类培训结业 2.5 万人次，招生 3200 人，在校生 7507 人。教职工 151 人，其中，专任教师 91 人。乡镇、街道成人学校 18 所，市级示范村成人学校 35 所，全年开展各类培训活动 7 万人次。各类成人学校总占地面积 26115 平方米，总建筑面积 21425 平方米，固定资产总值 4475.94 万元，全年教育经费总投入 2476.17 万元，其中，国拨 1853.35 万元，自筹 622.82 万元。

（吴铁华）

【召开教科研工作表彰会】 1 月 19 日，延庆县职业学校“2010 年教科研工作表彰会”在县职教中心举行，100 名优秀教师受到表彰。2010 年，延庆县职教系统举行说课、评优课、教学论文评比等多项科研活动，并结合教研活动编辑出版《延庆县职业教育优秀论文集》、《农家乐——友善用脑实用手册》等书籍。

（吴铁华）

【新疆农广校考察农民田间学校】 4

月 12 日，市农广校领导带领新疆地区 14 名农广校校长考察延庆县农民田间学校开展情况。考查组成员在张山营村观摩农民田间学校果树班学员实践活动课，并随学员到果树园进行“拉枝”和“刻芽”实操。在县职教中心召开的座谈会上，职教中心汇报农民田间学校师资来源、课程设置、学时安排等情况。2005 年，延庆县创办北京市第一所农民田间学校。截至 2011 年有农民田间学校 77 所，培训项目涉及蔬菜、果树、花卉、中草药、动物保护多项内容，共有 2500 名农民接受培训。

（吴铁华）

【首次举办农民乐理知识竞赛】 4 月 28 日，延庆农广校首次举办农民文艺中专班乐理知识竞赛活动。竞赛分为必答、抢答等形式，全县 4 个乡镇 8 个文艺中专班农民学员 200 人参赛。评出一等奖 2 个，二等奖 3 个，三等奖 3 个。

（吴铁华）

【首次举办妇女干部管理中专班】 5 月 4 日，延庆县职业教育中心、康庄镇妇联在康庄镇成人学校首次举办妇女干部管理专业中专班。该班学制 3 年，由职教中心教师授课，开设妇女组织与妇女工作、妇女工作管理学、计算机应用基础等 25 门课程。康庄镇 31 个村 31 名妇女干部参加学习。

（吴铁华）

【果树和经济管理中专班毕业】 5 至 6 月，延庆县旧县镇和大庄科乡经济管理中专班、果树中专班结业。旧县镇常里营村农民 85 人参加经济管理中专班学习，学习文化基础课、专业课、实验实践课共 20 门课程。大庄科乡沙塘沟村农民 26 人参加果树中专班学习，学习“土壤肥料学”、“生态农业”、“庭院经营”等理论课程和栗子树核桃树实践修剪等实践操作课程。两个中专班学制均为 3 年，所有学员合格毕业。

（吴铁华）

【赠送《友善用脑农家乐》科普读物】 6 月 9 日，延庆县教委、县职教中心在张山营镇文化活动中心举行“学习科学下田间，友善用脑农家乐”暨北京市《友善用脑农家乐》赠书仪式。市社科联、市教委等领导向张山营镇村民赠送《友善用脑农家乐》教材 1300 册。张山营镇村民 460 人参加活动。《友善用脑农家乐》由延庆县职教中心教师集体编写，是一本向农民传授科学学习方法、帮助农民提高综合素质的科普读物。《友善用脑农家乐》是延庆县“友善用脑”实验成果之一，也是市民政局首批“政府购买社会组织民生服务行动”资助项目之一。

（吴铁华）

【创建学习型区县示范县】 7 月 13 日，延庆县召开“十二五”学习型区县示范县创建工作启动会。会议播放学习型延庆创建工作专题片《创建学习型延庆打造北京绿色示范区》，回顾与总结 10 年来学习型延庆创建工作。会议表彰创建学习型组织先进单位、先进家庭和学习之星，以及学习品牌单位及个人。会议解读“十二五”时期创建学习型区县总体目标、具体目标和重点任务，就创建工作提出具体要求。会议提出，“十二五”时期创建学习型区县示范县。延庆县创建学习型延庆领导小组成员，各乡镇、街道、学习型组织先进单位代表等 150 人参加会议。

（吴铁华）

【举办科普工作者培训班】 9月21日

至 12 月，市科委、市人力社保局、延庆县科委及延庆县职业技术教育中心共同举办科普工作者培训班。培训班课程分为科普培训必修课、选修课和科普社区、基地专业必修课，聘请北京大学、清华大学、北京师范大学等专家、学者授课。培训班分 4 期，180 人参加学习。

（吴铁华）

【举办职教专业师资培训】 9 月 22 日，延庆职教中心实施专业师资培训工程。该培训面向职教中心教师和各乡镇成人学校教育干事，以自主学习、集中面授、实际操作训练相结合形式进行。学员利用业余时间自学，假期参加集中培训，平时利用每周二、四下午集中面授学习。培训分果树、蔬菜、花卉、法律、综合 5 个专业，学制 3 年。77 人参加学习。

（吴铁华）

【举办首个农民财会中专班】 9 月，延庆县康庄镇成人学校举办农民财会中专班。中专班分为高中起点和初中起点两种学制。其中，高中起点班学制一年，初中起点班学制两年，共开设会计基础、财务管理等 8 门课程。康庄镇 31 个村庄 35 人（12 人为村财会专管员）参加学习。该中专班是延庆县第一个农民财会中专班。

（吴铁华）

【康庄镇举办学习活动周】 10月16至 21 日，延庆县康庄镇政府举办“全民终身学习活动周”。活动以“我学习、我快乐、我发展”为主题，开展各类

学习活动，提高群众对终身学习的认识。其中，征文比赛收集征文 96 篇，评出一、二、三等奖共 18 篇；53 人参加计算机文字录入比赛，评出一、二、三等奖共 6 人。

（吴铁华）

【举办"珍珠山水"杯知识竞赛】 12

月 30 日，延庆县珍珠泉乡和延庆职教中心联合举办"珍珠山水"杯知识竞赛。比赛内容涉及乡域特色常规知识和果林中专班专业知识。比赛设置个人必答题、小组必答题、抢答题、风险题等项目。珍珠泉乡农民中专班学员 18 人组成绿色田野组、超人组、朝阳组、创新组、团结组和家园组 6 个组参赛。最终，创新组 3 名选手获得第一名。

（吴铁华）

【评估学习型组织】 至年底，延庆县完成学习型组织评选工作。全县申报学习型组织试点单位 62 个（学习型乡镇 4 个、机关 5 个、事业单位 3 个、学校 12 个、社区 3 个、社团 1 个、医院 1 个、企业 1 个、新村 32 个），学习型家庭 105 户，申报县级"学习品牌" 12 个。共评选学习型社区 3 个、学习型学校 6 所、学习型先进家庭 99 户，评选县级"学习之星" 20 人、县级"学习品牌" 2 个。在全市评选中，延庆二中教师王宏云、延庆种植服务中心刘建军被评为 2011 年度"首都市民学习之星"。

（吴铁华）

教育督导

【概　况】 2011 年，延庆县教育督导工作坚持以科学发展观为指导，贯彻落实国家和北京市中长期教育改革和发展规划纲要，落实县教委提出的教育发展"主题"和"主线"，坚持"依法、科学、公平"督导，完善督导机制，加强队伍建设，着力提高督导水平，各项工作任务如期完成。初步建立延庆县督学聘任决定和督学聘任管理办法，扩大专兼职督学队伍。完成 15 个乡镇、3 个街道、28 个委办局、56 所中小学校素质教育和教育执法自查工作，素质教育综合督导 19 所学校，小学规范化专项督导 10 所学校。完成延庆县北京市教育评价与督导研究会"十一五"课题研究的结题工作，启动"十二五"课题申报立项工作。开展延庆县中小学校学生体质状况调研工作。总结、分析、通报北京市和延庆县教育工作群众满意度调查结果。完成 4 所中学、9 所小学、4 所职成学校、8 所乡镇中心园实施素质教育随访，完成延庆县义务教育实施与均衡发展状况监测统计工作。年内，延庆县教育督导室共有工作人员 7 人，其中主任 1 人，责任督学 2 人，借调人员 3 人，退休返聘 1 人。另有兼职督学 11 人。

（郤占华　李树敏）

【召开专兼职督学工作会议】 4 月 14 日，延庆县教育督导室召开新一届专兼职督学工作会议，启动中、小、职（成）、幼各学段新学期督导工作。会议讲解新一届专兼职督学的构成、分工、工作要求，部署各学段重点工作。会议明确督政督学、调研与研究、学习与培训三大工作任务。要求督学要认真履职，按责任区，分工协作，责任到人；按工作要求完成督导和随访、调研工作任务，每年对分管责任区学校的管理运行、教育教学、办学质量、特色发展给予客观的分析、评价，发现问题，提出发展建议。专兼职督学 18 人参加会议。

（郤占华　李树敏）

【举办办学理念专题培训】 4 月 20 日，延庆县教育督导室与县教委联合举办干部办学理念培训。培训针对"如何制定第七轮校长负责制实施方案"，讲解制定实施方案的意义、步骤、基本结构、注意的问题等方面内容。其中重点强调方案制定要注重制定过程和符合实际、可操作等环节。指出方案的制定要采取四步：一要成立方案制定组，汇集全校智慧；二要在认真学习的基础上，明确政策要求，把握国家、市、县发展趋势；三要认真总结第六轮校长负责制工作的经验、反思；四要广泛征求全校教职工建议、深入研讨，形成全校共识。专兼职督学、全县小学校长（幼儿园园长）90 人参加培训。

（郤占华　李树敏）

【印发督学聘任管理办法】 4 月，延庆县教育督导室印发兼职督学聘任管理办法。文件明确，兼职督学采取单位推荐、教育督导室提名相结合方法选聘。成立督学聘任审查委员会，委员会按照规定程序和聘任条件对被推选人审查后确定聘任人选。兼职督学应当履行职责：检查国家教育法律、法规和规章的贯彻落实情况；指导学校按照教育方针和教育教学规律办学；撰写教育督导报告；参与研究制定教育督导文件；对教育决策提出咨询建议；完成县教育督导室交办的其他任务。

（郤占华　李树敏）

【总结素质教育工作自评工作】 5 月 19 日，延庆县教育督导室召开 2009 至 2010 学年度素质教育工作自评总结会。会议总结全县中小学、幼儿园、职业学校等单位的素质教育自评工作整体情况，以及自评过程中出现的问题。全县中小学幼儿园领导 106 人参加会议。2009 至 2010 学年度，教育督导室邀请县人大组成联合检查组，完成 15 个乡镇、3 个街道、28 个委办局、56 所中小学校素质教育和教育执法自查工作，撰写《延庆县人民政府 2011 年教育法律法规执行情况自查报告》和《延庆县人民政府 2011 年乡镇、街道和委办局全面实施素质教育、落实教育法律法规执行情况自查工作总结》、《延庆县人民政府 2011 年中小学校全面实施素质教育、落实教育法律法规执行情况自查工作总结》，对全县履行教育法律法规职责，实施素质教育情况做出客观分析和综合评定。

（郤占华　李树敏）

【完成市教育督导“十一五”课题】 5月19日，延庆县教育督导室召开北京市教育评价与督导研究会“十一五”课题研究结题工作会。会议总结“十一五”期间，延庆县教育评价与督导研究进展。“十一五”期间，延庆县15所学校参与市教育评价与督导课题研究，15个课题被北京市教育评价与督导研究会批准立项，占全市立项课题总数的8%；14个课题完成研究任务，顺利结题，结题数量占全市结题项目的11%；有5个课题获得市级奖项，其中，二等奖1个、三等奖4个，占全市获奖项目总数的12%，在全市排名第五。延庆县教育督导室被评为市级优秀组织奖。

（郤占华　李树敏）

【调研中小学生体质状况】 5至10月，

延庆县教育督导室开展中小学生体质状况调研。调研工作分析县教委、教育卫生保健站、中小学校有关文件、规定、总结，实地查看学生课间操、教室采光，观摩体育、保健教师教学。从55所中小学校抽取学生660人参加调研测试，测试项目涉及身体素质（握力、立定跳远、台阶跳）、身体形态（身高、体重）、身体机能（肺活量）、健康状况（视力、肥胖）4项内容。通过实地检查和测试结果分析，调研组针对学生体质状况下降趋势，提出“上好体育课，向主渠道要成绩”、“确保学生每天一小时体育活动”等建议。

（郤占华　李树敏）

【部署教育法律法规执行情况自查工作】 6月16日，延庆县政府召开全

面实施素质教育和教育法律法规执行情况自查工作会。会议听取县教育督导室主任2010年全面实施素质教育和教育法律法规执行情况自查报告，总结各单位履行教育职责完成情况及存在的问题，并提出改进意见。同时通报2011年北京市教育执法检查的重点内容和工作要求，布置2011年全县自查工作。会议强调，各职能部门要认真学习自查依据，准确把握部门教育职责，规范自查工作程序，认真撰写自查报告，通过自查展示工作成绩，促进工作开展，共同推动延庆教育事业持续、健康发展。延庆县政府领导，以及15个乡镇政府、3个街道、28个相关委办局代表50人参加会议。

（郤占华　李树敏）

【完成素质教育综合督导检查】 10月18日至11月11日，延庆县教育督导室完成素质教育综合督导检查工作。综合督导评估小组通过听取工作汇报、实地察看、发放调查问卷等方式，督导评估5所小学、7所中学素质教育工作。在广泛获取信息基础上，督导评估小组依据《延庆县中小学全面实施素质教育评价细则》，对学校履行素质教育职责，全面实施素质教育工作进行全面客观的分析研究，形成综合督导评价意见。

（郤占华　李树敏）

【制作教育法律法规自查展板】 11

月，延庆县教育督导室在县教委大门宣传橱窗展出2011年落实教育法律法规自查工作展板。展板面积2.5平方米，内容涉及教育法律法规执行情况自查工作依据、自查工作纪实、教育法律法规执行情况自查结果以及存在的问题。展板以文字介绍和图片展示的方式展出延庆县落实教育法律法规自查工作成果。

（郤占华）

中共延庆县委教育工委

书　记　马铁铃

延庆县教育委员会

主　任　马铁铃

延庆县政府教育督导室

主　任　马铁铃

燕山地区

【概　况】 2011年，燕山地区托幼园所7所，全部为市立园，离园幼儿381人，入园510人，在园幼儿1587人。教职工143人，其中专任教师99人。小学7所，开设教学班100个，毕业621人，招生687人，在校生3097人。在校生中本市户籍2228人。小学入学率100%，巩固率100%，毕业及格率100%。教职工326人，其中专任教师277人。中学5所（初中校4所、高中校1所），教学班102个（初中75个、高中27个），毕业872人（初中563人、高中309人），招生1020人（初中657人、高中363人），在校生3478人（初中2483人、高中995人）。在校生中本市户籍3038人。初中入学率100%，巩固率

100%，毕业合格率100%。高中入学率100%，毕业及格率100%，应届毕业生高考录取率99.65%。教职工466人，其中专任教师377人。特教班3个，在校生25人；残疾儿童入学率100%，巩固率100%，毕业率100%。校外教育单位1个，教职工27人，其中专任教师20人。中小学教师学历合格率100%，高级专业技术职务教师104人（小学6人、中学98人）。中小学图书馆藏书345975册，校舍总占地面积15.73万平方米，总建筑面积7.56万平方米，固定资产总值17502.24万元。全年教育经费投入26027万元，其中，国家拨款9134.56万元，自筹经费16892.44万元。

（白聪）

【召开“好习惯早养成”主题教育表彰会】 1月11日，燕山教委召开2010

年“好习惯早养成”主题教育活动总结表彰会。会议总结“好习惯早养成”主题教育活动，燕化附中、向阳小学、东风小学、前进中学师生交流典型经验。会议宣读表彰决定，表彰“好习惯早养成”主题教育活动中涌现出的24个先进班集体、60名优秀家长、200名优秀学生标兵及87名优秀教师。燕山地区师生300人参加会议。“好习惯早养成”主题教育通过培养学生“四种习惯”（文明行为习惯、安全行为习惯、良好生活习惯、良好学习习惯），教授学生“四个学会”（学会求知，学会做事，学会共处，学会做人），使学生形成自觉遵守社会公德和文明行为的好习惯，整体构建燕山地区3～18岁年龄段青少年学生养成教育目标体系，强化学校——家庭——社会立体多元的教育网络，完善协同育人机制，从而促进燕山地区精神文明建设。

（武建芳）

【首都师大研究生课程班结业】 1月

13日，燕山教委举办后备干部队伍建设工作会暨燕山教委首都师大研究生课程班结业式。燕山办事处、首都师大和燕山教委领导，以及中小学干部教师代表160人参加会议。会议庆祝首都师大研究生课程班结业，总结教育系统后备干部队伍建设经验，并就今后一段时期后备干部培养工作进行部署。首都师大研究生课程班2008年11月启动，开设课程16门，共192学时。燕山地区教师53人参加学习，52人通过考核结业。另有5人通过全国统一入学考试，继续攻读首都师大在职教育硕士学位。

（张昊）

【向阳幼儿园新园落成】 3月1日，向

阳幼儿园新园落成暨开学典礼举行。区人大、燕化公司、燕山办事处等领导和燕山地区各学校代表、家长代表共200人参加典礼。向阳幼儿园位于迎风街道北庄路6号，占地面积3777平方米，建筑面积2892.3平方米，可以容纳190名幼儿入学。幼儿园2010年开工建设，建设总投入2000万元。

（孙传超）

【举办晋升双一幼儿园培训】 3月6日，燕山教委在教研中心举办燕山地区幼儿园晋升一级一类幼儿园培训。培训聘请北京市托幼园所分级分类验收组3名专家，就分级验收方法、验收准备工作、验收中主要问题等举办讲座。培训中还实地考察向阳幼儿园，并结合实际问题进行具体指导。燕山地区7所幼儿园代表120人参加培训。

（孙传超）

【召开教学工作会】 3月11日，燕山

教委召开2011年教学工作会。会议表彰首届“燕翔杯”优课大赛获奖者49人。会上，4名获奖教师进行优课展示，北京教科院教研员完成点评。会议总结2010年燕山地区教学工作，就2011年教学工作提出具体要求。市教委、北京教科院代表和燕山地区干部教师130人参加会议。

（孙传超）

【小学与幼儿园结对共建】 4月21日，燕山教委在星城二小召开小学与幼儿园“手拉手”结对共建启动仪式。会议启动小学与幼儿园“手拉手”结对共建活动，7所小学与7所幼儿分别结对，实现一所小学和一所幼儿园共建格局。燕山地区共有7所小学、7所幼儿园，结对共建将开展小、幼贯通的针对学科教学内容、学生学习方法、学生心理等的衔接研究，做好“跨学段”教研与教育教学资源开发，实现学习方式的多样化、学习内容系统化、课程化，有利于促进幼儿园、小学间平稳自然过渡。燕山教委小学、幼儿园代表30人参加会议。

（刘艳）

【举办“攀登英语”优课展示会】 6月10日，燕山教委召开“攀登英语”优课展示暨总结表彰会。会议举办“攀登英语项目”优课展示，总结“攀登英语”教学工作经验。会议表彰“攀登英语”优课大赛获奖教师，其中，一等奖4人，二等奖8人。会议总结指出，2007年燕山地区开始实施“攀登英语”项目，7所学校3000余名学生参与实验，学生英语习惯、英语水

平得到提高。北师大“攀登英语”项目负责人、燕山教委领导，以及小学、幼儿园代表80人参加会议。

（刘艳）

【东风小学向阳小学新校园落成】 9月1日，东风小学和向阳小学分别举办新校园落成剪彩仪式。东风小学新校园位于东风街道东风街16号，占地面积11524.6平方米，建筑面积7526.92平方米，标准教室18个。新校园2010年开工建设，建设总投入3800万元。向阳小学新校园位于迎风街道五巷3号，占地面积14500平方米，建筑面积8747.51平方米，标准教室27个。新校园2011年开工建设，建设总投入2100万元。

（孙传超）

【接受教育收费专项督查】 10月19日，北京市治理教育乱收费局级联席会议督查组专项督查燕山地区2011年教育收费工作。督查组听取燕山教委汇报，实地检查燕山前进中学。督查组认为燕山地区治理教育乱收费工作取得成绩。燕山地区对学校财务实行统一核算、教育经费投入不断增加、学前教育管理规范、义务教育均衡发展。希望进一步完善相关制度，继续加强教育收费规范化管理。

（石晶）

【“十二五”继续教育启动】 11月29日，燕山教委召开中小学继续教育“十一五”总结表彰暨“十二五”启动会。会议总结燕山地区“十一五”教师继续教育工作，表彰优秀集体和先进教师，宣讲燕山地区“十二五”教师继续教育规划，明确培训目标并布置重点工作。会议指出，“十二五”期间，燕山中小学教师继续教育工作主要任务是进一步丰富教师培训的内容，加强培训实效，为实现教师的专业化发展奠定基础。燕山办事处、燕山教委等领导以及各中小学、幼儿园、直属单位代表140人参加会议。

（孙传超）

【交流学校制度文化建设经验】 12月8日，燕山教委在星城中学召开“燕山教委学校制度文化总结暨经验交流会”。会议提出，以修订学校章程为内核，加强学校制度文化建设，促进学校规范、特色和内涵发展。会议总结学校制度文化建设项目推进情况，表彰7个先进集体和19名先进个人。

燕山办事处、燕山教委等领导以及各中小学、幼儿园、直属单位代表200人参加会议。8月，燕山教委印发《北京市房山区燕山教育委员会关于进一步加强学校制度文化建设的意见》，成立学校制度文化建设和学校章程审批工作领导小组，要求中小学通过修订学校章程推进学校文化建设。至年底，13所学校完成学校章程修订工作。

（迟晓丽）

房山区燕山办事处教育委员会

主　　任　曾辉

书　　记　郝伟莉

房山区燕山办事处教育督导室

主　　任　李守业

（本栏责任编校　林业）

社会团体

学　术　团　体

北京市教育学会

【概　况】　2011年，北京市教育学会有常务理事21人、理事137人，共有会员6.8万人。团体会员单位80个。市教育学会“十二五”教育科研课题立项935项。举办各类培训活动163次，25812人次参加学习。举办北京市第五届“京研杯”论文评选活动，举办第15届海峡两岸暨港澳地区教育学术研讨会；举办幼儿园和科学课教师培训及科普表演97场，共有1.19万人次参加。

（李文骞）

【成立特级教师指导学习中心】　3月20日，市教育学会与教育部中国教师发展基金会、北京金龙兆业教育投资有限公司联合成立“特级教师指导学习中心”。中心以“整合各类教育资源，汇集全国教学精英”为宗旨，通过建立特级教师资源库，组织召开特级教师先进教育思想、教育经验交流会等形式，提供交流学习平台。至5月，该中心开展首都特级教师送教郊区行活动，共组织9个学科的特级教师14人赴房山区、大兴区、密云县和延庆县送教，各学科特级教师结合本学科2011年高考总复习中的若干问题授课，共有师生7000人参加学习。同时，该中心与房山区教委签署拜师带徒弟协议。至年底，该中心讲师团共有特级教师70人。

（李文骞）

【全国特级教师网开通】　3月27日，全国特级教师网开通运行。该网站由教育部中国教师发展基金会、市教育学会与北京金龙兆业教育投资有限公司联合设立，通过利用网络技术、多媒体技术和卫星通讯技术，建设精品课程库、特级教师库和教材资源库等资源库，并配以在线学习平台，内容包

括初高中总复习、答疑解惑和在线作业等。网址：www.tejijiaoshi.cn。

（张桂英　李文骞）

【开展科普活动】　3至11月，市教育学会举办科普活动。活动包括开展幼儿园和科学课教师培训及科普表演，通过幼儿园和小学现场互动式科普专家示范课的形式，提升北京地区幼儿以及小学师生的科普学习兴趣和积极性，激发儿童的学习兴趣和潜能。活动举办97场，共有1.19万人次参加活动。

（李文骞）

【录制社区教育网络课程课件】　4月，市教育学会录制完成社区教育网络课程课件96学时。学会受朝阳区社区学院委托，录制学龄期儿童生长发育感统失调问题以及家庭教育指导等网络课程课件96学时，为社区教育提供优质教育资源。该学会与朝阳社区学院合作开展“朝阳区数字化学习社区实验项目”研究，至年底，完成远程教育学习课件240学时。社区教育利于形成社区居民积极的价值观、良好的生活态度和道德规范，从而提高社区居民素质和文化水平，构建终身教育体系。

（陈刚　李文骞）

【成立4个二级学会】　5月20日、7月11日、9月19日，市教育学会分别成立新西城区教育学会、青少年健康成长教育研究分会、小学教育研究分会和高中教育研究分会。其中，新西城区教育学会的成立主要是由于北京市行政区划调整后，原宣武区与原西城区合并，新西城区成立，原宣武区教育学会撤销。青少年健康成长教育研究分会经市民政局审查批准增设。该研究分会着重研究如何为未成年人构建健康的成长环境以及如何使青少年在这样的环境中提高自身的生理和心理健康水平。小学教育研究分会和高中教育研究分会经市民政局审查批准增设，小学教育研究分会依托北京教育学院等高校和科研机构，以项目和课题为载体，组织北京市广大小学校长和专家学者共同开展小学教育理论研究、实验探索和经验交流等活动。高中教育研究分会坚持理论结合实际，开展学术研究和研讨活动，同时注重提炼具有首都特色的高中教育教学理论和实践成果，充分发挥校长的主体作用和创新精神。

（李文骞　杜志勇）

【接受市民政局社团评估】　5月25日，市教育学会接受市民政局社团评估。该评估按照《北京市社会组织评估实施办法》，经自我评估、第三方专业评估机构实地考察初评、评估委员会审定、公示评估结果等程序开展。评估组认为该学会定位准确，思路清晰，运行机制符合学会思路；围绕市学会为基层学会（研究会）服务、为广大会员服务、为教育行政部门服务的宗旨开展培训、交流和学术论坛等活动；工作实事求是、管理规范。经北京市社会组织评估委员会审核，市民政局确认，该学会被评为北京市市级五A级社会组织。

（李文骞）

【935项“十二五”教育科研课题准予立项】　5月26日，市教育学会对“十二五”教育科研课题进行评审。经过基层学会（研究会）评选推荐、学术委员会评审，共有935项“十二五”教育科研课题准予立项。

（张桂英）

【开展农村地区小学数学教师专业发展培训】　9至11月，市教育学会设立“促进北京市农村地区小学数学教师专业发展培训”项目。该项目利用学会学科专家团队的成功教学实践及其研究成果走进山区学校，开展有针对性、有实效性的教研活动。培训项目把研修目标聚焦在课堂实践，锁定

在一线教师执教能力的专业提升上，走进课堂、走近教师、走近学生，了解农村教师的困惑与需求，将教师在日常教学过程中积累的个体经验升华为有益于教师群体专业成长的资源，并引导一线教师在同伴学习中获得专业体验。借助网络团队研修活动与全市若干小学数学教师进行现场交互备课，通过网上备课、网上教研共享资源。来自顺义、密云、怀柔、平谷、房山5个区县的青年骨干教师500人参加培训。

（吴正宪　李文莺）

【召开海峡两岸暨港澳地区教育学术研讨会】　10月6至9日，市教育学会召开第15届海峡两岸暨港澳地区教育学术研讨会。会议以“面向全体学生、促进学生全面发展”为主题，围绕建设适应不同学生发展方向的学校课程体系、适应学生身心特征和课程要求的有效教学模式、在学科教学中进一步培养学生的学习兴趣和创新思维及实践能力、切实培养学生良好的体育锻炼习惯和健康的生活方式等问题展开学术交流。会议听取义务教育课程标准修订、审议工作情况的报告，关于北京市基础教育低代价发展和教育生态模式构建设想的报告。来自港澳台地区，以及上海、广东、四川和北京代表团正式代表100人，列席代表200人参加会议。

（李文莺）

【召开教学方式改革与信息技术科学应用项目总结会】　11月27日，市

教育学会与市教委联合召开“信息技术的科学应用与促进教学方式的改革”项目总结大会。会议回顾基于信息技术条件下的高中课改教学新模式，展示课题研究成果，表彰优秀实验学校和教师。其中，由市教育学会主持的“北京市高中新课程‘选修模块’网络资源开发与实施项目”，以全新的教与学的方式，形成新的课程形态和课程文化。市教委、市教育学会领导，参与项目实验的82所学校代表和289名实验教师参加会议。市教育学会完成的“高中新课程‘选修模块’网络资源开发与实施”项目通过3年项目调研、实验、推进，2年总结提升，5年完成实验任务，覆盖8个区县，参加实验的学校82所，实验教师689人，实验学生32405人，实验涉及语文、数学、历史、地理和音乐5个学科，共建成25个模块的课程资源和相关选修课的课程素材资源8万条，学生在网上的发帖数达107.45万条，教师、学生所发论题1.53万个，主题24.85万个；全年编辑出版《个性化学习实录》、《信息化促进课堂教学方式改革（探索·实践）》等9册，《信息技术的科学应用与教学方式的改革成果集》5册。

（李文莺）

【召开促进学生与教师共同发展研讨会】　12月22至23日，市教育学会与北京师范大学首都基础教育研究院联合召开第四届“关注差异、关爱学生，促进师生共同发展”研讨会。会议围绕中小学生学习困难研究的7个专题论坛开展交流与讨论。研讨会决定在学科研究方面，在以往对学生数学学习困难、英语学习困难的基础上，增加农村学生化学学习困难的干预研究。同时将研究成果扩展应用到促进外来务工人员子女健康发展上，使更多的农村学习困难学生得到专业指导和帮助。会议表彰参与学习困难研究的优秀教师，同时针对中小学生尤其是农村中小学生普遍存在的“学不会”和“不想学”问题，结合各区县状况、需求和特点开展相应的调研、培训和实验干预活动。市教委、北京教育科学研究院和各区县教委及科研部门负责人、实验校校长、教师代表等300人参加会议。

（梁威　李文莺）

北京市高等教育学会

【概　况】　2011年，北京市高等教育学会有团体会员单位99个，其中，普通高等院校69所、高职院校14所、民办高职院校12所、教育管理科研院所4个；所属研究会62个。全年举办各类学术年会、研讨会、成果表彰47场次；举办学术报告会、学术论坛6场；组织课题调研2项，涉及2所学校1200名师生；完成竞赛活动3项。本年公开出版或内部交流论文集2部；完成各级各类“十一五”高等教育规划课题的结题工作；完成北京市社会科学界联合会决策咨询重点资助项目1项；组织纪念北京市高等教育学会成立30周年系列活动。3月，北京高教学会办公地址由西城区南礼士路头条中核宾馆搬至西城区真武庙二条真武饭店内。网址：www.bjgjxh.org.cn。

（牛惠兰）

【举办首届大学生工程训练综合能力竞赛】　3月26至27日，北京市首届大学生工程训练综合能力竞赛在清华大学举行。竞赛主题为“无碳小车”，北京市7所高校的20支队伍参赛，经过预赛和决赛，评出一等奖7个项目、二等奖9个项目、三等奖4个项目。清华大学、北京航空航天大学和北京理工大学3支参赛队代表北京市参加第二届全国大学生工程训练综合能力竞赛的决赛。

（汤彬　牛惠兰）

【完成“十一五”高教研究课题成果评审】　11月2日，北京高教学会召开“十一五”课题优秀成果评审会。专家组对各高校团体会员单位和研究会所承担的中国高等教育学会各类“十一五”规划或专项课题56项、市高教学会“十一五”规划专项课题104项的结题成果进行评审。共评选出优秀成果67项（高校52项、研究会15项），其中，一等奖9项（高校6项、研究会3项）、二等奖17项（高校12项、研究会5项）、三等奖41项（高校34项、研究会7项）。市教委和北京高教学会共同给获奖单位颁发证书和奖金，并在北京高教学会成立30周年研讨会上予以表彰。

（牛惠兰）

【召开传统文化与高等教育研讨会】　11月17日，北京高教学会与石景山区委、区政府，北京城市学院联合举办“中华民族优秀传统文化传承与首

都高等教育研讨会”。研讨会围绕首都作为全国文化中心的示范作用应体现在哪些方面；如何体现传统文化传承在建设文化中心中的地位和作用；北京传统文化传承的主体、载体和政策如何做到可持续发展；高等教育在建设首都文化和传承传统文化中应发挥的作用等问题进行研讨。来自文化界、北京高校、石景山区有关领导和专家30余人参加会议。

（牛惠兰）

【召开成立30周年纪念研讨会】 11月

24日，北京高教学会召开成立30周年纪念研讨会。洪峰、赵凤桐和姜沛民题词。会议听取赵凤桐对该学会建设发展的指导意见和具体要求；听取学会会长简要回顾学会成立30年历程；表彰北京高教学会“十一五”高教研究规划课题优秀成果67项、2011年度优秀高等教育研究机构17个、2009至2011年先进研究会21个。教育部、市委、市政府、市委教育工委、市教委、中国高教学会、北京市社科联等相关领导、嘉宾和代表200人参加会议。北京高教学会前身为北京市高等教育研究会，成立于1981年4月21日，1983年12月23日更名为北京市高等教育学会。学会主办单位原为北京市高等教育局，1996年2月15日，撤销北京市高等教育局，成立北京市教育委员会，主办单位变更为市教委，挂靠在北京教育科学研究院。

（牛惠兰）

【举办外国留学生乐器表演比赛】 11

月26日，北京高教学会在中国音乐学院举办“来华杯”外国留学生乐器表演决赛。决赛选手从各高校报名选手中选拔，来自24个国家的100名留学生参加比赛，46人获奖，其中，一等奖3人、二等奖5人、三等奖8人、优秀奖30人。“来华杯”比赛，为中外学子提供交流学习的平台，每年举办一次。

（屈焕萍　牛惠兰）

【完成社科联决策咨询课题】 11月30日，北京高教学会提交北京市社科联学会部“全球化背景下首都建设世界级文化中心的贸易路径研究”决策咨询课题结题报告。报告着重分析世界级文化中心，既受市场规律的影响和制约，又不乏政府的引导和支持。该报告提出：首都北京应从政府和企业的双重维度共同促进城市服务经济与文化经济的发展，其中，政府是引导，企业是主导，并且要从国际化的视野和战略高度更快更好地实现将首都建设为世界级文化中心的目标；目前北京仍存在文化包容性竞争力弱、区域中心地位尚待提高、城市文化空间拓展受限等方面问题，但从战略层面来看，这并不能阻碍首都北京弘扬历史文化，发展社会主义先进文化，建设传统文化与现代文明。

（牛惠兰）

【举办北京高校师生摄影作品展】

12月23日，北京高教学会举办北京高校师生摄影作品展览。展览共展出北京30余所高校师生的作品232幅，其中，教师122幅、学生110幅。经评选，56幅作品获奖，其中，一等奖8人（教师3人、学生5人），二等奖16人（教师9人、学生7人），三等奖32人（教师20人、学生12人）。作品从不同角度反映高校教育教学改革的亮点和师生的精神风貌，也展示北京高等院校摄影教育取得的成果。

（王燕燕　牛惠兰）

【举办心理咨询培训班】 至12月，北京高教学会协助市委教育工委举办多种心理咨询专题培训班。包括举办心理健康课教学培训班，60所高校的教师100余人参加学习；举办9期高校心理咨询教师培训班，邀请国内外专家授课，40所高校的教师400人参加学习；举办心理咨询教师的专业能力督导培训，共组织14次教师200人参加学习；举办高校辅导员心理辅导的技能培训班6期，辅导员720人接受培训。

（牛惠兰）

群　众　团　体

北京民办教育协会

【概　况】 2011年，北京民办教育协会有团体会员单位593个，基础教育分会和农民工子女教育分会2个分支机构；全年编辑印发《北京民办教育信息》34期，发至省内外460余家单位，并有通讯员队伍100余人；组织专家完成72所民办高等教育机构办学状况评估；完成71所民办学校招生简章和广告备案，占应备案院校的100%；组织各类活动23次；内部举办专题讲座52次。

（左文智）

【引导正确教育消费行为】 3月，民教协会在“3·15”期间及民办教育机构招生阶段，通过媒体发出谨防招生受骗的警示。该协会根据反映较多的教育培训纠纷和投诉，提醒消费者慎重选择学校，避免上当受骗，并指出教育消费需要注意的问题，旨在通过建立媒体监督机制，正确引导消费者的教育消费行为。至年底，民教协会在中国青年报、北京青年报、新京报、北京教育考试报等发表警示文章10余篇，并在北京广播电台等多家媒体接受专访介绍相关情况。

（左文智）

【为考生提供民办学校查证服务】 3至8月，民教协会为考生提供北京民办学校查证服务。民教协会与河北、山东、黑龙江、辽宁、山西、浙江、湖北、湖南、江西、四川、甘肃、福建、安徽、江苏14省教育行政部门及高招部门建立联系，将北京评估合格的民办学校统一纳入各省高校招生主渠道，并公示民教协会网址和查证电话，接受外省市考生和家长对学校的查询和情况咨询。同时，协会编写《求学北京——北京优质民办高校认证推荐手册》，内容涵盖学校概况、办学特点、特色专业、就业情况及联系方式等，并于高考后向30个省市相关单位邮寄，正面引导考生报考。

（左文智）

【组织两岸教育交流考察】 3至10月，民教协会先后组织4批赴台教育交流考察团。20余所民办学校的60名民办教育工作者参加活动，共考察10所私立高校。两岸民办学校领导分别就专业设置、学生实习实训、人事管理、教师培训等方面的问题进行深入的交流与沟通，部分高校就两岸高校校际之间学生交流研习，教师互派学习等方面达成合作意向。至年底，民教协会接待台湾私立学校文教协会18人、台湾私立教育事业协会10人两批团组来访。

（左文智）

【召开第二次会员代表大会】 7月14日，民教协会召开第二次会员代表大会。会议听取、审议并通过《北京民办教育协会第一届理事会工作报告》；采取差额选举的方式，选出新任会长、副会长、常务理事、监事长等；完成法人变更及法人登记证书等证件的更换。会员代表应有190人，实到174人参加会议。

（左文智）

【组织签署招生诚信公约】 7月16日，民教协会与北京市消费者协会联合举办北京民办高校诚信公约签字仪式。43所民办高校签署招生诚信公约，承诺杜绝虚假宣传，诚信透明招生。新浪网全程视频直播签约仪式，中央电

视台、北京电视台、人民网等媒体予以报道或转载。

（左文智）

【评选民办教育园丁奖】 8至9月，民

教协会举办2011年第五届北京民办教育园丁奖颁奖大会。会议表彰获优秀校长奖36人、优秀教师奖60人、优秀教育工作者奖50人，优秀教研团队10个。该评选与北京教育评估院、新京报社联合举办，于8月8日启动，坚持公平、公正、公开和公益性的原则，经过自愿报名、媒体公示、主办方评选等程序，综合考评参评个人及团队。全市共有200余人参加评选。

（左文智）

【评估民办高等教育机构办学状况】 10至12月，民教协会受市教委委托组织民办高等教育机构第六轮办学状况评估工作。评估工作坚持分类指导和适当简化原则，不同类型学校采取不同评估方式，评估内容也有所不同。民教协会组织专家先后对47所民办非学历高等教育机构的办学状况开展评估工作，对8所非学历教育的民办普通高校、独立学院进行专项检查，对18所民办非学历高等教育机构进行单独考察，并对评估材料整理、汇总、分析和归档。

（左文智）

【研究项目获市社会建设专项资金支持】 11月，民教协会11个项目获得市社会建设专项资金的支持。支持资金115万元，项目涉及社会基本公共服务类、社会公益服务类两个方向，其中，社会基本公共服务类8项、社会公益服务类3项，主要为扶贫助困服务、支教助学服务、就业创业帮扶服务以及特殊人群服务等。共有19个会员单位申报项目95个。

（左文智）

【开展大学生赴美社会实践活动】 至12月，民教协会开展民办高校暑期大学生赴美社会实践活动。该活动与美国国际教育交流协会合作举办，实习企业遍布美国东西海岸及中部地区10余个州，实习岗位涉及收银、销售助理、度假村工作人员、游戏操控员等20余个类别。经前期宣传、英语能力测试和培训、与雇主见面定岗、办理签证等环节，200余名学生赴美国进行社会实践。

（左文智）

北京市学前儿童保教工作者协会

【概　况】 2011年，北京市学前儿童保教工作者协会有单位会员269个，从业保教工作者10652人，个人会员168人，理事65人。召开第八届会员代表大会，选举产生第八届理事会。组织开展纪念中国共产党建党90周年革命传统教育活动；传承张雪门幼儿园行为课程研究系列活动；举办幼儿教师与幼儿美术作品展评活动；开展幼儿教师专业技能培训；开展国内、国际幼儿教育学习交流活动，来自全市保教工作者共计2560人次参加活动。

（简尔贤）

【召开第八届会员代表大会】 3月30日，保教协会召开第八届会员代表大会。会议审议并通过协会第七届理事会工作报告，选举产生第八届理事会，经全体理事无记名投票选出协会第八届会长、副会长、监事会、监事长和常务理事会。第八届理事会共有理事65人，均由各相关单位推荐；有常务理事7人。会员代表168人参加会议。该协会每4年换届一次。

（简尔贤）

【开展幼儿园行为课程实验研究活动】 3月、4月、11月和12月，保教协会

组织举办4次张雪门幼儿园行为课程实验研究成果展示与交流活动。活动分别展示顺义区石园北幼儿园运动会及系列体育游戏活动、北京市第五幼儿园科学教育活动环境创设与案例分享、顺义区仁和幼儿园语言领域教育活动，并在北京市立新学校幼儿园召开实验园研究工作阶段总结交流会。该协会主要领导及专家参加活动，并现场点评与指导。通过对张雪门幼儿教育思想的学习与研究，教师在尊重儿童、呵护儿童的好奇心、善于发现和捕捉教育契机、引导幼儿自主学习等方面取得进步。

（简尔贤）

【举办特级幼儿教师报告会】 4月15日，保教协会举办特级幼儿教师报告会。报告会听取上海市特级教师毛美娟作题为《幼儿园园本课程实践研究》报告，主要讲述该园对《幼儿园教育指导纲要》的理解与贯彻的具体做法和经验。来自各区县幼儿园的560名园长和教师参加学习。毛美娟是上海市东方幼儿园园长。

（简尔贤）

【举办骨干教师业务培训班】 4月和9月，保教协会举办两期幼儿园骨干教师业务培训班。培训采取课堂教学和实地观摩两种形式，听取来自北京教育学院西城、丰台分院的教师讲授幼儿园主题教育活动设计、班级环境创设、游戏活动设计与指导等内容；实地观摩4所市级示范幼儿园的教学环境与活动。来自16个区县的骨干教师380人参加学习。

（简尔贤）

【举办幼儿美术作品展评活动】 5月29日，保教协会在亚运村第二幼儿园召开幼儿美术作品展示和表彰会。会议表彰一等奖作品150件、二等奖作品250件，优秀组织奖20所幼儿园、优秀指导教师奖286人；展示优秀作品50余件。该评选活动始于4月，共有32所幼儿园选送幼儿作品1018件参评，由美术学院教师评选出优秀作品。

（简尔贤）

【赴法国交流考察】 10月，保教协会组团赴法国学习考察。法国具有完善的法律制度及有效措施保障儿童健康成长。考察团访问法国国家教育联盟幼儿教育联合会、了解法国幼儿教育情况、学习先进教育理念、观摩先进教学设施。来自28所幼儿园的34人参加学习。

（简尔贤）

北京老教育工作者总会

【概　况】 2011年，北京老教育工作者总会有团体会员单位41个，比上年减少2个，其中，原崇文区、东城区老教协合并为东城区老教协，原宣武区、西城区老教协合并为西城区老教协，有会员107586万人，比上年增加9464人。全年举行纪念中国共产党成立90周年系列活动、表彰优秀文化社团、召开建设“三型优秀社团”研讨会和支教工作总结大会。

（李守德）

【召开支教工作总结大会】 2月26日，老教总会在密云巨各庄中学召开支教工作总结暨《铸就师魂（二）》赠书大会。会议听取支教团团长工作汇报，总结支教团2007至2010年支教工作；听取巨各庄中学介绍支教工作成绩；签署2011至2013年新一轮支教协议；向巨各庄中学赠送《铸就师魂（二）》一书，书中刊登22篇支教教师和19篇受助教师经验体会文章。市教委及有关方面领导、巨各庄中学师生共600人参会。会议由市教育关工委、密云县政府共同举办。2004年3月，市老教协、市教育关工委响应北京市教育大会“支援山区教育，促进教育均衡发展”号召组建支教团，先后有来自西城、海淀区重点中学，原西城、宣武教研中心和北京教育科学研究院、北京教育学院的中学高级、特级退休和部分在职教师，以及高校副高级专业技术职务以上人员共55人参加支教团。2004年5月至2007年6月、2007年12月至2010年12月，支教团分别在北师大密云实验中学和密云巨各庄中学支教，每月进校一次，通过听课、评课、座谈、讲座等形式，对各学科教师进行指导，帮助学校带好教师队伍，提高教育、教学水平。两校支教工作均取得显著成绩，学校的教育质量和教学水平显著提高，骨干教师不断增加，中、高考成绩逐年提高。

（李守德）

【表彰优秀文化社团】 6月25日，老教总会在庆祝建党90周年文艺演出大会上，表彰2011年北京老教育工作者协会优秀文化社团。会议表彰197个优秀社团。该表彰按照社团组织领导、业务骨干队伍的稳定性和凝聚力；坚持常年活动并有制度和计划上的保证；活动水平与质量有较大的影响等标准进行评选。经区县、高校老教协会推荐，老教总会研究决定等程序开展评选，获表彰社团占规定范围社团总数的20%。该评选开始于2月26日。

（李守德）

【召开建设“三型优秀社团”研讨会】 9月5至6日，老教总会召开建设“三型优秀社团”研讨会。会议研讨各级组织如何进一步建设“学习型、服务型、创新型、充满生机活力、可持续发展的优秀社团（三型优秀社团）”等内容；从学习型、服务型、创新型三个方面总结总会和各协会工作，并分高校、城区、郊区三组开展讨论。会议肯定建设“三型优秀社团”工作成绩，确定下一步工作任务。来自区县、高校的协会会长42人参加会议。老教总会“三型优秀社团”建设工作开始于2008年12月26日，由第四届理事会提出。

（李守德）

北京校外教育协会

【概　况】 2011年，北京校外教育协会有会员单位204个，常务理事单位33个，理事单位87个。全年组织开展北京市阳光少年活动、组织参加第八届北京国际教育博览会、组织会员单位专项培训活动和校外教育考察等活动。协会共有120个会员单位组织126项活动，90万次学生参加。

（崔向红）

【出版优秀文集】 3月，校外教育协会组织编写、出版《北京校外教育理论与实践研究优秀文集》。文集由学苑出版社出版，32开本，共40万字，

收录第三届北京校外教育理论与实践研究征文暨研讨活动中获奖的60篇论文和活动案例，反映近两年全市校外教育工作中的新理念、新思路、新经验和新成果。

（王媛媛）

【组织专业教师培训活动】 5月27日，校外教育协会举办“北京市校外教育教师陶艺培训活动”。活动内容包括陶瓷实物鉴赏、观看陶艺视频、瓷板绘画、泥板雕刻、转盘拉坯等。共有来自学校、区县少年宫、少年之家、街道办事处等会员单位的教师22人参加培训活动。

（王媛媛）

【参加北京国际教育博览会】 6月17

至19日，校外教育协会在第八届北京国际教育博览会上组织承办“北京校外教育展”。展区占地面积324平方米，展览通过各类展板，发送校外教育工作宣传册页、校外教育协会会员单位资料，组织优秀校外教育活动互动展示，通过播放校外教育工作及活动视频等形式宣传展示北京市校外教育工作取得的成果。来自北京学生活动管理中心、丰台区少年宫、东城区少年宫等校外教育机构以及中国科技馆、北京天文馆、首都博物馆等14家校外活动机构参与组织现场展览互动，来自8所学校的师生展示科技创新项目。展区现场共发放协会及会员单位的各种宣传资料10890份，纪念品1027件。

（王媛媛）

【编印2011年北京校外教育活动指南】 6月，校外教育协会编印《阳光少年快乐成长——2011年北京校外教育活动指南》。该指南收录首都精神文明办、市文化局、市妇联、市环境保护宣传中心、北京发行集团等市校外教育联席会议委办局及16个区县教委、协会会员单位开展的总计87项特色活动，以及92家校外活动场所的介绍。2011年北京校外教育活动指南共印刷3000册，向各区县教委、中小学校和协会会员单位发放。

（阴少萌）

【举办主题竞赛活动】 6至11月，校外教育协会举办“党在我心中”北京市中小学生书法、绘画、摄影、征文、网上知识主题竞赛活动。协会成立评审委员会，通过聘请专家对作品进行评选，共评选出学生820人获得一等奖、1201人获得二等奖、2637人获得三等奖，教师42人获得优秀辅导奖。校外教育联席会议办公室和协会为获奖学生颁发获奖证书，并将优秀作品编入《第六届（2011）北京阳光少年活动优秀作品选》。来自16个区县的284所中小学校学生11569人参加活动。

（阴少萌）

【校外教育网升级改版】 12月15日，校外教育协会完成北京校外教育网站升级改版工作。新网站合并“兴趣课堂”、“活动园地”为“兴趣活动”，优化内容板块，新增宣传交流栏目。网站设计完成（2011）北京阳光少年活动“党在我心中”——北京市中小学生网上知识答题竞赛系统、北京市中小学生读书主题摄影大赛系统、北京市青少年彩票公益金项目网络评审系统，开通走进陶瓷夏令营、童心向党等重点活动窗口栏目。网站全年共发布信息2030条，比上年增长50%，包括信息员发布信息1900条。网址：www.bjxwjy.org.cn。

（白雪岭）

北京高校国防教育协会

【概　况】 2011年，北京高校国防教育协会有高校会员单位66个，相关企业会员单位14个。有理事80人。全年举办国防教育活动5次，参加人数2800人次。

（王德峰）

【召开四届三次会员代表大会】 3月24至25日，高校国防教育协会召开四届三次会员代表大会。会议审议通过2010年度工作总结和2011年工作要点；审议2010年监事会工作及财务管理报告，并邀请国防大学教授作《国家安全形势与军事热点》专题报告。76个会员单位代表119人参会。

（王德峰）

【举办高校定向越野锦标赛】 5月8日，高校国防教育协会在北京朝阳公园举办第二届全国高校大学生定向巡回赛（北京站）暨2011年北京学生定向越野锦标赛。竞赛设立高校甲组和乙组、中小学普通组。清华大学、北京建筑工程学院、中国传媒大学获男子甲组总分团体前三名；北京工商大学、北京农学院、北京化工大学获女子甲组总分团体前三名。30所北京高校和10余所中小学的学生700人参加比赛。中国大学生体育协会、市教委和高校有关负责人参加开闭幕式并给获奖单位颁奖。该竞赛每年举办一次。

（王德峰）

【举办国防教育主题辩论赛决赛】 5月22日，高校国防教育协会举办第二届北京高校国防教育主题辩论赛决赛。正反方围绕“高校学生军事理论学习与军事技能训练哪个更重要”展开辩论。首都师范大学代表队获得决赛冠军，中央民族大学代表队获得亚军，中国人民大学、国际关系学院获得季军。比赛自5月7日开始，28所高校代表队经过预赛、初赛、复赛、半决赛进入决赛。教育部、国家国防教育办公室、国防大学、市政府有关职能部门领导及高校师生500人观看决赛。该比赛每3年举办一次。

（王德峰）

【举办第五届国防教育征文评比活动】 6月15日至10月31日，高校国防教育协会举办2011年北京高校第五届国防教育征文活动。该活动是为纪念《中华人民共和国国防教育法》颁布10周年而举办，北京高校师生围绕学生军训、大学生素质教育和征兵工作，结合实际撰写文章。共征集学术类、非学术类的文章246篇，中国石油大学（北京）、北京理工大学、北京工商大学获得优秀单位组织奖。该活动每3年举办一次。

（王德峰）

【举办校长、部长国防教育日活动】 6月17日，高校国防教育协会举办2011北京高校校长、部长国防教育日活动。该活动在北京怀柔区参观部队正规化建设及军事科目表演并组织军用枪射击体验赛。来自54所高校（含中专）校长、武装部部长98人参加活动。

（王德峰）

北京教学仪器设备协会

【概　况】 2011年，北京教学仪器设备协会有会员单位142个，其中，新增17个单位。全年举办活动6次，举办新春团拜会，召开第四届第七次理事会，举办北京地区教育装备展示会，举办教学仪器设备标准讲座，组团参加第61届和第62届教学仪器设备展示会。

（王玉清）

【举办北京教育装备展示会】 4月7

至8日，教学仪器设备协会和北京市高等教育学会联合举办2011北京教育装备展示会暨第二届北京教育装备论坛。展览会在北京展览馆举办，设置展位313个，产品涉及高等教育、职业教育、基础教育、学前教育的教学仪器设备，有信息技术、计算机产品、专用仪器设备、办公家具、图书软件、体育器材6大类。来自全国各地的147家教学仪器设备生产经销企业参展，北京及周边地区高教、职教、普教三大领域各级各类学校的师生、教育行政、教育装备等部门2.1万人次参观展览。展示会期间举办的教育装备论坛、各类报告13场，包括学术交流、技术讲座及各种新产品发布活动，特别是围绕高校教育装备工作的热点、难点问题，邀请专家进行解读、分析和展望。

（王玉清　牛惠兰）

【组团参加全国教学仪器设备展示会】 5月和11月，教学仪器设备协会分别组团参加第61届（西安）、第62届（成都）全国教学仪器设备展示会。两次展示会上，北京分别有72家和53家企业参展，展位分别为222个和202个，包括特展展位分别为76个和6个。参展展品涵盖各级各类教育所需仪器、设备、教具、标本、模型、计算机软硬件、信息化设备、教学用图书、挂图等产品100余种。11月成都展示会上，北京作为四川灾后重建的援建省市之一，参加四川教育灾后重建成果报告会，汇报援建情况并展示援建成果。

（王玉清）

【举办教学仪器设备标准讲座】 12月23日，教学仪器设备协会举办教学仪器设备标准讲座。该讲座由北京市卫生监督所和教学仪器设备协会专家结合教学仪器设备行业实际，解读与教育装备相关的卫生要求、产品质量要求和企业标准，并现场答问。110家教学仪器设备生产、经销企业的经理、厂长参加学习。

（王玉清）

北京市红十字会

【概　况】 2011年，北京市红十字学校红十字基层组织有2352个，其中，高校89所、中专27所、中小学2236所。红十字青少年会员815987人。全年完成初级急救员培训15万余人，师资培训1100人，92万人参加普及培训，以社区、学校为重点开展应急演练，参加人数达16万人，群众性自救互救演练初步实现常态化。全年，市红十字会共募集捐赠资金4707.78万元，物资价值1690.29万元，共筹集款物价值5000余万元，新增公益项目4个。全年有新注册志愿者34041人，志愿服务团体106个，正式成立10支红十字志愿服务队；完成造血干细胞志愿捐献血样入库3668人份，包括高校学生志愿者1868人份，成功捐献35例。

（李胜华）

【举办预防艾滋病宣传活动】 5月29

日，市红十字会举办预防艾滋病宣传活动。该活动在后海荷花市场举办，以“唤动京城”为主题，志愿者分4队身着印有“珍爱生命，远离艾滋”标语的宣传衫，在各自活动区域通过印有红十字会标识的纪念品和游人的物品进行交换，向游人宣传防艾知识。华北电力大学、北京体育大学和中国青年政治学院等北京14所高校的志愿者25人参加活动。

（李胜华）

【举办世界献血者日主题宣传活动】 6月12日，市红十字会在中国青年政治学院举办“世界献血者日”主题宣传活动。该活动以“捐献更多血液，挽救更多生命”为主题，举办有关献血的科学知识普及，介绍无偿献血的有关政策以及组织大学生进行无偿献血活动。活动由市红十字会、中国青年政治学院主办，来自北京的20余所院校红十字会相关人员200人参加活动。6月14日是第八个“世界献血者日”。

（李胜华）

【举办中日韩首都红十字青少年交流活动】 7月26至30日，第九届中日韩三国首都红十字青少年交流活动（夏令营）在韩国首都首尔市举行。活动交流红十字文化，展示手工艺——制作团扇，参观首尔市中平中学和首尔市民安全体验馆，学习应对灾害的防范常识和保护措施，参观首尔市红十字会培训中心，营员展示各国的特色与文化。中日韩三国首都的红十字青少年代表及红十字会领导50余人参加活动，包括中国代表团10名红十字青少年。8月22至26日，首届中日韩三国首都红十字大学生交流活动在京举办。

（李胜华）

【“999安全课堂”挂牌】 9月1日，北京市第一个“999安全课堂”在朝阳区沙板庄小学挂牌。999急救中心将急救车开进学校，工作人员带着学生参观，讲解急救知识，发放印有应急避险小常识的拉画笔。该校学生546人次参加学习。

（李胜华）

【举办癌症防治研究募捐义跑活动】 9月24日，市红十字会举办的第13届“北京希望马拉松——为癌症患者及癌症防治研究募捐义跑”活动在北京朝阳公园举行。活动与中国癌症基金会、中国医学科学院肿瘤医院、加拿大驻华大使馆共同举办，25万人参加跑步，包括40余所高校、中专学校的红十字会会员1000人。活动共募集善款400余万元，全部用于中国癌症防治研究事业，同时也继续扶助癌症筛查发现的早期癌症贫困患者，新增的“癌症早诊早治患者扶助专项基金”，用于扶助癌症筛查发现的早期癌症贫困患者。

（李胜华）

【举办高校红十字会第七届高峰论坛】

10月22日，市红十字会在华北电力大学举办第七届首都高校红十字会高峰论坛。该论坛以“危机、信心、重铸——首都高校红十字会在社会信任危机下的新生”为主题，探讨高校红十字会在社会危机下如何重塑形象。会议总结高校红十字会及红十字志愿服务工作，谈论交流志愿公益理念与社会实践。华北电力大学红十字会提出“黄金三分钟——首都高校大学生拯救生命能力普及行动”的项目倡议，并同北京科技大学、华北电力大学、对外经济贸易大学、北京第二外国语学院、北京体育大学、首都医科大学6所优秀示范高校共同在倡议书上签字。48所北京高校的红十字会学生分会代表150人参加。

（李胜华）

【启动青春期性健康教育活动】 10月22日，北京协和医学院红十字会承办的“青春健康、你我同行”高校行启动仪式在北京协和医学院举行。来自10余所高校红十字会演出《秋》、《魔术——神奇》和《明天会更好》等节目。该活动历时60天，分别在北京大学、中国青年政治学院、北京协和医学院、中国人民大学、对外经济贸易大学、北京化工大学、中国石油大学、北京科技大学、中国戏曲学院、北京语言大学10所高校举办活动，内容涉及骨干人员培训、走进校园等，全方位推进青春期性健康知识普及和宣传工作。活动全程由大学生设计和组织。该活动将每年10月的第四个星期六作为“青春健康日”，并在10月22日举办“青春健康日”启动会。

（李胜华）

【高校红十字会年终评审】 12月18至20日，市红十字会对38所高校红十字会进行年终评审。评审工作采取自愿申报的原则，通过市红十字会审核资格后参加评审。评审分为6组，参加人员由学校红十字会秘书长和学生分会会长等2至4人参加，由秘书长抽签决定展示顺序。评审结果显示：学校红十字会组织基本健全，领导重视，高校参与热情高。北京科技大学、北京协和医学院、清华大学红十字会引进外来资金开展校红十字会活动；中国传媒大学、北京大学、中国地质大学红十字会通过网络媒体宣传红十字活动；中央财经大学、北京工商大学、首都医科大学红十字会进行主题活动，招募志愿者；北京交通大学、北京航空航天大学、北京工商大学嘉华学院红十字会开展应急救护培训；北京联合大学、北京城市学院、中国矿业大学（北京）、北京语言大学、首都经济贸易大学红十字会健全管理机制；中国劳动关系学院红十字会、中国传媒大学红十字会为此次评审提供场地、志愿者保障。评审工作从1997年开始已连续开展15年。

（李胜华）

（本栏责任编校　张晓白）

市教委直管直属单位

直管单位（部分）

北京教育科学研究院

【概　况】 2011年，北京教育科学研究院设有业务机构16个，行政处室10个，挂靠单位4个。在职职工338人，包括高级专业技术职务143人、中级112人；具有本科以上学历297人，包括博士30人、硕士123人；享受政府特殊津贴专家5人，全国模范教师2人、全国优秀教师3人、北京市人民教师1人、北京市优秀青年知识分子2人、首都劳动奖章获得者1人、北京市“五四”奖章获得者1人、入选北京中青年社科理论人才“百人工程”2人、北京市新世纪百千万人才工程市级人选1人、北京市特级教师9人、北京市优秀教师6人、北京市中小学中青年学科教学带头人14人、北京市中小学骨干教师10人。主要开展教育宏观决策研究、教育教学研究、教育理论研究；加强对教育科学、教学研究的领导和管理；为政府教育行政部门宏观决策以及学校管理提供服务，为提高学校的教育教学质量提供服务。全年全国教育规划课题立项6项；北京市哲学社会科学规划课题立项1项，结题3项；北京市教育科学规划课题立项11项，结题9项；承担市委教育工委、市教委及相关单位委托课题14项。网址：www.bjesr.cn。

（刘新刚）

【召开翱翔计划结业和表彰大会】 1月21日，由市教委主办，北京教科院、北京青少年科技创新学院承办的“‘翱翔计划’2009级学员结业典礼暨2010年总结表彰大会”召开。会议向结业的2009级翱翔学员164人颁发结业证书，并总结、交流“翱翔计划”2010年工作。同时向高校和科研院所、基地学校、生源学校优秀指导教师和优秀志愿者颁发证书。有400余人参加此次大会。

（张强）

【举办学术年会优秀论文评审会】 3月24日，北京教科院举行北京教育科学研究院学术年会优秀论文评审会。会议分专家小组讨论、专家合议两个阶段，由9名相关研究领域的专家分3组严格评审。专家从意义与价值、内容与思路、方法与设计、论文规范4个方面对论文进行评价后，通过集体讨论、综合考量研究水平，最终推荐出38篇论文列入获奖建议名单。此次共收到122篇论文。

（王雪涛）

【参加高中体育会考监察巡视工作】 4月1至19日，北京教科院参加2011年高中体育会考监察巡视工作。监察巡视工作小组共对东城、西城、房山、密云、丰台、门头沟、朝阳、海淀、通州、大兴、石景山11个区县和燕山的高中体育会考工作进行巡视和指导。巡视组对考试中有待进一步规范的地方进行说明和纠正，同时向区县教育行政部门说明考试和教学的关系，希望区县教育行政部门加强对高中体育课程教学的管理，促进学生全面发展。

（沈俊楠）

【赴英国牛津大学培训】 7月17日至

8月6日，北京教科院研修团赴英国牛津大学进行为期3周的项目培训。该项目的培训目标是更新教科院业务骨干人员有关教育研究方法、教育管理效能等方面的知识结构；促进教科院业务研究水平及研究能力的提升；加强教科院业务研究和教育管理骨干人才队伍建设。培训通过课堂讲座、实地考察、个别访谈等形式进行教育研究与管理培训，同时在院内开展5场学术报告会并将培训成果出版成册。此次培训由院党委书记带队，各业务单位相关成员25人参加。

（刘志斌）

【获全国优秀高等教育研究机构称号】 至年底，根据教育部《关于进一步加强高等教育研究机构建设的意见》，中国高等教育学会开展第三届全国优秀高等教育研究机构评选活动。评选活动经单位自荐和北京市高等教育学会择优推荐，在中国高等教育学会专家评审、面向社会公示、听取意见的基础上，由中国高教学会审议批准，北京教科院高等教育科学研究所被评为第三届全国优秀高等教育研究机构，于12月24日在广州召开表彰大会。首届全国优秀高等教育研究机构评选活动于2005年开展。

（孙毅颖）

【完成教育科学“十一五”规划总结】 至年底，北京教科院完成北京市教育科学“十一五”规划总结。“十一五”期间，教科院共设置重大课题、重点课题、校本研究专项课题、青年专项课题、一般课题和特别委托课题6大类别，分10个研究领域，实行年度立项，5年共计立项课题947项，其中，613项获经费资助，占64.73%。受市委教育工委、市教委委托课题共111项，涉及到教育发展规划、教育均衡发展、创新人才培养、基础教育评价及督导、高校资源整合、职业院校实训基地建设、民办教育发展、教师建设、教育安全稳定、教育行政执法等方面。课题研究成果为教育决策提供参考和借鉴。

（杜玲玲）

【完成全国教育科学研究“十二五”规划课题申报工作】 至年底，北京教科院组织完成“全国教育科学研究‘十二五’规划2011年度课题”申报工作。网上申报281项，上报162项；“单位资助教育部规划课题”申报71项，上报18项。完成“全国教育科学规划科学教育专项研究课题”，“全国教育科学规划学校体育、卫生、艺术和国防教育研究专项课题”，“全国教育科学规划职业教育专项研究课题”，“全国教育科学规划成人教育专项研究课题”，“全国教育科学规划中小学数学教育专项研究课题”，“全国教育科学规划大学外语教育专项研究课题”6个专项的申报组织工作。经过审核共报送104项，有40项课题获准立项，其中，国家重点1项、国家一般课题3项、国家青年基金课题1项、教育部重点课题10项、教育部青年专项课题4项、单位资助教育部规划课题10项、其他各类专项共计11项。

（杜玲玲）

【出版发行《教育快报》】　至年底，北京教科院编辑出版《教育快报》（研究版）。全年共编发18期，其中，教育专题调研报告5篇，占27.78%；政策咨询研究报告8篇，占44.44%；国内外专题研究报告5篇，占27.78%。编辑出版《教育快报》（动态版）。全年出刊33期，其中，教育动态信息23期，专刊10期；刊发教育动态信息共415条，其中，编译的国外教育信息235条，占56.63%；摘编的中文教育信息180条，占43.37%。

（李震英）

北京教育科学研究院 院长、副院长 党委书记、副书记

院　　长　时龙
副 院 长　张铁道（4月12日免）
吴岩　刘登宽　吴晓川
方中雄（4月12日任）
党委书记　唐亦勤
党委副书记　甘北林

北京教育考试院

【概　况】　2011年，北京教育考试院占地面积1.43万平方米、建筑面积3.25万平方米。设有20个部门，其中，综合处室5个、综合业务处室5个、业务处室6个以及直属单位4个，包括北京市教育考试指导中心、北京高等学校教育科技发展中心、北京市教育考试招生服务中心、北京考试报社。共有干部职工174人，其中，专业技术人员75人，包括高级专业技术职务16人、中级48人。完成对中考、会考和高考23个学科的全样本分析，组织评价专家组完成研究报告与考生水平评价报告49篇；全年共组建包括15门课程的1.1万道试题题库；开发并投入试运行“自学考试命题管理信息系统”、“计算机题库管理系统”；开发分数报告自动生成系统，提供诊断性分数评价报告7600余份。全年共组织各级各类考试570次，涉及考生184.2万人；全年共命制试题1144套；为各级各类招生单位录取新生30.3万人；通过考试发放各种证书36.4万份。全年共组织开展新闻通气会3次，发布新闻通稿20余次，完成大型网上咨询活动4次，回答各类问题30287个，回复意见箱留言6738条，通过广播电台组织专题咨询节目100余期，编辑出版中招、高招、成人高招和研究生招生等系列招考专刊。全年考试院网站静态页面点击量达5.6亿次，各处室发布各类信息总计5264条。考试报社全年完成主报发行96期，总计436万份，中招、高招、研招、成招、自考专刊20期，总计174万份。

（蒋来）

【完成制卡、数据扫描和网上评卷工作】　2月，北京考试院完成“高水平大学自主选拔学业能力测试”答题卡制卡、数据扫描和网上评卷工作。共监制答题卡563250张、扫描答题卡533091张、评阅试卷240604份。该项工作受教育部考试中心委托，与清华大学等7所高校合作完成。

（胡海）

【完成中招报考资料编印工作】　3月15至26日，北京考试院完成年度高级中等学校《招生简章》、《报考指南》和《部分学校情况介绍》等报考资料的编印工作。其中，《招生简章》刊载118所提前招生学校和362所统一招生学校的招生计划，《部分学校情况介绍》收录234所学校情况介绍，占招生学校总数的64.64%。

（郭振铎）

【举办高招网上咨询活动】　4月17至21日、6月25日，北京考试院分别组织在京招生的本科、专科院校进行高考网上咨询活动。咨询通过考试院网站（www.bjeea.edu.cn和www.bjeea.cn）举办，考生登陆网站提出问题，各学校招生人员及时给予回答。咨询期间，网站点击数315万次，访问人数24308人，提出问题18112个，回答问题17276个，问题回复率95.38%。共有92所本、专科招生院校参加咨询活动。

（卢杰）

【组织实施中考网上评卷技术服务工作】　4至7月，北京考试院组织实施2011年北京市中考网上评卷技术服务工作。该技术服务工作共完成答题卡数据扫描108.8万张，制作、打印、发放考生条形码63万余枚，派出技术员26人分赴19个评卷点，为16个区县的网上评卷工作提供技术支持与服务。

（胡海）

【首次承担初中毕业升学现场体育考试】　5月4至30日，经市委教育工委、市教委研究决定，北京考试院自本年起承担北京市中考体育考试现场考试的组织管理工作。本年是考试院首次承担中考现场体育考试，共有89188名初中毕业生在19个考点参加体育现场考试。

（郭振铎）

【召开英语水平考试表彰会】　5月19日，北京考试院召开2006至2010年度北京英语水平考试先进个人表彰会暨考务工作会。会议表彰北京英语水平考试先进个人35人。考务工作会的主要内容是布置上半年工作，提出加强考试过程管理，确保考试平安的要求。社考办相关领导及各考点的考务人员40人参加。

（姜树森）

【研究生招生研究课题结题】　6月29日，北京考试院联合北京建筑工程学院共同承担的“北京市研究生招生制度改革与促进首都高端人才培养的实证研究（二期）”课题结题。课题经过专家组评审，通过调查问卷、录取数据分析等方法，研究近5年的重点学科和专业要求，提出针对北京市硕士研究生招生制度改革和培养对策

的建议。

（李青文）

【开展网络及信息系统等级保护测评工作】 6至12月，北京考试院首次开展网络及信息系统等级保护测评工作。测评内容包括网上公众服务平台、普通高等学校招生录取及志愿填报系统、扫描及阅卷系统的等级保护测评工作。测评结果显示该系统的安全防护能力基本符合等级保护三级系统的基本要求。

（纪畅）

【举办少儿英语风采挑战赛】 10月6日，北京考试院举办2011年北京少儿英语风采挑战赛暨第二届剑桥少儿英语大赛北京选拔赛表彰会。会议表彰197名获奖参赛选手，其中，一等奖34人、二等奖65人、三等奖98人。该197名获奖参赛选手同时获得参加2012年寒假期间教育部考试中心举办的第二届剑桥少儿英语大赛全国总决赛的入围资格。该项比赛于6月启动，分为初赛和决赛二个阶段，有Starters，Movers，Flyers，KET/BETS－1，PET/BETS－2/BETS－3五个级别。共有来自10个区县的20所剑桥少儿英语培训机构的学员以及514名社会选手参加比赛，317人获得参赛证书。

（金辉）

【无线电作弊网络化防控专项课题结题】 11月10日，北京考试院召开“无线电作弊网络化防控系统”结题会。评审专家听取课题的总结汇报、审核结题材料、观看防控系统现场演示，认为课题可以通过验收。该系统通过监测与干扰设备的方式有效防控无线电作弊。

（李青文）

【召开英语口语证书考试专家研讨会】 11月11至12日，北京考试院召开北京英语口语证书考试专家研讨会。会议重点研讨实施北京英语口语证书的常态化考试与考试题库建设两项议题。同时研讨会就如何完善评价体系、考官管理办法修订、项目开考十年活动方案以及宣传册修改等问题进行交流，并对下一步工作达成共识。北京考试院以及相关教育专家等12人参加会议。

（伍亚娜）

【表彰全国计算机等级考试优秀考点】 12月26至27日，北京考试院召开2010至2011年度全国计算机等级考试考点考核表彰工作会。会议表彰优秀考点19个，先进个人81人。北京考试院领导以及考点代表共计200人出席会议。

（姜树森）

北京教育考试院
院长、副院长
党委书记、副书记

院　　长　王健
副 院 长　臧铁军　李鸿江　徐宝力
　　　　　　高福勤（11月任）
党委书记　王健
党委副书记　张泉利

北京教育音像报刊总社

【概　况】 2011年，北京教育音像报刊总社下辖《现代教育报》、《健康咨询报》、《学前教育》杂志、《北京教育》杂志、《中小学信息技术教育》杂志以及北京高教电子音像出版社有限责任公司。所属独立事业法人单位3个，内设部门9个，所属企业6个，《中国教育报》北京记者站挂靠音像报刊总社。共有在岗职工165人，具有高级专业技术职务30人。全年共发行报刊近700万份（册），出版发行音像出版物120种160万盘（碟），电子出版物120余种。全年共承办国家级及市级会议和培训6次，出版市教委委托专项《铸就师魂——首都师德楷模先进事迹系列丛书》幼教卷、大学卷。全年所辖报刊作品共获得国家教育部、市委教育工委、市教委、北京市新闻学会等各类奖励15项。各期刊均保持北京市新闻出版局期刊编校质量评审一级期刊标准，其中，《学前教育》杂志获得“亲子阅读，书香中国”中国家庭教育知识传播激励计划优秀读物。

（吴小红）

【联合人民网推出两会直播访谈节目】 3月3至14日，音像报刊总社现代教

育报联合人民网教育频道推出“两会教育圆桌”直播访谈节目。节目邀请相关领导、专家、校长、园长等，走进人民网教育频道在线直播访谈间，并推出现代教育报专题报道，完成“择校难”、“入园难、入园贵”、“高考制度改革”、“创新人才培养”4期热点话题访谈。其中两场分别由现代教育报副总编、总编室主任主持，首次突破由人民网教育频道独立主持的格局。此次直播访谈节目共邀请全国人大常委、代表，江苏省教育厅厅长，山东省教育厅厅长，北京市第四中学校长等领导和专家12人。

（薛峰）

【首次举办民办学校通讯员培训】 4月20至21日，音像报刊总社现代教育报首次举办民办学校通讯员培训。该培训与市教委民办教育处联合举办，通过开展讲座、座谈和讲评等形式，主要进行新闻意识、采写能力等内容的培训。各区县教委、民办高校的宣传负责人及通讯员88人参加培训。本年，现代教育报首次接受市教委委托，推出《民办教育专刊》宣传项目。

（薛峰）

【举办院长园长高峰论坛】 4月22至23日，音像报刊总社学前教育杂志社举办“新挑战、新征程——学前师资培训之路”院长园长高峰论坛。该论坛围绕各地学前教育发展、师资紧缺的现状以及幼儿师资培养政策等专题展开讨论，以寻求解决方案。会议由中国民办教育协会学前教育专业委员会、中国宋庆龄基金会事业发展中心、中华女子学院儿童发展与教育学院以及乐富教育研究院联合举办。有来自全国的幼师院校负责人、集团园所园长以及相关单位领导100人参加会议。

（李杰）

【举办首都高校理论研讨会】　6月12日，音像报刊总社北京教育杂志社和首都高校党建研究基地在北京航空航天大学联合举办“首都高校纪念中国共产党成立90周年理论研讨会暨征文颁奖仪式”。大会表彰优秀征文24篇，其中，一等奖4篇、二等奖7篇、三等奖13篇。来自北京各高校的代表40余人参加颁奖仪式。参赛作品从多视角回顾中国共产党成立90年来的科学发展历程，论述和探讨党的理论和实践经验、高校党建创新工作以及高校党建与思想政治工作等。共收到北京各高校上交的征文116篇。

（常晶）

【主办全国中小学校长信息化高峰论坛】　6月28至29日，音像报刊总社主办第二届全国中小学校长信息化领导力与数字化校园发展高峰论坛。

该论坛以“数字化进程中的教育创新与发展”为主题，围绕教育技术如何更加深入地融入教育教学改革以及改变学生的学习方式等问题进行研讨，并运用“微博上墙”的方式，实现场内外校长与专家的互动。论坛期间组织参会代表参观北京师范大学第二附属中学和朝阳区实验小学，实地体验数字化校园建设与应用的理念和实践。该论坛是总社联合中国教育技术协会、中国教育学会共同举办，有专家学者、知名校长以及与会代表200人参加会议。

（牟艳娜）

【举办公益讲座】　7月31日，音像报刊总社学前教育杂志社联合北京市妇联在首都图书馆举办“中国传统文化与幼儿养性”公益讲座。讲座邀请晚清“四大名臣”之一张之洞的曾孙女易菁讲解传统文化中的幼儿“四养教育”等育儿理念。幼儿园园长、教师及首图读者100人参加学习。

（姚远）

【举办幼教集团高峰论坛】　8月10至11日，音像报刊总社学前教育杂志社、学前教育网举办第四届幼教集团高峰论坛。论坛以“新机遇、新挑战”为主题，邀请国家教育部原基础教育司司长、巨人教育集团总裁、台湾幼教联合总会常务理事作主题讲座。有来自全国幼儿园及幼教集团代表60人参加论坛。

（袁玫）

【举办名园考察万里行活动】　9月19至21日，音像报刊总社学前教育杂志社在南京举办第七届名园考察万里行活动。活动内容包括参观南京市建邺区实验幼儿园、南京市实验幼儿园、南京市第三幼儿园河西分园和南京市第二幼儿园，并进行交流和学习。来自全国的幼儿园园长、教师72人参加学习。

（李杰）

【出版现代教育报创刊20年特刊及画册】　11月30日和12月31日，音像报刊总社《现代教育报》分别出版创刊20周年特刊和纪念画册。

特刊由48个彩色整版组成，通过贺词、图片、纪念文章等，回顾创刊20年来的办报历程和突出成果。特刊内容包括重大新闻事件、重要活动、专项成果等。画册名为《同心同行》，分为6个部分，记录《现代教育报》20年发展历程，共收录图片百余幅。《现代教育报》于1991年创刊，初名《北京教育报》；2001年更名为《现代教育报》。前身为《北京教育报》，是原北京市教育局机关报，现隶属于北京教育音像报刊总社。1999年公开发行；2010年改版，以“立足首都，面向全国”为办报定位，主报每周一、三、五出版，以“权威、前卫、新颖、实用”为办报特色，平均每年有30余篇新闻作品获教育部及北京市新闻奖。

（薛峰）

【召开现代教育报创刊20周年座谈会】　12月31日，音像报刊总社举行“打造教育舆论高地”签约仪式暨《现代教育报》创刊20周年座谈会。该社分别与北京大学教育学院、腾讯网、中国移动通信集团北京有限公司签署战略合作协议。根据协议开展教育舆论传播方面的合作。会议回顾《现代教育报》创刊20年的历程；研讨报刊如何进一步拓展传播渠道及提升影响力等内容。教育部、市委、市委教育工委、市教委等领导，签约合作单位代表、北京市中小学校长代表、教师代表以及总社领导干部和编辑记者共100人参加会议。

（薛峰）

【全体专业技术人员开通微博】　至12月，音像报刊总社全体专业技术人员及50岁以下的管理人员全部开通个人微博。总社建立个人微博考评机制，通过个人微博的运行情况选拔考评人才。总社共有专业技术人员97人开通个人微博。

（孟科军）

【承担7项市级工作任务】　至12月，音像报刊总社承担7项市级工作任务。承办北京市庆祝教师节大会、北京市学前教育工作会议、北京市教育新闻宣传工作座谈会；承担市教委专项《铸就师魂——首都师德楷模先进事迹系列丛书》幼教卷、大学卷出版任务；总社所辖学前教育杂志社承办地方学前教育三年行动计划编制促进会议、首届中国幼儿园建设管理及学前教育发展大会、北京市0～3岁儿童早期教育师资公益免费培训。

（吴小红）

北京教育音像报刊总社党委书记、社长

党委书记　狄涛

社　　长　狄涛

直属单位(部分)

北京市教工休养院

【概　况】 2011年，北京市教工休养院占地面积15万平方米、建筑面积3.8万平方米。设有客房240间，大中小餐厅15个，大中小歌厅11个，大中小规模会议室18个，能同时接待548人住宿，1000人就餐。设有11个部门、6个院办企业，分管黄山北京教育研究中心。有职工330人，其中，在编92人。全年投资12.3万元进行环境美化，投资1149万元进行硬件改造。全年经营收入3861余万元，比上年增加356万元。全年共接待120482人次，其中，接待教师休养10500人次。全年客房出租率64.46%，比上年提高3%。全年完成各类大型接待服务工作任务和会议160余次。

（郭秋菊）

【拓宽经营方向】 4月，教工休养院下

属企业广源诚惠酒店用品配送中心与贵州赖世纲酒业有限公司签订合作协议。协议规定，该配送中心成为赖茅酒在平谷区的总代理商，并建成店面对外销售。店面于7月4日开业。

（郭秋菊）

【通过质量环境体系监督审核】 5月28至29日，教工休养院接受兴原认证中心2011年环境再认证和质量体系运行监督审核。经过现场审核、实地查看等程序，审核人员对该院在体系文件运行中的效果给予肯定，并在制度化建设、法律法规的建立执行等方面提出意见。审核结果为该院顺利通过2011年环境再认证和质量体系运行监督审核。

（郭秋菊）

【召开非正编员工工资改革会】 5月30日，教工休养院召开非正式编制员工工资改革动员部署会。会议宣读《北京教工休养院非正编员工工资改革方案》。非正编员工240人参加会议。工资改革经工资项目改革小组反复测算、数据整理、考察相关单位以及院务会集体讨论等程序，研究制定《非正编员工工资改革方案》，决定增加人员费用支出100余万元。方案设置23个岗位，根据岗位、风险大小、技术含量的不同而制定不同的工资分配。新工资方案包括基础工资、绩效工资、岗位工资、其他类4项。

（郭秋菊）

【完成山区教师休养接待工作】 7至8月，教工休养院分三批接待400名各区县山区休养教师修养。休养院从住宿、餐饮、娱乐、景点参观等方面进行跟踪服务，满足不同需求。同时，该院先后召开两次部门经理、各区县组长座谈会，就服务、特色餐饮和环境等方面进行交流。

（郭秋菊）

【通过三星级评定复核】 8月30日，教工休养院接受三星级评定复核。北京市旅游委组织由旅游行业主管部门、星评监督员和有关专家组成的检查组，根据《旅游饭店星级的划分与评定》实施办法重新对休养院进行三星级评定。评定内容包括必备项目、设施设备（地理位置、周围环境、建筑结构及功能布局；共用系统；前厅；客房；餐饮；安全设施；员工设施；特色类别8个子类项目）、饭店运营质量（总体要求；前厅；客房；餐饮；其他服务项目；公共、后台区域6个子类项目）三大方面。经过专家评审，教工休养院通过三星级宾馆重新评定。

（郭秋菊）

【推出绿色养生菜】 8月，教工休养院尝试创新菜品，推出绿色养生菜。休养院推出不使用任何添加剂、香料、色素、鸡精、味精等调味剂，全部用自制高汤制作而成的绿色养生菜。此菜系有1200元/桌，1500元/桌、2000元/桌、3000元/桌4套菜单。每套菜单分精美8冷荤、10道热菜、小吃4道、时令水果拼盘共26种。

（郭秋菊）

【外派非正编员工脱产学习】 9月16日至12月31日，教工休养院派非事业编基层骨干到上海旅游高等学院脱产学习。学习内容包括酒店工程管理、酒店财务管理、现代饭店管理等10门课程。共有4人参加脱产学习。

（郭秋菊）

【开展读书心得交流和购书活动】 10月，教工休养院组织领班以上管理人员开展《七分做人三分做事》读书心得交流活动。经评选小组评选，共评出一等奖3人、二等奖6人、三等奖9人，并将获奖文章在橱窗内展示。共有110人参加读书活动。交流活动结束后，该院又为领班以上管理人员120人购买《让责任到位的工作方法》一书，这是该院连续10年来第15次为管理人员购买管理丛书。

（郭秋菊）

【更新员工工服】 10月，教工休养院更新各岗位员工工服。新工服颜色以绿色和橘色为主色，黑色和白色为配色。同时设计公司还分别从工服的6大要素（色彩、版型、领型、面料、辅料、工艺）和如何穿衣等对全员进行培训。此次更新工服教工休养院共出资45万元。

（郭秋菊）

【加强内部管理】 10月，教工休养院加强内部管理。管理内容包括完善岗位目标责任制；加强用车、用餐、工服管理；完善报销手续环节（需经办人、部门经理、主管财务副总经理和总经理4人签字后才能予以报销）；成立以主管副总经理为组长，各部室经理为组员的质量管理委员会；增加各部室交叉质检；设立网站专栏实施

党务公开。

（郭秋菊）

【修订员工守则】 11月，教工休养院

第四次修订员工守则。新版《员工守则》封皮采用以浅咖啡色为背景，图案使用最新设计的店标和外观图片，共分服务宗旨、服务原则、管理工作制度等11个章节，重点修订工作制度、人事管理、薪酬福利和奖惩条例等内容，尤其是在奖惩制度方面，对违规违纪行为进行更加合理和更加人性化的规定，能有效地控制和避免违规违纪行为的发生。

（郭秋菊）

【组织开展各类培训活动】 至12月，教工休养院先后组织全体员工进行各类培训活动。培训包括新版《旅游饭店星级的划分与评定》贯标、《九千文件》、《员工守则》、职业道德、服务意识、消防安全等方面内容。同时组织部门经理参加区旅游局的干部持证上岗培训，外聘北京旅游学院的教授专家对员工进行业务知识、礼仪礼貌、执行力以及企业文化等培训。全年休养院共组织各类培训活动30余次，人数达4000人次。

（郭秋菊）

【打造软性文化建设】 至12月，教工

休养院打造软性文化建设。邀请北京市书法家协会的书法绘画名家来院作画216张，部分作品分别在该院5号客房楼、崇贤楼计算机中心、会议室等营业场所进行展示；打造文化长廊，更换长廊内灯箱28个，主要从灯箱的外观、图形、景色等角度进行设计，选用休养院的人文景观、四季风光、经营场所照片共计56张。

（郭秋菊）

北京市校办产业管理中心

【概　况】 2011年，北京市校办产业管理中心（简称校产中心）设办公室、国资企管部、学装管理部、科技成果推广部4个部门。有职工16人，全部在编。至年底，北京地区参加普通高校校办产业统计的高校44所，其中，教育部直属高校22所、其他中央部委属高校5所、市属市管高校17所。北京地区高校投资企业共487家，其中，一级企业176家，二级企业311家。资产总额1528.26亿元，净资产额594.51亿元，高校所占权益总额225.5亿元。收入总额1126.37亿元，主营业务收入1096.77亿元，包括出口创汇总收入63.37亿元，高新技术产品销售总收入348.63亿元；利润总额43.12亿元，净利润35.79亿元，分配回学校的红利2.44亿元；纳税总额30.24亿元，捐赠社会5564.19万元，包括捐赠学校和资助学生2710.38万元。高校校办企业获授权的专利520项，登记的计算机软件及集成电路版权114项，获省市部委、国家级的奖项276项。高校校办企业年末职工总人数84887人，包括学校事业编制2434人，研究开发人员10838人。全年累计在培硕士研究生333人、博士研究生70人；接纳学生实习累计756654工时。

（宋慧宇）

【召开学生体育装评审会】 1月18日，校产中心召开新款学生体育装样衣评审会。评审小组由服装界专家、区县学生装管理部门、学生装生产企业代表30余人组成。评审小组听取北京铜牛集团设计团队介绍5种具有吸湿排汗、防紫外线、绿色环保的适合制作学生装的面料，以及设计理念、色系搭配等方面的建议。该团队推出针对小学、初中和高中3个年龄段，男女学生6个系列，78套新款学生体育装。与会专家和代表对此进行交流讨论，对推进学生装工作提出建设性的意见和建议。该套新款学生体育装样衣是校产中心与铜牛集团的合作研究成果。

（宋慧宇）

【召开北京市校办产业工作会】 3月10日，校产中心召开2011年北京市校办产业工作会。会议总结2010年校办产业工作情况，明确本年工作思路，听取市教委领导作题为《立足规范管理，着眼创新发展》的讲话，肯定北京市校办产业2010年7个方面的工作，提出本年校办产业工作的6点要求。会议听取教育部相关部门通报全国高校校办产业在简政放权、国有资产监管、解决企业上市的历史遗留问题、推进重大技术创新工作等有关情况。北京大学、北京交通大学、北京科技大学、北京建筑工程学院作经验交流发言。共有市教委相关领导及北京高校、市属市管单位及区县66家校办产业的主要负责人105人参加会议。

（宋慧宇）

【召开学生装工作会】 4月18日，校产中心召开2011年北京市学生装工作会议。会议以“提高学生装质量和服务水平”为主题，制定2011年北京市学生装管理工作的指导思想；明确2011年北京市学生装管理工作的要点。会议强调要强化学生装质量的监控与管理，提高学生装面料的科技含量，推进学生装管理改革方案的制定，加强学生装宣传工作等。同时，会议提出本年北京市学生装管理工作的要点。来自市学生装中心有关领导及区县学生装办公室和学生装生产企业负责人共40人参加会议。

（宋慧宇）

【召开两个平台建设工作研讨会】 5月19日，校产中心召开北京两个平台（教育风险管理服务平台、中小学后勤管理服务平台）建设工作研讨会。会议听取教育风险管理服务平台建设试点工作推进情况汇报，中小学后勤保障服务平台建设工作推进情况汇报以及教育风险管理软件、中小学后勤服务电子商务平台软件介绍。会议介绍两个平台建设中的体制机制、

政策支撑、资金安全以及与区县有关单位之间的关系等问题。市教委相关部门负责人，市属高校、各区县有关单位、中小学后勤管理研究会及部分相关单位人员50人参加会议。教育风险管理服务平台通过制定预案、检查评估等管埋手段降低教育风险事故发生，或削弱损失的影响程度；同时通过保险中介机构对于可保对象与保险公司订立保险合同，向保险公司交纳一定保险费后，将风险转移给保险公司，以此来维护正常的教育教学秩序，中小学后勤管理服务平台通过对物业、维修、校办食堂、采购（包括政府采购）等方面的管理，服务师生，保障正常的教育教学秩序。

（宋慧宇）

【首家市属高校企业上市】 6月15日，北京信息科技大学作为第二大股东的北京拓尔思信息技术股份有限公司在深圳证券交易所创业板上市。该公司成功募集资金4.5亿元，成为市属高校中首家上市企业，也是国内第一家在A股上市的搜索引擎公司。拓尔思公司的上市，标志信息科大科研成果转化及产业化工作进入新的发展阶段，也是市属高校校办企业首次涉足资本运作领域，对于今后市属校办产业实现规范管理及参与资本运作，具有重要借鉴意义。

（宋慧宇）

【完成2011年度统计工作】 6月，校产中心完成2011年度全国普通高校校办产业统计工作。至年底，北京地区共有高校82所，参加普通高校校办产业统计的高校44所，其中，教育部直属高校22所、其他中央部委属高校5所、市属市管高校17所。北京地区高校所投资企业共487家。其中，一级企业176家、二级企业311家；学校控股企业339家；科技开发和文化智力型企业257家。资产总额1528.26亿元，净资产额594.51亿元，高校所占权益总额225.5亿元。主营业务收入1096.77亿元，其中，出口创汇总收入63.37亿元、高新技术产品销售总收入348.63亿元；利润总额43.12亿元，净利润35.79亿元，分配回学校的红利2.44亿元；纳税总额30.24亿元，捐赠社会5564.19万元，其中，捐赠学校和资助学生2710.38万元。高校校办企业获授权的专利520项，登记的计算机软件及集成电路版权114项，获省市部委、国家级的奖项276项。高校校办企业年末职工总人数84887人，其中，学校事业编制2434人、研究开发人员10838人；全年累计在培硕士研究生333人、博士研究生70人；接纳学生实习累计756654工时。市属高校及直属直管单位校办企业的户数为105户，资产总额为40.33亿元，所有者权益为31.89亿元，主营业务收入8.59亿元，实现利润总额1.36亿元，净利润1.11亿元。

（宋慧宇）

【编写教育风险管理工作指南】 6至12月，校产中心完成《北京市教育风险管理工作指南》编写工作。该指南分为北京市教育风险管理服务体系、教育风险防范、教育风险转移、教育风险管理服务电子平台介绍以及附录5部分，并吸收8年来北京市教育风险管理服务体系在理论研究和工作实践中的成果，包含对教育风险管理的界定、北京市教育风险管理体系介绍、应急预案范本、典型案例及解析、政策法规等材料。

（宋慧宇）

【完成修志和年鉴工作】 9至10月，校产中心完成修志和年鉴工作。其中，9月完成《北京志·工业志》校办产业部分的资料报送工作，修志资料记述57个大中型校办工业企业的发展情况、37个工业企业的大事记以及附《北京市校办产业名牌产品名录》和《北京市校办产业著名商标名录》；完成《北京教育年鉴》校办产业部分材料的确认工作。10月完成《北京工业年鉴》校办产业部分材料确认工作。

（宋慧宇）

【检查学生装质量】 10至12月，校产中心完成北京市学生装质量检查工作。检查依据国家强制性标准GB18401－2003《国家纺织产品基本安全性能技术规范》、国家标准GB/T 22854－2009《针织学生服》等规定，对学生装生产企业生产的学生装产品进行行业质量监督抽查。通过抽样检验的方式对所抽学生装产品的甲醛含量、耐汗渍色牢度、可分解芳香胺染料（致癌致敏染料）、成品外观质量、纤维成分含量、接缝强力、弹子顶破强力、起球（起毛起球）和回潮率等涉及人体健康安全项目及重要技术指标进行抽查检验。抽查覆盖西城、海淀、朝阳等12个区县的30余所中、小学校和职业学校征订的学生服装，涉及33家学生装推荐生产企业的40个产品（包括春秋装和夏装），其中合格产品37个，产品抽样合格率92.50%；不合格的3个，产品抽样不合格率7.50%。所检产品的基本安全性能全部符合GB18401－2003《国家纺织产品基本安全性能技术规范》标准相应要求，不合格产品均为使用说明（标识标注）问题。

（宋慧宇）

【举办首届新功能学生体育装设计邀请赛】 12月24日，市教委、北京服装纺织行业协会联合校产中心主办北京市第四届学生装展评会暨首届“铜牛杯用科技呵护未来——新功能学生体育装”设计邀请赛决赛及颁奖盛典。共有32组学生装作品参加决赛，参赛学生装作品均采用微孔纤维、椰碳纤维、超纺棉纤维等新功能面料制作。新型面料具有一定科技含量、功能服用性强、质感好、舒适性较高的特点，并具有吸湿快干、防起毛起球、防紫外线、排除异味等多种功能，比传统针织面料服用性能有较大提升。经过动态展示，最终评选出小学组、初中组、高中组学生装一、二、三等奖、最佳组合奖和最具创意奖等奖项。市教委、首都精神文明建设委员会办公室、北京市经济和信息化委员会有关领导出席大赛，并为获奖选手颁奖。

（宋慧宇）

【举办多种培训】 12月，校产中心举办多种培训活动。面向全市校办产业系统的财务人员举办北京市校办产业国有资产管理系统培训，共有70余人参加培训；面向全市校办产业系统的信息员举办北京市校办产业视频会议系统培训，共有70余人参加培训；举办教育风险管理服务电子平台系统培训，共有50余人参加培训。

（宋慧宇）

【调研校企内部控制制度建设情况】 至年底，校产中心调研北京高校校办企业内部控制制度建设情况。调研工作对企业组织架构、发展战略、全面预算、合同管理等18项内容进行调研，并根据高校校企的实际情况和特点，重点调研资产运营安全、财务管理、内部审计等制度建设情况。15家高校校企接受调研，结果显示：北京地区各高校基本上完成组建学校独资性质的资产公司的工作。参加调研的15所高校中，有11所高校已按照教育部规定组建资产公司或有类似职能的公司，占被调研高校的73.33%。剩余4所高校因校办产业规模较小尚未组建资产公司，或正组建资产公司；北京地区各高校校企基本上完成公司制改造工作。参加调研的27家企业中，校方（或资产公司）全资或控股的公司制企业共有21家，占被调研企业的77.78%；非公司制企业6家，其中，3家为学校的教辅单位，主要承担辅助教学的任务，另外3家全民所有制企业正在进行公司制改造。

（宋慧宇）

【完成企业国有资产产权登记年检】 至年底，校产中心完成企业国有资产产权登记年检。该中心组织市教委属（管）29个单位出资的130户企业完成2010年度企业国有资产产权登记年度检查。130户企业中，新设占有登记企业2户、补办占有登记企业1户、变动登记企业28户，注销产权登记企业7户；并为占有登记、变动登记、注销产权登记企业办理相关手续。组织29个单位产业管理部门相关人员参加汇总会，进行集中审核，120户（占有产权登记和注销产权登记企业除外）企业通过2010年度产权年检。

（宋慧宇）

北京教育网络和信息中心

【概　况】 2011年，北京教育网络和信息中心设资源运营部、学生卡管理部、远程教学部等9个部门，有职工101人，其中，在职43人，包括高级专业技术职务13人、中级20人。全年为市教委各处室共进行各类服务1038次，其中，会议支持142次、桌面支持794次、电子政务102次；通过北京教育信息网文件传输系统共享信息（教育专报）95条，下发各类应急、重要通知175个；通过视频会议系统，组织北京市教育系统各级单位召开网络视频会议共计8次；通过市政府应急视频会议系统，组织教育相关部门参加市政府应急视频会议共13次；整理归纳全市中小学、高校等学校基础数据，包括地理位置、联系方式、学校简介等信息3573条；全年完成学生卡发放和补发工作，共累计发放和补发学籍卡328626张，证件卡413303张，补卡收费金额1736155元。

（申军霞）

【举办新任网管教师培训】 1至4月，信息中心开展北京市中小学校园网管理员培训。培训通过搭建网上学习平台，将学习课程发布在平台上，供学员网上学习。学习课程包括“北京教育信息化应用系统”、“网络法规与教育信息标准汇编”、“计算机与网络基础设施导论”等。通过软件、硬件考核和上机闭卷考试3次考试，150人成绩合格获得市教委认证的网管教师资格。网管教师培训始于2006年，连续举办5年。4月，该中心举办网管教师基本功培训与展示活动，表彰优秀网管教师。市教委领导以及优秀网管教师150人参加活动。

（季茂生）

【信息技术与学科教学整合策略研究结题】 5月，信息中心承担的“信息技术与学科教学整合的策略研究”课题结题。该课题受中央电化教育馆委托，为全国“十一五”规划重点课题，设有187个子课题。课题研究利于学生参与互动反馈技术、交互式电子白板技术，开展利用多种资源、非线性跨越式数字环境下的新型学习方式。课题被中央电教馆评为优秀课题。

（潘东庭）

【完成中小学教师基础信息平台一期建设】 5至10月，信息中心完成北京市中小学教师基础信息平台一期建设工作。该平台是在遵循人事管理、教育行政管理、信息技术等相关规范的基础上，以教师管理和数据应用为核心，建成的一个完整的、规范的、符合实际管理需要的教师基础信息库，实现人事管理的信息化和教师基础信息的资源共享。朝阳区、丰台区发放3万余张教师卡并开展继续教育应用实验。

（周航）

【中小学网络管理综合服务平台投入使用】 6月，信息中心开发的中小学网络管理综合服务平台全面投入使用。该平台于2010年开始开发，是为学校校园网及其网管教师服务的平台，拥有2台服务器设备，主要开展针对本市中小学校园网网管教师的研究培训工作。至年底，2010～2011年度新任网管教师考试、2011～2012年度新任网管教师培训以及各区县信息中心培训活动均利用平台进行。各区县发布各类新闻和公告100余条。

（季茂生）

【参加全国电脑制作夏令营】 7月，信息中心组织师生参加全国电脑制作夏令营。北京有学生和教师代表57人参加，共提交电脑作品86件，获得一等奖12件、二等奖11件、三等奖18件，获奖率47.67%。同时该中心获得全国最佳组织奖。

（潘东庭）

【参与信息安全和等级保护落实情况检查】 7至11月，信息中心参与市教委与市公安局联合开展的教育行业网络与信息安全专项检查。主要检查各教育单位的信息安全保障工作及信息安全等级保护制度落实情况。各区县教委、各市属高校及市教委直属直管等78家单位接受现场检查。检查通过安全宣教，确保北京市教育行业网络与信息系统安全稳定运行。

（冯慷）

【体质健康测试赛应用CMIS系统】 11月，信息中心开发的中小学管理信息系统（CMIS）和学生卡在第五届北京市中小学生国家体质健康标准测试赛及第二届北京市职高国家体质健康标准测试赛中运用。该测试利用CMIS中学籍数据和学生卡作为数据载体和身份证明，确保公平公正。比赛不仅通过CMIS系统随机抽签选取来自16个区县的高中、初中、小学共54个自然班的近2000名学生，并要求所有学生必须持有表明自己身份的学生卡。只有学生持有学生卡经过计算机系统检录确认其身份后，才能进入比赛场馆。CMIS系统和学生卡的应用，确保比赛公正、成绩真实，为决策部门了解学生体质情况和制定政策提供技术保证。5至10月，学生持卡体检正式进行。利用北京市中小学学生卡和北京市中小学健康体检网，在西城、石景山、平谷、海淀等区县开展学生持卡体检。

（周航）

【建设北京教育资源网】 至12月，信息中心受市教委委托继续承建北京教育资源网（北京市中小学资源平台）。该资源网使每名教师均可在网上自主选择资源的开放平台，丰富资源内容。至年底，平台拥有条目类资源687491条，服务频道18个，资源总数近450万条。资源网月均下载资源1.8TB。信息资源平台满足教师个性化需求，避免资源的低水平重复建设，最大限度的发挥资源使用效益。

（顾忆岚）

【推进市属高校信息化建设】 至12月，信息中心通过加快网上特色教育应用资源建设推进市属高等学校信息化建设。共有11所高校参加特色资源建设，完成230个包含200余个网页设计量的以可持续发展为主题的资源包，包括6000张以图片为主的主题资源包、800余个以音频视频为主的主题资源包。特色资源建设是北京市属高校信息化建设的重点。

（顾忆岚）

【开展多种特殊培训班】 至年底，信息中心开展多种特殊培训班。培训包括人像摄影培训4期、奥多比（Adobe）的数字学习资源建设1期、音频视频技术的传播培训2期等，共有120人参加学习；举办新任教育技术教师专业培训，120人参加学习；举办中小学骨干教师培训项目班6个，560人次参加学习。

（李茂生）

【维护北京教育信息网主干网络】 至年底，信息中心进行北京教育信息网（BJENET）主干网络维护。维护主要涵盖出口网络、骨干网络和区县主干节点网络设备的运维及日常管理；和平门网络机房和厂桥IDC机房基础设施设备的维护管理；两地机房相应服务系统的管理维护；接入用户的技术支持及协助；与网络运维相关的项目建设及规划协助（包括IP地址申请；规划分配及协助实施；校安设备维护管理；高校资产项目实施及设备运维管理；信息系统等级保护及安全加固工作；邮件及网关系统升级改造；DNS系统升级改造；BJENET网络改造项目等）。中心机房内共上架服务器近600台；厂桥IDC机房内共上架服务器近550台。BJENET现有各类网络通讯设备共近160台，包括出口设备2台、安全设备15台、骨干设备4台、汇聚设备近50台、接入设备60余台、其余设备近30台。

（冯慷）

【设立课堂教学新模式研究项目】 至年底，信息中心设立“基于‘互联课堂’的培养学生创新能力的课堂教学新模式研究”项目。该项目主要引导教师在移动学习环境下形成课堂教学新模式。北京光明小学、北京小学、北京霞云岭中心小学作为第一批学校，参加项目专业化指导和教师培训，共组织学校项目负责人和教师异地培训8次，北京本地培训16次，受训学科教师达288人次。同时，根据中央电化教育馆的要求组织报送三批作品进行评选，共报送24个作品，获得一等奖2个、二等奖4个、三等奖6个、优秀奖10个。

（章祖军）

【承办6项市级活动】 至年底，信息中心承办6项市级活动。活动包括北京市第12届中小学师生电脑作品评选活动、北京市第12届中小学机器人竞赛、北京市小学专业委员会第12届年会“三优”评选、首届教职工多媒体课件技能大赛、北京市第12届中小学教师作品评选活动、北京市中小幼教育教学视频评优活动。

（潘东庭）

北京教育综合服务中心

【概　况】 2011年，北京教育综合服务中心设机构4个，职工28人，全部在编。完成教育系统专业技术人员职称评审组织工作，高等院校及科研院所学位证书发放工作以及学位信息年报统计工作。完成市教委政府信息公开和行政许可事务性工作、首都教育咨询服务热线（96391）工作。承担北京市人民教育基金会常务理事会办公室日常管理工作。

（罗芳）

【接管政工系列职称评审及核发证书工作】 3月，综合服务中心受市委教育工委委托接管北京市教育系统政工系列职称评审及核发证书的工作。中心结合教育系统的实际情况，制定新的工作方案。新方案调整时间进度，完善操作流程，规范工作细节。本年政工系列职称评审工作于12月完成，并向各学校核发政工系列专业任职资格证书。

（罗芳）

【入选学位信息报送工作先进单位】

12月9日，综合服务中心入选全国学位与研究生教育信息工作先进单位。该评选由教育部学位与研究生教育发展中心举办，全国共有114家单位入选，包括北京市10家。该中心自2007年起承担北京地区的学位信息报送工作，实现上报数据按时、准确，无疏漏，并基本形成动态化、信息化、规范化和制度化的管理模式。至年底，本市共140家学位授予单位，第一学期上报数据32194人，第二学期上报数据224590人。综合服务中心全年向教育部学位中心上报电子数据总数256784人，其中，博士学位16302人、硕士学位70950人、学士学位169532人，并向北京市126家单位发放学位证书325341本。本市学位信息报送工作基本形成动态化、制度化的管理模式。

（罗芳）

【完成专业技术人员职称评审】 至12月，综合服务中心完成教育系统专业技术人员职称评审工作。其中，中等专业学校初、中、高级专业技术职称共评审145人，通过91人，通过率62.76%；中小学教师高级专业技术职务共评审66人，通过64人，通过率 96.97%；高等学校教师高级专业技术职务共评议 398 人，通过 306 人，通过率 76.88%。完成对市教委及直属单位、市属中专学校共计 16 个单位 2010 年的职称评审结果备案。备案人数共计 105 人，取证人数 90 人，其中，正高职称 2 人、副高职称 23 人、中级职称 56 人、初级职称 9 人。

（罗芳）

【承担专业技术人员职称评审工作】 至 12 月，综合服务中心受市教委委托承担教育系统专业技术人员职称评审工作。评审范围涉及中等专业学校初、中、高级专业技术职称，中小学教师高级专业技术职称，高等学校教师高级专业技术职务。同时，中心完成对市教委机关、市教委直属单位、市属中专学校的职称评审结果备案工作。

（罗芳）

【承担市教委教育热线和政务公开工作】 至12月，综合服务中心受市教

委委托承担政府信息公开和行政许可事务性工作、首都教育咨询服务热线（96391）工作。其中，教育服务热线解答工作咨询 59847 件；网上在线问答回复问题 6501 件；编印教育热线月报 12 期；政风行风热线共处理转来信件 81 件；政务公开工作共整理、收集市教委印发文件 1146 件；编印信息公开月报 12 期；行政许可受理及监察网上报数据 7081 件。

（罗芳）

北京市教育系统人才交流服务中心

【概　况】 2011 年，北京市教育系统人才交流服务中心（北京高校毕业生就业指导中心）在职职工共计 66 人，包括编制内 20 人。中心设办公室、学籍与就业事务部、人事代理部、市场发展部、宣传推广部、培训交流部、研究室、创业服务部、咨询指导部 9 个部门。完成就业信息网改版工作；完成短息平台改版工作，各高校使用平台 26114 次，发送信息数量共计 2225610 条。完成教育系统人事代理及高校毕业生就业相关服务工作，共管理教师人事代理和未就业毕业生档案 35045 份，全年办理毕业生、教师档案转出共计 2621 份。共举办场地双选会 100 场，参会用人单位 8901 家次，提供需求岗位 20.6 万余个，服务参会毕业生 11.3 万余人次。通过网上用人单位注册数 11825 家，提供职位数 20824 个，新增学生注册用户 15113 人。协助市教委完成 152 所学校和研究生培养单位的 195723 名 2011 届高校毕业生的就业手续集中办理工作，共出具就业报到证约 15 万张，审核注册北京地区 2011 年各类高等教育和普通中等专业教育毕业生学历证书 308582 本。办理北京地区高校毕业生就业报到证遗失证明 1500 份，办理毕业生户口回复函 505 份，办理改派毕业生户口迁移证信息录入 2187 份。承担 219 名博士生挂职锻炼组织、管理和服务工作。建立大学生就业基地，开展各类面向毕业生的培训活动 100 余场。组织北京高校就业困难及家庭经济困难毕业生 6000 余人次参加就业帮扶培训。组织北京高校就业指导人员 800 人次参加专业化培训。编印、发行《北京地区 2012 届高校毕业生生源信息专刊》、《2011 届北京高校毕业生就业状况调查报告》、《2011 年北京地区高校毕业生用人单位调查报告》、《北京高校大学生就业权益保障调查报告》、《以案说法——北京高校毕业生就业权益保障》手册。出版《成功就业》专刊 40 期，约 112 万字，累计发行 200 万份；修订《北京高校毕业生就业使用手册》，印发 3.5 万余册，同时制作电子版在高校毕业生就业信息网同步发行，网站共发布咨询指导类信息 8400 余篇。北京高校毕业生就业信息网：www.bjbys.net.cn；北京教育人才网：www.jyrc.com.cn。

（侯文磊）

【建立大学生就业基地】 3 月，人才交流中心建立大学生就业基地。该中心与新浪网技术（中国）有限公司、奇智软件（北京）有限公司合作开办网络学院。网络学院通过现场授课、学员实操以及到公司实习的方式，订单式培养应用型、复合型技术人才和产品营销人才，建立大学生就业基地。至年底，基地开展培训 100 余场。

（侯文磊）

【协助完成直属事业单位公开招聘】

3 至 6 月，人才交流中心协助市教委完成直属事业单位公开招聘工作。该中心协助撰写招聘公告、岗位说明，完善招聘系统，联系命题渠道，组织笔试考务等工作。共有 13 家单位提供 50 个公开招聘岗位，1069 人报名，通过网上资格审查 601 人，通过现场确认资格审查参加笔试人员 337 人，通过笔试参加面试人员 132 人。经笔试、面试、体检等过程，最终公示拟录用人选 25 人。

（侯文磊）

【完成区县教委委托公开招聘】 4 至 9 月，人才交流中心完成区县教委委托的公开招聘相关工作。协助丰台区教委完成教师公招考试、阅卷及成绩汇总录入工作；协助西城区教委完成新入职教师 221 人的 5 批次职业素质测试工作；协助朝阳区教委完成对所属事业单位的教师岗、非教师岗公开招聘毕业生工作。另外，协助市教委机关后勤服务中心完成公开招聘的命题、考试、阅卷工作。

（侯文磊）

【完成毕业生就业手续集中办理】 7 至 8 月，就业指导中心完成毕业生就业手续集中办理工作。该项工作受市教委委托办理，共为 152 所学校和研究生培养单位的 195723 名毕业生办理就业手续，共出具就业报到证约 15 万张，共审核注册北京地区 2011 年各类高等教育和普通中等专业教育毕业生学历证书 308582 本。

（侯文磊）

【开展区县教委人事干部培训】 10月，人才交流中心举办区县教委主管人事工作领导干部培训班。培训将政策解读与人力资源管理理论相结合，从教师队伍建设和人事制度改革两个方面进行学习和探讨。共有17个区县（燕山单位）教委的40名人事干部参加学习。

（侯文磊）

【开展毕业生就业权益保障问题的实证研究】 10至12月，就业指导中心开展毕业生就业权益保障问题的实证研究。通过调研，中心撰写《北京高校大学生就业权益保障调查报告》。报告分析当前北京地区大学生就业权益保障工作中所存在的主要问题，阐述大学生对于就业维权指导的期待与服务需求，明确开展大学生就业维权立信咨询指导的思路与方法。同时，编写《以案说法——北京高校毕业生就业权益保障》手册，通过典型案例，帮助毕业生了解就业法规、维护就业权益。

（侯文磊）

【开展服务满意度调查】 12月，人才交流中心（就业指导中心）开展服务满意度调查。该中心向北京地区57所高校、111个用人单位、4个直属单位和市委教育工委、市教委5个业务处室发放满意度调查表，对中心9个业务部门进行满意度调查。满意度评价满分为10分，平均分为9.18分。同时，该中心对各部门开展26项服务工作的满意度调查，非常满意71%，满意20%、一般为9%。

（侯文磊）

【完成学籍审核等工作】 至12月，人才交流中心（就业指导中心）协助市教委完成学历审核等工作。该中心共办理学籍学历集中审核26批次，976636人次。同时，该中心承担北京地区高校毕业生就业报到证遗失证明的办理工作，全年累计办理遗失证明1500份；办理毕业生户口回复函505份，办理改派毕业生户口迁移证信息录入2187份。

（侯文磊）

【加强就业指导队伍培养】 至年底，就业指导中心加强就业指导队伍培养。全年共举办各类培训班6期，培训高校就业工作人员和指导教师800余人次，包括北京地区高校新入职就业指导中心主任培训班、新入职工作人员培训班、职业指导师培训班、心理咨询师培训班、KAB创业教育项目培训等；组织66所高校就业工作人员102人赴外省市考察学习就业指导、创业教育活动。

（侯文磊）

【加强信息化建设】 至年底，就业指导中心加强信息化建设。完成就业信息网改版工作；完成短息平台改版工作，各高校使用平台26114次，发送信息数量共计2225610条；启用新版就业管理平台。新平台改进数据上报和提交的方式，在提高效率的同时，提高风险防控能力，并在全国首家实现报到证打印二维码防伪标志。

（侯文磊）

【开展档案标准化管理工作】 至年底，人才交流中心开展教师档案和业务档案的标准化管理工作。该项工作涉及6个城区教委所辖单位在岗教职工的档案材料2万余份。按照标准10类材料目录进行电子化信息录入，对文本（档案）资料进行分类、装订、编目，建立文书档案目录查询系统。

（侯文磊）

【完成博士生挂职和辅导员培训委托工作】 至年底，人才交流中心完成博士生挂职和辅导员培训委托工作。该中心安排集中学习，新增实践体验与督导、经验交流等环节，全年分3批次面向60所高校的600多名专职辅导员开展专业化培训。本年，该中心配合市委教育工委完成219名首都高校博士生、博士后和辅导员到30家北京市市直机关及各区县企事业单位参加挂职锻炼的日常管理和服务工作。同时，中心编印5期《挂职通讯》，指导挂职博士生成立首都高校挂职博士生联谊会。

（侯文磊）

北京市国际教育交流中心

【概　况】 2011年，北京市国际教育交流中心有教职工22人，全部在编。全年完成市委教育工委、市教委及直属单位因公出国（境）服务896人次，接待境外来华团组访问考察74人次；承办第八届北京国际教育博览会；举办4个国际教育论坛；组织与实施35项国际教育交流合作项目，教育涉外培训9次。全年受理国家公派出国留学申请530人；组织8项对外汉语教学及师资培训。

（张笑　邱瑀璐）

【接待7个外国访问团】 2月21至26日、3月9日、3月22日、5月9日、5月18日、6月20日、10月28日，国际教育交流中心共接待7个外国访问团。分别接待美国中学校长代表团12人来访，参观北京市十一学校，北京市第八十中学等学校，并进行交流讨论；接待澳大利亚新南威尔士州私立学校协会和澳大利亚国际教育中心代表团5人来访；接待莫斯科一三八四学校代表团15人来访，签署结成友好校等合作活动；接待越南河内大学代表团5人来访，交流探讨汉语国际推广、举办教育说明会等事项；接待法国国际交流人员；接待泰国教育考察团16人来访；接待新加坡代表团，签署《关于合作开展北京高校国际汉语专业学生赴新加坡教学实习协议》。

（张笑　邱瑀璐）

【组团参加3个国际教育展】 3月24至27日、11月11日和14日、12月10至18日，经市教委批准，国际教育交流中心分别组织3个团赴3个国家参加教育展览。分别组织北京市部分学校赴韩国参加第32届韩国教育联展；组织北京市16所大学和7所中学41名代表赴越南河内市和胡志明市参加北京教育说明会；组织北京教育代表团参加第31届马来西亚FACON教育联展，并分别参加吉隆坡站、槟城站和新山站的展览。

（张笑　邱瑀璐）

【组织中学生多语种培训】 3至12月，

国际教育交流中心举办2011“问候全世界”中学生多语种培训项目。该培训在北京市第十二中学、北京市京源学校、首都师范大学育新学校、北京市东方德才学校、北京市第三十九中学、垂杨柳中心学校、北京市第十九中学、北京市第十五中学、北京市第八中学怡海分校、北京市第六十五中学10所学校，开设德语、法语、西语课程，共16个班，有500名学生参加学习。

（张笑　邱瑀璐）

【举办6项外国留学生活动】 4至5月、5月11日、10月14日、10月16日、10月18日、10至12月，国际交流中心举办6项北京市外国留学生活动。活动分别是第三届北京外国留学生汉语之星大赛、第五届北京市中小学外国学生汉语节陶艺比赛、北京高校外国留学生中国文化节陶艺创作体验赛、北京外国留学生中国文化节第五届中国菜烹饪比赛、北京高校外国留学生中华文化大课堂以及北京高校外国留学生汉语辩论邀请赛。共有来自100个国家的2800名外国学生参加活动。同时，该中心举办多项学生国际交流活动，其中，6月30日至7月3日举办“中国文化之旅”活动，来自北京19所高校，23个国家的54名留学生参加。

（张笑　邱瑀璐）

【承办国际教育博览会】 6月17至19

日，国际教育交流中心承办第八届北京国际教育博览会。博览会设立展览展示、国际会议、合作洽谈和交流活动4部分。展览展示面积1.5万平方米，设展位555个，参展机构484家，分别来自32个国家和地区，其中，境外机构182家、境内机构302家，接待观众超过7.5万人次，46家媒体对博览会进行专题报道。博览会期间举办4个国际研讨会，来自17个国家和地区及国际组织的28名境外嘉宾、33名境内嘉宾在研讨会上发表演讲。10月15至16日，该中心承办“2011年北京外语游园会国际语言文化交流展示区”活动。

（张笑　邱瑀璐）

【举办4个夏令营】 7月17至23日、7月18至26日、8月2至19日、8月10至30日，国际教育交流中心分别举办2011年青春祖国行——京港澳学生夏令营、国际学生北京夏令营、北京中学生国际理解教育系列项目赴英国和美国夏令营。京港澳学生夏令营由市教委、香港特别行政区教育局、澳门特别行政区教育暨青年局主办，京港澳三地师生281人参加活动；国际学生北京夏令营由市教委主办，来自美国、英国和俄罗斯等23个国家的1200名中学生参加活动。赴美国夏令营为期18天，在美国学校学习、了解美国文化，30名学生参加。赴英国夏令营为期21天，参观剑桥大学、牛津大学等世界名校，24名中学生参加。

（张笑　邱瑀璐）

【修订《留学北京》手册】 10月，国际教育交流中心修订完成《留学北京》手册。修订工作对2008版手册进行修改，加入市教委为高校留学生组织的各种汉语教学比赛、中国文化体验活动以及北京汉语网等内容，并对信息数据、手册图片和宣传片等内容进行修改。

（张笑　邱瑀璐）

【举办中学生英语剧星大赛】 12月3至4日，国际教育交流中心举办第四届北京市中学生英语剧星大赛。比赛分初中组配音、高中组戏剧比赛。初中组配音比赛有来自10个区50余所学校的60个队伍报名参加，参与师生400人；高中组英语戏剧比赛有来自13个区30余所学校的42支队伍报名参加，参与师生300人。经评比，北京市第八中学、北京师范大学附属中学、中国人民大学附属中学第二分校、北京市第八十中学、北京工业大学附属中学和北京市第五十五中学获得初中组配音比赛一等奖；人大附中、北京市第四中学、北京八中、北京八中怡海分校、北师大实验中学和北京国际艺术学校获得高中组英语戏剧比赛一等奖。

（张笑　邱瑀璐）

【邀请境外师生来京学习汉语】 至年底，国际教育交流中心组织境外师生来京学习汉语言文化。13所北京市汉语国际推广基地校共邀请来自加拿大、美国和英国等13个国家和港澳台地区的649名师生参加活动。该活动通过体验中国文化、寄宿家庭活动等形式，进行汉语学习。参加活动的454名师生同时参加首届国际学生北京夏令营活动。

（张笑　邱瑀璐）

【开展汉语国际推广工作】 至年底，国际教育交流中心开展对外汉语国际推广工作。工作内容包括举办各种师资培训、组织教学实践等。全年，该中心举办9项对外汉语培训项目，包括针对境外汉语教师的友好城市官员及汉语教师培训班、日韩汉语教师高级培训班、新加坡汉语教师培训班，两期驻华教育官汉语及中国文化培训，北京市中小学对外汉语教师的中华文化与跨文化交际专题培训，高校小语种专业学生对外汉语专业培训，对外汉语专业学生小语种语言培训，公派出国留学人员汉语及中国文化宣传推广传播能力培训。同时，该中心在北京国际教育博览会期间，举办北京中小学国际汉语教材展；组织对外汉语教学基地校，共派出汉语教师12名赴英国、法国、美国、加拿大等国家的友好学校开展汉语教学工作。

（张笑　邱瑀璐）

北京学生活动管理中心
北京市少年宫

【概　况】 2011年，北京学生活动管理中心（北京市少年宫、北京市青少年科技馆）占地面积5万平方米，建筑面积1.5万平米。教职工142人，包括特级教师1人、高级教师31人。聘请兼职教师80人。设有文艺、科技、体育、学科类等培训项目57个，兴趣小组500个，有8000名学员。组织北京市青少年儿童进行参观、报告、讲座、演讲、座谈、夏令营以及各类型的会演、比赛及娱乐活动，参加人数达300万人次。全年参加各类型国际、国内比赛，获国际奖、全国金奖、银奖、铜奖和北京市第一名的学员400人次。全年接待境外来宾10批300人。

（杨建龙）

【举办友谊合唱团成立20周年音乐会】 2月26日，市少年宫举办北京友谊合唱团成立20周年“歌海情缘”合唱音乐会。第一批友谊合唱团团员平均年龄超过60岁，演唱《八骏赞》、《沂蒙山歌》等4首难度较大的无伴奏合唱曲目，用菲律宾语、英语演唱《卖花生》、《阿莱路亚》等不同风格的中外作品。市少年宫童声合唱团、女子合唱团参加音乐会的演出。合唱团的老团员和正在合唱团学习的新团员，同台演唱《北京市少年宫宫歌》、《合唱是你的好朋友》。来自北京市的领导、嘉宾、观众800余人观看演出。友谊合唱团成立于1991年。

（王春妹）

【举办机器人竞赛裁判员培训班】 3月2日，学生活动中心举办北京金鹏科技教师论坛——FLL机器人竞赛裁判员培训班。培训针对2011年“生命科技”的竞赛主题，提出减少裁判主观造成的失误，加强制度化、规范化，倡导过程享受、参与精神，淡化锦标主义，要有文字性的阶段成果，继续坚持竞赛的公益性和非功利性，坚持科学与艺术相结合等新的要求。来自各金鹏科技分团、市级科技示范校的FLL竞赛裁判员参加培训。

（张超）

【举办金鹏科技校长论坛】 3月25日，学生活动中心举办“北京金鹏科技教师论坛——校长论坛”。论坛以“人品、知识、能力——关注青少年科技后备人才培养”为主题，邀请中国人民大学附属中学校长、北京市第四中学校长、北京市第二中学书记和北京市大峪中学校长等领导就创新型青少年科技后备人才培养的相关议题作主题发言，同时邀请热心于青少年科技教育研究的4名院士与大家进行交流探讨。来自北京市各金鹏科技分团和科技示范校的校长、科技主任、教师等300人参加论坛。

（朱小羽）

【参加青少年科技创新大赛】 3月27日，学生活动中心科技组组员参加第31届安捷伦北京市青少年科技创新大赛。学员获一等奖8项、二等奖6项。其中，由该中心教师指导的“磁悬浮式飞轮储能电池的设计与制作”、“不明飞行物现象的分类及其与地外文明关系的研究”、“自学习循迹机器人”、“可变轮辐结构的设计和研究”、“救援物资仓库智能巡查‘管理员’”、“水稻矮缩病毒Pns11蛋白的功能研究”、“车前胚和胚乳发育过程珠被绒毡层和吸器功能特点”共7个项目获得中学组一等奖；“新型橡筋动力模型飞机”项目获得小学组一等奖。该中心1名教师获得北京市优秀科技辅导员称号。该项赛事是代表北京市青少年科技发展最高水平的竞赛，共有500名选手携167个项目参加现场决赛。

（张文龙）

【参加全国中学生天文奥赛决赛】 4月29日至5月3日，市少年宫天文组组员参加全国中学生天文奥赛决赛。共有组员6人参赛，获二等奖1人、三等奖3人。比赛由中国天文奥赛组委会主办，共有来自全国的2122人参加比赛，127人进入决赛。

（朱江）

【举办北京之春红歌演唱会】 5月8日，市少年宫与北京市文学艺术界联合会、北京文化艺术活动中心、北京音乐家协会共同举办第六届北京之春“在灿烂阳光下”红歌演唱会。演唱会回顾党的奋斗历史，来自首都各界的8支业余合唱团队的500名合唱团员分别演唱《美丽的太阳花》、《长征组歌》、《在灿烂阳光下》、《英雄的赞歌》、《感恩》及《没有共产党就没有新中国》等歌曲。演唱会以《歌唱祖国》作为结束歌曲。

（王春妹）

【举办六一灯光晚会主题活动】 5月31日，学生活动中心举办庆祝“六一”大型灯光晚会主题教育活动。该活动以“沐浴阳光雨露、携手并肩成长”为主题，来自北京市济慈之家的失明视障儿童、北京启喑实验学校和第三聋哑学校的特殊儿童200余人以及西城区黄城根小学等6所学校的1800名师生和10余名外国儿童参加活动。

（王宝林）

【承办首都教育系统纪念中国共产党建党90周年专题晚会】 6月30日，

由市委教育工委、市教委主办，学生活动中心承办的“我心中的旗帜——首都教育系统纪念中国共产党建党90周年专题晚会”在北京工业大学奥运体育馆举行。来自教育部、市委、市委教育工委、市教委、市教育督导室、各高校及各区县教委的领导和部分市人大代表及市政协委员近4000人观看演出。晚会以与“时空对话”的方式回顾历史、以“时代的青春节拍”彰显精神，将“四面旗帜”即：队旗·少年中国、团旗·青春中国、党旗·热血中国、国旗·阳光中国4个部分作为贯穿整台晚会的主线，并借助现代舞台技术，通过合唱、舞蹈、音乐剧、交响及行进管乐等艺术表现形式，抒发青少年对党的情怀、树立“爱党爱国，永远跟党走”的理想信念。

（刘弦）

【参加全国少儿舞蹈展演】 7月22至

26日，学生活动中心舞蹈组参加由中国舞蹈家协会举办的第六届“小荷风采”全国少儿舞蹈展演。舞蹈组表演的《鼠你快乐》和《牙牙泡泡》两个舞蹈节目获得金奖，并受邀参加闭幕式演出。参赛学员38人均获“小荷之星”奖，学生活动中心获得“小荷之家”舞蹈称号，辅导教师获得“小荷最佳编导奖”和“小荷园丁”奖称号。

（孙晓哲）

【参加“党在我心中”文艺汇演】 7月

25日，学生活动中心参加第三届全国青少年宫系统“党在我心中”文艺汇演。交响管乐团与来自全国22个省市的29个交响管乐团同台演出。经过评审，学生活动中心交响管乐团获文艺汇演金奖。该汇演由团中央、中国青少年宫协会主办，旨在通过艺术表达全国青少年热爱党、歌颂党的心声，表达广大少年儿童对党的热爱和建设美好未来的信念。

（高怡）

【举办全国少年儿童“庄则栋杯”乒乓球邀请赛】 7月28日至8月2日，学生活动中心举办第22届全国少年儿童“庄则栋杯”乒乓球邀请赛。经过评比，学生活动中心女子乙组代表队获得女子乙组团体第一名，男子乙组代表队获得男子乙组队团体第二名。共有来自北京、西安、太原、鞍山、营口、大连、济南、淄博、莱芜等地的39支球队200余名选手参加比赛。

（李东军）

【参加建党90周年主题教育系列活动】 7至9月，学生活动中心参加由中国儿童中心主办的“心中有祖国、心中有他人”纪念建党90周年主题教育系列活动。该中心合唱组二队合唱的《美丽的太阳花》、《和平，摇着音乐》和声乐组组员独唱的《我和我的祖国》获得艺术展演特别节目奖；文学组组员获得“争做党的好孩子”作文征文奖。该活动面向全国校外教育单位开展，举办文艺展演、优秀征文、主题摄影、儿童论坛和理论研讨会等“为党旗增辉、向祖国献礼”系列活动。

（陈建诗）

【参加世界杯手风琴锦标赛闭幕演出】 10月1至6日，学生活动中心佰笛手风琴乐团参加第64届“世界杯手风琴

锦标赛”闭幕演出。该手风琴乐团共有100名团员参加演出，演奏《波吉贝斯》、《俄罗斯舞曲》和《快乐的彝人》等8首曲目。该项比赛由联合国教科文组织“国际手风琴联盟”主办，被誉为手风琴世界三大赛事之一。该项比赛首次在上海举行，也是首次在亚洲举办。有来自世界25个国家的29支代表队1300多名演员共同参加比赛。

（丰雪）

【举办“欢乐亲子”活动】 10月15日，学生活动中心举办“欢乐亲子”活动。活动包括举办“快速套圈”、“欢乐大脚丫”、“障碍闯关”和“同心协力”等项目。通过活动，家长和学生亲身体会亲子活动的乐趣，同时培养学生团队意识和合作精神。

（翟敬群）

【开展迈克·杰克逊经典舞步教学】 10月16日，学生活动中心邀请美国舞蹈演员尤克·杰克逊（Yuko）传授美国歌星迈克·杰克逊的经典舞步。演员与舞蹈组学员伴着《Dangerous》、《Thriller》、《Heal the world》等音乐，跳起迈克·杰克逊的经典舞步。来自舞蹈组的100余名学员参加教学活动。尤克·杰克逊是迈克·杰克逊生前的伴舞，是其全球巡演中唯一的女性伴舞，有深厚的舞蹈功底。迈克·杰克逊去世之后，尤克延续他热爱儿童、热爱和平和热爱舞蹈的遗志，多次以公益活动的形式在全球少年儿童中传播其生前的经典舞步。

（宋薇）

【开展城乡手拉手献爱心活动】 11月19日，学生活动中心在怀柔区长哨营满族乡中心小学开展“献出爱心、收获感恩——城乡手拉手”活动。该中心捐赠字典、钢笔等学习用品，并通过“结对子”的形式使城乡学生成为好友。共有组员、家长及教师100余人参加活动。怀柔区长哨营满族乡中心小学是北京市市级科技示范校中唯一一所位于深山区的小学，留守儿童家庭贫困，学习资源匮乏。

（张文龙）

【举办天文师资培训】 11月24至25日，学生活动中心举办北京市天文师资培训活动。此次培训以天文摄影、未来天象及青少年天文活动研讨为主题，邀请北京天文馆科普专家作《2012年重要天象》、《天文摄影》和《天文照片的后期处理》专题讲座。学员体验拍摄天宫一号过境、星座等，并尝试利用软件处理照片。来自14个区县的教师50余人参加学习。

（朱江）

【承办9项市级艺术类活动】 至12月，学生活动中心共承办9项市级艺术类活动。活动内容包括承办由市委宣传部、市财政局、市教委共同主办的民族艺术进校园活动，活动共演出589场，其中，大学88场、中小学489场、专场演出12场。该中心连续7年承办该项活动；承办由市教委主办的2011年高雅艺术进校园活动，演出25场；验收65所学校的69个金帆艺术团，评审认定新申报的39所学校，最终确定80所金帆艺术团承办学校及94个金帆艺术团；承办“我心中的旗帜——首都教育系统纪念中国共产党建党90周年专题晚会”；承办由市教委主办的北京市第14届学生艺术节；举办第五届北京学生校外艺术节；举办首都学生演出季，共有18个学校的1440多名学生参加舞蹈和器乐演出；举办由市教委主办的第三届大学生戏剧节活动；举办“心舞飞扬——2011年北京艺术院校成果展演”。

（吴文　张君　赵硕）

【承办8项市级校外教育类活动】 至12月，学生活动中心共承办8项市级校外教育类活动。活动包括举办第二届北京市高中生通用技术设计创意大赛；举办北京市中小学生科技英语创意大赛；与北京青少年基金会、波音航空航天公司联合主办第三届“放飞梦想——波音航空科普系列活动”，全市150所小学2万名学生参加；与海淀区教委共同主办第13届FLL（FIRST LEGO League）机器人

世锦赛中国公开赛决赛；与索尼探梦科技馆联合主办“爱心助学——科普下乡”互动科学实验活动，为40多所远郊区县3万名小学生进行科普实验表演；承办由英国大使馆文化教育处与中国科技交流中心联合主办的2011年“气候酷派”绿色校园行动京津地区决赛；承办由市教委主办的第29届北京学生科技节闭幕式暨北京学生特色科技活动展示会；承办由市教委主办的第三届北京市中小学生科学建议奖评选活动及论坛展示会。

（蒋小建　王涛　张峥）

【承办24项市级体育比赛】　至12月，学生活动中心共承办由市教委和市体育局主办的市级体育比赛24项。比赛包括“金帆杯”北京市中学生足球比赛、篮球比赛和排球比赛；“奥城杯”北京市中小学生系列活动；北京市中小学生跳绳比赛、长跑比赛、绑腿跑比赛、踢毽比赛、健美操比赛、体育舞蹈比赛、轮滑比赛、毽球比赛、乒乓球比赛、羽毛球比赛、网球比赛、棒球比赛、篮球联赛、足球联赛、排球联赛、国家学生体质健康标准测试赛；北京市中小学生乒乓球联赛暨和谐杯北京市乒乓球比赛；北京市学生阳光体育展示大会；第49届北京市中学生田径运动会；北京市少年儿童跳皮筋比赛。

（王斌　孙吉明　董默轩）

北京市教育技术设备中心

【概　况】　2011年，北京市教育技术设备中心建筑面积3144.6平方米，包括教学仪器标准展示厅300平方米、库房700平方米。在职职工33人。设采购科、技术科、管理科。中心主要负责北京市中小学校实验室（专用教室）和教学仪器设备的建设、配备、管理、质量检测及技术咨询服务。

（王玉清）

【举办北京教育装备论坛】　4月7至8日，设备中心举办第二届北京教育装备论坛。论坛以“技术与教学，装备与效益”为主题，听取题为《技术何以革新教育》、《面对新形势、树立新理念、依托新技术、谋求新作为》的

主题报告。报告指出教育现代化技术设备已普及；强调信息技术对教育发展具有革命性影响；要求教育工作者有超越技术的工具观。论坛共举办各类报告13场，包括学术交流、技术讲座及各种新产品发布活动，其中围绕高校教育装备工作的热点、难点问题邀请专家进行解读分析和展望。

（王玉清　牛惠兰）

【举办基础教育专题报告会】　4月13日，设备中心联合北京教育网络和信息中心、北京市同文中学、石景山区第二实验小学举办基础教育专题报告会。会议听取题为《转变发展模式，促进首都基础教育和谐、健康、持续发展》的专题报告。该报告为教学及装备工作提供科学发展性的指导。4个单位党支部的党员干部、17个区县（燕山单位）教育装备部门领导干部110人参加会议。

（王玉清）

【承办中小学实验教学和实验室建设工作会议】　4月15日，设备中心承办北京市中小学实验教学和实验室建设工作会议。会议由市教委主办，解读《北京市教育委员会关于加强中小学实验教学和实验室建设工作的意见》；听取北京教育科学研究院、设备中心分别从教研和装备的角度作专题汇报。顺义区教委、海淀区十一学校、石景山区京源学校、北京青年政治学院附中分别对实验教学和建设工作的实践探索经验进行交流。会议提出加强中小学实验教学和实验室建设工作的具体要求。各区县教委主管教学和装备的主任、中小学教科科长、市区两级教研和装备部门负责人及部分中小学校长代表240人参会。

（王玉清）

【举办两期教育装备部门领导培训班】　5月26至27日和11月18日，设备中心分别举办两期教育装备部门领导培训班。5月，举办第六期北京市中小学教育装备部门领导干部培训班。培训班听取《技术何以革新教育》的主题报告；了解美国国家科学年会仪器展示会情况及美国和加拿大中小学、职业学校的教学设施设备建设与配置状况；并首次组织学员进入北京市十一学校课堂，分4组进入学科功能性教室听课并参观考察。市、区县装备部门领导、业务骨干、部分中小学校长120人参加培训。11月，举办第七期教育装备部门领导培训班。培训班听取《中小学图书馆（室）建设调研情况及对策》、《教育领域政府采购的分析与对策》主题报告。市、区县装备部门领导、业务科室骨干70人参加培训。

（王玉清）

【参与国际教育博览会】　6月17至19日，设备中心参与第八届北京国际教育博览会。该中心以“教育装备全力助推首都教育现代化”为主题，展览设物理、化学、生物、小学科学、科技创新、三维立体演示等互动展区，分别展示理、化、生学科实验仪器及静电实践探究、数字化实验、红外多点液晶平板电视、三维立体视频等先进教学仪器设备。共有1万人次参观展览。

（王玉清）

【举办自制教具培训】　12月1日，设备

中心举办北京市基础教育自制教具培训班。培训班旨在拓宽创作思路，明确设计理念，丰富制作手段邀请专家作题为《自制教具及其评价》、《课题来源与思路》专题报告。培训班要求各参评单位结合实验教学活动自制教具。市、区县有关部门和市级自制教具骨干教师110人参加培训。

（王玉清）

【开展中小学阅读指导活动】　至12月，设备中心开展“书香燕京——北

京市中小学阅读指导活动”。中心以《北京市中小学阅读指导活动经典书目介绍》为指导，开展优秀征文比赛活动。511所中小学校师生提交征文13192篇，评出一等奖180篇、二等奖442篇、三等奖780篇，教师优秀征文1123篇；评出组织奖区县14个，区县先进个人31人；学校134所，学校先进个人147人；优秀辅导教师482人。该项活动自4月启动。

（王玉清）

【组织研制小学科学教室配置方案】　至12月，设备中心组织研制小学科学专用教室配置标准研究项目。项目组织专家、教师、教学仪器生产企业的技术人员研究制订《北京市小学科学教室配置方案》，共建设4个科学教室样板间，举办公开课，形成科学教室配置规范教学应用案例。

（王玉清）

【开展实验室和图书馆管理人员培训】　至12月，设备中心开展北京市物理、化学、生物、美术、劳技学科专兼职实验室管理人员骨干业务培训。培训内容包括新仪器新设备使用技能、疑难实验、创新实验、实验室管理规范。共有360人参加培训。该中心还举办中小学图书管理人员培训，就数字图书馆的作用及如何利用数字图书提高学生的阅读能力，开展交流、学习活动。共有560人参加培训。

（王玉清）

北京教育老干部活动中心

【概　况】　2011年，北京教育老干部活动中心有正式教职工17人，合同工、临时工15人。设办公室、活动部、生活服务部、宣传教育科4个部门。该中心实行由市委教育工委和市教委共同领导，以市委教育工委为主的领导体制，面向两委机关离退休干部提供政治待遇及生活待遇服务，为北京市教育系统老同志（以高校为主）举办文体活动，为教育系统涉老部门提供人、财、物服务；承担全市教育系统离退休人员继续教育（非学历）及对离退休干部党支部书记和党员培训的职责。拥有活动场地近5000平方米（包括景山公园内设的活动分站），设有保健咨询、图书阅览、康复健身、棋牌、沙狐球、台球、乒乓球、卡拉0k、书画、舞美、茶艺等活动室，日均接待人次300余人。同时，面向教育系统离退休人员组建时装、舞蹈、合唱等兴趣队26个，队员800余名。北京教育老干部大学共开设书法、国画、摄影、英语口语等8个专业非学历教育课程，共有27个教学班，在校学员达800名。全年组织各类活动近百次，参加活动人次达3万余人，参与服务教育系统涉老部门举办的各类会议及活动20余次。

（范安娜）

【举办两委机关离退休干部运动会】

4月20日，老干部活动中心在景山公园举办第五届市委教育工委、市教委机关离退休干部运动会。运动会以“颂党恩抒豪情、添光彩乐晚年”为主题，以知识性、趣味性、多样性为原则，共设置猜谜、沙包掷准、高尔夫球和金球登顶等14个项目。同时邀请心血管、消化、营养保健等方面的医学专家提供健康咨询服务，新增免费理发、茶歇，赠送《退休人员身心健康与常见疾病防护》一书等服务项目。共有200人参加活动。

（张浩　范安娜）

【举办老教育工作者门球赛】　5月11至12日，老干部活动中心在地坛公园举办2011年北京老教育工作者门球赛。比赛以“颂党恩抒豪情，添光彩乐晚年”为主题，采取单循环淘汰赛制。通过比赛，北京科技大学代表队获第一名，大兴区教委代表队获第二名、北京邮电大学代表队获第三名。来自各高校、区县的26支代表队234名运动员参加活动。

（张浩　范安娜）

【老干部党校和老干部大学挂牌】　5月25日，北京教育老干部党校和北京教育老干部大学在老干部活动中心挂牌成立。老干部党校隶属于市委教育工委、市教委，挂靠老干部活动中心，具有承担北京市教育系统离退休干部党支部书记和党员培训的职责。教育老干部大学原名为北京京教老年大学，隶属于市委教育工委、市教委，面向北京市教育系统离退休人员开展非学历老年教育。学校教学面积420平方米，共有4间教室、1间语音室和1间计算机房，设有书法、国画、摄影等8个专业。学制为1至3年。学校按学年排课，分2个学期，每年3至6月、9至12月为教学学期，每学期招生报名一次，学员按班级管理，学员修满规定课时即可获得结业证书。学校外聘教师19人，分别来自北京师范大学、首都师范大学、北京工业大学等8所高校和中国科普出版社。至年底，共开设27个教学班，在校学员800人。

（张浩　范安娜）

【举办保健咨询义诊活动】　9月，老干部活动中心在北方工业大学举办“迎国庆、送健康”北京高校老同志健康咨询义诊活动。活动根据实际需求，邀请北京积水潭医院、北京中医药大学、北京同仁医院和北京世纪坛医院的7名专家，开展医疗诊治和养生保健服务。200多人次进行心血管、中医药膳等多个项目的治疗和保健养生。此次义诊活动是市委教育工委、市教委在北京高校老同志中广泛开展的“颂党恩抒豪情，添光彩乐晚年”主题活动之一。

（张浩）

【举办高校离退休人员健身风采展】　10月18日，老干部活动中心在北方工业大学体育馆举办“豪情颂党恩、康乐展风采”北京高校老同志健身项目展示活动。活动包括长绸扇舞、太极功夫以及中医穴位按摩健身操等。

经过展示，清华大学等6所高校获得最佳表演奖，北京科技大学等6所高校获得激情飞扬奖，对外经济贸易大学等8所高校获得乐龄风采奖。20所高校的1000人参加活动。该活动是教育系统老同志庆祝建党90周年、建国62周年的一项重要活动。

（张浩）

北京教学植物园

【概　况】　2011年，北京教学植物园有教职工47人，其中，具有生物、园艺和林学等专业特长的教师及其他专业技术人员27人。全园规划用地11.65万平方米、建筑面积9127.31平方米，含温室面积4408.63平方米。拥有树木分类区、水生植物区与人工模拟湿地、草本植物区、农作物展示区、木化石区、阴生植物区、盆景园、热带亚热带植物展览温室、沙生植物展示温室共9个专类园区，科普知识展览室、开放实验室、多功能教室、多媒体报告厅、植物组织培养室、实验材料繁育室等教学设施。园区内，根据中小学教学需要选择和配置植物，共收集引种露地栽培木本、水生、草本植物，热带亚热带等活体标本植物1400余种（含品种）；设有每种植物说明牌、特殊植物和类群植物说明牌、各专类园区简介牌以及科普橱窗、黑光杀虫灯、人工和自动气象站、城市生态环境监测站等科普设施。全年开展植物大课堂、举办教师业务培训、参与青少年科普活动、辅导学生科技项目和开展科技实践活动等，服务师生和社区居民10.7万人次；指导学校开展校园绿化美化、建校园植物园，为大中小学提供生物实验、劳动技术课实习材料，服务师生10万余人次。完成植物标本养护专项，科普展板、展架及科普橱窗更新等专项工作。教师和指导的学生科技项目获全国青少年科技创新大赛一等奖2项、二等奖3项、三等奖3项，中国科协主席奖1项；获市级竞赛一等奖28项、二等奖28项、三等奖15项、科技实践活动十佳奖1项。同时，该园获第31届北京市青少年科技创新大赛特别贡献奖，北京金鹏科技奖。

（段洁）

【承办科技创新大赛学生“植物与环境”论坛】　3月26日，教学植物园承办第31届安捷伦北京市青少年科技创新大赛学生“植物与环境”论坛。论坛以“绿色让北京更美好”为主题，采取6名学生研究课题进入论坛决赛。经评比，评出一等奖2项、二等奖4项。此次论坛共有学生和科技辅导员100人参加。

（段洁）

【开展学科教师业务培训】　3至9月，教学植物园开展中小学相关学科教师业务培训。该园利用资源优势，为中小学生物、科学、自然、思想品德、劳技课教师和科技辅导教师开展相关专业知识、专业技能、科普教学培训。培训通过专题讲座、课堂讲授、观摩实践、考察等形式，共开展培训19次，有14个区县教师900人参加学习。其中，为丰台、海淀、朝阳等6个区县、143所中小学劳技教师举办“盆栽植物养护技巧”、“第十届北京市中小学生植物栽培竞赛”培训；为东城区科技教师进行“美境行动”推广暨教师培训；为石景山区教师进修学院参加继教学习的教师作题为《科技小论文选题方法》的讲座；为平谷、顺义、房山、怀柔、石景山、西城等12个区县、251所学校教师举办“身边的植物识别”培训；组织丰台、东城等区中学劳技课教师到郊区考察。

（段洁）

【开展教职工多样化学习活动】　3至12月，教学植物园开展教职工多样化学习活动。活动通过捐建乐读图书室、开设学习大讲堂、组织参与学校教研活动、观摩考察等形式，加强队伍建设，促进全园教职工参加学习活动。乐读图书室由教职工捐赠、推荐图书和杂志，可自助借阅；学习大讲堂活动邀请相关领导、专家、同行来园做专题讲座和辅导；组织教师参加学校教学交流研讨活动，以听课、点评交流和集体研讨的形式相互学习；组织教师及相关人员到中国农业大学等相关专业单位开展业务考察，参加培训学习。

（段洁）

【开展“四季植物园”活动】　3至12月，教学植物园与北京市第一零九中学合作开展“四季植物园”社会大课堂活动。活动针对初一学生开课，双周一次，共设18次课，每次2课时。活动根据季节设计课堂内容，指导学生现场观察识别植物。共有450人次参加学习。

（段洁）

【开展科普报告展览进校园活动】　3

至12月，教学植物园开展科普报告、展览进校园活动。该园教师走进中小学校园，为东城、西城等区7所中小学师生，举办6个专题讲座，1500人参加学习。3月，该园在北京市光明小学、东城区遂安伯小学做《发现身边的科学问题》、《DIY小菜园——学学种植技术》科普报告及讲座；4月，在西城区白纸坊小学、东城区史家胡同小学作《吊兰、吊竹梅栽培技术》、《说说植物》专题讲座；11月3日、12月2日，在朝阳区劲松第一中学、北京市第一零九中学作《保护植物与低碳生活》科普讲座；6至12月，开展科普展览进校园活动，共服务全市中小学师生1.85万人。同时，该园在北京市十一学校、密云县溪翁庄镇中心小学等7个区县14所学校、少年宫开展《常见中草药知识与健康文化展》校际展览传递活动，并根据展板内容配套设计“观展指南”、知识问答卷；在丰台区东铁匠营第一小学举办《植物扮靓家居》、《植物与环境》、《从日本地震核泄漏说开来》3个专题科普展览。两项活动共有师生2万人参加。

（段洁）

【举办“美境行动”系列活动】 3至12月，教学植物园举办“美境行动”系列活动。活动以“改变身边环境”为主题，内容包括“美境行动”推广暨教师培训，学生设计方案征集、评选、资助指导实施，学生野外交流营，学生实施成果方案评选、展示、交流等。共收到设计方案560份，选出优秀学生设计方案110个，由赞助方提供项目实施资金；提交实施方案155份，评出优秀实施方案40个，每个给予800元资金奖励。全市共有12个区县72所中小学师生3000人次参加。该活动与北京市教育学会环境教育研究分会联合举办，壳牌（中国）有限公司赞助。

（段洁）

【开展教学植物园之旅系列活动】 5月14日至10月16日，教学植物园开展系列科普活动。活动以“教学植物园之旅”为主题，通过培训、展览、教师讲解、答卷闯关、自主参观等形式，开展“自然之旅”幼儿体验自然活动、植物探美摄影之旅、“认植物、知环境”园地探索之旅、植物园观鸟之旅等系列科普活动7次。来自朝阳区和平里第四小学、北京理工大学附属中学、东城区培新小学和北京市第一零九中学等中小学生、幼儿及部分家长860人参加活动。

（段洁）

【承办阳光少年快乐周活动】 5月28日至6月3日，教学植物园承办阳光少年教学植物园快乐活动周活动。参观者通过专业教师引导讲解，认识乡土植物、环境指示植物，参观各类植物种植、展示区，观看《芳香植物魅力跟踪》、《植物碳汇》、《植物也能COSPLAY》等5个主题科普展览；观看《植物私生活》、《花与人、花与环境的关系》、《教科文行动——湿地》、《可再生能源——德国篇》等6部科教片；参与12项动手、动脑、自然体验、快乐之旅活动。活动共接待学生及家长5000人。

（段洁）

【与白纸坊小学签订共建协议】 6月1

日，教学植物园与西城区白纸坊小学签订共建协议。根据协议，该园与白纸坊小学互为实践基地，共建“综合实践教育教研室”，共同开展教研、科研活动、加强教师队伍建设，为学校提供校园绿化美化服务；担任校外科技辅导员，为学生开展科普讲座和科技竞赛指导等；双方共建学习型组织、共创文明单位。两单位为创先争优活动“1+1”互助党支部。

（段洁）

【举办植物栽培竞赛颁奖暨成果展示会】 7月10日，北京市中小学生第十届植物栽培竞赛颁奖暨成果展示会在教学植物园举行。活动为在植物栽培竞赛中获奖的学生和辅导教师颁奖。获奖学生以展板、实物和文字材料的形式展示自己的栽培作品、观察记录、活动体会，同时相互交流、分享“我参与、我动手、我快乐”活动感受。该活动与北京市劳动技术教育研究会联合举办，获奖学生、辅导教师、学生家长代表100人参加活动。活动自3月17日启动，来自海淀、东城、朝阳等5个区的143所中小学1.4万人参赛。经过学校初赛和市级评选，35所学校进入决赛，评出一等奖60人、二等奖89人、优秀奖277人、优秀辅导教师56人。

（段洁）

【开展科普日主题活动】 9月17至23

日，教学植物园开展“认识药用植物、传播健康知识”2011年全国科普日北京教学植物园主题科普活动。活动内容包括参观中草药知识科普展览，观察中草药栽培品种，通过视觉、触觉和嗅觉感知药用植物，并进行中草药知识问答闯关等。来自东城区培新小学、中国人民大学附属中学和北京汇文中学师生1600人参加活动。

（段洁）

【举办阳光少年亲近自然活动】 10月1至3日，教学植物园举办阳光少年亲近自然体验活动。活动以“金色的秋天、金色的童年”为主题，设置园中探秘、叶片拓印画、植物粘贴画等21个项目；举办《植物的启示》、《从日本地震核泄漏说开去》和《农作物大盘点》等7个专题科普展览、展具展示活动，免费向全市中小学生和家长开放，共接待13个区县上百所学校的学生及家长2万人。

（段洁）

【开展植物大课堂活动】 至12月，教学植物园开展植物大课堂活动。该园在北京市第二中学分校、东城区中小学课程资源中心开设“家庭植物种植与管理”、“植物栽培”选修课，共128课时，参加学习2200人次；为北京市第一零九中学、北京市文汇中学、北京汇文中学开展“四季植物园”、“我们身边的动植物”等现场教学活动，共授课30次，参加学习860人次；为东城区遂安伯小学、史家胡同小学等3所学校分别做《吊兰、吊竹梅栽培技术》、《DIY小菜园——学学种植技术》、《说说植物》专题讲座，共有师生1000人参加学习；指导西城区白纸坊小学、天宁寺小学开展吊兰、吊竹梅栽培实践及校园植物的种植与选择；为北京农学院、医药职工大学、北京联合大学特教学院、国家林业干部学院等6所高校开展植物识别、植物组织培养等现场教学及实操培训，参加学习718人次；以参观讲解、观看科普展览和科教片、动手动脑体验等形式，接待全市大中小学和幼儿园师生、社会公众2.6万人次，共有3.1万人次参加植物大课堂活动。

（段洁）

【开展中小学生绿色科技活动】 至12月，教学植物园开展多种形式中小学生绿色科技活动。该园从学生科技项目选题、开题、设计、实施、数据整理、论文撰写、参赛模拟答辩等环节，共开展青少年科技项目学习大讲堂活动7次，来自中国人民大学附属中学、东城区史家胡同小学等绿色科技俱乐部学员300人次参加学习；指导俱乐部学员完成小课题研究40项；为北京师范大学附属实验中学、北京市十一学校参加奥赛学生举办赛前培训；指导北京经济技术开发区实验学校、宣武区第二职业学校开展中草药种植体验与健康知识传播活动；指导西城区白纸坊小学开展“1＋3＋6”节水寻访活动，其中，3项活动在北京市“大手拉小手青少年科技传播行动”评选活动中获2个一等奖、1个三等奖。

（段洁）

【开展社会科普活动】 至12月，教学植物园开展多项社会科普活动。该园发挥资源优势，组织特色活动，为电视台录制科教宣传片、开展绿化咨询、举办专题培训、科普展览，共开展活动17次，服务北京市民万余人；与自然之友、蒲蒲兰绘本馆、新浪网亲子论坛和小脚丫走天下工作室等合作举办“猫头鹰王国”冬令营、“彩色的冬天”自然体验营、自然之旅暨《植树的男人》书友会、教学植物园观鸟之旅等活动；为自然之心协会植物爱好者讲授早春开花植物；以《中小学生环境科学实践活动方案设计与实施》、《美境行动学生交流营活动案例介绍——“坝上环境考察之旅”简介》和《“探索绿色科技、践行低碳生活”——低碳生活理念宣传活动案例》为题，为环境保护部宣教中心环境教育示范基地环保志愿者做案例分析培训；参加东城区梅花文化节，设梅花栽培知识展板，为市民开展绿化咨询；为龙潭街道市民做《家庭常见花卉品种的选择与养护》专题讲座，指导社区居民科学养花评比活动；在东城区科普日、金融街社区教育学校举办《常见中草药与健康知识展》展览；为北京电视台4个栏目录制《阳台就是咱家的小菜园》、《阳台种菜很土很时尚》、《阳台上的开心农场》、《冬季养花技术及室内适宜摆放的花卉》专题节目。

（段洁）

【提供教学实验实习材料】 至12月，教学植物园配合课改需要为大中小学提供教学实验实习材料。共为11个区县49所大中小学提供44种生物实验、劳动技术课实习材料，服务师生10万余人次。其中，生物实验材料29种，服务海淀、昌平、石景山等11个区县49所学校；劳技实习材料15种（新开发1种），服务朝阳、东城、丰台等4个区25所学校。

（段洁）

北京高校房地产开发总公司

【概　况】 2011年，北京高校房地产开发总公司总部有正式员工34人，包括高级职称员工5人、中级职称12人。公司内部机构设有办公室、财务部、工程部、合同预算部、资产经营部、市场开发部、贯标办、房改办，有下属北京育新物业管理公司等3家全资子公司、高房（北京）工程项目管理公司等3家控股子公司以及吉林怡恒伟业等4家参股公司。公司具有GB/T19001：2008新版质量管理体系认证资格，为国家一级资质房地产开发企业，下属北京育新物业管理公司为国家一级资质物业服务企业。

（程西台　谭栩）

【收回北京儿艺的股权投资款和收益】 2月，高校房地产总公司收回北京儿童艺术剧院股权投资款及长期投资收益。共计收回股权投资300万元，收回投资增值70万元，及历年投资收益58万元，加上2007年收回的收益10万元，累计440万元。该行动依据市委宣传部批准的北京儿童艺术剧院股权调整方案执行。

（程西台　谭栩）

【签订定向安置房物业服务合同】 2月25日，高校房地产总公司与北京环渤海高端总部基地签订定向安置房物业服务协议。合同签订服务期为4年，每年物业服务收入约4300万元。该项目位于通州区台湖镇，占地面积1719万平方米，总建筑面积98万平方米，总户数为7621户，涉及台湖镇14个行政村1.68万名村民的整体搬迁安置，建成后将形成1100余万平方米的亦庄新城生活区的综合服务中心和环渤海高端总部聚集区。该项目是北京市加快城乡一体化进程的重特大项目建设工程之一。至此，总公司在京管理项目总面积扩展至300万平方米。

（程西台　谭栩）

【获得地安门四合院修缮工程管理权】 3月1日，高校房地产总公司与北京教育网络和信息中心签署《西城区地安门西大街153号四合院修缮工程管理协议》。协议规定，由总公司为其提供项目管理服务。由于该建筑为北京市市级文物保护单位，修缮工作本着修旧如旧的原则，不对古建结构进行改变。修缮工程为政府采购项目，于6月20日启动。

（程西台　谭栩）

【通过华夏认证中心再认证审核】 9月5至6日，高校房地产总公司接受华夏认证中心的外部审核。审核过程中未出现不合格项，华夏认证中心同意公司通过再认证审核。9月20日，公司正式收到华夏认证中心颁发的质量管理体系认证证书，有效期至2014年9月。

（程西台　谭栩）

【通过三标一体化国家认证注册】 10月20日，高校房地产总公司下属北京育新物业管理公司通过中安质环认证中心的认证审核。获得GB/T19001：2008、GB/T24001：2004和GB/T28001：2001三标一体化国家认证注册。三标一体化是将质量（QMS）、环境（EMS）和健康安全（OHSAS）三个管理体系一体整合认证。

（程西台　谭栩）

北京市学生资助事务管理中心

【概　况】　2011年，北京市学生资助事务管理中心设有2个部门，有工作人员7人，全部在编。完成各类学校学生有关资助信息的汇集、统计和分析工作；监督、指导、检查区县和市属高校、中等职业学校学生资助工作。本年，中心在资助理念、管理方式和工作成效上均有突破。

（罗芳）

【检查高校困难新生绿色通道入学情况】　8月，市学生资助管理中心检查高校困难新生绿色通道入学情况。检查工作分3组检查23所市属高校“绿色通道”开通情况。结果显示：各高校均为家庭经济困难新生开设“绿色通道”，其中，公办本专科院校均为家庭经济特困新生送去日常生活用品等必需品。

（罗芳）

【检查学生资助工作】　9月，市学生资助管理中心参与检查学生资助工作。市教委和市委教育纪工委组成监察处、财务处、职成处、学生处和市学生资助管理中心4个检查组入校检查学生资助工作，检查内容包括工作汇报、档案查看、学生座谈、调查反馈4个环节。重点检查奖助学金和免学费的认定和评审、资金的管理和发放、政策的宣传和育人方面的工作，并现场反馈书面检查意见，从而指出不足。40所中等专业学校接受检查，发现一批资助工作扎实有成效的学校，同时也有个别学校仍存在问题。

（罗芳）

【加快学生资助工作信息化建设】　9月，市学生资助管理中心自主研发的北京市属高校学生资助系统正式投入使用。该系统采取中心、高校、院系三级管理模式，学生信息和资金信息两大数据模块，可以随时了解经济困难学生的基本信息和资金使用情况。全年共有466份国家奖学金、8573份国家励志奖学金申请材料首次实现网上填报。网上填报可避免因为填写不认真导致的错误，保证申报材料的完整性。

（罗芳）

【实现资助与育人双结合】　至12月，市学生资助管理中心实现资助与育人双结合。该中心通过召开资助与育人研讨会，组织指导高校研究实践，将资助与育人紧密结合，对受助学生加强诚信教育、感恩教育和责任教育。其中，北京工业大学和北方工业大学探索学生资助育人工作的新思路，在理论研究上取得进展，撰写的论文得到教育部全国学生资助管理中心的肯定和表彰；首都师范大学为家庭经济困难大学生构筑育人体系，实施“春雨计划”帮助家庭经济困难大学生健康成长；北京印刷学院等高校联合银行对贷款的学生开展诚信教育和责任教育。

（罗芳）

北京教育志编纂委员会办公室

【概　况】　2011年，北京教育志编纂委员会办公室设有编辑一室、编辑二室和综合办公室，有教职工16人，其中，在编10人，包括高级专业技术职务3人、中级专业技术职务3人。全年编辑出版《北京教育年鉴》（2011），收录文字150万字，图片1100余幅；编辑出版《北京市教育委员会文件选编》（2010），收录文件200余份，文字70万字；编印《北京市教育委员会政报》6期；编印《北京教育史志丛刊》4期，收录文章80余篇，40余万字；完成北京市第一轮修志《高教志》修订工作，修订、出版《北京教育史》；启动北京教育资料库建设，开展“故学巡礼”专题片拍摄工作；承办“萌发、奋斗、创新、辉煌——北京教育系统庆祝中国共产党成立90周年专题展”；调整北京教育志编纂委员会人员，设计完成北京教育系统第二轮修志资料收集方案；完成市教委办公楼地下书库搬迁工作，所有资料搬至北京建筑工程学院大兴校区5号学生宿舍楼地下室。

（李晓秋）

【组织多次办公室人员培训】　1至11月，教志办组织多次办公室人员培训。1月18至20日，组织办公室人员培训，听取《树立科学的世界观和方法论》、《古籍基本知识》讲座，研讨“京教纵横”网管理办法和北京教育系统庆祝建党90周年专题展览方案。3月9日，组织办公室人员赴海淀寄读学校考察工读教育；3月11日，组织办公室人员参观抗日战争纪念馆、留法勤工俭学旧址等，接受革命教育。7月25日至8月2日，组织办公室人员及部分区县史志人员赴内蒙古考察红山文化。9月13日，组织办公室人员到昌平区西贯市回民小学调研，了解民族教育发展情况。11月28日至12月3日，组织青年编辑赴延安、西安考察，学习古代文化，接受革命教育。

（王永刚）

【召开教育史志丛刊创刊20周年座谈会】　3月15日，教志办召开《北京教育史志丛刊》创刊20周年座谈会。会议总结丛刊创刊20年编辑工作经验，征求作者、读者意见，探讨新形势下丛刊发展方向。《北京教育史志丛刊》创办于1990年12月，最初定名为《北京教育志丛刊》，1993年更名为《北京教育史志丛刊》。至年底，丛刊共出版73期，收录文章1080篇，共计640万字。区县、各级各类学校史志工作者等20余人参加会议。

（张晓兰）

【召开部门研究创新工作会】　4月7日，教志办召开办公室研究创新工作会。会议总结2010年研究创新工作，布置2011年研究创新工作会，表彰5项获奖项目、5项课题、9篇专业论文。教志办16人参加会议。

（王永刚）

【组织志鉴工作交流研讨会】　5月27日和10月18至25日，教志办组织两次志鉴工作交流研讨会。5月召开区县教育志鉴工作交流研讨会，东城、西城、昌平、通州等区县代表发言并交流二轮修志情况，研讨修志及编写年鉴的具体问题，15个区县代表30余人参会。10月组织高校年鉴撰稿人20余人赴湖北与武汉高校及《长江年鉴》社开展校志、年鉴工作交流，研讨校志、年鉴编写工作。

（王永刚）

【完成资料库搬迁工作】　8至11月，教志办完成资料库搬迁工作。因市教委办公楼装修，位于该楼地下室的资料库需搬迁。教志办利用暑假时间，组织部分人员将资料打包、装箱，同时收集市教委各处室遗弃资料。11月11日，所有资料10万余册搬至北京建筑工程学院大兴校区5号学生宿舍楼地下室。

（王永刚）

【年鉴获得全国奖励】 9月，《北京教

育年鉴》（2010）获得第五届全国年鉴编校质量检查评比特等奖。该评比由中国出版工作者协会年鉴工作委员会主办，目的是检验年鉴编校质量水平，促进我国年鉴编校质量的提高，推动年鉴事业的健康发展。该评比以国家新闻出版总署制定的《图书质量管理规定》及其附件《图书编校质量差错率计算方法》为依据，坚持公开、公平、公正原则，完成参评单位自查、评委初查、顾问专家复审组复审、评审委员会审核批准等工作程序。全国数千部地方和专业年鉴参加评比，最终评出特等奖60个、一等奖82个、二等奖49个、三等奖51个，特等奖中北京地区年鉴3部，分别是《北京教育年鉴》、《北京工业大学年鉴》和《北京海淀年鉴》。

（华蕾）

【北京教育年鉴出版】 12月10日，《北京教育年鉴》（2011）出版。该书为889mm×1194mm的大16开本，全书四色铜版纸印刷，文前配32页彩色插页，随文彩图1100余幅。全书共计150万字，条目4000余条，全面记录2010年北京教育改革发展情况，电子版光盘配套发行。本年，增加视频年鉴（光盘）的出版形式，定名为《2010北京教育纪事》，内容包括综述篇、事业篇、学校篇三部分，共收录45部专题片，内容涉及首都教育工作巡礼、走向世界的北京教育、北京市基础教育课程改革巡礼，以及部分学校、单位年度工作概述。

（华蕾）

【《北京教育史》出版】 12月20日，教

志办编纂修订的《北京教育史》出版发行。该书是国家哲学社会科学“九五”规划国家级重点项目“中国地方教育史研究”的子课题成果，由汤世雄主编，学苑出版社出版发行，850mm×1168 mm开本，共10章50万字，文前配彩色插页32页，收录图片124幅，随文图130余幅。该书系统总结、梳理远古至新中国成立前的北京教育发展史，填补北京教育地方史研究空白，是了解、研究北京教育发展史的重要参考著作。

（王永刚）

【首次举办中小学幼儿园撰稿人培训】

12月28日，教志办首次举办中小学幼儿园部分撰稿人培训。培训采取讲座形式，听取《北京教育年鉴》副主编就年鉴存在的主要问题、收录内容标准以及条目编写技巧等内容开展培训。来自16个区县的部分年鉴特约编辑和部分中小学年鉴撰稿人共80人参加学习。本年，编辑部调整中学和幼儿园的收录范围，由原来只收录北京市示范高中和示范幼儿园，调整为按照比例全面收录各级各类学校，但为保持年鉴作为史志图书的资料延续性，每年固定收录部分学校，其他学校的选取由区县教委确定。同时，该编辑部加大培训力度，举办市委教育工委、市教委机关处室和直管直属单位、高职学校、社团特约编辑专题培训，举办中职学校、成人学校和民办学校年鉴特约编辑培训等5次分组培训，并到房山区和大兴区培训年鉴撰稿人。分组培训针对性强，稿件质量明显提高。

（华蕾）

【拍摄“故学巡礼”专题片】 至年底，教志办开展“故学巡礼”专题片拍摄工作。该工作是教志办承担的“百年学校”项目之一，每部专题片片长20分钟左右，以“教育中的文物，文物中的教育”为原则，厚古薄今，反映学校历史、文化传承和特色。至年底，完成《星月璀璨》（西贯市回民小学）、《古刹见证辉煌》（牛栏山一中）、《爱心耕耘的家园》（永宁小学）、《依冠山灵秀育妫川学子》（延庆一小）、《阳光古韵看金台》（金台书院小学）5所学校专题片制作工作。

（林业）

【启动北京教育资料库建设工作】 至年底，北京教育资料库项目通过市经济和信息化委员会、市财政局审批。该库通过应用系统开发、数字信息资源建设、实体库建设等工作利用教志办收藏的资料，实现对资料科学管理，满足内部工作需要和社会公众的信息需求。至年底，教志办完成一期通用设备和相关软件、专用设备、文献加工耗材的采购，与专业公司签订“文献信息管理系统和多媒体资料管理系统开发及维护”合同书。

（胡雨）

北京教育新闻中心

【概　况】 2011年，北京教育新闻中心设有办公室、策划部、网络视频部，有工作人员8人，全部在编。主要职责包括教育舆情监测与分析、教育新闻宣传平台开发与建设、策划实施教育系统重大新闻宣传活动、承担与中央及市属媒体联络、沟通、协调工作以及教育新闻宣传资源库建设及宣传品制作等。全年，重点协助北京市教育工作会议宣传“十一五”首都教育改革发展成就、做好首都教育系

统庆祝建党90周年宣传工作、举办庆祝第27个教师节宣传活动；与《北京日报》合作宣传首都高校党建先进经验和优秀党员事迹；与北京电视台合作策划录制电视直播节目《开学了》，与新浪网合作开通北京市教育委员会官方微博和首位盲人教师微博；组织中央及市属媒体赴新疆、甘肃采访报道北京高校西部就业优秀毕业生。

（赵园园）

【协助宣传解读北京中长期教育发展规划纲要】　3月，新闻中心协助北京市教育工作宣传解读《北京市中长期教育改革和发展规划纲要（2010～2020年）》及宣传“十一五”首都教育改革发展成就。该项工作与中央及市属主要媒体合作完成，《北京日报》、《中国教育报》分别刊发教育规划纲要全文；《北京日报》先后刊发《首都教育“十一五”成就、教育规划纲要制定背景》与《教育规划纲要制定过程》和《教育规划纲要重要内容与亮点》3篇特稿；通过新浪网推出会议及教育规划纲要解读专题网页；通过北广传媒移动电视和城市电视宣传平台播出的《教育纵横》推出《教育规划纲要》解读特别节目。

（赵园园）

【宣传高校党建先进经验和优秀党员事迹】　7月，新闻中心与《北京日报》合作推出介绍北京市高校党建先进工作经验和优秀党员事迹的专版。专版以清华大学、首都师范大学等高校党建工作先进经验为例，重点宣传高校党建工作的思路、工作措施以及工作成效；优秀党员事迹专版以首都师范大学党委书记张雪先进事迹为重点，组织中央及市属主要媒体进行实地采访。

（赵园园）

【与电视台合作推出电视直播节目《开学了》】　9月1日早7：30，新闻中心与北京电视台科教频道共同推出电视直播节目《开学了》。节目以“新学年、新气象”为主题，以现场直播方式对特色开学典礼和教育活动进行长达4小时的直播报道。开学典礼部分设置北京第一师范学校附属小学、北京市京源学校、密云县东邵渠镇中心小学和北京师范大学附属中学4个直播点，通过对城南地区新建校、新老教师传承、山区寄宿制学校和钱学森班开班仪式的重点报道来展现城区义务教育均衡发展、师德师风建设、城乡教育差距缩小以及高中特色发展情况；教育特色活动部分选取朝阳区呼家楼中心小学“三礼”德育课、北京市宏志中学“杏林班”“传统文化”课和北师大附中“钱学森班”“大语文”课，以课改专家现场点评公开课的形式首次通过电视平台展示学校特色课程。

（赵园园）

【开展教师节系列宣传活动】　9月，新闻中心开展庆祝第27个教师节系列宣传活动。该中心配合中央及市属主要媒体，宣传优秀教师典型事迹和首都教育良好形象。其中，北京电视台开辟“园丁风采录”专栏，连续6天播放优秀教师的典型事迹；《北京日报》派记者深入学校教学一线，推出“我给名师当助教”整版报道；新闻中心推出首位盲人教师——北京市盲人学校教师李任炜公益微博，当日关注人群达2000人；与《京华时报》合作在头版刊登“庆祝第27个教师节”公益宣传广告，传达市委教育工委、市教委对教师的问候；北广传媒移动电视、城市电视及盘古大观大型电子展示屏持续播出教师节电视宣传片；联合北京电视台科教频道制作3种不同时长的庆祝教师节宣传片，在教师节当日循环播放。

（赵园园）

【采访报道北京高校西部就业优秀毕业生】　11月7至15日，新闻中心组织新闻媒体赴西部实地采访北京高校西部就业优秀毕业生代表。该项工作为配合做好2012年大学生就业指导工作，组织《人民日报》、《中国教育报》、中国教育电视台、北京人民广播电台、《京华时报》等共计10余家中央及市属媒体记者共同参与，赴甘肃、新疆采访毕业生，内容涉及西部工作体会、生活情况以及职业前景等。《人民日报》、《中国青年报》和《科技日报》等中央级新闻媒体分别进行图片及文字报道；《现代教育报》在头版头条位置刊发专题报道；北京人民广播电台新闻频道《记者连线》和城市管理广播编发专题报道；《北京晨报》和《劳动午报》等进行系列专访报道。

（赵园园）

【开通市教委官方微博】　11月，新闻中心作为牵头单位开通市教委官方微博。微博名为“北京市教委”，与新浪网合作开通，主要及时发布市教委相关教育政策及动态等内容。该举措主要借助微博发布及时、互动性强的特点，达到及时回应社会和舆论热点问题。

（赵园园）

（本栏责任编校　张晓白）

统计表

2011～2012学年度北京教育事业统计资料

一、综合

1—1 各级各类学校校数、教职工、专任教师情况

单位：人

	学校数（所）			教职工数（人）			专任教师（人）		
	2011	2010	增长%	2011	2010	增长%	2011	2010	增长%
一、高等教育	**176**	**175**	**0.57**	**140527**	**143648**	**-2.17**	**63025**	**63074**	**-0.08**
（一）研究生培养机构（不计校数）	(130)	(170)	-23.53				(42039)	(39726)	5.82
1. 普通高校	(52)	(52)	0.00				(29737)	(28598)	3.98
2. 科研机构	(78)	(118)	-33.90				(12302)	(11128)	10.55
（二）普通高等学校	89	89	0.00	130056	132317	-1.71	58735	58383	0.60
1. 本科院校	64	64	0.00	117385	118004	-0.52	52466	51204	2.46
其中：独立学院	5	5	0.00	2014	1841	9.40	1238	1118	10.73
2. 专科院校	25	25	0.00	12037	13219	-8.94	5871	6521	-9.97
其中：高等职业技术学校	24	24	0.00	11691	12874	-9.19	5631	6272	-10.22
3. 其他机构（点）（不计校数）	3	4	-25.00	634	1094	-42.05	398	658	-39.51
（三）成人高等学校	19	24	-20.83	3409	3491	-2.35	1507	1569	-3.95
（四）民办的其他高等教育机构	68	62	9.68	7062	7840	-9.92	2783	3122	-10.86
二、中等教育	**769**	**779**	**-1.28**	**94351**	**88581**		**65838**	**59734**	
（一）高中阶段教育	427	434	-1.61	94351	88581		46114	29479	
1. 普通高中	290	289	0.35	77282	70418		36315	19618	
2. 中等职业教育	137	145	-5.52	17069	18163		9799	9861	
普通中专	35	35	0.00	4717	4831		2460	2439	
成人中专	11	11	0.00	637	669		330	341	
职业高中	56	61	-8.20	7978	8503		4997	5230	
技工学校	35	38	-7.89	3737	4160		2012	1851	
（二）初中阶段教育	342	345	-0.87				19724	30255	
三、小学教育	**1090**	**1104**	**-1.27**	**54781**	**60038**		**45684**	**49480**	
四、工读学校	**6**	**6**	**0.00**	**328**	**344**	**-4.65**	**210**	**223**	**-5.83**
五、特殊教育	**21**	**21**	**0.00**	**1159**	**1201**	**-3.50**	**862**	**906**	**-4.86**
六、学前教育	**1305**	**1245**	**4.82**	**44458**	**37227**	**19.42**	**24170**	**21677**	**11.50**

注：1. “()”内数据为不计校数。
2. 普通高中的教职工数中含普通初中的教职工数。
3. 自2011年起，教育部实行主体校统计原则，一贯制学校教职工数和专任教师数统计在初中或高中，故普通中小学教职工数和专任教师数变化较大。
4. 自2011年起，教育部实行主体校统计原则，原其他机构（教学点）教职工数和专任教师数统计在高校或其他类型高中阶段教育学校（计校数）中。
5. 自2011年起，科研机构数据中，将中国科学院所属各培养研究生的院所合并作为一个单位进行统计。

1—2 各级各类学历教育学生情况

单位：人

	毕业生数（人）			招生数（人）			在校生数（人）		
	2011	2010	增长%	2011	2010	增长%	2011	2010	增长%
一、高等教育	**434104**	**427228**	**1.61**	**556789**	**543011**	**2.54**	**1714259**	**1632387**	**5.02**
（一）普通本专科	151277	150156	0.75	157543	155228	1.49	578633	577828	0.14
专科	42415	42578	-0.38	36497	37704	-3.20	112395	119133	-5.66
本科	108862	107578	1.19	121046	117524	3.00	466238	458695	1.64

续表

	毕业生数（人）			招生数（人）			在校生数（人）		
	2011	2010	增长%	2011	2010	增长%	2011	2010	增长%
（二）成人本专科	97601	108122	-9.73	106365	107020	-0.61	264109	266271	-0.81
专科	46644	53894	-13.45	48261	49023	-1.55	114263	119216	-4.15
本科	50957	54228	-6.03	58104	57997	0.18	149846	147055	1.90
（三）网络本专科生	122030	109706	11.23	190632	185620	2.70	565650	512102	10.46
专科	67813	56082	20.92	114033	110903	2.82	295775	257252	14.97
本科	54217	53624	1.11	76599	74717	2.52	269875	254850	5.90
（四）研究生	63196	59244	6.67	83002	80176	3.52	240735	225029	6.98
硕士	49878	46417	7.46	66404	64095	3.60	175503	162750	7.84
博士	13318	12827	3.83	16598	16081	3.21	65232	62279	4.74
（五）在职人员攻读硕士学位				19247	14967	28.60	65132	51157	27.32
二、中等教育	**223955**	**233837**	**-4.23**	**243754**	**238954**	**2.01**	**711130**	**727741**	**-2.28**
（一）高中阶段教育	126368	132792	-4.84	143118	136594	4.78	408861	417829	-2.15
1. 普通高中	58275	62305	-6.47	64146	65649	-2.29	195072	198415	-1.68
其中：北京市户籍	54813	59156	-7.34	57449	59483	-3.42	177855	182859	-2.74
2. 中等职业教育	68093	70487	-3.40	78972	70945	11.31	213789	219414	-2.56
普通中专	17896	23609	-24.20	15186	17620	-13.81	63107	67154	-6.03
成人中专	12365	6100	102.70	24688	11404	116.49	41802	27025	54.68
职业高中	20851	21616	-3.54	21633	21562	0.33	64073	67627	-5.26
技工学校	16981	19162	-11.38	17465	20359	-14.21	44807	57608	-22.22
（二）初中阶段教育	97587	101045	-3.42	100636	102360	-1.68	302269	309912	-2.47
其中：北京市户籍	81940	87228	-6.06	68465	71472	-4.21	221506	235954	-6.12
三、小学教育	**101678**	**102971**	**-1.26**	**132719**	**113728**	**16.70**	**680457**	**653255**	**4.16**
其中：北京市户籍	68077	71036	-4.17	74412	59647	24.75	391325	385044	1.63
四、工读学校	**303**	**255**	**18.82**	**281**	**331**	**-15.11**	**725**	**764**	**-5.10**
五、特殊教育	**1691**	**1914**	**-11.65**	**1049**	**967**	**8.48**	**8037**	**7981**	**0.70**
六、学前教育	**76790**	**68135**	**12.70**	**115539**	**105048**	**9.99**	**311417**	**276994**	**12.43**

注：特殊教育学生中包括普通中小学随班就读的学生。

1—3 各级各类非学历教育学生情况

单位：人/人次

	毕（结）业生数			在校生（注册）数		
	2011	2010	增长%	2011	2010	增长%
一、高等教育	**603917**	**561937**	**7.47**	**392144**	**417023**	**-5.97**
（一）自考助学班	8866	32959	-73.10	14066	107230	-86.88
（二）普通预科生				2479	2320	6.85
（三）研究生课程进修班	15359	13966	9.97	22739	22176	2.54
（四）进修及培训	579692	515012	12.56	352860	285297	23.68
其中：资格证书培训	90434	87700	#REF!	34057	43270	-21.29
岗位证书培训	117944	69558	69.56	90398	22102	309.00
二、中等教育	**2738980**	**2939320**	**-6.82**	**2467132**	**3150962**	**-21.70**
其中：资格证书培训	438969	372322	17.90	424236	380912	11.37
岗位证书培训	315133	455941	-30.88	281788	451211	-37.55
（一）中等职业教育	52335	67471	-22.43	37167	36408	2.08
其中：资格证书培训	21761	30211	-27.97	14548	15385	-5.44
岗位证书培训	13632	11920	14.36	10747	7595	41.50
（二）职业技术培训机构	2686645	2871849	-6.45	2429965	3114554	-21.98
其中：资格证书培训	417208	342111	21.95	409688	365527	12.08
岗位证书培训	301501	444021	-32.10	271041	443616	-38.90

1—4　各级民办教育基本情况

单位：人

	学校数（所）	毕业生数	招生数	在校生数	教职工数	专任教师
一、民办高等教育	**83**	**23090**	**20031**	**69942**	**15081**	**6610**
（一）民办高校	15	23090	20031	69942	8019	3827
本科学生		7793	10845	36653		
专科学生		15297	9186	33289		
（二）民办其他高等教育机构	68				7062	2783
二、民办中等教育	**92**	**11800**	**15481**	**45701**	**8456**	**5348**
（一）高中阶段教育	76	5125	7705	23126	8456	5348
1. 民办普通高中	56	3268	5769	16487	7275	4774
2. 民办中等职业教育	20	1857	1936	6639	1181	574
（二）初中阶段教育	16	6675	7776	22575		
三、民办小学	**21**	**4272**	**7803**	**36079**	**1195**	**816**
四、民办幼儿园	**508**	**21936**	**33598**	**100478**	**17626**	**9025**
另有：民办职业技术培训机构	1235	933384		961017	31729	15232

注：1. 民办普通高中的教职工数、专任教师数中包含民办初中阶段教育的教职工数、专任教师数。
2. 民办培训机构毕业生数为结业人次数，在校生数为注册学生数。
3. 除民办其他高等教育机构外，其他各项数据均含在普通教育系列中。
4. 2011年的报表体系取消了电大注册视听生、学历文凭考试等学生数据的统计，故民办的其他高等教育机构的学生数据未列出。

二、高等教育

2—1　普通高等学校基本情况

单位：人

	学校数（所）		毕业生数			招生数			在校生数			预计毕业生数计		
	计	其中：中央部委属	合计	专科	本科	合计	专科	本科	合计	专科	本科	合计	专科	本科
总　计	**89**	**36**	**151277**	**42415**	**108862**	**157543**	**36497**	**121046**	**578633**	**112395**	**466238**	**158288**	**42304**	**115984**
按类型分														
本科院校	64	36	121632	12770	108862	130806	9760	121046	495975	29737	466238	127292	11308	115984
其中：独立学院	5		5064		5064	6464		6464	23494		23494	5659		5659
专科院校	25		27984	27984		25232	25232		77999	77999		29342	29342	
其中：高职学校	24		26728	26728		23892	23892		74098	74098		28060	28060	
其他机构（不计校数）	4	1	1661	1661		1505	1505		4659	4659		1654	1654	
按性质类别分														
综合大学	4	2	21058	6500	14558	20807	3980	16827	73134	14000	59134	21117	5958	15159
理工院校	31	12	60982	16369	44613	65258	15664	49594	239247	46432	192815	64655	16900	47755
农业院校	3	1	6794	2038	4756	6338	1800	4538	24306	5205	19101	6813	1985	4828
林业院校	1	1	3053		3053	3337		3337	13213		13213	3252		3252
医药院校	3	2	3114	1448	1666	3169	987	2182	12428	2739	9689	3060	964	2096
师范院校	2	1	4554		4554	4845		4845	18923		18923	4656		4656
语文院校	9	5	11056	3295	7761	12032	3277	8755	42402	8684	33718	11344	2872	8472
财经院校	16	2	22919	10266	12653	22985	7545	15440	84424	26296	58128	23938	10195	13743
政法院校	8	5	9256	2055	7201	9529	2756	6773	34789	7796	26993	10315	2773	7542
体育院校	3	1	2441		2441	2811	70	2741	10707	279	10428	2727	126	2601
艺术院校	8	3	3323	444	2879	3629	418	3211	13813	964	12849	3608	531	3077
民族院校	1	1	2727		2727	2803		2803	11247		11247	2803		2803
按举办者分														
1. 中央部委所属	36	36	70460	3668	66792	76436	3365	73071	295258	8551	286707	73462	2887	70575

续表

	学校数（所）		毕业生数			招生数			在校生数			预计毕业生数计		
	计	其中：中央部委属	合计	专科	本科	合计	专科	本科	合计	专科	本科	合计	专科	本科
教育部	25	25	52706	2282	50424	56662	1832	54830	221406	4885	216521	54850	1814	53036
其他部委	11	11	17754	1386	16368	19774	1533	18241	73852	3666	70186	18612	1073	17539
2. 地方所属	38		57727	23450	34277	61076	23946	37130	213433	70555	142878	62090	25263	36827
教育部门	23		44771	11987	32784	47135	11674	35461	171027	34774	136253	47910	12739	35171
其他部门	15		12956	11463	1493	13941	12272	1669	42406	35781	6625	14180	12524	1656
3. 民办	15		23090	15297	7793	20031	9186	10845	69942	33289	36653	22736	14154	8582

2—2　全市分科研究生数

单位：人

	毕业生数			招生数			在校生数			预计毕业生数		
	合计	硕士	博士	合计	硕士	博士	合计	硕士	博士	合计	硕士	博士
总　计	**63196**	**49878**	**13318**	**83002**	**66404**	**16598**	**240735**	**175503**	**65232**	**88842**	**60250**	**28592**
其中：女	30740	25890	4850	41237	34826	6411	113218	89574	23644	40897	30724	10173
按学科分												
哲　学	660	441	219	709	478	231	2206	1322	884	834	437	397
经济学	4057	3397	660	5316	4437	879	13029	9721	3308	4942	3498	1444
法　学	6821	5910	911	7627	6469	1158	21866	17492	4374	8229	6284	1945
教育学	2106	1822	284	3091	2691	400	8041	6719	1322	2651	2090	561
文　学	5744	5030	714	7307	6337	970	20361	16693	3668	7613	5872	1741
历史学	567	396	171	629	440	189	2055	1291	764	801	422	379
理　学	6486	3769	2717	9018	5466	3552	27578	15093	12485	9701	4599	5102
工　学	22441	17811	4630	31163	25161	6002	94873	68864	26009	34753	23135	11618
农　学	2170	1591	579	2872	2153	719	7903	5462	2441	3381	2350	1031
医　学	3785	2373	1412	3985	2743	1242	13252	8767	4485	4564	2989	1575
军事学	60	39	21	51	27	24	172	65	107	79	17	62
管理学	8299	7299	1000	11234	10002	1232	29399	24014	5385	11294	8557	2737
总计中：												
学术型学位	55091	42236	12855	61514	45218	16296	193954	130178	63776	74842	46686	28156
专业学位：	8105	7642	463	21488	21186	302	46781	45325	1456	14000	13564	436

三、中等职业教育

3—1　中等职业学校基本情况

单位：人

	毕业生数	招生数	在校学生数	教职工数							聘请校外教师
				合计	其中：专任教师						
					计	正高级	副高级	中级	初级	未定职级	
总　计	**51112**	**61507**	**168982**	**13332**	**7787**	**49**	**1947**	**3248**	**1944**	**599**	**1534**
其中：女	27146	31029	85549	7869	5299	21	1327	2285	1273	393	852
按办学类型分											
普通中专学校	12538	11996	50185	4717	2460	29	656	1038	578	159	718
成人中等学校	9586	22383	32066	637	330	2	92	142	82	12	387
职业高中学校	22325	22446	67520	7978	4997	18	1199	2068	1284	428	429
附设中职班	6663	4682	19211								
按举办者分											
中央部门（机构）	933	629	2679	291	209	16	69	102	15	7	234

续表

	毕业生数	招生数	在校学生数	教职工数							聘请校外教师
				合计	其中：专任教师						
					计	正高级	副高级	中级	初级	未定职级	
地方部门	48322	58942	159664	11860	7004	15	1805	2977	1863	344	1078
民办	1857	1936	6639	1181	574	18	73	169	66	248	222

四、普通中学

4—1 普通中学分区县基本情况

单位：人

	学校数（所）		班数（个）			在校学生数			教职工数	
	合计	其中：高中及完中	合计	初中	高中	合计	初中	高中	合计	其中：专任教师
总计	**632**	**290**	**14781**	**9176**	**5605**	**497341**	**302269**	**195072**	**77282**	**56039**
首都功能核心区										
东城区	44	35	1265	684	581	43937	24638	19299	6359	4544
西城区	51	43	1678	849	829	53307	28368	24939	7973	5663
城市功能拓展区										
朝阳区	77	35	1712	1193	519	51864	35592	16272	8414	6695
丰台区	44	19	941	632	309	29521	19863	9658	5258	3674
石景山区	25	8	444	305	139	14388	9635	4753	2370	1746
海淀区	75	62	2756	1582	1174	100572	58654	41918	11670	8864
城市发展新区										
房山区	48	15	919	645	274	29625	19787	9838	4786	3425
其中：房山	43	14	817	570	247	26147	17304	8843	4323	3061
燕山	5	1	102	75	27	3478	2483	995	463	364
通州区	40	14	841	524	317	29385	17326	12059	4732	3479
顺义区	41	9	799	468	331	29434	16636	12798	4340	3250
昌平区	43	15	740	475	265	22008	13575	8433	4284	3255
大兴区	41	13	778	525	253	26745	17715	9030	4743	3683
生态涵养发展区										
门头沟区	17	4	236	170	66	7597	4992	2605	1351	939
怀柔区	22	4	393	266	127	12974	7659	5315	2589	1709
平谷区	20	4	426	280	146	15310	8843	6467	3370	1798
密云县	22	5	499	334	165	18391	11249	7142	2720	1907
延庆县	22	5	354	244	110	12283	7737	4546	2323	1408

五、小　　学

5—1 小学分区县基本情况

单位：人

	学校数（所）	班数（个）	在校学生数							教职工数	
			计	一年级	二年级	三年级	四年级	五年级	六年级	合计	其中：专任教师
总计	**1090**	**21282**	**680457**	**132997**	**113961**	**103581**	**111787**	**109608**	**108523**	**54781**	**45684**
首都功能核心区											
东城区	63	1418	46461	8602	7529	7038	7841	7708	7743	4206	3370
西城区	72	1676	53221	11078	8617	7922	8549	8365	8690	4414	3698
城市功能拓展区											
朝阳区	134	3194	91029	19683	15956	13927	14331	13799	13333	6802	6170

续表

	学校数（所）	班数（个）	在校学生数							教职工数	
			计	一年级	二年级	三年级	四年级	五年级	六年级	合计	其中：专任教师
丰台区	86	1939	66422	11653	11376	10722	11139	11208	10324	4555	3918
石景山区	32	670	21046	4052	3499	3211	3597	3296	3391	1616	1405
海淀区	106	3612	127837	25113	20732	19192	21194	20686	20920	6957	6441
城市发展新区											
房山区	106	1303	38065	7452	6335	5706	6426	6318	5828	3714	2813
其中：房山	99	1206	34996	6765	5748	5190	5759	5706	5828	3374	2532
燕山	7	97	3069	687	587	516	667	612	0	340	281
通州区	81	1395	50802	10520	9073	7984	8161	7731	7333	3332	2930
顺义区	43	987	34037	6808	5970	5148	5477	5418	5216	2883	2269
昌平区	85	1258	36480	6904	6217	5668	6153	5927	5611	2856	2462
大兴区	88	1267	40678	7806	6938	6362	6646	6605	6321	3528	3003
生态涵养发展区											
门头沟区	35	409	11471	1982	1769	1710	1977	1978	2055	1555	1222
怀柔区	26	468	15085	2842	2533	2213	2561	2391	2545	1886	1295
平谷区	49	595	15599	2844	2459	2269	2478	2614	2935	2584	1811
密云县	40	592	19643	3681	3180	2810	3122	3205	3645	2156	1528
延庆县	44	499	12581	1977	1778	1699	2135	2359	2633	1737	1349

六、工读学校

6—1 工读学校基本情况

单位：人

	学校数（所）	班数（个）	离校人数	入校人数	在校生数	教职工数	
						计	其中：专任教师
总计	**6**	**36**	**303**	**281**	**725**	**328**	**210**
其中：女			29	23	71	108	79

七、特殊教育

7—1 特殊教育基本情况

单位：人

	班数（个）	毕业生数	招生数	在校学生数													
				计	其中：女	小学阶段						初中阶段				高中阶段		
						一年级	二年级	三年级	四年级	五年级	六年级	一年级	二年级	三年级	四年级	一年级	二年级	三年级及以上
合计	**313**	**1691**	**1049**	**8037**	**2860**	**495**	**585**	**732**	**905**	**993**	**1248**	**764**	**867**	**1038**	**39**	**140**	**114**	**117**
总计中：寄宿生			124	1139	441	132	105	111	118	108	87	115	113	126	19	38	28	39
特殊教育学校中：寄宿生			124	1139	441	132	105	111	118	108	87	115	113	126	19	38	28	39
职业技术班		26		83	37							12	10	12		16	22	11
按残疾类别分																		
视力残疾	15	57	75	294	93	41	26	24	37	38	37	27	20	32		8		4
听力残疾	59	140	82	952	405	77	59	70	94	89	111	69	94	119	32	49	46	43
智力残疾	239	1387	800	6178	2199	340	421	570	714	785	1007	615	701	798	6	83	68	70
其他残疾		107	92	613	163	37	79	68	60	81	93	53	52	89	1			
按学校类别分																		
特殊教育学校	287	411	369	2744	1053	315	231	247	290	260	281	240	204	267	38	140	114	117
小学附设特教班	26	14	11	174	52	24	23	34	32	26	29	6						

续表

	班数（个）	毕业生数	招生数	在校学生数														
				计	其中：女	小学阶段						初中阶段				高中阶段		
						一年级	二年级	三年级	四年级	五年级	六年级	一年级	二年级	三年级	四年级	一年级	二年级	三及年以级上
小学随班就读		595	152	3166	1079	156	331	451	583	707	938							
普通初中随班就读		671	517	1953	676							518	663	771	1			

八、幼儿园

8－1 幼儿教育基本情况

单位：人

	园数（所）		班数	在园（班）人数	教职工数					
	合计	其中：独立设置少数民族幼儿园			合计	其中				
						园长	专任教师	保健医	保育员	其他
合计	**1305**	**9**	**11213**	**311417**	**44458**	**1777**	**24170**	**1615**	**7677**	**9219**
教育部门	356	7	3558	108382	11918	472	7957	433	1107	1949
其他部门	53		589	17358	3008	115	1431	118	611	733
地方企业	45		410	12313	1809	68	906	59	390	386
事业单位	43		571	16846	2574	96	1212	104	568	594
部队	78		827	25155	3899	151	1848	152	839	909
集体	222	1	1126	30885	3624	199	1791	141	669	824
民办	508	1	4132	100478	17626	676	9025	608	3493	3824

九、职业技术培训机构

9—1 职业技术培训机构基本情况

单位：人

	学校数（所）	教学班（点）（个）	教职工数		聘请校外教师
			计	其中：专任教师	
总　计	**3494**	**41232**	**42303**	**21126**	**27053**
一、职工技术培训学校（机构）	83	2409	1072	648	472
教育部门和集体办	1	1	79	69	
其他部门办	8	424	302	123	103
民　办	74	1984	691	456	369
二、农村成人文化技术培训学校（机构）	1888	8668	1708	874	2619
教育部门和集体办	1880	8639	1699	868	2603
其中：县办	16	289	58	18	54
乡办	142	4909	696	325	1176
村办	1722	3441	945	525	1373
其他部门办	8	29	9	6	16
民　办					
三、其他培训机构（含社会培训机构）	1523	30155	39523	19604	23962
教育部门和集体办	89	118	1294	1129	1370
其他部门办	199	432	6500	3243	6140
民　办	1235	29605	31729	15232	16452
总计中：少数民族			189	76	298

十、校外教育

10—1　校外教育基本情况

单位：人

	单位数（所）	教职工数		兼职辅导员	本学年初		上学年度	
		合计	兼职其中：专职辅导员		活动小组数（个）	参加小组学生数	参加小组学生数	参加群众活动人数
总　计	**653**	**2319**	**1249**	**1982**	**7964**	**312161**	**701025**	**4858875**
少年宫	20	1363	798	717	5358	189249	420900	4024396
少年科技馆	8	220	171	90	820	49883	10472	464772
少年之家	25	340	196	355	833	59136	216757	301528
少年活动站	600	396	84	820	953	13893	52896	68179

（本栏责任编校　林业）

附　录

学 前 教 育

北京市第七批社区儿童早期教育示范基地

解放军总参管理保障部幼儿园
北京师范大学实验幼儿园西苑分园
北京农业大学东校区幼儿园
北京钢铁研究总院幼儿园
解放军兵种部第二幼儿园
启明东润双语幼儿园
北京市朝阳区南磨房乡中心幼儿园
北京市朝阳区安贞街道中心幼儿园
北京市石景山区第二幼儿园
北京军区联勤部幼儿园
北京市怀柔区第一幼儿园
解放军 62301 部队幼儿园
北京市丰台区东罗园幼儿园
北京市丰台区群英幼儿园
中国儿童活动中心幼儿园
北京市西城区曙光幼儿园
北京市西城区小百合幼儿园
北京市西城区三教寺幼儿园
北京市顺义区北务镇中心幼儿园
北京市顺义区木林镇中心幼儿园
北京市顺义区牛栏山镇中心幼儿园
国防大学第三幼儿园
北京市昌平区沙河镇中心幼儿园
北京市平谷区第四幼儿园
北京市密云县东邵渠镇中心幼儿园
北京市密云县大城子中心幼儿园

（华蕾）

北京市学前教育教师培养工作室

郝建秋 北京市东城区东华门幼儿园
李岩 北京市东城区崇文第二幼儿园
连玉华 北京市东城区教委学前科（北京市第二幼儿园）
魏龑 北京市东城区学前教育教研室（东城区卫生局一幼）
李建丽 北京市西城区棉花胡同幼儿园
陈立 北京市西城区幼教教研室（西城区曙光幼儿园）
申桂红 北京市西城区槐柏幼儿园
于渊莘 北京市朝阳区劲松第一幼儿园
胡华 中华女子学院附属幼儿园
刘燕 北京市六一幼儿院
汪锦生 北京市海淀区本真双语幼儿园
卢姗姗 北京市西城区幼教教研室（空直蓝天幼儿园）
姚兵岳 北京市早期教育研究所（海淀总后五一幼儿园）
黄姗 北京师范大学实验幼儿园
赵红梅 北京大学幼教中心
凌桂枝 北京市幼儿师范学校（丰台区第二幼儿园）
范惠静 丰台区进修学校学前教研室（丰台区嘉园第一幼儿园）
马炳霞 北京市石景山区学前教研室（石景山师范附属幼儿园）
赵兰香 北京市怀柔区教研中心
（注：括号内单位为工作室所在地）

（华蕾）

基 础 教 育

2011 年北京市节约型中小学示范学校

东城区
北京市东城区安外三条小学
北京市第十一中学
北京市国子监中学
北京国际职业教育学校
北京市东城区东四十四条小学
西城区
北京市北海幼儿园
北京市西城区康乐里小学
北京市第三十一中学
北京育才学校
北京市第十五中学
北京市第三十九中学
北京市第三十五中学
北京市西城区展览路第一小学
北京市西城区四根柏小学
北京市什刹海体育运动学校
朝阳区
北京市朝阳区康乐园小学
北京市朝阳区平乐园小学
首都师范大学附属实验学校
北京市朝阳区新源里第四小学
北京市朝阳区望花路小学
北京市朝阳区清友实验幼儿园
北京市朝阳师范学校附属小学
北京市和平街第一中学
北京市朝阳区西坝河第一幼儿园
北京市北苑中学
北京市朝阳区日坛小学
北京市东方职业学校
北京市朝阳区团结湖第一幼儿园
海淀区
北京明天幼稚集团
北京市海淀区温泉中心小学

北京市海淀区翠微小学

丰台区

首都师范大学附属丽泽中学
北京市丰台区丰台第一幼儿园
北京市丰台区青塔第二幼儿园
北京市丰台区南顶中学
北京市丰台区长辛店第一小学
北京市丰台区长辛店第七小学

石景山区

北京市苹果园中学

顺义区

北京市顺义区第九中学
北京市顺义区第五中学
北京市顺义区李桥中心小学
北京市顺义区北石槽中学
北京市顺义区石园小学
北京市顺义区怡馨幼儿园

昌平区

北京市昌平职业学校
北京市昌平区二毛学校
北京市昌平区昌盛园小学
北京市昌平区第三中学
北京市昌平区第四中学
北京市昌平区第五中学
北京市昌平区回龙观中学

门头沟区

北京市第八中学分校斋堂中学
北京市门头沟区河南街小学
北京市门头沟区大台中心小学
北京市门头沟区黑山小学

大兴区

北京市大兴区青云店中学
北京小学翡翠城分校
北京市大兴区第三中学
北京市第十四中学大兴安定分校
北京经济技术开发区实验学校
北京市大兴区滨河小学
北京师范大学大兴附属小学
北京市大兴区第六中学
北京市大兴区团河小学
北京市大兴区第十小学

通州区

北京市通州区运河中学
北京教育科学研究院通州区第一实验小学
北京市史家小学通州分校
北京市通州区于家务乡中心小学
北京市通州区玉桥小学
北京市通州区官园小学
北京市通州区第四中学
北京市通州区玉桥中学
北京市通州区台湖学校

房山区

北京市房山区良乡第二中学
北京市房山区坨里中学
北京市房山区第五中学
北京市房山区电业中学
北京市房山区第四中学
北京市房山区张坊镇中心小学
北京市房山区石楼镇中心小学
北京市房山区城关小学
北京市燕山向阳小学

延庆县

北京市延庆县第二幼儿园
北京市延庆县第三中学
北京市延庆县第八中学
北京市延庆县大柏老中心小学
北京市延庆县井庄中学

怀柔区

北京市怀柔区怀柔镇中心小学
北京市怀柔区杨宋镇中学

密云县

北京市密云县第六幼儿园
北京市密云县太师屯镇中心小学
北京市密云县不老屯镇中心小学
北京市密云县穆家峪中学
北京市密云县第二中学

平谷区

北京市平谷区城关学区
北京市平谷区第四中学
北京市平谷区第三中学
北京市平谷区第六小学
北京市平谷区黄松峪中学

（华蕾）

北京市汉语国际推广基地校（中小学）

东城区

北京市第二中学
北京市第五十五中学
北京市第一七一中学
北京汇文中学
北京市广渠门中学

西城区

北京师范大学附属实验中学
北京市第四中学
北京师范大学第二附属中学
北京市第八中学
北京第二实验小学
北京市第三十九中学
北京市第十五中学
北京育才学校
北京师范大学附属中学

朝阳区

北京市朝阳区芳草地国际学校
北京市八十中学
北京市东方德才学校
北京市日坛中学
北京市朝阳区白家庄小学
海淀区
北京市十一学校
北京市第五十七中学
北京市第一零一中学
北京市育英学校
北京市海淀区中关村第一小学
北京市六一中学
中国人民大学附属中学
首都师范大学附属中学
丰台区
北京市第十二中学
通州区
北京市通州区潞河中学
顺义区
北京市顺义牛栏山第一中学

（华蕾）

2011 年度北京金鹏科技奖获奖单位

东城区
北京市第二中学
北京市第二十五中学
北京汇文中学
西城区
北京市第八中学
北京师范大学附属实验中学
北京师范大学第二附属中学
北京育才学校
北京市西城区黄城根小学
朝阳区
北京市陈经纶中学
北京市第八十中学
北京市朝阳区定福庄第二小学
海淀区
中国人民大学附属中学
北京农业大学附属中学
北京市第一零一中学
北京市第十九中学
北京市八一中学
北京理工大学附属中学
北京钢铁学院附属中学
清华大学附属中学
北方交通大学附属中学
北京市上地实验学校
北京市中关村中学
首都师范大学附属中学
北京大学附属中学
北京市北外附属外国语学校
北京市盲人学校
中国人民大学附属小学
北京航空航天大学附属小学
北京市海淀区中关村第一小学
北京市海淀区中关村第二小学
北京市海淀区中关村第三小学
北京市海淀区五一小学
北京市海淀区红英小学
北京市海淀区第三实验小学
石景山区
北京市京源学校
校外机构
北京学生活动管理中心
北京教学植物园

（华蕾 郑明）

2011 年北京金鹏科技团

东城区
北京市第一六六中学
北京市第五中学
北京市第二中学
北京市第六十五中学
北京汇文中学
北京市文汇中学
北京市广渠门中学
北京景山学校
北京市东城区东四九条小学
北京市东城区史家小学
北京市东城区崇文青少年科技馆
北京市东城区青少年科技馆
西城区
北京市第四中学
北京市第一六一中学
北京市第八中学
北京师范大学附属实验中学
北京师范大学第二附属中学
北京市第十五中学
北京育才学校
北京第二实验小学
北京市西城区青少年科技馆
北京市宣武青少年科技馆
朝阳区
北京市第八十中学
北京市陈经纶中学
北京市陈经纶中学分校
北京工业大学附属中学
海淀区
北京市中关村中学
中国人民大学附属中学
北京市第一零一中学

北方交通大学附属中学
北京市八一中学
北京市海淀区中关村第一小学
北京大学附属小学
北京市海淀区中关村第三小学

丰台区
北京市第十八中学
北京市第十二中学
北京市丰台区东高地青少年科技馆

石景山区
北京市京源学校

顺义区
北京市顺义牛栏山第一中学

怀柔区
北京市怀柔区第一中学

平谷区
北京市平谷区黄松峪中学

密云县
北京市密云县大城子中心小学

大兴区
北京师范大学大兴附属中学

市级校外教育机构
北京学生活动管理中心

（华蕾）

2011年北京市中小学科技教育示范学校

东城区
北京市第一六六中学
北京市第五中学
北京景山学校
北京市第二中学
北京市第六十五中学
北京汇文中学
北京市文汇中学
北京市广渠门中学
北京市第二十二中学
北京市第五十五中学
北京市第一七一中学
北京市东直门中学
北京市第五中学分校
北京市第十一中学
北京市第十一中学分校
北京市东城区东四九条小学
北京市东城区史家小学
北京市东城区和平里第四小学
北京市东城区分司厅小学
北京市汇文第一小学
北京光明小学
北京市东城区体育馆路小学
北京市东城区府学胡同小学
北京市东城区板厂小学

西城区
北京市第四中学
北京市第一六一中学
北京市第八中学
北京师范大学附属实验中学
北京师范大学第二附属中学
北京师范大学附属中学
北京市第十五中学
北京市第十三中学
北京市第三十五中学
北京市西城外国语学校
北京市铁路第二中学
北京市第六十三中学
北京市第六十六中学
北京市第十四中学
北京育才学校
北京第二实验小学
北京市西城区文兴街小学
北京市西城区白云路小学
北京市西城区长安小学
北京小学
北京小学走读部
北京市西城区白纸坊小学
北京市宣武师范学校附属第一小学
北京市西城区华嘉小学
北京市西城区中古友谊小学

朝阳区
北京市第八十中学
北京市陈经纶中学
北京市陈经纶中学分校
北京工业大学附属中学
北京市和平街第一中学
清华大学附属中学朝阳学校
北京市日坛中学
北京市朝阳区三里屯小学
北京市朝阳区白家庄小学
北京市朝阳区定福庄第二小学

海淀区
北京市中关村中学
中国人民大学附属中学
北京市第一零一中学
北方交通大学附属中学
北京市八一中学
北京市第十九中学
北京市第二十中学
北京市第五十七中学
北京市十一学校
清华大学附属中学
北京大学附属中学
北京农业大学附属中学
北京钢铁学院附属中学

北京师范大学第三附属中学
北京航空航天大学附属中学
北京理工大学附属中学
北京市海淀区中关村第一小学
北京大学附属小学
北京市海淀区中关村第三小学
北京理工大学附属小学
北京市海淀区中关村第二小学
中国人民大学附属小学

丰台区

北京市第十八中学
北京市第十二中学
北京市丰台区丰台第二中学

石景山区

北京市京源学校
北京市石景山中学
北京市石景山区实验中学
北京市石景山区第二实验小学

通州区

北京市通州区潞河中学
北京市通州区潞城镇中心校
北京市通州区后南仓小学
北京教育科学研究院通州区第一实验小学

顺义区

北京市顺义牛栏山第一中学
北京市顺义区北石槽中学
北京市顺义区杨镇第一中学
北京市顺义区李桥中学
北京市顺义区第一中学
北京市顺义区李桥中心小学校
北京市顺义区高丽营第二小学
北京市顺义区李遂中心小学校
北京市顺义区北石槽中心小学校

密云县

首都师范大学附属密云中学
北京市密云水库中学
北京市密云县第二中学
北京市密云县大城子中心小学
北京市密云县巨各庄镇中心小学
北京市密云县西田各庄镇中心小学

怀柔区

北京市怀柔区第一中学
北京市怀柔区庙城学校
北京市怀柔区第二小学
北京市怀柔区渤海镇中心小学
北京市怀柔区长哨营满族乡中心小学
北京市怀柔区第一小学

延庆县

北京市延庆县第一中学
北京市延庆县第二中学
北京市延庆县第四中学

昌平区

北京市昌平区第二中学
北京市昌平区第四中学
北京市昌平区南口铁道北中学
北京市昌平区前锋学校
北京市昌平区百善学校
北京市昌平区南口学校

大兴区

北京师范大学大兴附属中学
北京市大兴区第三中学
北京市大兴区第七中学
北京市大兴区采育中学
北京市大兴区第一小学
北京市大兴区第五小学
北京市大兴区第三小学
北京市大兴区长子营镇第二中心小学

房山区

北京师范大学良乡附属中学
首都师范大学附属良乡实验学校
北京市房山区良乡第二小学
北京市房山区蒲洼中心小学
北京市燕山前进第二小学
北京市房山区电业中学
北京市房山区第五中学

门头沟区

北京市大峪中学
北京市门头沟区大峪第一小学
北京市门头沟区大峪第二小学
北京市门头沟区大台中心小学

平谷区

北京市平谷区黄松峪中学
北京市平谷中学
北京市平谷区第三中学

（华蕾　郑明）

北京市学生金帆艺术团承办学校

东城区

北京市东城区灯市口小学金帆合唱团
北京市第一七一中学金帆合唱团
北京市第二中学金帆舞蹈团、金帆管乐团
北京市第六十五中学金帆舞蹈团
北京市第二十七中学金帆民族乐团
北京市第一六六中学金帆管乐团、金帆话剧团
北京市第二十二中学金帆交响乐团
北京市东直门中学金帆交响乐团
北京光明小学金帆舞蹈团
北京市东城区分司厅小学金帆话剧团
北京市东城区史家小学金帆舞蹈团、金帆合唱团
北京市第五中学金帆民族乐团
北京汇文中学金帆合唱团
北京市东城区革新里小学金帆话剧团

北京市东城区地坛小学金帆话剧团
北京市东城区府学胡同小学金帆行进管乐团
北京景山学校金帆舞蹈团
北京市广渠门中学金帆管乐团
北京市第一零九中学金帆管乐团

西城区

北京市西城区展览路第一小学金帆合唱团
北京市西城区青龙桥小学金帆民族乐团
北京市西城区进步小学金帆管乐团
北京市第四中学金帆合唱团
北京市第三十五中学金帆民族乐团
北京市第八中学金帆交响乐团
北京小学金帆舞蹈团、金帆合唱团
北京第一实验小学金帆管乐团
北京市回民学校金帆民族乐团
北京育才学校金帆管乐团
北京市第十五中学金帆京剧团
北京第二实验小学金帆合唱团、金帆管乐团
北京市第六十六中学金帆管乐团
北京师范大学附属实验中学金帆舞蹈团
北京师范大学亚太实验学校金帆合唱团
北京市宣武师范学校附属第一小学金帆民族乐团
北京市西城区五路通小学金帆舞蹈团
北京师范大学附属中学金帆舞蹈团

朝阳区

北京市朝阳区安慧里中心小学金帆民族乐团
北京市朝阳区安华里第一小学金帆管乐团
北京市第八十中学金帆管乐团、金帆舞蹈团
北京市日坛中学金帆交响乐团
北京市朝阳区芳草地国际学校金帆民族乐团
　金帆管乐团
北京市朝阳区劲松第四小学金帆舞蹈团、金帆管乐团
北京市朝阳区兴隆小学金帆话剧团
北京市朝阳区定福庄第二小学金帆民族乐团
北京市朝阳师范学校附属小学金帆行进管乐团
北京市陈经纶中学金帆合唱团

海淀区

北京市海淀区实验小学金帆合唱团、金帆管乐团
清华大学附属中学金帆民族乐团
北京市海淀区翠微小学金帆民族乐团
北京市海淀区万泉小学金帆民族乐团
北京市海淀区五一小学金帆管乐团
中国农业科学院附属小学金帆管乐团
北京市海淀区中关村第二小学金帆交响乐团
　金帆舞蹈团
北方交通大学附属中学金帆合唱团
北京市十一学校金帆合唱团、金帆交响乐团
北京市第十九中学金帆民族乐团
北京市八一中学金帆管乐团、金帆合唱团
北京市中关村中学金帆管乐团、金帆京剧团
北京大学附属小学金帆京剧团
北京市育英学校金帆管乐团
北京市海淀区西颐小学金帆京剧团
北京理工大学附属中学金帆管乐团
北京市第一零一中学金帆交响乐团
中国人民大学附属中学金帆交响乐团、金帆合唱团
清华大学附属小学金帆民族乐团
北京市海淀区中关村第三小学金帆舞蹈团
北京市海淀区中关村第一小学金帆京剧团
中国人民大学附属小学金帆京剧团
北京市海淀区教师进修学校附属实验学校金帆话剧团
北京市育英中学金帆民族乐团
北京市第五十七中学金帆行进管乐团

丰台区

北京市丰台区丰台第五小学金帆民族乐团
北京市丰台区丰台第一小学金帆管乐团
北京市第十二中学金帆民族乐团
北京市丰台区丰台第二中学金帆管乐团

通州区

北京市通州区潞河中学金帆合唱团

石景山区

北京市第九中学金帆舞蹈团

门头沟区

北京市门头沟区新桥路中学金帆舞蹈团

昌平区

北京市昌平区第二中学金帆民族乐团

（华蕾）

北京市校外教育（中小学生社会大课堂建设）先进集体和先进个人

一、先进集体

北京古观象台
东城区图书馆
北京市新华书店王府井书店
老舍纪念馆
北京京城天福茶庄有限公司（天福茶文化馆）
北京自然博物馆
金鱼池中区社区
北京汇文中学（三一八纪念碑、五四火炬纪念碑、彭雪枫烈士遗像）
国家大剧院艺术教育部
北京天文馆
首都博物馆社会教育部
北京鲁迅博物馆
北京百万庄图书大厦
北京宣南文化博物馆
宣武区少年宫
北京育才学校（科技实验室）
北京第一实验小学（音乐厅）
北京市第三十五中学（遵义楼）
索尼探梦科技馆
首都图书馆

中国电影博物馆社会教育部
朝阳区垂杨柳教育辅助中心
中国科学院植物研究所植物园
海淀区安全教育馆管理中心
中央民族大学民族博物馆
清华大学基础工业训练中心
海淀区青少年活动管理中心
北京石刻艺术博物馆
中国人民抗日战争纪念馆接待管理中心
北京市大葆台西汉墓博物馆
丰台区科技馆
丰台区东高地青少年科技馆
北京市八宝山革命公墓
石景山区少年儿童图书馆
门头沟区灵溪中小学生态教育基地
门头沟区雁翅中小学素质教育基地
周口店北京人遗址博物馆
西周燕都遗址博物馆
平西抗日战争纪念馆
燕山少年宫
北京出版发行物流中心有限责任公司（北京国际图书城）
北京三高圣奥农业技术开发中心（顺义三高农业试验示范区）
昌平区青春健康教育基地
北京航天科普教育基地
京怀水质净化厂（原怀柔污水处理厂）
北京红螺旅游开发有限责任公司（红螺湖鸟岛）
鱼子山抗日纪念馆
平谷区图书馆
密云县青少年宫
北京延庆野鸭湖国家湿地自然保护区
北京市水生野生动物救治中心
北京市延庆县第一职业学校种植实训基地
北京市东城区史家小学
北京师范大学附属实验中学
北京第二实验小学
北京市第十七中学
北京市朝阳区管庄学区
北京市朝阳区呼家楼中心小学
北京市朝阳区八里庄中心小学
清华大学附属中学
北京市八一中学
北京市第五十七中学
中国农业科学院附属小学
北京市海淀区西苑学区
北京市丰台区东罗园小学
北京市京源学校
北京市房山区周口店中学
北京市房山区青龙湖中心校
北京师范大学燕化附属中学
北京市通州区张家湾镇中心小学
北京育才学校通州分校
北京市顺义区东风小学
北京市顺义牛栏山第一中学
北京市昌平区昌盛园小学
北京市大兴区枣园小学
北京市大兴区第一中学
北京市怀柔区怀北学校
北京市密云水库中学
北京市密云县巨各庄镇中心小学
北京市延庆县第四小学

二、先进个人

李嫄　北京市第六十五中学
黄亮　东城区教育研修学院
戈海宁　东城区教师研修中心
胡长炜　东城区青少年课外活动指导服务中心
刘力军　东城区北新桥少年之家
陈国治　北京师范大学第二附属中学
刘丽苹　北京市第三十五中学
梁怀颖　北京市第一五九中学
田雪洁　北京市宣武区第一职业学校
张燕军　西城区教育委员会
张薇华　西城区教育委员会
梁煊　西城区教育研修学院
李新德　西城区金融街少年宫
金巍　朝阳区青少年活动中心
杨志强　北京市朝阳区定福庄第一小学
杜鹏　北京市和平街第一中学
杜文丽　北京市朝阳区白家庄小学
邵红　北京理工大学附属中学
乔文军　北京市十一学校
祖浩东　北方交通大学附属中学
徐军　北京市中关村中学
刘建　北京教育学院丰台分院
李慧　北京市丰台区丰台第一小学
李家茂　北京市第十八中学
甘育山　北京教育学院石景山分院
韩民　北京市门头沟区琉璃渠中小学劳动艺术教育基地
杨静　门头沟区教师进修学校
卢威燕　房山区少年宫
吕建　北京市房山区琉璃河中心校
魏雪莲　北京市房山区周口店中心校
程燕林　北京市燕山前进第一小学
李艳平　通州区教师研修中心
刘晓蕾　北京市通州区潞河中学
张天玲　北京市通州区后南仓小学
贾福岐　顺义区少年宫
刘满　北京市顺义区第三中学
宋鹏程　北京市顺义区牛山中心小学校
李成旺　昌平区教育委员会

李朝晖　昌平区少年宫
石凤玲　大兴区教育委员会
王永庆　大兴区教师进修学校
寇国新　大兴区教育委员会
王海东　怀柔区学生活动管理中心
王秀芹　怀柔区教科研中心
张书海　北京市怀柔区怀北学校
赵中中　平谷区教育科研中心
张守芹　平谷区教育科研中心
马庆全　密云县教研中心
马莉莉　北京市密云县巨各庄镇中心小学
石文生　北京市密云县第五中学
张翠萍　延庆县青少年活动中心
杨红霞　北京市延庆县第一中学
崔向红　北京市教育委员会体育卫生与艺术教育处
沈柳莺　北京市教育委员会基础教育一处
贾美华　北京教育科学研究院基础教育教学研究中心
刘玲　北京教育科学研究院基础教育教学研究中心
武迎选　北京学生活动管理中心
李滢　北京学生活动管理中心
李正宇　北京教育网络与信息中心
周航　北京教育网络与信息中心
赵丽娟　北京教育科学研究院基础教育研究所
郭喜青　北京教育科学研究院德育研究中心
杨婷　毛主席纪念堂管理局宣教处
郭丽娜　茅盾故居
胡大欣　北京市规划展览馆接待服务部
王春来　宣武文化馆
姚华容　西城区文化委员会
林正同　中国农业博物馆社会教育部
白舸　中国电影博物馆社会教育部
马强　中国科学院遥感应用研究所天地生科学文化传播中心
戴兵　中华世纪坛世界艺术馆教育部
邓高松　北京鹫峰国家森林公园
张树川　中国农业大学农业生物技术国家重点实验室
汤彬　清华大学基础工业训练中心
徐强　北京花乡世界花卉大观园有限公司
王广华　丰台区卢沟桥文化旅游区办事处
贺然　北京市八大处公园管理处
裴菊芳　石景山区科学技术馆
张建国　北京青龙湖水上游乐园
吴立新　延庆县八达岭特区办事处

（华蕾）

高　等　教　育

2011年北京市优秀博士学位论文

北京大学

儒学、数术与政治——中国古代灾异政治文化研究　陈侃理
清末民初小说内外的女学生　黄湘金
环流形上的极值度量——存在性和K稳定性　周斌
Aurora激酶家族在细胞有丝分裂中的功能研究　傅静雁
基于多栅结构的纳米尺度MOS新器件研究　王润声
博弈动力学与合作演化研究　伏锋
太阳过渡区结构与太阳风起源的观测研究　田晖

中国人民大学

高管薪酬影响因素研究：理论与证据　杨继东
网络事件的传播场域研究　李彪

清华大学

中国道路交通部门能源消费和GHG排放全生命周期分析　欧训民
工以治世：清代旗纛及其思想研究　连冕
碳基材料电子结构和输运性质的理论研究　黄兵
RNA编辑的计算预测与功能分析　杜朴风
外加电场下纳米级润滑膜的成膜特性及微汽泡行为研究　解国新
非均相反应过程的微型化基础研究　王凯
果蝇遗忘由小G蛋白Rac调控　帅祎春
硫属化合物半导体纳米材料的调控合成、组装与性能研究　庄仲滨
硅和Nafion纳米线的制备及其在纳米能源中的应用　潘曹峰

北京交通大学

多波长、单纵模光纤激光器的研究　冯素春
网页排序中的随机模型及算法　刘玉婷

北京工业大学

单晶和多晶钙钛矿型氧化物可控制备及挥发性有机物催化氧化性能研究　邓积光
新型大跨度弦支穹顶结构体系创新研究与奥运工程应用　刘学春
半参数变系数部分线性模型的统计推断　赵培信

北京航空航天大学

应用生物材料支架修复成年大鼠脊髓损伤的实验研究　杨朝阳
磁悬浮飞轮用新型永磁偏置主动磁轴承结构与设计方法研究　孙津济
镍及其化合物纳米材料的湿化学合成与性能研究　周苇

北京理工大学

不确定性条件下的层次系统多学科设计优化研究　熊芬芬

北京科技大学

浸出过程多相介质耦合作用机理及调控技术研究　尹升华

多尺度下金属玻璃变形行为研究　吴渊
北京化工大学
超重力法制备纳微结构药物颗粒及其调控机理研究　赵宏
发光分子/水滑石插层复合物薄膜的组装及其光学性能和原型传感器件研究　史文颖
北京邮电大学
高精度人脸识别算法研究　邓伟洪
中国农业大学
水稻土中甲烷循环的微生物学机理及其主要调控因子　马可
猪繁殖与呼吸综合征病毒高致病性毒株的进化分析与致病性的分子基础　周磊
拟南芥动蛋白 AtKP1 与线粒体外膜蛋白 VDAC3 相互作用并参与低温下种子萌发的呼吸调节　杨学勇
北京林业大学
胡杨在盐胁迫下差异表达基因的筛选以及胡杨 PeSCL7 基因功能分析　马洪双
北京协和医学院
旁分泌的 Wingless 和 UPD/JAK/STAT 信号通路控制果蝇中肠干细胞的自我更新　林国南
首都医科大学
阿尔兹海默病和轻度认知功能障碍的多模态 MRI 研究　王志群
脑卒中住院患者糖调节异常状况及其对卒中结局的影响　贾茜
口服减毒沙门氏菌介导的旋毛虫 Ts87DNA 疫苗的免疫保护性研究　杨雅平
北京师范大学
阅读中语音通达的神经双通路机制：来自人工语言训练的 fMRI 跨文化研究证据　梅磊磊
商周亲属称谓研究　黄国辉
异质结全息光子晶体和微结构激光器　翟天瑞
张载易学研究　辛亚民
首都师范大学
反思作为一种意识——关于教师反思的现象学研究　胡萨
北京外国语大学
19 世纪的汉英词典传统——对马礼逊、卫三畏、翟理斯汉英词典谱系研究　杨慧玲
首都经济贸易大学
我国知识工作者过度劳动的理论与实证研究　王丹
北京电影学院
区域社会史视野下的上海南京路电影文化消费研究（1930～1937）　陈刚
中央民族大学
关帝信仰在藏传佛教文化圈演化成格萨尔崇拜的文化现象解析　加央平措
中国政法大学
条约在中国适用问题研究——国际私法视角　田立晓
证据法的运行环境与内部结构　吴洪淇
中国石油大学（北京）
系统耦合故障诊断与预警方法研究　胡瑾秋
中国地质大学（北京）
川西北雪宝顶 W - Sn - Be 矿床矿物学特征和形成机制　刘琰
深层次致矿异常信息提取及其找矿应用研究　黄静宁
中国科学院研究生院
典型光电功能分子表面组装结构多样性及转化规律的 SPM 研究　陈庆
水稻理想株型基因 Ideal Plant Architecture1（IPA1）的克隆与功能研究　矫永庆
中国石油勘探开发研究院
高含水油田储层单砂体内部构型及剩余油挖潜研究　周新茂
中国疾病预防控制中心
云南省（中缅佬）边境地区虫媒病毒调查及病毒分子特征研究　王静林
中国中医科学院
类风湿性关节炎寒热证候分类的系统生物学基础　吕诚
军事医学科学院
HECT 类泛素连接酶 Smurf1 活性调控、新功能及相关晶体结构研究　卢克峰

（华蕾）

2011 年普通高等教育精品教材书目（北京高校）

北京大学
系统功能语言学概论（修订版）　胡壮麟等
新编英国文学选读（第三版）（上下）　罗经国
泰语教程（第 1～4 册）（修订本）　潘德鼎
俄国文学史（上卷）（修订版）　曹靖华等
英语综合教程学生用书（第 1～4 册）　胡壮麟
财政税收法（第五版）　刘剑文等
消费者行为学（第二版）　符国群
公共政策学（第二版）　宁骚等
复变函数　李忠
陈阅增普通生物学（第三版）　吴相钰等
细胞生物学（第四版）　翟中和等
计算机系统平台　张丽等
微型计算机基本原理与应用（第二版）　王克义
社会医学（第二版）　张拓红
中国人民大学
马克思主义新闻观教程　陈力丹
中国新闻传播史（第二版）　方汉奇
经济学说史（第二版）　姚开建
财产保险（第四版）　郑功成等
财政学（第六版）　陈共
中国法制史（第三版）　曾宪义
宪法（第四版）　许崇德
民法（第五版）　王利明

简明证据法学（第二版）　何家弘等
国际经济法（第三版）　余劲松等
房地产经营与管理（第二版）　叶剑平
财务管理学（第五版）　荆新等
薪酬管理（第二版）　曾湘泉
土地经济学（第六版）　毕宝德
非参数统计（第三版）　吴喜之等
清华大学
传播学教程（第二版）　郭庆光
设计方法论　柳冠中
商务智能原理与方法　陈国青等
C++语言程序设计（第四版）　郑莉等
电子电路实验　高文焕等
计算机图形学基础教程（第二版）　孙家广等
计算机网络与 Internet 教程（第二版）　张尧学等
智能卡技术（第三版）——IC 卡与 RFID 标签　王爱英
建筑构造——材料、构法、节点　姜涌
中国古典园林史（第三版）　周维权
大气污染控制工程（第三版）　郝吉明等
北京交通大学
电子商务系统建设与管理　刘军等
物流学　汝宜红
列车制动（第二版）　饶忠等
数字图像处理学（第二版）　阮秋琦
集装箱运输与多式联运（第二版）　朱晓宁
北京邮电大学
计算机组织与体系结构（第四版　立体化教材）　白中英
华北电力大学
热能与动力工程专业英语（第三版）　阎维平等
中国农业大学
植物生物学（第二版）　杨世杰等
植物营养研究方法（第三版）　申建波等
北京林业大学
园林树木学（第二版）　陈有民
运动场草坪（第二版）　韩烈保
北京师范大学
学校心理咨询（第二版）　郑日昌等
有机化学（第二版）（上下册）　尹冬冬等
普通动物学（第四版）　刘凌云等
环境科学概论（第二版）　杨志峰等
教育心理学（第二版）　冯忠良等
社会心理学（第二版）　金盛华
基础日语综合教程（1、2）　林洪等
北京外国语大学
西班牙语听力教程（1～3）册　刘建
当代大学德语（3、4）学生用书　梁敏等
对外经济贸易大学
实用经贸英语口语（修订版）　陈准民
商务英语（上、下册）（第二版）　谢毅斌
北京协和医学院
病理学（第二版）　陈杰等
北京体育大学
大学体育英语（学生用书）（1、2）　田慧
北京理工大学
管理运筹学（第三版）　韩伯棠
工业设计人机工程（第二版）　阮宝湘
微波技术基础（第四版）　闫润卿等
北京航空航天大学
理论力学　谢传锋等
飞行器结构学（第二版）　郦正能等
网络安全——技术与实践（第二版）　刘建伟等
北京联合大学
多媒体技术与应用实例教程　沈洪等
北京印刷学院
包装印刷技术　许文才等
北京电影学院
电影电视声音创作与录音制作教程　姚国强
北京农业职业学院
饭店服务技能综合实训——花艺　郑志勇
北京财贸职业学院
调查技能与分析　延静

（华蕾）

职业与成人教育

2011 年度新增普通高等职业教育专业名单

首钢工学院
装饰艺术设计（3 年）
北京农业职业学院
酒店管理（3 年）
北京政法职业学院
消防工程技术（3 年）
北京青年政治学院
学前教育（3 年）
北京戏曲艺术职业学院
影视表演（3 年）
北京京北职业技术学院
会展策划与管理（京）（3 年）
学前教育（3 年）
北京北大方正软件职业技术学院
电视节目制作（3 年）
北京交通职业技术学院
城市轨道交通车辆（3 年）
机电设备维修与管理（3 年）
北京经贸职业学院

经济信息管理（3年）
北京经济技术职业学院
会展策划与管理（京）（3年）
动漫设计与制作（3年）
北京吉利大学
物业管理（3年）
房地产经营与估价（3年）
北京科技职业学院
工程造价（3年）
应用日语（3年）
北京培黎职业学院
软件测试技术（京）（3年）
影视动画（3年）
工程造价（3年）
北京新圆明职业学院
文化事业管理（3年）
北京交通运输职业学院
城市轨道交通车辆（3年）
城市轨道交通控制（3年）
城市轨道交通运营管理（3年）
公路运输与管理（3年）
公路工程管理（3年）
道路桥梁工程技术（3年）

（华蕾）

2011年度依申请撤销及更改学制普通高等职业教育专业名单

一、撤销专业名单

北京经济技术职业学院
经济信息管理
多媒体设计与制作
旅游英语
北京吉利大学
家政服务
图形图像制作
应用俄语

二、更改学制专业名单（两年改为三年）

北京戏曲艺术职业学院
音乐表演
舞蹈表演
艺术设计
北京吉利大学
数控技术
社区康复

（华蕾）

第二批"首都市民学习之星"

韩玥　中国医学科学院肿瘤医院肿瘤研究所
冀国强　顺义区疾病预防控制中心
彭大力　海淀区万寿路医院
程海英　首都医科大学附属北京中医医院
李光辉　首都医科大学附属北京妇产医院
张建国　北京市国土局地质环境处
冯全普　市政府办公厅
贯三满　北京市地勘局水文地质工程地质大队
宣兴章　市委讲师团网络采编室
蓝一　市政府研究室经济处
孙志祥　市委社会工委社区建设处
杨国林　市委社会工委社会综合处
聂品　北京社会心理研究所
宋馨洁　公交集团专线客运分公司601路
何亮　北京环卫集团环境研究发展有限公司
郑子明　北京古船油脂有限责任公司品控制造中心
张晓雨　北京地铁运营二分公司
高玉树　北京市西南郊粮库
韩庆芬　中国联合通信集团有限公司北京市门头沟分公司
郑德裕　北京农学院退休处
李少华　北京市正阳门管理处
卫建平　北京首钢机电有限公司机械厂
陈淑惠　北京青少年发展基金会
王叔平　祥龙出租客运有限公司
解思梅　国家海洋环境预报中心
张殿海　万泉寺出租汽车有限公司
付瑶　北京工业大学耿丹学院图书馆
郝德军　北京燕化医院
庞静　北京市人民检察院
李福昌　北京起重机厂研究所
吕宗尧　北京奥士凯安龙商贸公司
荣秀霞　北京戏曲博物馆
郑毅　北京钟鼓楼文物保管所
王景瑞　东城区东花市北里东区
张俊显　北京市联通通信公司
王春利　北京菜市口百货股份有限公司
杨文玉　西城区社区教育协会
李烈　北京第二实验小学
张令猷　西城区老教育工作者协会
王保祥　北京大学中文系
葛秀荣　海淀区北太平庄街道学院南路32号社区居委会
靳忠良　中国人民大学附属中学综合处
李娜　海淀区北太平庄街道明光北里社区居委会
沈亚清　海淀区清河中学
周维祥　朝阳区管庄地区管庄东里社区
马云珊　海淀区羊坊店第五小学
武清林　朝阳区朝外街道
郭惠芬　朝阳区酒仙桥街道
张锐锋　北京朝阳广播电视新闻中心
果仲霞　朝阳区环卫服务中心第四清洁车辆场
郭世阶　丰台区云岗街道镇岗南里社区
马清香　丰台区西罗园街道第四社区
赵五　石景山区环境卫生服务中心
韩春鸣　石景山区鲁谷街道

郭桂云 石景山区八宝山街道四季园社区
卫桐 石景山区环境保护局
胡建党 大兴区庞各庄镇王家场村
张景浩 北京小学大兴分校
贾光红 通州区西集镇运河左堤果树合作社
肖宝军 通州区教师研修中心
杨学文 北京市顺义区种植业服务中心
白涛 鹏程食品分公司
滕丽 北京天竺空港工业开发公司
魏喜振 门头沟区王平镇王平村
冠红艳 北京山农生态农业有限公司
陈志辉 北京天马轴承有限公司
明宗义 首钢轧辊厂
聂玉峰 昌平区少年宫
吴军伶 北京林生泽种植专业合作社
武建刚 北京沃绿洁环境工程有限公司
张瑞宝 北京鼎瑞医疗装备有限公司
王宏云 北京市延庆县第二中学
刘建军 延庆种植业服务中心农业技术推广站
刘淑芹 密云县果园街道办事处季庄社区
陈淑玲 密云县溪翁庄镇东营子村
肖涤 北京燕山正邦设备检修有限公司
王军汉 燕山东风街道
芦苇 北京交通大学软件学院
吴冠芸 中国医学科学院基础医学研究所
张红 北京市杂技学校
郭岱光 北京培黎职业学院法律系

（华蕾）

第三批“首都市民学习品牌”

“科学人生”科普演讲
中国科学院老科学家科普演讲团
海淀区自主创新企业大讲堂
中关村创新研修学院
昌平区领导干部进高校大讲堂
昌平区委组织部
系列科普讲座
北京市社科联
“大社教”博学堂
首都博物馆
“创意、设计”走进生活
北京市科学技术委员会
市民理论学校
北京市委讲师团
光华公益创业行动
北京光华慈善基金会
党员干部周末大课堂
门头沟区委组织部
中华太极拳武学社
北京语言大学
合作共同体教师发展学校
首都师范大学
弘扬非遗楹联讲座
市楹联学会
北京图书节
北京市新闻出版局
市民安全教育大课堂
海淀区安全教育馆管理中心
幸福运动讲习所
东城区景山街道汪芝麻社区
再就业技能实训学习
北京市电气工程学校
智慧家长俱乐部
北京市第五中学
永定河文化大讲堂
门头沟区图书馆
石景山区市民学习圈
石景山区市民学校总校
全民讲师团
房山区社教中心
“常青藤”社区终身学习系统
北京市海淀区职工大学（中关村学院）

（华蕾）

师资管理

第七届北京市级教学名师

北京大学 裴坚 代亚非 朱孝远 赵化成 吴立玲
中国人民大学 岳树民 曾寅初 张征
清华大学 覃征 殷雅俊 夏群生 辛克贵 余刚 雷家骕
北京交通大学 朱晓宁 张真继 李京平
北京科技大学 杨炳儒 彭漪 彭庆红
北京化工大学 朱群雄 许家喜 张英奎
北京邮电大学 桑林 卞佳丽
中国农业大学 夏国良 李秉龙 林德贵
北京林业大学 温亚利 严耕 刘燕
北京中医药大学 李宇航 于天源
北京师范大学 刘静玲 李勇 王雁 李景林 周星
北京外国语大学 张建华
北京语言大学 程娟
中国传媒大学 罗莉
中国政法大学 商磊 李永军
中央财经大学 周卫中 郝演苏
对外经济贸易大学 王秀丽 丁丁
中央美术学院 苏新平

中央戏剧学院　徐平
华北电力大学　刘连光
中国矿业大学（北京）　王启宝
中国石油大学（北京）　周亚松　张宝生
中国地质大学（北京）　白志民　薛春纪
外交学院　孙吉胜
北京航空航天大学　刘沛清　樊尚春　陈子瑜　姚小玲
北京理工大学　黄如丹
中央民族大学　王远新
中国人民公安大学　孟昭阳
北京体育大学　胡扬
中国青年政治学院　谷振诣
中国劳动关系学院　刘玉方
北方工业大学　孙德辉
北京工业大学　赵京
北京工商大学　刘载文　李仁玉
首都医科大学　王拥军　贾继东
首都师范大学　印莉萍　洪波
首都经济贸易大学　张学平　米新丽
首都体育学院　李相如
北京信息科技大学　李邓化
北京联合大学　李金平　张宝秀　范同顺
北京建筑工程学院　吴海燕
北京石油化工学院　刘广斌
北京物资学院　刘永胜
北京第二外国语学院　马壮寰
北京电影学院　屠明非
北京舞蹈学院　高度
中国戏曲学院　李丽萍
中国音乐学院　张维良
北京农学院　赵建庄
首钢工学院　刘雅娟
北京工业职业技术学院　刘业辉　张亚英
北京电子科技职业学院　朱运利
北京财贸职业学院　兰丽丽
北京农业职业学院　白兆秀　侯引绪
北京信息职业技术学院　李学礼　张晓蕾
北京经济管理职业学院　于久洪
北京劳动保障职业学院　孙立如
北京社会管理职业学院　王晓玫
北京戏曲艺术职业学院　张晓红
北京政法职业学院　孙智慧
北京教育学院　陈雁飞

（华蕾）

2009～2010学年度城镇教师支援农村教育工作先进集体

北京市顺义区西辛小学
北京市顺义区石园小学
北京市崇文门中学
北京光明小学
北京市崇文区革新里小学
北京市通州区运河小学
北京市通州区玉桥小学
北京市第四中学
北京市第三十九中学
北京市铁路第二中学
北京市西城区育翔小学
北京市第六十二中学
北京市宣武区香厂路小学
北京市宣武区南菜园小学
北京市朝阳区白家庄小学
北京市朝阳区师范学校附属小学
北京市朝阳区实验小学
北京市朝阳区花家地实验小学
北京市安贞里第二小学
北京市朝阳区望花路小学
北京市东方德才学校
北京市朝阳区体育场中学
北京市昌平区沙河中学
北京市昌平区南口学校
北京市延庆县第一幼儿园
北京市丰台区实验小学
北京市丰台区长辛店第三中学
北京市丰台区长辛店中心小学
北京市航天中学
首都医科大学附属中学
北京市第五十中学
北京市第五十五中学
北京市东城区雍和宫小学
北京市东城北池子小学
北京石油学院附属中学
北京市第二十中学
北京市海淀区中关村第三小学
北京市海淀区培星小学
北京市海淀区今典小学
北京市海淀区育鹰小学
北京市海淀区羊坊店中心小学
北京市海淀区培英小学
北京市海淀区魏公村小学
北京市平谷区第二小学
北京市怀柔区庙城学校
北京市怀柔区第二小学
北京师范大学大兴附属中学
北京市大兴区第四小学
北京市门头沟区幼儿园
北京市房山区教师进修学校

（张晓兰）

2009～2010学年度城镇教师支援农村教育工作先进个人

邵静禄　北京市顺义区双兴小学

郭新华　北京市顺义区东风小学
苏超　北京市顺义区西辛小学
王红霞　北京市顺义区石园小学
李沃　北京市顺义区第三中学
马雅新　北京市顺义区第五中学
姚娜　北京市丰台区职业教育中心校
赵立波　北京市丰台区西罗园学校
商卫红　北京市丰台区太平桥中学
郑云菁　北京市丰台区丽泽中学
蔡青　北京市丰台区芳星园中学
汪霞　北京市丰台区南苑第四小学
刘同贵　北京市丰台区卢沟桥中学
郭会飞　北京市丰台区长辛店第三中学
阴梅荣　北京市崇文区定安里小学
李芳　北京市崇文区体育馆路小学
赵燕艳　北京市第五十中学分校
张天旭　北京第一师范学校附属小学
曾姗　北京市崇文区少年宫
张玉文　北京市通州区南关小学
苏广静　北京市通州区运河小学
任玉英　北京市通州区东方小学
朱雪莲　北京市通州区贡院小学
高艳京　北京市通州区东关小学
李红影　北京市大兴区滨河小学
李红娟　北京市大兴区第六小学
杜聪　首都师范大学大兴附属中学
陈医嘉　北市师范大学大兴附属中学
刘静　北京市第五中学分校
马玉昆　北京市第二十五中学
王丽华　北京市东城区黑芝麻胡同小学
刘敏　北京市东城区曙光小学
顾雪梅　北京市第一零五中学
郭晓军　北京师范大学第三附属中学
武艳　北京市海淀区图强第二小学
李颖　北京市海淀区翠微小学
向昆　北京石油学院附属小学
边慧颖　北京市海淀区向东小学
孟素青　北京市海淀区万泉小学
刘燕春　北京市海淀区上地实验小学
赵满维　北京市海淀区北宫门小学
魏姗　北京市海淀区羊坊店第五小学
林秋伶　北京市海淀区中关村第一小学
何惠红　北京市海淀区育鹰小学
耿富梅　北京市怀柔区第四中学
李红　北京市怀柔区北房镇中心小学
刘锦秀　北京市怀柔区实验小学
刘秀云　北京市怀柔区茶坞铁路中学
卢士月　北京市怀柔区第五中学
赵鑫　北京市怀柔区第三小学
谭秀云　北京市怀柔区北房中学
曹桂凤　北京市怀柔区教科研中心
李海艳　北京市怀柔区第三小学
高玉红　北京市密云县第四中学
李跃　北京市密云县第四中学
郭艳波　北京市密云县第一小学
朱明秋　北京市密云县第三中学
郑瑞媛　北京市密云县第六中学
马卫芬　北京市密云县西田各庄中学
李雪梅　北京市密云县果园小学
郭新　北京市密云县第六小学
尹美丽　北京市密云县第二小学
田亚芳　北京市密云县河南寨中学
吴金荣　北京市平谷区第二小学
张志霞　北京市平谷区城关第四小学
刘春艳　北京市平谷区第五小学
王立军　北京市平谷中学
张敬贤　北京师范大学附属平谷中学
王正钢　北京市第一六一中学
李桂霞　北京市第五十六中学
胡波　北京市第八中学分校
孙利红　北京市西城区柳荫街小学
刘晓娜　北京市西城区五路通小学
徐爽　北京第二实验小学
李涛　北京市宣武区上斜街小学
洪巍巍　北京市宣武区师范学校第二附属小学
刘葵　北京市宣武区广安门外第一小学
万爱萍　北京市第六十三中学
石敏　北京市石景山区实验中学
张志领　北京市朝阳区师范学校附属小学
刘燕　北京市朝阳区实验小学
张超　北京市朝阳区花家地实验小学
李若　北京市朝阳区康乐园小学
胡亚辉　北京市朝阳区白家庄小学
李歆　北京市朝阳区安贞里第二小学
孟艳英　北京市朝阳区兴隆小学
崔霞玲　北京市陈经纶中学
赵晓红　北京市第八十中学体育运动学校
周宏蕾　北京市昌平区第二中学
王建兴　北京市昌平区小汤山中学
刘杰平　北京市昌平区南口铁道北小学
康云涛　北京市延庆县第二幼儿园
杜松岩　北京市延庆县第三中学
池虹　北京市延庆县第三小学
于静　北京市门头沟区幼儿园
陆大成　北京市房山区第二小学
孙凤娥　北京市房山区良乡第三小学
高淑一　北京市房山区教师进修学校
隗淑芝　北京市房山区教师进修学校

（张晓兰）

学　生　管　理

全国第十届“明天小小科学家”获奖名单（北京市）

“明天小小科学家”称号获得者

谢亚晴　中国人民大学附属中学
　提取 USTB－01 小球藻脂制备生物柴油的研究

一等奖 6 人

谢亚晴　中国人民大学附属中学
　提取 USTB－01 小球藻脂制备生物柴油的研究
梁京煜　北京市中关村中学
　水稻重要害虫稻沫蝉“雄性信息素腺体”的发现及其科学意义
张骁懿　北京大学附属中学
　基于视频跟踪的手势输入技术与实现
殷岳　北京师范大学附属实验中学
　稀土多色发光纳米材料的合成与防伪应用的初步研究
韩瑞杰　中国人民大学附属中学
　果树缺铁胁迫反应的产生部位及信号转导研究
张天一　中国人民大学附属中学
　“减轻等候治疗中的不良情绪”的数学思考

二等奖 13 人

李子赫　中国人民大学附属中学
　直升机非水平地面降落高度差补偿装置
孙同方　北京市第八中学
　基于扩频技术和双音频 MP3 文件的信息隐藏研究
郑岩　北京师范大学附属实验中学
　锂电池低温性能改进技术研究
赵步　北京大学附属中学
　一种嵌入读者 ID 信息的网络文学作品版权保护方法
李星煜　北京汇文中学
　新型多级真空蒸馏海水淡化装置
秦泽瀚　北京师范大学附属实验中学
　我国 2000 年～2008 年降水量变化情况的研究
李倚天　北京市第二十中学
　IPv6 无状态自动配置中重复地址检测安全性研究
贾思博　北京景山学校
　基于摄像头—万用表的传感器数据自动采集系统
龙华江　清华大学附属中学
　一种高效节能低排放的离子交换技术
阮子喆　北京汇文中学
　停车场斜排停车位的优化设计
戴浩宇　北京景山学校
　野生黑麦草叶各向异性的超疏水性与仿生研究
何剀彦　清华大学附属中学
　纳米核孔膜孔径测量新方法研究
吕孟卓　北京市第一零一中学
　蚯蚓洗涤液防治黄瓜和番茄灰霉病的研究

三等奖 11 人

王彦楠　北京市十一学校
　高效冷凝换热表面的实验探究
张丰野　北京市第一零一中学
　大凉山断裂带北段竹马断裂的滑动速率
丁彭博　北京市中关村中学
　大气颗粒物对肺表面活性蛋白 C 的体内外作用研究
施轶萌　中国人民大学附属中学
　基于风洞实验的昆虫及仿生翼流场特性研究
夏学明　北京市第五中学
　不同小麦品种吸收利用氮素效率差异及其影响因素分析
焦天翼　北京师范大学附属实验中学
　多媒体几何教具
李辰昊　北京市第六十五中学
　不同条件下含羞草感夜性和感震运动的生物电流强度变化规律
郝家祺　北京市海淀区教师进修学校附属实验学校
　新型反射式太阳敏感器方案研究及原理试验
许贝克　中国人民大学附属中学
　激光跟踪测量自调节靶标研究
刘笑疏　北京师范大学附属实验中学
　基于二分图最大匹配算法的高中生电视节目编排策略研究
张藤予　北京市第二中学
　气水混合式节水淋浴装置的研制

（华蕾　郑明）

第 25 届北京市中小学生银帆奖获得者

北京市第五中学　陈梓睿
北京市东城区府学胡同小学　陈云杉　何慕昭　刘岂彰　张惊鸿
北京市第四中学　李新然
北京市第八中学　周安琪　王羿飞
北京市第三十五中学　陈杰昊
北京市第三十五中学分校　赵鹏
北京市第六十六中学　李嘉岳　王鹤　张翊博　赵岩　陈彬彬　李云鹏
北京师范大学附属实验中学　殷岳
北京师范大学附属第二中学　宋天泽　李相依　沈欣
北京育才学校　王昭南　俞跃　张晓羽　崔世豪　李睿雪
北京市西城区黄城根小学　谢嘉欣
北京市第八十中学　芦泽川
北京市陈经纶中学　孙孟源　董珮璠　刘昊天　刘绿筱
北京市朝阳区定福庄第二小学　张雪　魏泽昊
北京市第五十七中学　王旭　李潇迪　王昊辰　蒋思彤
北京市第一零一中学　朱雨霏　毕竟　闫钇岑　王冠澎

杨晓雨
北京市中关村中学　梁京煜
北方交通大学附属中学　许博男　陈汉　巩炳辰　洪今滔
北京钢铁学院附属中学　张建
北京理工大学附属中学　唐潇宇　白鸽　郝嘉明　姜潇平
北京农业大学附属中学　蔡佳妮　刘佳
清华大学附属中学　董耕　侯子宇　刘磊　刘泽世　魏麟璎　张雨晴　张元昊
中国人民大学附属中学　付元　韩瑞杰　胡益铭　王丹娜　王昊若　王琦　赵凡　赵赓　赵若辰　林景全
北京市育英学校　沈泽宇
北京市第十二中学分校　胡建军
北京市丰台区第五小学　林郅琳　马昊源　苏逸航　颜泽楠
北京市大兴区第一中学　魏春雨
北京市顺义区第一中学　姜星晨
北京市顺义区杨镇一中　李颖
北京市顺义区仁和中学　丰鑫
北京市顺义牛栏山第一中学实验学校　任杰
北京市实美职业学校　宋诗卿
北京市信息管理学校　张洋　赵兴路
北京电子科技职业学院　马向朴　朱玉亮
北京金隅科技学校　杜知峰
北京市交通学校　曹阔　史春达　王贺齐
北京市黄庄职业高中　马蓉蓉　黄萍

（华蕾）

其　他　工　作

北京教育志编纂委员会组成人员

（2011年12月23日，市委教育工委、市教委办公室印发《关于调整北京教育志编纂委员会和北京教育年鉴编纂委员会组成人员的通知》）

顾　问：陶西平　陈大白　徐锡安
主　任：姜沛民
常务副主任：何劲松　李壑
副主任：刘建　线联平　王民忠　唐立军　罗洁　郑萼　付志峰　周燕　刘勇　郑登文
常务委员（按姓氏笔画排序）：
王东江　王达品　王栋　吴武　张小红　张永凯　李奕　李晓秋　邵和平　周彤　耿申　黄侃　葛巨众　熊红
委员（按姓氏笔画排序）：
马建钧　王守法　王健　冉楠　冯义国　冯洪荣　刘长铭　刘成运　张健　时龙　李方　狄涛　陈江华　孟繁华　金富军　钱卫　曹卫东　解江凌

（华蕾）

北京教育年鉴编纂委员会组成人员

（2011年12月23日，市委教育工委、市教委办公室印发《关于调整北京教育志编纂委员会和北京教育年鉴编纂委员会组成人员的通知》）

主　任：姜沛民
常务副主任：何劲松　李壑
副主任：刘建　线联平　罗洁　郑萼　付志峰　郑登文
常务委员（按姓氏笔画排序）：
王达品　王栋　吴武　张小红　张永凯　李奕　李晓秋　邵和平　周彤　耿申　黄侃　葛巨众　熊红
委员（按姓氏笔画排序）：
王东江　刘占军　张龙　李开发　李艳春　杨江林　沈聪伟　邱晓平　赵清

（华蕾）

原崇文区名称变更学校

幼儿园

北京市崇文区第二幼儿园变更为北京市东城区第二幼儿园
北京市崇文区光明幼儿园变更为北京市东城区光明幼儿园
北京市崇文区前门幼儿园变更为北京市东城区前门幼儿园
北京市崇文区永东幼儿园变更为北京市东城区永东幼儿园
北京市崇文区安乐幼儿园变更为北京市东城区安乐幼儿园
北京市崇文区实验幼儿园变更为北京市东城区实验幼儿园
北京市崇文区永定门幼儿园变更为北京市东城区永定门幼儿园
北京市崇文区回民幼儿园变更为北京市东城区崇文回民幼儿园
北京市崇文托儿所变更为北京市东城区崇文幼儿园
北京市崇文区第三幼儿园变更为北京市东城区崇文第三幼儿园

小学

北京市崇文区板厂小学变更为北京市东城区板厂小学
北京市崇文区培新小学变更为北京市东城区培新小学
北京市崇文区法华寺街小学变更为北京市东城区法华

寺街小学

北京市崇文区永生小学变更为北京市东城区永生小学

北京市崇文区红桥小学变更为北京市东城区红桥小学

北京市崇文区体育馆路小学变更为北京市东城区体育馆路小学

北京市崇文区忠实里小学变更为北京市东城区忠实里小学

北京市崇文区新景小学变更为北京市东城区新景小学

北京市崇文区花市小学变更为北京市东城区花市小学

北京市崇文区前门小学变更为北京市东城区前门小学

北京市崇文区新怡小学变更为北京市东城区新怡小学

北京市崇文区精忠街小学变更为北京市东城区精忠街小学

北京市崇文区天坛东里小学变更为北京市东城区天坛东里小学

北京市崇文区景泰小学变更为北京市东城区景泰小学

北京市崇文区天坛南里小学变更为北京市东城区天坛南里小学

北京市崇文区革新里小学变更为北京市东城区革新里小学

北京市崇文区宝华里小学变更为北京市东城区宝华里小学

北京市崇文区定安里小学变更为北京市东城区定安里小学

北京市崇文区广渠门小学变更为北京市东城区广渠门小学

北京市崇文区永建里小学变更为北京市东城区永建里小学

北京市崇文区光明小学变更为北京光明小学

北京市崇文区崇文小学变更为北京市崇文小学

北京市崇文区回民小学变更为北京市东城区回民实验小学

北京市崇文区金台小学变更为北京市东城区金台书院小学

其他教育单位

北京市崇文区培智中心学校变更为北京市东城区培智中心学校

北京市崇文区小学活动课中心变更为北京市东城区小学活动课中心

北京市崇文区天坛少年之家变更为北京市东城区天坛少年之家

北京教育学院崇文分院变更为北京市东城区教育研修学院

北京市崇文区教育研究中心变更为北京市东城区教育研究中心

北京市崇文区教育委员会房产管理中心变更为北京市东城区教育委员会房产管理中心

北京市崇文区教育设备管理中心变更为北京市东城区教育设备管理中心

北京市崇文区招生考试中心变更为北京市东城区招生考试中心

北京市崇文区中小学卫生保健所变更为北京市东城区崇文中小学卫生保健所

北京市崇文区老教育工作者活动中心变更为北京市东城区老教育工作者活动中心

中共崇文区委教育工委党校变更为中共东城区委教育工委党校

北京市崇文区校办产业管理中心变更为北京市东城区校办产业崇文管理中心

北京市崇文区职工大学变更为北京市东城区职工大学

北京市崇文区少年宫变更为北京市东城区崇文少年宫

北京市崇文区青少年科技馆变更为北京市东城区崇文青少年科技馆

（李银娅）

原宣武区名称变更学校

幼儿园

北京市宣武区马连道幼儿园变更为北京市西城区马连道幼儿园

北京市宣武区小百合幼儿园变更为北京市西城区小百合幼儿园

北京市宣武区实验幼儿园变更为北京市西城区实验幼儿园

北京市宣武区三义里第一幼儿园变更为北京市西城区三义里第一幼儿园

北京市宣武区三义里第二幼儿园变更为北京市西城区三义里第二幼儿园

北京市宣武区长椿街幼儿园变更为北京市西城区长椿街幼儿园

北京市宣武区三教寺幼儿园变更为北京市西城区三教寺幼儿园

北京市宣武区虎坊路幼儿园变更为北京市西城区虎坊路幼儿园

北京市宣武区回民幼儿园变更为北京市宣武回民幼儿园

北京市宣武区名苑幼儿园变更为北京市西城区名苑幼儿园

北京市宣武区槐柏幼儿园变更为北京市西城区槐柏幼儿园

北京市宣武区和平门幼儿园变更为北京市西城区和平门幼儿园

小学

北京市宣武区后孙公园小学变更为北京市西城区后孙公园小学

北京市宣武区琉璃厂小学变更为北京市西城区琉璃厂小学

北京市宣武区回民小学变更为北京市宣武回民小学

北京市宣武区上斜街小学变更为北京市西城区上斜街小学

北京市宣武区康乐里小学变更为北京市西城区康乐里小学
北京市宣武区红莲小学变更为北京市西城区红莲小学
北京市宣武区三义里小学变更为北京市西城区三义里小学
北京市宣武区椿树馆小学变更为北京市西城区椿树馆小学
北京市宣武区天宁寺小学变更为北京市西城区天宁寺小学
北京市宣武区青年湖小学变更为北京市西城区青年湖小学
北京市宣武区广安门外第一小学变更为北京市西城区广安门外第一小学
北京市宣武区福州馆小学变更为北京市西城区福州馆小学
北京市宣武区陶然亭小学变更为北京市西城区陶然亭小学
北京市宣武区太平街小学变更为北京市西城区太平街小学
北京市宣武区半步桥小学变更为北京市西城区半步桥小学
北京市宣武区右安门大街第二小学变更为北京市西城区右安门大街第二小学
北京市宣武区白纸坊小学变更为北京市西城区白纸坊小学
北京市宣武区南菜园小学变更为北京市西城区实验小学
北京市宣武区香厂路小学变更为北京市西城区香厂路小学
北京市宣武区新世纪实验小学变更为北京市西城区新世纪实验小学
北京市宣武区炭儿胡同小学变更为北京市西城区炭儿胡同小学
北京市宣武区师范学校第二附属小学变更为北京市西城区登莱小学
北京市宣武区师范学校第一附属小学变更为北京市宣武师范学校第一附属小学

中等职业和特殊教育学校

北京市宣武区外国语实验学校变更为北京市宣武外国语实验学校
北京市宣武区第一职业学校变更为北京市财会学校
北京市宣武区第二职业学校变更为北京市实验职业学校
北京市宣武区培智中心学校变更为北京市宣武培智学校

其他教育单位

北京市宣武区少年宫变更为北京市宣武少年宫
北京市宣武区青少年科学技术馆变更为北京市宣武青少年科学技术馆
北京市宣武区广外少年之家变更为北京市西城区椿树少年宫
北京市宣武区少年美术馆变更为北京市西城区青少年美术馆

（杨海蓉）

（本栏责任编校　华蕾）

索　　　引

说　明：

一、本索引由主题词和人名两部分组成。

二、主题词和人名一、二级标题索引词条均以汉语拼音顺序排列，第一字相同的，按第二字顺序排列，余类推。

三、主题词索引按类分为一、二级标题，如办学改革为一级标题，下设合作办学、教学管理改革、教育集团等 9 个二级标题。

四、本索引数码标记依次为：页码、栏序、本栏自上而下条目所处位置（自然段），三部分均用“/”隔开。如：合作办学　152/左/2，则表示在 152 页左栏第 2 个条目拥有涉及合作办学的内容。

五、本索引检索具有统计意义的数字均以 2011 年 1 月 1 日至 12 月 31 日时间为限，超出时间界限的不在检索范围。

六、本索引检索范围包括各级各类教育的主体部分，即本年鉴三栏编排的部分，其中，表格、名单及一览表均不在检索范围。

七、主题词索引以教育教学为中心，并按照当年出版年鉴实际内容编制。

八、人名索引不含外国人（外籍华人除外）。

主题词索引

人名索引

（本栏责任编校　李晓秋）

勘误表

本勘误表收录《北京教育年鉴》2007至2011卷已知错误。更正范围只限于文字内容，不涉及版式、图片、索引和不影响理解的标点符号。

本勘误表“索引/提示”依次表示页码、栏序、条目和错误文字所处的行数，并以“/”隔开。如：92/右/3/9/错1字，即表示第92页右栏第3个条目第9行文字中有1个错字。文中出现的条目性名单按照条目计算，标题计入行数。非条目错误文字直接标明行数，作者姓名和单位名称不计入行数。图片说明中的错误文字根据图片所在位置标注。

本勘误表错误数量以汉字为单位计算，英文单词、一组阿拉伯数字均算作一词（字）。提示分为脱字、衍字和错字3种，并分别在误、正表格用“_”标明。

2007卷

索引/提示	误	正
正文部分		
10/右/28/衍1字	修改对规划稿	修改规划稿
12/左/21/脱1字	求职困难的大学	求职困难的大学生
13/右/34/脱2字	《北京市社会力量管理办法》	《北京市社会力量办学管理办法》
18/右/8/错1字	北京物质学院	北京物资学院
28/左/9/错1字	“同在蓝天下，城乡同发展”	“同在蓝天下，城乡共发展”
52/左/2/15/衍1字	少年宫从	少年宫
58/中/3/2/脱1字	7至14	7至14日
65/左/2/4/脱1字	工具3册	工具书3册
80/右/3/5/脱1标点	专家组成在听取	专家组成，在听取
86/右/5/7/衍2字	加强本科本科实践教育	加强本科实践教育
92/右/3/5/衍2字	学位会委员会员	学位委员会
92/右/3/9/错1字	获得评书和奖金	获得证书和奖金
92/右/4/6/错2字	生物等科学	生物等学科
96/左/2/3/衍1字	莎莎舞（salsa）舞教学课程	莎莎舞（salsa）教学课程
99/右/3/8/错1字	如何发挥等问题	如何发展等问题
100/左/1/6/衍1标点	中国、完善	中国完善
101/中/1/9 脱1字	学制10月	学制10个月
109/右/3/11/错2字	学校基础施舍	学校基础设施
112/中/2/7/错1字	一期建筑面积14023平方米	一期建筑面积14024平方米
131/中/4/6/脱1字	500中学	500所中学
139/左/21/衍1标点	研究所，	研究所
139/中/12/脱2字	全面北京学前教育	全面论述北京学前教育

143/中/3/5/衍 1 字	幼儿园园艰苦创业	幼儿园艰苦创业
143/中/3/6/衍 1 标点	宣读区政府、区政协、贺信	宣读区政府、区政协贺信
146/中/4/6/衍 1 字	以声音和画面引导产幼儿	以声音和画面引导幼儿
147/右/4/5/错 1 字	秸秤	秸杆
148/左/1/9/脱 1 字	学制 12 月	学制 12 个月
151/右/17/脱 1 字	北京远程教事业	北京远程教育事业
169/中/1/2/衍 2 字	延庆农技校举办举办	延庆农技校举办
172/中/3/3/错 2 字	资格开始认证	资格考试认证
174/中/5/13/衍 1 字	教委和及各乡镇	教委和各乡镇
175/左/4/错 1 字	高校在线	高教在线
192/右/1/3/错 1 字	该比赛以学校分单位	该比赛以学校为单位
193/左/3/8/脱 1 字	授权市政府对岸检查	授权市政府对口岸检查
193/左/3/10/错 1 字	确体统一	确保统一
202/右/1/6/错 1 字	100 人社会实践示范基地	100 个社会实践示范基地
204/左/4/9/错 1 字	教育管理学员	教育管理学院
204 右/2/6/错 2 字	红军长征体裁书籍	红军长征题材书籍
207/左/1/1/脱 1 字	祭扫革命烈士	祭扫革命烈士墓
209/左/1/11/衍 2 字	反应能力评选	反应能力
210/左/4/7/衍 1 字	海拔 4000 千米	海拔 4000 米
210/中/5/5 错 2 字	分为初赛、决赛联合阶段	分为初赛、决赛两个阶段
212/左/2/10/错 1 字	歌典合唱	歌曲合唱
213/中/2/9/脱 1 字	1000 参加活动	1000 人参加活动
221/左/35/错 1 字	1.40 万元	1.40 亿元
221/中/12/脱 1 字	华北电大学	华北电力大学
222/右/1/4/脱 2 字	中国科学技术	中国科学技术协会
224/中/1/3/错 1 字	研究所	研究院
228/中/3/14/脱 1 字	学者 70 人加	学者 70 人参加
236/右/1/1/衍 1 字	型智能焊接机器人	智能焊接机器人
244/中/4/8/脱 1 字	北京林业大学报	北京林业大学学报
248/中/1/8/错 1 字	学习疾控管理工作	学校疾控管理工作
249/左/3/5/错 1 字	心理建康课	心理健康课
253/中/3/4/错 1 字	设立幼儿园、青少年组	设立幼儿组、青少年组
258/右/3/17/脱 1 字	织学生代表参赛	组织学生代表参赛
266/左/1/1/错 1 字	流型性腮腺炎	流行性腮腺炎
277/中/4/13/错 1 字	北京服务学院	北京服装学院
286/左/2/2/脱 2 字	昌平区前锋	昌平区前锋学校
287/右/2/3/错 1 字	比赛分为中学、初中两组	比赛分为小学、初中两组
289/左/1/8/衍 1 字	6 个班以获得	6 个班获得
289/中/4/8/错 1 字	北京教科员	北京教科院
303/中/5/3/脱 2 字	本科学生	本科学生入学
314/中/1/7/衍 1 字	人生当中的的重要地位	人生当中的重要地位
322/左/1/11/脱 1 标点	承办来自市教委	承办，来自市教委
326/中/2/4/脱 1 字	颁仪式上	颁奖仪式上

333/左/2/10/错 1 字	1993 年 9 月出生	1932 年 9 月出生
348/中/3/17/脱 1 标点	召开来自崇文区	召开，来自崇文区
349/右/2/6/衍 2 字	教学方法方法	教学方法
352/右/1/11/错 1 字	学校党费印刷	学校免费印刷
361/右/4/3/错 1 字	翠薇小学	翠微小学
366/中/4/7/错 1 字	未看开展工作设想	未来开展工作设想
376/左/3/8/错 1 字	资源学员	资源学院
376/右/3/4/衍 3 字	第二代第二代	第二代
377/中/4/7/错 1 字	语言学习得研究应用	语言学习的研究应用
379/左/1/7/脱 1 字	网络信息中	网络信息中心
379/中/2/7/衍 1 字	始于从 2004 年	始于 2004 年
380/右/2/2/衍 2 字	举办举办	举办
389/中/2/1/衍 2 字	顺义完成完成	顺义完成
395/右/38/衍 1 标点	重点落实、中小学	重点落实中小学
405/中/4/2/脱 1 字	代表团英国教育技能部	代表团由英国教育技能部
422/左/5/7/错 2 字	甲级建立	甲级监理
472/右/33/脱 1 标点	篮球赛冠军 32 个项目分获	篮球赛冠军，32 个项目分获
475/右/11/错 1 字	先派 12 名	选派 12 名
476/左/6/衍 2 字	4 所学校学校	4 所学校
476/右/25/错 2 字	电子图书 50 万小时	电子图书 50 万册
476/右/43/衍 1 字	固定资资产总值	固定资产总值
481/左/3/衍 1 字	奖募集的 10 万册图书	募集的 10 万册图书
485/左/35/衍 2 字	发放教师和学生发放借书证	发放教师和学生借书证
489/右/18/衍 1 标点	院长　武寅()	院长　武寅
495/右/37/错 1 字	被评为个国百强社科学报	被评为全国百强社科学报
501/右/17/错 1 字	覆盖个学科领域	覆盖各学科领域
502/右/23/脱 2 字	中国工程院 6 人	中国工程院院士 6 人
505/右/38/脱 1 字	级领导班子	各级领导班子
506/左/49/错 1 字	按级师德标兵	市级师德标兵
506/右/1/错 2 字	北京印发	学校印发
506/右/10/错 1 字	全题教育活动	主题教育活动
509/左/28/脱 1 字	澳大利	澳大利亚
511/右/6/错 2 字衍 2 字	学术德道管理管理实施细则	学术道德管理实施细则
511/右/19/衍 1 字	享受政府有特殊津贴	享受政府特殊津贴
516/左/28/衍 1 字	获得获科技部资助项目	获得科技部资助项目
520/左/46/脱 1 标点	增至 8 个人数由	增至 8 个，人数由
520/右/5/脱 3 字	论文美国《科学引文索引》(SCI)	论文被美国《科学引文索引》(SCI) 收录
521/左/43/衍 1 字	科研仪器设备总值 1.10 亿万元	科研仪器设备总值 1.10 亿元
523/右/37/脱 1 字	学校美国	学校与美国
526/右/20/衍 7 字	部级重点学科数	
535/右/28/衍 6 字	城市设计学院	
538/右/32/错 1 字	国家拨款1680 万元	国家拨款16804 万元
557/右/29/衍 1 字	藏书 52828 万册	藏书 52828 册

557/右/30/衍 1 字	电子图书藏书量 334742 万册	电子图书藏书量 334742 册
562/右/4/衍 1 字	可供提供阅览座位	可提供阅览座位
571/左/25/错 1 字	学生用计算机5102 台	学生用计算机510 台
573/右/25/衍 1 字	为开展	开展
583/左/6/错 1 字	专任教育中	专任教师中
586/左/37/错 1 字	学生被评为	学校被评为
590/左/13/衍 2 字	学生代表参加北京市参加比赛	学生代表北京市参加比赛
590/右/18/衍 3 字	今年是申报	申报
590/右/19/脱 1 标点	课题 4 项其中	课题 4 项，其中
597/左/38/错 1 字	校级优秀课评造	校级优秀课评选
606/右/38/脱 1 字	完成学楼	完成教学楼
608/左/4/衍 3 字	课程研讨会建设研讨会	课程建设研讨会
612/左/15/衍 1 字	藏书总数 22121 万册	藏书总数 22121 册
620/左/2/错 1 字	再驻东风小学体育的辉煌	再铸东风小学体育的辉煌
623/右/39/脱 1 标点	办学思想各项工作	办学思想，各项工作
627/左/10/衍 1 字	国旗校下讲话	国旗下讲话
628/左/16/衍 1 字	校舍建筑总面积 44775 万平方米	校舍建筑总面积 44775 平方米
629/左/7/脱 1 字	共有 120 教师	共有 120 名教师
630/右/18/错 1 字	学校建全领导和组织机构	学校健全领导和组织机构
633/右/8/错 1 标点	发展学生特长办”学宗旨	发展学生特长”办学宗旨
641/右/4/脱 1 标点	加强实践教学艺术传媒系	加强实践教学，艺术传媒系
643/左/38/衍 5 字 1 标点 错 1 标点	托幼班 4 个。专任教师中，小班 6 个、中班 5 个	托幼班 4 个、小班 6 个、中班 5 个
644/左/23/脱 1 字	农村乡镇中园	农村乡镇中心园
645/左/4/错 1 字	开设8 个教学班	开设9 个教学班
649/左/22/错 1 字	1 部多功能教室	1 间多功能教室
650/右/12/衍 1 字	提高使教师业务素质	提高教师业务素质
658/右/33/衍 1 字	至年年底	至年底

2008 卷

索引/提示	误	正
图片部分		
20/左/2/9/错 1 字	大造了一支团队	打造了一支团队
20/右/1/12/衍 2 字	开展在全市教育系统开展	在全市教育系统开展
29/图说 3/脱 1 字	开学典	开学典礼
31/左/1/1/错 1 字	北京电子科技职业学校	北京电子科技职业学院
32/图说 7/衍 1 字	民族大学校	民族大学
目录部分		
4/左/47/衍 18 字	4 单位获全国语言文字工作先进集体称号	
21/右/9/错 9 字	接待三国领导人访问	与朱拉隆功大学合办孔子学院
21/右/10/错 13 字	与朱拉隆功大学合办孔子学院	接待三国领导人访问

正文部分

9/左/22/脱 1 字	与之相联系学设备	与之相联系教学设备
11/左/6/脱 1 字	未成人思想道德建设	未成年人思想道德建设
12/右/14/错 1 字	重要组织部分	重要组成部分
51/中/2/6/衍 2 字	规范教育教育收费	规范教育收费
55/中/2/8/脱 1 字	专审计报告	专项审计报告
72/右/1/2/脱 1 字	召职业教育督学培训会	召开职业教育督学培训会
93/中/2/2/衍 1 字	怀柔二幼幼	怀柔二幼
97/中/1/5/错 1 字	四季仁锦	四季什锦
110/右/2/6/错 1 字	交互自板	交互白板
115/中/3/2/错 2 字	北京第一实验学校	北京第一实验小学
133/左/4/14 错 1 字	市级学科带头人 1 个	市级学科带头人 1 人
142/中/1/4/错 1 字	联合国环境规划属	联合国环境规划署
151/左/3/5/错 1 字	《天女敬花》	《天女散花》
187/中/2/22/脱 1 字	机人竞技赛	机器人竞技赛
215/右/1/6/脱 1 字	学生 400 参加	学生 400 人参加
219/右/3/11/脱 1 字	教师 25 参加学习	教师 25 人参加学习
222/右/2/2/脱 2 字	宣武区培智	宣武区培智学校
232/右/3/15/错 1 字	实验教学示范中新	实验教学示范中心
246/右/5/5/脱 1 字	详细解实验室的人才培养	详细了解实验室的人才培养
247/中/2/9/错 1 字	面相	面向
248/左/1/4/衍 1 标点	祖籍湖南长沙，。	祖籍湖南长沙。
248/右/1/1/脱 1 字	聘任 7 名誉教授	聘任 7 名名誉教授
257/右/2/19/脱 1 字	解有关教学问题	了解有关教学问题
258/右/3/26/衍 2 字	校领导领导	校领导
266/中/2/11/衍 1 字	分别作作《块体金属玻璃的发展》	分别作《块体金属玻璃的发展》
284/中/2/8/脱 1 字	课教学	课程教学
289/左/2/8/错 1 字	相关为题	相关问题
289/中/1/2/衍 1 字	举行等“服务五大基地”	举行“服务五大基地”
292/中/1/15/脱 1 字	占 90%上	占 90%以上
294/左/2/12/衍 2 字	来自来自新加坡	来自新加坡
299/左/3/17/错 1 字	国备外专家	国内外专家
300/右/2/11/衍 1 字	首师大地采用	首师大采用
303/右/2/20/衍 1 字	为每位专家匹发放津贴	为每位专家发放津贴
315/中/4/2/错 2 字	中央大财	中央财大
316/中/5/3/脱 1 字	法博士	法学博士
328/左/1/10/错 1 字	10 各教学单位	10 个教学单位
331/右/2/10/错 1 字	演讲结果后	演讲结束后
332/左/3/3/脱 1 字	合国教科文组织	联合国教科文组织
334/中/1/3/脱 2 字	加强党的先建设	加强党的先进性建设
335/右/5/4//衍 1 字	师学生	师生
336/中/4/13/衍 1 标点	反映，学院成长历程	反映学院成长历程
337/左/3/12/脱 1 字	民族博物藏有各类文物	民族博物馆藏有各类文物

338/右/4/5/脱 1 字	骨干才	骨干人才
345/左/1/13/错 1 字	有教师用用	有教师用书
345/右/1/10/脱 1 字	200 教师参加学习	200 名教师参加学习
348/中/2/5/脱 1 字	该办依据	该办法依据
348/中/2/8/错 1 字	国强	加强
349/中/1/8/脱 1 字	使学员解中国文化	使学员了解中国文化
352/左/2/14/衍 2 字	来自来自美国	来自美国
352/右/1/5/脱 1 字	经过认真解	经过认真了解
353/中/4/6/错 1 字	周口店实习基地合北戴河实习基地	周口店实习基地和北戴河实习基地
355/左/2/4/脱 1 字	国家汉国际推广领导小组	国家汉语国际推广领导小组
357/中/3/2/错 2 字	首钢工学院获得 2007 年北京市	首钢工学院在 2007 年北京市
395/左/3/2/错 1 字	昌平职业	昌平职校
415/右/2/12/错 1 标点	成立于 1997 年，初	成立于 1997 年初，
448/中/1/28/脱 1 字	三等奖 2	三等奖 2 个
468/左/2/14/错 1 字	汉伯棠	韩伯棠
486/右/1/5/脱 1 字	诺贝奖获得者	诺贝尔奖获得者
529/左/1/8/衍 1 字	获得获金牌 9 枚	获得金牌 9 枚
532/右/3/6/错 1 字	花会	花卉
535/左/1/6/错 2 字	育德工作机制	德育工作机制
542/左/2/7/衍 1 字	220 人参加次活动	220 人参加活动
543/中/3/15/脱 1 字	进一步解教育	进一步了解教育
566/左/3/28/脱 1 字	校舍占地总面积 358800 方米	校舍占地总面积 358800 平方米
566/中/3/11/错 4 字	发挥使其实效	使其发挥实效
575/右/2/2/衍 2 字	举办举办第二届幼儿园教师	举办第二届幼儿园教师
589/右/2/4/衍 1 字	乡镇企业管理专业班年	乡镇企业管理专业班

2009 卷

索引/提示	误	正
图片部分		
12/左/3/脱 1 字	东城区 3600 学生	东城区 3600 名学生
正文部分		
13/左/4/脱 1 字	高中班学达 720 人	高中班学生达 720 人
15/左/26/脱 1 字	人选拔	人员选拔
100/中/1/6/错 1 字	再献生活场景	再现生活场景
105/左/1/9/脱 1 字	东郡渠乡幼儿	东郡渠乡幼儿园
132/左/3/6/错 1 字	被聘认为指导教师	被聘任为指导教师
172/右/4/11/错 1 字	最终题名	最终提名
212/中/3/1/脱 1 字	成为国防生源基地	成为国防生生源基地
231/左/3/9/衍 1 字	等方面对进行辅导	等方面进行辅导
264/左/3/8/错 1 字	全人类所共同面临的攀问题	全人类所共同面临的气候问题
270/中/2/6/衍 27 字 2 标点	《装饰》是全国艺术设计类学术期刊中唯一进入 CSSCI 来源期刊的刊物。	

270/右/1/4/错 1 字	没两年一次	每两年一次
273/中/4/20/衍 1 字	诺贝尔物理学奖获得作者	诺贝尔物理学奖获得者
278/右/3/7/衍 4 字	申请经费申请经费	申请经费
279/右/2/18/脱 1 字	等 12 个项	等 12 个项目
290/左/1/7/错 2 字	标志欣慰	表示欣慰
290/左/1/8/错 1 字	一节有特色、高水平的奥运会	一届有特色、高水平的奥运会
291/右/1/7/错 1 字	过大学生知识视野	扩大学生知识视野
294/左/2/5/衍 1 字	工程硕士是培养	工程硕士培养
301/左/2/16/错 1 字	岗变薪变得原则	岗变薪变的原则
301/左/3/58/错 1 字	攻读硕士学卫	攻读硕士学位
302/中/3/4/错 1 字	该校于合作学校	该校与合作学校
309/中/1/6/脱 3 字衍 1 字	毕业授予工学位学	毕业授予工学学士学位
312/中/3/9/脱 1 字	选拔首批 60 学员	选拔首批 60 名学员
315/中/2/8/脱 2 字	农村工作的方式方农村经济发展	农村工作的方式方法与农村经济发展
317/右/4/3/脱 1 字	2 教授	2 名教授
320/中/2/7/衍 1 字	安全体系等六个方面对进行导读	安全体系等六个方面进行导读
324/左/1/7/脱 1 字	教职工和学生 560 参加活动	教职工和学生 560 人参加活动
327/左/1/7/脱 1 字	其主要目是	其主要目的是
333/左/1/4/脱 1 字	实地解北川中学	实地了解北川中学
338/中/2/15/错 2 字	发过《应用语言学》（ELA）杂志外语编委	担任《应用语言学》（ELA）杂志外语编委
340/左/3/3/脱 1 字	该与暨南国际大学	该校与暨南国际大学
343/左/3/12/衍 7 字	个合作办学机构	
345/左/3/3/错 1 字	中央财经大雪	中央财经大学
351/中/1/4/衍 1 字	会议就来中拉经贸关系新趋势	会议就中拉经贸关系新趋势
351/右/2/17/错 1 字	特殊紧贴	特殊津贴
361/右/3/5/错 2 字	使学生初步撞我	使学生初步掌握
363/左/1/26/衍 1 字	在执教职期间	在执教期间
363/左/1/31/衍 1 字	优秀人声乐人才	优秀声乐人才
367/左/4/6/衍 1 字	教授任设计总监的	教授任设计总监
370/中/1/29/衍 2 字	高考在校生	在校生
371/左/1/3/错 1 字	最佳短片将	最佳短片奖
371/中/2/3/错 1 字	舞蹈学运	舞蹈学院
380/中/2/2/脱 1 字	确定度校级精品课程	确定年度校级精品课程
386/中/2/11/衍 2 字	科技进步二等奖二等奖	科技进步奖二等奖
386/右/3/5/错 2 字	从 2008 念叨 2010 年	从 2008 年至 2010 年
388/右/2/3/衍 1 字	在举行合作签字仪式	举行合作签字仪式
389/中/3/3/错 1 字	改暑期学校	该暑期学校
389/右/3/6/衍 1 字	捐赠软件在的地信学院	捐赠软件在地信学院
397/右/1/15/衍 1 字	发表等学术论文	发表学术论文
471/左/2/5/脱 1 字	设有算机室	设有计算机室
499/右/1/13/衍 2 字	获得被评为先进个人	被评为先进个人
563/右/4/6/衍 1 字	实习生生	实习生

607/中/1/8/衍 1 字	总结前期课改推进工作结	总结前期课改推进工作
607/右/3/6/脱 1 字	获得中教学优质校	获得初中教学优质校
608/左/5/2/衍 1 字	丰台区面印发	丰台区印发
619/中/1/10/脱 1 字	两合作	两人合作
623/右/1/10/衍 1 字	面向社会为招聘 3 名校医	面向社会招聘 3 名校医
636/左/2/3/衍 2 字	教育教育能力	教育能力
643/中/3/7/错 1 字	开展号各种培训	开展好各种培训
665/左/2/4/衍 2 字	培训邀请聘请	培训邀请
682/右/名单/脱 9 字	延庆县政府教育督导室主任　马铁铃（1 月任）	延庆县政府教育督导室主任　马铁铃（1 月任　9 月免）王书忠（9 月任）

2010 卷

索引/提示	误	正
正文部分		
35/右/30/衍 2 字	发展发展的制度逐步确立	发展的制度逐步确立
47/左/36/脱 2 字	中队全国优秀少先队集体称号	中队获得全国优秀少先队集体称号
54/右/1/7/衍 1 字	赠送把图书	赠送图书
58/中/2/24/错 1 字	促进大学毕业生就生	促进大学毕业生就业
59/左/2/4/脱 1 字	《北京市中小学学生学籍管理办法》	《北京市中小学校学生学籍管理办法》
85/左/4/9/脱 2 字	院校代表 127 人论坛活动	院校代表 127 人参加论坛活动
114/左/5/5/衍 1 字	幼儿和家长人参加学习	幼儿和家长参加学习
125/中/11/脱 1 字	素质教育得全面深化	素质教育得到全面深化
126/左/1/7/脱 1 字	评议中小师生作品	评议中小学师生作品
142/右/1/6/错 1 字	全年教育经费投入1101 万元	全年教育经费投入1101.7 万元
142/右/4/5/衍 1 字	代表团一行人 7 人	代表团一行 7 人
156/右/2/5/衍 2 字脱 1 字	由教师带领种栽培菠菜	由教师带领栽种菠菜
160/中/1/5/脱 1 字	运用普通话感想体会	运用普通话谈感想体会
160/中/2/1/衍 2 字	北京市平谷区第四中心小学	北京市平谷区第四小学
161/右/1/7/衍 1 字	每月针对性学生一方面	每月针对学生一方面
175/左/2/12/错 1 标点	7 支队伍获奖，	7 支队伍获奖。
179/中/2/5/衍 2 字	讲解员系统培训后学习	讲解员系统培训后
187/右/1/5/衍 2 字	化学教育研究所主办主办	化学教育研究所主办
187/右/1/19/衍 3 字	来自全国 21 个省市所学校教师	来自全国 21 个省市教师
188/左/2/1/脱 2 字	与北师大联合教学展示	与北师大联合开展教学展示
199/中/4/9/错 2 字	自主和做探究	自主合作探究
210/左/2/16/衍 1 标点 1 字脱 1 字	关于科学、生物、关升学等方面问题	关于科学、生物和升学等方面问题
267/右 1/5/脱 1 字错 1 字衍 20 字 2 个标点	清华大学北京协和医学院—清华大学医学部5 篇、北京协和医学院—清华大学医学部清华大学 1 篇	清华大学和北京协和医学院—清华大学医学部6 篇
304/中/3/8/错 1 标点	人才培养，学术交流	人才培养、学术交流
314/左/1/5/脱 1 字	捐资 64 万设立	捐资 64 万元设立

349/中/4/1/错 1 字	举办中非关系专长报告	举办中非关系专场报告
442/右/1/7/脱 2 字	人力资源专业	人力资源管理专业
507/右/3/4/衍 9 字 2 标点	该成果集收录，共计篇。	
608/左/1/10/脱 1 字	大孙各中心小学	大孙各庄中心小学
630/左/2/8/衍 1 字	区教科研中心获得获北京市	区教科研中心获得北京市
643/右/名单/错 3 字	延庆县政府教育督导室主任　马铁铃	延庆县政府教育督导室主任　王书忠
645/左/3/10/脱 2 字	燕山教研中心 3 节品德与生活现场课	燕山教研中心展示 3 节品德与生活现场课
646/左/1/10/衍 2 字	安全管理方面 5 个方面	安全管理 5 个方面

2011 卷

索引/提示	误	正
目录部分		
42/左/23/衍 1 字	举办京津地区内地新疆高中班演讲4比赛	举办京津地区内地新疆高中班演讲比赛
80/左/28/错 1 字	SYUDENT	STUDENT
正文部分		
121/中/3/3/错 1 字	联合作教科文组织	联合国教科文组织
122/中/4/11/错 1 字	采取选答、抢答行式比赛	采取选答、抢答形式比赛
153/右/1/3/脱 1 字	晚会以“希望之帆”主题	晚会以“希望之帆”为主题
155/左/1/7/衍 1 字	宏双方联合开展面试	双方联合开展面试
158/中/1/1/衍 1 字	刊物《听香》首发式	刊物《听香》首发
159/右/1/20/衍 1 字	寄宿生人 187 人	寄宿生 187 人
160/中/3/16/衍 3 字	联合国非政府组织组织领导人介传授	联合国非政府组织领导人传授
161/右/1/13/衍 5 字	普通教室　个	
167/右/2/8/衍 1 字	战神篮球队队	战神篮球队
190/右/2/15/脱 1 字	“坚持的力量——切皆有可能”	“坚持的力量——一切皆有可能”
193/右/2/9/衍 2 字	青年教师教师沙龙	青年教师沙龙
197/右/2/4/衍 1 字	举开展培训讲座	开展培训讲座
215/右/3/17/脱 1 字	疾儿童入学率 100%	残疾儿童入学率 100%
221/左/20/错 1 字	博士生602 万人	博士生6.22 万人
221/左/25/错 1 字	招生6011 万人	招生6.11 万人
223/左/2/4/错 1 字	博士生6.02 万人	博士生6.22 万人
223 左/2/12/错 1 字	招生6011 万人	招生6.11 人
263/中/1/1/脱 1 字	1 个实验入选市重点实验室	1 个实验室入选市重点实验室
278/中/1/8/衍 1 字	确和保食品安全	确保食品安全
313/左/3/17/衍 10 字 1 标点	该院师生　人次参加活动。	
329/左/4/59/衍 1 标点	成人教育本专科生，3149 人	成人教育本专科生 3149 人
384/中/4/13/错 2 字	北京久久嘉餐饮公司	北京九九嘉餐饮公司
396/左/3/1/错 1 字	举办第六届全民终身学习活动周	举办第七届全民终身学习活动周
427/中/3/23/衍 1 字	高中人 93 人	高中 93 人
437/中/2/12/衍 1 字	比赛与市体育局主共同主办	比赛与市体育局共同主办

439/中/1/6/脱1字	判员	裁判员
519/中/2/5/错2字	崇文区托幼园所26所	宣武区托幼园所26所
519/中/2/13/衍10字	学前三年教育入园率%	
523/右/1/6/衍8字	成人教育培训人次	
523/右/1/11/衍8字	成人教育培训人次	
526/右/1/17/衍1字	朝阳区区东坝乡	朝阳区东坝乡
529/右/2/6/脱1字	民俗等程	民俗等课程
553/左/1/12/脱1字	四个方开展创新性工作	四个方面开展创新性工作
611/右/3/2/错4字	开设专业15个，教学班60个，毕业871人，招生905人	开设专业16个，教学班83个，毕业916人，招生907人
611/右/3/12/错1字	教职工274人	教职工270人
613/右/名单/错3字	延庆县政府教育督导室主任　马铁铃	延庆县政府教育督导室主任　王书忠

（本栏责任编校　华蕾）

图书在版编目（CIP）数据

北京教育年鉴．2012/北京市教委著．—北京：华艺出版社，2012.11
ISBN 978-7-80252-390-6

Ⅰ.①北． Ⅱ.①北． Ⅲ.①教育事业—北京市2012—年鉴 Ⅳ.①G527.1—54

中国版本图书馆 CIP 数据核字（2012）第 259741 号

北京教育年鉴（2012）

责任编辑：梅雨　　**封面装帧设计：**张慈中
彩图设计：任彧　汪玥　**英文翻译：**刘娟　张晓兰　邱小培

华艺出版社出版发行
（北京市海淀区北四环中路 229 号海泰大厦 10 层）
邮　编　100083
印　刷　北京强华印刷厂

开　本　889×1194　1/大 16　　2012 年 11 月第 1 版
印　张　53　　2012 年 11 月第 1 次印刷
印　数　1—3，000 册　　**字　数：**1600 千字

ISBN 978-7-80252-390-6
国内定价　200 元

编辑部地址：东城区夕照寺街

东玖大厦B座802室

邮政编码：100061

电　　话：87194371

传　　真：87194370

电子信箱：szb@bjedu.gov.cn